U0625691

བྱང་ངོས་སྤྲུལ་པ་སྡེ་ཡི་ལྷ་ཁང་དུ། །གནས་ལྔ་རིག་པའི་མཐར་སོན་འཇམ་པའི་དབྱངས། །
དྲེགས་ལྡན་རྒོལ་བ་འཇོམས་པའི་དཔའ་བོ་ཆེ། །ས་སྐྱ་པཎ་ཆེན་ཞབས་ལ་གསོལ་བ་འདེབས། །

ཚར་ཆེན་བློ་གསལ་རྒྱ་མཚོས།

༄༅། །དཔལ་ས་སྐྱའི་སྡོམ་གསུམ་ཕྱོགས་བསྒྲིགས་བཞུགས་སོ།།

པོད་གསུམ་པ།

ཀུན་མཁྱེན་བསོད་ནམས་སེང་གེ་སོགས་ཀྱིས་མཛད།

སི་ཁྲོན་བོད་ཡིག་དཔེ་རྙིང་བསྡུ་སྒྲིག་ཁང་གིས་བསྒྲིགས།

རྒྱལ་ཁབ་དཔེ་མཛོད་དཔེ་སྐྲུན་ཁང་།

དཀར་ཆག

སྡོམ་པ་གསུམ་གྱི་རབ་ཏུ་དབྱེ་བའི་རྣམ་བཤད་རྒྱལ་བའི་གསུང་རབ་ཀྱི་དགོངས་པ་གསལ་བ་

ཞེས་བྱ་བ་བཞུགས་སོ། །…………………………………… ཀུན་མཁྱེན་བསོད་ནམས་སེངྒེ། 1

སྡོམ་གསུམ་རབ་དབྱེའི་སྤྱི་དོན་ཡིད་བཞིན་ནོར་བུ་

ཞེས་བྱ་བ་བཞུགས་སོ། །……………………………………ཀུན་མཁྱེན་བསོད་ནམས་སེངྒེ། 209

སྡོམ་པ་གསུམ་གྱི་བསྟན་བཅོས་ལ་དྲིས་ཤིང་རྩོད་པའི་ལན་སྡོམ་གསུམ་འཁྲུལ་སྤོང་

ཞེས་བྱ་བ་མཁས་པའི་དབང་པོ་བསོད་ནམས་སེང་གེས་མཛད་པ་

བཞུགས་སོ། །……………………………………ཀུན་མཁྱེན་བསོད་ནམས་སེངྒེ། 304

མདོ་རྒྱུད་ཀུན་གྱི་དོན་བསྡུས་པ་སྙིང་པོ་ཡིད་ཀྱི་མུན་པ་རྣམ་པར་སེལ་བ་

ཞེས་བྱ་བ་བཞུགས་སོ། །……………………………………ཀུན་མཁྱེན་བསོད་ནམས་སེངྒེ། 381

སྡོམ་པ་གསུམ་གྱི་རབ་ཏུ་དབྱེ་བའི་དཀའ་བའི་གནས་རྣམ་པར་འབྱེད་པ་ཞིབ་མོ་

རྣམ་འཐག་བཞུགས་སོ། །……………………………………གློ་བོ་མཁན་ཆེན་བསོད་ནམས་ལྷུན་གྲུབ། 394

སྡོམ་གསུམ་སྐལ་ལྡན་སྙིང་གི་མུན་སེལ་ལྷ་དབང་

རྡོ་རྗེ་བཞུགས་སོ། །……………………………………གློ་བོ་མཁན་ཆེན་བསོད་ནམས་ལྷུན་གྲུབ། 513

སྡོམ་པ་གསུམ་གྱི་རབ་ཏུ་དབྱེ་བའི་དྲིས་ལན་ལུང་གི་ཚད་མ་འཁྲུལ་སྤོང་དགོངས་རྒྱན་

ཞེས་བྱ་བ་བཞུགས་སོ། །……………………………………གློ་བོ་མཁན་ཆེན་བསོད་ནམས་ལྷུན་གྲུབ། 520

སྡོམ་པ་གསུམ་གྱི་སྐབས་ཀྱི་ཉེར་མཁོ་བདེ་གཤེགས་སྙིང་པོའི་

གསལ་བྱེད་བཞུགས་སོ། །……………………………………གློ་བོ་མཁན་ཆེན་བསོད་ནམས་ལྷུན་གྲུབ། 589

སྙིང་པོའི་དོན་གསལ་བར་བྱེད་པ་ལུང་གི་ཕྲེང་བ་

བཞུགས་སོ། །……………………………………གློ་བོ་མཁན་ཆེན་བསོད་ནམས་ལྷུན་གྲུབ། 598

སྡོམ་པ་གསུམ་སྤྲུགས་བཟུང་གི་ཐད་ཀྱི་གསུང་རྒྱུན་
བཞུགས་སོ། །……………………………………………………གློ་བོ་མཁན་ཆེན་བསོད་ནམས་ལྷུན་གྲུབ། 621
བསྟན་བཅོས་སྡོམ་པ་གསུམ་གྱི་གནས་གསུམ་གསལ་བར་བྱེད་པ་ནོར་བུ་
རྒྱ་ཤེལ་བཞུགས་སོ། །………………………………………………གློ་བོ་མཁན་ཆེན་བསོད་ནམས་ལྷུན་གྲུབ། 623
ཡུལ་ཆེན་སོ་བདུན་གྱི་ངོས་འཛིན་འཁྲུལ་མེད་གསལ་བ་ཞེས་བྱ་བ་
བཞུགས་སོ། །……………………………………………………གློ་བོ་མཁན་ཆེན་བསོད་ནམས་ལྷུན་གྲུབ། 659
ཙ་རི་དང་དེ་ཝི་ཀོ་ཊའི་ཡུལ་གྱི་དགག་བསྒྲུབ་
བཞུགས་སོ། །……………………………………………………གློ་བོ་མཁན་ཆེན་བསོད་ནམས་ལྷུན་གྲུབ། 661
རྨ་བྱ་ཆེན་མོ་ནས་གསུངས་པའི་རིའི་སྡོམ་
བཞུགས་སོ། །……………………………………………………གློ་བོ་མཁན་ཆེན་བསོད་ནམས་ལྷུན་གྲུབ། 668
སློབ་དཔོན་ཡོན་འབྱུང་གི་གནས་གསུམ་གསལ་བྱེད་ལས་འཕྲོས་པའི་
དྲིས་ལན་བཞུགས་སོ། །……………………………………………གློ་བོ་མཁན་ཆེན་བསོད་ནམས་ལྷུན་གྲུབ། 669
དྲིས་ལན་དོན་གསུམ་གསལ་བྱེད་ཅེས་བྱ་བ་
བཞུགས་སོ། །……………………………………………………གློ་བོ་མཁན་ཆེན་བསོད་ནམས་ལྷུན་གྲུབ། 672
ཆོས་རྗེ་རྣམ་རྒྱལ་དཔལ་བཟང་པོའི་དྲིས་ལན་ཟབ་དོན་ནོར་བུའི་གཏེར་
ཞེས་བྱ་བ་བཞུགས་སོ། །……………………………………………གློ་བོ་མཁན་ཆེན་བསོད་ནམས་ལྷུན་གྲུབ། 683
སྡོམ་པ་གསུམ་གྱི་རབ་ཏུ་དབྱེ་བའི་སྤྱི་དོན་སྡོམ་གསུམ་གནད་ཀྱི་གསལ་བྱེད་ཅེས་
བྱ་བ་བཞུགས་སོ། །…………………………………………སྙིད་ཚལ་བ་འཇམ་དབྱངས་ཀུན་དགའ་ཆོས་བཟང་། 691
སྡོམ་པ་གསུམ་གྱི་རབ་ཏུ་དབྱེ་བ་ལས་གནས་གསུམ་གསལ་བྱེད་
བཞུགས་སོ། །…………………………………………………སྙིད་ཚལ་བ་འཇམ་དབྱངས་ཀུན་དགའ་ཆོས་བཟང་། 816

༄༅། །སྡོམ་པ་གསུམ་གྱི་རབ་ཏུ་དབྱེ་བའི་རྣམ་བཤད་རྒྱལ་བའི་གསུང་རབ་ཀྱི་དགོངས་པ་གསལ་བ་ཞེས་བྱ་བ་བཞུགས་སོ། །

ཀུན་མཁྱེན་བསོད་ནམས་སེངྒེ།

སྡོམ་པ་གསུམ་གྱི་རབ་ཏུ་དབྱེ་བའི་རྣམ་བཤད་རྒྱལ་བའི་གསུང་རབ་ཀྱི་དགོངས་པ་གསལ་བ་ཞེས་བྱ་བ། བླ་མ་དང་མགོན་པོ་འཇམ་པའི་དབྱངས་ལ་གུས་པས་ཕྱག་འཚལ་ལོ། །སྣ་ཚོགས་ཐེག་པའི་རིགས་ཀྱི་བློ་གྲོས་ཁམས། །ནུས་ལྡན་ཐབས་མཁས་རྗེ་ཡིས་ཟིན་པ་ཡིས། །སྡོམ་གསུམ་གསེར་གྱི་ཕུང་པོར་བསྒྱུར་མཛད་པའི། །ཤཱཀྱའི་དབང་པོ་བཟོ་སྦྱངས་མཁས་པ་རྒྱལ། །རབ་མཛེས་པདྨའི་ལྟེ་བར་ཟླ་གདན་ལ། །གུར་གུམ་གཞོན་ནུའི་མདངས་འཕྲོག་འཛུམ་པའི་བཞིན། །དྲན་པ་ཙམ་གྱིས་ཡིད་ཀྱི་མུན་སེལ་བ། །ལྷ་མཆོག་འཇམ་པའི་དབྱངས་ལ་གུས་ཕྱག་འཚལ། །ཐུགས་རྗེའི་གཏེར་ཆེན་ལགས་ན་པདྨ་ཡིས། །གྲངས་མེད་འགྲོ་ལ་ཕན་བདེ་བསྐྱུན་སླད་དུ། །གངས་རིའི་ཁྲོད་འདིར་མི་ཡི་གཟུགས་འཛིན་པ། །རྗེ་བཙུན་ས་སྐྱ་པ་ལ་མགོས་ཕྱག་འཚལ། །དེ་སྲས་འཇམ་དབྱངས་འཁོན་སྟོན་ཀུན་དགའ་འབར། །བསོད་ནམས་ཡེ་ཤེས་རྩེ་མོར་རབ་སོན་དང་། །རབ་སྟན་གྲགས་པའི་རྒྱལ་མཚན་འཛིན་པའི་དཔལ། །དཔལ་འབྱོར་ཆེན་པོའི་འོད་ཟེར་སྟོང་ལྡན་དང་། །ཡོངས་རྫོགས་བསྟན་པའི་མངའ་བདག་པཎྜི་ཏ། །རྣམ་དཔྱོད་བློ་ལྡན་བསོད་ནམས་རྒྱལ་མཚན་ཞབས། །འགྲོ་བའི་བླ་མ་ཆོས་ཀྱི་རྒྱལ་པོ་སྟེ། །རིམ་པར་བྱོན་པའི་འཇམ་དབྱངས་བདུན་ལ་འདུད། །ཁྱད་པར་ཟབ་གསལ་མཁྱེན་པའི་དཀྱིལ་འཁོར་འཆད་རྩོད་རྩོམ་པའི་འོད་ཟེར་སྟོང་འཕྲོ་བ། །དམིགས་མེད་ཐུགས་རྗེའི་རྟ་བདུན་གྱིས་དྲངས་རབ་འབྱམས་ཤེས་བྱའི་མཁའ་ལ་ཐོགས་མེད་རྒྱུ། །བདེ་གཤེགས་གསུང་རབ་པད་ཚལ་རྒྱས་ཤིང་སྐལ་ལྡན་བུང་བའི་དགའ་སྟོན་སྤེལ་མཛད་པ། །འཇམ་དབྱངས་བླ་མ་སྟོན་མེད་ནམ་མཁའི་ནོར་བུ་འགྲོ་བའི་གཙུག་ན་རྒྱལ་གྱུར་ཅིག །གཞན་ཡང་སྤྲུལ་སྐུ་ཕྱག་ན་རྡོ་རྗེ་སོགས། །དྲི་མེད་འཁོན་གྱི་རིགས་སུ་སྐུ་འཁྲུངས་པ། །ཐུབ་པའི་རྒྱལ་ཚབ་སྐྱེས་ཆེན་མཆོག་རྣམས་ལ། །དང་བས་ཐལ་སྦྱར་རྟག་ཏུ་སྐྱབས་སུ་མཆི། །སྡོམ་གསུམ་བཀའ་དྲིན་སྐྱོལ་མཛད་འདྲེན་མཆོག་བཟང་པོའི་ཞབས། །དུས་གསུམ་རྒྱལ་བའི་ལམ་སྟོན་དཀོན་མཆོག་རྒྱལ་མཚན་དཔལ། །ཐེག་གསུམ་བསྟན་པ་རྒྱས་མཛད་ཀུན་མཁྱེན་སངས་རྒྱས་འཕེལ། །གནས་གསུམ་ཤེས་རབ་བཟང་པོས་ལེགས་རྟོགས་

རྣམས་ལ་འདུད། །འགྲོ་བའི་བླ་མ་ས་སྐྱ་པཎྜི་ཏས། །ཆོས་དང་ཆོས་མིན་རྣམ་འབྱེད་བསྟན་བཅོས་ཀྱིས། །གངས་ཅན་ཆོས་མིན་མུན་པ་མཐར་མཛད་ནས། །ཡང་དག་ལམ་བཟང་སྣང་བ་གསལ་བར་མཛད། །འོན་ཀྱང་ལ་ལ་བློ་མིག་ཉམ་ཆུང་བས། །གཞུང་གི་དགོངས་པ་ཇི་བཞིན་མ་རྟོགས་ཤིང་། །ཁ་ཅིག་ལོག་པར་རྟོག་པའི་གླིང་དུ་འཁྱམས། །གཞན་དག་ཕྲག་དོག་གིས་གཟིར་འགོག་ལ་བརྩོན། །འགའ་ཞིག་རང་འདོད་གྲུབ་མཐའི་ཕྱོགས་སུ་ཁྱེར། །དེ་དག་དྲང་ཕྱིར་འཇམ་དབྱངས་བླ་མ་ཡི། །དགོངས་པ་ཇི་བཞིན་དམ་པའི་མན་ངག་དང་། །བློ་གྲོས་གསལ་བའི་འོད་ཀྱིས་དབྱེ་བར་བྱ། །

འདིར་ཆོས་དང་ཆོས་མ་ཡིན་པ་རྣམ་པར་འབྱེད་པའི་བསྟན་བཅོས་རྒྱལ་བའི་གསུང་རབ་ཀྱི་བཀའ་བསྡུ་བ་བཞི་པ། མདོ་རྒྱུད་མ་ལུས་པ་གསལ་བར་བྱེད་པའི་སྒྲོན་མེ། དད་ལྡན་གྱི་དགོས་འདོད་མ་ལུས་པ་འབྱུང་བའི་ནོར་བུ། ལོག་སྨྲའི་ཚང་ཚིང་སྲེག་པར་བྱེད་པའི་ཉི་མ། ལེགས་པར་བཤད་པའི་ཆུ་བོ་འདུས་པའི་རྒྱ་མཚོ། སྡོམ་པ་གསུམ་གྱི་རབ་ཏུ་དབྱེ་བ་ཞེས་བྱ་བའི་བསྟན་བཅོས་འདི་འཆད་པ་ལ་དོན་གསུམ་སྟེ། བསྟན་བཅོས་རྩོམ་པ་པོའི་ཆེ་བའི་ཡོན་ཏན། དེས་བསྟན་བཅོས་ཇི་ལྟར་བརྩམས་པའི་ཚུལ། བརྩམ་བྱ་བསྟན་བཅོས་ཀྱི་བརྗོད་བྱ་གཏན་ལ་དབབ་པའོ། །དང་པོ་ལ་བཅུ་སྟེ། རིགས་ཁྱད་པར་ཅན་དུ་འཁྲུངས་པའི་ཡོན་ཏན། གཞི་ཚུལ་ཁྲིམས་ལ་གནས་པའི་ཡོན་ཏན། ཐོས་བསམ་བསྒོམ་པས་རྒྱུད་སྦྱངས་པའི་ཡོན་ཏན། འཆད་རྩོད་རྩོམ་པས་བསྟན་པ་སྤེལ་བའི་ཡོན་ཏན། བླ་མ་ལྷ་ཡིས་རྗེས་སུ་བཟུང་བའི་ཡོན་ཏན། ཆགས་ཐོགས་མེད་པའི་མངོན་ཤེས་མངའ་བའི་ཡོན་ཏན། འཛམ་གླིང་ཆེ་དགུས་ཞབས་ལ་གཏུགས་པའི་ཡོན་ཏན། སྨད་དུ་བྱུང་བའི་ལུང་བསྟན་བརྙེས་པའི་ཡོན་ཏན། སྐུ་གསུང་ཐུགས་ཀྱི་རྟེན་མཆོག་སྤྲུལ་པའི་ཡོན་ཏན། བསྟན་པའི་གསལ་བྱེད་སློབ་མ་བསྐྲུན་པའི་ཡོན་ཏན་ནོ། །དང་པོ་ལ་ལྔ་སྟེ། གནམ་ལྷའི་བརྒྱུད་པ་ཇི་ལྟར་བྱུང་ཚུལ། དེ་ལས་འཁོན་གྱི་རིགས་བྱུང་ཚུལ། དེ་ལས་ས་སྐྱ་པ་བྱུང་ཚུལ། དེ་ལས་བླ་མ་ཉིད་སྐུ་འཁྲུངས་ཚུལ། འཁྲུངས་ནས་འཇིག་རྟེན་གྱི་སྤྱོད་པ་ལས་འདས་ཚུལ་ལོ། །དང་པོ་ནི། གདུང་བརྒྱུད་རིན་པོ་ཆེ་འདི་ཉིད་ཐོག་མར་ལྷ་ལས་ཆད་པ་ཡིན་ཏེ། དེའང་གནམ་ལྷ་སྤྱི་རིངས། གཡུ་རིངས། དབུ་སེ་དང་གསུམ་བྱུང་། དེ་དག་ལ་མིའི་རྗེ་ཞུས་པས། ཆུང་བས་མིའི་རྗེ་མཛད། དེ་ལ་སྲས་བཞི་བྱུང་བ་ལ་སེ་ཁྱི་ལི་སྦྲུན་བཞིར་གྲགས། དེ་དག་ལྗོངས་རུས་ཆེན་བཅོ་བརྒྱད་དང་འཐབས། དེའི་གྲོགས་ལ། ཁུ་བོ་གནམ་ལྷ་གཡུ་རིངས་བྱོན། ལྗོངས་རུས་ཆེན་བཅོ་བརྒྱད་བཏུལ་ནས་ཕྲན་དུ་བྱས་སོ། །གཡུ་རིངས་ཀྱིས་དམུའི་བུ་མོ་དམུ་བཟའ་ལྡེམ་བུ་ཁབ་ཏུ་བཞེས། སྲས་བདུན་བྱུང་བ་ལ་མ་སངས་སྤུན་བདུན་དུ་གྲགས་སོ། །གཅེན་དྲུག་ཡབ་དང་བདུན་ལྷ་ཡུལ་དུ་གཤེགས་སོ། །ཆུང་བས་ཐོག་ལ་འོད་ཆེན་གྱི་

བུ་མོ་ཐོག་ལྷུམ་འུར་མ་ཁབ་ཏུ་བཞེས་པའི་སྲས་ཐོག་ཚ་དཔའ་བོ་སྟག་ཡིན། དེས་ཀླུའི་བུ་མོ་ཀླུ་ལྷུམ་བྲ་མ་ཁབ་ཏུ་བཞེས་པའི་སྲས་ཀླུ་ཚ་རྟ་སོ་འོད་ཆེན་ཡིན། དེས་མོན་བཟའ་མཚོ་མོ་རྒྱལ་ཁབ་ཏུ་བཞེས་པའི་སྲས་གཡའ་དང་སྤང་གི་མཚམས་སུ་སྐྱེས་པ་གཡའ་སྤང་སྐྱེས་སུ་མིང་བཏགས་སོ། །

གཉིས་པ་ནི། གཡའ་སྤང་སྐྱེས་ཀྱིས་སྲིན་པོ་སྐྱ་རིང་ཁྲག་མེད་བསད་ནས། གཡའ་འབྲུག་སི་ལི་མ་འཕྲོགས་ཏེ། ཁབ་ཏུ་བཞེས་པའི་སྲས་སྲིན་པོ་དང་འཁོན་པའི་བར་དུ་སྐྱེས་པ་འཁོན་པར་སྐྱེས་སུ་མིང་བཏགས་ཏེ། འཁོན་ཞེས་བྱ་བ་དེ་ནས་གྲགས་སོ། །དེས་བཙན་བཟའ་ལྷུམ་བུ་ཁབ་ཏུ་བཞེས་པའི་སྲས་མཐུ་དང་རྫུ་འཕྲུལ་ཆེ་བ་གཟུགས་བཟང་ཞིང་བཞིན་ཤིན་ཏུ་ལེགས་པ། མཐོང་བ་རྣམས་ཀྱི་ཡིད་འཕྲོག་པ་ཤིན་ཏུ་མཛེས་པ་གཅིག་བྱུང་བ་ལ། འདི་འདྲ་མི་ཡུལ་དུ་དཀོན་ཟེར་བས། དཀོན་པ་རྗེ་གུང་སྟག་ཏུ་བཏགས་སོ། །ཁྲི་འུ་གཞོན་ནུ་དེ་ཡབ་ཀྱིས་ཡུལ་བཟང་ངན་བལྟ་རུ་བཏང་བས་གཉན་རྩ་ཐར་གྱི་ཡ་ཆངས་ལ་ཡུལ་གྱི་དགེ་བརྒྱད་ཚང་བར་མཐོང་སྟེ། དེ་ཡང་མཆོ་རྗེ་མཚོ་མ་ནི་ཞིང་ཆུ་དང་བཏུང་ཆུར་བཟང་། ཞིང་ཐང་ཆེན་ཐང་ཆུང་ནི་ཁང་ས་དང་། ཞིང་སར་བཟང་། ཐར་གྱི་ཡ་ཆངས་ནི་གམ་འབྲོག་དང་། རྒྱང་འབྲོག་ཏུ་བཟང་། ནགས་རྒྱུན་བུ་རྒྱུན་སྨུག་ནི་ཁང་ཤིང་དང་། བུད་ཤིང་དུ་བཟང་བར་གཟིགས་ཏེ་ཡུལ་དེ་བཟུང་ངོ་། །དེའི་དུས་ན་རྒྱལ་པོ་ཁྲི་སྲོང་ལྡེ་བཙན་གྱི་སྐུ་རིང་ལ། དཀོན་པ་རྗེ་གུང་སྟག་འདི་བློ་ཆེ་ཞིང་འཇིག་རྟེན་གྱི་བྱ་བ་ལ་མཁས་པ་ཞིག་བྱུང་བས། རྒྱལ་པོའི་ནང་རྗེ་བ་ཡུན་རིང་དུ་བྱས་ཤིང་། དེ་ལ་འཁོན་དཔའ་བོ་ཆེ་ཞེས་ཀྱང་གྲགས་སོ། །

འཁོན་དཔའ་བོ་ཆེ་ལ། སྲས་གཉིས་བྱུང་བའི་གཅེན་པོ་དཔའ་ཡེ་ཤེས་དབང་པོ་དང་། ཞང་པོའི་ཐད་དུ་རབ་ཏུ་བྱུང་བའི་མཚན་འཁོན་ཀླུའི་དབང་པོ་སྲུང་བ་ཞེས་བྱ་སྟེ། སད་མི་མི་བདུན་གྱི་ནང་ནས་མཁས་ཤོས་གཅིག་ཡིན་ནོ། དེ་ནས་འཁོན་ལ་གྲགས་པ་ཆེ་བར་བྱུང་སྐད་དོ། །དེའི་གཅུང་འཁོན་རྡོ་རྗེ་རིན་པོ་ཆེ་ཡིན་ནོ། ཞེས་ལྡོ་པ་ཐམས་ཅད་མཁྱེན་པ་དང་། བདེ་བ་ཅན་པ་ཡེ་ཤེས་མགོན་གསུངས་ལ། བླ་མ་དམ་པ་ནི། འཁོན་དཔའ་བོ་ཆེ་ལ་སྲས་ཁྲི་མཛེས་ལྷ་ལེགས། ཚེ་ལ་དབང་ཕྱུག །ཀླུའི་དབང་པོ་སྲུང་བ། ཚེ་འཛིན་དང་བཞི་བྱུང་བའི་ཚེ་འཛིན་གྱི་སྲས་རྡོ་རྗེ་རིན་པོ་ཆེ་ཡིན་གསུང་ངོ་། །འཁོན་རྡོ་རྗེ་རིན་པོ་ཆེ་ལ་སྲས་བདུན་བྱུང་། ཐ་སྟག་གྲོམ་པར་བྱོན་པ་དེ་འཁོན་ཤེས་རབ་ཡོན་ཏན། དེའི་སྲས་ཡོན་ཏན་འབྱུང་གནས། དེ་ལ་སྲས་གཉིས་བྱུང་བའི་ཆེ་བ་འཁོན་ཚུལ་ཁྲིམས་རྒྱལ་པོ། ཆུང་བ་ཁབ་སོ་སྟག་ཐོག་ཏུ་བྱོན་པས། འཁོན་ཅི་རིགས་པ་འཕེལ། དེ་ནས་གཡས་རུ་བྱང་དུ་གྱེས་པས། འཁོན་ཚོའི་སྡེ་པ་མང་དུ་ཡོད། འཁོན་ཚུལ་ཁྲིམས་རྒྱལ་པོ་ལ་སྲས་གསུམ་བྱུང་བའི་བར་པ་གང་ལ་ཆ་ཚང་དུ་བྱོན། ཆེ་ཆུང་གཉིས་གཡའ་ལུང་དུ་བཞུགས་པའི་ཆེ་བ་འཁོན་གཙུག་ཏོར་ཤེས

རབ། དེ་ལ་སྲས་བདུན་བྱུང་བ། ཁུ་བོ་ཆུང་བ་དང་བཅས་པ་ལ། འཁོན་ཆོ་བརྒྱད་དུ་གྲགས་པ་གཡའ་ལུང་ན་ཡོད། སྲས་བདུན་གྱི་ལྔ་པ་འཁོན་དགེ་སྐྱབས། དེ་ཤབ་ཏུ་བྱོན། དེ་ལ་སྲས་གཉིས་བྱུང་བའི་ཆེ་བ་དགེ་མཐོང་། ཆུང་བ་ལས་ཤབ་སྟོད་ཀྱི་འཁོན་གྲུབ་པ་ཡིན། དགེ་མཐོང་གི་སྲས་འཁོན་སྟོན་བལ་པོ། དེའི་སྲས་འཁོན་སྟོན་ཤཱཀྱ་བློ་གྲོས། དེ་ལ་སྲས་གཉིས་བྱུང་བའི་ཆེ་བ་འཁོན་རོག་ཤེས་རབ་ཚུལ་ཁྲིམས། ཆུང་བ་འཁོན་དཀོན་མཆོག་རྒྱལ་པོ་ཡིན། གཅེན་ཡན་ཆད་རྡོ་རྗེ་ཕུར་པ་ལ་གྲུབ་པ་བརྙེས་པ་སྔགས་སྔ་འགྱུར་ལ་མཁས་པ་མང་དུ་བྱོན། ཆོས་སྐྱོང་དཀར་མོ་ཉི་ཟླ་ལྕམ་སྲིང་ལ་བྱེད་དོ། །དེའི་དུས་ན་འབྲོའི་ལུང་དུ་སྟོན་མོ་ཆེན་པོ་གཅིག་བྱུང་བའི་ཚེ་ལྷད་མོའི་བྱེ་བྲག་མང་དུ་བྱུང་བའི་ནང་ནས་སྔགས་པ་འགའ་ཞིག །དབང་ཕྱུག་མ་ཉི་ཤུ་རྩ་བརྒྱད་ཀྱི་མགོ་བརྙན་རྣམས་གྱོན། ཕྱག་མཚན་སོ་སོར་ཐོགས། མ་མོ་རལ་པ་དང་བཅས་པའི་རྣམ་སྟབས་དང་བཅས་ཏེ། འཆམ་བྱས་པས་དེ་ག་ལྷད་མོ་ཆེ་ནས། དེས་ཁྲོམ་ཐོག་ཆོད། འཁོན་དཀོན་མཆོག་རྒྱལ་པོས་ཀྱང་དེ་དག་གཟིགས་ནས། གཅེན་ལ་འདི་ལྟ་བུ་གདའ་ཞུས་པས། དགསང་སྔགས་འཆོལ་བ་བྱ་བ་བྱུང་བ་ཡིན། གྲུབ་ཐོབ་མི་འོང་། རང་རེ་ལ་ཡོད་པའི་དཔེ་ཆ་ལྷ་རྟེན། སྔགས་ཀྱི་ལག་ཆ་ཀུན་གཏེར་དུ་སྦ། ངེད་རྒས། ཁྱོད་གཞོན་པ་ཡིན་པས། མང་མཁར་ན་འབྲོག་མི་ལོ་ཙྪ་བ་གསང་སྔགས་གསར་འགྱུར་ཟབ་མོ་ལ་མཁས་པར་ཡོད་འདུག་པས། དེ་ལ་སློབས་ཤིག་གསུང་རྙིང་མ་ཐམས་ཅད་གཏེར་དུ་སྦས་སོ། །དེར་ཆོས་སྐྱོང་གི་ཆོ་འཕྲུལ་བྱུང་ནས། ཕུར་པའི་མདོན་རྟོགས་བསྡུས་པ་གཅིག་དང་། གཏོར་མའི་ཆོ་ག་དང་། སེང་ལྡེང་གི་ཕུར་པ་བཅོ་ལྔ་པ་ཆ་གཉིས་དང་། དཀར་མོ་ཉིད་ཀྱིས་འཁོན་རོག་ཤེས་རབ་ཚུལ་ཁྲིམས་ལ་ཞལ་དངོས་སུ་བསྟན་ནས་མཛད་པའི་དཀར་མོ་ཉི་ཟླའི་གཏོར་མ་རྣམས་གཙུང་ལའང་གནང་། གདུང་བརྒྱུད་ཀྱིས་དུས་གཏོར་མ་ཆག་པར་མཛད་དོ། །

དེ་ནས་འཁོན་དཀོན་མཆོག་རྒྱལ་པོས། གཡའ་ལུང་དུར་ཁྲིད་ན་འབྲོག་མིའི་སློབ་མ་འཁྱེན་ལོ་ཙྪ་བ་ཞེས་བྱ་བ་ལ། བརྟག་གཉིས་གསན་ནས་ཚར་ལ་ཁད་པ་ན། དེ་སྐུ་གཤེགས་པའི་ཞལ་ཆེམས་ལ། ད་ཁྱེད་ཀྱིས་ཆོས་འགྲོ་དེ་མང་མཁར་དུ་འབྲོག་མི་ལོ་ཙྪ་བ་ལ་ཞུས་ཤིག་གསུང་ངོ་། །དེ་ནས་མང་མཁར་དུ་བྱོན། འབྲོག་མིའི་དྲུང་དུ། རྒྱུད་གསུམ་དང་། ལམ་སྐོར་ཕྱི་མ་རྣམས་གསན། མཁས་པར་མཁྱེན་ནས་དེའི་རྣམ་གཞག་བྱ་བ་དང་གདམས་ངག་ཞུ་བར་དགོངས་ཏེ། གཡའ་ལུང་འཛག་གཤོངས་ཀྱི་ཞིང་བཙོང་བར་འོས་པ་ཀུན་བཙོངས། ལྷག་མ་དགེ་འདུན་འཕྲང་པ་ལ་ཕུལ་ནས། རིན་ལ་རྟ་བཅུ་བདུན་གྱི་ཁལ་དང་བཅས་པ་ཁྱེར་ནས་འོངས་ཏེ། བླ་ཆེན་ལ་ཕུལ། གསུང་ངག་ཞུས་ཀྱང་མ་གནང་། གཞུང་གི་སྐོར་ཐམས་ཅད་ཚང་བར་མཛད། བསམ་མི་ཁྱབ་དང་གཏུམ་མོའི་དམིགས་པ་ཉི་ཤུ་རྩ་བཞི་ལ་སོགས་པའི་གདམས་ངག་ཅི་རིགས་པ་གནང་ངོ་། །གཞན་ཡང་འགོས་ཁུག་པ་ལ།

འདུས་པ་ལ་སོགས་པ་གསན། ཨུ་རྒྱན་གྱི་པཎྜི་ཏ་ཤེས་རབ་གསང་བ་ལ་ཐིག་ལེ་སྐོར་ལྔ་ལ་སོགས་པ་གསན། མལ་ལོ་ཙཱ་བ་ལ། བདེ་མཆོག་རྩ་རྒྱུད་དང་། གྲུབ་སྙིང་གི་སྐོར་རྣམས་གསན། གཞན་ཡང་བ་རི་ལོ་ཙཱ་བ། བླ་མ་སྒྱི་ཆུ་བ། པུ་ཧྲངས་ལོ་ཙཱ་བ། གནམ་ཁའུ་པ་སྐྱ་མཆེད། སྐྱུ་ར་ཨ་སྐྱབས་ལ་སོགས་པ་ལས་ཆོས་མང་དུ་གསན་ཏེ་ཆོས་ཀྱི་མངའ་བདག་ཏུ་གྱུར་ཏོ། །དེ་ནས་དུས་ཕྱིས་འཇག་ཤོངས་སུ་ཡབ་དང་གཅེན་གྱི་སྐུ་འབུམ་བཞེངས། གཅེན་གྱི་སྐུ་འབུམ་ན་ཕུར་པ་བྱིན་རླབས་ཅན་དུ་གྲགས་པ་ཆ་གཅིག་ཀྱང་བཞུགས། ཕུར་པ་ཆ་གཅིག་ཐུགས་དམ་དུ་གང་གཤེགས་སར་བསྣམས་ཏེ་ཕྱིས་ས་སྐྱ་ན་ཡོད་དོ། །འཁོན་དཀོན་མཆོག་རྒྱལ་པོ་གཡའ་ལུང་ཆུ་སྐྱར་ཅི་རིགས་པར་བཞུགས། བྲ་བོ་ལུང་པར་དགོན་ཆུང་གཅིག་བཏབ་སྟེ། དེར་ཡང་ལོ་འགའ་བཞུགས་སོ། །

གསུམ་པ་ལ་བཞི་སྟེ། ས་སྐྱའི་གཞི་འདིངས་ཚུལ། སྤྱན་རས་གཟིགས་ཀྱི་རྣམ་འཕྲུལ་བྱུང་ཚུལ། འཇམ་དབྱངས་ཀྱི་རྣམ་འཕྲུལ་བྱུང་ཚུལ། ཕྱག་རྡོར་གྱི་རྣམ་འཕྲུལ་སོགས་བྱུང་ཚུལ་ལོ། །དང་པོ་ནི། དཀོན་མཆོག་རྒྱལ་པོ་བྲ་བོ་ལུང་པར་བཞུགས་དུས། དགོན་པ་དེའི་རི་རྩེ་ནས་གཟིགས་པས། རི་དཔོན་པོ་རིའི་ངོས་འགྲམ་ན་ས་དཀར་ཞིང་སྣུམ་ལ་ཆུ་གཡས་སུ་འབབ་པ་སོགས་བཀྲ་ཤིས་པའི་དགེ་མཚན་མང་དུ་གཟིགས་ནས། དགོན་པ་གཅིག་བཏབ་ན་སངས་རྒྱས་ཀྱི་བསྟན་པ་དང་། འགྲོ་བ་དུ་མ་ལ་ཕན་པར་དགོངས་ཏེ། ཇོ་བོ་ལ་ཞུས་པས་གནང་། སའི་བདག་པོ་ཞང་ཞུང་བ་དང་། བཏྲེ་གྲོང་བཞི་ལ་འདིར་དགོན་ཆུང་ཞིག་བྱས་ན། ཁྲིད་ལ་འགལ་བ་མེད་ན། རིན་ཞིག་འཇལ་བྱས་པས། ཁོང་རྣམས་ན་རེ། རིན་ཡེ་མི་འཚལ། དགོན་པ་མཛད་པར་ཞུ་ཟེར་བ་ལ། འོན་ཀྱང་ཕྱིན་ཆད་ལ་འདི་འཐད་གསུངས་ནས། རྟོད་མ་དཀར་པོ་གཅིག །ཡོལ་བ་གཅིག །མོ་གོས་གཅིག །ནོར་བུའི་ཕྲེང་བ་གཅིག །ཁྲབ་གཅིག་དེ་རྣམས་ཀྱིས་མགོ་བྱས་པའི་རིན་འཇལ་ནས། མོན་འགོ་གྲོག་པོ་ནས། འབལ་མོ་གྲོག་པོའི་བར་གདུང་བརྒྱུད་ལ་དབང་བར་བྱས་སོ། །བླ་མ་འདི་ཤིང་ཕོ་ཁྱི་ལོ་ལ་སྐུ་འཁྲུངས་ནས། དགུང་ལོ་བཞི་བཅུ་བཞེས་པ་ཆུ་མོ་གླང་གི་ལོ་ལ་ས་སྐྱ་བཟུང་སྟེ། ལོ་སུམ་ཅུའི་བར་དུ་སྐྱོང་བ་དང་། བཤད་ཉན་ལ་སོགས་པའི་སྒོ་ནས་བསྟན་པའི་བྱ་བ་མཛད་ནས། དྲུག་ཅུ་རེ་དགུ་པ་ཆུ་ཕོ་རྟའི་ལོ་དབྱ་གུའི་ཟླ་བའི་ཚེས་བཅུ་བཞི་ལ་སྐུ་གཤེགས་སོ། །

གཉིས་པ་ནི། བླ་མ་དཀོན་མཆོག་རྒྱལ་པོ་དགུང་ལོ་ལྔ་བཅུ་ང་དགུ་བཞེས་པ་ཆུ་ཕོ་སྤྲེའུའི་ལོ་ལ་མ་གཅིག་ཞང་མོ་ལ་སྲས་གཅིག་འཁྲུངས་པ་བླ་མ་ཀུན་དགའ་སྙིང་པོ་སྟེ། འདི་ཉིད་དང་པོ་ནས་འགྲོ་བ་ཐམས་ཅད་ཀྱི་ཡིད་དུ་འོང་ཞིང་མཛེས་པ་དང་། ཞི་ཞིང་དུལ་བ་དང་། ཡིད་གཞུངས་པ་དང་། ཤེས་རབ་དང་སྙིང་རྗེ་ལ་སོགས་པ་རང་བཞིན་གྱི་ཡོན་ཏན་དུ་མ་དང་ལྡན་ཞིང་། རྟ་དང་ནོར་བུ་བརྟག་པ་དང་། སྐྱེས་པ་དང་བུད་མེད་

བརྟག་པ་དང་། སྙན་ངག་དང་། སྡེབ་སྦྱོར་དང་། སྨན་དཔྱད་དང་བཟོའི་གནས་ལ་སོགས་པ་ཐ་སྙད་ཀྱི་གཙུག་ལག་རྣམས་ལ་ཐུགས་བྱང་བར་གྱུར་བ་ཞིག་གོ། །

དེ་ནས་གསུང་རབ་ལ་གསན་སྦྱོང་མཛད་པའི་ཚུལ་ནི། ཐོག་མར་ཡབ་ལས་ཀྱཻའི་རྡོ་རྗེའི་དབང་བསྐུར་ཞུས་ནས་དེའི་ཆོས་ཅི་རིགས་པ་ཞུས་སོ། །དགུང་ལོ་བཅུ་གཅིག་ལོན་པའི་ཚེ་ཡབ་སྐུ་གཤེགས་ཏེ། རྗེས་བྱས་པས་ཕྱི་རྟེན་གྱི་འགྲམ་འདིངས་བ། གཤེགས་རྫོང་བྱེད་པ། གདན་ས་ཚུད་པ་རྣམས་ཉི་མ་གཅིག་ལ་གྲུབ་ན། ཤུལ་དུ་ཕུན་སུམ་ཚོགས་པ་འོང་ཟེར་བས། འཕྲང་བྲག་དམར་བ་གཉིས་བསགས་ནས་ཆོས་འཁོར་བྱེད་པ། ཕྱི་རྟེན་གྱི་འགྲམ་འདིངས་པ། བ་རི་བ་གདན་སར་བཏོན་པ་རྣམས་ཉིན་གཅིག་ལ་བྱས་ཏེ། བ་རི་བས་ལོ་བརྒྱད་གདན་ས་བྱས་སོ། །དེ་ནས་བ་རི་བའི་དྲུང་དུ་འཇམ་དབྱངས་ཀྱི་སྒྲུབ་ཐབས་ཞུས་ཏེ། བསྒྲུབས་པས་ཟླ་བ་དྲུག་ན་ཞལ་གཟིགས་ཏེ། ཞེན་པ་བཞི་བྲལ་ལ་སོགས་པའི་ཟབ་པ་དང་། རྒྱ་ཆེ་བའི་ཆོས་ཀྱི་སྒོ་དཔག་ཏུ་མེད་པ་གསན་ཅིང་། མི་བརྗེད་པའི་གཟུངས་དང་། རྣམ་དཔྱོད་ཀྱི་བློ་གྲོས་མཚུངས་པ་མེད་པ་བརྙེས་པར་གྱུར་ཏོ། །

དགུང་ལོ་བཅུ་གཉིས་བཞེས་པའི་ཚེ། རོང་དུར་སླྲིག་ཏུ་བྱོན་ཏེ། བྲང་ཏི་དར་མ་སྙིང་པོ་ལས་མངོན་པ་ཀུན་ལས་བཏུས་གསན་ཅིང་། དེའི་ཚེ་རྡོ་ལ་ཕྱག་རྗེས་བཞག་པ་ད་ལྟའང་ཡོད་དོ། །བྲང་ཏི་སྐུ་གཤེགས་ནས་ཟུར་ཆོས་པ་དགེ་བའི་བཤེས་གཉེན་ཁྱུང་ལས་ས་སྡེ་ལྔ་དང་། སྡོམ་རྣམ་གཉིས་གསན། ཉང་སྟོད་དུ་ཁྱུང་རིན་ཆེན་གྲགས་དང་། ཟུར་ཆོས་པ་མི་དྲིག་པ་ལས་ཚད་མ་ལ་སོགས་པ་གསན། སླར་ཡང་ས་སྐྱར་བྱོན་ཏེ། བ་རི་ལོ་ཙྪ་བའི་དྲུང་དུ་དཀོན་བརྩེགས་དང་། ཕལ་ཆེན་ལ་སོགས་པ་ཕ་རོལ་ཏུ་ཕྱིན་པའི་གཞུང་ལུགས་དང་། བྱ་བ་དང་སྤྱོད་པའི་རྒྱུད་ཉིས་བརྒྱ་ཙམ་དང་། རྣལ་འབྱོར་ཆེན་པོ་ལ་གསང་བ་འདུས་པ་ལུགས་གཉིས་དང་། གཤིན་རྗེའི་གཤེད་དགྲ་ནག་གི་རྒྱུད། ཀྱཻའི་རྡོ་རྗེའི་རྒྱུད་གསུམ། འཁོར་ལོ་བདེ་མཆོག་རྩ་བཤད་ཆ་ལག་དང་བཅས་པ་དང་སྒྲུབ་པའི་ཐབས་བསྡུས་པ་ལ་སོགས་པ་བ་རི་བའི་ཆོས་སྐོར་ཡོངས་སུ་རྫོགས་པ་གསན་ཅིང་ཐུགས་སུ་ཆུད་པར་མཛད་དོ། །

དེ་ནས་གྲོམ་པ་གཡུ་རྩེར་དགེ་བཤེས་མེ་ལྷང་ཚེར་བ་ལས་ཚད་མ་རྣམ་ངེས་དང་། རིགས་ཐིགས་དང་། དབུ་མ་རང་རྒྱུད་ཤར་གསུམ་ལ་སོགས་པ་གསན། དེ་ནས་ཕ་ཆོས་རྩད་བཅད་པར་བཞེད་ནས་འགོན་སྒྱི་ཆུ་བའི་དྲུང་དུ་བྱོན་ནས། དབང་བསྐུར་ཞུས་པའི་སྟ་གོན་གྱི་ནུབ་མོར་སྲིད་པའི་རྒྱ་མཚོ་ཡིན་ཟེར་བའི་ཆུ་བོ་དམར་མེར་བ་གཅིག་ལ་ཟམ་པ་གསུམ་འདུག་པའི་ཆུ་འགྲམ་ན་བསྒྲལ་རྒྱུ་མང་དུ་འདུག་པས། ང་སྒྲོལ་བར་ཞུ། ང་སྒྲོལ་བར་ཞུ་ཟེར་བ་ལ། ཟམ་པ་ཕྱི་མ་ལ་གསུམ། བར་པ་ལ་བདུན། ཉེ་ཤོས་ལ་མང་པོ་བསྒྲལ་བའི་རྨི་ལམ་བྱུང་ངོ་། །

དེ་ནས་བླ་མ་དེའི་དྲུང་དུ་ཊཱ་སྦྱི་བའི་ལུགས་ཀྱི་ཀྱེ་རྡོ་རྗེའི་རྒྱུད་གསུམ་དང་། གྲུབ་པ་སྡེ་བཅོ་བརྒྱད་ལ་སོགས་པ་སྡེ་སྣོད་དང་རྒྱུད་སྡེའི་ཆོས་མང་དུ་གསན་ནོ། །

དེའི་ཚེ་སྐྱི་ཚུ་བའི་སློབ་མ་བན་ཆུང་འགའ་དང་འགྲོགས་ཏེ། མདོགས་སྟོད་དུ་བླ་མ་སེ་ཆོས་འཁོར་གཅིག་ལ་བྱོན་པའི་རྟ་ར་ལྷད་མོ་ལ་བྱོན། རྒྱ་མཚན་ཞིབ་ཏུ་བསྟོད་པས། བླ་མ་དཀོན་མཆོག་རྒྱལ་པོའི་སྲས་པོ་ཡིན་པར་རྟོགས་ནས། བླ་མ་སེས་བླ་ཆེན་པང་དུ་བཞེས་ཏེ་མི་གསོན་གཤིན་ཕྲད་པའི་དུས་བྱུང་། ཏད་པོ་གོག་པོ་འདིའི་ནང་ན་ཆོས་ཡོད་པས་ཁྱོད་ལ་སྟེར་བ་ཡིན། མྱུར་དུ་ཤོག །ཀུ་ལེ་ཡོང་སྙམ་ན། སང་ཕོད་ང་འཆི་བ་ཡིན་གསུངས་ནས་བླ་ཆེན་དེར་ཞག་གཅིག་བཞུགས་ཏེ། དེའི་བར་ལ་བླ་མས་ལམ་འབྲས་བུ་དང་བཅས་པ་འདི་ལ་དགུས་སུ་གསུངས་པ་འདི་ཙམ། དེ་ལས་འཕྲོས་པ་འདི་ཙམ་གྱི་རྐང་གྲངས་ལམ་མེ་བ་ཞིག་གསུངས་སོ། །དེ་ནས་ཡར་བྱོན་ནས་བླ་མ་སེའི་དྲུང་དུ་བཞུད་པར་དགོངས་ཏེ། འཁོན་སྐྱི་ཚུ་བ་ལ་ཞུས་པས་མ་གནང་ནས་སང་ཕོད་འགྲོ་སྙམ་ཙ་ན། སེ་གསུངས་པ་དེ་བདེན་ཏེ་སྐུ་གཤེགས་སོ། །དེ་ནས་བླ་མ་གནམ་ཁའུ་པའི་དྲུང་དུ་བྱོན་ཏེ། རྒྱུད་སྡེ་བཞིའི་རྒྱུད་དང་འགྲེལ་པ་མན་ངག །སྒྲུབ་ཐབས་ལས་ཚོགས་དང་བཅས་པ་བསམ་གྱིས་མི་ཁྱབ་པ་གསན་ཅིང་། ཁྱད་པར་དུ་རྣལ་འབྱོར་གྱི་རྒྱུད་འགྲེལ་པ་དང་བཅས་པ་ཡོངས་སུ་རྫོགས་པར་གསན་ནོ། །དགེ་བཤེས་རྫོག་ལས་ཉི་ཁྲི་སྣང་བ། བརྒྱད་སྟོང་འགྲེལ་ཆེན། མདོ་སྡུད་པ། མངོན་རྟོགས་རྒྱན་རྩ་འགྲེལ་ལ་སོགས་པ་གསན། དེ་ནས་དུས་རིང་ཞིག་ན་བླ་མ་སྐྱི་ཚུ་བ་བསྙུངས་པས་བླ་ཆེན་ལ་ཤོག་གསུངས་ཏེ་བྱོན་པས་མ་སླེབས། བླ་མས་ཁྱོད་རབ་ཏུ་བྱུང་ལ་འཁོན་ཚོའི་སྡེ་པ་འདི་སྐྱོངས་གསུངས་པའི་གསུང་བཞག་ནས་སྐུ་གཤེགས་སོ། །

དེའི་རྗེས་ཀྱི་བྱ་བ་རྣམས་ཚར་ནས་ས་སྐྱར་བྱོན་ཏེ། རབ་ཏུ་བྱུང་བའི་ཆས་བསྒྲུབས་པ་ན་བླ་མ་གནམ་ཁའུ་པས་གསན་ནས་རབ་ཏུ་མ་བྱུང་ན་ཕན་ཆེ་བར་འོང་གསུངས་ནས་མ་གནང་། འོན་ཀྱང་འཁོན་ཚོའི་དཔོན་ནི་མཛད། དེ་ནས་བླ་མ་སྐྱི་ཚུ་བ་བླ་མ་མལ་གྱི་སློབ་མ་ཡིན་པས་དེའི་བདེ་མཆོག་གི་ཕྱག་དཔེ་རྣམས་བསྣམས་ནས་གྲུང་ཐང་ན་ལ་རྩེ་གནས་གསར་དུ་བྱོན་ཏེ། བླ་མ་མལ་ལས་བདེ་མཆོག་རྩ་རྒྱུད་ཆ་ལག་དང་བཅས་པ་དང་། དགྲ་ནག་འཇིགས་སྐོར་གསུམ། ནཱ་རོ་པའི་མན་ངག་རྣམས་ཚང་བར་གསན་ནོ། །དེ་ནས་གཡས་རུ་ན་མར་བྱོན། གསེར་སྲང་བཅུ་བདུན་གྱི་འབུལ་བ་བསྐུར་བས་བླ་མ་ཐུགས་དགྱེས་ཏེ། དམ་ཚིག་པ་ཆེན་པོར་དགོངས་ནས་ཆོས་ཀྱི་ལྷག་མ་ད་དུང་ཡོད་པས་ཤོག་གསུངས། བླ་ཆེན་གྱིས་བྱོན་པས་སྦྱོང་རྒྱུད་ལ་སོགས་པའི་ཆོས་མང་པོ་གནང་། ཁྱད་པར་དུ་མགོན་པོའི་སྒྲུབ་ཐབས་རྗེས་གནང་དང་བཅས་པ་གནང་ནས། དེའི་རྟེན་དར་ནག་དང་ལྕུགས་ཀྱི་རྡོ་རྗེ་རྩེ་དགུ་པ་དང་སྐུ་འབག་རྣམས་བརྫངས་ཏེ། མགོན་པོ་ལ་ཁྱོད་འཁོན་ས་སྐྱ་པའི་རྗེས་སུ་སོང་

ཞེས་གསུང་ངོ་། །དེ་ནས་མར་ཕྱིན་ནས་ལ་སྟོད་དུ་ཛེ་བཙུན་པུ་ཧྲངས་ལོ་ཆུང་ལས་བདེ་མཆོག་གི་ཆོས་སྐོར་ལ་སོགས་པ་གསན། གཞན་ཡང་སྐྱུ་ར་ཨ་སྐྱབས། བལ་པོའི་པཎྜི་ཏ་པདྨ་ཤྲཱི། རྒྱ་གར་གྱི་རྣལ་འབྱོར་པ་ཧྭོ་ཏ་རཏྣ་ཧུ་ལ། བལ་པོའི་པཎྜི་ཏ་ཛྙཱ་ན་བཛྲ་རྣམས་ལས་ཆོས་མང་དུ་གསན་ནོ། །དེ་ནས་གསུང་ངག་གསན་པར་བཞེད་ནས། སག་ཐང་དིང་དུ་ཕྱིན་ཏེ། ཛེ་ཞང་དགོན་པ་བའི་དྲུང་དུ་ལམ་འབྲས་བུ་དང་བཅས་པའི་མན་ངག་ཆ་ལག་དང་བཅས་པ་གསན་ཅིང་ཐུགས་ཉམས་སུ་བཞེས་ཏེ། ལམ་བསྡུས་ཏེ་སྒྲུབ་པ་ལུང་སྦྱིན་པ་མཛད་ནས་ལོ་བཅོ་བརྒྱད་ཀྱི་བར་དུ་བཀའ་རྒྱུས་བཏབ་ཅིང་། དེ་ནས་ཆོས་ཀྱི་བདག་པོར་དབང་བསྐུར། སྤྱིར་ཁྱོད་ཀྱིས་སྒྲུབ་པ་གཙོར་བྱས་ན་ཚེ་འདི་ལ་ཕྱག་རྒྱ་ཆེན་པོ་མཆོག་གི་དངོས་གྲུབ་ཐོབ། བཤད་ཉན་བྱས་ན་གདུལ་བྱ་དཔག་ཏུ་མེད་པའི་དོན་དུ་འགྱུར་ཞིང་། ཁྱད་པར་དུ་ལུས་མ་སྤྱངས་པར་ཕྱག་རྒྱ་ཆེན་པོ་གྲུབ་པའི་སློབ་མ་གསུམ། བཟོད་པ་ཐོབ་པ་བདུན། རྟོགས་པ་དང་ལྡན་པའི་རྣལ་འབྱོར་པ་བརྒྱད་ཅུ་ཙམ་འབྱུང་ཞེས་ལུང་བསྟན་ནོ། །དེ་ནས་ཛེ་ཞང་དགོན་པ་བ་གཤེགས་པའི་རྗེས་ཀྱི་བྱ་བ་རྣམས་ཚར་ནས། གུང་ཐང་དུ་ཕྱིན་པའི་ཚེ་དུག་བྱུང་བ་ལས་དུས་ཕྱིས་དུག་རོ་ལངས་ནས་ཟླ་བ་གཉིས་ཙམ་བསྒྲིངས་ནས་ཆོས་ཐམས་ཅད་བརྗེད་འདུག་པས། བྲང་ཁང་སྙིང་པར་སྐུ་མཚམས་བཅད་དེ་བླ་མ་ལ་གསོལ་བ་བཏབ་པས་ཚིག་རེ་དྲན་པ་བྱུང་། དེ་ནས་ཛེ་དགོན་པ་བ་མནལ་ལམ་དུ་ཕྱིན་ནས་ཆོས་གསུངས་པས་མ་ལུས་པ་དྲན་པ་བྱུང་། དེ་ནས་རྣལ་འབྱོར་དབང་ཕྱུག་དངོས་སུ་ཕྱིན་ནས་ཟླ་བ་གཅིག་གི་བར་དུ་ཉིན་མཚན་མེད་པར་རྒྱུད་སྡེ་བདུན་ཅུ་རྩ་གཉིས། ལུགས་རིའི་ཁོངས་ལས་མི་འདའ་བའི་ཆོས་བཞི་ལ་སོགས་པ་ཆོས་མང་དུ་གསུངས་ཤིང་བྱིན་གྱིས་བརླབས་པ་ཡིན་ནོ། །གཞན་ཡང་ཚར་ཁར་སྒོམ་ཆེན་སུམ་ཅུ་ཙམ་ལ་ཁྲིད་སྐྱོང་བ། ས་སྐྱར་བཞུགས་ནས་ལམ་འབྲས་གསུང་པ། གུང་ཐང་དུ་མལ་གྱི་ཉེ་གནས་མཛད་པ། ལྷུམ་ལྷ་ཁང་དུ་ནམ་མཁའ་དྲི་མེད་ཀྱི་དཀྱིལ་འཁོར་བཞེངས་ནས་རབ་གནས་མཛད་པ། ཟངས་སྟོང་འབྲོག་པའི་གསེབ་ཏུ་ཆོས་གསུང་བ། ཤབ་སྒོ་ལྔར་ཆོས་འཁོར་བསྐོར་བ་སྟེ། སྐུའི་བཀོད་པ་དྲུག་དུས་ཅིག་ཅར་ལ་བསྟན་པ་ལ་སོགས་པའི་ཡོན་ཏན་བསམ་གྱིས་མི་ཁྱབ་པ་མངའ་འོ། །དེ་ལྟ་བུའི་བླ་མ་དེ་རིམ་གཉིས་ཟབ་མོ་ལས་སྐད་ཅིག་ཀྱང་གཡེལ་བ་མེད་པའི་ངང་ནས་བསྡུ་བ་བཞིས་གཞན་དོན་ལོ་དྲུག་ཅུ་རྩ་བདུན་གྱི་བར་དུ་མཛད་དེ། ས་ཕོ་སྟག་གི་ལོ་ཐ་སྐར་གྱི་ཟླ་བའི་ཚེས་བཅུ་བཞི་ལ་གཡས་ཧྲུ་བྲུང་གི་སྐུ་བོ་ཁ་གདངས་ནས་བདེ་བ་ཅན་དུ་གཤེགས་སོ། །

དེའི་ཚེ་སྐུའི་བཀོད་པ་བཞིར་བསྟན་ཏེ། གཅིག་ནི་བདེ་བ་ཅན། གཉིས་པ་ནི་པོ་ཏ་ལ། གསུམ་པ་ནི་ཨུ་རྒྱན། བཞི་པ་ནི་བྱང་ཕྱོགས་ཀྱི་འཇིག་རྟེན་གྱི་ཁམས་གསེར་མདོག་ཅན་དུ་གཤེགས་སོ། །ཞེས་སྤྱན་སྔ་ན

གནས་པ་ཕལ་ཆེ་བས་གསལ་བར་རྟོགས་པ་ཡིན་ནོ། །སྤྱིར་ཞུགས་ལ་ཕྱུལ་བའི་ཚེ་སྤྱན་སྔ་ན་བཞུགས་པ་ཐམས་ཅད་ལ་ཡིད་མི་བདེ་བ་མེད་པར་ཏིང་ངེ་འཛིན་དང་ལྡན་ཞིང་། ཞལ་བཞི་པར་ནི་ཐམས་ཅད་ཀྱིས་མཐོང་ལ། ཁ་ཅིག་གིས་ནི་ཞལ་བརྒྱད་པར་མཐོང་ངོ་། །དེ་ལྟ་བུའི་བླ་མ་དེ་ལ་སློབ་མའི་མཆོག་ཇི་ལྟར་བྱུང་ན། སྐྱེ་རྒྱ་བ་ལས་དབང་ཞུས་པའི་སྟ་གོན་གྱི་མནལ་ལམ་དང་། རྗེ་དགོན་པ་བས་ལུང་བསྟན་པ་དང་མཐུན་པར། ལུས་མ་སྤངས་པར་གྲུབ་པ་ཐོབ་པ་གསུམ་ནི། སིནྡྷ་ལའི་གླིང་ནས་འོངས་པའི་ཨ་ཙ་ར། བྱང་ཆུབ་སེམས་དཔའ་སྟག་སྒོམ་པ་ཀྱི་འབར་དང་གསུམ་མོ། །བཟོད་པ་ཐོབ་པ་བདུན་ནི། རྗེ་བཙུན་ཆེན་པོ། ཞུས་བྱེས་དངོས་གྲུབ། ཀ་སྟོན་རྡོ་རྗེ་གྲགས། ནགས་སྒོམ་བསོད་ནམས་རྒྱལ་མཚན། འཚང་ཁའི་རྣལ་འབྱོར་པ། སྒོམ་པ་འོད་གྲགས། ཨ་ཅེ་མང་ཆུང་མའོ། །བླ་མ་ཆ་གན་གྱི་གསུང་གིས། བཟོད་ཐོབ་བཅུ་གཅིག་ནི། རྗེ་པ། ཞུས་བྱེས། སྒོམ་ཆེན་རྟ་རྒན། བྱང་སེམས་ཟླ་རྒྱལ། ཨ་རྗེ་ཕག་སྟོན། ཇོ་མོ་ཉང་ཆུང་མ། མ་ཇོ་བྱང་རྒྱན། ལྡན་མ་ཇོ་གདན། བདེ་གཤེགས་ཁམས་པ་ཇོར་རྒྱལ། ཞང་གསུམ་ཐོག་པ། གཤེན་སྒོམ་རྡོ་རྗེ་སེང་གེའོ། །དྲོད་ཆེན་པོ་ལ་གནས་པ་རྗེ་བཙུན་རྩེ་མོ་ལ་སོགས་པ་བཅོ་ལྔ། དྲོད་འབྲིང་ལ་གནས་པ་སྐྱུ་ར་ཨ་སྐྱབས། དྲིལ་ཆེན་གྱི་ཇོ་མོ་ཞང་མོ་ལ་སོགས་པ་སུམ་ཅུ་སོ་གཅིག །དྲོད་ཆུང་ངུ་ལ་གནས་པ་ཁམས་པ་ཨ་སེང་། ནེ་ཚོ་སྦལ་སྟོན། མངའ་རིས་པ་གྲགས་སེང་། ཇོ་མོ་མང་ཆུང་མ་ལ་སོགས་པ་མང་དུ་བྱུང་གསུང་ངོ་། །གཞན་ཡང་དཔལ་ཆེན་འོད་པོ། གཉེན་གཙུག་ཏོར་རྒྱལ་པོ། རྒྱ་སྒོམ་ཚུལ་ཁྲིམས་གྲགས། མི་ཉག་པྲཛྙཱ་ཛྭ་ལ། ཁམས་པ་ཀྲྀ་ཡོ་ལ་སོགས་པ་མཁས་ཤིང་གྲུབ་པ་བརྙེས་པ་བསམ་གྱིས་མི་ཁྱབ་པ་བྱུང་ངོ་། །

གསུམ་པ་ནི། བླ་མ་ཆེན་པོ་དེ་ལ་རིགས་ཀྱི་སྲས་བཞི་འཁྲུངས་ཏེ། དང་པོར་ཇོ་མོ་ཆུང་ཤོས་ཇོ་ལྕམ་ཕུར་མོ་བྱ་བ་ལ་གཅེན་ཀུན་དགའ་འབར་འཁྲུངས་ཏེ། གཞོན་ནུ་ལ་རྒྱ་གར་དུ་བྱོན། རིགས་པའི་གནས་ལྔ་ལ་མཁས་པར་གྱུར་ནས། བོད་དུ་འབྱོན་གྲབས་བྱས་པའི་ཐོག་ཏུ་ཚད་པ་བྱུང་སྟེ། དགུང་ལོ་ཉི་ཤུ་རྩ་གཉིས་པ་ལ་མ་ག་དྷར་སྐུ་གཤེགས་སོ། །ཇོ་མོ་ཆེ་བ་ཚ་མོ་རོང་བའི་མ་གཅིག་འོད་སྒྲོན་བྱ་བ་ལ་སྲས་གསུམ་འཁྲུངས་པའི་ཆེ་བ་སློབ་དཔོན་རིན་པོ་ཆེ་བསོད་ནམས་རྩེ་མོ་སྟེ། དེ་ཉིད་ཡབ་དགུང་ལོ་ང་གཅིག་བཞེས་པ་ཆུ་ཕོ་ཁྱིའི་ལོ་ལ་སྐུ་འཁྲུངས་ནས། ཡུམ་ལས་བཙས་མ་ཁད་སཾ་ཀྲྀ་ཏའི་སྐད་དང་། བདག་ནི་བྱིས་པའི་སྤྱོད་པ་ལས་འདས་པའོ། ཞེས་ལན་གཉིས་སུ་བཏུད་ནས་གསུངས་ཤིང་དུས་ཀུན་ཏུ་སྐྱིལ་མོ་ཀྲུང་བཅས་པས་ཡ་མཚན་དུ་གྱུར་ཏོ། །དགུང་ལོ་གསུམ་པ་ལ་ཀྱེ་རྡོར། འཇམ་དཔལ། སྒྲོལ་མ། མི་གཡོ་བ་རྣམས་ཞལ་གཟིགས། རྒྱུད་གསུམ། བདེ་མཆོག་རྩ་རྒྱུད། ཀུན་ལས་བཏུས་དང་ལྔ་ཐུགས་ལ་གསུངས། རྒྱ་གར་དུ་མི་ཐུབ་ཟླ་བ་ལ་སོགས་པ་པཎྜི་ཏ་བཅུ

གཅིག་ཏུ་བརྒྱུད་ནས་སྐྱེ་བ་བཞེས་པ་དྲན་ནོ། །དགུང་ལོ་བཅུ་བདུན་བཞེས་པའི་ཚེ། རྒྱུད་སྡེ་བཞི་བཅུ་ཐུགས་ལ་གསུངས་ཤིང་། རྡོ་རྗེ་ཐེག་པ་མཐའ་དག་ལ་མཁས་པར་རྒྱ་བོད་ཀུན་ལ་གྲགས། རྡོ་རྗེ་གདན་གྱི་ཡ་ཐེམ་ལ་འཛམ་དཔལ་གྱི་སྤྲུལ་པ་བསོད་ནམས་རྩེ་མོ་རྡོ་རྗེ་ཐེག་པ་མཐའ་དག་གི་དབང་ཕྱུག་དམ་པ་ས་སྐྱར་སྐྱེས་སོ་ཞེར་བའི་ཡི་གེ་མཁའ་འགྲོ་མས་བྲིས་པ་ཀོའུ་ཤཾ་ཀྱིའི་པཎྜི་ཏ་དེ་ཕ་མ་ཧིས་ཕྱོགས་ཀུན་ཏུ་བསྒྲགས་པས་བོད་ཉིད་ནས་རྩད་ཆོད་ཞེར་རོ། །མདོར་ན་དེ་ཡན་ཆད་དུ་ཡབ་ལས་རྡོ་རྗེ་ཐེག་པས་བསྡུས་པའི་རྒྱུད་འགྲེལ་པ། དཀྱིལ་ཆོག་སྒྲུབ་ཐབས་དབང་བྱིན་རླབས་མན་ངག་ཕྱག་ལེན། ཁྲིད་དང་བཅས་པ་ཞུས་ནས་ཐུགས་སུ་ཆུད་པར་མཛད་དོ། །དེ་ཉིད་ཀྱི་ལོར་ཡབ་གཤེགས་ནས་དེའི་ཕྱིར་ལོར་རྗེ་པ་ལ་གདན་ས་གཏད་ནས། གསང་ཕུར་ཕུ་བ་ཆེན་པོའི་དྲུང་དུ་བྱོན་ཏེ། སྒྲ་ཚད་ཕ་རོལ་ཏུ་ཕྱིན་པ་འདུལ་བ་མངོན་པ་ལ་སོགས་པའི་སྡེ་སྣོད་མ་ལུས་པ་གསན་ཏེ། སྤྱི་ཕྱིར་ལོ་བཅུ་གཅིག་ཙམ་བཞུགས། ཡུམ་རྒྱས་པ་དང་། གསེར་གྱི་གན་ཇི་ར་ལ་སོགས་པའི་ཆོས་དང་ཟང་ཟིང་གི་འབུལ་བ་མང་པོས་བསྙེན་བཀུར་བར་མཛད་དོ། །ཡང་དབུ་རྩེ་རྙིང་མར་གསུང་ངག་གི་ལྷ་བའི་སྐབས་སུ་ནམ་མཁར་མཆོད་པའི་ཚོགས་ཀྱི་དབུས་སུ། རྗེ་པ། ཞུ་བྱེས། རྨོག་སྟོན་གསུམ་ལ་འཛམ་དཔལ། བིརྺ་པ། སྤྱན་རས་གཟིགས་ཀྱི་རྣམ་འཕྲུལ་གསུམ་བསྟན་ནས། ཆོས་ཉན་བཅུ་དགུ་དག་པའི་སྣང་བ་ལ་བཀོད་པར་མཛད་དོ། །

གཞན་ཡང་རྗེ་པས་མཛད་པའི་བསྟོད་པ་ལས་མནལ་ཚེ་འོད་གསལ་དག་གི་མཉམ་པར་འཛོག །མཐུ་སྟོབས་དབང་ཕྱུག་ཡི་དམ་གང་རུང་ལ། །ཉིན་མཚན་གང་ཡང་ཐེ་ཚོམ་གཅོད་མཛད་པས། །རིག་པའི་གནས་ལྔ་མཐར་ཕྱིན་ལ་འདུད། །གང་གི་ཀུན་སྤྱོད་ཉེས་པའི་དྲི་མ་བྲལ། །ལོག་སྨྲའི་མཐའ་སྤངས་བདེན་དོན་གསུང་བ་པོ། །སྤྲོས་པ་མེད་ཐུགས་སྟོང་ཉིད་སྙིང་པོ་ཅན། །ས་གསུམ་སྙན་པར་གྲགས་པ་ཁྱོད་ལ་འདུད། །སྒྲ་ཚད་ཕ་རོལ་ཕྱིན་དང་གསང་སྔགས་སོགས། །གཟིགས་པ་ཙམ་གྱིས་ཚིག་དང་དོན་བཅས་པར། །ལེགས་དགོངས་གཞན་ལ་ཕན་པ་ལྷུར་ལེན་པའི། །མཁྱེན་པའི་སྤྱན་རས་གསལ་བ་ཁྱོད་ལ་འདུད། །གཡེང་བ་མེད་པར་འཆད་རྩོད་རྩོམ་པ་དང་། །རིམ་གཉིས་རྣལ་འབྱོར་རྒྱུན་ཆད་མེད་པ་ཡིས། །རྗེས་ཐོབ་སྒྱུ་མར་མཁྱེན་ནས་སེམས་ཅན་ལ། །སྦྱིན་པ་རྣམ་བཞིས་ཚིམ་མཛད་ཁྱོད་ལ་འདུད། །བླ་ཆེན་འདོད་ལྷ་ཀུན་ལས་ཆོས་རྣམས་ནོད། །དབུས་གཙང་མཁས་རྣམས་བསྟེན་ནས་སྦྱང་ཚུལ་བསྟན། །བསྟན་པའི་སྲོག་ཤིང་ཆེན་པོར་རྩ་བདུན་ལ། །འཛམ་གླིང་ཡོངས་སུ་གྲགས་པ་ཁྱོད་ལ་འདུད། །པོ་ཏ་ལ་དང་དཔལ་རི་ཨུ་རྒྱན་དུ། །ཉིན་ཕྱེད་ཙམ་གྱིས་ལེགས་འཁོར་མཁའ་འགྲོ་དང་། །དཔའ་བོའི་ཚོགས་དང་སྤྱོད་པའི་བརྟུལ་ཞུགས་སྤྱད། །རྣམ་འཕྲུལ་དུ་མས་ཉེར་གནས་ཡི་རང་

འདུད། །དབང་འདུས་དཀྱིལ་འཁོར་གཙོ་དང་དབྱེར་མེད་པས། །ཟབ་མོའི་དོན་གསུངས་གནས་དང་མཁའ་ཀུན་ལ། །འོད་དང་འོད་ཟེར་རོལ་མོའི་སྒྲ་སྒྲོགས་པས། །བདག་ཡིད་ཏིང་འཛིན་སྒོ་མང་ཕྱེ་ལ་འདུད། །ཅེས་གསུངས་པ་ལྟར་ཤེས་པར་བྱའོ། །

དེ་ལྟ་བུའི་བླ་མ་དེས་ཡང་དག་པར་སྦྱོར་བའི་རྒྱུད་ཀྱི་འགྲེལ་པ་དང་། བྱང་ཆུབ་སེམས་དཔའི་སྤྱོད་པ་ལ་འཇུག་པའི་འགྲེལ་པ་དང་། ཆོས་ལ་འཇུག་པའི་སྒོ་ལ་སོགས་པ་བསྟན་བཅོས་མང་དུ་མཛད་ནས། སྐལ་ལྡན་གྱི་འགྲོ་བ་མང་པོ་སྨིན་གྲོལ་གྱི་ལམ་ལ་བཀོད་པར་མཛད་དེ་དགུང་ལོ་ཞེ་གཅིག་པ་ཆུ་ཕོ་སྟག་གི་ལོ་སྨལ་པོ་ཟླ་བའི་ཚེས་བཅུ་གཅིག་ལ་ལུས་མ་སྤངས་པར་བདེ་བ་ཅན་གྱི་འཇིག་རྟེན་གྱི་ཁམས་སུ་གཤེགས་པར་གྱུར་ཏོ། །དེའི་སློབ་མ་ནི་ཕལ་ཆེར་བླ་ཆེན་དང་ཐུན་མོང་བ་ཡིན་པས་ལོགས་སུ་མ་སྨོས་སོ། །

སྲས་བར་པ་རྗེ་བཙུན་རིན་པོ་ཆེ་གྲགས་པ་རྒྱལ་མཚན་ནི། ཡབ་དགུང་ལོ་ང་དྲུག་བཞེས་པ། མེ་མོ་ཡོས་ཀྱི་ལོ་ལ་བཀྲ་ཤིས་པའི་ལྟས་དང་བཅས་ཏེ་བལྟམས་ཤིང་། སྐྱེ་ཤེས་ནས་དབེན་པ་ལ་དགའ་བ་དང་། བརྐམ་ཆགས་མེད་པ་དང་། ཡོན་ཏན་བསླབ་པ་ལ་བརྩོན་པ་དང་། བྱིས་པའི་སྤྱོད་པ་ལས་འདས་པར་གྱུར་ཏོ། །དགུང་ལོ་བརྒྱད་པ་ལ་བྱང་སེམས་ཟླ་བ་རྒྱལ་མཚན་ལས་ཚངས་པར་སྤྱོད་པའི་དགེ་བསྙེན་གྱི་སྡོམ་པ་མནོས་ཏེ། དེ་ཕྱིན་ཆད་རབ་ཏུ་བྱུང་བ་བས་ཀྱང་བཙུན་པར་མཛད་ཅིང་། ཚོགས་མཆོད་ཀྱི་དུས་སུ་དམ་ཚིག་གི་རྫས་ཙམ་མ་གཏོགས་པ་ཐ་མལ་དུ་ཤ་ཆང་ཞལ་དུ་མི་རེག་སྐད་དོ། །དགུང་ལོ་བཅུ་པ་ལ་སྡོམ་པ་ཉི་ཤུ་པ། སྒྲུབ་ཐབས་མཚོ་སྐྱེས་གསུངས། བཅུ་གཉིས་པ་ལ་ཀྱེ་རྡོར་རྒྱུད་གསུམ་གྱི་པོ་ཏི་གསོལ་བའི་རྨི་ལམ་བྱུང་བ་དང་། ཆོས་ཐམས་ཅད་ཀྱི་དེ་ཁོ་ན་ཉིད་ཐུགས་སུ་ཆུད་པར་གྱུར་ཏོ། །དེའི་ཚེ་ས་ཆེན་གཤེགས་ནས་ཆོས་འཁོར་ཆེན་པོ་མཛད་དེ། རང་གི་སློབ་མ་ལ་བརྟག་གཉིས་གསུངས་པས་ངོ་མཚར་དུ་གྱུར་ཏོ། །དེ་ཡན་ཆད་དུ་ཡབ་ལས་རྡོ་རྗེ་ཐེག་པས་བསྡུས་པའི་ཆོས་སྐོར་མང་དུ་གསན་ནས། ལོ་བཅུ་གསུམ་པ་ལ་གདན་ས་བཟུང་སྟེ། སླར་ཡང་སློབ་དཔོན་རིན་པོ་ཆེ། གཞན་གཙུག་ཏོར་རྒྱལ་པོ། ཞང་ཚུལ་ཁྲིམས་གྲགས། གཉག་དབང་རྒྱལ། བལ་པོ་ཛ་ཡ་སེ་ན། ལོ་ཙྪ་བ་དཔལ་མཆོག་དང་པོའི་རྡོ་རྗེ་ལ་སོགས་པ་ལ་རྒྱུད་སྡེ་བཞི་དང་། སྡེ་སྣོད་གསུམ་གྱིས་བསྡུས་པའི་ཆོས་ཀྱི་རྣམ་གྲངས་བསམ་གྱིས་མི་ཁྱབ་པ་གསན་ཅིང་ཐུགས་སུ་ཆུད་པར་མཛད། ནང་དུ་རིམ་གཉིས་ཀྱི་ཏིང་ངེ་འཛིན་རྒྱུན་མི་འཆད་པར་མཛད་དེ། ཆོས་གསུང་པ་ལ་འབྱོན་པའི་ཚེའང་། ཀྱེ་རྡོར་སྒོམ་ཞིང་བྱོན་ནས་ཁྲི་ཐོག་ཏུ་ཕེབ་པ་དང་དབུ་རྒྱན་ལ་རིགས་བདག་ཚར། ཆོས་གཏོར་ལ་རྒྱུན་གཏོར་གྱི་ཚབ་མཛད། ཆོས་གསུང་པ་ལ་བརླས་པའི་དོན་མཛད་ནས་ཡར་བྱོན་པ་དང་བདེ་མཆོག་སྒོམ་ཞིང་བྱོན། མདོར་ན་ཉིན་ཞག་ཐུགས་རེ་ལ་དཀྱིལ་འཁོར

བདུན་ཅུ་རེའི་ཐུགས་དམ་མཛད། གསུང་ངག་ཀྱང་བླ་མའི་བཀའ་རྒྱ་ལོ་དགུ་མཛད་པ་ལ། ལོ་བཅུ་གསུམ་གྱི་བར་དུ་མ་གསུངས་ཤིང་། དེ་ནས་གསུང་ངག་གི་སྒོ་ནས་སྐལ་ལྡན་མང་པོ་རྣམ་པར་གྲོལ་བ་མཆོག་ལ་བཀོད་པར་མཛད་དོ། །གཞན་ཡང་འཆད་རྩོད་རྩོམ་གསུམ་གྱི་སྒོ་ནས་ཐུབ་པའི་བསྟན་པ་ཆེས་ཆེར་གསལ་བར་མཛད་ཅིང་། ཆོས་དང་ཟང་ཟིང་གི་སྒོ་ནས་མགོན་མེད་པའི་གདུལ་བྱ་རྣམས་ཀྱི་མགོན་མཛད་པ་ཞིག་གོ། །

མནལ་ལམ་དུ་སྐྱེ་བ་དྲན་པ་དང་། ལུང་བསྟན་བརྙེས་པའི་ཚུལ་ནི། ལོ་བཅོ་བརྒྱད་པ་ནས་མཚན་བརྗོད་སྟར་བཟུང་བ་མེད་པར་སྐྱེ་བ་སྔ་མ་ལ་བཟུང་བ་ཡིན་བྱས་ནས་ཚར་ཕྱེད་ཙམ་བཏོན་པ་སྨིས་པ་དང་། བཅུ་དགུ་པ་ན་ཚར་གཅིག་བཏོན་པ་སྨིས་པ་དང་། ཉི་ཤུ་པ་ན་རྒྱ་གར་ཤར་ཕྱོགས་ཧྲ་ལེཀྵ་ན་དགེ་བསྙེན་ སྤགས་པ་པཎྜི་ཏ་གཅིག་ཏུ་སྐྱེ་བ་བཞེས། དེ་ནས་བྱ་རྒོད་ཕུང་པོའི་རིའི་བྱང་ཕྱོགས་ན་བཙུན་པ་པཎྜི་ཏ་གཅིག་ཏུ་སྐྱེ་བ་བཞེས། དེ་ནས་ཨུ་རྒྱན་གྱི་བྱང་ངོས་ན་བཙུན་པ་པཎྜི་ཏ་གཅིག་ཏུ་སྐྱེ་བ་བཞེས། དེ་ནས་བོད་ཅུང་བའི་ཡུལ་ན་ལྷོག་སྟོན་གཙུག་ཐུ་བར་སྐྱེ་བ་བཞེས་ཏེ། མཚན་བརྗོད་མང་དུ་བཤད་ཅིང་། བླ་ཆེན་ཡང་སློབ་མར་འདུག་པ་སྨིས་པ་དང་། སུམ་ཅུ་སོ་བདུན་པ་ན་ཐོ་རངས་མནལ་དུ་སོང་བའི་ཚེ། སློབ་དཔོན་རིན་པོ་ཆེ་སྐུ་གཤེགས་ནས་རིང་པོ་རམ་ལོན་པའི་གདུང་གི་གསེབ་ནས་སྨྲང་པོ་ཆེའི་སྐད་ལྷ་བུའི་སྒྲ་གཅིག་བར་སྣང་ལ་འཐོན་ནས། ཁྱོད་འདི་ནས་བྱང་ཕྱོགས་སུ་འཇིག་རྟེན་གྱི་ཁམས་དུ་མ་འདས་པ་ན་འཇིག་རྟེན་གྱི་ཁམས་གསེར་མདོག་ཅན་ཞེས་བྱ་བར་དེ་བཞིན་གཤེགས་པ་གསེར་འོད་རྣམ་པར་རྒྱན་པའི་རྒྱལ་པོ་ཞེས་བྱ་བའི་བསྟན་པ་ལ་ད་ལྟ་འཁོར་ལོས་སྒྱུར་བའི་རྒྱལ་པོ་བསོད་ནམས་མཐའ་ཡས་ཞེས་བྱ་བའི་སྲས་འཁོར་ལོས་སྒྱུར་བའི་རྒྱལ་པོ་ཡོན་ཏན་མཐའ་ཡས་ཞེས་བྱ་བར་འགྱུར་རོ་ཞེས་སྒྲ་གྲག་གོ་ཞེས་གསུངས་སོ། །

ཞེ་དགུ་པའི་དུས་ན་ཧ་མཚམས་སུ་བྱོན་པའི་མནལ་ལམ་དུ། བླ་མ་ཡབ་སྲས་དང་མཇལ་ནས་དབང་བཞི་པའི་ལམ་བསྟན། རང་ཉིད་ཀྱིས་ཀྱང་ཆོས་འབྲེལ་ཙམ་བྱས་པའི་འགྲོ་བ་མང་པོ་དང་། དབང་བསྐུར་ཙམ་བྱས་པ་མང་པོ་དང་། ལམ་ལ་འབད་རྩོལ་ཅུང་ཟད་བྱས་པ་རྣམས་ཐར་ལམ་ལ་དྲིང་བའི་མཚན་མ་མཐོང་བ་དང་། རྟོགས་པ་ཅུང་ཟད་དང་ལྡན་པ་བདུན་ཅུ་ཙམ་དང་། དེ་ལས་རྟོགས་པ་ཆེ་བ་སུམ་ཅུ་ཙམ་དང་། ཕ་རོལ་ཏུ་ཕྱིན་པ་ནས་བཤད་པའི་བཟོད་པ་ཐོབ་པ་ལྔ་དྲུག་ཙམ་གྱི་སློབ་མ་འབྱུང་བ་དང་། རང་ཉིད་ཀྱང་དེ་དང་མཉམ་པར་འབྱུང་བའི་མཚན་མ་མཐོང་བ་དང་། ང་དྲུག་ལོན་པ་ན་མནལ་ལམ་དུ་བླ་ཆེན་དང་མཇལ་ནས། སྔར་གནང་བའི་གསུང་ངག་ཐམས་ཅད་ཀྱི་བརྡ་སྟོན་པའི་རྡོ་དཀར་ལ་འཇམ་པ་མཚན་མ་དང་བཅས་པ་དང་། མན་ངག་གི་ཚིགས་སུ་བཅད་པ་ཡང་གནང་བ་དང་། དྲུག་ཅུ་རེ་གཅིག་ལོན་པ་ན་མཁའ་འགྲོ་མས་མཁའ་སྤྱོད་དུ

གདན་འདྲེན་པའི་ཚེ། ད་དུང་འདི་ན་དོན་ཆེ་བས་འདིར་སྡོད་གསུངས་པ་དང་། ཡང་ནེའུ་གསིང་གཅིག་གི་སྟེང་ན་གསེར་གྱི་གོར་གོར་འཕང་ལོ་ཙམ་འདུག་པ་ལ། འདི་ལ་གདན་ཐིང་ལ་བཞུགས་ཤིག །བཏེག་ནས་མཁའ་སྤྱོད་དུ་འགྲོ་བ་ཡིན་ཟེར་བ་ལ། སྔར་བཞིན་གསུངས་པ་དང་། རེ་བདུན་ལོན་པ་ན་བླ་ཆེན་དང་མཇལ་ནས་ཆོས་ཀྱི་སྒྲོ་འདོགས་མང་དུ་བཅད་དེ། བླ་མའི་གཡས་ཕྱོགས་ན་ཀྱེ་རྡོར་ལྷ་དགུ། གཡོན་ཕྱོགས་ན་ཤཱཀྱ་ཐུབ་པ་ཉན་ཐོས་ཆེན་པོ་བརྒྱད་ཀྱིས་བསྐོར་བ་བསྟན་ནས། ཁྱོད་སྡོམ་པ་ལེན་ན་གང་ལས་ལེན། དབང་བསྐུར་ཞུ་ན་གང་ལ་ཞུ་གསུང་བ་སྐམ་བྱེད་ནས། བདག་བཙུན་པ་བྱེད་ན་མཁན་པོར་གྱུར་པ་དང་། དབང་བསྐུར་ཞུ་བའི་བླ་མར་གྱུར་པ་ནི་བླ་ཆེན་ཉིད་ལགས་སོ་ཞེས་ཞུས་པས་དེ་དེ་བཞིན་ནོ། ཞེས་གསུངས་ནས་བླ་ཆེན་ཉིད་ལ་འཁོར་བྱང་སེམས་ཉེ་བའི་སྲས་བརྒྱད་འདུག་པ་སྐམ་བྱེད་པ་དང་། དེ་ལ་གཡས་གཡོན་གྱི་ལོངས་སྐུ་ལྷ་དགུ་དང་། སྤྲུལ་སྐུ་ལྷ་དགུ་བླ་མ་ལ་ཐིམ་པར་མཐོང་། བླ་མས་ཆོས་ཀྱི་སྒྲོ་འདོགས་མང་དུ་གཅད་ནས་རིགས་ཀྱི་བུ་ཆོས་ཐམས་ཅད་ཀྱི་དེ་ཁོ་ན་ཉིད་འདི་ལྟར་ཡིན་མོད་གསུངས་ནས། མི་སྣང་བར་གྱུར་པ་དང་མནལ་སད་དོ། །

རེ་བརྒྱད་པའི་ཚེ་བདེ་བ་ཅན་དུ་སྤྱན་འདྲེན་པའི་ཕོ་ཉ་མང་པོ་ཕྱིར་ཟློག །རེ་དགུ་པ་ལ་ལྷ་མང་པོ་ལྷགས་ནས་མི་མཇེད་ཀྱི་མི་བསྡུགས་པ་དང་། བདེ་བ་ཅན་གྱི་བསྡུགས་པ་བརྗོད་པ་ན་ཁོ་བོ་ཞིང་བཟང་པོ་ལ་དགའ་བ་མེད་ལ་ཞིང་སྦྱོང་བ་ལ་ཞིང་དམན་པ་ཁྱད་པར་དུ་འཕགས་ཤིང་། བདག་ལ་ལྟོས་པའི་མགོན་མེད་མེད་པ་འགའ་ཡོད་པས་མི་འགྲོ་གསུངས་ནས་བཟློག །དེ་ནས་ཞག་བདུན་ཙ་འདས་པ་ན་ཅི་ནས་ཀྱང་གཤེགས་སོ་ཟེར་ནས་དེའི་ཚེ་བདེ་བ་ཅན་གྱི་བཀོད་པ་ཡང་གཟིགས་སོ། །བདུན་ཙ་པའི་ཕོ་རངས་ཆོས་རྗེ་པ་ཅོག་ཅོག་འདུག་སྟེ། ཅུང་ཟད་མནལ་བ་ན་བདེ་བ་ཅན་ནས་འོངས་པའི་ལྷ་ཚོགས་ནམ་མཁའ་གང་བས་སེང་གེའི་ཁྲི་རྒྱན་དུ་མས་སྤྲས་པ་དང་། མཆོད་པའི་བཀོད་པ་དུ་མ་དང་བཅས་པས། རྗེ་བ་སྤྱན་འདྲེན་པ་ཡིན་ཟེར་བ་ལ་གསོལ་བ་བཏབ་པས། རེ་ཤིག་ཅང་མི་སྨྲ་བར་འཁོད་དོ། །རྗེ་ཉིད་ལ་གསོལ་བ་བཏབ་པས་གཤེགས་པར་སྤྲོ་བར་གཟིགས་ནས། ཁྱོད་ཀྱང་བདེ་བ་ཅན་གྱི་བཀོད་པ་ལ་ལྟོས་ཤིག་གསུངས་ཏེ། ཕྱག་གིས་བརྡ་མཛད་པས་བདེ་བ་ཅན་གྱི་བཀོད་པ་ཡིད་འཕྲོག་པ་གཟིགས་སོ། །དེར་དང་པོ་གསེར་མདོག་ཅན་དུ་གཤེགས་གསུངས་པ་དང་མི་འགལ་ལམ་ཞུས་པས། བླ་མ་ཡབ་སྲས་ཀྱི་དྲུང་དུ་སྐྱེ་བར་གྱུར་ཅིག་ཅེས་པའི་སྨོན་ལམ་གྱི་སྟོབས་ལས་རེ་ཤིག་བདེ་བ་ཅན་དུ་འགྲོ་དེར་ཡུན་མི་རིང་བ་ཞིག་བསྡད་ནས། གསེར་མདོག་ཅན་དུ་འཁོར་ལོས་སྒྱུར་བའི་ཆ་བྱད་དུ་བྱས་ཏེ་སངས་རྒྱས་ཀྱི་ཞིང་སྦྱོང་ཞིང་། སྐྱེ་བ་གསུམ་པའི་ལུས་དེ་མ་སྤངས་པར་ཕྱག་ཆེན་མཆོག་གི་དངོས་གྲུབ་ཐོབ་ཏུ་རེ་བ་ཡིན་གསུངས་ནས། ཟབ་མོའི་ཏིང་ངེ་འཛིན་ལ་རྩེ་གཅིག་ཏུ་མཛད་དོ། །

དེ་ལྟར་དགུང་ལོ་བདུན་ཅུའི་བར་དུ་གདུལ་བྱ་དཔག་ཏུ་མེད་པའི་དོན་མཛད་ནས། མེ་ཕོ་བྱི་བའི་ལོ་ཁྲིའི་ཟླ་བའི་ཚེས་བཅུ་གཉིས་ལ་བདེ་བ་ཅན་དུ་གཤེགས་སོ། །དེ་ལ་སློབ་མ་ཇི་ལྟར་བྱུང་བའི་ཚུལ་ནི། བླ་མ་ཡབ་སྲས་ཀྱི་སློབ་མ་ཕལ་ཆེ་བ་རྗེ་འདི་ཉིད་ཀྱི་ཡང་སློབ་མ་ཡིན་ཅིང་། ཁྱད་པར་དུ་གྲགས་པའི་མཐའ་ཅན་གྱི་བུ་ཆེན་བཞི་ནི་དཀར་ཤཱཀྱ་གྲགས། ནུབ་པ་རིག་འཛིན་གྲགས། གསལ་བ་དབང་ཕྱུག་གྲགས། ལྗེ་སྟོན་དཀོན་མཆོག་གྲགས་སོ། །ཐུགས་སྲས་གཉིས་ནི་ཆོས་རྗེ་པ་སྐྱ་མཆེད་དོ། །གྲུར་རྒྱན་ཞུས་པའི་མི་བཞི་ནི། སུ་རྩུ་བྱང་ཆུབ་གྲགས། ཅང་སྟོན་བརྩོན་འགྲུས་གྲགས། ལྷ་ཕོག་ཡོན་ཏན་བཟུང་། རིགས་ལྡན་ཤེས་རབ་རིན་ཆེན། གཞན་ཡང་ཇོ་སྲས་ལྕགས་ཀྱི་རྡོ་རྗེ། བྲ་སྟོན་ཡེ་ཤེས་སེང་གེ། ཞང་རྒྱལ་བ་དཔལ་བཟང་པོ། ལྗོ་པ་རིན་ཆེན་དཔལ་བཟང་པོ་ལ་སོགས་པ་མཐའ་ཡས་སོ། །

སྲས་ཆུང་བ་དཔལ་ཆེན་འོད་པོ་ནི། ཡབ་ང་དགུ་བཞེས་པ་ལྕགས་ཕོ་རྟ་ལོ་ལ་འཁྲུངས་ནས་ཡབ་མེས་ཀྱི་ཆོས་རྣམས་ལ་ལེགས་པར་སྦྱངས་ཤིང་། ཁྱད་པར་དུ་མན་ངག་མང་པོ་དང་གསོ་བ་རིགས་པ་ལ་སྦྱངས་ཏེ། བརྩེ་བའི་ཐུགས་རྗེས་འགྲོ་བ་མང་པོའི་དོན་མཛད་ནས། དགུང་ལོ་ང་བཞི་པ་ཆུ་མོ་ཕག་གི་ལོ་ལ་བདེ་བར་གཤེགས་སོ། །དེ་ལ་སྲས་གཉིས་ལས་ཆེ་བ་བླ་མ་ཆོས་རྗེ་པའི་རྣམ་པར་ཐར་པ་འོག་ཏུ་འཆད་དོ། །

གཅུང་བསོད་ནམས་རྒྱལ་མཚན་ནི། ཡབ་དགུང་ལོ་སོ་ལྔ་བཞེས་པའི་ཚེ། ཤིང་ཕོ་འབྲུག་ལ་སྐུ་འཁྲུངས་ནས། བླ་མ་རྗེ་པ་དང་། ཆོས་རྗེ་པ་གཉིས་ལ་ལུང་རིགས་མན་ངག་དུ་མ་གསན་ཅིང་ཐུགས་སུ་ཆུད་ནས་ཀྱི་རྡོར་དང་ཕུར་པ་ལ་ཐུགས་དམ་མཛད། ནག་པོ་ཆེན་པོ་ལྕམ་དྲལ་བྲན་བཞིན་དུ་འཁོལ་བ་ཞིག་སྟེ། གདུལ་བྱ་དཔག་ཏུ་མེད་པའི་དོན་མཛད་ཅིང་། བདེ་བར་གཤེགས་ཁར་དག་པའི་སྣང་བ་མང་པོ་གཟིགས་ཤིང་། བླ་མ་དང་ཡི་དམ་དབྱེར་མི་ཕྱེད་པའི་དགོངས་པ་མཛད་སློབ་མ་རྣམས་ལ་ཁྱེད་རྣམས་བླ་མ་འདི་སངས་རྒྱས་དངོས་སུ་འདུག་པས་ཐེ་ཚོམ་མ་ཟ་བར་མོས་གུས་གྱིས་གསུངས་ཏེ། ངའང་ལྷོ་ཕྱོགས་ཀྱི་རྒྱུད་དུ་སློབ་མ་འགའ་རེ་ལ་དབང་བསྐུར་ཞིང་སྨྲས་པའི་རྣལ་འབྱོར་གྱིས་ལམ་ཟབ་མོ་ཉམས་སུ་ལེན་པ་གཅིག་ཏུ་སྐྱེ་བ་འདུག་གསུངས་ནས། ཟབ་མོའི་ཏིང་ངེ་འཛིན་ལ་རྩེ་གཅིག་ཏུ་བཞུགས་ཏེ། དགུང་ལོ་ང་དྲུག་བཞེས་པ་ས་མོ་ཕག་གི་ལོ་རྒྱལ་གྱི་ཟླ་བའི་ཉི་ཤུ་གཉིས་ལ་སྐུ་གཤེགས་སོ། །

བླ་མ་འདི་ལ་ཇོ་མོ་ལྷ་བྱུང་ཞིང་སྲས་ལྔམ་སྲིང་བརྒྱད་འཁྲུངས་པ་ལས་ཡབ་དགུང་ལོ་ང་གཉིས་བཞེས་པ་ཤིང་མོ་ལུག་གི་ལོ། མ་གཅིག་ཀུན་སྐྱིད་ལ་འགྲོ་མགོན་འཕགས་པ་འཁྲུངས་པ་ནི། སྐུ་བལྟམས་པ་ན་ལྟས་བཟང་པོ་དང་བཅས་ཤིང་། ཆུང་དུན་འབྲི་ཀློག་ལ་སོགས་པའི་རིག་པའི་གནས་འགའ་ཞིག་མ་བསླབ་པར

མཁྱེན་པ་དང་། སྤྱན་རས་གཟིགས་དང་གསུང་གླིང་མཛད་པར་གྲགས་པའི་ས་སྟོན་རི་བ་དང་། གླང་རི་བ་ལ་སོགས་པའི་སྐྱེ་བ་རྟ་མ་དུ་མ་དྲན་ཅིང་། དགུང་ལོ་གསུམ་པ་ལ་སྒྲུབ་ཐབས་མཚོ་སྐྱེས་གསུངས། བརྒྱད་པ་ལ་སྐྱེས་རབས་ཐུགས་ལ་གསུངས། དགུ་པ་ལ་ཆོས་རྗེ་པའི་སྟོན་འགྲོའི་ཆོས་འཁོར་མཛད་དུས་བརྟག་གཉིས་གསུངས། ཚོགས་ཀྱི་གཏམ་བཤད་མཛད་པས་ཐམས་ཅད་ངོ་མཚར་ཏེ། མཁས་པ་ཐམས་ཅད་ཀྱི་ང་རྒྱལ་ཆགས་ཅིང་སོ་སོའི་སྐྱེ་བོ་ལ་འདི་ལྟ་བུའི་བློ་གྲོས་འབྱུང་མི་སྲིད་འདི་ནི་ངེས་པར་འཕགས་པའོ། །ཞེས་ཀུན་གྱིས་བསྔགས་པས་འཕགས་པར་གྲགས་སོ། །བཅུ་པ་ལ་ཆོས་རྗེ་པའི་ཆགས་ཕྱིར་བྱོན་ནས་དབུས་སུ་ཆོས་རྗེ་པས་མཁན་པོ། ཞྭ་ལུ་མཁན་པོ་ནམ་བཟའ་འཕྲེད་གསོལ་གྱིས་སློབ་དཔོན་མཛད་དེ་རབ་ཏུ་བྱུང་། སྐྱོར་མོ་ལུང་པ་ཤེས་རབ་དཔལ་ལས། དགེ་ཚུལ་གྱི་བསླབ་བྱ་རྣམས་གསན་ནོ། །དེ་ནས་རིམ་གྱིས་ཆོས་རྗེ་པའི་དྲུང་དུ། སྡེ་སྣོད་དང་རྒྱུད་སྡེའི་ཆོས་སྐོར་མཐའ་དག་གསན་ཅིང་ཐུགས་སུ་ཆུད་དོ། །བཅུ་བདུན་པ་ལ་ཆོས་རྗེ་པ་ལ་མངའ་བའི་ཡོན་ཏན་ཐམས་ཅད་རྫོགས་པས་ཐུགས་ཤིན་ཏུ་མཉེས་ཏེ། ཆོས་ཀྱི་དུང་དང་ལྷུང་བཟེད་ལ་སོགས་པ་གནང་། སློབ་མའི་ཚོགས་རྣམས་གཏད་ནས་བསྟན་པའི་བྱ་བ་དང་སེམས་ཅན་མང་པོའི་དོན་བྱ་བའི་དུས་ལ་བབ་པས་སྟོན་གྱི་དམ་བཅའ་དྲན་པར་གྱིས་ཤིག ཅེས་པའི་སྒོ་ནས་བསྟན་པ་གཏད་དོ། །

དགུང་ལོ་བཅུ་དགུ་པ་ལ་སེ་ཆེན་གྱིས་གདན་དྲངས་ནས་རྒྱལ་པོ་ཡབ་ཡུམ་གྱིས་ཐོག་དྲངས་མི་ཉི་ཤུ་རྩ་ལྔ་ལ་ཀྱེ་རྡོ་རྗེའི་དབང་བསྐུར་ནས། ཧོར་གྱི་རྒྱལ་ཁམས་སུ་རྡོ་རྗེ་ཐེག་པའི་དབུ་བརྙེས་སོ། །དེའི་ཕྱི་ལོར་རྒྱལ་པོ་ལྷོང་ཡུལ་དུ་དམག་ལ་ཕྱིན། བླ་མས་བྱང་ངོས་སུ་བྱོན་ཏེ། ཆོས་རྗེ་པའི་སྐུ་འབུམ་ལ་རབ་གནས་མཛད་ནས། ཆོས་རྗེ་པའི་གསུང་བཞིན་དུ་འུ་ཡུག་པ་ལས་བསྙེན་རྫོགས་མཛད་པ་དང་། སྔར་མ་གསན་པའི་ཆོས་མང་དུ་གསན་པར་དགོངས་ནས། ཡར་བྱོན་པ་ན་འུ་ཡུག་པ་གྲོང་ལོ་ལ་སྐུ་གཤེགས། ཞེས་ཐོས་ནས་ཕྱིར་ལོག་སྟེ་རྒྱལ་པོ་ཚུར་བྱོན་པ་དང་ལྷན་ཅིག་ཏུ་རྒྱ་ཡུལ་དུ་གཤེགས། རྒྱ་ཧོར་གྱི་མཚམས་སུ་དགུང་ལོ་ཉེར་གཅིག་པ་ཤིང་མོ་ཡོས་ཀྱི་ལོ་ལ་མཁན་པོ་གྲགས་པ་སེང་གེ། ལས་སློབ་ཇོ་གདན་བྱང་ཐང་པ་བསོད་ནམས་རྒྱལ་མཚན། གསང་སྟེ་སྟོན་པ་ཡར་ལུང་པ་བྱང་ཆུབ་རྒྱལ་མཚན། དད་དགེ་ཆོས་རྗེ་པའི་བུ་སློབ་མང་པོ་སྟེ། ཉི་ཤུའི་དབུས་སུ་བསྙེན་པར་རྫོགས་ནས་མཁན་པོ་ལས། ཕར་ཕྱིན་ལ་སོགས་པ་དང་། སློབ་དཔོན་ལས་འདུལ་བ་གསན་ཏེ་དཔྱིས་ཕྱིན་པར་མཛད་དོ། །

ཉེར་གསུམ་པ་ལ་ལྷོང་སྟོན་གདན་དྲངས་ནས་རི་བོ་རྩེ་ལྔར་བྱོན་ཏེ། གཤིན་རྗེའི་གཤེད་ལ་སོགས་པའི་ཆོས་སྐོར་མང་དུ་གསན། དེའི་ཚེ་ཆོས་རྗེ་པ་གསལ་བར་བྱོན་ནས་ཆོས་ཀྱི་གནད་མང་དུ་གསུངས། ཁྱོད་འདི་

ནས་བཟུང་སྟེ་ལོ་འབུམ་ཕྲག་གཅིག་དང་སྟོང་འདས་པའི་རྗེས་སུ་ཕྱུག་རྒྱ་ཆེན་པོ་མཆོག་གི་དངོས་གྲུབ་ཐོབ་ཅེས་ལུང་བསྟན་ཅིང་། དབུགས་ཕྱུང་བའི་ངང་ཉིད་ནས། སྲིད་པ་དུཿཁ་དུ་མ་ཡིས། །ཡུན་རིང་དུས་སུ་དུབ་པ་བདག །ལེགས་པར་གསུངས་པས་དབུགས་ཕྱིན་པ། །ཐུགས་རྗེའི་དབང་ཕྱུག་མཁྱེན་པའི་གཙོ། །ཆོས་ཀྱི་རྗེ་ལ་ཕྱག་འཚལ་ལོ། །ཞེས་པའི་བསྟོད་པ་མཛད་ཅེས་གསུངས་སོ། །དེ་ནས་རྒྱལ་པོའི་ཕོ་བྲང་དུ་བྱོན་ནས། ཆོས་འཁོར་མཛད་པའི་ཚེ་ཟིན་ཤིང་གི་སྟོན་པ་བཅུ་བདུན་རིགས་པས་ཕམ་པར་མཛད་ནས། ཡང་དག་པའི་ལྟ་བ་འཛིན་དུ་བཅུག་གོ། །

དགུང་ལོ་སུམ་ཅུ་པ་ལ་གདན་སར་ཆགས་ཕེབས་ནས་ཆོས་འཁོར་རྒྱ་ཆེན་པོ་མཛད། གཞན་འོད་སྲུངས། གྲུབ་ཐོབ་ཡོན་ཏན་དཔལ། མཆིམས་ནམ་མཁའ་གྲགས། ཚོགས་སྒོམ་ཀུན་དགའ་དཔལ། ཁ་ཆེའི་པཎྜི་ཏ་ཏ་ཐཱ་ག་ཏ་བྷ་དྲ། ཞང་ཞུང་རྡོ་རྗེ་འོད་ཟེར། གློ་བོ་ལོ་ཙྪ་བ། རིན་པོ་ཆེ་སྐྱབས་པ་དཔལ། སྟག་སྟོན་འོད་ཟེར་ཤེས་རབ། མདོན་པ་རིན་ཆེན་རྡོ་རྗེ། འབུམ་པ་འོད་ཟེར་ཤེས་རབ། ཐང་དཔེ་བ་གྲགས་བཟང་། མདོག་གློ་བ་ཤཱཀྱ་བྱང་ཆུབ། མཁན་པོ་སེང་གེ་ཟིལ་ནོན། སྤྱི་བོ་ལྷས་པ་ཇོ་སྲས། མདོན་པ་བ་དབང་ཕྱུག་བརྩོན་འགྲུས། རི་ལུང་ཕུག་པ་ཆོས་མགོན། སློབ་དཔོན་ལྷ་བཙུན། ལྷ་རྗེ་དར་མ་སེང་གེ། དབུས་པ་སངས་རྒྱས་འབུམ་རྣམས་ལས། ཕྱི་ནང་གི་རིག་པའི་གནས་རྣམས་དང་། བཀའ་ལུང་མན་ངག་རྒྱ་མཚོ་ལྟ་བུ་གསན་ནས་ཆོས་ཀྱི་མངའ་བདག་ཆེན་པོར་གྱུར་ཏོ། །སླར་ཡང་རྒྱལ་པོས་གདན་དྲངས་ནས་སུམ་ཅུ་སོ་གསུམ་པ་ལ་རྒྱ་ཡུལ་དུ་བྱོན།

བཞི་བཅུ་ཞེ་གཉིས་པ་ལ་གདན་སར་ཆགས་ཕེབས་ཏེ། ཟང་ཟིང་གི་དངོས་པོ་རྣམ་ཐོས་ཀྱི་བུའི་དཔལ་འབྱོར་ལ་འགྲན་པར་བཟོད་པ་ཕྱག་ཏུ་བྱུང་བ་ཐམས་ཅད་རང་དོན་དུ་ཏིལ་འབྲུ་ཙམ་ཡང་མ་བཅངས་པར་ཆོས་འཁོར་ཆེན་པོ་མཛད་པ་དང་། ཆོས་གྲྭ་རྣམས་ཀྱི་གཞི་རྐྱེན་འཛུགས་པ་དང་། སྐུ་གསུང་ཐུགས་ཀྱི་རྟེན་བཞེངས་པ་དང་། ཕོངས་པ་རྣམས་ལ་སྦྱིན་པ་གཏོང་བ་ལ་སོགས་པ་བསྟན་པ་དང་སེམས་ཅན་ལ་ཕན་པ་འབའ་ཞིག་མཛད་དོ། །རྒྱ་ཧོར་བོད་ལ་སོགས་པའི་གདུལ་བྱ་དཔག་ཏུ་མེད་པ་ལ་ཆོས་ཀྱི་སྦྱིན་པ་རྒྱ་ཆེན་པོ་མཛད། རང་ཉིད་ཀྱིས་དགེ་སློང་དང་དགེ་ཚུལ་སྟོང་བཞི་བརྒྱ་ལྔ་བཅུའི་མཁན་པོ་མཛད། འདི་ཉིད་ཀྱི་སློབ་མ་འདུལ་འཛིན་ཆོས་ཀྱི་མགོན་པོ་ཞེས་བྱ་བས་ལོ་གཅིག་གི་ནང་དུ་རྒྱའི་དགེ་སློང་དང་དགེ་ཚུལ་སྟོང་བཞི་བརྒྱ་དང་བཞི་བཅུ་རྩ་བདུན་གྱི་མཁན་པོ་བྱས་ཏེ། ཚུལ་ཁྲིམས་ཀྱི་བསླབ་པ་ལ་བཀོད་དོ། །རྡོ་རྗེ་ཐེག་པའི་དབང་བསྐུར་ཡང་སྐད་རིགས་མི་གཅིག་པ་བཅུ་བཞི་ཙམ་ལ་མཛད་ཅིང་གཞན་ཡང་ལུང་མན་ངག་ཁྲིད་རླབས་ལ་སོགས་པའི་སྒོ་ནས་གདུལ་བྱ་དཔག་ཏུ་མེད་པ་སྨིན་གྲོལ་ལ་བཀོད་དོ། །

རྩོམ་པ་ལ་ཡང་བརྗོད་བདེ་ཞིང་རྟོགས་སླ་བའི་བསྟན་བཅོས། བསྟོད་པ། གསོལ་འདེབས། བཀའ་དང་བསྟན་བཅོས་ཀྱི་འགྲེལ་པ། ཐེག་པ་ཆེ་ཆུང་གི་ཉམས་ལེན་གྱི་རིམ་པ། སྒྲུབ་ཐབས་དཀྱིལ་ཆོག་མན་ངག ། གསུང་རབ་ཀྱི་དཀར་ཆག །དྲིས་ལན། བསྔོ་བ་བཀྲ་ཤིས་ཀྱི་སྨོན་ལམ་སོགས་པ་ངོ་མཚར་བ་དུ་མ་ཞིག་མཛད་དོ། ། དེ་ལྟར་དགུང་ལོ་བཞི་བཅུ་ཞེ་དྲུག་གི་བར་དུ་གཞན་དོན་མཛད་ནས་འབྲུག་ལོ་ཟླ་བ་བཅུ་པའི་ཚེས་གཅིག་ནས ཚེས་རྗེ་པའི་དུས་མཆོད་སྔར་བསྣུས་ཏེ་མཆོད་པ་རྒྱ་ཆེན་པོ་དང་། ཐུགས་དམ་ལ་བརྩོན་པ་ན་ཚེས་གསུམ་གྱི་མཚན་མོ་དཔལ་གྱི་རི་ལ་འཕགས་པ་ཀླུ་སྒྲུབ་བྱང་ཆུབ་ཀྱི་ཤིང་རྒྱས་པའི་དྲུང་ན་བཞུགས་པ་ལ་དབུ་མ་རིགས་ཚོགས་ལ་སོགས་པ་ཐེག་ཆེན་གྱི་ཆོས་དུ་མ་གསན། ལྷའི་ཚོགས་ཀྱིས་མཆོད་པ་རྒྱ་ཆེན་པོ་གསལ་བར་གཟིགས་པའི་སྣང་བ་བྱུང་། དེའི་རྗེས་ལ་ནཱ་ལེནྡྲ་ཡ་ལ་སོགས་པ་བླ་མ་གོང་མ་རྣམས་ཀྱི་རྣམ་ཐར་དང་། བླ་མ་ཉིད་ཀྱིས་བསྟན་པའི་བྱ་བ་མཛད་ཚུལ་ཡང་གསུངས་ཏེ། ཁྱོད་ཀྱིས་ཀྱང་དེ་བཞིན་དུ་གོ་དགོས་སོ་གསུངས་ཤིང་། ཚེས་བཅོ་བརྒྱད་ཀྱི་བར་དུ་ཚོགས་སུ་བྱོན་ནས་ཆོས་ཀྱང་གསུངས། དེ་ནས་ཞག་བཞི་གཟིམས་ཁང་དུ་བཞུགས་ནས། ཉི་ཤུ་གཉིས་ཀྱི་སྟ་རྡོ་སྐྱིལ་མོ་ཀྲུང་མཛད་རྡོ་རྗེ་དྲིལ་བུ་བསྣམས་ཏེ། སྒྲ་འོད་དང་དྲི་ཁྱད་པར་ཅན་དང་མེ་ཏོག་གི་ཆར་པ་ལ་སོགས་པའི་ལྟས་བསྟན་ཏེ་ཞི་བར་གཤེགས་སོ། །དེ་ལ་སློབ་མའི་མཆོག་ཏུ་གྱུར་པ་ནི། སྐུའི་དཔོན་པོ་ནཱ་ལནྡྲ་པ་ལ། གཞན་ཡང་སློབ་དཔོན་ཡེ་ཤེས་འབྱུང་གནས། རིན་ཆེན་རྒྱལ་མཚན་གཉིས་ནི་གཙུང་པོ་ཡིན་ཅིང་། སློབ་མ་ལ་ཤར་པ་འཇམ་དབྱངས་རིན་ཆེན་རྒྱལ་མཚན། ཀུན་དགའ་སེང་གེ། ཡེ་རྒྱན་དཔག་ཤི་སྟེ་གསུམ། ཉི་ཐོག་པ་ཀུན་དགའ་སྨོན་ལམ། སྲུ་ལུང་ཀུན་སྨོན། དགའ་ལྡན་པ་ཀུན་བསོད། དགའ་ལྡན་པ་བཀྲ་ཤིས་དཔལ། ཞང་དཀོན་མཆོག་དཔལ་ལ་སོགས་པ་མཁས་ཤིང་གྲུབ་པ་བརྙེས་པ་མཐའ་ཡས་པ་བྱུང་བས་བསྟན་པ་དར་རྒྱས་སུ་མཛད་དོ། །དེ་ལྟར་ས་ཆེན་གྱི་སྲས་བཞི། ཆོས་རྗེ་པ་སྐུ་མཆེད་གཉིས། བླ་ཆེན་འཕགས་པ་དང་བདུན་ལ་འཇམ་དབྱངས་བདུན་བརྒྱུད་དུ་གྲགས་སོ། །

གསུམ་པ་ཕྱག་རྫོར་གྱི་རྣམ་འཕྲུལ་སོགས་བྱུང་ཚུལ་ནི། སློབ་དཔོན་ཟངས་ཚ་བསོད་ནམས་རྒྱལ་མཚན་ང་དྲུག་བཞེས་པ། ས་མོ་ཕག་གི་ལོ་ལ་འགྲོ་མགོན་ཕྱག་ན་འཁྲུངས་ཏེ། སྐྱེས་སྟོབས་ཀྱི་ཤེས་རབ་ཕུལ་དུ་བྱུང་ཞིང་བརྩེ་བའི་སྙིང་རྗེས་འགྲོ་བ་མང་པོ་ལ་ཕན་པའི་ཕྱིར་དུ་མཐུ་སྟོབས་ཀྱི་སྒོ་ནས་བརྟུལ་ཞུགས་ཀྱི་སྤྱོད་པ་གཙོ་བོར་མཛད་པ་ཞིག་སྟེ། དགུང་ལོ་ཉི་ཤུ་རྩ་དགུ་བཞུགས་སོ། །དེ་ལ་སྲས་རྣམ་པ་ལ་རཀྟ་སྐུ་འཁྲུངས་ཏེ་དགུང་ལོ་ཉི་ཤུ་བཞུགས་སོ། །ཡང་ཟང་ཚའི་ཇོ་མོ་མ་ཅིག་ཇོ་འབྲོ་ལ་སློབ་དཔོན་རིན་ཆེན་རྒྱལ་མཚན་ཡབ་ང་ལྔ་བཞེས་པའི་ཚེ་འཁྲུངས་སོ། །ཡང་དེ་ཉིད་ཀྱི་ལོར་མ་ཅིག་རྡོ་རྗེ་ལྡན་ལ་སློབ་དཔོན་ཡེ་ཤེས་འབྱུང་གནས

འཁྲུངས་སོ། །དེའི་སྲས་བདག་ཉིད་ཆེན་པོ་བཟང་པོ་དཔལ་ཆུ་ཕོ་ཁྱི་ལོ་ལ་བོ་དོང་དུ་སྐུ་འཁྲུངས་ཤིང་། དེ་ལ་ཏི་ཤྲཱི་ཀུན་བློ་ལ་སོགས་པ་རིགས་ཀྱི་སྲས་བཅུ་གཉིས་འཁྲུངས་ཏེ། དེང་སང་གི་བར་དུ་གདུང་བརྒྱུད་རྣམ་པར་དག་པའི་ཕྲེང་བ་རྒྱུན་མ་ཆད་པར་བྱུང་ཞིང་བསྟན་པའི་བྱ་བ་རྒྱ་ཆེན་པོ་མཛད་དོ། །

བཞི་པ་དེ་ལས་བླ་མ་ཉིད་སྐུ་འཁྲུངས་པའི་ཚུལ་ནི། ཡབ་དཔལ་ཆེན་འོད་པོ་དང་། ཡུམ་མང་མཁར་བ་ཉི་ཁྲི་ལྕམ་ལ་ཆོས་རྗེ་ཉིད་སྐུ་འཁྲུངས་ཏེ་ཐོག་མར་ཡུམ་ལ་བལྟམས་པའི་ཚེ། ཡུམ་གྱི་རྨི་ལམ་དུ་ཀླུའི་རྒྱལ་པོ་གནས་གཡོར་དུ་བྱུང་བ་རྨིས་ཏེ། ལུས་སེམས་ཟག་པ་མེད་པའི་དགའ་བདེས་ཁྱབ་པར་གྱུར་ཏེ། ཆུ་ཕོ་སྟག་གི་ལོ་དཔྱིད་ཟླ་ར་བའི་ཉི་ཤུ་དྲུག་གི་ཉིན་པར་ལུང་པ་འོད་ཀྱིས་གང་བ་དང་། མཁའ་འགྲོ་མ་མང་པོ་འདུ་བ་དང་། མེ་ཏོག་གི་ཆར་ལ་སོགས་པ་ལྟས་ཁྱད་པར་ཅན་དང་བཅས་ནས་བཙས་སོ། །ལྷ་པ་འཁྲུངས་ནས་འཛིག་རྟེན་གྱི་སྤྱོད་པ་ལས་འདས་པའི་ཚུལ་ནི། གོག་པོ་གོག་པའི་དུས་སུ་ས་ལ་རྒྱ་གར་གྱི་ཡི་གེ་བྲི་བ་དང་། སཾ་སྐྲི་ཏའི་སྐད་དུ་ཀློག་པ་མཛད་ཡི་གེའི་རི་མོ་དེ་ལས་མི་འགོམ་པར་ཕྱུག་གིས་བསྲུབས་ནས་འཛོག་པ་ཡུམ་གྱིས་གཟིགས་ཏེ། རྗེ་བཙུན་ཆེན་པོ་སྤྱན་དྲངས་ནས་ཞུས་པས། ལཱུ་དང་ཧྲཱ་ཏུའི་ཨཱ་ལི་ཀཱ་ལི་ཚར་རེ་བྲིས་ནས། དེ་བཀླུགས་ཏེ་འགོམ་ཡུགས་སོང་དོགས་ནས་བསྲུབས་པ་ཡིན་པར་དགོངས་ནས་ཤིན་ཏུ་དགྱེས་སོ། །ཆོས་རྗེ་ཉིད་ཀྱི་གསུང་ལས་ཀྱང་རྒྱ་ཀློག་དང་བོད་ཀློག་མ་བསླབས་པར་ སྔ་མོ་ནས་ཤེས་འདུག་སྐེ་སྟོན་ལ་གང་ཤེས་མི་དྲན་ནོ་གསུང་།

གཉིས་པ་གཞི་ཚུལ་ཁྲིམས་ལ་གནས་པའི་ཡོན་ཏན་ནི། ཐོག་མར་རྗེ་བཙུན་ཆེན་པོའི་དྲུང་དུ། ཚངས་པར་སྤྱོད་པའི་དགེ་བསྙེན་གྱི་སྡོམ་པ་ཞུས་ཏེ། མཚན་ནི་ཀུན་དགའ་རྒྱལ་མཚན་དུ་བཏགས་སོ། །དེ་ནས་བྱང་སེམས་ཀྱི་སྡོམ་པ་ལུགས་གཉིས་དང་། རྣལ་འབྱོར་ཆེན་པོའི་དབང་བཞི་ཡོངས་སུ་རྫོགས་པ་དང་། ཡབ་ལས་ཀྱང་ཀྱེའི་རྡོ་རྗེའི་དབང་མནོས་ཏེ་སྡོམ་པ་གསུམ་ལྡན་དུ་མཛད་དོ། །དགུང་ལོ་ཉི་ཤུ་རྩ་བདུན་བཞེས་པའི་ཚེ་ལོ་སྟོན་རྡོ་རྗེ་དབང་ཕྱུག་གིས་བཞེངས་པའི་ཉང་སྨད་རྒྱན་གོང་ཞེས་བྱ་བའི་གཙུག་ལག་ཁང་དུ་མཁན་པོ་ཁ་ཆེའི་བསོད་སྙོམས་པ་ཆེན་པོ་ཤཱཀྱ་ཤྲཱི་བྷ་དྲ། ལས་ཀྱི་སློབ་དཔོན་སྤྱི་བོ་ལྷས་པ་བྱང་ཆུབ་འོད། གསང་སྟེ་སྟོན་པ་ཞུ་དོན་མོ་རི་པ་ལ་སོགས་པའི་དབུས་སུ་རབ་ཏུ་བྱུང་ཞིང་བསྙེན་པ་རྫོགས་པར་མཛད་དེ། སྔར་གྱི་མཚན་ལ་མཁན་པོའི་མཚན་གྱི་མཐའ་ཅན་དུ་བྱས་ཏེ་ཀུན་དགའ་རྒྱལ་མཚན་དཔལ་བཟང་པོ་ཞེས་བྱ་བར་བཏགས་སོ། །

གསུམ་པ་ཐོས་བསམ་སྒོམ་པས་རྒྱུད་སྦྱངས་པའི་ཡོན་ཏན་ནི། རིག་པའི་གནས་ལྔ་ལས། བཟོ་རིག་པ་མཁྱེན་པའི་ཚུལ་ཡང་། རྗེ་བཙུན་ཆེན་པོའི་ནང་རྟེན་འཛམ་པའི་དབྱངས་ཀྱི་གསེར་སྐུ་དང་། དཔལ་བསམ་ཡས་ཀྱི་གཙུག་ལག་ཁང་གི་འཁོར་སའི་ངོས་ན་འཕགས་པ་འཇམ་དཔལ་གྱི་སྐུ་རི་མོར་བྲིས་པ་རྣམས་དེང་སང

གི་ལྷ་བཟོ་བ་ཤིན་ཏུ་མཁས་པ་དག་གིས་ཀྱང་འགྲན་པར་བཟོད་པ་མ་ཡིན་ནོ། །གསོ་བ་རིག་པ་མཁྱེན་པའི་ཚུལ་ཡང་། ཡན་ལག་བརྒྱད་པ་རྒྱ་འགྲེལ་དང་། འཕགས་པ་ཀླུ་སྒྲུབ་ཀྱིས་མཛད་པའི་སྨན་གྱི་མདོ་ལྔ་དང་། དཔྱད་གཞུང་བཅུ་ལ་སོགས་པ་དང་། ཨ་ཙ་རའི་གདམས་པའི་རྒྱུན་ལ་སོགས་པ་གསན་ཅིང་མཁྱེན་ནས་སྨན་ཡན་ལག་བརྒྱད་པའི་བསྡུས་དོན་ལ་སོགས་པ་མཛད་དོ། །སྒྲ་རིག་པ་མཁྱེན་པའི་ཚུལ་ཡང་། བལ་པོའི་པཎྜི་ཏ་སཾ་ག་ཤྲཱི་ལ། སྒྲའི་བསྟན་བཅོས་ཀ་ལཱ་པ་དང་། ཙནྡྲ་པའི་བྱེད་པའི་ཚིག་བསྒྲུབ་པ་པྲ་ཀྲི་ཡ་ལ་སོགས་པ་གསན། གཞན་ཡང་སྙན་ངགས་ཀྱི་བསྟན་བཅོས་གཞོན་ནུ་འབྱུང་བ་དང་། དབྱངས་ཅན་གྱི་མགུལ་རྒྱན་སྟོང་ཕྲག་བཞི་པ་དང་། དཎྜི་དང་། སྡེབ་སྦྱོར་གྱི་བསྟན་བཅོས་འཕགས་པ་འཇམ་དཔལ་གྱི་བསྟོད་པ་ལ་གཞི་བྱས་པ་ཚྭི་ཏ་མ་ལ་ཞེས་བྱ་བ་དང་བཅས་པ་གསན། པཎྜི་ཏ་དཱ་ན་ཤྲཱི་ལ་ལ། མངོན་བརྗོད་ཀྱི་བསྟན་བཅོས་ཨ་མ་ར་ཀོ་ཥའི་ལེའུ་དང་པོ་ཡན་ཆོད་ཀྱི་འགྲེལ་པ་གསན། པཎྜི་ཏ་སུ་ག་ཏ་ཤྲཱི་ལས། སྒྲ་ཀ་ལཱ་པ་འགྲེལ་པ་སྟོང་ཕྲག་དྲུག་འགྲེལ་པ་དང་བཅས་པ་དང་། དེའི་མིང་སྒྲུབ་པ་སུ་ཥེཎ་དང་། བྱིངས་སྒྲུབ་པ་ཏི་དན་ཏི་དང་བཅས་པ་དང་། སྙན་ངགས་ཀྱི་བསྟན་བཅོས་ཆེན་པོ་གསུམ་དང་། ཚུར་དུ་གསུམ་དང་། སྡེབ་སྦྱོར་རིན་ཆེན་འབྱུང་གནས་དང་། རྒྱན་གྱི་བསྟན་བཅོས་དབྱངས་ཅན་གྱི་མགུལ་རྒྱན་སྟོང་ཕྲག་བརྒྱད་པའི་ཕྱེད་མན་ཆད་མིང་གི་མངོན་བརྗོད་ཨ་མ་ར་ཀོ་ཥའི་རྩ་བ་རྫོགས་པ་དང་། སྣ་ཚོགས་གསལ་བའི་ཕྱེད་ལྷག་དང་། ཟློས་གར་གྱི་བསྟན་བཅོས་གཟུགས་ཀྱི་ཉི་མ་ལ་སོགས་པ་གསན། ཁ་ཆེ་མཁན་པོའི་དྲུང་དུ་སྒྲའི་བསྟན་བཅོས་སྙིང་པོ་བསྡུ་བ་ཞེས་བྱ་བ་གསན་ཅིང་ཐུགས་སུ་ཆུད་པར་མཛད་དོ། །སྙན་ངགས་དང་མིང་གི་མངོན་བརྗོད་ལ་སོགས་པ་རྣམས་རིག་པའི་གནས་ཆུང་བ་ཡིན་པས་སྒྲ་རིག་པ་མཁྱེན་པའི་སྐབས་འདིར་སྨོས་སོ། །ཚད་མ་རིག་པ་མཁྱེན་པའི་ཚུལ་ཡང་། ཐོག་མར་རྒྱང་འདུར་བ་གཞོན་ནུ་སེང་གེའི་དྲུང་དུ། ཚད་མ་རྣམ་པར་ངེས་པ་གསན། ཁ་ཆེ་པཎ་ཆེན་ཤཱཀྱ་ཤྲཱིའི་དྲུང་དུ། ཚད་མ་རྣམ་འགྲེལ་ལེའུ་གསུམ་ཡིད་ཀྱི་ཤིང་རྟ་ལ་དགའ་བའི་རྗེས་སུ་འབྲང་བ་དང་། ལྷ་དབང་བློའི་འགྲེལ་པ་དང་། ཀུན་ལས་བཏུས་དང་སྦྱར་བའི་རྣམ་འགྲེལ་གྱི་བཤད་པ་དང་། རིགས་ཐིགས་དང་དེའི་ཕྱོགས་སྔ་མདོར་བསྡུས་ཀ་མ་ལ་ཤཱི་ལས་མཛད་པ་དང་། རྒྱུད་གཞན་གྲུབ་པ་དང་། རྣམ་འགྲེལ་གྱི་རྒྱན་སྟོང་ཕྲག་བཅོ་བརྒྱད་པ་དང་། ཆོས་མཆོག་གིས་མཛད་པའི་ཚད་མ་གྲུབ་པའི་རབ་ཏུ་བྱེད་པ་དང་། བྲམ་ཟེའི་ཚད་མ་གྲུབ་པའི་རབ་ཏུ་བྱེད་པ་དང་། ཕྱོགས་གླང་གིས་མཛད་པའི་དམིགས་པ་བརྟག་པ་རྒྱ་འགྲེལ་དང་། ལྟུང་གི་རབ་བྱེད་རྒྱ་འགྲེལ་ལ་སོགས་པ་གསན་ནོ། །པཎྜི་ཏ་དཱ་ན་ཤྲཱི་ལ་ལས། འགྲེལ་པ་བརྟག་པ་དང་། རྩོད་པའི་རིགས་པ་འགྲེལ་པ་དང་བཅས་པ་དང་། སློབ་དཔོན་དགྲ་ལས་རྣམ་རྒྱལ་གྱིས་བྱས་པའི་བྱིས་པ་འཇུག་པའི་རབ་ཏུ་བྱེད་པ་དང་། ལྷན་

ཅིག་དམིགས་རེས་ལ་སོགས་པ་གསན། པཎྜི་ཏ་སཾ་ག་ཤྲཱི་ལས། ལེའུ་དང་པོའི་འགྲེལ་པ་དང་། ཡིད་ཀྱི་ཤིང་རྟའི་བཤད་པ་ཀུན་ལས་བཏུས་དང་སྦྱར་བ་དང་། བྲམ་ཟེའི་འགྲེལ་པ་དང་བཅས་པ་གསན་ནས་བསྒྱུར། ཡན་ལག་གི་བསྟན་བཅོས་རྩོད་རིགས་དང་གཏན་ཚིགས་ཐིགས་པ་འགྲེལ་པ་དང་བཅས་པ་གསན་ནོ། །པཎྜི་ཏ་སུ་ག་ཏ་ཤྲཱི་ལས། རྣམ་འགྲེལ་ལེའུ་དང་པོའི་འགྲེལ་པ་སྟོང་ཕྲག་ཕྱེད་དང་བཞི་པ་དང་། ཐར་པ་འབྱུང་གནས་ཀྱིས་མཛད་པའི་རྟོག་གེའི་སྐད་དང་། དྲང་སྲོང་གཟེགས་ཟན་གྱིས་སྦྱར་བའི་རྟོག་གེའི་བསྟན་བཅོས་ལ་སོགས་པ་མང་དུ་གསན་ནོ། །ནང་དོན་རིག་པ་མཁྱེན་པའི་ཚུལ་ལ། དཔལ་ལྡན་ས་སྐྱའི་འཛམ་དབྱངས་རྗེ་བཙུན་ཆེན་པོ་གྲགས་པ་རྒྱལ་མཚན་གྱི་དྲུང་དུ། ཕ་རོལ་ཏུ་ཕྱིན་པ་ལ་སོགས་པའི་སྡེ་སྣོད་ཀྱི་སྐོར་མ་ལུས་པ་གསན་ཅིང་། རྒྱུད་སྡེ་ལ་བྱ་བའི་རྒྱུད། སྤྱོད་པའི་རྒྱུད། རྣལ་འབྱོར་གྱི་རྒྱུད་མཐའ་དག་གསན་ཅིང་། རྣལ་འབྱོར་ཆེན་པོའི་རྒྱུད་ལ་གསང་བ་འདུས་པ། འཕགས་སྐོར་ཡན་ལག་དང་བཅས་པ་དང་། ཡེ་ཤེས་ཞབས་ལུགས་ལ། རྒྱན་ལྟོན་ཤིང་སྡིམ་པའི་མེ་ཏོག་སྟེ་འགྲེལ་པ་གསུམ་ཡན་ལག་དང་བཅས་པ་གསན། གཤིན་རྗེའི་གཤེད་ཀྱི་རྒྱུད་གསུམ་བདེ་མཆོག་རྩ་རྒྱུད། བཤད་པའི་རྒྱུད་རྡོ་རྗེ་མཁའ་འགྲོ། མཁའ་འགྲོ་རྒྱ་མཚོ། མངོན་བརྗོད་བླ་མ། ཧེ་རུ་ཀ་མངོན་བྱུང་། ཀུན་ཏུ་སྤྱོད་པ། རྣལ་འབྱོར་མ་བཞིའི་ཁ་སྦྱོར། རྡོ་རྗེ་ཕག་མོ་མངོན་པར་འབྱུང་བ། ཀྱེ་རྡོ་རྗེའི་རྒྱུད་གསུམ། ཕྱག་རྒྱ་ཆེན་པོ་ཐིག་ལེ་ལ་སོགས་པ་ཐིག་ལེའི་སྐོར་ཚོ། རྟོག་པ་མེད་པ་ལ་སོགས་པ་ཨ་ར་ལིའི་རྒྱུད་གསུམ། མགོན་པོ་མངོན་པར་འབྱུང་བ། དུས་ཀྱི་འཁོར་ལོ་ཡན་ལག་དང་བཅས་པ་གསན། མན་ངག་གི་སྐོར་ལ་རྣལ་འབྱོར་དབང་ཕྱུག་བིར་པ་ནས་བརྒྱུད་པའི་སྙན་བརྒྱུད་ཚད་མ་བཞི་ལྡན། རྗེ་ཞང་དགོན་པ་བ་ནས་བརྒྱུད་པ་དང་། རྗེ་བཙུན་ས་སྐྱ་པ་ཆེན་པོ་ལ་དངོས་སུ་གནང་བའི་མན་ངག་གི་སྐོར་ལ་སོགས་པ་རིང་བརྒྱུད་དང་ཉེ་བརྒྱུད་མཐའ་ཡས་པ་གསན་ནོ། །རྗེ་བཙུན་ནཱ་རོ་ཏ་པ་ནས། ཕམ་མཐིང་པ་སྐུ་མཆེད་ལ་བརྒྱུད་པའི་འཁོར་ལོ་བདེ་མཆོག །གསང་མཐའི་ལུགས་ཀྱི་བསྐྱེད་རིམ་དང་རྫོགས་རིམ་གྱི་མན་ངག་ཡོངས་སུ་རྫོགས་པ་གསན། ཡང་རྗེ་བཙུན་ནཱ་རོ་ཏ་པའི་ལུགས་ཀྱི་རྡོ་རྗེ་འཇིགས་བྱེད་ཀྱི་མན་ངག་གི་བཤད་པ་དང་། རྭ་ལོ་རིན་ཆེན་བཟང་པོ་ནས་བརྒྱུད་པའི་ངན་སོང་སྦྱོང་བའི་རྒྱུད་ཀྱི་མན་ངག་གི་བཤད་པ་དང་། རྩ་བའི་དཀྱིལ་འཁོར་གྱི་དབང་དང་བཅས་པ་གསན་ནོ། །མཁན་པོ་ཆོས་རྗེ་པའི་དྲུང་དུ། གསང་བ་འདུས་པའི་འགྲེལ་པ་སྒྲོན་མ་གསལ་བ་དང་། རྫོགས་རིམ་རིམ་པ་ལྔ་དང་། དཀྱིལ་འཁོར་གྱི་ཆོ་ག་གཉིས་ལ་སོགས་པ་དང་། གསང་འདུས་ཡེ་ཤེས་ཞབས་ལུགས། སྒྲུབ་ཐབས་ཀུན་བཟང་དང་བཅས་པ་དང་། འཁོར་ལོ་བདེ་མཆོག་གི་ཆོས་སྐོར་མང་པོ་དང་། བརྟག་གཉིས་ཀྱི་འགྲེལ་པ་རྡོ་རྗེ་སྙིང་པོས་མཛད་པ་ལ་སོགས་པ་མང་དུ་གསན་ནོ། །གཞན་ཡང་ཡབ་དཔལ་

ཆེན་འོད་པོ་དང་། ལས་ཀྱི་སློབ་དཔོན་སྐྱི་བོ་ལྷས་པ་དང་། པཎྜི་ཏ་དྷ་ན་ཤྲཱི་ལ། སཾ་ག་ཤྲཱི་དང་། སུ་ག་ཏ་ཤྲཱི་ལ་སོགས་པ་རྣམས་ལས་མདོ་སྡེ་དང་རྒྱུད་སྡེ་འགྲེལ་པ་དང་བཅས་པ་གསན་པའི་ཚུལ་རྒྱས་པར་གསན་ཡིག་ལས་ཤེས་པར་བྱའོ། །

གཞན་ཡང་མནལ་ལམ་དུ་ཆོས་གསན་པའི་ཚུལ་ནི། ས་སྐྱའི་ལྷག་གི་ཨ་ཕྱིའི་མཆོད་རྟེན་གྱི་དྲུང་དུ་དབྱིག་གཉེན་ཡིན་ཟེར་བའི་པཎྜི་ཏ་སྔོ་སང་སྐྱ་ཤ་ཏ་ཙང་ཞུམ་པ་མ་ཡིན་པ་ཞིག་ལ་ཆོས་མངོན་པ་མཛོད་ཟླ་བ་གཅིག་གི་བར་དུ་ཉན་པ་རྨིས་ཤིང་མནལ་སད་པ་དང་མངོན་པ་མཛོད་ཀྱི་ཚིག་དོན་མ་ལུས་པ་ཐུགས་སུ་ཆུད་དེ། ཕྱིས་ཁ་ཆེ་པཎ་ཆེན་ལས་གསན་དུས་སྔར་བས་ཁྱད་མ་བྱུང་གསུངས་སོ། །ཡང་ནུབ་གཅིག་སློབ་དཔོན་ཕྱོགས་ཀྱི་གླང་པོའི་གདན་སར་བསྙེ་བས་གཤེགས་པར་ཞུ་ཟེར་བ་དང་། དེའི་བྲག་ཕུག་སྒོ་གླེགས་དང་བཅས་པའི་ངོས་རྣམས་ལ་གླེགས་བམ་མང་པོ་ཡོད་པ་ཞིག་གི་ལྡེ་མིག་གཏད། སློབ་དཔོན་གྱིས་གདམས་པ་དང་རྗེས་སུ་གདམས་པ་ཡང་གནང་བ་རྨིས་ཏེ། དེ་ནས་ཚད་མ་ལ་སོགས་པའི་ཆོས་འབད་མ་དགོས་པར་མཁྱེན་ཏོ་ཞེས་གསུངས། དེ་ལྟར་གསན་པ་དེ་དག་བསམ་བྱུང་གི་རིགས་པས་ཚུལ་བཞིན་དུ་དཔྱད་ཅིང་། བསྒོམ་བྱུང་གི་རིག་པས་ཉམས་སུ་བླངས་པ་ལ་བརྟེན་ནས། མཐར་ཕྱིན་པའི་རྟགས་མངོན་ཤེས་ཐོགས་མེད་དུ་འཆར་བ་དང་། ལུས་ལ་སྦྲ་དཀར་བ་དང་གཉེར་མ་མེད་པ་དང་ཏིང་འཛིན་བརྟན་པ་ལ་སོགས་པ་ཡོན་ཏན་དཔག་ཏུ་མེད་པ་བརྙེས་ཏེ། ཆོས་རྗེ་ཉིད་ཀྱི་གསུང་ནས་ཀྱང་མི་མང་པོའི་གསེབ་ཏུ་སྡོད་ཀྱང་གཡེང་བར་མི་ནུས་པའི་ཏིང་ངེ་འཛིན་ཡོད་གསུངས་སོ། །

བཞི་པ་འཆད་རྩོད་རྩོམ་པས་བསྟན་པ་སྤེལ་བའི་ཡོན་ཏན་ལ་གསུམ་ལས། དང་པོ་འཆད་པས་བསྟན་པ་སྤེལ་ཚུལ་ནི་རིག་པའི་གནས་ལྔས་བསྡུས་པའི་ཕྱི་ནང་གི་བདེ་བར་གཤེགས་པའི་གསུང་རབ་མཐའ་དག་ལ་གདུལ་བྱ་སོ་སོའི་བློ་གྲོས་དང་འཚམས་པར་རྗོད་བྱེད་ཀྱི་ཚིག་གོ་བདེ་ཞིང་། བརྗོད་བྱའི་དོན་ཕྱིན་ཅི་མ་ལོག་པར་བསྟན་པ་ལས་འོག་ཏུ་འཆད་པ་ལྟར་གྱི་སློབ་མའི་ཚོགས་རྣམས་བསྐྲུན་པར་མཛད་དེ། དེ་ཡང་དགུང་ལོ་དགུ་པར་སྒྲུབ་ཐབས་མཚོ་སྐྱེས། བཅུ་གཅིག་པའི་དུས་སུ་བརྟག་གཉིས། སངས་རྒྱས་མཉམ་སྦྱོར། བཅུ་གཉིས་པའི་དུས་སུ། གུར་དང་སཾ་བུ་ཊ་གསུངས་པ་ནས། དགུང་ལོ་བདུན་ཅུའི་བར་དུ་བཤད་པ་རྒྱུན་མ་ཆད་པར་མཛད་དོ། །

གཉིས་པ་རྩོད་པས་བསྟན་པ་སྤེལ་བའི་ཚུལ་ནི། འགྲོ་བའི་བླ་མ་འདི་ཉིད་ཀྱི་སྙན་པའི་གྲགས་པས་རྒྱ་གར་ཤར་ནུབ་ཀུན་ཏུ་ཁྱབ་པའི་ཚེ། རྒྱ་གར་ལྷོ་ཕྱོགས་པ་འཕྲོག་བྱེད་དགའ་བོ་ལ་སོགས་པ་ཕྱི་རོལ་པའི་སྟོན་པ

དྲུག་གིས་རྗོད་པར་བརྗོམས་ཏེ། མང་ཡུལ་སྐྱིད་གྲོང་གི་འཕགས་པ་ཝ་ཏིའི་གཙུག་ལག་ཁང་དང་། འདབས་འཁོར་བའི་ཚོང་དུས་ན་བཞུགས་པའི་ཚེ། སྟོན་པ་དྲུག་པོ་དག་ལྷགས་པ་ན། ཐམས་ཅད་ཆོས་རྗེ་ཉིད་དང་བདེ་བར་གཤེགས་པའི་རྟེན་ལ་ཕྱག་མི་འཚལ་བར་བདེ་ལེགས་དང་། བསྔགས་པར་འོས་པའི་ཚིགས་སུ་བཅད་པ་རེ་རེ་ཙམ་བརྗོད་ནས་གྲལ་ལ་འཁོད་དེ། ངེད་ཀྱི་རིགས་ཐམས་ཅད་ནི་བླ་མ་ཚངས་པ་ནས་བརྒྱམས་ཏེ་དེང་སང་གི་བར་དུ་གོའུ་ཏམའི་བསྟན་པ་ལ་མི་ལྟོས། དཀོན་མཆོག་གསུམ་ལ་སྐྱབས་སུ་འགྲོ་མ་མྱོང་བས་དྲང་སྲོང་གི་རིགས་རྣམ་པར་དག་པའོ་ཞེས་སྨྲ་བར་བྱེད་དོ། །དེའི་ཚེ་ཆོས་རྗེ་འདིས་ཅི་ཚངས་པ་དེ་ནི་སྟོན་པ་ལ་ཤིན་ཏུ་གུས་པ་ཡིན་ནོ། །འོན་ཀྱང་དེ་གཏི་མུག་ཆེ་བས་གཉིད་ཀྱིས་ནོན་པ་མ་ཡིན་ནམ། ཅི་སྐད་དུ་རབ་མཆོག་ལག་པ་བཞི་པ་ཞེས་སོགས་ཀྱི་ཚིགས་བཅད་གསུངས་པས། དེ་དག་ཤིན་ཏུ་མ་བཟོད་ཅིང་མ་རངས་པས་འཕེལ་བའི་གཏམ་གྱི་སྐབས་རྙེད་དེ། རྩོལ་བ་ངན་པ་དེ་ཐམས་ཅད་རེ་རེ་ནས་སུན་ཕྱུང་ཤིང་ཕམ་པར་མཛད་དེ། མི་སྨྲ་བའི་བརྟུལ་ཞུགས་ལ་བཀོད་ནས། སླར་ཡང་དེ་ཐམས་ཅད་ཀྱི་ལྟ་བ་ངན་པས་སྐེམས་པའི་དྲི་མ་མེད་པར་མཛད་དེ། རབ་པའི་ཁྱུར་བྲེགས་ནས་ཉིད་ཀྱི་ཐད་དུ་རབ་ཏུ་བྱུང་སྟེ། ངེས་པར་འབྱུང་བ་རིན་པོ་ཆེའི་འཁོར་བ་དང་ལྡན་པའི་སྐབས་སུ་ཤཱཀྱའི་རྒྱལ་པོ་དེའི་བསྟན་པ་ལ་རྨ་འབྱིན་པ་གང་དག་བྱུང་བ་ན་སླར་ཡང་དེ་བཞིན་དུ་གདུལ་བར་བྱའོ་ཞེས་དགོངས་ཏེ་འདི་གསུངས་པ། རྒྱ་མཚོའི་གོས་ཅན་རྒྱ་མཚོའི་མཐའ་ཀླས་ས་ཆེན་འདི་ན་ལྷ་ཆེན་པོ། །འཕྲོག་བྱེད་ཁྱབ་བྱེད་དེ་དག་ལྟར་བྱེད་ཐུབ་པ་དྲང་སྲོང་སྐར་དགའ་སོགས། །རྒྱས་པ་གྲོག་མཁར་བ་དང་གཟེགས་ཟན་ཆང་མིག་སེར་སྐྱའི་རྗེས་འཇུག་པ། །ཕོར་ཚུགས་ཤིང་ཤུན་ལོ་མའི་གོས་ཅན་ཐལ་བ་དབྱུ་གུ་ཀུ་ཤ་ཐོགས། །རལ་པའི་ཁྱུར་འཛིན་མུ་ཛེས་ལེགས་དཀྲིས་རི་དྭགས་གཡང་གཞིའི་སྟོད་གཡོགས་ཅན། །སོ་རིས་གསུམ་མཚན་རྩེ་མོ་ཅན་མཆོད་ཚངས་སྐུད་མཆོད་ཕྱིར་ཐོགས་པ་འཆང་། །རིག་བྱེད་ཀུན་སྦྱངས་ངེས་བརྗོད་འདོན་མཁས་སྒྲ་དང་སྡེབ་སྦྱོར་མཐར་སོན་པ། །བདག་ཏུ་ལྟ་བའི་ལྟ་བ་ལ་ལྟ་རྒྱུན་དུ་དཀའ་སྤྱོད་ང་རྒྱལ་ཅན། །དེ་ལྟའི་ཚུལ་ཅན་མུ་སྟེགས་གླང་ཆེན་རབ་ཏུ་མྱོས་པའི་གླད་འགེམས་པ། །དཔལ་ལྡན་སྨྲ་བའི་སེང་གེ་བློ་གྲོས་སྟོབས་ལྡན་རིགས་པའི་མཆེ་བ་ཅན། །བརྡ་སྤྲོད་བྱེད་གཞུང་ཡན་ལག་རབ་རྫོགས་བདེ་གཤེགས་བསྟན་པའི་རལ་པས་བརྗིད། །ལེགས་སྨྲར་ང་རོ་གཏན་ཚིགས་གད་རྒྱངས་ལྷག་བརྗོད་སུན་འབྱིན་མིག་བསྒྲད་པ། །དེ་ལྟའི་རི་དྭགས་རྒྱལ་པོ་དེ། །དཔལ་ལྡན་ས་སྐྱའི་གངས་རི་ར་གནས། །བློ་གསལ་རྣམས་ཀྱི་རི་དྭགས་སྐྱོང་། །རྩོལ་བ་ངན་པའི་ཝ་ཚོགས་འཇོམས། །ད་དུང་དུ་ཡང་མུ་སྟེགས་བྱེད། །ཐམས་ཅད་ཆོས་ཀྱིས་ཕམ་བྱས་ནས། །བདེ་བར་གཤེགས་པའི་བསྟན་པའི་ཚུལ། །ཀུན་དགའི་རྒྱལ་མཚན་འཛིན་པར་ཤོག །ཅེས་གསུངས་ཏེ་དེའི་

རལ་པའི་ཁྱུར་བྲེགས་ནས་རབ་ཏུ་བྱུང་སྟེ། རལ་པ་རྣམས་དཔལ་ལྡན་ས་སྐྱའི་གཙུག་ལག་ཁང་ན་ད་ལྟ་ཡང་ཡོད་དོ། །

གསུམ་པ་རྩོམ་པས་བསྟན་པ་སྤྱིལ་བའི་ཚུལ་ནི། སྐྱེ་བ་གཞན་དུ་སྦྱངས་པ་དང་། །མཁས་པ་དུ་མ་བསྟེན་པ་དང་། །རྣམ་པར་དཔྱོད་པའི་བློ་གྲོས་ཀྱིས། །ཤེས་བྱ་ཀུན་ལ་འཇིགས་མེད་ཐོབ། །ཞེས་པ་ལྟར་ཤེས་བྱ་མཐའ་དག་ལ་མི་འཇིགས་པའི་སྤོབས་པ་བརྙེས་ནས། མ་འོངས་པའི་གདུལ་བྱ་ལ་ཐར་པའི་ལམ་སྟོན་པའི་ཆེད་དུ་བདེ་བར་གཤེགས་པའི་གསུང་རབ་ཀྱི་དགོངས་པ་འགྲེལ་བའི་བསྟན་བཅོས་ཀྱང་མང་དུ་མཛད་དེ། སྒྲའི་བསྟན་བཅོས་མཁས་པ་ལ་འཇུག་པའི་སྒོ་དང་། སྒྲ་ཉེ་བར་བསྡུ་བ་ལ་སོགས་པ་དང་། སྡེབ་སྦྱོར་གྱི་བསྟན་བཅོས་མེ་ཏོག་གི་ཆུན་པོ་དང་། མིང་གི་མངོན་བརྗོད་ཚིག་གི་གཏེར་དང་། བློས་གར་གྱི་བསྟན་བཅོས་རབ་དགའི་འཇུག་པ་དང་། ནང་རིག་པ་ལ་ཐེག་པ་ཆེན་པོ་ཕ་རོལ་ཏུ་ཕྱིན་པའི་ཉམས་ལེན་ཐུབ་པའི་དགོངས་པ་གསལ་བ་དང་། རྡོ་རྗེ་ཐེག་པ་ལ་བདག་མེད་མའི་བསྟོད་འགྲེལ་ལ་སོགས་པ་དུ་མ་དང་། གསུང་རབ་སྤྱི་ལ་ལོག་པར་རྟོག་པའི་དྲི་མ་སེལ་བར་བྱེད་པ་སྡོམ་པ་གསུམ་གྱི་རབ་ཏུ་དབྱེ་བ་དང་། དེ་དག་གི་དཀའ་བའི་གནས་ཀྱི་དྲིས་ལན་མང་པོ་དང་། དེ་ཐམས་ཅད་ཀྱི་སྙིང་པོ་བསྡུས་པ་ཕྱོགས་བཅུའི་སངས་རྒྱས་ཀྱི་ཕྲིན་ཡིག་ལ་སོགས་པ་རྩོམ་མཚར་བ་དུ་མ་མཛད་དོ། །

ལྔ་པ་བླ་མ་ལྔ་ཡིས་རྗེས་སུ་བཟུང་བའི་ཡོན་ཏན་ནི། རྗེ་བཙུན་ཆེན་པོ་ལ་ལམ་ཟབ་མོ་བླ་མའི་རྣལ་འབྱོར་ཞུས་པའི་དུས་སུ་སངས་རྒྱས་ཐམས་ཅད་ཀྱི་ངོ་བོ་འཇམ་པའི་དབྱངས་སུ་གཟིགས་པས། ཆོས་ཐམས་ཅད་ཀྱི་གནད་ཕྱིན་ཅི་མ་ལོག་པར་གོ་བ་དང་། ཏིང་ངེ་འཛིན་དང་རྟོགས་པ་བསམ་གྱིས་མི་ཁྱབ་པ་བརྙེས་པ་དང་། རྒྱ་བོད་ཀྱི་རྒྱལ་པོ་དྲེགས་པ་ཅན་རྣམས་ཀྱང་འདུད་པ་ལ་སོགས་པ་ཆོས་དང་འཇིག་རྟེན་གྱི་དགེ་ལེགས་ཐམས་ཅད་ལྷུན་གྱིས་གྲུབ་ཅེས་གསུངས་པ་དང་། གཞན་ཡང་དེའི་ཚེ་རྒྱ་གར་ཤར་ནུབ་ན་མཁས་པར་གྲགས་པའི་ཁ་ཆེ་པཎ་ཆེན་དང་། དྷ་ན་ཤྲཱི་ལ་དང་། སཾ་ག་ཤྲཱི་དང་། སུ་ག་ཏ་ཤྲཱི་ལ་སོགས་པ་རྣམས་སྤྱན་དྲངས་པ་བཞིན་ཉིད་ཀྱི་དྲུང་དུ་བྱོན་ནས་རིག་པའི་གནས་མཐའ་དག་སྟེར་བར་མཛད་དོ། །ལྷག་པའི་ལྷས་རྗེས་སུ་བཟུང་བའི་ཚུལ་ཡང་གདུལ་བྱའི་དོན་དུ་བསྟུང་བའི་ཚུལ་བསྟན་པའི་ཚེ། ཞི་བ་ལྷས་འཁོར་བ་རྒྱུ་འབྲས་ཀྱི་ཆོས་གསུངས་པ་དང་། འཕགས་པ་ཀླུ་སྒྲུབ་ཀྱིས་ཆོས་ཀྱི་སྡོམ་བཞི་དང་། སྒྲུ་མའི་དཔེ་བརྒྱད་གསུངས་པ་དང་། འཇམ་པའི་དབྱངས་ཀྱིས་སྐྱེ་བ་ཐམས་ཅད་དུ་ལྷག་པའི་ལྷར་ཞལ་གྱིས་བཞེས་པ་དང་། སྤྱན་རས་གཟིགས་ཀྱིས་ཕྱག་གིས་སྐུ་ལ་བྱུགས་པ་དང་། རྗེ་བཙུན་སྒྲོལ་མས་འཁོར་བ་ལས་སྒྲོལ་ཞེས་གསུངས་པ་དང་། བྱམས

པ་མགོན་པོས་ཧིང་ངེ་འཛིན་བརྒྱ་ཕྲག་གི་སྒོ་དབྱེ་བ་དང་། མི་གཡོ་མགོན་པོས་བདུད་བཞིའི་བར་ཆད་བསལ་བར་ཞལ་གྱིས་བཞེས་པ་དང་། ཐ་སྐར་ཟླ་བའི་ཉི་ཤུ་དགུའི་ནམ་ཕྱེད་ན་དེ་བཞིན་གཤེགས་པ་སྨྲ་དབྱངས་མི་ཟད་པ་སྒྲོགས་པའི་རྒྱལ་པོ་མངོན་སུམ་དུ་གཟིགས་ནས། རྒྱས་འབྲིང་བསྡུས་གསུམ་གྱི་སྨྲས་དོན་ཞུས་པ་དང་། དེའི་ཐོ་རངས་སྤྱན་རས་གཟིགས་ལ་ཐེག་པ་ཆེན་པོའི་སེམས་བསྐྱེད་ཞུས་པ་དང་། ཉི་མ་འཆར་ཁར་འཇམ་པའི་དབྱངས་ཀྱི་དྲུང་དུ། ཐེ་ཚོམ་གྱི་དྲྭ་བ་བཅད་པ་དང་། སྨིན་དྲུག་ཟླ་བའི་ཚེས་བཅུ་གསུམ་གྱི་ཉིན་པར་སངས་རྒྱས་བཅོམ་ལྡན་འདས་ཉན་ཐོས་དགྲ་བཅོམ་པའི་འཁོར་གྱི་ནང་དུ་བཞུགས་ནས། བདེན་བཞིའི་ཆོས་འཁོར་བསྐོར་བ་ལ་སོ་སྐྱེ་ཧའི་སྐད་དུ་བཟང་པོ་སྤྱོད་པའི་སྨོན་ལམ་བཏབ་པ་དང་། བཅུ་བཞིའི་ཉིན་པར་ཀྱཻ་རྡོ་རྗེའི་དཀྱིལ་འཁོར་ལ་དབང་བསྐུར་ཞུས་པ་དང་། བཅོ་ལྔའི་ཉིན་པར་སྒྲོལ་མའི་ཞལ་ལན་གསུམ་གཟིགས་ཤིང་གཞན་ཡང་འཁོར་ལོ་བདེ་མཆོག་ལ་སོགས་པ་དཀྱིལ་འཁོར་བཅུ་གསུམ་ཞལ་གཟིགས་སོ། །

དྲུག་པ་ཆགས་ཐོགས་མེད་པའི་མངོན་ཤེས་མངའ་བའི་ཡོན་ཏན་ནི། མདོ་བསྡིངས་སུ་མི་གཅིག་གིས་དར་ནག་པོ་གཅིག་ལ་གསེར་གྱི་ཐིག་ལེ་མང་དུ་བྱས་པ་གཅིག་ཕྱག་རྟེན་ལ་ཕྱུང་སྟེ། ལྷ་རྗེ་པི་ཧི་ལ་གནང་ནས་ཁྱེད་རང་ཚོགས་ཀྱིས་ནམ་མཁའ་དྭངས་པ་ལ་སྐར་མ་བཀྲ་བ་ལྷ་བུའི་བསྟན་པ་གཅིག་འུཅག་ལ་ཡོང་བ་ཡིན། ས་སྐྱ་པས་རིང་བསྲེལ་བཀག་ཟེར་བ་ཡོད་ཀྱང་། རིང་བསྲེལ་ཕལ་ཆེར་གདོན་ལས་བྱུང་། །དཀར་པོའི་ཕྱོགས་ཀྱིས་བྱས་པའང་སྲིད། །འབྱུང་བཞི་དག་གིས་བསྐྱེད་པའང་ཡོད། །འཕགས་པ་གསུམ་གྱི་རིང་བསྲེལ་ནི། །ཡོན་ཏན་སྟོབས་ཀྱིས་བྱུང་བ་སྟེ། །འབྱུང་ཁུངས་ནས་བྱུང་རིང་བསྲེལ་ཡིན། །དེ་ལ་གྲངས་ནི་བརྩི་རུ་མེད། །མི་འགྲིབ་འཕེལ་བའི་རིང་བསྲེལ་ཡིན། །ཞེས་བྱ་བ་ཡིན་པས་ང་ལ་རྟེན་འབྱོན་ན་གྲངས་བརྩི་རུ་མེད་པ་འབྱོན་པ་ཡིན་པས། དར་འདིས་དེའི་ནམ་བཟའ་གྱིས་གསུང་། གཞན་ཡང་། ཤིང་མོ་སྦྲུལ་གྱི་དབྱར་ཟླ་འབྲིང་པོ་དང་། །ལུགས་པོ་ཁྱི་ཡི་སྟོན་ཟླ་ཐ་ཆུང་ཚེ། །ལུགས་མོ་ཕག་ལ་གཞན་དོན་འགྲོ་ཞེས་གསུངས། །ཞེས་བྱ་བ་ལ་སོགས་པ་ཇི་བཞིན་ཐོག་ཏུ་བབས་སོ། །

བདུན་པ་འཛམ་གླིང་ཆེ་དགུས་ཞབས་ལ་གཏུགས་པའི་ཡོན་ཏན་ལ་གསུམ་སྟེ། མིའི་རྒྱལ་པོས་ཞབས་ལ་གཏུགས་པ། ཀླུའི་རྒྱལ་པོས་ཞབས་ལ་གཏུགས་པ། འབྱུང་པོའི་རྒྱལ་པོས་ཞབས་ལ་གཏུགས་པའོ། །དང་པོ་ནི། ཆོས་རྗེ་འདི་ཉིད་ཀྱི་སྐུན་པའི་གྲགས་པས་འཛམ་གླིང་ཀུན་ཁྱབ་པའི་ཚེ། བྱང་ཆུབ་སེམས་དཔའི་སྤྲུལ་པ་རྒྱལ་པོ་གོ་དན་གྱིས་གདན་འདྲེན་པ་བཏང་བ་ན། སྟར་རྗེ་བཙུན་ཆེན་པོས། ཁྱེད་ཀྱི་ཚེ་གཞུག་ཏུ་ཞྭ་དང་ལྷམ་དང་ཆ་ལུགས་འདི་འདྲ་བས་གདན་འདྲེན་པ་འོང་བས། དེའི་ཚེ་ཐེ་ཚོམ་མ་བྱེད་པར་སོང་ཤིག་དང་། སངས་རྒྱས་ཀྱི་

བསྟན་པ་དང་སེམས་ཅན་མང་པོ་ལ་ཕན་པ་འབྱུང་ངོ་། །ཞེས་ལུང་བསྟན་པ་དྲན་ནས། དགུང་ལོ་རེ་གསུམ་པ་ཤིང་ཕོ་འབྲུག་གི་ལོ་དཔལ་ལྡན་ས་སྐྱ་ནས་དཔོན་པོ་གཉིས་དང་བཅས་པ་བཏེག་སྟེ། མེ་ཕོ་རྟའི་ལོ་ལ་ཕོ་བྲང་ལིང་ཙུ་རྩེ་ར་ཕེབས། དེའི་ཚེ་རྒྱལ་པོ་གོ་དན་གོ་ཡུག་གཉན་རྒྱལ་སར་བཏོན་པ་ལ་ཧོར་ཡུལ་དུ་སོང་བ་ཚུར་བྱོན་པ་དང་། ལུག་ལོ་ཟླ་བ་དང་པོ་ལ་མཇལ། ཆོས་དང་འཇིག་རྟེན་གྱི་གསུང་གླེང་མང་པོ་མཛད་པས། རྒྱལ་པོ་ཤིན་ཏུ་མཉེས་ནས། སྔར་ཨཪྻེ་ཨུན་དང་ཧོར་གྱི་ལྷ་ཕ་ཆོ་བན་དེའི་གྲལ་མགོར་སྡོད་པ་ཡིན་པ་ལ། ད་ཕྱིན་ཆད་ཐམས་ཅད་ཀྱི་གྲལ་མགོར་བླ་མ་ཆོས་རྗེ་པ་བཞུགས་ལ་སྔོན་ལ་སྨོན་ལམ་ཐོབ་གསུངས་པའི་ལུང་བྱོན་ནས་རབ་ཏུ་བྱུང་བའི་དབུ་དཔངས་བསྟོད་དོ། །དེ་ནས་རྒྱལ་པོས་ཐེག་པ་ཆེན་པོའི་སེམས་བསྐྱེད་ལ་སོགས་པ་ཟབ་པ་དང་རྒྱ་ཆེ་བའི་ཆོས་མང་པོ་ཞུས་ནས་ཧོར་གྱི་རྒྱལ་ཁམས་དཀོན་མཆོག་མཆོད་པ་དང་། སེམས་ཅན་ལ་ཕན་པ་བསྒྲུབ་པ་དང་། མི་དགེ་བའི་ལས་ལམ་ཆ་ཤས་ཀྱིས་སྤངས་ནས། སངས་རྒྱས་ཀྱི་བསྟན་པ་ལ་འཇུག་པར་མཛད་དོ། །

གཉིས་པ་ནི་ལུག་ལོ་ཟླ་བ་གསུམ་པའི་ཚེས་བཅུ་གཅིག་གི་ཐོ་རངས་མནལ་ལམ་དུ། མི་འཕྲིང་པོ་ལུས་ལ་རྨ་དང་ཤུ་བས་གང་བ་གཅིག་བྱུང་བ་ན་རེ། ཡུལ་ཕྱོགས་འདི་རྣམས་སུས་ཀྱང་མ་བཟུང་བའི་དུས་སུ་ངའི་དཔོན་དེས་བདག་པོ་བྱས་པ་ཡིན། དེའི་ཚེ་གོ་དན་འདི་ཤཱཀྱ་མུ་ནེ་ལ་བསོད་ནམས་བསགས་པའི་རྒྱལ་པོ་གཅིག་ཏུ་སྐྱེས། དེ་ནས་ཚེ་འཕོས་ནས། མི་ཉག་གི་རྒྱལ་པོ་གཅིག་ཏུ་སྐྱེས། རྒྱལ་པོ་དེས་ངའི་ཁང་པའི་སྟེང་དུ་མཁར་ལས་བྱས་པས་ངེད་དཔོན་གཡོག་རིས་ནོན་པ་བཞིན་སོང་། དེ་ནས་བྱང་ངོས་འདིར་འོངས་ནས་ཡུལ་བཟུང་། དེར་ཡང་རྒྱལ་པོ་འདི་འོངས་ནས། གནོད་པ་མང་པོ་བྱས་པས་སྡོད་ས་མ་བྱུང་། དེ་ནས་ངའི་དཔོན་དེ་ཁྲོས་ནས་ཡུལ་ཕྱོགས་ཀྱི་ལྷ་འདྲེ་རྣམས་བསྡུས་ཏེ། འདི་ལ་གནོད་པ་བྱེད་པའི་གྲོགས་གྱིས་བྱས་ཀྱང་རྒྱལ་པོ་འདི་ཤཱཀྱ་མུ་ནེ་ལ་བསོད་ནམས་བསགས་པ་ཡིན་པས་རེ་ཤིག་མི་ཐུབ་ཟེར། དེ་ནས་རྒྱལ་པོ་དེས་རྒྱལ་པོ་སྔ་མས་བརྟེ་ལ་རྒྱུགས་བྱིན་པ་ཆེས་ཟེར་ནས་ཕྲི། ཤཱཀྱ་མུ་ནེ་འདི་གསེར་ཡིན་ནམ་ལྷ་ཟེར་ཏེ། གཟིང་གིས་བཀྲོས་པས་བསོད་ནམས་ཟད་ནས་ལྷ་འདྲེ་རྣམས་འདུས་ཏེ། ནང་བློན་དང་ཕྲ་མ་བཅུག་པས་བློན་པོས་རྒྱལ་པོ་བསད། རྒྱལ་པོས་འཆི་ཁར་རྒྱལ་པོ་གཅིག་གི་བུར་སྐྱེས་ནས་ཁྱེད་རྣམས་ལ་གནོད་བསྐྱལ་ཞིང་། བྲན་བཞིན་དུ་འཁོལ་བར་ཤོག་ཅིག་ཅེས་སྨོན་ལམ་བཏབ་པས་ཧིན་གིར་གྱི་ཚ་བོར་སྐྱེས་ཏེ་གོ་དན་འདི་ཡིན། དེས་བྱང་ངོས་འདིར་འོངས་ནས་ངེད་ཀྱི་སྡོད་སའི་སྟེང་དུ་རྟ་རྒྱུགས། རྟ་བསད། རྟ་ཁྲག་གར་སོང་སར་ངེད་ལ་ལན། ལ་ལ་ཤི་ཟེར་ནས་ལུས་ལ་སྨྲལ་པ་དང་། ལྡོང་མོ་ཕྱེད་སྐམས་པ་ཤི་ལ་ཁད་ཡོད་པ་ལ། སྔར་བརྟེ་རྣམས་ཀྱིས་སྨོན་ལམ་

འདེབས་ཀྱང་ངེད་ཀླུ་ལ་ཕན་པ་མ་བྱུང་། ཁྱེད་ས་སྐྱ་པས་བཟའ་རྒྱུ་དང་སྣན་བྱིན་པས་ཕན་པ་བྱུང་། ངའི་དཔོན་དེ་ཤི་ན་གོ་དན་ཡང་འཆི། དཔོན་སོས་ན་གོ་དན་ཡང་སོས་པས་ཁྱེད་ཀྱང་བཟང་པོར་འགྲོ་བས་འབད་པ་ཆེན་པོ་གྱིས་ཟེར་ནས། ཆོས་རྗེ་པས་རྒྱལ་པོའི་དོན་དུ་སེང་གེ་སྒྲའི་ཆོ་ག་མཛད་པས་རྒྱལ་པོ་ནད་ལས་ཐར་རོ། །

གསུམ་པ་ནི་ཆོས་རྗེ་པ་སྲིན་པོ་རིར་བཞུགས་པའི་ཚེ། ཐོ་རངས་མནལ་ལམ་དུ་མི་སྐྱ་ཤར་བ་ཚན་གཅིག་བྱུང་ནས། ཕྱག་འཚལ་ཕྱག་རྗེན་ཕུལ་ནས་སེམས་ཅན་ཐམས་ཅད་སྐྱེ་རྒ་ན་འཆིའི་ཆུ་བོ་བཞིས་ཉམ་ཐག་པ་མི་གདའ་ལགས་སམ་ཟེར་བ་ལ། དེ་ཙུག་གདའ་གསུངས་པས། འདི་ལས་ཐར་པའི་གསོལ་འདེབས་གཅིག་ཐུགས་ལ་འདོགས་པར་ཞུ་ཟེར་བ་ལ། སྐྱེ་བ་སྐྱེ་བ་མེད་པའི་ཚུལ་རྟོགས་ཀྱང་། །ད་དུང་སྐྱེ་བའི་གཟེབ་ལས་བདག་མ་གྲོལ། །སྐྱེ་བ་ཀུན་ཏུ་སྐྱེ་བར་སྐྱེ་འགྱུར་བའི། །སྐྱེ་ངན་སྐྱེ་བ་དག་ལས་བསྐྱབ་ཏུ་གསོལ། །ཟེར་བ་གྱིས་ལ་གསོལ་བ་ཐོབ་གསུངས་པས། འོ་ན་རྒས་པ་ལ་སོགས་པ་གཞན་གསུམ་ལ་ཡང་དེ་སྦྱར་དུ་རུང་ངམ་ཞུས་པ་ལ་རུང་ཞེས་གསུངས་པས་རིགས་འགྲེ་བྱས་ནས་མཇུག་ཏུ། དཔལ་ལྡན་བླ་མ་ཀུན་མཁྱེན་ཆོས་ཀྱི་རྗེ། །སྐྱེ་བ་འདི་དང་སྲིད་པ་ཐམས་ཅད་དུ། །བླ་མ་ཁྱེད་ཀྱི་བཀའ་དྲིན་རྗེས་བཟུང་ནས། །སྐྱེ་རྒ་ན་འཆིའི་སྡུག་བསྔལ་བསྐྱབ་ཏུ་གསོལ། །ཞེས་ཟེར་ཞིང་ཕྱག་འཚལ་ནས། བཀའ་དྲིན་ཆེའོ་ཞེས་སོང་བ་རྨིས་ཤིང་། མནལ་སད་པ་ན་དེ་གཙུག་ལག་ཁང་གི་བཀའ་སྲུང་རྒྱལ་པོ་དེ་ཡིན་པར་འདུག་སྙམ་དུ་དགོངས་སོ། །

བརྒྱད་པ་རྨད་དུ་བྱུང་བའི་ལུང་བསྟན་བརྙེས་པའི་ཡོན་ཏན་ནི། ས་སྐྱར་ཆོས་གསུངས་པའི་ཚེ། ནམ་མཁར་རྗེ་བཙུན་གྲགས་པ་རྒྱལ་མཚན་གྱིས་ཁྱོད་ཀྱི་སྐྱེ་བ་ཉི་ཤུ་རྩ་བདུན་གྱི་བར་གྱི་བླ་མ་ང་ཡིན་ཅིང་། དེ་ལས་གཞན་སུས་ཀྱང་ཁྱོད་འདུལ་བར་འོས་པ་མ་ཡིན་ནོ། །ཞེས་པའི་སྒྲ་གྲག་པ་དང་། ཡང་སྐྱོ་བོ་ཁ་གདངས་སུ་སྐྱེ་བ་ཉི་ཤུ་རྩ་ལྔའི་བར་གྱི་བླ་མ་ཡིན་ནོ། །ཞེས་པའི་སྒྲ་གྲག་པས་སྔར་གྱི་དེ་དྲན་གསུང་ངོ་། །ཡིད་ཆུ་རྩེར་ནད་པ་ནད་གཡོག་མེད་པ་གཅིག་གི་རྒྱུ་མཚན་ཞུས་པས། སྙིང་རྗེ་ཚད་མེད་པ་སྐྱེས་ཏེ། སངས་རྒྱས་དང་བྱང་ཆུབ་སེམས་དཔའ་རྣམས་ཀྱང་འདི་འདྲ་ལ་མི་གཟིགས་པ་ཐུགས་རྗེ་རེ་ཆུང་སྙམ་དུ་དགོངས་པའི་ཚེ། ཐོ་རངས་དབུས་སུ་རྗེ་བཙུན་ཆེན་པོ། གཡས་སུ་བིར་པ། གཡོན་དུ་ནག་པོ་པ་དངོས་སུ་བྱོན་ནས་ཁྱོད་དེ་ལ་ཡི་ཆད་མ་བྱེད། ཟག་བཅས་ལུས་འདི་ལ་སྐྱེ་རྒས་ན་འཆིའི་ཆུ་བོ་ཡོད་པ་ཆོས་ཉིད་ཡིན་གསུངས། བིར་པས་ཐོད་པའི་བདུད་རྩི་ལ་སྲིན་ལག་གིས་རེག་ནས་ཁྱོད་ཀྱི་ལྷགས་རྐྱོངས་གསུངས་ནས། ལྷགས་ལ་ཐིག་ལེ་བྱས་པའི་སྣང་བ་བྱུང་། དེའི་དུས་སུ་རྟོག་པ་དང་རྟོག་མེད་ཀྱི་མཐའ་ལས་འདས་པ། བདེ་གསལ་མི་རྟོག་པ་རྒྱལ་བ་རྣམས་ཀྱི་ཐུགས་ལའང་འདི་ལས་ལྷག་པ་མེད་སྙམ་པའི་སྣང་བ་བྱུང་གསུངས། དེ་ནས་བླ་མ་རྗེ་བཙུན་པས། ཁྱོད་འདི་

ནས་གཞན་དོན་ལ་འགྲོ་བའི་དུས་སུ། ཤར་ཕྱོགས་ཀྱི་འཛིག་རྟེན་གྱི་ཁམས་དུ་མ་བརྒལ་བའི་ཕ་རོལ་ཏུ་མཁའ་ལ་གནས་པའི་རིག་པ་འཛིན་པར་གྱུར་ནས། དེ་བཞིན་གཤེགས་པ་དུ་མ་མཉེས་པར་བྱས་ཤིང་ས་ལམ་ཕལ་ཆེར་བགྲོད་དེ། རྒྱ་གར་ཤར་ཕྱོགས་མུ་མུ་ནི་ཞེས་བྱ་བར་རྒྱལ་པོ་ཉི་མའི་སྟོབས་འཕེལ་གྱི་བུར་སྐྱེས་ནས། དད་ལྡན་གྱི་འགྲོ་བ་འབུམ་ཕྲག་དུ་མ་གྲོལ་བར་བྱས་ནས། དེ་ནས་སྐྱེ་བ་གསུམ་པ་ལ་སངས་རྒྱས་དྲི་མ་མེད་པའི་དཔལ་ཞེས་བྱ་བར་འགྱུར་རོ་ཞེས་གསུངས། རྗེ་བཙུན་པས་སློབ་དཔོན་བི་རུ་པ་ལ་དེ་ལྟར་ལགས་སམ་གསུངས། སློབ་དཔོན་གྱིས་དེ་ཡིན་གསུངས། ནག་པོ་པས་ཀྱང་རྗེས་སུ་ཡི་རང་བའི་འཛུམ་པ་མཛད་དོ། །དེ་ཉིད་ཀྱི་ཚེ་གསང་བའི་གནས་སྐབས་སུ་ནུབ་པ་དང་། དབུའི་གཙུག་ཏོར་གསལ་པོར་འཕགས་པ་ལ་སོགས་པའི་མཚན་དཔེའི་ཡོན་ཏན་རྣམས་ཀྱང་བརྙེས་པར་གྱུར་ཏོ། །

དགུ་པ་སྐུ་གསུང་ཐུགས་ཀྱི་རྟེན་མཆོག་སྤྲུལ་པའི་ཡོན་ཏན་ནི་དེ་ལྟར་དགུང་ལོ་བདུན་ཅུའི་བར་དུ་གཞན་དོན་དཔག་ཏུ་མེད་པ་མཛད་ནས། ཕྱུགས་མོ་ཕག་གི་ལོ་སྨལ་པོ་ཟླ་བའི་ཚེས་བཅུ་བཞིའི་ཐོ་རངས་ཀྱི་ཆ་ལ། ཆོས་རྒྱལ་འཕགས་པའི་སྤྱི་བོར་ཕྱག་བཞག་ནས། སངས་རྒྱས་ཐམས་ཅད་ཀྱི་བགྲོད་པ་གཅིག་པའི་ལམ་བླ་མའི་རྣལ་འབྱོར་ལ་ཉམས་ལེན་གྱིས་ཤིག་ཅེས་སོགས་ཀྱི་ཞལ་ཏ་གནང་སྟེ་རྡོ་རྗེ་སྐྱིལ་ཀྲུང་བཅས་རྡོ་རྗེ་དྲིལ་བུ་ཐུགས་ཀར་བསྣོལ་ཏེ་མྱ་ངན་ལས་འདས་པའི་ཚུལ་བསྟན་ཏོ། །དེ་ནས་ཞག་གསུམ་གྱི་བར་དུ་གཟི་བརྗིད་མདངས་དང་ལྡན་པར་བཞུགས་ནས། བཅོ་བརྒྱད་ཀྱི་སྔ་དྲོ་སྐུ་གདུང་རིན་པོ་ཆེའི་སྦྲོམ་བུར་བསྡུས་ནས། ཉེར་ལྔའི་ཉིན་པར་ཞུགས་ལ་འབུལ་བའི་ཚེ། མེ་ཏོག་དང་ཙན་དན་གྱི་དྲི་ལ་སོགས་པའི་ལྷ་རྫས་ཀྱི་མཆོད་པས་ས་དང་བར་སྣང་གང་ཞིང་། དུ་བ་དང་འཇའ་གུར་སྤྲུངས་པའི་སྤྲིན་གྱི་གསེབ་ནས་ལྷ་བུ་གཞོན་ནུ་གདུགས་དང་རྒྱལ་མཚན་ཐོགས་པས་བཀྲ་ཤིས་ཀྱི་གླུ་དབྱངས་དང་། རོལ་མོའི་སྒྲ་དུ་མ་བསྒྲགས་པ་དང་། དུ་བའི་རྩེ་མོ་རྡོ་རྗེ་དང་རལ་གྲི་དང་། ཨུཏྤལ་སོགས་ཀྱི་རི་མོ་ཀུན་གྱིས་མཐོང་བར་གྱུར་ཏོ། །དེའི་ཚེ་རྒྱའི་མི་གཉིས་དང་། མི་ཉག་གཅིག་ལ་ཞག་གསུམ་གྱི་བར་དུ་དཔའ་བར་འགྲོ་བ་ལ་སོགས་པའི་ཏིང་ངེ་འཛིན་བསམ་གྱིས་མི་ཁྱབ་པ་སྐྱེས་སོ། །ཐོ་རངས་ཀྱི་ཆ་ལ་བི་ཧི་རིན་ཆེན་གྲགས་ཀྱིས་སྐུ་གདུང་རྣམས་རིན་པོ་ཆེའི་སྦྲོམ་བུར་བསྡུས་ཏེ། ཕྱིས་གོ་དན་རྒྱལ་པོའི་དྲུང་དུ་བུ་སློབ་ཚོགས་ཀྱིས་བལྟས་པའི་ཚེ། སྐུ་གསུང་ཐུགས་ཀྱི་རྟེན་མཆོག་བྱོན་པའི་ཚུལ་ནི། གཙུག་ཏོར་དབུས་སུ་ཀྱེ་ཡི་རྡོ་རྗེ་དང་། །འཛམ་པའི་དབྱངས་སྐུ་དྲི་མེད་གསལ་བར་བྱོན། །དཔྲལ་བའི་ཆ་ལ་འཁོར་ལོ་སྡོམ་པའི་སྐུ། །ལྟག་པའི་ཆ་ལ་སངས་རྒྱས་བཅོམ་ལྡན་འདས། །ཕྲག་པའི་གདུང་ལ་ཁ་སར་པ་ཎི་དང་། །རྐང་པའི་སྐབས་ལ་སྤྱན་རས་གཟིགས་དབང་བྱོན། །སྙིལ་བུའི་ཆ་ལ་གསང་བའི་ཡུམ་བཞི་བྱོན། །སྒྲོལ་མ་མི་གཡོ་

ཕྱུས་བཙུགས་རྣམ་པ་གཉིས། །ཕྱག་སོར་གཡས་པ་ཀླུ་ཤིང་ལྗོན་པའི་སྟེང་། །བྱམས་པ་ཆོས་ཀྱི་འཁོར་ལོའི་ཕྱག་རྒྱ་ཅན། །སྤྲུལ་པ་རྣམ་བཅུ་སྐུ་ཡི་རྟེན་དུ་བྱོན། །ཚངས་པའི་གསུང་དབྱངས་སྟོང་ཉིད་སེང་གེའི་སྒྲ། །སྐྱེ་མེད་དོན་མཆོག་ཨ་ཡིག་འབུར་དུ་དོད། །སྙན་གོང་གཉིས་ལ་རྣམ་རྒྱལ་མཆོད་རྟེན་རེ། །ཐུགས་དགོངས་རྣམ་དག་རང་བྱུང་ཆོས་སྐུར་ཤར། །དམ་ཚིག་རྡོ་རྗེ་ལྟེ་བར་ཧཱུྃ་གིས་མཚན། །ཞེས་བཤད་པ་ལྟར་ཤེས་པར་བྱའོ། །

བཅུ་པ་བསྟན་པའི་གསལ་བྱེད་སློབ་མ་བསྐྲུན་པའི་ཡོན་ཏན་ནི། བདག་ཉིད་ཆེན་པོ་འདིས་དགུང་ལོ་དགུ་པར་མཆོ་སྐྱེས་གསུངས་པ་ནས། བདུན་ཅུ་པའི་བར་ལ་རྒྱ་ཧོར་བོད་གསུམ་དུ་འཆད་པ་ཉི་མའི་འོད་ཟེར་གྱིས་ཟབ་དོན་གྱི་པདྨོ་ཁ་ཕྱེ་སྟེ། ལེགས་བཤད་དར་དེར་སྒྲོགས་པའི་བློ་གསལ་བུང་བའི་ཚོགས་ཀྱིས་ཐུབ་བསྟན་པད་མཆོ་ཀུན་ཏུ་ཁྱབ་པར་མཛད་པ་ལས། གཙོ་བོར་གྱུར་པ་ནི། གཙང་སློབ་དཔོན་བསོད་ནམས་རྒྱལ་མཚན་སྐྱའི་དབོན་པོ་འཕགས་པ་སྐྱ་མཆེད་གཉིས། རྟོགས་པའི་བརྒྱུད་འཛིན་གྲུབ་ཆོགས་རྣམ་གཉིས། མན་ངག་གི་བརྒྱུད་འཛིན་ལྷོ་དམར་གཉིས། སྒྲུབ་པའི་བརྒྱུད་འཛིན་རྒྱལ་བ་ཡང་དགོན་པ། བཤད་པའི་བརྒྱུད་འཛིན་ལ་ཤར་ནུབ་གུང་གསུམ་དུ་གྲགས་པ་ལ་ཤར་པ་ཤེས་རབ་འབྱུང་གནས། གཙང་རྡོ་རྗེ་འོད་ཟེར། གུང་པ་སྐྱོ་སྟོན་དྲི་མེད། ནུབ་པ་ལ་ཐོག་མར་འཕྱུག་པ་རིག་པའི་སེང་གེ། དེའི་གདན་ས་འཛམ་དབྱངས་ཉི་ཐོག་པ། དེའི་བཀའ་ཆེན་བཞི་ནི། ཁང་སྟོན་འོད་ཟེར་རྒྱལ་མཚན། གཉན་དར་མ་སེང་གེ། ཞང་མདོ་སྡེ་དཔལ་བཟང་པོ་སྟེ། ཁང་གཉན་ཞང་གསུམ་དུ་གྲགས་པ་དང་། ཟུར་ཁང་བ་ཤཱཀྱ་གྲགས་སོ། །སྒོམ་ཕྱུག་བགྲེས་པ་དཔལ་བཟང་པོ་བཅུ་གསུམ་ནི། ཚོགས་སྒོམ་ཀུན་དགའ་དཔལ་བཟང་པོ། གྲུབ་ཐོབ་ཡོན་ཏན་དཔལ་བཟང་པོ། རིན་པོ་ཆེ་སྐྱོབ་པ་དཔལ་བཟང་པོ། ལྷོ་པ་ཀུན་མཁྱེན་རིན་ཆེན་དཔལ་བཟང་པོ། ཞང་རྒྱལ་བ་དཔལ་བཟང་པོ། ཞང་མདོ་སྡེ་དཔལ་བཟང་པོ། ཕྱུ་རུབ་སེང་གེ་དཔལ་བཟང་པོ། གྲུབ་སྙིང་པ་རྡོ་རྗེ་དཔལ་བཟང་པོ། ལྗོང་སྟོན་ཤེས་རབ་དཔལ་བཟང་པོ། ཇོ་གདན་བྱང་ཆུབ་དཔལ་བཟང་པོ། ཁའུ་པ་འོད་ལྡན་དཔལ་བཟང་པོ། སྐྱོ་སྟོན་དྲི་མེད་འོད་དཔལ་བཟང་པོ་རྣམས་སོ། །གཞོན་པ་རྒྱལ་མཚན་གྱི་མཐའ་ཅན་བདུན་ནི། ཤར་པ་ཡེ་ཤེས་རྒྱལ་མཚན། ཁང་སྟོན་འོད་ཟེར་རྒྱལ་མཚན། དགའ་ལྡན་པ་ཆོས་ཀྱི་རྒྱལ་མཚན། གསོལ་བྱ་བ་འདུལ་བ་རྒྱལ་མཚན། འུ་ཡུག་པ་དཔལ་གྱི་རྒྱལ་མཚན། ཡར་ལུངས་པ་ཤཱཀྱ་རྒྱལ་མཚན། ཡར་ལུངས་པ་བྱང་ཆུབ་རྒྱལ་མཚན་རྣམས་སོ། །གཞན་ཡང་འཛམ་དབྱངས་གཙང་ནགས་ཕུག་པ་ཤེས་རབ་འོད་ཟེར། ཏི་ར་བ་བྱམས་མགོན། ལྷ་རྗེ་བི་ཧི། གློ་བོ་ལོ་ཙྭ་བ་ཤེས་རབ་རིན་ཆེན། མཁན་པོ་གྲགས་པ་སེང་གེ། བླ་མ་འོད་ཟེར་ཤཱཀྱ་ལ་སོགས་པའི་སྐྱེས་ཆེན་མང་དུ་བྱུང་ངོ་། །མཚན་དཔེའི་དཔལ་གྱིས་བརྗིད་པའི་སྐུ་མངའ་ཞིང་། །ལེགས་བཤད་སྒྲ་སྒྲོགས་མུ་སྟེགས་སྟོན་པ་

བཏུལ། །མི་དབང་སཱ་ཡི་བདག་པོས་གུས་བཏུད་པ། །ཐུབ་དབང་གཉིས་པ་ས་སྐྱ་པ་ལ་འདུད། །གང་གི་གསུང་ལས་སྐྱེས་པའི་ སྲས་ཀྱི་མཆོག །བཤད་སྒྲུབ་མན་ངག་མི་ནུབ་རྒྱལ་མཚན་འཛིན། །ངོ་མཚར་སྐྱེས་ཆེན་རྣམས་ལའང་གུས་ཕྱག་འཚལ། །ཟབ་དོན་རྟོགས་པའི་བློ་གྲོས་བསྐྱེད་དུ་གསོལ། །བསྟན་བཅོས་རྩོམ་པ་པོའི་ཆེ་བའི་ཡོན་ཏན་བསྟན་ཟིན་ཏོ།། །།

གཉིས་པ་དེས་བསྟན་བཅོས་ཇི་ལྟར་བརྩམས་པའི་ཚུལ་ལ་གཉིས་ཏེ། དངོས་དང་ཞར་ལ་གཞུང་ཇི་ལྟར་འཆད་པའི་ཚུལ་ལོ། །དང་པོ་ནི། འཕགས་པའི་ཡུལ་དུ་ཉན་ཐོས་ཀྱི་བསྟན་པ་ལ་བཀའ་བསྡུ་བ་རིམ་པ་གསུམ་བྱུང་ཚུལ། ཐེག་པ་ཆེན་པོའི་བསྟན་པ་ལ་འཕེལ་འགྲིབ་བྱུང་ཚུལ། དེ་ནས་གངས་རིའི་ཁྲོད་དུ་བསྒྱུར་བའི་ཚུལ། བསྟན་པ་སྔ་དར་དང་། ཕྱི་དར་གྱི་སྐབས་སུ་ཆོས་ལོག་བྱུང་བ་རྣམས་དམ་པ་རྣམས་ཀྱིས་སུན་ཕྱུང་བའི་ཚུལ་རྣམས་འདིར་བཤད་པར་བྱ་བ་ཡིན་མོད་ཀྱི། རྒྱས་པར་འོག་གཞུང་དོན་གྱི་སྐབས་སུ་འབྱུང་ཞིང་མདོར་བསྡུས་པ་ཙམ་ཞིག་ཁོ་བོས་བྱས་པའི་སྤྱི་དོན་དུ་བསྟན་ཟིན་པས་དེར་ལྟ་བར་བྱའོ། །དེ་ནས་ཆོས་རྗེ་ས་སྐྱ་པ་འདས་པའི་རྗེས་སུ། སེམས་བསྐྱེད་སྨི་ལམ་མ་ལ་སོགས་པའི་ཆོས་ལོག་དུ་མ་འཕེལ་བ་རྣམས་དགག་པར་བཞེད་ནས། བསྟན་བཅོས་འདི་བརྩམས་ཏེ་ཕྱེད་ཙམ་ཚར་བ་ན། བོད་ཀྱི་ཆོས་པ་རྣམས་ཀྱིས་ཆགས་སྡང་གི་དབང་གིས་བརྩམས་འདུག་ཟེར་ནས་ཆོས་ཉན་དུ་འོང་བ་རྣམས་ཀྱི་གེགས་སུ་སོང་བའི་གཏམ་ཟངས་ཚ་བསོད་ནམས་རྒྱལ་མཚན་ལ་སོགས་པ་རྣམས་ཀྱིས་ཐོས་པས། ཆོས་རྗེའི་དྲུང་དུ་ཆགས་སྡང་ཅན་ཟེར་བའི་གཏམ་འདིས་འོ་སྐོལ་གྱི་ཕྲིན་ལས་ལ་གནོད་པར་གདའ་ལགས་པས། མི་རྩོམ་པར་ཞུ་ཞེས་ཞུ་བ་ཕུལ་བས། ཆོས་འདི་ལོ་འདོད་དམ། ང་རྒྱལ་གྱིས་བྱས་པ་མ་ཡིན། སངས་རྒྱས་ཀྱི་བསྟན་པ་ལ་བསམས་པ་ཡིན་ཏེ། ཐམས་ཅད་མ་དགའ་བར་འདུག་པས། བཞག་པ་ལས་མི་ཤེས་གསུངས་ནས་ཞལ་གྱིས་བཞེས་སོ། །དེའི་མཚན་མོ་མནལ་ལམ་དུ་སངས་རྒྱས་ཀྱི་སྐུ་ཤིན་ཏུ་མཛེས་པ་གཅིག་མི་གཙང་བའི་ཁྲོད་ན་འདུག་པ་ཕྱི་རོར་མཛད་པས། མི་མང་པོ་མི་མགུ་བའི་རྣམ་འགྱུར་བྱེད་ཀྱིན་འདུག་པས་བཞག་པ་དང་། སླར་ཡང་སྐུ་དེ་ལ་མི་མང་པོས་མི་གཙང་བ་བསྐུ་བ་མཐོང་བ་དང་། འཕགས་པ་འཇམ་དཔལ་གྱི་སྐུ་རྒྱབ་བསྟན་པ་མཐོང་བ་དང་། འཕགས་པ་ཀླུ་སྒྲུབ་བྱང་ཆུབ་ཀྱི་ཤིང་སྐམ་པོ་ལ་རྒྱབ་བརྟེན་ནས་བསྡུང་བའི་ཚུལ་དུ་བཞུགས་པ་ལ་སོགས་པ་མཐོང་ནས་མནལ་སད་པ་དང་། བསྟན་བཅོས་འདི་བརྩམས་ན་མི་མི་དགའ་བར་འདུག་ཀྱང་མ་བརྩམས་ན་ལྷ་མི་དགའ་བ་འདུག་པས་བརྩམ་དགོས་གསུང་སྟེ། སྔར་མི་རྩོམ་པར་ཞལ་གྱིས་བཞེས་པའི་ཉེས་པ་བླ་མ་དང་དཀོན་མཆོག་ལ་བཟོད་པར་གསོལ་ཏེ། ཡོངས་སུ་རྫོགས་པར་བརྩམས་པ་ཡིན་ནོ། །

གཉིས་པ་ནི་བསྟན་བཅོས་འདི་འཆད་པ་ལ་ཐོག་མར་བསྟན་པའི་ཉམས་ལེན་ཐམས་ཅད་སྡོམ་པ་གསུམ་གྱིས་བསྡུས་པའི་ཚུལ། དེ་གཞུང་འདིས་ཇི་ལྟར་བསྟན་པའི་ཚུལ། བསྟན་བྱ་སྡོམ་གསུམ་གྱི་མཐའ་དཔྱད་པའི་སྒོ་ནས་སྤྱིའི་དོན་གཏན་ལ་དབབ་དགོས་པ་ནི་སྤྱི་དོན་དུ་བལྟ་བར་བྱའོ། །དེ་ནས་གཞུང་ལ་འཇུག་པ་ནི་རྣམ་བཤད་འདིར་ནི། དཀྱུས་ཀྱི་ས་བཅད་པ། ཁ་འཕངས་པའི་ལུང་དྲང་བ། དཀའ་གནས་ཀྱི་དོགས་པ་དཔྱད་པ་གསུམ་གཙོ་བོར་སྟོན་ཅིང་གཞུང་གི་འབྲུ་ཕལ་ཆེར་ནི་སླ་བས་འདིར་མི་འབྲི་ལ། ཅུང་ཟད་དཀའ་བ་རྣམས་དང་། ལུང་གི་འབྲུ་རྣམས་དང་། ཕྱོགས་སྔའི་དོན་རྣམས་ནི་ཇི་ལྟར་འཚམས་པར་བཤད་པར་བྱའོ། །ས་ཁོངས་ཀྱི་ཚིགས་བཅད་ཀྱི་གྲངས་རྣམས་ནི་ཤོ་ལོ་ཀའི་གྲངས་ཡིན་ལ་དམིགས་བསལ་མེད་པའི་གྲངས་རྣམས་རྐང་པའི་གྲངས་ཡིན་པར་ཤེས་པར་བྱའོ། །

གསུམ་པ་བརྩམ་བྱ་བསྟན་བཅོས་ཀྱི་བརྗོད་བྱ་གཏན་ལ་དབབ་པ་ལ་གསུམ་སྟེ་བརྗོད་བྱ་བདེ་བླག་ཏུ་རྟོགས་པའི་ཆེད་དུ་མཚན་གྱི་དོན། བསྟན་པ་རྣམ་དག་ཏུ་བསྒྲུབ་པའི་ཆེད་དུ་གཞུང་གི་དོན། བྱས་ཤེས་དྲིན་བཟོ་བསྐྱེད་པའི་ཆེད་དུ་མཛད་བྱང་སྨོས་པའོ། །དང་པོ་ནི། སྡོམ་པ་གསུམ་གྱི་རབ་ཏུ་དབྱེ་བ་ཞེས་བྱ་བ་ཞེས་པ་སྟེ། སྡོམ་པ་གསུམ་ནི་ཪྡོ་རྗེ་ཐེ་མོར། སོ་སོ་ཐར་དང་བྱང་ཆུབ་སེམས། །རིག་འཛིན་རང་གི་ངོ་བོའོ། །ཞེས་པ་ལྟར་ཡིན་ལ། རབ་ཏུ་དབྱེ་བ་ནི་གསུམ་པོ་དེ་དག་གི་ནང་སེལ་གྱི་དབྱེ་བ་ཙམ་སྟོན་པ་མ་ཡིན་པར། དང་པོར་ལེན་པའི་ཆོ་ག་བར་དུ་བསྲུང་བའི་བསླབ་བྱ། མཐར་འབྲས་བུ་འབྱིན་པའི་ཚུལ་རྣམས་ལ་སངས་རྒྱས་ཀྱི་གསུང་དང་མི་མཐུན་པའི་ལོག་པར་རྟོག་པ་མཐའ་དག་བཀག་ནས། ཉམས་ལེན་ཐམས་ཅད་སངས་རྒྱས་ཀྱི་དགོངས་པ་ཇི་ལྟ་བ་བཞིན་སྟོན་པས་ན་དེ་སྐད་ཅེས་བྱའོ། །

གཉིས་པ་ལ་གསུམ་སྟེ། བཤད་པ་ལ་འཇུག་པའི་ཡན་ལག །བཤད་པ་རང་གི་ངོ་བོ། བཤད་པ་ཡོངས་སུ་རྫོགས་པའི་བྱ་བའོ། །དང་པོ་ལ་གཉིས་ཏེ། མཆོད་པར་བརྗོད་པ་དང་། བརྩམ་པར་དམ་བཅའ་བའོ། །དང་པོ་ལ་གསུམ་སྟེ། བླ་མ་དམ་པ་སྤྱི་ལ་མཆོད་པར་བརྗོད་པ། སྡོམ་གསུམ་སྟེར་བའི་རྩ་བའི་བླ་མ་ལ་མཆོད་པར་བརྗོད་པ། སྡོམ་གསུམ་གྱི་བསླབ་པ་འཆའ་བ་པོ་སངས་རྒྱས་ལ་མཆོད་པར་བརྗོད་པའོ། །དང་པོ་ནི། བླ་མ་དམ་པའི་ཞབས་ལ་གུས་པས་ཕྱག་འཚལ་ལོ། །ཞེས་པ་སྟེ་བླ་མ་དམ་པའི་དོན་ནི་སྐབས་གསུམ་པར་འཆད་དོ། །

གཉིས་པ་ནི་བདེ་གཤེགས་ཞེས་སོགས་ཚིགས་བཅད་གཅིག་སྟེ། ཚིག་རྐང་དང་པོ་གཉིས་ཀྱིས་ནི་གཞན་གྱི་ལོག་རྟོག་ཐམས་ཅད་ཀུང་སངས་རྒྱས་ཀྱི་གསུང་རབ་ལ་བརྟེན་པའི་སྒྲུབ་པ་དང་སྦྱན་འབྱིན་གྱིས་འགོག་ཅིང་། ཚིག་རྐང་གསུམ་པས་ནི་རང་གི་ཉམས་ལེན་ཐམས་ཅད་སངས་རྒྱས་ཀྱི་གསུང་བཞིན་དུ་བསྒྲུབ་

ཅེས་པ་སྟེ། བསྟན་བཅོས་ལུས་ཀྱི་བརྗོད་བྱ་དང་མཐུན་པའི་ཡོན་ཏན་བརྗོད་པའོ། །ཚིག་རྐང་བཞི་པས་ནི་རྒྱུ་མཚན་དེའི་ཕྱིར་ན་གཞན་དང་མཚུངས་པ་མེད་པའི་བླ་མ་རྗེ་བཙུན་གྲགས་པ་རྒྱལ་མཚན་དེ་ལ་རྩོམ་པ་པོ་བདག་ཉིད་དྭང་བའི་དད་པ་རྙོག་པ་མེད་པས་འདུད་ཅེས་པ་སྟེ། འདི་ལྟ་བུའི་བླང་དོར་གྱི་མིག་ཕྱེད་པ་ནི་བླ་མ་དེ་ཉིད་ཀྱི་བཀའ་དྲིན་ཡིན་པས་སོ་སྙམ་དུ་དགོངས་སོ། །

གསུམ་པ་ནི་སྒྲིབ་གཉིས་བག་ཆགས་དང་བཅས་པའི་སྐྱོན་མེད་པ་ནི་སྤངས་པ་ཕུན་ཚོགས་ཡིན་ལ་ཐུན་མོང་དང་ཐུན་མོང་མ་ཡིན་པའི་ཡོན་ཏན་ཀུན་གྱི་མཛོད་མངའ་བ་ནི་རྟོགས་པ་ཕུན་ཚོགས་ཡིན་ཅིང་། དངོས་སམ་བརྒྱུད་པའི་སྒོ་ནས་གདུལ་བྱ་རྣམས་སྐལ་བ་ཇི་ལྟ་བ་བཞིན་དུ་སྡོམ་པ་གསུམ་གྱི་ཉམས་ལེན་ལ་འགོད་པར་མཛད་པས་འགྲོ་བའི་བླ་མར་གྱུར་པ་ནི་ཕྲིན་ལས་ཕུན་སུམ་ཚོགས་པ་སྟེ། དེ་ལྟ་བུའི་ཡོན་ཏན་དང་ལྡན་པའི་སྟོན་པ་སངས་རྒྱས་ཀྱི་ཞབས་ལ་ཕྱག་འཚལ་ལོ། །ནས་ཞེས་པ་ནི་ལྷག་མ་འདྲེན་པའི་ཚིག་སྟེ་འོག་གི་བཤད་ཅེས་པ་དང་འབྲེལ་ལོ། །གཉིས་པ་ནི་བཤད་ཅེས་པ་དྲངས་ལ། འདི་ལ་ལྔ་ལས་ཡུལ་གང་ལ་ན། འཕགས་པ་ལྟས། འདུན་དང་ཞེ་སྡང་འཇིགས་པ་དང་། །རྨོངས་པས་གང་ཞིག་ཆོས་མི་འདའ། །དེ་ནི་དད་པ་ཅན་ཞེས་བྱ། །ཞེས་གསུངས་པ་ལྟར། འགྲོ་བ་བཞི་ཡིས་ཆོས་ལས་མི་ཕྱེད་པའི་དད་པ་དང་ལྡན་པས་ཉམས་ལེན་སངས་རྒྱས་ཀྱི་གསུང་བཞིན་དུ་བསྒྲུབ་པར་འདོད་ཀྱང་རང་ཉིད་ཀྱིས་ཇི་ལྟ་བ་བཞིན་མི་ཤེས་པ་དེ་ལའོ། །ངོ་བོ་གང་ཞེ་ན་སྡོམ་པ་གསུམ་གྱི་དབྱེ་བའོ། །གང་ཟག་གང་གིས་ན་ས་སྐྱ་པཎྜི་ཏ་བདག་གིས་སོ། །ཚིག་སྦྱོར་གྱི་སྦྱོར་བ་ཅི་ལྟ་བུས་ན་མཁས་རྣམས་སོགས་སོ། །དགོས་པ་གང་གི་ཆེད་དུ་ན་བདག་ནི་སོགས་ཏེ། རྒྱུ་མཚན་དེའི་ཕྱིར་ན་བསྟན་པ་ལ་འཁྲུལ་པར་སྤྱོད་པ་རྣམས་བཀག་ནས། བཤད་སྒྲུབ་སངས་རྒྱས་ཀྱི་གསུང་བཞིན་དུ་ཤེས་པའི་ཆེད་དུའོ། །

གཉིས་པ་ལ་གཉིས་ཏེ། དོན་ལ་འཁྲུལ་པ་དགག་པ་དང་། ཚིག་ལ་འཁྲུལ་པ་དགག་པའོ། །དང་པོ་ལ་གསུམ་སྟེ། བརྗོད་བྱའི་གཙོ་བོ་ངོས་བཟུང་བའི་སྒོ་ནས་ལུས་མདོར་བསྟན། སྡོམ་གསུམ་གྱི་ཉམས་ལེན་ཞིབ་ཏུ་བསྟན་པའི་སྒོ་ནས་ཡན་ལག་རྒྱས་པར་བཤད། གནད་མ་འཁྲུལ་བར་བསྒྲུབ་པར་གདམས་པའི་སྒོ་ནས་མཇུག་བསྡུ་བའོ། །དང་པོ་ནི། སོ་སོར་ཐར་པའི་སྡོམ་པ་དང་། །བྱང་ཆུབ་སེམས་པའི་སེམས་བསྐྱེད་དང་། གསང་སྔགས་ཀྱི་ནི་དབང་བསྐུར་དང་གསུམ་ནི། བརྗོད་བྱའི་གཙོ་བོ་ཡིན་པས་སྐབས་གསུམ་དུ་རིམ་པ་བཞིན་དུ་སྟོན་ཏོ། །དེ་དག་གི་ལེན་པའི་ཆོ་ག་དང་། སོ་སོའི་བསླབ་པར་བྱ་བ་ནི། སྐབས་གསུམ་དུ་སོ་སོར་སྟོན་ནོ། །སེམས་བསྐྱེད་པའི་གནད་བདག་གཞན་བརྗེ་བའི་བྱང་ཆུབ་ཀྱི་སེམས་ནི་སྐབས་གཉིས་པར་སྟོན་ཏོ། །སྟོང་ཉིད་སྙིང་

རྗེའི་སྙིང་པོ་ནི་སྐབས་གསུམ་ཆར་དུ་ཅི་རིགས་པར་སྟོན་ནོ། །རིམ་པ་གཉིས་ཀྱི་གསང་ཚིག་ལ། རིམ་གཉིས་མི་དགོས་པར་འདོད་པའི་ལོག་རྟོག་འགོག་པ་ནི། ཁ་ཅིག་འཕྲུལ་དང་མ་འཕྲུལ་མེད། །ཅེས་སོགས་སུ་སྟོན་ཅིང་གསང་ཚིག་དངོས་ནི་གཞུང་འདིར་མི་སྟོན་ནོ། །ཡེ་ཤེས་ཕྱག་རྒྱ་ཆེན་པོ་དང་། །ཕྱི་དང་ནང་གི་རྟེན་འབྲེལ་དང་། །ས་དང་ལམ་གྱི་རྣམ་བཞག་གསུམ་ནི་སྐབས་གསུམ་པར་སྟོན་ནོ། །བཅུ་གཅིག་པོ་འདི་དག་ནི་བརྗོད་བྱའི་གཙོ་བོ་བསྡུས་པ་ཡིན་ཅིང་དེ་དག་གི་ཡན་ལག་དང་བཅས་པ་ལ་འཁྲུལ་པ་འགོག་ཅིང་མ་འཁྲུལ་བ་བསྒྲུབ་པའི་རྣམ་པར་དབྱེ་བ་བཤད་ཀྱིས་ཉོན། ཅེས་མདོར་བསྟན་པའོ། །

གཉིས་པ་ལ་གཉིས་ཏེ། དངོས་དང་དེ་ལ་རྩོད་པ་སྤང་བའོ། །དང་པོ་ལ་གསུམ་སྟེ། སོ་ཐར་བྱང་སེམས་སྔགས་སྡོམ་གྱི་ཉམས་ལེན་བཤད་པའོ། །དང་པོ་ལ་གསུམ་སྟེ། བརྗོད་བྱའི་གཙོ་བོ་སོ་ཐར་གྱི་རྣམ་བཞག བསླབ་བྱའི་རང་བཞིན་ལས་འབྲས་ཀྱི་རྣམ་བཞག །ཐོས་བསམ་སྒོམ་གསུམ་མ་ནོར་བས་མཇུག་བསྡུ་བའོ། །དང་པོ་ལ་གསུམ་སྟེ། དབྱེ་བའི་སྒོ་ནས་མདོར་བསྟན། སོ་སོའི་རང་བཞིན་རྒྱས་པར་བཤད། གདམས་པའི་སྒོ་ནས་མཇུག་བསྡུ་བའོ། །དང་པོ་ནི་སོ་སོར་ཅེས་སོགས་ཚིག་རྐང་གཉིས་སོ། །གཉིས་པ་ལ་གཉིས་ཏེ། ཉན་ཐོས་ཀྱི་སོ་ཐར། ཐེག་ཆེན་གྱི་སོ་ཐར་རོ། །དང་པོ་ལ་གཉིས་ཏེ། རིས་བདུན་གྱི་དུས་ཀྱི་རྣམ་བཞག །བསྙེན་གནས་བྱེ་བྲག་ཏུ་བཤད་པའོ། །དང་པོ་ལ་གཉིས་ཏེ། རྣམ་བཞག་སྤྱིར་བསྟན། དུས་ལ་ལོག་རྟོག་དགག་པའོ། །དང་པོ་ལ་གཉིས་ཏེ། དམ་བཅའ་འགོད་པ་དང་། སྒྲུབ་བྱེད་བཤད་པའོ། །དང་པོ་ནི། ཉན་ཐོས་རྣམས་ཀྱི་ཞེས་སོགས་ཚིགས་བཅད་གཉིས་ཏེ། ཚིགས་བཅད་དང་པོས་ནི་ཉན་ཐོས་ཀྱི་སོ་ཐར་རིས་བདུན་འཆི་འཕོ་བའི་ཚེ་གཏོང་བའི་དམ་བཅའ་བསྟན་ལ། དེ་ནས་ཚིག་རྐང་གཉིས་ཀྱིས་ནི་དེ་ལྟར་ན་བསྲུང་བ་ལ་དགོས་པ་མེད་པར་འགྱུར་རོ་སྙམ་ན། དེའི་དགོས་པ་བསྟན་ནོ། །དེ་ནས་གཉིས་ཀྱིས་དམ་བཅའ་ངེས་པའི་ཡན་ལག་ཏུ་ཐེག་པ་ཆེ་ཆུང་གི་སྡེ་སྣོད་ཀྱི་རྣམ་དབྱེ་བསྟན་ནོ། །གཉིས་པ་ལ་གཉིས་ཏེ། རིས་བདུན་འཆི་འཕོ་བའི་ཚེ་གཏོང་བའི་སྒྲུབ་བྱེད། དེའི་ཡན་ལག་ཏུ་སྡེ་སྣོད་ཀྱི་རྣམ་དབྱེ་བསྟན་པའོ། །དང་པོ་ནི། དེ་དག་ཞེས་སོགས་བཅུ་གཅིག་སྟེ། ཉན་ཐོས་སྡེ་པའི་ལུགས་ཀྱི་སོ་སོར་ཐར་པའི་སྡོམ་པ་ནི། རྣམ་པར་རིག་བྱེད་མ་ཡིན་པའི་གཟུགས་གཙོ་བོ་ཡིན་ཅིང་། རིག་བྱེད་ཀྱི་གཟུགས་དང་གཉིས་སུ་འདོད་དེ། རྣམ་རིག་མིན་རྣམ་གསུམ་ཞེས་བྱ། །སྡོམ་དང་སྡོམ་པ་མིན་དང་གཞན། །སྡོམ་པ་སོ་སོ་ཐར་ཅེས་བྱ། །དེ་བཞིན་ཟག་མེད་བསམ་གཏན་སྐྱེས། །ཞེས་དང་། འཆལ་བའི་ཚུལ་ཁྲིམས་མི་དགེའི་གཟུགས། །དེ་སྤང་ཚུལ་ཁྲིམས་རྣམ་གཉིས་སོ། །ཞེས་གསུངས་སོ། །ངོ་བོ་བསྒྲུབ་བྱའི་ལུས་ངག་གི་ལས་ཀྱི་ངོ་བོར་སྐྱེ་ཞིང་། གཟུགས་ཅན་ཡིན་པའི་ཕྱིར་ན། འཆི་འཕོ་བའི་ཚེ་གཏོང་བར་འདོད་དེ། རྟེན་

མེད་པའི་ཕྱིར། དེ་སྐད་དུ་ཡང་མཛོད་ལས། བསླབ་པ་ཕུལ་དང་ཤི་འཕོས་དང་། ཕོ་མོའི་མཚན་གཉིས་ཅིག་ཅར་བྱུང་བ་དང་། ཡོག་ལྷས་དགེ་རྩ་ཆད་པ་དང་། མཚན་མོ་འདས་པའི་ཚེ་སོ་སོ་ཐར་པའི་འདུལ་བ་གཏོང་བར་གསུངས་པ་ནི། ཉན་ཐོས་ཀྱི་ལུགས་འདི་ལ་སྐྱབ་བྱེད་ཚད་མ་ཡིན་པའི་ཕྱིར། དེ་ལ་དང་པོ་བཞི་ནི། རིས་བརྒྱུད་ཆར་གྱི་གཏོང་རྒྱུ་ཡིན་ལ། ཕྱི་མ་ནི་བསྙེན་གནས་ཁོ་ནའི་གཏོང་རྒྱུ་ཡིན་ནོ། །

གཉིས་པ་ནི་བྱང་ཆུབ་སེམས་དཔའ་ཞེས་སོགས་དྲུག་སྟེ། བྱང་སེམས་ཀྱི་སྡོམ་པ་ནི་བསྲུང་བའི་འཕེན་སེམས་མ་ཉམས་པའམ། རྩ་ལྟུང་སོགས་མི་མཐུན་ཕྱོགས་ཀྱིས་མ་ཉམས་པ་དེ་སྲིད་དུ་ཡོད་དེ། བྱང་ཆུབ་མ་ཐོབ་ཀྱི་བར་ལ་སོགས་པ་འཕེན་སེམས་ཇི་ལྟར་འདོད་པ་ལས་སྐྱེས་པའི་ཕྱིར། དེ་ལྟ་ན་ཡང་འཆི་འཕོ་བའི་ཚེ་གཏོང་སྟེ། གཟུགས་ཅན་ཡིན་པས་དེའི་ཚེ་རྟེན་མེད་པའི་ཕྱིར་ཟེར་སྙམ་ན་མི་འཐད་དེ། གཟུགས་ཅན་མ་ཡིན་པའི་ཕྱིར་རོ། །མདོ་རྒྱུད་ཐམས་ཅད་ཀྱི་དགོངས་པ་ཡང་དེ་ཉིད་ཡིན་ཏེ། ཞིང་གི་ཡོན་ཏན་བཀོད་པ་ལས། །བདག་ནི་བྱང་ཆུབ་རིངས་ཚུལ་དུ། །འཚང་རྒྱར་མོས་ཤིང་སྒྲོ་བ་མེད། །ཕྱི་མཐར་ཐུག་པའི་བར་དུ་ཡང་། །སེམས་ཅན་གཅིག་ཕྱིར་སྤྱད་པར་བགྱིའོ། །ཞེས་པ་དང་། ནོར་བུ་ཐིག་ལེའི་རྒྱུད་དུ། བདག་ཆེ་གེ་མོ་ཞེས་བྱ་བ་དུས་འདི་ནས་ཇི་སྲིད་བྱང་ཆུབ་སྙིང་པོ་ལ་ཐུག་གི་བར་དུ་ཞེས་པ་དང་། ཐྭ་རི་པས། བདག་ཀྱང་དེང་ནས་བྱང་ཆུབ་བར། །ལུས་དང་སྲོག་ལ་ལྟོས་མེད་པར། །བསླབ་རྣམས་མགོན་བཞིན་བསྲུང་ལ་གནས། །ཡེ་ཤེས་ཐུགས་ཀྱིས་དགོངས་སུ་གསོལ། །ཞེས་པ་དང་། སྤྱོད་འཇུག་ལས། བྱང་ཆུབ་སྙིང་པོར་མཆིས་ཀྱི་བར། །སངས་རྒྱས་རྣམས་ལ་སྐྱབས་སུ་མཆི། །ཆོས་དང་བྱང་ཆུབ་སེམས་དཔའ་ཡི། །ཚོགས་ལའང་དེ་བཞིན་སྐྱབས་སུ་མཆི། །ཞེས་གསུངས་སོ། །

འདིར་བྱང་སེམས་ཀྱི་སྡོམ་པ་འཆི་འཕོ་བའི་ཚེ་མི་གཏོང་བའི་དམ་བཅའ་དང་། སྒྲུབ་བྱེད་གཉིས་འབྱུང་བ་ནི་འོག་གི་ཕྱོགས་སྔ་སྨྲ་བ་པོས། སོ་ཐར་རིས་བདུན་སེམས་ཇི་སྲིད་འཚོའི་བར་དུ་ལེན་པ་སེམས་བསྐྱེད་རྒྱུ་ཐབས་མར་འདོད་པ་ལ་དེ་ནི་སྡེ་སྣོད་ཀྱི་རྣམ་དབྱེ་མ་ཤེས་པའི་ཉེས་པ་ཡིན་ཏེ། སྲོག་ཇི་སྲིད་འཚོའི་བར་དུ་ལེན་པ་ཉན་ཐོས་ཀྱི་ལུགས་དང་། བྱང་ཆུབ་མ་ཐོབ་ཀྱི་བར་དུ་ལེན་པ་བྱང་སེམས་ཀྱི་སྡེ་སྣོད་ཀྱི་ལུགས་ཡིན་པའི་ཕྱིར་ཞེས་བསྟན་པའི་དོན་དུ་ཡིན་ཏེ། འོག་ཏུ་སྡེ་སྣོད་རྣམ་དབྱེ་མེད་པར་ཟད། ཅེས་འབྱུང་བ་དང་དོན་གཅིག་གོ། །དོན་འདི་མ་རྟོགས་པར། ཁ་ཅིག་བྱང་སེམས་དང་། སོ་ཐར་གཉིས་ཀའི་དུས་བསྟན་པ་སྐབས་སུ་བབ་ཅེས་པ་དང་། ཁ་ཅིག་བྱང་སེམས་ཞར་བྱུང་ཙམ་ཡིན་ནོ་ཞེས་སྨྲ་བ་ནི། གཞུང་དོན་རྟོགས་པའི་བློ་གྲོས་མེད་པར་ཟད་དོ། །

གཉིས་པ་ལ་གཉིས་ཏེ། ཕྱོགས་སྔ་མ་བརྗོད་པ་དང་། དེ་དགག་པའོ། །དང་པོ་ནི་ཁ་ཅིག་ཅེས་སོགས

གཉིས་ཏེ། འབྲི་ཁུང་པ་རྣམས་ན་རེ། ཇི་སྲིད་འཚོའི་སྒྲ། ལུས་ཇི་སྲིད་འཚོ་བ་དང་། སེམས་ཇི་སྲིད་འཚོ་བ་གཉིས་ལ་འཇུག་པ་ལས་སོ་ཐར་རིས་བདུན་ཇི་སྲིད་འཚོའི་བར་དུ་ལེན་པ་ནི། སེམས་ལ་དགོངས་པ་ཡིན་ཏེ། འདི་ནི་སེམས་བསྐྱེད་ཀྱི་ཐབས་མ་ཡིན་ནོ། །ཞེས་སྨྲའོ། །གཉིས་པ་ལ་གསུམ་ཏེ། སྒྲུབ་བྱེད་མེད་པས་མདོར་བསྟན། གནོད་བྱེད་ཡོད་པས་རྒྱས་པར་བཤད། སྨད་པའི་གནས་སུ་བསྟན་པས་མཇུག་བསྡུ་བའོ། །དང་པོ་ནི་དེ་འདྲ་ཞེས་སོགས་གཉིས་ཏེ། རིས་བདུན་བྱང་ཆུབ་མ་ཐོབ་ཀྱི་བར་དུ་ལེན་པ་ནི་སངས་རྒྱས་ཀྱི་མདོ་རྒྱུད་ལས་མ་བཤད་ཅིང་། རྒྱན་དྲུག་མཆོག་གཉིས་ལ་སོགས་པ་མཁས་པའི་གཞུང་ལས་ཀྱང་མ་བཤད་པས་མི་འཐད་དོ། །

གཉིས་པ་ལ་གཉིས་ཏེ། གནོད་བྱེད་ཀྱི་རིགས་པ་དངོས། དེའི་ཉེས་སྤོང་གི་ལན་དགག་པའོ། །དང་པོ་ནི། དེ་ལྟ་ཡིན་ཞེས་སོགས་བཅུ་སྟེ། ཐེག་པ་ཆེ་ཆུང་གི་སྡོམ་པ་དུས་ཀྱི་སྒོ་ནས་ཁྱད་པར་མི་འབྱེད་ན། ཁྱད་པར་གཞན་གྱི་སྒོ་ནས་ཀྱང་མི་འབྱེད་པར་མཚུངས་ཤིང་། ཤི་འཕོས་པ་གཏོང་རྒྱུ་མིན་ན། གཏོང་རྒྱུ་གཞན་རྣམས་ཀྱང་གཏོང་རྒྱུ་མ་ཡིན་པར་མཚུངས་པའོ། །

གཉིས་པ་ལ་གཉིས་ཏེ། ཉེས་སྤོང་བརྗོད་པ་དང་། དེ་དགག་པའོ། །དང་པོ་ནི་དེ་ལ་ཅེས་སོགས་ལྷའོ། །གཉིས་པ་ལ་བཞི་སྟེ། གཏོང་རྒྱུ་གཞན་ཡང་མཚུངས་པར་ཐལ་བ། འདོད་པ་ལ་གནོད་པ་བསྟན་པ། རྩ་བའི་ཉེས་སྤང་ལ་གནོད་པ་བསྟན་པ། བསླེན་གནས་ལའང་མཚུངས་པར་ཐལ་བའོ། །དང་པོ་ནི། འོ་ན་སེམས་བསྐྱེད་སོགས་ལྔའོ། །གཉིས་པ་ནི་དེ་ལྟ་ཡིན་ན་ཅེས་སོགས་གསུམ་མོ། །གསུམ་པ་ནི་ཤི་འཕོས་ནས་ཀྱང་ཞེས་སོགས་བཅུ་གཅིག་སྟེ། ལྷའི་དགེ་སློང་འདུལ་བ་ནས་བཀག་པ་ནི་མདོ་རྩར་མི་མ་ཡིན་པའི་འགྲོ་བ་པ་ནི་སྡོམ་པའི་ཞིང་ཉིད་མ་ཡིན་ནོ་ཞེས་གསུངས་སོ། །ཕྱིས་པའི་དགེ་སློང་བཀག་པ་ནི་ལས་ཀྱི་གཞིར་ལོ་ཉི་ཤུ་མ་ལོན་པ་མ་ཡིན་ནམ་ཞེས་གསུངས་སོ། །བཞི་པ་ནི། སེམས་བསྐྱེད་ལྡན་པའི་ཞེས་སོགས་དྲུག་གོ། །གསུམ་པ་ནི་དེས་ན་སོ་སོར་ཞེས་སོགས་བཞི་སྟེ། ཉན་ཐོས་ཀྱི་སོ་ཐར་རིས་བདུན་ཤི་ཡང་ཡོད་པར་སྨྲ་བ་ལ། སྡེ་སྣོད་ཀྱི་རྣམ་དབྱེ་མེད་པའི་སྐྱོན་བསྟན་པ་ཡིན་ཏེ། དེ་འགོག་པའི་སྐབས་ཡིན་པའི་ཕྱིར་རོ། །སོ་ཐར་ཙམ་ལ་ནི་མ་ཡིན་ཏེ། ཇོ་བཙུན་རྩེ་མོས་བྱང་སེམས་ཀྱི་སྡོམ་པ་ལ་སོ་ཐར་གྱིས་ཁྱབ་པར་གསུངས་ཤིང་རྩ་ལྟུང་འབྲུལ་སྤོང་དུ་དབང་བསྐུར་གྱི་ཚིག་གཅིག་པུ་ལ་བརྟེན་ནས་སྡོམ་པ་གསུམ་ཀ་ཐོབ་པར་གསུངས་པ་དང་། འདིར་ཡང་དབང་བཞི་བླངས། དེ་ཡིས་སྡོམ་པ་གསུམ་ལྡན་འགྱུར། ཅེས་གསུངས་པས། དེ་ལྟ་བུའི་སོ་ཐར་ནི་སྡོམ་པ་གཞན་གཉིས་པོ་མ་བཏང་བའི་བར་དུ་ཡོད་པའི་ཕྱིར་རོ། །

གཉིས་པ་བསྙེན་གནས་བྱེ་བྲག་ཏུ་བཤད་པ་ལ་གཉིས་ཏེ། རྣམ་གཞག་སྤྱིར་བསྟན་པ་དང་། ལོག་རྟོག

བྱེ་བྲག་ཏུ་དགག་པའོ། །དང་པོ་ལ་གཉིས་ཏེ། ཉན་ཐོས་སྡེ་གཉིས་ཀྱི་བསྙེན་གནས་ཀྱི་ཁྱད་པར། ཐེག་པ་ཆེ་ཆུང་གི་བསྙེན་གནས་ཀྱི་ཁྱད་པར་རོ། །དང་པོ་ནི་བྱེ་བྲག་སྨྲ་བའི་ཞེས་སོགས་བརྒྱད་དེ། བྱེ་བྲག་ཏུ་སྨྲ་བའི་ལུགས་ལ་རིས་བདུན་དུ་མ་ཟད། བསྙེན་གནས་ཀྱང་དགེ་སློང་ལས་ལེན་ཏེ། འདུལ་བ་ལས་བསྙེན་པར་མ་རྫོགས་པ་དག་ནི། བསྙེན་པར་རྫོགས་པའི་དགེ་འདུན་གྱིས་ཡོངས་སུ་བཟུང་བ་ཙམ་མོ་ཞེས་གསུངས་པ་ལྟར། བསྙེན་པར་མ་རྫོགས་པ་དག་གིས་གཞན་ལ་སྡོམ་པ་འབོགས་པ་མི་དབང་བའི་ཕྱིར་རོ། །དེན་གྱི་གང་ཟག་ཀྱང་གླིང་གསུམ་གྱི་སྐྱེས་པ་དང་། བུད་མེད་ལས་གཞན་ལ་སྡོམ་པ་བཀག་སྟེ། མཛོད་ལས། ཟ་མ་མ་ནིང་སྒྲ་མི་སྙན། །མཚན་གཉིས་མ་གདོགས་མི་རྣམས་ལ། །སྡོམ་མིན་སྡོམ་པའང་དེ་བཞིན་ལ། །ཞེས་གསུངས་སོ། །མདོ་སྡེ་པ་ནི་འགྲོ་བ་གཞན་ལའང་སྐྱེ་བར་འདོད་དེ་ཀླུ་གཞོན་ནུ་ཙམ་པ་ཞེས་བྱ་བ་དུས་བཟང་ལ་ཡན་ལག་བརྒྱད་ཀྱི་བསྙེན་གནས་བསྲུང་བ་དང་། རྒྱ་མཚོའི་ཀླུ་རྣམས་དུས་བཟང་ལ་རྒྱ་མཚོ་ནས་བྱུང་སྟེ། གསོ་སྦྱོང་ལེན་པ་ལ་སོགས་གསུངས་པ་རྣམས་སྒྲ་ཇི་བཞིན་དུ་འཆད་པའི་ཕྱིར་རོ། །ཡུལ་ཡང་དགེ་སློང་ཁོ་ན་ལས་ལེན་པའི་ངེས་པ་མེད་དེ། དྲང་སྲོང་གནས་འཛིན་གྱིས་ཞུས་པའི་མདོ་ལས། དགེ་སྦྱོང་ངམ་བྲམ་ཟེའམ། རབ་ཏུ་བྱུང་བ་ཆོག་ཤེས་པ་གཅིག་གི་གམ་དུ་སོང་སྟེ། ཞེས་བཤད་པ་དང་། ཁྱིམ་བདག་མགོན་མེད་ཟས་སྦྱིན་གྱིས། རང་གི་འཁོར་འབངས་རྣམས་བསྙེན་གནས་ལ་བཀོད་པར་གསུངས་པ་རྣམས་སྒྲ་ཇི་བཞིན་དུ་འཆད་པའི་ཕྱིར་རོ། །

གཉིས་པ་ནི་ཉན་ཐོས་རྣམས་ནི། ཞེས་སོགས་དྲུག་སྟེ། ཉན་ཐོས་ཀྱི་བསྙེན་གནས་དང་། ཐེག་ཆེན་གྱི་བསྙེན་གནས་ལ་ཆོ་གའི་ཁྱད་པར་ཡོད་དེ། ཉན་ཐོས་ཀྱི་བསྙེན་གནས་ནི་སྐྱབས་འགྲོ་རྗེས་བྱེད་དུ་བྱས་ནས། གང་ཟག་གཞན་གྱིས་འབོགས་ལ། དོན་ཡོད་ཞགས་པའི་རྟོགས་པ་ནས་གསུངས་པའི་བསྙེན་གནས་ནི་རྟེན་གྱི་དྲུང་དུ་རང་ཉིད་ཀྱིས་ལེན་པའི་ཆོག །ཐེག་ཆེན་སེམས་བསྐྱེད་དང་འདྲ་བར་གསུངས་པའི་ཕྱིར་རོ། །

གཉིས་པ་ལ་གསུམ་སྟེ། བསྙེན་གནས་འབུལ་བ་དགག་པ། བཙོལ་བ་དགག་པ། ལྷ་སྒོམ་ཐ་དད་དགག་པའོ། །དང་པོ་ནི། ལ་ལ་བསྙེན་གནས་ཞེས་སོགས་དགུ་སྟེ། བཀའ་གདམས་པ་ལ་ལ་ན་རེ། བསྙེན་གནས་ཉིན་པར་བསྲུང་བའི་སང་ནངས་པར་འབུལ་དགོས་ཏེ། མ་ཕུལ་ན་དེ་དང་འགལ་བའི་ཉེས་པ་བྱུང་ན་ཉམས་པར་འགྱུར་བའི་ཕྱིར་ཞེས་ཟེར་རོ། །དེ་ནི་མི་འཐད་དེ། མཚན་མོ་འདས་པ་ན་གཏོང་བའི་ཕྱིར་རོ། །མདོ་སྡེ་པའི་ལུགས་ཀྱི་ཇི་ལྟར་འདོད་པའི་ཚེ་སྲུང་བ་ནི། མཛོད་འགྲེལ་ལས། གང་གིས་ཆོས་བརྒྱད་ལ་རྟག་ཏུ་བསྙེན་གནས་ལ་གནས་པར་བྱའོ། །ཞེས་སྔོན་ཡང་དག་པར་བླངས་པ་དེས་ནི་ཟན་ཟོས་ཀྱང་ནོད་པར་བྱའོ། །ཞེས་དང་། རྒྱལ་པོའི་སྲས་ཀྱིས་སྡོམ་པ་ནི་སྲུང་བར་བྱེད་པ་ཡང་དག་པར་ལེན་པར་ངེས་པའི་སེམས་ཡིན་པའི

ཕྱིར། ཉི་མ་འཆར་བའི་ཚེ་ཁོ་ན་སྐྱེའོ། །ཟན་ཟོས་ནས་ནོད་པ་ནི་བསམ་པའི་ཕྱིར་རོ། །ཞེས་གསུངས་པ་ལྟར་ཟླ་བ་བྱུང་ངོ་ཙོག་གི་ཆོས་བརྒྱད་ལ་བསྙེན་གནས་བསྲུང་བར་ལན་གཅིག་བླངས་པ་ཡིན་ལ། འདི་ལ་ཡང་ནམ་བསྲུང་བ་དེའི་ནངས་པར་ཕན་ཆད་སོགས་སོ། །

གཉིས་པ་ནི་ལ་ལ་ཞེས་སོགས་གཉིས་ཏེ། ཆོས་རྒྱུས་ཆུང་བ་ལ་ལ་ན་རེ། བསྙེན་གནས་བསྲུངས་ནས་སླར་ཡང་བསྲུང་འདོད་ན། ནད་པར་གཞན་ལ་བཙོལ་དགོས་ཏེ། གཞན་དུ་ན་སླར་ལེན་དུ་མེད་པའི་ཕྱིར་རོ། ཞེས་ཟེར་རོ། །དེ་ནི་མ་ཡིན་ཏེ། དེ་འདྲ་གང་ནས་ཀྱང་མ་བཤད་པའི་ཕྱིར་རོ། །

གསུམ་པ་ལ་གཉིས་ཏེ། འདོད་པ་བརྗོད་པ་དང་། དེ་དགག་པའོ། །དང་པོ་ནི། ཁ་ཅིག་བསྙེན་གནས་ཞེས་སོགས་བཞི་སྟེ། བཀའ་གདམས་བྱ་ཡུལ་བ་ན་རེ། བསྙེན་གནས་བསྲུང་བའི་ཚེ། ཉ་དང་གནམ་སྟོང་ཆོས་བརྒྱད་གསུམ་ལ་ཤཱཀྱ་ཐུབ་པ། སྣང་བ་མཐའ་ཡས། སྨན་བླ་གསུམ་གྱི་ལྷ་བསྒོམ་པ་དང་སྔགས་བཟླས་པ་ཐ་དད་དུ་མ་བྱས་ན་བསྲུང་དུ་མི་རུང་ཞེས་ཟེར་རོ། །གཉིས་པ་ནི་འདི་ཡང་རེ་ཤིག་ཅེས་སོགས་བཅུ་སྟེ། གཞན་རྣམས་ནི་རྟོགས་པར་སླ་ལ། འོན་ཀྱང་ཞེས་སོགས་ཀྱི་དོན་ནི། བསྙེན་གནས་སྲུང་བ་པོ་དེ་གསང་སྔགས་ཀྱི་ཏིང་ངེ་འཛིན་གཙོ་བོར་བྱེད་པ་ཡིན་ན་དེའི་ཚེ་ཡི་དམ་བསྒོམ་པ་བསོད་ནམས་ཆེ་སྟེ་སྡོམ་པ་དང་ལྡན་པའི་རྟེན་ལ་དགེ་བ་བསྒྲུབ་པ་ཡིན་པའི་ཕྱིར་རོ། །

གཉིས་པ་ཐེག་ཆེན་སོ་ཐར་ལ་གཉིས་ཏེ། ཉན་པར་གདམས་པ་དང་། དོན་དངོས་སོ། །དང་པོ་ནི་ཐེག་པ་ཆེན་པོ་ཞེས་སོགས་གཉིས་སོ། །གཉིས་པ་ལ་གསུམ་སྟེ། ལེན་པའི་ཆོ་ག །བསླབ་བྱའི་ཁྱད་པར། གཏོང་བའི་ཚུལ་ལོ། །དང་པོ་ལ་གཉིས་ཏེ། ཆོ་ག་ཐུན་མོང་མ་ཡིན་པ་དང་། ཆོ་ག་ཐུན་མོང་བའོ། །དང་པོ་གཉིས་ཏེ། ད་ལྟར་གྱི་ཆོ་ག་དང་། སྔོན་གྱི་ཆོ་གའོ། །དང་པོ་ལ་གཉིས་ཏེ། ཆོ་ག་ནུབ་པ་དང་། ཆོ་ག་མ་ནུབ་པའོ། །དང་པོ་ནི་བྱང་ཆུབ་སེམས་དཔའ་ཞེས་སོགས་བཞི་སྟེ། ཉན་ཐོས་ཀྱི་སྡེ་སྣོད་ལ་མ་ལྟོས་པར་བྱང་ཆུབ་སེམས་དཔའི་སྡེ་སྣོད་ཉིད་ལ། སོ་ཐར་འབོགས་པའི་ཆོ་ག་འགའ་ཞིག་ཡོད་དེ། ཆོ་འཕྲུལ་བསྟན་པའི་མདོར་སྔོན་བསྐལ་པ་མངོན་པར་དགའ་བ་ལ། འཇིག་རྟེན་གྱི་ཁམས་བདེ་བ་ཞེས་བྱ་བར་རྒྱལ་བ་རི་རབ་ལྟ་བུ་ལ། འཁོར་ལོས་སྒྱུར་རྒྱལ་དགེ་བའི་བཀོད་པས་རྗེས་སུ་མཐུན་པའི་བཟོད་པ་ཐོབ་ནས་རབ་ཏུ་བྱུང་ཞིང་སྲས་སྙིང་རྗེ་ཆེར་སེམས་རྒྱལ་སར་བསྐོས་པས་དེ་ཉིད་ཀྱང་། རབ་བྱུང་ཡོན་ཏན་དུ་མ་བསྔགས་པ་ཞེས། །དེ་བཞིན་གཤེགས་པ་རྣམས་ཀྱིས་གསུངས་མོད་ཀྱི། །དེ་ལྟར་ལགས་ཀྱང་སྙིང་རྗེར་གྱུར་པ་ན། །འགྲོ་ལ་ཕན་ཕྱིར་རྒྱལ་སྲིད་བདག་གིས་བསྒྲུབ། །ཇི་སྲིད་འཚོ་བར་བདག་ནི་ཚངས་སྤྱོད་ཅིང་། །གསོ་སྦྱོང་ཡན་ལག་བརྒྱད་པ་བླང་བར་བྱ། །ཞེས

གསུངས་པ་དང་། རྣམ་པར་གདན་ལ་དབབ་པ་བསྟུ་བ་ལས། དགེ་སློང་གི་སྡོམ་པ་མ་གཏོགས་པའི་སོ་ཐར་གཞན་རྣམས་རང་ཉིད་ཀྱིས་ལེན་པའི་རྣམ་གཞག་གསུངས་པ་ལྟ་བུའོ། །འོན་ཀྱང་དེ་དག་ནི་དེང་སང་ནུབ་པོ། །ཕལ་ཆེར་གྱི་སྒྲ་ནི་འོག་མ་འདྲེན་ནོ། །

གཉིས་པ་ནི། གསོ་སྦྱོང་ཞེས་སོགས་གཉིས་ཏེ། དེང་སང་ལག་ལེན་ཡོད་པ་ནི། དོན་ཡོད་ཞགས་པའི་རྟོགས་པ་ནས་བཤད་པའི་གསོ་སྦྱོང་རང་གིས་བླང་བའི་ཆོ་ག་དང་སོགས་ཀྱིས་བསྟན་པ་དབུ་མ་ལུགས་ཀྱི་སེམས་བསྐྱེད་ཀྱི་སྔོན་དུ་སྐྱབས་འགྲོའི་སྡོམ་པ་ལེན་པ་ལྟ་བུ་སྟེ། འདི་ནི་སྐྱབས་འགྲོའི་སྡོམ་པ་ཡིན་པས། སོ་ཐར་གྱི་ལྡོག་པ་ནས་བསྟན་ལ། བྱང་ཆུབ་མ་ཐོབ་ཀྱི་བར་དུ་ལེན་པ་ཡིན་པས། ཐེག་ཆེན་ཐུན་མོང་མ་ཡིན་པར་ཡང་འཐད་པའི་ཕྱིར་རོ། །ཁ་ཅིག་འདིའི་སོགས་ཁོངས་ནས་འོག་གི་རྒྱལ་སྲས་བྱམས་པ་འཇམ་དབྱངས་སོགས་ཀྱིས་འགྲོ་བ་མང་པོ་ལ་བསྙེན་རྫོགས་མཛད་ཚུལ་འདྲེན་པ་ནི། སླབ་པོ་དེ་ཉིད་ལ་སེམས་མེད་པ་གསལ་བར་བྱས་ཏེ། གཞན་དུ་ན། ད་ལྟའི་ཆོ་གའི་ལག་ལེན་ཡོད་པའི་མཚན་གཞིར། ཆོ་ག་མདོ་ལས་གསུངས་པ་ཙམ་ཡང་མ་མཐོང་བ་བཟུང་བ་ནི། སུ་ཞིག་གིས་སླུ་བར་ནུས། དེས་ན་འཆད་ཚུལ་འདི་ལྟ་བུའི་རིགས་ཅན་ལ་ཡིད་བརྟན་པར་མི་བྱའོ། །

གཉིས་པ་ནི། རྒྱལ་སྲས་བྱམས་པ་ཞེས་སོགས་དགུ་སྟེ། ཁྱིམ་པ་དྲག་ཤུལ་ཅན་གྱིས་ཞུས་པར། རྒྱལ་སྲས་བྱམས་པས་ཁྱིམ་བདག་དགུ་སྟོང་དང་། རྒྱལ་སྲས་སྤྱོད་པ་རྣམ་དག་སྟེ་འཇམ་པའི་དབྱངས་ཀྱིས་ཁྱིམ་བདག་བདུན་སྟོང་རབ་ཏུ་བྱུང་ཞིང་། བསྙེན་པར་རྫོགས་པར་མཛད་དོ། ཞེས་པའི་ཚིག་འབྲུ་ཙམ་ཞིག་གསུངས་མོད་ཀྱི་ཆོ་ག་ཅི་ལྟ་བུས་མཛད་པ་མདོ་སྡེ་ལས་མ་གསུངས་ཤིང་། ཁྱིམ་པའི་ཆ་ལུགས་ཅན་གྱིས་བསྒྲུབ་བྱ་ཁྱིམ་པའི་རྟགས་མ་སྤངས་པའི་བསྙེན་རྫོགས་མཛད་ཚུལ་འདི་འདྲ་བ་ནི། འཕགས་པ་ཁོ་ནའི་སྤྱོད་ཡུལ་ཡིན་པས། སོ་སོའི་སྐྱེ་བོས་བྱར་མི་རུང་ངོ་། །གཉིས་པ་ནི་དེས་ན་ད་ལྟའི་ཞེས་སོགས་ལྔ་སྟེ། བསྙེན་གནས་ལས་མ་གཏོགས་པའི་བྱང་སེམས་རང་ལུགས་ཀྱི་སོ་ཐར་ལེན་པའི་ཆོ་ག་ད་ལྟ་མེད་པ་དེས་ན། ད་ལྟ་ཐེག་ཆེན་སོ་ཐར་ལེན་པའི་ཆོ་ག་ནི། བསམ་པ་ཐེག་ཆེན་སེམས་བསྐྱེད་ཀྱིས་ཟིན་པའི་ཆོ་ག་ཉན་ཐོས་ཇི་ལྟ་བ་བཞིན་དུ་བགྱིས་ཏེ། ཆོ་ག་དེ་ལ་བརྟེན་ནས་སོ་ཐར་གྱི་སྡོམ་པ་ཐོབ་ཅིང་ཀུན་སློང་གི་སྒོ་ནས་ཐེག་པ་ཆེན་པོའི་སྡོམ་པར་འགྱུར་བའི་ཕྱིར་རོ། །འདི་ལྟ་བུ་ནི་བྱང་སེམས་ཀྱི་སྡོམ་པ་ཡང་ཡིན་ཏེ། བྱང་སར་བྱང་སེམས་ཀྱི་སྡོམ་པའི་ངོ་བོ་ཉེས་སྤྱོད་སྡོམ་པ་དང་། དགེ་བ་ཆོས་སྡུད་དང་། སེམས་ཅན་དོན་བྱེད་གསུམ་དུ་བསྡུས་ནས། ཉེས་སྤྱོད་སྡོམ་པའི་ཚུལ་ཁྲིམས་ནི། སོ་སོ་ཐར་པ་རིས་བདུན་ལ་བཤད་པའི་ཕྱིར་རོ། །

གཉིས་པ་ལ་གཉིས་ཏེ། ཉན་པར་གདམས་པ། ཁྱད་པར་སོ་སོར་བཤད་པའོ། །དང་པོ་ནི་དེ་ནས་ཞེས་སོགས་གསུམ་མོ། །གཉིས་པ་ནི། འདི་ལ་སྡིག་ཏོ་ཞེས་སོགས་ཚིགས་བཅད་བཞི་སྟེ། ཐེག་ཆེན་གྱི་སོ་ཐར་འདི་ལ། སྡིག་ཏོ་མི་དགེ་བའི་ཕྱོགས། རང་བཞིན་གྱིས་ཁ་ན་མ་ཐོ་བ་འདི་ནི། ཉན་ཐོས་ཀྱི་ལུགས་བཞིན་དུ་བསྲུང་དགོས་ཏེ། ཉེས་སྤྱོད་སྤོང་བའི་ཚུལ་ཁྲིམས་དང་དོན་གཅིག་གོ། །རང་འདོད་ཀྱིས་དབེན་པའི་ལྟུང་བ་འགའ་ཞིག་ནི། བྱང་ཆུབ་སེམས་དཔའི་ལུགས་བཞིན་དུ་བསྲུང་དགོས་ཏེ། གཞན་དོན་དུ་འགྱུར་ན་ལུས་ངག་གི་བཅས་པ་ཐམས་ཅད་གནང་བའི་ཕྱིར་རོ། །འཇིག་རྟེན་ལས་འདས་པའི་སྤྱོད་པ་ཐེག་པ་ཆེ་ཆུང་མཐུན་པ་ནི་འབད་པས་བསྲུང་དགོས་ཏེ། སྤྱོད་འཇུག་ལས། འཇིག་རྟེན་མ་དད་གྱུར་པའི་ཆ། །མཐོང་དང་དྲིས་ཏེ་སྤང་བར་བྱ། །ཞེས་གསུངས་སོ། །འཇིག་རྟེན་འཇུག་པའི་རྒྱུར་འགྱུར་ན། །ཐེག་ཆེན་སོ་ཐར་ལ་གནང་སྟེ། །དེ་ཉིད་ལས། ཐུགས་རྗེ་མངའ་བ་རིང་གཟིགས་པས། །བཀག་པ་རྣམས་ཀྱང་དེ་ལ་གནང་། །ཞེས་གསུངས་སོ། །དཔེར་ན་ཉན་ཐོས་ལ་གསེར་དངུལ་ལེན་པ་སྤང་ལྟུང་དུ་བཅས་ཤིང་། སྡོམ་པ་ཉི་ཤུ་པར། གསེར་ལ་སོགས་པ་ལེན་མི་བྱེད། ཞེས་གཞན་དོན་དུ་གསེར་དངུལ་མི་ལེན་པ་ལྟུང་བར་བཅས་པ་དང་། ཉན་ཐོས་ལ་འདོད་ཆེན་པོ་སྟེ་མངོན་ཚན་ཅན་ཉོ་ཚོང་ལ་སྤང་ལྟུང་དུ་བཅས་ཤིང་། ཚུལ་ཁྲིམས་ལེའུར་གཞན་གྱི་དོན་དུ་འགྱུར་ན། གོས་བརྒྱ་སྟོང་སྙེད་ཀྱང་ཉེ་དུར་མི་འོང་བའི་བྲམ་ཟེ་དང་། ཁྱིམ་བདག་ལས་བཙལ་བར་བྱའོ། །སྐབས་འབྱེད་པ་ཡོད་ན། ཚོག་གམ་མི་ཚོག་བརྟགས་ནས་ཇི་ཙམ་དགོས་པ་བླང་བར་བྱ། ལྟུང་བཟེད་བཙལ་བ་དང་། ཐགས་ཀྱི་རྒྱུ་སྐུད་པ་བླང་བ་དང་། འཐག་ཏུ་གཞུག་པ་དང་། གཞན་དོན་དུ་མོན་དར་གྱི་གདིང་བ་དང་། མལ་སྟན་བརྒྱ་སྙེད་ཀྱང་བསྟབ་པར་བྱ། གསེར་དངུལ་སྲང་བྱེ་བ་འབུམ་ཕྲག་ལས་ལྷག་པ་ཡང་བདག་གིར་བྱའོ། །ཞེས་གསུངས་པ་ལྟ་བུའོ། །འོན་འདི་དག་ཉན་ཐོས་ཀྱི་དགེ་སློང་ལ། གཞན་དོན་ཡིན་ཀྱང་ལྟུང་བར་འགྱུར་བ་དང་། བྱང་ཆུབ་སེམས་དཔའི་དགེ་སློང་ལ་གཞན་དོན་དུ་ལྟུང་བར་མི་འགྱུར་བའི་ཁྱད་པར་གང་ཡིན་ཞེ་ན། ཉན་ཐོས་ནི་གཙོ་བོར་རང་དོན་སྒྲུབ་པ་ཡིན་པས། འདི་དག་གི་བསྒྲུབ་བྱའི་གཙོ་བོ་ལ་གནོད་པའི་ཕྱིར་དང་། བྱང་ཆུབ་སེམས་དཔའ་ནི་གཞན་དོན་གཙོ་བོར་བསྒྲུབ་པ་ཡིན་པས། དོན་དུ་གཉེར་བྱའི་གཙོ་བོ་ལ་ཕན་འདོགས་པའི་ཕྱིར། གསུམ་པ་ནི་ཐེག་ཆེན་སོ་སོ་ཐར་ཞེས་སོགས་ལྔ་སྟེ། བསམ་པ་སེམས་བསྐྱེད་ཀྱིས་ཟིན་པའི་སོ་ཐར་རིས་བརྒྱད་པོ་ལ་སྡོམ་པའི་ལྡོག་པ་དང་། ཀུན་སློང་བྱང་ཆུབ་སེམས་ཀྱི་ལྡོག་པ་གཉིས་ལས། དང་པོ་ནི། ཤི་འཕོས་པའི་ཚེ་གཏོང་སྟེ། ཇི་སྲིད་འཚོའམ་ཉིན་ཞག་གི་མཐའ་ཅན་གྱི་སྡོམ་པ་ཡིན་པའི་ཕྱིར་རོ། །ཕྱི་མ་སྡོམ་པའི་འབྲས་བུ་ནི། ཤི་འཕོས་ནས་ཀྱང་འབྱུང་སྟེ། གཏོང་རྒྱུ་མ་བྱུང་བའི་ཕྱིར་རོ། །འདི་དག་གི་རྣམ་གཞག་རྒྱས་པར

ནི་སྤྱི་དོན་དུ་བལྟ་བར་བྱའོ། །ཁ་ཅིག་འདི་ལ། དགེ་སློང་གི་སྡོམ་པའི་ལྡོག་པ་དང་བྱང་སེམས་ཀྱི་སྡོམ་པའི་ལྡོག་པ་གཉིས་ལས། སྡེ་མ་གཏོང་ཞིང་། ཕྱི་མ་མི་གཏོང་བར་སྨྲ་བ་ནི་མི་འཐད་དེ། བྱང་ཆུབ་སེམས་ཀྱིས་ཟིན་པའི་དགེ་སློང་ལ་སོགས་པའི་དགེ་སློང་གི་སྡོམ་པ་འཆད་པའི་སྐབས་ཡིན་ཅིང་། དེ་ལ་ཤི་འཕོས་པའི་ཚེ་མི་གཏོང་རྒྱུའི་སྡོམ་པ་མེད་པའི་ཕྱིར་དང་། གཞུང་ལས་ཀྱང་བྱང་ཆུབ་སེམས་ཀྱི་ལྡོག་པ་ཞེས་བཤད་ཀྱི། བྱང་སེམས་ཀྱི་སྡོམ་པའི་ལྡོག་པ་ཞེས་མ་བཤད་པའི་ཕྱིར་རོ། །གཞན་དག་དགེ་སློང་གི་སྡོམ་པའི་ལྡོག་པ་གཏོང་། ངོ་བོ་མི་གཏོང་བར་འདོད་པ་ལ་ནི། ཤི་ཡང་དགེ་སློང་མི་འདོར་ན། །ཞེས་སོགས་ཀྱི་གནོད་པ་མཐའ་དག་འབབ་པར་འགྱུར་བས་བག་ཡོད་པར་གྱིས་ཤིག །གསུམ་པ་གནམས་པའི་སྐྱོན་ནས་མཇུག་བསྡུ་བ་ནི། གོང་གི་སོ་སོར་ཐར་པ་ཞེས་སོགས་གཉིས་སོ། །

གསུམ་པ་བསླབ་བྱའི་རང་བཞིན་ལས་འབྲས་ཀྱི་རྣམ་བཞག་ལ་གཉིས་ཏེ། ལས་འབྲས་ཀྱི་རྣམ་གཞག་སྤྱིར་བསྟན། འཁྲུལ་པ་དགག་པ་རྒྱས་པར་བཤད་པའོ། །དང་པོ་ལ་གསུམ་སྟེ། ཉན་པར་གདམས་པ། དབྱེ་བ་དངོས། མཇུག་བསྡུ་བའོ། །དང་པོ་ནི། དེ་ནས་ཞེས་སོགས་གཉིས་སོ། །གཉིས་པ་ལ་ལྔ་སྟེ། གསུམ་དུ་དབྱེ་བ། གཉིས་སུ་དབྱེ་བ། བཞིར་དབྱེ་བ། གཉིས་སུ་དབྱེ་བ་གཞན་བསྟན་པ། གསུམ་དུ་དབྱེ་བ་གཞན་བསྟན་པའོ། །དང་པོ་ལ་གཉིས་ཏེ། དབྱེ་བ་དངོས་དང་། དབྱེ་བའི་དགོས་པའོ། །དང་པོ་ནི། ལས་ལ་དགེ་སྡིག་ཞེས་སོགས་ཚིགས་བཅད་གཉིས་སོ། །གཉིས་པ་ནི་འདི་དག་ཞེས་སོགས་ཚིགས་བཅད་གཅིག་སྟེ། ཆོས་དབྱིངས་ནི་དགེ་བ་དང་སྡིག་པ་མ་ཡིན་ཏེ། དགེ་སྡིག་ཡིན་ན་རྒྱུ་ལས་བྱས་པའི་འདུས་བྱས་ཡིན་དགོས་པ་ལས། ཆོས་དབྱིངས་འདུས་མ་བྱས་ཡིན་པའི་ཕྱིར། འདིར་དབྱེ་སྒོ་དང་པོ་གཉིས་ཀྱི་སྐབས་སུ། ཆོས་དབྱིངས་དགེ་སྡིག་ལས་གྲོལ་བར་བསྟན་པའི་གཞུང་འབྱུང་བ་ནི། གཞན་གསུམ་ལ་མཆོན་ནས་ཤེས་པར་བྱ་སྟེ། ཆོས་དབྱིངས་དགེ་བར་འདོད་པའི་ལོག་རྟོག་དགག་པའི་ཆེད་དུ། ཐོག་མར་ལས་འབྲས་ཀྱི་རྣམ་བཞག་སྟོན་པ་ཡིན་པའི་ཕྱིར་རོ། །འཁྲུལ་པ་དགག་པའི་སྔོན་དུ་དེ་དང་དེའི་རྣམ་གཞག་སྤྱིར་བསྟན་པ་ནི། གོང་འོག་ཀུན་ཏུ་ཤེས་པར་བྱའོ། །གཉིས་པ་ལ་ནི་ལས་ལ་ཐུབ་པས་ཞེས་སོགས་དྲུག་སྟེ། སེམས་པའི་ལས་ནི་ཡིད་ལས་དང་། བསམས་པའི་ལས་ལུས་ངག་གི་རྣམ་པར་རིག་བྱེད་ལ་འདོད་པ་ནི། བྱེ་བྲག་ཏུ་སྨྲ་བའི་ལུགས་ཏེ། མཛོད་ལས། སེམས་པ་ཡིད་ཀྱི་ལས་ཡིན་ནོ། །དེས་བསྐྱེད་ལུས་དང་ངག་གི་ལས། །ཞེས་དང་། ལུས་རྣམ་རིག་བྱེད་དབྱིབས་སུ་འདོད། །ཅེས་པས། ལུས་ཀྱི་རྣམ་པར་རིག་བྱེད་ཀྱི་ལས་ངོས་བཟུང་ཞིང་། ངག་རྣམ་རིག་བྱེད་ནི་ངག་སྒྲ་ཞེས་པས། ངག་གི་རྣམ་པར་རིག་བྱེད་ཀྱི་ལས་ངོས་བཟུང་བའི་ཕྱིར་རོ། །མདོ་སྡེ་པ་ཡན་ཆད་ནི། སེམས་པའི་ལས་རྒྱུ་དུས་ཀྱི་

ཀུན་སློང་ལ་འདོད་ལ། དེ་ལ་བསོད་ནམས་དང་། བསོད་ནམས་མ་ཡིན་པ་དང་། མི་གཡོ་བའི་ལས་གསུམ་ཡོད་ཅིང་། བསམ་པའི་ལས་ནི། དེ་དུས་ཀྱི་ཀུན་སློང་ལ་འདོད་ལ། དེ་ལ་ལུས་ངག་ཡིད་གསུམ་གྱི་ལས་གསུམ་ཡོད་པར་འདོད་དེ། མངོན་པ་ཀུན་ལས་བཏུས་སུ། དེ་གཉིས་ཀྱི་དབྱེ་བ་དེ་ལྟར་དུ་གསུངས་ཤིང་། མཛོད་འགྲེལ་ལས། མདོ་སྡེ་པའི་འདོད་པ་བརྗོད་པའི་སྐབས་སུ་ལུས་ལ་བརྟེན་པའི་ལས་ནི། ལུས་ཀྱི་ལས་ཏེ། དེ་དང་དེར་ལུས་འཇུག་པར་བྱེད་པའི་སེམས་པ་གང་ཡིན་པའོ། །དེ་བཞིན་དུ་ངག་དང་ཡིད་ཀྱི་ལས་དག་ལ་ཡང་ཅི་རིགས་པར་རིག་པར་བྱའོ། །འོ་ན་གང་སེམས་པ་དང་བསམ་པའི་ལས་སོ་ཞེས་གསུངས་ཤེ་ན། འདི་དང་འདི་ལྟ་བུ་ཞིག་བྱའོ་སྙམ་པའི་ཀུན་ཏུ་རྟོག་པ་ནི་སྔར་བྱུང་ལ། དེ་ལྟར་བསམས་ནས་དེའི་འོག་ཏུ་གང་གིས་ལུས་འཇུག་པར་བྱེད་པ་བྱ་བའི་སེམས་སྐྱེ་བར་འགྱུར་ཏེ། དེ་ནི་བསམ་པའི་ལས་ཞེས་བྱའོ་ཞེས་གསུངས་སོ། །གསུམ་པ་ནི་ལས་དཀར་རྣམ་སྨིན་ཞེས་སོགས་ཚིགས་བཅད་གསུམ་སྟེ། རྣམ་སྨིན་དཀར་ནག་ནི་རྒྱུ་དུས་དང་། དེ་དུས་ཀྱི་ཀུན་སློང་གི་སེམས་པ་དཀར་ནག་ཡིན་ལ། ལས་དཀར་ནག་ནི་སྦྱོར་བ་དགེ་བར་སྣང་བ་དང་། མི་དགེ་བར་སྣང་བའི་ཁྱད་པར་རོ། །བཞི་པ་ནི། གཞན་ཡང་ལས་ལ་ཞེས་སོགས་ཚིགས་བཅད་དྲུག་དང་། ཚིག་རྐང་གཅིག་སྟེ། འཕེན་བྱེད་ཀྱི་ལས་ནི་རྣམ་སྨིན་གྱི་འབྲས་བུ་གཙོ་བོར་གྱུར་པ་ཡིན་ལ། རྫོགས་བྱེད་ཀྱི་ལས་ནི་སྐྱེས་བུ་བྱེད་པ་དང་། རྒྱུ་མཐུན་དང་། བདག་པོའི་འབྲས་བུ་གཙོ་བོར་གྱུར་པ་ཡིན་ནོ། །དེ་ལ་དགེ་མི་དགེའི་རྣམ་སྨིན་གྱི་འབྲས་བུ་ནི། བདེ་འགྲོ་དང་ངན་འགྲོ་སོ་སོར་ངེས་པ་ཡིན་ཅིང་། འབྲས་བུ་གཞན་གསུམ་ནི་སོ་སོར་མ་ངེས་ཏེ། རིན་ཆེན་ཕྲེང་བར། མི་དགེ་བ་བཅུའི་བདག་འབྲས་སོགས་བདེ་འགྲོའི་རྟེན་ལའང་འབྱུང་བར་གསུངས་ཤིང་། ངན་འགྲོའི་རྟེན་ལ་བདེ་བ་འབྱུང་བ་རྣམས་ཀྱང་། དགེ་བའི་འབྲས་བུ་ཡིན་པའི་ཕྱིར་རོ། །ལྔ་པ་ནི་གཞན་ཡང་ཞེས་སོགས་བདུན་ཏེ། ཀུན་བཏུས་ལས། གནག་ལ་རྣམ་པར་སྨིན་པ་གནག་པའི་ལས་གང་ཞེ་ན་གང་མི་དགེ་བའོ། །དཀར་ལ་རྣམ་པར་སྨིན་པ་དཀར་བའི་ལས་གང་ཞེ་ན། གང་ཁམས་གསུམ་པའི་དགེ་བའོ། །དཀར་གནག་ཏུ་གྱུར་ལ་རྣམ་པར་སྨིན་པ་དཀར་གནག་ཏུ་གྱུར་པ་གང་ཞེ་ན། འདོད་པ་དང་རབ་ཏུ་ལྡན་པ་འདྲེན་མ་སྟེ། བསམ་པས་གནག་ལ་སྦྱོར་བས་དཀར་བའམ། སྦྱོར་བས་གནག་ལ་བསམ་པས་དཀར་བའོ། །མི་གནག་ཅིང་དཀར་ལ། རྣམ་པར་སྨིན་པར་མི་འགྱུར་ཅིང་། ལས་ཟད་པར་འགྱུར་བའི་ལས་གང་ཞེ་ན། སྦྱོར་བ་དང་བར་ཆད་མེད་པའི་ལམ་རྣམས་ལ་ཟག་པ་མེད་པའི་ལས་སོ། ཞེས་གསུངས་ཤིང་། འདིར་ནི་མདོ་ལས། གཅིག་ཏུ་དཀར་བའི་ལས་ནི། གཅིག་ཏུ་དཀར་བར་འགྱུར་རོ། གཅིག་ཏུ་གནག་པའི་ལས་ནི་གཅིག་ཏུ་གནག་པར་འགྱུར་རོ། །འདྲེན་མ་རྣམས་ཀྱང་འདྲེན་མར་འགྱུར་རོ། །ཞེས་གསུངས་པ་ལྟར་གསུམ་དུ་མཛད་དོ། །

འདྲེན་མའི་དོན་བསམ་སྦྱོར་གང་རུང་གཅིག་དཀར་ཞིང་གཅིག་གནག་པ་ལ་གསུངས་ཤིང་། དེས་བདེ་སྡུག་འདྲེན་མར་སྐྱེད་པ་དང་། གོང་དུ་བཞིར་དབྱེ་བའི་སྐབས་སུ། བསམ་པས་གནག་ཅིང་སྦྱོར་བས་དཀར་བ། སྡུག་བསྔལ་གྱི་རྒྱུ་དང་། སྦྱོར་བ་གནག་ཅིང་བསམ་པ་དཀར་བ་བདེ་བའི་རྒྱུར་གསུངས་པ་དང་འགལ་ལོ་སྙམ་ན། གོང་དུ་རྒྱུ་དུས་དང་དེ་དུས་ཀྱི་ཀུན་སློང་གཉིས་ཀ་དཀར་བ་ལ་བསམ་པ་དཀར་བར་མཛད་ཅིང་། འདིར་རྒྱུ་དུས་ཀྱི་ཀུན་སློང་ལ་བསམ་པ་དང་། དེ་དུས་ཀྱི་ཀུན་སློང་ལ་སྦྱོར་བར་དགོངས་པས་མི་འགལ་ལོ། །གསུམ་པ་ནི། འདི་འདྲའི་ཞེས་སོགས་བཞིའོ། །

གཉིས་པ་ལོག་རྟོག་བྱེ་བྲག་ཏུ་དགག་པ་ལ་བཞི་སྟེ། བསྔོ་བའི་གནད་ལ་འཁྲུལ་པ་དགག་པ། འབྲས་བུ་དཀར་ནག་ཟང་ཐལ་དགག་པ། ཉམས་ལེན་ཡེ་བཀག་ཡེ་གནང་དགག་པ། འཕྲུལ་གྱི་ལག་ལེན་འཁྲུལ་པ་དགག་པའོ། །དང་པོ་ལ་བཞི་སྟེ། བསྔོ་རྒྱུའི་དགེ་རྩ་ལ་འཁྲུལ་པ་དགག་པ། བསྔོ་ཚུལ་གྱི་ལག་ལེན་ལ་འཁྲུལ་པ་དགག་པ། བསྔོ་བའི་འབྲས་བུ་ལ་འཁྲུལ་པ་དགག་པ། དོན་བསྡུས་ཏེ་ལས་འབྲས་ཀྱི་གནད་བསྟན་པའོ། །དང་པོ་ལ་གཉིས་ཏེ་ཕྱོགས་སྔ་མ་བརྗོད་པ། དེ་དགག་པའོ། །དང་པོ་ནི་མུ་སྟེགས་ཞེས་སོགས་ཚིགས་བཅད་གསུམ་སྟེ། གྲངས་ཅན་པ་རྣམས་ནི། ཤེས་བྱ་ཉི་ཤུ་རྩ་ལྔར་གྲངས་ངེས་པར་འདོད་དེ། བདེ་སྡུག་བཏང་སྙོམས་གསུམ་མམ། རྡུལ་མུན་སྙིང་སྟོབས་གསུམ་ཆ་མཉམ་པའི་རྫས། རྟག་པ་གཅིག་པུ་གདོད་མ་ནས་གྲུབ་པ་ནི་གཙོ་བོ་དང་རང་བཞིན་ཞེས་བྱ་ལ། དེ་ལས་རྣམ་འགྱུར་ཉེར་གསུམ་འབྱུང་ཚུལ་ནི། ཡོན་ཏན་གསུམ་མི་མཉམ་པའི་གནས་སྐབས་ནི་ཆེན་པོ་དང་བློ་ཞེས་བྱ། དེ་ལས་བདག་ཏུ་རློམ་པའི་ང་རྒྱལ་འབྱུང་ངོ་། །དེ་ལ་རྡུལ་མུན་སྙིང་སྟོབས་ཤས་ཆེ་བའི་ང་རྒྱལ་རིགས་གསུམ་ལས། དང་པོ་ལས། མིག རྣ་བ། སྣ། ལྕེ། ལུས་ཏེ་བློའི་དབང་པོ་ལྔ་དང་། ཁ། ལག་པ། རྐང་པ། འདོམས། བཤང་ལམ་སྟེ། ལས་ཀྱི་དབང་པོ་ལྔ་དང་། ཐུན་མོང་བ་ཡིད་དབང་དང་བཅུ་གཅིག་འབྱུང་ངོ་། །གཉིས་པ་ལས། གཟུགས་སྒྲ་དྲི་རོ་རེག་བྱ་འབྱུང་ཞིང་དེ་ལྔ་ལས་རིམ་པ་བཞིན་དུ་མེ་ནམ་མཁའ། ས་ཆུ་རླུང་སྟེ། འབྱུང་བ་ལྔ་སྐྱེ་ལ། གསུམ་པས་ནི་དེ་རྣམས་བསྐྱེད་པའི་གྲོགས་བྱེད་ཀྱི། འབྲས་བུ་གྲུབ་ན་མེད་དོ། །དེ་ལ་རང་བཞིན་དོན་དམ་པ་ཡིན་ལ། རྣམ་འགྱུར་ཉེར་གསུམ་ནི་ཀུན་རྫོབ་པ་ཡིན་ཅིང་། དེ་ཐམས་ཅད་ཀྱང་བེམ་པོར་འདོད་དོ། །བདག་ཤེས་རིག་གི་སྐྱེས་བུ་ནི། རྟག་པ་གཅིག་པུ་རྣམ་འགྱུར་ལ་ལོངས་སྤྱོད་པ་པོ། བཅིངས་གྲོལ་གྱི་གཞིར་གྱུར་པ་ཡིན་ལ། འཆིང་བའི་ཚུལ་ནི། བློ་མེ་ལོང་ངོས་གཉིས་པ་ལྟ་བུའི་ཕྱོགས་གཅིག་ལ། རྣམ་འགྱུར་ཉེར་གསུམ་གྱི་གཟུགས་བརྙན་སྣང་ཞིང་། ཕྱོགས་གཅིག་ནས་ཤེས་རིག་གསལ་བར་ཤར་བ་གཅིག་ཏུ་འདྲེས་ནས། ལོག་པར་བཟུང་བའི་ཚུལ་གྱིས་འཁོར་བར་འཁྱམ་པ་ཡིན་ནོ། །

གྲོལ་བའི་ཚུལ་ནི། རྣམ་འགྱུར་ཉེར་གསུམ་གཙོ་བོས་སྤྲུལ་པར་ནམ་ཞིག་ཤེས་པའི་ཚེ། གཙོ་བོ་ངོ་ཚ་བར་གྱུར་ཏེ། མི་གསལ་བར་བསྡུས་པ་བདག་གཅིག་པུར་གནས་པའི་ཚེ་གྲོལ་བར་འདོད་དོ། དེས་ན་དགེ་སྡིག་གཙོ་བོའི་གཤིས་ལ་ཡོད་ཅིང་། འབྲས་བུ་ཐམས་ཅད་ཀྱང་རྒྱུ་དུས་ན་ཡོད་པ་ཁོ་ན་སྐྱེ་བར་འདོད་དེ། གྲངས་ཅན་གྱི་གཞུང་དུ། དགེ་དང་སྡིག་པ་ཇི་སྙེད་དང་། །འཁོར་བ་དང་ནི་གྲོལ་བ་དག གཙོ་བོའི་ནང་ན་གདོད་ནས་ཡོད། །འོན་ཀྱང་ཐབས་ཀྱིས་གསལ་བར་འབྱིན། །འོ་མའི་དུས་ན་ཞོ་གང་དང་། །ཞོ་ཡི་དུས་ན་མར་ཉིད་གང་། །དྲག་པོ་ལེན་གྱིས་བཤད་པ་སྟེ། །འཕགས་བྱེད་གནས་པའང་དེ་སྐད་སྨྲ། །ཞེས་བཤད་དོ། །དེ་བཞིན་དུ་བོད་ཀྱི་ཞང་གཡུ་བྲག་པའི་ལམ་མཆོག་མཐར་ཐུག་ལས། པ་ན་སེ་ཡི་འབྲས་བུ་བཞིན། །རྒྱུ་དང་འབྲས་བུ་དུས་མཚུངས་ཡིན། །ལས་འགྲོ་ཅན་གྱིས་རྟོགས་པར་འགྱུར། །ཞེས་རྒྱུའི་དུས་ན་འབྲས་བུ་ཡོད་པར་འདོད་ཅིང་། སངས་རྒྱས་ཕལ་པོ་ཆེ་ལས་གསུངས་པའི། རྡོ་རྗེ་རྒྱལ་མཚན་གྱི་བསྔོ་བའི་མདོ་དོན་འཆད་པ་ལ། གྲངས་ཅན་གཙོ་བོ་དང་རང་བཞིན་གཅིག་པའི་དགེ་བ་ཡོད་པར་འདོད་པ་བཞིན་ཇི་སྙེད་ཡོད་པ་དང་། ཞེས་པའི་དོན། སེམས་ཅན་རྣམས་ལ་གདོད་མ་ནས་རང་བྱུང་དུ་ཡོད་པའི་དགེ་བར་འདོད་ཅིང་། དེ་ཉིད་བདེར་གཤེགས་སྙིང་པོ་ཡང་ཡིན་ནོ། །ཞེས་ཟེར་ཞིང་། དེ་བཞིན་དུ་འབྲི་ཁུང་པ་ཡོད་པའི་དགེ་བ་དང་། རྒོད་ཚང་པ་གནས་པའི་དགེ་བ་དང་། སྟག་ལུང་པ་ལ་སོགས་པ་རང་བཞིན་གྱི་དགེ་བ་ཞེས་འཆད་དོ། །

གཉིས་པ་ལ་ལྔ་སྟེ། ཆོས་དབྱིངས་བསྔོ་རྒྱུའི་སྙིང་པོར་འདོད་པ་དགག་པ། ཆོས་དབྱིངས་ལས་གཞན་པའི་ཁམས་བསྔོ་རྒྱུའི་སྙིང་པོར་འདོད་པ་དགག་པ། ཆོས་དབྱིངས་ལ་བསྔོ་རྒྱུའི་སྙིང་པོ་ཡིན་མིན་གྱི་དབྱེ་བ་ཡོད་པ་དགག་པ། དེས་ན་སྦྱོར་བྲལ་ལ་སྙིང་པོར་འཛོག་པའི་འཐད་པ། སྙིང་པོ་བསྒྲུབ་པའི་ཚུལ་གྱིས་ཡོད་པ་དྲང་དོན་དུ་བསྟན་པའོ། །དང་པོ་ལ་གསུམ་སྟེ། ལུང་རིགས་གཉིས་ཀྱིས་དགག །དེའི་ཉེས་སྤོང་གི་ལན་དགག །ལུང་ཚིག་སྤྱི་འགལ་བས་དགག་པའོ། །དང་པོ་ལ་གསུམ་སྟེ། མདོར་བསྟན། རྒྱས་པར་བཤད། དོན་བསྡུ་བའོ། །དང་པོ་ནི། གྲངས་ཅན་ཞེས་སོགས་ཏེ། གྲངས་ཅན་གྱི་ལུགས་དང་མཚུངས་པའི་བསྔོ་རྒྱུའི་དགེ་བ་རྒྱུས་མ་བསྐྱེད་པར་དངོས་པོའི་གཤིས་ལ་ཡོད་པ་འདི་དགག་པར་བྱ། ཞེས་པའི་དོན་ཡིན་གྱི། ཁ་ཅིག་གྲངས་ཅན་འགོག་པ་ལ་སྦྱོར་བ་ནི། སྐབས་ཀྱི་དོན་མ་ཡིན་ཏེ། གྲངས་ཅན་ལུང་གིས་དགག་མི་ནུས་ཤིང་། འོག་ཏུ་མུ་སྟེགས་བྱེད་ཀྱི་ལུགས་འདིར་མི་འགོག་པར་གསུངས་པ་དང་འགལ་བའི་ཕྱིར་རོ། །

གཉིས་པ་ལ་གཉིས་ཏེ། ཡིད་ཆེས་པའི་ལུང་གིས་དགག་པ། དངོས་སྟོབས་ཀྱི་རིགས་པས་དགག་པའོ། །དང་པོ་ལ་གསུམ་སྟེ། ཆོས་དབྱིངས་བསྔོ་རྒྱུའི་དགེ་བར་མི་འཐད་པའི་ལུང་དྲངས་པ། དེ་བཞིན་ཉིད་ལ་དགེ

བར་གསུངས་པའི་ལུང་དོན་བཤད་པ། འཁྲུལ་གཞིའི་ལུང་དོན་ཇི་ལྟར་འཆད་པའི་ཚུལ་ལོ། །དང་པོ་ལ་གསུམ་སྟེ། ཆོས་དབྱིངས་བསྔོ་བས་མི་འགྱུར་བའི་ལུང་། ཆོས་དབྱིངས་ལ་དགེ་སྡིག་མེད་པའི་ལུང་། ཞར་ལ་སྙིང་པོའི་སྒྲོང་བྱེད་སྙིང་པོར་འདོད་པ་དགག་པའོ། །དང་པོ་ནི་དེ་སྐད་དུ་ཡང་ཞེས་སོགས་བཅུ་བདུན་ཏེ། གཞུང་ཁ་ཅིག་ལས། བདེར་གཤེགས་སྙིང་པོ་ཞེས་བྱ་བ། །ཆོས་དབྱིངས་འགྱུར་མེད་ཉིད་ལ་གསུངས། །དེ་སྐད་དུ་ཡང་རྒྱུད་བླ་ལས། ། ཞེས་འབྱུང་བ་ལྟར་ན། རང་བྱུང་དུ་གྲུབ་པའི་བསྔོ་རྒྱུའི་དགེ་རྩ་དེ་བདེར་གཤེགས་སྙིང་པོར་མི་འཐད་དེ། བདེར་གཤེགས་སྙིང་པོ་ནི་སེམས་ཀྱི་ཆོས་དབྱིངས་སྒྲིབ་པ་དང་བྲལ་བ་ལ་གསུངས་ཤིང་། དེ་ནི་བསྔོ་བས་གཞན་དུ་མི་འགྱུར་བའི་ཕྱིར་ཏེ། རྒྱུད་བླ་དང་། དཔལ་ཕྲེང་གི་མདོ་དང་། རྩ་བཤེས་རབ་དང་། ཤེར་ཕྱིན་གྱི་མདོ་བཞི་ལས། དེ་ལྟར་དུ་གསུངས་པའི་ཕྱིར་རོ། །ལུང་དང་པོ་ནི། སེམས་ཀྱི་རང་བཞིན་འོད་གསལ་གང་ཡིན་པ། ། དེ་ནི་ནམ་མཁའ་བཞིན་དུ་འགྱུར་མེད་དེ། །ཡང་དག་མིན་རྟོག་ལས་བྱུང་འདོད་ཆགས་སོགས། །གློ་བུར་དྲི་མས་དེ་ཉོན་མོངས་མི་འགྱུར། །ཞེས་སོ། །ལུང་གཉིས་པ་ནི། བཅོམ་ལྡན་འདས་དེ་བཞིན་གཤེགས་པའི་སྙིང་པོ་ལ་ནི། སྐྱེ་བའམ་འགུམ་པའམ་འཕོ་བའམ། འབྱུང་བ་ཡང་མ་མཆིས་སོ། །བཅོམ་ལྡན་འདས་དེ་བཞིན་གཤེགས་པའི་སྙིང་པོ་ནི། འདུས་བྱས་ཀྱི་མཚན་ཉིད་ཀྱི་ཡུལ་ལས་འདས་པ་ལགས་སོ། །བཅོམ་ལྡན་འདས་དེ་བཞིན་གཤེགས་པའི་སྙིང་པོ་ནི་རྟག་པ་དང་། བརྟན་པ་དང་། ཐེར་ཟུག་པ་ལགས་སོ། །ཞེས་གསུངས་སོ། ། ལུང་གསུམ་པའི་དོན་ནི། སེམས་ཅན་གྱི་ཆོས་ཉིད་སངས་རྒྱས་པའི་ཚེ་ན་ཡང་གཞན་དུ་མི་འགྱུར་བས་ཆོས་དབྱིངས་གཞན་དུ་མི་འགྱུར་བར་གྲུབ་པ་སྟེ། རྒྱུད་བླར། ཇི་ལྟར་སྔར་བཞིན་ཕྱིས་དེ་བཞིན། །འགྱུར་བ་མེད་པ་ཆོས་ཉིད་དོ། །ཞེས་གསུངས་པ་དང་མཐུན་ནོ། །ལུང་བཞི་པ་ནི། བརྒྱད་སྟོང་པ་ལས། འདི་ལྟར་ཆོས་ཐམས་ཅད་ཀྱི་ཆོས་ཉིད་གང་ཡིན་པ་དེ་ནི་འདས་པ་ཡང་མ་ཡིན་མ་འོངས་པ་ཡང་མ་ཡིན་ད་ལྟར་བྱུང་བ་ཡང་མ་ཡིན། གང་འདས་པ་དང་མ་འོངས་པ་དང་། ད་ལྟར་བྱུང་བ་ཡང་མ་ཡིན་པ་དེ་ནི་དུས་གསུམ་ལས་རྣམ་པར་གྲོལ་བའོ། ། གང་དུས་གསུམ་ལས་རྣམ་པར་གྲོལ་བ་དེ་ནི་ཡོངས་སུ་བསྔོ་བར་བྱ་མི་ནུས་ཤིང་། དེ་བཞིན་དམིགས་པ་དང་རྟོག་པ་དང་རྣམ་པར་ཤེས་པར་བྱ་བ་མ་ཡིན་ནོ། །ཞེས་གསུངས་སོ། །

གཉིས་པ་ནི། ཡང་དག་པར་སྦྱོར་བའི་ཞེས་སོགས་བཅུ་དགུ་སྟེ། ཆོས་དབྱིངས་རང་གི་ངོ་བོ་དགེ་སྡིག་གང་དུ་ཡང་མ་གྲུབ་སྟེ། སམྦུ་ཊ་དང་། རིན་ཆེན་ཕྲེང་བར་དེ་ལྟར་དུ་གསུངས་པའི་ཕྱིར་རོ། །ལུང་དང་པོའི་དོན་ནི། སྡིག་པ་དང་བསོད་ནམས་ཀྱི་ཆ་གཉིས་སྒྲིབ་པའི་རྣམ་རྟོག་ལས་མ་འདས་པས། མཁས་པས་གནས་ལུགས་ཀྱི་དོན་བསྒོམ་པའི་ཚེ། སྒྲིབ་པའི་མཐའ་འདི་གཉིས་རྣམ་པར་སྤངས་ཞེས་པའི་དོན་ནོ། །དེ་བཞིན་དུ་གསང་

འདུས་རྩ་རྒྱུད་དུ། ཆོས་ཐམས་ཅད་ནམ་མཁའི་རྡོ་རྗེའི་དམ་ཚིག་ཏུ་མཚུངས་པའི་ཕྱིར། གཟུགས་ཀྱི་ཕུང་པོ་མ་ཡིན་ནོ། །ཞེས་པ་ནས། འདོད་ཆགས་ཞེ་སྡང་གཏི་མུག་མ་ཡིན། ཆོས་མ་ཡིན། ཆོས་མིན་པའང་མིན། ཞེས་པ་དང་། ཀྱེ་རྡོ་རྗེར། བསྒོམ་མེད་སྒོམ་པ་པོ་ཡང་མེད། །ལྷ་མེད་སྔགས་ཀྱང་ཡོད་མ་ཡིན། །ཞེས་དང་། ཕྱག་རྡོར་དབང་བསྐུར་བའི་རྒྱུད་ལས། ཡོད་ཅེས་བྱ་བའམ་མེད་ཅེས་བྱ་བའམ་བསོད་ནམས་ཞེས་བྱ་བའམ། བསོད་ནམས་མ་ཡིན་པ་ཞེས་བྱ་བའམ། མྱ་ངན་ལས་འདས་པ་ཞེས་བྱ་བའམ་ཐ་དད་པ་ཞེས་བྱ་བ་མེད་དོ། །ཞེས་གསུངས་སོ། །ལུང་གཉིས་པའི་དོན་ནི། ཟབ་མོ་སྟོང་པ་ཉིད་ནི་སྡིག་པ་དང་བསོད་ནམས་ཀྱི་བྱ་བ་ལས་འདས་ཤིང་། སོ་སོ་སྐྱེ་བོས་ཚིག་ཙམ་གྱིས་བཀྲོལ་བའི་དོན་དང་ལྡན་ཞིང་། གཞན་མུ་སྟེགས་བྱེད་དང་། རང་ཉིད་ཀྱི་ཉན་ཐོས་དང་རང་སངས་རྒྱས་ཀྱིས་ཀྱང་སྐྲག་པའི་སྒོ་ནས་མྱངས་པའི་གནས་མ་ཡིན་པ་ཞེས་དང་། སྟོང་ཉིད་རྟོགས་པའི་ཤེས་པས་ཡོད་འཛིན་དང་མེད་འཛིན་ཞི་བའི་ཕྱིར་ན། སྡིག་པ་དང་བསོད་ནམས་ཀྱི་རྣམ་རྟོག་ལས་འདས་པའི་བློ་དེ་ཡིས་བདེ་འགྲོ་དང་ངན་འགྲོ་ལས་ཐར་བའི་ཐར་པ་དམ་པ་ཐོབ་པར་བཞེད་ཞེས་པའི་དོན་ནོ། །

གསུམ་པ་ནི། ཁ་ཅིག་ཞེས་སོགས་བཅུ་གཅིག་སྟེ། སྟོད་ལུང་རྒྱ་དམར་ནི། སྟོང་ཉིད་སྙིང་རྗེའི་སྙིང་པོ་བདེར་གཤེགས་སྙིང་པོ་ཡིན་ཅིང་། དེ་ཉིད་བསྔོ་རྒྱུའི་དགེ་རྩ་ཡིན་ནོ་ཞེས་འདོད་དོ། །དེའི་ལན་རྣམས་ནི་གོ་སླ་ལ། མདོ་རྒྱུད་ཀུན་ལས་གསུངས་པ་ནི། བློ་གྲོས་རྒྱ་མཚོས་ཞུས་པའི་མདོ་ལས། རིན་པོ་ཆེའི་དཔེས་དྲི་མ་འདག་པ་དང་འདྲ་བར། རྒྱས་འགྱུར་གྱི་རིགས་ཀྱིས་རང་བཞིན་གནས་རིགས་ཀྱི་དྲི་མ་སྦྱོང་བར་གསུངས་པ་དང་། གུར་ལས། སྟོང་ཉིད་སྙིང་རྗེ་ཐ་དད་མེད། །གང་དུ་སེམས་ནི་རྣམ་བསྒོམས་པ། །དེ་ནི་སངས་རྒྱས་ཆོས་དང་ནི། །དགེ་འདུན་གྱི་ཡང་བསྟན་པའོ། །ཞེས་གསུངས་སོ། །གཞན་ཡང་སེམས་ཀྱི་སྒྲིབ་སྦྱོང་ལས། དཔྱལ་ཆུས་རེག་པའི་ཟངས་ལ་ནི། །ཇི་ལྟར་སྐྱོན་མེད་གསེར་དུ་འགྱུར། །དེ་བཞིན་ཡང་དག་ཡེ་ཤེས་ཀྱིས། །སྦྱངས་པས་ཉོན་མོངས་ཟད་པར་བྱེད། །ཞེས་གསུངས་སོ། །

གཉིས་པ་ལ་ལྔ་སྟེ་ལུང་ལས་ཇི་ལྟར་བཤད་པའི་ཚུལ། དེའི་དགོངས་པ་བཤད་པ། དེ་ཉིད་དཔེའི་སྒོ་ནས་བསྒྲུབ་པ། གཞན་དུ་རྟོགས་ན་ཧ་ཅང་ཐལ་བ། ཞར་ལ་གཤིས་ཀྱི་དགེ་བ་གཞན་དགག་པའོ། །དང་པོ་ནི། མཚོན་པའི་གཞུང་ལས་ཞེས་སོགས་དགུ་སྟེ། ཀུན་ལས་བཏུས་ལས། ངོ་བོ་ཉིད་ཀྱི་དགེ་བ་གང་ཞེ་ན་དད་པ་ལ་སོགས་པ་སེམས་ལས་བྱུང་བའི་ཆོས་བཅུ་གཅིག་གོ། །ཞེས་དང་། དོན་དམ་པའི་དགེ་བ་གང་ཞེ་ན་དེ་བཞིན་ཉིད་དོ་ཞེས་དང་། དོན་དམ་པར་མི་དགེ་བ་གང་ཞེ་ན་འཁོར་བ་ཐམས་ཅད་དོ་ཞེས་དང་། དོན་དམ་པར་ལུང་དུ་མ་བསྟན་པ་གང་ཞེ་ན། ནམ་མཁའ་དང་སོ་སོར་བརྟགས་པ་མ་ཡིན་པས་འགོག་པའོ། །ཞེས་གསུངས་སོ། །

འདིར་ཀུན་ལས་བཏུས་ཉན་ཐོས་ཀྱི་གཞུང་དུ་མཛད་པ་ནི། མངོན་རྟོགས་ལྗོན་ཤིང་ལས། མདོ་སྡེ་པའི་གྲུབ་མཐའ་སྟོན་བྱེད་ཡིན་པར་བཤད་པ་ལྟར་བཞེད་པ་ཡིན་གྱི། མཛོད་ལ་འཁྲུལ་པར་མི་བྱ་སྟེ། དེར་དགེ་བ་བཅུ་གཅིག་གི་ཐ་སྙད་མ་གསུངས་ཤིང་། ངོ་བོ་ཉིད་ཀྱི་དགེ་བ་ནི། དགེ་བའི་རྩ་བ་གསུམ་དང་། ངོ་ཚ་ཤེས་པ་དང་ཁྲེལ་ཡོད་པ་གཉིས་ལ་གསུངས་པའི་ཕྱིར་རོ། །གཉིས་པ་ནི། དེ་བཞིན་ཉིད་ལ་ཅེས་སོགས་བཅུ་གསུམ་སྟེ། ཀུན་ལས་བཏུས་ལས། དེ་བཞིན་ཉིད་ལ་དགེ་བའི་མིང་གིས་གསུངས་པ་བཏགས་པ་བར་འཆད་པ་སྐྱེ་གོ་སླའོ། །གསུམ་པ་ནི། གཞན་ཡང་ཞེས་སོགས་དགུ་སྟེ། ཀུན་བཏུས་སུ། ཟས་ཀྱིས་འགྲངས་ནས་རེ་ཞིག་ཟས་ལ་མི་འཕྲོད་པར་འཛིན་པ། ཉེ་བར་བརྟེན་པས་འདོད་ཆགས་དང་བྲལ་བ་དང་། འཁྲིག་པ་སྤྱད་གྲགས་ནས་རེ་ཤིག་མི་འཕྲོད་པར་འཛིན་པ། གནོད་པས་འདོད་ཆགས་དང་བྲལ་བ་སོགས་གསུངས་ཀྱང་། ཆགས་བྲལ་མཚན་ཉིད་པ་མ་ཡིན་པ་དེ་བཞིན་དུ་ཆོས་ཀྱི་དབྱིངས་ལ་སོགས་སོ། །བཞི་པ་ནི། ཅི་ནས་ཞེས་སོགས་བདུན་ནོ། །ལྔ་པ་ནི། ལ་ལ་བྱམས་དང་ཞེས་སོགས་བདུན་ཏེ། བཀའ་གདམས་པ་ལ་ལ་བྱམས་པ་དང་སྙིང་རྗེ་ཡང་། ཐབས་མཁས་ལ་མ་ལྟོས་པར་གཤིས་ཀྱི་དགེ་བ་ཡིན་ནོ་ཞེས་ཟེར་རོ། །དེ་ཡང་དེ་ལྟར་མ་ངེས་ཏེ། མཛངས་བློན་ལས། ཞལ་ཏ་བས་དགེ་འདུན་དབྱར་གནས་པའི་མཐུན་རྐྱེན་གྱི་རིན་པོ་ཆེ་མང་པོ་སྦྱིན་བདག་གིས་ཕུལ་བ་རྣམས། རང་གི་ཉེ་དུ་དང་། ཡིད་མཐུན་པ་རྣམས་ལ་ཕན་འདོགས་པའི་བློས་བྱིན་པས། ཞལ་ཏ་བ་ནི་ལྗོན་ཤིང་ལྟ་བུའི་སེམས་ཅན་དམྱལ་བར་གྱུར་ཏོ། །གཞན་རྣམས་ཤིང་གི་སྲིན་འབུར་གྱུར་ནས། ཟ་ཞིང་ཐམས་ཅད་དམྱལ་བའི་མེས་བསྲེག་པར་གྱུར་པར་བཤད་དོ། །

གསུམ་པ་ལ་གསུམ་སྟེ། འཆད་ཚུལ་མདོར་བསྟན། གཞན་གྱི་འཆད་ཚུལ་དགག རང་ཉིད་ཇི་ལྟར་འཆད་པའི་ཚུལ་ལོ། །དང་པོ་ནི། ཆོས་དབྱིངས་བསྔོ་བས་མི་འགྱུར་བར་བསྒྲུབས་ཟིན་པ་དེས་ན་འགྲོ་བ་ཞེས་སོགས་ཚིགས་བཅད་གཅིག་གོ། གཉིས་པ་ལ་གཉིས་ཏེ། མདོར་བསྟན་པ་དང་། རྒྱས་པར་བཤད་པའོ། །དང་པོ་ནི། གལ་ཏེ་དེ་ལྟ་མ་ཡིན་པར། འགྲོ་ཀུན་དགེ་བ་ཇི་སྙེད་ཡོད་པ་དང་། །ཞེས་པའི་དོན། ཆོས་དབྱིངས་ཡིན་ན་ཞེས་སོགས་གསུམ་མོ། །གཉིས་པ་ལ་གསུམ་སྟེ། ཇི་སྙེད་ཀྱི་སྒྲ་མི་འཐད་པར་ཐལ་བ། ཡོད་ཅེས་བྱ་བའི་སྒྲ་མི་འཐད་པར་ཐལ་བ། འགྲོ་ཀུན་གྱི་སྒྲ་མི་འཐད་པར་ཐལ་བའོ། །དང་པོ་ནི་དེ་ཡི་རྒྱུ་མཚན་ཞེས་སོགས་ཚིགས་བཅད་གཅིག་སྟེ། བསྔོ་རྒྱུའི་དགེ་བ་དེ་ལ་ཇི་སྙེད་ཀྱི་སྒྲ་མི་འཇུག་པར་འགྱུར་ཏེ། ཇི་སྙེད་ཀྱི་སྒྲ་ནི་མང་པོའི་སྒྲ་ཡིན་ཅིང་། ཆོས་དབྱིངས་ལ་མང་ཉུང་མེད་པའི་ཕྱིར་ཏེ། མང་ཉུང་གི་སྤྲོས་པ་དང་བྲལ་བའི་ཕྱིར་རོ། །གཉིས་པ་ནི། ཆོས་དབྱིངས་ཡོད་པའང་ཞེས་སོགས་ཚིགས་བཅད་བརྒྱད་དེ། ཆོས་དབྱིངས་རང་གི་ངོ་བོ་ཡོད་པའང་མ་ཡིན་ཏེ།

རང་གི་ངོ་བོ་ཡོད་ཙམ་ལ་མི་རྟག་པས་ཁྱབ་པར་ཆོས་ཀྱི་གྲགས་པས་གསུངས་པའི་ཕྱིར་ཏེ། རྣམ་འགྲེལ་ལས། འཇིག་ལ་འབྲས་དང་ཡོད་ཉིད་བཞིན། །ཅེས་དང་། འཇིག་པ་ཡོད་ཙམ་འབྲེལ་པ་ཅན། །ཉིད་ཕྱིར་སྒྲ་ནི་མི་རྟག་ཉིད། །ཅེས་གསུངས་པའི་ཕྱིར་རོ། །རྩ་བ་ཤེས་རབ་ཀྱི་ལུང་བཞི་ལས། དང་པོ་ནི། ཡོད་པ་དང་དངོས་པོ་དོན་གཅིག་ཏུ་བྱས་ནས། དེ་ལ་འདུས་བྱས་ཀྱིས་ཁྱབ་པས་ན། ཆོས་དབྱིངས་ཡོད་པ་མ་ཡིན་པར་བསྟན་ཏོ། །དེ་ཡང་སྤྱིར་ཡོད་པ་ལ་ཆོས་གཞན་བསལ་བའི་སྒོ་ནས་ཡོད་པར་བློས་འཛིན་པ་གཞན་སེལ་གྱི་ཡོད་པ་དང་། ཆོས་གཞན་བསལ་བ་ལ་མ་ལྟོས་པར་རང་གི་ངོ་བོ་ཡོད་པ་གཉིས་ལས། ཕྱི་མ་ལ་མི་རྟག་པས་ཁྱབ་པ་ནི། མདོ་སྡེ་པས་ཀྱང་འདོད་དེ། ཡེ་ཤེས་སྙིང་པོ་ཀུན་ལས་བཏུས་ལས། མདོ་སྡེ་པའི་གྲུབ་མཐའ་འཆད་པའི་སྐབས་སུ། ནམ་མཁའ་མོ་གཤམ་བུ་འདྲ་ལ། །ཞེས་དང་དེའི་འགྲེལ་པར། འདུས་མ་བྱས་བཏགས་པའི་ཡོད་པར་བསྟན་ཏེ། བཏགས་པའི་ཡོད་པ་ནི་མིང་ཙམ་སྟེ། ཞེས་གསུངས་སོ། །ལུང་ཕྱི་མ་གསུམ་གྱིས་ནི། ཆོས་དབྱིངས་ཡོད་མེད་སོགས་མཐའ་བཞི་གང་དུ་བཟུང་ན་ཡང་། མཐར་འཛིན་གྱི་སྤྲོས་པ་ལས་མ་འདས་པས། སངས་རྒྱས་ཀྱི་བསྟན་པའི་སྙིང་པོ་སྤྲོས་བྲལ་གྱི་ལྟ་བ་ལ་གུས་པར་བྱེད་ན། མཐའ་བཞི་གང་དུ་ཡང་མ་བཟུང་ཞིག་ཅེས་པའོ། །དེང་སང་མཐར་འཛིན་གྱི་ལྟ་བ་གཅིག་ལ་མ་སླེབ་ཀྱི་བར་དུ་དབུ་མའི་ལྟ་བ་འཛོག་མི་ཤེས་པའི་བོད་རྣམས་ཀྱིས་ནི་ཇི་སྐད་བཤད་པའི་ལུང་རྣམས་དང་། གཞན་ཡང་རྒྱལ་བ་རྣམས་ཀྱིས་སྟོང་པ་ཉིད། །ལྟ་ཀུན་ངེས་པར་འབྱུང་བར་གསུངས། །གང་དག་སྟོང་པ་ཉིད་ལྟ་བ། །དེ་དག་བསྒྲུབ་ཏུ་མེད་པར་གསུངས། །ཞེས་དང་དཀོན་མཆོག་བརྩེགས་པ་ལས་ཡོད་ཅེས་བྱ་བ་ནི་མཐའ་གཅིག་གོ། མེད་ཅེས་བྱ་བ་ནི་མཐའ་གཉིས་པའོ། །ཞེས་དང་། ཡེ་ཤེས་སྙིང་པོ་ཀུན་ལས་བཏུས་ལས། ཡོད་མིན་མེད་མིན་ཡོད་མེད་མིན། །གཉིས་ཀའི་བདག་ཉིད་ཀྱང་མིན་པས། །མཐའ་བཞི་ལས་གྲོལ་དབུ་མ་པ། །མཁས་པ་རྣམས་ཀྱི་དེ་ཁོ་ནའོ། །ཞེས་དང་། སྤྱོད་འཇུག་ལས། དོན་དམ་བློ་ཡི་སྤྱོད་ཡུལ་མིན། །བློ་ནི་ཀུན་རྫོབ་ཡིན་པར་བརྗོད། །ཞེས་སོགས་སྤྲོས་བྲལ་གྱི་ལྟ་བ་སྟོན་པའི་དབུ་མའི་གཞུང་ཆེན་པོ་རྣམས་ཀྱི་དོན། བློར་མ་ཆུད་པར་བརྗོད་མེད་ལ་བརྗོད་པ་དང་། སྤྲོས་མེད་ལ་སྤྲོས་པ་དང་། ནོར་མེད་ལ་ནོར་དུ་བཟུང་བ་ཡིན་པས་དུག་གི་མེ་ཏོག་ལྟར་རྒྱང་རིང་དུ་སྤང་བར་བྱའོ། །དེས་ན་བསྟན་པར་བྱ་བའི་སྤྲོས་བྲལ་ལ། རིགས་མི་འདྲ་བའི་དབྱེ་བ་མེད་ཀྱང་། གདུལ་བྱའི་བློ་དང་འཚམས་པར་གྲུབ་མཐའ་བཞི་ལ་ལྟ་བའི་རིམ་པ་ཇི་ལྟ་བསྟན་པའི་ཚུལ་དང་། མཐར་ཐུག་སྤྲོས་བྲལ་གྱི་ལྟ་བ་ལ་ཇི་ལྟར་སྦྱོར་བའི་ཚུལ། སྙིགས་དུས་ཀྱི་རྡོ་རྗེ་འཆང་ཆེན་པོ་གྲགས་པ་རྒྱལ་མཚན་གྱིས། མངོན་པར་རྟོགས་པ་རིན་པོ་ཆེའི་ལྗོན་ཤིང་ལས་གསུངས་པ་རྣམས་བླ་མ་དམ་པའི་དྲུང་དུ་ཉན་པར་བྱའོ། །ཆོས་དབྱིངས་ཡོད་པ་མ་ཡིན་པར་རིགས་པས

བསྒྲུབ་པ་ནི། རིགས་པས་ཀྱང་ནི་ཞེས་སོགས་སོ། །གསུམ་པ་ནི། གཞན་ཡང་ཡོད་པའི་ཞེས་སོགས་དྲུག་སྟེ། འགྲོ་ཀུན་དགེ་བ་ཇི་སྙེད་ཡོད་པ་དང་། །ཞེས་པའི་དགེ་བ་དེ་ཆོས་དབྱིངས་ཡིན་ན་འགྲོ་ཀུན་དགེ་བ་ཞེས་དམིགས་ཀྱིས་བསལ་མི་དགོས་པར་འགྱུར་ཏེ། ཐེམ་པོ་དང་འཕགས་པའི་ཆོས་དབྱིངས་ཀྱང་བསྔོ་རྒྱུ་ཡིན་པའི་ཕྱིར་རོ། །

གསུམ་པ་ལ་གསུམ་སྟེ། ལུང་དོན་ཕྱིན་ཅི་མ་ལོག་པར་བཤད་པ། དེ་ཉིད་དཔེའི་སྒོ་ནས་བསྒྲུབ་པ། ལུང་གི་སྒོ་ནས་བསྒྲུབ་པའོ། །དང་པོ་ནི། དེས་ན་གཞུང་དེའི་ཞེས་སོགས་བཅུ་གསུམ་སྟེ། སྤྱིར་བཏང་དམིགས་བསལ་ལ་སྦྱར་བ་དང་། རང་གཞན་ལ་སྦྱར་བ་དང་། མདོར་བསྟན་རྒྱས་བཤད་ལ་སྦྱར་བ། གསུམ་སྟེ་གོ་སླའོ། །གཉིས་པ་ནི། དཔེར་ན་འགྲོ་བ་ཞེས་སོགས་དགུ་སྟེ། འདི་ནི་བསྔོ་རྒྱུའི་དགེ་བ་དང་བཤགས་པར་བྱ་རྒྱུའི་སྡིག་པ་གཉིས་ཀ་ཡང་། སྐྱེས་བུས་རྩོལ་བས་བསྒྲུབ་པར་མཚུངས་པར་སྟོན་པའི་ཆེད་དུ་གསུངས་པ་ཡིན་གྱི། བཤགས་པ་བྱེད་ཚུལ་འདི་ལྟ་བུ་ཡོད་པ་ནི་མ་ཡིན་ཏེ། བཤགས་པ་རྣམ་དག་ལ་ཕྱིན་ཆད་སྡིག་པ་མི་བྱེད་པའི་སྡོམ་སེམས་དགོས་པའི་ཕྱིར་རོ། །གསུམ་པ་ནི། རྡོ་རྗེ་ཞེས་སོགས་གཉིས་ཏེ། རྡོ་རྗེ་རྒྱལ་མཚན་གྱི་བསྔོ་བའི་ཆོ་ག་ལས། ཕྱོགས་བཅུའི་འཇིག་རྟེན་ཁམས་ན་ཡོད་པ་ཡི། །དགེ་བ་དེ་དག་ཡང་དག་བསྒྲུབ་པས་ན། །འགྲོ་བ་ཀུན་ལ་ཕན་དང་བདེ་སེམས་ཀྱིས། །ཡེ་ཤེས་མཁས་པ་དེ་དག་ཡོངས་སུ་བསྔོ། །ཞེས་གསུངས་སོ། །གཉིས་པ་དངོས་སྟོབས་ཀྱི་རིགས་པས་དགག་པ་ནི་ཆོས་དབྱིངས་དགེ་བར་ཞེས་སོགས་ཚིགས་བཅད་ཕྱེད་དང་དྲུག་སྟེ། མདོ་ལས་དེ་བཞིན་གཤེགས་པ་རྣམས་འཇིག་རྟེན་དུ་བྱོན་ཡང་རུང་། མ་བྱོན་ཡང་རུང་། ཆོས་རྣམས་ཀྱི་ཆོས་ཉིད་འདི་ནི་གནས་པ་ཡིན་ནོ། །ཞེས་པ་དང་། ཤེས་རབ་ཀྱི་ཕ་རོལ་ཏུ་ཕྱིན་པ་ནི། བསྟན་ཀྱང་མི་འཕེལ་མ་བསྟན་ཀྱང་མི་འགྲིབ་བོ་ཞེས་གསུངས་སོ། །རྩ་བ་ཤེས་རབ་ཀྱི་ལུང་དང་པོའི་དོན་ནི། རང་བཞིན་དང་ཆོས་དབྱིངས་གཅིག་ཏུ་བྱས་ནས་དེ་རྒྱུ་རྐྱེན་ལས་བྱུང་བ་ཡིན་ན་གློ་བུར་དུ་བྱས་པ་ཅན་དུ་འགྱུར་ཞིང་། དེ་ཡང་མི་རུང་སྟེ། རང་བཞིན་གྱི་དོན་ནི་མ་བཅོས་པ་དང་། གཞན་ལ་ལྟོས་པ་མེད་པ་ཡིན་པའི་ཕྱིར་རོ། །རྒྱུ་མཚན་དེས་ན་རང་བཞིན་བསྔོ་བས་བསྒྱུར་དུ་མི་རུང་ངོ་། །ལུང་གཉིས་པའི་དོན་ནི། རང་བཞིན་གཞན་དུ་འགྱུར་བ་མི་སྲིད་དེ། རང་བཞིན་གྱིས་ཡོད་ན་ཕྱིས་མེད་པ་ཉིད་དུ་མི་འགྱུར་བའི་ཕྱིར་རོ། །དེས་ན་རང་བཞིན་བསྔོ་རྒྱུར་མི་རུང་ངོ་། །གསུམ་པ་དོན་བསྡུ་བ་ནི། དེ་ལ་སོགས་པའི་ཞེས་སོགས་གཉིས་སོ། །

གཉིས་པ་དེའི་ཉེས་སྤྱོང་གི་ལན་དགག་པ་ལ་གཉིས་ཏེ། འདོད་པ་བརྗོད་པ་དང་། དེ་དགག་པའོ། །དང་པོ་ནི་གལ་ཏེ་ཆོས་ཉིད་ཞེས་སོགས་བཞི་སྟེ། ཆོས་ཉིད་དེ་བཞིན་ཉིད་བསྔོ་བས་བསྒྱུར་དུ་མི་རུང་ཡང་། དེ་

སངས་རྒྱས་ཐོབ་པའི་རྒྱུར་གྱུར་ཅིག་སྙམ་པའི་བསམ་པས་བསྔུར་ན་བྱང་ཆུབ་སེམས་དཔའི་བློ་སྦྱོང་དུ་འགྱུར་བས་ཉེས་པ་མེད་དོ་སྙམ་ན། གཉིས་པ་ལ་བཞི་སྟེ། དམིགས་བཅས་ཀྱི་བསྔོ་བ་དུག་ཅན་དུ་བསྟན་པ། དམིགས་མེད་ཀྱི་བསྔོ་བ་བློ་སྦྱོང་དུ་བསྟན་པ། དམིགས་བཅས་ཀྱི་བསྔོ་བ་བློ་སྦྱོང་དུ་མི་རུང་བའི་རྒྱུ་མཚན། དམིགས་མེད་དམིགས་པར་བྱས་ན་ཧ་ཅང་ཐལ་བའོ། །དང་པོ་ནི་མ་ཡིན་འདི་ལ་ཞེས་སོགས་དྲུག་སྟེ། ཆོས་དབྱིངས་བློས་དགེ་རྩ་ར་བསྔུར་ན་དམིགས་པའི་འདུ་ཤེས་ཅན་དུ་འགྱུར་ཏེ། མཐའ་བཞིའི་སྤྲོས་པ་མཐའ་དག་མ་བཀག་ན་ཆོས་དབྱིངས་ཀྱི་དོན་མེད་ལ། དེ་བཀག་པ་བྱང་ཆུབ་ཀྱི་རྒྱུར་གྱུར་ཅིག་སྙམ་དུ་དམིགས་ན། དམིགས་མེད་དམིགས་པར་བཟུང་བ་ཡིན་པས། འདུས་བྱས་ཀྱི་དགེ་རྩ་བསྔོས་པའི་བསྔོ་བ་ཐམས་ཅད་ཀྱང་དེས་དྲི་མ་ཅན་དུ་བསྒྱུར་ཏེ། དཔེར་ན་ཁྲོན་པའི་ནང་གི་སྦྲལ་པ་གཅིག་ལ་རྨ་བྱུང་ན་དེའི་རྨ་རུལ་བས་སྦྲལ་པ་གཞན་རྣམས་ཀྱང་རུལ་བར་བྱེད་པ་བཞིན་ནོ། །གཉིས་པ་ནི། ཆོས་ཉིད་སྤྲོས་བྲལ་ཞེས་སོགས་ལྔ་སྟེ། ཚིག་རྐང་དང་པོས་བསྔོ་བའི་རྣམ་པ་བསྟན། གཉིས་པས་བསྔོ་རྒྱུའི་དགེ་རྩ་བསྟན། གསུམ་པ་དང་བཞི་པས་དགོས་ཆེད་བསྟན། ཁྱད་ཆོས་དེ་ལྔ་བུ་དང་ལྡན་པ་ནི་བསྔོ་བ་རྣམ་དག་གོ། བསྔོ་བའི་ཚིག་ནི་བདག་ཉིད་ཆེན་པོ་འདིས། ཕྱག་འཚལ་བ་དང་མཆོད་ཅིང་བཤགས་པ་དང་། །རྗེས་སུ་ཡི་རང་བསྐུལ་ཞིང་གསོལ་བ་འདེབས། །སྐྱབས་སུ་འགྲོ་ཞིང་བྱང་ཆུབ་སེམས་བསྐྱེད་ཀྱི། །བདག་དང་གཞན་གྱི་དགེ་བ་ཅི་མཆིས་པ། །འཁོར་གསུམ་ཡོངས་སུ་དག་པའི་ཤེས་རབ་ཀྱིས། །ཡོད་མེད་ལ་སོགས་དམིགས་པའི་དུག་སྤངས་ནས། །འཁོར་དང་མྱ་ངན་འདས་ལ་མི་སློན་པར། །འགྲོ་བའི་དོན་དུ་སངས་རྒྱས་མྱུར་ཐོབ་ཤོག །ཅེས་གསུངས་པ་ལྟར་བྱའོ། །

གསུམ་པ་ནི། ཆོས་ཉིད་བསྔོ་རྒྱུར་ཞེས་སོགས་བཅུ་བདུན་ཏེ། མདོ་སྡུད་པར། གལ་ཏེ་མཚན་མར་བྱེད་ན་དེ་ནི་བསྔོ་མ་ཡིན། །ཅི་སྟེ་མཚན་མ་མེད་ན་བྱང་ཆུབ་བསྔོ་བ་ཡིན། །ཇི་ལྟར་དུག་དང་འདྲེས་པའི་ཁ་ཟས་བཟང་ཟ་བ། །དཀར་པོའི་ཆོས་ལ་དམིགས་པའང་དེ་འདྲར་རྒྱལ་བས་གསུངས། །ཞེས་དང་། མངོན་རྟོགས་རྒྱན་ལས་ཀྱང་། ཉན་རང་ལས་ཁྱད་པར་དུ་འཕགས་པ་ཅན་གྱི་ཡོངས་སུ་བསྔོ་བ་ནི་མི་དམིགས་པ་དང་ཕྱིན་ཅི་མ་ལོག་པ་དང་། རང་གཞན་གྱི་དོན་བྱེད་པའི་མཚན་ཉིད་གསུམ་དང་ལྡན་པར་གསུངས་ཤིང་། བརྒྱད་སྟོང་པར་དམིགས་པའི་འདུ་ཤེས་ཅན་ལ་ཡོངས་སུ་བསྔོ་བ་མེད་དོ། །དེ་ཅིའི་ཕྱིར་ཞེ་ན་དམིགས་པ་ནི་དུག་དང་བཅས་པའོ། །ཞེས་པ་དང་། རྒྱུད་ལས་རྣམ་རྟོག་མ་རིག་ཆེན་པོ་སྟེ། །འཁོར་བའི་རྒྱ་མཚོར་ལྟུང་བྱེད་ཡིན། །མི་རྟོག་ཏིང་འཛིན་ལ་གནས་ན། །མཁའ་བཞིན་དྲི་མ་མེད་པར་འགྱུར། །ཞེས་གསུངས་པ་ཐམས་ཅད་དམིགས་པ་དང་བཅས་པའི་བསྔོ་བ་རྣམ་དག་ཏུ་མི་རུང་བའི་ལུང་དུ་མཐུན་ནོ། །བཞི་པ་ནི། གང་དག་དམིགས་པ་ཞེས

སོགས་བདུན་ནོ། །

གསུམ་པ་ལུང་ཚིག་སྔ་ཕྱི་འགལ་བས་དགག་པ་ནི། གཞན་ཡང་ཆོས་ཉིད་ཞེས་སོགས་ལྷ་སྟེ། མདོ་དེ་ཉིད་དུ་ཆོས་ཉིད་མི་འགྱུར་བདེན་པའི་བྱིན་རླབས་དང་། །ཞེས་ཆོས་ཉིད་མི་འགྱུར་བར་བཤད་པ་དང་། ཁྱོད་ཀྱིས་ཆོས་ཉིད་དེ་བསྔོ་བས་བསྒྱུར་བ། འགྲོ་ཀུན་དགེ་བ་ཇི་སྙེད་ཡོད་པ་དང་། །ཞེས་པའི་ལུང་གི་དོན་དུ་འདོད་པས་གོང་འོག་འགལ་བར་འགྱུར་རོ། །གཉིས་པ་ཆོས་དབྱིངས་ལས་གཞན་པའི་ཁམས་བསྔོ་རྒྱུའི་དགེ་བར་འདོད་པ་དགག་པ་ལ་གཉིས་ཏེ། བདེ་གཤེགས་སྙིང་པོའི་རྣམ་བཞག་གཏན་ལ་དབབ་པ། གཞུང་གི་འབྲུ་ལ་སྦྱར་བའོ། །དང་པོ་ལ་བཞི་སྟེ། བཀའ་དང་བསྟན་བཅོས་ལས་ཇི་ལྟར་བཤད་པའི་ཚུལ། བདེར་གཤེགས་སྙིང་པོ་རང་གི་ངོ་བོ་ངོས་བཟུང་བ། དེ་ཉིད་གྲུབ་མཐའི་རིམ་པ་དང་སྦྱར་བ། བདག་ཉིད་ཆེན་པོའི་དགོངས་པ་དཔྱད་པའོ། །དང་པོ་ནི་སྤྱིར་བདེ་བར་གཤེགས་པའི་གསུང་རབ་རྣམས་ལས་སེམས་ཅན་གྱི་ཁམས། སངས་རྒྱས་ཀྱི་ཁམས། སངས་རྒྱས་ཀྱི་རིགས། བདེ་བར་གཤེགས་པའི་སྙིང་པོ། རང་བཞིན་དུ་གནས་པའི་རིགས། ཞེས་འབྱུང་བ་རྣམས་མིང་གི་རྣམ་གྲངས་ཡིན་ལ། དེ་ཉིད་སྐབས་འགའ་ཞིག་ཏུ་སེམས་ཅན་གྱི་ཆོས་དབྱིངས་དང་། སངས་རྒྱས་ཀྱི་ཆོས་དབྱིངས་དབྱེར་མེད་པ་ལ་བཤད་པ་ཡང་ཡོད་དེ། མདོ་ལས་ཤཱ་རིའི་བུ་སེམས་ཅན་གྱི་ཁམས་ཞེས་བྱ་བ་ནི་དེ་བཞིན་གཤེགས་པའི་སྙིང་པོའི་ཚིག་བླ་དྭགས་སོ། །ཤཱ་རིའི་བུ་དེ་བཞིན་གཤེགས་པ་ཞེས་བྱ་བ་འདི་ནི་ཆོས་ཀྱི་སྐུའི་ཚིག་བླ་དྭགས་སོ། །ཞེས་པ་དང་། ཤཱ་རིའི་བུ་དེའི་ཕྱིར་ན་སེམས་ཅན་གྱི་ཁམས་ཀྱང་གཞན་ལ་ཆོས་ཀྱི་སྐུ་ཡང་གཞན་པ་ནི་མ་ཡིན་ཏེ། སེམས་ཅན་གྱི་ཁམས་ཉིད་ཆོས་ཀྱི་སྐུ་ཆོས་ཀྱི་སྐུ་ཉིད་སེམས་ཅན་གྱི་ཁམས་ཏེ། འདི་ནི་དོན་གྱིས་གཉིས་སུ་མེད་པ་དེ་ཡི་གེ་ཐ་དད་པ་ཡིན་នོ། །ཞེས་པ་དང་། རྒྱལ་ཚབ་བྱམས་པས། དེ་བཞིན་ཉིད་འདི་ཐམས་ཅད་ལ། །ཁྱད་པར་མེད་ཀྱང་དག་གྱུར་པ། །དེ་བཞིན་གཤེགས་ཉིད་དེ་ཡི་ཕྱིར། །འགྲོ་ཀུན་དེ་ཡི་སྙིང་པོ་ཅན། །ཞེས་གསུངས་སོ། །ཡང་དེ་ཉིད་ཆོས་དབྱིངས་དེ་བཞིན་ཉིད་ལ་བཤད་པ་ཡང་ཡོད་དེ། ཤེར་ཕྱིན་གྱི་མདོ་ལས། ནམ་མཁའ་ལ་བྱའི་རྗེས་མེད་ཅིང་མི་དམིགས་སོ། །དེ་བཞིན་དུ་བྱང་ཆུབ་སེམས་དཔའི་ཚིག་གི་དོན་མེད་ཅིང་མི་དམིགས་སོ། །ཞེས་གསུངས་ཤིང་དེའི་དོན་མགོན་པོ་བྱམས་པས། སྐྱབ་པ་ཡི་ནི་རྟེན་གྱུར་པ། །ཆོས་ཀྱི་དབྱིངས་ཀྱི་རང་བཞིན་དང་། །ཞེས་གསུངས་པ་དང་། ཀླུ་སྒྲུབ་ཞབས་ཀྱིས་ཀྱང་། གང་ཞིག་ཀུན་ཏུ་མ་ཤེས་པས། །སྲིད་པ་གསུམ་ན་རྣམ་འཁོར་ཞིང་། །སེམས་ཅན་རྣམས་ལ་ངེས་གནས་པའི། །ཆོས་ཀྱི་དབྱིངས་ལ་ཕྱག་འཚལ་འདུད། །ཞེས་གསུངས་སོ། །ཡང་དེ་ཉིད་སེམས་ཅན་ནས་སངས་རྒྱས་ཀྱི་སའི་བར་དུ་རྒྱུན་མི་འཆད་པའི་སེམས་གསལ་བ་ཙམ་ལ་གསུངས་པ་ཡང་ཡོད་དེ། མདོ་སྡེ་

དགོངས་པ་ངེས་འགྲེལ་ལས། ལེན་པའི་རྣམ་པར་ཤེས་པ་ཟབ་ཅིང་ཕྲ། །ས་བོན་ཐམས་ཅད་ཆུ་བོའི་རྒྱུན་བཞིན་འབབ། །བདག་ཏུ་རྟོག་པར་གྱུར་ན་མི་རུང་ཞེས། །དེ་ནི་བྱིས་པ་རྣམས་ལ་ངས་མ་བསྟན། །ཞེས་པ་དང་། མགོན་པོ་ཀླུ་སྒྲུབ་ཀྱིས། ཇི་ལྟར་སོས་ཀའི་དུས་སུ་ཆུ། །དྲོ་འོ་ཞེས་ནི་བརྗོད་པར་བྱེད། །དེ་ཉིད་གྲང་བའི་དུས་སུ་ནི། །གྲང་ངོ་ཞེས་ནི་བརྗོད་པ་ཡིན། །ཉོན་མོངས་དྲྭ་བས་གཡོགས་པ་ན། །སེམས་ཞེས་བྱ་བ་བརྗོད་པ་ཡིན། །དེ་ཉིད་ཉོན་མོངས་བྲལ་གྱུར་ན། །སངས་རྒྱས་ཞེས་ནི་བརྗོད་པར་བྱ། །ཞེས་གསུངས་སོ། །ཡང་དེ་ཉིད་ཀུན་གཞིའི་རྣམ་པར་ཤེས་པ་ལ་བཤད་པ་ཡང་ཡོད་དེ། ལང་ཀར་གཤེགས་པ་ལས་ཀྱང་། དེ་བཞིན་གཤེགས་པའི་སྙིང་པོ་ཀུན་གཞིའི་རྣམ་པར་ཤེས་པ་ཞེས་བསྒྲགས་པ་རྣམ་པར་སྦྱང་བར་བྱའོ། །བློ་གྲོས་ཆེན་པོ་གལ་ཏེ་ཀུན་གཞིའི་རྣམ་པར་ཤེས་པ་བསྒྲགས་པ། དེ་བཞིན་གཤེགས་པའི་སྙིང་པོ་མེད་དུ་ཟིན་ན་དེ་བཞིན་གཤེགས་པའི་སྙིང་པོ་ཀུན་གཞིའི་རྣམ་པར་ཤེས་པ་ཞེས་བསྒྲགས་པ་མེད་པས། འཇུག་པ་ཡང་མེད་ལྡོག་པ་ཡང་མེད་པར་འགྱུར་ན་བློ་གྲོས་ཆེན་པོ་བྱིས་པ་དང་འཕགས་པ་རྣམས་ལ་འཇུག་པ་དང་། ལྡོག་པ་ཡང་ཡོད་དེ། རྣལ་འབྱོར་ཆེན་པོ་བརྩོན་པ་མི་འདོར་བ་རྣམས་བདག་གིས་སོ་སོ་རང་རིག་པ་ཚེ་འདི་ལ་བདེ་བར་སྤྱོད་པས་གནས་སོ་ཞེས་པ་ནས། དེ་བཞིན་གཤེགས་པའི་སྙིང་པོ་ཀུན་གཞིའི་རྣམ་པར་ཤེས་པ་ནི། དེ་བཞིན་གཤེགས་པའི་ཡུལ་ཏེ་ཁྱོད་ལྟ་བུར་ཞིབ་ཅིང་མཁས་པའི་མོས་པ་དང་། བློ་རབ་ཏུ་འབྱེད་པའི་བྱང་ཆུབ་སེམས་དཔའ་སེམས་དཔའ་ཆེན་པོ། དོན་ལ་རྟོན་པ་རྣམས་ཀྱི་ཡང་ཡུལ་ཏེ། ཞེས་སོགས་དང་། དེ་བཞིན་གཤེགས་པའི་སྙིང་པོ་ནི། །རྣམ་ཤེས་བདུན་དང་ལྡན་པར་ཡང་། །འཛིན་པ་གཉིས་ཀྱིས་རབ་འཇུག་སྟེ། །ཡོངས་སུ་ཤེས་པས་ལྡོག་པར་འགྱུར། །ཞེས་པ་དང་། མདོ་གཞན་ལས། ས་རྣམས་སྣ་ཚོགས་ཀུན་གཞི་སྟེ། །བདེར་གཤེགས་སྙིང་པོ་དགེ་བའང་དེ། །སྙིང་པོ་དེ་ལ་ཀུན་གཞིའི་སྒྲས། །དེ་བཞིན་གཤེགས་རྣམས་གསུངས་པར་ཟད། །སྙིང་པོ་ཀུན་གཞིར་བསྟན་པ་ཡང་། །བློ་ཆུང་རྣམས་ཀྱིས་མི་ཤེས་སོ། །ཞེས་པ་དང་། སེམས་ཀྱི་རང་གཞིན་འོད་གསལ་བ། །དེ་བཞིན་གཤེགས་པའི་སྙིང་པོ་དགེ། ཞེས་གསུངས་སོ། །ཡང་དེ་ཉིད་ལ་ཡིད་ཀྱི་རྣམ་པར་ཤེས་པར་བཤད་པ་ཡང་ཡོད་དེ། སོར་མོའི་ཕྲེང་བའི་མདོར། ཉན་ཐོས་རྣམས་ཀྱི་ཐེག་པར་ཡིད་ཅེས་བསྟན་པ་ཡང་། དེ་བཞིན་གཤེགས་པའི་སྙིང་པོ་ཞེས་གསུངས་པའི་དོན་ཏེ། ཡིད་རང་བཞིན་གྱིས་རྣམ་པར་དག་པ་ཞེས་བྱ་བ་གང་ཡིན་པ་དེ་དེ་བཞིན་གཤེགས་པའི་སྙིང་པོའོ། །ཞེས་གསུངས་སོ། །ཡང་དེ་ཉིད་ལ་ཆོས་ཀྱི་སྐུ་ཞེས་བཤད་པ་ཡང་ཡོད་དེ། ཤཱ་རིའི་བུ་ཆོས་ཀྱི་སྐུ་དེ་ཉིད་ཉོན་མོངས་པའི་སྦུབས་བྱེ་བ་མཐའ་ཡས་པས་བཏུམས་པ། འཁོར་བའི་རྒྱུན་གྱིས་ཁྱེར་བ། ཐོག་མ་དང་ཐ་མ་མེད་པའི་འཁོར་བའི་འགྲོ་བར་འཆི་བ་དང་སྐྱེ་བ་དག་ཏུ་འཁོར་བ་ནི་སེམས་ཅན་གྱི་ཁམས་

ཞེས་བརྗོད་དོ། ཞེས་གསུངས་སོ། །

གཉིས་པ་ནི། དེ་ལྟར་བཀའ་དང་བསྟན་བཅོས་རྣམས་ལས། ཐ་སྙད་མི་འདྲ་བ་དུ་མའི་སྒོ་ནས་བསྟན་ཀྱང་བདེ་ར་གཤེགས་སྙིང་པོ་རང་གི་ངོ་བོ་ནི། ཐོག་མ་མེད་པའི་དུས་ནས་སངས་རྒྱས་ཀྱི་སའི་བར་དུ་རྒྱུན་མ་ཆད་པ། དགེ་མི་དགེ་ལ་སོགས་པའི་རིས་སམ་ཕྱོགས་སུ་མ་ཆད་པ། ཐབས་ཀྱིས་ཟིན་མ་ཟིན་གྱི་བྱེ་བྲག་གིས་འཆིང་གྲོལ་ཀུན་གྱི་གཞིར་གྱུར་པ། ཐབས་ཀུན་རྫོབ་ཀྱི་མཚན་ཉིད་གསལ་ཙམ་མ་འགགས་པ་དོན་དམ་དཔྱོད་བྱེད་ཀྱི་རིགས་པས་རང་གི་ངོ་བོ་ལ་བརྟག་ན་ཡོད་མེད་དང་རྟག་ཆད་ལ་སོགས་པའི་མཐའ་གང་དུའང་མ་གྲུབ་པའི་སྤྲོས་བྲལ་ལས་མ་འདས་པའི་གསལ་སྟོང་ཟུང་འཇུག་གམ། རིག་སྟོང་ཟུང་འཇུག་འདི་ཉིད་ཡིན་ནོ། །དེས་ན་བདེ་ར་གཤེགས་སྙིང་པོ་ནི་གསལ་སྟོང་ཟུང་འཇུག་ལ་འཇོག་པ་ཡིན་གྱི་གསལ་བ་སྤྲངས་པའི་སྟོང་པ་ཙམ་ནི་མ་ཡིན་ཏེ། དེ་ནི་འཆིང་གྲོལ་གྱི་གཞིར་མི་རུང་བའི་ཕྱིར་རོ། །སྟོང་པ་སྤྲངས་པའི་གསལ་བ་ཙམ་ཡང་མ་ཡིན་ཏེ། དེ་ནི་འདུས་བྱས་ཀྱི་ཆ་ཡིན་ལ། བདེར་གཤེགས་སྙིང་པོ་འདུས་མ་བྱས་སུ་གསུངས་པའི་ཕྱིར་རོ། །ཟུང་འཇུག་དེ་ཉིད་ཐབས་ཀྱིས་མ་ཟིན་ན་འཁོར་བའི་ཆོས་རྣམས་ཀྱི་གཞི་ཡིན་ཏེ། ཟུང་འཇུག་ལས་རྣམ་རྟོག་སྐྱེ། དེ་ལས་ཉོན་མོངས་པ། དེ་ལས་ལས་བསགས་དེ་ལས་འཁོར་བས་བསྡུས་པའི་ཕུང་ཁམས་སྐྱེ་མཆེད་ཀུན་འབྱུང་བའི་ཕྱིར་ཏེ། རྒྱུད་བླར། ས་ནི་ཆུ་ལ་ཆུ་རླུང་ལ། །རླུང་ནི་མཁའ་ལ་རབ་ཏུ་གནས། །མཁའ་ནི་རླུང་དང་ཆུ་དག་དང་། །ས་ཡི་ཁམས་ལ་གནས་མ་ཡིན། །དེ་བཞིན་ཕུང་པོ་ཁམས་དབང་རྣམས། །ལས་དང་ཉོན་མོངས་དག་ལ་གནས། །ལས་དང་ཉོན་མོངས་ཚུལ་བཞིན་མིན། །ཡིད་ལ་བྱེད་ལ་རྟག་ཏུ་གནས། །ཚུལ་བཞིན་མ་ཡིན་ཡིད་བྱེད་ནི། །སེམས་ཀྱི་དག་པ་ལ་རབ་གནས། །སེམས་ཀྱི་རང་བཞིན་ཆོས་རྣམས་ནི། །ཐམས་ཅད་ལ་ཡང་གནས་མ་ཡིན། །ཞེས་དང་། ཀླུ་སྒྲུབ་ཀྱིས། ལས་དང་ཉོན་མོངས་ཟད་པས་ཐར། །ལས་དང་ཉོན་མོངས་རྣམ་རྟོག་ལས། །དེ་དག་སྤྲོས་ལས་སྤྲོས་པ་ནི། །སྟོང་པ་ཉིད་ཀྱིས་འགག་པར་འགྱུར། །ཞེས་གསུངས་སོ། །དེ་ཉིད་ཐབས་ཀྱིས་ཟིན་ན་ལམ་གྱི་ཆོས་ཐམས་ཅད་ཀྱི་གཞི་ཡིན་ཏེ་འཕྲུལ་པའི་དབང་གིས་འབྱུང་བའི་སེམས་འདི་དགེ་རྩ་སད་པར་བྱས་ཏེ། སེམས་རང་གི་གནས་ཚུལ་སྐྱེགས་པའི་ཚེ། འཁོར་བ་ལ་སྐྱོང་འདོད་དང་། མྱ་ངན་ལས་འདས་པ་ལ་དོན་གཉེར་གྱི་འདུན་པ་འབྱུང་ཞིང་། དེ་ལས་དེ་དག་གི་སྒྲུབ་པ་འབྱུང་བའི་ཕྱིར་ཏེ། རྒྱུད་བླར། སྲིད་དང་མྱ་ངན་འདས་ལ་དེའི། །སྡུག་བདེའི་སྐྱོན་ཡོན་མཐོང་བ་ནི། །རིགས་ཡོད་ལས་ཡིན་གང་ཕྱིར་ཏེ། །རིགས་མེད་དག་ལ་མེད་ཕྱིར་རོ། །ཞེས་དང་། མངོན་རྟོགས་རྒྱན་ལས། སྒྲུབ་པ་ཡི་ནི་རྟེན་གྱུར་པ། །ཆོས་ཀྱི་དབྱིངས་ཀྱི་རང་བཞིན་དང་། །ཞེས་དང་། རྒྱས་བཤད་དུ། སྒྲུབ་པ་བཅུ་གསུམ་བཤད་ནས། རྟེན་ལ་རིགས

ཞེས་བྱ་ཞེས་གསུངས་སོ། །དེ་ཉིད་ལམ་བསྒོམས་པའི་སྟོབས་ཀྱིས་གློ་བུར་གྱི་དྲི་མ་མཐའ་དག་དང་བྲལ་བ་ན། སྟོབས་ལ་སོགས་པ་རང་དོན་གྱི་ཡོན་ཏན་དང་། གཟུགས་སྐུ་གཉིས་ལ་སོགས་པ་གཞན་དོན་གྱི་ཡོན་ཏན་ཐམས་ཅད་ཀྱི་གཞི་ཡིན་ཏེ། དག་པ་གཉིས་ལྡན་གྱི་ཆོས་དབྱིངས་ལ་སྟོབས་སོགས་ཟག་མེད་ཀྱི་ཡོན་ཏན་དབྱེར་མེད་དུ་ལྡན་ཞིང་དེ་ཉིད་གདུལ་བྱ་དག་མ་དག་གི་རིམ་པ་ལ། གཟུགས་སྐུ་གཉིས་ནས། རི་བོང་སྟག་དང་སེང་གེ་དང་། ལྡོན་ཤིང་དང་། ཟམ་པ་ལ་སོགས་པར་ཡང་སྣང་བའི་ཕྱིར་ཏེ། ཐོགས་མེད་ཞབས་ཀྱིས་དྲི་མ་མེད་པའི་སངས་རྒྱས་ཀྱི་ཡོན་ཏན་ནི་གནས་གྱུར་པའི་དེ་བཞིན་གཤེགས་པའི་ཆོས་ཀྱི་སྐུ་དེ་ཉིད་ལ་ཡོད་པ་འཇིག་རྟེན་ལས་འདས་པ་སྟོབས་བཅུ་ལ་སོགས་པ་སངས་རྒྱས་ཀྱི་ཆོས་གང་དག་ཡིན་པའོ། །ཞེས་དང་། རྒྱུད་བླར། འདིར་ནི་དང་པོ་ཆོས་སྐུ་སྟེ། །ཕྱི་མ་དག་ནི་གཟུགས་ཀྱི་སྐུ། །ནམ་མཁའ་ལ་ནི་གཟུགས་གནས་བཞིན། །དང་པོ་ལ་ནི་ཐ་མ་གནས། །ཞེས་གསུངས་སོ། །གསུམ་པ་ནི། མདོ་སྡེ་འགའ་ཞིག་ལས། ཉན་ཐོས་ཀྱི་ཐེག་པར་ཡིད་ཅེས་བསྟན་པ། དེ་བཞིན་གཤེགས་པའི་སྙིང་པོ་ཡིན་པར་གསུངས་པའི་དོན་ནི། ཉན་ཐོས་པ་རྣམས་བདེར་གཤེགས་སྙིང་པོ་ལ་བརྟེན་ནས་སྐྲག་པ་ལ་འཇུག་པའི་ཆེད་དུ་དེ་དག་གི་གྲུབ་མཐའ་དང་སྒྲ་བསྟུན་ནས་གསུངས་པ་སྟེ། དེ་དག་ནི་སེམས་སྟོང་པར་མི་འདོད་པས། སྟོང་པའི་ཆ་དང་། གསལ་སྟོང་ཟུང་འཇུག་ལ། བདེར་གཤེགས་སྙིང་པོ་བཞག་ཏུ་མེད་ཅིང་། གསལ་བ་ལ་ཡང་། རྣམ་ཤེས་ཚོགས་དྲུག་ལས་མི་འདོད་ཅིང་། སྒྲ་ལྟའི་རྣམ་ཤེས་ནི་འཆིང་གྲོལ་གྱི་གཞིར་མི་རུང་བས་ཡིད་ཤེས་ལ་འཛོག་པ་སྟེ། མཛོད་ལས། སེམས་བྱུང་མ་ཆགས་པའི་རང་བཞིན། འདོད་པ་ཆུང་ཞིང་ཆོག་ཤེས་པ་ལ་རིགས་སུ་འཛོག་པ་དོན་གཅིག་སྟེ། དེ་ལྟ་བུའི་སེམས་བྱུང་ནི། ཡིད་ཀྱི་རྣམ་ཤེས་ཁོ་ནའི་འཁོར་ཡིན་པའི་ཕྱིར་རོ། །མདོ་ཁ་ཅིག་ལས། ཀུན་གཞིའི་རྣམ་པར་ཤེས་པ་ལ་བཤད་པ་ནི། སེམས་ཙམ་པ་རྣམས་བདེར་གཤེགས་སྙིང་པོ་ལ་བརྟེན་ནས་སྐྲག་པ་ལ་འཇུག་པའི་ཆེད་དུ། དེའི་གྲུབ་མཐའ་དང་སྒྲ་བསྟུན་ནས་གསུངས་པ་སྟེ། དེ་དག་ནི་སྟོང་པ་དང་ཟུང་འཇུག་མི་འདོད་པ་སྐར་དང་འདྲ་ལ། གསལ་བ་ལ་རྣམ་ཤེས་ཚོགས་བརྒྱད་ལས། ཚོགས་བདུན་ནི་འཁོར་འདས་ཀྱི་ཆོས་ཐམས་ཅད་ཀྱི་ས་བོན་འཛོག་པའི་གཞིར་མི་རུང་བའི་ཕྱིར་རོ། །འོན་ཀྱང་སེམས་ཙམ་པའི་འདོད་པ་ལྟར་གྱི་ཀུན་གཞི་བདེར་གཤེགས་སྙིང་པོར་སྨྲ་བ་ནི་མ་ཡིན་ཏེ། དེ་དག་གིས་བཤད་པའི་མཚན་ཉིད་དང་ལྡན་པའི་ཀུན་གཞི་ཡོད་པར་མི་འགྲུབ་པའི་ཕྱིར་རོ། །དེས་ན་སྐར་གྱི་ཟུང་འཇུག་གི་གསལ་བའི་ཆ་དེ་ཉིད་ལ་དགོངས་ནས་གསུངས་སོ། །དབུ་མའི་གཞུང་ལས། ཆོས་ཅན་གསལ་བའི་ལྡོག་པ་ནས་གསུངས་པ་དང་། ཆོས་ཉིད་སྟོང་པའི་ལྡོག་པ་ནས་གསུངས་པ་དང་། ཆོས་སྐུའི་ལྡོག་པ་ནས་གསུངས་པ་དང་། དེ་གསུམ་ཅར་གྱི་སྒོ་ནས་གསུངས་པ་བཞི་ལས

དང་པོ་ནི་འཁོར་འདས་ཀྱི་བྱེད་པ་པོ་སེམས་ཡིན་པར་ཤེས་པའི་ཆེད་དུ། སེམས་ལ་གསུངས་ཏེ། རྡོ་རྗེ་གུར་ལས། རིན་ཆེན་སེམས་ལས་ཕྱིར་གྱུར་པའི། །སངས་རྒྱས་མེད་ཅིང་གང་ཟག་མེད། །རྣམ་པར་ཤེས་པའི་གནས་དོན་ནམ། །ཕྱི་རོལ་གྱུར་པ་ཅུང་ཟད་མེད། །ཅེས་དང་། སམྦུ་ཊ་ལས། ཀུན་རྟོག་མང་པོའི་མུན་པས་བསྒྲིབས་གྱུར་ཅིང་། །རབ་ཏུ་འཇོམས་པས་སྨྱོ་ཞིང་གློག་འདྲ་ལ། །ཆགས་སོགས་དགག་དཀའ་དྲི་མས་གོས་གྱུར་པའི། །སེམས་ནི་རྡོ་རྗེ་ཅན་གྱིས་འཁོར་བར་གསུངས། །ཞེས་དང་། ས་ར་ཧས། སེམས་ཉིད་གཅིག་པུ་ཀུན་གྱི་ས་བོན་ཏེ། །གང་ལ་སྲིད་དང་མྱ་ངན་འདས་འཕྲོ་བ། །འདོད་པའི་འབྲས་བུ་སྟེར་བར་བྱེད་པ་ཡི། །ཡིད་བཞིན་ནོར་འདྲའི་སེམས་ལ་ཕྱག་འཚལ་ལོ། །ཞེས་གསུངས་པ་ལྟར་རོ། །གཉིས་པ་ནི། སེམས་དེ་ཡང་བདེན་པར་གྲུབ་ན། གཉེན་པོ་བསྐྱེད་པ་དང་། སྒྲིབ་པ་སྤོང་དུ་མི་རུང་བས། བདེན་པས་སྟོང་པའི་ཕྱིར་ན། འཆིང་གྲོལ་ཀུན་གྱི་གཞིར་རུང་བ་ཤེས་པའི་ཆེད་དུ། སེམས་ཀྱི་སྟོང་ཉིད་ལ་གསུངས་ཏེ། བཀའ་དང་བསྟན་བཅོས་ཕལ་ཆེར་ལས་དེ་ལྟར་ཏུ་གསུངས་ཤིང་། གང་ལ་སྟོང་པ་ཉིད་རུང་བ། །ཞེས་སོགས་ཀྱི་ལུང་། གཞུང་འདིར་བདེར་གཤེགས་སྙིང་པོའི་ཤེས་བྱེད་དུ་དྲངས་པ་དང་དོན་གཅིག་གོ། །གསུམ་པ་ནི་གསལ་སྟོང་ཟུང་འཇུག་དེ་ཉིད་ལ་གློ་བུར་གྱི་དྲི་མ་སྦྱངས་པ་ལས། འབྲས་བུ་ཆོས་སྐུ་འབྱུང་གི་ལོགས་ན་བཙལ་རྒྱུ་མེད་དོ། །ཞེས་བསྟན་པས། སེམས་ཞུམ་པ་ལ་སོགས་པའི་སྐྱོན་ལྔ་སྤོང་བའི་ཆེད་དུ་གསུངས་ཏེ། དཔལ་ཕྲེང་གི་མདོ་ལས། བཅོམ་ལྡན་འདས་དེ་བཞིན་གཤེགས་པའི་ཆོས་ཀྱི་སྐུ་འདི་ཉིད། ཉོན་མོངས་པའི་སྦུབས་ལས་མ་གྲོལ་བ་ནི་དེ་བཞིན་གཤེགས་པའི་སྙིང་པོ་ཞེས་བགྱིའོ། །ཞེས་དང་། དེ་བཞིན་གཤེགས་པའི་སྙིང་པོའི་མདོ་ལས། རིགས་ཀྱི་བུ་དག་དེ་ལྟར་དེ་བཞིན་གཤེགས་པ་དགྲ་བཅོམ་པ་ཡང་དག་པར་རྫོགས་པའི་སངས་རྒྱས་ཀྱང་། དེ་བཞིན་གཤེགས་པའི་མིག་ཡོངས་སུ་དག་པས་སེམས་ཅན་ཐམས་ཅད་དེ་ལྟར་མཐོང་ནས་དེ་བཞིན་གཤེགས་པའི་ཡེ་ཤེས་སྟོབས་དང་། མི་འཇིགས་པ་དང་སངས་རྒྱས་ཀྱི་ཆོས་མ་འདྲེས་པའི་མཛོད་ཡོངས་སུ་སྦྱོང་བའི་ཕྱིར་བྱང་ཆུབ་སེམས་དཔའ་རྣམས་ལ་ཆོས་སྟོན་ཏོ། །ཞེས་གསུངས་པ་ལྟར་རོ། །བཞི་པ་ནི། རྒྱུད་བླ་ར། རྫོགས་སངས་སྐུ་ནི་འཕྲོ་ཕྱིར་དང་། །དེ་བཞིན་ཉིད་དབྱེར་མེད་ཕྱིར་དང་། །རིགས་ཡོད་ཕྱིར་ན་ལུས་ཅན་ཀུན། །རྟག་ཏུ་སངས་རྒྱས་སྙིང་པོ་ཅན། །ཞེས་ལུས་ཅན་ལ་སངས་རྒྱས་ཀྱི་སྙིང་པོ་ཡོད་པའི་སྒྲུབ་བྱེད་གསུམ་གསུངས་ཤིང་། གསུམ་པོ་དེ་དག་ཀྱང་དེའི་འོག་ཏུ་འདི་ཡི་རང་བཞིན་ཆོས་སྐུ་དང་། །དེ་བཞིན་ཉིད་དང་རིགས་ཀྱང་སྟེ། །དེ་ནི་དཔེ་གསུམ་གཅིག་དང་ནི། །ལྔ་རྣམས་ཀྱིས་ནི་ཤེས་པར་བྱ། །ཞེས་དོན་རྣམ་པ་དགུར་ཕྱེ་ནས་དཔེ་དགུས་མཚོན་པར་གསུངས་སོ། །དོན་དགུ་ནི། ཆོས་སྐུ་ལ་གློ་བུར་དྲི་བྲལ་གྱི་དབྱེངས་དང་། ཟབ་མོ་སྟོང་ཉིད་སྟོན་པའི་གསུང་རབ་དང་། བརྗོད་བྱ་

སྣ་ཚོགས་སྟོན་པའི་གསུང་རབ་སྡེ་གསུམ་དུ་ཕྱེ་ཞིང་། དེ་བཞིན་ཉིད་ནི་རང་བཞིན་རྣམ་དག་གི་ཆོས་དབྱིངས་ཡིན་ལ། རིགས་ལ་རང་བཞིན་གནས་རིགས་དང་། རྒྱས་འགྱུར་གྱི་རིགས་གཉིས། དེ་གཉིས་ཀྱི་འབྲས་བུ་སྐུ་གསུམ་དང་ལྡར་ཕྱེ་བ་སྟེ། ཆོས་སྐུ་རྣམ་གཉིས་ཤེས་བྱ་སྟེ། །ཆོས་དབྱིངས་ཤིན་ཏུ་དྲི་མེད་དང་། །དེ་ཡི་རྒྱུ་མཐུན་ཟབ་པ་དང་། །སྣ་ཚོགས་ཚུལ་ནི་སྟོན་པའོ། །ཞེས་དང་། གཏེར་དང་འབྲས་བུའི་ཤིང་བཞིན་དུ། །རིགས་དེ་རྣམ་གཉིས་ཤེས་བྱ་སྟེ། །ཐོག་མེད་རང་བཞིན་གནས་པ་དང་། །ཡང་དག་བླངས་པ་མཆོག་ཉིད་དོ། །རིགས་འདི་གཉིས་ལས་སངས་རྒྱས་ཀྱི། །སྐུ་གསུམ་ཐོབ་པར་འདོད་པ་སྟེ། །དང་པོའི་སྐུ་ནི་དང་པོ་སྟེ། །གཉིས་པ་ཡི་ནི་ཕྱི་མ་གཉིས། །ཞེས་གསུངས་སོ། །དེ་དག་དཔེ་དགུས་མཚོན་ནས་སེམས་ཅན་གྱི་རྒྱུད་ལ་ཡོད་པར་བསྟན་བཅོས་རྒྱུད་བླ་འདིར་དངོས་སུ་བསྟན་པ་ནི། གཞུང་འདིར་དྲང་དོན་དུ་གདའ་ལ་དབབ་པ་སྟེ། གོས་རྡུལ་ནང་ན་རིན་ཆེན་ལྟར། །ཞེས་དང་། དངོས་ལ་གནོད་བྱེད་ཀྱི་སྐབས་སུ་དེ་འདྲའི་ཞེས་པའི་ཚིག་གི་ཁྱད་པར་གསུངས་ཤིང་། དེའི་དོན་ཡང་རྟེན་དང་བརྟེན་པ་གོས་རྡུལ་གྱི་ནང་ན་རིན་ཆེན་ཡོད་པ་སོགས་དཔེ་དགུས་མཚོན་པ་དེ་འདྲ་བ་ངེས་དོན་ཡིན་ན། ཞེས་པའི་དོན་ཡིན་པའི་ཕྱིར་དང་། དགོངས་གཞི་སོགས་གསུམ་པོ་ཡང་འདི་ལ་གནས་པའི་ཕྱིར་རོ། །དེ་དག་ནི་དཔེ་དགུ་པོ་སོ་སོས་དོན་སོ་སོ་མཚོན་པའི་དབང་དུ་བྱས་ལ། དཔེ་དགུ་ཆར་གྱིས་དོན་གཅིག་མཚོན་པའི་དབང་དུ་བྱས་ན་ཡང་དྲང་དོན་དུ་གདའ་ལ་དབབ་པ་སྨྲ་མ་དང་འདྲ་སྟེ། དེ་ནི་འོག་གཞུང་དོན་གྱི་སྐབས་སུ་འཆད་དོ། །གསུམ་ལས་ཕྱེ་བའི་དོན་རྣམ་པ་དགུ་པོ། ས་བོན་དང་། འཇུག་ཏུ་རུང་བ་དང་། རང་གི་ངོ་བོ་ཙི་རིགས་པའི་སྒོ་ནས་ཚང་བའི་ཟུང་འཇུག་ལ་བདེར་གཤེགས་སྙིང་པོར་བཞག་པ་ནི། དྲང་དོན་དུ་བསྟན་པ་མ་ཡིན་ཏེ། དངོས་ལ་གནོད་བྱེད་མེད་པའི་ཕྱིར་རོ། །ཇི་ལྟར་ཚང་བའི་ཚུལ་ལ། ཁ་ཅིག་སྟོབས་སོགས་དང་མཚན་དཔེ་སོགས་ཀྱིས་བརྒྱན་པའི་སངས་རྒྱས་ད་ལྟ་ཉིད་ནས་ཡོད་པར་འདོད་པ་ནི་དྲང་དོན་གྱི་མདོ་ལ། སྒྲ་ཇི་བཞིན་དུ་འབྲུལ་པ་སྟེ། མྱང་འདས་ཆེན་པོར་རིགས་ཀྱི་བུ་སེམས་ཅན་ཐམས་ཅད་ཀྱང་བླ་ན་མེད་པ་ཡང་དག་པར་རྫོགས་པའི་བྱང་ཆུབ་ཏུ་འགྱུར་བའི་ཕྱིར། སེམས་ཅན་ཐམས་ཅད་ལ་སངས་རྒྱས་ཀྱི་རང་བཞིན་ཡོད་དོ་ཞེས་གསུངས་ཏེ། སེམས་ཅན་ཐམས་ཅད་ལ་ཡང་དག་པར་མཚན་སུམ་ཅུ་རྩ་གཉིས་དང་དཔེ་བྱད་བཟང་པོ་བརྒྱད་ཅུ་མེད་པས་དོན་དེའི་ཕྱིར་ངས་མདོ་སྡེ་འདི་ལས་ཚིགས་སུ་བཅད་པ་འདི་གསུངས་སོ། ། ཐོག་མ་ཡོད་ལ་ད་ལྟ་མེད། །ཐོག་མ་མེད་ལ་ད་ལྟར་ཡོད། །དུས་གསུམ་སྲིད་པའི་ཆོས་ཐམས་ཅད། །དེ་ལྟ་བུ་ཡི་གནས་མེད་དོ། །རིགས་ཀྱི་བུ་སྲིད་པ་ཞེས་བྱ་བ་ལ་གནས་གསུམ་སྟེ། མ་འོངས་པའི་སྲིད་པ་དང་། ད་ལྟར་བའི་སྲིད་པ་དང་། འདས་པའི་སྲིད་པའོ། །དེ་ལ་སེམས་ཅན་ཐམས་ཅད་མ་འོངས་པའི་དུས་ན་བླ་ན་མེད་པ

ཡང་དག་པར་རྫོགས་པའི་བྱང་ཆུབ་ཡོད་པའི་ཕྱིར་སངས་རྒྱས་ཀྱི་རང་བཞིན་ཞེས་བྱའོ། །སེམས་ཅན་ཐམས་ཅད་ལ་ད་ལྟར་ཉོན་མོངས་པ་རྣམས་ཡོད་པས། དེའི་ཕྱིར་ད་ལྟར་མཚན་བཟང་པོ་སུམ་ཅུ་རྩ་གཉིས་དང་དཔེ་བྱད་བཟང་པོ་བརྒྱད་ཅུ་མེད་དོ། ཞེས་པ་དང་། རིགས་ཀྱི་བུ་ངས་འོ་མའི་ནང་ན་ཞོ་ཡོད་དོ། །ཞེས་མ་གསུངས་ཀྱི་འོ་མ་ལས་ཞོ་འབྱུང་བའི་ཕྱིར་ཞོ་ཡོད་ཅེས་བྱས་སོ། །རིགས་ཀྱི་བུ་འོ་མའི་ཚེ་ན་ཞོ་མེད། མར་དང་ཞུན་མར་དང་། ཉིད་ཁུ་ཡང་མེད་དེ། དྲོད་དང་དྲི་མ་ལ་སོགས་པའི་རྐྱེན་གྱིས་འོ་མ་ལས་ཞོ་འབྱུང་བའི་ཕྱིར། འོ་མ་ལ་ཞོའི་རང་བཞིན་ཡོད་དོ་ཞེས་སྨྲས་སོ། །དེ་བཞིན་དུ་ཀྲོད་མ་ལས་རྩེའུ་དང་། མ་ལས་བུ་དང་། ཤིང་ཨ་མྲའི་ས་བོན་ལས་ལོ་མ་དང་འབྲས་བུ་ལ་སོགས་པའི་དཔེ་ཤིན་ཏུ་མང་པོ་གསུངས་སོ། །དེས་ན་ཆོས་སྐུ་ལ་གསུམ་དུ་ཕྱེ་བའི་དང་པོ་ཐོབ་རུང་དང་། ཕྱི་མ་གཉིས་འཇུག་རུང་གི་ཚུལ་དུ་ཚང་། དེ་བཞིན་ཉིད་དང་རང་བཞིན་གནས་རིགས་ངོ་བོའི་སྒོ་ནས་ཚང་། རྒྱས་འགྱུར་གྱི་རིགས་ནུས་མཐུའི་སྒོ་ནས་ཚང་། སྐུ་གསུམ་ས་བོན་གྱི་སྒོ་ནས་ཚང་སྟེ། འདི་ཡི་རང་བཞིན་ཆོས་སྐུ་དང་ཞེས་པའི་འགྲེལ་པར། སངས་རྒྱས་རྣམས་ཀྱི་ཆོས་ཀྱི་སྐུ་ནི་རྣམ་པ་གཉིས་སུ་རྟོགས་པར་བྱའོ། །ཤིན་ཏུ་རྣམ་པར་དག་པའི་ཆོས་ཀྱི་དབྱིངས་ནི་རྣམ་པར་དག་པའི་སྤྱོད་ཡུལ་གྱི་ཡུལ་ལོ། །དེ་ཡང་དེ་བཞིན་གཤེགས་པ་རྣམས་ཀྱི་སོ་སོ་རང་གིས་རིག་པར་བྱ་བའི་ཆོས་ཀྱི་དབང་དུ་བྱས་ཏེ་རྟོགས་པར་བྱའོ། །དེ་ཐོབ་པའི་རྒྱུ་ཤིན་ཏུ་རྣམ་པར་དག་པའི་ཆོས་ཀྱི་དབྱིངས་ཀྱི་རྒྱུ་མཐུན་པ་ནི་གདུལ་བྱ་ཇི་ལྟ་བར་སེམས་ཅན་གཞན་ལ་རྣམ་པ་རིག་པ་འབྱུང་ངོ་། །དེ་ཡང་བསྟན་པའི་ཆོས་ཀྱི་དབང་དུ་བྱས་པར་རིག་པར་བྱའོ། ཞེས་དང་། རང་བཞིན་འགྱུར་བ་མེད་པ་དང་། །ཞེས་པའི་འགྲེལ་པར་གསེར་བཟང་པོ་བཞིན་དུ་གཞན་དུ་མི་འགྱུར་བའི་དོན་གྱིས་དེ་བཞིན་ཉིད་ཞེས་བརྗོད་དོ་ཞེས་དང་། གཏེར་དང་འབྲས་བུའི་ཤིང་བཞིན་དུ་ཞེས་སོགས་ཀྱི་འགྲེལ་པར་དཔེ་ལྷག་མ་ལྔ་པོ་འདི་དག་གིས་ནི་སངས་རྒྱས་ཀྱི་སྐུ་རྣམ་པ་གསུམ་བསྐྱེད་པའི་རིགས་ཡོད་པའི་དབང་དུ་བྱས་ཏེ། དེ་བཞིན་གཤེགས་པའི་ཁམས་སེམས་ཅན་འདི་དག་ཐམས་ཅད་ཀྱི་སྙིང་པོར་བསྟན་པ་ཡིན་ནོ། ཞེས་གསུངས་པས་སོ། །མདོར་ན་ཟུང་འཇུག་དེ་ཉིད་ལ་ཁ་ཅིག་ལས། ཆོས་ཅན་གསལ་བ་དང་། ཁ་ཅིག་ལས་ཆོས་ཉིད་སྟོང་པ་དང་། ཁ་ཅིག་ལས་འབྲས་བུ་ཆོས་སྐུ་དང་། ཁ་ཅིག་ལས་རྒྱུ་རིགས་ཀྱི་སྒོ་ནས་བསྟན་ཅིང་། རྒྱུད་བླ་མ་འདིར་ནི། མཚན་ཉིད་ཡོངས་སུ་རྫོགས་པའི་སྒོ་ནས་བསྟན་པར་ཤེས་པར་བྱའོ། །གཞན་ཡང་ཟབ་ཅིང་གཏིང་དཔག་དཀའ་བའི་གནས་འདི་ལ་ནི་ཁོ་བོའི་བློ་གྲོས་དབྱར་གྱི་མཚོ་བཞིན་དུ་གྱུར་མོད་ཀྱི། ཤེས་པར་འདོད་ན་ངག་ལས་དྲི་བར་བྱའོ། །བཞི་པ་ནི། བདག་ཉིད་ཆེན་པོ་འདིས་ཀྱང་ཟུང་འཇུག་ལ་བདེར་གཤེགས་སྙིང་པོར་བཞེད་དེ། སྡེ་མོ་སྒོམ་ཆེན་གྱི་དྲིས་ལན་ལས། བཅུ་པ་སེམས་རྟོགས་པ་ལ་སྡེ་སྣོད་གསུམ་དང་། རྒྱུད་

སྟེ་བཞིར་བསྟེར་བཏུབ་བམ་མི་བཏུབ་ཟེར་བ་ལ། སེམས་སྐྱོང་བར་རྟོགས་པ་དང་། ཟུང་འཇུག་ཏུ་རྟོགས་པ་གཉིས་ཡོད། སྐྱོང་བར་རྟོགས་པ་ལ་སྟེ་སྣོད་གསུམ་པོ་དང་། རྒྱུད་སྡེ་བཞིའི་དོན་བསྟེར་མི་བཏུབ། གལ་ཏེ་བཏུབ་ན་ཉན་ཐོས་ཀྱི་འགོག་པ་ལའང་བསྟེར་བཏུབ་པར་འགྱུར་བ་ལས། འགོག་པ་དེ་སྐྱོང་པ་རྐྱང་པའི་མཐར་ཐུང་བས་དེ་ཐེག་པ་ཆེན་པོའི་བརྗོད་བྱའི་དོན་མི་བཏུབ་པར་ཐེག་པ་ཆེན་པོའི་མདོ་རྒྱུད་ཐམས་ཅད་ལས་འབྱུང་བ་ཡིན། ཟུང་འཇུག་རྟོགས་པ་ལ་བསྟེར་བཏུབ་སྟེ། ཉེས་བྱས་ཕྲ་མོས་མ་གོས་པས་ཚུལ་ཁྲིམས་ཀྱི་གཞི་འདུལ་བའི་སྡེ་སྣོད། དཔའ་བར་འགྲོ་བ་ལ་སོགས་པའི་ཏིང་ངེ་འཛིན་ཐམས་ཅད་དེ་ལས་འབྱུང་བས་མདོ་སྡེའི་སྡེ་སྣོད། གཟུགས་ནས་རྣམ་པ་ཐམས་ཅད་མཁྱེན་པའི་བར་གྱི་ཇི་སྙེད་པའི་ཤེས་བྱ་ཐམས་ཅད་ཤེས་པས་མངོན་པའི་སྡེ་སྣོད། ཕྱི་ནང་གི་རྟེན་འབྲེལ་ཁྱད་པར་ཅན་རྣམས་རྟོགས་པའི་སྒོ་ནས་རྒྱུད་སྡེ་བཞི་ཚང་བ་ཡིན། བཅུ་གཅིག་པ་རང་སེམས་ཀྱི་སྟེང་དུ་དཀོན་མཆོག་གསུམ་ཚང་ངམ་མི་ཚང་ཟེར་བ་ལ། སེམས་སྐྱོང་པའི་ཆ་རྐྱང་པ་དང་། སྐྱོང་པར་ངོ་འཕྲོད་པའི་ཆ་ལ་དཀོན་མཆོག་གསུམ་ཚང་དུ་མི་བཏུབ། སེམས་རིག་སྐྱོང་ཟུང་འཇུག་ལ་དཀོན་མཆོག་གསུམ་གྱི་ས་བོན་ཚང་ཞིང་། ཟུང་འཇུག་གི་དོན་ལེགས་པར་རྟོགས་པ་ལ་མངོན་གྱུར་ཉིད་དུ་ཚང་བ་ཡིན་ཞེས་གསུངས་སོ། །

གཉིས་པ་གཞུང་གི་འབྲུ་ལ་སྦྱར་བ་ལ་ལྔ་སྟེ། ཕྱོགས་སྔ་མ་བཀོད་པ། དེ་མཐའ་གསུམ་དུ་བརྟགས་པ། དང་པོ་རྣམ་པར་བརྟགས་ནས་དགག་པ། གཉིས་པ་ཁས་བླངས་འགལ་བས་དགག་པ། གསུམ་པ་ལྟར་ན་འདོད་པ་གྲུབ་པའོ། །དང་པོ་ནི། ལ་ལ་ཞེས་སོགས་གསུམ་སྟེ། བོད་ཁ་ཅིག་བདེར་གཤེགས་སྙིང་པོའི་སྒྲ་ཆོས་དབྱིངས་ཟུང་འཇུག་ལ་མི་ཟེར་བར། དེ་ལས་གཞན་པའི་སེམས་ཅན་གྱི་ཁམས་ལ་འཇུག་པར་འདོད་ཅིང་། དེ་ཉིད་འགྲོ་ཀུན་དགེ་བ་ཇི་སྙེད་ཡོད་པ་དང་། །ཞེས་པའི་སྐབས་ནས་བསྟན་པའི་བསྔོ་རྒྱུའི་དགེ་བ་ཡིན་ནོ་ཞེས་ཟེར་རོ། །གཉིས་པ་ནི་སེམས་ཅན་ཁམས་དེ་ཞེས་སོགས་ཚིགས་བཅད་གཅིག་གོ། གསུམ་པ་ནི། དངོས་པོ་ཡིན་ན་ཞེས་སོགས་ཚིགས་བཅད་ལྔ་དང་རྐང་པ་གཅིག་སྟེ། དངོས་པོ་ལ་བེམ་རིག་གཉིས་སུ་ཁ་ཚོན་ཆོད་པ་ནི་རྫས་ཀྱི་དབང་དུ་བྱས་པ་སྟེ། ལྡན་མིན་འདུ་བྱེད་ནི་དེ་གཉིས་ཀྱི་གནས་སྐབས་ལ་བཏགས་པའི་བཏགས་ཡོད་ཡིན་པའི་ཕྱིར་རོ། །ཡང་ན་བདེར་གཤེགས་སྙིང་པོ་དངོས་པོར་འདོད་ན་དེ་གཉིས་སུ་ཁ་ཚོན་ཆོད་ཅེས་པའོ། །བེམ་པོ་སེམས་ཅན་གྱི་ཁམས་སུ་འདོད་པ་མུ་སྟེགས་འགའི་ལུགས་ཡིན་པ་ནི་རྒྱང་འཕེན་པ་ས་སོགས་འབྱུང་བ་དང་གྲུབ་བདེ་རྫས་གཅིག་པའི་རྣམ་པར་ཤེས་པ་ཡོད་པར་འདོད་པ་དང་། གཅེར་བུ་པ་ཤིང་སེམས་ལྡན་དུ་འདོད་པ་ལ་སོགས་པའོ། །རིག་པ་རྣམ་ཤེས་ཚོགས་བརྒྱད་ལས་མ་འདས་པ་ནི་འཁོར་དང་བཅས་པའི་དབང

དུ་བྱས་པའམ། ཡང་ན་བདེར་གཤེགས་སྙིང་པོ་ཤེས་པར་འདོད་ན་སེམས་བྱུང་དུ་འདོད་པ་ནི་མི་འཐད་པས་བརྒྱད་པོ་གང་རུང་དུ་འདོད་དགོས་པའོ། །མདོ་ལས། བདེར་གཤེགས་སྙིང་པོ་འདུས་མ་བྱས་སུ་གསུངས་པ་ནི། དཔལ་ཕྲེང་གི་མདོ་ལས། བཅོམ་ལྡན་འདས་དེ་བཞིན་གཤེགས་པའི་སྙིང་པོ་ལ་ནི། སྐྱེ་བའམ་འགུམ་པའམ་འཕོ་བའམ་འབྱུང་བ་ཡང་མ་མཆིས་སོ། །བཅོམ་ལྡན་འདས་དེ་བཞིན་གཤེགས་པའི་སྙིང་པོ་ནི་འདུས་བྱས་ཀྱི་མཚན་ཉིད་ཀྱི་ཡུལ་ལས་འདས་པ་ལགས་སོ། །ཞེས་གསུངས་སོ། །འགའ་ལས་ཟག་མེད་སེམས་རྒྱུད་ཅེས་གསུངས་པ་ནི། མདོ་ལས། བདེར་གཤེགས་སྙིང་པོ་འགྲོ་ཀུན་ཡོངས་ལ་ཁྱབ། །དྲི་མ་མེད་པའི་ཡིད་ལ་རྣམ་པར་བརྟེན། །ཞེས་པ་སྟེ། དེ་ནི་ཀུན་གཞིའི་གསལ་ཆ་ལ་དགོངས་ལ་ཀུན་གཞིའི་གསལ་ཆ་ནི་མ་བསྒྲིབས་ལུང་མ་བསྟན་ཡིན་པས་བསྔོ་རྒྱུའི་དགེ་བར་འདོད་པ་དང་འགལ་ལོ། །གལ་ཏེ་ཚོགས་བརྒྱད་ལས་གཞན་པའི་ཟག་པ་མེད་པའི་སེམས་ཞེས་པའི་རྣམ་ཤེས་ཡོད་ན་རྣམ་ཤེས་ཚོགས་དགུར་འགྱུར་ལ་དེ་ཡང་འདོད་ན། ལང་གཀར་གཤེགས་པ་ལས། ཆོས་ལྔ་དང་ནི་རང་བཞིན་གསུམ། །རྣམ་པར་ཤེས་པ་བརྒྱད་ཉིད་དང་། །བདག་མེད་གཉིས་ཀྱི་ནང་དུ་ནི། །ཐེག་ཆེན་མཐའ་དག་འདུས་པར་ཟད། །ཞེས་གསུངས་པ་དང་འགལ་ལོ། །བཞི་པ་ནི་དངོས་མེད་ཅེས་སོགས་གཉིས་ཏེ། དངོས་མེད་ཡིན་ན་དགེ་སྡིག་མེད་པས་བསྔོ་རྒྱུའི་དགེ་བར་འདོད་པ་དང་འགལ་ལོ། །ལྔ་པ་ནི་གལ་ཏེ་སེམས་ཅན་ཞེས་སོགས་དྲུག་སྟེ། སེམས་ཅན་གྱི་ཁམས་དེ་དངོས་པོར་ཡོད་མེད་ཀྱི་སྤྲོས་པ་དང་བྲལ་བ་ཡིན་ན། སྔར་ཀླུ་སྒྲུབ་ཀྱི་ལུང་དྲངས་ནས་བཤད་པའི་ཡོད་མེད་ལས་འདས་པའི་ཆོས་དབྱིངས་ལས་འདའ་བ་མེད་ལ། དེ་ནི་བསྔོ་རྒྱུའི་དགེ་བ་མིན་པར་བཤད་ཟིན་ཏོ། །གསུམ་པ་ཆོས་དབྱིངས་ལ་བསྔོ་རྒྱུའི་སྙིང་པོ་ཡིན་མིན་གྱི་དབྱེ་བ་ཡོད་པར་འདོད་པ་དགག་པ་ནི། གལ་ཏེ་བེམ་པོའི་ཞེས་སོགས་བདུན་ཏེ། བེམ་པོའི་ཆོས་དབྱིངས་བསྔོ་རྒྱུའི་དགེ་བར་གྱུར་པའི་བདེར་གཤེགས་སྙིང་པོ་མ་ཡིན་ཡང་སེམས་ཅན་གྱི་ཆོས་དབྱིངས་བསྔོ་རྒྱུའི་དགེ་བར་གྱུར་པའི་བདེར་གཤེགས་སྙིང་པོ་ཡིན་ནོ་སྙམ་ན་མ་ཡིན་ཏེ། ཆོས་དབྱིངས་ལ་སྙིང་པོ་ཡིན་མིན་གྱི་དབྱེ་བ་ཡོད་ན་ངོ་བོ་མི་འདྲ་བའི་དབྱེ་བ་ཡོད་དགོས་པ་ལས། དེ་མེད་པར་རྒྱལ་བས་གསུངས་ཤིང་རིགས་པས་ཀྱང་འགྲུབ་པའི་ཕྱིར་རོ། །དེ་ལྟར་ཡང་ཡུམ་གྱི་མདོ་ལས། རིགས་ཀྱི་བུ་ཆོས་འདི་དག་གི་དེ་བཞིན་ཉིད་གང་ཡིན་པ་དང་། དེ་བཞིན་གཤེགས་པའི་དེ་བཞིན་ཉིད་གང་ཡིན་པ་དེ་ནི། དེ་བཞིན་ཉིད་གཅིག་སྟེ། རིགས་ཀྱི་བུ་དེ་བཞིན་ཉིད་ལ་གཉིས་སུ་བྱར་མེད་དོ། །ཞེས་གསུངས་སོ། །དེ་ཡང་ངོ་བོའི་སྒོ་ནས་དབྱེ་བ་མེད་པ་ཡིན་གྱི། ཆོས་ཅན་གྱི་སྒོ་ནས་སྟོང་ཉིད་བཞི་དང་། བཅུ་དྲུག་དང་། ཉི་ཤུར་དབྱེ་བ་དང་། རྟེན་ཆོས་བསྒྲུབ་པའི་སྒོ་ནས་དབྱེ་བ་གསུམ་དང་། བཅུ་གསུམ་དུ་དབྱེ་བ་ཡང་ཡོད་དོ། །བཞི་པ་དེས་ན་སྤྲོས་བྲལ་ལ་སྙིང་པོར་

འཇོག་པའི་འཐད་པ་ལ་གཉིས་ཏེ། འཐད་པ་དངོས་དང་། ཤེས་བྱེད་ཀྱི་ལུང་ངོ་། །དང་པོ་ནི། དེས་ན་དེ་བཞིན་ཞེས་སོགས་བཞི་སྟེ། སེམས་ཀྱི་རང་བཞིན་སྤྲོས་བྲལ་ཟུང་འཇུག་ལ་སྙིང་པོར་འཇོག་པའི་ཕྱིར་ན། སེམས་ཅན་རྣམས་ལ་སོགས་ཏེ། ཐབས་ཀྱིས་མ་ཟིན་ན་འཁོར་བ་དང་། ཐབས་ཀྱིས་ཟིན་ན་སངས་རྒྱས་འབྱུང་བའི་ཕྱིར་རོ། །

གཉིས་པ་ལ་གསུམ་སྟེ། ཀླུ་སྒྲུབ་ཀྱི་ལུང་། བྱམས་པའི་ལུང་། བརྒྱད་སྟོང་པའི་ལུང་ཁུངས་འགོད་པའོ། །དང་པོ་ནི། འཕགས་པ་ཀླུ་སྒྲུབ་ཞེས་སོགས་དྲུག་སྟེ། སེམས་བདེན་པར་གྲུབ་ན་འཆིང་གྲོལ་མི་རུང་ཞིང་། བདེན་པས་སྟོང་པའི་ཕྱིར་ན་འཆིང་གྲོལ་རུང་ཞེས་པའོ། །གཉིས་པ་ནི། ཐེག་པ་ཆེན་པོ་ཞེས་སོགས་བཅུ་གསུམ་སྟེ། ལུང་གི་དོན་བཤད་པ་ནི་ཉེ་བར་ལེན་པའི་ཞེས་སོགས་ཀྱིས་སྟོན་ནོ། །དེའི་དོན་ཡང་རིགས་སད་པའི་ཚེ་སྡུག་བསྔལ་ལ་སྐྱོང་འདོད་དང་། མྱ་ངན་ལས་འདས་པ་ལ་དོན་གཉེར་གྱི་བློ་སྐྱེ་བ་གཉིས་ནི་སེམས་ཅན་ལ་བདེ་བར་གཤེགས་པའི་ཁམས་སེམས་ཀྱི་རང་བཞིན་སྤྲོས་བྲལ་ཡོད་པའི་སྒྲུབ་བྱེད་དུ་འཐད་དོ། །དེས་ན་སེམས་ཀྱི་རང་བཞིན་སྤྲོས་བྲལ་ཡོད་དེ། སྤྲོས་བྲལ་རྟོགས་པ་ལ་དོན་གཉེར་གྱི་བློ་སྐྱེ་ཞིང་། སྤྲོས་པ་ལ་སྐྱོ་བ་སྐྱེ་བའི་ཕྱིར་ཞེས་པ་འདི་ནི། མེ་ཡོད་པའི་སྒྲུབ་བྱེད་དུ་ཚ་བ་བཀོད་པ་ལྟར་རོ། །གསུམ་པ་ནི་འདི་དོན་ཞེས་སོགས་ཏེ། བརྒྱད་སྟོང་པའི་ཆོས་འཕགས་ཀྱི་ལེའུ་ལས། རིགས་ཀྱི་བུ་སྟོང་པ་ཉིད་ལ་འོང་བའམ་འགྲོ་བ་མེད་དེ། སྟོང་པ་ཉིད་གང་ཡིན་པ་དེ་ནི་དེ་བཞིན་གཤེགས་པའོ། །རིགས་ཀྱི་བུ་ཇི་ལྟ་བ་བཞིན་ལ་འགྲོ་བའམ་འོང་བ་མེད་དེ་ཇི་ལྟ་བ་བཞིན་གང་ཡིན་པ་དེ་ནི་དེ་བཞིན་གཤེགས་པའོ། །རིགས་ཀྱི་བུ་འདོད་ཆགས་དང་བྲལ་བ་ལ་ནི་འོང་བའམ་འགྲོ་བ་མེད་དེ། འདོད་ཆགས་དང་བྲལ་བ་གང་ཡིན་པ་དེ་ནི་དེ་བཞིན་གཤེགས་པའོ་ཞེས་པ་དང་། འཕགས་པ་ཆོས་འཕགས་ལ་བྱང་ཆུབ་སེམས་དཔའ་རྟག་ཏུ་ངུས་དེ་བཞིན་གཤེགས་པ་དེ་དག་གང་ནས་བྱོན་གང་དུ་བཞུད་ཅེས་དྲིས་པས་ལན་དུ་དེ་བཞིན་གཤེགས་པ་དེ་དག་གང་ནས་ཀྱང་མ་བྱོན་གང་དུ་ཡང་མ་བཞུད། དེ་བཞིན་ཉིད་ལས་མ་གཡོས་དེ་བཞིན་ཉིད་གང་ཡིན་པ་དེ་ནི་དེ་བཞིན་གཤེགས་པའོ་ཞེས་པ་དང་། སྒྱིག་རྒྱུ་གཡོ་བ་མཐོང་ན་སྒྱིག་རྒྱུའི་རྒྱུ་དེ་གང་ནས་འོངས་གང་དུ་སོང་། རྒྱུ་མེད་པ་ལ་རྒྱུར་འདུ་ཤེས་པ་དེ་བཞིན་དུ་དེ་བཞིན་གཤེགས་པ་ལ་གཟུགས་དང་སྒྲར་མངོན་པར་ཞེན་ནས་བྱོན་པ་དང་བཞུད་པར་རྟོག་པ་དེ་ནི་བྱིས་པ་ཤེས་རབ་འཆལ་བའོ། ཞེས་གསུངས་སོ། །ལྔ་པ་སྙིང་པོ་བསྒྲུབ་པའི་ཚུལ་གྱིས་ཡོད་པ་དྲང་དོན་དུ་བསྟན་པ་ལ་གཉིས་ཏེ། ཆོས་གསུམ་གྱི་སྒོ་ནས་དྲང་དོན་དུ་གཏན་ལ་དབབ་པ། ཤེས་བྱེད་ཀྱི་ལུང་ཁུངས་འགོད་པའོ། །དང་པོ་ནི། འོན་ཀྱང་མདོ་སྡེ་ཞེས་སོགས་བཅུ་བཞི་སྟེ། སེམས་ཀྱི་རང་བཞིན་སྤྲོས་བྲལ་ལས་གཞན་པའི་བདེ་བར་གཤེགས་པའི་སྙིང་པོ་མེད་ལ་འོན་ཀྱང་དེ་བཞིན་གཤེགས་པའི་སྙིང་པོའི་མདོ་དང་། དཔལ་ཕྲེང་གི་མདོ་དང་།

སོར་མོའི་ཕྲེང་བ་ལ་ཕན་པའི་མདོ་དང་། མྱང་འདས་ཆེན་པོ་ལ་སོགས་པའི་མདོ་སྡེ་འགའ་ཞིག་དང་། རྒྱུད་བླ་ར། གོས་ངན་ནང་ན་རིན་པོ་ཆེ་གསེར་གྱི་སངས་རྒྱས་ཀྱི་སྐུ་གཟུགས་ཡོད་པ་ལྟར་སེམས་ཅན་རྣམས་ལ་མཚན་དཔེས་བརྒྱན་པའི་སངས་རྒྱས་ཀྱི་སྙིང་པོ་ཡོད་པར་གསུངས་པ་ནི་དགོངས་པ་ཡིན་པར་སོགས་ཏེ། ཇི་ལྟར་གསུངས་ན་མདོ་དང་པོ་ལས། རིགས་ཀྱི་བུ་དག་དེ་བཞིན་དུ་སེམས་ཅན་ཐམས་ཅད་ཀྱིས་མངོན་པར་ཞེན་པའི་ཡིད་ལ་བྱེད་པའི་ཁྲིམ་ལྟ་བུར་གྱུར་པའི་འོག་ན་དེ་བཞིན་གཤེགས་པའི་སྙིང་པོ་སྟོབས་དང་མི་འཇིགས་པ་དང་མ་འདྲེས་པ་དང་། སངས་རྒྱས་ཀྱི་ཆོས་ཐམས་ཅད་ཀྱི་མཛོད་དང་། གཏེར་ཆེན་པོ་ཡོད་ཀྱང་སེམས་ཅན་དེ་དག་གཟུགས་དང་སྒྲ་དང་དྲི་དང་རོ་དང་རེག་པ་ལ་ཆགས་པས་སྡུག་བསྔལ་ཞིང་། འཁོར་བ་ན་འཁོར་ཏེ་ཆོས་ཀྱི་གཏེར་ཆེན་པོ་དེ་མ་ཐོས་པས་ཐོབ་པར་མ་གྱུར་ཅིང་ཡོངས་སུ་སྦྱང་བའི་ཕྱིར་བརྩོན་པར་ཡང་མི་བྱེད་དོ། །རིགས་ཀྱི་བུ་དག་དེ་ནས་དེ་བཞིན་གཤེགས་པ་འཇིག་རྟེན་དུ་བྱུང་སྟེ། བྱང་ཆུབ་སེམས་དཔའི་ནང་དུ་འདི་ལྟ་བུའི་ཆོས་ཀྱི་གཏེར་ཆེན་པོ་ཡང་དག་པར་རབ་ཏུ་སྟོན་ཏོ་ཞེས་གསུངས་སོ། །མདོ་གཉིས་པ་ལས། རྣམ་པར་དབྱེར་མེད་པ་བསམ་གྱིས་མི་ཁྱབ་པའི་སངས་རྒྱས་ཀྱི་ཆོས་གང་གཱའི་ཀླུང་གི་བྱེ་མ་ལས་འདས་པ་དང་ལྡན་པ་དེ་བཞིན་གཤེགས་པའི་ཆོས་ཀྱི་སྐུར་བསྟན་པ་སྟེ། བཅོམ་ལྡན་འདས་དེ་བཞིན་གཤེགས་པའི་ཆོས་ཀྱི་སྐུ་འདི་ཉིད་ཉོན་མོངས་པའི་སྦུབས་ལས་མ་གྲོལ་བ་ནི་དེ་བཞིན་གཤེགས་པའི་སྙིང་པོ་ཞེས་བགྱིའོ། ཞེས་གསུངས་སོ། །མདོ་གསུམ་པ་ལས། སངས་རྒྱས་ཐམས་ཅད་ཀྱིས་ཤིན་ཏུ་ནན་ཏན་དུ་བཙལ་ཡང་དེ་བཞིན་གཤེགས་པའི་སྙིང་པོ་འཇིག་པ་མ་རྙེད། མི་འཇིག་པའི་དབྱིངས་སངས་རྒྱས་ཀྱི་དབྱིངས་སེམས་ཅན་ཐམས་ཅད་ལ་མཚན་དང་དཔེ་བྱད་བཟང་པོ་མཐའ་ཡས་པས་བརྒྱན་པའི་དབྱིངས་ཡོད་དོ། ཞེས་གསུངས་སོ། །མདོ་བཞི་པ་ལས། རིགས་ཀྱི་བུ་སངས་རྒྱས་ཀྱི་རང་བཞིན་ནི་འདི་ལྟ་སྟེ་སྟོབས་བཅུ་དང་མི་འཇིགས་པ་བཞི་དང་། སྙིང་རྗེ་ཆེན་པོ་དང་། དྲན་པ་ཉེ་བར་གཞག་པ་གསུམ་སྟེ། སེམས་ཅན་ཐམས་ཅད་ལ་རྣམ་པ་གསུམ་ཡོད་པ་ཡང་ཉོན་མོངས་པ་ཡོངས་སུ་བཅོམ་ན་གདོད་མཐོང་བར་འགྱུར་རོ། །ལོག་སྲེད་ཅན་དག་ནི་ལོག་སྲེད་ཡོངས་སུ་བཅོམ་ནས་གདོད་སྟོབས་བཅུ་དང་། མི་འཇིགས་པ་བཞི་དང་། སྙིང་རྗེ་ཆེན་པོ་དང་། དྲན་པ་ཉེ་བར་བཞག་པ་གསུམ་ཐོབ་པར་འགྱུར་རོ། །དོན་དེ་ལྟ་བུས་ན་ངས་རྟག་ཏུ་སེམས་ཅན་ཐམས་ཅད་ལ་སངས་རྒྱས་ཀྱི་རང་བཞིན་ཡོད་དོ་ཞེས་གསུངས་སོ། །རྒྱུད་བླ་ར། དེ་བཞིན་རྒྱལ་བས་ཉོན་མོངས་མི་གཙང་ཆེན་པོར་ལྷུང་གྱུར་རྗོགས་སངས་རིན་པོ་ཆེ། །སེམས་ཅན་རྣམས་ལ་གཟིགས་ནས་དེ་དག་སྦྱང་ཕྱིར་ལུས་ཅན་རྣམས་ལ་ཆོས་སྟོན་ཏོ། །ཞེས་དང་། ཉོན་མོངས་ཀྱིས་བཏུམས་བདེར་གཤེགས་དངོས་པོ་ཉིད། །དུད་འགྲོ་ལ་ཡང་གཟིགས་ནས་དེ་བཞིན་ཏེ། །ཞེས་གསུངས་པའི་

ཕྱིར། དགོས་པ་སྒྲོན་ལྡེ་སྤྱང་ཕྱིར་གསུངས་པ་ནི། རྒྱུད་བླར། སེམས་ཞུམ་སེམས་ཅན་དམན་ལ་བརྙས་པ་དང་། །ཡང་དག་མིན་འཛིན་ཡང་དག་ཆོས་ལ་སྐུར། །བདག་ཆགས་ལྷག་པའི་སྐྱོན་ལྔ་གང་དག་ལ། །ཡོད་པ་དེ་དག་དེ་སྤོང་དོན་དུ་གསུངས། །ཞེས་གསུངས་པ་ལྟར་རོ། །དངོས་ལ་གནོད་བྱེད་ཀྱི་སྐབས་སུ་མུ་སྟེགས་བདག་དང་མཚུངས་པ་ནི། གྲངས་ཅན་པ་ཤེས་རིག་ཀུན་ལ་ཁྱབ་པའི་རྟག་པ་གཅིག་པུ་དང་། དབང་ཕྱུག་པ་གསལ་ལ་དྭངས་བའི་རྟག་པ་གཅིག་པུ་དང་། ཁྱབ་འཇུག་པ་ཀུན་ཁྱབ་ཀྱི་བློ་གཅིག་པུ་དང་། གཅེར་བུ་པ་རང་བཞིན་རྟག་ལ་གནས་སྐབས་མི་རྟག་པ་རང་གི་ལུས་ཀྱི་ཚད་ཙམ་དང་། རིག་པ་ཅན་པ་དཀར་ལ་འཚེར་བ། སྣུམ་ལ་འགྲིལ་བ། རྡུལ་ཕྲན་ཙམ་ཞིག་རང་རང་གི་སྙིང་ལ་གནས་པར་འདོད་པ་སོགས་དང་མཚུངས་པའོ། །ངེས་དོན་གྱི་མདོ་སྡེ་དང་འགལ་བ་ནི། ངེས་དོན་གྱི་མདོ་སྡེ་རྣམས་ལས། ཆོས་ཐམས་ཅད་སྟོང་པ་ཉིད་དུ་གསུངས་པ་དང་འགལ་བའོ། །འདིར་གོས་རྒྱལ་ནང་ན་རིན་ཆེན་ལྟར། །ཞེས་གསུངས་པའི་དོན། རྒྱུད་བླའི་དཔེ་བདུན་པ་ནས་བཟུང་བ་མིན་གྱི། འོག་ནས་འཆད་པ་ལྟར་ལང་གཤེགས་ནས་དཔེ་དེ་གཅིག་པུ་གསུངས་པ་དངོས་སུ་སློས་ནས། རྒྱུད་བླའི་དཔེ་དགུ་ཆར་མཚོན་པ་ཡིན་ཏེ། དཔེ་དགུས་མཚོན་པ་ལྟར། རྟེན་དང་བརྟེན་པའི་ཚུལ་གྱིས་ཡོད་པ་དྲང་དོན་ཡིན་པ་དང་། སྙིང་པོ་རང་གི་ངོ་བོ་ངེས་དོན་ཡིན་པའི་ཕྱིར་རོ། །གཉིས་པ་ནི་འདི་དོན་ཞེས་སོགས་དྲུག་སྟེ། སྙིང་པོའི་མདོ་ལས། འདི་ལྟ་སྟེ་གཏེར་ཆེན་པོ་ནི། སེམས་ཀྱི་ངོ་བོ་ཉིད་ཀྱིས་སེམས་ཅན་མ་ཡིན་པའོ། །ཞེས་དང་། རྒྱུད་བླའི་འགྲེལ་པར། དོན་གྱི་གནས་གསུམ་པོ་འདི་དག་ཀྱང་དེ་བཞིན་གཤེགས་པའི་སྙིང་པོའི་མདོའི་རྗེས་སུ་འབྲངས་ཏེ། འོག་ནས་སྟོན་པར་འགྱུར་རོ་ཞེས་གསུངས་ཤིང་། འོག་ནས་ཇི་ལྟར་སྟོན་ཅེ་ན། འདི་ཡི་རང་བཞིན་ཆོས་སྐུ་དང་། །ཞེས་སོགས་ཀྱི་འགྲེལ་པར་དཔེ་དགུ་དོན་དགུ་སྦྱར་ནས་སེམས་ཀྱི་ཆོས་དབྱིངས་ཟུང་འཇུག་ལ་སངས་རྒྱས་ཀྱི་སྐུ་གསུམ་བསྐྱེད་པའི་རིགས་ཡོད་པ་ལ་དགོངས་ནས་བདེར་གཤེགས་སྙིང་པོར་གསུངས་སོ། །བླ་བ་གྲགས་པའི་འཇུག་འགྲེལ་ལས། མདོ་སྡེ་གང་ལས་ཕྱི་རོལ་སྣང་ཡོད་མིན། །ཞེས་སོགས་ཀྱི་ཐད་དུ། དེ་བཞིན་དུ་བཅོམ་ལྡན་འདས་ཀྱིས་མདོ་བརྗོད་པ་ལས་དེ་བཞིན་གཤེགས་པའི་སྙིང་པོ་གསུངས་པ་དེ་བཅོམ་ལྡན་འདས་ཀྱིས་རང་བཞིན་འོད་གསལ་བ་རྣམ་པར་དག་པས། ཐོག་མ་ནས་རྣམ་པར་དག་པ་ཉིད་མཚན་སུམ་ཅུ་རྩ་གཉིས་དང་ལྡན་པ་སེམས་ཅན་ཐམས་ཅད་ཀྱི་ལུས་ཀྱི་ནང་ན་མཆིས་པར་བརྗོད་དེ། བཅོམ་ལྡན་འདས་ཀྱིས་རིན་པོ་ཆེ་རིན་ཐང་ཆེན་པོ་གོས་དྲི་མ་ཅན་གྱིས་ཡོངས་སུ་དཀྲིས་པ་ལྟར་ཕུང་པོ་དང་ཁམས་དང་སྐྱེ་མཆེད་ཀྱི་གོས་ཀྱིས་ཡོངས་སུ་དཀྲིས་པ་འདོད་ཆགས་དང་ཞེ་སྡང་དང་གཏི་མུག་གིས་ཟིལ་གྱིས་ནོན་པ་ཡོངས་སུ་རྟོག་པའི་རྟོག་པས་དྲི་མ་ཅན་དུ་གྱུར་པ་རྟག་པ་བརྟན་པ་ཐེར་ཟུག་པར་ནི་བརྗོད་ན་བཅོམ་ལྡན་

འདས་དེ་གཞིན་གཤེགས་པའི་སྙིང་པོར་སྨྲ་བ་འདི་ནི་མུ་སྟེགས་བྱེད་ཀྱི་བདག་ཏུ་སྨྲ་བ་དང་ཇི་ལྟར་འདྲ་བ་མ་ལགས། བཅོམ་ལྡན་འདས་མུ་སྟེགས་བྱེད་རྣམས་ཀྱང་རྟག་པ་བྱེད་པ་པོ་ཡོན་ཏན་མེད་པ་ཁྱབ་པ་མི་འཇིག་པའོ། ཞེས་བདག་ཏུ་སྨྲ་བ་སྟོན་པར་བྱེད་དོ། །བཅོམ་ལྡན་འདས་ཀྱིས་བཀའ་སྩལ་པ་བློ་གྲོས་ཆེན་པོ་ངའི་དེ་བཞིན་གཤེགས་པའི་སྙིང་པོ་བསྟན་པ་ནི་མུ་སྟེགས་བྱེད་ཀྱི་བདག་སྨྲ་བ་དང་མཚུངས་པ་མ་ཡིན་ཏེ། བློ་གྲོས་ཆེན་པོ་དེ་བཞིན་གཤེགས་པ་དགྲ་བཅོམ་པ་ཡང་དག་པར་རྫོགས་པའི་སངས་རྒྱས་རྣམས་ནི་སྟོང་པ་ཉིད་ཡང་དག་པའི་མཐའ་དང་། མྱ་ངན་ལས་འདས་པ་དང་མ་སྐྱེས་པ་དང་མཚན་མ་མེད་པ་དང་སྨོན་པ་མེད་པ་ལ་སོགས་པའི་ཚིག་གི་དོན་རྣམས་ལ་དེ་བཞིན་གཤེགས་པའི་སྙིང་པོར་བསྟན་པར་བྱས་ནས་བྱིས་པ་རྣམས་བདག་མེད་པས་འཇིགས་པར་འགྱུར་བའི་གནས་རྣམ་པར་སྤང་བའི་དོན་དུ་དེ་བཞིན་གཤེགས་པའི་སྙིང་པོ་བསྟན་པས་རྣམ་པར་མི་རྟོག་པའི་གནས་སྣང་བ་མེད་པའི་སྤྱོད་ཡུལ་སྟོན་ཏེ་བློ་གྲོས་ཆེན་པོ་མ་འོངས་པ་དང་ད་ལྟར་བྱུང་བའི་བྱང་ཆུབ་སེམས་དཔའ་སེམས་དཔའ་ཆེན་པོ་རྣམས་ཀྱིས་བདག་ལ་མངོན་པར་བརྟེན་པར་མི་བྱ། བློ་གྲོས་ཆེན་པོ་དཔེར་ན་རྫ་མཁན་ནི་འཇིམ་པའི་རྡུལ་གྱི་ཕུང་པོ་གཅིག་ལ། ལག་པ་དང་བཟོ་དང་ལག་གཟུངས་དང་ཆུ་དང་སྲད་བུ་དང་ནན་ཏན་དང་ལྡན་པ་ལས་སྣོད་རྣམ་པ་སྣ་ཚོགས་བྱེད་དོ། །བློ་གྲོས་ཆེན་པོ་དེ་བཞིན་དུ་དེ་བཞིན་གཤེགས་པ་རྣམས་ཀྱང་། ཆོས་ལ་བདག་མེད་པ་རྣམ་པར་རྟོག་པའི་བདག་ཉིད་རྣམ་པར་ལོག་པ་དེ་ཉིད། ཤེས་རབ་དང་ཐབས་ལ་མཁས་པ་དང་ལྡན་པ་རྣམ་པ་སྣ་ཚོགས་ཀྱིས་དེ་བཞིན་གཤེགས་པའི་སྙིང་པོ་བསྟན་པའམ་བདག་མེད་པ་བསྟན་པས་ཀྱང་རུང་སྟེ། རྫ་མཁན་བཞིན་དུ་ཚིག་དང་ཡི་གེའི་རྣམ་གྲངས་རྣམ་པ་སྣ་ཚོགས་ཀྱིས་སྟོན་ནོ། །

དེ་ལྟར་དེའི་ཕྱིར་བློ་གྲོས་ཆེན་པོ་དེ་བཞིན་གཤེགས་པའི་སྙིང་པོ་བསྟན་པས་མུ་སྟེགས་བྱེད་ཀྱིས་བདག་ཏུ་བསྟན་པ་དང་མི་འདྲའོ། །བློ་གྲོས་ཆེན་པོ་དེ་ལྟར་དེ་བཞིན་གཤེགས་པ་རྣམས་ཀྱིས་མུ་སྟེགས་བྱེད་བདག་ཏུ་སྨྲ་བ་ལ་མངོན་པར་ཞེན་པ་རྣམས་དྲང་བའི་ཕྱིར། དེ་བཞིན་གཤེགས་པའི་སྙིང་པོ་བསྟན་པས་དེ་བཞིན་གཤེགས་པའི་སྙིང་པོ་སྟོན་ཏེ། ཡང་དག་པའི་བདག་ཏུ་རྣམ་པར་རྟོག་པའི་ལྟ་བར་ལྷུང་བའི་བསམ་པ་ཅན་དག་རྣམ་པར་ཐར་པ་གསུམ་གྱི་སྤྱོད་ཡུལ་ལ་གནས་པའི་བསམ་པ་དང་ལྡན་ཞིང་། མྱུར་དུ་བླ་ན་མེད་པ་ཡང་དག་པར་རྫོགས་པའི་བྱང་ཆུབ་ཏུ་མངོན་པར་རྫོགས་པར་འཚང་རྒྱ་བར་ཇི་ལྟར་འགྱུར་ཞེས་པའི་མདོ་དྲངས་ནས་སྟོབས་སོགས་ཀྱིས་བརྒྱན་པའི་བདེར་གཤེགས་སྙིང་པོ་དྲང་དོན་དུ་བཤད་དོ། །གཉིས་པ་བསྒོ་ཚུལ་གྱི་ལག་ལེན་ལ་འཁྲུལ་པ་དགག་པ་ནི། འགའ་ཞིག་བསྒོ་བའི་ཞེས་སོགས་དྲུག་སྟེ། འདུལ་བ་སྟོད་ལུགས་པ་དང་།

བལ་པོའི་འདུལ་འཛིན་ཁ་ཅིག་བསྔོ་བ་བྱེད་པའི་ཚེ་རིལ་བ་སྤྱི་བླུགས་ཀྱིས་ཆུ་བསྒྲེང་བའི་ལག་ལེན་བྱེད་དོ། ཞེས་གྲགས་པ་འདི་ནི་མུ་སྟེགས་སོགས་སོ། །སྐྱེས་རབས་ལས་རྒྱལ་པོ་ཐམས་ཅད་སྒྲོལ་གྱིས་བྲམ་ཟེ་སློང་མོ་བ་ལ་གླང་པོ་ཆེ་དང་། བུ་དང་བུ་མོ་བྱིན་པ་དང་། བཙུ་བྱིན་ལ་བཙུན་མོ་བྱིན་པའི་ཚེ། གསེར་གྱི་རིལ་བས་བཀྲུད་དེ་བཞེས་སུ་གསོལ་ཞེས་མདུན་དུ་འབོད་པ་དང་། བྲམ་ཟེའི་ལག་པ་རྐྱོང་བ་ལ་རིལ་བ་སྤྱི་བླུགས་ཀྱིས་བཀྲུད་དོ། །དེ་ཡི་སྨྲིན་པའི་མཐུ་དག་གིས། །རིལ་བ་ལས་ནི་ཆུ་བྱུང་ནས། །མིག་ནི་པད་མོ་འདྲ་བ་ལས། །མ་བསྒྲིམས་པར་ཡང་མཆི་མ་བྱུང་། །ཞེས་པ་དང་། དེ་ནས་རྒྱལ་བུས་སྲས་གཉིས་ལག་པ་བཅིངས། །བྲམ་ཟེའི་ལག་པར་ཆུ་བླུགས་དེ་ལ་བྱིན། །དེའི་ཚེ་ས་གཡོས་འདོད་ལྷ་སྡིག་ཅན་གྱི། །སྙིང་ནི་མྱ་ངན་མེ་ཡིས་བསྲེགས་པར་གྱུར། །ཞེས་བཤད་པ་རྣམས། དེའི་ཚེ་ཡུལ་དེ་ན་མུ་སྟེགས་རིག་བྱེད་པའི་ལག་ལེན་དར་བས་དེའི་ལུགས་སུ་མཛད་པའོ། །གསུམ་པ་བསྔོ་བའི་འབྲས་བུ་ལ་འཁྲུལ་པ་དགག་པ་ནི། བསྔོ་བ་དེ་ཡང་ཞེས་སོགས་བརྒྱད་དེ། བསྔོ་རྒྱུའི་དགེ་རྩ་སྐྱེས་བུའི་རྩོལ་བས་གསར་དུ་བསགས་པ་དགོས་ན་བསྔོ་བ་རྣམ་དག་ལ་བསྔོ་བའི་འབྲས་བུ་ངེས་པར་འགྲུབ་པ་གཅིག་དགོས་སམ་སྙམ་ན་མ་ཡིན་ཏེ། བསྔོ་བ་རྣམ་དག་དེ་ཡང་མདོར་བསྡུས་ན་འབྲས་བུ་འགྲུབ་ཏུ་རུང་བ་གནས་ཀྱི་བསྔོ་བ་དང་། བསྔོས་ཀྱང་མི་འགྲུབ་པ་གནས་མིན་གྱི་བསྔོ་བ་དང་གཉིས་སུ་མདོ་ལས་གསུངས་པའི་ཕྱིར་ཏེ། དང་པོ་ནི་འཇམ་དཔལ་སོགས་སོ། །གཉིས་པ་ནི། དཀོན་མཆོག་བརྩེགས་པར། བུ་མོ་དྲི་མེད་བྱིན་གྱིས་ཞུས་པའི་མདོ་ལས། ཆོས་རྣམས་སོགས་ཏེ། མདོ་དེ་ཉིད་ལས། བུ་མོས་སྨྲས་པ་རིགས་ཀྱི་བུ་ཆོས་རྣམས་ཀྱི་ཆོས་ཉིད་ནི་སྨོན་ལམ་གྱི་དབང་གིས་བསྒྱུར་བར་མི་ནུས་སོ། །གལ་ཏེ་ནུས་པར་གྱུར་ན་དེ་བཞིན་གཤེགས་པ་རེ་རེའི་དགོངས་པ་དེ་སྨོན་ལམ་གྱི་དབང་གིས་ཇི་ལྟར་མི་འགྲུབ་སྟེ། རྣམ་གྲངས་འདིས་ནི་སྨོན་ལམ་གྱི་དབང་གིས་བསྒྱུར་བར་མི་ནུས་པར་རིག་པར་བྱའོ། །ཞེས་གསུངས་པ་དེའི་དོན་འཁོར་བའི་ཕྱི་མཐའ་མེད་པ་སོགས་ཆོས་རྣམས་ཀྱི་རྟེན་འབྲེལ་གྱི་ཆོས་ཉིད་དུ་གྲུབ་པ་ནི་སྨོན་ལམ་གྱི་དབང་གིས་གཞན་དུ་བསྒྱུར་བར་མི་ནུས་ཏེ། གལ་ཏེ་ནུས་ན་སྔོན་གྱི་སངས་རྒྱས་རེ་རེས་ཀྱང་འཁོར་བ་སྟོངས་པར་གྱུར་ཅིག །ཅེས་པའི་སྨོན་ལམ་ཅིས་མི་འགྲུབ་ཅེས་པའི་དོན་ནོ། །

བཞི་པ་དོན་བསྡུས་ཏེ་ལས་འབྲས་ཀྱི་གནད་བསྟན་པ་ལ་གཉིས་ཏེ། ལས་འབྲས་སྤྱིའི་གནད་བསྟན་པ། ཐེག་པ་ཆེ་ཆུང་གི་ལས་འབྲས་ཀྱི་གནད་བསྟན་པའོ། །དང་པོ་ནི། དེས་ན་བསྔོ་རྒྱུའི་ཞེས་སོགས་བཅུ་གཅིག་སྟེ། ཆོས་དབྱིངས་དགེ་སྡིག་གཉིས་ཀར་མིན་པ་ལུང་རིགས་གཉིས་ཀྱིས་བསྒྲུབས་ཟིན་པ་དེས་ན་ཞེས་སོགས་ཏེ། རིན་ཆེན་ཕྲེང་བ་ལས། འདོད་ཆགས་ཞེ་སྡང་སོགས་སོ། །གཉིས་པ་ལ་གཉིས་ཏེ། མདོར་བསྟན་པ། རྒྱས་པར

བཤད་པའོ། །དང་པོ་ནི། ཉན་ཐོས་དགེ་བ་ཞེས་སོགས་ཚིགས་བཅད་གཅིག་གོ། །གཉིས་པ་ནི་བསྐལ་པ་དུ་མར་ཞེས་སོགས་ཚིགས་བཅད་བཞི་སྟེ། ཚིགས་བཅད་དང་པོའི་དོན་ནི། མདོ་སྡུད་པ་ལས། གལ་ཏེ་བསྐལ་པ་དུ་མར་དགེ་བའི་ལས་ལམ་བཅུ། །སྤྱོད་ཀྱང་ཉན་ཐོས་རང་རྒྱལ་བྱང་ཆུབ་འདོད་སྐྱེད་ན། །དེ་ནི་ཚུལ་ཁྲིམས་སྐྱོན་བྱུང་ཚུལ་ཁྲིམས་ཉམས་པ་ཡིན། །སེམས་བསྐྱེད་དེ་ནི་ཕམ་པམ་བས་ཀྱང་ཤིན་ཏུ་ལྕི། །ཞེས་གསུངས། ཚིགས་བཅད་གཉིས་པའི་དོན་ནི། མདོ་སྡུད་པ་ལས། གལ་ཏེ་བྱང་ཆུབ་སེམས་དཔའ་འདོད་ཡོན་ལྔ་སྤྱོད་ཀྱང་། །སངས་རྒྱས་ཆོས་དང་འཕགས་པའི་དགེ་འདུན་སྐྱབས་སོང་སྟེ། །སངས་རྒྱས་བསྒྲུབ་བྱ་སྙམ་དུ་ཀུན་མཁྱེན་ཡིད་བྱེད་ན། །མཁས་པ་ཚུལ་ཁྲིམས་ཕ་རོལ་ཕྱིན་གནས་རིག་པར་བྱ། །ཞེས་པ་སྟེ། དཔེར་ན་བྲམ་ཟེའི་ཁྱེའུ་སྐར་མས། ལོ་དུ་མར་ཚངས་སྤྱོད་བསྲུངས་ཀྱང་། ཚོང་དཔོན་གྱི་བུ་མོ་ལ་སྙིང་བརྗེ་བས་བསླབ་པ་ཕུལ་ཏེ། ལོ་བཅུ་གཉིས་ཁྱིམ་ཐབས་བྱས་པས་བསྐལ་པ་དགུ་ཁྲིའི་འཁོར་བ་ཕྱིར་བསྐྱོལ་བ་ལྟ་བུའོ། །ཚིགས་བཅད་གསུམ་པའི་དོན་ནི། ཐབས་ལ་མཁས་པའི་མདོ་ལས། དེ་ཡང་རིགས་ཀྱི་བུ་ཡོངས་སུ་བརྟག་པ་བཟུང་ན་གལ་ཏེ་རབ་ཏུ་བྱུང་བའི་བྱང་སེམས་ལྟུང་བའི་རྩ་བ་བཞི་པོ་ཐམས་ཅད་ལས་འདས་པར་གྱུར་ཀྱང་ཐབས་མཁས་པ་འདིས་སྦྱོང་བར་བྱེད་ན་བྱང་ཆུབ་སེམས་དཔའི་ལྟུང་བར་མི་འགྱུར་བར་ངས་བཤད་དོ། ཞེས་གསུངས་སོ། །ཚིགས་བཅད་བཞི་པའི་དོན་ནི་ཉེ་བ་འཁོར་གྱིས་ཞུས་པའི་མདོ་ལས། ཉེ་བ་འཁོར་ཉན་ཐོས་ཀྱི་ཐེག་པ་པ་རྣམས་ཀྱིས་སྲུང་བ་ཡང་གཞན། ལྷག་པའི་བསམ་པ་ཡང་གཞན་ཐེག་པ་ཆེན་པོ་ལ་ཡང་དག་པར་ཞུགས་པའི་བྱང་ཆུབ་སེམས་དཔའ་རྣམས་ཀྱི་སྲུང་བ་ཡང་གཞན་ལྷག་པའི་བསམ་པ་ཡང་གཞན་པའི་ཕྱིར་རོ། །ཉེ་བ་འཁོར་དེ་ལ་ཉན་ཐོས་ཀྱི་ཐེག་པ་པའི་ཚུལ་ཁྲིམས་ཡོངས་སུ་མ་དག་པ་གང་ཡིན་པ་དེ་ནི་ཐེག་པ་ཆེན་པོ་ལ་ཡང་དག་པར་ཞུགས་པའི་བྱང་ཆུབ་སེམས་དཔའི་ཚུལ་ཁྲིམས་ཡོངས་སུ་མ་དག་པ་ཉིད་དང་། ཤིན་ཏུ་འཆལ་བའི་ཚུལ་ཁྲིམས་ཉིད་ཡིན་ལ། ཐེག་པ་ཆེན་པོ་ལ་ཡང་དག་པར་ཞུགས་པའི་བྱང་ཆུབ་སེམས་དཔའི་ཚུལ་ཁྲིམས་ཡོངས་སུ་དག་པ་ཉིད་གང་ཡིན་པ་དེ་ནི་ཉན་ཐོས་ཀྱི་ཐེག་པའི་ཚུལ་ཁྲིམས་ཡོངས་སུ་མ་དག་པ་ཉིད་དང་། ཤིན་ཏུ་འཆལ་བའི་ཚུལ་ཁྲིམས་ཉིད་ཡིན་ནོ། །དེ་ཅིའི་ཕྱིར་ཞེ་ན་ཉེ་བ་འཁོར་འདི་ལ་ཉན་ཐོས་ཀྱི་ཐེག་པ་པ་ནི་སྐད་ཅིག་ཙམ་ཡང་སྲིད་པར་སྐྱེ་བ་ལེན་པར་མི་བྱེད་དོ། །དེ་ནི་ཉན་ཐོས་ཀྱི་ཐེག་པ་པའི་ཚུལ་ཁྲིམས་ཡོངས་སུ་དག་པ་ཉིད་ཡིན་ལ། དེ་ནི་ཐེག་པ་ཆེན་པོ་ལ་ཡང་དག་པར་ཞུགས་པའི་ཚུལ་ཁྲིམས་ཡོངས་སུ་མ་དག་པ་ཉིད་དང་ཤིན་ཏུ་འཆལ་བའི་ཚུལ་ཁྲིམས་ཉིད་ཡིན་པའི་ཕྱིར་རོ། །ཉེ་བ་འཁོར་ཐེག་པ་ཆེན་པོ་ལ་ཡང་དག་པར་ཞུགས་པའི་བྱང་ཆུབ་སེམས་དཔའི་ཚུལ་ཁྲིམས་ཡོངས་སུ་དག་པ་ཉིད་གང་ཡིན་པ་དེ་ནི། ཉན་ཐོས་ཀྱི་ཐེག་པའི་ཚུལ་ཁྲིམས་ཡོངས་སུ་མ

དག་པ་ཉིད་དང་ཤིན་ཏུ་འཆལ་བའི་ཚུལ་ཁྲིམས་ཉིད་དུ་འགྱུར་བ་གང་ཞེ་ན། ཉེ་བ་འཁོར་འདི་ལ་ཐེག་པ་ཆེན་པོ་ལ་ཡང་དག་པར་ཞུགས་པའི་བྱང་ཆུབ་སེམས་དཔའ་བསྐལ་པ་ཚད་མེད་གྲངས་མེད་པར་སྲིད་པར་སྐྱེ་བ་ལེན་ཀྱང་སེམས་ཡོངས་སུ་མི་སྐྱོ་ཞིང་ཡིད་མི་ཞུམ་པ་དེ་ནི། ཐེག་པ་ཆེན་པོ་ལ་ཡང་དག་པར་ཞུགས་པའི་བྱང་ཆུབ་སེམས་དཔའི་ཚུལ་ཁྲིམས་ཡོངས་སུ་དག་པ་ཉིད་ཡིན་ལ་དེ་ནི་ཉན་ཐོས་ཀྱི་ཐེག་པའི་ཚུལ་ཁྲིམས་ཡོངས་སུ་མ་དག་པ་ཉིད་དང་། ཤིན་ཏུ་འཆལ་བའི་ཚུལ་ཁྲིམས་ཉིད་ཡིན་ནོ་ཞེས་གསུངས་སོ། །གཉིས་པ་འབྲས་བུ་དཀར་ནག་ཟང་ཐལ་དགག་པ་ལ་གཉིས་ཏེ། འདོད་པ་བརྗོད་པ་དང་། དེ་དགག་པའོ། །དང་པོ་ནི། དཀར་གནག་ཞེས་སོགས་གཉིས་ཏེ། འབྲི་ཁུང་པ་ཁ་ཅིག དཀར་ནག་ཟང་ཐལ་ཞེས་བྱ་བ། ནག་པོ་ཟང་ཐལ་གྱི་རྣམ་སྨིན་སངས་རྒྱས་ཀྱིས་ཀྱང་སྤྱོང་དགོས་ཏེ། དགོངས་གཅིག་ཏུ་རྡོ་རྗེའི་གསུང་ལས། ཤཱཀྱ་ཐུབ་པ་ལ་ལྷ་བྱིན་གྱིས་སྒྱོགས་རྡོ་འཕངས་པས་ཞབས་ལ་རྨ་བྱུང་སྟེ། ཞལ་སྔ་ནས་གང་དུ་གནས་ཀྱང་ལས་ཀྱིས་མི་ཚུགས་པའི། །ས་ཕྱོགས་དེ་ནི་ཡོད་པ་མ་ཡིན་ཏེ། །བར་སྣང་ན་མེད་རྒྱ་མཚོའི་གཏིང་ན་མེད། །རིའམ་ཕུག་ན་ཡོད་པ་མ་ཡིན་ནོ། །ཞེས་སོགས་འབྱུང་བས་སོ། །དེ་བཞིན་དུ་འདུལ་བ་ལུང་ལས། སྟོན་པ་ལ་ཡང་སྐུ་ཚེ་སྔ་མའི་ལས་ངན་སྨིན་པར་གསུངས་པ་ཐམས་ཅད་ངེས་དོན་ཡིན་པས། ལས་དཀར་གནག་སངས་རྒྱས་ཀྱི་སའི་བར་དུ་ཟང་ཐལ་དུ་འགྲོའོ། ཞེས་པའི་ཆོས་སྐད་ངོ་མཚར་བ་གྲག་གོ། །

གཉིས་པ་ལ་གསུམ་སྟེ། དཀར་ནག་ཟང་ཐལ་དྲང་དོན་དུ་བསྒྲུབ་པ། ངེས་དོན་ཡིན་པ་ལ་གནོད་བྱེད་བསྟན་པ། ཤེས་བྱེད་ཀྱི་ལུང་རིགས་དང་སྦྱར་བའོ། །དང་པོ་ནི། དེ་དག་གིས་ནི་ཞེས་སོགས་ཚིགས་བཅད་བཞི་སྟེ། སྟོན་པ་ལ་ལས་ངན་སྨིན་པར་འདོད་པའི་འབྲི་ཁུང་པ་དེ་དག་གིས་ནི། འདུལ་བ་ལུང་ལས་དྲང་དོན་དུ་གསུངས་པ་ལ་ངེས་པའི་དོན་དུ་འཁྲུལ་པར་ཟད་དོ། །ཇི་ལྟར་དྲང་དོན་ཡིན་སྙམ་ན་སེང་ལྡེང་ཚལ་པ་ཟུག་པ་དང་། །ཞེས་སོགས་ཀྱི་ཚིག་རྐང་ལྔ་པོ་རེ་རེ་ལ་ཐུབ་པའི་སྐུ་ཚེ་སྔ་མ་ཡི། །ཞེས་སོགས་ཚིག་རྐང་བདུན་གསལ་བྱེད་དུ་སྦྱར་ནས་དོན་ཚན་ལྔར་བྱས་ཏེ། འདུལ་བ་ལུང་ལས། ལས་ངན་སྨིན་པར་གསུངས་ཚུལ། དེ་ཉིད་གསང་ཆེན་ཐབས་ལ་མཁས་པའི་མདོ་ལས། དྲང་དོན་དུ་གཏན་ལ་ཕབ་པའི་ཚུལ་གཉིས་གཉིས་ཀྱི་སྒོ་ནས་བཤད་པར་བྱའོ། །དང་པོ་ནི། འདུལ་བ་ལུང་ལས། སྟོན་ཚོང་པ་ནོར་འདོད་པ་ལྔ་བརྒྱ་ཙམ་ཞིག་རྒྱ་མཚོ་ཆེན་པོར་ཞུགས་པ་ན་དེ་དག་གི་ནང་ནས་མི་སྡིག་པའི་ལས་བྱེད་པ་གཞན་གྱི་ནོར་འཕྲོག་པའི་ཆོམ་རྐུན་པ་ཞིག་འདི་སྙམ་དུ་སེམས་ཏེ། ཚོང་པ་འདི་ཐམས་ཅད་སྲོག་དང་ཕྲལ་ལ་རྫས་ཀྱི་རྣམ་པ་འདི་དག་ཐམས་ཅད་ཁྱེར་ཏེ། འཛམ་བུའི་གླིང་དུ་འགྲོ་བར་བྱའོ་སྙམ་མོ། །དེའི་ཚེ་ཚོང་པ་དེའི་དེད་དཔོན་སྙིང་རྗེ་ཆེན་པོ་དང་ལྡན་པ་དེ་ལ་རྒྱ

མཆོར་གནས་པའི་ལྷས་རྨི་ལམ་དུ་མི་ནག་པོས་ཇི་ལྟར་བསམ་པ་ཐམས་ཅད་ལུང་བསྟན་པ་དང་། དེད་དཔོན་གྱི་བསམ་པ་ལ་ཚོང་པ་ལྔ་བརྒྱ་པོ་འདི་དག་བྱང་ཆུབ་ལས་ཕྱིར་མི་ལྡོག་པ་ཤ་སྟག་ཡིན་པ་ལས་མི་འདིས་བསད་པར་གྱུར་ན། དེའི་ལས་ཀྱི་སྒྲིབ་པས་སེམས་ཅན་དམྱལ་བ་རྣམས་སུ་ཡུན་རིང་དུ་བསྲེག་པར་འགྱུར་བས། ཚོང་པ་འདི་དག་བསད་པར་མི་འགྱུར་ཞིང་། མི་འདི་ཡང་དམྱལ་བ་ཆེན་པོ་རྣམས་སུ་འགྲོ་བར་མི་འགྱུར་བའི་ཐབས་ཅི་ཡོད་སྙམ་དུ་ཞག་བདུན་གྱི་བར་དུ་སེམས་སོ། །དེ་ནས་ཐབས་འདི་ཉིད་ཡིན་ནོ་སྙམ་སྟེ། ཆོམ་རྐུན་པ་དེ་ལ་རང་ཉིད་ཀྱིས་མདུང་བསྣུན་ཏེ། སྲོག་དང་ཕྲལ་ནས་མགྲོན་པོ་ཐམས་ཅད་དོན་གྲུབ་ཅིང་རང་རང་གི་གྲོང་ཁྱེར་དུ་ཕྱིན་པར་གྱུར་ཏོ། །དེའི་དུས་ཀྱི་དེད་དཔོན་ནི་སྟོན་པ་རང་ཉིད་ཡིན་ཅིང་། ཚོང་པ་ལྔ་བརྒྱ་ནི་བསྐལ་པ་བཟང་པོ་འདི་ལ་འཚང་རྒྱ་བའི་བྱང་ཆུབ་སེམས་དཔའ་ལྔ་བརྒྱ་ཡིན་ནོ། །དེ་ལྟར་ཆོམ་རྐུན་པ་བསད་པའི་ལས་ཀྱི་ཉེས་པས་དེ་བཞིན་གཤེགས་པའི་ཞབས་ལ་སེང་ལྡེང་གི་ཚལ་པ་ཟུག་སྟེ། ཁྲག་གི་རྒྱུན་བབས་པར་གསུངས་སོ། །དེ་ཉིད་ཐབས་ལ་མཁས་པའི་མདོ་ལས། དྲང་དོན་དུ་བསྟན་པ་ནི། དེ་བཞིན་གཤེགས་པའི་ཞབས་ལ་སེང་ལྡེང་གི་ཚལ་པ་ཟུག་པ་དེ་ཡང་རྫོགས་པའི་སངས་རྒྱས་ཀྱི་ཐབས་ལ་མཁས་པ་ཡིན་ཏེ། འདི་ལྟར་ཡངས་ཅན་གྱི་གྲོང་ཁྱེར་ཆེན་པོ་འདི་ཉིད་ན་སྲིད་པ་ཐ་མ་པའི་མི་ཉི་ཤུ་དང་། དེ་དག་གི་དགྲ་བོ་ཉི་ཤུ་ཞིག་ཀྱང་ཡོད་པར་གྱུར་ཏེ། དགྲ་བོ་དེ་དག་གིས་མི་ཉི་ཤུ་པོ་དེ་དག་བསད་པར་བྱ་བའི་ཕྱིར་དུ་མི་དེ་དག་གི་ཁྱིམ་དུ་ཞུགས་སོ། །དེ་ནས་མི་བཞི་བཅུ་པོ་དེ་དག་སངས་རྒྱས་ཀྱི་མཐུས། སངས་རྒྱས་ག་ལ་བ་དེར་འདོང་ངོ་། །དེ་ནས་དེ་དག་འདུལ་བའི་ཆེད་དུ་སྟོན་པས་མོའུ་འགལ་གྱི་བུ་ལ། ས་ཕྱོགས་འདིར་སེང་ལྡེང་གི་ཚལ་པ་ཞིག་བྱུང་ནས་སྟོན་པའི་ཞབས་ལ་ཟུག་པར་གྱུར་ཏོ་ཞེས་བཀའ་བསྩལ་ཏོ། །དེ་མ་ཐག་ཏུ་སེང་ལྡེང་ཚལ་པ་བྱུང་ནས་སྟོན་པ་རྒྱལ་ཆེན་བཞིའི་རིས་དང་། སུམ་ཅུ་རྩ་གསུམ་ནས་བཟུང་སྟེ་ཚངས་པའི་འཇིག་རྟེན་གྱི་བར་དུ་གཤེགས་ཀྱང་སེང་ལྡེང་གི་ཚལ་པ་དེ་ཡང་ཚངས་པའི་འཇིག་རྟེན་གྱི་བར་དུ་འོངས་སོ། །ཚངས་པའི་འཇིག་རྟེན་ནས་བབས་ཏེ་གདན་ལ་བཞུགས་པ་ན་སེང་ལྡེང་གི་ཚལ་པ་དེ་ཡང་མདུན་དུ་འཁོད་དོ། །དེ་ནས་བཅོམ་ལྡན་འདས་ཀྱི་ཞབས་གཡས་པ་སེང་ལྡེང་གི་ཚལ་པའི་སྟེང་དུ་བཞག་མ་ཐག་ཏུ་སྟོང་གསུམ་གྱི་འཇིག་རྟེན་གཡོས་པར་གྱུར་ཏོ། །དེ་ནས་ཀུན་དགའ་བོས་འདི་ཅི་ལས་གྱུར་ཞེས་ཞུས་པས་ཚོང་པ་གཡོ་ཅན་བསད་པའི་ལས་ཀྱི་ལྷག་མ་ཡིན་ནོ། །ཞེས་གསུངས་པས། མི་ཉི་ཤུ་པོ་གསོད་པར་འདོད་པའི་དགྲ་བོ་ཉི་ཤུ་པོ་དེ་དག་གིས་མི་ཉི་ཤུ་པོ་གསོད་པར་འདོད་པའི་སེམས་བསྐྱེད་པའི་ཉེས་པ་བཅོམ་ལྡན་འདས་ཀྱི་སྤྱན་སྔར་བཤགས་སོ། །དེས་ན་དོན་དེ་ལ་དགོངས་ནས་སེང་ལྡེང་གི་ཚལ་པ་ཟུག་པར་བསྟན་པ་ནི་དེ་བཞིན་གཤེགས་པའི་ཐབས་ལ་མཁས་པ་ཡིན་པར་གསུངས་སོ། །གཉིས་པ་ནི་འདུལ་

པ་ལུང་ལས། སྔོན་སངས་རྒྱས་འོད་སྲུངས་ཀྱི་བསྟན་པ་ལ་རྫ་མཁན་དགའ་སྐྱོང་ཞེས་བྱ་བ་དང་། དེའི་ནེའུ་ཟླ་བྲམ་ཟེའི་ཁྱེའུ་བླ་མ་ཞེས་བྱ་བ་གཉིས་ཡོད་པ་ལས། བླ་མས་དགའ་སྐྱོང་ལ་སླུས་པ། དེ་བཞིན་གཤེགས་པ་འོད་སྲུང་ལ་བསྙེན་བཀུར་བྱེད་པ་ཐོང་ཤིག །དགེ་སློང་མགོ་རེག་ལ་བྱང་ཆུབ་ག་ལ་ཡོད། བྱང་ཆུབ་ནི་མཆོག་ཏུ་དཀའ་བ་ཡིན་ནོ། །ཞེས་ལན་གསུམ་གྱི་བར་དུ་སླུས་ཀྱང་མ་བཟློག་པར་དགའ་སྐྱོང་གིས་བླ་མའི་ཐོར་ཏོ་ནས་བཟུང་སྟེ། དེས་པ་བླ་མ་ཁྲིད་སངས་རྒྱས་འོད་སྲུང་ལ་བསྙེན་བཀུར་གྱིས་ཤིག དེ་ནས་བླ་མས་སངས་རྒྱས་ནི་མཆོག་མ་ཡིན་ཞིང་ཆོས་བསྟན་པ་ནི་མཆོག་མ་ཡིན་ནོ། །ཞེས་སླུས་པའི་ལས་ཀྱི་རྣམ་པར་སྨིན་པས་ད་ལྟ་ཡང་ལོ་དྲུག་གི་བར་དུ་དཀའ་བ་སྤྱད་དགོས་བྱུང་ངོ་། ཞེས་གསུངས། ཐབས་ལ་མཁས་པའི་མདོ་ལས། གཞན་འདྲ་བ་ལ་བྲམ་ཟེའི་ཁྱེའུ་འོད་ཕྲེང་དང་རྫ་མཁན་བུམ་བྱེད་ཅེས་གསུངས་སོ། །དེ་ཉིད་གསང་ཆེན་ཐབས་ལ་མཁས་པའི་མདོ་ལས། དྲང་དོན་དུ་གདན་ལ་ཕབ་པ་སྟེ། བྲམ་ཟེའི་ཁྱེའུ་འོད་ཟེར་ཕྲེང་དེ་ལ་ནེའུ་ཟླ་བྲམ་ཟེའི་ཁྱེའུ་རིགས་ཤིང་སྣ་ལ་ཆེན་པོ་ལྟ་བུ་བྱང་ཆུབ་སེམས་དཔའི་ཐེག་པ་ལ་ཡང་དག་པར་ཞུགས་པ་ལྔ་ཞིག་ཡོད་པ་དེ་དག་སྡིག་པའི་གྲོགས་པོའི་དབང་གིས་བྱང་ཆུབ་ཀྱི་སེམས་བརྗེད་ནས་མུ་སྟེགས་བྱེད་ཀྱི་བརྟུལ་ཞུགས་སྤྱོད་ཅིང་སངས་རྒྱས་ལ་མི་མོས་པར་གྱུར་ཏོ། །འོད་ཟེར་ཕྲེང་གི་དེ་དག་སྔོན་ཡིན་པར་རིག་ནས་མུ་སྟེགས་བྱེད་ལས་བཟློག་པར་འདོད་པས་རྫ་མཁན་བུམ་བྱེད་ལ་འདི་སྐད་ཅེས་དགེ་སློང་མགོ་རེག་མཐོང་བས་ཁོ་བོ་ལ་ཅི་ཞིག་བྱ། བྱང་ཆུབ་ནི་མཆོག་ཏུ་རྙེད་པར་དཀའ་བ་ཡིན་པས་དགེ་སློང་མགོ་རེག་ལ་བྱང་ཆུབ་ག་ལ་ཡོད། ཅེས་སླུས་ཏེ། དུས་གཞན་ཞིག་ན་འོད་ཟེར་ཕྲེང་ནེའུ་ཟླ་ལྔ་པོ་དང་ལྷན་ཅིག་ཏུ་ཆུ་འགྲམ་ཞིག་ཏུ་འགོད་པར་གྱུར་པ་དང་རྫ་མཁན་བུམ་བྱེད་ཀྱིས་འོད་ཟེར་ཕྲེང་ལ་འདི་སྐད་ཅེས་སླུས་སོ། །ཀྱེ་འོད་ཟེར་ཕྲེང་སངས་རྒྱས་འོད་སྲུང་ལ་ལྟ་བ་དང་། ཕྱག་བྱ་བ་དང་བསྙེན་བཀུར་བྱ་བའི་ཕྱིར་འདོང་ངོ་། །འོད་ཟེར་ཕྲེང་གིས་སྔར་བཞིན་དུ་སླུས་པས་རྫ་མཁན་བུམ་བྱེད་ཀྱིས་འོད་ཟེར་ཕྲེང་གི་ཐོར་ཏོ་ནས་བཟུང་སྟེ། སངས་རྒྱས་འོད་སྲུང་གི་དྲུང་དུ་བྲམ་ཟེའི་ཁྱེའུ་ལྔ་པོ་དང་ལྷན་ཅིག་ཏུ་འདོང་ངོ་། །དེ་ནས་བྲམ་ཟེའི་ཁྱེའུ་ལྔ་པོ་དེ་དག་གིས་འོད་ཟེར་ཕྲེང་སངས་རྒྱས་འོད་སྲུང་གི་དྲུང་དུ་འགྲོ་བའི་ཕྱིར་རྫ་མཁན་བུམ་བྱེད་འདིས་བདག་ཉིད་ཀྱི་སྲོག་ཡོངས་སུ་བཏང་སྟེ། སངས་རྒྱས་ཀྱི་དྲུང་དུ་འཁྲིད་པར་འགྱུར་བའི་སངས་རྒྱས་དེ་ནི་ཅི་འདྲ་བ་ཞིག་ཡིན་སྙམ་དུ་སེམས་ནས་དད་པ་ཐོབ་པར་གྱུར་ཏེ། དེ་དག་ལ་སངས་རྒྱས་འོད་སྲུང་གིས་ཆོས་བསྟན་པས་མི་སྐྱེ་བའི་ཆོས་ལ་བཟོད་པ་ཐོབ་པར་གྱུར་ཏོ། །དེས་ན་རིགས་ཀྱི་བུ་ལྔ་པོ་དེ་དག་སྨིན་པར་བྱ་བའི་ཕྱིར། འོད་ཟེར་ཕྲེང་གིས་ཚིག་དེ་སྐད་ཅེས་སྨྲ་ཞིང་གཞན་ཡང་སེམས་ཅན་མི་ཤེས་པར་སྤྱོད་པ་དག་གིས་དགེ་སློང་དང་བྲམ་ཟེ་ཚུལ་ཁྲིམས་དང་ལྡན་པ་དག་ལ་ལྐོག་ཏུ་ཚིག

རྒྱལ་པོ་སླས་པ་ལ་ལས་ཀྱི་བྱ་བ་བསྟན་པའི་ཕྱིར་དང་། སེམས་ཅན་གང་དག་དགེ་སློང་དང་བྲམ་ཟེ་ཚུལ་ཁྲིམས་དང་ལྡན་པ་དག་ལ་ཚིག་རྒྱབ་མོ་སླས་ན་བདག་ཅག་ལ་ཐར་པའི་སྐལ་པ་མེད་དོ་སྙམ་སྟེ་འགྱོད་པ་ལ་གནས་ཤིང་ཕྱིན་ཆད་རྩོལ་བ་མི་བྱེད་པ་དག་སྐྱེ་བ་གཅིག་གིས་ཐོགས་པའི་བྱང་ཆུབ་སེམས་དཔས་སངས་རྒྱས་འོད་སྲུང་གི་གསུང་རབ་ལ་ཚིག་དེ་སྐད་སླས་པ་ཡང་རྣམ་པར་གྲོལ་བའི་སྐལ་བ་ཡོད་ན་བདག་མི་ཤེས་པ་རྣམས་ལྟ་སྨོས་ཀྱང་ཅི་དགོས་སྙམ་དུ་སེམས་ཤིང་ལས་ཀྱི་ཉེས་པ་འཆགས་པར་བྱ་བའི་ཕྱིར་དང་། མུ་སྟེགས་ཅན་དག་རྒྱ་ཤུག་དང་། ཏིལ་དང་འབྲས་བུ་གཅིག་ཙམ་ཟ་ཞིང་ཟས་གཞན་མི་ཟ་བས་རྣམ་པར་དག་པར་འགྱུར་བར་འདོད་པ་དག་ཚར་བཅད་པའི་ཕྱིར་ལོ་དྲུག་ཏུ་དཀའ་བ་སྤྱད་པ་ཐབས་མཁས་པར་བསྟན་པ་ཡིན་གྱི་ལས་ཀྱི་རྣམ་པར་སྨིན་པས་མ་ཡིན་པར་གསུངས་སོ། །གསུམ་པ་ནི་ལུང་ལས། ཉོན་མོངས་མེད་པའི་ལྷོངས་སུ་རྒྱལ་པོ་མེས་སྦྱིན་གྱིས་སྟོན་པ་འཁོར་ལྔ་བརྒྱར་གཉིས་ཀྱིས་མ་ཚང་བ། དབྱར་ཟླ་བ་གསུམ་གནས་པར་ཞུས་པའི་ཚེ། བློན་པོ་ཕྲག་དོག་ཅན་གྱིས་སླས་པ་ལ་བརྟེན་ནས་རྒྱལ་པོ་མི་སྣང་བའི་ཕྱོགས་སུ་མཚམས་བྱས། སྟོན་པ་འཁོར་དང་བཅས་པ་ལ་ཞབས་ཏོག་སུས་བྱས་པ་ལ་ཆད་པས་གཅོད་བྱས་པ་ལ་བརྟེན་ནས། ཟླ་བ་གསུམ་དུ་རྟ་ལྔ་བརྒྱ་འཚོང་བའི་ཚོང་པས་རྟ་རྣམས་ནས་དང་ཚོང་བྱས་ནས་ཕུལ། ནས་རྡུལ་བ་གསོལ་ཞིང་མཆོག་ཟུང་གཅིག་གནས་གཞན་ལ་བདུད་རྩི་གསོལ་བའི་རྒྱུ་རྐྱེན་ཞུས་པས། སྔོན་སྐྱེ་རྒྱུ་རྣམས་ཀྱིས་ཚེ་ལོ་བརྒྱད་ཁྲི་ཐུབ་པ་ན། སངས་རྒྱས་རྣམ་གཟིགས་ཞན་ཐོས་ཀྱི་དགེ་འདུན་དང་བཅས་པ་ཕོ་བྲང་ཉེ་ལྡན་ཞེས་བྱ་བར་གཞན་གྱིས་བསོད་སྙོམས་ཕུན་སུམ་ཚོགས་པ་ཕུལ་བ་ལ་བྲམ་ཟེ་རིག་བྱེད་སློབ་པའི་འཁོར་ལྔ་བརྒྱ་དང་བཅས་པའི་ནང་ནས་བྲམ་ཟེའི་ཁྱེའུ་བཟང་པོ་དང་པ་ཅན་གཉིས་མ་གཏོགས་པ་ཐམས་ཅད་ཕྲག་དོག་ནས་དགེ་སློང་མགོ་རེག་འདི་དག་ནི་ནས་རྡུལ་བ་ཟ་བར་འོས་པ་ཡིན་ནོ། ཞེས་སླས་སོ། །

བྲམ་ཟེ་འཁོར་ལྔ་བརྒྱར་གཉིས་ཀྱིས་མ་ཚང་བ་ནི། ད་ལྟར་འཁོར་ལྔ་བརྒྱར་གཉིས་ཀྱིས་མ་ཚང་བ་འདི་ཡིན་ནོ། །བྲམ་ཟེའི་ཁྱེའུ་དང་པ་ཅན་གཉིས་ནི་མཆོག་ཟུང་གཅིག་ལྟའི་བདུད་རྩི་གསོལ་བ་འདི་ཡིན་ནོ། །ཞེས་གསུངས་སོ། །དེ་ཉིད་ཐབས་ལ་མཁས་པའི་མདོ་ལས། རྟ་ལྔ་བརྒྱ་པོ་དེ་དག་བྱང་ཆུབ་སེམས་དཔའི་ཐེག་པ་ལ་ཞུགས་པ་སྔོན་གྱི་རྒྱལ་བ་ལ་བྱ་བ་བྱས་པ་ཤ་སྟག་ཡིན་ཀྱང་སྡིག་གྲོགས་ཀྱི་དབང་གིས་སྡིག་པའི་ལས་བྱས་པས་དུད་འགྲོའི་སྐྱེ་གནས་སུ་སྐྱེས་ཤིང་། དེ་དག་གི་ནང་ནས་རྟ་ཅང་ཤེས་གཅིག་ཡོད་པ་ནི། བྱང་ཆུབ་སེམས་དཔའ་ཉི་མའི་སྙིང་པོ་ཞེས་བྱ་བ་ཡིན་ལ་དེ་དག་ཡོངས་སུ་ཐར་བར་བྱ་བའི་ཕྱིར་སྨོན་ལམ་གྱི་དབང་གིས་དེར་སྐྱེས་སོ། །དེ་བཞིན་གཤེགས་པས་རྟ་དེ་དག་གི་དོན་དུ་དབྱར་གནས་པར་ཞལ་གྱིས་བཞེས་ཏེ། རྟ་ལྔ་བརྒྱ་པོ་དེ་

དག་གི་རྟ་ཆས་ཀྱི་ནས་ཕྱེད་ཕྱེད་དག་ནི། དགེ་སློང་དག་ལ་འབུལ། ཕྱེད་ཕྱེད་ནི་རྟ་དེ་ཉིད་ཟའོ། །རྟ་ཅང་ཤེས་ཀྱི་རྟ་ཆས་ཕྱེད་དེ་བཞིན་གཤེགས་པ་ལ་དབུལ། ཕྱེད་ཅང་ཤེས་དེ་ཉིད་ཟ་ཞིང་། རྟ་ལྔ་བརྒྱ་པོ་དེ་དག་རྟའི་སྐད་ཀྱིས་སྡིག་པ་བཤགས་པ་དང་། སངས་རྒྱས་འཁོར་བཅས་ལ་ཕྱག་འཚལ་དུ་ཡང་བཅུག་གོ། །དེ་ནས་རྟ་དེ་དག་གིས་དེ་ལྟར་བྱས་པས་དུས་གཞན་ཞིག་ན་ཤི་འཕོས་ཏེ་དགའ་ལྡན་གྱི་ལྷར་སྐྱེས་ནས་སངས་རྒྱས་ལ་བཀུར་བསྟི་བྱས་སོ། །དེས་ན་རྟ་དེ་དག་འདུལ་བར་བྱ་བའི་ཕྱིར་དང་། སེམས་ཅན་གང་དག་དགེ་སློང་དང་བྲམ་ཟེ་ཚུལ་ཁྲིམས་དང་ལྡན་པ་དག་མགྲོན་དུ་གཉེར་ནས་སེམས་རྣམ་པར་གཡེང་བས་རི་མོ་མི་བྱེད་པ་དེ་དག་ལ་ལས་ཀྱི་ཉེས་པ་བསྟན་པའི་ཕྱིར་དང་། དགེ་སློང་ལྔ་བརྒྱ་དེ་དག་ལས་བཞི་བཅུ་འདོད་ཆགས་དང་སྡུག་པའི་མཚན་མ་སྤྱོད་པ་ཡིན་པས་དེ་དག་གིས་ཟས་ངན་པ་ཟོས་པས་འདོད་ཆགས་ཀྱིས་ཀུན་ནས་ལྡང་བ་རྣམ་པར་བསལ་ནས། ཟླ་བ་གསུམ་པོ་དེའི་འོག་ཏུ་ཞག་བདུན་གྱིས་དགྲ་བཅོམ་པ་ཉིད་ཐོབ་པས་དགོས་པ་དེ་དག་གི་ཆེད་དུ་ཐབས་མཁས་པས་ཟླ་བ་གསུམ་དུ་རྟ་ཆས་རྒྱལ་བ་གསོལ་བར་བསྟན་གྱི། ལས་ཀྱི་རྣམ་པར་སྨིན་པས་ནི་མ་ཡིན་པར་གསུངས་སོ། །བཞི་པ་ནི་ལུང་ལས། ཡུལ་གྲུ་འཛིན་དུ་སྨད་འཚོང་མ་བཟང་མོ་ཞེས་བྱ་བ་སྐྱེས་བུ་གཡོ་ཅན་པད་མའི་རྩ་ལག་གིས་བསད་ནས་རལ་གྲི་ཁྲག་ཅན་དྲང་སྲོང་མདོག་ནག་གི་དྲུང་དུ་བོར་ནས་སོང་ངོ་། །དེའི་རྣམ་པར་སྨིན་པས་ང་ལོ་མང་པོར་དམྱལ་བར་སྐྱེས་ལས་ཀྱི་ལྷག་མས་ད་ལྟ་ཡང་བྲམ་ཟེའི་བུ་མོ་དྲེགས་མས་གཞོང་བུ་ལྟོ་བར་བཅིངས་ཏེ། དགེ་སློང་ཁྱོད་ཀྱིས་ཁོ་མོ་སྦྲུམ་པར་བྱས་ཀྱི། ཁོ་མོ་ལ་ཟས་དང་གོས་སྦྱིན་ཅིག་ཅེས་སྐུར་པ་བཏབ་པར་གྱུར་ཏོ། ཞེས་གསུངས་སོ། །དེ་ཉིད་ཐབས་ལ་མཁས་པའི་མདོ་ལས། ཕྱི་མའི་དུས་ན་བསྟན་པ་འདི་ལ་རབ་ཏུ་བྱུང་བའི་དགེ་སློང་གང་ལ་ཡང་དག་པ་མ་ཡིན་པའི་སྐུར་པ་བཏབ་པས་དེ་དག་འགྱོད་པ་དང་། སེམས་ཞུམ་པར་འགྱུར་ཅིང་། ཉམས་པ་ལ་འཇུག་པར་འགྱུར་བ་དེ་དག་འདི་སྐད་དུ། དེ་བཞིན་གཤེགས་པ་དཀར་པོའི་ཆོས་ཐམས་ཅད་དང་ལྡན་པ་དེ་དག་གིས་ཀྱང་བསྐུར་པ་བཏེས་པར་གྱུར་ན། བདག་ལྟ་སྨོས་ཀྱང་ཅི་དགོས་ཞེས་དེ་བཞིན་གཤེགས་པ་རྗེས་སུ་དྲན་པར་བྱེད་ཅིང་། སྐུར་པ་དེ་ཟིལ་གྱིས་མནན་ནས་ཚངས་པར་སྤྱོད་པ་ཡོངས་སུ་དག་པ་ཡོངས་སུ་བྱུང་བ་སྤྱོད་པར་འགྱུར་བ་དང་། སྡོམ་པ་ལ་སྤྱོད་པར་འགྱུར་བར་བྱ་བའི་ཕྱིར། ཐབས་ལ་མཁས་པས་སྐུར་པ་བཏེས་པར་བསྟན་གྱི་ལས་ཀྱི་རྣམ་པར་སྨིན་པས་མ་ཡིན་པར་གསུངས་སོ། །

ལྔ་པ་ནི་ལུང་ལས། སྔོན་རིག་བྱེད་སྨྲ་བའི་དྲང་སྲོང་འཁོར་བྲམ་ཟེ་མང་པོ་དང་ལྡན་པ་ཞིག་ཡོད་པ་ལ། དྲང་སྲོང་ཅིག་གིས་གཅིག་ཤོས་ཀྱི་འཁོར་རྣམས་རིམ་གྱིས་ཁ་དྲངས་ཏེ། ལན་དུ་མར་བཟློག་ཀྱང་མ་ཉན་པས་ཅིག་ཤོས་ཁྲོས་པར་གྱུར་ཏེ། ངས་ཀྱང་ཁྱོད་བྱང་ཆུབ་ཐོབ་པའི་ཚེ་འཁོར་རྣམས་ཁ་དྲང་པར་བྱའོ། །ཅེས་སྨོན་ལམ་

བཏབ་པས། ད་ལྟ་ལྟས་བྱིན་གྱིས་དགེ་འདུན་འཁོར་ལོའི་དབྱེན་བྱས་པ་ཡིན་ནོ། ཞེས་གསུངས་སོ། །དེ་ཉིད་དྲང་བའི་དོན་ཏེ་ཕན་ཚུན་དབྱེན་བྱེད་པ་དང་། གཞན་འཁོར་ཁ་དྲང་བ་རྣམས་ལ་ཉེས་དམིགས་བསྟན་པའི་ཆེད་དུ་ཐབས་མཁས་པ་དེ་ལྟར་བསྟན་གྱི། ལས་ཀྱི་རྣམ་པར་སྨིན་པས་ནི་མ་ཡིན་ནོ། །གཞན་ཡང་ལུང་ལས། སྔོན་སྨན་པ་ཞིག་གིས་ཁྱིམ་བདག་གཅིག་གི་བུའི་ནད་ལན་གསུམ་གྱི་བར་དུ་སོས་པར་བྱས་ཀྱང་། རྔན་པ་མ་བྱིན་པས་ཞེ་སྡང་དྲག་པོས་བུ་འདི་ན་ན་སྨན་མ་ཡིན་པ་བྱིན་ནས་ནད་ཁྲོལ་རྣམས་དུམ་བུ་དུམ་བུར་འཛག་པར་བྱའོ་སྙམ་ནས། དེ་ལྟར་བྱས་པའི་ལས་ཀྱི་ལྷག་མས་ད་ལྟ་ཡང་བཅོམ་ལྡན་འདས་འབྲུ་བའི་ནད་ཀྱིས་ཐེབས་སོ་ཞེས་དང་། ཡང་ཉ་པའི་བུ་གཅིག་གིས་ཉ་བསད་པ་ལ་དགའ་བ་བསྐྱེད་པའི་ལས་ཀྱི་རྣམ་པར་སྨིན་པས་ལོ་མང་པོར་ཀླད་ནད་ཅན་དུ་གྱུར་ནས་ད་ལྟ་ཡང་ལས་ཀྱི་ལྷག་མས། འཕགས་སྐྱེས་པོས་ཤཱཀྱ་རྣམས་བསད་པ་ན། བཅོམ་ལྡན་འདས་ཀླད་ནད་དྲག་པོས་ཐེབས་པར་གྱུར་ཏོ། །ཞེས་སོགས་ཐུབ་པའི་སྐྱ་ཚེ་སྟ་མ་ཡི་སོགས་སོ། །དྲང་བའི་དོན་ལ་ཡིད་མ་རྟོན་ཞེས་པ་ནི། དཀོན་བརྩེགས་ཀྱི་བྱང་ཆུབ་སེམས་དཔའི་སྡེ་སྣོད་ལས། དེ་ལ་བྱང་ཆུབ་སེམས་དཔའི་རྟོན་པ་མཁས་པ་གང་ཞེ་ན། བྱང་ཆུབ་སེམས་དཔའི་རྟོན་པ་འདི་བཞི་སྟེ། བཞི་གང་ཞེ་ན་འདི་ལྟ་སྟེ། དོན་ལ་རྟོན་གྱི་ཚིག་འབྲུ་ལ་མ་ཡིན་པ་དང་། ཡེ་ཤེས་ལ་རྟོན་གྱི་རྣམ་ཤེས་ལ་མ་ཡིན་པ་དང་། ངེས་པའི་དོན་གྱི་མདོ་སྡེ་ལ་རྟོན་གྱི་དྲང་བའི་དོན་རྣམས་ལ་མིན་པ་དང་། ཆོས་ལ་རྟོན་གྱི་གང་ཟག་ལ་མ་ཡིན་པའོ་ཞེས་གསུངས་སོ། །དེ་ལ་ཡེ་ཤེས་དང་རྣམ་ཤེས་ནི་འཇིག་རྟེན་ལས་འདས་མ་འདས་དང་། ཚིག་འབྲུ་ནི་སྒྲ་ཇི་བཞིན་པ་དང་། དོན་ནི་རིགས་པས་གྲུབ་པ་དང་། གང་ཟག་ནི་གནས་བརྟན་ཐན་རབས་སོགས་དང་། ཆོས་ནི་གསུང་རབ་ཅེས་ཨཱ་ཡ་ག་རས་བཤད་དོ། །གཉིས་པ་ལ་གཉིས་ཏེ། ཐལ་བ་གསུམ་དགོད་པ། ཕྱི་མ་རྒྱས་པར་བཤད་པའོ། །དང་པོ་ནི། གལ་ཏེ་རྫོགས་པའི་ཞེས་སོགས་ལྷ་སྟེ། སངས་རྒྱས་ལ་ལས་ངན་སྨིན་པར་བཤད་པ་བདེན་པ་ངེས་དོན་ཡིན་ན་བསོད་ནམས་ཀྱི་ཚོགས་ཀྱིས་ཡོན་ཏན་མཐའ་དག་རྫོགས་ཤིང་། ཡེ་ཤེས་ཀྱི་ཚོགས་ཀྱིས་སྒྲིབ་གཉིས་བག་ཆགས་དང་བཅས་པ་སྤངས་པ་དོན་མེད་པར་འགྱུར་ཞིང་། སྤྱོད་འཇུག་ལས། ཉོན་མོངས་མེད་ཀྱང་དེ་དག་ལ། །ལས་ཀྱི་ནུས་པ་མཐོང་བ་ཡིན། །ཞེས་པ་ལྟར་ལྷག་བཅས་མྱང་འདས་ལ་གནས་པའི་དགྲ་བཅོམ་པ་དང་འདྲ་བར་འགྱུར་ལ། སྐུ་གསུམ་གྱི་རྣམ་གཞག་ཀྱང་མི་རུང་བར་འགྱུར་རོ། །གཉིས་པ་ལ་བཞི་སྟེ། སྤྲུལ་གཞི་ངོས་བཟུང་བ། སྤྲུལ་པ་ངོས་བཟུང་བ། ཇི་ལྟར་སྤྲུལ་པའི་ཚུལ། སྐབས་ཀྱི་དོན་ལ་སྦྱར་བའོ། །དང་པོ་ནི། དེ་ཡི་འཐད་པ་ཞེས་སོགས་ཚིགས་བཅད་གཅིག་སྟེ། ལས་ངན་གྱི་འབྲས་བུ་སྤྲུལ་པའི་སྐུ་ལ་སྨིན་ན་སྐུ་གསུམ་གྱི་རྣམ་གཞག་མི་རུང་བར་འགྱུར་ཏེ། དེ་ལྟར་ན་སྤྲུལ་སྐུའི་སྤྲུལ་གཞིར་གྱུར་པའི་ལོངས་སྐུ་མེད་དགོས་པའི་

ཕྱིར་རོ། །དེ་ཡི་འཐད་པ་བཤད་ཀྱིས་ཉོན་སོགས་ཏེ། སྟུག་པོ་བཀོད་པ་ནི། འོག་མིན་སྟུག་པོ་ཉམས་དགའ་འདི། །སྟུག་པོའི་ཞིང་ཁམས་འཇིག་མེད་པ། །དེ་ན་སངས་རྒྱས་རྣམས་ཀྱི་ཆོས། །རྫོགས་པར་ལོངས་སྤྱོད་ཚུལ་འདི་འབྱུང་། །ཞེས་གསུངས་པ་ལྟར། རྒྱུན་མི་འཇིག་པའི་གནས་ཡིན་པར་རྗེ་བཙུན་རྩེ་མོས་བཤད་དོ། །གཉིས་པ་ནི་དེ་ཡི་སྤྲུལ་པའི་ཞེས་སོགས་གསུམ་མོ། །གསུམ་པ་ནི། འདི་ནི་གདུལ་བྱ་ཞེས་སོགས་བཅུ་གསུམ་སྟེ། ཤཱཀྱ་སེང་གེ་འདི་ནི་གདུལ་བྱའི་རྒྱུད་སྨིན་པ་སྣང་རུང་དང་གཉེན་པོ་སྐྱེ་རུང་དུ་སྨིན་པར་བྱ་བའི་ཕྱིར། བྱ་རྒོད་ཕུང་པོ་སོགས་སུ་གཤེགས་པ་དང་། དྲི་གཙང་ཁང་གི་ནང་དུ་ཏིང་ངེ་འཛིན་ལ་བཞུགས་པ་དང་། འོད་སྲུང་ལ་སོགས་པ་ལ་ཁྱོད་ཀྱིས་ཆོས་སྟོན་ཅིག་གསུངས་ནས་སྐུ་མཉེལ་ཏེ་མནལ་གཟིམས་པ་དང་། སྨུ་གེ་བྱུང་བའི་ཚེ་གྲོང་དུ་བསོད་སྙོམས་ལ་གཤེགས་པ་ན། གྲོང་དཔོན་གྱི་བུ་གཅེར་བུ་པ་རལ་གྲི་ཐོགས་པ་ཞིག་གིས། ལོ་ཉེས་འདི་ལྟ་བུ་ལ་གོའུ་ཏ་མ་ཁྱོད་འཁོར་མང་པོ་དང་ལྡན་པ་གྲོང་ཁྱེར་དུ་འོངས་ནས། ཁྱིམ་རྣམས་ཕུང་བར་བྱེད་པ་ཡིན་ནམ་ཞེས་ཟེར་ཞིང་བཀག་པར་གྱུར་པ་ན། ངས་བསྐལ་པ་དགུ་བཅུ་རྩ་གཅིག་ཙམ་ཆད་དྲན་ཏེ། ཟས་སྦྱིན་པ་སྟེར་དུ་གཞུག་པའི་ཕྱིར་ཁྱིམ་འགའ་ཞིག་ལའང་གནོད་པའི་ལས་མི་མཁྱེན་ནོ། ཞེས་གསུངས་པ་དང་། སྣ་ལའི་གྲོང་ཁྱེར་དུ་བསོད་སྙོམས་མ་རྙེད་པར་ལྷུང་བཟེད་སྟོང་པར་བྱོན་པ་དང་། རྒྱལ་བུ་རྒྱལ་བྱེད་ཀྱི་ཚལ་ཁྱིམ་བདག་མགོན་མེད་ཟས་སྦྱིན་གྱི་ཀུན་དགའ་ར་བ་སོགས་སུ་བསོད་སྙོམས་མང་དུ་རྙེད་པ་དང་། ལྷས་བྱིན་སོགས་དགྲ་དང་། སྲས་སྒྲ་གཅན་ཟིན་སོགས་ཉེ་དུའི་འབྲེལ་པ་དང་། འབྲོག་གནས་སུ་ལག་བརྒྱུད་འབྲོག་གནས་འདུལ་བའི་ཕྱིར་བྱོན་པའི་ཚེ། ས་གཞི་བ་གླང་མང་པོའི་རྨིག་པས་རད་རོད་དུ་གྱུར་པ་དང་། འཕགས་སྐྱེས་པོས་ཤཱཀྱ་མང་པོ་བསད་པའི་ཚེ། ས་ཕྱོགས་ཉམས་མི་དགའ་བ་རྗོ་བའི་རད་རོད་ཅན་དུ་ལོ་འདབ་མེད་པའི་ཤིང་སྐམ་པོ་ལ་བརྟེན་ཏེ། འོ་བརྒྱལ་པོར་གཟིམས་པ་དང་། ཀླུའི་རྒྱལ་པོ་མ་དྲོས་པས་གདན་དྲངས་པའི་དུས་ལྟ་བུ་རེས་འགའ་བསྟུང་བར་གཤེགས་པ་དང་། གྲོང་ཁྱེར་བཟང་བྱེད་ན་གནས་པའི་མུ་སྟེགས་བྱེད་རྣམས་ཀྱིས། དགེ་སློང་གོའུ་ཏ་མ་འཁོར་དང་བཅས་པ་ལ་ལར་སྤུ་གྲིའི་སེར་བ་དག་འབེབས་ཤིང་འོངས་ནས། ཁྱེད་ཅག་ལ་འགའ་ཞིག་ནི་བུ་མེད་པར་བྱེད། འགའ་ཞིག་ནི་ཁྱོ་མེད་པར་བྱེད་དོ་ཞེས་པ་དང་། དགེ་སློང་གོའུ་ཏ་མ་སྐྱེས་ནས་ཞག་བདུན་ནས་མ་ཤི་བར་གྱུར། ཕ་ཡི་ངག་བཅག་སྟེ་ཡིད་མི་བདེ་བར་གྱུར་པས་ཕ་མ་ལ་བྱས་པ་མི་གཟོ་བ་ཡིན་ནོ་ཞེས་པ་དང་། དགེ་སློང་གོའུ་ཏ་མས་སྒྱུ་མ་བསླབས་ཏེ་འཇིག་རྟེན་གྱི་ཁམས་བསླུས་སོ། །ཞེས་པ་ལ་སོགས་གཞན་གྱིས་སྐུར་པ་སྣ་ཚོགས་འདེབས་པ་དང་། མཉན་དུ་ཡོད་པར་ཆོ་འཕྲུལ་ཆེན་པོ་བསྟན་པ་དང་། སེར་སྐྱར་ཡབ་སྲས་མཇལ་བ་དང་། གསལ་ལྡན་དུ་ལྷ་ལས་བབས་པ་དང་། ལྕང་རྒྱས་འོད་སྲུང་འཁོར་

དང་བཅས་པ་བཏུལ་བ་དང་། སོར་མོའི་ཕྲེང་བ་དང་། རྒྱལ་པོ་ཀ་པི་ན་འཁོར་བཅས་བཏུལ་བ་ལ་སོགས་པ་རེས་འགའ་སྟན་པའི་བ་དན་འཇིག་རྟེན་གསུམ་དུ་གྲགས་པ་དང་། རེས་འགའ་སྐྱ་བདེ་བ་དང་། ཐུགས་དགྱེས་པར་སྤྱོད་པ་དང་། བར་མར་བཞུགས་པ་སོགས་མཛད་པ་རྣམ་པ་སྣ་ཚོགས་སྟོན་པ་ནི་སྤྲུལ་པ་ཙམ་ཡིན་གྱི་སྤྲུལ་གཞིའི་གཟུགས་སྐུ་རང་རྒྱུད་པ་མིན་ནོ། །བཞི་པ་ནི་གལ་ཏེ་སངས་རྒྱས་ཞེས་སོགས་བཅུ་སྟེ། སངས་རྒྱས་དངོས་ལ་ལས་ངན་སྨིན་ན་ལོངས་སྤྱོད་རྫོགས་པའི་སྐུ་ལ་སྨིན་པར་རིགས་ཏེ། ཚོགས་གཉིས་རྫོགས་པའི་རྣམ་སྨིན་གྱི་འབྲས་བུར་གྱུར་པའི་སངས་རྒྱས་རང་རྒྱུད་པ་ཡིན་པའི་ཕྱིར་རོ། །ཤཱཀ་ཐུབ་སོགས་ལ་སྨིན་པར་འདོད་པ་མུན་སྤྲུལ་ཡིན་ཏེ། སངས་རྒྱས་རང་རྒྱུད་པ་དེ་ཡི་སྤྲུལ་པ་ཙམ་ཡིན་པའི་ཕྱིར་རོ། །དཔེར་ན་སྒྱུ་མའི་སོགས་ཏེ། དེས་ན་འདུལ་བ་ལུང་ལས། ལས་ངན་སྨིན་པར་གསུངས་པའི་དགོངས་པ་དྲང་དོན་ཡིན་པར་ཤེས་དགོས་སོ། ། མངོན་རྟོགས་རྒྱན་ལས། དེ་མཐའ་དེ་ཡི་རྣམ་སྨིན་ནི་ཞེས་སྐུ་གསུམ་ཀ་སྦྱོར་བཞི་བསྒོམས་པའི་རྣམ་སྨིན་གྱི་འབྲས་བུར་བཤད་པ་ནི། ཆོས་སྐུའི་ངང་ལས་ལོངས་སྐུ་སྟོན་ཅིང་། དེ་ལས་སྤྲུལ་པ་སྣ་ཚོགས་འགྱེད་པ་ལ་སྦྱོར་བཞི་བསྒོམས་པ་སྟོན་དུ་སོང་བ་དགོས་སོ་ཞེས་པའི་དོན་ཏེ། དཔེར་ན་སྒྱུ་མ་མཁན་གྱིས་སྒྱུ་མ་སྤྲུལ་པ་ལ་སྤྲུལ་པ་པོ་ལས་ལས་སྐྱེས་པ་དགོས་པ་བཞིན་ནོ། །གསུམ་པ་ནི་འདི་ཡི་ལུང་དང་ཞེས་སོགས་གསུམ་སྟེ། སངས་རྒྱས་ལ་ལས་ངན་སྨིན་པར་གསུངས་པ་དྲང་དོན་ཡིན་པ་དང་། དྲང་དོན་གྱི་མདོ་སྒྲ་ཇི་བཞིན་དུ་ཁས་ལེན་དུ་མི་རུང་བ་འདི་ཡི་ལུང་དང་རིགས་པ་རྣམས་དབྱིག་གཉེན་གྱི་རྣམ་བཤད་རིགས་པ་དང་། ལེགས་ལྡན་བྱེད་ཀྱི་རྟོག་གེ་འབར་བ་སོགས་མཁས་པའི་གཞུང་བཞིན་དུ་ཤེས་པར་བྱ་སྟེ། རྣམ་བཤད་རིགས་པ་ལས་ཀུན་ཏུ་སྣང་བའི་མདོ་ལས་ཀྱང་སྒྲ་ཇི་བཞིན་དུ་འཛིན་ན་ཉེས་པ་ལྔ་ཡོད་དེ། ལྔ་གང་ཞེ་ན། མི་མོས་པའི་གནས་སུ་འགྱུར་བའི་ཉེས་པ་དང་། རྩ་བ་ཉམས་པའི་ཉེས་པ་དང་། གཞན་ལ་བསླུ་བར་བྱེད་པའི་ཉེས་པ་དང་། སྟོན་པ་ལ་སྐུར་པ་འདེབས་པའི་ཉེས་པ་དང་། ཆོས་སྤོང་བར་བྱེད་པའི་ཉེས་པའོ། །ཞེས་རང་གི་སྒྲས་བསྟན་པ་ཡིན་ནོ་ཞེས་དང་། རྟོག་གེ་འབར་བ་ལས། ཚིག་ལྷུག་པར་འབྱུང་བ་ཚིག་བཅད་དུ་བསྡེབས་པ་ནི། ཞིང་འདིར་ཐུབ་པའི་མཛད་པ་དག །གལ་ཏེ་སྤྲུལ་པ་མ་ཡིན་ཞིང་། །མདོ་སོགས་སྒྲ་ནི་ཇི་བཞིན་དུ། །ཁས་ལེན་པ་ལ་འགལ་བ་ནི། །རྒྱལ་སྲས་སྲིད་པ་ཐ་མ་པ། །འདོད་པ་བསྟེན་ན་ཚུལ་ཁྲིམས་འཆལ། །དེས་ན་སྦྱིན་པ་སོགས་ཀྱང་མེད། །ཅེས་པ་དང་། གནས་བརྟན་ཆེན་པོ་བ་ཀུ་ལས། །ཁོ་བོ་བསྐལ་པར་རྫོགས་ནས་ལོ། །བརྒྱད་ཅུ་ལོན་ཡང་མགོ་བོ་ཙམ། །ན་བར་མི་དྲན་གང་ཡིན་པ། །ཨ་རུ་ར་གཅིག་ནད་པ་ལ། །སྦྱིན་པའི་འབྲས་བུ་ཉིད་ཡིན་ན། །སངས་རྒྱས་སྦྱིན་པའི་མཐར་སོན་པ། །སྐུ་ལ་ལས་ངན་ལས་བྱུང་བའི། །སྡུག་གིས་བཏབ་པའང་ཤིན་ཏུ་འགལ། །ཞེས་དང་།

གཞུང་དེ་གཉིས་ཀ་ལས། དགའ་ལྡན་གནས་ནས་འཕོ་བ་ན། །ལྷ་རིས་དྲུག་ལ་བཀའ་བསྒྲུབ་ནས། །ཉོན་མོངས་དབང་གིས་སྐྱེ་བ་དང་། །སྙོམས་འཇུག་དག་ལ་དབང་ཐོབ་འགལ། །རྒ་ནད་འཆི་བ་མ་མཐེན་དང་། །མུ་སྟེགས་བྱེད་ལས་ཐར་ལམ་ཚོལ། །དཀའ་ཐུབ་དྲག་པོས་གདུང་བྱེད་པ། །ཇི་ལྟ་བུར་ནི་འགལ་མི་འགྱུར། །ཞེས་གསུངས་སོ། །མདོ་སྡེ་རྒྱན་ལས། དོན་སྒྲ་ཇི་བཞིན་ཡོངས་རྟོགས་ན། །བདག་ཉིད་སྙེམས་ཤིང་བློ་ཉམས་འགྱུར། །ལེགས་པར་གསུངས་པའང་སྨྱངས་པས་ན། །བརླག་འགྱུར་ཆོས་ལ་ཁོང་ཁྲོས་སྒྲིབ། །ཞེས་དང་། དགོན་བརྩེགས་ཀྱི་ཆོས་བཅུ་པའི་ལེའུ་ལས། རིགས་ཀྱི་བུ་དེ་ལ་ཇི་ལྟར་ན་བྱང་ཆུབ་སེམས་དཔའ་དགོངས་ཏེ་གསུངས་པ་རྟོགས་པར་བྱ་བ་ལ་མཁས་པ་ཡིན་ཞེ་ན། རིགས་ཀྱི་བུ་འདི་ལ་བྱང་ཆུབ་སེམས་དཔས་དེ་བཞིན་གཤེགས་པས་དགོངས་ཏེ་གསུངས་པའི་མདོ་སྡེ་ཟབ་མོ་གང་དག་ཡིན་པ་དེ་དག་ལ་སྒྲ་ཇི་བཞིན་ཁོ་ནར་མངོན་པར་ཞེན་པར་མི་བྱེད་པ་ཡིན་ཏེ། དེ་ལ་དེ་པས་དགོངས་ཏེ་གསུངས་པ་དེ་དག་ཀྱང་གང་ཞེ་ན། འདི་ལྟ་སྟེ་དེ་བཞིན་གཤེགས་པས་ཉན་ཐོས་རྣམས་བླ་ན་མེད་པ་ཡང་དག་པར་རྫོགས་པའི་བྱང་ཆུབ་ཏུ་ལུང་བསྟན་ཏོ། །ཞེས་གསུངས་པ་ནི་དེ་ལྟར་མི་ལྟའོ། །ཀུན་དགའ་བོ་ང་ནི་རོ་རྒྱབ་ན་འོ་གསུངས་པ་ཡང་དེ་ལྟར་མི་ལྟའོ། །ང་ནི་རྒས་འཁོགས་པ་ཡིན་གྱི་ངའི་བསྙེན་བཀུར་བ་ཚོལ་ཅིག་ཅེས་གསུངས་པ་ཡང་དེ་ལྟར་མི་ལྟའོ། །མོའུ་འགལ་གྱི་བུ་ཁྱོད་སོང་ལ་སྨན་པའི་རྒྱལ་པོ་འཚོ་བྱེད་ཀྱི་གན་ནས་སྨན་ལོང་ཞིག་དང་། བཟའ་བར་བྱའོ་ཞེས་གསུངས་པ་ཡང་དེ་ལྟར་མི་ལྟའོ། །དེ་བཞིན་གཤེགས་པ་ནི་གཞན་མུ་སྟེགས་ཅན་ཀུན་ཏུ་རྒྱུ་བ་དག་དང་ལྷན་ཅིག་ཏུ་ཚིག་གིས་རྩོད་པར་བྱེད་དོ། །ཞེས་གསུངས་པ་ཡང་དེ་ལྟར་མི་ལྟའོ། །དེ་བཞིན་གཤེགས་པའི་ཞབས་ལ་སེང་ལྡེང་གི་ཚལ་པ་ཟུག་གོ་ཞེས་གསུངས་པ་ཡང་དེ་ལྟར་མི་ལྟའོ། །སྐྱེས་བུ་དམ་པ་མིན་པ་ལྷས་བྱིན་ནི་ཡུན་རིང་པོ་ནས། དེ་བཞིན་གཤེགས་པའི་གཤེད་མ་དང་གཙུགས་ཅན་དང་ཕྱིར་རྒོལ་བ་དགྲ་བོར་གྱུར་པ་ཡིན་ནོ་ཞེས་གསུངས་པ་ཡང་དེ་ལྟར་མི་ལྟའོ། །དེ་བཞིན་གཤེགས་པ་བསོད་སྙོམས་ཀྱི་ཕྱིར་བྲམ་ཟེའི་གྲོང་སྣ་ལ་ཅན་དུ་ཇི་ལྟར་ལྷུང་ཟེད་བཀྲུས་པས་ཤུགས་པ་བཞིན་དུ་ཕྱིར་ཕྱུང་ངོ་ཞེས་གསུངས་པ་ཡང་དེ་ལྟར་མི་ལྟའོ། །བྲམ་ཟེའི་བུ་མོ་དྲེགས་མས་ཤིང་གི་གཞོང་བུ་ལྟོ་བར་བཅིངས་ཏེ། དེ་བཞིན་གཤེགས་པ་ལ་སྐུར་པ་བཏབ་བོ་ཞེས་གསུངས་པ་ཡང་དེ་ལྟར་མི་ལྟའོ། །དེ་བཞིན་གཤེགས་པ་ཉོན་མོངས་མེད་ཀྱི་ལྗོངས་སུ་དབྱར་གནས་པར་ཞལ་གྱིས་བཞེས་པ་ན་ཟླ་བ་གསུམ་དུ་རྟ་ཆས་ཀྱི་ནས་གསོལ་ལོ་ཞེས་གསུངས་པ་ཡང་དེ་ལྟར་མི་ལྟའོ། ཞེས་གསུངས་སོ། །

གསུམ་པ་ཉམས་ལེན་ཡེ་བཀག་ཡེ་གནང་ཡིན་པ་དགག་པ་ལ་གཉིས་ཏེ། འདོད་པ་བརྗོད་པ་དང་། དེ་དགག་པའོ། །དང་པོ་ནི། འབྲི་ཁུང་པ་ཁ་ཅིག །ཐེག་པ་ཆེ་ཆུང་གི་བསླབ་བྱ་ལ་གཅིག་ལ་བཀག་པ་ཐམས་ཅད་

ལ་ཡེ་ནས་བཀག་པ་ཡིན་ཅིང་། གཅིག་ལ་གནང་བ་ཐམས་ཅད་ལ་ཡེ་ནས་གནང་བ་ཡིན་པར་འདོད་དེ། དགོངས་གཅིག་ཏུ་རྡོ་རྗེའི་གསུང་སྒྲོར་བཀག་པ་ཐམས་ཅད་ཡེ་བཀག །གནང་བ་ཐམས་ཅད་ཡེ་གནང་བྱ་བ་འདི་བཞུགས་དེ་ལ་བོད་རྣན་རྣམས་ནད་པ་ལ་ཆང་མ་གཏོགས་པ་བཅས་པ་མཐའ་དག་གིས་སྐྱོང་ཞེས་གསུང་པ་དང་། བུད་མེད་ལ་རེག་པ་བཀག་པ་ལ་བུད་མེད་ཆུས་ཁྱེར་བ་ན་བོང་བའི་འདུ་ཤེས་ཀྱིས་རེག་པས་དག་པར་གསུངས་པས་གནང་བཀག་གཅིག་ཏུ་མ་ངེས་ཞེས་ཟེར་བ་ལ། འདིར་ཞལ་སྔ་ནས། སྤྱིར་འཁོར་འདས་ཀྱི་གཤིས་ལ་དགེ་མི་དགེ་གཉིས་ཡོད་པ་ལས་ཆོས་ཐམས་ཅད་གནས་དང་གནས་མ་ཡིན་པ་མཁྱེན་པའི་ཡེ་ཤེས་ལས་མི་འདའ་བ་དང་གཅིག །མི་དགེ་བ་དང་འབྲེལ་བའི་ལས་ལས་སྡུག་བསྔལ་འབྱུང་བར་ངེས་པ་དང་གཉིས། བཅོམ་ལྡན་འདས་སེམས་ཅན་ལ་བུ་གཅིག་པ་བཞིན་བརྩེ་བར་དགོངས་ཀྱང་འཇུག་ལྡོག་གི་ཚུལ་ཁྲིམས་ལ་མ་ཞུགས་ན་སྐྱོན་སྤང་བ་དང་ཡོན་ཏན་སྒྲུབ་པའི་ཐབས་གཞན་མེད་པ་དང་པོ་གསུམ་པོ་འདིའི་གནད་ཀྱིས་ཡེ་བཀག་ཡེ་གནང་དུ་མི་འོང་ཁ་མེད་ཡིན། དང་པོ་གནང་བ་དེ་ཕྱིས་ཀྱང་གནང་སྟེ་བཀག་པ་མེད། དང་པོ་བཀག་པ་དེ་ཕྱིས་ཀྱང་བཀག་སྟེ་གནང་བ་མེད། དཔེར་ན་ནད་པས་ཕྱི་དྲོའི་ཁ་ཟས་ལ་མ་ཆགས་པར་ནད་གསོ་བའི་མཐུན་རྐྱེན་དུ་འགྲོ་ཞིང་སྨན་ལྷ་བུའི་འདུ་ཤེས་ཡོད་ན་བཀག་པ་མེད་ལ་དེ་ལྷ་བུའི་བསམ་པ་མེད་ན་གནང་བ་མེད་དོ། །ཡུལ་བུད་མེད་ལ་ཆགས་སེམས་ཀྱིས་རེག་པ་དང་པོ་ནས་གནང་བ་མེད་ལ་ཕྱིས་ཀྱང་གནང་བ་མེད། ས་དང་བོང་བའི་འདུ་ཤེས་ཀྱིས་རེག་པ་དང་པོ་ནས་བཀག་པ་མེད་ཅིང་ཕྱིས་ཀྱང་བཀག་པ་མེད་པས་གནང་བཀག་གི་དབྱེ་བྲག་གི་ཚུལ་དེ་དང་འདྲའོ་ཞེས་ཟེར་རོ། །

གཉིས་པ་ལ་གསུམ་སྟེ། གནང་བཀག་ཐ་དད་དུ་བསྟན་པ། དེ་ལ་གནོད་པ་སྤང་བ། མ་འཁྲུལ་པའི་གནང་བཀག་ཇི་ལྟར་བསྒྲུབ་པའི་ཚུལ་ལོ། །དང་པོ་ལ་གསུམ་སྟེ། དམ་བཅའི་སྒོ་ནས་མདོར་བསྟན། འཐད་པའི་སྒོ་ནས་རྒྱས་པར་བཤད། དཔེའི་སྒོ་ནས་དོན་བསྡུ་བའོ། །དང་པོ་ནི་ཡེ་བཀག་ཞེས་སོགས་དྲུག་སྟེ། ཐེག་པ་ཆེ་ཆུང་གི་བསླབ་བྱ་བཀག་པ་ཐམས་ཅད་ཡེ་བཀག་དང་། གནང་བ་ཐམས་ཅད་ཡེ་གནང་ཞེས་བྱ་བའི་ལུགས་འདི་ཡང་སངས་རྒྱས་ཀྱི་བསྟན་པ་དང་མཐུན་པ་མ་ཡིན་ཏེ། ཉན་ཐོས་དང་ནི་སོགས་སོ། །གཉིས་པ་ལ་བཞི་སྟེ། ཉན་ཐོས་ནང་ཕན་ཚུན་གནང་བཀག་ཐ་དད་དུ་བསྟན་པ། ཁྱིམ་པ་དང་རབ་བྱུང་གནང་བཀག་ཐ་དད་དུ་བསྟན་པ། ཐེག་པ་ཆེ་ཆུང་གནང་བཀག་ཐ་དད་དུ་བསྟན་པ། ཐེག་ཆེན་ནང་ཕན་ཚུན་གནང་བཀག་ཐ་དད་དུ་བསྟན་པའོ། །དང་པོ་ལ་གསུམ་སྟེ། ཐ་དད་དུ་བསྟན་པ་དངོས། དེའི་ཉེས་སྤོང་གི་ལན་དགག །གཅིག་པ་ལ་གནོད་བྱེད་བསྟན་པའོ། །དང་པོ་ནི། དེ་ཡི་འཐད་པ་ཞེས་སོགས་བཅོ་ལྔ་སྟེ། ཐེག་པ་ཆེ་ཆུང་དང་། ཉན་ཐོས

ནང་ཕན་ཚུན་གནང་བཀག་གཅིག་ཏུ་མེད་པ་དེའི་འཐད་པ་འོག་ནས་བཤད་པ་འདི་ལྟར་ཡིན་པས་དཔྱད་གསུམ་གྱིས་རྣམ་པར་དག་པའི་ལུང་བཞིན་དུ་བཤད་ཀྱིས་ཉོན་ཅིག །དེ་ཡང་ཉན་ཐོས་རྩ་བའི་སྡེ་བཞི་དང་གྱེས་པ་བཅོ་བརྒྱད་པོ་གཅིག་གིས་བཀག་པ་གཅིག་ལ་གནང་བས་གནང་བཀག་གཅིག་ཏུ་མེད་དེ། ཉན་ཐོས་རྩ་བའི་སྡེ་བཞི་ལ། འདུལ་བ་མི་འདྲ་བ་རྣམ་པ་བཞི། དེ་བཞིན་དུ་སྐད་མི་འདྲ་བ་རྣམ་པ་བཞི། མཁན་པོ་མི་འདྲ་བ་རྣམ་པ་བཞི། སྣམ་སྦྱར་གྱི་རྣམ་ཕྲན་གྱི་གྲངས་དང་། གྲྭའི་རྟགས་མི་འདྲ་བ་རྣམ་པ་བཞི་ལ་སོགས་པ་ཡོད་ཅིང་། གྱེས་པ་བཅོ་བརྒྱད་ལ་ཡང་། དང་པོ་སྡོམ་པ་ལེན་པ་དང་། བར་དུ་བསྲུང་བ་དང་། ཉམས་ན་ཕྱིར་བཅོས་པ་དང་། གསོ་སྦྱོང་གི་ཆོ་སོ་སོ་ཐར་པ་འདོན་པའི་ཚུལ་དང་། ཐ་མ་སྡོམ་པ་གཏོང་བའི་ཚུལ་ལ་སོགས་པ་ཕལ་ཆེར་མི་མཚུངས་པའི་ཕྱིར་རོ། །དེ་ཡང་ཁ་ཆེ་པཎ་ཆེན་གྱི་གསུང་སྒྲོས་ལས། ཐམས་ཅད་ཡོད་སྨྲའི་མཁན་པོ་རྒྱལ་རིགས་སྒྲ་གཅན་ཟིན། སྐད་སཾསྐྲི་ཏའི་སྐད། སྣམ་སྦྱར་སྣམ་ཕྲན་ཉི་ཤུ་རྩ་ལྔ་མན་ཆད། དགུ་ཡན་ཆད་གྲྭའི་རྟགས་པད་མ་དང་། ཨུཏྤལ་ལ་སོགས་པ། ཕལ་ཆེན་པའི་མཁན་པོ་བྲམ་ཟེའི་རིགས་འོད་སྲུང་ཆེན་པོ། སྐད་པྲ་ཀྲི་ཏའི་སྐད། སྣམ་ཕྲན་ཉེར་གསུམ་པ་ནས་བདུན་ཡན་ཆད། རྟགས་དུང་། མང་པོས་བཀུར་བའི་མཁན་པོ། འབྲིག་མཁན་གྱི་རིགས་ཉེ་བ་འཁོར། སྐད་ཟུར་ཆག་གི་སྐད། སྣམ་ཕྲན་ཉེར་གཅིག་པ་ནས་ལྔ་ཡན་ཆད། རྟགས་མེ་ཏོག་སོར་ཅིག །གནས་བརྟན་པའི་མཁན་པོ། མཐའ་འཁོབ་འདུལ་བ་ཀཱ་ཏྱ་ན། སྐད་པི་ཤ་ཙིའི་སྐད། སྣམ་ཕྲན་དང་། གྲྭའི་རྟགས་མང་པོས་བཀུར་བ་དང་འདྲ་བར་གསུངས་སོ། །གྱེས་པ་བཅོ་བརྒྱད་ཀྱི་དབྱེ་བ་ནི་འོག་ནས་འཆད་དོ། །གཉིས་པ་ལ་གཉིས་ཏེ། གྱེས་པ་བཅོ་བརྒྱད་ལ་བདེན་བརྫུན་གྱི་དབྱེ་བ་ཡོད་པའི་ལན་དགག །བསླབ་པ་ཤེས་ན་གནང་བཀག་གཅིག་ཏུ་འགྱུར་བའི་ལན་དགག་པའོ། །དང་པོ་ནི། གལ་ཏེ་སྡེ་པ་ཞེས་སོགས་བདུན་ཏེ། ཉན་ཐོས་རྩ་བའི་སྡེ་བཞི་དང་། གྱེས་པ་བཅོ་བརྒྱད་ལ་གནང་བཀག་ཐ་དད་ཡོད་པས། གནང་བཀག་ཐ་དད་པར་མི་འགྲུབ་སྟེ། སྡེ་པ་གཅིག་ཁོ་ནའི་གནང་བཀག་བདེན་པ་ཡིན་གྱི། དེ་ལས་གཞན་བརྫུན་པའི་ཕྱིར་རོ་ཞེ་ན་མ་ཡིན་ཏེ། རྒྱལ་པོ་ཀྲི་ཀྲིའི་རྨི་ལམ་ལྟར་སྡེ་པ་བཅོ་བརྒྱད་པོ་ཐམས་ཅད་ཀྱི་གནང་བཀག་བདེན་པར་གསུངས་པའི་ཕྱིར་རོ། །རྒྱལ་པོ་ཀྲི་ཀྲིའི་རྨི་ལམ་ལ། སྔོན་རབ་དཔག་བསམ་འཁྲི་ཤིང་དང་། མཛོད་ཀྱི་འགྲེལ་བཤད་ལས་བཅུ་བཤད་ཅིང་བསྟན་པ་སྟོད་དར་གྱི་དུས་སུ་བྱུང་བའི་ཆོས་ཀྱི་བརྗེད་བྱང་ཞེས་བྱ་བ་ལས་བརྒྱད་དེ་བཅོ་བརྒྱད་འབྱུང་བ་རིམ་པ་བཞིན་བསྡུས་ན། གླང་ཆེན་མཛུག་མ་དཀར་ཁུང་ཐོགས་པ་དང་། །ཁྲིན་པས་མི་སྐེགས་ཕྱེ་དང་སྨྱུ་རིག་བརྗེ། །ངན་པའི་ཤིང་དང་ཙན་དན་མཉམ་དུ་བྱེད། །གླང་གི་ཕྲུ་གུས་གླང་ཆེན་གནས་ནས་སྐྲོད། །མི་གཙང་སྤྲེའུས་མི་གཙང་གཞན་ལ་བྱུག །སྤྲེའུ་མང་པོས་སྤྱི་དང་རྒྱལ

པོར་བཀུར། །བཅོ་བརྒྱད་མི་ཡིས་རས་ཡུག་སོ་སོར་དྲས། །ར་བའི་མེ་ཏོག་འབྲས་བུ་རྐྱེན་པོས་ཁྱེར། །འཐབ་པར་མི་འོས་སྡེ་རིགས་ཕན་ཚུན་འཐབ། །མེ་ཏོག་དག་ནི་ཆོད་ཙམ་ཅེས་ནི་བསྐུལ། །རྫིང་བུ་གསུམ་གྱི་བར་མ་སྟོང་པར་མཐོང་། །རྐན་པོ་སྤྱི་ཐེར་དུ་ནི་གནས་པ་དང་། །རྟ་ཡི་ཁ་འཕྱོངས་གཉིས་ཀས་ཟ་བ་དང་། །ཆེ་བའི་བྲེ་བས་ཆུང་བ་ཁ་ནི་དྲག །བེའུ་སྐྱེས་མ་ཐག་ཏུ་བ་ལ་ནུ། །སྤྲ་དྲི་གཞོན་ནུའི་མི་ནི་ཕྱི་དྲོ་ཤས། །སེང་གེའི་རོ་ནི་རང་གི་སྲིན་འབུས་ཟོས། །བཅོ་བརྒྱད་རྨིས་པ་འོད་སྲུང་ལ་ཞུས་པས། །བྲམ་ཟེའི་ཁྱེའུ་བླ་མ་མ་འོངས་པར། །སངས་རྒྱས་ཤཱཀྱ་ཐུབ་ཅེས་བྱར་གྱུར་པའི་ཚེ། །བསྟན་པའི་མཐུག་ཏུ་འདི་འདྲ་འབྱུང་བའི་ལྟས། །ཞེས་སོ། །སྡེ་པ་བཅོ་བརྒྱད་ཀྱི་གནང་བཀག་ལ་བདེན་བརྫུན་གྱི་དབྱེ་བ་མེད་པ་དང་། བཅོ་བརྒྱད་ཇི་ལྟར་གྱེས་པའི་ཚུལ་འདིའི་དོན་རྒྱས་པར་བཙུན་པ་དབྱིག་བཤེས་ཀྱིས་མཛད་པའི་སྡེ་པ་ཐ་དད་གླག་པའི་འཁོར་ལོ་ཞེས་བྱ་བའི་དོན་བསྡུས་ནས་སློབ་དཔོན་དུལ་བ་ལྷས། སྡེ་པ་ཐ་དད་བསྟན་པ་བསྡུས་པ་ཞེས་བྱ་བ་དང་། འདུལ་བ་འོད་ལྡན་དང་། དགེ་ཚུལ་གྱི་ལོ་དྲི་བ་སོགས་ལ་ལྟོས་ཏེ་སྡེ་པ་ཐ་དད་བསྟན་པ་བསྡུས་པ་ལས། ཡུལ་དོན་སློབ་དཔོན་བྱེ་བྲག་གིས། །ཐ་དད་རྣམ་པ་བཅོ་བརྒྱད་འདོད། །ཅེས་དང་། འོད་ལྡན་ལས། དེ་ལྟ་བས་ན་སྡེ་པ་གཞན་འདོན་པ་དག་ཀྱང་སངས་རྒྱས་ཀྱི་གསུང་ནི་ཡིན་པར་ཐེ་ཚོམ་མེད་པ་ཡིན་ནོ་ཞེས་དང་། དགེ་ཚུལ་གྱི་ལོ་དྲི་བ་ལས་དེ་ལྟར་བྱེ་བྲག་བཅོ་བརྒྱད་དུ། ཤཱཀྱ་སེང་གེའི་བསྟན་པ་ནི། །གྱུར་ཏེ་འགྲོ་བའི་བླ་མ་དེའི། །སྟོན་གྱི་ཕྲིན་ལས་དབང་གིས་ཡིན། །ཞེས་གསུངས་སོ། །བཅོ་བརྒྱད་ཇི་ལྟར་གྱེས་པའི་ཚུལ་ནི། འོད་ལྡན་ལས། ཐམས་ཅད་ཡོད་སྨྲ་གཅིག་པུ་ལས། གཞན་རྣམས་གྱེས་པར་གསུངས་ཏེ། ཇི་སྐད་དུ་སྟོན་ཐམས་ཅད་ཡོད་པར་སྨྲ་བ་འདི་གཅིག་པུ་ཡོད་པ་ལས་བཅོམ་ལྡན་འདས་མྱ་ངན་ལས་འདས་པ་དང་། དེ་ལ་བརྟེན་ནས་སྡེ་པ་གཞན་དག་འབྱུང་བས་དེ་དག་གི་གཞིར་གྱུར་པའི་ཕྱིར་གཞི་ཐམས་ཅད་ཡོད་པར་སྨྲ་བ་ཞེས་བྱ་བ་དང་། དེ་ལྟ་བས་ན་ཐམས་ཅད་ཡོད་པར་སྨྲ་བ་ནི་གཞི་ཞེས་བྱའི། སྡེ་པ་གཞན་དག་ནི་མ་ཡིན་ཏེ། ཐ་མལ་པ་དང་། ཟུར་ཆག་པ་དང་། འབྲིང་དུ་འདོན་པའི་ཚིག་གི་ཐ་སྙད་བརྗོད་པའི་ཕྱིར་རོ། །ཞེས་སོ། །སྡེ་པ་ཐ་དད་བསྟན་པ་བསྡུས་པ་དང་། དགེ་ཚུལ་གྱི་ལོ་དྲི་བ་ལས། རྩ་བའི་སྡེ་པ་བཞི་ལས། བཅོ་བརྒྱད་དུ་གྱེས་པར་འདོད་དེ། གཞུང་དང་པོ་ལས། ཤར་དང་ནུབ་དང་གངས་རིར་གནས། །འཇིག་རྟེན་འདས་པར་སྨྲ་བའི་སྡེ། །རྟག་པར་སྨྲ་བའི་སྡེ་པ་དང་། །ལྷ་ཆེན་དགེ་འདུན་ཕལ་ཆེན་པ། །གཞི་ཀུན་པ་དང་འོད་སྲུང་སྡེ། །ས་སྟོན་སྡེ་དང་ཆོས་སྲུང་སྡེ། །མང་ཐོས་གོས་དམར་སློབ་མ་དང་། །རྣམ་པར་ཕྱེ་སྟེ་སྨྲ་བའི་སྡེ། །ཐམས་ཅད་ཡོད་པར་སྨྲ་བ་ཡིན། །རྒྱལ་བྱེད་ཚལ་གནས་འཇིགས་མེད་གནས། །གཙུག་ལག་ཁང་ཆེན་གནས་བརྟན་པ། །ས་སྒྲོགས་རི་དང་བསྲུང་བ་པ། །གནས་མ་བུ་ཡི་སྡེ་རྣམས་ནི། །ཀུན་གྱིས་བཀུར

བ་རྣམ་པ་གསུམ། །ཡུལ་དོན་སློབ་དཔོན་བྱེ་བྲག་གིས། །ཐ་དད་རྣམ་པ་བཅོ་བརྒྱད་གསུངས། །ཞེས་དང་། གཞུང་གཉིས་པ་ལས། འོད་སྲུང་ཞེས་བྱ་ས་སྲུང་དང་། །ཆོས་སྲུང་ཞེས་ནི་བྱ་བ་དང་། །གཞི་ཀུན་ཡོད་པར་སྨྲ་བ་སྟེ། །ལྷ་བའི་བྱེ་བྲག་འགའ་ཞིག་གིས། །རྒྱུ་ཡིས་འདི་དག་ཐ་དད་བྱས། །སྟོན་པ་ཐ་དད་ཡོད་མ་ཡིན། །དགེ་འདུན་ཕལ་ཆེན་དབྱེ་བ་ནི། །དྲུག་སྡེ་ཤར་གྱི་རི་བོ་དང་། །དེ་བཞིན་ནུབ་རི་ཞེས་བྱ་དང་། །གངས་གནས་ཞེས་བྱ་དེ་ལས་གཞན། །རྣམ་པར་ཕྱེ་སྟེ་སྨྲ་བ་དང་། །གཞན་ནི་དེ་བཞིན་བརྟགས་པར་སྨྲ། །འཇིག་རྟེན་འདས་སྨྲ་ཞེས་བྱ་བ། །དེ་དག་ཏུ་ནི་ཡང་དག་སྨྲ། །མང་པོས་བཀུར་བའི་བྱེ་བྲག་ནི། །རྣམ་པ་ལྔར་ནི་མཁས་པས་བསྒྲགས། །གོས་དམར་བ་དང་ས་སྲུང་དང་། །ཀུ་རུ་ཀུལླེ་དེ་ལས་གཞན། །མང་དུ་ཐོས་པ་ཞེས་བྱ་དང་། །གནས་མ་བུ་ཡི་སྡེ་ཞེས་དང་། །རྒྱལ་བྱེད་ཚལ་ན་གནས་པ་དང་། །འཇིགས་མེད་རི་ལ་གནས་པ་དང་། །གཙུག་ལག་ཁང་ཆེན་ལ་གནས་པ། །གནས་བརྟན་དབྱེ་བ་གསུམ་དུ་འདོད། །དེ་ལྟར་བྱེ་བྲག་བཅོ་བརྒྱད་དུ། །ཞེས་སོགས་གསུངས་སོ། །རྟོག་གེ་འབར་བ་ལས། རྩ་བའི་སྡེ་པ། དགེ་འདུན་ཕལ་ཆེན་པ་དང་། གནས་བརྟན་པ་གཉིས་ལས། དང་པོ་ལས་བརྒྱད། ཕྱི་མ་ལས་བཅུར་གྱེས་པར་གསུངས་ཏེ། ཇི་སྐད་དུ། སངས་རྒྱས་བཅོམ་ལྡན་འདས་ཡོངས་སུ་མྱ་ངན་ལས་འདས་ནས་ལོ་བརྒྱ་དང་བཅུ་དྲུག་ལོན་པ་ན། གྲོང་ཁྱེར་མེ་ཏོག་གིས་རྒྱས་པ་ཞེས་བྱ་བར་རྒྱལ་པོ་དྷརྨ་ཨ་ཤོ་ཀ་ཞེས་བྱ་བ་རྒྱལ་སྲིད་བྱེད་པའི་ཚེ། རྩོད་པ་འགའི་དབང་གིས་དགེ་འདུན་གྱི་དབྱེན་ཆེན་པོར་གྱུར་ཏོ། །དེ་ནས་རེ་ཤིག་དང་པོར་སྡེ་པ་གཉིས་སུ་ཆད་ནས་གནས་ཏེ། དགེ་འདུན་ཕལ་ཆེན་པ་དང་གནས་བརྟན་པའོ། །དགེ་འདུན་ཕལ་ཆེན་པའི་སྡེ་པ་ཡང་རིམ་གྱིས་བྱེ་བར་གྱུར་པ་ན། རྣམ་པ་བརྒྱད་དུ་གནས་ཏེ། འདི་ལྟ་སྟེ་དགེ་འདུན་ཕལ་ཆེན་སྡེ་པ་དང་། ཐ་སྙད་གཅིག་པ་དང་། འཇིག་རྟེན་ལས་འདས་པར་སྨྲ་བ་དང་། མང་དུ་ཐོས་པ་དང་། རྟག་པར་སྨྲ་བ་དང་། མཆོད་རྟེན་པ་དང་། ཤར་གྱི་རི་བོ་པ་དང་། ནུབ་ཀྱི་རི་བོ་པའོ། །གནས་བརྟན་པ་ཡང་རིམ་གྱིས་བྱེ་བར་གྱུར་པ་ན། རྣམ་པ་བཅུར་འགྱུར་ཏེ། འདི་ལྟ་སྟེ་གནས་བརྟན་པ་ཉིད་ལ། གངས་རི་པ་ཞེས་བརྗོད་པ་དང་། ཐམས་ཅད་ཡོད་པར་སྨྲ་བ་ཉིད་ལ་རྣམ་པར་ཕྱེ་སྟེ་སྨྲ་བ་དང་། རྒྱུར་སྨྲ་བ་དང་། ཁ་ཅིག་མུ་རན་ཏ་ཀ་པ་ཞེས་ཟེར་བ་དང་། གནས་མའི་བུ་ལ་ཆོས་མཆོག་དང་། བཟང་པོའི་ལམ་པ་དང་། ཀུན་གྱིས་བཀུར་བ་ལ་ཁ་ཅིག་ཨ་ནན་ཏ་ཀ་པ་ཞེས་ཟེར། ཁ་ཅིག་ནི་ཀུ་རུ་ཀུལླེ་ཞེས་ཀྱང་ཟེར་བ་དང་། མང་སྟོན་པ་དང་། ཆོས་སྦས་པ་དང་། ཆར་བཟངས་འབེབས་པ་ཞེས་བྱ་བ་ལ་ཁ་ཅིག་ནི་འོད་སྲུང་པ་ཞེས་ཟེར་བ་དང་། བླ་མ་ལ་ཁ་ཅིག་ནི་འཕོ་བར་སྨྲ་བ་ཞེས་ཟེར་བ་སྟེ། སྡེ་པ་བཅོ་བརྒྱད་ནི་དེ་དག་གོ་ཞེས་སོ། །གཉིས་པ་ནི། སྡེ་པ་ཀུན་གྱི་ཞེས་སོགས་ཚིགས་བཅད་དྲུག་དང་ཚིག་རྐང་གཅིག་སྟེ་སྡེ་པ་བཅོ་བརྒྱད་པོ་ཀུན་གྱི་བསླབ་པ་ཤེས་ན།

གནང་བཀག་གཅིག་ཏུ་འགྱུར་ཞེ་ན། ཤེས་ཀྱང་ཕལ་ཆེར་སོགས་ཏེ་བུ་རམ་ཕྱི་དྲོ་ལྡུང་བ་མེད་པ་དང་། བྱིན་ལེན་ལག་པ་བཀན་པ་དང་། མེར་ཆགས་པ་བསད་པ་ལ་ཕམ་པ་དང་། གླིང་གཞིའི་ཚིགས་བཅད་རིང་ཐུང་གཞན་དུ་ཡོད་པ་ནི་ཐམས་ཅད་ཡོད་སྨྲའོ། །གསོལ་བཞིའི་ཚོགས་སྡོམ་པ་འཇིག་པ་དང་། སྨིན་མའི་སྤྱུ་མ་བཞར་ན་ལྟུང་བ་དང་། ལྟུང་བཟེད་བྱིན་ལེན་བྱེད་པ་རྣམས་ནི་ཕལ་ཆེན་པའོ། །བུ་རམ་ཕྱི་དྲོ་འགོག་པ་དང་། བྱིན་ལེན་ལག་པ་བཀན་པ་ལས་གཞན་སྐྱུར་ཐབས་སུ་བྱེད་པ་ནི་གནས་བརྟན་པའོ། །གསུམ་པ་ནི་མདོར་ན་ཕམ་པ་ཞེས་སོགས་བཅུ་བདུན་ཏེ། སྡེ་པ་ཐམས་ཅད་གནང་བཀག་གཅིག་པ་མི་འཐད་དེ། ཕམ་པ་བཞི་པོ་ནས་བརྩམས་ཏེ། བསླབ་པར་བྱ་བ་ཐམས་ཅད་མི་མཐུན་པས་ཐམས་ཅད་ཡོད་སྨྲ་ལྟ་བུ་གང་ཞིག་གི་བཀག་པ་ལ་གནས་བརྟན་པ་ལྟ་བུ་གང་ཞིག་ལ་གནང་བར་འགྱུར་པ་ཡོད་པའི་ཕྱིར། དེ་ལྟ་མིན་པར་གཅིག་ན་གནོད་བྱེད་ནི་དཔེར་ན་བུ་རམ་སོགས་སོ། །བུ་རམ་ཕྱི་དྲོ་ཟ་བ་དང་། བྱིན་ལེན་ལ། ཡེ་བཀག་ཡེ་གནང་བརྟགས་པ་དེ་བཞིན་དུ། སྨིན་མའི་སྤྱུ་བཞར་བ་སོགས་ཀུན་ལ་སྦྱར་ནས་བརྟག་པར་བྱ་སྟེ། དེ་ལྟར་བརྟགས་ན་ཡེ་བཀག་ཡེ་གནང་འཇིག་གོ། །

གཉིས་པ་ཁྲིམ་པ་དང་རབ་བྱུང་གནང་བཀག་ཐ་དད་དུ་བསྟན་པ་ལ་གཉིས་ཏེ། ཁས་བླངས་བརྗོད་པ་དང་། དེ་དགག་པའོ། །དང་པོ་ནི། ཁ་ཅིག་རབ་ཏུ་ཞེས་སོགས་ལྔ་སྟེ། འབྲི་ཁུང་པ་ཁ་ཅིག་དགོངས་གཅིག་ཏུ་རྡོ་རྗེའི་གསུང་། བཅས་པ་དང་རང་བཞིན་གྱི་ཁ་ན་མ་ཐོ་བ་གཅིག་པ་ཡིན་ཞེས་བྱ་བ་འདི་བཞུགས་པས་དེ་གཉིས་གཅིག་པ་ཡིན་ནོ། །འོན་དུད་འགྲོ་ལ་བཅས་པ་མཛད་པ་མེད་པས་བཅས་འགལ་གྱི་ཉེས་པ་མི་འབྱུང་ངམ་སྙམ་ན། དུད་འགྲོ་ལ་ཡང་བཅས་པ་ཡོད་དེ། ཡང་རྡོ་རྗེའི་གསུང་། ཁམས་གསུམ་ཆོས་ཀྱི་རྒྱལ་པོས་འགྲོ་བ་སྐྱེ་ལ་བཅས་བྱ་བ་བཞུགས། དེ་ལ་སངས་རྒྱས་བཅོམ་ལྡན་འདས་དང་པོ་ཐུགས་བསྐྱེད། བར་དུ་ཚོགས་བསགས། ཐ་མར་ཆོས་འཁོར་བསྐོར་བ་དེ་ཡང་། རྗེས་འབྲང་གི་སྲས་ཁོ་ནའི་དོན་དུ་མ་ཡིན་འགྲོ་བ་ཐམས་ཅད་ཀྱི་དོན་དུ་ཡིན་པ་དང་གཅིག །དེ་ལ་གང་ཟག་རེ་རེ་ལུང་སྟོན་པའི་ཚེ་ཞལ་ནས་འོད་ཟེར་ཁ་དོག་སྣ་ཚོགས་བཀྱེ་སྟེ། འོག་མིན་གྱི་བར་སྣང་བར་བྱས་ནས། བརྩམ་པར་བྱ་ཞིང་དབྱུང་བར་བྱ། །ཞེས་སོགས་ཚིགས་བཅད་གཉིས་པོ་སེམས་ཅན་གྱི་རིས་ཐམས་ཅད་དུ་འབྱུང་བའི་གནད་དང་གཉིས། འཁོར་ལོ་དང་པོ་འདུལ་བ་ཡིན་ལ། དེ་བསྡུས་པའི་སྙིང་པོ་ནི་སྡིག་པ་ཅི་ཡང་མི་བྱ་སྟེ། ཞེས་སོགས་གསུངས་པའི་གནད་འདི་དང་གསུམ་གྱིས་བཅས་པ་ཐམས་ཅད་སྐྱེ་ལ་དགག་སྒྲུབ་ཀྱི་ཚུལ་དང་བཅས་པ་བཤད་པ་ཡིན་ཞེས་ཟེར་རོ། །གཉིས་པ་ནི། འདི་ནི་སངས་རྒྱས་ཞེས་སོགས་བཅུ་གཅིག་སྟེ། རབ་བྱུང་ལ་བཅས་པ་ཐམས་ཅད་ཁྲིམ་པ་ནས་དམྱལ་བའི་བར་ལ

མཚུངས་པར་འགྱུར་ཟེར་བ་འདི་ནི་སངས་རྒྱས་ཀྱི་དགོངས་པ་མ་ཡིན་ཏེ། ཅིའི་ཕྱིར་ཞེ་ན་སོགས་སོ། །དེས་ན་ཐུབ་པས་དྲུག་སྡེ་ཟས་མཆོད་རྟེན་འདྲ་བར་བྱས་ཏེ་གཞོམ་པ་སོགས་མ་བཅས་པའི་གོང་གི་ལས་དང་པོ་པས་ཉེས་པ་བྱས་ཀྱང་ལྟུང་བ་མེད་པར་གསུངས་སོ། །དེ་ལྟར་མ་ཡིན་པར་བཅས་མ་བཅས་ཐམས་ཅད་ལ་ལྟུང་བ་ཀུན་འབྱུང་ན་འགྲོ་ཀུན་སོགས་སོ། །གསུམ་པ་ཐེག་པ་ཆེ་ཆུང་གནང་བཀག་ཐ་དད་པར་བསྟན་པ་ནི། ཉན་ཐོས་རྣམ་གསུམ་ཞེས་སོགས་ལྔ་སྟེ། འདི་ལ་ཉན་ཐོས་ལ་རྣམ་གསུམ་དག་པའི་ཤ་གནང་ཚུལ། ཐེག་པ་ཆེན་པོ་ལས་ཤ་ཐམས་ཅད་བཀག་ཚུལ། དེ་དག་གི་དགོངས་པ་དཔྱད་པ། གཞུང་གི་འབྲུ་གཉེར་བས་སྐབས་ཀྱི་དོན་ལ་སྦྱར་བ་དང་བཞི་ལས། དང་པོ་ནི་འདུལ་བ་ལུང་སྨན་གྱི་གཞི་ལས། བཅོམ་ལྡན་འདས་ཀྱིས་བཀའ་བསྩལ་པ། གནས་གསུམ་གྱིས་རྣང་བ་མ་ཡིན་པའི་ཤ་བཟའ་བར་མི་བྱའོ། །ཞེས་གསུངས་པའི་གསུམ་གང་ཞེ་ན། བདག་གི་ཆེད་དུ་བྱས་པ་མངོན་སུམ་དུ་མཐོང་བ་དང་། ཡིད་ཆེས་པ་ལས་ཁྱོད་ཀྱི་ཆེད་དུ་བྱས་པ་ཡིན་ནོ་ཞེས་ཐོས་པ་དང་། རང་ཉིད་ཀྱི་བློ་ལ་རྣམ་པར་རྟོག་པ་སྐྱེས་པ་ཚུལ་གསུམ་ལས། འདི་ནི་བདག་གི་ཆེད་དུ་བྱས་པ་ཡིན་ནོ་སྙམ་པའོ། །ཞེས་དངོས་སུ་རྣམ་གསུམ་མ་དག་པའི་ཤ་བཀག་ཅིང་། ཤུགས་ལ་རྣམ་གསུམ་དག་པའི་ཤ་གནང་བ་དང་། ཡང་ལུང་ལས། ཡ་རབས་རྣམས་ལ་གནང་བའི་ཉ་དང་། ཤ་ལ་སོགས་པ་ལྟུང་བྱེད་དུ་འོངས་པ་དག་ལ་མི་ཤ་ལ་སོགས་པ་མ་ཡིན་ནམ་སྙམ་དུ་བརྟགས་ཏེ། མ་ཡིན་ན་བཟའོ་ཞེས་དང་། རྟོག་གེ་འབར་བ་ལས། ཉན་ཐོས་ཐེག་པའི་གཞུང་ལས་ནི། །རྣམ་གསུམ་དག་པའི་ཤ་གང་དག །ཟོས་ཀྱང་སྡིག་པར་མི་འགྱུར་ཏེ། །དྭངས་མ་སོགས་སུ་འགྱུར་བའི་ཕྱིར། །སློང་མོའི་ཟས་ལ་སྡིག་མེད་བཞིན། །ཞེས་གསུངས་སོ། །གཉིས་པ་ནི་ལང་ཀར་གཤེགས་པ་ལས། བློ་གྲོས་ཆེན་པོ་ཚེ་འདི་ཉིད་ལ་ཡང་། ཁྱིམ་བདུན་པོའི་ནང་ནས་ཤ་ལ་ཤིན་ཏུ་བཀྲམ་ཞིང་མ་འོངས་པར་བརྟེན་ན་མི་ཤ་ཟ་བའི་མཁའ་འགྲོ་དང་། མཁའ་འགྲོ་མ་མ་རུངས་པ་དག་ཏུ་སྐྱེའོ། །བློ་གྲོས་ཆེན་པོ་དེ་དག་ཚེ་བརྗེས་ནས་ཀྱང་ཤའི་རོ་ལ་ཆགས་པ་དེ་ཉིད་ཀྱིས་སེང་གེ་དང་། སྟག་དང་། གཟིག་དང་། སྤྱང་ཀི་དང་། འཕར་བ་དང་། བྱི་ལ་དང་། ཝ་དང་། འུག་པ་དང་། ཤ་མང་པོ་ཟ་བའི་སྐྱེ་གནས་དང་། ཤ་མང་དུ་ཟ་བའི་སྲིན་འབུ་ལ་སོགས་པ་ཤིན་ཏུ་གཏུམ་པའི་སྐྱེ་གནས་སུ་འང་ལྟུང་བར་བྱེད་དོ། །དེར་ལྟུང་བ་རྣམས་མིའི་སྐྱེ་གནས་ཀྱང་འཐོབ་པར་དཀའ་ན་མྱ་ངན་ལས་འདས་པ་ལྟ་ཅི་སྨོས་ཏེ། བློ་གྲོས་ཆེན་པོ་ཤ་ཟ་བའི་ཉེས་པ་ཡང་དེ་དག་ལ་སོགས་པ་ཡིན་ན་བསྟེན་པ་རྣམས་ལྟ་སྨོས་ཀྱང་སྐྱེ་མོད། ཕྱིར་མི་ལྡོག་པས་ན་ཡོན་ཏན་ཤིན་ཏུ་མང་ན་བློ་གྲོས་ཆེན་པོ་རྣམས་ཀྱིས་ཡོན་ཏན་དང་ཉེས་པ་འདི་དག་དང་གཞན་ཡང་ཁོང་དུ་མི་ཆུད་ཞེས་རྒྱས་པར་གསུངས་ཤིང་། གླང་པོའི་རྩལ་དང་སྤྲིན་ཆེན་དང་། །མྱ་ངན་འདས་དང་སོར་ཕྲེང་དང་། །ལང་ཀར་གཤེགས་

པའི་མདོ་ལས་ཀྱང་། །ངས་ནི་ཤ་ཡང་རྣམ་པར་སྨད། །སངས་རྒྱས་བྱང་ཆུབ་སེམས་དཔའ་དང་། །ཉན་ཐོས་རྣམས་ཀྱང་སྨད་པ་ལས། །ངོ་མི་ཚ་བར་ཟ་བ་ནི། །རྟག་ཏུ་སྨྱོན་པར་སྐྱེ་བར་འགྱུར། །ཞེས་དང་། འཇམ་དཔལ་གྱིས་རང་གི་ལྟ་བའི་འདོད་པ་མདོར་བསྟན་པར། གསོད་པོ་ནོར་ལ་སྲེད་པ་དག །བསྐལ་པ་འབུམ་དུ་འཚེད་པ་སྟེ། །ཟ་པོ་ཤ་ལ་སྲེད་པ་དག །བསྐལ་པ་བྱེ་བར་འཚེད་པ་ཡིན། །ཞེས་དང་། ཤ་ཟ་བ་ཡི་མི་གང་ཞིག །དང་པོ་ཡི་དྭགས་འགྲོ་བ་སྟེ། །ཕྱིས་ནས་དུ་འབོད་འགྲོ་བ་ཡིན། །ཞེས་དང་། དཔུང་བཟང་གིས་ཞུས་པའི་རྒྱུད་ལས། ཤ་ཚང་ཀེའུ་བཙོང་དང་སྒོག་རྫོག་དང་། །འབྲུ་མར་ཏིལ་དང་ལ་ཕུག་སུ་རཱ། །འབྱུང་པོའི་ཟས་དང་ལྷ་བཤོས་གཏོར་མ་དང་། །ཀུ་ལང་མཆོད་བྱས་གཏོར་མ་མི་ཟའོ། ཞེས་གསུངས་སོ། །གསུམ་པ་ནི་འདུལ་བའི་དངོས་བསྟན་ལ། ཉན་ཐོས་རྣམ་གསུམ་དག་པའི་ཤ་གནང་བར་གསུངས་པ་དེ་དག་དྲང་དོན་ཡིན་ནམ་ངེས་དོན་ཡིན་སྙམ་ན། སློབ་དཔོན་ཡོན་ཤཱཀ་གཉིས་ཀྱིས་ནི་དངོས་བསྟན་སྒྲ་ཇི་བཞིན་དུ་འགྲེལ་ཏེ། མདོ་རྩར། ཤ་བསྔོས་པར་ཤེས་ན་བཟའ་བར་མི་བྱའོ། །སྟག་གི་གོད་མ་མི་ཟའོ། །གླང་པོ་ཆེ་དང་། རྟ་དང་། ཀླུ་རྣམས་ཀྱི་མི་ཟའོ། ཞེས་དང་། ཤའི་བྱིན་ལེན་སྤོབ་པ་ལ། བཙད་པ་ལས་བྱུང་བ་ཉིད་མ་ཡིན་ནམ། ཞེས་དྲི་བར་བྱའོ། །དུ་མ་ཉིད་ན་དང་པོས་སོ། །ཉམས་ན་འོག་མས་སོ་ཞེས་དང་། སུམ་བརྒྱ་པ་ལས། ཡ་རབས་རྣམས་ལ་ཉ་དང་ཤ་གནང་གང་། །གནོད་དང་བརྩེ་མེད་རོ་སོགས་ལ་ཆགས་དང་། །ཡོངས་སུ་བཙལ་བའི་སེམས་ནི་སྤངས་ནས་ནི། །ལྷུང་བཟེད་འོངས་པ་དེ་ལ་བརྟགས་ཏེ་བཟའ། །ཞེས་གནང་བའི་ཤ་བཟའ་བར་གསུངས་ལ། དེ་ཡང་རྣམ་གསུམ་དག་པའི་ཤའོ། །རྣམ་གསུམ་དག་པ་ནི་ཁ་ཅིག །རང་གི་ཆེད་དུ་མཐོང་ཐོས་དོགས་གསུམ་དང་བྲལ་བ་ཡིན་གྱི། སྐྱུར་ཤའི་ཆེད་དུ་མ་ཡིན་ནོ་ཞེས་ཟེར་བ་མི་འཐད་དེ། འོད་ལྡན་ལས། ཆེད་དུ་བྱས་པའི་ཤ་དང་ཉ་ཤ་དག་བཟའ་བར་མི་བྱའོ། །གལ་ཏེ་བྱས་པ་དང་བྱེད་དུ་བཅུག་པ་དང་། རྗེས་སུ་ཡི་རང་བ་འཁོར་གསུམ་ཡོངས་སུ་དག་པ་ཡིན་དུ་ཟིན་ཀྱང་ཆེད་དུ་བྱས་པ་རྣམས་ལས་སྙིང་བརྩེ་བ་མེད་པ་སྐྱེ་བའི་ཕྱིར་དང་ཆ་མ་ཡིན་པའི་ཕྱིར་བཀག་གོ། །དེ་ལས་གཞན་པ་ནི་མ་བཀག་པའོ། ཞེས་གསུངས་པས་སོ། །ཁ་ཅིག་ལང་ཀར་གཤེགས་པར། རྣམ་གསུམ་དག་པའི་ཤ་རྣམས་ནི། །མ་བརྟགས་པ་དང་མ་བླངས་པ། །མ་བསྐུལ་པ་ཡང་སྐྱོང་མེད་པས། །དེས་ན་ཤ་ནི་མི་ཟའོ། །ཞེས་གསུངས་པ་རྣམས་ལ་འཆད་པ་ནི་ཤིན་ཏུ་ནོར་ཏེ། དེ་ནི་ཉན་ཐོས་ཀྱི་ཐེག་པར་གསུངས་པའི་རྣམ་གསུམ་དག་པའི་ཤ་དེ་ཡང་འདིར་རྣམ་པ་གསུམ་མ་དག་པ་ཡིན་པས་བཟར་མི་རུང་ཞེས་པའི་དོན་ཡིན་གྱི། ཉན་ཐོས་ཀྱི་ཐེག་པའི་རྣམ་གསུམ་དག་ཚུལ་སྟོན་པ་ནི་མ་ཡིན་པའི་ཕྱིར་རོ། །དེས་ན་འདུལ་བ་ཚིག་ལེའུར་བྱས་པ་ལས། གང་ཕྱིར་ཆེད་དུ་བྱས་པའི་ཤ །མཐོང་དམ་ཐོས་སམ་དོགས་པ་ནི། །དེ་ནི་བཟའ་བར་བྱ་མིན་པས། །འགྲོ་ཀུན་

ཕན་པར་བཞེད་པས་གསུངས། །ཞེས་པ་ལྟར། ཤའི་ཆེད་དུ་མགྲོན་པོས་དོགས་གསུམ་དང་བྲལ་བའོ། །སྤྱར་དྲངས་པའི་སྨན་གྱི་གཞི་ལས་བདག་གི་ཆེད་དུ་ཞེས་གསུངས་པ་ནི་ནད་པའི་དབང་དུ་མཛད་པའོ། །སློབ་དཔོན་ཞི་བ་ལྷས་ནི་འདུལ་བར་རྣམ་གསུམ་དག་པའི་ཤ་གནང་བ་དྲང་དོན་དུ་གཏན་ལ་ཕབ་པ་སྟེ། བསླབ་པ་ཀུན་ལས་བཏུས་པར། འདུལ་བ་ལས། དེ་ལ་རྣམ་གསུམ་ཡོངས་སུ་དག་པའི་ཤ་ཟོས་ན་སྡོང་བའི་བར་ཆད་དུ་མི་འགྱུར་རོ། །ཞེས་གང་གནང་བ་ནི་དེ་ཡོངས་སུ་སྤྱངས་པས་དག་པར་ལྟ་བ་རྣམས་ཀྱི་མངོན་པའི་ང་རྒྱལ་བསལ་བ་དང་། སྐལ་བ་ཡོད་ཀྱང་དེ་ལ་ཆགས་པས་བསྟན་པ་ལ་མི་འཇུག་པ་སྤང་བའི་ཕྱིར་རོ། །དེ་སྐད་དུ་ལང་ཀར་གཤེགས་པའི་མདོ་ལས་ཀྱང་། བསྟན་པར་བརྗོད་པ་དེ་དང་། དེ་ལས་བསླབ་པའི་གཞི་རིམ་པར་བཅའ་བ་སྐབས་ཀྱི་གདང་བུ་བྲི་བའི་ཚུལ་དུ་རྣམ་པ་གསུམ་བཅས་ནས། དེའི་འོག་ཏུ་ཆེད་དུ་བྱས་པ་རྣམས་ཀྱང་བཀག་སྟེ། དེ་ནས་རང་ཤི་བ་བཅུའི་ཤ་ཡང་བཀག་གོ། །ཞེས་གསུངས་སོ། ཞེས་ལུང་འདྲེན་དང་བཅས་པ་གསལ་བར་བཤད་པའི་ཕྱིར་རོ། །དེ་ལ་དགོངས་གཞི་ནི་དགེ་སློང་ནད་པས་སྨན་གྱི་ཆེད་དུ་བསྟེན་པ་དང་། མདོ་ཏིང་འཛིན་རྒྱལ་པོ་ལས། དགེ་སློང་འདི་ནི་འཆི་བའི་དུས་བགྱིས་ན། །འཛམ་བུའི་གླིང་དུ་ཏིང་འཛིན་སྒྲ་རྣམས་ནི། །སེམས་ཅན་རྣམས་ལ་རྟག་ཏུ་ནུབ་པར་འགྱུར། །འདི་སོས་པས་ནི་ཏིང་འཛིན་རྣམས་ཀྱང་ཐོབ། །ཅེས་གསུངས་པ་ལྟར། དགེ་སློང་ཡང་དག་བློ་གྲོས་ལྷ་བུ་ཤའི་སྨན་མ་བསྟེན་ན་འཆི་བའི་དུས་བྱེད་པར་འགྱུར་ལ། དེ་འདས་ན་འཛམ་བུའི་གླིང་དུ་ཏིང་ངེ་འཛིན་ནུབ་པར་འགྱུར་བས། འདི་ལྷ་བུའི་གང་ཟག་གིས་བཟར་རུང་བ་ལ་དགོངས་སོ། །དགོས་པ་ནི་ལྷས་བྱིན་ལ་སོགས་པ་ཤ་སྤངས་པ་ཙམ་གྱིས་དག་པར་ལྟ་བ་དང་། རྒྱལ་པོ་ཀང་ཁྲ་ལྟ་བུ་ཤའི་རོ་ལ་ཆགས་པས་བསྟན་པ་ལ་མི་འཇུག་པ་རྣམས་རྗེས་སུ་བཟུང་བའི་ཕྱིར་ཡིན་ནོ། །དངོས་ལ་གནོད་བྱེད་ནི་ལང་གཤེགས་ལས། བློ་གྲོས་ཆེན་པོ་རབ་ཏུ་བྱུང་བ་རྣམས་ལ་ཤའི་ཟས་ནི་མི་རུང་བར་བཤད་དོ། །བློ་གྲོས་ཆེན་པོ་གང་ང་ལ་དེ་བཞིན་གཤེགས་པས་ཀྱང་གསོལ་ཏོ་ཞེས་སྨྲ་བ་འདེབས་པ་དེ་ཡང་བློ་གྲོས་ཆེན་པོ། སྐྱེས་བུ་བླུན་པོ་རང་གི་ལས་ཀྱི་ཉེས་པའི་སྒྲིབ་པ་ལ་གནས་པ་དེ་དག་ལ་ཡུན་རིང་པོར་དོན་མེད་པ་དང་། གནོད་པ་དང་མི་བདེ་བ་སྒྲུབ་པར་འགྱུར་རོ། །བློ་གྲོས་ཆེན་པོ་ངའི་འཕགས་པ་ཉན་ཐོས་རྣམས་ནི་ཁ་ཟས་ཐ་མལ་པ་ཡང་མི་ཟ་ན་ཤ་དང་ཁྲག་གི་ཟས་མི་རུང་བ་ལྟ་ཅི་སྨོས་ཞེས་དང་། མྱང་འདས་ཆེན་པོར་བཅོམ་ལྡན་འདས། འོ་ན་ཇི་ལྟར་མུ་གསུམ་ཡོངས་སུ་དག་པའི་ཤ་ཟ་བར་གནང་ལགས། བཀའ་བསྩལ་པ། མུ་གསུམ་ཡོངས་སུ་དག་པ་ངས་རིམ་གྱིས་བསླབ་པའི་གཞི་བསྒྲུམས་པའི་ཕྱིར། དེ་ཡང་ངས་དང་པོར་ཞེས་དང་། རིགས་ཀྱི་བུ་ད་ཕྱིན་ཆད་ངའི་ཉན་ཐོས་རྣམས་ཤ་བཟར་མི་རུང་ངོ་། །ཡུལ་འཁོར་གྱི་བསོད་སྙོམས་ནི་བུའི་ཤ་དང་འདྲ་བར་བྱ་ན་ཤ་ཟ

བར་ངས་ཇི་ལྟར་གནང་ཞེས་གསུངས་སོ། །བདག་གི་བླ་མ་ཡང་འདི་ཁོ་ན་བཞིན་དུ་བཞེད་དེ། སྤྲིང་ཡིག་སློབ་ཕན་དུ་ལྟ་བར་བྱའོ། །ཁོ་བོའི་རྟོག་པ་ལ་ནི། འདུལ་བ་ལས་དང་པོར་བསླབ་པའི་གཞི་རིམ་གྱིས་འཆའ་བའི་དུས་སུ་ཤ་གནང་ཞིང་། ཕྱིས་བསླབ་གཞི་ཡོངས་སུ་རྫོགས་ནས། ལང་གཤེགས་དང་། མྱང་འདས་ཆེན་པོ་གསུངས་པ་ཕྱིན་ཆད་ནས། ཉན་ཐོས་རྣམས་ལ་ཡང་ཤ་བཀག་སྟེ། སྔར་དྲངས་པའི་མྱང་འདས་ཆེན་པོར། ངས་རིམ་གྱིས་བསླབ་པའི་གཞི་བསྔམས་པའི་ཕྱིར་དེ་ཡང་ངས་དང་པོར་ཞེས་དང་། ད་ཕྱིན་ཆད་ངའི་ཉན་ཐོས་རྣམས་ཞེས་པའི་ཚིག་གི་ཁྱད་པར་གསུངས་པའི་ཕྱིར་རོ་སྙམ་དུ་སེམས་ཏེ་གོང་མ་དང་ལུགས་ཀྱི་དགོངས་པ་གཅིག་གོ། །བཞི་པ་ནི་ཐེག་པ་ཆེ་ཆུང་ཡང་གནང་བཀག་ཐ་དད་དེ། འདུལ་བ་ལས་ཉན་ཐོས་རྣམས་ལ། དང་པོར་བསླབ་པའི་གཞི་འཆའ་བའི་དུས་སུ། རྣམ་གསུམ་དག་པའི་ཤ་བཟའ་རུ་རུང་བར་གནང་ཞིང་། གལ་ཏེ་དེའི་ཚེ་ཡང་མ་གནང་ངོ་སྙམ་ནས་མི་ཟ་ན། ལྷ་སྦྱིན་གྱི་བརྟུལ་ཞུགས་སུ་གྱུར་པའི་ཕྱིར་དང་། ཐེག་པ་ཆེན་པོ་ལས། དང་པོ་ཉིད་ནས་རྣམ་གསུམ་དག་པ་དང་། མ་དག་པའི་ཤ་རྣམས་ཐམས་ཅད་བཀག་ཅིང་། ཟོས་ན་ངན་འགྲོའི་རྒྱུར་གསུངས་པའི་ཕྱིར་རོ། །ལྷ་སྦྱིན་གྱི་བརྟུལ་ཞུགས་སུ་འགྱུར་བའི་ཚུལ་ལ་ཊཱི་ཀ་བྱེད་པ་དག །ཁ་ཅིག་ཤ་མི་ཟ་བའི་བརྟུལ་ཞུགས་ཙམ་གྱིས་དག་གྲོལ་དུ་འདོད་ན་བརྟུལ་ཞུགས་སུ་འགྱུར་ཞེས་འཆད་པ་མི་འཐད་དེ། ལྷ་སྦྱིན་ཡང་བརྟུལ་ཞུགས་གཅིག་ཙམ་གྱིས་ཆོག་པར་མི་འདོད་ཅིང་། གཞན་བཞི་ཡང་བཅའ་བ་བྱས་པའི་ཕྱིར། ཞེས་བཀག་ནས་རང་ལུགས་ལ་སྟོན་པ་སངས་རྒྱས་ཀྱི་བཅས་པ་དེ་མི་འཐད། ལྷ་སྦྱིན་གྱི་བཅས་པ་འཐད་ཟེར་ནས། ཤ་མི་ཟ་ན་ལྷ་སྦྱིན་གྱི་བརྟུལ་ཞུགས་སུ་འགྱུར་ཞེས་སྨྲ་བ་ནི་ཤིན་ཏུ་མི་འཐད་དེ། གཞུང་འདི་ཐེག་པ་ཆེ་ཆུང་གནང་བཀག་ཐ་དད་པ་སྟོན་བྱེད་ཡིན་པས་ཉན་ཐོས་ལ་ལྷ་སྦྱིན་གྱི་བརྟུལ་ཞུགས་སུ་འགྱུར། ཐེག་པ་ཆེན་པོ་ལ་མི་འགྱུར་བ་ཞིག་དགོས་པ་ལས། དེ་ནི་ཐེག་པ་ཆེན་པོ་ལ་ཡང་། ལྷ་སྦྱིན་གྱི་བརྟུལ་ཞུགས་སུ་འགྱུར་བའི་ཕྱིར་རོ། །ལྷ་སྦྱིན་གྱི་བརྟུལ་ཞུགས་གང་ཞེ་ན། རྟོགས་བརྗོད་བརྒྱ་པ་ལས། དགེ་སློང་གོའུ་ཏ་མ་དགོན་པར་གནས་ན་ནི་བདག་ཅག་གྲོང་འདབ་ན་གནས་པར་བྱའོ། །དེ་ཅིའི་ཕྱིར་ན་དགེ་སློང་དག་དགོན་པར་གནས་པ་ལ་ནི་ཉེས་དམིགས་མང་བའི་ཕྱིར་རོ། །དགེ་སློང་གོའུ་ཏ་མས་ཤ་བཟའ་བར་གནང་ན་ནི། བདག་ཅག་གིས་བཟའ་བར་མི་བྱའོ། །དེ་ཅིའི་ཕྱིར་ཞེ་ན་གཞི་དེ་ལས་སེམས་ཅན་རྣམས་གསོད་པར་འགྱུར་བའི་ཕྱིར་རོ། །དགེ་སློང་གོའུ་ཏ་མ་ལན་ཚྭ་ཟ་ན་ནི་བདག་ཅག་གིས་བཟའ་བར་མི་བྱའོ། །དེ་ཅིའི་ཕྱིར་ཞེ་ན་ཁུ་རྒྱ་ལས་བྱུང་བའི་ཕྱིར་རོ། །དགེ་སློང་གོའུ་ཏ་མས་འོ་མ་འཐུང་ན་ནི་བདག་ཅག་གིས་བཏུང་བར་མི་བྱའོ། །དེ་ཅིའི་ཕྱིར་ཞེ་ན་གཞི་དེ་ལས་བེའུ་རྣམས་ཉོན་མོངས་པར་འགྱུར་བའི་ཕྱིར་རོ། །དགེ་སློང་གོའུ་ཏ་མ་ཚོས་གོས་དྲས་པ་གྱོན་ན་ནི་

བདག་ཅག་གིས་བགོ་བར་མི་བྱའོ། །དེ་ཅིའི་ཕྱིར་ཞེ་ན་མི་རྣམས་ཀྱིས་ཞོ་ཤས་བསླུབས་པ་ཚུད་ཟོས་པར་འགྱུར་བའི་ཕྱིར་རོ། །ཞེས་གསུངས་སོ། །བཞི་པ་ཐེག་ཆེན་ནང་ཕན་ཚུན་གནང་བཀག་ཐ་དད་པ་ནི། དེ་བཞིན་ཕ་རོལ་ཞེས་སོགས་ལྔ་སྟེ། ཐེག་པ་ཆེ་ཆུང་ལ། གནང་བཀག་ཐ་དད་དུ་ཡོད་པ་དེ་བཞིན་དུ་ཐེག་པ་ཆེན་པོ་ལ་ཡང་ཕ་རོལ་ཏུ་ཕྱིན་པ་དང་། གསང་སྔགས་ཀྱི་ལྟུང་བ་ལ་གནང་བཀག་འགའ་ཞིག་ཐ་དད་དུ་ཡོད་དེ། རྩ་ལྟུང་བརྒྱད་པ་དང་། བཅུ་གསུམ་པ་དང་། བཅུ་བཞི་པ་སོགས་གསང་སྔགས་ལ་ལྟུང་བར་བཅས་ཤིང་། ཕ་རོལ་ཏུ་ཕྱིན་པ་ལ་མ་བཅས་པའི་ཕྱིར་རོ། །དེས་ན་དེ་འདྲའི་འགལ་བ་སོགས་སོ། །གསུམ་པ་དཔེའི་སྒོ་ནས་དོན་བསྡུ་བ་ནི། དེས་ན་ཡེ་བཀག་ཞེས་སོགས་ཚིགས་བཅད་བཞི་སྟེ། ཉན་ཐོས་རྩ་བའི་སྡེ་བཞི་དང་། རབ་ཏུ་བྱུང་མ་བྱུང་དང་། ཐེག་པ་ཆེ་ཆུང་དང་། ཐེག་ཆེན་ཕན་ཚུན་ཐམས་ཅད་གནང་བཀག་ཐ་དད་པ་དེས་ན་ཡེ་བཀག་ཡེ་གནང་གི་རྣམ་གཞག་སོགས་སོ། །གཉིས་པ་དེ་ལ་གནོད་པ་སྤོང་བ་ལ་གཉིས་ཏེ། ཐུབ་པས་རབ་བྱུང་ལ་སྙིང་ནད་བྱས་པར་ཐལ་བ་སྤང་བ། བདེ་སྡུག་གི་བྱེད་པོ་སངས་རྒྱས་ཡིན་པར་ཐལ་བ་སྤོང་བའོ། །དང་པོ་ལ་རྩོད་པ་དང་། ལན་གཉིས་ལས། དང་པོ་ནི་གལ་ཏེ་སྡོམ་པ་ཞེས་སོགས་ཚིགས་བཅད་གཉིས་ཏེ། འབྲི་ཁུང་པ་ཁ་ཅིག་དགོངས་ཅིག་ཏུ་རྡོ་རྗེའི་གསུང་། འགྲོ་དྲུག་གིས་བསྲུངས་ཀྱང་ཕན་ཡོན་འབྱུང་བྱ་བ་འདི་བཞུགས་དེ་ཡང་བཅས་པ་འགྲོ་བ་སྤྱི་ལ་བཅས་པ་དང་གཅིག །རྒྱུ་འབྲས་རྟེན་འབྲེལ་གྱི་གཤིས་ལ་མི་བསླུ་བ་དང་གཉིས། འགྲོ་དྲུག་གིས་བཅས་པ་ལས་འདས་ཀྱང་ཉེས་པ་འབྱུང་བ་དང་རྒྱུ་མཚན་གསུམ་གྱིས་འགྲོ་དྲུག་གིས་བསྲུང་ཀྱང་ཕན་ཡོན་འབྱུང་། དཔེར་ན་རྫ་མཁན་དགའ་སྐྱོང་ས་མི་རྐོ་བར་གཞན་གྱིས་བརྐོས་པ་དང་། གད་པ་ཆད་པའི་ས་ལ་རྫ་མ་བྱེད། དེའི་རིན་གྱིས་ཕ་གསོ། བཅོམ་ལྡན་འདས་འོད་སྲུང་ལ་ཡང་དུས་དུས་སུ་བསྙེན་བཀུར་བྱེད་པས་འོད་སྲུང་དེ་ལ་ཐུགས་དགྱེས་པའང་བཅས་པ་བསྲུངས་པའི་གནས་སྐབས་ཀྱི་འབྲས་བུ་ཡིན། ཀ་ཤིའི་ནགས་ཁྲོད་དུ་གོང་མ་སྲེག་སོགས་བཞིས་ཁྲིམས་བསྲུངས་པས། ཡུལ་དུ་དགེ་ལེགས་དཔག་མེད་འབྱུང་བ་བཞིན། དེ་ལྟ་མིན་པར་སྤྱིར་རྗེས་འབྲང་གི་སྲས་དང་བྱེ་བྲག་ཏུ་དགེ་སློང་ཁོ་ན་ལ་བཅས་ན་བཅོམ་ལྡན་འདས་ཕྱུ་དང་དབང་ཕྱུག་ལྟར་བདེ་སྡུག་གི་བྱེད་པ་པོར་འགྱུར་ཏེ། མ་བཅས་ན་སྡིག་པ་མེད་པ་ཡིན་པ་ལ་བཅས་ནས་དེ་བསླབ་མ་ནུས་ན་སྡིག་པ་ལྷག་པ་གཅིག་འབྱུང་བའི་ཕྱིར་དང་། ཉེ་ཕྱུང་དུ་ཡང་འགྱུར་ཏེ། ཚུར་ཉེ་བའི་དགེ་སློང་རྣམས་ལ་རང་བཞིན་རྒྱལ་ཁལ་གྱི་སྟེང་དུ་བཅས་པའི་གོང་རྫས་བཀལ་བས་མཛོ་རྔན་སྙེད་པ་ཆག་ནས་ཤི་བ་དང་འདྲ་བར་རང་བཞིན་གྱི་སྡིག་པའི་སྟེང་དུ་བཅས་འགལ་གྱི་ཉེས་པ་འབྱུང་བས་དན་སོང་གསུམ་དུ་ལྟུང་བའི་ཕྱིར་རོ་ཞེས་ཟེར་རོ། །དེའི་དོན་བསྡུས་པ་ནི་འདིར་བགོད་པ་སྟེ། གལ་ཏེ་རབ་བྱུང་གི་སྡོམ་པ་མ་བླངས་ན

བཅས་པ་དང་འགལ་བ་ལ་ལྟུང་བའི་ཐ་སྙད་མི་ཐོབ་ཀྱང་རབ་བྱུང་ལ་བཅས་པའི་སྡིག་པ་ཁྲིམ་པ་ལ་ཡང་འབྱུང་སྟེ། དེ་ལྟ་མ་ཡིན་པར་རབ་བྱུང་ཁོ་ན་ལ་འབྱུང་ན་རབ་བྱུང་ལ་ཆེད་དུ་གཉེར་ནས་སྡིག་པ་བསྒོས་པར་འགྱུར་ལ། དེ་ཡང་འདོད་ན་ཐུབ་པས་སོགས་སོ། །གཉིས་པ་ལ་གཉིས་ཏེ། བཅས་ལྟུང་ལ་རང་བཞིན་གྱི་མི་དགེ་བ་ཡོད་པ་དགག་པ། །བརྟུལ་ཞུགས་ལ་རང་བཞིན་གྱི་དགེ་བ་ཡོད་པ་དགག་པའོ། །དང་པོ་ལ་གསུམ་སྟེ། མགོ་མཚུངས་ཀྱི་རིགས་པས་དགག དངོས་སྟོབས་ཀྱི་རིགས་པས་དགག ཧ་ཅང་ཐལ་བས་དགག་པའོ། །དང་པོ་ནི་འདི་འདྲའི་རིགས་པ་ཞེས་སོགས་བཅུ་གསུམ་མོ། །གཉིས་པ་ནི་དེས་ན་མདོ་དང་ཞེས་སོགས་ཚིགས་བཅད་གཉིས་ཏེ། ཁ་ན་མ་ཐོ་བ་ཡིན་ན་རང་བཞིན་གྱི་ཁ་ན་མ་ཐོ་བ་ཡིན་དགོས་པར་ཐལ། ཁ་ན་མ་ཐོ་བ་ཡིན་ན། བཅས་མ་བཅས་ཀྱི་སེམས་ཅན་ཀུན་ལ་སྡིག་པར་འགྱུར་བས་ཁྱབ་པའི་ཕྱིར། འདོད་མི་ནུས་ཏེ། མ་བཅས་པ་ལ་བཅས་ལྟུང་མེད་པ་དེས་ན་མདོ་དང་བསྟན་བཅོས་སོགས་སོ། །རྩ་མ་ལ་ཁྱབ་པ་ཡོད་དེ། རང་བཞིན་ཁ་ན་མ་ཐོ་བ་སོགས་སོ། །གསུམ་པ་ལ་ལྔ་སྟེ། རྒྱལ་བ་སྲས་བཅས་ལྟུང་བ་ཅན་དུ་འགྱུར་བ། གྲུབ་ཐོབ་བརྟུལ་ཞུགས་པོར་བ་ལྟུང་བ་ཅན་དུ་ཐལ་བ། ལྷས་ལྷས་ཀྱི་དགེ་སློང་ལྟུང་བ་ཅན་དུ་ཐལ་བ། དགེ་བསྙེན་དགེ་ཚུལ་ལྟུང་མེད་མི་སྲིད་པར་ཐལ་བ། རྩ་བརྒྱུད་ཀྱི་བླ་མ་སྨད་པར་ཐལ་བའོ། །དང་པོ་ནི། དེ་ལྟར་མིན་པར་ཞེས་སོགས་བཅུ་གཉིས་ཏེ། བཅས་པའི་ཁ་ན་མ་ཐོ་བ། བཅས་པ་ལ་ལྟོས་པ་དེ་ལྟ་མ་ཡིན་པར། མ་བཅས་ཀྱང་ཅི་ནས་སྡིག་པར་འགྱུར་ན། རྒྱལ་བ་རིགས་ལྔ་སོགས་ཚིག་རྐང་བཞི་ཆོས་ཅན། གཤེགས་ཀྱི་མི་དགེ་བ་ཅན་དུ་འགྱུར་ཏེ། ཡེ་བཀག་པ་ལ་སྤྱོད་པའི་ཕྱིར། རྟགས་ཁས་བླངས་ཏེ། དབུ་སྐྲ་རིང་ཞིང་སོགས་ཚིག་རྐང་གསུམ་གང་ཞིག དེ་དག་ཡེ་བཀག་ཡིན་པའི་ཕྱིར་རོ། །གཉིས་པ་ནི་རྣལ་འབྱོར་དབང་ཕྱུག་ཞེས་སོགས་ཚིགས་བཅད་གཅིག་གོ། གསུམ་པ་ནི་ཅན་དན་སྤྲོས་ཀྱི་ཞེས་སོགས་ཚིགས་བཅད་གཅིག་སྟེ། དཀོན་བརྩེགས་ཀྱི་གཙུག་ན་རིན་པོ་ཆེས་ཞུས་པའི་མདོ་ལས། སྔོན་བྱུང་བ་འདས་པའི་དུས་བསྐལ་པ་གྲངས་མེད་པ་བས་ཀྱང་ཆེས་གྲངས་མེད་པ་ཡངས་པ་ཚད་མེད་པ་བསམ་གྱིས་མི་ཁྱབ་པར་གྱུར་པ་དེའི་ཚེ་དེའི་དུས་ན། བསྐལ་པ་དགའ་བར་གྱུར་པ་ཞེས་བྱ་བ་ལ་འཇིག་རྟེན་གྱི་ཁམས་ལྷས་རྣམ་པར་ལྷས་པ་ཞེས་བྱ་བར། དེ་བཞིན་གཤེགས་པ་དགྲ་བཅོམ་པ་ཡང་དག་པར་རྫོགས་པའི་སངས་རྒྱས། རིག་པ་དང་ཞབས་སུ་ལྡན་པ། བདེ་བར་གཤེགས་པ། འཇིག་རྟེན་མཁྱེན་པ་སྐྱེས་བུ་འདུལ་བའི་ཁ་ལོ་སྒྱུར་བ་ལྷ་དང་མི་རྣམས་ཀྱི་སྟོན་པ་སངས་རྒྱས་བཅོམ་ལྡན་འདས་འཇིག་རྟེན་ཐམས་ཅད་མངོན་པར་དགའ་བ་ཞེས་བྱ་བ་འཇིག་རྟེན་དུ་བྱུང་ངོ་། །ཞེས་པ་ནས་གང་འཇིག་རྟེན་གྱི་ཁམས་དེའི་མི་དེ་དག་ཐམས་ཅད་ཀྱང་གསེར་གྱི་ཅོད་པན་ཐོགས་ཤིང་། དཔུང་རྒྱན་དང་། རྣ་ཆས་བརྒྱན་པ། ལྷའི་ཁ་དོག་དང

གཟུགས་དང་ལྡན་པར་གྱུར་པར་དགག་གོ། གང་ཉོན་མོངས་པ་དང་བྲལ་བར་གྱུར་པ་ཤ་སྟག་གོ། །གང་ཉོན་མོངས་པ་དང་བྲལ་བར་གྱུར་པ་དེ་ཉིད་དེ་དག་གི་རབ་ཏུ་བྱུང་བ་ཡིན་ཏེ། བཅོམ་ལྡན་འདས་དེ་བཞིན་གཤེགས་པ་དེས་བྱང་ཆུབ་སེམས་དཔའ་དག་ལ་གོས་ངུར་སྨྲིག་ཏུ་བགོས་པ་ཡང་མེད་དེ། འདི་ལྟར་སེམས་ལ་རྟོག་པ་མེད་པའི་ཕྱིར་རོ། །ཞེས་གསུངས་སོ། །བཞི་པ་དགེ་བསྙེན་དགེ་ཚུལ་ཞེས་སོགས་ཚིགས་བཅད་གཅིག །ལྔ་པ་ནི་འདི་འདྲ་གང་དག་ཞེས་སོགས་ཚིགས་བཅད་གཉིས་ཏེ། མ་བཅས་པ་ལ་བཅས་པའི་སྡིག་པ་འབྱུང་བ་འདི་འདྲ་གང་དག་སོགས་སོ། །

གཉིས་པ་ལ་གསུམ་སྟེ། དངོས་ཀྱི་དོན། ཤེས་བྱེད་ཀྱི་ལུང་། རིགས་པས་གྲུབ་པའི་ཚུལ་ལོ། །དང་པོ་ནི། དེས་ན་མདོ་ལས་ཞེས་སོགས་ཚིགས་བཅད་གཉིས་ཏེ། མདོ་ལས་རབ་ཏུ་བྱུང་བའི་བརྟུལ་ཞུགས་ལ། བཅས་པ་ལམ་ལྟོས་པར་དགེ་བ་དང་སྡིག་པ་གཉིས་ཀ་མེད་པར་གསུངས་པའི་རྒྱུ་མཚན་ཡོད་དེ། རྒྱལ་བ་རིགས་ལྔ་དང་། ཉེ་བའི་སྲས་བརྒྱད་ལ་སོགས་པ་གོང་དུ་སྨོས་པ་རྣམས་ལ་རབ་བྱུང་གི་བརྟུལ་ཞུགས་མེད་ཀྱང་སྡིག་པ་མེད་ཅིང་། ཚུལ་འཆལ་རྣམས་ཀྱིས་བརྟུལ་ཞུགས་བཟུང་ཡང་དགེ་བ་མེད་པ་དེས་ནའོ། །འོན་བརྟུལ་ཞུགས་ལ་དགོས་པ་མེད་པར་འགྱུར་རོ་ཞེ་ན། ཞིང་གི་དྲ་བ་བཞིན་སྡོམ་པའི་ཚུལ་ཁྲིམས་ལ་གྲུས་པའི་རྒྱུ་རུ་གསུངས་པར་ཟད་དེ། འདུལ་བ་ལ་བསྟོད་པ་ལས། རབ་མཆམས་ཀྱི་འོབས་དང་འདྲ་བ་ཡི། །ཟག་པ་ཀུན་གྱི་ཆུ་ལོན་འདུལ་བ་ཡིན། །ཞེས་གསུངས་པའི་ཕྱིར། །ཁ་ན་མ་ཐོ་བ་གཉིས་ཡོད་པ་དེས་ན་འདོད་པས་དབེན་པ་བཅས་ལྡང་སྤོང་བ་དང་། སྡིག་ཏོ་མི་དགེ་བའི་ཆོས་ཀྱིས་དབེན་པ་རང་བཞིན་གྱིས་སྡིག་པ་སྤོང་བ་རྣམ་པ་གཉིས་གསུངས་པའི་ཐུབ་པའི་དགོངས་པ་ཇི་ལྟ་བ་བཞིན་དུ་ཟུངས་ཏེ་གཞན་དུ་ན་དབེན་པ་ཡང་གཅིག་ཁོ་ནར་ཐལ་བའི་ཕྱིར་རོ། །གཉིས་པ་ནི་བུ་མོ་གསེར་མཆོག་ཞེས་སོགས་བཅུ་གསུམ་སྟེ། མདོ་ལས་བུ་མོ་གསེར་མཆོག་འོད་དཔལ་བྱ་བཤིན་ཏུ་མཛེས་པ་གཅིག་དང་། ཚོང་དཔོན་གྱི་ཁྱེའུ་གཉིས་ལྷུམ་རར་འཇིག་རྟེན་པའི་བདེ་བ་ལ་ལོངས་སྤྱོད་ཅིང་ཡོད་པའི་དུས་སུ། འཇམ་དཔལ་གྱིས་འདུལ་བའི་དུས་ལ་བབ་པར་ཤེས་ནས། ཚོང་དཔོན་གྱི་ཁྱེའུ་དེ་ཤི་བའི་ཚུལ་དང་། དབང་པོའི་ལམ་རྣམས་ནས་མི་གཙང་བ་འཛག་པར་སྤྲུལ། ཁྱེའུ་དེའི་འཁོར་རྣམས་ཀྱིས་བུ་མོ་ལ་ཉེས་པ་བཅད་ཀྱིས་དོགས་པ་དང་། འཁོར་བ་ལ་ཟུང་ཟད་སྐྱོ་བ་སྐྱེས་ནས་འཇམ་དཔལ་ལ་བདག་རབ་ཏུ་བྱུང་བར་ཞུ་ཞེས་གསོལ་བས། ལུས་རབ་ཏུ་བྱུང་ཡང་འཇིགས་པ་ལས་མི་སྐྱོབ། སེམས་རབ་ཏུ་བྱུང་གསུངས་སོ་ཞེས་པ་དང་། འཇམ་དཔལ་རྣམ་པར་རོལ་པའི་མདོ་ལས། སྔད་འཚོང་མ་གསེར་མཆོག་འོད་དཔལ་ཚོང་དཔོན་གྱི་ཁྱེའུ་འཇིགས་མེད་དང་། ལྷའི་རིན་པོ་ཆེས་བརྒྱན་པའི་ཤིང་རྟར་ཞུགས་ཏེ། གྲོང་ཁྱེར་གྱི་སྐྱེས་པ་ཐམས་ཅད་སྐྱིང་

བསྐལ་བར་བྱེད་པའི་ཚེ་འཕགས་པ་འཇམ་དཔལ་གྱིས་སྐྱེ་ལུས་ཤིན་ཏུ་མཛེས་པར་བསྟན་ནས་བུ་མོ་བཏུལ་ཏེ་ཆོས་བསྟན་པས། དེས་བཟོད་པ་ཐོབ་ནས་འཇམ་དཔལ་གྱི་རྐང་པ་ལ་གཏུགས་ཏེ། རབ་ཏུ་བྱུང་བར་གསོལ་བ་བཏབ་པས། འཇམ་དཔལ་གྱིས་སྨྲས་པ། སྲིང་མོ་འདི་ལྟ་སྟེ་མགོའི་སྐྲ་བྲེགས་པ་དེ་ནི་བྱང་ཆུབ་སེམས་དཔའི་རབ་ཏུ་བྱུང་བ་མ་ཡིན་ནོ། །དེ་ཅིའི་ཕྱིར་ཞེ་ན་བུ་མོ་གང་སེམས་ཅན་ཐམས་ཅད་ཀྱི་ཉོན་མོངས་པ་གཅད་པའི་ཕྱིར་བརྩོན་པ་དེ་ནི་བྱང་ཆུབ་སེམས་དཔའི་རབ་ཏུ་བྱུང་བ་ཡིན་པའི་ཕྱིར་རོ། །བུ་མོ་གང་གོས་ངུར་སྨྲིག་འཆང་བ་དེ་ནི་བྱང་ཆུབ་སེམས་དཔའི་རབ་ཏུ་བྱུང་བ་མ་ཡིན་གྱི། བུ་མོ་གང་བདག་ཉིད་ཀྱིས་བསླབ་པ་དང་། ཚུལ་ཁྲིམས་ཡང་དག་པར་བླངས་ལ། ཚུལ་ཁྲིམས་འཆལ་བའི་སེམས་ཅན་རྣམས་ཀྱང་ཚུལ་ཁྲིམས་ཀྱི་སྡོམ་པ་དང་བརྟུལ་ཞུགས་ལ་ཡང་དག་པར་སྦྱོར་བར་བྱེད་པ་དེ་ནི་བྱང་ཆུབ་སེམས་དཔའི་རབ་ཏུ་བྱུང་བ་ཡིན་ནོ། །ཞེས་གསུངས་སོ། །དཀོན་བརྩེགས་ཀྱི་འོད་སྲུངས་ཀྱིས་ཞུས་པའི་མདོ་ལས། བསྟན་པ་འདི་བཤད་པ་ན་དགེ་སློང་རྣལ་འབྱོར་སྤྱོད་པ་ལྔ་བརྒྱས་བདག་ཅག་གིས་ཚུལ་ཁྲིམས་ཡོངས་སུ་དག་བཞིན་དུ་དད་པས་བྱིན་པ་སྤྱད་པར་གྱུར་ན་མི་རུང་ཞེས་ཉམས་པར་བྱས་སྟེ། སླར་ཁྱིམ་དུ་དོང་ངོ་། །དེ་ལ་དགེ་སློང་གཞན་དག་གཅིག་འདི་སྐད་དུ་དགེ་སློང་ཆེ་བའི་བདག་ཉིད་ཅན་རྣལ་འབྱོར་སྤྱོད་པ་འདི་དག་བསྟན་པ་ལས་ཉམས་པ་ནི་ཤིན་ཏུ་མ་ལེགས་སོ། །ཞེས་འཕྲོ། །བཅོམ་ལྡན་འདས་ཀྱིས་དགེ་སློང་དེ་དག་ལ་འདི་སྐད་ཅེས་བཀའ་སྩལ་ཏོ། །དགེ་སློང་དག་ཁྱེད་འདི་སྐད་དུ་དགེ་སློང་ཆེ་བའི་བདག་ཉིད་ཅན་འདི་དག་འདི་ལྟར་བསྟན་པ་ལས་ཤིན་ཏུ་ཉམས་པ་འདི་ནི་ཤིན་ཏུ་མ་ལེགས་སོ། །ཞེས་མ་སྨྲ་ཤིག །དེ་ཅིའི་ཕྱིར་ཞེ་ན་དགེ་སློང་དག་མཧོན་པར་མ་དགའ་ནས། ཁྱིམ་ན་གནས་པ་འདི་ནི་དད་པ་ཅན་རྣམས་ཀྱི་ཆོས་ཡིན་གྱི། དགེ་སློང་དད་པ་དང་མོས་པ་མང་བ་འགྲོད་པ་དང་ལྡན་པ་འདི་དག་གིས་བསྟན་པ་འདི་ཐོས་ནས་བདག་ཅག་ཚུལ་ཁྲིམས་ཡོངས་སུ་མ་དག་བཞིན་དུ་དད་པས་བྱིན་པ་ཡོངས་སུ་སྤྱད་ན་མི་རུང་ངོ་ཞེས་ཉམས་པར་གྱུར་ཏོ། །འོད་སྲུངས་ལུང་བསྟན་ཏེ་དགེ་སློང་འདི་དག་ནི་འདི་ནས་ཤི་འཕོས་ནས་དགའ་ལྡན་གྱི་ལྷའི་རིས་སུ་སྐྱེ་བར་འགྱུར་ཏེ། དེ་དག་དེ་བཞིན་གཤེགས་པ་བྱམས་པའི་ཉན་ཐོས་ཐོག་མར་འདུས་པའི་གྲངས་སུ་ཆུད་པར་འགྱུར་རོ་ཞེས་པ་དང་། བྱམས་པ་སེང་གེའི་སྒྲས་ཞུས་པའི་མདོ་ལས་ཀྱང་བྱམས་པས་ཡོ་བྱད་བསྔོངས་པའི་སེང་གེའི་སྒྲ་བསྒྲགས་པས་འཁོར་དེ་ནས་དགེ་སློང་ལྔ་བརྒྱ་རང་ཉིད་ལ་ཡོ་བྱད་བསྔོངས་པའི་ཡོན་ཏན་མེད་ཅིང་། དད་པས་བྱིན་པ་སྤྱད་དཀའ་བར་རྟོགས་ནས་ཁྱིམ་དུ་དོང་ངོ་། །དེ་དག་ལ་འཇམ་དཔལ་གྱིས་ལེགས་སོ་བྱིན་ནས། གང་དག་དད་པས་སྦྱིན་པ་ལོངས་སྤྱོད་པར་མི་སྤྲོ་བ་དེ་དག་གིས་ནི་དེ་ལྟར་འཇེམ་པ་དང་ལྡན་པ་དང་འགྲོད་པ་དང་ལྡན་པར་བྱ་སྟེ། ཞེས་སོགས་ཀྱི་

ཆོས་བསྟན་པས་དགེ་སློང་ལྔ་བརྒྱ་པོ་དེ་ལེན་པ་མེད་པར་ཟག་པ་ལས་སེམས་རྣམ་པར་གྲོལ་ལོ། །ཞེས་སོ། །གསུམ་པ་ནི་དེས་ན་སྡོམ་པ་ཞེས་སོགས་ཚིགས་བཅད་གཉིས་ཏེ། དེས་ན་སྡོམ་པའི་ཚུལ་ཁྲིམས་དེ་ཉིད་དགེ་བ་ཡིན་གྱི། དེ་བསྲུང་བའི་ཐབས་སུ་གྱུར་པའི་རབ་ཏུ་བྱུང་བའི་ཆ་ལུགས་ཙམ་ལ་བཅས་པ་ལ་མ་ལྟོས་པར་རང་བཞིན་གྱི་དགེ་བ་མེད་དེ། སྡོམ་པ་མེད་པའི་ཆ་ལུགས་ཀུན་མདོ་དང་བསྟན་བཅོས་རྣམས་ལས་བཀག་པའི་ཕྱིར་རོ། །དེ་ཡང་འོད་སྲུང་གིས་ཞུས་པའི་ལེའུ་ལས། འོད་སྲུང་འདི་ལྟ་སྟེ་དཔེར་ན་མི་རོའི་མགོ་ལ་གསེར་གྱི་ཕྲེང་བ་བཏགས་པ་དེ་བཞིན་དུ་ཚུལ་ཁྲིམས་འཆལ་བ་ དུར་སྨྲིག་གྱོན་པར་ལྟའོ། །དེ་ལ་འདི་སྐད་ཅེས་བྱ་སྟེ། དཔེར་ན་མི་རོའི་མགོ་ལ་གསེར་ཕྲེང་དམ། །ཡང་ན་མེ་ཏོག་ཕྲེང་བ་གདགས་བྱས་པ། །དེ་བཞིན་ཁྲིམས་མེད་དུར་སྨྲིག་གྱོན་པ་སྟང་། །མཐོང་ནས་དེ་ལ་ཡིད་ནི་དད་མི་འགྱུར། །ཞེས་པ་དང་། ཏོག་གི་འབར་བར་མདོ་དྲངས་པ་ལས། གང་ཞིག་ངུར་སྨྲིག་བགོས་ཀྱང་སེམས་ཀྱི་སྐྱོན་མ་སྤངས། །ལག་ཏུ་ལྷུང་བཟེད་ཐོགས་ཀྱང་ཡོན་ཏན་སྣོད་མ་གྱུར། །སྐྲ་དང་ཁ་སྤུ་བྲེགས་ཀྱང་དགེ་སྦྱོང་ཚུལ་མ་ཞུགས། །རབ་ཏུ་བྱུང་ཡང་དངོས་པོ་ཀུན་ལས་ངེས་མ་བྱུང་། །དགེ་སྦྱོང་དེ་ནི་དགེ་སྦྱོང་མ་ཡིན་ཁྱིམ་པའང་མིན། །དེ་ནི་ཆུ་མེད་ཁྲོན་པ་རི་མོའི་མར་མེ་བཞིན། །ཞེས་པ་དང་། དགེ་སློང་ལ་རབ་ཏུ་གཅེས་པའི་མདོར། ཇི་ལྟར་སྡོང་པོ་བཟང་པོ་ལ། །ཡུན་རིང་ཡལ་ག་འཕེལ་བ་ལྟར། །རྟགས་ཙམ་འཛིན་པ་ཡུན་རིང་ན། །ཁ་ན་མ་ཐོའི་གཏམ་རྣམས་དང་། །སྡིག་པ་དག་ནི་འཕེལ་བར་བཤད། །ཅེས་པ་དང་། ཆེད་དུ་བརྗོད་པའི་ཚོམས་ལས། བདེར་གཤེགས་རྒྱལ་མཚན་འཆང་བ་བས། །གཟུགས་བོར་ཁྱིམ་པར་གནས་པ་བཟང་། །ཞེས་གསུངས་སོ། །དེ་ལྟར་མིན་པར་བརྟུལ་ཞུགས་ལ། །གཤིས་ལ་དགེ་བ་ཡོད་ན་ནི། །གོང་དུ་བཤད་པའི་དགེ་སློང་ལྔ་བརྒྱ་པོ་དེ་དག་གིས་སྡོམ་པ་མེད་ཀྱང་རབ་བྱུང་གི་སོགས་སོ། །འདིར་བརྟུལ་ཞུགས་ལ་དགེ་བ་མེད་པར་གསུངས་པ་ནི། སྲོག་གཅོད་སྤངས་པ་ལྟ་བུ་བཅས་པ་ལ་མ་ལྟོས་པར་སྲུས་སྤྱད་ཀྱང་དགེ་བ་འབྱུང་བ་མིན། ཞེས་པའི་དོན་ཡིན་གྱི། བཅས་པ་དང་ལྡན་པ་ལ་དགེ་བ་མེད་པ་མ་ཡིན་ཏེ། དཔེར་ན་བཅས་ལྟུང་ལ་རང་བཞིན་གྱི་མི་དགེ་བ་མེད་ཀྱང་། བཅས་ལྡན་ལ་འབྱུང་བ་བཞིན་ནོ། །གཉིས་པ་བདེ་སྡུག་གི་བྱེད་པོ་སངས་རྒྱས་སུ་ཐལ་བ་སྤྱོང་བ་ལ་གཉིས་ཏེ། ཕྱོགས་སྔ་མ་བརྗོད་པ་དང་། དེ་དགག་པའོ། །དང་པོ་ནི་དེ་ལ་ཁ་ཅིག་ཞེས་སོགས་དྲུག་སྟེ། ཕྱོགས་སྔ་གོང་མའི་ནང་དུ་བཤད་ཟིན་ཏོ། །གཉིས་པ་ལ་གཉིས་ཏེ། མགོ་བསྙྲིའི་ལན་དང་། རྣལ་མའི་ལན་ནོ། །དང་པོ་ནི་འདི་ཡི་ལན་ལ་ཞེས་སོགས་ལྔ་སྟེ། ཁྱེད་ཀྱང་མུ་སྟེགས་གྲངས་ཅན་པ་འགའ་ཞིག་ལྟར། ངོ་བོ་ཉིད་གཙོ་བོ་རྒྱུར་སྨྲ་བར་འགྱུར་ཏེ། གཤིས་ལ་དགེ་སྡིག་ཡོད་པར་འདོད་པའི་ཕྱིར་རོ། །གཉིས་པ་ལ་གསུམ་སྟེ། སྦྱིར་བསླབ་པ་འཆའ་བའི་རྒྱུ་མཚན། བསླབ་པ་མི་འདྲ་བ་འཆའ་བའི་

རྒྱུ་མཚན། དེས་གྲུབ་པའི་དོན་ནོ། །དང་པོ་ནི། གཉིས་པ་དངོས་པོའི་ཞེས་སོགས་བཅུ་གསུམ་སྟེ། རྫོགས་པའི་སངས་རྒྱས་ཞག་གཅིག་གིས་བསླབ་པ་འཆའ་བར་བྱེད་པའི་རྒྱུ་མཚན་ཡོད་དེ། གཤིས་ལ་དགེ་བ་དང་སྡིག་པ་མེད་ཀྱང་བདེ་སྡུག་ལས་ཀྱིས་བྱས་པ་ཡིན་ཅིང་། ལས་ཀྱི་བྱེད་པ་པོ་སེམས་ཉིད་ཡིན་ལ། སེམས་བཟང་ངན་དེ་དག་བླང་དོར་བྱེད་པའི་ཐབས་ནི་སྡོམ་པའི་ཚུལ་ཁྲིམས་ཡིན། བཅས་པའི་བཏུལ་ཞུགས་ནི་སྡོམ་པའི་ཚུལ་ཁྲིམས་བསྲུང་བའི་ཐབས་ཡིན་པས་སྡོམ་པའི་ཚུལ་ཁྲིམས་དེ་ལ་བཏུལ་ཞུགས་གང་ལ་གང་དགོས་པ་རྫོགས་པའི་སངས་རྒྱས་ཁོ་ནས་མཁྱེན་པའི་ཕྱིར་རོ། །བདེ་སྡུག་ལས་ཀྱི་བྱས་པ་དང་། ལས་ཀྱིས་བྱེད་པོ་སེམས་ཉིད་ཡིན་པར་གྲུབ་སྟེ། སེམས་དགེ་བ་དང་མི་དགེ་བའི་སྟོབས་ཀྱིས་ལས་ལ་བཟང་ངན་འབྱུང་། ལས་ལ་བཟང་ངན་དེ་ལས་འབྲས་བུ་བདེ་སྡུག་འབྱུང་བའི་ཕྱིར་རོ། །གཉིས་པ་ནི་དེས་ན་བསམ་པའི་ཞེས་སོགས་ལྔ་སྟེ། རྫོགས་པའི་སངས་རྒྱས་ཀྱིས་རབ་ཏུ་བྱུང་བ་སྡེ་ལྔ་པོ་ལ་བཅས་པ་མི་འདྲ་བ་སོ་སོར་མཛད་པའི་རྒྱུ་མཚན་ཡོད་དེ། བསམ་པ་བཟང་ངན་བླང་དོར་བྱེད་པའི་ཐབས་སྡོམ་པའི་ཚུལ་ཁྲིམས་ཡིན་པ་དེས་ན་བསམ་པ་ཉོན་མོངས་པའི་ཁྱད་པར་གྱིས་དེ་དག་གི་གཉེན་པོ་སྡོམ་པའི་ཚུལ་ཁྲིམས་ཀྱི་བྱེ་བྲག་དགེ་ཚུལ་དང་དགེ་སློང་གི་སྡོམ་པ་ལ་སོགས་པ་དུ་མ་ཡོད་ལ། དེ་དག་བསྲུང་བའི་ཐབས་སུ་བཏུལ་ཞུགས་དང་། འདུལ་བའི་བཅས་པ་མི་འདྲ་བའི་རྒྱུ་མཚན་དེ་ལྟར་ཡིན་པའི་ཕྱིར་རོ། །གསུམ་པ་ནི་དེས་ན་བདེ་དང་ཞེས་སོགས་ཚིགས་བཅད་གཅིག་སྟེ་བདེ་སྡུག་གི་བྱེད་པ་པོ་སངས་རྒྱས་མ་ཡིན་ཡང་བསླབ་པ་འཆའ་བ་དང་། སྡུགས་སྦྱོར་བའི་བྱེད་པ་པོ་སངས་རྒྱས་ཡིན་པར་གསུངས་ཏེ། བདེ་སྡུག་སེམས་ལས་བྱུང་ཞིང་སེམས་ཀྱི་ཁྱད་པར་གྱིས་ཚུལ་ཁྲིམས་མི་འདྲ་བ་དུ་མ་ཡོད། དེ་སྲུང་བ་ལ་བཅས་པ་མི་འདྲ་བ་དུ་མ་དགོས་ཤིང་དེ་ནི་སངས་རྒྱས་ཁོ་ནས་མཁྱེན་པའི་ཕྱིར་རོ། །གསུམ་པ་མ་འཁྲུལ་བའི་གནང་བཀག་ཇི་ལྟར་བསྒྲུབ་པའི་ཚུལ་ནི། སྤྱི་གྱུ་ཅན་དང་ཞེས་སོགས་ཚིགས་བཅད་བརྒྱད་དང་རྐང་པ་གཉིས་ཏེ། གཞན་རྣམས་ནི་གོ་སླ་ལ། ལག་ཉ་ནི་བྱིན་ལེན་མ་བྱས་པའི་ཟས་ལ་དགེ་སློང་རང་ངམ་གཞན་གྱིས་རེག་པ་ཟོས་ན་ལྟུང་བར་འགྱུར་བའོ། །ནུབ་ཚང་ནི་བསྐྱེན་པར་མ་རྫོགས་པ་དང་ཆོས་དྲུག་གིས། གཅིག་པའི་གནས་སུ་གཉིད་ལོག་པས་ཉལ་ན་མཚན་མོ་གསུམ་པའི་མཐར་ལྟུང་བྱེད་དུ་འགྱུར་བའོ། །བཞི་པ་ཕྲལ་གྱི་ལག་ལེན་འཁྲུལ་པ་དགག་པ་ལ་གསུམ་སྟེ། མ་འཁྲུལ་པའི་ལག་ལེན་བསྒྲུབ་པར་གདམས་པ། འཁྲུལ་པའི་ལག་ལེན་བྱུང་བའི་ཚུལ། དེ་ལ་གནོད་བྱེད་བསྟན་པའོ། །དང་པོ་ནི། མདོ་བསྒྲུབ་ཞེས་སོགས་གཉིས་ཏེ། དགེ་འདུན་གྱི་དབུས་སུ་མདོ་བསླུལ་བ་དང་། ཉི་མའི་གྲངས་བརྗོད་པ་ལ་སོགས་པའི་ཕྲལ་གྱི་བྱ་བ་ཀུན། འདུལ་བའི་གཞུང་དང་མཐུན་པར་གྱིས་ཏེ། འདུལ་བ་ནས་གསུངས་པའི་ལག་ལེན་ཡིན་པའི་ཕྱིར་རོ། །དེ་ཡང་

མདོ་རྩ་བ་ལས། དགེ་འདུན་གྱི་གནས་བརྟན་གྱིས་སྨྱིག་མའི་ཐུར་མ་སྐྱད་པ་ལ་རྒྱུས་པ་སྒྲོ་བས་ཉི་མ་བགྲང་བར་བྱའོ། །དགེ་སྐོས་ཀྱིས་དེ་ལ་བརྟགས་ཏེ་དགེ་འདུན་ལ་བརྗོད་པར་བྱའོ། །ཁྱེ་བྲག་ཏུ་བྱས་པའིའོ། །ངོའི་དབྱེ་བས་སོ། །གཙུག་ལག་ཁང་གི་བདག་པོ་དང་། ལྷའི་ཕྱིར་ཚོགས་སུ་བཅད་པ་གདོན་པའི་དགེ་སློང་རྣམས་ལ་བསྐུལ་བའི་ཚིག་ཀྱང་བྱའོ། །མོད་ལའོ། །དེང་ནི་ཡར་གྱི་ངོའི་ཚེས་གཅིག་ལགས་ཏེ། གཙུག་ལག་ཁང་གི་བདག་པོ་དང་། གཙུག་ལག་ཁང་གི་ལྷ་རྣམས་ཀྱི་སླད་དུ་ཚིགས་སུ་བཅད་པ་རེ་རེ་བགླག་ཏུ་གསོལ། ཞེས་གསུངས་སོ། །གཉིས་པ་ནི། མདོ་བསྐུལ་རིང་མོ་ཞེས་སོགས་གཉིས་ཏེ། བཀའ་གདམས་པ་ཁ་ཅིག མདོ་བསྐུལ་རིང་མོ་ཞེས་བྱ་བ་དཀའ་ལས་ཆེ་བ། ངོ་བོ་ནོར་བ་བྱེད་པ་མཐོང་སྟེ། འདི་ལྟར་ཀྱི་གསོན་ཅིག་དགེ་འདུན་བཙུན་པ་རྣམས། ཚངས་པ་བརྒྱ་བྱིན་རྒྱལ་ཆེན་རྣམས། །ཆོས་སྐྱོང་གཙུག་ལག་སྲུང་མ་དང་། །ལྷ་ཀླུ་ལ་སོགས་སྡེ་བརྒྱད་དང་། །ཆོས་རྒྱལ་རྗེ་བློན་ཡོན་བདག་དང་། །ཕ་མ་མཁན་པོ་སློབ་དཔོན་དང་། །མཐའ་ཡས་སེམས་ཅན་དོན་སླད་དུ། །ཞལ་ནས་གསུངས་པའི་མདོ་བརྗོད་ཤོག །ཞེས་པའི་མཇུག་ཏུ་ཨོཾ་སྭ་ལགས་ཟེར་རོ། ། ཊཱི་ཀ་བྱེད་པ་ཁ་ཅིག་འདི་འོག་ཏུ་དཀའ་ཡང་འབད་ནས་བྱེད་པ་མཚར། ཞེས་པ་དང་དོན་གཅིག་པ་མ་གཏོགས་པར་སངས་རྒྱས་ཀྱི་བཀའ་བཅུམ་པར་བྱ་ཞིང་འབྱུང་བ་བྱ། ཞེས་སོགས་འདོན་རྒྱུ་ཡིན་པ་ལ་རང་བཟོའི་ནོར་བ་བྱེད་པ་མཐོང་། ཞེས་པའི་འབྲུ་གཉེར་བ་ནི་ནོར་ཏེ། མདོ་བསྐུལ་རིང་མོ་བྱེད་པས་ཀྱང་བསྐུལ་བའི་ཚིག་ནོར་བ་ཡིན་གྱི་འདོན་པའི་ཚེ་སངས་རྒྱས་ཀྱི་བཀའ་འདོན་པར་འདོད་པའི་ཕྱིར་ཏེ། ཞལ་ནས་གསུངས་པའི་མདོ་བརྗོད་ཤོ་ཞེས་བཤད་པས་སོ། །

གསུམ་པ་ལ་བཞི་སྟེ་ཤེས་བྱེད་མེད་པར་བསྟན་པ། ཉེས་དམིགས་ཆེ་བར་བསྟན་པ། སྨད་པའི་གནས་སུ་བསྟན་པ། འཁྲུལ་པ་གཞན་ལའང་མཚུངས་པར་བསྟན་པའོ། །དང་པོ་ནི། མདོ་རྒྱུད་ཞེས་སོགས་གཅིག་གོ། གཉིས་པ་ནི་འདི་འདྲའི་ཞེས་སོགས་གཉིས་ཏེ། བསྟན་པའི་རྩ་བ་ནི་འདུལ་བའོ། །གསུམ་པ་ནི་སངས་རྒྱས་གསུངས་པའི་ཞེས་སོགས་ཚིགས་བཅད་གཅིག་གོ། བཞི་པ་ནི་སངས་རྒྱས་གསུང་དང་ཞེས་སོགས་ཚིགས་བཅད་གསུམ་སྟེ། སངས་རྒྱས་ཀྱི་གསུང་དང་མི་མཐུན་ཡང་མདོ་བསྐུལ་རིང་མོ་འདི་འདྲ་བདེན་པར་འདོད་ན་ནི། སྡོམ་པ་ཐག་རྒྱ་མ་དང་། ལས་ཆོག་མགོ་ལ་བཞག་པས་དགེ་སློང་དུ་འགྱུར་ཞེས་ཟེར་བ་སོགས་ཀྱི་ལག་ལེན་ཕྱིན་ཅི་ལོག་གཞན་ཡང་འཁྲུལ་ཞེས་བརྗོད་པར་མི་ནུས་ཏེ། དེ་དང་མདོ་བསྐུལ་རིང་མོ་ལུང་དང་འགལ་བའི་སོགས་སོ། །གཞན་ཡང་མུ་སྟེགས་བྱེད་ཀྱིས་སྲོག་གི་མཆོད་སྦྱིན་བྱས་པས་ཐར་པ་ཐོབ་པ་སོགས་ཀྱི་ཆོས་ལོག་ཀྱང་སུན་དབྱུང་བར་མི་ནུས་ཏེ། དེ་དང་མདོ་བསྐུལ་རིང་མོ་ལུང་རིགས་མེད་པར་སོགས་སོ། །གསུམ་པ་ཐོས

བསམ་སྒོམ་གསུམ་མ་ནོར་བས་མཇུག་བསྡུ་བ་ལ་གཉིས་ཏེ། ནོར་བ་སྤོང་བར་གདམས། མ་ནོར་བ་བསྒྲུབ་པར་གདམས་པའོ། །དང་པོ་ལ་གཉིས་ཏེ། སྤང་བྱ་ངོས་བཟུང་། སྤང་དགོས་པའི་འཐད་པའོ། །དང་པོ་ནི། ལ་ལ་རྫོགས་པའི་ཞེས་སོགས་ཚིགས་བཅད་གསུམ་སྟེ། ཞང་མཚལ་པ་དང་། བཀའ་ཕྱག་པ་ལ་ལ། རྫོགས་པའི་སངས་རྒྱས་ཀྱི་གསུང་རབ་སྡེ་སྣོད་གསུམ་དང་། རྒྱུད་སྡེ་བཞིས་བསྡུས་པའི་ཚིག་དོན་ཟབ་མོ་རྣམས་དང་། དེ་དག་གི་དགོངས་འགྲེལ་གྲུབ་ཐོབ་རྣམས་ཀྱིས་ལེགས་པར་བཤད་པའི་གྲུབ་པ་སྡེ་བདུན་དང་། སྙིང་པོ་སྐོར་དྲུག་ལ་སོགས་པ་རྣམས་དང་། མཁས་པ་རྒྱན་དྲུག་ལ་སོགས་པ་རྣམས་ཀྱིས་ཤིན་ཏུ་ལེགས་པར་བཤད་པའི་ཚོས་ས་སྡེ་དང་། རིགས་ཚོགས་ལ་སོགས་པ་རྣམས་ནི་ཚིག་གི་ན་ཡ་སོགས་སོ། །གཉིས་པ་ནི་ བླུན་པོ་དགའ་བ་ཞེས་སོགས་ལྔ་སྟེ། བཀའ་དང་བསྟན་བཅོས་རྣམ་དག་གི་ཐོས་བསམ་སྤངས་ནས་བླུན་པོའི་ཚིག་ལ་ཐོས་བསམ་བྱེད་པ་ནི། བློ་གྲོས་དང་ལྡན་པ་རྣམས་ཀྱིས་དོར་བར་བྱ་སྟེ། དེ་ལྟ་བུས་ནི་བླུན་པོ་དགའ་བ་བསྐྱེད་ནུས་ཀྱི་མཁས་པ་རྣམས་དགའ་བ་བསྐྱེད་མི་ནུས་པའི་ཕྱིར་དང་། དུས་དང་བློ་གྲོས་གཉིས་ཀ་གྲོན་དུ་འགྱུར་བའི་ཕྱིར་རོ། །ཀྱེ་མ་ཞེས་སྙིང་བརྗེ་བའི་ཚིག་གིས་བོས་ནས་སངས་རྒྱས་ཀྱི་བསྟན་པ་ནི་གཟུགས་བརྙན་འདི་ལྟར་གྱུར་པ་ད་གཟོད་གོ། ཞེས་པའོ། །གཉིས་པ་ནི། དེས་ན་སངས་རྒྱས་ཞེས་སོགས་བཅུ་སྟེ། དེས་ན་སངས་རྒྱས་ཀྱི་གསུང་རབ། སྡེ་སྣོད་གསུམ་དང་། རྒྱུད་སྡེ་བཞི་དང་། དེ་དག་གི་དགོངས་འགྲེལ་གྲུབ་ཐོབ་རྣམས་ཀྱིས་བཤད་པའི་བསྟན་བཅོས་ཀྱི་ཚིག་ཐོས་ཤིང་འཛིན་པ་ལ་བྱིན་རླབས་ཡོད་དེ། བློ་གྲོས་རྒྱ་མཚོས་ཞུས་པའི་མདོ་ལས། དེ་བཞིན་གཤེགས་པའི་དམ་པའི་ཆོས་འཛིན་པ། །རྒྱལ་བ་རྣམས་ཀྱིས་ཡོངས་སུ་བཟུང་བར་འགྱུར། །ལྷ་དང་ཀླུ་དང་མི་འམ་ཅི་རྣམས་དང་། །བསོད་ནམས་ཡེ་ཤེས་ཀྱིས་ནི་ཡོངས་སུ་བཟུང་། །དེ་བཞིན་གཤེགས་པའི་དམ་པའི་ཆོས་འཛིན་པ། །དྲན་ལྡན་བློ་གྲོས་ལྡན་ཅིང་བློ་ལྡན་འགྱུར། །ཤེས་རབ་རྒྱ་ཆེན་ཀུན་ནས་ཡེ་ཤེས་ལྡན། །མཁས་པས་བག་ཆགས་བཅས་པའི་ཉོན་མོངས་སྤོང་། །ཞེས་དང་། སྐྱེས་རབས་ལས། ཐོས་ཆུང་དམུས་ལོང་བསྒོམ་པའི་ཚུལ་མི་ཤེས། །ཤེས་རབ་རྒྱས་བྱེད་པ་ནི་ཐོས་པ་ཡིན། །ཐོས་པ་གཏི་མུག་མུན་སེལ་སྒྲོན་མ་ཡིན། །ཡ་རབས་རྣམས་དང་ཕྲད་ན་སྐྱེས་ཀྱི་མཆོག །རྐུན་པོས་འཕྲོག་ཏུ་མེད་པ་ནོར་གྱི་མཆོག །ཅེས་པ་དང་། བྱང་ཆུབ་སེམས་དཔའི་སྡེ་སྣོད་ལས། ཐོས་པས་ཆོས་རྣམས་ཤེས་པར་བྱེད། །ཐོས་པས་སྡིག་ལས་ལྡོག་པར་བྱེད། །ཐོས་པས་དོན་མ་ཡིན་པ་སྤོང་། །ཐོས་པས་མྱ་ངན་འདས་པ་ཐོབ། །ཅེས་པ་དང་། ལུང་རྣམ་འབྱེད་ལས། མང་དུ་ཐོས་པ་ལ་ཕན་ཡོན་ལྔ་ཡོད་དེ། ཕུང་པོ་ལ་མཁས་པ་དང་། ཁམས་ལ་མཁས་པ་དང་། སྐྱེ་མཆེད་ལ་མཁས་པ་དང་། རྟེན་ཅིང་འབྲེལ་བར་འབྱུང་བ་ལ་མཁས་པ་དང་། དེའི་གནས་ངག་དང་རྗེས་སུ་བསྟན་པ་

གཞན་ལ་རག་མ་ལས་པ་ཡིན་នོ་ཞེས་སོ། །དོན་ཡིད་ལ་སེམས་ཤིང་ཉམས་སུ་ལེན་པ་ལ་ཡང་བྱིན་རླབས་ཡོད་དེ། ཡབ་སྲས་མཇལ་བའི་མདོ་ལས། གང་གིས་བསྐལ་པ་བཅུའི་བར་དུ་མཉན་ཏེ། གཞན་ལ་བསྟན་པ་བས། གང་གིས་སེ་གོལ་གཏོགས་པ་ཙམ་དུ་འདི་བསྒོམས་ན། དེ་ཉིད་དེ་བས་བསོད་ནམས་ཆེས་མང་དུ་འཕེལ་ལོ། །ཞེས་པ་དང་། ཐར་པ་ཆེན་པོ་ཕྱོགས་སུ་རྒྱས་པ་ཞེས་བྱ་བའི་མདོ་ལས། རྒྱལ་བའི་དྲིན་ལན་ལྡན་འདོད་པ། །སྐད་ཅིག་ཡུད་ཙམ་སྒོམ་བྱེད་པ། །སྟོང་ཁམས་གང་བའི་སེམས་ཅན་གྱིས། །སྲོག་གི་སྦྱིན་པ་བྱིན་པ་བས། །བསམ་གཏན་བསྒོམས་པ་ཡོན་ཏན་ཆེ། །ཞེས་གསུངས་སོ། །འདི་འདྲའི་བཀའ་དང་བསྟན་བཅོས་རྣམ་དག་ཉན་བཤད་བྱེད་པ་ལ། ཐོས་པ་ཞེས་བརྗོད་པ་ཡིན་ཅིང་། དེའི་དོན་ཚུལ་བཞིན་དུ་དཔྱོད་པ་བསམ་པ་ཡིན་ལ། ནན་ཏན་གྱིས་དེ་བསྒྲུབ་པ་སྒོམ་པ་ཡིན་པར་ཤེས་པར་བྱས་ནས། ཐོས་བསམ་སྒོམ་གསུམ་དེ་ལྟར་གྱིས་ཏེ། དེ་ལྟ་བུའི་ཐོས་བསམ་སྒོམ་གསུམ་འདི་ནི་སངས་རྒྱས་ཀྱི་བསྟན་པ་རྣམ་པར་དག་པ་ཡིན་པའི་ཕྱིར་རོ། །དེ་ཡང་ཐུབ་པ་དགོངས་གསལ་ལས། མདོར་ན་སངས་རྒྱས་ཀྱིས་གསུངས། སྡུད་པ་པོས་བསྡུས། གྲུབ་ཐོབ་ཀྱིས་སྒོམ། པཎྜི་ཏས་བཤད། ལོ་ཙྪ་བས་བསྒྱུར། མཁས་པ་རྣམས་ལ་གྲགས་པ་ཅིག་སངས་རྒྱས་ཀྱི་བསྟན་པ་ཡིན་པས་དེ་ལ་ཉན་བཤད་སྒོམ་བསྒྲུབ་བྱེད་དགོས་སོ་ཞེས་གསུངས་པ་ལྟར་རོ། །སོ་སོར་ཐར་པའི་སྡོམ་པའི་སྐབས་ཏེ་དང་པོའོ།། །།

གཉིས་པ་བྱང་སེམས་ཀྱི་སྡོམ་པའི་ཉམས་ལེན་ལ་གསུམ་སྟེ། སེམས་བསྐྱེད་ཀྱི་དབྱེ་བ་སྤྱིར་བསྟན། ཐེག་ཆེན་སེམས་བསྐྱེད་བྱེ་བྲག་ཏུ་བཤད། བསྟན་པ་རྣམ་པར་དག་པས་མཇུག་བསྡུ་བའོ། །དང་པོ་ནི། སེམས་བསྐྱེད་ལ་ནི་ཞེས་སོགས་ཚིགས་བཅད་གསུམ་སྟེ། བྱང་ཆུབ་ཏུ་སེམས་བསྐྱེད་པ་ཙམ་གྱི་སེམས་བསྐྱེད་ལ། ཉན་ཐོས་པའི་ལུགས་དང་། ཐེག་པ་ཆེན་པོའི་ལུགས་རྣམ་པ་གཉིས་ཡོད་དེ། ཉན་ཐོས་སྡེ་གཉིས་ཀྱི་ལུང་ནས་བཤད་པ་དང་། ཐེག་པ་ཆེན་པོ་དབུ་སེམས་ཀྱི་གཞུང་ནས་བཤད་པ་གཉིས་ཡོད་པའི་ཕྱིར་རོ། །ཉན་ཐོས་རྣམས་ཀྱི་གཞུང་ནས་བཤད་པའི་སེམས་བསྐྱེད་ལ་ཡང་། ཐོབ་བྱ་བྱང་ཆུབ་ཀྱི་སྒོ་ནས་རྣམ་པ་གསུམ་ཡོད་དེ། ཉན་ཐོས་དགྲ་བཅོམ་དང་། རང་རྒྱལ་དང་། རྫོགས་པའི་སངས་རྒྱས་སུ་སེམས་བསྐྱེད་པ་གསུམ་ཡོད་པའི་ཕྱིར་ཏེ། འདུལ་བ་ལུང་ལས། ཁ་ཅིག་ནི་ཉན་ཐོས་སུ་སེམས་བསྐྱེད་དོ། །ཁ་ཅིག་ནི་རང་རྒྱལ་དུ་སེམས་བསྐྱེད་དོ། །ཁ་ཅིག་ནི་སངས་རྒྱས་སུ་སེམས་བསྐྱེད་དོ་ཞེས་བཤད་དོ། །འོན་ཀྱང་གསུམ་པོ་དེ་དག་གི་ཚིག་སྦྱོར་པ་དེང་སང་ཉུང་སྟེ། ཉན་ཐོས་ཀྱི་བསྟན་པ་འབྲས་བུའི་དུས་ལྔ་བརྒྱ་པ་ཕྲག་གསུམ། སྒྲུབ་པའི་དུས་ལྔ་བརྒྱ་པ་ཕྲག་གསུམ་ནུབ་ནས། ལུང་གི་དུས་ཡིན་པའི་ཕྱིར་རོ། །ཁ་ཅིག་སྟོན་པ་འདས་ནས་ལོ་དགུ་བརྒྱ་ལོན་པ་ན་སློབ་དཔོན་

དབྱིག་གཉེན་བྱུང་བའི་དུས་སུ་ཡང་མཛོད་ལས་དེ་ལྟར་ཐུབ་པ་དག་གི་བསྟན་པ་ནི། ལྐོག་མར་སྲོག་ཕྱིན་འདྲ་དང་ཞེས་ཉམས་པར་བཤད་ན་དེང་སང་སྐྱོན་མེད་ཉམས་པ་སྨོས་ཅི་དགོས་ཟེར་བ་ནི་མི་འཐད་དེ། དེའི་དུས་སུ་འབྲས་བུའི་དུས་ཡིན་པའི་ཕྱིར་རོ། །དེས་ན་སྒྲུབ་པའི་དུས་ཉམས་ནས་ཉམས་སུ་ལེན་པའི་ཆེད་དུ་སེམས་བསྐྱེད་ཀྱི་ཆོ་ག་མི་བསྟེན་པ་ལ་དགོངས་སོ། །ཐེག་པ་ཆེན་པོའི་སེམས་བསྐྱེད་ལ་དབུ་མ་ལུགས་དང་སེམས་ཙམ་ལུགས་རྣམ་པ་གཉིས་ཡོད་ཅིང་། དེ་གཉིས་ཀ་ཡང་བླ་མེད་བྱང་ཆུབ་ཏུ་སེམས་བསྐྱེད་པ་ཁོ་ན་ཡིན་གྱི། བྱང་ཆུབ་གསུམ་དུ་སེམས་བསྐྱེད་པའི་ཚུལ་ནི་མེད་དོ། །དེ་གཉིས་ལ། མ་ཐོབ་པ་ཐོབ་པར་བྱེད་པའི་ཆོ་ག་ཡང་ཐ་དད་དུ་ཡོད་དེ། སྦྱོར་བའི་སྐབས་སུ་དབུ་མ་པ་རྣམས་ཀྱིས་ཡན་ལག་བདུན་པ་ཚང་བར་མཛད། སེམས་ཙམ་པ་རྣམས་ཀྱིས་ཕྱག་འཚལ་བ་དང་། མཆོད་པ་འབུལ་བ་གཅིག་ཙམ་མཛད། གཞན་ཡང་དབུ་མ་པས་བར་ཆད་དྲི་བ་མི་མཛད། སེམས་ཙམ་པས་བར་ཆད་དྲི་བ་མཛད། དངོས་གཞིའི་སྐབས་སུ་དབུ་མ་པས་སྨོན་འཇུག་གཉིས་པོ་སྐབས་གཅིག་ཏུ་སློབ་དཔོན་གྱི་རྗེས་ཟློས་ལན་གསུམ་བྱས་པའི་ཚུལ་གྱིས་ལེན། སེམས་ཙམ་པས་ཐོག་མར་སྨོན་པ་སེམས་བསྐྱེད་ལེན། དེ་ནས་བྱང་ཆུབ་སེམས་དཔའི་སྡེ་སྣོད་བསླབས་ནས་བསླབ་བྱ་རྣམས་ཉམས་ལེན་ཏུ་རུང་བར་བྱས་ཏེ། དེའི་རྗེས་སུ་འཇུག་པ་སེམས་བསྐྱེད་ལེན། ཆོ་གའི་ཚིག་ཀྱང་སློབ་དཔོན་གྱིས་བརྗོད་པ་སློབ་མས་ཉན་པ་ཡིན་གྱི་རྗེས་ཟློས་མི་བྱེད། མཇུག་གི་ཆོ་ག་ལ་དབུ་མ་པས་རང་དགའ་བ་བསྒོམ་པ་དང་། གཞན་དགའ་བ་བསྒོམ་དུ་གཞུག་པ་གཉིས་མཛད། སེམས་ཙམ་པས་མཁྱེན་པར་གསོལ་བ་མཛད་པའི་ཕྱིར་རོ། །རྩ་བའི་ལྟུང་བ་ཡང་ཐ་དད་དུ་ཡོད་དེ། དབུ་མ་པས་ནམ་མཁའི་སྙིང་པོའི་མདོ་ལས་འབྱུང་བ་ལྟར། རྩ་ལྟུང་བཅུ་བཞི་དང་། སེམས་ཙམ་པས་སྡོམ་པ་ཉི་ཤུ་པ་ལྟར་རྩ་ལྟུང་བཞི་གསུངས་པའི་ཕྱིར་རོ། །ཕྱིར་བཅོས་ཀྱི་ཚུལ་ཡང་སོ་སོར་ཡོད་དེ། དབུ་མ་པས་སྐྱ་རེངས་ལ་གསོལ་བ་བཏབ་ནས་ནམ་མཁའི་སྙིང་པོ་རྨི་ལམ་དུ་བྱུང་བ་ལ་རྩ་བའི་ལྟུང་བ་བཤགས། སེམས་ཙམ་པས་སྡོམ་པ་ཉི་ཤུ་པར། སྡོམ་པ་སླར་ཡང་བླང་བར་བྱ། །ཟག་པ་འབྲིང་ནི་གསུམ་ལ་བཤགས། །གཅིག་གི་མདུན་དུ་ལྷག་མ་རྣམས། །ཉོན་མོངས་མི་མོངས་བདག་སེམས་བཞིན། །ཞེས་བཤད་པ་ལྟར་མཛད་པའི་ཕྱིར་རོ། །བསླབ་པ་བྱ་བའང་སོ་སོར་ཡོད་དེ། དབུ་མ་པས་སྤྱོད་འཇུག་ལས། ཐང་པ་རྐྱོང་སྟེ་མི་འདུག་ཅིང་། །ཅེས་སོགས་བཤད་ལ། སེམས་ཙམ་པས་སྡོམ་པ་ཉི་ཤུ་པ་ལྟར། ཉེས་བྱས་བཞི་བཅུ་ཞེ་གཉིས་བཤད་པའི་ཕྱིར་རོ། །དེ་ལྟར་ཆོ་ག་ནས་བསླབ་བྱའི་བར་ཐ་དད་པ་དེ་ཡང་། དབུ་སེམས་གཉིས་པོ་ལྟ་བ་མཐོ་དམན་ཐ་དད་པས་ལྟ་བ་དེ་དང་འཚམས་པའི་སེམས་བསྐྱེད་ཀྱི་ལུགས་གཉིས་རྫོགས་པའི་སངས་རྒྱས་ཀྱིས་གསུངས་པ་ཡིན་གྱི། རྗེས་འཇུག་གི་གདུལ་བྱ་གཉིས་ཀ་ཉམས་སུ་ལེན་པ་ལ་

འགལ་བ་མེད་དེ། དཔེར་ན་ཉན་ཐོས་ལ་སོ་སོར་ཐར་པ་རིས་བདུན་དང་། ཐེག་པ་ཆེན་པོ་ལ་སེམས་བསྐྱེད་ཀྱི་སྡོམ་པ་མ་ཐོབ་པ་ཐོབ་པར་བྱེད་པའི་ཆོ་ག་སོགས་སོ་སོར་གསུངས་ཀྱང་། གང་ཟག་གཅིག་གིས་གཉིས་ཀ་ཉམས་སུ་ལེན་པ་ལ་འགལ་བ་མེད་པ་བཞིན་ནོ། །འདིར་ནི་གཞུང་གི་འབྲུ་གནོན་པ་ཙམ་ཞིག་བྲིས་པ་ཡིན་ལ། འདི་གཉིས་ཀྱི་རྣམ་དབྱེ་ཞིབ་པར་ཁོ་བོའི་སྤྱི་དོན་དུ་ལྟ་བར་བྱ་ཞིང་། ཆོ་ག་ནི་དབུ་མ་ལུགས་ཆོས་རྗེ་པའི་སེམས་བསྐྱེད་ཀྱི་ཆོ་ག་དང་། སེམས་ཙམ་ལུགས་རྗེ་བཙུན་ཆེན་པོའི་སྡོམ་པ་ཉི་ཤུ་པའི་ཊཱི་ཀར་བལྟ་བར་བྱའོ། གཉིས་པ་ལ་གསུམ་སྟེ། མ་ཐོབ་པ་ཐོབ་པར་བྱེད་པའི་ཆོ་ག ཐོབ་པ་མི་ཉམས་པར་བསྲུང་བའི་བསླབ་བྱ། དེ་དག་དང་འབྲེལ་བའི་ཐབས་ལམ་རྣམ་དག་ཏུ་བསྒྲུབ་པའོ། །དང་པོ་ལ་གཉིས་ཏེ། ཀུན་རྫོབ་སེམས་བསྐྱེད་སྐྱེ་བའི་ཆོ་ག་བཤད། དོན་དམ་སེམས་བསྐྱེད་ཆོགས་སྐྱེ་བ་དགག་པའོ། །དང་པོ་ལ་བཞི་སྟེ། ལུགས་གཉིས་རྗེན་གྱི་ཁྱད་པར་ལུང་གིས་བསྒྲུབ། དེ་ཉིད་དཔེ་ཡི་སྒོ་ནས་གསལ་བར་བཤད། །ལུང་གི་དོན་ལ་ལོག་པར་རྟོག་པ་དགག །ལུགས་གཉིས་ཆོ་གའི་ཁྱད་པར་སོ་སོར་བཤད་པའོ། །དང་པོ་ལ་གཉིས་ཏེ། སེམས་ཙམ་ལུགས་ཀྱི་སེམས་བསྐྱེད་སྐྱེ་བའི་ཡུལ་ངེས་པར་བསྟན། དབུ་མ་ལུགས་ཀྱི་སེམས་བསྐྱེད་ཀུན་ལ་སྐྱེ་བར་བསྟན་པའོ། །དང་པོ་ལ་གསུམ་སྟེ། དངོས་ཀྱི་དོན། དེ་ལ་ལོག་པར་རྟོག་པའི་ཚུལ་བརྗོད་པ། དེ་ཉིད་ལུང་དང་རིགས་པས་དགག་པའོ། །དང་པོ་ནི། སེམས་ཙམ་པ་ཡི་ཞེས་སོགས་ཚིགས་བཅད་གཅིག་གོ། །

གཉིས་པ་ནི་ལ་ལ་སྐྱེ་བོ་ཞེས་སོགས་གསུམ་སྟེ། དགེ་བཤེས་ཕྱག་སོར་བ་ལ་སོགས་པའི་སྐྱེ་བོ་འགའ་ཞིག་གི་རྨི་ལམ་དུ་བྱམས་པ་མགོན་པོ་ཁྲི་མཐོན་པོ་ལ་བཞུགས་ནས་ཁྲིམ་ཆེན་པོ་ལ་སེམས་བསྐྱེད་མཛད་པར་རྨིས་པའི་རྗེས་སུ་འབྲངས་ནས། སོ་ཐར་གྱི་སྡོམ་པ་ཐོབ་པ་དང་མ་ཐོབ་པའི་སེམས་ཅན་ཀུན་ལ་སེམས་ཙམ་ལུགས་ཀྱི་སེམས་བསྐྱེད་འབོགས་པར་བྱེད་དོ། །གསུམ་པ་ནི། རྨི་ལམ་བདུད་ཀྱིས་ཞེས་སོགས་ཚིགས་བཅད་བཞི་སྟེ། རྨི་ལམ་གྱི་རྗེས་སུ་འབྲངས་ནས་སྐྱེ་བོ་ཀུན་ལ་སེམས་ཙམ་ལུགས་ཀྱི་སེམས་བསྐྱེད་བྱེད་པའི་ལུགས་དེ་སངས་རྒྱས་ཀྱི་བསྟན་པ་མ་ཡིན་ཏེ། རྨི་ལམ་བདུད་ཀྱིས་མིན་ན་དེ་ལྟར་རུང་ཡང་། སངས་རྒྱས་ཀྱི་གསུང་དང་མི་མཐུན་པའི་ཐབས་ལམ་སྟོན་པའི་རྨི་ལམ་བདུད་ཀྱི་བྱིན་བརླབས་ཡིན་པའི་ཕྱིར་དང་། བྱང་སའི་ཚུལ་ཁྲིམས་ལེའུར། རིགས་ཀྱི་བུ་ཕྲོད་བྱང་ཆུབ་སེམས་དཔའ་ཡིན་ནམ། བྱང་ཆུབ་ཏུ་སྨོན་ལམ་བཏབ་བམ་ཞེས་དང་། མར་མེ་མཛད་ཀྱིས། སོ་སོར་ཐར་པ་རིས་བདུན་གྱི། །རྟག་ཏུ་སྡོམ་གཞན་ལྡན་པ་ལ། །བྱང་ཆུབ་སེམས་དཔའི་སྡོམ་པ་ཡི། །སྐལ་བ་ཡོད་ཀྱི་གཞན་དུ་མིན། །ཞེས་བྱང་ཆུབ་སེམས་དཔའི་སྡེ་སྣོད་མི་ཤེས་པ་དང་། སོ་ཐར་གྱི་སྡོམ་པ་མེད་པ་ལ་སེམས་ཙམ་ལུགས་ཀྱི་སེམས་བསྐྱེད་བཀག་པའི་ཕྱིར་དང་། ཆོ་ག་ལས་ཀྱང་དེ་ལྟར

དུ་གསལ་བའི་ཕྱིར། དེ་ལ་བཀའ་གདམས་པ་ཁ་ཅིག །སེམས་ཙམ་ལུགས་ཀྱི་སེམས་བསྐྱེད་བྱེད་པ་ལ། བྱང་ཆུབ་སེམས་དཔའི་སྡེ་སྣོད་ཤེས་པ་དང༌། སོ་ཐར་གྱི་སྡོམ་པས་བསྡམས་པ་དགོས་ཀྱང༌། སྐྱེ་བོ་ཀུན་ལ་བྱེད་པ་མི་འགལ་ཏེ། བླུན་པོ་སྡིག་པ་ཅན་ཡིན་ཡང༌། སེམས་ཙམ་ལུགས་ཀྱི་སེམས་བསྐྱེད་ཀྱི་གྲལ་དེར་ཚོགས་པ་ཐམས་ཅད་ནི་སོ་སོ་ཐར་པའི་སོགས་སོ། །

གཉིས་པ་ནི། དབུ་མའི་ལུགས་ཀྱི་ཞེས་སོགས་བཅུ་གཅིག་སྟེ། དབུ་མ་ལུགས་ཀྱི་སེམས་བསྐྱེད་འདི་བརྡ་ཕྲད་ཅིང་ལེན་འདོད་ཡོད་པའི་སེམས་ཅན་ཀུན་གྱིས་ལེགས་པར་ཐོབ་ན་རྫོགས་པའི་སངས་རྒྱས་ཀྱི་རྒྱུར་འགྱུར་ཞེས་མདོ་དང་བསྟན་བཅོས་རྣམས་ལས་གསུངས་ཏེ། དེ་ཡང་སྡོང་པོ་བཀོད་པའི་མདོ་ལས། འཕགས་པ་འཇམ་དཔལ་གྱིས། གྲོང་ཁྱེར་སྐྱིད་པའི་འབྱུང་གནས་ཀྱི་ཤར་ཕྱོགས་ནགས་ཚལ་སྣ་ལ་སྣ་ཚོགས་ཀྱི་རྒྱལ་མཚན་ཞེས་བྱ་བར། ཆོས་ཀྱི་དབྱིངས་ཀྱི་ཚུལ་སྣང་བ་ཞེས་བྱ་བའི་ཆོས་ཀྱི་རྣམ་གྲངས་བསྟན་པས། རྒྱ་མཚོའི་ཀླུ་སྟོང་ཕྲག་བཅུ་བླ་ན་མེད་པའི་བྱང་ཆུབ་ཏུ་ངེས་པར་གྱུར་ཏོ། །ཞེས་པ་དང༌། བསྐལ་པ་བཟང་པོ་ལས། རྒྱལ་བ་ཕན་བཞེད་གྲོང་དཔོན་གྱུར་པའི་ཚེ། །དེ་བཞིན་གཤེགས་པ་བསོད་ནམས་འོད་དེ་ལ། །ཉིན་གཅིག་སྲོག་གཅོད་སྡོམ་པ་བླངས་ནས་ཀྱང༌། །དང་པོ་བྱང་ཆུབ་མཆོག་ཏུ་སེམས་བསྐྱེད་དོ། །ཞེས་པ་དང༌། ནམ་མཁའི་སྙིང་པོའི་མདོ་ལས། བྱང་ཆུབ་སེམས་དཔའ་རྒྱལ་པོ་ལ་ལྔ་དང༌། བློན་པོ་ལ་ལྔ་དང༌། ལས་དང་པོ་པ་ལ་བརྒྱད་དེ། རང་སར་འབྱུང་ཉེ་བས་རྟེན་གྱི་སྒོ་ནས་དབྱེ་བ་བཅོ་བརྒྱད་གསུངས་པ་དང༌། དཀོན་མཆོག་བརྩེགས་པའི་གཙུག་ན་རིན་པོ་ཆེས་ཞུས་པའི་མདོ་ལས། ཤེས་རབ་ཀྱི་ཕ་རོལ་ཏུ་ཕྱིན་པའི་སྤྱོད་པ་ཡོངས་སུ་དག་པ་འདི་བསྟན་པ་ན། འཁོར་དེའི་ནང་ནས་ལྷ་དང༌། མིའི་སྲོག་ཆགས་ཁྲི་ཉིས་སྟོང་བླ་ན་མེད་པ་ཡང་དག་པར་རྫོགས་པའི་བྱང་ཆུབ་ཏུ་སེམས་བསྐྱེད་དོ། །ཞེས་པ་དང༌། རྒྱལ་པོ་ལ་གདམས་པའི་མདོ་ལས། རྒྱལ་པོ་ཆེན་པོ་འདི་ལྟར་ཁྱོད་ནི་བྱ་བ་མང་བ་བྱེད་པ་མང་བ་སྟེ། ཞེས་པ་ནས་ཁྱོད་རྫོགས་པའི་བྱང་ཆུབ་འདོད་པ་དང༌། དད་པ་དང༌། དོན་དུ་གཉེར་བ་དང༌། སྨོན་པས་འགྲོ་ཡང་རུང་ཞེས་པ་ནས། རྒྱལ་པོའི་བྱ་བ་ཡང་ཉམས་པར་མི་འགྱུར་ཅིང༌། བྱང་ཆུབ་ཀྱི་ཚོགས་ཀྱང་ཡོངས་སུ་རྫོགས་པར་འགྱུར་རོ། །ཞེས་པ་དང༌། ཀླུའི་རྒྱལ་པོ་རྒྱ་མཚོས་ཞུས་པའི་མདོ་ལས། ཀླུ་ཁྲི་ཉིས་སྟོང་གིས་བྱང་ཆུབ་ཏུ་སེམས་བསྐྱེད་ཅེས་པ་དང༌། འཕགས་པ་སྤྱན་རས་གཟིགས་དབང་ཕྱུག་གིས་ངན་སོང་གི་གནས་རྣམས་སུ་བྱོན་ཏེ། ངན་སོང་བ་དེ་དག་བདེན་པ་མཐོང་བ་ལ་བཀོད་ཅེས་སོགས་རྒྱ་ཆེར་གསུངས་སོ། །

བསྟན་བཅོས་ལས་གསུངས་ཚུལ་ནི། འཕགས་པ་ཀླུ་སྒྲུབ་ཀྱིས་རིན་ཆེན་ཕྲེང་བར། སེམས་ཅན་ཐམས་ཅད་བྱང་ཆུབ་ཏུ། །སེམས་བསྐྱེད་བཙུག་ཅིང་བརྟན་བྱས་ནས། །རི་དབང་རྒྱལ་པོ་ལྟར་བརྟན་པའི། །བྱང་ཆུབ་

སེམས་དང་རྟག་ལྡན་འགྱུར། །ཞེས་པ་དང་། ཞི་བ་ལྷས། བསླབ་བཏུས་སུ། དཔའ་བར་འགྲོ་བའི་མདོ་དྲངས་ཏེ། གཡོ་སྒྱུས་སེམས་བསྐྱེད་པ་ཡང་། སངས་རྒྱས་ཀྱི་རྒྱུར་གསུངས་ན་དགེ་བ་སྨོ་འགའ་བྱས་ཏེ། སེམས་ཅན་སེམས་བསྐྱེད་པ་ལྟ་ཅི་སྨོས། ཞེས་གསུངས་སོ། །གཉིས་པ་ནི། ཇི་ལྟར་འབྲས་ཀྱི་ཞེས་སོགས་ཚིགས་བཅད་གཉིས་སོ། །གསུམ་པ་ནི། གལ་ཏེ་མདོ་ལས་ཞེས་སོགས་བཅུ་གཅིག་སྟེ། སྔར་དྲངས་པའི་མདོ་དང་། བསྟན་བཅོས་རྣམས་ལས། སེམས་ཅན་ཐམས་ཅད་ལ་སེམས་བསྐྱེད་སྐྱེ་བར་བཤད་པའི་གཞུང་དེ་སེམས་ཙམ་པའི་ལུགས་ཀྱི་ཡང་སེམས་བསྐྱེད་སྐྱེ་བར་ཅི་འགལ་སྙམ་ན། དེ་ནི་འཁྲུལ་པ་ཡིན་ཏེ། སེམས་ཙམ་ལུགས་ཀྱི་སེམས་བསྐྱེད་སྐྱེ་བ་ལ་སོ་ཐར་རིས་བདུན་གང་རུང་དང་ལྡན་པ་ཅིག་དགོས་ཤིང་། རྒྱལ་བ་ཕན་བཞེད་ཉིན་གཅིག་གི་སྲོག་གཅོད་སྡོམ་པ་བླངས་པ་ལ། བྱང་ཆུབ་སེམས་བསྐྱེད་མཛད་པར་བསྐལ་བཟང་ལས་གསུངས་ལ། ཉིན་གཅིག་གི་སྲོག་གཅོད་སྡོམ་པ་བླངས་པ་དེ་ནི་སོ་སོ་ཐར་པ་རིས་བདུན་གང་ཡང་མ་ཡིན་པའི་ཕྱིར་རོ། །དེ་ལ་སོགས་པ་རིས་བདུན་གྱི་རྟེན་དུ་མི་རུང་བའི་ལྷ་དང་ཀླུ་ལ་སོགས་པ་ལ། སེམས་བསྐྱེད་མཛད་པའི་འཐད་པ་རྣམས་དབུ་མའི་ལུགས་ལ་སོགས་སོ། །བཞི་པ་ནི། དེས་ན་སེམས་ཙམ་ཞེས་སོགས་བཅུ་སྟེ། སེམས་ཙམ་ལུགས་ཀྱི་སེམས་བསྐྱེད་སྐྱེ་བའི་ཡུལ་ངེས་པ་དེས་ན། སེམས་བསྐྱེད་དེ་ལེན་པར་འདོད་ན་ཐོག་མར་སོ་སོ་ཐར་པ་རིས་བདུན་གང་ཡང་རུང་བ་ལོངས། དེ་ནས་བྱང་ཆུབ་སེམས་དཔའི་སྡེ་སྣོད་བྱང་ས་ལྟ་བུར་སློབས། དེའི་བསླབ་བྱ་ལ་དད་ཅིང་བསྲུབ་པར་ནུས་པར་གྱུར་ན། ཕྱིས་ནས་འཇུག་པ་སེམས་བསྐྱེད་ཀྱི་སྡོམ་པ་ལོངས་ཏེ། བྱང་སའི་ཚུལ་ཁྲིམས་ལེའུ་དང་། གནས་བརྟན་བྱང་བཟང་སོགས་ཀྱིས་ལེན་ཚུལ་གྱི་རིམ་པ་དེ་ལྟར་དུ་བཤད་པའི་ཕྱིར་རོ། །ཅི་སྟེ་སེམས་ཅན་ཐམས་ཅད་ལ་སངས་རྒྱས་ཀྱི་ས་བོན་ཐེག་ཆེན་སེམས་བསྐྱེད་འཇོག་པར་འདོད་ན། སྦྱོར་དངོས་རྗེས་གསུམ་གྱི་ཆོ་ག་འཁྲུལ་པ་མེད་པའི་སྒོ་ནས། དབུ་མ་པའི་གཞུང་སྤྱོད་འཇུག་དང་། ཡི་དམ་བླང་བའི་ཆོག་བཞིན་དུ་ཕྱིས་ཏེ། བརྡ་ཕྲད་ཅིང་ལེན་འདོད་ཡོད་པའི་སེམས་ཅན་ཀུན་ལ་སྐྱེ་བའི་ཕྱིར་རོ། །

གཉིས་པ་དོན་དམ་སེམས་བསྐྱེད་ཆོ་གས་སྐྱེ་བ་དགག་པ་ལ་གསུམ་སྟེ། མདོར་བསྟན། རྒྱས་པར་བཤད། དོན་བསྡུ་བའོ། །དང་པོ་ནི། དོན་དམ་སེམས་བསྐྱེད་ཞེས་སོགས་གསུམ་སྟེ། ཕ་རོལ་ཏུ་ཕྱིན་པའི་གཞུང་ལས་བཤད་པའི་དོན་དམ་སེམས་བསྐྱེད་ཞེས་བྱ་བ་ནི། ཚོགས་སྦྱོར་གྱི་གནས་སྐབས་སུ་བསོད་ནམས་དང་ཡེ་ཤེས་ཀྱི་ཚོགས་བསྐལ་པ་གྲངས་མེད་གཅིག་ཏུ་བསྒོམས་པའི་སྟོབས་ཀྱིས། ས་དང་པོར་རྣམ་པར་མི་རྟོག་པའི་ཡེ་ཤེས་རང་གི་ངང་གིས་སྐྱེ་བ་ལ་འཇོག་པ་ཡིན་ཏེ། མདོ་སྡེ་རྒྱན་ལས། རྫོགས་པའི་སངས་རྒྱས་རབ་མཉེས་བྱས། །བསོད་ནམས་ཡེ་ཤེས་ཚོགས་རབ་བསགས། །ཆོས་ལ་མི་རྟོག་ཡེ་ཤེས་ནི། །སྐྱེས་ཕྱིར་དེ་ནི་དམ་

པར་འདོད། །ཅེས་གསུངས་པའི་ཕྱིར་རོ། །དེ་ལྟ་མོད་ཀྱི་ཆོ་གའི་སྒོ་ནས་འདི་མི་སྐྱེ་སྟེ། འོག་ནས་འཆད་པའི་ལུང་རིགས་ཀྱིས་གནོད་པའི་ཕྱིར་རོ། །གཉིས་པ་ལ་བཞི་སྟེ། ཆོ་གས་སྐྱེ་བ་ལ་གནོད་བྱེད་བསྟན། ཆོ་གས་སྐྱེ་བའི་སྒྲུབ་བྱེད་མེད། ཆོ་གས་མི་སྐྱེ་བ་དཔེའི་སྒོ་ནས་བསྒྲུབ། དེ་ལ་ལུང་དང་འགལ་བ་སྤང་བའོ། །དང་པོ་ནི། གལ་ཏེ་ཆོ་གས་ཞེས་སོགས་ཚིགས་བཅད་གཅིག་སྟེ། དོན་དམ་སེམས་བསྐྱེད་ཆོ་གས་སྐྱེ་ན་དེ་བརྡ་ལས་བྱུང་བའི་སེམས་བསྐྱེད་དུ་འགྱུར་ཅིང་། འདོད་ན་མི་འཐད་དེ། དོན་དམ་སེམས་བསྐྱེད་ཉིད་ནི། དོན་དམ་ཆོས་ཉིད་ཀྱིས་ཐོབ་པའི་སེམས་བསྐྱེད་ཡིན་པའི་ཕྱིར་རོ། །གཉིས་པ་ནི་འདི་ལ་སྦྱོར་དངོས་ཞེས་སོགས་དྲུག་གོ། གསུམ་པ་ནི། དཔེར་ན་ཆུ་ལུད་ཞེས་སོགས་ཚིགས་བཅད་གསུམ་སྟེ། དཔེར་ན་ཆུ་ལུད་དང་ས་བོན་འདེབས་པ་སོགས་སོ་ནམ་ཞིང་པས་དངོས་སུ་བྱར་ནུས་པ་དེ་བཞིན། ཀུན་རྫོབ་བྱང་ཆུབ་ཀྱི་སེམས་ཀྱང་ཆོ་གའི་སྒོ་ནས་དངོས་སུ་བསྐྱེད་ནུས་ཀྱི། མྱུ་གུ་དང་། སྡོང་བུ་དང་། སྙེ་མ་སོགས་ཞིང་ལས་དངོས་སུ་འབྱུང་གི་མི་ལས་དངོས་སུ་མི་འབྱུང་བ་དེ་བཞིན་དུ། དོན་དམ་བྱང་ཆུབ་ཀྱི་སེམས་དང་། ཟག་པ་མེད་པའི་སྡོམ་པ་དང་། བསམ་གཏན་གྱི་སྡོམ་པ་སོགས་བསྒོམས་པའི་སྟོབས་ཀྱིས་རང་གིས་སྐྱེ་ཡི། ཆོ་གའི་སྒོ་ནས་མ་ཡིན་ཏེ། ཚུལ་འདི་དག་འཐད་པ་དང་བཅས་པ་མདོ་དང་བསྟན་བཅོས་ཀུན་ནས་འབྱུང་བའི་ཕྱིར་རོ། །དེ་ཡང་ཀ་མ་ལ་ཤཱི་ལའི་བསྒོམ་རིམ་དུ་དགོངས་པ་ངེས་འགྲེལ་གྱི་མདོ་དྲངས་པ་ལས། དོན་དམ་པའི་བྱང་ཆུབ་ཀྱི་སེམས་དེ་ནི་འཇིག་རྟེན་ལས་འདས་པ། སྤྲོས་པ་མཐའ་དག་དང་བྲལ་བཤིན་ཏུ་གསལ་བ། དོན་དམ་པའི་སྤྱོད་ཡུལ་དྲི་མ་མེད་པ། མི་གཡོ་བ་རླུང་མེད་པའི་མར་མེའི་རྒྱུན་བཞིན་དུ་མི་གཡོ་བའོ། །དེ་འགྲུབ་པ་ནི་རྟག་ཏུ་གུས་པས་ཞི་གནས་དང་ལྷག་མཐོང་གི་རྣལ་འབྱོར་གོམས་པ་ལས་འགྱུར་རོ། །ཞེས་གསུངས་སོ། །བཞི་པ་ནི་དོན་དམ་སེམས་བསྐྱེད་སོགས་བཅུ་གཅིག་སྟེ། རྣམ་སྣང་མངོན་བྱང་ལས། ཡན་ལག་བདུན་པའི་སྐབས་སུ་དོན་དམ་སེམས་བསྐྱེད་ཀྱི་ཚིག་ལན་གསུམ་གསུངས་པ་ལྟ་བུ་དང་། སྤྱང་སྙིང་ཕྱག་བརྒྱ་པ་ལས། དོན་དམ་པའི་བྱང་ཆུབ་ཀྱི་མཆོག་ཏུ་སེམས་བསྐྱེད་པར་བྱའོ། །ཞེས་གསུངས་པ་སྲིད་ན་ཡང་། དེ་ནི་དམ་བཅའ་ཙམ་ཡིན་གྱི་ཆོ་གའི་སྒོ་ནས་བསྐྱེད་པ་མ་ཡིན་ཏེ། དཔེར་ན་སྦྱིན་པ་སོགས་སོ། །དེ་དག་ཀྱང་ཆོ་ག་ཡིན་ན། གནས་ག་གེ་མོ་ཞིག་ཏུ་འགྲོ་བར་བྱའོ། །ཞེས་སོགས་ཀྱང་ཆོ་གར་ཧ་ཅང་ཐལ་བར་འགྱུར་ཅིང་། ཆོ་ག་ཡང་ཐུག་མེད་དུ་འགྱུར་རོ། །གསུམ་པ་ནི། ཀྱེ་མ་འཇིག་རྟེན་ཞེས་སོགས་ཚིགས་བཅད་གཅིག་སྟེ། འཇིག་རྟེན་བླུན་པོ་འདིས་རྒྱལ་བས་གསུངས་པའི་སྡོམ་གསུམ་གྱི་ཆོ་ག་རྣམ་པར་དག་པ་ཀུན་བོར་ནས། མ་གསུངས་པའི་དོན་དམ་སེམས་བསྐྱེད་ལ་ཆོ་ག་ནན་གྱིས་འཚང་བ་འདི་འདྲ་བདེ་འགྲོ་དང་ངན་འགྲོ་ཅིར་འགྱུར་བརྟག་དགོས་སོ། །

གཉིས་པ་ཐོབ་པ་མི་ཉམས་པར་བསྲུང་བའི་བསླབ་བྱ་ལ་གཉིས་ཏེ། ལྡོང་བའི་རྣམ་བཞག་མུ་བཞི་བསྟན་པ། བསླབ་བྱའི་གཙོ་བོ་ལ་ལོག་རྟོག་དགག་པའོ། །དང་པོ་གཉིས་ཏེ། མུ་བཞིར་དབྱེ་བ། བཞིར་འགྱུར་བའི་འཐད་པའོ། །དང་པོ་ནི། དེ་ལྟར་སེམས་ཙམ་ཞེས་སོགས་བཅོ་ལྔ་སྟེ། སྔར་བཤད་པ་དེ་ལྟར་སེམས་ཙམ་དབུ་མ་གཉིས་ལེན་པའི་ཆོ་ག་སོགས་ཀྱི་རྣམ་བཞག་ཐ་དད་དུ་ཡོད་མོད་ཀྱི། འོན་ཀྱང་ཐེག་ཆེན་དབུ་སེམས་ཀུན་མཐུན་པར་ལྡུང་བའི་རྣམ་གཞག་མུ་བཞི་གསུངས་ཏེ། ལྡུང་མེད་དང་། ལྡུང་བ་དང་། ལྡུང་བའི་གཟུགས་བརྙན་དང་། ལྡུང་བ་མེད་པའི་གཟུགས་བརྙན་རྣམ་བཞིར་གསུངས་པའི་ཕྱིར་རོ། །བཞི་པོ་གང་ཞེ་ན་བསམ་པ་དག་པའི་སོགས་སོ། །གཉིས་པ་ནི་མདོར་ན་སེམས་ཀྱི་ཞེས་སོགས་དགུ་སྟེ། ཀུན་སློང་དང་ལུས་ངག་གི་སྦྱོར་བ་གཉིས་ཀ་གནག་པ་ལྡུང་བ་དང་། དཀར་བ་ལྡུང་མེད་དང་། ཀུན་སློང་དཀར་ན་སྦྱོར་བ་གནག་ཀྱང་ལྡུང་བའི་གཟུགས་བརྙན་ཡིན་གྱི་དོན་ལ་ལྡུང་མེད་ཡིན་པ་དང་། ཀུན་སློང་གནག་ན་སྦྱོར་བ་དཀར་ཡང་ལྡུང་བ་མེད་པའི་གཟུགས་བརྙན་ཡིན་གྱི། དོན་ལ་ལྡུང་བ་ཡིན་པའི་རྒྱུ་མཚན་མདོར་བསྡུ་ན་སེམས་ཀྱི་འཕེན་པ་ལས་གཞན་པའི་ཐེག་པ་ཆེན་པོའི་དགེ་སྡིག་ཡོད་པ་མ་ཡིན་པའི་ཕྱིར་ཏེ། འཕགས་པ་ལྷའི་བཞི་བརྒྱ་པར། བསམ་པའི་སྒོ་ནས་བྱང་ཆུབ་སེམས་དཔའི་ལུས་ངག་གི་དགེ་བའམ། མི་དགེ་བར་སྣང་བ་ཐམས་ཅད་དགེ་བ་ཉིད་དུ་འགྱུར་ཏེ། གང་གི་ཕྱིར་ན་བྱང་ཆུབ་སེམས་དཔའི་དགེ་སྡིག་ལ་སེམས་དེ་གཙོ་བའི་ཕྱིར་ཞེས་གསུངས་པ་དང་། མདོ་རྒྱུད་བསྟན་བཅོས་གཞན་རྣམས་ལས་ཀྱང་དགེ་སྡིག་གི་རྣམ་གཞག་སེམས་ལ་རག་ལས་པ་དེ་ལྟར་གསུངས་ཏེ། དཀོན་མཆོག་སྤྲིན་ལས། དགེ་བའམ་འོན་ཏེ་མི་དགེ་བའི། །ལས་ནི་སེམས་ཀྱིས་བསགས་པ་ཡིན། །ཞེས་དང་། ཆོས་ཡང་དག་པར་སྡུད་པ་ལས། ཆོས་ཐམས་ཅད་སེམས་ལ་རག་ལས་པ་ཡིན་ནོ། །ཞེས་པ་དང་། སློབ་དཔོན་ནག་པོ་པས། དགྲ་ནག་གི་འགྲེལ་པར་རྒྱུད་ཀྱི་ལུང་དྲངས་པ་ལས། མཆོག་གསུམ་ཡོན་ཏན་རིག་པར་འགྱུར། །བདུད་རྩི་ཡིད་འོང་འཁོར་བས་བཀྲལ། །འབྲས་བུ་ངེས་པར་ལེགས་པར་ཐོབ། །དེ་ཕྱིར་དམ་པའི་ཞལ་ལས་ནི། །གསུངས་པའི་བྱ་བ་སྡིག་ཀྱང་བྱ། །དམ་པའི་ཞལ་ལས་མ་གསུངས་པའི། །དགེ་བའང་མཁས་པས་སྤང་བར་བྱ། །ཞེས་གསུངས་པ་དང་། སེམས་ཀྱི་སྒྲིབ་སྦྱོང་ལས་ཀྱང་། དགེ་སློང་རང་གི་ཕ་རྒན་ལ། །སྨྲར་འདོད་ཞེས་ནི་བསྐྱལ་གྱུར་ནས། །འཕྱུལ་བས་དེ་ནི་ཤི་གྱུར་ཀྱང་། །མཚམས་མེད་སྦྱོར་བ་མ་ཡིན་ནོ། །བསམ་པ་བཟང་པོས་མཆིལ་ལྷམ་གཉིས། །ཐུབ་པའི་དབུ་ལ་བཞག་པ་དང་། །དེ་ནི་གཞན་གྱིས་བསལ་བྱས་པ། །གཉིས་ཀས་རྒྱལ་སྲིད་ཐོབ་པར་འགྱུར། །དེ་ཕྱིར་བསམ་པའི་རྩ་བ་ལ། །བསོད་ནམས་སྡིག་པ་རྣམ་པར་གནས། །ཞེས་དང་། མཁས་མཆོག་དབྱིག་གཉེན་གྱིས་ཀྱང་། ལས་གྲུབ་པར། ལུས་ངག་གི་ལས་རྣམ་པ་རིག་བྱེད་དང་། རིག་བྱེད

མ་ཡིན་པ་གཟུགས་ཅན་ནི་དགེ་བ་དང་། མི་དགེ་བ་མཚན་ཉིད་པ་མ་ཡིན་ཏེ། ལུས་བོར་ནས་ཚེ་ཕྱི་མ་ལ་འབྲས་བུ་ཡིད་དུ་འོང་བ་དང་། མི་འོང་བ་འགྲུབ་པ་དེ་དགེ་བ་དང་མི་དགེ་བ་ཡིན་པར་འཆད་པའི་ཕྱིར་རོ། །ལས་ནི་སེམས་པའི་ཁྱད་པར་ཡིན་ནོ་ཞེས་སོགས་སོ། །གཉིས་པ་ལ་གསུམ་སྟེ། བསླབ་བྱའི་གཙོ་བོ་འགོག་པའི་ལོག་རྟོག་བརྗོད། དེ་ཉིད་རིགས་པས་རྣམ་པར་བརྟགས་ནས་དགག །བསླབ་བྱའི་གཙོ་བོ་ཡིན་པའི་སྒྲུབ་བྱེད་འགོད་པའོ། །དང་པོ་ནི། བྱང་ཆུབ་སེམས་ཀྱི་ཞེས་སོགས་ཚིགས་བཅད་གསུམ་སྟེ། བྱང་ཆུབ་སེམས་ཀྱི་བསླབ་པ་ལ་བདག་གཞན་མཉམ་པ་དང་། བརྗེ་བ་བསྒོམ་པའི་ཚུལ་གཉིས་གསུངས་ཏེ། སྤྱོད་འཇུག་ལས། བདག་དང་གཞན་དུ་མཉམ་པ་ནི། །དང་པོ་ཉིད་དུ་འབད་དེ་བསྒོམ། །བདེ་དང་སྡུག་བསྔལ་མཉམ་པས་ན། །ཐམས་ཅད་བདག་བཞིན་བསྲུང་བར་བྱ། །ཞེས་དང་། གང་ཕྱིར་བདག་དང་གཞན་གཉིས་ཀ །མྱུར་དུ་སྐྱོབ་པར་འདོད་པ་དེས། །བདག་དང་གཞན་དུ་བརྗེ་བྱ་བ། །གསང་བའི་དམ་པ་སྤྱད་པར་བྱ། །ཞེས་གསུངས་སོ། །དེ་ལ་འབྲི་ཁུང་པ་ཁ་ཅིག །དགོངས་གཅིག་ཏུ་ཪྗེ་རྗེའི་གསུང་། རང་གཞན་བརྗེས་པས། ཉེས་པར་འགྱུར་བའི་སྐབས་ཡོད་བྱ་བ་བཞུགས། དེས་ན་རང་གཞན་བརྗེ་བ་བླ་མ་དམ་པའི་ཐུགས་དགོངས་མ་ཡིན་ཏེ། རྗེ་རིན་པོ་ཆེ་རྟག་པར་ཞབས་སྔུང་ཞིང་མི་བདེ་བ་ཙི་ལགས། ཞེས་འདྲིག་རྗེན་མགོན་པོས་ཞུས་པས། ཁོ་བོ་སྔོན་དད་པ་ནི་ཆེ་ཤེས་རབ་ནི་ཆུང་བས། རྟག་པར་གཞན་གྱི་སྡུག་བསྔལ་བདག་ལ་སྨིན་པར་གྱུར་ཅིག །ཅེས་སྨོན་ལམ་བཏབ་པ་དེ་མཐའ་བཙན་པས་ད་ལྟ་རྟག་པར་ཞབས་སྔུང་བ་དེས་ལན། ཞེས་གསུང་། འོན་ཀྱང་བདག་ཅག་ལས་རྒྱུད་ཚོད་ཙུང་ཟད་མཐོ་བས་བཟོད་དམ་སྙམ་ན། འཕགས་པ་ཤཱ་རིའི་བུ་ས་དྲུག་པ་བ་གཅིག་ཡིན་པ་ལ་དུས་ལ་མ་བབ་པར་མིག་སྦྱིན་པར་བཏང་བས་ཉན་ཐོས་ཀྱི་སར་ལྷུང་བའི་རྐྱེན་དུ་གྱུར་པའི་ཕྱིར། དེས་ན་བདག་གཞན་བརྗེ་བའི་བྱང་ཆུབ་ཀྱི་སེམས་བསྒོམ་མི་རུང་ཞེས་སྨྲའོ། །དེའི་རྒྱུ་མཚན་དྲིས་པས་འདི་སྐད་ཟེར་སོགས་སོ། །

གཉིས་པ་ལ་གཉིས་ཏེ། བསྒྲུབ་བྱ་ལ་བརྟག་ནས་དགག་པ། སྒྲུབ་བྱེད་ལ་བརྟག་ནས་དགག་པའོ། །དང་པོ་ནི། དེ་དོན་འདི་ལྟར་ཞེས་སོགས་དགུའོ། །གཉིས་པ་ནི། བྱང་ཆུབ་སེམས་དཔའི་ཞེས་སོགས་བཅུ་གསུམ་སྟེ། སྨོན་ལམ་ཐམས་ཅད་མཐའ་བཙན་པའི་གཏན་ཚིགས་མི་འགྲུབ་སྟེ། བྱང་ཆུབ་སེམས་དཔའ་བློ་སྦྱོང་བའི་སྨོན་ལམ་འགའ་ཞིག་མཐའ་མི་བཙན་པའི་ཕྱིར་རོ། །གལ་ཏེ་བཙན་ན་དེད་དཔོན་མཛའ་བོའི་བུ་རྒྱུན་དུ་ཀླད་ནད་ཅན་དུ་འགྱུར་ཏེ། སེམས་ཅན་ཐམས་ཅད་ཀྱི་ཀླད་ནད་བདག་ལ་སྨིན་པར་སྨོན་ལམ་བཏབ་པའི་ཕྱིར་རོ། །དེ་ཡང་མདོ་དྲིན་ལན་བསབ་པ་ལས། སྔོན་བྷ་ར་ནཱ་སཱི་རདེད་དཔོན་མཛའ་བོ་ཞེས་པའི་བུ་བྱུང་ངོ་ཅིག་ཤི་ནས

ཕྲེས་གཅིག་སྐྱེས་པ་ལ་མཛའ་བོའི་བུ་མོར་མིང་བཏགས་ཏེ། ཕ་རྒྱ་མཚོར་ནོར་བུ་ལེན་དུ་ཕྱིན་པས་ཤི་ནས་ཆེར་སྐྱེས་པ་ན། ཕའི་ལས་གང་ཡིན་དྲིས་པ་ལས། དྲང་པོར་སྨྲས་ན་རྒྱ་མཚོར་ཤིར་དོགས་ནས་འབྲུ་འཚོང་བ་ཡིན་ཞེས་སྨྲས་པས་ཀར་ཤ་པ་ཎི་བཞི་སྐྱེད། དེ་བཞིན་དུ་སྤོས་བཙོངས་པས་བརྒྱད་དང་། གོས་ཀྱིས་བཅུ་དྲུག་དང་། གསེར་དངུལ་བཙོངས་པས་སོ་གཉིས་སྐྱེད་པ་ཐམས་ཅད་མ་ལ་ཕུལ། དེ་ནས་ཚོང་པ་དེའི་རིགས་ཅན་རྣམས་ཀྱིས། ཁྱོད་ཀྱི་ཕ་རྒྱ་མཚོར་ནོར་བུ་ལེན་པའི་རིགས་ཅན་ཡིན་ནོ་ཞེས་སྨྲས་པས། དྲིལ་བསྒྲགས་ཏེ་ཚོང་པ་ལྔ་བརྒྱ་དང་ལྷན་ཅིག་ཆས་པ་ལ། མས་མ་བཟོད་པར་སྒོ་འཕྲེད་ལ་གཅད་དེ་ཉལ་བས་མའི་མགོ་ལ་རྡོག་པས་བསྣུན་ནས་སོང་ངོ་། །དེ་ནས་རྒྱ་མཚོར་ཞུགས་པས་གྲུ་བོ་ཆེ་ཆུ་སྲིན་ཉ་མིད་ཀྱིས་བཅོམ་ནས་ཞིག །མཛའ་བོའི་བུ་མོས་གྲུའི་ཤིང་ཚལ་ལ་འཇུས་ནས་མཐར་གྱིས་ཕྱིན་པས། གྲོང་ཁྱེར་སྨྱོས་བྱེད་དུ་ལྷའི་བུ་མོ་བཞི་དང་། རྟག་མྱོས་སུ་བརྒྱད། དགའ་བྱེད་དུ་བཅུ་དྲུག །ཚངས་པའི་བླ་མར་སོ་གཉིས་དང་ཕྲད་དེ། ལོ་གྲངས་དུ་མར་དགའ་བདེ་མྱོང་ངོ་། །ཡང་ལྷོ་ཕྱོགས་སུ་སོང་བ་དང་། ལྕགས་ཀྱི་ཁང་པ་ཆེན་པོ་ཞིག་མཐོང་སྟེ། འགྲོ་འདོད་པར་གྱུར་ནས་ནང་དུ་ཕྱིན་པ་དང་སྒོ་རང་འགྲིག་ཏུ་སོང་ངོ་། །ནང་ན་མི་ཞིག་ལྕགས་ཀྱི་འཁོར་ལོ་མེ་འབར་བ་མགོ་ལ་འཁོར་བ་ཞིག་མཐོང་ནས་དྲིས་པས། མའི་མགོ་ལ་རྡོག་པས་བསྣུན་པའི་རྣམ་སྨིན་ནོ་ཟེར་བ་དང་། རང་གི་དེ་དྲན་ཏེ། ང་ཡང་ལས་ཀྱིས་འདིར་ཁྲིད་དོ་སྙམ་པ་དང་། ནམ་མཁའ་ལས་གང་མ་བཅིངས་པ་དེ་དག་ནི་ཆིངས་ཤིག །བཅིངས་པ་དེ་དག་གྲོལ་ཤིག །ཞེས་པའི་སྒྲ་ཐོས་པས་འཁོར་ལོ་དེ་རང་གི་མགོ་ལ་འཁོར་བར་གྱུར་ཏོ། །འདིར་གཞན་ཡང་ཡོད་མེད་དྲིས་པས་གང་མའི་མགོ་ལ་རྡོག་པས་བསྣུན་པ་ཐམས་ཅད་འདིར་འོང་ངོ་ཞེས་ཟེར་བ་དང་། གཞན་གཅེས་འཛིན་གྱི་སྙིང་རྗེ་ཚད་མེད་པ་སྐྱེས་ཏེ། འདི་ལྟ་བུའི་མྱོང་རིས་ཀྱི་ལས་བསགས་པ་ཐམས་ཅད་བདག་ལ་སྨིན་པར་གྱུར་ཅིག །གཞན་སུ་ཡང་འདིར་འོང་བར་མ་གྱུར་ཅིག །ཅེས་བརྗོད་མ་ཐག་སྙིང་རྗེའི་སྟོབས་ཀྱིས། མཛའ་བོའི་བུ་མོའི་མགོ་ལ་འཁོར་བའི་འཁོར་ལོ་དེ། ཤིང་ཏ་ལ་བདུན་སྲིད་ཙམ་དུ་འཕགས་ནས་ཚེའི་དུས་བྱས་ཏེ། དགའ་ལྡན་དུ་སྐྱེས་སོ་ཞེས་གསུངས་སོ། །གཞན་ཡང་དུས་གསུམ་སངས་རྒྱས་སོགས་ཚིག་རྐང་གསུམ་སྟེ། བློ་སྦྱོང་གི་སྨོན་ལམ་མཐའ་བཙན་པའི་ཕྱིར་རོ། །བརྗེས་པའི་ཡུལ་གྱི་སེམས་ཅན་དེ་དག་ཀུན། སྡུག་བསྔལ་འབྱུང་བ་མི་སྲིད་པར་འགྱུར་ཏེ། སངས་རྒྱས་དང་བྱང་སེམས་ཀྱི་བདེ་བ་ལ་ལོངས་སྤྱོད་པའི་ཕྱིར་རོ། །དེས་ན་བརྗེ་བའི་བྱང་ཆུབ་ཀྱི་སེམས་བསྒོམ་དུ་མི་རུང་བ་འདི་འདྲའི་གསང་ཚིག་ནི་བདུད་ཀྱིས་ཡིན་པ་ཕལ་ཆེར་གྱིས་མི་ཤེས་པས་ཤེས་ནས་སྤང་བར་བྱའོ། །ཐབས་ཕྱིན་ཅི་ལོག་ཏུ་སྟོན་པ་ཐབས་ལ་བསླུ་བའི་བདུད། ཅེས་རྒྱལ་བས་གསུངས་པའང་དྲན་པར་བྱ་སྟེ། མདོ་སྡེ་རྒྱན་ལས། ཐབས་དང་སྐྱབས་དང

དག་པ་དང་། །ཐེག་ཆེན་ངེས་པར་འབྱུང་བ་ལས། །སེམས་ཅན་རྣམས་ནི་རབ་བསླུ་བའི། །བདུད་འཇོམས་ཁྱོད་ལ་ཕྱག་འཚལ་ལོ། །ཞེས་གསུངས་པ་ལྟར་རོ། །

གསུམ་པ་ལ་བཞི་སྟེ། ཡིད་ཆེས་པའི་ལུང་གིས་བསྒྲུབ། བསྒོམ་པའི་ཕན་ཡོན་གྱིས་བསྒྲུབ། མ་བསྒོམས་པའི་ཉེས་དམིགས་ཀྱིས་བསྒྲུབ། དེས་གྲུབ་པའི་དོན་བསྟན་པའོ། །དང་པོ་ལ་གསུམ་སྟེ། གླུ་སྒྲུབ་ཀྱི་ལུང་གིས་བསྒྲུབ། ཞི་བ་ལྷའི་ལུང་གིས་བསྒྲུབ། མདོ་དང་བསྟན་བཅོས་གཞན་གྱི་ལུང་གིས་བསྒྲུབ་པའོ། །དང་པོ་ནི་བདག་གཞན་བརྗེ་བ་ཞེས་སོགས་བཅུ་བདུན་ཏེ། འདི་ནི་བཅོམ་ལྡན་འདས་ཀྱིས་གསུངས་ཞེས་པ་ནི། དཔལ་སྦྱིན་གྱིས་ཞུས་པའི་མདོ་ལས། བྱང་ཆུབ་སེམས་ཀྱི་བསོད་ནམས་གང་། །གལ་ཏེ་དེ་ལ་གཟུགས་མཆིས་ན། །ནམ་མཁའི་ཁམས་ནི་ཀུན་བཀང་ནས། །དེ་ནི་དེ་ལས་ལྷག་པར་འགྱུར། །ཞེས་གསུངས་སོ། །གཏན་ཚིགས་ཀྱང་ནི་འདི་ལ་སྣང་། །ཞེས་པ་ནི་རིན་ཆེན་ཕྲེང་བར། ཕྱོགས་རྣམས་ཀུན་ཏུ་ནམ་མཁའ་དང་། །ས་དང་ཆུ་དང་མེ་དང་རླུང་། །ཇི་ལྟར་མཐའ་ཡས་དེ་བཞིན་དུ། །སྡུག་བསྔལ་སེམས་ཅན་མཐའ་ཡས་འདོད། །སེམས་ཅན་མཐའ་ཡས་དེ་དག་ནི། །བྱང་ཆུབ་སེམས་དཔའ་སྙིང་རྗེ་བས། །སྡུག་བསྔལ་དག་ལས་དྲངས་བྱས་ཏེ། །སངས་རྒྱས་ཉིད་ལ་དགོད་པར་ངེས། །དེ་ལྟར་བརྟན་པར་གནས་དེ་ནི། །མི་ཉལ་བའམ་ཉལ་ཡང་རུང་། །ཡན་ལག་བླངས་པ་ནས་བཟུང་སྟེ། །བག་མེད་གྱུར་ཀྱང་སེམས་ཅན་རྣམས། །མཐའ་ཡས་ཕྱིར་ན་སེམས་ཅན་བཞིན། །བསོད་ནམས་མཐའ་ཡས་རྟག་གསོག་འགྱུར། །མཐའ་ཡས་དེས་ན་སངས་རྒྱས་ཉིད། །མཐའ་ཡས་ཐོབ་མི་དཀའ་ཞེས་བྱ། །ཞེས་གསུངས་པ་ལྟར་རོ། །གཉིས་པ་ནི། སྤྱོད་འཇུག་ལས་ཀྱང་། ཞེས་སོགས་དྲུག་གོ། །གསུམ་པ་ནི། མདོ་དང་བསྟན་བཅོས་ཞེས་སོགས་གཉིས་ཏེ། གསང་ཆེན་ཐབས་ལ་མཁས་པའི་མདོ་ལས། གཞན་ཡང་བྱང་ཆུབ་སེམས་དཔའ་སེམས་དཔའ་ཆེན་པོའི་ཐབས་ལ་མཁས་པ་ནི། ཞེས་པ་ནས་འདི་ལྟར་སེམས་ཅན་དེ་དག་གི་སྡུག་བསྔལ་གྱི་ཚོར་བ་གང་ཡིན་པ་དེ་དག་ཐམས་ཅད་བདག་གི་ལུས་ལ་འབབ་པར་གྱུར་ཅིག །སེམས་ཅན་དེ་དག་བདེ་བར་གྱུར་ཅིག །ཅེས་པ་དང་། རྡོ་རྗེ་རྩེ་མོ་ལས། འཁོར་བ་མཐར་ཐུག་བར་དུ་ནི། །བདག་འཚང་རྒྱ་བར་མ་གྱུར་ཅིག །འགྲོ་བའི་སྡུག་བསྔལ་གང་ཅིའང་རུང་། །དེ་ཀུན་བདག་ལ་སྨིན་གྱུར་ཅིག །བྱང་ཆུབ་སེམས་དཔའི་དགེ་བ་ཡིས། །འགྲོ་བ་བདེ་ལ་སྤྱོད་པར་ཤོག །ཅེས་དང་། བྱང་ཆུབ་སེམས་འགྲེལ་ལས། བསམ་གཏན་བདེ་བ་བོར་ནས་ཀྱང་། །མནར་མེད་པར་ཡང་འཇུག་པར་བྱེད། །འདི་ནི་ངོ་མཚར་བསྔགས་འོས་སོ། །འདི་ནི་དམ་པའི་ཚུལ་ལུགས་མཆོག །ཅེས་གསུངས་སོ། །གཉིས་པ་ནི་དེས་ན་བདག་གཞན་ཞེས་སོགས་ཚིགས་བཅད་གཅིག་སྟེ། སྤྱོད་འཇུག་ལས། མང་དུ་བཤད་ལྟ་ཅི་ཞིག་དགོས། །བྱིས་པ་རང་གི་དོན་བྱེད་དང་། །ཐུབ་

པ་གཞན་གྱི་དོན་མཛད་པ། །འདི་གཉིས་ཀྱི་ནི་ཁྱད་པར་ལྟོས། །ཞེས་གསུངས་པ་ལྟར་རོ། །གསུམ་པ་ནི། བྱང་ཆུབ་སེམས་ཀྱི་ཞེས་སོགས་བཅོ་བརྒྱད་དེ། བདག་གཞན་བརྗེ་བ་བྱང་ཆུབ་ཀྱི་སེམས་ཀྱི་གནད་འཆུགས་ན་ཆོས་གཞན་གྱིས་འཚང་མི་རྒྱ་སྟེ། ཐབས་མཁས་དང་བྲལ་བའི་སྟོང་ཉིད་ཉན་ཐོས་རྣམས་ཀྱིས་བསྒོམ་ཀྱང་། དེའི་འབྲས་བུ་འགོག་པ་ཙམ་ཐོབ་པའི་ཕྱིར་དང་། སོ་སོར་ཐར་པའི་མདོ་ལས། སོ་སོ་ཐར་པ་བཏོན་པ་ཡི། །བསོད་ནམས་གྲུབ་པ་གང་ཡོད་པ། །དེ་ཡིས་འཇིག་རྟེན་མ་ལུས་པ། །ཐུབ་དབང་གོ་འཕང་ཐོབ་པར་ཤོག །ཞེས་གསུངས་པ་བཞིན་དུ་བསྔོ་བ་ཉན་ཐོས་རྣམས་བྱེད་ཀྱང་། རྫོགས་པའི་བྱང་ཆུབ་བསྒྲུབ་པར་མི་ནུས་པའི་ཕྱིར་རོ། །སྟོང་ཉིད་ཉན་ཐོས་རྣམས་བསྒོམ་པའི་སྒྲུབ་བྱེད་ནི་འདུལ་བ་ལུང་དང་། མདོ་སྡེ་ལས་གསུངས་པ་དང་། གང་པོའི་རྟོགས་བརྗོད་ལས། ཉན་ཐོས་ཀྱི་དགྲ་བཅོམ་པ་ཐོབ་པའི་ཚེ་སྟོང་པ་ཉིད་དང་། སྐྱེ་བ་མེད་པ་དང་ནམ་མཁའ་དང་ལག་མཐིལ་དུ་མཉམ་པ་དང་། གསེར་དང་བོང་བར་མཚུངས་པ་སོགས་ཆོས་ཀུན་མཉམ་ཉིད་དུ་རྟོགས་པར་གསུངས་སོ། །འོ་ན་ཆོས་ཀུན་མཉམ་པ་ཉིད་དུ་རྟོགས་པ་རྫོགས་པའི་སངས་རྒྱས་ཀྱི་ཐུན་མོང་མ་ཡིན་པའི་ལམ་མ་ཡིན་ནམ་སྙམ་ན། འདི་ལ་གང་ཟག་གི་བདག་དང་། གཟུང་བ་ཆོས་ཀྱི་བདག་དང་། འཛིན་པ་ཆོས་ཀྱི་བདག་གིས་སྟོང་པའི་མཉམ་པ་ཉིད་གསུམ་ལས། དང་པོ་གཉིས་ཉན་ཐོས་དང་། རང་སངས་རྒྱས་ཀྱིས་རིམ་པ་བཞིན་རྟོགས་པའི་དབང་དུ་བྱས་པར་མངོན་རྟོགས་རྒྱན་ལས་བཤད་དེ། དེ་ནས་གསུངས་པའི་ཆོས་ཀྱི་བདག་འཛིན་ནི་འཁོར་འདས་ལ་བླང་དོར་གྱི་མཚན་མར་འཛིན་པ་དང་། ཕུང་པོ་སྟོང་པ་ཉིད་དུ་འཛིན་པ་དང་། དུས་གསུམ་གྱི་ཆོས་ལ་དེར་འཛིན་པ་དང་། བྱང་ཕྱོགས་སོ་བདུན་ལ་ཐར་ལམ་དུ་འཛིན་པ་དང་། རྫོགས་པའི་སངས་རྒྱས་ལ་སྐྱབས་གནས་སུ་འཛིན་པ་སོགས་བླང་དོར་ཐ་དད་དུ་འཛིན་པའི་ཆགས་པ་ཕྲ་མོ་ཡིན་ལ། དེ་ནི་ཉན་ཐོས་ཀྱི་ལམ་དུ་ཙུང་ཟད་ཙམ་ཡང་སྤྱོང་བར་མི་ནུས་ཏེ། དེ་དག་ནི་འཁོར་བ་ལ་སྤང་བྱ་དང་། མྱང་འདས་ལ་བླང་བྱར་བྱས་ནས་ལམ་བསྒྲུབ་པའི་ཕྱིར་རོ། །

སོ་སོ་ཐར་པའི་མདོ་བཞིན་དུ་བསྔོ་བ་ཉན་ཐོས་རྣམས་ཀྱང་བྱེད་པའི་སྒྲུབ་བྱེད་ནི། ཐམས་ཅད་སྒྲོལ་གྱི་སྐྱེས་རབས་ལས། བདག་གིས་བྲམ་ཟེ་འདོད་པ་ལ། །ཞེས་སོགས་དང་། དཔལ་གྱི་སྡེའི་རྟོགས་བརྗོད་ལས། བྲམ་ཟེ་དམ་པ་གཟུགས་བཟང་བ། །སྡུག་པའི་ཆུང་མ་འདི་ལོང་ཤིག སྦྱིན་པ་འདི་ཡིས་མྱུར་དུ་ནི། །བྱང་ཆུབ་དམ་པ་ཐོབ་པར་འགྱུར། །ཞེས་གསུངས་སོ། །འོན་ཀྱང་ཐབས་ལ་མཁས་པའི་ཁྱད་པར་འགའ་ཞིག་མ་གསུངས་པས་རྫོགས་པའི་བྱང་ཆུབ་བསྒྲུབ་པར་མི་ནུས་ཏེ། མདོ་སྡུད་པ་ལས། ཐབས་མེད་ཤེས་རབ་བྲལ་བས་ཉན་ཐོས་ཉིད་དུ་ལྟུང་། །ཞེས་དང་། རིན་ཆེན་ཕྲེང་བ་ལས། ཉན་ཐོས་ཐེག་པ་དེ་ལས་ནི། །བྱང་ཆུབ་སེམས

དཔའི་སློན་ལམ་དང་། །སྤྱོད་པ་ཡོངས་བསྔོ་མ་བཤད་དེས། །བྱང་ཆུབ་སེམས་དཔར་ག་ལ་འགྱུར། །ཞེས་གསུངས་སོ། །བཞི་པ་ནི། དེ་ཕྱིར་ཐབས་མཁས་ཞེས་སོགས་གཉིས་ཏེ། བྱང་ཆུབ་སེམས་ཀྱི་གནད་འཆུགས་ན་སངས་མི་རྒྱ་བ་དེའི་ཕྱིར་ཀུན་རྫོབ་བྱང་ཆུབ་སེམས་ཀྱི་ཐབས་མཁས་པ་དང་། སྤྲོས་བྲལ་རྟོགས་པའི་ཤེས་རབ་ཉིད་སངས་རྒྱས་ཀྱི་རྒྱུའི་གཙོ་བོ་ཡིན་ཏེ། ལི་ཙ་བྱིས་ཞུས་པའི་མདོ་ལས། བྱང་ཆུབ་སེམས་དཔའ་རྣམ་དག་གི། ཡབ་ནི་ཐབས་ལ་མཁས་པ་སྟེ། །ཡུམ་ནི་ཤེས་རབ་ཕ་རོལ་ཕྱིན། །འདྲེན་པ་རྣམས་ནི་དེ་ལས་སྐྱེས། །ཞེས་གསུངས་སོ། །གསུམ་པ་དེ་དང་འབྲེལ་བའི་ཐབས་ལམ་རྣམ་དག་ཏུ་བསྒྲུབ་པ་ལ་གཉིས་ཏེ། སྤང་བྱ་མ་དག་པའི་ལྟ་སྤྱོད་ངོས་བཟུང་། དེ་ཤེས་ནས་སྤོང་བར་གདམས་པའོ། །དང་པོ་ལ་བསྟན་བཤད་གཉིས་ལས། དང་པོ་ནི། སངས་རྒྱས་དགོངས་པ་ཞེས་སོགས་ཚིགས་བཅད་གཅིག་གོ། གཉིས་པ་ལ་བཅུ་གཅིག་ལས། དང་པོ་མ་དག་པའི་སྦྱིན་པ་ནི། ཆང་དང་དུག་དང་ཞེས་སོགས་དྲུག་སྟེ། སྟེར་སོགས་ཞེས་པའི་སོགས་ཀྱི་སྒྲས་བསྡུས་པའི་སྦྱིན་པ་རྣམས་ནི། དྲང་སྲོང་རྒྱས་པས་ཞུས་པའི་མདོ་དང་བྱང་ཆུབ་སེམས་དཔའི་སོ་སོ་ཐར་པ་ཆོས་བཞི་བསྒྲུབ་པའི་མདོ་ལས་བཀག་པ་རྣམས་མ་དག་པའི་སྦྱིན་པ་ཡིན་ནོ། །མདོ་དང་པོ་ལས་སུམ་ཅུ་རྩ་གཉིས་གསུངས་པ། ཐུབ་པ་དགོངས་གསལ་ལས། སྡོམ་གྱི་ཚིགས་སུ་བཅད་པ་ནི། ལོག་ལྟ་མ་དད་ཕན་གདགས་ལན། །མི་ཆུ་རྒྱལ་སྟེར་འཕགས་ཕྱིར་སྟེར། །དུག་མཚོན་བསད་ཤ་བག་མེད་ཆང་། །བསྟུ་ཕྱིར་སྟོང་ཕྱིར་རོལ་མོ་མཁན། །སྐར་མཁན་གཞན་ནོར་མཛའ་ལ་སྟེར། །གཞན་གྱི་འབྲུ་སློང་བཟོ་བོ་དང་། །ནོར་ཕྱིར་སླན་པ་བཙོས་ནས་སྟེར། །རྣམ་སྨིན་ཐེ་ཚོམ་བྱིན་རྗེས་འགྱོད། །འདི་ཡིས་ཕྱི་མར་བདག་ལ་སྦྱིན། །རྣམ་སྨིན་རང་ཉིད་ལང་ཚོ་ཐུས། །ན་དང་འཆི་ཚེ་བསྐུལ་ནས་མཆོད། །ཡུལ་གཞན་གྲགས་ཕྱིར་ཡོད་བསྟན་ཕྱིར། །བུད་མེད་ཕྱིར་སྟེར་བུད་མེད་ཕྱིར། །ཕྱི་མ་རྙེད་ཕྱིར་དམན་པ་རྣམས། །བོར་ནས་ཕྱུག་པོ་རྣམས་ལ་སྟེར། །མ་དག་སྦྱིན་པ་སུམ་ཅུ་གཉིས། །རྒྱས་པ་མདོ་ལས་གསུངས་ཕྱིར་སྤང་། །ཞེས་གསུངས་སོ། །ཚུལ་ཇི་ལྟར་མ་དག་ཞེ་ན། དང་པོ་དྲུག་དང་བཅུ་གསུམ་པ། །བཅུ་བཞི་པ་དང་བཅོ་ལྔ་པ། །བཅུ་བདུན་པ་དང་བཅོ་བརྒྱད་པ། །ཐ་མ་གཅིག་སྟེ་བཅུ་གཉིས་པོ། །ཞིང་ནི་མ་དག་པ་ཡིན་ནོ། །བདུན་པ་བརྒྱད་པ་དགུ་པ་དང་། །བཅུ་པ་དང་ནི་བཅུ་དྲུག་པ། །ལྔ་ནི་དངོས་པོ་མ་དག་པའོ། །བསམ་པ་མ་དག་ལྷག་བཅོ་ལྔ། །ཞེས་པ་ལྟར་ཤེས་པར་བྱའོ། །མདོ་གཉིས་པ་ལས། ཤཱ་རིའི་བུ་གང་ཡང་བྱང་ཆུབ་སེམས་དཔའ་མཁས་པས་སྨད་པའི་སྦྱིན་པ་འདི་རྣམས་ལས་རབ་ཏུ་བཟློག་པ་ཡིན་ཏེ། འདི་ལྟ་སྟེ། དུས་སུ་ལེན་པའི་སྦྱིན་པ་དང་། ཆང་གི་སྦྱིན་པ་དང་། དུག་གི་སྦྱིན་པ་དང་། གནོད་པའི་སྦྱིན་པ་དང་། འགྱོད་པའི་སྦྱིན་པ་དང་། མཚོན་ཆའི་སྦྱིན་པ་དང་། འཕྲོག་པའི་སྦྱིན་པ་དང་། བརླས་པའི་སྦྱིན་པ་དང་། རང་གི་ལག་གིས

སྨིན་པའི་སྤྲིན་པ་དང་། རྒྱབ་ཀྱིས་ཕྱོགས་པའི་སྤྲིན་པ་དང་། འདོད་པ་ལ་བརྟེན་པའི་སྤྲིན་པ་དང་། མི་མཐུན་པའི་སྤྲིན་པ་དང་། དམ་པ་མ་ཡིན་པའི་སྤྲིན་པ་དང་། སྨད་པའི་སྤྲིན་པ་དང་། དུག་དང་མཚོན་སྤྲིན་པའི་སྤྲིན་པ་དང་། སོ་སོར་གནོད་པའི་སྤྲིན་པ་དང་། རྙེད་པའི་ཕྱིར་སྤྲིན་པ་དང་། རྟག་ཏུ་འཇིགས་པ་བསྐྱེད་པའི་སྤྲིན་པ་དང་། བྱང་ཆུབ་ཡོངས་སུ་ཉམས་པར་བྱེད་པའི་སྤྲིན་པ་དང་། འཆི་བའི་ཞགས་པའི་སྤྲིན་པ་དང་། བསྙེན་པའི་ཕྱིར་སྤྲིན་པ་དང་། འཇིགས་པའི་སྤྲིན་པ་དག་ལས་བཟློག་པར་འགྱུར་རོ། ཞེས་གསུངས་སོ། །སྦྱིན་པ་རྣམ་པར་དག་པ་ནི། ཉེ་བ་འཁོར་གྱིས་ཞུས་པའི་མདོ་ལས། བྱང་ཆུབ་སེམས་དཔའ་ཁྲིམ་པ་དང་། རབ་ཏུ་བྱུང་བ་དང་། མི་སྐྱེ་བའི་ཆོས་ལ་བཟོད་པ་ཐོབ་པའི་སྤྲིན་པ་གསུམ་ལས། དང་པོ་ལ་ཆོས་དང་ཟང་ཟིང་གི་སྤྲིན་པ་གཉིས་དང་། གཉིས་པ་སྨྱུ་གུ་དང་། སྣག་ཚ་དང་། གླེགས་བམ་དང་། ཆོས་སྤྲིན་པ་བཞི་དང་། གསུམ་པ་ལ་རྒྱལ་སྲིད་ཡོངས་སུ་གཏོང་བ་དང་། ཆུང་མ་དང་། བུ་དང་བུ་མོ་ཡོངས་སུ་གཏོང་བ་གཏོང་བ་ཆེན་པོ་དང་། མགོ་དང་རྐང་ལག་ལ་སོགས་པ་ཡོངས་སུ་གཏོང་བ་ཤིན་ཏུ་གཏོང་བ་སྟེ་གསུམ་གསུངས་སོ། །

གཉིས་པ་མ་དག་པའི་ཚུལ་ཁྲིམས་ནི། ཉན་ཐོས་ཀྱི་ནི་ཞེས་སོགས་ཚིགས་བཅད་གཉིས་ཏེ། རིས་བདུན་སེམས་ཧི་སྲིད་འཚོའི་བར་དུ་ལེན་པ་ཉན་ཐོས་ཀྱི་སྡོམ་པ་ཐེག་པ་ཆེན་པོར་འཆོས་པ་དང་། དེ་བཞིན་དུ་ཐེག་པ་ཆེན་པོའི་ཚུལ་ཁྲིམས་བསྲུངས་ནས། ཉན་ཐོས་དང་རང་སངས་རྒྱས་ལ་དམིགས་པ་ཐེག་ཆེན་ཉན་ཐོས་སུ་འཆོས་པའི་ཚུལ་ཁྲིམས་མ་དག་པ་ཡིན་ཏེ། མདོ་སྡུད་པ་ལས། གལ་ཏེ་དགྲ་བཅོམ་རང་རྒྱལ་བྱང་ཆུབ་རེག་འདོད་ན། །ཚུལ་ཁྲིམས་འཆལ་ཅིང་མི་མཁས་དེ་བཞིན་སྤྱོད་པ་ཉམས། །ཞེས་གསུངས་སོ། །རང་ཉིད་ཚུལ་ཁྲིམས་བསྲུང་ན་ཡང་། །ཞེས་སོགས་ཀྱང་མདོ་དེ་ཉིད་ལས། སེམས་ཅན་འདི་དག་ཁྲིམས་ལྡན་འདི་དག་ཁྲིམས་འཆལ་ཞེས། །སྣ་ཚོགས་འདུ་ཤེས་ཞུགས་པ་ཤིན་ཏུ་ཁྲིམས་འཆལ་ཞེས་གསུངས་པའི་དོན་ནོ། །གསུམ་པ་མ་དག་པའི་བཟོད་པ་ནི། དཀོན་མཆོག་གསུམ་དང་ཞེས་སོགས་ཚིགས་བཅད་གཅིག་སྟེ། སྤྱོད་རྒྱུད་ལས། དཀོན་མཆོག་གསུམ་ལ་སྨོད་བྱེད་ལ། །བཟོད་པ་བསྒོམ་པར་མི་བྱ་སྟེ། །བླ་མ་སྨོད་བསྟེན་མ་རུངས་དང་། །དམ་ཚིག་ལས་ནི་འདའ་བ་དང་། །དེ་སོགས་བྱེད་པ་ཚར་བཅད་ན། །འགྲུབ་འགྱུར་ཞེས་ནི་ཀུན་རིག་གསུངས། །ཞེས་གསུངས་སོ། །བཞི་པ་མ་དག་པའི་བརྩོན་འགྲུས་ནི། ལོག་པའི་ཆོས་ལ་ཞེས་སོགས་ཚིགས་བཅད་གཅིག་སྟེ། དེ་དག་མ་དག་པའི་བརྩོན་འགྲུས་ཡིན་པའི་རྒྱུ་མཚན། བྱ་བ་ངན་ཞེན་གྱི་ལེ་ལོ་ཡིན་པའི་ཕྱིར་རོ། །ཇི་སྐད་དུ་ཐོགས་མེད་ཀྱི་ཆོས་འདི་པ་དག་ལས་གཞན་པའི་མུ་སྟེགས་བྱེད་ཀྱི་བརྩོན་འགྲུས་ནི། །ལེ་ལོ་ཉིད་དོ། །ཞེས་དང་། སྤྱོད་འཇུག་ལས། ལེ་ལོ་ངན་ལ་ཞེན་པ་དང་། །ཞེས་གསུངས་སོ། །ལྔ་པ་མ་དག་པའི་བསམ་གཏན་ནི།

མི་མཁས་སྟོང་ཉིད་ཞེས་སོགས་བདུན་ཏེ། མི་མཁས་སྟོང་ཉིད་བསྒོམ་པ་ནི། རིན་ཆེན་ཕྲེང་བ་ལས། ཆོས་འདི་ལོག་པར་ཤེས་གྱུར་ན། །མི་མཁས་དེ་ནི་ཆུད་ཀྱང་འཛའ། །འདི་ལྟར་མེད་པར་བལྟ་བ་ཡི། །མི་གཙང་དེ་ར་ནི་བྱིང་བར་འགྱུར། །ཞེས་བཤད་པས། དད་པ་ཆེན་པོས་བསྒོམ་ན་ཡང་སོགས་སོ། །གཞན་ཡང་རྩ་རླུང་ཐིག་ལེའི་གནད་འཚུགས་པའི་ཐར་ལམ་སོགས། རྣམ་རྟོག་རགས་པ་འགའ་ཞིག་འཛིག་པ་དང་། སེམས་གནས་པའི་ཏིང་ངེ་འཛིན་ཕྲ་མོ་སྐྱེ་བའི་ཐབས་སུ་གྱུར་པ་དད་པ་ཆེན་པོས་སོགས་སོ། །དྲུག་པ་མ་དག་པའི་ཤེས་རབ་ནི། སངས་རྒྱས་གསུང་དང་། ཞེས་སོགས་ཚིགས་བཅད་གཅིག་སྟེ། འོད་ཟེར་བཀོད་པའི་མདོ་ལས། ཡང་དག་ཆོས་ནི་སྤོང་བྱེད་ཅིང་། །ཆོས་མ་ཡིན་པ་སྤྱོད་པར་བྱེད། །དེ་ལྟ་བས་ནི་རྨོངས་པ་ཡི། །སྐྱེས་བུ་དམན་པ་སྤོང་བར་བྱེད། །ཞེས་གསུངས་པ་ལྟར་རོ། །བདུན་པ་མ་དག་པའི་དད་པ་ནི། བླ་མ་ངན་ལ་ཞེས་སོགས་ཚིགས་བཅད་གཅིག་སྟེ། སློབ་དཔོན་ཤཱནྟི་པས། དད་པ་མེད་པ་གཙོ་བོའི་དགྲ། །ལྟག་དང་ཤིན་ཏུ་གོལ་བའི་གནས། །ཞེས་གསུངས་པ་ལྟར་རོ། །བརྒྱད་པ་མ་དག་པའི་སྙིང་རྗེ་ནི། ནད་པ་དགའ་བའི་ཞེས་སོགས་ཚིགས་བཅད་གཉིས་ཏེ། མ་དག་པའི་སྙིང་རྗེ་བཞི་ལས། དང་པོ་ནི། འདུལ་བ་ལུང་ལས། བྲན་མོ་སྐྱོང་མས་ཁྱིམ་བདག་ནད་པའི་མགོ་ལ་སྟོང་དུམ་གཞུག་པ་ལྟ་བུ་དང་། གཉིས་པ་ནི་རྡོ་རྗེ་གུར་ལས། གདུག་ལ་བྱམས་པར་མི་བྱ་ཞིང་། །ཞེས་པ་ལྟ་བུ་དང་། གསུམ་པ་ནི་རྩ་ལྟུང་བཅུ་བཞི་པ་ལས། ཡོངས་སུ་མ་སྨིན་སེམས་ཅན་ལ། །གསང་བ་བསྒྲགས་པ་བདུན་པ་ཡིན། །ཞེས་པ་ལྟ་བུ་དང་། བཞི་པ་ནི་བསླབ་བཏུས་ལས། བློ་སྦྱང་མ་བྱས་སེམས་ཅན་ལ། །སྟོང་པ་ཉིད་ནི་སྟོན་པ་དང་། །ཞེས་པ་ལྟ་བུ་སྟེ། སྤྱིར་སྟོད་མ་ཡིན་པ་ནི། རྣམ་བཤད་རིགས་པ་ལས། ང་རྒྱལ་དང་ནི་མ་དད་དང་། །དོན་དུ་གཉེར་བ་མེད་ཉིད་དང་། །ཕྱི་རོལ་རྣམ་གཡེང་ནང་དུ་བསྡུ། །སྐྱོ་བས་ཉན་པ་དྲི་མ་ཡིན། །ཞེས་པ་ལྟར་རོ། །དགུ་པ་མ་དག་པའི་བྱམས་པ་ནི། གདུག་པ་ཅན་ལ་ཞེས་སོགས་དྲུག་སྟེ། དང་པོ་ནི་རྩ་ལྟུང་བཅུ་བཞི་པ་ལས། གདུག་ལ་རྟག་ཏུ་བྱམས་ལྡན་པ། །བྱེད་པ་དེ་ནི་བཅུ་པར་འདོད། །ཅེས་པ་ལྟ་བུའོ། །གཉིས་པ་ནི་རྡོ་རྗེ་གུར་ལས། རྟག་ཏུ་སློབ་མ་བསྡུ་བྱ་ཞིང་། །ཞེས་དང་། འདུལ་བ་ལས། མཁན་པོས་མཁན་བུ་ལ། བུའི་འདུ་ཤེས་བསྐྱེད་པར་གསུངས་པ་དང་། གསུམ་པ་ནི་བརྟག་གཉིས་ལས། རྡོ་རྗེ་དེ་ཉིད་ཀྱིས་ནི་རབ་དང་། །གུར་བཅིང་བ་ཡང་རྣམ་པར་བསྒོམ་པ་ཉིད། །ཅེས་དང་། བཞི་པ་ནི་རྡོ་རྗེ་རྣམ་འཇོམས་ལས། རྡོ་རྗེ་ཁྲོ་བོ་ལས་བྱུང་བ། །ཞེས་པ་དང་། གདོན་ཐམས་ཅད་བསྣུག་པར་བྱེད་པ་ཞེས་པ་ལྟ་བུ་སྟེ། དེ་དག་འགོག་ན་རྒྱུད་སྡེ་དེ་དག་དང་འགལ་ལོ། །བཅུ་པ་མ་དག་པའི་ཐབས་ལམ་ནི། མདོ་རྒྱུད་ཀུན་ལས་ཞེས་སོགས་ཚིགས་བཅད་གཉིས་ཏེ། ཐབས་ལམ་སྟོན་པའི་མདོ་རྒྱུད་ཀུན་ལས་མ་གསུངས་ཤིང་། རིགས་པས་བསྒྲུབ་པར་མི་ནུས་པའི་

ཐོད་དང་བདེ་བ་དང་། མི་རྟོག་པ་ལྟར་སྣང་སྐྱེ་བ་སོགས་མ་དག་པའི་ཐབས་ལམ་ཡིན་ཏེ། ནད་གདོན་ཚུང་ཟད་སེལ་བའི་སྒོ་ནས། བླུན་པོ་དགའ་བ་བསྐྱེད་ན་ཡང་། ཐབས་ལམ་དེ་ལྟ་བུ་ནི་མུ་སྟེགས་བྱེད་ལ་ཡང་ཡོད་པའི་ཕྱིར་རོ། །བཅུ་གཅིག་པ་མ་དག་པའི་སྒྲོན་ལམ་ནི། བདག་ལྟའི་རྩ་བ་ཞེས་སོགས་དྲུག་གོ། །གཉིས་པ་དེ་ཤེས་ནས་སྤྱོང་བར་གདམས་པ་ནི། དེ་ལ་སོགས་པ་ཞེས་སོགས་ཚིགས་བཅད་གཅིག་སྟེ། གོང་དུ་བཤད་པའི་བཅུ་གཅིག་པོ་དེ་དག་ལ་སོགས་པ་མཐའ་ཡས་པ་ཐེག་པ་ཆེན་པོའི་ཕ་རོལ་ཏུ་ཕྱིན་པ་དང་། གསང་སྔགས་ཀྱི་སངས་རྒྱས་ཀྱི་གསུང་གི་གནད་འཆུགས་པས་ཐེག་པ་ཆེན་པོའི་དགེ་བ་བྱེད་པར་སྣང་ན་ཡང་། མ་དག་པར་ཤེས་པར་བྱས་ནས་སྤང་བར་བགྱི་སྟེ། ཐུབ་པ་དགོངས་གསལ་ལས། དགེ་བའི་རྩ་བ་འགའ་ཞིག་མཐོ་རིས་ལྷ་དང་མིའི་ཕུན་སུམ་ཚོགས་པར་འགྲོ། འགའ་ཞིག་ཉན་ཐོས་དང་རང་སངས་རྒྱས་ཀྱི་རྒྱུར་འགྲོ་བས། དེ་བཟློག་པའི་དོན་དུ་ཐབས་ཀྱིས་མྱ་ངན་ལས་འདས་པའི་མཐའ་མནན། ཤེས་རབ་ཀྱིས་འཁོར་བའི་མཐའ་མནན། བརྟོན་འགྲུས་ཀྱི་སྟོབས་ཀྱིས་དེ་གཉིས་མྱུར་དུ་མཐར་ཕྱིན་པར་བྱས་ནས་སྨིན་པས་མཆོན་པའི་དགེ་བ་ཚུང་ཟད་བྱས་པ་ཐམས་ཅད་མྱུར་དུ་མངོན་པར་རྫོགས་པར་འཚང་རྒྱ་བའི་རྒྱུར་འགྱུར་བ་ལ་བསླབ་སྟེ། མདོ་ལས། གང་ཟག་རྒྱལ་བ་རྣམ་འདྲེན་ལ། །བྱེད་པ་ཆུང་ངུའང་བྱེད་འགྱུར་བ། །དེ་དག་མཐོ་རིས་སྣ་ཚོགས་པར། །བགྲོད་ནས་འཆི་མེད་གནས་ཐོབ་བོ། །ཞེས་གསུངས་སོ། །གསུམ་པ་བསྟན་པ་རྣམ་པར་དག་པས་འཇུག་བསྡུ་བ་ནི། མདོར་ན་སངས་རྒྱས་ཞེས་སོགས་ཚིགས་བཅད་གཅིག་སྟེ། མཛོད་ལས། ཚུལ་གནས་ཐོས་དང་བསམ་ལྡན་པས། །བསྒོམ་པ་ལ་ནི་རབ་ཏུ་སྦྱོར། །ཞེས་གསུངས་པ་ལྟར་གཞི་ཚུལ་ཁྲིམས་ལ་གནས་ནས་ཐོས་བསམ་སྒོམ་གསུམ་བསྒྲུབ་པ་ནི་སངས་རྒྱས་ཀྱི་བསྟན་པའི་དངོས་གཞི་ཡིན་ཅིང་། ཐོས་བསམ་སྒོམ་གསུམ་དེ་སངས་རྒྱས་ཀྱི་གསུང་རབ་དང་མཐུན་པ་ཇི་ལྟར་བསྒྲུབ་པའི་ཚུལ་གོང་དུ་སོ་སོ་ཐར་པའི་སྐབས་སུ་བཤད་པ་ལྟར་ཤེས་པར་བྱའོ། །བྱང་ཆུབ་སེམས་དཔའི་སྡོམ་པའི་སྐབས་ཏེ་གཉིས་པའི་རྣམ་པར་བཤད་པའོ།། །།

གསུམ་པ་སྔགས་སྡོམ་ཉམས་སུ་ལེན་པའི་ཚུལ་ལ་གཉིས་ཏེ། སྤྱིའི་རྣམ་པར་གཞག་པ་དང་། གཞུང་གི་དོན་ལ་འཇུག་པའོ། །དང་པོ་ལ་གཉིས་ཏེ། རྗོད་བྱེད་རྒྱུད་སྡེའི་རྣམ་གཞག །བརྗོད་བྱ་ཉམས་ལེན་གྱི་རིམ་པའོ། ། དང་པོ་ལ་བཞི་སྟེ། ཕ་རོལ་ཏུ་ཕྱིན་པའི་ཐེག་པ་ལས་རྡོ་རྗེ་ཐེག་པ་ཁྱད་པར་དུ་འཕགས་པའི་ཚུལ། ཁྱད་པར་འཕགས་པའི་རྒྱུད་སྡེའི་དབྱེ་བ། དབྱེ་བ་དེ་ལྡན་གྱི་གྲངས་དང་གོ་རིམ་ངེས་པ། གྲངས་ངེས་པའི་རྒྱུད་ཀྱི་སྒྲ་བཤད་པའོ། །དང་པོ་ནི། སློབ་དཔོན་ཛྙཱ་ན་ཤྲཱིས། གསང་སྔགས་ཀྱི་ཐེག་པ་འདི་ཐེག་པ་ཆེན་པོ་དབུ་མ་ལས་ཁྱད་པར་ཅི་ཞིག་ཡོད་པ་བསྟན་ཅེ་ན། དམིགས་པ་དང་། བསྒྲུབ་པ་དང་། ཡེ་ཤེས་དང་། བརྟོན་འགྲུས་དང་།

གདུལ་བྱ་མ་ལུས་པ་རྗེས་སུ་འཛིན་ནུས་པ་དང་། ཉོན་མོངས་བྱིན་གྱིས་རློབ་པ་དང་། བྱིན་གྱིས་རློབ་པ་མྱུར་བ་དང་། མྱུར་དུ་འབྱུང་བ་དང་། ཉོན་མོངས་པ་སྤྱོང་བ་དང་། བསམ་པ་དང་། སྤྱོད་པ་བླ་ན་མེད་པའི་ཐབས་མཁས་པ་སྟེ། རྣམ་པ་བཅུ་གཅིག་གིས་ཁྱད་པར་དུ་འཕགས་སོ། །ཞེས་པའི་དང་པོ་ནི། དཀྱིལ་པ་རྡོ་རྗེ་ལ་སོགས་པའི་རྒྱུད་སྡེ་བསམ་གྱིས་མི་ཁྱབ་པ་ལ་དམིགས་པའོ། །གཉིས་པ་ནི། བསྐྱེད་པའི་རིམ་པ་ལ་བརྟེན་ནས་ལུས་ཀྱི་བཀོད་པ་སྣ་ཚོགས་པ་དང་། ཏིང་ངེ་འཛིན་གྱི་སྟོབས་ཀྱིས་ཀྱང་སྟོན་ནུས་པའོ། །གསུམ་པ་ནི། རྒྱུ་དང་། ངོ་བོ་དང་། ལས་དག་པ་ཡེ་ཤེས་མྱུར་དུ་འགྲུབ་པའོ། །བཞི་པ་ནི། དམ་ཚིག་རྣམ་པར་དག་པའི་དབང་གིས་བསྒྲོན་འགྲུས་ཆེན་པོ་མྱུར་དུ་བརྩམ་པའོ། །ལྔ་པ་ནི། མཚམས་མེད་པ་ལྔ་བྱེད་པ་ལ་སོགས་པ་ཐེག་པ་གཞན་དུ་སྤངས་པ་རྣམས་ཀྱང་འདིར་འགྲུབ་པར་འགྱུར་བའོ། །དྲུག་པ་ནི། ལྷ་མཆོད་པའི་ཚུལ་དང་བདེ་བ་ལ་བརྟེན་པའི་རྫོགས་རིམ་ལ་སོགས་པའོ། །བདུན་པ་ནི། ད་ལྟ་ཉིད་ནས་སངས་རྒྱས་ཀྱིས་དབང་བསྐུར་ཞིང་བྱིན་གྱིས་བརླབ་པའོ། །བརྒྱད་པ་ནི། ཚེ་འདི་དང་སྐྱེ་བ་བདུན་ནམ། བཅུ་དྲུག་ན་ངེས་པར་འཚང་རྒྱ་བའོ། །དགུ་པ་ནི། དབྱིབས་དང་ཁ་དོག་གི་དམ་ཚིག་གིས་ཉོན་མོངས་པ་རང་བཞིན་གྱིས་གྲོལ་བའོ། །བཅུ་པ་ནི་བསྐྱེད་རིམ་གྱི་དམིགས་པས་ཐ་མལ་གྱི་སྣང་བ་འགགས། གསང་སྔགས་བཟླས་པས་ངག་རྒྱལ་བའི་བཀར་འགྱུར། ཐུགས་ཀྱི་རྣལ་འབྱོར་གྱིས་ཆོས་ཐམས་ཅད་སྒྱུ་མ་ལྟ་བུར་ཤེས་ཤིང་ཉོན་མོངས་པ་ཚད་མེད་པ་སྤྱོང་བའོ། །བཅུ་གཅིག་པ་ནི། དཀའ་ཐུབ་སྡོམ་པ་མི་བཟད་པ། །བསྟེན་པས་འགྲུབ་པར་མི་འགྱུར་གྱི། །འདོད་པའི་ལོངས་སྤྱོད་ཐམས་ཅད་ལ། །བརྟེན་ན་མྱུར་དུ་འགྲུབ་པར་འགྱུར། །ཞེས་པ་ལྟར། འདོད་པའི་ལོངས་སྤྱོད་ཐམས་ཅད་ལ་རྣམ་པར་རྟོག་པ་སྤངས་ནས་སྤྱོད་པའོ། །སློབ་དཔོན་ཤཱནྟི་པས། ཕ་རོལ་ཏུ་ཕྱིན་པ་དང་སྔགས་ཀྱི་ཐེག་པ་ལ་དོན་དམ་པའི་བདེན་པ་ཁྱད་པར་མེད་ཀྱང་། ཀུན་རྫོབ་ཀྱི་བདེན་པའི་ཁྱད་པར་ལ་སྣང་བའི་དམིགས་པ་རྣམས་ལྟར་བསྒོམས་པས་དམིགས་པ་རྒྱ་ཆེ་བ་དང་། དུས་གསུམ་གྱི་སངས་རྒྱས་ཀྱི་བདེན་པའི་དམ་ཚིག་རྣམས་ཡིད་བཞིན་དུ་བཟུང་བས་བྱིན་རླབས་ཁྱད་པར་ཅན་སྐྱེ་བས་གྲོགས་རྒྱ་ཆེ་བ་དང་། འགྲོ་བའི་དོན་དང་ཞིང་ཡོངས་སུ་དག་པ་ད་ལྟ་ཉིད་ནས་སྦྱོང་བས་སྤྱོད་པ་རྒྱ་ཆེ་བ་སྟེ། གསུམ་པོ་འདིས་རྡོ་རྗེ་ཐེག་པ་ཁྱད་པར་དུ་འཕགས་པར་བཞེད་དོ། །རྗེ་བཙུན་ས་སྐྱ་པ་རྣམས་ཀྱིས་ཚུལ་གསུམ་སྒྲོན་མེ་ལས། དོན་གཅིག་ན་ཡང་མ་རྨོངས་དང་། །ཐབས་མང་དཀའ་བ་མེད་པ་དང་། །དབང་པོ་རྣོན་པོའི་དབང་བྱས་ནས། །སྔགས་ཀྱི་ཐེག་པ་ཁྱད་པར་འཕགས། །ཞེས་གསུངས་པ་ལྟར་བཞེད་དེ། རྒྱུད་སྡེ་སྤྱིའི་རྣམ་གཞག་ཏུ་བལྟ་བར་བྱའོ། །

གཉིས་པ་ལ་ལྔ་སྟེ། གཉིས་སུ་དབྱེ་བ། གསུམ་དུ། བཞི་རུ། ལྔ་རུ། དྲུག་ཏུ་དབྱེ་བའོ། །དང་པོ་ནི། རྡོ་

ཧེ་རུ་ཀ་སོར། ཕྱི་དང་གསང་བ་ཐེག་པ་གསུམ། །ཞེས་ཕྱིའི་རྒྱུད་དང་གསང་བའི་རྒྱུད་གཉིས་སུ་གསུངས་སོ། །འཇིག་རྟེན་གསུམ་རྒྱལ་གྱི་རྟོག་པའི་འགྲེལ་པ་ལས། གསང་སྔགས་ཀྱི་སྒོ་ནས་བྱང་ཆུབ་སེམས་དཔའི་སྤྱོད་པ་སྤྱོད་པ་རྣམས་ཀྱི་ལམ་ཡང་། སངས་རྒྱས་བཅོམ་ལྡན་འདས་ཀྱིས་རྣམ་པ་གཉིས་སུ་གསུངས་ཏེ། སེམས་ཅན་རྟོག་པ་མང་བ་རྣམས་ཀྱི་དོན་དུ་བྱ་བའི་རྒྱུད་རྣམས་གསུངས་སོ། །གཅིག་ཤོ་ནར་རྣལ་འབྱོར་གྱིས་བསྒྲུབ་པར་འདོད་པ་རྣམས་ལ་རྣལ་འབྱོར་གྱི་རྒྱུད་རྣམས་བཤད་དོ། །ཞེས་བྱ་བའི་རྒྱུད་དང་རྣལ་འབྱོར་གྱི་རྒྱུད་གཉིས་སུ་གསུངས་སོ། །གཉིས་པ་ནི་སྔགས་དོན་རྣམ་གཟིགས་ལས། རྣལ་འབྱོར་སྤྱོད་དང་བྱ་བའི་རྒྱུད། །དེ་བཞིན་ཕ་རོལ་ཕྱིན་པའི་ཚུལ། །ཞེས་དང་། སངས་རྒྱས་གསང་བས། རྣལ་འབྱོར་སྤྱོད་དང་བྱ་དབྱེ་བས། །ཞེས་བྱ་བའི་རྒྱུད། སྤྱོད་པའི་རྒྱུད། རྣལ་འབྱོར་གྱི་རྒྱུད་གསུམ་དུ་གསུངས་སོ། །ཐམས་ཅད་གསང་བའི་རྒྱུད་ལས། བྱ་སྤྱོད་གཉིས་ཀ་རྣལ་འབྱོར་རྒྱུད། །ཞེས་གསུམ་དུ་གསུངས། གསུམ་པ་ནི་གཉིས་ཏེ། གུར་ལས། དམན་པ་རྣམས་ལ་བྱ་བའི་རྒྱུད། །བྱ་མིན་རྣལ་འབྱོར་དེ་ལྷག་ལ། །སེམས་ཅན་མཆོག་ལ་རྣལ་འབྱོར་མཆོག རྣལ་འབྱོར་བླ་མེད་དེ་ལྷག་ལ། །ཞེས་རྒྱུད་སྡེ་བཞིར་གསུངས་སོ། །བཞི་པ་ནི། མཁའ་འགྲོ་རྒྱ་མཚོར། ཕྱི་ཀ་རྣམས་སུ་རྒྱུད་རྣམས་ལྔ། །བྱ་བ་ལ་སོགས་བླ་མེད་མཐར། །ཞེས་ལྔ་དང་། ཤཱནྟི་པས། བྱ་བའི་རྒྱུད། སྤྱོད་པའི་རྒྱུད། རྣལ་འབྱོར་རྒྱུད། རྣལ་འབྱོར་ཆེན་པོའི་རྒྱུད། རྣལ་འབྱོར་བླ་ན་མེད་པའི་རྒྱུད་སྡེ་ལྔར་གསུངས་སོ། །རྒྱ་གར་ཕྱག་ན་རྡོ་རྗེས་སྤྲུ་མ་གསུམ་གྱི་སྟེང་དུ་བླ་ན་མེད་པ་དང་། གོང་ན་མེད་པའི་རྒྱུད་ལྔ་ཞེས་དང་། རབ་ཏུ་སྒྲོན་གསལ་ལས། སྤྲུ་མ་གསུམ་གྱི་སྟེང་དུ་རྣལ་འབྱོར་བླ་མ་དང་། རྣལ་འབྱོར་མའི་རྒྱུད་དང་ལྔ་ཞེས་དང་། སློབ་དཔོན་ཧྲྀ་བའི་ལྟ་ལ་སོགས་པས་ཀྱི་རྡོ་རྗེ་ལས། དགོད་དང་བལྟ་བ་དག་གིས་དང་། །འཁྱུད་དང་དེ་བཞིན་གཉིས་གཉིས་ཀྱིས། །རྒྱུད་ཀྱང་རྣམ་པ་བཞི་རྣམས་ཀྱི། །དགོངས་པའི་སྐད་ནི་མ་བསྒྲགས་པ། །ཞེས་བཞིར་མ་བསྒྲགས་པ་ཞེས་པའི་ཤུགས་ཀྱིས། ལྔ་སྟོན་ཞེས་གསུངས་སོ། །ལྔ་པ་ནི་བདེ་མཆོག་རྩ་རྒྱུད་ལས། ཧེ་སྲིད་མདོ་བྱ་སྤྱོད་པ་དང་། །རྣལ་འབྱོར་གསང་མཐའི་དབྱེ་བ་ཡིས། །སེམས་ཅན་མོས་པ་སྣ་ཚོགས་པ། །དེ་དང་དེ་ལ་དགའ་བ་ཡིན། །ཞེས་མདོ་སྡེ་རྟོག་པའི་རྒྱུད་དང་། བྱ་བ། སྤྱོད་པ། རྣལ་འབྱོར། རྣལ་འབྱོར་གསང་བ། གསང་བའི་མཐའ་སྟེ་དྲུག་ཏུ་གསུངས་སོ། །གསུམ་པ་ལ་གསུམ་སྟེ། གྲངས་ངེས་པ། དེ་ལ་རྩོད་པ་སྤང་བ། གོ་རིམ་ངེས་པའོ། །དང་པོ་ནི། དེ་ལྟར་དབྱེ་སྒོ་དུ་མ་གསུངས་ཀྱང་། རྒྱུད་སྡེ་རྣམ་པ་བཞིར་གྲངས་ངེས་ཏེ། ཕྱི་རོལ་མུ་སྟེགས་ཀྱི་ལོག་པའི་སྤྱོད་པ་རྣམ་པ་བཞི་སླུ་བ་རྗེས་སུ་གཟུང་བའི་ཕྱིར་དུ་རྒྱུད་སྡེ་བཞི་གསུངས། སངས་རྒྱས་པའི་གྲུབ་མཐའ་བཞི་དང་ལུང་སྡེ་བསྟུན་གྱི་དབང་དུ་བྱས་ནས་རྒྱུད་སྡེ་བཞིའི་བསྐྱེད་ཚོག་བཞི་གསུངས།

འདོད་པ་ཁམས་ཀྱི་འདོད་ཆགས་རིགས་བཞི་མ་སྤངས་ཀྱང་བྱང་ཆུབ་བསྒྲུབ་པའི་ཕྱིར་དུ་རྒྱུད་སྡེ་བཞིའི་བདེ་བ་བཞི་གསུངས་པའི་ཕྱིར་ཏེ། དང་པོ་ནི། འདོད་ཆགས་ཅན་ལྷ་ཆེན་པོའི་རྗེས་སུ་འབྲངས་ནས་འདོད་ཆགས་ཆོས་སུ་སླབ་རྗེས་སུ་གཟུང་བའི་ཕྱིར་དུ་བླ་མེད་ཀྱི་རྒྱུད་གསུངས་ཏེ། གསང་བ་འདུས་པ་ལས། ཕྱག་ཆེན་ཡེ་ཤེས་འདོད་པ་ཡིས། །རྟག་ཏུ་འདོད་ཡོན་ལྔ་རྣམས་བསྟེན། །ཞེས་དང་། བདེ་མཆོག་ལས། སྒྱུ་མ་དག་ནི་ཐམས་ཅད་ལས། །བུད་མེད་སྒྱུ་མ་ཁྱད་པར་འཕགས། །ཞེས་སོ། །ཞེ་སྡང་ཅན་ཁྱབ་འཇུག་གི་རྗེས་སུ་འབྲངས་ནས་འཚེ་བ་ཆོས་སུ་སླབ་རྣམས་རྗེས་སུ་གཟུང་བའི་ཕྱིར་དུ་སྤྱོད་པའི་རྒྱུད་གསུངས་ཏེ། ཁྲོ་བོ་ཁམས་གསུམ་རྣམ་རྒྱལ་གྱི་རྟོག་པ་ལས། བཅོམ་ལྡན་འཇམ་པའི་དབྱངས་ཉིད་ནི། །ཁྲོ་བོའི་མིང་ནི་གཤིན་རྗེའི་གཤེད། །དེ་མཐོང་བས་ནི་ཁྲོ་བོ་གཞན། །ཐམས་ཅད་ཐམས་ཅད་ལག་ཆ་ཤོར། །ཞེས་དང་། ཡང་དེ་ཉིད་ལས། དེ་ནས་འདིར་ནི་གསད་བྱ་བ། །ཇི་ལྟར་ཡང་དག་སྦྱོར་ལྡན་པས། །དོགས་པ་མེད་པར་འགྲུབ་པར་འགྱུར། །གསོད་པའི་མཆོག་ནི་བཤད་པར་བྱ། །ཞེས་སོ། །གཏི་མུག་ཅན་ཚངས་པའི་རྗེས་སུ་འབྲངས་ནས་གཙང་སྦྲ་ཆོས་སུ་སླབ་རྣམས་རྗེས་སུ་བཟུང་བའི་ཕྱིར་དུ་བྱ་བའི་རྒྱུད་གསུངས་ཏེ། ལེགས་གྲུབ་ལས། ཤ་ཆང་གོའུ་ཅོང་དང་སྒོག་རྫོག་དང་། །འབྲུ་མར་ཏིལ་དང་ལ་ཕུག་སུ་རཱ། །འབྲུང་བོའི་ཤ་དང་ལྷ་བཤོས་གཏོར་མ་དང་། །གྲུ་ལང་མཆོད་བྱས་གཏོར་མ་མི་ཟའོ། །ངས་ནི་སྔགས་པས་ཁ་ཟས་དཀར་གསུམ་དང་། །རྩ་བ་སྔོང་བུ་འབྲས་བུ་ཆོད་མ་དང་། །འབྲུ་མར་ཚིགས་མ་དར་བ་འོ་སློལ་དང་། །ཐུག་པ་རྣམས་ནི་བཟའ་བཏུང་ཡིན་པར་གསུངས། །ཞེས་སོ། །ཀྲིན་མཉམ་པ་སྐབས་ཐོབ་ཀྱིས་གསུམ་ཀའི་རྗེས་སུ་འབྲངས་ནས་གསུམ་ཀ་ཆོས་སུ་སླབ་རྣམས་རྗེས་སུ་གཟུང་བའི་ཕྱིར་དུ་རྣལ་འབྱོར་གྱི་རྒྱུད་གསུངས་ཏེ། དེ་ཉིད་འདུས་པའི་དུམ་བུ་དང་པོར། འདོད་ཆགས་ཅན་རྗེས་སུ་གཟུང་བའི་ཕྱིར་དུ་ལྷ་ཐམས་ཅད་ཆགས་པའི་ཉམས་ཅན། གཉིས་པར་ཞེ་སྡང་ཅན་རྗེས་སུ་གཟུང་བའི་ཕྱིར་དུ་ཁྲོ་བོའི་ཉམས་ཅན། གསུམ་པར་གཏི་མུག་ཅན་རྗེས་སུ་གཟུང་བའི་ཕྱིར་དུ་ཞི་བའི་ཉམས་ཅན་དང་། བཞི་པར་མ་ངེས་པ་རྗེས་སུ་གཟུང་བའི་ཕྱིར་དུ་སྐུ་མདོག་དང་ཉམས་སྣ་ཚོགས་པར་གསུངས་སོ། །འདི་ནི་དེ་ཉིད་འདུས་པའི་རྒྱུད་ཀྱི་རྗེས་སུ་འབྲངས་ནས་རབ་འབྱོར་བསྐྱངས་དང་ཀུན་དགའ་སྙིང་པོ་ལ་སོགས་པར་བཞེད་པར་གྲག་གོ། ཞེས་རྗེ་བཙུན་རྩེ་མོས་གསུངས་སོ། །དེ་ལ་ཕྱིས་ཀྱི་བླ་མ་ཁ་ཅིག །གང་ཟག་དེ་དག་རྒྱུད་སྡེ་དེ་དང་དེས་འདུལ་སྲིད་པ་ལ་བྱེད་ན་ནི། དེས་མི་འདྲ་བའི་ཁྱད་པར་ངོས་མི་ཟིན་ཏེ། རྒྱུད་སྡེ་རེ་རེས་ཀྱང་གང་ཟག་བཞི་ཀ་འདུལ་སྲིད་པའི་ཕྱིར་རོ། །གདུལ་བྱའི་གཙོ་བོ་ལ་དེ་དག་དགོས་པར་འདོད་ན་ནི། ཤིན་ཏུ་མི་རིགས་ཏེ། སྔགས་ཀྱི་ཐེག་པའི་གདུལ་བྱའི་གཙོ་བོ་རྣམས་ནི་རྒྱལ་བའི་བསྟན་པ་ལ་འཇུག་པའི་གདུལ་བྱ་མཆོག་ཡིན་པས། དེ་ལ་

སྔོན་དུ་ལྟ་བ་ལོག་པ་ལ་ཞུགས་པ་ཅིག་མི་དགོས་པའི་ཕྱིར་དང་། དང་པོ་ནས་ཡང་དག་པའི་གྲུབ་མཐའ་ལ་ཞུགས་པ་རྣམས་རྒྱུད་དེ་དག་གི་གདུལ་བྱའི་གཙོ་བོར་མི་འགྱུར་བའི་སྐྱོན་ཡོད་པའི་ཕྱིར་རོ། །ཀུན་སྙིང་གི་བཞེད་པ་ཡང་མིན་ཏེ། དེས་མཛད་པའི་གསང་འདུས་ཀྱི་འགྲེལ་པ་ལས། ཁྲབ་འཇུག་ལ་སོགས་པའི་རྒྱུད་ལ་དགའ་བ་ལ། བླ་མེད་ཀྱི་འདོད་ཆགས་ཀྱི་ཀུན་སྤྱོད་རྣམས་བསྟན་པར་གསུངས་པའི་ཕྱིར་རོ། །དེས་ན་དེ་ཉིད་འདུས་པའི་དུམ་བུ་བཞི་འདོད་ཆགས་དང་། ཁྲོ་བ་ལ་སོགས་པའི་ཉོན་མོངས་པ་ཅན་ལ་གསུངས་པ་ལ་དཔགས་ནས་སྦྱར་བ་ཙམ་དུ་སྣང་བས་ཤེས་བྱེད་མི་སྣང་ངོ་ཞེས་ཟེར་རོ། །འོན་ཁྲབ་འཇུག་ལ་སོགས་པ་ལ་བླ་མེད་ཀྱི་འདོད་ཆགས་ཀྱི་ཀུན་སྤྱོད་བསྟན་པར་གསུངས་པ་དེ་ཡང་འདུལ་བྱེད་པ་ཙམ་ལ་དགོངས་པ་ཡིན་ནམ། གདུལ་བྱའི་གཙོ་བོ་ལ་དེ་དག་དགོས་པ་ཡིན་བརྟགས་ན་སྔ་མ་ཇི་ལྟ་བ་བཞིན་དུ་མཚུངས་ཤིང་། དེ་ཉིད་འདུས་པའི་དུམ་བུ་བཞི་འདོད་ཆགས་དང་ཁོང་ཁྲོ་བ་ལ་སོགས་པའི་ཉོན་མོངས་ཅན་ལ་གསུངས་པ་ཡང་བརྟགས་ན་སྔ་མ་བཞིན་དུ་མཚུངས་སོ། །དེ་བཞིན་དུ་ཆོས་ཀྱི་ཕུང་པོ་བརྒྱད་ཁྲི་བཞི་སྟོང་ཉོན་མོངས་པ་བརྒྱད་ཁྲི་བཞི་སྟོང་གི་གཉེན་པོར་གསུངས་པ་དང་། འདོད་ཆགས་ཞེ་སྡང་གཏི་མུག་གིས། །རྒྱུད་ཀྱང་རྣམ་པ་གསུམ་དུ་འགྱུར། །ཞེས་པ་རྒྱུད་སྡེ་གསུམ་དུག་གསུམ་གྱི་གཉེན་པོར་གསུངས་པ་སོགས་སྤང་བྱ་གང་སྤོང་བའི་ཆེད་དུ་ཆོས་ཀྱི་ཕུང་པོ་གང་གསུངས་པ་མཐའ་དག་ལ་མཚུངས་པས། རྒྱལ་བའི་བསྟན་པ་སྲུན་འབྱིན་པའི་དགག་སྒྲུབ་འབའ་ཞིག་ཏུ་སྣང་ངོ་། །ཁྲབ་འཇུག་གི་ཞེ་སྡང་འདུལ་བའི་ཆེད་དུ་བླ་མེད་གསུངས་པ་དང་། དེའི་འདོད་ཆགས་འདུལ་བའི་ཆེད་དུ་བླ་མེད་གསུངས་པ་འགལ་བར་འདོད་པ་ཡང་དོན་མ་རྟོགས་པ་སྟེ། ཁྲབ་འཇུག་ལ་འདོད་ཆགས་དང་། ཞེ་སྡང་གཉིས་ཀ་ཤས་ཆེན་པོར་ཡོད་ཅིང་། བླ་མེད་ལས་ཀྱང་འདོད་ཆགས་དང་ཞེ་སྡང་གི་ཀུན་སྤྱོད་གཉིས་ཀ་གསུངས་པའི་ཕྱིར་རོ། །

གཉིས་པ་ནི། སངས་རྒྱས་པའི་མཚན་ཉིད་ཀྱི་ཐེག་པའི་གྲུབ་མཐའ་ལ་བརྗོད་དུ་མེད་པའི་གང་ཟག་གི་བདག་ཁས་ལེན་པ་དང་། དེ་ཁས་མི་ལེན་ཀྱང་རྡུལ་ཕྲན་དང་ཤེས་པ་སྐད་ཅིག་ཆ་མེད་བདེན་པར་ཁས་ལེན་པ་དང་། གཟུང་བྱའི་ཡུལ་བདེན་པར་མེད་ཀྱང་འཛིན་པའི་ཤེས་པ་སྐད་ཅིག་མ་ཡོད་པར་ཁས་ལེན་པ་དང་། གཟུང་འཛིན་གཉིས་ཀ་བདེན་པར་མེད་པ་ཁས་ལེན་པ་དང་བཞི་ཡོད་པས་དེ་དང་ལུང་སྒོ་བསྟུན་གྱི་དབང་དུ་བྱས་ནས། བྱ་རྒྱུད་ལ་མདུན་དུ་ཡེ་ཤེས་སེམས་དཔའ་སྤྱན་དྲངས་ཤིང་། བདག་ཉིད་ཐ་མལ་དུ་གནས་པ་དང་། སྤྱོད་རྒྱུད་ལ་བདག་ཉིད་ཀྱང་ལྷར་བསྐྱེད་ནས་མདུན་དུ་ཡེ་ཤེས་སེམས་དཔའ་སྤྱན་དྲངས་ནས་བདག་ལ་བསྟིམ་པ་དང་། རྣལ་འབྱོར་གྱི་རྒྱུད་དུ་བདག་དམ་ཚིག་པར་བསྐྱེད་ནས། དེ་ལ་ཡེ་ཤེས་པ་བཅུག་པ་དང་། བླ་མེད་དུ

ཐུན་མཚམས་ཀྱི་གནས་སྐབས་སུ་ཡང་ཡེ་ཤེས་སེམས་དཔའ་གཤེགས་པར་མི་འདོད་པ་སྟེ། བསྐྱེད་ཆོག་བཞི་རིམ་པ་བཞིན་དུ་གསུངས་སོ། །དེ་ལ་ཕྱིས་ཀྱི་བླ་མ་ཁ་ཅིག་སངས་རྒྱས་པའི་གྲུབ་མཐའ་སྨྲ་བ་བཞི་དང་སྦྲོ་བསྟུན་ནས་ལྷའི་བསྐྱེད་ཆོག་མི་འདྲ་བ་བཞིའི་སྒོ་ནས་རྒྱུད་སྡེ་བཞིར་འཇོག་པ་ལ་ཤེས་བྱེད་ཅི་ཡང་མི་སྣང་ཞིང་། རང་སངས་རྒྱས་དང་། རྣལ་འབྱོར་རྒྱུད་ཀྱི་བསྐྱེད་ཆོག་སྦྱར་ཡང་། རང་རྒྱལ་གྲུབ་མཐའ་སྨྲ་བ་བཞིའི་ཡ་གྱལ་མ་ཡིན་པའི་ཕྱིར་མི་འཐད་དོ། །འདིར་འཕགས་པ་ཡབ་སྲས་ཀྱི་བཞེད་པར་འདོད་པ་ཡང་། ཡེ་ཤེས་རྡོ་རྗེ་ཀུན་ལས་བཏུས་ལས། བྱ་རྒྱུད་ཀྱི་སྐབས་སུ་རང་ཉིད་ལྷའི་སྙེམས་པ་མེད་པ་དང་། ཡེ་ཤེས་སེམས་དཔའི་བདེ་བ་མེད་པར་བཤད་པ་ཙམ་ལ་དཔགས་པར་སྣང་ཡང་། བྱ་རྒྱུད་ལ་བདག་བསྐྱེད་མེད་པ་ཡེ་ཤེས་རྡོ་རྗེ་ཀུན་ལས་བཏུས་པའི་ལུང་དོན་མ་ཡིན་པ་འཆད་པར་འགྱུར་རོ། །ཞེས་ཟེར་རོ། །འདི་ནི་ཕྱོགས་སྔའི་དོན་མ་རྟོགས་བཞིན་དུ་དགག་པ་བྱེད་པ་སྟེ། མཚན་ཉིད་ཐེག་པ་ལ་གྲུབ་མཐའ་མི་འདྲ་བ་བཞི་ཡོད་པས་དེ་དང་ལུང་སྦྲོ་བསྟུན་གྱི་དབང་དུ་བྱས་ནས་བསྐྱེད་ཆོག་བཞི་གསུངས་པར་སྨྲས་ཀྱི་གྲུབ་མཐའ་སྨྲ་བ་བཞིའི་སྒོ་ནས་རྒྱུད་སྡེ་བཞིར་འཇོག་པ་མ་སྨྲས་པའི་ཕྱིར་རོ། །དེས་ན་རང་སངས་རྒྱས་གྲུབ་མཐའ་སྨྲ་བ་བཞིའི་ཡ་གྱལ་མ་ཡིན་ཞེས་པ་ཡང་དོན་མ་རྟོགས་པ་ཁོ་ནའོ། །ཡེ་ཤེས་རྡོ་རྗེ་ཀུན་ལས་བཏུས་ལས། བྱ་རྒྱུད་ལ་བདག་བསྐྱེད་མེད་པར་བཤད་ཀྱང་། བྱ་རྒྱུད་ལ་བདག་བསྐྱེད་མེད་པ་དེའི་ལུང་དོན་མ་ཡིན་པ་འཆད་པར་འགྱུར་བ་ནི་ཤིན་ཏུ་ངོ་མཚར་ཏེ། འདི་འདྲ་ཅིར་འགྱུར་བརྟག་དགོས་སོ། །

གསུམ་པ་ནི། འདོད་ཁམས་ཀྱི་གཞན་སྤྲུལ་དབང་བྱེད་པ་བལྟས་པ་ཙམ་གྱིས་ཆགས་པ་ཆེམ་ལ། དེ་ཙམ་གྱི་བདེ་བ་སྣང་བ་ནི་བྱ་བའི་རྒྱུད། འཕྲུལ་དགའ་བ་ནི་དགོད་པ་ཙམ་གྱིས་ཆགས་པ་ཆེམ་ལ། དེ་ཙམ་གྱི་བདེ་བ་སྣང་བ་ནི་སྤྱོད་པའི་རྒྱུད། དགའ་ལྡན་པ་དང་མཐའ་བྲལ་པ་ལག་བཅངས་དང་འཁྱུད་པ་ཙམ་གྱིས་ཆགས་པ་ཆེམ་ལ། དེ་ཙམ་གྱི་བདེ་བ་སྣང་བ་ནི་རྣལ་འབྱོར་གྱི་རྒྱུད། སུམ་ཅུ་རྩ་གསུམ་པ་དང་། རྒྱལ་ཆེན་རིས་བཞི་པ་དང་། མི་ལ་སོགས་པ་རྣམས་དབང་པོ་གཉིས་སྦྱོར་གྱིས་ཆགས་པ་ཆེམ་ལ། དེ་ཙམ་གྱི་བདེ་བ་སྣང་བ་ནི་བླ་མེད་ཀྱི་རྒྱུད་དོ། །གཉིས་པ་དེ་ལ་རྩོད་པ་སྤོང་བ་ནི། དེ་ལྟར་རྒྱུད་སྡེ་བཞིར་གྲངས་ངེས་ན་གཉིས་ལ་སོགས་པ་ནས་དྲུག་གི་བར་དུ་གསུངས་པ་དང་འགལ་ལོ་སྙམ་ན་སྐྱོན་མེད་དེ། གཉིས་སུ་གསུངས་པ་ནི་རྒྱུད་སྡེ་འོག་མ་གཉིས་ཕྱི་ལུས་ངག་གི་བྱ་བ་སྟོན་པར་མཚུངས་པས་བྱ་བའི་རྒྱུད་དུ་བསྡུས་ཤིང་། གོང་མ་གཉིས་ཏིང་ངེ་འཛིན་གཙོ་ཆེ་བར་མཚུངས་པས་རྣལ་འབྱོར་གྱི་རྒྱུད་དམ་གསང་བའི་རྒྱུད་དུ་བསྡུས་པ་ཡིན་ལ། གསུམ་དུ་བཤད་པ་ལ་ཡང་རྒྱུ་མཚན་ཕྱི་མ་འདི་ཉིད་མཚུངས་སོ། །ལྔར་དབྱེ་བ་ནི་བླ་མེད་ལ་རྣལ་འབྱོར་ཕ་མའི་དབྱེ་བ

ཤེས་པར་བྱ་བའི་ཕྱིར་དུ་གཉིས་སུ་ཕྱེ་བ་ཙམ་ཡིན་ཅིང་། དྲུག་ཏུ་གསུངས་པ་ནི། བྱ་རྒྱུད་ཀྱི་ནང་ཚན་ལས་ཚོགས་གཙོ་བོར་སྟོན་པ་ལ་རྟོག་པའི་རྒྱུད་ཅེས་ལོགས་སུ་བཞག་ཅིང་། ཡེ་ཤེས་རྡོ་རྗེ་ཀུན་ལས་བཏུས་པའི་རྒྱུད་ལས། རྒྱུད་སྡེ་ལྔར་ཕྱེ་བ་ལ་ཡང་རྒྱ་མཚན་འདི་ཉིད་ཡིན་ལ། བླ་མེད་ཀྱི་ནང་ཚན་འཁོར་ལོ་བདེ་མཆོག་ཟབ་ཅིང་རྟོགས་པར་དཀའ་བ་དང་། རྒྱུད་འདིའི་ལུགས་ཀྱིས་སྤྲུལ་པའི་སྐུ་དྷ་འཛམ་བུའི་གླིང་ན་དངོས་སུ་བཞུགས་པས་བྱིན་རླབས་མྱུར་བ་ལ་དགོངས་ནས། གསང་བའི་མཐའ་ཞེས་ལོགས་སུ་ཕྱེའོ། །གསུམ་པ་གོ་རིམ་ངེས་པ་ནི། གང་ཟག་དབང་པོ་དང་། སྤྱངས་པ་ཆེ་འབྲིང་བཞི་ལ་དགོངས་ནས་རྒྱུད་སྡེ་བཞི་རིམ་པ་བཞིན་དུ་བཞག་སྟེ། བློ་དམན་པ་ཕྱིའི་བྱ་བ་ཁྲུས་ལ་སོགས་པ་ལ་དགའ་བ་ལ་བྱ་བའི་རྒྱུད། དེ་བས་མཆོག་ཕྱི་ལུས་ངག་དང་། ནང་ཏིང་ངེ་འཛིན་གཉིས་ཀ་ལ་སྤྱོད་པ་ལ་སྤྱོད་པའི་རྒྱུད། དེ་བས་ཀྱང་མཆོག་ཏིང་ངེ་འཛིན་ཁོ་ན་ལ་གཙོ་བོར་སྤྱོད་པ་ལ་རྣལ་འབྱོར་གྱི་རྒྱུད། དེ་བས་ཀྱང་མཆོག་ཏིང་ངེ་འཛིན་གྱི་ཁྱད་པར་གོང་ན་མེད་པ་ལ་སྤྱོད་པ་ལ་རྣལ་འབྱོར་བླ་ན་མེད་པའི་རྒྱུད་གསུངས་སོ། །བཞི་པ་སྒྲ་བཤད་པ་ནི། ཅིའི་ཕྱིར་བྱ་བའི་རྒྱུད་ཅེས་བྱ་ཞེ་ན། ཕྱི་ལུས་ངག་གི་བྱ་བ་གཙོ་བོར་སྟོན་པའི་ཕྱིར་ཏེ། བསམ་གཏན་ཕྱི་མའི་འགྲེལ་པ་ལས། རྒྱུད་འདི་ནི་ཕྱི་ལུས་ངག་གི་བྱ་བ་གཙོ་བོར་སྟོན་པས་བྱ་བའི་རྒྱུད་ཅེས་གསུངས་པས་སོ། །ཅིའི་ཕྱིར་སྤྱོད་པའི་རྒྱུད་ཅེས་བྱ་ཞེ་ན། ལུས་ངག་གི་བྱ་བ་དང་ཏིང་ངེ་འཛིན་ཆ་མཉམ་པར་སྤྱོད་པ་སྟེ། རྣམ་སྣང་མངོན་བྱང་གི་དོན་བསྡུས་པ་ལས། རྒྱུད་འདི་ནི་གཙང་སྦྲ་ལ་སོགས་པ་ལ་སྨད་པ་འཇིག་རྟེན་དང་འགལ་བར་སྤྱོད་པས་གཉིས་ཀ་ལ་སྤྱོད་པས་སྤྱོད་པའི་རྒྱུད་ཅེས་གསུངས་སོ། །ཅིའི་ཕྱིར་རྣལ་འབྱོར་གྱི་རྒྱུད་ཅེས་བྱ་ཞེ་ན། ཏིང་ངེ་འཛིན་གཙོ་བོར་བྱེད་པ་སྟེ། དེ་ཁོ་ན་ཉིད་སྣང་བའི་དོན་བསྡུས་པ་ལས། རྒྱུད་འདི་ནི་ཏིང་ངེ་འཛིན་གཙོ་བོར་སྟོན་པས་རྣལ་འབྱོར་གྱི་རྒྱུད་དོ། །ཞེས་གསུངས་པས་སོ། །ཅིའི་ཕྱིར་རྣལ་འབྱོར་བླ་ན་མེད་པའི་རྒྱུད་ཅེས་བྱ་ཞེ་ན་ཏིང་ངེ་འཛིན་གྱི་ཁྱད་པར་གོང་ན་མེད་པ་སྟོན་པའི་ཕྱིར་ཏེ། སཾ་བུ་ཊི་ལས། གསང་བའི་ཡེ་ཤེས་བླ་ན་མེད། །སྙིང་པོ་བཅོམ་ལྡན་བཤད་དུ་གསོལ། །ཞེས་པ་དང་། གསང་བ་འདུས་པ་ལས་ཀྱང་། སྐུ་དང་གསུང་དང་ཐུགས་ཀྱི་མཆོག དེ་བཞིན་གཤེགས་པ་ཀུན་གྱིས་ཀྱང་། །བྱང་ཆུབ་སེམས་ནི་བླ་ན་མེད། །སྙིང་པོ་བཅོམ་ལྡན་བཤད་དུ་གསོལ། ཞེས་སོ། །

གཉིས་པ་བརྗོད་བྱ་ཉམས་ལེན་གྱི་རིམ་པ་ལ་བཞི་ལས། དང་པོ་བྱ་རྒྱུད་ཀྱི་ཉམས་ལེན་ལ་གསུམ་སྟེ། འཇུག་པའི་སྒྲུབ་པ། སྒྲུབ་པའི་སྒྲུབ་པ། བསྙེན་པའི་སྒྲུབ་པའོ། །དང་པོ་ནི། གསང་བ་སྤྱི་རྒྱུད་ལས་བཤད་པ་ལྟར་གྱི་སའི་ཆོག །སྟ་གོན་གྱི་ཆོག འཇུག་པ་རྣམས་སྔོན་དུ་སོང་ནས་ཆུ་དང་ཅོད་པན་གྱི་དབང་གིས་སློབ་མ་སྨིན་རུང་དུ་བྱེད་པའོ། །གཉིས་པ་ལ་སྒྲུབ་དངོས་རྗེས་གསུམ་ལས། སྒྲུབ་པའི་ཆོག་ལ་ལས་སུ་བྱ་བའི་རིམ་པ

ལྷ་རྣལ་འབྱོར་གྱི་སྔོན་འགྲོ་གསུམ་རྣམས་སྔོན་དུ་སོང་ནས། དངོས་གཞི་ལ་བདག་གི་རྣལ་འབྱོར། ལྷའི་རྣལ་འབྱོར། སྔགས་ཀྱི་རྣལ་འབྱོར་གསུམ་ལས། བདག་གི་རྣལ་འབྱོར་ལ་ཆོས་ཐམས་ཅད་སྟོང་པ་ཉིད་དུ་གཏན་ལ་དབབ་པ་དོན་དམ་པའི་རྣལ་འབྱོར་བསྒོམས་ནས་དེའི་ངང་ལས་རང་གི་སེམས་ཉིད་ཟླ་བའི་དཀྱིལ་འཁོར་གྱི་རྣམ་པར་བལྟས་ནས་དེ་ལ་བཟླ་བྱའི་སྔགས་རྣམས་བཀོད་ནས། འོད་ཟེར་སྤྲོས་པས་འཕགས་པ་མཆོད་པ་ལ་སོགས་པ་བྱས་ནས་ཟླ་བའི་དཀྱིལ་འཁོར་ལ་ཐིམ་པར་བསམས་པ་ཀུན་རྫོབ་པའི་རྣལ་འབྱོར་ཡིན་ལ། དེ་ནས་དམ་ཚིག་གི་ཕྱག་རྒྱ་བཅས་ནས། སྙིང་ཁ་ལ་སོགས་པ་བྱིན་གྱིས་བརླབ་པ་བྱིན་གྱིས་བརླབས་པའི་རྣལ་འབྱོར་ཏེ་གསུམ་མོ། །དེ་ནས་ལྷའི་རྣལ་འབྱོར་བསྒོམ་པ་ནི། མདུན་གྱི་བྲིས་སྐུ་ལ་སོགས་པའི་རྗེས་སུ་གཞལ་ཡས་ཁང་ལྷ་དང་བཅས་པའམ། གཞལ་ཡས་ཁང་བསྐྱེད་ནས་བརྟེན་པ་ལྷ་སྤྱན་དྲང་བ་གང་རུང་བྱས་ཏེ། ཞལ་ཕྱག་གསལ་བཏབ་ནས་དམ་ཚིག་གི་ཕྱག་རྒྱ་བསྟན། དེ་ལ་མཆོད་བསྟོད་བྱས་ཏེ་སྡིག་པ་བཤགས་པའི་རྒྱུན་བཤགས་བྱས་ནས་ཚད་མེད་པ་བཞི་བསྒོམ་པའོ། །དེ་ནས་སྔགས་ཀྱི་རྣལ་འབྱོར་ནི། བགྲང་ཕྲེང་མཚན་ཉིད་དང་ལྡན་པ་འདུས་བྱས་ནས། ལེགས་གྲུབ་ལས་གསུངས་པ་ལྟར་གྱི་གཙང་སྦྲ་ལ་སོགས་པའི་ཀུན་སྤྱོད་དང་། བརྟུལ་ཞུགས་ལ་གནས་པར་བྱས་ནས། རང་དང་མདུན་གྱི་ལྷའི་སྙིང་ཁར་ཟླ་བའི་དཀྱིར་འཁོར་ལ་དབུས་སུ་ས་བོན་དང་། མཐའ་སྐོར་དུ་བཟླ་བྱའི་སྔགས་རྣམས་གཡས་སྐོར་དུ་བཀོད་དེ། རྡོ་རྗེའི་ཚིག་གི་བཟླས་པ་དང་། ཤུབ་བུའི་བཟླས་པ་གཉིས་བྱའོ། །གསུམ་པ་རྗེས་ནི། ནོངས་པ་བཟོད་པར་གསོལ་ཏེ། སྤྱན་དྲངས་པའི་ལྷ་གཤེགས་སུ་གསོལ་ནས་རྡོ་རྗེའི་རགྒྱུར་དགྲོལ། དེ་ནས་ཐུན་མཚམས་ཀྱི་བྱ་བ་ལ་གནས་པའོ། །དེ་ལྟར་སྦྱོར་བའི་སྤྱོད་པ་སྔོན་དུ་སོང་ནས། དངོས་གྲུབ་སྒྲུབ་པ་ན་སྔོན་དུ་བསྙེན་པ་བྱས་ནས་དེ་ནས་ལས་ལ་སྦྱར་བར་བྱའོ། །

གསུམ་པ་སྒྲུབ་པའི་སྤྱོད་པ་ལ་གསུམ་སྟེ། མེ་གནས་ཀྱི་དེ་ཉིད། སྒྲ་གནས་ཀྱི་དེ་ཉིད། སྒྲ་མཐའི་དེ་ཉིད་དོ། །དང་པོ་ནི། བདག་གི་དེ་ཁོ་ན་ཉིད་སྟོང་ཉིད་བསྒོམ་པ་སྔོན་དུ་སོང་ནས། དེ་ལས་ལངས་ཏེ་རང་གི་ལྷའི་གསང་སྔགས་དྲིལ་བུའི་སྒྲ་བཞིན་དུ་རྒྱུན་མ་ཆད་པར་འབྱུང་བ་ལ་བདེན་ཞེན་མེད་པར་བསམ་གཏན་དུ་བྱའོ། །དེ་ནས་སྙིང་ཁར་མར་མེའི་མེ་ལྕེ་ལྟ་བུའི་མེ་འབར་བར་བསམས་ལ། དེའི་ནང་དུ་སྔར་བཤད་པའི་སྒྲའི་ཕྲེང་བ་གནས་པར་སྲོག་རྩོལ་བཀག་ནས་བསྒོམ་པར་བྱའོ། །གཉིས་པ་ནི། རང་གི་སྙིང་ཁར་ཟླ་བའི་དཀྱིལ་འཁོར་ཤིན་ཏུ་ཕྲ་བའི་ནང་དུ་མེ་ལྕེ་འོད་བཟང་པོ་འབར་བ་བསྒོམས་ནས། དེ་ལ་སྔགས་ཀྱི་ཡི་གེ་བཞག་ནས། ལུས་སེམས་བདེ་བར་འདུག་སྟེ་བསྒོམ་མོ། །གསུམ་པ་ནི། དེ་ལ་སྒྲ་མཐའ་ཞེས་པ་སྔགས་ཀྱི་སྒྲ་ཙམ་ལ་སེམས་གནས་པ་ཡོངས་སུ་བཏང་བའི་མཐའ་གཉིས་སུ་མེད་པའི་དེ་ཉིད་ཡིན་ལ། ཇི་ལྟར་བཏང་བའི་ཚུལ་ནི། གསང་སྔགས་ཡན་ལག

ཏུ་གྱུར་པར་སྣང་བ་དང་། སྒྲ་དང་། ཡིད་དང་། ཚིག་རྣམ་པར་དག་པའི་གནས་སྐབས་རྣམས་བཏང་དགོས་པས། དང་པོ་ནི་མདུན་གྱི་ལྷའི་སྐུར་སྣང་བའོ། །གཉིས་པ་ནི། ཤུབ་བུའི་བཟླས་བརྗོད་བྱེད་པའི་གནས་སྐབས་སོ། །གསུམ་པ་ནི། ཡིད་ཀྱི་བཟླས་བརྗོད་བྱེད་པའི་གནས་སྐབས་སོ། །བཞི་པ་ནི། དེ་གཉིས་ཀྱི་ཚིག་རྣམ་པར་དག་པའི་མེར་གནས་དང་། སྒྲ་གནས་ཀྱི་གནས་སྐབས་སོ། །དེ་དག་ཪི་ལྟར་བཏང་བའི་རིམ་པ་ནི། སྔ་མ་སྔ་མ་ལ་དམིགས་པ་བཏང་ནས་ཕྱི་མ་ཕྱི་མ་ལ་འཕོས་ཏེ། མཐར་སྒྲ་གནས་ཀྱང་བཏང་ནས་ཆོས་སྐུའི་ཏིང་ངེ་འཛིན་ལ་ནན་ཏན་དུ་བྱེད་པའོ། །གཉིས་པ་སྤྱོད་རྒྱུད་ཀྱི་ཉམས་ལེན་ནི། སྤྱོད་པ་གསུམ་པོ་ཕལ་ཆེར་བྱ་རྒྱུད་དང་འདྲ་བ་ལས། ཁྱད་པར་ནི་འཇུག་པའི་སྤྱོད་པའི་སྐབས་སུ་ཆུ་དང་ཅོད་པན་གྱི་དབང་གཉིས་ཀྱི་སྟེང་དུ་རྡོ་རྗེ་དང་། དྲིལ་བུ་དང་། མིང་གི་དབང་གསུམ་སྟེ། ལྔ་ཡོད་པར་རྒྱུད་སྡེ་གོང་མ་ལས་གསུངས་སོ། །སྒྲུབ་པའི་སྤྱོད་པའི་སྐབས་སུ། རྣམ་སྣང་མངོན་བྱང་ལས། །ཡི་གེ་དང་ནི་ཡི་གེ་སྒྱུར། །དེ་བཞིན་གཞི་ལས་གཞིར་གྱུར་པ། །ཤིན་ཏུ་བསྡམས་པས་ཡིད་ལས་ནི། །བཟླས་བརྗོད་འབུམ་ཕྲག་གཅིག་བྱའོ། །ཡི་གེ་བྱང་ཆུབ་སེམས་ཡིན་ཏེ། །གཉིས་པ་སྒྲ་ཞེས་བྱ་བ་ཡིན། །གཞི་ནི་རང་གི་ལྷར་བཞག་པ། །རང་གི་ལུས་ཀྱི་གནས་ལ་བྱ། །གཞི་གཉིས་པ་ནི་རྫོགས་སངས་རྒྱས། །རྐང་གཉིས་མཆོག་ཏུ་ཤེས་པར་བྱ། །ཞེས་ཏེ། ཡི་གེ་དང་པོ་བྱང་ཆུབ་ཀྱི་སེམས་སྟོང་པ་ཉིད་བསྒོམས་ནས། དེའི་རྗེས་ལ་ཡི་གེ་གཉིས་པ་སྔགས་ཀྱི་སྒྲར་ལྡང་། དེ་ལས་གཞི་དང་པོར་རང་ཉིད་སངས་རྒྱས་ཀྱི་སྐུར་བསྐྱེད་ལ། དེ་སྔགས་དང་ཕྱག་རྒྱ་ལ་སོགས་པས་བྱིན་གྱིས་བརླབས། དེ་ནས་གཞི་གཉིས་པ་རང་གི་མདུན་དུ་སངས་རྒྱས་ཀྱི་སྐུ་བསྐྱེད་པའི་ཐུགས་ཀར་ཟླ་བའི་དཀྱིལ་འཁོར་གྱི་སྟེང་དུ་བཟླས་པར་བྱ་བའི་སྔགས་ཀྱི་ཕྲེང་བ་བཀོད་ནས། དེ་ལ་ཏིང་ངེ་འཛིན་བརྟན་པར་བྱེད་པའོ། །སྒྲུབ་པའི་སྤྱོད་པའི་སྐབས་སུ་མེ་གནས་ལ་སོགས་པའི་ཏིང་ངེ་འཛིན་གསུམ་ཀ་ཡང་རང་ཉིད་ལྷའི་རྣལ་འབྱོར་ལ་གནས་ནས་བསྒོམ་པའོ། །

གསུམ་པ་རྣལ་འབྱོར་རྒྱུད་ཀྱི་ཉམས་ལེན་ནི། རྡོ་རྗེ་རྩེ་མོ་ལས། སྨིན་པ་དང་ནི་གྲོལ་བའི་ལམ། །སངས་རྒྱས་བྱང་ཆུབ་བསྟན་པའི་མཆོག །ཅེས་པ་ལྟར། སྨིན་གྲོལ་གཉིས་ལས། སྨིན་བྱེད་ཀྱི་དབང་ལ་ཡང་། རྡོ་རྗེ་སློབ་མའི་དབང་དང་། སློབ་དཔོན་གྱི་དབང་གཉིས་སོ། །དེ་ཡང་འདིར་འཇུག་པའི་གང་ཟག་ལ། རྒྱུད་སྦྱང་བ་མ་བྱས་པ་རྣམས་སམ། སྦྱང་བ་བྱས་ཀྱང་ཐེག་པ་ཆེན་པོ་བློའི་སྟོབས་པ་ཞན་པས་གཞན་གྱི་དོན་ལ་ད་ལྟ་ནས་འཇུག་པར་མི་ནུས་པ་རྡོ་རྗེ་སློབ་མའི་རིགས་དང་། སྙིང་རྗེ་དང་ཤེས་རབ་ཀྱི་རྩལ་ཆེ་བས་གཞན་དོན་གྱི་ཁུར་ད་ལྟ་ཉིད་ནས་ཁྱེར་བ་རྡོ་རྗེ་སློབ་དཔོན་གྱི་རིགས་གཉིས་ལས། དང་པོ་ལ། སྨིན་བྱེད་ཀྱི་དུས་སུ་རིག་པའི་དབང་ཙམ་སྐུར་ནས། དེ་དང་འབྲེལ་བའི་ལམ་ནི། དེ་ཉིད་འདུས་པའི་སྟོད་འགྲེལ་ལས་དེ་ལ་སློབ་མའི་དབང་དུ་བྱས

པ་ནི། བདག་ལ་བྱིན་གྱིས་བརླབ་པ་ལ་སོགས་པ་འདི་ལྟར་ཤེས་པར་བྱ་སྟེ། བདག་བསྲུང་བ་དང་། ཆུའི་ཁྲུས་དང་། ཡང་བདག་བསྲུང་བ་དང་། གནས་བསྲུང་བ་ཡང་བྱས་ནས། རང་གི་ལྷ་མདུན་དུ་བཞུགས་སུ་གསོལ་ཏེ། ཕྱག་བྱ་བ་དང་། སྡིག་པ་བཤགས་པ་དང་། བསོད་ནམས་ལ་རྗེས་སུ་ཡི་རང་བ་དང་། བསྐུལ་བ་དང་། གསོལ་བ་དང་། ཡོངས་སུ་བསྔོ་བ་དང་། བྱང་ཆུབ་ཏུ་སེམས་བསྐྱེད་པ་དང་། གསུམ་ལ་སྐྱབས་སུ་འགྲོ་བ་ལ་སོགས་པ་རྗེས་སུ་སྤྱད་ལ། རྡོ་རྗེ་ཐལ་མོ་དང་། རྡོ་རྗེ་བསྣམས་པ་བཅིངས་ཏེ། རྡོ་རྗེ་ཐལ་མོ་སྙིང་ཁར་དྲལ་བ། རྡོ་རྗེ་དབབ་པ་བརྟན་པར་བྱས་ནས། བདག་མེད་པར་བསྒོམས་པ་དང་། ཟླ་བའི་དཀྱིལ་འཁོར་ལ་སོགས་པ་སྔ་མ་བཞིན་དུ་བསྒོམས་ཏེ། རང་གི་ལྷའི་ཕྱག་རྒྱ་ཆེན་པོ་ཧི་ལྟ་བ་བཞིན་དུ་བཅིང་བར་བྱའོ། །ཡེ་ཤེས་སེམས་དཔའ་ཧི་ལྟ་བ་བཞིན་བཙུག་སྟེ། ཕྱག་རྒྱ་ཆེན་པོ་བསྒྲུབ་པར་བྱས་ནས། ཛཿཧཱུྃ་བཾ་ཧོཿཞེས་བརྗོད་དེ། ཡིད་ཀྱིས་ལེགས་པའི་སྦྱོར་བས། དེ་བཞིན་གཤེགས་པ་ཐམས་ཅད་རང་གི་ལུས་ལ་བཙུག་སྟེ། རང་གི་དམ་ཚིག་གི་ཕྱག་རྒྱ་རྣམས་ཀྱིས་རབ་ཏུ་བསྒྲུབ་ནས། རང་གི་ལྷ་དང་དེ་བཞིན་གཤེགས་པ་ཐམས་ཅད་དང་། ཆོས་དང་ལས་དང་ཕྱག་རྒྱ་ཆེན་པོས་རྒྱས་བཏབ་ལ། རིགས་ཀྱི་དམ་ཚིག་གིས་བདག་ཉིད་བྱིན་གྱིས་བརླབས་ཏེ། རང་གི་རིགས་ཀྱི་དབང་བསྐུར་ནས་སྙིག་མོ་ལ་སོགས་པ་གསང་བའི་མཆོད་པ་བཞིས་ཡང་དག་པར་མཆོད་ལ། དེ་བཞིན་གཤེགས་པ་ཐམས་ཅད་ལ་ཕྱག་བྱས་ཏེ། རང་གིས་ཕྱག་རྒྱ་ཆེན་པོ་ལེགས་པར་བསྒོམས་ལ། བཟླས་བརྗོད་ཞེས་བྱ་བ་ལ་སོགས་པ་རང་གི་ལྷའི་སྔགས་བཟླས་ཤིང་། ལོ་གཅིག་གི་བར་དུ་ཉིན་རེ་བཞིན་ཐུན་བཞིར་བསྒོམ་པར་བྱའོ། ཞེས་པ་ལྟར་བསླབ་བོ། །གང་ཟག་གཉིས་པ་ལ་དེ་ཡི་སྟེང་དུ་རྡོ་རྗེ་སློབ་དཔོན་གྱི་དབང་བསྐུར་ཞིང་། དེ་ནས་དེ་དང་རྗེས་སུ་འབྲེལ་བའི་དམ་ཚིག་ལ་བསླབ་པ་དང་། དཀྱིལ་འཁོར་དང་། ལྷའི་དེ་ཁོ་ན་ཉིད་བཅུ་ལ་བསླབ་པ་དང་། སློབ་མ་གཞུག་པ་ལ་སོགས་པ་སློབ་དཔོན་གྱི་ལས་ཐམས་ཅད་དང་། དངོས་གྲུབ་ཀྱི་ཡེ་ཤེས་དང་། ཕྱག་རྒྱའི་ཡེ་ཤེས་དང་། རྩ་བའི་རྒྱུད་ཀྱི་སྒྲུབ་པ་ལ་སོགས་པའི་ཚུལ་ཐམས་ཅད་ལ་བསླབ་བོ། །

བཞི་པ་བླ་མེད་ཀྱི་ཉམས་ལེན་ནི། གསང་བ་འདུས་པའི་རྒྱུད་ཕྱི་མའི་རྗེས་སུ་འབྲངས་ནས། སྤྱིར་རྒྱུད་ཅེས་བྱ་བ་ནི་སེམས་གསལ་བ་ཙམ་འཁོར་འདས་ཀྱི་གནས་སྐབས་ཐམས་ཅད་དུ་རྒྱུན་མི་འཆད་པར་འབྱུང་བ་འདི་ཡིན་ལ། དེ་ལ་རྒྱུ་རྒྱུད། ཐབས་རྒྱུད། འབྲས་བུའི་རྒྱུད་གསུམ་ལས། དང་པོ་ནི། སེམས་ཉིད་ལྷན་ཅིག་སྐྱེས་པའི་ཡེ་ཤེས་ཐོག་མ་མེད་པ་ནས་ད་ལྟའི་བར་དུ་རྒྱུན་མ་ཆད་ཅིང་བག་ཆགས་ཀྱི་དབང་གིས་ཡེ་ཤེས་དེ་ཉིད་འཁོར་བའི་སྣང་བ་སྣ་ཚོགས་སུ་ཤར་བ་དང་བཅས་པ་འདིའོ། །ཐབས་རྒྱུད་ནི་དེ་ཉིད་ལ་གློ་བུར་གྱི་དྲི་མ་སྦྱོང་བའི་ཆེད་དུ་བླ་མ་དམ་པའི་མན་ངག་ལ་བརྟེན་ནས་བསྐྱེད་རྫོགས་ཀྱི་ཏིང་ངེ་འཛིན་ཉམས་སུ་ལེན་པའི་

ཚུལ་འབྲས་བུ་མངོན་དུ་མ་གྱུར་པའི་བར་དུ་རྒྱུན་མི་ཆད་དུ་འབྱུང་བའོ། །འབྲས་བུའི་རྒྱུད་ནི། དེ་ཉིད་ལ་གློ་བུར་གྱི་དྲི་མ་དང་བྲལ་བས་ཡོན་ཏན་བསམ་ལས་འདས་པ་རྒྱུའི་གནས་སྐབས་སུ་རང་རང་གི་རྒྱུ་ལྷུན་གྲུབ་ཀྱི་ཚུལ་དུ་ཡོད་པ་འབྲས་བུའི་དུས་སུ་མངོན་དུ་གྱུར་ནས་དག་པའི་སྣང་བ་དང་བཅས་པའི་ཡེ་ཤེས་ནམ་མཁའ་གནས་ཀྱི་བར་དུ་རྒྱུན་མི་ཆད་དུ་འབྱུང་བའོ། །དེ་ལ་རྒྱུ་རྒྱུད་ཀྱི་ཉམས་ལེན་ནི། ཀྱེ་རྡོ་རྗེ་ལས། སྐལ་དམན་སེམས་ཅན་གདུལ་དཀའ་བ། །གང་གི་འདུལ་བར་འགྱུར་བ་ལགས། །ཞེས་ཞུས་པའི་ལན་དུ། དང་པོ་གསོ་སྦྱོང་སྦྱིན་པར་བྱ། །དེ་རྗེས་བསླབ་པའི་གནས་བཅུ་སྦྱིན། །དེ་ལ་བྱེ་བྲག་སྨྲ་བ་བསྟན། །མདོ་སྡེ་པ་ཡང་དེ་བཞིན་នོ། །དེ་ནས་རྣལ་འབྱོར་སྤྱོད་པ་ཉིད། །དེ་ཡི་རྗེས་སུ་དབུ་མ་བསྟན། །སྔགས་ཀྱི་རིམ་པ་ཀུན་ཤེས་ནས། །ཞེས་པ་ལྟར། དང་པོར་ཉིན་ཞག་གཅིག་པའི་གསོ་སྦྱོང་ནས་བཟུང་སྟེ། དེ་ནས་གཏན་ཁྲིམས་བདུན་པོ་གང་ཡང་རུང་བ་དང་། ཐེག་པ་ཆེན་པོའི་སེམས་བསྐྱེད་ཀྱི་བར་དུ་སྦྱོད་པ་རིམ་པ་ཅན་ལ་བསླབ་ཏེ། དེ་ནས་གྲུབ་མཐའ་བཞི་དང་རྒྱུད་སྡེ་འོག་མ་རྣམས་ལ་རིམ་པ་བཞིན་དུ་སྦྱངས་པའི་ལྟ་བ་རིམ་པ་ཅན་ལ་བསླབས་པའོ། །དེ་ནས་སྨིན་བྱེད་ཀྱི་དབང་བཞི་བསྐུར་ཏེ་ལམ་བསྒོམ་པའི་སྣོད་རུང་དུ་བྱེད་པ་སྟེ། འདི་ནི་སྐལ་དམན་རིམ་འཇུག་པའི་དབང་དུ་བྱས་པའོ། །ཐུན་མོང་གི་བུ་བ་ལ་མ་ལྟོས་པར་དང་པོ་ཉིད་ནས་རྡོ་རྗེ་ཐེག་པའི་སྣོད་དུ་རུང་བ་རྣམས་ལ་ནི་སྐལ་ལྡན་ཅིག་ཅར་བ་ཞེས་བྱ་སྟེ། དང་པོ་ནས་དབང་བསྐུར་བར་བྱའོ། །སྨིན་བྱེད་ཀྱི་དབང་འདི་ཐབས་རྒྱུད་ལ་སྨིན་ལམ་གཉིས་སུ་ཕྱེ་བའི་དབང་དུ་བྱས་ན། ཐབས་རྒྱུད་དུ་ཡང་འགྲོ་སྟེ་འོག་ཏུ་འཆད་དོ། །

གཉིས་པ་ཐབས་རྒྱུད་ཀྱི་ཉམས་ལེན་ལ་སྨིན་གྲོལ་གཉིས་ལས་དང་པོ་ལ། ཐུམ་པ། གསང་བ། ཤེས་རབ་ཡེ་ཤེས། དབང་བཞི་པ་སྟེ། བཞི་ཡོད་པར་བླ་མེད་ཀྱི་རྒྱུད་སྡེ་ཕལ་ཆེར་ནས་གསུངས་ཤིང་། བཞིར་ངེས་པའི་རྒྱུ་མཚན་ཡང་རྟེན་དཀྱིལ་འཁོར་བཞི་ཡིན་པ་དང་། སྦྱང་བྱ་དྲི་མ་བཞི་ཡིན་པ་དང་། སྦྱོང་བྱེད་ལམ་བཞི་ཡིན་པ་དང་། སྦྱངས་འབྲས་སྐུ་བཞི་ཡིན་པ་སོགས་མང་དུ་གསུངས་མོད་ཀྱི་འདིར་མ་སྤྲོས་སོ། །གྲོལ་བྱེད་ཀྱི་ལམ་ནི་ཇི་སྙེད་གསུངས་པ་ཐམས་ཅད་རིམ་པ་གཉིས་སུ་འདུས་ཏེ། ཀྱེ་རྡོ་རྗེ་ལས། བསྐྱེད་པའི་རིམ་པ་ཉིད་དང་ནི། །རྫོགས་པ་ཡི་ཡང་རིམ་པ་ཉིད། །རིམ་གཉིས་མཉམ་པར་གནས་ནས་ནི། །རྡོ་རྗེ་ཅན་གྱིས་ཆོས་འཆད་དོ། །ཞེས་དང་། འདུས་པའི་རྒྱུད་ཕྱི་མ་ལས། སངས་རྒྱས་རྣམས་ཀྱིས་ཆོས་བསྟན་པ། །རིམ་པ་གཉིས་ལ་ཡང་དག་བརྟེན། །བསྐྱེད་པ་ཡི་ནི་རིམ་པ་དང་། །དེ་བཞིན་རྫོགས་པའི་རིམ་ཉིད་དོ། །ཅེས་སོ། །འདི་དག་གི་རྣམ་གཞག་ལ་རྒྱུད་སྡེ་སོ་སོའི་དགོངས་པ་གྲུབ་པའི་དབང་ཕྱུག་རྣམས་ཀྱིས་བཀྲལ་བའི་ཚུལ་ཅུང་ཟད་མི་འདྲ་བ་མང་དུ་ཡོད་པ་ལས། འདིར་ཀྱེ་རྡོ་རྗེའི་རྒྱུད་གསུམ་གྱི་དགོངས་པ་རྣལ་འབྱོར་གྱི་དབང་ཕྱུག་པིར་པས་བཀྲལ་བའི་

ཚུལ་བརྗོད་ན། དབང་བསྐུར་གྱི་རྗེས་ལ་དབང་གི་ཡེ་ཤེས་དེ་ཉིད་ལྷན་ཅིག་སྐྱེས་པའི་ཡེ་ཤེས་སུ་ངོ་སྤྲོད་ཅིང་། འོག་ཏུ་འབྱུང་བའི་བསྐྱེད་རྫོགས་ཀྱི་ཉམས་ལེན་ཐམས་ཅད་དེ་དང་དེའི་རྣམ་པར་སྣང་ཡང་། རང་གི་ངོ་བོ་ལྷན་ཅིག་སྐྱེས་པའི་ཡེ་ཤེས་སུ་རྟོགས་པར་བྱ་བའི་ཕྱིར་ལྟ་བ་འཁོར་འདས་དབྱེར་མེད་བསྒོམ་པར་བྱ་སྟེ། ཀྱེ་རྡོ་རྗེ་ལས། ཕྱི་ནས་དེ་ཉིད་ཡང་དག་བཤད། །རྣམ་དག་ཡེ་ཤེས་གཟུགས་ཅན་དང་། །འཁོར་བ་རྣམ་པར་རྟོག་པ་ལ། །ཁྱད་པར་ཅུང་ཟད་ཡོད་མ་ཡིན། །ཞེས་སོ། །དེ་ནས་རྫོགས་རིམ་གྱི་རྟེན་བསྐྱེད་པའི་རིམ་པ་བསྒོམས་ཏེ། དེ་ཡང་རྒྱུ་རྒྱུད་བག་ཆགས་ཀྱི་དབང་གིས་འཁོར་བའི་སྣང་བ་སྣ་ཚོགས་སུ་འཆར་བ་འདི་ད་ལྟ་ཉིད་ནས་དག་པའི་སྣང་བར་སྒྱུར་བར་བྱེད་པའོ། །དེས་ན་འཁོར་བའི་ཆོས་ཀྱི་གཙོ་བོ་སྐྱེ་གནས་བཞི་ཡིན་པས་དེའི་གཉེན་པོར་མངོན་པར་བྱང་ཆུབ་པ་ལྔ་ལ་སོགས་པའི་བསྐྱེད་ཆོག་རྣམས་གསུངས། སྐྱེ་བ་བླངས་པ་ལ་བརྟེན་ནས་སྣོད་བཅུད་རང་གཞན་ལ་སོགས་པའི་སྣང་བ་སྣ་ཚོགས་འཆར་བ་དེའི་གཉེན་པོར་རྟེན་དང་བརྟེན་པར་བཅས་པའི་དཀྱིལ་འཁོར་གྱི་འཁོར་ལོ་གསུངས་ཏེ། མདོར་ན་བླ་མེད་ཀྱི་དཀྱིལ་འཁོར་གཅིག་གི་སྟེང་དུ་རྒྱུ་ལམ་དང་། ཉོན་མོངས་པ་དང་། འབྲས་བུ་འཁོར་བའི་སྡུག་བསྔལ་གྱིས་བསྡུས་པའི་མ་དག་པའི་སྣང་བ་ཐམས་ཅད་དག་པའི་སྣང་བར་བསྒྱུར་བའི་ཉམས་ལེན་ཡོད་པར་ཤེས་པར་བྱའོ། །དེ་ནས་བསྐྱེད་རིམ་གྱི་ལྷ་བདེ་ཆེན་གྱི་ཡེ་ཤེས་སུ་རྟོགས་པར་བྱ་བའི་ཕྱིར་དུ་རྫོགས་པའི་རིམ་པ་བསྒོམ་སྟེ། དེ་ཡང་ལུས་ཐམས་ཅད་ལ་རྩས་ཁྱབ། དེ་ལ་བྱང་ཆུབ་ཀྱི་སེམས་དང་རླུང་གིས་ཁྱབ། དེ་དང་སེམས་ཉིད་ལྷན་ཅིག་སྐྱེས་པའི་ཡེ་ཤེས་འདི་དབྱེར་མེད་དུ་གནས་པ་ལ་བརྟེན་རྩ་ཐིག་ལེ་རླུང་གསུམ་ལ་གནད་དུ་བསྣུན་ནས། སེམས་ཉིད་ལྷན་ཅིག་སྐྱེས་པའི་ཡེ་ཤེས་མངོན་དུ་བྱས་ཏེ། སྣང་བ་ཐམས་ཅད་ཟུང་འཇུག་གི་ངོ་བོར་བསྒྱུར་བའོ། །དེ་ལྟར་རིམ་པ་གཉིས་ལ་བརྟན་པ་ཐོབ་ནས་སྤྱོད་ཆུང་ངུ་ཞེས་བྱ་བ་མཉམ་གཞག་ཏུ་འཇིག་རྟེན་ཆོས་བརྒྱད་མགོ་སྙོམས་པ་སླམ་བྱེད་པའི་ཚེ་ཀུན་འདར་གསང་ནས་སྤྱོད། དེ་ནས་སྤྱོད་འབྲིང་པོ་ཚར་གཅོད་དང་། རྗེས་གཟུང་གང་རུང་གཅིག་ནུས་པའི་ཚེ་ཀུན་འདར་འཇིག་རྟེན་པའི་མངོན་དུ་སྤྱོད། དེ་ནས་སྤྱོད་ཆེན་པོ་ཚར་གཅོད་དང་རྗེས་གཟུང་གཉིས་ཀ་ནུས་པ་ཟག་པ་མེད་པའི་ཡེ་ཤེས་དང་པོ་སྐྱེས་པའི་ཚེ་གཞན་དོན་ཕྱོགས་ལས་རྣམ་པར་རྒྱལ་བའི་སྤྱོད་པ་བྱ་སྟེ། ས་རྣམས་བསྐྱེད་པར་བྱའོ། །དེ་ཡང་ཕྱི་རོལ་གནས་དང་ཉེ་བའི་གནས་སོགས་ན་གནས་པའི་མཁའ་འགྲོ་མ་རྣམས་དབང་དུ་འདུས་པས་ནང་གི་སྤྱི་བོ་ལ་སོགས་པའི་རྩ་རྣམས་ཀྱི་རླུང་སེམས་དབུ་མར་ཞུགས་ནས། ས་དང་པོ་ནས་བཅུ་པའི་བར་གྱི་རྟོགས་པ་སྐྱེ་བའི་ཐབས་ལ་སྤྱོད་པ་ཞེས་བྱའོ། །དེ་ནས་ས་བརྒྱད་པའམ་བཅུ་པ་ཐོབ་པའི་ཚེ་ཉེ་རྒྱུའི་སྤྱོད་པ་བྱ་སྟེ། ས་ལྷག་མ་རྣམས་བགྲོད་ནས་བཅུ་གསུམ་རྡོ་རྗེ་འཛིན་པའི་ས་མངོན་དུ་བྱའོ། །དེ་ལྟར་ལྟ་བ། བསྐྱེད་རིམ། རྫོགས

རིམ། སྤྱོད་པ། ཉེ་རྒྱུ་སྟེ། ལྟ་ནི་གཙོ་བོར་མཆོག་གི་དངོས་གྲུབ་བསྒྲུབ་པའི་མངོན་པར་རྟོགས་པ་ཡིན་ཅིང་། གང་ཟག་གཙོ་བོར་ནང་ལ་གཞོལ་བས་ཉམས་སུ་བླང་བར་བྱ་བ་ཡིན་ནོ། །འཇིག་རྟེན་ལས་འདས་པའི་དངོས་གྲུབ་མཐའ་དག་སྒྲུབ་པ་དང་། གང་ཟག་གཙོ་བོར་ཕྱི་ལ་གཞོལ་བས་ཉམས་སུ་བླང་བར་བྱ་བ་ནི། སྔགས་ཀྱི་བཟླས་པ་དང་། གཏོར་མ་དང་། རབ་གནས་དང་། སྦྱིན་སྲེག་དང་། ལས་ཀྱི་ཚོགས་རབ་འབྱམས་དང་ལྡའོ། །དེ་གཉིས་ཀ་ལ་ཡང་གྲོགས་དམ་ཚིག་དང་། སྡོམ་པ་དགོས་པས་བཟའ་བའི་དམ་ཚིག་དང་། བསྲུང་བའི་དམ་ཚིག་གཉིས་དགོས་སོ། །

གསུམ་པ་འབྲས་བུའི་རྒྱུད་ནི། དེ་ལྟར་ཐབས་རྒྱུད་ཉམས་སུ་བླངས་པས་རྒྱུ་རྒྱུད་ཀྱི་དྲི་མ་དག་ནས་སྐུ་གསུམ་ཡན་ལག་བདུན་ལྡན་མངོན་དུ་གྱུར་པའོ། །འདི་ལ་དབང་དང་ལམ་བཞི་ཡོད་པས་འབྲས་བུ་སྐུ་བཞིར་བཞག་པའམ། རྒྱ་ལ་རྟེན་དཀྱིལ་འཁོར་བཞི། བརྟེན་པ་ཡིད་དང་ལྡ་ཡོད་པས་འབྲས་བུ་སྐུ་བཞི་དང་། ཤིན་ཏུ་རྣམ་པར་དག་པའི་ངོ་བོ་ཉིད་ཀྱི་སྐུ་སྟེ། ལྔར་བཞག་པ་སོགས་མང་དུ་ཡོད་མོད་ཀྱི་དམ་པའི་ཞལ་ལས་དྲི་བར་བྱའོ། །གཞན་ཡང་རིམ་པ་གཉིས་པོ་དེ་ཉིད་ཉམས་སུ་ལེན་པའི་ཚུལ་ལ། དུས་ཀྱི་འཁོར་ལོ་དང་། གསང་བ་འདུས་པ་དང་། བདེ་མཆོག་སོགས་ནས་གསུངས་པའི་ལམ་གྱི་རིམ་པ་ཚུལ་ཅུང་ཟད་མི་འདྲ་བ་མང་དུ་ཡོད་མོད་ཀྱི། གཞུང་འདིར་ཉེ་བར་མཁོ་བ་ནི་ སྔ་མ་ཉིད་ཡིན་པས་དེ་ཙམ་ཞིག་སྨོས་སོ། །དེ་ལྟར་རྒྱུད་སྡེ་བཞི་ལ་སྨིན་བྱེད་ཀྱི་དབང་དང་། གྲོལ་བྱེད་ཀྱི་ལམ་མི་འདྲ་བ་བཞི་ཡོད་ན་གཞུང་འདིར་གང་ཞིག་བསྟན་པ་ཡིན་སྙམ་ན། འདིར་ནི་བླ་མེད་ཀྱི་ལམ་གྱི་རྣམ་པར་གཞག་པ་གཙོ་བོར་སྟོན་ཏེ། གསང་སྔགས་ཞེས་དང་། རྡོ་རྗེ་ཐེག་པ་ཞེས་སྤྱིར་བཏང་བ་ལས། སྨིན་བྱེད་ཀྱི་སྐབས་སུ་དབང་བཞི་དང་། གྲོལ་བྱེད་ཀྱི་སྐབས་སུ་རིམ་པ་གཉིས་དགོས་པར་གསུངས་ཤིང་། དེ་དག་རྒྱུད་སྡེ་འོག་མ་ལ་མེད་པའི་ཕྱིར་དང་། འདི་ནས་གསུངས་པའི་ལམ་གྱི་རྣམ་གཞག་སྨིན་གྲོལ་གཉིས་ལས། ཕྱག་ཆེན་གྱི་ཡེ་ཤེས་སྐྱེ་ཞིང་ཕྱག་ཆེན་གོམས་པས་སྤྱོད་པ་དང་། དེ་ལས་འབྲས་བུ་སྐུ་བཞི་འགྲུབ་པའི་ཚུལ་རྣམས་བླ་མེད་ཁོ་ནའི་ལམ་གྱི་རྣམ་གཞག་ཏུ་སྣང་བའི་ཕྱིར་རོ། །ཅིའི་ཕྱིར་དེ་ལྟར་སྟོན་སྙམ་ན་གཞུང་འདིར་ནི་ལོག་རྟོག་འགོག་པ་གཙོ་བོ་ཡིན་ལ། བླ་མེད་ཀྱི་ལམ་ལ་ལོག་རྟོག་ཞུགས་པ་གཙོ་ཆེ་བར་སྣང་བའི་ཕྱིར་རོ། །ཞར་ལ་རྒྱུད་སྡེ་འོག་མའི་རྣམ་གཞག་ཀྱང་ཅུང་ཟད་སྟོན་ཏེ། དེ་དག་ལ་ཡང་སྨིན་བྱེད་ཀྱི་སྐབས་སུ་དབང་བཞི་དང་། གྲོལ་བྱེད་ཀྱི་སྐབས་སུ་རིམ་པ་གཉིས་ཡོད་པར་འདོད་པ་དང་། བྱ་རྒྱུད་ལ་བདག་བསྐྱེད་ཡོད་པར་འདོད་པ་སོགས་ལོག་རྟོག་འགའ་ཞིག་སྣང་བའི་ཕྱིར་རོ། །

གཉིས་པ་གཞུང་གི་དོན་ལ་འཇུག་པ་ལ་གཉིས་ཏེ། མདོར་བསྟན་པ་དང་། རྒྱས་པར་བཤད་པའོ། །དང

པོ་ནི། རྡོ་རྗེ་ཐེག་པའི་ཞེས་སོགས་གསུམ་སྟེ། སྐལ་དམན་རིམ་འཇུག་པ་ལྟར་ན། སྡོམ་པ་གཉིས་ཀྱི་སྦྱང་བ་སྔོན་དུ་སོང་ནས་རྡོ་རྗེ་ཐེག་པའི་སོགས་སོ། །སྐལ་ལྡན་ཅིག་ཅར་བ་ལྟར་ན། ཐུན་མོང་གི་སྦྱང་བ་ལ་མ་ལྟོས་པར་དང་པོ་ཉིད་ནས་རྡོ་རྗེ་ཐེག་པའི་སོགས་སོ། །གཉིས་པ་ལ་ལྔ་སྟེ། སྨིན་བྱེད་ནོར་བ་མེད་པའི་དབང་བཞི། གྲོལ་བྱེད་འཁྲུལ་བ་མེད་པའི་རིམ་པ་གཉིས། དབང་དང་རིམ་གཉིས་ལས་བྱུང་བའི་ཡེ་ཤེས་ཕྱག་རྒྱ་ཆེན་པོ། ཕྱག་ཆེན་གོམས་པ་ལས་འཁོར་འདས་བསྲེ་བའི་སྤྱོད་པ་སྤྱད་པ། དེ་ལ་བརྟེན་ནས་ས་ལམ་བགྲོད་དེ་འབྲས་བུ་མངོན་དུ་བྱེད་པའི་ཚུལ་ལོ། །དང་པོ་ལ་གསུམ་སྟེ། མ་འཁྲུལ་བའི་སྨིན་བྱེད་བསྒྲུབ་པར་གདམས། འཁྲུལ་པའི་སྨིན་བྱེད་དོར་བར་གདམས། དབང་ལས་ཐོབ་པའི་དམ་ཚིག་ལ་འཁྲུལ་པ་དགག་པའོ། །དང་པོ་ནི། སྨིན་པར་བྱེད་པའི་ཞེས་སོགས་ཚིགས་བཅད་གཉིས་ཏེ། སྨིན་གྲོལ་གཉིས་ལ་འབད་པར་བྱ། །ཞེས་པའི་སྨིན་པར་བྱེད་པ་དེ་ཡང་རྡོ་རྗེ་འཆང་ནས་རྩ་བའི་བླ་མའི་བར་དུ་བླ་མ་བརྒྱུད་པ་མ་ཉམས་ཤིང་། སྨྱོར་དངོས་རྗེས་གསུམ་གྱི་ཆོ་ག་འཁྲུགས་པར་མ་གྱུར་པ་དང་། ཕྱི་དང་ནང་གི་རྟེན་འབྲེལ་བསྒྲིག་མཁྱེན་ཅིང་སློབ་མའི་ཕུང་ཁམས་སྐྱེ་མཆེད་ལ་སྐུ་བཞིའི་ས་བོན་ཐེབས་ནུས་པ་སྟེ། མདོར་ན་སངས་རྒྱས་ཀྱིས་རྒྱུད་སྡེ་ནས་གསུངས་བཞིན་མཛད་པའི་བླ་མ་བཙུལ་ལ་དབང་བཞི་བླང་བར་བྱ་སྟེ། དེ་ཡིས་རྟེན་གྱི་གང་ཟག་དེ་སྡོམ་པ་གསུམ་ལྡན་དུ་འགྱུར་རོ། །དེ་ཡང་སྔར་སྡོམ་པ་འོག་མ་གཉིས་པོ་བླངས་པ་ཡིན་ན་དབང་བསྐུར་གྱི་ཚེ་སྔགས་སྡོམ་དུ་གནས་འགྱུར་ལ། སྔར་མ་བླངས་ན་སྔ་གོན་གྱི་ཚེ་སོ་ཐར་དང་བྱང་སེམས་ཐོབ་པར་རྗེ་བཙུན་གྱིས་གསུངས་པ་ལ་ཚད་མར་བྱའོ། །

གཉིས་པ་ལ་བཞི་སྟེ། སྨིན་བྱེད་མ་ཡིན་པ་སྨིན་བྱེད་དུ་འདོད་པ་དགག་པ། སྨིན་བྱེད་ཀྱི་དབང་མི་དགོས་པར་འདོད་པ་དགག་པ། དགོས་ཀྱང་འཁྲུལ་པར་སྤྱོད་པ་དགག་པ། དབང་བསྐུར་མུ་བཞི་འདོད་པ་དགག་པའོ། །དང་པོ་ལ་བཞི་སྟེ། བྱིན་རླབས་སྨིན་བྱེད་ཡིན་པ་དགག་པ། གྲངས་ངེས་མེད་པའི་དབང་བསྐུར་སྨིན་བྱེད་ཡིན་པ་དགག་པ། དཀྱིལ་འཁོར་མ་དག་པའི་དབང་བསྐུར་སྨིན་བྱེད་ཡིན་པ་དགག་པ། ཆོ་ག་མ་དག་པའི་དབང་བསྐུར་སྨིན་བྱེད་ཡིན་པ་དགག་པའོ། །དང་པོ་ལ་གཉིས་ཏེ། ཕྱོགས་སྔ་མ་བརྗོད་པ་དང་། དེ་དགག་པའོ། །དང་པོ་ནི། དེང་སང་རྡོ་རྗེ་ཞེས་སོགས་ཚིགས་བཅད་གཅིག་སྟེ། ཕག་མོས་ཆོས་སྒོ་འབྱེད་པ་ནི་དྭགས་པོ་ལྷ་རྗེའི་དུས་སུ་བྱུང་སྟེ། བླ་མ་གཞན་ལ་སློབ་མ་རྣམས་དབང་ཞུ་བ་ལ་བཏང་ནས། དེར་བསྡད་ནས་ཕལ་ཆེར་ལོག་མ་བྱུང་བས་རང་རེ་ཚང་ལ་ཡང་དབང་བྱེད་མཁན་རེ་དགོས་པར་འདུག་གསུངས་པས། གོང་ནེ་རུ་པས་ངས་ཕག་མོའི་དབང་རེ་བྱས་ན་ཞུས་པས་དེས་ཆོག་གསུངས་ནས་ཕག་མོའི་བྱིན་རླབས་རེ་བྱས། དེ་ནས་བླ་མས་ནཱ་རོ་ཆོས་དྲུག་ཕྱག་ཆེན་སོགས་བསྟན་པས་དེ་ནས་བཟུང་སྟེ། ཆོས་སྒོ་པ་ལ་དབང་ཞུས་བླ་མས་ཁྲིད་

གསུངས་པས་བདེ་མཆོག་གི་དབང་མ་ཐོབ་ཀྱང་། རྡོ་རྗེ་ཕག་མོའི་བྱིན་རླབས་ཙམ་གྱིས་ཆོས་དྲུག་གི་ཆོས་སྒོ་འབྱེད་པ་བྱུང་ངོ་། །གཉིས་པ་ལ་གསུམ་སྟེ། བྱིན་རླབས་སྨིན་བྱེད་ཡིན་པ་ལ་གནོད་བྱེད་བསྟན། བྱིན་རླབས་སྨིན་བྱེད་ཡིན་པའི་སྒྲུབ་བྱེད་དགག །བྱིན་རླབས་ཆོས་སྒོར་བྱེད་ན་ཧ་ཅང་ཐལ་བའོ། །དང་པོ་ལ་བཞི་སྟེ། ཤེས་བྱེད་མེད་པ། ཉེས་དམིགས་ཆེ་བ། ཕན་ཡོན་མེད་པ། ལུང་དང་འགལ་བའོ། །དང་པོ་ནི། འདི་འདྲ་རྒྱུད་སྡེ་ཞེས་སོགས་གཉིས་ཏེ། དབང་མ་བསྐུར་བར་བྱིན་རླབས་ཀྱིས་ཆོས་སྒོ་ཕྱེ་ནས་རྫོགས་རིམ་བསྒོམ་པ་འདི་འདྲ་སོགས་སོ། །གཉིས་པ་ནི། རྡོ་རྗེ་ཕག་མོ་ཞེས་སོགས་ཚིགས་བཅད་གསུམ་སྟེ། རྡོ་བོ་རྗེས་མཛད་པའི་རྡོ་རྗེ་ཕག་མོ་ཉིད་ཀྱི་གཞུང་རྗེ་བཙུན་མ་རིན་ཆེན་རྒྱན་གྱི་སྒྲུབ་ཐབས་ལས་ཀྱང་། འདི་ལྟར་རྣལ་འབྱོར་པ་དབང་བསྐུར་བ་ཐམས་ཅད་ཡོངས་སུ་རྫོགས་པས་ཡིད་དང་རྗེས་སུ་མཐུན་པའི་གནས་སུ་ཞེས་པ་དང་། སྟོན་གྱི་བླ་མའི་མན་ངག་གི་དབང་བསྐུར་བའི་རིམ་པས་དེའི་དོན་ལ་དམིགས་ན་རྡོ་རྗེ་རྣལ་འབྱོར་མར་བསམ་པར་བྱའོ། །ཞེས་གསུངས་པ་འདི་འགྲེལ་བྱེད་ཕལ་ཆེར་གྱིས་དྲངས་པར་སྣང་ཡང་། རྗེ་བཙུན་གྱི་རྣལ་འབྱོར་པ་བྱང་སེང་གི་དྲིས་ལན་ལས། དེའང་རྗེ་བཙུན་མ་རྡོ་རྗེ་རྣལ་འབྱོར་མའི་གཞུང་ལས། བྱིན་རླབས་ཕྲ་མོ་བཤད་པ་དེ་དག་གང་ཞེ་ན། དབང་ཐོབ་ཟིན་པའི་གང་ཟག་ལ་ཏིང་ངེ་འཛིན་གྱི་ཁྱད་པར་འགའ་ཞིག་རྒྱུད་ལ་སྐྱེ་བར་བྱ་བའི་ཕྱིར། བྱིན་རླབས་ཀྱི་རྒྱུན་བསྒོམ་དུ་གཞུག་པ་ཞེས་བྱ་བའི་གདམས་ངག་ཡིན་གྱི་དབང་མ་ཐོབ་པ་རྣམས་ལ་རྡོ་རྗེ་རྣལ་འབྱོར་མའི་གསང་བ་བསྟན་དུ་ག་ལ་རུང་། དེའང་རྡོ་རྗེ་རྣལ་འབྱོར་མ་རྣམས་ཀྱི་རྩ་བ་ལྟ་བུ། རྒྱལ་པོ་ཨིནྡྲ་བྷཱུ་ཏིས་མཛད་པ་ཞལ་གཉིས་མ་ཆུང་བ་ཞེས་བྱ་བ་ལས། སྔགས་པས་ཐོག་མར་བླ་མ་དང་། སངས་རྒྱས་ལ་སེམས་མངོན་པར་དང་བའི་ཡིད་ཅན་གྱིས་བྱང་ཆུབ་ཀྱི་སེམས་བརྟན་པར་བཟུང་སྟེ་དབང་བསྐུར་བ་ཡང་དག་པར་ཐོབ་ནས་ཞེས་འབྱུང་བ་ཡིན་ནོ། །ཞེས་པ་འདི་ཉིད་ཡིན་ཏེ། ལུང་འདིར་རྡོ་རྗེ་རྣལ་འབྱོར་མ་རྣམས་ཀྱི་རྩ་བ་ལྟ་བུ་ཞེས་དང་། རྩ་བར། རྡོ་རྗེ་ཕག་མོ་ཉིད་ལས་ཀྱང་། །ཞེས་གསུངས་པ་ནི་དོན་གཅིག་གོ། །དེས་ན་སྨིན་བྱེད་ཀྱི་དབང་བསྐུར་མེད་པ་ལ་བྱིན་རླབས་བྱེད་པ་བཀག་སྟེ། དཔེར་ན་མུ་ཟེའི་སོགས་སོ། །གསུམ་པ་ནི་རྡོ་རྗེ་ཕག་མོའི་ཞེས་སོགས་དྲུག་སྟེ། སྨིན་བྱེད་ཀྱི་དོན་འདི་རྣམས་མཚང་བ་སྨིན་བྱེད་དུ་མི་རུང་བའོ། །བཞི་པ་ནི། དེས་ན་ཐུབ་པས་ཞེས་སོགས་ཚིགས་བཅད་གཅིག་སྟེ། དེ་ཉིད་བསྡུས་པ་ལས། དཀྱིལ་འཁོར་ཆེན་པོ་མ་མཐོང་བ་རྣམས་ཀྱི་མདུན་དུ་མ་སྨྲ་ཞིག་སྨྲས་ན་དམ་ཚིག་ཉམས་པར་འགྱུར་རོ། །ཞེས་གསུངས་སོ། །

གཉིས་པ་ལ་གཉིས་ཏེ། ལག་ལེན་གྱི་བསྒྲུབ་བྱེད་དགག་པ། རང་བཟོའི་སྒྲུབ་བྱེད་དགག་པའོ། །དང་པོ་ནི། འགའ་ཞིག་འདི་ལའང་ཞེས་སོགས་དྲུག་སྟེ། ཕྱག་རྒྱ་བ་འགའ་ཞིག་ཕག་མོའི་བྱིན་རླབས་འདི་ལའང་།

ཕག་མགོ་དང་། གྲི་གུག་དང་། མདའ་གཞུ་དང་། ཆང་དང་ཐོད་པ་གཏོར་པ་ལ་སོགས་པའི་དབང་བསྐུར་ཡོད་ཅེས་ཟེར་བ་མི་འཐད་དེ། དེ་འདྲ་དབང་བསྐུར་སོགས་སོ། །ཆག་ལོའི་དྲི་བར། བརྒྱ་ལ་ཕག་མགོའི་དབང་ལ་སོགས་པ་གསུངས་ན་དབང་ཞེས་བརྗོད་པ་ལ་འགལ་བ་ཅི་མཆིས་ཞུས་པའི་ལན་དུ། དེ་འདྲ་རྒྱུད་སྡེ་གང་ནས་ཀྱང་གསུངས་པ་མི་གདའ། བརྟགས་པ་མཐའ་བཟུང་གིས་གསུངས་པ་སྲིད་ན་དབང་བཏགས་པ་བ་ཡིན་ཏེ། དབང་བསྐུར་ལ་སྦྱོར་དངོས་རྗེས་གསུམ་གྱི་ཆོ་ག་མང་དུ་ཡོད་ནའང་དངོས་གཞི་དེ་དབང་ཡིན། གཞན་རྣམས་ཆ་ལག་ཡིན། དགེ་སློང་གི་སྡོམ་པ་འབོགས་པའི་ཆོ་ག་ལ་མང་པོ་ཡོད་ནའང་། གསོལ་བཞིའི་ལས་དེ་ཆོ་ག་དངོས་ཡིན། བུམ་དབང་བཅུ་གཅིག་ཟེར་ཀྱང་ཡན་ལག་ལ་མིང་བཏགས་པ་ཡིན། སམྦུ་ཊི་ལས་ཀྱང་། དབང་དང་རྗེས་གནང་ཐོབ་པ་ཡིས། །བྱ་བ་བྱས་པར་རབ་འཇུམ་ཞིང་། །འགྲོ་ཀུན་དགའ་བར་བྱེད་པ་ཡིས། །ཤིན་ཏུ་སྐྱན་པའི་ཚིག་གིས་བརྗོད། །ཅེས་ཐ་དད་དུ་གསུངས་ལ། དབང་གི་མིང་བཏགས་ཚད་དེ་དབང་ཡིན་ན། འདུལ་བ་སུམ་བརྒྱ་པར། རྫོགས་པའི་སངས་རྒྱས་དཔལ་ནོད་དབང་བསྐུར་ཡིན། །ཞེས་པ་དང་། མདོ་ལས། དབང་ཐོབ་པའི་བྱང་སེམས་ཞེས་པ་དང་། རྒྱལ་རིགས་སྤྱི་བོ་ནས་དབང་བསྐུར་བ་ཞེས་སོགས་ཀྱང་གསུངས། དེས་ན་མདའ་གཞུ་གཏོར་པ་སོགས་ཀྱང་རྗེས་གནང་ཡིན་གྱི་དབང་མ་ཡིན། ཕག་མགོའི་དབང་བསྐུར་ཡང་གསུངས་འདུག་ན་འདི་འདྲར་བསྟུ་དགོས་ཏེ། བརྟན་འབའ་ཞིག་ཡིན་གྱིས་གསུངས་པ་ཅེས་ཀྱང་མེད་ཅེས་པའི་ལན་མཛད་དོ། །གཉིས་པ་ནི། ལ་ལ་རྡོ་རྗེ་ཞེས་སོགས་བཅོ་བརྒྱད་དེ། ཞང་ཚལ་བ་ལ་སོགས་པ་ལ་ལ་ཕག་མོའི་བྱིན་རླབས་ལ་སྨིན་བྱེད་ཡོད་པར་བསྒྲུབ་འདོད་ནས། སྡོམ་པ་འབོགས་པའི་སོགས་ཏེ། ཆོ་ག་ཙུང་ཟད་ཉམས་པ་ལ་འཆགས་པར་མ་གསུངས་པ་ནི། འདུལ་བ་ལས། བསྒྲུབ་བྱ་དང་། མཁན་པོ་དང་། དགེ་འདུན་གྱི་མིང་མ་བརྗོད་ན་ཡང་ཆོ་གའི་ཚིག་ཟུར་ཉམས་པས་དགེ་སློང་གི་སྡོམ་པ་མི་སྐྱེ་བར་གསུངས་པ་ལྟ་བུའོ། །ཆོ་ག་ནོར་བར་གྱུར་ན་གྲུབ་པ་མེད་པར་གསུངས་པ་ནི། གསང་བ་སྤྱི་རྒྱུད་ལས། ཁྱད་པར་ཅན་གྱི་ལས་རྣམས་ལ། །ལྷ་དུས་བྱ་བ་དུས་བཞིན་སྤྱད། །གཞན་དུ་ཆོ་ག་ཉམས་པའི་ཕྱིར། །གྲུབ་པ་ནམ་ཡང་ཡོད་མ་ཡིན། །ཞེས་གསུངས་སོ། །གསུམ་པ་ནི། གཞན་ཡང་ཕག་མོའི་ཞེས་སོགས་བཅུ་གཅིག་སྟེ། ཕག་མོའི་བྱིན་རླབས་ལ་གསང་སྔགས་ཀྱི་ཆོས་སྒོར་བཤད་པ་མེད་ཀྱང་བྱེད་པ་བས། དགེ་སློང་བྱེད་པ་ལ་རང་བྱུང་གི་བསྙེན་རྫོགས་སོགས་བླང་བར་རིགས་པར་འགྱུར་ཏེ། དེ་གཉིས་ད་ལྟ་འབྲུལ་པ་མཉམ་པོ་ལ་འདི་རྣམས་སྟོན་གྱི་ཆོ་གར་བཤད་པའི་ཕྱིར་རོ། །དེ་ཡང་ལུང་ལས། སངས་རྒྱས་དང་རང་སངས་རྒྱས་རང་བྱུང་གིས་བསྙེན་རྫོགས་དང་། ལྔ་སྡེ་བཟང་པོ་ཡེ་ཤེས་ཁོང་དུ་ཆུད་པ་དང་། མཆོད་སྦྱིན་མ་ཕྲིན་གྱིས་དང་། འོད་སྲུང་ཆེན་པོ་སྟོན་པར་ཁས་

བླངས་པ་དང་། གྲགས་པ་ལ་སོགས་པ་ཚུར་ཤོག་དང་། སྐྱེ་དགུའི་བདག་མོ་ལྟ་བའི་ཆོས་བརྒྱད་ཁས་བླངས་པ་དང་། བྲམ་ཟེ་པོ་ཏ་ཡ་ནའི་བུས་དྲིས་པའི་ལན་ལྡོན་པ་དང་། བཟང་སྡེའི་ཚོགས་དྲུག་ཅུ་སྐྱབས་གསུམ་ཁས་བླངས་པ་དང་། གསོལ་གཞིའི་ལས་ཀྱིས་རབ་ཏུ་བྱུང་ཞིང་བསྙེན་པར་རྫོགས་པ་རྣམས་སྟོན་གྱི་ཆོ་ག་གསུངས་སོ། །གཉིས་པ་གྲངས་ངེས་མེད་པའི་དབང་བསྐུར་སྐྱིན་བྱེད་ཡིན་པ་དགག་པ་ལ་བཞི་སྟེ། གྲངས་ངེས་མེད་པ་གསང་སྔགས་ནུབ་པའི་དཔེར་བསྟན་པ། དེ་ཉིད་རྒྱུད་ལས་བཀག་པའི་ཚུལ། རྒྱུད་དེའི་དོན་བཤད་པ། གཞན་གྱི་དོགས་པ་སྤང་བའོ། །དང་པོ་ནི། དེས་ན་ཉན་ཐོས་ཞེས་སོགས་ཚིགས་བཅད་གསུམ་མོ། །གཉིས་པ་ནི། འདི་ནི་རྡོ་རྗེ་ཞེས་སོགས་བཅུ་གསུམ་སྟེ། སློབ་མ་ལ་གྲངས་ངེས་མེད་པར་དབང་བསྐུར་བྱེད་པ་འདི་ནི། རྡོ་རྗེ་འཆང་གིས་བཀག་སྟེ། སྤྱོད་རྒྱུད་ཀྱི་དབང་བསྐུར་ལ་སློབ་མ་གྲངས་ངེས་མེད་པར་གསུངས་ཤིང་། ལྷག་མ་དམིགས་བསལ་མཛད་པའི་རྒྱུད་སྡེ་གསུམ་གྱི་སློབ་མ་ལ་གྲངས་ངེས་ཡོད་པའི་ཕྱིར་ཏེ། འདི་ནི་གསང་བ་སོགས་སོ། །སྤྱོད་རྒྱུད་ལ་གྲངས་ངེས་མེད་པར་གསུངས་པ་ནི། རྣམ་སྣང་མངོན་བྱང་ལས། གཅིག་གཉིས་བཞི་ལས་ལྷག་ཀྱང་རུང་། །དཔྱད་མི་དགོས་པས་གཟུང་བར་བྱ། །ཞེས་དང་། དེས་བྱང་ཆུབ་ཀྱི་སེམས་ཀྱི་རྒྱུར་འགྱུར་བར་བྱ་བའི་ཕྱིར་སེམས་ཅན་ཚད་མེད་པ་ཡོངས་སུ་གཟུང་བར་བྱའོ། ཞེས་གསུངས་སོ། །གསུམ་པ་ནི། དེ་བས་ལྷག་པའི་ཞེས་སོགས་བཅུ་སྟེ། རྒྱུད་སྡེ་གསུམ་པོ་ལ་ཉི་ཤུ་རྩ་ལྔ་ལས་ལྷག་པའི་སློབ་མ་ནུབ་གཅིག་ལ་གཟུང་དུ་མི་རུང་བ་གསང་བ་སྤྱི་རྒྱུད་དང་སྦྱར་ནས་བཤད་པའོ། །བཞི་པ་ནི། འདི་ནི་བྱ་བའི་ཞེས་སོགས་བཅུ་སྟེ། ཉི་ཤུ་རྩ་ལྔར་གྲངས་ངེས་པར་གསུངས་པའི་གསང་བ་སྤྱི་རྒྱུད་འདི་ནི་བྱ་བའི་རྒྱུད་ཡིན་པས་རྒྱུད་སྡེ་གཞན་གྱི་ཆོ་ག་ལ་སྦྱར་བར་བྱ་བ་མ་ཡིན་ནོ་སྙམ་ན། གཞན་རྣམས་སོགས་ཏེ། རྒྱུད་གང་དུ་དབང་བསྐུར་བ་ལ་སོགས་པའི་ལས་ཡོད་པར་གྱུར་ལ། ལས་ཀྱི་ཆོ་ག་རྣམས་གསལ་པོ་མེད་པ་དེ་ར་ནི་སྤྱི་ཡི་རྒྱུད་དག་ལས་སོགས་སོ། གསུམ་པ་དཀྱིལ་འཁོར་མ་དག་པའི་དབང་བསྐུར་སྨིན་བྱེད་ཡིན་པ་དགག་པ་ནི། དེང་སང་བྱིན་རླབས་ཞེས་སོགས་བཅུ་གསུམ་སྟེ། དཀྱིལ་འཁོར་དེ་དག་ཏུ་དབང་བསྐུར་ཀྱང་སྔགས་སྡོམ་མི་ཐོབ་པའི་རྒྱུ་མཚན་ནི། ཕྱི་ལུས་ལ་འདོམ་གང་གྲུ་བཞི་ཡོད་པ་དང་། ནང་སེམས་ལ་བྱང་ཕྱོགས་སོ་བདུན་ཡོད་པའི་རྟེན་འབྲེལ་གྱི་སྟོབས་ཀྱིས་དཀྱིལ་འཁོར་གྲུ་བཞི་སྒོ་བཞི་སོགས་འབྱུང་བ་ཡིན་ཅིང་། གཡུང་དྲུང་རིས་སོགས་འདི་ལ་ཕྱི་ནང་གི་རྟེན་འབྲེལ་བསྒྲིག་མི་ནུས་པ་དེས་ན་སངས་རྒྱས་རྣམས་ཀྱིས་བཀག་གོ། བཞི་པ་ཆོ་ག་མ་དག་པའི་དབང་བསྐུར་སྨིན་བྱེད་ཡིན་པ་དགག་པ་ལ་གསུམ་སྟེ། མ་དག་པའི་དབང་བསྐུར་བྱུང་ཚུལ་བརྗོད། དེ་ཡི་བྱིན་རླབས་བགེགས་ཀྱིས་ཡིན་པར་བསྟན། ཆོ་ག་དག་པའི་བྱིན་རླབས་རྣམ་དག་ཏུ་བསྟན་པའོ། །དང་པོ་ནི། དབང་

བསྒྱུར་བྱེད་པ་ཞེས་སོགས་བདུན་ནོ། །གཉིས་པ་ནི། དེ་ཡི་ལུས་ངག་ཞེས་སོགས་དྲུག་སྟེ། དེ་ལྟ་བུའི་དབང་བསྒྱུར་བྱེད་པའི་དུས་སུ། སློབ་མའི་ལུས་ངག་ཡིད་གསུམ་གྱི་རྣམ་པ་གདོན་གྱིས་བསྒྱུར་ནས། འཕར་གཡོ་སོགས་བྱུང་བ་ལ་ཡི་དམ་གྱི་བྱིན་རླབས་ཡིན་པར་འཁྲུལ་བ་མང་ཡང་དཔལ་ལྡན་སོགས་སོ། །གསུམ་པ་ནི། ཆོ་ག་དག་པར་ཞེས་སོགས་གཉིས་ཏེ། རྒྱུད་ལས། དབང་དང་རྗེས་གནང་ཐོབ་ནས་ནི། །མ་བསྙེན་པར་ཡང་དེ་ལ་ནི། །ལྷ་ནི་འགོ་ཞིང་དེ་ལ་གནས། །ཞེས་སོ། །གཉིས་པ་སྨིན་བྱེད་ཀྱི་དབང་མི་དགོས་པར་འདོད་པ་དགག་པ་ལ་བཞི་སྟེ། དབང་བསྐུར་མེད་པར་ཟབ་ལམ་བསྒོམ་པ་དགག །དབང་བསྐུར་མེད་པར་དབང་རབ་སྨིན་པ་དགག །སེམས་བསྐྱེད་ཙམ་གྱིས་གསང་སྔགས་བསྒོམ་པ་དགག །ཞར་ལ་སྨིན་བྱེད་ནོར་བ་གཞན་ཡང་དགག་པའོ། །དང་པོ་ནི་དབང་བསྐུར་མེད་ཀྱང་ཞེས་སོགས་བཅོ་ལྔ་སྟེ། རྒྱུད་སྡེ་གཞན་ལས་ཀྱང་དེ་ལྟར་གསུངས་པ་ནི། དམ་པ་དང་པོ་ལས། དབང་བསྐུར་མེད་པར་སྔགས་འཆད་དང་། །ཟབ་མོའི་དེ་ཉིད་སྒོམ་བྱེད་པ། །དེ་དོན་ལེགས་པར་ཤེས་ན་ཡང་། །དམྱལ་བར་འགྱུར་གྱི་གྲོལ་བ་མེད། །ཅེས་པ་དང་། བཤད་རྒྱུད་རྡོ་རྗེ་ཕྲེང་བ་ལས། དབང་བསྐུར་མེད་པར་རྒྱུད་འཆད་པ། །སྒྲུབ་པོས་སྔགས་ཀྱི་དོན་ཤེས་ཀྱང་། །སློབ་དཔོན་སློབ་མ་མཚུངས་པར་ནི། །ཤི་ནས་དུ་འབོད་ཆེན་པོར་ལྟུང་། །ཞེས་སོགས་གསུངས་སོ། །

གཉིས་པ་ལ་གཉིས་ཏེ། འདོད་པ་བརྗོད་པ་དང་། དེ་དགག་པའོ། །དང་པོ་ནི། ཁ་ཅིག་གང་ཟག་ཞེས་སོགས་ཚིགས་བཅད་གཅིག་སྟེ། ཕྱག་རྒྱ་བ་ཁ་ཅིག །གང་ཟག་དབང་པོ་རབ་སྨིན་བྱེད་ཕག་མོའི་བྱིན་རླབས་ཡིན་པས་དབང་བསྐུར་མི་དགོས་ལ་འབྲིང་དང་སོགས་སོ། ། གཉིས་པ་ནི། གང་ཟག་རབ་འབྲིང་ཞེས་སོགས་བཅུ་གཅིག་སྟེ། འཕགས་པའི་གང་ཟག་དབང་པོ་རབ་ཨིནྡྲ་བྷཱུ་ཏི་དང་། ཟླ་བ་བཟང་པོ་སོགས་སྤྲུལ་པའི་དཀྱིལ་འཁོར་དུ་དབང་བསྐུར་བར་གསུངས་པ་ནི། སྟོན་ཆོག་འཕགས་པའི་སྤྱོད་ཡུལ་ཡིན་གྱི་དེང་སང་གང་ཟག་སོགས་ཏེ། རྒྱུད་སྡེ་རྣམས་ལས། རྣམ་སྤྱད་དང་པོ་ས་གཞི་གཟུང་། །གཉིས་པ་ལ་ནི་སྟ་གོན་ཏེ། །ཐུབ་གསུམ་པ་ལ་འཇུག་པ་ཤེས། །ཞེས་པས་བསྡུས་པའི་ཆོ་ག །ཐོག་མར་བསྙེན་པ་ཇི་ལྟར་བྱ་བ་དང་། སའི་ཆོ་ག་དང་། སྟ་གོན་དང་དཀྱིལ་འཁོར་ཇི་ལྟར་བྲི་བའི་ཚུལ་དང་། བདག་ཉིད་འཇུག་ཅིང་དབང་བླང་བ་དང་། སློབ་མ་འཇུག་ཅིང་དབང་བསྐུར་བར་གསུངས་པ་རྣམས་ནི། སོ་སོ་སྐྱེ་བོའི་རྡོ་རྗེ་སློབ་དཔོན་གྱིས་སོ་སོ་སྐྱེ་བོའི་སློབ་མ་སྨིན་པ་འབའ་ཞིག་གི་དབང་དུ་བྱས་ནས་གསུངས་པའི་ཕྱིར་རོ། །འོ་ན་ད་ལྟའི་སྨིན་བྱེད་ལ་རྡུལ་ཚོན་གྱི་དཀྱིལ་འཁོར་ཁོ་ན་དགོས་སམ། རས་བྲིས་ཀྱང་རུང་སྙམ་ན། འདིའི་དཔྱད་པ་ནི་སྤྱི་དོན་དུ་བསྟན་ཟིན་ཏོ། །གསུམ་པ་ལ་གཉིས་ཏེ། འདོད་པ་བརྗོད་པ་དང་། དེ་དགག་པའོ། །དང་པོ་ནི། ལ་ལ་སེམས་བསྐྱེད་ཞེས་སོགས

གསུམ་སྟེ། གསང་འདུས་སྟོད་ལུགས་པའི་འདོད་པའོ། །གཉིས་པ་ལ་གསུམ་སྟེ། བྱ་རྒྱུད་ལ་རྣམ་པར་ཕྱེ་སྟེ་ལན་བཏབ་པ། ལྷག་མ་གསུམ་ལ་མགོ་གཅིག་ཏུ་ལན་བཏབ་པ། སྒྲུབ་བྱེད་ཀྱི་སྒོ་ནས་མཇུག་བསྡུ་བའོ། །དང་པོ་ནི། འདི་ཡང་ཕྱེ་སྟེ་ཞེས་སོགས་བཅུ་བདུན་ཏེ། བྱ་རྒྱུད་ལ་རྣམ་པ་གསུམ་ལས། དོན་ཞགས་དང་། བཅུ་གཅིག་ཞལ་ལ་སོགས་པ་རྣམས་ལ་དབང་བསྐུར་དང་སེམས་བསྐྱེད་གཉིས་ཀ་མ་ཐོབ་ཀྱང་སྨྱུང་གནས་སོགས་བྱེད་ནུས་ན་ཀུན་གྱིས་བསྒྲུབ་པར་གསུངས་སོ། །དམ་ཚིག་གསུམ་བཀོད་སོགས་ལས། འཇུག་པ་སེམས་བསྐྱེད་ཐོབ་ནས་དབང་བསྐུར་མ་ཐོབ་ཀྱང་ཕྱིན་ལས་འགའ་ཞིག་སྒྲུབ་པའི་ཕྱིར་ཚིག་ཤེས་ན་བསྒྲུབ་པར་གསུངས་སོ། །ལེགས་གྲུབ་དང་དཔུང་བཟང་ཡན་ཆད་དུ་རང་དང་རང་གི་དཀྱིལ་འཁོར་དེའི་དབང་བསྐུར་མ་ཐོབ་ན་སོགས་སོ། །དེ་ལྟར་ལུགས་གསུམ་ལས། དང་པོའི་ལུང་ནི། ཚིག་ཞིབ་མོ་ལས། སེམས་ཅན་ཐམས་ཅད་ལ་ནུས་སམ་མི་ནུས་དྲིས་ཏེ་སྦྱིན་པར་བྱའོ། ཞེས་དང་། དུད་འགྲོའི་རྣ་ལམ་དུ་ཡང་སྒྲོགས་ཤིག་ཅེས་སོགས་གསུངས་སོ། །གཉིས་པའི་ལུང་ནི། གང་ཞིག་བྱང་ཆུབ་སེམས་བརྟན་ཅིང་། །བློ་གྲོས་ཆགས་པ་མེད་པ་དང་། །ཐམས་ཅད་དག་ཀྱང་མི་བྱེད་པ། །དེས་འདི་ངེས་པར་འགྲུབ་པར་འགྱུར། །ཞེས་སོ། །གསུམ་པའི་སོགས་ཀྱིས་བསྡུས་པ་དཔུང་བཟང་ལས། གང་དག་རིགས་དང་དབང་བསྐུར་ཚིག་མེད། །གང་དག་དཀྱིལ་འཁོར་དུ་ནི་མ་ཞུགས་དང་། །གང་དག་བྱང་ཆུབ་སེམས་ནི་མ་སྐྱེས་པ། །ང་ཡི་གསང་སྔགས་བཟླས་ན་ཕུང་བར་འགྱུར། །ཞེས་སོ། །གཉིས་པ་ནི། ལྷག་མ་རྒྱུད་སྡེ་ཞེས་སོགས་ཚིགས་བཅད་གཅིག་སྟེ། ལུང་རྣམས་ནི་སྤྱི་དོན་དུ་བསྟན་ཟིན་ཏོ། །

གསུམ་པ་ནི་དབང་བསྐུར་ནང་གི་ཞེས་སོགས་དྲུག་སྟེ། ལེགས་གྲུབ་ཡན་ཆད་དུ། དབང་བསྐུར་མེད་ན་བསྒོམ་དུ་མི་རུང་བའི་རྒྱུ་མཚན་བསྟན་ནོ། །བཞི་པ་ནི། གཏོར་མའི་དབང་བསྐུར་ཞེས་སོགས་ཚིགས་བཅད་གཅིག་སྟེ། འདིའི་ཏིང་ངེ་འཛིན་གྱི་དབང་བསྐུར་ནི། ཚིག་མེད་པར་དམིགས་པ་གཏད་པ་ཙམ་ལ་དགོངས་པ་ཡིན་གྱི་ཏིང་ངེ་འཛིན་གྱི་དཀྱིལ་འཁོར་སྤྲུལ་ནས་སློབ་མ་ལ་སྟོན་ནུས་པའི་དབང་བསྐུར་སྨིན་བྱེད་ཡིན་པ་དགག་པ་ནི་མ་ཡིན་ནོ། །གསུམ་པ་དབང་བསྐུར་དགོས་ཀྱང་འཁྲུལ་པར་སྤྱོད་པ་དགག་པ་ལ་ལྔ་སྟེ། དབང་བསྐུར་བའི་དུས་ལ་འཁྲུལ་པ་དགག་པ། སློབ་མའི་རྒྱུད་ལ་འཁྲུལ་པ་དགག་པ། སྐུར་བྱེད་ཀྱི་དཀྱིལ་འཁོར་ལ་འཁྲུལ་པ་དགག་པ། རྒྱུད་སྡེའི་ཁྱད་པར་ལ་འཁྲུལ་པ་དགག་པ། ཆོས་སྒོའི་མིང་ལ་འཁྲུལ་པ་དགག་པའོ། །དང་པོ་ནི། འགའ་ཞིག་གསང་སྔགས་ཞེས་སོགས་བཅུ་སྟེ། གསང་འདུས་སྟོད་ལུགས་པ་འགའ་དང་། རྣམ་དབྱེ་ཆུང་བའི་སྔགས་པར་ཁས་འཆེ་བ་འགའ་ཞིག །གསང་སྔགས་ད་ལྟ་དབང་མ་ཐོབ་པར་སྤྱོད་ཅིང་། དབང་

བསྐུར་ཕྱིས་ནས་སོགས་ཏེ། སློབ་དཔོན་ལྟུང་བ་ཅན་དུ་འགྱུར་བ་ནི། ཡོངས་སུ་མ་སྨིན་སེམས་ཅན་ལ། །གསང་བ་སྒྲོགས་པ་བདུན་པ་ཡིན། །ཞེས་དང་། སློབ་མའང་སྟོན་དུ་ཉམས་པར་འགྱུར་བ་ནི། དེ་ཉིད་བསྡུས་པ་ལས། དེ་ནི་འདི་ལྟར་དཀྱིལ་འཁོར་ཆེན་པོ་མ་མཐོང་བའི། སེམས་ཅན་དེ་དག་གིས་ཕྱག་རྒྱ་བཅིང་བར་བྱས་ནས། དེའི་ཚེ་དེ་དག་དེ་ལྟར་འགྲུབ་པར་མི་འགྱུར་རོ། །དེ་ནས་དེ་དག་ཐེ་ཚོམ་དུ་འགྱུར་ཏེ། གནོད་པ་མ་སྤྱངས་པས་མྱུར་བ་ཉིད་དུ་དུས་བྱས་ནས་དམྱལ་བ་ཆེན་པོ་མནར་མེད་པ་ཞེས་བྱ་བར་ལྟུང་བར་གྱུར་ཏོ། །ཁྱོད་ཉིད་ཀྱང་ངན་སོང་དུ་ལྟུང་བར་འགྱུར་རོ། །ཞེས་དང་། བཞི་བརྒྱ་པ་ལས། ཉམས་པར་གྱུར་པ་དམ་ཆོས་ཀྱི། །སྣོད་ནི་ཅིས་ཀྱང་མ་ཡིན་ནོ། །ཞེས་སོ། །གཉིས་པ་ནི། གཅོད་ཡུལ་བ་ལ་ལ་སེམས་ཉིད་ཞེས་སོགས་བཅུ་དགུའོ། །གསུམ་པ་ལ་གཉིས་ཏེ། འདོད་པ་བརྗོད་པ་དང་། དེ་དགག་པའོ། །དང་པོ་ནི། ཁ་ཅིག་ཆོ་ག་ཞེས་སོགས་གསུམ་སྟེ། ཕྱག་རྒྱ་བ་ཁ་ཅིག །ཆོ་གའི་རྣམ་གཞག་མེད་བཞིན་དུ། བླ་མའི་ལུས་དཀྱིལ་ལས་དབང་བཞི་རྫོགས་པར་ལེན་པར་འདོད་དེ། ལུས་བཙུན་མོ་ལྟ་བུར་སྐུ་ལ་འཕྲིལ། །སྙིང་ལ་སྙིང་སྦྲུད་དཔྲལ་བ་གཏུགས། །དུས་དེར་དབང་རྫོགས་སེམས་ལ་བསྐུར། །ཆོས་རྫོགས་དོན་གྱི་ངོ་བོ་མཐོང་། །ཞེས་ཟེར་རོ། །གཉིས་པ་ལ་གསུམ་སྟེ། ཆོ་ག་མེད་པ་ལ་གནོད་བྱེད་བསྟན། ཆོ་ག་ཡོད་པའི་སྒྲུབ་བྱེད་བརྗོད། བདེན་གཉིས་ཀྱི་སྒོ་ནས་ཆོ་ག་ཐམས་ཅད་མཚུངས་པར་བསྟན་པའོ། །དང་པོ་ནི། འོན་དགེ་ཚུལ་ཞེས་སོགས་ཚིགས་བཅད་གསུམ་སྟེ། རྒྱུ་མཚན་དེའི་ཕྱིར་ན་དབང་བསྐུར་དུ་མ་ཟད་སངས་རྒྱས་ཀྱིས་གསུངས་པའི་སྡོམ་གསུམ་གྱི་ཆོ་ག་ཐམས་ཅད་སྤོང་བར་རིགས་པར་ཐལ་ལོ། །གཉིས་པ་ནི། གལ་ཏེ་ཆོ་ག་ཞེས་སོགས་ཚིགས་བཅད་གསུམ་སྟེ། རྐང་པ་དང་པོ་ལྷས་ཆོ་ག་མེད་པའི་ཉེས་དམིགས་བསྟན། དེ་ནས་གཉིས་ཀྱིས་དབང་བསྐུར་ལ་ཆོ་ག་དགོས་པར་བསྟན། ལྷག་མ་གཉིས་ཀྱིས་དབང་བསྐུར་གྱི་ཆོ་ག་སྤོང་མི་རིགས་པར་བསྟན་ནོ། །འདི་དག་ཀྱང་སྨིན་བྱེད་ཀྱི་དབང་བླ་མའི་ལུས་དཀྱིལ་ལས་ལེན་པ་དགག་པ་ཡིན་གྱི་སྤྱིར་དབང་ལེན་པ་ཙམ་དགག་པ་ནི་མ་ཡིན་པར་ཤེས་པར་བྱའོ། །གསུམ་པ་ནི། དེ་ཕྱིར་དམ་པའི་ཞེས་སོགས་ཉེར་གསུམ་སྟེ། ཀུན་རྫོབ་ཏུ་སྡོམ་པ་གསུམ་ཅར་གྱི་ཆོ་ག་ཐམས་ཅད་ཡོད་མཚུངས་ཡིན་ཅིང་། དོན་དམ་དུ་མེད་མཚུངས་ཡིན་ཏེ། ལང་གཤེགས་ལས། ཀུན་རྫོབ་ཏུ་ནི་ཐམས་ཅད་ཡོད། །དམ་པའི་དོན་དུ་ཡོད་མ་ཡིན། །དེས་ན་དངོས་པོ་གཅིག་ཉིད་ལ། །ཡོད་དང་མེད་པ་ཇི་ལྟར་འགལ། །ཞེས་གསུངས་སོ། །དེས་ན་སོ་ཐར་ལ་སོགས་པའི་ཆོ་ག་ལ་ལ་དགོས་བཞིན་དུ། སྨིན་བྱེད་ལ་ལའི་ཆོ་ག་མི་དགོས་ཞེས་སྨྲ་བ་སོགས་ཏེ། མདོ་སྡུད་པ་ལས། ཆོས་བཏང་ནས་ནི་ཆོས་མིན་བྱ་བ་སྤྱོད་འགྱུར་བ། །ལམ་བོར་ལམ་གོལ་འགྲོ་བ་འདི་ནི་བདུད་ཀྱི་ལས། །ཞེས་སོགས་སོ། །བཞི་པ་ལ་གཉིས་ཏེ། ཕྱོགས་སྔ་མ་བརྗོད་པ

དང་། དེ་དགག་པའོ། །དང་པོ་ནི། ཁ་ཅིག་བྱ་བའི་ཞེས་སོགས་ཚིགས་བཅད་གཅིག་སྟེ། སྟོན་གྱི་དོན་ཞགས་པ་དང་། ཕྱག་རྒྱ་པ་ཁ་ཅིག་འདོད་པའོ། །འདུལ་བ་སེང་གེས་འདི་པཎྜི་ཏ་ཨ་བྷ་ཡ་ཀ་རའི་འདོད་པ་ལ་སྦྱོར་བ་ནི། འདི་བོད་ཀྱི་འདོད་པ་འགོག་པའི་སྐབས་ཡིན་ཅིང་། བྱ་རྒྱུད་ལ་དབང་བཞི་སྦྱོར་བ་པཎྜི་ཏ་དེའི་དགོངས་པ་མ་ཡིན་པས་མི་འཐད་དམ་སྙམ་དུ་སེམས་སོ། །གཉིས་པ་ནི། འདི་ཡང་སངས་རྒྱས་ཞེས་སོགས་བཅུ་བདུན་ཏེ། རྒྱུད་སྡེ་རང་གི་ངོས་ནས་འོག་མ་གསུམ་ལ་སྨིན་བྱེད་ཀྱི་དུས་སུ་དབང་བཞི་ཡང་མེད་ཅིང་། གྲོལ་བྱེད་ཀྱི་དུས་སུ་རིམ་པ་གཉིས་ཀྱང་མེད་པས། གཞུང་འདི་དག་སྒྲ་ཇི་བཞིན་དུ་བཤད་པར་བྱའོ། །ཁ་ཅིག་ཕྱོགས་བཅུའི་སངས་རྒྱས་ཀྱི་ཕྲིན་ཡིག་ལས། བཅོམ་ལྡན་ཁྱོད་ཀྱིས་གསང་སྔགས་ལམ། །རིམ་པ་གཉིས་སུ་བསྟུས་ཏེ་གསུངས། །ཞེས་སོགས་ལ་འཁྲུལ་ནས་རྒྱུད་སྡེ་འོག་མ་ལ་རིམ་གཉིས་ཡོད་པར་བསམས་ཏེ། དབང་བཞི་མེད་པས་དེ་ལ་ལྟོས་པའི་རིམ་གཉིས་མེད་པ་ཡིན་གྱི། སྤྱིར་རིམ་གཉིས་ཡོད་དོ་ཞེས་སྨྲ་བ་རྣམས་སྤྱི་དོན་དུ་བཀག་ཟིན་པས་དེར་བལྟ་བར་བྱའོ། །རྒྱུད་སྡེ་བཞི་ལ་དབང་མི་འདྲ་བ་རྣམ་པ་བཞི་ཡོད་པ་ནི། ཡེ་ཤེས་ཐིག་ལེའི་རྒྱུད་ལས། ཆུ་ཡི་དབང་བསྐུར་དབུ་རྒྱན་དག །བྱ་བའི་རྒྱུད་ལས་རབ་ཏུ་གྲགས། །རྡོ་རྗེ་དྲིལ་བུ་དེ་བཞིན་མིང་། །སྤྱོད་པའི་རྒྱུད་ལས་རབ་ཏུ་གསལ། །ཕྱིར་མི་ལྡོག་པ་ཡི་ནི་དབང་། །རྣལ་འབྱོར་རྒྱུད་དུ་གསལ་བར་ཕྱེ། །དེ་ནི་དྲུག་གི་བྱེ་བྲག་དབང་། །དེ་ནི་སློབ་དཔོན་དབང་ཞེས་བྱ། །རྣལ་འབྱོར་བླ་མ་ཡི་ནི་མཚན། །གསང་བ་ཡི་ནི་དབང་རྒྱལ་བཤད། །ཤེས་རབ་ཡེ་ཤེས་བླ་ན་མེད། །བཞི་པ་དེ་ལྟར་དེ་བཞིན་ནོ། །ཞེས་གསུངས་པ་ལྟར་ཡིན་ལ། ལམ་གྱི་དབྱེ་བ་མི་འདྲ་བ་བཞི་ནི་གོང་དུ་བཤད་ཟིན་ཏོ། །ལྔ་པ་ལ་གསུམ་སྟེ། མོས་པ་ཚོས་སྒོ་ཡིན་པ་དགག །དབང་ལས་གསང་སྔགས་ལོགས་ན་ཡོད་པ་དགག །དབང་ལས་གསང་སྔགས་ལོགས་ན་མེད་པའི་རྒྱུ་མཚན་ནོ། །དང་པོ་ལ་གཉིས་ཏེ། འདོད་པ་བརྗོད་པ་དང་། དེ་དགག་པའོ། །དང་པོ་ནི། ལ་ལ་དབང་བསྐུར་ཞེས་སོགས་ཚིགས་བཅད་གཅིག་སྟེ། ཕྱག་རྒྱ་བ་ཁ་ཅིག་འདོད་པའོ། །གཉིས་པ་ནི། འོན་སྡོམ་པ་ཞེས་སོགས་བཅུ་བཞིའོ། །གཉིས་པ་ནི། དེས་ན་ཆོས་སྒོ་ཞེས་སོགས་བཅུ་བཞི་སྟེ། ཆོས་སྒོ་ཞེས་བྱ་བ་རྒྱུད་སྡེའི་ཐ་སྙད་ལ་མེད་ཀྱང་གསར་དུ་བཟོས་པའི་མིང་གིས་འཁྲུལ་གཞི་བྱས་ནས་དབང་བསྐུར་ཆོས་སྒོ་སོགས་སོ། །གསུམ་པ་ལ་གསུམ་སྟེ། མདོར་བསྟན། རྒྱས་པར་བཤད། དོན་བསྡུ་བའོ། །དང་པོ་ནི། དེས་ན་སྨིན་གདམ་ཞེས་སོགས་ཚིགས་བཅད་གཅིག་གོ། །གཉིས་པ་ནི། ཕུང་པོ་ཁམས་དང་ཞེས་སོགས་བཅོ་ལྔ་སྟེ། འོན་ཏེན་འབྲེལ་བསྒྲིག་པའི་ཚུལ་ཇི་ལྟར་ཡིན་སྙམ་ན། སྤྱང་གཞི་སློབ་མའི་ཕུང་ཁམས་སྐྱེ་མཆེད་རྣམས་ལ། རྡོ་རྗེ་སློབ་དཔོན་དག་བྱ་དག་བྱེད་ངོ་སྤྲོད་ཤེས་པས་གདན་གསུམ་ཚང་བའི་སངས་རྒྱས་ཀྱི་ས་བོན་བཏབ་ནས། ཚེ་འདིར་སངས་རྒྱས་བྱེད་པའི་

ཐབས་ལ་དབང་བསྐུར་ཞེས་སུ་བཏགས་པ་ཡིན་ནོ། །དེས་ན་གང་ཟག་དབང་པོ་རབ་ཨིནྡྲ་བྷཱུ་ཏི་ལྟ་བུ་དབང་བསྐུར་ཉིད་ཀྱིས་གྲོལ་བར་གསུངས་པ་ཡང་། དབང་བསྐུར་གསང་སྔགས་ཀྱི་ལམ་གྱི་གཙོ་བོ་ཡིན་པའི་རྒྱུ་མཚན་གྱིས་གྲོལ་བ་ཡིན་གྱི། དབང་བསྐུར་ཆོས་སྒོ་ཙམ་དུ་བྱས་ནས་གསང་སྔགས་ལོགས་ན་བསྒོམ་རྒྱུ་ཡོད་ན། དབང་བསྐུར་ཁོ་ནས་ཇི་ལྟར་གྲོལ་ལེགས་པར་སེམས་ལ་སྨོས་ཤིག །དབང་གིས་གྲོལ་བར་མི་ནུས་པའི་གང་ཟག་གཞན་འབྲིང་དང་ཐ་མ་དག་ལ་བསྒོམ་དགོས་ཀྱང་། སྔར་དབང་བསྐུར་ཐོབ་པ་དེ་བསྲུང་ཞིང་འཕེལ་བར་བྱེད་པ་ལ་བསྒོམ་པ་ཞེས་སུ་བཏགས་པ་ཡིན་ཏེ། བསྐྱེད་རིམ་བསྒོམ་པ་ནི་བུམ་དབང་གི་དུས་སུ་ཕྱུང་ཁམས་སྐྱེ་མཆེད་ལྷར་བསྐྱེད་པ་དེ་བསྒོམ་པ་ཡིན་ཅིང་། རྫོགས་རིམ་བསྒོམ་པ་ནི་དབང་གོང་མ་གསུམ་གྱི་དུས་སུ་ངག་ལ་ལོངས་སྤྱོད་རྫོགས་སྐུ་དང་། ཡིད་ལ་ཆོས་སྐུ་དང་། གསུམ་ཀ་ལ་ངོ་བོ་ཉིད་སྐུའི་ས་བོན་བཏབ་པ་དེ་བསྲུང་ཞིང་འཕེལ་བར་བྱེད་པ་ཡིན་པའི་ཕྱིར་རོ། །དེས་ན་རྡོ་རྗེ་ཐེག་པ་བླ་མེད་ཀྱི་སྒོར་ཞུགས་ནས། དབང་བསྐུར་བ་རྣམ་པ་བཞི་ལས་གཞན་པའི་ཆོས་མེད་དེ། སྦྱང་གཞིའི་ལུས་ཀྱང་དབང་བཞིའི་ཚུལ་དུ་གནས། དེ་ལ་རྡོ་རྗེ་སློབ་དཔོན་གྱིས་དབང་བཞི་བསྐུར། དེ་ཉིད་ལམ་གྱི་དུས་སུ་ཡང་དབང་བཞིའི་ཚུལ་དུ་བསྒོམ། འབྲས་བུའི་དུས་སུ་ཡང་དབང་བཞིའི་ཚུལ་དུ་སངས་རྒྱ་བ་ཡིན་པས། རྒྱུ་ལ་འབྲས་བུའི་རྒྱས་གདབ་ཅིང་། འབྲས་བུ་ལ་རྒྱུའི་རྒྱས་གདབ་པའི་གནད་དམ་པ་རྣམས་འདིའི་སྐབས་སུ་ཤེས་པར་བྱ་དགོས་སོ། །དབང་བསྐུར་ལས་གཞན་པའི་གསང་སྔགས་ཀྱི་ཉམས་ལེན་མེད་པའི་དཔེ་ནི། ཐེག་པ་ཆེན་པོ་ཕ་རོལ་ཏུ་ཕྱིན་པ་ལ་སེམས་བསྐྱེད་མ་ཡིན་པའི་ཆོས་གཞན་མེད་པ་བཞིན་ཏེ། དེ་ལ་ཡང་ཐོག་མར་སེམས་བསྐྱེད་བླངས་པའི་ཚེ། སངས་རྒྱས་སྒྲུབ་པའི་ཐབས་ཁྱད་པར་ཅན་གྱི་ས་བོན་སེམས་ལ་བཏབ་པ་ཡིན་ཅིང་། དེའི་ཚེ་ཉེས་སྤྱོད་སྡོང་བ་དང་། དགེ་བ་ཆོས་སྡུད་དང་། སེམས་ཅན་དོན་བྱེད་ཀྱིས་བསྡུས་པའི་བྱང་ཆུབ་སེམས་དཔའི་སྤྱོད་པ་རླབས་པོ་ཆེའི་ས་བོན་སེམས་ལ་བཏབ་པ་དེ་ཉིད་བསྲུང་ཞིང་འཕེལ་བར་བྱེད་པ་ལས་གཞན་པའི་ཐེག་པ་ཆེན་པོའི་ཆོས་ཅུང་ཟད་ཀྱང་མེད་པའི་ཕྱིར་རོ། །གནད་འདི་དག་ནི་ཁོ་བོ་འབའ་ཞིག་གི་སྤྱོད་ཡུལ་ཡིན་ནོ། །གསུམ་པ་ནི། དེས་ན་ཐུབ་པས་ཞེས་སོགས་ཚིགས་བཅད་གཅིག་སྟེ། རྒྱུད་སྡེ་རྣམས་དང་། མཁས་གྲུབ་ཀྱི་གཞུང་རྣམས་ལས་དབང་བསྐུར་བའི་ཕན་ཡོན་དང་། མ་བསྐུར་བའི་ཉེས་དམིགས་དཔག་ཏུ་མེད་པ་གསུངས་པའི་སྒོ་ནས་དབང་བསྐུར་ཁོ་ན་ལ་བསྔགས་པ་ནི། དབང་བསྐུར་གསང་སྔགས་ཀྱི་ལམ་གྱི་རྩ་བ་ཡིན་པ་དེས་ནའོ། །ལུང་རྣམས་ནི་སྤྱི་དོན་དུ་བལྟ་བར་བྱའོ། །

བཞི་པ་དབང་བསྐུར་མུ་བཞིར་འདོད་པ་དགག་པ་ལ་གཉིས་ཏེ། འདོད་པ་བརྗོད་པ་དང་། དེ་དགག་པའོ། །དང་པོ་ནི། ལ་ལ་དབང་བསྐུར་ཞེས་སོགས་ལྔ་སྟེ། ཇི་སྐད་དུ། རས་ཆུང་པ་སོགས་ཀྱི་འདོད་པའོ། །

གཉིས་པ་ལ་བཞི་སྟེ། མུ་བཞི་སྒྲུབ་བྱེད་ཀྱི་ལུང་མེད་པ། རིགས་པས་སྒྲུབ་ན་ཀུན་ལ་མཚུངས་པ། མུ་བཞི་ཡོད་ཀྱང་ཤེས་པར་མི་ནུས་པ། ནུས་ན་དབང་བསྐུར་དགོས་པར་གྲུབ་པའོ། །དང་པོ་ནི། འདི་འདྲར་གང་ནའང་ཞེས་སོགས་གཉིས་སོ། །གཉིས་པ་ནི། འོན་ཀྱང་འདི་ཡང་ཞེས་སོགས་བཅུ་གཅིག་གོ། །གསུམ་པ་ནི། གལ་ཏེ་མུ་བཞི་ཞེས་སོགས་དྲུག་གོ། །བཞི་པ་ནི། གལ་ཏེ་མུ་བཞི་བདེན་ཞེས་སོགས་བཅུའོ། །གསུམ་པ་དབང་ལས་ཐོབ་པའི་དམ་ཚིག་ལ་འཁྲུལ་པ་དགག་པ་ལ་གཉིས་ཏེ། འདོད་པ་བརྗོད་པ་དང་། དེ་དགག་པའོ། །དང་པོ་ནི། ཁ་ཅིག་གསང་སྔགས་ཞེས་སོགས་གསུམ་སྟེ། རྙིང་མ་བ་ཁ་ཅིག་གསང་སྔགས་སྤྱིར་གསང་བར་བྱ་བ་ཡིན་པ་ལ་འོན་ཀྱང་ཡེ་གསང་ཞེས་བྱ་བའི་ཐབས་ཀྱིས་ཆོད་པའི་ཕྱིར་ན། དབང་གིས་མ་སྨིན་པའི་སེམས་ཅན་ལ་གསང་བ་བསྒྲགས་པ་ལ་ལྟུང་བ་མེད་དོ། ཞེས་ཟེར་རོ། །གཉིས་པ་ནི། འདི་ཡང་ཙུང་ཟད་ཞེས་སོགས་བཅོ་ལྔ་སྟེ། ཡེ་གསང་གི་དོན་གསང་སྔགས་ཀྱི་ཚིག་དོན་གོ་བ་མེད་པ་ལ་ཡེ་ནས་གསང་བ་ཡིན་ཟེར་ན། འོན་གོ་བའི་སོགས་ཏེ། རྒྱུད་རྡོ་རྗེ་ཕྲེང་བ་སོགས་ལས། དབང་མ་བསྐུར་བ་ལ་གསང་སྔགས་བཤད་པའི་ཉེས་དམིགས་མང་དུ་གསུངས་པ་དང་། གཞན་ཡང་དགྲ་ནག་གི་རྒྱུད་དང་། རྡོ་རྗེ་གུར་དང་། དེ་ཉིད་བསྡུས་པ་དང་། རྡོ་རྗེ་སྙིང་པོ་རྒྱན་ལ་སོགས་པ་རྣམས་ལས། དབང་མ་བསྐུར་བའི་སེམས་ཅན་ལ་གསང་སྔགས་སྒྲོགས་པ་ལ་ལྟུང་བ་འབྱུང་བར་གསུངས་པའི་ཕྱིར་དང་། ཕ་རོལ་ཏུ་ཕྱིན་པའི་སྡེ་སྣོད་ལས་ཀྱང་། བློ་སྦྱངས་མ་བྱས་སེམས་ཅན་ལ། །སྟོང་པ་ཉིད་ནི་བརྗོད་པ་དང་། །ཞེས་ལྟུང་བར་གསུངས་པའི་ཕྱིར་རོ། །དེས་ན་སྨིན་བྱེད་ཀྱི་སྐབས་སུ་ཆོས་སྒོ་ཞེས་བྱ་བ་དང་། དམ་ཚིག་གི་སྐབས་སུ་ཡེ་གསང་ཞེས་བྱ་བའི་ཐ་སྙད་རྣམས་ནི་བསྟན་པ་ལ་གནོད་པའི་ཚིག་ཡིན་པས་ཐ་སྙད་ཙམ་ཡང་སྤངས་ཏེ། སྨིན་བྱེད་ཀྱི་དབང་བླ་མ་ཚད་ལྡན་ལས་རྒྱུད་སྡེ་ལས་ཇི་ལྟར་གསུངས་པ་བཞིན་བླངས་ནས་དམ་ཚིག་དང་། སྡོམ་པ་ཚུལ་བཞིན་དུ་བསྲུང་བ་ལ་འབད་པར་བྱའོ། །གཉིས་པ་གྲོལ་བྱེད་འཁྲུལ་པ་མེད་པའི་རིམ་གཉིས་ལ་བཞི་སྟེ། ལམ་གྱི་གཙོ་བོ་མི་དགོས་པར་འདོད་པ་དགག །ལམ་གྱི་གཙོ་བོ་ངོས་བཟུང་བ། སངས་རྒྱས་ཐོབ་པར་འདོད་པས་དེ་ལ་བསླབ་པར་གདམས་པ། དེ་དག་དང་མ་འབྲེལ་བའི་ཆོས་ལུགས་དགག་པའོ། །དང་པོ་ལ་གཉིས་ཏེ། འདོད་པ་བརྗོད་པ་དང་། དེ་དགག་པའོ། །དང་པོ་ནི། ཁ་ཅིག་འཁྲུལ་དང་ཞེས་སོགས་ཚིགས་བཅད་བཞི་སྟེ། ཕྱག་རྒྱ་བ་ཁ་ཅིག་ན་རེ། སངས་རྒྱས་སྒྲུབ་པའི་ཐབས་ལམ་ལ་འཁྲུལ་པ་དང་མ་འཁྲུལ་པའི་དབྱེ་བ་མེད་ཅིང་། མཐའ་གཅིག་ཏུ་ངེས་པ་ཡང་མ་ཡིན་ཏེ། རླུང་དང་གཏུམ་མོ་ལ་སོགས་པའི་ཐབས་ལམ་ཕྱོགས་རེ་བས་གྲུབ་པ་ཐོབ་པར་ཡོད་པའི་ཕྱིར་ཏེ། དཔེར་ན་ལྷ་བ་རྟོགས་པས་ཞེས་སོགས་སོ། །གོ་ར་ཀྵ་བ་ལང་བསྲུང་བའོ། །ཨིནྡྲ་བྷཱུ་ཏི་འདོད་ཡོན་གྱིས་ཞེས་པ་ནི། བཙུན་མོའི་ཚོགས་དང་ལྷན་

ཅིག་རོལ་ཞིང་། རྒྱལ་སྲིད་ཀྱི་འདོད་ཡོན་ལ་ལོངས་སྤྱོད་པའོ། །རྒྱུ་རྐྱེན་གྱི་རྟེན་འབྲེལ་ཐམས་ཅད་ཚོགས་པ་ལས། བིར་པ་ལ་གྲུབ་ཐོབ་འབྱུང་བས། འདི་འདྲའི་ཐབས་ལམ་སྣ་ཚོགས་ཀྱིས་སངས་རྒྱ་བ་ལ་སྐྱུར་པ་གདབ་ཏུ་མི་རུང་ངོ་ཞེས་ཟེར་རོ། །

གཉིས་པ་ལ་ལྔ་སྟེ། ཕྱོགས་རེའི་ཐབས་ཀྱིས་གྲོལ་བ་དགག རིམ་གཉིས་ཐབས་ཀྱི་གཙོ་བོར་བསྟན། གཙོ་བོ་ཡིན་པའི་སྒྲུབ་བྱེད་དགོད། ཕྱོགས་རེའི་ཐབས་ཀྱི་དགོས་པ་བསྟན། སྒྲོ་སྐུར་སྤངས་ནས་གཙོ་བོར་བསྒྲུབ་པར་བསྟན་པའོ། །དང་པོ་ནི། འདི་ཡང་ལེགས་པར་ཞེས་སོགས་བདུན་ཏེ། ཐབས་དང་ཤེས་རབ་གཉིས་ལས་གཞན་པའི་སངས་རྒྱས་སྒྲུབ་པའི་ཐབས་མེད་པས། གོང་དུ་བཤད་པའི་གྲུབ་ཐོབ་རྣམས་ཀྱང་། རླུང་དང་གཏུམ་མོ་ལ་སོགས་པ་ཐབས་ལམ་ཕྱོགས་རེ་བས་གྲོལ་བ་མ་ཡིན་གྱི། དབང་དང་རིམ་གཉིས་ལས་བྱུང་བའི་ཐབས་ཤེས་ཟུང་འཇུག་གི་ཡེ་ཤེས་སྐྱེས་པས་གྲོལ་བ་ཡིན་ནོ། །གཉིས་པ་ནི། ལྟ་བ་དང་ནི་ཞེས་སོགས་དྲུག་སྟེ། སྟོང་ཉིད་རྟོགས་པའི་ལྟ་བ་རྐྱང་པ་དང་། བསྐྱེད་རིམ་རྐྱང་པ་སོགས་ཀྱིས་གྲོལ་བ་མ་ཡིན་ཏེ། སངས་རྒྱས་སྒྲུབ་པ་ལ་ཐབས་ཤེས་རབ་གཉིས་ཅར་དགོས་པའི་ཕྱིར་རོ། །འོན་གྲོལ་བྱེད་ཀྱི་ལམ་གྱི་གཙོ་བོ་གང་ཞེ་ན་དབང་བསྐུར་བའི་ཞེས་སོགས་སོ། །གསུམ་པ་ནི། བསྐྱེད་རིམ་རླུང་དང་ཞེས་སོགས་བཅུ་གསུམ་སྟེ། རིམ་པ་གཉིས་པོ་སངས་རྒྱས་སྒྲུབ་པའི་ལམ་གྱི་གཙོ་བོ་ཡིན་པའི་རྒྱུ་མཚན་གང་ཡིན་ཞེ་ན། གོང་དུ་བཤད་པའི་གྲུབ་ཐོབ་རྣམས་ཀྱི་ཡེ་ཤེས་སྐྱེ་བའི་སྣ་འདྲེན་ཐམས་ཅད་འདིར་འདུས་ཤིང་། འདི་གཉིས་ཡོད་ན་ཐབས་ལམ་ཕྱོགས་རེ་བ་འགའ་ཞིག་མ་ཚང་ཡང་སངས་རྒྱས་བསྒྲུབ་པར་ནུས་ལ། གཙོ་བོ་འདི་གཉིས་མ་ཚང་ན་ཐབས་ལམ་ཕྱོགས་རེ་བས་གྲོལ་བ་མི་སྲིད་པའི་ཕྱིར་རོ། །གོང་དུ་བཤད་པའི་ཐབས་ལམ་ཕྱོགས་རེ་བ་རྣམས་འདིར་འདུས་པའི་རྒྱུ་མཚན་ནི། བསྐྱེད་རིམ་ནི་བསྐྱེད་རིམ་དངོས་ཡིན་ལ། རླུང་ཞི་དྲག་དང་། གཏུམ་མོའི་དམིགས་པ་སོགས་ནི་རྫོགས་རིམ་དངོས་ཡིན་པས། དེ་གཉིས་ལས་ཐ་དད་མ་ཡིན་ཞིང་། བྱིན་རླབས་ནི་རིམ་གཉིས་དེ་ལས་བྱུང་བ་ཡིན། ལྟ་བ་ནི་དེ་གཉིས་དག་པར་བྱེད་པའི་ཐབས་ཡིན་ལ། ཕྱག་རྒྱ་ཆེན་པོ་ནི་དེ་ལས་སྐྱེས་པའི་ཡེ་ཤེས་ཡིན། རིམ་གཉིས་བོགས་དབྱུང་བར་བྱེད་པ་ནི་སྤྱོད་པ་ཡིན་ཅིང་། དེ་ལ་སྤྲོས་བཅས། སྤྲོས་མེད། ཤིན་ཏུ་སྤྲོས་མེད་ཀྱི་སྤྱོད་པ་གསུམ་ལས། ཨིནྡྲ་བྷཱུ་ཏིས་མཛད་པ་ནི་དང་པོ་ཡིན་ལ། ཞི་བ་ལྷས་མཛད་པ་ནི་གཉིས་པ་ཡིན་ཅིང་། དེ་ལ་བྷུ་སུ་ཀུ་ཞེས་ཀྱང་གསུངས། རིམ་གཉིས་བརྟན་པར་བྱ་བའི་ཕྱིར་བིར་པ་ལ་སོགས་པའི་གྲུབ་ཐོབ་རྣམས་ཀྱིས་མཛད་པ་ནི་གསུམ་པ་ཡིན་ཅིང་། དེ་ལ་ཀུན་ཏུ་བཟང་པོའི་སྤྱོད་པར་ཡང་བཤད་དོ། །བཞི་པ་ནི། དེས་ན་རྒྱུ་རྐྱེན་ཞེས་སོགས་བཅུ་སྟེ། ཐབས་ཤེས་རབ་གཉིས་ཀྱི་རྒྱུ་རྐྱེན་མཐའ་དག་མ་ཚང་བར་སངས་རྒྱས་མི་

འབྱུང་བས། ཐུང་དང་གཏུམ་མོ་ཕྱོགས་རེའི་ཐབས་ཀྱིས་གྲོལ་བ་མ་ཡིན་མོད། འོན་ཀྱང་དེ་དག་ལ་དགོས་པ་མེད་པ་ཡང་མ་ཡིན་ཏེ། ཆོ་སྤྲ་མའི་ལས་འཕྲོའི་བྱེ་བྲག་དང་། ནང་གི་རྩ་ཁམས་ལ་སོགས་པའི་རྟེན་འབྲེལ་གྱི་ཁྱད་པར་གྱིས་ཟུང་འཇུག་གི་ཡེ་ཤེས་སྐྱེ་བའི་སྣ་འདྲེན་ཐབས་ལམ་རེ་རེ་བ་དག་གིས་ཀྱང་བྱེད་པར་གསུངས་པའི་ཕྱིར་རོ། །དཔེར་ན་ནད་པའི་ལུས་རྣམ་པ་བཟའ་བཏུང་གིས་བྱེད་ཀྱང་། དེའི་ཡི་ག་འབྱེད་པ་ནི། བད་ཀན་ལ་སོགས་པའི་ཁམས་ཀྱི་བྱེ་བྲག་གིས་ཟས་ཀྱི་ཁྱད་པར་སེའུ་འབྲུ་ལ་སོགས་པས་བྱེད་པ་བཞིན་ནོ། །ལྔ་པ་ནི། དེ་ཕྱིར་ཐབས་ཀྱི་ཞེས་སོགས་དྲུག་སྟེ། ཐབས་ལམ་རེ་རེ་བའི་དགོས་པ་དང་། ཐབས་ལམ་གྱི་གཙོ་བོའི་དགོས་པ་སོ་སོར་ཤེས་པར་བྱས་ནས། རེ་རེ་བས་ཕན་པར་མི་འཛིན་པར་ལམ་གྱི་གཙོ་བོ་སྨིན་གྲོལ་གཉིས་ལ་འབད་པར་བྱའོ། །གཉིས་པ་ལ་གཉིས་ཏེ། དཔེའི་སྒོ་ནས་འབྲས་བུ་འགྲུབ་པའི་དུས་བསྟན་པ། ཉམས་ལེན་གྱི་སྒོ་ནས་ལམ་བགྲོད་ཚུལ་སོ་སོར་བཤད་པའོ། །དང་པོ་ནི། སོ་ནམ་ཚུལ་བཞིན་ཞེས་སོགས་ཚིགས་བཅད་གཉིས་ཏེ་གོ་སླའོ། །གཉིས་པ་ལ་གཉིས་ཏེ། ཕ་རོལ་ཏུ་ཕྱིན་པའི་ལམ་གྱི་བགྲོད་ཚུལ། རྡོ་རྗེ་ཐེག་པའི་ལམ་གྱི་བགྲོད་ཚུལ་ལོ། །དང་པོ་ནི། སྟོང་ཉིད་སྙིང་རྗེ་ཞེས་སོགས་ཉི་ཤུ་རྩ་གཉིས་ཏེ། སྟོང་ཉིད་སྙིང་རྗེའི་སྙིང་པོ་ཅན་གཙོ་བོར་བསྒོམ་པ་ནི། ཕ་རོལ་ཏུ་ཕྱིན་པའི་ལམ་བགྲོད་ཚུལ་ཡིན་ལ། དེས་གང་ཟག་དབང་པོ་རྣོ་བ་དང་། བརྩོན་འགྲུས་སྨྲར་བ་ཡིན་ན་ཡང་། བསྐལ་པ་གྲངས་མེད་གསུམ་གྱིས་དཀའ་བ་སྤྱད་དགོས་ཤིང་། ཐེག་པ་ཆེན་པོའི་སྡེ་སྣོད་ཀུན་ལས་བཤད་པའི་སངས་རྒྱས་བསྒྲུབ་པའི་ལམ་པོ་ཆེ་ལམ་ཡིན་མིན་གྱི་རྩོད་པ་ཀུན་ལས་གྲོལ་བའི་ཆོས་ཡིན་པས་ཐེག་པ་ཆེན་པོའི་མཁས་པ་ཀུན་གྱིས་ཀྱང་གུས་པས་བསྟན་པ་ཡིན་ནོ། །འདི་བཞིན་དུ་བསྒྲུབ་པར་འདོད་ན། རྡོ་རྗེ་ཕག་མོའི་བྱིན་རླབས་ལ་སོགས་པ་རྣམས་མི་དགོས་ཀྱི། འོན་ཀྱང་ཐེག་པ་ཆེན་པོ་ཕ་རོལ་ཏུ་ཕྱིན་པའི་སྡེ་སྣོད་རྣམས་ལས་འབྱུང་བ་བཞིན་བྱང་ཆུབ་མཆོག་ཏུ་སོགས་སོ། །གཉིས་པ་ནི། ཕ་རོལ་ཕྱིན་གཞུང་ཞེས་སོགས་བཅོ་ལྔ་སྟེ། ཕ་རོལ་ཏུ་ཕྱིན་པའི་གཞུང་ལས་བཤད་པའི་བསྐལ་པ་གྲངས་མེད་གསུམ་གྱིས་དཀའ་སྤྱད་མི་ནུས་པར། སེམས་ཅན་གྱི་སྡུག་བསྔལ་ལ་དམིགས་པའི་སྙིང་རྗེ་ཤིན་ཏུ་ལྷག་པར་གྱུར་པས། གསང་སྔགས་རྡོ་རྗེ་ཐེག་པའི་ལམ་ལ་བརྟེན་ནས་ཚེ་འདི་འམ། བར་དོ་ལ་སོགས་སུ་སངས་རྒྱས་བསྒྲུབ་པར་འདོད་ན། ཐོག་མར་སྨིན་བྱེད་ནོར་བ་མེད་པའི་དབང་བཞི་བླང་དགོས་ཏེ། དེ་ནི་གསང་སྔགས་རྡོ་རྗེ་ཐེག་པའི་ལམ་གྱི་རྩ་བ་ཡིན་པའི་ཕྱིར་རོ། །དབང་པོ་ཤིན་ཏུ་རྣོ་ཞིང་བསོད་ནམས་བསགས་པ་རྣམས་ནི། དེ་ཙམ་གྱིས་གྲོལ་བ་ཡང་སྲིད་མོད་ཀྱི། གལ་ཏེ་མ་གྲོལ་ན་དབང་བསྐུར་དེ་ཉིད་འཕེལ་ཞིང་རྒྱས་པར་བྱེད་པ་ལ་ཐ་མལ་གྱི་སྣང་བ་དག་པའི་སྣང་བར་བསྒྱུར་བར་བྱེད་པའི་བསྐྱེད་རིམ་དང་། དེ་ཉིད་བདེ་ཆེན་གྱི་ཡེ་ཤེས་སུ་བསྒྱུར་བར་

བྱེད་པའི་རྫོགས་རིམ་རྒྱུད་སྡེ་ལས་ཇི་ལྟར་བཤད་པ་བཞིན་འཁྲུལ་པ་མེད་པར་བསྒོམ་པར་བྱའོ། །དབང་དང་རིམ་གཉིས་ལས་བྱུང་བའི་མཚོན་བྱེད་དཔེའི་ཡེ་ཤེས་ཕྱག་རྒྱ་ཆེན་པོ་ནམ་ཞིག་སྐྱེས་པའི་ཚེ། དེ་ཉིད་ཡང་ནས་ཡང་དུ་གོམས་པར་བྱས་ཏེ། དྲོད་ཐོབ་པའི་རྟགས་མཉམ་གཞག་ཏུ་འཇིག་རྟེན་ཆོས་བརྒྱད་མགོ་སྙོམས་པ་སྙོམ་བྱེད་པའི་ཚེ། འཁོར་འདས་ལ་བླང་དོར་ཐ་དད་དུ་མི་འཛིན་པར་རོ་མཉམ་དུ་བསྲེ་བའི་ཕྱིར་ཀུན་འདར་གྱི་སྤྱོད་པ་ལ་སོགས་པ་རིམ་གཉིས་བོགས་དབྱུང་བར་བྱེད་པའི་སྤྱོད་པ་རྣམས་སྤྱོད། དེ་ལྟར་སྤྱད་པས་ཕྱི་རོལ་པུ་ལི་ར་མ་ལ་ཡ་ལ་སོགས་པའི་ཡུལ་སུམ་ཅུ་སོ་བདུན་དབང་དུ་འདུས་པ་ན། ནང་ལུས་ཀྱི་སྤྱི་བོ་ལ་སོགས་པའི་ཡུལ་སོ་བདུན་གྱི་རླུང་སེམས་དབུ་མར་ཞུགས་ཏེ། ས་ལམ་བགྲོད་ནས་རྡོ་རྗེ་འཛིན་པའི་ས་བཅུ་གསུམ་པ་ཐོབ་པར་འགྱུར་རོ། །ལམ་གྱི་བགྲོད་ཚུལ་འདི་ལྟ་བུ་འདི་ནི། དུས་གསུམ་སངས་རྒྱས་ཞེས་སོགས་སོ། །རྡོ་རྗེ་ཐེག་པའི་སའི་རྣམ་པར་གཞག་པ་ནི་བརྟག་གཉིས་སུ། གནས་དང་ཉེ་བའི་གནས་དང་ནི། །ཞིང་དང་ཉེ་བའི་ཞིང་ཉིད་དང་། །ཚན་དྷོ་ཉེ་བའི་ཚན་དྷོ་དང་། །དེ་བཞིན་འདུ་བ་ཉེ་འདུ་བ། །འཐུང་གཅོད་ཉེ་བའི་འཐུང་གཅོད་ཉིད། །དུར་ཁྲོད་ཉེ་བའི་དུར་ཁྲོད་ཉིད། །འདི་རྣམས་ས་ནི་བཅུ་གཉིས་ཏེ། །ས་བཅུའི་དབང་ཕྱུག་མགོན་པོ་ཉིད། །ཅེས་གསུངས་ཤིང་། བདེ་མཆོག་རྩ་རྒྱུད་དང་། སམྦུ་ཊི་ར། གནས་ནི་རབ་ཏུ་དགའ་བའི་ས། །དེ་བཞིན་ཉེ་གནས་དྲི་མ་མེད། །ཞིང་ནི་འོད་བྱེད་ཤེས་པར་བྱ། །ཉེ་བའི་ཞིང་ནི་འོད་འཕྲོ་ཅན། །ཚན་དྷོ་མངོན་དུ་གྱུར་པ་སྟེ། །ཉེ་བའི་ཚན་དྷོ་སྦྱང་དཀའ་བ། །འདུ་བ་རིང་དུ་སོང་བ་སྟེ། །ཉེ་བའི་འདུ་བ་མི་གཡོ་བ། །དུར་ཁྲོད་ལེགས་པའི་བློ་གྲོས་ཏེ། །ཉེ་བའི་དུར་ཁྲོད་ཆོས་ཀྱི་སྤྲིན། །ཕ་རོལ་ཕྱིན་བཅུའི་ས་རྣམས་ལ། །རྣལ་འབྱོར་མ་ཡི་ཀླུ་ཀློའི་སྐད། །ཅེས་འཐུང་གཅོད་ཉེ་བའི་འཐུང་གཅོད་མ་གཏོགས་པ་གཞན་བཅུ་པོ་ཕ་རོལ་ཏུ་ཕྱིན་པའི་ས་བཅུ་དང་སྦྱར་ཞིང་། འགྲེལ་པ་ཀུ་སུ་ལི་ར་རྒྱུད་རྒྱས་པའི་ལུང་དྲངས་པར། འཐུང་གཅོད་དཔེ་མེད་ཡེ་ཤེས་ཏེ། །ཉེ་བའི་འཐུང་གཅོད་ཡེ་ཤེས་ཆེ། །ཞེས་དང་རྒྱུད་གཞན་ལས། རྡོ་རྗེའི་ས་ནི་བཅུ་གསུམ་པ། །ཞེས་པ་ཡང་ཡོད་དོ། །འདི་དག་གི་དོན་ལ། རྗེ་བཙུན་ས་སྐྱ་པ་ཡབ་སྲས་རྣམས་ཀྱི་བཞེད་པས། ས་ལྷག་མ་གསུམ་པོ་རྡོ་རྗེ་ཐེག་པའི་ལམ་ཁོ་ནས་བགྲོད་པར་བྱ་བ་ཡིན་པས། ཕ་རོལ་ཏུ་ཕྱིན་པའི་ལམ་གྱིས་བགྲོད་མི་ནུས་པ་ཡིན་ནོ། །ཕར་ཕྱིན་ཐེག་པ་ནས་ས་བཅུ་གཅིག་པ་སངས་རྒྱས་སུ་བཤད་པ་དང་། རྡོ་རྗེ་ཐེག་པ་ནས་ས་བཅུ་གསུམ་པ་སངས་རྒྱས་སུ་བཤད་པ་ནི། མཚན་གཞི་ལ་མི་མཐུན་པ་ཡིན་པས་རང་རང་གི་ལམ་དེ་ཉིད་ཀྱིས་བགྲོད་པར་བྱ་བ་མཐར་ཐུག་པ་དེ་ལ་དེ་དང་དེར་རྫོགས་པའི་སངས་རྒྱས་སུ་གསུངས་སོ། །འོན་ཀྱང་ས་བཅུ་གཅིག་པ་ནི་སངས་རྒྱས་མཚན་ཉིད་པ་མ་ཡིན་ཏེ། སློབ་ལམ་གྱི་གནས་སྐབས་ཡིན་པའི་ཕྱིར་རོ། །འོ་ན་ཕར་ཕྱིན་ཐེག་པར་ཡང་སློབ་ལམ་དུ་ཅིའི་ཕྱིར་མ་བཤད་

ཅེ་ན། དེར་ནི་ཐེག་པ་རང་ལུགས་ལ་དེ་ལས་ལྷག་པའི་ལམ་བགྲོད་པའི་ནུས་པ་མེད་པས་འབྲས་བུའི་ལྡོག་པ་ནས་བཤད་པ་ཡིན་ནོ། །དེའི་གོང་དུ་ཡང་ས་གཉིས་བགྲོད་དུ་ཡོད་པའི་རྒྱུ་མཚན་ནི། ཡུལ་སུམ་ཅུ་སོ་བདུན་གྱི་སྐྱེ་སེམས་དབུ་མར་མ་ཞུགས་པར་རྫོགས་པའི་སངས་རྒྱས་མི་ཐོབ་ལ། ཡུལ་ཉི་ཤུ་རྩ་བཞིའི་སྐྱེ་སེམས་དབུ་མར་ཞུགས་པས་ནི། ས་བཅུ་པ་མན་ཆད་ཀྱི་རྟོགས་པ་ལས་མི་བསྐྱེད་པར་གོང་དུ་དྲངས་པའི་བདེ་མཆོག་རྩ་རྒྱུད་དང་། སམྦུ་ཊིའི་ལུང་གཉིས་ཀྱིས་གྲུབ་ལ། ལྷག་མ་སྙིང་ཁའི་ཕྱི་སྐོར་གྱི་རྩ་འདབ་བརྒྱད་དང་། སྔས་པའི་རྩ་ལྟེའི་སྐྱེ་སེམས་དབུ་མར་ཞུགས་པས་བསྐྱེད་པར་བྱ་བའི་ས་ལྷག་མ་གསུམ་ངེས་པར་ཡོད་པའི་ཕྱིར་རོ། །ཁ་ཅིག་ས་སྐྱ་པའི་བཞེད་པ་ལ། ས་བཅུ་གཅིག་པ་དང་བཅུ་གཉིས་པ་ཕ་རོལ་ཏུ་ཕྱིན་པའི་ས་བཅུའི་ཁོངས་སུ་བསྡུ་བ་གོང་དུ་དྲངས་པའི་བརྟག་གཉིས་དང་། སམྦུ་ཊིའི་དགོངས་པར་འཆད་པ་ནི་ཤིན་ཏུ་འཁྲུལ་ཏེ། བརྟག་གཉིས་ཀྱི་ལུང་གི་དོན་ནི་ས་བཅུ་གཉིས་པོ་དེ་དག་ཕ་རོལ་ཏུ་ཕྱིན་པའི་ས་བཅུ་ཡིན་ཞེས་པའི་དོན་མ་ཡིན་གྱི། ས་བཅུ་གཉིས་པོ་དེ་དག་ཕ་རོལ་ཏུ་ཕྱིན་པའི་ཐེག་པ་ལས་ས་བཅུ་མན་ཆད་ལ་སློབ་ལམ་དུ་བཞག་པ་ལྟར། རྡོ་རྗེ་ཐེག་པ་འདིར་ཡང་སློབ་ལམ་ཡིན་པའི་དོན་དུ་མངོན་རྟོགས་ལྗོན་ཤིང་ལས་བཤད་པར་མ་མཐོང་བར་ཟད་པའི་ཕྱིར་དང་། སམྦུ་ཊིར། འཐུང་གཅོད་དང་། ཉེ་བའི་འཐུང་གཅོད་མ་གཏོགས་པའི་ཡུལ་ཉི་ཤུ་རྩ་བཞི་དང་། ཕ་རོལ་ཏུ་ཕྱིན་པའི་ས་བཅུ་སྦྱར་བ་ལ་བློ་ཁ་མ་ཕྱོགས་པར། རྡོ་རྗེ་ཐེག་པའི་ས་ཐམས་ཅད་ཕ་རོལ་ཏུ་ཕྱིན་པའི་ས་བཅུའི་ཁོངས་སུ་འདུས་སྙམ་དུ་མོས་སྒོམ་བྱེད་པ་ཙམ་དུ་ཟད་པའི་ཕྱིར་རོ། །

འོ་ན་ཕར་ཕྱིན་ཐེག་པ་ནས་སྐུ་གསུམ་གྱི་རྣམ་གཞག་བཤད་པའི་རྫོགས་པའི་སངས་རྒྱས་དེ་སློབ་ལམ་གྱི་གནས་སྐབས་ཡིན་ནམ། ས་བཅུ་གསུམ་པ་ཐོབ་ཟིན་པ་ཞིག་ཡིན་སྙམ་ན། དེ་ནི་ས་བཅུ་གསུམ་པ་ཐོབ་ཟིན་པ་ཡིན་ཀྱང་། དེར་ནི་དེའི་ཐ་སྙད་མ་གསུངས་ཏེ། ས་བཅུ་གཅིག་པ་ལ་རྫོགས་པའི་སངས་རྒྱས་ཀྱི་རྣམ་གཞག་བྱེད་པའི་སྐབས་ཡིན་པའི་ཕྱིར་རོ། །འོ་ན་ཕར་ཕྱིན་ཐེག་པའི་ལམ་དེ་ཉམས་སུ་བླངས་ཀྱང་དེ་ནས་བཤད་པའི་རྫོགས་པའི་སངས་རྒྱས་དེ་མི་ཐོབ་པར་འགྱུར་ལ། དེ་ཡང་འདོད་ན། ལམ་ཉམས་སུ་བླངས་པ་ལ་དགོས་པ་མེད་པར་འགྱུར་ཅིང་། སྐད་ཅིག་མ་གཅིག་པའི་མངོན་པར་རྫོགས་པ་བྱང་ཆུབ་པ་རྣམ་པར་བསྒོམས་པའི་སྐད་ཅིག་མ་གཉིས་པ་ལ་ཆོས་ཀྱི་སྐུར་མངོན་པར་རྫོགས་པར་བྱང་ཆུབ་པ་ཡིན་ཏེ། ཞེས་པ་དང་ཡང་འགལ་བར་འགྱུར་རོ་སྙམ་ན། ལམ་ཉམས་སུ་བླངས་པ་དོན་མེད་པར་མི་འགྱུར་ཏེ། ས་བཅུ་པའི་བར་ཐོབ་ནས་སྔགས་ལམ་ལ་མི་འཇུག་པ་མི་སྲིད་པས། ཕར་ཕྱིན་ཐེག་པའི་ལམ་མཐར་ཕྱིན་ནས་སྔགས་ལམ་གྱིས་འབད་རྩོལ་ཆུང་ངུས་རྡོ་རྗེ་འཛིན་པའི་ས་ཐོབ་པར་འགྱུར་བའི་ཕྱིར་རོ། །གཞན་དུ་ན་སེམས་ཙམ་པའི་གཞུང་ནས་བཤད་པའི་

སྐུ་གསུམ་པོ་དེ་སངས་རྒྱས་མ་ཡིན་ན་ཧ་ཅང་ཐལ་ཞིང་། གལ་ཏེ་ཡིན་ན། སེམས་ཙམ་པའི་ལམ་ཁོ་ན་ལ་བརྟེན་ནས་དེ་ཐོབ་ན། དབུ་མའི་ལྟ་བ་ལ་མ་བརྟེན་པར་སངས་རྒྱས་ཐོབ་པ་ཡོད་པར་འགྱུར་ཞིང་། གལ་ཏེ་མི་ཐོབ་ན་སེམས་ཙམ་པའི་གཞུང་ནས་བཤད་པའི་ལམ་ཉམས་སུ་བླངས་པ་ལ་དགོས་པ་མེད་པར་ཁྱེད་ལ་མཚུངས་པར་འགྱུར་རོ། །གལ་ཏེ་མི་མཚུངས་ཏེ། སེམས་ཙམ་པ་རང་གི་དེ་ནས་བཤད་པའི་ལམ་གྱིས་འབྲས་བུ་དེ་ཐོབ་པར་འདོད་ཀྱང་། དབུ་མའི་ལུགས་ལ་དེ་མི་འདོད་པ་ནི་གྲུབ་མཐའི་ཁྱད་པར་ཡིན་པས་སོ་སྙམ་ན། དེ་ནི་ཤིན་ཏུ་བདེན་མོད། དེ་ལྟར་ན་ཕ་རོལ་ཏུ་ཕྱིན་པའི་ཐེག་པ་དང་། རྡོ་རྗེ་ཐེག་པའི་ཁྱད་པར་རྒྱུད་སྡེ་རྣམས་དང་། གྲུབ་ཐོབ་ཀྱི་གསུང་རྣམས་ནས་བཤད་པ་རྣམས་ཡིད་ལ་བཞག་ནས་སེམས་རྣལ་དུ་གནས་པར་བྱའོ། །འགྲེལ་པ་དོན་གསལ་གྱི་ལུང་གིས། རྡོ་རྗེ་ཐེག་པའི་ས་ལམ་གྱི་རྣམ་བཞག་ལ་མི་གནོད་པ་ཡང་ཚུལ་འདིས་རྟོགས་པར་བྱའོ། །འོན་ཕར་ཕྱིན་ཐེག་པ་དང་། རྡོ་རྗེ་ཐེག་པ་གཉིས་རྫོགས་པའི་སངས་རྒྱས་ཀྱི་མཚན་ཉིད་ལ་མཐུན་ཀྱང་མཚན་གཞི་ལ་མི་མཐུན་པ་གང་ནས་བཤད་སྙམ་ན། སམྦུ་ཊི་ར། གང་དག་བསམ་གྱིས་མི་ཁྱབ་པའི་གནས་མངོན་དུ་མ་བྱས་པ་དེ་ནི་བདེ་བར་གཤེགས་པ་སྐྱེ་སངས་རྒྱས་ཡིན་ལ། མཚན་གཞི་མཆོན་པ་ནི་རྡོ་རྗེ་འཛིན་པ་ཡང་དག་པའོ། །ཞེས་པའི་དོན་རྗེ་བཙུན་རྩེ་མོའི་འགྲེལ་པར་ཞིབ་ཏུ་ཕྱེ་བ་ལས་ཤེས་པར་བྱའོ། །འདི་དག་ནི་དོན་འདི་ལ་བློའི་མོས་པ་ཡོད་ཀྱང་། བཤེས་གཉེན་གྱི་ལཔར་བ་ངན་ཞིང་རྣམ་དཔྱོད་ཀྱི་མིག་མི་གསལ་བས་ཇི་ལྟ་བ་བཞིན་རྟོགས་པར་མ་ནུས་པའི་དད་ལྡན་རྣམས་ལ་སྙིང་བརྩེ་བའི་བསམ་པས། རྗེ་བཙུན་བླ་མ་མུས་པ་ཆེན་པོའི་གསུང་ལས་ཇི་ལྟར་འབྱུང་བ་བཞིན་མ་སྦྲས་པར་བྲིས་པའོ། །གསུམ་པ་ནི། གང་ཞིག་སངས་རྒྱས་ཞེས་སོགས་ཚིགས་བཅད་གཉིས་ཏེ། དང་པོ་དྲུག་ནི་གོང་དུ་བཤད་པའི་ལམ་གཉིས་པོ་བློ་དང་འཚམས་པར་བསྒྲུབ་པར་གདམས་པ་ཡིན་ལ། ཐ་མ་གཉིས་ཀྱིས་ནི་དེའི་སྒྲུབ་བྱེད་སྟོན་ནོ། །བཞི་པ་ལ་བདུན་ཏེ། བསྟན་པ་དང་མ་འབྲེལ་བའི་ཆོས་པ་དགག་པ། སྡོམ་པ་དང་མ་འབྲེལ་བའི་ཐར་ལམ་དགག་པ། ངེས་འབྱུང་དང་མ་འབྲེལ་བའི་སོ་ཐར་དགག་པ། སྡེ་སྣོད་དང་མ་འབྲེལ་བའི་སེམས་བསྐྱེད་དགག་པ། རྒྱུད་སྡེ་དང་མ་འབྲེལ་བའི་གསང་སྔགས་དགག་པ། དབང་བསྐུར་དང་མ་འབྲེལ་བའི་བླ་མ་དགག་པ། དམ་ཆོས་དང་མ་འབྲེལ་བའི་ཆོས་པ་དགག་པའོ། །དང་པོ་ནི། ད་ལྟའི་ཆོས་པ་ཞེས་སོགས་བཅུ་བདུན་ཏེ། སངས་རྒྱས་ཀྱི་བསྟན་པའི་སྒོར་ཞུགས་ན། ཉན་ཐོས་ཀྱི་ཆོས་ལུགས་དང་། ཕ་རོལ་ཏུ་ཕྱིན་པའི་ཆོས་ལུགས་དང་། རྡོ་རྗེ་ཐེག་པའི་ཆོས་ལུགས་གསུམ་པོ་གང་རུང་ལ་འཇུག་དགོས་ཞིང་། དེ་ཡང་རང་རང་གི་གཞུང་ལུགས་ཁུངས་མ་ལྟར་ཉམས་སུ་བླངས་པ་ལ་འཇུག་དགོས་ཀྱི་གཞན་དུ་དེས་ཀྱང་འཚང་རྒྱ་བར་མི་ནུས་སོ། །གཉིས་པ་ལ་གཉིས་ཏེ། འདོད་པ་བརྗོད་པ་དང་། དེ་

དགག་པའོ། །དང་པོ་ལ་གཉིས་ཏེ། སྨད་པའི་ཆེད་དུ་མུ་སྟེགས་ཀྱི་དཔེ་བརྗོད་པ། བོད་བླུན་གྱི་འདོད་པའི་དོན་ལ་སྦྱར་བའོ། །དང་པོ་ནི། མུ་སྟེགས་ཞེས་སོགས་དྲུག་སྟེ། སྔོན་དགེ་སློང་མང་པོས་རྒྱལ་པོའི་ཁབ་ཏུ་བསོད་སྙོམས་ལ་ཕྱིན་པས་མུ་སྟེགས་ཀྱི་བྲམ་ཟེ་རྣམས་ཀྱིས། ཁྱེད་དགེ་སྦྱོང་གོའུ་ཏ་མའི་ཆོས་ལུགས་ལའང་སྡིག་པ་སྤོང་ཞིང་དགེ་བ་སྒྲུབ་པ་ཡིན་པ་ལས། ངེད་བྲམ་ཟེ་རྣམས་ཀྱི་རིག་བྱེད་ལས་ཀྱང་དེ་བཞིན་དུ་སྟོན་པས་ཁྱེད་ཀྱི་ཆོས་ལུགས་བཟང་ལ། ངེད་ཀྱི་ཆོས་ལུགས་ངན་པའི་རྒྱུ་མཚན་ཅི་ཡོད་ཅེས་ཟེར་བས། དགེ་སློང་དེ་རྣམས་གསར་བུ་ཐོས་པ་ཆུང་བས་སྤྱ་གོང་སྟེ། ལན་གདབ་པར་མ་ནུས་ནས་སླར་ལོག་སྟེ། འཕགས་པ་ཤཱ་རིའི་བུ་ལ་བསྙད་པས། ང་དང་མ་ཕྲད་པས་ཉེས་པ་ཡིན། ཆོས་དང་མཐུན་པར་ཚར་གཅོད་པ་ཡིན་ཏེ། ཞེས་གསུངས་སོ། །གཉིས་པ་ནི། དེ་བཞིན་འདི་ནའང་ཞེས་སོགས་ཚིགས་བཅད་གཉིས་ཏེ། མུ་སྟེགས་བྱེད་ཀྱི་འདོད་པ་དེ་བཞིན་དུ་གངས་ཅན་འདི་ནའང་ཆོས་ཀྱི་གནད་མི་ཤེས་པའི་བླུན་པོ་འགའ་ཞིག་དཀོན་མཆོག་ལ་དད་པ་དང་། སེམས་ཅན་ལ་སྙིང་རྗེ་དང་། སྦྱིན་སོགས་ཀྱི་དགེ་བ་སྤྱད་ན་མདོ་རྒྱུད་ཀྱི་ཚིག་དོན་དང་མི་མཐུན་ཡང་སྐྱོན་མེད། དེ་དག་མེད་ན་མདོ་རྒྱུད་དང་མཐུན་ཡང་ཕན་པ་མེད་ཅེས་ཟེར་རོ། །

གཉིས་པ་ལ་གཉིས་ཏེ། སྡོམ་གསུམ་གྱིས་དབེན་པའི་དགེ་བས་སངས་རྒྱས་མི་འགྲུབ་པར་བསྟན་པ། སྡོམ་གསུམ་གྱི་དགེ་བས་སངས་རྒྱས་འགྲུབ་པར་བསྟན་པའོ། །དང་པོ་ལ་གཉིས་ཏེ། དཔེ་བསྒྲུབ་པ་དང་། དོན་ལ་སྦྱར་བའོ། །དང་པོ་ནི། དེ་ཡང་ཞེས་སོགས་ལྔའོ། །གཉིས་པ་ནི། དེ་བཞིན་ཞེས་སོགས་ཚིགས་བཅད་གཉིས་ཏེ། སྡོམ་པ་ལས་མ་བྱུང་བའི་དགེ་བ་བར་མ་ཡིན་པ་དེ་བཞིན་དུ་དབང་བསྐུར་མ་ཐོབ་ན། རིག་འཛིན་སྔགས་ཀྱི་སྡོམ་པ་མེད་ལ། སྔགས་སྡོམ་མེད་པས་དགེ་བ་ཅི་སྤྱད་ཀྱང་སྔགས་སྡོམ་ལ་ལྟོས་ཏེ་བར་མ་ཡིན་གྱི་སྔགས་སྡོམ་ལས་བྱུང་བའི་དགེ་བར་མི་འགྱུར། སྔགས་སྡོམ་ལས་བྱུང་བའི་དགེ་བ་མ་ཡིན་ན་གསང་སྔགས་ཐབས་ལམ་ཟབ་ཀྱང་འཚང་མི་རྒྱ་བར་རྫོགས་པའི་སངས་རྒྱས་ཀྱིས་གསུངས་ཏེ། རྡོ་རྗེ་རྩེ་མོར། སྡོམ་པ་གསུམ་ལ་གནས་པ་ནི། །དང་པོའི་ཁྲུས་སུ་བཤད་པ་ཡིན། །ཞེས་གསུངས་པ་ལྟར་རོ། །གཉིས་པ་ནི། སྡོམ་པ་གསུམ་དང་ཞེས་སོགས་དྲུག་སྟེ། དབང་བསྐུར་གྱི་སྒོ་ནས་སྡོམ་གསུམ་དང་ལྡན་པར་བྱ་སྟེ། རིམ་གཉིས་ཟབ་མོའི་གནད་ཤེས་ནས་བསྒོམས་ན་དེ་ནི་ཚེ་འདི་འམ་ཞེས་སོགས་ཏེ། དེའི་ཕྱིར་ན། དབང་བསྐུར་གྱིས་སྡོམ་གསུམ་དང་ལྡན་པར་བྱེད་པ་འདི་ལ་མཁས་པ་རྣམས་གུས་པ་ཡིན་ནོ། །དེ་ཡང་སམྦུ་ཊི་ར། གཞན་དུ་བསྐལ་པ་བྱེ་བར་ནི། །གྲངས་མེད་པས་ནི་གང་ཐོབ་པ། །གང་དུ་དམ་པའི་བདེ་བས་ཁྱོད། །སྐྱེ་བ་འདི་ར་ནི་འགྲུབ་པར་འགྱུར། །ཞེས་པ་དང་། གསང་འདུས་ལས། འདི་ཡིས་ཆོས་ཀྱི་བདག་ཉིད་ཆེ། །སྐུ་གསུམ་མི་ཕྱེད་ལས་བྱུང་

བའི། །ཡེ་ཤེས་རྒྱ་མཚོས་རྣམ་བརྒྱན་པ། །ཚེ་འདི་ཉིད་ལ་འགྲུབ་པར་འགྱུར། །ཅེས་དང་། ཡེ་ཤེས་ཐིག་ལེར། ཡང་ན་ལུས་འདི་སྤངས་མ་ཐག །བརྩོན་པ་མི་ལྡན་པས་ཀྱང་འགྲུབ། །ཅེས་དང་། གསང་བའི་མཛོད་ལས། དབང་བསྐུར་ཡང་དག་སྨིན་ལྡན་ན། །སྐྱེ་ཞིང་སྐྱེ་བར་དབང་བསྐུར་འགྱུར། །དེ་ཡིས་སྐྱེ་བ་བདུན་ལ་ནི། །མ་བསྒོམས་པར་ཡང་དངོས་གྲུབ་ཐོབ། །ཅེས་དང་། རྡོ་རྗེ་རྩེ་མོར། ཕ་རོལ་ཕྱིན་པའི་འབྱུང་བས་ནི། །བསྐལ་པ་གྲངས་མེད་མི་འཐོབ་པ། །གལ་ཏེ་རྣལ་འབྱོར་པ་དེ་བརྩོན། །ཚེ་འདི་ཉིད་ལ་མྱ་ངན་འདའ། །ཡང་ན་མཐོང་བ་ཙམ་གྱིས་ནི། །སྐྱེ་བ་བཅུ་དྲུག་དག་ནས་འགྲུབ། །སོ་སོ་སྐྱེ་བོས་སངས་རྒྱས་ཉིད། །འགྲུབ་པར་འགྱུར་གྱི་གཞན་དུ་མིན། །ཅེས་དང་། དམ་ཚིག་ལྔ་པ་ལས། གལ་ཏེ་ལྟུང་བ་མེད་གྱུར་ན། །སྐྱེ་བ་བཅུ་དྲུག་དག་ན་འགྲུབ། །ཅེས་གསུངས་སོ། །གསུམ་པ་ནི། གང་དག་རབ་ཏུ་ཞེས་སོགས་ཚིགས་བཅད་གཅིག་སྟེ། འཁོར་བ་ལས་ངེས་པར་འབྱུང་བའི་བསམ་པས་མ་ཟིན་ན། རབ་བྱུང་གི་སྡོམ་པ་བླངས་ཀྱང་སོ་སོ་ཐར་པར་མི་འགྱུར་ཏེ། ཀུན་དགའ་བོའི་ཚ་བོ་གཉིས་དང་། གཙུག་མཛེས་པའི་དགའ་བོའི་རྣམ་ཐར་བཞིན་ནོ། །བཞི་པ་ནི། སེམས་བསྐྱེད་བྱེད་པ་ཞེས་སོགས་ཚིགས་བཅད་གཅིག་སྟེ། དབུ་སེམས་ཀྱིས་བསྟན་པའི་ལུགས་སོ་སོར་མི་ཕྱེད་པར། ཐོས་པ་ཆུང་བ་རྣམས་ཀྱི་མགོ་བོ་བསྐོར་ནས། བླུན་པོ་དགའ་བར་བྱ་བའི་ཕྱིར་དུ། རང་བཟོའི་ཚིག་བྱེད་པ་བཀག་པའོ། །ལྔ་པ་ལ་གཉིས་ཏེ། མདོར་བསྟན་པ་དང་། རྒྱས་པར་བཤད་པའོ། །དང་པོ་ནི། གསང་སྔགས་ཞེས་སོགས་ཚིགས་བཅད་གཅིག་གོ། །གཉིས་པ་ལ་བཞི་སྟེ། རྒྱུད་སྡེ་དང་མ་འབྲེལ་བའི་དབང་བསྐུར་དགག་པ། སྦྱང་གཞི་མི་སྦྱོང་པའི་བསྐྱེད་རིམ་དགག་པ། རྟེན་འབྲེལ་མི་ཤེས་པའི་རྫོགས་རིམ་དགག་པ། སྤང་བྱ་དང་མི་ཕྱེད་པའི་ཡེ་ཤེས་དགག་པའོ། །དང་པོ་ནི། གལ་ཏེ་ཞེས་སོགས་ཚིགས་བཅད་གཅིག་སྟེ། དབང་བསྐུར་བྱེད་པ་དག་ཀྱང་རྒྱུད་སྡེའི་དགོངས་པ་གྲུབ་ཐོབ་རྣམས་ཀྱིས་བཀྲལ་བའི་བཟང་པོའི་གཞུང་ལུགས་ཀུན་དོར་ནས། བརྫུན་གྱིས་བསླད་པའི་རང་བཟོའི་ཚིག་གྲུས་པས་ལེན་པར་སྣང་ངོ་། །གཉིས་པ་ནི། བརྒྱ་ལ་ཞེས་སོགས་ཚིགས་བཅད་གཅིག་སྟེ། བསྐྱེད་རིམ་བསྒོམ་པ་དག་ཀྱང་སྦྱང་གཞི་སྦྱོང་བར་བྱེད་པའི་ཆོ་གའི་ཡན་ལག་མངོན་བྱང་ལྔ་དང་། རྡོ་རྗེ་ཆོ་ག་གསུམ་བསྐྱེད་དང་སྒྲ་ཚུལ་གྱི་རྟེན་འབྲེལ་དང་། ཏིང་ངེ་འཛིན་གསུམ་དང་། རྣལ་འབྱོར་བཞི་ལ་སོགས་པ་ཀུན་བོར་ནས་རང་བཟོའི་དཀྱིལ་བསྐྱེད་བསྒོམ་པ་ལ་བསྐྱེད་རིམ་དུ་མིང་བཏགས་པར་ཟད་དོ། །འདི་ཡང་ལས་དང་པོ་པའི་དུས་ནས་བསྐྱེད་རིམ་གཞན་ལ་མ་སྦྱངས་པར། དཀྱིལ་བསྐྱེད་བསྒོམ་པ་བཀག་པ་ཡིན་གྱི། བསྐྱེད་རིམ་ལ་དཀྱིལ་བསྐྱེད་གཏན་མེད་པར་བཞེད་པ་ནི་མ་ཡིན་ཏེ། བརྟན་པ་ཐོབ་པའི་དུས་ཀྱི་བསྐྱེད་རིམ་དཀྱིལ་བསྐྱེད་འབའ་ཞིག་ཡིན་པའི་ཕྱིར་རོ། །གསུམ་པ་ནི། གཏུམ་མོ་ཞེས་སོགས་ཚིགས

བཅད་གཅིག་སྟེ། བོད་ཀྱི་གཏུམ་མོ་བསྒོམ་པ་ཕལ་ཆེར་ཡང་ལུས་ཐམས་ཅད་ལ་རྩས་ཁྱབ། དེ་ལ་བྱང་ཆུབ་ཀྱི་སེམས་ཀྱིས་ཁྱབ། དེ་ལ་རླུང་གིས་ཁྱབ། དེ་ལ་རྣམ་པར་ཤེས་པས་ཁྱབ། དེ་ལ་ཆོས་ཀྱི་དབྱིངས་ཀྱིས་ཁྱབ་ནས་གནས་པ་དེ། ཐོག་མར་རླུང་ལ་དབང་ཐོབ་པར་བྱས་ནས་གཏུམ་མོའི་མེ་སྦར་ཏེ། རྟེན་བྱང་སེམས་བཞུས་པས་བརྟེན་པ་རིག་སྟོང་དབྱེར་མེད་མངོན་དུ་བྱེད་པའི་ནང་གི་རྟེན་འབྲེལ་མི་ཤེས་པར། ལུས་ལ་དྲོད་ཙམ་སྐྱེས་ནས་རས་གོས་རྐྱང་པ་ཙམ་གྱིས་ཆོག་པར་འཛིན་པར་སྣང་ཡང་། དེ་ལྟ་བུ་ནི་མུ་སྟེགས་བྱེད་ལ་ཡང་ཡོད་པས། ཡང་དག་པའི་ཡེ་ཤེས་སྐྱེ་བའི་རྒྱུ་མ་ཡིན་ནོ། །བཞི་པ་ནི། ཡེ་ཤེས་ཞེས་སོགས་ཚིགས་བཅད་གཅིག་སྟེ། རིམ་གཉིས་བསྒོམས་པས་རང་བྱུང་གི་ཡེ་ཤེས་ཅུང་ཟད་སྐྱེས་ན་ཡང་ནང་གི་རྩ་ཁམས་ཀྱི་རྟེན་འབྲེལ་གྱིས་ཉོན་མོངས་རང་བྱུང་། རྣམ་རྟོག་རང་བྱུང་། སྙེལ་ཞི་རང་བྱུང་། མི་རྟོག་རང་བྱུང་བཞི་སྐྱེ་བ་སོ་སོར་འབྱེད་པའི་མན་ངག་ལམ་འབྲས་ལྟ་བུ་མེད་པས་རྫོགས་པའི་སངས་རྒྱས་ཀྱི་ལམ་དུ་མི་འགྱུར་རོ། །

དྲུག་པ་ལ་གསུམ་སྟེ། དབང་མ་བསྐུར་བ་ལ་བླ་མ་དམ་པ་མི་འབྱུང་བར་བསྟན། དམ་པ་མ་ཡིན་པས་སངས་རྒྱས་སྦྱིན་མི་ནུས་པར་བསྟན། མདོ་སྔགས་ཀྱི་བླ་མའི་ཁྱད་པར་བསྟན་པའོ། །དང་པོ་ནི། བླ་མ་ཞེས་སོགས་ཚིགས་བཅད་གཉིས་ཏེ། དབང་མ་བསྐུར་བར་དྲོད་ཙམ་སྐྱེ་བའི་གཏུམ་མོའི་དམིགས་པ་སྟོན་པའི་བླ་མ་དེ་ནི་བླ་མ་དམ་པ་མ་ཡིན་ཏེ། དབང་བསྐུར་གྱི་སྒོ་ནས་གསང་སྔགས་ཀྱི་སྡོམ་ལྡན་དུ་མ་བྱས་པའི་ཕྱིར་རོ། །དཔེར་ན་རབ་བྱུང་མ་བྱས་ན་མཁན་པོའི་ཐ་སྙད་འཇུག་པའི་གཞི་མེད་པ་བཞིན་དུ་དབང་མ་བསྐུར་ན། བླ་མ་དམ་པའི་ཐ་སྙད་འཇུག་པའི་གཞི་མི་འབྱུང་ངོ་། །བླ་མའི་ཐ་སྙད་ཙམ་དབང་མ་བསྐུར་བ་ལ་མེད་པ་མ་ཡིན་ཏེ། འདུལ་བ་སུམ་བརྒྱ་པ་ལས། ཚུལ་ཁྲིམས་ལྡན་ཅིང་འདུལ་བའི་ཆོ་ག་ཤེས། །ནད་པར་སྙིང་བརྩེ་འཁོར་ནི་དག་པ་དང་། །ཆོས་དང་ཟང་ཟིང་ཕན་འདོགས་ཀྱིས་བརྩོན་པ། །དུས་སུ་འདོམས་པ་དེ་ནི་བླ་མར་བསྔགས། །ཞེས་དང་། ཕ་རོལ་ཏུ་ཕྱིན་པའི་ལུགས་ལ་བླ་མ་སངས་རྒྱས་ལྟ་བུར་ལྟ་བར་བདག་ཉིད་ཆེན་པོ་འདིས་གསུངས་པའི་ཕྱིར་རོ། །དེ་དག་ནི་བླ་མ་ཙམ་ཡིན་གྱི། བླ་མ་དམ་པ་ནི་མ་ཡིན་ཏེ། བླ་མ་དམ་པར་འགྱུར་བ་ལ་རྟེན་གྱི་གང་ཟག་དེ་ལ་དབང་བསྐུར་བའི་སྒོ་ནས་གསང་སྔགས་ཀྱི་སྡོམ་ལྡན་དུ་བྱས་ཏེ། གང་ཟག་དེས་རྩེ་གཅིག་ཏུ་གསོལ་བ་བཏབ་ན། ཚེ་འདི་འམ་བར་དོ་སོགས་ལ་སངས་རྒྱས་སྦྱིན་ནུས་པ་ཅིག་དགོས་པའི་ཕྱིར་རོ། །གཉིས་པ་ནི། གསང་སྔགས་ཞེས་སོགས་དྲུག་སྟེ། དབང་བསྐུར་གྱི་སྒོ་ནས་གསང་སྔགས་ཀྱི་སྡོམ་ལྡན་དུ་བྱས་པ་མ་ཡིན་པའི་བླ་མ་ལ་མོས་པ་བྱས་ཀྱང་ཚེ་འདིའི་བདེ་སྐྱིད་ཙམ་མམ། སྐྱེ་བ་ཕྱི་མ་ལ་དལ་འབྱོར་གྱི་ལུས་ཐོབ་ཅིང་སངས་རྒྱས་ཀྱི་བསྟན་པ་དང་མཇལ་བ་སོགས་རིམ་གྱིས་འགྲུབ་པའི་རྒྱུར་འགྱུར་བ་སྲིད་ཀྱི་དེ་ནི་ཚེ་འདི་ལ་སོགས་སོ། །

གསུམ་པ་ནི། ཕ་རོལ་ཕྱིན་པའི་ཞེས་སོགས་ཚིགས་བཅད་གཉིས་ཏེ། འདུལ་བ་ལས། ལྷན་ཅིག་གནས་པ་དང་། ཉེ་གནས་ཀྱིས་མཁན་པོ་དང་སློབ་དཔོན་ལ་སྟོན་པའི་འདུ་ཤེས་བསྐྱེད་པར་བྱའོ། །ཞེས་པ་དང་། འཇམ་དཔལ་རྣམ་པར་འཕྲུལ་པ་ལས། འཇམ་དཔལ་དེ་ལྟ་བས་ན་བྱང་ཆུབ་སེམས་དཔའ་དེ་བཞིན་གཤེགས་པ་ལ་ཇི་ལྟར་གུས་པར་བྱ་བ་དེ་བཞིན་དུ་དགེ་བའི་བཤེས་གཉེན་རྣམས་ལའང་བསྙེན་པར་བྱའོ། ཞེས་བྱ་བ་ལ་སོགས་པ་གསུངས་སོ། །འདུས་པའི་རྒྱུད་ལས། དབང་བསྐུར་བའི་རྡོ་རྗེ་སློབ་དཔོན་ལ་ཇི་ལྟར་བལྟ་བར་བགྱི་ཞུས་པའི་ལན་དུ། སངས་རྒྱས་ཀུན་གྱི་རང་བཞིན་སྐུ། །ཡན་ལག་བྱང་ཆུབ་སེམས་དཔའ་སྐྱེ། །བ་སྤུ་རྣམས་ནི་དགྲ་བཅོམ་ཉིད། །སྤྱི་གཙུག་རིགས་ལྔའི་སངས་རྒྱས་ཏེ། །འཇིག་རྟེན་པ་ནི་ཞབས་ཀྱིས་མནན། །འོད་ཟེར་གནོད་སྦྱིན་གསང་བའོ། །རྣལ་འབྱོར་ཅན་གྱིས་རྟག་ཏུ་བལྟ། །ཞེས་དང་། དབང་ཐོབ་པའི་རྡོ་རྗེ་སློབ་དཔོན་ལ་ཇི་ལྟར་བལྟ་བར་བྱ། བཅོམ་ལྡན་འདས་ཀྱིས་བཀའ་སྩལ་པ། དུས་གསུམ་གྱི་སངས་རྒྱས་ཐམས་ཅད་བླ་མའི་བ་སྤུ་གཅིག་ལ་མཐོང་ནས། དུས་གསུམ་གྱི་སངས་རྒྱས་ཐམས་ཅད་བླ་མ་ལ་མཆོད་པ་བྱེད་པར་མཐོང་ངོ་། །ཞེས་བྱ་བ་ལ་སོགས་པ་དང་། བཤད་རྒྱུད་རྡོ་རྗེ་ཕྲེང་བ་ལས། རྡོ་རྗེ་སློབ་དཔོན་ལུས་འདི་ལ། །རྒྱལ་བའི་སྐུ་ནི་རིམ་བཞིན་གནས། །འདི་ཡི་གཟུགས་ཀྱི་ཕུང་པོ་ནི། །བཅོམ་ལྡན་སངས་རྒྱས་རྣམ་སྣང་མཛད། །ཅེས་པ་ནས་རྐང་མཐིལ་གནོད་མཛེས་ཀྱི་བར་གདན་གསུམ་ཚང་བའི་ལྷ་ཚོགས་སུ་གསུངས་པ་དང་། རྡོ་རྗེ་གུར་ལས། དཔལ་གྱི་རྡོ་རྗེའི་དཀྱིལ་འཁོར་དུ་དབང་བསྐུར་བའི་སློབ་དཔོན་ལ་ཇི་ལྟར་བལྟ་བར་བགྱི། དེ་བཞིན་གཤེགས་པས་བཀའ་སྩལ་པ། སློབ་དཔོན་སྟོན་པར་གྱུར་པ་ནི། །སངས་རྒྱས་ཀུན་གྱིས་ཕྱག་མཛད་པ། །བདག་ཅག་ཀུན་གྱི་ཕ་དང་མ། །འདི་ཉིད་ཡིད་ལ་བསམ་པར་བྱ། །ཞེས་བྱ་བ་དང་། གང་ཕྱིར་ཡེ་ཤེས་རྡོ་རྗེ་ནི། །མཉེས་པས་དངོས་གྲུབ་ཐོབ་པར་འགྱུར། །དེ་ཕྱིར་སློབ་དཔོན་དྲུང་གཤེགས་ཏེ། །དེ་བཞིན་གཤེགས་རྣམས་ཕྱག་མཛད་དོ། །རྡོ་རྗེ་སེམས་དཔའ་ལྟ་བུ་ཡིས། །དེ་ལྟར་སློབ་དཔོན་གཟུགས་འཛིན་ཏེ། །སེམས་ཅན་རྗེས་སུ་བཟུང་དམིགས་ནས། །ཕལ་པའི་གཟུགས་སུ་གནས་པའོ། །ཅེས་བྱ་བ་དང་། བླ་མ་ལྔ་བཅུ་པ་ལས། དབང་བསྐུར་མཆོག་ཐོབ་རྡོ་རྗེ་ཡི། །སློབ་དཔོན་ལ་ནི་དེ་བཞིན་གཤེགས། །ཕྱོགས་བཅུའི་འཇིག་རྟེན་ཁམས་བཞུགས་པས། །དུས་གསུམ་དུ་ནི་མངོན་ཕྱག་འཚལ། །ཞེས་པ་དང་། བདེ་མཆོག་རྩ་རྒྱུད་ལས། དེ་ནས་སློབ་པོས་དངོས་ཀུན་གྱིས། །དང་པོ་སློབ་དཔོན་མཉེས་པར་བྱ། །བསྒྲུབ་འདོད་ཀུན་ཏུ་མཉམ་བཞག་པས། །ཅི་ནུས་པས་ནི་བླ་མ་མཆོད། །ཅེས་གསུངས་སོ། །དབང་བསྐུར་བའི་སྒོ་ནས་སྔགས་སྡོམ་གྱིས་མ་སྦྲེལ་ན། ཆོས་གཞན་སྟོན་པའི་བླ་མ་བཟང་ཡང་། ཕ་རོལ་ཏུ་ཕྱིན་པའི་ལུགས་ལྟར་རིམ་གྱིས་གྲུབ་པའི་རྒྱུ་སྲིད་ཀྱི་ཚེ་འདི་འམ་བར་དོ་སོགས་སུ་སངས་རྒྱས

སྒྲིན་པར་མི་ནུས་སོ། །བདུན་པ་ནི། རབ་བྱུང་མིན་ལ་ཞེས་སོགས་ཚིགས་བཅད་གཉིས་ཏེ། རབ་ཏུ་བྱུང་བར་བྱེད་པ་པོ་མ་ཡིན་པ་ལ་མཁན་པོ་མཚན་ཉིད་པ་མེད། དབང་མ་བསྐུར་བ་ལ་སངས་རྒྱས་དངོས་སུ་ལྷ་བའི་བླ་མ་མཚན་ཉིད་པ་མེད། སྡོམ་པ་མེད་པ་ལ་སྤྱོང་སེམས་ཀྱི་དགེ་བ་རྒྱུན་ཆགས་པ་མེད། སྐྱབས་འགྲོ་མེད་ན་ཆོས་འདི་པའི་ཁོངས་སུ་མི་ཆུད་པས་ན། སྡོམ་པ་མེད་པར་དགེ་སྦྱོང་དུ་ཁས་ལེན་པ་དང་། སེམས་བསྐྱེད་མ་ཐོབ་པར་རྒྱལ་སྲས་སུ་ཁས་འཆེ་བ་དང་། དབང་བསྐུར་མ་ཐོབ་པར་སྔགས་པར་ཁས་འཆེ་བ་གསུམ་ནི་སངས་རྒྱས་ཀྱི་བསྟན་པ་འདུལ་བ་དང་། ཕ་རོལ་ཏུ་ཕྱིན་པ་དང་། རྡོ་རྗེ་ཐེག་པ་གསུམ་གྱི་ཆོས་རྒྱུན་ཡིན་པས་ཤེས་ནས་སྤང་བར་བྱའོ། །གསུམ་པ་དབང་དང་རིམ་གཉིས་ལས་བྱུང་བའི་ཡེ་ཤེས་ཕྱག་རྒྱ་ཆེན་པོ་ལ་གཉིས་ཏེ། རྟོགས་བྱེད་ཕྱག་ཆེན་གྱི་ཡེ་ཤེས་ལ་འཁྲུལ་པ་དགག་པ་དང་། རྟོགས་བྱ་སྤྲོས་བྲལ་གྱི་ལྟ་བ་ལ་འཁྲུལ་པ་དགག་པའོ། །དང་པོ་ལ་གསུམ་སྟེ། མཚོན་བྱེད་དཔེའི་ཕྱག་ཆེན་ལ་འཁྲུལ་པ་དགག་པ། མཚོན་བྱ་དོན་གྱི་ཕྱག་ཆེན་ལ་འཁྲུལ་པ་དགག་པ། ཞར་ལ་ཐེག་པ་གསུམ་གྱི་ལག་ལེན་ལ་འཁྲུལ་པ་དགག་པའོ། །དང་པོ་ལ་གསུམ་སྟེ། སྟོང་རྐྱང་དུ་ལྟ་བའི་ལྷག་མཐོང་ལྷར་སྣང་ལ་ཕྱག་ཆེན་དུ་འདོད་པ་དགག་པ། མོས་གུས་ཀྱིས་སེམས་བསྒྱུར་བའི་ཞི་གནས་ལྷར་སྣང་ལ་ཕྱག་ཆེན་དུ་འདོད་པ་དགག་པ། ཞར་ལ་ཕྱག་ཆེན་གྱི་རྒྱུ་ལ་ལོག་རྟོག་དགག་པའོ། །དང་པོ་ལ་བཞི་སྟེ། གཞན་ལུགས་ཀྱི་ཕྱག་ཆེན་དགག་པ་དངོས། རང་ལུགས་ཀྱི་ཕྱག་ཆེན་ངོས་བཟུང་བ། གཞན་ལུགས་ཀྱི་ཕྱག་ཆེན་རྒྱ་ནག་ལུགས་སུ་བསྟན་པ། རང་ལུགས་ཀྱི་ཕྱག་ཆེན་རྒྱ་གར་གྱི་ལུགས་སུ་བསྟན་པའོ། །དང་པོ་ནི། ཕྱག་རྒྱ་ཆེན་པོ་ཞེས་སོགས་ཚིགས་བཅད་བཞི་སྟེ། དེང་སང་གི་ཕྱག་ཆེན་བསྒོམ་པ་ཕལ་ཆེར་དབང་དང་ཡེ་ཤེས་ལས་བྱུང་བའི་རང་བྱུང་གི་ཡེ་ཤེས་ལ་ཕྱག་ཆེན་དུ་རྣལ་འབྱོར་ཆེན་པོའི་རྒྱུད་སྡེ་ནས་བཤད་པའི་དོན་མི་ཤེས་པར། མདོ་ལས། གང་ཡིད་ལ་བྱེད་པ་དེ་ནི་མི་དགེ་བའོ། །གང་ཡིད་ལ་མི་བྱེད་པ་དེ་ནི་དགེ་བའོ། །ཞེས་དང་། ཆོས་ཐམས་ཅད་ནི་དྲན་པ་མེད་ཅིང་ཡིད་ལ་བྱར་མེད་པའོ། །ཞེས་པའི་དོན་སྒྲ་ཇི་བཞིན་དུ་བཟུང་ནས། རྣམ་པར་རྟོག་པ་ཕྱི་རོལ་ཡུལ་ལ་འཕྲོ་བ་བཀག་ནས་སྟོང་པ་ཧ་དེ་ར་འཛོག་པའི་རྟོག་པ་ཁ་ཚོམ་པ་ཉིད་བསྒོམ་པར་བྱེད་དོ། །འདི་ལ་རྣམ་པར་བརྟགས་ན། ཚོགས་དྲུག་གི་རྒྱུ་བ་བཀག་ནས་དྲན་རིག་ཙམ་ཡང་གསལ་བ་མེད་པར་བསྒོམས་ན་ཉེ་བའི་ཉོན་མོངས་པ་རྨུགས་པའི་ཁོངས་སུ་གཏོགས་པ་དུད་འགྲོའི་རྒྱུ་རུ་གསུངས་ལ། གཟུགས་ཀྱི་སྣང་བ་མཐའ་དག་བཀག་ནས། གཟུགས་ལ་འདོད་ཆགས་དང་བྲལ་བར་བྱས་ཏེ་ནམ་མཁའ་ལ་དམིགས་པ་དང་། དེ་ཡང་བཀག་སྟེ་ཡུལ་ཅན་གྱི་རྣམ་པར་ཤེས་པ་ལ་དམིགས་པ་དང་། དེ་ཡང་བཀག་སྟེ་གཟུང་བྱ་ཅི་ཡང་མེད་པ་ལ་དམིགས་པ་དང་། དེ་ལས་འདས་ཏེ་འདུ་ཤེས་རགས་པ་མེད་ཅིང་ཕྲ་བ་མེད་པ་མ

ཡིན་ནོ་སྙམ་དུ་དམིགས་པ་རྣམས་ནི་རིམ་པ་ལྟར། གཟུགས་མེད་སྐྱེ་མཆེད་མུ་བཞིར་སྐྱེ་བའི་རྒྱུར་འགྱུར་རོ། ། དེ་ལས་བསྒོམ་ལེགས་ཏེ། གང་ཟག་གི་བདག་འཛིན་བཀག་ནས། འཁོར་བ་ལ་ངེས་པར་འབྱུང་བའི་བློས་རྩེ་གཅིག་ཏུ་བསྒོམ་པར་བྱས་ན། ཉན་ཐོས་ཀྱི་མྱང་འདས་ཐོབ་པར་འགྱུར་རོ། །དེ་ལ་ཁ་ཅིག་ཉན་ཐོས་འགོག་པ་འདུ་ཤེས་མེད་པའི་སེམས་ཅན་ལ་འདོད་པ་ནི། ཆོས་མངོན་པའི་དོན་ལ་བློ་གྲོས་ཞིབ་མོས་མ་དཔྱད་པར་གསལ་ཏེ། འདུ་ཤེས་མེད་པའི་སེམས་ཅན་ལ་ཉན་ཐོས་འགོག་པར་གང་ནས་ཀྱང་བཤད་པ་མེད་པའི་ཕྱིར་དང་། ཁྱེད་རང་གིས་ཀྱང་འདི་འགོག་པའི་སྙོམས་འཇུག་མ་ཡིན་པའི་ཤེས་བྱེད་དུ་འདི་ལ་བསམ་གཏན་དང་། གཟུགས་མེད་ཀྱི་ཏིང་ངེ་འཛིན་གོ་ཆོད་མེད་པ་བཀོད་པས་ནང་འགལ་བ་ཡིན་ནོ། །འདུ་ཤེས་མེད་པའི་སེམས་ཅན་ནི་བསམ་གཏན་བཞི་པའི་གནས་ཀྱི་བྱེ་བྲག་གྲོང་ལས་དགོན་པའི་ཚུལ་དུ་འཕགས་པ་ཞིག་ཡིན་པར་མངོན་པ་ལས་བཤད་ལ། བསམ་གཏན་གྱི་ཏིང་ངེ་འཛིན་གོ་ཆོད་མེད་པར་བསམ་གཏན་བཞི་པར་སྐྱེ་བ་བཞད་གད་ཀྱི་གནས་ཡིན་པའི་ཕྱིར་རོ། །གལ་ཏེ་དེ་ནི་བསྒོམ་ལེགས་ཀྱང་སོ་སོར་རྟོག་པའི་ཤེས་རབ་ཀྱིས་ཡོད་མེད་ལ་སོགས་པ་གཉིས་འཛིན་གྱི་སྤྲོས་པ་མཐའ་དག་བཅད་ནས་སྙིང་རྗེ་ཆེན་པོ་དང་ཟུང་འཇུག་ཏུ་བྱས་ཏེ་བསྒོམས་ན། དབུ་མའི་བསྒོམ་དུ་འགྱུར་བ་ཡིན་མོད་ཀྱི། འོན་ཀྱང་དེ་འགྲུབ་པ་ལ་ཡུན་རིང་དུ་འགོར་ཏེ་ཇི་སྲིད་ཚོགས་གཉིས་སོགས་སོ། །དེ་ཡང་མདོ་སྡུད་པ་ལས། དེ་དག་དགེ་བའི་རྩ་བ་ཇི་སྲིད་མ་རྫོགས་པར། །དེ་སྲིད་སྟོང་ཉིད་དམ་པ་དེ་ནི་ཐོབ་མི་བྱེད། །ཅེས་གསུངས་སོ། །མདོར་ན་དབང་དང་རིམ་གཉིས་ལས་བྱུང་བའི་རང་བྱུང་གི་ཡེ་ཤེས་མ་རྟོགས་པར་སྟོང་པར་ལྟ་བའི་བསྒོམ་ཐམས་ཅད་གོང་དུ་བཤད་པའི་བསྒོམ་བཞི་པོ་དེ་རམ་འདས་པ་མེད་ཅིང་། བཞི་པོ་དེ་དག་ནི་ཕྱག་ཆེན་མ་ཡིན་པས། མ་བཅོས་མ་བཅོས་བློ་མ་བཅོས། །བཅོས་མའི་ཆོས་ཀྱིས་འཚང་མི་རྒྱ། །ཞེས་དང་། དམ་ཆོས་ཕྱག་རྒྱ་ཆེན་པོ་འདི་ལ། །བསྒོམ་ནས་བསྒོམ་རྒྱུ་ཅི་ཡང་མེད་དོ། །ཐ་མལ་ཤེས་པ་རང་སོར་ཞོག་ཅིག །རང་སར་མི་སྤྱོད་འཁྲོ་བའི་ཚེ་ན། །འཁྲོ་མཁན་གང་ཡིན་ཅེར་དེ་ཟུང་ཞིག ཞེས་སོགས་ཀྱི་སྒོ་ནས་རྟོག་པ་བཀག་ཙམ་གྱི་བསྒོམ་ཐམས་ཅད་ཕྱག་ཆེན་ཡིན་པ་སངས་རྒྱས་ཀྱི་གསུང་ལ་བརྟེན་པའི་མཁས་པ་རྣམས་ཀྱིས་སྤང་བར་བྱའོ། །གཉིས་པ་ནི་ངེད་ཀྱི་ཞེས་སོགས་བཅུ་སྟེ། ཚིག་རྐང་དང་པོ་གསུམ་གྱིས་རྒྱུ་བསྟན། བཞི་པས་རང་གི་ངོ་བོ་བསྟན། དེ་ནས་གཉིས་ཀྱིས་འབྲུབ་པའི་དུས་བསྟན་ནོ། །དེ་ནས་གཉིས་ཀྱིས་གཞན་དུ་རྟོག་པ་དགག །དེ་ནས་གཉིས་ཀྱིས་ཕྱག་ཆེན་བསྒྲུབ་པར་འདོད་པས་གང་ལ་འཇུག་པའི་ལུང་བསྟན་ནོ། །འདི་དག་གི་དོན་ཞིབ་ཏུ་རྟོགས་པར་འདོད་ན་རྣལ་འབྱོར་ཆེན་པོའི་རྒྱུད་སྡེ་རྣམས་ཀྱི་དགོངས་པ་མཐར་ཐུག་པ་གྲུབ་པ་ཐོབ་པའི་སློབ་དཔོན་རྣམས་ཀྱིས་མཛད་པའི་གྲུབ་པ་སྡེ་བདུན་ལས་ཤེས

པར་བྱའོ། །གསུམ་པ་ནི། ད་ལྟའི་ཕྱག་རྒྱ་ཞེས་སོགས་ཚིགས་བཅད་ཕྱེད་དང་བཅུ་སྟེ། རྒྱ་ནག་ཧྭ་ཤང་གི་ཆོས་ནོར་བ་འདི་འདྲ་འབྱུང་བ་ཡང་མཁན་པོ་བོ་དྷི་ས་ཏྭ་སྟེ། བྱང་ཆུབ་སེམས་དཔའ་ཞི་བ་འཚོས། རྒྱལ་པོ་ཁྲི་སྲོང་ལྡེ་བཙན་ལ་ལུང་བསྟན་གྱི་ཞལ་ཆེམས་མཛད་པ་ཐོག་ཏུ་བབ་པ་ཡིན་ནོ། །དེ་ཡང་ཆོས་རྒྱལ་སྲོང་བཙན་སྒམ་པོས། ད་ནས་རྒྱལ་རབས་ལྔ་ནས་རྒྱལ་པོ་ལྡེའི་མིང་ཅན་གཅིག་འབྱུང་སྟེ། དེས་སངས་རྒྱས་ཀྱི་བསྟན་པའི་རྩ་བ་རབ་ཏུ་བྱུང་བ། དུར་སྨྲིག་གི་གོས་འཛིན་པའི་སྡེ་འཛུག་པར་འགྱུར་རོ། །དེ་ལ་ངའི་དཔོན་སྲས་འབངས་དང་བཅས་པ་རྣམས་ཀྱིས་མཆོད་པ་དང་བཀུར་སྟི་ཆེན་པོ་གྱིས་ཤིག །ཚེ་འདི་དང་ཕྱི་མའི་བདེ་ལེགས་རྣམས་འབྱུང་བར་འགྱུར་རོ། ཞེས་ལུང་བསྟན་པ་བློན་པོ་འགར་གྱིས་ཟངས་མའི་གླེགས་བམ་ལ་ཡི་གེ་བྲིས་པ་དེ་དཀོར་མཛོད་དུ་བཅུག་གོ། །ལུང་བསྟན་པ་བཞིན་དུ་ཁྲི་སྲོང་ལྡེ་བཙན་ལྕགས་ཕོ་རྟའི་ལོ་ལ་འཁྲུངས་ཏེ། དགུང་ལོ་བཅུ་གསུམ་ལོན་པ་ཆུ་ཕོ་རྟའི་ལོ་ལ་རྒྱལ་སར་ཕྱིན་ནས་བློན་པོ་སྦ་གསལ་སྣང་མཁན་པོ་སྤྱན་འདྲེན་པ་ལ་མངགས་ཏེ། མང་ཡུལ་སྐྱིད་གྲོང་དུ་མཁན་པོ་ཕྱིན་པ་དང་མཇལ་ཅིང་སྤྱན་དྲངས་ནས་བསུ་བ་རྒྱ་ཆེན་པོ་མཛད་དེ། ཆོས་རྒྱལ་དང་ཞལ་འཛོམ་པའི་ཚེ་སྔོན་སྨོན་ལམ་བཏབ་པ་དྲན་ནམ། ཞེས་ལན་གསུམ་གྱི་བར་དུ་གསུངས་པས། རྗེས་ལ་འོལ་སྤྱིར་དྲན་ལགས་ཏེ། བསྒོམ་ཡུན་ཐུངས་པས་མི་གསལ་ཞེས་ཞུས་སོ། །མཁན་པོའི་ཞལ་སྔ་ནས་ཆུ་བོ་གང་གཱའི་འགྲམ་ན་མཆོད་རྟེན་ཆེན་པོ་ཞིག་བཞུགས་པ་ལ་དད་པས་ཞིག་གསོས་དང་། ཕྱག་དང་བསྐོར་བ་བྱས་ཤིང་། རྒྱལ་པོ་ཁྱོད་ཀྱིས་ཡུལ་མཐའ་འཁོབ་དམ་པའི་ཆོས་མ་དར་བའི་ཕྱོགས་སུ་རྒྱལ་པོར་གྱུར་ཏེ། སངས་རྒྱས་ཀྱི་བསྟན་པ་སྤེལ་བར་གྱུར་ཅིག་ཅེས་སྨོན་ལམ་བཏབ་བོ། །ཀོ་བོ་ནི་དེའི་ཚེ་མཁན་པོར་གྱུར་ཅིག་ཅེས་བྱས་སོ། ཞེས་པ་འདི་ཙམ་སྦ་བཞེད་ལས་བྱུང་ཞིང་། ཡིག་ཚང་འགའ་ཞིག་ཏུ་སློབ་དཔོན་པད་མས་གདུག་པ་ཅན་འདུལ་བའི་སྟོབས་འཆང་དུ་གྱུར་ཅིག་ཅེས་པ་དང་། ཡེ་ཤེས་དབང་པོས་སྤྱན་འདྲེན་པའི་ཕོ་ཉ་བར་གྱུར་ཅིག ཅེས་སྨོན་ལམ་བཏབ་ཟེར་རོ། །དེའི་ཚེ་བོད་ཀྱི་མི་འགའ་ཞིག་མཐའ་མིས་ངན་སྔགས་བྱས་དོགས་ཡོད་ཟེར་ཏེ། ཁ་ཆེ་ཨཱ་ནནྡ། ལོ་ཙཱ་བྱས་ཤིང་ལེགས་པར་བརྟགས་པས། བྱང་ཆུབ་སེམས་དཔའ་བཟང་པོ་ཞིག་ལགས་ཏེ། ཐུགས་འཕྲིག་མི་འཚལ་ལོ་ཟེར་བས་བོ་དྷི་ས་ཏྭར་གྲགས་སོ། །སྡོམ་བརྩོན་ཆེན་པོ་འདི་ནི་ཤར་ཕྱོགས་ཟ་ཧོར་གྱི་རྒྱལ་པོའི་སྲས་སུ་འཁྲུངས་ནས། ནཱ་ལེནྡྲར་མཁན་པོ་ཡེ་ཤེས་སྙིང་པོ་ཡོད་སྨྲའི་སྡེ་པའི་བསླབ་རྒྱུད་ལས་རབ་ཏུ་བྱུང་ཞིང་། རིགས་པའི་གནས་མཐའ་དག་ལ་མཁས་པར་གྱུར་ཏོ། །ནཱ་ལེནྡྲར་མཁན་པོ་མཛད་ཅིང་རྒོལ་བ་ངན་པ་ཐམས་ཅད་ཚར་གཅད་པས་མཁས་པའི་གྲགས་པས་འཛམ་བུའི་གླིང་ཐམས་ཅད་ཁྱབ་པར་གྱུར་ཏེ། ལྷོ་ཕྱོགས་ནས་བྲམ་ཟེའི་བུ་མུ་སྟེགས་ཀྱི་རིག་བྱེད་ལ་ཤིན་ཏུ་མཁས་པ་ཞིག་གིས། ཕྱི་ནང་གི་རྒོལ་བ་རྣམས་ཕམ

པར་བྱས་ཏེ། སྙན་པའི་གྲགས་པས་ཁེངས་ཤིང་ནཱ་ལེནྡྲར་སོང་ནས་མཁན་པོ་ཕམ་པར་བྱས་ན་འགྲན་ཟླ་དང་བྲལ་བར་འགྱུར་སྙམ་དུ་སེམས་སོ། །དེ་ནས་མཁན་པོའི་བཞུགས་སར་རིམ་གྱིས་ཕྱིན་ཏེ། བལྟས་པས་མཁན་པོ་མི་སྣང་ཞིང་། འཇམ་པའི་དབྱངས་ཀྱི་སྐུ་གསེར་བཙོ་མའི་མདོག་ལྟར་འབར་ཞིང་བཞུགས་པར་མཐོང་ངོ་། །ཕྱིར་འོངས་ནས་གཞན་དག་ལ་དྲིས་པས་མཁན་པོ་དེ་ཉིད་ན་བཞུགས་ཡོད་དོ་ཞེས་ཟེར་རོ། །སླར་ལོག་སྟེ་བལྟས་པས་མཁན་པོའི་ཞལ་མཐོང་མ་ཐག་ཤིན་ཏུ་དད་པར་གྱུར་ཏེ། རྩོད་པའི་བསམ་པ་དོར་ནས་གུས་པས་ཞབས་སྤྱི་བོར་བླངས་ཤིང་བསྟན་པའི་སྒོར་ཞུགས་སོ། །མདོར་ན་འཇམ་པའི་དབྱངས་གྲུབ་པའི་སྡོམ་བརྩོན་དམ་པ་འདིས་ནཱ་ལེནྡྲར་ཡུན་རིང་དུ་བཞུགས་ཤིང་། རྒྱ་གར་ཤར་ཕྱོགས་དང་། རྒྱ་ནག་ལ་སོགས་པར་དགུང་ལོ་བདུན་བརྒྱའི་བར་དུ་སངས་རྒྱས་ཀྱི་བསྟན་པ་ལེགས་པར་བསྐྱངས་ནས། སླར་བོད་ཡུལ་དུ་སྔོན་གྱི་སྨོན་ལམ་གྱི་མཐུས་བྱོན་ཏེ། ཆོས་རྒྱལ་ཆེན་པོའི་བཞེད་པ་བསྒྲུབས་ནས་སྐུ་གཤེགས་ཁར་རྒྱལ་པོ་ཁྱོད་ཀྱི་མངའ་འོག་ཏུ་རབ་ཏུ་བྱུང་བ་མང་བར་འདོད་ན། ངའི་ལུས་འདི་རུས་པོ་རིའི་ཤར་དུ་ཁ་ཤར་ཕྱོགས་སུ་སྟོན་ལ་ཞོག་ཅིག །རབ་བྱུང་རྣམ་དག་ཉུང་ཤས་ཅིག་འདོད་ན། ནུབ་ཕྱོགས་སུ་ཞོག་ཅིག །རྒྱལ་པོ་ཁྱོད་ཀྱི་ཡུལ་ཁམས་སུ་ཕྱི་རོལ་མུ་སྟེགས་པ་མི་འབྱུང་སྟེ། ཐུགས་འཆང་པདྨ་འབྱུང་གནས་ཀྱིས་མ་མོའི་སྡེ་དཔོན་བརྟན་མ་བཅུ་གཉིས་ལ་བསྟན་པ་གཏད་ཅིང་སྲུང་བར་དམ་བཅས་པ་ཡིན་པས་སོ། །སློབ་དཔོན་པདྨ་འབྱུང་གནས་བོད་ཡུལ་དུ་བྱོན་པའི་ཚུལ་ནི། མཁན་པོ་བོ་དྷི་ས་ཏྭས་ཆོས་རྒྱལ་རྗེ་བློན་རྣམས་ལ། དགེ་བ་བཅུའི་ཆོས་གསུངས་ཤིང་མི་དགེ་བ་སྤོང་བའི་སྲོལ་བཏོད་པས་བོད་ཡུལ་གྱི་མི་མ་ཡིན་རྣམས་འཁྲུགས་ཏེ། ཡར་ལུང་འཕང་ཐང་ན། མེས་ཨག་ཚོམ་གྱིས་བཞེངས་པའི་ལྷ་ཁང་ཡོད་པ་ལ། ཤམ་པོས་ཆུ་ཐོག་ཕབ་ནས་བཤིག །དམར་པོ་རིའི་རྩེ་ལ་ཡབ་མེས་ཀྱི་སྐུ་མཁར་ཡོད་པ་ལ། ཐང་ལྷས་ཐོག་ཕབ་ནས་བསྲེལ། བརྟན་མ་བཅུ་གཉིས་ཀྱིས་སད་དང་སེར་བ་དང་། མི་ནད་ཕྱུགས་ནད་ལ་སོགས་པ་ཡམས་དྲག་པོ་གསོར་མི་རུང་བ་བཏང་བས་བོད་འབངས་རྣམས། རྒྱ་གར་གྱི་ཨ་ཙ་རའི་ཕྱིར་འདྲི་སྲིན་གདུག་པ་ཅན་མང་པོ་འོངས་ནས་བཀྲ་མི་ཤིས་པ་བྱུང་ངོ་། །ཞེས་གླེང་ཞིང་མཁན་པོ་རྒྱ་གར་དུ་རྫོང་བར་ཆད་དོ། །དེའི་ཚེ་ཁྱོད་རེ་ཤིག་བལ་ཡུལ་དུ་བཞུགས་ཤིག །སླར་ཡང་སྤྱན་འདྲེན་གཏོང་བས་འབྱོན་པར་ཞུ་བྱས་པས། ཁོ་བོ་སྨོན་ལམ་རྫོགས་པར་བྱེད་པས་སླར་ཡང་འོང་གིས། བོད་ཀྱི་ལྷ་སྲིན་མ་རུངས་པ་འདུལ་བ་ལ་ཨུ་རྒྱན་གྱི་ཐུགས་འཆང་པདྨ་འབྱུང་གནས་ཞེས་བྱ་བ་ཡོད་ཀྱི། བལ་ཡུལ་དུ་ཁོ་བོས་སྤྱན་དྲང་བར་བྱ། དེ་ནས་ཁྱེད་ཀྱིས་སྤྱན་འདྲེན་ཐོང་ལ། མི་མ་ཡིན་པ་རྣམས་ཐུལ་ཅིག །སླར་ཁོ་བོས་རབ་ཏུ་བྱུང་བའི་སྡེའི་མཁན་པོ་བྱའོ། །ཞེས་ཡོན་མཆོད་གློག་ཏུ་གླེང་ནས་མཁན་པོ་བལ་ཡུལ་དུ་བརྫངས་སོ། །དེ་ནས་སྦ་ཡེ་ཤེས་དབང་པོ

སློབ་དཔོན་སྤྱན་འདྲེན་དུ་བཏང་བས་མང་ཡུལ་སྐྱིད་གྲོང་དུ་མཇལ་ཏེ། ལོ་རྒྱུས་བསྟོད་པས་ཁོ་བོ་དོན་དེ་ཁོ་ནའི་ཕྱིར་འོངས་པ་ཡིན་ནོ་ཞེས་གསུངས་ཏེ། ལམ་ན་ཡོད་པའི་མི་མ་ཡིན་རྣམས་འདུལ་ཞིང་རིམ་གྱིས་གནམ་ཆུ་ཚན་ཁར་ཕེབས་པའི་ཚེ། ཉི་ཚེ་བའི་སེམས་ཅན་དམྱལ་བའི་ཆུ་ཁོལ་བ་ཡིན་ཏེ། ཁོ་བོས་ཅུང་ཟད་ཕན་པར་བྱའོ། ཞེས་གསུངས་ནས་ཕྱག་དམ་མཛད་པས་ཆུ་ཁོལ་བ་ཆད་དེ་གྲང་མོར་གྱུར་ཏོ། །ཕྱག་དམ་གྲོལ་ནས་བཞེངས་པའི་ཚེ་སྔར་བཞིན་གྱུར་པས། རྣལ་འབྱོར་པའི་ཏིང་ངེ་འཛིན་གྱི་རྒྱུ་མཐུན་གྱི་འབྲས་བུ་ཅུང་ཟད་འགྲུབ་པ་ཡིན། སེམས་ཅན་གྱི་སྡིག་པ་སྟོབས་ཅན་གྱི་རྣམ་སྨིན་གྱི་འབྲས་བུ་འགོག་པར་མི་ནུས་གསུངས། དེ་ནས་རིམ་གྱིས་སྟོད་ལུང་གི་མདའི་ལྷ་ཆུ་ཁར་ཕེབས་ནས་འདི་ན་ཆུ་མི་འདུག་གསུངས་ཏེ། གསེག་ཤང་ས་ལ་ལན་བདུན་གཙུགས་པས་ཆུ་བདུན་བྱུང་སྟེ་ལྷ་ཆུ་ཁར་གྲགས་སོ། །དེ་ནས་མཁར་ནག་འདུལ་བའི་ཕྱིར་བྱོན་ནས། བྲག་ལ་རྡོ་རྗེ་སེམས་དཔའི་སྐུ་བཞེངས་སོ། །དེ་ནས་རིམ་གྱིས་ཟུར་མཁར་གྱི་མདར་ཕེབས་ནས་ལྷ་བཙན་པོ་དང་མཇལ་བའི་སར། རྡོའི་མཆོད་རྟེན་ལྔ་བཞེངས་སོ། །དེ་ནས་བྲག་དམར་གྱི་ལྷ་ཁང་དུ་ཕེབས་ཏེ་ལྷ་སྲིན་འདུལ་བར་ཞུས་ཤིང་། ཁྲིའུ་དང་བུ་མོ་གཙང་མ་ལ་པྲ་འབེབས་པའི་ཚིག་མཛད། འཇིག་རྟེན་སྐྱོང་བ་བཞི་ལ་གདུག་པ་ཅན་ཐམས་ཅད་ཁྲུག་ཅིག་ཅེས་བཀའ་བསྒོས་ཏེ། བཀའ་ནན་དྲག་པོ་སྨྲལ་བས་མི་མ་ཡིན་རྣམས་ཀྱིས་རང་གི་ཉེས་པ་ཁས་བླངས་ཤིང་ཕྱིན་ཆད་མི་བྱེད་པར་དམ་བཅས་སོ། །སླར་ཡང་མཆིམས་ཕུའི་དབེན་གནས་སུ་མི་མ་ཡིན་རྣམས་ལ་བཀའ་བསྒོ་ཞིང་། བསྟན་པ་བསྲུང་བར་དམ་བཅས་སོ། །དེ་ནས་སློབ་དཔོན་གྱིས་བྱེ་མ་ནེའུ་གསིང་དུ་བསྒྱུར་བ་དང་། བར་སྣང་ནས་ལྷ་རྫས་ཀྱི་ཆུས་གང་བའི་བུམ་པ་ལེན་པ་ལ་སོགས་པའི་ཆོ་འཕྲུལ་བསྟན་པས། བསམ་སྦྱོར་ངན་པར་བྱེད་པའི་བློན་པོ་ངན་པ་རྣམས་ལུ་འཕྲིག་ཟློས་ཏེ། སློབ་དཔོན་བཀྲོང་བར་ཆད་པས། ལྷ་བཙན་པོ་ཐུགས་མ་བདེ་བར། དམག་མང་པོ་དང་བཅས་ཏེ། བོད་དང་མོན་གྱི་མཚམས་སུ་བསྐྱལ་ལོ། །སློབ་དཔོན་བཀྲོང་བའི་གཤེད་མ་མཆོན་ཆ་གཟུང་བ་རྣམས་རེངས་པར་གྱུར་ཏོ། །སློབ་དཔོན་གྱི་ཞལ་ནས་བོད་ཀྱི་ལྷ་སྲིན་སྡེ་བརྒྱད་ལན་གསུམ་དམ་ལ་བཏགས་དགོས་ཏེ། ད་དུང་ལན་གཅིག་མ་གྲུབ་པས་རྒྱལ་བརྒྱུད་དང་ཆོས་བྱེད་པའི་ཚེ་སྲོག་དང་དམ་པའི་ཆོས་ལ་བར་ཆད་འགའ་རེ་འབྱུང་བར་འདུག་པས་ཅུང་ཟད་ཡིད་འཕྲེང་། ངའི་དངོས་ཀྱི་གདུལ་བྱ་བོད་ཡུལ་ན་མེད་སྲིན་པོ་འདུལ་དུ་འགྲོ་གསུངས་ནས་བླ་གོས་ཕུ་རེ། གསེག་ཤང་སིལ་ལེ། སྲིན་པོའི་ཡུལ་དུ་བཞུད་དོ། །བོད་ཡུལ་དུ་ཟླ་བ་བཅོ་བརྒྱད་བཞུགས་པ་ཡིན་བྱ་བ་སྦྲ་བཞེད་ན་སྣང་ཞིང་། དེ་བས་ལྷག་པའི་ལོ་རྒྱུས་མང་པོ་ནི་མི་སྣང་ངོ་། །མཁན་པོས་རྒྱལ་པོ་ལ་ཁྱོད་ཀྱི་བོད་ཡུལ་འདི་ར་མུ་སྟེགས་མི་འབྱུང་ཡང་ཡར་ངོ་མར་ངོ་གཉིས་ལ་སོགས་རྟེན་འབྲེལ་འགའ་ཡི་རྒྱུས་ཆོས

ལུགས་དག་མ་དག་གཉིས་སུ་འགྲོ་བར་འགྱུར་ཏེ། དེ་ཡང་ཐོག་མར་ང་འདས་ནས་རྒྱ་ནག་དགེ་སློང་ཞེས་བྱ་བས། བྱ་བྱེད་ཀྱི་ཆོས་ཀྱིས་འཚང་མི་རྒྱ་བས་རྣམ་པར་མི་རྟོག་པ་བསྒོམ་པས་སེམས་རྟོགས་པ་འབའ་ཞིག་གིས་འཚང་རྒྱ་བའི་ཆོས་སྟོན་པར་འགྱུར་རོ། །དེའི་ཚེ་ངའི་སློབ་མ་ཀཱ་མ་ལ་ཤཱི་ལ་སྤྱན་དྲོངས་ལ་དེས་སུན་འབྱིན་པར་ནུས་སོ། །དེ་ནས་དད་ལྡན་རྣམས་ཀྱིས་སློབ་དཔོན་གྱི་ཆོས་ལུགས་བཞིན་དུ་ཉམས་སུ་ལོང་ཅིག་གསུང་། དེ་བདག་ཅག་གིས་གདན་འདྲོང་བ་མི་སྲིད་པས་ཕྱག་ཡིག་ཅིག་བཞག་པར་ཞུ་ཞུས་པས། ཀཱ་མ་ལ་ཤཱི་ལ་ཁྲིད་ལ་མ་འོངས་པའི་དུས་སུ་བོད་ཀྱི་རྒྱལ་པོས་གདན་འདྲེན་པ་བྱུང་ན་ཅིས་ཀྱང་འབྱོན་དགོས་སོ། །གལ་ཏེ་མ་འོངས་ན་དཔོན་སློབ་ལ་དམ་ཚིག་མེད་དོ། །ཞེས་པའི་ཕྱག་ཡིག་བཞག་སྐད། དེའི་རྗེས་སུ་ལུང་བསྟན་པ་དེ་བཞིན་ཐོག་ཏུ་བབས་ཏེ། མཁན་པོ་གཤེགས་ནས། སྦ་ཡེ་ཤེས་དབང་པོ་རྒྱལ་ཚབ་ཏུ་བསྐོས་ཏེ་བསྟན་པ་འཛིན་པའི་ཚེ། ཉང་ཏིང་འཛིན་བཟང་པོ་དང་། ཉང་ཤ་མི་ལ་སོགས་པ་མི་གུས་པ་དང་སྐུར་པ་བཏབ་པས་ཐུགས་སྐྱོ་ནས་མཁར་ཆུར་བསྒོམ་དུ་བཞུད་དོ། །དེའི་ཚེ་རྒྱ་ནག་མཁན་པོ་བྱུང་ནས་ཁོ་རང་གི་ཆོས་ལུགས་བསྟན་པས། ཆོས་འདི་བྱ་སླ་ཞིང་ཕན་ཡོན་ཆེའོ། ཞེས་ཟེར་ཞིང་། བོད་རིལ་གྱིས་ཁོའི་ཆོས་ལུགས་བྱེད། དཀོན་མཆོག་ལ་མཆོད་པ་དང་། སྡེ་སྣོད་ལ་ཐོས་བསམ་དང་། ལུས་ངག་གི་དགེ་སྦྱོར་འཕྲོ་གཅད་དོ། །དཔལ་དབྱངས་དང་། སྦ་རཏྣ་ལ་སོགས་པ་ཉུང་ཤས་ཤིག་མཁན་པོའི་ཆོས་ལུགས་བྱེད་དོ། །བཙན་པོས་རྒྱའི་སྟོན་པའི་ལུགས་འདི་ཆོས་རང་མིན་པ་འདྲ་གསུངས་པས་སྟོན་མིན་པར་གྲགས་སོ། །དྲང་སྲོང་བཟོད་པས་མཆིམས་ཕུར་རང་གི་ལུས་ལ་མེ་སྦར་ཏེ། དཀོན་མཆོག་ལ་ཕུལ་བས། སེམས་ཅན་གྱི་དོན་དུ་རང་ལ་བརྩེ་བ་མེད་པ་འདི་ལྟ་བུའི་ཚོགས་བསགས་པ་གལ་ཆེ་བྱས་པས་བརྩེན་མིན་པར་གྲགས་སོ། །བཙན་པོས་ལྟ་སྤྱོད་འཛོམ་པའི་ཆོས་བརྩེན་མིན་པའི་ལྟར་བྱ་རྒྱུ་ཡིན་གསུངས་པས་སྟོན་མིན་པ་རྣམས་ཡི་ཆད་དེ། ཧྭ་ཤང་གིས་རང་གི་མགོ་ལ་མེ་སྦར་བས་རྒྱ་མི་མགོ་བར་གྲགས་སོ། །དེ་ནས་རྒྱལ་པོ་ཐུགས་མ་བདེ་ནས། སྦ་ཡེ་ཤེས་དབང་པོ་སྤྱན་འདྲེན་པ་བཏང་བས་ཁྱུགས་ཏེ། བཙན་པོའི་སྤྱན་སྔར་མཇལ་ཞིང་གླེང་བས། མཁན་པོའི་ཞལ་ཆེམས་དཀར་མཛོད་དུ་ཟངས་མའི་གླེགས་བུ་ལ་བྲིས་པ་བཏོན་ནས་ཕུལ་བས། ཀཱ་མ་ལ་ཤཱི་ལ་སྤྱན་འདྲེན་པ་བཏང་སྟེ། བསམ་ཡས་སུ་ཕེབས་ནས་བྱང་ཆུབ་གླིང་དུ་ཁྲི་བཤམས་ཏེ། བཙན་པོ་གུང་ལ་བཞུགས། ཧྭ་ཤང་གཡས་སུ་འཁོད། འཁོར་བན་དྷེ་ཡན་ཀ་དང་། ཇོ་མོ་བྱང་ཆུབ་ལ་སོགས་པ་གྲལ་རིང་པོ་བྱུང་ངོ་། །སློབ་དཔོན་ཀཱ་མ་ལ་ཤཱི་ལ་གཡོན་དུ་འཁོད། འཁོར་པེ་རོ་ཙ་ན་ལ་སོགས་པ་ཉུང་ཤས་ཤིག་བྱུང་། ལྷ་བཙན་པོས་མེ་ཏོག་དཀར་པོའི་ཕྲེང་བ་རེ་གཏད་ནས། གང་རྩོད་པ་རྒྱལ་བ་ལ་ཕམ་པ་དེས་མེ་ཏོག་ཕུལ་ཅིག །ངའི་མངའ་རིས་བོད་ཡུལ་འདིར་ནག་པོ་ལ་དགའ་བའི

དུས་སུ་ཟ་ཧོར་རྒྱལ་པོའི་སྲས་པོ་ཧྲི་ས་ཏྲ་སྤྱན་དྲངས་ནས། བོད་ཉུང་ཤས་ཤིག་དམ་པའི་ཆོས་ལ་བཀོད། དད་པ་ཅན་རབ་ཏུ་བྱུང་ཞིང་། དཀོན་མཆོག་གསུམ་གྱི་རྟེན་རྣམས་བཙུགས་ནས་མཆོད་པ་བྱེད་པའི་དུས་སུ། རྒྱ་ནག་ཧྭ་ཤང་མ་ཧཱ་ཡ་ན་བྱུང་སྟེ། བོད་ཀྱི་བཙུན་པ་ཕལ་ཆེར་ཀྱང་དེའི་སློབ་མར་གྱུར་ཏེ། པོ་ཏྲི་ས་ཏྭའི་སློབ་མ་ཉུང་ཤས་ཤིག་གིས། སློབ་ཏུམ་བཏུབ་པས་སྟོན་བརྩེན་གཉིས་སུ་ཆད་དེ་རྩོད་པར་གྱུར་ཏོ། །ཀཱ་མ་ལ་ཤཱི་ལ་པོ་ཏྲི་ས་ཏྭའི་ཆོས་ལུགས་སྐྱོང་བའི་སློབ་མ་ཡིན་པས། ཁྱེད་གཉིས་ང་རྒྱལ་མི་བྱ་བར་ཆོས་ལུགས་སུ་བཟང་བ་ལ་དངན་པ་དེས་གུས་པར་གྱིས་ཤིག ཅེས་བཀའ་སྩལ་པ་དང་། ཧྭ་ཤང་ན་རེ། གཞི་ལ་ཡོད་པ་སྟ་བ་ཡིན་པས། དྲིའམ་ལན་གདབ་ཅེས་ཟེར་རོ། །སློབ་དཔོན་ཀཱ་མ་ལས། ཁྱེད་ཀྱི་དགོངས་པ་ལྟར་དུ་ཤགས་གསུངས་ཤིག །ཅེས་བྱས་པས་ཧྭ་ཤང་ན་རེ། ལས་དགེ་མི་དགེའི་དབང་གིས་མཐོ་རིས་དང་ངན་སོང་གི་འབྲས་བུ་མྱོང་ཞིང་འཁོར་བར་འཁོར་བ་ཐམས་ཅད། སེམས་ཀྱི་རྣམ་པར་རྟོག་པས་བསྐྱེད་པ་ཡིན། གང་ཅི་ཡང་མི་སེམས་ཤིང་། ཅི་ཡང་མི་བྱེད་པ་དེ་འཁོར་བ་ལས་ཐར་བར་འགྱུར་རོ། །དེ་ལྟ་བས་ན་ཅི་ཡང་བསམ་པར་མི་བྱའོ། །སྦྱིན་པ་ལ་སོགས་དཀར་པོའི་ཆོས་སྤྱོད་པ་ནི། སྐྱེ་བོ་བློ་ཞན་པ་དཀར་པོའི་ལས་འཕྲོ་མེད་པའི་དབང་པོ་རྟུལ་པོ་རྣམས་ལ་བསྟན་པ་ཡིན་ཏེ། སྔོན་བློ་སྦྱངས་པའི་དབང་པོ་རྣོན་པོ་རྣམས་སྤྲིན་དཀར་ནག་གང་གིས་ཀྱང་ཉི་མ་བསྒྲིབས་པ་ལྟར་ལས་དགེ་སྡིག་གཉིས་ཀས་བསྒྲིབས་པས་ཅི་ཡང་མི་སེམས། ཅི་ཡང་མི་རྟོག །གང་ཡང་མི་སྤྱོད་པ་དེ་ནི་མ་དམིགས་པ་ཞེས་བྱ། དེ་ནི་ཅིག་ཅར་འཇུག་པའི་ལམ་ས་བཅུ་པ་དང་འདྲའོ། །དེས་ན་ཁྱེད་ཀྱི་ཆོས་ལུགས་ནི་སྤྲེའུ་ཤིང་རྩེར་འཛེགས་པ་དང་འདྲ་བས་རིམ་གྱིས་པ་ཞེས་བྱ། ངེད་ཀྱི་ཆོས་ལུགས་འདི་ཁྱུང་ནམ་མཁའ་ནས་ཤིང་རྩེར་བབས་པ་དང་འདྲ་བས། ཡས་འབབ་དང་ཅིག་ཅར་ཞེས་བྱའོ། ཞེས་ཟེར་རོ། །

དེ་ལ་སློབ་དཔོན་གྱིས་དཔེ་དོན་ལ་དགག་པ་མཛད་དེ། དང་པོ་དཔེ་དགག་པ་ལ་ཁྱོད་ཀྱི་དཔེ་མི་འཐད་དེ། ཁྱུང་ནམ་མཁའ་ལས་སྒོ་བུར་དུ་འདབ་གཤོག་རྫོགས་པར་སྐྱེས་ནས་ཤིང་རྩེར་འབབ་བམ། འོན་ཏེ་བྲག་ལ་ཚང་བཅས་ནས་རིམ་གྱིས་འདབ་གཤོག་རྒྱས་ཏེ་ཤིང་རྩེར་འབབ། དང་པོ་མི་སྲིད་ལ། ཕྱི་མ་ལྟར་ན་རིམ་གྱིས་པའི་དཔེར་འགྱུར་གྱི། ཅིག་ཅར་པའི་དཔེར་མི་རུང་ངོ་། །དེར་མཁན་པོས་དཔེ་ལ་ལན་མ་ཐེབས་པ་དང་དོན་བཀག་སྟེ། ཁྱེད་ཀྱི་དཔེ་ནོར་བར་མ་ཟད་དོན་ཡང་འཁྲུལ་ཏེ། རྣམ་པར་མི་རྟོག་པ་བསྒོམ་པ་དེ་ནི་རྣམ་རྟོག་ཕྱོགས་གཅིག་བཀག་པ་ཙམ་ཡིན་ནམ། མཐའ་དག་བཀག་པ་ཡིན། དང་པོ་ལྟར་ན། གཉིད་དང་བརྒྱལ་བ་ལ་སོགས་པའང་མི་རྟོག་པ་བསྒོམ་པ་ཡིན་པར་ཐལ། རྟོག་པ་ཕྱོགས་གཅིག་བཀག་པ་ཙམ་ཡིན་པའི་ཕྱིར། རྣམ་རྟོག་མཐའ་དག་དགག་དགོས་ན། ཁྱོད་མི་རྟོག་པ་བསྒོམ་པའི་ཚེ་མི་རྟོག་པ་བསྒོམ་སྙམ་པའི་བློ་སྔོན་དུ་བཏང

དགོས་སམ་མི་དགོས། དགོས་ན་དེ་ཉིད་རྟོག་པ་ཡིན་པས་མི་རྟོག་པ་བསྒོམ་པའི་དམ་བཅའ་ཉམས་སོ། །མི་དགོས་ན་ཁམས་གསུམ་གྱི་སེམས་ཅན་ཐམས་ཅད་ལ་བསྒོམ་སྐྱེ་བར་ཐལ། བསྒོམ་སྣམ་པའི་རྟོག་པ་སྔོན་དུ་མ་བཏང་ཡང་སྐྱེ་བའི་ཕྱིར་རོ། ཞེས་བྱ་བ་ལ་སོགས་པ་ལུང་དང་རིགས་པས་སུན་ཕྱུང་བས། རྒྱ་ནག་མཁན་པོ་སྤོབས་པ་མེད་པར་གྱུར་ཏོ། །རྒྱལ་པོས་སླས་པ་ལན་ཡོད་ན་ད་ལྟ་གསུངས་ཤིག མཁན་པོས་སླས་པ་མགོར་ཐོག་རྒྱབ་པ་ལྟར་ལན་མི་ཤེས་སོ། །དེ་ནས་རྒྱལ་པོས་དེ་ལྟར་ན་སློབ་དཔོན་ལ་མེ་ཏོག་ཕུལ། བཟོད་པར་གསོལ་ལ་ལུང་རིགས་དང་མི་འགལ་བར་རྒྱ་གར་གྱི་ཆོས་ལུགས་བཞིན་གྱིས་ཤིག རྒྱ་ནག་མཁན་པོའི་ལུགས་བྱེད་ན་ཆད་པས་གཅད་དོ། ཞེས་བཀའ་ནན་དྲག་ཏུ་མཛད་ནས་བཀའ་ཡིག་གསུམ་མཛད་ཅིང་། མདོ་ཁམས་དང་། བོད་དང་། དཀོར་མཛོད་དུ་བཞག་གོ། །རྒྱ་ནག་ཧྭ་ཤང་གིས་ཐོག་མར་པཎྜི་ཏ་སྤྱན་འདྲེན་བཏང་བ་ཐོས་ནས། སློབ་མ་བསྡུས་ཏེ། ཤཱཀྱ་འདེབས་པ་བསླབ་པའི་ཚེ། ཅི་ཡང་ཡིད་ལ་མི་སེམས་པར་ཉལ་བས་ཆོག་གོ། ཞེས་པའི་བསྒོམ་ཡིག་བསམ་གཏན་ཉལ་ཚོག་གི་འཁོར་ལོ། དེའི་གནད་སྟོན་པ་ལ་བསམ་གཏན་གྱི་ལོན། གེགས་སེལ་བ་ལ་བསམ་གཏན་གྱི་ཡང་ལོན། རིགས་པས་བསྒྲུབ་པ་ལ་ལྟ་བའི་རྒྱབ་ཤ །ལུང་གིས་སྒྲུབ་པ་ལ་མདོ་སྡེ་བརྒྱད་བཅུའི་ཁུངས་ཞེས་བྱ་བའི་གཞུང་ལྔ་བརྩམས་སོ། །དེ་རྣམས་གཏེར་དུ་སྦས་པ་རིམ་གྱིས་མཆེད་པར་གྱུར་ཏེ། བོད་ཀྱི་མན་ངག་ཆོས་རྒྱུས་ཆུང་བས་རང་བཟོར་བྱས་པ་རྣམས་ལ་འདྲེས་པ་ཡིན་ནོ། །རྒྱ་ནག་མཁན་པོའི་ལྟམ་རྫོད་པའི་གྲྭར་ལུས་པས་བོད་ཀྱི་བསྟན་པའི་མཇུག་ཏུ་དའི་ཆོས་ལུགས་འབྱུང་ངོ་ཞེས་པ་དང་། རྒྱ་ནག་ཏུ་འགྲོ་བའི་ཚེ་ལྷམ་ལུས་པ་དང་། ད་རུང་བོད་ཡུལ་དུ་དའི་ཆོས་ལུགས་འབྱུང་ཞེས་ཟེར་རོ། །ལྷ་བཙན་པོས་སློབ་དཔོན་ལ་ཐོ་སྦོ་བསམ་གྱིས་གཏན་ལ་ཕབ་པའི་ཆོས་དེའི་གནས་ལུགས་ཇི་ལྟར་ཡིན་པའི་བསྟན་བཅོས་མཛད་པར་ཞུས་པས། བསྒོམ་རིམ་དང་པོ་བརྩམས། སྟན་ཐོག་གཅིག་ཏུ་བསྒོམ་ཚུལ་ཞུས་པས། བསྒོམ་རིམ་བར་པ་མཛད། དེ་ལས་འབྲས་བུ་གང་འབྱུང་ཞུས་པས། བསྒོམ་རིམ་ཐ་མ་བརྩམས། དེ་ལ་རྒོལ་བ་བཟློག་པའི་ཕྱིར། ལུང་དང་རིགས་པས་སྒྲུབ་པའི་དབུ་མ་སྣང་བ་བརྩམས་ཏེ་གནང་ངོ་། །

དེ་ལྟར་རྒྱ་གར་གྱི་ལུགས་ཀྱི་རིམ་གྱིས་པའི་ཆོས་ལུགས་དར་བའི་ཚེ། རྒྱལ་པོ་གླང་དར་མ་བློན་པོ་ངན་པ་དང་གྲོས་ངན་བཤམས་ཏེ། མངའ་བདག་རལ་པ་ཅན་བཀྲོངས་ནས་བོད་ཡུལ་གྱི་ཆོས་ཁྲིམས་དང་། རྒྱལ་ཁྲིམས་གཉིས་ཀ་བཤིག །གླང་དར་མའང་ལྷ་ལུང་དཔལ་གྱི་རྡོ་རྗེས་བསད། དེ་རྗེས་སུ་ཡུམ་བརྟན་དང་། འོད་སྲུང་འཁྲུགས་ནས་བོད་ཡུལ་ཕྱང་བར་གྱུར་པའི་ཚེ་ཧྭ་ཤང་གི་ཆོས་ལུགས་ཡི་གེར་བཀོད་པ་གཏེར་ནས་འཐོན་པ་ལ་བརྟེན་ནས། བླུན་པོ་ཆོས་དད་ཅན་གདམས་ངག་འདོགས་པ་ལ་སྤྲོ་བས་ཡས་འབབ་དང་ཅིག་ཅར་བའི་

མིང་འདོགས་གསང་ནས། ཕྱག་རྒྱ་ཆེན་པོར་མིང་བཏགས་ཏེ་བཤད་དོ། །དེ་ལ་ཡང་ཆོས་ཐམས་ཅད་སེམས་སུ་ངོ་སྤྲོད། སེམས་ནམ་མཁར་ངོ་སྤྲོད། ནམ་མཁའ་ཅི་ཡང་མེད་པའི་སྟོང་ཉིད་དུ་ངོ་སྤྲོད་པའི་ཕྱག་རྒྱ་ཆེན་པོ་ངོ་སྤྲོད་གསུམ་པར་གྲགས་པ་དང་། ཡང་སེམས་བདེ་བ་དང་། གསལ་བ་དང་། མི་རྟོག་པར་ཞེན་པའི་གོལ་ས་གསུམ་བཅད་དེ། གཤིས་ལ་ཤོར་བ་དང་། སྒོམ་དུ་ཤོར་བ་དང་། ལམ་དུ་ཤོར་བ་དང་། རྒྱས་འདེབས་སུ་ཤོར་བ་སྟེ། ཤོར་ས་བཞི་སྤྱངས་ནས། སོ་མ། མ་བཅོས་པ། ལྷུག་པ། འབོལ་ལེ། ཤིག་གེར་འཛོག་པ་ཉམས་སུ་ལེན་པ་སྟེ། འཛུར་པོས་བཅིངས་པའི་སེམས་ཉིད་འདི། །གློད་ན་གྲོལ་བར་ཐེ་ཚོམ་མེད། །བྲམ་ཟེ་སྐུད་པ་འཁལ་བ་ལྟར། །སོ་མ་མ་བཅོས་ལྷུག་པར་ཞོག །ཅེས་བྲམ་ཟེ་ཆེན་པོས་གསུངས་སོ། ཞེས་ཟེར་བའི་དེང་སང་གི་ཕྱག་རྒྱ་ཆེན་པོ་ཐམས་ཅད་ཀྱང་། རྒྱ་ནག་གི་ལུགས་ཀྱི་རྫོགས་ཆེན་ལས་མ་འདས་སོ། །གཞུང་དེའི་ཚིག་ཐང་དང་པོ་གཉིས་བྲམ་ཟེའི་གསུང་ཡིན་ཀྱང་། ཕྱི་མ་གཉིས་ནི་བརྫུས་མ་ཁོ་ནའོ། །འདི་ལ་ཕྱོགས་བཅུའི་སངས་རྒྱས་ཀྱི་ཕྲིན་ཡིག་ལས། ཁ་ཅིག་དཀར་པོ་ཆིག་ཐུབ་ལ། །ཕྱག་རྒྱ་ཆེན་པོ་ངོ་སྤྲོད་བྱེད། །ཤོར་ས་བཞི་དང་གོལ་ས་གསུམ། །སྤོངས་ལ་གཉུག་མར་བསྒོམ་པར་བྱ། །བྲམ་ཟེ་སྐུད་པ་འཁལ་བ་ལྟར། །སོ་མ་མ་བཅོས་ལྷུག་པར་བཞག འདི་ལ་ཕྱག་རྒྱ་ཆེན་པོ་ཟེར། །འདི་དོན་བརྟགས་ན་འདི་ལྟར་མཐོང་། །སོ་མར་བཞག་ན་བལ་ཉིད་ཡིན། །སྐུད་པར་བྱས་ན་བཅོས་པར་གྱུར། །དེ་ཕྱིར་འདི་ལ་དཔེ་སྐྱོན་ཡོད། །དོན་གྱི་སྐྱོན་ཡང་འདི་ལྟར་མཐོང་། །གོལ་ས་གསུམ་པོ་གཅད་ཙམ་གྱིས། །ཕྱག་རྒྱ་ཆེན་པོར་འགྱུར་ན་ནི། །ཉན་ཐོས་འགོག་པའང་དེར་འགྱུར་རོ། །ཤོར་ས་བཞི་པོ་སྤང་སླམ་པའི། །རྣམ་རྟོག་ཕྱག་རྒྱ་ཆེན་པོ་མིན། །རྟོག་པ་མེད་ན་སྤོང་མི་នུས། །རྟོག་པ་མེད་ཀྱང་སྤོང་ནུས་ན། །སེམས་ཅན་ཀུན་ལ་འབད་མེད་པར། །ཕྱག་རྒྱ་ཆེན་པོ་ཅིས་མི་སྐྱེ། །དེས་ན་ཕྱག་རྒྱ་ཆེན་པོ་ཉིད། །ཡིན་ན་ཤོར་ས་གོལ་ས་མེད། །ཡོད་ན་ཕྱག་རྒྱ་ཆེན་པོ་མིན། །ཞེས་སོགས་ཀྱི་སྒོ་ནས་རྒྱས་པར་བཀག་གོ། །བཞི་པ་ལ་བཞི་སྟེ། ནཱ་རོ་དང་མཻ་ཏྲི་པའི་ལུགས་དང་མཐུན་པ། འཕགས་པ་ཀླུ་སྒྲུབ་ཀྱི་ལུགས་དང་མཐུན་པ། རྒྱུད་དང་བསྟན་བཅོས་གཞན་དང་མཐུན་པ། དེ་ལྟ་བུའི་ཕྱག་ཆེན་རྟོགས་པའི་ཕན་ཡོན་ནོ། །དང་པོ་ནི། ནཱ་རོ་དང་ནི་ཞེས་སོགས་དྲུག་སྟེ། གྲུབ་ཆེན་དེ་གཉིས་ཀྱིས་བཞེད་པའི་ཕྱག་རྒྱ་ཆེན་པོ་ནི། སམྦུ་ཊི་ལས། ཨེ་ཝཾ་མ་ཡ་བཞི་དང་། འཁོར་ལོ་བཞི་ལ་སོགས་པ་བཞི་ཚན་གྱི་ཆོས་བཅུ་ལ་ཕྱག་རྒྱ་བཞི་སྦྱོར་བའི་ཚུལ་དེ་ཉིད་ཡིན་ནོ། །དེ་ཡང་ཏི་ལོ་པས་ནཱ་རོ་པ་ལ་གནང་བའི་ཕྱག་རྒྱ་ཆེན་པོ་གཾ་ག་མ་ལས། སྔགས་སུ་སྨྲ་དང་ཕ་རོལ་ཕྱིན་པར་སྨྲ། །འདུལ་བའི་སྡེ་སྣོད་ལ་སོགས་ཆོས་རྣམས་དང་། །རང་རང་གཞུང་དང་གྲུབ་པའི་མཐའ་ཡིས་ཀྱང་། །འོད་གསལ་ཕྱག་རྒྱ་ཆེན་པོ་མཐོང་མི་འགྱུར། །ཡིད་ལ་མི་བྱེད་ཞེ་འདོད་ཀུན་དང་བྲལ། །ཞེས་དང་། མཻ་ཏྲི་པའི་ཕྱག་

རྒྱ་ཆེན་པོ་ཚིག་ཏུ་བསྡུས་པ་ལས། སྣང་བ་རང་གྲོལ་ཆོས་ཀྱི་དབྱིངས། །རྟོག་པ་རང་གྲོལ་ཡེ་ཤེས་ཆེ། །གཉིས་མེད་མཉམ་པ་ཆོས་ཀྱི་སྐུ། །ཆུ་བོ་ཆེན་པོའི་རྒྱུན་ལྟར་འབབ། །ཅེས་པ་དང་། དེ་ཉིད་ཉི་ཤུ་པ་ལས། ལས་དང་དམ་ཚིག་ཕྱག་རྒྱ་གཉིས། །འཁོར་ལོ་རྫོགས་པར་བསྒོམ་པ་ཉིད། །ཐ་མའི་བྱང་ཆུབ་བསྒོམ་པ་ནི། །དག་པའི་དེ་ཉིད་ཕྱིར་ཕྱོགས་པའོ། །ཡེ་ཤེས་ཕྱག་རྒྱ་མཉམ་སྦྱོར་བས། །འདམ་པའི་རྡོ་རྗེ་ལ་སོགས་གཙོ། །བདེན་མིན་བརྫུན་མིན་རྣམ་པར་ནི། །བདག་ཉིད་བསྒོམ་པ་འབྲིང་པོའོ། །ཞེས་པ་དང་། ཐེག་ཆེན་ཉི་ཤུ་པ་ལས། ཟུང་འཇུག་གོ་འཕང་སྐྱོང་བ་པོའི། །རྣམ་པ་ཀུན་གྱི་མཆོག་ལྡན་པ། །མཚན་ཉིད་མེད་ཉིད་འདུས་མ་བྱས། །གཉུག་མའི་ཚུལ་ལ་བདག་ཕྱག་འཚལ། །ཞེས་གསུངས་སོ། །ནཱ་རོ་པའི་ལུགས་ཀྱི་ཕྱག་ཆེན་ནི། ཆོས་དྲུག་རྡོ་རྗེའི་ཚིག་རྐང་ལས། ཕྱག་ནི་གཉིས་མེད་ཡེ་ཤེས་དེ་ཡིས་བཟུང་། །རྒྱ་ནི་འཁོར་བའི་མདུད་པ་དྲལ་བ་སྟེ། །ཆེན་པོ་ཟུང་འཇུག་སྒྲོན་མ་བལྟམ་པ་ལགས། །གཞན་གྱིས་མ་རྟོགས་རང་གྲོལ་ཆོས་སྐུའོ། །ཞེས་པའི་ལུང་དྲངས་ནས་འཆད་པ་ནི། རྒྱ་གར་གྱི་ཕྱག་རྒྱ་ཆེན་པོའི་སྐད་དོད་ལ། ཕྱག་གི་སྐད་དོད་མེད་ཅིང་འོག་ཏུ་ཕྱག་རྒྱ་ཆེན་པོའི་བཤད་པ་ལ། ལག་པའི་སྦྲ་དོན་འཆད་པ་དང་། །ཞེས་འཕྲུལ་བར་བཤད་པ་དང་འགལ་བས་ཐེ་ཚོམ་གྱི་གཞིའོ། །དེས་ན་འདིའི་ལུགས་ཀྱི་ཕྱག་རྒྱ་བཞི་ནི། འཁོར་ལོ་བདེ་མཆོག་གི་རྫོགས་རིམ་ཕྱག་རྒྱ་བཞི་ལ་སྦྱོར་བའི་ཚུལ་ཡོད་པ་ལ་དགོངས་ཏེ་འདིར་མ་སྤྲོས་སོ། །གཉིས་པ་ནི། འཕགས་པ་ཀླུ་སྒྲུབ་ཞེས་སོགས་དྲུག་སྟེ། ཕྱག་རྒྱ་བཞི་པར། ལས་ཀྱི་ཕྱག་རྒྱ་ལ་བརྟེན་ནས་རྒྱུ་མཐུན་པའི་འབྲས་བུ་སྐྱེ་བར་བྱེད་དོ། །འདྲ་བར་འབྱུང་བས་རྒྱུ་མཐུན་པའོ། །ཇི་ལྟར་མེ་ལོང་ལ་བརྟེན་ནས་བཞིན་གྱི་གཟུགས་བརྙན་འབྱུང་བ་དེ་བཞིན་དུ་མི་འབྱུང་བར་མི་འགྱུར་རོ། །སྔོན་དུ་ཡང་མ་གྲུབ་པ་ལ་ད་ལྟར་ཡང་མ་གྲུབ་པའི་ཕྱིར། དེ་ལྟར་བཞིན་གྱི་གཟུགས་བརྙན་ནི་འདྲ་བ་ཙམ་དུ་རྟོགས་པར་ཟད་དོ། །དེ་ལྟར་ན་འཇིག་རྟེན་པ་རྣམས་རང་གིས་རང་གི་བཞིན་མཐོང་ངོ་། ཞེས་འཕྲུལ་པས་དགའ་བར་འགྱུར་རོ། །དེ་བཞིན་དུ་སློབ་དཔོན་དམན་པས་སློབ་མ་དམན་པ་རྣམས་ཤེས་རབ་ཡེ་ཤེས་བསྒྲུབས་ནས་དེ་ཁོ་ན་ཉམས་སུ་མྱོང་ངོ་། ཞེས་དགའ་བ་སྐྱེ་བར་འགྱུར་ཏེ། དེ་ལ་དགའ་ཞིང་མགུ་བས་ཆོས་ཀྱི་ཕྱག་རྒྱའི་གཏམ་ཡང་མི་ཤེས་སོ། ཞེས་བཤད་དོ། །གསུམ་པ་ནི། རྒྱུད་ཀྱི་རྒྱལ་པོ་ཞེས་སོགས་ཚིགས་བཅད་གཅིག་སྟེ། བརྟག་གཉིས་སོགས་རྒྱུད་ཀྱི་རྒྱལ་པོ་དང་། གྲུབ་པ་སྡེ་བདུན་དང་། སྙིང་པོ་སྐོར་དྲུག་སོགས་བསྟན་བཅོས་ཆེན་པོ་གཞན་ལས་ཀྱང་། བླ་མེད་ཀྱི་དབང་བསྐུར་བ་བཞི་པོ་དག་དང་མ་འབྲེལ་བ་དེ་ལ་ཕྱག་རྒྱ་ཆེན་པོ་བཀག་སྟེ། བརྟག་གཉིས་ལས། དེ་ནས་རྣལ་འབྱོར་མས་ཞུས་པ། །ཕྱག་རྒྱ་ཆེན་པོ་ཇི་ལྟ་བུ། །ཀུན་རྫོབ་རྣམ་པའི་གཟུགས་ཀྱིས་ནི། །བདེ་བ་སྦྱིན་པས་བཤད་དུ་གསོལ། །ཞེས་པའི་ལན་དུ། གཞན་གྱིས་བརྗོད་མིན་ལྷན་

ཅིག་སྐྱེས། །གང་དུ་ཡང་ནི་མི་རྙེད་དེ། །བླ་མའི་དུས་ཐབས་བསྟེན་པ་དང་། །བདག་གི་བསོད་ནམས་ལས་ཤེས་བྱ། །ཞེས་པ་དང་། སམྦུ་ཊི་ལས། ནང་གི་དབྱེ་བ་འདི་ཉིད་ནི། །བླ་མའི་ཞལ་ལས་རྙེད་པར་འགྱུར། །ཞེས་པ་དང་། གསང་བ་མཛོད་ཀྱི་མདོ་ལས་ཀྱང་། རྡོ་རྗེ་སེམས་དཔའ་ཉོན་ཅིག་དང་། གསང་སྔགས་ཀྱི་ཐེག་པ་མཆོག་གི་དབང་བསྐུར་བ་གསར་བ་ཆེན་པོ་འདིས་སངས་རྒྱས་ཐོབ་པར་ནུས་ཀྱི། ཐེག་པ་གཞན་གྱིས་ནི་བསྐལ་བ་བྱེ་བས་ཀྱང་སངས་རྒྱས་འཐོབ་པར་མི་འགྱུར་རོ། །ཞེས་པ་དང་། ཡེ་ཤེས་གྲུབ་པ་ལས། རྟོག་པ་ཐམས་ཅད་རྣམ་སྤངས་པའི། །ཡེ་ཤེས་མཆོག་བཟང་ཐོབ་པ་ཡིས། །རྡོ་རྗེ་ཡེ་ཤེས་དབང་བསྐུར་བས། །དངོས་གྲུབ་མཆོག་ནི་བསྒྲུབ་པར་བྱ། །ཞེས་པ་དང་། སློབ་དཔོན་ཨཱརྱ་དེ་ཝས། དེ་ནི་དཔེ་ཡིས་ཉེར་མཚོན་ནས། །བླ་མའི་ཞལ་གྱིས་དྲིན་གྱིས་སོ། །ཞེས་པ་དང་། ཐབས་དང་ཤེས་རབ་རྣམ་པར་གཏན་ལ་དབབ་པ་གྲུབ་པ་ལས། བདེར་གཤེགས་གནས་ཀྱི་དཀྱིལ་འཁོར་དུ། །རྒྱུད་ཀྱི་ལམ་གྱི་རྗེས་འབྲངས་ནས། །མཁས་པ་གང་ཚེ་དབང་བསྐུར་ན། །སངས་རྒྱས་ཐམས་ཅད་མངོན་སུམ་ཡིན། །དཔག་མེད་འཇིག་རྟེན་ཁམས་དབང་ཕྱུག །བདག་བྱིན་བརླབ་པའི་རིམ་ཐོབ་པ། །ཞེས་གསུངས་སོ། །ཁ་ཅིག་འདིར། ཕྱག་ཆེན་མཆོག་གི་དངོས་གྲུབ་ཐོབ་པ་ནི། ཕར་ཕྱིན་ཐེག་པ་བ་ལྟར་ན། མཐོང་སྤང་གི་སྒྲིབ་པ་སྤངས་པ་དང་། གསང་སྔགས་པ་ལྟར་ན་ཙ་དབུ་མའི་མདུད་པ་གྲོལ་བ་ལ་ཟེར་ཞེས་སྨྲ་བ་ནི་བབ་ཅོལ་ཏེ། གོང་དུ་དྲངས་པའི་ལུང་རྣམས་དང་། འདིར་དབང་བསྐུར་དག་དང་མ་འབྲེལ་བ། །དེ་ལ་ཕྱག་རྒྱ་ཆེན་པོ་བཀག །ཞེས་ཕར་ཕྱིན་ཐེག་པ་ལ་ཕྱག་རྒྱ་ཆེན་པོ་མེད་པར་བཤད་པ་དང་དངོས་སུ་འགལ་བའི་ཕྱིར་རོ། །བཞི་པ་ནི་དབང་བསྐུར་བ་ལ་ཞེས་སོགས་ཚིགས་བཅད་གཅིག་སྟེ། དབང་དང་རིམ་གཉིས་ལས་བྱུང་བའི་མཚོན་བྱ་དོན་གྱི་ཡེ་ཤེས་མཐོང་ལམ་གྱི་ཕྱག་རྒྱ་ཆེན་པོ་མངོན་སུམ་དུ་རྟོགས་ན་ད་གཟོད་སོགས་ཏེ། དེའི་ཚེ་འཁོར་ལོ་བསྐོར་བ་འཇིག་རྟེན་ལས་འདས་པའི་ལམ་ཐོབ་པའི་ཕྱིར་རོ། །

གཉིས་པ་མོས་གུས་ཀྱིས་སེམས་བསྒྱུར་བའི་ཞི་གནས་ལྟར་སྣང་ལ་ཕྱག་ཆེན་དུ་འདོད་པ་དགག་པ་ལ་གཉིས་ཏེ། འདོད་པ་བརྗོད་པ་དང་། དེ་དགག་པའོ། །དང་པོ་ནི། དེང་སང་འགའ་ཞིག་ཞེས་སོགས་ཚིགས་བཅད་གཅིག་གོ། །གཉིས་པ་ནི། དེ་འདྲ་བདུད་ཀྱི་ཞེས་སོགས་ཚིགས་བཅད་གསུམ་སྟེ། བླ་མའི་མོས་གུས་ཀྱིས་སེམས་བསྒྱུར་ནས་རྟོག་པ་ཅུང་ཟད་འགགས་པ་ལ་ཕྱག་རྒྱ་ཆེན་པོའི་ངོ་སྤྲོད་བྱེད་པ་མི་འཐད་དེ། དེ་འདྲ་བདུད་ཀྱི་བྱིན་བརླབས་ཡིན་པ་ཡང་སྲིད་ཅིང་ཡང་ན་རྣལ་འབྱོར་པ་ཁམས་འདུས་པ་འགའ་ལ་ཡང་འབྱུང་བའི་ཕྱིར་རོ། །དཔེར་ན་ཀ་རུ་འཛིན་སོགས་ཏེ། རྟོགས་ལྡན་གྱི་ཡུལ་དཔལ་མོ་དཔལ་ཐང་གི་ལྷ་མཚོ་ཁར་ཀ་རུ་འཛིན་ཞེས་བྱ་བ་དེས་གྲུབ་ཐོབ་ཏུ་ཁས་བླངས་ཏེ། ཁ་སྐོར་དུ་པགས་པ་ནག་པོས་སྐྱར་བྱས། ཉིན་མོ་མཚམས

གཅད་མཚན་མོ་ལོ་ཙྪ་བཅུག་ནས་ཆོས་ལྟར་བཅོས་པ་འགའ་རེ་སྟོན། གཞན་ཡང་གཡོ་རྒྱུའི་སྤྱོད་པ་སྣ་ཚོགས་བསྟན་པས་འཁོར་མང་པོ་འདུས་ཤིང་། དེའི་དགོན་པ་མཐོང་བ་ཙམ་གྱིས་འགའ་ལ་ཏིང་ངེ་འཛིན་སྐྱེས་ཞེས་ཟེར། ཕྱིས་ནས་ཐེ་ཚོམ་དུ་གྱུར་ཏེ། རྟོགས་ལྡན་གྱིས་མི་མང་པོའི་དཀྱིལ་དུ་དེའི་སྣ་ར་བཤུས། སྣ་ཕབ་པས་གྲུབ་ཐོབ་ཞིག་ཅིང་། དེ་ནས་ཏིང་ངེ་འཛིན་གྱི་རྒྱུན་ཆད་པར་གྱུར་རོ། །ཞེས་འདུལ་བ་སེང་གེའི་ཕྱོགས་སྔ་མདོར་བསྡུས་ལས་བཤད་ལ། ཁ་ཅིག་སྔར་གྱི་མི་དེས་ཞྭ་དཀར་པོ་རྙེད་པ་གོན་པས་དེ་ལྟར་གྱུར་ཅིང་། ཕྱིས་ནས་ཞྭ་དཀར་པོ་ཕུད་པས་གྲུབ་ཐོབ་ཞིག་ཅེས་འཆད་དོ། །མདོར་ན་སངས་རྒྱས་ཀྱི་གསུང་བཞིན་མ་བསྒྲུབས་པའི་གློ་བུར་གྱི་ཏིང་ངེ་འཛིན་བདུད་རིགས་ཀྱིས་བྱེད་པར་གསུངས་ལ། སངས་རྒྱས་ཀྱི་གསུང་བཞིན་བསྒྲུབ་པ་ལས་བྱུང་བའི་ཏིང་ངེ་འཛིན་སངས་རྒྱས་རྣམས་ཀྱི་བྱིན་བརླབས་ཡིན་པར་གསུངས་སོ། །གསུམ་པ་ཞར་ལ་ཕྱག་ཆེན་གྱི་རྒྱུ་ལ་ལོག་རྟོག་དགག་པ་ལ་གསུམ་སྟེ། ཁས་བླངས་བརྗོད། མགོ་མཚུངས་ཀྱིས་དགག །སླད་པའི་གནས་སུ་བསྟན་པའོ། །དང་པོ་ནི། ཁ་ཅིག་སྐྱེ་བ་ཞེས་སོགས་དྲུག་སྟེ། གོ་སླ་ཞིང་། དེང་སང་ཡང་འདི་བཞིན་དུ་སྨྲ་བ་མང་བར་སྣང་ངོ་། །གཉིས་པ་ནི། འོན་སོ་སོར་ཞེས་སོགས་དགུ་སྟེ། སོ་ཐར་དང་བྱང་སེམས་ལ་ཡང་མཚུངས་བཞིན་དུ་དབང་བསྐུར་ཁོན་ལ་འདི་བཞིན་དུ་སྨྲ་བ་ནི། ཐབས་ལ་བསླུ་བའི་བདུད་དུ་བསྟན་པའོ། །གསུམ་པ་ནི། སངས་རྒྱས་ཆོས་ལ་ཞེས་སོགས་དྲུག་སྟེ། དབང་བསྐུར་འགོག་པ་ནི་མདོ་རྒྱུད་ཀྱི་བཤད་ཉན་གྱི་དོན་འགོག་པ་ཡིན་པས་དེ་སྐད་དུ་གསུངས་པའོ། །གཉིས་པ་མཆོན་བྱ་དོན་གྱི་ཕྱག་ཆེན་ལ་འཁྲུལ་པ་དགག་པ་ལ་གསུམ་སྟེ། ཡོན་ཏན་མེད་པའི་མཐོང་ལམ་དགག །དེ་ལ་ལུང་དང་འགལ་བ་སྤང་། དེས་ན་འཕགས་པའི་མཁྱེན་པར་གྲུབ་པའོ། །དང་པོ་ལ་གསུམ་སྟེ། ཕྱོགས་སྔ་མ་བརྗོད། དེ་དགག །ཉེས་སྤོང་གི་ལན་དགག་པའོ། །དང་པོ་ནི། ལ་ལ་ཞི་གནས་ཞེས་སོགས་ཚིགས་བཅད་གཉིས་ཏེ། བོད་ལ་ལ་དབང་དང་། རིམ་གཉིས་ལས་བྱུང་བའམ། མ་བྱུང་བ་ཡིན་ཡང་རུང་། སེམས་གནས་པའི་ཞི་གནས་ཙུང་ཟད་ཙམ་དང་། སྣང་སྟོང་གི་རྟོག་པ་ཕྲ་མོ་ལ་མཐོང་ལམ་དུ་ངོ་སྤྲོད་བྱེད་ཅིང་། འོན་ཡོན་ཏན་བརྒྱ་ཕྲག་བཅུ་གཉིས་འབྱུང་བར་འགྱུར་རོ་སྙམ་ན། ཁྱུང་གི་ཕྲུ་གུ་སྒོ་ངའི་ཀྲུས་བཅིངས་ནས་འཕུར་མི་ནུས་པ་བཞིན་དུ་རྣམ་སྨིན་གྱི་ལུས་ཀྱི་ཀྲུས་བཅིངས་པས་ན། ད་ལྟ་ཡོན་ཏན་བརྒྱ་ཕྲག་བཅུ་གཉིས་མི་འབྱུང་བས། རྣམ་སྨིན་གྱི་ལུས་ཀྲུ་ཞིག་པའི་ཤི་མ་ཐག་ཡོན་ཏན་བརྒྱ་ཕྲག་བཅུ་གཉིས་འབྱུང་བ་ཡིན་ཞེས་ཟེར་རོ། །འདིའི་ཕྱོགས་སྔ་མ་ནི། རྗེ་བཙུན་གྱིས་མངོན་རྟོགས་ལྗོན་ཤིང་ལས། ཡེ་ཤེས་ལ་ལོག་རྟོག་དགག་པ་ལ། ལོག་པར་རྟོག་པ་དང་། དེ་དགག་པ་གཉིས་སུ་བྱས་ནས། དང་པོ་ལ་བྱང་ཆུབ་ཀྱི་སེམས་རྡོ་རྗེ་ནོར་བུའི་དཀྱིལ་དུ་གནས་པའི་ཚེ། ལྷན་སྐྱེས་སྐྱེ་བ་དང་། བྱང་ཆུབ་ཀྱི་སེམས་རྡོ་རྗེ

ནོར་བུ་དང་བྲལ་ནས་ཡུམ་གྱི་པད་མར་ལྷུང་བའི་ཚེ། ལྷན་སྐྱེས་སྐྱེ་བ་གནས་ལ་ལོག་པར་རྟོག་པ། དབང་གསུམ་པའི་ཡེ་ཤེས་མཐོང་ལམ་ཡིན་པར་འདོད་པ་ངོ་བོ་ལ་ལོག་པར་རྟོག་པ་དང་། ལྷན་སྐྱེས་དགའ་བ་གསུམ་པར་སྐྱེ་བ་གོ་རིམ་ལ་ལོག་པར་རྟོག་པ་གསུམ་དུ་མཛད་པའི་བར་པ་དེ་ཉིད་ཡིན་ཅིང་། དེ་ཡང་རིན་ཆེན་རྒྱན་འདྲ་ནས་འབྱུང་བའི་རྔོག་གཞུང་པའི་དགེ་བའི་བཤེས་གཉེན་རྣམས་ཀྱི་བཞེད་པའོ། །ཁ་ཅིག་འདི་མ་མཐོང་བར་ཕྱག་རྒྱ་པ་ལ་ལ་ཞེས་སྨྲ་བ་ནི་མཛོ་ཁལ་གླང་ལ་སྒྱུར་བའོ། །གཉིས་པ་ནི། ཐེག་པ་ཆེན་ཞེས་སོགས་ཚིགས་བཅད་གཅིག་སྟེ། ཚིག་རྐང་དང་པོ་གཉིས་ཀྱིས་ལུང་གི་ཤེས་བྱེད་མེད་པར་བསྟན་ཅིང་། ཕྱི་མ་གཉིས་ཀྱིས་དཔེའི་སྒོ་ནས་རིགས་པའི་གནོད་བྱེད་བསྟན་ནོ། །འདི་ལ་མངོན་རྟོགས་ལྗོན་ཤིང་ལས། མི་མཁས་པ་ཁ་ཅིག དབང་གསུམ་པའི་ཡེ་ཤེས་ཉིད་དོན་གྱི་ཡེ་ཤེས་ཡིན་នོ། ཞེས་འདོད་དོ། །དེ་ལ་འདི་སྐད་ཅེས་འདྲི་སྟེ། དོན་གྱི་ཡེ་ཤེས་ཞེས་བྱ་བ་དེ་རྣམ་པར་རྟོག་པ་ནུབ་ཅིང་བརྗོད་དུ་མེད་པ་ཅུང་ཟད་གསལ་བར་བྱས་པ་མཐོང་ལམ་གྱི་ཡེ་ཤེས་དང་འདྲ་བ་ཡིན་ནམ། མཐོང་བའི་ལམ་ཉིད་སྐད་ཅིག་ཙམ་སྐྱེས་པ་ཡིན། དང་པོ་ལྟར་ན་དོན་གྱི་ཡེ་ཤེས་སུ་འདོད་ཀྱང་དཔེ་རུ་ཐལ་ལོ། །གཉིས་པ་ལྟར་ན། མུ་སྟེགས་ཀྱི་ཡེ་ཤེས་དང་མཐུན་པར་འགྱུར་ཏེ། རིག་བྱེད་ཀྱི་མཐའ་གསང་བར་སྨྲ་བའི་གཞུང་ལས། ནུས་དང་ཕྲད་ཅིང་སྦྱོར་བ་ལས། །ནུས་པ་ཆགས་འགྱུར་མཐར་འགྱུར་བ། །ཚངས་པའི་དེ་ཉིད་བདེ་བ་གང་། །བདེ་དེས་མངོན་སུམ་གྲོལ་བར་འགྱུར། །སྦྱོར་བས་བདེ་བ་རྒྱུན་མི་འཆད། །སྡུག་བསྔལ་འབྱུང་བ་མེད་པ་ཡིས། །ཀུན་ཏུ་དགའ་བ་ཚངས་པའི་གཟུགས། །བདེ་བ་ཐར་པ་ཞེས་བརྗོད་དོ། །ཞེས་བཤད་པས་སོ། །རྩ་རྒྱུད་དང་པོའི་བརྒྱད་པ་ལས། ཀུན་མཁྱེན་ཡེ་ཤེས་དེ་ལྟ་བུ་ཞེས་དཔེར་བཤད་པ་དང་། བརྟུ་པ་ལས། གང་ཕྱིར་འབྱུང་བ་ཆེ་བདེ་བ། །དེ་ཕྱིར་བདེ་བ་དེ་ཉིད་མིན། །ཞེས་འབྱུང་བ་ལ་བརྟེན་ནས། དོན་གྱི་ཡེ་ཤེས་སྐྱེ་བར་མི་འགྱུར་རོ། ཞེས་བཤད་པས་སོ། །རིགས་པས་ཀྱང་གནོད་དེ། དོན་གྱི་ཡེ་ཤེས་སྐྱེས་ནས་འགགས་པའི་ཕྱིར། མཐོང་ལམ་གྱི་ཡེ་ཤེས་དང་། སངས་རྒྱས་ཀྱི་ས་ཐོབ་ཀྱང་ཉམས་པར་འགྱུར་རོ། །དེ་འདོད་ན། འབད་པ་དོན་མེད་པར་ཐལ་ལོ། །ཡང་མཐོང་ལམ་ནི། མ་མཐོང་བ་མཐོང་བས་མཐོང་ལམ་ཞེས་བྱ་བ་ཡིན་པས། སྔར་དབང་གི་སྐབས་སུ་མཐོང་ཟིན་པའི་ཕྱིར་མཐོང་ལམ་ཡང་མཐོང་ལམ་མ་ཡིན་པར་འགྱུར་རོ། །ཡང་དེ་དག་གི་སྐྱོན་སྤྱོང་ཡང་། སྐད་ཅིག་ཙམ་མཐོང་ལམ་སྐྱེ་བ་ནི་གསང་སྔགས་ཀྱི་ལུགས་ཡིན་ནོ། །ཞེས་སྨྲ་ན་སྐད་ཅིག་ཙམ་མཐོང་བའི་ཚེ་ན། གླིང་བཞི་པ་བརྒྱ་བསྐྱུལ་བ་ལ་སོགས་པའི་རྫུ་འཕྲུལ་སྟོན་ཅིག །དེ་ལྟར་མི་ནུས་ཀྱང་མཐོང་ལམ་དུ་འདོད་ན་སྨྲོན་པའི་ཚིག་བཞིན་བཞད་གད་ཀྱི་གནས་སོ། །ལོག་རྟོག་རྣམས་ལས་ནི་འདི་དམན་ནོ། ཞེས་བཤད་དོ། །གསུམ་པ་ནི། ཁ་ཅིག་ཕ་རོལ་ཞེས་སོགས་ཚིགས་

བཅད་ལྔ་སྟེ། དེའི་སྐྱོན་སྤོང་བར་འདོད་པ་ཁ་ཅིག་ཕ་རོལ་ཏུ་ཕྱིན་པའི་མཐོང་ལམ་ཡོན་ཏན་བརྒྱ་ཕྲག་བཅུ་གཉིས་ཀྱི་རྒྱུན་ཅན་དང་། གསང་སྔགས་ཀྱི་མཐོང་ལམ་རྒྱུན་མེད་པ་ཡིན་པས་གསང་སྔགས་ཀྱི་མཐོང་ལམ་ཐོབ་ཀྱང་ཡོན་ཏན་བརྒྱ་ཕྲག་བཅུ་གཉིས་མེད་པ་མི་འགལ་ལོ། ཞེས་ཟེར་རོ། །དེ་ལྟ་ཡིན་ན་ཕ་རོལ་ཏུ་ཕྱིན་པ་དང་། གསང་སྔགས་ཀྱི་སངས་རྒྱས་ཀྱང་རྒྱུན་ཅན་རྒྱུན་མེད་གཉིས་སུ་འགྱུར་ཏེ། རྒྱུ་མཚན་མཚུངས་པའི་ཕྱིར་རོ། །ཉན་ཐོས་རྣམས་ཀྱི་དགྲ་བཅོམ་ལ་འགོག་པའི་སྙོམས་འཇུག་ཐོབ་པའི་རྒྱུན་ཅན་དང་། མ་ཐོབ་པའི་རྒྱུན་མེད་གཉིས་འཐད་དེ། མཛོད་ལས། འགོག་ཐོབ་གཉིས་ཀ་ལས་རྣམ་གྲོལ། །ཤེས་རབ་ཀྱིས་ནི་ཅིག་ཤོས་སོ། །ཞེས་གསུངས་སོ། །ཐེག་པ་ཆེན་པོ་འཕགས་པ་ལ་རྒྱུན་ཅན་རྒྱུན་མེད་གཉིས་མི་སྲིད་དེ། མདོ་སྡེ་རྒྱན་ལས། རྒྱལ་སྲས་བྱང་ཆུབ་ཕྱོགས་མཐུན་པ། །རྣམ་པ་སྣ་ཚོགས་ཐམས་ཅད་ནི། །རྟག་ཏུ་མཐོང་བའི་ལམ་དེ་དང་། །ལྷན་ཅིག་ཏུ་ནི་ཐོབ་པར་འདོད། །ཅེས་དང་། མདོ་སྡེ་ས་བཅུ་པའི་དོན་དབུམ་འཇུག་པ་ལས། དེ་ཚེ་འདིས་ནི་སངས་རྒྱས་བརྒྱ་མཐོང་ཞིང་། །དེ་དག་བྱིན་གྱིས་བརླབས་ཀྱང་འདི་ཡིས་རྟོགས། །དེ་ཉིད་ཚེ་ན་བསྐལ་པ་བརྒྱར་གནས་ཤིང་། །སྔོན་དང་ཕྱི་མའི་མཐར་ཡང་ཡང་དག་འཇུག །བློ་ལྡན་དེ་ང་འཛིན་བརྒྱ་ཕྲག་སྙོམས་པར་འཇུག་ཅིང་གཏོང་བྱེད་དེ། །འཇིག་རྟེན་ཁམས་བརྒྱ་འདི་ཡིས་ཀུན་ནས་གཡོ་ཞིང་སྣང་བར་ནུས། །དེ་བཞིན་རྫུ་འཕྲུལ་གྱིས་དེ་སེམས་ཅན་བརྒྱ་ཕྲག་སྨིན་བྱེད་ཅིང་། །བརྒྱ་ཕྲག་གྲངས་དང་རྗེས་འབྲེལ་ཞིང་དག་ཏུ་ཡང་འགྲོ་བར་འགྱུར། །དེས་ནི་ཆོས་ཀྱི་སྒོ་རྣམས་ཡང་དག་འབྱེད་བྱེད་ཐུབ་དབང་སྲས། །རང་གི་ལུས་ལ་ལུས་རྣམས་ཀུན་ནས་སྟོན་པར་བྱེད་པའང་ཡིན། །རང་གི་འཁོར་དང་བཅས་པས་མཛེས་འགྱུར་ལུས་ནི་རེ་རེ་ཞིང་། །རྒྱལ་བའི་སྲས་པོ་བརྒྱ་ཕྲག་དག་དང་རྗེས་སུ་འབྲེལ་པའང་སྟོན། །ཞེས་ཐེག་པ་ཆེན་པོའི་མཐོང་ལམ་ཐོབ་པ་དེ་ཉིད་ཀྱི་ཚེ། ཡོན་ཏན་དེ་དག་ཅིག་ཅར་དུ་ཐོབ་པར་བཤད་པའི་ཕྱིར། དེ་ནི་གསང་སྔགས་ཀྱི་མཐོང་ལམ་ཡོན་ཏན་དང་ལྡན་པའི་ལུང་དུ་མི་འགྲོའོ་སྙམ་ན། སམྤུ་ཊི་ལས། གནས་ནི་རབ་ཏུ་དགའ་བའི་ས། །ཞེས་དང་། ཕ་རོལ་ཕྱིན་བཅུའི་ས་རྣམས་ལ། །རྣལ་འབྱོར་མ་ཡི་གླུ་གླུའི་སྐད། །ཞེས་ཕར་ཕྱིན་ཐེག་པའི་རབ་དགའ་སོགས་ཀྱི་ཐ་སྙད་ལ། རྡོ་རྗེ་ཐེག་པ་ནས་གནས་དང་ཉེ་བའི་གནས་སོགས་ཀྱི་ཐ་སྙད་བརྡའི་སྐད་ཀྱིས་གསུངས་པར་བཤད་པས་ཤིན་ཏུ་ཡང་འཐད་དོ། །

ཉན་ཐོས་རྣམས་ལ་ཞོགས་མའི་མེ་སྟག་གནམ་དུ་ཡར་མ་ཁད་ཡལ་བ་དང་། ལྕགས་ཀྱི་ཙྭ་ཙྭ་གནམ་དུ་སོང་ནས་འབབ་པར་མ་བརྩམས་པ་ལ་ཡལ་བ་དང་། འབབ་པར་བརྩམས་ནས་ས་ལ་མ་ལྷུང་ཙམ་དུ་ཡལ་བའི་དཔེས། ཚེ་འདི་མྱུ་ངན་ལས་མ་འདས་པ་བར་དོར་མྱུར་བ་དང་མྱུར་བ་མ་ཡིན་པ་དང་། ཆེས་ཡུན་རིང་པོ་ཞིག

ནས་འདའ་བར་གསུངས་པ་དེ་བཞིན་དུ་གསང་སྔགས་བསྒོམ་པ་ལས་ཚེ་འདིར་མཐོང་ལམ་མ་ཐོབ་པ། བར་དོར་ཐོབ་པར་གསུངས་མོད་ཀྱི་ཚེ་འདིར་མཐོང་ལམ་ཐོབ་པ་ལ་ཡོན་ཏན་ཤི་ནས་འབྱུང་བ་ནི། བླུན་པོ་རྣམས་ཀྱིས་མཐོང་ལམ་ཐོབ་པར་ཁས་བླངས་ཀྱང་ཡོན་ཏན་སྟོན་རྒྱུ་མེད་པའི་བཛྫུན་རིབ་ཡིན་ནོ། །དེས་ན་མདོ་རྒྱུད་སོགས་སོ། །གཉིས་པ་ལ་གཉིས་ཏེ། ནཱ་རོ་པའི་ལུང་དང་འགལ་བ་སྤང་བ། འཕགས་པ་ལྷའི་ལུང་དང་འགལ་བ་སྤང་བའོ། །དང་པོ་ནི་ཛ་བོ་ནཱ་རོ་ཞེས་སོགས་བདུན་ཏེ། དབང་བསྐུར་གྱི་དུས་སུ་སྐྱེས་པའི་མཚོན་བྱེད་དཔེའི་ཡེ་ཤེས་ལ་མཐོང་ལམ་གྱི་མིང་གིས་བཏགས་པར་ཟད་ཀྱི། མཐོང་ལམ་མཚན་ཉིད་པ་མ་ཡིན་ཏེ། གཞན་དུ་ན་ཆོས་མཆོག་གི་རྗེས་ཀྱི་མཐོང་ལམ་དེ་མཐོང་ལམ་མ་ཡིན་པར་ཐལ་བའི་ཕྱིར་རོ། །གཉིས་པ་ནི། འཕགས་པ་ལྷ་ཡི་ཞེས་སོགས་ལྔ་སྟེ། སྤྱོད་བསྡུས་སུ་བདེན་པ་མཐོང་ཡང་ཞིང་ལས་དང་། ཚོང་ལས་ཀྱི་མཐའ་ལ་ཆགས་པར་གསུངས་པ་ནི། མཚོན་བྱེད་དཔེའི་ཡེ་ཤེས་རྫོགས་རིམ་གྱི་རང་བྱུང་གི་ཡེ་ཤེས་རྟོགས་པ་ལ་དགོངས་ཏེ། འཕགས་པ་ལྷ་ཉིད་ཀྱིས་ཀྱང་། དེ་ནི་དཔེ་ཡིས་ཉེར་མཚོན་ནས། །བླ་མའི་དྲིན་གྱིས་རྟོགས་པར་འགྱུར། །ཞེས་གསུངས་སོ། །སྤྱོད་བསྡུས་ལས། ཇི་ལྟར་གསུངས་ན། རྡོ་རྗེ་སློབ་མས་གསོལ་པ། གལ་ཏེ་སློབ་པ་པོ་བདེན་པ་མཐོང་ཡང་། སྔོན་གྱི་བག་ཆགས་གོམས་པའི་སྟོབས་ཀྱིས་ཞིང་ལས་དང་། ཚོང་དང་བསྐྱེན་བཀུར་ལ་སོགས་པས་གཡེང་བས་སྤྱོད་པ་རྣམ་པ་གསུམ་སྤྱོད་པར་མི་བྱེད་པ་དང་། སློབ་པ་པོ་གཞན་དག་འབྱོར་པ་མ་ཚང་བས་རྒྱུད་ལས་ཇི་སྐད་གསུངས་པའི་ཆོ་ག་རྫོགས་པར་བྱེད་མི་ནུས་པའི་ཕྱིར། མི་སྤྱོད་པ་དེ་དག་འཆི་བའི་དུས་བྱས་ནས་ཡང་སྲིད་པ་གཞན་དུ་འགྲོ་བར་འགྱུར་རམ། ཡང་ན་རྡོ་རྗེ་འཆང་ཉིད་ཐོབ་པར་འགྱུར། ཞེས་དྲིས་པའི་ལན་དུ་དེ་བས་ན་དེ་ཁོ་ན་ཉིད་ཤེས་པའི་རྗེན་མ་ཚང་བ་ནི། ཇི་སྐད་དུ་བཤད་པའི་སྤྱོད་པ་གལ་ཏེ་མ་སྤྱད་དུ་ཟིན་ཀྱང་ལྟ་བ་ཐམས་ཅད་རྣམ་པར་སྤངས་ནས། འཆི་བར་འགྱུར་བ་ནི་དོན་དམ་པའི་བདེན་པ་ཡིན་ལ། སྐྱེ་བ་ནི་ཀུན་རྫོབ་ཀྱི་བདེན་པ་ཡང་དག་པར་མངོན་པར་རྫོགས་ནས། བརྒྱ་ལམ་ན་འོད་གསལ་བར་ཞུགས་ནས། ཐ་མལ་པའི་ཕུང་པོ་བོར་ནས་བདག་ལ་བྱིན་གྱིས་བརླབ་པའི་རིམ་གྱིས་ལྡང་བར་བྱའོ། །ཞེས་བསྟན་པའི་སྐྱེ་མཆེད་དེ་ཡིད་ལ་བྱེད་པས་གནས་པར་བྱེད་ན། དེ་སྐྱེ་བ་གཞན་དུ་ཡིད་ལ་བྱེད་པ་དེ་འདོར་བར་མི་འགྱུར་ཏེ། དེ་བས་ན་ཐམས་ཅད་མཁྱེན་པར་འགྱུར་རོ། ཞེས་གསུངས་སོ། །

གསུམ་པ་ནི། དེ་དང་ལམ་འབྲས་ཞེས་སོགས་ཚིགས་བཅད་གཅིག་སྟེ། དེད་ཀྱི་ལུགས་ལ། འཕགས་པ་མ་ཡིན་པ་ལ་མཐོང་ལམ་མཚན་ཉིད་པ་འབྱུང་མི་སྲིད་དེ། གྲུབ་ཐོབ་གཉིས་ཀྱིས་དབང་དང་རིམ་གཉིས་ཡེ་ཤེས་ལ་མཐོང་ལམ་དུ་བཤད་པ་བཏགས་པར་བཞེད་པ་དེ་དང་། ལམ་འབྲས་ལས་ཀྱང་། རིམ་གཉིས་བསྒོམ

པའི་ཉམས་མྱོང་འགའ་ཞིག་ལ། ཆོས་སྐུའི་ཉམས་ལ་སོགས་པ་བཤད་པ་ཡོད་ཀྱང་། མཐོང་ལམ་མཚན་ཉིད་པ་གྲུབ་མཐའ་དང་པོ་ནས་འཇོག་པ་ལ་སོགས་པ་གྲུབ་ཐོབ་རྣམས་ཀྱི་དགོངས་པ་མཐུན་པ་དེས་ནའོ། །གསུམ་པ་ཞར་ལ་ཐེག་པ་གསུམ་གྱི་ལག་ལེན་འཁྲུལ་པ་དགག་པ་ལ་གཉིས་ཏེ། མདོར་བསྟན་པ་དང་། རྒྱས་པར་བཤད་པའོ། །དང་པོ་ནི། ཐེག་པ་གསུམ་གྱི་ཞེས་སོགས་ཚིགས་བཅད་གཅིག་གོ། །གཉིས་པ་ལ་ལྔ་སྟེ། ལམ་གྱི་རྩ་བ་བླ་མ་བསྟེན་ཚུལ། ལམ་གྱི་གོ་རིམ་ཐོད་རྒལ་དུ་སྤྱོད་པ་དགག་པ། ལམ་གྱི་ཡན་ལག་མཆོད་གཏོར་གྱི་ཚུལ། ལམ་གྱི་དམིགས་རྟེན་སྐུ་གཟུགས་བཞེངས་ཚུལ། ལམ་གྱི་ངོ་བོ་མདོ་སྔགས་འཚོལ་བ་དགག་པའོ། །དང་པོ་ལ་གཉིས་ཏེ། བླ་མའི་མཚན་ཉིད། གསོལ་བ་བཏབ་པའི་ཚུལ་ལོ། །དང་པོ་ནི། ཉན་ཐོས་རྣམས་ཀྱི་ཞེས་སོགས་ཚིགས་བཅད་བཞི་སྟེ། ཉན་ཐོས་ཀྱི་བླ་མ་དེ་བཟང་བ་མཆོག་གི་སྤྲུལ་སྐུ་ལྷ་བུ་ཡིན་ཀྱང་གང་ཟག་ཁོ་ནར་བས་ཀྱི་དགེ་འདུན་དུ་ཡང་མི་འགྱུར་ཏེ། འདིའི་ལུགས་ཀྱི་དགེ་འདུན་དུ་འགྱུར་བ་ལ་དགེ་སློང་བཞི་ཚོགས་དགོས་པའི་ཕྱིར་རོ། །ཐེག་པ་ཆེན་པོ་ཕ་རོལ་ཏུ་ཕྱིན་པའི་བླ་མ་ནི་བཟང་ན་དགེ་འདུན་དཀོན་མཆོག་ཡིན་ཏེ། མཆོག་གི་སྤྲུལ་སྐུ་ལྷ་བུ་ཡང་མཐར་ཐུག་གི་དགེ་འདུན་དཀོན་མཆོག་གི་ཁོངས་སུ་འདུ་ཞིང་། བྱང་སེམས་འཕགས་པ་ཡིན་ན་རྒྱུད་བླ་མ་ནས་བཤད་པའི་དགེ་འདུན་དཀོན་མཆོག་ཡིན་དགོས་པའི་ཕྱིར། འོ་ན་ཉན་ཐོས་པའི་ལུགས་ལ་ཡང་ཐེག་དམན་འཕགས་པ་སློབ་མི་སློབ་ཀྱི་གང་ཟག་རེ་རེ་བ་ཡང་དགེ་འདུན་དཀོན་མཆོག་ཏུ་མི་འགྱུར་རམ་སྙམ་ན། མི་འགྱུར་ཏེ། དགེ་འདུན་དུ་བྱེད་པའི་ཆོས་སློབ་མི་སློབ་ཀྱི་ལམ་བདེན་གཉིས་དགེ་འདུན་དཀོན་མཆོག་ཏུ་འདོད་པའི་ཕྱིར། མཛོད་ལས། གང་ཞིག་གསུམ་ལ་སྐྱབས་འགྲོ་དེ། །སངས་རྒྱས་དགེ་འདུན་བྱེད་པའི་ཆོས། །མི་སློབ་པ་དང་གཉིས་ཀ་དང་། །མྱ་ངན་འདས་ལ་སྐྱབས་སུ་འགྲོ། །ཞེས་བཤད་པའི་ཕྱིར་རོ། །ཁ་ཅིག་འདིར། རྒྱུད་བླར་སངས་རྒྱས་ཆོས་ཚོགས། ཞེས་དང་། མངོན་རྟོགས་རྒྱན་ལས། སློབ་པ་ཕྱིར་མི་ལྡོག་པའི་ཚོགས། །ཞེས་པའི་ཚོགས་ལ་ཡང་། གང་ཟག་བཞི་ཚོགས་དགོས་པར་འདོད་པ་ནི་ཤིན་ཏུ་འཁྲུལ་ཏེ། རིག་གྲོལ་གཉིས་དང་ལྡན་པའི་རྒྱལ་སྲས་འཕགས་པ་ཡིན་ན་རྒྱུད་བླ་ནས་བཤད་པའི་དགེ་འདུན་དཀོན་མཆོག་ཡིན་པས་མ་ཁྱབ་པར་ཐལ་བ་དང་། ཕྱིར་མི་ལྡོག་པའི་རྟགས་ཐོབ་པའི་བྱང་སེམས་འཕགས་པ་ཡིན་ན། སློབ་པ་ཕྱིར་མི་ལྡོག་པའི་ཚོགས་ཞེས་པའི་སྐབས་ཀྱི་དགེ་འདུན་ཡིན་པས་མ་ཁྱབ་པར་ཐལ་བའི་སྐྱོན་ཡོད་པའི་ཕྱིར། དེས་ན་དགེ་འདུན་གྱི་སྐད་དོད་སྡེབ་སྦྱོར་གྱི་དབང་གིས་ཚོགས་ལ་འཇུག་པའི་དོན་མ་རྟོགས་པར་ཚོགས་ཅེས་པའི་ཚིག་ཙམ་ལ་འཁྲུལ་པར་ཟད་དོ། །གསང་སྔགས་པ་ཡི་བླ་མ་མཆོག །དབང་བཞི་རྫོགས་པར་བསྐུར་བ་དེ་ནི་དཀོན་མཆོག་གསུམ་དང་དབྱེར་མེད་ཡིན་ཏེ། ཧེ་རུ་ཀ་མངོན་འབྱུང་གི་རྒྱུད་ལས། བླ་མ་སངས་རྒྱས་བླ་མ

ཆོས། །དེ་བཞིན་བླ་མ་དགེ་འདུན་ཏེ། །བླ་མ་དཔལ་ལྡན་ཧེ་རུ་ཀ ཀུན་གྱི་བྱེད་པོ་བླ་མ་ཡིན། །ཅེས་སོ། །དེ་ལ་གསོལ་བ་བཏབ་པས། དཀོན་མཆོག་གསུམ་པོ་ཚེ་འདིར་འགྲུབ་སྟེ། སློབ་དཔོན་རྡོ་རྗེ་དྲིལ་བུ་པས། བླ་མའི་བྱིན་རླབས་ཙམ་གྱིས་ནི། །སྐད་ཅིག་ཉིད་ལ་འབྱུང་གང་ཡིན། །ཞེས་གསུངས་སོ། །ད་ལྟའི་སོ་སོ་སྐྱེ་བོའི་རྡོ་རྗེ་སློབ་དཔོན་ལ་ནི། ཐེག་པ་གསུམ་པོ་སོ་སོའི་གཞུང་ནས་འབྱུང་བའི་བླ་མའི་མཚན་ཉིད་གསུམ་ཀ་དང་ལྡན་པ་ཅིག་དགོས་ཀྱི་དེ་དང་མི་ལྡན་ན་བླ་མ་ཙམ་ཡིན་ཀྱང་བླ་མ་དམ་པ་མ་ཡིན་ཏེ། གསོལ་བ་བཏབ་པས། ཚེ་འདིའམ་བར་དོ་སོགས་སུ་སངས་རྒྱས་ཉིད་སྦྱིན་པར་མི་ནུས་པའི་ཕྱིར་རོ། །ཐེག་པ་གསུམ་པོ་སོ་སོའི་གཞུང་ནས་ཇི་ལྟར་བཤད་ན། ཉན་ཐོས་ཀྱི་ཐེག་པ་ལས། ཚུལ་ཁྲིམས་ལྡན་ཅིང་འདུལ་བའི་ཆོ་ག་ཤེས། །ཞེས་སོགས་སུམ་བརྒྱ་པའི་ལུང་སྟར་དྲངས་པ་དང་། ཕ་རོལ་ཏུ་ཕྱིན་པའི་ཐེག་པ་ལས། རྟག་པར་དགེ་བའི་བཤེས་གཉེན་ནི། །ཐེག་ཆེན་དོན་ལ་མཁས་པ་དང་། །བྱང་ཆུབ་སེམས་དཔའི་བརྟུལ་ཞུགས་མཆོག །སྲོག་གི་ཕྱིར་ཡང་མི་གཏང་ངོ་། །ཞེས་སྤྱོད་འཇུག་ལས་བཤད་པ་དང་། རྡོ་རྗེ་ཐེག་པ་ལས། བརྟན་ཅིང་དུལ་ལ་བློ་གྲོས་ལྡན། །བཟོད་ལྡན་དྲང་ལ་གཡོ་སྒྱུ་མེད། །སྔགས་དང་རྒྱུད་ཀྱི་སྦྱོར་བ་ཤེས། །སྙིང་རྗེར་ལྡན་ཞིང་བསྟན་བཅོས་མཁས། །དེ་ཉིད་བཅུ་ནི་ཡོངས་སུ་ཤེས། །དཀྱིལ་འཁོར་བྲི་བའི་ལས་ལ་མཁས། །སྔགས་བཤད་པ་ཡི་སྦྱོར་བ་ཤེས། །རབ་ཏུ་དང་ཞིང་དབང་པོ་དུལ། །ཞེས་བླ་མ་ལྔ་བཅུ་པ་ལས་བཤད་པ་རྣམས་སོ། །མདོར་ན་ད་ལྟའི་བླ་མ་དམ་པ་ལ། ཐེག་པ་གསུམ་ནས་བཤད་པའི་སྡོམ་པ་གསུམ་དང་ལྡན་པ་དགོས་ཞེས་པའི་དོན་ཏེ། བཤད་རྒྱུད་རྡོ་རྗེ་ཕྲེང་བ་ལས། ཕྱི་རུ་ཉན་ཐོས་སྤྱོད་པ་བསྲུང་། །ནང་དུ་འདུས་པའི་དོན་ལ་དགའ། །ཞེས་དང་། རྡོ་རྗེ་གུར་ལས། ཉན་ཐོས་སྤྱོད་པ་སྲུང་བ་པོ། །ཞེས་དང་། སློབ་དཔོན་འཇམ་དཔལ་གྲགས་པས། སྡོམ་གསུམ་ཚོགས་མི་ལྡན་པས། །སྔགས་པའི་བདག་ཉིད་མི་འགྱུར་ཏེ། །ཞེས་གསུངས་པ་ལྟར་རོ། །གཉིས་པ་ནི། དེས་ན་དབང་བསྐུར་ཞེས་སོགས་ཚིགས་བཅད་གསུམ་སྟེ། དབང་བསྐུར་ཐོབ་པའི་བླ་མ་ལ། དཀོན་མཆོག་གསུམ་འདུས་པའི་དོན་ནི། བཤད་རྒྱུད་རྡོ་རྗེ་ཕྲེང་བ་ལས། རྡོ་རྗེ་སློབ་དཔོན་ལུས་འདི་ལ། །རྒྱལ་བའི་སྐུ་ནི་རིམ་བཞིན་གནས། །ཞེས་སོགས་ཀྱི་དོན་ནི། རྒྱུད་སྡེའི་སྙིང་དུ་རྟོགས་པར་བྱའོ། །དབང་བསྐུར་མ་ཐོབ་པའི་བླ་མ་དཀོན་མཆོག་གསུམ་ལ་ཕར་བསྟུ་བའི་ཚུལ་ནི། མཆོག་གི་སྤྲུལ་སྐུ་ལྟ་བུ་སངས་རྒྱས་དཀོན་མཆོག་དང་། བྱང་སེམས་འཕགས་པ་ལྟ་བུ་དགེ་འདུན་དཀོན་མཆོག་དང་། དེ་དག་གི་ཐུགས་རྒྱུད་ཀྱི་སྤངས་རྟོགས་ཆོས་དཀོན་མཆོག་ཏུ་བསྟུ་ཞིང་། སོ་སོ་སྐྱེ་བོའི་བླ་མ་ལ་ནི། དཀོན་མཆོག་གསུམ་གྱི་རྗེས་སུ་སྐྱབས་སུ་འགྲོ་བའི་ཚུལ་སྐྱེས་རབས་ལས་བཤད་དོ། །གཉིས་པ་ནི། དབང་བསྐུར་དང་པོ་ཞེས་སོགས་ཚིགས་བཅད་བཞི་སྟེ། དབང་བཞི་པོ་མ་ཐོབ་པར་དེ་དག་གི་ལམ་བཞི་པོ་

བསྒོམ་པ་དང་། དགེ་སློང་གི་སྡོམ་པ་མ་ཐོབ་པར་གཞན་གྱི་མཁན་སློབ་སོགས་བྱེད་པ་ནི་གསང་སྔགས་མེད་པར་སོགས་སོ། །གསུམ་པ་ལ་གསུམ་སྟེ། གཏོར་མའི་མཚན་སྔགས་ལ་འཁྲུལ་པ་དགག །ཆུ་སྦྱིན་གྱི་རྫས་ལ་འཁྲུལ་པ་དགག །ཕུད་མཆོད་ཀྱི་དབྱེབས་ལ་འཁྲུལ་པ་དགག་པའོ། །དང་པོ་ནི། གཞན་ཡང་གངས་རིའི་ཞེས་སོགས་གཉིས་ཏེ། ཁ་འབར་མའི་གཏོར་མ་ལ་དེ་བཞིན་གཤེགས་པ་བཞིའི་མཚན་སྔགས་སྔོན་ལ་བརྗོད་ནས། དེའི་རྗེས་སུ་སྔགས་བཟླས་པའི་ལག་ལེན་བོད་འགའ་ཞིག་གིས་བྱེད་པ་ནི། མདོ་དང་མཐུན་པ་མ་ཡིན་ཏེ། མདོ་ལས་སྔོན་ལ་སོགས་སོ། །ཇི་ལྟར་གསུངས་ན་ཁ་འབར་མའི་གཏོར་མའི་མདོ་ལས། རྒྱ་ཆེན་ཤུགས་ལྡན་འོད་ཀྱི་སྔགས་ནི། ན་མཿསརྦ་ཏ་ཐཱ་ག་ཏ་ཨ་ཝ་ལོ་ཀི་ཏེ། སཾ་བྷ་ར་སཾ་བྷ་ར་ཧཱུྃ། ཞེས་པ་འདི། འཕགས་པ་ལ་མཆོད་པ་འབུལ་ན་ལན་ཉི་ཤུ་རྩ་གཅིག་བཟླས་ནས་འབུལ། ཡི་དྭགས་ལ་ལན་བདུན་བཟླས་པའི་རྗེས་སུ་དེ་བཞིན་གཤེགས་པ་རིན་ཆེན་མང་དང་། གཟུགས་མཛེས་དམ་པ་དང་། སྐུ་འབྱམས་ཀླས་དང་། འཇིགས་པ་ཐམས་ཅད་དང་བྲལ་བ་ལ་ཕྱག་འཚལ་ལོ། ཞེས་བརྗོད་པར་གསུངས་སོ། །

གཉིས་པ་ནི། འགའ་ཞིག་ཆུ་སྦྱིན་ཞེས་སོགས་བདུན་ཏེ། དགེ་བའི་བཤེས་གཉེན་སྤྱན་སྔ་བས་ཆུ་སྦྱིན་མང་དུ་མཛད་པས། མནལ་ལམ་དུ་ཡི་དྭགས་བྱུང་ནས་ཆུ་སྦྱིན་གྱི་ནང་དུ་ཟན་བཅུག་ན་བདག་ཅག་རྣམས་ལ་ཕན་པ་ཡོད་ཞེས་ཟེར་བ་ལ་བརྟེན་ནས། དེའི་ལག་ལེན་བྱེད་པ་ཐོས་པ་ནི་མི་འཐད་དེ། འཇུར་འགེགས་ཅན་གྱི་སོགས་སོ། །དེས་ན་ཆུ་སྦྱིན་གྱི་ནང་དུ་ཟན་འདེབས་པ་ནི། ཆུ་སྦྱིན་གྱི་ཆོ་ག་ཉམས་པ་ཡིན་ནོ། །གསུམ་པ་ལ་བཞི་སྟེ། ཕུད་མཆོད་གསུངས་པའི་ཚུལ། དེའི་ལག་ལེན་འཁྲུལ་ཚུལ། དེ་ཉིད་འཁྲུལ་བར་བསྟན་པ། མ་འཁྲུལ་བར་བསྒྲུབ་པར་གདམས་པའོ། །དང་པོ་ནི། ཟན་གྱི་ཕུད་ལ་ཞེས་སོགས་དགུ་སྟེ། ཟན་གྱི་ཕུད་ལ་ལྷ་ལ་འབུལ་བའི་ལྷ་བཤོས་དང་། འབྱུང་པོ་ལ་སྦྱིན་པའི་ཆང་བུ་བྱ་བར་སངས་རྒྱས་ཀྱིས་གསུངས་ཏེ། བརྟག་གཉིས་ལས། ཧཱུྃ་ཧཱུྃ་ སྭཱ་ཧཱ། ལྷ་བཤོས་ཀྱི་སྔགས་སོ། །ཞེས་དང་། རྡོ་རྗེ་རྩེ་མོའི་རྒྱུད་ལས། དེ་ནས་ཟན་གྱི་དུས་སུ་ནི། །རྣམ་པ་ཀུན་ཏུ་ཆང་བུ་སྦྱིན། །ཞེས་དང་། འཕྲོག་མའི་མདོ་ལས། ང་ལ་སྟོན་པར་ཁས་འཆེ་བའི་ཉན་ཐོས་རྣམས་ཀྱིས་འཕྲོག་མ་བུ་དང་བཅས་པ་ལ་ཆང་བུ་སྦྱིན་པར་བྱའོ། ཞེས་གསུངས་ལ། ཇི་ལྟར་སྦྱིན་པ་དེ་ཡི་ཆོ་ག་ནི། མཻ་ཏྲི་པའི་ལྷ་བ་དན་སེལ་དང་། རྗེ་བཙུན་གྱིས་ལས་དང་པོ་པའི་བྱ་བ་དང་། ཆོས་རྗེ་པའི་ཐུབ་པ་དགོངས་གསལ་སོགས་ལ་ལྟོས་ཤིག །གཉིས་པ་ནི། འགའ་ཞིག་ཞེས་སོགས་ཚིགས་བཅད་གཅིག་སྟེ། འབྲང་རྒྱས་བྱེད་པ་ནི་སྣར་ཐང་པ་དང་། གྲུ་གསུམ་བྱེད་པ་ནི་འབྲི་ཁུང་པའོ། །གསུམ་པ་ནི། གསང་སྔགས་རྙིང་མ་ཞེས་སོགས་བཅུའོ། །བཞི་པ་ནི། ལག་ལེན་ཐམས་ཅད་ཞེས་སོགས་ཚིགས་བཅད་གཅིག་གོ། །བཞི་པ་ལ་གཉིས་ཏེ། ཕྱག་

མཚན་ལ་འཁྲུལ་པ་དགག་པ། ཁ་དོག་ལ་འཁྲུལ་པ་དགག་པའོ། །དང་པོ་ནི། སངས་རྒྱས་རབ་ཏུ་ཞེས་སོགས་ལྔ་སྟེ། བོད་ཁ་ཅིག་སངས་རྒྱས་སུམ་ཅུ་སོ་ལྔ་རབ་ཏུ་བྱུང་བའི་ཆ་ལུགས་ཅན་གྱི་ཕྱག་ཏུ་ཕུབ་དང་། རལ་གྲི་ལ་སོགས་པའི་མཚོན་ཆ་བསྣམས་པ་མཐོང་བ་ནི་མི་འཐད་དེ། སངས་རྒྱས་ཁྱིམ་པའི་ཆ་ལུགས་ཅན་ལ་རིན་པོ་ཆེ་ལ་སོགས་པའི་རྒྱན་དག་དང་ཕྱག་མཚན་མཚོན་ཆ་སོགས་འཛིན་པ་སྲིད་ཀྱི། རབ་བྱུང་གི་ཆ་ལུགས་ཅན་ལ་དེ་མི་སྲིད་དེ། ཁྱད་པར་འཕགས་བསྟོད་ལས། འཁོར་ལོ་མདུང་ཐུང་ཅན་དག་གིས། །བདུད་དཔུང་དེ་ལས་རྒྱལ་མི་ནུས། །ཁྱོད་ནི་འཁོར་ལོ་མདུང་མེད་པར། །བྱམས་པའི་མཚོན་གང་ལགས་པས་རྒྱལ། །ཞེས་གསུངས་སོ། །ཁ་ཅིག་འདིའི་སྒྲུབ་ཐབས་ཀླུ་སྒྲུབ་ཀྱིས་མཛད་པ་ཡིན་ནོ། །ཞེས་ཟེར་བ་དང་། ཁ་ཅིག་གཟིགས་སྣང་ཡིན་ནོ་ཞེས་ཟེར་ཞིང་། དེ་ཉིད་མདོ་སྡེ་ན་ཇི་ལྟ་བ་བཞིན་སྣང་ངོ་། །ཞེས་སྨྲ་བ་ནི་རྫོགས་པའི་སངས་རྒྱས་ཉན་ཐོས་ཀྱི་ཆ་ལུགས་ཀྱིས་འདུལ་བ་ལ་དེ་དང་མཐུན་པར་སྟོན་ཅིང་། ཁྱིམ་པའི་ཆ་ལུགས་ཀྱིས་འདུལ་བ་ལ་དེ་དང་མཐུན་པར་སྟོན་པའི་དོན་མ་རྟོགས་པར་མདོ་སྡོན་མ་མཐོང་བཞིན་དུ་བརྫུན་སླས་པའོ། །

གཉིས་པ་ལ་གཉིས་ཏེ། དངོས་དང་། ལུང་འགལ་སྤང་བའོ། །དང་པོ་ནི། བྱང་ཆུབ་མཆོག་གི་ཞེས་སོགས་ཚིགས་བཅད་བཞི་སྟེ། བྱང་ཆུབ་མཆོག་གི་ཕྱག་རྒྱ་དང་། ས་གནོན་དང་། མཆོག་སྦྱིན་དང་། མཉམ་བཞག་དང་། སྐྱབས་སྦྱིན་གྱི་ཕྱག་རྒྱ་སོ་སོར་མཛད་པའི་རིགས་ལྔ་ཁ་དོག་སེར་འབྱམས་སུ་བྱེད་པ་མཐོང་ཞིང་མདོ་ལུགས་ཡིན་ནོ། །ཞེས་བཀའ་གདམས་པ་ལ་ལ་སྨྲ་ལ། ཁ་ཅིག་ཇོ་བོ་རྗེའི་ཞལ་གཟིགས་ཡིན་ནོ། །ཞེས་སྨྲའོ། ། འདི་ནི་མི་འཐད་དེ། མདོ་ནས་རིགས་ལྔ་འདི་འདྲ་གསུངས་པ་མེད་ཅིང་། གསང་སྔགས་རྒྱུད་སྡེ་བཞིའི་ལུགས་ཀྱང་མ་ཡིན་པའི་ཕྱིར་རོ། །དེ་ཡང་བྱ་སྤྱོད་གཉིས་ཀྱི་ལུགས་མ་ཡིན་ཏེ། དེ་ལ་སངས་རྒྱས་རྡོ་རྗེའི་རིགས། པདྨའི་རིགས། དེ་བཞིན་གཤེགས་པའི་རིགས་ཏེ་གསུམ་དུ་བསྡུས་པ་མ་གཏོགས་པ་རིགས་ལྔར་བསྡུས་པ་མེད་པའི་ཕྱིར། རྣལ་འབྱོར་རྒྱུད་ཀྱི་ལུགས་ཀྱང་མ་ཡིན་ཏེ། དེ་ཉིད་འདུས་པ་སོགས་ནས་གསུངས་པའི་རིགས་ལྔ་ཁ་དོག་དཀར་པོ་དང་ནག་པོ་སོགས་ཐ་དད་ཅིང་། ཕྱག་རྒྱ་བྱང་ཆུབ་མཆོག་གི་ཕྱག་རྒྱ་སོགས་ཐ་དད་དུ་གསུངས་པའི་ཕྱིར། རྣལ་འབྱོར་གྱི་རྒྱུད་འདིའི་ལུགས་ཀྱི་རིགས་ལྔ་སྐུ་མདོག་ཐ་དད་པ་དང་། ཕྱག་རྒྱ་ཐ་དད་པ་ནི་ཡེ་ཤེས་ལྔ་མཚོན་པར་བྱེད་པའི་རྟེན་ཅིང་འབྲེལ་བར་འབྱུང་བའི་སྐུ་ཡིན་པས་ཐ་དད་དུ་འཐད་པ་ཡིན་གྱི། སེར་འབྱམས་ཀྱིས་ནི་དེ་དག་མཚོན་པར་མི་ནུས་སོ། །བླ་མེད་ཀྱི་ལུགས་ཀྱང་མ་ཡིན་ཏེ། དུས་ཀྱི་འཁོར་ལོ་སོགས་ལས་རིགས་ལྔའི་ཁ་དོག་རྣལ་འབྱོར་རྒྱུད་ལས་གཞན་དུ་མི་བསྐྱོད་པ་ལྗང་ཁུ། དོན་གྲུབ་ནག་པོ། རིན་འབྱུང་དམར་པོ། སྣང་མཐའ་དཀར་པོ། རྣམ་སྣང་སེར་པོ་གསུངས་པ་ནི། རིམ་པ་བཞིན་དུ་འབྱུང་བ་ནམ་

མཁའ། རླུང་། མེ། ཆུ། ས་རྣམས་པ་ལྔ་སྦྱོང་བའི་རྟེན་ཅིང་འབྲེལ་འབྱུང་གི་སྒྲུ་ཡིན་ཅིང་། སེར་འབྲུམས་ཀྱིས་ནི་དེ་དག་སྦྱོང་བར་མི་ནུས་པའི་ཕྱིར་རོ། །གཉིས་པ་ནི། སངས་རྒྱས་གསེར་མདོག་ཅེས་སོགས་ལྔ་སྟེ། རིགས་ལྔ་སེར་འབྲུམས་མི་འཐད་ན་སངས་རྒྱས་ལ། པགས་པ་གསེར་མདོག་པགས་པ་སྲབ་པ་དང་། །ཞེས་གསུངས་པ་དང་འགལ་ལོ་ཞེ་ན། དེ་ནི་དྲི་མ་མེད་ཅིང་དྭངས་པའི་དཔེར་གསེར་མདོག་ཅེས་གསུངས་པའམ། སྤྲུལ་སྐུ་ཕལ་ཆེ་བ་ལ་དགོངས་ཏེ་གསུངས་པ་ཡིན་གྱི། གཞན་དུ་ཐམས་ཅད་སེར་པོར་མ་ངེས་ཏེ། སངས་རྒྱས་སྨན་བླ་ནམ་མཁའི་མདོག་སྔོན་པོ་ཉིད་དུ་མདོ་ལས་གསུངས་པའི་ཕྱིར་རོ། །འོ་ན་གསེར་འོད་དམ་པ་ལས། སངས་རྒྱས་ཐམས་ཅད་ཁ་དོག་མཚུངས། །འདི་ནི་སངས་རྒྱས་ཆོས་ཉིད་ཡིན། །ཞེས་པའི་དོན་ཇི་ལྟར་འཆད་ཅེ་ན། ཁ་དོག་གང་གིས་འདུལ་བའི་གདུལ་བྱ་དེ་ལ་ཁ་དོག་དེ་ཉིད་སངས་རྒྱས་ཐམས་ཅད་ཀྱིས་སྟོན་ཞེས་པའི་དོན་ཡིན་གྱི་ཐམས་ཅད་ཁ་དོག་སེར་པོར་སྟོན་པའི་ལུང་མ་ཡིན་ནོ། །ལྔ་པ་ལ་གསུམ་སྟེ། རང་བཟོ་མ་པའི་ཡན་ལག་འཆོལ་བ་དགག་པ། གཞན་རྗེས་སུ་འཛིན་པའི་ཡན་ལག་འཆོལ་བ་དགག་པ། དེ་གཉིས་ཀ་འཆོལ་བ་དགག་པའོ། །དང་པོ་ནི། ཡི་དམ་ལྷ་ཡི་ཞེས་སོགས་ཚིགས་བཅད་གཉིས་ཏེ། དེང་སང་བཀའ་གདམས་པ་ལ་ལ་གསང་སྔགས་ལ་མི་མོས་པར་ཡི་དམ་གྱི་ལྷ་བསྒོམ་པ་དང་། སྔགས་བཟླ་བ་སོགས་བྱེད་པ་ཡང་། སངས་རྒྱས་ཀྱི་བསྟན་པ་དང་མཐུན་པ་མ་ཡིན་ཏེ། དེ་དག་མདོ་སྡེ་ལས་གསུངས་པ་མེད་ཅིང་། གསང་སྔགས་ཀྱི་རྒྱུད་སྡེའི་ལུགས་ཁོ་ན་ཡིན་པའི་ཕྱིར་རོ། །གཉིས་པ་ནི། གཞན་ཡང་སྦྱིན་སྲེག་ཞེས་སོགས་བཅུ་གཅིག་སྟེ། བཀའ་གདམས་པ་ལ་ལ། སྦྱིན་སྲེག་དང་། རོ་སྲེག་སོགས་གསང་སྔགས་ཀྱི་ལུགས་བོར་ནས་མདོ་སྡེ་ནས་གསུངས་པའི་དཀོན་མཆོག་མཆོད་པ་ཙམ་ལ་བརྟེན་པའི་ཆོ་གའི་རྣམ་གཞག་བྱེད་པ་ཡོད་པ་ཡང་མི་འཐད་དེ། ཕ་རོལ་ཏུ་ཕྱིན་པའི་མདོ་དང་སོགས་སོ། །ངན་སོང་སྦྱོང་རྒྱུད་ལས་ཅི་ལྟར་གསུངས་ན། དྲི་ཡིས་བསྒྲུས་པའི་ཡམ་ཤིང་གིས། །ཆོ་ག་བཞིན་དུ་སྦྱིན་སྲེག་བྱ། །ཞེས་པ་དང་། རོ་ལ་སྔགས་ཀྱིས་བཏབ་ནས་ཀྱང་། །ཆུ་མཆོག་གིས་ནི་བཀྲུས་ནས་ཀྱང་། །ཞེས་པ་དང་། དེ་ཡི་གཟུགས་བརྙན་བྲི་བའམ། །ཀུར་ཀུམ་གྱིས་ནི་མིང་ཡང་བྲི། །ངན་སོང་གསུམ་གྱི་འཇིག་རྟེན་ལས། །སེམས་ཅན་རྣམས་ནི་གྲོལ་བའི་ཕྱིར། །སྔགས་མཁན་གཞན་ལ་ཕན་བརྩོན་ཞིང་། །སྙིང་རྗེ་ཅན་གྱིས་དབང་བསྐུར་རོ། །དེ་ནས་རྣལ་འབྱོར་ཅན་གྱིས་ནི། །སྔགས་དང་ཕྱག་རྒྱས་དེ་དབང་བསྐུར། །ལྷ་ཡི་གཟུགས་སུ་བརྟགས་ནས་ཀྱང་། །མཆོད་རྟེན་དབུས་སུ་གཞག་པར་བྱ། །རང་གི་ལྷའམ་ལྷ་གཞན་གྱི། །སྙིང་པོ་སྙིང་ཁར་བྲིས་ནས་ཀྱང་། །ལྷ་འདྲ་བར་ནི་སེམས་བསྐྱེད་དེ། །ཁྱིམ་གྱི་ནང་དུ་གཞག་པར་བྱ། །དེ་ཡི་མིང་ནས་སྨོས་ནས་སུ། །ཀུར་ཀུམ་བཟང་པོས་སྔགས་བྲིས་ལ། །རིམ་གྱིས་འབུམ་ནི་ཚང་ཙམ་དུ། །མཆོད་རྟེན་

ལས་ནི་རབ་ཏུ་བྱ། །སྡིག་ཅན་སྡིག་ནི་ཟད་བྱའི་ཕྱིར། །བྲེ་བ་སྟེད་ནི་ཚང་བར་བྱ། །དེ་ནི་ངེས་པར་དགྱལ་བ་ནས། །འདི་བྱས་པས་ནི་གྲོལ་བར་འགྱུར། །ཞེས་གསུངས་སོ། །གཞན་ཡང་ནག་པོ་དམ་ཚིག་རྡོ་རྗེའི་ཀྱིའི་རྡོ་རྗེའི་སྦྱིན་སྲེག་དང་། རོ་སྲེག་གི་ཆོ་ག་དང་། སློབ་དཔོན་དཔའ་བོ་རྡོ་རྗེའི་རིན་ཆེན་འབར་བ་སོགས་ལས་གསུངས་པ་ཡིན་གྱི། མདོ་སྡེ་རྣམས་ནས་བཤད་པ་མེད་དོ། །

གསུམ་པ་ལ་གསུམ་སྟེ། འཁྲུལ་པ་བརྗོད། དེ་དགག །མ་འཆོལ་བ་བསྒྲུབ་པར་གདམས་པའོ། །དང་པོ་ནི། དེ་བཞིན་རབ་གནས་ཞེས་སོགས་ཚིགས་བཅད་གཅིག་གོ། །གཉིས་པ་ལ་གསུམ་སྟེ། རབ་གནས་མདོ་ལུགས་དགག །ཕྱག་རྫོར་མདོ་ལུགས་དགག །ལྷུང་བཤགས་སྔགས་ལུགས་དགག་པའོ། །དང་པོ་ལ་བཞི་སྟེ། མདོར་བསྟན་པ། ཞར་ལས་བྱུང་བ། རྒྱས་པར་བཤད་པ། དོན་བསྡུ་བའོ། །དང་པོ་ནི། འདི་ཡང་བརྟག་པར་ཞེས་སོགས་བཙོ་བརྒྱད་དེ། མདོ་སྡེ་ནས་རབ་གནས་མཚན་ཉིད་པ་བཤད་པ་མེད་ཅིང་། འོན་ཀྱང་རྟེན་དེ་ལ་མཆོད་པ་དང་། བསྟོད་པ་དང་། བཀྲ་ཤིས་ལ་སོགས་པའི་སྒོ་ནས་རྒྱལ་པོ་རྒྱལ་སར་བཏོན་པའི་མངའ་དབུལ་ལྟ་བུ་ལ། རབ་གནས་ཡིན་ཞེས་སྣ་ན་སྣོས་ཏེ། དེ་ནི་མིང་དུ་བཏགས་པ་ཙམ་མོ། །དེས་ན་རབ་གནས་མཚན་ཉིད་པ་ལ་སྔ་གོན་གྱི་སྐབས་སུ། ཡི་དམ་གྱི་ལྷ་བསྒོམ་ཞིང་སྔགས་བཟླ་བ་དང་། བུམ་པ་སྔ་གོན་དང་། གང་གིས་རབ་ཏུ་གནས་པར་བྱེད་པའི་ལྷ་སྔ་གོན་དང་། རབ་ཏུ་གནས་བྱའི་རྟེན་བསྐྱེད་ནས་ཡེ་ཤེས་པ་བཅུག་སྟེ། སྣན་གསན་དབབ་པ་ལ་སོགས་པའི་ཆོས་བཅུ་གསུམ་དང་། དངོས་གཞིའི་སྐབས་སུ་རྟེན་གྱི་དམ་ཚིག་པ་བསྐྱེད་པ་ལ། ཡེ་ཤེས་ཀྱི་འཁོར་ལོ་དགུག་གཞུག་བྱས་ནས། སྤྱན་དབྱེ་བ་དང་། བརྟན་པར་བཞུགས་པ་དང་། སྔགས་ཀྱིས་བྱིན་གྱིས་བརླབས་པའི་མེ་ཏོག་དོར་ནས། གསོལ་བ་བཏབ་པ་དང་། མཆོད་པ་རྒྱས་པས་ལེགས་པར་མཆོད་པ་ལ་སོགས་པའི་ཆོས་བཅུ་གསུམ་དང་། རྗེས་བཀྲ་ཤིས་རྒྱས་པར་བྱེད་པ་ལ་སོགས་པའི་ཆོས་བཅུ་གསུམ་ཚང་བ་ཞིག་དགོས་ཤིང་། དེ་ལྟ་བུའི་ཆོ་ག་ནི་རབ་གནས་ཀྱི་རྒྱུད་ལ་སོགས་པ་གསང་སྔགས་ཀྱི་རྒྱུད་སྡེ་ལས་གསུངས་ཀྱི། ཕ་རོལ་ཏུ་ཕྱིན་པ་ལས་གསུངས་པ་མ་ཡིན་པས། རབ་གནས་མདོ་ལུགས་མི་འཐད་དོ། །དེ་ལ་བཀའ་གདམས་པ་ལ་ལ་ཇོ་བོ་རྗེའི་གདམས་ངག་ཡིན་ནོ་ཞེས་སྨྲའོ། །འོན་ཇོ་བོ་རྗེས་མདོ་སྡེ་གང་ལ་བརྟེན་པ་ཡིན་པ་སྨྲ་དགོས་ཏེ། མདོ་ལུགས་ཀྱི་མན་ངག་མདོ་ལ་བརྟེན་དགོས་པའི་ཕྱིར་རོ། །རབ་གནས་ཀྱི་སྦྱོར་དངོས་རྗེས་གསུམ་གྱི་ཆོས་བཅུ་གསུམ་པོ་དེ་དག་ཉམས་སུ་ལེན་པའི་ཚུལ་ཞིབ་པར་ནི། རྗེ་བོ་རིན་ཆེན་བཟང་པོའི་སྡོམ་ཚིག་གི་སྟེང་དུ་རྗེ་བཙུན་རིན་པོ་ཆེས། དོན་གསལ་དུ་རྒྱས་པར་བཤད་པས་དེར་བལྟ་བར་བྱའོ། །གཉིས་པ་ནི། དེང་སང་གསང་བ་ཞེས་སོགས་ཚིགས་བཅད་གཉིས་ཏེ། བཀའ་ཕྱག་པ་འགའ་ཞིག་གསང་བ་འདུས་པའི་ལྷ་བསྒོམ་ནས

སོགས་སོ། །གསུམ་པ་ནི། ལྷ་ལ་རབ་ཏུ་ཞེས་སོགས་ཚིགས་བཅད་དྲུག་དང་ཚིག་རྐང་གཅིག་སྟེ། ཚིག་རྐང་དང་པོ་དྲུག་གིས། རྡོ་རྗེ་སློབ་དཔོན་གྱི་དབང་བསྐུར་མ་ཐོབ་ན། རྡོ་རྗེ་སློབ་མའི་དབང་བསྐུར་བ་ཐོབ་པས་ཀྱང་རབ་གནས་བྱར་མི་རུང་བར་བསྟན་པས་རབ་གནས་མདོ་ལུགས་མི་འཐད་པར་བསྟན། དེ་ནས་བཅུས་ནི་རྡོ་རྗེ་སློབ་མས་ཅི་ཙམ་བྱར་རུང་བའི་རང་དོན་དང་། གཞན་དོན་གྱི་བསྒྲུབ་ཚུལ་བསྟན། དེ་ནས་དགུས་ནི་རྡོ་རྗེ་སློབ་དཔོན་གྱི་ཐུན་མོང་མ་ཡིན་པའི་རང་དོན་དང་། གཞན་དོན་བསྒྲུབ་ཚུལ་བསྟན་ནོ། །དེ་དག་གི་དོན་ནི་རབ་གནས་མདོ་ལུགས་མི་འཐད་དེ། གཞན་དོན་དུ་ལྷ་ལ་རབ་ཏུ་གནས་པ་དང་། མི་ལ་དབང་བསྐུར་བྱ་བ་དང་། རང་དོན་དུ་རྟེན་དང་བརྟེན་པའི་རྣམ་དག་བསྒོམ་པ་སོགས་རྡོ་རྗེ་སློབ་མའི་དབང་བསྐུར་བ་ཐོབ་པས་ཀྱང་བྱ་བར་མ་གསུངས་ན། དབང་བསྐུར་གཏན་ནས་མ་ཐོབ་པའི་གང་ཟག་རྣམས་ཀྱིས་ལྟ་སྨོས་ཀྱང་ཅི་དགོས་པའི་ཕྱིར་རོ། །

འོ་ན་རྡོ་རྗེ་སློབ་མའི་དབང་བསྐུར་ཙམ་ཐོབ་ནས་ཅི་ཞིག་དབང་བ་ཡིན་ཞེ་ན། རང་དོན་ཏུ་མི་ཏོག་གང་ལ་ཐོག་པའི་ལྷ་བསྒོམ་པ་དང་དེའི་སྔགས་བཟླ་བ་དང་། དེའི་བཅུ་ཆའི་སྦྱིན་སྲེག་དང་། དེ་ལ་བརྟེན་ནས་ཞི་རྒྱས་ལ་སོགས་པའི་ལས་ཚོགས་འགའ་ཞིག་དང་། རིལ་བུ་དང་མིག་སྨན་ལ་སོགས་པའི་ཐུན་མོང་གི་དངོས་གྲུབ་བསྒྲུབ་པ་དང་། ཕྱག་རྒྱའི་ཡེ་ཤེས་བསྒྲུབ་པའི་ཚོ་ག་བསྟན་པ་དང་། གསང་སྔགས་རྒྱུད་སྡེ་འོག་མ་འགའ་ཞིག་ཉན་པ་ལ་དབང་བ་ཡིན་གྱི། རྒྱུད་མཐའ་དག་འཆད་པ་དང་དབང་བསྐུར་དང་། རབ་གནས་སོགས་སློབ་དཔོན་གྱི་ཕྲིན་ལས་རྣམས་ནི་བྱར་མི་རུང་སྟེ། དེ་དག་སློབ་དཔོན་ཁོ་ནའི་ལས་ཡིན་པའི་ཕྱིར་རོ། །འོ་ན་རྡོ་རྗེ་སློབ་དཔོན་གྱི་དབང་ཐོབ་ནས་བྱ་དགོས་པའི་ཐུན་མོང་མ་ཡིན་པ་རྣམས་གང་ཞེ་ན། དཀྱིལ་འཁོར་གྱི་འཁོར་ལོ་བྱང་ཕྱོགས་སོ་བདུན་དང་སྦྱར་བ་འཁོར་ལོའི་དེ་ཉིད་དང་། དཀྱིལ་འཁོར་གྱི་ལྷ་རྣམས་ཕུང་ཁམས་སྐྱེ་མཆེད་དང་སྦྱར་བ་ལྷའི་དེ་ཉིད་ལ་སོགས་པ། སྣང་གཞི་སྦྱོང་བྱེད་ཀྱི་རྣམ་དག་སྦྱར་བའི་རྟེན་དང་བརྟེན་པར་བཅས་པའི་དཀྱིལ་འཁོར་བསྒོམ་པ་དང་། དབང་བསྐུར་དང་རབ་གནས་ལ་སོགས་པའི་གཞན་དོན་དང་། སངས་རྒྱས་ཀུན་གྱི་དམ་ཚིག་གི་རྡོ་རྗེ་དྲིལ་བུ་ཕྱག་རྒྱ་གསུམ་དང་། ཐེག་པ་བླ་ན་མེད་པའི་སྔགས་ཀྱི་སྡོམ་པ་ཡོངས་རྫོགས་རྡོ་རྗེ་སློབ་དཔོན་ཁོ་ནའི་ལས་ཡིན་གྱི། གཞན་སློབ་མའི་དབང་ཙམ་ཐོབ་པ་དང་། དབང་བསྐུར་གཏན་མ་ཐོབ་པ་རྣམས་ཀྱིས་བྱར་མི་རུང་སྟེ། རྡོ་རྗེ་སློབ་དཔོན་གྱི་དབང་གི་གསོལ་བ་གདབ་པའི་སྐབས་སུ། འཁོར་ལོ་ལྷ་ཡི་དེ་ཉིད་དང་། །སློབ་དཔོན་ཕྲིན་ལས་ཡོངས་སུ་གསུངས། །སངས་རྒྱས་ཀུན་གྱི་དམ་ཚིག་དང་། །སྡོམ་པ་འང་བླ་ན་མེད་པ་སྩོལ། །ཞེས་གསུངས་པའི་ཕྱིར་རྡོ་རྗེ་སློབ་དཔོན་གྱི་ལས་འདི་དག་ནི། གཙོ་བོར་བླ་མེད་ཀྱི་དབང་དུ

བྱས་པ་ཡིན་གྱི། རྒྱུད་སྡེ་འོག་མའི་རྡོ་རྗེ་སློབ་དཔོན་གྱི་དབང་ཐོབ་པ་ཙམ་གྱིས། འདི་དག་ཐམས་ཅད་བྱར་རུང་བའི་ངེས་པ་མེད་དོ། །འོན་ཀྱང་དེ་དག་ལ་དབང་བསྐུར་དང་། རབ་གནས་དང་། རྒྱུད་འཆད་པ་རྣམས་ནི་རུང་ངོ་། །བཞི་པ་ནི། དེང་སང་རབ་གནས་ཞེས་སོགས་དྲུག་གོ། གཉིས་པ་ནི། ཕྱག་ན་རྡོ་རྗེའི་ཞེས་སོགས་ཚིགས་བཅད་གཅིག་སྟེ། གྲུ་གོ་ཆེའི་རྗེས་འབྲང་ཁ་ཅིག །ཕྱག་ན་རྡོ་རྗེ་མདོ་ལུགས་བྱེད་པ་ནི་མི་འཐད་དེ། ཕྱག་ན་རྡོ་རྗེའི་བསྒོམ་བཟླས་ཀྱང་མདོ་སྡེ་རྣམས་སོགས་སོ། །གསུམ་པ་ནི། ལྷུང་བཤགས་སངས་རྒྱས་ཞེས་སོགས་གསུམ་མོ། །གསུམ་པ་ནི། མདོ་དང་རྒྱུད་ཀྱི་ཞེས་སོགས་ཚིགས་བཅད་གཅིག་སྟེ། མདོ་དང་རྒྱུད་ཀྱི་ཁྱད་པར་ནི། རང་དོན་དུ་ལྷ་བསྒོམ་པ་དང་། སྔགས་བཟླ་བ་དང་། གཞན་དོན་དུ་དབང་བསྐུར་བ་དང་། རབ་གནས་སོགས་ཀྱི་ཆོ་གའི་བྱ་བ་ཡོད་མེད་ཡིན་པ་དེ་ལྟར་ཤེས་ནས་མདོ་སྡེ་དང་། སྔགས་ཀྱི་ལུགས་རྣམས་མ་འདྲེས་པར་སྤྱོད་དེ་སོ་སོར་སློབས་ཤིག །གཉིས་པ་རྫོགས་བྱ་སྦྱོར་བྲལ་གྱི་ལྟ་བ་ལ་འཁྲུལ་པ་དགག་པ་ལ་དངོས་དང་། ཞར་ལ་རྒྱུད་སྡེ་བཞིའི་སྒྲུབ་པ་ལ་འཁྲུལ་པ་དགག་པ་གཉིས་ལས། དང་པོ་ལ་བཞི་སྟེ། ཐེག་པ་རིམ་དགུ་ལ་ལྟ་བ་ཐ་དད་ཡོད་པ་དགག །རྒྱུད་སྡེ་བཞི་ལ་ལྟ་བ་ཐ་དད་ཡོད་པ་དགག །རྣལ་འབྱོར་བཞི་ཐེག་པའི་རིམ་པར་འདོད་པ་དགག དེས་ན་དབུ་མ་ཡན་ཆད་ལྟ་བ་གཅིག་ཏུ་བསྟན་པའོ། །དང་པོ་ནི། ལ་ལ་ཐེག་པ་ཞེས་སོགས་བཅུ་བཞི་སྟེ། གསང་སྔགས་རྙིང་མ་བ་ལ་ལ། ཉན་ཐོས། རང་རྒྱལ། བྱང་སེམས་ཏེ། ཕྱི་མཚན་ཉིད་ཀྱི་ཐེག་པ་གསུམ། ཀྲི་ཡ་ཨུ་པ་ཡོ་ག་སྟེ། ནང་སྔགས་ཀྱི་ཐེག་པ་གསུམ། མ་ཧཱ་ཨ་ནུ་ཨ་ཏི་སྟེ། གསང་བ་མཐར་ཐུག་པའི་ཐེག་པ་གསུམ་སྟེ། དེ་ལྟར་ཐེག་པ་རིམ་དགུ་ལ་ལྟ་བ་ཐ་དད་པ་དགུ་ཡོད་ཅེས་ཟེར་རོ། །དེ་ནི་མི་འཐད་དེ། ཐེག་པ་གསུམ་དུ་བྱས་པའི་ཉན་ཐོས་དང་། ཐེག་ཆེན་ལ་སྦྱོར་བྲལ་རྫོགས་པ་དང་། མ་རྫོགས་པའི་བྱེ་བྲག་གིས་ལྟ་བའི་རིམ་པ་ཡོད་མོད་ཀྱི། ཐེག་པ་ཆེན་པོ་ཕ་རོལ་ཏུ་ཕྱིན་པ་དང་། གསང་སྔགས་ལ་ཐོས་བསམ་གྱིས་གཏན་ལ་ཕབ་པའི་ལྟ་བའི་དབྱེ་བ་བཤད་པ་མེད་པའི་ཕྱིར་རོ། །གལ་ཏེ་ཕ་རོལ་ཏུ་ཕྱིན་པས་གཏན་ལ་ཕབ་པའི་སྦྱོར་བྲལ་ལས་ལྷག་པའི་རྡོ་རྗེ་ཐེག་པའི་ལྟ་བ་ཡོད་ན་ལྟ་བ་དེ་སྤྲོས་པ་ཅན་དུ་འགྱུར་ཏེ། སྤྲོས་བྲལ་ལས་འདས་པའི་ལྟ་བ་ཡིན་པའི་ཕྱིར། རྡོ་རྗེ་ཐེག་པའི་ལྟ་བ་དེ་སྤྲོས་བྲལ་ཡིན་ན་ནི། ཕ་རོལ་ཏུ་ཕྱིན་པས་གཏན་ལ་ཕབ་པའི་ལྟ་བ་དང་། ཁྱད་པར་མེད་པ་དེས་ན་བཤད་པས་གོ་བའི་ཐོས་པའི་ལྟ་བ་གཅིག་ཉིད་ཡིན་ནོ། །

འོན་ཀྱང་སྤྲོས་བྲལ་དེ་རྟོགས་པའི་ཐབས་ལ་གསང་སྔགས་ཁྱད་པར་འཕགས་ཏེ། རྒྱུད་སྡེ་བཞིའི་ཉམས་ལེན་གྱི་རིམ་པ་ཐམས་ཅད་སྤྲོས་བྲལ་རྟོགས་པའི་ཐབས་ཡིན་པའི་ཕྱིར་དང་། ཕར་ཕྱིན་ཐེག་པ་ལ་སོ་སོ་སྐྱེ་བོའི་དུས་སུ་རྟགས་ལ་བརྟེན་པའི་རིགས་ཤེས་རྗེས་དཔག་གི་རྒྱུན་བསྒོམ་པ་ལས་གཞན་མེད་ཅིང་། རྡོ་རྗེ་ཐེག

པ་ལ་དབང་དང་རིམ་གཉིས་ལས་བྱུང་བའི་མཚོན་བྱེད་དཔེའི་ཡེ་ཤེས་དང་། མཐོང་ལམ་ཐོབ་པའི་ཚེ་རླུང་སེམས་དབུ་མར་ཞུགས་པས་བདེ་བས་བརྒྱན་པའི་ཚུལ་གྱིས་རྟོགས་པ་ཡོད་པའི་ཕྱིར་རོ། །གཞུང་འདི་དག་གི་དོན་ལ་གཅེས་པའི་མན་ངག་བཤད་པར་བྱ་སྟེ། སྤྱིར་ལྟ་བ་ལ་རྟོགས་བྱེད་ཀྱི་ཡེ་ཤེས་ལ་ལྟ་བར་བྱས་པ་དང་། རྟོགས་བྱའི་ཡུལ་ལ་ལྟ་བར་བྱས་པ་གཉིས་ལས། འདི་ཕྱི་མ་ཡིན་ཅིང་། དེ་ཡང་གྲུབ་མཐའ་རང་རང་གི་ལུགས་ཀྱི་རིགས་པ་ཡང་དག་གིས་དཔྱད་པའི་ཚེ། བློ་དེའི་ངོར་གནོད་པ་མེད་པར་གྲུབ་པ་ལ་ལྟ་བར་འཛོག་པ་ཡིན་པས། ཕྱི་རོལ་པ་རྣམས་ཀྱིས་ནི་རིགས་པས་དཔྱད་པའི་ཚེ། གང་ཟག་གི་བདག་གྲུབ་པ་ལ་གནོད་པ་མ་མཐོང་། ཉན་ཐོས་སྡེ་གཉིས་ཀྱིས་ནི། རྡུལ་ཕྲན་དང་ཤེས་པ་སྐད་ཅིག་མ་གྲུབ་པ་ལ་གནོད་པ་མ་མཐོང་ལ། སེམས་ཙམ་པ་རྣམས་ཀྱིས་ནི་གཟུང་འཛིན་གཉིས་མེད་ཀྱི་ཤེས་པ་གསལ་རིག་ཙམ་གྲུབ་པ་ལ་གནོད་པ་མ་མཐོང་བས། དེ་དག་གྲུབ་མཐའ་དེ་དང་དེ་དག་གི་ལྟ་བར་འཛོག་གོ། །དབུ་མ་པས་ནི་གཅིག་དུ་བྲལ་ལ་སོགས་པའི་རིགས་པ་ཡང་དག་གིས་དཔྱད་པའི་ཚེ་དངོས་པོར་གྲུབ་པའི་ཆོས་ཅུང་ཟད་ཙམ་ཡང་མི་རྙེད་ཅིང་། དེ་བཀག་པའི་དངོས་མེད་ཀྱང་མི་རྙེད་དེ། དགག་བྱ་དངོས་པོ་མེད་པའི་ཕྱིར་རོ། །གཉིས་ཀའང་མི་རྙེད་དེ། རེ་རེ་བ་མེད་པའི་ཕྱིར་རོ། །གཉིས་ཀ་མ་ཡིན་པ་ཡང་མི་རྙེད་དེ། བློས་བཏགས་པའི་མཐའ་ནི་དེ་གཉིས་སུ་ཟད་པའི་ཕྱིར་རོ། །དེས་ན་མཐའ་བཞིའི་སྤྲོས་པ་གང་ཡང་མ་རྙེད་པ་ལ་སྤྲོས་བྲལ་དང་། བརྗོད་བྲལ་དང་། ཟུང་འཇུག་གི་ཐ་སྙད་བཏགས་པ་ཙམ་མོ། །འོན་རིགས་པ་ཡང་དག་གི་ངོར་གནོད་པ་མེད་པར་གྲུབ་པ་ལ་ལྟ་བར་འཛོག་པ་དང་འགལ་ཏེ། དེའི་ངོར་ཅུང་ཟད་ཙམ་ཡང་གྲུབ་པ་མེད་པའི་ཕྱིར་རོ་སྙམ་ན། འདི་ལ་དགོངས་ནས་རྗེ་བཙུན་གྱིས་མངོན་རྟོགས་ལྗོན་ཤིང་ལས། དབུ་མ་པ་ལ་གནས་ལུགས་དང་ལྟ་བ་མེད་པར་གསུངས་པས་དེ་དག་གི་མིང་གིས་བཏགས་པ་ཙམ་མོ། །དེས་ན་ཐོས་པའི་ལྟ་བ་ཕ་རོལ་ཏུ་ཕྱིན་པའི་དབུ་མ་ལས་ལྷག་པ་གཞན་མེད་པའི་དོན་ཡང་། མཐའ་བཞིའི་སྤྲོས་བྲལ་དུ་གཏན་ལ་ཕབ་ན་དབུ་མའི་ལྟ་བ་དེ་ཉིད་ཡིན་ཅིང་། སྤྲོས་བྲལ་དུ་གཏན་ལ་མ་ཕབ་ན་མཐའ་བཞི་གང་རུང་ལས་མ་འདས་པས་དབུ་མ་ལས་དམན་པའོ། །དེས་ན་སྤྲོས་བྲལ་དུ་གཏན་ལ་ཕབ་པའི་ཆ་ལ་ཁྱད་པར་མེད་པ་ཡིན་གྱི། ཉམས་མྱོང་ལ་ཁྱད་པར་ཡོད་པ་ནི་བཤད་ཟིན་ཏོ། །ལྟ་བའི་འཛོག་ཚུལ་འདི་བཞིན་དུ་ཤེས་ན་གོང་དུ་བཤད་པའི་མདོ་སྔགས་ཀྱི་ཐོས་པའི་ལྟ་བ་ལ་ཁྱད་པར་མེད་པ་དང་། འོག་ཏུ་རིགས་གསུམ། རིགས་ལྡ་ལ་སོགས་པའི་ཁྱད་པར་བསྒོམ་པ་ཡིན་གྱི་ལྟ་བ་མ་ཡིན་པར་གསུངས་པ་དང་། ཀུན་རྫོབ་ལྟ་བར་འབྲུལ་དུ་མི་རུང་བར་གསུངས་པའི་དོན་རྣམས་ཀྱང་བདེ་བླག་ཏུ་རྟོགས་པར་འགྱུར་རོ། །

གཉིས་པ་ལ་གཉིས་ཏེ། འདོད་པ་བརྗོད་པ་དང་། དེ་དགག་པའོ། །དང་པོ་ནི། ཁ་ཅིག་དབུ་མའི་ཞེས་

སོགས་བཅུ་གཅིག་སྟེ། རྙིང་མ་པ་ཁ་ཅིག །དབུ་མ་ནས་རྣལ་འབྱོར་ཆེན་པོའི་བར་ལ་དོན་དམ་དང་ཀུན་རྫོབ་ཀྱི་ལྟ་བ་གཉིས་སུ་བྱས་ནས་དོན་དམ་གྱི་ལྟ་བ་སྤྲོས་བྲལ་ཡིན་པ་ཐམས་ཅད་མཐུན་ཅིང་། ཀུན་རྫོབ་ཀྱི་ལྟ་བ་ལ་དབུ་མ་པ་ཇི་ལྟར་སྣང་བ་བཞིན་ཡིན་པ་དང་། བྱ་རྒྱུད་ཀྱི་ཀུན་རྫོབ་རིགས་གསུམ་གྱི་དཀྱིལ་འཁོར་དང་། སྤྱོད་རྒྱུད་དང་རྣལ་འབྱོར་རྒྱུད་ཀྱི་ཀུན་རྫོབ་རིགས་ལྔའི་རྒྱལ་བ་དང་། རྣལ་འབྱོར་ཆེན་པོའི་ཀུན་རྫོབ་དམ་པ་རིགས་བརྒྱ་ཡིན་པས་ཀུན་རྫོབ་ཀྱི་ལྟ་བ་ལ་བཟང་ངན་གྱི་རིམ་པ་ཡོད་པ་ཡིན་ནོ་ཞེས་ཟེར་རོ། །གཉིས་པ་ལ་གསུམ་སྟེ། ལྟ་སྒོམ་གྱི་ཁྱད་པར་སྤྱིར་བསྟན། བསྒོམ་པའི་ཁྱད་པར་བྱེ་བྲག་ཏུ་བཤད། དེས་ན་ཀུན་རྫོབ་ལྟ་བར་མི་འཐད་པའོ། །དང་པོ་ནི། ལྟ་སྒོམ་ཞེས་སོགས་ཚིགས་བཅད་གཉིས་ཏེ། ཤེས་རབ་ཀྱིས་གནས་ལུགས་རྟོགས་པ་ལྟ་བ་དང་། དེ་རྟོགས་པའི་ཐབས་དམིགས་པའི་བྱེ་བྲག་རྣམས་བསྒོམ་པ་ཡིན་པའི་ཁྱད་པར་མ་ཕྱེད་པས་ཀུན་རྫོབ་ལྟ་བར་འདོད་ཅིང་། དེ་ལ་བཟང་ངན་འདི་འདྲའི་དབྱེ་བ་འཁྲུལ་པ་ཡིན་ཏེ། རིགས་གསུམ་སོགས་སུ་བསྒོམ་པ་ནི་སྒོམ་པ་ཡིན་གྱི་ལྟ་བ་མ་ཡིན་ཅིང་། སྒོམ་པ་ལ་ཡང་བྱ་སྤྱོད་རྣལ་འབྱོར་གྱི་རྒྱུད་གསུམ་ལས་སྣང་བ་ལྷ་རུ་བསྒོམ་པ་གསུངས་པ་མེད་པའི་ཕྱིར་རོ། །

གཉིས་པ་ལ་གཉིས་ཏེ། སྒོམ་ཚུལ་དམིགས་པའི་ཁྱད་པར། བསྒོམ་གཞི་ཀུན་རྫོབ་ཀྱི་ཁྱད་པར་རོ། །དང་པོ་ནི། འོན་ཀྱང་བྱ་བའི་ཞེས་སོགས་ཉེར་གཉིས་ཏེ། ལུང་སྦྱོར་ཡི་གེ་མངས་ཀྱིས་དོགས་པས་བཞག་པ་ནི། རྡོ་རྗེ་གུར་གྱི་འགྲེལ་པ་ལས། བྱ་བའི་རྒྱུད་ཅེས་བྱ་བ་ནི། ཕྱི་རོལ་ཧ༷་ཧུང་མ་ལ་སོགས་པའི་ལྷར་དམིགས་པ་དང་། གཙང་སྦྲ་དང་སྡོམ་པ་ལ་སོགས་པ་ལྷུར་ལེན་པའོ། །བྱ་བའི་སྦྱོར་བ་ཞེས་བྱ་བ་ནི། བདག་ལས་ཕྱི་རོལ་ཏུ་དམིགས་པའོ། །ཞེས་པ་དང་། དགྲ་ནག་གི་འགྲེལ་པ་ལས། བྱ་བ་དང་སྤྱོད་པའི་རྒྱུད་ལའང་བསྒྲུབ་བྱ་དང་སྒྲུབ་པའི་ཐབས་དུས་ཡུན་རིང་པོར་རྗེས་སུ་མི་འཇུག་སྟེ་དེ་དག་ནི་བཏགས་པ་ལས་བྱུང་བ་ཉིད་ཡིན་ཏེ། དེས་ནི་འདི་ལྟར་རས་བྲིས་ལ་སོགས་པར་རྟོགས་པའི་ལྷའི་སྟོབས་ཀྱིས་དངོས་གྲུབ་རྫོགས་པར་བྱེད་པའི་ཕྱིར་རོ། །རྣལ་འབྱོར་གྱི་རྒྱུད་དུ་ནི་ཁྱད་པར་འདི་ཡོད་དེ། རང་གི་ལྷའི་རྣལ་འབྱོར་གྱིས་རས་བྲིས་ལ་སོགས་པར་རྟོགས་པའི་ལྷ་ལ་དམིགས་ནས་མཐུན་པར་བསྒྲུབ་པའི་དངོས་གྲུབ་སྒྲུབ་པར་བྱེད་དོ། །ཞེས་པ་དང་། འོད་ཟེར་ཅན་གྱི་རྟོག་པ་ལས། བདག་ཉིད་རྣམ་པར་སྣང་མཛད་ཀྱི་གཟུགས་པདྨའི་ལྟེ་བར་སེང་གེའི་ཁྲི་ལ་རྡོ་རྗེ་སྐྱིལ་ཀྲུང་གིས་བཞུགས་པ་གསེར་གྱི་མདོག་ཅན། བྱང་ཆུབ་མཆོག་གི་ཕྱག་རྒྱ་ཅན་ཏིང་ངེ་འཛིན་ལ་སྙོམས་པར་ཞུགས་པ། རལ་པའི་དབུ་རྒྱན་འཆང་ཞིང་ཞི་བ། ཡི་གེ་མཾ་ཉིད་ཀྱིས་བརྗོད་པའི་རྣམ་པར་བསམ་པར་བྱའོ། །དེ་ནས་མདུན་དུ་ཟླ་བའི་གཟུགས་ལས་རྣམ་པར་སྣང་མཛད་ལས་བྱུང་བའི་འོད་ཟེར་ཅན་ནི། མ་རཱི་ཙྱཻ་སྭཱ་ཧཱ། ཞེས་བྱ

བས་གསེར་གྱི་མདོག་ཅན་སྐྱུད་པ་དང་བཅས་པའི་ཁབ་འཛིན་པའི་ཕྱག་གིས་གདུག་པ་ཅན་གྱི་ཁ་དང་། མིག་ཡང་དག་པར་དབུབས་པ་མདུན་དུ་རྣམ་པར་བསམ་པར་བྱའོ། ཞེས་དང་། དྷ་ན་ཤྲཱི་ལས། ལྷག་པའི་ལྷ་མཆོག་དེ་ཡི་མདུན་དུ་ཡང་། །བདག་ཉིད་ཧེ་ལྷའི་ཁྲོ་རྒྱལ་བསམ་བྱ་སྟེ། །ཞེས་དང་། དེ་ཉིད་སྣང་བ་ལས། ཕྱག་རྒྱ་གང་དང་གང་ནས་འབྱུང་བ་དེ་དང་དེ་ཉིད་དུ་བཀྲོལ་ཏེ། ཡེ་ཤེས་པ་གཤེགས་སུ་གསོལ་ལོ། །གཞན་དུ་ན་ལྷ་ལ་བརྙས་པར་འགྱུར་ཞེས་སོགས་གསུངས་སོ། །རྣལ་འབྱོར་ཆེན་པོའི་རྒྱུད་དུ་ནི། དེ་བཞིན་ཉིད་ཀྱི་དག་པ་ཆོས་ཐམས་ཅད་རང་བཞིན་གྱིས་སྟོང་པ་ཉིད་ཡིན་པ་དང་། ལྷ་སོ་སོའི་དག་པ་ཀུན་རྫོབ་ཀྱི་སྣང་བ་ཐམས་ཅད་ལྷར་བསྒོམ་པ་དང་། རང་རིག་པའི་དག་པ་དེ་ཐམས་ཅད་བདེ་ཆེན་གྱི་ཡེ་ཤེས་སུ་བསྒྱུར་བ་སྟེ། དག་པ་གསུམ་གྱི་རང་བཞིན་བཤད་དེ། ཀྱཻ་རྡོ་རྗེ་ལས། ངེས་པར་དངོས་པོ་ཐམས་ཅད་ཀྱི། །དག་པ་དེ་བཞིན་ཉིད་དུ་བརྗོད། །ཕྱི་ནས་རེ་རེའི་དབྱེ་བ་ཡིས། །ལྷ་རྣམས་ཀྱིས་ནི་བརྗོད་པར་བྱ། །ཞེས་དང་། རང་རིག་བདག་ཉིད་དག་པ་ཉིད། །དག་པ་གཞན་གྱིས་རྣམ་གྲོལ་མིན། །ཞེས་གསུངས་སོ། །གཉིས་པ་ལ་གཉིས་ཏེ། རྒྱུད་སྡེ་འོག་མར་ཀུན་རྫོབ་ལྷར་མི་བསྒོམ་པ། རྣལ་འབྱོར་ཆེན་པོར་ཀུན་རྫོབ་ལྷར་བསྒོམ་པའོ། །དང་པོ་ནི། གལ་ཏེ་བྱ་བའི་ཞེས་སོགས་ཉེར་གཉིས་ཏེ། བྱ་རྒྱུད་ཀྱི་ཡང་ཀུན་རྫོབ་ལྷ་རུ་གནས་ན། ཟས་གཅོད་པ་ལ་སོགས་པའི་དཀའ་ཐུབ་དང་། ཁྲུས་ལ་སོགས་པའི་གཙང་སྦྲ་ག་ལ་འཐད་དེ། ལྷ་ལ་གཙང་དང་སོགས་སོ། །ཁ་ཅིག་སྤྱོད་རྒྱུད་ཀྱི་ཡང་ཀུན་རྫོབ་ཀྱི་ལྟ་བ་རྣལ་འབྱོར་གྱི་རྒྱུད་དང་མཐུན་པས་རིགས་ལྔ་ཡིན་ཅིང་། སྤྱོད་པ་བྱ་བའི་རྒྱུད་བཞིན་དུ་གཙང་སྦྲ་བྱེད་དོ། །ཞེས་ཟེར་བ་འདི་ཡང་དེ་ལྟར་ངེས་པ་མེད་དེ། སྤྱོད་རྒྱུད་འདི་ནི་ཕྱིའི་བྱ་བ་དང་། ནང་ཏིང་ངེ་འཛིན་གཉིས་ཀ་སྟོན་པའི་རྒྱུད་ཡིན་པས། ལས་ཚོགས་བསྒྲུབ་པ་སོགས་གཙང་སྦྲ་སྤྱོད་མོད་ཀྱི། ཕལ་ཆེར་བདག་ཉིད་ལྷར་བསྒོམས་ནས། རང་ཉིད་ཅི་བདེར་སྤྱོད་པར་གསུངས་པའི་ཕྱིར་རོ། །སྤྱོད་པའི་རྒྱུད་ཀྱི་ཀུན་རྫོབ་ལྷར་བསྒོམ་པ་ཉིད་ཀྱང་མེད་ཅིང་། བསྒོམ་བྱའི་ལྷ་ལ་རིགས་ལྔའི་དོན་གྲུབ་ཡང་ཐ་སྙད་མེད་ལ། ཕྱག་རྒྱ་དང་། སྐུ་མདོག་དང་། ཡེ་ཤེས་ལྔ་དང་སྦྱར་བའི་རྣམ་གཞག་ཀྱང་། རྣལ་འབྱོར་གྱི་རྒྱུད་དེ་ཉིད་བསྡུས་པ་བཞིན་དུ་དེ་ར་མ་གསུངས་པས་རིགས་ལྔ་མེད་དོ། །འདིའི་མཚན་གཞི་ནི་ཨ་ར་པ་ཙ་ན་ལྷ་ལྔ་མ་དང་། མི་འཁྲུགས་པ་ལྷ་དགུ་མ་ལྟ་བུ་ཡིན་པར་སེམས་སོ། །ཁ་ཅིག་སྦྱོང་རྒྱུད་ལ་སྤྱོད་རྒྱུད་དུ་བྱས་ནས་རིགས་ལྔའི་ཐ་སྙད་མེད་པ་དང་། ཕྱག་རྒྱ་དང་། སྐུ་མདོག་དང་། རྣམ་གཞག་རྣལ་འབྱོར་གྱི་རྒྱུད་བཞིན་མ་གསུངས་པ་ནི་སྦྱོང་རྒྱལ་དང་། རྒྱལ་མཆོག་རིན་ཆེན་སོགས་ཀྱི་ཐ་སྙད་དང་། སྦྱོང་རྒྱལ་དཀར་པོ་སོགས་ཀྱི་ཁ་དོག་དང་། རྒྱལ་མཆོག་རིན་ཆེན་མཆོག་སྦྱིན་དང་། ས་གནོན་སོགས་ཀྱི་ཕྱག་རྒྱ་མཛད་པ་ལ་འཆད་པ་ནི་མི་འཐད་དེ། རྗེ་བཙུན་གྱིས་གཞན་ཕན་སྤྱི་ཆིངས་སུ་སྦྱོང་

རྒྱུད་རྣལ་འབྱོར་གྱི་རྒྱུད་དུ་གསུངས་པའི་ཕྱིར་དང་། རྒྱུད་ཉིད་ལས་ཀྱང་། ཛཿཧཱུ་བཾ་ཧོཿཐུགས་རྗེའི་བདག ཚུར་གཤེགས་ཞེས་ནི་བརྗོད་ནས་ཀྱང་། །གསང་བའི་བཅིང་པ་བཅིངས་ནས་ནི། །མཛུབ་གཉིས་ལྕུགས་ཀྱུའི་ཚུལ་དུ་བྱ། །ཞེས་སོགས་ཡེ་ཤེས་པ་གཞུག་པ་བཤད་པའི་ཕྱིར་དང་། རྒྱལ་མཆོག་རིན་ཆེན་སོགས་ཀྱི་སྐུ་མདོག་དང་ཕྱག་རྒྱ་སྦྱོར་རྒྱུད་ཀྱི་དངོས་བསྟན་ལ་མེད་པའི་ཕྱིར་དང་། རྗེས་འཇུག་གིས་བཀྲལ་བའི་དབང་དུ་བྱས་ན་པཎྜི་ཏ་སྨྲྀ་ཏི་ཛྙཱ་ནས་ཡེ་ཤེས་ལྔའི་རྣམ་གཞག་དང་ཡང་སྦྱར་བའི་ཕྱིར་རོ། །ཀུན་རྫོབ་ལྷ་རུ་གནས་ན་དཀའ་ཐུབ་དང་གཙང་སྦྲ་མེད་ཅིང་། སྦྱང་གཞི་སྤྱོད་བྱེད་སྦྱར་བ་རྣལ་འབྱོར་ཆེན་པོའི་ཁྱད་ཆོས་ཡིན་པ་དེས་ན་རྣལ་འབྱོར་རྒྱུད་ཡན་ཆད་སོགས་སོ། །གཉིས་པ་ནི། རྣལ་འབྱོར་ཆེན་པོའི་ཞེས་སོགས་དྲུག་སྟེ། རྣལ་འབྱོར་ཆེན་པོའི་རྒྱུད་སྡེ་ལས། ཀུན་རྫོབ་སྣང་བ་འདི་ཇི་ལྟར་སྣང་བ་བཞིན་དུ་བས་པ་མ་ཡིན་པའི་ཕྱིར། བསྐྱེད་རིམ་གྱི་ཐབས་ལ་མཁས་པའི་ཁྱད་པར་གྱིས། སྦྱང་གཞི་མ་དག་པ་སྣང་བ་རྣམས། སྦྱོང་བྱེད་ཡེ་ཤེས་ལྷར་སྦྱོད་པ་དེའི་ཚེ། དམ་པ་རིགས་བརྒྱ་དང་། འབུམ་ལ་སོགས་པའི་དབྱེ་བ་རྒྱལ་བས་གསུངས་ཏེ། ཟླ་གསང་ཐིག་ལེ་ལས། རིགས་ནི་རྣམ་པ་བརྒྱར་བསྟན་དང་། །མདོ་རུ་བསྡུ་ན་རྣམ་པ་ལྔ། །ལུས་དང་ངག་དང་ཡིད་སྦྱོར་བས། ། གསུམ་དུ་ཡང་ནི་འགྱུར་བ་ཡིན། །ཞེས་དང་། ཀྱཻ་རྡོ་རྗེ་ལས། རྒྱས་པར་རབ་ཏུ་ཕྱེ་བ་ལས། །རིགས་ནི་རྣམ་པ་དྲུག་ཏུ་བརྗོད། །རྣམ་གསུམ་རྣམ་པ་ལྔ་ཉིད་ཀྱང་། །ཞེས་དང་། རིགས་ཀྱི་ཚོགས་ལ་རིགས་ནི་དུ་མ་རྣམས། །དེ་རྣམས་རིགས་ལ་རིགས་ནི་རྣམ་པ་བརྒྱ། །དེ་རྣམས་ལ་ཡང་འབུམ་ཕྲག་རིགས་ཆེན་རྣམས། །བྱེ་བའི་རིགས་ལ་གྲངས་ནི་མེད་པར་འགྱུར། །ཞེས་སོ། །

དེ་ལ་དམ་པ་རིགས་བརྒྱ་ལ་ཀྱཻ་རྡོ་རྗེའི་དགོངས་པ་ནི། སྦྱང་གཞི་འབྱུང་བ་ལྔ་པོ་རེ་རེ་ལ་སྦྱང་བྱ་ཉོན་མོངས་པ་ལྔ་ལྔ་གནས་པས་ཉེར་ལྔ། དེ་རེ་རེ་ཡང་ནང་སེལ་གྱིས་ཕྱེ་ན་ཤ་ཆེན་སྤྱི་ཁྱབ་ཏུ་བཏང་བའི་བདུད་རྩི་བཞི་བཞི་སྟེ་བརྒྱའོ། །སྦྱོང་བྱེད་ལམ་ལ་སྦྱར་ན་བསྐྱེད་རིམ་གྱི་རིགས་བརྒྱ་ནི། རིགས་ལྔ་པོ་རེ་རེ་ལ་མངོན་བྱང་ཡེ་ཤེས་ལྔ་ལྔས་ཕྱེ་བས་ཉེར་ལྔ། དེ་ལ་འཁོར་ཡུམ་བཞི་བཞི་དང་ལྡན་པས་བརྒྱའོ། །རྫོགས་རིམ་གྱི་རིགས་བརྒྱ་ནི། འདིར་ཐིག་ལེ་ལ་སྦྱར་ན་ཐིག་ལེ་ཕྲ་མོ་གཅིག་ཀྱང་འབྱུང་བ་ལྔ་དང་ལྡན་པ། དེ་རེ་རེ་ཡང་བདུད་རྩི་བཞི་བཞིས་ཕྱེ་བས་ཉི་ཤུ། རྟེན་ཐིག་ལེ་གཅིག་ལ་ཡང་མཚོན་བྱེད་དཔེའི་ཡེ་ཤེས་ལྔ་ལྔ་དང་ལྡན་པས་བརྒྱའོ། །འབྲས་བུའི་དམ་པ་རིགས་བརྒྱ་ནི། སྤྲུལ་པའི་སྐུ་རིགས་ལྔ་པོ་རེ་རེ་ལ་ཡེ་ཤེས་ལྔ་ལྔས་ཕྱེ་བས་ཉེར་ལྔ། དེ་ཚད་མེད་པའམ་ལྷ་མོ་བཞི་བཞི་དང་ལྡན་པས་བརྒྱའོ། །གསང་འདུས་ཀྱི་དགོངས་པ་ནི། སྤྱོད་བསྡུས་ལས། དེ་བཞིན་གཤེགས་པ་རིགས་ལྔའམ་ཡུམ་བཞི། ས་སྙིང་། ཕྱག་རྡོར། ནམ་སྙིང་། འཇིག་རྟེན་དབང་ཕྱུག སྒྲིབ་པ་

རྣམ་སེལ་ཏེ་ལྔ། གཟུགས་རྡོ་རྗེ་མ་སོགས་ལྷ་མོ་ལྔ་སྟེ། བཅུ་དགུ་པོ་རེ་རེ་ལ་རིགས་ལྔ་ལྔར་ཕྱེ་བས་དགུ་བཅུ་རྩ་ལྔ་དང་། ཡེ་ཤེས་ལྔ་སྟེ་བརྒྱ་ལ་བཤད་དོ། །ཉིང་མ་པ་རྣམས་ཀྱིས་ནི་ཁྲོ་བོ་བཞི་བཅུ་ཞེ་གཉིས། ཁྲག་འཐུང་ལྔ་བཅུ་རྩ་བརྒྱད་ལ་དམ་པ་རིགས་བརྒྱར་འདོད་དོ། །གསུམ་པ་ནི། དེས་ན་ཀུན་རྫོབ་ཞེས་སོགས་ཚིགས་བཅད་གཅིག་སྟེ། རྒྱུད་སྡེ་འོག་མ་གསུམ་ལ་ཀུན་རྫོབ་ལྷར་བསྒོམ་པ་མེད་ཅིང་། བླ་མེད་ལ་ཀུན་རྫོབ་ལྷར་བསྒོམ་པ་ཡོད་ཀྱང་ཐབས་ཀྱི་ཁྱད་པར་ཡིན་གྱི། ལྟ་བ་མ་ཡིན་པ་དེས་ན་ཀུན་རྫོབ་སྣང་བའི་ལོག་པ་དང་། ལྷར་བསྒོམ་པ་མ་ཕྱེད་པས་གསང་སྔགས་རྙིང་མ་པ་རྣམས་ཀྱིས། རྒྱུད་སྡེ་བཞིའི་ཀུན་རྫོབ་ཀུན་ལྷར་བསྒོམ་ནས་དེ་ལྟ་བ་དང་འབྲེལ་ཏེ། དེའི་བཟང་ངན་གྱི་རིམ་པ་ལ་ལྟ་བ་བཟང་ངན་གྱི་རིམ་པར་འཛོག་པའི་རྒྱུ་མཚན་དེ་ལྟར་ཡིན་ནོ། །

གསུམ་པ་ལ་བཞི་སྟེ། སྤྱི་འགྱུར་གྱི་ལུགས་བརྗོད། ཕྱི་འགྱུར་གྱི་ལུགས་བརྗོད། ཕྱི་འགྱུར་བའི་ལུགས་འཐད་པར་སྒྲུབ། དེས་སྔ་འགྱུར་བའི་ལུགས་མི་འཐད་པར་གྲུབ་པའོ། །དང་པོ་ནི། གསང་སྔགས་སྔ་འགྱུར་ཞེས་སོགས་དྲུག་སྟེ། སྔ་འགྱུར་པ་རྣམས་ནི་རྣལ་འབྱོར་ཡོ་ག་དང་། རྣལ་འབྱོར་ཆེན་པོ་མ་ཧཱ་ཡོ་ག་དང་། རྗེས་སུ་རྣལ་འབྱོར་ཨ་ནུ་ཡོ་ག་དང་། ཤིན་ཏུ་རྣལ་འབྱོར་ཨ་ཏི་ཡོ་ག་ཞེས་བྱ་བ་རྣམ་པ་བཞི་ཐེག་པའི་རིམ་པ་ཡིན་ཞེས་ཟེར་ཞིང་། ཤིན་ཏུ་རྣལ་འབྱོར་ཐེག་པ་རིམ་དགུའི་ཡང་རྩེ་ཡིན་པས་བཟང་བར་འདོད་དོ། །གཉིས་པ་ནི། གསང་སྔགས་ཕྱི་འགྱུར་ཞེས་སོགས་ལྔ་སྟེ། དེ་དག་གི་རྣལ་འབྱོར་བཞིའི་གོ་རིམ་ཡང་སྔ་མ་དང་མི་འདྲ་ཞིང་། ངོ་བོ་ཡང་བསྐྱེད་རྫོགས་ཀྱི་ཏིང་ངེ་འཛིན་གྱི་རིམ་པ་ཡིན་གྱི། རྒྱུད་སྡེའི་རིམ་པར་མི་བཞེད་དེ། དགྲ་ནག་གི་རྒྱུད་ལེའུ་བཅུ་བདུན་པ་ལས། རྡོ་རྗེ་སེམས་དཔའ་རྫོགས་པ་ནི། །རྣལ་འབྱོར་ཡིན་པར་འདི་ལྟར་འདོད། །དེ་ཡི་རྒྱུ་མཐུན་ལྷ་ཡི་སྐུ། །རྗེས་ཀྱི་རྣལ་འབྱོར་ཡིན་པར་གྲགས། །འཁོར་ལོ་ཐམས་ཅད་ཡོངས་རྫོགས་པར། །ཤིན་ཏུ་རྣལ་འབྱོར་ཡིན་པར་གྲགས། །སྐུ་དང་གསུང་དང་ཐུགས་རྣམས་དང་། །ལྷ་ཡི་མིག་སོགས་བྱིན་བརླབ་དང་། །ཡེ་ཤེས་འཁོར་ལོ་གཞུག་པ་དང་། །བདུད་རྩི་མྱང་བ་དག་དང་ནི། །མཆོད་དང་བསྟོད་པ་ཆེན་པོ་དག །རྣལ་འབྱོར་ཆེན་པོ་ཞེས་བྱའོ། །ཞེས་དང་། དཔལ་མཆོག་གི་འགྲེལ་པ་ལས། དེ་ལ་དེ་ཁོ་ན་ཉིད་རྣམ་པ་ལྔ་བསྒོམས་པས། བདག་ཉིད་རང་གི་ལྷའི་ངོ་བོ་ཉིད་དུ་བསྐྱེད་པ་བསྒོམ་པའི་རྣལ་འབྱོར་ཞེས་བྱའོ། །ཡེ་ཤེས་སེམས་དཔའ་བཅུག་ནས་དེ་དང་ལྷན་ཅིག་ཏུ་གྱུར་པར་ལྷག་པར་མོས་པ་ནི་རྗེས་སུ་རྣལ་འབྱོར་ཞེས་བྱའོ། །རྒྱུ་བ་དང་མི་རྒྱུ་བ་ཐམས་ཅད་ཀྱི་ངོ་བོ་ཉིད་ཀྱི་རང་བཞིན་དུ་བདག་ཉིད་བསྒོམ་པ་ནི་ཐམས་ཅད་ཀྱི་རྣལ་འབྱོར་ཞེས་བྱའོ། །རྣལ་འབྱོར་དང་རྗེས་སུ་རྣལ་འབྱོར་དང་། ཐམས་ཅད་ཀྱི་རྣལ་འབྱོར་རྣམ་པར་བསྒོམས་པས་སེམས་རྩེ་གཅིག་ཏུ་གྱུར་པ་གང་ཡིན་པ་དེ་ནི་ཤིན་ཏུ་རྣལ་འབྱོར་ཞེས་བྱའོ། །ཞེས་དང་། བཤད་རྒྱུད་རྡོ་རྗེ་ཕྲེང་

བའི་དགོངས་པ་སློབ་དཔོན་འཕགས་པ་ཀླུ་སྒྲུབ་ཀྱིས། གསང་བ་འདུས་པའི་བསྐྱེད་པའི་རིམ་པ་ལ་རྣལ་འབྱོར་བཞི་སྦྱོར་བར་མཛད་པ་རྣམས་ཉིང་ངེ་འཛིན་གྱི་རིམ་པ་ཁོ་ནའོ། །གསུམ་པ་ནི། དེས་ན་རྒྱུད་སྡེ་ཞེས་སོགས་ཚིགས་བཅད་བཞི་སྟེ། རྣལ་འབྱོར་བཞི་དང་། རྒྱུད་སྡེ་བཞི་ཐ་དད་དུ་ཡོད་པ་དེས་ན། རྒྱུད་སྡེ་བཞིའི་རྣལ་འབྱོར་དང་། རྣལ་འབྱོར་ཆེན་པོ་དང་། རྣལ་འབྱོར་བཞིའི་རྣལ་འབྱོར་དང་། རྣལ་འབྱོར་ཆེན་པོ་དོན་མི་གཅིག་སྟེ། སྔ་མ་རྒྱུད་སྡེའི་རིམ་པ་ཡིན་ཅིང་། ཕྱི་མ་ཉིང་ངེ་འཛིན་གྱི་རིམ་པ་ཡིན་པའི་ཕྱིར། དཔེར་ན་ཀླུ་ཆེན་སོགས་སོ། །དེས་ན་གསང་སྔགས་གསར་མ་ལ་རྣལ་འབྱོར་ཆེན་པོའི་ལྷག་ན་དེ་ལས་ལྷག་པའི་རྒྱུད་སྡེ་མེད་ཅིང་། རྣལ་འབྱོར་བཞིར་བྱས་པའི་རྣལ་འབྱོར་ཆེན་པོའི་གོང་ན་བསྒོམ་པའི་དམིགས་པ་ཉིད་ཀྱང་མེད་པས། རྣལ་འབྱོར་ཆེན་པོ་ལས་བཟང་བའི་ཤིན་ཏུ་རྣལ་འབྱོར་མི་འཐད་དོ། །རྣལ་འབྱོར་ཆེན་པོ་དེ་ལས་སྐྱེས་པའི་ཡེ་ཤེས་ནི་སྤྲོས་པ་མེད་ཅིང་། བརྗོད་པ་དང་བྲལ་བ་ཡིན་པས་ལྷ་བ་ཡིན་གྱི་ཐེག་པའི་རིམ་པར་མི་བཞེད་དེ། ཐེག་པའི་རིམ་པ་ནི་ལྟ་བ་རྟོགས་བྱེད་ཀྱི་ཐབས་ཀྱི་ཁྱད་པར་ཡིན་པའི་ཕྱིར་རོ། །བཞི་པ་ནི། ལུགས་འདི་ལེགས་པར་ཞེས་སོགས་ལྔ་སྟེ། རྣལ་འབྱོར་བཞི་ཉིང་ངེ་འཛིན་གྱི་རིམ་པ་ཡིན་པ་དང་། དེ་ལས་སྐྱེས་པའི་ཡེ་ཤེས་ལྟ་བ་ཡིན་པའི་ལུགས་འདི་ལེགས་པར་ཤེས་པར་གྱུར་ན། ཨ་ཏི་ཡོ་གའི་ལྟ་བ་ཤིན་ཏུ་རྣལ་འབྱོར་ཡང་བརྗོད་བྲལ་གྱི་ཡེ་ཤེས་ཡིན་གྱི། ཐེག་པའི་རིམ་པ་མ་ཡིན་པས་བརྗོད་བྲལ་གྱི་ཡེ་ཤེས་ལ་བརྗོད་བྱ་ཐེག་པར་བྱས་པ་ནི་སོགས་སོ། །

བཞི་པ་ནི། དེས་ན་ཐོས་པའི་ཞེས་སོགས་དྲུག་སྟེ། དབུ་མ་ནས་རྣལ་འབྱོར་ཆེན་པོའི་བར་ལ་རྟོགས་བྱའི་ལྟ་བ་བཟང་ངན་མེད་པ་དེས་ན་ཐོས་བསམ་གྱིས་གཏན་ལ་ཕབ་པའི་ལྟ་བ་ནི་དབུ་མ་ཡན་ཆད་མཐུན་ཏེ། རྒྱུ་མཚན་དེའི་ཕྱིར་ན་རྡོ་རྗེ་མཁའ་འགྲོའི་འགྲེལ་པར་མདོ་སྡེ་ས་བཅུ་པ་དང་། དཔྱིག་གཉེན་གྱིས་ཉི་ཤུ་པའི་ལུང་ཁུངས་སུ་མཛད་ནས། སྣང་བ་སེམས་སུ་བསྒྲུབ་པ་དང་། སྤྱོད་བསྡུས་སྒྲོན་མེར་བརྒྱད་སྟོང་པ་དང་། ལས་ཀྱི་སྒྲིབ་པ་ཐམས་ཅད་རྣམ་པར་དག་པའི་མདོ་དྲངས་ནས་ཆོས་ཐམས་ཅད་སྐྱེ་མེད་དུ་གཏན་ལ་ཕབ་པ་སོགས་སོ། །རྡོ་རྗེ་ཐེག་པའི་སྐབས་སུ་ཡང་ལྟ་བའི་ལུང་སྦྱོར་ཀུན། ཕ་རོལ་ཏུ་ཕྱིན་པ་བཞིན་ཐམས་ཅད་ཀྱིས་མཛད་པའི་ཕྱིར་རོ། །འོན་ཀྱང་ལྟ་བ་དེ་རྟོགས་པའི་ཐབས་སོགས་ནི་བཤད་ཟིན་ཏོ། །གཉིས་པ་ཞར་ལ་རྒྱུད་སྡེ་བཞིའི་སྒྲུབ་པ་ལ་འཁྲུལ་པ་དགག་པ་ལ་གསུམ་སྟེ། འཁྲུལ་པ་དགག་པ་མདོར་བསྟན། མ་འཁྲུལ་པའི་སྒྲུབ་པ་རྒྱས་པར་བཤད། དེ་དག་དགུགས་པ་སྨྲད་པས་དོན་བསྡུ་བའོ། །དང་པོ་ནི། རྒྱུད་སྡེ་བཞི་ཡི་ཞེས་སོགས་གཉིས་སོ། །གཉིས་པ་ལ་གསུམ་སྟེ། བྱ་བའི་རྒྱུད་ཀྱི་སྒྲུབ་པ། རྒྱུད་སྡེ་བར་པ་གཉིས་ཀྱི་སྒྲུབ་པ། རྣལ་འབྱོར་ཆེན་པོའི་སྒྲུབ་པ་བཤད་པའོ། །དང་པོ་ལ་གཉིས་ཏེ། སྤྱིའི་དོན་དང་། གཞུང་གི་དོན་ནོ། །དང་པོ་ལ་ལྔ་སྟེ། རྒྱུད་ལས་ཇི་ལྟར

གསུངས་པའི་ཚུལ། དེ་ཉིད་གྲུབ་ཆེན་རྣམས་ཀྱིས་བཀྲལ་བའི་ཚུལ། དེ་ལས་ས་སྐྱ་པའི་བཞེད་པ་ངོས་གཟུང་བ། རྟོག་པས་བརྟགས་པའི་ལུགས་དགག །གཞན་གྱི་དོན་བསྡུས་ཏེ་བསྟན་པའོ། །དང་པོ་ནི། སྤྱོད་པ་གསུམ་ཀ་མདོར་བསྡུས་ཏེ་བསྟན་པ་དཔྱད་བཟངས། འཇུག་པའི་སྤྱོད་པ་གསལ་བར་སྟོན་པ་གསང་བ་སྤྱི་རྒྱུད། སྤྱོར་བའི་སྤྱོད་པ་གསལ་བར་སྟོན་པ་ལེགས་གྲུབ། སྒྲུབ་པའི་སྤྱོད་པ་གསལ་བར་སྟོན་པ་བསམ་གཏན་ཕྱི་མ་སྟེ། བྱ་བ་སྤྱིའི་རྒྱུད་ཆེན་བཞི་དང་། དམ་ཚིག་གསུམ་བཀོད་ལ་སོགས་པ་སོ་སོའི་རྒྱུད་སུམ་བརྒྱ་དང་དྲུག་ཅུ་ལྷག་ཙམ་ད་ལྟ་བོད་ན་བཞུགས་པ་འདི་རྣམས་ལས་བདག་བསྐྱེད་དངོས་སུ་མ་བསྟན་ཅིང་། དེར་མ་ཟད་རྒྱུད་སྡེ་གོང་མར་བྱ་རྒྱུད་ལ་བདག་བསྐྱེད་དང་། ཡེ་ཤེས་པ་གཞུག་པ་མེད་པར་གསལ་བར་བཤད་དེ། ཡེ་ཤེས་རྡོ་རྗེ་ཀུན་ལས་བཏུས་པའི་རྒྱུད་ལས། འཇིགས་པར་དམིགས་ཤིང་ཤིན་ཏུ་གཙང་སྦྲ་བྱེད་པ་དང་། ཡེ་ཤེས་སེམས་དཔའི་བདེ་བ་དམ་པ་མེད་པ་དང་། བདག་ཉིད་ལྷའི་སྙེམས་པ་མེད་པ་དང་། རྨད་དུ་བྱུང་བའི་སྤྱོད་ཡུལ་མ་ཡིན་པ་དང་། སྨོན་ཀྱི་རྒྱུ་རྟོག་པ་རབ་ཏུ་སྦྱོང་བས་སྒྲུབ་པར་བྱེད་པ་ནི་བྱ་བའི་རྒྱུད་ལ་གནས་སོ། ཞེས་གསུངས་སོ། །

གཉིས་པ་ལ་བཞི་སྟེ། བྱ་རྒྱུད་བླ་མེད་ལྟར་བཀྲལ་བ། རྣལ་འབྱོར་རྒྱུད་ལྟར་བཀྲལ་བ། སྤྱོད་རྒྱུད་ལྟར་བཀྲལ་བ། བྱ་རྒྱུད་རང་ལུགས་ལྟར་བཀྲལ་བའོ། །དང་པོ་ནི། འཕགས་པ་ཀླུ་སྒྲུབ་ཀྱིས་མཛད་པའི་སྤྱན་རས་གཟིགས་ཕྱག་སྟོང་པའི་སྒྲུབ་ཐབས་ལས། སྤྱན་རས་གཟིགས་འཁོར་བཅས་ཡན་ལག་བཞི་རྫོགས་སུ་བསྐྱེད་པའི་བསྐྱེད་རིམ་བཤད་ནས་དེའི་འོག་ཏུ། དེ་ནས་རྫོགས་པའི་རིམ་པ་བསྒོམ་པར་བྱ་སྟེ། ཟབ་པ་དང་ཕྲ་བའི་རྫོགས་རིམ་ནི་བླ་མའི་མན་ངག་ལས་ཤེས་པར་བྱའོ། ཞེས་འབྱུང་བ་ལྟ་བུ་སྟེ། བསྐྱེད་རྫོགས་གཉིས་ནི་བླ་མེད་ཀྱི་ཁྱད་ཆོས་ཡིན་པའི་ཕྱིར་རོ། །དེ་བཞིན་དུ་སྒྲུབ་ཐབས་རྒྱ་མཚོ་དང་། ཕྱེད་དང་ཉིས་བརྒྱ་པ་དང་། བརྒྱ་རྩ་རྣམས་སུ་བཤད་པའི་བྱ་རྒྱུད་ཀྱི་ལྷའི་སྒྲུབ་ཐབས་རྣམས་དང་། ཛོ་ཏ་རིའི་གྲུ་ལྔའི་སྒྲུབ་ཐབས་སོགས་གཞུང་ཆུང་ཕལ་ཆེ་བ་རྣམས་བླ་མེད་ལྟར་བཀྲལ་བ་ཡིན་ནོ། །ཞེས་རྗེ་བཙུན་བླ་མས་གསུངས་སོ། །གཉིས་པ་ནི། དེ་ཉིད་བསྡུས་པའི་འགྲེལ་པར་སློབ་དཔོན་ཀུན་སྙིང་གིས། བྱ་བ་དང་། སྤྱོད་པ་དང་། གཉིས་ཀའི་རྒྱུད་ལ་སོགས་པའི་ཚོ་ག་ལ་མངོན་པར་ཞེན་པ་རྣམས་ཀྱིས་ཀྱང་ཚོ་ག་དེས་འདི་ལས་བཤད་པའི་ཕྱག་རྒྱ་ཆེན་པོ་ལ་སོགས་པ་བསྒྲུབ་པར་བྱའོ། །ཞེས་དོན་དེ་བཤད་པར་བྱ་བའི་ཕྱིར། སྙིང་པོ་ཕྱག་རྒྱས་སྔགས་རིང་རྣམས། །ཇི་ལྟར་འདོད་པའི་ཚུལ་གྱིས་ནི། །ཞེས་པ་ལ་སོགས་པའི་ཚུལ་གྱིས་སྟོན་ནོ། །ཞེས་གསུངས་ཤིང་དེའི་དོན་རྣལ་འབྱོར་རྒྱུད་ལས་གསུངས་པའི་ཚོ་ག་བྱ་སྤྱོད་ཀྱི་རྒྱུད་ལ་སྦྱར་ན་རུང་ཞེས་པ་ཡིན་ལ། ཇི་ལྟར་སྦྱོར་ཚུལ་ནི། རྣམ་སྣང་སྒྱུ་དྲྭ། རྣལ་འབྱོར་རྣམ་གསུམ་ཤེས་བྱ་སྟེ། །བྱིན་གྱིས་བརླབ་དང་ཡོངས་བརྟག་དང་། །གཟུགས་ཉིད་རྫོགས་པར་གྱུར་

པ་ནི། །རྣལ་འབྱོར་ཡིན་ཞེས་སངས་རྒྱས་གསུང་། །ཞེས་སོགས་རྣལ་འབྱོར་གསུམ་གསུངས་པའི་དང་པོ་བྱ་རྒྱུད་ལ་སྦྱོར་བ་ཡིན་པར། དེའི་འགྲེལ་པར་སློབ་དཔོན་ཀུན་སྙིང་གིས་གསུངས་པ་ལྟར་ཡིན་གྱི། ཏིང་ངེ་འཛིན་གསུམ་ལ་སོགས་པ་རྣལ་འབྱོར་རྒྱུད་ལས་ཇི་ལྟར་གསུངས་པ་ལྟར་སྦྱོར་བ་ནི་མ་ཡིན་ནོ། །ཚུལ་འདི་དང་མཐུན་པའི་སྒྲུབ་ཐབས་ཟུར་དུ་བྱས་པ་ནི་མ་མཐོང་ངོ་། ཞེས་རྗེ་བླ་མས་གསུངས་སོ། །ཁོ་བོའི་རྟོག་པ་ལ་ནི་སྒྲུབ་ཐབས་རྒྱ་མཚོ་དང་། བརྒྱ་རྩ་སོགས་ནས་བཤད་པའི་བྱ་རྒྱུད་ཀྱི་ལྷའི་སྒྲུབ་ཐབས་རྣམས་རྣལ་འབྱོར་རྒྱུད་ཀྱི་དབང་དུ་བྱས་པ་བདག་ཉིད་ཆེན་པོ་འདིའི་དགོངས་པ་ཡིན་ནམ་སྙམ་སྟེ། གཞུང་འདིར་ཡང་། བདག་བསྐྱེད་སྒྲུབ་ཐབས་ཡོད་པ་ནི། །རྣལ་འབྱོར་རྒྱུད་ཀྱི་རྗེས་འབྲངས་ནས། །དེ་ཡི་ལུགས་བཞིན་མཛད་པ་ཡིན། །ཅེས་དང་། འཆད་ཁ་བ་ནམ་མཁའ་འབུམ་གྱི་དྲིས་ལན་ལས། དོན་ཞགས་ལ་སོགས་པའི་རྒྱུད་ལ་བརྟེན་ནས་བདག་ལྟར་བསྐྱེད་པར་བཤད་པ་དེ་རྣལ་འབྱོར་གྱི་རྒྱུད་ཀྱི་ལུགས་སུ་བགྱིས་པར་གདའ། ཞེས་གསུངས་ཤིང་སྒྲུབ་ཐབས་དེ་དག་ལ། བདག་བསྐྱེད་དང་ཡེ་ཤེས་པ་གཞུག་པ་ཙམ་བཤད་པ་ནི། རྣལ་འབྱོར་གྱི་རྒྱུད་ལ་ཡང་མི་འགལ་ཞིང་། དེ་ལས་གཞན་པའི་བླ་མེད་ཀྱི་ཉམས་ལེན་མ་བཤད་པའི་ཕྱིར་རོ་སྙམ་དུ་སེམས་སོ། །གསུམ་པ་ནི། སློབ་དཔོན་སངས་རྒྱས་གསང་བས་བྱ་སྤྱོད་གཉིས་ཀ་གཅིག་ཏུ་བསྡུས་ནས་ཉམས་ལེན་གྱི་ཚུལ་འདྲ་བར་བཞེད་ཅིང་། བདག་བསྐྱེད་ཡོད་པའི་ཤེས་བྱེད་དུ་སྤྱོད་རྒྱུད་རྣམས་དྲངས་པར་མཛད་དེ། བསམ་གཏན་ཕྱི་མའི་འགྲེལ་པར་འདི་ཡང་གསང་སྔགས་བཟླས་བརྗོད་བྱེད་པའི་བསམ་གཏན་གྱི་ཆ་ནི་བྱ་བར། བྱ་བའི་རྒྱུད་ཐམས་ཅད་ཀྱི་སྤྱིའི་ཆོ་ག་བསྡུས་པའི་རྒྱུད་འཕགས་པ་རབ་ཏུ་གྲུབ་པར་བྱེད་པ་དང་། དཔུང་བཟངས་དང་། དཔལ་རྟོགས་པ་བསྡུས་པ་ལ་སོགས་པ་དང་། བྱེ་བྲག་གི་རྒྱུད་འཕགས་པ་རྣམ་པར་སྣང་མཛད་མངོན་པར་རྫོགས་པ་བྱང་ཆུབ་རྣམ་པར་འཕྲུལ་པའི་བྱིན་གྱིས་རློབ་པ་དང་། འཕགས་པ་ལག་ན་རྡོ་རྗེ་མངོན་པར་དབང་བསྐུར་བ་དང་། བྱང་ཆུབ་ཀྱི་སྙིང་པོ་དང་། རིག་འཛིན་གྱི་སྡེ་སྣོད་ལ་སོགས་པ་ལས་གསུངས་ཏེ། ཁ་ཅིག་ཏུ་ནི་མི་མངོན་པའི་ཚུལ་དུ་བཤད། ཁ་ཅིག་ཏུ་གསལ་བར་བཤད་དེ། འདི་ལྟར་ཞེས་སོགས་གསུངས་ཤིང་། དེས་མཛད་པའི་རྣམ་འཇོམས་ཀྱི་སྒྲུབ་ཐབས་དང་། བྱང་ཆུབ་སྙིང་པོའི་རྣམ་འཇོམས་ཀྱི་སྒྲུབ་ཐབས་དང་། ཤུ་རྒྷ་ཙཀྲའི་རྣམ་འཇོམས་ཀྱི་དཀྱིལ་ཆོག་དང་། ཇོ་ཏ་རི་དང་། ཇོ་བོ་རྗེའི་མི་འཁྲུགས་པའི་སྒྲུབ་ཐབས་དང་། ཀོ་ལ་ཏྲི་རིའི་དམ་ཚིག་གསུམ་བཀོད་ཀྱི་སྒྲུབ་ཐབས་རྣམས་ཀྱང་བྱ་རྒྱུད་སྤྱོད་རྒྱུད་དང་མཐུན་པར་བཀྲལ་བའི་སྲོལ་ཡིན་ནོ། །

བཞི་པ་ནི། སློབ་དཔོན་བྱང་ཆུབ་མཆོག་གིས། དེ་བས་ན་འདི་ལྟར་ཁམས་གསུམ་པོ་འདི་དག་ནི་རྣམ་པར་ཤེས་པ་ཙམ་མོ། །ཞེས་རྣམ་པར་དཔྱད་དེ། མཐའ་དག་ནམ་མཁའ་ལྟ་བུར་བསམས་ནས། རང་གི་སེམས་ཀྱི་རྣམ་པ་

བླ་བའི་དཀྱིལ་འཁོར་ལྷ་བུར་གནས་པ་འདི་ནི་བྱང་ཆུབ་ཀྱི་སེམས་བསྒོམ་པ་ཡིན་ནོ། །དེ་ལ་བཟླས་པའི་གསང་སྔགས་རྣམས་གོ་རིམ་བཞིན་དུ་བཀོད་པས་དེ་དག་ལས་འོད་ཟེར་སྣ་ཚོགས་རྣམ་པར་འབྱུང་ཞིང་། སེམས་ཅན་རྣམས་ཚིམ་པར་བྱས་ནས། ཡང་དེ་བཞིན་གཤེགས་པ་ཐམས་ཅད་ཀྱི་གཟུགས་དང་བཅས་པར་འོད་ཟེར་སླར་ལོག་ནས། རང་གི་སེམས་ཟླ་བའི་དཀྱིལ་འཁོར་ལ་ཞུགས་པར་བསམ་མོ། །ཞེས་ཐོག་མར་བྱང་ཆུབ་ཀྱི་སེམས་བསྒོམ་པ། དེ་ཟླ་བའི་དཀྱིལ་འཁོར་དུ་བསྒྱུར་བ། དེ་ལ་གསང་སྔགས་བཀོད་པ། དེ་ལས་ལྷ་ཡི་སྐུ་སྤྲོས་ནས་སེམས་ཅན་གྱི་དོན་བྱས་ཏེ། སླར་བསྡུས་ནས་ཟླ་བའི་དཀྱིལ་འཁོར་དུ་ཞུགས་པར་བསམ་པ་རྣམས་བཤད་ཀྱི། རང་ལྷའི་སྐུར་བསྒོམ་པ་མ་བཤད་པ་དང་། སློབ་དཔོན་པདྨ་འབྱུང་གནས་ཀྱིས་མཛད་པའི་རྣམ་འཛོམས་ཀྱི་འགྲེལ་པར་དཀྱིལ་འཁོར་བྲིས་ནས་རྒྱན་དགྲམ་པའི་འོག་ཏུ་གཞལ་ཡས་ཁང་བསྐྱེད་དེ། ལྷ་སྤྱན་དྲངས་ནས་མཆོད་བསྟོད་བྱས་ཏེ། བཟླས་བརྗོད་བྱ་བར་གསུངས་ཀྱི། བདག་ཉིད་ལྷར་བསྐྱེད་པར་མ་གསུངས་པ་དང་། སུ་མ་ཏི་ཀཱིརྟིས། བྱ་རྒྱུད་ཀྱི་རབ་གནས་ཀྱི་སྐབས་སུ། རྟེན་དང་པོར་ལྷར་མི་བསྐྱེད་པར་ལྷ་སྤྱན་དྲངས་པ་ཉིད་ཐིམ་པས་སོ་སོའི་སྐུར་བསྒོམ་པར་བཤད་པ་རྣམས་སོ། །གསུམ་པ་ནི། དེ་ལྟར་བྱ་རྒྱུད་ལ་རྒྱུད་སྡེ་གོང་མའི་དབང་དུ་བྱས་པའི་འགྲེལ་ལུགས་གསུམ་དང་། བྱ་རྒྱུད་རང་ལུགས་ལྟར་འགྲེལ་བ་དང་བཞི་ཡོད་པ་ལས། རྗེ་བཙུན་ས་སྐྱ་པ་རྣམས་ནི། ལུགས་ཕྱི་མ་འདི་ཉིད་བཞེད་དེ། བླ་ཆེན་ས་སྐྱ་པའི་རྒྱུད་སྡེ་སྤྱི་རྣམ་དང་། དེའི་གསུང་སྒྲོས་གཞན་ཕྱུལ་བྱུང་བས་བྲིས་པའི་བདེ་མཆོག་གི་ཊཱི་ཀ་དང་། རྗེ་བཙུན་རྩེ་མོའི་རྒྱུད་སྡེ་སྤྱི་རྣམ་དང་། རྗེ་བཙུན་གྲགས་པ་རྒྱལ་མཚན་གྱི་མངོན་རྟོགས་ལྗོན་ཤིང་དང་། ས་པཎ་གྱི་གཞུང་འདི་རྣམས་ལས། བྱ་རྒྱུད་ལ་བདག་བསྐྱེད་མེད་པའི་ལུགས་དེ་ཉིད་གསལ་བར་འབྱུང་བའི་ཕྱིར་རོ། །དེ་ལྟར་བཞེད་པའི་རྒྱུ་མཚན་ཡང་བདག་ཉིད་ཆེན་པོ་འདི་རྣམས་ཀྱིས་སྡེ་སྣོད་དང་། རྒྱུད་སྡེའི་རིམ་པ་ཐམས་ཅད་རང་རང་གི་ལུགས་བཞིན་དུ་སྤྱོད་པ་སངས་རྒྱས་ཀྱི་བསྟན་པ་རྣམ་དག་ཡིན་པར་དགོངས་ཤིང་། བྱ་རྒྱུད་ལ་རྒྱུད་རང་ངོས་ནས་བདག་བསྐྱེད་བཤད་པ་མེད་ཅིང་། དེར་མ་ཟད་རྒྱུད་སྡེ་གོང་མར་བྱ་རྒྱུད་ལ་བདག་བསྐྱེད་མེད་པར་གསལ་བར་བཤད་པས་སོ། །ལུང་དེ་ཉིད་ནི་སྔར་དྲངས་ཟིན་ལ་དོན་ནི་རང་ལྷའི་སྐུར་བསྒོམ་པ་སོགས་ནང་གི་བྱ་བས་འཇིགས་པར་དམིགས་ཤིང་ཤིན་ཏུ་ཁྲུས་དང་གཙང་སྦྲ་བྱེད་པ་དང་། ཡེ་ཤེས་སེམས་དཔའ་རང་ལ་འཇུག་པའི་བདེ་བ་དམ་པ་མེད་པ་དང་། འདི་ལྷའི་སྐུ་ཞལ་ཕྱག་གི་རྣམ་པ་ཅན་གྱི་སྙེམས་པ་སྙེ་ང་རྒྱལ་མེད་པ་དང་། རྒྱུད་སྡེ་གོང་མར་བཤད་པ་ལྟར་གྱི་རྨད་དུ་བྱུང་བའི་སྤྱོད་ཡུལ་མིན་པ་དང་། འཁོར་བའི་སྡུག་བསྔལ་གྱི་སྐྱོན་དང་། དེའི་རྒྱུ་བདེན་འཛིན་གྱི་རྟོག་པ་རབ་ཏུ་གཅོད་པ་སོ་སོར་རྟོག་པའི་ཤེས་རབ་བསྒོམ་པ་སྟེ། དེ་ལྟ་བུའི་ལམ་གྱིས

སངས་རྒྱས་སྒྲུབ་པར་བྱེད་པ་ནི་བྱ་བའི་རྒྱུད་ལ་བཞུགས་སོ། ཞེས་བྱ་བ་ཡིན་ནོ། །གཞན་ཡང་རིགས་པ་ནི་རྡོ་རྗེ་གུར་ལ་སོགས་པའི་རྒྱུད་སྡེ་རྣམས་ལས་རྒྱུད་སྡེ་བཞིར་གྲངས་ངེས་པར་གསུངས་པ་ལྟར་དུ་འདོད་དགོས་ལ། དེའི་ཚེ་བྱ་རྒྱུད་ལ་བདག་བསྐྱེད་ཡོད་ན་དེ་དང་། སྤྱོད་རྒྱུད་ལ་ཁྱད་པར་འབྱེད་བྱེད་གཞན་མེད་པས་རྒྱུད་སྡེ་གཅིག་ཏུ་འགྱུར་བའི་སྐྱོན་ཡོད་དོ། །འདི་བཞིན་དུ་དཔལ་འཛིན་གྱི་དགྲ་ནག་གི་འགྲེལ་པ་དང་། ལྷའི་རིགས་ཀྱི་བློ་གྲོས་ཀྱི་གུར་གྱི་འགྲེལ་པ་དང་། ཨིནྡྲ་བྷཱུ་ཏིའི་བདེ་མཆོག་གི་འགྲེལ་པ་རྣམས་ལས་ཀྱང་། བྱ་རྒྱུད་ལ་བདག་བསྐྱེད་མེད་པའི་ལུགས་དེ་ཉིད་གསལ་བར་འབྱུང་ཞིང་། དང་པོ་གཉིས་ཀྱི་ལུང་ནི་སྔར་དྲངས་ཟིན་ལ། ཕྱི་མ་ནི་གསང་བ་རྡོ་རྗེ་ཐེག་པ་ལ་གནས་པ། བྱ་བ་དང་སྤྱོད་པའི་སྒོ་ནས་ཀྱང་རིག་སྔགས་ཀྱི་རྗེས་སུ་གནང་བ་ཙམ་ལ་བརྟེན་ནས། བདག་དང་ལྷ་ཐ་དད་དུ་ལྟ་བ་ཅན་ཡོངས་སུ་བརྟགས་པ་མཚན་བཅས་དམིགས་པ་ལས་གྲུབ་པའི་དོན་མངོན་དུ་བྱེད་པར་འདོད་པའོ། ཞེས་ཟེར་རོ། །བཞི་པ་ནི། ཕྱིས་ཀྱི་མཁས་པ་ཁ་ཅིག ཡེ་ཤེས་རྡོ་རྗེ་ཀུན་ལས་བཏུས་ལས། བདག་ཉིད་ལྷའི་སྙེམས་པ་མེད་པ་དང་། ཡེ་ཤེས་སེམས་དཔའི་བདེ་བ་དམ་པ་མེད་པ་དང་། ཞེས་བྱ་རྒྱུད་ལ་བདག་བསྐྱེད་མེད་པར་བཤད་པ་ནི། དུས་ཐམས་ཅད་དུ་ལྷའི་སྙེམས་པ་མེད་པ་ལ་དགོངས་པ་ཡིན་གྱི། བདག་ལྷའི་སྐུར་བསྐྱེད་པ་གཏན་ནས་མེད་པ་མ་ཡིན་ཏེ། སློབ་དཔོན་བྱང་ཆུབ་མཆོག་གི་ལེགས་གྲུབ་ཀྱི་མངོན་རྟོགས་དང་། སངས་རྒྱས་གསང་བའི་བསམ་གཏན་ཕྱི་མའི་འགྲེལ་པ་དང་། རྣམ་འཇོམས་ཀྱི་འགྲེལ་པ་རྣམས་སུ། ལྷ་དྲུག་གི་སྒོ་ནས་ལྷའི་སྐུར་བསྒོམ་པ་བསྟན་པའི་ཕྱིར་རོ། ཞེས་གསུངས་སོ། །

དེ་ལ་སངས་རྒྱས་གསང་བའི་ལུང་གིས་བྱ་རྒྱུད་ལ་བདག་བསྐྱེད་ཡོད་པར་འདོད་ཅིང་། དུས་ཐམས་ཅད་དུ་ལྷའི་སྙེམས་པ་མེད་པར་འདོད་པ་ནང་འགལ་ཏེ། སློབ་དཔོན་དེས་མཛད་པའི་རྣམ་འཇོམས་ཀྱི་འགྲེལ་པ་ལས། དགེ་བའི་རྩ་བ་ཡང་རྒྱ་ཆེར་བསྔོ། འཕགས་པ་རྣམས་ལ་ཡང་མཆོད་པའི་ཕྱིར་བདག་ལས་ཀྱི་རྡོ་རྗེ་སེམས་དཔར་བྱིན་གྱིས་བརླབ་པ་ནི། ཞེས་སྒྲུབ་ཐབས་རྫོགས་པའི་རྗེས་ལ་རང་ལས་ཀྱི་རྡོ་རྗེ་སེམས་དཔར་བྱིན་གྱིས་བརླབས་ནས་ཐུན་མཚམས་ཀྱི་བྱ་བ་རྣམས་བྱེད་པར་བཤད་པའི་ཕྱིར་དང་། སློབ་དཔོན་དེས་བྱ་རྒྱུད་ལ་བདག་བསྐྱེད་ཡོད་པའི་ཤེས་བྱེད་དུ་ཕྱག་རྡོར་དབང་བསྐུར་སོགས་འདྲེན་པ་ཡིན་ལ། དེ་ལས་བདག་ཉིད་རང་གི་ལྷའི་གཟུགས་སུ་བྱས་ལ་ཐེ་ཚོམ་མེད་པའི་ཡིད་ཀྱིས་ང་རྒྱལ་བསྐྱེད་ཅིང་འགྲོ་ཡང་རུང་། འགྲེང་ཡང་རུང་། འདུག་ཀྱང་རུང་། རྟག་ཏུ་དུས་ཐམས་ཅད་དུ་བསྒོམ་ཀྱང་མི་གཡོ་བ་དེའི་ཚེ་ཞེས་གསུངས་པ་དང་འགལ་བའི་ཕྱིར་རོ། །

དེས་ན་སངས་རྒྱས་གསང་བས་བྱ་རྒྱུད་ལ་བདག་བསྐྱེད་ཡོད་པར་བཤད་ཀྱང་། བྱ་རྒྱུད་རང་ངོས་ནས་བདག་བསྐྱེད་ཡོད་པར་མི་འགྲུབ་སྟེ། དེས་བྱ་རྒྱུད་ལ་བདག་བསྐྱེད་ཡོད་པའི་ཤེས་བྱེད་དུ་སྤྱོད་རྒྱུད་རྣམས་དྲངས་པའི་

ཕྱིར་དང་། རྣམ་སྣང་མངོན་བྱང་སོགས་སྤྱོད་རྒྱུད་རྣམས་ལ་ཡང་བྱ་རྒྱུད་ཅེས་པའི་ཐ་སྙད་མཛད་པའི་ཕྱིར་ན། བྱ་སྤྱོད་གཉིས་རྒྱུད་སྡེ་གཅིག་ཏུ་བསྲེས་པའི་ལུགས་ཡིན་པའི་ཕྱིར་རོ། །ཡང་ཕྱིས་ཀྱི་བླ་མ་ཁ་ཅིག །བྱ་རྒྱུད་ལ་བདག་བསྐྱེད་མེད་པར་བཤད་པའི་དོན་ནི། ཤས་ཆེར་བའི་མི་སྲོག་རྩོལ་ལ་སོགས་པ་བསམ་གཏན་གྱི་ཡན་ལག་རྣམས་བསྒོམ་མི་ནུས་པའི་གང་ཟག་ལ་དགོངས་པ་ཡིན་ལ། རང་གི་ངོ་བོ་བདག་བསྐྱེད་ཡོད་པ་ཁོ་ནར་སློབ་དཔོན་སངས་རྒྱས་གསང་བས་བཤད་པས། ཡན་ལག་བཞི་ལ་སོགས་པའི་ལྷའི་རྣལ་འབྱོར་ལ་བྱ་སྤྱོད་གཉིས་འདྲ་ལ་རྣམ་སྣང་མངོན་བྱང་ལྷ་བུ་གདུལ་བྱའི་དབང་གིས་བྱ་རྒྱུད་དུའང་གསུངས་པས། བྱ་སྤྱོད་གཉིས་གདུལ་བྱའི་དབང་གིས་འབྱེད་པ་མ་གཏོགས་པ། རྒྱུད་རང་གི་ངོ་བོའི་སྒོ་ནས་མི་འབྱེད་པས་སྤྱོད་རྒྱུད་ལ་བདག་བསྐྱེད་ཡོད་པ་ལྟར་བྱ་རྒྱུད་ལ་ཡང་ཡོད་དེ། ཕྱག་རྡོར་དབང་བསྐུར་བ་དང་། རྣམ་སྣང་མངོན་བྱང་ལས། རང་ཉིད་ལྷར་བསྒོམ་པར་གསུངས་པའི་ཕྱིར་དང་། ལེགས་གྲུབ་ཀྱི་མངོན་རྟོགས་ལས། བྱ་བའི་རྒྱུད་ལས་ལྷ་བསྒྲུབ་པའི་རྣལ་འབྱོར་གྱི་རིམ་པ་མ་བསྟན་ནོ་སྙམ་དུ་བསམ་པར་མི་བྱ་སྟེ། བཅོམ་ལྡན་འདས་ཀྱིས་ཕལ་ཆེར་མ་བསྟན་ཀྱང་ཕྱག་ན་རྡོ་རྗེ་དབང་བསྐུར་བ་དང་དེ་ཁོ་ན་ཉིད་བཅུ་པ་ལ་འཇུག་པ་དག་ལས་གཙོ་བོར་བསྟན་ཏོ། །གཅིག་ཏུ་ནི་དངོས་གྲུབ་ཐམས་ཅད་ནི་གསང་སྔགས་ཀྱི་ལྷ་དང་། དེ་ཁོ་ན་ཉིད་ལ་རག་ལས་པ་ཡིན་ལ་དེ་དག་རྣམ་པར་ཉམས་ན་ཞི་བ་ལ་སོགས་པའི་ལས་རྣམས་འགྲུབ་པར་མི་འགྱུར་ལ་བླ་མ་རྒྱུད་པ་དང་རྒྱུད་ཀྱི་ཁྱད་པར་ཅུང་ཟད་དཔྱད་པ་ལས་ཁོང་དུ་ཆུད་པར་བྱའོ། །

དེ་ལྟར་རིམ་པ་འདིས་ལྷ་ཉིད་ཀྱི་སྐུ་བསྐྱེད་པར་བྱའོ། །ཞེས་གསུངས་པའི་ཕྱིར་རོ་ཞེས་དང་། ཡང་བསམ་གཏན་ཕྱི་མར། སྒྲ་དང་སེམས་དང་གཞི་ལ་གནོལ། །ཞེས་པའི་འགྲེལ་པར། གཞི་ནི་དེ་བཞིན་གཤེགས་པའི་སྐུའི་རང་བཞིན་ནོ། །གཞི་གཉིས་པ་ནི་རང་གི་ལྷའི་གཟུགས་སོ་ཞེས་དང་། འདིའི་གཞིའི་ཚིག་དོན་རང་ལྷར་བསྐྱེད་པའི་གཞི་ལ་བྱར་མི་རུང་ན། རྣམ་སྣང་མངོན་བྱང་གི་གཞི་ནི། ཞེས་པ་ཇང་པ་གཉིས་ཀྱིས་ཀྱང་བདག་ཉིད་ལྷར་བསྐྱེད་པ་མ་བསྟན་པར་འགྱུར་ཏེ། ཁྱད་པར་མེད་པའི་ཕྱིར་རོ། །བྱ་རྒྱུད་ལ་བདག་བསྐྱེད་མེད་ན། རྒྱུད་སྡེ་གོང་མར་ལྷ་ཕོ་མོ་ཕན་ཚུན་བལྟས་པའི་བདེ་བ་ལམ་དུ་བྱེད་པ་ཡོད་པར་གསུངས་པ་དང་འགལ་ཏེ། རྣམ་སྣང་དང་། སྤྱན་མ་སོགས་ཀྱི་ལྷ་ལ་ཆགས་པ་མི་སྲིད་པས་ལྷ་དེའི་ང་རྒྱལ་འཆང་བའི་སྒྲུབ་པ་པོ་ལ་བྱ་བ་སྐབས་ཀྱི་དོན་ཡིན་པའི་ཕྱིར་རོ། །ཞེས་བྱ་བ་བྲིས་པ་དེ་རྣམས་རིམ་པ་བཞིན་མི་འཐད་པར་སྟོན་པ་ནི། འོན་བྱ་རྒྱུད་ཤས་ཆེར་ལ་བལྟས་པའི་བདེ་བ་ལམ་བྱེད་མེད་པར་འགྱུར་ཏེ། བྱ་རྒྱུད་ཤས་ཆེར་ལ་བདག་བསྐྱེད་མེད་པའི་ཕྱིར་རོ། །སྲོག་རྩོལ་ལ་སོགས་པ་བསམ་གཏན་གྱི་ཡན་ལག་བསྒོམ་མི་ནུས་པའི་གང་ཟག་དེ་བྱ་རྒྱུད་ཀྱི་

གདུལ་བྱའི་གཙོ་བོ་ཡིན་ནམ་མ་ཡིན། དང་པོ་ལྟར་ན་གདུལ་བྱའི་གཙོ་བོ་ལ་བསྟན་པའི་ལམ་དེ་བྱ་རྒྱུད་ཀྱི་ལམ་རྣམ་དག་མ་ཡིན་པར་འགྱུར་ཏེ། བྱ་རྒྱུད་ཀྱི་ལམ་རྣམ་དག་ལ་བདག་བསྐྱེད་དགོས་ཤིང་། བསམ་གཏན་གྱི་ཡན་ལག་བསྒོམ་མི་ནུས་པ་དེ་ལ་བདག་བསྐྱེད་མ་བསྟན་པའི་ཕྱིར་རོ། །གཉིས་པ་ལྟར་ན། བྱ་རྒྱུད་ཤས་ཆེ་བ་རྒྱུད་རང་གི་གདུལ་བྱའི་གཙོ་བོ་མ་ཡིན་པ་ལ་བསྟན་པར་འགྱུར་ཏེ། བྱ་རྒྱུད་ཤས་ཆེར་ལ་བདག་བསྐྱེད་མེད་ཅིང་། བདག་བསྐྱེད་མེད་པ་རྣམས་བསམ་གཏན་གྱི་ཡག་ལག་བསྒོམ་མི་ནུས་པ་དེ་ལ་བསྟན་པའི་ཕྱིར་རོ། །སངས་རྒྱས་གསང་བའི་ལུང་གིས་བྱ་རྒྱུད་ལ་བདག་བསྐྱེད་ཡོད་པར་མི་འགྲུབ་པ་ནི་གོང་དུ་བཤད་ཟིན་ཅིང་། གཞན་ཡང་སློབ་དཔོན་དེས་བསམ་གཏན་ཕྱི་མའི་འགྲེལ་པར། བྱ་རྒྱུད་ལ་བདག་བསྐྱེད་ཡོད་པའི་ཤེས་བྱེད་དུ་དྲངས་པའི་ལེགས་གྲུབ་དང་། དཔུང་བཟང་གཉིས་ལས་ནི་བདག་བསྐྱེད་བསྟན་པ་མི་སྣང་ལ། རིག་སྔགས་འཆང་བའི་སྡེ་སྣོད་ཀྱི་ལུང་ནི། རི་མོ་ལ་གནས་པའི་བསམ་གཏན་བྱ་བའི་ལུང་དུ་སྣང་ངོ་། །རྟོག་བསྡུས་ནི་བོད་ན་མི་བཞུགས་ཀྱང་ཡོ་གའི་འགྲེལ་པ་ཨ་བྷ་ཡ་ཀ་རས། རྟོག་པ་ཐམས་ཅད་བསྡུས་པ་རྣལ་འབྱོར་གྱི་རྒྱུད་ཐམས་ཅད་ཀྱི་དགོངས་པ་འགྲེལ་པ་ལས་ཀྱང་། ཞེས་རྣལ་འབྱོར་གྱི་རྒྱུད་དུ་བཤད་ཅིང་། རྣམ་སྣང་མངོན་བྱང་དང་། ཕྱག་རྡོར་དབང་བསྐུར་བ་གཉིས་ནི། སྤྱོད་རྒྱུད་ཡིན་པས་དེ་གསུམ་གྱི་ལུང་གིས་བྱ་རྒྱུད་རང་ངོས་ནས་བདག་བསྐྱེད་ཡོད་པར་མི་འགྲུབ་བོ། །ཡང་རྣམ་སྣང་མངོན་བྱང་ལྟ་བུ་གདུལ་བྱའི་དབང་གིས་བྱ་རྒྱུད་དུ་གསུངས་པའི་དོན། བྱ་རྒྱུད་དུ་འགྲེལ་བའི་གང་ཟག་ཡོད་པ་ལ་བྱེད་དམ། བྱ་རྒྱུད་ཀྱི་གདུལ་བྱས་ཉམས་སུ་ལེན་དུ་རུང་བ་ལ་བྱེད། དང་པོ་ལྟར་ན། གསང་བ་འདུས་པ་ཡང་ཡོ་གར་འགྱུར་ཏེ། གྲུབ་ཆེན་ཀུན་སྙིང་གིས་བཀྲལ་བའི་ཕྱིར་རོ། །

གཉིས་པ་ལྟར་ན་རྒྱུད་སྡེ་གོང་མ་གསུམ་ཀ་ཡང་བྱ་རྒྱུད་དུ་འགྱུར་ཅིང་དེ་གཉིས་ཀ་ལ་འདོད་ན། རྒྱུད་སྡེ་བཞི་ཀ་གདུལ་བྱའི་དབང་གིས་འབྱེད་པ་མ་གཏོགས་པ་རྒྱུད་རང་གི་ངོ་བོའི་སྒོ་ནས་མི་འབྱེད་པར་མཚུངས་སོ། །བྱ་སྤྱོད་གཉིས་གདུལ་བྱའི་དབང་གིས་འབྱེད་ཀྱི་རང་གི་ངོ་བོའི་སྒོ་ནས་མི་འབྱེད་པ་ལ་དཔྱད་ན་རྣམ་སྣང་མངོན་བྱང་ལྟ་བུ་གདུལ་བྱའི་དབང་གིས་སྤྱོད་རྒྱུད་ཡིན་གྱི་བྱ་རྒྱུད་མ་ཡིན་ཞེས་སྨྲའམ། གདུལ་བྱའི་དབང་གིས་བྱ་རྒྱུད་ཡིན་གྱི་སྤྱོད་རྒྱུད་མ་ཡིན་ནོ་ཞེས་སྨྲའམ། གདུལ་བྱའི་དབང་གིས་གཉིས་ཀ་ཡིན་ཞེས་སྨྲ། དང་པོ་ལྟར་ན་དེ་གདུལ་བྱའི་དབང་གིས་བྱ་རྒྱུད་དུ་གསུངས་པར་ཁས་བླངས་པ་དང་དངོས་སུ་འགལ་ལོ། །གཉིས་པ་ལྟར་ན་དེ་སྤྱོད་རྒྱུད་གཏན་མ་ཡིན་པར་འགྱུར་ཏེ། གདུལ་བྱའི་དབང་གིས་བྱ་རྒྱུད་ཁོ་ན་ཡིན་ཅིང་རང་གི་ངོ་བོའི་སྒོ་ནས་བྱ་སྤྱོད་གཉིས་ལ་ཁྱད་པར་མེད་པའི་ཕྱིར་རོ། །གསུམ་པ་ལྟར་ན་བྱ་སྤྱོད་གཉིས་གདུལ་བྱའི་དབང་གིས་འབྱེད་པར་ཁས་བླངས་པ་དང་འགལ་ལོ། །ཡང་བྱ་སྤྱོད་གཉིས་ཀ་གདུལ་བྱའི་དབང་གིས་འབྱེད་པའི་ཤེས་བྱེད་

དུ་རྣམ་སྣང་མངོན་བྱང་གདུལ་བྱའི་དབང་གིས་བྱ་རྒྱུད་དུ་གསུངས་པའི་ཕྱིར། ཞེས་བཀོད་པ་ནི་གདུལ་བྱའི་དབང་གིས་སོ་སོར་འབྱེད་དེ། གདུལ་བྱའི་དབང་གིས་སྤྱོད་རྒྱུད་ཀྱང་བྱ་རྒྱུད་ཡིན་པའི་ཕྱིར། ཞེས་པར་སོང་བས་འདི་ལ་ལྷ་དང་བཅས་པའི་འཇིག་རྟེན་གྱིས་ཁྲིལ་བར་མི་འགྱུར་རམ། གཞན་ཡང་རྣམ་སྣང་མངོན་བྱང་ལ་སོགས་པའི་སྤྱོད་རྒྱུད་རྣམས་བྱ་རྒྱུད་དུ་ཁས་ལེན་ནམ། བྱ་རྒྱུད་མ་ཡིན་པར་སྤྱོད་རྒྱུད་དུ་ཁས་ལེན། དང་པོ་ལྟར་ན་རྒྱུད་འགྲེལ་ཚད་ལྡན་རྣམས་ལས་རྒྱུད་སྡེ་བཞིར་གསུངས་ཤིང་། ཁྱེད་རང་གིས་ཀྱང་ཁས་བླངས་པ་དང་འགལ་ལོ། །གཉིས་པ་ལྟར་ན་གདུལ་བྱའི་དབང་གིས་དེ་ལྟར་དུ་ཁས་ལེན་ནམ། རང་གི་ངོ་བོའི་སྒོ་ནས་ཁས་ལེན། དང་པོ་ལྟར་ན་དེ་གདུལ་བྱའི་དབང་གིས་བྱ་རྒྱུད་དུ་གསུངས་པར་ཁས་བླངས་པ་དང་དངོས་སུ་འགལ། ཕྱི་མ་ལྟར་ན་བྱ་སྤྱོད་གཉིས་རང་གི་ངོ་བོའི་སྒོ་ནས་མི་འབྱེད་པར་ཁས་བླངས་པ་དང་འགལ་ལོ། །འདིའི་རྗེས་འབྲངས་གངས་རིའི་ཁྲོད་ན་གནས་པ་རྣམས་ཀྱིས་ཉིན་མཚན་བརྒྱར་འབད་པས་སོམས་ལ་ལན་སློས་ཤིག ཡང་འདི་དང་ཕྱོགས་སྔ་གོང་མ་གཉིས་ཀས་ལེགས་གྲུབ་ཀྱི་མངོན་རྟོགས་ལས་བདག་བསྐྱེད་བསྟན་པར་འདོད་པ་ནི་ཤིན་ཏུ་འཁྲུལ་ཏེ། དེ་ལས་རིམ་པ་འདིས་ལྷ་ཉིད་ཀྱི་སྐུ་བསྐྱེད་པར་བྱའོ། །ཞེས་པའི་མཇུག་ཏུ་མདུན་བསྐྱེད་བསྒྲུབ་ཚུལ་བསྟན་གྱི། སྒྲུབ་ཐབས་དེའི་དབུ་ཞབས་གང་དུ་ཡང་བདག་ཉིད་ལྷར་བསྐྱེད་པ་མ་གསུངས་པའི་ཕྱིར་རོ། །འོན་སྔར་དྲངས་པའི་ལུང་དེའི་དོན་ཇི་ལྟར་ཡིན་སྙམ་ན། བྱ་བའི་རྒྱུད་ལས། མདུན་དུ་ལྷ་བསྒྲུབ་པའི་རྣལ་འབྱོར་གྱི་རིམ་པ་མ་བསྟན་ནོ་སྙམ་དུ་བསམ་པར་མི་བྱ་སྟེ། བཅོམ་ལྡན་འདས་ཀྱིས་བྱ་བ་སོ་སོའི་རྒྱུད་ཕལ་ཆེར་ལས་མ་བསྟན་ཀྱང་། ཕྱག་རྡོར་དབང་བསྐུར་སོགས་ནས་བསྟན་ཞེས་པའི་དོན་ནོ། །འོན་ཕྱག་རྡོར་དབང་བསྐུར་སོགས་ནས་བདག་བསྐྱེད་ཀྱང་གསུངས་སོ་སྙམ་ན་སྐྱོན་མེད་དེ། སློབ་དཔོན་འདིས་བྱ་སྤྱོད་གཉིས་ཀ་ལ་བྱ་རྒྱུད་ཀྱི་ཉམས་ལེན་སྦྱར་ནས་བདག་བསྐྱེད་མེད་པར་འདོད་པའི་ཕྱིར་རོ། །བསམ་གཏན་ཕྱི་མའི་གཞི་ཡི་ཚིག་དོན་རང་ལྟར་བསྐྱེད་པ་ལ་སྦྱར་མི་རུང་ན། རྣམ་སྣང་མངོན་བྱང་གི་གཞི་ནི་ཞེས་པ་རྐང་པ་གཉིས་ཀྱིས་ཀྱང་བདག་ཉིད་ལྷར་བསྐྱེད་པ་མ་བསྟན་པར་འགྱུར་རོ། །ཞེས་སྨྲ་བ་ནི་རྣམ་པར་མ་བརྟགས་པ་སྟེ། འོན་རྣམ་སྣང་མངོན་བྱང་ལས་གཞི་གཉིས་མ་གསུངས་པར་འགྱུར་ཏེ། བསམ་གཏན་ཕྱི་མར་སྒྲ་དང་སེམས་དང་གཞི་ལ་གཞོལ། །ཞེས་གཞི་གཅིག་ལས་མ་གསུངས་པའི་ཕྱིར་རོ། །ཁྱབ་པ་ཁས་བླངས་སོ། །དེས་ན་བསམ་གཏན་ཕྱི་མའི་གཞིའི་ཚིག་དོན་རང་ལྟར་བསྐྱེད་པ་ལ་བཤད་ན། དེའི་དོན་མདུན་དུ་ལྷ་བསྐྱེད་པ་ལ་བཤད་དུ་མི་རུང་བར་འགྱུར་ཏེ། གཞི་གཅིག་ལས་མེད་པའི་ཕྱིར་རོ། །འདོད་ན་རྣམ་སྣང་མངོན་བྱང་གི་གཞི་གཉིས་པ་ནི་ཞེས་པའི་རྐང་པ་གཉིས་ཀྱིས་མདུན་དུ་ལྷ་བསྐྱེད་པ་མ་བསྟན་པར་འགྱུར་ཅིང་། ཁྱབ་པ་ཁས་

བླངས་སོ། །འོ་ན་བསམ་གཏན་ཕྱི་མའི་འགྲེལ་པར་གཞི་གཉིས་གསུངས་པ་དང་འགལ་ལོ་སྙམ་ན། སློབ་དཔོན་དེས་བྱ་སྤྱོད་གཉིས་ཀ་ལ་སྤྱོད་རྒྱུད་ཀྱི་ཉམས་ལེན་སྦྱར་བར་བཞེད་ནས་བསམ་གཏན་ཕྱི་མའི་གཞི་གཅིག་པོ་དེ་ཉིད་ལ་རྣམ་སྣང་མངོན་བྱང་གི་གཞི་གཉིས་ཀའི་དོན་བཤད་པ་ཡིན་པས་སྐྱོན་མེད་དོ། །དེས་ན་རྣམ་སྣང་མངོན་བྱང་ལས་གཞི་གཉིས་གསུངས་ཤིང་། བསམ་གཏན་ཕྱི་མར་གཅིག་ལས་མ་གསུངས་པས་ཀྱང་། བྱ་རྒྱུད་ལ་བདག་བསྐྱེད་མེད་པར་གྲུབ་བོ། །འདི་ནི་ཁོ་བོ་འབའ་ཞིག་གིས་རྟོགས་པས་ལུགས་འདི་ལ་མོས་པ་ཡོད་པ་རྣམས་ཀྱིས་དགའ་བ་སྒོམས་ཤིག །བལྟས་པའི་བདེ་བ་ལམ་བྱེད་ཡོད་ན། ལྷ་དེའི་ང་རྒྱལ་བསྒོམ་པའི་སྒོ་ནས་བལྟས་པའི་བདེ་བ་བསྒོམ་པར་འདོད་པ་ནི་དོན་མ་རྟོགས་པ་སྟེ། རང་ཉིད་ཐ་མལ་དུ་གནས་ནས་མདུན་གྱི་ལྷ་ལ་བལྟས་པས་བལྟས་པའི་བདེ་བ་འདྲེན་ནུས་པའི་ཕྱིར་རོ། །ལྟ་བ་ནི་དེ་ལྟར་བྱ་རྒྱུད་ཀྱི་ལྷ་ལ་རྒྱུད་སྡེ་གོང་མའི་ཉམས་ལེན་སྦྱར་བ་དང་། བྱ་བ་སྤྱིའི་རྒྱུད་ཆེན་བཞི་ནས་བཤད་པའི་ཉམས་ལེན་སྦྱར་བ་གཉིས་ལས། དང་པོ་ལ་སྤྱོད་རྒྱུད་ཀྱི་ཉམས་ལེན་སྦྱར་ན་བདག་བསྐྱེད་ཡོད་ཅིང་། རྣལ་འབྱོར་རྒྱུད་ཀྱི་ཉམས་ལེན་སྦྱར་ན་ཡེ་ཤེས་པ་གཞུག་པ་ཡང་ཡོད་ལ། བླ་མེད་ཀྱི་ཉམས་ལེན་སྦྱར་ན་རིམ་གཉིས་ཀྱང་ཡོད་དོ། །དེ་དག་གིས་བྱ་རྒྱུད་རང་ངོས་ནས་བདག་བསྐྱེད་ཡོད་པ་མི་འགྲུབ་སྟེ། དཔེར་ན་སེམས་ཙམ་པའི་གཞུང་ནས་བཤད་པའི་བྱང་སེམས་ཀྱི་སྤྱོད་པ་ལ་དབུ་མའི་ལྟ་བ་སྦྱར་ནས་ཉམས་སུ་ལེན་པའི་ཚེ། སེམས་ཙམ་པ་རང་ངོས་ནས་དབུ་མའི་ལྟ་བ་ཡོད་པར་མི་འགྲུབ་པ་བཞིན་ནོ། །གཉིས་པ་ནི། བདག་བསྐྱེད་སོགས་གཏན་ནས་མེད་དེ། སྤྱི་རྒྱུད་བཞི་དང་། སོ་སོའི་རྒྱུད་རྣམས་ནས་བདག་བསྐྱེད་མ་གསུངས་ཤིང་། བདག་བསྐྱེད་མེད་པར་རྒྱུད་སྡེ་གོང་མ་ནས་དངོས་སུ་གསུངས་པའི་ཕྱིར་རོ། །གཞན་འདི་དག་ནི་འགྲན་ཟླ་ཀུན་དང་བྲལ་བའི་རྗེ་བཙུན་བླ་མའི་བཀའ་དྲིན་ལས། ཁོ་བོས་ཀྱང་ཇི་ལྟ་བ་བཞིན་སྨྲ་བར་ནུས་པ་ཡིན་ནོ། །གཉིས་པ་གཞུང་གི་དོན་ནི། བྱ་བའི་རྒྱུད་ལ་ཞེས་སོགས་ཉེར་གཉིས་ཏེ། བདག་བསྐྱེད་ཡོད་པའི་དེ་ལྟར་བྱེད་ན། སྨྲུང་གནས་མེད་དེ་བདག་ཉིད་སོགས་སོ། །གལ་ཏེ་སྨྲུང་གནས་བྱེད་འདོད་ན། །རང་ཉིད་ཐ་མལ་སོགས་ཏེ་གཞུང་ལྷག་མ་རྣམས་ཀྱིས་ནི། དཔྱུང་བཟང་དང་ལེགས་གྲུབ་ནས་བཤད་པའི་བྱ་རྒྱུད་དང་འབྲེལ་བའི་ཀུན་དུ་སྤྱོད་པ་སྟོན་ནོ། །གཉིས་པ་ནི། སྤྱོད་དང་རྣལ་འབྱོར་ཞེས་སོགས་བཅུ་གསུམ་སྟེ། རྒྱུད་སྡེ་དེ་གཉིས་ལས་ལས་ཚོགས་བསྒྲུབ་པ་འགའ་ཞིག་ལ་གཙང་སྦྲ་བཤད་པ་ཡོད་དེ། ཕྱག་རྡོར་དབང་བསྐུར་བའི་རྒྱུད་ལས། དེས་ཟས་མི་འཚལ་བར་ལག་ན་རྡོ་རྗེ་ལ་བལྟ་ཞིང་ལན་གསུམ་བཟླས་བརྗོད་བགྱིས་ན་རྒྱལ་སྲིད་ཐོབ་པར་འགྱུར། ཅེས་དང་། རྡོ་རྗེས་འོག་གི་རྒྱུད་དུ། བཅོམ་ལྡན་འདས་ཕྱག་ན་རྡོ་རྗེ་དང་། གནོད་སྦྱིན་རྣམས་ལ་དཀར་གསུམ་གྱིས་མཆོད་པར་བྱའོ། །ཆང་ནི་ཀུན་ཏུ་སྤང་

བར་བགྱིའོ། །ཤ་རྣམས་ནི་འོས་པ་དང་ཤེས་པ་དྲང་བར་བྱའོ་ཞེས་སོ། །རབ་ཏུ་གནས་པའི་རྒྱུད་ལས། བདེར་གཤེགས་ལྷག་མ་འདི་དག་ནི། །ཐོ་ཤིག་སྟིག་པ་དག་པར་འགྱུར། །ཞེས་གསུངས་ལ། འབྱུང་པོའི་གཏོར་མ་ནི་འདིར་ཡང་མི་ཟ་སྟེ། རྒྱུད་སྡེ་འོག་མ་གསུམ་ལ་སྣང་བ་ཐམས་ཅད་ལྷར་བསྒོམ་པ་མེད་པའི་ཕྱིར། གསུམ་པ་ནི། རྣལ་འབྱོར་ཆེན་པོའི་ཞེས་སོགས་བདུན་ཏེ། རྒྱུད་དེ་ལས་ཨ་ཙ་རྱ་ཧྲཱི་གཉིས་སྤྱངས་ཀྱི་སྤྱོད་པ་སོགས་ལ་འབྱུང་པོའི་གཏོར་མ་ཟ་བའང་གནང་སྟེ། ཀྱཻ་རྡོ་རྗེ་ལས། བཟའ་བཅའ་དེ་ཉིད་བཏུང་བ་ཉིད། །ཇི་ལྟར་རྙེད་པ་རབ་ཏུ་བཟའ། །ཡིད་འོང་མི་འོང་རྣམ་རྟོག་ཕྱིར། །ཞེན་པ་ཙམ་དུའང་མི་བྱའོ། །ཞེས་སོ། །དཀའ་ཐུབ་ལ་སོགས་པའི་བརྟུལ་ཞུགས་འགོག་སྟེ། གསང་བ་འདུས་པ་ལས། དཀའ་ཐུབ་དཀའ་སྤྱད་མི་བཟོད་པ། །བསྟེན་ན་འགྲུབ་པར་མི་འགྱུར་ཅིང་། །ཅེས་སོ། །འདུག་པ་བདེ་བའི་རྣལ་འབྱོར་ནི། འདོད་པའི་ལོངས་སྤྱོད་ཐམས་ཅད་ནི། །ཅི་འདོད་པར་ནི་བསྟེན་བཞིན་དུ། །ཞེས་པ་ལྟར་བླ་མེད་དུ་འདུག་པ་བདེ་བའི་རྣལ་འབྱོར་འདི་དག་རྒྱས་པར་སོགས་སོ། །

གསུམ་པ་ནི། གྲུབ་མཐའི་རྣམ་དབྱེ་ཞེས་སོགས་ཚིགས་བཅད་གཅིག་གོ། བཞི་པ་ཕྱག་ཆེན་གོམས་པས་འཁོར་འདས་བསྲེ་བའི་སྤྱོད་པ་ལ་གཉིས་ཏེ། སྤྱིའི་དོན་དང་། གཞུང་གི་དོན་ནོ། །དང་པོ་ལ་གཉིས་ཏེ། སྤྱོད་པའི་སྔོན་དུ་འགྲོ་བ་བརྡར་དང་། བརྡ་ཐོབ་པས་སྤྱད་པའི་སྤྱོད་པ་དངོས་སོ། །དང་པོ་ལ་དྲུག་སྟེ། ངོ་བོ། དབྱེ་བ། སོ་སོའི་མཚན་ཉིད། མ་ཐོབ་པ་ཐོབ་པར་བྱེད་པའི་ཐབས། ཐོབ་པ་བརྟན་པར་བྱེད་པའི་དུས། བརྡ་དང་སྤྱོད་པ་མཚམས་སྦྱོར་བའོ། །དང་པོ་ནི། ཏིང་ངེ་འཛིན་ལས་སྐྱེས་པའི་ལུས་ངག་ཡིད་གསུམ་གྱི་མཐུའམ། ནུས་པའི་ཁྱད་པར་ལ་བརྡ་ཅེས་བྱའོ། །གཉིས་པ་ནི། བརྡ་ཆུང་འབྲིང་ཆེན་པོ་གསུམ་མོ། །གསུམ་པ་ལ་བརྡ་ཆུང་བ་ནི། མཉམ་གཞག་ཏུ་འཇིག་རྟེན་གྱི་ཆོས་བརྒྱད་མགོ་སྙོམས་པ་སྐྱམ་བྱེད། ཉོན་མོངས་པ་གློ་བུར་བ་བཟློག་པ་སྐྱམ་བྱེད་པའོ། །བརྡ་འབྲིང་པོ་ནི་ཚར་གཅད་དང་རྗེས་གཟུང་གི་ལས་གང་རུང་ཞིག་ནུས་པའོ། །བརྡ་ཆེན་པོ་ནི། ཚར་གཅད་དང་རྗེས་གཟུང་གི་ལས་གཉིས་ཀ་ནུས་པ་སྟེ། རྣམ་ཤེས་དང་ཡེ་ཤེས་ཀྱི་ལས་ཆ་མཉམ་པ་ཞེས་བྱའོ། །
བཞི་པ་ནི། བརྡ་ཆུང་དུ་མ་ཐོབ་པ་ཐོབ་པར་བྱེད་པའི་ཐབས་རིམ་པ་གཉིས་བསྒོམ་པ་ཉིད་ཡིན་ལ། འབྲིང་མ་ཐོབ་པ་ཐོབ་པར་བྱེད་པ་ནི་ཀུན་འདར་གྱི་གསང་སྤྱོད་ཡིན་ཅིང་། ཆེན་པོ་མ་ཐོབ་པ་ཐོབ་པར་བྱེད་པ་ནི་དྲག་ཤུལ་གྱི་ལས་སོ། །ལྔ་པ་ནི། ཟླ་བ་ཕྱེད་དུ་སྔར་གྱི་དེ་ལ་གོམས་པར་བྱེད་ཅིང་གནས་པར་བྱེད་པའོ། །དྲུག་པ་ནི་བརྡ་ཆུང་དུ་ཐོབ་ནས་ཀུན་འདར་གསང་ནས་སྤྱོད་ལ། འབྲིང་ཐོབ་ནས་འཇིག་རྟེན་པའི་མངོན་དུ་སྤྱོད་ཅིང་། ཆེན་པོ་ཐོབ་ནས་ཀུན་ཏུ་བཟང་པོ་སྤྱོད་དོ། །གཉིས་པ་ལ་དྲུག་སྟེ། ངོ་བོ། དབྱེ་བ། མཚན་ཉིད། སྤྱད་པའི་དུས།

རྟེན་གྱི་གང་ཟག །སྤྱོད་པའི་དགོས་པའོ། །དང་པོ་ནི། ནང་དུ་དེ་ཁོ་ན་ཉིད་ཀྱི་རྟོགས་པས་ཀུན་ནས་བསླངས་པའི་ཕྱི་རོལ་ཏུ་ལུས་ངག་གཡོ་ཞིང་རྒྱུ་བ་ཅི་འདོད་བྱེད་པའི་ཁྱད་པར་ལ་སྤྱོད་པ་ཞེས་བྱ་སྟེ། ལུས་དང་། བཟའ་བ་དང་། བཏུང་བ་དང་། རྒྱན་ཆ་དང་། གནས་དང་། སྣོད་དང་། སྤྱོད་པ་བྱེད་པའི་དུས་དང་། གྲོགས་ལ་སོགས་པ་རྣམས་ལ། བཟང་ངན་གྱི་བླང་དོར་མེད་པར་ཅི་དགར་སྤྱོད་པའོ། །གཉིས་པ་ལ་ཀུན་འདར་གྱི་སྤྱོད་པ་དང་། ཀུན་ཏུ་བཟང་པོའི་སྤྱོད་པ་གཉིས་ལས། དང་པོ་ལ་མིང་གི་རྣམ་གྲངས། སྤྲོས་པ་བརྟུལ་ཞུགས་ཀྱི་སྤྱོད་པ་དང་། རྒྱལ་བུ་གཞོན་ནུའི་སྤྱོད་པ་དང་། གསང་སྤྱོད་ཅེས་བྱའོ། །གཉིས་པ་ལ་མིང་གི་རྣམ་གྲངས། ཕྱོགས་ལས་རྣམ་པར་རྒྱལ་བའི་སྤྱོད་པ་དང་། རྒྱལ་ཚབ་ཆེན་པོའི་སྤྱོད་པ་དང་། འཇིག་རྟེན་པའི་མངོན་དུ་སྤྱོད་པ་ཞེས་བྱའོ། །གསུམ་པ་ནི་ཅིའི་ཕྱིར་མིང་དེ་སྐད་དུ་བརྗོད་ཅེ་ན། འཇིག་རྟེན་པ་རྣམས་འཇིགས་ཤིང་འདར་བས་ཀུན་འདར་རམ། ཀུན་འདར་གྱི་སྒྲ་ཨ་ཝ་དྷཱུ་ཏི་ཞེས་པ་གཉིས་སྤངས་ཞེས་བྱ་བར་ཡང་འགྱུར་བས་ན། བཟའ་བྱ་དང་བཟའ་བྱ་མ་ཡིན་པ་སོགས་བླང་དོར་གཉིས་སུ་མེད་པར་སྤྱོད་པས་ན་གཉིས་སྤངས། སྤྲོས་པར་བཅས་ཏེ་རིགས་ལ་སོགས་པ་གསང་ནས་སྤྱོད་པས་ན་སྤྲོས་པ་བརྟུལ་ཞུགས་ཀྱི་སྤྱོད་པ་དང་། རྒྱལ་ཚབ་ཆེན་པོ་དྲོད་ཆེན་པོ་མ་ཐོབ་པས་ན་རྒྱལ་བུ་གཞོན་ནུའི་སྤྱོད་པ་དང་། རྣལ་འབྱོར་པར་ཁས་མི་ལེན་པར་གསང་སྟེ་སྤྱོད་པས་ན་གསང་སྤྱོད་ཅེས་བྱའོ། །གཉིས་པ་ལ་སྣང་བ་ཐམས་ཅད་རང་གི་རྟོགས་པའི་ཡེ་ཤེས་ཀྱི་ངོ་བོར་ཀུན་ཏུ་བཟང་པོར་རྟོགས་པས་ན་ཀུན་ཏུ་བཟང་པོ་དང་། རྣམ་ཤེས་དང་ཡེ་ཤེས་ཆ་མཉམ་པས་གཞན་དོན་ཐོགས་མེད་དུ་ནུས་པས་ན་རྒྱལ་ཚབ་ཆེན་པོ་དང་། འཇིག་རྟེན་པའི་མངོན་དུ་སྤྱོད་པས་ན་མངོན་སྤྱོད་ཅེས་བྱའོ། །བཞི་པ་ནི་དྲོད་ཆུང་དུ་ཐོབ་ནས་ཀུན་འདར་གསང་སྟེ་སྤྱོད་པ་ཞེས་བྱ་བ་མཚན་མོའི་དུས་བཟའ་བྱ་དང་། བཟའ་བྱ་མ་ཡིན་པ་གཉིས་སུ་མེད་པ་ལ་སོགས་པ་སྤྱོད་ལ། ཉིན་མོ་རང་གི་རིགས་དང་མཐུན་པར་སྤྱོད་དོ། །དེས་དྲོད་འབྲིང་པོ་སྐྱེས་པ་ན་ཀུན་འདར་མངོན་དུ་སྤྱོད་པ་ཞེས་བྱ་བ་རང་གི་ཡུལ་འཁོར་སྤངས་ཏེ། རིགས་ལ་སོགས་པ་གསང་ནས་སྤྱོད་པ་ཞེས་བྱ་བ་སྤྲོས་པར་བཅས་ཏེ་སྤྱོད་པ་ཡིན་ནོ། །དེས་དྲོད་ཆེན་པོ་འཇིག་རྟེན་ལས་འདས་པའི་ཟག་པ་མེད་པའི་ཡེ་ཤེས་ཐོབ་པ་ན། ཀུན་ཏུ་བཟང་པོའི་སྤྱོད་པ་སྤྱོད་དོ། །

ལྔ་པ་ནི་དྲོད་ཐོབ་ཅིང་སེམས་ཅན་གྱི་དོན་དུ་ཚེ་འདི་ཉིད་ལ་མཆོག་གི་དངོས་གྲུབ་འདོད་པའི་ཚོས་གཉིས་དང་ལྡན་པ་གཅིག་གིས་སྤྱོད་པ་སྤྱད་པ་ཡིན་གྱི། གང་ཡང་རུང་བ་གཅིག་མ་ཚང་ན་ནི་མ་ཡིན་ནོ། །དྲུག་པ་ལ་གསུམ་ལས། ཀུན་འདར་གསང་ནས་སྤྱོད་པའི་དགོས་པ་ནི། རང་གི་སེམས་ཀྱི་བརྟན་གཡོ་བརྟག་པའི་ཆེད་ཡིན་ལ། ཀུན་འདར་མངོན་དུ་སྤྱོད་པའི་དགོས་པ་ནི། གྲུབ་པའི་ས་དང་གྲོགས་དབང་དུ་བྱ་བའི་ཆེད་ཡིན་

ཅིང་། ཀུན་ཏུ་བཟང་པོའི་སྤྱོད་པའི་དགོས་པ་ནི་སེམས་ཅན་ཡོངས་སུ་སྨིན་པར་བྱ་བའི་ཕྱིར་ཡིན་ནོ། །དེ་ལྟར་སྤྱོད་པ་གཉིས་ལས། གཞུང་འདིར་ཀུན་འདར་གྱི་སྤྱོད་པ་སྟོན་པ་ཡིན་ཅིང་། དེ་ལ་ཡང་གསང་སྤྱོད་དང་། མངོན་སྤྱོད་གཉིས་ལས། ཕྱི་མ་སྟོན་ཏེ། གང་ཟག་དང་གནས་ལ་ལོག་པར་རྟོག་པའི་གཞི་ནི་དེ་ཉིད་ཡིན་པའི་ཕྱིར་རོ། །གཉིས་པ་གཞུང་གི་དོན་ལ་གཉིས་ཏེ། སྤྱོད་པའི་རྣམ་གཞག་སྤྱིར་བསྟན་པ། ལོག་རྟོག་དགག་པ་བྱེ་བྲག་ཏུ་བཤད་པའོ། །དང་པོ་ནི། དབང་བཞི་ཡོངས་སུ་ཞེས་སོགས་བཅོ་ལྔ་སྟེ། དབང་བཞི་རྫོགས་པར་ཐོབ་ཅིང་། རིམ་གཉིས་ཤེས་པའི་གང་ཟག་དེས། དང་པོར་བར་ཆད་ཞུང་བས་རང་གི་ཁྱིམ་དུ་བསྒོམ། བརྟན་པ་ཅུང་ཟད་ཐོབ་ནས་བརྩོན་འགྲུས་རྩོམ་པས་དུར་ཁྲོད་སོགས་སུ་བསྒོམ། བརྟན་པ་ཆེན་པོ་དྲོད་འབྲིང་གི་རྟགས་པ་ཐོབ་ནས། གང་ཞིག་སོར་མོ་གཅིག་སྟོན་དང་། །གཉིས་ཀྱིས་ལེགས་པར་འོངས་པ་ཡིན། །ཞེས་སོགས་ལུས་བརྡ་དང་། མ་དེ་ན་ཆང་། བ་ལ་ཤ་ཞེས་སོགས་ངག་གི་བརྡ་རྣམས་ལ་ལེགས་པར་སྦྱངས་ཤིང་། བླང་དོར་གཉིས་སུ་མེད་པའི་དེ་ཉིད་རྟོགས་པའི་གང་ཟག་དེས་སྤྱོད་པ་སྤྱད་དོ། །དགོས་པ་ནི་ནང་གི་ས་རྣམས་བགྲོད་པར་བྱ་བ་དང་། ཕྱི་ནང་གི་པུ་ལི་ར་མ་ལ་ཡ་ལ་སོགས་པའི་ཡུལ་རྣམས་དབང་དུ་བསྡུ་བའི་ཕྱིར་ཡིན་ཏེ། དེ་ཡང་ཕྱི་རོལ་པུ་ལི་ར་མ་ལ་ཡ་ལ་སོགས་པའི་ཡུལ་བཞིན། ས་དང་པོ་ཐོབ་པའི་ཚུལ་བཟུང་བའི་མཁའ་འགྲོ་མ་གནས་པ་རྣམས་དབང་དུ་འདུས་པས། ནང་དུ་སྤྱི་བོ་ལ་སོགས་པའི་ཡུལ་བཞིའི་རླུང་སེམས་དབུ་མར་འདུས་པས། ས་དང་པོའི་རྟོགས་པ་སྐྱེ་བ་ལ་སོགས་པའོ། །གནས་གང་དུ་སྤྱོད་པ་སྤྱད་ན། གནས་དང་ཉེ་བའི་གནས་ལ་སོགས་པ་བཅུ་གཉིས་ལས་ཕྱེ་བའི་ཡུལ་སུམ་ཅུ་སོ་གཉིས་དང་། གླིང་བཞི་དང་། གླིང་བཞི་གཅིག་ཏུ་སྡོམ་པ་སྟེ་སུམ་ཅུ་སོ་བདུན་དུའོ། །ངོ་བོ་ནི་རིག་པ་བརྟུལ་ཞུགས་ཀྱི་སྤྱོད་པའོ། །གང་ལས་གསུངས་ན་ལུགས་འདི་སོགས་སོ། །མཐར་ཐུག་གི་དགོས་པ་ནི། འདི་འདྲའི་སོགས་སོ། །

གཉིས་པ་ལ་གསུམ་སྟེ། གང་གིས་རྒྱུ་བའི་གང་ཟག་ལ་འཁྲུལ་པ་དགག་པ། གང་དུ་རྒྱུ་བའི་གནས་ལ་འཁྲུལ་པ་དགག་པ། དེ་གཉིས་ཀའི་མཇུག་བསྡུའོ། །དང་པོ་ལ་གསུམ་སྟེ། མཚན་ཉིད་དང་མི་ལྡན་པའི་གང་ཟག་སྤྱོད་པ་སྤྱད་པ་དགག་པ། མཚན་ཉིད་དང་ལྡན་པའི་གང་ཟག་སྤྱོད་པ་སྤྱད་པའི་དགོས་པ། དེས་གྲུབ་པའི་དོན་བསྟན་པའོ། །དང་པོ་ནི། དེང་སང་གསང་སྔགས་ཞེས་སོགས་ཚིགས་བཅད་ལྔ་སྟེ། དེང་སང་རིམ་གཉིས་མི་བསྒོམ་པར། ཡུལ་ཆེན་སུམ་ཅུ་སོ་བདུན་དུ་སྤྱོད་པའི་ཆེད་དུ་འགྲོ་བ་ནི་སངས་རྒྱས་ཀྱིས་མ་གསུངས་ཏེ། རིམ་པ་གཉིས་པོ་མི་སྒོམ་པའི་སྒོམ་ཆེན་བཟང་ཡང་ས་དང་པོ་ཡན་ཆད་ཀྱི་རྟོགས་པ་བསྐྱེད་ནུས་པ་ཡང་ཕ་རོལ་ཏུ་ཕྱིན་པའི་ལུགས་ཀྱི་སེམས་ལ་གནད་དུ་བསྣུན་པའི་བསྒོམ་ཆེན་ལས་མ་འདས་ལ། མདོ་ལས། ས་ལམ་གྱི་

རྫོགས་པ་བསྐྱེད་པའི་ཆེད་དུ་ཡུལ་ཆེད་དེ་དག་ཏུ་འགྲོ་བའི་ཚོག་བཤད་པ་མེད་པའི་ཕྱིར། ཡུལ་ཆེན་བགྲོད་ནས་ས་ལམ་གྱི་རྫོགས་པ་བསྐྱེད་པ་ནི། ནང་ལུས་ཀྱི་གནས་དེ་དང་། དེ་དག་གི་རླུང་སེམས་དབུ་མར་ཞུགས་པའི་ཆེད་ཡིན་པའི་ཕྱིར། འདིར་ཁ་ཅིག་རིམ་གཉིས་མི་བསྒོམ་པའི་ཉམས་ལེན་ཐམས་ཅད་ཕ་རོལ་ཏུ་ཕྱིན་པའི་ཉམས་ལེན་དུ་བྱས་ནས། རྒྱུད་སྡེ་བཞི་ཀ་ལ་རིམ་གཉིས་ཡོད་པར་འདོད་པ་ནི་སྐབས་ཀྱི་དོན་མ་རྟོགས་པ་སྟེ། འདི་ལ་བླ་མེད་ཀྱི་ཉམས་ལེན་མེད་པས་སྤྱོད་པ་བྱེད་པ་དགག་པའི་སྐབས་ཡིན་པས། རྒྱུད་སྡེ་འོག་མ་གསུམ་གྱི་ཉམས་ལེན་བྱེད་པ་ལ་ཡང་སྤྱོད་པ་སྤྱད་པ་མེད་པར་འཆད་དགོས་པའི་ཕྱིར་རོ། །ཁ་ཅིག་ཕ་རོལ་ཏུ་ཕྱིན་པའི་སྒོམ་ཆེན་བདག་འཛིན་སྤོང་བ་དང་། སྙིང་རྗེ་ཆེན་པོ་བསྒོམ་པ་ཙམ་ལ་འཆད་པ་ནི། རྒྱུད་སྡེ་འོག་མ་གསུམ་གྱི་ཉམས་ལེན་བྱེད་པ་ལ་ཡང་དེ་ཙམ་ལས་མེད་པའམ། རིམ་གཉིས་ཡོད་པར་འདོད་དགོས་པས་མི་འཐད་དོ། །དེས་ན་སྐབས་ཀྱི་དོན་ནི་སྒོམ་ཆེན་བཟང་པོ་ཞེས་པ་ས་དང་པོ་ཡན་ཆད་ཀྱི་རྟོགས་པ་སྐྱེས་པ་ཡིན་ལ། དེ་ལ་སེམས་ལ་གནད་དུ་བསྣུན་ནས་སྐྱེས་པ་དང་། ལུས་ལ་གནད་དུ་བསྣུན་ནས་སྐྱེས་པ་གཉིས་ལས། རིམ་གཉིས་མ་བསྒོམས་པར་སྐྱེས་པ་ནི་སེམས་ལ་གནད་དུ་བསྣུན་ནས་སྐྱེས་པ་ཡིན་པས། རྒྱུད་སྡེ་འོག་མ་གསུམ་གྱི་ས་ལམ་གྱི་རྟོགས་པ་བསྐྱེད་པའི་ཚུལ་ཡང་། སེམས་ལ་གནད་དུ་བསྣུན་པ་ལས་མ་འདས་པའི་ཕྱིར་ན། ཕ་རོལ་ཏུ་ཕྱིན་པའི་ལུགས་ཀྱི་ས་ལམ་གྱི་རྟོགས་པ་བསྐྱེད་པའི་ལུགས་སུ་སྟོན་པ་ཡིན་གྱི། ཉམས་ལེན་ཐམས་ཅད་ཕ་རོལ་ཏུ་ཕྱིན་པའི་ཉམས་ལེན་དུ་འདུས་པ་ནི་མ་ཡིན་ནོ། །ཚུལ་འདི་ཇི་ལྟ་བ་བཞིན་རྟོགས་པ་ནི་དམ་པའི་མགོན་གྱིས་ཟིན་པ་ཁོ་བོ་འབའ་ཞིག་གོ། གལ་ཏེ་གསང་སྔགས་མི་བསྒོམ་ཞིང་རྟོགས་པ་ཡོད་པར་རློམ་པ་ཡིས་ཡུལ་དེར་ཕྱིན་ན་བར་ཆད་འབྱུང་ཞིང་། རློམ་པ་དང་། རྟོགས་པ་ཅི་ཡང་མེད་པའི་སྒོམ་ཆེན་གྱིས་ཕྱི་ན་ཡང་ཕན་གནོད་གང་ཡང་མེད་དེ་དཔེར་ན་ཨུཚྭ་སོགས་སོ། །གཉིས་པ་ནི། གསང་སྔགས་བསྒོམ་པའི་ཞེས་སོགས་དྲུག་སྟེ། མཚན་ཉིད་དེ་དག་དང་ལྡན་པའི་གང་ཟག་ལ་ཡུལ་དེར་གནས་པའི་མཁའ་འགྲོ་མ་ས་དང་པོ་སོགས་ཐོབ་པའི་ཚུལ་བཟུང་བ་རྣམས་ཀྱིས་བྱིན་གྱིས་བརླབས་ནས། ནང་དུ་ས་རྣམས་བགྲོད་པ་འདིའི་དོན་སོགས་སོ། །གསུམ་པ་ནི། དེས་ན་གསང་སྔགས་ཞེས་སོགས་གཉིས་སོ། །

གཉིས་པ་ལ་གཉིས་ཏེ། ཏི་སེ་གངས་ཅན་དུ་འདོད་པ་དགག་པ། ཙཱ་རི་གནས་ཆེན་དུ་འདོད་པ་དགག་པའོ། །དང་པོ་ལ་གསུམ་སྟེ། དགག་པ་སྤྱིར་བསྟན། ལུང་འགལ་བྱེ་བྲག་ཏུ་བཤད། ཉེས་སྤོང་གི་ལན་དགག་པའོ། །དང་པོ་ནི། དཔལ་ལྡན་དུས་ཀྱི་ཞེས་སོགས་བཅུ་གཅིག་སྟེ། དུས་འཁོར་གྱི་འཇིག་རྟེན་ཁམས་ལེ་ལས་གསུངས་པའི་རི་བོ་གངས་ཅན་དང་། མདོན་པའི་གཞུང་ལས་གསུངས་པའི་རི་བོ་སྤོས་ངད་ལྡན་གྱི་བྱང་ན།

བྲག་རི་གསེར་གྱི་བྱ་སྐྱིབས་ལྷ་མ་ཡིན་གྱི་ཕུག །ཆུ་ཞེང་དཔག་ཚད་ལྔ་བཅུ། དཔངས་དཔག་ཚད་ཕྱེད་དང་བཞི་པ། བྲག་ཕྲན་ལྔ་བརྒྱས་བསྐོར་བ། དེའི་བྱང་ན་ཤིང་སྦ་ལའི་རྒྱལ་པོ་རབ་བརྟན་ཤིང་ཕྲན་ལྔ་བརྒྱས་བསྐོར་བ། དེའི་ཤར་ན་རྫིང་བུ་དལ་འབབ་མཚོ་མ་དྲོས་པ་དང་མཉམ་པ་རྫིང་བུ་ལྔ་བརྒྱས་བསྐོར་བ་ཡོད། དེར་གླང་པོ་ཆེ་རབ་བརྟན་འཁོར་ལྔ་བརྒྱས་བསྐོར་བ་གནས་ཤིང་། དབྱར་ཟླ་བ་བཞིར་སྦ་ལའི་ཚལ་དུ་འགྲོ། དགུན་ཟླ་བ་བཞིར་གསེར་གྱི་བྱ་སྐྱིབས་སུ་སྡོད། རི་སྤོས་ངད་ལྡན་པའི་ཚུ་རོལ་ན་མཚོ་མ་དྲོས་པ་ཡོད་ལ། དེའི་ཚུ་རོལ་ན་རི་བོ་གངས་ཅན་ཡོད་པར་གསུངས་ཤིང་། མཚོ་མ་དྲོས་པ་བཅོམ་ལྡན་འདས་དགྲ་བཅོམ་ལྔ་བརྒྱ་དང་བཅས་པ། རང་རང་གི་ལས་ཀྱི་རྒྱུ་བ་ལུང་སྟོན་པར་མཛད་པའི་གནས་ཡིན་པར་གསུངས་པའི་རི་བོ་གངས་ཅན་དེ་ནི་མངའ་རིས་ཀྱི་ཏི་སེ་འདི་མ་ཡིན་ཅིང་། མ་དྲོས་པའི་རྒྱ་མཚོ་ཡང་མ་ཕམ་གཡུ་མཚོ་མ་ཡིན་ཏེ། གླང་པོ་རྣམས་ཀྱང་སོགས་སོ། །གཉིས་པ་ལ་ལྔ་སྟེ། དུས་ཀྱི་འཁོར་ལོའི་དང་། མངོན་པའི་དང་། མུ་སྟེགས་བྱེད་ཀྱི་དང་། རྨ་བྱ་ཆེན་མོའི་མདོའི་དང་། ཕལ་པོ་ཆེའི་ལུང་དང་འགལ་བའོ། །དང་པོ་ནི། དཔལ་ལྡན་དུས་ཀྱི་ཞེས་སོགས་ཉེར་གཉིས་ཏེ། ད་ལྟའི་ཏི་སེ་འདི་དུས་ཀྱི་འཁོར་ལོ་ནས་བཤད་པའི་རི་བོ་གངས་ཅན་མ་ཡིན་ཏེ། དེའི་འགྲམ་ན་ཤམ་བྷ་ལ་མེད་པའི་ཕྱིར་དང་། རྫུ་འཕྲུལ་དང་མི་ལྡན་པས་ཀྱང་བགྲོད་ནུས་པའི་ཕྱིར། ཁྱབ་པ་ཡོད་དེ། དཔལ་ལྡན་དུས་ཀྱི་འཁོར་ལོ་ལས་སོགས་སོ། །དེ་ལྟར་ཡང་བསྡུས་རྒྱུད་ལས། ལན་ཚྭ་ཆང་དང་ཆུ་དང་འོ་མ་ཞོ་དང་མར་དང་སྦྲང་རྩིའི་རྒྱ་མཚོ་རྣམས་དང་རི་བདུན་ནི། །འོད་སྟོན་པོ་དང་མཐྭ་ར་བའི་རི་སྐྱེ་རྩུབ་ལྡན་ནོར་འོད་ཚད་ལྡན་གྲང་བའི་རི་རྡོ་རྗེ། །གླིང་རྣམས་ཟླ་བ་དང་ནི་རབ་དཀར་རབ་མཆོག་ཀུ་ཤ་མི་འམ་ཅི་སྐྱེ་ཁྲུང་ཁྲུང་དྲག་པོ་རྣམས། །ལོངས་སྤྱོད་པ་རྣམས་ཉིད་དེ་འཛམ་གླིང་བདུན་པ་ལས་ཀྱི་ས་རྣམས་ལ་ནི་མི་རྣམས་གནས་པའོ། །ཞེས་རི་རབ་ལ་མཚོ་བདུན་དང་། རི་བདུན་དང་། གླིང་བདུན་གྱིས་ཁོར་ཡུག་ཏུ་བསྐོར་ནས་ཡོད་པའི་གླིང་ཕྱི་མ་འཛམ་གླིང་ཆེན་པོ་ཡིན་ཅིང་། དེ་ལ་དུམ་བུ་བཅུ་གཉིས་སུ་བྱས་པའི་ལྷོའི་ཆ་ནི་འཛམ་གླིང་ཆུང་དུ་ཡིན་ལ། དེའི་ཆུ་ཞེང་ཆེ་བ་ལ་སི་ཏ་ཡོད། དེའི་བྱང་ན་རི་བོ་གངས་ཅན་ཡོད་ཅིང་། རི་བོ་གངས་ཅན་གྱིས་བསྐོར་བའི་དབུས་ན་ཤམ་བྷ་ལའི་ཡུལ། ས་པདྨ་འདབ་བརྒྱད་ཀྱི་རྣམ་པར་གནས་པ་དབུས་ཀྱི་སུམ་ཆ་ལྟེ་བར་བྱས་པ་ལ་ཀ་ལ་ཤའི་རི་བོར་གྲགས་ཤིང་། དེ་ལ་རྒྱལ་པོའི་ཕོ་བྲང་ཀཱ་ལ་པ་དང་། དུས་ཀྱི་འཁོར་ལོའི་གཞལ་ཡས་ཁང་དང་། མ་ལ་ཡའི་སྐྱེད་མོས་ཚལ་ཡོད་ལ། འདབ་མ་བརྒྱད་པོ་རེ་རེ་ལ་གྲོང་ཁྱེར་བྱེ་བ་བཅུ་གཉིས་རེ་ཡོད་ཅིང་། བྱེ་བ་ཕྲག་རེ་ལ་རྒྱལ་པོ་རེ་ཡོད་པས་རྒྱལ་ཕྲན་དགུ་བཅུ་རྩ་དྲུག་ཡོད་དེ། དེ་ལྟར་ཡང་། གངས་རི་མཆོག་གི་ཕྱོགས་རྣམས་མ་ལུས་ཀུན་ནས་ཡང་དག་བསྐོར་བ་དེ་དག་དབུས་སུ་ཀེ་ལ་ཤ །ས་ལ་ཀེ་ལ་ཤ་ཡ་དུམ་བུར་གངས་རི་

ལྡན་པ་དེ་ཡི་སུམ་ཅ་ཀུན་ནས་ཞེས་བྱ་སྟེ། །ཕྱི་རོལ་དུ་ཡང་ཡུལ་རྣམས་ཉིན་བྱེད་འདབ་མ་རེ་རེའི་གླིང་རྣམས་ཀུན་གྱིས་བརྒྱན་པར་བརྗོད་པ་སྟེ། །གཡས་ཀྱི་ཕྱེད་དུ་ཐུབ་མཆོག་གནས་གྲོང་ཤམ་བྷ་ལ་ཞེས་བྱ་བ་གྲོང་ཁྱེར་བྱེ་བ་ཡང་དག་གནས། །ཞེས་སོགས་སོ། །དེར་རྒྱལ་པོ་ཉི་མའི་འོད་ཅེས་བྱ་བ་བྱུང་བའི་སྲས་ཟླ་བ་བཟང་པོ་ལ་སྟོན་པས་འབྲས་སྤུངས་སུ་དཔལ་ལྡན་རྒྱུ་སྐར་གྱི་དཀྱིལ་འཁོར་སྤྲུལ་ནས་དུས་ཀྱི་འཁོར་ལོའི་རྩ་རྒྱུད་གསུངས་སོ། །དེས་ཤམ་བྷ་ལར་རྩ་རྒྱུད་ལོ་གཅིག་གསུངས། དེའི་བརྒྱུད་པ་ལྷ་དབང་། གཟི་བརྗིད་ཅན། ཟླ་བས་བྱིན། ལྷའི་དབང་ཕྱུག །སྣ་ཚོགས་གཟུགས། ལྷའི་དབང་ལྡན་རྣམས་ཀྱིས་ལོ་བརྒྱ་བརྒྱ་རྩ་རྒྱུད་གསུངས་སོ། །དེ་ནས་འཇམ་དབྱངས་གྲགས་པས་ལོ་བརྒྱར་རྩ་རྒྱུད་གསུངས་ནས་བསྡུས་རྒྱུད་མཛད། དེ་ནས་པདྨ་དཀར་པོས་བསྡུས་རྒྱུད་ཀྱི་འགྲེལ་བ་དྲི་མེད་འོད་མཛད་དོ། །དེ་ནས་བཟང་པོ་རྣམ་རྒྱལ། བཤེས་གཉེན་བཟང་པོ་ལ་སོགས་པ་རིགས་ལྡན་གྱི་རྒྱལ་པོ་མང་དུ་བྱུང་ངོ་། །སྙིགས་མའི་དུས་རྟགས་ཙམ་འཛིན་པར་གྱུར་པ་ན། ཧོར་ཡུལ་གྱི་བྱང་ཕྱོགས་དག་སྤྱིན་ཅེས་བྱ་བར་ལྷ་མ་ཡིན་གྱི་སྤྲུལ་པ་ཀླ་ཀློའི་རྒྱལ་པོ་སྟོབས་ཅན་ཞིག་བྱུང་སྟེ། ཡུལ་དབུས་དང་། བོད་རྣམས་འཛོམས་ཤིང་། འཛམ་གླིང་ཆུང་ངུའི་ཕྱེད་དབང་དུ་བསྡུས་ཏེ། འཁོར་རྒྱལ་ཕྲན་དགུ་བཅུ་རྩ་དྲུག་ཡོད་པས་སྟོབས་ཀྱིས་དྲེགས་ནས་ཤམ་བྷ་ལར་དམག་འདྲེན་པར་རྩོམ་མོ། །དེའི་ཚེ་འཇམ་དཔལ་གྱི་སྤྲུལ་པ་དྲག་པོ་འཁོར་ལོ་ཅན་ཞེས་བྱ་བའི་རྒྱལ་པོ་སོགས་སོ། །གཉིས་པ་ནི། མངོན་པ་ལས་ཞེས་སོགས་བཅུ་སྟེ། ད་ལྟའི་མ་ཕམ་འདི་མ་དྲིས་པར་འདོད་པ་མངོན་པའི་གཞུང་དང་འགལ་ཏེ། མངོན་པ་ལས་ཡུལ་དབུས་འདི་ནས་བྱང་དུ་རི་ནག་པོ་དགུ་འདས་པ་ན་རི་བོ་གངས་ཅན་ཡོད་ལ། དེ་ནས་རི་སྤོས་ངད་ལྡན་པ་ཡོད་པའི་ཚུ་རོལ་དཔག་ཚད་བཅུ་འོངས་པ་ན། མཚོ་མ་དྲོས་པ་ཆུ་ཞེང་དང་ཟབས་སུ་དཔག་ཚད་ལྔ་བཅུ་ལྔ་བཅུ་ཡོད་པ་ཡན་ལག་བརྒྱད་ལྡན་གྱི་ཆུས་གང་བ་ཡོད་ལ། དེའི་གཡས་རོལ་ན་ཤིང་འཛམ་བུ་ཞེས་བྱ་བ་འབྲས་བུ་ཛ་མ་ཙམ་རེ་སྨྲང་རྩེ་འདྲ་བ་ཆུ་ནང་དུ་ལྟུང་བ་ཉ་རྣམས་ཀྱིས་ཟོས་པའི་ལྷག་མ་འཛམ་བུ་ཆུ་བོའི་གསེར་དུ་འགྱུར་བ་ཡོད་དོ། །ཞེས་སོགས་ཀྱི་མཚན་ཉིད་རྒྱས་པར་གསུངས་པའི་ཕྱིར་དང་། མཛོད་འགྲེལ་ལས། དེར་ནི་རྫུ་འཕྲུལ་དང་མི་ལྡན་པའི་མིས་བགྲོད་པར་དཀའོ། །ཞེས་བཤད་ཅིང་ད་ལྟའི་ཏི་སེ་སོགས་སོ། །

གསུམ་པ་ནི། མུ་སྟེགས་བྱེད་པའི་ཞེས་སོགས་བཅུ་བཞི་སྟེ། རྒྱས་པའི་བསྟན་བཅོས་གཞོན་ནུ་འབྱུང་བ་དང་། བྷ་ར་ཏ་ཀ་ལས། གླིང་འདིའི་ཤར་ནུབ་གཉིས་ཀྱི་རྒྱ་མཚོ་ལ་ཐུག་གི་བར་རི་བོ་གངས་ཅན་གྱིས་ཁྱབ་པར་བཤད་པ་དང་། སྟོན་རྒྱལ་པོ་ཤིང་རྟ་བཅུ་པའི་བུ་དགའ་བྱེད་ཀྱི་ཆུང་མ་རོལ་རྙེད་མ་ལང་ཀ་མགྲིན་བཅུས་ཕྲོགས་ནས་དེ་ལ་དམག་དྲངས་ཏེ། སྲིན་པོ་ཕལ་ཆེར་བསད་པའི་ཚེ་མགྲིན་བཅུའི་སྤུན་ཟླ་བསམ་གཏན་བསྐོམ

པ་ཞིག་གིས་རླུང་དྲག་པོ་བརྡབས་པས་དགའ་བྱེད་དང་། ཧ་ནུ་མནྟ་མ་གཏོགས་དམག་དཔུང་ཐམས་ཅད་གེང་རྡུས་སུ་སོང་ནས་དེ་གསོ་བའི་ཕྱིར་རི་བོ་གངས་ཅན་བླངས་ནས་དེ་ལ་ཡོད་པའི་བདུད་རྩི་གཏོར་བས་སོས་པར་གྱུར་ཏེ་སླར་ཡང་ཧ་ནུ་མནྟས་སླར་ཡང་གངས་རི་རང་གནས་སུ་འཕངས་པའི་དུམ་བུ་ཞིག་ལམ་དུ་ཆད་པ་དེ་ཏི་སེ་ཡིན་ཅེས་གྲོག་མཁར་བ་སླུ་བ་དེས་ན། ཕྱི་ནང་གང་གི་ལུགས་ལ་ཡང་དབང་ཕྱུག་ཆེན་པོའི་གནས་སོགས་སོ། །གླང་པོ་ཆེ་ས་སྲུང་གི་བུས་བསྟེན་པ་ནི་འདུལ་བ་ལུང་ལས་བཤད་ལ། གདགས་པ་ལས་ནི་རབ་བརྟན་གྱིས་བསྟེན་པར་བཤད་དོ། །བཞི་པ་ནི། རྨ་བྱ་ཆེན་མོའི་ཞེས་སོགས་གཉིས་ཏེ། མདོ་དེ་ལས་ཀྱང་རིའི་རྒྱལ་པོ་གངས་ཅན་དང་། རིའི་རྒྱལ་པོ་ཏི་སེ་དང་ཞེས་ཐ་དད་དུ་གསུངས་པ་དང་འགལ་ལོ། །ལྔ་པ་ནི། ཕལ་པོ་ཆེ་ཡི་ཞེས་སོགས་ཚིགས་བཅད་བདུན་ཏེ། ད་ལྟའི་མ་ཐམ་འདི་ལ་ནི། །ཕལ་པོ་ཆེ་ནས་གསུངས་པ་ཡི། །མཚན་ཉིད་འདི་དག་གང་ཡང་མེད་པས་མ་དྲིས་པ་ཡིན་པར་འགལ་ལོ། །གསུམ་པ་ལ་གཉིས་ཏེ། ཉེས་སྤོང་བརྗོད་པ། དེ་དགག་པའོ། །དང་པོ་ནི། དེ་ལ་ཁ་ཅིག་ཞེས་སོགས་ལྔ་སྟེ། སྔར་བཤད་པ་དེ་དག་ལ་སྐྱོན་སྤོང་བར་འདོད་པ་ཁ་ཅིག །ད་ལྟ་མཚན་ཉིད་དེ་དག་དང་མི་ལྡན་ཡང་གངས་ཅན་དང་། མ་དྲིས་པ་མ་ཡིན་པར་མི་འགྱུར་ཏེ། བྱ་རྒོད་ཕུང་པོའི་རི་ལ་ཡང་དཀོན་བརྩེགས་ཀྱི་སྡོམ་གསུམ་བསྟན་པའི་གླིང་གཞིར་མཐོ་བ་དང་། ཆུམ་པ་དང་། ཤིང་ལྗོན་པ་སྣ་ཚོགས་དང་། འདབ་ཆགས་མཛེས་ཤིང་ཡིད་དུ་འོང་བ་དུ་མ་སྐད་སྙན་པ་སྒྲོག་པ་དང་། ལྷ་རྫས་ཀྱི་མེ་ཏོག་དྲི་བསུང་ཕུན་སུམ་ཚོགས་པས་ཁྱབ་པར་བཤད་པ་རྣམས་ད་ལྟ་མེད་པས། དུས་སྙིགས་པའི་སྟོབས་ཀྱིས་ཡུལ་ཀུན་ཀྱང་རྣམ་པར་འགྱུར་བར་སྣང་བའི་ཕྱིར་ཞེས་སོ། །

གཉིས་པ་ལ་གཉིས་ཏེ། འཆད་ཚུལ་གཉིས་ཀྱི་རང་བཞིན་བཤད། །དེ་ཉིད་སྐབས་ཀྱི་ལན་ལ་སྦྱར་བའོ། །དང་པོ་ལ་གཉིས་ཏེ། སྒྲོ་སྐུར་སྐྱོན་དུ་འགྱུར་མི་འགྱུར་དཔྱད། །དེ་ཡི་དཔེར་བརྗོད་སོ་སོར་བཤད་པའོ། །དང་པོ་ནི། འདི་ཡང་ཕྱི་སྟེ་ཞེས་སོགས་བཅུ་བཞི་སྟེ། སྤྱིར་འཆད་ཚུལ་ལ་དངོས་པོའི་གནས་ལུགས་འཆད་པ་དང་སྐྱོན་ཡོན་བསྔགས་པའི་སྐབས་གཉིས་ཡོད་པ་ལས། དང་པོ་ལ་སྒྲོ་སྐུར་བརྗོད་ན་གནས་ལུགས་དོན་མི་ཟིན་པས་སྐྱོན་དུ་འགྱུར་ལ། ཕྱི་མ་ལ་སྒྲོ་སྐུར་སྐྱོན་དུ་མི་འགྱུར་ཏེ། ཡོན་ཏན་བསྔགས་པའི་སྐབས་ཡིན་གྱི་གནས་ལུགས་འཆད་པའི་སྐབས་མ་ཡིན་པའི་ཕྱིར་རོ། །གཉིས་པ་ནི། དཔེར་ན་བ་གླང་ཞེས་སོགས་ཉེར་གཉིས་ཏེ། འཆད་ཚུལ་གཉིས་པོ་ལ་སྒྲོ་སྐུར་སྐྱོན་དུ་འགྱུར་མི་འགྱུར་དཔེའི་སྒོ་ནས་བཤད་པའོ། །གཉིས་པ་ནི། དེས་ན་བྱ་རྒོད་ཞེས་སོགས་ཚིགས་བཅད་གཉིས་ཏེ། བྱ་རྒོད་ཕུང་པོ་སོགས་ཀྱི་ཡོན་ཏན་བཤད་པ་ད་ལྟ་མེད་པ་དང་། གངས་ཅན་དང་། མ་དྲིས་པ་སོགས་ཀྱི་མཚན་ཉིད་བཤད་པ་ད་ལྟ་མེད་པ་མི་མཚུངས་ཏེ། སྔ་མ་ནི་མདོ་སྡེ་དེ་ལ

ངེས་པ་བསྐྱེད་པའི་ཆེད་དུ་སྟོན་ཕུན་སུམ་ཚོགས་པ་ལྟ་འཛོམས་པའི་དུས་སུ་མདོ་སྡེ་འདི་འབྱུང་ངོ་ཞེས་སྔོན་ངགས་ཀྱི་གཞུང་བཞིན་དུ་ཡོན་ཏན་བསྟགས་པའི་སྐབས་ཡིན་པའི་ཕྱིར་དང་། རྣམ་པ་གཞན་དུ་ཐེག་ཆེན་གྱི་མདོ་སྡེ་གསུངས་པའི་ཚེ། བཅོམ་ལྡན་འདས་ཀྱིས་ས་ཕྱོགས་བྱིན་གྱིས་བརླབས་པས་འཁོར་ཐམས་ཅད་ཀྱིས་དེ་ལྟར་མཐོང་བ་ཡིན་ཏེ། མདོ་སྡེ་གཞན་ལས་ཀྱང་མི་མཇེད་ཀྱི་འཇིག་རྟེན་གྱི་ས་ཕྱོགས་ལག་མཐིལ་ལྟར་མཉམ་པ། སྟོང་དུམ་དང་། ཚེར་མ་དང་། མི་གཙང་བའི་ལྷན་ལྷིན་དང་། རི་ནག་པོ་མེད་པར་གྱུར་ཏོ་ཞེས་གསུངས་པ་དང་མཐུན་པའི་ཕྱིར་དང་། ཕྱི་མ་ནི་ཆོས་རྣམས་ཀྱི་རང་སྤྱིའི་མཚན་ཉིད་འཆད་པའི་སྐབས་ཡིན་པས་དངོས་པོའི་གནས་ལུགས་འཆད་པ་ཡིན་ཅིང་། དེ་ལ་འཁྲུལ་ན་སོགས་སོ། །གཉིས་པ་ནི། ཙྪ་རི་ཏྲ་ཞེས་སོགས་བཅུ་གཅིག་སྟེ། གནས་འབྱུང་གཙོད་ཀྱི་བྱེ་བྲག་ཙྪ་རི་ཏྲ་ནི། ལྷོ་ཕྱོགས་རྒྱ་མཚོའི་འགྲམ་ན་ཡོད་པར་གསུངས་པས། གོང་ཡུལ་གྱི་ཙྪ་རི་ཙྪ་གོང་ནི་དེ་མ་ཡིན་ནོ། །ཁ་ཅིག་གནས་ཞིང་གི་བྱེ་བྲག་དེ་ཤྲཱི་ཀོ་ཊ་ལ་གཉིས་ཡོད་པའི། ཆེ་ཤོས་རྒྱ་གར་ལྷོ་ཕྱོགས་ན་ཡོད། ཆུང་བ་གཞན་ཞིག་གོང་ཡུལ་གྱི་ཙྪ་རི་ཡིན་ཞེས་ལ་ལ་སྨྲ་བ་ནི། དེའི་ཕྱོགས་ན་ཛྷ་ཏྲའི་ཤིང་ཡོད་ན་ཡུལ་དེ་དེ་ཤྲཱི་ཀོ་ཊ་ཡིན་པ་ལ་སྐྱོན་མེད་དེ། རྡོ་རྗེ་མཁའ་འགྲོའི་རྒྱུད་ལས་སོགས་སོ། །དེ་ཡང་རྒྱུད་དུ། གྱིན་དུ་འབབ་ཊ་ཞེས་བྱ་བ། །ཀླི་ཊ་པ་ལ་གཙོགས་པ་ཆེ། །དེ་ཤྲཱི་ཀོ་ཊ་སྣ་ཆེན་མོ། །སྟོབས་པོ་ཆེ་ནི་སྐྱེ་གནས་བྱུང་། །ལྷ་མོ་ལག་ན་མདུང་ཅན་ཏེ། །རྣལ་འབྱོར་དབང་ཕྱུག་ཀུན་གྱི་མཆོག གནས་དེར་ལྷ་མོ་དྲག་ཆེན་མོ། །ཛྷ་ཏྲའི་ཤིང་ལ་བརྟེན་ཏེ་གནས། །བོད་ཡུལ་དུ་ནི་ལྷན་སྐྱེས་ཏེ། །རང་བྱུང་གི་ནི་སྐྱེ་གནས་བྱུང་། །ཆུ་སྲིན་རྒྱལ་མཚན་ལག་ན་ཐོགས། །ཞི་ཞིང་གསལ་བའི་གཟུགས་ཅན་ཏེ། །ཡུལ་དེར་གནས་པའི་ལྷ་མོ་དེ། །བྲག་གི་ཁྲིམ་ལ་བརྟེན་ཏེ་གནས། །ཞེས་སོ། །གསུམ་པ་ནི། ཧི་ས་དང་ནི་ཞེས་སོགས་དགུའོ། །ལྟ་བ་དེ་ལ་བརྟེན་ནས་ས་ལམ་བགྲོད་དེ་འབྲས་བུ་མངོན་དུ་བྱེད་པའི་ཚུལ་ལ་གཉིས་ཏེ། མཐར་ཐུག་གི་འབྲས་བུ་ལ་འཁྲུལ་པ་དགག་པ། གནས་སྐབས་ཀྱི་འབྲས་བུ་ལ་འཁྲུལ་པ་དགག་པའོ། །དང་པོ་ལ་ལྔ་སྟེ། རྒྱུ་འབྲས་རིགས་མི་མཐུན་དགག་པ། རྒྱུ་འབྲས་ཕྱིན་ཅི་ལོག་དགག་པ། རྒྱུ་མེད་པར་འབྲས་བུ་འབྱུང་བ་དགག་པ། རྒྱུ་མ་ཚང་བར་འབྲས་བུ་འབྱུང་བ་དགག་པ། འབྲས་བུའི་ངོ་བོ་ལ་འཁྲུལ་པ་དགག་པའོ། །དང་པོ་ལ་གཉིས་ཏེ། ཚིག་ཐུབ་ལས་སྐུ་གསུམ་འབྱུང་བ་དགག་པ། ཚིག་ཐུབ་རང་གི་ངོ་བོ་དགག་པའོ། །དང་པོ་ནི། ཁ་ཅིག་དཀར་པོ་ཞེས་སོགས་དྲུག་སྟེ། ཞང་འཚལ་པ་ལ་སོགས་པ་ཁ་ཅིག དཀར་པོ་ཚིག་ཐུབ་ཞེས་བྱ་བ། སྟོང་ཉིད་ཁོ་ན་བསྒོམ་པ་ལས་འབྲས་བུ་སྐུ་གསུམ་འབྱུང་ཞེས་ཟེར་བ་མི་འཐད་དེ། གཅིག་ལ་སོགས་སོ། །

དེ་ཡང་སྤྱོད་འཇུག་ཏུ། རྐྱེན་གཅིག་གིས་ནི་ཀུན་ནུས་པ། །གང་ན་ཡང་ནི་ཡོད་མ་ཡིན། །སྣ་ཚོགས་རྐྱེན་

ལས་བྱུང་བ་ཡི། །སྒྱུ་མ་དེ་ཡང་སྣ་ཚོགས་ཉིད། །ཅེས་སོ། །གཉིས་པ་ལ་བཞི་སྟེ། ཆིག་ཐུབ་ཐབས་དང་བཅས་ན་ཁས་བླངས་འགལ་བ། ཐབས་དང་བྲལ་ན་ལུང་རིགས་གཉིས་དང་འགལ་བ། དེས་ན་ཐབས་མཁས་ལམ་གྱི་གཙོ་བོར་བསྒྲུབ་པ། སྟོང་ཉིད་ཁོ་ན་བསྒོམ་པའི་ཉེས་དམིགས་བསྟན་པའོ། །དང་པོ་ལ་གཉིས་ཏེ། དངོས་དང་། ལུང་འགལ་སྤོང་བའོ། །དང་པོ་ནི་འགའ་ཞིག་ཆིག་ཐུབ་ཞེས་སོགས་ཚིགས་བཅད་གཉིས་ཏེ། དྭགས་པོ་ལྷ་རྗེ་ལ་སོགས་པ་འགའ་ཞིག་ཆིག་ཐུབ་བསྒོམ་པའི་རྗེས་ལ་བསྔོ་བ་བྱ་དགོས་ཟེར་བ་མི་འཐད་དེ། འོ་ན་ཆིག་ཐུབ་སོགས་སོ། །དེས་ན་ཆིག་ཐུབ་འདི་འདྲའི་ལུགས་སངས་རྒྱས་ཀྱིས་གསུངས་པ་མི་འཐད་དེ། ཐབས་གཞན་དང་བཅས་ན་ཆིག་ཐུབ་མ་ཡིན་ཅིང་། ཐབས་དང་བྲལ་ན་ཐམས་ཅད་མཁྱེན་པའི་ཡེ་ཤེས་ནི་སྙིང་རྗེའི་རྩ་བ་ཅན། བྱང་ཆུབ་སེམས་ཀྱི་རྒྱུ་ལས་བྱུང་བ་ཐབས་ཀྱིས་མཐར་ཕྱིན་པ་ཡིན་ནོ་ཞེས་གསུངས་པ་དང་འགལ་བའི་ཕྱིར་རོ། །གཉིས་པ་ནི། ཐུབ་པས་སྟོང་ཉིད་ཞེས་སོགས་བཅུ་སྟེ། འོ་ན་གསང་བ་བསམ་གྱིས་མི་ཁྱབ་པའི་མདོ་ལས། དམ་པའི་ཆོས་ནི་འཛིན་པ་དང་། །བྱང་ཆུབ་སེམས་ཀྱི་བསོད་ནམས་དེས། །སྟོང་པ་ཉིད་ལ་མོས་པ་ཡི། །བཅུ་དྲུག་ཆར་ཡང་མི་ཕོད་དོ། །ཞེས་གསུངས་པ་དང་འགལ་ལོ་སྙམ་ན་མི་འགལ་ཏེ། སྟོང་ཉིད་ལ་བསྔགས་པ་ནི། དངོས་པོར་འཛིན་པ་བཟློག་པའི་ཕྱིར་ཡིན་གྱི། དེ་ཁོ་ནས་ཐོབ་པ་ནི་མ་ཡིན་ཏེ། རྒྱལ་བ་རྣམས་ཀྱིས་སྟོང་པ་ཉིད། །ལྟ་ཀུན་ངེས་པར་འབྱུང་བར་གསུངས། །ཞེས་གསུངས་པ་བཞིན་នོ། །དཔེར་ན་སངས་རྒྱས་ཕྱག་འཚལ་སོགས་སོ། །དམ་ཆོས་པད་དཀར་ལས། མཆོད་རྟེན་དེ་ལ་གང་གིས་ཐལ་མོ་སྦྱོར། །ཡོངས་སུ་ཚང་དམ་ཐལ་མོ་ཡ་གཅིག་གམ། །ཡང་ན་མགོ་བོ་སྐད་ཅིག་བཏུད་པ་དང་། །དེ་བཞིན་ལུས་ཀྱང་ལན་གཅིག་བཏུད་པ་དང་། །གང་གིས་རིང་བསྲེལ་གནས་པ་དེ་དག་ལ། །གཡེང་བའི་སེམས་ཀྱིས་སངས་རྒྱས་ཕྱག་འཚལ་ཞེས། །ཚིག་གཅིག་ལན་འགའ་བརྗོད་པར་བྱེད་པ་ཡང་། །དེ་དག་ཀུན་གྱིས་བྱང་ཆུབ་མཆོག་འདི་ཐོབ། །ཞེས་དང་། མཆོད་རྟེན་བསྐོར་བའི་གཟུངས་ལས། གཟུངས་འདི་ལན་གཅིག་བརྗོད་པས། ཕྱོགས་བཅུ་དུས་གསུམ་གྱི་དཀོན་མཆོག་གསུམ་ལ་ཕྱག་འཚལ་ཞིང་། བསྐོར་བ་བྱས་པར་འགྱུར་རོ། །ཐོག་མ་མེད་པ་ནས་བསགས་པའི་སྡིག་པ་ཐམས་ཅད་དག་པར་འགྱུར་རོ། །དགེ་བ་སྣ་གཅིག་བྱས་པ་ཡང་བྱེ་བ་ཕྲག་ཏུ་འགྱུར་རོ་ཞེས་གསུངས། རྟེན་འབྲེལ་སྙིང་པོའི་གཟུངས་ལས། སྙིང་པོ་འདི་ལན་གཅིག་བརྗོད་པས་སྡིག་པ་ཐམས་ཅད་བྱང་བར་འགྱུར་རོ། །མི་མཐུན་པའི་ཕྱོགས་ཐམས་ཅད་ཞི་ཞིང་བཟློག་པར་འགྱུར་རོ་ཞེས་དང་། དོན་ཞགས་དང་། ཚེ་དཔག་མེད་དང་། སྒྲོང་རྒྱུད་ནས་གསུངས་པའི་སྔགས་འབྲུ་འགའ་ཞིག་དྲན་པ་ཙམ་གྱིས་སྡིག་པ་ཀུན་ལས་གྲོལ་བར་འགྱུར་རོ། །ཞེས་གསུངས་པའི་དགོངས་པ་མི་ཤེས་པར་ཚིག་འབྲུ་སྒྲ་ཇི་བཞིན་པ་ཙམ་ལ་བརྟེན་པར་མི་བྱའོ། །

གཉིས་པ་ལ་གཉིས་ཏེ། རིགས་པ་དང་འགལ་བ། ལུང་དང་འགལ་བའོ། །དང་པོ་ནི། མདའ་རྒྱང་ལ་ནི་ཞེས་སོགས་བདུན་ནོ། །གཉིས་པ་ནི། རྡོ་རྗེ་གུར་ལས་ཞེས་སོགས་ཚིགས་བཅད་དགུ་སྟེ། ཐབས་དང་བྲལ་བའི་སྟོང་ཉིད་ཁོ་ན་བསྒོམས་པས་སངས་རྒྱས་འབྱུང་བར་འདོད་པ་མི་འཐད་དེ། རྡོ་རྗེ་གུར་དང་། རྣམ་སྣང་མངོན་བྱང་དང་། རྣམ་འགྲེལ་གྱི་ལུང་གསུམ་དང་འགལ་བའི་ཕྱིར་རོ། །ལུང་དང་པོའི་དོན་ནི། གལ་ཏེ་སྟོང་པ་ཉིད་དུ་ལྟ་བ་ཁོ་ན་སངས་རྒྱས་ཐོབ་པའི་ཐབས་ཡིན་ན། དེའི་ཚེ་སངས་རྒྱས་ཉིད་མི་འབྱུང་སྟེ། འབྲས་བུའི་འདྲ་བ་ནི་རྒྱུའི་འདྲ་བ་ལས་གཞན་མ་ཡིན་པའི་ཕྱིར་རོ། །དེས་ན་ཐབས་ནི་སྟོང་པ་ཉིད་དུ་ལྟ་བ་མ་ཡིན་པའི་ཕྱིར་རོ། །འོན་ཀྱང་སྟོང་ཉིད་ལ་བསྟགས་པ་གསུངས་པའི་དགོས་པ་ནི། བདེན་འཛིན་གྱི་ལྟ་བ་རྣམས་ལས་བཟློག་པ་དང་། མུ་སྟེགས་བྱེད་བདག་ཏུ་ལྟ་བ་རྣམས་ཀྱིས་བདག་ཏུ་ཞེན་པའི་བསམ་པ་བཟློག་པའི་ཕྱིར་དུ། སྟོང་ཉིད་ཀྱི་ལྟ་བ་རྒྱལ་བ་རྣམས་ཀྱིས་གསུངས་པ་ཡིན་ནོ། །སྟོང་ཉིད་ཁོ་ནས་སངས་རྒྱས་ཐོབ་པ་མ་ཡིན་ཅིང་སྟོང་ཉིད་བསྒོམ་པ་དགོས་པ་ཡོད་པ་དེའི་ཕྱིར་ན། ཐབས་ཤེས་ཟུང་འཇུག་གིས་སངས་རྒྱས་འགྲུབ་སྟེ། དཀྱིལ་འཁོར་གྱི་འཁོར་ལོ་ཞེས་བྱ་བའི་རྫོགས་རིམ་གྱི་ཐབས་ནི་བདེ་བའི་སྡོམ་པ་སྟེ་ཤེས་རབ་ཡིན་ལ། སངས་རྒྱས་ང་རྒྱལ་རྣལ་འབྱོར་ནི་བསྐྱེད་རིམ་སྟེ། ཐབས་ཡིན་པས་དེ་གཉིས་ཀྱིས་སངས་རྒྱས་ཉིད་དུ་ངེས་པར་འགྲུབ་ཅེས་པའི་དོན་ནོ། །ལུང་གཉིས་པ་ལ། ཚིགས་བཅད་དང་པོས་ནི་ཐབས་དང་བྲལ་བའི་ཤེས་རབ་ཀྱིས་ཉན་ཐོས་ཀྱི་བྱང་ཆུབ་ཐོབ་པར་སྟོན་ཅིང་། ཕྱི་མས་ནི་རྫོགས་པའི་བྱང་ཆུབ་བསྒྲུབ་པ་ལ་ཐབས་ཤེས་ཟུང་འཇུག་དགོས་པར་བསྟན་ནོ། །ལུང་གསུམ་པའི་ཚིགས་བཅད་དང་པོ་ནི། ཐབས་མང་པོས་ཡུན་རིང་དུ་གོམས་པས་སྐྱོན་ཡོན་གྱི་གནས་ཚུལ་རབ་ཏུ་གསལ་བ་ཐོབ་པ་བསྟན། དེ་ནས་ཚིག་རྐང་གཉིས་ཀྱིས་དེ་ཐོབ་པ་སྒྲིབ་གཉིས་ཀྱི་རྒྱུའི་བག་ཆགས་སྤྲངས་པར་བསྟན། དེ་ནས་གཉིས་ཀྱིས་གཞན་དོན་ལ་འཇུག་པ་ཅན་གྱི་ཐུབ་པ་ཆེན་པོ་ཉན་རང་ལས་ཁྱད་པར་དུ་འཕགས་པར་བསྟན། དེ་ནས་གཉིས་ཀྱིས་དེ་ཉིད་ཀྱི་ཕྱིར་ན་རྒྱུའི་དུས་སུ་ཐབས་གོམས་པ་དེ་ཉིད་འབྲས་བུའི་དུས་ཀྱི་སྟོན་པའི་རྒྱུ་ཡིན་པས། ཚད་མ་མདོར་སྟོན་པ་ཞེས་པའི་མིང་གི་བཏགས་པར་བཞེད། ཅེས་བསྟན་ནོ། །གསུམ་པ་ལ་གསུམ་སྟེ། རྣམ་གྲོལ་བཟང་ངན་ཐབས་ཀྱིས་བྱེད་པར་བསྟན། དེ་ལ་ཡིད་ཆེས་ལུང་གི་སྒྲུབ་བྱེད་འགོད། རྣམ་གྲོལ་བཟང་པོ་འདོད་པས་ཐབས་ལ་འབད་པར་གདམས་པའོ། །དང་པོ་ནི། དེས་ན་ཐབས་ཞེས་སོགས་བཅོ་ལྔ་སྟེ། རྫོགས་པའི་བྱང་ཆུབ་བསྒྲུབ་པའི་རྒྱུ་ཐུན་མོང་མ་ཡིན་པ་ནི་ཐབས་ལ་མཁས་པ་ཡིན་ཏེ། བྱང་ཆུབ་གསུམ་ཀ་ཡང་སྟོང་ཉིད་བསྒོམ་པས་རྣམ་པར་གྲོལ་བ་ཐོབ་པར་མཚུངས་ན་ཡང་། གཞན་དོན་འབད་མེད་ལྷུན་གྲུབ་ཏུ་བྱེད་པའི་བྱང་ཆུབ་ནི་ཐབས་མཁས་ཁོ་ན་ལས་བྱུང་བའི་ཕྱིར་རོ། །

གཉིས་པ་ལ་གཉིས་ཏེ། བྱམས་པའི་ལུང་། དཔལ་བོའི་ལུང་ངོ་། །དང་པོ་ནི། དེ་ཡང་མདོ་སྡེ་ཞེས་སོགས་དྲུག་སྟེ། དཔེ་ཇི་ལྟར་ན་མདུད་པའི་བྱེ་བྲག་གིས་གོས་ལ་ཚོན་བཀྲ་བ་དང་། མི་བཀྲ་བ་དེ་བཞིན་དུ་སེམས་བསྐྱེད་དང་སྨོན་ལམ་གྱི་འཕེན་པའི་དབང་གིས་ཐེག་པ་གསུམ་ལ་གྲོལ་བའི་དབང་གིས་ཡེ་ཤེས་བཀྲ་མི་བཀྲ་འབྱུང་ངོ་ཞེས་དེ་སྐད་གསུངས་པ་ཡང་འབྲས་བུའི་བཟང་ངན་ཐབས་ཀྱིས་བྱེད་པའི་ཞེས་གསུངས་པ་ཡང་དོན་འདི་ཉིད་ཡིན་ནོ། །གཉིས་པ་ནི། སློབ་དཔོན་མ་ཏི་ཞེས་སོགས་དྲུག་སྟེ། བསྟོད་པ་བརྒྱ་ལྔ་བཅུ་པ་ལས། བསེ་རུའི་རྭ་དང་འདྲ་བའི་རང་སངས་རྒྱས་དང་། སྟོན་པ་ཁྱེད་ཀྱི་རྗེས་སུ་འགྲོ་ཞིང་སློབ་པའི་ཉན་ཐོས་ཉོན་མོངས་ཞི་བ་ཙམ་གྱིས་ཁྱེད་དང་མཚུངས་ཀྱང་རང་དོན་སྟོབས་སོགས་ཀྱི་ཡོན་ཏན་དང་། གཞན་དོན་འབད་མེད་ལྷུན་གྲུབ་ཏུ་འབྱུང་བ་ལ་སོགས་པའི་བསམ་ཡས་ཡོན་ཏན་གྱི་ཚོགས་ཀྱིས་མ་ཡིན་ཞེས་གསུངས་པ་ཡང་དོན་འདི་ཉིད་ཡིན་ནོ། །གསུམ་པ་ནི། དེས་ན་སངས་རྒྱས་ཞེས་སོགས་དྲུག་སྟེ། བརྒྱད་སྟོང་པར་རབ་འབྱོར་འདི་ལྟར་བྱང་ཆུབ་སེམས་དཔའ་སེམས་དཔའ་ཆེན་པོ་རྣམ་པ་ཐམས་ཅད་ཀྱི་མཆོག་དང་ལྡན་པའི་སྟོང་པ་ཉིད་ལ་རྟོག་མོད་ཀྱི་མངོན་སུམ་དུ་བྱའོ་སྙམ་དུ་མི་རྟོག་གོ། །ཡོངས་སུ་འདྲིས་པར་བྱའོ་སྙམ་དུ་མི་རྟོག་གོ། །མངོན་སུམ་དུ་བྱ་བའི་དུས་འདི་ཡིན་ནོ་སྙམ་དུ་མི་རྟོག་གོ་ཞེས་སོ། །བཞི་པ་ནི། སྟོང་ཉིད་རྐྱང་པ་ཞེས་སོགས་བཅུ་གསུམ་སྟེ། སྟོང་ཉིད་རྐྱང་པ་བསྒོམས་ན་ཆད་ལྟར་འགྱུར་བས་སྟོང་ཉིད་ཀྱང་རྟོགས་མི་ནུས་ཤིང་། གལ་ཏེ་སྟོང་ཉིད་རྟོགས་ན་ཡང་ཉན་ཐོས་ཀྱི་འགོག་པར་ལྟུང་སྟེ། འཕགས་པ་དཀོན་མཆོག་སོགས་སོ། །གཉིས་པ་ནི། ལ་ལ་སྟོང་ཉིད་ཞེས་སོགས་དྲུག་གོ། །གསུམ་པ་ནི། ཁ་ཅིག་ས་ལམ་ཞེས་སོགས་བཅུ་བཞི་སྟེ། ཞང་འཚལ་པ་ལ་སོགས་པ་ཁ་ཅིག ཕྱག་རྒྱ་ཆེན་པོ་ཆིག་ཆོད་ལ། །ས་ལམ་བཅྩེ་བའི་རྨོངས་པ་འཁྲུལ། །ཞེས་ས་ལམ་མི་བགྲོད་པར་འཚང་རྒྱ་བར་འདོད་པ་དང་། ཏི་སེ་ལ་སོགས་པ་སྐོར་བ་དང་མཉམ་དུ། རྩ་མདུད་མེད་པ་སོགས་འདོད་པ་ཡང་རྒྱུད་སྡེའི་དགོངས་པ་མ་ཤེས་པས་ཤིན་ཏུ་འགལ་བ་ཡིན་ཏེ། ཕྱི་རུ་ཡུལ་ཉི་ཤུ་རྩ་བཞི་པོ་རྣམས་བགྲོད་པ་དང་། ནང་དུ་རྩ་མདུད་གྲོལ་བ་ནི། རྣལ་འབྱོར་པས་ས་བཅུ་ལ་སོགས་བགྲོད་པའི་རྟེན་འབྲེལ་ཉིད་ཀྱིས་འབྱུང་བ་ཡིན་པའི་ཕྱིར་རོ། །འདི་དོན་རྣལ་འབྱོར་ཆེན་པོའི་སོགས་ཏེ། སམྦུ་ཊི་ལས། གནས་དང་ཉེ་བའི་གནས་སོགས་བཅུ། །རབ་དགའ་ལ་སོགས་པའི་ས་བཅུ་ལ་སྦྱར་བ་དང་། ཀྱཻ་རྡོ་རྗེ་ལས། གནས་དང་ཉེ་བའི་གནས་དང་ནི། །ཞེས་སོགས་ཀྱི་མཇུག་ཏུ། འདི་རྣམས་ས་ནི་བཅུ་གཉིས་ཏེ། །ཞེས་ཕྱི་ནང་གི་གནས་རྣམས་དང་རབ་དགའ་ལ་སོགས་པའི་ས་རྣམས་སྦྱོར་བ་བླ་མེད་ཀྱི་དགོངས་པ་ཡིན་ནོ། །བཞི་པ་ནི། ལ་ལ་དབང་བཞི་ཞེས་སོགས་དྲུག་སྟེ། ཕ་རོལ་ཏུ་ཕྱིན་པའི་ཐེག་པར་སྐུ་གསུམ་གྱི་རྣམ་གཞག་མཛད་ཅིང་། རྡོ་རྗེ་ཐེག་པར་སྐུ་བཞིའི

རྣམ་གཞག་མཛད་པའི་རྒྱུ་མཚན་ཡང་འབྲས་བུ་སྐུ་བཞི་ལ་རྒྱུ་སྨིན་བྱེད་ཀྱི་དབང་བཞི་དང་། གྲོལ་བྱེད་ཀྱི་ལམ་བཞི་དགོས་པའི་ཕྱིར་རོ། །ལྔ་པ་ནི། ཁ་ཅིག་འབྲས་བུའི་ཞེས་སོགས་དྲུག་སྟེ། གསང་འདུས་པ་ཁ་ཅིག་འབྲས་བུའི་མཐར་ཐུག་ནི། འོད་གསལ་སྟོང་ཉིད་ཡིན། ཞེས་སྨྲ་བ་ཐོས་པ་འདི་ནི་འཕགས་པ་ཡབ་སྲས་ཀྱི་དགོངས་པ་མ་ཡིན་ཏེ། རིམ་ལྔ་དང་ནི་སོགས་སོ། །དེ་ཡང་རིམ་ལྔ་ལས། ཡང་དག་མཐའ་ལས་ལངས་ནས་ནི། །གཉིས་མེད་ཡེ་ཤེས་ཐོབ་པར་འགྱུར། །ཟུང་འཇུག་ཏིང་འཛིན་ལ་གནས་ནས། །སླར་ཞིང་གང་ལའང་མི་སློབ་བོ། །འདི་ནི་རྫོགས་པའི་རྣལ་འབྱོར་པ། །རྡོ་རྗེ་འཛིན་པ་ཆེན་པོའང་དེ། །རྣམ་པ་ཀུན་གྱི་མཆོག་ལྡན་པའི། །ཐམས་ཅད་མཁྱེན་པ་དེ་ནས་འགྱུར། །ཞེས་དང་། སྤྱོད་བསྡུས་ལས། བྱང་ཆུབ་ཀྱི་ཤིང་དྲུང་ལ་བཞུགས་ནས་མཚན་ཕྱེད་ཀྱི་དུས་སུ་འོད་གསལ་མངོན་དུ་མཛད་དེ། སྒྱུ་མ་ལྟ་བུའི་ཏིང་ངེ་འཛིན་ལས་བཞེངས་ནས། འགྲོ་བ་རྣམས་ལ་སྟོན་པར་མཛད་པ་ཡིན་នོ་ཞེས་སོ། །

གཉིས་པ་གནས་སྐབས་ཀྱི་འབྲས་བུ་ལ་འཁྲུལ་པ་དགག་པ་ལ་གསུམ་སྟེ། གྲུབ་ཐོབ་ལས་རྟོགས་ལྡན་བཟང་བ་དགག་པ། ཉམས་ལས་གོ་རྟོགས་བཟང་བ་དགག་པ། རྣལ་འབྱོར་བཞི་པོ་འཕགས་པའི་ས་ལ་སྦྱར་བ་དགག་པའོ། །དང་པོ་ལ་གཉིས་ཏེ། འདོད་པ་བརྗོད་པ་དང་། དེ་དགག་པའོ། །དང་པོ་ནི། ཕྱག་རྒྱ་བ་ལ་ལ་གྲུབ་ཐོབ་ཞེས་སོགས་ཚིགས་བཅད་གཅིག་གོ། གཉིས་པ་ནི། འདི་འདྲ་འཕགས་པའི་ཞེས་སོགས་ཉེར་གཉིས་ཏེ། ཐེག་ཆེན་འཕགས་པ་མ་ཡིན་པ་ལ་གྲུབ་ཐོབ་མེད་པའི་རྒྱུ་མཚན། མདོ་སྡེ་རྒྱན་ལས། ས་རྣམས་ཐམས་ཅད་མ་གྲུབ་དང་། །གྲུབ་པ་དག་ཏུ་ཤེས་པར་བྱ། །གྲུབ་པ་དག་ཀྱང་མ་གྲུབ་དང་། །གྲུབ་པ་དག་ཏུ་ཡང་འདོད་དོ། །ཞེས་མོས་སྤྱོད་ཀྱི་ས་མ་གྲུབ་པ་དང་། ས་དང་པོ་ཡན་ཆད་གྲུབ་པ་ཡིན་ཅིང་། དེ་ལ་ཡང་ས་བདུན་པ་མན་ཆད་མ་གྲུབ་པ་དང་། ས་བརྒྱད་པ་ཡན་ཆད་གྲུབ་པ་ཡིན་ནོ་ཞེས་སོགས་གསུངས་པ་ཡང་། གྲུབ་ཐོབ་ས་དང་པོ་ཡན་ཆད་ལ་འཇོག་པའི་དགོངས་པ་དེ་ཉིད་ཡིན་ནོ། །ལམ་འབྲས་ལས་ཀྱང་། གྲུབ་མཐའ་བཞི་པོ་ས་དང་པོ་ཡན་ཆད་ལ་འཇོག་པས། ངེད་ཀྱི་ལུགས་ཀྱི་གྲུབ་ཐོབ་དེ་འདྲ་ཡིན་ཅིང་། གྲུབ་ཐོབ་ལས་བཟང་བའམ་རྟོགས་ལྡན་གྱི་མཚན་ཉིད་འདི་ཡིན་ནོ་ཞེས་མདོ་རྒྱུད་ལས་གསུངས་པ་མེད་པས། གྲུབ་ཐོབ་ལས་བཟང་བའི་རྟོགས་ལྡན་བླུན་པོ་ལ་སོགས་སོ། །

གཉིས་པ་ལ་གཉིས་ཏེ། འདོད་པ་བརྗོད་པ་དང་། དེ་དགག་པའོ། །དང་པོ་ནི། གླིང་རས་ལ་སོགས་པ་ལ་ལ་ཉམས་དང་ཞེས་སོགས་ཚིགས་བཅད་གཅིག་གོ། །གཉིས་པ་ནི། འདི་ཡང་རེ་ཞིག །ཞེས་སོགས་ཚིགས་བཅད་དྲུག་སྟེ། ཉམས་ཞེས་བྱ་བ་དེ། འདིར་བརྟགས་པའི་མཐའ་གསུམ་པོ་གང་ཡིན་ནའང་། དེ་ལས་གོ་

རྟོགས་བཟང་བ་མི་འགྲུབ་སྟེ། གོ་རྟོགས་གཉིས་པོ་ཡང་དེའི་ནང་དུ་འདུས་པ་ཡིན་པའི་ཕྱིར་རོ། །གོ་བ་དང་རྟོགས་པ་གཉིས་ནི། རྣམ་གྲངས་ཡིན་གྱི་ངོ་བོ་ཐ་དད་མ་ཡིན་ཏེ། ག་ཁ་ཞེས་པ་དང་། ས་མ་ཡ་ཞེས་པ་སྐབས་ཐོབ་ཀྱིས་གཉིས་ཀ་ཡང་གོ་བ་དང་། རྟོགས་པ་གཉིས་ཀ་ལ་འཇུག་པའི་ཕྱིར་རོ། །ལམ་འབྲས་ལ་སོགས་པའི་གཞུང་ལུགས་འགའ་ལས་བསྒོམ་པའི་ཏིང་ངེ་འཛིན་ལ་ཉམས་ཀྱི་སྣང་བ་དང་། རྫོགས་པའི་སངས་རྒྱས་ཀྱི་ཡེ་ཤེས་ལ་དག་པའི་སྣང་བར་བཤད་པ་ཡོད་ཅིང་། བསྒོམ་ཉམས་སྐྱོན་ཡོད་མེད་ཕྱེད་པས་ས་བཅུ་གསུམ་པའོ་ཞེས་སངས་རྒྱས་ཀྱི་ས་ལ་བཤད་པ་ཡང་མཐོང་བས་དེ་འདྲའི་ཉམས་དང་སོགས་སོ། །གསུམ་པ་ལ་གཉིས་ཏེ། འདོད་པ་བརྗོད་པ་དང་། དེ་དགག་པའོ། །དང་པོ་ནི། རྩེ་གཅིག་དང་ནི་ཞེས་སོགས་དྲུག་སྟེ། ཕྱག་རྒྱ་བ་རྣམས་ལ་གྲགས་པའི་བསྒོམ་རྣལ་འབྱོར་བཞི་ཞེས་བྱ་བ་འདི་མར་པའི་སློབ་མ་རྣམས་ལ་མེད་ཅིང་། དུས་ཕྱིས་གོང་ནེ་རྡུ་པ་ལ། དྭགས་པོ་ལྷ་རྗེས་རྩད་ཆོད་ནས་ཕྱག་རྒྱ་ཆེན་པོ་ལ་སྦྱར་བ་ཡིན་ལ། ངོ་སྤྲོད་པའི་ཚེ་ན། མཐོང་ལམ་སོགས་སུ་སྦྱོར་དོ། །

གཉིས་པ་ལ་གཉིས་ཏེ། སོ་སྐྱེ་ལ་ཆོས་མཐུན་བསྐྱེ་ན་དཔྱད་པར་བྱ་བ། འཕགས་པའི་ས་ལ་སྦྱར་ན་མདོ་རྒྱུད་དང་འགལ་བའོ། །དང་པོ་ནི། འདི་ཡང་ཕྱེ་སྟེ། ཞེས་སོགས་ཉེར་དགུ་སྟེ། རྣལ་འབྱོར་བཞི་པོ་ས་བཅུ་གཅིག་ལ་སྦྱོར་བའི་ས་བཅུ་གཅིག་པོ་འདི་སོ་སྐྱེའི་ས་ལ་ཆོས་མཐུན་ཙམ་བསྐྱེ་འམ། འཕགས་པའི་ས་ཁོ་ན་ལ་སྦྱོར། དང་པོ་ལྟར་ན། ཆོས་ནས་གསུངས་ན་བསྐྱེ་ཡང་འགའ་ཡང་འགལ་བ་མེད་དེ། དཔེར་ན་དཀོན་མཆོག་བརྩེགས་པའི་རྨི་ལམ་ངེས་བསྟན་གྱི་ལེའུ་ལས། ཐུབ་པའི་མཆོད་རྟེན་སོགས་སོ། །འདི་དག་ཀྱང་ཚོགས་ལམ་དང་སྦྱོར་ལམ་དང་པོ་གསུམ་པོ་རེ་རེ་ལ་ཡང་གསུམ་གསུམ་སྟེ། མོས་པས་སྤྱོད་པའི་ས་ལ་ས་བཅུར་བྱས་ནས་སྦྱར་བ་ཡིན་གྱི། འཕགས་པའི་མིན་པ་དེ་བཞིན་དུ་རྩེ་གཅིག་སོགས་ལའང་སོགས་སོ། །གཉིས་པ་ནི། ཅི་སྟེ་འཕགས་པའི་ཞེས་སོགས་གཉིས་སོ། །དེ་རྣམས་ཀྱིས་སྡོམ་གསུམ་སོ་སོའི་དོན་རྣམས་ཞིབ་ཏུ་བཤད་ཟིན་ཏོ། །གཉིས་པ་རྩོད་པ་སྤོང་བ་ལ་གཉིས་ཏེ། རྩོད་པ་དང་། ལན་ནོ། །དང་པོ་ནི། ཁ་ཅིག་ཐེག་པ་ཞེས་སོགས་གཉིས་ཏེ། དམ་པ་ཕྱུར་ཆུང་པ་ལ་སོགས་པ་ཁ་ཅིག །ཐེག་པ་ཆེ་ཆུང་གི་ལྟ་སྒོམ་སྤྱོད་འབྲས་ཐམས་ཅད་རང་རང་གི་གཞུང་ལུགས་ནས་བཤད་པ་བཞིན་རང་ས་ན་བདེན་པ་ཡིན་པས། མདོ་རྒྱུད་ནས་མ་བཤད་པས་དེ་དག་སུན་ཕྱུང་བར་མི་ནུས་སོ། ཞེས་ཀུན་ལ་སྒྲོགས་པར་བྱེད་དོ། །གཉིས་པ་ལ་བཞི་སྟེ། སླུས་ཚད་བདེན་པ་དགག་པ། གྲུབ་མཐའ་ཐམས་ཅད་བདེན་པ་དགག་པ། གྲངས་ངེས་ཐམས་ཅད་བདེན་པ་དགག་པ། དེ་ལ་རྩོད་པ་སྤོང་བའོ། །དང་པོ་ནི། གལ་ཏེ་སླུས་ཚད་ཞེས་སོགས་གཉིས་ཏེ། ཐེག་པ་རང་ས་ནས་བདེན་པའི་དོན་སླུས་ཚད་བདེན་པ་ལ་

བྱེད་དམ། གྲུབ་མཐའ་ཀུན་བདེན་པ་ལ་བྱེད་དམ། སངས་རྒྱས་པའི་ཐེག་པ་ཀུན་བདེན་པ་ལ་བྱེད། ཞེས་བརྟགས་ནས་དང་པོ་འདིས་འགོག་ཅིང་། ཕྱི་མ་གཉིས་འོག་ཏུ་འགོག་གོ། །གཉིས་པ་ནི། འོན་ཏེ་གྲུབ་མཐའ་ཞེས་སོགས་བཅོ་ལྔ་སྟེ། བརྟག་པ་གཉིས་པ་ལྟར་ན། དབང་ཕྱུག་པ་སྲོག་གི་མཆོད་སྦྱིན་བྱས་པས་ཐར་པ་ཐོབ་ཞེས་འཚོ་བ་ཆོས་སུ་སྨྲ་བ་དང་། རྒྱང་འཕེན་པ་འཇིག་རྟེན་ཕ་རོལ་མེད་པར་སྨྲ་བ་སོགས་ལོག་ལྟ་ཐམས་ཅད་བདེན་པར་འགྱུར་རོ། །གལ་ཏེ་མུ་སྟེགས་སོགས་ནས། རང་ས་ནས་ནི་བདེན་སྙམ་ན། སྦྱིན་སོགས་ཕལ་ཆེར་བདེན་མོད་ཀྱང་། དཀོན་མཆོག་ལ་སྐྱབས་སུ་མི་འགྲོ་བས་སྐྱབས་གནས་ཀྱི་གནད་དང་། རྟག་ཆད་གང་རུང་དུ་འཛིན་པས་ལྟ་བའི་གནད། མི་ལྡ་བསྟེན་པ་སོགས་ཐར་ལམ་དུ་འདོད་པས་ཐབས་ཀྱི་གནད་རྣམས་འཁྲུལ་པས་ན། སྦྱིན་སོགས་ཀྱི་ཆོས་གཞན་བཟང་ཡང་འཁོར་བ་ལས་སྐྱོབ་པར་མི་ནུས་སོ། །

གསུམ་པ་ལ་གཉིས་ཏེ། སངས་རྒྱས་ཀྱི་གསུང་ལ་གཉིས་སུ་ཕྱེ་བ། དེ་དག་ཇི་ལྟར་ལེན་པའི་ཚུལ་ལོ། །

དང་པོ་ནི། ཅི་སྟེ་སངས་རྒྱས་ཞེས་སོགས་བཅོ་བརྒྱད་དེ། བརྟག་པ་གསུམ་པ་ལྟར་ན། སྤྱིར་སངས་རྒྱས་ཀྱི་གསུང་ལ་བརྗོད་བྱའི་སྒོ་ནས་དྲང་དོན་དང་། ངེས་དོན་གཉིས་སུ་ཡོད་དེ། བློ་གྲོས་མི་ཟད་པའི་མདོ་ལས། མདོ་གང་ལས་ཀུན་རྫོབ་ཀྱི་བདེན་པ་གསུངས་པ་འདི་ནི་དྲང་བའི་དོན་ཡིན་នོ། །མདོ་གང་ལས་ངེས་པའི་དོན་མངོན་སུམ་དུ་བྱ་བའི་ཕྱིར་གསུངས་པ་འདི་ནི་ངེས་པའི་དོན་ཏོ་ཞེས་དང་། ཏིང་ངེ་འཛིན་རྒྱལ་པོ་ལས། སྟོང་པ་བདེ་བར་གཤེགས་པས་བསྟན་པ་ལྟར། །ངེས་དོན་མདོ་སྡེ་དག་གི་བྱེ་བྲག་ཤེས། །གང་ལས་སེམས་ཅན་སྐྱེས་བུ་གང་ཟག་བསྟན། །ཆོས་དེ་ཐམས་ཅད་དྲང་བའི་དོན་དུ་ཤེས། །ཞེས་གསུངས་པའོ། །རྗོད་བྱེད་ཀྱི་སྒོ་ནས་སྒྲ་ཇི་བཞིན་པ་དང་། ཇི་བཞིན་མ་ཡིན་པ་གཉིས་སུ་གསུངས་ཏེ། སྒྲ་ཇི་བཞིན་པ་ལ་ཚད་མས་གནོད་པ་འབབ་པ་དང་། མི་འབབ་པ་གཉིས་ཡོད་པའི་ཕྱིར་རོ། །ཐེག་པའི་སྒོ་ནས་འཇིག་རྟེན་པ་དང་། འཇིག་རྟེན་ལས་འདས་པ་གཉིས་སུ་གནས་ཏེ། འཇིག་རྟེན་པ་རྣམས་བསྟན་པ་ལ་འཇུག་པའི་ཆེད་དུ་གསུངས་པ་དང་། བསྟན་པ་ལ་ཞུགས་པ་རྣམས་བྱང་ཆུབ་ཐོབ་པའི་ཆེད་དུ་གསུངས་པ་རྣམ་པ་གཉིས་སུ་ཡོད་པའི་ཕྱིར། བཤད་ཚུལ་གྱི་སྒོ་ནས་དགོངས་པ་དང་། ལྡེམ་པོར་དགོངས་པ་དང་། དྲང་པོར་དགོངས་པ་དང་གསུམ་ཡོད་དེ། ཉིས་པ་བརྒྱད་ཀྱི་གཉེན་པོར་དགོངས་པ་ཅན་རྣམ་པ་བཞི་གསུངས་པ་དང་། དགོངས་གཞིའི་ཆེད་དུ་ལྡེམ་དགོངས་བཞི་གསུངས་པ་དང་། སྒྲ་ཇི་བཞིན་གྱི་དོན་ཉམས་སུ་ལེན་པའི་ཆེད་དུ་དྲང་པོར་གསུངས་པ་རྣམས་སུ་ཡོད་པའི་ཕྱིར་རོ། །དེ་ལ་དགོངས་པ་བཞི་ནི། སངས་རྒྱས་ལ་བརྙས་པའི་གཉེན་པོར་ང་ཉིད་སངས་རྒྱས་རྣམ་གཟིགས་སུ་གྱུར་ཏོ། །ཅེས་མཉམ་པ་ཉིད་ལ་དགོངས་པ་དང་། ཆོས་ལ་བརྙས་པའི་གཉེན་པོར། སངས་རྒྱས་བྱེ་བ་ཕྲག་དཔག་ཏུ་མེད་

པ་ལ་བསྙེན་བཀུར་བྱས་ན་ཆོས་དེ་རྟོགས་པར་འགྱུར་རོ་ཞེས་དོན་གཞན་མངོན་སུམ་དུ་རྟོགས་པ་ལ་དགོངས་པ་དང་། ལེ་ལོའི་གཉེན་པོར་བདེ་བ་ཅན་དུ་སྐྱེ་བར་སྨོན་ལམ་འདེབས་ན་དེར་སྐྱེའོ་ཞེས་དུས་གཞན་ལ་དགོངས་པ་དང་། དགེ་བ་ཅུང་ཟད་ཙམ་གྱིས་ཆོག་པར་འཛིན་པའི་གཉེན་པོར། དགེ་བ་འདི་ལྟ་བུ་ནི་དམན་ལ་གཞན་ནི་མཆོག་གོ་ཞེས་གང་ཟག་གི་བསམ་པ་ལ་དགོངས་པའོ། །གཞན་ཡང་ང་རྒྱལ་དང་། འདོད་ཆགས་དང་། འགྱོད་པ་དང་། མ་ངེས་པ་ལྡོག་པའི་གཉེན་པོར་སངས་རྒྱས་ཀྱི་སྐུ་ལ་བསྟོགས་པ་དང་། དག་པའི་ཞིང་ལ་བསྟོགས་པ་དང་། མཚམས་མེད་བྱས་པ་ཡང་མཐོ་རིས་སུ་སྐྱེ་བར་གསུངས་པ་དང་། ཉན་ཐོས་དགྲ་བཅོམ་པ་སངས་རྒྱས་སུ་ལུང་བསྟན་པ་རྣམས་ཀྱང་དགོངས་པ་ཅན་ནོ། །ལྡེམ་དགོངས་བཞི་ནི། ཉན་ཐོས་པ་རྣམས་ཐེག་པ་ཆེན་པོ་ལ་གཞུག་པའི་ཕྱིར། གཟུགས་སོགས་ཡོད་པར་གསུངས་པ་གཞུག་པ་ལྡེམ་པོར་དགོངས་པ་དང་། ངོ་བོ་ཉིད་གསུམ་ལ་དགོངས་ནས་ཆོས་རྣམས་ངོ་བོ་ཉིད་ཀྱིས་ཡོད་པ་མ་ཡིན་པར་གསུངས་པ་མཚན་ཉིད་ལྡེམ་དགོངས་དང་། སྔར་གྱི་དགོངས་པ་ཅན་བཞི་པོ་གཉེན་པོར་ལྡེམ་དགོངས་དང་། བརྗོད་བྱ་ཟབ་མོ་སྒྲ་ཇི་བཞིན་པ་མ་ཡིན་པར་གསུངས་པ་བསྒྱུར་བ་ལྡེམ་དགོངས་རྣམས་སོ། །སངས་རྒྱས་ཀྱི་གསུང་ལ་བཤད་ཚུལ་དེ་ལྟར་འབྱུང་བའི་དཔེ་ནི། དེ་ལ་འཇིག་རྟེན་མཐུན་འཇུག་སོགས་སོ། །གཉིས་པ་ནི། དེས་ན་དྲང་བའི་ཞེས་སོགས་བཅུ་སྟེ་སངས་རྒྱས་ཀྱི་གསུང་ལ་དྲང་དོན་དང་། ངེས་དོན་སོགས་ཀྱི་དབྱེ་བ་མང་དུ་ཡོད་པ་དེས་ན་དྲང་དོན་སོགས་དེ་ལྟར་བདེན་པར་མི་གཟུང་ཞིང་། ངེས་དོན་སོགས་ཇི་ལྟར་གསུངས་པ་བཞིན་བདེན་པར་གཟུང་དགོས་པའི་ཕྱིར་ན། དྲང་ངེས་ཤེས་པའི་སྒོ་ནས་སངས་རྒྱས་ཀྱི་གསུང་ལེན་པར་བྱའི། ཐམས་ཅད་རང་སྒྲ་ན་བདེན་པས་བླང་བར་བྱ་བ་ནི་མ་ཡིན་ནོ། །བཞི་པ་ལ་གཉིས་ཏེ། རྩོད་པ་དང་། ལན་ནོ། དང་པོ་ནི། གལ་ཏེ་མུ་སྟེགས་ཞེས་སོགས་དགུའོ། །གཉིས་པ་ནི། སངས་རྒྱས་དྲང་དོན་ཞེས་སོགས་བཅུ་བཞི་སྟེ། སངས་རྒྱས་ཀྱི་གསུང་ལ་དྲང་ངེས་གཉིས་ཡོད་ཀྱང་། དྲང་དོན་ནི་ངེས་དོན་ལ་འཁྲིད་པའི་ཆེད་ཡིན་ཅིང་། མུ་སྟེགས་ལ་བདེན་པ་སྲིད་ཀྱང་དེས་བརྟན་པ་ཉིད་ལ་སྦྱོར་བར་བྱེད་པ་དེས་ན་སོགས་སོ། །དེ་བཞིན་དུ་གངས་ཅན་འདི་ན་ཡང་། ལུས་ངག་གི་རྣམ་ཐར་བཟང་པོ་བསྟན་ནས། དཀར་པོ་ཆིག་ཐུབ་ལ་སོགས་པའི་ལོག་པའི་ཆོས་ལ་སྦྱར་བ་མཐོང་ནས། མུ་སྟེགས་བྱེད་ཀྱི་ཆོས་བཞིན་དུ་དེད་ཀྱིས་སྤོང་ཞིང་། སློབ་མའི་བློ་དང་འཚམ་པར་ཐེག་མར་ཐེག་པ་སྣ་ཚོགས་ཀྱི་ཚུལ་བསྟན་ནས། སངས་རྒྱས་སྒྲུབ་པའི་ཐབས་ཤེས་ཟུང་འཇུག་དང་། རིམ་གཉིས་ཀྱི་གནད་རྣམས་སངས་རྒྱས་ཀྱི་གསུང་བཞིན་དུ་ཡང་དག་པར་སྟོན་པར་མཛད་པའི་བླ་མ་དེ་སངས་རྒྱས་ཉིད་དུ་བདག་གིས་གཟུང་ངོ་། །གསུམ་པ་གནད་མ་འཁྲུལ་པར་བསྒྲུབ་པར་གདམས་པའི་སྒོ་ནས་མཇུག་བསྡུ་བ་ལ་གསུམ་སྟེ།

མ་འཁྲུལ་པའི་གནད་བསྒྲུབ་པར་གདམས། འཁྲུལ་པའི་གྲུབ་མཐའ་སུན་དབྱུང་བར་གདམས། བློ་བུར་གྱི་ཆོས་ལ་བརྟག་དཔྱད་བྱ་བར་གདམས་པའོ། །དང་པོ་ལ་གཉིས་ཏེ། གནད་བཅོས་པ་ཉེས་དམིགས་ཆེ་བས་སྤང་བར་གདམས། གནད་བཅོས་པའི་བདུད་ཤེས་ནས་སྤང་བར་གདམས་པའོ། །དང་པོ་ལ་གསུམ་སྟེ། ཚིག་གི་གནད་བཅོས་པ་ལ་སྟོན་བྱུང་གི་དཔེ་དང་སྦྱར། དོན་གྱི་གནད་བཅོས་པ་ད་ལྟར་གྱི་གྲུབ་མཐའ་དང་སྦྱར། དེས་ན་ཉེས་དམིགས་ཆེ་བས་སྤང་བར་གདམས་པའོ། །དང་པོ་ནི། ཆོས་གཞན་ལེགས་པར་ཞེས་སོགས་ཚིགས་བཅད་བརྒྱད་དེ། སྔར་བཤད་པ་དེ་ལྟར། སྡོམ་པ་གསུམ་གྱི་ཉམས་ལེན་གྱི་གནད་རྣམས་སངས་རྒྱས་ཀྱི་གསུང་བཞིན་དུ་མ་འཆུགས་པར་བསྒྲུབ་དགོས་པའི་རྒྱུ་མཚན་ནི། ཡན་ལག་གི་ཆོས་གཞན་ལེགས་པར་སྟོན་ན་ཡང་། ཆོས་ཀྱི་གནད་རྣམས་སོགས་སོ། །དཔེ་ནི་འདས་པའི་དུས་ན་སོགས་ཏེ། ད་དུང་སྔར་གྱི་དངོས་གྲུབ་དེ་མ་ཡིན་པ་ཞེས་གནད་བཅོས་པའི་ཚིག་འདི་ཡིས་སྔར་གྱི་སཱ་ཡ་ཕྲག་ཕྱེད་དང་བཅུ་གསུམ་ཐུབ་པའི་དངོས་གྲུབ་ཐམས་ཅད་ཡལ་ནས། སཱ་ཡ་ཕྲག་ཕྱེད་ལས་མི་ཐུབ་པར་གྱུར་ཏོ། །གསེར་ཅན་གྱིས་ཞེས་སོགས་ཀྱི་དོན་ཡང་ལྷ་མ་ཡིན་གྱི་དབང་པོ་གསེར་ཅན་གྱིས། དབང་ཕྱུག་ཆེན་པོ་ལྷའི་ལོ་འབུམ་ཕྲག་བཅུ་དྲུག་བསྒྲུབས་པས་གྲུབ་སྟེ། དངོས་གྲུབ་གང་འདོད་པ་སློང་ཞིག་ཟེར་རོ། །གསེར་ཅན་གྱིས་བདག་ཁང་པའི་ནང་དང་ཕྱི་དང་ས་དང་ནམ་མཁར་མི་གསོད་པ་དུག་དང་། མཚོན་དང་། མི་དང་། མི་མ་ཡིན་པ་གང་གིས་ཀྱང་མི་གསོད་པའི་དངོས་གྲུབ་ཞུ་བྱས་པས་དེ་བཞིན་དུ་བྱིན་ནོ། །དེ་ནས་གསེར་ཅན་གྱི་བུ་ཐ་ཆུང་ཡུལ་གཞན་དུ་འཁྱམས་པ་ལ་ཁྱབ་འཇུག་གིས་ཁྱོད་རང་ཕའི་གམ་དུ་སོང་ལ། ཐེམ་པའི་སྟེང་དུ་ཁྲི་བརྩིགས་ལ་ཕ་ཞོག །དེའི་མདུན་དུ་བསྟོད་པ་འདི་སློབས་ཤིག །རི་བོ་རི་བོ་ལ་ནི་ཐུབ་པ་བཞུགས། །ཆུ་བོ་ཆུ་བོ་ལ་ནི་ཆུ་ལྷ་གནས། །གཞི་མདོ་གཞི་མདོ་ལ་ནི་ཞི་བ་སྟེ། །ཀུན་ཏུ་ཀུན་ལ་དབང་བྱེད་ཁྱབ་འཇུག་ཡིན། །ཅེས་བསླབས་སོ། །བུས་དེ་བཞིན་དུ་བྱས་པས་ཕ་ཁྲོས་ནས། ཐམས་ཅད་ལ་ཁྱབ་འཇུག་གནས་ན། འདི་ལ་ཡང་ཡོད་དམ། ཞེས་ཐེམ་པ་ལ་ཁྲུ་ཚུར་བསྣུན་པས། དེ་ནས་ཁྱབ་འཇུག་ལུས་པོ་མི། མགོ་བོ་སེང་གེ། སྡེར་མོ་ལྕགས་ལས་བྱས་པ་ཞིག་བྱུང་སྟེ། གསེར་ཅན་པང་དུ་བཞག་སྟེ། སྡེར་མོས་ལྟོ་བ་ཧྲལ་ཏེ་བསད་དོ། །ཞེས་ཐོས་སོ། །དེས་ན་དེང་སང་གི་སྔགས་ལ་ཡང་། མེད་པ་ཡི་སོགས་ཏེ། གཞན་ཡང་མིང་གི་སྤྱི་ལ་ཚིག་འཇུག་པའི་མཚམས་སུ་བདག་གཞན་གྱི་མིང་འགོད་ཚུལ་ནོར་བ་དང་། ཆར་འབེབས་པ་དང་། གཙོད་པའི་སྔགས་ཤན་འབྱེད་མ་ཤེས་པ་དང་། ཞི་བ་ཤཱནྟིཾ་ཀུ་རུ་ཞེས་བྱས་པས། ཞི་བ་ཞི་བར་གྱིས་ཤིག །ཅེས་པ་དང་། མཱ་ར་ཡ་སོད་བྱས་པས། གསོད་བྱེད་སོད། ཅེས་བྱ་བར་འགྱུར་བས་སྔགས་ཀྱི་གནད་རྣམས་ལ་གཡོན་ཅན་རྣམས་ཀྱིས་བཅོས་པ་ཡི་སོགས་སོ། །

གཉིས་པ་ལ་གཉིས་ཏེ། མདོར་བསྟན། རྒྱས་པར་བཤད་པའོ། །དང་པོ་ནི། དེ་བཞིན་ཆོས་ཀྱི་ཞེས་སོགས་བཅུ་བདུན་ཏེ། ཚིག་གི་གནད་བཅོས་ན་དངོས་གྲུབ་ཉམས་ཤིང་འགྱངས་པ་དེ་བཞིན་དུ། ཆོས་ཀྱི་དོན་གྱི་གནད་རྣམས་ཀྱང་། །ཅུང་ཟད་ཅུང་ཟད་བཅོས་པ་ལ་སོགས་སོ། །གཉིས་པ་ནི། དེ་ཡང་མདོ་ཙམ། ཞེས་སོགས་ཚིགས་བཅད་བཅུ་གསུམ་སྟེ། འདིར་གནད་བཅོས་པར་དོགས་པའི་གཞི་དགུ་ངོས་བཟུང་བ་དང་། ལུས་རྣམ་གཞག་ཏུ་ཡང་བརྗོད་བྱའི་གཙོ་བོ་རྣམས་ངོས་བཟུང་བ་ནི། ཡན་ལག་གཞན་འཁྲུལ་ཡང་གནད་འདི་རྣམས་མ་འཁྲུལ་པར་བྱས་ན་བསྒྲུབ་ནུས་ཤིང་། གནད་འདི་རྣམས་འཁྲུལ་ན་ཡན་ལག་གཞན་རྣམས་མ་འཁྲུལ་ཡང་བསྒྲུབ་པར་མི་ནུས་སོ། །ཞེས་པའི་དོན་ཡིན་ལ། རྒྱས་བཤད་ཀྱི་སྐབས་སུ་འཁྲུལ་པ་ཕྲན་ཚེགས་ནས་འགོག་པ་ནི། ཡན་ལག་ཕྲན་ཚེགས་རྣམས་ཀྱང་མ་འཁྲུལ་ན་བསྒྲུབ་ཉེ་ཞིང་འཁྲུལ་ན་གནད་རྣམས་ཀྱང་རིམ་པ་བཞིན་དུ་འཁྲུལ་བར་འགྱུར་བས། ཕྲན་ཚེགས་ཀྱང་མ་འཁྲུལ་བར་བསྒྲུབ་དགོས་སོ། །ཞེས་པའི་དོན་ནོ། །གཞུང་གི་དོན་ལ་གཞན་རྣམས་ནི་གོ་སླ་ལ། གལ་ཏེ་འདི་ནི་འཁྲུལ་འགྱུར་ན། །ཞེས་སོགས་ཀྱི་དོན་ནི། ཀྱཻ་རྡོ་རྗེ་ལས། རིགས་འཚོལ་བསྒོམ་པའི་སྦྱོར་བ་ཡིས། །དངོས་གྲུབ་མེད་ཅིང་སྒྲུབ་པོའང་མེད། །ཅེས་སོ། །བླ་མ་སྤྱི་བོར་བསྒོམ་བྱ་མ་ཡིན་ཞེས་པ་ནི། འབྲི་ཁུང་པ་རྣམས་སོ་སོ་སྐྱེ་བོའི་བླ་མ་སྤྱི་བོར་བསྒོམས་ན་ཚེ་ལ་གནོད་ཟེར་རོ། །གསུམ་པ་ནི། གནད་རྣམས་མིན་པའི་ཞེས་སོགས་བཅུ་བདུན་ཏེ། ཚིག་རྐང་དང་པོ་དྲུག་གིས་གནད་བཅོས་པ་ཉེས་དམིགས་ཆེ་བར་བསྟན། དེ་ནས་དགུས་དེའི་དཔེ་བསྟན། ཐ་མ་གཉིས་ཀྱིས་གནད་མ་འཁྲུལ་བར་བསྒྲུབ་དགོས་པར་བསྟན་ནོ། །གཉིས་པ་ལ་གསུམ་སྟེ། གནད་འཆོས་པའི་བདུད་ཇི་ལྟར་བྱུང་བའི་ཚུལ། དེས་གནད་ཇི་ལྟར་བཅོས་པའི་ཚུལ། དེ་ཤེས་ནས་སྤང་བར་གདམས་པའོ། །དང་པོ་ལ་གསུམ་སྟེ། རྣམ་པ་ཇི་ལྟར་སྟོན་པ། ཐབས་གང་གིས་བསླུ་བ། སྟོན་བྱུང་གི་དཔེ་དང་སྦྱར་བའོ། །དང་པོ་ནི། དེ་ལ་གནད་རྣམས། ཞེས་སོགས་དྲུག་སྟེ། ཆ་ལུགས་འདི་བཞིན་དུ་འབྱུང་བ་ཤེར་ཕྱིན་གྱི་མདོ་ལས་བཤད་དོ། གཉིས་པ་ནི། འགའ་ཞིག་རྩུབ་མོར། ཞེས་སོགས་ཚིགས་བཅད་བདུན་དང་། རྐང་པ་གསུམ་སྟེ། དེ་ལྟར་བསླུ་བ་དེ་དག་བདུད་ཡིན་པའི་རྒྱུ་མཚན་ནི། མདོར་ན་སངས་རྒྱས་གསུང་རབ་དང་སོགས་སོ། །གསུམ་པ་ནི། འདི་དག་ཇི་ལྟར། ཞེས་སོགས་ཚིགས་བཅད་ཕྱེད་དང་བརྒྱད་དེ། མངའ་རིས་མང་ཡུལ་དུ་བྱུང་བའི་སངས་རྒྱས་སྐར་རྒྱལ་དུ་མིང་བཏགས་པ་དེ་ལ་འཇིག་རྟེན་ཐམས་ཅད་གུས་པས། དེ་ཚེ་རིན་ཆེན་བཟང་པོ་ཡིས་སོགས་ཏེ། སྐྱེས་བུ་དམ་པ་དེས་ཡི་དམ་ལྷ་ཡི་ལྟ་སྟངས་ཀྱིས་གཟིགས་པས་ས་ལ་ལྷུང་ནས་དྲན་པ་ཉམས་ཤིང་བརྒྱལ་བར་གྱུར་ཏོ། །དེ་ནས་ལོ་ཙྪ་བ་ཆེན་པོའི་བླ་གོས་ཀྱིས་ཁོའི་མགུལ་པ་བཅིངས། བཀའ་བསྒོ་དྲག་པོ་མཛད་པས། ཁོ་ན་རེ། མང་ཡུལ་གྱི་མའི་མཚོ་ལ་

གནས་པའི་ཀླུ་ཡིན། ངས་བསྟན་པའི་ཆོས་རྣམས་བོད་ཡུལ་ཐམས་ཅད་དུ་ཁྱབ་ཡོད། གཞུང་དང་གདམས་ངག་མང་པོ་ལ་ཆུ་ལ་ཚྭ་བཏབ་པ་ལྟར་དབྱེར་མེད་དུ་འདྲེས་པས་ཕྱོགས་གཅིག་ཏུ་སྤྱད་མི་ཐུབ། ད་ཕྱིན་ཆད་ཆོས་ལོག་མི་སྟོན་པར་ཞུ། ཞེས་ཟེར་རོ། །གཉིས་པ་ནི། འདི་འདྲའི་རིགས་ཀྱིས་ཞེས་སོགས་ཉེར་གཉིས་ཏེ། ཆོས་གཞན་ཕལ་ཆེར་བཟང་པོར་སྟོན་ཅིང་། གནད་རྣམས་ཕྱིན་ཅི་ལོག་ཏུ་བསྟན་པས་ཕ་རོལ་བསླུ་ནུས་པ་དཔེ་དང་བཅས་པ་བཤད་པའོ། །གསུམ་པ་ནི། འདི་འདྲ་ཤེས་པར་ཞེས་སོགས་བཅུ་བདུན་ཏེ། གནད་ཇི་ལྟར་བཅོས་པའི་ཚུལ་དང་། གནད་བཅོས་པའི་བདུད་འདི་འདྲ་ཤེས་པར་བྱས་ནས་ནི་སོགས་སོ། །མགོན་པོ་བྱམས་པས་རྒྱུད་བླར་གསུངས་པ་ནི། གང་ཕྱིར་རྒྱལ་ལས་ཆེས་མཁས་འགའ་ཡང་འཇིག་རྟེན་འདི་ན་ཡོད་མིན་ཏེ། །མ་ལུས་དེ་ཉིད་མཆོག་ནི་ཚུལ་བཞིན་ཀུན་མཁྱེན་གྱིས་མཁྱེན་གཞན་མིན་པ། །དེ་ཕྱིར་དྲང་སྲོང་རང་ཉིད་ཀྱིས་བཞག་མདོ་སྡེ་གང་ཡིན་དེ་མི་དཀྲུག །ཐུབ་ཚུལ་བཤིག་ཕྱིར་དེ་ཡང་དམ་ཆོས་ལ་ནི་གནོད་པ་བྱེད་པར་འགྱུར། །ཉོན་མོངས་རྨོངས་བདག་རྣམས་ཀྱིས་འཕགས་ལ་སྐུར་བ་དང་། །དེས་གསུངས་ཆོས་ལ་བརྙས་གང་དེ་ཀུན་ཞེན་ལྟས་བྱས། །དེས་ན་ཞེན་ལྟའི་དྲི་ཅན་དེ་ལ་བློ་མི་སྦྱར། །གོས་གཙང་ཚོན་གྱིས་རྣམ་བསྒྱུར་སྣུམ་གྱིས་གོས་པ་བཞིན། །ཅེས་སོ། །

གཉིས་པ་འཁྲུལ་པའི་གྲུབ་མཐའ་སུན་འབྱིན་པའི་ཚུལ་ལ་གསུམ་སྟེ། སྔོན་བྱུང་མཁས་པས་འཁྲུལ་པའི་གྲུབ་མཐའ་སུན་འབྱིན་པའི་ཚུལ། །རྗེས་འཇུག་མཁས་པས་འཁྲུལ་པའི་གྲུབ་མཐའ་སུན་དབྱུང་བའི་ཚུལ། །དགག་སྒྲུབ་ཀྱི་ལུང་སྦྱོར་ཇི་ལྟར་བྱ་བའི་ཚུལ་ལོ། །དང་པོ་ནི། འཁྲུལ་པའི་གྲུབ་མཐའ། ཞེས་སོགས་ཚིགས་བཅད་བརྒྱད་དང་། རྐང་པ་གཅིག་སྟེ། ཁོ་རང་གི་ཆོས་ལུགས་ལ་ཡང་། དང་པོ་ནས་མེད་པའི་རང་བཟོ་དེ་འདྲ་དེ་ནི་ལུང་རིགས་གཞན་མི་དགོས་པར་འདི་རང་བཟོ་ཡིན་ནོ། །ཞེས་ཀུན་ལ་སྒྲོགས་པས་སུན་འབྱིན་པར་བྱའོ། །གཉིས་པ་ལ་གསུམ་སྟེ། ལུང་རིགས་ཀྱིས་གནོད་ཚུལ་སྤྱིར་བསྟན། ལུང་གིས་གནོད་ཚུལ་བྱེ་བྲག་ཏུ་བཤད། ལུང་ཁས་མི་ལེན་པ་ལ་ཇི་ལྟར་བྱ་བའོ། །དང་པོ་ནི། གལ་ཏེ་མུ་སྟེགས། ཞེས་སོགས་ཚིགས་བཅད་ཕྱེད་དང་དྲུག་སྟེ། གདོད་མ་ནས་གྲུབ་པའི་ཆོས་ལོག་ལ་ནི། རང་བཟོ་ཡིན་ཞེས་བྱར་མི་རུང་བར་རིགས་པ་གཞན་གྱིས་སུན་དབྱུང་བར་བྱ་དགོས་ལ། རིགས་པ་དང་འགལ་བ་ནི་རིགས་པས་སུན་ཕྱུང་ཞིང་། ལུང་དང་འགལ་བ་ལ་ཐུན་མོང་གི་ལུང་དང་འགལ་ན་ནི་དེ་ཉིད་ཀྱིས་སུན་ཕྱུང་ཞིང་། ཁོ་རང་གི་ལུང་དང་འགལ་ན་དེས་སུན་ཕྱུང་བར་བྱའོ། །གཉིས་པ་ལ་བཞི་སྟེ། གཞན་གྱི་ལུང་གིས་འགོག་མི་ནུས་པ། རང་གི་ལུང་གིས་འགོག་ནུས་པ། དེའི་དཔེར་བརྗོད་གསལ་བར་བཤད་པ། དེས་རིགས་ཅན་གཞན་ཡང་མཚོན་པའོ། །དང་པོ་ནི། དཔེར་ན་ཕ་རོལ་

ཞེས་སོགས་བཅུ་གཅིག་སྟེ། ལུང་ཁས་མི་ལེན་པ་ལུང་གཞན་གྱིས་འགོག་པར་མི་នུས་པའོ། །གཉིས་པ་ནི། ཉན་ཐོས་གཞུང་ལུགས། ཞེས་སོགས་བཅུ་བདུན་ཏེ། རང་ཉིད་ཀྱིས་ལུང་དེ་ལུང་ཚད་མར་ཁས་བླངས་ནས། སྐབས་དེར་ལུང་དེ་དང་འགལ་བ་སྤྱོད་ན་དེས་གནོད་པའོ། །གསུམ་པ་ནི། དེ་ཡི་དཔེར་བརྗོད་ཞེས་སོགས་ཚིགས་བཅད་བཅུ་སྟེ། གཞན་རྣམས་ནི་གོ་སླ་ལ། ཛོ་ཛྫེ་ཕག་མོའི་བྱིན་རླབས་ཀྱིས་ཆོས་སྐོ་འབྱེད་པ་ནི། ཀོང་ནེ་རུ་པ་ནས་བརྒྱུད་པ་ཡིན་ཀྱི། དེ་ཡན་ཆད་ལ་མེད་པས། མར་པ་ལ་བརྒྱུད་པ་འདོད་པ་དང་འགལ་ལོ། །ནཱ་རོ་ཆོས་དྲུག་ཞེས་བྱ་བའི་ཁྲིད་ནི་མི་ལ་རས་པ་ཡན་ཆད་དུ་བྱིན་རླབས་དང་འབྲེལ་བའི་ཆོས་དྲུག་དེ་ལས་མེད་པ་ལས། ཕྱིས་བྱིན་རླབས་དང་འབྲེལ་བའི་ཆོས་དྲུག་བོར་ནས། ཀོ་བྲག་པ་དང་། ཡང་དགོན་པ་སོགས་ལམ་འབྲས་དང་ཕྱག་ཆེན་ལ་སོགས་པ་གཞན་གྱི་གདམས་ངག་བསྒོམ་པ་དང་། དྭགས་པོ་ལྷ་རྗེ་རྒྱུད་དང་འབྲེལ་བའི་ཆོས་དྲུག་བསྒོམ་བཞིན་དུ། ནཱ་རོ་པ་ལ་བརྒྱུད་པ་འདོད་པར་བྱེད་པ་གཞན་དང་སོགས་སོ། །གཏེར་ནས་བྱུང་བའི་གླེགས་བམ་སོགས་ཛོ་རྗེ་འཆང་ལ་བརྒྱུད་པ་སྐོག་ཅིང་། དེ་ལའང་གཞན་དག་ལུང་ལེན་པ་རང་ཚིག་དང་འགལ་བ་ནི། གཏེར་ནས་བྱུང་བ་སོགས་ཀྱིས་ཛོ་རྗེ་འཆང་ནས་མ་བརྒྱུད་ཅིང་། གཞན་ལ་ལུང་ལེན་མི་དགོས་པར་བསྟན་པའི་ཕྱིར་རོ། །བཞི་པ་ནི། གལ་ཏེ་འདི་འདྲའི་ཞེས་སོགས་དྲུག་གོ། །གསུམ་པ་ལ་གཉིས་ཏེ། ལུང་ཁས་མི་ལེན་པ་གནོད་མ་ནས་ཡོད་པ་ལ་ཇི་ལྟར་བྱ་བ། ལུང་ཁས་མི་ལེན་པ་གློ་བུར་དུ་བྱུང་པ་ལ་ཇི་ལྟར་བྱ་བའོ། །དང་པོ་ནི། གལ་ཏེ་མུ་སྟེགས། ཞེས་སོགས་བཅུའོ། །གཉིས་པ་ནི། གལ་ཏེ་གདོད་ནས། ཞེས་སོགས་ཚིགས་བཅད་བཅུ་གསུམ་སྟེ། མཁས་པ་ཛྙཱ་ན་ཤྲཱིས་མུ་སྟེགས་དབྱངས་ཅན་དགའ་བའི་གྲུབ་མཐའ་སུན་འབྱིན་པ་བཞིན་ནོ། །ཇིད་ལའང་དེ་འདྲ་ཞེས་སོགས་ནི། ཕྱོགས་ལྷུང་མེད་པའི་བདེན་ཚིག་སྨྲས་པའོ། །

གསུམ་པ་དགག་སྒྲུབ་ཀྱི་ལུང་སྦྱོར་བའི་ཚུལ་ལ་བཞི་སྟེ། སྐབས་མ་ཕྱེད་པའི་ལུང་སྦྱོར་བླུན་པོའི་ལུགས་སུ་བསྟན་པ། སྐབས་ཕྱེད་པའི་ལུང་སྦྱོར་གྱི་དཔེ་བརྗོད་དགོད་པ། དེ་གཉིས་ཀའི་དོན་བསྡུ་བ། མཁས་རྨོངས་ཀྱི་འཁྲུལ་པའི་ཁྱད་པར་དཔེས་བསྟན་པའོ། །དང་པོ་ནི། བླུན་པོ་མཁས་པར། ཞེས་སོགས་ལྔའོ། །གཉིས་པ་ལ་གཉིས་ཏེ། ལྟ་སྒོམ་སྤྱོད་པའི་ལུང་སྦྱོར། འཇིག་རྟེན་ལས་འདས་མ་འདས་ཀྱི་ལུང་སྦྱོར་རོ། །དང་པོ་ནི། དཔེར་ན་ཕྱག་དང་། ཞེས་སོགས་ཚིགས་བཅད་ཕྱེད་དང་ལྔ་སྟེ། ཀྱཻ་རྡོ་རྗེ་ལས། བསྒོམ་མེད་སྒོམ་པ་པོའང་མེད། །ཅེས་དང་། དབུ་མ་ཤེས་རབ་ལ་འཇུག་པ་ལས། ཀུན་རྫོབ་མེད་ན་དོན་དམ་མེད། །སངས་རྒྱས་མེད་ན་སེམས་ཅན་མེད། །ལྟ་བ་མེད་ཅིང་སྒོམ་པ་མེད། །འབྲས་བུ་མེད་ཅིང་སྤྱོད་པ་མེད། །ཅེས་སོགས་གསུངས་པ་ནི། ལྟ་བའི་ལུང་ཡིན་གྱི། སྒོམ་པ་དང་སྤྱོད་པ་གཉིས་ཀྱི་ལུང་མིན་ནོ། །ཕྱག་ཆེན་ཐིག་ལེ་ལས། དབང་མེད་པ་ལ

དངོས་གྲུབ་མེད་པར་གསུངས་པ་དང་། འདུལ་བ་ལས། ཚིག་འབྲུགས་ན་ལས་མི་འཆགས་པར་གསུངས་པ་དང་། སྡོམ་པ་གསུམ་གྱི་བསླབ་པ་ལས་ལོག་པར་སྤྱད་ན་ལྟུང་བ་འབྱུང་བར་བཤད་པ་དང་། རྒྱུད་སྡེ་བཞི་ཡི་ལྷ་སྒོམ་འཁྲུགས་ན་བྱིན་གྱིས་མི་རློབ་པར་གསུངས་པ་དང་། རྡོ་རྗེ་སྙིང་པོ་རྒྱན་གྱི་རྒྱུད་ལས། དག་པའི་ཚོས་ལ་སོམ་ཉི་བྱེད། །ཅེས་ལྟུང་བར་གསུངས་པ་དེས་ན་ཚིག་ཅི་བྱས་ཀྱང་སོགས་སོ། །གཉིས་པ་ནི། གཞན་ཡང་ལུང་སྦྱོར་ཞེས་སོགས་བཅུ་གསུམ་སྟེ། སྡོམ་པ་གསུམ་གྱི་དམ་ཚིག་རྣམས་འབད་ནས་བསྲུང་བར་གསུངས་པ་དང་། དགེ་སྡིག་ལ་བླང་དོར་ཚུལ་བཞིན་དུ་བྱེད་པར་གསུངས་པ་ནི། འཇིག་རྟེན་པ་སོ་སོ་སྐྱེ་བོ་ལ་གསུངས་པ་ཡིན་ལ། ཀྱཻ་རྡོ་རྗེ་ལས། བསླབ་དང་དབང་ལས་རྣམ་པར་གྲོལ། །ཞེས་སོགས་གསུངས་པ་རྣམས་ནི། འཕོར་བའི་རྒྱ་མཚོ་ལས་བརྒལ་བའི་འཕགས་པ་ལ་གསུངས་པ་ཡིན་ནོ། །གསུམ་པ་ནི། དེ་འདྲའི་གནས་སྐབས་ཞེས་སོགས་ཚིགས་བཅད་གཅིག་གོ། །བཞི་པ་ནི། མིག་ལྡན་ཇི་ལྟར། ཞེས་སོགས་ཚིགས་བཅད་ཕྱེད་དང་དྲུག་གོ། །སྔར་བཤད་པ་དེ་ལྟ་བུའི་རྣམ་དབྱེ་ཤེས་ན་ལུང་སྦྱོར་འཁྲུལ་ཡང་འཁྲུལ་བ་ཕྲན་ཚེགས་ཙམ་འབྱུང་ལ། དེ་འདྲའི་རྣམ་དབྱེ་མི་ཤེས་པར་ལུང་སྦྱོར་བྱས་ན་ལྟ་བའི་ལུང་སྤྱོད་པ་ལ་སྦྱར་ནས་དགེ་སྡིག་གི་བླང་དོར་མི་ཕྱེད་པའམ། སྤྱོད་པའི་ལུང་ལྟ་བ་ལ་སྦྱར་ནས་ཐམས་ཅད་བདེན་པར་ལྟ་བར་འགྱུར་བས། རྣམ་དབྱེ་ཕྱེད་པ་ལ་འབད་པར་བྱའོ། །

གསུམ་པ་བློ་བུར་གྱི་ཆོས་ལ་བརྟག་དཔྱད་བྱ་བར་གདམས་པ་ལ་བཞི་སྟེ། བློ་བུར་གྱི་མན་ངག་ལ་བརྟག་དཔྱད་བྱ་བ། བློ་བུར་གྱི་མདོ་རྒྱུད་ལ་བརྟག་དཔྱད་བྱ་བ། བློ་བུར་གྱི་རྟེན་ལ་བརྟག་དཔྱད་བྱ་བ། བློ་བུར་གྱི་ལྟས་ལ་བརྟག་དཔྱད་བྱ་བའོ། །དང་པོ་ནི། སྔན་བརྒྱུད་དང་ནི། ཞེས་སོགས་ཚིགས་བཅད་ཕྱེད་དང་དྲུག་སྟེ། སྙན་བརྒྱུད་དང་། ཚིག་བརྒྱུད་དང་། རྨི་ལམ་གྱི་ཆོས་ལུགས་དང་། ཞལ་མཐོང་གི་ཡི་དམ་དང་། ལུང་སྟོན་པའི་སངས་རྒྱས་དང་། བླ་མའི་གསུང་སྒྲོས་རྣམས་བརྟགས་དཔྱད་བྱས་ནས། མདོ་རྒྱུད་དང་མཐུན་ན་བླང་དུ་རུང་སྟེ། སངས་རྒྱས་ཀྱི་བྱིན་བརླབས་ལས། དེ་འདྲ་འབྱུང་བ་ཡང་ཡོད་པའི་ཕྱིར་རོ། །མདོ་རྒྱུད་དང་མི་མཐུན་ན་བླང་དུ་མི་རུང་སྟེ། བདུད་ཀྱི་བྱིན་བརླབས་ལས། དེ་འདྲ་འབྱུང་བར་རྒྱལ་བས་གསུངས་པའི་ཕྱིར་རོ། །མདོ་སྡུད་པ་ལས། མིང་གི་གཞི་ལས་བདུད་ནི་ཉེ་བར་འོངས་གྱུར་ནས། །འདི་སྐད་སྨྲ་སྟེ་འདི་ནི་ཁྱེད་དང་ཕ་མ་དང་། །ཁྱོད་ཀྱི་བདུན་མེས་རྒྱུད་ཀྱི་བར་གྱི་མིང་ཡིན་ཞིང་། །གང་ཚེ་ཁྱོད་ནི་སངས་རྒྱས་འགྱུར་བའི་མིང་འདི་ཡིན། །སྦྱངས་སྡོམ་རྣལ་འབྱོར་ལྡན་པ་ཅི་འདྲ་འབྱུང་འགྱུར་ལ། །ཁྱོད་སྔོན་ཡོན་ཏན་ཚུལ་ཡང་འདི་འདྲའོ་ཞེས་བརྗོད་དེ། །དེ་སྐད་གང་ཐོས་རློམ་སེམས་བྱང་ཆུབ་སེམས་དཔའ་ནི། །བདུད་ཀྱིས་ཡོངས་སུ་བླངས་ཤིང་བློ་ཆུང་རིག་པར་བྱ། །ཞེས་གསུངས་སོ། །གཉིས་པ་ནི། དེས་ན་སངས་རྒྱས། ཞེས་སོགས་ཚིགས་བཅད་བདུན་ཏེ། བློ་བུར་གྱི་ཆོས

ལ་བརྟག་དཔྱད་མ་བྱས་པར་བཟུང་དུ་མི་རུང་བ་དེས་ན། སངས་རྒྱས་བསྟན་པ་སོགས་ཏེ། སྐྱེས་བུ་བཟླུན་མས་སྦྱར་བའི་མདོ་རྒྱུད་གང་ཞེ་ན། ཀོཽ་ཤི་ཀའི་མདོ་སོགས་སོ། །གཞན་ཡང་གསང་སྔགས་གསར་མ་ལ་དབང་བསྐུར་རྒྱལ་པོ་དང་། ལམ་ལྟ་བཀོལ་བ་དང་། དུས་འབྱུང་དང་། ཕྱག་ན་རྡོ་རྗེ་མཁའ་འགྲོ་དང་། ར་ལི་ཉི་ཤུ་རྩ་བཞི་དང་། གཉིས་མེད་རྣམ་རྒྱལ་སོགས་དང་། རྙིང་མ་ལའང་། ཀུན་བྱེད་རྒྱལ་པོ་དང་། མདོ་དགོངས་འདུས་དང་། ཞི་ཁྲོ་སྒྱུ་འཕྲུལ་དང་། ལྷ་མོའི་སྐྱེས་རྒྱུད་དང་། བམ་རིལ་ཐོད་མཁར་ལ་སོགས་པ་བོད་ཀྱིས་སྦྱར་བའི་རྒྱུད་སྡེ་མང་པོ་ཡོད་ཅིང་། སྔང་བརྒྱད་དང་། ལས་དགེ་སྡིག་བསྟན་པ་ལ་སོགས་རྒྱ་ནག་པས་བྱས་པ་ཡིན་ནོ། །གཙུག་ཏོར་ནག་མོ་དང་། བྱ་ཁྱུང་བསམ་ཡས་མ་ལ་སོགས་པ་བོད་ཀྱི་ལྷ་འདྲེས་སྦྱར་བ་ཡིན་ཅིང་། ལྷ་མོ་གནས་མཁར་དང་། ནམ་མཁའ་ལྡིང་གི་རྟོགས་པ་ལ་སོགས་པ་མུ་སྟེགས་བྱེད་ཀྱིས་བྱས་པའི་རྒྱུད་སྡེའང་ཡོད་དོ། །དེ་དག་ལ་ནད་གདོན་ཞི་བ་སོགས་བདེན་པ་ཙུང་ཟད་ཡོད་ཀྱང་ཚད་མར་བྱར་མི་རུང་སྟེ། དེའི་འཐད་པ་རྒྱུད་བླ་མར་མགོན་པོ་བྱམས་པ་སོགས་སོ། །ལུང་འདི་ད་ལྟའི་རྒྱུད་བླ་རྩ་འགྲེལ་ན་མེད་ཀྱང་ཕྱ་བའི་ཊཱི་ཀར་འདིའི་འབྲུ་མནན་བྱུང་བས། རྟོག་འགྱུར་ན་ཡོད་པར་གསལ་ཞིང་། མར་པ་སློན་འགྲོ་བའི་འགྱུར་དུ་དེ་ཡང་དྲང་སྲོང་བཀའ་བཞིན་སྤྱི་བོས་བླང་ཞེས་པའི་མཇུག་ཏུ། མ་རིག་མདོངས་རྣམས་ཀྱིས་ཀྱང་སྲིན་བུའི་ཡིག་འདྲ་མུ་སྟེགས་བསྟན་བཅོས་སུའང་། །དོན་ལྡན་ཆོས་ལྡན་ཁམས་གསུམ་ཉོན་མོངས་ཟད་བྱེད་བརྗོད་གྱུར་གང་ཡིན་དང་། །འཇིག་རྟེན་སོ་སོའི་ལེགས་བཤད་གང་དེའང་བློ་ལྡན་དྲང་སྲོང་བཞིན་འཛིན་ན། །གསུང་གང་ཟག་མེད་བློ་མངའ་རྣམས་ཀྱིས་ཞལ་ནས་འབྱུང་བ་སྨོས་ཅི་དགོས། །ཞེས་འབྱུང་ངོ་། །དེའི་དོན་ནི། ཧང་པ་དང་པོས་སྲིན་བུའི་ཡི་གེ་དང་འདྲ་བའི་བདེན་པ་ཙུང་ཟད་ཡོད་པའི་མུ་སྟེགས་བྱེད་ཀྱི་བསྟན་བཅོས་དང་། གཉིས་པས་རྒྱལ་བའི་བཀའ་དང་། གསུམ་པས་སོ་སྐྱེས་བྱས་པའི་བསྟན་བཅོས་རྣམས་ཀྱང་དྲང་སྲོང་བཞིན་དུ་གུས་པས་འཛིན་ན་ཞེས་བསྟན་ཅིང་། བཞི་པས་འཕགས་པ་རྣམས་ཀྱིས་བྱས་པའི་བསྟན་བཅོས་ལྟ་སྨོས་ཀྱང་ཅི་དགོས་ཞེས་པའོ། །ཡང་ན་ཧང་པ་དང་པོ་དང་གསུམ་པ་སྦྱར་ཞིང་། གཉིས་པ་དང་བཞི་པ་སྦྱར་ཏེ། རྒྱལ་བའི་བཀའ་དང་། འཕགས་པས་མཛད་པའི་བསྟན་བཅོས་དྲང་སྲོང་བཞིན་དུ་འཛིན་པ་ལྟ་སྨོས་ཀྱང་ཅི་དགོས་ཞེས་པའོ། །ཁ་ཅིག་འདི་རས་པཊ་གྱིས་མེད་བཞིན་དུ་བྲིས་ཞེས་སྨྲས་པ་དང་། གཞན་དག་འདུལ་བ་ལུང་ལས། མགོན་པོ་བྱམས་པ་ཁྲོད་ཀྱིས་ནི། །བདག་ནི་ཚོང་པ་རྙེད་ལྡན་ལྟར། །ཞེས་པས་མགོན་པོ་བྱམས་པ་སངས་རྒྱས་ལ་བྱས། སྔར་ནི་དེ་ལྟར་རྣམ་གཞག་ནས། །སླར་ཡང་བླ་མའི་རྒྱུད་འདིར་ནི། །ཞེས་པས་རྒྱུད་བླ་མ་བཀའ་ཐམ་ལ་བྱས་ཏེ། མྱང་འདས་ཀྱི་མདོ་ལྟའི་ཟླ་བས་བསྒྱུར་བ་ལས། དཔེར་ན་ཤིང་ངམ་རྩིག་པ་ལ་སྲིན་བུས་བཀོས་ཏེ། ཡི་གེའི་འབྲུ་

འདྲ་བར་གྱུར་པ་མཐོང་ཡང་མཁས་པ་རྣམས་ཀྱིས། སྲིན་བུས་ཡི་གེ་ཤེས་སོ། ཞེས་བརྗོད་པར་མི་བགྱིད། ཞེས་པ་དང་། མུ་སྟེགས་པ་རྣམས་ཀྱིས་བདག་བསྟན་པ་ནི། སྲིན་བུས་བཀོས་པའི་ཡི་གེ་དང་འདྲ་སྟེ། དེའི་ཕྱིར་སེམས་ཅན་ཐམས་ཅད་ལ་བདག་མེད་དོ། ཞེས་བསྟན་པ་སྟོན་པ་མཛད་དོ། བདག་མེད་པ་ནི་སངས་རྒྱས་ཀྱི་ཚིག་ཡིན་ནོ། ཞེས་གསུངས་པའི་དོན་གཞུང་དུ་བྱས་པ་ཡིན་གྱི། བསྟན་བཅོས་རྒྱུད་བླ་ལ་བྱས་པ་མ་ཡིན་ནོ། ཞེས་སྨྲའོ། །དེ་ལ་དང་པོ་ནི་རང་ཉིད་ཀྱིས་མ་མཐོང་བཞིན་དུ་གཞན་ལ་སྐྱོ་བར་འདོད་པ་ཙམ་ཡིན་ལ། ཕྱི་མ་ནི་ཤིན་ཏུ་མི་འཚམས་པའི་བཤད་པ་སྟེ། སྔར་མགོན་པོ་བྱམས་པས་རྒྱུད་བླར་གསུངས་ཞེས་པའི་བསྟན་བཅོས་རྒྱུད་བླ་མ་ལ་བྱས་ནས། འདིར་མགོན་པོ་བྱམས་པ་སྟོན་པ་དང་། རྒྱུད་བླ་བཀའ་ཐ་མ་ལ་བྱས་ན་གདུལ་བྱ་མགོ་སྐོར་བར་འགྱུར་བའི་ཕྱིར་དང་། ཡོངས་སུ་གྲགས་པའི་ཐ་སྙད་བོར་ནས་ཡོངས་སུ་མ་གྲགས་པའི་བསྟན་བཅོས་ཀྱི་ནང་དུ་འཇུག་པ་ནི་རྨོངས་པ་པོ་མི་མཁས་པའི་ཚུལ་ཡིན་པའི་ཕྱིར་དང་། བཀའ་ཐ་མ་ན་ཚིགས་བཅད་དེ་ཡོད་པ་ཉིད་ཀྱིས་ཀྱང་དེའི་དགོངས་འགྲེལ་གྱི་བསྟན་བཅོས་ན་གཞུང་དེ་ཡོད་པ་མི་འགལ་བའི་ཕྱིར་རོ། །

གསུམ་པ་ནི། རིང་བསྲེལ་དང་ནི། ཞེས་སོགས་ཉེར་གཅིག་སྟེ། སྤྱིར་རིང་བསྲེལ་ལ་བདེན་པ་མཐོང་བའི་ཡོན་ཏན་གྱི་སྟོབས་ཀྱིས་བྱུང་བ་དང་། སྡིག་པོ་ཆེ་ལས་འབྲས་ལ་ཡིད་མི་ཆེས་པར་བྱ་བའི་ཕྱིར་རམ། གདོན་གྱིས་བྱས་པ་དང་། འབྱུང་བཞིའི་ནུས་པ་རུས་པའི་ནང་དུ་འཁྲིམས་པ་དང་། བསྟན་པ་ལ་དགའ་བའི་ལྷས་གང་ཟག་དེ་ལ་རྗེས་འཛུག་དད་པར་བྱ་བའི་ཕྱིར་སྤྲུལ་པ་དང་བཞི་ཡོད་ཅིང་། དེ་ལས་གཞན་པ་ནི་སྐྱེས་བུ་བཙུན་མས་གསར་དུ་བྱས་པ་ཡིན་ནོ། །

ཡོན་ཏན་གྱི་སྟོབས་ཀྱིས་བྱུང་བ་ལ་ཡང་འཕགས་པ་གསུམ་ལས། སངས་རྒྱས་འཕགས་པ་ལ་འབྱུང་བ་ནི། མདོ་སྡེ་བསྐལ་བཟང་ལས། སྐུ་གདུང་རྒྱས་པ་དང་། རིལ་པོ་གཅིག་ཏུ་འདུག་པ་གཉིས་གསུངས་པ་དང་། རང་སངས་རྒྱས་ལ་འབྱུང་བ་ཡང་། སྟོན་པ་ར་ན་སྙིར་སངས་རྒྱས་འབྱུང་བ་ཐོས་ནས་རང་སངས་རྒྱས་རྣམས་ཀྱིས་ལུས་མེ་ལ་སྲེ་ཏེ། རིང་བསྲེལ་སྤྲུལ་པར་བཤད་པ་དང་། དེ་བཞིན་དུ་ཉན་ཐོས་དགྲ་བཅོམ་པ་འགའ་ཞིག་གིས་ཀྱང་རིང་བསྲེལ་སྤྲུལ་པར་བཤད་དོ། །ཐུགས་ལྷུགས་མ་ཚིག་པར་འབྱུང་བ་དང་། སྐུ་གཟུགས་སོགས་རུས་པ་ལས་འབྱུང་བ་ཆོས་ནས་སོགས་སོ། །འོན་དཀོན་བརྩེགས་ཀྱི་ཡབ་སྲས་མཇལ་བ་ལས། གྲགས་པ་མ་སྨད་དེ་དག་ནི། །རིང་བསྲེལ་དག་ཀྱང་རྒྱས་པར་འགྱུར། །དེ་དག་རྣམས་ཀྱི་རིང་བསྲེལ་ལའང་། །རྒྱལ་བའི་སྐུ་ལྤ་འབྱུང་བར་འགྱུར། །ཞེས་པ་དང་འགལ་ལོ་ཞེ་ན། དེ་ནི་མ་འོངས་པ་ན། རིང་བསྲེལ་ལ་བརྟེན་པའི་སྐུ་གཟུགས་བཞེངས་པ་འབྱུང་བ་ལ་དགོངས་པས་སྐྱོན་མེད་དོ། །བཞི་པ་ནི། ཉི་མ་དུ་མ། ཞེས་སོགས་ཚིགས་

བཅད་ཕྱེད་དང་དྲུག་སྟེ། མིག་བཅུ་གཉིས་པ་ཞེས་བྱ་བའི་མདོ་ལས། གཙུག་ལག་ཁང་གི་སྐུ་གཟུགས་འཕོས་སམ། སྤྱན་ནས་འཆི་མ་བྱུང་ན་ཡུལ་ཁམས་དེའི་མི་དཔའ་བོ་གཙེས་པ་བུ་མང་པོ་དང་བཅས་པ་ཡུལ་ཕྱུད་པར་འགྱུར་ཞེས་པ་དང་། འཇིག་རྟེན་པའི་ལྷ་མཆོད་པའི་ཚེ་ལྷ་སྨྲའམ། འཇུམ་ན་རྒྱལ་པོ་ལ་བགེགས་དང་། གནོད་པ་འབྱུང་ཅེས་པ་དང་། ཐུབ་པ་ཆེན་པོ་དྲང་སྲོང་ག་ཀྲས་ལྷས་ཀྱི་རྣམ་པ་བསྟན་པ་ཞེས་བྱ་བའི་གཙུག་ལག་ལས། གལ་ཏེ་གང་དུ་འཇིག་རྟེན་པའི་ལྷའི་གཟུགས་གར་བྱེད་པ་རབ་ཏུ་གཡོ་བར་གྱུར་པ་དང་། སྨྲ་བར་གྱུར་པ་དང་། མིག་མཆི་མས་གང་བ་དང་། རྡུལ་བར་གྱུར་པ་དང་། གས་པར་གྱུར་པ་དང་། དུམ་བུར་གྱུར་པ་དང་། ཐམས་ཅད་ཞིག་པར་གྱུར་པ་ལ་སོགས་པས་ནི་འཇིགས་པ་རྣམ་པ་དུ་མ་འབྱུང་བ་རིག་པར་བྱའོ། །དེ་ལ་ཡང་གར་གྱིས་ནི་དམག་མང་པོ་འབྱུང་ངོ་། །ཞེས་པ་དང་། གོམ་པ་འདོར་བས་ནི་ཡུལ་བོར་ཏེ་འགྲོ་བར་འགྱུར། ཞེས་སོ། །

གཉིས་པ་ཚིག་ལ་འཁྲུལ་པ་དགག་པ་ལ་གཉིས་ཏེ། དོར་བྱ་ནོར་བའི་བཤད་པ་དགག་པ། བླང་བྱ་མ་ནོར་བའི་བཤད་པ་བསྒྲུབ་པའོ། །དང་པོ་ལ་གཉིས་ཏེ། བོད་སྐད་ལ་བཤད་པ་ནོར་ཚུལ། རྒྱ་སྐད་ལ་བཤད་པ་ནོར་ཚུལ་ལོ། །དང་པོ་ནི། དེ་དག་དོན་ལ་ཞེས་སོགས་ཚིགས་བཅད་ཕྱེད་དང་དྲུག་སྟེ། བཅོམ་ལྡན་འདས་ཀྱིས་བཤད་པ་ལ། བདུད་བཞི་བཅོམ་པས་ན་བཅོམ། སྐལ་པ་དྲུག་དང་ལྡན་པས་ན་ལྡན། འཁོར་བའི་ཆོས་ལས་འདས་པས་ན་འདས། ཞེས་འཆད་པ་ནོར་ཏེ། བྷ་ག་ཝཱན་ཅེས་པའི་བྷ་ག་ནི་བཅོམ་པ་དང་། སྐལ་བ་དང་། ལེགས་པ་སོགས་ལ་འཇུག་ལ། ཝཱན་ཅེས་པ་ལྡན་པའི་དོན་ཡིན་པས། སྡེ་མ་གསུམ་ཆར་ལ་སྦྱར་བར་བྱ་བ་ཡིན་པའི་ཕྱིར་དང་། འདས་པ་ལ་སྐད་དོད་མེད་པའི་ཕྱིར་དང་། གླིགས་བམ་གྱི་བཤད་པ་ལ། གླིགས་ཤིང་གི་བར་དུ་གླེགས་ཐག་གིས་བམ་པོར་བསྡམས་པས་ན་གླིགས་བམ་ཞེས་བཤད་པ་ནོར་ཏེ། གླིགས་ཤིང་གླེགས་ཐག་ཀྱང་གླིགས་བམ་ལ་ལྟོས་པའི་ཐ་སྙད་ཡིན་པའི་ཕྱིར་རོ། །ལག་པའི་སྒྲ་དོན་འཆད་པ་ནོར་བ་ནི། ཧསྟ་ཅེས་པ་རྒྱལ་འཇུག་གི། ལག་པའི་སྐད་དོད་གསར་དུ་བསྟན་པ་ཡིན་པའི་ཕྱིར་རོ། །གདོད་མའི་ཤེས་པར་འཆད་པ་ནོར་བ་ནི། རྙིན་ཅེས་པ་རྟོགས་པའམ་ཁོང་དུ་ཆུད་པ་ལ་འཇུག་གི་གདོད་མའི་སྐད་དོད་མེད་པའི་ཕྱིར་རོ། །རྣལ་འབྱོར་གྱི་བཤད་པ་ནོར་བ་ནི། ཡོ་ག་ཅེས་པ་སྦྱོར་བ་ལ་འཇུག་གི། རྣལ་གྱི་སྐད་དོད་མེད་པའི་ཕྱིར་རོ། །འོ་ན་འདས་དང་རྒྱ་དང་ཡ་དང་། རྣལ་གྱི་སྒྲ་བསྣན་པའི་རྒྱུ་མཚན་ཅི་ཞེ་ན། དེ་དག་མ་བསྣན་ན་འཇིག་རྟེན་གྱི་ལེགས་ལྡན་དང་། འཇིག་རྟེན་གྱི་རྒྱ་དང་རྟོགས་པ་ཙམ་དང་། གཉིས་ཟུང་དུ་འཇུག་པ་ཙམ་ལ་འཁྲུལ་བར་འགྱུར་བས་ལོ་ཙཱ་བས་ཐབས་མཁས་ཀྱིས་བསྣན་པའོ། །དམག་གི་དཔུང་དུ་འཆད་པ་ནོར་བ་ནི། དེའི་སྐད་དོད་མེད་པའི་ཕྱིར་རོ། །གཏུམ་མོའི་སྒྲ་བཤད་ནོར་བ་ནི། ཙཎྜ་ལཱི་ཅེས་པ་རྣམ་རྟོག་གསོད་པའི་ཤན་པ་ལ་འཇུག

པའི་ཕྱིར་རོ། །ཀླུ་དང་རི་རབ་ནི་ཡི་གེ་ཉིད་མཐོང་བས་གསལ་ལོ། །གཉིས་པ་ནི། ཤཱཀྱའི་བུ་མོ། ཞེས་སོགས་ཚིགས་བཅད་ཉེར་གཉིས་ཏེ། དེ་དག་ལས་འགའ་ཞིག་ནི། རྒྱ་སྐད་བོད་སྐད་དུ་བསྒྱུར་མ་ཤེས་པས་ནོར་ལ། ཕལ་ཆེར་ནི་རྒྱ་སྐད་ཡིན་པར་མ་ཤེས་པར་དེ་ལ་བོད་སྐད་ཀྱི་སྒྲ་བྱས་པས་ནོར་བ་སྟེ། གཞུང་ཉིད་མཐོང་བས་རྟོགས་པར་འགྱུར་རོ། །གཉིས་པ་ནི། དེ་བཞིན་གཤེགས་པའི་ཞེས་སོགས་བཅུ་བཞི་སྟེ། དེ་བཞིན་གཤེགས་པའི་སྒྲ་བཤད་ལ། དེ་ཁོ་ན་ཉིད་རྟོགས་པར་འཆད་པ་སོགས་སཾ་ཀྲི་ཏའི་སྐད་ལ་འཐད་པའི་རྒྱུ་མཚན་ནི། ཏ་ཐཱ་ག་ཏ་ཞེས་པ་དེ་ཁོ་ན་ཉིད་རྟོགས་པ་ལ་འཇུག་པ་དང་། ཨརྷ་ཏ་ཅེས་པ་ལྷ་མི་ཀུན་གྱིས་མཆོད་པར་འོས་པ་ལ་འཇུག་པ་དང་། ས྄རྫ་ཅེས་པ་གཟི་བརྗིད་ཆེ་བ་དང་། མཛེས་པ་དང་། གསལ་བ་ལ་འཇུག་པ་དང་། ཀླྀཥྚེ་ཞེས་པ་རྐྱེན་ངན་པས་མི་ཕྱེད་པ་ལ་འཇུག་པ་དང་། གཀྵ་ཞེས་པ་འཁྱུར་ཁྱེར་བས་ཕྲག་པ་ལ་འཇུག་པ་དང་། ཧེ་ཏུ་ཞེས་པ་དབྱིངས་དང་། རྒྱུ་དང་། ཁམས་གསུམ་ཀ་ལ་འཇུག་པ་དང་། བྷ་ག་ཞེས་པ་སྐལ་བ་ལ་འཇུག་པ་དང་། ཕུ་དུ་ར་ཛ་ཡ་ཞེས་པ་ཤིན་ཏུ་ངན་ཅིང་། ཐུབ་པར་དཀའ་བ་ལ་འཇུག་པ་དང་། ཨ་ནུ་ཤ་ཡ་ཅེས་པ་ཆོས་མངོན་དུ་འགྱུར་བའི་གནས་ལ་འཇུག་པ་དང་། ཤཱཀྱ་ནི་རྒྱ་སྐད་སོར་བཞག་པ་ཡིན་ལ། བོད་སྐད་དུ་བསྒྱུར་ན་ཕོད་པར་འཇུག་པའི་ཕྱིར་རོ། །འདི་དག་ནི་དཔྲ་བཅོམ་དང་། རྒྱལ་པོ་སོགས་ཀྱི་ཚིག་ཇི་བཞིན་དུ་འཆད་པ་མ་ཡིན་པས་བོད་སྐད་ལ་ཅུང་ཟད་མི་བདེ་ཡང་ལེགས་པར་སྦྱར་བའི་སྒྲ་དག་ལ་ཤིན་ཏུ་འཐད་པའི་ཕྱིར་ན་མཁས་པས་བླང་བར་བྱ་བ་ཡིན་ནོ། །གསུམ་པ་བཤད་པ་ཡོངས་སུ་རྫོགས་པའི་བྱ་བ་ལ་ལྔ་སྟེ། བསྟན་བཅོས་བརྩམ་པའི་རྒྱུ་ངོས་གཟུང་། འབྲས་བུ་བསྟན་བཅོས་གཟུང་བར་གདམས། གཟུང་བྱའི་ཆོས་ཀྱི་ཆེ་བ་བརྗོད། །བརྩམས་པའི་དགེ་བ་གཞན་དོན་དུ་བསྔོ། བཀའ་དྲིན་རྗེས་སུ་དྲན་པའི་ཕྱག་གོ། དང་པོ་ལ་གསུམ་སྟེ། དམིགས་རྐྱེན་བསྟན་པའི་འཕེལ་འགྲིབ་བྱུང་ཚུལ། ཀུན་སློང་ཟང་ཟིང་མེད་པའི་བྱམས་པ། བདག་རྐྱེན་ཕྱོགས་ལྷུང་མེད་པའི་ཤེས་རབ་བོ། །དང་པོ་ལ་བཞི་སྟེ། འཕགས་པའི་ཡུལ་དུ་འཕེལ་འགྲིབ་བྱུང་ཚུལ། བོད་ཀྱི་ཡུལ་དུ་འཕེལ་འགྲིབ་བྱུང་ཚུལ། དེས་ན་ཆོས་ལོག་སུན་དབྱུང་དགོས་པ། གཏན་གྱི་བྱ་བ་བརྟགས་ནས་བླང་བའོ། །དང་པོ་ལ་གཉིས་ཏེ། ཉན་ཐོས་ཀྱི་བསྟན་པ་ལ་བཀའ་བསྡུ་བྱུང་ཚུལ། ཐེག་ཆེན་གྱི་བསྟན་པ་ལ་འཕེལ་འགྲིབ་བྱུང་ཚུལ་ལོ། །དང་པོ་ལ་གསུམ་སྟེ། བཀའ་བསྡུ་དང་པོ། གཉིས་པ། གསུམ་པ་བྱུང་ཚུལ་ལོ། །དང་པོ་ནི། སངས་རྒྱས་བསྟན་པ་དྲི་མ་མེད། །བསྡུ་བ་དང་པོ་བྱས། ཞེས་པ་སྟེ། སྟོན་པ་མི་མོ་ཡོས་ལ་ལྷུམས་སུ་ཞུགས་ནས་ས་ཕོ་འབྲུག་ལ་སྐུ་བལྟམས་ཤིང་། ཆུ་ཕོ་སྟག་ལ་སངས་རྒྱས་ཏེ། མེ་མོ་ཕག་གི་དཔྱིད་ཟླ་ཐ་ཆུང་ས་གས་ཉ་བའི་ཚེ། མྱ་ངན་ལས་འདའ་བའི་ཚུལ་བསྟན་ཏོ། །དེའི་ལོ་ཕྱི་མ་ལ་རྒྱལ་པོའི་ཁབ་ཀྱི་ནགས་ཁྲོད་བྲི་རྫིའི་ལྷོངས་སུ་རྒྱལ་པོ་མ་སྐྱེས་

དགྲས་སྦྱིན་བདག་བྱས་ཏེ། འོད་སྲུང་ཆེན་པོ་ལ་སོགས་པ་དགྲ་བཅོམ་པ་ལྔ་བརྒྱ་འདུས་ནས་བཀའ་བསྡུ་བ་མཛད་དེ། གང་པོས་རྫུ་འཕྲུལ་གྱིས་གཎྜི་བརྡུངས་པས། དགྲ་བཅོམ་པ་ལྔ་བརྒྱར་གཅིག་གིས་མ་ཚང་ནས། བ་ལང་བདག་སུམ་ཅུ་རྩ་གསུམ་ན་ཡོད་པ་སྤྱན་དྲངས་པས་མ་བྱོན་ཏེ། མྱ་ངན་ལས་འདས་སོ། །དེ་ནས་འོད་སྲུང་ཆེན་པོས་དགྲ་བཅོམ་པ་རྣམས་རེ་ཤིག་མྱ་ངན་ལས་མི་འདའ་བར་དམ་ཚིག་བཅས་ནས་ཀུན་དགའ་བོ་ལ་སྐྱོན་བཏགས་ཏེ་བསྐྲད་པས་རིང་པོར་མ་ཐོགས་པར་དགྲ་བཅོམ་པར་གྱུར་ཏོ། །དེ་ནས་ཐོག་མར་དགྲ་བཅོམ་པ་རྣམས་ཀྱི་སྣམ་སྦྱར་བཏིང་བ་ལ། འཕགས་པ་ཀུན་དགའ་བོ་བཞུགས་ཏེ་མདོ་སྡེ་བསྡུ་བ་མཛད། དེ་བཞིན་དུ་ཉེ་བར་འཁོར་གྱིས་འདུལ་བའི་སྡེ་སྣོད་དང་། འོད་སྲུང་ཆེན་པོས་མངོན་པའི་སྡེ་སྣོད་བསྡུས་ཏེ། ཀུན་དགའ་བོ་ལ་བསྟན་པ་གཏད་ནས། རི་བྱ་རྐང་ཅན་དུ་ཕྱག་དར་ཁྲོད་ཀྱི་སྣམ་སྦྱར་གྱིས་སྐུ་གདུང་དྲིལ་ནས་བྱམས་པ་མ་བྱོན་གྱི་བར་དུ་མི་ཉམས་པར་བྱིན་གྱིས་བརླབས་ཏེ་མྱ་ངན་ལས་འདས་སོ། །ཀུན་དགའ་བོས་ལོ་བཞི་བཅུའི་བར་དུ་བསྟན་པ་བསྐྱངས་ནས་ཤ་ནའི་གོས་ཅན་ལ་བསྟན་པ་གཏད། དེ་ནས་རིམ་པ་བཞིན་ཉེ་སྦས་དང་། དྷཱི་ཏཱི་ཀ་དང་། ནག་པོ་དང་། ལེགས་མཐོང་ལ་གཏད་དེ། བསྟན་པའི་གཏད་རབས་བདུན་ནོ། །གཉིས་པ་ནི། དེའི་རྗེས་བསྟན་པ་དག་པར། ཞེས་སོགས་བདུན་ཏེ། སངས་རྒྱས་མྱ་ངན་ལས་འདས་ནས་ལོ་བརྒྱ་དང་བཅུ་ལོན་པ་ན། ཡངས་པ་ཅན་གྱི་དགེ་སློང་གིས། ཧུ་ལུ་ཧུ་ལུ་ཡི་རང་དང་། །ཀུན་སྤྱོད་སྟོན་དང་ལན་ཚྭ་དང་། །ལམ་དང་སོར་གཉིས་དགྱུགས་དང་གདིང་། །གསེར་གྱི་རུང་བ་ཞེས་བྱ་སྟེ། །འདི་དག་རུང་མིན་གཞི་བཅུ་ཡིན། །ཞེས་མི་རུང་བའི་གཞི་བཅུ་བྱས་ཏེ། དེ་ཡང་ཆོས་མིན་གྱི་ལས་ཆོས་ཀྱི་ལས་སུ་བྱས་ཏེ། ཧུ་ལུ་ཧུ་ལུ་ཞེས་བརྗོད་པས་རུང་བར་བྱེད་པ་དང་། སྔར་བཞིན་དུ་ལས་བྱས་ནས་དགེ་སློང་ཐམས་ཅད་ཀྱིས་རྗེས་སུ་ཡི་རང་ངོ་ཞེས་བརྗོད་ནས་རུང་བར་བྱེད་པ་དང་། རང་གི་ལག་པའི་ཀུན་སྤྱོད་ཀྱིས་ས་བརྐོས་ནས་རུང་བར་བྱེད་པ་དང་། ཇི་སྲིད་འཚོའི་བར་དུ་སྤྱོད་པའི་ལན་ཚྭ་དུས་རུང་ལ་བསྲེས་ནས་དུས་མིན་དུ་ཟ་བ་དང་། ལམ་དཔག་ཚད་ཕྱེད་ཙམ་དུ་ཕྱིན་ནས་འདུས་ཤིང་ཟ་བ་དང་། ལྷག་པོར་མ་བྱས་པའི་ཟས་ཐོག་མར་སོར་མོ་གཉིས་ཀྱིས་བཅད་ནས་ཟ་བ་དང་། ཆང་བླུག་པའི་སྣོད་ནས་ནད་པས་སྦྲིན་འབུ་པད་མས་ཁྲག་གཞིབས་པ་ལྟར་ཆང་གཞིབས་ཏེ་འཐུང་བ་དང་། འོ་མ་དང་ཞོ་བསྲེས་ནས་དགྱུགས་ཏེ། དུས་མིན་དུ་ལོངས་སྤྱོད་པ་དང་། གདིང་བ་རྙིང་པ་ལས་མཐོ་གང་གིས་མ་གླན་པར་གསར་པ་ལ་སྤྱོད་པ་དང་། དྲི་ཞིམ་པོས་བྱུགས་པའི་ལྷུང་བཟེད་ཁྲི་སྟན་དང་བཅས་པ་དགེ་ཚུལ་གྱི་མགོ་བོར་བཞག་ནས། ལམ་གྱི་གཞི་མདོར་ལྷུང་བཟེད་འདིར་གསེར་དངུལ་དང་། རིན་པོ་ཆེ་བྱིན་ཅིག་ཅེས་རུང་བ་བྱེད་པའོ། །དེའི་ཚེ་གྲོང་ཁྱེར་ནོར་ཅན་ནས། དགྲ་བཅོམ་པ་གྲགས་པ་འཁོར་ལྔ་བརྒྱ་དང་བཅས་པ།

ཡངས་པ་ཅན་དུ་འོངས་པས་མི་རུང་བའི་གཞི་བཅུ་བྱས་པར་རིག་ནས། དགྲ་བཅོམ་པ་ཐམས་ཅད་འདོད་ཀྱི་དྲུང་ན་གླིང་སྟེ། དམར་བུ་ཅན་གྱི་ཟླ་རྒྱུར་ལ་སོགས་པའི་ཕྱོགས་བཙལ་ནས། དགྲ་བཅོམ་པ་བདུན་བརྒྱ་འདུས་ཏེ། གནས་ཡངས་པ་ཅན་གྱི་ཀུསླ་པུ་རིའི་གཙུག་ལག་ཁང་དུ། ཆོས་རྒྱལ་མྱ་ངན་མེད་ཀྱིས་སྦྱིན་བདག་བྱས་ནས་རུང་བ་མ་ཡིན་པའི་གཞི་བཅུ་སུན་ཕྱུང་སྟེ། བཀའ་བསྡུ་བ་གཉིས་པ་བྱས་སོ། །གསུམ་པ་ནི། དེ་ལྟར་དག་པར། ཞེས་སོགས་ཚིགས་བཅད་བཅུ་གཅིག་དང་། རྐང་པ་གཅིག་སྟེ། དེ་ཡང་རྒྱ་གར་ལྷོ་ཕྱོགས་ན་དེད་དཔོན་ཞིག་ཡོད་པའི་ཆུང་མ་ལ་བུ་བཙས་པ་དང་། ལྷ་ཆེན་པོར་མིང་བཏགས་ནས་ཕ་དེ་རྒྱ་མཚོར་རིན་པོ་ཆེ་ལེན་དུ་སོང་། དེའི་ཚེ་བུ་ཆེར་སྐྱེས་ཏེ་མ་དང་ལྷན་ཅིག་འདུས་ཕ་འོངས་པའི་གཏམ་ཐོས་ཏེ། ལམ་གོལ་བར་སོང་སྟེ་ཕ་བསད། མ་ཡང་སྐྱེས་པ་གཞན་དང་ཉལ་པོ་བྱེད་པར་ཤེས་ནས་ཁྲོས་ཏེ་བསད། རང་གི་སློབ་དཔོན་དགྲ་བཅོམ་པ་ཞིག་གིས་སྡིག་པའི་རྣམ་སྨིན་བཤད་པས། འདིས་ཁོ་བོའི་བྱ་བ་དེ་དག་ཤེས་སོ་སྙམ་ནས་བཀྲོངས་ཏེ། མཚམས་མེད་ཀྱི་ལས་གསུམ་བྱས་ནས་ཕྱིས་དགོན་པར་བསྡད་དེ། ཆོས་ལོག་མང་དུ་བསྟན། ཐོ་རངས་རང་སྡིག་དྲན་ཏེ། ཀྱི་མ་སྡུག་བསྔལ་ལོ། ཞེས་བསྒྲགས་པས་འཁོར་གྱི་རྒྱུ་མཚན་ཞུས་པས། འཕགས་པའི་བདེན་པ་བཞི་བསྒོམས་པས་སྡུག་བསྔལ་བདེན་པ་མངོན་སུམ་དུ་མཐོང་ནས་ཐོས་པ་ཡིན་ནོ་ཞེས་ཟེར་རོ། །དེའི་ཚེ་འཁོར་རྣམས་ཀྱིས་དཀོན་མཆོག་གསུམ་དང་། བྱང་ཆུབ་ཀྱི་ཕྱོགས་ཀྱི་ཆོས་ལ་སོགས་པ་དྲིས་པས། ཁོ་བོས་དགྲ་བཅོམ་པར་ཁས་བླངས་ཀྱི་སྟོན་པ་ཡིན་པར་མ་སླུས་སོ། །དེ་དག་ལུང་སྟོན་པ་ནི། ཐེ་ཚོམ་དང་། སོམ་ཉི་ལས་བརྒལ་བའི་སངས་རྒྱས་འབའ་ཞིག་གོ། །ཞེས་པ་ལ་སོགས་པའི་བརྫུན་ཚིག་གིས་ཚོགས་པ་རྣམས་ཀྱི་མགོ་བོ་བསྐོར་ནས། ལོག་འཚོ་མང་དུ་ཟོས་པས་ཤི་ནས་སེམས་ཅན་དམྱལ་བར་འགྱུར་ཞེས་གྲག་གོ། །ཆོས་ལོག་དེ་དག་དགྲ་བཅོམ་རྣམས་ཀྱིས་སུན་ཕྱུང་ནས། བཀའ་བསྡུ་གསུམ་པ་བྱས་ཞེས་ཐོས་སོ། །

འོན་ཀྱང་དེའི་ལེ་ལན་གྱིས་སྡེ་པ་བཅོ་བརྒྱད་པོ་རྣམས་ལ་ཡང་། འཇིག་རྟེན་འདས་པར་སྨྲ་བའི་སྡེ་པས། དགྲ་བཅོམ་ལ་ཐེ་ཚོམ་དང་། སོམ་ཉི་ཡོད་པར་འདོད་པ་དང་། ཐམས་ཅད་ཡོད་པར་སྨྲ་བས། དགྲ་བཅོམ་འབྲས་བུ་ལས་ཉམས་པ་ཡོད་པར་འདོད་པ་སོགས་ཅུང་ཟད་བསླད་པ་ཡོད་ཅེས་ཟེར་ཞིང་། དབྱིག་གཉེན་གྱི་རྣམ་བཤད་རིགས་པ་ལས། བླ་མ་ཀུན་དགའ་འོད་ཅེལ་དང་། །སྡུག་བསྔལ་ཕྱུང་སྟོན་ས་སྟོན་དང་། །འཆར་ཁ་སྟོང་ཉིད་ཆུ་ལས་སྐྱེས། །གང་པོ་ས་མཚོ་ཆུ་ཤིང་དང་། །མྱ་ངན་འདས་དང་ཡུལ་འཁོར་སྐྱོང་། །འགྲོ་བ་མདོ་དང་དེ་བཞིན་གཞན། །ཡང་དག་བསྡུས་པའི་གཞི་ཉམས་ཕྱིར། །མཐའ་དག་མིན་པར་རྟོགས་པ་ཡིན། །ཞེས་མདོ་དེ་རྣམས་འགའ་ཞིག་མ་ཚང་བ་དང་། ལུང་ཉམས་པ་རྣམས་བཀའ་བསྡུ་ཉམས་པའི་དབང་གིས་བྱུང་བ་ཡིན།

ཞེས་དགོངས་སོ། །བཀའ་བསྡུ་གསུམ་པ་འདི་འདུལ་བ་ལུང་ལས་གསལ་བར་མ་བཤད་པས། འདོད་པ་མི་མཐུན་པ་དུ་མ་ཡོད་པ་ལས། རྟོག་གེ་འབར་བར་ལུགས་གཉིས་གསུངས་པ་ལས། དང་པོ་ནི། སྟོན་པ་མྱ་ངན་ལས་འདས་ནས་ལོ་བརྒྱ་དང་དྲུག་ཅུ་ན། གྲོང་ཁྱེར་མེ་ཏོག་གིས་བརྒྱན་པར་རྒྱལ་པོ་མྱ་ངན་མེད་བྱུང་སྟེ། དགྲ་བཅོམ་པ་རྣམས་ཀྱིས་སྐད་རིགས་མི་གཅིག་པ་བཞི་སོ་སོར་བགླུགས་པས། སློབ་མ་རྣམས་གྲུབ་མཐའ་སྣ་ཚོགས་སུ་གྱུར། དེ་ནས་དགྲ་བཅོམ་པ་དང་། སོ་སོ་སྐྱེ་བོའི་མཁས་པ་རྣམས་ཛྙ་ལཀྵ་རའི་དགོན་པར་འདུས་ནས་བསྟན་པ་བསྡུས་སོ། །དེའི་ཚེ་སྟོན་པ་མྱ་ངན་ལས་འདས་ནས། ལོ་སུམ་བརྒྱ་སོང་ཞེས་ཟེར་ཞིང་། འོད་ལྡན་ལས་ཀྱང་དེ་དང་མཐུན་པར་གསུངས་སོ། །ལུགས་གཉིས་པ་ནི། སྟོན་པ་མྱ་ངན་ལས་འདས་ནས་ལོ་བརྒྱ་དང་སུམ་ཅུ་སོ་བདུན་ན། བདུད་སྡིག་ཅན་བཟང་པོ་ཞེས་བྱ་བས་བསྟན་པ་དཀྲུགས་ནས་སོ་སོར་གྱེས། དེ་ནས་ལོ་དྲུག་ཅུ་རྩ་གསུམ་ནས་གནས་བརྟན་གནས་མའི་བུས་བསྡུ་བ་གསུམ་པ་བྱས་ཞེས་ཟེར་རོ། །

གཉིས་པ་ལ་གསུམ་སྟེ། འགྲིབ་པའི་ཚུལ། དར་བའི་ཚུལ། དེའི་རྗེས་སུ་བྱུང་ཚུལ་ལོ། དང་པོ་ནི། ཐེག་པ་ཆེན་པོའི། ཞེས་སོགས་བདུན་ཏེ། ཐེག་པ་ཆེན་པོའི་བསྟན་པ་མཐའ་དག་ཀུན་དགའ་བོས་བསྡུས་པར། སློབ་དཔོན་སེང་གེ་བཟང་པོས་བཞེད་ཅིང་། རྟོག་གེ་འབར་བར་ཀུན་ཏུ་བཟང་པོ་དང་། འཇམ་དཔལ་དང་། གསང་བའི་བདག་པོ་དང་། བྱམས་པ་ལ་སོགས་པ་རྣམས་རྩ་བའི་སྡུད་པ་པོ་ཡིན་པར་བཞེད་དོ། །འོན་ཀྱང་ཕྱག་ན་རྡོ་རྗེ་ཀུན་ཏུ་བཟང་པོ་ཀུན་དགའ་བོ་རྣམས་ནི་ངོ་བོ་གཅིག་པར་ཐུན་མོང་མ་ཡིན་པའི་གསང་བ་དང་། ཕྱག་རྡོར་དབང་བསྐུར་བར་གསུངས་པས་གང་གིས་བསྡུས་ཀྱང་འགལ་བ་མེད་ལ། ངེས་པའི་དོན་དུ་ན། འཆད་པ་པོ་ང་ཚོས་ཀྱང་ང་། །རང་གི་ཚོགས་ལྡན་ཉན་པ་ང་། །ཞེས་པ་ལྟར་འཁོར་དང་སྟོན་པ་ཐ་མི་དད་པ་ཡིན་ཀྱང་གདུལ་བྱའི་ངོར་སོ་སོར་སྣང་བའོ། །དེ་ཡང་ཕ་རོལ་ཏུ་ཕྱིན་པའི་སྡེ་སྣོད་ཕལ་ཆེར་དང་། བྱ་རྒྱུད་འགའ་ཞིག་ཀུན་དགའ་བོས་བསྡུས་ཤིང་། སྤྱོད་རྒྱུད་དང་། རྣལ་འབྱོར་རྒྱུད་འགའ་ཞིག་ཕྱག་ན་རྡོ་རྗེས་བསྡུས་པར་བཤད། བླ་མེད་ཀྱི་རྒྱུད་ཕལ་ཆེར་ནི་རང་རང་གི་ཞུ་བ་པོས་བསྡུས་ཏེ། བསྟན་པ་ཤིན་ཏུ་དར་བར་གྱུར་ནས་ཅུང་ཟད་ཉམས་དམས་པའི་ཚེ། སྟོན་པ་མྱ་ངན་ལས་འདས་ནས་ལོ་བཞི་བརྒྱ་ལོན་པ་ན་འཕགས་པ་ཀླུ་སྒྲུབ་བྱོན་ཏེ། སའི་སྟེང་དུ་སེང་གེའི་སྒྲ་ལན་གསུམ་དུ་བསྒྲགས་ནས་ཤིན་ཏུ་དར་བར་གྱུར་ཏོ། །དེ་ནས་རེ་ཞིག་ན་ཆོས་མངོན་པ་ལ་དགྲ་ལན་གསུམ་དར་ཏེ། སངས་རྒྱས་པའི་གཎྜིའི་སྒྲ་ལ་བརྟགས་པས་མུ་སྟེགས་པ་ལ་གནོད་པར་རིག་ནས། དམག་དཔུང་བསྡུས་ཏེ་གཙུག་ལག་ཁང་མང་དུ་བཤིག་གོ། །ཡང་ཡུལ་དབུས་ཀྱི་ཆོས་རྒྱལ་གྱིས་མཐའ་འཁོབ་སྟག་གཟིག་གི་རྒྱལ་པོ་ལ་གོས་སྦྲུབས་མེད་པ་རི་མོ་ཤིན་ཏུ་བཀྲ་བ་ཞིག་སྐྱེས་སུ་བསྐུར་ནས། སྙིང་གར་

རྐང་རྗེས་ལྷ་བུ་བྲིས་པ་འདི་ངན་བྱས་པ་ཡིན་ཅེས་ཟེར་ནས། ཡུལ་དབུས་སུ་དམག་དྲངས་ཏེ་བཅོམ་ནས། གཙུག་ལག་ཁང་དང་། དགེ་འདུན་གྱི་སྡེ་མང་པོ་བཤིག་པར་བྱས་སོ། །ཡང་མུ་སྟེགས་བྱེད་ཀྱི་སྤྲང་པོ་ཞིག་གིས དགེ་འདུན་གྱི་སྡེ་རྣམས་སུ་ཟས་སློང་བ་ལ་དགེ་ཚུལ་གཞོན་ནུ་རྣམས་ཀྱིས་ཁྲོ་འཚམས་པས་ཁྲོས་ཏེ། ས་འོག་ཏུ ཞུགས་ནས་ཉི་མ་བསྒྲུབ་པས་གྲུབ་ནས་བལྟས་པ་ཙམ་གྱིས་ནང་པའི་གཙུག་ལག་ཁང་རྣམས་བསྲེགས་པའི་ཚེ། དམ་ཆོས་མངོན་པ་ལ་སོགས་པའི་སྡེ་སྣོད་ཕལ་ཆེར་བསྲེགས་ཅེས་གྲག་གོ། །གཉིས་པ་ནི། དེས་ན་འཕགས་པ་ ཞེས་སོགས་གསུམ་སྟེ། སངས་རྒྱས་མྱ་ངན་ལས་འདས་ནས་ལོ་དགུ་བརྒྱ་ལ་ཉེ་བ་ན་ཐོགས་མེད་སྐུ་མཆེད་བྱོན་ཏེ། གཅེན་གྱིས་བྱམས་པ་བསྒྲུབས་པས་གྲུབ་སྟེ། དགའ་ལྡན་དུ་བྱོན་ནས་ཆོས་མངོན་པ་སྟོང་ཕྲག་བརྒྱ་པ་དང་། བྱམས་པའི་ཆོས་ལྔ་ལ་སོགས་པ་གསན་ནས་འཛམ་བུ་གླིང་དུ་བྱོན་ཏེ། ཤིན་ཏུ་དར་བར་མཛད་དོ། །གསུམ་པ་ནི། དེ་ ཡི་རྗེས་ལ། ཞེས་སོགས་གསུམ་སྟེ། ཐོགས་མེད་ཀྱིས་དབྱིག་གཉེན་ལ་བཤད། དེས་ཏ་ཀ་ར་ཊ་སྡེ་བརྒྱད་ལ་ སོགས་པའི་བསྟན་བཅོས་མང་དུ་མཛད་དེ། ཐེག་པ་ཆེན་པོའི་ཆོས་བཤད་པས་སློབ་མ་ལ་འདུལ་བ་འཛིན་པ་ ཡོན་ཏན་འོད། མངོན་པ་འཛིན་པ་ཁ་ཆེ་བློ་བརྟན། རིགས་པ་སྨྲ་བ་ཕྱོགས་ཀྱི་གླང་པོ། ཕ་རོལ་ཏུ་ཕྱིན་པའི་སྡེ་ སྣོད་འཛིན་པ་འཕགས་པ་གྲོལ་སྡེ་ལ་སོགས་པ་མང་དུ་བྱོན་ནོ། །

གཉིས་པ་གསུམ་སྟེ། བསྟན་པ་སྔ་དར་གྱི་བྱུང་ཚུལ། ཕྱི་དར་གྱི་བྱུང་ཚུལ། སྐབས་ཀྱི་དགག་བྱའི་ཆོས་ ལོག་བྱུང་ཚུལ་ལོ། །དང་པོ་ནི། ཕྱི་ནས་གངས་རིའི་ཞེས་སོགས་ཚིགས་བཅད་གཅིག་སྟེ། དེ་ལ་རྒྱལ་པོའི་ཐོག་ མ་གཉའ་ཁྲི་བཙན་པོ་ནི། རྒྱ་གར་གྱི་རྒྱལ་བརྒྱུད་ཞིག་རིམ་གྱིས་བོད་དུ་འཁྱུགས་པ་ཡིན་ལ། དེ་ནས་གནམ་ལ་ ཁྲི་བདུན། ས་ལ་ལེགས་དྲུག །བར་གྱི་ལྡེ་བརྒྱད་རྣམས་རིམ་གྱིས་བྱུང་ཞིང་། དེ་ནས་བཙན་ལྷ་བྱུང་བའི་ཐམ་ ལྷ་ཐོ་དོ་རི་གཉན་བཙན་གྱི་རིང་ལ་དམ་པ་ཆོས་ཀྱི་དབུ་བརྙེས། དེ་ནས་རྒྱལ་རབས་ལྔ་ན་སྲོང་བཙན་སྒམ་པོ་ བྱུང་བའི་དུས་སུ། ལྷ་མོ་དྲི་མ་མེད་པའི་འོད་ཀྱིས་ཞུས་པ་ལས། ང་མྱ་ངན་ལས་འདས་ནས་ལོ་ཉིས་སྟོང་དང་ལྔ་ བརྒྱ་འདས་པའི་འོག་ཏུ་གདོང་དམར་ཅན་གྱི་ཡུལ་དུ་དམ་པའི་ཆོས་འབྱུང་ངོ་། །ཞེས་ལུང་བསྟན་པ་དང་མཐུན་ པར་དམ་པ་ཆོས་ཀྱི་སྲོལ་བཏོད། ར་ས་འཕྲུལ་སྣང་གི་གཙུག་ལག་ཁང་བརྩིགས། ལོ་ཙཱ་བ་ཐོན་མི་སཾ་བྷོ་ཊ་ས་ དཀོན་མཆོག་སྤྲིན་ལ་སོགས་པའི་ཆོས་མང་དུ་བསྒྱུར་རོ། །དེ་ནས་རྒྱལ་རབས་ལྔ་ན་ཁྲི་སྲོང་ལྡེ་བཙན་གྱི་སྐུ་ རིང་ལ་དམ་པའི་ཆོས་དར་ཞིང་རྒྱས་པར་མཛད་དོ། །བསམ་ཡས་ཀྱི་གཙུག་ལག་ཁང་བརྩིགས། མཁན་པོ་བོ་ དྷི་ས་ཏྭ་དང་། སྔགས་འཆང་པདྨ་འབྱུང་གནས་སྤྱན་དྲངས་ནས། རྣམ་དག་ཁྲིམས་ཁང་གླིང་དུ་ཁྲིམས་ཐོག་སྟེ། ལོ་ཙཱ་བ་སད་མི་མི་བདུན་ལ་སོགས་པ་རྣམས་རབ་ཏུ་བྱུང་། དགའ་ལྡན་སེམས་བསྐྱེད་གླིང་དུ་ཐེག་ཆེན་སེམས

བསྐྱེད་ཀྱི་སྡོམ་པ་འབོགས། བདུད་འདུལ་སྔགས་པ་གླིང་དུ་སྔགས་ཀྱི་དབང་བསྐུར་ཏེ། སྡོམ་པ་གསུམ་གྱི་ལག་ལེན་དར་བར་མཛད། གཞན་ཡང་པཎྜི་ཏ་མང་དུ་སྤྱན་དྲངས་ཏེ། བཀའ་དང་བསྟན་བཅོས་ཀྱི་ཆོས་མང་དུ་བསྒྱུར་ཏེ། རྒྱལ་པོ་དེའི་སྲས་མུ་ནེ་བཙན་པོ། དེའི་སྲས་སད་ན་ལེགས་འཇིང་ཡོན། དེ་ལ་སྲས་གཙང་མ། དར་མ། རལ་པ་ཅན་གསུམ་ལས། རལ་པ་ཅན་གྱི་རིང་ལ། ཞང་རྗེའི་གཙུག་ལག་ཁང་བཞེངས། ཆོས་སྐད་མ་འགྱུར་བ་མང་དུ་བསྒྱུར། བསྟན་པ་དར་རྒྱས་སུ་མཛད། དེ་ནས་གླང་དར་མས་བློན་པོ་ངན་པ་དང་གྲོས་ངན་བཤམས་ཏེ་བཀྲོངས་ནས། དར་མས་རྒྱལ་སྲིད་ལོ་ལྔ་བཟུང་ནས། རབ་བྱུང་ལ་ལ་འབེབས། ལ་ལ་གསོད། དཀོན་མཆོག་གི་མཆོད་པ་རྒྱུན་གཅོད། ལོ་པཎ་གྱི་འགྱུར་གྲྭ་རྣམས་བཤིག །མི་དགེ་བའི་ཁྲིམས་བཅའ་བ་ལ་སོགས་པ་བྱས་ཏེ། སངས་རྒྱས་ཀྱི་བསྟན་པ་རྣམས་བཤིག་གོ། །དེ་ནས་ལྷ་ལུང་དཔལ་གྱི་རྡོ་རྗེས། གླང་དར་མ་བཀྲོངས་སོ། །དེའི་ཚེ། གཡོ་དགེ་འབྱུང་། གཙང་རབ་གསལ། དམར་ཤཱཀྱ་མུ་ནེ་གསུམ་མདོ་ཁམས་སུ་བྲོས་ཏེ། དེ་གསུམ་གྱི་སྡོམ་ཕྲུག་ལ། བླ་ཆེན་དགོངས་པ་རབ་གསལ་བྱུང་བ་ལ། དུས་ཕྱིས་ཀྱི་མཁས་པ་མི་བཅུས་སྡོམ་པ་བླངས་ཏེ། རབ་བྱུང་གི་སྡེ་བཙུགས་པ་ལ་བསྟན་པ་བར་དར་དུ་སྨོན་གྱི་མཁས་པ་ཁ་ཅིག་བཞེད་ཅིང་། ཕྱིས་ཀྱི་མཁས་པ་ཁ་ཅིག་བསྟན་པ་སྔ་དར་དང་ཕྱི་དར་གཉིས་སུ་བྱས་ནས་དེ་ཕྱི་དར་ཡིན་ཞེས་ཟེར་རོ། །གཉིས་པ་ནི། དེ་ཚེ་བླ་མ་ཞེས་སོགས་ཉེར་གཅིག་སྟེ། དར་མ་ལ་སྲས་ཡུམ་བརྟན་དང་། འོད་སྲུང་གཉིས་ལས། འོད་སྲུང་གི་སྲས། རྗེ་དཔལ་འཁོར་བཙན། དེ་ལ་སྲས་བཀྲ་ཤིས་བརྩེགས་པ་དཔལ་དང་། ཉི་མ་མགོན་གཉིས་ལས། ཕྱི་མ་པུ་ཧྲངས་སུ་བྱོན་ཏེ། སྲས་གསུམ་བྱུང་བའི་ཆེ་ཤོས་དཔལ་ལྡེ་རིག་པ་མགོན་གྱིས་མང་ཡུལ་བཟུང་། བར་པ་བཀྲ་ཤིས་ལྡེ་མགོན་གྱིས། པུ་ཧྲངས་བཟུང་། ཆུང་བ་ལྡེ་གཙུག་མགོན་གྱིས་གུ་གེ་བཟུང་། དེ་ལ་སྲས་གཉིས་བྱུང་བས། ཆེ་ཤོས་ཁོར་རེ་རབ་ཏུ་བྱུང་བའི་མཚན་ཡེ་ཤེས་འོད་དུ་བཏགས། གཅུང་པོ་སྲོང་དེའི་སྲས་ལྷ་ལྡེ། དེའི་སྲས་འོད་ལྡེ། ཞི་བ་འོད། ལྷ་བཙུན་བྱང་ཆུབ་འོད་གསུམ་མོ། །ལྷ་བླ་མ་ཡེ་ཤེས་འོད་ཀྱིས། ལོ་ཙྪ་བ་རིན་ཆེན་བཟང་པོ་ལ་སོགས་པ། ཉི་ཤུ་རྩ་གཅིག་ཁ་ཆེར་བརྫངས་ཏེ། ཕྱིས་ལོ་ཆེན་དང་། ལོ་ཆུང་ལེགས་པའི་ཤེས་རབ་གཉིས་ཀྱིས། བོད་དུ་བྱོན་ནས་བསྟན་པ་དར་རྒྱས་སུ་མཛད། ལོ་ཆེན་གྱིས། ཆོས་དང་། ཆོས་མ་ཡིན་པ་རྣམ་པར་འབྱེད་པའི་བསྟན་བཅོས་མཛད་ནས། ཆོས་ལོག་ཐམས་ཅད་ནུབ་པར་མཛད། དེའི་སློབ་མ་རྒྱལ་པོའི་སྲས་ཞི་བ་འོད་ཀྱིས། སྔགས་ལོག་སུན་འབྱིན་མཛད། འགོས་ལོ་ཙྪ་བས་ཆོས་ལོག་སུན་འབྱིན་མཛད་པ་ནས་བཟུང་སྟེ། དུས་ཕྱིས་ཆོས་རྗེ་ས་སྐྱ་པ་བཞུགས་པ་ཡན་ཆད་དུ་ཆོས་ལོག་སྤྱོད་པ་ཉུང་ཞེས་ཐོས་སོ། །གསུམ་པ་ནི། ཕྱི་ནས་ཕག་མོའི་ཞེས་སོགས་ཚིགས་བཅད་གསུམ་སྟེ། བླ་མ་ས་ཆེན་འདས་པའི་རྗེས་ནས། ཕག་མོའི་བྱིན་

ཀླབས་ཀྱིས་ཆོས་སྒོ་འབྱེད་པ་སོགས། སངས་རྒྱས་ཀྱི་བསྟན་པ་དང་འགལ་བའི་ཆོས་ལོག་དུ་མ་འཕེལ་ཞིང་། དེའི་རྗེས་སུ་བླུན་པོ་རྣམས་འབྲང་བ་ལྟ་སྨོས་ཀྱང་ཅི་དགོས་མཁས་པ་སྦྱངས་པར་རློམ་པ་རྣམས་ཀྱང་འཇུག་པར་བྱེད་དོ། །གསུམ་པ་ལ་བཞི་སྟེ། ཕྱོགས་ཆོས་བསྒྲུབ་པ། ཁྱབ་པ་བསྒྲུབ་པ། རྟགས་འགོད་པ། དོན་བསྡུ་བའོ། །དང་པོ་ནི། འདི་འདྲའི་རིགས་ཅན་ཞེས་སོགས་དགུ་སྟེ། ཆོས་ལོག་དེ་དག་གིས་བསྟན་པ་ལ་གནོད་པར་ལྟོག་པ་དང་། རྗེས་འགྲོ་གཉིས་ཀྱི་སྒོ་ནས་བསྒྲུབ་པའོ། །གཉིས་པ་ནི། གནོད་ཀྱང་སྲུན་འཛིན་ནམ་ཞེས་སོགས་ལྔ་སྟེ། བསྟན་པ་ལ་གནོད་ན་སྲུན་འཛིན་དགོས་པའི་ཁྱབ་པ་བསྒྲུབ་པའོ། །གསུམ་པ་ནི། བསྟན་ལ་གནོད་པའི་ཞེས་སོགས་གཉིས་ཏེ། ཆོས་ལོག་ཀྱང་ཞེས་པ་ནི་ཆོས་ཅན་ནོ། །བསྟན་ལ་གནོད་པ་ཞེས་པ་ནི་རྟགས་སོ། །ཚིག་ཕྲང་ཕྱི་མ་ནི་བསྒྲུབ་བྱའི་ཆོས་སོ། །བཞི་པ་ནི། ཅི་སྨྲད་ཞེན། ཞེས་སོགས་ཚིག་བཅད་གཅིག་གོ། །

བཞི་པ་ལ་གཉིས་ཏེ། གདན་གྱི་ཉམས་ལེན་བརྟགས་ནས་བླང་བ། གདན་གྱི་སྐྱབས་གནས་བརྟགས་ནས་བླང་བའོ། །དང་པོ་ནི། ཉི་མ་གཅིག་གི་ཞེས་སོགས་ཚིགས་བཅད་བཞི་སྟེ། དམ་པའི་ཆོས་ལ་བརྟག་དཔྱད་བྱ་དགོས་པ་དཔེའི་སྒོ་ནས་བསྟན་པའོ། །གཉིས་པ་ནི། ཉིན་གཅིག་གི་ནི། ཞེས་སོགས་བཅུ་གསུམ་སྟེ། ཆོས་སྟོན་པའི་བླ་མ་ལ་བརྟག་དཔྱད་བྱ་དགོས་པ་དཔེའི་སྒོ་ནས་བསྟན་པའོ། །གཉིས་པ་ཀུན་སློང་ཟང་ཟིང་མེད་པའི་བྱམས་པ་ལ་གསུམ་སྟེ། ཕན་པར་བསམ་པས་ཟང་ཟིང་མེད་པ། བྱ་བ་འོས་པས་ཟང་ཟིང་མེད་པ། གཞན་ལ་བསྐུལ་བས་ཟང་ཟིང་མེད་པའོ། །དང་པོ་ལ་གཉིས་ཏེ། མདོར་བསྟན་པ་དང་། རྒྱས་པར་བཤད་པའོ། །དང་པོ་ནི། བདག་ནི་སེམས་ཅན། ཞེས་སོགས་ཚིགས་བཅད་གཉིས་ཏེ། དེ་ལྟར་བསྟན་པའི་དགག་སྒྲུབ་བྱེད་པ་ཐམས་ཅད་ཀྱང་། གཞན་ལ་སྡང་སེམས་དང་། རང་ཉིད་ཀྱིས་གྲགས་པ་བསྒྲགས་པའི་ཆེད་དུ་མ་ཡིན་གྱི། ཀུན་སློང་འདི་ལྟ་བུ་ཁོ་ནས་བྱས་སོ་ཞེས་པའོ། །གཉིས་པ་ལ་གསུམ་སྟེ། ཕན་པ་སྡང་སེམས་ཡིན་ན་ཧ་ཅང་ཐལ། །བདུད་རིགས་ཕམ་པ་སྡང་སེམས་མིན་པར་བསྟན་པ། ཀུན་སློང་ཟང་ཟིང་མེད་པར་བསྟན་པ་དངོས་སོ། །དང་པོ་ལ་ལྔ་སྟེ། བསྟན་འཛིན་ལ་ཧ་ཅང་ཐལ་བ། སྟོན་པ་ལ་ཧ་ཅང་ཐལ་བ། ཡོང་འཛིན་ལ་ཧ་ཅང་ཐལ་བ། སྨན་པ་ལ་ཧ་ཅང་ཐལ་བ། དོན་བསྡུ་བའོ། །དང་པོ་ནི། ཀླུ་སྒྲུབ་དང་ནི། ཞེས་སོགས་ལྔ་སྟེ། གཞན་གྱི་ཆོས་ལོག་སུན་ཕྱུང་བ། གཞན་ལ་སྡང་བ་ཡིན་ན། འོག་ནས་འཆད་པ་འདི་དག་ཐམས་ཅད་ཀྱིས་གཞན་ལ་སྡང་བར་འགྱུར་ཞེས་པའོ། །གཉིས་པ་ནི། རྫོགས་པའི་སངས་རྒྱས། ཞེས་སོགས་གསུམ་མོ། །གསུམ་པ་ནི། མཁས་རྣམས་བླུན་པོའི། ཞེས་སོགས་དགུའོ། །བཞི་པ་ནི། ནད་པ་ལ་ནི། ཞེས་སོགས་ལྔའོ། །ལྔ་པ་ནི། ཆོས་ལོག་པ་དང་། ཞེས་སོགས་ལྔའོ། །གཉིས་པ་ནི། སངས་རྒྱས་འཇིག་རྟེན། ཞེས་སོགས་བཅུ་བདུན་ཏེ། མཁས་པ་

རྣམས་ཀྱིས་བཤད་པ་བྱས་པས་ཆོས་ལོག་སྤྱོད་པ་དང་། བདུད་རིགས་ཕམ་པ་དེའི་སྐྱོན་མ་ཡིན་ཏེ། སངས་རྒྱས་འཇིག་རྟེན་དུ་བྱོན་པ་དང་། མཁས་པ་རྣམས་ཀྱིས་བཤད་པ་བྱེད་པ། ཆོས་ལོག་སྤྱོད་པ་ཕམ་པ་ལ་སོགས་པའི་འབྲས་བུ་རྣམས་འབྱུང་བ་འདི་རྟེན་འབྲེལ་གྱི་ཆོས་ཉིད་ཡིན་པའི་ཕྱིར་ཏེ། མ་ཁོལ་གྱིས་ཀྱང་བསྟོད་པ་བརྒྱ་ལྔ་བཅུ་པ་ལས་སོགས་སོ། །དེས་ན་འབྲས་བུ་གསུམ་དང་ལྡན་པའི་བཤད་པ་འདི་འདྲས་བསྟན་པ་སོགས་སོ། །གསུམ་པ་ནི། བདག་ཀྱང་རྡོ་རྗེ། ཞེས་སོགས་ཚིགས་བཅད་ལྔ་སྟེ། ས་སྐྱ་པཎྜི་ཏ་བདག་གིས་ཀྱང་། ཕག་མོའི་བྱིན་རླབས་ཙམ་རེ་བྱས་པ་ལ། དཀར་པོ་ཆིག་ཐུབ་བསྟན་པ་སོགས་བྱས་ན་འཁོར་དང་། ཟང་ཟིང་འབྱུང་བར་ཤེས་མོད་ཀྱིས། འོན་ཀྱང་སངས་རྒྱས་ཀྱི་བསྟན་པ་ལ་ཕན་པར་བསམས་ནས། ཆོས་ལོག་སྤྱོད་པ་བཀག་ནས་བསྟན་པ་རྣམ་དག་བཤད་པ་ཡིན་ཏེ། འཁོར་དང་ཟང་ཟིང་བསྒྲུབ་པའི་ཆེད་དུ་སེམས་ཅན་བསླུས་པ་མ་ཡིན་ཞིང་། སངས་རྒྱས་ཀྱི་བསྟན་པ་ཇི་ལྟ་བ་བཞིན་བསྒྲུབས་ན། སངས་རྒྱས་ཀྱི་བསྟན་པ་ལ་ཕན་པར་བསམས་པའི་ཕྱིར་རོ། །གཉིས་པ་ནི། མུ་སྟེགས་བྱེད་དང་། ཞེས་སོགས་ཚིགས་བཅད་ལྔ་སྟེ། ཚིགས་བཅད་དང་པོས་ནི། འཕགས་ཡུལ་གྱི་འཁྲུལ་པ་རྣམས་འདིར་མི་འགོག་པར་སྟོན། དེ་ནས་གཅིག་གིས། བོད་དུ་སྐབས་སུ་བབ་པའི་འཁྲུལ་པ་རྣམས་འགོག་པར་སྟོན། དེ་ནས་རྐང་པ་ལྔས་སྐབས་སུ་བབ་པ་དེ་ལ་ཡང་བཤད་དུ་མི་རུང་བ་རྣམས་འདིར་མི་འགོག་པར་སྟོན། དེ་ནས་ཚིགས་བཅད་གཅིག་གིས་བཤད་དུ་རུང་བ་རྣམས་འགོག་དགོས་པའི་རྒྱུ་མཚན་སྟོན། དེ་ནས་རྐང་པ་གསུམ་གྱིས་གཞུང་འཚམས་པར་སྟོན་ཏེ། དེ་ལྟར་ན་དགག་པར་འོས་པ་རྣམས་འགོག་ཅིང་། མི་འོས་པ་རྣམས་བཞག་པས་ན་ཀུན་སློང་རྣམ་པར་དག་པའོ། །གསུམ་པ་ནི། གལ་ཏེ་ལུང་དང་། ཞེས་སོགས་བདུན་ཏེ། ལུང་རིགས་ཀྱི་གནད་ཤེས་པའི་རྗེས་འཇུག་གི་མཁས་པ་རྣམས་ཀྱིས་ཀྱང་དགག་སྒྲུབ་ཚུལ་བཞིན་དུ་གྱིས་ཏེ། རྒྱུ་མཚན་ནི། སངས་རྒྱས་བསྟན་དང་། སོགས་སོ། །གསུམ་པ་བདག་རྐྱེན་ཕྱོགས་ལྷུང་མེད་པའི་ཤེས་རབ་ལ་བཞི་སྟེ། ཐ་སྙད་མང་དུ་ཐོས་པ། མདོ་སྡེ་མང་དུ་ཐོས་པ། རྒྱུད་སྡེ་མང་དུ་ཐོས་པ། མན་ངག་མང་དུ་ཐོས་པའོ། །དང་པོ་ནི། བདག་གིས་སྒྲ་དང་། ཞེས་སོགས་གསུམ་སྟེ། དེ་ལ་སྒྲ་ནི་བརྡ་སྤྲོད་པར་བྱེད་པའི་བསྟན་བཅོས་ཡིན་ལ། དེའི་གཙུག་གི་ནོར་བུ་ལྟ་བུ་ཀ་ལཱ་པ་དང་། ཙནྡྲ་པ་དང་། དེ་དག་གི་མིང་གི་སྒྲ་བསྒྲུབ་པ་དང་། སྒྲའི་བྱིངས་བསྒྲུབ་པ་དང་། བྱེད་པའི་ཚིག་སྒྲུབ་པ་ལ་སོགས་པ་སྒྲའི་བསྟན་བཅོས་ཡན་ལག་དང་བཅས་པ་ཐོས་པ་ཡིན་ནོ། །ཚད་མ་ནི་དོན་གྱི་འགལ་འབྲེལ་གཅོད་པའི་བསྟན་བཅོས་ཡིན་ལ། དེའི་གཙུག་གི་ནོར་བུ་ལྟ་བུ་ཚད་མ་ཀུན་ལས་བཏུས་པ་དང་། དེའི་ཚིག་དོན་གཏན་ལ་འབེབས་པ་རབ་ཏུ་བྱེད་པ་སྡེ་བདུན་ཡན་ལག་དང་བཅས་པ་ཐོས་པ་ཡིན་ནོ། །སྡེབ་སྦྱོར་ལ་རྒྱུད་འཕེལ་དང་། སྐྱེད་པ་གཉིས་ལས། དང་པོ་ལ

མཉམ་པ་དང་། ཕྱེད་མཉམ་པ་དང་། མི་མཉམ་པ་དང་གསུམ། ཕྱི་མ་ལ་འཕགས་པ་དང་། རོ་ལངས་དང་། ཕྱི་མོ་མཉམ་པ་གསུམ་སྟེ། དེ་དག་སོ་སོའི་རྣམ་པར་བཞག་པ་དང་བཅས་པ་ཐོས་སོ། །རྒྱན་ལ་སྙན་ངག་གི་མཚན་ཉིད་སྟོན་པར་བྱེད་པ་དང་། དེ་དང་མི་འགལ་བར་སྟོན་པར་བྱེད་པ་གཉིས་ལས། དང་པོ་ལ་དབྱངས་ཅན་གྱི་མགུལ་རྒྱན་ལ་སོགས་པ་དང་། གཉིས་པ་ལ་སྐྱེས་རབས་ལ་སོགས་པ་རྣམས་ཐོས་སོ། །མིང་གི་མངོན་བརྗོད་ནི་སོ་སོ་ཡང་དག་རིག་པའི་རྒྱུར་འགྱུར་པའི་མིང་གི་རྣམ་གྲངས། དེ་ལ་ཡང་འཆི་མེད་མཛོད་དང་། སྣ་ཚོགས་གསལ་བ་ལ་སོགས་པ་ཐོས་སོ། །གཉིས་པ་ནི། འདུལ་བ་དང་ནི་ཞེས་སོགས་གཉིས་ཏེ། ཁ་ཆེ་པཎ་ཆེན་ལས། འདུལ་བ་ལུང་དང་། སོ་སོ་ཐར་པ་དང་། མདོ་རྩ་དང་། འོད་ལྡན་དང་། མེ་ཏོག་ཕྲེང་རྒྱུད་དང་། མངོན་པ་མཛོད་དང་། ཐེག་བསྡུས། རྣམ་བཤད་རིགས་པ། ཉི་ཤུ་པ། སུམ་ཅུ་པ། ཕུང་པོ་ལྔའི་རབ་བྱེད། མངོན་རྟོགས་རྒྱན་རྩ་འགྲེལ། ཤེར་ཕྱིན་བདུན་བརྒྱ་པ། བརྒྱད་སྟོང་དོན་བསྡུས་རྣམས་གསན་ཅིང་། ཞུ་དོན་ལས། མངོན་རྟོགས་རྒྱན་མ་གཏོགས་པའི་བྱམས་ཆོས་རྩ་འགྲེལ། བསླབ་པ་ཀུན་ལས་བཏུས་པའི་འགྲེལ་བཤད། དབུ་མ་བདེན་གཉིས་ཆེ་བ། དབུ་མ་རྒྱན། རིགས་ཚོགས་རྣམས་གསན་ནོ། །

གསུམ་པ་ནི། གསང་སྔགས་རྒྱུད་སྡེ་ཞེས་སོགས་ཚིགས་བཅད་གཅིག་སྟེ། དེ་དག་ཐོས་པའི་ཚུལ་རྣམ་ཐར་དུ་བཤད་ཟིན་ཅིང་། ཐོས་པ་དེ་དག་མིང་ཙམ་མ་ཡིན་པར། བསམ་བྱུང་གི་རིགས་པས་དཔྱད་པས་དོན་གྱི་གནད་ཇི་ལྟ་བ་བཞིན་རྟོགས་པ་ཡིན་ཏེ། ཆོས་རྗེ་ཉིད་ཀྱི་ཞལ་ནས། སྤྲང་རྗེ་འཛིན་པ་སྤྲང་རྗེའི་བརྟུལ་ཞུགས་ཅན། །སྤྲང་བུ་མིན་པས་སྤྲང་རྗེའི་བཙུད་མ་རྙེད། །སྡེ་སྣོད་འཛིན་པ་ཀུན་དགའ་རྒྱལ་མཚན་དཔལ། །བཟང་པོ་མིན་པས་ཤེས་བྱའི་བཙུད་མ་རྙེད། །ཞེས་སོ། །བཞི་པ་ནི། བྱེ་བྲག་སྨྲ་དང་། ཞེས་སོགས་ཚིགས་བཅད་བརྒྱད་དེ། གྲུབ་མཐའ་སྨྲ་བ་བཞིའི་གདམས་ངག་བོད་དུ་འགྱུར་བ་ཕལ་ཆེ་བ་དང་། ཕ་དམ་པའི་ཞི་བྱེད་བརྒྱུད་པ་གསུམ་དང་། ཨ་རོའི་རྫོགས་ཆེན་དང་། ཨ་མ་ལབས་ཀྱི་སྒྲོན་མའི་གཅོད་དང་། མངོན་རྟོགས་རྒྱན་གྱི་སྐབས་བརྒྱད་ཀྱི་དོན་ཅིག་ཅར་དུ་བསྒོམ་པ་ཇོ་བོ་ནས་བརྒྱུད་པ་དང་། ཕ་རོལ་ཏུ་ཕྱིན་པའི་བློ་སྦྱོང་དོན་བདུན་མ་ལ་སོགས་པ་དང་། བཀའ་གདམས་གཞུང་པ་དང་། གདམས་ངག་གི་ལུགས་གཉིས་དང་། ས་ར་ཧའི་དོ་ཧ་མཛོད་ཀྱི་གླུ་ལ་སོགས་པ་སྙིང་པོ་སྐོར་དྲུག་དང་། གྲུབ་པ་སྡེ་བདུན་རྣམས་ཀྱང་ཐོས་སོ། །དེ་ལ་སྙིང་པོ་སྐོར་དྲུག་ནི། མཛོད་ཀྱི་གླུ་དང་། ཏོག་རྩེ་བའི་བསམ་མི་ཁྱབ། ལྷན་སྐྱེས་རྡོ་རྗེའི་གནས་པ་བསྡུས་པ་དང་། ཨཱརྱ་དེ་ཝའི་སེམས་ཀྱི་སྒྲིབ་སྦྱོང་དང་། དེ་ཝ་ཙནྡྲའི་ཤེས་རབ་ཡེ་ཤེས་གསལ་བ་དང་། འཕགས་པ་ཀླུ་སྒྲུབ་ཀྱིས་མཛད་པའི་ཕྱག་རྒྱ་བཞི་པ་དང་དྲུག་གོ། །གྲུབ་པ་སྡེ་བདུན་ནི། ཨིནྡྲ་བྷཱུ་ཏིས་མཛད་པའི་ཡེ་ཤེས་གྲུབ་པ་དང་།

ཡན་ལག་མེད་པའི་རྡོ་རྗེས་མཛད་པའི་ཐབས་ཞེས་གྲུབ་པ་དང་། པད་མ་བཛྲའི་གསང་བ་གྲུབ་པ་དང་། ཌོཾ་བྷི་ཧའི་ལྷན་ཅིག་སྐྱེས་པ་གྲུབ་པ་དང་། དཔལ་ཆེན་མོའི་གཉིས་སུ་མེད་པ་གྲུབ་པ་དང་། ཏ་རི་ཀ་པའི་གསང་བའི་དེ་ཁོ་ན་ཉིད་གྲུབ་པ་དང་། རྣལ་འབྱོར་མ་ཙི་ཏོས་མཛད་པའི་དངོས་པོ་གསལ་བའི་དེ་ཁོ་ན་ཉིད་གྲུབ་པ་དང་བདུན་ནོ། །ཏི་ལོ་པ་དང་། ནག་པོ་སྤྱོད་པའི་རྡོ་རྗེའི་རྟོགས་པ་གླུར་བླངས་པའི་དོ་ཧ་དང་། རྣལ་འབྱོར་དབང་ཕྱུག་བིར་པའི་དོ་ཧ་སེང་གེ་ཞེས་བྱ་བ་དང་། མཻ་ཏྲི་པ་དང་། ཐ་ག་པ་སོགས་ཀྱི་དོ་ཧའི་བྱེ་བྲག་དུ་མ་ཐོས་སོ། །འཁོན་སྟོན་གད་པ་ཀི་རྟི་ནས་བརྒྱུད་པའི་རིམ་ལྔ་སྙན་ཐོག་གཅིག་པ་དང་། མར་པའི་སློབ་མ་མེས་སྟོན་ཆེན་པོ་དང་། དྭགས་པོའི་སློབ་མ་རྩང་བཞེར་དང་། རས་ཆུང་བའི་སློབ་མ་ངུར་སྨྲིམ་པ་ལས་ཐོས་པའི་རྨོག་ཅོག་པ་ནས་བརྒྱུད་པའི་ནཱ་རོ་ཆོས་དྲུག་ལུགས་གསུམ་དང་། གསང་བ་འདུས་པ་ཡེ་ཤེས་ཞབས་ལུགས་ཡན་ལག་དང་བཅས་པ་དང་། འཕགས་སྐོར་གྱི་གདམས་ངག་འགོས་དང་། ཁ་ཆེ་པཎ་ཆེན་ནས་བརྒྱུད་པ་རྣམས་དང་། དགེས་པ་རྡོ་རྗེའི་རྒྱུད་གསུམ་ཐིག་ལེའི་སྐོར་དང་བཅས་པ་རྣམས་དང་། གཤིན་རྗེའི་གཤེད་དམར་པོ་དང་། དགྲ་ནག་དང་། གདོང་དྲུག་དང་། འཇིགས་བྱེད་ལ་སོགས་པ་རྣམས་དང་། དེའི་གདམས་ངག་རྣམས་དང་། རྙིང་མ་པའི་གཤིན་རྗེ་ཚེ་བདག་དང་། ཁ་ཐུན་སོགས་ཀྱི་གདམས་ངག་དང་། འཁོར་ལོ་སྡོམ་པའི་གདམས་ངག་གསང་མཐའི་ལུགས་རྣམས་དང་། དུས་ཀྱི་འཁོར་ལོའི་སྦྱོར་དྲུག་ལ་སོགས་པ་སྦྱོར་དྲུག་གི་བྱེ་བྲག་མང་པོ་དང་། མཚན་བརྗོད་ཀྱི་བཤད་པ་སློབ་དཔོན་འཇམ་དཔལ་བཤེས་གཉེན་གྱིས་མཛད་པའི་འགྲེལ་པ་ཆེ་ཆུང་གཉིས་དང་། སྒེག་པའི་རྡོ་རྗེས་མཛད་པའི་སྔགས་དོན་རྣམ་གཟིགས་དང་། དབུ་མ་ལ་དགའ་བས་བྱས་པའི་ཡེ་ཤེས་ཞབས་ལུགས་སུ་འགྲེལ་པ་དང་། ལམ་འབྲས་ཀྱི་ལུགས་དང་། དུས་འཁོར་གྱི་ལུགས་ཏེ་དྲུག་དང་། བིར་པའི་འཆི་མེད་གྲུབ་པའི་གདམས་ངག་དང་། བརྟག་གཉིས་ལ་བརྟེན་པའི་བིར་པས་ལམ་འབྲས་བུ་དང་བཅས་པས་ལམ་ཡོངས་སུ་རྫོགས་པའི་གདམས་ངག་དང་། མཚོ་སྐྱེས་ཀྱིས་བསྐྱེད་རིམ་ཟབ་པའི་ཚུལ་དགུ་རྫོགས་རིམ་མར་མེའི་རྩེ་མོ་ལྔ་བུའི་གདམས་ངག་དང་། སམྦུ་ཊི་ལ་བརྟེན་ནས་ཏོག་རྩེ་པས་བསམ་མི་ཁྱབ་ཀྱི་གདམས་ངག་དང་། བདུད་རྩི་འོད་ལ་བརྟེན་ནས་ངག་དབང་གྲགས་པས་ཕྱག་རྒྱ་ཆེན་པོ་ཡི་གེ་མེད་པ་དང་། འཁོར་ལོ་བདེ་མཆོག་ལ་བརྟེན་ནས་ནག་པོ་སྤྱོད་པས་གཏུམ་མོ་ལམ་རྫོགས་དང་། ཡོན་པོ་བསྲང་བ་གཉིས་དང་། གསང་བ་འདུས་པ་ལ་བརྟེན་ནས་སློབ་དཔོན་ཀླུ་སྒྲུབ་ཀྱིས་མཆོད་རྟེན་གྱི་དྲུང་དུ་སེམས་ཐག་བཅད་པ་དང་། དབང་ཡོན་ཏན་རིམ་པ་ལ་བརྟེན་ནས་རྒྱལ་པོ་ཨིནྡྲ་བྷཱུ་ཏིས་ཕྱག་རྒྱས་ལམ་ཡོངས་སུ་རྫོགས་པ་དང་། བརྟག་གཉིས་ལ་བརྟེན་ནས་ཌོཾ་བྷི་ཧེ་རུ་ཀས་ལྷན་ཅིག་སྐྱེས་གྲུབ་སྟེ་ལམ་སྐོར་དགུ་དང་། དེ་ལས་འཕྲོས་པའི་ལམ་སྦས་བཤད

དང༌། གྲུབ་ཆེན་བཅུ་དང༌། ཕྲ་མོ་བརྒྱད་ལ་སོགས་པ་དྲུ་མ་དང༌། གཞན་ཡང་དེང་སང་བོད་ན་གྲགས་པའི་ཁ་རག་སྒོར་གསུམ་ལ་སོགས་པ་དང༌། རྒྱ་གར་ན་གྲགས་པའི་འབྲོག་མི་ལོ་ཙྪ་བས་མཁས་པ་སྒོ་དྲུག་ལས་གསན་པའི་གདམས་པ་ལ་སོགས་པ་འབད་དེ་ལེགས་པར་མཉན་ཅིང༌། བསླབས་པ་དེ་དག་ཀྱང་མིང་ཙམ་མིན་པར་སོ་སོའི་གནད་ཇི་ལྟ་བ་བཞིན་དུ་རྟོགས་པ་དེའི་ཕྱིར་ན། རྒྱ་བོད་ཀྱི་ཆོས་རྣམས་ཕལ་ཆེར་ཐོས་ཤིང་ཇི་ལྟ་བ་བཞིན་དུ་རྟོགས་པ་ཡིན་ནོ། །དེས་ན་ས་སྐྱ་པཎྜི་ཏ་བདག་ལ། རང་གིས་ཤེས་པ་བསྒྲུབ་པར་འདོད་ཅིང༌། མི་ཤེས་པ་འགོག་པར་འདོད་པའི་ཕྱོགས་ལྷུང་ཡང་མེད། ཤེས་པ་རྣམས་ལ་ཡང་མ་དག་པ་ནི་རང་གཞན་སུ་ལ་འདུག་ཀྱང་དོར་ཞིང༌། དག་པ་ནི་སུ་ལ་འདུག་ཀྱང་བསྒྲུབ་པ་ཡིན་པས། བསྟན་བཅོས་འདིའི་དགག་སྒྲུབ་ལ་ཕྱོགས་ལྷུང་མེད་དོ་ཞེས་དགོངས་སོ། །

གཉིས་པ་འབྲས་བུ་བསྟན་བཅོས་གཟུང་བར་གདམས་པ་ནི། དེ་ཕྱིར་གཟུ་བོས་ཞེས་སོགས་གཉིས་ཏེ། ལེགས་པར་ཤེས་ཤིང་གཟུ་བོས་དཔྱད་པའི་ཕྱིར་ན། བློ་ལྡན་རྣམས་ཀྱིས་འདི་ནས་བཤད་པ་ལྟར་ཟུང་ཅིས་པའོ། །

གསུམ་པ་གཟུང་བྱའི་ཆོས་ཀྱི་ཆེ་བ་བསྟན་པ་ནི། ཐུབ་པའི་བསྟན་པ་ཞེས་སོགས་ཚིགས་བཅད་གཉིས་ཏེ། དེ་ལྟ་བུའི་བསྟན་བཅོས་འདི་ནི་ཁྱད་པར་གྱི་ཆོས་དྲུག་དང་ལྡན་ཏེ་ཐུབ་པའི་བསྟན་པ་གཞིར་བྱས་པ་དང༌། ལོག་ལྟའི་མུན་པ་བསལ་བ་དང༌། བློ་གསལ་གྱི་བློ་གྲོས་བསྐྱེད་པ་དང༌། ཀུན་སློང་དག་པས་བཤད་པ་དང༌། མཁས་པ་ཀུན་གྱི་དགོངས་པ་ཕྱོགས་གཅིག་པ་ཡིན་པ་དང༌། བླུན་པོས་རྟོགས་པར་དཀའ་བའོ། །དང་པོ་གསུམ་པོ་ཉི་མའི་དཔེས་སྟོན་པ་ནི་ཚིགས་བཅད་དང་པོས་སྟོན་ནོ། །དེ་ནས་རྐང་པ་གཉིས་ཀྱིས་བཞི་པ་སྟོན་ནོ། །དེ་ནས་གཉིས་ཀྱིས་ལྷག་མ་གཉིས་སྟོན་ནོ། །བཞི་པ་བརྩམས་པའི་དགེ་བ་གཞན་དོན་དུ་བསྔོ་བ་ནི། ཀུན་དགའི་ཉི་མས་ཞེས་སོགས་ཚིགས་བཅད་གཅིག་སྟེ། གཟུགས་ཅན་གྱི་རྒྱན་གྱི་སྒོ་ནས་བསྟན་བཅོས་ཀྱི་བརྗོད་བྱ་གཞན་གྱི་ཕན་བདེའི་རྒྱུར་བསྔོ་བའོ། །

ལྔ་པ་བཀའ་དྲིན་རྗེས་སུ་དྲན་པའི་ཕྱག་ནི། གང་གིས་ཐུགས་བརྩེས་ཞེས་སོགས་ཚིགས་བཅད་གཅིག་སྟེ། དེ་ལྟར་ལོག་པའི་ཆོས་རྣམས་སྤྲངས་ནས་སངས་རྒྱས་ཀྱི་བསྟན་པ་རྣམ་པར་དག་པ་དང་ལེགས་པར་སྦྱར་པ་ནི་གང་གིས་ཐུགས་བརྩེས་ཉེ་བར་བཟུང་བའི་བཀའ་དྲིན་ཡིན་པས་འཇམ་མགོན་བླ་མ་རྗེ་བཙུན་གྲགས་པ་རྒྱལ་མཚན་དེ་ལ་འདུད་ཅེས་པའོ། །གསུམ་པ་བྱས་ཤེས་དྲིན་གཟོ་བསྐྱེད་པའི་ཆེད་དུ་མཛད་བྱང་སྨོས་པ་ནི། སྡོམ་པ་གསུམ་གྱི་རབ་ཏུ་དབྱེ་བ་ཞེས་བྱ་བ་སོགས་སོ། །དེ་ལྟར་ན་རྣམ་བཤད་འདི་ནི་དཀྲུས་ཀྱི་ས་བཅད་པས་བརྗོད་བྱའི་བབས་རྟོགས་པ་དང༌། དཀའ་བའི་གནས་བཤད་པས་ཐེ་ཚོམ་གྱི་མདུད་པ་གྲོལ་བ་དང༌། ཤེས་བྱེད་ཀྱི་

ལུང་དྲངས་པས་དོན་ལ་ངེས་ཤེས་བསྐྱེད་པ་དང་། གཞུང་མཐོང་བས་གོ་བ་རྣམས་མ་བཤད་པས་ཡི་གེ་ཞུང་བ་དང་། དམ་པའི་གསུང་ལ་བརྟེན་པས་ཡིད་ཆེས་པའི་གནས་སུ་གྱུར་པ་སྟེ་ལྔ་པོ་འདིས། རྣམ་བཤད་གཞན་ལས་ཁྱད་པར་དུ་འཕགས་པ་ཡིན་ལ། གཞུང་གི་ཚིག་སྦྱོར་རྣམས་ནི་ཇི་ལྟར་བདེ་བར་བཤད་པའི་སྒོ་ནས་གདུལ་བྱ་ལ་ཕན་གདགས་པར་བྱའོ། །སངས་རྒྱས་ཞལ་གྱི་བདུད་རྩི་རྫོགས་ལྡན་རྒྱུན། །དགྲ་བཅོམ་ཡིད་ཀྱི་ས་གཞིར་ལེགས་བསྟུས་ནས། །འཕགས་ཡུལ་མཁས་གྲུབ་ཀླུ་དབང་བསྟི་བའི་གནས། །གསུང་རབ་ཡན་ལག་བརྒྱད་ལྡན་གངས་ཆེན་མཚོ། །ལོ་པཎ་བློ་ཡི་མ་དྲོས་ལས་འཐོན་ཏེ། །ལུང་རིགས་མན་ངག་དྲི་མེད་གང་གཱའི་རྒྱུན། །གངས་ཅན་སྐྱེ་བོའི་ཡིད་ཀྱི་གདུང་སེལ་ཞིང་། །དགེ་ལེགས་ལོ་ཏོག་སྨིན་པའི་དཔལ་དུ་འབབ། །དེ་ཚེ་ངན་རྟོག་རླུང་གིས་སླུ་ངན་གྱི། །ས་རྡུལ་གཡོས་པས་རྙོག་མར་བྱས་པ་གང་། །ས་སྐྱ་པ་ཞེས་ས་གསུམ་གྲགས་པ་ཡིས། །སྒྲུབ་དང་སྲུན་འབྱིན་ནོར་བུས་འདངས་པར་མཛད། །སོ་སོ་ཐར་དང་བྱང་སེམས་གསང་སྔགས་ཀྱི། །ཇི་བཞིན་ཉམས་ལེན་སོ་སོའི་གཞུང་ན་གསལ། །འདི་ར་ནི་ལོག་རྟོག་འགོག་པ་གཙོ་བོ་སྟེ། །བློ་མིག་དག་པས་ཉམས་ལེན་དོན་ཀུན་མཐོང་། །རིས་བདུན་དུས་དང་བསྙེན་གནས་ཚིག་དང་། །བསྔོ་བའི་གནད་དང་ལས་ཀྱི་འབྲས་བུ་དང་། །བསླབ་བྱའི་གནང་བཀག་ཕྲལ་གྱི་ལག་ལེན་ལ། །འཁྲུལ་པ་འགོག་པ་སོ་ཐར་སྡོམ་པའི་སྐབས། །བྱང་སེམས་ཚོག་དོན་དམ་སེམས་བསྐྱེད་དང་། །བསླབ་བྱའི་གཙོ་བོ་བདག་གཞན་བརྗེ་བའི་སེམས། །དེ་དང་འབྲེལ་བའི་ཐབས་ལམ་སྣ་ཚོགས་ལ། །འཁྲུལ་པ་འགོག་པ་བྱང་སེམས་སྡོམ་པའི་སྐབས། །དབང་དང་དམ་ཚིག་རིམ་གཉིས་ཕྱག་ཆེན་དང་། །ཐེག་གསུམ་ལག་ལེན་རྟོགས་བྱའི་ལྟ་བ་དང་། །རྒྱུད་སྡེའི་སྒྲུབ་པ་སྦྱོང་པ་འབྲས་བུ་ལ། །འཁྲུལ་པ་འགོག་པ་རིག་འཛིན་སྡོམ་པའི་སྐབས། །སོ་སོ་ཐར་པ་ལེགས་གསུང་འདུལ་བ་བཞིན། །བྱང་སེམས་སྡོམ་པ་ཐེག་ཆེན་མདོ་སྡེའི་ལུགས། །གསང་སྔགས་རྒྱུད་སྡེའི་དགོངས་པ་བཞིན་སྟོན་པ། །བསྟན་བཅོས་འདི་ཡི་བརྗོད་བྱར་མཁས་པས་རྟོགས། །དེ་སྐད་ཐོས་བསམ་སྒོམ་པས་གསོལ་བཏབ་ན། །དགོས་འདོད་ཀུན་འབྱུང་བསྟན་བཅོས་ཡིད་བཞིན་ནོར། །ལེགས་པར་བཤད་པའི་རྒྱལ་མཚན་རྩེ་ར་མཆོད་ནས། །དོན་གཉེར་བློ་ཡི་རེ་བ་བསྐང་བར་བྱས། །འདི་དོན་འབྱེད་པར་རློམ་པ་མང་ན་ཡང་། །དམ་པའི་གསུང་དང་རྣམ་དཔྱོད་ཉི་འོད་ཀྱིས། །ཚིག་གི་འདབ་མ་ཕྱེ་ནས་ཟབ་དོན་གྱི། །གེ་སར་སྟོན་པ་དེང་སང་ཁོ་བོ་ཙམ། །ཀུན་གཞི་དག་པའི་ངོས་ལ་གསུང་རབ་ཚོན། །ཡོངས་འཛིན་མཁས་པའི་ཕྱག་གི་འདུ་བྱེད་དང་། །རྣམ་དཔྱོད་བརྩོན་པའི་པིར་གྱིས་བྲིས་པ་ལ། །སྣ་ཚོགས་ཤེས་བྱའི་རི་མོ་མི་འཆར་མེད། །དེ་སྐད་བཀའ་དྲིན་དྲན་པས་ཡིད་གཡོས་ཏེ། །དམ་ཆོས་འོ་མས་རྣམ་དཔྱོད་ལུས་སྐྱོང་བའི། །ཡོངས་འཛིན་མ་མའི་ཚོགས་ལ་གུས་ཕྱག་འཚལ། །

ད་དུང་བྱང་ཆུབ་བར་དུ་བསྐྱོང་དུ་གསོལ། །གསུང་རབ་དགོངས་གསལ་ལེགས་བཤད་འོད་སྟོང་གིས། །བསྟན་བཅོས་ཆེན་པོའི་དེ་ཉིད་གསལ་བྱས་ཏེ། །དགེ་བ་གང་དེས་བདག་གཞན་འགྲོ་བ་ཀུན། །ཐམས་ཅད་མཁྱེན་པའི་ས་ལ་གནས་པར་ཤོག །གོ་འཕང་མཆོག་དེ་མ་ཐོབ་དེ་སྲིད་དུ། །ཀུན་མཁྱེན་བླ་མའི་དྲུང་དུ་བདག་སྐྱེ་ཞིང་། །དགའ་དང་སྤྲོ་བའི་སྤྲུ་ལོང་ཆེར་གཡོས་ཏེ། །མཁྱེན་བརྩེ་བཟང་པོས་རྟག་ཏུ་སྐྱོང་བར་ཤོག །སྐྱེས་ཆེན་དམ་པའི་ཚོགས་རྣམས་མཉེས་བྱས་ནས། །སྡོམ་གསུམ་བཀའ་དྲིན་ཚོགས་རྣམས་ལེགས་མནོས་ཏེ། །སོ་སོའི་དམ་ཚིག་ཚོགས་རྣམས་མ་ལུས་ལ། །ཉེས་ལྟུང་དྲི་མའི་ཚོགས་རྣམས་དག་གྱུར་ཅིག །གཞན་ལ་གནོད་པའི་བསམ་སྦྱོར་རིང་དུ་སྤངས། །གཞན་ཕན་བྱང་ཆུབ་མཆོག་ཏུ་སེམས་བསྐྱེད་ནས། །དེ་ཡང་ལྷ་དང་བདེ་བའི་ཡེ་ཤེས་སུ། །བྱིན་གྱིས་བརླབས་པའི་ཉམས་ལེན་མཐར་ཕྱིན་ཤོག །གནས་སྐབས་ཀུན་ཏུ་རྗེ་བཙུན་ས་སྐྱ་པའི། །བཤད་སྒྲུབ་ཉི་ཟླའི་སྣང་བ་འཛིན་པ་ཡིས། །རྒྱ་ཆེན་ཤེས་བྱའི་མཁའ་ལ་རབ་བགྲོད་དེ། །ཐུབ་བསྟན་གླིང་བཞི་ཀུན་ཏུ་གསལ་བར་ཤོག །སྡོམ་པ་གསུམ་གྱི་རབ་ཏུ་དབྱེ་བའི་རྣམ་བཤད་རྒྱལ་བའི་གསུང་རབ་ཀྱི་དགོངས་པ་གསལ་བ་ཞེས་བྱ་བ་འདི་ནི་བདེ་བར་གཤེགས་པའི་རིང་ལུགས་པ་མཐའ་དག་གི་གཙུག་གི་ནོར་བུར་གྱུར་པ་འཇམ་དབྱངས་བླ་མ་ཀུན་དགའ་བཟང་པོ་དང་། ལྷར་བཅས་འགྲོ་བའི་འདྲེན་པ་དམ་པ་རྗེ་བཙུན་དཀོན་མཆོག་རྒྱལ་མཚན་དང་། ལུང་རིགས་སྨྲ་བའི་དབང་པོ་ཀུན་མཁྱེན་སངས་རྒྱས་འཕེལ་དང་། མཐའ་ཡས་རྒྱུད་སྡེའི་མངའ་བདག་ཤེས་རབ་བཟང་པོ་ལ་སོགས་པ་མཁས་གྲུབ་དུ་མའི་ཞབས་རྡུལ་སྤྱི་བོས་བླངས་ནས་སྡེ་སྣོད་དང་རྒྱུད་སྡེའི་དོན་ལ་སྦྱངས་ཤིང་། རྗེ་བཙུན་ས་སྐྱ་པ་ཡབ་སྲས་ཀྱི་གསུང་རབ་ལ་འདྲིས་པར་བྱས་ཏེ། བྱེ་བྲག་ཏུ་བསྟན་བཅོས་འདིའི་ཚིག་དོན་ཞིབ་ཏུ་མཉན་ནས། ཟབ་དོན་ལ་བློ་ཁ་ཕྱོགས་པར་གྱུར་པ་དགེ་སློང་བསོད་ནམས་སེང་གེས། ཆུ་མོ་ལུག་གི་ལོ་ནག་པ་ཟླ་བའི་ཚེས་ལ་འབྲས་ཡུལ་རྫོང་དཀར་གྱི་སྐྱིད་མོས་ཚལ་ལེགས་བཤད་སྒྲིགས་པའི་གཙུག་ལག་ཁང་དུ་སྦྱར་བའི་ཡི་གེ་པ་ནི་གཞོན་ནུ་བློ་ལྡན་ནོ། །འདིས་བསྟན་པ་དང་སེམས་ཅན་ལ་ཕན་པ་རྒྱ་ཆེན་པོ་འབྱུང་བར་གྱུར་ཅིག །

འདི་བསྒྲུབས་པ་ལས་བྱུང་བ་ཡི། །དགེ་བའི་རྩ་བ་གང་ཐོབ་པ། །དེས་ནི་སྐྱེ་བོ་ཐམས་ཅད་ཀྱིས། །བདེ་གཤེགས་ཤེས་རབ་ཐོབ་པར་ཤོག འགྲོ་བའི་སྡུག་བསྔལ་སྨན་གཅིག་པུ། །བདེ་བ་ཐམས་ཅད་འབྱུང་བའི་གནས། །བསྟན་པ་རྙེད་དང་བཀུར་སྟི་དང་། །བཅས་ཏེ་ཡུན་རིང་གནས་གྱུར་ཅིག །དགེའོ།། །།དགེའོ།། །།དགེའོ།། །།སླར་ཡང་བཅུག། སླར་ཡང་བཅུག།

༄༅། །སྡོམ་གསུམ་རབ་དབྱེའི་སྤྱི་དོན་ཡིད་བཞིན་ནོར་བུ་ཞེས་བྱ་བ་བཞུགས་སོ། །

ཀུན་མཁྱེན་བསོད་ནམས་སེངྒེ།

བློ་ཆེན་ཤེས་བྱ་ཀུན་ལ་ལེགས་སྦྱངས་ཤིང་། །བརྩེ་ཆེན་མཐའ་ཡས་འགྲོ་བ་བུ་བཞིན་གཟིགས། །རྒྱ་ཆེན་མཛད་པ་ནམ་མཁའི་མཐར་སོན་པ། །པཎ་ཆེན་འཇམ་དབྱངས་བླ་མས་བདག་སྐྱོངས་ཤིག །གང་གི་མཁྱེན་རབ་གསལ་བའི་ཉི་འོད་ཀྱིས། །ཐུབ་བསྟན་དགའ་ཚལ་རྒྱས་པ་ལས་བྱུང་བའི། །སྡོམ་གསུམ་གསེར་གྱི་པདྨའི་འཇུམ་ཕྲེང་གིས། །བློ་ལྡན་བློ་མིག་དགའ་བ་བསྐྱེད་པར་བྱ། །

འདིར་སྡོམ་པ་གསུམ་གྱི་རབ་ཏུ་དབྱེ་བ་ཞེས་བྱ་བ་ཆོས་དང་ཆོས་མ་ཡིན་པ་རྣམ་པར་འབྱེད་པའི་བསྟན་བཅོས་ཀྱི་སྤྱིའི་དོན་གཏན་ལ་དབབ་པ་ལ་དོན་གསུམ་སྟེ། བསྟན་བཅོས་འདི་གང་ཟག་གང་གིས་བརྩམས་པ། དགོས་པ་ཅིའི་ཕྱིར་བརྩམས་པ། དེ་ལྟར་བརྩམས་པའི་བརྗོད་བྱ་གཏན་ལ་དབབ་པའོ། །དང་པོ་ནི། རབ་དཀར་གངས་རིའི་ཕྲེང་བས་བསྐོར་བའི་ལྗོངས། རྡོ་རྗེ་གདན་ནས་བྱང་ཕྱོགས་སུ་དཔག་ཚད་བརྒྱ་བགྲོད་པའི་གནས། གཙང་གྲོམ་པ་ལ་སྟོད་དཔལ་ལྡན་ས་སྐྱའི་གཙུག་ལག་ཁང་དུ་སྐུ་འཁྲུངས་པ། མི་ནས་མིར་གྱུར་པའི་སྐྱེ་བ་ཉི་ཤུ་རྩ་ལྔའི་བར་དུ་མགོན་པོ་འཇམ་པའི་དབྱངས་ཀྱིས་རྗེས་སུ་བཟུང་ཞིང་རིག་པའི་གནས་མཐའ་དག་ལ་སྦྱངས་པས། གཞོན་ནུའི་དུས་ཉིད་ནས་ཤེས་བྱའི་དཀྱིལ་འཁོར་མཐའ་དག་ལ་མི་འཇིགས་པའི་སྤོབས་པ་བརྙེས་ཏེ། ནང་དུ་ཏིང་ངེ་འཛིན་བསམ་གྱིས་མི་ཁྱབ་པ་ལས་མ་གཡོས་བཞིན་དུ་འཆད་རྩོད་རྩོམ་པའི་འོད་ཟེར་གྱིས། ཐུབ་པའི་བསྟན་པ་ཆེས་ཆེར་གསལ་བར་མཛད་ཅིང་། །སྐལ་ལྡན་གྱི་འགྲོ་བ་མང་པོ་སྨིན་གྲོལ་གྱི་ལམ་ལ་བཀོད་པར་མཛད་པ། ཁྱད་པར་སྐྱེ་བ་འདིའི་འོག་རོལ་ཏུ་མཁའ་ལ་གནས་པའི་རིག་པ་འཛིན་པར་གྱུར་ནས་ས་ལམ་ཕལ་ཆེར་བགྲོད་དེ། དེ་ནས་ཤར་ཕྱོགས་མུ་མུ་ནིའི་ཞིང་ཁམས་སུ་རྒྱལ་པོ་ཉི་མའི་སྟོབས་འཕེལ་གྱི་སྲས་སུ་འཁྲུངས་ཏེ་དེ་བཞིན་གཤེགས་པ་དྲི་མ་མེད་པའི་དཔལ་ཞེས་བྱ་བར་འགྱུར་བར་མངོན་སུམ་དུ་ལུང་བསྟན་པ་བརྙེས་པ་མཚན་ཡོངས་སུ་གྲགས་པ་ས་སྐྱ་པཎྜི་ཏ་ཀུན་དགའ་རྒྱལ་མཚན་དཔལ་བཟང་པོ་ཞེས་བྱ་བ་ནི་བསྟན་བཅོས་འདིའི་རྩོམ་པ་པོ་ཡིན་ནོ། །

གཉིས་པ་ནི། འོ་ན་བསྟན་བཅོས་འདིར་གཞན་གྱི་གྲུབ་པའི་མཐའ་ལ་ལུང་རིགས་ཀྱི་གནོད་བྱེད་མང་དུ་བརྗོད་ཅིང༌། ཟུར་ཟའི་ཚིག་ཀྱང་འགའ་ཞིག་སྣང་བའི་ཕྱིར་ན། རང་ཉིད་མཁས་པའི་གྲགས་པ་བསྒྲགས་ཏེ་འཁོར་དང་ཟང་ཟིང་བསྒྲུབ་པའི་ཕྱིར་བརྩམས་པ་ཡིན་ནམ། གཞན་གྱི་འཁོར་དང་ལོངས་སྤྱོད་ལ་ཕྲ་དོག་གིས་ཀུན་ནས་བསླངས་ཏེ། དེ་དག་ལ་གནོད་པའི་ཕྱིར་བརྩམས་པ་ཡིན་ནམ། དེ་ལས་གཞན་པའི་དགོས་པ་ཁྱད་པར་ཅན་ཞིག་ཡོད་པ་ཡིན་ཞེ་ན། དང་པོ་གཉིས་ནི་མ་ཡིན་ཏེ། གཞུང་ལས། འཁོར་དང་ཟང་ཟིང་སྒྲུབ་པའི་ཕྱིར། །བདག་གིས་སེམས་ཅན་བསྡུས་པ་མིན། །ཅེས་དང༌། བདག་ནི་སེམས་ཅན་ཀུན་ལ་བྱམས། །གང་ཟག་ཀུན་ལ་བདག་མི་སྨོད། །ཞེས་གསུངས་ཤིང༌། རྣམ་ཐར་བཟང་པོ་ལས་འབྲས་མེད་ཕྱིར་ན་བརྫུན་མི་གསུང་བར་ངེས་སུ་དཔོགས་པའི་ཕྱིར་རོ། །དེས་ན་འདི་ལ་དགོས་པ་ཁྱད་པར་ཅན་ཞིག་ཡོད་པ་ཡིན་ཏེ། འདི་ལྟར་སྐྱེ་བོ་རྣམས་ཀྱི་གནས་སྐབས་དང༌། མཐར་ཐུག་གི་ཕན་བདེ་མ་ལུས་པ་ནི་རྒྱལ་བའི་བསྟན་པ་ལ་རག་ལས་ལ། དེ་ཡང་སངས་རྒྱས་ཀྱི་དགོངས་པ་ཇི་ལྟ་བ་བཞིན་ཉམས་སུ་བླངས་པ་ལས་ཕན་བདེའི་འབྲས་བུ་འབྱུང་ཞིང༌། ནོར་བར་སྤྱོད་པ་ལས་མི་འབྱུང་བས་ན་དམ་ཆོས་འཁྲུལ་བར་སྤྱོད་པའི་ལག་ལེན་བཀག་ནས་བསྟན་པའི་ཉམས་ལེན་མ་འཁྲུལ་བར་ཤེས་པའི་ཕྱིར་དུ་བརྩམས་པ་ཡིན་ནོ། །འོ་ན་རྒྱ་བོད་དུ་བྱུང་བའི་འཁྲུལ་བའི་ལག་ལེན་ཐམས་ཅད་འགོག་པར་བྱེད་དམ་ཞེ་ན། འཕགས་པའི་ཡུལ་དུ་བྱུང་བའི་ཆོས་ལོག་རྣམས་ནི་འདིར་མི་འགོག་སྟེ། དེ་ཡང་ཕྱི་རོལ་མུ་སྟེགས་བྱེད་ལ་ལྟ་བ་ངན་པས་ཀུན་ནས་བསླངས་པའི་གྲུབ་མཐའ་ཕྱིན་ཅི་ལོག་བསམ་གྱིས་མི་ཁྱབ་པ་བྱུང་བ་རྣམས། ཕྱོགས་གླང་ཆོས་གྲགས་ལ་སོགས་པའི་མཁས་པ་རྣམས་ཀྱིས་སུན་ཕྱུང༌། སངས་རྒྱས་པ་ཉིད་ལ་ཡང་བཀའ་བསྡུ་དང་པོའི་རྗེས་སུ་ཡངས་པ་ཅན་གྱི་དགེ་སློང་གིས་མི་རུང་བའི་གཞི་བཅུ་བྱས་པ་རྣམས་གྲགས་པ་ལ་སོགས་པའི་དགྲ་བཅོམ་པ་བདུན་བརྒྱས་སུན་ཕྱུང་ནས་བཀའ་བསྡུ་གཉིས་པ་མཛད། དེའི་རྗེས་སུ་དགེ་སློང་ལྷ་ཆེན་པོ་ཞེས་བྱ་བས་ཆོས་ལོག་མང་དུ་བཤད་པ་རྣམས། དགྲ་བཅོམ་པ་ལྔ་བརྒྱ། བྱང་ཆུབ་སེམས་དཔའ་ལྔ་བརྒྱ། སོ་སོ་སྐྱེ་བོའི་པཎྜི་ཏ་ཁྲི་དྲུག་སྟོང་གིས་སུན་ཕྱུང་ནས་བཀའ་བསྡུ་གསུམ་པ་མཛད། ཐེག་པ་ཆེན་པོ་ལ་ཡང་ཆོས་མངོན་པར་དགྲ་ལན་གསུམ་དར་ནས་ཟུང་ཟད་ནུབ་པའི་ཚེ་འཕགས་པ་ཐོགས་མེད་ཀྱིས་མི་ཕམ་མགོན་པོ་ལས་གསན་ནས་ཤིན་ཏུ་དར་བར་མཛད། གཞན་ཡང་གྲུབ་མཐའ་འོག་མ་འོག་མ་རྣམས་ལ་གོང་མ་གོང་མ་ལ་ལྟོས་པའི་ལྟ་སྤྱོད་ནོར་བ་བྱུང་བ་རྣམས། རྣལ་འབྱོར་པ་ཡང་བློ་ཁྱད་ཀྱིས། །གོང་མ་གོང་མ་རྣམས་ཀྱིས་གནོད། །ཞེས་པའི་ཚུལ་གྱིས་འཕགས་པ་ཀླུ་སྒྲུབ་ལ་སོགས་པའི་སྐྱེས་བུ་དམ་པ་རྣམས་ཀྱིས་ལེགས་པར་སུན་ཕྱུང་བས། དེ་དག་གི་རྗེས་སུ་འཇུག་པ་ད་ལྟ་ཞུང་བའི་ཕྱིར་རོ། །དེ་ཡང་གཞུང་ལས། མུ་

སྨིགས་བྱེད་དང་ཉན་ཐོས་དང་། །ཐེག་པ་ཆེན་པོ་འགའ་ཞིག་ལའང་། །འཁྲུལ་པ་ཡོད་མོད་མཁས་རྣམས་ཀྱིས། །སུན་ཕྱུང་ཕྱིར་ན་འདིར་མ་བཤད། །ཅེས་དང་། སངས་རྒྱས་བསྟན་པ་དྲི་མ་མེད། །ཅེས་པ་ནས། བསྟན་པའི་འཕེལ་འགྲིབ་དུ་མ་བྱུང་། །ཞེས་པའི་བར་གྱིས་བསྟན་ནོ། །འོ་ན་གངས་རིའི་ཁྲོད་འདིར་བྱུང་བའི་ཆོས་ལོག་ཐམས་ཅད་འདིར་འགོག་གམ་ཞེ་ན་མ་ཡིན་ཏེ། རྒྱལ་པོ་ཁྲི་སྲོང་ལྡེའུ་བཙན་གྱི་དུས་སུ་རྒྱ་ནག་དགེ་སློང་གིས་ཆོས་ལོག་བསྟན་པ་རྣམས་མཁས་པ་ཀ་མ་ལ་ཤཱི་ལས་སུན་ཕྱུང་། དེ་ནས་གླང་དར་མས་བསྟན་པ་བསྣུབས་ནས་སྒྱུར་སྒྲོལ་ལམ་དུ་བྱེད་པ་ལ་སོགས་འཁྲུལ་བ་མང་དུ་འཕེལ་བ་རྣམས་སྐྱེས་བུ་དམ་པ་རིན་ཆེན་བཟང་པོས་ཆོས་དང་ཆོས་མ་ཡིན་པ་རྣམ་པར་འབྱེད་པ་ཞེས་བྱ་བའི་བསྟན་བཅོས་མཛད་ནས་ཆོས་ལོག་ནུབ་པར་མཛད། དེའི་སློབ་མ་ཞི་བ་འོད་ཀྱིས་ཀྱང་སྔགས་ལོག་སུན་འབྱིན་མཛད། དེའི་འོག་ཏུ་ཆོས་ལོག་ཅུང་ཟད་འཕེལ་བ་རྣམས་འགོས་ཁུག་པ་ལྷས་བཙས་ཀྱིས་ཆོས་ལོག་སུན་འབྱིན་ཞེས་བྱ་བའི་བསྟན་བཅོས་མཛད་ནས་སུན་ཕྱུང་སྟེ། དེ་ནས་ཆོས་རྗེ་ས་སྐྱ་པ་བཞུགས་པ་ཡན་ཆད་དུ་ཆོས་ལོག་སྤྱོད་པ་ཉུང་བའི་ཕྱིར་རོ། །དེ་ཡང་གཞུང་ལས། ཕྱིས་ནས་གངས་རིའི་ཁྲོད་འདི་རུ །ཞེས་པ་ནས། ཆོས་ལོག་སྤྱོད་པ་ཉུང་ཞེས་ཐོས། །ཞེས་པའི་བར་གྱིས་བསྟན་ནོ། །འོ་ན་གང་འགོག་པ་ཡིན་ཞེ་ན། ཕྱི་ནས་ཕག་མོའི་བྱིན་རླབས་དང་། །སེམས་བསྐྱེད་རྨི་ལམ་མ་ལ་སོགས། །ཡི་དམ་སྒོམ་པ་དཀྱིལ་བསྐྱེད་དང་། །དཀར་པོ་ཆིག་ཐུབ་ལ་སོགས་པ། །སངས་རྒྱས་བསྟན་དང་འགལ་བ་ཡི། །ཆོས་ལོག་དུ་མ་དེང་སང་འཕེལ། །ཞེས་པ་ལྟར། ཆོས་རྗེ་ས་སྐྱ་པ་འདས་པ་ནས་བཟུང་སྟེ་བསྟན་བཅོས་འདི་མ་བརྩམས་པའི་བར་གྱི་ཆོས་ལོག་མང་དུ་བྱུང་བ་རྣམས་གཙོ་བོར་འགོག་པའི་ཕྱིར་བསྟན་བཅོས་འདི་བརྩམས་པ་ཡིན་ནོ། །

གསུམ་པ་ལ་གསུམ་སྟེ། བསྟན་པའི་ཉམས་ལེན་ཐམས་ཅད་སྡོམ་གསུམ་གྱི་ཉམས་ལེན་དུ་འདུས་པར་བསྟན་པ། དེ་གཞུང་གིས་ཇི་ལྟར་བསྟན་པའི་ཚུལ། བསྟན་བྱ་སྡོམ་གསུམ་གྱི་མཐའ་དཔྱད་པའོ། །དང་པོ་ནི། འོ་ན་གཞུང་འདིར་ལག་ལེན་འཁྲུལ་པ་ཐམས་ཅད་བཀག་ནས་སངས་རྒྱས་ཀྱི་བསྟན་པའི་ཉམས་ལེན་མ་འཁྲུལ་བ་གཅིག་སྟོན་ན་བསྟན་བཅོས་འདིའི་མཚན་ལ་སྡོམ་གསུམ་རབ་དབྱེ་ཞེས་པ་དང་། གཞུང་གི་སྐབས་ཀྱང་སྡོམ་པ་གསུམ་གྱི་སྒོ་ནས་སོ་སོར་བཅད་པའི་རྒྱུ་མཚན་ཅི་ཡིན་ཞེ་ན་བཤད་པར་བྱ་སྟེ། དེ་ཡང་སངས་རྒྱས་ཀྱི་བསྟན་པའི་ཉམས་ལེན་མ་ལུས་པ་སྡོམ་པ་གསུམ་གྱི་ཉམས་ལེན་གྱི་ཁོངས་སུ་འདུས་པ་ཡིན་ཏེ། འདི་ལྟར་བསྟན་པའི་ཉམས་ལེན་ལ་ཉན་ཐོས་འདུལ་བ་དང་ཐུན་མོང་བའི་བསྟན་པའི་ཉམས་ལེན། ཐེག་པ་ཆེན་པོ་ཕ་རོལ་ཏུ་ཕྱིན་པ་དང་ཐུན་མོང་བའི་བསྟན་པའི་ཉམས་ལེན། རྡོ་རྗེ་ཐེག་པའི་ཐུན་མོང་མ་ཡིན་པའི་བསྟན་པའི་

ཉམས་ལེན་དང་གསུམ་ཡོད་པ་ལས། དང་པོ་ནི་སོ་སོར་ཐར་པའི་མདོ་ལས། སྡིག་པ་ཅི་ཡང་མི་བྱ་སྟེ། །དགེ་བ་ཕུན་སུམ་ཚོགས་པར་སྤྱད། །རང་གི་སེམས་ནི་ཡོངས་སུ་གདུལ། །འདི་ནི་སངས་རྒྱས་བསྟན་པ་ཡིན། །ཞེས་གསུངས་པ་ལྟར། ཐོག་མར་གཞན་གནོད་གཞིར་བཅས་སྤོང་བའི་སྡོམ་པ་བླངས་ནས་གཙོ་བོར་དགེ་སྡིག་གི་བླང་དོར་ཚུལ་བཞིན་དུ་ཉམས་སུ་ལེན་པ་ཡིན་ལ། དེ་ནི་སོ་ཐར་གྱི་སྡོམ་པའི་ཁོངས་སུ་འདུས་ཏེ། སོ་ཐར་གྱི་སྡོམ་པ་ཡང་གཞན་གནོད་གཞིར་བཅས་སྤོང་བ་ལ་འཇོག་དགོས་པའི་ཕྱིར་རོ། །གཉིས་པ་ནི་དོ་ཧ་གུར་ལས། སྟོང་ཉིད་སྙིང་རྗེ་ཐ་དད་མེད། །གང་དུ་སེམས་ནི་རྣམ་སྒོམ་པ། །དེ་ནི་སངས་རྒྱས་ཆོས་དང་ནི། །དགེ་འདུན་གྱི་ཡང་བསྟན་པའོ། །ཞེས་པ་ལྟར། སྙིང་རྗེ་ཆེན་པོས་ཀུན་ནས་བསླངས་པའི་ཀུན་རྫོབ་བྱང་ཆུབ་ཀྱི་སེམས་དང་། སྟོང་ཉིད་རྟོགས་པའི་ཤེས་རབ་ཟུང་དུ་ཆུད་པའི་སྒོ་ནས་རྫོགས་པའི་བྱང་ཆུབ་སྒྲུབ་པའི་ཐབས་ཁྱད་པར་བ་ཡིན་ལ། དེ་ནི་བྱང་སེམས་ཀྱི་སྡོམ་པའི་ཉམས་ལེན་གྱི་ཁོངས་སུ་འདུས་ཏེ། བྱང་སེམས་ཀྱི་སྡོམ་པ་ནི། རྫོགས་པའི་བྱང་ཆུབ་ཀྱི་སྒྲུབ་པ་ཁྱད་པར་བ་ལ་འཇོག་པའི་ཕྱིར་རོ། །

གསུམ་པ་ནི། དོ་ཧ་རྩེ་མོ་ལས། སྨིན་པ་དང་ནི་གྲོལ་བའི་ལམ། སངས་རྒྱས་བྱང་ཆུབ་བསྟན་པའི་མཆོག །ཅེས་པ་ལྟར། རང་གི་ལུས་ངག་ཡིད་གསུམ་དང་རྡོ་རྗེ་འཆང་གི་སྐུ་གསུང་ཐུགས་དབྱེར་མེད་དུ་བྱིན་གྱིས་བརླབས་པའི་ས་བོན་འདེབས་པ་སྨིན་བྱེད་ཀྱི་དབང་དང་། དེ་ཉིད་གོང་ནས་གོང་དུ་འཕེལ་བར་བྱེད་པ་གྲོལ་བྱེད་ཀྱི་ལམ་གཉིས་སུ་འདུས་པ་ཡིན་ལ། དེ་ནི་སྔགས་སྡོམ་གྱི་ཉམས་ལེན་གྱི་ཁོངས་སུ་འདུས་ཏེ་སྔགས་སྡོམ་གྱི་ཉམས་ལེན་ནི་སྨིན་གྲོལ་གཉིས་ལ་འཇོག་པའི་ཕྱིར་རོ། །དེས་ན་སངས་རྒྱས་ཀྱི་བསྟན་པའི་ཉམས་ལེན་ཐམས་ཅད་སྡོམ་གསུམ་གྱི་ཉམས་ལེན་གྱི་ཁོངས་སུ་འདུས་པར་ཤེས་པའི་ཕྱིར་དུ་མཚན་འདོགས་ལུགས་དང་། གཞུང་གི་མཚམས་གཙོད་ཚུལ་དེ་ལྟར་ཡིན་པར་ཤེས་པར་བྱའོ།། །།

གཉིས་པ་གཞུང་འདིར་ཇི་ལྟར་བསྟན་པའི་ཚུལ་ལ་གསུམ་སྟེ། སྐབས་དང་པོར་སོ་སོ་ཐར་པ་བསྟན་ཚུལ་ནི། ཐོག་མར་རང་ཉིད་དམ་པའི་སྤྱོད་པ་དང་མཐུན་པར་བསྟན་པས་གཞན་བསྟན་བཅོས་ལ་འཇུག་པའི་ཆེད་དུ་མཆོད་པར་བརྗོད་པ་དང་། རྩོམ་པ་མཐར་ཕྱིན་པའི་ཆེད་དུ་བཤད་པར་དམ་བཅའ་བ་དང་། གང་ལ་ལོག་རྟོག་ཞུགས་པའི་གཞི་ངོས་གཟུང་བའི་ཆེད་དུ་ལུས་རྣམ་པར་གཞག་པ་རྣམས་ནི་གཞུང་སྤྱིའི་སྔོན་འགྲོ་ཡིན་ལ། དེ་ནས། སོ་སོར་ཐར་པའི་སྡོམ་པ་ལ། །ཉན་ཐོས་ཐེག་ཆེན་ལུགས་གཉིས་ཡོད། །ཞེས་གཉིས་སུ་ཕྱེ་ནས། ཉན་ཐོས་ཀྱི་སོ་སོར་ཐར་པ་ལ་གདན་ཁྲིམས་བདུན་གྱི་གནས་སྐོང་གི་དུས་བཤད་པ་དང་། དེ་ལ་ལོག་རྟོག་དགག་པ་དང་། བསྙེན་གནས་བྱེ་བྲག་ཏུ་བཤད་པ་གསུམ་ནི་རིམ་བཞིན། ཉན་ཐོས་རྣམས་ཀྱི་སྐྱབས་འགྲོ

ཞེས་སོགས་དང་། །ཁ་ཅིག་ཧ་ཤང་འཚོ་བའི་སྐྲ། །ཞེས་སོགས་དང་། བྱེ་བྲག་སྨྲ་བའི་བསྟེན་གནས་ཀྱང་། །ཞེས་སོགས་ཀྱིས་བསྟན་ནོ། །གཉིས་པ་ཐེག་ཆེན་གྱི་སོ་ཐར་ལ་དང་པོ་ལེན་པའི་ཆོ་ག བར་དུ་བསྲུང་བའི་བསླབ་བྱ། མཐར་གཏོང་བའི་ཚུལ་གསུམ་ནི་རིམ་པ་བཞིན། ཐེག་པ་ཆེན་པོ་ལས་བྱུང་བའི། །ཞེས་སོགས་དང་། དེ་ནས་བྱང་ཆུབ་སེམས་དཔའ་ཡི། །ཞེས་སོགས་དང་། ཐེག་ཆེན་སོ་སོར་ཐར་ཡིན་ཡང་། །ཞེས་སོགས་ཀྱིས་བསྟན་ནོ། །མདོར་ན་དེ་དག་གིས་ནི་སོ་སོར་ཐར་པ་དངོས་བསྟན་ནས། སོ་ཐར་གྱི་བསླབ་པའི་གཙོ་བོ་ནི། ལས་དགེ་སྡིག་གི་བླང་དོར་ཚུལ་བཞིན་དུ་བྱེད་པ་ཡིན་ལ། དེ་ལའང་ལས་འབྲས་ཀྱི་རྣམ་གཞག་ཕྱིན་ཅི་མ་ལོག་པར་ཤེས་དགོས་པས། །ལས་འབྲས་ཀྱི་རྣམ་གཞག་སྤྱིར་བསྟན་པ་ནི། དེ་ནས་ལས་དང་རྣམ་སྨིན་གྱི། །ཞེས་སོགས་ཀྱིས་བསྟན། དེ་ལ་ལོག་པར་རྟོག་པ་ལ་གཞིས་ལ་དགེ་སྡིག་ཡོད་པར་འདོད་པའི་ལོག་རྟོག །ལས་ཀྱི་འབྲས་བུ་དཀར་ནག་ཟང་ཐལ་དུ་འདོད་པའི་ལོག་རྟོག །ལས་རང་གི་ངོ་བོ་ཡེ་བཀག་ཡེ་གནང་དུ་འདོད་པའི་ལོག་རྟོག་རྣམས་འགོག་པ་ནི་རིམ་བཞིན། མུ་སྟེགས་གྲངས་ཅན་པ་རྣམས་ནི། །ཞེས་སོགས་དང་། དཀར་ནག་ཟང་ཐལ་ཞེས་བྱ་བའི། །ཞེས་སོགས་དང་། ཡེ་བཀག་ཡེ་གནང་ཞེས་བྱ་བའང་། །ཞེས་སོགས་ཀྱིས་བསྟན་ནོ། །དེ་ལྟར་སོ་ཐར་ཉམས་སུ་ལེན་པ་ལའང་འཕྲུལ་གྱི་སྤྱོད་པ་འདུལ་བ་དང་མཐུན་པ་དང་། ཉན་བཤད་བྱེད་ན་བསྟན་པ་དང་མཐུན་པར་བྱ་དགོས་པ་ལས་འདུལ་བ་དང་མི་མཐུན་པའི་སྤྱོད་པ་དགག་པ་ནི། མདོ་བསྐུལ་ལ་སོགས་བྱ་བ་ཀུན། །ཞེས་སོགས་ཀྱིས་བསྟན། བསྟན་པ་དང་མི་མཐུན་པའི་བཤད་ཉན་དགག་པ་ནི། ལ་ལ་རྫོགས་པའི་སངས་རྒྱས་ཀྱི། །ཞེས་སོགས་ཀྱིས་བསྟན། བསྟན་པ་དང་མཐུན་པའི་ཐོས་བསམ་སྒོམ་གསུམ་ཇི་ལྟར་བསྒྲུབ་པའི་ཚུལ་ནི། དེས་ན་སངས་རྒྱས་གསུང་རབ་དང་། །ཞེས་སོགས་ཀྱིས་བསྟན་ནོ། །

གཉིས་པ་སྐབས་གཉིས་པར་བྱང་སེམས་ཀྱི་སྡོམ་པའི་ཉམས་ལེན་སྟོན་ཚུལ་ནི། སྤྱིར་སེམས་བསྐྱེད་ལ་ཉན་ཐོས་ཀྱི་ལུགས་དང་། ཐེག་ཆེན་གྱི་ལུགས་གཉིས་ལས། དང་པོ་ལ་ཐེག་པ་གསུམ་གྱི་སེམས་བསྐྱེད་གསུམ། ཕྱི་མ་ལ་དབུ་སེམས་གཉིས་ཡོད་དོ་ཞེས་སྤྱིར་བསྟན་པ་ནི། སེམས་བསྐྱེད་ལ་ནི་ཞེས་པ་ནས། བསླབ་པར་བྱ་བའང་སོ་སོར་ཡོད། །ཅེས་པའི་བར་གྱིས་བསྟན། དེས་ན་ཐེག་པ་ཆེན་པོའི་སེམས་བསྐྱེད་ལ་མ་ཐོབ་པ་འཐོབ་པར་བྱེད་པའི་ཆོ་གའི་སྐབས་སུ་སེམས་ཙམ་ལུགས་ཀྱི་སེམས་བསྐྱེད་སྐྱེ་བོ་ཀུན་ལ་བྱེད་པའི་ལོག་རྟོག་དང་། དོན་དམ་སེམས་བསྐྱེད་ཆོ་གས་ལེན་པའི་ལོག་རྟོག་འགོག་པ་ནི་རིམ་པ་བཞིན། སེམས་ཙམ་པ་ཡི་སེམས་བསྐྱེད་འདི། །ཞེས་སོགས་དང་། དོན་དམ་སེམས་བསྐྱེད་ཅེས་བྱ་བ། །ཞེས་སོགས་ཀྱིས་བསྟན་ནོ། །ཐོབ་པ་མི་ཉམས་པར་བསྲུང་བའི་བསླབ་བྱ་ལ། ལྤུང་བའི་རྣམ་གཞག་སྤྱིར་བསྟན་པ་དང་། བསླབ་བྱའི་གཙོ་བོ་བདག

གཞན་བརྗེ་བའི་བྱང་ཆུབ་ཀྱི་སེམས་སྒོམ་དུ་མི་རུང་བའི་ལོག་རྟོག་འགོག་པ་དང་། མ་དག་པའི་ཐབས་ལམ་སྣ་ཚོགས་བཀག་ནས་བསྟན་པ་དྲི་མ་མེད་པ་ངོས་གཟུང་བ་རྣམས་ནི་རིམ་བཞིན། དེ་ལྟར་སེམས་ཙམ་དབུ་མ་གཉིས། །ཞེས་སོགས་དང་། བྱང་ཆུབ་སེམས་ཀྱི་བསླབ་པ་ལ། །ཞེས་སོགས་དང་། སངས་རྒྱས་དགོངས་པ་མི་ཤེས་པར། །ཞེས་སོགས་ཀྱིས་བསྟན་ནོ། །གསུམ་པ་སྐབས་གསུམ་པར་སྔགས་སྡོམ་གྱི་ཉམས་ལེན་བསྟན་པའི་ཚུལ་ནི། གཞུང་འདི་ལ་ཊཱི་དགའ་བ་གདོང་ཀ་བྱེད་པ་དག་གིས་ས་མཚམས་གཅོད་ཚུལ་མི་འདྲ་བ་མང་དུ་སྣང་མོད་ཀྱི། ཁོ་བོས་ནི་རྩོམ་པ་པོའི་དགོངས་པ་འདི་ལྟར་རྟོགས་ཏེ། དེའང་རྗེ་བཙུན་ས་སྐྱ་པ་རྣམས་ཀྱིས་སྤྱིར་རྒྱུད་སྡེ་བཞི་ལ་ཡེ་ཤེས་ཐིག་ལེའི་རྒྱུད་ལས་གསུངས་པ་ལྟར་སྨིན་བྱེད་ཀྱི་དབང་གི་བབ་མི་འདྲ་བ་བཞི་ཡོད་ཅིང་། དེའི་རྒྱུ་མཚན་གྱིས་ཡེ་ཤེས་རྡོ་རྗེ་ཀུན་ལས་བཏུས་པའི་རྒྱུད་ལས་གསུངས་པ་ལྟར་ལམ་གྱི་བབ་མི་འདྲ་བ་བཞི་ཡོད་པར་བཞེད་པ་ལས། གཞུང་འདིར་ནི་གཙོ་བོར་བླ་མེད་ཀྱི་ལམ་གྱི་རྣམ་གཞག་བསྟན་ཏེ། འདིར་ནི་ཉམས་ལེན་འཁྲུལ་པ་དགག་པའི་སྐབས་ཡིན་ལ། བླ་མེད་ཀྱི་ལམ་ལ་འཁྲུལ་པ་ཞུགས་པ་ཤས་ཆེ་བར་སྣང་བའི་ཕྱིར་རོ། །ཞར་བྱུང་གི་ཚུལ་དུ་ནི་རྒྱུད་སྡེ་འོག་མ་གསུམ་ལ་འཁྲུལ་པ་དགག་པའང་སྟོན་ཏེ། རྒྱུད་སྡེ་འོག་མ་གསུམ་ལ་སྨིན་བྱེད་ཀྱི་སྐབས་སུ་དབང་བཞི་ཡོད་པར་འདོད་པ་དང་། གྲོལ་བྱེད་ཀྱི་སྐབས་སུ་རིམ་གཉིས་ཡོད་པར་འདོད་པ་དང་། བྱ་རྒྱུད་ལ་བདག་བསྐྱེད་ཡོད་པར་འདོད་པ་སོགས་ཀྱི་འཁྲུལ་པ་འགའ་ཞིག་སྣང་བའི་ཕྱིར་རོ། ། དོན་འདི་མ་རྟོགས་པར་ཁ་ཅིག །བཅོམ་ལྡན་ཁྱོད་ཀྱིས་གསང་སྔགས་ལམ། །རིམ་པ་གཉིས་སུ་བསྡུས་ཏེ་བསྟན། །ཞེས་དང་། དབང་དང་རིམ་གཉིས་མི་ལྡན་པས། །རྡོ་རྗེ་ཐེག་པའི་བསྟན་པ་མིན། །ཞེས་དང་། རིམ་པ་གཉིས་པོ་མི་སྒོམ་པའི། །ཞེས་སོགས་ཀྱི་ཚིག་ཙམ་ལ་བརྟེན་ནས་རྒྱུད་སྡེ་འོག་མ་གསུམ་ལ་དབང་བཞི་མེད་པས་དེ་ལ་ལྟོས་པའི་རིམ་གཉིས་མེད་པ་ཡིན་གྱི། སྤྱིར་རིམ་གཉིས་ཡོད་ཅེས་སྨྲ་བ་ནི་རྡོ་རྗེ་ཐེག་པ་ལ་བློ་ཁ་མ་ཕྱོགས་ཤིང་། བྱེ་བྲག་ཏུ་རྗེ་བཙུན་ས་སྐྱ་པའི་གྲུབ་མཐའ་ལས་ཕྱི་རོལ་ཏུ་གྱུར་པ་ཡིན་ཏེ། དབང་གོང་མ་མེད་པར་རྫོགས་རིམ་ཡོད་པར་འདོད་པ་ནི་ས་བོན་མ་བཏབ་པར་མྱུ་གུ་འབྱུང་བར་འདོད་པ་དང་མཚུངས་པའི་ཕྱིར་དང་། བྱ་རྒྱུད་ལ་རྫོགས་རིམ་གྱི་ཐ་སྙད་མེད་པར་ཁྱེད་རང་གིས་འདོད་པ་དང་། ཁས་བླངས་དང་འགལ་བའི་ཕྱིར་དང་། འོག་མ་གསུམ་ལ་རིམ་གཉིས་ཡོད་པར་སྟོན་བྱེད་ཀྱི་རྒྱུད་འགྲེལ་རྣམ་དག་ཅིག་ཀྱང་མི་སྣང་བའི་ཕྱིར་དང་། རྗེ་བཙུན་རྩེ་མོའི་རྒྱུད་སྡེ་སྤྱི་རྣམ་དང་། རྗེ་བཙུན་གྲགས་པ་རྒྱལ་མཚན་གྱི་མངོན་རྟོགས་ལྗོན་ཤིང་དང་། ས་པཎ་གྱི་གཞུང་འདི་དང་གསུམ་ཆར་ལས་རིམ་གཉིས་བླ་མེད་འབའ་ཞིག་གི་ཁྱད་ཆོས་སུ་གསུངས་པའི་ཕྱིར་རོ། །ཁྱེད་ཀྱི་སྒྲུབ་བྱེད་ལྟར་ན་རྒྱུད་སྡེ་འོག་མ་གསུམ་ལ་དབང་བཞི་ཡོད་པར་ཐལ། རྡོ་རྗེ་ཐེག་པའི་

ལམ་ཞུགས་ནས། །སྨིན་གྲོལ་གཉིས་ལ་འབད་པར་བྱ། །སྨིན་པར་བྱེད་པའི་དབང་བསྐུར་ཡང་། །ཞེས་པ་ནས། མཇུག་ཏུ། བླ་མ་བཅལ་ལ་དབང་བཞི་བླང་། །ཞེས་པ་དང་། གལ་ཏེ་གསང་སྔགས་བསྒོམ་འདོད་ན། །ནོར་བ་མེད་པའི་དབང་བཞི་ལོང་། །ཞེས་གསུངས་པའི་ཕྱིར། འཁོར་གསུམ་ཁས་བླངས་སོ། །གཞན་ཡང་བླ་མེད་ཀྱི་སྡོམ་ལྡན་གྱི་རྡོ་རྗེ་སློབ་དཔོན་གཅིག་གིས་རྣལ་འབྱོར་རྒྱུད་ཀྱི་དབང་གིས་སྨིན་པའི་སློབ་མ་སྡོད་ལྡན་ཞིག་ལ་དེའི་མཚན་མེད་ཀྱི་རྣལ་འབྱོར་སྟོན་པའི་ཚེ་ཡན་ལག་གི་ལྟུང་བ་འབྱུང་བར་ཐལ། དེའི་ཚེ་དབང་གོང་མ་མ་བསྐུར་བར་རྫོགས་རིམ་བསྟན་འདུག་པའི་ཕྱིར། རྟགས་ཁས་བླངས་ཏེ། རྣལ་འབྱོར་རྒྱུད་ལ་དབང་གོང་མ་མེད་པ་དང་མཚན་མེད་ཀྱི་རྣལ་འབྱོར་རྫོགས་རིམ་དུ་ཁས་བླངས་པའི་ཕྱིར། གོང་དུ་མ་ཁྱབ་ན། སྦྱོར་བ་ངེས་པར་མ་བྱས་པར། །སྐལ་མིན་གསང་བ་སྒྲོགས་པ་དང་། །ཞེས་པའི་སྐབས་ཀྱི་འགྲུལ་སྤྱོད་ལྟོས་ལ་ཐུགས་རྣལ་དུ་ཞོག་ཅིག །འོ་ན་བླ་མེད་ཀྱི་ལམ་གྱི་རིམ་པ་ཇི་ལྟར་ཞེ་ན། རྣལ་འབྱོར་གྱི་དབང་ཕྱུག་བིརྺ་པའི་བཞེད་པས་གསང་བ་འདུས་པའི་རྒྱུད་ཕྱི་མ་ལས་རྒྱུད་ནི་རྒྱུན་ཆགས་ཞེས་བྱ་སྟེ། རྒྱུད་དེ་རྣམ་པ་གསུམ་དུ་འགྱུར། །གཞི་དང་དེ་ཡི་རང་བཞིན་དང་། །མི་འཕྲོགས་པ་ཡིས་རབ་ཕྱེ་བའོ། །རང་བཞིན་རྣམ་པ་རྒྱུ་ཡིན་ཏེ། །གཞི་ནི་ཐབས་ཞེས་བྱ་བར་བརྗོད། །དེ་བཞིན་མི་འཕྲོགས་འབྲས་བུ་སྟེ། །གསུམ་གྱིས་རྒྱུད་ཀྱི་དོན་བསྡུས་པའོ། །ཞེས་གསུངས་པ་ཤེས་བྱེད་དུ་མཛད་ནས་རྒྱུད་དོན་མངོན་རྟོགས་ཀྱི་རིམ་པར་སྦེབས་ན་རྒྱུ་རྒྱུད། ཐབས་རྒྱུད། འབྲས་བུའི་རྒྱུད་གསུམ། ཐབས་རྒྱུད་ལ་སྨིན་བྱེད་དབང་དང་གྲོལ་བྱེད་ལམ་གཉིས། ཕྱི་མ་ལ་མཆོག་གི་དངོས་གྲུབ་སྒྲུབ་པའི་མངོན་པར་རྟོགས་པ་ལྔ་དངོས་གྲུབ་གཉིས་ཀ་སྒྲུབ་པའི་མངོན་པར་རྟོགས་པ་ལྔ། གཉིས་ཀ་ལ་དགོས་པའི་གྲོགས་དམ་ཚིག་དང་སྡོམ་པ་སྟེ་བཅུ་གཅིག་ཏུ་མཛད་དོ། །འཕགས་པ་ཀླུ་སྒྲུབ་ཀྱིས་རྡོ་རྗེ་ཕྲེང་བའི་རྒྱུད་ཤེས་བྱེད་དུ་མཛད་ནས་གསང་བ་འདུས་པའི་རྒྱུད་ཀྱི་མངོན་པར་རྟོགས་པ་ལ་བསྐྱེད་རིམ་ལུས་དབེན་དང་བཅས་པ་སྔོན་དུ་སོང་བའི་དབང་དུ་བྱས་ཏེ་རྫོགས་རིམ་ལ་རིམ་པ་ལྔར་མཛད་དོ། །དེ་ཉིད་ལ་འཕགས་པ་ལྷས་ཉམས་སུ་ལེན་པའི་དབང་དུ་མཛད་ནས་ཐོག་མར་སངས་རྒྱས་པའི་ཐེག་པའི་བསམ་པ་ལ་བསླབ་པ། །དེ་ནས་ཐེག་པ་གསར་པ་དྲན་པ་གཅིག་པའི་མངོན་པར་རྟོགས་པ་ལ་བསླབས་པ། དེ་ནས་རྟོགས་པའི་རྣལ་འབྱོར་ལ་བསླབ་པ། དེ་ནས་དབེན་པ་གསུམ་དང་། བདེན་པ་གཉིས་དང་། ཟུང་འཇུག་ལ་བསླབས་པ་ཏེ། རིམ་པ་དགུར་མཛད་དོ། །དཔལ་ལྡན་ཟླ་བས་ནི་རྒྱུད་དོན་མ་ལུས་པ་རིམ་པ་ལྔར་བསྡུས་པའི་དབང་དུ་བྱས་ནས་བསྐྱེད་རིམ་ལ་རིམ་པ་དང་པོ་དང་། རྫོགས་རིམ་ལ་རིམ་པ་བཞིར་མཛད་དོ། །གཞན་ཡང་རྒྱུད་དོན་དག་པ་གསུམ་དུ་བསྡུས་པ་དང་། བདག་ཉིད་ཅན་གསུམ་དུ་བསྡུས་པ་དང་། གནས་པ་བཞིར་བསྡུས་པ་དང་། སྨིན་

གྲོལ་གཉིས་སུ་བསྡུས་པ་སོགས་མང་དུ་ཡོད་པ་ལས་འདི་ནི་རྣལ་འབྱོར་དབང་ཕྱུག་གི་དགོངས་པ་གཞིར་བཞག་ནས་མཆོག་གི་དངོས་གྲུབ་སྒྲུབ་པའི་མངོན་པར་རྟོགས་པའི་གཙོ་བོ་གོ་རིམ་དུ་སྟོན་པ་ནི་གཞུང་ལས། ཕ་རོལ་ཕྱིན་གཞུང་མི་ནུས་པར། །གལ་ཏེ་གསང་སྔགས་སྒོམ་འདོད་ན། །ནོར་བ་མེད་པའི་དབང་བཞི་ལོང་། །འཁྲུལ་པ་མེད་པའི་རིམ་གཉིས་བསྒོམ། །དེ་ལས་བྱུང་བའི་ཡེ་ཤེས་ནི། །ཕྱག་རྒྱ་ཆེན་པོ་བསྒོམ་པར་བྱ། །དེ་ནས་འཁོར་འདས་བསྲེ་བའི་ཕྱིར། །རྣམ་པར་དག་པའི་སྤྱོད་པ་སྤྱད། །ནང་གི་ས་ལམ་ཀུན་བསྒྲོད་ནས། །རྡོ་རྗེ་འཛིན་པའི་ས་དགེ་བ། །བཅུ་གསུམ་པ་ནི་ཐོབ་པར་འགྱུར། །ཞེས་གསུངས་པ་དང་སྦྱར་ན། སྨིན་བྱེད་ནོར་བ་མེད་པའི་དབང་བཞི། གྲོལ་བྱེད་འཁྲུལ་པ་མེད་པའི་རིམ་པ་གཉིས། དབང་དང་ཡེ་ཤེས་ལས་བྱུང་བའི་ཕྱག་རྒྱ་ཆེན་པོ། ཕྱག་ཆེན་གོམས་པས་འཁོར་འདས་བསྲེ་བའི་སྤྱོད་པ། དེ་ལ་བརྟེན་ནས་ས་ལམ་བསྒྲོད་དེ་འབྲས་བུ་མངོན་དུ་བྱེད་པའི་ཚུལ་དང་ལྔ་ལས། དང་པོ་སྨིན་བྱེད་དབང་ལ་རྡོ་རྗེ་སློབ་དཔོན་མཚན་ཉིད་དང་ལྡན་པ་གཅིག་གིས་སློབ་མ་སྣོད་ལྡན་གཅིག་ལ་རྒྱུད་སྡེ་ལས་གསུངས་པའི་དཀྱིལ་འཁོར་དུ་ཆོག་འཁྲུལ་པ་མེད་པས་དབང་བསྐུར་ན་སྔགས་སྒོམ་ཐོབ་པར་འགྱུར་བ་ཡིན་མོད་ཀྱི། བོད་འདིར་ནི་སྨིན་བྱེད་འདི་ལ་འཁྲུལ་པ་ཤིན་ཏུ་མང་བར་སྣང་སྟེ། དེ་ཐམས་ཅད་ཀྱང་བསྡུ་ན་དབང་བསྐུར་མི་དགོས་པར་འདོད་པའི་ལོག་རྟོག །དགོས་ཀྱང་ཕྱིས་ནས་ཁས་ལེན་བྱེད་པའི་ལོག་རྟོག །ཐོག་མར་བྱེད་ཀྱང་བྱིན་རླབས་ཙམ་སྨིན་བྱེད་དུ་འདོད་པའི་ལོག་རྟོག །དཀྱིལ་འཁོར་མ་དག་པའི་དབང་བསྐུར་སྨིན་བྱེད་དུ་འདོད་པའི་ལོག་རྟོག །སློབ་མ་གྲངས་ངེས་མེད་པ་ལ་ཆོག་འཁྲུལ་པར་བྱེད་པ་སྨིན་བྱེད་དུ་འདོད་པའི་ལོག་རྟོག །རྒྱུད་སྡེ་འོག་མ་ལ་དབང་བཞི་ཡོད་པར་འདོད་པའི་ལོག་རྟོག །གཏོར་མའི་དབང་དང་ཏིང་ངེ་འཛིན་གྱི་དབང་བསྐུར་སྨིན་བྱེད་དུ་འདོད་པའི་ལོག་རྟོག །བླ་མའི་ལུས་ཀྱི་དཀྱིལ་འཁོར་ལས་སྨིན་བྱེད་ལེན་པར་འདོད་པའི་ལོག་རྟོག་སོགས་སུ་འདུས་པ་རྣམས་ཞིབ་ཏུ་འགོག་པ་ནི། རྡོ་རྗེ་ཐེག་པའི་ལམ་ཞུགས་ཏེ། །ཞེས་པ་ནས། བདུད་ཀྱི་བྱིན་བརླབས་ཡིན་ཞེས་བྱ། །ཞེས་པའི་བར་གྱིས་བསྟན་ནོ། །ཞར་ལ་དབང་ལས་ཐོབ་པའི་དམ་ཚིག་བསྲུང་མི་དགོས་པར་འདོད་པའི་ལོག་རྟོག་འགོག་པ་ནི། ཁ་ཅིག་གསང་སྔགས་གསང་བ་ལ། །ཞེས་སོགས་སོ། །གཉིས་པ་གྲོལ་བྱེད་འཁྲུལ་པ་མེད་པའི་རིམ་གཉིས་སྟོན་པ་ནི། ཁ་ཅིག་འཁྲུལ་དང་མ་འཁྲུལ་མེད། །ཞེས་སོགས་ཏེ། དེ་ཡང་སྤྱིར་སངས་རྒྱ་བའི་རྒྱུ་ལ་ཐབས་ཤེས་གཉིས་དགོས་ཤིང་། བྱེ་བྲག་ཏུ་བླ་མེད་ཀྱི་ལམ་གྱིས་སངས་རྒྱ་བ་ལ་རིམ་པ་གཉིས་ཆར་བསྒོམ་དགོས་ཀྱང་ཁ་ཅིག །ཐབས་ལམ་རེ་རེས་སངས་རྒྱ་བ་ཡིན་གྱི་རིམ་པ་གཉིས་ཆར་བསྒོམ་པ་ལ་དགོས་པ་མེད་དོ། །ཞེས་སྨྲ་བ་རྣམས་བཀག་ནས། བླ་མེད་ཀྱི་ལམ་རིམ་པ་གཉིས་སུ་བསྒྲུབ་པའོ། །གསུམ་པ་དབང་དང་རིམ་གཉིས་ལས

བྱུང་བའི་ཕྱག་ཆེན་ལ་རྟོགས་བྱེད་ཕྱག་ཆེན་གྱི་ཡེ་ཤེས་དང་། རྟོགས་བྱ་སྤྲོས་བྲལ་གྱི་ལྟ་བ་གཉིས་ལ། དང་པོ་ནི། དབང་གསུམ་པའི་ཐབས་དང་རིམ་གཉིས་ཀྱི་ཏིང་ངེ་འཛིན་བསྒོམས་པ་ལས་སྐྱེས་པའི་བདེ་སྟོང་ཟུང་དུ་འཇུག་པའི་ཡེ་ཤེས་རང་གི་ངོ་བོ་རྣལ་འབྱོར་པས་ཉམས་སུ་མྱོང་ཡང་འདི་ལྟ་བུའོ། །ཞེས་ཚིག་གི་སྒོ་ནས་སྟོན་པར་མི་ནུས་པས་ན། བརྗོད་པ་དང་བྲལ་བའོ། །དེ་ལ་མཚོན་བྱེད་དཔེའི་ཡེ་ཤེས་དང་། མཚོན་བྱ་དོན་གྱི་ཡེ་ཤེས་གཉིས། དང་པོ་ནི། ཆོས་ཉིད་མངོན་སུམ་དུ་མཐོང་བ་མ་ཡིན་ཡང་། དེ་དང་བརྗོད་པ་དང་བྲལ་ཞིང་བདེ་སྟོང་ཟུང་དུ་ཆུད་པར་ཆ་འདྲ་བས་ན་དཔེའི་ཡེ་ཤེས་ཞེས་བྱ་སྟེ། དེ་ལ་ལོག་པར་རྟོག་པ་ལ་རྒྱ་འགའ་ཞིག་གི་བྱེད་པས་རྟོག་པ་ཁ་འཚོམ་ཙམ་ལ་ཕྱག་ཆེན་དུ་འདོད་པ་འགོག་པ་ནི། ཕྱག་རྒྱ་ཆེན་པོ་སྒོམ་ན་ཡང་ཞེས་སོགས་སོ། །

གཉིས་པ་མཚོན་བྱ་དོན་གྱི་ཡེ་ཤེས་ནི་ས་དང་པོ་མཐོང་བའི་ལམ་སྐྱེས་པ་ཡིན་ལ། དེ་ལ་ལོག་པར་རྟོག་པ་ནི་ཁ་ཅིག་གིས་ཞི་གནས་ཙུང་ཟད་ཙམ་དང་སྣང་སྟོང་གི་རྟོག་པ་ཕྲ་མོ་ལ་མཐོང་ལམ་དུ་འདོད་པ་འགོག་པ་ནི་ལ་ལ་ཞི་གནས་ཙུང་ཟད་དང་སོགས་སོ། །ཞར་ལས་བྱུང་བ་ལ་ཐེག་པ་གསུམ་གྱི་ལག་ལེན་འཁྲུལ་བ་འགོག་པ་དང་། ཐེག་པ་ཆེ་ཆུང་གི་བླ་མའི་དབྱེ་བ་དང་། གཏོར་མ་དང་ཕུད་མཆོད་ཀྱི་ལག་ལེན་འཁྲུལ་པ་དགག་པ་དང་། ལྷའི་སྐུ་མདོག་དང་ཕྱག་མཚན་ལ་འཁྲུལ་པ་དགག་པ་དང་། རབ་གནས་དང་སྦྱིན་སྲེག་གསང་འདུས་སོགས་མདོ་ལུགས་སུ་འདོད་པ་དགག་པ་ནི། ཐེག་པ་གསུམ་གྱི་ལག་ལེན་ཡང་ཞེས་སོགས་སོ། །འོན་འདི་རྣམས་ཕྱག་ཆེན་གྱི་སྐབས་སུ་འབྱུང་བའི་རྒྱུ་མཚན་ཅི་ཡིན་ཞེ་ན་རྟོག་པ་ཁ་འཚོམ་ཙམ་དང་སྣང་སྟོང་རྟོག་པ་ཕྲ་མོ་ཙམ་སྐྱེས་ན། ད་ནི་ཆོས་ཐམས་ཅད་དུ་མ་རོ་གཅིག་ཡིན་པས་ལག་ལེན་འཁྲུལ་མ་འཁྲུལ་གྱི་དབྱེ་བ་མེད་དོ་ཞེས་སྨྲ་བ་རྣམས་དགག་པའི་ཆེད་དུ་ཡིན་ནོ། །གཉིས་པ་རྟོགས་བྱ་སྤྲོས་བྲལ་གྱི་ལྟ་བ་ནི་ཉན་ཐོས་རྣམས་ཀྱིས་ནི་གང་ཟག་གི་བདག་མེད་ཙམ་ལས་གཏན་ལ་འབེབས་མི་ནུས་ལ། ཐེག་པ་ཆེན་པོ་ཕ་རོལ་ཏུ་ཕྱིན་པ་ལས་ནི་ཆོས་ཐམས་ཅད་སྤྲོས་བྲལ་དུ་གཏན་ལ་འབེབས་པའི་ཕྱིར་ན་དེ་གཉིས་ལ་ཁྱད་པར་ཡོད་ལ། གསང་སྔགས་རྡོ་རྗེ་ཐེག་པ་ལས་ནི་ཐོས་བསམ་གྱིས་གཏན་ལ་འབེབས་པའི་ལྟ་བ་ལ་ཕ་རོལ་ཏུ་ཕྱིན་པ་ལས་ལྷག་པ་གཞན་མེད་དོ། །དེས་སྤྲོས་བྲལ་དུ་གཏན་ལ་མ་ཕབ་པའི་ཆོས་གང་ཡང་མེད་པའི་ཕྱིར་རོ། །དེ་ལ་ལོག་པར་རྟོག་པ་ལ་ཐེག་པ་རིམ་པ་དགུ་ལ་ལྟ་བ་ཐ་དད་ཡོད་པར་འདོད་པ་དང་། དབུ་མ་ནས་བཟུང་སྟེ་གསང་སྔགས་རྒྱུད་སྡེ་བཞི་ལ་ལྟ་བ་ཐ་དད་ཡོད་པར་འདོད་པ་དང་། རྣལ་འབྱོར་བཞི་ལ་ལྟ་བ་ཐ་དད་ཡོད་པར་འདོད་པ་འགོག་པ་རྣམས་ནི་རིམ་བཞིན་ལ་ལ་ཐེག་པ་རིམ་དགུ་ལ་ཞེས་སོགས་དང་། ཁ་ཅིག་དབུ་མའི་ལྟ་བ་ནི་ཞེས་སོགས་དང་། གསང་སྔགས་སྔ་འགྱུར་བ་རྣམས་ནི། ཞེས་སོགས་སོ། །ཞར་ལ་རྒྱུད་སྡེ་བཞིའི་སྒྲུབ་པ་ལ་འཁྲུལ་པ་དགག་པ་ནི་རྒྱུད་སྡེ་བཞི་ཡི་སྒྲུབ་པ་

ཞེས་སོགས་སོ། །འདི་ལྟ་བའི་སྐབས་སུ་འབྱུང་བའི་རྒྱུ་མཚན་ནི། དེ་ལྟར་རྒྱུད་སྡེ་བཞི་ལ་ལྟ་བ་ཐ་དད་མེད་ན། སྒྲུབ་པ་ཡང་ཐ་དད་མེད་པར་འགྱུར་རོ་ཞེ་ན། མ་ཡིན་ཏེ། སྒྲུབ་པ་ཐ་དད་ནི་ལྟ་བའི་ཁྱད་པར་མ་ཡིན་པར་ཐབས་ཀྱི་ཁྱད་པར་ཡིན་ནོ་ཞེས་པའི་ཚུལ་གྱིས་སོ། །བཞི་པ་ཕྱག་ཆེན་བསྒོམས་ནས་འཁོར་འདས་བསྲེ་བའི་སྤྱོད་པ་ནི། སྤྱིར་ས་ལམ་གྱི་རྟོགས་པ་སྐྱེ་ཚུལ་ལ་རྟེན་ལུས་ལ་གནད་དུ་བསྣུན་ནས་བསྐྱེད་པ་དང་། བརྟེན་པ་སེམས་ལ་གནད་དུ་བསྣུན་ནས་བསྐྱེད་པ་དང་གཉིས་ལས། ཕྱི་མ་ནི་ཕ་རོལ་ཏུ་ཕྱིན་པའི་ལུགས་ཡིན་ལ། དང་པོ་ནི། ནང་ལུས་ཀྱི་སྤྱི་བོ་ལ་སོགས་པའི་གནས་སུམ་ཅུ་རྩ་བདུན་གྱི་རླུང་སེམས་དབུ་མར་གཞུག་ནས་ས་བཅུ་གསུམ་གྱི་རྟོགས་པ་བསྐྱེད་པ་ཡིན་ནོ། །དེ་ལ་ཕྱི་འཛམ་བུ་གླིང་གི་པུ་ལི་ར་མ་ལ་ཡ་ལ་སོགས་པའི་ཡུལ་རྣམས་དབང་དུ་འདུ་ཞིང་། དེར་གནས་པའི་མཁའ་འགྲོ་མ་རྣམས་དབང་དུ་གྱུར་པ་ལས་ནང་ལུས་ཀྱི་སྤྱི་བོ་ལ་སོགས་པའི་རླུང་སེམས་དབུ་མར་ཞུགས་པ་ཡིན་ལ། དེའི་ཆེད་དུ་སྤྱོད་པ་བྱེད་པ་ལ་ནི་རིམ་གཉིས་ཀྱི་རྟོགས་པ་བརྟན་ཞིང་བརྡའ་དང་བརྡའི་ལན་ཤེས་པ་ཞིག་གིས་གང་དུ་རྒྱུ་བའི་གནས་ངོ་ཤེས་པར་བྱེད་དགོས་པ་ལས། བོད་འདིར་ནི་དབང་བསྐུར་ཙམ་ཡང་མ་ཐོབ་ན། རིམ་གཉིས་ཀྱི་རྟོགས་པ་བརྟན་པ་ལྟ་སྨོས་ཀྱང་ཅི་དགོས་པ་དག་གིས། གང་དུ་རྒྱུ་བའི་གནས་ཏི་སེ་ལ་གངས་ཅན་དུ་འཁྱམ། ཙ་རི་ལ་ཙ་རི་ཏྲ་ར་འཁྱམ་པ་རྣམས་འགོག་པ་ནི་དབང་བཞི་ཡོངས་སུ་རྫོགས་པ་དང་ཞེས་སོགས་སོ། །ལྔ་པ་དེ་ལ་བརྟེན་ནས་ས་ལམ་བགྲོད་དེ་འབྲས་བུ་མངོན་དུ་བྱེད་པའི་ཚུལ་ལ། མཐར་ཐུག་གི་དང་གནས་སྐབས་ཀྱི་འབྲས་བུ་གཉིས་ལས། དང་པོ་ནི། དབང་གི་དུས་སུ་ཡང་ཟུང་འཇུག་ཏུ་བླང་། ལམ་གྱི་དུས་སུ་ཡང་ཟུང་འཇུག་ཏུ་བསྒོམས་པ་ལས་འབྲས་བུའི་དུས་སུ་ཡང་ཟུང་འཇུག་ཏུ་འབྱུང་བ་ཡིན་མོད་ཀྱི། དེ་ལ་ལོག་པར་རྟོག་པ་ནི་དཀར་པོ་ཆིག་ཐུབ་ལས་འབྲས་བུ་སྐུ་གསུམ་འབྱུང་བར་འདོད་པ་དང་། ཟུང་འཇུག་བསྒོམས་པ་ལས་འབྲས་བུ་འོད་གསལ་གཅིག་པུ་འདོད་པ་དང་། ས་ལམ་མ་བགྲོད་པར་སངས་རྒྱས་འདོད་པ་དང་། དབང་བཞི་དང་ལམ་བཞི་མེད་པར་འབྲས་བུ་སྐུ་བཞི་འདོད་པ་དང་། འབྲས་བུའི་མཐར་ཐུག་འོད་གསལ་དུ་འདོད་པ་རྣམས་འགོག་པ་ནི། ཁ་ཅིག་དཀར་པོ་ཆིག་ཐུབ་ལས་ཞེས་པ་ནས། ལྟ་བ་མཐར་ཐུག་ཡིན་པར་གསུངས་ཞེས་པའི་བར་རོ། །

གཉིས་པ་གནས་སྐབས་ཀྱི་འབྲས་བུ་ནི་ས་དང་པོ་ཡན་ཆད་ཀྱི་རྟོགས་པ་སྐྱེས་པ་ལ་གྲུབ་པ་ཐོབ་པ་ཞེས་པའི་ཐ་སྙད་ལམ་འབྲས་དང་མདོ་སྡེ་རྒྱན་ལས་གསུངས་ལ། དེ་ལས་གཞན་རྟོགས་ལྡན་སོགས་ཀྱི་ཐ་སྙད་གསུངས་པ་མེད་ཀྱང་། ཁ་ཅིག་གྲུབ་ཐོབ་ལས་རྟོགས་ལྡན་བཟང་ཞེས་པ་དང་། ཉམས་ངན་ལ་གོ་བ་འབྲིང་རྟོགས་པ་བཟང་བར་འདོད་པ་རྣམས་འགོག་པ་ནི་ལ་ལ་གྲུབ་ཐོབ་ངན་ཞེས་ཟེར་ཞེས་སོགས་སོ། །དེས་ན་སྔར

དྲངས་པའི་གཞུང་དང་སྦྱར་ན་སྔགས་སྡོམ་གྱི་སྐབས་ཀྱི་བརྗོད་བྱའི་གཙོ་བོ་ནི་འདི་ཡན་ཆད་ཀྱིས་རྫོགས་པ་ཡིན་ལ། འདི་ལྟ་བུའི་ལམ་གྱི་སྒྲོལ་འབྱེད་ཚུལ་རྟོགས་ན་རྡོ་རྗེ་ཐེག་པའི་བསྟན་པའི་བབས་ཡོངས་རྫོགས་རྟོགས་པར་འགྱུར་ཞིང་གཞུང་འདི་ནས་བཤད་པའི་དགག་སྒྲུབ་ཐམས་ཅད་ཀྱང་ལམ་སྒྲོལ་ཡོངས་སུ་རྫོགས་པ་ལ་སྦྱོར་ཤེས་པར་འགྱུར་རོ། །གང་དག་འདི་ནས་བཤད་པའི་རང་ལུགས་ཀྱི་ལམ་སྒྲོལ་ལ་བློ་ཁ་མ་ཕྱོགས་པར་དོན་མེད་ཀྱི་ས་བཅད་འདེབས་པ་ནི་འོ་མའི་བུམ་པ་ལོགས་སུ་བཞག་ནས་ཆུ་བསྲུབས་པ་ལས་མར་གྱི་ཉིང་ཁུ་འབྱུང་བར་འདོད་པ་དང་མཚུངས་སོ། །ཁོ་བོས་ནི་ཡོངས་འཛིན་མཁས་པའི་དྲུང་དུ་རྒྱུད་སྡེ་ལ་ལེགས་པར་སྦྱངས་ཞིང་ལུགས་འདི་ལ་ཡིད་ཆེས་པའི་མོས་པ་བརྟན་པོས་རྟོགས་པ་ཡིན་ལ་དོན་དུ་གཉེར་བ་ཡོད་ན་གཞན་དག་ཀྱང་དེ་བཞིན་དུ་གྱིས་ཤིག དེ་ནས་ཁ་ཅིག་ཐེག་པ་རང་ས་ན་ཞེས་པ་མན་ཆད་ནི་གཞུང་སྤྱི་ལ་རྩོད་པ་སྤང་པའི་སྒོ་ནས་དོན་བསྡུ་བ་སྟོན་ཏེ། འདི་ལྟར་སྔར་བཤད་པའི་དགག་སྒྲུབ་དེ་ཐམས་ཅད་ཀྱང་ངེས་པ་མེད་དེ་ཐེག་པ་རང་ས་ན་བདེན་པའི་ཕྱིར་ཞེ་ན། དེ་འགོག་པ་དང་འཁྲུལ་པ་ཕྲན་ཚེགས་ནས་འགོག་པ་ཐམས་ཅད་ཆོས་ཀྱི་གནད་མི་འཆུག་པར་བྱ་བའི་ཆེད་ཡིན་པས་གནད་མ་འཆུགས་པ་གལ་ཆེའོ་ཞེས་སྟོན་པ་དང་། གནད་འཆོས་པའི་བདུད་ཇི་ལྟར་བྱུང་བའི་ཚུལ་གླེང་གཞི་དང་བཅས་པ་སྟོན་པ་དང་། འཁྲུལ་པའི་གྲུབ་མཐའ་ལུང་རིགས་ཀྱིས་སུན་འབྱིན་པའི་ཚུལ་གླེང་གཞི་དང་བཅས་སྟེ་སྟོན་པ་དང་། བྱེ་བྲག་ཏུ་ལུང་གིས་སུན་འབྱིན་པའི་ཚུལ། ལུང་སྦྱོར་ཇི་ལྟར་བྱེད་པའི་ཚུལ་དང་། ཁུངས་ནས་མ་བྱུང་བའི་གདམས་ངག་དང་མདོ་རྒྱུད་དུ་གྲགས་པ་རྣམས་ཚད་མར་མི་རུང་བར་བསྟན་པ་དང་། སྐུ་གཟུགས་རིང་བསྲེལ་དང་གློ་བུར་གྱི་ལྟས་རྣམས་མཁས་པ་ལ་དྲིས་ནས་བརྟག་དཔྱད་བྱ་དགོས་པར་བསྟན་པ་དང་། ཚིག་ལ་འཁྲུལ་པ་དགག་པ་རྣམས་ནི་རིམ་པ་བཞིན། ཁ་ཅིག་ཐེག་པ་རང་ས་ན་ཞེས་སོགས་དང་། ཆོས་གཞན་ལེགས་པར་སྟོན་ན་ཡང་ཞེས་སོགས་དང་། དེ་ལ་གནད་རྣམས་འཆོས་པའི་བདུད་ཞེས་སོགས་དང་། འཁྲུལ་པའི་གྲུབ་མཐའ་སུན་འབྱིན་པའི་ཞེས་སོགས་དང་། །བླུན་པོ་མཁས་པར་འཆོས་པ་འགའ་ཞེས་སོགས་དང་། སྔན་བརྒྱུད་དང་ནི་ཚིག་བརྒྱུད་དུ་ཞེས་སོགས་དང་། རིང་བསྲེལ་དང་ནི་ཐུགས་དང་ལྟགས། །ཞེས་སོགས་དང་། དེ་ནས་ཚིག་ལ་འཁྲུལ་པ་ཡི། །ཞེས་སོགས་ཀྱིས་སྟོན་ནོ། །དེ་ནས་སངས་རྒྱས་གསུང་རབ་དྲི་མ་མེད་ཞེས་སོགས་ཀྱིས་ནི་བསྟན་བཅོས་བརྩམ་པའི་དགོས་པ་བསྟན་པར་སྔར་བཤད་ཟིན། བདག་ནི་སེམས་ཅན་ཀུན་ལ་བྱམས་ཞེས་སོགས་ཀྱིས་བསྟན་བཅོས་བརྩམ་པའི་ཀུན་སློང་བརྩེ་བ་སྙིང་རྗེ་ཆེན་པོ་བསྟན་ལ། བདག་གིས་སྒྲ་དང་ཚད་མ་བསླབས། །ཞེས་སོགས་ཀྱིས་མཁས་པའི་ཤེས་རབ་བསྟན་ནོ། །དེ་དག་གིས་ནི་སྡོམ་གསུམ་གྱི་ཉམས་ལེན་གཞུང་གིས་ཇི་ལྟར་བསྟན་པའི་ཚུལ་བརྗོད་ཟིན་ཏོ།། །།

གསུམ་པ་བསྟན་བྱ་སྡོམ་གསུམ་གྱི་མཐའ་དཔྱད་པ་ལ་གསུམ་སྟེ། སྡོམ་པ་སྤྱིའི་རྣམ་བཞག །སྐབས་སུ་བབས་པའི་སྡོམ་གསུམ་ངོས་བཟུང་བ། །དེ་ཉིད་ཀྱི་དོན་གཏན་ལ་དབབ་པའོ། །དང་པོ་ལ་གསུམ་སྟེ། སྡོམ་པ་གསུམ་གྱི་རྣམ་གྲངས། སྡོམ་པ་གཉིས་ཀྱི་རྣམ་གྲངས། སྡོམ་པ་གཅིག་ཏུ་ཐམས་ཅད་འདུས་པའི་ཚུལ་ལོ། །དང་པོ་ལ་བཞི་སྟེ། སོ་སྡོད་སྤྱི་ལ་གྲགས་པའི་སྡོམ་གསུམ། ཉན་ཐོས་ཀྱི་སྡེ་སྣོད་ལ་གྲགས་པའི་སྡོམ་གསུམ། ཐེག་ཆེན་གྱི་སྡེ་སྣོད་ལ་གྲགས་པའི་སྡོམ་གསུམ། གསང་སྔགས་ཀྱི་རྒྱུད་སྡེ་ལ་གྲགས་པའི་སྡོམ་གསུམ་མོ། །དང་པོ་ནི། སོ་ཐར་བསམ་གཏན། ཟག་མེད་ཀྱི་སྡོམ་པ་གསུམ་ལ་སྡོམ་པ་གསུམ་དུ་འཇོག་པ་ནི་ཐེག་པ་ཆེ་ཆུང་གི་མངོན་པའི་སྡེ་སྣོད་ཀུན་མཐུན་ཏེ། བྱང་ཆུབ་གསུམ་ཐོབ་པར་བྱེད་པ་ལ་ཟག་མེད་ཀྱི་ཤེས་རབ་ཀྱིས་རང་རང་གི་སྤང་བྱའི་ཉོན་མོངས་སྤོང་དགོས། ཤེས་རབ་དེ་ཡང་ཏིང་ངེ་འཛིན་རྣམ་པར་དག་པའི་ཞི་གནས་ལ་བརྟེན། ཞི་གནས་དེ་ཡང་ཚུལ་ཁྲིམས་རྣམ་པར་དག་པ་ལ་བརྟེན་དགོས་པའི་དབང་དུ་བྱས་ཏེ་ལྷག་པའི་བསླབ་པ་གསུམ་གསུངས་པ་དང་དོན་གཅིག་གོ། །གཉིས་པ་ལ་མཛོད་འགྲེལ་དུ་ཚིགས་གསུམ་རིམ་ཅན་དུ་བླངས་པའི་ཚེ་སྤོང་བའི་འཕེལ་བ་དང་ལྡན་པའི་ཕྱིར་སྡོམ་པ་དེ་དག་ལྔ་དང་། བཅུ་དང་། ཉི་ཤུ་ཞེས་བྱ་བ་ལྔ་བུ་དང་། དོང་ཙེ་གཅིག་དང་། གཉིས་ཞེས་བྱ་བ་བཞིན་དུ། གཞན་དང་གཞན་ཞེས་བྱ་བའམ། འོན་ཏེ་དེ་དག་ཐམས་ཅད་ཐ་དད་པ་ཉིད་གཅིག་ཏུ་སྐྱེ་ཞེ་ན་སྨྲས་པ། ཐ་དད་དེ་དག་ནི་མ་འདྲེས་པ་ཉིད་དེ་སྡོམ་པ་གསུམ་ལ་སྲོག་གཅོད་པ་སྤོང་བ་གསུམ་ནས་སྤྱོད་པར་འགྱུར་བའི་ལྡང་བ་སྤོང་བ་གསུམ་གྱི་བར་དུ་མཚན་ཉིད་ཐ་དད་པར་སྐྱེ་སྟེ། ལྷག་མ་རྣམས་ཀྱང་དེ་དང་འདྲའོ། །ཞེས་གསུངས་པའི་སྡོམ་པ་གསུམ་ནི་བསླབ་ཚིགས་གསུམ་ལ་ཐ་སྙད་མཛད་པར་སྣང་ངོ་། །ཡང་སོར་ཐར་གྱི་མདོ་ལས། ལུས་ངག་ཡིད་གསུམ་གྱི་སྡོམ་པའི་ཐ་སྙད་གསུངས་པ་ནི། བྱེ་བྲག་ཏུ་སྨྲ་བས་ཡིད་ཀྱི་སྡོམ་པ་སྡོམ་པ་བཏགས་པ་བར་འདོད་ཀྱང་མདོ་སྡེ་པ་ཡན་ཆད་ཀྱིས་གསུམ་ཀར་ཡང་སྡོམ་པ་མཚན་ཉིད་པར་བཞེད་པ་སྟེ། དེ་ལྟར་ན་ཉན་ཐོས་ཀྱི་སྡེ་སྣོད་ལས་རྣམ་གྲངས་གཉིས་གསུངས་སོ། །གསུམ་པ་ནི་ཉེས་སྤྱོད་སྡོང་བའི་ཚུལ་ཁྲིམས། དགེ་བ་ཆོས་སྡུད་ཀྱི་ཚུལ་ཁྲིམས། སེམས་ཅན་དོན་བྱེད་ཀྱི་ཚུལ་ཁྲིམས་གསུམ་ལ་བྱང་ཆུབ་སེམས་དཔའི་བསླབ་པ་གསུམ་དང་། བྱང་ཆུབ་སེམས་དཔའི་ཚུལ་ཁྲིམས་གསུམ་དུ་གསུངས་པས་བྱང་ཆུབ་སེམས་དཔའི་སྡོམ་པ་གསུམ་གྱི་ཐ་སྙད་ཀྱང་ཐོབ་ཅིང་དཀོན་མཆོག་བརྩེགས་པའི་སྡོམ་གསུམ་བསྟན་པའི་ལེའུར། འདི་གསུམ་གྱི་རྣམ་གཞག་རྒྱས་པར་གསུངས་ནས་སྡོམ་གསུམ་བསྟན་པའི་ལེའུ ཞེས་གསུངས་པས་ཀྱང་གྲུབ་བོ། །བཞི་པ་ནི། སཾ་པུ་ཊིའི་རྒྱུད་ལས། སྡོམ་པ་གསུམ་གྱི་རྣམ་གཞག་གཉིས་གསུངས་པ་ལས། དང་པོ་ནི། རྗེ་བཙུན་རྩེ་མོས། འདིར་སྡོམ་པའི་རྣམ་པར་གཞག་པ་གསུམ་མཐོང་སྟེ། ཞེས

གསུངས་ནས། གསུམ་པོའི་ངོས་འཛིན་ཇི་ལྟར་དུས་གསུམ་མགོན་པོ་རྣམས་ཞེས་སོགས་ཀྱི་སྐབས་ནས་བསྟན་པ་དང་། ཀུན་ནས་སྣ་ཚོགས་ཕྱག་རྒྱ་སྟེ། །ཀུན་ནས་སྣ་ཚོགས་སྡོམ་པ་ཡིས། །ཞེས་པའི་སྐབས་ནས་བསྟན་པ་དང་། །རྣལ་འབྱོར་མ་ལུས་དབུས་གནས་སུ། །ཨེ་ཝཾ་གི་རྣམ་པ་སྡོམ་པའི་གནས། །ཞེས་པའི་སྐབས་ནས་བསྟན་པ་གསུམ་ལ་ངོས་འཛིན་པར་མཛད་པས། བྱང་ཆུབ་སེམས་དཔའི་སེམས་བསྐྱེད་ཀྱི་སྡོམ་པ། བསྐྱེད་རིམ་གྱི་སྡོམ་པ། རྫོགས་རིམ་གྱི་སྡོམ་པ་གསུམ་ལ་སྡོམ་པ་གསུམ་གྱི་ཐ་སྙད་མཛད་པར་སྣང་ངོ་། །ཡང་དམ་ཚིག་ལ། སྐུ་གསུང་། ཐུགས་ཀྱི་དམ་ཚིག་ཏུ་བཤད་པས། དེ་གསུམ་གྱིས་སྡོམ་པ་གསུམ་གྱི་ཐ་སྙད་འཐོབ་སྟེ། བརྟག་པ་བཅུ་པ་ལས། བུད་མེད་དམ་ནི་སྐྱེས་པའི་ལུས། །ལས་ནི་དུ་མས་བསྐྱེད་པས་ན། །མི་ཤེས་པས་ཀྱང་མི་བྱ་སྟེ། །སྐུ་ཡི་རྡོ་རྗེའི་དམ་ཚིག་གོ། །སེམས་ཅན་སྣ་ཚོགས་གདུང་བ་དང་། །ཀུན་རྟོག་དྲྭ་བའི་རྣམ་རྟོག་གིས། །སེམས་ལ་སྨད་པར་མི་བྱ་སྟེ། །ཐུགས་ཀྱི་རྡོ་རྗེའི་དམ་ཚིག་གོ། །ཕྲག་དོག་ཉིད་ཀྱིས་མ་རངས་པས། །ཚིག་རྩུབ་ལ་སོགས་སྨྲ་མི་བྱ། །རྣ་བ་བདེ་བར་བྱེད་པ་ཉིད། །གསུང་གི་རྡོ་རྗེའི་དམ་ཚིག་གོ། །ཞེས་དང་པོ་གཉིས་ཀྱིས་གཞན་གྱི་ལུས་དང་སེམས་ལ་མི་སྨོད་པ་དམ་ཚིག་ཏུ་དངོས་སུ་བསྟན་ནས། རང་གི་ལུས་དང་སེམས་ཀྱིས་མི་དགེ་བ་དྲུག་སྤངས་པ་དམ་ཚིག་ཏུ་ཤུགས་ལ་བསྟན། ཕྱི་མས་རང་གི་ངག་གི་མི་དགེ་བ་བཞི་སྤངས་པ་དམ་ཚིག་ཏུ་དངོས་སུ་བསྟན་ནས་གཞན་གྱི་ངག་ལ་མི་སྨོད་པ་དམ་ཚིག་ཏུ་ཤུགས་ལ་བསྟན་ནོ། །གྲུབ་ཆེན་སྨན་པའི་ཞབས་ཀྱིས་ལུས་ཀྱི་ལས་བཟང་ངན་ལ་བླང་དོར་མི་བྱེད་པ་ལུས་ཀྱི་སྡོམ་པ་དང་། དེ་བཞིན་དུ་ངག་དང་། ཡིད་ཀྱི་ལས་བཟང་ངན་ལ་བླང་དོར་མི་བྱེད་པ་ངག་དང་ཡིད་ཀྱི་སྡོམ་པར་གསུངས་པ་ནི་བརྟན་པ་ཐོབ་པའི་དམ་ཚིག་ལ་དགོངས་པར་སྣང་ངོ་། །ཡང་རྡོ་རྗེ་རྩེ་མོ་ལས། སྡོམ་པ་གསུམ་ལ་གནས་པ་ནི། །དང་པོ་ཁྲུས་སུ་བཤད་པ་ཡིན། །ཅེས་དང་། སྲོག་གཅོད་རྐུ་དང་འཁྲིག་པ་དང་། །བརྫུན་དང་ཆང་ནི་རྣམ་སྤངས་ཏེ། །ཁྱིམ་པའི་སྡོམ་ལ་ལེགས་གནས་ནས། །གསང་སྔགས་རྒྱལ་པོ་རབ་ཏུ་བསྒྲུབ། །གལ་ཏེ་དེ་དག་རབ་བྱུང་གྱུར། །སྡོམ་པ་གསུམ་དང་ཡང་དག་ལྡན། །སོ་སོར་ཐར་དང་བྱང་ཆུབ་སེམས། །རིག་འཛིན་རང་གི་ངོ་བོའོ། །ཞེས་སོ་ཐར། བྱང་སེམས། རིག་པ་འཛིན་པའི་སྡོམ་པ་གསུམ་ལ་སྡོམ་གསུམ་གྱི་ཐ་སྙད་མཛད་པ་སྟེ། དེ་ལྟར་ན་གསང་སྔགས་ཀྱི་རྒྱུད་སྡེ་ལས་གསུངས་པའི་རྣམ་གྲངས་བཞིའོ། །

གཉིས་པ་སྡོམ་པ་གཉིས་ཀྱི་རྣམ་གཞག་ལ་གསུམ་སྟེ། ཐུན་མོང་དང་། ཐུན་མོང་མ་ཡིན་པའི་སྡོམ་པ་གཉིས། བསྐྱེད་རིམ་གྱི་སྡོམ་པ་དང་། རྫོགས་རིམ་གྱི་སྡོམ་པ་གཉིས། ཕྱི་དང་ནང་གི་སྡོམ་པ་གཉིས་སོ། །དང་པོ་ནི། སྨན་ཞབས་ཀྱིས་དམ་ཚིག་ལ་ཡང་རྣམ་གཉིས་ཏེ། །ཐུན་མོང་སྡོམ་པར་བསྟན་པ་དང་། །ཐུན་མོང་མ་

ཡིན་སྡོམ་པའོ། །ཞེས་གསུངས་ནས། དེ་གཉིས་ཀྱི་ངོས་འཛིན་ཞལ་ལུང་གི་འགྲེལ་པར་རིག་པའི་དབང་ལྔ་མན་ཆད་དུ་ཐོབ་པའི་སྡོམ་པ་ལ་ཐུན་མོང་དང་ཕྱིར་མི་ལྡོག་པ་རྡོ་རྗེ་སློབ་དཔོན་གྱི་དབང་གི་སྐབས་སུ་ཐོབ་པ་ལ་ཐུན་མོང་མ་ཡིན་པར་གསུངས་སོ། །གཉིས་པ་ནི། སྡོམ་འབྱུང་གི་རྒྱུད་ཀྱི་རིམ་པར་ཕྱེ་བ་དང་པོར། ཀྱེ་རྣམ་པ་ཀུན་གྱི་མཆོག་ལྡན་པའི། །བསྐྱེད་པའི་རིམ་པའི་སྡོམ་པ་དང་། །རྫོགས་པའི་སྡོམ་པ་ཇི་ལྟ་བུ། །ཞེས་པའི་ལན་དུ་རིམ་པར་ཕྱེ་བར་གཉིས་པར་བསྐྱེད་རིམ། གསུམ་པར་རྫོགས་རིམ་བསྟན་ནོ། །དེ་བཞིན་དུ་འདུས་པའི་རྒྱུད་ཕྱི་མར། དེ་བཞིན་སྡོམ་པ་ཅི་ལྟ་བུ་ཞེས་དྲིས་པའི་ལན་དུ། སངས་རྒྱས་རྣམས་ཀྱིས་དེར་བསྟན་པ། །རིམ་པ་གཉིས་ལ་ཡང་དག་བརྟེན། །བསྐྱེད་པ་ཡི་ནི་རིམ་པ་དང་། །དེ་བཞིན་རྫོགས་པའི་རིམ་ཉིད་དོ། །ཞེས་རྒྱུད་ལེའུ་བཅུ་བདུན་པར་བསྟན་པའི་ཉམས་ལེན་ཐམས་ཅད་རིམ་པ་གཉིས་སུ་འདུས་པ་དེ་ཉིད་སྡོམ་པ་ཡིན་པར་གསུངས་སོ། །གསུམ་པ་ནི། རྗེ་བཙུན་གྱིས་རྩོམ་ཕྲེང་བའི་ལམ་ལས། སྡོམ་པ་ལ་ཕྱིའི་སྡོམ་པ་དང་། ནང་གི་སྡོམ་པ་གཉིས་སུ་ཕྱེ་ནས་གསུམ་ལྡན་གྱི་གང་ཟག་གི་རྒྱུད་ཀྱི་སྡོམ་པ་གསུམ་པོ་རེ་རེ་ལ་ཡང་ཕྱི་ནང་གི་སྡོམ་པ་གཉིས་གཉིས་གསུངས་སོ། །གཉིས་པ་ནི། མདོ་སྡུད་པ་ལས། ཉི་མ་མཁའ་ལ་འགྲོ་བའི་ཟེར་གྱིས་ཟིལ་ནོན་པའི། །མདུན་གྱི་བར་སྣང་ལ་ནི་མུན་པ་མི་གནས་བཞིན། །ཤེས་རབ་ཕ་རོལ་ཕྱིན་ལ་བསླབ་པ་བྱས་རྣམས་ཀྱི། །ཕ་རོལ་ཕྱིན་པ་ཐམས་ཅད་འདིར་ནི་འདུས་པར་གསུངས། །ཞེས་ཤེར་ཕྱིན་གྱི་བསླབ་པར་བསླབ་པ་ཐམས་ཅད་འདུས་པ་ལྟ་བུའོ། །དེ་ལ་སྡོམ་པའི་ཐ་སྙད་མེད་དོ་སྙམ་ན་ཡོད་དེ། དེ་ཉིད་ལས། གང་ལ་སྡོམ་དང་སྡོམ་པ་མ་ཡིན་རློམ་སེམས་མེད། །འདི་ནི་ཚུལ་ཁྲིམས་སྡོམ་པར་རྣམ་པར་འདྲེན་པས་གསུངས། །ཞེས་སོ། །

གཉིས་པ་སྐབས་སུ་བབ་པའི་སྡོམ་གསུམ་ངོས་འཛིན་པ་ནི། སོ་ཐར། བྱང་སེམས། རིག་པ་འཛིན་པའི་སྡོམ་པ་གསུམ་སྟེ། འདི་གསུམ་གྱིས་བསྟན་པའི་ཉམས་ལེན་མ་ལུས་པ་བསྡུས་ཀྱང་གསུམ་པོ་ཕྱོགས་གཅིག་ཏུ་བསྒྲིགས་པའི་རྣམ་པར་གཞག་པ་ནི་གསང་སྔགས་ཀྱི་རྒྱུད་སྡེ་མ་ཡིན་པར་གཞན་ལ་མེད་དེ། ཉན་ཐོས་ཀྱི་སྡེ་སྣོད་ལ། སྡོམ་པ་གོང་མ་གཉིས་ཀྱི་རྣམ་གཞག་མེད། ཕ་རོལ་ཏུ་ཕྱིན་པའི་སྡེ་སྣོད་ལ་སྔགས་སྡོམ་གྱི་རྣམ་གཞག་མེད་པའི་ཕྱིར་རོ། །དེའི་རྒྱུ་མཚན་ཉན་ཐོས་སྡེ་པ་དག་བྱང་ཆུབ་གསུམ་པོ་གང་རུང་དུ་སེམས་བསྐྱེད་ནས་སོ་ཐར་གྱི་སྡོམ་པ་བསྲུངས་ཏེ། ཞི་ལྷག་གཉིས་བསྒོམས་པས་བྱང་ཆུབ་དེ་དང་དེ་ཐོབ་པར་འདོད། ཐེག་པ་ཆེན་པོ་ཕ་རོལ་ཏུ་ཕྱིན་པ་ལས་ནི་བྱང་སེམས་ཀྱི་སྡོམ་པས་བླ་ན་མེད་པའི་བྱང་ཆུབ་སྒྲུབ་ནུས་ཀྱང་དེའི་རྟེན་དུ་ཐེག་ཆེན་སོ་ཐར་ངེས་པར་དགོས་པར་འདོད། གསང་སྔགས་ཀྱི་རྒྱུད་སྡེ་ལས་ནི་བླ་ན་མེད་པའི་བྱང་ཆུབ་བསྒྲུབ་པ་ལ་གཙོ་བོར་སྔགས་སྡོམ་དགོས་ཀྱང་དེའི་རྟེན་དུ་ཡང་བྱང་སེམས་དང་སོ་ཐར་གཉིས་ངེས་པར་དགོས་པས་སྡོམ་པ

གསུམ་ཆར་ཉམས་སུ་ལེན་དགོས་པར་བཞེད་པའི་ཕྱིར་རོ། །འདི་ཇི་ལྟར་ཞེ་ན་དངོས་གཞིའི་སྐབས་སུ་སྔགས་སྡོམ་ལེན་པའི་ཚེ་སྔོན་འགྲོ་ལ། སོ་ཐར་དང་། བྱང་སེམས་གཉིས་ལེན་པའི་ཆོ་ག་ཡོད་པ་དང་། དངོས་གཞིའི་སྐབས་སུ་བསྐྱེད་རྫོགས་བསྒོམས་པའི་ཚེ་སྔོན་འགྲོར་སོ་ཐར་དང་། བྱང་སེམས་ཀྱི་ཉམས་ལེན་ཡོད་པ་དང་སྔགས་སྡོམ་གྱི་རྩ་ལྟུང་བསྲུང་བའི་ཚེ་སོ་ཐར་དང་། བྱང་སེམས་ཀྱི་རྩ་ལྟུང་ཡང་བསྲུང་དགོས་པ་ལས་ཤེས་སོ། །དང་པོ་ནི་དཀྱིལ་ཆོག་ཕལ་ཆེར་ལས། རང་གི་བསླབ་ལྡན་འཁོར་བཞི་པོ། །ཐེག་ཆེན་བློ་ཅན་རྣམས་ལ་ནི། དེ་བཞིན་གཤེགས་པས་གསུངས་པ་ཡི། །ཡང་དག་ཆོ་ག་རྗེས་སུ་གནང་། །ཞེས་པའི་ཚིག་རྐང་དང་པོས་སོ་ཐར། གཉིས་པས་བྱང་སེམས། ཕྱི་མ་གཉིས་ཀྱི་སྔགས་སྡོམ་འཐོབ་པའི་ཆོ་ག་བསྟན། དེ་བཞིན་དུ་གསོལ་བཏབ་ཀྱི་སྐབས་སུ། དམ་ཚིག་དེ་ཉིད་བདག་ལ་སྩོལ། །ཞེས་པས་སྔགས་སྡོམ། བྱང་ཆུབ་སེམས་ཀྱང་བདག་ལ་སྩོལ། །ཞེས་པས་དེའི་རྟེན་དུ་བྱང་སེམས་ཀྱི་སྡོམ་པ། སངས་རྒྱས་ཆོས་དང་དགེ་འདུན་ཏེ། །སྐྱབས་གསུམ་དག་ཀྱང་བདག་ལ་སྩོལ། །ཞེས་པས་དེའི་རྟེན་དུ་སོ་ཐར་གྱི་སྡོམ་པ་སྩོལ་བར་གསོལ་བ་གདབ་ཅིང་། དེའི་གོ་རིམ་བཞིན་དུ་བསྒྲག་པའི་ཚེ། རྡོ་རྗེ་རྩེ་མོར། རིགས་ལྔ་སོ་སོའི་དམ་ཚིག་གིས་སྔགས་སྡོམ། དེ་ལས་གཞན་ཡང་བཅུ་བཞི་ནི། །ཞེས་སོགས་ཀྱིས་བྱང་སེམས། ཁྱོད་ཀྱིས་སྲོག་ཆགས་བསད་མི་བྱ། །ཞེས་སོགས་ཀྱིས་སོ་ཐར་ཀྱི་སྡོམ་པ་བསྒྲག་པར་མཛད་དོ། །བཟུང་བའི་ཚེ་རྟེན་དང་བརྟེན་པ་ཡིན་པས་ཐོག་མར་རྒྱུན་བཤགས་ཀྱིས་སོ་ཐར་དང་། བྱང་སེམས་བཟུང་། རིགས་ལྔའི་སྡོམ་བཟུང་གིས་བསྲུང་བར་ཁས་བླངས་པ་ཙམ་ཞིག་གཟུང་ནས། སྡོམ་པ་རང་གི་ངོ་བོ་དངོས་གཞིའི་ཆོ་གས་བསྐྱེད་པར་མཛད་པ་འདི་ནི་དཀྱིལ་འཁོར་གྱི་ཆོ་ག་གཅིག་ཉིད་ལ་སྡོམ་གསུམ་ལེན་པའི་ཚུལ་གསལ་བ་ཡིན་ཀྱང་། མན་ངག་གིས་མིག་དང་བྲལ་བ་དག་གིས་ནི་མོས་པ་ཙམ་ཡང་བྱ་དཀའ་བར་སྣང་ངོ་། །དངོས་གཞི་ལ་བསྐྱེད་རྫོགས་ཉམས་སུ་ལེན་པའི་ཚེ་སྔོན་འགྲོར་སྡོམ་པ་འོག་མ་གཉིས་ཉམས་སུ་ལེན་པ་ནི་རྒྱུན་བཤགས་ཀྱི་གནད་ལས་ཤེས་ཏེ་འདིར་མ་སྤྲོས་སོ། །སྔགས་ཀྱི་རྩ་ལྟུང་བསྲུང་བའི་ཚེ་འོག་མ་གཉིས་ཀྱི་རྩ་ལྟུང་ངེས་པར་བསྲུང་དགོས་པ་ནི། བདེར་གཤེགས་བཀའ་འདས་ཀྱི་རྩ་ལྟུང་བསྲུང་ཚུལ་ལས་ཤེས་ཏེ། འདི་དག་ལ་དགོངས་ནས་ས་པཎ་གྱིས། བླ་མ་བཙལ་ལ་དབང་བཞི་བླང་། དེ་ཡིས་སྡོམ་པ་གསུམ་ལྡན་འགྱུར། །ཞེས་དང་། སྡོམ་པ་གསུམ་དང་ལྡན་པ་ཡི། །རིམ་གཉིས་ཟབ་མོའི་གནད་ཤེས་ན། །ཞེས་སོགས་གསུངས་པར་ཤེས་པར་བྱའོ། །

གསུམ་པ་དེ་ཉིད་གཏན་ལ་དབབ་པ་ལ་དྲུག་སྟེ། སྡོམ་པ་གསུམ་གྱི་ངོ་བོ་ངོས་བཟུང་བ། མ་ཐོབ་པ་ཐོབ་པར་བྱེད་པའི་ཆོ་ག ཐོབ་པ་མི་ཉམས་པར་བསྲུང་བའི་བསླབ་བྱ། ཉམས་ན་ཕྱིར་བཅོས་པའི་ཚུལ། སྡོམ་པ་

གནས་གཏོང་གི་ཚུལ་དཔྱད་པ། གསུམ་ལྡན་གྱི་གང་ཟག་གིས་སྡོམ་གསུམ་ཉམས་སུ་ལེན་པའི་ཚུལ་ལོ། །དང་པོ་ལ་གཉིས་ཏེ། སྡོམ་གསུམ་སོ་སོའི་ངོ་བོ། རེ་རེ་ཡང་ལྡོ་ལྡོས་གཏན་ལ་དབབ་པའི་ཚུལ་ལོ། །དང་པོ་ལ་གསུམ་ལས། དང་པོ་སོ་ཐར་ལ། གཞན་ལུགས་དགག །རང་ལུགས་བཞག །རྩོད་པ་སྤོང་བའོ། །དང་པོ་ནི། བྱེ་བྲག་ཏུ་སྨྲ་བའི་ལུགས་ལ། སོ་ཐར་གྱི་སྡོམ་པ་ནི་ངོ་བོ་རྣམ་པར་རིག་བྱེད་དང་། རིག་བྱེད་མ་ཡིན་པའི་གཟུགས་ཀྱིས་བསྡུས་པ། གང་ཟག་དང་ཐོབ་པ་ཐག་པ་ལྟ་བུས་སྦྲེལ་བ། དུས་ཇི་སྲིད་འཚོ་དང་། ཉིན་ཞག་གི་མཐའ་ཅན་དུ་འདོད་དེ། མཛོད་ལས། རྣམ་རིག་མིན་རྣམ་གསུམ་ཞེས་བྱ། །སྡོམ་དང་སྡོམ་པ་མིན་དང་གཞན། །སྡོམ་པ་སོ་སོ་ཐར་ཞེས་བྱ། །ཞེས་རིག་བྱེད་མ་ཡིན་པ་དང་། དང་པོའི་རྣམ་རིག་རྣམ་རིག་མིན། །སོ་སོར་ཐར་དང་ཞེས་རྣམ་པར་རིག་བྱེད་ཀྱང་གསུངས་པ་དང་། ཇི་སྲིད་འཚོ་དང་ཉིན་ཞག་ཏུ། །སྡོམ་པ་ཡང་དག་བླང་བར་བྱ། །ཞེས་གསུངས་སོ། །དཀའ་གནོད་པ། བོད་ཁ་ཅིག་ཐེག་པ་ཆེན་པོའི་སྐབས་སུ་ཡང་བྱེ་བྲག་སྨྲ་བའི་འདོད་པ་བཞིན་དུ་སོ་ཐར་རིས་བརྒྱད་པོ་གཟུགས་ཅན་དུ་འདོད་དེ། སྤྲུལ་བྱེད་ནི་རང་གི་ཉེར་ལེན་ལུས་ངག་ལས་སྐྱེས་པའི་ཕྱིར་དང་། བྱེ་བྲག་ཏུ་སྨྲ་བའི་གཞུང་ལས་བཤད་པའི་ཚོགས་ལེན་དགོས་ཤིང་དེ་ལས་གཟུགས་ཅན་དུ་སྐྱེ་བ་བྱེ་བྲག་སྨྲ་བ་འདོད་པའི་ཕྱིར་རོ། །དེ་བཞིན་དུ་ཚོག་ཉན་ཐོས་ཀྱི་ལུགས་བཞིན་དུ་བྱས་པའི་ཐེག་ཆེན་སོ་སོར་ཐར་པ་ཡང་གཟུགས་ཅན་ཡིན་ཏེ། ཆོག་དེ་ལས་སྐྱེས་པའི་ཕྱིར། གལ་ཏེ་སོ་ཐར་གྱི་སྡོམ་པ་སེམས་སུ་ཁས་བླངས་ན། སོ་སོར་ཐར་པའི་སྡོམ་པ་ནི། །སེམས་ལས་སྐྱེས་ཕྱིར་གཟུགས་ཅན་མིན། །དེས་ན་ཇི་སྲིད་སེམས་མ་ཉམས། །དེ་ཡི་བར་དུ་སྡོམ་པ་ཡོད། །ཅེས་པ་ཡང་རང་ལ་མཚུངས་པར་འགྱུར་ཏེ། སོ་ཐར་གྱི་སྡོམ་པ་སེམས་སུ་ཁས་བླངས་པའི་ཕྱིར་རོ། །དེས་ན་སོ་ཐར་གྱི་སྡོམ་པ་ཡིན་ན། གཟུགས་ཅན་ཡིན་པས་ཁྱབ། བྱང་སེམས་ཀྱི་སྡོམ་པ་ཡིན་ན་སེམས་ཡིན་པས་ཁྱབ་ཅེས་སྨྲའོ། །འདི་ནི་ཡང་དག་པ་མ་ཡིན་ཏེ། སོ་ཐར་གྱི་སྡོམ་པ་ཉེར་ལེན་ལུས་ངག་ལས་སྐྱེ་བ་ནི་རྣམ་པར་རིག་བྱེད་མ་ཡིན་པའི་གཟུགས་སུ་འདོད་པ་དང་འགལ་ཏེ། ལུས་ངག་ནི་འབྱུང་འགྱུར་ཡིན་ལ། རིག་བྱེད་མ་ཡིན་པའི་གཟུགས་ནི་རང་གི་ཉེར་ལེན་འབྱུང་བ་ལས་སྐྱེ་བར་འདོད་པའི་ཕྱིར་ཏེ། འབྱུང་བ་ཆེ་རྣམས་རྒྱུར་བྱས་པ། །ཞེས་བཤད་པའི་ཕྱིར། སེམས་ཙམ་ལུགས་ཀྱི་ཆོག་ལས་སྐྱེས་པའི་བྱང་སེམས་ཀྱི་སྡོམ་པ་དེ་བདེན་གྲུབ་དུ་ཐལ། དེ་སེམས་ཙམ་ལུགས་ཀྱི་ཆོག་ལས་སྐྱེས་ཤིང་། ཆོག་དེ་ལས་བྱང་སེམས་ཀྱི་སྡོམ་པ་བདེན་གྲུབ་སྐྱེ་བར་སེམས་ཙམ་པ་འདོད་པའི་ཕྱིར། བྱང་སའི་ཚུལ་ཁྲིམས་ལེའུར་བཤད་པའི་སོ་ཐར་རིགས་བདུན་པོ་དེ་ཡང་གཟུགས་ཅན་དུ་ཐལ། སོ་ཐར་གྱི་སྡོམ་པ་ཡིན་པའི་ཕྱིར། འདོད་ན། དེ་ནས་བཤད་པའི་ཉེས་སྤྱོད་སྡོང་བའི་ཚུལ་ཁྲིམས་དེ་ཡང་གཟུགས་ཅན་དུ་ཐལ། དེའི་ཕྱིར། ཁྱབ་སྟེ། ཚུལ་

ཁྲིམས་ལེའུ་ལས། ཚུལ་ཁྲིམས་དེ་ཡང་མདོར་བསྡུ་ན་རྣམ་པ་གསུམ་སྟེ། སྡོམ་པའི་ཚུལ་ཁྲིམས་དང་། དགེ་བ་ཆོས་སྡུད་ཀྱི་ཚུལ་ཁྲིམས་དང་། སེམས་ཅན་ལ་ཕན་འདོགས་པའི་ཚུལ་ཁྲིམས་སོ། །དེ་ལ་བྱང་ཆུབ་སེམས་དཔའི་སྡོམ་པའི་ཚུལ་ཁྲིམས་ནི། སོ་སོར་ཐར་པའི་སྡོམ་པ་ཡང་དག་པར་བླངས་པའི་རིགས་བདུན་པོ། དགེ་སློང་དང་། དགེ་སློང་མ་དང་། དགེ་སློབ་མ་དང་། དགེ་ཚུལ་དང་། དགེ་ཚུལ་མ་དང་། དགེ་བསྙེན་དང་། དགེ་བསྙེན་མའི་ཚུལ་ཁྲིམས་གང་ཡིན་པ་སྟེ། ཞེས་གསུངས་པས་སོ། །གོང་དུ་འདོད་ན། དགེ་བ་ཆོས་སྡུད་དང་སེམས་ཅན་དོན་བྱེད་ཀྱི་ཚུལ་ཁྲིམས་ཀྱང་གཟུགས་ཅན་དུ་ཐལ། འདོད་པའི་ཕྱིར། འདོད་ན་སེམས་སུ་ཐལ། བྱང་སེམས་ཀྱི་སྡོམ་པ་ཡིན་པའི་ཕྱིར། ཁྱབ་པ་ཁས་བླངས་སོ། །སེམས་ལས་སྐྱེས་ཕྱིར་གཟུགས་ཅན་མིན། །ཞེས་སོགས་སྨྲ་ཧེ་བཞིན་དུ་ཁས་ལེན་ན། ཉོན་མོངས་ཤེས་བྱའི་སྒྲིབ་པ་ནི། །སེམས་ལས་སྐྱེས་ཕྱིར་གཟུགས་ཅན་མིན། །དེས་ན་ཧེ་སྲིད་སེམས་མ་ཉམས། །དེ་ཡི་བར་དུ་སྒྲིབ་པ་ཡོད། །ཅེས་པའང་རང་ལ་མཚུངས་པར་འགྱུར་ཏེ། སྒྲིབ་གཉིས་སེམས་ཀྱི་སྟེང་ནས་འཇོག་པའི་ཕྱིར་རོ་ཞེས་བརྗོད་ན་ལན་ཅི་ཡོད། འོན་དེའི་དོན་གང་ཡིན་ཞེ་ན། བྱང་སེམས་ཀྱི་སྡོམ་པ་ནི་སེམས་ཧེ་སྲིད་གནས་ཀྱི་བར་དུ་ཁས་བླངས་པ་ལས་སྐྱེ་བའི་ཕྱིར། སེམས་མ་ཉམས་པ་དེ་སྲིད་དུ་སྡོམ་པ་ཡོད་དོ། །དེ་ལ་བྱེ་བྲག་སྨྲ་བས་སྡོམ་པ་ཡིན་ན་གཟུགས་ཅན་ཡིན་དགོས་པས། ལུས་ཞིག་པའི་ཚེ་གཏོང་ངོ་ཞེ་ན། མ་ཡིན་ཏེ། གཟུགས་ཅན་དུ་མི་འདོད་པའི་ཕྱིར་ཞེས་པའི་དོན་ནོ། །ཐེག་པ་ཆེན་པོའི་སྐབས་སུ་སྡོམ་པ་རྣམ་པར་རིག་བྱེད་མ་ཡིན་པའི་གཟུགས་ཡིན་པ་ལྟ་ཞོག །རྣམ་པར་རིག་བྱེད་མ་ཡིན་པའི་གཟུགས་ཉིད་ཀྱང་ཁས་བླངས་ན། བྱེ་བྲག་སྨྲ་བས། རྣམ་གསུམ་དྲི་མེད་གཟུགས་གསུངས་དང་། །འཕེལ་དང་མ་བྱས་ལམ་སོགས་ཕྱིར། །ཞེས་པའི་སྒྲུབ་བྱེད་རྣམས་སུའི་ངོར་འགོད་པ་ཡིན་སྨྲ་དགོས་སོ། །དེས་ན་བདག་ཉིད་ཆེན་པོས། གྲུབ་མཐའི་རྣམ་དབྱེ་མ་ཕྱེད་ཅིང་། །རྒྱུད་སྡེའི་རིམ་པ་མི་ཤེས་པར། །རྣམ་གཞག་ལེགས་ལེགས་འདྲ་ན་ཡང་། །ལྐམ་དཔེ་ཞྭ་ལ་བཀབ་པ་ཡིན། ཞེས་གསུངས་པའང་འདི་འདྲའི་རིགས་ཅན་ལ་དགོངས་སོ། །

གཉིས་པ་རང་ལུགས་གཞག་པ་ནི། སོ་སོར་ཐར་པའི་སྡོམ་པའི་ངོ་བོ་ནི་ངེས་འབྱུང་གི་བསམ་པས་ཀུན་ནས་བསླངས་ཏེ། གཞན་གནོད་གཞིར་བཅས་སྤོང་བའི་སེམས་པ་མཚུངས་ལྡན་དང་བཅས་པའོ། །ངེས་འབྱུང་གི་བསམ་པ་མེད་པའི་དགེ་སློང་གི་སྡོམ་པ་སོགས་ནི་སོ་ཐར་གྱི་སྡོམ་པར་མི་འགྱུར་ཏེ། ཕྱི་མ་ལྷ་མིའི་གོ་འཕང་ཙམ་དོན་དུ་གཉེར་བའི་སྡོམ་པ་ནི་ལེགས་སྨོན་དང་། ཚེ་འདིར་རྒྱལ་པོའི་ཆད་པས་འཇིགས་པ་དང་། ནད་གདོན་སོགས་ཀྱིས་འཇིགས་ནས་བསྲུང་བའི་སྡོམ་པ་ནི་འཇིགས་སྐྱོབ་ཀྱི་ཚུལ་ཁྲིམས་ཡིན་པའི་ཕྱིར་རོ། །དེས

ན་སོ་ཐར་དུ་འགྱུར་བ་ལ་ངེས་འབྱུང་གི་བསམ་པ་ངེས་པར་དགོས་ཏེ། མདོ་རྩ་ལས། ངེས་པར་འབྱུང་བའི་ཚུལ་ཁྲིམས་ཀྱི་དབང་དུ་བྱས་ཏེ་ཞེས་པ་དང་། སུམ་བརྒྱ་པ་ལས། ངེས་པར་འབྱུང་བའི་ཚུལ་ཁྲིམས་སྡུག་བསྔལ་སྤོང་། །ཞེས་དང་། མཛོད་འགྲེལ་ལས། ཅི་ཕྱི་རོལ་པ་རྣམས་ལ་ཡང་དག་པར་བླངས་པའི་ཚུལ་ཁྲིམས་མེད་དམ་ཞེ་ན། ཡོད་མོད་ཀྱི། སོ་སོར་ཐར་པའི་སྡོམ་པ་ནི་མ་ཡིན་ནོ། །དེ་ཅིའི་ཕྱིར་ཞེ་ན། དེ་ནི་སྲིད་པ་ལ་བརྟེན་པའི་ཕྱིར་གཏན་དུ་སྡིག་པ་ལས་སོ་སོར་ཐར་བར་བྱེད་པ་མ་ཡིན་ནོ་ཞེས་གསུངས་སོ། །དམར་སྟོན་གྱིས་མདོ་རྩར། སྐྱབས་སུ་འགྲོ་བར་ཁས་བླངས་པའི་ཚིག་རྫོགས་པ་དང་ཞེས་པའི་དོན། རྒྱ་ཆེར་འགྲེལ་ལས། སངས་རྒྱས་ལ་མྱ་ངན་ལས་འདས་པའི་ལམ་སྟོན་པའི་སྟོན་པ། ཆོས་ལ་མྱ་ངན་ལས་འདས་པའི་ལམ་དངོས། དགེ་འདུན་ལ་མྱ་ངན་ལས་འདས་པའི་ལམ་སྒྲུབ་པའི་གྲོགས་ཞུ་བའི་དོན་དུ་བཤད་པས། སྐྱབས་འགྲོ་ཡིན་ན་ངེས་འབྱུང་གི་བསམ་པས་ཟིན་པས་ཁྱབ་པར་གྲུབ་ལ། དེའི་རྒྱུ་མཚན་གྱིས་དགེ་བསྙེན་གྱི་སྡོམ་པ་སོགས་རིས་བརྒྱད་ཆར་ལ་ཡང་ངེས་འབྱུང་གི་བསམ་པས་ཁྱབ་པའི་ཕྱིར། སོ་ཐར་ཁོ་ན་ཡིན་པར་གྲུབ་བོ་ཞེས་བཤད་པ་ནི་མི་འཐད་དེ། མདོ་རྩར་ངེས་པར་འབྱུང་བའི་ཚུལ་ཁྲིམས་ཀྱི་དབང་དུ་བྱས་ཏེ་རིས་བརྒྱད་ལ། སྤྱིར་འཇིགས་སྐྱབ། ལེགས་སྨོན། ངེས་འབྱུང་གིས་ཟིན་པ་གསུམ་ཡོད་པ་ལས། འདིར་ནི་ཕྱི་མ་ཁོ་ནའི་དབང་དུ་བྱས་ནས་བཤད་ཅེས་པའི་དོན་ཡིན་པས་མདོ་རྩའི་དངོས་བསྟན་གྱི་རྩ་བ་སྐྱབས་འགྲོ་དང་། དེ་ཉིད་རྩ་བར་བྱས་པའི་རིས་བརྒྱད་ལ་སོ་ཐར་གྱིས་ཁྱབ་ཀྱང་། སྤྱིར་དེ་དག་ལ་སོ་ཐར་གྱིས་མ་ཁྱབ་པའི་ཕྱིར་རོ། །ཁ་ཤཱཀྱ་ཅིག་འདིའི་དོན་དུ་བསམ་ནས། སོ་ཐར་ལ་འཇིགས་སྐྱབ། ལེགས་སྨོན། ངེས་འབྱུང་གི་ཚུལ་ཁྲིམས་གསུམ་ཡོད་པར་སྨྲ་བ་དག་ནི་མཆུའི་རྣམ་འགྱུར་ཞུང་ན་ཁ་མཛེས་པ་ཡིན་ནོ། །གཞན་ལ་གནོད་པ་ནི་ལུས་ངག་གི་མི་དགེ་བ་བདུན་དང་། གཞི་ནི་སྤྱིར་དོན་ལྔ་ལ་འཇུག་པ་ལས་འདིར་རྒྱུའི་དོན་ཏེ་ཡིད་ཀྱི་མི་དགེ་བ་གསུམ་མོ། །བཅས་པ་ནི་ཕན་ཚུན་སྤྱད་པ་སྟེ། མདོར་ན་སོ་ཐར་རིས་བདུན་ཆར་ཡང་མི་དགེ་བ་བཅུ་སྤོང་དུ་གྲུབ་སྟེ། མདོ་ལས། དགེ་བསྙེན་སྟོན་པ་གཞན་ལ་མི་བརྟེན་པ། ཆོས་དགེ་བ་བཅུ་སྤྱོད་པ་ཞེས་གསུངས་པའི་དགོངས་པ་ཡང་ཡིན་ལ། བརྟག་གཉིས་ལས། དེ་རྗེས་བསླབ་པའི་གནས་བཅུ་སྦྱིན། །ཅེས་པའི་དོན། གཏན་ཁྲིམས་བདུན་ཆར་མི་དགེ་བ་བཅུ་སྤོང་དུ་གསུངས་པའི་དགོངས་པ་ཡང་དེ་ཉིད་ཡིན་ནོ། །འོ་ན་སྣ་གཅིག་སྤྱོད་པ་སོགས་ལ་མ་ཁྱབ་ཅིང་། བསྙེན་པར་རྫོགས་པ་དང་མ་རྫོགས་པའི་སྡོམ་པའི་ཁྱད་པར་སྤོང་བདུན་དང་སྤོང་བཞི་ལ་འཇོག་པ་ཡང་མི་འཐད་པར་འགྱུར་ཏེ། བདུན་ཆར་ཡང་མི་དགེ་བ་བཅུ་སྤོང་དུ་མཚུངས་པའི་ཕྱིར་ཞེ་ན། གཏན་ཁྲིམས་བདུན་གྱི་དགེ་བསྙེན་ནི་ཡོངས་རྫོགས་ཀྱི་དགེ་བསྙེན་ལ་འཇོགས་པས་སྐྱོན་དང་པོ་མེད་ཅིང་། སྐྱོན་གཉིས་པ་ཡང་མེད་དེ། སྤོང་

བདུན་དང་སྤོང་བཞི་ནི་སྤང་བྱ་ཅི་ཙམ་སྤོང་བའི་གྲངས་ཀྱིས་འཇོག་པ་མ་ཡིན་གྱི། དང་པོར་ཡང་དག་པར་བླངས་པའི་ཚེ་ལུས་ངག་གི་རང་བཞིན་གྱི་ཁ་ན་མ་ཐོ་བ་བདུན་ཆར་སྤོང་བ་དང་། བཞི་སྤོང་བ་ཡང་དག་པར་བླངས་པའི་སྒོ་ནས་འཇོག་པ་ཡིན་པའི་ཕྱིར་ཏེ། མཛོད་འགྲེལ་ལས། ལུས་དང་ངག་གི་ལས་སྤོང་བར་བྱ་བ་ཐམས་ཅད་སྤོང་བ་ཡང་དག་པར་བླངས་པས་ནི་དགེ་སློང་ཡིན་ནོ། ཞེས་གསུངས་པས་སོ། །

བླངས་པའི་ཚེ་ཡང་བཅས་པའི་ཁ་ན་མ་ཐོ་བའི་སྒོ་ནས་ནི་མི་འཇོག་སྟེ། གཞན་དུ་ན་དགེ་བསྙེན་གྱི་སྡོམ་པ་སྤོང་ལྔ་དང་། བསྙེན་གནས་ཀྱི་སྡོམ་པ་སྤོང་བརྒྱད་སོགས་སུ་ཐལ་བའི་ཕྱིར་རོ། །གནད་འདི་དག་མ་རྟོགས་པ་ཁ་ཅིག །གཞན་གནོད་གཞི་བཅས་སྤོང་བ་དགེ་སློང་གི་སྡོམ་པར་འདོད་པ་དང་། གཞིའི་དོན་གཞི་བསམ་སྦྱོར་བ་མཐར་ཐུག་གི་ནང་ཚན་དུ་གྱུར་པའི་གཞི་ལ་འཆད་པ་ནི་ནོར་བར་འཁྲུལ་བས་ཏེ། དེ་ལྟར་ན་གཞན་གནོད་གཞི་བཅས་སྤོང་བ་མི་སྲིད་པར་ཐལ་བའི་ཕྱིར་རོ། །ལ་ལ་དག་གཞན་གནོད་གཞི་བཅས་སྤོང་བ་སོ་ཐར་གྱི་སྡོམ་པར་བཤད་པ་རྒྱ་གར་གྱི་གཞུང་འགྲེལ་གང་ན་ཡང་མེད་དོ། ཞེས་འཇེར་བ་ནི་ཕུང་པོ་ལྔའི་རབ་བྱེད་ཀྱི་འགྲེལ་བཤད་མ་མཐོང་བར་ཟད་དོ། །དེས་ན་གཞུང་དེ་ལ་བརྟེན་ནས། ས་སྐྱའི་རྗེ་བཙུན་གོང་མ། མཆིམས་ནམ་མཁའ་གྲགས། དཔང་ལོ་ཆེན་པོ། བུ་སྟོན་ཁ་ཆེ་སོགས་མཁས་པ་རྣམས་ཀྱིས་མགྲིན་གཅིག་ཏུ་གསུངས་པ་འདི་ཉིད་བཟུང་ན་ལེགས་སོ། །སེམས་པ་མཚུངས་ལྡན་དང་བཅས་པའི་དོན་ནི། ཀུན་ལས་བཏུས་ལས། ཡོན་ཏན་དེ་དང་དེའི་སྐབས་སུ། སེམས་པ་དང་། ཏིང་ངེ་འཛིན་དང་། ཤེས་རབ་སོགས་གང་གཙོ་བོ་ཡིན་པ་དེ། ཡོན་ཏན་དེ་དང་དེར་སོང་བའི་སྟོབས་ཀྱིས་མཚུངས་ལྡན་གཞན་རྣམས་ཀྱང་ཡོན་ཏན་དེ་དང་དེར་སོང་བ་ལ་དགོངས་ནས་འདི་འདྲའི་རིགས་ཅན་མང་དུ་གསུངས་པ་ལས་འདིར་ནི་སེམས་པ་གཙོ་བོ་ཡིན་པས་དེ་དང་མཚུངས་ལྡན་རྣམས་ཀྱང་སྡོམ་པར་སོང་བའི་དོན་ཏོ། །འོ་ན་དགེ་སློང་གཉིད་མཐུག་པོ་ལོག་པའམ། ཞེ་སྡང་དྲག་པོ་སྐྱེས་པའི་སྐབས་དང་། འགོག་པ་ལ་སྙོམས་པར་འཇུག་པའི་ཚེ་དགེ་སློང་གི་སྡོམ་པ་མེད་པར་འགྱུར་རོ་ཞེ་ན། བྱེ་བྲག་སྨྲ་བས་འདིའི་སྐྱོན་འབྱུང་བར་བསམ་ནས་གཟུགས་ཅན་དུ་འདོད་ལ། ཀུན་ལས་བཏུས་ལས་དབང་ལྡན་གྱི་ཚུལ་དུ་ཡོད་པར་འདོད་པ་ཉིད་འདིར་སྨྲར་ན་ཡང་རུང་མོད་ཀྱི། སྤྱིར་ནི་འཐོབ་རྒྱུས་འཐོབ་ཅིང་། གཏོང་རྒྱུས་མ་བཏང་བས་ད་ལྟ་མངོན་གྱུར་མེད་ཀྱང་ཡོད་ཅེས་པའི་ཐ་སྙད་འཐོབ་སྟེ། དཔེར་ན་དངོས་པོ་འགའ་ཞིག་སྙིང་དུ་བཏང་ཟིན་པས། ད་ལྟ་མེད་ཀྱང་ཡོད་ཅེས་པའི་ཐ་སྙད་འཐོབ་པ་བཞིན་ནོ། །འདི་དག་ནི་འོག་མ་དག་གི་སྐབས་སུ་ཡང་དྲན་པར་བྱའོ། །སོ་ཐར་ལ་དབྱེ་ན་ཉན་ཐོས་ཀྱི་སོ་ཐར་དང་། ཐེག་ཆེན་གྱི་སོ་ཐར་གཉིས་ལས། དང་པོ་ནི། རང་དོན་དུ་དམན་པའི་བྱང་ཆུབ་ལ་དམིགས་ཏེ་གཞན་གནོད་གཞི་བཅས་སྤོང་

བའི་སེམས་པ་མཚུངས་ལྡན་དང་བཅས་པའོ། །དེ་ལ་དབྱེ་ན་ཉན་ཐོས་ཀྱི་སོ་སོར་ཐར་པ་རིས་བརྒྱད་དོ། ། གཉིས་པ་ནི། །སེམས་ཅན་ཐམས་ཅད་ཀྱི་དོན་དུ་རྫོགས་པའི་བྱང་ཆུབ་ལ་དམིགས་ཏེ། གཞན་གནོད་གཞི་བཅས་སྤོང་བའི་སེམས་པ་མཚུངས་ལྡན་དང་བཅས་པའོ། །དེ་ལ་དབྱེ་ན་ཐེག་ཉན་ཐོས་དང་ཐུན་མོང་བའི་ཐེག་ཆེན་གྱི་སོ་ཐར། ཐེག་ཐུན་མོང་མ་ཡིན་པའི་ཐེག་ཆེན་གྱི་སོ་ཐར། ཐེག་གོང་མ་དང་ཐུན་མོང་བའི་ཐེག་ཆེན་གྱི་སོ་ཐར་དང་གསུམ་ལས། དང་པོ་ནི། བསམ་པ་ཐེག་ཆེན་སེམས་བསྐྱེད་ཀྱིས་ཀུན་ནས་བསླངས་ཏེ་ཐེག་ཉན་ཐོས་ཀྱི་ལུགས་བཞིན་བྱས་པའི་སོ་ཐར་རིས་བརྒྱད་དོ། །གཉིས་པ་ལ་སྔོན་གྱི་ཆོག་ལས་ཐོབ་པ་དང་། ད་ལྟར་གྱི་ཆོག་ལས་ཐོབ་པ་གཉིས་ལས། དང་པོ་ནི། རྒྱལ་སྲས་བྱམས་པ་དང་། འཇམ་དབྱངས་སོགས་ཀྱིས་འགྲོ་བ་མང་པོ་ལ་བསྙེན་རྫོགས་བྱས་པར་བཤད་པའི་སྡོམ་པ་རྣམས་དང་། ཙན་དན་སྤྱོས་ཀྱི་དད་ལྡན་པའི་དགེ་སློང་གི་རྒྱུད་ཀྱི་སྡོམ་པ་ལྟ་བུའོ། །གཉིས་པ་ནི། དོན་ཡོད་ཞགས་པ་ལས་བཤད་པའི་གསོ་སྦྱོང་གི་སྡོམ་པ་དང་། མཐུལ་ཆོམ་བུ་ལྟ་པ་ལ་བརྟེན་པའི་སེམས་བསྐྱེད་ཀྱི་ཆོ་གའི་སྔོན་འགྲོའི་སྐབས་འགྲོའི་སྡོམ་པ་ལྟ་བུའོ། ། གསུམ་པ་ནི། སེམས་བསྐྱེད་ཀྱི་ཆོ་གའི་སྔོན་སེམས་ཀྱི་སྐབས་སུ་ཐོབ་པའི་སོ་ཐར་དང་། དབང་བསྐུར་གྱི་ཆོ་གའི་སྟ་གོན་གྱི་སྐབས་སུ་ཐོབ་པའི་སྡོམ་པ་ལྟ་བུའོ། །དེས་ན་སྡོམ་པ་གསུམ་ཀ་ལ་སོ་ཐར་གྱི་སྡོམ་པས་ཁྱབ་པ་འདི་ནི་རྗེ་བཙུན་ས་སྐྱ་པ་ཡབ་སྲས་ཀྱི་དགོངས་པ་བླ་ན་མེད་པ་སྟེ། རྗེ་བླ་མ་མུས་པ་ཆེན་པོའི་ཞལ་ལས་ཁོ་བོས་རྙེད་པའོ། །

གསུམ་པ་རྩོད་པ་སྤོང་བ་ནི། དེ་ལྟར་སྡོམ་པ་གསུམ་ཀ་ལ་སོ་ཐར་གྱིས་ཁྱབ་ན། སོ་ཐར་གྱི་སྡོམ་པ་ཤི་འཕོས་ནས་ཀྱང་རྗེས་སུ་འབྲང་བར་ཐལ། སྡོམ་པ་གོང་མ་གཉིས་ཤི་འཕོས་ནས་ཀྱང་རྗེས་སུ་འབྲང་བའི་ཕྱིར་རོ། །འདོད་ན་མཛོད་ལས། བསླབ་པ་ཕུལ་དང་ཤི་འཕོས་དང་། །ཞེས་དང་། ཧི་སྲིད་འཚོ་དང་ཉིན་ཞག་ཏུ། །སྡོམ་པ་ཡང་དག་བླང་བར་བྱ། །ཞེས་དང་། གཞུང་ལས། ཤི་བའི་ཚེ་ན་སྡོམ་པ་གཏོང་། །ཞེས་དང་། དེས་ན་སོ་སོར་ཐར་པ་ཡི། ། སྡོམ་པ་ཤི་ཡང་ཡོད་དོ་ཞེས། །སྨྲ་བའི་སྐྱེས་བུ་དེ་ལ་ནི། །སུ་སྟོད་རྣམ་དབྱེ་མེད་པར་ཟད། །ཅེས་བཤད་པ་དང་ འགལ་ལོ་ཞེ་ན་སྐྱོན་མེད་དེ། དེ་དག་ནི་ཐེག་ཐུན་མོང་བའི་དབང་དུ་བྱས་པ་ཡིན་ལ། ཐེག་ཐུན་མོང་པའི་རིས་བདུན་ནི་ཤི་འཕོས་ནས་གཏོང་བ་ཁོ་བོ་ཡང་འདོད་པའི་ཕྱིར་རོ། །གཉིས་པ་བྱང་སེམས་ཀྱི་སྡོམ་པའི་ངོ་བོ་ནི། ཆོས་རྗེ་ས་པཎ་གྱིས་སེམས་བསྐྱེད་ཀྱི་ཆོ་ག་ལས་ཡང་དག་པར་བླངས་པ་བརྡ་ལས་བྱུང་བའི་ཀུན་རྫོབ་པའི་སེམས་བསྐྱེད་པ་འདི་ལ་མི་མཐུན་ཕྱོགས་སྤོང་བའི་སེམས་པ་རྒྱུན་ཆགས། ཡོད་ན་སྡོམ་པར་འགྱུར་བས་དེ་བཤད་ན། བྱང་ཆུབ་སེམས་དཔའི་སྡོམ་པ་སྤྱིའི་མཚན་ཉིད་དང་། རབ་ཏུ་དབྱེ་བ་དང་། བསླབ་པར་བྱ་བ་

གསུམ་གྱིས་ངེས་པར་བྱའོ། །དང་པོ་ནི། རྫོགས་པའི་བྱང་ཆུབ་ཀྱི་སྒྲུབ་པ་ཁྱད་པར་བ་མི་མཐུན་ཕྱོགས་སྤོང་བའི་སེམས་པ་རྒྱུན་ཆགས་པའོ། །གཉིས་པ་ལ་སྨོན་འཇུག་གཉིས་སོ། །དེ་གཉིས་ཀྱི་མཚན་ཉིད་ལ་འཇིག་རྟེན་པའི་སེམས་སྨོན་པ་ཡིན་ལ། ས་ཐོབ་པ་ཡན་ཆད་འཇུག་པའོ། །ཞེས་གསུངས་པ་ནི་ལུང་ཆོས་ལ་འདྲིས་ཆུང་བར་ཟད་དེ། བསླབ་བཏུས་སུ་འཇུག་པའི་སྡོམ་པ་སོ་སྐྱེ་ཉིད་ལ་བཤད་དོ། །དེས་ན་གཞན་དོན་དུ་སངས་རྒྱས་ཐོབ་པར་འདོད་པ་དང་། དེའི་དོན་དུ་སྤྱོད་པ་སྒྲུབ་པར་འདོད་པའོ། །དེ་ལ་གཞན་དག་སྨོན་པ་ལ་སྡོམ་པ་མེད་དེ། བྱང་ཆུབ་སྨོན་པའི་སེམས་ལས་ནི། །འཁོར་ཚེ་འབྲས་བུ་ཆེ་འབྱུང་ཡང་། །ཇི་ལྟར་འཇུག་པའི་སེམས་བཞིན་དུ། །བསོད་ནམས་རྒྱུན་ཆགས་འབྱུང་བ་མིན། །ཞེས་བཤད་པས་སོ། ཞེས་ཟེར་རོ། །བདག་གི་བླ་མ་དཔལ་ས་སྐྱ་པའི་ཞལ་ནས་ནི། སྨོན་པའི་སེམས། སྨོན་པའི་སེམས་བསྐྱེད། སྨོན་པ་མི་ཉམས་པར་བསྲུང་བ་གསུམ་དང་། འཇུག་པའི་སེམས། འཇུག་པའི་སེམས་བསྐྱེད། འཇུག་པ་མི་ཉམས་པར་བསྲུང་བ་དང་གསུམ་ཡོད་དོ། ཞེས་གསུངས་པ་ནི་མདོ་རྒྱུད་ཀྱི་དགོངས་པ་ཕྱིན་ཅི་མ་ལོག་པར་ངེས་པའོ། །དེའི་རྗེས་སུ་འབྲངས་ནས་སྨོན་འཇུག་གི་སེམས་རྐྱང་པ་སྡོམ་པ་མ་ཡིན་ལ་སྨོན་འཇུག་གི་སེམས་བསྐྱེད་པ་ལ་མི་མཐུན་པ་གཞི་དང་བཅས་པའི་སྤོང་སེམས་ཡོད་ན་གཉིས་ཀ་ལ་ཡང་སྡོམ་པར་འགྱུར་ཏེ། མཚན་ཉིད་དང་ལྡན་པའི་ཕྱིར་རོ། །སྡོམ་པའི་མཚན་ཉིད་དང་ལྡན་ཡང་སྡོམ་པར་མི་འགྱུར་ན་སྡོམ་པ་གཞན་ཐམས་ཅད་ཀྱང་སྡོམ་པར་མི་འགྱུར་རོ། །སློབ་དཔོན་ཞི་བ་ལྷ་ནི་སྡོམ་པས་མ་ཟིན་པའི་སྨོན་པ་རྐྱང་པ་ལ་བསོད་ནམས་རྒྱུན་ཆགས་སུ་མི་འབྱུང་བར་བཞེད་པ་ཡིན་གསུངས་སོ། །དེས་ན་བྱང་ཆུབ་སེམས་དཔའི་རྒྱུད་ཀྱི་གོང་འོག་གི་བསླབ་བྱ་ཐམས་ཅད་ཀྱང་བྱང་སེམས་ཀྱི་སྡོམ་པར་འདུས་པ་ཡིན་ཏེ། གོང་དུ་གསུངས་པའི་མཚན་ཉིད་རྣམས་ཚང་བའི་ཕྱིར་རོ། །རྗེ་བཙུན་གྱི་བཞེད་པ་ཡང་འདི་ཡིན་ཏེ། རྩ་ལྟུང་འགྲུལ་སྤོང་ལས། ལྟུང་བའི་ངོ་བོ་འདི་ལ་ཁ་ཅིག་སྨོན་པའི་སྐབས་སུ་འཇུག་པའི་བྱང་ཆུབ་ཀྱི་སེམས་སྤོང་བ་ཡང་ཡིན་ནོ། ཞེས་སྨྲ་བ་ཡོད་དེ། དེ་དག་ནི་དེ་ལྟར་མ་ཡིན་ཏེ། དེ་ལྟ་ན་གོང་འོག་ཐམས་ཅད་ཀྱང་བྱང་ཆུབ་སེམས་དཔའི་འཇུག་པ་ཡིན་པའི་ཕྱིར། ལྟུང་བའི་ཁོངས་སུ་འདུ་བའི་སྐྱོན་ཡོད་དོ། །ཞེས་གསུངས་སོ། །དེས་ན་བྱང་སེམས་ཀྱི་སྡོམ་པའི་མཚན་ཉིད། རྫོགས་པའི་བྱང་ཆུབ་ཀྱི་སྒྲུབ་པ་ཁྱད་པར་བ་གང་ཞིག །མི་མཐུན་ཕྱོགས་སྤོང་བའི་སེམས་པ་མཚུངས་ལྡན་དང་བཅས་པའོ། །འདི་ལ་རྣམ་དབྱེ་ཤེས་པའི་ཆེད་དུ་ཚོགས་འི་སྒོ་ནས་དབྱེ་ན་སོ་ཐར་དང་ཚོག་ཐུན་མོང་བའི་བྱང་སེམས་ཀྱི་སྡོམ་པ། ཚོག་ཐུན་མོང་མ་ཡིན་པའི་བྱང་སེམས་ཀྱི་སྡོམ་པ། དབང་བསྐུར་དང་ཚོག་ཐུན་མོང་བའི་བྱང་སེམས་ཀྱི་སྡོམ་པ་དང་གསུམ་ལས། དང་པོ་ནི། སྔར་བཤད་པའི་ཐེག་ཆེན་སོ་ཐར་ཐམས་ཅད་དོ། །དེས་ན་ཉན་ཐོས་ཀྱི་སོ་ཐར་དང་བྱང་སེམས་ཀྱི་སྡོམ་པ

གཉིས་རྣམ་པ་ཐམས་ཅད་དུ་འགལ་བ་ཡིན་གྱི་བྱང་སེམས་ཀྱི་སོ་ཐར་དང་ནི་མི་འགལ་ཏེ། གང་ལ་ཐེག་ཆེན་སོ་ཐར་གྱི་མཚན་ཉིད་ཚང་བ་དེ་ལ་བྱང་སེམས་ཀྱི་སྡོམ་པའི་མཚན་ཉིད་ཀྱང་ཚང་ལ། གང་ལ་བྱང་སེམས་ཀྱི་སྡོམ་པའི་མཚན་ཉིད་ཚང་བ་དེ་ལ་ཐེག་ཆེན་སོ་ཐར་གྱི་སྡོམ་པའི་མཚན་ཉིད་ཀྱང་ཚང་བའི་ཕྱིར་ཏེ། སེམས་ཅན་ཐམས་ཅད་ཀྱི་དོན་དུ་སངས་རྒྱས་ཐོབ་ཕྱིར་དུ་བསྲུང་བའི་སྡོམ་པ་ཡིན་ན། བྱང་སེམས་ཀྱི་སྡོམ་པ་ཡིན་དགོས་ཤིང་། གཞན་ལ་ཕན་པ་ཁྱད་པར་ཅན་བསྒྲུབ་པ་ལ་གཞན་ལ་གནོད་པ་སྤོང་བས་ཁྱབ་པའི་ཕྱིར་རོ། །གཉིས་པ་ནི། དབུ་སེམས་ཀྱི་ཆོག་ལས་ཐོབ་པའི་སྨོན་འཇུག་གི་སྡོམ་པ་ལྟ་བུའོ། །གསུམ་པ་ནི། དབང་བསྐུར་གྱི་ཆོ་གའི་སྔ་གོན་གྱི་དུས་སུ་ཐོབ་པའི་བྱང་སེམས་ཀྱི་སྡོམ་པ་དང་། དངོས་གཞིའི་སྐབས་སུ་ཐོབ་པའི་སྔགས་སྡོམ་ལྟ་བུའོ། །གསུམ་པ་རིག་འཛིན་གྱི་སྡོམ་པའི་ངོ་བོ་ནི། རྩ་ལྟུང་འགྲེལ་སྤྱོད་ལས། རིག་པ་འཛིན་པ་ནི་དེ་དག་ཀྱང་ལྷའི་རྣམ་པའམ། ཡེ་ཤེས་ཀྱི་བྱིན་གྱིས་བརླབས་ནས་ལོངས་སྤྱོད་པས་ན། འདི་ལ་འགལ་བ་ཅི་ཡང་ཡོད་པ་མ་ཡིན་ནོ། །ཞེས་གསུངས་ལ། སྡོམ་པ་ཉི་ཤུ་པའི་ཊཱི་ཀར། དེའི་སྐེད་དུ་རིག་པ་འཛིན་པ་ནི་རིག་པ་འཛིན་པའི་སྡོམ་པ་ཡིན་ནོ། ཞེས་གསུངས་པ་ནི་རྒྱུད་སྡེ་བཞི་ཆར་ལ་འཇུག་སྟེ། རྒྱུད་སྡེ་འོག་མ་གསུམ་ལ་མཚན་བཅས་ཀྱི་རྣལ་འབྱོར་ནི་ལྷའི་རྣམ་པས་བྱིན་གྱིས་བརླབ་པ་དང་། མཚན་མེད་ཀྱི་རྣལ་འབྱོར་ནི་ཡེ་ཤེས་ཀྱིས་བྱིན་གྱིས་བརླབ་པའི་དོན་ཡིན་པའི་ཕྱིར་དང་། བླ་མེད་ལ་བསྐྱེད་རིམ་ནི་ལྷའི་རྣམ་པས་བྱིན་གྱི་བརླབ་པ་དང་། རྫོགས་རིམ་ནི་ཡེ་ཤེས་ཀྱིས་བྱིན་གྱིས་བརླབ་པའི་ཕྱིར་རོ། །གཞན་གྱི་མུ་ཏིག་ཕྲེང་བར། རིག་པ་ནི་དཀྱིལ་འཁོར་དུ་ཞུགས་པའི་དུས་སུ་མེ་ཏོག་གང་ལ་ཐོག་པའི་ལྷ་དང་། དེའི་ཕྱགས་ཡིན་ལ་དེ་འཛིན་པ་ནི་བསྒོམ་བཟླས་ཀྱི་སྒོ་ནས་དེ་མཉེས་པར་བྱེད་པའོ། ཞེས་གསུངས་པ་ནི་རིག་པ་འཛིན་པའི་ཉམས་ལེན་ཙམ་ལ་དགོངས་པར་སྣང་ཞིང་། དཀྱིལ་ཆོག་རྣམས་ལས་རིག་པའི་དབང་ལྔའི་སྒྲ་དོན་བཤད་པ་ལྟར་ན། རིག་པ་ནི་མ་རིག་པ་ལ་སོགས་པའི་ཉོན་མོངས་པ་ལྔ་གནས་གྱུར་པའི་ཡེ་ཤེས་ལྔ་ཡིན་ལ། དེ་འཛིན་པ་ནི་སྒྲུབ་པར་བྱེད་པ་དང་། བསྒྲུབ་པར་བྱས་པ་གཉིས་ལ་འཇུག་གོ། །དེས་ན་དེ་དག་གི་དོན་གཏན་ལ་དབབ་པ་ནི་སྔགས་སྡོམ་གྱི་མཚན་ཉིད་དང་། དབྱེ་བ་གཉིས་ལས། དང་པོ་ནི། ཡིད་མཚན་རྟོག་ལས་སྐྱོབ་པའི་ཐབས་ཁྱད་པར་ཅན་གང་ཞིག །མི་མཐུན་ཕྱོགས་སྤོང་བའི་སེམས་པ་མཚུངས་ལྡན་དང་བཅས་པའོ། །སངས་རྒྱས་ཀྱི་ས་ལ་མ་ཁྱབ་པར་ཐལ་བའི་སྐྱོན་མེད་དེ། སྐྱོབ་པའི་ཐབས་ཞེས་པ་སྐྱོབ་པར་བྱེད་པ་དང་། བསྐྱབས་ཟིན་པ་གཉིས་ཀ་ལ་འཇུག་པའི་ཕྱིར་རོ། །དཔེར་ན་རྫོགས་པའི་བྱང་ཆུབ་ཀྱི་སྒྲུབ་པ་ཁྱད་པར་བ་དེ་བསྒྲུབ་བྱ་དང་སྒྲུབ་བྱེད་གཉིས་ཀ་ལ་འཇུག་པས། སངས་རྒྱས་ཀྱི་ས་ལ་མ་ཁྱབ་པར་ཐལ་བའི་སྐྱོན་མེད་པར་ས་པཎ་ཉིད་ཀྱིས་གསུངས་པ་བཞིན་ནོ། །འདི་ལ་གང་སྐྱོབ་པ་

དང་། གང་ལས་སྐྱོབ་པ་དང་། གང་གིས་སྐྱོབ་པ་དང་གསུམ་ལས། དང་པོ་ནི། སྔགས་ཀྱི་སྐད་དོད་ལ་མནྟྲ་ཞེས་པའི་མན་ནི་མ་ནོ་སྟེ། ཡིད་དང་། ཏྲ་ར་ནི་སྐྱོབ་པ་ལ་མཇུག་པས་དབང་པོ་དང་། ཡུལ་གྱི་རྐྱེན་ལས་བྱུང་བའི་རྟོགས་དྲུག་གམ། ཕྱི་མ་ལ་གསུམ་དུ་ཕྱེ་བས་རྟོགས་བརྒྱད་ལ་ཡིད་ཅེས་པའི་ཐ་སྙད་བྱས་པ་དེ་ཉིད་དོ། །

གཉིས་པ་ནི། མཚན་རྟོག་ལས་ཏེ། མཚན་མ་ནི་ཡུལ་གྱི་སྣ་རིས་སོ་སོ་བ་ཡིན་ལ། རྟོག་པ་ནི་དེ་དང་དེར་མངོན་པར་ཞེན་པ་སྟེ་འདི་ལ་ཐ་མལ་གྱི་མཚན་མ་ལ་མངོན་པར་ཞེན་པ་དང་ལྷའི་མཚན་མ་ལ་མངོན་པར་ཞེན་པ་གཉིས་ཡོད་དོ། །གསུམ་པ་ནི། ཐབས་ཁྱད་པར་ཅན་གྱིས་ཏེ་ཐེག་པ་དམན་པའི་ཉམས་ལེན་ལ་ལྟོས་ནས་ཐེག་ཆེན་གྱི་ཉམས་ལེན་ཐབས་ཁྱད་པར་ཅན་ཡིན་ལ། དེ་ལ་ལྟོས་ནས་རྡོ་རྗེ་ཐེག་པའི་སྨིན་གྲོལ་གཉིས་ཐབས་ཁྱད་པར་ཅན་ཡིན་པ་སྟེ་དེས་སྐྱོབ་པོ། །དེ་ལྟར་ཡང་འདུས་པའི་རྒྱུད་ཕྱི་མ་ལས། དབང་པོ་དང་ནི་ཡུལ་རྣམ་ཀྱི། །རྐྱེན་ལས་གང་དང་གང་བྱུང་བ། །ཡིད་དེ་མན་ཞེས་བྱ་བར་བཤད། །ཏྲ་ནི་སྐྱོབ་པར་བྱེད་པའི་དོན། །འཇིག་རྟེན་སྤྱོད་ལས་རྣམ་གྲོལ་བར། །གང་བཤད་དམ་ཚིག་སྡོམ་པ་སྟེ། །རྡོ་རྗེ་ཀུན་གྱིས་སྲུང་བ་ནི། །སྔགས་ཀྱི་སྤྱོད་པ་ཞེས་བཤད་དོ། །

གཉིས་པ་ལ་གསུམ་སྟེ། བརྗོད་བྱ་དོན་གྱི་རྒྱུད་ཀྱི་སྒོ་ནས་དབྱེ་བ། རྗོད་བྱེད་རྒྱུད་སྡེ་བཞིའི་སྒོ་ནས་དབྱེ་བ། གང་ལས་ཐོབ་པའི་ཆོ་གའི་སྒོ་ནས་དབྱེ་བའོ། །དང་པོ་ལ་རྒྱུ་རྒྱུད་ཀྱི། ཐབས་རྒྱུད་ཀྱི། འབྲས་རྒྱུད་ཀྱི་སྔགས་སྡོམ་གསུམ་ལས། དང་པོ་ནི། སྣང་བའི་ཆོས་ཐམས་ཅད་རང་བཞིན་ལྷན་ཅིག་སྐྱེས་པའི་ཡེ་ཤེས་ཀྱི་ངོ་བོར་སྡོམ་པ་སྟེ། རང་བཞིན་ལྷན་ཅིག་སྐྱེས་ཞེས་བརྗོད། །རྣམ་པ་ཐམས་ཅད་སྡོམ་པ་གཅིག ཅེས་གསུངས་པ་ལྟར་རོ། །གཉིས་པ་ནི། ཐབས་ཁྱད་པར་ཅན་མཚན་བཅས་མཚན་མེད་གཉིས་སམ། བསྐྱེད་རྫོགས་གཉིས་ཏེ། དེར་ནི་དཀྱིལ་འཁོར་འཁོར་ལོ་ཞེས། །ཐབས་ནི་བདེ་བའི་སྡོམ་པ་སྟེ། །ཞེས་དང་། སྡོམ་པའི་དབྱེ་བའང་བཤད་པར་བྱ་སྟེ་ཞེས་གསུངས་པ་ལྟར་རོ། །གསུམ་པ་ནི། སྣང་བ་ཐམས་ཅད་རང་སྣང་གི་ཡེ་ཤེས་ཀྱི་ངོ་བོར་སྡོམ་པ་སྟེ། དེ་ནས་ཆོས་ཀུན་སྡོམ་གཅིག་པའི། །རྡོ་རྗེ་སེམས་དཔའ་ཞེས་བྱར་བཤད། ཅེས་གསུངས་པ་ལྟར་རོ། །དེ་ལྟར་གསུམ་ལས་རྒྱུ་རྒྱུད་ནི་སྔགས་སྡོམ་བཏགས་པ་བ་དང་། ཐབས་རྒྱུད་དང་འབྲས་རྒྱུད་ནི་མཚན་ཉིད་པ་སྟེ། །རྗེ་བཙུན་རྩེ་མོས། དེ་ཁོ་ན་ཉིད་བསྡུས་པ་ཞེས་པའི་མིང་གིས་ཐབས་རྒྱུད་དང་། འབྲས་རྒྱུད་དངོས་སུ་བསྟན་ནས། རྒྱུ་རྒྱུད་ཤུགས་ལས་ཤེས་པར་གསུངས་པའི་དོན་རྟོགས་ན་འདི་འགྲུབ་བོ། །གཉིས་པ་ལ་བྱ་རྒྱུད་ཀྱི། སྤྱོད་རྒྱུད་ཀྱི། རྣལ་འབྱོར་རྒྱུད་ཀྱི། བླ་མེད་ཀྱི་སྔགས་སྡོམ་དང་བཞི་ལས། ངོ་བོ་རིམ་པ་བཞིན། བལྟས་པའི་བདེ་བ་ལམ་བྱེད་ཀྱིས་དང་། དགོད་པའི་བདེ་བ་ལམ་བྱེད་ཀྱིས་དང་། ལག་བཅངས་ཀྱི་བདེ་བ་ལམ་བྱེད་ཀྱིས་དང་།

གཉིས་གཉིས་འཁྲུད་པའི་བདེ་བ་ལམ་བྱེད་ཀྱིས་ཡིད་མཚན་རྟོགས་ལས་སྐྱོབ་པའི་ཐབས་ཁྱད་པར་ཅན་གང་ཞིག །མི་མཐུན་ཕྱོགས་སྤོང་བའི་སེམས་པ་མཚུངས་ལྡན་དང་བཅས་པའོ། །གསུམ་པ་ལ་གསུམ་སྟེ། སྔ་གོན་གྱི་སྐབས་སུ་ཐོབ་པ། འཇུག་པའི་སྐབས་སུ་ཐོབ་པ། དངོས་གཞིའི་སྐབས་སུ་ཐོབ་པའོ། །དང་པོ་ནི། སོ་ཐར་དང་། བྱང་སེམས་རྒྱུན་བཤགས་ཀྱི་སྐབས་སུ་ཐོབ་པ་དང་། སྔགས་སྡོམ་གྱི་རང་ལྡོག་གནས་གསུམ་བྱིན་བརླབས་ཀྱི་སྐབས་སུ་ཇི་ཙམ་ཐོབ་པ་ཐམས་ཅད་སྐབས་འདིར་སྔགས་སྡོམ་གྱི་ངོ་བོར་སྐྱེ་བའོ། །གཉིས་པ་ལ་ཕྱི་འཇུག་གི་འདོད་པ་དྲིས་པའི་ལན་དང་། བླ་བ་རྡོ་རྗེ་ངོ་སྤྲོད་པའི་སྐབས་སུ་ཐོབ་པ་དང་། ནང་འཇུག་གི་དམ་བཞག་དང་། ཡེ་ཤེས་དབབ་པ་དང་། དཀྱིལ་འཁོར་གྱི་ལྷ་ངོ་བསྟན་པའི་སྐབས་སུ་ཐོབ་པ་རྣམས་ལ། རྗེ་བཙུན་རྩེ་མོས། ལྷ་དང་སྐལ་བ་མཉམ་པ་ཞེས་གསུངས་པའི་སྡོམ་པ་ཐོབ་པ་རྣམས་སོ། །གསུམ་པ་ལ་བུམ་དབང་གི་སྐབས་སུ་ཐོབ་པ་དང་། དབང་གོང་མའི་སྐབས་སུ་ཐོབ་པ་གཉིས་ནི་བླ་མེད་ཀྱི་དབང་དུ་བྱས་ལ། རྒྱུད་སྡེ་འོག་མ་གསུམ་ལ་རང་རང་གི་དབང་གི་དངོས་གཞིའི་སྐབས་སུ་ཐོབ་པ་རྣམས་སོ། །

གཉིས་པ་རེ་རེ་ཡང་དོན་ལྔ་ལྔས་གཏན་ལ་དབབ་པའི་ཚུལ་ནི། རྗེ་བཙུན་རྩེ་མོས། གང་དུ་སྡོམ་པའི་གནས། གང་སྡོམ་པའི་ངོ་བོ། ཐབས་གང་གིས་སྡོམ་པ། སྡོམ་པ་དང་ལྡན་པའི་རྟེན་གྱི་གང་ཟག་དང་བཞི་ལས། གང་སྡོམ་པའི་ངོ་བོ་ལ་གྲངས་ཇི་སྙེད་ཅིག་སྡོམ་པ། སུང་བྱ་གང་སྡོམ་པ། སྡོམ་པ་རང་གི་ངོ་བོ་དང་གསུམ་དུ་གསུངས་ཤིང་། དེ་དག་བསྐྱེད་རིམ་དང་། བྱང་སེམས་ཀྱི་སྡོམ་པ་ལ་ཡང་སྦྱར་བར་གསུངས་སོ། །རྗེ་བཙུན་གྱིས་གང་དུ་སྡོམ་པའི་གནས། གྲངས་ཇི་སྙེད་ཅིག་སྡོམ་པ། སུང་བྱ་གང་སྡོམ་པ། ཐབས་གང་གིས་སྡོམ་པ། སྡོམ་པ་རང་གི་ངོ་བོ་དང་ལྔ་གསུངས་ཤིང་། རེ་རེ་ལ་ཡང་སོ་ཐར་དཔེར་བྱས་ནས་རྫོགས་རིམ་ལ་སྦྱར། སུང་བྱ་གང་སྡོམ་གྱི་སྐབས་སུ་བྱང་སེམས་ཀྱི་སྡོམ་པ་ཡང་དཔེར་མཛད་དོ། །དེ་དག་གི་དོན་སོ་ཐར། བྱང་སེམས། བསྐྱེད་རིམ། རྫོགས་རིམ་གྱི་སྡོམ་པ་དང་བཞི་ཆར་ལ་སྦྱར་ན་གོང་དུ་སྡོམ་པའི་གནས་ནི་སོ་ཐར་ལ། ནུ་ལེཀྵ་ལ་སོགས་པ་སྡེ་པ་བཞི་པོ་འདུ་བའི་གནས། བྱང་སེམས་ལ། རྟེན་གྱི་ཡུལ་མཆོད་པར་བྱ་བ་ཉིད་དུ་བྱེད་པ་ཞེས་པ་ལྟར། གང་ཟག་རེ་རེ་ཡང་གང་དུ་བཞུགས་པའི་གནས། བསྐྱེད་རིམ་ལ། མཉམ་གཞག་ལྟར་ན་རང་སེམས། རྗེས་སྤྱོད་ལྟར་ན་སྣང་བའི་དངོས་པོ་གང་དུ་ཡོད་པ། རྫོགས་རིམ་ལ་རང་བྱིན་བརླབས་ལྟར་ན། སྤྱིར་རྩ་འཁོར་ལོ་ཐམས་ཅད་དང་། ཁྱད་པར་དུ་ལྟེ་བའི་གནས། དཀྱིལ་འཁོར་འཁོར་ལོ་ལྟར་ན་དབང་གི་གནས་སོ། །གྲངས་ཇི་སྙེད་ཅིག་སྡོམ་པ་ནི་སོ་ཐར་ལ། ལུས་ངག་གི་བསླབ་པར་བྱ་བ་ཇི་སྙེད་ཡོད་པ་རྣམས་ལྔ་དང་། བརྒྱད་དང་། བཅུ་དང་། ཉིས་བརྒྱ་ལྔ་བཅུ་རྩ་གསུམ་སོགས་སུ་སྡོམ། བྱང་སེམས་ལ། སེམས་ཀྱི་བསླབ་པར་བྱ་བ་ཐམས

ཅན་ཚུལ་ཁྲིམས་གསུམ་མམ། ཕ་རོལ་ཏུ་ཕྱིན་པ་དྲུག་ཏུ་སྡོམ། བསྐྱེད་རིམ་ལ་མཉམ་གཞག་ལྟར་ན་སྣང་གཞི་ཐམས་ཅད་དཀྱིལ་འཁོར་གྱི་འཁོར་ལོ་དེར་སྡོམ། རྗེས་སྤྱོད་ལྟར་ན་ལྷག་པའི་ལྷའམ། ལྷ་སོ་སོའི་ངོ་བོར་སྡོམ། རྫོགས་རིམ་ལ། ཕྱི་རོལ་དུ་ཧེ་སྣེད་ཡོད་པའི་ཆོས་ཐམས་ཅད་ནང་དུ་རྩ་འཁོར་ལོ་བཞི་ལ་སོགས་པར་སྡོམ་མོ། །སྤང་བྱ་གང་སྡོམ་པ་ནི་སོ་ཐར་ལ་ལུས་ངག་གི་ཁ་ན་མ་ཐོ་བ། བྱང་སེམས་ལ་སེམས་ཀྱི་ཁ་ན་མ་ཐོ་བ། བསྐྱེད་རིམ་ལ་ཐ་མལ་གྱི་རྣམ་རྟོག །རྫོགས་རིམ་ལ་གྱ་ནོམ་ལྟར་ཞེན་གྱི་རྣམ་རྟོག་སྡོམ་མོ། །ཐབས་གང་གིས་སྡོམ་པ་ནི་སོ་ཐར་ལ་གསོལ་བཞིའི་ལས་ལ་སོགས་པ་དང་། བྱང་སེམས་ལ་དབུ་སེམས་ཀྱི་ཆོ་ག་སོགས་དང་། བསྐྱེད་རྫོགས་གཉིས་ལ་དང་པོར་དབང་གི་ཆོ་ག་དང་། ཕྱིས་མངོན་དུ་བྱེད་པ་ནི་བསྐྱེད་རྫོགས་བསྒོམས་པའི་ཐབས་ཀྱིས་སོ། །སྡོམ་པ་རང་གི་ངོ་བོ་ནི་སམ་པར་ཞེས་པ་བདེ་བའི་མཆོག་ལ་འཇུག་པས། དེས་བདེ་བར་གྱུར་པས་ན་སྡོམ་པ་སྟེ། སོ་ཐར་ལ་མཐུན་པ་རྣམས་ཀྱི་དཀའ་ཐུབ་བདེ་ཞེས་དང་། བྱང་སེམས་ལ། བདེ་བའི་འབྱུང་གནས་དེ་ལ་སྐྱབས་སུ་མཆི། ཞེས་དང་། བསྐྱེད་རིམ་ལ། ཐབས་ནི་བདེ་བའི་སྡོམ་པ་སྟེ། །ཞེས་དང་། རྫོགས་རིམ་ལ། རང་རིག་བདེ་བ་ཆེན་པོ་ཉིད། ཅེས་པ་ལྟ་བུའོ། །སྐབས་འདིའི་བདེ་བ་ནི་ཚོར་བ་བདེ་བ་དང་། ཤིན་ཏུ་སྦྱངས་པའི་བདེ་བ་སོགས་མ་ཡིན་གྱི། རང་རང་གི་སྤང་བྱ་མི་མཐུན་པའི་ཕྱོགས་སྡོམ་པས་བདེ་བའི་མཆོག་ཏུ་གྱུར་པའོ། །

གཉིས་པ་ལ་གསུམ་སྟེ། ལེན་པའི་ཆོ་ག །བླང་བའི་ཡུལ། རྟེན་གྱི་གང་ཟག་གོ། །དང་པོ་ལ་གསུམ་ལས། དང་པོ་སོ་ཐར་གྱི་ཆོ་ག་ལ་གཉིས་ཏེ། ཉན་ཐོས་ཀྱི་སོ་ཐར་གྱི་ཆོ་ག་དང་། ཐེག་ཆེན་གྱི་སོ་ཐར་གྱི་ཆོ་གའོ། །དང་པོ་ལ་གསུམ་སྟེ། བསྙེན་གནས་ལེན་པའི་ཆོ་ག །སྐྱེས་པའི་བསླབ་ཚིགས་གསུམ་ལེན་པའི་ཆོ་ག །དེ་བྱུད་མེད་ཀྱི་བསླབ་ཚིགས་བཞི་ལ་སྦྱར་བའོ། །དང་པོ་ནི། མཛོད་ལས། དམའ་བར་འདུག་སྨྲས་བཟླས་པ་ཡིས། །མི་བརྒྱན་ནམ་ནི་ནང་པར་དུ། །བསྙེན་གནས་ཡན་ལག་ཚང་བར་ནི། །ནང་པར་གཞན་ལས་ནོད་པར་བྱ། །ཞེས་གསུངས་པ་ལྟར་རོ། །གཉིས་པ་ནི་ཀརྨ་ཤ་ཏཾ་ལས། སྔོན་དང་དགེ་བསྙེན་བསླབ་པ་དང་། །ཞུ་དང་མཁན་པོ་དང་པོ་དང་། །རབ་བྱུང་དགེ་ཚུལ་གྲིབ་ཚོད་དང་། །བསླབ་པ་བརྗོད་པ་ཐ་མ་ཡིན། །དང་པོར་བྱ་དང་མཁན་པོ་དང་། །ཆོས་གོས་གཉིས་དང་ལྷུང་བཟེད་གཉིས། །སྒྲོ་བྱ་གསོལ་བ་གསང་སྟོན་དང་། །ཞུ་དང་གསོལ་དང་གསོལ་བ་དང་། །ཁྲི་དང་ལས་དང་གྲིབ་ཚོད་དང་། །ཉིན་མཚན་དུས་ཚོད་གནས་རྣམས་དང་། །ལྟུང་དང་དགེ་སྦྱོང་མཆོག་འདོད་དང་། །ཚུལ་ཁྲིམས་མཉམ་དང་ཚུལ་འཁྲིལ་དང་། །དུལ་དང་དགོས་དང་མ་བརྗོད་དང་། །གུས་པ་དང་ནི་བསྒྲུབ་བྱ་བ། །མུ་སྟེགས་གནས་པ་སྦྱིན་པ་ཡི། །སྟེ་ཚན་ཡང་དག་བསྡུས་པ་ཡིན། །ཞེས་

གསུངས་པ་ལྟར་བཤད་ན་སྔོན་དང་ཞེས་པས་ནི་གསོལ་བ་བཏབ་པ་སྔོན་དུ་སོང་ནས་གསོལ་བཞིའི་ལས་ཀྱིས་ཅིག་ཆར་རབ་ཏུ་བྱུང་བ་དང་བསྙེན་རྫོགས་བྱེད་པའི་སྔོན་གྱི་ཆོ་ག་བསྟན་ནོ། །དགེ་བསྙེན་ཞེས་པས་ནི་བར་ཆད་དྲི་བ་སྔོན་དུ་སོང་ནས་སྐྱབས་སུ་འགྲོ་བ་རྗོམ་བྱེད་དུ་བྱས་ཏེ་དགེ་བསྙེན་དུ་བསྒྲུབ་པའོ། །བསླབ་པ་ཅེས་པས་ནི་དེའི་འོག་ཏུ་དགེ་བསྙེན་གྱི་བསླབ་པ་བརྗོད་པའོ། །ཞུ་དང་ཞེས་པས་ནི་བསྒྲུབ་བྱ་དེ་རབ་བྱུང་དུ་སྒྲུབ་པའི་ཞུ་བའི་དགེ་སློང་ལ་གཏད་ནས་དེས་ཀྱང་དགེ་འདུན་ལ་ཞུ་བའོ། །མཁན་པོ་ཞེས་པ་ནི་མཁན་པོར་གསོལ་བ་གདབ་པའོ། །དང་པོ་ཞེས་པ་ནི་དེའི་འོག་ཏུ་དགེ་སློང་གཞན་ཞིག་གིས་གཙུག་ཕུད་བྲེགས་ཏེ་ཁྲུས་བྱས། མཁན་པོར་འོས་པ་དེས་ཡོ་བྱད་ལྷ་བྱིན་ནས་མཚན་བཏགས་པའོ། །རབ་བྱུང་ཞེས་པ་ནི་དེའི་འོག་ཏུ་བར་མ་རབ་བྱུང་ཏུ་བསྒྲུབ་པའོ། །དགེ་ཚུལ་ཅེས་པ་ནི་དེའི་འོག་ཏུ་སྐྱབས་འགྲོ་རྗོམ་བྱེད་དུ་བྱས་ཏེ་དགེ་ཚུལ་དུ་སྒྲུབ་པའོ། །ཁྲིབ་ཚོད་ཅེས་པ་ནི་ཁྲིབ་ཚོད་གཞལ་ཏེ་དེའི་འོག་ཏུ་དུས་བརྗོད་པའོ། །བསླབ་པ་བརྗོད་པ་ཐ་མ་ཡིན་ཞེས་པ་ནི་དགེ་ཚུལ་གྱི་བསླབ་པའི་གཞི་བཅུ་བརྗོད་པ་སྟེ། དེ་ཡན་ཆད་ནི་དགེ་བསྙེན་ཉིད་དང་དགེ་ཚུལ་ཉིད་དུ་བསྒྲུབ་པའི་ཆོ་གའོ། །དང་པོར་བྱ་དང་ཞེས་པ་ནི་བསྒྲུབ་བྱ་དེ་ལོ་ཉི་ཤུ་ལོན། ཆོས་གོས་གསུམ་དང་ལྷུང་བཟེད་ཀྱང་ཚང་། བསྙེན་པར་རྫོགས་པར་འདོད་པ་ན་མཁན་པོར་འོས་པ་དེས། ལས་བྱེད་པའི་སློབ་དཔོན། གསང་སྟེ་སྟོན་པའི་སློབ་དཔོན། ལས་གྲལ་དུ་འདུས་པའི་དགེ་སློང་རྣམས་ལ་གསོལ་བ་བཏབ་ནས་དེ་རྣམས་ཀྱིས་ཀྱང་རང་རང་གི་ལྟུང་བ་བཤགས་པར་འོས་པ་རྣམས་བཤགས། བྱིན་གྱིས་བརླབ་པར་འོས་པ་རྣམས་བྱིན་གྱིས་བརླབས་ནས་ལས་གྲལ་དུ་འདུས་པའོ། །མཁན་པོ་ཞེས་པ་ནི་བསྙེན་པར་རྫོགས་པའི་མཁན་པོར་གསོལ་བ་བཏབ་པའོ། །ཆོས་གོས་དང་པོ་ནི་མཁན་པོས་ཆོས་གོས་གསུམ་བྱིན་གྱིས་བརླབས་ནས་གནང་བའོ། །ཆོས་གོས་གཉིས་པ་ནི་ཆོས་གོས་དབུས་ཟིན་པ་མེད་ན་ཆོས་གོས་ཀྱི་རྒྱུ་བྱིན་གྱིས་བརླབས་ནས་གནང་བའོ། །ལྷུང་བཟེད་དང་པོ་ནི་ལྷུང་བཟེད་དགེ་འདུན་ལ་བསྟན་པའོ། །གཉིས་པ་ནི་མཁན་པོས་བྱིན་གྱིས་བརླབས་ནས་གནང་བའོ། །སྒྲོ་བྱ་ཅེས་པ་ནི་ལས་སློབ་ཀྱིས་གསང་སྟེ་སྟོན་པ་གང་ཡིན་དྲིས་ནས་སྒྲོར་གཞུག་པའོ། །གསོལ་བ་ཞེས་པ་ནི་གསང་སྟོན་བསྐོ་བའི་ཕྱིར་དུ་གསོལ་བ་འབའ་ཞིག་པའི་ལས་བྱེད་པའོ། །གསང་སྟོན་ཞེས་པ་ནི་གསང་སྟེ་སྟོན་པའི་སློབ་དཔོན་གྱིས་བསྒྲུབ་བྱ་ལ་ཕྱོགས་ཏུ་བར་ཆད་དྲི་བའོ། །ཞུ་དང་ཞེས་པ་ནི་གསང་སྟོན་གྱིས་བསྒྲུབ་བྱ་བར་ཆད་ཀྱིས་དག་པར་དགེ་འདུན་ལ་ཞུ་བའོ། །གསོལ་དང་ཞེས་པ་ནི་བསྙེན་པར་རྫོགས་པའི་ཕྱིར་དུ་བསྒྲུབ་བྱས་ལས་སློབ་ཀྱི་རྗེས་ཟློས་བྱས་ཏེ་གསོལ་བ་བཏབ་པའོ། །གསོལ་བ་ཅེས་པ་ནི་ལས་སློབ་ཀྱིས་བསྒྲུབ་བྱ་ལ་སྔོན་དུ་བར་ཆད་དྲི་བའི་ཆེད་དུ་གསོལ་བ་འབའ་ཞིག་པའི་ལས་བྱེད་པའོ། །དྲི་དང་ཞེས་པ་ནི་

མངོན་དུ་བར་ཆད་དྲི་བའོ། །ལས་དང་ཞེས་པ་ནི་བསྙེན་པར་རྫོགས་པའི་དངོས་གཞིའི་གསོལ་བ་དང་བཞིའི་ལས་བྱེད་པའོ། །གྲིབ་ཚོད་ཅེས་པ་ནི་ཐུར་མ་སོར་བཞི་པས་གྲིབ་ཚོད་གཞལ་བའོ། །ཉིན་མཚན་ཅེས་པ་ནི་ཉིན་མཚན་གྱི་ཆ་ཉི་ཤུ་རྩ་གཉིས་བརྗོད་པའོ། །དུས་ཚོད་ཅེས་པ་ནི་དཔྱིད་ཀྱི་དུས་ལ་སོགས་པ་དུས་ཚིགས་ལྔ་བརྗོད་པའོ། །དེ་ལྟར་ན་འདི་དང་མདོ་རྩ་གཉིས་ཕྲ་རིམ་ནས་བརྗོད་པ་ཡིན་ལ་དེ་ཡང་ལུང་གཞི་ཇི་ལྟ་བ་བཞིན་དུ་བྲིས་པར་སྣང་ཞིང་དེང་སང་གཞི་འགྲེལ་མཁན་པོས་བཤད་པ་ལྟར་རགས་རིམ་ནས་བརྗོད་པ་ནི་བརྗོད་བདེ་བའི་དབང་དུ་བྱས་པའོ། །གནས་རྣམས་ཞེས་པ་ནས་བསླབ་བྱ་བ་ཞེས་པའི་བར་ནི་གདམས་ངག་བཅུ་གཅིག་བརྗོད་པའོ། །ཀླུ་སྐྱེགས་གནས་པ་སྦྱིན་པ་ཞེས་པ་ནི་སྦྱོར་བའི་ཆོ་གའི་སྦྱོས་པ་སྟེ། ཤཱཀྱ་དང་ཀླུ་སྐྱེགས་རལ་པ་ཅན་མ་གཏོགས་པར་སེམས་མགུ་བར་མ་གྱུར་པའི་ཀླུ་སྐྱེགས་ཅན་ལ་སེམས་མགུ་བ་བརྟག་པའི་ཆེད་དུ་ཟླ་བ་བཞིར་གནས་པ་སྦྱིན་པའི་གསོལ་གཞིའི་ལས་སོ། །འདི་དག་ནི་ལས་ཆོག་གི་གོ་རིམ་མི་འཁྲུག་ཅིང་བློ་ལ་བཟུང་བདེ་བའི་ཕྱིར་དུ་ཀརྨ་ཤ་ཏམ་གྱི་སྡོམ་ཚིག་དྲངས་ནས་ཚིག་གི་འབྲུ་གཉེར་བ་ཙམ་ཞིག་བྱས་པ་ཡིན་ལ་ལག་ལེན་ཞིབ་པར་ནི་ཀརྨ་ཤ་ཏཾ་གྱི་སྟེང་དུ་སྦྱར་ནས་མཁས་པར་བྱ་དགོས་ཏེ། ཆོ་ག་མ་འཁྲུལ་བས་བསྒྲུབ་བྱ་རབ་བྱུང་བསྙེན་རྫོགས་ཀྱི་སྡོམ་ལྡན་དུ་བསྒྲུབ་པ་ནི་བསྟན་པའི་རྩ་བར་སྣང་བའི་ཕྱིར་རོ། །

གསུམ་པ་ནི། དགེ་བསྙེན་མ་དང་དགེ་ཚུལ་མར་བསྒྲུབ་པའི་ཆོ་ག་ནི་བསྒྲུབ་བྱ་སྐྱེས་པའི་ཚབ་ཏུ་བུད་མེད་དང་། སྒྲུབ་བྱེད་དགེ་སློང་གི་ཚབ་ཏུ་དགེ་སློང་མ་སྒྱུར་བ་མ་གཏོགས་གཞན་སྔར་དང་འདྲ་སྟེ། མདོ་རྩར་དགེ་སློང་གི་གནས་སུ་དགེ་སློང་མའོ། །རབ་ཏུ་བྱུང་བ་ཐམས་ཅད་ཀྱིའོ་ཞེས་གསུངས་སོ། །དེ་ནས་བསྙེན་པར་མ་རྫོགས་པའི་ལོ་གཉིས་ཀྱི་གོང་དུ་དགེ་སློང་མའི་སྡོམ་པ་བླང་དགོས་ལ། དེ་ཡང་ཡུལ་དབུས་སུ་དགེ་སློང་མ་བཅུ་གཉིས་མཐའ་འཁོབ་ཏུ་དྲུག་ཚོགས་ཀྱིས་གསོལ་བ་དང་གཉིས་ཀྱི་ལས་ཀྱིས་སྦྱིན་དགོས་ཏེ། མདོ་རྩར་བུད་མེད་ལ་ནི་དགེ་སློང་མ་ཞེས་བྱ་བའི་ཚིགས་གཞན་ཡོད་དོ་ཞེས་པ་དང་། སྦྱིན་པ་ལས་སྐྱེའོ། །དགེ་སློང་མའི་དགེ་འདུན་གྱིས་སོ། །ཞེས་གསུངས་སོ། །དེ་ནས་དགེ་སློང་མར་བསྒྲུབ་པ་ལ་ཆོ་ག་ཕལ་ཆེར་ནི་དགེ་སློང་གི་དང་འདྲ་བ་ལ། ཁྱད་པར་ནི་འདིར་སྡེ་གཉིས་ཀའི་དགེ་འདུན་དགོས་པས་ཡུལ་དབུས་སུ་དགེ་སློང་བཅུ། དགེ་སློང་མ་བཅུ་གཉིས་ཏེ་ཉི་ཤུ་རྩ་གཉིས། མཐའ་འཁོབ་ཏུ་དགེ་སློང་ལྔ། དགེ་སློང་མ་དྲུག་སྟེ་བཅུ་གཅིག་དགོས་ལ། གསང་སྟེ་སྟོན་པའི་འོག་ཏུ་ཚངས་སྤྱོད་ལ་ཉེར་གནས་ཀྱི་སློབ་དཔོན་མས་བསྒྲུབ་བྱ་ལ་བར་ཆད་དྲིས་ཏེ་གསོལ་བ་བཏབ་ནས་གསོལ་བ་དང་གཉིས་ཀྱི་ལས་ཀྱིས་ཚངས་སྤྱོད་ལ་ཉེར་གནས་ཀྱི་སྡོམ་པ་སྦྱིན་དགོས་སོ། །ཆོས་གོས་སྦྱིན་པའི་སྐབས་སུ་སྔར་གྱི་གསུམ་པོའི་སྟེང་དུ་རྔུལ་གཟན་དང་། ཤིང་དཔུང་ཆད་གཉིས་ཏེ་ལྔ་དགོས་སོ། །

གདམས་ངག་བརྗོད་པའི་སྐབས་སུ་གནས་ཤིང་དྲུང་པ་མི་བརྗོད་པ་དང་། ལྟུང་བར་འགྱུར་བའི་རྗེས་སུ་ལྕི་བའི་ཆོས་བརྒྱད་བརྗོད་པ་སྟེ་མདོ་རྩ་ར་ཚངས་པར་སྤྱོད་པ་ལ་ཉེ་བར་གནས་པའི་སྡོམ་པ་མ་ཐོབ་པར་བསྙེན་པར་རྫོགས་པར་མི་འགྱུར་རོ། །གསང་སྟེ་སྟོན་པའི་འོག་ཏུ་དགེ་འདུན་གྱིས་དེ་སྦྱིན་པར་བྱའོ། །བར་ཆད་དྲིས་ནས་སོ། ། གསོལ་བ་བྱས་ནས་སོ། །ཆོས་གོས་དག་ནི་ལྔ་ཉིད་དོ། །གནས་རྣམས་ལ་ཤིང་དྲུང་ཉིད་མ་གཏོགས་སོ། །ལྟུང་བར་འགྱུར་བ་རྣམས་ལ་བརྒྱད་ཉིད་དོ། །ལྕི་བའི་ཆོས་རྣམས་བརྗོད་པར་བྱའོ། །ལྟུང་བར་འགྱུར་བ་དང་། དགེ་སློང་བྱེད་པའི་བར་སྐབས་སུའོ་ཞེས་གསུངས་སོ། །ལྕི་བའི་ཆོས་རྣམས་ནི་མེ་ཏོག་ཕྲེང་རྒྱུད་ལས། ཚུལ་འཆལ་དགེ་སློང་མིན་པར་ནི། །མི་གླེང་ཁྲོ་བ་ཉིད་ཀྱང་ངོ་། །དགེ་སློང་རྣམས་ལས་འདི་བསྙེན་རྫོགས། །དེ་ལ་ཟླ་ཕྱེད་གདམས་ངག་གསོལ། །དགེ་སློང་བཅས་གནས་དབྱར་གནས་ནས། །ཚོགས་གཉིས་དང་ནི་དགག་དབྱེ་བྱ། ། ལྕི་བའི་ཆོས་ལས་འདས་ནས་ནི། །ཟླ་ཕྱེད་ཚོགས་གཉིས་མགུ་བྱས་ཏེ། །བསྙེན་པར་རྫོགས་པར་གསར་བུ་ལ། ། དགེ་སློང་མ་ཡིས་ཕྱག་བྱའོ། །ལྕི་བའི་ཆོས་བརྒྱད་འདི་དག་ནི། །དགེ་སློང་མ་ལ་གསུངས་པ་ཡིན། །ཞེས་གསུངས་སོ། །འདིར་སྡེ་སྣོད་ལ་སྦྱངས་པར་གྲགས་པ་འགའ་ཞིག་གིས་ལྕི་བའི་ཆོས་བརྒྱད་ལ་དགེ་སློང་མའི་ཕམ་པ་བརྒྱད་བགྲངས་འདུག་པ་ནི་ཡི་གེ་པས་ནོར་བར་གྱུར་ཅིག །གཉིས་པ་ཐེག་ཆེན་སོ་ཐར་ལེན་པའི་ཆོ་ག་ལ་ཆོ་ག་ཐུན་མོང་བའི་སོ་ཐར་རིས་བརྒྱད་ནི་བསམ་པ་སེམས་བསྐྱེད་ཀྱིས་ཟིན་པ་མ་གཏོགས་ཆོ་ག་ནི་ཉན་ཐོས་དང་ཁྱད་མེད་དུ་དགོས་ཏེ། ཆོ་ག་སངས་རྒྱས་སྤྱོད་ཡུལ་ཡིན། །ཞེས་པ་ལྟར་སངས་རྒྱས་ཀྱི་གསུངས་པ་གཅིག་དགོས་ལ་ཉན་ཐོས་ཀྱི་གཞུང་ལས་བཤད་པ་ལས་གཞན་པའི་ཆོ་གའི་ལག་ལེན་མི་སྣང་བའི་ཕྱིར་རོ། ། དོན་ཡོད་ཞགས་པའི་རྟོགས་པ་ལས་བཤད་པའི་གསོ་སྦྱོང་ནི་སྐུ་གཟུགས་ཀྱི་མདུན་དུ་རང་ཉིད་ཀྱིས་ལེན་པར་བཤད་དོ། །གཉིས་པ་བྱང་སེམས་ཀྱི་སྡོམ་པ་ལེན་པའི་ཆོ་ག་ལ་དབུ་མ་ལུགས་དང་། སེམས་ཙམ་ལུགས་གཉིས་ལས། དང་པོ་ནི། མགོན་པོ་འཇམ་པའི་དབྱངས་ནས་འཕགས་པ་ཀླུ་སྒྲུབ་ཡབ་སྲས་ལ་བརྒྱུད་དེ། རྒྱལ་སྲས་ཞི་བ་ལྷའི་ཕྱག་སྲོལ་ཇོ་བོ་སུ་ཝརྞ་དྭཱི་ལས་བྱུང་བ་རྗེ་བཙུན་ས་སྐྱ་པ་ཡབ་སྲས་ཀྱི་ཕྱག་ལེན་དུ་མཛད་པ་དེ་ཡིན་ལ། གཉིས་པ་ནི། མགོན་པོ་བྱམས་པ་ནས་ཐོགས་མེད་སྐུ་མཆེད་ལ་བརྒྱུད་དེ་སློབ་དཔོན་ཙནྡྲ་གོ་མིའི་ཕྱག་སྲོལ་ཇོ་བོ་རྗེ་དཔལ་ལྡན་ཨ་ཏི་ཤ་ལས་བྱུང་བ་དགེ་བའི་བཤེས་གཉེན་བཀའ་གདམས་པ་རྣམས་ཀྱི་ཕྱག་ལེན་དུ་མཛད་པ་དེ་ཡིན་ནོ། །དེ་ལ་ལུགས་དང་པོ་ནི་འཕགས་པ་ཀླུ་སྒྲུབ་ཀྱི་སེམས་བསྐྱེད་ཀྱི་ཆོ་ག །ཛེ་ཏ་རི་དགྲ་ལས་རྣམ་རྒྱལ་གྱི་ཡི་དམ་བླང་བའི་ཆོ་ག །སློབ་དཔོན་ཞི་བ་ལྷའི་སྤྱོད་འཇུག་རྣམས་ལས་བྱུང་བ་ཆོས་རྗེ་ས་སྐྱ་པཎྜི་ཏའི་སེམས་བསྐྱེད་ཀྱི་ཆོ་ག་ཆེན་མོར་བཀོད་པ་ལས་ལག་ལེན་ཞིབ་ཏུ་ཤེས་པར་བྱ་ཞིང་། ལུགས

གཉིས་པ་ནི་བྱང་ས་དང་སྡོམ་པ་ཉི་ཤུ་པ་ལས་འབྱུང་བ་རྗེ་བཙུན་གྲགས་པ་རྒྱལ་མཚན་གྱི་སྡོམ་པ་ཉི་ཤུ་པའི་ཊཱི་ཀར་བཤད་པ་ལས་ཞིབ་ཏུ་ཤེས་པར་བྱ་སྟེ་འདིར་ཡི་གེ་མང་དུ་དོགས་པས་མ་བཀོད་དོ། །འོ་ན་ལུགས་གཉིས་པོ་ལ་ཁྱད་པར་ཅི་ཡོད་ཅེ་ན་ཆོས་རྗེ་ས་སྐྱ་པཎྜི་ཏའི་སེམས་བསྐྱེད་ཀྱི་ཆོ་ག་དང་བདག་ཉིད་ཆེན་པོ་དེའི་གསུང་སྒྲོས་ལྷོ་པ་ཐམས་ཅད་མཁྱེན་པ་རིན་ཆེན་དཔལ་གྱིས་བྲིས་པའི་སྤྱོད་འཇུག་གི་ཊཱི་ཀ་ལས་འབྱུང་བ་ལྟར་བཤད་པར་བྱ་སྟེ། དེ་ལ་བླང་བའི་ཡུལ་དང་ལེན་པའི་གང་ཟག་གི་ཁྱད་པར་ནི་འོག་ཏུ་འཆད་ཅིང་ཆོ་ག་ལ་སྦྱོར་བའི་ཁྱད་པར་ནི་དབུ་མ་པ་རྣམས་ཀྱིས་སྤྱོད་འཇུག་ལས་འབྱུང་བ་ལྟར། མཆོད་པ་འབུལ་བ་དང་། སྐྱབས་སུ་འགྲོ་བ་དང་། སྡིག་པ་བཤགས་པ་དང་། རྗེས་སུ་ཡི་རང་བ། ཆོས་ཀྱི་འཁོར་ལོ་བསྐོར་བར་བསྐུལ་བ། མྱ་ངན་ལས་མི་འདའ་བར་གསོལ་བ་འདེབས་པ། བསྔོ་བ་སྟེ་ཡན་ལག་བདུན་དུ་མཛད་ལ། སེམས་ཙམ་པ་རྣམས་ཀྱིས་ནི་སྡོམ་པ་ཉི་ཤུ་པ་ལས། ཕྱོགས་བཅུའི་སངས་རྒྱས་ཐམས་ཅད་ལ། །གུས་པས་ཕྱག་འཚལ་ཅི་ནུས་མཆོད། །ཅེས་གསུངས་པ་ལྟར་ཕྱག་འཚལ་བ་དང་། མཆོད་པ་འབུལ་བ་གཉིས་བྱེད་ཀྱི་ལྷག་མ་རྣམས་མི་བྱེད་དོ། །

དེ་ལྟར་ཡན་ལག་བདུན་པ་བྱེད་མི་བྱེད་ཀྱི་ཁྱད་པར་ཊཱི་ཀ་གསུང་སྒྲོས་མ་ལས། དབུ་མ་ལུགས་ཀྱི་སེམས་བསྐྱེད་ནི་ཤན་པ་ལ་སོགས་པ་སོ་ཐར་གྱི་སྡོམ་པས་མ་བསྡམས་པ་ལ་ཡང་སྐྱེ་བའི་དབང་དུ་བྱས་ནས་དེ་དག་གི་རང་བཞིན་གྱི་ཁ་ན་མ་ཐོ་བ་ཚབ་ཆེ་བ་སྦྱངས་ནས་སྡོམ་པ་སྐྱེ་བའི་ཆེད་དུ་ཡན་ལག་བདུན་པ་མཛད་པ་ཡིན་ལ་སེམས་ཙམ་ལུགས་ཀྱི་སེམས་བསྐྱེད་སྐྱེ་བ་ལ་སོ་ཐར་གྱི་སྡོམ་པས་རྒྱུད་བསྡམས་པ་སྔོན་དུ་སོང་བའི་དབང་དུ་བྱས་ནས་ཚོགས་སོགས་པའི་ཡན་ལག་ཕྱག་འཚལ་བ་དང་། མཆོད་པ་འབུལ་བ་ཙམ་བྱེད་ཀྱི་སྡིག་པ་བཤགས་པ་སོགས་མི་མཛད་པར་གསུངས་སོ། །གཞན་ཡང་དབུ་མ་པ་རྣམས་ཀྱིས་ནི་བར་ཆད་དྲི་བ་མི་མཛད་ལ། སེམས་ཙམ་པ་རྣམས་ཀྱིས་ནི་བྱང་ཆུབ་སེམས་དཔའ་ཡིན་ནམ། བྱང་ཆུབ་ཏུ་སྨོན་ལམ་བཏབ་བམ། བྱང་ཆུབ་སེམས་དཔའི་སྡེ་སྣོད་ཀྱི་མ་མོ་ཤེས་སམ། ཞེས་སོགས་བར་ཆད་དྲི་བར་མཛད་དོ། །དངོས་གཞིའི་ཁྱད་པར་ལ། དབུ་མ་པ་རྣམས་ཀྱིས་ནི་སྨོན་འཇུག་གཉིས་པོ་སྐབས་གཅིག་ཏུ་ལེན་ལ། སེམས་ཙམ་པ་རྣམས་ཀྱིས་ནི་ཐོག་མར་སྨོན་པ་བླངས་ནས་དེའི་རྗེས་སུ་བྱང་ཆུབ་སེམས་དཔའི་སྡེ་སྣོད་བསླབས་ཏེ་བསླབ་བྱ་རྣམས་ཉམས་འོག་ཏུ་ཆུད་པར་བྱས་ནས་བསྒྲུབ་པར་ནུས་ན་འཇུག་སྡོམ་ལེན་ནོ། །མཇུག་གི་ཆོ་ག་ལ་དབུ་མ་པ་རྣམས་ཀྱིས་ནི། དེང་དུས་བདག་ཚེ་འབྲས་བུ་ཡོད། །ཅེས་སོགས་རང་དགའ་བ་སྒོམ་པ་དང་། བདག་གིས་དེ་རིང་སྐྱོབ་པ་ཐམས་ཅད་ཀྱི། ། ཅེས་སོགས་གཞན་དགའ་བ་སྒོམ་དུ་འཇུག་པ་མཛད་ལ། སེམས་ཙམ་པ་རྣམས་ཀྱིས་མཁྱེན་པར་གསོལ་བ་མཛད་དེ། འདི་ལྟར་ནོད་པའི་བྱང་ཆུབ་སེམས་དཔའ་དེ་མ་ལངས་པར་དེ་བཞིན་གཤེགས་པའི་སྐུ་

གཟུགས་དེ་ཉིད་ཀྱི་སྤྱན་སྔར་ཕྱོགས་བཅུའི་སངས་རྒྱས་དང་བྱང་ཆུབ་སེམས་དཔའ་བཞུགས་ཤིང་འཚོ་སྐྱོང་བ་ཐམས་ཅད་ཀྱི་ཞབས་ལ་གཏུགས་ཏེ་ཐལ་མོ་སྦྱར་ནས་འདི་ལྟར་མཁྱེན་པར་མཛད་དུ་གསོལ་ཞེས་བྱ་སྟེ་བྱང་ཆུབ་སེམས་དཔའ་མིང་འདི་ཞེས་བྱ་བ་འདིས་བྱང་ཆུབ་སེམས་དཔའ་མིང་འདི་ཞེས་བགྱི་བ་ལ་བྱང་ཆུབ་སེམས་དཔའི་ཚུལ་ཁྲིམས་ཀྱི་སྡོམ་པ་ཡང་དག་པར་བླངས་པ་ལན་གསུམ་གྱི་བར་དུ་མནོས་ལགས་ཏེ། བདག་མིང་འདི་ཞེས་བགྱི་བ་ནོད་པའི་བྱང་ཆུབ་སེམས་དཔའ་འདིས་བྱང་ཆུབ་སེམས་དཔའི་ཚུལ་ཁྲིམས་ཀྱི་སྡོམ་པ་ཡང་དག་པར་བླངས་པ་ལ་དཔང་དུ་གྱུར་པ་ཕྱོགས་བཅུའི་འཇིག་རྟེན་གྱི་ཁམས་མཐའ་ཡས་མུ་མེད་པ་དག་ཏུ་འཕགས་པའི་ཚོགས་ལྐོག་ཏུ་གྱུར་ཀྱང་དུས་ཐམས་ཅད་དུ་སེམས་ཅན་ཐམས་ཅད་ལྐོག་ཏུ་མ་གྱུར་པའི་ཐུགས་མངའ་བ་མཁྱེན་པ་ཅན་རྣམས་ལ་མཁྱེན་པར་གསོལ་ལོ། །ཞེས་དེ་སྐད་ལན་གཉིས་སམ་གསུམ་གྱི་བར་དུ་བརྗོད་པར་བྱའོ། །ཞེས་གསུངས་སོ། །བསླབ་བྱའི་ཁྱད་པར་དང་། ཕྱིར་བཅོས་ཀྱི་ཁྱད་པར་ནི་འོག་ཏུ་བཤད་པར་བྱའོ། །དེ་ལྟར་ན་ལུགས་འདི་གཉིས་བླང་བའི་ཡུལ། རྟེན་གྱི་གང་ཟག །ལེན་པའི་ཆོ་ག །བསླབ་བྱ་ཕྱིར་བཅོས་ཀྱི་སྒོ་ནས་སོ་སོར་ཕྱེ་བ་ནི། རྗེ་བཙུན་ས་སྐྱ་པ་ཡབ་སྲས་ཀྱི་སྲོལ་དུ་སྣང་ཞིང་། དེང་སང་ཁོ་བོའི་བླ་མ་རྡོ་རྗེ་འཆང་དང་དབྱེར་མ་མཆིས་པ་ཀུན་དགའ་བཟང་པོ་འབའ་ཞིག་གི་ཕྱག་སྲོལ་དུ་སྣང་ངོ་། །

དེ་ལ་ལོག་པར་རྟོག་པ་ཁ་ཅིག་ན་རེ། བྱང་ས་ནས་འབྱུང་བའི་སེམས་བསྐྱེད་ཀྱི་ཆོ་ག་ལ་སེམས་ཙམ་ལུགས་དང་སྤྱོད་འཇུག་ནས་འབྱུང་བའི་སེམས་བསྐྱེད་ཀྱི་ཆོ་ག་ལ་དབུ་མ་ལུགས་ཞེས་སོ་སོར་ཕྱེ་བ་མི་འཐད་དེ། དབུ་སེམས་གཉིས་ཀས་ལུགས་གཉིས་ཀ་ཉམས་སུ་ལེན་དུ་རུང་བའི་ཕྱིར། ཞེས་ཟེར་བ་ནི་སླུ་བས་ཡོངས་པར་ཟད་དེ། འོན་ཁྱེད་རང་གི་བླ་མས་ཀླུ་སྒྲུབ་ནས་བརྒྱུད་པའི་ལམ་རིམ་ལ་ཟབ་མོ་ལྟ་བ་དང་། ཐོགས་མེད་ནས་བརྒྱུད་པའི་ལམ་རིམ་ལ་རྒྱ་ཆེན་སྤྱོད་པ་ཞེས་གཉིས་སུ་ཕྱེ་བ་ཡང་མི་འཐད་པར་ཐལ། དེ་གཉིས་ཀས་ཀྱང་ལྟ་སྤྱོད་གཉིས་ཀ་ཉམས་སུ་ལེན་དུ་རུང་བའི་ཕྱིར། གསུམ་ཆར་ཁས། གཞན་ཡང་བྱམས་མགོན་གྱིས་ཡུམ་དོན་འགྲེལ་པ་ལ་སྦས་དོན་མངོན་རྟོགས་ཀྱི་རིམ་པ་གཏན་ལ་འབེབས་པ་དང་། ཀླུ་སྒྲུབ་ཀྱིས་ཡུམ་དོན་འགྲེལ་པ་ལ་དངོས་བསྟན་སྟོང་ཉིད་ཀྱི་ལྟ་བ་གཏན་ལ་འབེབས་པ་ཞེས་གཉིས་སུ་དབྱེར་མི་རུང་བར་ཐལ། དེ་གཉིས་ཀས་ཀྱང་མངོན་རྟོགས་ཀྱི་རིམ་པ་དང་སྟོང་ཉིད་ཀྱི་ལྟ་བ་གཉིས་ཀ་ཉམས་སུ་ལེན་དུ་རུང་བའི་ཕྱིར་རོ། ཞེས་སོགས་མཐའ་ཡས་པ་བརྗོད་པར་བྱའོ། །དེས་ན་སེམས་ཙམ་པ་ལྟ་བ་དམའ་བས་དེ་དང་མཐུན་པར་སྤྱོད་པ་ཡང་དོག་པའི་ཆོག་དང་། དབུ་མ་པ་ལྟ་བ་མཐོ་བས་དེ་དང་མཐུན་པར་སྤྱོད་པ་ཡངས་པའི་སེམས་བསྐྱེད་ཀྱི་ཆོ་ག་གཉིས་རྫོགས་པའི་སངས་རྒྱས་ཀྱིས་གསུངས་ཤིང་རྗེས་འཇུག་གི་གྲུབ་ཆེན་རྣམས་ཀྱིས་ཀྱང་དེ་ལྟར་དུ་

བཀྲལ་བར་ཤེས་པར་བྱའོ། །གསུམ་པ་སྔགས་སྡོམ་ལེན་པའི་དབང་བསྐུར་གྱི་ཆོ་ག་ལ་བཞི་སྟེ། གང་དུ་བསྐུར་བའི་དཀྱིལ་འཁོར། ཇི་ལྟར་བསྐུར་བའི་ཆོ་ག །དེ་ལྟར་བསྐུར་བའི་དགོས་པ། དེ་ལས་སྔགས་སྡོམ་ཐོབ་པའི་དུས་བསྟན་པའོ། །དང་པོ་ལ་ཡེ་ཤེས་ཀྱི་དཀྱིལ་འཁོར། སྤྲུལ་པའི་དཀྱིལ་འཁོར། ཏིང་ངེ་འཛིན་གྱི་དཀྱིལ་འཁོར། རྡུལ་ཚོན་གྱི་དཀྱིལ་འཁོར། རས་བྲིས་ཀྱི་དཀྱིལ་འཁོར་རྣམས་ལས། དང་པོ་ནི། སངས་རྒྱས་རྡོ་རྗེ་འཆང་གིས་རྒྱུད་གསུངས་པའི་ཚེ་འཁོར་རྣམས་ཡེ་ཤེས་ཀྱི་དཀྱིལ་འཁོར་དུ་བཅུག་ནས་དབང་བསྐུར་བའི་ཆེད་དུ་ཡེ་ཤེས་ཀྱི་སྣང་བ་ལས་གྲུབ་པའི་དཀྱིལ་འཁོར་རོ། །གཉིས་པ་ནི། ས་ལ་གནས་པའི་འཕགས་པ་རྣམས་དང་། སོ་སོའི་སྐྱེ་བོ་ལས་དག་པ་རྣམས་ཀྱི་དོན་དུ་སྤྲུལ་པ་མཆོག་གིས་དཀྱིལ་འཁོར་གྱི་འཁོར་ལོ་སྣ་ཚོགས་སུ་སྤྲུལ་པ་སྟེ། དེ་ལས་གཙོ་བོ་གྲུབ་པའི་ས་ལ་གནས་པ་རྣམས་ཀྱིས་དབང་བླང་ཞིང་སོ་སྐྱེ་ལས་དག་པ་འགའ་ཞིག་གིས་དབང་བླངས་པས་དེ་མ་ཐག་ཏུ་གྲུབ་པའི་ས་ཐོབ་པ་ཡང་ཡོད་དེ། དཔལ་ལྡན་ཆོས་སྐྱོང་གིས་བདག་མེད་མའི་སྤྲུལ་པའི་དཀྱིལ་འཁོར་དུ་དབང་བླངས་པ་ལས་ས་དང་པོ་མངོན་དུ་བྱས་པ་བཞིན་ནོ། །

གསུམ་པ་ནི། ཏིང་ངེ་འཛིན་ལ་བརྟན་པ་ཐོབ་པའི་སོ་སོའི་སྐྱེ་བོའི་རྡོ་རྗེ་སློབ་དཔོན་དང་འཕགས་པའི་གང་ཟག་འགའ་ཞིག་གིས་ལུས་ངག་གི་བྱེད་པ་མེད་པར་ཏིང་ངེ་འཛིན་འབའ་ཞིག་གིས་ས་ཆོག་ནས། མཇུག་གི་ཆོ་ག་ཚང་བའི་སྒོ་ནས་རྡུལ་ཚོན་གྱི་དཀྱིལ་འཁོར་ཇི་ལྟ་བ་བཞིན་དུ་བཞེངས་པའོ། །འདི་ལ་ཏིང་ངེ་འཛིན་བརྟན་མི་བརྟན་གྱི་བྱེ་བྲག་གིས་དཀྱིལ་འཁོར་རང་གིས་ལྟ་ནུས་ཤིང་གཞན་ལ་ཡང་བསྟན་ནུས་པ་དང་། རང་གིས་ལྟ་ནུས་ཀྱི་གཞན་ལ་བསྟན་མི་ནུས་པ་གཅིག་ཡོད་དོ་ཅེས་བླ་མ་གསུང་ངོ་། །དབང་བསྐུར་བ་ལ་ནི། གཞན་ལ་བསྟན་ནུས་པ་དགོས་ཏེ་དཔའ་བོ་རྡོ་རྗེས་འབྲོག་མི་ལོ་ཙྪ་བ་ལ་དབང་བསྐུར་བ་གསུངས་པ་ལྟ་བུའོ། །དེང་སང་བོད་འདིར་རྒྱུད་སྡེ་ལ་བློ་ཁ་མ་ཕྱོགས་པ་མང་དུ་འཚོགས་ནས་མདུན་དུ་ཚོམ་བུའི་དཀྱིལ་འཁོར་གཅིག་བཀོད་དེ་གསང་བ་འདུས་པའི་མཎྜལ་མཆོད་པའི་ཆོ་ག་བོན་པོའི་གཤེན་དབྱངས་འཐེན་པ་ལྟར་གྱེར་འདོན་དུ་བྱེད་པ་ལ་བསམ་གཏན་སྒྲུབ་མཆོད་དུ་མིང་བཏགས་པ་ནི་གསང་སྔགས་ཀྱི་རྣམ་གཞག་ཚིག་ཙམ་ཡང་ན་བའི་བུ་གར་མ་སོང་བ་མཚོན་པར་བྱེད་དེ། འདི་ལུང་དང་། རིགས་པ་དང་། རང་གིས་ཁས་བླངས་པའི་གྲུབ་མཐའ་དང་འགལ་བ་གསང་སྔགས་སུ་ཁས་བླངས་པའི་ཕྱིར་རོ། །དང་པོ་ནི། སློབ་དཔོན་ཨ་བྷྱ་ཡས། སྔར་བཤད་པ་ལྟར་ལུས་ངག་གི་རྩོལ་བ་མེད་པར་ཡིད་འབའ་ཞིག་གིས་དཀྱིལ་འཁོར་བཞེངས་པ་ལ་ཏིང་ངེ་འཛིན་གྱི་དཀྱིལ་འཁོར་དང་། བསམ་གཏན་གྱི་དཀྱིལ་འཁོར། དེའི་སྒྲུབ་མཆོད་ལ་ཏིང་ངེ་འཛིན་གྱི་སྒྲུབ་མཆོད་དང་། བསམ་གཏན་གྱི་སྒྲུབ་མཆོད་དུ་གསུངས་པ་དང་འགལ་ལོ། །གཉིས་པ་ནི། བསམ་གཏན་གྱི་སྒྲུབ་མཆོད་ཡིན་

ན་ལུས་ངག་གི་རྩོལ་བ་མེད་པར་དམིགས་པའི་དོན་ལ་རྩེ་གཅིག་པ་ཞིག་དགོས་ལ། ཁྱོད་ཀྱི་ཚོག་དེ་ནི་ལུས་ངག་གི་སྤྲོས་པའི་རང་བཞིན་དུ་སྣང་བའི་ཕྱིར་རོ། །གསུམ་པ་ནི། ཁྱེད་རང་རྣམས་ཀྱིས་ཁས་བླངས་པའི་གསང་སྔགས་ལམ་རིམ་ལས། ཏིང་ངེ་འཛིན་གྱི་དཀྱིལ་འཁོར་ལས་དང་པོ་པས་སྤྲུལ་མི་ནུས་པར་བཤད་པ་དང་འགལ་ལོ། །བཞི་པ་རྡུལ་ཚོན་གྱི་དཀྱིལ་འཁོར་ནི་སོ་སོ་སྐྱེ་བོའི་རྡོ་རྗེ་སློབ་དཔོན་གྱིས་སློབ་མ་སྨིན་པར་བྱེད་པའི་དབང་དུ་མཛད་ནས་རྒྱལ་བ་རྡོ་རྗེ་འཆང་གིས་རྒྱུད་སྡེ་རྣམས་ལས་འདི་རྒྱས་པར་གསུངས་སོ། །དེ་ལ་རྣལ་འབྱོར་དབང་ཕྱུག་བིར་པའི་བཞེད་པས་ལས་དང་པོ་པ་མ་སྨིན་པ་སྨིན་པར་བྱེད་པ་ལ་དབང་གི་མངོན་པར་རྟོགས་པ་བདུན་ལྡན་དགོས་པས་རྡུལ་ཚོན་གྱི་དཀྱིལ་འཁོར་དགོས་པར་བཞེད་དོ། །དེ་ནི་རྗེ་བཙུན་ནཱ་རོ་པ་ཡང་བཞེད་དེ། དབང་མདོར་བསྟན་གྱི་འགྲེལ་པར་དབང་བདུན་པོ་འདི་དག་ནི་རྡུལ་ཚོན་གྱི་དཀྱིལ་འཁོར་རྣམ་པར་སྤྱངས་ནས་གཞན་རས་བྲིས་ལ་སོགས་པར་བསྐུར་བར་བྱ་བ་མ་ཡིན་ནོ། །ཞེས་གསུངས་སོ། །གཞུང་འདིར་ནི་བིར་པའི་དགོངས་པ་གཞིར་གཞག་ནས་ལས་དང་པོ་པ་སྨིན་པར་བྱེད་པ་ལ་རྡུལ་ཚོན་གྱི་དཀྱིལ་འཁོར་དགོས་པར་གསུངས་ཏེ། དེང་སང་གང་ཟག་རབ་འབྲིང་ཀུན། །རྡུལ་ཚོན་གྱི་ནི་དཀྱིལ་འཁོར་དུ། །དབང་བསྐུར་བྱ་བར་གསུངས་མོད་ཀྱི། །གཞན་གྱི་སྨིན་བྱེད་རྒྱུད་ལས་བཀག །ཞེས་གསུངས་སོ། །ལྔ་པ་རས་བྲིས་ཀྱི་དཀྱིལ་འཁོར་ནི། སློབ་དཔོན་རྡོ་རྗེ་དྲིལ་བུ་པས། རི་མོར་གནས་པའི་ལས་དང་ནི། །ཐིག་ལས་ཚོན་དབྱེའི་རིམ་པ་བསྟན། །འགྲོ་བ་འདི་དག་རང་བཞིན་གྱི། །བྲུབ་པའི་དཀྱིལ་འཁོར་གཉིས་མེད་པའོ། །ཞེས་དང་། སློབ་དཔོན་ཛ་ཡ་སེ་ནས། རྡུལ་ཚོན་བྲི་བར་མ་ནུས་ན། །དཀྱིལ་འཁོར་དང་མཉམ་རས་ལ་ནི། །ངེས་པར་བཅོམ་ལྡན་ཧེ་རུ་ཀ །ཕྱག་རྒྱའི་ཚོགས་དང་བཅས་པར་བྲི། །ཞེས་དང་། སློབ་དཔོན་སྒྲ་གཅན་འཛིན་དཔལ་བཤེས་གཉེན་གྱིས་གསང་བ་འདུས་པའི་དཀྱིལ་འཁོར་གྱི་ཆོ་ག་རས་བྲིས་ལ་བརྟེན་ནས་གསུངས་པ་དང་། སློབ་དཔོན་ཨ་བྷྱ་ཡས་རྡོ་རྗེ་ཕྲེང་བར་བཤད་པའི་དཀྱིལ་འཁོར་རྣམས་རས་བྲིས་དང་རྡུལ་ཚོན་གཉིས་གཉིས་གསུངས་པ་དང་། རྗེ་བཙུན་རྩེ་མོས་རས་བྲིས་ལ་བརྟེན་པའི་ལུགས་འདི་ནི་བདེ་མཆོག་ཨ་ཧྲི་ཧྣ་ན་ལ་བརྟེན་ནས། སློབ་དཔོན་རྡོ་རྗེ་དྲིལ་བུ་པ་དང་། སློབ་དཔོན་དགའ་རབ་རྡོ་རྗེ་ལ་སོགས་པས་གསུངས་ལ་དེང་སང་རྒྱ་གར་ན་ཡང་ཚོག་ཕལ་ཆེར་འདི་ལ་བྱེད་ལ་བླ་མ་གོང་མ་རྣམས་ཀྱང་སྐབས་སྐབས་སུ་ཕྱག་ལེན་འདི་ལ་མཛད་པས། ལུགས་འདི་ཧ་ཅང་མི་ལེགས་པ་ཡང་མ་ཡིན་ནོ། །ཞེས་དང་། རྗེ་བཙུན་གྲགས་པ་རྒྱལ་མཚན་གྱིས་གཞན་ཕན་སྤྱི་ཆིངས་སུ་སྦྱོངས་རྒྱུད་ནས་གསུངས་པའི་དཀྱིལ་འཁོར་བཅུ་གཉིས་ལ་རྡུལ་ཚོན་གྱི་དཀྱིལ་འཁོར་བཅུ་གཉིས། རས་བྲིས་ཀྱི་དཀྱིལ་འཁོར་བཅུ་གཉིས། ཏིང་ངེ་འཛིན་གྱི་དཀྱིལ་འཁོར་བཅུ་གཉིས

གསུངས་པས་འདི་རྣམས་ཀྱི་བཞེད་པ་ལ་རས་བྲིས་ཀྱི་དཀྱིལ་འཁོར་ལ་བརྟེན་ནས་སློབ་བྱེད་ཀྱི་དབང་བསྐུར་དུ་རུང་བར་བཞེད་དོ། །དེ་ལ་བདག་གི་བླ་མ་ནི་སྔར་རྒྱུད་མ་སྨིན་པ་གསར་དུ་སྨིན་པར་བྱེད་པ་ལ་རྡུལ་ཚོན་གྱི་དཀྱིལ་འཁོར་དགོས་ཤིང་། དཀྱིལ་འཁོར་གཅིག་ཏུ་སྨིན་བྱེད་ཀྱི་དབང་ཐོབ་ནས་དཀྱིལ་འཁོར་གཞན་དུ་དབང་བསྐུར་བ་ལ་རས་བྲིས་ལ་བརྟེན་ནས་ཀྱང་རུང་བར་བཞེད་དོ། །གཉིས་པ་ཇི་ལྟར་བསྐུར་བའི་ཆོ་ག་ནི་གསང་བ་སྤྱི་རྒྱུད་ལས། རྣམ་དཔྱད་དང་པོ་ས་གཞི་གཟུང་། །གཉིས་པ་ལ་ནི་སྟ་གོན་བྱ། །ཐུབ་གསུམ་པ་ལ་འཇུག་པ་ཤིས། །ཞེས་གསུངས་པ་ལྟར་ཐུབ་དང་པོ་སའི་ཆོ་ག །གཉིས་པ་སྟ་གོན་གྱི་ཆོ་ག །གསུམ་པ་དངོས་གཞིའི་ཆོ་ག་གསུམ་ལས། དང་པོ་ལ་རྒྱུད་སྡེ་རྣམས་ལས་ཇི་སྙེད་གསུངས་པ་ཐམས་ཅད། ས་བརྟག་པ། ས་བླང་བ། ས་སྦྱང་བ། ས་བཟུང་བ་དང་བཞིར་འདུས་སོ། །གཉིས་པ་སྟ་གོན་ནི་སཾ་བྷུ་ཊིའི་བརྟག་པ་བདུན་པའི་རབ་བྱེད་བཞི་པ་ལས། ས་ཡི་ལྷ་མོ་སྟ་གོན་དང་། རྒྱུད་ཕྱི་མར་ལྷ་སྟ་གོན། བུམ་པ་སྟ་གོན་གྱི་ཆོ་ག །སློབ་མ་སྟ་གོན་བཞི་གསུངས་སོ། །གསུམ་པ་དངོས་གཞིའི་ཆོ་ག་ལ་དཀྱིལ་འཁོར་བྲི་ཞིང་རྒྱན་དགྲམ་པ། སྒྲུབ་ཅིང་མཆོད་པ། བདག་ཉིད་འཇུག་ཅིང་དབང་བླང་བ། སློབ་མ་འཇུག་ཅིང་དབང་བསྐུར་བ་དང་བཞི་ལས། དང་པོ་ལ་ཐིག་གིས་བྲི་བ་དང་། ཚོན་གྱིས་བྲི་བ་གཉིས་ལས། དང་པོ་ལ་ཡང་རྒྱུད་སྡེ་ཕལ་ཆེར་གྱི་དགོངས་བསྟན་དུ་གྱུར་པ་ཐིག་སྐུད་ཚ་ཕྲན་དྲུག་ཅུ་རེ་བཞི་པའི་ཕྱོགས་དང་། ཨ་བྷ་ཡ་རྗེས་འབྲང་དང་བཅས་པའི་བཞེད་པ་ཚ་ཕྲན་དགུ་བཅུ་གོ་དྲུག་པའི་ཕྱོགས་གཉིས་སོ། །ཚོན་གྱིས་བྲི་བ་ལ་སྐུ་ཕྱག་རྒྱ་ཆེན་པོ་བྲི་བ། གསུང་ཡིག་འབྲུ་བྲི་བ། ཐུགས་ཕྱག་མཚན་བྲི་བ། དེ་ཡང་མ་ནུས་ན། མཚན་མ་ཙམ་བྲི་བ་སྟེ་བཞིར་གསུངས་སོ། །གཉིས་པ་ལ་སྒྲུབ་པ་དང་། མཆོད་པ་གཉིས་ལས། དང་པོ་ལ་བདག་མདུན་ཐ་དད་པའི་སྒྲུབ་ཚུལ་དང་། ཐ་མི་དད་པའི་སྒྲུབ་ཚུལ་གཉིས་སོ། །གཉིས་པ་ལ་བྱེ་བྲག་ཇི་སྙེད་ཅིག་གསུངས་པ་ཐམས་ཅད་ཕྱི་ནང་གསང་བ་དེ་ཁོ་ན་ཉིད་ཀྱི་མཆོད་པ་བཞིར་འདུས་སོ། །

གསུམ་པ་བདག་ཉིད་འཇུག་ཅིང་དབང་བླང་བ་ནི། སཾ་བྷུ་ཊིར། སྔགས་ཀྱི་ལམ་གྱི་རྗེས་བཅལ་བས། །གང་ཚེ་མཁས་པས་དབང་བསྐུར་བ། །སངས་རྒྱས་ཀུན་གྱི་མངོན་སུམ་དུ། །དཀྱིལ་འཁོར་བདེ་བར་གཤེགས་ནས་སུ། །འཇིག་རྟེན་ཁམས་ནི་མཐའ་ཡས་བདག །བློ་དང་ལྡན་པས་དེ་བཞིན་བླང་། །རང་བྱིན་བརླབས་པའི་གནས་ཐོབ་ནས། །དམ་ཚིག་ཉམས་པས་འཇིག་པ་ཡི། །རྫོགས་སངས་རྒྱས་ཀྱི་དོན་དམ་ལས། །སྔགས་ཀྱི་ལམ་ནི་དེ་བཞིན་གསུངས། །ཞེས་གསུངས་པའི་དགོངས་པར་མཛད་ནས། སློབ་མ་ལ་དབང་བསྐུར་བའི་སྔོན་དུ་སློབ་མ་ལ་ཇི་ཙམ་བསྐུར་བ་རང་ཉིད་ཀྱིས་བདག་འཇུག་གི་ཚུལ་དུ་ལེན་པ་ནི་རྒྱ་བོད་ཀྱི་མཁས་གྲུབ་རྣམས

ཀྱི་ཕྱག་ལེན་དུ་སྣང་ངོ་། །བཞི་པ་སློབ་མ་འཇུག་ཅིང་དབང་བསྐུར་བ་ལ་འཇུག་པའི་ཆོས་རྣམས་སྟོན་དུ་སོང་ནས་དབང་གི་དངོས་གཞི་ལ་ཡེ་ཤེས་ཐིག་ལེའི་རྒྱུད་ལས། ཆུ་ཡི་དབང་བསྐུར་ཅོད་པན་དག །བུམ་པའི་རྒྱུད་ལ་རབ་ཏུ་གྲགས། །རྡོ་རྗེ་དྲིལ་བུ་དེ་བཞིན་མིང་། །སྤྱོད་པའི་རྒྱུད་ལ་རབ་ཏུ་གསལ། །ཕྱིར་མི་ལྡོག་པ་ཡི་ནི་དབང་། །རྣལ་འབྱོར་རྒྱུད་དུ་གསལ་བར་ཕྱེ། །དེ་བཞིན་དྲུག་གི་བྱེ་བྲག་དབང་། །དེ་ནི་སློབ་དཔོན་དབང་ཞེས་བྱ། །རྣལ་འབྱོར་བླ་མ་ཡི་ནི་མཚན། །གསང་བ་ཡི་ནི་དབང་རྒྱལ་བཤད། །ཤེས་རབ་ཡེ་ཤེས་བླ་ན་མེད། །བཞི་པ་དེ་ཡང་དེ་བཞིན་ནོ། །ཞེས་གསུངས་པ་ལྟར་རོ། །རྒྱུད་སྡེ་བཞི་ལ་དབང་བསྐུར་གྱི་བབས་མི་འདྲ་བ་བཞི་ཡོད་པ་ལས། བུམ་དབང་ལ་སོགས་པའི་དབང་རྣམ་པ་བཞི་ནི་རྣལ་འབྱོར་བླ་མེད་ཁོ་ནའི་ཁྱད་ཆོས་ཡིན་པས། དེ་འཆད་པ་ལ་གསུམ་སྟེ་དབང་བཅུ་བཞིར་དབྱེ་བ། དེ་བཅུ་གཅིག་ཏུ་བསྡུ་བ། དེ་བཞིར་བསྡུ་བའོ། །དང་པོ་ནི་བཤད་རྒྱུད་རྡོ་རྗེ་ཕྲེང་བ་ལས། དང་པོའི་དབང་ནི་གཙོ་བོ་སྟེ། །གཉིས་པ་གསང་བའི་མིང་ཅན་ནོ། །གསུམ་པ་ཀུན་ནས་སྦྱོར་བ་སྟེ། །བཞི་པ་དོན་ནི་དམ་པའོ། །གཙོ་བོའི་དབྱེ་བ་བཅུ་གཅིག་སྟེ། །བཅུ་གཉིས་པ་ནི་གསང་བའོ། །བཅུ་གསུམ་པ་ནི་ཡང་དག་སྦྱོར། །བཅུ་བཞི་པ་ནི་དོན་དམ་སྟེ། །དབང་བསྐུར་རེ་རེ་ས་རེའོ། །རྣམ་པ་གསུམ་ནི་ཆུ་ཡི་དབང་། །བཞི་པ་འབྲས་བུར་ཤེས་པར་བྱ། །ཞེས་པ་དང་། སྡོམ་འབྱུང་ལས། རིགས་ཀྱི་ལྔར་ངེས་མེ་ཏོག་ཕྲེང་། །ཆུ་དང་ཅོད་པན་རྡོ་རྗེ་དང་། །དྲིལ་བུ་དང་ནི་མིང་གི་དབང་། །བདེར་གཤེགས་ལྔ་ཡི་བདག་ཉིད་དབང་། །བརྟུལ་ཞུགས་དང་ནི་ལུང་བསྟན་ཉིད། །རྗེས་གནང་དང་ནི་དབུགས་དབྱུང་དང་། །ཕྱིར་མི་ལྡོག་པ་སློབ་དཔོན་དབང་། །བུམ་པ་ལས་ནི་བྱུང་བའོ། །གཉིས་པ་གསང་བའི་མཆོག་ཡིན་ཏེ། །གསུམ་པ་ཤེས་རབ་ཡེ་ཤེས་ཡིན། །བཞི་པ་དེ་ལྟར་ཡང་དེ་ནི། །ཞེས་དང་ཕྱག་ཆེན་ཐིག་ལེ་ལས། དབང་བསྐུར་བ་ཡི་རིམ་པ་ལས། །འབྲས་བུ་ཡི་ནི་གསུམ་དུ་བསྟན། །དང་པོ་སློབ་དཔོན་དབང་དང་གཅིག །གཉིས་པ་གསང་བའི་དབང་ནི་མཆོག །ཤེས་རབ་ཡེ་ཤེས་བཅུ་གསུམ་པ། །དེ་ལྟར་དེ་ནི་བཅུ་བཞི་པའོ། །དབང་རེ་ལ་ནི་ས་རེའོ། །དེ་རྣམས་ས་ཡི་དབང་ཕྱུག་བདག །ཞེས་པ་དང་། སངས་རྒྱས་ཐོད་པའི་རྒྱུད་ལས། གསང་བ་སྤྱི་ཡི་ལྔ་དང་ནི། །བདུན་དང་བཅུ་བཞིར་བཤད་པ་དང་། །གཉིས་ཀར་བཅུ་བཞིར་འདུས་པ་ཡི། །ཞེས་དང་། དྲིལ་བུ་དཀྱིལ་ཆོག་ལས། སློབ་དཔོན་དབང་སོགས་དབྱེ་བ་ཡིས། །དབང་བསྐུར་རྣམ་པ་བཞིར་བཤད་དེ། །ཆུ་ཡི་དབང་སོགས་དབྱེ་བ་ཡིས། །བཞི་པོ་དེ་ཡང་བཅུ་བཞིའོ། །ཞེས་གསུངས་སོ། །

གཉིས་པ་དེ་བཅུ་གཅིག་ཏུ་བསྡུ་བ་ནི། བུམ་དབང་ལ་བརྒྱད་དུ་ཕྱེ་ནས་དབང་གོང་མ་གསུམ་དང་བཅུ་གཅིག་ཏུ་བྱེད་པའི་ལུགས་དང་། བྱིས་པ་འཇུག་པའི་དབང་བདུན་དང་། དབང་གོང་མ་བཞི་སྟེ་བཅུ་གཅིག་ཏུ

བྱེད་པའི་ལུགས་གཉིས་ལས། །དང་པོ་ནི་རྡོ་རྗེ་གུར་ལས། དང་པོ་ཆུ་ཡི་དབང་བསྐུར་ཡིན། །གཉིས་པ་ཅོད་པན་དབང་ཡིན་ལ། །གསུམ་པ་དར་དཔྱངས་དབང་བསྐུར་ཡིན། །བཞི་པ་རྡོ་རྗེ་དྲིལ་བུ་འོ། །ལྔ་པ་རིགས་ཀྱི་བདག་པོ་སྟེ། །མིང་གི་དབང་བསྐུར་དྲུག་པ་ཡིན། །སངས་རྒྱས་བཀའ་བསྒོ་བདུན་པ་སྟེ། །བརྒྱད་པ་བུམ་པའི་དབང་བསྐུར་ཡིན། །དགུ་པ་གསང་བའི་དབང་བསྐུར་ཡིན། །ཤེས་རབ་ཡེ་ཤེས་བཅུ་པ་ཡིན། །དེ་ཉིད་རྡོ་རྗེ་སྦྱོར་བ་དང་། །བརྟུལ་ཞུགས་ཐམས་ཅད་བྱིན་ནས་སུ། །བདག་ཉིད་སྟོན་པས་ལུང་བསྟན་བྱ། །ཚིག་དེ་ལྟར་ཁྱོད་ལ་བཤད། །ཅེས་དང་། ཡེ་ཤེས་ཐིག་ལེ་ལས། ཆུ་དང་དབུ་རྒྱན་རྡོ་རྗེ་དང་། །དྲིལ་བུ་མིང་དང་བརྟུལ་ཞུགས་དང་། །ལུང་བསྟན་པ་དང་སྐྱབས་སྦྱིན་དང་། །སྔགས་དང་ཕྱག་རྒྱ་ཡེ་ཤེས་སོ། །རྣལ་འབྱོར་རྒྱུད་ལ་མོས་པ་ལ། །དབང་བརྒྱད་ཕྱེ་ལ་སྦྱིན་པར་བྱ། །རྣལ་འབྱོར་བླ་མ་ལ་མོས་ལ། །བཅུ་གཅིག་བདག་ཉིད་སྦྱིན་པར་བྱ། །ཞེས་གསུངས་སོ། །གཉིས་པ་ནི། དང་པོའི་སངས་རྒྱས་མཆོག་གི་རྒྱུད་ལས། ཆུ་དང་ཅོད་པན་དར་དང་ནི། །རྡོ་རྗེ་དྲིལ་བུ་བརྟུལ་ཞུགས་དང་། །མིང་རྒྱལ་དབང་ནི་རྣམ་པ་བདུན། །བྱིས་པ་རྣམས་ནི་བཟུང་ཕྱིར་ཡིན། །གསུམ་པོ་འཇིག་རྟེན་ཀུན་རྫོབ་དང་། །བཞི་པ་དོན་གྱི་དམ་པ་འོ། །བུམ་པ་གསང་བའི་དབང་དང་ནི། །ཤེས་རབ་ཡེ་ཤེས་ཞེས་བྱ་དང་། །དེ་ནས་ཤེས་རབ་ཆེན་པོ་ཡི། །ཡེ་ཤེས་ཞེས་བྱ་རྫོགས་པ་དག །འགྱུར་དང་མི་འགྱུར་བར་ཆད་ཅན། །བར་ཆད་མེད་པ་དེ་ལས་གཞན། །ཞེས་གསུངས་སོ། །

དེ་ལྟར་ན་སྔར་བཤད་པའི་དབང་བཅུ་བཞི་པོ་ཡང་འདིར་བཤད་པའི་བཅུ་གཅིག་ཏུ་འདུས་ཏེ། སྔ་མ་ནི་བུམ་དབང་ལ་བཅུ་གཅིག་ཏུ་ཕྱེ་ཞིང་། ཕྱི་མ་ནི་བུམ་དབང་ལ་བདུན་དུ་ཕྱེ་བ་ཙམ་དུ་ཟད་པའི་ཕྱིར་རོ། །གསུམ་པ་དེ་བཞིར་བསྡུ་བ་ནི་བརྟག་གཉིས་ལས། སློབ་དཔོན་གསང་བཤེས་རབ་དང་། །བཞི་པ་དེ་ཡང་དེ་བཞིན་ཏེ། །དབང་ནི་བཞི་ཡི་གྲངས་ཀྱིས་ནི། །དགའ་བ་ལ་སོགས་རིམ་ཤེས་བྱ། །ཞེས་པ་དང་། དགོད་པ་དག་པ་སློབ་དཔོན་ཉིད། །ལྟ་བ་གསང་བ་དེ་བཞིན་ཏེ། །ལག་བཅངས་ལ་ནི་ཤེས་རབ་ཉིད། །གཉིས་གཉིས་འཁྱུད་པ་དེ་ཡང་ཉིད། །སེམས་ཅན་རྣམས་ཀྱིས་དངོས་གྲུབ་ཕྱིར། །དབང་ནི་རྣམ་པ་བཞི་ཞེས་བཤད། །ཅེས་པ་དང་། གསང་བ་འདུས་པའི་རྒྱུད་ཕྱི་མ་ལས། དབང་ནི་རྣམ་པ་བཞི་དག་ཏུ། །རྒྱུད་འདི་ལས་ནི་རབ་ཏུ་བསྒྲགས། །བུམ་པའི་དབང་ནི་དང་པོ་སྟེ། །གཉིས་པ་གསང་བ་ཞེས་བྱར་བརྗོད། །ཤེས་རབ་ཡེ་ཤེས་གསུམ་པ་ཡིན། །དེ་ནི་དེ་ལྟར་ཡང་བཞི་པ། །ཞེས་གསུངས་སོ། །དེས་ན་སྔར་བཤད་པའི་དབང་བཅུ་བཞི་དང་བཅུ་གཅིག་པོ་རྣམས་ཀྱང་བུམ་དབང་གིས་དབྱེ་བསྡུ་ཙམ་དུ་ཟད་པས་རྣལ་འབྱོར་བླ་མེད་ཀྱི་དབང་ཐམས་ཅད་བཞི་པོ་འདིར་མ་འདུས་པ་མེད་དོ། །དེའི་རྒྱུ་མཚན་ཡང་སྦྱང་བྱ་དྲི་མ་བཞི་ཡིན་པ་དང་། བསྒོམ་བྱ་ལམ་བཞི་ཡིན་པ་དང་།

ཐོབ་བྱ་འབྲས་བུ་བཞི་ཡིན་པ་སོགས་རྣལ་འབྱོར་དབང་ཕྱུག་གི་མན་ངག་བརྒྱུད་པ་ལས་ཤེས་པར་བྱའོ། །

གསུམ་པ་དེ་ལྟར་བསྐུར་བའི་དགོས་པ་ལ་གཉིས་ལས། དང་པོ་དབང་མ་བསྐུར་བའི་ཉེས་དམིགས་ནི་དམ་པ་དང་པོ་ལས། དབང་བསྐུར་མེད་པར་རྒྱུད་འཆད་དང་། །ཟབ་མོའི་དེ་ཉིད་སྒོམ་བྱེད་པ། །དེ་དོན་ལེགས་པར་ཤེས་ན་ཡང་། །དམྱལ་བར་འགྱུར་གྱི་གྲོལ་བ་མེད། །ཅེས་དང་། བཤད་རྒྱུད་རྡོ་རྗེ་ཕྲེང་བ་ལས། ཡང་དག་དབང་བསྐུར་གྱིས་དབེན་ན། །སྒྲུབ་པོས་རྒྱུད་ཀྱི་དོན་ཤེས་ཀྱང་། །སློབ་དཔོན་སློབ་མ་མཚུངས་པར་ནི། །མི་ཟད་དམྱལ་བ་ཆེན་པོར་འགྲོ། །ཞེས་དང་། སངས་རྒྱས་ཐོད་པའི་གསུམ་པ་ལས། དཔེར་ན་བུ་ཚ་མེད་པའི་ཁྱིམ། །ཤི་བ་ཙམ་གྱིས་སྟོང་པ་ཉིད། །དེ་བཞིན་དབང་དང་བྲལ་ན་ནི། །ཡེ་ཤེས་ཀུན་གྱིས་སྟོང་པ་ཉིད། །དཔེར་ན་པི་ཝང་སྒྱུར་ཚོགས་ཀུན། །རྒྱུད་དང་བྲལ་ན་རྡུང་མི་ནུས། །དེ་བཞིན་དབང་དང་བྲལ་བ་ནི། །སྔགས་དང་བསམ་གཏན་འགྲུབ་མི་འགྱུར། །རྨོངས་པ་གང་གི་དབང་མེད་པར། །བདག་ནི་དབང་བསྐུར་ཞེས་སླུ་བ། །ཇི་སྲིད་སངས་རྒྱས་བཞུགས་ཀྱི་བར། །སློབ་མར་བཅས་ཏེ་དམྱལ་བར་འགྲོ། །ཞེས་དང་། བདེ་མཆོག་ལས། དཀྱིལ་འཁོར་འདི་ནི་མ་མཐོང་བར། །རྣལ་འབྱོར་པ་ནི་དངོས་གྲུབ་འདོད། །མཁའ་ལ་ཁུ་ཚུར་གྱིས་བརྡེག་དང་། །རྨོངས་པ་ཕུབ་མ་བརྡུང་དང་མཚུངས། །ཞེས་དང་། སངས་རྒྱས་མཉམ་སྦྱོར་ལས། དཀྱིལ་འཁོར་དུ་ནི་མ་ཞུགས་ཤིང་། །དམ་ཚིག་རྣམས་ནི་སྤངས་པ་དང་། །གསང་བའི་དེ་ཉིད་མི་ཤེས་པས། །བསྒྲུབས་ཀྱང་ཅི་ཡང་མི་འགྲུབ་བོ། །ཞེས་དང་། རྡོ་རྗེ་གུར་ལས། དཀྱིལ་འཁོར་དུ་ནི་མ་ཞུགས་དང་། །དབང་བསྐུར་མེད་པའི་རྣལ་འབྱོར་པ། །གང་གིས་རབ་གནས་མ་མཐོང་ཞིང་། །གང་གིས་སྦྱིན་བསྲེག་མ་བྱས་ན། །འཇིག་རྟེན་འདི་དང་གཞན་དུ་ཡང་། །དེ་ལ་དངོས་གྲུབ་མཆོག་ཉིད་མེད། །ཞེས་པ་དང་། ཕྱག་ཆེན་ཐིག་ལེ་ལས། དབང་མེད་ན་ནི་དངོས་གྲུབ་མེད། །བྱེ་མ་བཙིར་ཡང་མར་མེད་བཞིན། །གང་ཞིག་རྒྱུད་ལུང་ང་རྒྱལ་གྱིས། །དབང་བསྐུར་མེད་པར་འཆད་བྱེད་པ། །སློབ་དཔོན་སློབ་མ་ཤི་མ་ཐག །དངོས་གྲུབ་ཐོབ་ཀྱང་དམྱལ་བར་སྐྱེ། །ཞེས་དང་། གཞུང་འདིར་ཡང་། དབང་དང་རིམ་གཉིས་མི་ལྡན་པས། །རྡོ་རྗེ་ཐེག་པའི་བསྟན་པ་མིན། །ཞེས་པ་དང་། དགེ་སློང་སྡོམ་པ་མེད་པ་དང་། རྒྱལ་སྲས་སེམས་བསྐྱེད་མ་ཐོབ་དང་། །སྔགས་པ་དབང་བསྐུར་མེད་པ་གསུམ། །སངས་རྒྱས་བསྟན་པའི་ཆོམ་རྐུན་ཡིན། །ཞེས་གསུངས་སོ། །གཉིས་པ་དབང་བསྐུར་བའི་ཕན་ཡོན་ནི། གསང་བ་འདུས་པ་འབུམ་པ་ལས། བསྐལ་པ་ས་ཡར་བྱས་པ་ཡི། །སྡིག་དུ་ཡོད་པའི་སྡིག་པ་ཀུན། །དེ་ཀུན་འཇོམས་པར་གྱུར་པ་ཡི། །དཀྱིལ་འཁོར་འདི་འདྲ་མཐོང་བས་སོ། །ཞེས་པ་དང་། སྡོམ་བྱུང་ལས། གསང་བ་མཆོག་གི་དཀྱིལ་འཁོར་དུ། །མཆོག་ཏུ་རབ་ཞུགས་མཐོང་བ་ན། །དེར་ཁྲོད་སྡིག་པ་ཐམས་ཅད་ལས། །རྣམ་གྲོལ་བཟང་

པོར་གྱུར་པར་གནས། །ཞེས་པ་དང་། ཧེ་རུ་ཀ་སྔོན་བྱུང་ལས། དཀྱིལ་འཁོར་རྒྱལ་པོ་མཐོང་ནས་ནི། །ཚུང་ཟད་དེ་ནི་མི་འགྲུབ་མེད། །སྡིག་པ་ཀུན་ལས་རྣམ་པར་གྲོལ། །དངོས་གྲུབ་མྱུར་དུ་ཐོབ་པར་འགྱུར། །ཞེས་དང་། བཤད་རྒྱུད་རྡོ་རྗེ་ཕྲེང་བའི་གཉིས་པ་ལས། ཐོག་མར་སློབ་མ་གང་གི་ཚེ། །བློ་ལྡན་ཡང་དག་དབང་བསྐུར་ན། །རྫོགས་པའི་རིམ་པའི་རྣལ་འབྱོར་པ། །དེ་ཡི་ཚེ་ན་སྣོད་དུ་འགྱུར། །ཅེས་དང་། དུག་ནི་སྔགས་ཀྱིས་འཇོམས་པ་བཞིན། །སྔགས་ཀྱི་དག་བྱེད་བཅུད་ལེན་བྱེད། །དེ་བཞིན་སློབ་མ་དབང་སོགས་ཀྱིས། །མ་དག་པ་ནི་དག་པར་འགྱུར། །ཅེས་པ་དང་། ཡང་ཕྱག་ཆེན་ཐིག་ལེ་ལས། དང་པོ་རེ་ཤིག་གང་ཚེ་སློབ། །ལན་གཅིག་དབང་རྣམས་ཀྱིས་ནི་བསྐུར། །དེ་ཚེ་གསང་ཆེན་བཤད་པ་ཡི། །ངེས་པ་སྣོད་དུ་འགྱུར་བའོ། །ཞེས་དང་། སྡོམ་འབྱུང་ལས། དབང་བསྐུར་འདི་དག་ཡང་དག་ལྡན། །དེ་ནི་དམ་ཚིག་ཅན་ཞེས་བྱ། །ཞེས་དང་། སངས་རྒྱས་ཐོད་པ་ལས། ཕྱི་ནང་གསང་བར་བཅས་པ་ཡི། །དབང་བསྐུར་ཙམ་གྱིས་ནམ་མཁའ་ཡི། །དཀྱིལ་ནས་ཐ་ཡི་སྒྲ་གྲག་ཅིང་། །མེ་ཏོག་ཚུལ་ཆར་འབབ་འགྱུར། །དེ་ནས་རྣལ་འབྱོར་མ་དེ་རྣམས། །རྩ་ཡི་འཁོར་ལོ་ལ་ནི་ཐིམ། །ཞེས་དང་། རྡོ་རྗེ་སྙིང་པོའི་འགྲེལ་པ་ལས། རྩེ་དེས་ཧེ་ལྷར་ཐབས་ཞུགས་ནས། །སླར་ཡང་ཐབས་སུ་འགྱུར་མི་སྲིད། །དེ་བཞིན་ཡེ་ཤེས་ལུས་ཞུགས་ནས། །སླར་ཡང་འགྲོ་དྲུག་ལྟུང་མི་སྲིད། །ཅེས་དང་། དཔལ་མཆོག་དང་པོ་སྟོང་ཕྲག་བཅུ་གཉིས་པ་ལས། བུམ་པའི་དབང་བསྐུར་ས་བརྒྱད་ཡིན། །གསང་བའི་དབང་བསྐུར་ས་དགུ་ཡིན། །ཤེས་རབ་ཡེ་ཤེས་བཅུ་ཡིན་ཏེ། །བཞི་པ་བཅུ་གཅིག་པར་བཤད་དོ། །ཅེས་དང་། རྡོ་རྗེ་རྩེ་མོ་ལས། རྒྱལ་བའི་སྲས་པོ་ས་བརྒྱད་པ། །དེ་སྲིད་ཐེག་པ་དམན་པས་འཇིགས། །གསང་བའི་དཀྱིལ་འཁོར་ཆེན་པོ་འདིར། །ཞུགས་པས་བདག་ཉིད་གྲོལ་བར་འགྱུར། །ཅེས་དང་། དཀྱིལ་འཁོར་ཚོ་ག་ཧེ་ལྷ་བུ། །ཚོ་ག་ཚོས་དང་རྣལ་འབྱོར་ཏེ། །གསང་བ་ཐར་པ་ཡང་དག་འབྱུང་། །སྐྱེ་བ་འདི་ཉིད་ཁོ་ན་ལ། །རབ་དགའ་སྒྲུབ་པར་བྱེད་པ་ཡིན། །ཞེས་དང་། ནག་པོ་པའི་དཀྱིལ་ཆོག་ལས། དབང་བསྐུར་འདི་དག་ཐོབ་ནས་ནི། །སློབ་མ་ཡོན་ཏན་བདག་པོར་འགྱུར། །སངས་རྒྱས་ཀུན་གྱིས་རབ་ཏུ་མཆོད། །མཚམས་མེད་པ་དང་སྡིག་ཅན་ཡང་། །ཚོན་རྩེ་མཐོང་བས་གྲོལ་བར་འགྱུར། །མདོན་པར་ཞུགས་པ་ཙམ་གྱིས་ནི། །གཙང་མའི་གནས་སུ་སྐྱེ་བར་འགྱུར། །ཞེས་པ་དང་། གསང་བའི་མཛོད་ལས། དབང་བསྐུར་ཡང་དག་སྨིན་ལྡན་ན། །སྐྱེ་ཞིང་སྐྱེ་བར་དབང་བསྐུར་འགྱུར། །དེ་ཡི་སྐྱེ་བ་བདུན་ནས་ནི། །མ་བསྒོམས་པར་ཡང་སངས་རྒྱས་འགྱུར། །ཞེས་པ་དང་། གཞུང་འདིར་ཡང་། དབང་བསྐུར་ཆོས་སྒོ་ཙམ་མ་ཡིན། །གསང་སྔགས་རྟེན་འབྲེལ་ལམ་བྱེད་པས། །རྟེན་འབྲེལ་བསྒྲིགས་པའི་གདམས་ངག་ཡིན། །ཕུང་པོ་ཁམས་དང་སྐྱེ་མཆེད་ལ། །སངས་རྒྱས་ས་བོན་བཏབ་ནས་ནི། །ཚེ་འདིར་སངས་རྒྱས་བྱེད་པ་ཡི། །

ཐབས་ལ་དབང་བསྐུར་ཞེས་སུ་བཏགས། །ཞེས་དང་། སངས་རྒྱས་གསུང་བཞིན་མཛད་པ་ཡི། །བླ་མ་བཙལ་ལ་དབང་བཞི་བླང་། །དེ་ཡིས་སྡོམ་པ་གསུམ་ལྡན་འགྱུར། །ཞེས་དང་། སྡོམ་པ་གསུམ་དང་ལྡན་པ་ཡིས། །རིམ་གཉིས་ཟབ་མོའི་གནད་ཤེས་ན། །དེ་ནི་ཚེ་འདི་འམ་བར་དོ་འམ། །སྐྱེ་བ་བཅུ་དྲུག་ཙུན་ཆད་དུ། །འགྲུབ་པར་རྫོགས་པའི་སངས་རྒྱས་གསུངས། །དེ་ཕྱིར་འདི་ལ་མཁས་རྣམས་ཀུས། །ཞེས་གསུངས་སོ། །དེ་ལྟར་དབང་མ་བསྐུར་བའི་ཉེས་དམིགས་དང་། དབང་བསྐུར་བའི་ཕན་ཡོན་རྣམས་རྒྱལ་བ་རྡོ་རྗེ་འཆང་གིས་གསུངས་པ་ལེགས་པར་ཤེས་པར་བྱས་ནས། རྡོ་རྗེ་ཐེག་པའི་ལམ་གྱི་རྩ་བ་དབང་བསྐུར་བ་རྣམ་པར་དག་པ་ཞུ་ཞིང་། དམ་ཚིག་དང་སྡོམ་པ་མི་ཉམས་པར་བསྲུང་བ་ལ་བློ་གྲོས་དང་ལྡན་པ་དག་གིས་འབད་པར་བྱའོ། །

བཞི་པ་དེ་ལས་སྔགས་སྡོམ་ཐོབ་པའི་དུས་བསྟན་པ་ལ་གཉིས་ཏེ། མི་འཐད་པའི་ཕྱོགས་དགག་པ། འཐད་པའི་ཕྱོགས་རྣམ་པར་བཞག་པའོ། །དང་པོ་ནི། བོད་ཀྱི་བླ་མ་ཁ་ཅིག་ན་རེ། རྡོ་རྗེ་ཐེག་པའི་སྡོམ་པའི་དངོས་གཞི་ནི་རིགས་ལྔའི་སྡོམ་བཟུང་ལན་གསུམ་རྗེས་ཟློས་བྱས་པའི་རྗེས་སུ་ཐོབ་པ་ཡིན་པས། སྐྱ་གོན་ནམ་འཇུག་པའི་ཆོས་ཀྱི་གནས་སྐབས་སུ་ཐོབ་པ་ཡིན་ནོ་ཞེས་ཟེར་རོ། །དེ་ནི་མི་འཐད་དེ། དབང་བསྐུར་གྱི་ཆོག་ནི་སྔགས་སྡོམ་རྒྱུད་ལ་བསྐྱེད་པའི་ཆེད་ཡིན་པས་སྐྱ་གོན་ནམ་འཇུག་པའི་ཆོས་ཀྱི་སྐབས་སུ་སྔགས་སྡོམ་རྫོགས་པར་ཐོབ་ན་དངོས་གཞིའི་ཆོག་ལ་དགོས་པ་མེད་པར་ཐལ་བའི་ཕྱིར་རོ། །གཞན་དུ་ན་སོ་ཐར་དང་བྱང་སེམས་ཀྱི་སྡོམ་པ་ཡང་ཆོག་དེ་དང་དེའི་དངོས་གཞི་ལ་མ་ལྟོས་པར་སྐྱོར་བའི་སྐབས་སུ་ཐོབ་པར་འགྱུར་རོ། །གཉིས་པ་ནི། སྤྱིར་སྔགས་སྡོམ་ལ་ཁས་བླངས་ཀྱིས་ཐོབ་པ་དང་། ཆོགས་ཐོབ་པ་གཉིས་ལས། དང་པོ་ནི་སྐྱ་གོན་དང་འཇུག་པའི་ཆོས་ཀྱི་སྐབས་སུ་ཐོབ་ཀྱང་དངོས་གཞིའི་ཆོག་ལ་མ་ལྟོས་པར་སྐབས་དེར་ཁས་བླངས་པའི་དམ་ཚིག་རྣམས་ཀྱང་བསྲུང་བར་དབང་བ་མ་ཡིན་ནོ། །འོན་ཁས་བླངས་ཀྱིས་ཐོབ་ཚུལ་ཇི་ལྟར་སྙམ་ན། དབང་གི་དངོས་གཞི་ལ་བརྟེན་ནས་སྔགས་སྡོམ་མཚན་ཉིད་པ་ཐོབ་པའི་ཚེ་དམ་ཚིག་དང་སྡོམ་པ་འདི་དག་བསྲུང་བར་བྱའོ། །ཞེས་པའི་ཚུལ་གྱིས་སོ། །དོན་འདི་ལ་དགོངས་ནས་རྗེ་བཙུན་གྱིས་དགའ་སྟོན་སྤྲིན་ཡིག་ཏུ་ཚོགས་བསགས་གི་སྐབས་སུ། རིགས་ལྔའི་སྡོམ་བཟུང་ལན་གསུམ་བྱས་པས་རྡོ་རྗེ་ཐེག་པའི་སྐྱ་གོན་དང་། ཡོལ་བའི་ཕྱི་འཇུག་དང་ནང་འཇུག་གི་གནས་སྐབས་སུ་ཐོབ་པའི་དམ་ཚིག་དང་སྡོམ་པ་རྣམས་སོར་ཆུད་པ་ཡིན་ནོ། ཞེས་གསུངས་སོ། །གཉིས་པ་ཚོགས་ཐོབ་པ་ནི་སྔགས་སྡོམ་གྱི་གཙོ་བོ་ཡིན་པས་རྒྱུད་སྡེ་བཞི་པོ་རང་རང་གི་རྡོ་རྗེ་སློབ་དཔོན་གྱི་དབང་ཡོངས་སུ་རྫོགས་པ་ཐོབ་པ་ན་རྒྱུད་སྡེ་དེ་དང་དེའི་སྔགས་སྡོམ་གྱི་གཙོ་བོ་ཡོངས་སུ་རྫོགས་པ་ཐོབ་པ་ཡིན་ནོ། །དེ་ལ་བྱ་རྒྱུད་ལ་ནི་ཆུ་དང་ཅོད་པན་གྱི་དབང་དང་། སྤྱོད་རྒྱུད་ལ་མིང་གི་དབང་དང་། རྣལ་

འཁོར་རྒྱུད་ལ་ཕྱིར་མི་ལྡོག་པའི་དབང་དང་། བླ་མེད་ལ་དབང་བཞི་རྫོགས་པར་ཐོབ་པའི་ཚེ་རྡོ་རྗེ་སློབ་དཔོན་གྱི་དབང་བཞི་རྫོགས་པར་ཐོབ་པ་ཡིན་པས། སྐབས་དེ་དང་དེར་རྒྱུད་སྡེ་རང་རང་གི་སྔགས་སྡོམ་རྫོགས་པར་ཐོབ་པ་ཡིན་ནོ། །འོན་བྱ་སྤྱོད་གཉིས་ལ་རྡོ་རྗེ་སློབ་དཔོན་གྱི་དབང་ཇི་ལྟར་ཡོད་སྙམ་ན་སྤྱིར་རྒྱུད་སྡེ་རང་རང་གི་རྒྱུད་འཆད་པ་དང་། དབང་བསྐུར་དང་རབ་གནས་སོགས་རྡོ་རྗེ་སློབ་དཔོན་གྱི་ཕྲིན་ལས་བྱེད་པ་ལ་ནི་རྡོ་རྗེ་སློབ་དཔོན་གྱི་དབང་ཐོབ་དགོས་པའི་རིགས་པས་རྒྱུད་སྡེ་བཞི་ཀ་ལ་རྡོ་རྗེ་སློབ་དཔོན་གྱི་དབང་ཡོད་པར་གྲུབ་ཅིང་། ལུང་གིས་ཀྱང་ཤེས་ཏེ། གསང་བ་སྤྱི་རྒྱུད་ལས། དབང་བསྐུར་བ་ནི་རྣམ་པ་བཞི། །སློབ་དཔོན་རྣམ་པར་མཁས་པ་ཡིས། །དེ་དག་ཤེས་ནས་ཅི་རིགས་སྦྱད། །སློབ་དཔོན་གོ་འཕང་རབ་བསྒྲུབ་ཕྱིར། །དང་པོ་ཡོངས་སུ་བསྒྲགས་པ་ཡིན། །རིགས་སྔགས་རྣམས་ནི་བསྒྲུབ་པའི་ཕྱིར། །གཉིས་པ་ལེགས་པར་བཤད་པ་ཡིན། །བགེགས་རྣམས་འཇོམས་པར་བྱ་བའི་ཕྱིར། །གསུམ་པ་ཡོངས་སུ་བསྒྲགས་པ་ཡིན། །བཞི་པ་འཁོར་པ་ཐོབ་བྱའི་ཕྱིར། །ཚིག་རྒྱས་པ་དེ་བཤད་དོ། །ཅེས་རྡོ་རྗེ་སློབ་དཔོན་གྱི་གོ་འཕང་བསྒྲུབ་པའི་ཆེད་དུ་དབང་དང་པོ་ཆུ་དང་ཅོད་པན་གྱི་དབང་། རིགས་སྔགས་བསྒྲུབ་པའི་ཆེད་དུ་གཉིས་པ་སྔགས་ཀྱི་བཟླས་ལུང་། བགེགས་འཇོམས་པའི་ཆེད་དུ་གསུམ་པ་བྱབ་ཁྲུས་བསྲུང་གསུམ། འཁོར་པ་ཐོབ་པའི་ཆེད་དུ་བཞི་པ་བཀྲ་ཤིས་ཀྱི་རྫས་བརྒྱད་སྦྱིན་པ་རྣམས་བཤད་པའི་ཕྱིར་རོ། །རྗེ་བཙུན་གྱིས་རིགས་གསུམ་སྤྱི་དབང་གི་ཚོགར་རྡོ་རྗེ་སློབ་དཔོན་གྱི་འོས་སུ་གྱུར་པ་ལ་ཆུ་དབང་རྒྱས་པ་ལོགས་སུ་བསྐུར་བར་གསུངས་པ་ནི་རྒྱུད་སྡེ་གོང་མས་རྒྱས་བཀབ་ན་ལུགས་འདི་ལ་ཡང་རྡོ་རྗེ་སློབ་མ་དང་། སློབ་དཔོན་གྱི་དབང་སོ་སོར་ཐུང་བར་བཞེད་དོ། །འོན་ཡེ་ཤེས་ཐིག་ལེའི་རྒྱུད་ལས་རྡོ་རྗེ་སློབ་དཔོན་གྱི་དབང་རྣལ་འབྱོར་རྒྱུད་ཀྱི་ཁྱད་ཆོས་སུ་བཤད་པ་མིན་ནམ་སྙམ་ན། དེ་ནི་ཕྱིར་མི་ལྡོག་པ་འཁོར་ལོའི་དབང་ལ་དགོངས་པས་སྐྱོན་མེད་དོ། །རྣལ་འབྱོར་གྱི་རྒྱུད་ལ་ནི་གྲུབ་ཆེན་ཀུན་དགའ་སྙིང་པོས་དམ་ཚིག་དང་སྡོམ་པ་འཛིན་མི་ནུས་པར་སྨིག་པ་ཞི་བ་ཙམ་གྱི་ཆེད་དུ་དབང་ཞུ་བ་དང་། དམ་ཚིག་དང་སྡོམ་པ་སྣ་རེ་ཙམ་བསྲུངས་ནུས་པ་དང་། མ་ལུས་པ་བསྲུང་ནུས་པ་དང་གསུམ་དུ་ཕྱེ་ནས། དང་པོ་ལ་འཇུག་པའི་ཆོས་ཙམ་དང་། གཉིས་པ་ལ་རྡོ་རྗེ་སློབ་མའི་དབང་དང་། གསུམ་པ་ལ་རྡོ་རྗེ་སློབ་དཔོན་གྱི་དབང་བསྐུར་བ་གསུངས་པས་ཡོ་གའི་དམ་ཚིག་དང་སྡོམ་པ་ཡོངས་སུ་རྫོགས་པ་ཡང་རྡོ་རྗེ་སློབ་དཔོན་གྱི་དབང་ལས་ཐོབ་པ་ཡིན་ནོ། །འོན་རྒྱུད་འདིའི་དམ་ཚིག་དང་སྡོམ་པ་མ་ལུས་པ་རིགས་ལྔའི་སྡོམ་བཟུང་གི་ཁོངས་སུ་འདུས་པས། དེ་དག་ནི་འཇུག་པའི་སྐབས་སུ་ཁས་བླངས་ཀྱིས་ཐོབ་པ་མ་ཡིན་ནམ་ཞེ་ན། དེར་ཁས་བླངས་པ་ཙམ་ཐོབ་ཀྱང་དེ་དག་བསྲུང་བ་ལ་དབང་བ་ནི་རྡོ་རྗེ་སློབ་དཔོན་གྱི་དབང་ལ་རག་ལས་ཏེ་དཔེར་ན་བར་མ་རབ་བྱུང་

གི་སྐབས་སུ་རབ་ཏུ་བྱུང་བར་ཁས་བླངས་ཀྱང་རབ་བྱུང་གི་སྡོམ་པ་བསྲུང་བ་ནི་དགེ་ཚུལ་ལམ་དགེ་སློང་དུ་བསྒྲུབ་པའི་ཆོག་ལ་ལྟོས་པ་བཞིན་ནོ། །དེས་ན་དབང་གི་དངོས་གཞིའི་སྐབས་སུ་རྡོ་རྗེ་སློབ་དཔོན་གྱི་དབང་མི་བསྐུར་ན། སྔ་གོན་དང་འཇུག་པའི་སྐབས་སུ་རིགས་ལྔའི་སྡོམ་བཟུང་མི་བྱེད་པར་གསུངས་པ་ཡང་གནད་འདི་ཡིན་ནོ། །བླ་མེད་ཀྱི་སྔགས་སྡོམ་ལ་ནི་ཁས་བླངས་ཀྱིས་ཐོབ་པ་སྔར་དང་འདྲ་ལ། ཆོགས་ཐོབ་པ་ལ་བསྐྱེད་རིམ་གྱི་སྡོམ་པ་དང་། རྫོགས་རིམ་གྱི་སྡོམ་པ་གཉིས་ལས། དང་པོ་ནི། བུམ་དབང་རྫོགས་པར་ཐོབ་པའི་ཚེ་ཐོབ་པ་ཡིན་ཏེ། བུམ་དབང་ནི་བསྐྱེད་རིམ་གྱི་སྡོན་འགྲོ་ཡིན་པའི་ཕྱིར། གཉིས་པ་ནི། དབང་གོང་མ་གསུམ་རྫོགས་པར་ཐོབ་པའི་ཚེ་ཐོབ་པ་ཡིན་ཏེ། དབང་གོང་མ་གསུམ་ནི་རྫོགས་རིམ་གྱི་སྨིན་བྱེད་ཡིན་པའི་ཕྱིར། བླ་མ་གོང་མའི་གསུང་ལས་བུམ་དབང་གི་སྐབས་སུ་སྔགས་སྡོམ་རྫོགས་པར་གསུངས་པ་ནི། དཔེར་ན་ཁྲིམས་ཉིས་བརྒྱ་ལྔ་བཅུ་རྩ་གསུམ་བསྲུང་བ་ལ་དབང་བའི་སྡོམ་པ་ལ་དགེ་སློང་གི་སྡོམ་པར་འཇོག་པ་ལྟར། རྩ་ལྟུང་བཅུ་བཞི་དང་ཡན་ལག་གི་ལྟུང་བ་བརྒྱད་བསྲུང་བ་ལ་དབང་བའི་སྔགས་སྡོམ་སྐབས་འདིར་རྫོགས་པར་ཐོབ་པ་ལ་དགོངས་པ་ཡིན་པས་གནད་གཅིག་པ་ཡིན་ནོ། །

གལ་ཏེ་རྫོགས་རིམ་གྱི་སྡོམ་པ་རྣམས་ཀྱང་བུམ་དབང་གི་སྐབས་སུ་ཐོབ་ན་བུམ་དབང་ཐོབ་པའི་གང་ཟག་དེས་དབང་གོང་མ་མ་ཐོབ་པར་རྫོགས་རིམ་སྒོམ་དུ་རུང་བར་འགྱུར་རོ། །དེ་ཡང་འདོད་ན། བུམ་དབང་མ་ཐོབ་པར་བསྐྱེད་རིམ་སྒོམ་དུ་རུང་བར་འགྱུར་བས་དབང་བཞི་དང་རིམ་པ་གཉིས་སྨིན་གྲོལ་དུ་སྦྲུར་བའི་རྣམ་གཞག་ཐམས་ཅད་ཉམས་པར་འགྱུར་རོ། །འོན་གོང་དུ་རྒྱུད་སྡེ་དེ་དང་དེའི་རྡོ་རྗེ་སློབ་དཔོན་གྱི་དབང་ཡོངས་སུ་རྫོགས་པར་ཐོབ་པའི་ཚེ་སྔགས་སྡོམ་ཡོངས་སུ་རྫོགས་པར་ཐོབ་པར་བཤད་པ་དང་འགལ་ཏེ། བླ་མེད་ཀྱི་སྔགས་སྡོམ་རྫོགས་པར་ཐོབ་པ་ལ་དབང་བཞི་ཆར་ཐོབ་དགོས་པའི་ཕྱིར་རོ་ཞེ་ན། བླ་མེད་ཀྱི་དབང་དུ་བྱས་པའི་རྡོ་རྗེ་སློབ་དཔོན་གྱི་དབང་ལ་གཉིས་ལས་བུམ་དབང་གི་ནང་ཚན་རིགས་ཀྱི་བདག་པོ་རྡོ་རྗེ་འཆང་དུ་བསྐྱེད་ནས་དམ་ཚིག་གསུམ་སྦྱིན་པ་ལ་རྡོ་རྗེ་སློབ་དཔོན་གྱི་དབང་དུ་བཞག་པ་ནི་ཡོ་ག་དང་སྒྲོ་བསྟུན་པ་ཡིན་ལ། བླ་མེད་རང་ལུགས་ཀྱི་རྡོ་རྗེ་སློབ་དཔོན་གྱི་དབང་ཡོངས་སུ་རྫོགས་པ་ལ་ནི་དབང་གོང་མ་གསུམ་ངེས་པར་ཐོབ་དགོས་ཏེ་བུམ་དབང་ཙམ་ཐོབ་པའི་གང་ཟག་གིས་བླ་མེད་ཀྱི་རྫོགས་པའི་རིམ་པ་རྣམས་བཤད་དུ་མི་རུང་བ་དང་། རྗེ་བཙུན་གྱིས་མངོན་རྟོགས་ལྗོན་ཤིང་ལས་བཤད་པའི་མངོན་པར་རྟོགས་པ་བཅུ་གཅིག་པོ་རྣམས་རྡོ་རྗེ་སློབ་དཔོན་གྱི་དབང་ཐོབ་པས་ཉམས་སུ་ལེན་རུང་བར་གསུངས་ཤིང་། རྫོགས་རིམ་དང་སྤྱོད་པ་དང་ཉེ་རྒྱུ་རྣམས་དབང་གོང་མ་མ་ཐོབ་ན་ཉམས་སུ་ལེན་དུ་མི་རུང་བའི་ཕྱིར་རོ། །འོན་བླ་མེད་ཀྱི་སྔགས་སྡོམ་ལ་བསྐྱེད་

རིམ་གྱི་སྡོམ་པ་དང་རྫོགས་རིམ་གྱི་སྡོམ་པ་གཉིས་སུ་ཕྱེ་བ་འཐད་ན་དེ་ལྟར་ཡིན་ཀྱང་། དེ་གཉིས་ཀྱི་ཐ་སྙད་གང་ནས་བཤད་སྙམ་ན་བཤད་པར་བྱ་སྟེ། སློབ་དཔོན་ཆེན་པོ་བསོད་ནམས་རྩེ་མོས་ཁ་སྐྱོར་གྱི་འགྲེལ་པར་སྤྱིར་ཐེག་པ་ཆེན་པོའི་སྡོམ་པ་ལ་སེམས་བསྐྱེད་ཀྱི་སྡོམ་པ་དང་། བསྐྱེད་རིམ་གྱི་སྡོམ་པ་དང་། རྫོགས་རིམ་གྱི་སྡོམ་པ་གསུམ་དུ་མཛད་ནས། དང་པོ་ནི། ཇི་ལྟར་དུས་གསུམ་མགོན་པོ་རྣམས། །ཞེས་པའི་སྐབས་ནས་བསྟན་པ་ལྟ་བུ། གཉིས་པ་ནི། ཀུན་ནས་སྣ་ཚོགས་ཕྱག་རྒྱ་སྟེ། །ཀུན་ནས་སྣ་ཚོགས་སྡོམ་པ་ཡི། །ཞེས་པའི་སྐབས་ནས་བསྟན་པ་ལྟ་བུ། གསུམ་པ་ནི། སྡོམ་པའི་དབྱེ་བའང་བཤད་པར་བྱ་སྟེ། །ཞེས་པ་དང་། རྣལ་འབྱོར་མ་ལུས་དབུས་གནས་སུ། །ཨེ་ཝཾ་གི་རྣམ་པ་སྡོམ་པའི་གནས། །ཞེས་པའི་སྐབས་ནས་བསྟན་པ་ལྟ་བུ་ཡིན་པར་གསུངས་པ་ལས་ཤེས་སོ། །དེ་དག་རེ་རེ་ལ་ཡང་གནས་གང་དུ་སྡོམ་པ། གྲངས་ཇི་སྙེད་སྡོམ་པ། སུང་བྱ་གང་སྡོམ་པ། ཐབས་གང་གིས་སྡོམ་པ། སྡོམ་པ་རང་གི་ངོ་བོ་གང་ཡིན་པ་དང་། དོན་ཚན་ལྔ་ལྔའི་སྒོ་ནས་ཤེས་པར་བྱ་དགོས་ཏེ། འདིར་ནི་ཚིག་མང་དུ་དོགས་པས་མ་སྤྲོས་སོ། །རྟོགས་པར་འདོད་ན་རྗེ་བཙུན་ས་སྐྱ་པའི་གསུངས་རབ་རྒྱུད་གསུམ་ལ་དགོས་པའི་ཆོས་སྣ་བཅུ་གསུམ་པོ་བཤེས་གཉེན་མཁས་པའི་དྲུང་དུ་ཉན་པར་བྱའོ། །

གཉིས་པ་གང་ལས་བླང་བའི་ཡུལ་ལ་གསུམ་ལས། དང་པོ་སོ་ཐར་བླང་བའི་ཡུལ་ལ་བྱེ་བྲག་ཏུ་སྨྲ་བས་རིས་བརྒྱད་ཀ་ཡང་ཡུལ་དགེ་སློང་ལས་བླང་དགོས་པར་འདོད་ཅིང་མདོ་སྡེ་པས་ནི་བསྙེན་གནས་ཀྱི་སྡོམ་པ་དགེ་བསྙེན་ཡན་ཆད་གང་ཡང་རུང་བ་ལས་བླང་དུ་རུང་བར་འདོད་དེ། དྲང་སྲོང་གནས་འཇོག་གི་མདོ་ལས། དགེ་སློང་དམ་བྲམ་ཟེའམ་ཁྱིམ་པའམ་རབ་ཏུ་བྱུང་བ་གང་ཡང་རུང་བ་ཚིག་ཤེས་པ་ཞིག་གི་མདུན་དུ་འདུག་ལ་ཞེས་པ་དང་། ལུང་རྣམ་འབྱེད་ལས་ཀྱང་ཁྱིམ་བདག་མགོན་མེད་ཟས་སྦྱིན་གྱིས་སྐྱེ་བོ་མང་པོ་ལ་བསྙེན་གནས་འབོག་པར་གསུངས་པའི་ཕྱིར་རོ། ཞེས་འདོད་དོ། །ཐེག་ཆེན་སོ་ཐར་ལ་གཉིས་ལས། ཚོགས་ཐུན་མོང་བ་བླང་བའི་ཡུལ་ལ་ནི་སྔར་བཤད་པ་ལྟར་ཡིན་ལ་ཐུན་མོང་མ་ཡིན་པའི་ཐེག་ཆེན་སོ་ཐར་ལ་ནི་ཆོ་འཕྲུལ་བསྟན་པའི་མདོ་ལས། རྒྱལ་སྲས་བྱམས་པ། འཇམ་དབྱངས་ལ་སོགས་པ་ཁྱིམ་པའི་ཆ་ལུགས་ཅན་ལས་དགེ་སློང་གི་སྡོམ་པ་བླང་བར་བཤད་པ་དང་། རྣམ་པར་གཏན་ལ་དབབ་པ་བསྡུ་བ་ལས། དེ་དག་ལས་ལ་ལ་ནི་གཞན་ལས་དང་རང་ཡང་ལེན་པར་བྱེད་དོ། །དེ་དག་ལས་ལ་ལ་ནི་རང་ཁོ་ནས་ལེན་པར་བྱེད་དེ་དགེ་སློང་གི་སྡོམ་པ་ནི་མ་གཏོགས་སོ། །དེ་ཅིའི་ཕྱིར་ཞེ་ན། འདི་ལྟར་དགེ་སློང་གི་སྡོམ་པ་ནི་ཐམས་ཅད་ཀྱིས་ཡང་དག་པར་བླང་བར་འོས་པ་མ་ཡིན་པའི་ཕྱིར། ཞེས་འཕགས་པ་ཐོགས་མེད་ཀྱིས་བཤད་དོ། །གཉིས་པ་བྱང་སེམས་ཀྱི་སྡོམ་པ་བླང་བའི་ཡུལ་ལ། བྱང་སེམས་དབུ་མ་པ་ལྟར་ན་བྱང་སེམས་ཀྱི་སྡོམ་པ་ལེན་གསོ་གཉིས་ཀ་ལ་བླ་མར་འོས་པ་མ

སྙིང་ཀུང་དཀོན་མཆོག་གི་དྲུང་དུ་ཆོ་ག་བྱས་པས་ཆོག །བྱང་སེམས་སེམས་ཅན་པ་ལྟར་ན། སྲོག་དང་ཚངས་སྤྱོད་ལ་གནོད་ན་མ་གཏོགས་བླ་མ་ངེས་པར་དགོས་ཤིང་གལ་ཏེ་མ་རྙེད་ན་དཀོན་མཆོག་གི་དྲུང་དུ་ལེན་གསོ་གཉིས་ཀ་བྱས་པས་ཆོག་སྟེ། བྱང་ས་ལས་དགེ་བའི་བཤེས་གཉེན་མཚན་ཉིད་དང་ལྡན་པ་རྒྱང་གྲགས་དང་དཔག་ཚད་ཀྱི་བར་སྲོག་དང་ཚངས་སྤྱོད་ལ་མི་གནོད་ཙམ་དུ་བཙལ་ཀུང་མ་རྙེད་ན་དཀོན་མཆོག་གི་རྟེན་གྱི་དྲུང་དུ་བདག་ཉིད་ཀྱིས་བླངས་པས་ཀུང་སྐྱེའོ། །ཞེས་གསུངས་སོ། །བླང་བའི་ཡུལ་གྱི་མཚན་ཉིད་ཀུང་དབུ་མ་པ་རྣམས་ཀྱིས་སྤྱོད་འཇུག་ལས། རྟག་པར་དགེ་བའི་བཤེས་གཉེན་ནི། །ཐེག་ཆེན་དོན་ལ་མཁས་པ་དང་། །བྱང་ཆུབ་སེམས་དཔའི་བརྟུལ་ཞུགས་མཆོག །སྲོག་གི་ཕྱིར་ཡང་མི་གཏོང་ངོ་། །ཞེས་བཤད་ལ། སེམས་ཅན་པ་རྣམས་ཀྱིས་ནི་སྡོམ་པ་ཉི་ཤུ་པར། བླ་མ་སྡོམ་ལ་གནས་ཤིང་མཁས། །ནུས་དང་ལྡན་ལས་བླང་བར་བྱ། །ཞེས་བཤད་དོ། །གསུམ་པ་སྔགས་སྡོམ་བླང་བའི་ཡུལ་ལ། སྤྱིར་ས་ཐོབ་ནས་མཆོག་གི་སྤྲུལ་པའི་སྐུ་དང་། ལོངས་སྤྱོད་རྫོགས་པའི་སྐུ་ལས་བླང་བ་སོགས་མང་དུ་བཤད་ཀུང་། སོ་སོའི་སྐྱེ་བོའི་སློབ་མ་སྟོད་ལྡན་ཞིག་གིས་སོ་སོའི་སྐྱེ་བོའི་རྡོ་རྗེ་སློབ་དཔོན་ལ་དབང་ཞུ་བའི་དབང་དུ་བྱས་ནས། དེའི་མཚན་ཉིད་རྒྱུད་སྡེ་རྣམས་ལས་མང་དུ་གསུངས་པ་རྣམས་མདོར་བསྡུས་ཏེ། བླ་མ་ལྔ་བཅུ་པ་ལས། བརྟན་ཅིང་དུལ་ལ་བློ་གྲོས་ལྡན། །བཟོད་ལྡན་དྲང་ལ་གཡོ་རྒྱུ་མེད། །སྔགས་དང་རྒྱུད་ཀྱི་སྦྱོར་བཤེས། །སྙིང་རྗེར་ལྡན་ཞིང་བསྟན་བཅོས་མཁས། །དེ་ཉིད་བཅུ་ནི་ཡོངས་སུ་ཤེས། །དཀྱིལ་འཁོར་བྲི་བའི་ལས་ལ་མཁས། །སྔགས་བཤད་པ་ཡི་སྦྱོར་བཤེས། །རབ་ཏུ་དང་ཞིང་དབང་པོ་དུལ། །ཞེས་གསུངས་སོ། །དེ་ལ་དེ་ཉིད་བཅུ་ནི། རྡོ་རྗེ་སྙིང་པོ་རྒྱན་གྱི་རྒྱུད་ལས། ཕྱིར་བཟློག་གཉིས་ཀྱི་ཆོ་ག་དང་། །གསང་དང་ཤེས་རབ་ཡེ་ཤེས་དང་། །ཁ་སྦྱོར་འབྱེད་པའི་ཆོ་ག་དང་། །གཏོར་མ་རྡོ་རྗེའི་བཟླས་པ་དང་། །དྲག་ཤུལ་སྒྲུབ་པའི་ཆོ་ག་དང་། །རབ་ཏུ་གནས་དང་དཀྱིལ་འཁོར་སྒྲུབ། །གསང་བའི་དེ་ཉིད་བཅུ་ཡིན་ནོ། །དཀྱིལ་འཁོར་ཏིང་འཛིན་ཕྱག་རྒྱ་དང་། །སྟངས་སྟབས་འདུག་སྟངས་བཟླས་བརྗོད་དང་། །སྦྱིན་སྲེག་མཆོད་པ་ལས་སྦྱོར་དང་། །སླར་བསྡུ་བ་ཡི་རྣམ་པ་ནི། །ཕྱི་ཡི་དེ་ཉིད་བཅུ་ཡིན་ནོ། །ཞེས་གསུངས་ལ། ཚ་གའི་དེ་ཉིད་བཅུ་ནི། རབ་གནས་ཀྱི་རྒྱུད་ལས། དཀྱིལ་འཁོར་དང་ནི་ཏིང་འཛིན་མཆོག །ཕྱག་རྒྱ་སྟངས་སྟབས་གདན་དང་ནི། །བཟླས་བརྗོད་སྦྱིན་སྲེག་མཆོད་པ་དང་། །ལས་ལ་སྦྱར་དང་སླར་བསྡུ་བའོ། །ཞེས་པ་དང་། སློབ་དཔོན་ལ་ཉེ་བར་མཁོ་བའི་དེ་ཉིད་བཅུ་ནི། བླ་མ་ཡོངས་བཟུང་གི་རྒྱུད་ལས། གནས་དང་དུས་དང་ལྷ་དང་སྔགས། །བགྲང་ཕྲེང་ཕྱག་རྒྱ་སྦྱིན་སྲེག་དང་། །དབང་བསྐུར་དང་ནི་རབ་གནས་ཀྱི། །དེ་ཉིད་བཅུ་ནི་ཡོངས་སུ་ཤེས། །ཞེས་པ་དང་། དེ་ཁོ་ན་ཉིད་ཀྱི་དེ་ཉིད་བཅུ་ནི། རིན་ཆེན་འབར་བ་ལས། རྡོ་རྗེ་དྲིལ་བུ་ཡེ་ཤེས

དང་། །ལྷ་དང་དཀྱིལ་འཁོར་སྦྱིན་སྲེག་དང་། །སྔགས་དང་རྡུལ་ཚོན་གཏོར་མ་དང་། །དབང་བསྐུར་དེ་ཉིད་བཅུ་པའོ། །ཞེས་གསུངས་སོ། །མདོར་ན་དེང་སང་སྔགས་སྡོམ་ལེན་པའི་ཡུལ་གྱི་རྡོ་རྗེ་སློབ་དཔོན་ནི་གཞུང་འདི་ཉིད་ལས། བླ་མ་བརྒྱུད་པ་མ་ཉམས་ཤིང་། །ཚིག་འབྲུགས་པར་མ་གྱུར་པ། །ཕྱི་ནང་རྟེན་འབྲེལ་བསྒྲིག་མཁྱེན་ཅིང་། །སྐུ་བཞིའི་ས་བོན་ཐེབས་ནུས་པ། །སངས་རྒྱས་གསུང་བཞིན་མཛད་པ་ཡི། །བླ་མ་བཙལ་ལ་དབང་བཞི་བླང་། །ཞེས་གསུངས་པ་ལྟར་བཟུང་བར་བྱའོ། །

གསུམ་པ་གང་གིས་བླང་བའི་རྟེན་ལ་གསུམ་སྟེ། དང་པོ་སོ་ཐར་གྱི་རྟེན་ལ་གཉིས་ཏེ། ཉན་ཐོས་སོ་ཐར་གྱི་རྟེན་དང་། ཐེག་ཆེན་སོ་ཐར་གྱི་རྟེན་ནོ། །དང་པོ་ལ་བྱེ་བྲག་ཏུ་སྨྲ་བ་ནི། རིས་བརྒྱད་ཀ་ཡང་གླིང་གསུམ་གྱི་སྐྱེས་པ་དང་བུད་མེད་མ་ཡིན་པ་གཞན་ལ་མི་སྐྱེ་བར་འདོད་དེ། མདོ་རྩར་མི་མ་ཡིན་པའི་འགྲོ་བ་པ་དང་། བྱང་གི་སྒྲ་མི་སྙན་པ་གཉིས་ནི་སྡོམ་པའི་ཞིང་ཉིད་མ་ཡིན་ནོ། །ཞེས་དང་། ཟ་མ་དང་མ་ནིང་ལ་ཡང་སྡོམ་པ་སྐྱེ་བའི་ཆོས་ཉིད་མེད་པར་གསུངས་པའི་ཕྱིར་རོ། །མདོ་སྡེ་པ་ནི་བསྙེན་གནས་ཀྱི་སྡོམ་པ་དུད་འགྲོ་སོགས་འགྲོ་བ་གཞན་ལ་ཡང་སྐྱེ་བར་འདོད་དེ། འདུལ་བ་ལུང་ལས། ཀླུ་གཙོན་ནུ་ཙམ་པ་ཞེས་བྱ་བ་ཚེས་བརྒྱད་ལ་བསྙེན་གནས་བསྲུང་བར་གསུངས་པ་དང་། སྐྱེས་རབས་ལས་རི་བོང་གིས་ཀྱང་བསྙེན་གནས་བསྲུང་བར་གསུངས་པ་རྣམས་སྒྲ་ཇི་བཞིན་པར་ཁས་ལེན་པའི་ཕྱིར་རོ། །གཉིས་པ་ཐེག་ཆེན་སོ་ཐར་གྱི་རྟེན་ལ་ཚིག་ཟུར་མོང་བ་རྣམས་ནི་ཚིག་ཉན་ཐོས་ཀྱི་ལུགས་བཞིན་དུ་བྱེད་དགོས་པས་བྱེ་བྲག་ཏུ་སྨྲ་བས་བཤད་པ་ལྟར་བཟུང་དགོས་ལ་ཚིག་ཐུན་མོང་མ་ཡིན་པའི་ཐེག་ཆེན་སོ་ཐར་གྱི་རྟེན་ནི་འགྲོ་བ་གཞན་རྣམས་ལ་ཡང་རུང་སྟེ། ཐེག་ཆེན་སེམས་བསྐྱེད་གང་ལ་བརྟེན་ནས་སྐྱེ་བའི་རྟེན་དེ་ལ་ཐེག་ཆེན་སོ་ཐར་སྐྱེ་བའི་ཕྱིར་རོ། །གཉིས་པ་བྱང་སེམས་ཀྱི་སྡོམ་པའི་རྟེན་ལ་གཉིས་ལས། དབུ་མ་ལུགས་ཀྱི་སེམས་བསྐྱེད་ནི་བརྡ་ཤེས་ཤིང་དོན་གོ་ལ་ལེན་འདོད་ཡོད་པའི་འགྲོ་བ་ཐམས་ཅད་ལ་སྐྱེ་སྟེ། སྡོང་པོ་བཀོད་པའི་མདོ་ལས། འཕགས་པ་འཇམ་དཔལ་གྱིས། གྲོང་ཁྱེར་སྐྱིད་པའི་འབྱུང་གནས་ཀྱི་ཤར་ཕྱོགས་ནགས་ཚལ་སྣ་ལ་སྣ་ཚོགས་ཀྱི་རྒྱལ་མཚན་ཞེས་བྱ་བར་ཆོས་ཀྱི་དབྱིངས་ཀྱི་ཚུལ་སྣང་བ་ཞེས་བྱ་བའི་ཆོས་ཀྱི་རྣམ་གྲངས་བསྟན་པས་རྒྱ་མཚོའི་ཀླུ་སྟོང་ཕྲག་གསུམ་བླ་ན་མེད་པའི་བྱང་ཆུབ་ཏུ་ངེས་པར་གྱུར་ཏོ། །ཞེས་པ་དང་། མདོ་སྡེ་བསྐལ་བཟང་ལས། རྒྱལ་བ་ཕན་བཞེད་གྲོང་དཔོན་གྱུར་པའི་ཚེ། །དེ་བཞིན་གཤེགས་པ་བསོད་ནམས་འོད་དེ་ལ། །ཉིན་གཅིག་སྲོག་གཅོད་སྡོམ་པ་བླངས་ནས་ཀྱང་། །དང་པོ་བྱང་ཆུབ་མཆོག་ཏུ་སེམས་བསྐྱེད་དོ། །ཞེས་དང་། ནམ་མཁའི་སྙིང་པོའི་མདོ་ལས། བྱང་ཆུབ་སེམས་དཔའ་རྒྱལ་པོ་ལ་འབྱུང་བའི་ལྟུང་བ་ལྔ་དང་། བློན་པོ་ལ་ལྔ་དང་། ལས་དང་པོ་པ་ལ་བརྒྱད་དེ་རྒྱལ་པོ་དང་བློན་པོ་ལ་ཡང་

བྱང་སེམས་ཀྱི་ལྟུང་བ་འབྱུང་བར་གསུངས་པའི་ཕྱིར་དང་། དཀོན་མཆོག་བརྩེགས་པའི་གཙུག་ན་རིན་ཆེན་གྱིས་ཞུས་པའི་མདོ་ལས། ལྷ་དང་མི་ཡི་སྲོག་ཆགས་ཁྲི་ཉིས་སྟོང་བླ་ན་མེད་པ་ཡང་དག་པར་རྫོགས་པའི་བྱང་ཆུབ་ཏུ་སེམས་བསྐྱེད་ཅེས་པ་དང་། ཀླུའི་རྒྱལ་པོ་རྒྱ་མཚོས་ཞུས་པའི་མདོ་ལས། ཀླུ་ཁྲི་ཉིས་སྟོང་གིས་བྱང་ཆུབ་ཏུ་སེམས་བསྐྱེད་པར་གསུངས་པ་དང་། མདོ་ལས་ལྷའི་བུ་ལ་སོགས་པ་སོ་སོར་ཐར་པའི་སྡོམ་མ་ཡིན་པའང་གང་དག་སེམས་མ་བསྐྱེད་པ་དེ་དག་བསྐྱེད་པར་བགྱིའོ་ཞེས་གསུངས་པ་དང་། བདུད་སྡིག་ཏོ་ཅན་བཅོམ་ལྡན་འདས་ཀྱི་དྲུང་དུ་བྱང་ཆུབ་ཏུ་སེམས་བསྐྱེད་པ་ན་བཅོམ་ལྡན་འདས་ཀྱིས་ཡོངས་སུ་དག་པའི་འཇིག་རྟེན་གྱི་ཁམས་སུ་ཆོས་སྣང་བ་ཐོབ་པ་ཞེས་བྱ་བར་འཚང་རྒྱའོ། །ཞེས་ལུང་བསྟན་ནོ། ཞེས་ནམ་མཁའ་མཛོད་ཀྱི་མདོ་ལས་གསུངས་པའི་ཕྱིར་རོ། །

གཉིས་པ་སེམས་ཙམ་ལུགས་ཀྱི་སེམས་བསྐྱེད་སྐྱེ་བའི་རྟེན་ལ་ནི། སོ་ཐར་རིས་བདུན་གྱི་རྟེན་ངེས་པར་དགོས་ཏེ། ཛོ་བོ་རྗེས། སོ་སོར་ཐར་པ་རིས་བདུན་གྱི། །རྟག་ཏུ་སྡོམ་གཞན་ལྡན་པ་ལ། །བྱང་ཆུབ་སེམས་དཔའི་སྡོམ་པ་ཡི། །སྐལ་བ་ཡོད་ཀྱི་གཞན་དུ་མིན། །ཅེས་པ་དང་། བྱང་སའི་ཚུལ་ཁྲིམས་ལེའུར། དེ་ལ་བྱང་ཆུབ་སེམས་དཔའི་ཚུལ་ཁྲིམས་ཐམས་ཅད་གང་ཞེ་ན་མདོར་བསྡུ་ན་བྱང་ཆུབ་སེམས་དཔའི་ཚུལ་ཁྲིམས་ཁྱིམ་པའི་ཕྱོགས་སུ་གཏོགས་པ་དང་། རབ་ཏུ་བྱུང་བའི་ཕྱོགས་སུ་གཏོགས་པ་ནི་ཚུལ་ཁྲིམས་ཐམས་ཅད་ཅེས་བྱའོ། །ཁྱིམ་པའི་ཕྱོགས་ལ་བརྟེན་པ་དང་། རབ་ཏུ་བྱུང་བའི་ཕྱོགས་ལ་བརྟེན་པའི་ཚུལ་ཁྲིམས་དེ་ཡང་མདོར་བསྡུས་ན་རྣམ་པ་གསུམ་སྟེ། སྡོམ་པའི་ཚུལ་ཁྲིམས་དང་། །དགེ་བ་ཆོས་སྡུད་ཀྱི་ཚུལ་ཁྲིམས་དང་། སེམས་ཅན་ལ་ཕན་གདགས་པའི་ཚུལ་ཁྲིམས་སོ། །དེ་ལ་བྱང་ཆུབ་སེམས་དཔའི་སྡོམ་པའི་ཚུལ་ཁྲིམས་ནི་སོ་སོར་ཐར་པའི་སྡོམ་པ་ཡང་དག་པར་བླངས་པའི་རིས་བདུན་པོ་དགེ་སློང་དང་། དགེ་སློང་མ་དང་། དགེ་སློབ་མ་དང་། དགེ་ཚུལ་དང་། དགེ་ཚུལ་མ་དང་། དགེ་བསྙེན་དང་། དགེ་བསྙེན་མའི་ཚུལ་ཁྲིམས་གང་ཡིན་པ་སྟེ། དེ་ཡང་ཁྱིམ་པ་དང་། རབ་ཏུ་བྱུང་བའི་ཕྱོགས་ལ་ཅི་རིགས་པར་རིག་པར་བྱའོ། ཞེས་གསུངས་སོ། །གསུམ་པ་སྔགས་སྡོམ་གྱི་རྟེན་ལ་སྐལ་དམན་རིམ་འཇུག་པ་དང་། །སྐལ་ལྡན་གཅིག་ཆར་བ་གཉིས་ལས། དང་པོ་ལ། ཐོག་མར་འཆི་བ་མི་རྟག་པ་དང་། དལ་འབྱོར་རྙེད་དཀའི་སྒོ་ནས་ཚེ་འདི་ལ་བློ་ལྡོག་སྟེ། ཕྱི་མ་ཕན་ཆད་ཀྱི་ཆེད་དུ་བསྙེན་གནས་ཡན་ལག་བརྒྱད་པ་ཙམ་ལེན་དུ་གཞུག །དེའི་འོག་ཏུ་འཁོར་བའི་ཉེས་དམིགས་དང་དལ་འབྱོར་རྙེད་དཀའི་སྒོ་ནས་འཁོར་བ་ལས་ཡིད་ལྡོག་སྟེ་བྱང་ཆུབ་ཀྱི་ཆེད་དུ་སོ་སོར་ཐར་པ་རིས་བདུན་པོ་གང་ལ་སློབ་པར་ནུས་པ་དེ་ལེན་དུ་གཞུག །དེ་ནས་ཐེག་པ་འོག་མ་གཉིས་ཀྱང་གཞན་དོན་བསྒྲུབ་པའི་གེགས་སུ་མཐོང་ནས་རྫོགས་པའི་བྱང་

 རྒྱུད་ཀྱི་ཆེད་དུ་ཐེག་ཆེན་སེམས་བསྐྱེད་ཀྱི་སྡོམ་པ་ལེན་དུ་གཞུག་པའི་སྤྱོད་པ་རིམ་པ་ཅན་དང་། དེ་ནས་གྲུབ་མཐའ་བཞི་དང་རྒྱུད་སྡེ་བཞི་ལ་རིམ་གྱིས་བསླབས་ཏེ་རྣལ་འབྱོར་བླ་མེད་ཀྱི་སྨིན་བྱེད་ཀྱི་དབང་དང་གྲོལ་བྱེད་ཀྱི་ལམ་ལ་བརྟེན་ནས་རྡོ་རྗེ་འཆང་གི་གོ་འཕང་མངོན་དུ་བྱེད་པ་ནི་སྐལ་དམན་རིམ་འཇུག་གི་ལམ་གྱི་རིམ་པ་ཡིན་པས་འདི་ལ་ནི་སོ་ཐར་རིས་བདུན་གྱི་རྟེན་ངེས་པར་དགོས་པ་ཡིན་ནོ། །ལམ་བགྲོད་ཚུལ་དེ་ཡང་ཀྱི་རྡོ་རྗེ་ལས། དང་པོ་གསོ་སྦྱོང་སྦྱིན་པར་བྱ། །དེ་ནས་བསླབ་པའི་གནས་བཅུ་ཉིད། །དེ་ལ་བྱེ་བྲག་སྨྲ་བ་བསྟན། །མདོ་སྡེ་པ་ཡང་དེ་བཞིན་ནོ། །དེ་ནས་རྣལ་འབྱོར་སྤྱོད་པ་ཉིད། །དེ་ཡི་རྗེས་སུ་དབུ་མ་བསྟན། །སྔགས་ཀྱི་རིམ་པ་ཀུན་ཤེས་ནས། །དེར་རྗེས་ཀྱི་ཡི་རྡོ་རྗེ་བསྟན། །སློབ་མས་གུས་པས་བླངས་ནས་ནི། །འགྲུབ་འགྱུར་འདི་ལ་ཐེ་ཚོམ་མེད། །ཅེས་གསུངས་པ་ལ་བརྟེན་ནས་རྣལ་འབྱོར་དབང་ཕྱུག་བརྒྱད་པ་དང་བཅས་པ་རྣམས་ཀྱིས་གདུལ་བྱ་བཀྲི་བའི་ཚུལ་དུ་སྣང་ངོ་། །གཉིས་པ་སྐལ་ལྡན་ཅིག་ཅར་བའི་རྟེན་ནི་ངེས་པ་མེད་དེ། རྒྱུད་སྡེ་རྣམས་ལས་ལྷ་དང་མི་དང་ལྷ་མ་ཡིན་དང་དྲི་ཟར་བཅས་པའི་འཇིག་རྟེན་ཐམས་ཅད་ཀུང་རྒྱུད་ཉན་པའི་སྣོད་དུ་གསུངས་པ་དང་། ཨུ་རྒྱན་གྱི་གནས་ཀྱི་ཀླུ་རྣམས་ལ་གསང་བ་འདུས་པའི་དཀྱིལ་འཁོར་དུ་དབང་བསྐུར་བས་གྲོལ་བར་གསུངས་པ་དང་། སཾ་པུ་ཊི་ར་ཤེས་རབ་མ་མངོན་དུ་མ་རྙེད་ན་བྱོལ་སོང་དག་ལ་ཡང་གོམས་པར་བྱའོ། །ཞེས་བྱོལ་སོང་གི་ཕྱག་རྒྱ་བསྟེན་པར་བཤད་ཅིང་ཕྱག་རྒྱ་དེ་ཡང་དབང་བསྐུར་ཐོབ་ཅིང་དམ་ཚིག་དང་སྡོམ་པར་ལྡན་པ་དགོས་པའི་ཕྱིར་རོ། །

གསུམ་པ་ཐོབ་པ་མི་ཉམས་པར་བསྲུང་བའི་བསླབ་བྱ་ལ་གཉིས་ཏེ། བསླབ་བྱ་སོ་སོར་བཤད་པ་དང་། ཕན་ཚུན་འགལ་ན་ཇི་ལྟར་བསྒྲུབ་པའོ། །དང་པོ་ལ་གསུམ་ལས། དང་པོ་སོ་ཐར་གྱི་བསླབ་བྱ་ལ་ཡང་གཉིས་ཏེ། ཉན་ཐོས་སོ་ཐར་གྱི་བསླབ་བྱ་དང་། ཐེག་ཆེན་སོ་ཐར་གྱི་བསླབ་བྱའོ། །དང་པོ་ལ་རིས་བརྒྱད་ལས། བསྙེན་གནས་ཀྱི་བསླབ་བྱ་ནི་མཛོད་ལས། ཚུལ་ཁྲིམས་ཡན་ལག་བག་ཡོད་པའི། །ཡན་ལག་བརྟུལ་ཞུགས་ཡན་ལག་སྟེ། །བཞི་གཅིག་དེ་བཞིན་གསུམ་རིམ་བཞིན། །ཞེས་གསུངས་པ་ལྟར། ཚུལ་ཁྲིམས་ཀྱི་ཡན་ལག་རྩ་བ་བཞི། བག་ཡོད་ཀྱི་ཡན་ལག་ཆང་སྤོང་བ། བརྟུལ་ཞུགས་ཀྱི་ཡན་ལག་གར་སོགས་ཕྲེང་སོགས་མལ་ཆེན་མཐོ། ཕྱི་དྲོའི་ཁ་ཟས་གསུམ་སྤོང་བའོ། །དགེ་བསྙེན་ཕ་མའི་བསླབ་བྱ་ལ་སྐྱབས་གསུམ་འཛིན་པའི་དགེ་བསྙེན་གྱིས་ནི་སྐྱབས་འགྲོ་བླངས་ནས་དེའི་བསླབ་བྱ་ཙམ་བསྲུང་བའོ། །སྣ་གཅིག་སྤྱོད་པས་ནི་སྲོག་གཅོད་ཙམ་སྤོང་བའོ། །སྣ་འགའ་སྤྱོད་པས་ནི་མ་བྱིན་ལེན་དང་གཉིས་སྤོང་བའོ། །ཕལ་ཆེར་སྤྱོད་པས་ནི་བརྫུན་དང་གསུམ་སྤོང་ཞིང་ཡོངས་རྫོགས་ཀྱིས་ནི་འདོད་ལོག་དང་ཆང་སྟེ་ལྔ་ཆར་སྤོང་ངོ་། །མདོ་ལས། དགེ་བསྙེན་སྟོན་པ་གཞན་ལ་མི་བརྟེན་པ་

ཆོས་དགེ་བ་བཅུ་སྤྱོད་པ་རྣམས་གསུངས་པ་ཡང་དེ་ཡིན་ནོ། །ཁྱེ་བྲག་ཏུ་སྨྲ་བ་དེ་ལས་གཞན་པའི་དགེ་བསྙེན་མི་འདོད་ལ། མདོ་སྡེ་པ་དག །རྒྱན་གྱིས་བརྒྱན་པར་གྱུར་ཀྱང་ཆོས་སྤྱོད་ལ། །ཞེས་སོགས་ཀྱི་གཞུང་ལ་བརྟེན་ནས་དེའི་སྟེང་དུ་མི་ཚངས་སྤྱོད་སྤོང་པ་ཚངས་སྤྱོད་ཀྱི་དགེ་བསྙེན་ཡང་འདོད་ཅིང་། འཕགས་པ་གནས་བརྟན་པའི་སྡེ་པ་དག་བསྙེན་གནས་ཡན་ལག་བརྒྱད་ཇི་སྲིད་འཚོའི་བར་དུ་བླངས་པ་གོ་མིའི་དགེ་བསྙེན་ཡང་འདོད་དོ། །ཐེག་ཆེན་གྱི་སྡེ་སྣོད་ལས་ཀྱང་འདི་འབྱུང་སྟེ། དཀོན་མཆོག་བརྩེགས་པ་ལས། རྒྱལ་པོའི་བུ་སྙིང་རྗེ་ཆེར་སེམས་ཀྱིས་བསྙེན་གནས་ཡན་ལག་བརྒྱད་པ་ཇི་སྲིད་འཚོའི་བར་དུ་བླངས་པར་བཤད་པའི་ཕྱིར་རོ། །དེ་ལ་དང་པོ་ལྔ་ནི་མིང་ཆེན་གྱི་མདོ་དང་། དྲུག་པ་ནི་ལུང་རྣམ་འབྱེད་དང་། བདུན་པ་ནི་ཀུན་ཏུ་རྒྱུ་སེན་རིངས་ཀྱིས་ཞུས་པར་གསུངས་ཞེས་ཁ་ཅིག་ཟེར་རོ། །སློབ་དཔོན་དབྱིག་གཉེན་གྱིས་གོ་མིའི་དགེ་བསྙེན་ཞེས་བྱ་བ་འདི་ནི་འཕགས་པ་གནས་བརྟན་པའི་མན་ངག་བརྒྱུད་པ་ལས་ཐོས་ཀྱི་བདེ་བར་གཤེགས་པས་གསུངས་པ་ནི་མ་མཐོང་ངོ་ཞེས་གསུངས་སོ། །དགེ་ཚུལ་ཕ་མའི་བསླབ་བྱ་ལ་བླངས་པ་ལས་འདས་པ་དང་། ཉེས་མེད་དང་། ཕྱོགས་མཐུན་གསུམ་ལས། དང་པོ་སུམ་བརྒྱ་པ་ལས། གང་ཞིག་སྲོག་གཅོད་གཞན་གྱི་ནོར་འཕྲོག་དང་། །མི་ཚངས་སྤྱོད་བརྫུན་བཙོས་པའི་ཆང་ལ་སོགས། གར་སོགས་ཕྲེང་སོགས་མལ་ཆེན་མཐོ་བ་དང་། །ཕྱི་དྲོའི་ཁ་ཟས་གསེར་དངུལ་ལེན་པ་སྤང་། །ཞེས་གསུངས་པ་ལྟར་རོ། །

གཉིས་པ་ནི་འཆང་བ་དང་། འབྲལ་བ་དང་། འཇོག་པ་དང་། ལྷུང་བཟེད་འཆང་བ་དང་། དགོན་པའི་འབྲལ་བ་དང་། གསོག་འཇོག་བྱེད་པ་དང་། ས་བོན་འཇོམས་པ་དང་། སྐྱེ་བ་འཇིགས་པ་དང་། བྱིན་ལེན་མ་བྱས་པར་ཟ་བ་དང་། སྤངས་པ་ཟ་བ་དང་། གསོག་འཇོག་ཟ་བ་དང་། རིན་པོ་ཆེ་ལ་རེག་པ་དང་། མེ་ལ་རེག་པ་དང་། ས་རྐོ་བ་དང་། དགེ་ཚུལ་ནང་ཉལ་བ་དང་། ལས་ཀྱི་གནས་ནས་མ་སླུས་པར་འགྲོ་བ་དང་། རྩ་སྔོན་ཡོད་པའི་ས་ཕྱོགས་སུ་མི་གཙང་བ་འདོར་བ་དང་། ཤིང་ལ་མི་གང་ལས་ལྷག་ཙམ་མི་འཛེག་པའོ། །གསུམ་པ་ནི་བླངས་འདས་དང་ལྟུང་མེད་མ་གཏོགས་པ་དགེ་སློང་ཕ་མའི་བཅས་པ་རྣམས་སོ། །དེ་ལ་རྩ་བ་བཞི་ལས་འཆབ་སེམས་ཀྱིས་འདས་ན་སྡོམ་པ་སླར་བླང་དུ་མེད་ཅིང་། ཡན་ལག་དྲུག་ལས་འདས་ན་བཤགས་པར་བྱ་བ་ཡིན་ཏེ། འོད་ལྡན་ལས་མི་གསོད་ལ་སོགས་བཞི་རྣམས་ཀྱིས། །དགེ་ཚུལ་ལས་ནི་ཉམས་གྱུར་ན། །དགེ་སློང་བཞིན་དུ་དགེ་ཚུལ་ཡང་། །ཕྱིས་ནས་སྡོམ་པ་སྐྱེ་བ་མེད། །ཆང་འཐུང་ལ་སོགས་དྲུག་པོ་ནི། །བཤགས་ལ་ཉེས་བྱས་མཐུན་པ་ཡིན། །ཞེས་གསུངས་སོ། །ཕྱོགས་མཐུན་ལས་འདས་ན་ཡིད་ཀྱིས་སྡོམ་པར་བྱ་བ་ཡིན་ཏེ། སུམ་བརྒྱ་པ་ལས། བླང་བའི་ཕྱོགས་མཐུན་རྣམས་ལས་ཡིད་ཀྱིས་འགྱུར། །ཞེས་གསུངས་པའི་ཕྱིར་རོ། །དགེ་སློབ་མའི་

བསླབ་བྱ་ནི། རྩ་བའི་ཆོས་དྲུག་དང་། རྗེས་སུ་མཐུན་པའི་ཆོས་དྲུག་སྡོམ་པ་སྟེ། རྒྱ་ཆེར་འགྲེལ་ལས། གཅིག་པུ་ལམ་དུ་འགྲོ་མི་བྱེད། །ཆུ་བོའི་ཕ་རོལ་རྐྱལ་མི་བྱ། །སྐྱེས་པ་ལ་ནི་རེག་མི་བྱ། །སྐྱེས་པ་དང་ནི་འདུག་མི་བྱ། །སྨྱན་དུ་འགྱུར་བ་མི་བྱ་ཞིང་། །ཁ་ན་མ་ཐོ་བཅབ་མི་བྱ། །ཞེས་པ་དང་། གསེར་ལ་བཟུང་བར་མི་བྱ་ཞིང་། །འདོམས་ཀྱི་སྤུ་ནི་བྲེག་མི་བྱ། །ས་ནི་རྐོ་བར་མི་བྱ་སྟེ། །རྩ་སྔོན་དག་ནི་བཅད་མི་བྱ། །བྱིན་ལེན་མ་བྱས་བཟའ་མི་བྱ། །གསོག་འཇོག་བྱས་པ་བཟའ་མི་བྱ། །ཞེས་གསུངས་པ་རྣམས་སོ། །དགེ་སློང་གི་བསླབ་བྱ་ནི་ཕམ་པ་བཞི། ལྷག་མ་བཅུ་གསུམ། སྤང་ལྟུང་སུམ་ཅུ། ལྟུང་བྱེད་འབའ་ཞིག་པ་དགུ་བཅུ། སོ་སོར་བཤགས་པ་བཞི། ཉེས་བྱས་བརྒྱ་དང་བཅུ་གཉིས་སྤོང་བ་སྟེ་ཉིས་བརྒྱ་ལྔ་བཅུ་རྩ་གསུམ་མོ། །དགེ་སློང་མ་ལ་ནི་མཐའ་བརྒྱད་དགེ་འདུན་ལྷག་མ་ཉི་ཤུ་དང་། །དེ་བཞིན་སྤོང་བ་སུམ་བཅུ་རྩ་གསུམ་དང་། །གཞན་ཡང་ལྟུང་བྱེད་བརྒྱ་དང་བརྒྱད་ཅུ་དང་། །སོ་སོར་བཤགས་པར་བྱ་བ་བཅུ་གཅིག་དང་། །བསླབ་པའི་ཕྲེང་བ་ལྷག་མར་བཅས་པ་སྟེ། །ཞི་བར་བྱེད་པ་དགེ་སློང་ཕ་དང་མཐུན། །ཞེས་པ་ལྟར་ཡིན་ལ། བསླབ་པའི་ཕྲེང་བ་ལྷག་མར་བཅས་པ་ནི། དགེ་སློང་གི་བརྒྱ་རྩ་བཅུ་གཉིས་ཀྱི་སྟེང་དུ། ཞམ་ཐབས་རྐེད་པ་སྣང་བར་མི་བགོ་བ་དང་། ཆགས་པར་གྱུར་ཅིང་ཁྱིམ་གཞན་དུ་མི་འགྲོ་བ་གཉིས་བསྣན་པ་ཐམས་ཅད་བསྡོམས་ནས་སུམ་བརྒྱ་དང་དྲུག་བཅུ་རེ་གཉིས་སོ། །

གཉིས་པ་ཐེག་ཆེན་སོ་ཐར་གྱི་བསླབ་བྱ་ལ་ཆོག་ཐུན་མོང་པས་ནི་རང་གིས་གང་བླངས་པའི་སོ་སོར་ཐར་པ་དེ་དགག་དགོས་ཁྱད་པར་ཅན་མེད་པའི་ཚེ་ཉན་ཐོས་ཀྱི་ཇི་ལྟ་བ་བཞིན་བསྲུང་དགོས་ཏེ། སྡོམ་པ་གཉིས་ཀྱི་བཅས་པ་ལས་དགོས་པ་མེད་པར་འདའ་བ་ཇོ་རྗེ་ཐེག་པའི་སྐབས་སུ་ལྟུང་བར་གསུངས་པའི་ཕྱིར་རོ། །སེམས་ཅན་གྱི་དོན་དུ་འགྱུར་བ་ལ་སོགས་པའི་དགོས་པ་ཁྱད་པར་ཅན་ཡོད་ན་ལུས་ངག་གི་ཁ་ན་མ་ཐོ་བ་ཐམས་ཅད་གནང་སྟེ། སྤྱོད་འཇུག་ལས། ཐུགས་རྗེ་མངའ་བ་རིང་གཟིགས་པས། །བཀག་པ་རྣམས་ཀྱང་དེ་ལ་གནང་། །ཞེས་པ་དང་། སྡོམ་པ་ཉི་ཤུ་པ་ལས། སྙིང་རྗེར་ལྡན་ཞིང་བྱམས་ཕྱིར་དང་། །སེམས་དགེ་བ་ལ་ཉེས་པ་མེད། །ཞེས་གསུངས་པ་ལྟར་རོ། །ཚོག་ཐུན་མོང་མ་ཡིན་པ་ལ་གསོ་སྦྱོང་རང་གིས་ལེན་པ་ནི་བསྙེན་གནས་ཀྱི་སྡོམ་པ་དང་བསྲུང་བྱ་ཁྱད་པར་མེད་དོ། །

གཉིས་པ་བྱང་སེམས་ཀྱི་སྡོམ་པའི་བསླབ་བྱ་ལ་གཉིས་ཏེ། དབུ་སེམས་ཀྱི་བསླབ་བྱ་སོ་སོར་བཤད་པ་དང་། རྩ་ལྟུང་བྱུང་བས་སྡོམ་པ་གཏོང་མི་གཏོང་དཔྱད་པའོ། །དང་པོ་ལ་དབུ་སེམས་གཉིས་ལས། དང་པོ་དབུ་མ་པའི་ལུགས་ཀྱི་བསླབ་བྱ་ལ་ཡང་གསུམ་སྟེ། དབང་རྣོན་ལ་བཅུ་བཞིར་དབྱེ་བ། དབང་འབྲིང་ལ་བཞིར་བསྟན་པ། དབང་རྟུལ་ལ་གཅིག་ཏུ་བསྟན་པའོ། །དང་པོ་ནི། ནམ་མཁའི་སྙིང་པོའི་མདོ་ལས་གསུངས་པ།

བསླབ་བཏུས་ལས་ཚིགས་སུ་བཅད་པར་བསྟན་པ་ནི། དཀོན་མཆོག་གསུམ་གྱི་དཀོར་འཕྲོགས་པ། །ཕས་ཕམ་པ་ཡི་ལྟུང་བར་འདོད། །དམ་པའི་ཆོས་ནི་སྤོང་བྱེད་པ། །གཉིས་པར་ཐུབ་པས་གསུངས་པ་ཡིན། །ཚུལ་ཁྲིམས་འཆལ་བའི་དགེ་སློང་ལ། །ངུར་སྨིག་འཕྲོག་དང་བརྡེག་པ་དང་། །བཙོན་རར་འཇུག་པར་བྱེད་པ་དང་། །རབ་ཏུ་བྱུང་བ་འབེབས་པ་དང་། །སྲོག་དང་བྲལ་བྱེད་གསུམ་པ་ཡིན། །མཚམས་མེད་ལྔ་པོ་བྱེད་པ་དང་། །ལོག་པར་ལྟ་བ་འཛིན་པ་དང་། །ཞེས་རྒྱལ་པོ་ལ་འབྱུང་བ་ལྔ་དང་། བློན་པོ་ལ་འབྱུང་བ་ནི། དང་པོ་བཞིའི་སྟེང་དུ། གྲོང་ལ་སོགས་པ་འཇིགས་པ་ཡང་། །རྒྱ་བའི་ལྟུང་བར་རྒྱལ་བས་གསུངས། །ཞེས་པ་དང་ལྔ་ཡིན་ལ། ལས་དང་པོ་པ་ལ་འབྱུང་བ་བརྒྱད་ནི། བློ་སྦྱངས་མ་བྱས་སེམས་ཅན་ལ། །སྟོང་པ་ཉིད་ནི་སྟོན་པ་དང་། །སངས་རྒྱས་ཉིད་ལ་ཞུགས་པ་དག །རྫོགས་པའི་བྱང་ཆུབ་བཟློག་པ་དང་། །སོ་སོར་ཐར་པ་ཡོངས་སྤངས་ཏེ། །ཐེག་པ་ཆེ་ལ་སྦྱོར་བ་དང་། །སློབ་པའི་ཐེག་པས་ཆགས་ལ་སོགས། །སྤོང་བར་འགྱུར་བ་མིན་ཞེས་འཛིན། །ཕ་རོལ་དག་ཀྱང་འཛིན་འཇུག་དང་། །རང་གི་ཡོན་ཏན་བརྗོད་པ་དང་། །རྙེད་པ་དང་ནི་བཀུར་སྟི་དང་། །ཚིགས་བཅད་རྒྱུ་ཡིས་གཞན་སྨོད་དང་། །བདག་ནི་ཟབ་མོ་བཟོད་པའོ་ཞེས། །ལོག་པ་ཉིད་ནི་སྨྲ་བ་དང་། །དགེ་སྦྱོང་ཆད་པས་གཅོད་པ་དང་། །དཀོན་མཆོག་གསུམ་གྱི་སྦྱིན་བྱེད་དང་། །སྦྱིན་པ་ལེན་པར་བྱེད་པ་དང་། །ཞི་གནས་འདོར་བར་བྱེད་པ་དང་། །ཡང་དག་འཛོག་གི་ལོངས་སྤྱོད་རྣམས། །ཁ་ཏོན་བྱེད་ལ་སྦྱིན་པ་ནི། །དེ་དག་རྩ་བའི་ལྟུང་བ་སྟེ། །སེམས་ཅན་དམྱལ་བ་ཆེན་པོའི་རྒྱུ། །རྨི་ལམ་འཕགས་པ་ནམ་སྙིང་པོའི། །མདུན་དུ་འདུག་སྟེ་བཤགས་པར་བྱ། །ཞེས་གསུངས་སོ། །འདི་དག་རྒྱལ་པོ་ལ་འབྱུང་བའི་དང་པོ་བཞི་དང་། བློན་པོ་ལ་འབྱུང་བའི་དང་པོ་བཞི་ནི། ལྟུང་བ་གཅིག་པས་ངོ་བོའི་སྒོ་ནས་བཅུ་བཞི་ཡིན་ལ། བཅོ་བརྒྱད་དུ་ཕྱེ་བ་ནི་རྟེན་གྱི་སྒོ་ནས་ཡིན་ཅིང་། མཚམས་མེད་ལྔ་པོ་སོ་སོར་བྱས་ནས་ཉེར་གཉིས་སུ་བྱས་པ་ཡང་སྣང་ངོ་། །

འོ་ན་རྟེན་གྱི་སྒོ་ནས་བཅོ་བརྒྱད་དུ་བྱེད་པ་དེ་དག་རྒྱལ་བློན་ལས་དང་པོ་པ་གསུམ་ཆར་ལ་ལྟུང་བར་འགྱུར་ན་ནི་སོ་སོར་བཅས་པ་ལ་དགོས་པ་མེད་ཅིང་གཅིག་ལ་བཅས་པ་གཞན་ལ་མི་འབྱུང་ན་ནི་ཐམས་ཅད་ཀྱང་བྱང་སེམས་དབང་རྣོན་གྱི་དབང་དུ་བྱས་པ་འགལ་ལོ་ཞེ་ན། རེ་རེས་ཀྱང་ཐམས་ཅད་བསྲུང་དགོས་མོད་ཀྱི་སོ་སོར་བཅས་པ་ནི་གང་ལ་འབྱུང་ཉེ་བ་དེའི་དབང་དུ་བྱས་པ་ཡིན་ཏེ། བསླབ་བཏུས་ལས། གལ་ཏེ་རྒྱལ་རིགས་ལ་སོགས་པ་བྱང་སེམས་ཡིན་ན་ཇི་ལྟར་དེ་དག་གི་ལྟུང་བ་ངེས་ཤིང་གཞན་ལ་ནི་མ་ཡིན། ཅི་སྟེ་དེ་དག་སྡོམ་པ་ཅན་མ་ཡིན་ན་ནི་དེ་དག་གི་ལྟུང་བ་ཡང་ཇི་ལྟར་རྣམ་པར་བཞག་ཅིང་། སྡོམ་པ་ཅན་དེ་དག་གི་ཉེས་པས་ཟིན་པར་འགྱུར་ཞེ་ན་འདི་ལ་ཉེས་པ་མེད་དོ། །གང་དུ་གང་ལ་མང་དུ་བྱུང་བ་དེ་ལ་དེ་རང་གི་མིང་ནས་སྨོས་ཏེ་

བསྟན་པས་འཇིགས་པ་བསྐྱེད་པའི་ཕྱིར་ཏེ། ཐམས་ཅད་ཀྱིས་ཀྱང་ཕན་ཚུན་དུ་ལྟུང་བ་ཐམས་ཅད་སྤྱང་བར་བྱའོ། །རང་བཞིན་གྱི་ཁ་ན་མ་ཐོ་བ་ཆེ་བས་ན་གང་གིས་ཡང་དག་པར་བླངས་པ་ན་ཡང་སྐྱལ་བ་མེད་པ་དང་། དགེ་བའི་རྩ་བ་ཆད་པར་གྱུར་པ་དེས་སྡོམ་པ་ཅན་ལ་ཆེས་ཤིན་ཏུ་འགྱུར་ཏེ། དེ་ལྟར་དཔྱད་པས་ཆོག་གོ། །ཞེས་གསུངས་སོ། །གཉིས་པ་དབང་པོ་འབྲིང་གི་བསླབ་བྱ་བཞིར་བསྟན་པ་ནི་ཐབས་ལ་མཁས་པའི་མདོའི་དོན་བསླབ་བཏུས་ལས། བྱང་ཆུབ་སེམས་ནི་ཡོངས་འདོར་དང་། །ཆགས་དང་སེར་སྣ་མི་ཟད་པས། །སློང་ལ་སྦྱིན་བར་མི་བྱེད་དང་། །སྲིམས་དེ་དགའ་བར་བྱེད་པ་ན། །སེམས་ཅན་ལ་ནི་མི་བཟོད་པར། །ཁྲོས་པས་སེམས་ཅན་བརྡེག་པ་དང་། །ཉོན་མོངས་པ་དང་གནས་མཐུན་པས། །ཆོས་ལྟར་བཅོས་པ་སྟོན་པའོ། །ཞེས་གསུངས་པ་རྣམས་སོ། །གསུམ་པ་དབང་རྟུལ་གྱི་བསླབ་བྱ་གཅིག་ཏུ་བསྟན་པ་ནི། སློན་པ་བྱང་ཆུབ་ཀྱི་སེམས་ལ་བསླབ་པ་སྟེ། རྒྱལ་པོ་ལ་གདམས་པའི་མདོ་ལས། རྒྱལ་པོ་ཆེན་པོ་ཁྱོད་ནི་འདི་ལྟར་བྱ་བ་མང་བ་བྱེད་པ་མང་བ་སྟེ། ཐམས་ཅད་ཀྱིས་ཐམས་ཅད་དུ་སྦྱིན་པ་ནས་ཤེས་རབ་ཀྱི་ཕ་རོལ་ཏུ་ཕྱིན་པའི་བར་ལ་བསླབ་པར་མི་ནུས་ཀྱི། དེ་བས་ན་རྒྱལ་པོ་ཆེན་པོ་ཁྱོད་ཡང་དག་པར་རྫོགས་པའི་བྱང་ཆུབ་ལ་འདུན་པ་དང་། དད་པ་དང་། དོན་དུ་གཉེར་བ་དང་། སློན་པ་གསུམ་འགྲོ་ཡང་རུང་། འགྲེང་ཡང་རུང་། འདུག་ཀྱང་རུང་། ཉལ་ཡང་རུང་། སད་ཀྱང་རུང་། ཟ་ཡང་རུང་། འཐུང་ཡང་རུང་། རྟག་པར་རྒྱུན་དུ་དྲན་པ་ཡིད་ལ་བཟུང་སྟེ་བསྒོམ་ཤིག །གཞན་གྱི་དགེ་བ་ལ་རྗེས་སུ་ཡི་རང་བར་གྱིས་ཤིག །རྗེས་སུ་ཡི་རང་ནས་ཀྱང་སངས་རྒྱས་དང་བྱང་ཆུབ་སེམས་དཔའ་དང་། ཉན་ཐོས་དང་རང་སངས་རྒྱས་ཐམས་ཅད་ལ་ཕུལ་གཅིག་ཕུལ་ནས་སེམས་ཅན་ཐམས་ཅད་དང་ཐུན་མོང་དུ་གྱིས་ཤིག་དེ་ནས་སེམས་ཅན་ཐམས་ཅད་སངས་རྒྱས་ཀྱི་ཆོས་ཡོངས་སུ་རྫོགས་པར་འགྱུར་བ་ཉིན་གཅིག་བཞིན་དུ་བླ་ན་མེད་པའི་བྱང་ཆུབ་ཏུ་བསྔོས་ཤིག །རྒྱལ་པོ་ཆེན་པོ་ཁྱོད་དེ་ལྟར་ན་རྒྱལ་སྲིད་ཀྱང་བྱེད་ལ་རྒྱལ་པོའི་བྱ་བ་ཡང་ཉམས་པར་མི་འགྱུར་ལ་བྱང་ཆུབ་ཀྱི་ཚོགས་ཀྱང་ཡོངས་སུ་རྫོགས་པར་འགྱུར་རོ། །ཞེས་གསུངས་སོ། །དེས་ན་སློན་པ་བྱང་ཆུབ་ཀྱི་སེམས་སྐྱོང་བ་ནི་བྱང་ཆུབ་སེམས་དཔའ་དབང་པོ་རྣོ་འབྲིང་རྟུལ་གསུམ་ཐམས་ཅད་ལ་རྩ་བའི་ལྟུང་བ་ཤིན་ཏུ་ལྡི་བ་ཡིན་ཏེ། མདོ་སྡུད་པ་ལས། གལ་ཏེ་བསྐལ་པ་བྱེ་བར་དགེ་བའི་ལས་ལམ་བཅུ། །སྤྱོད་ཀྱང་རང་རྒྱལ་དགྲ་བཅོམ་ཉིད་དུ་སེམས་བསྐྱེད་ན། །དེ་ནི་ཚུལ་ཁྲིམས་སྐྱོན་བྱུང་ཚུལ་ཁྲིམས་ཉམས་པ་སྟེ། །སེམས་བསྐྱེད་དེ་ནི་ཕས་ཕམ་བས་ཀྱང་ཤིན་ཏུ་ལྡི། །ཞེས་དང་། སྤྱོད་འཇུག་ལས། དེ་ནི་བྱང་ཆུབ་སེམས་དཔའ་ལ། །ལྟུང་བའི་ནང་ནས་ལྕི་བ་སྟེ། །འདི་ལྟར་དེ་ནི་བྱུང་གྱུར་ན། །སེམས་ཅན་ཀུན་གྱི་དོན་ལ་དམན། །ཞེས་སོ། །གཉིས་པ་སེམས་ཙམ་ལུགས་ཀྱི་སེམས་བསྐྱེད་ཀྱི་བསླབ་བྱ་ལ་གཉིས་ཏེ། ཕམ་འདྲའི་ཉེས་བྱས་བཞི་སྐྱོང་བ་

དང་། ཡན་ལག་གི་ཉེས་བྱས་བཞི་བཅུ་ཞེ་དྲུག་སྤོང་བའོ། །དང་པོ་ལ་ཕམ་འདྲ་བཞི་ནི་སྡོམ་པ་ཉི་ཤུ་པ་ལས། རྙེད་དང་བཀུར་སྟི་ཆགས་པ་ཡིས། །བདག་བསྟོད་གཞན་ལ་སྨོད་པ་དང་། །སྡུག་བསྔལ་མགོན་མེད་གྱུར་པ་ལ། །སེར་སྣས་ཆོས་ནོར་མི་སྟེར་དང་། །གཞན་གྱིས་བཤགས་ཀྱང་མི་ཉན་པར། །ཁྲོས་པས་གཞན་ལ་འཚོག་པ་དང་། །ཐེག་པ་ཆེན་པོ་སྤོང་བྱེད་ཅིང་། །དམ་ཆོས་འདྲར་སྣང་སྟོན་པའོ། །ཞེས་གསུངས་སོ། །ཨོཾ་ཁ་པ་ཁ་ཅིག་འདིའི་ཡ་གྱལ་སོ་སོར་བགྲང་ནས་བརྒྱད་དུ་བྱེད་པ་ནི་བྱང་ཆུབ་སེམས་དཔའི་སྡེ་སྣོད་ཀྱི་མ་མོ་དང་འགལ་ཏེ། བྱང་སར། དེ་ལྟར་བྱང་ཆུབ་སེམས་དཔའ་ཚུལ་ཁྲིམས་ཀྱི་སྡོམ་པ་ལ་གནས་པའི་ཕམ་པའི་གནས་ལྟ་བུའི་ཆོས་བཞི་ཡོད་དེ། བཞི་གང་ཞེ་ན་ཞེས་པ་དང་། སྡོམ་པ་ཉི་ཤུ་པ་ལས། དེ་ཡི་ཉེས་པ་བཞི་པོ་ནི་ཞེས་པ་དང་། འགྲེལ་པའི་མཚམས་སྦྱོར་དུ་ཉེས་པ་བཞི་པོ་དེ་དག་ཀྱང་གང་ཡིན་ཞེ་ན་ཞེས་བཞིར་གསུངས་ཀྱི་བརྒྱད་དུ་མ་གསུངས་པའི་ཕྱིར་རོ། །ཡ་གྱལ་སོ་སོར་འདྲེན་ན་དགུར་ཡང་འགྱུར་ཏེ། རྙེད་པ་ལ་ཆགས་པས་བདག་བསྟོད་གཞན་སྨོད་གཉིས། བཀུར་སྟི་ལ་ཆགས་པས་བདག་བསྟོད་གཞན་སྨོད་གཉིས། སེར་སྣས་ཆོས་མི་སྟེར་བ་དང་ནོར་མི་སྟེར་བ་གཉིས། ཁྲོས་པས་འཚོག་པ་གཅིག །ཐེག་ཆེན་སྤོང་བ་དང་། དམ་ཆོས་འདྲར་སྣང་གཉིས་སུ་འགྱུར་བའི་ཕྱིར་རོ། །

གཉིས་པ་ཡན་ལག་གི་ཉེས་བྱས་བཞི་བཅུ་ཞེ་དྲུག་ནི། དགེ་བ་ཆོས་སྡུད་དང་འགལ་བ་སོ་བཞི། སེམས་ཅན་དོན་བྱེད་དང་འགལ་བ་བཅུ་གཉིས། དང་པོ་ལ་སྦྱིན་པ་དང་འགལ་བ་བདུན། ཚུལ་ཁྲིམས་དང་འགལ་བ་དགུ། བཟོད་པ་དང་འགལ་བ་བཞི། བརྩོན་འགྲུས་དང་འགལ་བ་གསུམ། བསམ་གཏན་དང་འགལ་བ་གསུམ། ཤེས་རབ་དང་འགལ་བ་བརྒྱད་ལས། དང་པོ་ལ་དཀོན་མཆོག་གསུམ་ལ་གསུམ་མི་མཆོད། །ཅེས་པ་ནི། ཟང་ཟིང་གི་སྦྱིན་པ་དང་འགལ་བའོ། །འདོད་པའི་སེམས་ཀྱིས་རྗེས་སུ་འཇུག་ཅེས་པ་ནི་སེར་སྣའི་གཉེན་པོ་ལས་ཉམས་པའོ། །རྒན་པ་རྣམས་ལ་གུས་མི་བྱེད། །དྲིས་པ་ལ་ནི་ལན་མི་འདེབས། །ཞེས་པ་གཉིས་ནི་མི་འཇིགས་པའི་སྦྱིན་པའི་རྗེས་སུ་མི་མཐུན་པའོ། །མགྲོན་པོས་བདག་གིར་མི་བྱེད་དང་། །གསེར་ལ་སོགས་པ་ལེན་མི་བྱེད། །ཅེས་པ་གཉིས་ནི་གཞན་གྱི་སྦྱིན་པའི་རྒྱེན་མི་བྱེད་པའོ། །ཆོས་འདོད་རྣམས་ལ་སྦྱིན་མི་བྱེད། །ཅེས་པ་ནི་ཆོས་ཀྱི་སྦྱིན་པ་མི་བྱེད་པའོ། །གཉིས་པ་ལ་ཚུལ་ཁྲིམས་འཆལ་བ་ཡར་བར་འདོར། །ཕ་རོལ་དད་ཕྱིར་སློབ་མི་བྱེད། །སེམས་ཅན་དོན་ལ་བྱ་བ་ཆུང་། །སྙིང་རྗེར་བཅས་ན་མི་དགེ་མེད། །ཞེས་པ་བཞི་ནི་གཞན་དོན་གཙོ་བོར་གྱུར་པ་དང་འགལ་བའོ། །འཚོ་བ་ལོག་པ་དང་དུ་ལེན། །འཕྱར་ནས་རབ་ཏུ་རྒོད་ལ་སོགས། །འཁོར་བ་གཅིག་ཏུ་བགྲོད་པར་སེམས། །ཞེས་པ་གསུམ་ནི་རང་དོན་གཙོ་བོར་གྱུར་པ་དང་འགལ་བའོ། །གྲགས་པ་མ་ཡིན་མི་སྲུང་བ། །ཉོན་མོངས་བཅས་ཀྱང་འཆོས་མི་བྱེད། །ཅེས་པ་གཉིས་ནི་གཉིས་ཀ་མཉམ་པའི་ཚུལ་ཁྲིམས་དང

འགལ་བའོ། །གསུམ་པ་གཤེ་ལ་ལན་དུ་གཤེ་ལ་སོགས། །ཁྲོས་པ་རྣམས་ནི་ཡལ་བར་འདོར། །ཕ་རོལ་ཤད་ཀྱིས་ཆགས་པ་སྤྱོང་། །ཁྲོས་པའི་སེམས་ཀྱིས་རྗེས་སུ་འཇུག ཅེས་པའོ། །བཞི་པ་ནི་རྙེད་བཀུར་འདོད་ཕྱིར་འཁོར་རྣམས་བསྡུ། །ལེ་ལོ་ལ་སོགས་སེལ་མི་བྱེད། །ཆགས་པས་བྲེ་མོའི་གཏམ་ལ་བརྟེན། །ཅེས་པ་གསུམ་མོ། །ལྔ་པ་ནི་ཏིང་ངེ་འཛིན་གྱི་དོན་མི་ཚོལ། །བསམ་གཏན་སྒྲིབ་པ་སྤོང་མི་བྱེད། །བསམ་གཏན་རོ་ལ་ཡོན་ཏན་ལྟ། །ཅེས་པ་གསུམ་མོ། །དྲུག་པ་ནི། ཉན་ཐོས་ཐེག་པ་སྤོང་བར་བྱེད། །རང་ཚུལ་ཡོད་བཞིན་དེ་ལ་བརྩོན། །བརྩོན་མིན་ཕྱི་རོལ་བསྟན་བཅོས་བརྩོན། །བརྩོན་པ་བྱས་ཀྱང་དེ་ལ་དགའ། །ཞེས་པ་བཞི་ནི་ཡུལ་དམན་པ་དང་འབྲེལ་བའི་ཉེས་པའོ། །ཐེག་པ་ཆེན་པོ་སྤོང་བར་བྱེད། །བདག་ལ་བསྟོད་ཅིང་གཞན་ལ་སྨོད། །ཆོས་ཀྱི་དོན་དུ་འགྲོ་མི་བྱེད། །དོན་ལ་སྨོད་ཅིང་ཡི་གེ་སྟོན། །ཞེས་པ་བཞི་ནི་ཡུལ་དམ་པ་དང་འབྲེལ་བའི་ཉེས་པའོ། །

གཉིས་པ་སེམས་ཅན་དོན་བྱེད་དང་འགལ་བ་བཅུ་གཉིས་ནི། དགོས་པའི་གྲོགས་སུ་འགྲོ་མི་བྱེད། །ནད་པའི་རིམ་གྲོ་བྱ་བ་སྤོང་། །སྡུག་བསྔལ་སེལ་བར་མི་བྱེད་དང་། །བག་མེད་རྣམས་ལ་རིག་མི་སྟོན། །ཅེས་པ་བཞི་ནི་དོན་བྱ་བའི་སྤྱི་དང་འབྲེལ་བའོ། །དོན་བྱ་བའི་ཁྱད་པར་དང་འབྲེལ་བ་ལ་གཉིས་ལས། བྱས་ལ་ལན་དུ་ཕན་མི་འདོགས། །གཞན་གྱི་མྱ་ངན་སེལ་མི་བྱེད། །ནོར་འདོད་པ་ལ་སྦྱིན་མི་བྱེད། །འཁོར་རྣམས་ཀྱི་ནི་དོན་མི་བྱེད། །གཞན་གྱི་བློ་དང་མཐུན་མི་འཇུག ཡོན་ཏན་སྔགས་པ་བསྔ་མི་བྱེད། །ཅེས་པ་དྲུག་ནི་ཕན་མི་འདོགས་པའི་ཉེས་པའོ། །རྐྱེན་དུ་འཚམས་པར་ཚར་མི་གཅོད། །རྫུ་འཕྲུལ་ལ་སོགས་སྡིག་མི་བྱེད། །ཅེས་པ་གཉིས་ནི་ཚར་མི་གཅོད་པའི་ཉེས་པའོ། །བཞི་བཅུ་ཞེ་དྲུག་པོ་འདི་དག་ལ་བྱུང་ས་ལས། །ཉོན་མོངས་པ་ཅན་གྱི་ཉེས་པ་དང་། །ཉོན་མོངས་པ་མ་ཡིན་པའི་ཉེས་པ་དང་། །ཉེས་པ་མེད་པ་གསུམ་གསུམ་དུ་ཕྱེ་ནས་གསུངས་ལ། །འདིའི་འགྲེལ་པར་ཡང་། གལ་ཏེ་མ་གུས་པ་དང་སྙོམས་ལས་དང་། །ལེ་ལོས་ཉེས་པ་བྱུང་ན་ནི། །ཉོན་མོངས་པ་ཅན་གྱི་ཉེས་པར་འགྱུར་རོ། །གལ་ཏེ་བརྗེད་པས་ཉེས་པ་བྱུང་ན་ནི་ཉོན་མོངས་པ་ཅན་མ་ཡིན་པའི་ཉེས་པར་འགྱུར་རོ། །སེམས་འཁྲུགས་པ་ལ་ནི་ཉེས་པ་མེད་དོ། །ཞེས་གསུངས་སོ། །འདིར་ནི་ལྟུང་བའི་གྲངས་ཙམ་ཞིག་སྨོས་པ་ཡིན་ལ། རྣམ་གཞག་རྒྱས་པར་ནི་འཕྲུལ་བ་ཟད་པའི་བླ་མ་རྗེ་བཙུན་གྲགས་པ་རྒྱལ་མཚན་གྱིས་མཛད་པའི་སྡོམ་པ་ཉི་ཤུ་པའི་འགྲེལ་པར་ཤེས་པར་བྱའོ། །གཉིས་པ་རྩ་ལྟུང་བྱུང་བས་སྡོམ་པ་གཏོང་མི་གཏོང་དཔྱད་པ་ནི། ཆགས་ལོའི་དྲིས་ལན་ལས་སྡོམ་པ་གཏོང་བའི་ཚུལ་ཡང་སོ་སོར་ཐར་པ་ལ་འདང་ལྟུང་བ་འབྱུང་བས་སྡོམ་པ་གཏོང་བ་དང་མི་གཏོང་བའི་ལུགས་གཉིས་གདའ། དེ་བཞིན་དུ་ཐེག་པ་ཆེན་པོ་ལ་ཡང་གཉིས་ཡོད་པའི་སེམས་ཙམ་པ་ལྟར་བས་སྡོམ་པ་གཏོང་བའི་ལུགས་སུ་གསལ། དབུ་མ་པ་ལ་ལུགས་གཉིས་ཀ་གདའ། ངེད་

ཅིག་སྨོན་པའི་སེམས་མ་གཏང་ན་སྡོམ་པའི་རྩ་བ་མི་གཏོང་བའི་ལུགས་དེའི་རྗེས་སུ་འབྲངས་པ་ལགས། སྤྱོད་འཇུག་ལས། གལ་ཏེ་དེ་ལྟར་དམ་བཅས་ནས། །ལས་ཀྱིས་བསྒྲུབ་པར་མ་བྱས་ན། །སེམས་ཅན་དེ་དག་ཀུན་བསླུས་པས། །བདག་གི་འགྲོ་བ་ཅི་འདྲར་འགྱུར། །ཞེས་བྱ་བ་ལ་སོགས་པ་གསུངས་པ་ཡང་། སྨོན་པ་མ་ཉམས་པར་འཇུག་པ་འབའ་ཞིག་ལས་ཉམས་ན་ངན་སོང་དུ་ཅུང་ཟད་སྐྱེ་བར་གསུངས་ཀྱི་མཐར་སངས་མི་རྒྱ་བའི་ལུགས་མ་ལགས། ཞེས་དང་། དེའི་ཕྱིར་སེམས་ཅན་ཐམས་ཅད་ཀྱི་དོན་དུ་སངས་རྒྱས་ཐོབ་པར་བྱ་སྙམ་པའི་སྨོན་པ་མ་ཉམས་ན་འཇུག་པ་ལ་རིམ་གྱིས་སློབ་པས་འཁོར་བ་མཐའ་ཅན་དུ་འགྱུར་ཏེ། དཔེར་ན་མི་རྒྱུན་མ་ཆད་ན་ཟས་ནོར་ཞོར་ལ་འབྱུང་བ་བཞིན་ནོ། །དེས་ན་སེམས་བསྐྱེད་སུས་ཐོབ་ཀྱང་སྨོན་པ་འཚོར་དཀའ་བས་མཐར་འཚང་རྒྱ་བའི་དགོངས་པ་དེར་གདའ། བསླབ་བཏུས་ཀྱི་དགོངས་པའང་དེ་བཞིན་དུ་ཤེས་པར་བྱའོ། །དེས་ན་སེམས་བསྐྱེད་ཀྱི་བསླབ་བྱ་རྒྱས་བསྡུས་དང་བརྩོན་པ་ཆེ་ཆུང་ལས་སངས་རྒྱས་སྔ་ཕྱི་འབྱུང་བས་དེས་ན་རིམ་གྱིས་སངས་རྒྱ་བའི་སེམས་བསྐྱེད་ཀྱི་ལུགས་ལ་མྱུར་དུ་སངས་རྒྱ་བ་ལ་དགོས་པའི་བསླབ་བྱ་ཚོམ་སྒྲུར་བས་སྐྱོན་དུ་མི་འགྲོ་སྟེ། དཔེར་ན་རིམ་གྱིས་གསོ་དགོས་པའི་ནད་པ་ལ་ཅིག་ཆར་གསོ་དགོས་པའི་སྨན་མ་གཏང་ཀྱང་སྐྱོན་དུ་མི་འགྲོ་བ་བཞིན་ནོ། །དེས་ན་བསླབ་སླ་བ་ལ་དགོངས་པ་ཡིན་གྱི་གཏན་བསླབ་མི་དགོས་པ་མ་ལགས། དེ་དག་སྤྱོད་འཇུག་གི་སྡོམ་པའི་ཆོ་གའི་སྐབས་སུ། བྱང་ཆུབ་སེམས་ནི་བསྐྱེད་བགྱི་ཞིང་། །ཞེས་སྨོན་པ་བླངས་ནས། བྱང་ཆུབ་སེམས་དཔའི་བསླབ་པ་ལ། །རིམ་པ་བཞིན་དུ་བསླབ་པར་བགྱི། །ཞེས་འཇུག་པ་ལ་རིམ་གྱིས་སློབ་པར་ཁས་བླངས་ཀྱི་བསླབ་བྱ་ཐམས་ཅད་ད་ལྟ་ཉིད་ནས་སློབ་པར་ཁས་བླངས་པ་མེད་པས་དམ་བཅའ་ཉམས་པའི་ཉེས་པ་མེད་མཆི། །སྨོན་པ་བླངས་ནས་དགེ་བ་ཕྲ་མོ་ཙམ་ཡང་མ་སྤྱད་ན་དམ་བཅའ་ཉམས་པའི་ཉེས་པ་མཆིས་མོད། འོན་ཀྱང་སྨོན་པ་གཏོང་བའི་རྒྱུ་ཤིན་ཏུ་དཀའ། འཇུག་པ་ལ་དགེ་བ་ཕྲ་མོ་ཙམ་ཡང་མི་བྱེད་པ་མི་སྲིད་པའི་ཚོད་ཙམ་དུ་མཐོང་བས། དབུ་མ་པའི་ལུགས་ཀྱི་སེམས་བསྐྱེད་གཏོང་དཀའ་བར་གདའ། སྐྱེར་ཆོག་ལ་ཕན་ཡོན་ཤས་ཆེ་བ་གཅིག །ཉེས་དམིགས་ཤས་ཆེ་བ་གཅིག །གཉིས་ཀ་ཆ་མཉམ་པ་གཅིག་ལས་སེམས་བསྐྱེད་འདི་ཕན་ཡོན་ཤས་ཆེ་བ་ཡིན་ནོ་ཞེས་གསུངས་སོ། །དེས་ན་བདག་ཉིད་ཆེན་པོ་འདིའི་བཞེད་པ་ལ། དབུ་མ་ལུགས་ཀྱི་སྨོན་འཇུག་གཉིས་པོ་སྐབས་ཅིག་ཏུ་བླངས་ནས་སྨོན་པའི་བསླབ་བྱ་སེམས་ཅན་ཐམས་ཅད་ཀྱི་དོན་དུ་སངས་རྒྱས་ཐོབ་པར་བྱ་སྙམ་པའི་བསམས་པ་མ་དོར་ན་སྨོན་པ་སེམས་བསྐྱེད་ཀྱི་སྡོམ་པ་མི་གཏོང་ཞེས་བཞེད་པ་ཡིན་གྱི། ནམ་མཁའི་སྙིང་པོའི་མདོ་ལས་གསུངས་པའི་རྩ་ལྟུང་བྱུང་ནས་འཇུག་པའི་ཕྱོགས་འགའ་ཞིག་ལས་ཉམས་པར་གོང་དུ་བཤད་ཅིང་རྗེ་བཙུན་གྱིས་ཀྱང་དེ་བཞིན་དུ་

གསུངས་སོ། །དེ་ཡང་རྒྱ་ལྟར་དེ་དག་ཐམས་ཅད་སྤྱོང་བར་ཁས་བླངས་པའི་དབང་རྣོན་གྱི་དབང་དུ་བྱས་པ་ཡིན་གྱི་དབང་པོ་འབྲིང་པོ་དང་རྟུལ་པོ་ལ་ནི་རང་གི་བློ་ཚོད་དང་སྦྱར་བའི་བསླབ་བྱ་དེ་དག་བསྒྲུངས་པས་བྱང་སེམས་ཀྱི་བསླབ་བྱ་ཉམས་པར་མི་འགྱུར་རོ། །སེམས་ཙམ་པ་ལྟར་བ་འབྱུང་བས་སྡོམ་པ་གཏོང་བའི་ལུགས་སུ་གསལ་ཞེས་པ་ཡང་ཀུན་དཀྲིས་དྲག་པོས་རྒྱ་ལྟར་བྱུང་བའི་དབང་དུ་བྱས་ཀྱི། ཀུན་དཀྲིས་འབྲིང་དང་ཆུང་དུས་ཕམ་པའི་གནས་ལྟ་བུའི་ཆོས་སྤྱད་ཀྱང་སྡོམ་པ་མི་གཏོང་བར་འདོད་དེ། བྱང་ས་ལས། མདོར་བསྡུས་ན། རྒྱུ་གཉིས་ཁོ་ནས་བྱང་ཆུབ་སེམས་དཔའི་ཚུལ་ཁྲིམས་ཀྱི་སྡོམ་པ་ཡང་དག་པར་བླངས་པ་བཏང་བར་འགྱུར་ཏེ། བླ་ན་མེད་པ་ཡང་དག་པར་རྫོགས་པའི་བྱང་ཆུབ་ཏུ་སྨོན་པ་ཡོངས་སུ་བཏང་བ་དང་། ཕམ་པའི་གནས་ལྟ་བུའི་ཆོས་ཀྱི་ཀུན་ནས་དཀྲིས་པ་ཆེན་པོའི་ཀུན་ནས་སྤྱོད་པའོ། །བྱང་ཆུབ་སེམས་དཔའ་གང་གིས་སྨོན་པ་ཡང་མ་གཏང་ལ་ཕམ་པའི་གནས་ལྟ་བུའི་ཆོས་རྣམས་ཀྱི་ཀུན་ནས་དཀྲིས་པ་ཆེན་པོ་ཡང་ཀུན་ཏུ་མ་སྤྱད་ན། ཚེ་རྗེས་སུ་ཞིན་ཀྱང་འོག་དང་སྟེང་དང་ཐད་ཀ་ཐམས་ཅད་དུ་སྐྱེས་པ་ན་བྱང་ཆུབ་སེམས་དཔའི་ཚུལ་ཁྲིམས་ཀྱི་སྡོམ་པ་ཡང་དག་པར་བླངས་པ་སྤྱོང་བར་མི་འགྱུར་རོ། །བྱང་ཆུབ་སེམས་དཔའ་ཚེ་བརྗེས་ཏེ་བརྗེད་ན་ཡང་དགེ་བའི་བཤེས་གཉེན་བསྟེན་པ་ལ་བརྟེན་ནས་དྲན་པ་གསོ་བའི་ཕྱིར་ཡང་དང་ཡང་ནོད་པར་ཟད་ཀྱི་གསར་དུ་ཡང་དག་པར་ལེན་པ་ནི་མ་ཡིན་ནོ། །ཞེས་པ་དང་། ཕམ་པའི་གནས་ལྟ་བུ་བཞི་པོ་འདི་དག་ནི་ཀུན་ནས་དཀྲིས་པ་ཆུང་ངུ་དང་འབྲིང་གིས་ནི་ཚུལ་ཁྲིམས་ཀྱི་སྡོམ་པ་ཡང་དག་པར་བླངས་པ་དེ་བྱང་ཆུབ་ཀྱི་སེམས་གཏོང་བར་མི་འགྱུར་རོ། །ཀུན་ནས་དཀྲིས་པ་ཆེན་པོས་ནི་བཏང་བར་འགྱུར་ཏེ་ཞེས་གསུངས་སོ། །

འོ་ན་ཀུན་དཀྲིས་ཆུང་ངུ་དང་འབྲིང་དང་ཆེན་པོའི་ཁྱད་པར་ཇི་ལྟ་བུ་ཞེ་ན། བྱང་ས་ལས། གང་གི་ཕྱིར་བྱང་ཆུབ་སེམས་དཔས་ཕམ་པའི་གནས་ལྟ་བུའི་ཆོས་བཞི་པོ་འདི་དག་རྒྱུན་མ་ཆད་པར་ཀུན་ཏུ་སྤྱོད་པ་དང་། ངོ་ཚ་ཤེས་པ་དང་ཁྲེལ་ཡོད་པ་ཆུང་ངུ་ཡང་མི་སྐྱེད་པ་དང་། དེས་མགུ་བར་བྱེད་ཅིང་དེ་ལ་དགའ་བར་བྱེད་པ་དང་། དེ་ཉིད་ལ་ཡོན་ཏན་ཏུ་ལྟ་བ་ཅན་དུ་གྱུར་པ་འདི་ནི་ཀུན་ནས་དཀྲིས་པ་ཆེན་པོ་ཡིན་པར་རིག་པར་བྱའོ་ཞེས་གསུངས་ལ། ཡན་ལག་གསུམ་ཀ་ཚང་བ་ཆེན་པོ་བསྟན་པའི་ཤུགས་ལས་ཡན་ལག་གཉིས་ཙམ་ཚང་བ་འབྲིང་དང་། གཅིག་ཙམ་ཚང་བ་ཆུང་ངུར་ཤེས་པར་བྱའོ། །གནས་བརྟན་བྱང་བཟང་གི་སྡོམ་པ་ཉི་ཤུ་པའི་འགྲེལ་པར་གང་གི་ཚེ་སླར་ངོ་ཚ་དང་ཁྲེལ་ཡུད་ཙམ་སྐྱེ་བ་དང་ཕ་རོལ་གྱིས་གསོལ་བ་བཏབ་པས་བཟློག་པ་དེ་ནི་འབྲིང་ལ་གནས་པའོ། །གང་གི་ཚེ་སྨྱུར་བ་ཉིད་དུ་ངོ་ཚ་བར་བྱེད་ཅིང་རང་ཉིད་ཀྱང་རུང་སྟེ་སྐད་ཅིག་གིས་བཟློག་པ་དེ་ནི་ཆུང་ངུ་ལ་གནས་པར་རིག་པར་བྱའོ་ཞེས་གསུངས་སོ། །མདོར་ན་དབུ་མ་ལུགས་ཀྱི་སེམས་བསྐྱེད་ལ་ནི་སྨོན་

པའི་སེམས་མི་ཉམས་པར་བསྲུངས་ནས་འཇུག་པའི་བསླབ་བྱ་ལ་རང་གི་བློ་ཚོད་དང་སྦྱར་ནས་ཇི་ཙམ་ནུས་པ་བསྲུང་ཞིང་དུས་ཀྱང་ཞག་གཅིག་དང་། ཟླ་བ་དང་། ལོ་དང་། ཇི་སྲིད་འཚོའི་བར་དང་། བྱང་ཆུབ་ཀྱི་བར་ཇི་ཙམ་བློས་ལེན་པར་ནུས་པ་དེ་ཙམ་བླང་བར་རྗེ་བཙུན་རྩེ་མོས་བཤད་པ་ནི་ལུགས་འདིའི་ཁྱད་པར་གྱི་ཆོས་སུ་ཤེས་པར་བྱ་སྟེ། བསླབ་བཏུས་ལས། སྡོམ་པ་བདག་ཉིད་ཀྱིས་སྟོབས་དང་སྦྱར་ནས་བླང་བར་བྱ་སྟེ། དེ་ལྟ་མ་ཡིན་ན་སངས་རྒྱས་བྱང་སེམས་ཐམས་ཅད་དང་བཅས་པའི་འཇིག་རྟེན་བསླུས་པར་འགྱུར་རོ་ཞེས་གསུངས་པའི་དགོངས་པར་སྣང་ངོ་། །སེམས་ཙམ་ལུགས་ཀྱི་སེམས་བསྐྱེད་ལ་ནི་སྨོན་སེམས་བཏང་བ་དང་། ཀུན་དཀྲིས་དྲག་པོས་ཕམ་པ་བྱུང་བས་སྡོམ་པ་བཏང་ཞིང་བསླབ་བྱ་ཡང་མཐའ་དག་ལ་སློབ་པ་དང་། དུས་ཀྱང་བྱང་ཆུབ་ཀྱི་བར་དུ་ལེན་པ་ཁོ་ན་གསུངས་ཀྱི་བསླབ་བྱ་སོ་སོར་ཕྱེ་བ་དང་། དུས་ཡུན་རིང་ཐུང་གི་རྣམ་གཞག་མ་གསུངས་པས་ལུགས་དེ་དག་མ་འདྲེས་པར་སོ་སོར་ཤེས་པར་བྱའོ། །གསུམ་པ་སྔགས་སྡོམ་གྱི་བསླབ་བྱ་ལ་བཞི་སྟེ་བྱ་རྒྱུད། སྤྱོད་རྒྱུད། རྣལ་འབྱོར་རྒྱུད། བླ་མེད་རྒྱུད་ཀྱི་བསླབ་བྱ་དང་བཞི་ལས། དང་པོ་ལ་ཁ་ཙང་ཅིག་ན་རེ། བྱ་སྤྱོད་གཉིས་ལ་ཕ་རོལ་ཏུ་ཕྱིན་པའི་སྨོན་འཇུག་གི་སེམས་བསྐྱེད་བླངས་ནས་བསྲུངས་པ་མ་གཏོགས་དམ་ཚིག་དང་སྡོམ་པ་བསྲུང་རྒྱུ་གཞན་མེད་དོ་ཅེས་པ་ནི་རྣམ་པར་འཁྲུམས་པ་སྟེ། དེ་ལྟར་ན་བྱ་སྤྱོད་གཉིས་ཀྱི་སྨིན་བྱེད་ཀྱི་དབང་ལ་བརྟེན་ནས་སྔགས་ཀྱི་དམ་ཚིག་དང་སྡོམ་པ་མི་ཐོབ་པར་འགྱུར་ཞིང་། འདོད་ན་རྒྱུད་སྡེ་གོང་མ་གཉིས་ཀྱི་སྨིན་བྱེད་ཀྱི་དབང་ལ་བརྟེན་ནས་ཀྱང་སྔགས་ཀྱི་དམ་ཚིག་དང་སྡོམ་པ་མི་ཐོབ་པར་འགྱུར་བས་ལུགས་འདི་ནི་འཛིན་པ་ལྟ་སྨོས་ཀྱང་ཅི་དགོས་ཐོས་པར་གྱུར་ན་ཡང་རྣ་བ་དགབ་པར་བྱའོ། །ཡང་ཁ་ཙ་ཅིག །ཇོ་བོ་རྗེས་མཛད་པར་གྲགས་པའི་དམ་ཚིག་བསྡུས་པ་ལས། ཐུན་མོང་གི་རྩ་བའི་ལྟུང་བ་བཞི་དང་། ཕ་རོལ་ཏུ་ཕྱིན་པའི་རྩ་བའི་ལྟུང་བ་བཅུ་གཉིས་དང་། ཀྲི་ཡའི་རྒྱུད་ཀྱི་རྩ་བའི་ལྟུང་བ་སུམ་ཅུ་དང་། སྤྱོད་པའི་རྒྱུད་ཀྱི་རྩ་བའི་ལྟུང་བ་བཅུ་བཞི་དང་། རྣལ་འབྱོར་རྒྱུད་ཀྱི་རྩ་བའི་ལྟུང་བ་བཅུ་དང་། ཡང་བཞི་དང་ཡང་བཞི་སྟེ་རྩ་བའི་ལྟུང་བ་བདུན་ཅུ་ཐམ་པའོ། །ཞེས་གསུངས་པའི་ཀྲི་ཡའི་རྒྱུད་ཀྱི་རྩ་ལྟུང་སུམ་ཅུ་ནི་ལེགས་གྲུབ་ནས་གསུངས་པའི་རིག་སྔགས་ཀྱི་འདུལ་བ་སྔ་ཕྱི་རྣམས་ཡིན་ནམ་དཔྱད་པར་བྱའོ། །ཞེས་ཟེར་རོ། །དེ་ནི་མི་འཐད་དེ། དམ་ཚིག་བསྡུས་པ་ནི་ཇོ་བོས་མ་མཛད་པར་མཁས་པ་རྣམས་ལ་གྲགས་ཤིང་། དེ་ནས་བཤད་པའི་རང་ལུགས་ཀྱི་གྲངས་ངེས་པ་ལ་ངེས་པ་མི་སྣང་ལ། ལེགས་གྲུབ་ནས་བཤད་པའི་རིག་སྔགས་ཀྱི་འདུལ་བ་སྔ་ཕྱི་རྣམས་ལ་གྲངས་བརྒྱད་ཅུ་ཙམ་སྣང་ཞིང་། དེ་དག་རྩ་ལྟུང་དུ་བྱས་ན་ཧ་ཅང་ཐལ་བའི་ཕྱིར་རོ་ཞེས་བདག་གི་བླ་མ་གསུང་ངོ་། །འོ་ན་བྱ་རྒྱུད་ཀྱི་བསྲུང་བྱའི་དམ་ཚིག་རྣམས་གང་ཞེ་ན། གསང་བ་སྤྱི་རྒྱུད་ལས། དེ་ནས་བླ་མས་སློབ་མ་རྣམས། །

མ་ཡེངས་ལེགས་པར་བཀོད་ནས་སུ། །ཤེས་རབ་ཕ་རོལ་ཕྱིན་བླངས་ཏེ། །དམ་ཚིག་འདི་དག་བསྒོ་བར་བྱ། ། དེ་རིང་ཕན་ཆད་ཁྱེད་རྣམས་ཀྱིས། །སངས་རྒྱས་ཆོས་དང་དགེ་འདུན་དང་། །རིག་སྔགས་གསང་སྔགས་ཚོགས་རྣམས་ལ། །དད་པས་རབ་ཏུ་བརྟེན་པར་བྱ། །རྟག་པར་ཕྱག་རྒྱ་ཆེན་པོ་ལ། །ཁྱད་པར་དུ་ནི་མོས་པར་བྱ། ། དམ་ཚིག་ཅན་དང་མཛའ་བོ་དང་། །བླ་མ་ལ་ནི་བཀུར་བར་བྱ། །ལྷ་རྣམས་ཀུན་ལ་སྡང་མི་བྱ། །དུས་མཚམས་དག་ཏུ་མཆོད་པར་བྱ། །སྟོན་པ་གཞན་གྱི་གཞུང་མི་བྱ། །རྟག་ཏུ་གློ་བུར་མགྲོན་མཆོད་བྱ། །སྲོག་ཆགས་རྣམས་ལ་བྱམས་པའི་སེམས། །རྟག་ཏུ་བརྟན་པ་ཉེ་བར་བཞག །ཐེག་པ་ལ་ནི་དགའ་རྣམས་ཀྱིས། །བསོད་ནམས་དག་ལ་ནན་ཏན་བསྐྱེད། །བཟླས་བརྗོད་བྱེད་ལ་འབད་པ་ཡིས། །གསང་སྔགས་སྤྱོད་ལ་བརྩོན་པར་བྱ། ། གསང་སྔགས་རྒྱུད་ལས་བསྟན་པ་ཡི། །དམ་ཚིག་རྣམས་ཀུང་བསྲུང་བར་བྱ། །དམ་ཚིག་མེད་པ་རྣམས་ལ་ནི། ། སྔགས་དང་ཕྱག་རྒྱ་མི་སྦྱིན་ནོ། །གསང་སྔགས་རྒྱུད་ནི་ལེགས་བསྲུང་ཞིང་། །དེ་ཡང་བདག་གིས་རྟོགས་པར་བྱ། ། ཞེས་གསུངས་པ་རྣམས་ཡིན་ལ་འདིའི་དོན་ལ་སྤྱིའི་དམ་ཚིག་གསུམ་ཁྱད་པར་གྱི་དམ་ཚིག་བཅུ་གསུམ་དུ་ཕྱེ་ནས་བདག་གི་བླ་མས་བྱ་རྒྱུད་སྤྱིའི་རྣམ་གཞག་ལེགས་པར་བཤད་པའི་རྒྱ་མཚོར་རྒྱས་པར་ཡོད་པས་དེར་བལྟ་བར་བྱའོ། །གཉིས་པ་སྤྱོད་རྒྱུད་ཀྱི་བསླབ་བྱ་ནི་རྣམ་སྣང་མངོན་བྱང་ལས། དེ་རིང་ཕྱིན་ཆད་བུ་ཁྱོད་ཀྱིས། ། དམ་པའི་ཆོས་དང་བྱང་ཆུབ་སེམས། །སྲོག་གི་ཕྱིར་ཡང་དང་ཕྱིན་ཆད། །སྟོན྄་དུ་བཏང་བར་མི་བྱའོ། །ཁྱོད་ཀྱིས་སེར་སྣ་དང་ནི་གང་། །སེམས་ཅན་གནོད་པ་མི་བྱའོ། །དམ་ཚིག་འདི་དག་སངས་རྒྱས་ཀྱིས། །བརྟུལ་ཞུགས་བཟང་པོ་ཁྱོད་ལ་བཤད། །ཅེས་གསུངས་པ་རྣམས་སོ། །

གསུམ་པ་རྣལ་འབྱོར་རྒྱུད་ཀྱི་བསླབ་བྱ་ལ། ཁ་ཅིག་ན་རེ། རྡོ་རྗེ་རྩེ་མོར། དེ་ལས་གཞན་ཡང་བཅུ་བཞི་ནི། ། ཞེས་པས་རྣལ་འབྱོར་བླ་མེད་ནས་བཤད་པའི་རྩ་ལྟུང་བཅུ་བཞི་ལ་འདོད་དགོས་ཏེ། སྤྱོད་རྒྱུད་དུ་རྡོ་རྗེ་སློབ་དཔོན་བརྙས་ན་ནི། །རྟག་ཏུ་སྡུག་བསྔལ་ཐོབ་འགྱུར་བས། །སློབ་དཔོན་ལ་ནི་བརྙས་མི་བྱ། །ཞེས་རྩ་ལྟུང་དང་པོ་དང་། རྡོ་རྗེ་སྤུན་དང་ཞེས་གསུམ་པ་དང་། སྲིང་མོ་དང་། །རྡོ་རྗེ་མ་རྣམས་ཉིད་ལ་ཡང་། །རྣལ་འབྱོར་ཅན་གྱིས་བརྙས་མི་བྱ། །ཞེས་བཅུ་བཞི་པ་བསྟན་ཅིང་། ཀ་མ་ལ་ཤཱི་ལའི་སྤྱོད་རྒྱུད་ཀྱི་འགྲེལ་པར་ཡང་རྩ་ལྟུང་བཅུ་བཞིར་བཤད་པའི་ཕྱིར་དང་། རྣལ་འབྱོར་བླ་མེད་དང་ཡོ་ག་གཉིས་ལ་ཁས་བླང་རྒྱུའམ་བཟུང་རྒྱུའི་སྡོམ་པ་རིགས་ལྔའི་སྡོམ་བཟུང་གཅིག་པུ་ལས་མེད་པས་བསྲུང་བྱའི་དམ་ཚིག་ཀུང་རྩ་ལྟུང་བཅུ་བཞི་བསྲུང་བར་གཅིག་དགོས་པའི་ཕྱིར་རོ། །ཞེས་ཟེར་རོ་དེ་ནི་མི་འཐད་དེ། སྲིང་མོ་དང་རྡོ་རྗེ་མ་ལ་བརྙས་པ་རྩ་ལྟུང་དུ་འཛོག་ན་གསུམ་པར་འཛོག་དགོས་ཀྱི་བཅུ་བཞི་པར་འཛོག་པ་ནི་རྩ་ལྟུང་བཅུ་བཞི་པའི་དོན་ངོས་མ་ཟིན་པའི་ཕྱིར་དང་།

ཀ་མ་རྣི་ནུས་རྩ་ལྟུང་བཅུ་བཞི་བཤད་པ་ནི་སྤྱོད་རྒྱུད་བླ་མེད་དུ་འགྲེལ་པའི་ལུགས་ཡིན་པས་ཡོ་ག་ལ་རྩ་ལྟུང་བཅུ་བཞི་ཡོད་པའི་ཤེས་བྱེད་དུ་མ་འབྲེལ་པའི་ཕྱིར་རོ། །ཡང་བཅུ་གསུམ་པ་བླ་མེད་ལ་ཚོགས་རྫས་སྟོབ་པ་སྤྱོང་ན་རྩ་ལྟུང་དུ་འགྱུར་བ་དང་། ཡོ་ག་ལ་དམ་ཚིག་གི་རྡོ་རྗེ་དྲིལ་བུ་སྤངས་ན་རྩ་ལྟུང་དུ་འགྱུར་བའི་ཁྱད་པར་འདོད་པ་ནི་བསྲུང་བྱའི་དམ་ཚིག་ཁྱད་པར་མེད་པར་འདོད་པ་དང་འགལ་ལོ། །གཞན་ཡང་རྩ་ལྟུང་གསུམ་པ་མངལ་སྒོ་མི་གཅིག་ན་རྡོ་རྗེ་སྤུན་གྱི་དོན་མི་གནས་པར་འདོད་པ་དང་ཡོ་ག་ལ་རྩ་ལྟུང་བཅུ་བཞིར་འདོད་པ་ཡང་འགལ་ཏེ་ཡོ་གའི་དབང་བསྐུར་ལ་མངལ་སྒོ་གཅིག་པའི་དོན་བཤད་དུ་མེད་པའི་ཕྱིར་རོ། །དེ་ལྟར་མི་འཐད་པའི་ཕྱོགས་བཀག་ནས་རྒྱུད་འགྲེལ་རྣམ་པར་དག་པ་ལས་བྱུང་བ་བླ་མ་དམ་པའི་གསུང་གིས་བརྒྱན་པ་བཤད་པར་བྱ་སྟེ། སྤྱིར་ཡོ་གའི་དམ་ཚིག་ལ་ཁས་བླངས་ཀྱིས་ཐོབ་པ་དང་། ཚོགས་ཐོབ་པ་གཉིས་ལས། དང་པོ་ནི་རྡོ་རྗེ་རྩེ་མོའི་སྡོམ་པ་བསྒྲག་བཟུང་གི་སྐབས་ནས་བསྟན་པ་རྣམས་ཏེ་བཟུང་བའི་རིམ་པ་ལྟར་བཤད་ན་རིགས་ལྔ་སྤྱིའི་དམ་ཚིག་དང་། སོ་སོའི་དམ་ཚིག་དང་། སྡོམ་པ་མདོར་བསྡུས་ཏེ་བསྲུང་བ་གསུམ་ལས། དང་པོ་ནི། ཇི་ལྟར་དུས་གསུམ་མགོན་པོ་རྣམས། །ཞེས་སོགས་ཚིགས་བཅད་གཉིས་ཀྱིས་བསྟན་ཏེ། སློན་པ་དང་འཇུག་པའི་བསླབ་བྱ་རྣམས་བསྲུང་བའོ། །འདི་ལ་སྡོམ་པ་བསྒྲགས་པའི་སྐབས་སུ་རིགས་ལྔ་སོ་སོའི་དམ་ཚིག་གི་རྗེས་ལ། དེ་ལས་གཞན་ཡང་བཅུ་བཞི་ནི། །ཞེས་སོགས་ཚིག་བཅད་གཅིག་གསུངས་ཏེ། དེ་ལ་ཕས་ཕམ་པ་བཅུ་བཞི་ནི་དབུ་མ་ལུགས་ཀྱི་རྩ་ལྟུང་བཅུ་བཞི་ཡིན་པར་བདག་གི་བླ་མ་བཞེད་ཅིང་། རྗེ་བཙུན་རྩེ་མོས་སཾ་བྷུ་ཊིའི་འགྲེལ་པར་དེ་བཞིན་དུ་བཤད་པས་རྩ་ལྟུང་བཅུ་བཞི་སྤོང་བ་ནི་ཚུལ་ཁྲིམས་ཀྱི་བསླབ་པ་སོགས་གསུམ་གྱི་ཁོངས་སུ་འདུས་པས་རྨད་དུ་བྱུང་བའི་སྲོལ་དུ་སྣང་ངོ་། །

གཉིས་པ་ནི། སངས་རྒྱས་ཆོས་དང་དགེ་འདུན་ཏེ། །ཞེས་སོགས་ཚིགས་བཅད་ལྔ་སྟེ། དེ་བཞིན་གཤེགས་པའི་རིགས་ཀྱི་དམ་ཚིག་ལ་དཀོན་མཆོག་གསུམ་སྐྱབས་སུ་བཟུང་བ་སྟེ་གསུམ། རྡོ་རྗེའི་རིགས་ལ་རྡོ་རྗེ་དྲིལ་བུ། ཕྱག་རྒྱ། སློབ་དཔོན་བཟུང་བ་སྟེ་བཞི། རིན་ཆེན་རིགས་ལ་ཟང་ཟིང་། མི་འཇིགས་པ། ཆོས། བྱམས་པའི་སྦྱིན་པ་དུས་དྲུག་ཏུ་གཏོང་བ་སྟེ་བཞི། པད་མའི་རིགས་ལ་དམ་ཆོས་མ་ལུས་པར་བཟུང་བ་སྟེ་གཅིག །ལས་ཀྱི་རིགས་ལ་སྔར་གྱི་རྣམས་ཅི་ནུས་སུ་བསྲུང་བ་དང་། མཆོད་པའི་ལས་ཅི་ནུས་བྱེད་པ་གཉིས་ཏེ་བཅུ་བཞིའོ། །གསུམ་པ་ནི། བྱང་ཆུབ་སེམས་ནི་བླ་མེད་མཆོག །ཞེས་སོགས་ཚིགས་བཅད་གཅིག་སྟེ། ཚིག་རྐང་དང་པོ་གཉིས་ཀྱིས་རིགས་ལྔ་སྤྱིའི་དམ་ཚིག་མདོར་བསྡུས་ཏེ་བཟུང་ཞིང་། ཕྱི་མ་གཉིས་ཀྱིས་སོ་སོའི་དམ་ཚིག་མདོར་བསྡུས་ཏེ་བཟུང་བའོ། །གཞན་ཡང་ཁྱོད་ཀྱིས་སྲོག་ཆགས་བསད་མི་བྱ་ལ་སོགས་པ་དམ་ཚིག་དང་

སྡོམ་པ་མ་ཕྱིས་པ་མདོར་བསྟུས་ཏེ་བཟུང་བའོ། །གཉིས་པ་ཚོགས་ཐོབ་པ་ནི། དཔལ་མཆོག་ལས། དམ་ཚིག་སྡོམ་པ་གྲུབ་པ་འདི། །ཁྱོད་ཀྱིས་རྟག་ཏུ་བསྲུང་བར་བྱ། །སངས་རྒྱས་ཀུན་གྱིས་མཐུན་པར་གསུངས། །དམ་པ་བརྟག་པའི་བཀའ་ཡིན་ནོ། །གང་ཞིག་བསྐྱེད་པ་ཙམ་གྱིས་ནི། །སངས་རྒྱས་ཉིད་དུ་དོགས་མེད་པའི། །བྱང་ཆུབ་སེམས་ནི་བཏང་མི་བྱ། །ཕྱག་ན་རྡོ་རྗེ་གང་ཡིན་པ། །དམ་པའི་ཆོས་ནི་མི་སྤོང་ཞིང་། །ནམ་ཡང་དོར་བར་མི་བྱའོ། །མི་ཤེས་པའམ་རྨོངས་པ་ཡིས། །དེ་ལ་སྨོད་པར་མི་བྱའོ། །རང་གི་བདག་ཉིད་ཡོངས་སྤངས་ནས། །དཀའ་ཐུབ་ཀྱིས་ནི་གདུང་མི་བྱ། །ཇི་ལྟར་བདེ་བས་བདེ་བར་བཟུང་། །འདི་ནི་མ་བྱོན་རྫོགས་སངས་རྒྱས། །རྡོ་རྗེ་དྲིལ་བུ་ཕྱག་རྒྱ་རྣམས། །ནམ་ཡང་དོར་བར་མི་བྱའོ། །སློབ་དཔོན་སྨད་པར་མི་བྱ་སྟེ། །འདི་ནི་སངས་རྒྱས་ཀུན་དང་མཉམ། །ཞེས་དང་། རྡོ་རྗེ་འབྱུང་བ་ནས། དེ་ནས་ཁྱོད་ཀྱིས་གཞན་ཕྱག་རྒྱ་ལ་མི་མཁས་པ་གང་ལ་ཡང་ཕྱག་རྒྱ་ཙམ་སྟོན་པར་མ་བྱེད་ཅིག དེ་ཅིའི་ཕྱིར་ཞེ་ན་འདི་ལྟར་སེམས་ཅན་རྣམས་ཀྱིས་དཀྱིལ་འཁོར་མ་མཐོང་བར་སེམས་མའི་ཕྱག་རྒྱ་བཅིངས་པ་ལ་སྦྱོར་བར་བྱེད་ཀྱང་དེ་རྣམས་ཀྱིས་དངོས་གྲུབ་ཇི་ལྟ་བ་བཞིན་ཐོབ་པར་མི་འགྱུར་བ་དང་། དེ་ནས་སོམ་ཉི་ཟ་བར་གྱུར་པས་ཡ་ང་བ་མ་སྤྱངས་པར་མྱུར་བ་ཉིད་དུ་དུས་བྱས་ནས་སེམས་ཅན་དམྱལ་བ་མནར་མེད་པར་ལྟུང་བར་འགྱུར་ལ། རྒྱུ་དེས་ཁྱོད་ཀྱང་ངན་འགྲོར་ལྟུང་བར་འགྱུར་ལ་ཞེས་བརྗོད་པར་བྱའོ། །ཞེས་དབང་བསྐུར་ཟིན་པའི་རྗེས་སུ་བརྗོད་པར་བཤད་པས་གསང་སྔགས་བསྲུང་བ་དང་བཅུ་གཅིག་ཙམ་ཡིན་ནོ། །འདི་དག་གི་དོན་ལ་རེ་རེ་ཡང་རྟེན་དང་། ཡུལ་དང་། བསམ་པ་དང་། དུས་སྐབས་དང་། ངོ་བོ་ཉིད་ཀྱི་ཡན་ལག་ལྔ་ལྔའི་སྒོ་ནས་ཤེས་དགོས་པ་ལས་འདིར་གཞུང་གི་སྐབས་སུ་ངོ་བོ་ཉིད་ཀྱི་ཡན་ལག་ཙམ་བཤད་ན་ལྟུང་བ་དང་པོ་གཉིས་ནི་བྱང་ཆུབ་སེམས་ནི་བཏང་མི་བྱ་ཞེས་པས་སྟོན་ཏེ། དེ་ཡང་བླ་མེད་ཀྱི་དཀྱིལ་ཆོག་རྣམས་ལས་བྱང་ཆུབ་ཀྱི་སེམས་མི་བཏང་བའི་ཤེས་བྱེད་དུ་གང་ཞིག་ཞེས་སོགས་ཀྱི་ཚིག་རྐང་གཉིས་འདྲེན་པ་ཡོད་མོད་ཀྱང་གྲུབ་ཆེན་ཀུན་དགའ་སྙིང་པོའི་དཔལ་མཆོག་གི་འགྲེལ་པ་ལས་བྱུང་བ་ལྟར་བཤད་ན་སྨོན་པ་བྱང་ཆུབ་ཀྱི་སེམས་བཏང་བ་ནི་རྩ་བའི་ལྟུང་བ་དང་པོའོ། །འཇུག་པ་བྱང་ཆུབ་ཀྱི་སེམས་བཏང་བ་སྟེ་བྱང་ས་དང་བསླབ་བཏུས་སོགས་ཕ་རོལ་ཏུ་ཕྱིན་པའི་གཞུང་ལུགས་ལས་བཤད་པའི་མགོ་དང་རྐང་ལག་གཏོང་བ་ལ་སོགས་པ་བྱང་ཆུབ་སེམས་དཔའི་སྤྱོད་པ་རླབས་པོ་ཆེ་འདི་དག་གིས་ཅི་ཞིག་བྱ་ཞེས་སེམས་ཀྱིས་འཐེང་སྣད་བྱེད་པའི་སྒོ་ནས་སྤོང་ན་རྩ་ལྟུང་གཉིས་པའོ། །འཇུག་པའི་ཉམས་ལེན་སྤོང་བ་ནི་མ་ཡིན་ཏེ། དེ་ལྟ་ན་ལྟུང་བ་ཐམས་ཅད་གཉིས་པའི་ནང་དུ་འདུས་པར་ཐལ་བའི་ཕྱིར་རོ། །གསུམ་པ་ནི་ཕྱག་ན་ཞེས་སོགས་ཏེ་སྙིང་ཁར་ཟླ་བའི་སྟེང་དུ་རྡོ་རྗེ་རྩེ་ལྔ་པ་བསྒོམས་ནས་ཐམས་ཅད་རྣལ་འབྱོར་དུ་བསྐྱེད་པ་དེ་སྤངས་ན་རྩ་བའི་

ལྟུང་བའོ། །དེའི་ཤེས་བྱེད་དུ་གང་ཞིག་ཞེས་སོགས་ཀྱི་ཚིག་རྐང་གཉིས་གསུངས་སོ། །བཞི་པ་ནི་དམ་པའི་ཞེས་སོགས་ཏེ། ཐེག་པ་གསུམ་གྱིས་བསྡུས་པའི་དམ་ཆོས་རྣམས་ལ་འདི་དག་ནི་རྒྱལ་བའི་བཀའ་མ་ཡིན། སྟོན་པའི་བསྟན་པ་མ་ཡིན་ཞེས་སོགས་སེམས་ཀྱིས་འཕྲིང་སླད་བྱེད་པའི་སྒོ་ནས་སྤངས་ན་རྩ་བའི་ལྟུང་བའོ། །ལྔ་པ་ནི་ནམ་ཡང་ཞེས་སོགས་ཏེ། འདི་དག་བཀའ་མ་ཡིན་ནོ་ཞེས་མི་ཟེར་ཀྱང་འདི་དག་གིས་བདག་ལ་དགོས་པ་མེད་དོ་ཞེས་ངག་གིས་སྤྱོང་བ་དང་། དམ་ཆོས་གླེགས་བམ་འཚོང་བ་དང་གཏེང་བར་འཇུག་པ་སོགས་ལུས་ཀྱི་སྒོ་ནས་སྤྱོང་ན་རྩ་བའི་ལྟུང་བའོ། །དྲུག་པ་ནི་མི་ཤེས་ཞེས་སོགས་ཏེ། དང་པོ་ནི་ཐོས་བྱུང་གི་ཤེས་རབ་ཀྱིས་མ་བཙལ་བས་མི་ཤེས། བར་དུ་བསམ་བྱུང་གི་ཤེས་རབ་ཀྱིས་མ་དཔྱད་པས་སྨོངས་པའི་དབང་གིས་གྲུབ་མཐའ་བཞི་པོ་རྣམས་ལ་འདི་དག་ནི་དགོས་པ་མེད་དོ། །ཞེས་སེམས་ཀྱིས་འཕྲིང་སླད་བྱེད་པའི་སྒོ་ནས་སྨོད་ན་རྩ་བའི་ལྟུང་བའོ། །དེ་ལ་དང་པོ་གཉིས་ནི་རྗོད་བྱེད་སྤྱོང་བ་ཡིན་ཅིང་། གསུམ་པ་ནི་ཉམས་ལེན་སྤྱོང་བའོ། །བདུན་པ་ནི་རང་གི་ཞེས་སོགས་རྣལ་འབྱོར་རྒྱུད་ཀྱི་དཀྱིལ་འཁོར་དུ་དབང་བསྐུར་བ་ཐོབ་ཕྱིན་ཆད་ལུས་ངག་ཡིད་གསུམ་བྱ་བ་དང་བཅས་པ་དུམ་བུ་བཞིའི་ལྷའི་རྣལ་འབྱོར་བཞིན་དུ་བྱིན་གྱིས་བརླབས་པ་ཡིན་པས་དཀའ་ཐུབ་བཙོ་བརྒྱད་སོགས་ཀྱིས་གདུང་བར་བྱེད་ན་རྩ་བའི་ལྟུང་བའོ། །དེའི་ཤེས་བྱེད་ནི་འདི་ནི་མ་འོངས་རྫོགས་སངས་རྒྱས། །ཞེས་པའོ། །བརྒྱད་པ་ནི་རྡོ་རྗེ་དྲིལ་བུ་ནམ་ཡང་དོར་བར་མི་བྱ་ཞེས་པ་སྟེ། །དམ་ཚིག་གི་རྡོ་རྗེ་དྲིལ་བུ་འདི་དག་ནི་མཆོག་གི་དངོས་གྲུབ་སྒྲུབ་པ་ལ་དགོས་པ་མེད་དོ་ཅེས་སེམས་ཀྱིས་འཕྲིང་སླད་བྱེད་པའི་སྒོ་ནས་སྨོད་ན་རྩ་བའི་ལྟུང་བའོ། །རིགས་གཉིས་པའི་དམ་ཚིག་དང་བཟློས་པའི་སྐྱོན་མེད་དེ། དེ་དག་ནི་ཞག་བདུན་དུ་འབྲལ་བར་མི་བྱ་བར་བསླབ་པ་ཡིན་པའི་ཕྱིར་རོ། །

དགུ་པ་ནི་ཕྱག་རྒྱ་ནམ་ཡང་འདོར་བར་མི་བྱ་ཞེས་པ་སྟེ། ལུས་ངག་ཡིད་གསུམ་བྱ་བ་དང་བཅས་པ་ཕྱག་རྒྱ་བཞིའི་རང་བཞིན་དུ་བྱིན་གྱིས་བརླབས་པ་སྟེ་སྤངས་ན་རྩ་བའི་ལྟུང་བའོ། །བཅུ་པ་ནི་སློབ་དཔོན་ཞེས་སོགས་ཏེ་རྣལ་འབྱོར་རྒྱུད་ཀྱི་དཀྱིལ་འཁོར་དུ་དབང་བསྐུར་བ་དང་། རྒྱུད་བཤད་པ་དང་། དམ་ཚིག་བཤད་པ་དང་། མན་ངག་སྦྱིན་པའི་རྡོ་རྗེ་སློབ་དཔོན་འདི་དག་ནི་ཚུལ་ཁྲིམས་དང་མི་ལྡན་ནོ། །ཞེས་སོགས་ཀྱི་སྒོ་ནས་སྨོད་ན་རྩ་བའི་ལྟུང་བའོ། །དེའི་ཤེས་བྱེད་དུ། འདི་ནི་སངས་རྒྱས་ཀུན་དང་མཉམ་ཞེས་གསུངས་སོ། །བཅུ་གཅིག་པ་ནི་དབང་གིས་རྒྱུད་མ་སྨིན་པའི་གང་ཟག་ལ་སེམས་མ་རྡོ་རྗེ་མའི་ཕྱག་རྒྱ་བསྟན་པ་ལྟ་བུ་རྣལ་འབྱོར་རྒྱུད་ཀྱི་ཉམས་ལེན་བཤད་ན་རྩ་བའི་ལྟུང་བའོ། །འདི་དག་ནི་ངོ་བོ་ཉིད་ཀྱི་ཡན་ལག་ཙམ་ཞིག་བླ་མའི་གསུང་བཞིན་བྲིས་པ་ཡིན་ལ། ཡན་ལག་གཞན་བཞི་ཞིབ་པར་ངག་ལས་ཤེས་པར་བྱའོ། །བཞི་པ་རྣལ་འབྱོར་བླ་མེད་

ཀྱི་བསླབ་བྱ་ནི། སྤྱིར་རྒྱུད་སྡེ་སོ་སོའི་དགོངས་པ་བདེ་མཆོག་ཏུ་དམ་ཚིག་ཉི་ཤུ་རྩ་གཉིས་བཤད་པ་དང་། གསང་བ་འདུས་པ་ལས། དེ་བཞིན་གཤེགས་པ་རིགས་ལྔའི་དམ་ཚིག་ཏུ་ཤ་ལྔ་བསྟེན་པ་སོགས་བཤད་པ་དང་། །རྣལ་འབྱོར་དབང་ཕྱུག་གི་མན་ངག་ལས་དབང་བཞི་ལ་དམ་ཚིག་ཉི་ཤུ་གསུངས་པ་སོགས་ཐུན་མོང་མ་ཡིན་པ་མང་དུ་ཡོད་མོད་ཀྱང་རྣལ་འབྱོར་བླ་མེད་ཀུན་མཐུན་པར་བུམ་དབང་གི་བསྲུང་བྱའི་དམ་ཚིག་ནི་རྩ་བའི་ལྟུང་བ་བཅུ་བཞི་དང་། ཡན་ལག་གི་ལྟུང་བ་བརྒྱད་བསྲུང་བ་ཡིན་ལ་རྩ་བའི་ལྟུང་བ་བཅུ་བཞི་པོ་འདི་ནི་ཚིག་ཙུང་ཟད་མི་འདྲ་ཡང་དོན་ཁྱད་པར་མེད་པར་དམ་པ་དང་པོའི་རྒྱུད་དང་། དགྲ་ནག་གི་རྒྱུད་དང་། རྡོ་རྗེ་གུར་གྱི་རྒྱུད་གསུམ་ཀར་ལས་འབྱུང་ལ། དེང་སང་གི་རྩ་ལྟུང་བཅུ་བཞི་པའི་གཞུང་འདི་ནི་གསང་བ་འདུས་པའི་རྒྱུད་འབུམ་པ་ན་བཞུགས་པ་གྲུབ་པའི་སློབ་དཔོན་རྣམས་ཀྱིས་ཟུར་དུ་ཕྱུང་བ་ཡིན་ནོ། །དེ་ཡང་རྣལ་འབྱོར་དབང་ཕྱུག་གི་བརྒྱུད་པ་འཛིན་པ་རྣམས་ཀྱིས་ནི་བིར་བས་ཕྱུང་བར་བཞེད་ལ། ཁ་ཅིག་ནི་འཕགས་པ་ཀླུ་སྒྲུབ་ཀྱིས་ཕྱུང་བར་བཞེད་ཅིང་། འགའ་ཞིག་ནི་ཟླ་བའི་ལྷས་ཕྱུང་ངོ་ཞེས་གསུང་མོད། གང་ལྟར་ཡང་འགལ་བ་མེད་དེ། བཀའ་ལས་ཕྱུང་བའི་བསྟན་བཅོས་ཡིན་པའི་ཕྱིར་རོ། །འདིའི་འགྲེལ་པ་ལ་སློབ་དཔོན་འཇམ་དཔལ་གྲགས་པས་མཛད་པར་གྲགས་པའི་རྒྱ་ཆེར་འགྲེལ་པ་དང་། ཀུན་དགའ་སྙིང་པོས་མཛད་དོ་ཞེས་ཟེར་བའི་འགྲེལ་པ་ཆུང་བ་དང་། ལྕམ་ལེགས་སྐྱིས་མཛད་དོ་ཞེས་ཟེར་བའི་འགྲེལ་པ་ཆུང་བ་དང་། ཁ་ཆེ་ལེགས་སྐྱིས་མཛད་པར་བྱེད་པའི་དམ་ཚིག་གི་འགྲེལ་བ་ཉུང་ངུ་ཞེས་བྱ་བ་སྟེ། ཚིག་དང་དོན་གྱི་འགྲེལ་པ་རྣམས་དང་། དོན་གྱི་འགྲེལ་པ་ཡིན་ནོ་ཞེས་ཟེར་བ་དམ་ཚིག་བསྡུས་པ་ཞེས་བྱ་བ་དང་། སློབ་དཔོན་མཚོ་སྐྱེས་ཀྱིས་མཛད་ཟེར་བའི་དམ་ཚིག་ཐམས་ཅད་ཀྱི་གསང་བའི་མཛོད་ཅེས་བྱ་བ་དང་། སློབ་དཔོན་སྙིང་པོའི་ཞབས་ཀྱིས་མཛད་ཟེར་བ་རྡོ་རྗེ་ཐེག་པའི་ལྟུང་བའི་རྒྱ་ཆེར་འགྲེལ་པ་ཞེས་བྱ་བ་དང་དོན་འགྲེལ་གསུམ་སྟེ་གཞུང་དང་དོན་གྱི་འགྲེལ་པ་བདུན་པོ་དག་ལ་ལྟུང་བའི་ངོ་བོ་ལ་ལོག་པར་རྟོག་པ་བརྒྱད། བཤགས་ཚད་ལ་ལོག་པར་རྟོག་པ་དྲུག་ཡོད་པ་ལས་དང་པོ་ནི་རྩ་བ་དང་འགལ་བ་དང་། གཞུང་གཞན་དང་འགལ་བ་དང་། ཧ་ཅང་ཐལ་བ་དང་། འགྲེལ་ཆེན་རང་གི་ཚིག་དང་འགལ་བ་དང་བཞིའི་སྒོ་ནས་སུན་ཕྱུང་ཞིང་། གཉིས་པ་ནི་གཞུང་གི་དོན་དང་འགལ་བ་དང་། གཞུང་གཞན་དང་འགལ་བ་གཉིས་ཀྱིས་སུན་ཕྱུང་ནས་དེས་ན་འགྲེལ་པ་དེ་དག་ནི་ལོག་པར་སྨྲ་བ་འབའ་ཞིག་ཡིན་པས་མཛད་དོ་ཞེས་བྱ་བའི་སློབ་དཔོན་ཆེན་པོ་དག་གིས་ཀྱང་མ་མཛད་པ་ཉིད་དུ་རིག་པར་བྱའོ། །ཞེས་རྩ་ལྟུང་འཁྲུལ་སྤོང་ལས་རྒྱས་པར་གསུངས་སོ། །ཕྱིས་ཀྱི་བོད་ཀྱི་བླ་མ་དག་གིས་གཞུང་འདི་ལ་འགྲེལ་པ་ཆེན་པོ་མཛད་པ་ཡོད་ཀྱང་། རྒྱུད་འགྲེལ་རྣམ་དག་དང་མི་མཐུན་ཅིང་། ལྟུང་བ་འགའ་ཞིག་ཇི་ལྟར་འབད་ཀྱང་བསྲུང་

མི་ནུས་པ་དང་། འགའ་ཞིག་མ་བསྒྲུངས་ཀྱང་འབྱུང་མི་སྲིད་པ་སོགས་སྐབས་དོན་མ་ཡིན་པ་དུ་མ་ཡོད་པ་རྣམས་ནི་བླ་མའི་གསུང་ལ་བརྟེན་ནས་ཁོ་བོས་ཀྱང་གཏན་ལ་འབེབས་པར་ནུས་སོ། །འོན་གཞུང་འདིའི་སྟེང་དུ་བསྒྲུང་མཚམས་ཀྱི་རྣམ་པར་བཞག་པ་ཇི་ལྟར་རྟོགས་པར་བྱ་ཞེ་ན་རྒྱུད་སྡེའི་དོན་ཇི་ལྟ་བ་བཞིན་དུ་རྣལ་འབྱོར་དབང་ཕྱུག་བིརྺ་པའི་མན་ངག་སྙན་ནས་སྙན་དུ་བརྒྱུད་པ་རྗེ་བཙུན་འཁྲུལ་པ་ཟད་པའི་བླ་མ་གྲགས་པ་རྒྱལ་མཚན་གྱིས་རྩ་ལྟུང་འཁྲུལ་སྤོང་དུ་བཀོད་པ་ལས་ཤེས་པར་བྱའོ། །གཉིས་པ་བསླབ་བྱ་ཕན་ཚུན་ནང་འགལ་ན་ཇི་ལྟར་བསྒྲུབ་པའི་ཚུལ་ནི་སྡོམ་པ་གསུམ་རིམ་ཅན་དུ་བླངས་བའི་དགེ་སློང་རྡོ་རྗེ་འཛིན་པ་ཞིག་གིས་སྐབས་འགའ་ཞིག་ཏུ་སྡོམ་པ་གོང་འོག་ལ་ལྟོས་པའི་བསླབ་བྱ་རྣམས་ཕན་ཚུན་འགལ་བར་གྱུར་ན་གང་གི་དབང་དུ་བྱས་ནས་སྤྱད་སྙམ་ན། ས་པཎ་གྱིས་བཀའ་གདམས་དོ་གོར་བའི་དྲིས་ལན་ལས། སྡོམ་གསུམ་ལྡན་པའི་གང་ཟག་གིས། །བསླབ་བྱ་ཕན་ཚུན་ནང་འགལ་ཚེ། །དགག་བྱ་དང་ནི་དགོས་པ་གཉིས། །གཙོ་བོ་གང་ཆེའི་དབང་དུ་ཐོང་། །ཞེས་གསུངས་པ་ལ། འཕགས་པའི་དྲིས་ལན་འགའ་ཞིག་ལས། སྡོམ་པ་གོང་མ་གོང་མའི་དབང་དུ་བྱས་ནས་སྤྱད་པར་གསུངས་པ་ཡང་ཡོད་དོ། །དོན་ནི་འདི་ཡིན་ཏེ། གོང་འོག་རྒྱ་བར་མཉམ་པའི་ཡན་ལག་ཏུ་མཉམ་པ་ལྟ་བུ་བསླབ་བྱ་མཉམ་པ་དང་། འོག་མའི་ཡན་ལག་དང་གོང་མའི་རྩ་བ་འགལ་བའི་ཚེ་རྣམ་པ་ཐམས་ཅད་དུ་གོང་མའི་དབང་དུ་བྱས་ནས་བསྲུང་དགོས་ཏེ། དེའི་རྒྱུད་ཀྱི་སྡོམ་པ་འོག་མ་ཐམས་ཅད་གནས་གྱུར་ནས་གོང་མའི་ངོ་བོར་ཡོད་པའི་ཕྱིར་དང་། དེའི་བསྲུང་བྱའི་གཙོ་བོ་ནི་གོང་མ་ཡིན་པའི་ཕྱིར་རོ། །འདི་ལ་དགོངས་ནས་འཕགས་པས་གོང་མའི་དབང་དུ་བྱས་ནས་སྤྱད་པར་གསུངས་སོ། །འོན་ཀྱང་ལས་དང་པོ་པའི་ཚེ་སེམས་ཅན་གྱི་དོན་དུ་འགྱུར་བའི་དགག་དགོས་ཁྱད་པར་ཅན་མེད་པར་གོང་མའི་ཡན་ལག་འགའ་ཞིག་དང་། འོག་མའི་རྩ་བ་ལྟ་བུ་འགལ་བའི་ཚེ་འོག་མའི་དབང་དུ་བྱས་ནས་བསྲུང་དགོས་པ་ཡང་ཡོད་དེ་སྤྱོད་འཇུག་ལས། ཆུང་ངུའི་ཕྱིར་ནི་ཆེ་མི་གཏང་། །གཙོ་ཆེར་གཞན་གྱི་དོན་བསམ་མོ། །ཞེས་པ་དང་། འདི་ལྟར་སྦྱིན་པའི་དུས་དག་ཏུ། །ཚུལ་ཁྲིམས་བཏང་སྙོམས་བྱ་བར་གསུངས། །ཞེས་བཤད་པ་ལྟར་རོ། །འདི་ལ་དགོངས་ནས་ས་པཎ་གྱིས་དགག་བྱ་དང་དགོས་པ་གང་ཆེ་བའི་དབང་དུ་གཏང་བར་གསུངས་སོ། །བཞི་པ་ཉམས་པ་ཕྱིར་བཅོས་པའི་ཆོག་ལ་གསུམ་སྟེ། སོ་ཐར་གྱི་སྡོམ་པ་དང་། བྱང་སེམས་ཀྱི་སྡོམ་པ་དང་། སྔགས་ཀྱི་སྡོམ་པ་ཕྱིར་བཅོས་པའི་ཚུལ་ལོ། །དང་པོ་ནི། དགེ་བསྙེན་གྱི་བསླབ་པ་ལ་མི་གསོད་པ་སོགས་བཞི་བྱུང་ན་སྡོམ་པ་གཏོང་བས་བསྐྱར་ནས་བླང་། མི་མ་ཡིན་གསོད་པ་སོགས་ལྟ་བྱུང་ན། སྡོམ་ལྡན་གཅིག་གི་མདུན་དུ་བཤགས་ཞེས་བོད་ཀྱི་བླ་མ་དག་གསུང་མོད་ཀྱི། དེ་ལས་གཞན་བཤད་པ་མ་མཐོང་ངོ་། །དགེ་ཚུལ་ལ་ནི་ཕམ་འདྲའི་ཉེས་བྱས་འཆབ་

བཅས་བྱུང་ན་གསོར་མི་རུང་ལ། འཆབ་མེད་ལ་ནི་བསླབ་པ་སྦྱིན་པ་འོད་ལྡན་ལས་བཤད་ཅིང་བཤགས་བྱའི་ཉེས་བྱས་རྣམས་ནི་ཚུལ་བཞིན་བཤགས་པ་དང་། བསྡམ་བྱའི་ཉེས་བྱས་རྣམས་ནི་ཡིད་ཀྱིས་སྡོམ་པས་འདག་པར་བྱའོ། །དགེ་སློང་ལ་ནི་ཕམ་པ་འཆབ་བཅས་གསོར་མི་རུང་ལ། འཆབ་མེད་ལ་དགེ་འདུན་གྱིས་གསོལ་བཞིའི་ལས་ཀྱིས་བསླབ་པ་བྱིན་ནས་དེའི་དམ་ཚིག་སྤྱད་པས་སོར་ཆུད་པར་གསུངས་སོ། །ལྷག་མ་འཆབ་བཅས་བྱུང་ན་བཅབ་ཉེས་འདག་པའི་ཕྱིར་དུ་ཇི་སྲིད་བཅབ་པ་དེ་སྲིད་དུ་སྤོ་བ་སྤྱད་པ་དང་། དེ་ནས་ལྷག་མའི་ལྡང་བ་འདག་པའི་ཆེད་དུ་དགེ་སློང་ཕ་མའི་བྱེ་བྲག་གིས་ཞག་དྲུག་དང་། ཟླ་བ་ཕྱེད་དུ་མགུ་བ་སྤྱད། དེ་ནས་རང་བཞིན་གྱི་གནས་སུ་དབྱུང་བའི་ཆེད་དུ་གསོལ་བཞིའི་ལས་ཀྱིས་དབྱུང་བར་བཤད་དོ། །ལྷག་མ་འཆབ་མེད་ལ་ནི་སྤོ་བ་མ་གཏོགས་གཞན་སྔར་བཞིན་ནོ། །སྤང་བའི་ལྟུང་བ་ལ་ནི་ཞག་གི་ཚད་ལས་དང་འབྲེལ་བའི་སྤོང་བ་སྔོན་དུ་སོང་ནས་ལྟུང་བ་རིས་མཐུན་མེད་པའི་དགེ་སློང་གི་མདུན་དུ་བཤགས་པ་དང་། ལྟུང་བྱེད་འབའ་ཞིག་པ་ལ་ཞག་གི་ཚད་ལས་སྔོན་དུ་མ་སོང་བར་བཤགས་པ་འབའ་ཞིག་དང་། སོ་སོར་བཤགས་པར་བྱ་བ་རྣམས་ལ་ནི་སྨྲེ་སྔགས་དང་བཅས་ཏེ་བཤགས་པ་དང་། བཤགས་བྱའི་ཉེས་བྱས་རྣམས་ནི་བཤགས་པ་འབའ་ཞིག་དང་། བསྡམ་བྱའི་ཉེས་བྱས་རྣམས་ནི་ཡིད་ཀྱིས་སྡོམ་པས་སོར་ཆུད་པར་གསུངས་སོ། །ཐེག་ཆེན་གྱི་སོ་ཐར་རྣམས་ལ་ཡང་ཚོགས་ཉན་ཐོས་དང་ཐུན་མོང་བ་རྣམས་ལ་ནི་ཉན་ཐོས་ཀྱི་གཞུང་ལས་བཤད་པའི་ཕྱིར་བཅོས་རྣམས་དང་། ཐེག་ཆེན་གྱི་སྡེ་སྣོད་ལས་བཤད་པའི་ཕྱིར་བཅོས་རྣམས་ཀྱང་ཉམས་སུ་བླང་བར་བྱ་ཞིང་དེ་ལས་གཞན་པའི་ཐེག་ཆེན་སོར་ཐར་རྣམས་ལ་ནི་ཐེག་ཆེན་སྡེ་སྣོད་ལས་བཤད་པ་ཁོ་ན་བྱའོ། །

གཉིས་པ་བྱང་སེམས་ཀྱི་བསླབ་བྱ་ཉམས་པ་ཕྱིར་བཅོས་པའི་ཚུལ་ལ་གཉིས་ལས་དང་པོ་ནི་དབུ་མ་ལུགས་ཀྱི་ཕྱིར་བཅོས་ལ་རྩ་བའི་ལྟུང་བ་ཕྱིར་བཅོས་པའི་ཚུལ་དང་། ལྟུང་བའི་ལྷག་མ་ཞི་བར་བྱེད་པའི་ཐབས་གཉིས་ལས། དང་པོ་ནི། ལས་དང་པོ་པའི་བྱང་ཆུབ་སེམས་དཔའ་ལ་ནམ་མཁའི་སྙིང་པོའི་མདོ་ལས་བཤད་པ་ལྟར་གྱི་རྩ་བའི་ལྟུང་བ་གང་ཡང་རུང་བ་བྱུང་ན་བྱང་ཆུབ་སེམས་དཔའ་ནམ་མཁའི་སྙིང་པོ་ལ་གསོལ་བ་བཏབ་པས་དེའི་རྨི་ལམ་དུ་ནམ་མཁའི་སྙིང་པོ་བྱོན་པའི་མདུན་དུ་བཤགས་པར་གསུངས་ཏེ། དེ་ཡང་ནམ་མཁའི་སྙིང་པོའི་མདོ་ལས། གལ་ཏེ་བྱང་ཆུབ་སེམས་དཔའ་དེ་དག་བྱང་ཆུབ་སེམས་དཔའ་ཆེན་པོ་ནམ་མཁའི་སྙིང་པོའི་མིང་ཐོས་ནས་ངན་སོང་དུ་ལྟུང་བས་འཇིགས་པའི་ཕྱིར་མཐོང་བར་འདོད་ཅིང་རྩ་བའི་ལྟུང་བ་འཆགས་པར་འདོད་ལ་གལ་ཏེ་དེ་དག་བྱང་ཆུབ་སེམས་དཔའ་ནམ་མཁའི་སྙིང་པོ་ལ་ཕྱག་འཚལ་ཞིང་དེའི་མིང་ཡང་བརྗོད་ན་རིགས་ཀྱི་བུ་དེ་དག་གི་མདུན་དུ་བསྐལ་པ་ཇི་ལྟ་བ་བཞིན་དེ་རང་གི་གཟུགས་གནས་པར་འགྱུར་ཏེ། བྲམ་ཟེའི་

གཟུགས་ནས་ཁྱེའུའི་གཟུགས་ཀྱི་བར་གྱིས་མདུན་དུ་གནས་པར་འགྱུར་རོ། །བྱང་ཆུབ་སེམས་དཔའ་ལས་དང་པོ་པ་དེས་ལྟུང་བ་ཇི་ལྟ་བུ་བྱུང་བ་དེ་དག་འཆགས་སུ་འཇུག་གོ། །དེ་ཐབས་ལ་མཁས་པས་ཟབ་མོ་དང་ཐེག་པ་ཆེན་པོ་ལ་སྤྱོར་བའང་ཉེ་བར་སྟོན་ཏོ། །ཕྱིར་མི་ལྡོག་པའི་བར་ལ་ཡང་རབ་ཏུ་འཇོག་གོ། །དེ་བཞིན་དུ་སྨྲར་ཏེ་གང་གསོལ་བར་བྱེད་པའི་བྱང་ཆུབ་སེམས་དཔའ་ལས་དང་པོ་པ་ཉེས་པ་དང་བཅས་པ་དེས་ཐོ་རངས་ལངས་ལ་ཤར་ཕྱོགས་སུ་བལྟས་ཏེ་འདུག་པས་འདུག་པར་བྱ། སྐྱ་རེངས་ཀྱི་ལྷའི་བུ་ལ་གསོལ་བ་གདབ་པར་བྱ་སྟེ་ཚིག་འདི་སྐད་དུ་སྐྱ་རེངས་སྙིང་རྗེ་ཆེན་པོ་ལེགས་པ་ཆེན་པོ་ཁྱོད་འཛམ་བུའི་གླིང་དུ་ཤར་མ་ཐག་ཏུ་སྙིང་རྗེས་བདག་ལ་ཁེབས་པར་མཛོད་དུ་གསོལ་ནམ་མཁའི་སྙིང་པོ་སྙིང་རྗེ་ཆེན་པོ་དང་ལྡན་པ་ལ་ཡང་བདག་གི་ཚིག་གིས་མྱུར་དུ་བསྐུལ་ཏེ་ཐབས་གང་གིས་བདག་གིས་ལྟུང་བ་འཆགས་པར་འགྱུར་བ་དང་། ཐེག་པ་ཆེན་པོ་འཕགས་པ་ལ་ཐབས་དང་ཤེས་རབ་འཐོབ་པར་འགྱུར་བའི་ཐབས་དེ་བདག་གི་རྨི་ལམ་དུ་བསྟན་དུ་གསོལ་ཞེས་སྨོས་ལ་དེའི་ཚེ་དེ་གཉིད་ལོག་ལ་ཉལ་ཞིག་དང་འཛམ་བུའི་གླིང་འདིར་སྐྱ་རེངས་ཤར་མ་ཐག་ཏུ་བྱང་ཆུབ་སེམས་དཔའ་སེམས་དཔའ་ཆེན་པོ་ནམ་མཁའི་སྙིང་པོ་དང་འཕྲད་པར་འགྱུར་ཏེ། བྱང་ཆུབ་སེམས་དཔའ་ལས་དང་པོ་པ་དེའི་རྨི་ལམ་དུ་དེའི་གཟུགས་མདུན་དུ་འདུག་སྟེ་རྒྱ་བའི་ལྟུང་བ་དེ་དག་འཆགས་སུ་འཇུག་གོ། །དེ་ལ་ཐེག་པ་ཆེན་པོའི་ཐབས་ཀྱི་ཤེས་པ་འདི་ལྟ་བུའང་སྟོན་ཏེ་ཐབས་ཤེས་པ་ལ་མཁས་པ་དེས་བྱང་ཆུབ་སེམས་དཔའ་ལས་དང་པོ་ཉིད་དུ་བྱང་ཆུབ་ཀྱི་སེམས་མི་བརྗེད་པ་ཞེས་བྱ་བའི་ཏིང་ངེ་འཛིན་ཐོབ་སྟེ། ཐེག་པ་ཆེན་པོ་ལ་བརྟན་པར་གནས་པར་ཡང་འགྱུར་རོ། །ཞེས་བྱ་བ་ལ་སོགས་པ་ཡིན་ནོ་ཞེས་སོ། །གཉིས་པ་ལྟུང་བའི་ལྷག་མ་ཞི་བར་བྱེད་པའི་ཐབས་ནི་སྤྱོད་འཇུག་ལས། ཉིན་དང་མཚན་མོ་ལན་གསུམ་དུ། །ཕུང་པོ་གསུམ་པ་གདོན་བྱ་ཞིང་། །རྒྱལ་དང་བྱང་ཆུབ་སེམས་བརྟེན་པས། །ལྟུང་བའི་ལྷག་མ་དེས་ཞི་བྱ། །ཞེས་གསུངས་པ་ལྟར་ཉིན་མཚན་དུས་དྲུག་ཏུ་ཕུང་པོ་གསུམ་པའི་མདོ་འདོན་ཞིང་ཉིན་མཚན་ཏུ་བྱང་ཆུབ་ཀྱི་སེམས་བརྟན་པོར་བསྒོམས་པ་སོགས་ཀྱི་སྒོ་ནས་བཤགས་པ་དང་། གཞན་ཡང་སྟོབས་བཞི་ཚང་བའི་སྒོ་ནས་བཤགས་པ་དང་། དེ་བཞིན་གཤེགས་པའི་ཡི་གེ་བརྒྱ་པ་སོགས་བཟླས་པ་སོགས་ཀྱིས་སྒོ་ནས་བཤགས་པར་ཡང་གསུངས་སོ། །

གཉིས་པ་སེམས་ཙམ་ལུགས་ཀྱི་ཕྱིར་བཅོས་ནི། སྡོམ་པ་ཉི་ཤུ་པ་ལས། སྡོམ་པ་སླར་ཡང་བླང་བར་བྱ། །ཟག་པ་འབྲིང་ནི་གསུམ་ལ་བཤགས། །གཅིག་གི་མདུན་དུ་ལྷག་མ་རྣམས། །ཉོན་མོངས་མི་མོངས་བདག་སེམས་བཞིན། །ཞེས་གསུངས་པའི་དོན་ནི་ཀུན་དཀྲིས་དྲག་པོས་ཕམ་པ་ལྟ་བུའི་ཆོས་བཞི་སྤྱད་ན་སྡོམ་པ་གཏོང་བས་ཡུལ་སྡོམ་ལྡན་ནམ་དཀོན་མཆོག་གི་དྲུང་དུ་སླར་ཡང་བླང་། ཀུན་དཀྲིས་འབྲིང་གིས་ཕམ་པ་ལྟ་

བུའི་ཆོས་བཞི་སྤྱད་ན་སྡོམ་ལྡན་གསུམ་གྱི་མདུན་དུ་བཤགས། ཀུན་དཀྲིས་ཆུང་དུས་ཕམ་པ་ལྟ་བུའི་ཆོས་བཞི་སྤྱད་ན་སྡོམ་ལྡན་གཅིག་གི་མདུན་དུ་བཤགས། ལྷག་མ་ཉོན་མོངས་པ་ཅན་དང་། ཉོན་མོངས་པ་ཅན་མ་ཡིན་པ་དཀོན་མཆོག་གསུམ་ལ་མི་མཆོད་པ་སོགས་ཉེས་བྱས་བཞི་བཅུ་ཞེ་གཉིས་པོ་འདི་ཡུལ་འགྱུར་ན་སྡོམ་ལྡན་གཅིག་གི་མདུན་དུ་བཤགས་པར་བྱ་ཞིང་མ་འགྱུར་ན་བདག་སེམས་བཞིན་ཏེ། རང་གི་སེམས་དཔང་པོར་བྱས་ནས་བཤགས་པར་བྱ་ཅེས་པའི་དོན་ཏོ། །དེ་ལ་བཤགས་པའི་ཡུལ་གྱི་སྡོམ་ལྡན་ནི་ཉན་ཐོས་ཀྱི་སྡོམ་པའམ་བྱང་ཆུབ་སེམས་དཔའི་ཐེག་པ་གང་ཡང་རུང་བ་ཡིན་པར་གསུངས་ལ་ཉོན་མོངས་པ་ཅན་ནི་མ་གུས་པ་དང་སྙོམ་ལས་དང་། ལེ་ལོས་སྤྱད་པ་ཡིན་ཅིང་། ཉོན་མོངས་པ་ཅན་མ་ཡིན་པ་ནི་བརྗེད་པས་སྤྱད་པ་ཡིན་པར་བྱང་ས་ལས་གསུངས་སོ། །ཀུན་དཀྲིས་ཆུང་འབྲིང་ཆེན་པོའི་ཁྱད་པར་ནི་གོང་དུ་བཤད་ཟིན་ཏོ། །གསུམ་པ་སྔགས་སྡོམ་ཉམས་པ་ཕྱིར་བཅོས་པའི་ཚུལ་ལ་གཉིས་ཏེ། ཡན་ལག་ཚང་བའི་རྩ་བའི་ལྟུང་བ་བྱུང་ན་སྡོམ་པ་ཡང་དག་པར་བླང་བ་དང་། ཡན་ལག་མ་ཚང་བའི་རྩ་ལྟུང་བྱུང་ན་ལྟུང་བ་ལས་ལྡང་བའི་ཐབས་སོ། །དང་པོ་ནི། རྗེ་བཙུན་གྱིས་རྩ་ལྟུང་འཁྲུལ་སྤོང་ལས། ཡན་ལག་ཚང་བའི་རྩ་ལྟུང་བྱུང་ན་ཡུལ་རྡོ་རྗེ་སློབ་དཔོན་གྱི་དྲུང་དུ་སླར་ཡང་སྡོམ་པ་བླང་དགོས་ཏེ། དམ་པ་དང་པོ་ལས། རྩ་བའི་ལྟུང་བ་བྱུང་གྱུར་ན། །སླར་ཡང་དཀྱིལ་འཁོར་འདི་རུ་ནི། །དག་པའི་རྒྱུ་རུ་འཇུག་པར་བྱ། །སླར་ཡང་གནང་བ་ཐོབ་པ་ནི། །ཚོགས་ཀྱི་ནང་དུ་འགྲོ་བ་ན། །རྒན་པའི་མིང་ནི་གཞོན་པ་ཉིད། །ཅེས་དང་། རྩ་ལྟུང་བཅུ་བཞི་པའི་གཞུང་ལས། གསུམ་ལ་སྐྱབས་འགྲོ་ནས་བརྩམས་ཏེ། །བྱང་ཆུབ་སེམས་སོགས་སྡོམ་པ་ནི། །གལ་ཏེ་བདག་ལ་ཕན་འདོད་ན། །སྔགས་པས་འབད་དེ་བཟུང་བར་བྱ། །ཞེས་པ་དང་། སཾ་བུ་ཊི་ལས། དམ་ཚིག་ཉམས་པས་རྣལ་འབྱོར་པ་བག་མེད་པར་སྐྱེ་བར་འགྱུར་ཏེ། ཡང་བྱང་ཆུབ་སེམས་དཔའི་དམ་ཚིག་བླངས་པར་བྱས་ནས་ཕྱིས་མི་བརྗེད་པར་སྡོམ་པ་བཟུང་བར་བྱ་སྟེ། དེ་ཉིད་ཀུན་གྱི་སྡོམ་པ་དང་ལྡན་པས་ཕྱག་རྒྱའི་རྣལ་འབྱོར་ལ་གནས་པར་བྱའོ། །ཞེས་པ་དང་། གཞན་ཡང་སྐྱོན་མེད་པའི་བཀའ་དང་བསྟན་བཅོས་རྣམས་ལས་ཡན་ལག་ཚང་བའི་རྩ་ལྟུང་བྱུང་ན་སྡོམ་པ་སླར་ཡང་བླང་བར་བཤད་པའི་ཕྱིར་ཞེས་བཞེད་དོ། །བླ་ཆེན་འཕགས་པའི་དྲིས་ལན་འགའ་ཞིག་ལས་གལ་ཏེ་ཡུལ་རྡོ་རྗེ་སློབ་དཔོན་མ་འགྱུར་ན་ཐོག་མར་ཡི་གེ་བརྒྱ་པ་བཟླས་བརྗོད་ལ་སོགས་པའི་སྒོ་ནས་སྡིག་པ་དག་པའི་མཚན་མ་མ་བྱུང་གི་བར་དུ་བཤགས་པ་བྱེད་ཅིང་། མཚན་མ་བྱུང་བའི་ཚེ་རང་ཉིད་ཀྱི་རྡུལ་ཚོན་གྱི་དཀྱིལ་འཁོར་ཚུལ་བཞིན་དུ་བྲིས་ཏེ་བདག་འཇུག་བླངས་ན་སྡོམ་པ་སོར་ཆུད་པ་ཡང་ཡོད་དོ། །བླ་མ་འགའ་ཞིག་ནི་རྩ་ལྟུང་དང་པོ་རྡོ་རྗེ་སློབ་དཔོན་ལ་སྨོད་པའི་རྩ་ལྟུང་བྱུང་ན་དབང་བསྐུར་བ་ཞུ་བའི་སྒོ་ནས་སྡོམ་པ་སླར་ཡང་བླང་དགོས་ཏེ་སྔགས་ཀྱི་ཉམས

ལེན་དང་མ་འབྲེལ་ཞིང་སྔགས་སྡོམ་ཐོབ་པ་ཙམ་ཞིག་བདག་འཛུག་བྱས་པས་ཀྱང་སོར་མི་ཆུད་པར་བཞེད་དོ། ། ཁོ་བོ་ནི་འདི་ལྟར་སེམས་ཏེ། རྟེན་གྱི་གང་ཟག་དེ་སྔགས་ཀྱི་ཉམས་ལེན་གྱི་ཚུལ་མི་ཤེས་ཤིང་ཉམས་ལེན་ཅུང་ཟད་ཀྱང་མ་བྱས་ལ་དབང་བསྐུར་གྱི་སྒོ་ནས་སྔགས་སྡོམ་ཐོབ་པ་ཙམ་ཞིག་ཡིན་ན་དེ་ལ་རྩ་ལྟུང་བྱུང་བའི་ཚེ་སྡོམ་པ་སླར་བླང་དགོས་ཏེ་སྔགས་ཀྱི་ཉམས་ལེན་དང་མ་འབྲེལ་ཞིང་སྔགས་སྡོམ་ཐོབ་པ་ཙམ་ཞིག་ཡིན་པའི་ཕྱིར་རོ། །གལ་ཏེ་ཉམས་ལེན་གྱི་ཚུལ་ལེགས་པར་ཤེས་ཤིང་རྒྱུན་དུ་ཉམས་སུ་ལེན་པའི་གང་ཟག་ཡིན་ན། དེ་ལ་ལྟུང་བ་བྱུང་བའི་ཚེ་རང་ཉིད་ཀྱིས་བདག་འཇུག་བླངས་ཀྱང་སོར་ཆུད་པར་འགྱུར་ཏེ། རྩ་བའི་ལྟུང་བས་དམ་ཚིག་ལ་སྐྱོན་བྱུང་བ་ཙམ་ཡིན་ཞིང་སྔགས་ཀྱི་ཉམས་ལེན་གྱི་ཚུལ་དང་འབྲེལ་བ་ཡིན་པས་བདག་འཇུག་གིས་ཀྱང་དམ་ཚིག་གི་སྐྱོན་སྦྱང་བར་ནུས་སོ་སྙམ་དུ་སེམས་སོ། །རྗེ་བཙུན་གྱིས་ནི་སྤྱོད་པ་དོག་ཕྱོགས་ནས་བཀག་པའམ། ཡང་ན་འདིའི་སྐབས་སུ་ལྟ་བུ་ལ་དགོངས་པར་མངོན་ནོ། །གཉིས་པ་ཡན་ལག་མ་ཚང་བའི་ལྟུང་བ་དང་། ཡན་ལག་གི་ལྟུང་བ་རྣམས་ལས་ལྡང་བའི་ཐབས་ནི་སྐོང་བ་བཞིའི་སྒོ་ནས་བཤགས་པ་བྱེད་པ་དང་། དམ་ཚིག་རྡོ་རྗེའི་བསྒོམ་བཟླས་བྱེད་པ་དང་། བསྐྱེད་འགྲུབ་དྲག་པོས་རིམ་གཉིས་ཚུལ་བཞིན་དུ་བསྒོམ་པ་དང་། བཞི་འབུམ་ལ་སོགས་པ་གྲངས་ཀྱི་བསྙེན་པ་བྱེད་པ་དང་། བསྙེན་པའི་བཅུ་ཆ་སོགས་ཀྱི་སྦྱིན་སྲེག་བྱེད་པ་དང་། དམ་ཚིག་དང་ལྡན་པའི་རྡོ་རྗེ་སྤུན་གྲོགས་ལ་ཚོགས་ཀྱི་འཁོར་ལོ་བྱེད་པ་སོགས་ཀྱི་སྒོ་ནས་རྒྱུད་ལྟུང་བ་མེད་པར་བྱས་ནས་རྣལ་འབྱོར་ཉམས་སུ་ལེན་པ་ལ་འབད་པར་བྱའོ། །བྱུང་བ་ཕྱིར་བཅོས་པའི་ཐབས་བསྟན་ཟིན་ཏོ། །

ལྔ་པ་སྡོམ་པ་གནས་གཏོང་གི་ཚུལ་དཔྱད་པ་ལ་གཉིས་ཏེ། གནས་པའི་ཚེ་གཅིག་དང་ཐ་དད་གང་དུ་གནས་དཔྱད་པ། གཏོང་བའི་ཚེ་རིམ་དང་གཅིག་ཆར་གང་དུ་གཏོང་དཔྱད་པའོ། །དང་པོ་ལ་གསུམ་སྟེ། དགག་བཞག་སྤང་གསུམ་ལས། དང་པོ་ལ་བཞི། ཉི་ཟླ་སྐར་གསུམ་གྱི་དཔེས་འོག་མ་བག་ལ་ཉལ་བའི་ཚུལ་དུ་འདོད་པ་དགག སྐྱེས་བུའི་རྒྱན་གྱི་དཔེས་དུས་མཉམ་རྫས་ཐ་དད་དུ་འདོད་པ་དགག །ཆུ་གཞོང་དུ་ནོར་བུ་བཞག་པའི་དཔེས་རྟེན་དང་བརྟེན་པ་རྫས་ཐ་དད་དུ་འདོད་པ་དགག །གཞན་ལུགས་ལ་རང་ལུགས་སུ་འཁྲུལ་ནས་གནས་གྱུར་རྫས་གཞན་དུ་འདོད་པ་དགག་པའོ། །དང་པོ་ལ་གསུམ་སྟེ། གཞན་གྱི་གཞུང་དགོད། དེའི་དོན་བཤད། མི་འཐད་པའི་ཆ་དགག་པའོ། །དང་པོ་ནི། རྒྱ་གར་སྐད་དུ། ཏྲི་སཾ་བ་ར་པྲ་བྷེ་དྷ་ལ་ན་མ། བོད་སྐད་དུ། སྡོམ་གསུམ་འོད་ཀྱི་ཕྲེང་བ་ཞེས་བྱ་བ། བླ་མ་དང་འཇམ་དཔལ་དབྱངས་ལ་ཕྱག་འཚལ་ལོ། །རྣམ་དག་ཟབ་ཡངས་ཤེས་བྱའི་རྒྱ་མཚོ་ལས། །བསྟན་པའི་གྲུ་དང་བདག་བློའི་དེད་དཔོན་གྱིས། །མཁྱེན་པའི་དར་ཕྱུར་བརྩེ་བའི་རླུང་བསྐྱོད་ནས། །སྡོམ་གསུམ་ཡིད་བཞིན་ནོར་བུ་ཁོ་བོས་བླངས། །དེང་སང་བསྟན་པའི་མཛུག་འདི་སུ །

སྡོམ་པ་གསུམ་གྱི་རྣམ་གཞག་ལ། །མཁས་པ་རྒྱ་སྐར་འགའ་ཞིག་གིས། །ཕྱོགས་རེའི་ཆ་ཙམ་བརྗོད་གྱུར་མོད། །སོ་སོར་ཐར་དང་བྱང་ཆུབ་སེམས། །རིག་འཛིན་སྔགས་ཀྱི་སྡོམ་པ་ལ། །ཐོབ་ཚུལ་གནས་ཚུལ་གཏོང་བའི་ཚུལ། །གཉིས་ལྡན་གསུམ་ལྡན་འཐད་པའི་གཞུང་། །ཉེས་པ་ཕན་ཡོན་རིམ་པ་དག །བདག་བློ་ཉི་མའི་དཀྱིལ་འཁོར་གྱིས། །ཕྱོགས་རྣམས་གསལ་བར་བྱ་ཕྱིར་བཀོད། །གླིང་གསུམ་སྐྱེས་པ་བུད་མེད་ཀྱིས། །རང་ཉིད་འཁོར་བ་གྲོལ་དོན་དུ། །མཁན་སློབ་ཚོགས་ཚད་ལྡན་ལས། །ཇི་སྲིད་འཚོ་ཡི་བར་དག་ཏུ། །གནོད་པ་གཞི་དང་བཅས་པ་ལ། །གཙོ་ཆེར་ལུས་ངག་སྡོམ་པ་སྟེ། །ཉན་ཐོས་བྱེ་བྲག་སྨྲ་བའི་སྡོམ། །གང་ཟག་གླང་པོ་འདྲ་བ་ལ། །སྡོམ་པ་ཁལ་དང་འདྲ་བ་དེ། །ཐོབ་པའི་ཐག་པས་སྦྲེལ་བར་གནས། །སོ་སོར་ཐར་པའི་གནས་ཚུལ་ཡིན། །བསླབ་པ་ཕུལ་དང་ཤི་འཕོས་དང་། །རྩ་བ་ཆད་དང་མཚན་འདས་དང་། །མཚན་གཉིས་གཅིག་ཆར་བྱུང་བ་ལས། །སོ་སོར་ཐར་པའི་སྡོམ་པ་གཏོང་། །གསུངས་སོ་ཕམ་པ་བྱུས་པས་ཀྱང་། །སོ་ཐར་སྡོམ་པའི་གཏོང་ཚུལ་ཡིན། །ལྷ་མི་ལ་སོགས་གང་རུང་གིས། །འགྲོ་བ་མ་ལུས་སྐྱབ་པའི་ཕྱིར། །སློབ་དཔོན་ཚོགས་ཚད་ལྡན་ལས། །ཇི་སྲིད་བྱང་ཆུབ་སྙིང་པོའི་བར། །སྨོན་དང་འཇུག་པའི་བདག་ཉིད་ཅན། །ལུས་ངག་ཡིད་གསུམ་རང་དོན་དང་། །གཞན་དོན་ཐབས་མ་ཡིན་པས་སྡོམ། །ཀུན་རྫོབ་བྱང་ཆུབ་སེམས་ཀྱི་འོ། །དེ་ཉིད་སྣང་ལ་རང་བཞིན་མེད། །འཇིག་ཚོགས་ཤེན་ཏུ་གོམས་པ་ལས། །ཡུལ་དང་ཡུལ་ཅན་གཉིས་ལས་གྲོལ། །དོན་དམ་བྱང་ཆུབ་སེམས་ཡིན་ནོ། །སེམས་དང་སེམས་བྱུང་སེམས་བསྐྱེད་གཉིས། །རང་དོན་གཟའ་དང་བྲལ་བ་ན། །ཉི་མ་དང་ནི་འོད་ཟེར་བཞིན། །དེ་དག་གནས་པའི་ཚུལ་ཡིན་ནོ། །རང་དོན་བླངས་དང་ནག་པོ་ཡི། །ཆོས་བཞི་ལོག་པར་ཞུགས་པ་དང་། །འབྲས་བུ་དག་ནི་ཐོབ་པ་ན། །ཚ་གྲང་གྲུ་བཞིན་སེམས་བསྐྱེད་གཏོང་། །རིགས་བཞི་ལ་སོགས་བསོད་ནམས་ལྡན། །རང་གཞན་དགོས་འདོད་ཕུན་སུམ་ཚོགས། །བླ་མ་མཚན་ཉིད་ཚད་ལྡན་ལས། །ནམ་མཁའ་ཇི་སྲིད་གནས་པར་དུ། །ལྷན་སྐྱེས་ཡེ་ཤེས་བརྡའ་དོན་འཕྲོད། །རྣམ་རྟོག་དྲི་མ་ཀུན་ལས་སྡོམ། །རིག་འཛིན་སྡོམ་པའི་ཐོབ་ཚུལ་ཡིན། །སྐུ་གསུང་ཐུགས་ཀྱི་རྒྱལ་མཚན་ལ། །རིམ་གཉིས་ཡིད་བཞིན་ནོར་བུས་སྤྲས། །འདོད་ཡོན་ལྔ་ཡིས་ཀུན་ནས་མཆོད། །དགོས་འདོད་ཀུན་གྱི་འབྱུང་གནས་པ། །རིག་འཛིན་སྡོམ་པའི་གནས་ཚུལ་ཡིན། །དགོས་དོན་མེད་དོ་སྨོན་རྣམས་ཕྱུང་། །དཔག་བསམ་ཤིང་བུ་འགྲེལ་བ་བཞིན། །རྩ་བའི་ལྟུང་བ་བྱུང་བ་ན། །རིག་པ་འཛིན་པའི་སྡོམ་པ་གཏོང་། །རྒྱུད་ནི་སུམ་བརྒྱ་པ་ལས་ནི། །འཁོར་བཞི་པོ་ལ་རྗེས་སུ་གནང་། །རང་ཉིད་སློབ་པ་དང་ཡང་ལྡན། །དགེ་སློང་རྡོ་རྗེ་འཛིན་པ་བདུན། །གསུངས་སོ་དུས་ཀྱི་འཁོར་ལོ་ལས། །རྟེན་ནི་གསུམ་ལས་དགེ་སློང་མཆོག །འབྲིང་ནི་དགེ་ཚུལ་ཡིན་པར་འདོད། །ཁྱིམ་ན་གནས་པ་ཐ་མའོ། །གཞན་ཡང་རྡོ་རྗེ་རྩེ་མོ་ལས། །གལ་

ཏེ་དེ་ནི་རབ་བྱུང་ན། །སྡོམ་པ་གསུམ་དང་ཡང་དག་ལྡན། །སོ་སོར་ཐར་དང་བྱང་ཆུབ་སེམས། །རིག་འཛིན་སྔགས་ཀྱི་སྡོམ་པའོ། །གཞུང་འབུམ་ལས་ནི་འདི་སྐད་དུ། །ཇོ་ཡི་རིགས་ཀྱི་བྱེ་བྲག་བཞུས། །ལྕགས་དང་ཟངས་དང་དངུལ་དུ་འགྱུར། །གསེར་འགྱུར་རྩི་ཡི་དངོས་པོ་ཡིས། །ཀུན་ཀྱང་གསེར་དུ་འགྱུར་བ་བཞིན། །རིགས་ཅན་གསུམ་གྱི་སྡོམ་པ་ཡང་། །དཀྱིལ་འཁོར་ཆེན་པོ་འདིར་ཞུགས་ན། །རྡོ་རྗེ་འཛིན་པ་ཞེས་བྱའོ། །གསུངས་པའི་དོན་ལ་ཁ་ཅིག་ནི། །སྡོམ་གསུམ་གནས་འགྱུར་ངོ་བོ་གཅིག །གོང་མའི་རྩ་ལྟུང་བྱུང་བ་ན། །འོག་མ་གཏོང་ཞེས་སྒྲོགས་པ་ཡོད། །དེ་ལ་ཅུང་ཞིག་བརྟག་པར་བྱ། །གསུམ་ལྡན་གསུངས་པའི་དགོངས་པ་ཡིས། །གཅིག་ལྡན་གཏོང་བ་དགོངས་པ་མིན། །རིགས་པས་ཀྱང་ནི་ཤིན་ཏུ་གནོད། །བུད་མེད་ལ་སྨོད་ལྟུང་བ་ཡིས། །རིག་པའི་སྡོམ་པ་གཏོང་ངམ་ཅི། །གལ་ཏེ་གཏོང་ན་ཧ་ཅང་ཐལ། །མཁའ་ལ་སྤྲིན་ཆེན་འཁྲིགས་པ་ཡིས། །ས་ཡི་ལོ་ཐོག་སྨིན་ཞེས་སྨྲ། །གཞན་ཡང་སྡོམ་པ་གཏོང་ཐོབ་རྒྱུ། །སངས་རྒྱས་གསུང་ལས་གཞན་པ་ཡི། །ཚིག་མཁན་དུ་བྱེད་རིགས་སམ། །གཞན་ཡང་འགལ་བ་ལྷག་སྤྲད་ལ། །གནས་འགྱུར་བརྩི་བ་རིགས་མ་ཡིན། །རིགས་ན་ཉི་མའི་དཀྱིལ་འཁོར་འདི། །གཏྲའི་ཆུ་བོར་འགྱུར་ཞེས་སྨྲ། །དེས་ན་རང་གིས་བརྟགས་ནས་བླང་། །སྡོམ་གསུམ་ལྡན་ཞེས་གསུངས་པ་དེ། །ཤེས་རྒྱུད་གཅིག་ལ་བརྩི་ན་ནི། །གཅིག་ཏུ་འདོད་ཀྱང་གསུམ་དུ་འགྱུར། །ལྡན་ཆོས་རྫས་གཞན་ཐ་དད་ཕྱིར། །འོན་ཏེ་སྔ་ཕྱི་ལ་བརྩི་ན། །གསུམ་ལྡན་ཞེས་པའི་སྒྲ་དོན་མེད། །འོན་ཏེ་སྡོམ་གསུམ་རྫས་གཅིག་ཏུ། །ཤེས་རྒྱུད་གཅིག་ལ་ལྡན་ཞེ་ན། །གཏོང་ཐོབ་ཆོག་གཅིག་ཏུ་འགྱུར། །དེས་ན་སོ་ཐར་སྡོམ་པ་ཡིས། །བྱང་ཆུབ་མཆོག་གི་སེམས་བླངས་ནས། །དང་པོ་དེ་ནི་ཀུན་གཞི་ལ། །བག་ལ་ཉལ་བའི་ཚུལ་དུ་གནས། །རིག་འཛིན་སྡོམ་པ་ཐོབ་པ་ན། །འོག་མ་གཉིས་ཀ་བག་ལ་ཉལ། །དཔེར་ན་མཁའ་ལ་རྒྱུ་སྐར་ཤར། །ཅུང་ཟད་སྣང་བར་བྱས་གྱུར་མོད། །ཟླ་བའི་དཀྱིལ་འཁོར་ཤར་གྱུར་ན། །སྐར་འོད་ཉམས་མོད་འཇིག་རྟེན་སྣང་། །ཧ་བདུན་ཚ་ཟེར་ཤར་བ་ན། །ཟླ་བའི་འོད་ཉམས་འཇིག་རྟེན་གསལ། །གལ་ཏེ་རིག་པ་འཛིན་པ་ཡིས། །གདུལ་བྱ་གང་དང་གང་དོན་དུ། །འོག་མའི་སྡོམ་པ་བླངས་པ་ན། །གོང་མ་ཟིལ་གྱིས་མི་གནོན་མོད། །སྡོམ་པ་ཚོགས་ཐོབ་པ་ཡིན། །མཁའ་ལ་ཉི་མ་གནས་གྱུར་མོད། །ཟླ་སྐར་འཆར་བ་བཀག་པ་མེད། །དེས་ན་གཏོང་ཐོབ་གནས་པའི་ཚུལ། །རང་རང་ཆོག་བཞིན་དུ་གནས། །ཀུན་གཞི་བག་ཆགས་མང་པོ་ཅན། །ཡིན་ཀྱང་ཤེས་རྒྱུད་ཐ་དད་མེད། །འོག་མའི་ལྟུང་བ་བྱུང་བ་ན། །གོང་མ་ཇི་སྲིད་གནས་ཀྱི་བར། །རྣམ་པར་སྨིན་པས་གོས་པ་མེད། །དཔེར་ན་ཟླ་སྐར་ནུབ་གྱུར་མོད། །ཉི་མ་མཁའ་ལ་གནས་ཀྱི་བར། །འོད་ནི་ཅུང་ཟད་འགྲིབ་པ་མེད། །གོང་མའི་ལྟུང་བ་བྱུང་བ་ན། །འོག་མ་ཇི་སྲིད་གནས་གྱུར་མོད། །ཅུང་ཟད་ཕན་གྱིས་སྐྱོབ་མི་ནུས། །ཧ་བདུན་རྒྱལ་པོ་ནུབ་པ་ན། །ཟླ་

སྐར་གནས་ཀྱང་སྨྱུན་པའི་བག གསེར་འགྱུར་རྩི་ཞེས་གསུངས་པའི་དོན། །ཟིལ་གནོན་ཡོན་ཏན་མཆོག་ལ་དགོངས། །ཟླ་སྐར་གཉིས་ཀྱི་འོད་ཟེར་ཡང་། །ཉི་མའི་དཀྱིལ་འཁོར་གནས་ཀྱི་བར། །ཉི་མའི་འོད་ཅེས་ཀུན་གྱིས་སྒྲོགས། །གཞན་ཡང་ཁ་ཅིག་སྡོམ་པ་གསུམ། །ས་ཆུ་གྲུ་འདྲ་གཞི་རྟེན་དུ། །འདོད་ཅེས་སྒྲོག་པ་འཁྲུལ་པ་ཡིན། །དེ་ཡི་འཁྲུལ་གཞི་ཁོ་བོས་བསྟན། །མཁས་པ་ཆེན་པོ་རྟ་དབྱངས་དང་། །སློབ་དཔོན་སློག་པའི་རྡོ་རྗེ་སོགས། །སྡོམ་གསུམ་དེ་ཉིད་རིག་པ་ཡིས། །དོན་དེ་ལྡོག་པ་དུ་མ་བྱས། །ཁྱབ་བྱ་ཁྱབ་བྱེད་གསུངས་པ་ལ། །རྟེན་དང་བརྟེན་པར་བྱེད་ན་འཁྲུལ། །བྱང་སེམས་སྡོམ་པའི་དོན་གཅིག་ལ། །ཕན་པ་སྒྲུབ་པའི་ལྡོག་པ་དང་། །གནོད་སྤོང་ལྡོག་པ་གཉིས་འཇུག་མོད། །ཕན་སྒྲུབ་ངོ་བོ་གང་ཡིན་ལ། །གནོད་པ་སྤོང་བས་ཁྱབ་པས་ན། །ཁྱབ་བྱ་ཁྱབ་བྱེད་རྫས་གཅིག་ཏུ། །བ་གླང་རྫིས་ཀྱང་མི་གོའམ། །དེས་ན་རིག་འཛིན་གཅིག་པུ་ལ། །གསུམ་ལྡན་སྦྱོར་བར་འཐད་མ་ཡིན། །གལ་ཏེ་འཐད་ན་འོག་མ་གཉིས། །ཚོགས་མི་དགོས་སྐྱེ་བར་འགྱུར། །སྡོམ་གསུམ་ཚོ་ག་ཐུན་མོང་དུ། །ཐུབ་པ་ཆེན་པོས་གསུངས་པ་མེད། །ཕྲག་དོག་ནོར་འདོད་གཏི་མུག་ཅན། །རང་བཟོ་བྱེད་པ་སུ་ཡིས་ཁེགས། །མདོ་རྒྱུད་དཔུང་ཀྱང་ཕྱོགས་སུ་འཕེན། །སྒྲ་ཚད་བྱུང་ན་རྟགས་གཞན་བསྒྱུར། །བསྟན་པའི་བྱི་དོར་རྗེ་ལྟར་བྱ། །རིག་པ་འཛིན་པ་ཁོ་ན་ལ། །གསུམ་ལྡན་བསྟགས་པའི་དགོངས་པ་ནི། །འབྲས་བུའི་སྒོ་ནས་མ་ཡིན་ཏེ། །ཡིན་ན་ཀུན་མཁྱེན་མཆོག་དམན་འགྱུར། །དེས་ན་ལམ་དུས་གདུལ་བྱའི་དོན། །གཅིག་དང་གསུམ་གྱི་ཁྱད་པར་དང་། །སྡོམ་པ་རྫས་ཆོས་གཞན་ཉམས་མོད། །སྡོམ་གཞན་ཡོད་པའི་ཁྱད་པར་ཡིན། །སྡོམ་གསུམ་གང་ཡང་མི་ལྡན་ན། །ལྷ་མིའི་ལུས་ཀྱང་རྙེད་པར་དཀའ། །ཉམས་ན་མཐོང་ཆོས་རྣམ་སྨིན་དག །རིམ་པ་གཉིས་ཀྱིས་བསྟན་པར་བྱ། །སོ་ཐར་སྡོམ་པ་ཉམས་གྱུར་ན། །རང་གིས་རང་བསླུས་གནོད་པ་མང་། །རྒྱལ་དང་དེ་སྲས་ཐམས་ཅད་ཀྱིས། །ཙུང་ཟད་ཁྲེལ་གྱི་ཤིན་ཏུ་མིན། །ཕམ་པའི་བྱེ་བྲག་ལྔ་ཡང་གིས། །ལོ་གྲངས་ངན་སོང་གསུམ་དུ་གནས། །བྱང་སེམས་ཉམས་ན་འགྲོ་བ་ཀུན། །བསླུས་པས་གནོད་པ་ཤིན་ཏུ་མང་། །རྒྱལ་དང་དེ་སྲས་ཐམས་ཅད་དང་། །འགྲོ་བ་ཀུན་གྱིས་ཤིན་ཏུ་ཁྲེལ། །ཕམ་པའི་ལྔ་ཡང་བྱེ་བྲག་གིས། །བསྐལ་པའི་གྲངས་བཞིན་དམྱལ་བར་གནས། །རིག་འཛིན་སྡོམ་པ་ཉམས་གྱུར་ན། །ཡིད་དུ་མི་འོང་སྣ་ཚོགས་འབྱུང་། །རྒྱལ་དང་དེ་སྲས་ཀུན་བརྙས་པས། །མི་འཇིགས་མནར་མེད་གནས་དག་ཏུ། །སྡུག་བསྔལ་ཆེན་པོ་དེ་ཡིས་མྱོང་། །རྩ་བ་ཀུན་ཉམས་འཆབ་པ་དག གསོ་ལ་ཉེ་བར་མི་བརྩོན་ན། །རྡོ་རྗེ་དམྱལ་བར་དེ་ལྟུང་སྟེ། །དམྱལ་བ་ཕལ་པ་ཐམས་ཅད་ཀྱི། །སྡུག་བསྔལ་གཅིག་ཏུ་དྲིལ་བས་ཀྱང་། །དེ་ཡི་འབུམ་གྱི་ཆར་མི་ཕོད། །འཇིག་རྟེན་ཞིག་པས་གཞན་དུ་འཕོ། །སེ་གོལ་གཅིག་གིས་ཕྱིན་པར་བྱེད། །སངས་རྒྱས་སྟོང་གིས་འོད་ཟེར་དང་། །བྱང་ཆུབ་

སེམས་དཔའི་ཕྲིན་ལས་ཀུན། །རྒྱུན་དུ་མཛད་ཀྱང་ཕན་མེད་འགྱུར། །བསྐལ་པ་ཐེར་འབུམ་ལ་སོགས་སུ། །དེ་ནི་ཐོབ་པར་མ་གསུངས་སོ། །སོ་ཐར་སྡོམ་པའི་ཕན་ཡོན་ནི། །གནས་སྐབས་ལྷ་མི་མཐར་ཐུག་གི། དགྲ་བཅོམ་འབྲས་བུ་ངེས་པར་ཐོབ། །བྱང་སེམས་སྡོམ་པའི་ཕན་ཡོན་ནི། །གནས་སྐབས་བདེ་མང་མཐར་ཐུག་ནི། །རིང་མོ་ཞིག་ནས་རྫོགས་སངས་རྒྱས། །རིག་འཛིན་སྡོམ་པའི་ཕན་ཡོན་ནི། །གནས་སྐབས་ཉིད་ནས་ཀུན་མཁྱེན་གྱི། །བདེ་བ་ཆེ་ལ་ལོངས་སྤྱོད་འགྱུར། །གལ་ཏེ་བསྒོམས་པ་དང་བཅས་ན། །ཚེ་འདིར་སངས་རྒྱས་འགྲུབ་པར་གསུངས། །མ་བསྒོམས་གྱུར་ཀྱང་ལྟུང་མེད་ན། །སྐྱེ་བ་བཅུ་དྲུག་ཉིད་ཀྱིས་ཐོབ། །པཎ་ཆེན་བློ་ཡི་རྒྱ་མཚོ་ལས། །སྡོམ་གསུམ་ནོར་བུའི་ཕྲེང་བ་བླངས། །བདག་གཞན་འགྲོ་བ་མ་ལུས་ཀྱི། །བློ་གྲོས་གཙུག་ན་ལེགས་གནས་པ། །ཀུན་མཁྱེན་དེ་ལ་ལོངས་སྤྱོད་ཤོག །པཎྜི་ཏ་ཧྲི་ཧྲུ་ཏ་ཙནྡྲས་རང་འགྱུར་དུ་མཛད་པ་རྫོགས་སོ།། །།

གཉིས་པ་ནི་གཞུང་འདིའི་མགོ་ཞབས་ཀྱི་བརྗོད་བྱ་ཐམས་ཅད་བསྡུ་ན་གསུམ་སྟེ། རྩོམ་པ་ལ་འཇུག་པ་ཀླད་ཀྱི་དོན། བརྩམ་པར་བྱ་བ་གཞུང་གི་དོན། །རྩོམ་པ་མཐར་ཕྱིན་པ་མཇུག་གི་དོན་ནོ། །དང་པོ་ནི། ནམ་དག་ཞེས་སོགས་ཚིག་རྐང་བཅོ་ལྔ་སྟེ། ཚིགས་སུ་བཅད་པ་དང་པོས་རྩོམ་པའི་རྒྱུ་ཤེས་རབ་བསྟན། གཉིས་པས་བརྩམ་པའི་དགོས་པ་བསྟན། ལྷག་མ་གཉིས་ཀྱིས་བརྗོད་བྱ་མདོར་བསྡུས་ཏེ་ཇི་ལྟར་རྩོམ་པའི་ཚུལ་བསྟན་ནོ། །གཉིས་པ་ལ་བཞི་སྟེ། ཐོབ་གནས་གཏོང་ཚུལ་གསུམ་གྱི་སྒོ་ནས་སྡོམ་པ་གསུམ་གྱི་རང་བཞིན་གཏན་ལ་དབབ་པ། རྒྱུད་བཞིའི་དོན་བཤད་པའི་སྒོ་ནས་གསུམ་ལྡན་གྱི་ཚུལ་དཔྱད་པ། འདི་ཕྱིའི་ཉེས་དམིགས་གཉིས་ཀྱི་སྒོ་ནས་ཉེས་དམིགས་བསྟན་པ། གནས་སྐབས་དང་མཐར་ཐུག་གི་ཕན་ཡོན་གཉིས་ཀྱི་སྒོ་ནས་བསྔགས་པའི་ཕན་ཡོན་བསྟན་པའོ། །དང་པོ་ལ་གསུམ་ལས། དང་པོ་སོ་ཐར་གྱི་ཐོབ་གནས་གཏོང་ཚུལ་ནི་གླིང་གསུམ་ཞེས་སོགས་ཚིག་རྐང་བཅུ་བདུན་ཏེ་ཐོབ་ཚུལ་ནི་རྟེན་གྱི་ཡན་ལག་གླིང་གསུམ་གྱི་སྐྱེས་པ་དང་བུད་མེད་གང་རུང་། བསམ་པའི་ཡན་ལག་རང་ཉིད་འཁོར་བ་ལས་གྲོལ་བའི་དོན་དུ་ཆོ་གའི་ཡན་ལག་མཁན་སློབ་ཀྱི་ཆོ་ག་ཚད་ལྡན་ལས། དུས་ཀྱི་ཡན་ལག་ཇི་སྲིད་འཚོའི་བར་དུ། སྤང་བྱ་གཞན་གནོད་གཞི་ལས་ལུས་ངག་གཙོ་བོར་སྡོམ་པའོ། །གནས་ཚུལ་རང་རྒྱུད་ལྡན་གྱི་གང་ཟག་དང་། ཐོབ་པའི་རྫས་ཀྱིས་སྦྲེལ་ནས་གནས་ཏེ། དཔེར་ན་གླང་ལ་ཁལ་ཐག་པས་སྦྲེལ་ནས་གནས་པ་བཞིན་ནོ། །གཏོང་ཚུལ་ནི་གོ་སླའོ། །གཉིས་པ་བྱང་སེམས་ཀྱི་སྡོམ་པའི་ཐོབ་གནས་གཏོང་ཚུལ་ནི་ལྷ་མི་ཞེས་སོགས་ཚིགས་སུ་བཅད་པ་ལྔ་སྟེ། ཐོབ་ཚུལ་ཀུན་རྫོབ་བྱང་ཆུབ་སེམས་ཀྱི་ཐོབ་ཚུལ་ནི་སློབ་དཔོན་གྱི་ཆོ་ག་ལས་བྱང་ཆུབ་མ་ཐོབ་ཀྱི་བར་དུ་སློན་འཇུག་གི་བདག་ཉིད་ཅན་ཐོབ་པའོ། །དོན་དམ་བྱང་ཆུབ་སེམས་ཀྱི་ཐོབ་ཚུལ་ནི་དེ་ཉིད་སྣང་ལ་རང་བཞིན་མེད་པར་བསྒོམས་པ་ལས་གཉིས་འཛིན་ལས་

གྲོལ་བའོ། །གནས་ཚུལ་ནི་རང་དོན་ཡིད་བྱེད་དང་བྲལ་བ་ན་སེམས་ཀྱི་དབང་དུ་བྱས་པའི་སེམས་བསྐྱེད་དང་། སེམས་བྱུང་གི་དབང་དུ་བྱས་པའི་སེམས་བསྐྱེད་གཉིས་ཉི་མ་དང་འོད་ཟེར་བཞིན་དུ་གནས་པའོ། །གཏོང་ཚུལ་ལ་གཉིས་ལས། རང་དོན་ཡིད་བྱེད་ཀྱི་སེམས་བསྐྱེད་པ་དང་། ནག་པོའི་ཆོས་བཞི་ལ་སྤྱོད་པ་ན་གཏོང་སྟེ། ཚ་རེག་སྟོབས་ཆེ་བ་ཉེ་བ་ན་གྲང་རེག་གཏོང་བ་བཞིན་ནོ། ། བླ་ན་མེད་པའི་བྱང་ཆུབ་ཐོབ་པ་ན་གཏོང་སྟེ། ཆུའི་ཕ་རོལ་ཏུ་ཕྱིན་པ་ན་གྲུ་གཏོང་བ་བཞིན་ནོ། །གསུམ་པ་སྔགས་སྡོམ་གྱི་ཐོབ་གནས་གཏོང་ཚུལ་ནི་རིགས་བཞི་ཞེས་སོགས་ཚིགས་སུ་བཅད་པ་བཞི་སྟེ། ཐོབ་ཚུལ་ནི་བླ་མ་མཚན་ལྡན་ལས། ནམ་མཁའ་གནས་ཀྱི་བར་ལྡན་སྐྱེས་ཡེ་ཤེས་ཀྱི་བརྡའ་དོན་འཕྲོད་པའོ། །གནས་ཚུལ་ནི་རིམ་གཉིས་ཀྱི་ཉམས་ལེན་ལ་བརྟེན་ནས་དགོས་འདོད་འབྱུང་བའི་ཚུལ་དུ་གནས་པའོ། །གཏོང་ཚུལ་ནི་དགོས་པ་མེད་པའི་བློ་སྐྱེས་པ་དང་། རྩ་བའི་ལྟུང་བ་བྱུང་བ་ན་གཏོང་ངོ་། །

གཉིས་པ་རྒྱུད་བཞིའི་དོན་བཤད་པའི་སྒོ་ནས་གསུམ་ལྡན་གྱི་ཚུལ་ལ་དཔྱད་པ་ལ་བཞི་སྟེ། རྒྱུད་བཞི་ལས་གསུམ་ལྡན་གསུངས་པའི་ཚུལ། གཞན་གྱི་རྒྱུད་དོན་འཆད་པ་དགག་པ་དང་། རང་ལུགས་ཀྱི་གསུམ་ལྡན་གྱི་ཚུལ་བཤད་པ། གསུམ་ལྡན་གྱི་འདོད་ཚུལ་གཞན་དགག་པའོ། །དང་པོ་ནི་རྒྱུད་ནི་ཞེས་སོགས་ཚིགས་སུ་བཅད་པ་ལྔ་སྟེ། རྒྱུད་སུམ་བརྒྱ་པ་དང་། དམ་པ་དང་པོ་དང་། རྡོ་རྗེ་རྩེ་མོ་དང་། རྒྱུད་འབུམ་པ་རྣམ་བཞི་ལས། སྤྱིར་གསུམ་ལྡན་གསུངས་པའི་དོན་ནོ། །གཉིས་པ་ནི། གསུངས་པའི་དོན་ཞེས་སོགས་ཚིགས་སུ་བཅད་པ་ཕྱེད་དང་བརྒྱད་དོ། །འདི་དག་ནི་རྗེ་བཙུན་གྱི་རྩ་ལྟུང་འགྲེལ་སྤྱོད་ལས་རྒྱུད་འབུམ་པའི་ལུང་ཤེས་བྱེད་དུ་བྱས་ནས་སྡོམ་གསུམ་གནས་འགྱུར་ངོ་བོ་གཅིག་ཏུ་འདོད་པ་ལ་དགག་པ་བརྗོད་པར་རློམ་པ་སྟེ། འོག་རྩོད་སྤོང་གི་སྐབས་སུ་ཞིབ་ཏུ་བཤད་ཅིང་དཔྱིས་ཕྱིན་པར་དགག་པར་བྱའོ། །གསུམ་པ་ནི་དེས་ན་སོ་ཐར་སྡོམ་པ་ཡི་ཞེས་སོགས་ཚིགས་སུ་བཅད་པ་བཅུ་སྟེ་སོ་ཐར་དང་ལྡན་པའི་གང་ཟག་གིས་སེམས་བསྐྱེད་ཀྱི་སྡོམ་པ་བླངས་པ་ན་སོ་ཐར་ཀུན་གཞི་ལ་བག་ལ་ཉལ་བའི་ཚུལ་དུ་གནས་ཀྱི་མངོན་གྱུར་དུ་མི་འབྱུང་ལ་སྔགས་སྡོམ་བླངས་པ་ན་འོག་མ་གཉིས་ཀ་ཡང་བག་ལ་ཉལ་བའི་ཚུལ་དུ་གནས་ཏེ། དཔེར་ན་ནམ་མཁའ་ལ་རྒྱུ་སྐར་ཤར་བ་ན་དེའི་འོད་ཟེར་སྣང་ཞིང་། ཟླ་བ་ཤར་བ་ན་སྐར་མའི་འོད་ཟེར་ཉམས། ཉི་མ་ཤར་བ་ན་ཟླ་བ་དང་སྐར་མ་གཉིས་ཀའི་འོད་ཉམས་པ་བཞིན་ནོ། །གལ་ཏེ་སྡོམ་པ་གོང་མ་དང་ལྡན་པའི་གང་ཟག་གིས་འོག་མའི་སྡོམ་པ་བླངས་པ་ན་གོང་མ་ཟིལ་གྱིས་མི་གནོན་ཀྱང་སྡོམ་པ་ཆོག་ཐོབ་སྟེ་ཉི་མ་གནས་པའི་ཚེ་ཡང་ཟླ་སྐར་འཆར་བ་བཞིན་ནོ། །གོང་མ་གནས་ཀྱི་བར་དུ་འོག་མའི་ལྟུང་བ་བྱུང་ཡང་རྣམ་སྨིན་གྱིས་མི་གོས་ཏེ། ཉི་མ་གནས་ཀྱི་བར་དུ་ཟླ་སྐར་ནུབ་ཀྱང་འོད་མི་འགྲིབ་པ་བཞིན་ནོ། །གོང་མའི་ལྟུང་བ་བྱུང་ན་འོག་མ་གནས་ཀྱང་སྐྱོབ་མི་ནུས་ཏེ། ཉི་མ་ནུབ་པ་ན་

ཟླ་སྐར་གནས་ཀུང་མུན་པའི་བག་ཏུ་འགྱུར་བ་བཞིན་ནོ། །རྒྱུད་འབུམ་པ་ལས་གསེར་འགྱུར་རྩི་ཡི་དཔེ་གསུངས་པ་ཡང་གོང་མ་གོང་མས་འོག་མ་འོག་མ་ཟིལ་གྱིས་གནོན་ཅིང་འོག་མ་ལས་གོང་མ་མཆོག་ཏུ་འགྱུར་བ་ལ་དགོངས་ཏེ། ཟླ་སྐར་གྱི་འོད་ཟེར་ཡང་ཉི་མ་གནས་ཀྱི་བར་དུ་ཉི་མའི་འོད་ཟེར་ཅིས་སྒྲིགས་པ་བཞིན་ནོ། །བཞི་པ་ལ་གསུམ་སྟེ། རྟེན་དང་བརྟེན་པར་འདོད་པའི་འཁྲུལ་གཞི། དེ་དང་འགལ་བར་བསྟན་པ། སྔགས་སྡོམ་ཁོ་ན་ལ་གསུམ་ལྡན་སྤྱོར་བ་དགག་པ་དང་། སྔགས་སྡོམ་ཁོ་ན་ལ་གསུམ་ལྡན་བསྟགས་པའི་དགོངས་པ་བསྟན་པའོ། །དང་པོ་ནི་གཞན་ཡང་ཞེས་སོགས་ཚིགས་སུ་བཅད་པ་བཞི་སྟེ། ཁ་ཅིག །སྡོམ་པ་གསུམ་པོས་གཞི་དང་ཆུ་དང་གྲུ་དང་འདྲ་བར་རྟེན་དང་བརྟེན་པར་འདོད་པའི་འཁྲུལ་གཞི་ནི་མཁས་པ་རྟ་དབྱངས་དང་། སློབ་དཔོན་སྙིག་པའི་རྡོ་རྗེ་ལ་སོགས་པ་སྡོམ་གསུམ་གྱི་དེ་ཁོ་ན་ཉིད་རིག་པ་རྣམས་ཀྱིས་སྡོམ་པའི་དོན་གཅིག་ལ་ཕན་པ་སྒྲུབ་པའི་དང་། གནོད་པ་སྤོང་བའི་ལྡོག་པ་གཉིས་ཡོད་པ་ལ་བྱང་སེམས་དང་སོ་ཐར་དུ་འཇོག་པས་དེ་གཉིས་ཁྱབ་བྱ་ཁྱབ་བྱེད་དུ་གསུངས་པས་འཁྲུལ་གཞི་བྱས་སོ། །དེ་ལྟར་རྟེན་དང་བརྟེན་པར་འདོད་པ་མི་འཐད་པར་ཐལ། དེ་གཉིས་ཁྱབ་བྱ་ཁྱབ་བྱེད་ཡིན་ཅིང་རྟེན་དང་བརྟེན་པ་རྫས་གཞན་ཡིན་ལ། ཁྱབ་བྱ་ཁྱབ་བྱེད་རྫས་གཅིག་ཏུ་བ་ལང་རྫིས་ཀུང་གོ་བའི་ཕྱིར་རོ། །གཉིས་པ་ནི་དེས་ན་ཞེས་སོགས་ཚིག་རྐང་བཅུ་གཅིག་སྟེ། རིག་འཛིན་གྱི་སྡོམ་པ་གཅིག་པུ་ལ་གསུམ་ལྡན་སྦྱོར་ན་འོག་མ་གཉིས་ཆོག་མི་དགོས་པར་སྐྱེ་བར་འགྱུར་རོ། །གལ་ཏེ་དབང་བསྐུར་གྱི་ཆོ་ག་ལས་གསུམ་ཀ་སྐྱེའོ་སྙམ་ན་མ་ཡིན་ཏེ། སྡོམ་གསུམ་ཐུན་མོང་གི་ཆོ་ག་སངས་རྒྱས་ཀྱིས་མ་གསུངས་པའི་ཕྱིར་རོ། །གསུམ་པ་ནི་རིག་འཛིན་ཞེས་སོགས་ཚིགས་སུ་བཅད་པ་གཉིས་ཏེ། རིག་འཛིན་ཁོ་ན་ལ་གསུམ་ལྡན་བསྟགས་པའི་དགོངས་པ་ནི་འབྲས་བུའི་སྒོ་ནས་བསྟགས་པ་མ་ཡིན་ཏེ། གལ་ཏེ་ཡིན་ན་གསུམ་ལྡན་གྱི་འབྲས་བུ་ཀུན་མཁྱེན་དང་། སྔགས་སྡོམ་ཁོ་ནའི་འབྲས་བུ་ཀུན་མཁྱེན་ལ་མཆོག་དམན་གྱི་ཁྱད་པར་ཡོད་པར་ཐལ་ལོ། །དེས་ན་ལམ་གྱི་དུས་སུ་གདུལ་བྱའི་ངོར་བསྟགས་པ་ཡིན་ནོ། །གསུམ་པ་ཉེས་དམིགས་ནི་སྡོམ་གསུམ་ཞེས་སོགས་ཚིགས་སུ་བཅད་པ་ཕྱེད་དང་དགུ་སྟེ་དེ་ནི་གོ་སླའོ། །བཞི་པ་ཕན་ཡོན་ནི་སོ་ཐར་ཞེས་སོགས་ཚིགས་སུ་བཅད་པ་གསུམ་སྟེ་གོ་སླའོ། །གསུམ་པ་ནི་པཎྜི་ཏ་ཞེས་སོགས་ཚིག་རྐང་ལྔའོ། །དེ་དག་གིས་ནི་གཞུང་གི་དོན་སྒྲོ་སྐུར་མེད་པར་ཇི་ལྟ་བ་བཞིན་བཤད་ཟིན་ཏོ། །གསུམ་པ་ནི་དེ་ལ་སོ་ཐར་ལེན་པའི་བསམ་པའི་ཡན་ལག་ཏུ་རང་དོན་ཡིད་བྱེད་དགོས་པ་ཡང་མ་ཡིན་ཏེ། སྤྱིར་ངེས་འབྱུང་གི་བསམ་པས་ཟིན་ན་སོ་ཐར་དུ་འགྱུར་བ་ལས་ངེས་འབྱུང་དེ་ལ་ཡང་བྱང་ཆུབ་ཏུ་སེམས་བསྐྱེད་པ་གསུམ་ཡོད་པའི་ཕྱིར་དང་། བྱེ་བྲག་ཏུ་སྨྲ་བ་རང་གི་གཞུང་ལས་ཀུང་བྱང་ཆུབ་མཆོག་ཏུ་སེམས་བསྐྱེད་པའི་སྒོ་ནས་སོ་ཐར་ལེན་པ་ཡང་ཡོད་

པའི་ཕྱིར་ཏེ། སུམ་བརྒྱ་པ་ལས། རྫོགས་པའི་བྱང་ཆུབ་དཔལ་ནོད་དབང་བསྐུར་ཡིན། །ཞེས་བཤད་པའི་ཕྱིར་རོ། །མཁན་སློབ་ཀྱི་ཆོ་ག་ཁོ་ན་ལས་ལེན་དགོས་པར་འདོད་པ་ཡང་མི་འཐད་དེ། རང་བྱུང་གི་བསྙེན་པར་རྫོགས་པ་དང་། ཡེ་ཤེས་ཁོང་དུ་ཆུད་པས་བསྙེན་པར་རྫོགས་པ་དང་། ཚུར་ཤོག་ལ་མ་ཁྱབ་པའི་ཕྱིར་རོ། །ཐོབ་པའི་ཐག་པས་སྤྲིལ་ནས་གནས་ཞེས་པ་ཡང་བྱེ་བྲག་ཏུ་སྨྲ་བའི་ལུགས་ཀྱི་ཐོབ་པ་ཁས་ལེན་ན། བྱང་སེམས་དང་སྔགས་སྡོམ་ཡང་ཐོབ་པས་སྤྲིལ་ནས་གནས་པར་ཁས་ལེན་དགོས་ཏེ། གང་ཟག་གི་རྒྱུད་ཀྱིས་བསྡུས་པའི་ཡོན་ཏན་ཐམས་ཅད་ལ། གང་ཟག་དེ་དང་སྤྲིལ་བྱེད་ཀྱི་ཐོབ་པ་ཡོད་པར་འདོད་པའི་ཕྱིར་ཏེ། ཐོབ་དང་མ་ཐོབ་རང་རྒྱུད་དུ། །རྟོགས་པ་རྣམས་ཀྱིའོ་ཞེས་གསུངས་པའི་ཕྱིར། དེ་ལྟ་བུའི་ཐོབ་པ་ཁས་མི་ལེན་ན་ནི་སོ་ཐར་གྱི་སྡོམ་པ་ལའང་ཐོབ་པ་དོན་མེད་དོ། །བྱང་སེམས་ཀྱི་སྡོམ་པ་ཐོབ་པའི་ཚུལ་ཡང་སློབ་དཔོན་གྱི་ཆོ་ག་ལས་ཐོབ་དགོས་པའི་ངེས་པ་མེད་དེ། རྟེན་གྱི་དྲུང་དུ་རང་ཉིད་ཀྱིས་ལེན་པ་དབུ་མ་ལུགས་དང་། སེམས་ཙམ་ལུགས་གཉིས་ཀ་ལས་བཤད་པའི་ཕྱིར་རོ། །དུས་བྱང་ཆུབ་མ་ཐོབ་ཀྱི་བར་དུ་ལེན་པ་སྤྱིར་འཐད་ཀྱང་ཁྱེད་རང་ལ་ནང་འགལ་ཏེ། སྔགས་སྡོམ་ནི་ནམ་མཁའ་གནས་ཀྱི་བར་ལེན་པར་ཁས་བླངས་ཤིང་། སྔགས་སྡོམ་དང་བྱང་སེམས་ཀྱི་སྡོམ་པ་ལ་དུས་རྒྱུན་རིང་ཐུང་གི་ཁྱད་པར་གང་ནས་ཀྱང་མ་བཤད་པའི་ཕྱིར་རོ། །གཏོང་ཚུལ་ལ་རང་དོན་ཡིད་བྱེད་སྐྱེས་པ་ན་བྱང་སེམས་ཀྱི་སྡོམ་པ་གཏོང་བ་ནི་ཁྱེད་རང་གིས་ཁས་བླངས་པ་དང་འགལ་ཏེ། བྱང་སེམས་ཀྱི་སྡོམ་ལྡན་གྱིས་སོ་ཐར་གྱི་སྡོམ་པ་བླངས་པ་ཡོད་པ་དང་། སོ་ཐར་གྱི་སྡོམ་པ་བླངས་པའི་བསམ་པའི་ཡན་ལག་ཏུ་རང་དོན་ཡིད་བྱེད་དགོས་པར་ཁས་བླངས་པས་སོ་ཐར་ལེན་པའི་ཚེ་གཏོང་བར་ཐལ་བའི་ཕྱིར་རོ། །བྱང་ཆུབ་ཐོབ་པ་ན་སེམས་བསྐྱེད་ཀྱི་སྡོམ་པ་གཏོང་བར་འདོད་པ་ནི་སྤྱིར་མདོ་རྒྱུད་ཀྱི་ལུང་དུ་མ་དང་འགལ་བ་ཡང་འདིར་མ་སྨྲོས་ལ། ཁྱེད་རང་གིས་སྔགས་སྡོམ་བྱང་ཆུབ་ཐོབ་ཀྱང་གནས་པར་འདོད་པ་དང་ཡང་འགལ་ཏེ། སྔགས་སྡོམ་གྱི་དམ་ཚིག་ལ་རྩ་ལྟུང་བཅུ་བཞི་ལས། ཆོས་ཀྱི་རྩ་བ་བྱང་ཆུབ་སེམས། །དེ་སྤོང་བ་ནི་ལྔ་པ་ཡིན། །ཞེས་དང་།

དཔལ་མཆོག་ལས། བྱང་ཆུབ་སེམས་ནི་དོར་མི་བྱ། །ཞེས་པ་དང་། དེ་བཞིན་རྣམ་སྣང་མངོན་བྱང་དང་། གསང་བ་སྤྱི་རྒྱུད་སོགས་རྒྱུད་ཕལ་ཆེ་བ་ལས་སྔགས་སྡོམ་གནས་པ་ལ་བྱང་ཆུབ་ཀྱི་སེམས་མི་གཏོང་བར་དགོས་པར་གསུངས་པས་སོ། །སྔགས་སྡོམ་གྱི་ངོ་བོ་ལྷན་སྐྱེས་ཡེ་ཤེས་ཀྱི་བདེའ་དོན་འཕྲོད་པ་ལ་འདོད་པ་ཡང་རྒྱུད་སྡེ་འོག་མ་གསུམ་ལ་མ་ཁྱབ་ཅིང་བླ་མེད་ལ་ཡང་དབང་གསུམ་པ་ནས་ཡེ་ཤེས་སྐྱེ་བ་ཡོད་ཀྱང་བདེའ་དོན་འཕྲོད་པ་བཞི་པ་ནས་ཡོད་པ་སོགས་ནི་འདིར་སྐབས་མ་ཡིན་པས་མ་སྤྲོས་སོ། །གནས་ཚུལ་རིམ་གཉིས་ཀྱི་ཉམས་ལེན་ལ་བརྟེན་ནས་གནས་དགོས་པ་ཡང་དེར་མ་ངེས་ཏེ། ཉམས་ལེན་མེད་ཀྱང་དབང་བསྐུར་ཐོབ་ནས

དམ་ཚིག་དང་སྡོམ་པ་བསྲུངས་ན་སྔགས་སྡོམ་གནས་པ་སྲུས་ཀྱང་འགོག་མི་ནུས་པའི་ཕྱིར་རོ། །དེ་ནི་གསུམ་ལྡན་གྱི་འདོད་ཚུལ་ལ་དཔྱད་པར་བྱ་སྟེ། གོང་མ་ཐོབ་པའི་ཚེ་འོག་མ་མངོན་གྱུར་དུ་མེད་པར་བག་ལ་ཉལ་དུ་འདོད་ན་གོང་འོག་འཛིན་སྟངས་འགལ་བས་མངོན་གྱུར་དུ་མི་འབྱུང་བ་ཡིན་ནམ་ཚ་རེག་དང་གྲང་རེག་ལྟར་ལྷན་ཅིག་མི་གནས་འགལ་ཡིན་པས་མངོན་གྱུར་དུ་མི་འབྱུང་བ་ཡིན། དང་པོ་ལྟར་ན་འཛིན་སྟངས་འགལ་བ་ནི་ཤིན་ཏུ་མི་འཐད་དེ། བྱང་སེམས་ཀྱི་སྡོམ་པ་ནི་གཞན་ལ་ཕན་པ་བསྒྲུབ་པ་ཡིན་ལ། སོ་ཐར་གྱི་སྡོམ་པ་ནི་གཞན་ལ་གནོད་པ་སྤོང་བའི་བསམ་པ་ཅན་ཡིན་པ་གང་ཞིག གཞན་ལ་ཕན་པ་སྒྲུབ་པ་ལ་གཞན་ལ་གནོད་པ་སྤོང་བས་ཁྱབ་པར་ཁྱེད་རང་གིས་ཀྱང་ཁས་བླངས་ཞིང་དོན་ལ་ཡང་གནས་པའི་ཕྱིར་རོ། །

གཉིས་པ་ལྟར་ན། གསུམ་ལྡན་གྱི་གང་ཟག་མི་སྲིད་པར་ཐལ་བ་ལས་དེ་ལྟར་དུ་ཡང་མི་འཐད་དེ། གོང་དུ་དྲངས་པའི་རྒྱུད་བཞི་ལས་གསུམ་ལྡན་གསུངས་པའི་ཕྱིར་རོ། །གཞན་ཡང་བྱང་སེམས་ཀྱི་སྡོམ་པ་ལྡན་པ་ལ་སོ་ཐར་གྱི་སྡོམ་པ་མངོན་གྱུར་དུ་མི་འབྱུང་ན་ཉེས་སྤྱོད་སྡོམ་པའི་ཚུལ་ཁྲིམས་ཀྱང་མངོན་གྱུར་དུ་མེད་པར་འདོད་དགོས་ཏེ། ཉེས་སྤྱོད་སྡོམ་པའི་ཚུལ་ཁྲིམས་ནི་ཐོགས་མེད་དང་། མར་མེ་མཛད་དང་། གནས་བརྟན་བྱང་བཟང་རྣམས་ཀྱིས་སོ་ཐར་རིས་བདུན་ལ་བཤད་པའི་ཕྱིར་རོ། །སྔགས་སྡོམ་དང་ལྡན་པའི་གང་ཟག་ལ་བྱང་སེམས་ཀྱི་སྡོམ་པ་སྨོན་འཇུག་གཉིས་པོ་མངོན་གྱུར་དུ་འབྱུང་མི་སྲིད་ན་གང་ཟག་དེས་རྫོགས་པའི་བྱང་ཆུབ་སྒྲུབ་པ་ནི་ཤིན་ཏུ་ངོ་མཚར་ཏེ། བྱང་ཆུབ་སེམས་དཔའི་སྤྱོད་པ་ཚུལ་ཁྲིམས་རྣམ་པ་གསུམ་ལ་མ་བསླབས་པར་རྫོགས་པའི་བྱང་ཆུབ་བསྒྲུབ་པ་ནི་ཁྱོད་ཁོན་ལས་ཐོས་ཀྱི། སངས་རྒྱས་སྲས་དང་བཅས་པ་རྣམས་ཀྱིས་མ་གསུངས་སོ། །

གཞན་ཡང་རྡོ་རྗེ་མཁའ་འགྲོ་དང་། སཾ་བུ་ཊི་དང་། རྡོ་རྗེ་རྩེ་མོ་ལས། ཇི་ལྟར་དུས་གསུམ་མགོན་པོ་རྣམས། །ཞེས་སོགས་སྨོན་པ་སེམས་བསྐྱེད་དང་འཇུག་པ་སེམས་བསྐྱེད་གཉིས་རིགས་སྔགས་སྤྱིའི་དམ་ཚིག་ཏུ་གསུངས་པས་རྒྱུད་སྡེ་གོང་མ་གཉིས་ཀྱི་རྡོ་རྗེ་སློབ་དཔོན་གྱི་དབང་ཐོབ་པའི་གང་ཟག་ལ་རིགས་ལྔ་སོ་སོའི་དམ་ཚིག་མངོན་གྱུར་དུ་ཡོད་ཅིང་སྤྱིའི་དམ་ཚིག་བག་ལ་ཉལ་བའི་ཚུལ་དུ་ཡོད་པར་ཁས་ལེན་དགོས་པར་འགྱུར་རོ། །

གཞན་ཡང་གསུམ་ལྡན་གྱི་དགེ་སློང་གི་རྒྱུད་ཀྱི་ཀུན་གཞི་ལ་གནས་པའི་དགེ་སློང་གི་སྡོམ་པའི་བག་ཆགས་དེ་སོ་ཐར་གྱི་སྡོམ་པ་ཡིན་ནམ་མ་ཡིན་གལ་ཏེ་ཡིན་ན་དགེ་སློང་དེ་ཤི་འཕོས་པའི་ཚེ་དགེ་སློང་གི་སྡོམ་པའི་བག་ཆགས་གཏོང་བར་ཐལ། དེའི་ཚེ་སོ་ཐར་གཏོང་བའི་ཕྱིར། རྟགས་ཁྱབ་ཁས། འདོད་ན་དགེ་སློང་ཤི་འཕོས་པའི་རྗེས་སུ་ཤེས་རྒྱུད་ལ་དགེ་སློང་གི་བག་ཆགས་མེད་པར་འགྱུར་ཅིང་། དེའང་འདོད་ན་ཐོས་བསམ་སྒོམ་པ་སོགས་ལའང་མཚུངས་པས་གཞི་ཚུལ་ཁྲིམས་ལ་གནས་ནས་ཐོས་བསམ་སྒོམ་གསུམ་བྱེད་པ་ལ་དགོས་པ་མེད་

པར་འགྱུར་རོ། །ཞེས་སོགས་སྨྲས་ན་ཅང་མི་གསུང་བར་འགྱུར་རོ། །གལ་ཏེ་ཀུན་གཞིའི་སྟེང་གི་སོ་ཐར་གྱི་སྡོམ་པའི་བག་ཆགས་དེ་ཉིད་སོ་ཐར་གྱི་སྡོམ་པ་མ་ཡིན་ན་གང་ཟག་དེའི་རྒྱུད་ལ་སོ་ཐར་གྱི་སྡོམ་པ་གཏན་མེད་པར་འགྱུར་ཏེ་བག་ཆགས་དེ་ལས་གཞན་པའི་སོ་ཐར་གྱི་སྡོམ་པ་གཞན་མེད་པར་ཁས་བླངས་པའི་ཕྱིར་རོ། །ཉི་ཟླ་སྐར་གསུམ་གྱི་དཔེ་དང་སྦྱར་བ་ཡང་མི་འཐད་དེ། རང་གི་རྟོགས་པས་སྦྱར་བ་ཙམ་ཡིན་གྱི་ལུང་རྣམ་པར་དག་པ་གང་ནས་ཀྱང་མ་བཤད་པའི་ཕྱིར་རོ། །སྔགས་སྡོམ་ལ་གནས་པའི་གང་ཟག་གིས་གཞན་དོན་དུ་སྡོམ་པ་འོག་མ་ལེན་པ་དོན་ལ་གནས་ཀྱང་ཁྲིད་ལ་འགལ་ཏེ། སོ་ཐར་ལེན་པའི་བསམས་པའི་ཡན་ལག་ཏུ་རང་དོན་ཡིད་བྱེད་དགོས་པར་ཁས་བླངས་པའི་ཕྱིར་རོ། །གོང་མ་གནས་ཀྱི་བར་དུ་འོག་མའི་ལྟུང་བ་བྱུང་ཡང་རྣམ་སྨིན་གྱིས་མི་གོས་པར་འདོད་པ་ལ་ཡང་བརྗོད་པར་བྱ་སྟེ། སྔགས་སྡོམ་ལ་གནས་པའི་གང་ཟག་ལ་བྱང་སེམས་ཀྱི་སྡོམ་པ་ལ་ལྟོས་པའི་རྩ་ལྟུང་བྱུང་ན་བྱང་སེམས་ཀྱི་སྡོམ་པ་ཉམས་ལ་དེ་ཉམས་ན་འགྲོ་བ་ཀུན་བསླུས་པས་གནོད་པ་ཤིན་ཏུ་མང་བ་དང་། རྒྱལ་དང་དེ་སྲས་ཐམས་ཅད་དང་། །འགྲོ་བ་ཀུན་གྱིས་ཤིན་ཏུ་ཁྲེལ། །ཕམ་པའི་ལྟི་ཡང་བྱེ་བྲག་གིས། །བསྐལ་པའི་གྲངས་བཞིན་དམྱལ་བར་གནས། །ཅེས་ཁས་བླངས་པ་དང་ཅིའི་ཕྱིར་མི་འགལ། གལ་ཏེ་ཉེས་དམིགས་དེ་དག་ནི་སྡོམ་པ་རེ་རེ་དང་ལྡན་པ་ཉམས་པའི་དབང་དུ་བྱས་ཀྱིས་གོང་མ་དང་ལྡན་པའི་དབང་དུ་བྱས་པ་མ་ཡིན་ནོ་སྙམ་ན་དེ་ཤིན་ཏུ་མི་འཐད་དེ། གོང་མ་དང་ལྡན་པའི་ཚེ་ཡང་སྡོམ་པ་གསུམ་ཆར་གྱི་གཏོང་ཐོབ་གནས་པའི་ཚུལ་ཐམས་ཅད་རང་རང་གི་ཚོག་བཞིན་གནས་པར་ཁས་བླངས་པ་དང་འགལ་བའི་ཕྱིར་རོ། །གོང་མའི་ལྟུང་བ་བྱུང་ན་འོག་མ་གནས་ཀྱང་སྐྱོབ་མི་ནུས་པ་ལ་ཡང་དཔྱད་པར་བྱ་སྟེ། བྱང་སེམས་ལས་དང་པོ་པ་འགའ་ཞིག་བྱང་སེམས་ཀྱི་སྡོམ་པ་བཏང་ནས་སོ་ཐར་ལ་གནས་ཏེ་ཉན་ཐོས་ཀྱི་བྱང་ཆུབ་ཐོབ་པ་མེད་པར་ཐལ། གོང་མའི་ལྟུང་བ་བྱུང་ན་འོག་མས་སྐྱོབ་མི་ནུས་པའི་ཕྱིར། འདོད་ན་བྱང་སེམས་རིགས་མ་ངེས་པ་རྣམས་ཐེག་དམན་དུ་འཇུག་པ་མེད་པར་འགྱུར་རོ། །

གཞན་ཡང་དཔེ་དང་བསྒྲིགས་པ་ལྟར་ན་སྔགས་སྡོམ་ལ་ལྟོས་པའི་རྩ་ལྟུང་བྱུང་བའི་བྱང་སེམས་ཀྱི་སྡོམ་པས་སྐྱོབ་མི་ནུས་པ་ལྟར་སྔགས་སྡོམ་མ་བླངས་པའི་བྱང་སེམས་ཀྱི་སྡོམ་པས་ཀྱང་སྐྱོབ་མི་ནུས་པར་ཐལ། ཉི་མ་ནུབ་ན་ཟླ་སྐར་གནས་ཀྱང་མུན་པའི་བག་ཡིན་པ་ལྟར་ཉི་མ་མ་ཤར་ན་ཟླ་སྐར་གནས་ཀྱང་མུན་པའི་བག་ཡིན་པའི་ཕྱིར། ཁྱབ་པ་ཁས་བླངས་སོ། །འདོད་ན་བྱང་སེམས་སྡོམ་པའི་ཕན་ཡོན་ནི། །གནས་སྐབས་བདེ་མང་མཐར་ཐུག་ནི། །རིང་མོ་ཞིག་ནས་རྫོགས་སངས་རྒྱས། །ཞེས་བཤད་པ་དང་དངོས་སུ་འགལ་ལོ། །གསེར་འགྱུར་གྱི་རྩིའི་དཔེས་གསུངས་པའི་དོན་གོང་མས་འོག་མ་ཟིལ་གྱིས་གནོན་པར་འདོད་པ་ཡང་མི་འཐད་དེ།

གསེར་འགྱུར་རྩི་ཡི་དངོས་པོ་ཡིས། །ཀུན་ཀྱང་གསེར་དུ་འགྱུར་བ་ལྟར། །ཞེས་པས་སྡོམ་པ་འོག་མ་གོང་མར་འགྱུར་བ་ལ་བཤད་དགོས་པའི་ཕྱིར་རོ། །གཞན་ལུགས་ཀྱི་གསུམ་ལྡན་དགག་པ་ལའང་བརྗོད་པར་བྱ་སྟེ། སློབ་དཔོན་གཉིས་ཀྱིས་སྡོམ་པ་འོག་མ་གཉིས་ཁྱབ་བྱ་ཁྱབ་བྱེད་དུ་གསུངས་པ་དེ་ཁྱེད་རང་གིས་ཀྱང་ཁས་ལེན་ནམ་མི་ལེན། མི་ལེན་ན་ཁྱབ་བྱ་ཁྱབ་བྱེད་ཡིན་པའི་རྟགས་ཀྱིས་གཞན་གྱིས་རྟེན་དང་བརྟེན་པར་འདོད་པ་དགག་མི་ནུས་ཏེ། གཏན་ཚིགས་ཁྲོལ་ཕྱིར་ཁྲོལ་གང་གིས་ཀྱང་ཁས་མ་བླངས་པའི་ཕྱིར་རོ། །གལ་ཏེ་ཁས་ལེན་ན་སྡོམ་པ་གཉིས་པོ་རྫས་གཅིག་ཏུ་ཐལ། ཁྱབ་བྱ་ཁྱབ་བྱེད་ཡིན་པའི་ཕྱིར། འཁོར་གསུམ་ཁས་བླངས་སོ། ། རིག་འཛིན་ཀྱི་སྡོམ་པ་ཁོ་ན་ལ་གསུམ་ལྡན་སྒྱུར་ན་འོག་མ་གཉིས་ཆོག་ལ་མི་ལྟོས་པར་སྐྱེ་བར་འགྱུར་རོ། ། ཞེས་པ་ཡང་གྱི་ན་སྟེ། འོ་ན་ཐེག་པ་གསུམ་གྱི་རྟོགས་རིགས་འོག་མ་གཉིས་སྒོམ་མི་དགོས་པར་སྐྱེ་བར་ཐལ། ཐེག་ཆེན་གྱི་མཐོང་ལམ་གཅིག་པུ་ལ་རྟོགས་རིགས་གསུམ་ཚང་བའི་ཕྱིར། གལ་ཏེ་ཐེག་ཆེན་གྱི་སྦྱོར་ལམ་བསྒོམས་པས་རྟོགས་རིགས་གསུམ་ཀ་སྐྱེའོ་སྙམ་ན་དེ་མི་འཐད་པར་ཐལ། རྟོགས་རིགས་གསུམ་ཐུན་མོང་དུ་སྒོམ་པའི་ཐབས་སངས་རྒྱས་ཀྱིས་མ་གསུངས་པའི་ཕྱིར་རོ། །གསུམ་ཆར་ཁས་བླངས་སོ། །སྔགས་སྡོམ་གཅིག་པུ་ལ་གསུམ་ལྡན་བསྡུགས་པ་འབྲས་བུའི་སྒོ་ནས་ཡིན་ཀྱང་། འབྲས་བུ་ལ་མཆོག་དམན་ཡོད་མི་དགོས་ཏེ། འབྲས་བུ་མཐའ་དག་ཉེ་རིང་གི་སྒོ་ནས་བསྡུགས་པ་ཡང་འབྲས་བུའི་སྒོ་ནས་བསྡུགས་པར་འདུས་པའི་ཕྱིར། གཞན་དུ་ན་འབྲས་ཡུམ་ལ་ཉེ་རིང་གི་སྒོ་ནས་བསྡུགས་པ་ཡང་འབྲས་བུའི་སྒོ་ནས་སྡུགས་པ་མ་ཡིན་པར་འགྱུར་བའི་སྐྱོན་གནས་སོ། །དེས་ན་འོད་ཕྲེང་འདི་ནས་བཤད་པའི་སྡོམ་གསུམ་གྱི་རྣམ་བཞག་ཐལ་ཆེ་བ་ནི་ལུང་དང་། རིགས་པ་དང་། ཉམས་ལེན་གྱི་ཚུལ་གང་དང་ཡང་མི་མཐུན་ཅིང་། ཁྱད་པར་རྗེ་བཙུན་ས་སྐྱ་པའི་ལུགས་དང་རྣམ་པ་ཐམས་ཅད་དུ་མི་མཐུན་པས་ན་ས་སྐྱ་པའི་ལུགས་ཀྱི་སྡོམ་གསུམ་གྱི་རྣམ་བཞག་འཆད་པར་རློམ་ཞིང་འདི་ནས་བཤད་པའི་ཉེ་བླ་སྐར་གསུམ་གྱི་དཔེ་རང་ལུགས་སུ་བྱེད་པ་དེ་དག་ནི་ཤིན་ཏུ་འཛམ་པའི་དར་ཟབ་ཀྱི་རེག་བྱ་སྤྲངས་ནས་དགྲ་བོའི་ལག་གི་མཚོན་ཆ་བླངས་ཏེ་རང་གི་ལུས་འདྲལ་བ་ལ་རེག་བྱ་འཛམ་པོ་འབྱུང་བར་འདོད་པ་དང་མཚུངས་སོ། །

གཉིས་པ་རྒྱན་གྱི་དཔེས་དུས་མཉམ་རྫས་ཐ་དད་དུ་འདོད་པ་དགག་པ་ལ་གཉིས་ལས། དང་པོ་འདོད་པ་བརྗོད་པ་ནི་སློབ་དཔོན་ཨ་བྷ་ཡ་ཀ་རས་དགོངས་རྒྱན་ལས། འོ་ན་གང་ཟག་ལ་ལ་གཅིག་དགེ་བསྙེན་གྱི་སྡོམ་པ་གསུམ་དང་། དགེ་ཚུལ་དང་། དགེ་སློང་དང་། བྱང་ཆུབ་སེམས་དཔའ་དང་། རྡོ་རྗེ་སེམས་དཔའི་སྡོམ་པ་རིམ་པ་བཞིན་དུ་བླངས་པ་ན་མེ་དང་བྲལ་ན་གྲང་བ་ལྟར་སྡོམ་པ་ཕྱི་མ་སྐྱེ་དུས་སྔ་མ་འཇིག་གམ། ཡང་ན་སོ

ཐར་གྱི་སྡོང་བ་འཕེལ་བ་དང་ལྡན་པ་ལྟར་སྔ་ཕྱི་ལྷན་ཅིག་གམ། ཡང་ན་ཉིན་གཅིག་ལ་སྔ་ཚོགས་པའི་རྒྱན་བཞིན་དུ་སོ་སོར་གནས་པར་བརྗོད་ཅེ་ན་སྡོམ་པ་ཉམས་པའི་རྒྱུ་མ་ཡིན་པའི་ཕྱིར་དང་། འགལ་བ་མེད་པའི་ཕྱིར་བསགས་པ་ཁོ་ན་ལ་འདི་རྣམས་ཀྱི་ཐ་སྙད་འཇོག་པས་སྔ་མ་གཉིས་མིན་གྱི་སྡོམ་པ་གོང་མ་ཐམས་ཅད་བླངས་ནས་སྐྱེས་ཏེ་སོ་སོར་གནས་པ་ཁོ་ནའོ་ཞེས་གསུངས་སོ། །དེའི་དོན་ཡང་གཞན་ནི་གོ་སླ་ལ་དགེ་བསྙེན་གྱི་སྡོམ་པ་གསུམ་ནི་སྣ་གཅིག་སྤྱོད་པ། སྣ་འགའ་སྤྱོད་པ། ཕར་ཆེར་སྤྱོད་པ་གསུམ་ཡིན་ལ། འདོད་པ་དང་པོ་སྡོམ་པ་ཕྱི་མ་སྐྱེས་དུས་སྔ་མ་འཇིག་པ་མ་ཡིན་ཏེ། ཕྱི་མ་སྔ་མ་འཇིག་པའི་རྒྱུ་མ་ཡིན་པའི་ཕྱིར་རོ། །དྲི་བ་གཉིས་པ་སྔ་ཕྱི་ལྷན་ཅིག་ཏུ་གནས་པ་ཡང་མ་ཡིན་ཏེ་རྟུལ་ཕྲན་བསགས་པའི་གཟུགས་ཅན་ཁོ་ན་ལ་སྡོམ་པ་གསུམ་གྱི་ཐ་སྙད་འཇོག་པ་ཡིན་ཅིང་། གཟུགས་རྫས་གཞན་པ་གཉིས་གང་ཟག་གཅིག་གི་རྒྱུད་ལ་གནས་པ་ལ་འགལ་བ་མེད་པའི་ཕྱིར་རོ། །དེས་ན་འདིའི་ལུགས་ནི་མཛོད་ལས། ཐ་དད་དེ་དག་འགལ་བ་མེད། །ཅེས་པ་ཤེས་བྱེད་དུ་མཛད་ནས་སྡོམ་པ་གཟུགས་ཅན་རྫས་ཐ་དད་པ་སྐྱེས་བུའི་རྒྱན་སྣ་ཚོགས་པ་བཞིན་དུ་གནས་པར་མཛད་དོ། །

གཉིས་པ་དེ་དགག་པ་ནི་སྤྱིར་སྡོམ་པ་གཟུགས་ཅན་དུ་འདོད་པའི་ཚུལ་ནི་བཀག་ཟིན་ཅིང་ཁྱད་པར་བྱང་སེམས་ཀྱི་སྡོམ་པ་གཟུགས་ཅན་དུ་འདོད་པ་ནི་ཤིན་ཏུ་མི་འཐད་དེ། སྤྱོད་འཇུག་ལས། སྤོང་བའི་སེམས་ནི་ཐོབ་པ་ལས། །ཚུལ་ཁྲིམས་ཕ་རོལ་ཕྱིན་པར་བཤད། །ཅེས་སྤོང་སེམས་ལ་བཤད་པའི་ཕྱིར་དང་། བྱང་ཆུབ་སེམས་དཔའི་ཚུལ་ཁྲིམས་རྣམ་པ་གསུམ་པོ་གཟུགས་ཅན་དུ་འདོད་ན་འཇུག་པ་སེམས་བསྐྱེད་གཟུགས་ཅན་དུ་འདོད་དགོས་ཤིང་། འདོད་ན་སྨོན་སེམས་ཀྱང་གཟུགས་ཅན་དུ་ཐལ་བ་སོགས་ཧ་ཅང་ཐལ་ཞིང་། སྔགས་སྡོམ་གཟུགས་ཅན་དུ་འདོད་པ་ཡང་མི་འཐད་དེ། སྔགས་སྡོམ་གྱི་ངོ་བོ་ནི་ཐ་མལ་གྱི་ལུས་ངག་ཡིད་གསུམ་ལ་རྡོ་རྗེ་འཆང་གི་སྐུ་གསུང་ཐུགས་ཀྱི་ས་བོན་བཏབ་ནས་རྒྱུ་འབྲས་ལྷུན་འགྲུབ་ཏུ་ལོངས་སྤྱོད་པའི་ཐབས་ཁྱད་པར་ཅན་ཡིན་ལ་དེ་ལ་ནི་རྡུལ་ཕྲན་བསགས་པའི་གཟུགས་ཀྱི་དགོས་པ་མེད་པའི་ཕྱིར་རོ། །ཉན་ཐོས་ཀྱི་སོ་ཐར་དང་ལྡན་པའི་གང་ཟག་གིས་སྡོམ་པ་གོང་མ་གཉིས་རིམ་ཅན་དུ་བླངས་པའི་ཚེ་གསུམ་ཀ་ཡང་སྐྱེས་བུའི་རྒྱན་བཞིན་དུ་རྫས་སོ་སོར་གནས་པར་འདོད་པ་ཡང་མི་འཐད་དེ། དེའི་ཚེ་ཉན་ཐོས་ཀྱི་སོ་ཐར་དེ་ཐེག་ཆེན་གྱི་སོ་ཐར་དུ་འགྱུར་ན་བྱང་སེམས་ཀྱི་སྡོམ་པར་འགྱུར་བ་ཡང་བཟློག་ཏུ་མེད་ཅིང་གལ་ཏེ་མི་འགྱུར་ན་གང་ཟག་དེའི་རྒྱུད་ལ་བྱང་སེམས་ཀྱི་སྡོམ་པ་དང་ཉན་ཐོས་ཀྱི་སོ་ཐར་གཉིས་ཀ་ཡོད་པར་འགྱུར་ཏེ་ཉན་ཐོས་ཀྱི་སོ་ཐར་གཏོང་བྱེད་ཀྱི་རྒྱུ་མ་བྱུང་ཞིང་ཐེག་ཆེན་གྱི་སོ་ཐར་དུ་གནས་འགྱུར་བ་ཡང་མེད་པའི་ཕྱིར་རོ། །འདོད་ན་མི་འཐད་དེ། ཉེ་བར་འཁོར་གྱིས་ཞུས་པའི་མདོ་ལས། ཉེ་བར་འཁོར་ཉན་ཐོས་ཀྱི་ཐེག་པ་པ་རྣམས་ཀྱི་སྲུང་བ་ཡང་གཞན་ལྟག་པའི་

བསམ་པ་ཡང་གཞན་ཐེག་པ་ཆེན་པོ་ལ་ཡང་དག་པར་ཞུགས་པ་རྣམས་ཀྱི་སྦྱོར་བ་ཡང་གཞན་ལྷག་པའི་བསམ་པ་ཡང་གཞན་ཡིན་ནོ། །ཉེ་བར་འཁོར་དེ་ལ་ཉན་ཐོས་ཀྱི་ཐེག་པ་བའི་ཚུལ་ཁྲིམས་ཡོངས་སུ་དག་པ་གང་ཡིན་པ་དེ་ནི་བྱང་ཆུབ་སེམས་དཔའི་ཚུལ་ཁྲིམས་ཡོངས་སུ་མ་དག་པ་ཡིན་ལ་བྱང་ཆུབ་སེམས་དཔའི་ཚུལ་ཁྲིམས་ཡོངས་སུ་དག་པ་དེ་ནི་ཉན་ཐོས་ཀྱི་ཚུལ་ཁྲིམས་ཡོངས་སུ་མ་དག་པ་ཉིད་ཡིན་ནོ། །དེ་ཅིའི་ཕྱིར་ཞེ་ན། ཉན་ཐོས་ཀྱི་ཐེག་པ་པ་ནི་སྐད་ཅིག་ཙམ་སྲིད་པར་སྐྱེ་བ་ལེན་པར་སྤྲོ་ནའང་ཉེས་པ་ཡིན་ལ་བྱང་ཆུབ་སེམས་དཔའ་ནི་སེམས་ཅན་གྱི་དོན་ལ་བསྐལ་པ་དཔག་ཏུ་མེད་པར་འཁོར་བར་གནས་པ་ལ་མི་སྐྱོ་བ་ཡིན་ནོ་ཞེས་གསུངས་པའི་ཕྱིར་རོ། །གསུམ་པ་རྒྱ་གཞོང་དུ་ནོར་བུ་བཞག་པའི་དཔེས་རྟེན་དང་བརྟེན་པ་རྫས་གཞན་དུ་འདོད་པ་དགག་པ་ནི། བོད་ཀྱི་སྡོམ་པ་གསུམ་གྱི་རྣམ་བཞག་བྱེད་པ་ལ་ལ་ཁ་ཅིག་ན་རེ། དང་པོར་སོ་ཐར་རིས་བདུན། དེ་ནས་བྱང་སེམས་ཀྱི་སྡོམ་པ། དེ་ནས་སྔགས་སྡོམ་ཐོབ་པའི་ཚེ་སྔ་ཕྱི་རྟེན་དང་བརྟེན་པའི་ཚུལ་དུ་རྫས་གཞན་དུ་གནས་པ་ཡིན་པ་ལ་གོང་མ་གོང་མའི་རྟེན་དུ་འོག་མ་འོག་མ་སྔོན་དུ་སོང་བ་ངེས་པར་དགོས་ཏེ། དཔེར་ན་གཞོང་པའི་ནང་དུ་རྒྱ་བླུགས་ནས་དེའི་ནང་དུ་ནོར་བུ་བཞག་པ་བཞིན་ནོ་ཞེས་ཟེར་རོ། །དེ་དག་ནི་མི་འཐད་དེ། བྱང་སེམས་ཀྱི་སྡོམ་པའི་རྟེན་དུ་སོ་ཐར་དགོས་པ་དེ་ཉན་ཐོས་ཀྱི་སོ་ཐར་ལ་བྱེད་དམ། ཐེག་ཆེན་གྱི་སོ་ཐར་ལ་བྱེད། དང་པོ་ལྟར་ན་ཉན་ཐོས་ཀྱི་སོ་ཐར་ནི་བྱང་སེམས་ཀྱི་སྡོམ་པ་སྐྱེ་བ་དང་གནས་པ་གཉིས་ཀའི་རྟེན་དུ་མི་རུང་སྟེ། ཉན་ཐོས་ཀྱི་སོ་ཐར་གཏན་མི་སྐྱེ་པའི་རྟེན་ལ་ཡང་དབུ་མ་ལུགས་ཀྱི་བྱང་སེམས་ཀྱི་སྡོམ་པ་སྐྱེ་བར་གོང་དུ་བཤད་ཟིན་ཅིང་ཉན་ཐོས་ཀྱི་སོ་ཐར་ནི་ཤི་འཕོས་པའི་ཚེ་གཏོང་ལ་བྱང་སེམས་ཀྱི་སྡོམ་པ་ནི་ཤི་འཕོས་ནས་ཀྱང་མི་གཏོང་བའི་ཕྱིར་རོ། །

གཉིས་པ་ལྟར་ན་རྟེན་དང་བརྟེན་པ་རྫས་གཞན་དུ་འདོད་པ་མི་འཐད་དེ། ཐེག་ཆེན་སོ་ཐར་ནི་རྫོགས་པའི་བྱང་ཆུབ་ལ་དམིགས་ཏེ་གཞན་ལ་གནོད་པ་སྤོང་བ་ཡིན་ལ་བྱང་སེམས་ཀྱི་སྡོམ་པ་ནི་རྫོགས་པའི་བྱང་ཆུབ་ལ་དམིགས་ཏེ་ཕན་པ་སྒྲུབ་པ་ཡིན་ཅིང་། གཞན་ལ་ཕན་པ་སྒྲུབ་པ་དང་གཞན་ལ་གནོད་པ་སྤོང་བ་གཉིས་ངོ་བོ་གཅིག་ཏུ་སྐྱེ་བའི་ཕྱིར་རོ། །གཞན་ཡང་ཁྱེད་ལྟར་ན་གཞོང་པ་དེ་རྒྱ་མེད་པའི་ནོར་བུ་དང་། རྒྱ་དང་བཅས་པའི་ནོར་བུ་གཉིས་ཀའི་རྟེན་ཡིན་པ་ལྟར་སོ་ཐར་རིས་བདུན་པོ་དེ་ཡང་བྱང་སེམས་ཀྱི་སྡོམ་པ་མེད་པའི་སྔགས་སྡོམ་དང་། བྱང་སེམས་ཀྱི་སྡོམ་པ་དང་བཅས་པའི་སྔགས་སྡོམ་གཉིས་ཀའི་རྟེན་དུ་རུང་བར་ཁས་ལེན་དགོས་ལ་དེ་འདོད་ན་སྔགས་སྡོམ་དང་བྱང་སེམས་ཀྱི་སྡོམ་པ་རྣམ་པ་ཀུན་ཏུ་རྟེན་དང་བརྟེན་པར་འདོད་པ་འགལ་ལོ། །གཞན་ཡང་དགེ་སློང་རྡོ་རྗེ་འཛིན་པས་སེམས་ཅན་གྱི་དོན་དུ་འགྱུར་བ་མཐོང་ནས་དགེ་སློང་གི་བསླབ་པ་ཕུལ་

བའི་ཚེ་སྡོམ་པ་གོང་མ་གཉིས་པོ་གཏོང་བར་འགྱུར་ཏེ། སྡོམ་པ་གོང་མ་གཉིས་ཀྱི་རྟེན་གཏོང་བའི་ཕྱིར་རོ། །རྟགས་ཁས་ཁྱབ་པ་ཡོད་དེ། རྟེན་གཞོང་པ་མེད་ན་བརྟེན་པ་གཞོང་བའི་རྒྱུ་མེད་དགོས་པའི་ཕྱིར་རོ། །ཁྱབ་པ་ཁས་བླངས་སོ། །ཡང་བྱང་སེམས་ཀྱི་སྡོམ་པ་དང་གསང་སྔགས་ཀྱི་སྡོམ་པ་རྫས་གཞན་དུ། འདོད་པ་ནི་ཐེག་ཆེན་གྱི་སྡེ་སྣོད་ཀྱི་ཉམས་ལེན་གྱི་གནད་དོན་མ་ཟིན་པ་ཡིན་ཏེ། སྔགས་སྡོམ་རྒྱུད་ལྡན་གྱི་གང་ཟག་གིས་འཇུག་པ་སེམས་བསྐྱེད་ཀྱི་བསླབ་བྱ་ཚུལ་ཁྲིམས་རྣམ་པ་གསུམ་གྱི་ནང་དུ་མ་འདུས་པའི་ཐེག་ཆེན་གྱི་ཉམས་ལེན་གཞན་ཡོད་ན་ཉམས་ལེན་དེ་དགེ་བའི་ཆོས་མ་ཡིན་པར་ཐལ་བའི་ཕྱིར་རོ། །དེས་ན་རྒྱུ་གཞོང་དུ་ནོར་བུ་བཞག་པ་ལྟར། སྔགས་སྡོམ་གྱི་ཉམས་ལེན་རང་རྒྱུད་ཀྱི་སྡོམ་པ་གཞན་གཉིས་ལ་ཡང་མ་ཁྱབ་པར་ཟུར་དུ་ཙུང་ཟད་ཙམ་ཡོད་པར་འདོད་པ་དེ་ནི་བསྐྱེད་རིམ་གྱི་དུས་སུ་སྣང་བའི་དངོས་པོ་ཐམས་ཅད་ལྷ་དང་། རྫོགས་རིམ་གྱི་དུས་སུ་སྣང་བ་ཐམས་ཅད་བདེ་ཆེན་དུ་ཤར་བ་དགོས་སོ་ཞེས་སྨྲ་བ་ནི་འུད་གོག་འབའ་ཞིག་ཏུ་སྣང་སྟེ། རྒྱལ་སྲས་སེམས་དཔའ་ཆེན་པོས། འགྲོ་ལ་ཉེ་རིང་ཆགས་སྡང་མ་སྤྱངས་ཀྱང་། །སྲིད་ཞི་མཉམ་པར་སྨྲ་བའི་འུད་གོག་ཅན། །ཞེས་གསུངས་པ་དང་ཆོས་མཚུངས་སམ་སྙམ་མོ། །བཞི་པ་གཞན་ལུགས་ལ་རང་ལུགས་སུ་འཁྲུལ་ནས་གནས་འགྱུར་རྫས་གཞན་དུ་འདོད་པ་དགག་པ་ལ་གཉིས་ཏེ་འདོད་པ་བརྗོད་པ་དང་། དེ་དགག་པའོ། །

དང་པོ་ནི་སྡོམ་གསུམ་རབ་དབྱེའི་འགྲེལ་བྱེད་ཁ་དག་འ་ཅིག་ན་རེ། ད་ནི་འདི་དཔྱད་པར་བྱ་སྟེ། ཁ་ཅིག་སྡོམ་པ་གསུམ་པོ་རྗེ་བཙུན་ཆེན་པོས་རྩ་ལྟུང་འགྲེལ་སྙིང་དུ་ངོ་བོ་གཅིག་ཏུ་གསུངས་པ། པཎྜི་ཏ་བི་བྷུ་ཏ་ཙནྡྲས་སྡོམ་གསུམ་འོད་ཀྱི་ཕྲེང་བར་ཉི་ཟླ་སྐར་གསུམ་གྱི་དཔེས་ངོ་བོ་གཅིག་པ་བཀག་ནས་རྫས་ཐ་དད་དུ་བཤད་ཟེར་རོ། །དེ་ནི་རི་བོང་གི་ཅལ་ལྟར་ཡིན་ཏེ། རྗེ་བཙུན་ཆེན་པོས་དགེ་སློང་རྡོ་རྗེ་འཛིན་པ་ལྟ་བུའི་སྡོམ་གསུམ་གནས་འགྱུར་བའི་ཚེ་སྒྲ་ཟིན་ལ་ངོ་བོ་གཅིག་ཅེས་གསུངས་ལ། དེ་ཡང་དེའི་ཚེ་སྡོམ་གསུམ་རྒྱུན་རྫས་གཅིག་པ་ལ་དགོངས་པ་ཡིན་ཏེ་སྡོམ་པའི་སྐད་ཅིག་སྟ་ཕྱི་རྫས་གཅིག་པར་ནི་མི་བཞེད་དེ། མདོ་རྒྱུད་བསྟན་བཅོས་ཚད་ལྡན་དང་མི་མཐུན་པའི་ཕྱིར་རོ། །དེ་ལ་ཁ་ཅིག་སྡོམ་གསུམ་རྫས་གཅིག་ཡིན་ཏེ་ཐ་དད་ཡིན་ན་རྒྱུད་གཅིག་ལ་སྤྱོང་སེམས་དུ་མ་ཅིག་ཆར་དུ་བསྐྱེད་དགོས་པའི་ཕྱིར་རོ། །དེ་ལྟར་ན་རྣམ་འགྲེལ་ལས། རྟོག་གཉིས་གཅིག་ཆར་འཇུག་པ་མེད་ཅེས་བཤད་པ་དང་འགལ་ལོ་ཞེ་ན། དེ་ཡང་མི་འཐད་དེ། གཞུང་དེའི་དགོངས་པ་ནི་གཙོ་བོ་ཡིད་ཀྱི་རྣམ་པར་ཤེས་པ་ལྟ་བུའི་སེམས་རིས་མཐུན་སྐད་ཅིག་སྟ་ཕྱི་ཅིག་ཆར་མི་སྐྱེ་བར་བཤད་པའི་ཕྱིར་རོ། །དེས་ན་སྡོམ་གསུམ་རྫས་ཐ་དད་པ་ལ་སྐྱོན་དེ་མི་འཇུག །སྡོམ་གསུམ་རྫས་གཅིག་ན་སྐྱོན་དེ་འཇུག་སྟེ། ད་ལྟའི་དགེ་སློང་རྡོ་རྗེ་འཛིན་པ་སྡོམ་པ་གསུམ་ལྡན་དེས་ཐེག་ཆེན་སོ་ཐར་ལ་སོགས་པའི་སྡོམ་པ་གསུམ་རང་རང་གི་མི་མཐུན་

ཕྱོགས་སྤྱོད་སེམས་ཀྱིས་ཟིན་པའི་ཚོགས་ཐོབ་པའི་ཕྱིར། གཞན་ཡང་དགེ་སློང་ཕ་མ་ལྷ་བུ་མཚན་ཡོངས་སུ་གྱུར་པའི་ཚེ་སྡོམ་པ་དེ་གཉིས་རྫས་ཀྱི་རྒྱུན་གཅིག་པས་དགེ་སློང་ཕ་མའི་སྡོམ་པ་ནི་རྫས་གཅིག་ཅེས་མི་བྱ་སྟེ། མཛོད་ལས། ཐ་དད་དེ་དག་འགལ་བ་མེད། །ཅེས་བཤད། རང་འགྲེལ་ལས་ཀྱང་། སྡོམ་པ་དེ་དག་ལྔ་དང་བཅུ་དང་ཉི་ཤུ་ཞེས་བྱ་བ་ལྟ་བུ་དང་། དོང་ཙེ་གཅིག་དང་གཉིས་ཞེས་བྱ་བ་བཞིན་དུ་གཞན་དང་གཞན་ཞེས་བྱ་བའམ། འོན་ཏེ་དེ་དག་ཐམས་ཅད་ཐ་དད་པ་ཉིད་གཅིག་ཏུ་སྐྱེ་ཞེ་ན། སྨྲས་པ་ཐ་དད་དེ་དག་ནི་མ་འདྲེས་པ་ཉིད་དེ། སྡོམ་པ་གསུམ་དག་ལ་སྲོག་གཅོད་སྤོང་བ་གསུམ་ནས་མྱོས་པར་འགྱུར་བའི་ལྡང་བ་སྤོང་བ་གསུམ་གྱི་བར་མཚན་ཉིད་ཐ་དད་པར་སྐྱེ་སྟེ་ལྷག་མ་རྣམས་ཀྱང་དེ་དང་འདྲའོ། །དེ་དག་ལ་ཁྱད་པར་ཅི་ཡོད་ཅེ་ན་གཞིའི་ཁྱད་པར་ལས་ཁྱད་པར་ཡོད་དོ། །ཞེས་གསུངས་སོ། །དེས་ན་སྡོམ་པ་གསུམ་རྫས་ཐ་དད་ཀྱང་དགེ་སློང་རྡོ་རྗེ་འཛིན་པ་ལ་སྡོམ་པ་གསུམ་ལྡན་པའི་ཚུལ་ནི་རྒྱན་དབང་གིས་གཅིག་མངོན་གྱུར་དུ་ལྡན་པའི་ཚེ་གཅིག་ཤོས་གཉིས་དབང་ལྡན་གྱི་ཚུལ་གྱིས་ལྡན་ཏེ། ཐོབ་བྱེད་ཀྱི་རྒྱུ་ཐོབ་ལ་གཏོང་བྱེད་ཀྱི་རྒྱུ་ཉམས་པར་མ་བྱུས་པའི་ཕྱིར་རོ། །གནས་འགྱུར་བསྐྱེ་བའི་ཚེ་ན་ཡང་སྡོམ་པ་གསུམ་ངོ་བོ་གཅིག་ཅེས་སྨྲ་ཧྲི་བཞིན་དུ་ཁས་མི་ལེན་ནོ། །དེས་ན་རྡོ་རྗེ་རྩེ་མོ་ལས། སོ་སོར་ཐར་དང་བྱང་ཆུབ་སེམས། །རིག་འཛིན་སྔགས་ཀྱི་སྡོམ་པའོ། །ཞེས་དང་། རྒྱུད་འབུམ་པ་ལས། རྡོ་ཡི་རིགས་ཀྱི་བྲེ་བྲག་གིས། །ཞེས་སོགས་གསུངས་པའི་དོན་རྗེ་བཙུན་ཡབ་སྲས་ཀྱི་དགོངས་པ་ཡང་ཁོ་བོས་བཤད་པ་འདི་ཁོ་ན་ལྟར་ཡིན་ལ། གཞན་གྱིས་ཐོས་ཐོས་པོན་དུ་གྱུར་བར་མི་བྱའོ། ཞེས་ཟེར་རོ། །གཉིས་པ་ནི་འབྲུལ་སྤོང་ལས་ངོ་བོ་གཅིག་ཏུ་གསུངས་པ་འོད་ཕྲེང་མཁན་པོས་བཀག་པ་མ་ཡིན་ནོ། །ཞེས་སྨྲ་བ་ནི་ཕྱོགས་སྔ་ཕྱི་གཉིས་ཀ་ལ་ཞིབ་ཏུ་མ་དཔྱད་པ་སྟེ། འོད་ཕྲེང་ལས་རྒྱུད་འབུམ་པའི་ལུང་དྲངས་པའི་དེ་མ་ཐག་ཏུ་གསུངས་པའི་དོན་ལ་ཁ་ཅིག་ནི་གནས་འགྱུར་ངོ་བོ་གཅིག་ཟེར་ཏེ། ཞེས་གནས་འགྱུར་ངོ་བོ་གཅིག་པ་ཕྱོགས་སྔར་བྱས་ནས་དགག་པ་རྒྱས་པར་བཤད་ཅིང་རྒྱུད་འབུམ་པའི་ལུང་གི་དོན་ལ། གནས་འགྱུར་ངོ་བོ་གཅིག་ཏུ་འདོད་པ་འབྲུལ་སྤོང་མཁན་པོ་ལས་འདོད་པ་གཞན་འདི་ཡིན་ཞེས་བསྟན་རྒྱུ་མི་འདུག་པའི་ཕྱིར་དང་། འབྲུལ་སྤོང་ལས་སྨྲས་ཟིན་ལ་ངོ་བོ་གཅིག་པར་བཤད་པ་ཁྱད་རང་ཁས་ལེན་ཅིང་གནས་འགྱུར་ངོ་བོ་གཅིག་པ་འབྲུལ་སྤོང་གི་དགོངས་པ་ཡིན་པ་ཡང་འོག་ཏུ་རྒྱས་པར་འཆད་པར་འགྱུར་བའི་ཕྱིར་རོ། །

ཡང་རྗེ་བཙུན་གྱི་དགོངས་པ་དགེ་སློང་རྡོ་རྗེ་འཛིན་པ་ལྟ་བུའི་སྡོམ་གསུམ་གནས་འགྱུར་བར་འདོད་པ་ཡང་ཁྱོད་ཀྱི་ལུགས་ལ་ཤིན་ཏུ་འགལ་ཏེ་སོ་ཐར་གྱི་སྡོམ་པ་གཟུགས་ཅན་དང་། བྱང་སེམས་ཀྱི་སྡོམ་པ་ཤེས་པར་ཁས་བླངས་པས་བེམ་པོ་ཤེས་པར་གནས་འགྱུར་བར་འདོད་དགོས་ལ། དེ་ནི་ཆོས་ཀྱི་གྲགས་པས། རྣམ་

ཤེས་མིན་པ་རྣམ་ཤེས་ཀྱི། །ཉེར་ལེན་མིན་པའི་ཕྱིར་ཡང་གྲུབ། །ཞེས་གསུངས་པས་བཀག་གོ། །སྡོམ་གསུམ་གནས་འགྱུར་བའི་ཚེ་རྒྱུན་རྫས་གཅིག་ཅེས་པ་ཡང་དཔྱད་ན་མི་འཐད་དེ། རྒྱུན་གྱི་གདགས་གཞི་རྣམས་རྫས་གཅིག་ན་སྐད་ཅིག་སྔ་ཕྱི་རྫས་གཅིག་པར་ཐལ་བ་བཟློག་ཏུ་མེད་ཅིང་དེ་ལས་གཞན་པའི་རྒྱུན་རྫས་གཅིག་པ་ནི་མི་འཐད། རྒྱུན་རྫས་སུ་མ་གྲུབ་པའི་ཕྱིར་རོ། །རྫས་གཞན་གྱི་རྒྱུན་གཅིག་པ་དང་། རྒྱུན་རྫས་གཅིག་པ་གཉིས་ཀྱི་ཁྱད་པར་ཤིན་ཏུ་ཡང་ཆེ་བའི་ཕྱིར་རོ། །སྡོམ་པའི་སྐད་ཅིག་སྔ་ཕྱི་རྫས་གཅིག་པར་རྗེ་བཙུན་གྱི་དགོངས་པར་འདོད་པ་ལ་དགག་པ་བརྗོད་པ་ནི་དོན་མེད་པ་ཁོ་ན་སྟེ་དེ་ལྟར་སྨྲ་མཁན་སུ་ཡང་མེད་པའི་ཕྱིར་རོ། །ཇོག་གཉིས་ཅིག་ཆར་འཇུག་པ་མེད་ཅེས་པའི་དོན་སེམས་རིགས་མཐུན་སྐད་ཅིག་སྔ་ཕྱི་ཅིག་ཆར་མི་སྐྱེ་བ་ལ་འདོད་པ་ནི་བཤད་གད་ཀྱི་གནས་སོ། །སྡོམ་གསུམ་རྫས་གཅིག་ན་སྡོང་སེམས་དུ་མ་ཅིག་ཆར་དུ་སྐྱེ་བར་འགྱུར་རོ་ཞེས་སྨྲ་བ་ཡང་རྫས་གཅིག་པའི་དོན་མ་རྟོགས་པ་ཁོ་ན་སྟེ་སྡོང་སེམས་གསུམ་པོ་ཡང་ངོ་བོ་གཅིག་ལ་ལྡོག་པས་ཕྱེ་བ་ཡིན་གྱི་རྫས་ཐ་དད་དུ་མེད་པའི་ཕྱིར། གལ་ཏེ་བྱང་སེམས་ཀྱི་སྡོམ་པའི་མི་མཐུན་ཕྱོགས་རང་དོན་ཡིད་བྱེད་སྤོང་བའི་སེམས་པ་དང་། སོ་ཐར་གྱི་སྡོམ་པའི་མི་མཐུན་ཕྱོགས་གཞན་གནོད་གཞི་བཅས་སྤོང་བའི་སེམས་པ་གཉིས་པོ་རྫས་གཅིག་པ་ཡིན་པས་ཤེས་པ་གཅིག་གི་འཁོར་དུ་སེམས་བྱུང་གཉིས་ཅིག་ཆར་འབྱུང་བ་མི་སྲིད་དོ་སྙམ་ན་མི་འཐད་དེ། དེ་ལྟར་ན་སྲོག་གཅོད་སྤོང་བའི་སྤོང་སེམས་དང་། མ་བྱིན་ལེན་སྤོང་བའི་སྤོང་སེམས་གཉིས་པོ་ཡང་རྫས་ཐ་དད་དུ་འགྱུར་ལ།

དེ་ལྟར་ན་སོ་ཐར་གཅིག་པོ་ལ་ཡང་མི་མཐུན་ཕྱོགས་ཇི་སྙེད་ཡོད་པ་དེ་སྙེད་ཀྱི་སྤོང་སེམས་རྫས་ཐ་དད་པ་ཁས་ལེན་དགོས་པར་འགྱུར་ཞིང་། མ་ཆགས་པ་དང་། ཞེ་སྡང་མེད་པ་དང་། གཏི་མུག་མེད་པའི་སེམས་བྱུང་གསུམ་པོ་ཡང་རྫས་ཐ་དད་དུ་ཁས་ལེན་དགོས་པས་ཤེས་པ་གཅིག་གི་འཁོར་དུ་འབྱུང་མི་སྲིད་པ་སོགས་སྐྱོན་མཐའ་ཡས་པ་གནས་སོ། །མཛོད་ཀྱི་དགོངས་པ་ལ་དགེ་སློང་ཕ་མའི་སྡོམ་པ་གཉིས་རྫས་ཐ་དད་པའི་ཤེས་བྱེད་དུ་ཐ་དད་དེ་དག་འགལ་བ་མེད་ཅེས་པའི་རྒྱ་འགྲེལ་དྲངས་པ་ནི་རང་གི་དེ་ཉིད་སྟོན་པར་ཟད་དེ། ཚིག་གསུམ་རིམ་ཅན་དུ་བླངས་པའི་གང་ཟག་གི་རྒྱུད་ཀྱི་དགེ་བསྙེན་དང་། དགེ་ཚུལ་དང་། དགེ་སློང་གི་སྡོམ་པ་གསུམ་རྫས་ཐ་དད་པ་དེ་དགེ་སློང་ཕ་མའི་སྡོམ་པ་རྫས་ཐ་དད་པའི་ཤེས་བྱེད་དུ་དྲངས་འདུག་པའི་ཕྱིར་དང་། རྫས་སུ་རྣམ་པ་བཞི་ཡིན་ནོ། །ཞེས་པ་དང་དངོས་སུ་འགལ་བའི་ཕྱིར་རོ། །སྡོམ་གསུམ་ལྡན་པའི་ཚུལ་ལ་གཅིག་མངོན་གྱུར་དུ་ལྡན་པའི་ཚེ་ཅིག་ཤོས་གཉིས་དབང་ལྡན་གྱི་ཚུལ་དུ་ལྡན་གྱི་མངོན་གྱུར་དུ་མེད་པར་འདོད་པ་ལ་ནི་སྔར་འོད་ཁྲིང་མཁན་པོས་བག་ལ་ཉལ་བའི་ཚུལ་དུ་འདོད་པ་ལ་དགག་པ་བརྗོད་པའི་རིགས་པ་རྣམས་ནི་འདིར

ཡང་འཇུག་པར་ཤེས་པར་བྱ་སྟེ། དེ་ཡང་ཀུན་ལས་བཏུས་ལས་ས་བོན་དང་ལྡན་པ་དང་། དབང་དང་ལྡན་པ་དང་། མངོན་གྱུར་དུ་ལྡན་པ་གསུམ་ལས་བག་ལ་ཉལ་བའི་ཚུལ་དུ་འདོད་པ་ལ་ནི་ལྡན་ཚུལ་དང་པོ་ཡིན་ལ། དབང་དང་ལྡན་པར་འདོད་པ་ནི་ལྡན་ཚུལ་གཉིས་པ་ཡིན་ཅིང་དེ་གཉིས་གས་ཀྱང་མངོན་གྱུར་དུ་མི་ལྡན་པར་འདོད་པ་མཚུངས་སོ། །ཁྱད་པར་དུ་འདིར་འོག་མ་མངོན་གྱུར་དུ་ལྡན་པའི་ཚེ་གོང་མ་མངོན་གྱུར་དུ་མི་ལྡན་པར་འདོད་པས་ཤིན་ཏུ་སྨད་པའི་གནས་ཏེ་དགེ་སློང་རྡོ་རྗེ་འཛིན་པས་བདེར་གཤེགས་བཀའ་འདས་ཀྱི་རྩ་ལྟུང་སྤྱོད་པའི་ཚེ་འོག་མ་གཉིས་ཀྱི་རྩ་བའི་ལྟུང་བ་སྤྱོད་པའི་སྤྱོད་སེམས་མེད་པར་འགྱུར་བས་རྩ་ལྟུང་གཉིས་པ་སྤྱོད་པའི་ཐབས་ཀྱང་མི་རྙེད་པར་འགྱུར་རོ། །གཞན་ཡང་སྨོན་སེམས་ཉམས་པ་སྤྱོད་པའི་སྤྱོད་སེམས་དང་། རྩ་ལྟུང་ལྔ་པ་སྤྱོད་པའི་སྤྱོད་སེམས་གཉིས་དུས་མཉམ་དུ་ལྡན་མི་སྲིད་པར་ཐལ། སྡོམ་པ་གོང་འོག་གི་སྤྱོད་སེམས་དུས་མཉམ་དུ་ལྡན་མི་སྲིད་པའི་ཕྱིར། དེ་ལ་སོགས་པ་མཐའ་ཡས་སོ། །དེས་ན་རྡོ་རྗེ་རྩེ་མོ་དང་། རྒྱུད་འབུམ་པའི་ལུང་གི་དོན་རྗེ་བཙུན་ཡབ་སྲས་ཀྱིས་བཤད་པའི་དགོངས་པ་སྡོམ་པ་གསུམ་རྫས་ཐ་དད་པ་ལ་འདོད་པ་ནི་དངོས་སྟོབས་ཀྱི་རིགས་པ་ལ་བསྟེན་འདིངས་པ་ཡིན་པས་གཞན་གྱི་བརྒྱུད་པའི་མན་ངག་ཐོས་ཐོས་པོན་དུ་གྱུར་བའི་རྗེས་སུ་འབྲངས་ན་ལེགས་སམ་སྙམ་མོ། །

གཉིས་པ་རང་ལུགས་བཞག་པ་ལ་གཉིས་ཏེ། བཤད་བྱ་རྡོ་རྗེའི་ཚིག་འགོད་པ་དང་། དེའི་དོན་ཚུལ་བཞིན་དུ་བཤད་པའོ། །དང་པོ་ནི། རྗེ་བཙུན་འཕྲུལ་པའི་དྲི་མ་སྤྱངས་པ་རྡོ་རྗེ་འཛིན་པ་ཆེན་པོ་གྲགས་པ་རྒྱལ་མཚན་གྱི་ཞལ་སྔ་ནས་སྡོམ་པ་ཉི་ཤུ་པའི་འགྲེལ་པར་དེ་ལྟར་ན་རྡོ་རྗེ་རྩེ་མོ་ལས། སྡོམ་པ་གསུམ་ལ་གནས་པ་ནི། ། དང་པོ་ཁྲུས་སུ་བཤད་པ་ཡིན། །ཞེས་གང་ཟག་གཅིག་གི་རྒྱུད་ལ་སོ་སོར་ཐར་པ་དང་། བྱང་ཆུབ་སེམས་དཔའ་དང་། རིག་པ་འཛིན་པའི་སྡོམ་པ་གསུམ་དང་ལྡན་པར་གསུངས་པ་འགལ་ལོ་ཞེ་ན་དེའི་དོན་འདི་ཡིན་ཏེ། སྤྱིར་སོ་སོར་ཐར་པ་ཞེས་བྱ་བའི་རང་གི་ངོ་བོ་ནི་གཞན་ལ་གནོད་པ་གཞི་དང་བཅས་པ་ལས་ལྡོག་པ་ཡིན་ལ། དེའི་སྟེང་དུ་ཕན་འདོགས་པ་འདོད་ཅིང་ཞུགས་པ་ནི་བྱང་ཆུབ་སེམས་དཔའི་སྡོམ་པ་ཡིན་ཅིང་། དེའི་སྟེང་དུ་རིག་པ་འཛིན་པ་ནི་རིག་པ་འཛིན་པའི་སྡོམ་པ་ཡིན་ནོ། །དེ་ལ་སོ་སོར་ཐར་པ་ནི་གཉིས་ཏེ། ཉན་ཐོས་ཀྱི་སོ་སོར་ཐར་པ་དང་། བྱང་སེམས་ཀྱི་སོ་སོར་ཐར་པ་ལས། འདིར་བྱང་ཆུབ་སེམས་དཔའི་སོ་སོར་ཐར་པ་ནི་སྡོམ་པ་ཐོབ་པ་དང་གནས་པ་གཉིས་ཀའི་རྟེན་དུ་རུང་གི་སྡོམ་ནི་དེ་ལྟར་མ་ཡིན་པས་རྡོ་རྗེ་རྩེ་མོའི་དགོངས་པ་ནི་བྱང་ཆུབ་སེམས་དཔའི་སོ་སོར་ཐར་པའོ། །བྱང་ཆུབ་སེམས་དཔའི་སྡོམ་པ་དེ་བླང་བའི་ཆོ་ག་གཞན་ཞིག་ཡོད་དམ་སོ་སོར་ཐར་པའི་སྡོམ་པ་ཉིད་ཡིན་ཞེ་ན། སྔར་སོ་སོར་ཐར་པའི་སྡོམ་པ་ཐོབ་ན་ཕྱིས་བྱང་ཆུབ་སེམས་དཔའི་སྡོམ་

པ་ཐོབ་པའི་དུས་སྔར་གྱི་དེ་བྱང་ཆུབ་སེམས་དཔའི་སྡོམ་པར་གནས་འགྱུར་ལ་སྔར་མ་ཐོབ་ན་ནི་བྱང་ཆུབ་སེམས་དཔའི་སྨོན་པའི་དུས་ཉིད་དུ་བྱང་ཆུབ་སེམས་དཔའི་སོ་སོར་ཐར་པའི་སྡོམ་པ་ཐོབ་པ་ཡིན་ནོ། །རྣམ་པར་སྤྲོས་པས་ཆོག་གོ་ཞེས་པ་དང་། རྩ་ལྟུང་འགྲེལ་སྤྱོད་ལས། འདིར་ཁ་ཅིག་འདི་སྐད་དུ། གསུམ་ལ་སྐྱབས་འགྲོ་ནས་བརྩམས་ཏེ། །ཞེས་བྱ་བ་ཐུན་མོང་གི་སྐྱབས་འགྲོ་དང་། སོ་སོར་ཐར་པ་ལ་འཆད་ཅིང་། རྡོ་རྗེ་རྩེ་མོ་ལས་ཀྱང་། སོ་སོར་ཐར་དང་བྱང་ཆུབ་སེམས། །རིག་འཛིན་རང་གི་ངོ་བོའོ། །ཞེས་གསུངས་པའི་གཉིས་ཀའང་སྐྱོན་དང་བཅས་པ་ཡིན་ཏེ། རིག་པ་འཛིན་པ་དང་བྱང་ཆུབ་སེམས་དཔའི་སྡོམ་པ་གཉིས་ནི་ནང་མི་འགལ་མོད། སོ་སོར་ཐར་པའི་སྡོམ་པ་འདི་ནི་བྱང་ཆུབ་སེམས་དཔའི་སྡོམ་པ་ཐོབ་པའི་རྟེན་དུ་མི་རུང་སྟེ། སོ་སོར་ཐར་པ་ནི་གླིང་གསུམ་གྱི་སྐྱེས་པ་དང་བུད་མེད་མ་ཡིན་པ་གཞན་ལ་མི་སྐྱེ་ལ་བྱང་ཆུབ་ཀྱི་སེམས་ནི་འགྲོ་བ་མཐའ་དག་ལ་སྐྱེ་བར་གསུངས་པའི་ཕྱིར་རོ། །ཡང་གནས་པའི་རྟེན་དུ་ཡང་མི་འཐད་དེ། སོ་སོར་ཐར་པ་ནི་ཤི་ནས་གཏོང་ལ་བྱང་ཆུབ་སེམས་ནི་ཇི་སྲིད་སངས་མ་རྒྱས་ཀྱི་བར་དུ་མི་གཏོང་བའི་ཕྱིར་རོ་ཞེ་ན་ཉན་ཐོས་དང་ཐུན་མོང་བའི་སོ་སོར་ཐར་པ་འདི་ནི་ཐོབ་པ་དང་གནས་པའི་རྟེན་དུ་མི་རུང་བར་ཁྱེད་སྨྲ་བ་བཞིན་དུ་ཁོ་བོ་ཅག་ཀྱང་སྨྲའོ། །

འོ་ན་ཁྱེད་ཀྱི་སོ་སོར་ཐར་པ་སྟོན་དུ་མ་སོང་བའི་སྡོམ་པ་གསུམ་གང་ཡིན་ཞེ་ན། འདིར་སོ་སོར་ཐར་པའི་རང་བཞིན་ནི་གཞན་ལ་གནོད་པ་བྱེད་པ་གཞི་དང་བཅས་པ་ལས་ལོག་པར་བྱེད་པ་ཡིན་ལ། བྱང་ཆུབ་སེམས་དཔའི་སྡོམ་པ་ནི་དེའི་སྟེང་དུ་གཞན་ལ་ཕན་འདོགས་པར་ཞུགས་པ་ཡིན་ཅིང་རིག་པ་འཛིན་པ་ནི་དེ་དག་ཀྱང་ལྷའི་རྣམ་པར་ཡེ་ཤེས་ཀྱིས་བྱིན་གྱིས་བརླབས་ནས་ལོངས་སྤྱོད་པས་ན་འདི་ལ་འགལ་བ་ཅི་ཡང་ཡོད་པ་མ་ཡིན་ནོ། །འོན་སྔར་སོ་སོར་ཐར་པའི་སྡོམ་པ་དགེ་སློང་གི་བར་ཐོབ་པ་ཞིག་གིས་ཕྱིས་བྱང་ཆུབ་ཏུ་སེམས་བསྐྱེད་ནས་སླར་ཡང་དབང་མནོས་པར་འགྱུར་ན་འདི་ལ་སྡོམ་པ་ཇི་ལྟར་ལྡན་ཞེ་ན། དགེ་སློང་གིས་སེམས་བསྐྱེད་པའི་ཚེ་སོ་སོར་ཐར་པ་ཐམས་ཅད་བྱང་ཆུབ་སེམས་དཔའི་སྡོམ་པར་འགྱུར་ལ། དཀྱིལ་འཁོར་དུ་ཞུགས་པའི་ཚེ་ན་སྡོམ་པ་ཐམས་ཅད་ཀྱང་རིག་པ་འཛིན་པའི་སྡོམ་པ་ཞེས་བྱ་བ་ཡིན་ནོ། །དེ་སྐད་དུ་རྒྱུད་འབུམ་པའི་ལུང་དེ་ཁོ་ན་ཉིད་ཀྱི་ཡེ་ཤེས་གྲུབ་པ་ཞེས་བྱ་བ་ལས་བྱུང་བ། རྡོ་ཡི་རིགས་ཀྱི་བྱེ་བྲག་གིས། །བཞུས་པས་ལྕགས་དང་ཟངས་དངུལ་འགྱུར། །གསེར་འགྱུར་རྩི་ཡི་དངོས་པོ་ཡིས། །ཀུན་ཀྱང་གསེར་དུ་བསྒྱུར་བར་བྱེད། །དེ་བཞིན་སེམས་ཀྱི་བྱེ་བྲག་གིས། །རིགས་ཅན་གསུམ་གྱི་སྡོམ་པ་ཡང་། །དཀྱིལ་འཁོར་ཆེན་པོ་འདིར་ཞུགས་ན། །རྡོ་རྗེ་འཛིན་པ་ཞེས་བྱའོ། །ཞེས་གསུངས་སོ། །དཔེ་དེའི་རྡོ་ནི་ཕལ་པ་ཡིན་ལ། ལྕགས་ནི་ཉན་ཐོས་ཀྱི་བསླབ་

པར་བྱ་བ། ཟངས་ནི་རང་རྒྱལ་གྱི་བསླབ་པར་བྱ་བ། དངུལ་ནི་བྱང་ཆུབ་སེམས་དཔའི་བསླབ་པར་བྱ་བ་ཡིན་ཅིང་གསེར་འགྱུར་རྩི་ནི་རྡོ་རྗེ་ཐེག་པའི་བསླབ་པར་བྱ་བ་ཡིན་པར་མཚོན་ནོ། ཞེས་གསུངས་སོ། །

གཉིས་པ་ལ་གཉིས་ཏེ། རིམ་གྱིས་བླངས་པའི་ཚེ་གནས་འགྱུར་བའི་ཚུལ། གསུམ་ཆར་ལྡན་པའི་ཚེ་ངོ་བོ་གཅིག་པའི་ཚུལ་ལོ། །དང་པོ་ནི་སྤྱིར་སྡོམ་པ་གསུམ་ལེན་པའི་རིམ་པ་ལ་དང་པོར་ཉན་ཐོས་ཀྱི་སོ་ཐར་རིས་བདུན་གང་ཡང་རུང་བ་བླང་། དེ་ནས་བྱང་སེམས་ཀྱི་སྡོམ་པ་དབུ་སེམས་ཀྱི་ཚོགས་བླང་། དེ་ནས་སྔགས་སྡོམ་བླང་བའི་ཚུལ་དང་། དང་པོར་ཐེག་ཆེན་གྱི་སོ་ཐར། དེ་ནས་སྡོམ་པ་གོང་མ་གཉིས་རིམ་གྱིས་བླང་བའི་ཚུལ་དང་། དང་པོར་ཉན་ཐོས་ཀྱི་སོ་ཐར་གང་ཡང་རུང་བ་བླང་། དེ་ནས་སྡོམ་པ་བར་མ་མ་བླངས་པར་སྔགས་སྡོམ་བླང་བའི་ཚུལ་གཉིས་དང་། དང་པོར་སོ་ཐར་སྔོན་དུ་མ་སོང་བར་བྱང་སེམས་ཀྱི་སྡོམ་པ་བླངས་ནས་སྔགས་སྡོམ་བླང་བའི་ཚུལ་དང་། དང་པོ་ཉིད་ནས་སྡོམ་པ་འོག་མ་གཉིས་གང་ཡང་སྔོན་དུ་མ་སོང་བར་སྔགས་སྡོམ་བླང་བའི་ཚུལ་དང་། དང་པོར་སྔགས་སྡོམ་བླང་ནས་དེའི་རྗེས་སུ་སྡོམ་པ་འོག་མ་གཉིས་བླང་བའི་ཚུལ་དང་རྣམ་པ་བདུན་ཡོད་པ་ལས། དང་པོ་གཉིས་ནི་ཀྱཻ་རྡོ་རྗེ་ལས། དང་པོར་གསོ་སྦྱོང་སྦྱིན་པར་བྱ། །ཞེས་སོགས་སྐལ་དམན་རིམ་འཇུག་པའི་ལམ་གྱི་དཀྲི་ཚུལ་གསུངས་པས་འགྲུབ་ལ། གསུམ་པ་དང་བཞི་པ་གཉིས་ནི་རྒྱུད་འབུམ་པ་ལས། དེ་བཞིན་སེམས་ཀྱི་བྱེ་བྲག་གིས། །རིགས་ཅན་གསུམ་གྱི་སྡོམ་པ་ཡང་། །དཀྱིལ་འཁོར་ཆེན་པོ་འདིར་ཞུགས་ན། །ཞེས་རིགས་ཅན་གསུམ་ཀའི་སྡོམ་པ་ལ་གནས་པས་སྔགས་སྡོམ་ལེན་པ་གསུངས་པས་འགྲུབ་བོ། །ལྔ་པ་ནི་སོ་ཐར་སྔོན་དུ་མ་སོང་བར་དབུ་མ་ལུགས་ཀྱི་སེམས་བསྐྱེད་བླངས་པ་ཡོད་ཅིང་། དེའི་སྟེང་དུ་སྔགས་སྡོམ་ལེན་པ་ཡོད་པས་འགྲུབ་བོ། །དྲུག་པ་ནི་རྗེ་བཙུན་རྩེ་མོའི་དབང་ཆུར་དང་པོ་ཉིད་ནས་ཕྱག་རྒྱ་ཆེན་པོ་མཆོག་གི་དངོས་གྲུབ་ཐོབ་པའི་དོན་དུ་དབང་བསྐུར་ཞུའོ་ཞེས་ཟེར་ན་དེ་ལ་དང་པོ་ནས་དབང་བསྐུར་བྱེད་པར་གསུངས་པས་འགྲུབ་བོ། །བདུན་པ་ནི། རྡོ་རྗེ་རྩེ་མོ་ལས། སེམས་ཅན་ཀུན་གྱི་དོན་གྱི་ཕྱིར། །བདག་གིས་སྡོམ་པ་མ་ལུས་བཟུང་། །ཞེས་ཁྲིམ་པ་སྔགས་སྡོམ་ཐོབ་པའི་རྗེས་སུ་སྡོམ་པ་མ་ལུས་པ་བཟུང་བ་ཡོད་པར་གསུངས་པས་འགྲུབ་བོ། །དེ་ལ་ཚུལ་དང་པོ་ལ་བྱང་སེམས་ཀྱི་སྡོམ་པ་ལེན་པའི་ཚེ་སྔར་གྱི་ཉན་ཐོས་སོ་ཐར་དེ་ཉིད་བྱང་སེམས་ཀྱི་སྡོམ་པའམ་བྱང་སེམས་ཀྱི་སོ་ཐར་དུ་གནས་འགྱུར་བ་ཡིན་ཏེ། རང་ཉིད་གཅིག་པུ་ཞི་བདེ་དོན་གཉེར་གྱི་དམན་སེམས་མཐའ་དག་དོར་ནས། མི་མཐུན་ཕྱོགས་སྤོང་བའི་སྤོང་སེམས་དེ་ཉིད་བྱང་སེམས་ཀྱི་སྡོམ་པའི་ངོ་བོར་འགྱུར་བའི་ཕྱིར་རོ། །ལེན་ཚུལ་གཉིས་པ་ལ་ནི་བྱང་སེམས་ཀྱི་སྡོམ་པ་ལེན་པའི་ཚེ་སྔར་གྱི་སོ་ཐར་བྱང་སེམས་ཀྱི་སྡོམ་པར་གནས་འགྱུར་བ་ནི་མ་ཡིན་ཏེ། དང་པོ་ཉིད་ནས་ཐེག་ཆེན་སོ་ཐར་བྱང་སེམས

ཀྱི་སྡོམ་པའི་ངོ་བོར་ཡོད་པས། ཕྱིས་བྱང་སེམས་ཀྱི་སྡོམ་པ་སྐྱེས་པའི་ཚེ་ཡང་ཡོན་ཏན་བསྟན་པའི་ཚུལ་དུ་ངོ་བོ་གཅིག་ཏུ་སྐྱེས་པ་ཡིན་པའི་ཕྱིར་རོ། །དེས་ན་བྱང་སེམས་ཀྱི་སྡོམ་པར་གནས་འགྱུར་རྒྱུའི་སོ་སོར་ཐར་པ་ནི་ཉན་ཐོས་ཀྱི་སོ་ཐར་ཁོ་ན་ལ་ཡིན་གྱི་བྱང་སེམས་ཀྱི་སོ་ཐར་ནི་མ་ཡིན་ཏེ། སྡོམ་པ་འོག་མ་བར་མར་གནས་འགྱུར་བའི་དོན་ནི་དམན་སེམས་དོར་ཞིང་སྤྱོད་སེམས་མ་དོར་བ་ལ་འཇོག་དགོས་ཤིང་། ཐེག་ཆེན་སོ་ཐར་ལ་དང་པོ་ཉིད་ནས་དམན་སེམས་མེད་པའི་ཕྱིར་རོ། །ལེན་ཚུལ་གསུམ་པ་བཞི་པ་ལྔ་པ་རྣམས་ལ་ནི་སྔགས་སྡོམ་ཐོབ་པའི་ཚེ་སྔར་གྱི་སྡོམ་པ་ཐམས་ཅད་སྔགས་སྡོམ་དུ་གནས་འགྱུར་བ་ཡིན་ཏེ། སྔར་བྱང་སེམས་དང་སོ་ཐར་ཐམས་ཅད་འབྲས་བུ་ལམ་བྱེད་ཀྱི་ཐབས་ཀྱིས་མ་ཟིན་པ་ཡིན་པ་ལས་ཕྱིས་སྔགས་སྡོམ་ཐོབ་པའི་ཚེ་སྡོམ་པ་ཐམས་ཅད་ཀྱང་འབྲས་བུ་ལམ་བྱེད་ཀྱི་ཐབས་ཀྱིས་ཟིན་པའི་སྡོམ་པར་འགྱུར་བའི་ཕྱིར་ཏེ། དེས་ན་སྔར་ཉན་ཐོས་ཀྱི་སོ་ཐར་དང་ལྡན་པས་སྔགས་སྡོམ་ཐོབ་པའི་ཚེ་གནས་འགྱུར་གཉིས་ཀ་ཚང་ལ་སྔར་བྱང་སེམས་ཀྱི་སྡོམ་པ་དང་ལྡན་པས་དབང་བསྐུར་ཐོབ་པ་ལ་ནི་གནས་འགྱུར་ཕྱི་མ་ཁོ་ན་བསྐྱེ་བར་རིག་པར་བྱའོ། །

ལེན་ཚུལ་དྲུག་པ་ལ་ནི་སྡོམ་པ་གསུམ་ཆར་ཡང་ཆོག་གཅིག་ལས་ཐོབ་པས་ངོ་བོ་གཅིག་ཏུ་སྐྱེ་བ་ཁོ་ན་ཡིན་གྱི་གནས་འགྱུར་བསྐྱེར་མེད་དོ། །དེ་བཞིན་དུ་སོ་ཐར་སྔོན་དུ་མ་སོང་བར་བྱང་སེམས་ཀྱི་སྡོམ་པ་ལེན་པའི་ཆོག་ལས་བྱང་སེམས་ཀྱི་སྡོམ་པ་དང་སོ་ཐར་གྱི་སྡོམ་པ་གཉིས་ཐོབ་པ་ལའང་གནས་འགྱུར་བསྐྱེར་མེད་དེ། དེ་ལ་ནི་ཐེག་ཆེན་གྱི་སོ་ཐར་ཁོ་ན་སྐྱེ་བའི་ཕྱིར་རོ། །ལེན་ཚུལ་བདུན་པ་ལ་ནི་སྡོམ་པ་འོག་མ་གཉིས་པོ་ཐོབ་པའི་ཚེ་ངོ་བོ་གཅིག་ཏུ་སྐྱེ་བ་ཁོ་ན་ཡིན་གྱི་གནས་འགྱུར་བསྐྱེར་མེད་དེ། སྔགས་སྡོམ་ལ་གནས་བཞིན་དུ་སྡོམ་པ་གང་བླང་ཀྱང་སྔགས་སྡོམ་གྱི་ངོ་བོར་སྐྱེ་བའི་ཕྱིར་རོ། །དེས་ན་ཉན་ཐོས་ཀྱི་སོ་ཐར་བྱང་སེམས་ཀྱི་སྡོམ་པར་གནས་འགྱུར་བ་དང་། འབྲས་བུ་ལམ་བྱེད་ཀྱི་ཐབས་ཀྱིས་མ་ཟིན་པའི་སོ་ཐར་དང་བྱང་སེམས་སྔགས་སྡོམ་དུ་གནས་འགྱུར་བ་ཡིན་གྱི་སྤྱིར་སོ་ཐར་ཙམ་ནི་བྱང་སེམས་ཀྱི་སྡོམ་པར་གནས་འགྱུར་བ་ཡང་མ་ཡིན་ཅིང་ཐེག་ཆེན་གྱི་སོ་ཐར་ཡང་བྱང་སེམས་ཀྱི་སྡོམ་པར་གནས་འགྱུར་བ་མ་ཡིན་ཏེ། བྱང་སེམས་ཀྱི་སྡོམ་པ་ཡང་སོ་ཐར་གྱི་སྡོམ་པའི་བྱེ་བྲག་ཡིན་པའི་ཕྱིར་རོ། །དེ་བཞིན་དུ་སོ་ཐར་ཙམ་དང་བྱང་སེམས་ཀྱི་སྡོམ་པ་ཙམ་སྔགས་སྡོམ་དུ་གནས་འགྱུར་བ་ཡང་མ་ཡིན་ཏེ། སྔགས་སྡོམ་ཡང་སྡོམ་པ་དེ་དག་གི་བྱེ་བྲག་ཡིན་པའི་ཕྱིར་རོ། །དེ་དག་གིས་ནི་གོང་དུ་དྲངས་པའི་སྡོམ་པ་ཉི་ཤུ་པའི་འགྲེལ་པར་སྔར་སོ་སོར་ཐར་པའི་སྡོམ་པ་ཐོབ་ན། ཕྱིས་བྱང་ཆུབ་སེམས་དཔའི་སྡོམ་པ་ཐོབ་པའི་དུས་སུ་སྔར་གྱི་དེ་བྱང་ཆུབ་སེམས་དཔའི་སྡོམ་པར་གནས་འགྱུར་ལ་ཞེས་པ་དང་། རྒྱ་ལྷུང་འགྲུབ་སྤྱོད་ལས་འོན་སྔར་སོ་སོར་ཐར་པའི་སྡོམ་པ་དགེ་སློང་གི་བར་ཐོབ་པ་ཞིག་གིས་ཞེས་སོགས་

གསུངས་པའི་དོན་ཕྱོགས་འདི་ལ་མོས་པ་ཡོད་ཀྱང་བླ་མའི་མན་ངག་དང་བྲལ་ནས་ཁ་ཕྱི་རོལ་དུ་བལྟས་པ་རྣམས་ཀྱི་དོན་དུ་སྙིང་བརྩེ་བའི་བསམ་པས་དཔྱིས་ཕྱིན་པར་བཤད་དོ། །གཉིས་པ་ནི་སྔར་བཤད་པའི་ལེན་ཚུལ་བདུན་པོ་གང་ཡིན་ཀྱང་སྔགས་སྡོམ་རྒྱུད་ལ་ལྡན་པའི་ཚེ་སྡོམ་པ་གསུམ་ཆར་ངོ་བོ་གཅིག་ཏུ་ལྡན་པ་ཡིན་ཏེ། སྔར་སྡོམ་པ་འོག་མ་གཉིས་པོ་སྔོན་དུ་སོང་ན་སྔགས་སྡོམ་ཐོབ་པའི་ཚེ་གནས་འགྱུར་ནས་སྔགས་སྡོམ་གྱི་ངོ་བོ་ཡོད་པའི་ཕྱིར་དང་། སྔོན་དུ་མ་སོང་ན་སྔགས་སྡོམ་གཅིག་པུ་ལ་གཞན་གནོད་གཞི་བཅས་སྤོང་བའི་སྡོམ་པ་དང་། གཞན་ལ་ཕན་པ་སྒྲུབ་པ་དང་། དེ་ཐམས་ཅད་ཀྱང་འབྲས་བུ་ལམ་བྱེད་ཀྱིས་ཟིན་པའི་སྡོམ་པ་གསུམ་ཐོབ་པའི་ཕྱིར་རོ། །དེས་ན་སྔགས་སྡོམ་དང་ངོ་བོ་གཅིག་པའི་བྱང་སེམས་དང་སོ་ཐར་ནི་འབྲས་བུ་ལམ་བྱེད་ཀྱི་ཐབས་ཀྱིས་ཟིན་པའི་སོ་ཐར་དང་བྱང་སེམས་ཡིན་གྱི་ཕ་རོལ་ཏུ་ཕྱིན་པའི་ཉམས་ལེན་རྐྱང་པའི་བྱང་སེམས་དང་སོ་ཐར་གཉིས་ནི་སྔགས་སྡོམ་དང་ངོ་བོ་གཅིག་པ་མ་ཡིན་ཏེ། དེ་དག་ནི་སྔགས་སྡོམ་གྱིས་མ་ཟིན་པའི་ཕྱིར་རོ། །དེ་བཞིན་དུ་བྱང་སེམས་ཀྱི་སྡོམ་པ་དང་ངོ་བོ་གཅིག་པའི་སོ་ཐར་ཡང་བྱང་སེམས་ཀྱི་སོ་ཐར་ཁོ་ན་ཡིན་གྱི་ཉན་ཐོས་ཀྱི་སོ་ཐར་ནི་མ་ཡིན་ཏེ། དེ་གཉིས་རྣམ་པ་ཀུན་ཏུ་འགལ་བའི་ཕྱིར་རོ། །དེས་ན་བྱང་སེམས་ཀྱི་སྡོམ་པ་དང་ལྡན་ན་གཉིས་ངེས་པར་ལྡན་ཅིང་སྔགས་སྡོམ་དང་ལྡན་ན་སྡོམ་པ་གསུམ་ཆར་དང་ལྡན་པས་གསུམ་ལྡན་གྱི་རྒྱུད་ཀྱི་སྡོམ་པ་གསུམ་ཕན་ཚུན་ཡིན་ཁྱབ་མཉམ་ཡིན་ཅིང་། གཉིས་ལྡན་གྱི་རྒྱུད་ཀྱི་སྡོམ་པ་གཉིས་ཀྱང་དེ་བཞིན་དུ་ཤེས་པར་བྱའོ། །འདིའི་དོན་མ་རྟོགས་པ་ཁ་དགའ་གདོང་པ་ཅིག་གནས་འགྱུར་ངོ་བོ་གཅིག་ཞེས་པའི་ཚིག་ཙམ་ལ་བརྟེན་ནས་སྔར་གྱི་གནས་འགྱུར་རྒྱུའི་སྡོམ་པ་དང་ཕྱིས་གནས་འགྱུར་ཟིན་པའི་སྡོམ་པ་གཉིས་ངོ་བོ་གཅིག་ཡིན་ནམ་སྙམ་ནས་སྡོམ་པ་སྐད་ཅིག་སྔ་ཕྱི་རྫས་གཅིག་པ་མི་འཐད་དེ། མདོ་རྒྱུད་བསྟན་བཅོས་ཚད་ལྡན་དང་འགལ་བའི་ཕྱིར་རོ་ཞེས་སྨྲ་བ་དང་། ཡང་ཁ་ལྷ་འབྲི་ཅིག་གནས་འགྱུར་བ་འཐད་ཀྱང་ངོ་བོ་གཅིག་པ་མི་འཐད་དེ། སེམས་ཅན་གྱི་ཤེས་པ་སངས་རྒྱས་ཀྱི་ཡེ་ཤེས་སུ་གནས་འགྱུར་ཀྱང་ངོ་བོ་མི་གཅིག་པ་བཞིན་ནོ། །ཞེས་སྨྲ་བ་དེ་དག་གིས་ནི་རྗེ་བཙུན་གྱི་དགོངས་པ་མ་རྟོགས་ཤིང་རྗེས་འབྲང་གིས་ཀྱང་མ་སླུས་བཞིན་དུ་གཞི་མེད་ལ་དགག་པ་བྱེད་པ་ཙམ་དུ་ཟད་དོ། །སྔགས་སྡོམ་དང་ལྡན་ན་སྡོམ་པ་གསུམ་དང་ལྡན་དགོས་པ་འདི་ཡང་མདོ་རྒྱུད་ཀྱི་དགོངས་པ་ཕྱིན་ཅི་མ་ལོག་པ་རྗེ་བཙུན་ས་སྐྱ་པ་ཡབ་སྲས་ཀྱིས་བཀྲལ་བའི་ལུགས་འབའ་ཞིག་ཏུ་སྣང་སྟེ་རྡོ་རྗེ་རྩེ་མོ་ལས། སྡོམ་པ་གསུམ་ལ་གནས་པ་ནི། །དང་པོའི་ཁྲུས་སུ་བཤད་པ་ཡིན། །ཞེས་པ་དང་། དམ་པ་དང་པོ་ལས། རྟེན་ལ་གསུམ་སྟེ་དགེ་སློང་མཆོག འབྲིང་ནི་དགེ་ཚུལ་ཡིན་པར་འདོད། །ཁྱིམ་ན་གནས་པ་ཐ་མའོ། །ཞེས་བཤད་ཅིང་། ཁྱིམ་ན་གནས་པའི་དོན་ཡང་རྩེ་མོ་ལས། །སྲོག་གཅོད་རྐུ་དང་འཁྲིག་པ་དང་། །

རྫུན་དང་ཆང་ནི་རྣམ་སྤངས་ཏེ། །ཁྱིམ་པའི་སྡོམ་ལ་ལེགས་གནས་ནས། །གསང་སྔགས་རྒྱལ་པོར་རབ་ཏུ་བསྒྲུབ། །ཅེས་དགེ་བསྙེན་གྱི་སྡོམ་པ་བསྒྲུབ་གཞི་ལྟ་བསྲུང་བ་ལ་འཆད་ཅིང་། དཔུང་བཟངས་ཀྱི་རྒྱུད་ལས། རྒྱལ་བ་ངེས་གསུངས་སོ་སོར་ཐར་པ་ཡི། །དམ་ཚིག་དང་ནི་སྡོམ་པ་མ་ལུས་པ། །སྔགས་པ་ཁྱིམ་པས་རྟགས་དང་ཆ་ལུགས་སྤང་། །ལྷག་མ་རྣམས་ནི་ཉམས་སུ་བླང་བར་བྱ། །ཞེས་པ་དང་། སྡོམ་པ་གསུམ་ངེས་པར་བསྟན་པའི་མདོ་ལས། དཔེ་ཇི་སྐད་དུ་བསྟན་པའི་སོ་སོར་ཐར་པ་དང་མཐུན་པར་བྱའོ། །འོད་སྲུང་གང་དག་སོ་སོར་ཐར་པ་དང་མི་མཐུན་པར་བྱ་བར་སེམས་པ་དེ་དག་ནི་སངས་རྒྱས་ཀྱི་ཆོས་སྐྱོབས་དང་མི་འཇིགས་པ་དང་མི་མཐུན་པར་བྱ་བར་སེམས་པའོ། །ཞེས་པ་དང་། སློབ་དཔོན་འཇམ་དཔལ་གྲགས་པས། སྡོམ་གསུམ་ཚོགས་མི་ལྡན་པར། །སྔགས་པའི་བདག་ཉིད་མི་འགྱུར་ཏེ། །ཞེས་སོགས་གསལ་བར་གསུངས་ཀྱང་ལུགས་གཞན་དག་གིས་ནི་དཔྱད་པ་ཙམ་ཡང་མ་ཞུགས་པར་སྣང་ཞིང་འདི་པའི་ལུགས་ཀྱི་སྡོམ་པ་འོག་མ་གཉིས་པོ་སྔོན་དུ་སོང་མ་སོང་གང་ཡིན་ཀྱང་སྔགས་སྡོམ་ཐོབ་པའི་ཚེ་སྡོམ་པ་གསུམ་ལྡན་དུ་གཏན་ལ་ཕབ་པའི་ཕྱིར་རོ། །རྒྱུད་ལས་གསུངས་པའི་གསེར་འགྱུར་གྱི་རྩིའི་དཔེ་ནི་སྡོམ་པ་གནས་འགྱུར་བ་དང་ངོ་བོ་གཅིག་པ་གཉིས་ཀའི་དཔེ་ཡིན་ཏེ། ལྕགས་དང་ཟངས་དང་དངུལ་གསུམ་པོ་གསེར་འགྱུར་གྱི་རྩིས་ཟིན་པ་ན་ལྕགས་ལ་སོགས་པའི་དངོས་པོ་ཐ་དད་པ་མེད་པར་ཐམས་ཅད་ཀྱང་གསེར་གྱི་ཕུང་པོ་འབའ་ཞིག་ཏུ་འགྱུར་བ་ལྟར་རིགས་ཅན་གསུམ་གྱི་བསླབ་པ་གསུམ་པོ་ཡང་སྔགས་སྡོམ་གྱིས་ཟིན་པ་ན་ཉན་ཐོས་ཀྱི་བསླབ་པ་ལ་སོགས་པ་ཐ་དད་པ་མེད་པར་ཐམས་ཅད་ཀྱང་རྡོ་རྗེ་ཐེག་པའི་བསླབ་པ་འབའ་ཞིག་ཏུ་འགྱུར་བའི་ཕྱིར་རོ། །

འོན་ཀྱང་སྔར་བླངས་པའི་སྡོམ་པ་དེ་དག་གི་བསླབ་པ་ལ་བསླབ་མི་དགོས་པར་ཐལ་བའི་སྐྱོན་མེད་དེ། དགེ་སློང་རྡོ་རྗེ་འཛིན་པ་ལྟ་བུའི་རྒྱུད་ལ་སྡོམ་པ་འོག་མ་གཉིས་ཀྱི་དབང་དུ་བྱས་པའི་ལྟུང་བ་བྱུང་ན་སྔགས་ཀྱི་དམ་ཚིག་དང་འགལ་བའི་ལྟུང་བ་བྱུང་བས་ཁྱབ་པའི་ཕྱིར་ཏེ། སེམས་ཅན་གྱི་དོན་དུ་འགྱུར་བ་སོགས་ཀྱི་དགོས་ཆེད་ཁྱད་པར་ཅན་མེད་པར་འོག་མ་གཉིས་ཀྱི་རྩ་ལྟུང་བྱུང་ན་སྔགས་ཀྱི་བདེ་གཤེགས་བཀའ་འདས་འབྱུང་ཞིང་ཡན་ལག་རྣམས་ཁྱད་གསོད་དང་བཅས་ཏེ་སྤྱད་ན་བདེ་གཤེགས་བཀའ་འདས་འབྱུང་ཞིང་ཁྱད་གསོད་མེད་ཅིང་དགོས་ཆེད་ཁྱད་པར་ཅན་ཡང་མེད་པར་སྤྱད་ན། སྡོམ་པ་གཉིས་ཀྱི་བཅས་པ་ལས། །དགོས་པ་མེད་པར་འདའ་བ་དང་། །ཞེས་པའི་སྐབས་ནས་བསྟན་པའི་ཡན་ལག་གི་ལྟུང་བ་དང་སེམས་ཅན་གྱི་དོན་དུ་འགྱུར་བ་སོགས་དགོས་ཆེད་ཁྱད་པར་ཅན་གྱི་སྒོ་ནས་སྤྱད་ན་ཐམས་ཅད་ལ་ལྟུང་བ་མེད་པའི་ཕྱིར་རོ། །དེས་ན་ཉི་ཟླ་སྐར་གསུམ་གྱི་དཔེ་དང་། སྐྱེས་བུའི་རྒྱན་གྱི་དཔེ་དང་། ཆུ་གཞོང་དུ་ནོར་བུ་བཞག་པའི་དཔེ་གསུམ་ནི་

དོན་དང་འགྲིག་ན་སྒྱུར་དུ་རུང་ཡང་དོན་དང་མི་འགྲིག་ན་དོར་བར་བྱ་བ་ཡིན་ཏེ། རང་རང་གི་རྟོག་པས་སྒྱུར་བ་ཙམ་ཡིན་གྱི་མདོ་རྒྱུད་ལ་སྒྱུར་བའི་དཔེ་མ་ཡིན་པའི་ཕྱིར་རོ། །གསེར་འགྱུར་གྱི་རྩེའི་དཔེ་ནི་སངས་རྒྱས་ཀྱིས་རྒྱུད་ལས་གསུངས་ཤིང་དོན་ལ་ཡང་ཇི་ལྟ་བ་བཞིན་དུ་མཐུན་པས་ན་རྣམ་པ་ཐམས་ཅད་དུ་བླངས་བར་བྱ་བ་ཁོ་ན་ཡིན་ནོ། །

དེ་དག་ནི་རྗེ་བཙུན་གྱི་སྡོམ་པ་ཉི་ཤུ་པའི་འགྲེལ་པར་སྤྱིར་སོ་སོར་ཐར་པ་ཞེས་བྱ་བའི་རང་གི་ངོ་བོ་ནི་གཞན་ལ་གནོད་པ་གཞི་དང་བཅས་པ་ལས་བཟློག་པ་ཡིན་ལ་ཞེས་སོགས་དང་། འབྲུལ་སྤོང་ལས། འོན་ཁྱིད་ཀྱི་སོ་སོར་ཐར་པ་སྟོན་དུ་མ་སོང་བའི་སྡོམ་པ་གསུམ་པོ་གང་ཡིན་ཞེ་ན་ཞེས་སོགས་ཀྱི་དོན་རྗེ་བཙུན་བླ་མ་སྨྲས་པ་ཆེན་པོའི་གསུང་བཞིན་དུ་བྲིས་པ་ཡིན་པས་ཡིད་ཆེས་པར་གྱིས་ཤིག །གསུམ་པ་རྩོད་པ་སྤང་བ་ནི། འོད་ཕྲེང་མཁན་པོ་ན་རེ། རྒྱུད་འབུམ་པའི་ལུང་གི་དོན་ལ་སྡོམ་གསུམ་གནས་འགྱུར་ངོ་བོ་གཅིག་པ་དང་། གོང་མའི་རྩ་ལྟུང་བྱུང་ན་འོག་མ་གཏོང་བར་འདོད་པ་མི་འཐད་དེ། ངོ་བོ་གཅིག་ན་གཏོང་བའི་ཚེ་སྡོམ་པ་གཅིག་པོ་དེ་ཉིད་གཏོང་བར་འགྱུར་བས་གསུམ་ལྡན་གྱི་གཏོང་བའི་དོན་མི་གནས་པའི་ཕྱིར་རོ། །གཞན་ཡང་བུད་མེད་ལ་སྨོད་པའི་ལྟུང་བ་བྱུང་བས་བུད་མེད་ལ་རེག་པའི་སྡོམ་པ་གཏོང་བར་ཐལ། གོང་མའི་ལྟུང་བ་བྱུང་བས་འོག་མའི་སྡོམ་པ་གཏོང་བ་ཡོད་པའི་ཕྱིར། འདོད་ན་མཁའ་ལ་སྤྲིན་ཆེན་འཁྲིགས་པས་ལོ་ཐོག་ཉམས་པར་འགྱུར་རོ། །གཞན་ཡང་སྡོམ་པ་ཐོབ་གཏོང་གི་རྒྱུ་སངས་རྒྱས་ཀྱིས་གསུངས་པ་ལས་གཞན་དུ་བྱེད་རིགས་པར་ཐལ། གོང་མའི་རྩ་ལྟུང་འོག་མའི་གཏོང་རྒྱུ་ཡིན་པའི་ཕྱིར། གཞན་ཡང་སྡོམ་པ་འོག་མ་གོང་མར་གནས་འགྱུར་བ་མི་འཐད་པར་ཐལ། གོང་འོག་འགལ་བའི་ཕྱིར། འགལ་ཡང་གནས་འགྱུར་ན་ཉི་མའི་དཀྱིལ་འཁོར་འདི་གདྣའི་ཀུ་པོར་གནས་འགྱུར་བར་ཐལ་ལོ། །གཞན་ཡང་སྡོམ་པ་གསུམ་ལྡན་པའི་དོན་ཤེས་རྒྱུད་གཅིག་ལ་དུས་མཉམ་དུ་ལྡན་ན་ལྡན་གཞིའི་ཤེས་རྒྱུད་དེ་ཉིད་རྣམ་ཐ་དད་པ་གསུམ་དུ་ཐལ། ལྡན་ཆོས་སྡོམ་པ་གསུམ་པོ་རྣམ་ཐ་དད་ཡིན་པའི་ཕྱིར། གལ་ཏེ་ཤེས་རྒྱུད་སྔ་ཕྱི་ལ་བརྟེན་ན་སྡོམ་པ་གསུམ་དང་ལྡན་པའི་དོན་མི་གནས་པར་ཐལ། གང་རུང་ཅིག་སྐྱེས་པའི་ཚེ་གཅིག་འགགས་ནས་མེད་པའི་ཕྱིར་རོ། །འོན་ཏེ་སྡོམ་པ་གསུམ་ཤེས་རྒྱུད་གཅིག་ལ་རྫས་གཅིག་ཏུ་ལྡན་ན་གཏོང་ཐོབ་ཆིག་གཅིག་ཏུ་འགྱུར་རོ། །ཞེས་ཟེར་རོ། །དེ་ལ་སྡོམ་པ་གསུམ་ངོ་བོ་གཅིག་ཡིན་ཀྱང་གཏོང་བའི་ཚེ་ཅིག་ཆར་དུ་གཏོང་མི་དགོས་ཏེ། ཐུན་མོང་མ་ཡིན་པའི་གཏོང་རྒྱུ་རྣམས་ཀྱིས་སྡོམ་པ་དེ་ཉིད་གཏོང་གི་གཞན་མི་གཏོང་བའི་ཕྱིར་རོ། །གོང་མའི་རྩ་ལྟུང་བྱུང་ན་འོག་མ་གཏོང་བ་ལ་སྐྱོན་བརྗོད་པ་དེ་གོང་མའི་རྩ་ལྟུང་བྱུང་ན་འོག་མ་གཏོང་བས་ཁྱབ་པ་ལ་སྐྱོན་བརྗོད་པ་ཡིན་ནམ། གཏོང་སྲིད་པ་ལ་སྐྱོན་བརྗོད་པ

ཡིན། དང་པོ་ལྟར་ན་མི་འཐད་དེ། དེ་ལྟར་དུ་ཁས་མ་བླངས་པའི་ཕྱིར་རོ། །གཉིས་པ་ལྟར་ན་བུད་མེད་ལ་སྨོད་པའི་ལྟུང་བས་བུད་མེད་ལ་རེག་པའི་སྡོམ་པ་གཏོང་བར་ཐལ། གོང་མའི་རྩ་ལྟུང་བྱུང་བས་འོག་མ་གཏོང་བ་ཡོད་པའི་ཕྱིར་ཏེ། རྩ་ལྟུང་ལྔ་པ་བྱུང་ན་བྱང་སེམས་ཀྱི་སྡོམ་པ་གཏོང་བའི་ཕྱིར། གཞན་ཡང་སྡོམ་པ་གཏོང་ཐོབ་ཀྱི་རྒྱུ་སངས་རྒྱས་ཀྱིས་གསུངས་པ་ལས་གཞན་དུ་བྱེད་རིགས་པར་ཐལ། བདེ་གཤེགས་བཀའ་འདས་ཀྱི་ལྟུང་བ་བྱུང་བས་འོག་མའི་སྡོམ་པ་གཏོང་བ་ཡོད་པའི་ཕྱིར། འགལ་བ་ལ་གནས་འགྱུར་བརྩི་བ་མི་འཐད་ཅེས་སྨྲ་བ་ནི་གནས་འགྱུར་གྱི་དོན་ཙུང་ཟད་ཙམ་ཡང་མ་རྟོགས་པ་སྟེ། སེམས་ཅན་གྱི་ཤེས་པ་སངས་རྒྱས་ཀྱི་ཡེ་ཤེས་སུ་གནས་འགྱུར་བ་མེད་པར་ཐལ། དེ་གཉིས་འགལ་བའི་ཕྱིར། གཞན་ཡང་ཁྱེད་ཀྱི་ལུགས་ལ་གནས་འགྱུར་གཏན་མི་སྲིད་པར་ཐལ། འགལ་བ་ལ་གནས་འགྱུར་མི་སྲིད་པར་ཁས་བླངས་ཤིང་མི་འགལ་བ་ལ་གནས་འགྱུར་གྱི་དོན་མེད་པའི་ཕྱིར། གཞན་ཡང་འགལ་བ་ལ་གནས་འགྱུར་མི་སྲིད་པའི་དོན་འདི་ལ་སོ་སོ་སྐྱེ་བོའི་ཤེས་པ་འཕགས་པའི་ཤེས་པར་གནས་འགྱུར་བ་མི་སྲིད་པར་ཐལ་བ་དང་། ཐེག་དམན་གྱི་རྟོགས་པ་ཐེག་ཆེན་གྱི་རྟོགས་པར་གནས་འགྱུར་བ་མི་སྲིད་པ་སོགས་ཇི་སྲིད་ལྟེའི་དབང་པོ་ངལ་བར་མ་གྱུར་གྱི་བར་དུ་བརྗོད་པར་བྱའོ། །ཡང་ལྡན་གཞིའི་ཀུན་གཞིའི་རྣམ་ཤེས་དེ་རྫས་ཐ་དད་པ་གསུམ་དུ་ཐལ། ལྡན་ཆོས་སྡོམ་པ་གསུམ་གྱི་བག་ཆགས་རྫས་ཐ་དད་ཡིན་པའི་ཕྱིར། གལ་ཏེ་ཀུན་གཞི་ཤེས་རྒྱུད་སྔ་ཕྱི་ལ་བརྩིའོ་སྙམ་ན་འོ་ན་གསུམ་ལྡན་གྱི་དོན་མེད་པར་ཐལ། གང་ཟུང་གཅིག་སྐྱེས་པའི་ཚེ་ཅིག་ཤོས་འགག་པའི་ཕྱིར་འོན་ཏེ་ཀུན་གཞི་ལ་སྡོམ་གསུམ་གྱི་བག་ཆགས་ངོ་བོ་གཅིག་ཏུ་ལྡན་ནོ་ཞེ་ན། འོ་ན་གཏོང་ཐོབ་ཀྱི་ཚོག་གཅིག་ཏུ་འགྱུར་རོ་ཞེས་བརྗོད་ན་ཐལ་འགྱུར་གསུམ་གྱི་འཁོར་གསུམ་ཁས་བླངས་ཏེ། གཞན་ལ་སྐྱོན་དེ་ལྟར་དུ་བརྗོད་ཅིང་། རང་ཉིད་ཀྱིས་ཀུན་གཞི་ལ་སྡོམ་གསུམ་བག་ལ་ཉལ་གྱི་ཚུལ་དུ་ལྡན་པ་དང་། ཀུན་གཞི་བག་ཆགས་མང་པོ་ཅན། །ཡིན་ཀྱང་ཤེས་རྒྱུད་ཐ་དད་མེད། །ཅེས་ཁས་བླངས་པའི་ཕྱིར་རོ། །ངོ་བོ་གཅིག་ཡིན་ན་གཏོང་ཐོབ་ཀྱི་ཚོག་གཅིག་ཏུ་འགྱུར་ཞེས་པ་འདི་ཉིད་དེང་སང་ཡང་སྨྲ་བ་མང་བ་འདུག་པས་འདི་ལ་དཔྱད་པ་བྱ་སྟེ། སྤྱིར་ངོ་བོ་གཅིག་པ་ལ་གྲུབ་བདེ་རྫས་གཅིག་པ་དང་། ངོ་བོ་གྲུབ་ཅིང་རྫས་ཐ་དད་དུ་མེད་པ་ཙམ་ལ་ངོ་བོ་གཅིག་པར་བྱས་པ་གཉིས་ལས། དང་པོ་ལ་སྐྱེ་འཇིག་ཅིག་ཆར་དུ་བྱེད་པ་དགོས་ཀྱང་། སྡོམ་གསུམ་རིམ་བཞིན་དུ་བླངས་པ་གནས་འགྱུར་ན་ངོ་བོ་གཅིག་ཏུ་གནས་པ་ནི་གྲུབ་བདེ་རྫས་གཅིག་པ་མ་ཡིན་པས་སྐྱོན་མི་གནས་ལ་ཕྱི་མ་ལ་གཏོང་ཐོབ་ཀྱི་ཚོག་གཅིག་པ་མི་དགོས་ཏེ། གལ་ཏེ་དགོས་ན་བསླབ་ཚིག་གསུམ་རིམ་ཅན་དུ་བླངས་པའི་དགེ་སློང་གི་རྒྱུད་ཀྱི་དགེ་བསྙེན་དང་། དགེ་ཚུལ་དང་། དགེ་སློང་གི་སྡོམ་པའི་སྲོག་གཅོད་སྤོང་བའི་སྤོང་སེམས་གསུམ་པོ་གཏོང་ཐོབ་ཀྱི་

ཚོག་གཅིག་ཏུ་ཐལ། ངོ་བོ་གཅིག་ཡིན་པའི་ཕྱིར། གལ་ཏེ་དེ་ཡང་ངོ་བོ་ཐ་དད་དོ་ཅེ་ན་དེ་ལྟ་བུའི་དགེ་སློང་གི་རྒྱུད་ཀྱི་གཙོ་བོ་ཡིད་ཀྱི་རྣམ་པར་ཤེས་པའི་འཁོར་དུ་དུས་ཅིག་ཆར་དུ་བསླབ་ཚིགས་གསུམ་གྱི་སྡོང་སེམས་འབྱུང་མི་སྲིད་པར་ཐལ། བསླབ་ཚིགས་གསུམ་གྱི་སྡོང་སེམས་རྫས་ཐ་དད་པ་གང་ཞིག །གཙོ་བོ་སེམས་གཅིག་གི་འཁོར་དུ་སེམས་བྱུང་སེམས་པ་རྫས་ཐ་དད་པ་གཉིས་དུས་མཉམ་དུ་འབྱུང་མི་སྲིད་པའི་ཕྱིར། གཞན་ཡང་སྤང་བྱ་ཉིས་བརྒྱ་ལྔ་བཅུ་རྩ་གསུམ་པོ་ཐམས་ཅད་སྤོང་བའི་སྤོང་སེམས་རྣམས་རྫས་ཐ་དད་དམ་རྫས་གཅིག་པ་ཡིན། དང་པོ་ལྟར་ན་གཙོ་སེམས་གཅིག་གི་འཁོར་དུ་དུས་གཅིག་ལ་སྤང་བྱ་ཉིས་བརྒྱ་ལྔ་བཅུ་རྩ་གསུམ་སྤོང་བའི་སྤོང་སེམས་འབྱུང་མི་སྲིད་པར་ཐལ། སྤོང་སེམས་དེ་རྣམས་སྤང་བྱའི་གྲངས་བཞིན་དུ་རྫས་ཐ་དད་ཡིན་པའི་ཕྱིར། འདོད་ན་དགེ་སློང་གི་རྒྱུད་ལ་ཁོ་བོས་སྤང་བྱ་ཉིས་བརྒྱ་ལྔ་བཅུ་རྩ་གསུམ་པོ་ཐམས་ཅད་སྤོང་ངོ་སྙམ་པའི་བློ་སྐྱེ་མི་སྲིད་པར་ཐལ་ལོ། །

གཉིས་པ་ལྟར་ན། སྤང་བྱ་ཉིས་བརྒྱ་ལྔ་བཅུ་རྩ་གསུམ་པོ་སྤོང་བའི་སྤོང་སེམས་རྣམས་གཏོང་ཐོབ་ཀྱི་ཚོག་གཅིག་ཏུ་ཐལ། ངོ་བོ་གཅིག་ཡིན་པའི་ཕྱིར། རྟགས་ཁྱབ་ཁས། འདོད་ན་དེ་ལྟ་བུའི་དགེ་སློང་གིས་བསླབ་པ་ཕུལ་བའི་ཚེ་སྲོག་གཅོད་སྤོང་བའི་སྤོང་སེམས་གཏོང་བར་ཐལ། གསོག་འཇོག་སྤོང་བའི་སྤོང་སེམས་གཏོང་བའི་ཕྱིར། འདོད་ན་དེའི་ཚེ་དགེ་བསྙེན་དང་དགེ་ཚུལ་གྱི་སྡོམ་པ་ཡང་གཏོང་བར་འགྱུར་རོ། །གཞན་ཡང་དགེ་ཚུལ་གྱི་སྡོམ་པ་ཐོབ་པའི་ཚེ་བྱིན་ལེན་མ་བྱས་པར་ཟ་བ་སྤོང་བའི་སྤོང་སེམས་ཐོབ་པར་ཐལ། སྲོག་གཅོད་སྤོང་བའི་སྤོང་སེམས་ཐོབ་པའི་ཕྱིར། ཁྱབ་པ་ཁས། འདོད་ན་དེའི་ཚེ་དགེ་སློང་གི་སྡོམ་པ་ཡང་ཐོབ་པར་འགྱུར་རོ། །དེས་ན་ངོ་བོ་གཅིག་ན་གཏོང་ཐོབ་ཅིག་ཆར་དུ་བྱེད་པར་འགྱུར་རོ་ཞེས་པ་ནི་སྐྱེ་འཇིག་ཅིག་ཆར་དུ་བྱེད་ན་གཏོང་ཐོབ་ཅིག་ཆར་དུ་བྱེད་དགོས་སྙམ་དུ་སེམས་པར་སྣང་བས་རྟོག་གེའི་གནད་མ་ཤེས་པ་སྟེ་སྐྱེ་འཇིག་ནི་སྐད་ཅིག་ལ་འཇོག་ལ། གཏོང་ཐོབ་ནི་རྒྱུན་ལ་འཇོག་པའི་ཕྱིར་རོ། །གཞན་དུ་ན་སྡོམ་པ་ཐམས་ཅད་རང་གྲུབ་དུས་ཀྱི་སྐད་ཅིག་གཉིས་པར་གཏོང་བར་ཐལ། རང་གྲུབ་དུས་ཀྱི་སྐད་ཅིག་གཉིས་པར་ཞིག་ཟིན་པའི་ཕྱིར་ཏེ། དངོས་པོ་ཡིན་པའི་ཕྱིར། གཉིས་པ་གཏོང་བའི་ཚེ་རིམ་དང་ཅིག་ཅར་གང་དུ་གཏོང་དཔྱད་པ་ལ་གཉིས་ཏེ། སྡོམ་པ་གསུམ་རིམ་ཅན་དུ་བླངས་པའི་དགེ་སློང་རྡོ་རྗེ་འཛིན་པ་ལྟ་བུའི་གཏོང་ཚུལ་དང་། དབང་བསྐུར་གྱི་ཚོ་ག་ཁོ་ན་ལས་སྡོམ་པ་གསུམ་ཆར་ཐོབ་པའི་གཏོང་ཚུལ་ལོ། །དང་པོ་ནི་སྡོམ་པ་སོ་སོའི་གཏོང་ཚུལ་ནི་གོང་དུ་ཡང་ཅུང་ཟད་བཤད་ཟིན་གྱི་རྒྱས་པར་ནི་གཞུང་སོ་སོའི་སྟེང་དུ་ཤེས་པར་བྱས་ལ། སྤྱིར་རིམ་གྱིས་བླངས་པའི་གསུམ་ལྡན་གྱི་གཏོང་ཚུལ་ལ་དགེ་སློང་གི་སྡོམ་པ་བཏང་ནས་གོང་མ་གཉིས་པོ་མི་གཏོང་བ་དང་། གོང་མ

གཉིས་བཏང་ནས་དགེ་སློང་གི་སྡོམ་པ་མི་གཏོང་བ་དང་དགེ་སློང་གི་སྡོམ་པ་དང་སྔགས་སྡོམ་གཉིས་བཏང་ནས་བྱང་སེམས་ཀྱི་སྡོམ་པ་མི་བཏང་བ་དང་། སྔགས་སྡོམ་བཏང་ནས་འོག་མ་གཉིས་མི་བཏང་བ་དང་། གསུམ་ཆར་དུས་མཉམ་དུ་བཏང་བ་དང་རྣམ་པ་ལྔ་ལས། དང་པོ་ནི། དེ་ལྟ་བུའི་དགེ་སློང་གིས་སེམས་ཅན་གྱི་དོན་དུ་འགྱུར་བ་སོགས་དགོས་ཆེད་ཁྱད་པར་ཅན་གྱི་ཚེ་དགེ་སློང་གི་བསླབ་པ་ཕུལ་བ་དང་། ཤི་འཕོས་པའི་ཚེ་དགེ་སློང་གི་སྡོམ་པ་གཏོང་སྟེ། དེའི་གཏོང་རྒྱུ་བྱུང་བའི་ཕྱིར། དེའི་ཚེ་གོང་མ་གཉིས་མི་གཏོང་སྟེ་གཏོང་རྒྱུ་མ་བྱུང་བའི་ཕྱིར། གཉིས་པ་ནི། དེ་ལྟ་བུའི་དགེ་སློང་གིས་སྨོན་སེམས་གཏོང་བའམ། བྱང་སེམས་ཀྱི་སྡོམ་པའི་ཕམ་འདྲ་ཀུན་དཀྲིས་དྲག་པོས་སྤྱད་པའི་ཚེ་གོང་མ་གཉིས་གཏོང་སྟེ། བྱང་སེམས་ཀྱི་སྡོམ་པའི་གཏོང་རྒྱུ་བྱུང་བའི་ཕྱིར་དང་། སྔགས་སྡོམ་གྱི་རྩ་ལྟུང་ལྔ་པའམ་གཉིས་པ་བྱུང་བའི་ཕྱིར་རོ། །དགེ་སློང་གི་སྡོམ་པ་མི་གཏོང་སྟེ། གཏོང་རྒྱུ་མ་བྱུང་བའི་ཕྱིར་རོ། །གསུམ་པ་ནི། དེ་ལྟ་བུའི་དགེ་སློང་གིས་དགོས་ཆེད་ཁྱད་པར་ཅན་མེད་པར་དགེ་སློང་གི་ཕམ་པ་བཞི་སྤྱད་ན་དགེ་སློང་གི་སྡོམ་པ་དང་སྔགས་སྡོམ་གཉིས་ཀ་གཏོང་སྟེ། དགེ་སློང་གི་སྡོམ་པ་ལ་ལྟོས་པའི་ཕམ་པ་བྱུང་བའི་ཕྱིར་དང་། སྔགས་སྡོམ་གྱི་རྩ་ལྟུང་གཉིས་པ་བྱུང་བའི་ཕྱིར་རོ། །བྱང་སེམས་ཀྱི་སྡོམ་པ་མི་གཏོང་སྟེ། རང་གི་ཚོགས་ཐོབ་ཅིང་དེའི་གཏོང་རྒྱུ་མ་བྱུང་བའི་ཕྱིར་རོ། །བཞི་པ་ནི། དེ་ལྟ་བུའི་དགེ་སློང་གིས་རྩ་ལྟུང་བདུན་པ་དང་། བརྒྱད་པ་ལྟ་བུ་ཐུན་མོང་མ་ཡིན་པ་རྣམས་སྤྱད་པའི་ཚེ་སྔགས་སྡོམ་གཏོང་སྟེ། དེའི་ཚེ་རྩ་ལྟུང་བྱུང་བའི་ཕྱིར་རོ། །འོག་མ་གཉིས་མི་གཏོང་སྟེ། དེའི་གཏོང་རྒྱུ་མ་བྱུང་བའི་ཕྱིར་རོ། །

ལྔ་པ་ནི། དེ་ལྟ་བུའི་དགེ་སློང་གིས་སྨོན་སེམས་བཏང་ནས་སོ་ཐར་གྱི་ཕམ་པ་བཞི་སྤྱད་པའི་ཚེ་གསུམ་ཆར་གཏོང་སྟེ་དགེ་སློང་གི་སྡོམ་པའི་ཕམ་པ་བྱུང་བའི་ཕྱིར་དང་། བྱང་སེམས་ཀྱི་སྨོན་སེམས་བཏང་བའི་ཕྱིར་དང་། སྔགས་ཀྱི་བདེ་གཤེགས་བཀའ་འདས་བྱུང་བའི་ཕྱིར་རོ། །འདི་ལ་བྱང་སེམས་ཀྱི་སྡོམ་པ་བཏང་ནས་སྔགས་སྡོམ་མི་གཏོང་བའི་མུ་ནི་མེད་དེ། བྱང་སེམས་ཀྱི་སྡོམ་པ་གཏོང་བའི་རྒྱུ་ལ། ཀུན་དཀྲིས་དྲག་པོས་བྱང་སེམས་ཀྱི་ཕམ་པ་སྤྱད་པ་དང་། སྨོན་སེམས་གཏོང་བ་གཉིས་སུ་ངེས་པ་ལས་དང་པོ་ནི་བདེ་གཤེགས་བཀའ་འདས་ཀྱི་རྩ་ལྟུང་དང་། གཉིས་པ་ལ་ནི་རྩ་ལྟུང་ལྔ་པ་བྱུང་བའི་ཕྱིར་དང་། སྔགས་སྡོམ་ཡང་བྱང་སེམས་ཀྱི་སྡོམ་པའི་བྱེ་བྲག་ཡིན་པའི་ཕྱིར། དེ་བཞིན་དུ་དགེ་སློང་ལ་སོགས་པའི་རིས་བདུན་བཏང་ནས་གོང་མ་གཉིས་མི་གཏོང་བའི་མུ་ཡོད་པ་ཡིན་གྱི། སོ་ཐར་བཏང་ནས་གོང་མ་གཉིས་མི་གཏོང་བའི་མུ་ནི་ཡོད་པ་མ་ཡིན་ཏེ། གོང་མ་གཉིས་སོ་ཐར་གྱི་སྡོམ་པའི་བྱེ་བྲག་ཡིན་པའི་ཕྱིར་རོ། །གཉིས་པ་ནི་སྡོམ་པ་འོག་མ་གཉིས་ལེན་པའི་ཚོ་ག་སྔོན་དུ་མ་སོང་བར་དབང་བསྐུར་གྱི་ཆོ་ག་གཅིག་པུ་ལས་སྡོམ་པ་གསུམ་ཆར་ཐོབ་པ་ལ་ནི་སྔགས་ཀྱི་རྩ་ལྟུང་

བྱུང་བའི་ཚེ་སྡོམ་པ་གསུམ་ཆར་གཏོང་སྟེ། དེ་ལྟ་བུའི་སྡོམ་པ་གསུམ་ཀ་ཡང་སྡུགས་སྡོམ་གཅིག་པུ་ལ་ལྡོག་པའི་སྒོ་ནས་གསུམ་དུ་ཕྱེ་བ་ཙམ་ཡིན་པའི་ཕྱིར་དང་། ལེན་པའི་ཆོ་ག་ཡང་དབང་བསྐུར་ཁོ་ན་ལས་ཐོབ་དགོས་པ་ཡིན་གྱི་ཆོ་ག་གཞན་ལས་མ་ཐོབ་པའི་ཕྱིར་རོ། །འོན་ཀྱང་སློན་སེམས་མ་བཏང་ན་རྩ་ལྟུང་བྱུང་བས་སྡོམ་པའི་ལྡོག་པ་བཏང་ཡང་ཀུན་རྫོབ་བྱང་ཆུབ་སེམས་ཀྱི་ལྡོག་པ་མི་བཏང་བ་ནི་ཡོད་དོ། །རིགས་པ་འདི་ལ་རྟེན་ནས་སོ་ཐར་ལེན་པའི་ཆོ་ག་སྔོན་དུ་མ་སོང་བར་བྱང་སེམས་ཀྱི་སྡོམ་པ་ཐོབ་པའི་གཉིས་ལྡན་ཡང་བྱང་སེམས་ཀྱི་སྡོམ་པ་གཏོང་བའི་ཚེ་གཉིས་ལྡན་གཏོང་བར་ཤེས་པར་བྱ་ཞིང་བྱང་སེམས་ཀྱི་སྡོམ་པ་ཆོ་གའི་སྒོ་ནས་མ་བླངས་པར་སོ་ཐར་རིས་བརྒྱད་པོ་བྱང་ཆུབ་ཀྱི་སེམས་ཀྱིས་ཟིན་པའི་སྒོ་ནས་བླངས་པའི་གཉིས་ལྡན་ལ་ཡང་སོ་ཐར་བཏང་བའི་ཚེ་སྡོམ་པ་གཉིས་ཆར་བཏང་བར་ཤེས་པར་བྱའོ། །དེའི་ཚེ་ཀུན་རྫོབ་བྱང་ཆུབ་ཀྱི་སེམས་ཀྱི་ལྡོག་པ་ནི་མི་གཏོང་སྟེ། གཞུང་ལས། ཐེག་ཆེན་སོ་སོ་ཐར་ཡིན་ཡང་། །དགེ་སློང་ལ་སོགས་སྡོམ་པ་ཡི། །ལྡོག་པ་ཤི་བའི་ཚེ་ན་གཏོང་། །བྱང་ཆུབ་སེམས་ཀྱི་ལྡོག་པ་དང་། །དེ་ཡི་འབྲས་བུ་ཤི་ཡང་འབྱུང་། །ཞེས་གསུངས་པས་སོ། །

དོན་འདི་མ་རྟོགས་པར་གཞུང་འདིའི་དོན་ལ་ཐེག་ཆེན་སོ་ཐར་དང་ལྡན་པའི་དགེ་སློང་ཤི་འཕོས་པའི་ཚེ་དགེ་སློང་གི་སྡོམ་པའི་ལྡོག་པ་བཏང་ནས་ངོ་བོ་མི་གཏོང་བ་དང་། ཡང་ཁ་ཅིག་དགེ་སློང་གི་སྡོམ་པའི་ལྡོག་པ་བཏང་བྱང་སེམས་ཀྱི་སྡོམ་པ་མི་གཏོང་བ་ཡིན་ཞེས་འཆད་པ་ནི་བབ་ཅོལ་འབའ་ཞིག་ཡིན་ཏེ། དགེ་སློང་གི་སྡོམ་པའི་ངོ་བོ་མི་གཏོང་ན་ཤི་འཕོས་ནས་ཀྱང་དགེ་སློང་དུ་འགྱུར་བ་སོགས་ཀྱི་སྐྱོན་མཐའ་དག་ཐོག་ཏུ་འབབ་པའི་ཕྱིར་དང་། བྱང་སེམས་ཀྱི་སྡོམ་པ་མི་གཏོང་བར་འདོད་པ་ཡང་སྐབས་མ་ཡིན་ཏེ། གཞུང་འདིས་བྱང་སེམས་ཀྱི་སྡོམ་པ་རང་གི་ཆོགས་མ་བླངས་བར་བྱང་ཆུབ་ཀྱི་སེམས་ཀྱིས་ཟིན་པའི་སོ་ཐར་རིས་བརྒྱད་ཀྱི་གཏོང་ཚུལ་འཆད་པའི་སྐབས་ཡིན་པའི་ཕྱིར་རོ། །ཡང་ཁ་ཅིག་ན་རེ། དགེ་སློང་རྡོ་རྗེ་འཛིན་པའི་རྒྱུད་ཀྱི་སྡུགས་སྡོམ་ཡིན་ན་ཐུན་མོང་མ་ཡིན་པའི་རྩ་ལྟུང་བྱུང་བའི་ཚེ་གཏོང་བས་ཁྱབ་པར་ཐལ། དེའི་ཚེ་དེའི་རྒྱུད་ཀྱི་སྡུགས་སྡོམ་མཐའ་དག་གཏོང་བའི་ཕྱིར། འདོད་ན་དགེ་སློང་རྡོ་རྗེ་འཛིན་པའི་རྒྱུད་ཀྱི་དགེ་སློང་གི་སྡོམ་པ་ཆོས་ཅན། དེར་ཐལ། དེའི་ཕྱིར། འཁོར་གསུམ་ཁས་བླངས་སོ་སྙམ་ན་སྔ་མ་ལ་ཁྱབ་པ་མེད་དེ། ཉན་ཐོས་ཀྱི་དགེ་སློང་གིས་བྱང་ཆུབ་མཆོག་ཏུ་སེམས་བསྐྱེད་པའི་ཚེ་དམན་སེམས་ཀྱིས་ཟིན་པའི་ཉམས་ལེན་མཐའ་དག་གཏོང་ངམ་མི་གཏོང་། མི་གཏོང་ན་ཧ་ཅང་ཐལ་ཞིང་། གལ་ཏེ་གཏོང་ན་ཉན་ཐོས་ཀྱི་དགེ་སློང་གི་རྒྱུད་ཀྱི་དམན་སེམས་ཀྱིས་ཟིན་པའི་ཉམས་ལེན་ཡིན་ན། བྱང་ཆུབ་མཆོག་ཏུ་སེམས་བསྐྱེད་པའི་ཚེ་གཏང་བས་ཁྱབ་པར་ཐལ། དེའི་ཚེ་དེའི་རྒྱུད་ཀྱི་དམན་སེམས་ཀྱིས་ཟིན་པའི་ཉམས་ལེན་མཐའ་དག་གཏོང་བའི་ཕྱིར། རྟགས་ཁྱབ་ཁས་བླངས།

འདོད་ན་ཉན་ཐོས་ཀྱི་དགེ་སློང་གི་རྒྱུད་ཀྱི་དགེ་སློང་གི་སྡོམ་པ་ཆོས་ཅན། དེར་ཐལ། དེའི་ཕྱིར། འདོད་ན། གང་ཟག་དེས་བྱང་ཆུབ་མཆོག་ཏུ་སེམས་བསྐྱེད་པའི་རྗེས་སུ་དགེ་སློང་གི་སྡོམ་པ་མེད་པར་འགྱུར་རོ། །གལ་ཏེ་ཁོ་ན་རེ། དེ་ལྟ་བུའི་དགེ་སློང་གིས་བྱང་ཆུབ་མཆོག་ཏུ་སེམས་བསྐྱེད་པའི་ཚེ་སྔར་གྱི་དགེ་སློང་གི་སྡོམ་པ་ཡང་གཏོང་སྟེ། དེའི་ཚེ་སྔར་གྱི་དགེ་སློང་གི་སྡོམ་པ་དེ་མེད་པའི་ཕྱིར་ཞེ་ན། འདི་ནི་སྐད་ཅིག་ཕྱི་མའི་ཚེ་སྐད་ཅིག་སྔ་མ་གཏོང་བའི་སྒོ་ནས་སྐྱོན་བརྗོད་པར་སྣང་བས་དེའི་ལན་ལ་ཁོ་བོ་འབའ་ཞིག་གིས་ངལ་བ་ཅི་ཞིག་བྱར་ཡོད། འོན་ཀྱང་ཁྱེད་ཀྱི་རྨོངས་པ་བསལ་བའི་དོན་དུ་རྣམ་གསལ་གྱི་དཔེ་བརྗོད་ན་དགེ་སློང་རྡོ་རྗེ་འཛིན་པ་ཤི་འཕོས་པའི་ཚེ་དེའི་རྒྱུད་ཀྱི་སྔགས་སྡོམ་གཏོང་བར་ཐལ། དེ་ཤི་འཕོས་ནས་ལྷར་སྐྱེས་པའི་ཚེ་དེའི་རྒྱུད་ལ་དགེ་སློང་རྡོ་རྗེ་འཛིན་པའི་རྒྱུད་ཀྱི་སྔགས་སྡོམ་མེད་པའི་ཕྱིར་ཞེས་བརྗོད་ན་ལན་ཅི་ཡོད་དམ་སོམས་ཤིག །

དྲུག་པ་གསུམ་ལྡན་གྱི་གང་ཟག་གིས་སྡོམ་པ་གསུམ་ཉམས་སུ་ལེན་པའི་ཚུལ་ལ་གཉིས་ཏེ། སོ་སོའི་བསླབ་བྱ་ལ་སློབ་ཚུལ་དང་། རེ་རེ་ཡང་གསུམ་ལྡན་དུ་ཉམས་སུ་ལེན་པའི་ཚུལ་ལོ། །དང་པོ་ནི། རྟེན་གྱི་གང་ཟག་སྡོམ་གསུམ་རིམ་ཅན་དུ་བླངས་པའི་དགེ་སློང་རྡོ་རྗེ་འཛིན་པ་དེས་ཇི་སྲིད། བསླབ་དང་དབང་ལས་རྣལ་འབྱོར་གྲོལ། །ཞེས་གསུངས་པ་ལྟ་བུའི་རྟོགས་པ་མ་ཐོབ་ཀྱི་བར་དུ་རང་རྒྱུད་ཀྱི་སྡོམ་པ་གསུམ་གྱི་བསླབ་བྱ་རྣམས་ལ་སེམས་ཅན་གྱི་དོན་དུ་འགྱུར་བ་སོགས་ཀྱི་དགོས་པ་ཁྱད་པར་ཅན་མེད་པའི་ཚེ་སོ་སོའི་གཞུང་ལས་འབྱུང་བ་བཞིན་བསླབ་དགོས་ཏེ། གསང་བ་འདུས་པའི་བཤད་རྒྱུད་ལས། ཕྱི་རུ་ཉན་ཐོས་སྤྱོད་པ་བསྲུང་། །ནང་དུ་འདུས་པའི་དོན་ལ་དགའ། །ཞེས་པ་དང་། རྡོ་རྗེ་གུར་ལས། ཉན་ཐོས་སྤྱོད་པ་སྲུང་བ་པོ། །ཞེས་པ་དང་། ལྟུང་བ་འཆད་པའི་སྐབས་སུ་ཡང་། སྡོམ་པ་གཉིས་ཀྱི་བཅས་པ་ལས། །དགོས་པ་མེད་པར་འདའ་བ་དང་། །ཞེས་སོགས་དགོས་མེད་དུ་བཅས་པ་ལས་འདས་པ་ཡན་ལག་གི་ལྟུང་བར་བཤད་པའི་ཕྱིར་དང་། སྤྱོད་འཇུག་ལས། འཇིག་རྟེན་མ་དད་གྱུར་པ་རྣམས། །མཐོང་དང་དྲིས་ཏེ་སྤང་བར་བྱ། །ཞེས་པ་དང་། རྐང་པ་བརྐྱང་སྟེ་མི་འདུག་ཅིང་། །ཞེས་སོགས་ཀྱི་བསླབ་བྱ་མང་དུ་གསུངས་པའི་ཕྱིར་དང་། གཞུང་འདིར་ཡང་། འདི་ལ་སྡིག་ཏོ་མི་དགེའི་ཕྱོགས། །ཕལ་ཆེར་ཉན་ཐོས་ལུགས་བཞིན་བསྲུངས། །ཞེས་སོགས་མང་དུ་གསུངས་པའི་ཕྱིར་རོ། །སེམས་ཅན་གྱི་དོན་དུ་འགྱུར་བ་སོགས་དགོས་པ་ཁྱད་པ་ཅན་ཡོད་པའི་ཚེ་རྟེན་གྱི་གང་ཟག་དེ་ལྟ་བུ་ལ་ལུས་ངག་གི་བཅས་པ་ཐམས་ཅད་ཀྱང་གནང་སྟེ། སྤྱོད་འཇུག་ལས། ཐུགས་རྗེ་མངའ་བ་རིང་གཟིགས་པས། །བཀག་པ་རྣམས་ཀྱང་དེ་ལ་གནང་། །ཞེས་པ་དང་། བཞི་བརྒྱ་པ་ལས། བསམ་པས་བྱང་ཆུབ་སེམས་དཔའ་ལ། །དགེ་བའམ་ཡང་ན་མི་དགེ་བ། །ཐམས་ཅད་དགེ་ལེགས་ཉིད་འགྱུར་ཏེ། །གང་ཕྱིར་སེམས་དེ་གཙོ་བོའི་ཕྱིར། །

ཞེས་པ་དང་། གཞུང་འདིར་ཡང་། འཇིག་རྟེན་འདྲུག་པའི་རྒྱུར་གྱུར་ན། །ཐེག་ཆེན་སོ་སོར་ཐར་ལ་གནང་། །ཞེས་སོགས་གསུངས་པའི་ཕྱིར་རོ། །གཉིས་པ་ནི། བྱང་ཆུབ་སེམས་དཔའ་ཕྱུག་ན་པནྡྨའི་རྣམ་པར་འཕྲུལ་པ་རྣལ་འབྱོར་གྱི་དབང་ཕྱུག་ས་སྐྱ་པ་ཆེན་པོའི་ཞལ་ནས་དེ་ལྟར་དབང་བཞིའི་ལམ་དེ་དག་བསྟུས་ནས་ཉམས་སུ་ལེན་ན་སྡོམ་པ་གསུམ་ལྡན་གྱིས་སྒོམ་དགོས་ཏེ། སོ་སོར་ཐར་པའི་སྡོམ་པ་དགེ་བསྙེན་ནས་དགེ་སློང་གི་བར་དུ་ཐོབ་པ་བྱང་ཆུབ་སེམས་དཔའི་སྨོན་འཇུག་གི་སེམས་བསྐྱེད་ཐོབ་པ་གསང་སྔགས་ཀྱི་དབང་བཞིའི་སྡོམ་པ་ཐོབ་པའོ། །དེ་ལ་ཉན་ཐོས་ཉོན་མོངས་པའི་སྐྱོན་ཤེས་པར་བྱས་ནས་སྤུར་དུ་སྤོང་། བྱང་ཆུབ་སེམས་དཔས་སྐྱོན་ཡོན་འདྲེས་པར་བྱས་ནས་གནས་གྱུར། གསང་སྔགས་པས་ཉོན་མོངས་པ་གང་སྐྱེས་པ་དེའི་ཚེ་ཆོས་ཅན་དང་ཆོས་ཉིད། དབྱིངས་དང་ཡེ་ཤེས་གཉིས་སུ་མེད་པར་གཟུགས་ཀྱི་སྐུ་དང་ཆོས་ཀྱི་སྐུ་གཉིས་ཀྱི་ངོ་བོ་ཤེས་པར་བྱས་ནས་ལྷུན་གྲུབ་དང་གནས་འགྱུར་གྱི་སྐུ་སྒྲུབ་པར་བྱེད་དོ། །དེ་ལྟར་ཤེས་པར་བྱས་ཏེ་མཚན་མ་དང་རྣམ་རྟོག་ཡེ་ཤེས་ཀྱིས་དབང་དུ་བསྡུ་བའི་ཕྱིར་འདི་ལྟར་བསྒོམ་སྟེ་དཔེར་ན་བདག་ལ་འདོད་ཆགས་སྐྱེས་ན་གཉེན་པོས་འདོད་ཆགས་ཀྱི་དབང་དུ་མི་གཏོང་བ་ནི་སོ་སོར་ཐར་པའི་སྡོམ་པའོ། །དེ་ནས་སེམས་ཅན་ཐམས་ཅད་ཀྱི་ཉོན་མོངས་པ་བདག་ལ་སྨིན་ནས་སེམས་ཅན་གྱི་ཉོན་མོངས་པ་བག་ཆགས་དང་བཅས་པ་བྲལ་ནས་མངོན་པར་རྫོགས་པར་འཚང་རྒྱ་བར་གྱུར་ཅིག་ཅེས་བྱང་ཆུབ་ཀྱི་སེམས་སྒོམ་པ་ནི་བྱང་ཆུབ་སེམས་དཔའི་སྡོམ་པའོ། །དེ་ནས་རང་ཡི་དམ་ལྟར་སྒོམ། བླ་མ་སྤྱི་བོའམ་སྙིང་ཁར་བསྒོམས་ལ་མོས་གུས་བྱ། སེམས་རྫོགས་རིམ་གྱི་ཡེ་ཤེས་དྲན་པར་བྱ་སྟེ་རང་གི་ལུས་ངག་ཡིད་གསུམ་སངས་རྒྱས་ཆོས་ཀྱི་སྐུ་དང་། གཟུགས་སྐུར་སྒོམ་པ་ནི་རིག་འཛིན་སྔགས་ཀྱི་སྡོམ་པའོ། །དེ་ནས་དགེ་བའི་རྩ་བ་སངས་རྒྱས་ཐོབ་པར་གྱུར་ཅིག་ཅེས་བསྔོ་བ་དང་། དེ་མ་རྟོགས་པའི་སེམས་ཅན་ལ་སྙིང་རྗེ་སྒོམ་པ་དང་། ཆོས་ཐམས་ཅད་རྨི་ལམ་ལྟ་བུའི་ངང་ལས་སྤྱོད་ལམ་བྱ་བ་སྡོམ་པ་གསུམ་སྤྱུར་དུ་སྨིན་པར་བྱེད་པའོ་ཞེས་གསུངས་པའི་དོན་ཉམས་ལེན་གྱི་རིམ་པ་ལ་སྦྱོར་བ་ནི་སེམས་རྒྱུད་ལ་འདོད་ཆགས་ལྟ་བུ་གཅིག་སྐྱེས་པའི་ཚེ་རང་ཉིད་རྟེན་དགེ་སློང་ལ་སོགས་པ་ཡིན་པ་རྒྱུ་མཚན་དུ་བྱས་ནས་སྤོང་བ་ནི་སོ་ཐར་གྱི་ཉམས་ལེན། དེའི་སྟེང་དུ་གཞན་གྱི་འདོད་ཆགས་འབྲས་བུ་དང་བཅས་པ་ཐམས་ཅད་རང་ལ་ལེན་ཅིང་རང་གི་བདེ་དགེས་སེམས་ཅན་དེ་དག་བདེ་བར་བསྒོམ་པ་ནི་བྱང་སེམས་ཀྱི་སྡོམ་པའི་ཉམས་ལེན། དེ་ནས་བླ་མ་སྤྱི་བོའམ་སྙིང་ཁར་བསྒོམ་ནས་གུས་འདུད་དྲག་པོ་བྱས། འདོད་ཆགས་ཀྱི་གསལ་བའི་ངོ་བོ་དེ་ཉིད་འོད་དཔག་མེད་དུ་བསྒོམ་ནས་སེམས་བདེ་སྟོང་གི་ངང་ལ་མཉམ་པར་བཞག་པ་ནི་སྔགས་སྡོམ་གྱི་ཉམས་ལེན་ནོ། །དེ་བཞིན་དུ་ཉོན་མོངས་པ་གཞན་རྣམས་ལ་ཡང་ཅི་རིགས་པར་སྦྱར་བར་བྱའོ། །དེ་དག་ནི་སོ་ཐར་

གསུམ་ལྡན་དུ་ཉམས་སུ་ལེན་པའི་ཚུལ་ཡིན་ལ། བྱང་སེམས་ཀྱི་སྡོམ་པ་གསུམ་ལྡན་དུ་ཉམས་སུ་ལེན་ཚུལ་ནི་གཞན་ལ་སྦྱིན་པ་གཏོང་བའི་ཚེ་ཡང་ཆང་དང་དུག་དང་མཚོན་ཆ་ལ་སོགས་པ་གཞན་ལ་གནོད་པའི་རྒྱུར་གྱུར་པའི་མ་དག་པའི་སྦྱིན་པ་སྤོང་བ་ནི་སོ་ཐར་གྱི་ཉམས་ལེན། སྦྱིན་པས་འཁོར་དུ་བསྡུས་ནས་ཆོས་བསྟན་པས་གནས་སྐབས་དང་། མཐར་ཐུག་གི་ཕན་བདེ་ལ་འགོད་ཅིང་དེའི་ཚེ་ཡང་འཁོར་གསུམ་མི་དམིགས་པའི་ཤེས་རབ་ཀྱིས་ཟིན་པ་ནི་བྱང་སེམས་ཀྱི་སྡོམ་པའི་ཉམས་ལེན། ཐམས་ཅད་ཀྱང་ལྷ་དང་ཡེ་ཤེས་སུ་བྱིན་གྱིས་བརླབས་ནས་ལོངས་སྤྱོད་པ་ནི་སྔགས་སྡོམ་གྱི་ཉམས་ལེན་ནོ། །དེ་བཞིན་དུ་ཕ་རོལ་ཏུ་ཕྱིན་པའི་སྤྱོད་པ་ཐམས་ཅད་ཀྱང་གསུམ་ལྡན་དུ་ཉམས་སུ་ལེན་པར་བྱའོ། །སྔགས་སྡོམ་གསུམ་ལྡན་དུ་ཉམས་སུ་ལེན་པའི་ཚུལ་ནི་སྒྲུབ་ཐབས་གཅིག་ལ་ཡང་སྔོན་འགྲོ་ཐམས་ཅད་ཀྱང་སྡོམ་གསུམ་གྱི་ཉམས་ལེན་དང་། དངོས་གཞི་ཡང་སྡོམ་གསུམ་གྱི་ཉམས་ལེན་དང་། ལྷའི་སྐུ་དང་ཕྱག་མཚན་ཐམས་ཅད་ཀྱང་སྡོམ་གསུམ་གྱི་ཉམས་ལེན་དུ་འགྲོ་བའི་ཚུལ་བླ་མ་དམ་པ་བསྟེན་ཅིང་། དྲི་མ་མེད་པའི་རྒྱུད་སྡེ་ལ་སྦྱངས་ཏེ་ཤེས་པར་བྱའོ། །འདིར་ནི་ཇི་ལྟར་སྦྱོར་བའི་ཚུལ་རྒྱས་པར་སྤྲོ་བའི་སྐབས་མ་ཡིན་པས་མ་བྲིས་ལ། དེ་ལྟར་འབྱུང་བའི་ཤེས་བྱེད་ནི་གསང་བ་འདུས་པའི་མན་ངག་འགའ་ཞིག་ལས་ལམ་རིམ་པ་ལྔ་པོ་རེ་རེ་ལ་ཡང་རིམ་པ་ལྔ་ལྡན་དུ་ཉམས་སུ་ལེན་པའི་ཚུལ་བཤད་པ་དང་། རྗེ་བཙུན་ན་རོ་ཏ་པའི་འཁོར་ལོ་བདེ་མཆོག་གི་མན་ངག་འགའ་ཞིག་ལས་སྒྲུབ་ཐབས་སྤྱི་སྐུ་གསུམ་གྱི་ཉམས་ལེན་ལ་སྦྱོར་ཞིང་བྱེ་བྲག་ཏུ་དེ་རེ་རེ་ཡང་སྐུ་གསུམ་གྱི་ཉམས་ལེན་ལ་སྦྱོར་བའི་ཚུལ་བཤད་པ་དང་། རྣལ་འབྱོར་དབང་ཕྱུག་གི་མན་ངག་ལས་དབང་བཞིའི་ལམ་རེ་རེ་ཡང་དབང་བཞི་ལྡན་དུ་ཉམས་སུ་ལེན་ཚུལ་བཤད་པ་བཞིན་འདིར་ཡང་ཉོན་མོངས་པ་རེ་རེ་སྤོང་བ་ལ་སྡོམ་པ་གསུམ་ལྡན་གྱི་ཉམས་ལེན་སྦྱོར་བར་གསུངས་པས་ཤེས་པར་ནུས་སོ། །

མདོར་ན་ཕ་རོལ་ཏུ་ཕྱིན་པའི་གཞུང་ལུགས་ལས་གོ་སྒྲུབ་ཉམས་སུ་ལེན་པའི་ཚེ་ཕར་ཕྱིན་རེ་རེ་ཡང་ཕར་ཕྱིན་དྲུག་ལྡན་དུ་ཉམས་སུ་ལེན་པ་ལྟར་གསུམ་ལྡན་གྱི་གང་ཟག་གིས་སྡོམ་པ་གསུམ་པོ་རེ་རེ་ཡང་སྡོམ་པ་གསུམ་ལྡན་དུ་ཉམས་སུ་ལེན་པའི་ཚུལ་དྲི་མ་མེད་པའི་བཀའ་དང་བསྟན་བཅོས་ཀྱི་སྟེང་དུ་བློ་གྲོས་ཀྱི་མིག་རྒྱ་སྐྱེད་དེ་ཤེས་པར་བྱས་ནས་སྡོམ་གསུམ་གྱི་བྱ་བ་རེ་རེས་ཀྱང་རང་གཞན་ལ་ཕན་བདེ་བསམ་གྱིས་མི་ཁྱབ་པ་བསྒྲུབ་པར་བྱའོ། །ལེགས་གསུངས་འདུལ་བའི་རྒྱ་མཚོ་ཟབ་མོ་མདོ་སྡེའི་རིན་ཆེན་གྱིས་གཏམས་ཆོས་མངོན་གསེར་རིའི་དབུས་ན་རྒྱུད་སྡེའི་རིན་ཆེན་ལས་གྲུབ་ཕྱི་ནང་གསུང་རབ་ལྷུན་པོའི་སྟོར། །རིམ་གཉིས་བདུད་རྩིའི་ཟས་ཀྱིས་བློ་གྲོས་སྦྱིན་སྟོང་འབར་བའི་གཟི་ལྡན་ལྷ་དབང་ལྷ་ཡི་བླ་མ་ས་སྐྱ་པ་ཞེས་གྲགས་པའི་བ་དན་གཡོ་

བ་གང་དེ་ཡིས། །སྒྲུབ་དང་སུན་འབྱིན་རིགས་པའི་རྡོ་རྗེ་མཆོག་བསྣམས་གངས་ཅན་ལོག་སྨྲ་ལྷ་མིན་དཔུང་ཚོགས་བསྟན་པ་རྒྱ་མཚོའི་ཕ་མཐར་བསྐྲད་ཅིང་བློ་གསལ་ཉེ་དབང་ཚོགས་དབུས་སུ། །སྡོམ་གསུམ་ཆོས་ཀྱི་རྔ་ཆེན་བརྡུངས་པས་སྐལ་ལྡན་གདུལ་བྱ་ལྷ་བུའི་ཚོགས་ཀྱི་མི་ཤེས་གཉིད་རབ་སློང་ཞིང་དུག་གསུམ་འདོད་མེ་ཞི་བའི་དགའ་བདེའི་དཔལ་ལ་འགོད་པར་མཛད། །གང་གི་གསུང་རབ་ལྷ་ལམ་ཡངས་པ་ནས། །ལེགས་བཤད་འོད་སྟོང་ཀུན་ནས་འཕྲོ་བ་འདི། །ཁོ་བོའི་རྣམ་དཔྱོད་ཧ་བདུན་གྱིས་དྲངས་ནས། །ཐུབ་བསྟན་གླིང་བཞི་ཀུན་ཏུ་གསལ་བར་བྱས། །སྲིད་གསུམ་བླ་མའི་དགོངས་པ་ཇི་བཞིན་དུ། །དུས་གསུམ་རྒྱལ་བའི་བགྲོད་པ་གཅིག་པའི་ལམ། །སྡོམ་གསུམ་ཉམས་ལེན་ཇི་བཞིན་གསལ་བྱས་པའི། །སྒོ་གསུམ་དགེ་བ་བྱང་ཆུབ་ཆེན་པོར་བསྔོ། །བདག་ཀྱང་དེ་ནས་ཚེ་རབས་ཐམས་ཅད་དུ། །ཀུན་དགའི་ལེགས་བཤད་བཟང་པོ་རྟག་ཉན་ཅིང་། །དཀོན་མཆོག་དད་པའི་རྒྱལ་མཚན་རྩེར་མཆོད་ནས། །སངས་རྒྱས་བསྟན་པ་འཕེལ་བའི་མཐུ་ལྡན་ཤོག །འགྲོ་ཀུན་ངག་གིས་མི་སྙན་བརྗོད་བྱེད་ཅིང་། །ལུས་ཀྱིས་ཅིག་ཆར་བརྡེག་དང་འཚོག་ན་ཡང་། །གནོད་པའི་བསམ་པ་སྐད་ཅིག་མི་སྐྱེ་བར། །ལྷག་པར་དེ་ལ་དགའ་བ་སྒོམ་པར་ཤོག །མར་གྱུར་འགྲོ་ལ་ཕན་བདེ་སྒྲུབ་པའི་ཕྱིར། །བླ་མེད་བྱང་ཆུབ་མཆོག་གི་སེམས་བསྐྱེད་ནས། །འགྲོ་བའི་སྡུག་བསྔལ་མ་ལུས་བདག་སྨིན་ཅིང་། །བདག་གི་བདེ་དགེས་འགྲོ་རྣམས་བདེ་བར་ཤོག །དཀྱིལ་འཁོར་བཞི་ལ་དབང་བཞིའི་ཆབ་ཀྱིས་གཏམས། །ཅིར་སྣང་ལྷ་དང་བདེ་བའི་རྣམ་པར་ཤར། །སྤྱོད་པས་བོགས་དབྱུང་ཉེ་རྒྱུས་མཚམས་སྦྱར་ནས། །རྡོ་རྗེ་འཛིན་ས་མངོན་དུ་འགྱུར་བར་ཤོག །གནས་སྐབས་ཀུན་ཏུ་དམ་ཆོས་སྒྲུབ་པ་ཡི། །འགལ་རྐྱེན་སྤོང་ཞིང་མཐུན་རྐྱེན་ཀུན་ཚང་ནས། །མཁྱེན་རབ་དབང་ཕྱུག་རྗེ་བཙུན་ས་སྐྱ་པའི། །གསུང་རབ་ཕྱོགས་བཅུར་རྒྱས་པའི་མཐུ་ལྡན་ཤོག །

ཅེས་པ་འདི་ནི་རྒྱལ་བ་ཁྱབ་བདག་རྡོ་རྗེ་འཆང་དང་དབྱེར་མ་མཆིས་པ་རྗེ་བཙུན་ཀུན་དགའ་བཟང་པོའི་ཞལ་སྔ་ནས་དང་། ཁམས་གསུམ་འགྲོ་བའི་བླ་མ་རྒྱལ་བ་མུས་པ་ཆེན་པོ་དང་། ཆོས་ཀྱི་རྒྱལ་པོ་ཀུན་མཁྱེན་སངས་རྒྱས་འཕེལ་ལ་སོགས་པ་མཁས་གྲུབ་མང་པོའི་ཞབས་རྡུལ་སྤྱི་བོས་བླངས་པ་ལ་བརྟེན་ནས་སྡེ་སྣོད་གསུམ་དང་རྒྱུད་སྡེ་བཞིའི་དོན་ལ་བློ་ཁ་ཅུང་ཟད་ཕྱོགས་ཤིང་ཁྱད་པར་ལུགས་འདི་ལ་གཞན་གྱིས་མི་འཕྲོགས་པའི་སྤོབས་པ་ཐོབ་པ་ཤཱཀྱའི་དགེ་སློང་བསོད་ནམས་སེང་གེས་ལྕགས་མོ་སྦྲུལ་གྱི་ལོ་དབོའི་ཟླ་བ་ལ་འབྲས་ཡུལ་རྫོང་དཀར་གྱི་སྐྱིད་མོས་ཚལ་དུ་སྦྱར་བའོ།། །།

༄ འདི་བསྒྲུབས་པ་ལས་བྱུང་བ་ཡི། །དགེ་བའི་རྩ་བ་གང་ཐོབ་པ། །དེས་ནི་སྐྱེ་བོ་ཐམས་ཅད་ཀྱིས། །བདེ་གཤེགས་ཤེས་རབ་ཐོབ་པར་ཤོག །འགྲོ་བའི་སྡུག་བསྔལ་སྨན་གཅིག་པུ། །བདེ་བ་ཐམས་ཅད་འབྱུང་བའི་

གནས། །བསྟན་པ་སྙིང་དང་བཀུར་སྟི་དང་། །བཅས་ཏེ་ཡུན་རིང་གནས་གྱུར་ཅིག །དགེའོ།། །། དགེའོ།། །། དགེའོ།། །།

༄༅། །སྡོམ་པ་གསུམ་གྱི་བསྟན་བཅོས་ལ་དྲིས་ཤིང་རྩོད་པའི་ལན་སྡོམ་གསུམ་འཕྲུལ་སྐོར་ཞེས་བྱ་བ་མཁས་པའི་དབང་པོ་བསོད་ནམས་སེང་གེས་མཛད་པ་བཞུགས་སོ། །

ཀུན་མཁྱེན་བསོད་ནམས་སེངྒེ།

དཔལ་ལྡན་རང་བཞིན་བདེ་བའི་གོ་སྐབས་གཞོམ་མེད་ནང་གི་བདག་ཉིད་ཧཱུྃ་ཧཱུ་གི་དངོས། །བདེ་བའི་ཐབས་མཆོག་སྨིན་བྱེད་དབང་གིས་བརྡ་གསུམ་གྱི་སྲུང་བ་བླ་མེད་བསྒྲུབས། །མི་འགྱུར་བདེ་བའི་ཕཊ་ཀྱིས་མཚན་རྟོག་འགགས་པའི་སྦྱིབས་ལས་སྙིང་པོ་གསལ་འཐོན་པ། །རྒྱུད་གསུམ་ངོ་བོ་དབྱེར་མེད་མངོན་གྱུར་འཇམ་དབྱངས་བླ་མའི་ཞབས་ཀྱི་པདྨོར་འདུད། །གང་གི་གསུང་རབ་ཉེས་མེད་གཙྭའི་རྒྱུན། །རྟོག་གེའི་བློ་ཡིས་མ་འབྲེལ་འགལ་བ་དང་། །ཡིད་ཆེས་ཁུངས་མེད་དགག་ཡུལ་མ་ངེས་ཞེས། །དྲི་བའི་ཚུལ་གྱིས་ཉེས་པ་བཀོད་པའི་ལན། །སྤྲེཏྟ་སྤྲེཏྟ་ཏྟ་སྨྲ་རནེ་ཏཱ། །སཾ་པྲ་ར་ནེ་ཙུར་ཤུད་པེ་དྭ་ར། །ཏན་ཏན་ཀ་ཏ་ཀ་ཏའི་སྒྲ། །གྲོག་གྲོག་སྒོར་ནི་ཊིག་ཊིག་སོན་པར་གྱིས། །

འགྲོ་བ་མཐའ་དག་གི་ཕན་བདེའི་འབྱུང་གནས་ནི་སངས་རྒྱས་ཀྱི་བསྟན་པ་ཡིན་ཅིང་། དེའང་ཕྱིན་ཅི་ལོག་ཏུ་སྤྱོད་པ་ལས་ཕན་བདེ་མི་འབྱུང་གི། ཕྱིན་ཅི་མ་ལོག་པ་རྣམ་པར་དག་པ་སྤྱོད་པ་ལས་གནས་སྐབས་དང་མཐར་ཐུག་གི་ཕན་བདེ་འབྱུང་བར་དགོངས་ནས། རྒྱ་གར་འཕགས་པའི་ཡུལ་ནའང་འཛམ་གླིང་རྒྱན་དྲུག་ལ་སོགས་པའི་པཎ་གྲུབ་རྣམས་དང་། གངས་རིའི་ཁྲོད་འདིར་ཡང་སྐྱེས་མཆོག་རིན་ཆེན་བཟང་པོ་ལ་སོགས་པའི་མཁས་ཤིང་གྲུབ་པ་བརྙེས་པ་རྣམས་ཀྱིས་ཆོས་ལོག་སུན་ཕྱུང་ནས་བསྟན་པ་རྣམ་པར་དག་པའི་ཉམས་ལེན་ལུང་དང་རིགས་པས་བསྒྲུབ་པར་མཛད་དོ། །ཚུལ་དེ་བཞིན་དུ་དྲང་བའི་དོན་དུ་ན། །སྐྱེ་བ་གཞན་དུ་སྦྱངས་པ་དང་། །མཁས་པ་དུ་མ་བསྟེན་པ་དང་། །རྣམ་པར་དཔྱོད་པའི་བློ་གྲོས་ཀྱིས། །ཤེས་བྱ་ཀུན་ལ་འཇིགས་མེད་ཐོབ། །ཅེས་ཞལ་གྱིས་བཞེས་པ་ལྟར་གྱི་ཡོན་ཏན་བརྙེས་ཤིང་། ངེས་པའི་དོན་དུ་ན་སངས་རྒྱས་ཐམས་ཅད་ཀྱི་ཡེ་ཤེས་གཅིག་དུ་བསྡུས་པ་འཇམ་པའི་དབྱངས་ཀྱི་རྣམ་པར་འཕྲུལ་པར་གདོན་མི་ཟ་བ་དཔལ་ལྡན་ས་སྐྱ་པཎྜི་ཏ་ཆེན་པོས། ཆོས་རྗེ་ས་སྐྱ་པ་ཆེན་པོ་འདས་པ་ནས་བསྟན་བཅོས་འདི་མ་བརྩམས་ཀྱི་བར་གྱི་ཆོས་ལོག་པ་

གངས་རིའི་ཁྲོད་འདིར་བྱུང་བ་ཐམས་ཅད་སྤུན་ཕྱུང་ནས་བསྟན་པ་རྣམ་པར་དག་པའི་ཉམས་ལེན་ཚུལ་བཞིན་དུ་སྒྲུབ་པའི་བསྟན་བཅོས་ཡིད་བཞིན་གྱི་ནོར་བུ་ལྟ་བུ་སྡོམ་པ་གསུམ་གྱི་རབ་ཏུ་དབྱེ་བ་འདི་མཛད་དོ། །འདི་ཉིད་གསུང་རབ་ཀྱི་གནད་གོ་བར་ནུས་པའི་བློ་གྲོས་དང་། བཀའ་སྲོལ་བཟང་པོའི་རྗེས་སུ་འཇུག་པར་རང་དབང་བའི་བསོད་ནམས་དང་ལྡན་པའི་མཁས་པ་དག་གིས་བཤད་ཉན་གྱིས་གཏན་ལ་ཕབ་སྟེ་དར་ཞིང་རྒྱས་པར་མཛད་པའི་སྐབས་སུ། ཐུགས་རབ་རྒྱ་ཆེ་ཞིང་སྡེ་སྣོད་ལ་སྦྱངས་པའི་བཤེས་གཉེན་ཆེན་པོ་ཤཱཀྱ་མཆོག་ལྡན་པ་ཞེས་བྱ་བས། སྡོམ་གསུམ་རབ་དབྱེའི་བཤད་པ་དེ་དག་ནི། ཕྱོགས་སྔ་མ་ལོངས་པ་དང་། ལུང་ཁུངས་མེད་པ་དང་། ཁས་བླངས་ནང་འགལ་བ་དང་། ཚད་ལྡན་གྱི་གཞུང་དང་འགལ་བ་དང་། དངོས་སྟོབས་ཀྱི་རིགས་པ་དང་འགལ་བར་དོགས་ནས་དྲི་བའི་གནས་བརྒྱ་རྩ་བརྒྱད་བགོད་པའི་ཚིགས་སུ་བཅད་པ་མང་པོ་ཞིག་སྤེལ་ཏེ་དབུས་གཙང་ཁམས་གསུམ་ན་བཞུགས་པའི་མཁས་པ་བསྟན་བཅོས་འདིའི་རྗེས་སུ་འབྲང་བ་རྣམས་ཀྱིས་ལན་ཐོབ་ཅེས་དྲིལ་བསྒྲགས་སོ། །དེ་ལ་ཁོ་བོས་ཐོག་མར་མཐོང་བའི་ཚེ། དོགས་པ་ཞུགས་པའི་དྲི་བ་བཞི་ཡོད་ཅིང་། རྣམ་དཔྱོད་དང་ལྡན་པ་དག་གིས་དོགས་པ་སེལ་དགོས་པའི་དཔྱོད་ལྡན་གྱི་དྲི་བ་ཡང་འགའ་ཞིག་འདུག་མོད་ཀྱི། ཕལ་ཆེར་ནི་ཚིག་ལ་འཁྲི་བ་ཙམ་དང་། གཡས་ཀྲུང་བ་ཙམ་དང་། འགའ་ཞིག་ནི་རང་ཉིད་ཀྱིས་མ་གོ་བས་གཞན་གོ་བ་མེད་དམ་སྙམ་པ་དང་། ལ་ལ་ནི་ཐུག་མེད་ཀྱི་དྲི་བ་ལྟ་བུར་སྣང་བས་ལན་གྱི་སྤྲོས་པ་ལ་བརྩམ་པ་མ་བྱས་ཤིང་། སྙིགས་དུས་ཀྱི་སྐྱེ་བོ་རང་སྐྱོན་མི་ལོང་བསྟན་ཀྱང་མི་མཐོང་། གཞན་སྐྱོན་སྣང་བྱེད་མེད་ཀྱང་གསལ་བ་དག་གིས་ཕྱོགས་འཛིན་གྱི་ཅ་ཅོས་རང་གཞན་གྱི་རྒྱུད་བསྒྲིགས་ཀྱི་དོགས་ནས་རེ་ཤིག་བཏང་སྙོམས་སུ་བཞག་པ་ཡིན་ན་ཡང་། ལུགས་མཆོག་འདི་ལ་ཤིན་ཏུ་སྡང་བའི་སྐྱེ་བོ་འགའ་ཞིག་གིས་ཚིག་འདི་ཙམ་གྱིས་མགྲིན་པ་བཏེགས་ནས་ཅོས་དང་། གང་ཟག་ལ་ཤིན་ཏུ་སྨོད་པའི་ཉེས་པར་འགྱུར་བར་མཐོང་ནས་དེ་དག་ཚར་བཅད་པའི་ཕྱིར་དང་། ལུགས་འདི་ལ་ཤིན་ཏུ་དད་ཀྱང་རང་སྟོབས་ཀྱིས་འབྱེད་པར་མ་ནུས་པའི་སྐྱེ་བོ་ཐེ་ཚོམ་གྱི་ལང་ལོང་དུ་གྱུར་པ་དག་ངེས་པ་བསྐྱེད་པའི་སྒོ་ནས་རྗེས་སུ་བཟུང་བའི་ཕྱིར་དང་། རྗེས་འབྲང་དག་གིས་ལན་སྨྲ་བར་མ་ནུས་སོ་ཞེས་མགྲིན་པ་བསྒྲིགས་པས་ཀྱང་ཅུང་ཟད་རྐྱེན་བྱས་ཏེ། དེ་ནི་ཁོ་བོས་ལན་རིམ་པ་བཞིན་སྨྲ་བ་འདི་ལ་དབུས་གཙང་ཁམས་གསུམ་གྱི་མཁས་པ་ལུང་དང་རིགས་པ་མཁྱེན་པ་བློ་གཟུ་བོར་གནས་པ་དག་གིས་ཚུལ་བཞིན་དུ་དཔྱོད་ཅིག །

༼༡༽ དེ་ལ། ཉན་ཐོས་ལུགས་ལ་སོ་ཐར་གྱི། །སྡོམ་པ་རིག་བྱེད་མིན་པའི་གཟུགས། །ཁོ་ནར་བཤད་པ་གང་ན་ཡོད། །རིག་བྱེད་གཟུགས་ཀྱང་མ་བཤད་དམ། །ཅེས་པའི་ལན་ནི། ཁོ་ནར་བཤད་པ་བསྟན་བཅོས

འདིའི། །ཚིག་ཟིན་དོན་ཐོབ་གང་ན་ཡོད། །ཅེས་པར་འདྲིའོ། །ཉན་ཐོས་སྡོམ་པ་རྣམ་རིག་མིན། །ཅེས་པས་བསྟན་ནོ་སྙམ་ན། དེ་ནི་ཚིགས་བཅད་སྨྲར་བདེ་བའི་ཆེད་དུ་རིག་བྱེད་མིན་པ་དངོས་སུ་སློས་ནས་རིག་བྱེད་ཀྱི་གཟུགས་ཀྱང་མཚོན་ནས་བསྟན་པ་སྟེ། མཛོད་ལས། དང་པོའི་རྣམ་རིག་རྣམ་རིག་མིན། །སོ་སོར་ཐར་དང་བྱ་བའི་ལམ། །ཅེས་དང་། འཆལ་བའི་ཚུལ་ཁྲིམས་མི་དགེའི་གཟུགས། །དེ་སྤོང་ཚུལ་ཁྲིམས་རྣམ་གཉིས་སོ། །ཞེས་སྡོམ་པ་ལ་རིག་བྱེད་དང་རིག་བྱེད་མ་ཡིན་པའི་གཟུགས་གཉིས་ཡོད་པར་བཤད་བཞིན་དུ། རྣམ་རིག་མིན་རྣམ་གསུམ་ཤེས་བྱ། །སྡོམ་དང་སྡོམ་པ་མིན་དང་གཞན། །ཅེས་པའི་སྐབས་སྐྱོར་གྱི་ཚེ་སྡོམ་པ་རིག་བྱེད་མིན་པའི་གཟུགས་ཀྱི་དབྱེ་བར་བཤད་པ་བཞིན་ནོ། །གཞན་དུ་ན་འདི་ལ་ཡང་དེ་ལྟར་དྲི་བར་བྱེད་དམ། དེ་བཞིན་དུ་མངོན་རྟོགས་རྒྱན་ལས། ཉན་ཐོས་ཞི་བ་ཚོལ་རྣམས་ཀུན་ཤེས་ཉིད་ཀྱིས་ཉེར་ཞིར་ཁྲིད་མཛད་གང་ཡིན་དང་། །ཞེས་པའི་ཉན་ཐོས་ཅེས་པའི་ཚིག་གིས་རང་སངས་རྒྱས་ཀྱང་མཚོན་ནས་བསྟན་པར་འགྲེལ་བ་ཉིད་ལས་བཤད་པ་དང་། འདུལ་བ་སུམ་བརྒྱ་པར། ཕྱི་དྲོའི་ཁ་ཟས་དངུལ་ཉིད་སྤོང་བ་དེ། །ཞེས་གསུངས་པའི་དངུལ་ཞེས་པའི་ཚིག་གིས་གསེར་མཚོན་ནས་བསྟན་པར་འགྲེལ་པ་འོད་ལྡན་ཉིད་ལས་གསུངས་པ་ལ་ཡང་། ཐེག་ཆེན་ལུགས་ལ་ཉེར་ཞིར་ནི། །ཁྲིད་པར་བྱ་བ་ཉན་ཐོས་དག །ཁོ་ནར་བཤད་པ་གང་ན་ཡོད། །ཅེས་དང་། འདུལ་བའི་ལུགས་ལ་དགེ་ཚུལ་གྱིས། །གསེར་མི་སྤོང་བར་དངུལ་ཉིད་ནི། །སྤོང་བར་བཤད་པ་གང་ན་ཡོད། །ཅེས་པ་ཡང་དྲི་བར་བྱེད་དམ། དེས་ན་བསྟན་བཅོས་ཆེན་པོའི་ཚིག་ལ་སྒྱུར་བཏང་དམིགས་བསལ་དང་། དངོས་བསྟན་ཤུགས་བསྟན་དང་། མཚོན་བྱ་མཚོན་བྱེད་སྨྲར་མི་ཤེས་པར་ཚིག་རང་གི་ངོ་བོ་སྒྲ་ཇི་བཞིན་པ་ཙམ་ལ་འདྲི་ན་བསྟན་བཅོས་ཆེན་པོའི་ཚིག་ཕལ་ཆེ་བ་ཆུད་སོན་པར་འགྱུར་རོ། །

༼༢༽ ཉན་ཐོས་སོ་ཐར་མཁན་སློབ་ཀྱི། །ལུས་ངག་ལས་ནི་སྐྱེས་ཞེས་པ། །གཞུང་གི་དགོངས་པ་ཡིན་ན་ནི། །སྡོམ་པའི་ཐོབ་རྒྱུ་བཅུ་མེད་དམ། །ཞེས་པའི་ལན་ནི། དེ་གཞུང་གི་དགོངས་པ་ཡིན་ཡང་སྡོམ་པའི་ཐོབ་རྒྱུ་བཅུ་གསུངས་པ་དང་འགལ་བ་མེད་དེ། འདིའི་སྡོམ་པ་ཞེས་པ་སྐབས་ཐོབ་ཀྱི་ད་ལྟར་གྱི་ཆོ་ག་ལས་ཐོབ་པའི་སྡོམ་པ་ལ་འཇུག་པ་སྲིད་པའི་ཕྱིར་རོ། །གཞན་དུ་མདོ་རྩར་རབ་ཏུ་བྱུང་བ་དང་བསྙེན་པར་རྫོགས་པ་དེའི་ཕྱིར་དགེ་སློང་འགའ་ཞིག་ལ་མཁན་པོ་ཉིད་དུ་གནས་པ་ལའོ། །ཞེས་གསུངས་པའང་སྡོམ་པའི་ཐོབ་རྒྱུ་བཅུ་གསུངས་པ་དང་འགལ་བར་ཅིའི་ཕྱིར་མི་འགྱུར། འོན་ཀྱང་གཞུང་དེའི་དགོངས་པ་ནི་སློབ་མའི་རྒྱུད་ཀྱི་ལུས་ངག་ལས་སོ་ཐར་གྱི་སྡོམ་པ་སྐྱེ་ཞེས་པ་སྟེ། ཉན་ཐོས་པའི་ལུགས་ལ་སྡོམ་པ་ཡིན་ན། ལུས་ངག་གི་ལས་ཀྱི་རང་བཞིན་ཡིན་དགོས་པར་འདོད་པའི་ཕྱིར་ཏེ། མཛོད་ལས། ལས་ནི་སེམས་པ་དང་དེས་བྱས། །སེམས་པ་ཡིད་ཀྱི་ལས་ཡིན་ནོ། །

དེས་བསྐྱེད་ལུས་དང་ངག་གི་ལས། །དེ་དག་རྣམ་རིག་རྣམ་རིག་མིན། །ཅེས་རིག་བྱེད་དང་རིག་བྱེད་མ་ཡིན་པའི་གཟུགས་གཉིས་ཀ་ཡང་ལུས་ངག་གི་ལས་ཀྱི་རང་བཞིན་དུ་གསུངས་པའི་ཕྱིར་རོ། །

༼༣༽ གཟུགས་ཅན་ཡིན་པའི་རྒྱུ་མཚན་གྱིས། །ཤི་བས་བཏང་ན་བསམ་གཏན་དང་། །ཟག་མེད་གཉིས་ལ་མི་ཐལ་ལམ། །ཞེས་པའི་ལན་ནི། བསམ་གཏན་དང་ཟག་མེད་ཀྱི་སྡོམ་པ་ཡང་ཚེ་འདིའི་གཟུགས་ཅན་ནི་ཤི་འཕོས་པའི་ཚེ་བཏང་སྟེ། རྟེན་བོར་བའི་ཕྱིར་རོ། །གཞན་དུ་ན་སོ་ཐར་གྱི་སྡོམ་པ་ཤི་འཕོས་པས་གཏང་བའི་སྒྲུབ་བྱེད་དུ་རྟེན་བོར་བའི་ཕྱིར་རོ། །ཞེས་བཀོད་པ་ལ་འབྲེལ་ཅི་ཞིག་ཡོད་གཟུགས་ཅན་མ་ཡིན་པའི་ཆོས་རྣམས་ལ་ནི་ཤི་འཕོས་པའི་ཚེ་རྟེན་བོར་བའི་ཕྱིར་ཞེས་པའི་གཏན་ཚིགས་མི་འགྲུབ་ལ། གཟུགས་ཅན་གྱི་ཆོས་རྣམས་ལ་ཤི་འཕོས་པའི་ཚེ་རྟེན་ཡོད་མེད་ཀྱི་ཁྱད་པར་ཕྱེ་བར་མི་ནུས་པས་བསྒྲུབ་བྱ་ཤི་འཕོས་པའི་ཚེ་གཏོང་བར་མཚུངས་པ་ནི་རིགས་པ་སྨྲ་བ་ཀུན་གྱི་ལུགས་ཡིན་ནོ། །འོན་བསམ་གཏན་དང་ཟག་མེད་ཀྱི་སྡོམ་པ་ཐོབ་ལ་མ་ཉམས་པའི་གང་ཟག་ཚེ་ཕྱི་མར་སྡོམ་པ་དེ་གཉིས་དང་གཏན་མི་ལྡན་པར་འགྱུར་རོ་སྙམ་ན། ཤི་འཕོས་པའི་སྐད་ཅིག་གཉིས་པར་ཚེ་ཕྱི་མའི་ཕུང་པོ་གྲུབ་པའི་ཚེ། ཚེ་ཕྱི་མའི་དབང་དུ་བྱས་པའི་སྡོམ་པ་དེ་གཉིས་ཀྱི་ཐོབ་པ་འབྱུང་བ་ནི་ཉན་ཐོས་པའི་ལུགས་ཏེ། དཔེར་ན་ཕྱིར་མི་འོང་འདོད་པའི་རྟེན་ཅན་ཤི་འཕོས་ནས་གཟུགས་མེད་ཀྱི་ཁམས་སུ་སྐྱེས་པའི་ཚེ། འདོད་པའི་རྟེན་ལ་ཡོད་པའི་ཟག་མེད་ཀྱི་སྡོམ་པ་གཏོང་ཡང་གཟུགས་མེད་ཀྱི་རྟེན་ལ་ཡོད་པའི་ཟག་མེད་ཀྱི་སྡོམ་པ་གསར་དུ་ཐོབ་པ་བཞིན་ནོ། །གལ་ཏེ་ཟག་མེད་ཀྱི་སྡོམ་པ་སྔ་མ་བཏང་ནས་ཕྱི་མ་གསར་ཐོབ་མེད་དོ་སྙམ་ན། འབྲས་བུ་སྔ་མ་ལ་གནས་པས། ཕྱི་མ་ཐོབ་པ་དང་། དབང་པོ་རྟུལ་པོ་རྣོན་པོར་སྦྱངས་པའི་ཚེ་ཟག་མེད་ཀྱི་དགེ་བ་སྔ་མ་བཏང་ནས་ཕྱི་མ་ཐོབ་པ་མེད་པར་ཐལ་ལོ། ། དེ་ཡང་འདོད་ན། འཕགས་པ། འབྲས་བུ་ཐོབ་སྦྱངས་ཉམས་པ་ལས། །ཞེས་པ་རྩ་འགྲེལ་གྱི་དོན་ལུང་རིགས་སྨྲ་བའི་མདུན་དུ་བཤད་ཐུབ་པ་ཅིག་དགོས་སོ། །བསམ་གཏན་གཏོགས་པའི་དགེ་བ་ནི། །ས་འཕོས་ཉམས་པ་དག་གིས་གཏོང་། །ཞེས་པའི་སྐབས་སུ། རྩ་བར་ཐ་སྙད་ཟིར་ཡང་པའི་ཕྱིར་དུ་ས་དེའི་དགེ་བ་གཟུགས་ཅན་དང་གཟུགས་ཅན་མ་ཡིན་པ་ཐམས་ཅད་ཀྱི་གཏོང་རྒྱུ་འཆད་པའི་སྐབས་ཡིན་པས་ཤི་འཕོས་པ་གཏོང་རྒྱུར་མ་གསུངས་པས་འཁྲུལ་གཞི་བྱས་པར་སྣང་ཡང་། དེ་ཡི་འགྲེལ་པར་རིས་མཐུན་བཏང་བ་ལས་ཀྱང་། ཅུང་ཟད་བཏང་བར་འགྱུར་རོ། །ཞེས་གསུངས་པའི་མཚན་གཞི་གང་ཡིན་ལེགས་པར་སྨྲ་དགོས་སོ། །

༼༤༽ ཐེག་ཆེན་ལུགས་ལ་སྤྱོང་བའི་སེམས། །རྫི་སྲིད་མ་ཉམས་དེ་སྲིད་དུ། །དེ་ཡི་སྡོམ་པ་དེ་ཡོད་ན། །ཐེག་ཆེན་ལུགས་ཀྱི་བསྙེན་གནས་ཀྱང་། །ནངས་པར་ཕན་ཆད་བསྲུང་དགོས་སམ། །ཞེས་པའི་ལན་ནི། ཐེག

ཆེན་ལུགས་ཀྱི་བསྙེན་གནས་ལ། །ངེས་པར་ཕན་ཆད་སྤོང་བའི་སེམས། །ཡོད་ན་བསྲུང་སེམས་ཅི་ཕྱིར་མེད། །མེད་ན་ཁྱོད་ཀྱི་དྲི་བ་ལ། །འབྲེལ་པ་ཅི་ཞིག་ཡོད་དམ་སོམས། །ཞེས་བྱའོ། །

༼༥༽ དེས་ན་ཇི་སྲིད་སེམས་མ་ཉམས། །ཅེས་གསུངས་སེམས་བསྐྱེད་ཀྱིས་ཟིན་པའི། དགེ་སློང་ལ་སོགས་སྡོམ་པ་ནི། །ཞེས་སོགས་མི་འགལ་ཚུལ་དེ་ཅི། །ཅེས་པའི་ལན་ནི། ཀུན་སློང་སེམས་བསྐྱེད་ཀྱིས་ཟིན་ཀྱང་། །དགེ་སློང་སྡོམ་པའི་སྤོང་སེམས་ནི། །ཤི་བའི་ཚེ་ན་ཉམས་པའི་ཕྱིར། །མི་འགལ་ཚུལ་ནི་དེ་ལྟར་ལགས། །ཐེག་ཆེན་སོ་སོར་ཐར་ཡིན་ཡང་། །དགེ་སློང་ལ་སོགས་སྡོམ་པ་ཡི། །ལྡོག་པ་ཤི་བའི་ཚེ་ན་གཏང་། །བྱང་ཆུབ་སེམས་ཀྱི་ལྡོག་པ་དང་། །དེ་ཡི་འབྲས་བུ་ཤི་ཡང་འབྱུང་། །ཞེས་པའི་གཞུང་འདི་མ་གཟིགས་སམ། །ཞེས་བྱའོ། །

༼༦༽ སོ་ཐར་སྡོམ་པ་ཤི་ནས་ཀྱང་། །ཡོད་ཅེས་སྨྲ་བའི་འབྲི་ཁུང་པས། །ཐེག་པ་ཆེན་པོའི་སོ་ཐར་གྱི། །དབང་དུ་བྱས་པ་མ་བཤད་དམ། །ཞེས་པའི་ལན་ནི། དེ་བཤད་དུ་ཆུག་མོད། དེས་འདིར་གནོད་པ་ཅུང་ཟད་ཀྱང་མེད་པ་ལན་སྔ་མས་བསལ་ལོ། །

༼༧༽ བྱེ་སྨྲའི་བསྙེན་གནས་དགེ་སློང་ལས། །ལེན་པའི་དམིགས་བསལ་གང་ན་ཡོད། །ཅེས་པའི་ལན་ནི། མཛོད་དུ། ནངས་པར་གཞན་ལས་ནོད་པར་བྱ། །ཞེས་པ་རྒྱ་འགྲེལ་དུ་གཞན་ལས་ཞེས་པ་ཙམ་ལས་མ་གསུངས་ཀྱང་། སོ་སོར་ཐར་ཅེས་པ། གཞན་གྱི་རྣམ་རིག་བྱེད་སོགས་ཀྱིས། །ཞེས་པའི་འགྲེལ་པར། དེ་ཡང་དགེ་འདུན་ནམ་གང་ཟག་ལས་ཏེ། དགེ་སློང་ཕ་མ་དང་། དགེ་སློབ་མའི་སྡོམ་པ་རྣམས་ནི་དགེ་འདུན་ལས་སོ། །གཞན་དག་ནི་གང་ཟག་ལས་སོ་ཞེས་གསུངས་པས་ཀྱང་སོ་ཐར་གཞན་ལྔ་ལེན་པའི་ཡུལ་དགེ་སློང་དུ་གྲུབ་སྟེ། དགེ་འདུན་དང་གང་ཟག་གི་ཟླས་ཕྱེ་བའི་གང་ཟག་ནི་དགེ་སློང་ལ་འཇུག་པའི་ཕྱིར་རོ། །ཕྱིར་བཅོས་ཀྱི་གཞིར་ལྟུང་བ་མཐོལ་བ་དང་། བཤགས་པའི་ཡུལ་བསྙེན་པར་མ་རྫོགས་པས་མི་རུང་བར་བཤད་པས་ཀྱང་གྲུབ་སྟེ། ལྟུང་བ་མཐོལ་བཤགས་ཀྱི་ཡུལ་དུ་མི་རུང་ན་སྡོམ་པ་ལེན་པའི་ཡུལ་དུ་རུང་བ་འགལ་བའི་ཕྱིར་རོ། །

༼༨༽ འདུལ་བའི་ལུགས་ཀྱི་བསྙེན་གནས་ཀྱི། །ཆོ་ག་གསལ་པོ་གང་ན་བཞུགས། །ཞེས་པའི་ལན་ནི། ཀུན་མཁྱེན་བུ་སྟོན་གྱིས། འདིའི་ཆོ་ག་འདུལ་བ་ལུང་དུ་ཡེ་མ་བྱུང་ཞིང་། འདུལ་བའི་ཕྱོགས་ཀྱི་འགྲེལ་པ་རྣམས་སུ་ཡང་ཡེ་མ་བྱུང་ངོ་། །གནས་འཇོག་གི་མདོ་ལས། རིགས་ཀྱི་བུའམ་རིགས་ཀྱི་བུ་མོ་དད་པ་དང་ལྡན་པ་འཕགས་པའི་ཡན་ལག་བརྒྱད་དང་ལྡན་པའི་བསྙེན་གནས་ལ་གནས་པར་འདོད་པས་ནངས་པར་ལངས་ནས་དགེ་སློང་ངམ། བྲམ་ཟེའམ། གཞན་གང་ཡང་རུང་བ་ཚིག་ཤེས་པ་ཞིག་གི་དྲུང་དུ་སོང་སྟེ། བླ་གོས་ཕྲག་པ་གཅིག་ཏུ་བྱས་ལ་པུས་མོ་གཡས་པའི་ལྷ་ང་ས་ལ་བཙུགས་ཏེ། ཚིག་འདི་སྐད་ཅེས་བརྗོད་པར་བྱ་སྟེ། བདག་

མིང་ཆེ་གེ་མོ་ཞེས་བྱ་བ་དུས་འདི་ནས་བཟུང་སྟེ་གང་དོ་ནུབ་ཀྱི་མཚན་མོ་འདི་དང་། སང་ཉི་མ་མ་ཤར་གྱི་བར་དུ་སྲོག་བཅད་པ་སྤངས་ཤིང་། སྲོག་གཅོད་པ་ལས་སླར་ལྡོག་སྟེ་དབྱུག་པ་སྤངས་ཤིང་མཚོན་ཆ་སྤངས་ཏེ་ངོ་ཚ་དང་ལྡན་པར་བགྱིས་ལ་སེམས་ཅན་དང་སྲོག་ཆགས་འབྱུང་པོ་ཐམས་ཅད་ལས་ཆུང་ངུན་སྲོག་ཆགས་ཕྲ་མོ་གྲོག་སྦུར་ཡན་ཆད་ཀྱི་སྲོག་གཅོད་པ་སྤངས་ཏེ། སྲོག་གཅོད་པ་ལས་སླར་ལྡོག་པར་བགྱིའོ། །ཇི་ལྟར་འཕགས་པ་དགྲ་བཅོམ་པ་དེ་དག་གིས་ཇི་སྲིད་འཚོའི་བར་དུ་སྲོག་གཅོད་པ་སྤངས་ཏེ། སྲོག་གཅོད་པ་ལས་སླར་ལོག་ནས་དབྱུག་པ་སྤངས་ཤིང་མཚོན་ཆ་སྤངས་ཏེ། སེམས་ཅན་དང་སྲོག་ཆགས་འབྱུང་པོ་ཐམས་ཅད་ལས་ཆུང་ངུན་ཕྲ་མོ་གྲོག་སྦུར་ཡན་ཆད་ཀྱི་སྲོག་གཅོད་པ་ཡང་སྤངས་ཏེ། སྲོག་གཅོད་པ་ལས་སླར་ལོག་པ་དེ་བཞིན་དུ་བདག་ཆེ་གེ་མོ་ཡང་དུས་འདི་ནས་བཟུང་སྟེ་དོ་ནུབ་ཀྱི་མཚན་མོ་འདི་དང་སང་ཉི་མ་མ་ཤར་གྱི་བར་དུ་སྲོག་གཅོད་པ་སྤངས་ཏེ། སྲོག་གཅོད་པ་ལས་སླར་ལྡོག་སྟེ། དབྱུག་པ་སྤངས་ཤིང་མཚོན་ཆ་སྤངས་ཏེ་ངོ་ཚ་དང་ལྡན་ཤིང་སྙིང་རྗེ་དང་ལྡན་པར་བགྱིས་ལ་སེམས་ཅན་སྲོག་ཆགས་འབྱུང་པོ་ཐམས་ཅད་ལས་ཆུང་ངུན་སྲོག་ཆགས་ཕྲ་མོ་གྲོག་སྦུར་ཡན་ཆད་ཀྱི་སྲོག་གཅོད་པ་ཡང་སྤངས་ཏེ། སྲོག་གཅོད་པ་ལས་སླར་ལྡོག་པར་བགྱིའོ། །ཡན་ལག་དང་པོ་འདིས་བདག་འཕགས་པ་དགྲ་བཅོམ་པ་དེ་དག་གི་བསླབ་པ་ལ་རྗེས་སུ་སློབ་བོ། །རྗེས་སུ་བསྒྲུབ་བོ། །རྗེས་སུ་བགྱིད་དོ། །ཇི་ལྟར་སྲོག་གཅོད་པ་ལས་སླར་ལོག་པ་དེ་བཞིན་དུ་མ་བྱིན་པར་ལེན་པ་དང་། མི་ཚངས་པར་སྤྱོད་པ་དང་། བརྫུན་དུ་སྨྲ་བ་དང་། འབྲུའི་ཆང་དང་། བཅོས་པའི་ཆང་དང་། མྱོས་པར་འགྱུར་བ་བག་མེད་པའི་གནས་དང་། གླུ་གར་དང་། རོལ་མོའི་སྒྲ་དང་། ཕྲེང་བ་དང་། སྤོས་ཤུག་པ་དང་། རྒྱན་དང་། ཁ་དོག་འཆང་བ་དང་། ཁྲི་སྟན་མཐོན་པོ་དང་། ཁྲི་སྟན་ཆེན་པོ་དང་། དུས་མ་ཡིན་པའི་ཁ་ཟས་ལས་སླར་ལོག་པ་དེ་བཞིན་དུ་བདག་ཆེ་གེ་མོ་ཡང་དུས་འདི་ནས་བཟུང་སྟེ། གང་དོ་ནུབ་ཀྱི་མཚན་མོ་འདི་དང་སང་ཉི་མ་མ་ཤར་གྱི་བར་དུ་དུས་མ་ཡིན་པའི་ཁ་ཟས་སྤངས་ཏེ་དུས་མ་ཡིན་པའི་ཁ་ཟས་ལས་སླར་ལོག་པར་བགྱིའོ། །ཡན་ལག་བརྒྱད་པོ་འདིས་བདག་འཕགས་པ་དགྲ་བཅོམ་པ་དེ་དག་གི་བསླབ་པ་ལ་རྗེས་སུ་སློབ་བོ། །རྗེས་སུ་བསྒྲུབ་བོ། །རྗེས་སུ་བགྱིད་དོ། །དེ་ལྟར་ལན་གཉིས་ལན་གསུམ་དུའོ་ཞེས་འབྱུང་ལ། སློབ་དཔོན་བྱང་ཆུབ་བཟང་པོའི་དགེ་བསྙེན་གྱི་སྡོམ་པའི་བཤད་པའི་གཞུང་ལས་ཀྱང་། དགེ་བསྙེན་གྱི་སྡོམ་པ་དང་སྦྲེལ་ནས་གསུངས་ཏེ། ཇི་སྐད་དུ། དེ་ལྟ་བུ་འདི་ནི་ཡན་ལག་ལྔ་ཡོངས་སུ་རྫོགས་པའི་དགེ་བསྙེན་གྱི་སྡོམ་པར་འགྱུར་རོ། །ཉིན་དུ་མཚན་དུ་བསྙེན་གནས་ཀྱི་སྡོམ་པ་བརྒྱད་བླང་བར་འདོད་ན། ཉི་མ་འཆར་བའི་སྔོན་དུ་དེ་བླང་བར་བྱའོ་བདག་མིང་འདི་ཞེས་བགྱི་བ་དུས་འདི་ནས་བཟུང་སྟེ་ཇི་སྲིད་སང་ཉི་མ་མ་ཤར་གྱི་བར་དུ་སྲོག་གཅོད་པ་སྤངས་ཏེ། སྲོག་གཅོད་པ་

ལས་སླར་ལྡོག་པར་བགྱིའོ། །དེ་བཞིན་དུ་མ་བྱིན་པར་ལེན་པ་དང་། མི་ཚངས་པར་སྤྱོད་པ་དང་། བརྫུན་དུ་སྨྲ་བ་དང་། འབྲུའི་ཆང་དང་། བཙོས་པའི་ཆང་དང་། མྱོས་པར་འགྱུར་བ་བག་མེད་པའི་གནས་དང་། མལ་སྟན་མཐོན་པོ་དང་། མལ་སྟན་ཆེན་པོ་དང་། ཕྲེང་བ་དང་། སྤོས་ཞུགས་པ་དང་། རྒྱན་དང་། ཁ་དོག་འཆང་བ་དང་། གར་དང་། གླུ་དང་། རོལ་མོའི་སྒྲ་དང་། དུས་མ་ཡིན་པའི་ཁ་ཟས་ལས་སླར་ལྡོག་པར་བགྱིའོ། །དགྲ་བཅོམ་པའི་ཡོན་ཏན་གྱི་ཚོགས་བརྒྱད་ཀྱིས་བརྒྱན་པར་བགྱིའོ། །ཞེས་དེ་ལྟར་ལན་གསུམ་མོ། །དེ་ལྟ་བུས་ནི་ཡན་ལག་བརྒྱད་ཀྱི་བསྙེན་གནས་ཀྱི་སྡོམ་པར་འགྱུར་རོ། ཞེས་གསུངས་ལ་དགེ་བསྙེན་གྱི་སྡོམ་པ་བརྒྱད་པར་ཡང་དེ་དང་ཆ་འདྲ་བ་ལ་ཁྱད་པར་གསུམ་ལ་སྐྱབས་སུ་འགྲོ་བ་ནི་སྔ་མ་བཞིན་ནོ། ཞེས་པས་སྐྱབས་སུ་འགྲོ་བ་གསུམ་གྱི་རྗེས་སུ་བསླབ་པ་ལན་གསུམ་ཁས་བླངས་པའི་རྗེས་ལ་གསོ་སྦྱོང་ཅན་དུ་བདག་སློབ་དཔོན་གྱིས་བཟུང་དུ་གསོལ། ཞེས་བརྗོད་པར་བཤད་དོ། །དེ་དང་བྱང་བཟང་གི་གཉིས་ཕལ་ཆེན་སྡེ་པའི་གྲུབ་མཐའ་ཡིན་པར་འདྲའོ། །དེ་རྣམས་བསྙེན་གནས་ཀྱི་རྣམ་བཞག་ཤེས་པར་བྱ་བའི་ཕྱིར་སྤྱིའི་རྣམ་བཞག་བཤད་པ་ཡིན་ལ། ལག་ལེན་ལ་བླ་མ་གོང་མ་རྣམས་ཀྱིས་དགེ་ཚུལ་གྱི་ཆོ་ག་དང་ཆ་འདྲ་བར་བཤད་ལ་ཞེས་གསུངས་པའི་དོན་ལ་དཔྱོད་མཛོད། འོན་ཀྱང་མཁས་པ་འདིས་སྡོམ་བརྒྱད་དང་། བྱང་བཟང་གི་བཤད་པ་ཕལ་ཆེན་སྡེ་པའི་གྲུབ་མཐའ་བཞེད་པར་སྣང་ཡང་། བདག་ཉིད་ཆེན་པོའི་དགོངས་པ་ནི་བྱེ་བྲག་ཏུ་སྨྲ་བའི་ལུགས་ཀྱི་བསྙེན་གནས་ཀྱི་ཆོ་ག་འདུལ་བ་ལུང་ལས་མ་གསུངས་ཀྱང་། དགེ་བསྙེན་དང་དགེ་ཚུལ་གྱི་ཆོ་ག་ཉིད་ལ་བསླབ་པའི་གྲངས་དང་། དུས་ཀྱི་ཁྱད་པར་མ་གཏོགས་པ་གཞན་འདྲ་བས་དེས་མཚོན་པར་བཞེད་ཅིང་། གནས་འཇོག་གི་མདོ་དང་། སྡོམ་བརྒྱད་དང་། བྱང་བཟང་གིས་བཤད་པ་རྣམས་ནི་མདོ་སྡེ་པའི་ལུགས་སུ་བཞེད་དོ། །

༼༩༽ དུད་འགྲོ་སོ་སོར་ཐར་པ་ཡི། །སྡོམ་པའི་རྟེན་དུ་ཁས་ལེན་པའི། །ཉན་ཐོས་སྡེ་པ་ཡོད་དམ་ཅི། །ཞེས་པའི་ལན་ནི། ཉན་ཐོས་སྡེ་པ་ཐམས་ཅད་ཀྱིས། །མཛོད་དང་མདོ་རྩ་ར་གསུངས་པ་ཡི། །གྲུབ་མཐའ་ཁོན་ཁས་ལེན་ན། །སྡེ་པ་ཐམས་ཅད་ཡོད་སྨྲ་ར་འགྱུར། །གཞན་དུ་དུད་འགྲོ་སོ་ཐར་གྱི། །སྡོམ་པའི་རྟེན་དུ་ཁས་ལེན་པའི། །ཉན་ཐོས་སྡེ་པ་མེད་པ་ཅི། །ཞེས་དང་། རྒྱ་མཚོའི་ཀླུ་རྣམས་དུས་བཟང་ལ། །བསྙེན་གནས་བསྲུང་བར་བཤད་པ་དེ། །ཁས་ལེན་ཉན་ཐོས་མེད་དམ་ཅི། །ཞེས་ཀྱང་བརྗོད་པར་བྱའོ། །

༼༡༠༽ མདོ་སྡེ་པ་རྣམས་བསྙེན་གནས་ནི། །ཇི་ལྟར་འདོད་ཚེ་ལེན་ཅེས་པ། །དུས་གཅིག་སྟབས་སུ་ལེན་ནམ་ཅི། །ཟན་ཟོས་ནས་ཀྱང་ལེན་ཅེས་པ། །དེ་ཡི་དོན་དུ་ཁས་ལེན་ན། །དེ་འདྲ་བྱེ་བྲག་སྨྲ་བ་ཡིས། །ནངས་པར་གཞན་ལས་ནོད་ཅེས་པའི། །དམིགས་བསལ་ཡིན་ཕྱིར་སྐབས་ཀྱི་ནི། །རྩོད་པའི་ལན་དུ་འགྱུར་བ་མེད། །

བསྙེན་གནས་དུས་གཅིག་ལེན་པ་དེ། །མདོ་སྡེའི་གཞུང་ལུགས་གང་ན་ཡོད། །ཅེས་པའི་ལན་ནི། མཛོད་འགྲེལ་ལས། ནངས་པར་ནི་རེ་ཤིག་ཉི་མ་འཆར་བའི་ཚེ་སྟེ་ཉིན་ཞག་པའི་སྡོམ་པ་ཡིན་པའི་ཕྱིར་རོ། །གང་གིས་ཆོས་བརྒྱད་ལ་རྟག་ཏུ་བསྙེན་གནས་ལ་གནས་པར་བྱའོ། །ཞེས་སྔོན་ཡང་དག་པར་བླངས་པར་བྱས་པ་དེས་ནི་ཟན་ཟོས་ནས་ཀྱང་ནོད་པར་བྱའོ། །ཞེས་གསུངས་པ་འདིས་སྔར་དུས་གཅིག་གི་ཚེ་ཟླ་བ་བྱུང་ངོ་ཅོག་གི་ཆོས་བརྒྱད་ལ་བསྙེན་གནས་ལ་གནས་པར་ཚིག་གཅིག་གིས་སྐབས་ཅིག་ཏུ་བླངས་ནས། ཕྱིའི་ཆོས་བརྒྱད་བྱུང་རེས་སྔར་བླངས་པ་དེ་གསལ་བར་བྱ་བའི་ཕྱིར་དུ་སླར་ཡང་གཞན་ལས་ནོད་པར་གསལ་ཏེ། འདིའི་འགྲེལ་བཤད་དུ་སྡོམ་པ་ནི་སློང་བར་བྱེད་པ་ཡང་དག་པར་ལེན་པར་ངེས་པའི་སེམས་པ་ཡིན་པའི་ཕྱིར། ཉི་མ་འཆར་བའི་ཚེ་ཁོ་ན་སྐྱེའོ། །ཟན་ཟོས་ནས་ནོད་པ་ནི་གསལ་བར་བྱ་བའི་ཕྱིར་རོ། །ཞེས་གསུངས་པས་སོ། །འདི་མདོ་སྡེ་པའི་ལུགས་མ་ཡིན་ནོ་ཞེ་ན། བྱེ་བྲག་ཏུ་སྨྲ་བས། སྡོམ་པ་སེམས་པར་ཁས་ལེན་ནམ་ལེགས་པར་སྨྲོས་ཤིག །འོན་བྱེ་བྲག་ཏུ་སྨྲ་བས་ནངས་པར་གཞན་ལས་ནོད་ཅེས་པའི་དམིགས་བསལ་དུ་ཇི་ལྟར་འགྲོ་སྙམ་ན། མཛོད་འགྲེལ་འདིར། བྱེ་མདོ་གཉིས་ཀའི་གྲུབ་མཐའ་འཆད་པའི་སྐབས་ཡིན་པས། བྱེ་སྨྲས་ཉི་མ་འཆར་བའི་ཚེ་ཁོ་ན་གཞན་ལས་ནོད་པར་འདོད་ཀྱང་མདོ་སྡེ་པ་ལྟར། ཆོས་བརྒྱད་ལ་སོགས་པ་ཇི་ལྟར་འདོད་པའི་དུས་རྟག་ཏུ་བསྙེན་གནས་ལ་གནས་པར་དུས་གཅིག་ཏུ་བླངས་པ་དེས་ཉི་མ་འཆར་བའི་ཚེ་བརྗེད་ནས་ཟན་ཟོས་ནས་དྲན་པའི་ཚེ་གསལ་བའི་ཕྱིར་དུ་སླར་ཡང་གཞན་ལས་ནོད་ཅེས་པ་ཡིན་གྱི་གཉིས་ཀ་བྱེ་སྨྲའི་ལུགས་ཀྱི་སྐྱིར་བཏང་དམིགས་བསལ་མ་ཡིན་ཏེ། གཞན་དུ་ན་བྱེ་སྨྲས་སྡོམ་པ་སེམས་པར་ཁས་ལེན་པར་ཐལ་བའི་ཕྱིར་རོ། །དེས་ན་བདག་ཉིད་ཆེན་པོའི་དགོངས་པ། འདི་མདོ་སྡེ་པ་ལ་སྦྱར་བ་ལེགས་པར་གྲུབ་བོ། །གལ་ཏེ་ཆོས་བརྒྱད་ལ་དུས་རྟག་ཏུ་བསྙེན་གནས་ལ་གནས་པར་སྔོན་ཡང་དག་པར་བླངས་བ་ཞེས་པའི་དོན་ཁས་བླངས་པ་ཙམ་ཡིན་གྱི་ཚོགས་བླངས་པ་མ་ཡིན་ན་ནི། ཕྱིས་ཟན་ཟོས་ནས་སྡོམ་པ་བླངས་པ་ལ་དེའི་སྔ་རོལ་ཉི་མ་འཆར་བའི་ཚེ་སྡོམ་པ་ཇི་ལྟར་སྐྱེ་ལུང་རིགས་སྨྲ་བ་དག་ལེགས་པར་དཔྱོད་ཅིག །སྔར་སྐབས་ཅིག་ཏུ་ལེན་པའི་ཚེ་ཆོས་བརྒྱད་ཀྱི་སྡོམ་པ་ཐམས་ཅད་ཅིག་ཅར་སྐྱེ་བ་ནི་མ་ཡིན་ཏེ། སྔར་གྱི་ཚིག་ལས་ཕྱིས་ཆོས་བརྒྱད་བྱུང་རེས་ཀྱི་ཉི་མ་འཆར་བའི་ཚེ་སྐྱེ་བ་འགྲེལ་བཤད་ཀྱི་དགོངས་པ་ཡིན་པའི་ཕྱིར་རོ། །

༼༡༡༽ གསང་སྔགས་ལུགས་ཀྱི་བསྙེན་གནས་ལ། །ཡི་དམ་བསྒོམ་པ་མཆོག་ཡིན་ན། །ལྷ་དེ་བདག་མདུན་གང་ཡིན་བརྟག བདག་བསྐྱེད་ཡིན་ན་བྱ་རྒྱུད་ཀྱི། །རང་རྐང་བདག་སྐྱེད་མེད་པ་ཅི། །མདུན་སྐྱེད་ཡིན་ན་རྣམ་རྒྱལ་སོགས། །མ་སྐྱེད་གོང་དུ་གསོ་སྦྱོང་གི། །སྡོམ་པ་ལེན་པར་མཛད་དེ་ཅི། །ཞེས་པའི་ལན་ནི། གཞུང་

གི་དགོངས་པ་མ་ལོན་པ་དང་། དྲི་བ་ཐུག་མེད་དུ་འགྱུར་བ་དང་། མཐའ་གཉིས་ལ་སྐྱོན་བརྗོད་པ་མི་འཐད་པ་དང་གསུམ་ལས། དང་པོ་ནི། འོན་ཀྱང་གསང་སྔགས་ལུགས་བྱེད་ན། །ཞེས་པའི་དོན་གསང་སྔགས་ལུགས་ཀྱི་བསྙེན་གནས་ཞེས་པ་ལ་འཆད་པ་ནི་ནོར་ཏེ། འདིར་ཉན་ཐོས་ཀྱི་འདུལ་བ་ནས་གསུངས་པའི་བསྙེན་གནས་ཀྱི་ཉིན་ལྷ་སྒོམ་མ་བྱས་ཀྱང་བསྙེན་གནས་ཉམས་པ་མེད་པ་ལས་འཕྲོས་ནས་ལྷ་བསྒོམ་གདན་བཀག་པ་ནི་མ་ཡིན་ཏེ། གང་ཟག་དེ་གསང་སྔགས་ཀྱི་ལུགས་ཀྱི་ཉམས་ལེན་བྱེད་པ་ཞིག་ཡིན་ན། བསྙེན་གནས་ཀྱི་ཉིན་ཡི་དམ་བསྒོམ་པ་བསོད་ནམས་ཆེ། ཞེས་པའི་དོན་ཡིན་པའི་ཕྱིར་ཏེ། བསྙེན་གནས་སོ་སོར་ཐར་པའི་ལུགས། །གཙོ་ཆེར་ཉན་ཐོས་གཞུང་ལུགས་ཡིན། །ཞེས་པས་ཤེས་སོ། །གཉིས་པ་ནི། བསྙེན་གནས་ཀྱི་ཉིན་གསང་སྔགས་ཀྱི་ལུགས་བྱེད་ན་ཡི་དམ་བསྒོམ་པ་བསོད་ནམས་ཆེ། ཞེས་པ་ལ། ལྷ་དེ་བདག་མདུན་བརྟག་དགོས་ན། བསྙེན་གནས་ཀྱི་ཉིན་སྔགས་བཟླས་ན་བསོད་ནམས་ཆེ་ཞེས་བཤད་པ་ལ་ཡང་སྔགས་དེ་མ་ཎི་ཡིན་ནམ། ཨ་ར་པ་ཙ་ན་ཡིན་ཞེས་བརྟག་དགོས་པར་འགྱུར་ཞིང་དེའི་ཉིན་དགེ་འདུན་ལ་བསྙེན་བཀུར་བྱས་ན་བསོད་ནམས་ཆེ་ཞེས་པ་ལ་ཡང་། བསྙེན་བཀུར་དེ་མང་ཇ་ཡིན་ནམ། གང་ན་སྟོན་ཡིན་ཞེས་པ་དང་ཇ་དེ་རྒྱ་ཇ་ཡིན་ནམ་ཁམས་ཇ་ཡིན། མར་དེ་འབྲི་མར་ཡིན་ནམ་བ་མར་ཡིན། ཞེས་སོགས་ཀྱང་བརྟག་དགོས་པས་བྲིས་པས་ཨ་མ་ལ་བརྗོ་འཐག་གི་རྒྱུ་མཚན་བྲིས་པ་དང་འདྲ་བར་ཐུག་མེད་དུ་འགྱུར་རམ་སྙམ་མོ། །ཅིས་ཀྱང་ལན་བརྗོད་དགོས་ན་བསྟན་བཅོས་རྩོམ་པ་པོས་ནི་དེ་ཚོ་ཐམས་ཅད་ཐད་ཀ་ཐད་ཀ་ནས་བསོད་ནམས་ཆེ་ཞེས་གསུངས་པར་གདའ་ལགས། གང་ཡིན་ནི་བསྙེན་གནས་སྲུང་བ་པོ་ལ་དྲིས་ཤིག །གསུམ་པ་ནི་བདག་བསྐྱེད་ཡིན་པ་ལ་སྐྱོན་བརྗོད་པའི་དོན་བྱ་རྒྱུད་ནས་གསུངས་པའི་བསྙེན་གནས་ལ་གནས་པས་བསྒོམས་ན་བསོད་ནམས་ཆེ་བ་དེ་ཡིན་ན། བྱ་རྒྱུད་རང་རྐང་ལ་ཡོད་དགོས་ཅེས་པར་སྣང་ལ། དེ་ལྟར་ན་བདེ་དགྱེས་ལ་སོགས་པའི་བསྐྱེད་རྫོགས་ཐམས་ཅད་ཆོས་ཅན། དེར་ཐལ། དེའི་ཕྱིར། ཡང་དེ་དག་ཆོས་ཅན། ཕ་རོལ་ཏུ་ཕྱིན་པའི་གཞུང་ལུགས་རང་རྐང་ལ་ཡོད་པར་ཐལ། དེ་ནས་བཤད་པའི་སྨོན་འཇུག་གི་སེམས་བསྐྱེད་ལ་གནས་པས་བསྒོམས་ན་བསོད་ནམས་ཆེ་བ་དེ་ཡིན་པའི་ཕྱིར། ཡང་དེ་དག་ཆོས་ཅན། ཉན་ཐོས་ཀྱི་འདུལ་བ་རང་རྐང་ལ་ཡོད་པར་ཐལ། ཉན་ཐོས་ཀྱི་འདུལ་བ་ནས་བཤད་པའི་དགེ་སློང་གི་སྡོམ་པ་ལ་གནས་པས་བསྒོམས་ན་བསོད་ནམས་ཆེ་བ་དེ་ཡིན་པའི་ཕྱིར། མདུན་བསྐྱེད་ཡིན་པ་ལ་རྒྱུ་མཚན་དྲི་བ་ཡང་དོན་མེད་དེ། ཐོག་མར་གསོ་སྦྱོང་བླངས་ནས་རྣམ་རྒྱལ་དོན་ཞགས་ལ་སོགས་པའི་མདུན་བསྐྱེད་བསྒོམ་པ་དེ་ཉིད་རྒྱུ་མཚན་ཡིན་པས་དྲི་རྒྱུ་ཅི་ཡོད། གསོ་སྦྱོང་གི་ཉིན་མདུན་བསྐྱེད་བསྒོམས་ན་བསོད་ནམས་ཆེ་ཞེས་པའི་དོན་ཐོག་མར་མདུན་བསྐྱེད་བསྒོམས་ནས་དེའི་འོག་ཏུ་གསོ་སྦྱོང་ལེན་པ་

ལ་གོ་བ་ནི་མིན་མཆི། འདི་འདྲའི་རིགས་ཅན་མང་དུ་འདུག་གོ། །

༼༡༢༽ རྣམ་རྒྱལ་དོན་ཞགས་ལ་སོགས་པའི། །ཚོགས་བྱེད་པའི་དགེ་ཚུལ་དང་། །དགེ་སློང་དག་གིས་གསོ་སྦྱོང་ནི། །རང་གིས་བླངས་པའི་དགོས་པ་ཅི། །དགེ་བསྙེན་བཟང་པོའི་བསྙེན་གནས་ནི། །ཡན་ལག་ཚང་བར་མནོས་པའི་ཚེ། །གནད་གཅོད་པ་ཡི་ཚིག་དེ་ཡིས། །སྔར་གྱི་སྡོམ་པ་མི་འཛིག་གམ། །ཞེས་པའི་ལན་ནི། ཚོགའི་ཚིག་ཏུ། སེམས་ཅན་ཐམས་ཅད་ཀྱི་དོན་གྱི་ཕྱིར་དང་། ཕན་པར་བྱ་བའི་ཕྱིར་དང་། གྲོལ་བར་བྱ་བའི་ཕྱིར་དང་། ཞེས་སོགས་གསུངས་པ་དེ་མ་གཟིགས་པ་ལགས་སམ། གལ་ཏེ་དེ་དག་ནི་ཀུན་སློང་གི་བསམ་པ་ཡིན་གྱི་བསླབ་པ་ལ་སྔོབ་པ་སྔར་ནས་ཡོད་པས་དགོས་པ་མེད་དོ་སྙམ་ན། དབང་བསྐུར་ལན་གཅིག་ཐོབ་ནས་ཡང་ནས་ཡང་དུ་ལེན་པ་ལ་དགོས་པ་མེད་པར་འགྱུར་ཏེ། བསླབ་པ་ལ་སློབ་པ་སྔར་ནས་ཡོད་པའི་ཕྱིར། ལམ་དུས་ཐུན་བཞིར་ལེན་པ་དགོས་པ་མེད་པར་འགྱུར་ཏེ། རྒྱུ་མཚན་དེ་ཉིད་ཀྱི་ཕྱིར། སེམས་བསྐྱེད་ལན་གཅིག་ཐོབ་ནས་སླར་ལེན་པ་ལ་དགོས་པ་མེད་པར་འགྱུར་ཏེ། རྒྱུ་མཚན་དེ་ཉིད་ཀྱི་ཕྱིར། དེ་བཞིན་དུ་ཐུན་མོང་མ་ཡིན་པའི་སྐབས་འགྲོ་སོགས་ཐེག་ཆེན་གྱི་སྡེ་སྣོད་ལས་བཤད་པའི་སྡོམ་པ་མཐའ་དག་ལ་སྦྱར་ཏེ་བརྗོད་པར་བྱའོ། །དེས་ན་འདི་ནི་ཉན་ཐོས་ཀྱི་ལུགས་ལ་སོ་ཐར་ལན་གཅིག་སྐྱེས་ནས་མ་བཏང་བའི་བར་དུ་སླར་བླང་དུ་མེད་པ་དང་། ཐེག་ཆེན་གྱི་སྡེ་སྣོད་ལས་བཤད་པའི་སྡོམ་པ་ཡང་ཡང་བླངས་པས་གོང་འཕེལ་དུ་འགྲོ་བའི་ཁྱད་པར་མ་ཕྱེད་པའི་གཏམ་དུ་སྣང་ངོ་། །དགེ་སློང་དང་དགེ་ཚུལ་གྱིས་དགེ་བསྙེན་བཟང་པོའི་བསྙེན་གནས་མནོས་པས། གནད་གཅོད་པའི་ཚིག་ཏུ་སོང་བའི་རྒྱུ་མཚན་ཅི། དེ་ལས་གཞན་ལ་མི་སློབ་པར་ཁས་བླངས་བར་སོང་བའི་ཕྱིར་སྙམ་ན། འོན་བླ་མེད་ཀྱི་སྔགས་སྡོམ་ལ་གནས་པས་བྱ་རྒྱུད་ཀྱི་དབང་བསྐུར་མནོས་པའི་ཚེ་གནད་གཅོད་པའི་ཚིག་ཏུ་འགྱུར་ཏེ། རྒྱུ་མཚན་མཚུངས་པའི་ཕྱིར། རྡོ་རྗེ་རྩེ་མོ་ལས། ཁྱོད་ཀྱིས་སྲོག་ཆགས་བསད་མི་བྱ། །ཅེས་སོགས་བསྒྲག་པ་དེ་བསླབ་གཞི་ལྔ་པོ་དེ་ལས་གཞན་ལ་མ་སློབ་ཅིག་ཅེས་པའི་ཚིག་ཏུ་འགྱུར་ཏེ། རྒྱུ་མཚན་མཚུངས་པའི་ཕྱིར། སྡོམ་པ་བསྒྲག་པའི་སྐབས་སུ་བསླབ་གཞི་ལྔ་བསྒྲག་པ་དེ་བཟུང་བའི་སྐབས་སུ་བཟུང་བ་ཡོད་དམ་མེད། མེད་ན་བསྒྲགས་པ་ལ་དགོས་པ་ཅི་ཞིག་ཡོད་ལེགས་པར་སོམས་ཤིག །ཡོད་ན་དེའི་ཚེ་སྔར་གྱི་སྡོམ་པ་ཐམས་ཅད་འཛིག་པར་འགྱུར་ཏེ། དགེ་བསྙེན་བཟང་པོའི་བསླབ་གཞི་བརྒྱད་མནོས་པས་གནད་གཅོད་པའི་ཚིག་ཏུ་འགྱུར་ན་བསླབ་གཞི་ལྔ་མནོས་པ་གནད་གཅོད་པའི་ཚིག་ཏུ་འགྱུར་བ་ལྟ་ཅི་སྨོས་པའི་ཕྱིར་རོ། །གལ་ཏེ་སང་ཉི་མ་མ་ཤར་གྱི་བར་དུ་ཅེས་པའི་ཚིག་གིས་དེ་ཕན་ཆད་མི་སློབ་པར་བསྟན་པས། གནད་གཅོད་ཀྱི་ཚིག་ཏུ་སོང་ན་ནི། དགེ་བསྙེན་གྱིས་དེ་བླངས་པའི་ཚེ་ན་ཡང་གནད་གཅོད་ཀྱི་ཚིག་ཏུ་འགྱུར་རོ། །འདི་

འདྲའི་ཚིག་གིས་གདུལ་བྱའི་ཉམས་ལེན་རྒྱུན་གཅོད་པས་མི་གསུང་བར་ཞུ། དེས་ན་འདི་ནི་ཡང་ཀ་མགྲིན་བཅུས། དབང་ཕྱུག་ཆེན་པོ་ལ་ད་དུང་སྔར་གྱི་མ་ཡིན་པའི་ས་ཡ་ཕྲག་ཕྱེད་ཐུབ་པ་སློང་ཞེས་པའི་ཚིག་གནང་གཅོད་པའི་ཚིག་ཏུ་སོང་ཅེས་པས་འཁྲུལ་གཞི་བྱས་པར་སྣང་མོད། ཚིག་དེ་ལ་ཡང་སྔར་གྱི་མ་ཡིན་པ་ཅེས་པ་གནང་གཅོད་དུ་སོང་བ་ཡིན་ནམ། ས་ཡ་ཕྲག་ཕྱེད་སློང་ཅེས་པ་གནང་གཅོད་དུ་སོང་བ་ཡིན། དང་པོ་ལྟར་ན། དགེ་སློང་དང་དགེ་ཚུལ་གྱིས་གསོ་སྦྱོང་ལེན་པའི་ཚེ་སྔར་གྱི་མ་ཡིན་པ་ཅེས་པའི་ཚིག་ཤེ་ཡོད། ཕྱི་མ་ལྟར་ན་ས་ཡ་ཕྲག་ཕྱེད་དང་བཅུ་གསུམ་གྱི་སྟེང་དུ་ས་ཡ་ཕྲག་ཕྱེད་བསྣན་པས་ས་ཡ་ཕྲག་བཅུ་གསུམ་དུ་མི་འགྱུར་རམ། གནང་གཅོད་པའི་ཚིག་ཇི་ལྟར་འགྱུར་ལེགས་པར་སོམས་ཤིག །

༼༡༣༽ དགེ་བ་གང་ཡིན་ཐམས་ཅད་ཀྱིས། །རྣམ་སྨིན་བདེ་བ་བསྐྱེད་ན་ནི། །ཟག་མེད་དགེ་བའི་རྣམ་སྨིན་ཅི། །བཏང་སྙོམས་གཉིས་ཀ་མ་ཡིན་ན། །བསམ་གཏན་བཞི་པ་ཡན་ཆད་ཀྱི། །ཟག་བཅས་དགེ་བའི་རྣམ་སྨིན་དང་། །བཏང་སྙོམས་ཅེས་པ་ལུང་མ་བསྟན། །ཡིན་ན་ཀུན་གཞིའི་ས་བོན་ལས། །རྣམ་སྨིན་འབྱུང་བ་དེ་ཅི་ཞིག །ཅེས་པའི་ལན་ནི། མངོན་རྟོགས་རྒྱན་ལས། དེ་མཐའ་དེ་ཡི་རྣམ་སྨིན་ནི། །ཞེས་སྐད་ཅིག་མའི་སྦྱོར་བའི་རྣམ་སྨིན་འབྲས་བུ་ཆོས་སྐུ་ཡིན་པར་གསུངས་པ་འདི་ཟག་མེད་དགེ་བའི་རྣམ་སྨིན་ཡོད་པའི་ལུང་ཡིན་ནོ། །གལ་ཏེ་མངོན་པ་གོང་འོག་ལས་རྣམ་སྨིན་གྱི་རྒྱུ་ལ་མི་དགེ་བ་དང་། དགེ་བ་ཟག་བཅས་ཀྱིས་ཁྱབ་པར་གསུངས་པས་དེས་སུན་འབྱིན་ན་ནི། སློབ་དཔོན་སེང་གེ་བཟང་པོས་གང་གི་ཕྱིར་འདི་ནི་རྣམ་པར་བཞག་པ་གཞན་ཁོ་ན་ཡིན་ཏེ། དེའི་ཕྱིར་ཐེག་པ་གཞན་ལ་བརྟེན་ནས་ནི་གང་དུའང་སུན་འབྱིན་པ་བརྗོད་པར་མི་བྱའོ། ཞེས་གསུངས་པ་འདི་དྲན་པར་བྱའོ། །ཚིག་རྐང་བར་པ་གསུམ་ནི་བཏང་སྙོམས་ཅེས་པ་ཚོར་བ་བཏང་སྙོམས་ལ་ངོས་བཟུང་ནས་དགག་པ་བརྗོད་པར་སྣང་ཡང་བཏང་སྙོམས་ཅེས་པའི་ཚིག་གར་ཡོད་དེ་རམ་ངེས་ཏེ། འདུ་བྱེད་བཏང་སྙོམས་ཀྱང་ཡོད་པའི་ཕྱིར་རོ། །འོན་ཀྱང་འདིའི་བཏང་སྙོམས་ནི་དེ་གཉིས་ཀ་མ་ཡིན་ཏེ། ཚིག་རྐང་པ་སྙོམས་པའི་ཆེད་དུ་ལུང་མ་བསྟན་ལ་བཏང་སྙོམས་སུ་བྱས་པའོ། །དེས་ན་བཏང་སྙོམས་ཅེས་པའི་ཚིག་གཅིག་ཉིད་ཀྱང་དགེ་སྡིག་བཏང་སྙོམས་གསུམ་ཅེས་པའི་ཚེ་ལུང་མ་བསྟན་དང་། བདེ་སྡུག་བཏང་སྙོམས་གསུམ་ཅེས་པའི་ཚེ་ཚོར་བ་བཏང་སྙོམས་དང་། བཏང་སྙོམས་ངོ་ཚ་ཤེས་ཁྲེལ་ཡོད། །ཅེས་པའི་ཚེ་འདུ་བྱེད་བཏང་སྙོམས་ལ་འཇུག་པ་སོགས་གསུང་རབ་འཆད་ཚུལ་ལ་སྐབས་ཐོབ་ཀྱིས་འཇུག་ཚུལ་མང་དུ་ཤེས་པར་བྱའོ། །དེ་ལྟར་ན་ཚིག་རྐང་ཕྱི་མ་གསུམ་ལྟར་གྱི་དོགས་པ་མི་འབྱུང་ངམ་སྙམ་ན། འདི་ལ་སྐབས་དོན་དཔེ་དང་བཅས་ཏེ་བཤད་པ་དང་། གཞན་དུ་རྟོགས་ན་ཧ་ཅང་ཐལ་བ་གཉིས་ལས། དང་པོ་ནི། ཀུན་གཞི་ལ་ལས་ཀྱིས

བོན་བཞག་པ་ནི། སེམས་ཅམ་པའི་ལུགས་ཡིན་གྱི་མངོན་པ་འོག་མར་ནི་མི་འབྱུང་ལ་ལུགས་དེ་ལ་དགེ་མི་དགེའི་ལས་བྱས་མ་ཐག་ཏུ་ཀུན་གཞི་ལ་ས་བོན་བཞག་པ་ཕྱིའི་རྐྱེན་གྱིས་གསོས་བཏབ་པ་ལས་རྣམ་སྨིན་འབྱུང་ཞེས་པའི་རྣམ་སྨིན་དེ་འཇོག་བྱེད་དགེ་མི་དགེའི་ལས་ཀྱི་རྣམ་སྨིན་ཡིན་གྱི་ས་བོན་གྱི་རྣམ་སྨིན་མ་ཡིན་པས་ས་བོན་ལུང་མ་བསྟན་ཡིན་པ་དང་། དེ་ལས་རྣམ་སྨིན་འབྱུང་བ་ལ་འགལ་བ་ཅི་ཞིག་ཡོད། དཔེར་ན་དཔྱིད་ཀར་ཤ་པ་ནི་གསུམ་བསྐྱེད་དུ་བཏང་བ་དཔང་རྒྱ་ཡི་གེར་བྲིས་ཏེ། སྟོན་ཡི་གེ་དེ་བསྟན་པ་ལས། ཀར་པ་ནི་བཞི་ལུགས་པའི་ཚེ། ཀར་པ་ནི་གཅིག་པོ་དེ་སྔར་གྱི་ཀར་པ་ནི་གསུམ་པོ་དེའི་བེད་བསྐྱེད་ཡིན་གྱི། དཔང་རྒྱའི་བེད་བསྐྱེད་མ་ཡིན་པ་བཞིན་ནོ། །གཉིས་པ་ནི་གལ་ཏེ་ཚེ་ཕྱི་མའི་རྣམ་སྨིན་དེ། ས་བོན་གྱི་རྣམ་སྨིན་ཡིན་པར་ཐལ། ས་བོན་ལས་དེ་འབྱུང་བའི་ཕྱིར་ཞེ་ན། འོ་ན་ཧོན་ཅིག །ཞིར་སྐྱུའི་མགོ་བོ་དེ་ལྫ་བཟོའི་མགོ་བོ་ཡིན་པར་ཐལ། ལྫ་བཟོ་བ་ལས་ལྫེ་གུའི་མགོ་བོ་འབྱུང་བའི་ཕྱིར། དེ་བཞིན་དུ་ཁབ་ཀྱི་མིག་དེ་མགར་བའི་མིག་ཡིན་པར་ཐལ། དེ་ལས་དེ་འབྱུང་བའི་ཕྱིར། ལྷམ་གྱི་སྣ་དེ་ལྷམ་མཁན་གྱི་སྣ་ཡིན་པར་ཐལ། དེ་ལས་དེ་འབྱུང་བའི་ཕྱིར། ཐ་མའི་ཁ་དེ་ཐ་མཁན་གྱི་ཁ་ཡིན་པར་ཐལ། དེ་ལས་དེ་འབྱུང་བའི་ཕྱིར། སྐྲོགས་ཀྱི་རྩིབ་མ་དེ་སྐྲོགས་མཁན་གྱི་རྩིབ་མ་ཡིན་པར་ཐལ། དེ་ལས་དེ་འབྱུང་བའི་ཕྱིར། ཞེས་སོགས་མཐའ་ཡས་པ་བརྗོད་པར་བྱ་སྟེ། འདི་ཡི་རིགས་ལ་འདིའི་ཚན་མཁོའོ། །

༼༡༩༽ ལས་དཀར་ཅེས་པ་དགེ་བ་ལ། །ཟེར་ན་རྣམ་སྨིན་གནག་པ་ཅི། །ལས་གནག་ཅེས་པ་སྡིག་པ་ལ། །ཟེར་ན་རྣམ་སྨིན་དཀར་བ་ཅི། །ཅེས་པའི་ལན་ནི། སྤྱིར་ལས་དཀར་ཅེས་པ་མཚན་ཉིད་པ་དགེ་བ་ཡིན་ཀྱང་སྐབས་འདིར་ལུས་ངག་གི་སྦྱོར་བ་སྦྱིན་པ་ལ་སོགས་དགེ་བར་སྣང་བས་དགེ་བའི་མིང་གིས་བཏགས་པ་དེ། དོན་ལ་རྒྱུ་དུས་དང་། དེ་དུས་ཀྱི་ཀུན་སློང་གཉིས་ཀ་གནག་པས་ལས་གནག་ཡིན་པའི་ཕྱིར། དེ་བཞིན་དུ་ལས་གནག་ཅེས་པ་ཡང་སྐབས་འདིར་ལུས་ངག་གི་སྦྱོར་བ་སྲོག་གཅོད་སོགས་མི་དགེ་བར་སྣང་བས་ལས་གནག་གིས་མིང་བཏགས་པ་སྟེ། དོན་ལ་ལས་དཀར་ཡིན་པ་ཡང་ཤེས་པར་བྱའོ། །གལ་ཏེ་ལས་དཀར་ལ་ལས་གནག་ཅེས་པའི་མིང་དང་། ལས་གནག་ལ་ལས་དཀར་ཅེས་པའི་མིང་གིས་གདགས་སུ་མི་རུང་ན། ཟག་མེད་ཀྱི་ལས་གཅིག་ལ་མངོན་པ་འོག་མར་མི་དཀར་ཅེས་པ་དང་། མངོན་པ་གོང་མར་དཀར་བ་ཅེས་གསུངས་པ་ཡང་འགལ་བར་འགྱུར་ཏེ། མི་དཀར་བ་ཡིན་ན་དཀར་བ་ཅེས་དང་། དཀར་བ་ཡིན་ན་མི་དཀར་བ་ཞེས་པའི་མིང་གིས་འདོགས་སུ་མི་རུང་བར་མཚུངས་པའི་ཕྱིར་རོ། །མཛོད་འགྲེལ་ལས། ཟག་མེད་ཀྱི་ལས་ལ་རྣམ་སྨིན་བདེ་བ་མི་སྐྱེད་པས་མི་དཀར་ཞེས་བརྗོད་པར་གསུངས་པའི་དེ་མ་ཐག་ཏུ་མི་དཀར་ཞེས་པ་དགོངས་པ་ཅན་དུ་བསྒྲུབ་པ་

ཡང་མི་འཐད་པར་འགྱུར་ཏེ། ལས་གནག་ལ་ལས་དཀར་གྱི་མིང་གིས་འདོགས་སུ་མི་རུང་བའི་ཕྱིར་རོ། །འདོད་ན་མཛོད་འགྲེལ་ལས། མི་དཀར་ཞེས་བྱ་བའི་སྒྲ་འདི་ནི་དགོངས་པ་ཅན་ཡིན་ཏེ། བཅོམ་ལྡན་འདས་ཀྱིས་སྟོང་པ་ཆེན་པོའི་མདོ་ལས་མི་སློབ་པའི་ཆོས་ལས་བརྩམས་ཏེ། ཀུན་དགའ་བོ་ཆོས་འདི་དག་ནི་གཅིག་ཏུ་དཀར་བ། གཅིག་ཏུ་ཁ་ན་མ་ཐོ་བ་མེད་པ་ཡིན་ནོ། །ཞེས་གསུངས་སོ། །བསྟན་བཅོས་ལས་ཀྱང་། ཆོས་དཀར་པོ་རྣམས་གང་ཞེ་ན། དགེ་བའི་ཆོས་རྣམས་དང་། མ་བསྒྲིབས་ལ་ལུང་དུ་མ་བསྟན་པ་རྣམས་ཡིན་ནོ། །ཞེས་འབྱུང་ངོ་ཞེས་གསུངས་པ་དང་འགལ་ལོ། །

(༡༥) རྒྱུ་ཡི་ཀུན་སློང་སྡིག་ཡིན་ན། །དུས་ཀྱི་ཀུན་སློང་དགེ་ཡིན་ཀྱང་། །ལས་དེ་དཀར་པོར་མི་འགྱུར་ཞེས། །མདོན་པ་འོག་མར་མ་བཤད་དམ། །ཞེས་པའི་ལན་ནི། འདི་གང་ལ་འདྲི་བ་ཡིན། ལས་དཀར་རྣམ་སྨིན་གནག་པ་ཞེས་པའི་མཚན་གཞི་གསོད་ཕྱིར་སྦྱིན་པ་གཏོང་བ་སོགས་ལ་བཤད་པ་ལ་འདྲི་བ་ཡིན་ན་ནི། དེ་ལས་དཀར་མཚན་ཉིད་པ་མ་ཡིན་པ་གོང་དུ་བཤད་ཟིན་ཅིང་། ལས་དེ་དུས་ཀྱི་ཀུན་སློང་དགེ་བ་ཡིན་པར་འདོད་པ་ཉིད་ཀྱང་མི་འཐད་དེ། གཞན་དུ་ན་དཀར་གནག་འདྲེས་མའི་ལས་སུ་ཐལ་བའི་ཕྱིར་རོ། །དེ་ལས་གཞན་པའི་གཞུང་ལ་འདི་འདྲི་བའི་གནས་མི་འདུག་གོ། །

(༡༦) དུས་ཀྱི་ཀུན་སློང་མི་དགེ་བ། །དག་དང་མཚུངས་ལྡན་དགེ་བ་ནི། །མོ་གཤམ་བུ་དང་འདྲའོ་ཞེས། །མདོན་པ་གོང་མར་མི་འབྱུང་ངམ། །ཞེས་པའི་ལན་ནི། མདོན་པ་གོང་མར་མི་དགེ་བ་དང་མཚུངས་ལྡན་གྱི་དགེ་བ་མོ་གཤམ་གྱི་བུ་དང་འདྲ་བར་གསུངས་མོད། དེས་བསྟན་བཅོས་འདིའི་ཚིག་ཟིན་དོན་ཐོབ་གང་ལ་གནོད་པ་ཡིན་ལེགས་པར་སྨྲོས་ཤིག །བསྟན་བཅོས་འདིའི་དགོངས་པ་ནི་རྒྱུ་དུས་དང་དེ་དུས་ཀྱི་ཀུན་སློང་གནག་ན་ལས་དེ་མཐའ་གཅིག་ཏུ་གནག་པ་དང་། གཉིས་ཀ་དཀར་ན་ལས་དེ་མཐའ་གཅིག་ཏུ་དཀར་བ་དང་། འདྲེས་མ་ལ་ལས་དེ་འདྲེས་མར་འགྱུར་བ་ཡིན་ལ། ལུས་ངག་གི་སྦྱོར་བ་དཀར་བར་སྣང་བ་དང་། གནག་པར་སྣང་བ་ནི་དཀར་གནག་ཏུ་མིང་འདོགས་པའི་གཞི་ཙམ་ཡིན་གྱི། དེས་དཀར་གནག་གང་དུ་ཡང་མི་འགྱུར་བའི་གནད་འདི་རྟོགས་ན་འདི་འདྲ་བའི་རྣམ་རྟོག་བན་བུན་སྐྱེ་བའི་གཞི་མེད་དོ། །

(༡༧) རྒྱུ་ཡི་ཀུན་སློང་འཕེན་བྱེད་ཀྱི། །གཙོ་བོ་ཡིན་ཕྱིར་འཕེན་བྱེད་རྒྱུ། །དུས་ཀྱི་ཀུན་སློང་འགྲུབ་བྱེད་ཀྱི། །གཙོ་བོ་ཡིན་ཕྱིར་འགྲུབ་བྱེད་རྒྱུར། །གོང་འོག་མཐུན་པར་གསུང་མིན་ནམ། །ཅེས་པའི་ལན་ནི། དྲི་བའི་གཞི་བསྟན་བཅོས་འདི་ལ་མེད་པ་དང་། དྲིས་པའི་ཚིག་མདོན་པ་གོང་འོག་ལས་མི་འབྱུང་བ་དང་། དྲིས་པའི་དོན་ལ་རིགས་པའི་གནོད་བྱེད་འབབ་པ་དང་གསུམ་ལས། དང་པོ་ནི། འདི་ལས་དཀར་རྣམ་སྨིན་གནག

པ་དང་། ལས་གནག་རྣམ་སྨིན་དཀར་བ་ལྟ་བུ་ལ་འདྲི་བ་ཡིན་ན་ནི། དེའི་དོན་སྔར་བཤད་པ་ལྟར་ཡིན་པས་དོགས་པ་འདི་སྐྱེ་བའི་གཞི་མེད་ཅིང་། གལ་ཏེ་འཕེན་རྫོགས་མུ་བཞི་ལ་འདྲི་བ་ཡིན་ན་ནི་འཕེན་རྫོགས་གཉིས་ཀྱི་ཟླས་ཕྱེ་བའི་འཕེན་བྱེད་དེ་རྒྱུ་དུས་ཀྱི་ཀུན་སློང་དང་། རྫོགས་བྱེད་དེ་དེ་དུས་ཀྱི་ཀུན་སློང་ལ་ངོས་འཛིན་པ་གཏན་མི་འཐད་ཅིང་། སྐབས་དེའི་འཕེན་བྱེད་འཕེན་འགྲུབ་གཉིས་ཀྱི་ཟླས་ཕྱེ་བའི་འཕེན་བྱེད་ཀྱང་མ་ཡིན། རྫོགས་བྱེད་དེ་དེ་གཉིས་ཀྱི་ཟླས་ཕྱེ་བའི་འགྲུབ་བྱེད་ཀྱང་མ་ཡིན་པས་འདི་འདྲི་བའི་གཞི་མེད་དོ། །

གཉིས་པ་ནི། གོང་འོག་མཐུན་པར་མི་འགྱུར་རམ། །ཞེས་པའི་ཨུར་གདངས་འདི་འདྲའི་རང་བཞིན་དེ་དཔྱད་ན་སྤྲིན་བཞིན་དུ་དེངས་ཏེ། འདི་ལྟར་མངོན་པ་མཛོད་དུ། རྟེན་འབྲེལ་བཅུ་གཉིས་ལ་འཕེན་གྲུབ་སྦྱར་བ་གཏན་མེད་ཅིང་། ཀུན་སློང་རྣམ་གཉིས་རྒྱུ་དང་ནི། །དེ་ཡི་དུས་ཀྱི་སློང་ཞེས་བྱ། །གཉིས་ལས་དང་པོ་རབ་འཇུག་བྱེད། །གཉིས་པ་རྗེས་སུ་འཇུག་བྱེད་ཡིན། །ཞེས་པའི་འགྲེལ་པར། རྒྱུའི་ཀུན་ནས་སློང་བ་ནི་འཕེན་པར་བྱེད་པ་ཡིན་པའི་ཕྱིར་རབ་ཏུ་འཇུག་པར་བྱེད་པ་ཡིན་ནོ། །དེའི་དུས་ཀྱི་ཀུན་ནས་སློང་བ་ནི་བྱ་བའི་དུས་སུ་མཐུན་པར་འཇུག་པར་ཡིན་པའི་ཕྱིར་རྗེས་སུ་འཇུག་པར་བྱེད་པ་ཡིན་ནོ། །ད་ནི་བྱ་བ་དེ་ལ་དེའི་ནུས་པ་ཅི་ཞིག་ཡོད། འཕངས་སུ་ཟིན་ཀྱང་དེ་མེད་ན་ཤི་བའི་བཞིན་དུ་དེ་ཡོད་པར་མི་འགྱུར་རོ། །ཞེས་གསུངས་པ་འདི་ལ་འཁྲུལ་པ་མིན་མཆི། དེ་ལྟར་ན་རྒྱུའི་ཀུན་སློང་འཕེན་བྱེད་དུ་གསུངས་པ་ནི་འཕེན་འགྲུབ་གཉིས་ཀྱི་ཟླས་ཕྱེ་བའི་འཕེན་བྱེད་མ་ཡིན་ཏེ། དེ་ཡིན་ན་རྣམ་སྨིན་གྱི་ངོ་བོ་འཕེན་བྱེད་ཡིན་དགོས་པ་གང་ཞིག །འདིའི་འཕེན་བྱེད་ནི་ལས་ཀྱི་ངོ་བོ་འཕེན་པ་ལ་གསུངས་པའི་ཕྱིར་རོ། །འདིར་དུས་ཀྱི་ཀུན་སློང་འགྲུབ་བྱེད་ལ་གསུངས་པ་གཏན་མི་སྣང་ལ་གལ་ཏེ་འགྲུབ་བྱེད་དུ་འདོད་ན་འཕེན་བྱེད་ཀྱིས་འཕངས་ནས་འགྲུབ་བྱེད་ཀྱིས་གསོས་མ་བཏབ་པའི་གོང་དུ་ལས་དེ་ཡོད་པར་མི་འགྱུར་བར་ཐལ། དེ་དུས་ཀྱི་ཀུན་སློང་མེད་ན་རྒྱུ་དུས་ཀྱི་ཀུན་སློང་ཡོད་ཀྱང་ལས་དེ་ཡོད་པར་མི་འགྱུར་བར་དངོས་སུ་གསུངས་འདུག་པའི་ཕྱིར། ལེགས་པར་དཔྱོད་ཅིག མངོན་པ་གོང་མར་རྒྱུའི་ཀུན་སློང་འཕེན་བྱེད་དང་། དུས་ཀྱི་ཀུན་སློང་འགྲུབ་བྱེད་དུ་སྨྲ་བ་འདི་ལ་ཆོས་མངོན་པ་ཤེས་པའམ་དེ་ཙམ་མི་ཤེས་ཀྱང་ཡན་ལག་བཅུ་གཉིས་ཀྱི་འཕེན་འགྲུབ་རྩེ་མྱོང་བ་དག་གིས་ལེགས་པར་དཔྱོད་ཅིག ཁོ་བོ་ནི་མང་པོ་མི་སྨྲ། མ་རིག་པ་འདུ་བྱེད་རྣམ་ཤེས་གསུམ་རྒྱུ་དུས་ཀྱི་ཀུན་སློང་དང་། སྲེད་ལེན་སྲིད་པ་གསུམ་དེ་དུས་ཀྱི་ཀུན་སློང་དུ་འདོད་པ་འདི་ལ་ཏ་ཏ་ཧེ་ཧེ་འདི་ཙམ་ཞིག་སྨྲའོ། །གསུམ་པ་ནི་མངོན་པ་གོང་མའི་ལུགས་ལ། སྲོག་གཅོད་ལྟ་བུའི་རྒྱུའི་ཀུན་སློང་སྐྱེད་ཟིན་ནས་དུས་ཀྱི་ཀུན་སློང་མ་སྐྱེས་པའི་གོང་དུ་སྲོག་གཅོད་ཀྱི་ལས་དེ་རྫོགས་པར་བྱས་པར་ཐལ། སྲོག་གཅོད་ལྟ་བུའི་འཕེན་བྱེད་རྫོགས་པར་བྱས་པའི་ཚེ་སྲོག་གཅོད་ལྟ་བུའི་

ལས་དེ་རྫོགས་པར་བྱས་པའི་ཕྱིར། ཁྱབ་པ་ཁེ་སོང་། འདོད་ན་དུས་ཀྱི་ཀུན་སློང་དེ་ལས་དེ་རྫོགས་པའི་རྗེས་སུ་འགྱུར་བར་ཐལ་ཞིང་། མ་གྲུབ་ན། ཡན་ལག་བཅུ་གཉིས་ཀྱི་ནང་ཚན་དུ་གྱུར་པའི་འདུ་བྱེད་རྫོགས་པའི་ཚེ་ན་ལས་དེ་མ་རྫོགས་པར་ཐལ་བའི་སྐྱོན་གནས་སོ། །གཞན་ཡང་དེ་དུས་ཀྱི་ཀུན་སློང་འཕྲུལ་བྱེད་ཡིན་ན། ལས་ཡིན་ན་འཕྲུལ་བྱེད་ཀྱི་ལས་ཡིན་དགོས་པར་ཐལ། ལས་ཡིན་ན་དེ་དུས་ཀྱི་ཀུན་སློང་དང་བཅས་པ་ཡིན་དགོས་པས་སོ། །འདོད་ན་ཡན་ལག་བཅུ་གཉིས་ཀྱི་ནང་ཚན་དུ་གྱུར་པའི་འདུ་བྱེད་ཆོས་ཅན། དེར་ཐལ། དེའི་ཕྱིར། འཕྲུལ་བྱེད་ཀྱི་རྒྱུ་ཡིན་ན་རྒྱུ་མཐུན་གྱི་རྒྱུ་ཡིན་དགོས་པ་ཡང་ཤིན་ཏུ་མི་འཐད་དེ། འཕྲུལ་བྱེད་ཀྱི་རྒྱུ་ནི་སྲིད་ལེན་སྲིད་པ་གསུམ་ལ་འཇོག་དགོས་པས། རྒྱུ་མཐུན་གྱི་འབྲས་བུ་ཐམས་ཅད་ཉོན་མོངས་ཅན་གྱི་རྒྱུ་མཐུན་གྱི་འབྲས་བུར་ཐལ་བའི་ཕྱིར་རོ། །དེས་ན་འཕེན་བྱེད་དང་རྫོགས་བྱེད་གཉིས་ཀྱི་ བླས་ཕྱེ་བའི་འཕེན་བྱེད་དང་། འཕེན་བྱེད་དང་འཕྲུལ་བྱེད་གཉིས་ཀྱི་བླས་ཕྱེ་བའི་འཕེན་པར་བྱེད་པ་དང་། བྱ་བའི་དུས་སུ་འཕེན་བྱེད་དང་མཐུན་པར་འཇུག་པར་བྱེད་པ་གཉིས་ཀྱི་བླས་ཕྱེ་བའི་འཕེན་པར་བྱེད་པ་གསུམ་མ་འདྲེས་པར་སོ་སོར་ཤེས་པར་བྱ་སྟེ། དང་པོ་ནི། རྣམ་སྨིན་གྱི་རྒྱུ་ཙམ་གྱི་འཕེན་འཕྲུལ་གཉིས་ཀ་དང་། གཉིས་པ་ནི། ཡན་ལག་བཅུ་གཉིས་ཀྱི་དང་པོ་གསུམ་དང་། གསུམ་པ་ནི། རྒྱུ་དུས་ཀྱི་ཀུན་སློང་ལ་འཇུག་པའི་ཕྱིར་རོ། །

(༡༨) འདོད་པའི་རྟེན་ལ་དཀར་གནག་གི། ལས་གཉིས་འདྲེས་པར་འཇོག་པ་བཞིན། །རྣམ་པར་སྨིན་པའང་འདྲེས་སམ་ཅི། །དེ་ལྟར་ན་ནི་ངན་སོང་དང་། །མཐོ་རིས་གཉིས་ཀ་རྒྱུད་གཅིག་ལ། །སྲིད་པར་ཁས་ལེན་མི་དགོས་སམ། །ཞེས་པའི་ལན་ནི། ལས་དཀར་གནག་བཞིའི་ཁྱད་པར་སོ་སོར་བཤད་པ། མངོན་པ་འོག་མར་རྣམ་སྨིན་འདྲེས་པ་བཤད་པའི་ཚུལ། གོང་མར་རྣམ་སྨིན་འདྲེས་པ་མི་འབྱུང་བའི་ཚུལ་དང་གསུམ་ལས། དང་པོ་ནི། དཀར་གནག་སོགས་ཀྱི་དབྱེ་བའི་ཚུལ་འདི་ལ་མི་འདྲ་བ་གསུམ་སྣང་སྟེ། མཛོད་ལས། གནག་ལ་རྣམ་པར་སྨིན་པ་གནག་པའི་ལས་ནི་མི་དགེ་བ་སྟེ། ངོ་བོ་ཉོན་མོངས་ཅན་ཡིན་ཅིང་རྣམ་སྨིན་ཡིད་དུ་མི་འོང་བ་འབྱིན་པའི་ཕྱིར། དཀར་ལ་རྣམ་པར་སྨིན་པ་དཀར་བའི་ལས་ནི་གཟུགས་སུ་གཏོགས་པའི་དགེ་བ་སྟེ། མི་དགེ་བ་དང་མ་འདྲེས་ཤིང་རྣམ་སྨིན་ཡིད་དུ་འོང་བ་འབྱིན་པའི་ཕྱིར། ཅིའི་ཕྱིར་གཟུགས་མེད་དུ་གཏོགས་པའི་དགེ་བ་མ་བཤད་ཅེ་ན། རྣམ་པར་སྨིན་པ་སྲིད་པ་བར་མ་དང་། སྐྱེ་བའི་སྲིད་པ་གཉིས་ཡོད་པ་དང་། ལས་ཀྱི་ངོ་བོ་ལུས་ངག་ཡིད་གསུམ་གྱི་ལས་གསུམ་ཆར་ཡོད་པ་ཁོ་ན་ལ་དེ་བཤད་དགོས་པས་གཟུགས་མེད་དུ་གཏོགས་པ་མ་བཤད་དོ་ཅེས་བྱེ་བྲག་ཏུ་སྨྲ་བ་རྣམས་ལ་གྲགས་ལ། སློབ་དཔོན་གྱི་བཞེད་པ་ནི། མདོ་གཞན་ལས་དེའང་བཤད་པར་བཞེད་དོ། །དཀར་གནག་ཏུ་གྱུར་ལ་རྣམ་པར་སྨིན་པ་དཀར་གནག་ཏུ་གྱུར་པའི་ལས་ནི་འདོད་པའི་

དགེ་བ་སྟེ། རྒྱུད་མི་དགེ་བ་དང་འདྲེས་པའི་ཕྱིར་དང་། རྣམ་པར་སྨིན་པ་ཡང་འདྲེས་པའི་ཕྱིར། མི་དཀར་མི་གནག་ཅིང་རྣམ་པར་སྨིན་པ་མེད་ལ་ལས་ཟད་པར་བྱེད་པའི་ལས་ནི་ཟག་པ་མེད་པའི་ལས་ཏེ། རྣམ་པར་སྨིན་པ་དཀར་པོ་ཉིད་མེད་པས་ན་མི་དཀར་བ་དང་། རྣམ་སྨིན་མེད་པ་ཞེས་བྱ་ལ། ངོ་བོ་ཉོན་མོངས་ཅན་མ་ཡིན་པས་མི་གནག་པ་དང་། སྔར་གྱི་ལས་གསུམ་པོ་དེ་ཟད་པར་བྱེད་པས་ན་ལས་ཟད་པ་ཞེས་བརྗོད་པ་ཡིན་པའི་ཕྱིར་རོ། །མི་དཀར་ཞེས་པ་དགོངས་པ་ཅན་དུ་མདོ་དང་བསྟན་བཅོས་ཀྱི་ལུང་གཉིས་ཀྱིས་བསྒྲུབ་སྟེ། སྔར་བཤད་ཟིན་ཏོ། །མངོན་པ་གོང་མར་ནི་བཞི་པོ་རིམ་པ་ལྟར་མི་དགེ་བ་དང་། ཁམས་གསུམ་པའི་དགེ་བ་དང་། འདོད་པ་དང་རབ་ཏུ་ལྡན་པའི་འདྲེན་མ་དང་། སྦྱོར་བ་དང་། བར་ཆད་མེད་པའི་ལམ་རྣམས་ལ་ཟག་པ་མེད་པའི་ལས་དང་བཞི་ལ་བཤད་ཅིང་། འདོད་པ་དང་རབ་ཏུ་ལྡན་པའི་འདྲེན་མའི་དོན་ཡང་བསམ་སྦྱོར་གང་རུང་གནག་ནས་གང་རུང་དཀར་བ་ལ་བཤད་དོ། །འདིའི་བསམ་སྦྱོར་ནི་རྒྱུ་དུས་དང་། དེ་དུས་ཀྱི་ཀུན་སློང་གཉིས་ལ་འཇོག་པ་ནི་གནད་ཀྱི་དོན་ཏོ། །བཞི་པའི་ཐ་སྙད་ཀྱང་མི་གནག་ཅིང་། དཀར་ལ་རྣམ་པར་སྨིན་པར་མི་འགྱུར་ཞིང་། ལས་ཟད་པར་འགྱུར་བའི་ལས་ཞེས་བྱ་སྟེ། མཛོད་ལས། མི་དཀར་ཞེས་པ་དགོངས་པ་ཅན་དུ་སྒྲུབ་པས་དོན་ལ་གནད་གཅིག་པར་སྣང་ངོ་། །དེ་དག་ནི་བཞིར་དབྱེ་བའི་ལུགས་ཡིན་ལ། ཡང་མདོ་ལས་གཅིག་ཏུ་དཀར་བའི་ལས་ནི་གཅིག་ཏུ་དཀར་བར་འགྱུར་རོ། །གཅིག་ཏུ་གནག་པའི་ལས་ནི་གཅིག་ཏུ་གནག་པར་འགྱུར་རོ། །འདྲེས་མའི་ལས་ཀྱང་འདྲེས་མར་འགྱུར་རོ། །ཞེས་གསུམ་དུ་གསུངས་ཤིང་། བསྟན་བཅོས་འདི་ཡང་དེ་ཉིད་དོ། །མདོ་ལས་གསུངས་པའི་འདྲེས་མའི་དོན་ལ། མངོན་པ་གོང་འོག་གཉིས་ཀྱིས་དགོངས་པ་འགྲེལ་ཚུལ་གཉིས་བྱུང་ཡང་འདིར་ནི་གོང་མ་ལྟར་བཞེད་པར་གསལ་ཏེ། འདོད་པའི་དགེ་བ་ཡང་རྒྱུ་དུས་དང་། དེ་དུས་ཀྱི་ཀུན་སློང་གཉིས་ཀ་དཀར་ན་རྣམ་སྨིན་དཀར་པོ་འབའ་ཞིག་ཏུ་བཞེད་པའི་ཕྱིར་རོ། །

གཉིས་པ་ནི་མཛོད་ཀྱི་ལུགས་ལ། འདོད་པའི་དགེ་བ་དཀར་ནག་འདྲེས་པའི་དོན་རྒྱུད་འདྲེས་པ་ཡིན་གྱི། ངོ་བོ་འདྲེས་པ་མ་ཡིན་ཏེ། ངོ་བོ་དགེ་བ་ཡིན་ན། མི་དགེ་བ་དང་འདྲེས་པ་འགལ་བའི་ཕྱིར་རོ། །རྣམ་སྨིན་འདྲེས་པའི་དོན་ཡང་རྒྱུད་འདྲེས་པ་ཡིན་གྱི་ངོ་བོ་འདྲེས་པ་མ་ཡིན་ནོ། །འོན་འདོད་པའི་མི་དགེ་བ་ཡང་དགེ་བ་དང་འདྲེས་པ་ཡིན་པའི་ཕྱིར། དཀར་གནག་འདྲེས་པ་མ་ཡིན་ནམ་ཞེ་ན། འདོད་པའི་ཁམས་ན་མི་དགེ་བ་ནི་སྟོབས་དང་ལྡན་པས་དགེ་བ་དང་འདྲེས་པ་མ་ཡིན་ལ། དགེ་བ་ནི་སྟོབས་ཆུང་བའི་ཕྱིར་མི་དགེ་བ་དང་འདྲེས་པ་ཡིན་ནོ་ཞེས་བཤད་དོ། །མདོར་ན་ལུགས་འདི་ལ་རྒྱུད་གཅིག་ལ་དགེ་མི་དགེའི་རྣམ་སྨིན་འདྲེས་པ་ཡོད་དེ། རྒྱུད་གཅིག་ལ་རྣམ་སྨིན་ཡིད་དུ་འོང་མི་འོང་གཉིས་ཀ་ལྡན་པ་ཡོད་པའི་ཕྱིར་རོ། །འོན་ཀྱང་བདེ་འགྲོ་དང་ངན་

འགྲོའི་རྣམ་སྨིན་རྟེན་གཅིག་ལ་འདྲེས་པར་མི་འགྱུར་ཏེ། དགེ་བའི་རྣམ་སྨིན་ཡིན་ན། བདེ་འགྲོའི་རྟེན་དང་། མི་དགེ་བའི་རྣམ་སྨིན་ཡིན་ན། ངན་འགྲོའི་རྟེན་ལ་སྨིན་པས་ཁྱབ་པའི་ཕྱིར། དཔྱིས་ཕྱིན་པའོ། །གསུམ་པ་ནི། མངོན་པ་གོང་མའི་ལུགས་ལ་དཀར་ནག་འདྲེས་པའི་དོན་ནི། སྔར་བཤད་ཟིན་ཅིང་། རྣམ་སྨིན་འདྲེས་པའི་དོན་རྒྱ་མཐུན་དང་བདག་པོའི་འབྲས་བུ་ལ་རྣམ་སྨིན་གྱི་མིང་གིས་བཏགས་པ་ཡིན་གྱི། རྣམ་སྨིན་མཚན་ཉིད་པ་རྟེན་གཅིག་ལ་འདྲེས་པ་མི་སྲིད་དེ། རྣམ་སྨིན་གྱི་གཙོ་བོ་ནི་ཀུན་གཞིའི་འཁོར་གྱི་ཚོར་བ་བཏང་སྙོམས་ཡིན་ཅིང་། དེའི་སྟོབས་ཀྱིས་ཀུན་གཞི་འཁོར་བཅས་རྣམ་སྨིན་མཚན་ཉིད་པར་སོང་བ་ཡིན་ལ། ཚོར་བ་བདེ་སྡུག་ལ་རྣམ་སྨིན་དུ་བཤད་པ་ནི་རྣམ་སྨིན་གྱི་མིང་གིས་གཏགས་པ་ཡིན་པས། དེ་རྒྱུད་གཅིག་ལ་འདྲེས་པ་ལ་རྣམ་སྨིན་འདྲེས་པར་འཇོག་པའི་ཕྱིར་རོ། །བདེ་འགྲོ་དང་། ངན་འགྲོའི་ཀུན་གཞིའི་རྒྱུད་གཅིག་ལ་ཅིག་ཆར་དུ་འབྱུང་བ་ནི་མི་སྲིད་དེ། ལུགས་འདི་ལ་དེ་དང་དེའི་ཀུན་གཞི་གྲུབ་པ་ལ་དེ་དང་དེའི་སྐྱེ་བ་བླང་པར་འཇོག་པའི་ཕྱིར་རོ། །འོན་ཀྱང་གནད་འདི་དག་ཇི་ལྟ་བ་བཞིན་རྟོགས་པ་ལ་གྲུབ་མཐའ་གོང་འོག་གི་རྣམ་དབྱེ་རྒྱ་ཆེ་ལ་ཞིབ་པར་ཤེས་པ་ཅིག་དགོས་པར་སྣང་ངོ་། །

(༡༩) ཆོས་དབྱིངས་དགེ་བ་མ་ཡིན་ན། །མངོན་རྟོགས་རྒྱན་དང་རྒྱུད་བླ་དང་། །དབུས་རྣམ་འབྱེད་པར་བཤད་དེ་ཅི། །ཅེས་པའི་ལན་ནི་མངོན་རྟོགས་རྒྱན་ལས། ཆོས་དབྱིངས་དགེ་བར་བཤད་པ་གཏན་མི་སྣང་ལ། ཐེག་ཆེན་བསྒྲུབ་པའི་དམིགས་པ་ཕྱི་མ་བརྒྱད་པོ་དགེ་བ་ཡིན་ན་ནི་ཏ་ཙང་ཐལ་ཞིང་རྒྱུད་བླར། དགེ་དང་རྣམ་པར་དག་པ་དང་། །ཞེས་དང་། དབུས་མཐར། དགེ་གཉིས་ཐོབ་པར་བྱ་ཕྱིར་དང་། །ཞེས་དགེ་བའི་མིང་གིས་གསུངས་པ་ཡོད་མོད། ཆོས་དབྱིངས་ལ་དགེ་བར་གསུངས་པ་ཐམས་ཅད་བདག་ཉིད་ཆེན་པོ་འདིས་དགེ་བ་བཏགས་པ་བར་གཏན་ལ་ཕབ་བཞིན་དུ་སླར་ཡང་འདི་འདྲི་བ་ནི་ཐུག་མེད་ཀྱི་དྲི་བ་སྟེ། དཔེར་ན་གཞུང་ཤེར་ཕྱིན་བཏགས་པར་བཤད་ཟིན་བཞིན་དུ་རྗེས་སུ། ཤེས་རབ་ཀྱི་ཕ་རོལ་ཏུ་ཕྱིན་པ་བརྒྱད་སྟོང་པ་ཞེས་བྱ་བ་དང་། ཤེས་རབ་ཀྱི་ཕ་རོལ་ཏུ་ཕྱིན་པ་སྟོང་པ་ཚིགས་སུ་བཅད་པ་ཞེས་གསུངས་པ་དེ་ཅི་ལ་དགོངས་ཞེས་འདྲི་བ་དང་འདྲའོ། །

(༢༠) སྡིག་པ་མེད་ཙམ་ལ་དགོངས་ན། །མ་སྒྲིབ་ལུང་མ་བསྟན་ཀུན་ཅི། །ཅེས་པའི་ལན་ནི། ཆོས་དབྱིངས་ལ་དགེ་བར་འདོགས་པའི་རྒྱུ་མཚན་སྡིག་པ་མེད་པ་ཙམ་ལ་དགོངས་བྱས་པ་ལ། མ་སྒྲིབ་ལུང་མ་བསྟན་ཆོས་ཅན། དགེ་བ་ཡིན་པར་ཐལ། སྡིག་པ་མེད་པ་ཙམ་ཡིན་པའི་ཕྱིར། ཞེས་བརྗོད་པར་སྣང་བས་འདི་འདྲའི་སྟོན་པ་བཟང་ལུགས་ལ་བལྟས་ན་མཐའ་ཡས་འདུག །གཞུང་ཤེར་ཕྱིན་ལ་ཤེར་ཕྱིན་གྱི་མིང་གིས

འདོགས་པའི་རྒྱུ་མཚན་ཤེར་ཕྱིན་བརྗོད་བྱར་སྟོན་པ་ལ་དགོངས་ཞེས་པ་ལ། བུམ་པ་བརྗོད་བྱར་སྟོན་པའི་སངས་རྒྱས་ཀྱི་གསུང་རབ་ཆོས་ཅན། བུམ་པ་ཡིན་པར་ཐལ། བུམ་པ་བརྗོད་བྱར་སྟོན་པའི་ཕྱིར། ཞེས་གསུངས་པར་འདུག་པས་ནན་ཏར་བཞེད་པར་འདུག་གོ། །གལ་ཏེ་མ་སྒྲིབ་ལུང་མ་བསྟན་ལ་དགེ་བའི་མིང་གིས་འདོགས་པའི་རྒྱུ་མཚན་ཚང་བར་འགྱུར་རོ། །ཞེས་པའི་དོན་ཡིན་ན་དེ་ནི་འདོད་པ་ཡིན་མོད་འདོགས་པའི་རྒྱུ་མཚན་ཚང་ཡང་བཏགས་པའི་དགོས་པ་མེད་ན་མིང་དེ་མི་འདོགས་པ་ནི་རྟོག་ལྡན་གྱི་ལུགས་ཡིན་པའི་ཕྱིར་རོ། །

༼༢༡༽ ཡོད་པ་ཉིད་ལ་མི་རྟག་པས། །ཁྱབ་པར་ཆོས་ཀྱི་གྲགས་པས་གསུངས། །ཡོད་པ་ཙམ་ལ་དེས་ཁྱབ་པ། །རིག་པའི་གཞུང་ལུགས་གང་གིས་སྟོན། །ཞེས་པའི་ལན་ནི། རང་བཞིན་ཡོད་པ་ཙམ་དང་། །འབྲེལ་པ་ཅན་གྱི་ངོ་བོ་ཡང་། །ཞེས་པ་འདི་ཡང་དེ་སྟོན་པའི་ལུང་ཡིན་ནོ། །རང་བཞིན་ལ་ཡང་མེད་མི་འབྱུང་། །ཡོད་པ་ཙམ་དང་འབྲེལ་པ་ཡིན། །ཞེས་པ་འདི་ཡང་དེ་སྟོན་པའི་ལུང་ཡིན་ནོ། །དེ་ཡི་ཁྱད་པར་བཟུང་མེད་པར། །དངོས་པོ་ཙམ་ནི་བསྒྲུབ་པ་ན། །དེ་ཙམ་ཁྱབ་བྱེད་བསྒྲུབ་བྱ་ཡི། །རྗེས་སུ་འགྲོ་བ་ཉམས་པ་མེད། །ཅེས་པ་ཡང་དེ་སྟོན་པའི་ལུང་ཡིན་ཏེ། །ཡོད་ཉིད་ཅེས་པ་ལས་འཕྲོས་ནས། །གལ་ཏེ་གཏན་ཚིགས་ཡོད་རང་བཞིན། །ཡོད་པ་ཇི་ལྟར་བསྒྲུབ་བྱ་མིན། །ཞེས་རྩོད་པའི་ལན་སྟོན་བྱེད་ཡིན་པའི་ཕྱིར། འཇིགས་པ་ཡོད་ཙམ་འབྲེལ་པ་ཅན། །ཉིད་ཕྱིར་སྒྲ་ནི་མི་རྟག་ཉིད། །ཅེས་པ་འདི་ཡང་དེ་སྟོན་པའི་ལུང་ཡིན་ནོ། །འཇིགས་པ་དངོས་པོ་ཙམ་དང་ནི། །རྗེས་འབྲེལ་ཕྱིར་ན་རྟག་ཉིད་མིན། །ཞེས་པ་འདི་ཡང་དེ་སྟོན་པའི་ལུང་ཡིན་ནོ། །དེས་ན་ཡོད་ན་མི་རྟག་པས་ཁྱབ་པ་སྟོན་བྱེད་ཀྱི་རིག་གཞུང་། འཇིག་ལ་འབྲས་དང་ཡོད་ཉིད་བཞིན། །ཞེས་པ་འདི་གཅིག་པུ་ཡིན་སྙམ་ནས་དྲིས་པར་སྣང་ཡང་། གཞུང་ལས། ཧྲ་ཟ་ཅེས་པའི་ཚིག་གཅིག་ཉིད། ཡོད་པ་དང་དངོས་པོ་གང་བདེར་བསྒྱུར་ཏེ། སྒྲ་མི་རྟག་བསྒྲུབ་པ་ལ་འདི་གཉིས་བཀོད་ཅིང་། གཏན་ཚིགས་ཀྱི་དབྱེ་བ་འཆད་པའི་ཚེ་འཇིག་ལ་འབྲས་དང་ཡོད་ཉིད་བཞིན། །ཞེས་འབྲས་བུ་སྐྱེ་བྱས་པ་དང་། ཡོད་པ་སྐྱེ་དངོས་པོ་བཀོད་པ་གཉིས་གསུངས་པ་ལ། དཔལ་ལྡན་ས་སྐྱ་པཎྜི་ཏས། རྟོག་ལྡན་གྱི་དོགས་པ་བསུས་ཏེ། དབྱེ་བ་དེ་ལྟར་ཡོད་ན། བཀོད་ཚོད་དེ་ལྟར་བཀོད་པའི་རྒྱུ་མཚན་ཅི་ཡིན་སྙམ་ན། ལན་དུ། རིགས་གཏེར་རང་འགྲེལ་ལས། གཏན་ཚིགས་ཀྱི་དོན་ལ་བཞི་ལས། དང་པོ་རྟགས་ཀྱི་ངོ་བོ་ངོས་བཟུང་ན་ཡོད་པའམ་བྱས་པ་གང་བཀོད་ཀྱང་རུང་མོད། འོན་ཀྱང་འགའ་ཞིག་རྟུལ་ཕྲན་དང་། བདག་དང་། དབང་ཕྱུག་དང་། རིག་བྱེད་ཀྱི་སྒྲ་ལ་སོགས་པ་བྱས་པར་མི་འདོད་པས། ཁོའི་བློ་ངོར་རྟགས་མ་གྲུབ་ཀྱི་དོགས་ནས་ཡོད་པའི་ཕྱིར་ཞེས་བཀོད་དེ་དེ་དག་ཡོད་པར་ཁོས་ཀྱང་འདོད་པའི་ཕྱིར་རོ། །ཡང་ཡོད་པ་དེ་ཡང་རྒྱུ་རྐྱེན་གྱིས་བྱས་པ་མ་ཡིན་པ་ལ་མི་སྲིད་པའི་ཕྱིར་ཕྱིས་བྱས་པ་ཉིད་

དུ་ཁོའི་བློ་ངོར་གྲུབ་ན། བྱས་པའི་ཕྱིར་ཞེས་བཀོད་པ་ལས་གྲུབ་བོ། ཞེས་གསུངས་སོ། །འཆད་ཚུལ་འདི་ནི་ལུགས་འདི་ལ་དད་མོས་ཡོད་པའི་དེང་སང་གི་རིགས་པ་སྨྲ་བ་ཀུན་ལ་སྐྱེས་སུ་འབྱུལ་ལོ། །

༼༢༢༽ ཀླུ་སྒྲུབ་ཀྱིས་ནི་དབུ་མ་ལས། །དངོས་པོ་མེད་ལའང་འདུས་བྱས་ཀྱིས། །ཁྱབ་པར་གསུངས་པ་མིན་ནམ་ཅི། །དེ་ལྟ་ན་ནི་ཆོས་ཀྱི་དབྱིངས། །འདུས་བྱས་ཡིན་པར་མི་ཐལ་ལམ། །ཞེས་པའི་ལན་ནི། ཆོས་དབྱིངས་ཆོས་ཅན། འདུས་བྱས་ཡིན་པར་ཐལ། དངོས་མེད་ཡིན་པའི་ཕྱིར། ཁྱབ་པ་ཀླུ་སྒྲུབ་ལ་སོང་ཟེར་བ་ཡིན་མཆི། གཏན་ཚིགས་ཉིད་ཀྱིས་ཁས་བླངས་པ་ཡིན་ནམ། བསྟན་བཅོས་འདིའི་ལུགས་ལ་སོང་བ་ཡིན། དང་པོ་ལྟར་ན། དེ་ཆོས་ཅན། དེར་ཐལ། དེའི་ཕྱིར། གསུམ་ཆར་དངོས་འགལ་དུ་ཨེ་སོང་ལེགས་པར་སོམས་ཤིག །ཕྱི་མ་ལྟར་ན་བསྟན་བཅོས་འདིར། །གལ་ཏེ་སེམས་ཅན་ཁམས་དངོས་དང་། །དངོས་མེད་གཉིས་ཀ་མ་ཡིན་པར། །སྤྲོས་བྲལ་ཡིན་ན་སྔར་བཤད་པའི། །ཆོས་ཀྱི་དབྱིངས་ལས་འདའ་བ་མེད། །ཅེས་གསུངས་པས་གཏན་ཚིགས་འདི་ཅི་ལྟར་འགྲོ་བ་ཡིན། དགག་སྒྲུབ་འདི་འདྲའི་རིགས་ཅན་གང་ཡིན་མི་ཤེས་པར་འདུག །ཀླུ་སྒྲུབ་ཀྱི་ལུང་གི་དོན་དངོས་མེད་ཡིན་ན། འདུས་བྱས་ཡིན་པས་ཁྱབ་པ་ཡིན་ན། ཆོས་དབྱིངས་ལས་རི་བོང་རྭ་ཆོས་ཅན་དུ་བཟུང་ནས་སྐྱོན་མི་བརྗོད་པའི་རྒྱུ་མཚན་ཅི་ཡིན། དེས་ན་ཀླུ་སྒྲུབ་ཀྱི་གཞུང་གི་དགོངས་པ་ནི་བྱེ་བྲག་ཏུ་སྨྲ་བས་མྱ་ངན་ལས་འདས་པ་སོ་སོར་བརྟགས་འགོག་རང་གི་ངོ་བོ་རྫས་སུ་ཡོད་པའི་དངོས་པོ་ཡང་ཡིན་ཅིང་། སྤང་བྱ་སྔར་ཡོད་གཉེན་པོས་གསར་དུ་བཅོམ་པ་ལས་བྱུང་བས་སྤང་བྱའི་དངོས་པོ་མེད་པ་ཡང་ཡིན་ནོ། ཞེས་འདོད་པ་ལ་མ་ཡིན་ཏེ། དེ་ལྟ་བུའི་དངོས་པོ་དང་དངོས་མེད་གཉིས་ཀ་ཡང་རྒྱུ་རྐྱེན་ལ་ལྟོས་པའི་འདུས་བྱས་སུ་འདོད་དགོས་ལ་མྱ་ངན་ལས་འདས་པ་ནི། འདུས་མ་བྱས་ཡིན་པའི་ཕྱིར་ཞེས་པའི་དོན་ཡིན་གྱི། དངོས་མེད་ཡིན་ན་འདུས་བྱས་ཡིན་པས་ཁྱབ་པ་ཀླུ་སྒྲུབ་ཀྱི་དགོངས་པ་ཡིན་ནོ་ཞེས་བསྐུར་པ་མ་འདེབས་ཤིག །

༼༢༣༽ རིན་ཆེན་ཕྲེང་བར་གསུངས་པ་ཡི། །ཟབ་མོ་བཀྲོལ་བ་ཅི་ལ་ཟེར། །ཞེས་པའི་ལན་ནི། འདི་ལ་མི་ཕམ་བཤེས་གཉེན་གྱི་འགྲེལ་པ་ལས་གཞན་པའི་འགྲེལ་པ་ནི་མེད་ཅིང་དེར་ནི་གསལ་ཁ་མ་བྱུང་ལ། རྒྱུད་བླར། རང་བྱུང་རྣམས་ཀྱི་དོན་དམ་ནི། །དད་པ་ཉིད་ཀྱིས་རྟོགས་བྱ་ཡིན། །ཞེས་གསུངས་པ་ལྟར་ན། སོ་སོ་སྐྱེ་བོས་ཐོས་བསམ་ཙམ་གྱིས་བཀྲོལ་བའི་དོན་དང་ལྡན་ཞེས་པའི་དོན་དུ་མངོན་ནོ། །ཡང་གཞུང་ཁ་ཅིག་ལས། ཟབ་མོ་བཀོལ་བའི་དོན་དང་ལྡན་ཞེས་འབྱུང་བ་ལྟར་ན། གཞུང་དེ་ཉིད་ལས། དེ་ཕྱིར་སངས་རྒྱས་རྣམས་ཀྱི་ནི། །བསྟན་པ་འཆི་མེད་ཡོད་མེད་ལས། །འདས་པ་ཟབ་མོ་ཞེས་བཤད་པ། །ཆོས་ཀྱི་ཁྱུད་པ་ཡིན་ཤེས་གྱིས། །ཞེས་གསུངས་པ་དང་མཐུན་པར་མངོན་ནོ། །

༼༢༩༽ སྟོང་ཉིད་སྙིང་རྗེའི་སྙིང་པོ་ཅན། །བདེ་གཤེགས་སྙིང་པོ་མ་ཡིན་ན། །རྒྱུས་འགྱུར་རིགས་ལ་བདེ་གཤེགས་ཀྱི། །སྙིང་པོར་གསུངས་པ་དེ་ཅི་ཞིག ཅེས་པ་གོང་དུ་འོང་རྒྱུར་འདུག་ནའང་འདིར་བྲིས་འདུག་པའི་ལན་ནི། རྒྱུས་འགྱུར་གྱི་རིགས་ལ་བདེ་གཤེགས་སྙིང་པོར་གང་དུ་གསུངས་ཅེས་དྲིས་ཏེ། ལན་བཏབ་པར་བྱའོ། །གལ་ཏེ་རྒྱུད་བླར་ལུས་ཅན་ལ་བདེ་གཤེགས་སྙིང་པོ་ཡོད་པའི་སྒྲུབ་བྱེད་དུ། རྫོགས་སངས་སྐུ་ནི་འཕྲོ་བ་དང་། །དེ་བཞིན་ཉིད་དབྱེར་མེད་པ་དང་། །རིགས་ཡོད་པ་གསུམ་བཀོད་ཅིང་རིགས་ཀྱི་དབྱེ་བ་ནི་འོག་ཏུ། རིགས་དེ་རྣམ་གཉིས་ཤེས་བྱ་སྟེ། །ཐོག་མེད་རང་བཞིན་གནས་པ་དང་། །ཡང་དག་བླངས་པ་མཆོག་ཉིད་དོ། ། རིགས་འདི་གཉིས་ལས་སངས་རྒྱས་ཀྱི། །སྐུ་གསུམ་ཐོབ་པར་འདོད་པ་སྟེ། །དང་པོས་སྐུ་ནི་དང་པོ་སྟེ། །གཉིས་པ་ཡིས་ནི་ཕྱི་མ་གཉིས། །ཅེས་རིགས་ལ་ལྡར་ཕྱེ་བ་འདི་ཉིད་ཀྱིས་བསྟན་ནོ་སྙམ་ན། འོ་ན་སངས་རྒྱས་ཀྱི་གཟུགས་སྐུ་གཉིས་པོ་དེ་ཡང་བདེ་གཤེགས་སྙིང་པོ་ཡིན་པར་འགྱུར་ཏེ། ལྡར་ཕྱེ་བའི་ཡ་གྱལ་ཡིན་པའི་ཕྱིར། ཟབ་མོ་སྟོང་ཉིད་སྟོན་པའི་གསུང་རབ་དང་། བརྗོད་བྱ་སྣ་ཚོགས་སྟོན་པའི་གསུང་རབ་གཉིས་པོ་དེ་ཡང་དེར་འགྱུར་ཏེ། རྫོགས་སངས་སྐུ་འཕྲོ་བ་ལ་གསུམ་དུ་ཕྱེ་བའི་ཡ་གྱལ་ཡིན་པའི་ཕྱིར། དེས་ན་བདེ་གཤེགས་སྙིང་པོ་ཡོད་པའི་སྒྲུབ་བྱེད་དུ་རིགས་ཡོད་པའི་ཕྱིར་ཞེས་བཀོད་པ་ལ་རིགས་ཡིན་ན་བདེ་གཤེགས་སྙིང་པོ་ཡིན་པས་ཁྱབ་པར་བཟུང་ནས་འདི་ལྟར་འདྲི་བ་ནི་ཡོད་འགོད་དང་། ཡིན་འགོད་ཀྱི་ཁྱད་པར་དང་། ཡོད་སྒྲུབ་དང་ཡིན་སྒྲུབ་ཀྱི་ཁྱད་པར་ཕྱེད་པའི་རྟོག་གེ་ཅིག་མི་མཁྱེན་པ་ཞེ་ཡིན་སྙམ་སྟེ། དུ་ལྡན་གྱི་ལ་ལ་ཆོས་ཅན། མེ་ཡོད་དེ། དུ་བ་ཡོད་པའི་ཕྱིར། ཞེས་པའི་ཚེ་དུ་བ་ཡིན་ན། མེ་ཡིན་པས་ཁྱབ་པ་ཁས་ལེན་པ་ཞེ་ཡིན། ཏེ་ཏེ། འོ་ན་རིགས་ལ་ལྡར་ཕྱེ་བ་ལུས་ཅན་ལ་ཡོད་ཚུལ་ཇི་ལྟར་སྙམ་ན། ཁོ་བོ་ནི་རྗེ་བཙུན་གྲགས་པ་རྒྱལ་མཚན་གྱི་གསུང་ལ་ཚད་མར་བྱེད་པས་རང་བཞིན་གནས་རིགས་མཚན་ཉིད་ཀྱི་ཚུལ་དུ་ཡོད། རྒྱས་འགྱུར་གྱི་རིགས་ཡོན་ཏན་གྱི་ཚུལ་དུ་ཡོད། སྐུ་གསུམ་པོ་ནུས་མཐུའི་ཚུལ་དུ་ཡོད། ཅེས་སྨྲ་ལ། གཞན་དག་ཅི་སྨྲ་ཕར་འདྲི་བར་བྱའོ། །

༼༢༥༽ ཆོས་དབྱིངས་རྫོགས་པའི་བྱང་ཆུབ་རྒྱུར། །འགྱུར་བ་མེད་ན་ཆོས་ཀྱི་དབྱིངས། །རྒྱུ་ཡི་རིགས་སུ་འཇོག་དེ་ཅི། །འཕགས་པའི་ཆོས་ཀྱི་རྒྱུ་ཡིན་ཕྱིར། །ཆོས་ཀྱི་དབྱིངས་སུ་འཇོག་གོ་ཅེས། །ཚད་ལྡན་གཞུང་ལས་བྱུང་དེ་ཅི། །ཅེས་པའི་ལན་ནི། སྤྱིར་རྒྱུ་ལ་སྐྱེད་བྱེད་ཀྱི་རྒྱུ་དང་། རང་བཞིན་གྱི་རྒྱུ་གཉིས་ལས། དང་པོ་ལ་འགྱུར་བ་ཡོད་དགོས་ཀྱང་། ཕྱི་མ་ལ་འགྱུར་བ་ཡོད་མི་དགོས་ཏེ། གཞན་དུ་ན་དེ་ཡང་སྐྱེད་བྱེད་ཀྱི་རྒྱུར་ཐལ་བའི་ཕྱིར་རོ། །ཆོས་དབྱིངས་རྒྱུའི་རིགས་སུ་འཇོག་པ་ནི་རང་བཞིན་གྱི་རྒྱུ་ལ་དགོངས་ཏེ། དེ་ཉིད་ལ་གློ་བུར་གྱི་དྲི་མ་དང་བྲལ་མ་བྲལ་གྱི་ཁྱད་པར་མ་གཏོགས་རང་གི་ངོ་བོར་འགྱུར་བ་མེད་པའི་ཕྱིར། འཕགས་པའི་ཆོས་ཀྱི་

རྒྱུ་ཡིན་པས་ཆོས་ཀྱི་དབྱིངས་སུ་འཇོག་པ་ཡང་དོན་དེ་ཉིད་དེ། དེ་ལས་གཞན་དུ་འཕགས་ཆོས་སྐྱེད་བྱེད་ཀྱི་རྒྱུ་ཡིན་ན་འདུས་བྱས་སུ་ཐལ་བའི་ཕྱིར་རོ། །

༼༢༦༽ ཆོས་དབྱིངས་དམ་པའི་ཆོས་དང་ནི། །དམ་པ་ཞེས་པ་དགེ་བ་ལ། །ཚད་ལྡན་གཞུང་ལས་མ་གསུངས་སམ། །ཆོས་དབྱིངས་ངོ་བོ་དགེ་མིན་ན། །བདེ་ཆེན་སྒྱུ་མའི་སྐུ་དེ་ཡང་། །དགེ་བ་མིན་པར་བཞེད་ལགས་སམ། །དེ་ལྟ་ན་ནི་བསྟོད་པ་ལས། །དགེ་བ་ཅེས་ཀྱང་མ་གསུངས་སམ། །ཞེས་པའི་ལན་ནི། ཐུག་མེད་ཀྱི་དྲི་བ་ཡིན་པར་སྣང་བཤད་ཟིན་ལ། རྣམ་གསལ་གྱི་དཔེ་ལོགས་སུ་བརྗོད་ན། བྲམ་ཟེའི་ཕྲེའུ་རི་དྭགས་ཀྱི། །རྒྱལ་པོ་མིན་ན་སེང་གེ་ཞེས། །བརྗོད་ཅིང་སེང་གེ་ཞེས་པའི་སྒྲ། །རི་དྭགས་རྒྱལ་པོ་དེ་ཉིད་ལ། །འཇུག་པ་བཞེད་པ་མིན་ནམ་ཅི། །ཞེས་པ་དང་མཚུངས་སོ། །བདེ་ཆེན་སྒྱུ་མའི་སྐུ་ཞེས་པ་དེ་གང་ལ་ཟེར། ཆོས་དབྱིངས་ཡིན་ན་སྔར་གྱི་ནང་དུ་འདུས་ལ། མིན་ན། དེ་ལ་འབྲེལ་ཅི་ཞིག་ཡོད།

༼༢༧༽ ཆོས་དབྱིངས་ལུང་མ་བསྟན་ཡིན་ན། །ཆོས་ཀྱི་དབྱིངས་ལས་མ་གཏོགས་པའི། །ཆོས་གཞན་མེད་ཕྱིར་དགེ་བ་དང་། །སྡིག་པའང་ལུང་མ་བསྟན་དུ་འགྱུར། །སྨྲ་པའི་དོགས་པ་མི་འབྱུང་ངམ། །ཞེས་པའི་ལན་ནི། གཞུང་གི་དགོངས་པ་སྡིག་པ་དང་ལུང་མ་བསྟན་ཐམས་ཅད་ལ་དགེ་བ་ཡོད་པར་འགྱུར་ཏེ། དེ་ཐམས་ཅད་ལ་ཆོས་དབྱིངས་ཡོད་པའི་ཕྱིར། ཁྱབ་པ་ཁས་བླངས་རྟགས་གྲུབ་སྟེ། ཆོས་ཀྱི་དབྱིངས་ལས་མ་གཏོགས་པའི་ཆོས་གཞན་མེད་པའི་ཕྱིར་རོ། །ཅུ་བར་འདོད་ན་སེམས་ཅན་ཀུན་ངན་འགྲོར་འགྲོ་བར་མི་སྲིད་པར་འགྱུར་ཏེ། དགེ་མི་དགེ་ལུང་མ་བསྟན་གསུམ་པོ་གང་བྱས་ཀྱང་དགེ་བ་རེ་རེ་བྱས་པའི་ཕྱིར་ཞེས་པའི་དོན་ཡིན་ལ། དེ་ལ་ཁྱོད་ཀྱིས་དགེ་བ་དང་སྡིག་པ་ལ་ཡང་ལུང་མ་བསྟན་ཡོད་པར་ཐལ། དེ་ལ་ཆོས་དབྱིངས་ཡོད་པའི་ཕྱིར་ཟེར་བ་ཡིན་ན། འདོད་ལེན་འདེབས་པས་ཉེས་པ་ཅི་ཞིག་འབྱུང་། སྔར་གྱི་ཉེས་པ་དེ་ཉིད་མཚུངས་སོ་སྙམ་ན། མི་མཚུངས་ཏེ། ལུང་མ་བསྟན་ནི་བདེ་འགྲོ་དང་། ངན་འགྲོ་གང་གི་ཡང་རྒྱུ་མ་ཡིན་པའི་ཕྱིར།

༼༢༨༽ ཆོས་དབྱིངས་གསུམ་ཀར་མི་རུང་ན། །དེ་མཚུངས་དོགས་པ་མི་འབྱུང་ངམ། །ཞེས་པའི་ལན་ནི། ཆོས་དབྱིངས་གསུམ་པོ་གང་རུང་དུ་མི་རུང་བར་མ་སྨྲས་པས་དེའི་སྐྱོན་སྤྲོང་མི་དགོས་མོད་ཉིད་དེ་འདྲའི་རིགས་ཅན་ཆོས་དབྱིངས་དགེ་བ་ཡིན་ན། མི་དགེ་བ་དང་ལུང་མ་བསྟན་ཡང་དགེ་བར་འགྱུར་ཏེ། ཆོས་ཀྱི་དབྱིངས་ལས་མ་གཏོགས་པའི་ཆོས་གཞན་མེད་པའི་ཕྱིར། ཞེས་སྨྲས་པ་ལ། ཆོས་དབྱིངས་གསུམ་པོ་གང་རུང་མིན་ན་དགེ་བ་ཡང་གསུམ་པོ་གང་རུང་མིན་པར་ཐལ། མི་དགེ་བ་ཡང་གསུམ་པོ་གང་རུང་མིན་པར་ཐལ། ལུང་མ་བསྟན་ཡང་གསུམ་པོ་གང་རུང་མིན་པར་ཐལ། ཆོས་ཀྱི་དབྱིངས་ལས་མ་གཏོགས་པའི་ཆོས་གཞན་མེད་པའི་

ཕྱིར། ཞེས་མཚུངས་སོ་ཞེས་སྨྲ་བ་ནི་སྔ་རྒོལ་གྱིས་ཤེས་བྱ་བུམ་པར་ཁས་བླངས་པ་ལ་ཕྱི་རྒོལ་གྱིས་ཀ་བ་ཆོས་ཅན། བུམ་པ་ཡིན་པར་ཐལ། ཤེས་བྱ་ཡིན་པའི་ཕྱིར། ཁྱབ་པ་རྐང་གསུམ་ལ་སྒྲིག་པ་ལ་ཡང་སྔ་རྒོལ་ན་རེ། ཁྱོད་ཤེས་བྱ་བུམ་པ་མ་ཡིན་པར་ཁས་ལེན་པས་གསེར་བུམ་ཆོས་ཅན། བུམ་པ་མ་ཡིན་པར་ཐལ། ཤེས་བྱ་ཡིན་པའི་ཕྱིར། ཞེས་པའི་ཁྱབ་པའང་རྐང་གསུམ་ལ་སྒྲིག་གོ། ཅེས་སྨྲས་པ་དང་མཚུངས་པས་སྒྲུབ་ཁྱབ་རྐང་གསུམ་ལ་འབྱུད་པ་ལ་དགག་ཁྱབ་ཡང་རྐང་གསུམ་ལ་འབྱུད་པའི་མཚུངས་པ་བྱེད་པ་འདི་དབུས་གཙང་ཁམས་གསུམ་གྱི་མཁས་པ་ཐམས་ཅད་ལ་འདྲི་ཅི་དགོས་དེང་སང་གི་བསྟུས་རྭ་བ་རྣམས་ལ་དྲིས་ཤིག །

༼༢༩༽ ཆོས་དབྱིངས་ཡོད་པར་མི་བཞེད་ན། །ཆོས་ཀྱི་དབྱིངས་ལས་མ་གཏོགས་པའི། །དངོས་པོ་མེད་ཕྱིར་དངོས་ཀུན་ཀྱང་། །ཡོད་པར་མི་འདོད་དེ་ཅི་ཞིག །ཅེས་པའི་ལན་ཀྱང་སྔ་མའི་ལན་དེ་ཉིད་དེ། བསྒྲུབ་ཁྱབ་ལ་དགག་ཁྱབ་ཀྱི་མཚུངས་པ་བྱས་པར་སྣང་ངོ་། །སྤྱིར་དངོས་པོ་ཡིན་ན། བུམ་པ་ཡིན་པས་ཁྱབ་པ་ལ་སྐྱོན་བརྗོད་པ་དེ་ཉིད་ལ། དངོས་པོ་མ་ཡིན་ན། བུམ་པ་མ་ཡིན་པས་ཁྱབ་པ་ལ་ཡང་སྐྱོན་དུ་འགྲོ་བར་མཚུངས་པ་ལ་བསྒྲིན་རྣམ་པ་གསལ་པོ་གན་ཡོད།

༼༣༠༽ ཡོད་པ་བསྒྲུབ་པར་གསུངས་པ་དེས། །ཆོས་དབྱིངས་དགེ་ལ་ཇི་ལྟར་གནོད། །ཅེས་པའི་ལན་ནི། མདོ་དེ་ཉིད་ལས། ཕྱོགས་བཅུའི་འཇིགས་རྟེན་ཁམས་ན་ཡོད་པ་ཡི། །དགེ་བ་དེ་དག་ཡང་དག་བསྒྲུབ་པས་ན། །འགྲོ་བ་ཀུན་ལ་ཕན་དང་བདེ་སེམས་ཀྱིས། །ཡེ་ཤེས་མཁས་པ་དེ་དག་ཡོངས་སུ་བསྔོ། །ཞེས་གསུངས་པ་དེས་འགྲོ་ཀུན་དགེ་བ་ཇི་སྙེད་ཡོད་པ་དང་། །ཅེས་པའི་ཡོད་པ་ཆོས་དབྱིངས་ཡིན་པ་ལ་གནོད་དེ། སྐབས་དེའི་ཡོད་པའི་དགེ་བ་རྩོལ་བས་ཡང་དག་པར་བསྒྲུབ་པ་ལ་གསུངས་ཤིང་ཆོས་དབྱིངས་རྩོལ་བས་ཡང་དག་པར་བསྒྲུབས་པ་མིན་པའི་ཕྱིར། ཅི་ཏེ། ཁྱེད་གཞུང་དེའི་དོན། ཆོས་དབྱིངས་དགེ་བ་མ་ཡིན་པར་ཐལ། ཡོད་པ་བསྒྲུབ་པ་ཡིན་པའི་ཕྱིར། མ་གྲུབ་ན། དེར་ཐལ། ཡོད་པ་དགག་པ་མ་ཡིན་པའི་ཕྱིར། ཞེས་པ་ལ་འཆད་ནས་དྲི་བ་འདི་བྱེད་པ་ནི་མ་ཡིན་མཆི། དྲི་བ་འདི་འདྲ་བྱེད་ན་བརྒྱ་ཙ་བརྒྱད་ལས་མང་བ་ཡོད་པར་འདུག་གོ། །

༼༣༡༽ མི་འགྱུར་བསྔོ་བ་དོན་མེད་ན། །ཚོང་དཔོན་མཛའ་བོའི་བུ་མོའི་བུས། །སྨོན་ལམ་བཏབ་པ་དེ་ཅི་ཞིག །ཅེས་པའི་ལན་ནི། བསྔོ་རྒྱུའི་དགེ་རྩ་མི་འགྱུར་ན། བསྔོ་བ་དོན་མེད་པ་དང་། བསྔོ་བའི་འབྲས་བུ་འགྲུབ་པར་མི་འགྱུར་ན་བསྔོ་བ་དོན་མེད་པ་གཉིས་ཁྱད་པར་མ་ཕྱེད་འདུག་པས་དེ་གཉིས་ཁྱད་པར་ཕྱེ་ན་ལན་དེ་ཉིད་དོ། །གཞན་ཡང་ཚོང་དཔོན་མཛའ་བོའི་བུ་མོའི་བུ། །ཅེས་པ་དེ་གང་ན་འདུག །མདོ་སྡེ་དྲིན་ལན་བསབ་པ་ལས་ནི། སྔོན་ལྷ་ར་ཊ་སྣིར་དེད་དཔོན་མཛའ་བོའི་བུ་བྱུང་ངོ་ཅོག་ཤི་ནས་ཕྱིས་གཅིག་སྐྱེས་པ་ལ་མཛའ་བོའི་བུ་མོར

བཏགས་པ་དེས་སེམས་ཅན་གྱི་ཀླད་ནད་བདག་ལ་སྨིན་པར་གྱུར་ཅིག་ཅེས་པའི་སྨོན་ལམ་བཏབ་པར་བཤད་ཀྱི། མཛའ་བོའི་བུ་མོའི་བུ་ཅེས་པ་ནི་གང་ན་ཡང་མི་སྣང་ངོ་། །

༼༣༢༽ ཆོས་ཉིད་བསྔོ་རྒྱུར་བྱེད་པ་ནི། །ཊཱི་ཀྱི་སྦྱོར་དུ་ཡང་མི་རུང་ན། །གནས་མིན་བསྔོ་བར་གསུངས་དེ་ཅི། །ཅེས་པའི་ལན་ནི། ཆོས་ཉིད་བསྔོ་རྒྱུར་བྱེད་པ་གནས་མིན་གྱི་བསྔོ་བར་གསུངས་པ་བསྟན་བཅོས་འདིའི་གང་ན་འདུག་ཕར་འདྲིའོ། །ཆོས་རྣམས་ཆོས་ཉིད་བསྔོ་བ་ཡིས། །མི་འགྱུར་གལ་ཏེ་འགྱུར་ན་ནི། །དང་པོའི་སངས་རྒྱས་གཅིག་ཉིད་ཀྱི། །བསྔོ་བ་དེང་སང་ཅིས་མི་འགྲུབ། །ཅེས་པས་སྟོན་ནོ་སྙམ་ན། དེ་ནི་དཀོན་མཆོག་བརྩེགས་པའི་མདོ་ལས། བུ་མོས་སྨྲས་པ། རིགས་ཀྱི་བུ་ཆོས་རྣམས་ཀྱི་ཆོས་ཉིད་ནི་སྨོན་ལམ་གྱི་དབང་གིས་བསྒྱུར་བར་མི་ནུས་སོ། །གལ་ཏེ་ནུས་པར་གྱུར་ན། དེ་བཞིན་གཤེགས་པ་རེ་རེའི་དགོངས་པ་དེ་སྨོན་ལམ་གྱི་དབང་གིས་ཇི་ལྟར་མི་འགྲུབ་སྟེ། རྣམ་གྲངས་འདིས་ནི་སྨོན་ལམ་གྱི་དབང་གིས་བསྒྱུར་བར་མི་ནུས་པར་རིགས་པར་བྱའོ། ཞེས་གསུངས་པའི་དོན་ཡིན་པས་སྐབས་དེའི་ཆོས་ཉིད་དེ་འང་འཁོར་བའི་ཕྱི་མཐའ་མེད་པ་སོགས་ཆོས་རྣམས་ཀྱི་ཆོས་ཉིད་རྟེན་འབྲེལ་གྱི་ཆོས་ཉིད་དུ་གྲུབ་པ་ཡིན་གྱི། སྤྲོས་བྲལ་གྱི་ཆོས་ཉིད་མ་ཡིན་ལ། བསྒྱུར་མི་ནུས་པའི་དོན་ཡང་བསྔོ་བའི་འབྲས་བུར་བྱས་ཀྱང་བསྒྲུབ་པར་མི་ནུས་པའི་དོན་ཡིན་གྱི། བསྔོ་རྒྱུར་བྱས་ནས་བསྒྱུར་མི་ནུས་པའི་དོན་ནི་གཏན་མ་ཡིན་ནོ། །

༼༣༣༽ མ་བྱས་པ་ཡི་དགེ་མེད་ན། །ཐེག་པ་ཆེན་པོ་བསྡུས་པ་ལས། །ཐོག་མེད་དུས་ནས་མ་བྱས་པའི། །ཀུན་གཞིའི་སྙིང་གི་ཟག་མེད་ཀྱི། །ས་བོན་དགེ་བར་བཤད་དེ་ཅི། །དེ་འདྲ་མེད་ན་ཀུན་གཞི་ཡི། །གཉེན་པོར་བཤད་པ་དེ་གང་ཡིན། །ཅེས་པའི་ལན་ནི། ཁས་བླངས་དང་འགལ་བ་དང་། རིགས་པ་དང་འགལ་བ་གཉིས་ལས། དང་པོ་ནི། སྔར་ཀུན་གཞིའི་སྙིང་གི་ས་བོན་ལུང་མ་བསྟན་དུ་ཁས་བླངས་པ་དང་འགལ་ཏེ། ཀུན་གཞི་གཅིག་ཉིད་ཀྱི་ས་བོན་ལ་དགེ་བ་དང་ལུང་མ་བསྟན་གཉིས་ཡོད་ན། ས་བོན་དང་ས་བོན་ཅན་ངོ་བོ་མི་མཚུངས་པར་ཐལ་བའི་ཕྱིར་རོ། །གཉིས་པ་ནི། ཀུན་གཞིའི་སྙིང་གི་ཐོག་མ་མེད་པའི་དུས་ནས་མ་བྱས་པའི་ས་བོན་དང་ལྡན་པའི་གང་ཟག་དེ་ལ་ལོག་ལྟས་དགེ་རྩ་ཆད་པ་མི་སྲིད་པར་འགྱུར་ཏེ། ལོག་ལྟས་ཟག་མེད་ཀྱི་ས་བོན་ཆད་པ་མི་སྲིད་པའི་ཕྱིར། གཞན་ཡང་དེ་ལྟ་བུའི་ཀུན་གཞི་དེ་ཆོས་ཅན། ཁྱོད་ལུང་མ་བསྟན་མ་ཡིན་པར་ཐལ། ཁྱོད་ཀྱི་སྙིང་གི་ཟག་མེད་ཀྱི་ས་བོན་དེ་དགེ་བ་གང་ཞིག །ཁྱོད་དེ་དང་ངོ་བོ་མཚུངས་པའི་ཕྱིར། དེས་ན་དངོས་ཀྱི་ལན་ནི་དགེ་བའི་མིང་གིས་བཏགས་ཚད་དགེ་བ་མ་ཡིན་པར་གོང་དུ་བཤད་ཟིན་ཅིང་། ཀུན་གཞིའི་གཉེན་པོར་བཤད་པའི་དོན་ཡང་ཐོས་པའི་རྐྱེན་གྱིས་གསོས་བཏབ་ནས། ཟག་མེད་དམ་ལམ་བདེན་དུ་སོང་བའི་ཚེ་ཀུན་

གཞིའི་གཉེན་པོ་ཡིན་པའི་དོན་ཡིན་གྱི། ས་བོན་དེ་ཉིད་གཉེན་པོ་མ་ཡིན་ཏེ། གཞན་དུ་ན་ས་བོན་དེ་དང་ལྡན་པའི་གང་ཟག་ཐམས་ཅད་དང་པོ་ནས་འབད་མེད་དུ་མི་གྲོལ་བའི་རྒྱུ་མཚན་ཅི་ཡིན་ལེགས་པར་སྨྲ་དགོས་སོ། །

༼༣༤༽ བདེ་གཤེགས་སྙིང་པོ་གང་ཡིན་པ། །དེ་དག་འདུས་མ་བྱས་ཡིན་ན། །ཐེག་པ་ཆེན་པོ་རྒྱུད་བླ་མར། །སྙིང་པོ་དགུར་བྱས་པ་དེ་ཅི། །ཅེས་པའི་ལན་ནི། སྔར་གསལ་བར་བསྟན་ཟིན་མོད། རྣམ་གསལ་གྱི་དཔེ་ལོགས་སུ་བརྗོད་ན། མེ་ཞེས་བཤད་པ་གང་ཡིན་པ། །དེ་དག་ཚ་ཞིང་བསྲེག་ཡིན་ན། །དུ་བས་ལ་ལ་མེ་བསྒྲུབ་ཆེ། །མེ་ནི་དུ་བར་བཤད་དེ་ཅི། །ཅེས་པ་དང་། གཟུགས་ནས་རྣམ་མཁྱེན་གྱི་བར་དུ་མཚུངས་སོ། །

༼༣༥༽། སེམས་ཅན་མ་གཏོགས་བེམ་པོ་ཡི། །ཆོས་དབྱིངས་སྙིང་པོ་མ་ཡིན་ན། །རྒྱུད་དང་སེམས་འགྲེལ་སྐོར་གསུམ་ལས། །བརྟན་གཡོ་ཀུན་ལ་སངས་རྒྱས་ཀྱི། །སྙིང་པོ་ཡོད་པར་གསུངས་དེ་ཅི། །ཅེས་པའི་ལན་ནི། དྲི་བའི་གཞི་གཞུང་ལ་མེད་པ་དང་། དྲིས་པའི་དོན་ཁས་བླངས་པ་དང་འགལ་བ་གཉིས་ལས། དང་པོ་ནི། གཞུང་ལས། གལ་ཏེ་བེམ་པོའི་ཆོས་ཀྱི་དབྱིངས། །བདེ་གཤེགས་སྙིང་པོ་མ་ཡིན་ཡང་། །སེམས་ཅན་རྣམས་ཀྱི་ཆོས་ཀྱི་དབྱིངས། །བདེ་གཤེགས་སྙིང་པོ་ཡིན་སྙམ་ན། །མ་ཡིན་ཆོས་ཀྱི་དབྱིངས་ལ་ནི། །དབྱེ་བ་མེད་པར་རྒྱལ་བས་གསུངས། །ཞེས་གསུངས་བཞིན་དུ། ཁྱེད་ཀྱི་དྲི་བ་འདི་གང་ཟག་སུ་ལ་ཡིན། གཞུང་གང་ལ་ཡིན། དོན་ཅི་འདྲ་ཞིག་ལ་ཡིན། སེམས་ཡོད་རྣམས་ཀྱིས་འདི་ལ་དཔྱོད་ཅིག །གཉིས་པ་ནི་ཁྱེད་ཉིད་བདེ་གཤེགས་སྙིང་པོ་སངས་རྒྱས་ཁོ་ན་ལ་ཡོད་ཀྱི། སེམས་ཅན་ལ་མེད་པར་ཁས་བླངས་ཅེས་གྲགས་པ་དེ་ལ། སངས་རྒྱས་མ་གཏོགས་སེམས་ཅན་གྱི། །ཆོས་དབྱིངས་སྙིང་པོ་མ་ཡིན་ན། །རྒྱུད་དང་སེམས་འགྲེལ་སྐོར་གསུམ་ལས། །ཞེས་སོགས་བྲིས་ན་ཅི་སྨྲ། ཡང་ཕྱིས་ས་དང་པོ་ཡན་ཆད་ན་བདེ་གཤེགས་སྙིང་པོ་ཡོད་དེ། དེ་མཐོང་བའི་ཕྱིར། དེ་མན་ཆད་ན་དེ་མེད་དེ། མ་མཐོང་བའི་ཕྱིར། ཞེས་སྨྲ་བ་གྲགས་པ་དེ་ལ། འཕགས་པ་མ་གཏོགས་སོ་སྐྱེ་ཡིས། །ཆོས་དབྱིངས་སྙིང་པོ་མ་ཡིན་ན། །རྒྱུད་དང་སེམས་འགྲེལ་སྐོར་གསུམ་ལས། །ཞེས་སོགས་དྲིས་ན་ཅི་སྨྲ། གཞན་ཡང་ལུགས་འདི་ལ། རྒྱུད་བླ་མ་ནས་དཔེ་དགུ་གསུངས་པ་དེ་མ་མཐོང་ཡང་ཡོད་པར་སྒྲུབ་པའི་དཔེ་མ་ཡིན་པར་འགྱུར་ཏེ། བདེ་གཤེགས་སྙིང་པོ་མ་མཐོང་བ་རྣམས་ལ་ནི་མེད་ཅིང་། མཐོང་བ་རྣམས་ལ་ནི་ཡོད་པ་སྒྲུབ་མི་དགོས་པའི་ཕྱིར། འདོད་ན། ཇི་ལྟར་མི་དབུལ་ཁྱིམ་ནང་ས་འོག་ན། །མི་ཟད་པ་ཡི་གཏེར་ནི་ཡོད་གྱུར་ལ། །མི་དེས་དེ་མ་ཤེས་ཏེ་གཏེར་དེ་ཡང་། །དེ་ལ་ང་འདིར་ཡོད་ཅེས་མི་སྨྲ་ལྟར། །ཞེས་དང་། དོན་གྱི་སྐབས་སུ། དྲི་མེད་གཞག་དང་བསལ་མེད་ཆོས་ཉིད་ཀྱང་། །མ་རྟོགས་པས་ན་དབུལ་བའི་སྡུག་བསྔལ་ནི། །རྣམ་མང་རྒྱུན་དུ་སྐྱེ་དགུ་འདིས་མྱོང་ངོ་། །ཞེས་སོགས་དཔེ་དགུ་ཆར་མ་མཐོང་ཡང་། ཡོད་པའམ་ཡོད་ཀྱང་མ་མཐོང་བའི་དཔེར

གསུངས་པ་དང་ཅིའི་ཕྱིར་མི་འགལ། གཟུ་བོར་གནས་པ་དག་གིས་དཔྱོད་ཅིག །དྲི་བ་འདི་འདྲ་ནི་དྲི་ཡུལ་གྱི་གྲུབ་མཐའ་ཕྱིན་ཅི་ལོག་ཏུ་བཟུང་ནས་འདྲི་བ་པོ་རང་ཉིད་ཀྱི་གྲུབ་མཐའ་ཕྱིན་ཅི་ལོག་དང་སྦྱར་ཏེ་དྲིས་པར་སྣང་ངོ་། །

(༣༤) གོས་ཧྥུལ་ནང་ན་རིན་ཆེན་གྱི། །དཔེས་བསྟན་དགོངས་པ་ཅན་ཡིན་ན། །སེམས་ཅན་རྣམས་ལ་རང་བཞིན་གྱི། །གནས་རིགས་མེད་པར་མི་འགྱུར་རམ། །ཞེས་པའི་ལན་ནི། དེང་སང་མཁས་པར་རློམ་པ་མང་པོས་ཆོས་དེ་དྲང་དོན་དུ་གསུངས་ན་ཐ་སྙད་དུ་མེད་དགོས་ཞེས་སྨྲ་བར་སྣང་བས་ལན་ཕྱོགས་གཅིག་ཏུ་བརྗོད་པར་བྱ་སྟེ། ཏིང་ངེ་འཛིན་རྒྱལ་པོའི་མདོ་ལས། སྟོང་པ་བདེ་བར་གཤེགས་པས་བསྟན་པ་ལྟར། །ངེས་དོན་མདོ་སྡེ་དག་གི་བྱེ་བྲག་ཤེས། །གང་ལས་སེམས་ཅན་གང་ཟག་སྐྱེས་བུ་བསྟན། །ཆོས་དེ་ཐམས་ཅད་དྲང་བའི་དོན་དུ་ཤེས། །ཞེས་པའི་རྗེས་སུ་འབྲངས་ནས་བདེན་པ་གཉིས་ཀྱི་སྒོ་ནས་དྲང་ངེས་ཕྱེ་བཞིན་དུ་འདི་བཞིན་དུ་སྨྲ་བ་རྣམས་ལ་འུབ་སྟེ་དྲིལ་ནས་གནོད་བྱེད་བརྗོད་ན་ཀུན་རྫོབ་བདེན་པ་ཐམས་ཅད་ཐ་སྙད་དུ་མེད་པར་ཐལ། དེ་ཐམས་ཅད་དྲང་དོན་དུ་གསུངས་པའི་ཕྱིར། བྱེ་བྲག་ཏུ་ཕྱེ་སྟེ་བརྗོད་ན། ཕུང་ཁམས་སྐྱེ་མཆེད་དང་། ཁམས་གསུམ་དང་། མིང་ཐམས་ཅད་དང་། དངོས་མེད་དང་། དེ་མེད་པ་དང་། འགོག་པ་དང་། དམ་པའི་དོན་སྒྲ་བ་རྣམས་ཀྱི་མཆོག་དང་། བསྲིག་པའི་བསྐལ་པ་དང་། སེམས་ཅན་གྱི་ཁམས་རྣམས་ཐ་སྙད་དུ་མེད་པར་འགྱུར་ཏེ། དེ་དག་དྲང་དོན་དུ་གསུངས་པའི་ཕྱིར། ཇི་སྐད་དུ། ཤར་གྱི་རི་བོའི་སྡེ་པ་དང་མཐུན་པའི་ཚིགས་སུ་བཅད་པ་དག་ལས། ཕུང་པོ་དག་དང་ཁམས་རྣམས་དང་། །སྐྱེ་མཆེད་རང་བཞིན་གཅིག་བཞེད་ལ། །ཁམས་གསུམ་པོ་དག་སྟོན་མཛད་པ། །འདི་ནི་འཇིག་རྟེན་མཐུན་འཇུག་ཡིན། །མིང་མེད་པ་ཡི་ཆོས་རྣམས་ཀྱི། །བསམ་དུ་མེད་པའི་མིང་དག་གིས། །སེམས་ཅན་རྣམས་ལ་ཡོངས་བརྗོད་པ། །འདི་ནི་འཇིག་རྟེན་མཐུན་འཇུག་ཡིན། །དངོས་མེད་ཉེར་བར་སྟོན་མཛད་ཅིང་། །སངས་རྒྱས་རང་བཞིན་ལ་བཞུགས་པས། །དངོས་མེད་འགའ་ཡང་འདིར་མེད་པ། །འདི་ནི་འཇིག་རྟེན་མཐུན་འཇུག་ཡིན། །དོན་དང་དོན་མིན་མེད་གཟིགས་ལ། །འགོག་པ་དང་ནི་དམ་པའི་དོན། །སྒྲ་བ་རྣམས་ཀྱི་མཆོག་གསུངས་པ། །འདི་ནི་འཇིག་རྟེན་མཐུན་འཇུག་ཡིན། །ཞིག་པ་མེད་ཅིང་སྐྱེ་མེད་ལ། །ཆོས་ཀྱི་དབྱིངས་དང་མཉམ་གྱུར་ཀྱང་། །བསྲིག་པའི་བསྐལ་པ་སྟོན་མཛད་པ། །འདི་ནི་འཇིག་རྟེན་མཐུན་འཇུག་ཡིན། །དུས་གསུམ་དག་ཏུ་སེམས་ཅན་གྱི། །རང་བཞིན་དམིགས་པ་མ་ཡིན་ལ། །སེམས་ཅན་ཁམས་ཀྱང་སྟོན་མཛད་པ། །འདི་ནི་འཇིག་རྟེན་མཐུན་འཇུག་ཡིན། །ཞེས་གསུངས་པས་སོ། །འདི་དག་ནི་ཀུན་གཞི་དྲང་དོན་དུ་གསུངས་པའི་ཕྱིར། ཐ་སྙད་དུ་མེད་པར་འདོད་པ་སོགས་བློ་གྲོས་རྩིང་པོའི་གྲུབ་མཐའ

ཐམས་ཅད་ལ་བརྗོད་པར་བྱའོ། །འོ་ན་དྲང་དོན་ཡིན་ན་ཐ་སྙད་དུ་ཡོད་པས་ཁྱབ་བམ་སྙམ་ན། དེ་ཡང་མ་ཡིན་ཏེ། འཇིག་ཚོགས་ལྟ་དང་བྲལ་ཡང་སངས་རྒྱས་ཀྱིས། །ཇི་ལྟར་ང་དང་ང་ཡིར་ཞེས་བསྟན་ལྟར། །དེ་བཞིན་དངོས་རྣམས་རང་བཞིན་མེད་མོད་ཀྱི། །ཡོད་ཅེས་དྲང་དོན་ཉིད་དུ་བསྟན་པ་ཡིན། །ཅེས་གསུངས་པ་ལྟར། སངས་རྒྱས་ལ་ང་དང་ང་ཡི་བར་འཛིན་པ་ཡོད་པ་དང་། དངོས་པོ་རང་བཞིན་གྱིས་ཡོད་པ་སོགས་ཀྱང་དྲང་དོན་དུ་གསུངས་པའི་ཕྱིར་རོ། །མདོར་ན་གནད་ཀྱི་གདམས་པ་འདི་ཡིན་ཏེ་རང་བཞིན་གནས་རིགས་དང་། བདེ་གཤེགས་སྙིང་པོ་དང་། དོན་དམ་བདེན་པ་དང་། ཆོས་དབྱིངས་རྣམས་ནི་འཕགས་པ་སོ་སོ་རང་རང་རིག་པའི་ཡེ་ཤེས་ཀྱིས་མངོན་སུམ་དུ་གཟིགས་པར་བྱ་བ་ཡིན་པས་རང་གི་ངོ་བོ་དྲང་དོན་དང་། ཀུན་རྫོབ་བདེན་པ་མིན་ཀྱང་དེ་བཞིན་གཤེགས་པའི་སྙིང་པོའི་མདོ་དང་། རྒྱུད་བླ་སོགས་སུ་དཔེ་དགུས་བསྟན་པ་ལྟར་སེམས་ཅན་གྱི་རྒྱུད་ལ་དེ་དག་རྟེན་དང་། བརྟེན་པའི་ཚུལ་ལམ་སྒྲུབ་པའི་ཚུལ་གྱིས་ཡོད་པར་གསུངས་པ་ནི། དྲང་བའི་དོན་ཡིན་ཏེ། སེམས་ཀྱི་རང་བཞིན་མཐའ་བཞི་སྤྲོས་བྲལ་ལས་མ་གཏོགས་པ་དཔེས་བསྟན་པ་ལྟར་གྱིས་རྟེན་དང་བརྟེན་པའི་ཚུལ་ལམ་སྒྲུབ་པའི་ཚུལ་གྱིས་ཡོད་པ་ཅི་ཡང་མེད་པའི་ཕྱིར་རོ། །དཔེས་བསྟན་པ་ལྟར་ཡོད་པར་གསུངས་པའི་དགོངས་གཞི་ནི། སེམས་ཀྱི་རང་བཞིན་སྤྲོས་བྲལ་ལ་དགོངས་ཏེ། ལང་ཀར་གཤེགས་པ་ལས། བློ་གྲོས་ཆེན་པོ་དེ་བཞིན་གཤེགས་པ་དགྲ་བཅོམ་པ་ཡང་དག་པར་རྫོགས་པའི་སངས་རྒྱས་རྣམས་ནི་སྟོང་པ་ཉིད་དང་། ཡང་དག་པའི་མཐའ་དང་། མྱ་ངན་ལས་འདས་པ་དང་། མ་སྐྱེས་པ་དང་། མཚན་མ་མེད་པ་དང་། སྨོན་པ་མེད་པ་ལ་སོགས་པའི་ཚིག་གི་དོན་རྣམས་ལ་དེ་བཞིན་གཤེགས་པའི་སྙིང་པོར་བསྟན་པ་བྱས་ནས་ཞེས་གསུངས་པས་སོ། །དགོས་པ་ནི་རྒྱུད་བླར། སེམས་ཞུམ་སེམས་ཅན་དམན་ལ་བརྙས་པ་དང་། །ཡང་དག་མི་འཛིན་ཡང་དག་ཆོས་ལ་སྐུར། །བདག་ཆགས་ལྷག་པའི་སྐྱོན་ལྔ་གང་དག་ལ། །ཡོད་པ་དེ་དག་དེ་སྤོང་དོན་དུ་གསུངས། །ཞེས་པ་ལྟར། སྐྱོན་ལྔ་སྤོང་བའི་ཆེད་དུ་ཡིན་ཏེ། རྟེན་དང་བརྟེན་པའི་ཚུལ་ལམ། བསྒྲུབ་པའི་ཚུལ་གྱིས་ཡོད་པར་མ་གསུངས་ན་སྐྱོན་ལྔ་པོ་དེ་དག་སྤོང་མི་ནུས་པའི་ཕྱིར་རོ། །ད

ངོས་ལ་གནོད་བྱེད་ནི། དཔེ་དགུས་བསྟན་པ་ལྟར། རྟེན་དང་བརྟེན་པའི་ཚུལ་ལམ། བསྒྲུབ་པའི་ཚུལ་གྱིས་ཡོད་ན་མུ་སྟེགས་བྱེད་ཕུང་པོ་ལས་དོན་གཞན་པའི་བདག་རྫས་ཡོད་འདོད་པ་དང་མཚུངས་པར་འགྱུར་ཏེ། ལང་གཤེགས་ལས། བཅོམ་ལྡན་འདས་ཀྱིས་རིན་པོ་ཆེ་རིན་ཐང་ཆེན་པོ་གོས་དྲི་མ་ཅན་གྱིས་ཡོངས་སུ་དཀྲིས་པ་ལྟར་ཕུང་པོ་དང་། ཁམས་དང་། སྐྱེ་མཆེད་ཀྱི་གོས་ཀྱིས་ཡོངས་སུ་དཀྲིས་པ་འདོད་ཆགས་དང་། ཞེ་སྡང་དང་། གཏི་མུག་གི་ཟིལ་གྱིས་ནོན་པ། ཡོངས་སུ་རྟོག་པའི་དྲི་མས་དྲི་མ་ཅན་དུ་གྱུར་པ་རྟག་པ། བརྟན་པ། ཐེར་ཟུག

པ་ནི་བརྗོད་ན་བཅོམ་ལྡན་འདས་དེ་བཞིན་གཤེགས་པའི་སྙིང་པོར་སྨྲ་བ་འདི་ནི་མུ་སྟེགས་བྱེད་ཀྱི་བདག་ཏུ་སྨྲ་བ་དང་ཇི་ལྟར་འདྲ་བ་མ་ལགས། བཅོམ་ལྡན་འདས་མུ་སྟེགས་བྱེད་རྣམས་ཀྱང་། རྟག་པ་བྱེད་པ། ཡོན་ཏན་མེད་པ། ཁྱབ་པ་མི་འཇིག་པའོ། །ཞེས་བདག་ཏུ་སྨྲ་བ་སྟོན་པ་བགྱིད་དོ། །བཅོམ་ལྡན་འདས་ཀྱིས་བཀའ་སྩལ་པ། བློ་གྲོས་ཆེན་པོ་དེ་བཞིན་གཤེགས་པའི་སྙིང་པོ་བསྟན་པ་ནི་མུ་སྟེགས་ཅན་གྱི་བདག་ཏུ་སྨྲ་བ་དང་མཚུངས་པ་མིན་ཏེ་བློ་གྲོས་ཆེན་པོ་དེ་བཞིན་གཤེགས་པ་དགྲ་བཅོམ་པ་ཡང་དག་པར་རྫོགས་པའི་སངས་རྒྱས་རྣམས་ནི་སྟོང་པ་ཉིད་ཞེས་སོགས་དགོངས་གཞིའི་སྐབས་སུ་དྲངས་པ་ལྟར་གསུངས་པས་སེམས་ཀྱི་རང་བཞིན་སྟོང་ཉིད་ལས་མ་གཏོགས་པའི་སྙིང་པོ་ཡོད་ན་མུ་སྟེགས་བྱེད་ཀྱི་བདག་ཏུ་སྨྲ་བ་དང་། མཚུངས་པར་ཤུགས་ལ་བསྟན་པའི་ཕྱིར་རོ། །དེས་ན་ཆོས་དབྱིངས་དང་། བདེ་གཤེགས་སྙིང་པོ་སོགས་ངེས་དོན་ཡིན་ཏེ། དོན་དམ་བདེན་པ་ཡིན་པའི་ཕྱིར། སེམས་ཅན་གྱི་རྒྱུད་ལ་དེ་དག་ཡོད་པ་ནི་དྲང་དོན་ཡིན་ཏེ། ཀུན་རྫོབ་བདེན་པ་ཡིན་པའི་ཕྱིར། གཏན་ཚིགས་གཉིས་པོ་འདིའི་ཁྱད་པར་གང་གིས་སྒྲུབ་སྙམ་ན། རྒྱུད་བླར། འགྲོ་བ་ཞི་བའི་ཆོས་ཉིད་དུ། །རྟོགས་ཕྱིར་ཇི་ལྟ་ཉིད་དེ་ཡང་། །རང་བཞིན་གྱིས་ནི་ཡོངས་དག་ཕྱིར། །ཉོན་མོངས་གདོད་ནས་ཟད་ཕྱིར་རོ། །ཤེས་བྱ་མཐར་ཐུག་རྟོགས་པའི་བློས། །ཐམས་ཅད་མཁྱེན་པའི་ཆོས་ཉིད་ནི། །སེམས་ཅན་ཐམས་ཅད་ལ་ཡོད་པར། །མཐོང་ཕྱིར་ཇི་སྙེད་ཡོད་པ་ཉིད། །ཅེས་འགྲོ་བའི་སེམས་བདག་གཉིས་ཀྱིས་སྟོང་པ་ཉེ་བར་ཞི་བའི་ཆོས་ཉིད་ཇི་ལྟ་བ་ཡིན་པ་དང་། ཆོས་ཉིད་དེ་འགྲོ་བའི་རྒྱུད་ལ་ཡོད་པ་ཇི་སྙེད་པ་ཡིན་པའི་ཁྱད་པར་གསུངས་པའི་དོན་རྟོགས་ན་དེ་དག་དོན་དམ་དང་ཀུན་རྫོབ་ཡིན་པའི་ཁྱད་པར་དང་། ངེས་དོན་དང་དྲང་དོན་ཡིན་པའི་ཁྱད་པར་ཡང་འབད་མེད་དུ་འགྲུབ་པར་འགྱུར་བའི་ཕྱིར་དང་། རྒྱུད་བླ་མའི་མཐར་ཐུག་གི་དགོངས་པ་རང་སྟོང་དང་གཞན་སྟོང་གང་ཡིན་ཚུལ་ལ་ཡང་ཐེ་ཚོམ་དང་སྒྲོ་འདོགས་ཆོད་པར་འགྱུར་ལ། བདག་ཉིད་ཆེན་པོ་འདིས་གསུང་རབ་ཀྱི་དགོངས་པ་འགྲེལ་ཚུལ་ལ་འཁྲུལ་པའི་དྲི་མ་མེད་པར་ངེས་ཤེས་ཀྱང་གཏིང་ནས་སྐྱེ་བར་འགྱུར་རོ། །གནད་འདི་དག་ཕྱིན་ཅི་མ་ལོག་པར་རྟོགས་པ་ཡང་དེང་སང་གངས་རིའི་ཁྲོད་འདིར་ཁོ་བོ་ཙམ་ཡིན་པ་ལ་ངེས་ཤེས་ཀྱང་བློ་བཟུ་བོར་གནས་ན་མི་ཡོང་ཁ་མེད་ཡིན་ནོ། །དེ་མ་རྟོགས་པའི་སྐྱོན་ནི་སྔ་ཕྱི་མང་པོ་དག་སེམས་ཅན་གྱི་རྒྱུད་ལ་བདེ་བར་གཤེགས་པའི་སྙིང་པོ་མེད་དེ། བདེ་བར་གཤེགས་པའི་སྙིང་པོ་དང་ལྡན་ན་བདེ་བར་གཤེགས་པ་ཡིན་པའི་ཕྱིར་ཏེ། རྡོ་ཡི་སྙིང་པོ་རྡོ་ཁོན་ལ་ཡོད་པའི་ཕྱིར་ཞེས་སོགས་ཀྱི་ཚིག་འདྲ་མང་དུ་སྒྲིག་པ་གྲག་གོ། །དེ་ལྟར་ན་འོ་མ་ཆོས་ཅན་ཞོ་ཡིན་པར་ཐལ། ཞོའི་སྙིང་པོ་དང་ལྡན་པའི་ཕྱིར། ཞོ་ཆོས་ཅན། མར་ཡིན་པར་ཐལ། མར་གྱི་སྙིང་པོ་དང་ལྡན་པའི་ཕྱིར། ཞེས་སོགས་འཇིག་རྟེན་ན་གྲགས་པའི་དཔེ་དུ་མ་དང་།

གཏེར་དང་ལྡན་པའི་དབུལ་པོའི་ས་འོག་ཆོས་ཅན། གཏེར་ཡིན་པར་ཐལ། གཏེར་གྱི་སྙིང་པོ་ཅན་ཡིན་པའི་ཕྱིར། ཞེས་སོགས་བསྟན་བཅོས་ན་གྲགས་པའི་དཔེ་དགུ་ཆར་གྱིས་གནོད་པས་ཚིག་འདྲའི་སྒོ་ནས་གནས་ལུགས་ཀྱི་དོན་སྒྲིབ་པར་མི་བྱའོ། །

༼༣༧༽ བསྔོ་བའི་ཚེ་ན་ཆུ་བསྒྲེང་བ། །རང་ལུགས་མིན་ན་འདུལ་བ་ལས། །ལག་ཆུ་བཟེད་པར་གསུངས་དེ་ཅི། །ཅེས་པའི་ལན་ནི། འདུལ་བ་ལས་ལག་ཆུ་ཟེད་པར་གསུངས་པའི་དོན་སྐྱེས་རབས་ལས། རྒྱལ་པོ་ཐམས་ཅད་སྒྲོལ་གྱིས་བྲམ་ཟེ་སློང་མོ་བ་ལ་གླང་པོ་ཆེ་དང་། བུ་དང་བུ་མོ་བྱིན་པ་དང་། བརྒྱ་བྱིན་ལ་བཙུན་མོ་བྱིན་པའི་ཚེ་གསེར་གྱི་རིལ་བས་བཀྲུད་དེ་བཞིས་སུ་གསོལ། ཞེས་མདུན་དུ་འཁོད་པ་དང་། བྲམ་ཟེའི་ལག་པ་བརྐྱང་པ་ལ་རིལ་བ་སྤྱི་བླུགས་ཀྱིས་བཀྲུད་དེ། དེ་ཡི་སྦྱིན་པའི་མཐུ་དག་གིས། །རིལ་བ་ལས་ནི་ཆུ་བྱུང་ནས། །མིག་ནི་པདྨ་དམར་འདྲ་ལས། །མ་སྤྲིམས་པར་ཡང་མཆི་མ་བྱུང་། །ཞེས་པ་དང་། དེ་ནས་རྒྱལ་པོའི་སྲས་གཉིས་ལག་པ་བཅིངས། །བྲམ་ཟེའི་ལག་པར་ཆུ་བླུགས་དེ་ལ་བྱིན། །དེ་ཚེ་ས་གཡོས་འདོད་ལྷ་ཕྱིག་ཅན་གྱི། །སྙིང་ནི་མྱ་ངན་མེ་ཡིས་བསྲེག་པར་གྱུར། །ཞེས་པ་ལ་འཆད་པ་ཡིན་ན་ནི། དེ་ཉིད་དེའི་ཚེ་ཡུལ་དེར་རིག་བྱེད་པའི་ལུགས་དར་བའི་ལག་ལེན་ཡིན་གྱི་སངས་རྒྱས་པའི་ལུགས་མ་ཡིན་པར་བདག་ཉིད་ཆེན་པོ་འདིས་བཤད་ཟིན་ལ། གལ་ཏེ་འདུལ་བ་ནས་བཤད་པའི་ཕྱིར་འདུལ་བའི་ལུགས་ཡིན་པར་སེམས་ན་ནི། རྣམ་འགྲེལ་ལས་བཤད་པའི་ཕྱིར་ན་ཆོས་གྲགས་ཀྱི་ལུགས་ཡིན་པས་ཁྱབ་པར་ཁས་ལེན་ནམ། ཐམས་ཅད་སྒྲོལ་བྱང་ཆུབ་སེམས་དཔའ་ཡིན་ཀྱང་། ཁྱིམ་པའི་ཚུལ་འཛིན་པ་ཡིན་པས་འཕྲལ་གྱི་ལག་ལེན་ཡུལ་དེར་ཡོད་པའི་རབ་ཏུ་བྱུང་བའི་ལུགས་བྱེད་དགོས་ལ། དེའི་ཚེ་སངས་རྒྱས་འཇིག་རྟེན་དུ་མ་བྱོན་པའི་དུས་ཡིན་པས་རིག་བྱེད་པའི་ལག་ལེན་བྱེད་དགོས་པའི་དབང་དུ་བྱས་པ་སྟེ། གནད་མ་འདྲེས་པར་བྱེད་དགོས་སོ། །གལ་ཏེ་འདུལ་བ་ལས་ལག་ཆུ་ཟེད་པར་གསུངས་པ། བཙུན་པ་གལ་ཏེ་དགྲ་བཅོམ་པ་ཡིན་ན། ཁྱིམ་དུ་ཞུགས་ཅིག །སྟན་ལ་འདུག་ཅིག །ལག་ཆུ་ཟེད་ཅིག །ཅེས་པ་ལྟ་བུ་ལ་ཟེར་བ་ཡིན་ན་ནི། ཟན་མ་ཟོས་པའི་གོང་དུ་ལག་པ་བཀྲུ་བ་དང་། བསྔོ་བའི་ཚེ་ཆུ་བསྒྲེང་བ་གཉིས་ནོར་ནས་དྲིས་པར་སྣང་ངོ་། །དེ་ལས་གཞན་པའི་འདུལ་བ་ནས་ལག་ཆུ་ཟེད་པར་གསུངས་པ་ཡོད་ན་སྟོན་པའི་དུས་ལ་བབ་བོ། །

༼༣༨༽ ཆགས་སྡང་རྨོངས་གསུམ་གྱིས་བསྐྱེད་པའི། །ལས་ཀུན་མི་དགེ་བ་ཡིན་ན། །ཟག་བཅས་དགེ་བ་གཏི་མུག་གི། །ཀུན་སློང་དག་ལས་བྱུང་དེ་ཅི། །ཞེས་པའི་ལན་ནི། འདྲི་བ་པོ་ཡི་བསམ་པ་བླང་བ་དང་། ཡོངས་སུ་གྲགས་པའི་གཏམ་ལན་དུ་མི་འགྱུར་བ་དང་། གནད་ཀྱི་ལན་བསྟན་པའི་སྒོ་ནས་གསུང་རབ་སྤྱི་ལ་

དོགས་པ་གཅོད་པ་དང་གསུམ་གྱིས་ཞེས་པར་བྱ་བ་ལས། དང་པོ་ནི་ཀླུ་སྒྲུབ་ཀྱིས། འདོད་ཆགས་ཞེ་སྡང་གཏི་མུག་གསུམ། །དེས་བསྐྱེད་ལས་ནི་མི་དགེ་བ། །ཅེས་གསུངས་པ་དང་། རྟེན་འབྲེལ་སྟོ་མའི་རྐྱེན་གྱིས་ཕྱི་མ་འབྱུང་བ་བསྒྲུ་བའི་ཚེ། མ་རིག་པའི་རྐྱེན་གྱིས་འདུ་བྱེད་འབྱུང་བར་གསུངས་ཤིང་འདུ་བྱེད་དེ་ལ་ཡང་བསོད་ནམས་དང་། བསོད་ནམས་མ་ཡིན་པ་དང་། མི་གཡོ་བའི་ལས་གསུམ་ཡོད་པར་མངོན་པ་གོང་མར་གསུངས་པ་གཉིས་འགལ་ལོ་སྙམ་ནས་དྲིས་པ་སྟེ། བསྟན་བཅོས་འདི་རམ་ཟད་གསུང་རབ་སྤྱི་ལ་དོགས་པ་འདི་གཅོད་དགོས་པས་རྣམ་དབྱེད་དང་ལྡན་པའི་དྲི་བའོ། །

གཉིས་པ་ནི། དེང་སང་ལུང་ཆོས་པ་རྣམས་ལ་དེ་འདྲ་བའི་མ་རིག་པ་འདི་འདུ་བྱེད་ཀྱི་ཀུན་སློང་དུ་བྱས་ནས་ས་མཚུངས་དཔྱད་པའི་ཚེ། ཀུན་སློང་གི་མ་རིག་པ་ས་གང་དུ་གཏོགས། ཞེས་སོགས་དཔྱོད་པ་གྲགས་མོད་ཀྱི་དེ་ནི་དེའི་ཀུན་སློང་གཉིས་པོ་གང་ཡང་མ་ཡིན་ཏེ། རྒྱུ་དུས་ཀྱི་ཀུན་སློང་མ་རིག་པ་ཡིན་ན། ལས་དེ་མི་དགེ་བ་ཡིན་དགོས་པར་མངོན་པ་འོག་མར་གསུངས་ཤིང་། རྒྱུ་དུས་ཀྱི་ཀུན་སློང་དང་། དེ་དུས་ཀྱི་ཀུན་སློང་གཉིས་ཀ་མ་རིག་པ་ཡིན་ན། མི་དགེ་བ་ཡིན་དགོས་པ་དང་། དེ་གཉིས་གང་རུང་གཅིག་མ་རིག་པ་ཡིན་ན། ཅིག་ཤོས་དགེ་བ་ཡིན་ཀྱང་ལས་དེ་འདྲེས་མར་འགྱུར་བར་མངོན་པ་གོང་མར་གསུངས་པའི་ཕྱིར་རོ། །མདོར་ན་མ་རིག་པའི་རྐྱེན་གྱིས་འདུ་བྱེད་ཅེས་པའི་སྐབས་ཀྱི་མ་རིག་པ་དེ་འདུ་བྱེད་ཀྱི། ཀུན་སློང་རྣམ་གཉིས་རྒྱུ་དང་ནི། །དེ་ཡི་དུས་ཀྱི་སློང་ཞེས་བྱ། །ཅེས་པ་ལྟ་བུའི་ཀུན་སློང་གཉིས་པོ་གང་རུང་དུ་ཁས་ལེན་ན་སྔར་གྱི་དྲི་བ་དེ་ལ་མཁས་པའི་མདུན་སར་འཕྱར་དུ་རུང་བའི་ལེན་ཐེབས་པ་མི་སྲིད་པའི་ཕྱིར་རོ། །མངོན་པ་གོང་མ་དང་། རྟེན་འབྲེལ་གྱི་མདོ་འགྲེལ་ལས་ཀྱང་། གང་གིས་འཕེན་པ་མ་རིག་པ་དང་འདུ་བྱེད་གཉིས། ཅི་ལྟར་འཕེན་པ་རྣམ་ཤེས་ལ་བག་ཆགས་བསྒོ་བ་དང་། གང་འཕེན་པ་མིང་གཟུགས་ནས་རྒ་ཤི་བར་ལ་བཤད་པས་མ་རིག་པ་དང་འདུ་བྱེད་གཉིས་ཀ་འཕེན་བྱེད་དུ་གསུངས་ཀྱི། ཀུན་སློང་དང་ཀུན་སློང་ཅན་དུ་གསུངས་པ་མི་སྣང་ངོ་། །

གསུམ་པ་ནི། འོན་འདུ་བྱེད་ཀྱི་རྐྱེན་གྱིས་མ་རིག་པ་དང་། ཀུན་སློང་གི་མ་རིག་པ་གཉིས་ཀྱི་ཁྱད་པར་གང་ཞེ་ན། རྣ་བ་བླགས་ཏེ་ཉོན་ཅིག །དེ་བཤད་པར་བྱའོ། །མདོར་བསྟན་རྐྱེན་གྱི་མ་རིག་པ་ནི་ཕུང་པོ་ལྔ་ལ་བརྟེན་ནས་ངའོ་སྙམ་དུ་འཛིན་པའི་ངར་འཛིན་ལྷན་སྐྱེས་ཀྱིས་བསྡུས་པའི་མ་རིག་པ་ཡིན་ལ། ཀུན་སློང་གི་མ་རིག་པ་ནི་སྦྱོར་བ་རྩ་བ་གསུམ་ལས་སྐྱེས་ཞེས་པའི་རྩ་བ་གསུམ་གྱི་ནང་ཚན་དུ་གྱུར་པའི་མ་རིག་པའོ། །ཞིབ་ཏུ་ཕྱེ་ན་མ་རིག་པའི་དང་པོ་ལ་འདོད་ཚུལ་གཉིས་སུ་སྣང་སྟེ། བྱེ་བྲག་སྨྲ་བ་དང་མངོན་པ་སྨྲ་བའི་མདོ་སྡེ་པ་གཉིས་ནི་འཇིག་ལྟ་ལྷན་སྐྱེས་དང་། རྟོས་ཐ་དད་དུ་གྱུར་པའི་སེམས་བྱུང་རྨོངས་པ་གཅིག་ལ་འདོད་དེ། དང་པོས

འཇིག་ཚོགས་ལ་ལྟ་བ་ནི་སེམས་ཀྱི་ས་མང་བཅུའི་ནང་ཚན་དུ་གྱུར་པའི་ཤེས་རབ་ཉིད་ཡིན་ལ། མ་རིག་པ་ནི་ཉོན་མོངས་པའི་ས་མང་དྲུག་གི་ནང་ཚན་དུ་གྱུར་པའི་རྨོངས་པ་ཡིན་པས་དེ་གཉིས་རྫས་ཐ་དད་དུ་འདོད་པའི་ཕྱིར་དང་། ཕྱི་མས་མ་རིག་པ་ཤེས་རབ་ངན་པར་འདོད་པ་ལ་ཤེས་རབ་ངན་པ་ནི་ལྟ་བ་ཡིན་ཞིང་། མ་རིག་པ་དེ་དང་མཚུངས་ལྡན་ཡིན་པ་དང་། ཤེས་རབ་ནི་མ་རིག་པས་ཉོན་མོངས་པར་བྱ་བ་ཡིན་པས་མ་རིག་པ་ཤེས་རབ་ངན་པར་མི་འཐད་ཅེས་པའི་དགག་པ་མཛད་པའི་ཕྱིར་རོ། །ཚད་མ་སྨྲ་བའི་མདོ་སྡེ་པ་དང་། སློབ་དཔོན་བློ་བས་ནི་འཇིག་ལྟ་ལྷན་སྐྱེས་ཉིད་ལ་འདོད་དེ། རྣམ་འགྲེལ་ལས། བྱམས་སོགས་རྨོངས་དང་འགལ་མེད་ཕྱིར། །ཤིན་ཏུ་ཉེས་པ་ཚར་གཅོད་མིན། །ཉེས་ཀུན་དེ་ཡི་རྒྱུ་བ་ཅན། །དེ་ཡང་འཇིག་ཚོགས་ལྟ་བ་ཡིན། །ཞེས་དང་། འཇིག་ལྟ་ཉེས་པའི་རྒྱུ་བར་འགྱུར་ཚུལ་ཡང་། གང་ཞིག་བདག་མཐོང་དེ་ལ་ནི། །ང་ཞེས་རྟག་ཏུ་ཞེན་འགྱུར་ཏེ། །ཞེན་པས་བདེ་ལ་སྲེད་འགྱུར་ཞིང་། །སྲེད་པས་སྐྱོན་རྣམས་སྒྲིབ་པར་བྱེད། །ཅེས་སོགས་དང་། འཇུག་པར། ཉོན་མོངས་སྐྱོན་རྣམས་མ་ལུས་འཇིག་ཚོགས་ལ། །ལྟ་ལས་བྱུང་བ་བློ་ཡིས་མཐོང་འགྱུར་ཞིང་། །བདག་ནི་འདི་ཡི་ཡུལ་དུ་རྟོགས་བྱས་ནས། །རྣལ་འབྱོར་པ་ཡིས་བདག་ནི་འགོག་པར་བྱེད། །ཅེས་གསུངས་ཤིང་། དེ་ཉིད་ཀྱང་དབུ་མ་རྩ་བར། མ་རིག་འགགས་པར་གྱུར་པ་ལས། །འདུ་བྱེད་ལ་སོགས་རྣམས་མི་འབྱུང་། །མ་རིག་འགགས་པར་གྱུར་པ་ནི། །ཤེས་པས་དེ་ཉིད་བསྒོམས་པས་སོ། །ཞེས་པའི་དོན་དུ་བཞེད་པའི་ཕྱིར་རོ། །དེ་དག་གི་དོན་ཡང་ཕུང་པོ་ལྔ་ལ་བརྟེན་ནས་ངའོ་སྙམ་པའི་ངར་འཛིན་ལྷན་སྐྱེས་ཡོད་ན། དེའི་དབང་གིས་བསོད་ནམས་ཀྱི་ལས་དང་། མི་གཡོ་བའི་ལས་བསགས་པ་ཐམས་ཅད་ཀྱང་ཟག་བཅས་ཀྱི་དགེ་བ་དང་། འཁོར་བའི་རྒྱུར་གྱུར་པ་འབའ་ཞིག་སྟེ། དཔེར་ན་ངར་འཛིན་ལྷན་སྐྱེས་ཀྱི་དབང་གིས་འདོད་ལྷར་སྐྱེ་བར་འདོད་ནས་གསོ་སྦྱོང་ལེན་པ་དང་། ཁམས་གོང་དུ་སྐྱེ་བར་འདོད་ནས་སྙོམས་འཇུག་བསྒོམ་པ་ལྟ་བུའོ། །དེའི་ཚེ་ཡང་རྒྱུ་དུས་ཀྱི་ཀུན་སློང་ནི་ངར་འཛིན་ལྷན་སྐྱེས་མ་ཡིན་ཏེ། གསོ་སྦྱོང་ལེན་པར་བྱའོ། །སྙོམས་འཇུག་བསྒོམ་པར་བྱའོ། །སྙམ་པའི་ཐོག་མའི་ཕན་སེམས་ཉིད་ཡིན་པས་དགེ་བ་ཡོད་པའི་ཕྱིར་རོ། །གནད་འདི་ལེགས་པར་གོ་དགོས་སོ། །

གཉིས་པ་ཀུན་སློང་གི་མ་རིག་པ་ནི། སྦྱོར་བ་རྒྱ་བ་གསུམ་ལས་སྐྱེས། །ཞེས་པའི་འགྲེལ་པར། སྲོག་གཅོད་གཏི་མུག་ལས་སྐྱེས་པ་ནི་འདི་ལྟ་སྟེ། མཆོད་སྦྱིན་བྱེད་པ་རྣམས་དང་། རྒྱལ་པོའི་ཆོས་འདོན་པ་ཚད་མར་བྱས་ནས་ཆོས་ཀྱི་བློ་གསོད་པ་དག་དང་། སྤྱར་སིག་རྣམས་ཕ་མ་རྒས་སམ་ནད་ཚབས་ཆེན་པོས་ཐེབས་ན་གསད་པར་བྱའོ་ཞེས་ཟེར་བ་ལྟ་བུ་དང་། མ་བྱིན་ལེན་གཏི་མུག་ལས་སྐྱེས་པ་ནི་འདི་ལྟ་སྟེ། རྒྱལ་པོའི་ཆོས་འདོན་པ་ཚད་མར་བྱས་ནས་མི་བསྒྲུངས་པ་ཆད་པས་བཅད་པའི་ཕྱིར་འཕྲོག་པ་ལྟ་བུ་དང་། བྲམ་ཟེ་རྣམས་འདི

ཐམས་ཅད་ནི་ཚངས་པས་བྲམ་ཟེ་རྣམས་ལ་བྱིན་པ་ཡིན་པས། བྲམ་ཟེས་འཕྲོགས་པ་ན། བྲམ་ཟེ་བདག་ཉིད་ཀྱིས་ལེན་པ་ཡིན། བདག་ཉིད་ཀྱིས་ཟ་བ་ཡིན། བདག་ཉིད་ཀྱིས་གྱོན་པ་ཡིན། བདག་ཉིད་ཀྱིས་སྦྱིན་པ་ཡིན་ནོ། ། ཞེས་ཟེར་བ་ལྟ་བུ་དང་། ལོག་གཡེམ་གཏི་མུག་ལས་སྐྱེས་པ་ནི་སྤྲར་སིག་ལ་སོགས་པ་མ་ལ་སོགས་པ་ལ་ཉལ་པོ་དང་། བ་ལང་འབངས་ཀྱི་མཆོད་སྦྱིན་ལ་ཆོག་ཅན་གྱིས་ཆུ་བཏུང་ངོ་། །རྩ་བཅད་དོ། །མའི་གམ་དུ་ཉལ་པོ་ལ་འགྲོའོ། །སྲིང་མོའི་གམ་དུ་འགྲོའོ། །རུས་པ་གཅིག་པའི་གམ་དུ་འགྲོའོ། །ཞེས་བྱ་བ་དང་། མུ་སྟེགས་གང་དག་བུད་མེད་ནི་གཞན་དང་། མེ་ཏོག་དང་། འབྲས་བུ་དང་། ཟས་སྒྲིན་པ་དང་། རོ་དང་། ལམ་དང་འདྲའོ་ཞེས་ཟེར་བ་ལྟ་བུ་དང་། བརྫུན་སྨྲ་གཏི་མུག་ལས་སྐྱེས་པ་ནི་ཇི་སྐད་དུ། རྒྱལ་པོ་བཞད་གད་ལྡན་དང་བུད་མེད་དང་། ། བག་མ་ལེན་པའི་ཚེ་དང་གསོད་པ་དང་། །ནོར་ཀུན་འཕྲོག་ཚེ་བརྫུན་བྱས་གནོད་མེད་དེ། །བརྫུན་ལྔ་ལྟུང་བར་བྱེད་པ་མིན་ཞེས་བཤད། །ཅེས་སྨྲ་བ་ལྟ་བུ་དང་། ཕྲ་མ་ལ་སོགས་པ་གཏི་མུག་ལས་སྐྱེས་པ་ནི་ལོག་པའི་ལྟ་བས་རབ་ཏུ་བཙུག་པ་དང་། གང་ཡང་རིག་བྱེད་ལ་སོགས་པ་བསྟན་བཅོས་ངན་པ་བཀླུལ་བའོ། །ཞེས་དང་། དེ་ཡི་མཛུག་ཐོགས་ལས་བྱུང་ཕྱིར། །བརྣབ་སེམས་སོགས་རྩ་གསུམ་ལས་སྐྱེས། །ཅེས་པའི་འགྲེལ་པར། གཏི་མུག་གི་མཛུག་ཐོགས་སུ་བྱུང་བ་ནི་གཏི་མུག་ལས་སྐྱེས་པ་དག་གོ། །ཅེས་གསུངས་པ་རྣམས་ཏེ། དེ་ལྟ་བུའི་གཏི་མུག་གིས་བསྐྱེད་པའི་ལུས་ངག་ཡིད་གསུམ་གྱི་ལས་རྣམས་ནི་མི་དགེ་བ་ཁོ་ན་ཡིན་པ་ལ་དགོངས་ནས། འཕགས་མཆོག་ཀླུ་སྒྲུབ་ཀྱིས། འདོད་ཆགས་ཞེ་སྡང་གཏི་མུག་གསུམ། །དེས་བསྐྱེད་ལས་ནི་མི་དགེ་བ། །ཅེས་གསུངས་པར་ཤེས་པར་བྱའོ། །མདོར་ན། འདུ་བྱེད་ཀྱི་རྐྱེན་གྱི་མ་རིག་པ་དང་། འདུ་བྱེད་ཀྱི་ཀུན་སློང་གི་མ་རིག་པ་གཉིས་དོན་མི་གཅིག་སྟེ། སྔ་མ་ནི་ངར་འཛིན་ལྷན་སྐྱེས་སམ་དེ་དང་མཚུངས་ལྡན་གྱི་མ་རིག་པ་ཡིན་པས་དེ་ཁོ་ན་ཉིད་ལ་རྨོངས་པའི་མ་རིག་པ་ཡིན་ལ། ཕྱི་མ་ནི་སྔར་བཤད་པ་ལྟར་གྱི་གཏི་མུག་ཡིན་པས་ལས་རྒྱུ་འབྲས་ལ་རྨོངས་པའི་མ་རིག་པ་ཡིན་པའི་ཕྱིར་རོ། །

༼༣༩༽ དགེ་རྩ་གསུམ་གྱིས་ཀུན་བསླངས་པའི། །ལས་ཀུན་དགེ་བ་ཡིན་ན་ནི། །རྒྱུ་ཡི་ཀུན་སློང་དགེ་བ་ཡིས། །བསླངས་ཀྱང་དུས་ཀྱི་ཀུན་སློང་གི། མི་དགེ་བ་དང་མཚུངས་ལྡན་པའི། །མི་དགེ་བ་དེ་ཅི་ཞིག་ཡིན། །དེ་འདྲ་མེད་ན་དེད་དཔོན་གྱིས། །ཚོང་པ་གཡོན་ཅན་བསད་དེ་ཅི། །ཞེས་པའི་ལན་ནི། འཕགས་མཆོག་ཀླུ་སྒྲུབ་ཀྱིས། མ་ཆགས་ཞེ་སྡང་གཏི་མུག་མེད། །དེས་བསྐྱེད་ལས་ནི་དགེ་བ་ཡིན། །ཞེས་པའི་དོན་ལ། ཁྱོད་ཀྱིས་རྒྱུའི་ཀུན་སློང་དགེ་རྩ་གསུམ་གྱིས་ཀུན་ནས་བསླངས་ཤིང་དུས་ཀྱི་ཀུན་སློང་མི་དགེ་བ་དང་མཚུངས་པར་ལྡན་པའི་ལས་དེ་ཆོས་ཅན། དགེ་བ་ཡིན་པར་ཐལ། དགེ་རྩ་གསུམ་གྱིས་ཀུན་ནས་བསླངས་པའི་ལས་ཡིན་པའི་ཕྱིར་ཏེ།

རྒྱུའི་ཀུན་སློང་དགེ་རྩ་གསུམ་གྱིས་ཀུན་ནས་བསླངས་པའི་ལས་ཡིན་པའི་ཕྱིར། ཞེས་ཚིག་འབྲིའི་སྒོ་ནས་སྐྱོན་འཛིན་པར་སྣང་མོད། འཕགས་མཆོག་ཀླུ་སྒྲུབ་དང་བདག་ཉིད་ཆེན་པོ་འདིའི་དགོངས་པ་ནི། དགེ་རྩ་གསུམ་གྱིས་བསྐྱེད་པའི་ལས་དགེ་བ་ཡིན་ཞེས་པའི་དོན་རྒྱུ་དུས་དང་། དེའི་དུས་ཀྱི་ཀུན་སློང་གཉིས་ཀ་དགེ་རྩ་གསུམ་ཡིན་པ་ལ་དགོངས་པ་ཡིན་ལ་གང་རུང་གཅིག་དགེ་བ་དང་། ཅིག་ཤོས་མི་དགེ་བ་ཡིན་ན། ལས་དེ་འདྲེས་མར་འགྱུར་བར་སྟར་བསྟན་ཟིན་པས་འདི་འདྲ་བའི་རྟོག་མ་ཅིའི་ཕྱིར་སློང་བར་བྱེད། འདི་ནི་རྨོངས་མའི་ལན་ཡིན་ལ། ཁྱོད་ཉིད་ལ་དེ་ལྟ་བུའི་ལས་དེ་ཆོས་ཅན། མི་དགེ་བ་མ་ཡིན་པར་ཐལ། དགེ་རྩ་གསུམ་གྱིས་ཀུན་ནས་བསླངས་པའི་ལས་ཡིན་པའི་ཕྱིར། ཞེས་འཕངས་ན་ལན་ཅི་སྨྲ། རྟགས་གསལ་དངོས་འགལ་ཡིན་མོད། སླར་ཡང་འདོད་ན། དེ་འདྲ་མེད་ན་ཅེས་སོགས་ཚིག་རྐང་གཉིས་བརྗོད་པས་འཁོར་གསུམ་དངོས་འགལ་དུ་མི་འགྱུར་རམ། སྔ་མའི་ཁྲབ་པ་ནི་ཁོ་བོས་གསུངས་རབ་དཔང་པོར་བྱས་ནས་མཁས་པའི་མདུན་སར་ཁས་ལེན་པས་སྐྱོན་ཡོད་ན་ཐོངས་ཤིག །དེད་དཔོན་སྙིང་རྗེ་ཆེན་པོས་ཚོང་པ་གཡོན་ཅན་བསད་པའི་ལས་དེ་རྒྱུ་དུས་ཀྱི་ཀུན་སློང་དགེ་བ་ཡིན་ཀྱང་། དེ་དུས་ཀྱི་ཀུན་སློང་མི་དགེ་བ་དང་མཚུངས་ལྡན་ཡིན་པ་འདི་རྣམ་པར་བརྟགས་ནས་དགག་པ་དང་། འཕགས་པ་ལ་སྐྱུར་པ་བཏབ་པར་ཐལ་བ་དང་། ལུང་དང་འགལ་བས་དགག་པ་གསུམ་ལས། དང་པོ་ནི། དེ་དུས་ཀྱི་ཀུན་སློང་མི་དགེ་བ་དང་མཚུངས་ལྡན་ཡིན་པའི་དོན་འདི་གསད་པར་བྱའོ་སྙམ་པའི་བློ་སྐྱེས་པ་ལ་བྱེད་དམ། ཡུལ་ལ་ཞེ་སྡང་སྐྱེས་པ་ལ་བྱེད། དང་པོ་ལྟར་ན་རྒྱུ་དུས་ཀྱི་ཀུན་སློང་ཡང་དེར་ཐལ། དེའི་ཕྱིར། ཕྱི་མ་ལྟར་ནཤིན་ཏུ་མི་འཐད་དེ། དེའི་དུས་སུ་སྙིང་རྗེ་ཁྱད་པར་ཅན་སྐྱེས་པ་ཡིན་ལ། སྙིང་རྗེ་ཁྱད་པར་ཅན་དང་མཚུངས་ལྡན་གྱི་ཞེ་སྡང་མི་སྲིད་པའི་ཕྱིར་རོ། །གཉིས་པ་ནི། དེ་འདྲ་བའི་གྲུབ་མཐའ་དེ་འཕགས་པའི་གང་ཟག་ལ་སྐྱུར་བ་བཏབ་པ་ཡིན་ཏེ། དེད་དཔོན་སྙིང་རྗེ་ཆེན་པོ་ནི་བྱེ་བྲག་ཏུ་སྨྲ་བའི་ལུགས་ལ་ཚོགས་ལམ་པ་ཡིན་ཀྱང་། ཐེག་པ་ཆེན་པོ་ཕ་རོལ་ཏུ་ཕྱིན་པའི་ལུགས་ལ་བྱང་སེམས་འཕགས་པ་ཡིན་པས་དེའི་རྒྱུད་ལ་མི་དགེ་བ་ཡོད་པར་ཁས་བླངས་པའི་ཕྱིར་རོ། །གཞན་ཡང་དེ་དུས་ཀྱི་ཀུན་སློང་མི་དགེ་བ་ཡིན་ནའང་རྒྱུ་དུས་ཀྱི་ཀུན་སློང་དགེ་བ་ཡིན་པས་འདྲེས་མའི་ལས་སུ་ཁས་ལེན་པར་རིགས་ཀྱི། མི་དགེ་བ་ཁས་ལེན་པར་ག་ལ་རིགས། ལེགས་པར་དཔྱོད་ཅིག །གསུམ་པ་ནི། ལུང་ལས་དེད་དཔོན་སྙིང་རྗེ་ཆེན་པོས་ཚོང་པ་གཡོན་ཅན་བསད་པའི་ལས་དེས་བསྐལ་པ་དགུ་ཁྲིའི་ཚོགས་འདུམ་པར་བཤད་པ་དང་འགལ་ཏེ། ལས་དེ་མི་དགེ་བ་ཡིན་པའི་ཕྱིར། མི་དགེ་བ་ཡིན་ཀྱང་ཚོགས་འདུམ་ན་སེམས་ཅན་ཐམས་ཅད་དང་པོ་ཉིད་ནས་སངས་རྒྱས་པར་འགྱུར་ཏེ། མི་དགེ་བ་མ་བྱས་པའི་སེམས་ཅན་མི་སྲིད་པའི་ཕྱིར་རོ། །དེས་ན་ལུས་ངག་མི་དགེ་བར་སྣང་བ

ཐམས་ཅད་ལ་མི་དགེ་བ་དང་མཚུངས་ལྡན་གྱི་ཀུན་སློང་ཡོད་དགོས་པར་འདོད་པ་དེས་ནི་ཐེག་པ་ཆེན་པོའི་སྡེ་སྣོད་ནས་བཤད་པའི་ལྟུང་བའི་རྣམ་གཞག་མུ་བཞི་མ་ཤེས་པར་ཟད་དོ། །

༼༩༠༽ མི་མཁས་པ་ཡི་བྱམས་སྙིང་རྗེ། །ངན་སོང་རྒྱུ་རུ་བཤད་གྱུར་ན། །འཕེན་བྱེད་རྒྱུ་འམ་རྫོགས་བྱེད་ཀྱི། །རྒྱུ་ཞེས་བརྟགས་ན་ཇི་ལྟར་འགྱུར། །ཞེས་པ་འདི་གོང་དུ་འོང་རྒྱུར་འདུག་ནའང་འདིར་བྲིས་འདུག་པའི་ལན་ནི། བྱམས་པ་དང་སྙིང་རྗེའི་ཆ་ནས་ངན་སོང་གི་རྒྱུར་སོང་བ་མ་ཡིན་ལ། རང་གི་ཉེ་དུ་བདེ་བ་དང་འཕྲད་པ་དང་སྡུག་བསྔལ་དང་བྲལ་བར་འདོད་ནས་སྲོག་གཅོད་དང་མ་བྱིན་ལེན་སོགས་ལ་འཇུག་པ་ལས་འབྲས་ལ་མི་མཁས་པའི་ཆ་ནས་ངན་སོང་གི་རྒྱུར་སོང་བ་ཡིན་པས་འཕེན་བྱེད་ཀྱི་རྒྱུར་འགྱུར་བའང་ཡོད་ལ། རྫོགས་བྱེད་ཀྱི་རྒྱུར་འགྱུར་བའང་ཡོད་ཅེས་སྨྲས་ན་ཉེས་པ་ཇི་ལྟར་འགྱུར། །

༼༩༡༽ དགེ་བསྙེན་དགེ་ཚུལ་སྡོམ་བརྩོན་ལའང་། །ཞེས་པར་ལྟུང་བ་ཐམས་ཅད་ལ། །སྡིག་པས་ཁྱབ་པར་གསུངས་པ་དང་། །རྗེ་བཙུན་ཆེན་པོས་བཅས་ལྟུང་དག །ལུང་མ་བསྟན་དུ་བཤད་པ་ཅི། །ཞེས་པ་འདི་འོག་ཏུ་འོང་རྒྱུར་འདུག་ནའང་འདིར་བྲིས་འདུག་པའི་ལན་ནི། འཁྲུལ་གཞིའི་ལུང་དྲང་པ་དང་། ལུང་གི་དོན་བཤད་པའི་སྒོ་ནས་འཁྲུལ་པ་གཞི་མེད་དུ་གཏང་བ་གཉིས་ལས། དང་པོ་ནི། རྩ་ལྟུང་འཁྲུལ་སྤོང་ལས། ཁ་ན་མ་ཐོ་བ་ནི་གཉིས་ཏེ་རང་བཞིན་གྱི་དང་། བཅས་པའི་ཁ་ན་མ་ཐོ་བའོ། །དེ་ལ་རང་བཞིན་ནི་ཡིད་ཀྱི་ཉེས་པར་སྨྲ་ལ། བཅས་པ་ནི་ལུས་ངག་གི་ཉེས་པར་སྨྲ་བ་དང་། རང་བཞིན་ནི་ཕལ་པ་ལའང་ཉེས་པར་འགྱུར་ལ། བཅས་པ་ནི་སྡོམ་པ་ཁས་བླངས་པ་ལ་ཉེས་པར་སྨྲ་བ་དང་། རང་བཞིན་ནི་རྩ་བའི་ལྟུང་བ་ཡིན་ལ། བཅས་པ་ནི་ཡན་ལག་གི་ཉེས་པར་སྨྲ་བ་སྟེ། ཕྱོགས་གསུམ་པོ་གང་ལའང་འགལ་བ་མ་མཐོང་སྟེ། ཉེས་པ་ཐམས་ཅད་ཡིད་ལས་བྱུང་བའི་ཕྱིར། ཡིད་མི་དགེ་བ་དང་ལྡན་ན་ཕལ་པ་ལའང་ལྟུང་བར་འགྱུར་ལ། ཡིད་མི་དགེ་བ་དང་མི་ལྡན་པའི་ལུས་ངག་གི་ལས་ཕལ་ཆེར་ནི་ལུང་དུ་མ་བསྟན་པ་ཡིན་ལ། ཉན་ཐོས་དག་ལ་ནི་ཉེས་བྱས་ཕྲ་མོར་འགྱུར་བའི་ཕྱིར་བཅས་པ་ཡིན་ལ། བྱང་ཆུབ་སེམས་དཔའ་ལ་ནི་བཅས་པར་མི་འགྱུར་བའི་སྐབས་ཀྱང་སྲིད་མོད། བསམ་པ་དགེ་བ་རྒྱ་ཆེ་བ་དང་ལྡན་ན་ལྟུང་བའི་གཟུགས་བརྙན་ཉིད་དུ་འགྱུར་བའི་ཕྱིར་རོ། །དེས་ན་ཡིད་མི་དགེ་བ་རྒྱ་ཆེན་པོ་དང་ལྡན་པ་ནི་རྩ་བའམ་རང་བཞིན་དུ་བཞག་ལ་མི་དགེ་བ་བཙུ་ཙུང་ཟད་ཕྲ་མོ་དང་ལྡན་པ་ནི་ཡན་ལག་གམ་བཅས་པར་འགྱུར་བའི་ཕྱིར་རོ། །འདི་ནི་བཅས་པའི་ཁ་ན་མ་ཐོ་བའོ། །ཞེས་གསུངས་པ་འདིས་འཁྲུལ་གཞི་བྱས་ནས་རྗེ་བཙུན་གྱིས་བཅས་ལྟུང་ཐམས་ཅད་ལུང་མ་བསྟན་དུ་གསུངས་ཞེས་སྨྲས་པ་འདྲའོ། །གཉིས་པ་ནི། རྗེ་བཙུན་གྱི་གསུང་དེའི་དགོངས་པ་ཡིད་མི་དགེ་བ་དང་ལྡན་པའི་ལུས་ངག་གི་ལས

ཐམས་ཅད་ལྟུང་བ་དང་། ཡིད་མི་དགེ་བ་དང་མི་ལྡན་པའི་ལུས་ངག་གི་ལས་ཕལ་ཆེར་ལུང་མ་བསྟན་དུ་གསུངས་ཤིང་། ཐེག་པ་ཆེན་པོ་ལ་བཅས་པའི་ལྟུང་བར་འགྱུར་བ་ལ་ཡང་ཡིད་མི་དགེ་བ་དང་ལྡན་དགོས་པར་གསུངས་པས་བཅས་ལྟུང་མི་དགེ་བར་བཞེད་པར་གསལ་ཏེ། ཡིད་མི་དགེ་བ་དང་ལྡན་པའི་ལུས་ངག་གི་ལས་ཡིན་པའི་ཕྱིར་རོ། །གལ་ཏེ་ཡིད་མི་དགེ་བ་དང་མི་ལྡན་པའི་ལུས་ངག་གི་ལས་ཕལ་ཆེར་ནི་ལུང་དུ་མ་བསྟན་པ་ཡིན་ལ། ཞེས་པ་འདིས་བཅས་ལྟུང་ལུང་མ་བསྟན་དུ་བསྟན་ནོ་སྙམ་ན་དེ་ནི་ཤིན་ཏུ་ཡང་མི་རིགས་ཏེ། མི་དགེ་བ་བཅུ་ཙུང་ཟད་ཕྲ་མོ་དང་ལྡན་པ་ནི་ཡན་ལག་གམ། བཅས་པར་འགྱུར་བའི་ཕྱིར་རོ། །འདི་ནི་བཅས་པའི་ཁ་ན་མ་ཐོ་བའོ། ཞེས་གསུངས་པ་འདིས་ཡིད་མི་དགེ་བ་དང་མི་ལྡན་ན་བཅས་ལྟུང་མི་འགྱུར་བར་གསལ་བར་བསྟན་པའི་ཕྱིར་རོ། །དེ་ལས་གཞན་དུ་ན་ རྗེ་བཙུན་གྱིས་བཅས་ལྟུང་ལུང་མ་བསྟན་དུ་གསུངས་པའི་ལུང་གསལ་པོ་ཡོད་ན་སྟོན་པའི་དུས་ལ་བབ་བོ། །

༼༩༢༽ ཉན་ཐོས་སྡེ་པ་བཅོ་བརྒྱད་ལ། །འདུལ་བ་བཅྭ་བརྒྱད་ཡོད་པ་ཡི། །བཤད་པ་གསལ་པོ་གང་ན་ཡོད། །འདུལ་བ་ཡི་གེར་བྲིས་པ་ནི། །བཀའ་བསྡུ་གསུམ་པ་ཡིན་ཞེས་གྲགས། །དུས་དེར་འདུལ་བ་བཅོ་བརྒྱད་པོ། །ཐམས་ཅད་ཡི་གེར་བྲིས་སམ་ཅི། །ཞེས་པའི་ལན་ནི། དགེ་ཚུལ་གྱི་ལོ་དྲི་བ་ལས། དེ་ལྟར་བྱེ་བྲག་བཅོ་བརྒྱད་དུ། །ཤཱཀྱ་སེང་གེའི་བསྟན་པ་ནི། །གྱུར་ཏེ་འགྲོ་བའི་བླ་མ་དེའི། །སྔོན་གྱི་ཕྲིན་ལས་དབང་གིས་ཡིན། །ཞེས་པའི་སྐབས་ཀྱི་ཤཱཀྱ་སེང་གེའི་བསྟན་པ་ནི་འདུལ་བ་ཡིན་པས་སྡེ་པ་བཅོ་བརྒྱད་ལ་འདུལ་བ་བཅོ་བརྒྱད་ཡོད་པ་གསལ་བར་བསྟན་ཅིང་། རྒྱལ་པོ་ཀྲི་ཀྲིའི་རྨི་ལྟས་ལུང་བསྟན་པ་ལས་མི་བཅོ་བརྒྱད་ཀྱིས་རས་ཡུག་དྲངས་པས་མི་རེ་རེས་རས་ཡུག་རེ་རེ་ཐོབ་པར་གསུངས་པ་འདིས་ཀྱང་གསལ་བར་བསྟན་ནོ། །འདུལ་བ་ཡི་གེར་བྲིས་པ་བཀའ་བསྡུ་གསུམ་པ་ཡིན་ཞེས་པའི་ལུང་ཁུངས་གསལ་པོ་གང་ན་ཡོད་ཁྱོད་ཉིད་ལ་འདྲི་སྟེ། ཁྱེད་གྲགས་ཅེས་པ་ལ་ཡང་ཁུངས་གསལ་པོ་དྲི་བ་པོ་ཡིན་པའི་ཕྱིར། འདུལ་བ་ཡི་གེར་བྲིས་པ་ཙམ་གྱིས་འདུལ་བ་བཅོ་བརྒྱད་པོ་ཐམས་ཅད་ཡི་གེར་འདྲི་དགོས་པ་ནི་གཅིག་བྲིས་ན་ཐམས་ཅད་འདྲི་དགོས་ཅེས་པ་ངོ་མཚར་བའི་གནས་སུ་སྣང་ངོ་། །

༼༩༣༽ བྱིན་ལེན་མ་བྱས་ཟ་བ་ཡི། །ལྟུང་བ་དགེ་སློང་བསླབ་བྱེད་ལ། །འབྱུང་ཞིང་ངེས་ཀྱང་དགེ་སློང་ལ། །བྱིན་ལེན་རུང་བར་བཤད་དེ་ཅི། །ཞེས་པའི་ལན་ནི། བྱིན་ལེན་མ་བྱས་ཟ་བ་ཡི། །ལྟུང་བ་མི་སྐྱ་ལ་བྱུང་ན། །མི་སྐྱའི་དགེ་སློང་ཉིད་འགྱུར་བས། །ཞེས་སོགས་ཀྱི་དོན་མི་སྐྱ་དེ་དག་དགེ་སློང་དུ་ཁས་ལེན་ན། དགེ་སློང་རང་བཞིན་དུ་གནས་པར་ཁས་ལེན་དགོས་པས་དེས་དགེ་སློང་ལ་བྱིན་ལེན་མི་རུང་བར་འགྱུར་རོ། །ཞེས་པའི་དོན་

ཡིན་གྱི་ཚིག་རིས་ལ་སྐྱོན་དེ་འདྲ་བརྗོད་ན། སྐབས་ཐོབ་ཀྱི་འཆད་ཚུལ་མང་པོ་ལ་གནོད་པས་བརྗོད་པར་མི་བྱའོ། །བདག་ཉིད་ཆེན་པོ་འདིས་བསླབ་བྱིན་དགེ་སློང་གིས་དགེ་སློང་རང་བཞིན་དུ་གནས་པ་ལ་བྱིན་ལེན་རུང་བའི་རྣམ་གཞག་ཙམ་མི་མཁྱེན་པ་ཙམ་ག་ལ་ཡིན། །

༼༩༩༽ སྡུག་བསྔལ་ཀུན་གྱི་བྱེད་པ་པོ། །རྫོགས་པའི་སངས་རྒྱས་མིན་ན་ཡང་། །བདེ་བའི་བྱེད་པོ་རྫོགས་སངས་རྒྱས། །ཡིན་པར་བཤད་ན་སྐྱོན་ཅི་ཡོད། །ཅེས་པའི་ལན་ནི་བདེ་བའི་བྱེད་པོ་རྫོགས་པའི་སངས་རྒྱས་ཡིན་པའི་རྒྱུ་མཚན་ཅི་ཡིན། རྫོགས་པའི་སངས་རྒྱས་ཀྱིས་བཤད་པའི་བླང་དོར་གྱི་གནས་ལ། བླང་དོར་ཚུལ་བཞིན་དུ་བྱས་པས་བདེ་བར་འགྱུར་བའི་ཕྱིར། ཞེས་བསམ་པ་ཡིན་མོད། དེ་ལྟར་ན་ཅིག་ཤོས་ཡང་དེར་ཐལ། དེས་བཤད་པའི་དེ་ལ་དེ་མ་བྱས་པས་དེ་འགྱུར་བའི་ཕྱིར། ཨེ་གོ་བར་འདུག །

༼༩༥༽ ཐེག་པ་ཆེན་པོའི་སེམས་བསྐྱེད་ལ། །དབུ་མ་སེམས་ཙམ་ལུགས་གཉིས་སུ། །ངེས་ཤིང་ལེན་པའི་ཆོ་ག་དང་། །ལྟུང་བ་ཕྱིར་བཅོས་ལ་སོགས་པ། །སོ་སོར་ངེས་ན་རྒྱུད་སྡེ་ལས། །གསུངས་པའི་སེམས་བསྐྱེད་ཆོ་ག་དེ། །གཉིས་པོ་གང་གི་ལུགས་དང་མཐུན། །ཅེས་པའི་ལན་ནི། སྤྱིར་འདིའི་སྐབས་གཉིས་པར་ཐེག་པ་ཆེན་པོའི་སེམས་བསྐྱེད་ལ་དབུ་སེམས་ཀྱི་ལུགས་གཉིས་སུ་ངེས་པར་གསུངས་པ་དེ། སྐབས་ཐོབ་ཀྱི་ཐེག་པ་ཆེན་པོ་ཕ་རོལ་ཏུ་ཕྱིན་པའི་ལུགས་ཀྱི་སེམས་བསྐྱེད་ལ་དེ་གཉིས་སུ་ངེས་པའི་དོན་ཡིན་གྱི་མདོ་རྒྱུད་ནས་གསུངས་པའི་སེམས་བསྐྱེད་ཀྱི་ལུགས་ཐམས་ཅད་དེ་གཉིས་སུ་ངེས་པར་སྟོན་པ་ག་ལ་ཡིན། དྲི་བ་ཕལ་ཆེར་ཚིག་རིས་ཙམ་ལ་བརྟེན་ནས་དྲི་བ་འདི་དང་འདྲ་བར་སྣང་ངོ་། །དེ་ལྟར་ན་སེམས་བསྐྱེད་པ་ནི་གཞན་དོན་ཕྱིར། །ཡང་དག་རྫོགས་པའི་བྱང་ཆུབ་འདོད། །ཅེས་པ་ལ་ཡང་སེམས་བསྐྱེད་ཐམས་ཅད་དེར་ངེས་ན། ཐེག་དམན་ལམ་གྱི་སེམས་བསྐྱེད་དེ་ཡང་དེར་ངེས་སམ་ཞེས་དང་། དེ་ཡང་ས་གསེར་ཟླ་བ་མེ། །ཞེས་པ་ནས། སྒྲ་བརྙན་ཆུ་བོ་སྤྲིན་རྣམས་ནི། །རྣམ་པ་ཉི་ཤུ་རྩ་གཉིས་སོ། །ཞེས་པ་ལ་ཡང་ས་དང་། གསེར་ལ་སོགས་པའི་པེམ་པོ་ཉི་ཤུ་རྩ་གཉིས་པོ་དེ་ཐེག་དམན་སེམས་སྐྱེད་ཀྱི་དབྱེ་བར་བཞེད་དམ་ཅེས་སོགས་གཞུང་ལུགས་ཆེན་པོ་རྣམས་ལ་ཡང་དྲི་བ་མང་ཆེས་པ་འདྲའོ། །དེས་ན་རྒྱུད་སྡེ་ནས་གསུངས་པའི་སེམས་བསྐྱེད་ལ་ལུགས་མང་དུ་ཡོད་དེ། དབང་བསྐུར་གྱི་སྔ་གོན་དང་། འཇུག་པའི་གནས་སྐབས་སུ་སེམས་བསྐྱེད་ལེན་པའི་ཆོ་ག་དང་། སྒྲུབ་ཐབས་ཀྱི་སྔོན་འགྲོ་བསོད་ནམས་ཚོགས་བསག་གི་སྐབས་སུ་སེམས་བསྐྱེད་ལེན་པའི་ཆོ་ག་དང་། དབང་གི་སྔོན་འགྲོའི་སེམས་བསྐྱེད་ལེན་པའི་ཆོ་ག་བརྒྱུད་པའི་ཁྱད་པར་གཉིས་ལྡན་ལྟ་བུ་སོགས་ཡོད་པ་ལས། དང་པོ་གཉིས་ལ་ཀྱཻ་རྡོར་འགྲེལ་པ་ལུགས་ལྟ་བུ། དབུ་མ་ལུགས་ཀྱི་སེམས་བསྐྱེད་དང་ཚུལ་མཚུངས་པ་ཡང་ཡོད་མོད

ཀྱི་ཕལ་ཆེར་ནི་ལུགས་གཉིས་པོ་གང་དང་ཡང་མཐུན་པའི་ངེས་པ་མེད་དེ། དངོས་གཞི་ལ་སྡུགས་སྡོམ་ལེན་པའི་སྔོན་འགྲོ་གནས་སྐབས་ཀྱི་སེམས་བསྐྱེད་ཀྱི་ཆོ་ག་ཡིན་པས་ཆོ་ག་བསྡུས་པའི་ལུགས་ཡིན་པའི་ཕྱིར་དང་། ལུགས་གཉིས་པོ་ནི་དངོས་གཞི་ལ་བྱང་སེམས་ཀྱི་སྡོམ་པ་ལེན་པའི་སྐབས་ཡིན་པའི་ཆོ་ག་རྒྱས་པའི་ལུགས་ཡིན་པའི་ཕྱིར་རོ། །བརྒྱུད་པའི་ཁྱད་པར་གཉིས་ལྡན་གྱི་དབང་གི་སྔོན་འགྲོའི་ཆོ་ག་ནི་སྦྱོར་བའི་སྐབས་སུ་སྡིག་པ་བཤགས་པ་དང་། རྗེས་སུ་ཡི་རངས་དང་། བསྔོ་བ་ཡོད་པས་སེམས་ཙམ་ལུགས་ཀྱང་མ་ཡིན། ཡང་སྦྱོར་བའི་སྐབས་སུ་ཡན་ལག་བརྒྱད་ཚང་བ་མེད་ཅིང་སྐྱབས་འགྲོ་དངོས་གཞིར་བསྡུས་པ་དང་། བསླབ་པ་བརྗོད་པའི་སྐབས་སུ་སེམས་ཙམ་ལུགས་ཀྱི་རྩ་ལྟུང་བཞི་བརྗོད་པས། དབུ་མ་ལུགས་ཀྱང་མ་ཡིན་པས་རྒྱུད་སྡེ་ནས་གསུངས་པའི་སེམས་བསྐྱེད་ཀྱི་ལུགས་དེ་ཕ་རོལ་ཏུ་ཕྱིན་པའི་དབུ་སེམས་གང་གི་ཡང་ལུགས་ཡིན་མི་དགོས་སོ། །

༼༩༦༽ ལྷ་བས་ཆོག་འབྱེད་ན་ནི། །དབུ་མའི་ལྟ་བ་དང་ལྡན་པ། །དེ་ལ་བྱང་སའི་ཆོ་ག་ཡིས། །སེམས་བསྐྱེད་སྡོམ་པ་མི་སྐྱེའམ། །ཞེས་པའི་ལན་ནི། དེ་གཉིས་ལྟ་བ་ཐ་དད་པས། །ཆོག་ཡང་ནི་ཐ་དད་ཡིན། །ཅེས་པའི་དོན་དབུ་སེམས་གཉིས་ལ་ལྟ་བ་ཐ་དད་དུ་ཡོད་པས། དེ་དང་མཐུན་པའི་ཆོ་ག་ཐ་དད་པ་གཉིས་རྫོགས་པའི་སངས་རྒྱས་ཀྱིས་བཅས་ཞེས་པའི་དོན་ཡིན་གྱི། ཆོ་ག་གཉིས་པོ་ལྟ་བ་ཐ་དད་ཁོ་ནས་ལེན་དགོས་ཞེས་པའི་དོན་ནི་མ་ཡིན་ནོ། །གལ་ཏེ་ལྟ་བ་ཐ་དད་ལ་ཆོ་ག་ཐ་དད་དུ་བཅས་པས་ལྟ་བ་ཐ་དད་ཁོ་ནས་ལེན་དགོས་ན་ཐེག་པ་ཆེན་པོའི་ལྟ་བ་དང་ལྡན་པས་ཉན་ཐོས་ཀྱི་སྡེ་སྣོད་ནས་གསུངས་པའི་གསོལ་བཞིའི་ལས་ཀྱི་སྡོམ་པ་ལེན་པར་མི་རུང་བར་འགྱུར་རོ། །

༼༩༧༽ བསླབ་བཏུས་ལས་གསུངས་རྩ་བ་ཡི། །ལྟུང་བར་བྱང་ས་ལས་བཤད་པ། །རྩ་བའི་ལྟུང་བ་བསྡུས་སོ་ཞེས། །བསླབ་བཏུས་ཉིད་ལས་གསུངས་དེ་ཙི། །ཞེས་པའི་ལན་ནི། བོད་ན་བཞུགས་པའི་བསླབ་བཏུས་ཀྱི་ནང་ན་ནི་བཤད་པ་དེ་མི་སྣང་ངོ་། །གལ་ཏེ་དབུ་མ་ལུགས་ཀྱི་རྩ་ལྟུང་གི་སྡོམ་ཚིག་རྫོགས་མ་ཐག་ཏུ། ཆགས་དང་སེར་སྣ་མི་ཟད་པས། །སློང་ལ་སྦྱིན་པར་མི་བྱེད་དང་། །ཁྲོས་ནས་སེམས་ཅན་བརྡེག་པ་དང་། །གཞན་གྱིས་བཤགས་ཀྱང་མི་ཉན་པར། །སེམས་ཅན་ལ་ནི་བརྡེག་པ་དང་། །ཉོན་མོངས་པ་དང་གཞན་མཐུན་པས། །ཆོས་ལྟར་བཅོས་པ་སྟོན་པའོ། །ཞེས་གསུངས་པ་ལ་འཁྲུལ་པ་ཡིན་ན། དེ་ནི་ཐབས་ལ་མཁས་པའི་མདོ་ལས་གསུངས་པའི་རྩ་ལྟུང་གི་སྡོམ་ཚིག་ཡིན་གྱི། བྱང་ས་ནས་གསུངས་པའི་རྩ་ལྟུང་གི་སྡོམ་ཚིག་མ་ཡིན་པས་ནོར་བར་མི་བྱའོ། །རྗེ་བཙུན་གྱི་རྩ་ལྟུང་འཁྲུལ་སྤོང་ལས། བྱང་ས་ནས་གསུངས་པའི་རྩ་བའི་ལྟུང་བ་བཞིའི་ནང་དུ། ནམ་མཁའི་སྙིང་པོའི་མདོ་དང་། ཐབས་ལ་མཁས་པའི་མདོ་དང་། དྲག་ཤུལ་ཅན་གྱིས་ཞུས་པའི་མདོ་

ལས་གསུངས་པའི་རྩ་བའི་ལྟུང་བ་རྣམས་འདུས་ཚུལ་གྱི་རྣམ་གཞག་ཞིབ་པར་གསུངས་ན། འདིར་དེ་གཉིས་ལྟུང་བ་ཐ་དད་དུ་གསུངས་པ་ཅི་ཡིན་སྙམ་པའི་དོགས་པ་སྐྱེ་རྒྱུ་ཡིན་མོད། དེའི་ལན་ལ་རྗེ་བཙུན་གྱིས་བསྲུང་ཚུལ་འདུས་པ་ལ་དགོངས་ཏེ། བྱང་ས་ནས་གསུངས་པའི་རྩ་ལྟུང་བཞི་པོ་ཚུལ་བཞིན་དུ་བསྲུང་ན་མདོ་གསུམ་པོ་ནས་གསུངས་པའི་རྩ་ལྟུང་རྣམས་ཀྱང་བསྲུངས་པར་འགྱུར་བའི་ཕྱིར་རོ། །འདིར་རྩ་ལྟུང་ཐ་དད་དུ་བཤད་པ་ནི་རྣམ་གཞག་ཐ་དད་པ་ལ་དགོངས་ཏེ། དབུ་མ་ལུགས་ལ་ནི་རྩ་བའི་ལྟུང་བ་བཅུ་བཞིའམ། རྟེན་གྱི་སྒོ་ནས་བཅོ་བརྒྱད་དང་། མཚམས་མེད་ལྔ་སོ་སོར་ཕྱེ་ན་ཉི་ཤུ་རྩ་གཉིས་ཡིན་ལ། སེམས་ཙམ་ལུགས་ལ་ནི་རྩ་བའི་ལྟུང་བ་བཞི་ཉིད་ཡིན་པའི་ཕྱིར་རོ། །གལ་ཏེ་བསྲུང་ཚུལ་གཅིག་ན་རྣམ་གཞག་ཐ་དད་པ་འགལ་ལོ་སྙམ་ན། མི་འགལ་ཏེ་དགེ་བསྙེན་གྱི་བསླབ་གཞི་ལྔ་བསྲུང་བ་དང་། མི་དགེ་བ་བཅུ་སྤོང་གཉིས་བསྲུང་ཚུལ་གཅིག་ཀྱང་རྣམ་གཞག་ཐ་དད་པ་བཞིན་ནོ། །བློ་གཟུ་བོར་གནས་པ་དག་གིས་དཔྱོད་ཅིག །

༼༤༨༽ དབུ་མ་ལུགས་ཀྱི་སེམས་བསྐྱེད་ཀྱི། །རྟེན་དུ་སོ་ཐར་མི་དགོས་ན། །ཡན་ལག་བདུན་པ་སྔོན་འགྲོ་བར། །གསུངས་པའི་དགོངས་པ་གང་ཞིག་ཡིན། །ཞེས་པའི་ལན་ནི། དབུ་མ་ལུགས་དང་སེམས་ཙམ་ལུགས་ཀྱི་སེམས་བསྐྱེད་ལ་སོ་ཐར་སྔོན་དུ་འགྲོ་མི་དགོས་པ་དང་། དགོས་པའི་ཁྱད་པར་གསུངས་པ་ནི། ལུགས་དེའི་སེམས་བསྐྱེད་ཀྱི་སྦྱོར་དངོས་རྗེས་གསུམ་གྱི་ཆོ་གའི་སྔོན་དུ་སོ་ཐར་གྱི་སྡོམ་པ་དང་ལྡན་པ་མི་དགོས་པ་དང་། དགོས་པའི་ཁྱད་པར་ཡིན་གྱི། སེམས་བསྐྱེད་ཀྱི་དངོས་གཞི་ལ་སྦྱོར་བའི་སྐབས་སུ་སོ་ཐར་ལེན་པ་མི་དགོས་པ་དང་། དགོས་པའི་ཁྱད་པར་མ་ཡིན་ཏེ། སྦྱོར་བའི་སྐབས་སུ་གཉིས་ཀ་ལ་ཡང་ཐུན་མོང་མ་ཡིན་པའི་སྐྱབས་འགྲོའི་སྡོམ་པ་ལེན་པར་མཚུངས་པའི་ཕྱིར་རོ། །དཔེར་ན་སྐལ་དམན་རིམ་འཇུག་པ་དང་སྐལ་ལྡན་ཅིག་ཆར་བ་གཉིས་ལ་དབང་བསྐུར་གྱི་སྔོན་དུ་སྡོམ་པ་འོག་མ་གཉིས་སྔོན་དུ་འགྲོ་མི་དགོས་པ་དང་དགོས་པའི་ཁྱད་པར་ཡང་དབང་བསྐུར་གྱི་ཆོ་གའི་སྔོན་དུ་ཡིན་གྱི་དབང་གི་དངོས་གཞིའི་སྔོན་དུ་སྔ་གོན་དང་འཇུག་པའི་སྐབས་སུ་སྡོམ་པ་འོག་མ་གཉིས་ལེན་པ་ཡོད་པ་ཁྱད་པར་མེད་པ་བཞིན་ནོ། །དེས་ན། །

༼༤༩༽ རྗེ་བཙུན་རྩེ་མོས་རྒྱུན་བཤགས་ཀྱི། །དུས་སུ་ཉེས་སྤྱོད་སྤོང་བ་ཡི། །ཚུལ་ཁྲིམས་སྐྱེ་ཞིང་དེ་ཉིད་ཀྱང་། །སོ་སོར་ཐར་པ་བཤད་དེ་ཅི། །ཅེས་པའི་ལན་ཡང་སྔ་མ་དེ་ཉིད་ཀྱིས་གསལ་བར་བསྟན་ཅིང་། རང་ལ་གནོད་པའི་ཚུལ་སྣང་བ་ནི་འོག་ཏུ་འཆད་དོ། །

༼༥༠༽ སོ་སོར་ཐར་པ་རིགས་བདུན་པོ། །སེམས་ཙམ་ལུགས་ཀྱི་སེམས་བསྐྱེད་ཀྱི། །རྟེན་དུ་དགོས་ན་རྗེ་བཙུན་གྱིས། །དེ་དག་དེ་ཡི་རྟེན་མིན་པར། །གསུངས་པའི་དགོངས་པ་གང་དུ་བཅལ། །ཞེས་པའི་ལན་ནི།

རྗེ་བཙུན་གྱིས་དེ་ལྟར་དུ་གསུངས་པ་གཏན་མེད་དེ། སྡོམ་པ་ཉི་ཤུ་པའི་ཊཱི་ཀར། བྱང་ས་སོགས་ནས་གསུངས་པ་ལྟར། འཇུག་པ་སེམས་བསྐྱེད་ཀྱི་སྦྱོར་བའི་སྐབས་སུ། སོ་སོར་ཐར་པའི་སྡོམ་པས་བསྡམས་མམ། ཞེས་པའི་དྲི་བ་མཛད་པར་བཞེད་པའི་ཕྱིར་རོ། །སྡོམ་པ་ཉི་ཤུ་པའི་ཊཱི་ཀར། སོ་སོར་ཐར་པའི་སྡོམ་པ་བྱང་སེམས་ཀྱི་སྡོམ་པ་སྐྱེ་བ་དང་གནས་པ་གཉིས་ཀའི་རྟེན་དུ་མི་རུང་བར་རྒྱུ་མཚན་དང་བཅས་ཏེ་སྤྱིར་བཏང་དུ་གསུངས་པ་ནི། ཉན་ཐོས་དང་ཐུན་མོང་བའི་སོ་སོར་ཐར་པ་རིགས་བདུན་ལ་དགོངས་ཏེ། རྩ་ལྟུང་འཁྲུལ་སྤོང་དུ། དེ་ཉིད་དོགས་པར་བཀོད་ནས་ཉན་ཐོས་དང་ཐུན་མོང་བའི་སོ་སོར་ཐར་པ་འདི་སྐྱེ་བ་དང་གནས་པ་གཉིས་ཀའི་རྟེན་དུ་མི་རུང་བར་ཕྱེད་སླ་བ་བཞིན་དུ་ཁོ་བོ་ཅག་ཀྱང་སྨྲའོ། ཞེས་གསལ་བར་གསུངས་པའི་ཕྱིར་རོ། །

༼༥༽ དོན་དམ་སེམས་བསྐྱེད་བྱ་བ་ཡི། །ཆོ་ག་རྒྱལ་བས་མ་གསུངས་ན། །འཕགས་པ་ཀླུ་སྒྲུབ་སྐྱོབ་ཉིད་ཀྱིས། །བྱང་ཆུབ་སེམས་འགྲེལ་ཞེས་བྱ་བའི། །བསྟན་བཅོས་དག་ལས་གསུངས་དེ་ཅི། །ཅེས་པའི་ལན་ནི། ཀླུ་སྒྲུབ་ཀྱིས་མཛད་པའི་བྱང་ཆུབ་སེམས་འགྲེལ་ལས་ཀུན་རྫོབ་སེམས་སྐྱེད་ཆོ་གས་བླངས་ནས། དོན་དམ་སེམས་སྐྱེད་བསྒོམས་པའི་སྟོབས་ཀྱིས་སྐྱེ་དགོས་པས་བསྒོམ་ཚུལ་བཤད་པ་ཙམ་ཞིག་སྣང་གི། ཆོ་གའི་སྒོ་ནས་བསྐྱེད་པའི་ཚུལ་མི་སྣང་སྟེ། དེ་ཉིད་ལས། བྱང་ཆུབ་ཀྱི་སེམས་ཆེན་པོ་སངས་རྒྱས་བཅོམ་ལྡན་འདས་རྣམས་དང་བྱང་ཆུབ་སེམས་དཔའ་ཆེན་པོ་རྣམས་ཀྱིས་ཇི་ལྟར་བསྐྱེད་པ་བཞིན་དུ། བདག་གིས་དུས་འདི་ནས་བཟུང་སྟེ་ཇི་སྲིད་བྱང་ཆུབ་སྙིང་པོ་བྱང་ཆུབ་ལ་མཆིས་ཀྱི་བར་དུ་བྱང་ཆུབ་ཀྱི་སེམས་ཆེན་པོ་བསྐྱེད་པར་བགྱི་སྟེ། སེམས་ཅན་མ་བསྒྲལ་བ་རྣམས་བསྒྲལ་བར་བགྱིའོ། །མ་གྲོལ་བ་རྣམས་དགྲོལ་བར་བགྱིའོ། །དབུགས་མ་ཕྱུང་བ་རྣམས་དབུགས་ཕྱུང་བར་བགྱིའོ། །ཡོངས་སུ་མྱ་ངན་ལས་མ་འདས་པ་རྣམས་ཡོངས་སུ་མྱ་ངན་ལས་འདའ་བར་བགྱིའོ། །དེ་ལྟར་བྱང་ཆུབ་ཀྱི་སེམས་བསྐྱེད་པ་ནི་སྨོན་ལམ་གྱི་རང་བཞིན་ཀུན་རྫོབ་ཀྱི་སྣང་བའོ། །བྱང་ཆུབ་སེམས་དཔའི་གསང་སྔགས་ཀྱི་སྒོའི་སྤྱོད་པ་སྤྱོད་པ་རྣམས་ཀྱིས་དོན་དམ་པ་ཡང་བསྒོམས་པའི་སྟོབས་ཀྱིས་བསྐྱེད་པར་བྱའོ། །ད་ནི་དེའི་རང་བཞིན་འཆད་པར་བྱེད་དེ། བྱང་ཆུབ་སེམས་ཀྱི་བདག་ཉིད་སྐུ། །དཔལ་ལྡན་རྡོ་རྗེ་འཆང་བཏུད་ནས། །སྲིད་པ་འཇོམས་པར་བྱེད་པ་ཡི། །བྱང་ཆུབ་སེམས་བསྒོམ་བདག་གིས་བཤད། །བྱང་ཆུབ་སེམས་ཀྱི་མཚན་ཉིད་དུ། །བདག་དང་ཕུང་པོ་རྣམ་རིག་གི། །རྟོག་པ་རྣམས་ཀྱིས་མ་བསྒྲིབ་ཤིང་། །སྟོང་པ་སངས་རྒྱས་རྟག་ཏུ་བཞེད། །ཅེས་གསུངས་ཤིང་། འགོས་འགྱུར་དང་། སྤ་ཚབ་འགྱུར་ལས། བྱང་ཆུབ་སེམས་དཔའ་གསང་སྔགས་ཀྱི་སྒྲུད་པ་སྤྱོད་པ་རྣམས་ཀྱིས། དེ་ལྟར་ཀུན་རྫོབ་ཀྱི་རྣམ་པས་བྱང་ཆུབ་ཀྱི་སེམས་སྨོན་པའི་རང་བཞིན་ཅན་བསྐྱེད་ནས། ཞེས་སོགས་གསུངས་སོ། །ཀུན་རྫོབ་སེམས་སྐྱེད་ཆོ་གས་བླངས་པའི་

རྗེས་སུ་དོན་དམ་སེམས་བསྐྱེད་བསྒོམས་པའི་སྟོབས་ཀྱིས་བསྐྱེད་པར་བྱང་ཆུབ་སེམས་འགྲེལ་ལས་འདི་ལྟར་གསུངས་བཞིན་དུ་དེ་ལས་བཟློག་སྟེ་སྨྲ་བ་ནི་འཕགས་པའི་གང་ཟག་ལ་སྐུར་པ་བཏབ་པའམ། ཡང་ན་དེའི་དུས་སུ་དྲན་པ་གཞན་དུ་འགྱུར་བར་སྣང་ངོ་། །

༼༥༢༽ སན་ཡོ་ག་ཙིཏྟ་སོགས། །སློབ་མས་བཟླས་པས་ཀུན་རྫོབ་དང་། །དོན་དམ་སེམས་བསྐྱེད་འཛིན་བཅུག་ནས། །སུཏྲེ་ས་མ་ཞེས་སོགས་ཀྱིས། །སྐྱེས་ཟིན་བརྟན་པར་མཛད་དེ་ཅི། །ཅེས་པའི་ལན་ནི། སྤྱིར་བདག་ཉིད་ཆེན་པོ་འདིས་སེམས་བསྐྱེད་དེ། ཚིག་འི་སྒོ་ནས་བསྐྱེད་ན་ཚིག་དེ་ལས་སེམས་བསྐྱེད་དེ་སྐྱེ་དགོས་པས། ཕ་རོལ་ཏུ་ཕྱིན་པའི་ལུགས་ལ་ཀུན་རྫོབ་སེམས་བསྐྱེད་ལ་ཚིག་ཡོད་པ་དང་། དོན་དམ་སེམས་བསྐྱེད་ལ་ཚིག་མེད་པར་བཞེད་ལ། རྣམ་སྣང་མངོན་བྱང་ལ་སོགས་པའི་རྒྱུད་སྡེ་འགའ་ཞིག་ལས། རྒྱུན་བཤགས་ཀྱི་སྐབས་སུ་དོན་དམ་པའི་བྱང་ཆུབ་ཀྱི་སེམས་བསྐྱེད་པར་བྱའོ། །ཞེས་སོགས་ཀྱི་ཚིག་ཡོད་པ་རྣམས་ནི་དམ་བཅའ་ཙམ་ཡིན་གྱི། ཚིག་འི་སྒོ་ནས་བསྐྱེད་པ་མ་ཡིན་པར་བསྟན་བཅོས་འདིར། སྦྱིན་པ་བཏང་བར་བྱ། ཚུལ་ཁྲིམས་བསྲུང་བར་བྱ། ཅེས་སོགས་ཀྱི་དཔེ་དང་། ཐུབ་པ་དགོངས་གསལ་ལས། ཕྱག་རྒྱ་ཆེན་པོ་བསྒོམ་པར་བྱའོ། །ཞེས་སོགས་ཀྱི་དཔེའི་སྒོ་ནས་གསལ་བར་གསུངས་པ་དེ་ངེས་ན། དོགས་པ་འདི་ལྟ་བུའི་གཞི་མེད་དོ། །གཞན་དུ་ན་སན་ཡོ་ག་སོགས་སློབ་མས་བཟླས་མ་ཐག་ཏུ་སློབ་མ་དེས་ཐེག་པ་ཆེན་པོའི་མཐོང་ལམ་ཐོབ་པར་འགྱུར་ཏེ། དོན་དམ་སེམས་བསྐྱེད་སྐྱེས་པའི་ཕྱིར་རོ། །སྤྱིར་འདི་འདྲ་འདྲི་ན་འབྱུང་བ་བཞི་ཚོགས་བསྐྱེད་པ་ཡོད་དམ་མེད། ཞེས་ཁྱོད་ལ་འདྲི་སྟེ། ཡོད་ན་ཚིག་ཡང་ནི་ཐུག་མེད་དུ་འགྱུར་རོ། །ཞེས་པའི་སྐྱོན་དུ་འགྱུར་ཞིང་མེད་ན། ཤང་འོག་རླུང་དང་སུམ་མདོར་མེ། །སྙིང་ཁར་ས་དང་མགྲིན་པར་ཆུ། །བསྒོམས་ནས་ཡཾ་བེ་ཤ་ཡ་སོགས། །བརྗོད་ཅིང་རོལ་མོ་བྱེད་དེ་ཅི། །ཞེས་དྲིས་ན་ལན་ཅི་སྨྲ། དེ་བཞིན་དུ། ནམ་མཁའ་ཚོགས་བསྐྱེད་པ་ཡོད་དམ་མེད་ཡོད་ན་ཚིག་ཡང་ནི་ཐུག་མེད་དུ་འགྱུར་བའི་ཕྱིར་རོ། །དེའི་འོག་གི་ཚིགས་བཅད་ཀྱང་དྲན་དགོས་སོ། །མེད་ན། བྱིན་རླབས་འགའ་ཞིག་བྱེད་པའི་ཚེ། །རང་སེམས་ནམ་མཁའ་དང་བསྲེས་ནས། །བླ་མ་བརྒྱུད་པའི་མཚན་བརྗོད་དེ། །བྱིན་གྱིས་རློབ་པར་བྱེད་དེ་ཅི། །ཅེས་དྲིས་ན་ལན་ཅི་སྨྲ། དེ་བཞིན་དུ་གསང་སྔགས་ཀྱི་རྒྱུད་ཚིག་གཅིག་བཤད་མ་ཐག་ཏུ་རྡོ་རྗེ་སེམས་དཔའ་སྙིང་དྲལ་ནས་གཤེགས་སམ་མི་གཤེགས། གཤེགས་ན་སྔགས་ཀྱི་ཆོས་བཤད་དུ་མི་རུང་བར་འགྱུར། མི་གཤེགས་ན་རྡོ་རྗེ་སེམས་དཔའ་དེང་ཁྱོད་ཀྱི། །སྙིང་ལ་ཡང་དག་ཞུགས་པར་འགྱུར། །གལ་ཏེ་ཚུལ་འདི་སྨྲས་ན་ནི། །དེ་མ་ཐག་ཏུ་དྲལ་ཏེ་གཤེགས། །ཅེས་གསུངས་པ་དེ་ཅི་ལ་དགོངས། ཅེས་དྲིན་ལན་ཅི་སྨྲ། དེས་ན་འདི་འདྲའི་རིགས་ཀྱིས་ནི་སྔགས་ཀྱི་ཚིག་དང་།

ཉམས་ལེན་ཐམས་ཅད་སྨུན་འཁྲིན་པ་ཡིན་པས་ཕྱིན་ཆད་མི་གསུང་བར་ཞུ།

༼༥༣༽ ཉན་ཐོས་རྣམས་ཀྱིས་རྫོགས་བྱང་དུ། །བསྔོ་བ་བྱེད་ན་འཕགས་པ་ཡིས། །ཉན་ཐོས་ཐེག་པ་དེ་ལས་ནི། །སྤྱོད་པ་ཡོངས་བསྔོ་མ་བཤད་དེས། །ཞེས་གསུངས་པ་དེ་གང་ལ་དགོངས། །ཐམས་ཅད་སྒྲོལ་གྱི་སྐྱེས་རབས་ལས། །བསྔོ་བ་བཤད་དེ་ཉན་ཐོས་ཀྱི། །བསྔོ་བ་ཡིན་པར་བཞེད་དམ་ཅི། །ཞེས་པའི་ལན་ནི། འདྲི་བ་པོའི་བསམ་པ་བླངས་པ་དང་། གསུང་རབ་སྤྱི་ཡི་དགོངས་པར་དཔྱད་པ་དང་། དེ་བདག་ཉིད་ཆེན་པོའི་བཞེད་པར་བསྒྲུབ་པ་དང་། དེས་ལན་རྣམ་དག་ཏུ་འགྱུར་བའི་ཚུལ་དང་བཞི་ལས། དང་པོ་ནི། འདིར་སོ་སོར་ཐར་པའི་མདོ་བཞིན་དུ། །བསྔོ་བ་ཉན་ཐོས་རྣམས་ཀྱང་བྱེད། །ཅེས་དང་། ཐམས་ཅད་སྒྲོལ་གྱི་སྐྱེས་རབས་ལས། །བདག་གིས་བྲམ་ཟེ་འདོད་པ་ལ། །དགའ་བས་ཤིང་རྟ་འདི་བཏང་བས། །དངོས་པོ་ཐམས་ཅད་བཏང་ནས་ནི། །རྫོགས་པའི་བྱང་ཆུབ་ཐོབ་པར་ཤོག །ཅེས་གསུངས་པ་དེ་ཉན་ཐོས་ཀྱི་སྡེ་སྣོད་ནས་བཤད་པའི་བསྔོ་བར་གསུངས་པ་དང་། ཀླུ་སྒྲུབ་ཀྱི་རིན་ཆེན་ཕྲེང་བར། ཉན་ཐོས་ཐེག་པ་དེ་ལས་ནི། །བྱང་ཆུབ་སེམས་དཔའི་སྨོན་ལམ་དང་། །སྤྱོད་པ་ཡོངས་བསྔོ་མ་བཤད་དེས། །བྱང་ཆུབ་སེམས་དཔར་ག་ལ་འགྱུར། །ཞེས་གསུངས་པ་དང་འགལ་ལོ་སྙམ་ནས་དྲིས་པ་སྟེ། འདི་ནི་བསྟན་བཅོས་འདིར་མ་ཟད། ཉན་ཐོས་ཀྱི་སྡེ་སྣོད་ལས་བྱང་ཆུབ་སེམས་དཔའི་བསྔོ་བ་བཤད་པ་དང་། ཀླུ་སྒྲུབ་ཀྱིས་དེ་མ་བཤད་པར་གསུངས་པ་གཉིས་ལ་འགལ་སྤོང་གསུང་རབ་འཆད་པ་པོ་ཐམས་ཅད་ཀྱིས་དགོས་པས་རྣམ་དཔྱོད་དང་ལྡན་པའི་དྲི་བར་སྣང་ཞིང་། འདི་བཞིན་དྲིས་པ་ལ་ཀླུ་སྒྲུབ་ལ་རྒྱལ་ལོ། །ས་པཎ་ལ་རྒྱལ་ལོ་ཞེས་སོགས་སྐྱོན་འདོགས་པ་དག་ནི་བླུན་པོའི་རྣམ་ཐར་སྐྱོང་བ་ཡིན་ནོ། །སོ་ཐར་གྱི་སྐབས་སུ་ཡང་སྔར་རྣམ་དཔྱོད་དང་ལྡན་པའི་དྲི་བ་ཡིན་ནོ་ཞེས་སྨྲས་པ་དེ་དང་། བྱང་སེམས་ཀྱི་སྐབས་སུ་འདི་དང་གཉིས་ནི་དོགས་པ་སྐྱེས་ནས་འདྲི་བ་ཡང་དཀོན་ན། དེའི་ལན་ཚུལ་བཞིན་དུ་སྨྲ་བ་དཀོན་པ་སྨོས་ཀྱང་ཅི་དགོས། གཉིས་པ་ནི་སྤྱིར་སྡེ་སྣོད་དང་གྲུབ་མཐས་ཕྱེ་བའི་ཐེག་པ་ཆེ་ཆུང་དང་། ལམ་དང་འབྲས་བུས་ཕྱེ་བའི་ཐེག་པ་ཆེ་ཆུང་གཉིས་ལས། དང་པོ་ནི། ལང་ཀར་གཤེགས་པར། ཆོས་ལྔ་དང་ནི་རང་བཞིན་གསུམ། །རྣམ་པར་ཤེས་པ་བརྒྱད་ཉིད་དང་། །བདག་མེད་གཉིས་ཀྱི་ནང་དུ་ནི། །ཐེག་ཆེན་མཐའ་དག་འདུས་པར་ཟད། །ཅེས་གསུངས་པའི་བརྗོད་བྱ་འདི་དག་ཁས་མི་ལེན་པའི་རང་སྡེ་རྣམས་ནི་ཉན་ཐོས་པ་ཞེས་གསུངས་ཏེ། མཚན་གཞི་ནི་ཉན་ཐོས་སྡེ་བའི་སྡེ་བཞི་འམ། དེ་ལས་ཕྱེས་པ་བཅོ་བརྒྱད་དོ། །བརྗོད་བྱ་དེ་དག་ཁས་ལེན་པ་ནི་ཐེག་པ་ཆེན་པོ་སྟེ། མཚན་གཞི་ནི་དབུ་སེམས་རྣམ་པ་གཉིས་སོ། །གཉིས་པ་ནི་བློ་ཆེན་པོ་བདུན་དང་མི་ལྡན་པའི་ལམ་ཞུགས་རྣམས་ནི་ཐེག་པ་ཆུང་ངུ་བ་སྟེ། མཚན་གཞི་ནི་ཉན་རང་རྣམས་སོ། །དེ་དང་

ལྡན་པ་ནི་ཐེག་པ་ཆེན་པོ་པ་སྟེ། མཚན་གཞི་ནི་ཐེག་ཆེན་སློབ་པ་དང་མི་སློབ་པ་རྣམས་སོ་དེས་ན་སྡེ་སྣོད་དང་གྲུབ་མཐས་ཕྱེ་བའི་ཐེག་པ་ཆེ་ཆུང་རེ་རེས་ཀྱང་རང་རང་གི་སྡེ་སྣོད་དང་། གྲུབ་མཐའ་དེའི་ནང་དུ་ལམ་དང་འབྲས་བུས་ཕྱེ་བའི་ཐེག་པ་གསུམ་གསུམ་གྱི་རྣམ་གཞག་བྱེད་ཅིང་། ཐེག་པ་གསུམ་གྱི་བྱང་ཆུབ་ཀྱང་རང་རང་གི་གྲུབ་མཐའ་དེ་ཁོ་ན་ལ་གནས་པས་ཐོབ་པར་འདོད་པས་ཉན་ཐོས་ཀྱི་སྡེ་སྣོད་འདུལ་བ་ལུང་ལྷ་བུ་ནས་ཀྱང་ཐེག་པ་གསུམ་གྱི་གང་ཟག ཐེག་པ་གསུམ་གྱི་སེམས་བསྐྱེད། ཐེག་པ་གསུམ་གྱི་བསྔོ་བ་དང་སྨོན་ལམ། ཐེག་པ་གསུམ་གྱི་ལམ་དང་འབྲས་བུ་རྣམས་བཤད་ཅིང་། དེ་ཉིད་ཐེག་ཆེན་བཀར་མི་འདོད་པའི་ཉན་ཐོས་པ་དག་གིས་ཀྱང་ཁས་ལེན་ནོ། །དེའི་དགོངས་པ་མཛོད་ལས་ཀྱང་། ཐེག་པ་གསུམ་གྱི་ལམ་བགྲོད་ཚུལ་གསུམ་དང་། འབྲས་བུ་གྲུབ་པའི་དུས་གསུམ་དང་། ཁྱད་པར་དུ་བྱང་ཆུབ་སེམས་དཔའ་དང་པོ་སེམས་བསྐྱེད་པའི་ཚུལ་དང་། གྲངས་མེད་གསུམ་གནས་སྐབས་གང་དུ་རྫོགས་པའི་ཚུལ་དང་། ཕར་ཕྱིན་དྲུག་གནས་སྐབས་གང་དུ་རྫོགས་པའི་ཚུལ་གསལ་བར་གསུངས་པས། ཉན་ཐོས་ཀྱི་སྡེ་སྣོད་ལས། ཉན་ཐོས་རང་ལུགས་ཀྱི་ཐེག་པ་ཆེན་པོའི་སེམས་བསྐྱེད་དང་། བསྔོ་བ་དང་སྨོན་ལམ་སོགས་གསུངས་པར་ཤེས་པར་བྱའོ། །འོན་ཀླུ་སྒྲུབ་ཀྱིས་དེ་དག་མ་བཤད་པར་གསུངས་པའི་དགོངས་པ་ཅི་སྙམ་ན། གཞུང་འདི་རིན་ཆེན་ཕྲེང་བར་ཐེག་ཆེན་བཀར་སྒྲུབ་ཀྱི་སྐབས་སུ་གསུངས་པས་ཉན་ཐོས་པ་དག་ཐེག་པ་ཆེན་པོ་བཀའ་མ་ཡིན་པས་དེ་ལ་མ་བསླབས་ཀྱང་ཉན་ཐོས་ཀྱི་སྡེ་སྣོད་ཉིད་ལ་བསླབས་པས་རྫོགས་པའི་བྱང་ཆུབ་སྒྲུབ་པར་འདོད་པ་ལ་དེ་ནི་མ་ཡིན་ཏེ། རྫོགས་པའི་བྱང་ཆུབ་སྒྲུབ་ནུས་ཀྱི་བྱང་ཆུབ་སེམས་དཔའི་སྨོན་ལམ་དང་། སྦྱིན་སོགས་ཕ་རོལ་ཏུ་ཕྱིན་པ་དྲུག་གི་སྤྱོད་པ་དང་། འཁོར་གསུམ་མི་དམིགས་པའི་ཡོངས་སུ་བསྔོ་བ་དང་། ཆོས་ཀྱི་བདག་མེད་རྒྱས་པ་སོགས་ཉན་ཐོས་ཀྱི་སྡེ་སྣོད་དེ་ལས་མ་བཤད་པའི་ཕྱིར་ཞེས་པའི་དོན་ཏེ། གྲུབ་མཐའ་ཁས་ལེན་གྱི་ཉན་ཐོས་པ་དག་ཁོ་རང་གི་གཞུང་ནས་བཤད་པའི་ཐེག་པ་ཆེན་པོའི་ལམ་གྱིས་རྫོགས་པའི་བྱང་ཆུབ་སྒྲུབ་པར་འདོད་ཀྱང་། དབུ་མ་པས་ནི་དབུ་མའི་གཞུང་ལས་བཤད་པའི་ལྟ་སྤྱོད་ལ་མ་བརྟེན་པར་རྫོགས་པའི་བྱང་ཆུབ་བསྒྲུབ་མི་ནུས་པར་བཞེད་པའི་གནད་ཀྱང་འདི་ཉིད་ཡིན་ནོ། །གསུམ་པ་ནི། བདག་ཉིད་ཆེན་པོ་དཔལ་ལྡན་ས་སྐྱ་པཎྜི་ཏའི་བཞེད་པ་ཡང་འདི་ཉིད་ཡིན་ཏེ། སོ་སོ་ཐར་པའི་མདོ་དང་། ཐམས་ཅད་སྒྲོལ་གྱི་སྐྱེས་རབས་ལ་སོགས་པའི་བསྔོ་བ་དེ་དག་ཉན་ཐོས་པ་རང་ལ་ཐེག་པ་གསུམ་ཡོད་པའི་ཐེག་ཆེན་གྱི་བསྔོ་བ་ཡིན་པར་འདོད་ཀྱང་དེས་རྫོགས་པའི་བྱང་ཆུབ་བསྒྲུབ་མི་ནུས་པར་གསུངས་པའི་ཕྱིར་དང་། དེས་ན་ཐབས་མཁས་ཤེས་རབ་ཉིད། །སངས་རྒྱས་རྒྱུ་ཡི་གཙོ་བོ་ཡིན། །ཞེས་གསུངས་པའི་ཐབས་ཤེས་རབ་གཉིས་ཀྱང་ཐེག་ཆེན་གྱི་སྡེ་སྣོད་ཁོ་ན་ལས་བཤད་པར་བཞེད་པའི་ཕྱིར་རོ། །

བཞི་པ་ནི། མདོར་ན་ཉན་ཐོས་ཀྱི་སྡེ་སྣོད་ནས་ཉན་ཐོས་རང་ལུགས་ཀྱི་ཐེག་པ་གསུམ་ཆར་གསུངས་པས་ཐེག་ཆེན་གྱི་ལམ་བགྲོད་ཚུལ་གྱི་བསམ་པ་སེམས་བསྐྱེད་དང་། སྦྱོར་བ་ཕ་རོལ་ཏུ་ཕྱིན་པ་དྲུག་དང་། ཡོངས་སུ་བསྔོ་བ་སོགས་གསུངས་ཀྱང་། ཐེག་པ་ཆེན་པོའི་སྡེ་སྣོད་ནས་བཤད་པའི་ཐབས་མཁས་ཁྱད་པར་ཅན་དེ་དང་ལྡན་པའི་སེམས་བསྐྱེད་སོགས་མ་གསུངས་པས་རྫོགས་པའི་བྱང་ཆུབ་བསྒྲུབ་པར་མི་ནུས་ཞེས་པ་སྟེ། འདི་ཐམས་ཅད་ལ་ཐེག་པ་ཆེ་ཆུང་གི་དབྱེ་མཚམས་གཉིས་པོ་དེ་སོ་སོར་ཕྱེད་པ་གལ་ཆེའོ། །དེ་ཕྱེད་ན་ཐམས་ཅད་སྒྲོལ་གྱི་སྐྱེས་རབས་ལས་གསུངས་པའི་བསྔོ་བ་ སྟར་བཤད་པ་དེ་དང་། སོ་སོར་ཐར་པའི་མདོ་ལས། སོ་སོར་ཐར་པ་བཏོན་པ་ཡི། །བསོད་ནམས་གྲུབ་པ་གང་ཡོད་པ། །དེས་ནི་འཇིག་རྟེན་མ་ལུས་པ། །ཐུབ་དབང་གོ་འཕང་མྱུར་ཐོབ་ཤོག །ཅེས་གསུངས་པ་གཉིས་ཀ་ཡང་ཉན་ཐོས་ལུགས་ཀྱི་ཐེག་ཆེན་གྱི་བསྔོ་བ་ཡིན་པར་འབད་མེད་དུ་ཤེས་པས་ཉན་ཐོས་བསྔོ་བར་བཞེད་དམ་ཅི་ཞེས་པའི་དྲི་བ་མི་དགོས་པ་དང་། དྲིས་པའི་ལན་ཐོགས་མེད་དུ་ཤེས་པར་འགྱུར་རོ། །ད་ནི་འདི་ནས་མར་ལ་ལན་ཆེར་མི་དགོས་པར་སྣང་ན་ཡང་། འགའ་ཞིག་རྨོངས་པའི་དབང་གིས་དོན་ལ་ཡང་སྐྱོན་དེ་ལྟར་གནས་སམ་སྙམ་པའི་དོགས་པ་བཟློག་པའི་ཆེད་དུ་མདོར་བསྡུས་ཏེ་བརྗོད་པར་བྱའོ། །

(༥༩) དབང་བཞི་བླངས་པས་སྡོམ་པ་གསུམ། །ཐོབ་པར་གྱུར་ན་དབང་གོང་ལས། །ཐོབ་པའི་གསང་སྔགས་སྡོམ་པ་དང་། །དབང་ལས་ཐོབ་པའི་སོ་ཐར་དང་། །སེམས་བསྐྱེད་སྡོམ་པ་ཅིས་མི་བཞེད། །ཞེས་པའི་ལན་ནི། དེ་གསུམ་ཆར་ཡང་ལེགས་པར་བཞེད་དེ། རྩ་རྒྱུད་བརྟག་གཉིས་ཀྱི་ལེའུ་དང་པོར། སྡོམ་པའི་དབྱེ་བའང་བཤད་པར་བྱ་སྟེ། ཞེས་དང་། ཕྱི་མའི་གསུམ་པར། དེ་ནས་རྡོ་རྗེ་ཅན་གྱིས་རྣལ་འབྱོར་མ་རྣམས་ལ་རྒྱུད་ཐམས་ཅད་ཀྱི་གླེང་གཞི་ཞེས་བྱ་བའི་ཐབས་བཀའ་སྩལ་པ། སྡོམ་པ་དང་ནི་དབང་དང་ཡང་། །ཞེས་དང་། ཕྱི་མའི་བཞི་པར། རྣལ་འབྱོར་མ་ལུས་དབུས་གནས་སུ། །ཨ་ཡི་རྣམ་པ་སྡོམ་པའི་གནས། །ཅི་ལྟར་ཕྱི་རོལ་དེ་བཞིན་ནང་། །སྡོམ་པའི་དེ་ཉིད་རབ་ཏུ་ཕྱེ། །ཞེས་དང་། ཁ་སྦྱོར་དང་པོའི་གསུམ་པར། ཀུན་ལས་སྔ་ཚོགས་ཕྱག་རྒྱ་སྟེ། །ཀུན་ནས་སྣ་ཚོགས་སྡོམ་པ་ཡི། །ཞེས་དང་། རྒྱུད་ཕྱི་མར། འདི་སྐད་ལ་སོགས་མཐའ་ཡས་མཆོག །སངས་རྒྱས་ཀུན་གྱི་སྡོམ་པ་མཆོག །ཅེས་པ་རྣམས་ཀྱིས་བསྟན་ནོ། །གལ་ཏེ་འདི་དག་རྫོགས་རིམ་བསྒོམས་པའི་སྟོབས་ཀྱིས་ཐོབ་པ་ཡིན་གྱི། དབང་ལས་ཐོབ་པ་མ་ཡིན་ནོ་སྙམ་ན། ལམ་གྱི་སྐབས་སུ་སྡོམ་པ་ཐོབ་ཅེས་པ་ཐམས་ཅད་སྔར་ཐོབ་ཟིན་གྱི་སྡོམ་པ་ཡང་ཡང་གོམས་པ་ཡིན་པས། དེ་དག་ཀྱང་དབང་གི་སྐབས་སུ་ངེས་པར་ཐོབ་དགོས་ཏེ། གཞན་དུ་དབང་བསྐུར་ཆོས་སྒོ་ཙམ་དུ་ཐལ་བའི་ཕྱིར་རོ། །དེ་བཞིན་དུ་འདུས་པའི་རྒྱུད་ཕྱི་

མར། དྲི་བ་སོ་གཉིས་པ། དེ་ནི་སྡོམ་པ་ཇི་ལྟ་བུ། །ཞེས་པའི་ལན་དུ། རྡོ་རྗེ་ཅན་གྱི་དེར་སྟོན་པ། །རིམ་པ་གཉིས་ལ་ཡང་དག་བརྟེན། །བསྐྱེད་པ་ཡི་ནི་རིམ་ཉིད་དང་། །དེ་བཞིན་རྫོགས་པའི་རིམ་པའོ། །བསྒྲུབ་པ་དང་ནི་ནན་ཏན་དང་། །དམ་ཚིག་དེ་བཞིན་སྡོམ་པ་རྣམས། །སྔར་བཞིན་དེ་ཀུན་རྒྱས་པར་ནི། །རིམ་པའི་དབྱེ་བས་ཕྱེ་བ་ཡིན། །ཞེས་གསུངས་པ་འདིས་སྡོམ་པའི་ངོ་བོ་བསྐྱེད་རྫོགས་གཉིས་ལ་མཛད་པ་དང་། རྒྱུད་ལས་གསུངས་པའི་དམ་ཚིག་དང་། སྡོམ་པ་ཐམས་ཅད་བསྐྱེད་རྫོགས་གཉིས་སུ་འདུས་པའི་ཚུལ་གསལ་བར་བཤད་པས། དེ་ལྟ་བུའི་རྫོགས་རིམ་གྱི་སྡོམ་པ་དབང་གོང་མ་ལས་མ་ཐོབ་ན། བསྐྱེད་རིམ་གྱི་སྡོམ་པ་ཡང་བུམ་དབང་ལས་མ་ཐོབ་པར་རྣམ་པ་ཀུན་ཏུ་མཚུངས་པས་རྒྱུད་ལས་གསུངས་པའི་སྡོམ་པ་གང་ཡང་དབང་ལས་མ་ཐོབ་པར་འགྱུར་རོ། །བློ་གཟུ་བོར་གནས་ལ་དཔྱོད་ཅིག དེ་ཇི་ལྟ་བ་བཞིན་དུ་བདེ་མཆོག་སྡོམ་འབྱུང་ལས། ཀྱེ་རྣམ་པ་ཀུན་མཆོག་སྡོམ་པ་ཡི། །བསྐྱེད་པའི་རྣལ་འབྱོར་མཚན་ཉིད་དང་། །རྫོགས་པ་ཡང་ནི་ཇི་ལྟར་ལགས། །ཞེས་གསང་སྔགས་ཀྱི་སྡོམ་པ་ལ་བསྐྱེད་རྫོགས་གཉིས་སུ་ཕྱེ་ནས་དེ་ཇི་ལྟར་ཞེས་དྲིས་པའི་ལན་དུ། རིམ་པར་ཕྱེ་བ་གཉིས་པས་བསྐྱེད་རིམ་གྱི་སྡོམ་པ་དང་། གསུམ་པས་རྫོགས་རིམ་གྱི་སྡོམ་པ་གསལ་བར་སྟོན་པས་དོན་སྔ་མ་བཞིན་དུ་གནས་སོ། །ཡང་དེ་ཉིད་ལས། བུམ་པ་ལས་ནི་བྱུང་བའོ། །གཉིས་པ་གསང་བ་མཆོག་ཡིན་ཏེ། །གསུམ་པ་ཤེས་རབ་ཡེ་ཤེས་ཡིན། །བཞི་པ་དེ་ལྟར་ཡང་དེ་བཞིན། །དབང་བསྐུར་འདི་དག་ཡང་དག་ལྡན། །དེ་ནི་དམ་ཚིག་ཅན་ཞེས་བྱ། །ཅེས་དབང་བཞི་རྫོགས་པས་དམ་ཚིག་རྫོགས་པར་བསྟན་པ་འདིས་ཀྱང་དབང་གོང་མ་ལས་ཐོབ་པའི་སྔགས་ཀྱི་དམ་ཚིག་གསལ་བར་བསྟན་ཏོ། །དེ་བཞིན་ཏོ་སྦྲི་པའི་ལྷན་ཅིག་སྐྱེས་གྲུབ་ལས། སྡོམ་པ་གསུམ་པོ་རེ་རེ་ལ་ཡང་ཕྱི་ནང་གཉིས་གཉིས་སུ་ཕྱེ་ནས་སྔགས་སྡོམ་གྱི་ཕྱིའི་སྡོམ་པ་དམ་ཚིག་ཉི་ཤུ་རྩ་གཉིས་བསྲུང་བ་དང་། ནང་གི་སྡོམ་པ་ཞེས་པ་གཙུག་མ་མི་རྟོག་པ་ལ་བཤད་པ་དང་། གྲུབ་ཆེན་སླན་པའི་ཞབས་ཀྱིས་སྡོམ་པ་ལ་སྲུང་བའི་དམ་ཚིག་གི་སྡོམ་པ་དང་། བཟའ་བ་དང་བསྲུང་བའི་དམ་ཚིག་གི་སྡོམ་པ་དང་། རྣལ་འབྱོར་སྙིང་པོ་སྡོམ་པ་གསུམ་དུ་ཕྱེ་བའི་ནང་གི་སྡོམ་པ་དང་། རྣལ་འབྱོར་སྙིང་པོ་སྡོམ་པ་རྣམས་དབང་གོང་མ་ལས་ཐོབ་པའི་གསང་སྔགས་ཀྱི་སྡོམ་པའོ། །རྒྱུད་དང་རྒྱ་གར་གྱི་གཞུང་བཟང་དེ་དག་གི་དགོངས་པ་རྗེ་ས་སྐྱ་པ་ཆེན་པོས་སྡོམ་པ་གསུམ་ལྡན་གྱི་སྔགས་སྡོམ་ངོས་འཛིན་པའི་ཚེ་གསང་སྔགས་ཀྱི་དབང་བཞིའི་སྡོམ་པ་ཐོབ་པའོ། །ཞེས་དང་། རྗེ་བཙུན་རྩེ་མོས། ཁ་སྦྱོར་གྱི་འགྲེལ་པར། སྡོམ་པ་ཞེས་བྱ་བ་གོང་དུ་བྱང་ཆུབ་སེམས་དཔའི་སྡོམ་པ་འདང་གསུམ་དངོས་སུ་གསུངས། བསྐྱེད་པའི་རིམ་པའི་སྡོམ་པ་འདང་གསུངས་ན་འདིར་རྫོགས་པའི་རིམ་པའི་སྡོམ་པ་དེ་ཞུ་ཞེས་བྱའོ། །བཅོམ་ལྡན་འདས་ཞེས་བྱ་བ་ལ་སོགས་པས་དེའི་ལན་བསྟན་ཏོ། །ཞེས་དང་།

འདི་ར་རྫོགས་པའི་རིམ་པ་ལ་སྦྱར་ན་གནས་ནི་ལུས་དང་རྩའི་འཁོར་ལོའོ། །རང་གི་ངོ་བོ་ལ་གསུམ་ལས། མི་མཐུན་པའི་ཕྱོགས་སྡོམ་པའི་དབང་དུ་བྱས་ན་མཚན་མ་དང་། རྣམ་པར་རྟོག་པ་ཐམས་ཅད་སྡོམ་པའོ། །མང་པོ་གཅིག་ཏུ་སྡོམ་པའི་དབང་དུ་བྱས་ནས་ཆོས་མཐུན་གྱི་སྒོ་ནས་འཁོར་འདས་ཀྱི་ཆོས་ཐམས་ཅད་འདིར་ལུས་ལ་བསྡུ་བར་བྱའོ། །ཡང་རང་བྱུང་གི་ཡེ་ཤེས་བདེ་བས་སྡོམ་པའོ། །ཞེས་དང་། རྗེ་བཙུན་གྲགས་པ་རྒྱལ་མཚན་གྱི་ཞལ་སྔ་ནས། སྐབས་གསུམ་སྔོན་དུ་འགྲོ་བའི་སོ་སོར་ཐར་པའི་སྡོམ་པ་དང་ཡང་ལྡན། སྨོན་འཇུག་གི་སེམས་བསྐྱེད་པར་བྱས་སྟེ། བྱང་ཆུབ་སེམས་དཔའི་བསླབ་པ་དང་ཡང་ལྡན། དབང་བཞི་ཡོངས་སུ་རྫོགས་ཏེ་རྡོ་རྗེ་ཐེག་པའི་སྡོམ་པ་དང་ཡང་ལྡན། ཅེས་གསུངས་པ་ཡིན་ལ། དེ་ཐམས་ཅད་ཀྱི་དོན་བསྡུས་ནས་བསྟན་བཅོས་འདིར། སངས་རྒྱས་གསུང་བཞིན་མཛད་པ་ཡི། །བླ་མ་བཅའ་ལ་དབང་བཞི་བླང་། །དེ་ཡིས་སྡོམ་པ་གསུམ་ལྡན་འགྱུར། །ཞེས་གསུངས་པ་ཡིན་པས། དབང་གོང་མ་ལས་ཐོབ་པའི་གསང་སྔགས་ཀྱི་སྡོམ་པ་བཞེད་དམ་ཅི། ཅེས་ར་ཅང་ཐལ་བའི་དྲི་བ་ངམ་ངམ་མི་དགོས་སོ། །དབང་ལས་ཐོབ་པའི་སོ་ཐར་དང་བྱང་སེམས་ལེགས་པར་ཡང་བཞེད་དེ། སྔ་གོན་དང་འཇུག་པའི་སྐབས་ཀྱི་རྒྱུན་བཤགས་ལས་ཐུན་མོང་མ་ཡིན་པའི་སོ་ཐར་དང་། སྨོན་འཇུག་གི་སེམས་བསྐྱེད་པ་ཐོབ་པའི་ཕྱིར་རོ། །གཞན་དུ་ན་ཁྱེད་རང་གིས། རྗེ་བཙུན་རྩེ་མོས་རྒྱུན་བཤགས་ཀྱི། །དུས་སུ་ཉེས་སྤྱོད་སྤོང་བ་ཡི། །སྡོམ་པ་སྐྱེ་ཞིང་དེ་ཉིད་ཀྱང་། །སོ་སོར་ཐར་པར་བཞེད་དེ་ཅི། །ཞེས་པའི་དྲི་བ་དེ་ཡང་དྲིས་པས་འཁོར་གསུམ་དུ་འགྱུར་ཞིང་། དེ་བཞིན་དུ། རྗེ་བཙུན་རྩེ་མོས་རྒྱུན་བཤགས་ཀྱི། །དུས་སུ་དགེ་བ་ཆོས་སྡུད་ཀྱི། །སྡོམ་པ་སྐྱེ་ཞིང་དེ་ཉིད་ཀྱང་། །བྱང་སེམས་སྡོམ་པར་བཞེད་དེ་ཅི། །ཞེས་དྲིས་པས་སྔ་མ་བཞིན་དུ་འགྱུར་རོ། །

(༥༥) རྡོ་རྗེ་ཕག་མོ་འགའ་ཞིག་གི། །དབང་བཞི་ཚད་ལྡན་གཞུང་ལས་བཤད། །དེ་དག་སྨིན་བྱེད་དབང་བསྐུར་དུ། །རུང་ངམ་མི་རུང་གང་ཡིན་འདྲི། །ཞེས་པའི་ལན་ནི། དེའི་དོན་ཅི། ཕག་མོ་མངོན་འབྱུང་གི་རྒྱུད་ལས་གསུངས་པའི་རྟུལ་ཚོན་གྱི་དཀྱིལ་འཁོར་དུ་དབང་བཞི་བསྐུར་བའི་ཆོ་ག་ལྷ་བུ་ལ་ཟེར་བ་ཡིན་ན། དེ་ནི་སྨིན་བྱེད་དུ་རུང་སྟེ། སངས་རྒྱས་ཀྱི་ངོར་ནས་རྡོ་རྗེ་ཕག་མོ་ལ་སྨིན་བྱེད་བླ་མ་གོང་མས་བཀག་པ་མ་ཡིན་གྱི། ཆོ་གའི་ངོས་ནས་བྱིན་རླབ་སྨིན་བྱེད་ཡིན་པ་བཀག་པ་ཡིན་པའི་ཕྱིར་རོ། །དཔེར་ན་རྗེ་བཙུན་རྡོ་རྗེ་བདག་མེད་མ་ལ་ཡང་རྩ་རྒྱུད་བརྟག་གཉིས་ཀྱི་ལེའུ་བཅུ་པ་ལས་གསུངས་པའི་རྟུལ་ཚོན་གྱི་དཀྱིལ་འཁོར་དུ་དབང་བསྐུར་བའི་ཆོ་ག་སྨིན་བྱེད་དུ་བཞེད་ཀྱང་། བདག་མེད་མའི་བྱིན་རླབས་སྨིན་བྱེད་དུ་མི་བཞེད་པ་བཞིན་ནོ། །ཕན་ཐོགས་པར་གྱུར་ཅིག །

༼༥༦༽ རྡོ་རྗེ་ཕག་མོའི་བྱིན་རླབས་ལས། །སྡོམ་པ་འབོགས་པའི་ཆོ་ག་དང་། །དཀྱིལ་འཁོར་དང་ནི་དབང་བསྐུར་བ། །རང་ལུགས་ལ་ཡང་མི་བཞེད་དམ། །ཞེས་པའི་ལན་ནི། སིན་དྷུ་ར་ཡི་དཀྱིལ་འཁོར་དུ་སློབ་མ་བཅུག་ནས་བྱིན་རླབས་ལ་དབང་བཞིའི་ཐ་སྙད་ཙམ་ཞིག་ཡོད་པ་དེང་སང་ཕྱག་ལེན་ལ་ཡོད་པ་འདི་ལ་ཟེར་བ་ཡིན་ན་ནི། སྔགས་སྡོམ་གསར་དུ་འབོགས་པའི་ཆོ་ག་མ་ཡིན་ཏེ། སྔར་སྔགས་སྡོམ་ཐོབ་ཟིན་པ་ལ་ཡེ་ཤེས་སྐྱེ་བའི་སྣ་འདྲེན་དུ་བྱིན་རླབས་ཀྱི་ཆོ་ག་ཙམ་ཡིན་པར་རྗེ་ལྷུང་འགྲེལ་སྙིང་དང་། བསྟན་བཅོས་འདི་གཉིས་ཀར་དུ་གསལ་བར་གསུངས་བཞིན་དུ། ད་དུང་འདྲི་ན་ཧ་ཅང་ཐལ་བའི་ཕྱིར་རོ། །ཆ་གཅིག་ནས་བདེན་ཀྱང་བདེན་འདི་འདྲ་མང་པོ་ཡོད། གལ་ཏེ་དེར་རྒྱུན་བཤགས་དང་རིགས་ལྔའི་སྡོམ་བཟུང་ཡོད་པས་སྡོམ་པ་གསར་དུ་འབོགས་པའི་ཆོ་གར་འགྱུར་རོ་སྙམ་ན་དེ་འདྲ་བ་ནི་མངོན་རྟོགས་རེ་རེ་བསྒོམ་པའི་སྔོན་འགྲོ་ལ་ཡང་དགོས་པས་སྡོམ་པ་གསར་དུ་འབོགས་པའི་ཆོ་ག་ཡིན་ནམ་ཅི། །

༼༥༧༽ བྱིན་རླབས་ཆོས་སྐོར་མི་བཞེད་ན། །རྫོགས་རིམ་འགའ་ཞིག་ཉན་པའི་སར། །བྱིན་རླབས་ངེས་པར་མཛད་དེ་ཅི། །ཅེས་པའི་ལན་ནི། དྭགས་པོ་བཀའ་བརྒྱུད་པ་དག་གིས་ཆོས་སྐོའི་དོན། སྔར་སྨིན་བྱེད་མ་ཐོབ་ཀྱང་བྱིན་རླབས་དེ་ཉིད་བྱས་པས་ན་རོ་ཆོས་དྲུག་ཉན་ཞིང་བསྒོམ་དུ་རུང་བར་འདོད་ལ། དེ་འདྲའི་ཆོས་སྐོར་ནི་འདིར་མི་བཞེད་དེ། གཞུང་ཉིད་དུ་བཀག་པའི་ལུང་རིགས་རྣམས་ལ་བལྟས་པས་གསལ་ལོ། །ཤིན་ཏུ་སྤྲོས་མེད་དང་། དྲིལ་བུ་རིམ་ལྔ་སོགས་རྫོགས་རིམ་འགའ་ཞིག་ཉན་པའི་སར་བྱིན་རླབས་ངེས་པར་མཛད་ཀྱང་། དེ་སྔར་གྱི་ཆོས་སྐོར་དེ་དང་གཏན་མི་གཅིག་སྟེ། བྱིན་རླབས་དེ་ཉིད་ཀྱི་སྔོན་དུ་སྨིན་བྱེད་འགྲོ་དགོས་པར་བཞེད་པའི་ཕྱིར་རོ། །དྲི་བ་འདི་ཡང་གཞི་མེད་པ་ཙམ་མོ། །

༼༥༨༽ རང་བྱུང་ནས་ནི་ཚུར་ཤོག་བར། །སྔོན་ཆོག་ཡིན་པར་གང་དུ་བཤད། །ཅེས་པའི་ལན་ནི། དེ་དག་བསྙེན་རྫོགས་ཀྱི་སྡོམ་པ་ཐོབ་པར་བྱེད་པའི་ཆོ་ག་ཁྱད་པར་ཅན་གང་ཞིག ད་ལྟར་གྱི་ཆོ་ག་མ་ཡིན་པ་ལ་དགོངས་ནས་སྔོན་ཆོག་ཏུ་བཞེད་པ་ཡིན་ལ། རྒྱ་ཆེར་འགྲེལ་ལས། མདོ་རྩའི་ཐོག་མར་འབྱུང་བའི་གསོལ་བ་དང་གཞིའི་ལས་ཀྱིས་ཅིག་ཆར་རབ་ཏུ་བྱུང་བ་དང་བསྙེན་པར་རྫོགས་པའི་ཆོ་ག་ཁོ་ན་ལ་སྔོན་ཆོག་ཏུ་བཤད་པ་ནི་ལུང་གཞིའི་རབ་བྱུང་གི་གཞིའི་སྐབས་ནས་བཤད་པའི་ཆོ་ག་ལ་སྔོན་ཆོག་དང་། ད་ལྟར་གྱི་ཆོ་ག་གཉིས་སུ་ཕྱེ་བའི་ཚེ་འདི་ཁོ་ན་སྔོན་ཆོག་ཡིན་ཞེས་པའི་དོན་ཡིན་གྱི་སྔོན་ཆོག་ཐམས་ཅད་དེར་ངེས་པར་སྟོན་པ་ནི་མ་ཡིན་ནོ། །

༼༥༩༽ གསང་བ་སྤྱི་རྒྱུད་དག་ལས་ནི། །དཀྱིལ་འཁོར་དག་ཏུ་འཇུག་པ་ཡི། །སློབ་མ་གཉིས་དང་བཞི་ལ་སོགས། །ཟུང་དུ་བཤད་པའང་འགའ་ཞིག་ཡོད། །ཅེས་པའི་ལན་ནི། སྤྱི་རྒྱུད་ལས། བླ་མས་སློབ་མ་གཅིག

སྤུ་ནི། །དཀྱིལ་འཁོར་དག་ཏུ་དབང་བསྐུར་བྱ། །མཁས་པས་ཅིག་ཆར་སློབ་མ་གཉིས། །དབང་བསྐུར་བ་ནི་ཡོངས་མི་བྱ། །གསུམ་མམ་གཉིས་སམ་བཞི་ཡང་རུང་། །ཟླ་མས་དབང་བསྐུར་བྱ་བ་ནི། །ཡོ་བྱད་གསར་པ་གཞན་རྣམས་ཀྱི། །ཐམས་ཅད་སོ་སོར་སོ་སོར་བྱ། །རིག་སྔགས་དབང་ནི་ཐོས་པ་ལ། །སྒྲུབ་པའི་དཀྱིལ་འཁོར་དབང་བསྐུར་བྱ། །དབང་བསྐུར་བ་ཡི་ཆོ་ག་དང་། །སྒྲུབ་པའི་ཆོ་ག་འང་དེ་བཞིན་བྱ། །ཞེས་གསུངས་པ་འདི་ལ་འཁྲུལ་པ་ཡིན་པ་འདྲ། དེ་ལས་གཞན་སློབ་མ་གཉིས་སམ་བཞི་དཀྱིལ་འཁོར་དུ་འཇུག་པ་སྟོན་པའི་ཚིག་རྐྱང་དེའི་ནང་ན་མི་སྣང་ངོ་། །ལུང་དེའི་དོན་སྤྱི་གོན་དང་། འཇུག་པ་དང་། ཆུ་དང་ཅོད་པན་གྱི་དབང་རྣམས་གཅིག་ནས་ཉི་ཤུ་རྩ་ལྔའི་བར་ཟུང་དུ་མ་གྱུར་པ་ལ་ཅིག་ཆར་བྱས་ནས་བསྒྲུབ་པའི་དཀྱིལ་འཁོར་གྱི་དབང་བསྐུར་བར་བྱ་བའི་ཚེ། སློབ་མ་གཅིག་ཁོ་ན་ལ་བྱ་བ་ཡིན་གྱི་གཉིས་དང་གསུམ་དང་བཞི་ལ་སོགས་པ་ལ་ཅིག་ཆར་མི་རུང་བར་རྒྱུད་དེ་ར་གསལ་བར་གསུངས་ལ། གལ་ཏེ་དུ་མ་ལ་བྱ་དགོས་ན་ཡོ་བྱད་གསར་པ་སྦྱར་ནས་རེ་རེ་བཞིན་དུ་སོ་སོར་བྱ་བར་དངོས་སུ་གསུངས་བཞིན་དུ་དེའི་དོན་གཉིས་དང་བཞི་ལ་སོགས་པ་སློབ་མ་ཟུང་དུ་གྱུར་པ་ཅིག་ཆར་འཇུག་པ་ལ་འཆད་པ་ནི་བློ་གྲོས་རྩིངས་པའམ། ཧམ་པ་ཆེས་པའམ། བརྟག་དཔྱད་བྱ་ཡོང་མ་བྱུང་པའམ། རང་དགར་ཅི་དྲན་སྨྲས་པར་ཟད་དོ། །གལ་ཏེ་གཉིས་དང་བཞི་ལ་སོགས་པ་དཀྱིལ་འཁོར་དུ་དབང་བསྐུར་བར་བཤད་འདུག་པས། དེ་དག་ཅིག་ཆར་དབང་བསྐུར་བ་ལས་འོས་མེད་པའི་ཕྱིར་ན་གཅིག་ནས་ཉི་ཤུ་རྩ་ལྔའི་བར་གྱི་ཟུང་དུ་མ་གྱུར་པ་བཟུང་བ་ལ་གནོད་དོ་སྙམ་ན། དེ་ནི་རྡོ་རྗེ་འཆང་ལ་ནང་འགལ་བཟུང་བར་སྣང་བས་འཛིགས་སུ་རུང་བའི་གནས་སུ་འདུག་ཅིང་། དེ་བས་དེང་སང་ལམ་འབྲས་འཆད་པ་པོ་དག་ལ། རྒྱུ་དུས་དབང་བསྐུར་དུས་སུ་ནི། །སློབ་མ་ལྔ་བརྒྱ་དྲུག་བརྒྱ་སོགས། །ཟུང་དུ་གྱུར་པ་རྣམས་ལ་ནི། །དབང་བསྐུར་བྱེད་པའང་འགའ་ཞིག་མཐོང་། །ཞེས་པའི་སྒོ་ནས་ནང་འགལ་བཟུང་བར་རིགས་ཏེ། རྒྱུ་མཚན་མེད་པ་མཉམ་པོ་ལ་འདི་དེ་ལས་ཡུལ་མི་གཉན་པའི་ཕྱིར་རོ། །

༼༨༠༽ ལྷ་ཡང་ཉི་མ་ཤར་བ་ན། །ངེས་པར་མཆོད་ནས་གཤེགས་དགོས་ན། །སྤྱི་གོན་དངོས་གཞིའི་བར་དུ་ཡང་། །མཆོད་ནས་གཤེགས་གསོལ་བྱེད་དགོས་སམ། །སློབ་མའི་དབང་དང་སློབ་དཔོན་གྱི། །དབང་གི་བར་དུ་ཞག་གིས་ནི། །ཆོད་པ་དག་ལའང་དེ་བཞིན་ནམ། །ཞེས་པའི་ལན་ནི། ལྷ་ཡང་ཉི་མ་ནུབ་པ་ན། །ངེས་པར་བྱིན་གྱིས་རླབས་ཀྱིས་འདུ། །ཉི་མ་ཤར་བར་མ་གྱུར་བར། །མཆོད་ནས་གཤེགས་སུ་གསོལ་བ་ཤིས། །ཅེས་པའི་ཚིག་འདི་བསྟན་བཅོས་རྩོམ་པ་པོ་འདིའི་ཚིག་ཡིན་སྙམ་ནས་སུན་འབྱིན་པར་སྣང་མོད། དེ་ནི་གསང་བ་སྤྱི་རྒྱུད་ཀྱི་རྒྱུད་ཚིག་ཡིན་པས་ཁྱོད་ཅི་སྙམ་པ་ཡིན། གལ་ཏེ་རྒྱུད་ཚིག་ཡིན་ཀྱང་སུན་འབྱིན་ནོ་སྙམ་ན།

སངས་རྒྱས་རྡོ་རྗེ་འཆང་གི་རྗེས་སུ་འབྲང་བའི་སྔགས་པ་རྣམས་འདུས་ནས་ཅི་དྲག་བཀའ་གྲོས་ཅིག་དགོས་པར་འདུག ད་ལན་རེ་ཤིག་བཞག་གོ། །

༼༥༡༽ དཀྱིལ་འཁོར་གཞན་དུ་མ་ཞུགས་པར། །རྡོ་རྗེ་སློབ་དཔོན་དྲིལ་བུ་པའི། །དབང་གི་ཚོགས་གསང་སྔགས་ཀྱི། །སྡོམ་པ་ཐོབ་བམ་མི་ཐོབ་དྲི། །ཞེས་པའི་ལན་ནི། སྐུ་ནས་འདིར་སོང་ནས་དྲི་བ་འདི་འདྲ་བྱེད་པ་མཐོང་ཙ་ན། རྗེ་བླ་མའི་བཀའ་དྲིན་ཡང་ཡང་དྲན། འདིའི་ལག་ལེན་ཨེ་ཝཾ་ཆོས་ལྡན་གྱི་སྲང་སྒྲག་ཆེན་བྲུལ་ནས་ཀྱང་ཡོད་སློབ་མཁན་བཏང་བས་ཁྲབ།

༼༥༢༽ རྟུལ་ཆེན་མིན་པར་སྨིན་བྱེད་ཀྱི། །དབང་བསྐུར་དེང་སང་མི་རུང་ན། །འཁོར་ལོ་སྡོམ་པའི་རས་བྲིས་ཀྱི། །དཀྱིལ་འཁོར་དག་ཏུ་དབང་བསྐུར་ནས། །ཕག་མོའི་བྱིན་རླབས་མཛད་འདི་ཅི། །ཅེས་པའི་ལན་ནི། འདི་ལ་རྒྱ་གར་ན་དུས་ཀྱི་འཁོར་ལོའི་རྒྱུད་ཀྱི་རྗེས་སུ་འབྲངས་ནས། ན་རོ་པས། དབང་མདོར་བསྟན་གྱི་འགྲེལ་པར། དབང་བདུན་པོ་འདི་དག་ནི་རྟུལ་ཆེན་གྱི་དཀྱིལ་འཁོར་སྤྲངས་ནས། གཞན་རས་བྲིས་ལ་སོགས་པར་བསྐུར་བར་བྱ་བ་མ་ཡིན་ཏེ། ཞེས་རྟུལ་ཆེན་ཁོ་ན་དགོས་པར་བཞེད་པ་དང་། ཀྱེ་རྡོ་རྗེའི་རྒྱུད་ཀྱི་རྗེས་སུ་འབྲངས་ནས། རྣལ་འབྱོར་དབང་ཕྱུག་གིས་ཐོག་མར་རྒྱུད་སྨིན་པ་ལ་དབང་གི་མངོན་པར་རྟོགས་པ་བདུན་ལྡན་དགོས་པས་རྟུལ་ཆེན་ཁོ་ན་དགོས་པར་བཞེད་པ་ནི་སྲོལ་ཆེན་པོ་གཅིག་ཏུ་སྣང་ངོ་། །ཡང་ཨ་བྷྱ་ཀྲ་ན་ལས། དཀྱིལ་འཁོར་དྲུག་གསུངས་པའི་ནང་ནས་རས་བྲིས་ཀྱི་དཀྱིལ་འཁོར་གཅིག་ཏུ་གསུངས་པའི་རྗེས་སུ་འབྲངས་ནས། སློབ་དཔོན་དགའ་རབ་རྡོ་རྗེ་དང་། རྡོ་རྗེ་དྲིལ་བུ་པས། སྨིན་བྱེད་ལ་རས་བྲིས་རུང་བར་གསུངས་ཤིང་། དེ་བཞིན་དུ་གྲུབ་ཆེན་ཀླུའི་བྱང་ཆུབ་ཀྱིས། སློབ་མའི་དོན་ཀུན་འགྲུབ་བྱའི་ཕྱིར། །འཁོར་ལོ་རྣམ་བརྒྱད་བྲི་བར་བྱ། །ཅེས་དཀྱིལ་འཁོར་བརྒྱད་གསུངས་པའི་ནང་དུ་ཡང་རས་བྲིས་ཀྱི་དཀྱིལ་འཁོར་གསུངས་པ་དང་། སློབ་དཔོན་སྒྲ་གཅན་འཛིན་དཔལ་བཤེས་གཉེན་གྱིས་གསང་བ་འདུས་པའི་དཀྱིལ་འཁོར་གྱི་ཆོ་ག་རས་བྲིས་ལ་བརྟེན་པ་མཛད་པ་རྣམས་ནི་སྲོལ་ཆེན་པོ་གཅིག་ཏུ་སྣང་ངོ་། །དེ་ལ་བསྟན་བཅོས་འདིར་ལམ་གྱི་རིམ་པ་ཐམས་ཅད་པིར་པའི་དགོངས་པ་གཞིར་གཞག་ནས་རྟུལ་ཆེན་དགོས་པར་གསུངས་ལ། བདེ་མཆོག་གི་སྐབས་སུ་རྗེ་ས་ཆེན་གྱིས་ནག་པོ་དཀྱིལ་ཆོག་རས་བྲིས་ལ་བརྟེན་པ་མཛད་པ་ལྟ་བུ། རས་བྲིས་ཀྱང་བཞེད་པས་འཁོར་ལོ་བདེ་མཆོག་རས་བྲིས་ཀྱི་དཀྱིལ་འཁོར་དུ་དབང་བསྐུར་ནས་ཕག་མོའི་བྱིན་རླབས་མཛད་པ་ཡང་དགོངས་པ་དེ་བཞིན་དུ་ཤེས་པར་བྱའོ། །འདི་ཡང་དོགས་གཅོད་དགོས་པའི་དྲི་བར་སྣང་ངོ་། །

༼༥༣༽ སྨིན་བྱེད་མིན་པའི་དབང་བསྐུར་ལས། །སྡོམ་གསུམ་ཐོབ་པ་ཡོད་དམ་མེད། །མེད་ན་དེ་ལས་

གང་ཞིག་ཐོབ། །ཡོད་ན་དེ་ཡང་སྨིན་བྱེད་དུ། །ཐལ་བར་འགྱུར་བ་མ་ཡིན་ནམ། །དེས་ན་སྨིན་བྱེད་མིན་པ་ཡི། ། དབང་བསྐུར་བཞེད་དམ་མི་བཞེད་དྲི། །ཅེས་པའི་ལན་ནི། ཐོག་མར་སེམས་སྐྱེད་བླངས་ནས་ནི། །དེ་རྗེས སེམས་བསྐྱེད་ཚོག་ལས། །སྡོམ་པ་ཐོབ་པ་ཡོད་དམ་མེད། །མེད་ན་དེ་ལས་གང་ཞིག་ཐོབ། །ཡོད་ན་དེ་ཡང་ དང་པོ་ཡི། །སེམས་སྐྱེད་ཚོགས་འགྱུར་མིན་ནམ། །ཞེས་ཁྱོད་ཉིད་ལ་ཕར་འདྲི་སྟེ། དེའི་ལན་གང་སྨྲས་པ་དེ་ ཉིད་འདིའི་ལན་གྱི་ཆེད་དུ་བཏང་བར་བྱའོ། །དེས་ཚིག་རྐང་ཕྱི་མ་གཉིས་ཀྱི་ལན་ཀྱང་འགྲུབ་མོད། རྗེ་བཙུན་ གྱི་དབང་གི་རབ་དབྱེ་བཅུ་གཉིས་གསུངས་པ་མཐོང་ན་འདི་འདྲའི་དྲི་བ་གཏང་ན་སྲིད། དེ་ལ་ཡིད་མི་ཆེས་ན་ཡང་། རྒྱུ་ དུས་དང་ལམ་དུས་ཀྱི་དབང་གི་ཁྱད་པར་ཙམ་ཞིག་ཤེས་ན་ཡང་སྨིན་བྱེད་མ་ཡིན་པའི་དབང་བསྐུར་བཞེད་མི་ བཞེད་དྲི་བའི་དོན་མེད་དོ། །འོན་ཡང་ཐུགས་མད་དེ། འོས་མེད་པའི་ཕྱིར་རོ། །

༼༨༤༽ རྒྱུད་སྡེ་འོག་མ་གསུམ་པོ་ལ། །དབང་བཞི་རིམ་གཉིས་མི་རུང་ན། །རྒྱུད་སྡེ་གོང་མའི་རྒྱས་ བཀབ་ནས། །རུང་བར་འཆད་པ་འདི་ཅི་ཞིག །ཅེས་པའི་ལན་ནི། རྒྱུད་སྡེ་འོག་མ་གསུམ་གྱི་ཚིག་རང་རྐང་ལ་ དབང་བཞི་རིམ་གཉིས་མེད་ཀྱང་། རྒྱུད་སྡེ་འོག་མའི་ལྷ་ལ་རྒྱུད་སྡེ་གོང་མའི་ཚོགས་རྒྱས་བཀབ་པའི་ཚེ། རུང་ བ་དེ་ཉིད་ཡིན་པས་ཁྱེད་རང་གིས་རྒྱ་མཚན་བཀོད་བཞིན་དུ་གཞན་ལ་རྒྱ་མཚན་དྲི་བ་འདི་ཐོལ་ཕྱིར་ཐོལ་ གཉིས་ལ་དོན་མེད་དོ། །དཔེར་ན། མགར་བས་མགར་བའི་ལས་བྱེད་ཚེ། །བྲོ་བའི་སྟང་སྟབས་མི་རུང་ན། །བྲོ་ བའི་ནང་དུ་ཞུགས་པའི་ཚེ། །སྟང་སྟབས་བྱེད་པ་འདི་ཅི་ཞིག །ཅེས་པ་དང་མཚུངས་སོ། །སྤྱིར་འདི་འདྲའི་ རིགས་ཅན་ཀུན་ལ་རྒྱུད་སྡེ་དེའི་ལྷ་དང་། རྒྱུད་སྡེ་དེའི་ཚིག་གཉིས་མ་ནོར་བ་གལ་ཆེ་ཡང་ཕལ་ཆེར་ནི་དེ་ གཉིས་མ་ཕྱེད་བཞིན་དུ་འཆད་རྩོད་རྩོམ་གསུམ་ལ་ཞུགས་པར་སྣང་ངོ་། །

༼༨༥༽ རྡོ་རྗེ་ཐེག་པའི་ལམ་ཞུགས་ནས། །སྨིན་གྲོལ་གཉིས་ལ་འབད་དགོས་ཤིང་། །སྨིན་གྲོལ་རིམ་ གཉིས་ལ་བཞེད་ན། །རྒྱུད་སྡེ་འོག་མའི་རང་རྐང་ལས། །སངས་རྒྱས་བསྒྲུབ་པ་ཇི་ལྟར་བྱ། །དེ་ལའང་སྨིན་ གྲོལ་མི་བཞེད་དམ། །ཞེས་པའི་ལན་ནི། བསྟན་བཅོས་འདིའི་སྐབས་སྡོམ་གྱི་སྐབས་འདིར་རྡོ་རྗེ་ཐེག་པ་ཞེས སྤྱིར་བཏང་བ་ཕལ་ཆེར་སྐབས་ཀྱིས་བླ་མེད་ལ་འཇུག་པས་དེའི་སྨིན་གྲོལ་གཉིས། དབང་བཞི་དང་། རིམ་ གཉིས་ལ་བཞེད་པ་ཡིན་གྱི། རྒྱུད་སྡེ་འོག་མ་གསུམ་ལ་རང་རང་གི་སྨིན་གྲོལ་ཡོད་ཀྱང་། དབང་བཞི་དང་། རིམ་གཉིས་ཡོད་མི་དགོས་སོ། །རྒྱུད་སྡེ་འོག་མའི་རང་རྐང་ལས། སངས་རྒྱས་བསྒྲུབ་པའི་ཚུལ་ནི་ཕ་རོལ་ཏུ ཕྱིན་པའི་ཐེག་པ་དང་འདྲ་བར་ས་བཅུ་པའི་བར་དུ་སྒྲུབ་ནུས་པ་ཡིན་གྱི་བླ་མེད་ལ་མ་ཞུགས་པར་སྦྲས་པའི་ས གསུམ་བགྲོད་མི་ནུས་པས་བཅུ་གསུམ་རྡོ་རྗེ་འཛིན་པའི་ས་སྒྲུབ་པ་ལ་དགོངས་ནས། བླ་མེད་ཀྱི་སྨིན་གྲོལ་ཁོ

ན་དགོས་པར་གསུངས་པ་སྟེ། འདི་དག་གི་རྣམ་གཞག་རྒྱས་པར་གཞན་དུ་ཤེས་པར་བྱའོ། །ས་བཅུ་གཅིག་པ་ཕ་རོལ་ཏུ་ཕྱིན་པའི་འབྲས་བུར་བཞག་པ་ནི་ས་བཅུ་པ་མན་ཆད་རང་ལམ་གྱིས་བགྲོད་ནུས་ཤིང་དེ་ཡང་ལམ་དུ་འདོད་ལ། རང་ལུགས་ཀྱི་འབྲས་བུའི་རྣམ་གཞག་གཅིག་ཀྱང་དགོས་པས་དེ་ཉིད་ཀྱི་དབང་དུ་བྱས་པ་ཡིན་གྱི། བླ་མེད་ལ་མ་ཞུགས་པར་ལམ་རང་ཉིད་ཀྱིས་ཐོབ་པར་མི་ནུས་པའི་གནད་ཀྱང་ཡོད་མོད་ཀྱི་ད་དུང་གཞན་གྱིས་རྟོགས་པར་དཀའོ། །

༼༤༤༽ རང་རང་གཞུང་བཞིན་བྱས་ཚོག་ན། །དབང་དང་རིམ་གཉིས་མི་ལྡན་པས། །རྡོ་རྗེ་ཐེག་པའི་བསྟན་པ་མིན། །ཞེས་སོགས་གསུངས་པ་ཅི་ལ་དགོངས། །ཅེས་པའི་ལན་ནི། རྒྱུད་སྡེ་འོག་མ་གསུམ་པོ་ཆོས་ཅན། རྡོ་རྗེ་ཐེག་པའི་བསྟན་པ་མ་ཡིན་པར་ཐལ། དབང་དང་རིམ་གཉིས་མི་ལྡན་པའི་ཕྱིར། འདོད་ན། དེ་ཡིན་པར་ཐལ། རང་རང་གི་གཞུང་བཞིན་དུ་བྱས་ཚོག་པ་གང་ཞིག རང་རང་གི་གཞུང་ནས་བསྟན་པ་དེ་རྡོ་རྗེ་ཐེག་པའི་བསྟན་པ་ཡིན་པའི་ཕྱིར། ཞེས་པ་འདི་འདྲི་བའི་དོན་ཡིན་ན་ནི། རྡོ་རྗེ་ཐེག་པ་སྤྱི་བཏང་གི་དོན་སྟེར་བཤད་པ་བཞིན་རྟོགས་ན། ལན་རང་གྲོལ་དུ་འགྲོའོ། །དྲིས་པའི་ཚིག་ལ་དེ་ལས་གཞན་པའི་ཨརྠ་ན་ཧེ། །

༼༤༧༽ དབང་བསྐུར་སེམས་བསྐྱེད་མ་ཐོབ་ཀྱང་། །དོན་ཞགས་ལ་སོགས་བསྒྲུབ་རུང་ན། །དོ་སྣོར་བ་ཡི་དྲིས་ལན་ལས། །རྣམ་རྒྱལ་དོན་ཞགས་ལ་སོགས་ལ། །སེམས་བསྐྱེད་ཐོབ་ནས་སྤྱོད་དགོས་པར། །གསུངས་པའི་དགོངས་པ་གང་དུ་བཅལ། །ཞེས་པའི་ལན་ནི། དབང་བསྐུར་སེམས་བསྐྱེད་མ་ཐོབ་ཀྱང་། དོན་ཞགས་ལ་སོགས་བསྒྲུབ་ཏུ་རུང་བར་གསུངས་པ་ནི་ལས་སྒྲིབ་འདག་པའི་ཆེད་དུ་སྨྱུང་གནས་ཀྱི་ཆོ་ག་ལ་དགོངས་ལ། འཇུག་པ་སེམས་བསྐྱེད་ཐོབ་ནས་སྤྱོད་དགོས་པར་གསུངས་པ་ནི་སྒྲུབ་པའི་ཐབས་ཀྱི་སྒོ་ནས་ཚུལ་བཞིན་དུ་བསྒྲུབ་པ་ལ་དགོངས་ཏེ། སྤྱོད་པའི་དོན་ཡང་དབང་བསྐུར་དང་རྗེས་གནང་ཡང་ཐོབ་དགོས་པའོ། །

༼༤༨༽ བྱ་སྤྱོད་རྣལ་འབྱོར་རྒྱུད་གསུམ་གྱི། །སྒོམ་ཆེན་གང་དེ་ཕ་རོལ་ཏུ། །ཕྱིན་པའི་སྒོམ་ཆེན་དུ་བཞེད་དམ། །ཞེས་པ་འདི་འོག་སྤྱོད་པ་ལ་ལོག་རྟོག་འགོག་པའི་སྐབས་སུ་འོང་རྒྱུར་འདུག་ནའང་། འདིར་དྲིས་འདུག་པའི་ལན་ནི། གཞུང་ལས། རིམ་པ་གཉིས་པོ་མི་བསྒོམ་པའི། །སྒོམ་ཆེན་བཟང་ཡང་ཕ་རོལ་ཏུ། །ཕྱིན་པའི་སྒོམ་ཆེན་ལས་མ་འདས། །མདོ་ལས་ཡུལ་ཆེན་དེ་དག་ཏུ། །འགྲོ་བའི་ཆོ་ག་བཤད་པ་མེད། །ཅེས་པ་འདི་སྤྱོད་པ་བྱེད་པའི་གང་ཟག་ལ་ལོག་རྟོག་འགོག་པའི་སྐབས་ཡིན་ལ། འདིའི་སྒོམ་ཆེན་གྱི་དོན་ས་ལམ་གྱི་རྟོགས་པ་བསྐྱེད་པ་ཡིན་པས། སྤྱོད་པའི་སྒོ་ནས་ས་ལམ་གྱི་རྟོགས་པ་བསྐྱེད་པ་ལ་ལུས་ལ་གནད་དུ་བསྣུན་པའི་སྒོ་ནས་སྐྱེད་དགོས་ཤིང་། དེ་ཡང་བླ་མེད་ཁོན་ལ་ཡོད་ལ། རིམ་གཉིས་མི་བསྒོམ་པའི་ལམ་གྱི་རྟོགས་པ་བསྐྱེད་ཚུལ་ནི།

སེམས་ལ་གནད་དུ་བསྣུན་ནས་བསྐྱེད་པ་ཡིན་པས་ཕ་རོལ་ཏུ་ཕྱིན་པའི་ལུགས་ཀྱི་ས་ལམ་གྱི་རྟོགས་པ་བསྐྱེད་ཚུལ་ཡིན་པ་ལ་དགོངས་ནས་དེའི་སྒོམ་ཆེན་ཞེས་གསུངས་པ་ཡིན་གྱི། རིམ་གཉིས་མི་བསྒོམ་པའི་ཉམས་ལེན་ཐམས་ཅད་ཕ་རོལ་ཏུ་ཕྱིན་པའི་ཉམས་ལེན་དང་། དེའི་གང་ཟག་ཐམས་ཅད་ཕ་རོལ་ཏུ་ཕྱིན་པའི་གང་ཟག་ཏུ་སྟོན་པ་མ་ཡིན་ནོ། །དེས་ན་བྱ་སྤྱོད་རྣལ་འབྱོར་རྒྱུད་གསུམ་གྱི་ས་ལམ་གྱི་རྟོགས་པ་བསྐྱེད་ཚུལ་དེ་ཡང་ཕ་རོལ་ཏུ་ཕྱིན་པའི་ལུགས་ཀྱི་བསྐྱེད་ཚུལ་ལས་མ་འདས་པས་སྤྱོད་པའི་རྣམ་བཞག་མེད་ཅེས་པ་སྟེ་རྣམ་བཤད་དུ་གསལ་བར་བཤད་ཟིན་ཏོ། །

༼༥༩༽ ཕར་ཕྱིན་ཐེག་པས་འཚང་རྒྱ་བ། །སྔགས་ཀྱི་ཐེག་པའི་ཉེ་ལམ་ལ། །ལྟོས་པར་བཞེད་ན་འདི་ཉིད་ལས། །གཏུམ་མོ་ལ་སོགས་ཐབས་ལམ་བྲལ། །ཕྱག་རྒྱ་ཆེན་པོའི་ཐ་སྙད་མེད། །ཅེས་སོགས་གསུངས་པ་ཅི་ལ་དགོངས། །མི་ལྟོས་ན་ནི་བདག་མེད་མའི། །བསྟོད་པའི་འགྲེལ་པར་གསུངས་དེ་ཅི། །བཅུ་གཅིག་ཀུན་ཏུ་འོད་ཀྱིས། །དེ་ལ་མི་ལྟོས་བཅུ་གསུམ་པ། །སྔགས་ལ་ལྟོས་པར་བཞེད་ཅེ་ན། །ཀུན་ཏུ་འོད་ས་བཅུ་གཅིག་པ། །ཡིན་པར་སྔགས་གཞུང་གང་ལས་གསུངས། །ཅེས་པའི་ལན་ནི། ཕར་ཕྱིན་ཐེག་པས་སྔགས་ཀྱི་ཉེ་ལམ་ལ་མི་ལྟོས་པར་ས་བཅུའི་བར་བགྲོད་ནུས་ཤིང་། གྲངས་མེད་གསུམ་གྱི་དཀའ་སྤྱད་ཀྱང་དེའི་བར་དུ་ཡིན་ཏེ། ས་བཅུ་པ་ཐོབ་ནས་ཉེ་རྒྱུའི་སྤྱོད་པས་ཇི་ལྟར་རིང་ན་ཡང་ཞག་བདུན་གྱིས་རྡོ་རྗེ་འཛིན་པའི་ས་ཐོབ་པར་རྡོ་རྗེ་གུར་ལས་གསུངས་པས་སོ། །དེས་ན་དེའི་བར་དུ་སྔགས་ལམ་ལ་མི་ལྟོས་པ་ལ་དགོངས་ནས། གལ་ཏེ་འདི་བཞིན་བསྒྲུབ་འདོད་ན། །རྡོ་རྗེ་ཕག་མོའི་བྱིན་རླབས་མེད། །ཅེས་སོགས་གསུངས་པར་གཞུང་ཉིད་ན་གསལ་བས་དོགས་པ་འདི་འདང་གཞི་མེད་པ་ཙམ་ཡིན་ནོ། །རྫོགས་པའི་སངས་རྒྱས་ལམ་པོ་ཆེ། །ཞེས་དང་། རྫོགས་པའི་སངས་རྒྱས་ཐོབ་པར་གསུངས། །ཅེས་པ་ནི་ཕ་རོལ་ཏུ་ཕྱིན་པ་བས་རང་ལུགས་ཀྱི་ལམ་དེ་སྤྱང་རྟོགས་མཐར་ཕྱུག་གི་རྫོགས་པའི་སངས་རྒྱས་ཐོབ་པར་འདོད་པས་དེའི་ལུགས་བཀོད་པ་ཡིན་གྱི། ལམ་དེས་ས་བཅུ་པའི་བར་དུ་བགྲོད་ཟིན་ནས། ས་གོང་མ་གསུམ་བགྲོད་པ་ནི་སྔགས་ཀྱི་ཐེག་པའི་ཉེ་ལམ་ལ་ངེས་པར་ལྟོས་པས། བདག་མེད་བསྟོད་འགྲེལ་དང་། མི་འགལ་བའི་སྟེང་དུ་གནད་གཅིག་ཏུ་འདུས་པར་འོང་སྟེ། འདི་དག་ཀྱང་རྒྱུད་ཀྱི་རྒྱལ་པོ་སཾ་བྷུ་ཊིའི་སྟེང་དུ། རྗེ་བཙུན་གོང་མ་འབྲུལ་པ་ཟད་པ་དག་གིས་བཀྲལ་བའི་སྒྲོལ། ཡོངས་འཛིན་མཁས་པའི་དྲུང་དུ་ཡུན་རིང་དུ་ཉན་པ་ལས་རྟོགས་དགོས་ཀྱི། ཡིག་ཆ་ཟུར་རེ་རེ་མཐོང་བ་ཙམ་གྱིས་མགར་བ་གསར་པའི་ལག་པ་བཞིན་དུ། ལུགས་སྙམ་གང་ལ་འཇུ་ཅབ་ཅོབ་ཏུ་སྨྲ་བ་དག་གིས་ད་དུང་ངེས་ཤེས་སྐྱེ་བ་དཀའོ། །བཅུ་གཅིག་ཀུན་ཏུ་འོད་ཀྱིས་སྔགས་ལམ་ལ་མི་ལྟོས་པར་མི་འདོད་པ་ནི་བཤད་ཟིན་ལ། བཅུ་གཅིག

པ་ལ་ཀུན་ཏུ་འོད་ཀྱི་སར་སྔགས་གཞུང་གང་ལས་བཤད་ན། བདེ་མཆོག་རྩ་རྒྱུད་དང་། སཾ་བུ་ཊི་ལས། ཕ་རོལ་ཏུ་ཕྱིན་པའི་ཐེག་པ་དང་སྒོ་བསྟུན་པའི་དབང་དུ་བྱས་ནས་ཉེ་བའི་དུར་ཁྲོད་ཀྱི་བར་ས་བཅུ་ལས་མ་གསུངས་ཀྱང་། རྩ་རྒྱུད་བརྟག་གཉིས་ལས། དེའི་སྟེང་དུ་འཐུང་གཅོད་དང་། ཉེ་བའི་འཐུང་གཅོད་གཉིས་བསྣན་ནས་བཅུ་གཉིས་གསུངས་པ་ནི་བྱང་ཆུབ་སེམས་དཔའི་སའི་དབང་དུ་བྱས་པའོ། །ཕྱི་མ་འདི་གཉིས་ལ། རྒྱུད་རྒྱས་པའི་ལུང་ཀུ་སུ་ཧྲིར་དྲངས་པ་ལས། འཐུང་གཅོད་དཔེ་མེད་ཡེ་ཤེས་ཏེ། །ཉེ་བའི་འཐུང་གཅོད་ཡེ་ཤེས་ཆེ། །ཞེས་གསུང་ཞིང་། ཨ་བྷི་དྷ་ན་ལས་ཀྱང་། དཔེ་མེད་ས་དང་ཡེ་ཤེས་ཆེ། །རྡོ་རྗེའི་ས་ནི་བཅུ་གསུམ་པ། །ཞེས་གསུངས་སོ། །འདི་གསུམ་ལ་དགོངས་པ་ལུང་སྟོན་པའི་རྒྱུད་ལས། འཇིག་རྟེན་དང་ནི་འཕགས་པའི་ཆོས། །སྣ་མ་ཀུན་གྱིས་བསྐྱུན་མེད་ཅིང་། །དེ་ཕྱིར་ཀུན་ཏུ་འོད་འགྱེད་པ། །དཔེ་མེད་ཡེ་ཤེས་ཞེས་སུ་བཤད། །ཐུབ་པའི་སྤྱོད་ཡུལ་མ་གཏོགས་པ། །རྒྱལ་སྲས་ཀུན་གྱི་ས་ལས་བརྒལ། །ཤེས་བྱ་ཀུན་ལ་འཇུག་ཆོས་ཅན། །ས་དེ་ཡེ་ཤེས་ཆེན་པོར་བཞེད། །སངས་རྒྱས་རྣམས་ཀྱིས་གང་བརྟེན་པའི། །སར་གྱུར་དེ་ནི་བཅུ་གསུམ་པ། །ཞེས་གསུངས་པ་འདི་འང་དེ་སྟོན་པའི་སྔགས་གཞུང་ཡིན་ནོ། །ཡེ་ཤེས་ཐིག་ལེའི་རྒྱུད་ལས། མོས་པས་སྤྱོད་པ་ས་དང་པོ། གཉིས་པ་རབ་ཏུ་དགའ་བ་ཅེས་པ་ནས་དགུ་པ་ལེགས་པའི་བློ་གྲོས། དེ་རྣམས་ནི་བྱང་ཆུབ་སེམས་དཔའོ། །ཆོས་ཀྱི་སྤྲིན་ནི་སངས་རྒྱས་ཀྱི་ས། ཀུན་ཏུ་འོད་ཀྱི་ས་ནི་ཡང་དག་པར་རྫོགས་པའི་སངས་རྒྱས་ཀྱི་ས། ཀུན་ཏུ་སྣང་བ་མཆེད་པའི་འོད་ནི་དཔལ་རྡོ་རྗེ་སེམས་དཔའ་བཅོམ་ལྡན་འདས་ཀྱི་སྤྲུལ་པའི་སྐུའི་ས། ཀུན་ཏུ་སྣང་བ་ཐོབ་པའི་འོད་ནི་ལོངས་སྤྱོད་རྫོགས་པའི་སྐུའི་ས། ཡང་དག་འོད་ནི་ཆོས་ཀྱི་སྐུའི་ས། བརྗོད་དུ་མེད་པའི་ཚད་མེད་པ་ནི་བདེ་བ་ཆེན་པོའི་ས་སྟེ། དེ་ཀུན་དགའ་བའི་བྱེ་བྲག་ལ། །སར་ནི་ཀུན་ཏུ་བཏགས་པ་ཡིན། །ཅེས་པ་འདི་ཡང་དེ་སྟོན་པའི་སྔགས་གཞུང་ཡིན་ནོ། །

〔༧༠〕 ས་བཅུའི་ཐ་མར་བདུད་བཏུལ་བའི། །བཤད་པ་གཞུང་ལུགས་གང་ན་བཞུགས། །ཅེས་པའི་ལན་ནི། མངོན་རྟོགས་རྒྱན་དང་རྒྱུད་བླ་གཉིས་ན་བཞུགས་ཏེ། རྒྱན་ལས། ཐབས་མཁས་སྦྱོར་བའི་ཡུལ་ཐབས་མཁས་བཅུའི་ཐོག་མར། དགྲ་རྣམས་ལས་ནི་འདས་པ་དང་། །ཞེས་པ་དང་། དེའི་འགྲེལ་པར་བར་ཆད་ཀྱི་ཆོས་ལས་ཡང་དག་པར་བརྒལ་བས་ལྷ་ལ་སོགས་པའི་བདུད་ལས་འདས་པ་དང་། ཞེས་གསུངས་ཞིང་། ཡུལ་ཐབས་མཁས་བཅུ་པོ་སངས་རྒྱས་ཀྱི་ས་ཁོ་ནར་བཞག་པས་བདུད་བཞི་སྤངས་པ་སངས་རྒྱས་ཀྱི་ས་ཁོ་ནར་འགྲུབ་པའི་ཕྱིར་དང་། རྒྱུད་བླར། ལས་ཉོན་གྱི་དབང་གིས་བྱུང་བའི་སྐྱེ་རྒ་ན་འཆི་བཞི་དང་། མ་རིག་པ་བག་ཆགས་ཀྱི་ས་དང་། ཟག་མེད་ཀྱི་ལས་ལ་བརྟེན་ནས་བྱུང་བའི་སྐྱེ་རྒས་ན་འཆི་བཞི་སྟེ། བཞི་ཚན་གཉིས་ལས

དང་པོ་ས་དང་པོ་ནས་སྤྱངས་ཏེ། འཕགས་པས་འཆི་དང་ན་བ་དང་། །རྒ་བའི་སྡུག་བསྔལ་རྩད་ནས་སྤྱངས། །ལས་དང་ཉོན་མོངས་དབང་གིས་སྐྱེ། །དེ་ལ་དེ་མེད་ཕྱིར་དེ་མེད། །ཅེས་གསུངས་པས་སོ། །ཕྱི་མ་སངས་རྒྱས་ཀྱི་ས་ཁོ་ནར་སྤྱངས་ཏེ། སྐྱེ་བ་མེད་ཅིང་འཆི་བ་མེད། །གནོད་མེད་རྒ་བ་མེད་པ་སྟེ། །དེ་ནི་རྟག་དང་བརྟན་ཕྱིར་དང་། །ཞི་བའི་ཕྱིར་དང་གཡུང་དྲུང་ཕྱིར། །དེ་ནི་ཡིད་ཀྱི་རང་བཞིན་གྱི། །ལུས་ཀྱི་སྐྱེ་མེད་བརྟགས་པའི་ཕྱིར། །བསམ་མི་ཁྱབ་འགྱུར་འཆི་འཕོ་ཡིས། །དེ་ནི་མི་འཆི་བརྟན་པའི་ཕྱིར། །བག་ཆགས་ཕྲ་མོའི་ནད་རྣམས་ཀྱིས། །གནོད་མེད་ཞི་བ་ཉིད་ཀྱི་ཕྱིར། །ཟག་མེད་མངོན་པར་འདུ་བྱེད་ཀྱིས། །གཡུང་དྲུང་ཕྱིར་ན་རྒ་བ་མེད། །ཅེས་གསུངས་པའི་ཕྱིར་རོ། །དེས་ན་བདུད་བཞི་ལ་ཡང་ཚན་པ་གཉིས་ཡོད་པ་ལས། དང་པོའི་དབང་དུ་བྱས་པ་ས་དང་པོ་ནས་སྤྱངས་ཀྱང་ཕྱི་མའི་དབང་དུ་བྱས་པ་སངས་རྒྱས་ཀྱི་ས་ཁོ་ནར་སྤྱངས་པ་གསལ་བའི་ཕྱིར་ཏེ། འཆི་བདག་གི་བདུད་སྤྱངས་པ་ལ་བསམ་གྱིས་མི་ཁྱབ་པར་བསྒྱུར་བའི་འཆི་འཕོ་སྤྱངས་དགོས་པའི་ཕྱིར། འདི་ཟི་ལྟར་ཤེས་ན་བྱང་ཆུབ་ཀྱི་ལེའུར་ཆོས་སྐུ་རྟག་པའི་རྒྱུ་གསུམ་གྱི་དང་པོ་འཆི་བའི་བདུད་བཅོམ་ཞེས་གསུངས་ལ། དེ་ཉིད་རྒྱས་བཤད་དུ། འཆི་མེད་ཞི་བའི་གནས་ཐོབ་ལ། །འཆི་བདུད་རྒྱུ་བ་མེད་པའི་ཕྱིར། །ཞེས་གསུངས་པས་ཤེས་སོ། །སྔོན་པས་སྦྱོད་ལ་ལྷའི་བུའི་བདུད་བཅོམ། ཐོ་རངས་ཉོན་མོངས་པའི་བདུད་བཅོམ། ཡངས་པ་ཅན་དུ་སྐུ་ཚེའི་འདུ་བྱེད་བྱིན་གྱིས་བརླབས་པའི་ཚེ་འཆི་བདག་གི་བདུད་བཅོམ། རྩྭ་མཆོག་གི་གྲོང་དུ་མྱ་ངན་ལས་འདས་པའི་ཚེ་ཕུང་པོའི་བདུད་བཅོམ་པར་བྱེ་བྲག་ཏུ་སྨྲ་བས་བཤད་པ་ནི་ཁོ་རང་གིས། སྔོན་དང་བསེ་རུ་བྱང་ཆུབ་བར། །བསམ་གཏན་མཐའ་སྟན་གཅིག་ལ་ཀུན། །ཅེས་གསུངས་པའི་དབང་དུ་བྱས་པ་ཡིན་ལ། ཐེག་པ་ཆེན་པོ་པས་ནི། བདེ་བར་གཤེགས་པ་མ་ལུས་ཕྱོགས་ཞིང་སངས་རྒྱས་ཀྱི་ཞིང་དག་ན། ཞེས་སོགས་གསུངས་པ་ལྟར་བཞེད་པས་དེ་དག་ནི་གདུལ་བྱའི་ངོར་སྤྲུལ་པ་འབའ་ཞིག་ཏུ་བཞེད་ཀྱི་རང་རྒྱུད་པར་མི་བཞེད་དོ། །དེང་སང་སྟེ་སྟོད་འཛིན་པ་མཁས་པ་དག་གིས་ཀྱང་ཐེག་པ་ཆེན་པོའི་ལམ་དུ་བདུད་བཞི་སྤྱངས་པའི་ས་མཚམས་གཞན་དུ་བཤད་འདུག་པ་དག་ལ་ལུང་ཁུངས་གསལ་བ་མི་འདུག་ཅིང་། བདག་ཉིད་ཆེན་པོ་འདིས་ས་བཅུའི་ཐ་མར་བདུད་བཏུལ་བར་གསུངས་པ་སྟར་གྱི་གཞུང་ལུགས་ཆེན་པོ་གཉིས་ཀྱི་དགོངས་པར་གསལ་ཚུལ་འདིས་ཀྱང་གསུང་རབ་འཆད་པ་ལ་འཁྲུལ་པ་མེད་པར་ཡིད་ཆེས་པའི་གནས་སུ་གྱུར་པས། ཁྱེད་ད་དུང་ཟག་པ་བསོག་གསུང་གིན་ཡོད་པ་འདུག་ན་ཡང་དེ་སོག་པའི་གཞི་རང་འདི་མ་ཡིན་པ་འདྲའོ། །

༼༧༡༽ མུ་སྟེགས་བྱེད་ལ་སྡོམ་པ་ལས། །བྱུང་བའི་དགེ་བ་ཡོད་མིན་ན། །མངོན་པའི་གཞུང་ལས་མུ་སྟེགས་ལ། །བསམ་གཏན་སྡོམ་པ་བཤད་དེ་ཅི། །ཞེས་པའི་ལན་ནི། མུ་སྟེགས་བྱེད་ལ་སྡོམ་པ་མེད། །ཅེས་

པའི་དོན་སྐབས་ཐོབ་ཀྱིས་བྱང་ཆུབ་ཀྱི་རྒྱུར་འགྱུར་བའི་སྡོམ་པ་མེད་ཅེས་པ་ལ་འཇུག་པར་འགྱུར་བ་གཞུང་ཉིད་ལས་གསལ་ཤིང་། སྐབས་ཐོབ་ལ་མི་ལྟ་བར་ཚིག་ཙམ་ལ་འཁྲི་ནས་འདི་འདྲའི་སྐྱོན་བརྗོད་ན་གཞུང་ཕལ་ཆེར་འགོག་དགོས་ཏེ། དཔེར་ན་ཐམས་ཅད་ཀྱང་དགྲ་བཅོམ་པ་ཞེས་པ་ལ། ཐམས་ཅད་དགྲ་བཅོམ་པ་ཡིན་ན་ནི། བུམ་པའང་དགྲ་བཅོམ་པ་ཡིན་པར་འགྱུར། ཞེས་དང་གང་ཟག་གཅིག་མ་གཏོགས་པ་ནི་འདི་ལྟ་སྟེ་ཀུན་དགའ་བོ་ཞེས་པ་ལ། གང་ཟག་གཅིག་ནི་མ་གཏོགས་པ། །མེད་དགག་ཡིན་ཕྱིར་ཀུན་དགའ་བོ། །ཇི་ལྟ་བུ་ནི་འགྱུབ་པར་འགྱུར། །ཞེས་སོགས་བརྗོད་པ་དང་འདྲའོ། །

〔༧༢〕 རྒྱུད་སྡེ་འོག་མའི་དབང་བསྐུར་ལས། །སྔགས་ཀྱི་སྡོམ་པ་ཐོབ་བམ་ཅི། །ཐོབ་ན་དབང་བཞི་སྔགས་སྡོམ་གྱི། །ཐོབ་རྒྱུར་གསུངས་པ་ཇི་ལྟར་ཡིན། །ཞེས་པའི་ལན་ནི། དགེ་བསྙེན་དགེ་ཚུལ་ཆེ་ག་ལས། ། སོ་ཐར་སྡོམ་པ་ཐོབ་བམ་ཅི། །ཐོབ་ན་གསོལ་བཞི་སོ་ཐར་གྱི། །ཐོབ་རྒྱུར་གསུངས་པ་ཅི་ལྟར་ཡིན། །ཞེས་ཕར་འདྲི་སྟེ་འདི་ལ་ལན་གང་སྨྲས་པའི་རིགས་པ་དེ་ཉིད་བཟུང་ནས་གླིང་བཞི་གང་དུ་སོང་ཀྱང་འདེད། འོག་གསེར་གྱི་ས་གཞི་ནས་སྟེང་ཚངས་པའི་འཇིག་རྟེན་གྱི་བར་གང་དུ་སོང་ཀྱང་འདེད་དགྲ་བཏང་ངོ་། །

〔༧༣〕 རྫོགས་རིམ་སྡོམ་པ་ཞེས་པ་ཡང་། །བསྒོམས་པའི་སྟོབས་ཀྱིས་ཐོབ་མོད་ཀྱི། །དབང་ཆོག་ལས་ཐོབ་གསུངས་པ་མེད། །ཅེས་པའི་ལན་ནི། འདི་བསྟན་བཅོས་རྩ་བའི་ཚིག་ཟིན་ལ་མེད། དོན་ཐོབ་ལ་ཡོད་པ་ཁོ་བོའི་གྲུབ་མཐའ་བྱས་པ་ལ་འདྲི་བར་སྣང་མོད། སྤྱིར་གསུངས་པ་མེད་ཅེས་པ་དང་། བཤད་པར་མེད་ཅེས་པ་རྒྱུས་ཡོད་པར་བྱས་ནས་སྨྲ་བར་བྱ་བ་ཡིན་ཀྱི། རང་དགར་སྨྲར་མི་རུང་སྟེ། རྩ་རྒྱུད་བརྟག་གཉིས་ལས། སངས་རྒྱས་ཀུན་གྱི་སྡོམ་པ་ནི། །ཨེ་ཝཾ་རྣམ་པར་རབ་ཏུ་གནས། །ཨེ་ཝཾ་རྣམ་པ་བདེ་ཆེན་པོ། །དབང་ལས་ཡང་དག་ཤེས་པར་འགྱུར། །ཞེས་གསུངས་པའི་སྡོམ་པའི་དོན། རྫོགས་རིམ་གྱི་སྡོམ་པ་ལ་མི་འཆད་པའི་རྒྱ་བོད་ཀྱི་འགྲེལ་བ་བྱེད་པ་སུ་ཞིག་འདུག །ལེའུ་དེའི་སྐབས་དེར་ཡང་རྫོགས་རིམ་གྱི་སྡོམ་པ་ལ་མི་འཆད་པའི་སྐབས་ཨེ་འདུག་ལེགས་པར་སོམས་ཤིག །དེད་དེས་ན་དབང་ལས་ཐོབ་པ་དེ། །བསྲུང་ཞིང་འཕེལ་བར་བྱེད་པ་ལ། ། སྒོམ་པ་ཞེས་ནི་བཏགས་པ་ཡིན། །ཞེས་པའི་རྗེས་སུ་འབྲང་བ་དག་གིས་ནི་ལམ་གྱི་གནས་སྐབས་སུ་སྒོམ་པའི་སྡོམ་པ་དེ་དབང་གི་སྐབས་སུ་ཐོབ་དགོས་པ་ཁྱད་ཆོས་ཡིན་པར་སེམས་སོ། །

〔༧༤〕 རྒྱུད་སྡེ་འོག་མའི་སྔགས་སྡོམ་ནི། །མེད་པར་བཞེད་ན་འདི་ཉིད་ལས། །དབང་བསྐུར་སྡོམ་པས་མ་སྨིན་ན། །བཟང་ཡང་ཕ་རོལ་ཕྱིན་པ་ཡིན། །ཅེས་གསུངས་པ་དེ་གང་ལ་དགོངས། །ཅེས་པའི་ལན་ནི། རྒྱ་ནས་འོངས་པའི་ཇ་དཀར་ནི། །མེད་པར་འདོད་ན་ཉི་གྲིབ་མཚམས། །སྐྱིལ་ཀྲུངས་བཅས་ནས་དཀར་ཡོལ་ནང་། །རྒྱ་ཇ་

འཕྲུངས་པ་འདི་ཙི་ཞིག །ཅེས་ཁྱོད་ཉིད་ལ་ཕར་དྲིའོ། །རྒྱ་ནས་འོངས་བའི་ཇ་དཀར་མེད་པར་མ་སླུས་སོ་ཞེ་ན། རྒྱུད་སྡེ་འོག་མའི་སྔགས་སྡོམ་མེད་པར་ཕྱུས་སླུས་ལར་སེམས་རྣལ་དུ་ཕབ་ཤིག །

༼༧༥༽ སྡོམ་པ་མེད་ལ་དགེ་བའི་རྒྱུན། །མེད་ན་སེམས་བསྐྱེད་ཚིག་ལས། །དེ་ལ་དེ་ཡོད་གསུང་དེ་ཅི། །ཅེས་པའི་ལན་ནི། སེམས་བསྐྱེད་ཀྱི་ཚིག་ལས་སངས་རྒྱས་ལ་དམིགས་ནས་མེ་ཏོག་འཐོར་བ་ལ་ཡང་དགེ་བ་རྒྱུན་ཆགས་སུ་འགྱུར་བར་མདོ་ལས་གསུངས་ཞེས་གསུངས་པ་དང་། མཛོད་འགྲེལ་ལས། རྫས་བྱུང་གི་བསོད་ནམས་བདུན་ལས་ཇི་སྲིད་རྫས་དེ་མ་ཞིག་བར་དུ་བསོད་ནམས་རྒྱུན་ཆགས་སུ་འབྱུང་བར་གསུངས་པ་སོགས་ཀྱང་ཡོད་མོད་ཀྱི། དེ་དང་སྡོམ་པའི་དགེ་རྒྱུན་གཉིས་པོ་གནད་མི་གཅིག་སྟེ། སྡོམ་པའི་དགེ་རྒྱུན་ནི། བྱང་ཆུབ་ཀྱི་རྒྱུར་འགྱུར་བའི་དགེ་རྒྱུན་ཡིན་ལ། ཅིག་ཤོས་རྣམས་ནི་བར་མ་དགེ་བའི་རྒྱུན་ཡིན་པའི་ཕྱིར། །

༼༧༦༽ ཕྱག་རྒྱ་བཞི་པ་ཞེས་བྱ་བའི། །བསྟན་བཅོས་བོད་ན་བཞུགས་པ་འདི། །ཀླུ་སྒྲུབ་ཀྱིས་ནི་མ་མཛད་པར། །ལོ་ཆེན་སོགས་ཀྱིས་བཤད་དེ་ཅི། །ཅེས་པའི་ལན་ནི། ལོ་ཆེན་གྱིས་དེ་ལྟར་བཤད་མ་བཤད་གང་ཡང་ཁོ་བོས་མ་མཐོང་མོད། ཁྱེད་ཀྱིས་གསུངས་པའི་ལུང་ཁུངས་འདི་ལ་ངེས་པ་ཅན་ཅིག་མེད་དེ། བྱང་ཆུབ་སེམས་འགྲེལ་ལས། དོན་དམ་སེམས་བསྐྱེད་ཚིགས་བླངས་པ་བཤད་ཅེས་དང་། གསང་བ་སྤྱི་རྒྱུད་ལས། སློབ་མ་གཉིས་དང་བཞི་ལ་སོགས་པ་ཟུང་དུ་གྱུར་པའང་དཀྱིལ་འཁོར་དུ་འཇུག་པ་བཤད་ཅེས་བྲིས་པ་དང་འདྲའོ། །གལ་ཏེ་ལོ་ཆེན་སོགས་ཀྱིས་བཤད་དུ་ཆུག་ན་ཡང་། ཕྱག་རྒྱ་བཞི་པ་ཞེས་བྱ་བའི། །བསྟན་བཅོས་བོད་ན་བཞུགས་པ་འདི། །འཕགས་པ་ཀླུ་སྒྲུབ་ཀྱིས་མཛད་པར། །ས་པཎ་སོགས་ཀྱིས་བཤད་དེ་ཅི། །ཞེས་པ་འདི་དངོས་ཐོབ་སྟེ། དེ་འདྲའི་རིགས་ཅན་ལ་འདི་ཐུགས་རྒྱུས་ཆེ་བའི་ཕྱིར་རོ། །

༼༧༧༽ ལུས་རྒྱ་ཞིག་པའི་ཤི་མ་ཐག །ཡོན་ཏན་འབྱུང་བ་འགོག་མཛད་ན། །འཆི་བ་འོད་གསལ་ཆོས་སྐུ་ལས། །བར་དོ་ལོངས་སྐུ་འབྱུང་དེ་ཅི། །ཅེས་པའི་ལན་ནི། ཚེ་འདིར་མཐོང་ལམ་ཐོབ་ནས་སྐྱེ་བ་ཕྱི་མར་ཡོན་ཏན་འབྱུང་མི་སྲིད་པ་ཕྱོགས་སྔར་བྱས་ནས་འདྲི་བ་ཡིན་ནམ། ཚེ་འདིར་མཐོང་ལམ་ཐོབ་ཀྱང་ཡོན་ཏན་མི་འབྱུང་བར་ཤི་ནས་ཡོན་ཏན་འབྱུང་བ་དང་། འཆི་བ་འོད་གསལ་གྱི་ཚེ་ཆོས་སྐུ་མངོན་དུ་བྱས་ནས། བར་དོ་ལོངས་སྐུ་འབྱུང་བ་གཉིས་རྒྱུ་མཚན་སྟོབས་མཉམ་པའི་སྒོ་ནས་དྲི་བ་གང་ཡིན། དང་པོ་ལྟར་ན་ས་སྐྱ་པཎྜི་ཏས་སྐྱེ་བ་སྔ་ཕྱི་མེད་པ་དང་། ལས་རྒྱུ་འབྲས་མེད་པར་ཁས་མི་ལེན་མཆི་བས་དེ་འདྲ་བའི་སྒྲོ་སྐུར་མི་མཛད་པ་ཞུ། ཕྱི་མ་ལྟར་ན་འཆི་བ་འོད་གསལ་གྱི་ཚེ་ཆོས་སྐུ་ཐོབ་ནས་སླར་ཡང་བར་དོ་བླངས་ཏེ། དེའི་རྟེན་ལ་ལོངས་སྐུ་ཐོབ་པ་ཡིན་ན། སྔ་མ་དང་སྟོབས་ཤིན་ཏུ་མཚུངས་མོད། དེ་ནི་མི་སྲིད་དེ། འཆི་བ་འོད་གསལ་གྱི་ཚེ་ཆོས་སྐུ་ཐོབ་

ནས་སླར་ཡང་བར་དོ་བླང་དགོས་ན་བར་དོ་ལོངས་སྐུ་ཐོབ་ནས་ཀྱང་སླར་ཡང་སྐྱེ་སྲིད་བླང་དགོས་པར་ཐལ་བ་བཟློག་ཏུ་མེད་པའི་ཕྱིར་རོ། །དེས་ན་དེའི་དོན་འཆི་བ་འོད་གསལ་གྱི་ཆོ་ཆོས་སྐུ་ཐོབ་ན་བར་དོ་མི་འབྱུང་བར་དེ་མ་ཐག་ལོངས་སྐུ་ཐོབ་པའི་དོན་ཡིན་པས་དེ་ནི་བདག་ཉིད་ཆེན་པོའི་དགོངས་པ་འདིའི་སྒྲུབ་བྱེད་ཉིད་དུ་འགྲོ་སྟེ། ཆོ་འདིར་ཐེག་ཆེན་གྱི་མཐོང་ལམ་ཐོབ་ན་འཆི་བ་མི་འབྱུང་བར་དེ་མ་ཐག་ཡོན་ཏན་བརྒྱ་ཕྲག་བཅུ་གཉིས་འབྱུང་བར་འབད་མེད་དུ་འགྲུབ་པའི་ཕྱིར་རོ། །

༼༧༨༽ སྔགས་དང་ཕ་རོལ་ཕྱིན་པ་ཡི། །སངས་རྒྱས་རྒྱུན་ཅན་རྒྱུན་མེད་དུ། །ཐལ་བར་འདོད་པ་མ་ཡིན་ནམ། །ཞེས་པའི་ལན་ནི། དེ་ལ་འདོད་པའི་རྒྱུ་མཚན་ཅི་ཡིན། ཕ་རོལ་ཏུ་ཕྱིན་པའི་སངས་རྒྱས་སྤྱངས་རྟོགས་མ་རྫོགས་པས་རྒྱུན་མེད་དང་། སྔགས་ཀྱི་སངས་རྒྱས་སྤྱངས་རྟོགས་རྫོགས་པས་རྒྱུན་བཅས་ཡིན་པའི་ཕྱིར་ཞེ་ན། བསྟན་བཅོས་འདིའི་ཕྱོགས་སྔ་མས་སྔགས་ཀྱི་མཐོང་ལམ་རྒྱུན་མེད་དང་། ཕ་རོལ་ཏུ་ཕྱིན་པའི་མཐོང་ལམ་རྒྱུན་བཅས་སུ་ཁས་བླངས་པ་ལ་བསྟན་བཅོས་མཛད་པ་པོས། འོན་སྔགས་ཀྱི་སངས་རྒྱས་རྒྱུན་མེད་དང་། ཕ་རོལ་ཏུ་ཕྱིན་པའི་སངས་རྒྱས་རྒྱུན་བཅས་སུ་ཐལ་ལོ་ཞེས་ཐལ་བར་འཕེན་པ་ཡིན་པས་འདོད་ལན་འདེབས་པ་དང་། འདོད་ལན་འདེབས་པའི་རྒྱུ་མཚན་གཉིས་འགལ་བའི་ཕུང་པོ་མངོན་ཚན་ཆེ་བ་ཅིག་ཏུ་སོང་འདུག་གོ། འདི་འདྲའི་རིགས་ཅན་རྟགས་དཔྱད་ཡི་མ་བྱུས་པའམ་བྱུས་ཀྱང་བློ་གྲོས་རྩིངས་ནས་གནད་ཡི་མ་ཟིན་པ་ཕལ་ཆེ་བར་སྣང་བས་དྲི་བ་བརྒྱ་རྩ་བརྒྱད་འབྱུང་བའི་རྒྱུ་མཚན་ཡང་དེར་སྣང་ངོ། །

༼༧༩༽ དགེ་སློང་སྡོམ་པ་མ་ཐོབ་པར། །མཁན་པོ་བྱས་པས་ཆོག་པ་ཞིག །འདུལ་བའི་མདོ་དང་ལུང་དག་ཏུ། །གསལ་བར་གསུངས་པ་མ་ཡིན་ནམ། །ཞེས་པའི་ལན་ནི། ལུང་ཞུ་བ་དང་། མདོ་རྩ་ར། བསྙེན་པར་རྫོགས་པའི་སྡོམ་པ་མ་ཐོབ་པའམ། ཐོབ་ཀྱང་ཉམས་པས་མཁན་པོ་བྱས་པའི་ཚེ་སྒྲུབ་བྱ་ལ་སྡོམ་པ་སྐྱེ་བར་གསུངས་མོད། དེ་གཞུང་འདི་དང་མི་འགལ་ཏེ། གཞུང་འདིར། དགེ་སློང་སྡོམ་པ་མ་ཐོབ་པར། །མཁན་སློབ་ལ་སོགས་བྱེད་པ་ནི། །གསང་སྔགས་མེད་པར་སྒྲུབ་གདུག་གི། །མགོ་ལས་རིན་ཆེན་ལེན་པ་ལྟར། །རང་གཞན་བརླག་པའི་རྒྱུ་རུ་བས། །ཅེས་པ་ཙམ་ཞིག་གསུངས་ཀྱི་བསྒྲུབ་བྱ་ལ་སྡོམ་པ་མི་སྐྱེ་བར་མ་གསུངས་པའི་ཕྱིར་རོ། །འོ་ན་རང་གཞན་ལ་གནོད་པ་ཇི་ལྟར་འགྱུར་སྙམ་ན། དགེ་སློང་མ་ཡིན་བཞིན་དུ་མཁན་པོ་བྱས་པས་རང་ལ་ཉེས་པ་ཆེན་པོ་འབྱུང་ཞིང་། བསྒྲུབ་བྱ་ལ་སྡོམ་པ་ཕུན་ཚོགས་མི་སྐྱེ་བས། དེ་ལ་ཡང་གནོད་པའི་ཕྱིར་རོ། །འདི་ཡང་དོགས་གཅོད་དགོས་པའི་དྲི་བ་སྣང་སྟེ། བཞི་རྫོགས་སོ། །

༼༨༠༽ ཁ་འབར་མ་ཡི་གཏོར་མ་ལ། །དེ་བཞིན་གཤེགས་པ་བཞི་ཡི་མཚན། །སྔོན་ལ་བརྗོད་པ་མི

འཐད་ན། །རྗེ་བཙུན་གྲགས་པས་མཛད་དེ་ཅི། །ན་མཿསརྦ་ཏ་ཐཱ་སོགས། །དེ་བཞིན་གཤེགས་པ་ཐམས་ཅད་ལ། །ཕྱག་འཚལ་བ་ཡི་ཚིག་མིན་ནམ། །ཞེས་པའི་ལན་ནི། རྗེ་བཙུན་གྲགས་པས་མཛད་པའི་དེ་འདྲ་བ་ནི་ས་སྐྱ་བཀའ་འབུམ་ན་ནི་མི་བཞུགས་གང་དུ་གཟིགས་ལགས་སམ། སྔགས་དོན་གྱི་སྒོ་ནས་སྨྲུན་འབྱིན་བརྗོད་པ་ནི། བསྟན་བཅོས་རྩོམ་པ་པོ་འདིས་ཁ་འབར་མའི་གཏོར་མ་གཏོང་བའི་གང་ཟག་དེ་ཡིན་ན། ཚེ་རབས་འཁོར་བ་ཐོག་མ་མ་མཆིས་པ་ནས་ཐ་མ་ད་ལྟ་ལ་ཐུག་གི་བར་དུ་དེ་བཞིན་གཤེགས་པ་ལ་ཕྱག་འཚལ་ལོ། །ཞེས་པའི་ཚིག་བརྗོད་མ་སྨྱོང་བ་ཅིག་དགོས་ཞེས་གསུང་པ་ཨེ་ཡིན་པ་འདུག །འདི་འདྲའི་རིགས་ཅན་ནི། མགོ་བོ་མཇུག་མ་ལ་གདགས་ནས། །ཐུར་དུ་འཕྱང་བ་མི་འཐད་ན། །ཕོ་མཚན་མགོ་བོ་མཇུག་མ་ལ། །ཐུར་དུ་འཕྱང་པའི་རྒྱུ་མཚན་ཅི། །ཞེས་པ་དང་འདྲ་བར་སྣང་སྟེ། སྔར་གྱི་དེ་བཞིན་གཤེགས་པ་དེ་གཉིས་གཅིག་ན་འདིའི་མགོ་བོ་དེ་གཉིས་ཀྱང་གཅིག་པར་འགྱུབ་པའི་ཕྱིར་རོ། །ཚིག་འདི་ཙུང་མི་མཛེས་ཙམ་དུ་འདུག་ནའང་དེ་འདྲའི་རིགས་ཅན་ལ་འདི་འདྲའི་རིགས་ཅན་ཞིག་འཚམས་པ་ཡིན་ནོ། །

༼༡༡༽ སྨན་པའི་རྒྱལ་པོའི་མདོ་གང་དེ། །མདོ་རྒྱུད་གཉིས་ཀྱི་ཟླས་ཕྱེ་བའི། །མདོ་རུ་བཞེད་དམ་རྒྱུད་དུ་དྲངས། །དང་པོ་ལྟར་ན་དེ་ལས་ནི། །སྔགས་ཀྱི་ཆོ་ག་འབྱུང་བ་ཅི། །གཉིས་པ་ལྟར་ན་སྐབས་ཀྱི་ནི། །རྩོད་པའི་ལན་དུ་ཇི་ལྟར་འགྱུར། །ཞེས་པའི་ལན་ནི། གཞུང་ལས་བཤད་པའི་རྩོད་པའི་ལན་ནི། སངས་རྒྱས་ཡིན་ན་སྐྱུ་མདོག་སེར་པོ་ཡིན་པས་མ་ཁྱབ་སྟེ། སྨན་བླ་སྐྱུ་མདོག་སྔོན་པོར་མདོ་ལས་གསུངས་པའི་ཕྱིར། ཞེས་པ་ཡིན་ལ། སྨན་བླའི་མདོ། མདོ་རྒྱུད་གཉིས་ཀྱི་ཟླས་ཕྱེ་བའི་རྒྱུད་དུ་ཁས་བླངས་ན་འདི་སྐབས་ཀྱི་རྩོད་པའི་ལན་དུ་མི་འགྲོ། ཅེས་པའི་རྒྱུ་མཚན་གཞན་ནི་མི་སྣང་ལ། མདོ་ཡིན་ན། མདོ་རྒྱུད་གཉིས་ཀྱི་ཟླས་ཕྱེ་བའི་རྒྱུད་མ་ཡིན་དགོས་ཅེས་པའི་དོན་ཡིན་ན་ནི། དཔུང་བཟང་གི་རྒྱུད་ཆོས་ཅན། དེར་ཐལ། དེའི་ཕྱིར། གཏན་ཚིགས་གྲུབ་སྟེ། རྒྱུད་དེ་ཉིད་ལས། གསང་སྔགས་མདོ་སྡེའི་ཚུལ་གྱིས་བཤད་ཀྱིས་ཉོན། །ཅེས་གསུངས་པའི་ཕྱིར། རྣམ་འཇོམ་གྱི་རྒྱུད་ཆོས་ཅན། དེར་ཐལ། དེའི་ཕྱིར། གཏན་ཚིག་གྲུབ་སྟེ། མདོ་སྡེ་འདི་ནི་མཉན་བྱས་ན། །ཞེས་གསུངས་པའི་ཕྱིར། གཞན་ཡང་ཆོས་ཡིན་ན། སྐྱེ་མཆེད་དྲུག་གི་ཟླས་ཕྱེ་བའི་དང་པོ་ལྔ་གང་རུང་མ་ཡིན་དགོས་པར་ཐལ་བ་དང་། གཟུགས་ཡིན་ན། ཡུལ་ལྔའི་ཟླས་ཕྱེ་བའི་སྒྲ་མ་ཡིན་དགོས་པར་ཐལ་བ་སོགས་སྤྱི་མིང་བྱེ་བྲག་ལ་བཏགས་པ་ཐམས་ཅད་ལ་མཚུངས་ཤིང་། ཟླས་ཕྱེ་བ་ཅེས་པའི་ཚིག་ལ་ནུས་པ་ཡང་མེད་པར་འགྱུར་རོ། །

༼༡༢༽ ལྷུང་བཤགས་སྔགས་ལུགས་མི་བཞེད་ན། །བསྟན་བཅོས་མཛད་པ་འདི་ཉིད་ཀྱིས། །སངས་རྒྱས་སུམ་ཅུ་རྩ་ལྔ་པོ། །རིགས་ལྔར་བསྡུས་པ་ཅི་ལྟར་ཡིན། །ཅེས་པའི་ལན་ནི། མཆོག་གི་སྤྲུལ་སྐུའི་ཆ་ལུགས

ཅན་གྱི་སངས་རྒྱས་ཐམས་ཅད་ལ། རིགས་ལྔའི་ཁ་དོག་དང་ཕྱག་རྒྱ་གང་སྦྱར་ཀྱང་ཆོག་པ་ཙམ་ཞིག་གསུངས་ཀྱི་སངས་རྒྱས་སུམ་ཅུ་རྩ་ལྔ་ལ་རིགས་ལྔའི་རིགས་སོ་སོར་ཕྱེ་བ་བསྟན་བཅོས་མཛད་པ་པོ་འདིས་གསུངས་པ་གང་ན་ཡང་མེད་ཅིང་བཞེད་པ་ཡང་མ་ཡིན་ནོ། །སྤྱིར་ཕྱག་འཚལ་བའི་ཡུལ་ལ་རིགས་ལྔ་ཚང་བ་ཙམ་གྱིས་གཞུང་འདི་སྔགས་ལུགས་ཡིན་དགོས་ན། བཟང་སྤྱོད་དང་། བྱམས་སྨོན་ཡང་སྔགས་ལུགས་སུ་འགྱུར་ཏེ། ཇི་སྙེད་སུ་དག་ཕྱོགས་བཅུའི་འཇིག་རྟེན་ན། །ཞེས་སོགས་དང་། སངས་རྒྱས་ཀུན་ལ་ཕྱག་འཚལ་ལོ། །ཞེས་ཕྱག་འཚལ་བའི་ཡུལ་ལ་རིགས་ལྔ་ཚང་བའི་ཕྱིར་རོ། །

༼༢༣༽ ཤེར་སྙིང་སྔགས་སུ་བཀྲལ་བའི་ལུགས། །ཀླུ་སྒྲུབ་ཉིད་ཀྱིས་མ་མཛད་དམ། །ཤེར་རབ་ཕ་རོལ་ཕྱིན་པ་ཉིད། །སྔགས་ཀྱི་ལྷ་རུ་གསུངས་མིན་ནམ། །ཤེར་སྙིང་སྔགས་ལུགས་མི་བཞེད་ན། །ཤེར་སྙིང་སྔགས་ལུགས་སྲིད་པ་ཅི། །ཅེས་པའི་ལན་ནི། བསྟན་བཅོས་རྩོམ་པ་པོ་འདི་ཉིད་ཀྱིས། འདི་མཐའ་འདི་ཙམ་ཁོ་ནར་གནས་སོ་ཞེས། །དེ་མཐའ་དེ་ཙམ་ཁོ་ནར་རྣམ་བརྟགས་ན། །འགྲོ་བའི་བླ་མའི་གསུང་ལས་བརྒལ་བ་སྟེ། །དེས་ན་མཐའ་མིན་དགོངས་པ་དཔྱད་པར་བྱ། །ཞེས་གསུངས་པ་ལྟར། སངས་རྒྱས་བཅོམ་ལྡན་འདས་ཀྱི་གསུང་རབ་གཅིག་ཉིད་ཀྱི་སྟེང་དུ་ཡང་སངས་རྒྱས་ནས་དངོས་སུ་བརྒྱུད་པའམ། ཡེ་ཤེས་ཀྱི་མཁའ་འགྲོ་མ་ལས་ཐོབ་པའི་གྲུབ་ཆེན་གྱི་མན་ངག་ཡོད་ན་སྔགས་སུ་བཀྲལ་དུ་རུང་ལ། འོན་ཀྱང་དེང་སང་མདོ་རྒྱུད་གཉིས་སུ་ཕྱེ་བ་ནི་གཞུང་དེར་ལྷ་བསྒོམ་པ་དང་། སྔགས་བཟླ་བ་ལ་སོགས་པའི་ཆ་ཡོད་མེད་ཀྱི་སྒོ་ནས་ཕྱེ་བའོ། །དེས་ན་ཤེར་སྙིང་དང་། དཔལ་མཆོག་ཤེར་དུམ་རྣམས། དེང་སང་མདོ་རྒྱུད་ཀྱི་ཟླས་ཕྱེ་བའི་མདོ་ཡིན་ཀྱང་སྔར་བཤད་པ་ལྟར་གྱི་མན་ངག་ཡོད་པ་དག་གིས་སྔགས་སུ་བཀྲལ་བ་མི་འགལ་ལོ། །འདིར་སྔགས་ལུགས་ཡིན་པ་འགོག་པ་ནི། དེང་སང་མདོ་རྒྱུད་ཀྱི་ཟླས་ཕྱེ་བའི་རྒྱུད་ཡིན་པ་འགོག་པ་སྟེ། ད་དུང་གཞན་གྱི་བློ་ལ་ཤོང་བ་དཀའོ། །

༼༢༩༽ གསང་བ་འདུས་པའི་ལྷ་ཚོགས་ལ། །མདོ་ལུགས་ཆོ་ག་མི་སྲིད་ན། །སྤྱན་རས་གཟིགས་དང་འཇམ་དབྱངས་དང་། །ཕྱག་ན་རྡོ་རྗེ་ལ་སོགས་ལ། །མདོ་ལས་བྱུང་བའི་ཆོ་ག་ཞེས། །བྱ་བ་མཁན་ཆེན་ཞི་བ་འཚོས། །འཆད་པའི་དགོས་པ་ཅི་ཡིན་གྲང་། །ཞེས་པའི་ལན་ནི། འདྲི་བ་པོའི་བསམ་པ་བླངས་པ་དང་། མགོ་མཚུངས་ཀྱི་དྲི་བས་དོགས་པ་དཔྱད་པ་གཉིས། དང་པོ་ནི། སྤྱན་རས་གཟིགས། འཇམ་དབྱངས། ཕྱག་རྡོར་གསུམ་པོ་གསང་བ་འདུས་པའི་ལྷ་རྣམས་ལ་བཀོད་པའི་ལྷ་ཡིན་པས་མདོ་ལུགས་ཀྱི་ཆོ་ག་མི་སྲིད་པ་འགྱུར་ཞིང་། དེ་འདོད་ན། སྨན་བླའི་མདོ་ཆོག་གི་ནང་དུ་དེ་གསུམ་ལ་ཕྱག་འཚལ་བའི་ཆོ་ག་ཞི་བ་འཚོས་མཛད་པ་ཅི་ཡིན

ཅེས་པར་སྣང་ངོ་། །གཉིས་པ་ནི། འདི་འདྲ་བའི་རིགས་ཅན་མཚན་ཉིད་པའི་བློ་གསར་པ་རྣམས་ལ་ཤེས་བྱ་སྙིག་གཏུན་མར་གྲགས་ལ། དེ་ཡང་མཚོན་ན། རྒྱལ་པོའི་ཕོ་བྲང་ཁང་བཟང་ལ། །ཚུ་ཐགས་ཁང་པ་མི་སྲིད་ན། །ཀ་བ་དང་ནི་ཀ་ཞུ་དང་། །ལྕམ་དང་དྲལ་མ་ལ་སོགས་པ། །ཚུ་ཐགས་པ་ཡི་ཁང་པ་ལའང་། །བཀོད་པར་མཐོང་བ་འདི་ཅི་ཞིག ཅེས་པར་དྲིས་ཏེ་དེའི་ལན་བྱུང་ན་སྒྲོ་འདོགས་ཆོད་པར་འགྱུར་རོ། །

༼༥༥༽ རྡོ་རྗེ་སློབ་མའི་དབང་ཙམ་ཞིག ཐོབ་པས་རབ་གནས་མི་རུང་ན། །ལྷ་བསྒོམ་པ་ནས་བརྟན་བཞུགས་བར། །རབ་གནས་དངོས་གཞིར་བཤད་པ་དང་། །འགལ་བའི་དོགས་པ་མི་འབྱུང་ངམ། །ཞེས་པའི་ལན་ནི། འདིར་རྡོ་རྗེ་སློབ་མའི་དབང་ཙམ་ཞིག །ཐོབ་པས་རབ་གནས་མི་རུང་ཞེས་པའི་དོན། རབ་ཏུ་གནས་པར་བྱ་བའི་རྟེན་ལ་རྒྱུད་ནས་གསུངས་པའི་རབ་གནས་ཀྱི་ཆོ་ག་མི་རུང་ཞེས་པའི་དོན་ཡིན་ཅིང་། ཁྱེད་ཀྱི་འདི་ནི་བདག་བསྐྱེད་དང་མདུན་བསྐྱེད་ཙམ་གྱི་ལྷ་སྒོམ་སོགས་ལ་བསམ་པར་སྣང་བས་འགལ་བའི་དོན་མེད་དོ། །

༼༥༦༽། རྡོ་རྗེ་སློབ་དཔོན་མ་ཡིན་པས། །དབང་བསྐུར་རབ་གནས་མི་རུང་ན། །བྱ་སྤྱོད་གཉིས་ཀྱི་དབང་བསྐུར་ཙམ། །ཐོབ་པས་དེ་དག་ཇི་ལྟར་རུང་། །རྒྱུད་སྡེ་དེ་དག་རང་རྐང་ལ། །རྡོ་རྗེ་སློབ་དཔོན་དབང་བཞེད་དམ། །བཞེད་ན་རྒྱུད་གཞུང་གང་ལས་གསུངས། །ཅེས་པའི་ལན་ནི། དེང་སང་འགའ་ཞིག བྱ་སྤྱོད་གཉིས་ལ་རྡོ་རྗེ་སློབ་དཔོན་གྱི་དབང་མེད་པར་འདོད་པ་ལྟར་ན་འདིའི་ལན་ནི་མི་ཐེབས་ཅིང་། ཁོ་བོས་ནི་རྒྱ་མཚན་འདི་ཉིད་སྒྲུབ་བྱེད་དུ་བཀོད་ནས་དེ་གཉིས་ལ་རྡོ་རྗེ་སློབ་དཔོན་གྱི་དབང་ཡོད་པར་སྡོམ་གསུམ་སྒྲོ་དོན་དུ་བཤད་ཟིན་ཏོ། །འོ་ན་རྒྱུད་གཞུང་གང་གིས་སྟོན་སྙམ་ན། དེ་ཡང་དེར་བཤད་ཟིན་ཏོ། །

༼༥༧༽ བྱ་བའི་རྒྱུད་དུ་རིགས་ལྔ་ཡི། །དོན་མ་གྲུབ་ན་རིགས་གསུམ་དང་། །ནོར་བུ་དང་ནི་རྒྱས་པའི་རིགས། །རྣམ་ལྔ་གསུངས་པ་གང་གི་དོན། །ཅེས་པའི་ལན་ནི། དེ་དག་སྤྱིར་རིགས་ལྔའི་དོན་མ་ཡིན་ཏེ། གལ་ཏེ་ཡིན་ན་རིགས་གསུམ་གྱི་དེ་བཞིན་གཤེགས་པའི་རིགས་རྣམ་སྣང་གི་རིགས་སུ་འཛོག་པ་ལས་འོས་མ་འདས་ཤིང་ཁྱེད་རང་ཡང་དེ་ལྟར་བསམ་པར་སྣང་མོད། དེའི་མཚན་གཞི་ཤཱཀྱ་ཐུབ་པ་གཙོ་འཁོར་གསུམ་པ་དང་། འཇམ་དབྱངས་སོགས་སུ་གསུངས་པའི་ཕྱིར་རོ། །དེ་བཞིན་དུ་ནོར་བུའི་རིགས་ཀྱང་རིན་འབྱུང་གི་རིགས་མ་ཡིན་ཞིང་། རྒྱས་པའི་རིགས་ཀྱང་དོན་གྲུབ་ཀྱི་རིགས་མ་ཡིན་ཏེ། མཚན་གཞི་ལས་ཤེས་སོ། །གལ་ཏེ་དེ་དག་ཡིན་དུ་ཆུག་ན་ཡང་། བདག་ཉིད་ཆེན་པོ་འདིས་བྱ་རྒྱུད་ལ་རིགས་ལྔའི་དོན་མ་གྲུབ་པ་དང་། སྤྱོད་རྒྱུད་ལ་དོན་གྲུབ་ཀྱང་ཐ་སྙད་མ་གྲུབ་པ་དང་། རྒྱུད་སྡེ་གོང་མ་གཉིས་ལ་གཉིས་ཀ་གྲུབ་པར་གསུངས་པ་ནི་རྒྱུད་སྡེ་རང་རང་གི་ནང་སེལ་གྱི་དབྱེ་བ་ལ་རིགས་དེ་དག་སོ་སོར་སྟོན་པའི་རྒྱུད་ཡོད་མེད་ཀྱི་དོན་གཏན་མ་ཡིན་གྱི། དཀྱིལ་

འཁོར་གྱི་ལྷ་ལ་དེ་ལྟར་བཀོད་པ་ཡོད་མེད་ཀྱི་དོན་ཡིན་ཏེ། བྱ་རྒྱུད་ཀྱི་དཀྱིལ་འཁོར་གྱི་གཙོ་བོ་རིགས་གསུམ་སྤྱིའི་དཀྱིལ་འཁོར་ལ་རིགས་གསུམ་ཁོ་ན་བཀོད་པ་དང་། སྤྱོད་རྒྱུད་ཨ་ར་པ་ཙ་ན་ལྷ་ལྔ་ལྟ་བུ་ལ་རིགས་ལྔའི་དོན་བཀོད་པ་དང་། ཡོ་ག་དེ་ཉིད་འདུས་པ་དང་། བླ་མེད་གསང་བ་འདུས་པ་ལྟ་བུ་ལ་རིགས་ལྔ་དངོས་སུ་བཀོད་པ་ལྟ་བུའོ། །ཞེས་པར་འདོད་ན་ཕན་ཐོགས་པར་གྱུར་ཅིག །

༼༨༨༽ རྡོ་ཏ་རི་པའི་ཚེ་དཔག་མེད། །ལྷ་དགུ་རྒྱུད་སྡེ་གང་གི་ལུགས། །ཅེས་པའི་ལན་ནི། གྲུབ་ཆེན་དེས་བདག་བསྐྱེད་ལ་དཔའ་བོ་གཅིག་པ་དང་། མདུན་བསྐྱེད་ལ་ལྷ་དགུ་བསྐྱེད་ནས་ཡེ་ཤེས་འཁོར་ལོ་དགུག་གཞུག་བྱས། ཚོགས་ཚར་ནས་ཡེ་ཤེས་པ་གཤེགས་སུ་གསོལ་བའི་ཚུལ་གསུངས་པས་བསྟན་བཅོས་འདི་དང་། རྗེ་བླ་མ་ཐམས་ཅད་མཁྱེན་པའི་བྱ་རྒྱུད་སྤྱི་རྣམ་གཉིས་ཆར་ལས་བྱ་རྒྱུད་རྣལ་འབྱོར་གྱི་རྒྱུད་ལྟར་བཀྲལ་བའི་ལུགས་ཡིན་པར་གསུངས་སོ། །

༼༨༩༽ རིགས་ལྔ་སེར་འབྱམ་མི་འཐད་ན། །དམར་འབྱམ་འཐད་པ་དཀའ་བའི་གནས། །ཅེས་པའི་ལན་ནི། གཞུང་ལས། བྱང་ཆུབ་མཆོག་གི་ཕྱག་རྒྱ་སོགས། །མཛད་པའི་རིགས་ལྔ་སེར་འབྱམ་མཐོང་། །ཞེས་པ་ཕྱོགས་སྔར་མཛད་ནས་དེའི་ཕ་རོལ་ཏུ་ཕྱིན་པའི་ཐེག་པ་ནས་བཟུང་སྟེ། དུས་ཀྱི་འཁོར་ལོའི་བར་གང་གི་ཡང་དགོངས་པ་མ་ཡིན་ཞེས་གསུངས་ཀྱི། སྤྱིར་རྡོ་ཏ་རིས་བཀྲལ་བའི་ཚེ་དཔག་མེད་ལྷ་བུ་རིགས་ལྔ་དམར་འབྱམ་དང་། བདག་མེད་མའི་ནང་གི་རྣལ་འབྱོར་མ་ལྔ་ལྟ་བུ་རིགས་ལྔ་ནག་འབྱམ་དང་། སྤྱོད་རྒྱུད་ཀྱི་རིགས་ལྔ་རྡོ་བོ་ནས་བརྒྱུད་པ་དག་དཀར་འབྱམ་དུ་བཞེད་ཅིང་རྗེ་བཙུན་གྱིས་ཀྱང་དེ་རུང་བར་བཞེད་པ་སོགས་མ་བཀག་སྟེ། དེ་དག་ལ་བྱང་ཆུབ་མཆོག་གི་ཕྱག་རྒྱ་སོགས་ཡོ་ག་ནས་བཤད་པ་ལྟར་མེད་པའི་ཕྱིར་རོ། །

༼༩༠༽ སྤྱོད་པའི་རྒྱུད་ལ་རིགས་ལྔ་ཡི། །དོན་གྲུབ་ན་ནི་པདྨའི་རིགས། །རྒྱུད་གཞུང་གང་གི་དོན་ཅེས་དྲི། །ཅེས་པའི་ལན་ནི། རྒྱུད་སྡེ་སོ་སོའི་སྟོན་ཚུལ་དང་དཀྱིལ་འཁོར་ལ་དགོད་པའི་ཁྱད་པར་སྣར་བཤད་པ་དེ་ཉིད་ཀྱིས་ལན་འབད་མེད་དུ་གྲུབ་བོ། །ཚར་རོ། །ཐལ་ལོ། །སོང་ངོ་། །

༼༩༡༽ རྣལ་འབྱོར་རྒྱུད་ཀྱི་ཀུན་རྫོབ་ཀུན། །ལྷ་རུ་གསུངས་པ་མེད་གྱུར་ན། །རྣལ་འབྱོར་རྒྱུད་དང་སེམས་ཙམ་པའི། །གྲུབ་མཐའ་བསྟུན་པ་ཇི་ལྟར་ཡིན། །ཞེས་པའི་ལན་ནི། འདྲི་བ་པོའི་བསམ་པ་བླངས་ཏེ། དེའི་ལན་གྱི་སྒོ་ནས་སྡེ་སྣོད་དང་གནད་ཀྱི་དོན་ལ་ངེས་པ་བསྐྱེད་པ་དང་། འདྲི་བ་པོའི་དོགས་པ་སྐྱེ་བའི་གཞི་གཞུང་གཞན་ན་མེད་པའི་ཚུལ་གཉིས་ལས། དང་པོ་ནི། རྣལ་འབྱོར་རྒྱུད་དང་སེམས་ཙམ་པའི་གྲུབ་མཐའ་བསྟུན་ན་ཀུན་རྫོབ་ལྷ་རུ་ཁས་ལེན་དགོས་ཅེས་པའི་དོན། སྣང་བ་སེམས་ཡིན་ཅིང་། སེམས་དེ་ཉིད་ལྷར་

བསྒོམས་པས་དེ་ལས་ལོགས་སུ་གྲུར་པའི་ཀུན་རྫོབ་མེད་པའི་ཕྱིར་སྐམ་དུ་བསམ་པར་སྣང་མོད། དེའི་ཚེ་ཡང་སེམས་ཀྱི་རང་ལྡོག་ནི་ལྷར་བསྒོམ་པ་མ་ཡིན་ཏེ། སེམས་དང་ལྷ་གཉིས་སྣང་གཞི་སྦྱོང་བྱེད་སྦྱོར་བ་མེད་པའི་ཕྱིར་རོ། །སེམས་ཀྱིས་ལྷ་བསྒོམས་པ་ནི་ཐབས་ཀྱི་ཁྱད་པར་ཡིན་པས་ཀུན་རྫོབ་ཀྱི་རང་ལྡོག་ལྷར་མི་བསྒོམ་པའི་གནད་འདི་ཉིད་ཡིན་ནོ། །གཉིས་པ་ནི་རྣལ་འབྱོར་རྒྱུད་དང་། སེམས་ཙམ་པའི་གྲུབ་མཐའ་བསྟུན་པ་ཚད་མར་ཁས་བླངས་དགོས་པའི་གཞུང་ལུགས་གང་ན་འདུག རྗེ་བཙུན་རྩེ་མོའི་རྒྱུད་སྡེ་སྤྱི་རྣམ་ན་ཡོད་དོ་ཅེ་ན། འདི་ལ་སྔོན་གྱི་མཁས་པ་དག་ཀྱང་བརྟགས་དཔྱད་ཞིབ་མོ་མ་མཛད་པར་རང་སངས་རྒྱས་དང་སེམས་ཙམ་པ་གྲུབ་མཐའ་གཅིག་པ་མི་འཐད་ཅེས་དགག་པ་དག་མཛད་པ་དང་། དེང་སང་ཡང་འདིའི་རྗེས་སུ་འབྲང་བ་དག་མཚན་ཉིད་ཀྱི་གྲུབ་མཐའ་བཞི་དང་། རྒྱུད་སྡེ་བཞི་སྦྱར་ཞེས་པའི་ཚིག་ཙམ་ལ་བརྟེན་ནས་རྣལ་འབྱོར་རྒྱུད་དང་། སེམས་ཙམ་པའི་གྲུབ་མཐའ་སྦྱར་བ་རང་ལུགས་སུ་ཁས་ལེན་པ་སྣང་མོད་ཀྱི། རྗེ་བཙུན་གྱི་གསུང་རབ་དེར་ནི་སེམས་ཙམ་པ་དང་དབུ་མའི་གྲུབ་མཐའ་གཉིས་ཀ་བླ་མེད་དང་བསྟུན་པ་ཡོད་པ་ལ་ཞིབ་ཏུ་ལྟོས་ཤིག །

༼༨༢༽ དམ་པ་རིགས་བརྒྱར་ཕྱེ་བའི་ཚེ། །ཀུན་རྫོབ་ལྷ་རུ་ཁས་ལེན་ན། །རྡོ་རྗེ་རྩེ་མོའི་རྒྱུད་ལས་ནི། །རིགས་ལྔ་རེ་རེའང་རིགས་ཚུང་ལྔ། །རེ་རེ་ལ་ཡང་སྙིང་པོ་དང་། །ཕྱག་རྒྱ་ལ་སོགས་བཞིར་ཕྱེ་བའི། །རིགས་བརྒྱ་ཡིན་ཞེས་གསུངས་པ་ཅི། །ཞེས་པའི་ལན་ནི། བསྟན་བཅོས་འདིར། རྣལ་འབྱོར་ཆེན་པོའི་རྒྱུད་སྡེ་ལས། །ཀུན་རྫོབ་ཅི་ལྟར་སྣང་བ་འདི། །ཐབས་ལ་མཁས་པའི་ཁྱད་པར་གྱིས། །སྦྱང་གཞི་སྦྱོང་བྱེད་ངོ་སྤྲོད་པ། །དེ་ཚེ་དམ་པ་རིགས་བརྒྱ་ལ། །སོགས་པའི་དབྱེ་བ་རྒྱལ་བས་གསུངས། །ཞེས་གསུངས་པ་ལ་ཁྱེད་ཀྱིས། རྣལ་འབྱོར་རྒྱུད་ཆོས་ཅན། ཀུན་རྫོབ་ལྷ་རུ་ཁས་ལེན་པར་ཐལ། དམ་པ་རིགས་བརྒྱར་ཕྱེ་བའི་ཕྱིར། ཞེས་པ་འདིའི་འཐུར་ཁྲབ་ཀྱི་སྟེང་དུ་དངོས་འགལ་གྱིག་གེ་སོང་འདུག་གོ། །གཞིར་ཡང་ཀུན་རྫོབ་ལྷ་རུ་ཁས་བླངས་པའི་དམ་པ་རིགས་བརྒྱ་དང་། རྡོ་རྗེ་རྩེ་མོ་ལས་གསུངས་པའི་རིགས་བརྒྱ་དོན་མི་གཅིག་སྟེ། སྔ་མའི་དོན་ནི་གསང་འདུས་ཀྱི་དགོངས་པ་སྤྱོད་བསྡུས་སྒྲོན་མེར་སྦྱང་གཞི་ཐ་མལ་པའི་དངོས་པོ་རིགས་བརྒྱར་ཕྱེ་ནས་དེ་སྦྱོང་བྱེད་གསང་བ་འདུས་པའི་ལྷ་རིགས་བརྒྱར་ཕྱེ་བར་གསུངས་པ་དང་། ཀྱཻ་རྡོ་རྗེ་ལས། སྦྱང་གཞི་རྒྱུ་རྒྱུད་རིགས་བརྒྱར་ཕྱེ་ནས་སྦྱོང་བྱེད་བསྐྱེད་རིམ་གྱི་རིགས་བརྒྱ་དང་། རྫོགས་རིམ་གྱི་རིགས་བརྒྱར་ཕྱེ་ཞིང་དེའི་འབྲས་བུ་འབྲས་རྒྱུད་ལ་ཡང་རིགས་བརྒྱར་ཕྱེ་བ་ཡིན་ལ། རྒྱས་པར་ན་དེ་ཐམས་ཅད་ལ་ཡང་། ཕྱེ་བའི་རིགས་ལ་གྲངས་ནི་མེད་པར་འགྱུར། །ཞེས་པ་ལྟར་གྱི་རིགས་བརྒྱ་ཡིན་ཅིང་། ཕྱི་མའི་དོན་ནི་སྦྱང་གཞི་སྦྱོང་བྱེད་སྦྱར་བ་མེད་པར་ཐབས་ཀྱི་ཁྱད་པར་གྱི་རིགས་བརྒྱ་ཡིན་པའི་ཕྱིར་རོ། །

༼༨༣༽། རྒྱུད་སྡེ་བཞི་ཡི་བསྒྲུབ་པ་ཡང་། །འབྲུལ་བར་བྱས་པས་ཐག་རིང་ན། །བྱ་རྒྱུད་རྣལ་འབྱོར་རྒྱུད་བཞིན་དང་། །བླ་མེད་རྒྱུད་བཞིན་བསྒྲུབ་པ་ཡང་། །དངོས་གྲུབ་རིང་བར་འགྱུར་ལགས་སམ། །དེ་ལྟ་ན་ནི་གླུ་སྒྲུབ་དང་། །འཕགས་ལྷ་དཔལ་མོས་མཛད་དེ་ཅི། །ཞེས་པའི་ལན་ནི། ཐོག་མར་ཁྱོད་ཉིད་ལ་འདི་འདྲི་སྟེ། རིགས་འཆོལ་བསྒོམ་པའི་སྦྱོར་བ་ལས། །དངོས་གྲུབ་མེད་ཅིང་སྒྲུབ་པོ་འང་། །མེད་པར་བརྟག་གཉིས་ལས་གསུངས་ན། །རྣམ་སྣང་རིགས་ལ་མི་བསྒྱོད་དང་། །མི་བསྒྱོད་རིགས་ལ་རྣམ་སྣང་གིས། །རྒྱས་བཏབ་ཚུལ་ལའང་དངོས་གྲུབ་དང་། །སྒྲུབ་པོ་མེད་པར་འགྱུར་ལགས་སམ། །དེ་ལྟ་ན་ནི་བརྟག་གཉིས་ལས། །རྒྱས་གདབ་ཚུལ་དེ་གསུངས་དེ་ཅི། །ཞེས་འདྲིའོ། །གལ་ཏེ་དེ་ཉིད་རིགས་མ་འཆོལ་བ་ཡིན་ནོ་སྙམ་ན། འོན་གཞན་གྱིས་ཀྱང་དེ་ཉིད་བསྒྲུབ་པ་མ་འབྲུལ་བ་ཡིན་ནོ་ཞེས་བརྗོད་པ་ཡོད་དོ། །རྒྱུ་མཚན་གང་བཀོད་ཀྱང་མཚུངས་ཏེ། འདི་ལ་ཡང་རྗེ་བླ་མས་བྱ་བའི་རྒྱུད་འདི་རྒྱུད་ཐམས་ཅད་ཀྱི་གཞི་མ་ཡིན་པས་བྱ་རྒྱུད་རང་རྐང་གི་ཆོག་ལྟར་སྒྲུབ་པ་དང་། རྒྱུད་སྡེ་གོང་མའི་ཆོག་ལྟར་བསྒྲུབ་ཚུལ་འཕགས་ཡུལ་གྱི་བཤད་སྲོལ་དྲི་མ་མེད་པ་བཀོད་ཡོད་པ་རྣམས་ཤེས་དགོས་སོ། །

༼༨༤༽ ཐེག་པ་མཆོག་གི་རྣལ་འབྱོར་པས། །བྱ་རྒྱུད་ཆོག་ཇི་ལྟར་བྱ། །ཞེས་པའི་ལན་ནི། རྗེ་བཙུན་གྲགས་པ་རྒྱལ་མཚན་གྱིས་རྩ་ལྟུང་འབྲུལ་སྤོང་ལས། རྩ་ལྟུང་བརྒྱད་པའི་སྐབས་སུ་གསལ་བར་གསུངས་ཡོད་པས་དེར་གཟིགས་ཤིག །དེ་ལ་ཡིད་མི་ཆེས་སོ་སྙམ་ན། འོན་འམ་བུས་ཞུས་པ་ལ་དེ་ལས་ཀྱང་ཐུགས་མི་ཆེས་སམ། ཏེ་ཏེ།

༼༨༥༽ ཕྱི་རོལ་ཡུལ་ཆེན་སོ་བདུན་ཞེས། །བྱ་བ་རྒྱུད་གཞུང་གནས་བཤད། །འཛམ་གླིང་ཙམ་པོ་ཡུལ་ཆེན་དུ། །ཁས་ལེན་ནུས་ན་རང་ལ་ཡང་། །མི་འདོད་པ་དག་མི་འབྱུང་ངམ། །ཞེས་པའི་ལན་ནི། སྤྱིར་ཕྱི་རོལ་གྱི་ཡུལ་ཆེན་ཉི་ཤུ་རྩ་བཞིར་བཤད་པའི་ཚུལ་དང་། སུམ་ཅུ་སོ་གཉིས་སུ་བཤད་པའི་ཚུལ་དང་། སུམ་ཅུ་སོ་བདུན་དུ་བཤད་པའི་ཚུལ་གསུམ་ཡོད་པ་ལས། དང་པོ་ནི་བདེ་མཆོག་དང་། སཾ་བུ་ཊི་ལས་ཕ་རོལ་ཏུ་ཕྱིན་པའི་ཐེག་པ་དང་སྣོ་བསྟུན་པའི་དབང་དུ་བྱས་ནས་དངོས་བསྟན་ས་བཅུའི་རྣམ་བཞག་མཛད་པའི་སྐབས་ཡིན་པས་པུ་ལི་ར་མ་ལ་ཡ་ལ་སོགས་པ་ཉི་ཤུ་རྩ་བཞི་གསུངས་སོ། །གཉིས་པ་ནི། རྩ་རྒྱུད་བརྟག་གཉིས་ལས། སློབ་ལམ་ས་བཅུ་གཉིས་ཀྱི་རྣམ་གཞག་མཛད་པའི་དབང་དུ་བྱས་ནས་ལེའུ་དང་པོར། ནང་རྡོ་རྗེའི་ལུས་ལ་རྩ་སུམ་ཅུ་རྩ་གཉིས་དང་། ལེའུ་བདུན་པར། ཕྱི་རོལ་གྱི་ཡུལ་ཆེན་སུམ་ཅུ་རྩ་གཉིས་གསུངས་སོ། །གསུམ་པ་ནི། དེའི་སྟེང་དུ་རི་གི་ཨ་ར་ལིའི་རྒྱུད་ལས། གནས་ནི་ཤར་གྱི་ལུས་འཕགས་པོ། །དེ་བཞིན་དུ་ནི་བ་ལང་སྤྱོད། །གནས་ནི་

བྱང་གི་སྒྲ་མི་སྙན། །གནས་ནི་དེ་བཞིན་མཛམ་བུ་གླིང་། །གླིང་བཞིར་ལྷ་མོ་བཞི་དང་ནི། །རི་རབ་སྤྱི་བོར་རི་གི་བཞུགས། །ཨ་ར་ལི་དང་མཉམ་སྦྱོར་བས། །ཅེས་གླིང་བཞི་དང་རི་རབ་དང་ལྷ་གསུངས་པ་སུམ་ཅུ་རྩ་བདུན་དུ་འགྱུར་ལ། འགྲེལ་ཆེན་དྲི་མེད་འོད་ལས། གནས་ནི་ཕྱོགས་བཞིར་རླུང་དང་། མེ་དང་། ཆུ་དང་། སའི་རང་བཞིན་གྱིས་གནས་པ་སྟེ་ཤར་གྱི་ལུས་འཕགས་དང་འཛམ་བུ་གླིང་ཆུང་དུ་དང་། བྱང་གི་སྒྲ་མི་སྙན་དང་། ནུབ་ཀྱི་བ་ལང་སྤྱོད་ཅེས་གསུངས་ལ། འདི་ལ་གླིང་བཞི་གཅིག་ཏུ་སྡོམ་པ། གཅིག་ཏུ་བགྲང་དགོས་པར་མཁས་པ་ཁ་ཅིག་བཞེད་དོ། །རྒྱུད་དང་འགྲེལ་པ་འདི་གཉིས་ཀྱི་ལུགས་ལ་ယུལ་སུམ་ཅུ་སོ་གཉིས་ཀྱི་སྟེང་དུ་འདི་དག་བསྣན་པས་སོ་བདུན་དུ་འགྱུར་བ་ནི་མིན་ཏེ། སྔ་མར་གནས་དང་ཉེར་གནས་སོགས་བཅུ་གསུངས་པའི་གནས་ཀྱི་དབྱེ་བ་དང་། ཕྱི་མར་གནས་དང་ཉེ་བའི་གནས། ཞིང་དང་ཉེ་བའི་ཞིང་། འདུན྄་པ་དང་ཉེ་བའི་འདུན྄་པ། འདུས་པ་ཅན་དང་ཉེ་བའི་འདུས་པ་ཅན། ཁང་པ་དང་ཉེ་བའི་ཁང་པ། དུར་ཁྲོད་དང་ཉེ་བའི་དུར་ཁྲོད་སྟེ་བཅུ་གཉིས་གསུངས་པའི་གནས་ཀྱི་དབྱེ་བར་འདི་དག་གསུངས་པའི་ཕྱིར་རོ། །འོན་ཀྱང་རྩ་རྒྱུད་བརྟག་གཉིས་ལྷ་བུ་གནས་སོགས་བཅུ་གཉིས་ཀྱི་དབྱེ་བར་པུ་ლི་ར་མ་ལ་ཡ་སོགས་སོ་གཉིས་གསུངས་པའི་ཚེ་སྔར་གྱི་ལྔ་པོ་དེ་དག་བསྣན་ནས་སོ་བདུན་དུ་ལེགས་པར་གྲུབ་སྟེ་སྔར་གྱི་རྒྱུད་འགྲེལ་གཉིས་ཀྱིས་དེ་དག་གནས་ཆེན་དུ་གྲུབ་ཅིང་། སོ་གཉིས་སུམ་འདུས་པས་དེ་དག་བསྣན་དགོས་པར་སླེབ་པའི་ཕྱིར་དང་། རྒྱུད་དེར་ལྷ་བཅུ་གསུམ་གྱི་ནང་མ་ལྷ་བཞུགས་པར་གསུངས་པས་ཀྱང་ཤེས་ནུས་པའི་ཕྱིར་རོ། །རྗེ་བཙུན་གྱིས་ཨིནྡྲ་བྷཱུ་ཏིའི་ལམ་སྐོར་དུ་གླིང་བཞི་གནས་ཆེན་དུ་གསུངས་པ་དེས་ཀྱང་གྲུབ་ཚུལ་སྔ་མ་དང་འདྲའོ། །དེར་ཡང་སོ་བདུན་དུ་བགྲངས་པའི་སྐབས་ནི་མ་ཡིན་ཏེ། ཉེར་བརྒྱད་ཀྱི་སྟེང་དུ་འདི་བཞི་བསྣན་པས་ས་བཅུ་གཉིས་པ་དང་སྦྱོར་བར་མཛད་པའི་ཕྱིར་རོ། །དེ་ལྟར་ན་འཛམ་གླིང་ཙམ་པོ་གནས་ཆེན་དུ་ཁས་བླངས་པས་རང་ལ་མི་འདོད་པ་དག་མི་འབྱུང་ངམ་ཞེས་པའི་དོན་ཏི་སེ་དང་། ཙཱ་རི་ཆོས་ཅན། གནས་ཆེན་ཡིན་པར་ཐལ། འཛམ་གླིང་ཙམ་པོའི་ཁོངས་སུ་འདུས་པའི་ཕྱིར། ཞེས་པ་ཡིན་མཆི། འདི་ལ་འཇིག་རྟེན་གྱི་དཔེ་བསྟན་པར་བྱ་སྟེ། ས་སྐྱའི་ལྷ་ཁང་ཆེན་མོའི་མཐོང་ཁྲུངས་ཀྱི་དཀྱིལ་གྱི་རྟེན་འབྲེལ་ཁང་པ་དེ་ཆོས་ཅན། གཙུག་ལག་ཁང་ཡིན་པར་ཐལ། ལྷ་ཁང་ཆེན་མོའི་ཁོངས་སུ་འདུས་པའི་ཕྱིར། མ་ཁྱབ་ན་ལྷ་ཁང་ཆེན་མོ་གཙུག་ལག་ཁང་དུ་ཁས་མི་ལེན་པ་ལགས་སམ། དེ་བཞིན་དུ་བསྟན་བཅོས་ཀྱི་བརྡ་ཆད་ལ་ཡང་སྤྱི་ཙམ་དང་ཁོངས་སུ་འདུས་པའི་རྣམ་གཞག་མི་འདྲ་བ་མང་སྟེ། མི་མཇེད་འཇིག་རྟེན་གྱི་ཁམས་འདི་ཆོས་ཅན། འོག་མིན་སྟུག་པོ་བཀོད་པའི་ཞིང་ཁམས་ཡིན་པར་ཐལ། དེའི་ཁོངས་སུ་འདུས་པའི་ཕྱིར་ཏེ། དེར་བཞུགས་པའི་རྣམ་པར་སྣང་མཛད་གང་ཆེན་མཚོའི་ཕྱག་མཐིལ་ན་ཡོད་པའི་ཕྱིར་རོ། །དེ་

ལས་གཞན་པའི་མི་འདོད་པ་འབྱུང་བ་ནི་མ་མཐོང་ངོ་། །

༼༩༦༽ མ་ཕཾ་མ་དྲིས་མིན་གྱུར་ན། །གོ་གཱའང་དེ་ཉིད་མིན་པར་འགྱུར། །ཞེས་པའི་ལན་ཡང་འདོན་དགོས་སོ། །ཞེས་པའི་ལན་ནི། ལེགས་པར་འདོན་ཏེ། དེ་ཉིད་མ་ཡིན་པར་འགྱུར་ཞེས་བྱ་བའི་དོན་མ་དྲིས་དེ་ཉིད་མིན་པར་འགྱུར། ཞེས་པའི་དོན་ཡིན་ནམ། གོ་གཱ་དེ་ཉིད་མིན་པར་འགྱུར། །ཞེས་པའི་དོན་ཡིན། དེ་ལས་གཞན་པ་ནི་ཡོང་དོན་མི་འདུག་གོ། །དང་པོ་ལྟར་ན་ཨ་ལ་ལ་ཧོ། །ཤིན་ཏུ་ཞིམ་པར་གྱུར་ཏོ། །ཕྱི་མ་ལྟར་ན་གོ་གཱ་གོ་གཱ་མ་ཡིན་པར་ཐལ། མ་ཕཾ་མ་དྲིས་མ་ཡིན་པའི་ཕྱིར། ཞེས་པའི་ཐལ་འགྱུར་ལ་གཞན་དག་ཧ་ཧ་མ་ཡིན་པར་ཐལ། བ་ལང་གཡག་མ་ཡིན་པའི་ཕྱིར། ཞེས་གཏོང་ཉེན་ཡོད་དོ། །

༼༩༧༽ མངོན་པ་ནས་གསུངས་གངས་ཅན་དེ། །ཏི་སེ་ཡིན་པར་ཕྱོགས་སྔ་མས། །ཁས་བླངས་ཤམ་བླ་ལ་ཡི་ནི། །གངས་ཅན་ཏི་སེར་མ་སྨྲས་པས། །རྩོད་ལས་འབྲེལ་པ་གང་ཡིན་བརྟག རང་གི་ལུགས་ལ་མངོན་པ་ནས། །གསུངས་པའི་གངས་ཅན་རྒྱུད་སྡེ་ལས། །བཤད་པའི་གངས་ཅན་དེར་བཞེད་དམ། །གཞན་ཡང་བདེ་མཆོག་གི་རྫོང་ལས། །གསུངས་པའི་གངས་ཅན་གང་ཡིན་པ། །ཤཾ་བྷ་ལ་ཡི་གངས་ཅན་དུ། །ངེས་པར་ཞལ་གྱིས་བཞེས་ནུས་སམ། །ཞེས་པའི་ལན་ནི། སྐབས་འདིའི་རྩོད་ལན་གྱི་རྣམ་གཞག་བཤད་པ་དང་། འབྲེལ་མེད་དུ་མི་འགྱུར་བའི་ཚུལ་དཔེས་བསྟན་པ་དང་། གངས་ཅན་གྱི་འདོད་ཚུལ་མ་འདྲེས་པར་བཤད་པ་དང་གསུམ་གྱིས་རྟོགས་པར་བྱ་བ་ལས། དང་པོ་ནི། ཕ་རོལ་པོས་ད་ལྟའི་ཏི་སེ་འདི་གསུང་རབ་ནས་བཤད་པའི་གངས་ཅན་དུ་འདོད་པ་ལ་བདག་ཉིད་ཆེན་པོ་འདིས་དེ་ནི་མ་ཡིན་ཏེ། སྤྱིར་གངས་ཅན་ལ་དུས་འཁོར་ནས་བཤད་པ་དང་། མངོན་པ་ནས་བཤད་པ་དང་། མུ་སྟེགས་ཀྱི་གཞུང་ནས་བཤད་པ་དང་། རྨ་བྱ་ཆེན་མོའི་མདོ་ནས་བཤད་པ་དང་། ཕལ་པོ་ཆེའི་མདོ་ལས་བཤད་པའི་ཚུལ་རྣམས་སུ་ངེས་པ་ལས། དེ་དག་གང་ཡང་མ་ཡིན་ཏེ། རེ་རེ་བཞིན་དུ་དེ་དག་གི་མཚན་ཉིད་མ་ཚང་བའི་ཕྱིར། ཞེས་པའི་དོན་ཡིན་གྱི་མངོན་པ་ནས་བཤད་པའི་གངས་ཅན་མ་ཡིན་ཏེ། དུས་འཁོར་ནས་བཤད་པའི་གངས་ཅན་གྱི་མཚན་ཉིད་མ་ཚང་བའི་ཕྱིར། ཞེས་པའི་དོན་ག་ལ་ཡིན་རྩོད་ལན་གྱི་ཚུལ་འདི་བཞིན་མ་ཤེས་ན་དོགས་པ་དེ་ནི་སྐྱེ་བ་ཡང་བདེན་ནོ། །གཉིས་པ་ནི་གངས་ཅན་དེ་དག་གཅིག་པའམ་མི་གཅིག་པ་གང་ཡིན་ཀྱང་འདྲ། རྩོད་ལན་གྱི་ཚུལ་འབྲེལ་མེད་དུ་མི་འགྱུར་ཏེ། དཔེར་ན་ཕ་རོལ་པོས་ཏི་སེ་རི་རབ་ཡིན་པར་སྨྲས་པ་ལ་དེ་ནི་མ་ཡིན་ཏེ། མངོན་པ་ནས་བཤད་པའི་རི་རབ་ཀྱི་མཚན་ཉིད་ཀྱང་མ་ཚང་། བདེ་མཆོག་སོགས་ནས་བཤད་པའི་རི་རབ་ཀྱི་མཚན་ཉིད་ཀྱང་མ་ཚང་། དུས་འཁོར་ནས་བཤད་པའི་རི་རབ་ཀྱི་མཚན་ཉིད་ཀྱང་མ་ཚང་བའི་ཕྱིར། ཞེས་པ་བཞིན་ནོ། །གསུམ་པ་ནི། དུས་འཁོར་ནས་བཤད

པའི་གངས་ཅན་དང་། མངོན་པ་ནས་བཤད་པའི་གངས་ཅན་གཏན་མི་གཅིག་སྟེ། དེ་གཉིས་སྤྱིར་རི་རབ་དང་། རི་གླིང་། རྒྱ་མཚོ་སོགས་ཀྱི་འཆགས་ཚུལ་གཏན་མི་གཅིག་པའི་ཕྱིར་དང་། ཁྱད་པར་འཛམ་བུའི་གླིང་གི་འཆགས་ཚུལ་གཏན་མི་གཅིག་པའི་ཕྱིར་དང་། དུས་འཁོར་ལས་གངས་ཅན་གྱི་འགྲམ་ན་ཤམ་བྷ་ལ་ཡོད་པར་གསུངས་ལ། མངོན་པ་ལས་ཤམྦྷ་ལ་ཁས་མི་ལེན་པའི་ཕྱིར་རོ། །གསང་སྔགས་གཞན་ནས་གསུངས་པའི་གངས་ཅན་ནི་མངོན་པ་ནས་གསུངས་པ་དང་གཅིག་ཏུ་ཁས་བླངས་དགོས་ཏེ། རི་རབ་གླིང་བཞི་སོགས་ཀྱི་འཆགས་ཚུལ་ཐམས་ཅད་མངོན་པ་ནས་གསུངས་པ་དང་མཐུན་པར་རྣམ་གཞག་རིམ་པ་སོགས་ཚད་ལྡན་གྱི་གཞུང་ལུགས་མང་པོ་ལས་འབྱུང་བའི་ཕྱིར་རོ། །བློ་གཟུ་བོར་གནས་པ་རྣམས་ལ་ཕན་ཐོགས་པ་ཡོད་དོ། །

༼༨༢༽ དེ་ནས་ཀླུ་གློས་རྫུ་འཕྲུལ་གྱིས། །ཤམྦྷ་ལ་རུ་དམག་འདྲེན་པའི། །བཤད་པ་གསལ་པོ་ག་ན་བཞུགས། །རིགས་ལྡན་དྲག་པོ་ཞེས་བྱ་བ། །ཕྱག་རྡོར་སྤྲུལ་པར་གང་དུ་བཤད། །ཅེས་པའི་ལན་ནི། འདི་གཞན་དག་གི་ཁ་ཟེགས་བསྟུས་ནས་བཀོད་པར་སྣང་མོད། འདི་བཞིན་གསན་པར་ཞུ། རིགས་ལྡན་དྲག་པོ་དེ་ཕྱག་རྡོར་གྱི་སྤྲུལ་པ་ཡིན་པ་ནི་དུས་འཁོར་རྩ་རྒྱུད་ལས་བཤད་དེ། རིགས་ལྡན་དྲག་པོ་འཇམ་དབྱངས་གྲགས་པའི་སྤྲུལ་པ་ཡིན། འཇམ་དབྱངས་གྲགས་པ་ཟླ་བ་བཟང་པོའི་སྤྲུལ་པ་ཡིན། ཟླ་བ་བཟང་པོ་ཕྱག་ན་རྡོ་རྗེའི་སྤྲུལ་པ་ཡིན་པར་དེར་བཤད་པའི་ཕྱིར་རོ། །གཏན་ཚིགས་དང་པོ་གྲུབ་སྟེ། འགྲེལ་ཆེན་དྲི་མེད་འོད་དུ། རྩ་རྒྱུད་ཀྱི་ལུང་དྲངས་པ་ལས། རིགས་ལྡན་ཉི་ཤུ་རྩ་བཞི་པ་རྫོགས་པའི་རྗེས་སུ། གྲགས་པ་རིགས་ལྡན་དེ་ནས་སླར། །དེ་སྲས་འཁོར་ལོ་ཆེན་པོ་ཅན། །རིགས་ལྡན་དྲག་པོ་འབྱུང་འགྱུར་ཏེ། །ཀླ་ཀློའི་ཆོས་ནི་མཐར་བྱེད་པའོ། །ཞེས་འཇམ་དབྱངས་གྲགས་པ་སླར་ཡང་རིགས་ལྡན་དྲག་པོར་སྤྲུལ་པར་བཤད་པའི་ཕྱིར་རོ། །གཉིས་པ་གྲུབ་སྟེ། དེ་ཉིད་ལས། དེ་ཡི་ཟླ་བཟང་རྩ་རྒྱུད་ལས། །ཁྱོད་ནི་སྟོད་པར་བྱེད་པ་སྟེ། །འགྲེལ་བཤད་བྱེད་པ་པད་འཛིན་དང་། །ཞེས་བསྟུས་རྒྱུད་མཛད་པ་གྲགས་པ་དང་། འགྲེལ་བཤད་མཛད་པ་པད་དཀར་གཉིས་ཀ་ཡང་ཟླ་བ་བཟང་པོའི་སྤྲུལ་པར་བཤད་པའི་ཕྱིར་རོ། །གསུམ་པ་གྲུབ་སྟེ། དེ་ཉིད་ལས། ཕྱག་ན་རྡོ་རྗེ་ཟླ་བཟང་ཁྱོད། །ཞེས་གསུངས་པའི་ཕྱིར་རོ། །གལ་ཏེ་རིགས་ལྡན་དྲག་པོ་ཆོས་ཅན། ཕྱག་རྡོར་གྱི་སྤྲུལ་པ་མ་ཡིན་པར་ཐལ། འཇམ་དབྱངས་ཀྱི་སྤྲུལ་པ་ཡིན་པའི་ཕྱིར་སྙམ་ན། དེ་ཉིད་འདུས་པར་གསུངས་པའི་རྡོ་རྗེ་སྙིང་པོ་ཆོས་ཅན། དེར་ཐལ། དེའི་ཕྱིར། འདོད་ན། དེ་ཉིད་སྣང་ཆེན་དུ། སེམས་དཔའ་བཅུ་དྲུག་གི་བསྟོད་པ་ཚིགས་སུ་བཅད་པ་བཅུ་དྲུག་པ་དེ་ཉིད་ལ་རྡོ་རྗེ་སེམས་དཔའམ་ཕྱག་ན་རྡོ་རྗེའི་མཚན་བརྒྱ་རྩ་བརྒྱད་ཚང་བར་བཤད་པ་དང་འགལ་ལོ། །གཞན་ཡང་གསང་སྔགས་རྒྱུད་སྡེ་བཞིའི་འཁོར་གྱི་ལྷ་ཐམས་ཅད་གཙོ་བོ་ཉིད་ཀྱི་རྣམ་འཕྲུལ་ཡིན་

པ་རྒྱུད་སྡེའི་ལུགས་ཡིན་པས། ཕྱག་རྡོར་གཙོ་བོར་བྱས་ནས་འཇམ་དབྱངས་འཁོར་དུ་བྱས་པ་དང་། འཇམ་དབྱངས་གཙོ་བོར་བྱས་ནས་ཕྱག་རྡོར་འཁོར་དུ་བྱས་པ་ཐམས་ཅད་སྔར་གྱི་ཐལ་བ་དེ་ལ་དངོས་སྐྱོན་དུ་འགྲོ་བ་བསྙོན་དུ་མེད་པས་དེ་འདྲའི་ཐལ་བ་འཕངས་ནས་ཁྱབ་པ་རང་སོར་འཇུད་ན་ལོག་པར་རྟོག་པ་ཆེན་པོ་ཡིན་ནོ། །དཔེར་མཚོན་ན་གསང་བ་འདུས་པའི་ལྷ་ཐམས་ཅད་ལ་གཙོ་བོ་གོ་འཕོ་བའི་དཀྱིལ་འཁོར་འཕགས་ལུགས་པ་དང་། ཡེ་ཤེས་ཞབས་ལུགས་པ་གཉིས་ཅར་བཞེད་པས་དེའི་ཚེ་སྔར་གྱི་རྣམ་གཞག་དེ་སྐྱོན་དུ་མེད་དོ། །འདི་དག་ཀྱང་སངས་རྒྱས་ཐམས་ཅད་ངོ་བོ་གཅིག་པ་ཙམ་ལ་བསམ་ནས་སྨྲས་པ་མ་ཡིན་གྱི། གནས་སྐབས་དེ་དང་དེའི་བརྡ་ཆད་འདོག་མཚམས་ལ་གྲུབ་པ་སྨྲས་པ་ཡིན་ཀྱང་། དུས་ཀྱི་སྐོར་བས་ཀྱིས་བློ་གཟུ་བོར་གནས་པ་དཀོན་ནོ། །ཀླུ་ཀློས་རྫུ་འཕྲུལ་གྱིས་ཤཱཀྱ་ལ་རུ་དམག་འདྲེན་པ། རིགས་ལྡན་དྲག་པོས་ཀླ་ཀློ་མཐར་བྱེད་པ་རྒྱ་རྒྱུད་ལས་གསུངས་པ་དེ་ཉིད་ཀྱིས་འགྲུབ་པར་སྣང་སྟེ། དེའི་ཚུལ་ཡང་རྒྱལ་པོ་ཟླ་བ་བཟང་པོས་རྩ་རྒྱུད་ལོ་གཅིག་བསྟན། དེ་རྗེས་ལྷ་དབང་། གཟི་བརྗིད་ཅན། ཟླ་བས་བྱིན། ལྷའི་དབང་ཕྱུག །སྣ་ཚོགས་གཟུགས། ལྷའི་དབང་ལྡན་རྣམས་ཀྱིས་ལོ་གྲངས་བརྒྱ་བརྒྱར་རྩ་རྒྱུད་བསྟན་པ་རྣམས་ནི་ཤཱཀྱ་ལར་རིགས་བཞི་ཡོད་པའི་རྡོ་རྗེའི་རིགས་པོ་ན་ལ་བསྟན་གྱི། གཞན་གསུམ་ལ་བསྟན་པར་མ་ནུས་པས། རིགས་ལྡན་དུ་མི་འདོག་ལ། དེ་ནས་འཇམ་དབྱངས་གྲགས་པས། རིགས་བཞི་ཆར་རྡོ་རྗེའི་རིགས་གཅིག་ཏུ་བྱས་ཏེ་བསྟན་པས་རིགས་ལྡན་གྱི་རྒྱལ་པོར་འདོག་སྟེ་རྩ་རྒྱུད་ལས། རིགས་བཞི་རིགས་གཅིག་བྱས་གང་དེས། །རིགས་ལྡན་ཚངས་པའི་རིགས་ཀྱིས་མིན། །ཞེས་གསུངས་པས་སོ། །དེ་ནས་བཟུང་སྟེ་རིགས་ལྡན་དྲག་པོའི་བར་ཤཱཀྱ་ལར་ཀླ་ཀློའི་རིགས་གཏན་མེད་ཅིང་རིགས་ལྡན་དྲག་པོའི་ཀླ་ཀློའི་ཆོས་མཐར་བྱེད་པར་བཤད་པས་དེའི་ཚེ་ལོགས་ནས་དམག་འདྲེན་ཏེ་འོངས་པར་གསལ་སྣམ་དུ་སེམས་ཏེ་དཔྱད་པར་བྱའོ། །

༼༩༩༽ ཇི་ལྟར་འདུད་པའི་བྱེ་བྲག་གིས། །ཞེས་སོགས་དགྲ་བཅོམ་རང་རྒྱལ་གྱིས། །སྟོང་ཉིད་རྟོགས་པའི་སྒྲུབ་བྱེད་དུ། །རྟེན་མདོ་སྡེ་རྒྱན་གྱི་ལུང་། །སེམས་ཙམ་གཞུང་དུ་ཇི་ལྟར་འགྱུར། །ཞེས་པའི་ལན་ནི། གཞུང་ལས། དགྲ་བཅོམ་པ་དང་རང་སངས་རྒྱས། །རྫོགས་པའི་སངས་རྒྱས་རྣམ་པ་གསུམ། །རྣམ་པར་གྲོལ་བར་མཚུངས་ན་ཡང་། །བཟང་ངན་ཐབས་ཀྱིས་ཕྱེ་བ་ཡིན། །ཅེས་པའི་ཤེས་བྱེད་དུ་ལུང་འདི་དྲངས་པས་དོགས་པའི་གཞི་མ་ངེས་པའི་དྲི་བར་སྣང་ངོ་། །སེམས་ཙམ་པའི་ལུགས་ལ་ཉན་རང་གིས་སྟོང་ཉིད་མ་རྟོགས་པར་འདོད་པ་ཡང་གྲུབ་མཐའ་སྨྲ་བ་སོ་སོ་ལ་སྟོང་ཉིད་ངོས་འཛིན་ཚུལ་སོ་སོར་ཡོད་པ་མ་ངེས་པའི་སྐྱོན་དུ་སྣང་སྟེ། སྟོང་ཉིད་ལྟ་བས་གྲོལ་འགྱུར་གྱིས། །སྒོམ་པ་ལྷག་མ་དེ་དོན་ཡིན། །ཞེས་པ་འདི་མདོ་སེམས་གཉིས་ཅར་གྱིས

ཐེག་པ་གསུམ་ཆར་ལ་སྦྱར་བའི་ཚུལ་ཡང་མ་ངེས་པར་སྣང་བའི་ཕྱིར་རོ། །

༼༡༠༠༽ ཡི་དམ་བསྒོམ་པ་དཀྱིང་བསྐྱེད་ཀྱིས། །སྣང་གཞི་སྦྱོང་བྱེད་མི་འགྲོད་ན། །ཤིན་ཏུ་ཟབ་པ་བཅོས་མིན་གྱི། །བསྐྱེད་པའི་རིམ་པ་དེ་ཅི་ཞིག །ཅེས་པའི་ལན་ནི། གོང་རིམ་གཉིས་ལ་འབྲུལ་བ་དགག་པའི་སྐབས་སུ། རྒྱ་ལ་བསྐྱེད་རིམ་བསྒོམ་ན་ཡང་། །སྦྱང་གཞི་སྦྱོང་བྱེད་ལེགས་འགྲོད་པའི། །ཚིག་འི་ཡན་ལག་ཀུན་ཚང་ནས། །རང་བཞིན་འི་དཀྱིང་བསྐྱེད་བསྒོམ་པར་ཟད། །ཅེས་པ་ལ་འདྲི་བ་འདྲ་སྟེ། དེ་ལྟ་ན་ཤིན་ཏུ་ཟབ་པ་བཅོས་མིན་གྱི་བསྐྱེད་རིམ་དེ་རང་བཞིན་འི་དཀྱིང་བསྐྱེད་ཅེ་ཡིན་པ་འདུག །ད་དུང་འདིའི་ཕྱོགས་སྔ་སྨྲ་བ་སུ་ཡིན་བྱེད་ཀྱིས་མི་མཁྱེན་ལགས་སོ། །

༼༡༠༡༽ རིམ་པ་ལྔ་པར་འོད་གསལ་དང་། །ཟུང་འཇུག་ཅེས་བྱ་ཆོས་སྐུ་དང་། །སྒྱུ་མའི་སྐུ་ལ་བཤད་པས་ན། །འོད་གསལ་འབྲས་བུའི་མཐར་ཐུག་ཏུ། །ཁས་བླངས་པ་ལ་འགལ་ཅི་ཡོད། །ཅེས་པའི་ལན་ནི། བདག་ཉིད་ཆེན་པོ་འདིས་སྤྱིར་འོད་གསལ་ཡིན་ན། འབྲས་བུ་མཐར་ཐུག་མ་ཡིན་པས་ཁྱབ་པར་བཞེད་པ་མ་ཡིན་ཏེ། མདོ་ལས། ཟབ་ཞི་སྤྲོས་བྲལ་འོད་གསལ་འདུས་མ་བྱས། །ཞེས་དང་། རྒྱུད་བླ་ར། སེམས་ཀྱི་རང་བཞིན་འོད་གསལ་གང་ཡིན་པ། །དེ་ནི་ནམ་མཁའ་བཞིན་དུ་འགྱུར་མེད་དེ། །ཅེས་སོགས་འོད་གསལ་ཆོས་དབྱིངས་ཀྱི་མིང་གི་རྣམ་གྲངས་སུ་བཤད་ཅིང་། རྒྱུད་བླའི་ལུང་དེ་ཉིད་བསྟན་བཅོས་འདིར་ཡང་བདེ་གཤེགས་སྙིང་པོ་འགྱུར་བ་མེད་པའི་ཁུངས་སུ་དྲངས་པས་འབྲས་དུས་ཀྱི་བདེ་གཤེགས་སྙིང་པོ་དག་པ་གཉིས་ལྡན་གྱི་ཆོས་དབྱིངས་དེ་ཡང་འོད་གསལ་དུ་ཞལ་གྱིས་བཞེས་པའི་ཕྱིར་རོ། །འོད་གསལ་དང་ཟུང་འཇུག་རྣམ་གྲངས་སུ་བཤད་པ་ཡང་འདི་ལ་དགོངས་སོ། །འདིར་དགག་བྱ་ནི་སློན་གྱི་གསང་འདུས་པ་ཁ་ཅིག །རིམ་ལྔའི་ནང་ཚན་དུ་གྱུར་པའི་འོད་གསལ་འབྲས་བུའི་མཐར་ཐུག་ཏུ་སྨྲ་བ་དེ་ཉིད་ཡིན་ཏེ། གཞུང་ལས། འདི་ནི་འཕགས་པའི་དགོངས་པ་མིན། །རིམ་ལྔ་དང་ནི་སྤྱོད་བསྡུས་སུ། །འོད་གསལ་བ་ལས་ཟུང་འཇུག་སྐྱར། །ལྡང་བ་མཐར་ཐུག་ཡིན་པར་གསུངས། །ཞེས་གསལ་བར་གསུངས་པའི་ཕྱིར་རོ། །རིམ་པ་ལྔའི་ཟླས་ཕྱེ་བའི་འོད་གསལ་དང་ཟུང་འཇུག་དང་། སྒྱུ་མའི་སྐུ་གསུམ་རྣམ་གྲངས་སུ་བཤད་པ་རིམ་ལྔ་ལས་གཏན་མེད་དེ། དབེན་གསུམ་གྱི་རྗེས་སུ་རླུང་སེམས་ཙམ་ལས་ལོངས་སྐུའི་རིགས་འདྲ་སྒྱུ་མའི་སྐུ་བསྒྲུབས་ཤིང་དེ་ཉིད་ལ་བསྒྱུར་འཛིན་གྱི་དྲི་མ་ཡོད་པ་འོད་གསལ་གྱི་མེས་སྦྱངས་ནས་དེའི་འོག་ཏུ་ཟུང་འཇུག་གི་སྐུར་བཞེངས་པར། རིམ་ལྔ། སྤྱོད་བསྡུས། སྒྲོན་གསལ་སོགས་འཕགས་ལུགས་ཀྱི་གཞུང་རྣམས་ཀྱི་དགོངས་པ་ཡིན་པ་ལ་དེང་སང་ཁོ་བོ་རྒྱུས་ཆེ་བའི་ཕྱིར་རོ། །

༼༡༠༢༽ བྱང་ཆུབ་བར་དུ་བླངས་པ་ཡིས། །སོ་སོར་ཐར་པ་འཇིག་འགྱུར་ན། །ཇི་སྲིད་བྱང་ཆུབ་སྙིང་

པོའི་བར། །ཚུལ་ཁྲིམས་ཀྱི་ནི་བསླབ་པ་དང་། །ཞེས་སོགས་གསུངས་པ་ཇི་ལྟར་ཡིན། །ཞེས་པའི་ལན་ནི། ཉན་ཐོས་ཀྱི་ལུགས་ཀྱི་སོ་ཐར་བྱང་ཆུབ་བར་དུ་བླངས་པ་བཀག་པ་དང་། ཐེག་པ་ཆེན་པོའི་ལུགས་ཀྱི་སོ་ཐར་བྱང་ཆུབ་བར་དུ་བླངས་པ་གཉིས་འགལ་བའི་དོན་མེད་མཆི། ཉན་ཐོས་པའི་ལུགས་ཀྱི་སོ་ཐར་ཞེས་པའི་ཚིག་གི་ཁྱད་པར་མེད་དོ་སྙམ་ན། མདོར་བསྟན་ཏེ། དེས་ན་ཉན་ཐོས་ཐེག་པ་ལ། །སྡོམ་པ་དང་ནི་བདེན་བཞིའི་གནད། ། བཅོས་ན་ཉན་ཐོས་ཆོས་ཀུན་འཇིག ཅེས་པའི་རྒྱས་བཤད་ཀྱི་དབང་དུ་བྱས་ནས་དུས་ཕྱིས་འདི་འདྲའི་སྒྲོན་བཟང་ཨེ་ཡོང་མི་མཁྱེན་པ་ཡིན་ནམ། བསྟན་བཅོས་སྤྱིའི་རྩོམ་ལུགས་བྱས་གདའ་འོ། །

༼༡༠༣༽ ཕག་མོའི་བྱིན་རླབས་མར་པ་ལ། །མེད་པའི་རྒྱུ་མཚན་གསལ་པོ་ཅི། །མར་པས་རིམ་ལྔ་གདན་རྫོགས་ཀྱི། །ཐོག་མར་ཕག་མོའི་བྱིན་རླབས་ནི། །ངེས་པར་བྱེད་ཅེས་ཟེར་བ་ཐོས། །ཅེས་པའི་ལན་ནི། ཕག་མོའི་བྱིན་རླབས་མར་པ་ལ། །ཡོད་པའི་རྒྱུ་མཚན་གསལ་པོ་ཅི། །དྭགས་པོས་ནཱ་རོ་ཆོས་དྲུག་གི། ཐོག་མར་ཀོང་པོ་ནེ་རུ་པས། །བྱིན་རླབས་གསར་དུ་བྱས་ཞེས་ཐོས། །ཐོས་ཚོད་ཚད་མ་མིན་སྙམ་ན། །དེས་ཀྱང་དེ་ཡང་དེར་འགྱུར་རོ། །ཞེས་བྱའོ། །

༼༡༠༤༽ རྗེ་བཙུན་མི་ལ་མན་ཆད་ལ། །ཆོས་དྲུག་ཡོད་དམ་མེད་ན་ནི། །གཞུང་གི་དགོངས་པ་གང་ཡིན་དྲིས། །ཡོད་ན་ནཱ་རོའི་བརྒྱུད་པ་ནི། །འདེད་ན་འགལ་བ་ཅི་ཞིག་ཡོད། །མེད་ན་ཆོས་དྲུག་ལུགས་གསུམ་པོ། ། གསན་ཚུལ་ཇི་ལྟར་ཡིན་པ་དྲི། །ཅེས་པའི་ལན་ནི། གཞུང་གི་དགོངས་པ་ནཱ་རོ་ཆོས་དྲུག་མི་ལ་ཡན་ཆད་དུ་ཆོས་དྲུག་དེ་ལས་མ་གཏོགས་པ་གདམས་ངག་གཞན་དང་བསྲ་བསྲེས་བྱས་པ་དེ་མེད་ཅེས་པའི་དོན་ཡིན་གྱི། ཆོས་དྲུག་མི་ལ་ཡན་ལ་ཡོད་དེ་མན་ཆད་ལ་མེད་ཅེས་པའི་དོན་མ་ཡིན་ཏེ་གཞུང་དེའི་མཇུག་ཏུ་ཆོས་དྲུག་པོར་ནས་ལམ་འབྲས་དང་། །ཕྱག་རྒྱ་ཆེན་པོ་ལ་སོགས་པ། །གཞན་གྱི་གདམས་ངག་བསྒོམ་བཞིན་དུ། །ནཱ་རོའི་བརྒྱུད་པ་འདེད་བྱེད་པ། །གཞན་དང་འགལ་བ་ལྟ་ཅི་སྨོས། །ཞེས་གསུངས་པའི་ཕྱིར་རོ། །དེས་ན་ཆོས་དྲུག་ལུགས་གསུམ་གསན་ཚུལ་སོགས་ཀྱང་མི་འགལ་བར་ཤེས་པར་བྱའོ། །

༼༡༠༥༽ བདེ་མཆོག་སྙན་བརྒྱུད་ཅེས་བྱ་བ། །བརྫུན་མའི་ཆོས་སུ་མཁས་རྣམས་བཞེད། །ཅེས་པའི་ལན་ནི། འདི་འདྲི་བའི་གཞི་གཞུང་ན་མི་འདུག །ནཱ་རོ་ཆོས་དྲུག་ལུགས་གསུམ་གྱི་ཕྱི་མ་རས་ཆུང་བའི་སློབ་མ་བྱུར་སྒོམ་ནས་བརྒྱུད། ཅེས་པ་རས་ཆུང་སྙན་བརྒྱུད་ལ་ངོས་བཟུང་ནས་དྲིས་པ་འདྲ། དེ་ལྟར་ན་ནཱ་རོ་ཆོས་དྲུག་དང་བདེ་མཆོག་སྙན་བརྒྱུད་ནོར་འདུག་གོ། བརྫུན་མའི་ཆོས་སུ་མཁས་རྣམས་བཞེད་པ་ཡང་མ་གྲུབ་སྟེ། མཁས་པ་མང་པོས་ཆོས་རྣམ་དག་ཏུ་བཞེད་པའི་ཕྱིར་རོ། །

༼༡༠༦༽ ཕྱག་རྒྱ་ཆེན་པོ་སྒོམ་བཞིན་དུ། །ན་རོའི་བརྒྱུད་པ་འདེད་པ་ལ། །འགལ་བ་ཅི་ཞིག་ཡོད་པ་དྲི། ། ཞེས་པའི་ལན་ནི། སྤྱིར་ཕྱག་རྒྱ་ཆེན་པོ་བསྒོམ་ནས་ནཱ་རོའི་བརྒྱུད་པ་འདེད་པ་ལ་འགལ་བ་ཡོད་པར་གསུངས་པ་མ་ཡིན་གྱི། ནཱ་རོའི་ཆོས་དྲུག་གཙང་མ་པོར་ནས་ཆོས་དྲུག་དང་། མར་པ་ལ་གཾ་ག་མཻ་ཏྲི་ནས་བརྒྱུད་པའི་ཕྱག་ཆེན་བསྲེས་ནས་སྒོམ་བཞིན་དུ་ནཱ་རོ་ཆོས་དྲུག་ཁོ་ནའི་བརྒྱུད་པ་འདེད་པ་བཀག་པའོ། །

༼༡༠༧༽ བཅོམ་ལྡན་འདས་ཀྱི་བཤད་པ་ལ། །བཞི་བཅོམ་དྲུག་ལྡན་མི་དགོས་ན། །གང་རུང་རེ་རེས་ཆོག་གམ་ཅི། །དེ་ལྟར་ན་ནི་དགྲ་བཅོམ་དང་། །ལེགས་ལྡན་སོགས་ལ་མི་ཐལ་ལམ། །ཞེས་པའི་ལན་ནི། གཞུང་གི་དགོངས་པ་མ་ལོན་པར་བསྟན་པ་དང་། སུན་འབྱིན་བརྗོད་པ་མི་འཐད་པ་གཉིས་ཀྱིས་རྟོགས་པར་བྱ་བ་ལས། དང་པོ་ནི། བཅོམ་ལྡན་འདས་ཀྱི་བཤད་པ་ལ་བཞི་བཅོམ་དྲུག་ལྡན་གཉིས་ཀ་མི་དགོས་ཅེས་པ་གཞུང་གི་དོན་གཏན་མ་ཡིན་ཏེ། བོད་སྐད་ཀྱི་བཅོམ་ལྡན་འདས་ཅེས་པའི་བཅོམ་པ་བདུད་བཞི་བཅོམ་པ་དང་། ལྡན་པ་དབང་ཕྱུག་གི་ཡོན་ཏན་དྲུག་དང་ལྡན་པ་ལ་སོ་སོར་བཤད་པ་དགག་པ་ཙམ་ཡིན་པའི་ཕྱིར་རོ། །འོན་བཞི་བཅོམ་དྲུག་ལྡན་གཉིས་ཀ་ཇི་ལྟར་དགོས་བོད་སྐད་ཀྱི་བཅོམ་པ་དང་ལྡན་པ་གཉིས་ལ་དེ་གཉིས་སོ་སོར་བཤད་དུ་མི་རུང་བའི་རྒྱུ་མཚན་ཅི་སྙམ་ན། བྷ་ག་ཅེས་པའི་ཚིག་གཅིག་ཉིད་བཅོམ་པ་དང་། སྐལ་བ་གཉིས་ལ་འཇུག་པ་དེའི་ཚེ་བཅོམ་པ་ནི་བདུད་བཞི་བཅོམ་པ་སྐལ་བ་ནི་དབང་ཕྱུག་གི་ཡོན་ཏན་དྲུག་གི་སྐལ་བ་ཡིན་པས་དེ་གཉིས་ཀ་ཡང་བོད་སྐད་ཀྱི་བཅོམ་ཞེས་པའི་ཚིག་གཅིག་ཉིད་ཀྱིས་སྟོན་ནོ། །ལྡན་ཞེས་པ་དང་། ཝཱ་ཏེ་ཞེས་པ་བོད་སྐད་ཀྱི་ལྡན་པ་ཡིན་ལ། དེའི་ཚེ་བདུད་བཞི་བཅོམ་པ་དང་ལྡན་པས་ན་བཅོམ་ལྡན། དབང་ཕྱུག་གི་ཡོན་ཏན་དྲུག་གི་སྐལ་བ་དང་ལྡན་པས་ན་བཅོམ་ལྡན་ཞེས་གཉིས་ཀ་ལ་སྦྱར་བར་བྱ་བ་ཡིན་གྱི། དབང་ཕྱུག་གི་ཡོན་ཏན་དྲུག་ཁོ་ན་ལ་སྦྱར་བར་བྱ་བ་མ་ཡིན་ཏེ། ཙ་རྒྱུད་བརྟག་གཉིས་ལས། སངས་རྒྱས་འདི་ལ་བྷ་ག་མངའ། །བཅོམ་ལྡན་འདས་ཞེས་བརྗོད་པར་བྱ། །རྣ་གནམ་པ་དྲུག་དུ་བརྗོད། །དབང་ཕྱུག་ལ་སོགས་ཡོན་ཏན་ཀུན། ། ཡང་ན་ཉོན་མོངས་ལ་སོགས་བདུད། །འཇོམས་ཕྱིར་བཅོམ་ལྡན་འདས་ཤེས་བྱ། །ཞེས་དང་། སངས་རྒྱས་ཡེ་ཤེས་ཞབས་ཀྱི་སྒྲུབ་འགྲེལ་ལས། བཅོམ་ལྡན་འདས་ཅེས་པ་ནི་བདུད་བཞི་བཅོམ་པའི་ཕྱིར་རམ། དབང་ཕྱུག་ལ་སོགས་པའི་ཡོན་ཏན་དང་ལྡན་པའི་ཕྱིར་རོ། །སྐལ་པའི་སྒྲ་ནི་དབང་ཕྱུག་ལ་སོགས་པ་བརྗོད་པར་བྱེད་པ་ཡིན་ཏེ། དབང་ཕྱུག་དང་ནི་གཟུགས་བཟང་དང་། །གྲགས་དང་དཔལ་དང་ཡེ་ཤེས་དང་། །བརྩོན་འགྲུས་ཕུན་སུམ་ཚོགས་ལྡན་པ། །དྲུག་པོ་དག་ལ་སྐལ་ཞེས་བརྗོད། །ཅེས་གང་བཤད་པ་ཡིན་ནོ། །ཞེས་གསུངས་པས་སོ། ། སྒྲའི་གནད་ཀྱི་ཚུལ་འདི་ལྟ་བུ་ལ་དགོངས་ནས། བཅོམ་ལྡན་འདས་ཀྱི་བཤད་པ་ལ། །བཞི་བཅོམ་དྲུག་ལྡན་

འཆད་པ་དང་། །ཞེས་བོད་སྐད་ལ་བཤད་པ་ནོར་ཚུལ་དུ་གསུངས་པ་ཡིན་པས་འདི་ནི་མང་བ་ཞིག་ལ་མཁོ་བ་ཡོད་དོ། །གཉིས་པ་ནི། གང་ཟུང་རེ་རེས་ཚོག་ན་ཡང་། དགྲ་བཅོམ་པ་དང་། ལེགས་ལྡན་ལ་སོགས་ལ་ཐལ་བར་མི་འགྱུར་ཏེ། ཉན་ཐོས་དགྲ་བཅོམ་གྱི་བདུད་བཞི་མ་ལུས་པར་མ་བཅོམ་པར་བཤད་ཟིན་པའི་ཕྱིར་དང་། འཇིག་རྟེན་པའི་ལེགས་ལྡན་ལ་དབང་ཕྱུག་གི་ཡོན་ཏན་དྲུག་མེད་པའི་ཕྱིར་ཏེ། དབང་ཕྱུག་ནི། དབྱིངས་དག་པ་གཉིས་ལྡན་དང་། གཟུགས་བཟང་ནི་མེ་ལོང་ལྟ་བུའི་ཡེ་ཤེས་དང་། གྲགས་པ་དང་དཔལ་གཉིས་ནི་མཉམ་པ་ཉིད་ཀྱི་ཡེ་ཤེས་དང་། ཡེ་ཤེས་ནི་སོ་སོར་རྟོག་པའི་ཡེ་ཤེས་དང་། བརྩོན་འགྲུས་ཕུན་སུམ་ཚོགས་པ་ནི་བྱ་བ་གྲུབ་པའི་ཡེ་ཤེས་ཡིན་པར་སངས་རྒྱས་ཡེ་ཤེས་ཞབས་ཀྱིས་བཤད་པའི་ཕྱིར་རོ། །འོན་ཀྱང་བློའི་ངོར་དེ་གཉིས་ནོར་གྱི་དོགས་ནས་འདས་ཞེས་པའི་ཚིག་ལོ་ཙཱ་བ་སངས་རྒྱས་དང་འདྲ་བ་དག་གིས་བསྣན་པར་ཤེས་པར་བྱའོ། །

༼༡༠༢༽། ཕྱག་རྒྱ་ཆེན་པོའི་སྒྲ་དོན་ལ། །ལག་པའི་སྒྲ་དོན་འཁྲུལ་གྱུར་ན། །བརྟག་པ་གཉིས་པར་བཏང་ནི། །བཏང་ཡི་ལན་ལ་ཕྱག་རྒྱ་ཞེས། །གསུངས་པའི་དགོངས་པ་གང་ཡིན་བཅོལ། །རྡོ་རྗེ་འབྱུང་བར་ལྷ་རྣམས་ཀྱི། །ལག་པའི་རྣམ་འགྱུར་མི་འདྲ་ལ། །ཕྱག་རྒྱ་ཆེན་པོ་བཤད་དེ་ཅི། །ཞེས་པའི་ལན་ནི། གཞུང་གི་དགོངས་པ་བཤད་པ་དང་། དེ་མ་རྟོགས་ནས་སུན་འབྱིན་བརྗོད་པ་ལ་ལན་བཏབ་པ་གཉིས་ལས། དང་པོ་ནི། མ་ཧཱ་མུ་དྲ་ཞེས་པའི་མ་ཧཱ་ཆེན་པོ་དང་། མུ་དྲ་རྒྱ་ལ་འཇུག་པ་ཡིན་གྱི་ལག་པའི་སྐད་དོད་མེད་པས་ཚིག་དྲང་པོར་བསྒྱུར་ན་རྒྱ་ཆེན་པོ་ཞེས་པ་ལ་འཇུག་གོ། འོན་ཀྱང་དེའི་དོན་ནི་དབང་དང་རིམ་གཉིས་ལས་བྱུང་བའི་ཡེ་ཤེས་ལ་འཇུག་པས་རྒྱ་ཆེ་ཆུང་གཉིས་ཀྱི་ཟླས་ཕྱེ་བའི་རྒྱ་ཆེན་པོ་ལ་ནོར་གྱིས་དོགས་ནས་ལོ་ཙཱ་བ་སངས་རྒྱས་དང་འདྲ་བ་དག་གིས་ཕྱག་ཅེས་པའི་ཚིག་བསྣན་པ་ཡིན་གྱི། རྒྱ་གར་གྱི་སྐད་ལ་དེའི་སྒྲ་དོན་འཆད་དུ་མེད་ཅེས་པའི་དོན་ཏོ། །གཉིས་པ་ནི། བརྟག་པ་གཉིས་པར་བཏང་དང་བཏང་འི་ལན་ལ་ཕྱག་རྒྱ་ཞེས་བཤད་པའི་རྒྱུ་མཚན་གྱིས་ལག་པའི་སྒྲ་དོན་འཆད་དུ་ཡོད་ན། གོས་དང་རྒྱ་གསུམ་དང་། ནུ་མ་དང་། སྒྲ་མཚམས་དང་། སོ་དང་། ཁ་དང་། ཁྲོ་གཉེར་དང་། གཙུག་ཕུད་དང་། དཔྲལ་བ་དང་། རྒྱབ་དང་། རྐང་མཐིལ་དང་། ལྟོ་བ་རྣམས་ལ་ཡང་ལག་པའི་སྒྲ་དོན་འཆད་དུ་ཡོད་པར་འགྱུར་ཏེ། དེ་དག་ལ་ཡང་ཕྱག་རྒྱ་དང་། ཕྱག་རྒྱའི་ལན་ཅེས་གསུངས་པའི་ཕྱིར་ཏེ། དེ་ཉིད་ལས། གང་གིས་གོས་ནི་སྟོན་པ་ལ། །དེ་ཡིས་རྒྱ་གསུམ་རབ་ཏུ་བསྟན། །གང་ཞིག་ནུ་མ་སྟོན་པ་ལ། །དེ་ཡིས་མཚམས་ནི་རབ་ཏུ་བསྟན། །གང་ཞིག་སོ་ནི་སྟོན་པ་ལ། །དེ་ཡིས་ཁ་ནི་རབ་ཏུ་བསྟན། །གང་ཞིག་ཁྲོ་གཉེར་སྟོན་པ་ལ། །གཙུག་ཕུད་བཀྲོལ་བ་བརྗོད་པར་བྱ། །གང་ཞིག་དཔྲལ་བ་སྟོན་པ་ལ། །དེ་ཡིས་རྒྱབ་ནི་རབ་ཏུ་བསྟན། །གང་ཞིག་རྐང་མཐིལ་སྟོན་པ་ལ། །ལྟོ་ཡི་རྣམ་པར་བརྩེ་བར་བྱ། །ཕྱག་རྒྱ་ཕྱག་རྒྱའི་ལན་གྱིས་ནི། །

དམ་ཚིག་གིས་ནི་རྣམ་པར་དབྱེ། །ཞེས་གསུངས་པའི་ཕྱིར་རོ། །རྡོ་རྗེ་འབྱུང་བར་ལྷ་རྣམས་ཀྱི་ལག་པའི་རྣམ་འགྱུར་མི་འདྲ་བ་ལ་ཕྱག་རྒྱ་ཆེན་པོར་བཤད་པས་ཀྱང་མི་གནོད་དེ་བོད་འདིར་ཕྱག་རྒྱ་ཞེས་པའི་ཚིག་དེ་ཡིན་ན། ལག་པ་ལ་མི་འཇུག་པས་ཁྱབ་པར་མ་གསུངས་པའི་ཕྱིར་རོ། །ཧི་ལི་ཧེ་ལོར་མི་རུང་ན། །ཨི་ཡི་ཡི་གེ་ཨེ་ཞེས་པར། །ཀཱ་ལཱ་པ་ལས་བྱས་དེ་ཅི། །ཅེས་པའི་ལན་ནི་དེ་སྟོན་པའི་ཀཱ་ལཱ་པའི་ཚིག་གང་ཡིན། ཨའི་ཡི་གེ་ཨིའི་ཡི་གེ་ལ་ཨེའོ་ཞེས་པ་ཡིན་ན། དེའི་དོན་སྔ་མའི་སྲོག་ཡིག་ཨའི་ཡི་གེ་དེ་ཕྱི་མར་ཨའི་ཡི་གེ་ལ་བརྟེན་ནས་སྔ་མའི་ཨ་ཡིག་ཨེར་འགྱུར་ལ། ཕ་རོལ་ཡང་དབྱིའོ། །ཞེས་པས་ཕ་རོལ་གྱི་ཨི་ཕྱིས་ཏེ་སྔ་མ་མཚམས་སྦྱར་ཞེས་པའི་དོན་ཏེ། དཔེར་ན་ཤྲཱི་ལ་ཨིནྡྲ་ཞེས་པའི་ལའི་སྲོག་ཡིག་ཨ་དེ་ཉིད་ཕ་རོལ་གྱི་ཨི་མཐོང་བས་ཨེར་འགྱུར་ལ། ཨི་ཡིག་ཕྱིས་ཏེ་མཚམས་སྦྱར་བས་ཤཱི་ལེནྡྲ་ཞེས་དང་། དེ་བཞིན་དུ་ན་ལ་ཨིནྡྲ་ལ་ན་ལེནྡྲ་དང་། ཨིནྡུ་ཨིན་དུ་ལ་ཨནྟེ་དུ་ཞེས་པ་ལྟ་བུའོ། །མཚམས་སྦྱོར་གྱི་ཚུལ་འདི་ཙམ་ལ་ཡང་ཨིའི་ཡི་གེ་ཨེའི་ཡིན་ཅེས་པར་འབྲུལ་ན་ཀཱ་ལཱ་པ་མཁྱེན་པར་ཞལ་གྱིས་བཞེས་ཀྱང་ཅི་ལྟར་འགྱུར་ལགས་སམ། གལ་ཏེ་དེ་ཉིད་ཀཱ་ལཱ་པའི་དགོངས་པ་ཡིན་ན། གི་གུ་ཡིན་ན་འགྲེང་བུ་ཡིན་པས་ཁྱབ་པར་ཐལ། ཨི་ཡིག་ཡིན་ན་ཨེ་ཡིན་པས་ཁྱབ་པའི་ཕྱིར། བསྟན་བཅོས་འདིར་མ་ཟད་ཀཱ་ལཱ་པ་ཡང་སུན་འབྱིན་ཏེ་ཕུང་བར་བྱེད་དམ། །

༼༡༠༩༽ ན་རོ་ཞེས་བྱ་བྲམ་ཟེ་ཡི། །བྱེ་བྲག་ཡིན་མོད་ཏ་ཞེས་པ། །ཞེས་པའི་ཚིག་ཏུ་སྦྱར་མིན་ནམ། །ཅེས་པའི་ལན་ནི། ཏ་ཞེས་པ་ཉིད་ཅེས་པའི་དོན་ཡིན་ལ། དེ་སྦྱར་བ་འམ་མ་སྦྱོར་བ་གང་ཡིན་ཀྱང་རུང་། ན་དང་རོ་གཉིས་ཀྱི་སྒྲ་སྐད་ནོར་བར་འཆད་པ་སྐབས་ཀྱི་དོན་ཡིན་ཏེ། དཀའ་བ་སྤྱད་པས་ཨ་ན་ན། །རོ་རུ་སོང་ཞེས་འཆད་པ་དང་། །ཞེས་གསུངས་པས་སོ། །

༼༡༡༠༽ གོཽ་ཤཱི་ཀའི་མདོ་ཞེས་པ། །བརྫུན་མ་དེ་ཡི་མཚན་གཞི་དྲི། །ཅེས་པའི་ལན་ནི། ཤེར་ཕྱིན་གྱི་མདོའི་ནང་ཚན་དུ་གྱུར་པའི་གོཽ་ཤཱི་ཀས་ཞུས་པའི་མདོ་མ་ཡིན་པར་དེ་ལས་གཞན་པ་ཡོད་པར་གསལ་མོད་ཀྱི་ཁོ་བོས་ནི་མ་མཐོང་སྟེ། ཁྱེད་དང་འདྲའོ། །

༼༡༡༡༽ མུ་སྟེགས་བྱེད་ཀྱི་རྒྱུད་ཡིན་པས། །ལུང་དུ་བྱ་བ་མི་རུང་ན། །དབྱངས་འཆར་རྒྱུད་དང་སྨན་དཔྱད་དང་། །ཀཱ་ལཱ་པ་དང་ཙནྡྲ་ཡི། །ཚིག་རྒྱན་གཞུང་དང་འཆི་མེད་ཀྱི། །བང་མཛོད་ལ་སོགས་མཁས་རྣམས་ལ། །གྲགས་པའི་ལུང་དག་འདོར་དགོས་སམ། །ཞེས་པའི་ལན་ནི། གཞུང་དེ་དག་མུ་སྟེགས་བྱེད་ཀྱི་རྒྱུད་ཡིན་ཞེས་པ་ཡང་ཀཱ་ལཱ་པ་སོགས་ལ་སྐྱུར་པ་བཏབ་པར་སྣང་ཞིང་གཞན་ཡང་ཁྱོད་སྐྱོན་འཛིན་ལུགས་འདི་ལྟར་མཛད་ན་ཁོ་བོས་ལན་འདེབས་ལུགས་འདི་འདྲ་ཅིག་བྱ་སྟེ། མུ་སྟེགས་བྱེད་ཀྱི་རྒྱུད་ཡིན་པས་ལུང་དུ་བྱ

བར་མི་རུང་བར་ཐལ། མུ་སྟེགས་བྱེད་ཀྱི་རྒྱུད་ཡིན་པས་ལུང་དུ་བྱ་བར་མི་རུང་བའི་ཕྱིར། འདོད་ན། སྔར་བརྗོད་པའི་སྨོན་ཐམས་ཅད་ལོག་ཁྱབ་པ་ནི་ཚད་འགལ་ཡིན། མ་གྲུབ་ན། རྒྱང་འཕེན་པས་སྐྱེ་བ་སྔ་ཕྱི་མེད་པར་སྟོན་པའི་ལུང་དང་། གྲངས་ཅན་གྱིས་གཙོ་བོ་རྟག་དངོས་ཡོད་པར་སྟོན་པའི་ལུང་ལ་སོགས་པ་མུ་སྟེགས་བྱེད་ཀྱི་རྒྱུད་ཐམས་ཅད་ཆོས་ཅན། དེར་ཐལ། དེའི་ཕྱིར། ཁོ་བོ་ནི་སྒྲུབ་ཁྱབ་ཊང་གསུམ་ལ་འབུད། དྲུང་ཆེན་པོ་པ་ནི་དགག་ཁྱབ་ཊང་གསུམ་ལ་འབུད་པར་སྣང་ངོ་། །

༼༡༡༢༽ མ་རིག་ཅེས་སོགས་རྒྱུད་བླ་ཡི། །ལུང་དེ་གང་ན་ཡོད་པ་དྲི། །བཤད་དང་གང་ཞིག་ཅེས་པའི་བར། །ཡོད་ན་རྗེ་བཙུན་ཉིད་ཀྱིས་ནི། །ཇི་ལྟར་ནོར་བུ་མན་ཆད་ཀྱི། །ཚིགས་བཅད་གྲངས་ངེས་མཛད་དེ་ཅི། ། ཞེས་པའི་ལན་ནི། བཤད་དང་གང་ཞིག་ཅེས་པའི་བར་དུ་ཡོད་པ་མ་ཡིན་གྱི། མར་པ་སྨོན་འགྲོའི་འགྱུར་དུ། དེ་ཡང་དྲང་སྲོང་བཀའ་བཞིན་སྤྱི་བོས་བླང་། །ཞེས་པའི་མཇུག་ཏུ། མ་རིག་མདོངས་རྣམས་ཀྱིས་ཀྱང་སྲིན་བུའི་ཡིག་འདྲ་མུ་སྟེགས་བསྟན་བཅོས་སུའང་། །དོན་ལྡན་ཆོས་ལྡན་ཁམས་གསུམ་ཉོན་མོངས་ཟད་བྱེད་མཐོན་གྱུར་གང་ཡིན་དང་། །འཇིག་རྟེན་སོ་སོའི་ལེགས་བཤད་གང་དེའང་བློ་ལྡན་དྲང་སྲོང་བཞིན་འཛིན་ན། །གསུང་གང་ཟག་མེད་བློ་མངའ་རྣམས་ཀྱི་ཞལ་ནས་བྱུང་བ་སྨོས་ཅི་དགོས། །ཞེས་འབྱུང་ཞིང་། ཕྱུ་པའི་ཊཱི་ཀར་ཡང་ཚིགས་སུ་བཅད་པ་འདི་གཞུང་ཁ་ཅིག་ལས་འབྱུང་བ་ལྟར་ན་ཞེས་གསུངས་ནས་འབྲུ་བསྣོན་མཛད་དོ། །དེ་ལྟར་ན་ཇི་ལྟར་སྒྲོན་གློག་ནོར་བུ་ཞེས་པ་མན་ཆད་ཀྱི་ཚིགས་བཅད་ཀྱི་གྲངས་ངེས་རྗེ་བཙུན་ཉིད་ཀྱིས། གང་ལས་རྒྱུ་མཚན་གང་ཕྱིར་ཉིད། །ཇི་ལྟ་བུར་ནི་གང་བཤད་དང་། །རྒྱུ་མཐུན་པ་ནི་གང་ཡིན་དེ། །ཚིགས་སུ་བཅད་པ་བཞིས་བསྟན་ཏོ། །གཉིས་ཀྱི་བདག་ཉིད་དག་པ་ཡི། །ཐབས་དང་གཅིག་གིས་ཉམས་པའི་རྒྱུ། །དེ་ནས་ཚིགས་སུ་བཅད་པ་ནི། །གཉིས་ཀྱིས་འབྲས་བུ་བསྟན་པ་ཡིན། །འཁོར་གྱི་དཀྱིལ་འཁོར་བཟོད་པ་དང་། །བྱང་ཆུབ་ཐོབ་པའི་ཆོས་བརྗོད་པའི། །མདོར་ན་འབྲས་བུ་རྣམ་གཉིས་ནི། །ཐ་མ་ཡིས་ནི་བསྟན་པ་ཡིན། །ཞེས་གསུངས་པ་ཉིད་ཀྱིས་ཚིགས་སུ་བཅད་པ་འདི་ཉིད་ཡོད་པ་ལེགས་པར་གྲུབ་པར་སྣང་སྟེ། གང་ལས་བཤད་ན། ཇི་ལྟར་སྒྲོན་གློག་ནོར་བུ་ཅེས་སོགས་ཚིགས་བཅད་གཅིག་སྟེ་ཐུབ་པ་ལ་བརྟེན་ནས་བཤད་ཅེས་པའི་དོན་ཏོ། །རྒྱུ་མཚན་གང་གི་ཕྱིར་བཤད་ན་གང་ཞིག་དོན་ལྡན་ཞེས་སོགས་ཚིགས་བཅད་གཅིག་སྟེ། རྒྱལ་བའི་བཀའ་འདིའི་ཕྱིར་བཤད་དང་། །ཅེས་པའོ། །ཇི་ལྟ་བུར་གང་བཤད་པ་ནི་གང་ཞིག་རྒྱལ་བའི་ཞེས་སོགས་ཚིགས་བཅད་གཅིག་སྟེ། དྲང་སྲོང་གི་བཀའ་དང་འདྲ་བར་བསྟན་བཅོས་བཤད་ཅེས་པའོ། །དྲང་སྲོང་གི་བཀའ་བཞིན་དུ་སྤྱི་བོས་བླང་བྱ་ཡིན་པའི་རྒྱུ་མཚན་རིགས་པ་དང་མཐུན་པ་གང་ཞེ་ན། མ་རིག་མདོངས་རྣམས་ཀྱིས་ཀྱང་ཞེས

སོགས་ཚིགས་བཅད་གཅིག་སྟེ། ཕྱིར་རྒོལ་བའི་བསྟན་བཅོས་དང་། འཇིག་རྟེན་སོ་སོའི་ལེགས་བཤད་ཀྱང་དྲང་སྲོང་གི་བཀའ་བཞིན་དུ་འཛིན་ན་ཟབ་མེད་བློ་མངའི་བསྟན་བཅོས་སློབས་ཅི་དགོས་ཞེས་པའོ། །གང་ཕྱིར་རྒྱལ་ལས་ཅེས་སོགས་ཚིགས་བཅད་གཉིས་ཀྱིས་རྒྱལ་བའི་བསྟན་པ་ལ་མ་ལྟོས་པར་བདག་ཉིད་ཀྱི་ཞེན་ལྷ་དག་པའི་ཐབས་བསྟན་ནོ། །བློ་དམན་ཕྱིར་དང་། ཞེས་སོགས་ཚིགས་བཅད་གཅིག་གིས་ཆོས་ལས་ཉམས་པའི་རྒྱུ་བསྟན། ཇི་ལྟར་ཟབ་མོའི་ཆོས་ཉམས་ཞེས་སོགས་ཚིགས་བཅད་གཉིས་ཀྱིས་ཉམས་པའི་འབྲས་བུ་བསྟན། དཀོན་མཆོག་རྣམ་པར་བྱང་ཁམས་ཞེས་སོགས་ཚིགས་བཅད་གཅིག་གིས་བསྟན་བཅོས་རྩོམ་པའི་འབྲས་བུ་གཉིས་བསྟན་ཏེ། དེ་ལྟར་ན་ཚིགས་སུ་བཅད་པ་འདི་ངེས་པར་ཡོད་པར་གྲུབ་བོ། །གཞན་དུ་ན་ཇི་ལྟར་སྒྲོན་གློག་ནོར་བུ་མན་ཆད་ལ་ཚིགས་བཅད་ཀྱི་གྲངས་ངེས་ཇི་ལྟར་ཚང་བལྟས་པས་གསལ་ལོ། །ཁྱེད་ཀྱིས་བསྟན་བཅོས་འདི་ལ་ཞབས་ཏོག་བསྒྲུབ་པ་འདི་འབའ་ཞིག་སྣང་ངོ་། །ཀཽཤི་ཀའི་མདོ་ཞེས་པ་མན་ཆད་ཀྱི་དྲི་བ་འདི་གསུམ་གོང་དུ་འོང་རྒྱུར་འདུག་ནའང་འདིར་བྲིས་འདུག་གོ། །

༼༡༡༣༽ བཀའ་བསྡུ་གསུམ་གྱི་ཐ་སྙད་ནི། །གཞུང་ལུགས་གང་ནས་འབྱུང་བ་དྲི། །ལྷ་ཆེན་ཆོས་ལོག་སུན་འབྱིན་ལ། །བསྡུ་བ་གསུམ་པར་གང་ལས་བཤད། །ཉི་མའི་དངོས་གྲུབ་ཅེས་པ་ཡི། །གཏམ་རྒྱུད་འདི་འང་གང་ལས་འབྱུང་། །ཞེས་པའི་ལན་ནི། བཀའ་བསྡུ་གསུམ་པ་འདུལ་བ་ལུང་ལས་གསལ་བར་མ་བཤད་པས་འདོད་པ་མི་མཐུན་པ་དུ་མ་ཡོད་པས། རྟོག་གེ་འབར་བར་ལུགས་གཉིས་གསུངས་པའི་དང་པོ་ནི། སྟོན་པ་མྱ་ངན་ལས་འདས་ནས་ལོ་བརྒྱ་དང་དྲུག་ཅུ་ན་གྲོང་ཁྱེར་མེ་ཏོག་གིས་བརྒྱན་པར་རྒྱལ་པོ་མྱ་ངན་མེད་འབྱུང་སྟེ། དགྲ་བཅོམ་པ་རྣམས་ཀྱིས་སྐད་རིགས་མི་གཅིག་པ་བཞི་སོ་སོར་བཀླགས་པས་སློབ་མ་རྣམས་གྲུབ་མཐའ་སྣ་ཚོགས་པར་གྱུར། དེ་ནས་དགྲ་བཅོམ་པ་དང་། སོ་སོའི་སྐྱེ་བོའི་མཁས་པ་རྣམས་ཛ་ལེན་དྲ་རའི་དགོན་པར་འདུས་ནས་བསྟན་པ་བསྡུས་སོ། །དེའི་ཚེ་སྟོན་པ་མྱ་ངན་ལས་འདས་ནས་ལོ་སུམ་བརྒྱ་སོང་ཞེས་ཟེར་ཞིང་། འོད་ལྡན་ལས་ཀྱང་དེ་དང་མཐུན་པར་གསུངས་སོ། །ལུགས་གཉིས་པ་ནི། སྟོན་པ་མྱ་ངན་ལས་འདས་ནས་ལོ་བརྒྱ་དང་སུམ་ཅུ་སོ་བདུན་ན་བདུད་སྡིག་ཅན་བཟང་པོ་ཞེས་བྱ་བས་བསྟན་པ་དཀྲུགས་ནས་སོ་སོར་གྱེས། དེ་ནས་ལོ་དྲུག་ཅུ་རྩ་གསུམ་ནས་གནས་བརྟན་གནས་མའི་བུས་བསྡུ་བ་གསུམ་པ་བྱས་ཞེས་ཟེར་རོ། །བསྟན་བཅོས་རྩོམ་པ་པོ་འདིས་བླ་མའི་གསུང་སྒྲོས་ལས་ལྷ་ཆེན་གྱི་ཆོས་ལོག་སུན་ཕྱུང་བ་ལ་བཀའ་བསྡུ་གསུམ་པར་ཐོས་ཞེས་གསུངས་སོ། །གཏམ་རྒྱུད་དང་གྲག་གོ་ཅེས་དང་། ཐོས་སོ་ཞེས་པ་ཐམས་ཅད་ལ་ལུང་ཁུངས་སྟོན་དགོས་པའི་ངེས་པ་མེད་དེ། གཏམ་རྒྱུད་ཅེས་པའི་སྒྲ་དོན་ཉིད་ཀྱིས་ཤེས་སོ། །དཔེར་ན་རྒྱུད་སྡེ་སྤྱི་རྣམ་ལས།

རྒྱུད་སྡེ་བཞི་ཡི་གྲངས་ངེས་ཀྱི་ཚུལ་གཉིས་བཀོད་ནས་ཀླུ་སྒྲུབ་ཡབ་སྲས་བཞེད་པར་གྲག་གོ་ཅེས་དང་། རབ་འབྱོར་སྐྱོང་དང་། ཀུན་དགའ་སྙིང་པོ་ལ་སོགས་པ་བཞེད་པར་གྲག་གོ་ཅེས་དང་། རིགས་གཏེར་རང་འགྲེལ་ལས་མདོན་གསུམ་འགྲོས་གསུམ་པ་བྲམ་ཟེའི་བཞེད་པ་ཡིན་པར་ཐོས་སོ། །ཞེས་པ་ལྟ་བུའོ། །གཞན་དུ་ངེས་པར་དགོས་ན་ཁྱེད་ཉིད་ཀྱིས་འདུལ་བ་ཡི་གེར་བྲིས་པ་ནི། བཀའ་བསྡུ་གསུམ་པ་ཡིན་ཞེས་གྲག ཅེས་སྨྲས་པ་དེའི་ལུང་ཁུངས་སྟོན་ཅིག །

༼༡༡༤༽ དར་མས་བསྟན་པ་བསྣུབས་པ་ནས། །མངའ་བདག་ཡེ་ཤེས་འོད་ཀྱི་བར། །ཆོས་ལོག་དུ་མ་འཕེལ་དེ་གང་། །ཞེས་པའི་ལན་ནི། གསང་སྔགས་པ་སྦྱོར་སྒྲོལ་ལམ་དུ་བྱེད་པ་དང་། འདུལ་བ་ལ་ངལ་ཞིང་དུབ་པའི་མཐར་ལྟུང་བ་སོགས་སུ། བུ་སྟོན་དང་། བླ་མ་དམ་པ་ལ་སོགས་པའི་སྐྱེས་ཆེན་རྣམས་ཀྱིས་བཤད་པ་ལྟར་རོ། །

༼༡༡༥༽ རིན་ཆེན་བཟང་པོའི་བསྟན་བཅོས་ན། །སྦྱོར་སྒྲོལ་བཀག་པ་ཙམ་ཞིག་ནི། །མ་གཏོགས་ཆོས་ལོག་ཐམས་ཅད་ནི། །ནུབ་པར་མཛད་པའི་གཞུང་མིན་ཞིང་། །ཞེས་པའི་ལན་ནི། ལོ་ཐོག་གི་ལྷག་མ་ཙུང་ཟད་བཏྲས་པ་ལ་ལོ་ཐོག་ཐམས་ཅད་བཏྲས་ཟིན་ཞེས་སོགས་འཇིག་རྟེན་གྱི་ཐ་སྙད་དང་། སྒྲིབ་པའི་ལྷག་མ་ཙུང་ཟད་སྤངས་པ་ལ་སྒྲིབ་པ་ཐམས་ཅད་སྤངས་ཞེས་སོགས་བསྟན་བཅོས་ཀྱི་ཐ་སྙད་ཐམས་ཅད་ཚིག་འཕྲིའི་སྒོ་ནས་སྒྲུབ་འཇུག་པར་སྣང་སྟེ། དཔེར་ན་ས་བཅུ་རྒྱུན་མཐའི་གནས་སྐབས་ན། །བག་ཆགས་སྒྲིབ་པ་ཙམ་ཞིག་ནི། །མ་གཏོགས་སྒྲིབ་པ་ཐམས་ཅད་ནི། །སྤོང་བར་མཛད་པའི་ཚུལ་མིན་ཞིང་། །ཞེས་པ་ལྟ་བུའོ། །

༼༡༡༦༽ ཕོ་བྲང་ཞི་བ་འོད་དང་ནི། །འགོས་ཀྱིས་སྔགས་ལོག་སུན་འབྱིན་ན། །རང་ལ་གནོད་པ་འགའ་ཡང་སྣང་། །ཞེས་པའི་ལན་ནི་ཅི་འདྲ་འདུག་དྲིས་ན་ངེས་པ་ཅན་ཅིག་མེད་དམ། གལ་ཏེ་གྲུབ་མཐའ་མི་མཐུན་པ་རེ་ཙམ་ཡོད་ཀྱང་། སྔོན་གྱི་དམ་པ་རྣམས་ཀྱིས་བསྟན་པ་ལ་བྱ་བ་བྱས་ཚུལ་སླས་པའི་སྐབས་ཡིན་གྱི་རྣམ་པ་ཐམས་ཅད་དུ་ཡིད་ཆེས་པའི་ལུང་ཁུངས་སློས་པ་མ་ཡིན་པས་སྐྱོན་མེད་དོ། །

༼༡༡༧༽ དཔའ་བོ་ཁྱོད་ཀྱི་བསྟན་པ་ནི། །ཞེས་སོགས་འདི་ནི་སུ་ལ་བསྟོད། །རང་རེའི་སྟོན་པ་ཐུགས་རྗེ་ཅན། །ཉིད་ཀྱི་བསྟོད་པ་ཡིན་ལགས་སམ། །ཞེས་པའི་ལན་ནི། དེ་ཡིན་ཏེ། སློབ་དཔོན་དཔའ་བོས་མཛད་པའི་བསྟོད་པ་བརྒྱ་ལྔ་བཅུ་པ་དེ་རང་རེ་ཚང་གི་སྟོན་པ་ཐུགས་རྗེ་ཅན་གྱི་བསྟོད་པ་ཡིན་པའི་ཕྱིར། ཁྱེད་ཡིན་ལགས་སམ་ཞེས་དྲིས་པའི་དོན་སློབ་དཔོན་དཔའ་བོས་མཛད་པའི་སངས་རྒྱས་སུམ་ཅུ་སོ་ལྔའི་བསྟོད་པའི་ནང་གི་དཔའ་བོའི་སྡེའི་བསྟོད་པ་ཡིན་སྙམ་པ་ཡིན་ནམ། བསྟན་པའི་བསྟོད་པ་ཡིན་པས་སྟོན་པའི་བསྟོད་པ་མ་

ཡིན་སྙམ་པ་ཡིན་ནམ། དེ་ལས་གཞན་པའི་རྒྱུ་མཚན་གཅིག་ཡོད་པ་ཡིན། དང་པོ་ལྟར་ན། དཔལ་བོའི་སྟེའི་བསྟོད་པ་ནི། དཔལ་བོ་ཁྱོད་ཀྱི་བསྟན་པ་ནི། །བདུད་དང་མུ་སྟེགས་སྐྲག་མཛད་ཅིང་། །གདུལ་བྱ་ཀུན་མཁྱེན་འགོད་མཛད་པ། །དཔལ་བོའི་སྟེ་ལ་ཕྱག་འཚལ་ལོ། །ཞེས་པ་ཡོད་ལ། སྤྱིར་སངས་རྒྱས་གཅིག་ལ་བསྟོད་པ་གཞན་གྱི་བསྟོད་པ་མི་འགྱུར་བ་ག་ལ་ཡིན། གཉིས་པ་ལྟར་ན་སངས་རྒྱས་ཀྱི་དབུའི་གཙུག་ཏོར་ལ་བསྟོད་ན་ནི། གཙུག་ཏོར྄་གྱི་བསྟོད་པ་ཡིན་པས་སངས་རྒྱས་ཀྱི་བསྟོད་པར་མི་འགྱུར། དེ་བཞིན་དུ་སྐུ་ལ་བསྟོད་ན་ནི་སྐུའི་བསྟོད་པ་ཡིན་གྱི། དེར་མི་འགྱུར། གསུང་དང་། ཐུགས་དང་། ཡོན་ཏན་དང་། ཕྲིན་ལས་ལ་བསྟོད་ན་ནི་དེ་དག་གི་བསྟོད་པ་ཡིན་པས་སྟོན་པའི་བསྟོད་པར་མི་འགྱུར་ན། ད་ནི་སྟོན་པའི་བསྟོད་པ་གང་ཞིག་ཡིན་སྨྲོས་ཤིག །གསུམ་པ་ལྟར་ན་སླ་བའི་དུས་ལ་བབ་བོ། །

༼༡༡༨༽ རིག་འཛིན་སྡོམ་པའི་སྐབས་ཞེས་པའི། །ལེའུ་མཚན་ཡང་མི་འབྱུང་ཞེས། །ཞེས་པའི་ལན་ནི། སྤྱིར་གསུང་རབ་རྣམས་ལ་མངོན་རྟོགས་རྒྱན་ལྟ་བུ་སྐབས་བརྒྱད་ཀྱི་མཚན་སོ་སོར་བྱས་ནས་དེའི་འོག་ཏུ་ཡང་གཞུང་འགའ་ཞིག་འབྱུང་བ་ལྟ་བུ་དང་། སཾ་བྷུ་ཊིའི་རྒྱུད་ཀྱི་རྒྱལ་པོ་ལྟ་བུ་བརྟག་པ་རེ་རེ་ལ་རབ་བྱེད་བཞི་བཞིར་བྱེད་པའི་རབ་བྱེད་དང་པོ་གསུམ་ལ་རབ་བྱེད་ཀྱི་མཚན་སོ་སོར་བྱས་ནས་བཞི་པ་ལ་རབ་བྱེད་ཀྱི་མཚན་མི་འབྱུང་བར་བརྟག་པའི་མཚན་འབྱུང་བ་ལྟ་བུ་དུ་མ་ཡོད་པ་ལས། བསྟན་བཅོས་འདི་འང་དེ་དང་འདྲ་བར་སྐབས་དང་པོ་གཉིས་ལ་མཚན་སོ་སོར་བྱས་ནས་སྐབས་གསུམ་པ་ལ། རིག་འཛིན་སྡོམ་པའི་སྐབས་ཞེས་མི་འབྱུང་བར་བསྟན་བཅོས་སྤྱིའི་མཚན་འབྱུང་བ་སྟེ་གཅིག་ལ་ཨ་འཐས་སུ་མི་བྱ་བར་ཕྱོགས་མཐའ་དག་མཐོང་བར་བྱའོ།། །།

༄ དེ་ལྟར་ལེགས་པར་དྲིས་པའི་དོན། །གཞུང་ལུགས་འདི་ལ་དད་པ་དང་། །རྣམ་དཔྱོད་ཐོས་པ་མང་ལྡན་ཞིང་། །ལྷེ་བདེ་དོན་གསལ་སྨྲ་མཁས་པ། །དེ་དག་ཀུན་གྱིས་དྲིས་པ་དང་། །དེ་ལན་སོ་སོར་མ་འདྲེས་པར། །ལེགས་པར་བཤད་པའི་དགའ་སྟོན་གྱིས། །བསྟན་བཅོས་འདི་ལ་དད་ཐོབ་པའི། །བློ་གསལ་དེ་དག་ཐམས་ཅད་ཀྱི། །བློ་ཡི་རེ་བ་སྐོང་བར་ཤོག །ཅེས་པའི་ལན་ནི། དེ་ལྟར་དྲིས་པའི་བསྟན་བཅོས་འདི་ལ་དད་པ་ཐོབ་པའི་དྲི་བ་རང་མ་ཡིན་པ་འདྲ། སྨོན་ལམ་གྱི་དོན་ནི། དྲིས་ལན་གྱི་ཡིག་ཆ་འདི་ལ་ལེགས་པར་ཚང་ཡོད་དོ། །མི་ཤེས་གཅིག་ནས་གཅིག་བརྒྱུད་པའི། །ཁ་ཟེགས་བསྡུས་པའི་ཅལ་ཅོལ་གྱིས། །མཁས་པའི་བསྟན་བཅོས་རྒྱུད་གསན་པར། །མཐོང་ནས་ལེགས་པར་དྲིས་པ་ཡིན། །ཞེས་པའི་ལན་ནི། འདི་ནི་རྗེ་མུས་ཆེན་ནས་བརྒྱུད་པའི་བཤད་པའི་རྒྱུན་ལ་ཟུར་ཟ་བ་གྲགས་ན་ཡང་། ངེད་ནི་ཆོས་ལ་བརྒྱུད་པ་ཡོད་པ་དང་། གང་ཟག་ཡོངས་འཛིན་

གྱིས་ཟིན་པ་འདི་ཡོན་ཏན་ཡིན་པར་སེམས་སོ། །འདི་ལན་ཇི་བཞིན་མི་མཁྱེན་ན། །སླར་ཡང་འདྲི་བོ་ཉིད་ལ་དྲིས། །དེ་དག་ལེགས་པར་བཤད་པ་ཡི། །དགའ་སྟོན་ཕྱོགས་བཅུར་སྤེལ་བར་འགྱུར། །ཞེས་པའི་ལན་ནི། འདྲི་ལུགས་འདིས་དགའ་སྟོན་ཡང་ཅི་འདྲ་ཡོད་ལགས་སམ། གང་དག་གཞུང་དོན་རྟོགས་སླ་ཞེས། །བཏང་སྙོམས་འཛོག་པ་དེ་དག་གིས། །འདི་དོན་ཤེས་པར་མ་མཐོང་ནས། དཀའ་གནས་འགའ་ཞིག་དྲིས་པ་ཡིན། ། ཞེས་པའི་ལན་ནི། འདི་ཁོ་བོའི་རྣམ་བཤད་ལ་ཟུར་ཟ་བར་གྲག་ན་ཡང་ཁོ་བོའི་རྣམ་བཤད་ནི་ཤེས་ནས་བརྩམས་པ་ཡིན་པས། བཤད་མི་དགོས་པ་རྣམས་མ་བཤད། དགོས་པ་རྣམས་བཤད། དོགས་པར་དཔྱད་མི་དགོས་པ་རྣམས་མ་དཔྱད། དགོས་པ་རྣམས་དཔྱད། མདོར་ན་ཚིག་ཉུང་ལ་དོན་རྒྱས་པ་གསུང་རབ་ཀྱི་དགོངས་པར་ཞུགས་པ་ཞིག་གོ། དྲི་བ་དང་ནི་སྨུན་འབྱིན་གྱི། །གནས་སྐབས་ལེགས་པར་མི་ཤེས་པའི། །མཁས་འདོད་མུན་སྤྲུལ་ཕྲེང་བ་ཅན། །དེ་དག་ཚིག་ལེར་བྱས་འདི་ཡིས། །བསྟན་བཅོས་འདི་ནི་དགག་གོ་ཅེས། །སྨྲ་བ་རང་གི་སྐྱོན་ཡིན་ནོ། །ཞེས་པའི་ལན་ནི། དྲི་བ་དང་སྨུན་འབྱིན་གྱི་གནད་མི་ཤེས་ན་དངོས་དྲི་བ་ཡིན། སྨུན་འབྱིན་མ་ཡིན་ཟེར་བ་འདྲ་སྟེ། ཡིད་ཆེས་པའི་ལུང་དང་འགལ་ལོ་ཞེས་སྨྲས་ན་ཅི་ཟེར། དངོས་སྟོབས་ཀྱི་རིགས་པ་དང་འགལ་ལོ་ཞེས་སྨྲས་ན་ཅི་ཟེར། ཁས་བླངས་ནང་འགལ་ལོ་ཞེས་སྨྲས་ན་ཅི་ཟེར། ཞེས་སོགས་ལ་དྲི་བ་ཙམ་དུ་འདོད་པར་སྣང་བའི་ཕྱིར་རོ། །དེ་གཉིས་ཀྱི་གནད་ལེགས་པར་ཤེས་ན་སྨུན་འབྱིན་མིན་ཟེར་བ་འདྲ་སྟེ། སྨུན་ཕྱུང་ཅི་ནུས་ནུས་སུ་བྱས་འདུག་པའི་ཕྱིར་རོ། །སྐྱོན་འདི་ལྟ་བུ་ཡོད་དོ། །ཅེས་བརྗོད་ན་ཁྱོད་ལན་ཅི་ཟེར་ཞེས་པ་དང་། སྐྱོན་འདི་ལྟ་བུ་ཡོད་དོ་ཅེས་སྨྲས་པ་གཉིས་ལ་དྲི་བ་དང་སྨུན་འབྱིན་གྱི་ཁྱད་པར་ནི་མེད་དེ། དཔེར་ན་མི་ཉེས་མེད་ཞིག་ལ་ཁྱོད་ཀྱིས་ནོར་རྐུས་སོ་ཞེས་བརྗོད་ན་ལན་ཅི་ཟེར་ཞེས་སྨྲས་པ་དང་། ཁྱོད་ཀྱིས་ནོར་རྐུས་སོ་ཞེས་ཅིག་རྐྱང་དུ་སྨྲས་པ་གཉིས་ཀ་ལ་ཀླན་ཀར་འགྱུར་མི་འགྱུར་གྱི་ཁྱད་པར་མེད་པར་བཞིན་ནོ་འདི་འདྲའི་རིགས་ཅན་ལ་དགོངས་ནས་རིགས་པའི་རྒྱལ་པོས་འགའ་ཞིག་ལམ་ནི་འདི་ཡིན་ཞེས། །སྟོང་དུམ་འདི་ནི་སྨྲ་འགྱུར་ཞེས། །གཞན་ནི་བདག་ཉིད་སྨྲ་དེ་ལྟར། །དེ་དག་བྱེ་བྲག་བརྟག་པར་གྱིས། །ཞེས་གསུངས་པས་ཤེས་པར་བྱའོ། །གང་དག་མཁས་པ་ངོ་མཚར་ཅན། །གཞུང་ལུགས་གང་དང་གང་འཆད་ཆེ། །དེ་དང་དེ་ཡི་དཀའ་བའི་གནས། །མ་ལུས་ལེགས་པར་བླངས་ནས་སུ། །དཔྱད་ཅིང་དྲི་བའི་ཚུལ་གྱིས་ནི། །གཞན་ལ་འཆད་ཅིང་འདོམས་པ་ཡིན། །ཞེས་པའི་ལན་ནི། དཀའ་བའི་གནས་ལ་དཔྱད་ཅིང་དྲི་བ་ཙམ་གྱིས་གཞན་ལ། ཕྱིན་ཅི་མ་ལོག་པར་འཆད་ཅིང་འདོམས་པར་ནུས་པ་མ་ཡིན་གྱི་དཀའ་བའི་གནས་ལ་དོགས་པ་གཅོད་པའི་སྒོ་ནས་གཞན་ལ་འཆད་ཅིང་འདོམས་དགོས་པ་ཡིན་ནོ། །དེ་ལྟར་ན་དམ་བཅའམ། སྒྲུབ་བྱེད་དམ། གྲུབ་མཐའམ། དེ་

དག་སྟོན་པའི་བསྟན་བཅོས་གང་ཡིན་ཀྱང་རུང་བརྗོད་དོན་ནོར་བ་སྟོན་པ་ཞིག་ཡིན་ན་གཞན་གྱིས་སུན་འབྱིན་བརྗོད་མི་དགོས་པར་དེ་བཤད་པའམ། སྒྲུབ་བྱེད་འགོད་པ་ཙམ་གྱིས་སྐྱོན་ཧེ་གསལ་དུ་སོང་ནས་དོར་བྱར་གོ་བར་འགྱུར་ལ། བརྗོད་བྱའི་དོན་དེ་མ་ནོར་བ་ཞིག་ཡིན་ན་ནི་གཞན་གྱིས་དྲི་བའམ་སུན་འབྱིན་བརྗོད་པས་ཡོན་ཏན་ཧེ་གསལ་དུ་སོང་ནས་བླང་བྱར་གོ་བར་འགྱུར་བས། རྗེ་བཙུན་ས་སྐྱ་པ་ཡབ་སྲས་ཀྱི་གྲུབ་མཐའི་རྗེས་སུ་འབྲང་བའི་བློ་གྲོས་དང་དད་པ་དང་ལྡན་པ་དག་གིས་དྲིས་ལན་གྱི་ལེགས་བཤད་འདི་ལ་བརྟེན་ནས་ཀྱང་བསྟན་བཅོས་འདི་ལ་སླར་ཡང་ཡིད་ཆེས་ཤིང་འཇུག་པར་བྱའོ། །དེ་ལྟར་བསྟན་བཅོས་རིན་ཆེན་གཞལ་མེད་ཁང་། །ཚིག་དོན་རྣམ་བཀྲའི་རི་མོ་གསར་མཐོང་ཚེ། །བརྡ་དོན་ཕྲད་པར་འདོད་ནས་འདི་ཅི་ཞེས། །མཁས་ལ་འདྲི་ན་ཀུན་གྱི་ལན་འདི་ཡིན། །གལ་ཏེ་ལུགས་འདི་ར་སྣང་བས་ཞུགས་པ་ཡི། །དབུས་གཙང་མཁས་ཀློམ་འགའ་ཡི་ཁ་ཟེགས་རྣམས། །བསྐུས་ནས་བསྟན་བཅོས་ཆེ་ལ་ཅི་འདྲི་ན། །ཁྱོད་ཉིད་འདི་ཡི་རྗེས་སུ་འབྲང་དང་འགལ། །འོན་ཏེ་རང་ཉིད་ཚུལ་འདི་ངེས་གྱུར་ཀྱང་། །གཞན་དག་ངེས་པ་མེད་སྙམ་འདྲི་ན་ནི། །ང་རྒྱལ་ལག་པས་རང་རིག་མིག་བཀབ་ནས། །ཆོས་བརྒྱུད་འདོད་ཕྱོགས་ཡོས་ལ་རྐུ་བར་ཟད། །རྣམ་དཔྱོད་ལྡན་པའི་གྲགས་འདོད་འདྲི་ན་ནི། །དྲི་ཚིག་ཕལ་ཆེར་དེ་གཟུགས་སྟོན་པར་སྣང་། །རང་ཉིད་མི་ཤེས་སློབ་འདོད་འདྲི་ན་ནི། །འདྲི་པོས་དགའ་སྟོན་ཕྱོགས་བཅུར་སྤེལ་དང་འགལ། །དེ་ལས་གཞན་དུ་མདོ་རྒྱུད་མ་ལུས་པའི། །ལུས་སྲུང་བསྟན་བཅོས་གསེར་གྱི་གོ་ཆ་ལ། །ཉེས་བརྒྱས་སྨོད་པའི་ཚིག་གི་མཚོན་རྩེ་ནི། །སྣ་ཚོགས་བཏོད་པའི་དགོས་པ་ཅི་ཞིག་ཡིན། །སྙིགས་དུས་ཕྱོགས་འཛིན་ཅ་ཅོར་འགྱུར་དོགས་ནས། །བཏང་སྙོམས་བཞག་ཚེ་ལན་མ་བྱུང་ཞེས་སྒྲོགས། །ལན་སྨྲས་ཚེ་ན་སྣང་བས་ཞུགས་སོ་ཞེས། །སྨྲ་ན་ད་ནི་བདག་གིས་ཅི་ལྟར་བྱ། །དྲི་ཚིག་ཡིན་ནམ་སུན་འབྱིན་ཡིན་ཀྱང་རུང་། །བསྟན་བཅོས་ཡིད་བཞིན་ནོར་བུ་འདམ་རྫབ་ཀྱིས། །སྦགས་པར་མཐོང་ནས་དག་བྱེད་ལུང་རིགས་འདི། །ལྷག་བསམ་དག་པས་ཚམ་ཚོམ་མེད་པར་བྲིས། །འདི་ཉིད་སྟོན་པ་དགེས་པའི་མཆོད་པ་སྟེ། །བསྟན་པ་པད་མཚོ་གསལ་བའི་ཉི་འོད་ཡིན། །བསྟན་འཛིན་སྐྱེས་བུའི་རྣར་སྙན་ཕྲིན་ཡིག་སྟེ། །བསྟན་སྲུང་རྒྱ་མཚོ་མཉེས་པའི་དམ་རྫས་ཡིན། །ཐུབ་པའི་རྒྱལ་ཚབ་རྗེ་བཙུན་ས་སྐྱ་པའི། །བསྟན་ལ་རབ་དགའི་ལྷ་རྣམས་ས་སྟེང་ནས། །འོག་མིན་བར་དུ་དགེས་པའི་གར་བསྒྱུར་ཞིང་། །སྣ་ཚོགས་གླུ་ཡིས་འདི་དོན་སྒྲོགས་པར་ངེས། །དེ་ཡི་བསྟན་འཛིན་ཡོངས་འདིའི་སྐྱེས་ཆེན་རྣམས། །བཞིན་རས་གསལ་བའི་སྤྱན་གྱིས་གཟིགས་པར་མཛོད། །དེ་ཡི་རྗེས་འབྲང་བློ་གསལ་གཞོན་ནུ་རྣམས། །དགའ་ཞིང་སྤྲོ་བའི་བ་སྤུ་གཟིངས་པར་མཛོད། །དེ་ཡི་སྦྱིན་བདག་དཔལ་འབྱོར་ལྡན་པ་རྣམས། །ཡི་གེར་འབྲི་ཞིང་མཆོད་དང་སྦྱིན་པར་མཛོད། །དེ་ཡི་བཀའ་སྲུང་འཇིགས་རུང་

སྐུར་སྟོན་རྣམས། །བར་ཆད་བསལ་ཞིང་མཐུན་རྐྱེན་བསྒྲུབ་པར་མཛོད། །འདི་སྐྱུར་དགེ་ཚོགས་ལྷ་དབང་རྡོ་རྗེ་དེས། །ཡོག་སླའི་ལྷ་མིན་ཚོགས་ཀུན་རབ་བཅོམ་ནས། །ཐུབ་བསྟན་རྒྱ་མཚོའི་གོས་ཅན་མཐར་ཐུག་པར། །དམ་ཆོས་རྔ་སྒྲ་རྒྱུན་དུ་སྒྲོགས་པར་ཤོག །སྡོམ་པ་གསུམ་གྱི་རབ་ཏུ་དབྱེ་བ་ལ་དྲིས་ཤིང་བརྗོད་པའི་ལན་སྡོམ་གསུམ་འཁྲུལ་སྤོང་ཞེས་བྱ་བ་འདི་ནི། དཀྱིལ་འཁོར་རྒྱ་མཚོའི་རིགས་བདག་རྒྱལ་བ་རྡོ་རྗེ་འཆང་དང་དབྱེར་མ་མཆིས་པ། ཐམས་ཅད་མཁྱེན་པ་ཀུན་དགའ་བཟང་པོ་ཡབ་སྲས་ཀྱི་ཞབས་རྡུལ་ཡུན་རིང་དུ་བསྟེན་པས་སྡེ་སྣོད་དང་། རྒྱུད་སྡེ་དང་། མན་ངག་མང་དུ་ཐོས་ཤིང་། དངོས་སྟོབས་ཀྱི་རིགས་པ་སྨྲ་བ་ཤཱཀྱའི་དགེ་སློང་བསོད་ནམས་སེང་གེས་སྟོན་པ་ཆོས་ཀྱི་དབྱིངས་སུ་བཞུགས་ནས་ལོ་སུམ་སྟོང་དྲུག་བརྒྱ་དང་བཅུ་ཐམ་པ་ལོན་པ། མེ་ཕོ་སྤྲེའུའི་ལོ་སྨིན་དྲུག་ཟླ་བའི་དཀར་ཕྱོགས་ལ་རྟ་ནག་རིན་ཆེན་རྩེ་ཐུབ་བསྟན་རྣམ་པར་རྒྱལ་བའི་དགོན་པར་སྦྱར་བའི་ཡི་གེ་པ་ནི་གཞོན་ནུ་བཟང་པོའོ། །འདིས་བསྟན་བཅོས་ཡིད་བཞིན་ནོར་བུ་བཤད་བསྒྲུབ་ཀྱི་སྒོ་ནས་མི་ནུབ་ཅིང་དར་བའི་རྒྱུར་གྱུར་ཅིག །འགྲོ་བའི་སྡུག་བསྔལ་སྨན་གཅིག་པུ། །བདེ་བ་ཐམས་ཅད་འབྱུང་བའི་གནས། །བསྟན་པ་རྙེད་དང་བཀུར་སྟི་དང་། །བཅས་ཏེ་ཡུན་རིང་གནས་གྱུར་ཅིག །དགེའོ།། །།

༄༅། །མདོ་རྒྱུད་ཀུན་གྱི་དོན་བསྡུས་པ་སྙིང་པོ་ཡིད་ཀྱི་མུན་པ་རྣམ་པར་སེལ་བ་ཞེས་བྱ་བ་བཞུགས་སོ། །

ཀུན་མཁྱེན་བསོད་ནམས་སེངྒེ།

གསུང་རབ་རྒྱ་མཚོའི་དབུས་ན་གནས་བཅས་ཤིང་། །ལྷ་རིག་བློ་གྲོས་གདེངས་ཀས་སྤྱི་བོ་མཛེས། །མཁྱེན་བརྩེའི་འོད་ཟེར་ལོག་སྨྲས་མི་བཟོད་པ། །འཇམ་མགོན་བླ་མ་གདེངས་ཅན་དབང་པོ་རྒྱལ། །གང་གི་གསུང་རབ་མདོ་རྒྱུད་མ་ལུས་པའི། །གནད་རྣམས་འཁྲུལ་མེད་སྟོན་པ་རིན་ཆེན་སྒྲོན། །ལམ་བཟང་གསལ་མཛད་བསྟན་བཅོས་ཆེན་པོ་དེའི། །བསྡུས་དོན་ཡིད་ཀྱི་མུན་སེལ་བྲི་བར་བྱ། །སྡོམ་པ་གསུམ་གྱི་རབ་ཏུ་དབྱེ་བ་འདི་ལ་དོན་གསུམ་སྟེ། བརྗོད་བྱ་བདེ་བླག་ཏུ་རྟོགས་པའི་ཆེད་དུ་མཚན་གྱི་དོན། བསྟན་པ་རྣམ་དག་ཏུ་བསྒྲུབ་པའི་དོན་དུ་གཞུང་གི་དོན། བྱས་ཤེས་དྲིན་བཟོ་བསྐྱེད་པའི་ཕྱིར་དུ་མཛད་བྱང་སྨོས་པའོ། །གཉིས་པ་ལ་གསུམ་སྟེ། བཤད་པ་ལ་འཇུག་པའི་ཡན་ལག །བཤད་པ་རང་གི་ངོ་བོ། བཤད་པ་ཡོངས་སུ་རྫོགས་པའི་བྱ་བའོ། །དང་པོ་ལ་གཉིས་ཏེ། མཆོད་པར་བརྗོད་པ་དང་། བརྩམས་པར་དམ་བཅའ་བའོ། །དང་པོ་ལ་གསུམ་སྟེ། བླ་མ་དམ་པ་སྤྱི་ལ་མཆོད་པར་བརྗོད་པ། སྡོམ་གསུམ་སྟེར་བའི་བླ་མ་ལ་མཆོད་པར་བརྗོད་པ། སྡོམ་གསུམ་གྱི་བསླབ་པ་འཆའ་བ་པོ་སངས་རྒྱས་ལ་མཆོད་པར་བརྗོད་པའོ། །

གཉིས་པ་ལ་གཉིས་ཏེ། དོན་ལ་འཁྲུལ་པ་དགག་པ་དང་། ཚིག་ལ་འཁྲུལ་བ་དགག་པའོ། །དང་པོ་ལ་གསུམ་སྟེ། བརྗོད་བྱའི་གཙོ་བོ་ངོས་བཟུང་བའི་སྒོ་ནས་ལུས་མདོར་བསྟན། སྡོམ་གསུམ་གྱི་ཉམས་ལེན་ཞིབ་ཏུ་བསྟན་པའི་སྒོ་ནས་ཡན་ལག་རྒྱས་པར་བཤད་པ། གནད་མ་འཁྲུལ་བ་བསྒྲུབ་པར་གདམས་པའི་སྒོ་ནས་མཇུག་བསྡུ་བའོ། །གཉིས་པ་ལ་གཉིས་ཏེ། དངོས་དང་། དེ་ལ་རྩོད་པ་སྤང་བའོ། །དང་པོ་ལ་གསུམ་སྟེ། སོ་ཐར། བྱང་སེམས། སྔགས་སྡོམ་གྱི་ཉམས་ལེན་བཤད་པའོ། །དང་པོ་ལ་གསུམ་སྟེ། བརྗོད་བྱའི་གཙོ་བོ་སོ་ཐར་གྱི་རྣམ་གཞག །བསླབ་བྱའི་རང་བཞིན་ལས་འབྲས་ཀྱི་རྣམ་གཞག །ཐོས་བསམ་བསྒོམ་གསུམ་མདོར་བསམ་མཇུག་བསྡུ་བའོ། །དང་པོ་ལ་གསུམ་སྟེ། དགེ་བའི་སྒོ་ནས་མདོར་བསྟན། སོ་སོའི་རང་བཞིན་རྒྱས་པར་བཤད། གདམས་པའི་སྒོ་ནས་མཇུག་བསྡུ་བའོ། །གཉིས་པ་ལ་གཉིས་ཏེ། ཉན་ཐོས་སོ་ཐར་དང་། ཐེག་ཆེན་གྱི་སོ་ཐར་རོ། །དང་པོ་

ལ་གཉིས་ཏེ། རིས་བདུན་གྱི་དུས་ཀྱི་རྣམ་གཞག །བསྙེན་གནས་བྱེ་བྲག་ཏུ་བཤད་པའོ། །དང་པོ་ལ་གཉིས་ཏེ། བསྙེན་གནས་སྤྱིར་བསྟན་པ། དུས་ལ་ལོག་རྟོག་དགག་པའོ། །དང་པོ་ལ་གཉིས་ཏེ། དམ་བཅའ་འགོད་པ་དང་། སྒྲུབ་བྱེད་བཤད་པའོ། །དང་པོ་ལ་གཉིས་ཏེ། རིས་བདུན་ཤི་འཕོ་བའི་ཚེ་གཏོང་བའི་སྒྲུབ་བྱེད། དེའི་ཡན་ལག་ཏུ་སྡེ་སྣོད་ཀྱི་རྣམ་དབྱེ་བསྟན་པའོ། །གཉིས་པ་དུས་ལ་ལོག་རྟོག་དགག་པ་ལ་གཉིས་ཏེ། ལོག་རྟོག་བརྗོད། དེ་དགག་པའོ། །འདི་ལ་གསུམ་སྟེ། སྒྲུབ་བྱེད་མེད་པ། གནོད་བྱེད་ཡོད་པ། དམན་པའི་གནས་སུ་བསྟན་པའོ། །བར་པ་ལ་གཉིས་ཏེ། གནོད་བྱེད་ཀྱི་རིགས་པ་དངོས། དེའི་ཉེས་སྤོང་གི་ལན་དགག་པའོ། །འདི་ལ་གཉིས་ཏེ། ཉེས་སྤོང་བརྗོད། དེ་དགག་པའོ། །འདི་ལ་གསུམ་སྟེ། གཏོང་རྒྱུ་གཞན་ལའང་མཚུངས་པ། ཧ་ཅང་ཐལ་བས་དགག་པ། སེམས་བསྐྱེད་ལྡན་པའི་བསྙེན་གནས་ལའང་མཚུངས་པའོ། །གཉིས་པ་བསྙེན་གནས་བྱེ་བྲག་ཏུ་བཤད་པ་ལ་གཉིས་ཏེ། རྣམ་གཞག་སྤྱིར་བསྟན་པ་དང་། ལོག་རྟོག་བྱེ་བྲག་ཏུ་དགག་པའོ། །དང་པོ་ལ་གཉིས་ཏེ། ཉན་ཐོས་སྡེ་གཉིས་ཀྱི་བསྙེན་གནས་ཀྱི་ཁྱད་པར། ཐེག་པ་ཆེ་ཆུང་གི་བསྙེན་གནས་ཀྱི་ཁྱད་པར་རོ། །

གཉིས་པ་ལ་གསུམ་སྟེ། བསྙེན་གནས་འབུལ་བ་དགག་པ། བསྙེན་གནས་འཚོལ་བ་དགག་པ། ལྷ་སྒོམ་ཐ་དད་དགག་པའོ། །གཉིས་པ་ཐེག་ཆེན་སོ་ཐར་ལ་གཉིས་ཏེ། མཚན་པར་གདམས་པ་དང་། དོན་དངོས་སོ། །འདི་ལ་གསུམ་སྟེ། ལེན་པའི་ཆོག །བསླབ་བྱའི་ཁྱད་པར། གཏོང་བའི་ཚུལ་ལོ། །དང་པོ་ལ་གཉིས་ཏེ། ཆོག་ཐུན་མོང་མ་ཡིན་པ་དང་། ཆོག་ཐུན་མོང་བའོ། །དང་པོ་ལ་གཉིས་ཏེ། ད་ལྟར་གྱི་ཆོག་དང་། སྔོན་གྱི་ཆོག་གོ། །དང་པོ་ལ་གཉིས་ཏེ། ཆོག་ནུབ་པ་དང་། ཆོག་མ་ནུབ་པའོ། །གཉིས་པ་བསླབ་བྱའི་ཁྱད་པར་ལ་གཉིས་ཏེ། མཚན་པར་གདམས་པ་དང་། ཁྱད་པར་སོ་སོར་བཤད་པའོ། །གསུམ་པ་བསླབ་བྱའི་རང་བཞིན་ལས་འབྲས་ཀྱི་རྣམ་བཞག་ལ་གཉིས་ཏེ། ལས་འབྲས་ཀྱི་རྣམ་གཞག་སྤྱིར་བསྟན། འཁྲུལ་པ་དགག་པ་བྱེ་བྲག་ཏུ་བཤད་པའོ། །དང་པོ་ལ་གསུམ་སྟེ། མཚན་པར་གདམས་པ། དབྱེ་བ་དངོས། མཇུག་བསྡུ་བའོ། །བར་པ་ལ་ལྔ་སྟེ། གསུམ་དུ་དབྱེ་བ། གཉིས་སུ་དབྱེ་བ། བཞིར་དབྱེ་བ། གཉིས་སུ་དབྱེ་བ་གཞན་བསྟན་པ། གསུམ་དུ་དབྱེ་བ་གཞན་བསྟན་པའོ། །དང་པོ་ལ་གཉིས་ཏེ། དབྱེ་བ་དངོས་དང་། དབྱེ་བའི་དགོས་པའོ། །གཉིས་པ་འཁྲུལ་པ་དགག་པ་བྱེ་བྲག་ཏུ་བཤད་པ་ལ་བཞི་སྟེ། བསྔོ་བའི་གནས་ལ་འཁྲུལ་པ་དགག་པ། འབྲས་བུ་དཀར་ནག་ཟངས་ཐལ་དགག་པ། ཉམས་ལེན་ཡེ་བཀག་ཡེ་གནང་བཀག་པ། འཕྲུལ་གྱི་ལག་ལེན་འཁྲུལ་པ་དགག་པའོ། །དང་པོ་ལ་བཞི་སྟེ། བསྔོ་རྒྱུའི་དགེ་རྩ་ལ་འཁྲུལ་པ་དགག་པ། བསྔོ་ཚུལ་གྱི་ལག་ལེན་ལ་འཁྲུལ་པ་དགག་པ། བསྔོ་བའི་འབྲས་བུ་ལ་འཁྲུལ་པ་དགག་པ། དོན་བསྡུས་ཏེ་ལས་འབྲས་ཀྱི་གནད་བསྟན་པའོ། །དང་པོ་ལ་

གཉིས་ཏེ། ཕྱོགས་སྔ་མ་བརྗོད་པ་དང་། དེ་དགག་པའོ། །འདི་ལ་ལྔ་སྟེ། ཆོས་དབྱིངས་བསྒོ་རྒྱུའི་སྙིང་པོར་འདོད་པ་དགག་པ། ཆོས་དབྱིངས་ལས་གཞན་པའི་ཁམས་བསྒོ་རྒྱུའི་སྙིང་པོར་འདོད་པ་དགག་པ། ཆོས་དབྱིངས་ལ་བསྒོ་རྒྱུའི་སྙིང་པོ་ཡིན་མིན་གྱི་དབྱེ་བ་ཡོད་པ་དགག་པ། དེས་ན་སྒྲིབ་བྲལ་ལ་སྙིང་པོར་འཇོག་པའི་འཐད་པ། སྒྲིབ་བྲལ་ལས་གཞན་པའི་སྙིང་པོ་དྲང་དོན་དུ་བསྟན་པའོ། །དང་པོ་ལ་གསུམ་སྟེ། ལུང་རིགས་གཉིས་ཀྱིས་དགག་པ། དེའི་ཉེས་སྤོང་གི་ལན་དགག་པ། ལུང་ཚིག་སྔ་ཕྱི་འགལ་བས་དགག་པའོ། །དང་པོ་ལ་གསུམ་སྟེ། མདོར་བསྟན། རྒྱས་པར་བཤད། དོན་བསྡུ་བའོ། །བར་པ་ལ་གཉིས་ཏེ། ཡིད་ཆེས་པའི་ལུང་གིས་དགག་པ། དངོས་སྟོབས་ཀྱི་རིགས་པས་དགག་པའོ། །དང་པོ་ལ་གསུམ་སྟེ། ཆོས་དབྱིངས་བསྒོ་རྒྱུའི་དགེ་བར་མི་འཐད་པའི་ལུང་དྲང་བ། དེ་བཞིན་ཉིད་ལ་དགེ་བར་གསུངས་པའི་ལུང་དོན་བཤད་པ། འབྲུལ་གཞིའི་ལུང་དོན་ཇི་ལྟར་འཆད་པའི་ཚུལ་ལོ། །དང་པོ་ལ་གསུམ་སྟེ། ཆོས་དབྱིངས་བསྒོ་བས་མི་འགྱུར་བའི་ལུང་། ཆོས་དབྱིངས་ལ་དགེ་སྡིག་མེད་པའི་ལུང་། ཞར་ལ་སྙིང་པོའི་སྒྲོང་བྱེད་སྙིང་པོར་འདོད་པ་དགག་པའོ། །

གཉིས་པ་ལ་ལྔ་སྟེ། ལུང་ལས་ཇི་ལྟར་བཤད་པའི་ཚུལ། དེའི་དགོངས་པ་བཤད་པ། དེ་ཉིད་དཔེའི་སྒོ་ནས་བསྒྲུབ་པ། གཞན་དུ་རྟོག་ན་ཧ་ཅང་ཐལ་བ། ཞར་ལ་གཤིས་ཀྱི་དགེ་བ་གཞན་དགག་པའོ། །གསུམ་པ་འབྲུལ་གཞིའི་ལུང་དོན་ཇི་ལྟར་འཆད་པའི་ཚུལ་ལ་གསུམ་སྟེ། འཆད་ཚུལ་མདོར་བསྟན། གཞན་གྱི་འཆད་ཚུལ་དགག །རང་ཉིད་ཇི་ལྟར་འཆད་པའི་ཚུལ་ལོ། །གཉིས་པ་ལ་གཉིས་ཏེ། མདོར་བསྟན་པ་དང་། རྒྱས་པར་བཤད་པའོ། །འདི་ལ་གསུམ་སྟེ། ཇི་སྐྱེད་ཀྱི་སྒྲ་མི་འཐད་པར་ཐལ་བ། ཡོད་ཅེས་བྱ་བའི་སྒྲ་མི་འཐད་པར་ཐལ་བ། འགྲོ་ཀུན་གྱི་སྒྲ་མི་འཐད་པར་ཐལ་བའོ། །གསུམ་པ་རང་ཉིད་ཇི་ལྟར་འཆད་པའི་ཚུལ་ལ་གསུམ་སྟེ། ལུང་དོན་ཕྱིན་ཅི་མ་ལོག་པར་བཤད་པ། དེ་ཉིད་དཔེའི་སྒོ་ནས་སྒྲུབ་པ། ལུང་གིས་སྒྲུབ་པའོ། །གཉིས་པ་དེའི་ཉེས་སྤོང་གི་ལན་དགག་པ་ལ་གཉིས་ཏེ། འདོད་པ་བརྗོད་པ། དེ་དགག་པའོ། །འདི་ལ་བཞི་སྟེ། །དམིགས་བཅས་ཀྱི་བསྔོ་བ་དུག་ཅན་དུ་བསྟན་པ། དམིགས་མེད་ཀྱི་བསྔོ་བ་བློ་སྦྱོང་དུ་བསྟན་པ། དམིགས་བཅས་ཀྱི་བསྔོ་བ་བློ་སྦྱོང་དུ་མི་རུང་བའི་རྒྱུ་མཚན། དམིགས་མེད་དམིགས་པར་བྱས་ན་ཧ་ཅང་ཐལ་བའོ། །

གཉིས་པ་ཆོས་དབྱིངས་ལས་གཞན་པའི་ཁམས་བསྒོ་རྒྱུའི་སྙིང་པོར་འདོད་པ་དགག་པ་ལ་ལྔ་སྟེ། ཕྱོགས་སྔ་མ་བརྗོད་པ། དེ་མཐའ་མཐའ་གསུམ་དུ་བརྟགས་པ། དང་པོ་རྣམ་པར་བརྟགས་ནས་དགག་པ། གཉིས་པ་ཁས་བླངས་འགལ་བས་དགག་པ། གསུམ་པ་ལྟར་ན་འདོད་པ་གྲུབ་པའོ། །བཞི་པ་དེས་ན་སྒྲིབ་བྲལ་ལ་སྙིང་པོར་འཇོག་པའི་འཐད་པ་ལ་གཉིས་ཏེ། འཐད་པ་དངོས་དང་། ཤེས་བྱེད་ཀྱི་ལུང་ངོ་། །འདི་ལ་གསུམ་སྟེ།

ཀླུ་སྒྲུབ་ཀྱི་ལུགས། བྱམས་པའི་ལུགས། བརྒྱུད་སྟོང་པའི་ལུགས་ཁུངས་འགོད་པའོ། །ལྔ་པ་སྤྲོས་བྲལ་ལས་གཞན་པའི་སྙིང་པོ་དྲང་དོན་དུ་བསྟན་པ་ལ་གཉིས་ཏེ། ཆོས་གསུམ་གྱི་སྒོ་ནས་དྲང་དོན་དུ་གཏན་ལ་ཕབ་པ་དང་། ཤེས་བྱེད་ཀྱི་ལུང་ཁུངས་འགོད་པའོ། །དོན་བསྡུས་ཏེ་ལས་འབྲས་ཀྱི་གནད་བསྟན་པ་ལ་གཉིས་ཏེ། ལས་འབྲས་སྤྱིའི་གནད་བསྟན་པ། ཐེག་པ་ཆེ་ཆུང་གི་ལས་འབྲས་ཀྱི་གནད་བསྟན་པའོ། །འདི་ལ་གཉིས་ཏེ། མདོར་བསྟན་པ་དང་། རྒྱས་པར་བཤད་པའོ། །གཉིས་པ་འབྲས་བུ་དཀར་གནག་ཟང་ཐལ་དགག་པ་ལ་གཉིས་ཏེ། འདོད་པ་བརྗོད་པ་དང་། དེ་དགག་པའོ། །འདི་ལ་གསུམ་སྟེ། དཀར་གནག་ཟང་ཐལ་དྲང་དོན་དུ་སྒྲུབ་པ། ངེས་དོན་ཡིན་པ་ལ་གནོད་བྱེད་བསྟན་པ། ཤེས་བྱེད་ཀྱི་ལུང་རིགས་དང་སྦྱར་བའོ། །གཉིས་པ་ལ་གཉིས་ཏེ། ཐལ་བ་གསུམ་འགོད་པ། ཕྱི་མ་རྒྱས་པར་བཤད་པའོ། །འདི་ལའང་བཞི་སྟེ། སྤྲུལ་གཞི་ངོས་བཟུང་བ། དེའི་སྤྲུལ་པ་ངོས་བཟུང་བ། ཇི་ལྟར་སྤྲུལ་པའི་ཚུལ། སྐབས་ཀྱི་དོན་ལ་སྦྱར་བའོ། །གསུམ་པ་ཉམས་ལེན་ཡེ་བཀག་ཡེ་གནང་དགག་པ་ལ་གཉིས་ཏེ། འདོད་པ་བརྗོད་པ་དང་། དེ་དགག་པའོ། །འདི་ལ་གསུམ་སྟེ། གནང་བཀག་ཐ་དད་དུ་བསྟན་པ། དེ་ལ་གནོད་པ་སྤོང་བ། མ་འཁྲུལ་བའི་གནང་བཀག་ཇི་ལྟར་སྒྲུབ་པའི་ཚུལ་ལོ། །དང་པོ་ལ་གསུམ་སྟེ། དམ་བཅའི་སྒོ་ནས་མདོར་བསྟན། འཐད་པའི་སྒོ་ནས་རྒྱས་པར་བཤད། དཔེའི་སྒོ་ནས་དོན་བསྡུ་བའོ། །

གཉིས་པ་ལ་བཞི་སྟེ། ཉན་ཐོས་ནང་ཕན་ཚུན་གནང་བཀག་ཐ་དད་དུ་བསྟན་པ། ཁྲིམ་པ་དང་རབ་བྱུང་གནང་བཀག་ཐ་དད་དུ་བསྟན་པ། ཐེག་པ་ཆེ་ཆུང་གནང་བཀག་ཐ་དད་དུ་བསྟན་པ། ཐེག་ཆེན་ནང་ཕན་ཚུན་གནང་བཀག་ཐ་དད་དུ་བསྟན་པའོ། །དང་པོ་ལ་གསུམ་སྟེ། ཐ་དད་དུ་བསྟན་པ་དངོས། དེའི་ཉེས་སྤོང་གི་ལན་དགག་གཅིག་པ་ལ་གནོད་བྱེད་བསྟན་པའོ། །གཉིས་པ་ལ་གཉིས་ཏེ། གྲིས་པ་བཅོ་བརྒྱད་ལ་བདེན་རྫུན་གྱི་དབྱེ་བ་ཡོད་པའི་ལན་དགག བསླབ་པ་ཤེས་ན་གནང་བཀག་གཅིག་ཏུ་འགྱུར་བའི་ལན་དགག་པའོ། །གཉིས་པ་ཁྲིམ་པ་དང་རབ་བྱུང་གནང་བཀག་ཐ་དད་དུ་བསྟན་པ་ལ་གཉིས་ཏེ། འདོད་པ་བརྗོད། དེ་དགག་པའོ། །གཉིས་པ་དེ་ལ་གནོད་པ་སྤོང་བ་ལ་གཉིས་ཏེ། ཐུབ་པས་རབ་བྱུང་ལ་སྙིང་ནད་བྱས་པར་ཐལ་བ་སྤོང་བ། བདེ་སྡུག་གི་བྱེད་པ་པོ་སངས་རྒྱས་སུ་ཐལ་བ་སྤོང་བའོ། །དང་པོ་ལ་གཉིས་ཏེ། རྩོད་པ་དང་། ལན་ནོ། །འདི་ལ་གཉིས་ཏེ། བཅས་ལྟུང་ལ་རང་བཞིན་གྱི་མི་དགེ་བ་ཡོད་པ་དགག བརྟུལ་ཞུགས་ལ་རང་བཞིན་གྱི་དགེ་བ་ཡོད་པ་དགག་པའོ། །དང་པོ་ལ་གསུམ་སྟེ། མགོ་མཚུངས་ཀྱི་རིགས་པས་དགག །དངོས་སྟོབས་ཀྱི་རིགས་པས་དགག །ཧ་ཅང་ཐལ་བས་དགག་པའོ། །འདི་ལ་ལྔ་སྟེ། རྒྱལ་བ་སྲས་བཅས་ལྟུང་ཅན་དུ་འགྱུར་བ། གྲུབ་ཐོབ་

བརྟུལ་ཞུགས་བོར་བ་ལྟུང་ཅན་དུ་ཐལ་བ། ལྷས་ལྷས་ཀྱི་དགེ་སློང་ལྟུང་ཅན་དུ་ཐལ་བ། དགེ་བསྙེན་དང་དགེ་ཚུལ་ལྟུང་མེད་མི་སྲིད་པར་ཐལ་བ། རྩ་རྒྱུད་ཀྱི་བླ་མ་སྨད་པར་ཐལ་བའོ། །གཉིས་པ་ལ་གསུམ་སྟེ། དངོས་ཀྱི་དོན། ཤེས་བྱེད་ཀྱི་ལུང་། རིགས་པས་གྲུབ་པའི་ཚུལ་ལོ། །གཉིས་པ་བདེ་སྡུག་གི་བྱེད་པ་པོ་སངས་རྒྱས་སུ་ཐལ་བ་སྤྱོང་བ་ལ་གཉིས་ཏེ། འདོད་པ་བརྗོད་པ་དང་། དེ་དགག་པའོ། །འདི་ལ་གཉིས་ཏེ། མགོ་བསྒྲེའི་ལན་དང་། རྣལ་མའི་ལན་ནོ། །འདི་ལ་གསུམ་སྟེ། སྤྱིར་བསླབ་པ་འཆའ་བའི་རྒྱུ་མཚན། བསླབ་པ་མི་འདྲ་བ་འཆའ་བའི་རྒྱུ་མཚན། དེས་གྲུབ་པའི་དོན་ནོ། །བཞི་པ་འཕྲུལ་གྱི་ལག་ལེན་འབྲུལ་པ་དགག་པ་ལ་གསུམ་སྟེ། མ་འབྲུལ་པའི་ལག་ལེན་བསྒྲུབ་པར་གདམས་པ། འབྲུལ་པའི་ལག་ལེན་བྱུང་བའི་ཚུལ། དེ་ལ་གནོད་བྱེད་བསྟན་པའོ། །འདི་ལ་བཞི་སྟེ། ཤེས་བྱེད་མེད་པར་བསྟན་པ། ཉེས་དམིགས་ཆེ་བར་བསྟན་པ། སྨད་པའི་གནས་སུ་བསྟན་པ། འབྲུལ་པ་གཞན་ལ་ཡང་མཚུངས་པར་ཐལ་བའོ། །གསུམ་པ་ཐོས་བསམ་སྒོམ་གསུམ་མ་ནོར་བས་མཇུག་བསྡུ་བ་ལ་གཉིས་ཏེ། ནོར་བ་སྤྱོང་བར་གདམས། མ་ནོར་བ་སྒྲུབ་པར་གདམས་པའོ། །དང་པོ་ལ་གཉིས་ཏེ། སྤང་བྱ་ངོས་བཟུང་། སྤྱོང་དགོས་པའི་འཐད་པའོ། །སོ་སོར་ཐར་པའི་སྡོམ་པའི་སྐབས་ཀྱི་བསྡུས་དོན་ནོ།། །།

གཉིས་པ་བྱང་སེམས་ཀྱི་སྡོམ་པའི་ཉམས་ལེན་ལ་གསུམ་སྟེ། སེམས་བསྐྱེད་ཀྱི་དབྱེ་བ་སྤྱིར་བསྟན། ཐེག་ཆེན་སེམས་བསྐྱེད་བྱེ་བྲག་ཏུ་བཤད། བསྟན་པ་རྣམ་དག་ཏུ་བསྟན་པའི་སྒོ་ནས་མཇུག་བསྡུ་བའོ། །གཉིས་པ་ལ་གསུམ་སྟེ། མ་ཐོབ་པ་ཐོབ་པར་བྱེད་པའི་ཆོ་ག །ཐོབ་པ་མི་ཉམས་པར་བསྲུང་བའི་བསླབ་བྱ། དེ་དག་དང་འབྲེལ་བའི་ཐབས་ལམ་རྣམ་དག་ཏུ་སྒྲུབ་པའོ། །དང་པོ་ལ་གཉིས་སྟེ། ཀུན་རྫོབ་སེམས་བསྐྱེད་སྐྱེ་བའི་ཆོ་ག་བཤད། དོན་དམ་སེམས་བསྐྱེད་ཆོ་གས་སྐྱེ་བ་དགག་པའོ། །དང་པོ་ལ་བཞི་སྟེ། ལུགས་གཉིས་རྗེན་ཀྱི་ཁྱད་པར་ལུང་གིས་བསྒྲུབ། དེ་གཉིས་དཔེ་ཡི་སྒོ་ནས་གསལ་བར་བཤད། ལུང་གི་དོན་ལ་ལོག་པར་རྟོག་པ་དགག ལུགས་གཉིས་ཆོ་གའི་ཁྱད་པར་སོ་སོར་བཤད་པའོ། །དང་པོ་ལ་གཉིས་ཏེ། སེམས་ཙམ་ལུགས་ཀྱི་སེམས་བསྐྱེད་སྐྱེ་བའི་ཡུལ་ངེས་པར་བསྟན། དབུ་མ་ལུགས་ཀྱི་སེམས་བསྐྱེད་ཀུན་ལ་སྐྱེ་བར་བསྟན་པའོ། །དང་པོ་ལ་གསུམ་སྟེ། དངོས་ཀྱི་དོན། དེ་ལ་ལོག་པར་རྟོག་པའི་ཚུལ་བརྗོད། དེ་ཉིད་ལུང་དང་རིགས་པས་དགག་པའོ། །གཉིས་པ་དོན་དམ་སེམས་བསྐྱེད་ཆོ་གས་སྐྱེ་བ་དགག་པ་ལ་གསུམ་སྟེ། མདོར་བསྟན། རྒྱས་པར་བཤད། དོན་བསྡུ་བའོ། །གཉིས་པ་ལ་བཞི་སྟེ། ཆོ་གས་སྐྱེ་བ་ལ་གནོད་བྱེད་བསྟན། ཆོ་གས་སྐྱེ་བའི་སྒྲུབ་བྱེད་མེད། ཆོ་གས་མི་སྐྱེ་བ་དཔེའི་སྒོ་ནས་བསྒྲུབ། དེ་ལ་ལུང་དང་འགལ་བ་སྤོང་བའོ། །གཉིས་པ་ཐོབ་པ་མི་ཉམས་པར་བསྲུང་

བའི་བསླབ་བྱ་ལ་གཉིས་ཏེ། ལྟུང་བའི་རྣམ་གཞག་མུ་བཞི་བསྟན་པ། བསླབ་བྱའི་གཙོ་བོ་ལ་ལོག་རྟོག་དགག་པའོ། །དང་པོ་ལ་གཉིས་ཏེ། མུ་བཞིར་འགྱུར་བའི་ཚུལ་དང་། མུ་བཞིར་འགྱུར་བའི་ཚུལ་འཐད་པའོ། །གཉིས་པ་ལ་གསུམ་སྟེ། བསླབ་བྱའི་གཙོ་བོ་འགོག་པའི་ལོག་རྟོག་བརྗོད། དེ་ཉིད་རིགས་པས་རྣམ་པར་བརྟགས་ནས་དགག །བསླབ་བྱའི་གཙོ་བོ་ཡིན་པའི་སྒྲུབ་བྱེད་འགོད་པའོ། །གཉིས་པ་ལ་གཉིས་ཏེ། བསྒྲུབ་བྱ་ལ་བརྟགས་ནས་དགག །སྒྲུབ་བྱེད་ལ་བརྟགས་ནས་དགག་པའོ། །གསུམ་པ་ལ་བཞི་སྟེ། ཡིད་ཆེས་པའི་ལུང་གིས་བསྒྲུབ། སྒོམ་པའི་ཕན་ཡོན་གྱིས་བསྒྲུབ། མ་སྒོམ་པའི་ཉེས་དམིགས་ཀྱིས་བསྒྲུབ། དེས་གྲུབ་པའི་དོན་བསྟན་པའོ། །དང་པོ་ལ་གསུམ་སྟེ། ཀླུ་སྒྲུབ་ཀྱི་ལུང་གིས་བསྒྲུབ། ཞི་བ་ལྷའི་ལུང་གིས་བསྒྲུབ། མདོ་དང་བསྟན་བཅོས་གཞན་གྱི་ལུང་གིས་བསྒྲུབ་པའོ། །གསུམ་པ་དེ་དག་དང་འབྲེལ་པའི་ཐབས་ལམ་རྣམ་དག་ཏུ་བསྒྲུབ་པ་ལ་གཉིས་ཏེ། སྤྱང་བྱ་མ་དག་པའི་ལྟ་སྤྱོད་ངོས་བཟུང་། དེ་ཤེས་ནས་སྤོང་བར་གདམས་པའོ། །དང་པོ་ལ་གཉིས་ཏེ། མདོར་བསྟན། རྒྱས་པར་བཤད་པའོ། །འདི་ལ་བཅུ་གཅིག་སྟེ། མ་དག་པའི་སྦྱིན་པ། མ་དག་པའི་ཚུལ་ཁྲིམས། མ་དག་པའི་བཟོད་པ། མ་དག་པའི་བརྩོན་འགྲུས། མ་དག་པའི་བསམ་གཏན། མ་དག་པའི་ཤེས་རབ། མ་དག་པའི་དད་པ། མ་དག་པའི་སྙིང་རྗེ། མ་དག་པའི་བྱམས་པ། མ་དག་པའི་ཐབས་ལམ། མ་དག་པའི་སྨོན་ལམ་མོ། །བྱང་ཆུབ་སེམས་དཔའི་སྡོམ་པའི་སྐབས་ཀྱི་བསྡུས་དོན་ནོ།། །།

གསུམ་པ་སྔགས་སྡོམ་གྱི་ཉམས་ལེན་ལ་གཉིས་ཏེ། མདོར་བསྟན། རྒྱས་པར་བཤད་པའོ། །འདི་ལ་ལྔ་སྟེ། སྨིན་བྱེད་ནོར་བ་མེད་པའི་དབང་བཞི། གྲོལ་བྱེད་འཁྲུལ་པ་མེད་པའི་རིམ་གཉིས། དབང་དང་རིམ་གཉིས་ལས་བྱུང་བའི་ཡེ་ཤེས་ཕྱག་རྒྱ་ཆེན་པོ། ཕྱག་ཆེན་གོམས་པས་འཁོར་འདས་བསྲེ་བའི་སྤྱོད་པ། དེ་ལ་བརྟེན་ནས་ས་ལམ་བསྒྲོད་དེ་འབྲས་བུ་མངོན་དུ་བྱེད་པའི་ཚུལ་ལོ། །དང་པོ་ལ་གསུམ་སྟེ། མ་འཁྲུལ་བའི་སྨིན་བྱེད་བསྒྲུབ་པར་གདམས། འཁྲུལ་པའི་སྨིན་བྱེད་དོར་བར་གདམས། དབང་ལས་ཐོབ་པའི་དམ་ཚིག་ལ་འཁྲུལ་པ་དགག་པའོ། །གཉིས་པ་ལ་བཞི་སྟེ། སྨིན་བྱེད་མ་ཡིན་པ་སྨིན་བྱེད་དུ་འདོད་པ་དགག །སྨིན་བྱེད་དབང་མི་དགོས་པར་འདོད་པ་དགག །དགོས་ཀྱང་འཁྲུལ་བར་སྤྱོད་པ་དགག །དབང་བསྐུར་མུ་བཞི་འདོད་པ་དགག་པའོ། །དང་པོ་ལ་བཞི་སྟེ། བྱིན་བརླབས་སྨིན་བྱེད་ཡིན་པ་དགག །གྲངས་ངེས་མེད་པའི་དབང་བསྐུར་སྨིན་བྱེད་ཡིན་པ་དགག །དཀྱིལ་འཁོར་མ་དག་པའི་དབང་བསྐུར་སྨིན་བྱེད་ཡིན་པ་དགག །ཆོ་ག་མ་དག་པའི་དབང་བསྐུར་སྨིན་བྱེད་ཡིན་པ་དགག་པའོ། །དང་པོ་ལ་གཉིས་སྟེ། ཕྱོགས་སྔ་མ་བརྗོད་པ་དང་། དེ་དགག་པའོ། །དང་པོ་ལ་གསུམ་སྟེ། བྱིན་བརླབས་སྨིན་བྱེད་ཡིན་པ་ལ་གནོད་བྱེད་བསྟན། བྱིན་བརླབས་སྨིན་བྱེད་

ཡིན་པའི་སྒྲུབ་བྱེད་དགག །བྱིན་རླབས་ཆོས་སྐོར་བྱེད་ན་ཧ་ཅང་ཐལ་བའོ། །གཉིས་པ་ལ་གཉིས་ཏེ། ལག་ལེན་གྱི་སྒྲུབ་བྱེད་དགག །རང་གཟོའི་སྒྲུབ་བྱེད་དགག་པའོ། །གཉིས་པ་གྲངས་ངེས་མེད་པའི་དབང་བསྐུར་སྨིན་བྱེད་ཡིན་པ་དགག་པ་ལ་བཞི་སྟེ། གྲངས་ངེས་མེད་པ་གསང་སྔགས་ནུབ་པའི་དཔེར་བརྗོད་པ། དེ་ཉིད་རྒྱུད་ལས་དཀག་པའི་ཚུལ། རྒྱུད་དེའི་དོན་བཤད་པ། གཞན་གྱི་དོགས་པ་སྤོང་བའོ། །གཉིས་པ་སྨིན་བྱེད་དབང་མི་དགོས་པར་འདོད་པ་དགག་པ་ལ་བཞི་སྟེ། དབང་བསྐུར་མེད་པར་ཟབ་ལམ་བསྒོམ་པ་དགག དབང་བསྐུར་མེད་པར་དབང་རབ་སྨིན་པ་དགག །སེམས་བསྐྱེད་ཙམ་གྱིས་གསང་སྔགས་བསྒོམ་པ་དགག ཞར་ལ་སྨིན་བྱེད་ནོར་བ་གཞན་ཡང་དགག་པའོ། །གསུམ་པ་ལ་གཉིས་ཏེ། འདོད་པ་བརྗོད། དེ་དགག་པའོ། །འདི་ལ་གསུམ་སྟེ། བྱ་རྒྱུད་ལ་རྣམ་པར་ཕྱེ་སྟེ་ལན་གདབ་པ། ལྷག་མ་གསུམ་ལ་མགོ་གཅིག་ཏུ་ལན་གདབ་པ། སྒྲུབ་བྱེད་ཀྱི་སྒོ་ནས་མཇུག་བསྡུ་བའོ། །གསུམ་པ་དགོས་ཀྱང་འཁྲུལ་པར་སྤྱོད་པ་དགག་པ་ལ་ལྔ་སྟེ། དབང་བསྐུར་བའི་དུས་ལ་འཁྲུལ་པ་དགག སློབ་མའི་རྒྱུད་ལ་འཁྲུལ་པ་དགག་པ། བསྐུར་བྱེད་ཀྱི་དཀྱིལ་འཁོར་ལ་འཁྲུལ་པ་དགག་པ། རྒྱུད་སྡེའི་ཁྱད་པར་ལ་འཁྲུལ་པ་དགག་པ། ཆོས་སྐྱོའི་མིང་ལ་འཁྲུལ་པ་དགག་པའོ། །གསུམ་པ་ལ་གཉིས་ཏེ། འདོད་པ་བརྗོད། དེ་དགག་པའོ། །འདི་ལ་གསུམ་སྟེ། ཚིག་མེད་པ་ལ་གནོད་བྱེད་བསྟན། ཚིག་ཡོད་པའི་སྒྲུབ་བྱེད་བསྟན། བདེན་གཉིས་ཀྱི་སྒོ་ནས་ཚིག་མཚུངས་པར་བསྟན་པའོ། །བཞི་པ་ལ་གཉིས་སྟེ། ཕྱོགས་སྔ་མ་བརྗོད། དེ་དགག་པའོ། །ལྔ་པ་ལ་གསུམ་སྟེ། མོས་པ་ཆོས་སྐྱོ་ཡིན་པ་དགག །དབང་ལས་གསང་སྔགས་ལོགས་ན་ཡོད་པ་དགག །དབང་ལས་གསང་སྔགས་ལོགས་ན་མེད་པའི་རྒྱུ་མཚན་ནོ། །དང་པོ་ལ་གཉིས་ཏེ། འདོད་པ་བརྗོད། དེ་དགག་པའོ། །གསུམ་པ་ལ་གསུམ་སྟེ། མདོར་བསྟན། རྒྱས་པར་བཤད། དོན་བསྡུ་བའོ། །བཞི་པ་དབང་བསྐུར་མུ་བཞིར་འདོད་པ་དགག་པ་ལ་གཉིས་ཏེ། འདོད་པ་བརྗོད། དེ་དགག་པའོ། །འདི་ལ་བཞི་སྟེ། མུ་བཞི་སྒྲུབ་བྱེད་ཀྱི་ལུང་མེད་པ། རིགས་པས་བསྒྲུབས་ན་ཀུན་ལ་མཚུངས་པ། མུ་བཞི་ཡོད་ཀྱང་ཤེས་པར་མི་ནུས་པ། ནུས་ན་དབང་བསྐུར་དགོས་པར་གྲུབ་པའོ། །གསུམ་པ་དབང་ལས་ཐོབ་པའི་དམ་ཚིག་ལ་འཁྲུལ་པ་དགག་པ་ལ་གཉིས་ཏེ། འདོད་པ་བརྗོད། དེ་དགག་པའོ། །གཉིས་པ་གྲོལ་བྱེད་འཁྲུལ་པ་མེད་པའི་རིམ་གཉིས་ལ་བཞི་སྟེ། ལམ་གྱི་གཙོ་བོ་མི་དགོས་པར་འདོད་པ་དགག་པ། དགོས་པའི་ལམ་གྱི་གཙོ་བོ་ངོས་བཟུང་བ། སངས་རྒྱས་འདོད་པས་དེ་ལ་བསླབ་པར་གདམས་པ། དེ་དག་མ་འབྲེལ་བའི་ཆོས་ལུགས་དགག་པའོ། །དང་པོ་ལ་གཉིས་ཏེ། འདོད་པ་བརྗོད། དེ་དགག་པའོ། །འདི་ལ་ལྔ་སྟེ། ཕྱོགས་དེའི་ཐབས་ཀྱིས་གྲོལ་བ་དགག །རིམ་གཉིས་ཐབས་ཀྱི་གཙོ་བོར་བསྟན་པ། གཙོ་བོ་ཡིན་པའི་སྒྲུབ་བྱེད་འགོད།

ཕྱོགས་དེའི་ཐབས་ཀྱི་དགོས་པ་བསྟན། སྒོ་བསྒྱུར་སྦྱངས་ནས་གཙོ་བོ་བསྒྲུབ་པར་གདམས་པའོ། །གཉིས་པའི་ལམ་གྱི་གཙོ་བོ་ངོས་བཟུང་བ་ལ་གཉིས་ཏེ། དཔེའི་སྒོ་ནས་འབྲས་བུར་འགྲུབ་པའི་དུས་བསྟན། ཉམས་ལེན་གྱི་སྒོ་ནས་ལམ་བསྒྲོད་ཚུལ་སོ་སོར་བཤད་པའོ། །འདི་ལ་གཉིས་ཏེ། ཕ་རོལ་ཏུ་ཕྱིན་པའི་ལམ་གྱི་བསྒྲོད་ཚུལ། རྡོ་རྗེའི་ཐེག་པའི་ལམ་གྱི་བགྲོད་ཚུལ་ལོ། །བཞི་པ་དེ་དག་དང་མ་འབྲེལ་བའི་ཆོས་ལུགས་དགག་པ་ལ་བདུན་ཏེ། བསྟན་པ་དང་མ་འབྲེལ་བའི་ཆོས་པ་དགག་པ། སྡོམ་པ་དང་མ་འབྲེལ་བའི་ཐར་ལམ་དགག །ངེས་འབྱུང་དང་མ་འབྲེལ་བའི་སོ་ཐར་དགག །སྨོན་སྙིང་དང་མ་འབྲེལ་བའི་སེམས་བསྐྱེད་དགག །རྒྱུད་སྨིན་དང་མ་འབྲེལ་བའི་གསང་སྔགས་དགག །དབང་བསྐུར་དང་མ་འབྲེལ་བའི་བླ་མ་དགག །དམ་ཆོས་དང་མ་འབྲེལ་བའི་ཆོས་པ་དགག་པའོ། །གཉིས་པ་ལ་གཉིས་ཏེ། འདོད་པ་བརྗོད་པ་དང་། དེ་དགག་པའོ། །འདི་ལ་གཉིས་ཏེ། སྡོམ་གསུམ་གྱིས་དབེན་པའི་དགེ་བས་སངས་རྒྱས་མི་འགྲུབ་པར་བསྟན་པ། སྡོམ་གསུམ་གྱི་དགེ་བས་སངས་རྒྱས་འགྲུབ་པར་བསྟན་པའོ། །

ལྔ་པ་ལ་གཉིས་ཏེ། མདོར་བསྟན། རྒྱས་པར་བཤད་པའོ། །དྲུག་པ་ལ་གསུམ་སྟེ། དབང་མ་བསྐུར་བ་ལ་བླ་མ་དམ་པ་མི་རུང་བར་བསྟན། དམ་པ་མ་ཡིན་པས་སངས་རྒྱས་སྦྱིན་མི་ནུས་པར་བསྟན། མདོ་སྔགས་ཀྱི་བླ་མའི་ཁྱད་པར་བསྟན་པའོ། །གསུམ་པ་དབང་དང་རིམ་གཉིས་ལས་བྱུང་བའི་ཡེ་ཤེས་ཕྱག་རྒྱ་ཆེན་པོ་ལ་གཉིས་ཏེ། རྟོགས་བྱེད་ཕྱག་ཆེན་གྱི་ཡེ་ཤེས་ལ་འཁྲུལ་པ་དགག་པ། རྟོགས་བྱ་སྤྲོས་བྲལ་གྱི་ལྟ་བ་ལ་འཁྲུལ་པ་དགག་པའོ། །དང་པོ་ལ་གསུམ་སྟེ། མཚོན་བྱེད་དཔེའི་ཕྱག་ཆེན་ལ་འཁྲུལ་པ་དགག་པ། མཚོན་བྱ་དོན་གྱི་ཕྱག་ཆེན་ལ་འཁྲུལ་པ་དགག་པ། ཞར་ལ་ཐེག་པ་གསུམ་གྱི་ལག་ལེན་ལ་འཁྲུལ་པ་དགག་པའོ། །དང་པོ་ལ་གསུམ་སྟེ། སྟོང་རྐྱང་དུ་ལྟ་བའི་ལྷག་མཐོང་ལྷར་སྣང་ལ་ཕྱག་ཆེན་དུ་འདོད་པ་དགག་པ། མོས་གུས་ཀྱིས་སེམས་བསྒྱུར་བའི་ཞི་གནས་ལྷར་སྣང་ལ་ཕྱག་ཆེན་དུ་འདོད་པ་དགག་པ། ཞར་ལ་ཕྱག་ཆེན་གྱི་རྒྱུ་ལ་ལོག་རྟོག་དགག་པའོ། །དང་པོ་ལ་བཞི་སྟེ། གཞན་ལུགས་ཀྱི་ཕྱག་ཆེན་དགག་པ་དངོས། རང་ལུགས་ཀྱི་ཕྱག་ཆེན་ངོས་བཟུང་བ། གཞན་ལུགས་ཀྱི་ཕྱག་ཆེན་རྒྱ་ནག་ལུགས་སུ་བསྟན་པ། རང་ལུགས་ཀྱི་ཕྱག་ཆེན་རྒྱ་གར་ལུགས་སུ་བསྟན་པའོ། །འདི་ལ་བཞི་སྟེ། ན་རོ་དང་མཻ་ཏྲི་པའི་ལུགས་དང་མཐུན་པ། འཕགས་པ་ཀླུ་སྒྲུབ་ཀྱི་ལུགས་དང་མཐུན་པ། རྒྱུད་དང་བསྟན་བཅོས་གཞན་དང་མཐུན་པ། དེ་ལྟ་བུའི་ཕྱག་ཆེན་རྟོགས་པའི་ཕན་ཡོན་ནོ། །གཉིས་པ་ལ་གཉིས་ཏེ། འདོད་པ་བརྗོད། དེ་དགག་པའོ། །གསུམ་པ་ལ་གསུམ་སྟེ། ཁས་བླངས་བརྗོད་པ། མགོ་མཚུངས་ཀྱིས་དགག་པ། སླད་པའི་གནས་སུ་བསྟན་པའོ། །གཉིས་པ་མཚོན་བྱ་དོན་གྱི་ཕྱག་ཆེན་ལ་འཁྲུལ་པ་དགག་པ་ལ་གསུམ་སྟེ།

ཡོན་ཏན་མེད་པའི་མཐོང་ལམ་དགག །དེ་ལ་ལུང་དང་འགལ་བ་སྤང་། དེས་ན་འཕགས་པའི་མཁྱེན་པར་གྲུབ་པའོ། །དང་པོ་ལ་གསུམ་སྟེ། ཕྱོགས་སྔ་མ་བརྗོད་པ། དེ་དགག་པ། དེའི་ཉེས་སྤོང་གི་ལན་དགག་པའོ། །གཉིས་པ་ལ་གཉིས་ཏེ། ན་རོ་པའི་ལུང་དང་འགལ་བ་སྤང་བ། འཕགས་པ་ལྷའི་ལུང་དང་འགལ་བ་སྤང་བའོ། །གསུམ་པ་ཞལ་ལ་ཐེག་པ་གསུམ་གྱི་ལག་ལེན་འབྲེལ་པ་དགག་པ་ལ་གཉིས་ཏེ། མདོར་བསྟན། རྒྱས་པར་བཤད་པའོ། །འདི་ལ་ལྔ་སྟེ། ལམ་གྱི་རྩ་བ་བླ་མ་བསྟེན་ཚུལ། ལམ་གོ་རིམ་ཐོད་རྒལ་དུ་སྤྱོད་པ་དགག་པ། ལམ་གྱི་ཡན་ལག་མཆོད་གཏོར་བྱ་ཚུལ། ལམ་གྱི་དམིགས་བརྟེན་སྐུ་གཟུགས་བཞེངས་ཚུལ། ལམ་གྱི་ངོ་བོ་མདོ་སྔགས་འཆོལ་བ་དགག་པའོ། །དང་པོ་ལ་གཉིས་ཏེ། བླ་མའི་མཚན་ཉིད་དང་། གསོལ་བ་བཏབ་པའི་ཚུལ་ལོ། །

གསུམ་པ་ལ་གསུམ་སྟེ། གཏོར་མའི་མཚན་སྔགས་ལ་འབྲེལ་པ་དགག །ཆུ་སྦྱིན་གྱི་རྫས་ལ་འབྲེལ་པ་དགག །ཕུད་མཆོད་ཀྱི་དབྱིབས་ལ་འབྲེལ་པ་དགག་པའོ། །འདི་ལ་བཞི་སྟེ། ཕུད་མཆོད་བྱ་ཚུལ། དེའི་ལག་ལེན་འབྲེལ་ཚུལ། དེ་ཉིད་འབྲེལ་པར་བསྟན་པ། མ་འབྲེལ་བར་བསྒྲུབ་པར་གདམས་པའོ། །བཞི་པ་ལ་གཉིས་ཏེ། ཕྱག་མཚན་ལ་འབྲེལ་པ་དགག །ཁ་དོག་ལ་འབྲེལ་པ་དགག་པའོ། །འདི་ལ་གཉིས་ཏེ། དངོས་དང་། ལུང་འགལ་སྤང་བའོ། །ལྔ་པ་ལ་གསུམ་སྟེ། རང་བསྒོམ་པའི་ཡན་ལག་འཆོལ་བ་དགག །གཞན་རྗེས་སུ་འཛིན་པའི་ཡན་ལག་འཆོལ་བ་དགག །དེ་གཉིས་ཀ་འཆོལ་བ་དགག་པའོ། །འདི་ལ་གསུམ་སྟེ། འབྲེལ་པ་བརྗོད། སོ་སོར་དགག །མ་འཆོལ་བ་བསྒྲུབ་པར་གདམས་པའོ། །གཉིས་པ་ལ་གསུམ་སྟེ། རབ་གནས་མདོ་ལུགས་དགག །ཕྱག་རྡོར་མདོ་ལུགས་དགག །ལྟུང་བཤགས་སྔགས་ལུགས་དགག་པའོ། །དང་པོ་ལ་བཞི་སྟེ། མདོར་བསྟན་པ། ཞར་ལས་བྱུང་བ། རྒྱས་པར་བཤད་པ། དོན་བསྡུ་བའོ། །གཉིས་པ་རྟོགས་བྱ་སྦྱོར་བྲལ་གྱི་ལྟ་བ་ལ་འབྲེལ་པ་ལ་གཉིས་ཏེ། དངོས་ཀྱི་དོན་དང་། ཞར་ལ་རྒྱུད་སྡེ་བཞིའི་སྒྲུབ་པ་ལ་འབྲེལ་པ་དགག་པའོ། །དང་པོ་ལ་བཞི་སྟེ། ཐེག་པ་རིམ་དགུ་ལ་ལྟ་བ་ཐ་དད་ཡོད་པ་དགག་པ། རྣལ་འབྱོར་བཞི་པོ་ཐེག་པའི་རིམ་པར་འདོད་པ་དགག་པ། དེས་ན་དབུ་མ་ཡན་ཆད་ལྟ་བ་གཅིག་ཏུ་བསྟན་པའོ། །དང་པོ་ལ་གཉིས་ཏེ། འདོད་པ་བརྗོད་པ་དང་། དེ་དགག་པའོ། །འདི་ལ་གསུམ་སྟེ། ལྟ་སྒོམ་གྱི་ཁྱད་པར་བྱེ་བྲག་ཏུ་བཤད་པ། དེས་ན་ཀུན་རྫོབ་ལྟ་བར་མི་འཐད་པའོ། །གཉིས་པ་ལ་གཉིས་ཏེ། བསྒོམ་ཚུལ་དམིགས་པའི་ཁྱད་པར། བསྒོམ་གཞི་ཀུན་རྫོབ་ཀྱི་ཁྱད་པར་རོ། །འདི་ལ་གཉིས་ཏེ། རྒྱུད་སྡེ་འོག་མར་ཀུན་རྫོབ་ལྟར་མི་བསྒོམ་པ། རྣལ་འབྱོར་ཆེན་པོར་ཀུན་རྫོབ་ལྟར་བསྒོམས་པའོ། །གསུམ་པ་ལ་བཞི་སྟེ། སྔ་འགྱུར་བའི་ལུགས་བརྗོད། ཕྱི་འགྱུར་བའི་ལུགས་བརྗོད། ཕྱིས་འགྱུར་བའི་ལུགས་འཐད་པར་བསྒྲུབ་པ། དེས་སྔ་འགྱུར་བའི་ལུགས་མི་འཐད་པར་གྲུབ་པའོ། །གཉིས་པ་ཞར་

ལ་རྒྱུད་སྡེ་བཞིའི་སྒྲུབ་པ་ལ་འཁྲུལ་པ་དགག་པ་ལ་གསུམ་སྟེ། འཁྲུལ་པ་དགག་པ་མདོར་བསྟན། མ་འཁྲུལ་བའི་སྒྲུབ་པ་རྒྱས་པར་བཤད། དེ་དག་དགུགས་པ་སྨྲད་པས་དོན་བསྡུ་བའོ། །གཉིས་པ་ལ་གསུམ་སྟེ། བྱ་བའི་རྒྱུད་ཀྱི་སྒྲུབ་པ། རྒྱུད་སྡེ་བར་པ་གཉིས་ཀྱི་སྒྲུབ་པ། རྣལ་འབྱོར་ཆེན་པོའི་སྒྲུབ་པ་བཤད་པའོ། །བཞི་པ་ཕྱག་ཆེན་གོམ་པས་འཁོར་འདས་བསྲེ་བའི་སྤྱོད་པ་ལ་གཉིས་ཏེ། སྤྱོད་པའི་རྣམ་གཞག་སྤྱིར་བསྟན་པ། ལོག་རྟོག་དགག་པ་བྱེ་བྲག་ཏུ་བཤད་པའོ། །འདི་ལ་གསུམ་སྟེ། གང་གིས་རྒྱུ་བའི་གང་ཟག་ལ་འཁྲུལ་པ་དགག གང་དུ་རྒྱུ་བའི་གནས་ལ་འཁྲུལ་པ་དགག དེ་གཉིས་ཀའི་མཇུག་བསྡུ་བའོ། །དང་པོ་ལ་གསུམ་སྟེ། མཚན་ཉིད་དང་མི་ལྡན་པའི་གང་ཟག་སྤྱོད་པ་སྤྱད་པ་དགག་པ། མཚན་ཉིད་དང་ལྡན་པའི་གང་ཟག་སྤྱོད་པ་སྤྱད་པའི་དགོས་པ། དེས་གྲུབ་པའི་དོན་བསྟན་པའོ། །གཉིས་པ་ལ་གཉིས་ཏེ། ཧི་མ་ལ་ཡ་ཅན་དུ་འདོད་པ་དགག །ཙཱ་རི་གནས་ཆེན་དུ་འདོད་པ་དགག་པའོ། །དང་པོ་ལ་གསུམ་སྟེ། དགག་པ་སྤྱིར་བསྟན། ལུང་འགལ་བྱེ་བྲག་ཏུ་བཤད། ཉེས་སྤྱང་གི་ལན་དགག་པའོ། །གཉིས་པ་ལ་ལྔ་སྟེ། དུས་ཀྱི་འཁོར་ལོའི་ལུང་དང་འགལ་བ། མངོན་པའི་ལུང་དང་འགལ་བ། མུ་སྟེགས་བྱེད་ཀྱི་གཞུང་དང་འགལ་བ། རྨ་བྱ་ཆེན་མོའི་ལུང་དང་འགལ་བ། ཕལ་པོ་ཆེའི་མདོ་དང་འགལ་བའོ། །གསུམ་པ་ལ་གཉིས་ཏེ། ཉེས་སྤོང་བརྗོད། དེ་དགག་པའོ། །འདི་ལ་གཉིས་ཏེ། འཆད་ཚུལ་གཉིས་ཀྱི་རང་བཞིན་བཤད། དེ་ཉིད་སྐབས་ཀྱི་ལན་ལ་སྦྱར་བའོ། །དང་པོ་ལ་གཉིས་ཏེ། སྒྲ་བསྒྱུར་སྒྲོན་དུ་འགྱུར་མི་འགྱུར་དཔྱད། དེའི་དཔེར་བརྗོད་གསལ་བར་བཤད་པའོ། །ལྔ་པ་དེ་ལ་བརྟེན་ནས་ས་ལམ་འགྲོད་དེ་འབྲས་བུ་མངོན་དུ་བྱེད་ཚུལ་ལ་གཉིས་ཏེ། མཐར་ཐུག་གི་འབྲས་བུ་ལ་འཁྲུལ་པ་དགག་པ། །གནས་སྐབས་ཀྱི་འབྲས་བུ་ལ་འཁྲུལ་པ་དགག་པའོ། །དང་པོ་ལ་ལྔ་སྟེ། རྒྱུ་འབྲས་རིགས་མི་མཐུན་དགག་པ། རྒྱུ་འབྲས་ཕྱིན་ལོག་དགག་པ། རྒྱུ་མེད་པར་འབྲས་བུ་འབྱུང་བ་དགག་པ། རྒྱུ་མ་ཚང་བར་འབྲས་བུ་འབྱུང་བ་དགག་པ། འབྲས་བུའི་ངོ་བོ་ལ་འཁྲུལ་པ་དགག་པའོ། །དང་པོ་ལ་གཉིས་ཏེ། ཐེག་ཐུབ་ལས་སྐུ་གསུམ་འབྱུང་བ་དགག་པ། ཐེག་ཐུབ་རང་གི་ངོ་བོ་དགག་པའོ། །འདི་ལ་བཞི་སྟེ། ཐེག་ཐུབ་ཐབས་དང་བཅས་ན་ཁས་བླངས་འགལ། ཐབས་དང་བྲལ་ན་ལུང་རིགས་གཉིས་དང་འགལ་བ། དེས་ན་ཐབས་མཁས་ལམ་གྱི་གཙོ་བོར་བསྒྲུབ་པ། སྟོང་ཉིད་ཁོ་ན་བསྒོམས་པའི་ཉེས་དམིགས་བསྟན་པའོ། །དང་པོ་ལ་གཉིས་ཏེ། དངོས་དང་། ལུང་འགལ་སྤང་བའོ། །

གཉིས་པ་ལ་གཉིས་ཏེ། རིགས་པ་དང་འགལ། ལུང་དང་འགལ་བའོ། །གསུམ་པ་ལ་གསུམ་སྟེ། རྣམ་གྲོལ་བཟང་ངན་ཐབས་ཀྱིས་བྱེད་པར་བསྟན། དེ་ལ་ཡིད་ཆེས་ལུང་གིས་སྒྲུབ་བྱེད་འགོད། རྣམ་གྲོལ་བཟང་པོ་

འདོད་པས་ཐབས་ལ་འབད་པར་གདམས་པའོ། །གཉིས་པ་ལ་གཉིས་ཏེ། བྱམས་པའི་ལུང་། དཔའ་བོའི་ལུང་ངོ་། །གཉིས་པ་གནས་སྐབས་ཀྱི་འབྲས་བུ་ལ་འཁྲུལ་པ་དགག་པ་ལ་གསུམ་སྟེ། གྲུབ་ཐོབ་ལས་རྟོགས་ལྡན་བཟང་བ་དགག་པ། ཉམས་ལས་གོ་རྟོགས་བཟང་བ་དགག་པ། རྣལ་འབྱོར་བཞི་པོ་འཕགས་པའི་ས་ལམ་ལ་སྦྱར་བ་དགག་པའོ། །དང་པོ་ལ་གཉིས་ཏེ། འདོད་པ་བརྗོད། དེ་དགག་པའོ། །གཉིས་པ་ལ་གཉིས་ཏེ། འདོད་པ་བརྗོད། དེ་དགག་པའོ། །གསུམ་པ་ལ་གཉིས་ཏེ། འདོད་པ་བརྗོད། དེ་དགག་པའོ། །འདི་ལ་གཉིས་ཏེ། ཆོས་མཐུན་བརྩི་ན་དཔྱད་པར་བྱ་བ། འཕགས་པའི་སར་བྱེད་ན་མདོ་རྒྱུད་དང་འགལ་བའོ། །སྐབས་སྐོམ་གྱི་སྐབས་ཀྱི་བསྡུས་དོན་ནོ།། །།

སྤྱིའི་གཉིས་པ་རྩོད་པ་སྤང་བ་ལ་གཉིས་ཏེ། རྩོད་པ་དང་། ལན་ནོ། །འདི་ལ་བཞི་སྟེ། སླུས་ཚད་བདེན་པ་དགག་པ། གྲུབ་མཐའ་ཐམས་ཅད་བདེན་པ་དགག་པ། དྲངས་ངེས་ཐམས་ཅད་བདེན་པ་དགག་པ། དེ་ལ་རྩོད་པ་སྤོང་བའོ། །གསུམ་པ་ལ་གཉིས་ཏེ། སངས་རྒྱས་ཀྱི་གསུང་ལ་གཉིས་སུ་ཕྱེ་བ། དེ་དག་ཇི་ལྟར་ལེན་པའི་ཚུལ་ལོ། །བཞི་པ་ལ་གཉིས་ཏེ། རྩོད་པ་དང་། ལན་ནོ། །གསུམ་པ་གཞན་མ་འཁྲུལ་བར་བསླབ་པར་གདམས་པའི་སྒོ་ནས་མཇུག་བསྡུ་བ་ལ་གསུམ་སྟེ། མ་འཁྲུལ་བའི་གཞན་བསླབ་པར་གདམས་པ། འཁྲུལ་པའི་གྲུབ་མཐའ་སྤུན་འབྱིན་པར་གདམས་པ། བློ་བུར་གྱི་ཆོས་ལ་བརྟགས་དཔྱད་བྱ་བར་གདམས་པའོ། །དང་པོ་ལ་གཉིས་ཏེ། གཞན་བཅོས་པ་ཉེས་དམིགས་ཆེ་བས་སྤང་བར་གདམས། གཞན་བཅོས་པའི་བདུད་ཤེས་ནས་སྤང་བར་གདམས་པའོ། །དང་པོ་ལ་གསུམ་སྟེ། ཚིག་གི་གཞན་བཅོས་པ་སྟོན་བྱུང་གི་དཔེ་དང་སྦྱར། དོན་གྱི་གཞན་བཅོས་པ་ད་ལྟར་གྱི་གྲུབ་མཐའ་དང་སྦྱར། དེས་ན་ཉེས་དམིགས་ཆེ་བས་སྤང་བར་གདམས་པའོ། །གཉིས་པ་ལ་གཉིས་ཏེ། མདོར་བསྟན། རྒྱས་པར་བཤད་པའོ། །གཉིས་པ་གཞན་བཅོས་པའི་བདུད་ཤེས་ནས་སྤང་བར་གདམས་པ་ལ་གསུམ་སྟེ། གཞན་བཅོས་པའི་བདུད་ཇི་ལྟར་བྱུང་བའི་ཚུལ། དེས་གཞན་ཇི་ལྟར་བཅོས་པའི་ཚུལ། དེ་ཤེས་ནས་སྤོང་བར་གདམས་པའོ། །དང་པོ་ལ་གསུམ་སྟེ། རྣམ་པ་ཇི་ལྟར་སྟོན་པ། ཐབས་གང་གིས་བསླུ་བ། སྟོན་བྱུང་གི་དཔེ་དང་སྦྱར་བའོ། །གཉིས་པ་འཁྲུལ་པའི་གྲུབ་མཐའ་སྤུན་འབྱིན་པར་གདམས་པ་ལ་གསུམ་སྟེ། སྟོན་བྱུང་མཁས་པས་འཁྲུལ་པའི་གྲུབ་མཐའ་སྤུན་ཕྱུང་བའི་ཚུལ། རྗེས་འཇུག་མཁས་པས་འཁྲུལ་པའི་གྲུབ་མཐའ་སྤུན་འབྱིན་པའི་ཚུལ། དགག་བསྒྲུབ་ཀྱི་ལུང་སྦྱོར་ཇི་ལྟར་བྱ་བའི་ཚུལ་ལོ། །གཉིས་པ་ལ་གསུམ་སྟེ། ལུང་རིགས་ཀྱིས་གནོད་ཚུལ་སྤྱིར་བསྟན། ལུང་གིས་གནོད་ཚུལ་བྱེ་བྲག་ཏུ་བཤད། ལུང་ཁས་མི་ལེན་པ་ལ་ཇི་ལྟར་བྱ་བའོ། །གཉིས་པ་ལ་བཞི་སྟེ། གཞན་གྱི་ལུང་གིས་འགོག་མི་ནུས་པ། རང་གི་ལུང་གིས

འགོག་ནུས་པ། དེའི་དཔེར་བརྗོད་གསལ་བར་བཤད་པ། དེས་རིགས་ཅན་གཞན་ཡང་མཚོན་པའོ། །གསུམ་པ་ལུང་ཁས་མི་ལེན་པ་ལ་ཇི་ལྟར་བྱ་བ་ལ་གཉིས་ཏེ། ལུང་ཁས་མི་ལེན་པ་གདོད་ནས་ཡོད་པ་ལ་ཇི་ལྟར་བྱ་བ། །ལུང་ཁས་མི་ལེན་པ་གློ་བུར་དུ་བྱུས་པ་ལ་ཇི་ལྟར་བྱ་བའོ། །གསུམ་པ་དགག་བསྒྲུབ་ཀྱི་ལུང་སྦྱོར་ཇི་ལྟར་བྱ་བའི་ཚུལ་ལ་བཞི་སྟེ། སྐབས་མ་ཕྱེད་པའི་ལུང་སྦྱོར་བླུན་པོའི་ལུགས་སུ་བསྟན། སྐབས་ཕྱེད་པའི་ལུང་སྦྱོར་གྱི་དཔེར་བརྗོད་དགོད། དེ་གཉིས་ཀའི་དོན་བསྡུས་ཏེ་བསྟན་པ། མཁས་རྨོངས་ཀྱི་འཁྲུལ་པའི་ཁྱད་པར་དཔེས་བསྟན་པའོ། །

གཉིས་པ་ལ་གཉིས་ཏེ། ལྟ་སྒོམ་སྤྱོད་པའི་ལུང་སྦྱོར། འཇིག་རྟེན་ལས་འདས་མ་འདས་ཀྱི་ལུང་སྦྱོར་རོ། །གསུམ་པ་གློ་བུར་གྱི་ཆོས་ལ་བརྟགས་དཔྱད་བྱ་བར་གདམས་པ་ལ་བཞི་སྟེ། གློ་བུར་གྱི་མན་ངག་ལ་བརྟགས་དཔྱད་བྱ་བ། གློ་བུར་གྱི་མདོ་རྒྱུད་ལ་བརྟགས་དཔྱད་བྱ་བ། གློ་བུར་གྱི་རྟེན་ལ་བརྟགས་དཔྱད་བྱ་བ། གློ་བུར་གྱི་ལྟས་ལ་བརྟགས་དཔྱད་བྱ་བའོ། །གཉིས་པ་ཚིག་ལ་འཁྲུལ་པ་དགག་པ་ལ་གཉིས་ཏེ། མཚན་པར་གདམས་པ་དང་། དོན་དངོས་སོ། །འདི་ལ་གཉིས་ཏེ། དོར་བྱ་ནོར་པའི་བཤད་པ་དགག བླངས་བྱ་མ་ནོར་པའི་བཤད་པ་བསྒྲུབ་པའོ། །དང་པོ་ལ་གཉིས་ཏེ། བོད་སྐད་ལ་བཤད་པ་ནོར་ཚུལ། རྒྱ་སྐད་ལ་བསྒྱུར་བ་ནོར་ཚུལ་ལོ། །གསུམ་པ་བཤད་པ་ཡོངས་སུ་རྫོགས་པའི་བྱ་བ་ལ་ལྔ་སྟེ། བསྟན་བཅོས་བརྩམ་པའི་རྒྱུ་དངོས་བཟུང་། འབྲས་བུ་བསྟན་བཅོས་བཟུང་བར་གདམས། བཟུང་བྱའི་ཆོས་ཀྱི་ཆེ་བ་བརྗོད། བརྩམས་པའི་དགེ་བ་གཞན་དོན་དུ་བསྔོ། །བཀའ་དྲིན་རྗེས་སུ་དྲན་པའི་ཕྱག་གོ། །དང་པོ་ལ་གསུམ་སྟེ། དམིགས་རྐྱེན་བསྟན་པའི་འཕེལ་འགྲིབ་བྱུང་ཚུལ། ཀུན་སློང་ཟང་ཟིང་མེད་པའི་བྱམས་པ། བདག་རྐྱེན་ཕྱོགས་ལྷུང་མེད་པའི་ཤེས་རབ་བོ། །དང་པོ་ལ་བཞི་སྟེ། འཕགས་པའི་ཡུལ་དུ་འཕེལ་འགྲིབ་བྱུང་ཚུལ། བོད་ཡུལ་དུ་འཕེལ་འགྲིབ་བྱུང་ཚུལ། དེས་ན་ཆོས་ལོག་སུན་དབྱུང་དགོས་པ། གཏན་གྱི་བྱ་བ་བརྟགས་ནས་བླང་བའོ། །དང་པོ་ལ་གཉིས་ཏེ། ཉན་ཐོས་ཀྱི་བསྟན་པ་ལ་བཀའ་བསྡུ་བྱུང་ཚུལ། ཐེག་ཆེན་གྱི་བསྟན་པ་ལ་འཕེལ་འགྲིབ་བྱུང་ཚུལ་ལོ། །དང་པོ་ལ་གསུམ་སྟེ། བཀའ་བསྡུ་དང་པོ་དང་། གཉིས་པ་དང་། གསུམ་པ་བྱུང་ཚུལ་ལོ། །

གཉིས་པ་ལ་གསུམ་སྟེ། དང་པོར་འགྲིབ་པའི་ཚུལ། བར་དུ་དར་བའི་ཚུལ། དེ་རྗེས་བྱུང་ཚུལ་ལོ། །གཉིས་པ་ལ་གསུམ་སྟེ། བསྟན་པ་སྔ་དར་གྱི་ཚུལ། བསྟན་པ་ཕྱི་དར་གྱི་ཚུལ། སྐབས་ཀྱི་དགག་བྱ་ངོས་བཟུང་བའོ། །གསུམ་པ་དེས་ན་ཆོས་ལོག་སུན་དབྱུང་དགོས་པ་ལ་བཞི་སྟེ། ཕྱོགས་ཆོས་བསྒྲུབ། ཁྱབ་པ་བསྒྲུབ། གཏན་ཚིགས་འགོད། དོན་བསྡུ་བའོ། །བཞི་བ་གཏན་གྱི་བྱ་བ་བརྟགས་ནས་བླངས་པ་ལ་གཉིས་ཏེ། གཏན་གྱི་

ཉམས་ལེན་བརྟགས་ནས་བླང་བ། གདན་གྱི་སྐྱབས་གནས་བརྟགས་ནས་བླང་བའོ། །གཉིས་པ་ཀུན་སློང་ཟང་ཟིང་མེད་པའི་བྱམས་པ་ལ་གསུམ་སྟེ། ཕན་པར་བསམ་པས་ཟང་ཟིང་མེད་པ། བྱ་བར་འོས་པས་ཟང་ཟིང་མེད་པ། གཞན་ལ་བསླུ་བས་ཟང་ཟིང་མེད་པའོ། །དང་པོ་ལ་གཉིས་ཏེ། མདོར་བསྟན། རྒྱས་པར་བཤད་པའོ། །འདི་ལ་གསུམ་སྟེ། ཕན་པ་སྟོང་སེམས་ཡིན་ན་ཧ་ཅང་ཐལ། བདུད་རིགས་ཕམ་པ་སྟོང་སེམས་མིན་པར་བསྟན། ཀུན་སློང་ཟང་ཟིང་མེད་པར་བསྟན་པ་དངོས་སོ། །དང་པོ་ལ་ལྔ་སྟེ། བསྟན་འཛིན་ལ་དང་། སྟོན་པ་ལ་དང་། ཡོང་ཁྲིད་ལ་དང་། སྨན་པ་ལ་ཧ་ཅང་ཐལ་བ་དང་། དོན་བསྡུ་བའོ། །གསུམ་པ་བདག་རྐྱེན་ཕྱོགས་ལྷུང་མེད་པའི་ཤེས་རབ་ལ་བཞི་སྟེ། ཐ་སྙད་མང་དུ་ཐོས་པ། སྡེ་སྣོད་མང་དུ་ཐོས་པ། རྒྱུད་སྡེ་མང་དུ་ཐོས་པ། མན་ངག་མང་དུ་ཐོས་པའོ། །གཞུང་ལུགས་རྒྱ་མཚོའི་འཛིང་གསལ་ཞིང་། །བློ་གྲོས་པད་མོ་ཁ་ཕྱེ་སྟེ། །རྟོགས་པའི་ལོ་ཏོག་རྒྱས་བྱེད་ཕྱིར། །བསྡུས་དོན་འདི་ནི་ཉེ་འོད་ཡིན། །ཚུལ་འདི་སྲིད་གསུམ་འགྲོ་བའི་མགོན། །འཁྲུལ་མེད་བླ་མ་བརྒྱུད་བཅས་པའི། །གསུང་རབ་སྤྱི་བོའི་ཅོད་པན་ལྟར། །བསྟེན་པ་བསོད་ནམས་སེང་གེས་སྨྲར། །དགེ་བ་འདི་དང་སྲིད་ཞི་ཡི། །དགེ་ཚོགས་གཅིག་ཏུ་ཟླུམ་བྱས་ནས། །མཁའ་མཉམ་འགྲོ་བའི་བྱང་ཆུབ་རྒྱུར། །ནམ་མཁའ་བཞིན་དུ་ཁྱབ་པར་ཤོག །དགེའོ། །དགེའོ། །དགེའོ།། །།

༄༅། །སྡོམ་པ་གསུམ་གྱི་རབ་ཏུ་དབྱེ་བའི་དཀའ་བའི་གནས་རྣམ་པར་འབྱེད་པ་ཞིབ་མོ་རྣམ་འཐག་བཞུགས་སོ། །

གློ་བོ་མཁན་ཆེན་བསོད་ནམས་ལྷུན་གྲུབ།

ན་མོ་བི་ཛ་ཡ། སྡོམ་པ་གསུམ་གྱི་རབ་ཏུ་དབྱེ་བའི་དཀའ་བའི་གནས་རྣམ་པར་འབྱེད་པ་ཞིབ་མོ་རྣམ་འཐག་ཅེས་བྱ་བ། རྗེ་བཙུན་ས་སྐྱ་པཎྜི་ཏ་ཆེན་པོའི་ཞབས་ཀྱི་པདྨོ་དྲི་མ་མེད་པ་ལ་ཕྱག་འཚལ་ཞིང་སྐྱབས་སུ་མཆིའོ། །བྱིན་གྱིས་བརླབ་ཏུ་གསོལ། སྟོབས་ལྡན་བདུད་རྩི་གསུང་གི་འོད་དཀར་གྱིས། །སྲིག་བྱེད་མཆེ་བའི་རྩེ་ལས་ཕྱུང་བའི་དུག །གཡོ་ལྡན་སྙིང་ལ་ཞེན་པ་ཀུན་ཕྲོགས་ནས། །ཟབ་དོན་བཅུད་ཀྱིས་འཚོ་བ་གང་དེ་དང་། །རྟོག་མེད་མཚོ་ཆེན་སྙིང་པོ་མེད་པའི་གཟིངས། །ལྷ་བའི་ཐ་སྙོང་འཕྲུགས་པ་རྣམས་སྤྲངས་ནས། །རྩོད་མེད་འཆི་བའི་གོ་འཕང་སར་བཞུགས་པའི། །གྲུབ་པའི་དབང་པོ་ཀུན་ལའང་ཕྱག་འཚལ་ལོ། །གངས་རིའི་ཁྲོད་འདིར་འགྲན་ཟླས་དབེན་པ་ཡི། །རྣལ་འབྱོར་བྱང་ཆུབ་བརྒྱུད་པར་བཅས་རྣམས་ཀྱི། །གསུང་ལ་ནོར་བའི་གླགས་ལྟ་ག་ལ་ཡོད། །འོན་ཀྱང་སྙིགས་དུས་རྣམ་པར་བསླད་པའི་བློས། །རང་དགར་སྨྲས་འདི་རྗེས་སུ་འབྲང་ངོ་ཞེས། །བློ་ཆུང་དོགས་པར་བྱེད་དང་གཞན་དག་ལའང་། །སེམས་ཉེ་བསྐྱེད་པར་མཐོང་ནས་ཚུལ་འདི་བཤད། །ཡང་དག་མཆོག་དོན་གཉེར་བའི་སྐྱེ་བོ་རྣམས། །གཟུ་བོས་ཚུལ་འདི་ལྟོས་ལ་རིག་པས་ལོངས། །སྣང་བའི་གྲུ་གྲུ་རང་གཞན་འཛོམས་བྱེད་དག །དཔལ་ལྡན་དུས་དགྲའི་ཞབས་ནི་དྲན་པར་གྱིས། །

འདིར་སྡོམ་པ་གསུམ་གྱི་རབ་ཏུ་དབྱེ་བའི་བསྟན་ཆོས་ཆེན་པོ་འདི་ཉིད་ལ། ཆོས་ཀྱི་རྗེ་ས་སྐྱ་པཎྜི་ཏ་ཆེན་པོས་ལེགས་པར་བཤད་ནས། བླ་མ་ཆོས་ཀྱི་རྗེ་ཀུན་དགའི་མཚན་ཅན་གྱིས་ཕྲིན་ལས་ཤིན་ཏུ་དར་བའི་དུས་ཡན་ཆད་ནི། རྩོད་པ་དང་ངན་པར་དོགས་པ་ཅི་ཡང་མེད་དོ། །དུས་ཕྱིས་གཞུང་ལུགས་དུ་མ་ལ་མཁས་པ་ཆེན་པོ་དག་གིས་ཀྱང་། ཆོས་འདི་པའི་ལྟ་གྲུབ་ཀྱི་གནད་དང་ལུགས་གཞན་དག་གི་འདོད་ལུགས་མཐུན་བསྟེབས་ནས་དྲི་བ་དང་དྲི་ལན་མང་དུ་མཛད་པ་རྣམས་ལ། འགའ་ཞིག་གིས་དེ་ཀ་བཞིན་དུ་འཐད་དོ་ཞེས་ཟེར་བ་དང་། ལ་ལ་དག་བླ་མ་གོང་མའི་ལུགས་དང་ཅུང་ཟད་མི་མཐུན་ཡང་། ལུགས་གཞན་དེ་ཉིད་ཁྱད་པར་དུ་འཕགས་སོ

སླམ་པ་དང་། གཞན་དག་ཐེ་ཚོམ་གྱི་ཕྱོགས་ལ་འཕྱང་ཞིང་། ཕལ་ཆེར་འདི་ལྟ་བུའི་དགག་སྒྲུབ་རྣམས་དགོས་པ་མེད་དོ་སྙམ་པ་དག་སྣང་བས། དེ་རྣམས་ལ་ཐེལ་ཕབ་ནས་དྲང་པོའི་གཏམ་འདི་ཕུལ་གྱིས། ཕྲག་དོག་དང་ཁེངས་པའི་སྐྱོན་གྱིས་མ་སྒྲིབ་པར་གཟིགས་ཤིག །

དེ་ལ་གཉིས་ཏེ། ལུགས་གཉིས་མི་མཐུན་པ་སྤྱིར་བསྟན་པ་དང་། བྱེ་བྲག་ཏུ་ལུགས་འདི་ཉིད་དང་འགལ་བར་བསྟན་པའོ། །དང་པོ་ནི། ཤིང་རྟའི་སྲོལ་འབྱེད་ཆེན་པོ་གཉིས་ཀྱི་ལུགས་འཐད་པར་ཁྱེད་རང་གིས་ཁས་བླངས་ཤིང་གཞན་རྣམས་ཀྱང་འདོད་ལ། གཉིས་ཀ་དངོས་པོའི་གནས་ལུགས་ལ་མི་མཐུན་པའི་དབང་གིས་གཉིས་སུ་ཕྱེད་པར་གནས་ལུགས་འདོད་ཚུལ་གཉིས་ཀ་སྐྱོན་མེད་པ་གཉིས་སུ་དབྱེ་བ་ཉིད་ཤིན་ཏུ་མི་རིགས་པའམ་འགལ་བ་མི་འབྲུལ་བའི་ཚད་མ་ལེན་དགོས་ཤིང་འདི་ལྟ་བུ་སླ་བའི་གང་ཟག་ཁྱེད་རང་ཉིད་ཕྱོགས་གང་དུ་ཡང་མ་གཏོགས་པར་ཁས་ལེན་དགོས་ཏེ། ཕྱོགས་གཉིས་ནི་རང་རང་གི་གནས་ལུགས་ཁོ་ན་ཁས་ལེན་ལ། ཁྱེད་ཀྱིས་གཉིས་ཀ་ཁས་བླངས་པས་སོ། །འདོད་ན། གྲུབ་མཐའ་སླ་བ་བཞི་ལས་ལོགས་སུ་ཐོན་ནོ། །

ཡང་སློབ་དཔོན་ཆེན་པོ་རཏྣ་ཨཱ་ཀ་ར་ཤཱནྟི་པ་ཉིད་ཀྱིས་བཞེད་པ་ཡང་། གཞན་སྟོང་གི་ཕྱོགས་སུ་བདག་ཉིད་ཆེན་པོ་ཀླུ་སྒྲུབ་ཀྱི་ཞབས་ཀྱི་དགོངས་པ་རྣམས་ དྲངས་ ནས་འཆད་པ་ཡིན་གྱི་མི་མཐུན་པ་གཉིས་ཕྱོགས་གཅིག་ཏུ་འཆད་པ་གཏན་ནས་མིན་ཏེ། དེ་ཉིད་ཀྱི་ཤེར་ཕྱིན་སྙོམ་པའི་མན་ངག་ལས། ཀླུ་སྒྲུབ་ཀྱི་ནི་ཞལ་སྔ་ནས་ཀྱང་། འབྱུང་བ་ཆེ་ལ་སོགས་བཤད་པ། །རྣམ་པར་ཤེས་སུ་ཡང་དག་འདུས། །ཡེ་ཤེས་ཀྱིས་ནི་དེ་བྲལ་ན། །ལོག་པར་རྣམ་བརྟགས་ཅིས་མིན་ནམ། །ཞེས་གསུངས་སོ། །

འདི་ལྟར། རྣལ་འབྱོར་སྤྱོད་པ་པ་ནི་ཆོས་རྣམས་ཀྱི་རང་བཞིན་གཟུགས་མ་གསལ་བ་ཙམ་ནི་རྫས་སུ་ཡོད་པར་འདོད་པ་ཡིན་ལ། དབུ་མ་པ་ནི་རྫས་དེ་ཡང་མི་འདོད་དེ། ཁྱད་པར་འདི་ཡང་མིང་ཙམ་དུ་རྟོགས་སོ། །དེས་ན་རྩ་བ་མེད་པར་རྣལ་འབྱོར་སྤྱོད་པ་པ་རྣམས་དང་། དབུ་མ་པ་རྣམས་ལྷན་ཅིག་ཏུ་རྩོད་པ་ནི། སྐྱེ་བོ་ཤིན་ཏུ་གནས་ངན་པ་ཉིད་དོ། །ཞེས་བཤད་ལ། དེ་སྐད་འཆད་པའི་ཚེ། འཕགས་པ་གཉིས་ཀ་བཞེད་དོན་མི་མཐུན་པ་ཞིག་ཡིན་པ་ལ། ཕྱིས་རྣལ་འབྱོར་སྤྱོད་པ་པ་དང་། དབུ་མ་ཞེས་གཉིས་སུ་ཕྱེ་ནས་རྩོད་པ་ལ། སློབ་དཔོན་འདིས་སྐྱོན་བརྗོད་པའི་ཕྱིར་རོ། །ཅི་སྟེ་ལུགས་གཉིས་རང་སར་གནས་ཚུལ་ལ་ཞུགས་པའི་སྐྱོན་མེད་ཡིན་ནོ་ཞེས་སྨྲས་ཀྱི། གཉིས་པོ་མཐུན་ནོ་ཞེས་ཁོ་བོས་ཀྱང་མ་སྨྲས་སོ་ཞེ་ན། དེ་ལ་འདི་འདྲི་སྟེ། ལུགས་གཉིས་རང་སར་སྐྱོན་མེད་དོ་ཞེས་པ་དེ། གཅིག་གི་རིགས་པས་གཅིག་གི་བཞེད་དོན་འགོག་མི་ནུས་པ་ལ་བྱའམ། ནུས་

ཀྱང་རང་སར་གནོད་མེད་དུ་ཁས་ལེན་པ་ལ་བྱེད། དང་པོ་ལྟར་ན། སྔར་ལྟར་གནས་ལུགས་གཉིས་ཁས་ལེན་དགོས་པའོ། །རང་སྟོང་གི་རིགས་པས་གཞན་སྟོང་ལ་མི་གནོད་ན། གཞན་སྟོང་ཁོ་ན་སྐྱོན་མེད་དང་། གཞན་སྟོང་གི་རིགས་པས་རང་སྟོང་ལ་མི་གནོད་ན། རང་སྟོང་ཁོ་ན་སྐྱོན་མེད་དུ་འགྱུར་རོ། །གཉིས་པ་ལྟར་ན་གྲུབ་མཐའ་སྨྲ་བ་ཐམས་ཅད་གནས་ལུགས་ལ་ཞུགས་པར་ཐལ་ཞིང་། ཐེག་པ་རང་སར་བདེན་ཞེས་པའི་ཕྱོགས་སྔ་མ་དང་ཁྱད་མེད་དུ་འགྱུར་རོ། །

ཡང་རང་གཞུང་ལས། རིག་པའི་ཚོགས་ཀྱིས་འཁོར་ལོ་གཉིས་པའི་མདོ། །ཇི་བཞིན་སྒྲ་ཡི་བཤད་དང་བསྟོད་ཚོགས་སུ། །འཁོར་ལོ་ཐ་མའི་ངེས་དོན་འཆད་ཚུལ་གྱིས། །རྣམ་པར་ཕྱེའོ། །ཞེས་བཤད་པ་འདི། ལུགས་གཉིས་ཀ་སྐྱོན་མེད་དུ་འདོད་པ་ལ་མི་རུང་ཞིང་། རྒྱུད་བླ་མ་དང་དབུས་མཐའི་ངེས་དོན་འཆད་ཚུལ་ཁྱད་པར་མེད་ལ། རྒྱུད་བླ་མ་ལ་ནི་དབུ་མ་ཆེན་པོ་ཀུན་མཐུན་པའི་ཕྱིར་རོ། །གཉིས་མེད་ཀྱི་ཡེ་ཤེས་བདེན་གྲུབ་ཏུ་འདོད་པའི་རྣལ་འབྱོར་སྤྱོད་པ་བའི་གཞུང་འདི་ཐེག་པ་ཀུན་གྱི་ཡང་རྩེར་གྲུབ་བོ། །ཞེས་རང་གཞུང་གི་ཚདག་ཏུ་བཀོད་པ་དང་། གཉིས་ཀ་སྐྱོན་མེད་པར་འདོད་ན་ཤིན་ཏུ་འགལ་ཚབས་ཆེའོ། །ཅི་སྟེ་གཉིས་ཀ་ཡང་སྐྱོན་མེད་ཅེས་པ་ནི་བརྗོད་ལུགས་ཙམ་ཡིན་གྱི། ཞེ་འདོད་ལ་གཞན་སྟོང་གི་ངེས་དོན་འཆད་ཚུལ་ཁོ་ན་རྒྱུད་སྡེ་རྣམས་ཀྱི་ནང་ནས་ཀྱང་འབྱུང་བས། འདི་ཁོ་ན་མཐར་ཐུག་ཏུ་ཁས་ལེན་ལ། རང་སྟོང་རྣམས་ཀྱིས་ཚད་མར་བྱེད་པའི་བྱང་ཆུབ་སེམས་འགྲེལ་དང་། དབུ་མ་བསྟོད་ཚོགས་རྣམས་སུ་ཡང་གཞན་སྟོང་ཉིད་བཤད་ལ། དེའི་ཚེ་སློབ་དཔོན་ཆེན་པོ་རཏྣ་ཨཱ་ཀ་རའི་དགོངས་པ་དང་ཡང་མཐུན་ནོ་སྙམ་ན་འདི་ཡང་རིགས་པ་མིན་ཏེ། སློབ་དཔོན་ཤཱནྟི་པ་ནི་རིགས་ཚོགས་ཀྱི་དགོངས་པ་ཡང་གཉིས་མེད་ཀྱི་ཡེ་ཤེས་བདེན་གྲུབ་མི་འགོག་པ་ཉིད་བཞེད་དེ༑ གོང་དུ་རིག་པ་དྲུག་ཅུ་པའི་ལུང་དྲངས་པས་ཀྱང་ཤེས་ལ། དབུ་མ་རྒྱ་བའི་རིགས་པ་རྣམས་ཀྱིས་འདིར་མི་གནོད་པའི་ཚུལ་གསལ་བ་ཉིད་དུ་གསུངས་པའི་ཕྱིར་རོ། །རྒྱུད་སྡེ་རྣམས་དང་བསྟོད་ཚོགས་ཀྱི་དགོངས་པ་གང་དུ་གནས་པ་ནི་འོག་ཏུ་འཆད་དོ། །དེ་དག་ནི་བགྲོས་མ་ངེས་པར་སྣ་ཚོགས་སུ་སྨྲ་བ་དག་གི་མཐའ་ཁེགས་པ་ཡིན་ལ། འདིར་ཕྱོགས་སྔ་མ་ཉིད་ཀྱི་བཞེད་དོན་མཐར་ཐུག་པ་ནི་ཤིང་རྟའི་སྲོལ་གཉིས་སུ་ཕྱེ་བ་ནི་འཁོར་ལོ་བར་པའི་དགོངས་པ་འགྲེལ་ཚུལ་ལས་ཕྱེ་བ་ཡིན་གྱི། དེའི་ཚེ་འཕགས་མཆོག་གཉིས་ལུགས་མི་མཐུན་ཡང་། འཁོར་ལོ་ཐ་མའི་ངེས་དོན་གཏན་ལ་འབེབས་པ་ན། གཉིས་ཀ་མཐུན་པར་བཞེད་པ་ཡིན་ལ། ལུགས་གཉིས་མཐུན་ཞེས་པ་ཡང་འདི་ཙམ་ལ་འབྲུལ་གཞི་བྱས་པ་ཡིན་ཞིང་། དེ་ལྟ་ཡིན་པ་དེའི་ཚེ་མདོ་རྒྱུད་ཀུན་གྱི་ངེས་དོན་མཐར་ཐུག་གཞན་སྟོང་གི་ཁས་ལེན་ལུགས་དང་མཐུན་ནོ་ཞེས་བཞེད་དེ། ཇི་སྐད་དུ། འཕགས་མཆོག་གཉིས

གྱི་ཤེར་ཕྱིན་མདོ་ཡི་ལུགས། །རང་གཞན་སྟོང་པའི་འཆད་ཚུལ་མི་མཐུན་ཡང་། །འཁོར་ལོ་ཐ་མའི་ངེས་དོན་འདི་ཡིན་ཞེས། །སྟོན་ལ་ཁྱད་པར་མེད་དེ་འདིར་འཆད་དོ། །ཞེས་བཤད་པས་སོ། །

ད་ནི་འདི་ཉིད་ལ་དཔྱད་པར་བྱ་སྟེ། དེ་ལ་གསུམ། སྔོན་གྱི་དུས་སུ་འཕགས་པའི་ཡུལ་དུ་ཕྱོགས་ཞེན་གྱི་དབང་གིས་འཕགས་པ་གཉིས་ཀྱི་དགོངས་པ་རང་རང་གི་ཕྱོགས་སུ་འཐེན་པའི་བྱུང་ལུགས་སྨོས་པ་དང་། གངས་རིའི་ཁྲོད་འདིར་དེ་ལྟར་འདོད་པའི་ལུགས་བྱུང་ཚུལ་བསྟན་པ། དེང་སང་གྲགས་པའི་སེམས་ཙམ་རྣམ་མེད་ཀྱི་སྙོམ་ལ་ཕྱག་རྒྱ་ཆེན་པོ་དབུ་མའི་ཡང་རྩེར་འདོད་པ་དགག་པའོ། །དང་པོ་ལ་གཉིས་ལས། སློབ་དཔོན་ཤཱནྟི་པ་ན་རེ། ཁམས་གསུམ་གྱི་ཆོས་གཉིས་གང་ཡིན་པ་མེད་ཀྱང་གཉིས་སུ་སྣང་བ་འདི་ནི་ཡང་དག་པ་མིན་པའི་ཀུན་ཏུ་རྟོག་པ་ཡིན་ལ། ཇི་ལྟ་བ་བཞིན་དེ་ལ་ཡིད་ཀྱིས་བརྗོད་པས་གཟུང་བ་དང་འཛིན་པ་གཉིས་སུ་བཏགས་པའི་རང་བཞིན་ནོ། །ངོ་བོ་ཉིད་དོ། །གཉིས་པོ་དེ་ཉིད་ཀྱིས་དེ་སྟོང་པ་ནི་ཡོངས་སུ་གྲུབ་པའི་ངོ་བོ་ཉིད་དོ༑ །དེ་ཡང་དངོས་པོ་སྟོང་པའི་དངོས་པོ་མིན་ལ། གཉིས་སུ་མེད་པའི་མཚན་ཉིད་ཡིན་པས། དངོས་པོ་མེད་པ་ཡང་མིན་ནོ། །གང་གི་ཕྱིར་འདི་གཉིས་པོ་མེད་ཅིང་གཉིས་ཀྱིས་སྟོང་པའི་རྣམ་པར་རིག་པ་ཙམ་ཡིན་པ་ཉིད་ཀྱིས་ན་མིན་པར་དགག་པ་ཡིན་ནོ། །ཅི་སྟེ་མེད་པར་དགག་པ་ཡིན་ན་ནི། གཅིག་ཁོ་ནར་མེད་པ་ཡིན་ཏེ། དེ་ལྟར་ན་ཀུན་བཏགས་པར་འགྱུར་ལ། གཞན་དུ་མ་ཡིན་དགག་པར་འགྱུར་རོ། །དེ་བས་ན་དོན་དམ་པ་ནི་ཇི་ལྟར་བསྟན་པ་བཞིན་དུ་མ་ཡིན་པར་དགག་པ་ཉིད་དོ། །ཞེས་དོན་དམ་མ་ཡིན་དགག་གསལ་རིག་ཙམ་དུ་གྲུབ་པ་དང་། གཞན་སྟོང་དུ་བཤད་ཅིང་འདི་བདེན་པར་གྲུབ་པ་ནི། གཅིག་དུ་བྲལ་ལ་སོགས་ཀྱིས་ཀྱང་མི་ཁེགས་ཏེ༑ དེ་དག་ནི་གཅིག་དུ་མ་སོགས་སུ་སྒྲོ་བཏགས་པའི་རྟོག་པ་འགོག་པ་ཡིན་གྱི། དངོས་པོའི་རང་བཞིན་འགོག་པ་མ་ཡིན་པའི་ཕྱིར་རོ། །ཇི་སྐད་དུ་ཤཱནྟི་པ་ཉིད་ཀྱིས། དེ་བས་ན་གཅིག་དང་དུ་མ་དང་བྲལ་བ་འདི་ནི་སྒྲོ་བཏགས་པ་ལ་འཇུག་པར་འགྱུར་ཏེ། དེ་ནི་ཇི་ལྟར་གྲགས་པ་བཞིན་དུ་རྣམ་པར་བཞག་པའི་ཕྱིར་རོ། །སྒྲོ་མ་བཏགས་པ་མ་ཡིན་ཏེ། དེ་ནི་དེ་ཁོ་ན་ཉིད་ཇི་ལྟ་བ་བཞིན་དུ་བཞག་པའི་ཕྱིར་རོ། །ཞེས་བཤད་པ་ལྟར་རོ། །ཡང་འདིའི་ལུགས་ཀྱི་གཉིས་མེད་ཀྱི་ཡེ་ཤེས་དེ་ཉིད་སྐད་ཅིག་གིས་སྐྱེ་འགག་བྱེད་ཅིང་། རྒྱུན་མི་འཆད་པ་དང་། འབྲས་བུ་སྐྱེ་བའི་ནུས་པ་དང་འབྲེལ་བ་ཚད་མས་གནོད་མེད་དུ་འདང་བཞེད་དོ། །དེ་སྐད་དུ་ཡང་། སེམས་ལས་བྱུང་བའི་རྒྱུན་གྱི་མཚན་ཉིད་ཟག་པ་མེད་པ་དེ་ཉིད་ནི་གནས་ཞེས་བྱ་བ་ལ་ཟག་པ་དང་བཅས་པའི་ཆོས་ཐམས་ཅད་ཀྱིས་བོན་མ་ཟད་པ་དེ་སྲིད་དུ་ནི་ཀུན་གཞི་ཞེས་བརྗོད་དོ། །ཞེས་དང་། རྒྱུ་དང་འབྲས་བུའི་དངོས་པོ་མ་གྲུབ་ན་ཕན་པ་དང་གནོད་པ་ཐོབ་པ་དང་སྤོང་བའི་དོན་དུ་ཡུལ་ངེས་པ་ཅན་འཇུག་པ་དང་ལྡོག་པའི་འབད་པ

དོན་མེད་པར་ཡང་འགྱུར་རོ། །ཡང་རྒྱུ་དང་འབྲས་བུའི་དངོས་པོ་གྲུབ་མོད་ཀྱི་འོན་ཀྱང་ཀུན་རྫོབ་པ་ཡིན་གྱི་དོན་དམ་པ་ནི་མིན་ཏེ། ཆོས་རྣམས་ཀྱི་རང་བཞིན་བརྟག་མི་བཟོད་པའི་ཕྱིར་རོ་ཞེ་ན། ཚད་མས་གྲུབ་པའི་ནུས་པ་ཇི་ལྟར་བརྟག་མི་བཟོད་པ་ཡིན་ཞེས་དང་། སྔོན་པོ་ལ་སོགས་པར་སྣང་བའི་རྣམ་པར་ཤེས་པའི་གསལ་བའི་ལུས་ནི་གནོད་པ་དང་བྲལ་བའི་ཕྱིར་དང་། ཚད་མས་གྲུབ་པའི་ནུས་པ་ཅན་ཡིན་པའི་ཕྱིར་དོན་དམ་པར་ཡོད་པ་ཡིན་ནོ། །ཞེས་བཤད་པས་སོ། །བདག་ཉིད་ཆེན་པོ་ཀླུ་སྒྲུབ་ཀྱང་དོན་འདི་ཁོ་ན་ཐུགས་ཀྱི་བཞེད་པར་མཛད་ཅེས་བཞེད་དེ། ཇི་སྐད་དུ། ཀླུ་སྒྲུབ་ཀྱི་ཞལ་སྔ་ནས་ཀྱང་། དངོས་རྣམས་སྐྱེ་བ་ཡོད་མིན་ཞིང་། །འགགས་པའང་གང་ན་ཡོད་མིན་ན། །ཤེས་པ་འདི་ཉིད་ཁོ་ན་ནི། །སྐྱེ་ཞིང་འགག་པར་འགྱུར་བ་ཡིན། །འབྱུང་བ་ཆེ་ལ་སོགས་བཤད་པ། །རྣམ་པར་ཤེས་སུ་ཡང་དག་འདུ། །ཡེ་ཤེས་ཀྱིས་ནི་དེ་བྲལ་ན། །ལོག་པར་རྣམ་བརྟགས་ཅེས་མ་ཡིན། །ཞེས་བྱ་བ་འདིས་ཐམས་ཅད་གསུངས་ཏེ། ཞེས་སོགས་རྒྱ་ཆེར་གསུངས་སོ། །དེས་ན་སློབ་དཔོན་འདིས་དོན་དེ་རྣམས་ཐུགས་ལ་བཞག་ནས། ཀླུ་སྒྲུབ་དང་ནི་ཐོག་མེད་གཉིས། །གྲུབ་པའི་མཐའ་ཡང་མཚུངས་སོ་ཞེས། །རིན་ཆེན་འབྱུང་གནས་ཞི་བ་སྦ། །ཞེས་བཤད་དོ། །འདི་ཡང་རྒྱ་གར་གྱི་མཁས་གྲུབ་སྙིང་པ་རྣམས་ལ་མ་གྲགས་པའི་ཐེག་ཆེན་ལུགས་གཅིག་ཡིན་ནོ། །

གཉིས་པ་ནི། རྒྱལ་བའི་སྲས་པོ་ཨ་ཏི་ཤའི་ཞལ་སྔ་ནས། རང་ཉིད་བླ་བ་གྲགས་པས་བཀྲལ་བའི་ཀླུ་སྒྲུབ་ཀྱི་ལུགས་ལ་གནས་ནས་ཐོག་མེད་ཀྱི་དགོངས་པ་ཡང་དེ་ཁོ་ན་བཞིན་དུ་འགྲེལ་བར་མཛད་དེ། ཇི་སྐད་དུ། དབུ་མ་རིན་པོ་ཆེའི་ཟ་མ་ཏོག་ཁ་ཕྱེ་བ་ཞེས་བྱ་བ་ཉིད་ཀྱིས་མཛད་པའི་བསྟན་བཅོས་ལས། སློབ་དཔོན་འཕགས་པ་ཐོགས་མེད་ཀྱི་ཞལ་སྔ་ནས་ཀྱང་། ཇི་ལྟར་སེམས་ཅན་ཐམས་ཅད་མངོན་པར་རྫོགས་པར་སངས་རྒྱས་ནས་ཆོས་ཀྱི་སྐུར་གྱུར་པ་དེའི་ཚེ་ སངས་རྒྱས་མ་ལུས་པ་ཐམས་ཅད་ཆོས་ཀྱི་དབྱིངས་རྣམ་པར་དག་པ་ཉིད་དུ་གྱུར་ནས་དེའི་ངང་ཉིད་དུ་བཞུགས་སོ། །ཞེས་བསྡུ་བ་རྣམ་པར་གཏན་ལ་དབབ་པར་གསུངས་པས། སློབ་དཔོན་འདི་ཡང་དག་པར་ན་གཉིས་སུ་མེད་པའི་ཡེ་ཤེས་ཀྱང་མི་བཞེད་ལ། རྣམ་པར་མི་རྟོག་པའི་ཡེ་ཤེས་ཀྱི་རྗེས་ལ་ཐོབ་པ་ཡང་མི་བཞེད་དེ། ས་གསུམ་པའི་དབང་ཕྱུག་བརྙེས་པས་ཆོས་ཐམས་ཅད་སྐྱེ་བ་མེད་པར་ཐུགས་སུ་ཆུད་པའི་ཕྱིར་རོ་ཞེས་བཤད་དེ། འདི་ཡང་སློབ་དཔོན་སྔ་མ་རྣམས་ལ་མ་གྲགས་པའི་ལུགས་གཅིག་ཡིན་ཏེ། དེ་ལྟར་ན་ཧ་ཅང་ཐལ་བའི་གྲུབ་མཐའ་འཐེན་ལུགས་གཉིས་སོ། །

དེ་དག་ལ་ཤཱནྟི་པའི་ལུགས་ནི་འོག་ནས་འགོག་ལ། དི་པཾ་ཀ་རའི་ལུགས་དེ་ཡང་རང་གི་བཞེད་པ་གཙོ་བོར་བྱས་པ་ཡིན་གྱི། གོང་དུ་གྲགས་པའི་ལུང་དེས་གཉིས་མེད་ཀྱི་ཡེ་ཤེས་བདེན་པར་གྲུབ་པ་ལ་ཅི་ཡང་མི་

གནོད་ཅིང་། ཐོག་མེད་ཀྱིས་ས་གསུམ་པ་བརྙེས་པ་ནི་རྟོགས་པའི་ལྟ་བ་མཐུན་པའི་སྒྲུབ་བྱེད་དུ་འགྲོ་ཡི། གཞུང་དུ་བསྟན་པའི་ལྟ་བ་མཐུན་པའི་སྒྲུབ་བྱེད་དུ་མ་འབྲེལ་ལོ། །གལ་ཏེ་ཁོ་ན་རེ། ཐོག་མེད་ཀྱིས་རང་གིས་གཟིགས་པའི་ལྟ་བ་དེ་ཉིད་རང་གི་གཞུང་དུ་ཅིའི་ཕྱིར་མི་སྟོན་ཞེ་ན། འོ་ན་ཁྱེད་ལའང་དཔལ་ལྡན་ཀླུ་སྒྲུབ་ཀྱིས་རང་གིས་གཟིགས་པའི་ལྟ་བ་གཞན་སྟོང་དེ་ཉིད་རང་གི་གཞུང་དུ་ཅིའི་ཕྱིར་མི་སྟོན། ཞེས་འདྲིའོ། །བསྟོད་ཚོགས་སུ་བསྟན་ཞེ་ན། འོ་ན་ཐོག་མེད་ཀྱིས་ཀྱང་། ཐེག་བསྡུས་སུ་རང་སྟོང་བསྟན་ནོ་ཞེས་མཚུངས་སོ། །ཐེག་བསྡུས་ཀྱི་གཞུང་གང་གིས་དེ་ལྟར་བསྟན་ཞེ་ན། འོ་ན་སྔ་མའི་ཡང་ལུང་གང་གིས་བསྟན། བསྟོད་ཚོགས་ཀྱི་གཞུང་རྣམས་ལ་གཞན་སྟོང་གི་འགྲེལ་བཤད་ཐུབ་ན། ཐེག་བསྡུས་ཀྱི་ལུང་ལ་རང་སྟོང་གི་འགྲེལ་བཤད་ཅིའི་ཕྱིར་མི་ཐུབ། ལེགས་པར་སོམས་ཤིག དེས་ན་གྲུབ་པའི་སློབ་དཔོན་རྣམས་ཀྱིས་ཇི་ལྟར་དགོངས་པའི་དོན་གཞུང་རྣམས་སུ་འབྱུང་བའི་ངེས་པ་མེད་དེ། བསྟན་བཅོས་རྣམས་ནི་སེམས་ཅན་གྱི་བསམ་པ་ཅན་ཡིན་པའི་ཕྱིར་རོ། །དཔེར་ན་བདེ་བར་གཤེགས་པའི་ལུང་བཞིན་ནོ། །

གཉིས་པ་ནི། ཀུན་མཁྱེན་ཤེས་རབ་རྒྱལ་མཚན་རྗེས་འབྲང་དང་བཅས་པ་རྣམས་ན་རེ། སངས་རྒྱས་པའི་གྲུབ་མཐའ་ནི། དོན་སྨྲ་བ་དང་། སེམས་ཙམ་པ་དང་། སྣང་མེད་དབུ་མ་དང་། ཡང་དག་སྣང་བའི་དབུ་མ་སྟེ་བཞི་ཡིན་ལ། དང་པོ་ནི་བྱེ་མདོ་གཉིས་དང་། གཉིས་པ་ལ། ཀུན་རྫོབ་སེམས་ཙམ་སྨྲ་བ་དང་། དོན་དམ་སེམས་ཙམ་སྨྲ་བ་གཉིས་སོ། །འདིའི་ཕྱིར་མ་ནི། ལང་ཀར་གཤེགས་པ་ལས། ལྟ་བ་ཐམས་ཅད་རྣམ་བཟློག་པ། །བརྟག་པར་བྱ་དང་བརྟགས་པ་ཡང་། །དམིགས་པ་མེད་ཅིང་སྐྱེ་མེད་ལ། །སེམས་ཙམ་དུ་ནི་ངས་བཤད་དོ། །ཞེས་དང་། དཔལ་དུས་ཀྱི་འཁོར་ལོར། སེམས་ཙམ་སྟག་ས་ཀྱི་ངོ་བོ་ལྟ་ཡིས་ཡོངས་སུ་བསྐོར་རྣམས་སྡུག་བསྔལ་དང་ནི་བདེ་བའི་རང་བཞིན་ཏེ། །ཞེས་དང་། སེམས་ཀྱི་སྣང་བ་ཙམ་སྟེ་རང་གི་ཡིད་ལ་སྐྱེས་པ་མེ་ལོང་གི་ནི་གཟུགས་བརྙན་ལྟ་བུ་ཉིད། །ཅེས་པ་ལ་སོགས་པ་དོན་དམ་པའི་སེམས་ཙམ་སྟོན་པའི་མདོ་རྒྱུད་ཀྱི་གཞུང་མང་དུ་བཞུགས་པས། དེ་དག་ཁས་ལེན་པ་སྟེ་འདི་ནི་མིང་ཙམ་མ་གཏོགས་པ་ཡང་དག་སྣང་བའི་དབུ་མ་ཉིད་ཡིན་པས། གྲུབ་མཐའ་བཞིར་ཕྱེ་བའི་སེམས་ཙམ་དང་འདི་གཉིས་འཁྲུལ་བར་མི་བྱའོ། །

གསུམ་པ་ནི་རང་རང་ངོ་བོས་སྟོང་པར་འདོད་པའི་དབུ་མ་རྣམས་སོ། །བཞི་པ་ནི། གསེར་འོད་དམ་པ་ལས། བཙུན་པ་བཅོམ་ལྡན་འདས་ཆོས་ཐམས་ཅད་བདག་གི་ཡེ་ཤེས་ཀྱིས་སྣང་བ་བསམ་གྱིས་མི་ཁྱབ་བོ། །ཞེས་སོགས་མདོ་སྡེ་རྣམ་པ་མང་པོ་དག་ལས་ཡང་དག་པའི་ཡེ་ཤེས་ཀྱི་སྣང་བ་གསལ་བར་གསུངས་ཤིང་། སྒྱུ་འཕྲུལ་དྲྭ་བ་ལས་ཀྱང་། སྣང་བ་ཆེན་པོ་གསལ་བ་ཆེ། །ཡེ་ཤེས་སྣང་བ་ལམ་མེ་བ། །ཞེས་དང་། སམྦུ་ཊི་ལས། དྲི་མེད་

ཤེལ་དང་མཚུངས་པའི་འོད། །བྱང་ཆུབ་སེམས་ནི་འོད་གསལ་བ། །ཞེས་སོགས་དུ་མ་གསུངས་པ་རྣམས་ལ་བརྟེན་པ་སྟེ། འདི་དང་དོན་དམ་སེམས་ཙམ་གྱི་འདོད་ལུགས་གཉིསཤིན་ཏུ་མཐུན་པས་གཉིས་ཀ་ཡང་དབུ་མ་ཆེན་པོའི་མཐར་ཐུག་པ་སྟེ། ཇི་སྐད་དུ། སྒྱི་འགྲེལ་ལས། གྲུབ་པ་མཐར་ཐུག་དབུ་མ་ཆེན་པོ་དང་། །དབུ་མའི་མཐར་ཐུག་སྐྱེ་མེད་མཐའ་བྲལ་དང་། །མཐའ་བྲལ་མཐར་ཐུག་རང་བཞིན་འོད་གསལ་དང་། །འོད་གསལ་མཐར་ཐུག་བདེ་ཆེན་སྟོན་ལ་འདུད། །ཅེས་བཤད་པ་ལྟར་རོ། །ད་ནི་འདིའི་ལུགས་ཀྱི་ངེས་དོན་གྱི་འཆད་ཚུལ་བསྟན་པར་བྱ་སྟེ། བདེན་པ་གང་ཡིན་ལ་དབྱེ་ན། དོན་དམ་བདེན་པ་དང་། ཀུན་རྫོབ་བདེན་པ་གཉིས་ལས་མི་འདའ་ཞིང་། དེ་ཡང་དོན་དམ་དུ་མི་བསླུ་བ་དང་། ཀུན་རྫོབ་ཏུ་མི་བསླུ་བ་གཉིས་ཡིན་ནོ། །དེ་ལ་སྣང་ལུགས་གཉིས་ཏེ། དོན་དམ་བདེན་པ་ནི། མི་རྟོག་པའི་ཡེ་ཤེས་ལ་སྣང་གི ཀུན་རྟོག་དང་རྣམ་ཤེས་ལ་སྣང་མི་སྲིད་དོ༔ ༔ཀུན་རྫོབ་ནི་རྣམ་པར་ཤེས་པ་ལ་སྣང་བའོ། །

ཡང་སྟོང་ལུགས་གཉིས་ཏེ། དོན་དམ་གཞིས་ལུགས་ལ་རང་གིས་མི་སྟོང་ཞིང་། ཀུན་རྫོབ་ཀྱི་ཆོས་ཐམས་ཅད་ཀྱིས་སྟོང་པའི་གཞི་ཡིན་པའི་ཕྱིར། གཞན་སྟོང་ཟབ་མོ་ཆོས་ཉིད་ཀྱི་སྟོང་ལུགས་ཏེ། མེད་དགག་མིན་པའི་སྟོང་པ་ཉིད་དང་། མི་སྟོང་པའི་སྟོང་པ་ཉིད་དང་། མ་སྐྱེས་པའི་སྟོང་པ་ཉིད་དང་། དངོས་པོ་མེད་པའི་སྟོང་པ་ཉིད་དང་། ཕུང་པོ་རྣམ་པར་དབྱེད་པའི་སྟོང་པ་ཆད་པའི་སྟོང་པ་ཉིད་ལས་རིང་དུ་གྱུར་པའི་སྟོང་པ་ཉིད་དོ༔ ༔ཀུན་རྫོབ་ནི་གཤིས་ལུགས་ལ་རང་སྟོང་ངོ་བོས་སྟོང་པའི་ཕྱིར། རི་བོང་གི་རྭ་དང་མོ་གཤམ་གྱི་བུ་དང་ནམ་མཁའི་མེ་ཏོག་ལ་སོགས་པ་ལྟར་སྲིད་ཡང་མ་གྲུབ་ཅིང་། གང་དུ་ཡང་མ་རེག་པས་མེད་དགག་དང་། སྟོང་པའི་སྟོང་པ་དང་། སྐྱེས་པའི་སྟོང་པ་དང་། དངོས་པོ་མེད་པའི་སྟོང་པ་ཉིད་དང་། ཕུང་པོ་རྣམ་པར་དབྱེད་པའི་སྟོང་པ་ཆད་པའི་སྟོང་པ་ཉིད་དོ། །དེ་ལྟ་བས་ན་བདེན་པ་གཉིས་ཀྱི་བདེན་ལུགས་མི་གཅིག་ཅིང་། སྣང་ལུགས་ཀྱང་མི་གཅིག་ལ་སྟོང་ལུགས་ཀྱང་མི་གཅིག་པའི་ཕྱིར་རོ། །སོ་སོ་རྒྱལ་ཁམས་གཉིས་གཉིས་སུ་གནས་པ་ལེགས་པར་རྟོགས་ན་དོན་དང་མཐུན་པར་རྟོགས་པ་ལགས་ཤིང་། དེ་ཡང་རྫོགས་ལྡན་གྱི་ཆོས་མཆོག་ཟབ་མོ་ཁྱད་པར་འཕགས་པ་རྣམས་དང་། ཁྱད་པར་ཤཱཀྱ་ལའི་ཆོས་མཆོག་ཟབ་མོ་རྣམས་ལས་རབ་ཏུ་གསལ་བར་གསུངས་གདའ་བས་དེ་རྣམས་ལེགས་པར་གཟིགས་སུ་གསོལ། ཞེས་བཀའ་བསྟུ་བ་བཞི་པ་ལས་བཤད་ཅིང་། ཡང་འདི་སླུ་བ་པོ་ན་རེ། དོན་དམ་གཉིས་མེད་ཀྱི་ཡེ་ཤེས་དེ་འདུས་མ་བྱས་པ་དང་། སྐད་ཅིག་གིས་སྐྱེ་འགག་དང་བྲལ་བའི་རྟག་པར་འདོད་ཅིང་དེ་བཞིན་དུ་བརྟན་པ་དང་། མི་འཇིགས་པ་དང་། གཡུང་དྲུང་དུ་ཡང་གཤིས་ལུགས་ལ་ཡོད་པར་འཆད་ཅིང་། སེམས་ཙམ་པ་འདོད་པ་ལྟར་གཉིས་མེད་ཀྱི་ཡེ་ཤེས་རྒྱུན་གྱི་རྟག་ཀྱང་སྐད་ཅིག་གིས

མི་རྟག་པར་འདིའི་ལུགས་ཀྱིས་གཏན་མི་བཞེད་དེ། ཇི་སྐད་དུ། བཀའ་བསྡུ་བ་བཞི་པའི་རང་འགྲེལ་ལས། འགྱུར་མེད་ཡོངས་གྲུབ་དང་སེམས་ཅམ་གྱི་གྲུབ་མཐའ་འགལ་བའི་ཕྱིར་རོ། །ཇི་ལྟར་འགལ་ཞེ་ན། སེམས་ཙམ་པ་ནི་རྣམ་ཤེས་སྐད་ཅིག་མ་དོན་དམ་དུ་བདེན་པར་འདོད་པའི་ཕྱིར་དང་། འགྱུར་མེད་ཡོངས་གྲུབ་ནི་རྣམ་ཤེས་སྐད་ཅིག་ལས་འདས་པ་དོན་དམ་འདུས་མ་བྱས་ཀྱི་དབྱིངས་རིག་དབྱེར་མེད་ཡིན་པའི་ཕྱིར་དང་། རྣམ་ཤེས་སྐད་ཅིག་མ་ནི་འདུས་བྱས་མི་རྟག་པ་བཙོས་མ་གློ་བུར་མཐའི་ཆོས་ཡིན་པའི་ཕྱིར་དང་། འགྱུར་མེད་ཡོངས་གྲུབ་ནི་འདུས་མ་བྱས་རྟག་པ་རང་བཞིན་གཉུག་མ་མཐའ་བྲལ་བའི་དབུ་མ་ཡིན་པའི་ཕྱིར་རོ། །དེས་ན་རྣམ་ཤེས་སྐད་ཅིག་མ་ནི་འགྱུར་མེད་ཡོངས་གྲུབ་ཏུ་འདོད་པར་མི་ནུས་ཏེ། འགྱུར་བའི་ཆོས་ཅན་ཡིན་པའི་ཕྱིར་རོ། །དེའི་སྟོང་ཆ་ལ་འགྱུར་མེད་ཡོངས་གྲུབ་ཏུ་བཞེད་དོ་ཞེ་ན། ཁྱེད་ལས་ལ་དྲག་མོད། གནོད་བྱེད་ནི་མགོ་བོར་ཐོག་ལྷུང་བ་ལྟ་བུ་ཡོང་ངོ་། །གང་ཞེ་ན། འགྱུར་མེད་ཡོངས་གྲུབ་ཡིན་པའི་སྟོང་ཆ་དེ་རང་སྟོང་ཡིན་ནམ། གཞན་སྟོང་ཡིན། རང་སྟོང་ཡིན་ན་དེ་མེད་དགག་ཡིན་པས་ཡོངས་སུ་གྲུབ་པ་ཡིན་པར་འགལ་ཏེ། ཡོངས་སུ་གྲུབ་པའི་གྲུབ་ཆོས་སྟོང་པའི་ཆོས་ཡིན་པའི་ཕྱིར་རོ། །

གཞན་སྟོང་ཡིན་ན། དེའི་སྟོང་གཞི་གང་ཡིན། ཆོས་ཀྱི་དབྱིངས་སོ་ཞེ་ན། ཁོ་བོ་ཅག་གི་འདོད་པ་གྲུབ་སྟེ། རྣམ་ཤེས་སྐད་ཅིག་མས་སྟོང་པའི་གཞི་ཆོས་ཀྱི་དབྱིངས་གང་ཡིན་པ་དེ་ཉིད་དབུ་མ་ཆེན་པོ་ཡིན་ཞིང་དེ་ཉིད་འགྱུར་མེད་ཡོངས་གྲུབ་ཀྱང་ཡིན་པའི་ཕྱིར་རོ། །དེས་ན་ཇི་སྲིད་དུ་རྣམ་ཤེས་ཀྱི་ཆོས་ལས་མ་འདས་པ་དེ་སྲིད་དུ་གཉིས་མེད་ཀྱི་ཡེ་ཤེས་རྩལ་འཆང་བ་མིན་པས། དབུ་མ་ཆེན་པོ་མིན་པ་ལྟར་འགྱུར་མེད་ཡོངས་གྲུབ་ཀྱང་མིན་ནོ། །རྣམ་ཤེས་ཀྱི་ཆོས་ལས་འདས་པ་དེའི་ཚེ་འགྱུར་མེད་ཡོངས་གྲུབ་ཐོབ་ཀྱང་སེམས་ཙམ་ལས་འདས་པ་ཡིན་ནོ། །དེའི་ཕྱིར་འགྱུར་མེད་ཡོངས་གྲུབ་ནི་དབུ་མ་ཡིན་གྱི་སེམས་ཙམ་མིན་ནོ། །སེམས་ཙམ་ནི་འདུས་བྱས་ཀྱི་དངོས་པོ་ཡིན་པས་དབུས་མིན་གྱི་མཐའ་ཡིན་ནོ། །བཙོས་མ་གློ་བུར་བ་འདུས་བྱས་ཀྱི་ཆོས་ཡིན་གྱི་རང་བཞིན་གཉུག་མ་འདུས་མ་བྱས་ཆོས་ཉིད་ནི་མིན་ནོ། །འདིར་སེམས་ཙམ་ལ་ཡང་བདེན་གཉིས་རྣམ་དབྱེ་ཤེས་དགོས་ཤིང་། དོན་དམ་གྱི་སེམས་ཙམ་དབུ་མ་དང་གཅིག་སྟེ། དོན་དམ་གྱི་སེམས་ལས་གཞན་པའི་ཆོས་འགའ་ཡང་གཤིས་ལ་མེད་པའི་ཕྱིར་དང་། དོན་དམ་གྱི་སེམས་ནི་གང་གིས་ཀྱང་གཞོམ་དུ་མེད་པར་རྟག་ཏུ་དེ་བཞིན་ཉིད་དུ་མཁའ་ཁྱབ་ཏུ་བཞུགས་པའི་ཕྱིར་རོ། །ཀུན་རྫོབ་ཡིན་པའི་སེམས་ཙམ་ནི་དེ་ཡང་ཡོངས་སུ་གྲགས་པའི་སེམས་ཙམ་འདི་དང་གཅིག་སྟེ། འདི་ལ་ནི་རྣམ་པར་ཤེས་པ་སྨྲ་བ་ཞེས་གསུང་ངོ་། །དེ་ལྟ་བུ་དེ་ལ་མཁའ་ཁྱབ་རྡོ་རྗེ་ཅན་ལ་སོགས་པ། དོན་དམ་པའི་མཚན་གྱི་རྣམ་གྲངས་ཇི་སྙེད་གཅིག་གིས་བསྟན་པར་བཞེད་དོ། །འདི་

ཡང་བོད་ཀྱི་འདོད་ལུགས་ཕྱིས་གྲགས་པ་ཞིག་ཡིན་ནོ། །

ལུགས་གཉིས་པ་ལ་གཉིས་ཏེ། སྔ་མ་རྣམས་གང་དང་མཐུན་པར་དཔྱད་པ། རང་གི་ངོ་བོ་སེམས་ཙམ་དུ་བསྟན་པ། གནས་ལུགས་བདེན་གྲུབ་ཏུ་འདོད་པ་ཐུན་མོང་དུ་དགག་པའོ། །དང་པོ་ནི། སློབ་དཔོན་ཤཱནྟི་པས་འཁོར་ལོ་གཉིས་ཀྱི་ལུགས་སོ་སོར་མ་ཕྱེ་བར་ཀླུ་སྒྲུབ་ཀྱི་གཞུང་མཐའ་དག་རྣལ་འབྱོར་སྤྱོད་པ་བར་འཆད་ལ༑ ཁྱེད་ཅག་དེར་མི་འཆད་པ་དང་། སློབ་དཔོན་དེ་ནི་རང་གི་ལུགས་དེ་ཉིད་ལ་སེམས་ཙམ་དུ་བཞེད་དེ། ཇི་སྐད་དུ། ཕྱི་རོལ་གྱི་དོན་ཡོད་པར་སྨྲ་བ་དང་། ཤེས་པ་རྣམ་པ་དང་བཅས་པར་སྨྲ་བའི་དབུ་མ་དག་ནི་ལུང་དང་། བསྟན་བཅོས་དང་། ཚད་མ་དག་ལས་ཕྱི་རོལ་དུ་གྱུར་པའི་ཕྱིར་སྔར་བཟློག་ཟིན་ཏོ། །རྣམ་པ་མེད་པར་སྨྲ་བའི་སེམས་ཙམ་པ་འབའ་ཞིག་ལུས་པར་གྱུར་ཏོ། །ཞེས་བཤད་ལ། ཁྱེད་ཀྱི་ལུགས་ལ་དེ་ཉིད་ལ་སེམས་ཙམ་གྱི་མིང་མི་ཐོབ་པའི་ཕྱིར་རོ། །ཡང་དེ་རྣལ་འབྱོར་སྤྱོད་པ་བ་རྣམས་ནི་ཕྱིས་པ་གཟུང་བའི་ཆོས་རྣམས་རྫུན་པའི་ཕྱིར་ཡོད་པ་མིན་ལ། རྒྱུ་དང་འབྲས་བུར་ངེས་པ་དང་གཞུག་མའི་རང་བཞིན་རང་རིག་པ་འཁྲུལ་པ་དང་བྲལ་བས། གསལ་བའི་ལུས་ནི་བདེན་པ་ཁོ་ནར་འདོད་དོ། །དབུ་མ་པ་རྣམས་ནི་རྒྱུ་དང་འབྲས་བུར་སྣང་བའི་རང་བཞིན་དང་། སོ་སོ་རང་གི་རིག་པ་འཁྲུལ་བའི་མཚན་མ་རྣམས་སྒྲོ་བཏགས་པ་མིན་པ་རྣལ་མ་གསལ་བའི་ལུས་ཀྱི་ཆོས་རྣམས་ཀྱང་ཤིན་ཏུ་ཕྲ་བ་བརྟག་མི་བཟོད་པ་དང་ཡོད་པ་ཡང་མིན་ལ་མེད་པ་ཡང་མིན་པར་འདོད་དོ། །ཞེས་གསུངས་པས། རྣལ་འབྱོར་སྤྱོད་པ་དང་དབུ་མ་ཐ་དད་དུ་མཛད་ལ། ཁྱེད་ནི་རང་གིས་བཞེད་པའི་རྣལ་འབྱོར་སྤྱོད་པའི་ལུགས་དེ་དབུ་མ་ཆེན་པོར་བཞེད་དོ། །འདི་ཙམ་ཞིག་མ་གཏོགས་གཞན་རྣམས་ནི་ཤཱནྟི་པའི་གཞུང་རྣམས་དང་མཐུན་པར་སྣང་ངོ་། །ཇོ་ནང་གི་ལུགས་དང་ནི་བདེན་གྲུབ་འདོད་པའི་ཆ་ནས་མཚུངས་ཀྱང་གནས་ལུགས་ངོས་འཛིན་གཏན་ནས་མི་གཅིག་སྟེ། ཁོང་རྣམས་ནི་དོན་དམ་སྐད་ཅིག་གིས་སྐྱེ་འགག་དང་བྲལ་བ་གོང་དུ་བཤད་པ་ལྟར་ཁས་ལེན་ལ། ཁྱོད་ནི་དོན་དམ་མི་རྟག་པ་དང་། སྐད་ཅིག་མ་དང་། འགྱུར་བ་དང་། རྐྱེན་གྱིས་འདུས་བྱས་པ་དང་། རྒྱུ་འབྲས་ཀྱི་ཆོས་སུ་ཁས་ལེན་པའི་ཕྱིར་རོ། །

དོན་དམ་པར་འདུས་བྱས་དང་དམིགས་པ་ཁས་ལེན་པ་འདི་ཤིན་ཏུ་ངེས་དོན་གྱི་གཞུང་རྣམས་དང་འགལ་ཏེ། རྒྱས་པར་འོག་ཏུ་འཆད་དོ། །གཞན་ཡང་དེ་དག་དང་མི་མཐུན་པ་མང་དུ་ཡོད་དེ་རྟོག་དཔྱོད་ཞུགས་ན་གོ་བ་སླའོ། །ཡང་དེང་སང་གི་དུས་ཀྱི་བཤེས་གཉེན་འགའ་ཞིག་གི་བསམ་པ་ལ། ཇོ་མོ་ནང་བའི་ལྟ་བ་འདི་ངེས་དོན་གྱི་མདོའི་དོན་ཁྱད་པར་དུ་འཕགས་པ་ཞིག་ཡིན་ལ། དེ་དང་དྲིས་ལན་ཆེན་མོའི་དགོངས་པ་ཡང་ཆོས་ཉིད་རྟག་བརྟན་བདེན་གྲུབ་ཏུ་འདོད་པ་དང་། དོན་དམ་པའི་ལྟ་དང་སྔགས་སོགས་ངོས་འཛིན་ལུགས་མཚུངས

པ་ཞིག་ཡིན་པས་ད་ལྟ་ཆགས་སྡང་གི་དབང་གིས་དགག་སྒྲུབ་སྣ་ཚོགས་སྨྲ་བ་མ་གཏོགས་འདི་ལྟ་བུ་ནི་དོན་ལ་ཞུགས་པའི་གྲུབ་མཐའ་འོ་སྐམ་པ་དག་སྣང་སྟེ། དེ་ཡང་ལུགས་མ་ངེས་པ་དང་འཁྲུལ་གཞི་ཕོ་ནས་བློ་བསླད་པ་ཡིན་ཏེ། དེ་ལྟར་ཇོ་མོ་ནང་པའི་ལུགས་ཀྱི་རྟག་པ་དེ་འདྲ་ནི་སངས་རྒྱས་པའི་གྲུབ་མཐའ་སྨྲ་བ་སུ་ཡང་མི་འདོད་ལ༑ དྲིས་ལན་ཆེན་མོའི་ལུགས་ཀྱི་རྟག་བརྟན་དང་། དོན་དམ་པའི་ལྷ་དང་སྔགས་སོགས་ནི་གཉིས་མེད་ཀྱི་ཡེ་ཤེས་སྐད་ཅིག་གིས་སྐྱེ་འཇིག་ཅན་དེ་ལ་འདོད་པའི་ཕྱིར་རོ། །ལུགས་སྔ་མ་ལ་ནི་རྟག་བརྟན་གྱི་སྒྲ་སྐྱེ་འཇིག་དང་བྲལ་བ་ལ་སྦྱོར་བའི་ཆ་ནས་ཤིན་ཏུ་ལེགས་ཀྱང་རྟག་བརྟན་དུ་གྲུབ་པ་ལ་མིང་དེ་དག་འདོགས་པའི་ཆ་ནས་འཁྲུལ་པ་ཡིན་ནོ། །ལུགས་ཕྱི་མ་ལ་ནི་རྟག་བརྟན་སོགས་མིང་ཡང་སྐབས་དོན་ལ་མི་སྟོགས་ཏེ། དངོས་པོའི་དེ་ཁོ་ན་ཉིད་སེམས་དཔའི་སྐབས་སུ་རྟག་བརྟན་སོགས་ཀྱི་མིང་རྣམས་ནི་སྟོང་པ་ཉིད་ཀྱི་ཚུལ་ལ་དགོངས་ནས་གསུངས་པ་འབའ་ཞིག་ཡིན་ལ། དེ་ནི་སྐྱེ་འགག་སོགས་གང་དུ་ཡང་བརྟག་པར་མི་ནུས་པས་སོ། །ཅི་སྟེ་ཡེ་ཤེས་སྐད་ཅིག་མ་དེ་ཉིད་སྟོང་པ་ཉིད་དོ་ཞེ་ན། འདུས་བྱས་དེ་ཁོ་ན་ཉིད་དུ་སྨྲ་བ་འདི་འགོག་པར་འགྱུར་རོ། །དེས་ན་དོན་དམ་པའི་མཚན་གྱི་རྣམ་གྲངས། བཅོས་མིན་དང་། འགྱུར་མེད་དང་། རྟག་པ་དང་། ཐོག་མཐའ་མེད་པའི་སེམས་དཔའ་དང་། སེམས་ཀྱི་རྡོ་རྗེ་ལ་སོགས་པའི་བཅོས་མ་དང་། སྐད་ཅིག་རེ་རེ་ལ་འགྱུར་བ་དང་། མི་རྟག་པ་དང་། ཐོག་མ་ཐུག་མེད་དང་། གང་གིས་ཀྱང་གཞིག་པར་མི་ནུས་པ་མིན་པའི་རྡོ་རྗེ་སོགས་ལ་འཆད་པ་ནི། རྟག་བརྟན་སོགས་ཀྱི་མིང་ཙམ་གྱིས་རྨོངས་ཤིང་འཁྲངས་པར་བྱས་ནས་དོན་གྱི་བཅུད་ཅུང་ཟད་ཙམ་ཡང་མ་མྱངས་པ་ཡིན་ནོ། །འོན་ཡུལ་ཅན་ཡེ་ཤེས་ལ་མིང་དེ་དག་མི་འདོགས་སམ་སྙམ་ན། འདོགས་མོད་ཡུལ་གྱི་དབང་གིས་བཏགས་པར་འདོད་ཀྱི། ཡུལ་ཅན་གནས་ལུགས་དེ་དག་གི་ལྡོག་པ་ཡིན་པའི་རྒྱུ་མཚན་གྱིས་བཏགས་པ་ནི་གཏན་མིན་ནོ། །དེ་བས་ན་ལུགས་སྔ་མ་ལ་གྲགས་པ་ནི་མིང་གི་རྣམ་གྲངས་དེ་དང་དོན་སྦྱོར་བ་གོ་བཤིན་ཏུ་ཆེའོ། །འདིར་སྨྲས་པ། སྐྱེ་བ་མེད་པ་ཆོས་ཀྱི་དབྱིངས། །ཤིན་ཏུ་སྐྱེ་བའི་མཐར་ཐུག་དང་། །འགག་པ་མེད་པ་དམ་པའི་དོན། །ཤིན་ཏུ་འཇིག་ཅིང་མི་རྟག་པ། །སྔ་བའི་དངོས་པོ་གནས་ལུགས་ལ། །མ་བཅོས་འགྱུར་མེད་འོད་གསལ་གྱི། །ལྷ་དང་སྔགས་སོགས་ཡིན་ནོ་ཞེས། །དེ་ཉིད་སེམས་དཔའ་སུ་ཡི་ལུགས། །ཞེས་སོ༔ ༔

གཉིས་པ་ནི། ལུགས་འདི་ལ་དབུ་མ་ཆེན་པོ་སོགས་མིང་གང་གིས་འདོགས་ཀྱང་རུང་རང་གི་ངོ་བོ་སེམས་ཙམ་ཁོ་ན་ཡིན་ནོ། །དབུ་མའི་སློབ་དཔོན་ཆེན་པོ་དག་གིས་ཕྱོགས་སྔར་བཀོད་པའི་སེམས་ཙམ་གྱི་ལུགས་དང་འདིའི་འདོད་ལུགས་ལ་ཁྱད་པར་མེད་པའི་ཕྱིར་དང་། གྲུབ་མཐའ་བཞིའི་ནང་ཚན་གྱི་རྣལ་འབྱོར་

སྤྱོད་པ་བ་དེ་སེམས་ཙམ་པ་ཡིན་ན་འདི་ཡང་དེར་འགྱུར་ལ། རྣལ་འབྱོར་སྤྱོད་པ་བ་ལ། དབུ་སེམས་གཉིས་སུ་ཕྱེ་ན་གྲུབ་མཐའ་སྨྲ་བ་གསུམ་དུ་ཅིའི་ཕྱིར་མི་བསྡུ། དབུ་མ་ལ་གཉིས་སུ་འབྱེད་ན་ཡང་དེ་མཚུངས་སོ། །ཡང་ཁྱོད་ཀྱི་ལུགས་འདི་གྲུབ་མཐའ་བཞིའི་ཡ་གྱལ་གྱི་རྣལ་འབྱོར་སྤྱོད་པ་བ་ཡིན་ཡང་བཞིའི་ནང་ཚན་གྱི་དབུ་མ་ལས་ལྷག་པར་འདོད་ན་གྲུབ་མཐའ་སྨྲ་བ་འོག་མས་གོང་མ་ལ་གནོད་པ་ཤེས་ཏུ་ཡ་མཚན་པ་ཞིག་འགྱུར་ནོ། །ཡང་གྲུབ་མཐའ་སྨྲ་བ་བཞི་རུམ་འདུས་ན་ནི་སངས་རྒྱས་པའི་ལུགས་མིན་ནོ། །ཡང་ཁོ་ན་རེ། སེམས་ཙམ་པ་ནི་འཛིན་པ་བདེན་གྲུབ་ཏུ་འདོད་ལ། ཁོ་བོ་ཅག་ནི་འཛིན་པ་བདེན་གྲུབ་དེ་ཁས་མི་ལེན་པའི་ཕྱིར་ཏེ། ཇི་སྐད་དུ། རང་གཞུང་ལས། ལ་ལ་རྒྱུད་གསུམ་དགོངས་པ་ཡང་། །སེམས་ཙམ་ཉིད་དུ་གནས་ཞེས་ཟེར། །འཛིན་པ་བདེན་མེད་ཁས་ལེན་པའི། །སེམས་ཙམ་པ་དེ་གང་དུ་བཙལ། །ཞེས་བཤད་པ་ལྟར་རོ། །དེ་ལྟར། ཨ་ཙ་དེ་ཕས། གྲུབ་མཐའ་བཞིའི་རྣལ་འབྱོར་སྤྱོད་པ་པའི་ལུགས་འཆད་པ་ན། གཟུང་དང་འཛིན་པ་ལས་གྲོལ་བའི། །རྣམ་ཤེས་དམ་པའི་དོན་དུ་ཡོད། །རྣལ་འབྱོར་སྤྱོད་གཞུང་རྒྱ་མཚོ་ཡི། །ཕ་རོལ་ཕྱིན་རྣམས་དེ་སྐད་སྒྲོག །ཅེས་པ་འདི་བཞིའི་ནང་ཚན་གྱི་རྣལ་འབྱོར་སྤྱོད་པ་པ་མིན་ན་གཞུང་རང་དང་འགལ། ཡིན་ན་ནི་དེ་ཉིད་ལས་སེམས་ཙམ་གྱི་མིང་། སྟོན་གྱི་པཎྜི་ཏ་རྣམས་ཀྱིས་བཏགས་ཏེ། ཇི་སྐད་དུ། སློབ་དཔོན་ཞི་བ་འཚོས། རང་གི་སྡེ་པ་སེམས་ཙམ་གྱི་ཚུལ་ལ་བརྟེན་པ་བློ་གྲོས་དཀར་བ་གང་དག་རྣམ་པར་ཤེས་པ་དང་མཐུན་པའི་བག་ཆགས་ཡོངས་སུ་སྨིན་པ་ལ་རག་ལས་ནས་བྱུང་སྟེ། ཞེས་དང་། སློབ་དཔོན་ཤེས་རབ་ཐར་པས། སྐྱུ་མ་ལྷ་བུའི་དབུ་མ་པ་དག་འགོག་པ་ན། བདག་རྟག་པ་ཉིད་དུ་ཤེས་པ་དང་། ཉན་ཐོས་ཀྱིས་ཀྱང་དངོས་པོ་ལ་དངོས་པོ་ཉིད་དུ་ཤེས་པ་དང་། སེམས་ཙམ་དུ་སྨྲ་བས་ཀྱང་རང་རིག་ལ་དོན་དམ་དུ་ཤེས་པ་ཉིད་མ་འཁྲུལ་བ་ཡིན་ནོ་ཞེས་བརྗོད་ན་ཇི་སྐད་དུ་སྨྲ་བར་བྱ། ཞེས་རྣལ་འབྱོར་སྤྱོད་པ་བ་ལ་སེམས་ཙམ་པའི་མིང་བཏགས་པ་སོགས་རབ་ཏུ་མང་པོ་དང་འགལ་ལོ། །དེ་སེམས་ཙམ་པ་ཡིན་ན་ནི་འཛིན་པ་བདེན་མེད་དུ་ཁས་ལེན་པའི་སེམས་ཙམ་པ་གནས་གང་ནས་ཀྱང་བཙལ་མི་དགོས་སོ། །ཅི་སྟེ་རྣམ་ཤེས་དམ་པའི་དོན་དུ་ཡོད་ཅེས་བཤད་པས་རྣམ་ཤེས་དོན་དམ་དུ་འདོད་པ་ནི་སེམས་ཙམ་པ་ཡིན་ལ། ཁོ་བོ་ཅག་ནི་དེ་མི་འདོད་ཀྱི་ཡེ་ཤེས་དོན་དམ་དུ་འདོད་དོ་སྙམ་ན། ཡེ་ཤེས་དེ་དོན་དམ་དུ་ཅི། སེམས་དང་ཡིད་དང་རྣམ་པར་ཤེས། །དོན་གཅིག །ཅེས་རྣམ་གྲངས་སུ་བཤད་པ་དེའང་མིན་ནམ། འོན་ཏེ་གཉིས་སྣང་གི་རྣམ་པར་ཤེས་པ་མིན་པ་ལ་འདོད། དང་པོ་ནི་ལུང་དང་འགལ་ལ། གཉིས་པ་ཡང་མིན་ཏེ། དེ་ལྟར་སེམས་ཙམ་པས་ཀྱང་མི་འདོད་པའི་ཕྱིར་རོ། །འདོད་ན་ནི་རིགས་པའི་གཞུང་ལས། དངོས་རྣམས་ཐ་དད་གནས་པ་ནི། །དེ་ཐ་དད་ལ་བརྟེན་པ་ཡིན། །དེ་ནི་སླད་པ་ཉིད་ཡིན་ན། །དེ་དག་འཐད་ཀྱང

བསྒྲིད་པར་འགྱུར། །ཞེས་བཤད་པ་དང་འགལ་ལོ། །ཡང་གལ་ཏེ། འཛིན་པ་བདེན་གྲུབ་ཏུ་འདོད་པའི་སེམས་ཙམ་པ་མང་ཡང་། ཐོག་མེད་སྐུ་མཆེད་ཀྱི་བཞེད་དོན་དེ་ལྟ་མིན་ནོ་སྙམ་ན་ཡང་མི་རིགས་ཏེ། སེམས་ཙམ་པས་འཛིན་པ་བདེན་གྲུབ་འདོད་ཅེས་པའི་འཛིན་པ་དེ་བློ་ཙམ་ལ་ཟེར་ན། དེ་ལྟར་ཁོ་བོ་མི་འདོད་ཅིང་། སྐུ་མཆེད་གཉིས་ཀྱིས་ཀྱང་དེ་ལྟར་མི་བཞེད་པའི་ཕྱིར་རོ། །རྟོག་གེ་འབར་བ་ལས། ཐེག་པ་ཆེན་པོ་ཉིད་ཀྱི་སློབ་དཔོན་ཐོག་མེད་དང་། དབྱིག་གཉེན་ལ་སོགས་པ་གཞན་དག་ནི། དེ་བཞིན་གཤེགས་པས་ལུང་བསྟན་ཅིང་རབ་ཏུ་སྙེམས་པའི་འཕགས་པ་ཀླུ་སྒྲུབ་ཀྱིས་ཡང་དག་པར་རྟོགས་པའི་ཐེག་པ་ཆེན་པོའི་དོན་གྱི་ལུགས་གཞན་དུ་འདྲེན་པར་མཛད་ཅིང་ངོ་ཚ་ཁྲེལ་མེད་པ་དོན་རྣམ་པར་མི་ཤེས་བཞིན་དུ་རྣམ་པར་ཤེས་ཤིང་མཁས་པར་ང་རྒྱལ་བྱེད་པ་དག་གིས་འདི་སྐད་སྨྲ་སྟེ། ཞེས་ཐོག་མེད་སྐུ་མཆེད་ཀྱིས་འཕགས་པའི་དགོངས་པ་ལས་གཞན་དུ་བཤད་གསུངས་ལ། གལ་ཏེ་དེ་ཡང་སེམས་ཙམ་པ་མིན་པར་རྣལ་འབྱོར་སྤྱོད་པ་ཙམ་ཡིན་ན་གཞན་དུ་མ་སོང་སྟེ༑ ཀླུ་སྒྲུབ་ཀྱང་ཞལ་གྱིས་བཞེས་པས་སོ། །གལ་ཏེ་ལུང་དེ་ནི་ཕྱོགས་འཛིན་གྱི་གཏམ་ཡིན་ནོ་ཞེ་ན། འོ་ན་ཁྱེད་ཀྱིས་སྨྲས་པ་དེ་ཕྱོགས་འཛིན་པ་གང་གིས་ཤེས། འདི་ནི་རྒྱལ་པོའི་བཀའ་དང་འདྲའོ། །གལ་ཏེ་གྲུབ་མཐའ་བཞིའི་ནང་ཚན་གྱི་སེམས་ཙམ་པ་མཐའ་དག་རྣམ་བདེན་པ་ཡིན་ལ། རྣམ་རྫུན་པ་ལ་ནི་སེམས་ཙམ་གྱི་མིང་མེད་དོ་ཞེ་ན། འདི་ཡང་དོན་གྱིས་ཐོབ་པའི་ཐ་སྙད་དང་འགལ་ཏེ། ཇི་སྐད་དུ། ཙནྡྲ་ཀ་རིས་རིན་ཆེན་ཕྲེང་བ་ལས། སངས་རྒྱས་པ་ནི་རྣམ་བདུན་ཏེ། །བྱེ་བྲག་སྨྲ་དང་མདོ་སྡེ་པ། །རང་རྒྱལ་རྣམ་བཅས་རྣམ་མེད་དང་། །སྒྱུ་མ་རབ་ཏུ་མི་གནས་པ། །ཞེས་གསུངས་པའི་རྣམ་བཅས་དང་རྣམ་མེད་གཉིས་པོ་དེ་སེམས་ཙམ་གྱི་དབྱེ་བ་ཡིན་ཞིང་། སེམས་ཙམ་ལ་ཡང་ཚུལ་འདི་མཚུངས། །ཞེས་པ་འདི་ཡང་རྣམ་མེད་ལ་སེམས་ཙམ་གྱི་མིང་བཏགས་པར་གྲུབ་བོ། །ཕྱིར་རྣམ་རྫུན་ལ་དབུ་མའི་མིང་འདོགས་འདོད་ནས་དེ་སྐད་སྨྲ་བར་སྣང་སྟེ། རང་རང་གི་གཞུང་དུ་ནི་དབུ་མའི་མིང་ཀུན་ལའང་ཡོད་ལ། ངོ་བོ་ཉིད་མེད་པར་སྨྲ་བའི་གཞུང་དུ་ནི་རྣམ་བདེན་རྫུན་གང་ཡིན་རུང་དབུ་མའི་མིང་གི་ཐོབ་ཐང་མེད་པའི་ཕྱིར་ཐ་སྙད་དེ་ལྟ་བུ་མཛད་པ་མེད་དོ། །ཡང་ཆོས་ཀྱི་རྗེ་ས་སྐྱ་པ་རྣམས་ཀྱི་གཞུང་དང་འགལ་བ་རང་གིས་ཁས་བླངས་ནས། དེ་དག་གི་དགོས་དོན་ཡང་རྣམ་རྫུན་དབུ་མ་ཡིན་ནོ་གསུངས་པ་འདི་གང་ཟག་བློ་གྲོས་དང་བསོད་ནམས་དམན་པ་རྣམས་ཆུད་འཛའ་བའི་ཕྱིར་མི་གསུང་དུ་གསོལ། རྗེ་བཙུན་ས་སྐྱ་པའི་ལུགས་དང་འགལ་བ་ཁས་མ་བླངས་སོ་ཞེ་ན་ཁས་བླངས་ཏེ། དྲིས་ལན་ཆེན་མོ་ཉིད་ལས། བསྟན་བཅོས་མཛད་པ་པོ་འདིས་ནི་རྣམ་རྫུན་གྱི་ལྟ་བ་ཡང་སེམས་ཙམ་པའི་ལྟ་བར་བཞེད་པས་བྱང་ཆུབ་སེམས་དཔའི་ས་ཞེས་བྱ་བའི་བསྟན་བཅོས་འདིས་ནི་སེམས་ཙམ་རྣམ་རྫུན་གྱི་ལྟ་བ་གང་ཡིན་པ་དེ་ཉིད་མཐར་

ཐུག་གི་ལྟ་བར་བསྟེན་པའི་ཕྱིར་ན་སེམས་ཙམ་གྱི་བསྟན་བཅོས་ཡིན་ལ། དེ་ནས་བཤད་པ་སེམས་བསྐྱེད་ཀྱི་ཆོ་ག་དེ་ལ་ནི་སེམས་ཙམ་ལུགས་ཞེས་བྱ་སྟེ། ཞེས་སྦྱར་དུ་བཀོད་པས་སོ། །འདི་ལྟར་འཆད་པའི་ཚེ་ན་ལུགས་འདི་ཚད་ལྡན་དུ་ཇི་ལྟར་ཁས་ལེན་ཏེ། གོ་སླ་བར་དྲིལ་ན། འདི་སྐད་སྨྲ་བ་དེ་ཆོས་ཀྱི་རྗེ་ས་སྐྱ་པཎ་ཆེན་གྱི་དགོངས་པ་མ་ཡིན་ཏེ། དེ་མིན་པར་ཁྱེད་རང་གིས་ཀྱང་ཁས་བླངས་པའི་ཕྱིར་རོ། །ཁོ་ན་རེ། ས་སྐྱ་པཎ་ཆེན་གྱི་དགོངས་པ་མིན་མོད་ཁོ་བོ་ཅག་རང་དང་ཆེན་པོ་གཞན་གྱི་ལུགས་ཡིན་ནོ་སྙམ་ན་དེ་སྐད་སྨྲ་བ་རིགས་མོད། ལུགས་འདི་དང་འགལ་བའི་ཐུགས་ཁྲལ་མ་མཛད་པར་གསོང་པོར་སྨྲ་བ་ཉིད་སྐབས་སུ་བབས་སོ། །ཡང་གོང་དུ་རྣམ་རྫུན་པ་སེམས་ཙམ་མ་ཡིན་ནོ་ཞེས་པའི་དགོངས་པ་གཅིག་ནི་གཞན་གྱིས་ཁྱེད་ཀྱི་ལུགས་འདི་རྒྱུད་གསུམ་གྱི་མཐར་ཐུག་གི་དགོངས་པ་སེམས་ཙམ་དུ་གནས་སོ་ཞེས་སྨྲ་བ་རྣམས་དང་མཚུངས་སོ། །ཞེས་སྨྲས་པ་ལ༑ དེ་སྐད་མ་སྨྲས་སོ་ཞེས་འབྲུལ་གཞི་བསྐྱེད་པའི་ཕྱིར་དུ་བྱས་པ་ཡང་ཡིན་མོད། བློ་གསལ་བ་དག་ནི་དེས་འབྲུལ་མི་ནུས་ཏེ། རྒྱུད་གསུམ་གྱི་དགོངས་པ་གསལ་རིག་ཏུ་འདོད་པ་ལ། སེམས་ཙམ་དང་དབུ་མའི་མིང་གང་བཏགས་ཀྱང་རྒྱུད་གསུམ་གནོད་འཇོམས་ཀྱི་དགག་བྱ་ཡིན་པར་ཤེས་པའི་ཕྱིར་རོ། །

གསུམ་པ་ཐུན་མོང་དུ་བདེན་གྲུབ་ཏུ་དགག་པ་བརྗོད་པ་ལ་གཉིས་ཏེ། ཕྱོགས་སྔ་བརྗོད་པ་དང་། དེ་དགག་པའོ། །དང་པོ་ལ། ཤཱཀྱ་པ་དང་། ཇོ་ནང་བའི་ལུགས་ནི་སྔར་བརྗོད་ཟིན་ལ། འདིར་དྲིས་ལན་ཆེན་མོའི་ལུགས་བརྗོད་པར་བྱའོ། །དེ་ལ་འདིར། མདོ་སྡེའི་རྒྱན་དང་། དབུས་མཐའ་དང་། རྒྱུད་བླ་སོགས་ཀྱི་དགོངས་པ་འཆད་པ་ན། འདི་ལྟར་བཤད་དེ། དེ་ཉིད་ལས། ཇི་སྐད་དུ། ཆོས་ཀྱི་དབྱིངས་ལས་མ་གཏོགས་པའི། །གང་ཕྱིར་ཆོས་མེད་དེ་ཡི་ཕྱིར། །ཞེས་དང་། ཆོས་ཀྱི་དབྱིངས་ལས་མ་གཏོགས་པ། །ཞེས་པའི་དོན། ཀུན་བྱང་དང་འཁོར་འདས་ཀྱིས་བསྡུས་པའི་ཆོས་ཐམས་ཅད་ཆོས་སུ་ཁས་ལེན་པ་མིན་ཏེ། དེ་ལྟར་ཁས་ལེན་པ་ནི་དཀའ་བ་དང་། མི་ནུས་པ་དང་། འབྲས་བུ་མེད་པ་ཉིད་ཀྱིས་ཕྱིར་རོ། །དེའི་ཚུལ་ཡང་། དེ་ལྟར་ན་ཀུན་བཏགས་དང་གཞན་དབང་གཉིས་ཀ་ཡོངས་གྲུབ་ཏུ་ཐལ་བ་དང་། རྣམ་དག་གི་དམིགས་པ་དང་། དོན་དམ་པའི་བདེན་པ་ཉིད་དུ་འགྱུར་ཏེ། ཆོས་ཀྱི་དབྱིངས་ཀྱི་ངོ་བོ་ཉིད་ཡིན་པའི་ཕྱིར་རོ། །འོན་ཅི་ཞེ་ན། བྱམས་ཆོས་བར་པ་གསུམ་གྱི་ལྟ་བའི་འཇོག་མཚམས་མཐར་ཐུག་ཏུ་སླེབ་པ་ན། ཆོས་ཀྱི་དབྱིངས་ལས་མ་གཏོགས་པའི་གཞན་ཡོད་པ་མིན་ཏེ། ཆོས་ཀྱི་དབྱིངས་ཁོ་ན་ཡོད་ལ། གཞན་མེད་པའི་ཕྱིར་རོ། །དེའི་ཤེས་བྱེད་ཀྱང་ལུགས་འདིར་ཡོད་ན་ཆོས་ཀྱི་དབྱིངས་ཀྱི་ངོ་བོ་ཉིད་ཡིན་དགོས་ཏེ། ཡོད་ན་ཡོངས་གྲུབ་ཡིན་དགོས་པའི་ཕྱིར་རོ། །དེ་དག་གི་ཤེས་བྱེད་ཀྱང་། གཟུང་འཛིན་གཉིས་ནི་མེད་ལ་གཉིས་མེད་ཀྱི་ཡེ་ཤེས་འབའ་ཞིག་ཡོད་པའི་རྒྱུ་མཚན་ལ་ཐུག་ཅིང་།

དེ་དག་གི་ཤེས་བྱེད་ཀྱང་མདོ་སྡེ་རྒྱན་ལས། བློ་དང་ལྡན་པས་གཉིས་པོ་མེད་རིག་ནས། །དེ་མི་ལྡན་པའི་ཆོས་ཀྱི་དབྱིངས་ལ་གནས། །ཞེས་དང་། དབུས་མཐའ་ལས། དམིགས་པ་ལ་ནི་བརྟེན་ནས་སུ། །མི་དམིགས་པ་ནི་རབ་ཏུ་སྐྱེ། །དེ་ལྟ་བས་ན་དམིགས་པ་དང་། །མི་དམིགས་མཉམ་པར་ཤེས་པར་བྱ། །ཞེས་གསུངས་སོ། །དེ་ལྟ་མོད་ཀྱི་ལུགས་འདིར་སྤྱིར་པ་དང་ལུང་མ་བསྟན་ཆོས་ཀྱི་དབྱིངས་ཡིན་པ་ལྟ་ཞོག ཡོད་པར་ཡང་ཁས་མི་ལེན་ཏེ༑ གཟུང་འཛིན་གང་རུང་གིས་བསྡུས་པའི་ཕྱིར་རོ། །ཞེས་བཤད་དོ། །ཡང་འདིས་གཉིས་མེད་ཀྱི་ཡེ་ཤེས་མི་རྟག་པ་དང་། དངོས་པོར་ཡང་ཞལ་གྱིས་བཞེས་ཏེ། ཇི་སྐད་དུ་དྲིས་ལན་ཆེན་མོ་ལས། དེའི་ཕྱིར་མི་རྟག་པར་ཁས་ལེན་དགོས་ཏེ། དངོས་པོ་ཡིན་པས་སྐད་ཅིག་གིས་འཇིག་པ་ཁས་ལེན་དགོས་པའི་ཕྱིར་རོ། །ཞེས་བཤད་པ་ལྟར་རོ། །ཡང་དེ་བདེན་གྲུབ་ཏུ་ཞལ་གྱིས་བཞེས་ཏེ། ལུགས་གཉིས་རྣམ་འབྱེད་དུ། རང་རིག་རང་གསལ་བདེན་པར་ཁས་ལེན་པའི། །དབུ་མའི་ལུགས་འདི་གསང་བ་འདུས་པ་དང་། །ཀྱཻ་རྡོར་རྒྱུད་གསུམ་བྱང་ཆུབ་སེམས་དཔའི་མིང་། །གཞུང་འགྲེལ་སྐོར་གསུམ་དག་ན་གསལ་བར་བཞུགས། །དེ་ཕྱིར་ཐོག་མེད་བཞེད་པའི་དབུ་མ་འདིར། །གཉིས་མེད་ཡེ་ཤེས་བདེན་མེད་བསྒྲུབ་པ་ཡི། །ཤེས་བྱེད་དཔེ་དང་གཏེ་མུག་མ་གསུངས་ཀྱང་། །རང་རིག་རང་གསལ་ཉིད་དུ་གྲུབ་པ་ན། །དེ་ལ་དམིགས་པའི་སྒྲིབ་པའི་ཚོགས་རྣམས་དང་། །རྟག་དང་ཆད་པའི་མཐའ་རྣམས་ཀུན་ལས་གྲོལ། །ཞེས་བཤད་དོ། །དེ་ཉིད་ལ་དོན་དམ་པའི་ལྟ་དང་སྟུགས་སོགས་ཀྱི་མིང་གིས་ཀྱང་སྟོན་ཅིང་། ཚུལ་འདི་ནི་ངེས་དོན་སྟོན་པའི་མདོ་རྒྱུད་དང་། ཀླུ་སྒྲུབ་སོགས་རྒྱ་གར་དང་། རྗེ་བཙུན་ས་སྐྱ་པ་སོགས་ཀྱི་བཞེད་དོན་ཡིན་ནོ། །ཞེས་གསུངས་སོ། །

གཉིས་པ་དེ་དགག་པ་ལ་གསུམ་སྟེ། དངོས་པོ་བདེན་གྲུབ་དགག་པ། དོན་དམ་རྟག་ལྟར་སོང་བས་དགག་པ། ཀུན་རྫོབ་ཆད་ལྟར་སོང་བས་དགག་པའོ། །དང་པོ་ལ་བཞི་སྟེ། གཅིག་དུ་བྲལ་སོགས་ཀྱིས་བདེན་གྲུབ་འདོད་པ་མི་ཁེགས་པས་དགག་པ། རིག་པ་དེ་དག་གཞན་སྟོང་དུ་འདོད་པའི་ལུགས་ལས་ཀྱང་གསུངས་པར་བསྟན་པ། གནོད་བྱེད་གཞན་ལུང་རིག་དང་སྦྱེལ་ཏེ་བརྗོད་པ། ཁས་བླངས་ནང་འགལ་བས་ཀྱང་དགག་པའོ། །དང་པོ་ནི། གཉིས་མེད་ཀྱི་ཡེ་ཤེས་བདེན་པར་གྲུབ་པ་ཡོད་པ་གཅིག་དུ་བྲལ་སོགས་ཀྱིས་འགོག་པ་ནི་ངོ་བོ་ཉིད་མེད་པར་སྒྲུབ་རྣམས་ཀྱང་མི་འདོད་དེ། དེ་འདྲ་ཡོད་ན་འགོག་མི་ནུས་པ་དང་། དགག་བྱ་དེ་འདྲ་བ་ཡོད་པ་ཡང་མིན་པའི་ཕྱིར་རོ། །དེ་བཞིན་དུ་སོ་སོའི་གནས་ལུགས་ལ་ཟད་འཕེལ་མེད་པས། དེ་ལ་ལྟོས་ནས་གཟུང་འཛིན་སོགས་ཉམས་པར་བྱས་པ་ཡང་མེད་དེ། ཇི་སྐད་དུ། སྟོང་པ་ཉིད་ནི་སྟོན་པའི་མདོ། །རྒྱལ་བས་ཇི་སྙེད་གསུངས་པ་སྟེ། །དེ་དག་ཀུན་གྱིས་ཉོན་མོངས་བཟློག །ཁམས་དེ་ཉམས་པར་བྱས་པ་མིན། །ཞེས་ཆོས་

དབྱིངས་བསྟོད་པ་ལས་བཤད་པས་སོ། །ཅི་སྟེ་གཉིས་མེད་ཀྱི་ཡེ་ཤེས་ལ་བདེན་པར་སྒྲོ་འདོགས་པ་འགོག་གོ་ཞེས་ཁོ་བོ་སྨྲ་ལ། དེ་ལྟར་ན་གཞུང་དེ་ཉིད་ལས། ཡེ་ཤེས་མེ་ཡིས་དེ་ཉིད་བསྲེག །དེ་ཉིད་འོད་གསལ་མ་ཡིན་ནོ༑ ༑ཞེས་པ་དང་ལེགས་པར་མཐུན་ནོ་སྙམ་ན། འོན་འདི་འདྲི་སྟེ། གཅིག་དུ་བྲལ་སོགས་ཀྱིས་གཉིས་མེད་ཀྱི་ཡེ་ཤེས་བདེན་པ་མེད་པ་ལ་ངེས་ཤེས་འདྲེན་ནུས་སམ་མི་ནུས། ནུས་ན་ནི་བདེན་པར་མེད་པར་ཐལ། དེ་ལ་ངེས་བདེན་པར་མེད་པའི་ངེས་པ་དྲངས་པའི་ཕྱིར་རོ། །གཉིས་པ་ལྟར་ན། སྒྲོ་འདོགས་ཇི་ལྟར་འགོག་ནུས་ཏེ། གཏན་ཚིག་རྣམས་ཀྱིས་སྒྲོ་འདོགས་འགོག་པ་ནི་ངེས་པ་འདྲེན་པའི་ཆེད་འབའ་ཞིག་ཡིན་པའི་ཕྱིར་རོ། །ཇི་སྐད་དུ༑ ཀླུ་སྒྲུབ་ཀྱི་བྱང་ཆུབ་སེམས་འགྲེལ་ལས། རང་ལ་ངེས་ཞིང་གཞན་དག་ལའང་། ངེས་པར་བསྐྱེད་པར་འདོད་པའི་ཕྱིར། །རྟག་ཏུ་འཁྲུལ་པ་མེད་པ་ནི། །མཁས་རྣམས་རབ་ཏུ་འཇུག་པ་ཡིན། །ཞེས་བཤད་པ་ལྟར་རོ། །གལ་ཏེ་སྒྲོ་བཏགས་པ་ལྟར་བདེན་པར་མེད་པ་ལ་ངེས་པ་འདྲེན་གྱི། ཕྱིར་བདེན་པ་མེད་པ་ལ་ངེས་པ་མི་འདྲེན་ནོ་ཞེ་ན༑ འོན་རྟགས་འགོད་པ་ན་སྒྲོ་བཏགས་པ་ལྟར་བདེན་པར་མེད་དོ་ཞེས་འགོད་དགོས་པར་འགྱུར་ལ། དེ་ལྟར་ན་རིགས་པ་མིན་ཏེ། ཕྱི་རྒོལ་ཡང་སྒྲོ་བཏགས་པ་ལྟར་བདེན་པར་འདོད་པ་སུ་ཡང་མེད་པའི་ཕྱིར་རོ། །བདེན་པར་གྲུབ་པ་ཁས་བླངས་པ་ཉིད་སྒྲོ་འདོགས་པ་ཡིན་ན་ནི་ཁྱེད་རང་གིས་ཀྱང་དེ་ལྟར་སྨྲས་པའི་ཕྱིར། །རང་ཉིད་ལ་སྐྱོན་འདོགས་པར་ཟད་དོ། །ཡང་གཞན་སྟོང་གི་གཞུང་རྣམས་སུ། གཉིས་མེད་ཀྱི་ཡེ་ཤེས་བདེན་པར་མ་གྲུབ་པའི་སྒྲུབ་བྱེད་མ་གསུངས་སོ་ཞེས་པའི་ཚིག་ལ་ནུས་པ་ཅི་ཡང་མེད་པར་འགྱུར་ཏེ། གཞན་སྟོང་གི་གཞུང་དུ་དེ་འདྲ་མ་གསུངས་སུ་ཆུག་ཀྱང་། ཁྱེད་རང་གི་ལུགས་ལ་གནོད་མི་ནུས་ཏེ། དེ་དག་གི་སྒྲོ་འདོགས་པ་ཡིན་ནོ་ཞེས་བཤད་པས་ཆོག་པའི་ཕྱིར་རོ། །གཞན་སྟོང་གི་གཞུང་དུ་བདེན་གྲུབ་འགོག་པའི་རིགས་པ་བཤད་པ་དེ་གཉིས་མེད་ཀྱི་ཡེ་ཤེས་བདེན་པར་འདོད་པ་ལ་གནོད་པ་དང་། རང་སྟོང་གི་གཞུང་དུ་རིགས་པ་དེ་ལྟ་བུ་བཤད་ཀྱང་གཉིས་མེད་ཀྱི་ཡེ་ཤེས་བདེན་གྲུབ་ཏུ་འདོད་པ་ལ་མི་གནོད་པའི་ཤེས་བྱེད་ནི་ཅི་ཡང་མེད་དེ། ཡོད་ན་ནི་སྟོན་པའི་དུས་ལ་བབ་བོ། །ཡང་གཞན་སྟོང་གི་གཞུང་དུ་གཉིས་མེད་ཡེ་ཤེས་བདེན་མེད་དུ་མ་གསུངས་པས་རྟག་པ་མཐའ་བཟུང་བའམ། དེར་དེ་ལྟ་བུ་མ་གསུངས་པ་ཉིད་ཀྱིས་ཕྱོགས་སུ་བདེན་གྲུབ་ཞལ་གྱིས་བཞེས་སོ་སྙམ་ན། དེ་དག་ལས་ཀྱང་གསུངས་པའི་ཚུལ་འོག་ཏུ་འཆད་པ་ལས། རྒྱུད་བླ་སོགས་སུ་བདེན་གྲུབ་འགོག་བྱེད་ཀྱི་རིགས་པ་རྒྱས་པར་མ་གསུངས་པ་ཙམ་གྱིས་བདེན་གྲུབ་ཞིག་ཕྱོགས་སུ་ཁས་བླངས་པ་ཡིན་ན། འོག་ཏུ་ཀླུ་སྒྲུབ་ཀྱིས་དབུ་མ་རིགས་ཚོགས་སུ་ཡང་། གཉིས་མེད་ཀྱི་ཡེ་ཤེས་བདེན་གྲུབ་ཞལ་གྱིས་བཞེས་པར་འགྱུར་ཏེ༑ དེར་ཡང་དེ་བདེན་གྲུབ་འགོག་བྱེད་ཀྱི་རིགས་པ་མ་གསུངས་པའི་ཕྱིར་རོ། །རྟགས་སོགས་ཏེ། དེར་

གསུངས་པའི་རིགས་པ་རྣམས་ནི་བདེན་པའི་སྒྲོ་འདོགས་ཙམ་འགོག་བྱེད་དུ་ཁྱེད་ཀྱིས་ཁས་བླངས་པའི་ཕྱིར་རོ། ཡང་རང་སྟོང་དང་གཞན་སྟོང་སྟོན་པའི་གཞུང་གཉིས་ཀ་མཐུན་པར་འགྱུར་ཏེ། བདེན་གྲུབ་འགོག་བྱེད་ཀྱི་རིགས་པ་རྣམས་གཉིས་ཀས་ཀྱང་སྒྲོ་འདོགས་ཙམ་འགོག་བྱེད་ལ་སྦྱོར་ལ། ཁྱེད་ལྟར་ན་གཉིས་མེད་ཀྱི་ཡེ་ཤེས་བདེན་མེད་དུ་གཏན་ལ་འབེབས་པའི་སྒྲོང་བ་ཚད་མ་རང་སྟོང་པ་རྣམས་ལ་མེད་པའི་ཕྱིར་རོ། །ཡང་གཉིས་མེད་ཀྱི་ཡེ་ཤེས་བདེན་པའི་དོན་མི་བསླུ་ཙམ་ལ་འདོད་པ་ནི་མི་བསླུ་བའི་དོན་ཉིད་གང་ལ་བྱེད། དངོས་པོ་རང་དབང་ཅན་དུ་གནས་པའི་དོན་བྱེད་ནུས་པར་གནས་པ་ཙམ་ཡིན་ན་ནི། སྐྱེ་འཇིག་ཅན་དང་། རྟེན་ཅིང་འབྲེལ་པར་འབྱུང་བ་ཡིན་པར་འགལ་ཏེ། རང་དབང་དུ་གྲུབ་པའི་ཕྱིར་རོ། །ཇི་སྐད་དུ། ཆོས་དབྱིངས་བསྟོད་པ་ལས། བརྟེན་ནས་འབྱུང་བར་འགྱུར་བ་དང་། །བརྟེན་ནས་འགག་པར་འགྱུར་བས་ན། །གཅིག་ཀྱང་ཡོད་པ་མ་ཡིན་ན༑ ༑བྱིས་པ་ཇི་ལྟར་རྟོགས་པར་བྱེད། །ཅེས་དང་། ཆོས་ཀྱི་དབྱིངས་ནི་སྐྱེས་མ་ཡིན། །ནམ་ཡང་འགག་པར་འགྱུར་བ་མེད། །དུས་རྣམས་ཀུན་ཏུ་ཉོན་མོངས་མེད། །ཐོག་མ་བར་མཐའ་དྲི་མ་བྲལ། །ཞེས་གསུངས་པ་དང་ཇི་ལྟར་མི་འགལ། གལ་ཏེ་དེ་ནི་རྟེན་འབྲེལ་ཙམ་ལས་གཞན་པའི་སྐྱེ་བ་འགོག་པ་དང་། ཆོས་དབྱིངས་གསར་དུ་སྐྱེ་འགག་བྱེད་པ་འགོག་པ་ཡིན་ནོ་ཞེ་ན། མིན་ཏེ། རྟེན་འབྲེལ་ཙམ་གྱིས་སྐྱེ་བ་ནི་ཀུན་རྫོབ་ཏུ་ཡིན་གྱི་དོན་དམ་པར་ནི་མིན་ཏེ། འཕགས་པ་ཉིད་ཀྱིས་མདོ་དྲངས་པ་ལས། བདག་ནི་ཆོས་རྣམས་བརྟེན་ཏེ་མི་འབྱུང་བར་མོས་པ་ལ་གནས་པ་སྟེ། གཞན་དག་ཀྱང་ཆོས་རྣམས་བརྟེན་ཏེ་མི་འབྱུང་བར་མོས་པ་ལ་དགོད་པར་བྱའོ་སྙམ་ནས་དབུགས་འབྱིན་པ་རབ་ཏུ་བསྐྱེད་དེ། དེ་ལ་རྐྱེན་རྣམས་སྐྱེ་བ་མེད་པའི་རང་བཞིན་ཡིན་པས་ཆོས་རྣམས་བརྟེན་ཏེ་མི་འབྱུང་། ཞེས་བྱའོ། །ཞེས་རྐྱེན་ལས་སྐྱེ་བ་བཀག་པའི་ཕྱིར་རོ། །གལ་ཏེ་རྐྱེན་ལས་སྐྱེ་བ་དོན་དམ་དུ་ཡོད་ན་དེ་རྣམ་པར་མི་རྟོག་པའི་ཡེ་ཤེས་ལ་སྣང་བར་འགྱུར་ལ། དེ་ལ་སྐྱེ་འགག་སྣང་ན་གཉིས་སྣང་ཡོད་པར་ཅིའི་ཕྱིར་མི་འགྱུར། ཡང་མདོ་ཀུན་ལས་བཏུས་ལས། གང་དངོས་པོ་མེད་པ་དེ་དངོས་པོ་མེད་པ་དང་། གང་དངོས་པོ་མེད་པ་དེ་བྱང་ཆུབ་ཡིན་པས་རྣམ་པར་མི་འཇིགས་པའོ། །ཞེས་མདོ་དྲངས་པ་དང་ཡང་འགལ་ཏེ། ཁྱོད་ཀྱི་དོན་དམ་པའི་དབྱིངས་དེ་ནི་སྐད་ཅིག་རེ་རེ་ལ་འཇིག་པའི་ཕྱིར་རོ། །མདོ་དེ་དག་ནི་དགོངས་པ་ཅན་ཡིན་ནོ་ཞེ་ན། དེ་ལྟར་ན་དངོས་པོ་རང་བཞིན་གྱིས་གྲུབ་པ་ཉིད་ལ་རང་བཞིན་མེད་པ་དང་། སྟོང་པ་ཉིད་ཀྱི་མིང་བཏགས་པ་ཡིན་པར་ཁས་ལེན་དགོས་ལ། དེ་འདོད་ན། སེམས་འགྲེལ་ལས། དངོས་པོ་རང་བཞིན་གྱིས་གྲུབ་པ། །རང་བཞིན་མེད་ཉིད་བརྗོད་པ་ཡིན། །ཞེས་བཤད་པ་དང་འགལ་ལོ། །ཡང་རང་དབང་དུ་གྲུབ་པ་བདེན་པའི་དོན་ཡིན་ན། རང་གི་མཚན་ཉིད་ཀྱིས་གྲུབ་པར་ཐལ། འདོད་པ་དེའི་ཕྱིར། དེ་ཡང་འདོད་ན།

སེམས་འགྲེལ་ལས། མཚན་ཉིད་མེད་ཅིང་སྐྱེ་བ་མེད། །ཡོངས་གྲུར་མ་ཡིན་ངག་ལམ་བྲལ། །ཞེས་པ་དང་འགལ་ལོ། །ཡང་རྟགས་ཀྱི་དགག་བྱར་གྱུར་པའི་བདེན་པ་ཁས་བླངས་པར་འགྱུར་རོ། །འོན་ཏེ་མི་བསླུ་བ་དང་བདེན་པར་གྲུབ་པའི་དོན་གནོད་མེད་དུ་གནས་པ་ཡིན་ལ། དེ་ཡང་མྱོང་ཚོད་དུ་གསལ་རིག་མ་འགགས་པ་ཙམ་ཡིན་ནོ་ཞེ་ན། འདི་ཡང་བརྟགས་ཏེ། གསལ་བ་འགག་མེད་དུ་སྣང་བ་ཙམ་ནི་བདེན་གྲུབ་ཀྱི་སྒྲུབ་བྱེད་མིན་ཏེ། འཕགས་པ་དེ་ཁོ་ན་ཉིད་གཟིགས་པ་རྣམས་ཀྱིས་དེའི་རང་བཞིན་ལ་སྒྲོ་འདོགས་ཆོད་པས་གཉིས་སུ་མེད་པའི་ཡེ་ཤེས་མ་འགགས་པར་སྣང་བའི་དུས་ཉིད་ན་དེའི་རང་བཞིན་འགའ་ཡང་མཐོང་བ་མེད་པའི་ཕྱིར་རོ། །དེའི་ཚེ་དེའི་སྐྱེ་འགག་སོགས་མ་མཐོང་ཡང་སྣང་ཆ་དེའི་རང་ལྡོག་སྐྱེ་བ་མེད་པ་ནི་མིན་ཏེ། སྣང་བ་ཡིན་པའི་ཕྱིར་རོ། །རང་བཞིན་སྣང་བ་ལས་འདས་པའི་ཕྱིར་བརྗོད་པར་མི་ནུས་སོ། །གཞན་འདི་ནི་དངོས་སྨྲ་ཁྱེད་ཙམ་དུ་མ་ཟད་དབུ་མ་པར་རློམ་པ་མང་པོས་ཀྱང་དོན་དམ་པ་དང་། ཀུན་རྫོབ་འབྲུལ་པའམ། དོན་དམ་པ་ཀུན་རྫོབ་ལས་ཡོགས་སུ་མེད་དགག་ཞིག་ལ་འདོད་པ་མང་ངོ་། །དེ་དག་ཐམས་ཅད་ཀྱི་འཁྲུལ་གཞི་ནི། ཀུན་རྫོབ་ལས་ནི་ཐ་དད་དུ། །དེ་དག་དམིགས་པ་མ་ཡིན་ཏེ། །ཀུན་རྫོབ་སྟོང་པ་ཉིད་དུ་བཤད། །སྟོང་ཉིད་ཁོ་ན་ཀུན་རྫོབ་ཡིན། །ཞེས་པ་འདིས་བྱས་པར་འདུག་སྟེ། དེ་དག་གིས་ཀུན་རྫོབ་ཀྱི་ལྡོག་པ་དང་། ཀུན་རྫོབ་ཀྱི་རང་བཞིན་མ་ཕྱེད་པར་སྣང་ངོ༑ ༑འདི་འདྲ་བ་ལ་དགོངས་ནས། ས་སྐྱ་པཎྜི་ཏས། བདེན་གཉིས་ཀྱི་རྣམ་དབྱེ་ཤེས་པ་ལ་གཞན་སེལ་ཤེས་དགོས་པར་གསུངས་སོ། །ཡང་རང་རིག་ཏུ་བདེན་པར་གྲུབ་ན། སེམས་འགྲེལ་དང་དངོས་སུ་འགལ་ཏེ། དེ་ཉིད་ལས། རྣལ་འབྱོར་སྤྱོད་པ་པ་རྣམས་ཀྱིས། །རང་གི་སེམས་ཀྱིས་དབང་བྱས་ཏེ། །གནས་ཡོངས་གྱུར་ནས་དག་པའི་སེམས། །སོ་སོ་རང་རིག་སྤྱོད་ཡུལ་བརྗོད། །ཅེས་ཕྱོགས་སྔ་བརྗོད་ནས། དེ་འགོག་པ་ལ། འདས་པ་གང་ཡིན་དེ་ནི་མེད། །མ་འོངས་པ་ནི་ཐོབ་པ་མིན། །གནས་ཕྱིར་གནས་ནི་ཡོངས་གྱུར་པ། །ད་ལྟ་བ་ལའང་ག་ལ་ཡོད། །ཅེས་དང་། སོ་སོ་རང་རིག་ཉིད་བརྗོད་པས། །དེ་ནི་དངོས་པོ་ཉིད་དུ་འདོད། །འདི་ཉིད་ཡིན་ཞེས་བརྗོད་པར་ནི། །ནུས་མིན་ཞེས་ཀྱང་བརྗོད་པ་ཡིན། །ཞེས་བཤད་པ་ལ། ཁྱེད་ལྟར་ན་རང་རིག་ཏུ་བརྗོད་དུ་ཡོད་པ་དང་། དེར་གཟུང་ཡང་སྐྱོན་མེད་དུ་འགྱུར་ཏེ། ཡུལ་གྱི་གནས་ལུགས་དེ་ལྟར་གྲུབ་པའི་ཕྱིར་རོ། །ཁོ་ན་རེ༑ ཁྱོད་ལ་ཡང་སྤྲོས་བྲལ་དུ་འཛིན་པ་མི་འགོག་པར་འགྱུར་ཏེ། ཡུལ་གྱི་གནས་ལུགས་སྤྲོས་བྲལ་དུ་གྲུབ་པའི་ཕྱིར་ཞེ་ན། ཨེ་མ་ཧོ། དངོས་པོར་སྨྲ་བའི་སྨྲ་མའི་ཞགས་པས་ཀུན་ཏུ་རྟོག་པའི་ཁྲིམ་ན་གནས་པའི་བྱིས་པ་གཞོན་ནུ་རྣམས་འཆིང་བར་བྱེད་པ་ཐབས་ལམ་མཁན་དེ་འདིར་འོངས་སོ། །ཡུལ་གྱི་གནས་ལུགས་སྤྲོས་པ་དང་བྲལ་བ་ཞེས་བྱ་བ་གནས་ལུགས་སེམས་དེའི་ངོས་ནས་སུ་ཞིག་གིས་ཁས་བླངས། སྐབས་འདི་ལྟ་བར་གྱུར

པ་ཐམས་ཅད་དང་བྲལ་བ་ཡིན་ཞེས་ཁྱེད་རང་གིས་ཀྱང་ཡང་ཡང་དུ་མ་སྨྲས་སམ། ལེགས་པར་སོམས་ཤིག །གཞན་ཡང་གནས་ལུགས་བདེན་པར་འདོད་པ་དང་། དེ་ཡང་སྐྱེ་ཞིང་འཇིག་པའི་ཆོས་སུ་འདོད་པ་འདི་ལ་ཟབ་མོའི་དོན་དང་འགལ་བའི་གནོད་བྱེད་མང་སྟེ། འདི་ལྟར། དང་པོའི་རྡོ་རྗེ་བཞག་ཏུ་མི་རུང་བ་དང་། དངོས་པོ་ཀུན་གྱི་བདག་ཉིད་དུ་མི་རིགས་པ་དང་། དོན་དམ་པ་དང་ཀུན་རྫོབ་ཀྱི་རང་བཞིན་གཅིག་པར་ཐལ་བ་དང་། བྲ་ཕབ་བརྒྱད་མཚུངས་ཀྱི་སྟོང་ཉིད་མི་རུང་བར་ཐལ་བའོ། །

དང་པོ་ནི། རྒྱུད་ལས། ཐོག་མཐའ་མེད་པའི་སེམས་དཔའ་ནི། །རྡོ་རྗེ་སེམས་དཔའ་བདེ་བའི་མཆོག །ཅེས་དང་། དོན་དམ་པའི་མཚན་བརྗོད་ལས། མཆོག་གི་དང་པོ་མི་གཡོ་བ། །ཞེས་སོགས་གསུངས་པའི་དོན་ནི། དེ་ཁོ་ན་ཉིད་ཐོག་མ་ནས་ཡོད་མ་མྱོང་བ་དངོས་པོའི་མིང་དང་། ཐོག་མ་མེད་པའི་མིང་གིས་གསུངས་པ་ཡིན་ལ། ཁྱེད་ལྟར་ན་སྐད་ཅིག་གིས་རྒྱུ་ཐུག་མེད་དུ་ཡོད་པ་དེ་མི་རུང་ལ། རྡོ་རྗེའི་དོན་ཡང་འདུས་བྱས་ཀྱི་རྐྱེན་གང་གིས་ཀྱང་འཇིགས་མེད་ལ་བྱེད་དགོས་པ་ལ། ཁྱེད་ལྟར་ན་དེ་མི་རུང་སྟེ། རང་གི་རྒྱུ་སྔ་མ་ཉིད་ཀྱི་རྗེས་སུ་སྐྱེས་ཤིང་འཇིག་པའི་ཕྱིར་རོ། །ཇི་སྐད་དུ། མཆོག་གི་དང་པོ་མི་གཡོ་བ། །ཞེས་པའི་འགྲེལ་ཆེན་དུ། དེ་ཉིད་ནི་ཐམས་ཅད་ཀྱི་དང་པོ་སྟེ། དེ་ཐོབ་ནས་དེ་བཞིན་གཤེགས་པ་རྣམས་དང་། བྱང་ཆུབ་སེམས་དཔའ་རྣམས་དང་། ཉན་ཐོས་དང་། རང་སངས་རྒྱས་རྣམས་འབྱུང་བར་འགྱུར་པས་ན། མཆོག་གི་དང་པོ་ཞེས་བཤད་དོ༔ །ཞེས་དང་། མཉམ་སྦྱོར་ལས། ཨེ་མ་ངོ་མཚར་རྨད་ཀྱི་ཆོས། །རྫོགས་པའི་སངས་རྒྱས་སྐྱེ་བ་མེད། །སྐྱེ་བ་མེད་ལས་ཐམས་ཅད་སྐྱེ། །ཞེས་དང་། སློབ་དཔོན་འཕགས་པ་འཇམ་དབྱངས་ཀྱི་དོན་དམ་པའི་བསྟོད་པ་ལས། ངོ་བོ་ཉིད་ཀྱིས་མ་སྐྱེས་ཏེ། །ཁྱེད་ལ་སྐྱེ་བ་ཡོངས་མི་མངའ། །མགོན་པོ་གཤེགས་འགྲོན་མི་མངའ་བ། །དངོས་མེད་ཁྱེད་ལ་ཕྱག་འཚལ་བསྟོད། །ཅེས་དང་། ཡང་དེ་ཉིད་ཀྱི་ཤེར་ཕྱིན་གྱི་བསྟོད་པར། གང་སླད་སངས་རྒྱས་འཇིག་རྟེན་གཙོ། །ཐུགས་རྗེ་ཅན་ནི་ཁྱོད་ཀྱི་སྲས། །དེ་ཡི་སླད་དུ་དགེ་མ་ཁྱོད། །སེམས་ཅན་ཀུན་གྱི་ཕྱི་མོ་ལགས། །ཞེས་བཤད་པ་རྣམས་དང་ཤིན་ཏུ་འགལ་ལོ། །གལ་ཏེ་དང་པོ་སྐྱེ་བའི་གནས་ཞིག་ཡོད་ན་དེ་ཅིའི་ཕྱིར་མི་གཟིགས་ཏེ་གཟིགས་དགོས་པ་ལ། དེ་ལྟ་བུ་འགའ་ཡང་མི་གཟིགས་པའི་ཕྱིར་རོ། །ཇི་སྐད་དུ། དེ་ཉིད་ལས། ཁྱོད་ནི་གང་ནས་མ་བྱོན་ཞིང་། །གང་དུ་ཡང་ནི་མི་གཤེགས་པས། །གནས་ནི་ཐམས་ཅད་གང་དུ་ཡང་། །མཁས་པ་རྣམས་ཀྱིས་དམིགས་མ་ལགས། །ཞེས་བཤད་པ་ལྟར་རོ། །ཁོ་ན་རེ། དེ་ཁོ་ན་ཉིད་དེ་ལྟ་བུ་སྐྱེ་འགག་ཏུ་མི་སྣང་མོད། རང་གི་ངོ་བོ་ནི་འཇིག་གོ་ཞེ་ན། ཤིན་ཏུ་མི་རིགས་ཏེ། མཚན་བརྗོད་ཀྱི་མི་གཡོ་བ་ཞེས་པའི་འགྲེལ་ཆེན་དུ༔ མཆོག་གི་དང་པོའི་ངོ་བོ་ཉིད་དུ་གྱུར་ཀྱང་གལ་ཏེ་རང་གི་ངོ་བོ་ཉིད་ལས་ཉམས་པར་འགྱུར་རོ། །ཞེས་རྟོག

པ་ལ། མི་གཡོ་ཞེས་གསུངས་ཏེ། རང་གི་ངོ་བོ་ཉིད་གཞན་དུ་གྱུར་པའི་མཚན་ཉིད་ཅན་གྱིས་གཡོ་བ་མེད་པས་ན་མི་གཡོ་བ་ཞེས་བྱའོ། །རི་བྲག་ལྟར་གནས་ནས་རྟག་པ་ཉིད་དུ་མི་གཡོ་བ་ནི་མིན་ནོ། །ཞེས་ངོ་བོ་གཞན་དུ་འགྱུར་བ་དང་། ཇོ་ནང་པ་ལྟར་རྟག་བརྟན་བདེན་གྲུབ་ཏུ་འདོད་པ་གཉིས་ཀ་ལྟན་ཅིག་ཏུ་བཀག་པའི་ཕྱིར་རོ། །ཡང་མཚན་བརྗོད་ལས། ཐོག་མ་མེད་པ་སྤྲོས་མེད་བདག །དེ་བཞིན་ཉིད་བདག་དག་པའི་བདག །ཅེས་པ་འདིས་ཁྱོད་ཀྱི་ལུགས་ཀྱི་ཆོས་དབྱིངས་ལ་ཐོག་མའི་རྒྱུ་ཡོད་པར་འདོད་པ་དང་། ཇོ་ནང་པས་བདག་གཉིས་མ་རྟོགས་པའི་བདག་ཆེན་པོ་ཡོད་པར་འདོད་པ་གཉིས་ཀ་བཀག་སྟེ། དེ་ཉིད་ཀྱི་འགྲེལ་ཆེན་ལས། འདི་ལ་ཐོག་མ་ཡོད་པ་མིན་སེམས་ནི་ཐོག་མ་མེད་པའོ། །ཐོག་མ་དེ་སྔོན་གྱི་རྒྱུ་ཡོད་པ་གང་ཡིན་པ་དེ་ལ་ནི་ཐོག་མ་མེད་པ་ཞེས་བྱ་བ་མི་རིགས་ཏེ། རྒྱུ་ལས་གཞན་པ་ལས་གང་ཡང་མི་འབྱུང་བའི་ཕྱིར་རོ། །ཞེས་ཐོག་མའི་སྐྱེ་བ་བཀག་པ་དང་། ཡང་དེ་ཉིད་ལས། ཐོག་མ་མེད་པས་ན་སྤྲོས་པ་མེད་པའོ། །སྤྲོས་པ་མེད་པས་ན་དེ་བཞིན་ཉིད་དོ། །དེ་བཞིན་ཉིད་པས་ན་དག་པའི་བདག་ཉིད་དོ། །ཞེས་སྟཱ་མ་སྟཱ་མ་རྣམས་ཕྱི་མ་ཕྱི་མ་རྣམས་འདོགས་པའི་རྒྱུ་མཚན་དུ་བཤད་ཀྱི། མིང་གིས་བཏགས་པ་ལྟར་དོན་དེ་ལྟར་དུ་གྲུབ་པ་མ་བསྟན་པའི་ཕྱིར་རོ། །གལ་ཏེ་གཟུང་འཛིན་གྱི་དྲི་མ་སེམས་ལ་དང་པོ་མེད་པར་ཕྱིས་ཡོད་པ་མིན་པས། དེ་ཉིད་ཐོག་མ་མེད་པའི་དོན་ནོ་སྙམ་ན། དེ་ནི་གཟུང་འཛིན་ཉིད་ཀྱི་ཐོག་མ་མེད་པའི་སྒྲུབ་བྱེད་དུ་ཁྱེད་རང་ལྟར་ན་འཆད་དུ་རུང་མོད། དོན་དམ་པའི་ཐོག་མ་མེད་པའི་སྒྲུབ་བྱེད་དུ་མ་འབྲེལ་ལོ། །དེས་ན་འདི་ལྟ་བུ་ནི། ཨ་ཏྲ་དེ་ཤས། ཇི་ལྟར་རྒྱུན་ལ་ལྟ་ཉེས་ན། །རྟག་པ་ཡོད་ཅེས་བྱ་བར་འགྱུར། །ཞེས་ལུང་བསྟན་པ་འདིའི་ཐོག་ཏུ་སླེབ་འདུག་གོ །ཡང་མཚན་བརྗོད་ལས། སངས་རྒྱས་ཐོག་མ་ཐ་མ་མེད། །དང་པོའི་སངས་རྒྱས་རྒྱུ་མེད་པ། །ཞེས་པའི་འགྲེལ་ཆེན་དུ། ཐོག་མ་དང་ཐ་མ་ནི་ཐོག་མ་དང་ཐ་མ་མེད་པའོ། །གང་ལ་ཐོག་མ་དང་ཐ་མ་མེད་པ་དེ་ནི་ཐོག་མ་དང་ཐ་མ་མེད་པ་སྟེ། ཆོས་ཀྱི་སྐུའོ། །དེ་ཉིད་ནི་དོན་དམ་པའི་སངས་རྒྱས་ཏེ། གང་དག་ང་ལ་གཟུགས་སུ་བལྟ། །གང་དག་ང་ལ་སྒྲར་ཤེས་པ། །ལོག་པ་སྤོང་བས་ཞུགས་པ་སྟེ། །སྐྱེ་བོ་དེ་དག་ང་མི་མཐོང་། །སངས་རྒྱས་རྣམས་ནི་ཆོས་ཉིད་བལྟ། །འདྲེན་པ་རྣམས་ཀྱི་ཆོས་ཀྱི་སྐུ། །ཞེས་ཇི་སྐད་གསུངས་པ་ལྟ་བུ། ཐོག་མ་ཉིད་ཆོས་ཀྱི་སྐུའི་བདག་ཉིད་ཅན་ཡིན་པས་ན་དང་པོའི་སངས་རྒྱས་སོ། །གང་ལས་ཀྱང་སྐྱེ་བ་མེད་པས་ན་རྒྱུ་མེད་པ་སྟེ། རྒྱུ་ནི་རྗེས་སུ་འགྲོ་བའི་རྒྱུ་དང་། སོ་སོར་འབྲེལ་པ་དང་། གཅིག་ནས་གཅིག་ཏུ་བརྒྱུད་པའོ། །ཞེས་བྱ་བའི་བར་དུའོ། །ཞེས་གསུངས་པ་དང་འགལ་ལོ། །འོ་ན༑ མཚན་བརྗོད་ཉིད་ལས། སེམས་ཀྱི་སྐད་ཅིག་དོན་ཀུན་རིག །ཅེས་དང་། སྐད་ཅིག་གཅིག་གིས་རྫོགས་སངས་རྒྱས། །ཞེས་སོགས་ཀྱི་དོན་ཇི་ལྟ་བུ་ཞེ་ན། དེ་དག་གི་དོན་ནི་ཁོ་བོ་ལྟར་ན་སྐྱེ་བ་མེད་པའི་དབྱིངས

ཐུགས་སུ་ཆུད་པ་ལ་དེ་ལྟར་གསུངས་པ་ཡིན་ཏེ། དེ་དག་གི་འགྲེལ་པར། སེམས་ཅན་ཐམས་ཅད་ཀྱི་སྐད་གཅིག་གི་དོན་ནི་སྐྱེ་བ་མེད་པ་དང་། དངོས་པོ་མེད་པའོ། ཇི་ལྟར་བ་བཞིན་དུ་ཐུགས་སུ་ཆུད་པས་ན། སེམས་ཀྱི་སྐད་ཅིག་དོན་ཀུན་རིག །ཅེས་བྱའོ། ཞེས་དང་། ལུང་ཕྱི་མའི་འགྲེལ་པར། ཆཤས་མེད་ཅིང་དུམ་བུ་མེད་པར་དེ་ཁོ་ན་ཉིད་ཐུགས་སུ་ཆུད་པ་ནི་རིམ་པ་ཡོད་པ་མིན། ཞེས་བཤད་པའི་ཕྱིར་རོ། །ཡང་ཁོ་ན་རེ། དོན་དམ་གྱི་གཞུང་འདིར་བདག་དང་བདེན་པ་སོགས་མང་དུ་གསུངས་པས་དེ་རྣམས་ངོ་བོ་ཉིད་མེད་པའི་མེད་དགག་ནི་མིན་ལ། དེའི་ཚེ་གཉིས་མེད་ཀྱི་ཡེ་ཤེས་ལས་མ་འདས་སོ་སྙམ་ན་དེ་ཡང་མི་འཐད་དེ། གཅིག་པུ་སྲ་མཁྲེགས་རྡོ་རྗེའི་བདག །ཅེས་པའི་འགྲེལ་པར། བདག་ཅེས་བྱ་བའི་སྒྲ་ནི་རང་བཞིན་གྱི་རྣམ་གྲངས་སོ། །ཞེས་བདག་གི་དོན་རང་བཞིན་ལ་བཤད་པའི་ཕྱིར་རོ། །གཉིས་མེད་ཀྱི་ཡེ་ཤེས་ཁྱོད་འདོད་པ་དེ་ནི་རང་བཞིན་མིན་ཏེ། བཅོས་མ་ཡིན་པའི་ཕྱིར་རོ། །གལ་ཏེ་ལུང་དེ་རྣམས་ལ་མི་རྩིའོ་ཞེ་ན། འོ་ན་གཞན་དག་གིས་ཀྱང་ཁྱོད་ཀྱིས་གསུངས་པ་ལ་ཇི་ལྟར་རྩི་ཞེས་སྨྲ་ཤེས་སོ། །

གཉིས་པ་དངོས་པོ་ཀུན་གྱི་བདག་ཉིད་དུ་མི་རིགས་པ་ནི། གནས་ལུགས་ལྷན་ཅིག་སྐྱེས་པས་ཆོས་ཐམས་ཅད་ལ་ཁྱབ་བོ་ཞེས་ངེས་དོན་གྱི་གཞུང་ཀུན་ལས་བཤད་ཅིང་། དེ་ཡང་དེའི་རང་བཞིན་ཡིན་པའི་ཚུལ་གྱིས་ཁྱབ་པ་ལ་གསུངས་པ་ཤ་དག་ཡིན་པ་ལ། ཁྱེད་ལྟར་ན་ཀུན་རྫོབ་ལ་དོན་དམ་པའི་རང་བཞིན་གྱིས་ཁྱབ་པ་མི་རིགས་ཏེ། ཀུན་རྫོབ་ནི་གཏན་ནས་མེད་པ་ཁྱེད་རང་གིས་ཁས་བླངས་ཤིང་། དོན་དམ་དེའི་རང་བཞིན་ཡིན་ན་དེ་མི་རུང་བའི་ཕྱིར་དང་། རང་བཞིན་མེད་པ་ལ་རང་བཞིན་གྱི་མིང་འདོགས་པ་ནི་ངོ་བོ་ཉིད་མེད་པར་སྨྲ་བ་རྣམས་ཀྱི་ལུགས་ཡིན་པའི་ཕྱིར་རོ། །གལ་ཏེ་ཀུན་རྫོབ་རང་བཞིན་མེད་པ་ཡིན་གྱི། དེའི་རང་བཞིན་མེད་ཅེས་མི་སྨྲ་བའོ་ཞེ་ན། དེ་ལྟ་ན་ཀུན་རྫོབ་ཉིད་ཀྱང་མེད་པ་ལ། དེའི་རང་བཞིན་འདོད་པ་བཞད་གད་ཀྱི་གནས་སོ། །ཡང་དེ་ལས་བྱུང་བའི་ཚུལ་གྱིས་ཁྱབ་པར་བཤད་པ་ཡང་མི་འཐད་པར་འགྱུར་ཏེ། ཀུན་བྱུང་གི་ཆོས་ཀྱི་དེ་ཉིད་ཀྱིས་ཁྱད་པར་རྣམས་བསྐྱེད་ཀྱི། དེའི་དབང་གི་འཁོར་བའི་ཆོས་འགའ་ཡང་འབྱུང་བ་མེད་པ་ཁྱེད་རང་གིས་ཁས་བླངས་པའི་ཕྱིར་རོ། །ཇི་སྐད་དུ། རིག་འཛིན་བློ་གྲོས་བཟང་པོའི་དྲིས་ལན་ལས། དེ་ལྟར་སྒྲུ་དང་ཡེ་ཤེས་ཀྱི་བག་ཆགས་གང་དུ་འཇོག་པའི་གཞི་ནི་སེམས་ཀྱི་ཆོས་ཉིད་ཡིན་ལ། དེ་ཡང་དབུ་མ་ངོ་བོ་ཉིད་མེད་པར་སྨྲ་དག་གི་བཞེད་པ་ལྟར། སྤྲོས་པའི་ཚོགས་བཀག་ཙམ་གྱི་མེད་པར་དགག་པ་ལ་ནི་བྱ་བ་མིན་གྱི། མྱོང་བ་གསལ་རིག་གི་ཆ་ལ་འཆད་དགོས་པ་ཡིན་ཏེ། བཀའ་འཁོར་ལོ་ཐ་མའི་མདོ་དང་སྔགས་ཀྱི་ཐེག་པར་རྣམ་པ་ཐམས་ཅད་ཀྱི་མཆོག་དང་ལྡན་པའི་སྟོང་པ་ཉིད་ཅེས་བྱ་བ་དེ་ལ་འཆད་པས་སོ་ཞེས་བྲིས་པའི་ཕྱིར་རོ། །ཀུན་རྫོབ་

རྣམས་དེ་ཁོ་ན་ཉིད་ཀྱི་དབང་གིས་མ་བྱུང་བ་ཡང་མིན་ཏེ། ཇི་སྐད་དུ། ང་ལས་འགྲོ་བ་ཐམས་ཅད་བྱུང་། །ང་ལས་གནས་གསུམ་པོ་ཡང་བྱུང་། །ང་ཡིས་འདི་ཀུན་ཁྱབ་པ་སྟེ། །འགྲོ་བའི་རང་བཞིན་གཞན་མ་མཐོང་། །ཞེས་བཤད་པའི་ཕྱིར་རོ། །འདིས་ནི་ཆོས་རྣམས་ཀྱི་ཀུན་རྫོབ་ཀྱི་རང་བཞིན་རང་རིག་པའི་དག་པ་ཞེས་བྱ་བ་སེམས་ཉིད་ལྷན་ཅིག་སྐྱེས་པའི་ཡེ་ཤེས་སུ་ཡང་བསྟན་ལ། དོན་དམ་པའི་རང་བཞིན་ཆོས་ཀྱི་དབྱིངས་སྤྲོས་པའི་མཐའ་དང་བྲལ་བ་ལས་ཀྱང་སྣང་བའི་དངོས་པོ་རྣམས་བྱུང་བར་བསྟན་ནོ། །

གསུམ་པ་ནི། ཀུན་རྫོབ་དང་དོན་དམ་པའི་རང་བཞིན་གཅིག་ཏུ་ཁས་ལེན་དགོས་པར་འགྱུར་ཏེ། ཁྱེད་རང་ལྟར་ན། གཟུང་འཛིན་གཉིས་མེད་ཀྱི་ཡེ་ཤེས་དེ་ཆོས་ཐམས་ཅད་ཀྱི་རང་བཞིན་ཡིན་ལ། དེ་ལྟར་ན་སེམས་ཉིད་ལྷན་ཅིག་སྐྱེས་པའི་ཡེ་ཤེས་དེ་ཆོས་ཐམས་ཅད་ཀྱི་རང་བཞིན་དུ་ཁས་ལེན་དགོས་པ་གང་ཞིག དེ་གཉིས་པོ་གང་ཡིན་ཡང་རུང་སྟེ། ཀུན་རྫོབ་ཀྱི་བདེན་པ་ཡིན་གྱི་དོན་དམ་པའི་བདེན་པ་ནི་མིན་ཏེ། ཇི་སྐད་དུ། དངོས་པོ་ཀུན་གྱི་རང་བཞིན་འདི། །སྐྱུ་མའི་གཟུགས་ཀྱི་རྣམ་པར་གནས། །ཞེས་པ་སེམས་ཉིད་ལྷན་ཅིག་སྐྱེས་པའི་ཡེ་ཤེས་ཏེ། རང་སྣང་གི་ཆོས་རྣམས་ཀྱི་ཀུན་རྫོབ་ཀྱི་རང་བཞིན་དུ་བསྟན་ནས། འགྲོ་བ་ཀུན་གྱི་གནས་པ་ནི། །གང་ལའང་རྟེན་པར་མི་འགྱུར་ཏེ། །ཞེས་པས་དོན་དམ་པའི་རང་བཞིན་དབྱིངས་ཀྱི་ལྡོག་པ་བསྟན་པ་ལ། ཁྱེད་ལྟར་ན་གསལ་རིག་རྐྱང་པ་ཉིད་དབྱིངས་ཡིན་པས། དོན་དམ་བདེན་པར་འགྱུར་ཞིང་ལྷན་ཅིག་སྐྱེས་པའི་ཐ་སྙད་དང་འགལ་ཏེ། དབྱིངས་དང་ལྷན་ཅིག་ཏུ་གནས་པའི་གསལ་རིག་མེད་པའི་ཕྱིར་རོ། །སྔོན་གྱི་གྲུབ་ཆེན་རྣམས་ཀྱིས་ནི་རང་བྱུང་གི་ཡེ་ཤེས་ཀྱིས་འཁོར་འདས་ཀྱི་ཆོས་ཐམས་ཅད་ལ་ཁྱབ་པའི་དོན་ཐམས་ཅད་ཀྱི་བདག་ཉིད་ཡིན་པ་དང་། དེ་གཅིག་པུས་ཁྱབ་པའི་དོན་གཉིས་སུ་མེད་པའི་ཚུལ་གྱིས་བཞུགས་པ་དང་། རང་བྱུང་གི་དོན། དོན་དམ་པ་རྒྱུ་དང་བྲལ་བ་ལ་བཤད་དེ། ཇི་སྐད་དུ། རྡོ་རྗེ་གུར་ལས། འདི་ནི་རང་བྱུང་བཅོམ་ལྡན་འདས། །ལྷ་ཡི་བདག་པོ་གཅིག་པུ་ཉིད། །ཐམས་ཅད་བདག་ཉིད་རྟག་ཏུ་བཞུགས། །ཞེས་དང་། དེའི་འགྲེལ་པར། རང་བྱུང་ཞེས་བྱ་བ་ནི་དོན་དམ་པ་རྒྱུ་ལ་སོགས་པ་མེད་པའི་ཕྱིར་རོ་ཞེས་དང་། གཅིག་པུ་ཞེས་བྱ་བ་ནི་གཉིས་སུ་མེད་པ་སྟེ་ཆོས་ཀྱི་སྐུའི་ཚུལ་གྱིས་སོ། །ཞེས་བཤད་པ་ལྟར་རོ། །འོན་ཁྱེད་ཀྱང་ཀུན་རྫོབ་ཀྱི་རང་བཞིན་དོན་དམ་པར་འདོད་དམ་ཞེ་ན། དེ་སྐད་དུ་འདོད་དེ། དོན་དམ་པའི་མཚན་བརྗོད་ལས། སྐྱེ་མེད་དོན་དེ་སྣ་ཚོགས་དོན། །ཆོས་ཀུན་ངོ་བོ་ཉིད་འཆང་བ། །ཞེས་གསུངས་པའི་ཕྱིར་རོ། །ཀུན་རྫོབ་ཀྱི་རང་བཞིན་དོན་དམ་ཡིན་པའི་གནད་དང་། ཐམས་ཅད་རང་བཞིན་གྱིས་ཡོད་པ་མིན་པའི་དབང་གིས་སྣ་ཚོགས་ཀྱིས་སྣང་བ་ལ་བྱ་བྱེད་རུང་གི་གནད་འདི་བཤིག་པའི་སྟོབས་ཀྱིས་ཀུན་རྫོབ་ཀྱི་ཞུང་ཁམས་སྐྱེ་མཆེད་སོགས་ལྟར་བསྒྱུར་དུ་མི་རུང་

ཞིང་། རྟེན་དང་བརྟེན་པར་བཅས་པའི་དཀྱིལ་འཁོར་ཡང་ཆོས་ཉིད་འབའ་ཞིག་ཡིན་ལ། དེ་ཡང་སྣང་ཙམ་རེ་རེ་ལ་འཛིན་པའི་དང་ཚུལ་ཅན་ཡིན་ནོ་ཞེས་པའི་གྲུབ་མཐའ་རྣམས་འབྱུང་བར་འགྱུར་རོ། །

བཞི་པ་ནི། དྲི་མེད་འོད་ལས། ཕྱག་རྒྱ་ཆེན་པོ་འགྱུར་མེད་བདེ། །གཟུང་དང་འཛིན་པ་དབྱིབས་དག་དང་། །རྟགས་དང་བརྗོད་པ་རྣམ་པར་སྤངས། །དྲི་ཟའི་གྲོང་ཁྱེར་རྣམ་པ་དང་། །ཁྲ་ཕབ་པ་ཡི་རང་བཞིན་ཅན། །ཤེས་རབ་ཐབས་དང་སྦྱོར་བ་ཡི། །ཨེ་ཝཾ་རྣམ་པ་དེ་ལ་འདུད། །ཞེས་སོགས་དཔེ་དུ་མས་མཚོན་ཏེ་བསྟན་པ་རྣམས་ཁྱེད་ལ་མི་རུང་སྟེ། རང་བཞིན་ཐེར་ཟུག་ཏུ་གནས་པ་ལ་ཁྲ་ཕབ་པའི་དཔེ་སོགས་མི་འཐད་པའི་ཕྱིར་རོ། །དེ་བཞིན་དུ་གསུམ་པའི་ཡེ་ཤེས། གསང་བའི་སྙོམས་འཇུག །ཡོངས་སྤྱོད་ཀྱི་རྣལ་བས། དཀྱིལ་འཁོར་གྱི་འཁོར་ལོའི་སྒྲོང་བ་རྣམས་ཀྱང་མཚོན་བྱེད་དུ་བཞག་ཏུ་མི་རུང་སྟེ། དེ་རྣམས་དང་འདྲ་བར་གནས་ལུགས་ཀྱི་རང་བཞིན་བརྗོད་པ་དང་བྲལ་བ་ལ་ངེས་པ་འདྲེན་དུ་མི་རུང་བའི་ཕྱིར་རོ། །འོན་དཔེ་དེ་རྣམས་དང་འདྲ་བའི་གནས་ལུགས་ཞིག་ཡོད་དམ་སྙམ་ན། དེ་དག་ནི་རྗེས་ཀྱི་ངེས་ཤེས་འདྲེན་པའི་དཔེ་ཡིན་གྱི། དེ་ཁོ་ན་ཉིད་ཀྱི་ངོ་བོ་ཉིད་ནི་དཔེས་མཚོན་དུ་ཡོད་པ་མིན་ནོ། །ཇི་སྐད་དུ། གང་ཕྱིར་བཅོམ་ལྡན་མི་རིག་པ། །ཞེས་བཤད་པས་སོ། །འོན་ཅི། གནས་ལུགས་ཀྱི་དོན་ཅི་ཡང་མེད་པར་འདོད་དམ་ཞེ་ན། བཤད་པར་བྱ་སྟེ། ཁྱེད་ཀྱིས་སྔར་ཡང་རང་སྟོང་གི་གཞུང་རྣམས་སུ་སྟོང་པ་ཉིད་ཀྱི་མེད་དགག་ལ་བཤད་དོ། །ཞེས་ལན་མང་དུ་སྨྲ་མོད། དེ་རྣམས་ཀྱི་རྒྱུ་མཚན་དང་ཁུངས་ཇི་ལྟ་བུ་གཅིག་ཡིན། སློབ་དཔོན་འཕགས་པས། མཐའ་བཞིའི་སྤྲོས་བྲལ་གསུངས་པ་དང་། དེའི་རྗེས་འབྲང་ཐལ་རང་གཉིས་ཀ་ཡང་མཐའ་བཞིའི་སྤྲོས་པ་འགོག་པར་ཀུན་མཐུན་ལ། མེད་དགག་ཏུ་ཁས་ལེན་ན་དངོས་པོ་མེད་པར་འགྱུར་བའི་ཕྱིར་རོ། །མེད་ཅེས་དང་། མིན་ཞེས་པའི་དགག་ཚིག་རྣམས་ནི་ཡོད་པ་དང་། ཡིན་པའི་སྤྲོས་པ་འགོག་པའི་དབང་གིས་གསུངས་ལ། དེ་ཙམ་གྱིས་ནི་མེད་པ་དང་ཆད་ལྟར་མི་འགྱུར་ཏེ། ཇི་སྐད་དུ། སྟོང་ཉིད་ཚིག་ཏུ་སྨྲ་བ་ལ། །ཆད་པའི་རྟོག་པ་ཡོད་མིན་ཏེ། །སྐྱེ་དང་འདས་དང་འཁོར་བ་སུ། །བདག་ཉིད་ཆེན་པོ་དེ་མི་གནས། །ཞེས་གསུངས་པ་ལྟར་རོ། །གཞན་ཡང་རང་སྟོང་གི་ལྟ་བ་མཐར་ཐུག་སྟོན་པ་ན། གང་ཚེ་དངོས་དང་དངོས་མེད་པ། །བློ་ཡི་བདུན་ན་མི་གནས་པ། །ཞེས་འཆད་པ་མིན་ནམ། དངོས་མེད་མཐར་ཐུག་ཁས་ལེན་ན་བློའི་མདུན་ན་ཅི་ཕྱིར་མི་གནས། སློབ་དཔོན་ལེགས་ལྡན་འབྱེད་ཀྱིས་ཀྱང་། རྣམ་གྲངས་མིན་པའི་དོན་དམ་ལ་སྙུབ་བྱེད་མི་གསུང་བའི་རྒྱུ་མཚན་ཡང་གང་ཡིན། ཨཏྟ་དེ་ཕས། ཐ་མར་ལྟ་ཞིང་ཀུན་ཟློག་པ། །ཞེས་པ་འདི། རང་སྟོང་གི་ལྟ་བ་མཐར་ཐུག་ཏུ་ཁྱེད་རང་གིས་ཀྱང་ཞལ་གྱིས་བཞེས་པ་དྲན་པར་བྱ་དགོས་ཏེ། ཁས་ལེན་དང་བྲལ་བ་བྱས་ནས་མེད་དགག་ཏུ་ཁས་ལེན་པ་ནི། བསྐུས་པ་སླ

བས་ཀྱང་འགལ་བར་ཤེས་པའི་ཕྱིར་རོ། །དེས་ན་རང་སྟོང་པ་རྣམས་ཀྱི་གནས་ལུགས་མཐར་ཐུག་མེད་དགག་ཏུ་བཞེད་དོ་ཞེས་དྲིལ་ཆེན་བསྒྲིགས་པ་ནི། དབུ་མ་ངོ་བོ་ཉིད་མེད་པར་སྨྲ་བའི་ལྟ་བས་ཡོད་མེད་ཀྱི་མཐའ་ཁེགས་ན་དེ་ལས་ལྷག་པའི་གཞན་སྟོང་གི་ལྟ་བ་མ་གྲུབ་ཀྱིས་དོགས་ནས་དེ་སྐད་གསུངས་པ་ཡིན་མོད། །འདི་འདྲའི་རིགས་ཅན་གྱིས་བློ་གྲོས་ཆུང་བ་མང་པོ་ལ་གནོད་ནུས་སོ། །དེའི་རྒྱུ་མཚན་ཡང་སློབ་དཔོན་འཕགས་པས། གང་ཡང་རུང་བའི་གནས་རྙེད་ནས་ཉོན་མོངས་སྦྲུལ་གདུག་གཡོན་ཅན་གྱིས་ཟིན་པར་འགྱུར་རོ། །ཞེས་བཤད་པ་ལྟར་རོ། །ངེས་པའི་དོན་རྣམས་ལ་ནི་ཡོད་མེད་སོགས་གཉིས་ཆོས་མཐའ་དག་ལས་འདས་ཏེ། དེ་ཕྱིར་སངས་རྒྱས་རྣམས་ཀྱི་ནི། །བསྟན་པ་འཆི་མེད་ཡོད་མེད་ལས། །བཟླས་པ་ཟབ་མོ་ཞེས་བཤད་པ། །ཆོས་ཀྱི་ཁྱད་པ་ལེགས་མཁྱེན་མཛོད། །ཅེས་བཤད་པ་ལྟར་རོ། །ཀླུ་དབང་གཙུག་གི་ནོར་བུས་ཁྱབ་པ་ཡི། །ཕྱོགས་དེར་དངོས་སྨྲའི་འདབ་བཟང་རིང་དུ་བྱེར། །གྲུབ་རིགས་རྒྱལ་མཚན་མཆོག་གིས་བསྟན་པ་ཡི། །གནས་དེར་ཤ་ཟའི་འཇིག་པ་ག་ལ་རྒྱུ། །ཡོད་མེད་ཕྱོགས་སུ་ཞེན་པའི་ལྟ་བ་དང་། །དོན་དམ་ཐེར་ཟུག་འདོད་པའི་སྒོམ་པ་དང་། །ཀུན་རྫོབ་ཆད་པར་སྨྲ་བའི་སྤྱོད་པ་རྣམས། །རྣམ་གྲོལ་དོན་གཉེར་རྣམས་ཀྱིས་སྤང་བར་རིགས། །བར་སྐབས་ཀྱི་ཚིགས་སུ་བཅད་པའོ། །

གཉིས་པ་གཅིག་དུ་བྲལ་སོགས་ཀྱི་རིགས་པ་དེ་དག་གཞན་སྟོང་དུ་འདོད་པའི་ལུགས་ལས་ཀྱང་གསུངས་པར་བསྟན་པ་ནི། སློབ་དཔོན་ཀླུ་སྒྲུབ་ཀྱི་ཆོས་དབྱིངས་བསྟོད་པ་ལས། བརྟེན་ནས་འབྱུང་བར་འགྱུར་བ་དང་། །ཞེས་སོགས་རྟེན་འབྲེལ་གྱི་རྟགས་གསུངས་ཤིང་། འཇིག་རྟེན་ལས་འདས་པར་བསྟོད་པ་ལས་ཀྱང་། བྱེད་པ་ཡོད་མིན་སྤྱོད་པའང་མེད། །བསོད་ནམས་དེ་མིན་རྟེན་འབྲེལ་སྐྱེས། །བརྟེན་ནས་སྐྱེས་ཀྱང་མ་སྐྱེས་ཞེས། །ཚིག་གི་བདག་པོ་ཁྱོད་ཀྱིས་གསུངས། །ཞེས་པས་ཀྱང་དེ་ཉིད་གསུངས་ལ། དངོས་པོ་ཡོད་པ་ཉིད་མ་སྐྱེས། །མེད་པ་ཡང་མིན་ཡོད་མེད་མིན། །བདག་ལས་མ་ཡིན་གཞན་ལས་མིན། །གཉིས་མིན་སྐྱེ་བ་ཇི་ལྟ་བུ། །ཞེས་ཡོད་མེད་སྐྱེ་འགོག་དང་། མུ་བཞི་སྐྱེ་འགོག་གསུངས། བསམ་གྱིས་མི་ཁྱབ་པའི་བསྟོད་པ་ལས། དངོས་གང་རང་ལ་མ་མཆིས་ན། །དེ་ཚེ་ཐམས་ཅད་ཅི་ཞིག་མཆིས། །གཞན་ཞེས་བརྗོད་པ་གང་ལགས་དེས། །རང་གི་རང་བཞིན་མེད་ན་མིན། །ཞེས་དང་། དེ་ཉིད་ལས། ཡོད་ཅེས་པ་ནི་རྟག་པར་ལྟ། །མེད་ཅེས་པ་ནི་ཆད་པར་ལྟ། །དེས་ན་མཐའ་གཉིས་བྲལ་བ་ཡི། །ཆོས་དེ་ཁྱོད་ཀྱིས་བསྟན་པར་མཛད། །དེས་ན་ཆོས་རྣམས་མུ་བཞི་དང་། །བྲལ་བ་ཁྱེད་ཀྱིས་བཀའ་བསྩལ་ལགས། །ཞེས་དང་། གང་ཡང་གཅིག་མིན་དུ་མའང་མིན། །གཉིས་ཀ་མ་ཡིན་ཅི་ཡང་མེད། །གཞིམེད་པ་དངམིགསལ་དང་། བསམ་མི་ཁྱབ་དང་དཔེམེད་དང་། །གང་ཡང་མ་སྐྱེས་མི་འགག་དང་། །ཆད་

པ་མེད་ཅིང་རྟག་མེད་པ། །དེ་ནི་ནམ་མཁའ་འདྲ་བ་ལགས། །ཞེས་གཅིག་དུ་བྲལ་གྱི་རྟགས་ཏེ། རིགས་པ་བཞི་ཀའི་རིགས་ཚོགས་ལས། ཇི་ལྟར་བཤད་པ་བཞིན་བསྟན་ནོ། །འདིར་གཅིག་དུ་བྲལ་སོགས་ཀྱི་རིགས་པའི་སྐབས་སུ། ཡི་གེ་ཡེ་ཤེས་སྤྱོད་ཡུལ་མིན། །ཞེས་པ་འདི་ལ་རྟོགས་དཔྱོད་ཞུགས་ནས་བསྟོད་ཚོགས་ལས། དོན་དམ་པའི་བདེན་པ་རང་རིག་པའི་སྤྱོད་ཡུལ་དུ་གྲུབ་ཅེས་ཟེར་བའི་གཞི་མེད་དོ། །ལུང་འདི་དང་། ཤེར་ཕྱིན་ལ་བསྟོད་པར། ཁྱེད་ཉིད་མཐོང་ན་གྲོལ་འགྱུར་ཞིང་། །མ་མཐོང་ན་ཡང་གྲོལ་བར་འགྱུར། །ཞེས་པའི་ཚིག་རྐང་ཕྱི་མ་གཉིས་ཀ་འཕགས་པའི་མཉམ་བཞག་གིས་གཟིགས་ཚུལ་འཆད་པའི་སྐབས་ཡིན་པས། རང་སྟོང་གི་ལུགས་ལ་ཡང་སྦྱོར་བ་སྤྱོད་པ་ན། ཡོད་མིན་མེད་མིན་དུ་སྟོན་གྱི། ཉམས་སུ་ལེན་པ་ན་གཞན་སྟོང་པ་ལྟར་དངོས་པོ་གཤིས་ལ་ཡོད་པ་ཞིག་གི་ཐོག་ཏུ་འཛོག་དགོས་སོ་ཞེས་སྨྲ་བ་ནི། བསྟོད་ཚོགས་ལུང་ལས་ཁ་ཕྱིར་ཕྱོགས་པའོ། །ཡང་སེམས་འགྲེལ་སྐོར་གསུམ་ལས་རིགས་པ་དེ་འདྲ་མ་གསུངས་སོ་སྙམ་ན་གསུངས་ཏེ། དགྱེས་པ་རྡོ་རྗེའི་བསྟོད་འགྲེལ་ལས། གཟུང་བ་དང་འཛིན་པའི་དྲི་མ་དང་བྲལ་བ་ཤེལ་སྒོང་དག་པ་ལྟ་བུའི་རྣམ་པར་ཤེས་པ་རང་རིག་པ་དོན་དམ་པར་ཡོད་པ་རྣལ་འབྱོར་སྤྱོད་པ་པ་རྣམས་སྨྲའོ། །ཞེས་བསྟན་པར་བྱའོ། །རྣམ་པར་ཤེས་པ་དོན་དམ་པར་ཡོད་དོ་ཞེས་མཁས་པ་རྣམས་མི་འདོད་དེ། གཅིག་དང་དུ་མའི་རང་བཞིན་གྱི་གཏན་ཚིག་དང་བྲལ་བའི་ཕྱིར། ནམ་མཁའི་མེ་ཏོག་དང་མཚུངས་ཏེ། འདི་ལྟར་བློ་དང་སྒྲ་འདི་དག་ནི་ཡོད་པ་མ་ཡིན་ཏེ༑ ཡོད་མེད་གཉིས་ལས་འདས་པ་ལ་སོགས་མུ་བཞི་ལས་རྣམ་པར་གྲོལ་བའི་དེ་ཁོ་ཉིད་རྣལ་འབྱོར་ཆེན་པོ་དབུ་མར་སྨྲ་བ་རྣམས་བཞེད་པ་ཡིན་នོ། །ཞེས་དང་། འགྲེལ་ཆེན་དྲི་མེད་འོད་ལས། འདིར་སྐད་ཅིག་ སྔ་མ་སྔ་མ་འགགས་པ་ལས་སྐད་ཅིག་གཞན་མི་འབྱུང་ཞིང་། དེ་བཞིན་དུ་འགགས་པ་ལས་ཀྱང་མི་འབྱུང་ངོ་། །དཔེར་ན་ས་བོན་མ་ཉམས་པ་ལས་མྱུ་གུ་འབྱུང་ཞིང་། ཉམས་པ་ལས་མི་འབྱུང་བ་བཞིན་ནོ། །དེ་ལྟར་ན་དོན་དམ་པར་ཡོད་པའི་དངོས་པོ་མེད་པའི་ཕྱིར་རོ། །སྐད་ཅིག་མེད་དེ་གཅིག་དང་དུ་མ་འགལ་བའི་ཕྱིར་རོ། །ཞེས་དང་། གང་གི་ཚེ། སེམས་སྐད་ཅིག་གི་ཆོས་དང་བྲལ་བ་དེའི་ཚེ་རང་བཞིན་མེད་པ་ཞེས་བརྗོད་དོ། །དེའི་ཕྱིར་རང་བཞིན་མེད་པའི་ཕྱོགས་ནི་བཅོམ་ལྡན་འདས་ཀྱི་ཕྱོགས་མེད་པར་གསུངས་སོ། །ཞེས་དང་། ཡང་དེ་ཉིད་ལས། ཕྱོགས་འདི་དང་བྲལ་བ་ནི་སངས་རྒྱས་རྣམས་ཀྱི་མི་གནས་པའི་མྱ་ངན་ལས་འདས་པ་རང་བཞིན་མེད་པ་སྟེ། སྐད་ཅིག་གཅིག་དང་དུ་མ་དང་བྲལ་བའི་ཡེ་ཤེས་ནི་རྒྱལ་བ་རྣམས་ཀྱི་དེ་ཁོ་ན་ཉིད་ཅེས་གསུངས་སོ། །ཞེས་བཤད་དོ། །དེའི་ཕྱིར་ཕྱོགས་དེ་དག་ལས་མ་བཤད་དོ་ཞེས་པའི་འུ་ཡ་ཆེན་པོ་སྒྲོག་པ་དག་ལེགས་པར་གཟབ་ལ་སློས་ཤིག །ད་དུང་སངས་རྒྱས་ཀྱི་བསྟན་པའི་ལྷག་མ་ཙམ་ཡོད་པས་སྡེ་སྣོད་སྤྱི་དང་བྱེ་བྲག་རྣམ་པར

འཇོམས་པའི་གཙུག་ཕུད་ཀྱི་སྡེ་སྣྲ་བ་དག་ཀྱང་སྣང་ངོ་། །

གསུམ་པ་ལུང་གཞན་དང་སྦྱེལ་ཏེ་དགག་པ་ལ་གསུམ་སྟེ། ལམ་འབྲས་སོགས་ལམ་སྐོར་དགུ་དང་འགལ་བ། གྲུབ་པ་སྡེ་བདུན་དང་འགལ་བ། ནཱ་རོ་སྐོར་གསུམ་དང་འགལ་བ། གསང་བ་འདུས་པ་ལུགས་གཉིས་དང་འགལ་བར་བསྟན་པའོ། །དང་པོ་ནི། རྒྱ་བ་རྡོ་རྗེའི་ཚིག་རྐང་གི་མན་ངག་རྣམས་དང་ཤིན་ཏུ་མི་མཐུན་ཏེ། འོག་ཏུ་འཆད་དོ། །གཞུང་གཞན་རྣམས་དང་མི་མཐུན་པའི་ཚུལ་བརྗོད་ན། སློབ་དཔོན་ཆེན་པོ་ཧོག་ཙེ་པའི་བསམ་གྱིས་མི་ཁྱབ་པའི་མན་ངག་དང་འགལ་ཏེ། དེ་ཉིད་ལས། གང་ཞིག་བསམ་ཡས་རང་བཞིན་ཕྱིར། །སངས་རྒྱས་བློ་ཡི་སྤྱོད་ཡུལ་མིན། །དེ་ཡི་རང་བཞིན་ཐམས་ཅད་ཉིད། །རང་བྱུང་བསམ་པ་རྣམས་ལས་འདས། །ཞེས་དང་། མཚན་གཞི་མཚན་ཉིད་རྣམ་པར་གྲོལ། །རིག་པ་པོ་དང་རིག་བྱ་སྤངས། །བདེ་མེད་སོ་སོར་རྟོགས་པ་ཡིས། །རིན་ཆེན་སེམས་ནི་རབ་རྟོགས་བྱ། །དངོས་པོའི་རང་བཞིན་མེད་པའི་ཕྱིར། །དངོས་མེད་ཉིད་ཀྱང་མཐོང་མི་འགྱུར། །ཞེས་ཡུལ་གྱི་ངོས་ནས་རང་བཞིན་གྲུབ་པ་དང་། ཡུལ་ཅན་གྱི་ངོས་ནས་རང་བཞིན་གྲུབ་པ་གཉིས་ཀ་བཀག་གོ །འོན་དེ་ཉིད་ལས། བདེ་བའི་རྣམ་པའི་རང་བཞིན་གྱི། །རང་བཞིན་གཉིས་སུ་མེད་པ་མཆོག །ཞེས་གཉིས་སུ་མེད་པའི་ཡེ་ཤེས་ཉིད་རང་བཞིན་དུ་གསུངས་པ་མིན་ནམ་ཞེ་ན། སྤྱིར་གཟུང་འཛིན་གཉིས་སུ་མེད་པའི་ཡེ་ཤེས་བྱ་བ་ཁས་ལེན་ལ། དེ་ཡང་སྐབས་ཁ་ཅིག་ཏུ་ཡུལ་དངོས་པོའི་གནས་ལུགས་ཀྱི་ངོས་ནས་གསུངས། སྐབས་ཁ་ཅིག་ཏུ་ཡུལ་ཅན་རང་རིག་པའི་ངོས་ནས་གསུངས་པ་ཡོད་ཅིང་། རང་བཞིན་ཞེས་པ་ཡང་ཀུན་རྫོབ་ཀྱི་རང་བཞིན་གསལ་བ་དགག་ཏུ་མེད་པ་དང་། དོན་དམ་པའི་རང་བཞིན་བརྗོད་པ་དང་བྲལ་བ་གཉིས་ལ་འཇུག་ཏུ་ཡོད་པ་ལས། ལུང་འདིའི་སྐབས་ཀྱི་རང་བཞིན་ནི་གནས་ལུགས་གཉིས་མེད་དམ་ཟུང་འཇུག་ལ་རྗེ་བཙུན་ཆེན་པོས་བཤད་དོ། །ཡང་གནས་ལུགས་འདི་གཉིས་ལ་བརྟེན་པའི་སྟོབས་ཀྱིས་གནས་ལུགས་དེ་དང་གཅིག་ཏུ་གྱུར་པའི་ཡེ་ཤེས་ལ་ཡང་དོན་དམ་དང་གཉིས་སུ་མེད་པའི་མིང་གིས་བཏགས་པ་ནི། ཇི་སྐད་དུ། གཉིས་མེད་དོན་ནི་དམ་པ་ལས། །མ་སྐྱེས་པ་དང་མ་འགགས་པ། །མི་འགྱུར་བ་དང་མི་གནས་པ། །མངོན་པར་ཡེ་ཤེས་གཉིས་མེད་མཆོག །འདི་ནི་ཕྱག་རྒྱ་ཆེན་པོ་ཉིད། །ཅེས་བཤད་པ་ལྟར་རོ། །འོ་ན་ཡེ་ཤེས་དེ་སྐྱེ་འགག་དང་བྲལ་བར་འདོད་དམ་ཞེ་ན། ཡེ་ཤེས་དེ་ལ་སྐྱེ་འགག་སོགས་གཉིས་ཆོས་ཀྱི་རྣམ་པ་མི་མངའ་བས། དེ་སྐད་བརྗོད་པ་ཡིན་ལ། གཉིས་སུ་མེད་པ་དངོས་ནི་ཡེ་ཤེས་དེ་ཉིད་དམ། དེ་ལས་གཞན་དུ་ཡང་དོས་བཟུང་དུ་ཡོད་པ་མིན་ཏེ། ཇི་སྐད་དུ། གཉིས་མེད་ཅེས་བྱར་བཟུང་བ་ནི། །བདག་ལ་རྣལ་འབྱོར་པས་བཟོད་མཛོད། །ཅེས་དང་། བསྟན་པའི་ཚིག་གིས་སྦྱོར་བས་ནི། །སངས་རྒྱས་གཉིས་སུ་མེད་པར་བཏགས། །དོན་

དམ་ཐ་དད་མེད་ཚུལ་གྱིས། །སངས་རྒྱས་མེད་ཅིང་གཉིས་མེད་མེད། །ཅེས་བཤད་པས་སོ། །བརྗོད་པ་དང་བྲལ་བ་དེ་ལ་ཆོས་རྣམས་ཀྱི་རང་བཞིན་དང་། རང་བཞིན་མེད་པའི་མིང་གིས་ཀྱང་བཤད་དེ། རང་བཞིན་མེད་པའི་རང་བཞིན་གྱིས། །ཤེས་རབ་ཅར་ཡང་ཡང་དག་གནས། །ཞེས་བཤད་དོ། །དེས་ན་སློབ་དཔོན་འདིའི་དགོངས་དོན་གྱི་བསམ་གྱིས་མི་ཁྱབ་པའི་ཡེ་ཤེས་སྒྱུ་མ་ལྟ་བུ་དེ་ཡང་དོན་དམ་པའི་བསམ་གྱིས་མི་ཁྱབ་པའི་དབྱིངས་སུ་བརྟག་པར་མི་བྱའོ། །མདོར་ན་དངོས་པོར་སྨྲ་བ་ཁྱེད་རྣམས་ལ་དོན་དམ་པའི་ངོ་བོ་ཞིག་ངོས་གཟུང་དགོས་པར་འདུག་པ་འདི་ཁོ་ནས་ཕུང་བ་བསྐྱེད་པ་ཡིན་ནོ། །ཡང་སློབ་དཔོན་ཆེན་པོ་ངག་གི་དབང་ཕྱུག་གྲགས་པའི་ཡན་ལག་བདུན་པ་ཞེས་བྱ་བའི་བསྟན་བཅོས་དང་འགལ་ཏེ། དེ་ཉིད་ལས། དོན་དམ་བདེན་པ་ལ་བརྟེན་ནས། །སྟོང་པ་མ་ཡིན་མི་སྟོང་མིན། །སྟོང་དང་མི་སྟོང་གཉིས་ཀའང་མིན། །སྟོང་དང་མི་སྟོང་གྲོལ་མིན་པར། །རྒྱལ་བ་རྣམས་ནི་སྟོན་པར་མཛད། །ཅེས་གསུངས་སོ། །འོན་ཀྱང་བདེན་པ་གཉིས་སྟོན་པ་ཡང་འཇིག་རྟེན་ལ་ཐུགས་བརྩེ་བས། ཀུན་རྫོབ་ཉིད་དུ་བཅོམ་ལྡན་འདས་ཀྱིས་ཀུན་རྫོབ་ལས་མ་གཏོགས་པའི་དོན་དམ་པ་ཞེས་བྱ་བ་འགའ་ཞིག་ཀྱང་ཡོད་པ་མིན་ཏེ། ཀུན་རྫོབ་བརྟགས་ཤིང་དཔྱད་མི་བཟོད་པ་ཁོ་ནའི་ངོ་བོ་ཉིད་དུ་དོན་དམ་ཡིན་ལ། དེ་ཡང་ཀུན་རྫོབ་ལས་ཐ་མི་དད་དོ། །དབྱེ་བ་ནི་རྣམ་པར་ཕྱེ་ན་གདུལ་བྱ་རྣམས་ཀྱིས་བདེན་པ་ཁོང་དུ་ཆུད་པར་བྱ་བའི་ཕྱིར་རྣམ་པར་བཏགས་པ་ཡིན་ནོ། །འདིས་དངོས་པོ་རྣམས་ལ་ཐ་མི་དད་པའི་སྟོང་པ་ཉིད་ཡིན་པ་མིན་ནོ་ཞེས་རབ་ཏུ་བསྟན་ནོ། །ཞེས་བཤད་ལ། ཡན་ལག་བཞི་པ་འཆད་པའི་སྐབས་སུ་ཕྱག་རྒྱ་ཆེན་པོའི་རང་བཞིན་སངས་རྒྱས་ཉིད་ཀྱང་རང་བཞིན་མེད་པ་ཁོ་ནར་སྒྲུབ་པར་བྱ་བ་ཡིན་པས། ཡན་ལག་བཞི་པ་སྨོས་ཏེ། རང་བཞིན་མེད་པ་ཞེས་བྱ་བ་ནི། །རང་བཞིན་གང་ལ་མེད་ཅིང་རང་བཞིན་སྤངས་པ་དེ་ནི་རང་བཞིན་མེད་པ་སྟེ། གཅིག་དང་དུ་མ་ལ་སོགས་པའི་རང་བཞིན་གྱིས་སྟོང་ཞིང་རྫུན་པ་ཡིན་ཏེ། དྲི་ཟའི་གྲོང་ཁྱེར་དང་། ཆུ་ཟླ་ལྟ་བུའོ། །ཞེས་བཤད་པའི་ཕྱིར་རོ། །ཡང་སློབ་དཔོན་འདི་ངོ་བོ་ཉིད་མེད་པའི་དབུ་མ་འཆད་ཀྱང་། དེ་ཁོ་ན་ཉིད་ཀྱི་དོན་མེད་དགག་ཏུ་གཏན་ནས་མི་བཞེད་ལ། རྣམ་པ་ཐམས་ཅད་ཀྱི་མཆོག་དང་ལྡན་པའི་སྟོང་པ་ཉིད་ཅེས་བྱ་བ་ཡང་གྲུབ་པར་མི་བཞེད་དེ། གཞུང་དེ་ཉིད་ལས། ངེས་པའི་ཚིག་ནི་ཐམས་ཅད་ཀྱང་ཡིན་ལ། སྣམ་བུ་དང་། བུམ་པ་དང་། ཤིང་རྟ་ལ་སོགས་པ་གསུམ་དུ་རྟོགས་པའི་རྣམ་པ་ཡང་ཡིན་པས་རྣམ་པ་ཐམས་ཅད་དེ་དག་གི་ནང་ནས་གང་ཁྱད་པར་དུ་འཕགས་པ་ལོངས་སྤྱོད་རྫོགས་པའི་སྐུ་ལ་སོགས་པའི་ངོ་བོ་དང་། སྦྱིན་པའི་ཕ་རོལ་ཏུ་ཕྱིན་པ་ལ་སོགས་པ་ནི་མཆོག་ཏེ། དེ་དང་ལྡན་ཞིང་དེའི་འབྲོར་པ་དེའི་བདག་ཉིད་ཀྱིས་གནས་པའི་སྟོང་པ་ཉིད་གང་ཡིན་པ་དེ་ནི་རྣམ་པ་ཐམས་ཅད་ཀྱི་མཆོག་དང་ལྡན་པའི་སྟོང་པ་ཉིད་ཡིན་གྱི། ནམ་

མཁའི་མེ་ཏོག་གམ། རི་བོང་གི་རྭ་ལ་སོགས་པའི་སྟོང་པ་ཉིད་ནི་མིན་ཏེ། དེ་ནི་མེད་པའི་ངོ་བོ་ཉིད་ཡིན་པའི་ཕྱིར་རོ། །བཅོམ་ལྡན་འདས་ཀྱིས་མངོན་སུམ་དུ་བྱ་བར་མི་ནུས་པས་སྤུན་དབྱུང་བའི་ཕྱིར་རོ། །འོན་ཀྱང་གལ་ཏེ་རྣམ་པ་ཐམས་ཅད་ཀྱི་མཆོག་དང་ལྡན་པའི་སྟོང་པ་ཉིད་ལ་ཡང་། འདི་ཉིད་དེ་ཁོ་ན་ཉིད་དང་སྙིང་པོ་ཉིད་ལ་སོགས་པའི་རྣམ་པར་མངོན་པར་ཞེན་པར་གྱུར་ན། དེའི་དེ་ཡང་ལྟ་བ་དམན་པ་ཡིན་པས་དམྱལ་བར་སྐྱེ་བའི་རྒྱུར་འགྱུར་རོ། །ཞེས་གསུངས་པའི་ཕྱིར་རོ། །ཡང་སློབ་དཔོན་ཆེན་པོ་མཚོ་སྐྱེས་རྡོ་རྗེའི་གཞུང་དང་ཡང་འགལ་ཏེ༔ དེ་ཉིད་ཀྱིས། ཐམས་ཅད་དངོས་པོའི་རང་བཞིན་མཆོག །གདོད་ནས་ཐམས་ཅད་བདག་ཉིད་གནས། །ཐབས་དང་ཤེས་རབ་གཉིས་མེད་པའི། །ཀྱེ་རྡོ་རྗེར་བདག་ཕྱག་འཚལ། །ཞེས་པས་དོན་དམ་པའི་བཅོམ་ལྡན་འདས་ཆོས་ཀྱི་སྐུ་ལ་བསྟོད་པ་ཡིན་ཅིང་། དེ་ཡང་། ཐབས་དང་ཤེས་རབ་གཉིས་མེད་པ། །ཞེས་པའི་དོན། གཉིས་ཀ་སྤྲངས་པ་ནི་མིན་གྱི་གཉིས་སུ་བྱར་མེད་པ་ལ་དེ་ལྟ་བུའི་ཐ་སྙད་བཏགས་པ་ཡིན་ལ། དེའི་ཚེ་དངོས་པོ་མེད་པ་རྒྱང་པ་དང་། དངོས་པོའི་ངོ་བོ་གཉིས་ཀ་ལས་འདས་པའི་ཕྱིར་རོ། །དངོས་པོ་ཐམས་ཅད་ཀྱི་དེ་ཁོ་ཉིད་ནི་དེ་ལྟ་བུའོ། །ཞེས་སྟོན་པར་འགྱུར་བས་མཐའ་གཉིས་ཀ་བཀག་པར་གྲུབ་བོ། །གལ་ཏེ་བསྟོད་པ་འདི་ཉིད་ཀྱི་རྣམ་བཤད་ལས། ཆོས་ཀྱི་སྐུ་མེད་དགག་ལ་བཤད་པ་མིན་ནམ་ཞེ་ན། དེ་ཉིད་སྒྲ་ཇི་བཞིན་པར་འཆད་ན་ནི། ཡུ་འུ་ཅག་གཉིས་ཀ་ལ་གནོད་པར་འགྱུར་ཏེ། དོན་དམ་པ་མེད་དགག་ཏུ་འདོད་པ་ཁྱེད་རང་གི་ལུགས་ལ་ཡང་མི་རུང་བའི་ཕྱིར་རོ། །དེ་ལྟ་མོད་ཀྱི་ཁོ་བོ་ནི་སྣང་བའི་ཟླས་ཕྱེ་བའི་སྟོང་པའམ་རྣམ་གྲངས་ཀྱི་དོན་དམ་པ་ལ་དགོངས་པར་འཆད་དེ། དེ་ལྟར་མིན་ན། ཤེས་རབ་ཆགས་པ་བདུད་རྩིའི་རོ་ཉིད་ཀྱིས། །གནས་སུ་ཞི་བ་ཞེས་བཤད་པ་དེ་མི་རིགས་པར་འགྱུར་ཏེ། གནས་ལུགས་གཉིས་སུ་མེད་པ་ལྟར་ཏིང་ངེ་འཛིན་གྱི་རོ་གཉིས་སུ་མེད་པར་ཤེས་དགོས་པ་ལས། དངོས་མེད་དང་ཐབས་དངོས་ཡིན་པ་ཐ་དད་དུ་གྲུབ་པའི་ཕྱིར་རོ། །ཡང་སློབ་དཔོན་ཆེན་པོ་ཏཻ་ལླི་ཕ་རུ་ཀའི་གཞུང་དང་ཡང་འགལ་ཏེ། ལྷན་ཅིག་སྐྱེས་གྲུབ་ལས། གང་ཕྱིར་ཡིད་ཀྱིས་མི་སྒོམ་པར། །འགྲོ་བ་ཐམས་ཅད་བསྒོམ་པར་བྱ། །བསྒོམ་དུ་མེད་པའི་སྒོམ་པ་ཡིས། །ཆོས་རྣམས་ཐམས་ཅད་ཡོངས་ཤེས་འགྱུར། །ཞེས་ལྷན་སྐྱེས་ཀྱི་རང་བཞིན་བསྒོམ་མེད་དུ་བཤད་པའི་ཕྱིར་དང་། གཞན་རྣམས་ཤེས་བྱ་དབང་པོ་དྲུག །དེ་ཀུན་ཡོད་མིན་བདག་ཉིད་མིན། །ཞེས་བདག་གཞན་གཉིས་ཀའི་རང་བཞིན་དུ་མ་གྲུབ་པར་བཤད་པ་ལ་ཁྱེད་ལྟར་ན་རང་གི་བདག་ཉིད་དུ་གྲུབ་པའི་ཕྱིར་རོ། །ཡང་སློབ་དཔོན་ཆེན་པོ་ཨིནྡྲ་བྷུ་ཏིའི་གཞུང་དང་ཡང་འགལ་ཏེ། གསང་བ་འདུས་པ་ལས། ཐོག་མ་ཐ་མ་མེད་ཞི་བ། །དངོས་དང་དངོས་མེད་ཟད་པའི་གཙོ། །སྟོང་དང་སྙིང་རྗེ་མི་ཕྱེད་པ། །བྱང་ཆུབ་སེམས་ཞེས་བཤད་པ་ཡིན། །ཞེས་པའི་འགྲེལ་པར་ཐོག་མ་ཐ་མ་མེད་ཅེས

པ་ནི་སྐྱེ་བ་དང་འཇིག་པ་མེད་པ་སྟེ། འདི་ནི་ཁྱབ་པ་ཉིད་དང་གཟུགས་ཅན་མིན་པ་ཉིད་དང་མི་འགྱུར་བ་ཉིད་དང་དུས་ཐམས་ཅད་པ་ཉིད་དུ་ཡང་སྟོན་ཏེ། གཞན་དུ་ན་ཕྱོགས་ན་གནས་པ་དང་། གཟུགས་ཅན་དང་། འགྱུར་བ་དང་། དུས་ཐམས་ཅད་པ་མིན་པ་ནི་རྣམ་པར་འཇིག་པ་ཡིན་པའི་ཕྱིར། གལ་ཏེ་གཟུགས་ཅན་མིན་པ་རྣམས་ཀྱང་ཡུལ་ན་གནས་པར་འགྱུར་ན། འཇིག་པ་ཉིད་དུ་འགྱུར་ཏེ། དཔེར་ན་གླ་རྩི་ལ་སོགས་པ་དྲི་ཞིམ་པོ་རྣམས་ནི་གཟུགས་ཅན་མ་ཡིན་པ་ཡང་ཡུལ་ལ་གནས་པས་གླ་རྩི་ལ་སོགས་པ་དང་། དེས་གོས་པའི་རྡུལ་རྣམས་མེད་ན་རྣམ་པར་འགྱུར་བ་ཡང་འཇིག་པར་འགྱུར་རོ། །ཞི་བ་ཞེས་བྱ་བ་ནི་ཉོན་མོངས་པ་ཐམས་ཅད་གློ་བུར་བ་ཡིན་པའི་ཕྱིར་དང་། རབ་ཏུ་ཞི་བའོ། །སྤྲར་བཤད་པའི་ཡོན་ཏན་དང་ལྡན་པས་ན། དེ་ཉིད་ནི་དངོས་པོ་དང་དངོས་མེད་ཟད་པའི་གཙོ་བོའོ། །འཇིག་རྟེན་དང་འཇིག་རྟེན་ལས་འདས་པ་ཐམས་ཅད་ཀྱི་དོན་རྣམས་རྫོགས་པར་མཛད་པའི་ཕྱིར། གཙོ་བོའམ་བདག་པོའོ། །སྙིང་དང་སྙིང་རྗེ་མི་ཕྱེད་པ་ཞེས་བྱ་བའི་ཆོས་ཐམས་ཅད་ཀྱི་ངོ་བོ་ཉིད་མེད་པ་ཉིད་ཀྱིས་དེ་བཞིན་གཤེགས་པ་ཐམས་ཅད་ཉིད་ཀྱི་ཡེ་ཤེས་ཡོངས་སུ་རྫོགས་པའི་སྟོང་པ་ཉིད་དང་ཐུགས་རྗེ་ཆེན་པོ་མི་ཕྱེད་ཅིང་གཅིག་ཏུ་གྱུར་པའི་སེམས་གང་ཡིན་པ་དེ་ནི་སྙིང་རྗེ་ཞེས་བྱ་སྟེ། ཞེས་ཐབས་ཤེས་གཉིས་མེད་རང་གི་ངོ་བོ་སྐྱེ་འཇིག་དང་བྲལ་བ་ལ་དེ་ཁོ་ན་ཉིད་དུ་བཤད་པའི་ཕྱིར་རོ། །ཡང་སློབ་དཔོན་ཆེན་པོ་ཀླུ་སྒྲུབ་ཀྱི་བྱང་ཆུབ་སེམས་འགྲེལ་གྱི་ལུང་ནི་གོང་དུ་བརྗོད་ཟིན་ཏོ། །ཡང་སློབ་དཔོན་ཆེན་པོ་ནག་པོ་ཞབས་ཀྱི་གཞུང་དང་ཡང་མི་འགྲིག་སྟེ། ཇི་སྐད་དུ། རྣམ་མི་རྟོག་ལས་སངས་རྒྱས་མིན། །རྣམ་རྟོག་བཅས་ལ་མིན་དེ་བཞིན། །ཤིན་ཏུ་རྣམ་དག་ཡོངས་ཤེས་པས། །མཁས་པ་རྣམས་ནི་འགྱུར་བ་ཉིད། །ཞེས་སེམས་རྟོག་མེད་དུ་གནས་པ་ཙམ་དང་རྟོགས་དཔྱོད་ཀྱི་ཤེས་རབ་རྒྱང་པས་གནས་ལུགས་མི་རྟོགས་པར་གསུངས་པ་ལ། ཁྱེད་ལྟར་ན་ཡུལ་གྱི་གནས་ལུགས་རང་བཞིན་བདེན་མེད་དུ་སྒྲོ་འདོགས་མ་ཆོད་པར་བློ་རྟོག་མེད་དུ་གནས་པ་ཉིད་གནས་ལུགས་ཡིན་པའི་ཕྱིར་རོ། །འདི་ལྟ་བུའི་སྒོམ་ལུགས་ནི་རྒྱ་ནག་མཁན་པོ་ཧ་ཤང་མ་ཧཱ་ཡ་ནའི་རིང་ལུགས་འཛིན་པ་ཡང་ཡིན་ཏེ། སོ་སོར་རྟོག་པའི་ཤེས་རབ་སྤྱངས་པའི་སྟོབས་ཀྱིས་ལྷག་མཐོང་གི་གསལ་སྣང་བསྐྱེད་མི་ནུས་པའི་ཕྱིར། །ཡང་གཞུང་འདི་ལས། དབྱེ་བ་ཀུན་གྱི་རང་བཞིན་ཉིད། །ཨཱཿཡིག་ཡང་དག་རྣམ་པར་གནས། །ཐོག་མཐའ་མེད་པའི་དངོས་པོ་ཡི། །རིན་ཆེན་རྣམས་ནི་རྒྱ་མཚོ་བཞིན། །ཞེས་ཡི་གེ་མེད་པའི་དོན་གྱིས་ཆོས་ཐམས་ཅད་སྣང་ལུགས་ཐ་དད་པ་ཐམས་ཅད་བྱུང་བར་བཤད་ལ། ཁྱེད་ལྟར་ན་དངོས་པོའི་གནས་ལུགས་ཨཱཿཞེས་བྱ་བའི་སྒྲས་དེ་ཁོ་ན་ཉིད་ཀྱི་དོན་བསྟན་དུ་མེད་པར་འགྱུར་ཏེ། དེ་ཁོ་ན་ཉིད་ཀྱི་རང་གི་ངོ་བོ་སྐྱེ་འཇིག་ཅན་ཡིན་པའི་ཕྱིར་རོ། །དེ་ལྟར་ན་ལམ་སྒོར་རྣམས་ཀྱི་སྒོམ་རིམ་དང་ཤིན་ཏུ་མི་འགྲིག་པར་སྣང

ངོ་། །ཤིན་ཏུ་རྣམ་དག་དེ་ཁོ་ན། །རྣལ་འབྱོར་དབང་ཕྱུག་བི་རཱུ་པ་བཤད། །རིགས་ལྡན་ཟླའི་མཐར་ཐུག་ཟུང་འཇུག་ཅེས། །ཀླུ་སྒྲུབ་གཞུང་དུ་གསལ་བར་བཀོད། །མཐའ་དེ་ཉིད་ནི་ཟབ་གསལ་ཞེས། །ནྐྵ་ན་པ་ཏིའི་ལུགས་ལས་བྱུང་། །མ་ལོག་པ་ཡི་དེ་ཉིད་ཅེས། །སྒྲུབ་ཐབས་མཚོ་སྐྱེས་ཉིད་ལས་གསུངས། །གསང་སྔགས་སྙིང་མའི་གཞུང་རྣམས་སུ། །ཤིན་ཏུ་རྣལ་འབྱོར་ཞེས་པར་བཤད། །རྡོ་རྗེ་ཐེག་པ་ཀུན་མཐུན་པར། །ཕྱག་རྒྱ་ཆེན་པོའི་མིང་གིས་གསུངས། །བྲལ་ཕྱིར་རང་བཞིན་གྲུབ་པ་མེད། །ཡེ་ཤེས་གསལ་སྣང་ལམ་མི་བ། །མ་འགགས་ཕྱིར་ན་ཆད་པའང་མིན། །དེ་ཡང་རང་བཞིན་མིན་ཕྱིར་དང་། །རང་བཞིན་གཞན་དུ་མེད་པའི་ཕྱིར། །བརྗོད་མི་ནུས་ཞེས་བཤད་པ་ཡིན། །བསྡུ་བའི་ཚིགས་སུ་བཅད་པའོ། །

གཉིས་པ་གྲུབ་པ་སྡེ་བདུན་དང་འགལ་བའི་ཚུལ་ནི། སློབ་དཔོན་ཡན་ལག་མེད་པའི་རྡོ་རྗེས། ཐབས་དང་ཤེས་རབ་གཏན་ལ་དབབ་པ་ཞེས་བྱ་བའི་གཞུང་དང་ཡང་འགལ་ཏེ། གཞུང་དེ་ར་ཡོད་མེད་ཀྱི་མཐའ་སྤངས་ཏེ་གང་ལ་ཡང་མི་གནས་པའི་ཚུལ་དང་། དེའི་ངང་དུ་མཉམ་པར་འཇོག་པའི་སྒོམ་པ་གཉིས་ཀ་གསལ་བར་བཤད་པའི་ཕྱིར་རོ། །ཇི་སྐད་དུ། དེ་ལྟར་དངོས་པོ་ཡོངས་སུ་བཏང་། །སངས་རྒྱས་འབྲས་བུ་འདོད་པ་ཡིས། །དེ་ཕྱིར་དངོས་མེད་དེ་བཞིན་ནི། །འདི་གཉིས་ཇི་ལྟར་ཡོངས་བཏང་ཡང་། །བཏང་ནས་གང་དུ་གནས་པ་ནི། །འཁོར་མིན་མྱ་ངན་འདས་པ་མིན། །དེ་ནི་མཁས་པས་མཉམ་པར་གྱིས། །ཞེས་ལྟ་བ་བསྟན། དེ་ཉིད་བསྒོམ་པ་ན། ཆུ་དང་འོ་མ་འདྲེས་པ་བཞིན། །གཉིས་མེད་རྣམ་པའི་སྦྱོར་བ་ཡིས། །གཉིས་པོ་འདུས་པ་གང་ཡིན་པ། །ཤེས་རབ་ཐབས་ཞེས་བྱ་བར་གྲགས། །དེ་ལྟར་གང་ལ་བཞག་པ་དང་། །གསལ་བར་ནུས་པ་མ་ཡིན་ཞིང་། །བཞག་དང་གསལ་བ་སྤངས་པ་ནི། །ཆོས་རྣམས་དེ་བཞིན་ཉིད་ཅེས་བརྗོད། །ཅེས་བཤད་པ་ལྟར་རོ། །འདི་ཡང་ཡེ་ཤེས་ཀྱི་སྣང་བ་དང་ལྡན་པའི་སྒོམ་པ་དེའི་གཟིགས་ངོར་ན་ཐབས་ཤེས་གཉིས་ཀྱི་སྣང་བ་ནུབ་པས་འདྲེས་པ་དང་འདུས་པ་ཞེས་གསུངས་ཀྱི་ཐབས་དང་ཤེས་རབ་གཉིས་སུ་ཡོད་པ་ཞིག་འདྲེས་པ་དང་འདུས་པ་ནི་མིན་ཏེ་ཡུལ་གྱི་གྲུབ་ལུགས་དེ་འདྲ་བ་གཉིས་མ་གྲུབ་པའི་ཕྱིར་དང་། གྲུབ་ན་ནི་འདྲེས་མི་ནུས་པའི་ཕྱིར། འོ་ན་གཉིས་སུ་མེད་པ་སྣང་བའི་ཡེ་ཤེས་དེ་ཉིད་དེ་ཁོ་ན་ཉིད་མ་ཡིན་ནམ་ཞེ་ན། མིན་ཏེ། མྱོང་བ་ཡིན་པའི་ཕྱིར་རོ། །ཇི་སྐད་དུ། ཇི་ཙམ་རྟོག་མེད་ཟབ་མོ་ཞིག །བློ་ཡི་ཡུལ་དུ་བསྒོམ་ཞེ་ན། །མི་རྟོག་ཟབ་མོའི་ཉམས་མྱོང་བ། །མྱོང་བ་ཡིན་ཕྱིར་དེ་ཉིད་མིན། །ཞེས་བཤད་པས་སོ། །འོ་ན་ཅི་ལྟན་ཅིག་སྐྱེས་པའི་ཡེ་ཤེས་ཀྱིས་ཀྱང་དེ་ཁོ་ན་ཉིད་མ་གཟིགས་སམ་ཞེ་ན། ཡུལ་དུ་བྱས་པའི་ཚུལ་གྱིས་གཟིགས་པ་ནི་འགའ་ཡང་མེད་མོད་ཀྱི། གཉིས་མེད་རྣམ་པའི་སྦྱོར་བ་ཡིས། །ཞེས་ཡེ་ཤེས་དང་ཉིད་དེའི་རྣམ་པ་ཅན་དུ་སྐྱེས་པ་ལ་དེ་ཁོ་ན་ཉིད་མཐོང་བ་དང་། །གནས་

ལུགས་བསྒོམ་དུ་མེད་པའི་ཚུལ་གྱི་སྒོམ་ཞེས་བཏགས་སོ། །ཇི་སྐད་དུ། ཨཱརྻ་དེ་ཝས། ཡ་མཚན་ཆེ་བ་ནམ་མཁའི་དཀྱིལ་དུ་ཤར། །ལྷན་སྐྱེས་རང་བཞིན་ལྟོས་ཤིག་ཀྱེ་སུ་ཀྱཱ། །ཞེས་གསུངས་སོ། །ཡང་སློབ་དཔོན་ཆེན་པོ་པདྨ་བཛྲ་གྱི་གསང་བ་གྲུབ་པ་ཞེས་བྱ་བའི་གཞུང་ལས་ཀྱང་། དངོས་པོར་སྨྲ་བ་ཁྱེད་ཀྱི་ལུགས་དང་མི་མཐུན་པ་ཉིད་དུ་བསྟན་ཏེ། གཞུང་དེར་དགའ་བ་བཞིའི་ཡེ་ཤེས་འཆད་པ་ན། བདག་མེད་རྡོ་རྗེ་ཤིན་ཏུ་དྲི་མ་མེད། །དེ་ནི་དགའ་བྲལ་བདེ་བ་རྣམ་པར་སྤངས། །མར་ལ་མར་བཞག་བཞིན་དུ་སྐད་ཅིག་གིས། །བྱང་ཆུབ་གནས་དང་ལྷན་ཅིག་གཅིག་ཏུ་བྱས། །ཞེས་དེ་ཁོ་ན་ཉིད་དབྱེར་མེད་པའི་ལྷན་སྐྱེས་མངོན་དུ་བྱེད་ཚུལ་བསྟན་ལ། དེ་ཉིད་གནས་ལུགས་དངོས་ཡིན་ནོ་སྙམ་ན། མིན་ཏེ། གཞུང་དེར། རྣམ་པ་ཀུན་གྱི་མཆོག་ལྡན་ཞིང་། །གཟུང་དང་འཛིན་པ་རྣམ་པར་སྤངས། །གསལ་ཞིང་རང་བཞིན་དྲི་མ་མེད། །ཞེས་སྒྱུ་མ་ལྟ་བུ་བཤད་པའི་ཕྱིར་རོ། །དེ་ལྟ་བུ་ཡེ་ཤེས་དག་ལ་མི་བསླུ་བའི་དོན་དམ་པ་དང་། བདེན་པར་བཤད་པ་ཡོད་ཀྱང་གནས་ལུགས་སུ་འགྲུབ་པར་མི་བྱའོ། །དབུ་མ་སྒྱུ་མ་ཙམ་དུ་སྨྲ་བ་དག་ནི། ཡེ་ཤེས་དེ་ལྟ་བུ་དོན་དམ་པར་གྲུབ་པར་མི་འདོད་ཀྱང་དངོས་པོའི་གནས་ལུགས་སུ་འདོད་པ་དག་སྣང་ངོ་། །ཨེ་མ་ངོ་མཚར་སྒྱུ་མ་ཡི། །རང་བཞིན་དག་པ་ཐོག་མ་མེད། །དེ་ཕྱིར་སྒྱུ་མའི་རང་བཞིན་ནི། །སྒྱུ་བཞིན་འདི་ཞེས་བརྗོད་དུ་མེད། །ཅེས་བྱའོ། །རྣམ་པར་སྦྱོར་བ་མང་དུ་ཡོད་དེ་རེ་ཞིག་ལ་དེ་ཙམ་གྱིས་ཆོག་གོ །ཡང་རྒྱལ་ཆེན་ཨིནྡྲ་བྷཱུ་ཏིའི་ཡེ་ཤེས་གྲུབ་པ་དང་ཁྱོད་ཀྱི་འདོད་ལུགས་མི་མཐུན་པར་སྣང་སྟེ། དེ་ཡང་འདི་ལྟར་ཡེ་ཤེས་སྒྲུབ་པ་ལས། བརྟེན་ཅིང་འབྲེལ་འབྱུང་ལས་སྐྱེས་པས། །གང་དུའང་དེ་ཉིད་ཞེས་མི་འགྲུབ། །གང་ཕྱིར་དེ་དེ་ཐམས་ཅད་དུ། །ངོ་བོ་ཉིད་ཀྱི་ཡོད་མ་ཡིན། །ཞེས་རྟེན་འབྲེལ་ཡིན་ན། དེ་ཁོ་ན་ཉིད་མིན་པས་ཁྱབ་པར་བཤད་པ་གང་ཞིག །ཁྱོད་འདོད་པའི་དེ་ཁོ་ན་ཉིད་ནི་རྟེན་འབྲེལ་སྐད་ཅིག་གིས་སྐྱེ་འཇིག་ཅན་ཡིན་པའི་ཕྱིར་རོ། །ཡང་གཞུང་དེར། བདེ་ཆེན་མི་རྟག་མིན་ཞེ་ན། །བདེ་བ་ཆེན་པོ་རྟག་ཏུ་རྟག །ཞེས་པས་ཀྱང་དོན་དམ་པའི་དབྱིངས་མི་རྟག་པ་དང་དངོས་པོར་འདོད་པ་ལེགས་པར་བཀག་གོ །ཡང་ན་རྒྱུན་གྱི་རྟག་པའོ། །ཅི་སྟེ་དེ་ཉིད་ལས། བྱས་པ་ཉིད་དང་རྣམ་འཇིག་ཉིད། །སངས་རྒྱས་ཡེ་ཤེས་ཇི་ལྟར་འགྱུར། །ཐོག་མཐའ་མེད་ཅིང་ཞི་བ་ཞེས། །དེ་བཞིན་གཤེགས་པ་རྣམས་གསུངས་པ། །དེ་སྲས་བསྐལ་པ་ཆེན་པོ་ཡང་། །ཡེ་ཤེས་འདུས་བྱས་མིན་ཞེས་གསུངས། །ཞེས་བཤད་པས། ཇོ་ནང་པ་ལྟར་ན་ཡེ་ཤེས་རྟག་པ་ཡིན་པའམ། འདུས་བྱས་སུ་གསུངས་པ་མིན་ནམ་ཞེ་ན་མིན་ཏེ། དེ་ནི་སངས་རྒྱས་ཀྱིས་ཡེ་ཤེས་ཀྱི་རང་བཞིན་རིག་པས་བརྟགས་ནས་རྣམ་བཅས་རྣམ་མེད་གང་དུ་ཡང་མ་གྲུབ་བོ་ཞེས་སྟོན་པ་ཡིན་པའི་ཕྱིར་རོ། །ཇི་སྐད་དུ། གཞུང་དེ་ཉིད་ལས། ཇི་ལྟར་རིག་པས་རྣམ་བརྟགས་པ། །རྣམ་པ་དང་བཅས་རབ་བཀག་པ། །རྣམ་མེད་ཉིད་ཀྱང་མི་གྲུབ་པ། །དེ་

ལྟར་ད་ནི་བརྗོད་པར་བྱ། །ཞེས་བཤད་པའི་ཕྱིར་རོ། །མདོར་ན་གཞུང་འདིར་ཡེ་ཤེས་ཀྱི་རང་བཞིན་རྣམ་བཅས་ཏེ་དངོས་པོ་དང་རྣམ་མེད་དེ་དངོས་མེད་དུ་འདོད་པ་གཉིས་ཀ་བཀག་པ་ཡིན་གྱི། ཡེ་ཤེས་བརྟག་པ་དེའི་རང་བཞིན་དངོས་པོ་མེད་པ་ཞིག་ཏུ་ཁས་ལེན་པ་བསྟན་པ་མིན་ཏེ། དེ་ཉིད་ལས། དེ་བས་དངོས་པོ་ཐམས་ཅད་ནི༑ ངོ་བོ་ཉིད་ཀྱི་ཐམས་ཅད་མིན། །ལུང་དང་རིག་པའི་རྗེས་འབྲངས་ཏེ། །སྐྱེས་བུ་མཆོག་གིས་རྟོགས་པར་བྱ། །ཞེས་དང་། གལ་ཏེ་གཟུགས་སོགས་དངོས་པོ་རྣམས། །རྣམ་པ་ཀུན་ཏུ་ཡོད་མིན་ན། །སངས་རྒྱས་ཐུགས་རྗེ་བདག་ཉིད་ཀྱི། །ལྷ་ཡི་སྤྱན་གྱིས་ཇི་ལྟར་འགྱུབ། །ལྷ་ཡི་སྣན་སོགས་ཐམས་ཅད་ཀྱང་། །དེ་བཞིན་དུ་ནི་ཡོད་མིན་པས། །མངོན་པར་ཤེས་པ་མེད་པའི་ཕྱིར། །དེ་བས་ཀུན་མཁྱེན་མེད་པར་འགྱུར། །ཞེས་སོགས་མང་དུ་གསུངས་པ་རྣམས་ཀྱིས་ཡེ་ཤེས་ཀྱི་རང་བཞིན་ཡོད་མེད་ཀྱི་ཕྱོགས་གཉིས་ཀ་ལེགས་པར་བཀག་པའི་ཕྱིར་རོ། །རིམ་ལྔ་ལས་ཀྱང་། དངོས་པོར་བརྟག་པ་རྣམ་བཅས་དང་། །དངོས་མེད་རྟོག་པ་རྣམ་མེད་དག །རྣལ་འབྱོར་པས་ནི་ཅི་བྱར་བརྗོད། །དེ་ནི་ཟུང་འཇུག་ཅེས་པའོ། །ཞེས་གསུངས་པ་དང་མཐུན་ནོ། །སྤྲོས་པ་དེ་ཙམ་གྱིས་ཆོག་གོ །ཡང་རྣལ་འབྱོར་མ་ཅིཏྟས་མཛད་པའི་དངོས་པོ་གསལ་བའི་དེ་ཁོ་ན་ཉིད་གྲུབ་པ་ཞེས་བྱ་བའི་གཞུང་དང་འགལ་ཏེ། གཞུང་དེ་ལས། ལྷན་ཅིག་སྐྱེས་པའི་རིམ་པ་འཆད་པའི་སྐབས་སུ། འདི་ལྟར་མ་ལུས་པ་འདི་དག་རྟགས་པས་སྟོང་པའི་སེམས་ཉིད་སྐྱེ་བ་དང་འགག་པ་དང་བྲལ་ཞིང་རང་བཞིན་གྱི་དག་པ། གཉིས་སུ་མེད་པའི་ཡེ་ཤེས་ཀྱི་རྣམ་པ་ཡོངས་སུ་གསལ་བ་ཡིན་ནོ། །ཞེས་རང་བཞིན་གྱིས་སྐྱེ་འགག་དང་བྲལ་བས། རང་གཞན་གྱི་དག་པ་དང་། བློ་བུར་གྱི་གཟུང་འཛིན་གྱིས་དག་པའི་ལྷན་སྐྱེས་རང་རིག་པ་ཞིག་བསྟན་ལ། ཁྱེད་ལྟར་ན་སྐྱེ་འགག་དང་བྲལ་བ་རང་བཞིན་གྱི་དག་པའི་དོན་དུ་མི་རུང་བའི་ཕྱིར་རོ། །ཅི་སྟེ་ལུང་འདིས་ཆོས་ཐམས་ཅད་གཉིས་སུ་མེད་པའི་ཡེ་ཤེས་སུ་བསྟན་ཏོ་སྙམ་ན། དེ་ཡང་མིན་ཏེ། དོན་དམ་པའི་གཟིགས་ངོར་དེ་ལྟ་བུ་མཛད་པའི་དུས་སུ་གཟིགས་ངོ་དེར་ཡེ་ཤེས་སྒྱུ་མ་ལྟ་བུ་གཞན་ལས་གནས་པ་མ་མཐོང་ངོ་ཞེས་བསྟན་པ་ཡིན་པའི་ཕྱིར་རོ། །ཇི་སྐད་དུ། རང་རིག་ཡེ་ཤེས་འབྲི་བར་བྱེད། །ཅེས་བཤད་པ་ལྟར་རོ། །དེ་བཞིན་དུ། ལྷ་མོ་དཔལ་ཆེན་མོས་དེ་ཁོ་ན་ཉིད་གྲུབ་པ་ལས། མཉམ་པའི་སེམས་ཀྱི་སྦྱོར་བ་ཡིས། །སྲིད་པའི་རྒྱ་མཚོ་བསྒོམ་པར་བྱ། །སྐྱེ་དང་གནས་དང་འགགས་པ་ལ། །སོ་སོ་སྐྱེ་བོ་འཇུག་བྱེད་པ། །དེ་མེད་ན་ནི་འཁོར་བ་ རུ །གཞན་དག་ཏུ་ནི་འཇུག་མི་འགྱུར། །ཞེས་གསུངས་པ་དང་ཡང་འགལ་ཏེ། གཞུང་འདིས་སྲིད་པ་ཉིད་ཀྱི་རང་བཞིན་མཉམ་པའི་སེམས་ཀྱིས་རྒྱས་བཏབ་ནས་ཉམས་སུ་བླངས་པའི་ཚེ། བྱིས་པ་རྣམས་ལ་སྐྱེ་འགག་ཏུ་སྣང་བའི་དངོས་པོས་ཡོངས་སུ་འདོར་བར་བཤད་ལ། ཁྱེད་ཀྱི་ལུགས་འདི་ནི་རང་བཞིན་ཡང་སྐྱེ་འགག་བྱེད་པ་ཉིད་ཡིན་པའི་ཕྱིར་རོ། །ཡང་

སློབ་དཔོན་ཆེན་པོ་ཀ་ཧ་རི་པའི་དེ་ཁོ་ན་ཉིད་གྲུབ་པ་ཞེས་བྱ་བའི་བསྟན་བཅོས་དང་ཡང་འགལ་ཏེ། དེ་ཉིད་ལས། ཡེ་ཤེས་བཞི་པ་འཆད་པའི་སྐབས་སུ། དེ་ཕྱིར་དེ་ཉིད་ཡེ་ཤེས་ནི། །གཉིས་མེད་ཡེ་ཤེས་རབ་ཏུ་གསལ། །ཞེས་ཡེ་ཤེས་དེའི་རྣམ་བཤད་ལས། དེ་ཡི་རང་བཞིན་འཆད་པ་ན། །དེ་ལ་ཆགས་དང་ཆགས་བྲལ་མེད། །གཉིས་ཀ་མ་ཡིན་སྟོང་ཉིད་མིན། །ཀུན་མིན་ཐམས་ཅད་མིན་པའང་མིན། །ཡང་ན་ཐམས་ཅད་རྣམ་པར་ཐིམ། །ཞེས་གསུངས་ཤིང་དེ་ཁོ་ན་ཉིད་མཐའ་དང་བྲལ་བ་དང་། ཡེ་ཤེས་ཀྱི་གསལ་སྣང་དབྱེར་མི་ཕྱེད་པའི་ཚུལ་གྱིས་ཉམས་སུ་མྱོང་བ་ཡང་། དེ་ཉིད་ལས། དེ་བཞིན་ཡེ་ཤེས་བདེ་ཆེན་པོ། །རྣམ་པ་ངོ་བོ་ཉིད་ཀྱིས་གསལ། །གཉིས་མེད་རྣམ་པའི་རྣལ་འབྱོར་གྱིས། །ཆོས་ཀུན་རྣམ་པར་བཅོམ་པས་ན། །ཡེ་ཤེས་རྒྱུན་འབབ་སྟོང་པའི་བློ། །མཁས་པས་དེ་ལྟ་བུ་ཉིད་མཆོན། །ཞེས་གསུངས་པའི་ཕྱིར་རོ། །འདིས་ནི་དེ་ཁོ་ན་ཉིད་རྟོགས་པའི་ཡེ་ཤེས་དང་། སེམས་ཀྱི་རང་བཞིན་འོད་གསལ་གཉིས་ཀ་ཡང་རྣམ་པ་གསལ་ཞིང་མ་འགགས་ལ་ངོ་བོ་མཐའ་ཐམས་ཅད་དང་བྲལ་བ་ཞིག་ཏུ་གསལ་བར་བསྟན་ནོ། །སྐབས་འདིའི་སེམས་ཀྱི་རང་བཞིན་འོད་གསལ་ཞེས་པ་ཡང་བཤད་ཚུལ་གཉིས་ཡོད་པ་ལས། འོད་གསལ་རྟོགས་པ་ལས་ནི་རྣམ་གྲོལ་བ། །ཞེས་བཤད་པ་ལྟར་གློ་བུར་གྱི་རྟོག་པ་ནུབ་པའི་གསལ་རིག་ཙམ་ལ་བྱའོ། །ཡང་ལྷན་ཅིག་སྐྱེས་པ་གྲུབ་པའི་གཞུང་འགྲེལ་ལེགས་མི་ཀ་རས་མཛད་པ་དང་། ཁྱེད་ཀྱི་འདོད་པའི་ལུགས་འདི་འགལ་བར་སྣང་སྟེ། དེ་ཉིད་ལས། ལྷན་སྐྱེས་ཀྱི་བཞུགས་ཚུལ་འཆད་པའི་སྐབས་སུ། ཟུང་འཇུག་ཚིག་གི་དོན་དུ་ནི། །རྒྱུ་དང་མི་རྒྱུའི་གནས་པ་ལ། །དུས་ཀུན་དུ་ནི་ཡང་དག་གནས། །ཞེས་དང་། དེའི་འགྲེལ་པར། ལྷན་ཅིག་སྐྱེས་པ་ཞེས་བྱ་བ་ཡོད་པའམ་མེད་པའམ། གཉིས་ཀ་ལས་འདས་པ་ཞེས་པའམ། རྟག་པའམ་མི་རྟག་པའམ། བདེ་བའམ་སྡུག་བསྔལ་བའམ། བདག་གམ་བདག་མེད་པའམ། ཉིན་མོ་ཞེས་པའམ་མཚན་མོ་ཞེས་པའམ། འཁོར་བ་ཞེས་པའམ། མྱ་ངན་ལས་འདས་པ་ཞེས་བྱ། གང་གིས་ཀྱང་བརྗོད་པ་དང་བྲལ་བའི་མཚན་ཉིད། དེ་ཡང་རྒྱུ་བ་དང་མི་རྒྱུ་བ་ཐམས་ཅད་དུས་ཆད་པ་མེད་པར་གནས་ཞེས་དགོངས་པའོ། །ཞེས་གསུངས་ལ། དེ་ལྟ་བུའི་ལྷན་སྐྱེས་དེ་ལ་ཡང་གཉིས་ཏེ། དེ་ཁོ་ན་ཉིད་དངོས་དང་། དེ་རྟོགས་པའི་ཡེ་ཤེས་ལ་ལྷན་སྐྱེས་སུ་བཤད་པའོ། །དང་པོ་ནི། རང་གི་ངོ་བོ་ལྷན་ཅིག་སྐྱེས་པར་མ་གྲུབ་ཀྱང་རྒྱུ་མེད་རྒྱུའི་དངོས་པོ་ཐམས་ཅད་དང་ལྷན་ཅིག་ཏུ་གནས་པས་ན་ལྷན་ཅིག་སྐྱེས་པ་ཞེས་བྱ་སྟེ། གཞུང་དེ་ཉིད་ལས། གང་དང་མཚུངས་པར་སྐྱེས་པ་ཡིས། །དེས་ན་ལྷན་ཅིག་སྐྱེས་པར་བརྗོད། །ཞེས་དང་། དེའི་འགྲེལ་པར། ལྷན་ཅིག་སྐྱེས་པའི་དེ་ཁོ་ན་ཉིད་རྒྱུ་བ་དང་མི་རྒྱུ་བའི་དངོས་པོ་རྣམས་དང་ལྷན་ཅིག་ཏུ་གནས་པ་དེ་བས་ན་དེ་སྐད་ཅེས་བྱའོ། །ཞེས་བཤད་པ་ལྟར་རོ། །འདིའི་སྐྱེས་ཞེས་པའི་སྒྲ་ནི་གནས་པ་ལ་འཇུག་པས། ངེས་དོན་

ཀྱི་གཞུང་རྣམས་སུ་འདི་འདྲའི་རྣམ་དབྱེ་ཤེས་པ་གལ་ཆེའོ། །

གཉིས་པ་ནི། གཟུང་འཛིན་གྱི་རྟོག་པ་མཐའ་དག་གིས་དབེན་པའི་ཏིང་ངེ་འཛིན་ཏེ། ཇི་སྐད་དུ། ལྷན་ཅིག་སྐྱེས་པ་རྟོག་མེད་པ། །ཞེས་དང་། རྟོག་པ་བྲལ་ཞིང་མངོན་སུམ་པ། །རྒྱལ་བས་ཡིད་ཀྱི་ནང་ནས་གསུངས། །ཞེས་དང་། དེའི་འགྲེལ་པར། ལྷན་ཅིག་སྐྱེས་པ་ལ་བཅོས་པ་མ་ཡིན་པ་དེ་རྣལ་འབྱོར་པའི་མངོན་སུམ་རྟོག་པ་དང་བྲལ་བ་ཡིན་ནོ། །ཞེས་བཤད་པ་ལྟར་རོ། །ཏིང་ངེ་འཛིན་འདི་ལྷ་བུ་ལ་ཡང་བཅོས་མིན་དང་། དོན་དམ་པ་དང་། བདེན་པ་དང་། ཡང་དག་པ་ལ་སོགས་པའི་མིང་དང་། རྟག་པ་དང་བརྟན་པ་ལ་སོགས་མིང་གིས་གསུངས་ཏེ། གཞུང་འགྲེལ་ཉིད་ལས། ཏིང་ངེ་འཛིན་གང་ཞིག་མི་རྟོག་པ་དང་། མ་བཅོས་པ་དང་། རྟོལ་བ་ཐམས་ཅད་དང་བྲལ་བ་དེ་ནི། བདེན་པ་དང་། རྟག་པ་དང་། བརྟན་པ་དང་། གཞིག་ཏུ་མེད་པ་ཞེས་བྱ་བའི་དོན་ཏོ། །ཞེས་བཤད་པ་ལྟར་རོ། །འདི་ལྟ་བུའི་ཚིག་ཙམ་གྱིས་དེ་ཁོ་ན་ཉིད་དངོས་དང་། ཏིང་ངེ་འཛིན་གཉིས་འཁྲུལ་བར་མི་བྱ་སྟེ། གཞུང་དེ་ཉིད་ལས། མཐོང་བ་མེད་པའི་ཚུལ་དུ་གང་མཐོང་བ་དེ་ནི། མཐོང་བ་ཞེས་སུ་ཐ་སྙད་དུ་གདགས་སོ། །དེ་ལས་གཞན་དུ་དངོས་པོར་རྟོགས་པ་སྟེ། བདག་དང་བདག་གི་ཞེས་བྱ་བ་ལ་སོགས་པར་གང་རྟོག་ན་དེ་ནི་དེ་ཁོ་ན་ཉིད་ལྟ་བའི་སྐབས་ལ་དམུས་ལོང་ཆེན་པོ་ཞེས་བྱ་བའི་དོན་ཏོ། །ཞེས་བཤད་པའི་ཕྱིར་རོ། །དེས་ན། ཡུལ་ཡུལ་ཅན་གྱི་ལྷན་སྐྱེས་གང་ཡིན་ཡང་རུང་བདེན་པར་གྲུབ་པའི་དངོས་པོར་མི་རུང་སྟེ༑ ལྷན་ཅིག་སྐྱེས་པ་རྣལ་མ་ནི་ཀུན་རྫོབ་ཀྱི་ཆོས་རྣམས་ལས་ལོགས་སུ་མ་གྲུབ་པས་ཀུན་རྫོབ་ལ་དམིགས་པ་ན་དེའི་དེ་ཁོ་ན་ཉིད་ཅེས་བྱ་བ་ཡོད་པ་ཡང་ཁེགས་ལ། ཡུལ་ཅན་ཏིང་འཛིན་དེ་ཁོ་ན་ཉིད་དུ་གྲུབ་པ་གཞུང་དེ་ཉིད་ལས་བཀག་ཏེ། གཞུང་འདིར་ཀྱི་རྡོ་རྗེ་འབུམ་ཕྲག་ལྔ་པའི་ལུང་དྲངས་པ་ལས། ལུས་ཅན་འདི་དག་ཐམས་ཅད་ནི། །འདི་ཉིད་ཀྱིས་ནི་དབུགས་འབྱིན་ཞིང་། །དངོས་མེད་བཞི་ལས་བསྐྱེད་པར་བྱེད། །དེ་འདི་ལྷན་ཅིག་སྐྱེས་པ་ཡིན། །ཡང་། འགྲོ་ཀུན་གཞོད་མ་ཉིད་ནས་སྟོང་། །རྒྱུ་རྐྱེན་གང་གིས་སྟོང་མ་བྱས། །འདི་ལ་སྐྱེ་ཀ་ཡོད་མ་ཡིན། །ལྷན་ཅིག་སྐྱེས་པར་དེ་ལྟར་བརྗོད། །ཅེས་བཤད་པའི་ཕྱིར་རོ། །བརྗོད་པར་བྱ་བ་མང་དུ་ཡོད་མོད་ཀྱི་རེ་ཞིག་དེ་ཙམ་གྱིས་ཆོག་གོ །རང་བཞིན་འོད་གསལ་རྟོག་ལས་རྣམ་གྲོལ་ཞིང་། །དོན་དམ་འོད་གསལ་སྒྲིབ་མའི་དྲི་མས་དབེན། །མཐའ་ལས་འདས་ཀྱང་སྣ་ཚོགས་སྣང་བ་ཡི། །ཟུང་འཇུག་དོན་དེ་གྲུབ་ཆེན་རྣམས་ཀྱི་གཞུང་། །བསྡུ་བའི་ཚིགས་སུ་བཅད་པའོ། །

གསུམ་པ་ནི། སློབ་དཔོན་ཆེན་པོས་ར་ཧའི་དོ་ཧའི་གཞུང་རྣམས་དང་ཡང་འགལ་ཏེ། དོ་ཧ་ལས། བླ་མས་བསྟན་པར་མི་ཤེས་ན། །སློབ་མས་གོ་བར་ཡོད་མ་ཡིན། །ལྷན་ཅིག་སྐྱེས་པ་བདུད་རྩིའི་རོ། །གང་གིས་ཇི་

ལྟར་བསྟན་པར་བྱ། །ཞེས་དང་། དེའི་འགྲེལ་པར། ཨ་ཝ་རྡྷཱུ་ཏི་པས། བླ་མ་དམ་པས་བསྟན་པའི་ཐབས་ནི་ཐ་མལ་གྱི་ཤེས་པ་སྟེ། མི་ཤེས་བསྟན་པས་ན་མཆོག་གོ །སློབ་མས་རྟོགས་པའི་བདག་ཉིད་ཀྱང་གོ་བར་བྱ་བ་ཡོད་པ་མ་ཡིན་ཏེ། མིན་པ་ནི་ཡོངས་སུ་དག་པའོ། །དེ་ཉིད་ཡིན་ནམ་ཞེ་ན། ཡིན་དུ་མེད་པ་ཉིད་ཡིན་ཏེ། ལྷན་ཅིག་སྐྱེས་པའི་བདུད་རྩིའི་རོ་ནི་སེམས་ཉིད་མ་བཅོས་པ་རྣལ་མ་སྟེ་གང་ཞིག་ཡིན་ཏེ་མིན་ནོ། །མིན་པའི་དོན་དེ་ཉིད་ཇི་ལྟར་བསྟན་པར་བྱ་སྟེ་བསྟན་དུ་མེད་པའོ། །ཞེས་གནས་ལུགས་ཀྱི་དེ་ཁོ་ན་ཉིད་བསྟན་དུ་མེད་པ་ལ། མཆོག་དང་རྟོགས་པའི་བདག་ཉིད་དུ་ཡང་ངོ་བོ་ཉིད་ཀྱིས་མ་གྲུབ་པ་ལ་ཡོངས་སུ་དག་པའི་མིང་གིས་བསྟན་ལ། ཁྱེད་ཀྱི་ལུགས་ཀྱི་གསལ་བའི་རང་བཞིན་དེ་བདེན་པར་གྲུབ་པའི་ཕྱིར་རོ། །འདིར་སེམས་མ་བཅོས་པ་རྣལ་མ་ཞེས་པ་ནི་གཟུང་འཛིན་གྱི་སླད་པ་མ་ཞུགས་པའི་འོད་གསལ་བའི་གནས་སྐབས་དེ་ཉིད་ཡིན་ལ་མ་བཅོས་པའི་དོན་ཡང་མཐར་འཛིན་པའི་རྟོག་པས་ཁ་མ་བསྒྱུར་བར་འཛོག་པའི་དོན་ཡིན་གྱི། གཞན་དག་གིས་འདོད་པ་ལྟར་རྣམ་རྟོག་ཁ་ཁྱིལ་པ་ཙམ་ལ་རྣལ་མ་དང་བཅོས་མིན་དུ་མི་བཟུང་ངོ་། །ཇི་སྐད་དུ། གཉིས་མེད་རྡོ་རྗེས་དེ་བས་ན་སེམས་ཉིད་ཀྱི་ངོ་བོ་ཅིར་ཡང་མ་ཡིན་པའི་དོན་ལ་ཅིར་ཡང་སྣང་བ་དེ། སྣང་བ་ལ་རྟོག་ན་སྐྱོན་དུ་འགྱུར་བ་དང་། དེ་ཉིད་མ་བཅོས་པར་བཞག་ན་སངས་རྒྱས་ཀྱི་ཡོན་ཏན་རྣམས་རྫོགས་པར་བྱེད་པ་སྟེ། དེ་དང་ལྡན་པའི་སེམས་འདི་ནི་མགོན་པོ་སངས་རྒྱས་བཅོམ་ལྡན་འདས་ལ་སོགས་པ་སུས་ཀྱང་མཚོན་པར་མི་ནུས་ཤིང་། མཚོན་པར་ཡང་མི་འགྱུར་རོ་ཞེས་བཤད་པ་ལྟར་རོ། །ལུང་འདིས་དེ་ཁོ་ན་ཉིད་ངོས་བཟུང་ཡོད་པ་དང་། སྟོང་པ་ཉིད་ཀྱི་དོན་མེད་པ་ལ་འདོད་པ་གཉིས་ཀ་བཀག་གོ། །དེས་ན་སློབ་དཔོན་འདི་དག་གིས་བཞེད་དོན་མཐར་ཐུག་པ་ནི། རྡུལ་མེད་རྡུལ་བྲལ་མ་ཡིན་སེམས་ཀྱང་མིན། །དངོས་པོ་དེ་དག་གདོད་ནས་ཞེན་པ་མེད། །ཅེས་དང་། དེའི་འགྲེལ་པར། ཨ་ཝ་རྡྷཱུ་ཏི་པས། དེས་ནི་ཅི་ཡང་མིན་པའི་དོན་ཉམས་སུ་མྱོང་བར་ནུས་སོ། །ཞེས་གསུངས་པ་འདི་ཙམ་གྱིས་ཀྱང་སེམས་རྣལ་དུ་ཕབ་ན་རྟོགས་པར་ནུས་སོ། །ཡང་སློབ་དཔོན་འཕགས་པའི་གསང་བ་འདུས་པའི་སྒོམ་རིམ་དང་ཡང་འགལ་ཏེ། དེ་ཉིད་ཀྱི་འོད་གསལ་གྱི་རིམ་པ་འཆད་པ་ན། གང་དུ་འགྲོ་བ་དང་ནི་འོང་མེད་ཅིང་། །ཟད་དང་འཕེལ་མེད་དངོས་དང་དངོས་མེད་མིན། །ཞེས་འོད་གསལ་གྱི་རང་བཞིན་མཐའ་དང་བྲལ་བར་བཤད་པ་ལ། ཁྱེད་ཀྱི་ལུགས་ཀྱི་འོད་གསལ་བ་དེ་ཉིད་དངོས་པོའི་ངོ་བོར་གྲུབ་པའི་ཕྱིར་དང་། ཟུང་དུ་འཇུག་པའི་རིམ་པ་ཡང་བསྟན་མི་ནུས་པར་འགྱུར་ཏེ། འོད་གསལ་ནི་ཁྱེད་ཀྱི་ལུགས་ལ་ཀུན་རྫོབ་གཏན་མེད་ཀྱི་དོན་དམ་ཡིན་ལ། དེ་ལས་མ་གཏོགས་པའི་ལྷའི་སྐུར་ལྡང་རྒྱུ་མེད་པའི་ཕྱིར་རོ། །གལ་ཏེ་འོད་གསལ་བ་དེ་ཉིད་ལྷའི་སྐུའི་རྣམ་པར་བསྒོམ་ཞིང་འཆར་རོ་ཞེ་ན། འོ་ན་ལྷའི་སྐུའི་རྣམ་པར་ཤར་བ་དེ་ཉིད་

ཀུན་རྫོབ་མིན་ན་ནི་ཟུང་འཇུག་མི་སྲིད་ལ། ཡིན་ན་ནི་དེ་ལྟ་བུ་ཉིད་གྲུབ་བམ་མ་གྲུབ། ཕྱི་མ་ལྟར་ན་ཟུང་འཇུག་གི་སྐྱར་ལྡང་བ་ཉིད་མི་སྲིད་པར་འགྱུར་ལ། སྔ་མ་ལྟར་ན། དེ་ཆོས་ཅན། དོན་དམ་འོད་གསལ་དུ་ཐལ། གཞི་གྲུབ་པའི་ཕྱིར། འདོད་ན་ནི་དོན་དམ་འོད་གསལ་རྣམ་མེད་དུ་འདོད་པ་དང་འགལ་ལོ། །གཞན་ཡང་ཟུང་དུ་འཇུག་པའི་དོན་ལ་མང་དུ་བཤད་པ་ལས་ཁྱེད་ལྟར་ན་རྣལ་འབྱོར་གཅིག་ལ་ཐབས་ཤེས་རབ་དང་། དངོས་པོ་དངོས་མེད་དང་། སྟོང་ཉིད་སྙིང་རྗེ་དང་། ཡོད་མེད་ལ་སོགས་པ་ཚང་ཀྱིར་མེད་པར་འགྱུར་ཏེ། ཟུང་དུ་འཇུག་པའི་དོན་གཅིག་ཁོ་ན་ཡོད་ཅིང་གཞན་མེད་པའི་དངོས་པོ་ཞིག་ལ་འདོད་པའི་ཕྱིར་རོ། །འོན་ཁྱེད་ཀྱི་ལུགས་ཀྱི་ཟུང་དུ་འཇུག་པའི་དོན་གཉིས་འདུས་པ་ཞིག་ལ་འདོད་དམ་ཞེ་ན། ཁོ་བོ་ཅག་ནི་ཟུང་དུ་འཇུག་པའི་རྣལ་འབྱོར་ལ་བློ་གཞན་གྱིས་ཐབས་དང་ཤེས་རབ་འདུས་པ་དང་། དངོས་དང་དངོས་མེད་བདག་ཉིད་མཆོག །ཞེས་སོགས་ཐ་སྙད་དུ་བྱེད་པ་ཡོད་ཀྱི། དོན་དམ་པའི་རྣལ་འབྱོར་ལ་ནི་གཉིས་དང་གཉིས་མིན་གྱི་རྟོག་པ་མངའ་བར་མི་འདོད་ལ་ཟུང་དུ་འཇུག་པའི་དོན་ནི་མང་དུ་ཡོད་མོད་ཀྱི་འོག་ཏུ་འཆད་དོ། །ཡང་མ་ནོར་གྲུབ་པའི་རིམ་པར་སློབ་དཔོན་ཨཀྵ་དེ་ཝས་མཛད་པ་དང་འགལ་ཏེ། གཞུང་དེར་ནི་འོད་གསལ་འཆད་པའི་སྐབས་སུ། རང་གི་ངོ་བོ་གང་དུ་ཡང་མ་གྲུབ་ཅིང་ཀུན་རྫོབ་ཀྱི་སྣང་བ་གང་ཡང་མི་མངའ་བའི་ཚུལ་གསལ་བར་བཤད་ལ། ཁྱེད་ནི་འོད་གསལ་ཉིད་ཀྱང་རང་རིག་པའི་ངོ་བོར་འདོད་པའི་ཕྱིར་རོ། །འོན་རང་རིག་པ་ཙམ་ཡང་དམིགས་སུ་མེད་པའི་ཕྱིར། འོད་གསལ་གྱི་ཚེ་ཆད་པར་ལྟ་བར་འགྱུར་རོ་ཞེ་ན། དེའི་ལན་ནི་གཞུང་དེ་ཉིད་ལས་བཤད་དེ། ཇི་སྐད་དུ། སྣང་བ་གསལ་ཏེ་མི་དམིགས་པ། །ཆད་པར་ལྟ་བ་འགྱུར་ཞེ་ན། སྣང་དང་མི་སྣང་ཡོད་མེད་སོགས། །དེ་ཀུན་ལྡོག་པའི་རིག་པ་ཡིས། །སྣང་ཡོད་ལ་སོགས་སྒྲུབ་གྱུར་ན། །མི་སྣང་མེད་སོགས་འགྲུབ་པར་འགྱུར། །སྣང་ཡོད་ལ་སོགས་མ་གྲུབ་ན། །མི་སྣང་མེད་སོགས་ག་ལ་འགྲུབ། །མཐའ་བྲལ་དབུས་ཀྱང་མི་དམིགས་ཏེ། །ཐམས་ཅད་སྟོང་པ་འོད་གསལ་བ། །སྤྲོས་པ་ཀུན་བྲལ་གང་ཡང་མིན། ཆད་པར་ལྟ་བ་ག་ལ་ཡིན། །དེ་ཡི་ཚད་ནི་ཡོད་མེད་དང་། །སྣང་དང་མི་སྣང་རྟག་ཆད་སོགས། །ཕོ་མོ་ལ་ནི་ཁ་དོག་དབྱིབས། །བསྐྱེད་དང་རྫོགས་དང་སེམས་ལ་དམིགས། །བདེན་གཉིས་འཁོར་འདས་ལ་སོགས་དང་། །བསོད་ནམས་གཟུགས་དང་ཕྱིག་གཟུགས་མིན། །སྐུ་དང་ཡོན་ཏན་གང་ཡང་མིན། །བརྗོད་པའི་ཐ་སྙད་ཀུན་དང་བྲལ། །ཞེས་བཤད་པའི་ཕྱིར་རོ། །འོན་འོད་གསལ་གྱི་དུས་དེར་སེམས་རང་རིག་པ་ཙམ་ཡང་མི་དམིགས་པར་བཤད་པ་དང་འགལ། མེད་ན་ནི་དེ་ལས་ཟུང་འཇུག་གི་སྐྱར་ལྡང་བ་འགལ་ལོ་ཞེ་ན། འོད་གསལ་གྱི་མིང་ནི་གཉིས་ཏེ། གནས་ལུགས་དངོས་དང་། དེ་མངོན་དུ་བྱ་བའི་ཡེ་ཤེས་ལ་བཤད་པ་གཉིས་སོ། །

དང་པོ་ཡོད་མེད་སོགས་གང་ཡང་མིན་པས་རང་རིག་ཡིན་པ་ལྟ་སྨོས་ཀྱང་ཅི་དགོས། དེ་ལྟ་མོད་ཀྱི་དེ་ཉིད་ཀྱང་ཐམས་ཅད་སྟོང་པའི་ཡེ་ཤེས་ལས་ལོགས་སུ་ཡོད་པ་མིན་ནོ། །

གཉིས་པ་ནི། ཡེ་ཤེས་བཞི་པ་ཉིད་ཡིན་ལ། དེའི་ངོ་བོ་ཉིད་ནི་གནས་ལུགས་དངོས་དང་དབྱེ་བ་མེད་པའི་ཕྱིར་རོ། །ངོ་བོ་ཉིད་མཐོང་ཚུལ་ལ་ལྟོས་ན་རང་རིག་པ་ཙམ་ཡང་དམིགས་སུ་མེད་ཅེས་བཤད་པ་ཡིན་གྱི། ཡེ་ཤེས་དེ་ཉིད་ནི་རང་རིག་པ་ཡིན་ཏེ། དེ་ལྟ་བུའི་ཡེ་ཤེས་ཐོབ་པའི་རྣལ་འབྱོར་པ་ནི་དུས་ཐམས་ཅད་དུ་ཡང་ཏིང་ངེ་འཛིན་དེས་ཆོས་ཐམས་ཅད་ལ་རྒྱས་འདེབས་པའི་ཕྱིར་རོ། །ཇི་སྐད་དུ། རིམ་ལྔ་ལས། གལ་ཏེ་གསང་སྔགས་བློས་པ་འམ། །གང་གཞན་ཐམས་ཅད་བྱེད་པས་ན། །ཐམས་ཅད་སྟོང་པའི་གཞི་ལ་གནས། །ཞེས་བཤད་པ་ལྟར་རོ། །དེ་ལྟ་བུའི་འོད་གསལ་དེ་ལ་ཡང་རང་བཞིན་གསལ་བའི་ཆ་ཙམ་དང་། ཡེ་ཤེས་བཞི་པར་གནས་གྱུར་པ་གཉིས་ལས། ཕྱི་མ་འདི་ནི་རིམ་ལྔ་ལས་བཤད་པའི་ཡེ་ཤེས་དེ་ཉིད་ཡིན་ལ། སྔ་མ་ལ་ནི། རྣལ་འབྱོར་དབང་ཕྱུག་གི་ལུགས་ཀྱི་རང་བཞིན་གསལ་བ་ཞེས་བྱ་བའི་མིང་གིས་ཀྱང་གསུངས་སོ། །འདི་ཙམ་གྱི་ངང་དུ་སེམས་གནས་པའམ། ཏིང་ངེ་འཛིན་ལས་འདི་ཙམ་ཞིག་ཐོབ་ཀྱང་མཆོག་ཏུ་གཟུང་བར་མི་བྱ་སྟེ། དང་པོ་ནི་འཆི་བའི་འོད་གསལ་འགའ་ཞིག་ལའང་ཡོད་པའི་ཕྱིར་དང་། གཉིས་པ་ནི་སྣང་ཕྱོགས་ཀྱི་ཏིང་ངེ་འཛིན་ལའང་ཡོད་པའི་ཕྱིར་རོ། །དེས་ན་འོད་གསལ་གྱི་ཏིང་ངེ་འཛིན་ཉིད་ཀྱང་ཟུང་འཇུག་གི་ཚུལ་གྱིས་ཉམས་སུ་ལེན་པ་གནད་ཀྱི་དོན་ནོ། །ཡང་སློབ་དཔོན་སངས་རྒྱས་ཡེ་ཤེས་ཞབས་ཀྱི་ཞལ་གྱི་ལུང་དང་ཁྲིད་ཀྱི་ལུགས་འདི་ཤིན་ཏུ་འགལ་བར་མཐོང་སྟེ། དེ་ཉིད་ཀྱིས། ཀུན་མཁྱེན་བར་གྱི་རང་བཞིན་རྣམས། །ནམ་མཁའི་དཀྱིལ་ལྟར་རྣམ་དག་པའི། །ཟབ་གསལ་གཉིས་མེད་ཡེ་ཤེས་ཏེ། །དེ་ནི་དངོས་མེད་བསྒོམ་དུ་མེད། །དངོས་པོ་ཐམས་ཅད་དང་བྲལ་བ། །ཁམས་དང་སྐྱེ་མཆེད་ཀྱིས་མ་ཟིན། །རང་བཞིན་གྱིས་ནི་འོད་གསལ་བ། །གདོད་ནས་དག་པ་ནམ་མཁའ་བཞིན། །མེད་པས་ཆོས་རྣམས་མཚན་ཉིད་སྤྲངས། །ཆོས་དང་ཆོས་ཉིད་ཡང་དག་མེད། །དངོས་པོ་མེད་པས་མཁའ་དང་མཚུངས། །ཞེས་ཟབ་གསལ་གཉིས་མེད་ཀྱི་ཡེ་ཤེས་ཀྱི་རང་བཞིན་མཐའ་དང་བྲལ་བ་དང་། དེ་ཉིད་གསལ་བ་དང་མ་བྲལ་བར་ཉམས་སུ་ལེན་ཚུལ་གཉིས་ཀ་བསྟན་ལ། ཁྱེད་ལྟར་ན་ཡེ་ཤེས་དེ་ལ་ཟབ་མོའི་དོན་མ་ཚང་བ་སྟེ་དངོས་པོའི་རང་བཞིན་དུ་གྲུབ་པའི་ཕྱིར་རོ། །ཁྱབ་འབྲེལ་གནས་ཏེ། སློབ་དཔོན་སླན་པའི་ཞབས་ཀྱིས། དེ་ཉིད་ཟབ་མོ་ཇི་ལྟ་བུ་ཞིག་ཅེ་ན། རྣམ་པར་རྟོག་པ་ལ་སོགས་པའོ། །ཕྱིན་ཅི་ལོག་གི་རྣམ་པ་ཀུན་དང་བྲལ་བ་བསམ་པ་དང་བརྗོད་པ་ཐམས་ཅད་ལས་ཡང་དག་པར་གདོད་མ་ནས་འདས་པ་ནམ་མཁའ་བཞིན་དུ་དངོས་པོ་ཀུན་སྤྲངས་པས་དྲི་མ་མེད་པ་དེ་ལས་གསལ་བའི་ཡེ་ཤེས་འབྱུང་སྟེ་ཞེས་པ་སོ་སོའི

སྐྱེ་བོ་ལ་སོགས་པ་ཀུན་ཏུ་བརྟགས་པ་བྲལ་བ་དེ་ལ་གཏིང་མི་དཔོག་པའི་ཟབ་མོ་ཞེས་བྱའོ། །ཞེས་དངོས་པོ་ཐམས་ཅད་ཀྱི་རང་བཞིན་དང་གདོད་མ་ནས་བྲལ་བར་བཤད་པའི་ཕྱིར་རོ། །དེ་ལྟ་ན་ཡང་གསལ་བ་མི་འགོག་སྟེ་ཞེས་ལུང་ལས་ཡེ་ཤེས་དེ་ཉིད་རོ་མྱང་བརྒྱད་ལྡན་དུ་བཤད་པའི་ཕྱིར་རོ། །ཇི་སྐད་དུ། རྟག་པ་དང་ནི་མི་གདུང་དང་། །གསལ་བ་དང་ནི་གཅིག་པ་དང་། །བདེ་བ་དང་ནི་དྲི་མེད་དང་། །དགའ་བ་དང་ནི་ཡིད་དྭངས་པ། །འདི་ནི་བདེ་ཆེན་རོ་མྱང་བརྒྱད། །ཞེས་གསུངས་པ་ལྟར་རོ། །དེ་བཞིན་དུ་བདག་པོ་ལ་སོགས་པ་མིང་གི་རྣམ་གྲངས་ཉི་ཤུ་རྩ་ལྔ་བཤད་པ་ཡང་། ཡེ་ཤེས་དེ་ཉིད་ལ་བཤད་པ་ཡིན་ཏེ། མན་ཞབས་ཀྱི་འགྲེལ་པ་ལས། དེ་ལྟར་དེ་ལ་སོགས་པ་རབ་ཏུ་གྲགས་པའི་མིང་གི་རྣམ་པ་མཐའ་ཡས་པ་ཀུན་ཀྱང་གཉིས་སུ་མེད་པའི་ཡེ་ཤེས་འབའ་ཞིག་མཚོན་པ་སྟེ་མདོ་སྡེ་དང་རྒྱུད་རྣམས་སུ་བློ་དང་ལྡན་པ་རྣམས་ཀྱིས་རྡོ་རྗེ་འཆང་ཆེན་པོའི་མིང་གི་རྣམ་གྲངས་ཡིན་པར་རྟོགས་པར་བྱའོ། །ཞེས་བཤད་པ་ལྟར་རོ། །འདིར་ཡེ་ཤེས་དེ་ཉིད་ལ་ཀུན་རྫོབ་དང་དོན་དམ་དང་གཉིས་མེད་གསུམ་ཀའི་མིང་གསུངས་ལ། དེའི་དོན་ཡང་འགྲེལ་པ་ལས། ཡེ་ཤེས་དེ་ཡི་ཡུལ་ཡིན་པས་དོན་དམ་དང་། སྣང་བ་མི་འགོག་པས་ཀུན་རྫོབ་དང་། ཟུང་དུ་འཇུག་པས་ན་གཉིས་མེད། ཅེས་གསུངས་ཏེ། དང་པོ་གཉིས་ནི་ཏིང་ངེ་འཛིན་གྱི་ངོས་ནས་མིང་བཏགས་པ་ཡིན་ལ། ཕྱི་མ་ནི་ངོ་བོ་ཉིད་ཀྱི་རྣམ་པས་མིང་བཏགས་པར་ཁོ་བོས་རྟོགས་སོ། །འདི་ལྟ་བུའི་ཡེ་ཤེས་དེ་ཉིད་རྟོགས་པ་དང་མ་རྟོགས་པའི་དབང་གིས་འཁོར་བ་དང་མྱ་ངན་འདས་པའི་འཕྲུལ་བྱེད་དུ་སྣང་ཡང་། དེ་ཁོ་ན་ཉིད་དངོས་སུ་འཚོལ་བར་མི་བྱ་སྟེ། རང་གི་ངོ་བོ་མཁའ་མཉམ་རྡུལ་བྲལ་སྟོང་པ་ཉིད་དུ་གོ་བར་བྱའོ། །སྣང་གསུམ་མཐའ་ལས་རབ་གྲོལ་འོད་གསལ་གྱིས། །རྒྱན་གྱིས་རབ་མཛེས་ཟུང་འཇུག་རྡོ་རྗེའི་སྐུ། །རྟག་བརྟན་མི་ཕྱེད་རང་བཞིན་ཉམས་དགའ་བའི། །འཁོར་ལོའི་བདག་པོ་ཉིད་དང་མཚུངས་པར་ཤོག །བསྡུ་བའི་ཚིགས་སུ་བཅད་པའོ། །

གཉིས་པ་དོན་དམ་རྟག་ལྟར་འགྱུར་བ་ནི་ཁྱེད་ཀྱི་ལུགས་ཀྱི་དོན་དམ་པའི་བསྒོམ་ལུགས་འདི་ནི་རྟག་ལྟ་ལས་མ་འདས་ཏེ། ཨཱཙྪ་དེ་ཝས་བདག་བྱིན་གྱིས་བརླབས་པའི་རིམ་པ་ལས། ཡོད་ཅེས་རྟོག་པ་ཇི་སྲིད་པ། །དེ་སྲིད་རྟག་པའི་ལྟ་བ་སྟེ། །རྟག་པར་མངོན་པར་ཞེན་པས་ན། །དེ་ཡང་སྒྱུ་མའི་མཚན་ཉིད་མིན། །མེད་ཅེས་རྟོག་པ་ཇི་སྲིད་པ། །དེ་སྲིད་ཆད་པའི་ལྟ་བ་སྟེ། །མེད་པར་མངོན་པར་ཞེན་པས་ན། །དེ་ཡང་སྒྱུ་མའི་མཚན་ཉིད་མིན། །ཞེས་ཡོད་པར་ལྟ་བའི་བསྒོམ་ལུགས་མཐའ་དག་ཐམས་ཅད་རྟག་ལྟར་བཤད་པའི་ཕྱིར་རོ། །ཁོ་ན་རེ། ཡོད་པར་རྟོག་པ་དང་ཞེན་ན་དེར་འགྱུར་བ་བདེན་ཡང་ཁོ་བོ་ཅག་དེ་ལྟར་མི་འདོད་དོ་ཞེ་ན། འོ་ན་གནས་ལུགས་ལ་ཡོད་པའི་སྒྲོ་འདོགས་ཆོད་ན་དེར་མི་ཞེན་ནམ། མ་ཆོད་ཀྱང་ཞེན་པ་ཙམ་འགོག །དང་པོ་ལྟར་ན

གནས་ལུགས་ཡོད་པའི་ངོ་བོར་མ་གྲུབ་པ་ལའང་དེ་ལྟ་བུའི་སྒྲོ་འདོགས་ཡང་དག་པའི་བློས་ཆོད་ཟིན་པའི་ཕྱིར་རོ༑ ༑སྒྲོ་འདོགས་ཆོད་ཀྱང་བློ་རང་ཉིད་གསལ་བ་མ་འགགས་པས་རང་རིག་པའི་ངོ་བོར་གྲུབ་པ་དེ་ཉིད་ཡིན་ནོ་ཞེ་ན། འོ་ན་ཕྱི་རོལ་གྱི་དོན་ཡང་གྲུབ་པར་དགག་ཏུ་མེད་དེ། འཕགས་པའི་རྗེས་ཐོབ་ལ་ཡང་དེའི་སྣང་བ་མི་འགགས་པའི་ཕྱིར་རོ། །དེ་ནི་ཡུལ་གྱི་གནས་ཚུལ་ལ་མ་ཞུགས་པའི་བློ་ཡིན་ནོ་ཞེ་ན། ཡུལ་གྱི་གནས་ཚུལ་བློའི་སྣང་ཚུལ་དེ་ལྟ་བུར་མ་གྲུབ་པས་བློ་དེ་གནས་ཚུལ་ལ་མ་ཞུགས་པ་ཡིན་ནམ། བློ་རང་ཉིད་ཕྱིན་ཅི་ལོག་གི་ངོ་བོར་སྐྱེས་པ་ལ་བྱ། ཕྱི་མ་ནི་འཕགས་པའི་རྗེས་ཐོབ་ལ་མི་སྲིད་ལ། སྔ་མ་ལྟར་ན་གསལ་ཙམ་མ་འགགས་པར་སྣང་བའི་མཉམ་གཞག་གི་གནས་ལུགས་ལ་མ་ཞུགས་པར་འགྱུར་ཏེ། ཡུལ་གྱི་གནས་ལུགས་དང་། བློའི་སྣང་ཚུལ་མི་མཐུན་པའི་ཕྱིར་རོ། །ཁོ་ན་རེ། རྟགས་མ་གྲུབ་སྟེ། དེའི་ཚེ་བློ་རང་རིག་པ་ཉིད་ཡུལ་གྱི་གནས་ལུགས་ཡིན་པའི་ཕྱིར་རོ་ཞེ་ན། འོ་ན་འཕགས་པའི་རྗེས་ཐོབ་ཀྱང་ཡུལ་གྱི་གནས་ཚུལ་ལ་ཞུགས་པར་འགྱུར་ཏེ། བློ་གཞན་རིག་པར་སྣང་བ་དེ་ཉིད་ཡུལ་གྱི་གནས་ལུགས་ཡིན་པའི་ཕྱིར་རོ། །ཁོ་ན་རེ། མ་གྲུབ་སྟེ། དེ་ནི་གཞན་དབང་ཡིན་པས་སོ་ཞེ་ན། འོ་ན་སྔ་མ་ཡང་མ་གྲུབ་སྟེ། རང་རིག་ཙམ་གཞན་དབང་ཡིན་པའི་ཕྱིར་རོ། །ཁོ་ན་རེ། སྔ་མ་ནི་གཟུང་འཛིན་གཉིས་སུ་སྣང་བ་ཡིན་པའི་ཕྱིར་གཞན་དབང་ཡིན་ལ། འདི་ལ་ནི་གཉིས་སུ་སྣང་བ་མེད་པའི་ཕྱིར་དེ་ཁོ་ན་ཉིད་དངོས་ཡིན་ནོ་ཞེ་ན། འོ་ན་འདི་ཡང་སྐྱེ་འཇིག་ཅན་ཡིན་པས། གཞན་དབང་ཡིན་གྱི་དེ་ཁོ་ན་ཉིད་མིན་ནོ་ཞེས་མཚུངས་སོ། །སྐྱོང་བས་གྲུབ་པ་དགག་ཏུ་མེད་པའི་ཕྱིར། འདི་དོན་དམ་པའོ་ཞེ་ན། སྔ་མ་ལ་ཡང་མཚུངས་ཏེ། སྐྱོང་བས་གྲུབ་པ་དགག་ཏུ་མེད་པའི་ཕྱིར་རོ། །དེས་ན་དེ་ཙམ་གྱིས་བདེན་གྲུབ་ཏུ་མི་འགྱུར་མོད། ཡུལ་བདེན་པ་སུན་མ་ཕྱུང་བར་བདེན་པར་འཛིན་པ་སྤོང་ནུས་པ་ནི་གཏན་མི་སྲིད་དེ། ཤཱནྟི་དེ་ཞབས། ཇི་ལྟར་ཉ་ཕྱིས་ལ་དངུལ་བློ། །ཉ་ཕྱིས་མཐོང་བས་བཟློག་པར་འགྱུར། །བདག་མེད་མཐོང་བས་དེ་ཡང་ནི༑ ༑རྩ་བ་ཉིད་ནས་མེད་པར་འགྱུར། །ཇི་ལྟར་ཐག་པ་སྦྲུལ་གྱི་བློ། །ཐག་པ་མཐོང་བས་བཟློག་པར་འགྱུར། །དེ་ལ་སྦྲུལ་གྱི་བློ་འབྱུང་བར། །སྐྱེ་བ་དེ་ལ་ཡང་མི་འགྱུར། །དེ་བཞིན་འདི་ལ་བདེན་པའི་བློ། །ཡེ་ཤེས་རྡོ་རྗེས་བཟློག་པར་འགྱུར། །དེ་ནི་ཕྱིས་འབྱུང་བར་མི་འགྱུར། །ཞེས་བཤད་པ་ལྟར་རོ། །མདོར་ན་བདེན་གྲུབ་ཞིག་ཏུ་ལྟ་བས་ཐག་བཅད་ནས་བདེན་མེད་ཀྱི་ངང་དུ་མཉམ་པར་འཇོག་པ་གཞན་སྟོང་གི་ལུགས་དང་། བདེན་མེད་དུ་ལྟ་བས་ཐག་བཅད་ནས་བདེན་གྲུབ་ཞིག་གི་ངང་དུ་བསྒོམ་པས་ཉམས་སུ་ལེན་པ་རང་སྟོང་གི་ལུགས་ཡིན་ཞེས་གསུངས་པ་དག་ལ་བློ་གཟུ་བོར་གནས་པ་དག་གིས་རིགས་པ་དང་མི་རིགས་པའི་ཚུལ་ལེགས་པར་ཕྱེད་དེ་སྨྲ་བར་རིགས་སོ། །གཞན་ཡང་ལྟ་བ་འདི་ལྟ་བུ་རྟག་ལྟར་སོང་སྟེ། དབྱིངས་དངོས་པོར་གྲུབ་པ་ཞིག་ལ་བསྒོམ་དུ

བྱས་པའི་ཕྱིར་རོ། །ཁྱབ་དེ། པདྨ་བཛྲ་གྱིས། བློ་ལྡན་དངོས་པོ་མི་བསྒོམ་ཞིང་། །དངོས་པོ་མེད་པའང་རིང་དུ་སྤང་། །གཅིག་གིས་རྟག་པར་འཛིན་འགྱུར་ཞིང་། །གཞན་དག་གིས་ནི་སྟོང་ཉིད་དུ། །རྟག་དང་ཆད་པའི་སྒྲོར་བ་ལས། །མཆོག་ཏུ་འཛིན་པ་ཟད་པ་གང་། །ཡེ་ཤེས་ཇི་ཞིག་འབྱུང་འགྱུར་བ། །ཞེས་བཤད་པའི་ཕྱིར་དང་། སྒོམ་པོ་བསྒོམ་བྱ་བསྒོམ་པ་དག །དོན་དམ་པར་ནི་ཡོད་མ་ཡིན། །དཔེ་ལས་འདས་ཞིང་བརྗོད་དུ་མེད། །ཅེས་སོགས་ངེས་དོན་གྱི་རྒྱུད་འགྲེལ་མཐའ་དག་ལས་འདི་ལྟ་བུའི་དབུ་མ་ཆེན་པོ་བཀག་པའི་ཕྱིར་རོ། །རྒྱས་པར་འོག་ཏུ་འཆད་པ་ལས་ཤེས་སོ། །

གསུམ་པ་ཀུན་རྫོབ་འདོད་ཚུལ་ཆད་ལྟར་སོང་བ་དགག་པ་ལ་གསུམ་སྟེ། གྲུབ་མཐའ་སྨྲ་བ་སྤྱི་དང་འགལ་བ། ཁྱེ་བྲག་དབུ་མའི་གཞུང་དང་འགལ་བ། ཁྱད་པར་དུ་ཁྱབ་ཆེས་དང་ཁས་ལེན་པའི་གཞུང་རྣམས་དང་འགལ་བར་བསྟན་པའོ། །དང་པོ་ནི། ཀུན་རྫོབ་མཐའ་དག་གཏན་ནས་མེད་ཅེས་ཟེར་བ་དེ་བརྟགས་ཏེ། དོན་དམ་སེམས་པའི་བློའི་ངོར་ནས་མེད་པས་མེད་ཅེས་ཟེར་བའམ། བློ་གཉིས་ཀའི་ངོ་བོ་ནས་མེད་པ་གང་ཡིན། དང་པོ་ལྟར་ན་གཞི་ལམ་འབྲས་གསུམ་དང་། དཀོན་མཆོག་གསུམ་དང་། ལས་འབྲས་ལ་སོགས་པ་མེད་པར་ཐལ། གནས་ལུགས་སེམས་པའི་བློ་ངོར་དེ་ལྟ་བུ་མ་གྲུབ་པའི་ཕྱིར། རྟགས་གྲུབ་སྟེ། ཉན་ཐོས་སྡེ་གཉིས་ཀྱི་ལུགས་ལ་ཡང་གང་ཟག་གི་བདག་མེད་པའི་དོན་ལ་མཉམ་པར་བཞག་པ་ན། དེ་ལྟ་བུའི་སྣང་བ་མི་མངའ་བའི་ཕྱིར་དང་། ཐེག་པ་ཆེན་པོའི་ལུགས་ལ་ཡང་ཆོས་ཀྱི་བདག་མེད་པ་ལ་མཉམ་པར་བཞག་པའི་ཚེ་དེ་ལྟ་བུ་མི་དམིགས་པའི་ཕྱིར་རོ། །ཇི་སྐད་དུ། སློབ་དཔོན་མ་ཏི་ཙི་ཏྲས་དོན་དམ་པའི་བྱང་ཆུབ་སེམས་བསྒོམ་པའི་སྐབས་ལས། འདི་ལ་སངས་རྒྱས་སེམས་ཅན་མེད། །བདག་གཞན་སྣང་ཞིང་སྲིད་པའི་ཆོས། །རྣམ་གྲོལ་རྣམ་པར་བཅིང་བ་ཡང་། །མིང་ཙམ་མིང་ཡང་ཡོད་མ་ཡིན། །ཞེས་བཤད་པ་ལྟར་རོ། །འོན་ཐེག་བསྡུས་ལས། མི་རྟོག་ཡེ་ཤེས་རྒྱུ་བ་ལ། །དོན་ཀུན་སྣང་བ་མེད་པའི་ཕྱིར། །དོན་མེད་ཁོང་དུ་ཆུད་པར་བྱ། །ཞེས་གསུངས་པ་མ་ཡིན་ནམ་ཞེ་ན། དེ་ནི་ཕྱི་རོལ་གྱི་དོན་དམ་པར་གྲུབ་པ་འགོག་པ་སྟེ། དེ་ཉིད་ལས། དོན་ནི་དོན་དུ་གྲུབ་གྱུར་ན། །ཞེས་བཤད་པས་སོ། །ཡང་མདོན་པ་ལས། ཀུན་རྫོབ་ཏུ་ཡོད་དེ། དོན་དམ་ཡོད་གཞན་ནོ། །ཞེས་ཡོད་པ་ལ་གཉིས་གསུངས་པ་དང་། རྣམ་འགྲེལ་ལས་ཀྱང་། དེ་འདིར་དོན་དམ་ཡོད་པ་སྟེ། །གཞན་གྱི་ཀུན་རྫོབ་ཡོད་པ་ཡིན། །ཞེས་པ་ལ་སོགས་པའི་རྣམ་བཞག་ཐམས་ཅད་མི་རིགས་པར་ཐལ། མི་རྟོག་པའི་ཡེ་ཤེས་ཀྱི་ངོ་བོར་མ་དམིགས་པའི་ཕྱིར་རོ། །གཉིས་པ་ལྟར་ན་ངོ་བོ་ཉིད་མེད་པར་སྨྲ་བ་དང་། རྣལ་འབྱོར་སྤྱོད་པ་པ་གཉིས་ཀའི་ལུགས་ལས་འདས་སོ། །

གཉིས་པ་དབུ་མའི་ལུགས་དང་ཡང་འགལ་ཏེ། བདེན་པ་གཉིས་སམ་མཚན་ཉིད་གསུམ་ལ་སོགས་པའི་རྣམ་གཞག་ཐམས་ཅད་ཀུན་རྫོབ་ལ་གནས་ནས་འཆད་དགོས་པ་ལས། དེ་གཏན་མེད་པའི་ཕྱིར་རོ། །གང་ཞིག་གྲུབ་ཏེ། དབུ་མ་ལས། ཀུན་རྫོབ་ཁས་ནི་མི་བླངས་པར། །དེད་ཅག་འཆད་པར་མི་བྱེད་དོ། །ཞེས་བཤད་པའི་ཕྱིར་རོ། །ཡང་མི་རྟོག་པའི་ཡེ་ཤེས་ཀྱིས་གཟིགས་ཚུལ་དེ་ཉིད་དོན་དང་མཐུན་པས་དེའི་གཟིགས་པ་དང་མི་མཐུན་པ་ཐམས་ཅད་མེད་དགོས་ན། སངས་རྒྱས་ཀྱི་ཡེ་ཤེས་ལ་མི་སྣང་བའི་ཕྱིར་སེམས་ཅན་མེད་པར་འགྱུར་རོ། །ཡང་སངས་རྒྱས་ཀྱི་ཡེ་ཤེས་ལ་ཆོས་ཐམས་ཅད་ཡེ་ཤེས་དེ་ཉིད་དུ་སྣང་བའི་ཕྱིར། ཆོས་ཐམས་ཅད་ཀྱང་སངས་རྒྱས་ཉིད་དུ་འགྱུར་རོ། །གལ་ཏེ་སྙིང་ཕོད་བསྐྱེད་ནས་དེ་ཡང་འདོད་དོ་ཞེ་ན། འོ་ན་ནི། སྡོམ་གསུམ་ལས། མུ་སྟེགས་བདག་དང་མཚུངས་ཕྱིར་དང་། །ཞེས་པའི་འབྲུ་གནོན་འཆད་པ་ན། ཁྱེད་རང་གི་རང་བཞིན་ཆོས་སྐུའི་ཡེ་ཤེས་ཞེས་བྱ་བ་ཆོས་སྐུ་གོ་ཆོད་པོ་གཅིག་སེམས་ཅན་ཐམས་ཅད་ལ་ཡོད་ན་མུ་སྟེགས་ཀྱིས་བཏགས་པའི་བདག་དང་མཚུངས་པ་ཡིན་ཏེ། ཞེས་པར་དུ་བཏབ་པ་དང་འགལ་ཏེ། ཐམས་ཅད་སངས་རྒྱས་ཀྱི་ཡེ་ཤེས་ཡིན་པའི་ཕྱིར་རོ། །གལ་ཏེ་སེམས་ཅན་ལ་ཆོས་སྐུ་གོ་ཆོད་པོ་ཡོད་པ་བཀག་གི སེམས་ཅན་ཡོད་ཙམ་མ་སླུས་ཤིང་ཐམས་ཅད་སངས་རྒྱས་ཀྱི་ཡེ་ཤེས་ཡིན་པ་ལ་ཡང་དེད་རང་གི་གཞུང་དེས་མི་གནོད་དོ་ཞེ་ན། ཤིན་ཏུ་གནོད་དེ། ཆོས་ཐམས་ཅད་སངས་རྒྱས་ཀྱི་ཡེ་ཤེས་གོ་ཆོད་པོ་ཡིན་ན་ནི་མུ་སྟེགས་ཀྱིས་བདག་ཁས་བླངས་པ་ལས་ཀྱང་ཧ་ཅང་ཐལ་ཏེ། སེམས་ཅན་ཐམས་ཅད་སངས་མི་རྒྱ་བར་འདོད་དགོས་པའི་ཕྱིར་ཏེ། སེམས་ཅན་མེད་པའི་ཕྱིར་དང་། ཡོད་ཀྱང་སངས་རྒྱས་ཀྱི་ཡེ་ཤེས་གོ་ཆོད་ཉིད་ཡིན་པའི་ཕྱིར་རོ། །གོ་མི་ཆོད་ཀྱི་སངས་རྒྱས་ཀྱི་ཡེ་ཤེས་ཡིན་ན་ནི་དེའི་མིང་གིས་ཅི་བྱ་སྟེ། རང་གི་མིང་ནི་ཁས་ལོང་ཞིག །གཞན་གྱི་དབང་མཚན་ཉིད་ཇི་ལྟར་ཀུན་བཏགས་པ་དེ་ལྟར་མེད་ཀྱི་ཡེ་མེད་པ་ནི་མིན་ཏེ། དེ་མིན་པས་དེ་སྟོང་པ་ཉིད་དོ། །ཞེས་བཤད་པའི་ཕྱིར་རོ། །འོན་བསྡུ་བ་ལས། བརྟགས་པ་ནི་ཤེས་པ་གང་གིས་ཀྱང་དམིགས་པ་མིན་ནོ། །ཞེས་བཤད་པ་དང་འགལ་ལོ་ཞེ་ན། མི་འགལ་ཏེ། དེ་ནི་ཀུན་བཏགས་ཀྱི་དབང་གིས་ཤེས་པ་གཞན་གྱི་རྟེན་མི་བྱེད་པ་ལ་དོན་བཟང་མཁན་པོས་བཤད་པའི་ཕྱིར་དང་། བསྡུ་བ་ལས། སོ་སོ་སྐྱེ་བོའི་ཤེས་པའི་དམིགས་པའོ། །ཞེས་གསུངས་པའི་ཕྱིར་རོ། །ཡང་འཕགས་པའི་རྗེས་ཐོབ་ལ་ཡང་ཀུན་བཏགས་ཀྱི་སྣང་བ་མངའ་བར་བཤད་དེ། དོན་གསང་རྣམ་འབྱེད་ལས། རྣམ་པ་གཅིག་ཏུ་མོས་པས་སྤྱོད་པའི་ཡུལ་ཡིན་པའི་ཕྱིར་དང་། ཟག་པ་མེད་པའི་ཡེ་ཤེས་ལས་ལངས་པའི་སེམས་དང་ལྡན་པ་རྣམས་ཀྱིས་ཡང་དེ་བཞིན་གཤེགས་པའི་ཆོས་ཉན་པ་ལ་སོགས་པ་ནི་ཡུལ་ཉིད་དུ་ཉེ་བར་འགྲོ་བའི་ཕྱིར་སྐབས་སུ་བབས་ཏེ་འགལ་བ་མེད་དོ། །ཞེས་བཤད་པའི་ཕྱིར་རོ། །དེས་

ན་ཀུན་རྫོབ་ཀྱི་བདེན་པ་གཏན་མེད་པར་སྨྲ་བ་འདི་ནི་དོན་དམ་པའི་སྒོ་ནས་ཀུན་རྫོབ་སླུན་འབྱིན་པའི་ཀླན་ཀ་དངོས་སུ་སྣང་བས་བརྗོད་པར་བྱ་བ་མང་དུ་ཡོད་མོད་ཀྱི་ཤེས་པར་སླའོ། །

གསུམ་པ་ཁས་བླངས་ནང་འགལ་བས་དགག་པ་ནི། འཁོར་ལོ་ཐ་མའི་ངེས་དོན་འཆད་པ་ན། ཀུན་རྫོབ་ཀྱི་ཆོས་ཚད་མས་མ་གྲུབ་པར་ཁས་ལེན་ཞིང་། གཞི་གྲུབ་ན་གཉིས་མེད་ཀྱི་ཡེ་ཤེས་ཡིན་པས་ཁྱབ་ཟེར་བ་དང་། རྒྱུད་བླ་མའི་དགོངས་པ་བདེ་གཤེགས་སྙིང་པོ་ཆོས་སྐུ་མཚན་ཉིད་པ་ལ་འཆད་པ་གཉིས་ཀྱང་འགལ་བ་ཡིན་ཏེ། འབྲས་དུས་ཀྱི་ཡེ་ཤེས་དེ་ཆོས་ཅན། རང་བཞིན་ཆོས་སྐུ་ཡིན་པར་ཐལ། གཞི་གྲུབ་པའི་ཕྱིར། ཁྱབ་པ་ཁས་བླངས་ཏེ། ཇི་སྐད་དུ། རིག་འཛིན་བློ་གྲོས་བཟང་པོའི་དྲིས་ལན་ལས། དེས་ན་ཐུགས་སུ་ནི་རང་བཞིན་ཆོས་སྐུ་ལས་མ་གཏོགས་པའི་ཆོས་གཞན་གང་ཡང་མེད་དེ། དེ་ཉིད་ཡོད་པར་འདོད་དོ་ཞེ་ན། དེ་ཉིད་དོན་དམ་པའི་བདེན་པར་འཆད་ལ། གཅིག་དང་དུ་མའི་རིགས་པས་དཔྱད་པ་ནི་ཡོད་པ་མིན་པའི་ཚུལ་ནི་མ་གསུངས་ཏེ། ཞེས་གསལ་བར་བཤད་པའི་ཕྱིར་རོ། །ཡང་ཁྱབ་པ་ཁས་བླངས་སོ། །སྔ་མ་ལ་འདོད་ན། བདེ་གཤེགས་སྙིང་པོ་མཚན་ཉིད་པ་སངས་རྒྱས་ཁོ་ན་ལ་ཡོད་པའི་དམ་བཅའ་ཉམས་སོ། །ཡང་གཉིས་མེད་ཀྱི་ཡེ་ཤེས་འདུས་བྱས་སུ་ཁས་བླངས་པ་ཡང་། གཞི་མི་སྟོང་བའི་དོན་རྒྱུ་ལམ་འབྲས་བུའི་གནས་སྐབས་ཀུན་ལ་འཇུག་པའི་ཆོས་ཉིད་ལ་འཆད་པ་ཡང་འགལ་ཏེ། ཆོས་དབྱིངས་ཆ་ཤས་མེད་པའི་དབྱིངས་ཡིན་ན། གཞི་ལམ་འབྲས་བུ་གསུམ་ཀུན་ལ་དབྱེར་མེད་པའི་ཚུལ་གྱིས་ཁྱབ་ཏུ་རུང་གི འདུས་བྱས་སྐད་ཅིག་མ་ནི་སྐྱེ་འཇིག་གི་ཆ་དང་བཅས་པས་དུས་གསུམ་ཀ་ལ་ཁྱབ་ཏུ་མི་རུང་བའི་ཕྱིར་རོ། །སངས་རྒྱས་ཐམས་ཅད་ཆོས་ཀྱི་སྐུ་གཅིག་ཏུ་གྱུར་པ་ཞེས་བྱ་བ་མི་རུང་སྟེ། འདུས་བྱས་ཀྱི་ཡེ་ཤེས་ངོ་བོ་ཐ་དད་པ་སོ་སོར་གྲུབ་པའི་ཕྱིར་རོ། །ཡང་རང་གི་རྣམ་གཞག་མཛད་པའི་གཞུང་དང་ཡང་འགལ་ཏེ། དབུ་མའི་ལྟ་ཁྲིད་ལས། གཅིག་དུ་བྲལ་སོགས་ཀྱི་རིགས་པས་དཔྱད་ན་རྣམ་ཀུན་མཆོག་ལྡན་གྱི་སྟོང་པ་ཉིད་ཅེས་བྱ་བ་ཡང་ལྷག་མ་ཙམ་ཟད་ཀྱང་མི་ལུས་པ་དང་། ཆོས་དབྱིངས་བསྟོད་པ་ལ་སོགས་ལས་ཀྱང་དོན་དེ་ཉིད་བཤད་པའི་ཚུལ་དང་། གཞན་སྟོང་གི་ལྟ་བ་འདི་རྟག་ལྟར་ལྟུང་བའི་ཚུལ་འདི་བཤད་པའི་ཕྱིར་རོ། །ཇི་སྐད་དུ། ཁྱེད་རང་གི་གཞུང་དེ་ཉིད་ལས། གཞན་སྟོང་ཁས་ལེན་པ་དག་ན་རེ། སྔར་བཤད་པའི་ཕུང་པོ་རྣམ་དཔྱད་ཀྱི་སྟོང་པ་ཉིད་དམ། རང་སྟོང་དེ་ནི་ཆུ་ཤིང་བཞིན་དུ་སྙིང་པོ་མེད་པའི་ཕྱིར། རྫུན་པ་དང་བསླུ་བ་ཡིན་ལ། རྣམ་ཀུན་མཆོག་ལྡན་གྱི་སྟོང་པ་ཉིད་དམ་གཞན་སྟོང་དེ་ནི་བདེན་པར་གྲུབ་པ་དང་། རིགས་པས་དཔྱད་བཟོད་དུ་གྲུབ་པ་ཡིན་ཏེ། དོན་དམ་པའི་བདེན་པ་ཡིན་པའི་ཕྱིར། ཇི་སྐད་དུ། འཇམ་དཔལ་གྱི་ལྟ་འདོད་ལས། ཕུང་པོ་རྣམ་དཔྱད་སྟོང་པ་ཉིད། །ཆུ་ཤིང་བཞིན་དུ་སྙིང་པོ་མེད། །རྣམ་པ་ཀུན་གྱི་མཆོག

ལྡན་པའི། །སྟོང་ཉིད་དེ་ལྟར་འགྱུར་བ་མིན། །ཞེས་གསུངས་སོ། །ཞེས་ཟེར་བ་དེ་ནི་རིགས་པ་མིན་ཏེ། ཀླུ་སྒྲུབ་ཞབས་ཀྱིས་རིགས་པས་རྣམ་པར་དཔྱད་པ་ན། དཔྱད་བཟོད་པའི་ཆོས་དེ་ནི་ཙུང་ཟད་ཙམ་ཡང་ཡོད་པ་མིན་པའི་ཕྱིར་དང་། ཐོག་མ་དབུས་མཐའ་ཐ་མ་ཡང་། །སྐད་ཅིག་བཞིན་དུ་བསམ་བྱས་ན། །ཞེས་པའི་རིགས་པས་བརྟགས་ཤིང་དཔྱད་ན་རྣམ་ཀུན་མཆོག་ལྡན་གྱི་སྟོང་པ་ཉིད་ཀྱང་ལྷག་མ་ཙུང་ཟད་ཀྱང་མ་ལུས་པའི་ཕྱིར་དང་། ཁྱེད་རང་གི་དཔེའི་དོན་དུ་འདོད་པའི་བྱང་ཆུབ་སེམས་འགྲེལ་དང་། ཆོས་ཀྱི་དབྱིངས་སུ་བསྟོད་པ་ལས། སེམས་གསལ་རིག་དེ་རིགས་པས་དཔྱད་མི་བཟོད་པ་ཁོ་ནར་གསུངས་པའི་ཕྱིར་ཏེ། ཇི་སྐད་དུ། སེམས་ནི་མིང་ཙམ་ཡིན་པས་སྟེ། །མིང་ལས་གཞན་དུ་འགའ་ཡང་མེད། །རྣམ་རིག་མིང་དུ་ལྟ་བྱ་སྟེ། །མིང་ཡང་རང་བཞིན་མེད་པ་ཡིན། །ནང་དང་དེ་བཞིན་ཕྱི་རོལ་དང་། །ཡང་ན་གཉིས་ཀའི་བར་དག་ཏུ། །རྒྱལ་བ་རྣམས་ཀྱིས་སྒྱུ་མ་ཡི༑ ༑རང་བཞིན་སེམས་ནི་མ་གཟིགས་སོ། །ཞེས་དང་། མདོར་ན་སངས་རྒྱས་རྣམས་ཀྱི་སེམས། །མི་རྟག་ཉིད་དུ་ཞེན་གྱུར་ན། །དེ་དག་སེམས་དེ་སྟོང་ཉིད་དུ། །ཅི་ཡི་ཕྱིར་ན་བཞེད་མ་གྱུར། །ཅེས་དང་། སློབ་དཔོན་དཔའ་བོའི་ཞབས་ཀྱིས་ཀྱང་། བདེན་པའི་དེ་ཉིད་སེམས་དེ་ལ། །འདིར་ནི་ཙུང་ཟད་རྣམ་བརྟགས་ན། །བདག་ལས་མ་ཡིན་གཞན་ལས་མིན། །ཞེས་སོགས་རྒྱས་པར་གསུངས་པའི་ཕྱིར་དང་། ཁྱོད་ཀྱི་འདོད་པ་འདི་ནི་རྣམ་རྫུན་པའི་ལྟ་བ་ལས་གོང་དུ་ཙུང་ཟད་ཀྱང་མ་འཕགས་པ་ཡིན་ཏེ། ཇི་སྐད་དུ། འཕགས་པ་ལྷས། གཟུང་དང་འཛིན་པ་ལས་གྲོལ་བའི། །རྣམ་པར་ཤེས་པ་དོན་དམ་ཡོད། །རྣལ་འབྱོར་སྤྱོད་གཞུང་རྒྱ་མཚོ་ཡི། །ཕ་རོལ་ཕྱིན་རྣམས་དེ་སྐད་སྒྲོག །ཅེས་གསུངས་ནས་དོན་དེ་ཉིད་ལ་དགག་པ་རྒྱ་ཆེར་མཛད་པའི་ཕྱིར། མདོར་ན་གངས་ཅན་གྱི་ལྗོངས་འདིར་སེམས་ཙམ་རྣམ་རྫུན་གྱི་ལྟ་བ་ལ་དབུ་མར་འདོད་པ་གཞན་སྟོང་པར་གྲགས་པ་དང་། གྲུབ་མཐའ་བཞི་ཀ་དང་མི་མཐུན་པ་སྟོང་པ་ཉིད་ལ་ལ་མ་ཚང་བར་འཛིན་པའི་བློ་དབུ་མར་འདོད་པ་རང་སྟོང་གི་ལུགས་སུ་རློམ་པ་གཉིས་སོ། །

དང་པོ་གཞན་སྟོང་བདེན་གྲུབ་དབུ་མར་སྨྲ་བའི་རྟོག་གེ་པ་དག་ནི་རྟག་པའི་མཐར་ལྷུང་ཞིང་། གཉིས་པ་རིག་ཤེས་ཀྱིས་སྦྲོས་པ་ཐམས་ཅད་བཀག་ཤུལ་དུ། རང་སྟོང་བསྒྲུབ་བྱར་ཞེན་པ་དབུ་མར་འདོད་པའི་རྟོག་གེ་པ་དག་ཀྱང་དེ་འདྲ་སྟེ་ཞེས་གསལ་བར་བྲིས་པའི་ཕྱིར་རོ། །གལ་ཏེ་དེ་དག་ནི་རང་སྟོང་གི་ལུགས་ལ་གནས་ནས་སྨྲས་པ་ཡིན་ནོ་ཞེ་ན། འོ་ན་ནི་གཞན་སྟོང་གི་གཞུང་དུ་འདོད་པའི་བསྟོད་ཚོགས་དེ་དག་གི་དགོངས་པ་ཡང་རང་སྟོང་དུ་སྨྲ་དགོས་ལ། དེ་ལྟར་བསྟོད་ཚོགས་སུ་འཁོར་ལོ་ཐ་མའི་ངེས་དོན་འཆད་ཚུལ་གྱིས་རྣམ་པར་ཕྱེ་བ་ཡིན་པར་ཐལ། དེ་ལས་ཀྱང་རིགས་ཚོགས་ཇི་ལྟ་བ་བཞིན་དུ་བཤད་པའི་ཕྱིར་རོ། །གལ་ཏེ་རང་སྟོང་པ

དག་དེ་ལྟར་འདོད་མོད། དེ་ཉིད་རིགས་པ་མིན་ནོ་ཞེ་ན། །འོན་རིགས་པ་དེ་དག་གི་ལན་མྱུར་དུ་ཐོབ་ཅིག །ཡང་སྐབས་འདིར་རང་སྟོང་གི་ལུགས་ན་གནས་ནས་དེ་སྐད་སྨྲ་བ་ཡིན་ནོ་ཞེ་ན། འོ་ན་རང་སྟོང་གི་ལུགས་ལས་ཀྱང་ཉམས་པར་འགྱུར་ཏེ། རང་སྟོང་གི་ལྟ་བ་མཐར་ཐུག་ནི་མེད་དགག་ཏུ་ཁས་བླངས་ལ། ཁྱེད་རང་གི་གཞུང་འདིར་ནི་དེ་ལྟར་ཁས་མི་ལེན་པར་གསུངས་པའི་ཕྱིར། རྟགས་སྔ་མ་གྲུབ་སྟེ། དྲི་ལན་སྔ་མ་དེ་ཉིད་ལས། དབྱེངས་དེ་ཡང་འདོད་ཚུལ་གཉིས་ཏེ། ངོ་བོ་ཉིད་མེད་པར་སྨྲ་བ་དག་མེད་དགག་ཏུ་འཆད་པ་དང་། བཀའ་འཁོར་ལོ་ཐ་མར་སེམས་ཀྱི་རང་བཞིན་འོད་གསལ་ལ་འཆད་པའོ། །ཞེས་བཤད་པས་སོ། །ཕྱི་མ་ཡང་ཁས་བླངས་ཏེ། ལྟ་ཁྲིད་ལས། ཡོད་པ་བཀག་ཤུལ་དུ་མེད་པ་འཕངས་སོ་ཞེས་ཟེར་བ་དེ་ནི། ཀུན་རྫོབ་ཏུ་གནས་པ་དང་། དངོས་པོར་སྨྲ་བའི་ཕྱོགས་ལ་ཡིན་གྱི་ངོ་བོ་ཉིད་མེད་པར་སྨྲ་བའི་ཕྱོགས་ལ་མ་ཡིན་པའི་ཕྱིར་རོ་ཞེས་དང་། བདེན་སྟོང་ཁྱད་གཞིར་བཟུང་ནས་གང་དུ་གྲུབ་སྤྱོད་པའི་རིག་ངོ་ཆོས་ཅན། བདེན་གྲུབ་བཀག་ཤུལ་དུ་འཕངས་པའི་བདེན་སྟོང་ཡོད་པ་མིན་ཏེ། དགག་བྱ་བདེན་གྲུབ་ཡོད་པ་མིན་པའི་ཕྱིར། ཞེས་སོགས་དགེ་ལྡན་པའི་འདོད་ལུགས་བཀག་ནས་རང་ལུགས་འཛོག་པ་ན། ཡུལ་ཅན་དབུ་མའི་ལྟ་བ་འདི་ལ་གཉིས་ཏེ། མཚན་ཉིད་པ་མངོན་སུམ་གྱི་ངོ་བོར་སྐྱེས་པ་དང་། རྗེས་མཐུན་པ་རྟོག་པའི་ངོ་བོར་སྐྱེས་པའོ། །

དང་པོ་ལ་སྣང་མེད་མཉམ་བཞག་གི་རྣལ་འབྱོར་མངོན་སུམ་དང་། སྣང་བཅས་རྗེས་ཐོབ་ཀྱི་རྣལ་འབྱོར་མངོན་སུམ་གཉིས་སོ། །ཞེས་ངོ་བོ་ཉིད་མེད་པའི་ལྟ་བ་མཚན་ཉིད་པ་རྣལ་འབྱོར་མངོན་སུམ་དུ་བཤད་པའི་ཕྱིར་རོ། །རྣལ་འབྱོར་མངོན་སུམ་མེད་དགག་ཏུ་ཁས་ལེན་པ་ནི་གྲུབ་མཐའ་སྨྲ་བ་སུའི་ལུགས་ལ་ཡང་མེད་དོ། །དེ་ལྟར་བཤད་པ་དེ་དག་ཐམས་ཅད་ནི་རྒྱ་གར་གྱི་སློབ་དཔོན་གྲུབ་པ་ཐོབ་པ་རྣམས་ཀྱི་ལུང་ཚད་ལྡན་རྣམས་དང་བསྟུན་ནས་མི་མཐུན་པའི་ཚུལ་སྨོས་པ་ཡིན་ལ། ལུང་དོན་ལ་བརྟགས་ཤིང་དཔྱད་པ་ཞིབ་ཏུ་མི་བྱ་བའམ། རང་གི་བློས་ལོག་པར་བཏགས་པའམ། ངེས་དོན་ལ་བློ་ཁ་མ་ཕྱོགས་པར་རྣ་གཏམ་བརྒྱུད་པའི་གླེང་འགྲོས་ཙམ་གྱིས་གསུང་རབ་ཀྱི་དོན་ལ་དགག་སྒྲུབ་མཛད་པའི་ཐུགས་ཁུར་བཞེས་པ་དག་གིས་དོན་འདི་རྣམས་ཡེ་མི་དགོངས་པར་ཡོད་ཅིང་། གཟུ་བོར་གནས་པའི་མཁས་པ་བསྟན་པའི་སྙིང་པོ་ལ་སྤྲོག་ལྟར་གཅེས་པར་འཛིན་པ། གཞན་གྱི་ངོ་སྲུང་གི་དབང་དུ་ལྟ་སྒྲུབ་ཀྱི་གནད་མི་བསྒྱུར་བ་རྣམས་ཀྱིས་ཚུལ་འདི་གཟིགས་ནས་མཁྱེན་པའི་སྤྱན་གྱིས་འཐད་པ་དང་མི་འཐད་པའི་དབྱེ་བ་རྣམ་པར་མཛད་པར་གསོལ། འོ་ན་འདིར་རྗེ་བཙུན་བླ་མ་ས་སྐྱ་པ་རྣམས་ཀྱི་ལུང་ཅི་ཕྱིར་མི་སྨོས་སྙམ་ན། དྲིས་ལན་མཛད་པ་འདིས་ནི། ཐུགས་ཀྱི་བཞེད་དོན་མཐར་ཐུག་པ་ལ་བླ་མ་གོང་མ་དེ་དག་ལ་ཁུངས་སུ་མི་མཛད་པའི་ཕྱིར་མ་སྨོས་ལ། ཁོ་བོས་སྔར་བཤད་པའི་ལུང་རྣམས་ནི་

ཕྱོགས་གཉིས་ཀ་ལ་ཁུངས་སུ་བྱེད་པ་རྣམས་བཤད་པའོ། །གང་ཞིག་ཟླ་བའི་འོད་ཉམས་ཤིང་། །འབྱུང་པོའི་བྱ་ཚོགས་མི་འདོད་ཀྱང་། །མུན་སེལ་པད་ཚལ་རྒྱས་བྱེད་དུ། །འོད་སྟོང་ལྡན་འདི་ཤར་བར་གྱུར། །འོན་ཀྱང་མུན་པའི་རྗེས་འགྲོ་ལ། །ཉེར་བརྟེན་ཉི་མའི་འོད་མི་འཇུག །ཕྱོགས་ཞེན་སོར་མོས་བཀབ་པ་ཡིས། །ཐོས་པའི་ལམ་དུ་འགྱུར་བ་མིན། །དེ་ལྟ་ན་ཡང་གཟུར་གནས་ཤིང་། །དད་བརྩོན་ཨུཏྤལ་ཕྲེང་བ་ཅན། །བློ་གསལ་རི་དྭགས་མིག་ཅན་གྱི། །རྣ་བ་ཡི་ནི་རྒྱན་དུ་འགྱུར། །རྣམ་གཡེང་བྱ་བའི་ཁང་བུ་ཡི། །རྩེ་མོའི་ལས་ལ་མ་ཆགས་ཤིང་། །ཐོས་བསམ་བདུད་རྩིའི་རོ་མྱོང་བའི། །མཁས་པའི་མདུན་སར་ལེགས་བཤད་ཀྱི། འགྲེལ་པའི་གཏམ་རྣམས་སྨྲ་བ་ལ༔ །གོ་འཕངས་མཐོན་པོར་འགྱུར་བ་ཉིད། །བར་སྐབས་ཀྱི་ཚིགས་སུ་བཅད་པའོ། །

གཉིས་པ་ལུགས་འདི་ཉིད་འགལ་བ་བྱེ་བྲག་ཏུ་དགག་པ་བཤད་པ་ལ་གསུམ་སྟེ། ལྟ་བའི་གནད་མི་མཐུན་པར་བསྟན་པ། བསྒོམ་པའི་གནད་མི་མཐུན་པར་བསྟན་པ། ཉམས་ལེན་གྱི་གནད་གཞན་མི་མཐུན་པར་བསྟན་པའོ། །དང་པོ་ལ་གཉིས་ཏེ། ཕྱོགས་སྔ་དགོད་པ་དང་། དེ་ཉིད་བླ་མ་གོང་མའི་གསུང་རབ་དང་ཇི་ལྟར་མི་མཐུན་པའི་ཚུལ་རྣམ་པར་ཕྱེ་སྟེ་བཤད་པའོ། །དང་པོ་ནི། དྲིས་ལན་མཛད་པ་འདིས་རྗེ་བཙུན་ས་སྐྱ་པ་གོང་མ་རྣམས་ཀྱི་མཐར་ཐུག་གི་ལྟ་བའི་བཞེད་ལུགས་ཀྱང་གནས་ལུགས་བདེན་གྲུབ་ཏུ་འདོད་པའི་གཞན་སྟོང་གི་ཕྱོགས་འདི་ཉིད་ཡིན་ནོ་ཞེས་ཡུལ་དང་བསྟུན་པའི་བཤད་པ་བྲིས་སྣང་བ་འདི་དག་རང་གི་ཐུགས་བཞེད་མཐར་ཐུག་མིན་བཞིན་དུ་ཁས་བླངས་པ་ན་འགལ་བའི་ཚོགས་མང་དུ་འབྱུང་ཞིང་བླ་མ་གོང་མ་དེ་དག་གི་གསུང་རབ་ལ་ཤིན་ཏུ་གནོད་པར་མཐོང་བ་དང་། གཞན་གྱི་ཁ་ཟེར་ཙམ་གྱིས་ཆོས་གཏམ་སྨྲ་བ་དག་ཀུད་ཟ་བར་མཐོང་ནས་རྣམ་དབྱེ་གསལ་བར་བྲི་བར་བྱའོ། །དེ་ཡང་རྗེ་བཙུན་གོང་མའི་བཞེད་དོན་གྱི་གནས་ལུགས་མཐར་ཐུག་པ་འདི་ལྟར་འཆད་དེ། རང་གཞུང་ལས། སྟོང་པ་ཉིད་ཀྱི་ཆོས་ཚུལ། ས་སྐྱའི་རྗེ་བཙུན་མཆེད་གཉིས་ཀྱིས། །བཞེད་པའི་མཐར་ཐུག་འདིར་བཤད་བྱ། །རིགས་པས་དཔྱད་པའི་སྟོང་ཉིད་དང་། །རང་བཞིན་གྱིས་ནི་སྟོང་པ་ཉིད། །དང་པོར་ཐོས་བསམ་ཤེས་རབ་ཀྱིས། །སྒྲོ་འདོགས་བཅད་པའི་གྲུབ་དོན་དེ། །གཉིས་པ་སྒོམ་བྱུང་ཡེ་ཤེས་ཀྱིས། །ཉམས་སུ་མྱོང་བྱ་དེ་ཁོ་ན། །དང་པོ་བསྒོམ་པས་མྱོང་བྱ་དང་། །ཕྱི་མ་རིགས་པས་དཔྱད་པ་ཡི། །གནས་ལུགས་ཡིན་པའི་ཤེས་བྱེད་ནི། །མདོ་ལུང་ཇི་བཞིན་འདིར་བཤད་བྱ། །སྟོང་ཉིད་མེད་པར་དགག་པའི་ཆ། །རྣལ་འབྱོར་མངོན་སུམ་གྱིས་མྱོང་ན། །མེད་དགག་དངོས་པོར་འགྱུར་བ་དང་། །ཡུལ་ཅན་རྟོག་པ་ཐལ་ཕྱིར་རོ། །དེས་ན་རིམ་གཉིས་རྣལ་འབྱོར་པས། །ཉམས་སུ་མྱོང་བའི་སྟོང་ཉིད་ནི། །རང་བཞིན་སྟོང་པ་ཉིད་ཡིན་སྟེ། །ལྷ་དང་སྔགས་ཀྱི་རྒྱུད་ཉིད་དོ། །དེ་ཡང་རིགས་པས་དཔྱད་པ་ཡི། །སྟོང་པ་ཉིད་དུ་མི་འདོད་དེ། །སྟོང་ཉིད་འཕགས་

པའི་ཤེས་མཐོང་གིས། །མཛད་པ་ཉིད་དུ་ཐལ་ཕྱིར་རོ། །རྒྱུད་དུ་རང་བཞིན་སྟོང་ཉིད་ལ། །རང་བཞིན་ལྷན་ཅིག་སྐྱེས་པ་དང་། །ཞུ་བདེ་ལྷན་ཅིག་སྐྱེས་པ་གཉིས། །དང་པོ་ཕར་ཕྱིན་ཐེག་པ་དང་། །བརྗོད་བྱའི་གཙོ་བོ་ཐུན་མོང་བ༎ །གཉིས་པ་བླ་མེད་ཐེག་པ་ཡི། །ཁྱད་ཆོས་ཉིད་ཕྱིར་དེ་རྟོགས་པའི། །ཐབས་ཀྱང་གཞན་དུ་མ་གྲགས་པ། །ཉིད་ཕྱིར་ཐུན་མོང་མིན་པར་འཆད། །རང་བཞིན་ལྷན་སྐྱེས་རྟོགས་པའི་ཐབས། ཕར་ཕྱིན་ཐེག་པར་གང་བཤད་པ། །མི་ཕམ་བྱམས་པས་འབྱེད་གཉིས་སུ། །གསལ་བར་གསུངས་པ་དེ་ཡིན་ནོ། །བླ་མེད་ཐེག་པར་གསུངས་པ་ནི། །ཐོས་བསམ་བློ་དང་བརྟགས་དཔེ་ལ། །མ་ལྟོས་པ་ལས་བྱུམ་དབང་ལས། །འཁོར་འདས་དབྱེར་མེད་རྟོགས་པར་གསུངས། །འོ་ན་རང་བྱིན་བརླབས་པ་ལ། །ལྟོས་པ་མེད་པར་རྨི་ལམ་དང་། །སྒྱུ་འདྲ་རྟོགས་པ་མེད་དོ་ཞེས། །གསལ་བར་གསུངས་པ་ཅི་ཞེ་ན། །དེ་ནི་ཞུ་བདེ་ལྷན་སྐྱེས་ལ། །ངེས་པར་དགོངས་པ་ཉིད་ཡིན་ཏེ། །དེ་ཉིད་རྡོ་རྗེ་ཐེག་པ་ཡི། །ངེས་དོན་མཐར་ཐུག་ཡིན་ཕྱིར་རོ། །དེ་ཡི་ཤེས་བྱེད་ཅི་ཞེ་ན། །ཐོག་མར་དཔྱོད་པས་གོམས་བྱས་པའི། །ཞུ་བདེ་ཡེ་ཤེས་དེ་ཁོ་ན། །རྡོ་རྗེ་འཛིན་པའི་ཉེ་རྒྱུའི་ཕྱིར། །ངོ་བོ་ཉིད་མེད་སྨྲ་བ་ཡིས། །གདན་ལ་ཕབ་པའི་སྟོང་ཉིད་ནི། །གཞུང་དེ་ཉིད་དུའང་མཐར་ཐུག་གི །དོན་དམ་བདེན་པར་མི་འཆད་ན། །ཐེག་པ་མཆོག་ཏུ་སྨོས་ཅི་དགོས། །འོན་ཀྱང་དེ་ཡི་རིགས་པ་ནི། །མཉམ་གཞག་སྤྲོས་པའི་མཐའ་བྲལ་དུ། །འཆད་ཚེ་དགོས་པ་ཁྱད་པར་འཕགས། །དེ་ལྟར་བཤད་པས་གྲུབ་པ་ནི། །རྗེ་བཙུན་མཆེད་ཀྱི་གཞུང་ལུགས་སུ། །མཐའ་བྲལ་འཆད་ཚེ་དོན་དམ་གྱི། །ངོས་བཟུང་ཅི་ཡང་མེད་པ་དང་། །ཉམས་ལེན་ཚེ་ན་ཟུང་འཇུག་གི །དོན་དམ་བདེན་པ་ངོས་བཟུང་ནས། །དེ་ལ་དགྱེས་པ་རྡོ་རྗེ་སོགས། །མིང་གི་རྣམ་གྲངས་གཅིག་པར་བཤད། །ཅེས་རྗེ་བཙུན་སྐུ་མཆེད་ཀྱི་ལུགས་ལ་དོན་དམ་པའི་བདེན་པ་མཚན་ཉིད་པ་ནི་ཉམས་སུ་མྱོང་བྱའི་ཤེས་པ་ཞིག་ཡིན་པ་བཞེད་དོ། །དེའི་རྒྱུ་མཚན་ཡང་གཞུང་དེ་ཉིད་ལས། ངོ་བོ་ཉིད་མེད་སྨྲ་བ་ཡིས། །སྟོང་ཉིད་ཤེས་པར་མི་འདོད་ཅིང་། །ཐེག་པ་མཆོག་གི་རྩེ་མོ་པས། །ཤེས་པར་འདོད་པའི་ཁྱད་པར་ནི། །གནས་སྐབས་སེམས་ལས་མ་གཏོགས་པའི། །ཤེས་བྱ་འདོད་དང་མི་འདོད་པའི། །ཁྱད་པར་ཉིད་ཡིན་ཐེག་མཆོག་ཏུ། །ཀུན་ཀྱང་ཆོས་དབྱིངས་ཡེ་ཤེས་སོ། །ཞེས་བྲིའོ། །རྗེ་བཙུན་ས་སྐྱ་པ་རྣམས་ལྟ་བ་གཏན་ལ་འབེབས་པའི་ཚེ་རང་སྟོང་གི་ལུགས་དང་། བསྒོམ་པས་ཉམས་སུ་ལེན་པའི་ཚེ་གཞན་སྟོང་གི་ལུགས་ལྟར་བཞེད་ཅེས་ཀྱང་གསུངས་ལ། དེའི་ཤེས་བྱེད་ཀྱང་། ལྡོན་ཤིང་ལས། མཐའ་བྲལ་དུ་གཏན་ལ་ཕབ་ནས་ཟུང་འཇུག་ཏུ་ཉམས་སུ་ལེན་ཞེས་བཤད་པས་སོ་གསུངས་སོ། །དེ་སྐད་དུ། རིག་འཛིན་བློ་གྲོས་བཟང་པོའི་དྲིས་ལན་ལས། རྗེ་བཙུན་ས་སྐྱ་པ་ནི། ལྟ་བ་གཏན་ལ་འབེབས་པའི་ཚེ་རང་སྟོང་གི་ལུགས་ལྟར་བཞེད་པ་མིན་ཏེ། དེའི་ཚེ་དབུ་མ་ཐལ་རང་དུ་གྲགས་པའི་

གཞུང་ནས་ཇི་སྐད་བཤད་པ་དེ་བཞིན་ཞལ་གྱིས་བཞེས་པའི་ཕྱིར། བསྒོམ་པ་ཉམས་སུ་ལེན་པའི་དུས་སུ་ལུགས་གཉིས་པ་ལྟར་བཞེད་པ་ཡིན་ཏེ། དགག་བྱ་གཟུང་འཛིན་གཉིས་པོ་བཀག་པའི་ཤུལ་དུ་གཉིས་སྟོང་གི་ཡེ་ཤེས་ལྷག་པར་བཞག་པ་དེ་ཉིད་ལས་ལམ་རིམ་པ་གཉིས་བསྒྲུབ་པར་མཛད་པའི་ཕྱིར་རོ། །དེ་ལ་དགོངས་ནས་ཇི་སྐད་དུ། མཐའ་བྲལ་དུ་གཏན་ལ་ཕབ་ནས་ཟུང་འཇུག་ཏུ་ཉམས་སུ་ལེན་པ་ཞེས་གསུངས་སོ། །འདི་ལྟར་འཆད་ཤེས་པ་དེའི་ཚེ་གང་ཡོད་པ་ཐམས་ཅད་རང་བཞིན་དབྱེར་མེད་པའི་རྡོ་རྗེའི་ཁྱབ་པ་ཞེས་བྱ་བ་དེ་འོང་བ་ཡིན་གྱི། གཟུང་འཛིན་གྱིས་བསྡུས་པའི་ཤེས་བྱ་དང་། གང་ཀུན་རྫོབ་ཀྱི་བདེན་པ་དེ་ཐམས་ཅད་ཡོད་པར་ཁས་བླངས་ན་དེ་ལྟར་འཆད་པའི་ཐབས་རྙེད་པ་མིན་ཏེ། ཇི་སྐད་དུ། ཀྱཻ་ཡི་རྡོ་རྗེ་དེ་གཉིས་མེད། །ཡེ་ཤེས་དེ་ནི་དེ་བཞིན་གཤེགས། །སྒྲུབ་བྱེད་དེ་དོན་སྦྱོར་བ་ཡིན། །ཞེས་གཞུང་ལམ་གཉིས་ཀྱང་རང་བཞིན་དབྱེར་མེད་པ་རྡོ་རྗེ་དངོས་མིན་པར་བཤད་པའི་ཕྱིར་རོ། །ཞེས་བྱ་བ་བྲིས་སོ། །

ད་ནི་འདི་དག་ལ་དཔྱད་པར་བྱ་སྟེ། འཕྲུལ་གཞི་བསྐྱེད་པའི་ཚིག་གི་སྐྱར་བཅར་བ་དང་། འགལ་བ་དངོས་བསྟན་པའོ། །དང་པོ་ནི། བླ་མ་གོང་མ་རྣམས་བསྒོམ་པས་ཉམས་སུ་ལེན་པའི་ཚེ་ལུགས་གཉིས་པ་ལྟར་བཞེད་ཅེས་པ་དེས། གཟུང་འཛིན་གྱིས་སྟོང་པའི་ཡེ་ཤེས་ཞལ་གྱིས་བཞེས་པ་ཙམ་ལ་ཟེར་ན་ནི་རང་སྟོང་པ་རྣམས་ཀྱང་དེ་ལྟར་སྨྲ་བའི་ཕྱིར། ཁྱེད་ཀྱི་ལུགས་བཞེད་མི་འགྲུབ་ལ། གཞན་སྟོང་སྨྲ་བ་རྣམས་འདོད་པ་ལྟར་གྱི་གཉིས་མེད་ཀྱི་ཡེ་ཤེས་ནི་བསྒོམ་པས་ཉམས་སུ་ལེན་པའི་ཚེ་ཡང་རྗེ་བཙུན་ས་སྐྱ་པ་རྣམས་མི་བཞེད་མོད། འོན་ཀྱང་བསྒོམས་པས་ཉམས་སུ་ལེན་པའི་ཚེ་གཟུང་འཛིན་གཞན་གྱིས་སྟོང་པའི་ཡེ་ཤེས་ལ་མཉམ་པར་འཇོག་པའི་ཚུལ་བླ་མ་གོང་མའི་གསུང་རབ་ན་ཡོད་པས་འདི་ནི་གཞན་སྟོང་གི་ལུགས་སོ་སྙམ་དུ་མགོ་རྨོངས་པར་བྱ་བའི་ཕྱིར། ཁྱེད་ཀྱིས་ཚིག་དེ་རྣམས་བཤད་པ་ཡིན་ནོ། །ཁྱེད་རང་གི་ཞེ་འདོད་དངོས་ནི་ཚིག་དེ་ཙམ་གྱིས་མི་འགྲུབ་སྟེ། བསྒོམ་པས་ཉམས་སུ་ལེན་པ་ནི་རྗེ་བཙུན་ས་སྐྱ་པ་རྣམས་ཀུན་རྫོབ་ཏུ་བཞེད་ཀྱི་དོན་དམ་པར་མི་བཞེད་པའི་ཕྱིར་ཏེ། ཆོས་ཀྱི་རྗེས། བསྒོམ་པའི་དམིགས་པ་ཇི་སྙེད་དང་། །རྟོགས་པའི་སངས་རྒྱས་ཐོབ་པ་ཡང་། །ཀུན་རྫོབ་ཡིན་གྱི་དོན་དམ་མིན། །ཞེས་བཤད་པའི་ཕྱིར་རོ། །གལ་ཏེ་གཞན་སྟོང་པ་འདོད་པ་ལྟར་གྱི་གཉིས་མེད་ཀྱི་ཡེ་ཤེས་བདེན་པར་གྲུབ་པ་དེ་ཉིད་གནས་ལུགས་མཚན་ཉིད་པར་བླ་མ་གོང་མ་རྣམས་ཀྱི་ཞལ་གྱིས་བཞེས་སོ་ཞེ་ན། དེ་ལྟར་ཁྱེད་རང་གི་ལུགས་ལ་སྨྲ་རྒྱུ་ཡིན་མོད། གོང་དུ་བཤད་པའི་དྲིས་ལན་གྱི་ཚིག་དེ་འདྲ་བས་གཞན་གྱི་མགོ་བསྐོར་བ་ལ་ནི་དགོས་པ་ཅི་ཡང་ཡོད་དམ་མ་མཆིས་སོ། །

གཉིས་པ་འགལ་བ་དངོས་བསྟན་པ་ནི། ཁྱེད་རང་གིས་རྗེ་བཙུན་སྐུ་མཆེད་ཀྱི་དགོངས་པ་ཡིན་པར

མཛད་པའི་གོང་དུ་སྨོས་པའི་གཞུང་ཚིགས་བཅད་མ་དེ་ཉིད་གཞིར་བྱས་ཏེ་བསྟན་པར་བྱའོ། །དེ་ལ་གནས་ལུགས་སྟོང་པ་ཉིད་བསྒོམ་བྱུང་གིས་ཉམས་སུ་མྱོང་བྱ་དང་། དེ་བདེན་པར་གྲུབ་པ་ནི། རྗེ་བཙུན་ས་སྐྱ་པའི་བཞེད་པ་གཏན་མིན་ཏེ། དེ་ལ་བཞི། སཆེན་གྱི་ལུང་དང་འགལ་བ། རྗེ་མོའི་ལུང་དང་འགལ་བ། རྗེ་བཙུན་གྱི་ལུང་དང་འགལ་བ། སཔཎ་གྱི་ལུང་དང་འགལ་བའོ། །དང་པོ་ནི། རྗེ་བཙུན་བརྩེ་བ་ཆེན་པོས་རྣམ་བཤད་མན་ངག་དོན་གསལ་ལས། ཇི་ལྟར་རང་བཞིན་གྱི་མེད་པ་ཡིན་ཞེ་ན། བློ་བུར་གྱི་རྐྱེན་ལ་རག་ལས་པའི་ཕྱིར་དང་། འགགས་པ་མི་སྐྱེ་བའི་ཕྱིར་དང་། སྐད་ཅིག་མ་ཉིད་ཡིན་པའི་ཕྱིར། ཞེས་རང་བཞིན་གྱིས་མ་གྲུབ་པའི་དོན་སྐད་ཅིག་གིས་སྐྱེ་འགག་བྱེད་པའི་རྟེན་འབྲེལ་ལ་བཤད་པ་གང་ཞིག །ཁྱེད་འདོད་པའི་གནས་ལུགས་དེ་ཡང་རྟེན་འབྲེལ་ཙམ་ཡིན་པའི་ཕྱིར་རང་བཞིན་གྱིས་གྲུབ་པ་མེད་དོ། །ཡང་སེམས་ཀྱི་རང་བཞིན་གསལ་རིག་ཙམ་དེ་ནི་ཀུན་རྫོབ་ཡིན་ཏེ། ཇི་སྐད་དུ། སེམས་ཀྱི་མཚན་ཉིད་གསལ་རིག་ཏེ། །གསལ་རིག་རང་བཞིན་སྟོང་པ་ཡིན། །ཞེས་དང་། དེའི་འབྲུ་སྣོན་ལ། བླ་མ་ཆོས་ཀྱི་རྗེས། ཀུན་རྫོབ་སེམས་ཀྱི་མཚན་ཉིད་ནི་གསལ་རིག་ཡིན། བུམ་པའི་མཚན་ཉིད་ལྟོ་ལྡིར་ཞབས་ཞུམ་ཆུ་སྐྱོར་གྱི་དོན་བྱེད་ནུས་པ་ཡིན་པ་ལྟར། གསལ་རིག་དེའི་ངོ་བོའམ་རང་བཞིན་སྟོང་པ་ཉིད་ཡིན་ཏེ། བུམ་པའི་རང་བཞིན་སྟོང་པ་ཡིན་པ་ལྟར་རོ་ཞེས་པའི་དོན་ཏོ། །ཞེས་བཤད་པའི་ཕྱིར་རོ། །ཅི་སྟེ་གསལ་རིག་དེ་ཉིད་དོན་དམ་ཡིན་ན་སྣང་ཆ་ཐམས་ཅད་ཀུན་རྫོབ་ཏུ་འདོད་པ་དབུ་མའི་ལུགས་མིན་པར་ཐལ། སེམས་ཀྱི་དོན་དམ་པའི་གནས་ལུགས་གསལ་རིག་ཙམ་དུ་གནས་པའི་ཕྱིར་རོ། །འདོད་ན་མན་ངག་དོན་གསལ་ལས། ཇི་ལྟར་སྣང་བ་ཐམས་ཅད་ཀུན་རྫོབ་ཙམ་སྟེ། རྟེན་ཅིང་འབྲེལ་པར་འབྱུང་བ་ཡིན་པའི་ཕྱིར། མཐའ་ཐམས་ཅད་ལས་གྲོལ་བས་དབུ་མའོ། །ཞེས་བཤད་པ་དང་འགལ་ལོ། །ཡང་དག་པ་གསུམ་གྱི་དབྱེ་བསྡུ་མི་རུང་བར་འགྱུར་ཏེ། རང་རིག་པའི་དག་པ་ཡེ་ཤེས་དང་། དེ་བཞིན་ཉིད་ཀྱི་དག་པ་དབྱིངས་ཀྱི་ཆ་ནས་བཞག་ཏུ་མེད་པའི་ཕྱིར་རོ། །རྟགས་ཁས་བླངས་ཏེ། རང་རིག་པའི་ཡེ་ཤེས་ཉིད་ཆོས་ཀྱི་དབྱིངས་སུ་ཁས་བླངས་པའི་ཕྱིར། འདོད་པར་མི་ནུས་ཏེ། མན་ངག་དོན་གསལ་ལས། ཡང་ན་དེ་བཞིན་ཉིད་ནི་དབྱིངས་ལ། རང་རིག་པ་ནི་ཡེ་ཤེས་ཡིན་པས། དེ་གཉིས་ལས་ལྷ་སོ་སོ་བ་གཟུགས་ཀྱི་སྐུ་འབྱུང་ངོ་། །ཞེས་བཤད་པའི་ཕྱིར་རོ། །ཡང་སེམས་རང་རིག་པ་དེ་ཉིད་དེ་བཞིན་ཉིད་ཀྱི་དག་པ་ཡིན་ན། བླ་མ་ཆེན་པོས། ཐམས་ཅད་དེ་ཉིད་དུ་འདུས་པས་དག་པ་གཅིག་ཏུ་འགྱུར་ལ། ཀུན་རྫོབ་ཏུ་གཟུགས་ལ་སོགས་པ་མྱོང་བས་ན་དག་པ་གཉིས་ཀྱང་མི་འགལ་ལོ། །ཀུན་རྫོབ་ཏུ་དེ་བཞིན་ཉིད་ལས་ལོགས་སུ་སེམས་མྱོང་བས་གསུམ་དུ་ཡང་མི་འགལ་ལོ་ཞེས་བཤད་པ་དང་ཡང་འགལ་ཏེ། ཀུན་རྫོབ་ཏུ་ཡང་སེམས་གསལ་རིག་ཉིད་དེ་བཞིན་ཉིད་ཀྱི་ལྡོག་པར་ཁྱེད་ཀྱིས

|ཁས་བླངས་པའི་ཕྱིར་རོ། །གལ་ཏེ་གནས་ལུགས་སྤྲོས་བྲལ་དུ་བཤད་པ་ཐམས་ཅད་ལྟ་བའི་སྐབས་ཡིན་ལ། བསྒོམ་པའི་ཚེ་དེ་ལྟ་མིན་ནོ་ཞེས་གོང་དུ་བཤད་ཟིན་པ་མིན་ནམ་ཞེ་ན། བསྒོམ་པའི་ཚེ་ཡང་སྤྲོས་པ་དང་བྲལ་བ་མཐའ་གང་ལ་ཡང་མ་རེག་པའི་ཚུལ་གྱིས་ཉམས་སུ་ལེན་པ་གོ་ནར་བཤད་དེ། བརྗེ་བ་ཆེན་པོས། སྟོང་པར་བསྒོམ་པར་མི་བྱ་ཞིང་། སྟོང་པ་མ་ཡིན་བསྒོམ་མི་བྱ། །སྟོང་པ་མི་སྤང་རྣལ་འབྱོར་པས། །སྟོང་མིན་ཡོངས་སུ་མི་སྤང་ངོ་། །ཞེས་སོ། །དེས་མཐའ་གསུམ་ལ་མི་རེག་པ་ནི། དེ་ཁོ་ཉིད་བསྒོམ་པར། བཅོམ་ལྡན་འདས་ཀྱི་གསུངས་པས། ཇི་ལྟར། གང་ལ་སྒོམ་པ་པོ་གང་མེད། །བསྒོམ་བྱ་ཉིད་ཀྱང་ཡོད་མ་ཡིན། །དེ་ནི་དེ་ཉིད་བསྒོམ་པར་བརྗོད། །ཙེས་སོ། །ཞེས་མཐའ་གསུམ་ལ་མ་རེག་པའི་བསྒོམ་ལུགས་བཤད་པའི་ཕྱིར་དང་། དེ་ལྟ་བུའི་བསྒོམ་དེ་ལ་དེ་ཁོ་ན་ཉིད་སྒོམ་པ་ཞེས་མིང་དུ་བཏགས་ཀྱང་བསྒོམ་བྱ་དེ་ཁོ་ན་ཉིད་ཡོད་པ་ཞིག་ཉམས་སུ་མྱོང་ནས་མིང་དེ་ལྟར་བཏགས་པ་མིན་པའི་ཕྱིར་དང་། སྒོམ་པ་དེ་ཉིད་ཀྱང་དེ་ཁོ་ན་ཉིད་ཡིན་པར་ཞལ་གྱིས་མི་བཞེས་པའི་ཕྱིར་རོ། །གཉིས་མེད་ཀྱི་ཡེ་ཤེས་ཉམས་སུ་མྱོང་བའི་བསྒོམ་པ་དེ་ནི། དེ་ཁོ་ན་ཉིད་དངོས་མིན་པར་དཔལ་བརྗེ་བ་ཆེན་པོ་ཉིད་ཀྱིས་ཀྱང་བཞེད་དེ། དེ་ཉིད་ཀྱི་ཡང་དག་པར་སྦྱོར་བའི་རྒྱུད་ཀྱི་རྣམ་བཤད་ལས། དོན་རང་བྱུང་གི་ཡེ་ཤེས་ནི་རང་བྱུང་གི་ངོ་བོ་གང་དུ་ཡང་མ་གྲུབ་པའི་ཕྱིར། ཐར་ལ་ཡང་མཚན་མ་དང་རྣམ་པར་རྟོག་པ་གང་ལ་ཡང་མ་རེག་ལ། ཚུར་ཡང་གང་གིས་ཀྱང་རེག་པར་མི་ནུས་པས་ཤེས་པ་དང་བརྗོད་པའི་ཡུལ་ཐམས་ཅད་ལས་འདས་པའི་ཕྱིར། མིག་གི་རྣམ་པར་ཤེས་པ་ལ་སོགས་པའི་ཡུལ་དུ་བྱར་མི་ནུས་པ་དེ་བས་འགལ་བ་མེད་དོ། །ཞེས་རང་བྱུང་ལ་གཉིས་སུ་ཡོད་པའི་དོན་གྱིས་རང་བྱུང་གི་ངོ་བོ་ཅིར་ཡང་མ་གྲུབ་པར་བཤད་པའི་ཕྱིར་དང་། དེ་ལྟར་གནས་ལུགས་རྟོགས་པའི་བློའི་མཐར་ཐུག་ནི། དེ་ངོ་བོ་ཅིར་ཡང་མ་གྲུབ་པའི་ཚུལ་གསལ་བར་བཤད་པའི་ཕྱིར་ཏེ། བརྗེ་བ་ཆེན་པོས་ཁ་སྦྱོར་གྱི་འགྲེལ་བ་ཉིད་ལས། དེ་ལ་དངོས་པོའི་དོན་ནི་ཆོས་ཀྱི་སྐུ་ས་བཅུ་གསུམ་པ་རྡོ་རྗེ་འཛིན་པའི་སེམས་དེ་ཉིད་རང་གི་ངོ་བོ་ཅིར་ཡང་མ་གྲུབ་པས། རྣལ་འབྱོར་པས་ལམ་གྱི་དུས་སུ་གང་ལྟར་ཡང་མ་གྲུབ་པའི་ཚུལ་གྱིས་མཉམ་རྗེས་མེད་པར་སྒོམ་པ་ནི། དབང་པོ་གང་དང་གང་ལ་ལམ། །ཞེས་བྱ་བས་བསྟན་ནོ། །ཞེས་བཤད་པའི་ཕྱིར་རོ། །འདིས་ནི་སྟོང་པ་ཉིད་ཀྱི་ངོ་བོ་སོ་སོར་འདོད་པ་བླ་མ་གོང་མའི་ལུགས་ཡིན་ནོ། །ཞེས་སྨྲ་བ་དག་གི་སྟེང་ལ་གོ་སྐབས་མེད་པའི་འཇོག་པ་བསྐྱེད་པར་བྱའོ། །གཞན་ཡང་བླ་ཆེན་འདིའི་བཞེད་པས་རང་བྱུང་གི་ཡེ་ཤེས་ལ་རང་བྱུང་དང་། གཉིས་མེད་ལ་སོགས་པ་མིང་དུ་བཏགས་པ་དང་། རང་བྱུང་དོན་དམ་པའི་བདེན་པ་དངོས་ལ་གཉིས་མེད་ཀྱི་མིང་བཏགས་པ་གཉིས་ལས། ཕྱི་མ་འདི་དོན་དམ་མཚན་ཉིད་པར་བཞེད་དེ། ཁ་སྦྱོར་གྱི་འགྲེལ་པ་ལས། ཐམས་ཅད་དུ་འགྲོ་བའི་ཡེ་

ཤེས་ཞེས་པ་ནི་ཆོས་ཐམས་ཅད་ཀྱི་སྟོང་པ་ཉིད་དེ་བརྟན་གཡོ་ཐམས་ཅད་ཀྱི་ཁྱབ་བྱེད་ཡིན་པས་སོ། །ཞེས་དེ་ཁོ་ན་ཉིད་དངོས་ལ་ཡེ་ཤེས་ཀྱི་མིང་དང་། ཡང་དེ་ཉིད་ལས། ཡེ་ཤེས་ཇི་ལྟ་བུར་གྲགས་པ་ནི་ཐབས་གང་གིས་སྟོང་པ་ཉིད་ལ་དམིགས་པའི་དེ་རྟོགས་པའི་ཡེ་ཤེས་ཏེ། གང་ལ་བརྟེན་ནས་འབྱུང་ཞེས་པའོ། །ཞེས་རྟོགས་པའི་ཡེ་ཤེས་ལ་གཉིས་མེད་ཀྱི་ཡེ་ཤེས་ཀྱི་མིང་བཏགས་པ་ཡིན་པ་ལ། ཕྱི་མ་འདི་རྟེན་འབྲེལ་སྐད་ཅིག་མ་ཙམ་ཡིན་པའི་ཕྱིར་རོ། །རང་རིག་རང་གསལ་བདེན་གྲུབ་ཏུ་འདོད་པའི་ལྟ་བ་ནི་སེམས་ཙམ་གྱི་ལྟ་བ་ཡིན་པར་བརྗེ་བ་ཆེན་པོ་བཞེད་དེ། ཉིད་ཀྱིས་མཛད་པའི་རྣམ་འགྲེལ་ལས། རྒྱུད་ལས་ཀྱང་། རང་རིག་ཡེ་ཤེས་ཉིད་དུ་འགྱུར། །ཞེས་པས་སེམས་ཙམ་དུ་ཤེས། བདེན་མིན་རྫུན་མིན་ཞེས་པས་སྒྱུ་མར་ཤེས། སྟོང་པ་བསྒོམ་པར་མི་བྱ་སྟེ། །ཞེས་པས་རང་བཞིན་མེད་པར་ཤེས་པའོ། །དེ་ཉིད་ལ་སོ་སོའི་གཞུང་ལུགས་ལ་ཞེ་འདོད་ཀྱི་ལྟ་བ་ཞེས་ཀྱང་བྱ་སྟེ། ཞེས་བཤད་པའི་ཕྱིར་རོ། །དེས་ན་བླ་ཆེན་ས་སྐྱ་པ་ཆེན་པོ་འདིའི་བཞེད་དོན་ནི། དེ་ཁོ་ན་ཉིད་བརྗོད་པའི་ཡུལ་ལས་འདས་ཤིང་། མཐའ་གང་དུ་ཡང་བཏག་པར་མི་នུས་པ་ཁོ་ནར་གནས་སོ། །དེ་ཡང་རྒྱུད་ལས། ཡང་ན་དེ་ཉིད་ཐམས་ཅད་བདག །ཡང་ན་ཀུན་གྱི་རྣམ་པར་སྤངས། །ཞེས་པའི་འབྲུ་གནོན་ལ། བླ་ཆེན་གྱིས། སྣང་ལུགས་ཀྱི་དབང་དུ་བྱས་ན་ཐམས་ཅད་དུ་སྣང་བས། ཞེས་དང་། གྲུབ་ལུགས་ཀྱི་དབང་དུ་བྱས་ན་གང་དུ་ཡང་མ་གྲུབ་པས། ཞེས་གསལ་བར་བཤད་པའི་ཕྱིར་རོ། །འདི་ནི་རྗེ་བཙུན་སྐུ་མཆེད་ཀྱིས་ཀྱང་རྣམ་བཤད་གཉིས་ཀ་ལས་འདི་ཇི་ལྟ་བ་བཞིན་དུ་ལེགས་པར་བཤད་དོ། །

གཉིས་པ་རྗེ་བཙུན་རྩེ་མོའི་གཞུང་དང་འགལ་བར་བསྟན་པ་ནི། རྗེ་བཙུན་འདི་དངོས་པོ་གཤིས་ཀྱི་གནས་ལུགས་དོན་དམ་བདེན་པ་བློའི་ཉམས་སུ་མྱོང་བྱར་བཞེད་པ་ནི་གཏན་མིན་ཏེ། འདིའི་ལུགས་ཀྱི་ཡུལ་དངོས་པོའི་གནས་ལུགས་ཞེས་བྱ་བ་དོན་ལ་ཡེ་མི་བཞེད་པའི་ཕྱིར། ཇི་སྐད་དུ། གནད་ཀྱི་གསལ་བྱེད་ལས། སྒྱིར་ཡུལ་ཤེས་བྱ་དང་། ཡུལ་ཅན་གྱི་ཤེས་པ་གཉིས་ཡིན་པ་ལས། ཡུལ་དོན་དམ་པའི་གནས་ལུགས་གྲུབ་པ་མེད་པར་བསྟན་པ་དང་། དེས་ནི་ཡུལ་ཅན་གྱི་འཛིན་པའི་བསྒོམ་པ་མི་རིགས་པ་དང་། དེ་ལ་རྩོད་པ་སྤང་བའོ། །

དང་པོ་ལ་བཞི་སྟེ། གནས་ལུགས་ངེས་པ་འདོད་ན་གནོད་པ་ཡོད་པ་དང་། ངེས་པ་བློ་ཡུལ་དུ་མི་རུང་བ་དང་། བློ་ལ་མ་ལྟོས་པ་མི་རིགས་པ་དང་། མཐར་བཟུང་ན་སྲིད་པའི་རྒྱ་བར་འགྱུར་བའོ། །དང་པོ་ནི། སྟོང་པའམ་མི་སྟོང་པ་དངོས་པོའི་གནས་ལུགས་མིན་ལ། མ་ཡིན་པར་བསྒོམ་ན་མ་རིག་པར་འགྱུར་བའི་ཕྱིར་རོ། །ཇི་ལྟར་གནས་ལུགས་མིན་ཞེ་ན། འདི་ལྟར་མི་སྟོང་པ་གནས་ལུགས་སུ་མི་རུང་སྟེ། གཅིག་དང་དུ་བྲལ་ལ་སོགས་པའི་རིགས་པས་བཤིག་པ་ན་དེ་མི་འཐད་པའི་ཕྱིར་རོ། །ཡང་སྟོང་པ་ཉིད་གནས་ལུགས་ཡིན་ནམ་སྙམ་ན། དེ་

ཡང་མི་བཏུབ་སྟེ། སྐྱེ་བ་རྒྱུ་དང་བཅས་མཐོང་བས། །འགག་པ་ཡང་ནི་འཐད་པ་ཡིན། །ཞེས་དང་། གང་ཕྱིར་རྟེན་འབྲེལ་མ་ཡིན་པའི། །ཆོས་འགའ་ཡོད་པ་མ་ཡིན་ནོ། །དེ་ཕྱིར་སྟོང་པ་མ་ཡིན་པའི། །ཆོས་འགའ་ཡོད་པ་མ་ཡིན་ནོ། །ཞེས་འབྱུང་བས། སྐྱེ་བ་ཡོད་ན་སྟོང་པ་ཡོད་ལ། སྟོང་པ་ཡོད་ན་སྐྱེ་བ་ཡོད་དོ། །

གཉིས་པ་ཡུལ་དུ་སྨྲར་མི་བཏུབ་པ་ནི། སྟོང་པ་མི་སྲིད་ཀྱང་རྣལ་འབྱོར་པས། །སྟོང་མིན་ཡོངས་སུ་མི་སྲིད་ངོ་༑ །སྟོང་པ་ཉིད་ཅེས་བྱ་བ་དེ་མི་སྟོང་པ་ལ་མ་ལྟོས་པར་ཡུལ་དུ་བྱར་མི་བཏུབ་བོ། །དེས་ན་སྟོང་པ་གནས་ལུགས་ཡིན་ན་མི་སྟོང་པའང་གནས་ལུགས་སུ་འགྱུར་ཞེས་སྟོན་པ་ནི། རྣལ་འབྱོར་པ་ཡིས་སྟོང་པ་མི་སྲིད་ན་མི་སྟོང་པའང་མི་སྲིད་པར་འགྱུར་ཞེས་བྱའོ། །དེ་ལྟར་དབུ་མ་ལས་ཀྱང་། གལ་ཏེ་མི་སྟོང་ཅུང་ཟད་ཡོད། །སྟོང་པའང་ཅུང་ཟད་ཡོད་པར་འགྱུར། །མི་སྟོང་ཅུང་ཟད་མེད་པས་ན། །སྟོང་པའང་ཡོད་པར་ག་ལ་འགྱུར། །ཞེས་བཤད་པ་ལྟ་བུའོ། །ཡང་སྟོང་པ་ཉིད་དུ་ལྟ་བ་དེ་ལྟ་བའི་ཐ་ཆད་ཀྱང་ཡིན་ཏེ། ལྟ་བ་སྤྱངས་པའི་ཕྱིར་སྟོང་པ་ཉིད་དུ་འཛིན་པ་སྨན་མ་ཞུ་བ་དུག་ཏུ་སོང་བའམ། མེད་པ་ལ་བྱ་བར་བཟུང་བ་ལྟ་བུའོ། །དེས་ན། གང་དག་སྟོང་པ་ཉིད་ལྟ་བ། །དེ་དག་སྒྲུབ་ཏུ་མེད་པར་གསུངས། །ཞེས་བཤད་པ་ལྟ་བུའོ། །དེས་ན་སྟོང་པར་འདོད་པ་འདི་དོར་ཅིག །གསུམ་པ་བློ་ལ་མི་ལྟོས་པའི་དོན་དགག་པ་ནི། གལ་ཏེ་བློས་ཡུལ་དུ་བྱས་པ་ནི་བློ་ལ་ལྟོས་པར་འགྱུར་ཡང་། སྟོང་ཉིད་ཅེས་པ་ནི་བློ་ལ་མ་ལྟོས་པར་ཡོད་དེ། དཔེར་ན་རི་བོང་གི་མགོ་ལ་རྭ་མེད་པ་ཞེས་བློས་ཤེས་པར་བྱེད་པ་དེ་བློ་ལ་ལྟོས་ཀྱང་། རི་བོང་གི་རྭ་མེད་པ་ཉིད་དངོས་པོ་ལ་གནས་སོ་སྙམ་ན་མིན་ཏེ། བློའི་ཡུལ་དུ་མྱོང་བའི་ཕྱིར། རི་བོང་གི་རྭ་མེད་པའོ། །ཞེས་བྱ་བར་སུས་ཀྱང་ཡང་དག་པར་མཐོང་བའམ་དམིགས་པ་མེད་པའི་ཕྱིར་ཏེ། ཡུལ་དུས་གང་དུའང་བློས་ཡུལ་དུ་མ་བྱས་པའི་ཤེས་བྱ་ཡོད་དོ། །ཞེས་བྱ་བ་ནི་མ་སླ་ཞིག །བློའི་ཡུལ་མིན་པའི་སྟོང་པ་ཞེས་བྱ་བ་འདོད་པ་ཡིན་ན། བསམ་མི་ཁྱབ་ཀྱི་བདག་ཀྱང་དགག་པར་མི་ནུས་སོ། །དེས་ན་མ་ལྟོས་པའི་ཆོས་གང་ཡང་མེད་དོ། །ལྟོས་པའི་ཕྱིར་གནས་ལུགས་འདིའོ་ཞེས་གྲུབ་པར་ག་ལ་འགྱུར། ཞེས་གསལ་བར་བཤད་ལ། དེ་ལྟར་ན་ཁྱེད་ཀྱི་འདོད་ལུགས་དེ་འདིའི་དགག་བྱར་གྱུར་པའི་སྒོམ་དུ་ཐལ། སྟོང་པ་ཉིད་དངོས་པོའི་གནས་ལུགས་སུ་བྱས་ནས་སྒོམ་པ་གང་ཞིག །སྟོང་པ་ཞེས་བྱ་བ་དངོས་པོའི་གནས་ལུགས་མིན་པའི་ཕྱིར་རོ། །འདོད་ན། མ་རིག་པར་ཐལ་ལོ། །ཡང་བསམ་གྱིས་མི་ཁྱབ་པའི་བདག་དགག་པར་མི་ནུས་ཏེ༑ བློའི་ཡུལ་དུ་མ་བྱས་པའི་གནས་ལུགས་ཡོད་པའི་ཕྱིར་རོ། །གལ་ཏེ་བཤད་པ་དེ་ཐམས་ཅད་སྒྲོས་བྲལ་འཆད་པའི་སྐབས་ཡིན་ལ། དེའི་ཚེ་གནས་ལུགས་ཀྱི་ངོས་བཟུང་ཅི་ཡང་མེད་པར་ཁོ་བོས་ཀྱང་སྨྲས་ལ། བསྒོམ་པའི་ཚེ་གཉིས་མེད་ཀྱི་ཡེ་ཤེས་རང་རིག་པ་ཞིག་ཁས་ལེན་དགོས་སོ་ཞེ་ན། དགོས་མོད། དེ་ལྟ་བུའི་བསྒོམ་དེ

གནས་ལུགས་དངོས་མིན་ཏེ། གཞན་གྱི་གསལ་བྱེད་ལས། གལ་ཏེ་ཁྱོད་ཀྱི་སྒོམ་པ་དེ་ཡང་སེམས་དམིགས་པ་མེད་པ་ཉིད་དུ་ཉམས་སུ་མྱོང་ལ། དེའི་ཚེའང་ལྟ་བའམ་འཛིན་པར་མི་འགྱུར་རམ། དེར་གྱུར་ན་དེ་ཁོ་ན་ཉིད་ཀྱི་སྒོམ་པར་མི་འགྱུར་རོ་སྙམ་ན། བདེན་ཏེ་འདིའང་ཉམས་སུ་མྱོང་སྟེ་ཡིན་པས་དེ་ཉིད་མིན་ཏེ། ཇི་ཙམ་རྟོག་མེད་ཟབ་མོ་ཞིག །བློ་ཡི་ཡུལ་དུ་མི་བསྒོམ་ཞེས། །མི་རྟོག་ཟབ་མོའི་ཉམས་མྱོང་བ། །མྱོང་བ་ཡིན་ཕྱིར་དེ་ཉིད་མིན། །ཞེས་པ་ལྟ་བུའོ། །ཞེས་གསུངས་པའི་ཕྱིར་རོ། །ཡང་ལྟ་བས་ཐག་གཅོད་ལུགས་དང་། སྒོམ་པས་ཉམས་སུ་ལེན་ལུགས་མི་མཐུན་པར་འགྱུར་ཏེ། ལྟ་བས་གནས་ལུགས་གང་དུ་ཡང་མ་གྲུབ་པར་ཐག་བཅད་ལ། སྒོམ་པས་ནི་གནས་ལུགས་རང་རིག་པ་ཞིག་ཏུ་མྱོང་བའི་ཕྱིར་རོ། །འདོད་ན་ནི། གཞན་གྱི་གསལ་བྱེད་ལས། ཤེས་བྱའི་གཤིས་ཅིར་ཡང་མ་གྲུབ་པ་ཐམས་ཅད་ཀྱི་རྒྱུ་ཡིན་པར་བསྟན་པ་དང་། དེས་ན་བློ་དེ་དང་མཐུན་པར་བསྒོམས་པས་ཐམས་ཅད་འགྲུབ་པའི་ཐབས་སུ་བསྟན་པའོ། །ཞེས་གསུངས་པའི་ཚིག་ཙམ་ཡང་མ་མཐོང་བར་འགྱུར་རོ། །གལ་ཏེ་ཁྱེད་རང་ལ་བསྒོམས་པའི་དངོས་པོའི་གནས་ལུགས་རང་རིག་པ་ཞིག་ཉམས་སུ་མྱོང་བ་མིན་པར་འགྱུར་རོ་ཞེ་ན། དེ་ནི་ཤིན་ཏུ་ཡང་འདོད་པར་འགྱུར་རོ། །འོན་དེ་ཁོ་ན་ཉིད་རྟོགས་པ་དང་། དེ་ཁོ་ན་ཉིད་བསྒོམ་པ་དང་། གནས་ལུགས་རྟོགས་པ་ཞེས་བྱ་བའི་ཐ་སྙད་དང་། བཅོམ་ལྡན་འདས་ཀྱིས་ཀྱང་། སྟོང་པ་ཉིད་ཟབ་མོ་བཤད་པ་རྣམས་མི་རིགས་པར་འགྱུར་རོ་ཞེ་ན། འདི་ནི་བླ་མ་རྗེ་བཙུན་ཉིད་ལ་གླན་ཀ་སྨྲས་པ་ཡིན་པས། དེའི་གསུང་ཉིད་ཀྱིས་ལན་གདབ་པར་བྱའོ། །དེ་ཡང་གནས་ལུགས་ཞིག་ཡོད་ནས་དེ་རྟོགས་པའི་ཡེ་ཤེས་དང་། བདེན་པ་མཐོང་བ་སོགས་འདོད་པ་མིན་གྱི་དེ་ཁོ་ན་ཉིད་མཐོང་མེད་ཀྱི་ཚུལ་གྱིས་མཐོང་བའི་ཡེ་ཤེས་སྐྱེས་པ་ལ་དེ་ཁོ་ན་ཉིད་མཐོང་ཞེས་ཐ་སྙད་གདགས་པ་སྟེ། ཇི་སྐད་དུ། གཞན་གྱི་གསལ་བྱེད་ལས། དང་པོ་ནི་གལ་ཏེ་དེ་ལྟར་ལྟ་བ་མེད་ཅིང་དངོས་པོའི་གནས་ལུགས་མེད་ན་ཁྱོད་གནས་ལུགས་རྟོགས་པ་ཞེས་བྱ་བའོ། །མ་རིག་པ་སྤངས་ཏེ་རིག་པ་སྐྱེས་ཞེས་ཁྱོད་ཀྱིས་འདོད་པ་མིན་ནམ་ཞེ་ན། གནས་ལུགས་མེད་པ་ལ་མེད་པ་ཉིད་དུ་སྒྲོ་འདོགས་བཅད་པ་དེ་ཙམ་ལ་རྟོགས་ཞེས་ཐ་སྙད་ཙམ་དུ་བྱའོ། །དེ་ཉིད་གནས་ལུགས་མིན་ནམ་ཞེ་ན་མིན་ཏེ། བདག་ལ་ནོར་མེད་པ་ཡིན་བྱས་པ་ན། མེད་པ་དེ་ནོར་ཡིན་ཞེས་ཇི་ལྟར་བྱ། དེ་བཞིན་དུ་དངོས་པོ་ལ་གནས་ལུགས་སུ་ཞིག་འཛིན་ཏེ་སྤར་སྟོང་པ་ཉིད་སྲུན་ཕྱུང་བ་དེ་དང་འདྲའོ། །ཞེས་བཤད་པའི་ཕྱིར། ཡང་འདིའི་བཞེད་པས། གནས་ལུགས་མེད་དགག་ཏུ་འཛོག་པ་ནི་གཏན་མིན་ཏེ། དེ་ཉིད་ལས། སློབ་དཔོན་རྣམས་ཀྱིས་རྣམ་པ་གཉིས་སུ་གསུངས་པ་དེའང་བདེན་པའི་དངོས་པོ་བཀག་པ་དེ་ཙམ་ཞིག་དམིགས་པའི་ཡུལ་དུ་བྱས་པ་ན། དགག་བྱ་མི་དམིགས་པས་བཀག་པའང་མི་དམིགས་པ་སྐྱེ་བར་འགྱུར་བས། དེ་ཙམ་གྱི་ཆ་འདྲ་བ་

ལ་བརྟེན་ཏེ་རྣམ་གྲངས་ཀྱི་དོན་དམ་ཞེས་བྱ་བའམ། ཕྱིན་ཅི་མ་ལོག་པའི་ཡོངས་སུ་གྲུབ་ཅེས་གདགས་ཀྱི་དོན་དུ་ན། དེ་ཉིད་ཀུན་རྫོབ་ཡིན་པ་སློབ་དཔོན་ཁ་ཅིག་རྣལ་འབྱོར་པའི་ཀུན་རྫོབ་ཅེས་གསུངས་སོ། །དེ་བས་ན་བློ་སྣང་གི་བྲལ་བའི་ཆ་དེ་དོན་དམ་པར་མ་རྟོག་ཅིག །ཅེས་བཤད་པས་སོ། །ཡང་ཞུ་བདེའི་ཡེ་ཤེས་སྒོང་བྱའི་དེ་ཁོ་ན་ཉིད་དངོས་ཡིན་པ་ནི། རྗེ་བཙུན་འདིའི་དགག་བྱ་ཉིད་ཡིན་ཏེ། དཔེའི་ཡེ་ཤེས་ཀྱང་དེ་ཁོ་ན་ཉིད་དངོས་ཡིན་པ་བཀག་པའི་ཕྱིར་རོ། །ཇི་སྐད་དུ། ཁ་སྦྱོར་ཐིག་ལེ་གཉིས་པའི་བཤད་སྦྱར་ལས། དེ་ཁོ་ན་ཉིད་ཀྱི་བསྒོམ་པ་འཆད་པའི་སྐབས་སུ། འདི་ལྟར་སྒོང་བ་ནི་གཉིས་ཏེ། ཡོད་པ་དང་མེད་པའོ། །དེ་ལྟར་གང་དུ་སྒོང་ཡང་མི་རུང་སྟེ༏ སྟོང་པ་དམིགས་པར་སླ་བ་ཡི། །རྫུན་དུ་སླུ་བས་བསླུས་པ་རྣམས། །བདེ་བ་དམ་པ་ཉིད་མི་རྟོགས། །ཞེས་སློབ་དཔོན་ཏོག་ཙེ་པས་གསུངས་སོ། །གལ་ཏེ་གཉིས་ཀ་མིན་པར་ཉམས་སུ་སྒོང་ངོ་སྙམ་ན། དེ་དག་མི་རྟེད་དེ། སྒོང་བ་ཡོད་པ་དེ་སྲིད་དུ་རྟོག་པ་ཡིན་པས་ན། དེ་ལྟར་དོར་བར་བྱའོ། །དཔེར་ན་བཟའ་བ་མེད་པ་དེ་ནི་དོན་དམ་པའི་བསྒོམ་པར་མིང་དུ་བཏགས་ཏེ། ཇི་ལྟར་འགའ་ཡང་མཐོང་བ་མེད་པ་ནི་དེ་ཁོ་ན་མཐོང་བའོ། །ཞེས་པ་ལྟ་བུའོ། །ཞེས་གསུངས་པས་དཔེའི་ཡེ་ཤེས་ཀྱིས་ཀྱང་དེ་ཁོ་ན་ཉིད་ཉམས་སུ་སྒོང་བ་བཀག་པའི་ཕྱིར་རོ། །དེས་ན་དཔེའི་ཡེ་ཤེས་ཀྱི་འཛིན་སྟངས་སྒོང་བའི་རྣམ་པ་ཅན་དུ་བཤད་པས་སྒོང་བ་ཡོད་པ་དེ་སྲིད་དུ་རྣམ་པར་རྟོག་པ་ཡོད་པ་སྟེ་ཞེས་གསུངས་པ་ཡིན་གྱི། སྤྱིར་སྒོང་བ་ཙམ་ལ་རྟོག་པས་ཁྱབ་པར་སྟོན་པ་ནི་མིན་ཏེ། རང་རིག་པ་ཞེས་པ་དང་། སྒོང་བ་ཞེས་པ་ནི་ཡུལ་རིག་སྒོང་ལ་བཤད་པ་དང་། རང་གི་རང་བཞིན་རྟོགས་ཤིང་སྣང་བ་མ་འགགས་པ་ལ་བཤད་པ་གཉིས་ལས། ཕྱི་མ་ནི་དོན་གྱི་ཡེ་ཤེས་ལའང་ཡོད་པའི་ཕྱིར་ཏེ། ཇི་སྐད་དུ། ཆད་པར་མི་འགྱུར་ཉམས་སུ་སྒོང་བར་རང་གིས་རིག །ཅེས་གསུངས་པ་ལྟར་རོ། །ཡང་གཞུང་དེ་ཉིད་ལས། ཇི་ལྟར་དམིགས་པ་དང་བཅས་པ་ཡིན་ཞེ་ན། གཟུགས་ལ་སོགས་པ་ལ་བློ་འཇུག་པའི་ཕྱིར་རོ། །ཞེས་བཤད་པ་ལྟར་དཔེའི་ཡེ་ཤེས་ལ་ཡང་རང་ཉིད་སྒོང་བར་སྣང་བའི་བློ་འཇུག་པ་ཡོད་པ་ཡིན་ལ། དོན་གྱི་ཡེ་ཤེས་ནི་རང་ཉིད་ལའང་བློའི་འཇུག་པའམ། རྟོག་པ་གང་ཡང་མེད་པའི་ཕྱིར་རོ། །ཇི་སྐད་དུ། ཉི་མའི་འོད་ཟེར་ལས། དགའ་བ་བཅུ་དྲུག་པ་འཆད་པ་ན་སྒོང་རྟོག་གི་བྱ་བ་མི་བྱེད་པར་བཤད་པའི་ཕྱིར་རོ། །ཡང་ལྷན་ཅིག་སྐྱེས་པ་ལ་དཔེའི་ལྷན་ཅིག་སྐྱེས་པ་དང་། དོན་རང་བཞིན་ལྷན་སྐྱེས་གཉིས་བཤད་པའི་དང་པོ་ནི་དོན་དམ་པའི་བདེན་པ་དངོས་མིན་པ་དང་། དོན་དམ་པའི་ལྷན་སྐྱེས་ནི་ཕྱི་མ་འདི་ཡིན་པར་རྗེ་བཙུན་འདིས་བཤད་དེ། བརྟག་པ་གཉིས་པའི་ལེའུ་བཅུ་པའི་རྣམ་བཤད་ཉི་མའི་འོད་ཟེར་གྱི་ཡེ་ཤེས་གྲུབ་པ་ལས། དབང་པོ་གཉིས་སྦྱུར་བདེ་བ་ནི། །དེ་ཉིད་ཡིན་ཞེས་སྐྱེ་ངན་སྨྲའི། །དེ་ནི་བདེ་ཆེན་དེ་ཉིད་དུ། །རྒྱལ་བ་མཆོག་གིས་མ་གསུངས་སོ། །ཞེས་བྱ་བ་ལ་སོགས་

པ་རྒྱས་པར་གསུངས་སོ། །འོན་ལྷན་ཅིག་སྐྱེས་ཤེས་ཅིའི་ཕྱིར་བྱ་ན། ལྷན་ཅིག་སྐྱེས་པ་དེ་ཞུ་བ་དང་བདེ་བའོ། །དེ་ནི་བདེ་ཆེན་ཡེ་ཤེས་མིན་ཞེས་བྱའོ། །འོན་སྔར་ལན་གྲངས་དུ་མར་བསྟགས་པ་དང་། ཡང་དག་ཡེ་ཤེས་སྣང་བ་པོ༔ །ཞེས་བྱ་བ་ལ་སོགས་པ་གསུངས་པ་རྣམས་དོན་མེད་པར་མ་གྱུར་ཏམ་སྙམ་ན། དོན་མེད་པ་མིན་ཏེ། དཔེས་མཚོན་ནས་དོན་གྱི་ཡེ་ཤེས་རྟོགས་པའི་ཕྱིར་རོ། །དེ་བས་ན་དོན་དང་འདྲ་བས་རྣལ་འབྱོར་པ་ལ་དོན་དུ་ངེས་པ་སྐྱེ་བས་དོན་དང་ཐུན་མོང་དུ་བསྟགས་སོ། །འདིས་ནི་རློམ་སེམས་པའི་ལོག་པར་རྟོག་པ་རྩོད་པ་གློད་པ་ལས་བྱུང་བའི་རྣམ་པར་མི་རྟོག་པར་གྱུར་པ་དང་། ཙཎྜ་ལི་ལས་བྱུང་བའི་གསལ་སྟོང་གི་ཏིང་ངེ་འཛིན་ལ་ཡིད་ཆེས་པར་གྱུར་པ་དང་། ལྷའི་རྣམ་པ་ལས་བྱུང་བ་ལ་སོགས་པ་སྟེ། མདོར་ན་ཏིང་ངེ་འཛིན་ལ་སྦྱོང་བའི་རྣམ་པ་ལ་དེ་ཁོ་ན་ཉིད་རྟོགས་པ་ལ་སོགས་པ་མ་ལུས་པ་གསལ་བ་རིག་པར་བྱའོ། །ཞེས་བཤད་པ་ལྟར་རོ། །འདི་ཉིད་དོན་དང་མཐུན་ཏེ། ལྷན་ཅིག་སྐྱེས་གྲུབ་ཀྱི་གཞུང་འགྲེལ་ལས། ཀྱཻ་རྡོ་རྗེ་འབུམ་ཕྲག་ལྔ་པའི་ལུང་དྲངས་པ་ལས། འགྲོ་ཀུན་གཟོད་མ་ཉིད་ནས་སྟོང་། །རྒྱུ་རྐྱེན་གང་གིས་སྟོང་མ་བྱས། །འདི་ལ་སྐྱེ་ཐ་ཡོད་མ་ཡིན། །ལྷན་ཅིག་སྐྱེས་པར་དེ་ལྟར་བརྗོད། །ཅེས་དང་། ཊཱི་ཀྐཱ་ལས། ལྷན་ཅིག་སྐྱེས་པ་དངོས་རང་བཞིན། །བརྟག་ཉིད་གྲུབ་པར་བརྗོད་པ་ཡིན། །ལྷན་ཅིག་སྐྱེས་གྱུར་དེ་ཡི་ཕྱིར། །བརྗོད་བྲལ་ལྷན་ཅིག་སྐྱེས་པར་བརྗོད། །ཅེས་བཤད་པའི་ཕྱིར་རོ། །ཡང་དེ་ལྟ་བུའི་དངོས་པོའི་གནས་ལུགས་རྟོགས་པའི་ཡེ་ཤེས་ལའང་། ལྷན་སྐྱེས་ཀྱི་མིང་གིས་བཏགས་ཤིང་། འདི་ལྟ་བུའི་བསྒོམ་པ་ལ་ཡང་དོན་དམ་པའི་བསྒོམ་པ་དང་། གཉིས་མེད་དང་། ཟུང་འཇུག་སོགས་མིང་གི་རྣམ་གྲངས་བཅུ་བཞི་སམྦུ་ཊི་ལས་བཤད་ལ། དེ་དག་ཐམས་ཅད་ཀྱང་ལྷན་ཅིག་སྐྱེས་པ་འདི་ཡེ་ཤེས་དེ་ཉིད་ལ་བཏགས་པ་ཡིན་གྱི། སྐབས་དེར་ཡུལ་དངོས་པོའི་གནས་ལུགས་ལ་མིང་དེ་དག་བཏགས་པ་ནི་གཏན་མིན་ཏེ། གནད་ཀྱི་གསལ་བྱེད་ལས། ཀྱཻ་རྡོ་རྗེ་དང་། དུས་ཀྱི་འཁོར་ལོ་དང་། སྒྱུ་མ་བདེ་མཆོག་དང་། གསང་བ་འདུས་པ་དང་། ཐམས་ཅད་མཁྱེན་པ་ཞེས་བྱ་བ་ལ་སོགས་པ་མིང་གི་རྣམ་གྲངས་མཐའ་ཡས་པའི་བདག་ཉིད་ཅན་ནོ། །ཐབས་དང་ཤེས་རབ་ཀྱི་བསྒོམ་པ་འདི་ཡིན་པས་སྒོམས་ཤིག་ཅེས་གདམས་པའི་དོན་ཏོ༔ །ཞེས་བཤད་པའི་ཕྱིར་རོ། །འདི་ནི་རྗེ་བཙུན་སྐུ་མཆེད་ཀྱི་གཞུང་ལུགས་སུ། སྤྲོས་བྲལ་འཆད་ཚེ་དོན་དམ་གྱི༔ །ངོས་བཟུང་ཅི་ཡང་མེད་པ་དང་། །ཉམས་ལེན་ཚེ་ན་ཟུང་འཇུག་གམ། །དོན་དམ་བདེན་པ་ངོས་བཟུང་ནས། །དེ་ལ་དགྱེས་པ་རྡོ་རྗེ་སོགས། །མིང་གི་རྣམ་གྲངས་བཅུ་བཞིར་བཤད། །ཅེས་ཟེར་བ་དག་ཀྱང་གསལ་བར་བཀག་སྟེ། དེ་རྣམས་དོན་དམ་བདེན་པར་མ་གསུངས་པའི་ཕྱིར། ཡང་དགྱེས་པ་རྡོ་རྗེ་དང་། དུས་ཀྱི་འཁོར་ལོ་ལ་སོགས་ཀྱི་མིང་ནི། སམྦུ་ཊི་ལས་བཤད་པའི་མིང་གི་རྣམ་གྲངས་བཅུ་བཞིའི་ནང་ན་ཡང་བགྲང་བ

མེད་པས་ཚིག་དེ་དག་ཀྱང་ནོར་བ་ཡིན་པར་ཤེས་པར་བྱའོ། །མདོར་ན་དོན་དམ་པའི་མིང་གིས་བཏགས་པ་དང་དོན་དམ་བདེན་པ་གཉིས་ནོར་བར་མི་བྱའོ། །གཟུང་འཛིན་དང་བྲལ་བའི་རང་རིག་པའི་ཡེ་ཤེས་ནི་ཀུན་རྫོབ་བདེན་པ་ཡིན་པར་མཆན་བརྗོད་ལས་ཀྱང་བཤད་དེ། ཡེ་ཤེས་ལྡན་པ་ཡོད་མེད་ཤེས། །ཞེས་པའི་འགྲེལ་པར། དེ་ཡང་དེ་བཞིན་ཉིད་ཀྱི་བདག་ཉིད་ཅན་གྱི་ཡེ་ཤེས་ནི་ཡོད་པའོ། །དེ་མ་རྟོགས་པར་གྱུར་པའི་གཟུང་བ་དང་འཛིན་པ་ཐམས་ཅད་ནི་མེད་པ་སྟེ། རང་གི་ངོ་བོ་ཤེས་པ་ལས་གཞན་མི་ཤེས་སོ། །ཞེས་བྱ་བའི་ཚུལ་གྱིས་ན་དེ་སྐད་ཅེས་བྱ་སྟེ། དེ་དབང་ནི་ཀུན་རྫོབ་མིན་པར་བཤད་དོ་ཞེས་གཟུང་འཛིན་མེད་པའི་གཉིས་མེད་ཀྱི་ཤེས་པ་ཡོད་པར་མཐོང་བ་དེ་ཀུན་རྫོབ་ཀྱི་མཐོང་ཚུལ་དུ་བཤད་པའི་ཕྱིར་རོ། །དོན་དམ་པའི་མཐོང་ཚུལ་ནི་དེ་ལྟ་བུ་མིན་ཏེ་ལུང་དེ་ཁོ་ནའི་མཇུག་ཏུ། དོན་དམ་པར་ནི་སྟོང་བ་དང་མེད་པའམ་ངོ་བོ་ཉིད་གཉིས་ཀ་བྲལ་བ་གཉིས་སུ་མེད་པའི་མཉམ་པ་ཉིད་ཀྱི་ཡེ་ཤེས་ནི་ཡོད་མེད་ཤེས་པའོ། །ཞེས་བཤད་པ་ལྟར་རོ། །དེས་ན་རྗེ་བཙུན་འདིས་གཉིས་སུ་བྱུར་མ་འདོད་པ་ཙམ་ལ་གཉིས་མེད་དང་ཟུང་འཇུག་ཅེས་བྱ་སྟེ། ཤེས་བརྗོད་ཐམས་ཅད་ཀྱི་ཡུལ་ལས་འདས་པའོ། །ཞེས་གསུངས་པ་འདི་མཐོང་ན་ལོག་རྟོག་མང་པོའི་གནས་མེད་དོ། །

འདིར་སྨྲས་པ། །དོན་དམ་ལ་ནི་ཡུལ་དང་ཡུལ་ཅན་གཉིས། །ཟུང་འཇུག་ལ་ཡང་དབྱིངས་དང་ཡེ་ཤེས་གཉིས། །ལྟན་སྐྱེས་ལ་ཡང་གཉིས་སུ་གསུངས་པར་ཤེས། །དོན་དམ་ཀུན་རྫོབ་མིང་འདོགས་གང་དང་གང་། །ཕྱོགས་རེ་ཁོ་ནར་གསུངས་པའི་ངེས་པ་མེད། །དོན་སྦྲ་ཇི་བཞིན་རྟོག་པར་བྱེད་ན་ནི། །བློ་གྲོས་འཕྲུལ་ཞེས་བྱམས་པ་མགོན་པོས་གསུངས། །བསྡུ་བའི་ཚིགས་སུ་བཅད་པའོ། །ཡང་རྗེ་བཙུན་འདིས་ལྷན་ཅིག་སྐྱེས་པའི་ཡེ་ཤེས་ཀྱི་འཆར་ཚུལ་འཆད་པ་ན། སྣང་བ་མི་དམིགས་པའི་ཚུལ་གསལ་བར་བཤད་པ་ཡང་མི་འཐད་པར་ཐལ། རང་རིག་པའི་བདག་ཉིད་དུ་གྲུབ་པའི་ཕྱིར་རོ། །འདོད་པར་མི་ནུས་ཏེ། གསང་བ་གྲུབ་པ་ལས། ཡེ་ཤེས་ཕྱག་རྒྱ་དེ་བཞིན་ཏེ། །རྣམ་རྟོག་མང་བས་སྤང་བར་བྱ། །ཞེས་གསུངས་པའི་ཕྱིར་དང་། རྗེ་བཙུན་འདིས་རྫོགས་པའི་རིམ་པའི་ཡེ་ཤེས་བསྒོམ་པའི་སྐབས་སུ་ཡང་། ནདའང་མི་དམིགས་པར་བྱ་སྟེ། །མི་དམིགས་ཙམ་དུའང་མི་འཛིན་ལ། །ཚོས་ཉིད་སྤྲོས་དང་བྲལ་བ་ལ། །ཤེས་པ་སྤྲོས་དང་བྲལ་བར་བཞག །ཅེས་གསུངས་པའི་ཕྱིར་རོ། །འདི་ལྟ་བུ་ཡེ་མ་མཐོང་བར་འཆད་པའི་ཚེ་སྤྲོས་བྲལ་དང་། བསྒོམ་པའི་ཚེ་ཟུང་འཇུག་ཅེས་བྱ་བ་སྤྲོས་བྲལ་ལས་གཞན་པའི་བདེན་གྲུབ་ཅིག་གི་ཐོག་ཏུ་མཉམ་པར་འཇོག་པ་རྗེ་བཙུན་སྐུ་མཆེད་ཀྱི་བཞེད་པའོ། །ཞེས་སྨྲ་བ་ནི། བླ་མ་དག་གི་གཞུང་ཕྱིན་ཅི་ལོག་ཏུ་གལ་གྱི་འཆུ་བའོ། །མཁས་པའི་མཁས་མཆོག་རྗེ་བཙུན་བསོད་ནམས་རྩེ། །ཁྱོད་གསུང་ལོག་པར་བསླུབ་པའི་འགལ་བའི་ཁུར། །རི་བོའི་སྤོ་ལ་ལྷག་པ་འདེབས་མཐོང་ནས། །བདག་

གིས་ཁྱོད་གཞུང་ཇི་བཞིན་རྣམ་པར་ཕྱེད། །ལེགས་བྱས་རྩེ་མོར་སོན་པའི་ཉི་འོད་ཀྱིས། །སྙིང་གི་མུན་སྤུག་ཚང་ཚིང་ཀུན་བསལ་ཏེ། །འཇམ་དབྱངས་བླ་མ་ཁྱོད་ཀྱི་དགོངས་དོན་གྱི། །ཕྱི་ནང་དངོས་ཀུན་མཐོང་བའི་བཀའ་དྲིན་སྐྱོལ། །བར་སྐབས་ཀྱི་ཚིགས་སུ་བཅད་པའོ། །

གསུམ་པ་རྗེ་བཙུན་ཆེན་པོའི་དགོངས་པ་དང་མི་མཐུན་པར་བསྟན་པ་ལ་གསུམ་སྟེ། འགལ་བ་དངོས་སུ་བསྟན་པ། འགལ་བ་གཞན་ཤུགས་ལ་བསྟན་པ། དེ་དག་ལ་དགོངས་པའི་མཐའ་དཔྱད་པའོ། །དང་པོ་ལ་གསུམ་སྟེ། དངོས་སྨྲ་བའི་འདོད་པ་མི་ཁེགས་པ། ཡེ་ཤེས་ཀྱི་ངོ་བོ་ལ་ལོག་རྟོག་ཏུ་འགྱུར་བ། ནུབ་འཇུག་གི་བསྒོམ་ལུགས་དང་བསྒོན་མེད་དུ་འགལ་བར་བསྟན་པའོ། །དང་པོ་ནི། རྗེ་བཙུན་གྱིས་སེམས་ཙམ་པའི་འདོད་པ་འགོག་པ་ན་ཡང་ཁྱེད་རང་གནས་གྱུར་པ་ཞེས་བྱ་བ་འདོད་ན། དོན་དམ་པར་གནས་འགྱུར་རམ། ཀུན་རྫོབ་ཏུ་གནས་འགྱུར། དོན་དམ་པར་འགྱུར་ན་འགྱུར་བའི་ཕྱིར། དོན་དམ་པ་མིན་པར་འགྱུར་ལ་དོན་དམ་ཡིན་པའི་ཕྱིར། འགྱུར་བ་མི་འཐད་པར་ཐལ་ཏེ། གལ་ཏེ་ངོ་བོ་ཉིད་ཡོད་ན། །ཇི་ལྟ་བུར་ན་གཞན་དུ་འགྱུར། །ཞེས་གསུངས་སོ། །གལ་ཏེ་ཀུན་རྫོབ་ཏུ་འགྱུར་རོ་ཞེ་ན། འོ་ན་བདག་དང་རི་བོང་གི་རྭ་ལ་སོགས་པའང་གནས་འགྱུར་བར་ཐལ་ལོ། །དེ་ནི་འཇིག་རྟེན་ནའང་མེད་དོ་སྙམ་ན། འོན་ཁྱེད་ལོ་ཀ་ན་ཡོངས་སུ་གྲགས་པ་རྣམས་ལ་གནོད་པ་མ་སྐྱེལ་ཅིག །ཅེས་གསུངས་པའི་རིགས་པ་འདིས་ཕྱོགས་སྔ་མའི་འདོད་པ་མི་ཁེགས་པར་འགྱུར་ཏེ། རྗེ་བཙུན་རང་ཉིད་ཀྱང་དོན་དམ་པར་འགྱུར་བའི་ཆོས་ཅན་དུ་བཞེད་པས། གལ་ཏེ་ངོ་བོ་ཉིད་ཡོད་ན། །ཇི་ལྟར་བུར་ན་གཞན་དུ་འགྱུར། །ཞེས་པའི་རིགས་པ་ལྡོག་ནས་དོན་དམ་པ་ཆོས་ཅན། གཞན་དུ་འགྱུར་བ་མི་འཐད་པར་ཐལ། ངོ་བོ་ཉིད་ཡོད་པ་ཡིན་པའི་ཕྱིར་ཞེས་བརྗོད་ན་འཁོར་གསུམ་ཆར་དུ་འགྱུར་བའི་ཕྱིར་རོ། །རྟགས་ནི་རྗེ་བཙུན་འདིས་དོན་དམ་པ་དངོས་པོའི་ངོ་བོར་བཞེད་དོ་ཞེས་ཁྱེད་རང་གི་རྒྱ་བའི་དམ་བཅའ་ཡིན་ནོ། །ཡང་ཀུན་རྫོབ་ཏུ་ཡང་མ་ཡོད་པར་ཁས་མི་ལེན་ཀྱང་། དེ་ལ་གནས་གྱུར་རྩེ་ན། འོན་བདག་དང་རི་བོང་གི་རྭ་ལ་སོགས་པའང་གནས་འགྱུར་བར་ཐལ་ལོ། །དེ་དག་ནི་འཇིག་རྟེན་ནའང་མེད་དོ་སྙམ་ན། འོན་འཇིག་རྟེན་ན་གང་ཡོད་པ་དེ་ཐམས་ཅད་ཀྱིས་ཡོད་པའི་གོ་མི་ཆོད་དོ་སྙམ་ན། འཇིག་རྟེན་ན་ཡོངས་སུ་གྲགས་པ་ལ་གནོད་པ་མ་སྐྱེལ་ཅིག །ཅེས་ལྡོར་བཟློག་ན་མི་སླ་བ་ཐོབ་བོ། །

གཉིས་པ་ནི། རྗེ་བཙུན་ཆེན་པོའི་ལྗོན་ཤིང་ལས། དབྱེར་མེད་ཀྱི་ཡེ་ཤེས་ཉིད་ཇི་ལྟ་བུ་ཞིག་ཡིན་ཞིང་། དེ་རྣལ་འབྱོར་པས་ཇི་ལྟར་མྱོང་ཞིང་རྟོགས་སྙམ་ན། ཏེ་བཛྲ་ཀྱི་ལེའུ་བཅུ་པ་ལས། རང་རིག་ཡེ་ཤེས་ཉིད་དུ་འགྱུར། །རང་གཞན་ཡང་དག་རིག་པ་སྤྱངས། །མཁའ་མཉམ་རྟུལ་བྲལ་སྟོང་པ་ཉིད། །དངོས་དང་དངོས་མེད

བདག་ཉིད་མཆོག །ཐབས་དང་ཤེས་རབ་ཤིན་ཏུ་འདྲེས། །ཞེས་གསུངས་སོ། །དེ་ལ་རང་རིག་ཡེ་ཤེས་ཞེས་བྱ་བ་ནི། དྲན་པ་མེད་པ་ཡེ་ཤེས་སུ་འདོད་པ་དགག་པའི་ཕྱིར་དང་། སོ་སོ་རང་གི་རིག་པའི་ཆོས་ཉིད་ཡིན་ཞིང་། གཞན་གྱིས་རྟོགས་པར་བྱ་བ་མིན་པའི་ཕྱིར་རོ། །འོན་ཏེ་རང་རིག་པའི་ཡེ་ཤེས་ཞེས་བྱ་བ་གཅིག་ཏུ་གྲུབ་བམ་ཞེ་ན། དེ་སྤྲོས་པ་དང་བྲལ་བར་བསྟན་པའི་ཕྱིར། རང་གཞན་ཡང་དག་རིག་པ་སྤངས་ཏེ། དེ་གཉིས་ཕན་ཚུན་ལྟོས་པའི་ཕྱིར་དང་། དམིགས་པར་བྱ་བའི་ཡུལ་འགའ་མ་གྲུབ་པའི་ཕྱིར་རོ། །དེ་ཉིད་ཀྱི་དཔེ་ནི། མཁའ་མཉམ་ཞེས་སྨོས་ཏེ། སློབ་དཔོན་ཀླུ་སྒྲུབ་ཀྱིས། དམིགས་པ་མེད་པའི་སེམས་སུ་ནི། །གནས་པ་ནམ་མཁའི་མཚན་ཉིད་ཡིན། །ནམ་མཁའ་སྒོམ་པ་དེ་ཉིད་ནི། །སྟོང་ཉིད་སྒོམ་པར་བཞེད་པ་ཡིན། །ཞེས་གསུངས་པ་ལྟ་བུའོ། །དེ་བས་ན་རྟོལ་བྲལ་སྟོང་པ་ཉིད་དོ། །གལ་ཏེ་ཡང་ན་སེམས་རང་རིག་པར་འགྱུར་ལ། ཡང་ན་དྲན་པ་མེད་པའམ་རྣམ་པ་མེད་པའི་ཡེ་ཤེས་སུ་འགྱུར་བ་མིན་ནམ་ཞེ་ན། དངོས་དང་དངོས་མེད་བདག་ཉིད་མཆོག །ཐབས་དང་ཤེས་རབ་ཤིན་ཏུ་འདྲེས། །ཟུང་དུ་འཇུག་པ་ཡིན་ཞེས་བྱའོ། །ཞེས་གསུངས་པ་དང་འགལ་ཏེ༔ ཡེ་ཤེས་དེ་རང་རིག་པ་ཞེས་པའི་ངོ་བོ་ཉིད་དུ་གྲུབ་པའི་ཕྱིར་རོ། །རིག་བྱ་རིག་བྱེད་ཕན་ཚུན་ལྟོས་པའི་རིགས་པས་རང་རིག་པའི་ངོ་བོ་གྲུབ་པ་མི་ཁེགས་པར་འགྱུར་ཏེ། རིགས་པ་དེ་དག་ནི་སྤྲོ་འདོགས་ཙམ་འགོག་པ་ཡིན་པའི་ཕྱིར་རོ། །ཡང་ཟུང་འཇུག་གི་ཡེ་ཤེས་ཉིད་དུ་ཡང་མི་འགྱུར་ཏེ། ཀུན་རྫོབ་གཏན་མེད་ཀྱི་ཆོས་ཉིད་ཡིན་པའི་ཕྱིར་རོ། །ཁྱབ་སྟེ་ཡེ་ཤེས་དེ་ནི་ཐབས་དང་ཤེས་རབ་འདྲེས་པའི་ཉམས་ཅན་གྱི་རྣལ་འབྱོར་ཡིན་པའི་ཕྱིར་རོ། །འོན་དེའི་ཚེ་ཐབས་དང་ཤེས་རབ་གཉིས་ཀྱི་སྣང་བ་མངའ་འམ་ཞེ་ན། འདྲེས་པ་ཞེས་གསུངས་པ་དེ་ཉིད་ཀྱི་ཕྱིར། གཉིས་ཀྱི་སྣང་བ་ག་ལ་མངའ་སྟེ། གཉིས་མེད་ཀྱི་ཡེ་ཤེས་ཞེས་མིང་ཐོབ་བོ། །དོན་དམ་པའི་བདེན་པ་ནི། རང་རིག་པར་འགལ་ཏེ། བློའི་ཡུལ་མཐའ་དག་ལས་འདས་པའི་ཕྱིར། དེ་སྐད་དུ་ཡང་། ལྷོན་ཤིང་ལས། འོན་གལ་ཏེ་དོན་དམ་པའི་བདེན་པ་བློའི་ཡུལ་མིན་ན། མདོ་ལས། དགེ་སློང་འདི་ལྟ་སྟེ། མི་བསླུ་བའི་ཆོས་ཅན་མྱ་ངན་ལས་འདས་པ་འདི་ནི་བདེན་པའི་མཆོག་གཅིག་པུའོ། །ཞེས་གསུངས་པ་ཇི་ལྟར་དྲངས་ཞེ་ན། དེ་རྣམ་པར་མི་རྟོག་པ་བརྟེན་པ་ན། དེ་ལ་འཁོར་བ་མེད་པའི་བདེན་པ་གཅིག་པུ་ཞེས་བྱ་ལ། འཁོར་བ་མེད་པའི་མྱ་ངན་ལས་འདས་པ་ཉིད་ཀྱང་མ་གྲུབ་པ་ན། འཕགས་པ་ཀླུ་སྒྲུབ་ཀྱིས་ཀྱང་། འཁོར་བ་སྤངས་པར་གྱུར་པ་ཡི། །མྱ་ངན་འདས་ཕྱོད་མི་བཞེད་ཀྱི། །འཁོར་བ་མི་དམིགས་པ་ཡིས་ནི། །ཞི་ཉིད་མགོན་པོ་ཁྱོད་ཀྱིས་བསྟན། །ཞེས་པ་དང་། རིགས་པ་དྲུག་ཅུ་པ་ལས་ཀྱང་། ཡང་དག་མཐོང་བ་འཇིག་རྟེན་དང་། །མྱ་ངན་འདས་པ་རློམ་སེམས་མེད། །ཅེས་གསུངས་སོ། །ཞེས་སློན་སྤོང་དང་བཅས་ཏེ་བཤད་པས་སོ། །

གསུམ་པ་ནི། བླ་མ་རྗེ་བཙུན་གྱིས་ཟུང་འཇུག་ཉམས་ལེན་གྱི་སྐབས་སུ། ཟུང་འཇུག་དོན་དམ་བདེན་པར་བཞེད་དོ། །ཞེས་ཁྱེད་ཀྱིས་ཁས་བླངས་པ་དེ་ལྗོན་ཤིང་ལས་དངོས་སུ་བཀག་སྟེ། དེ་ཉིད་ལས། སྐབས་དེར། ཤེས་རབ་ཀྱི་སྟོབས་ཀྱིས་གང་ལྟར་ཡང་མ་གྲུབ་པར་ཤེས་ཀྱང་ཐབས་ཀྱི་སྣང་བ་མ་འགགས་པའི་ཡེ་ཤེས་དེ་ཟུང་འཇུག་གི་སྒོམ་དངོས་གཞིར་གསུངས་ལ། དེ་ནི་ཀུན་རྫོབ་ཏུ་བསྒོམ་པར་བྱ་བ་ཡིན་གྱི། དོན་དམ་པར་བསམ་པ་ལས་འདས་པར་འཆད་པའི་ཕྱིར་རོ། །ཇི་སྐད་དུ། ལྗོན་ཤིང་ལས། སྤྱི་དོན་གསུམ་པ་དེ་ལྟར་མཐའ་བྲལ་ཡང་ཟུང་འཇུག་གི་ཚུལ་གྱིས་ཉམས་སུ་བླང་བ་ལ་གསུམ། ཟུང་འཇུག་གི་རང་བཞིན་དང་། དོན་དམ་དུ་བསམ་དུ་མེད་པར་བསྟན་པ་དང་། ཀུན་རྫོབ་ཏུ་སྒོམ་པའི་ཚུལ་བསྟན་པའོ། །

དང་པོ་ནི། བརྟག་པ་གཉིས་པའི་གཉིས་པ་དེ་ཉིད་ལས། ཤེས་རབ་ཕ་རོལ་ཕྱིན་སྦྱོར་བ། །ཐབས་ནི་སྙིང་རྗེའི་བདག་ཉིད་དེ། །དེས་ན་མཛེས་པའི་སྙིང་རྗེ་ཐབས། །ཤེས་རབ་ཕ་རོལ་ཕྱིན་གསལ་བ། །ཞེས་གསུངས་ཏེ། དེའི་དོན་ཡང་འདི་ཡིན་ཏེ། ཤེས་རབ་ཀྱིས་རྣམ་པར་ཕྱེ་ན་གང་ལྟར་ཡང་མ་གྲུབ་པར་ཤེས་ཀྱང་། ཐབས་སྙིང་རྗེ་ཆེན་པོས་སྣང་བ་མི་འགག་པར་འགྱུར་རོ། །དེ་ནི་སྤྲོས་པ་དང་བྲལ་ཞིང་དམིགས་པ་མེད་བཞིན་དུ་སྙིང་རྗེ་ཆེན་པོས་གཞན་དོན་མཛད་པ་འདི་ནི་མཛེས་པ་སྟེ། དེ་ལྟར་ཡང་། གཞན་གྱི་སྡུག་བསྔལ་གྱིས་ཁྲིད་རྣམས། །བསམ་གཏན་བདེ་བ་བོར་ནས་ནི། །མནར་མེད་པར་ཡང་འཇུག་པར་བྱེད། །འདི་ནི་ངོ་མཚར་འདི་བསྔགས་འོས། །ཞེས་གསུངས་པ་དང་། རྡོ་རྗེ་གུར་ལས་ཀྱང་། སྟོང་ཉིད་སྙིང་རྗེ་ཐ་དད་མེད། །གང་དུ་སེམས་ནི་རྣམ་སྒོམ་པ། །དེ་ནི་སངས་རྒྱས་ཆོས་དང་ནི། །དགེ་འདུན་གྱི་ཡང་བསྟན་པའོ། །ཞེས་གསུངས་སོ། །དེས་ན་ཧེ་བཛྲ་ཞེས་བྱ་བའང་འདི་ཉིད་ཡིན་ཏེ། རྩ་བའི་རྒྱུད་ལས་ཀྱང་། ཧེ་ནི་སྙིང་རྗེ་ཆེན་པོ་ཉིད། །བཛྲ་ཤེས་རབ་བརྗོད་པར་བྱ། །ཞེས་བྱ་བ་དང་། རྒྱུད་ཐམས་ཅད་ཀྱི་བརྗོད་བྱའང་འདི་ཉིད་ཡིན་པས་ན། ཐབས་དང་ཤེས་རབ་བདག་ཉིད་རྒྱུད། །དེ་ནི་ང་ཡིས་བཤད་ཀྱིས་ཉོན། །ཞེས་གསུངས་ལ། དེ་ལ་སོགས་པ་ཟུང་འཇུག་གི་ལུང་མང་པོ་གསུངས་ཏེ། རང་ཉིད་ཀྱིས་སྦྲེས་པ་བྱའོ། །

གཉིས་པ་དེ་ལྟ་བུ་བསམ་མམ་སྙམ་ན། དོན་དམ་དུ་བསམ་པར་བྱ་བ་ལས་འདས་ཏེ། རྣམ་རྟོག་མེད་པའི་ཆོས་རྣམས་ལ། །དངོས་པོ་མེད་ཅིང་སྒོམ་པའང་མེད། །ཅེས་གསུངས་ཏེ། རང་གི་ངོ་བོ་འདི་ལྟར་གྲུབ་བོ་ཞེས་བྱ་བའི་ཚུལ་གྱིས་བསྒོམ་ན་རྟོག་པར་འགྱུར་ལ། རྟོག་པས་བསམ་པ་ནི། དེ་ཁོ་ན་ཉིད་མིན་པས་བསམ་དུ་མེད་དོ་ཞེས་བྱ་བའི་དོན་དུའོ། །

གསུམ་པ་ཀུན་རྫོབ་ཏུ་བསྒོམ་པའི་ཚུལ་ནི། དེ་ལྟར་གནས་ལུགས་ནི་བསྒོམ་དུ་མེད་པ་ལ་གནས་

ལུགས་མི་བསྒོམ་ན་མི་གྲོལ་བར་ཇི་ལྟར་བསམ་སྙམ་ན། ཀུན་རྫོབ་ཙམ་དུ་ཡོད་པར་བསྟན་པ་ནི། ཞེས་གསལ་བར་བཤད་པ་ལྟར་རོ། །དེ་ལྟ་བུའི་རྣལ་འབྱོར་ཟུང་འཇུག་དེ་ནི། དབུ་མ་སྒྱུ་མ་ཙམ་དུ་སྨྲ་བས་བདེན་པར་མི་འདོད་ཀྱང་། དོན་དམ་བདེན་པ་དངོས་ཡིན་པར་འདོད་ལ་འདིར་ནི་དེ་ལས་ཁྱད་པར་དུ་ཟུང་དུ་འཇུག་པའི་ཡེ་ཤེས་དེ་ཡང་དེ་ཁོ་ན་ཉིད་དངོས་མིན་ལ། དེ་ལས་གཞན་དུ་ཡང་དེ་ཁོ་ན་ཉིད་མི་འདོད་མོད་ཀྱི། ཡེ་ཤེས་དེས་རང་གི་ངོ་བོ་མཐོང་མེད་ཀྱི་ཚུལ་གྱིས་མཐོང་བ་ཉིད་དེ་ཁོ་ན་ཉིད་མཐོང་བར་ཐ་སྙད་བྱས་པ་སྟེ། ཀླུ་སྒྲུབ་ཀྱིས། གང་ཞིག་ཁྱོད་ཀྱིས་ཅུང་ཞིག་ཀྱང་། །སངས་རྒྱས་སྤྱན་གྱིས་མ་གཟིགས་པ། །ཁྱོད་ཀྱིས་གཟིགས་པ་བླ་མེད་དེ། །དེ་ཉིད་དོན་ནི་རིག་པ་ལགས། །ཞེས་དང་། སློབ་དཔོན་མ་ཏི་ཙི་ཏྲས། དེ་ལྟར་ཆོས་ཀུན་མཐོང་མེད་ན། །མི་མཐོང་མི་སྣང་འཛམ་དཔལ་མཐོང་། །ཞེས་རབ་ཏུ་མི་གནས་པའི་ལུགས་མཆོག་ཏུ་གྱུར་པ་བསྟན་ལ། རྗེ་བཙུན་ཆེན་པོ་འདིས་ཀྱང་། གནས་ལུགས་སྒོམ་ཚུལ་ཚིག་ཉུང་དུས་སྟོན་པ་ན། བརྗོད་མིན་བརྗོད་པས་འདི་ལ་དོན་མེད་ཅིང་། །བསམ་མིན་བསམ་པར་བྱ་བའི་ཡུལ་མིན་ལ། །བསྒོམ་དུ་མེད་པ་འདི་ལ་ཅི་ཞིག་བསྒོམ། །དེ་ལྟར་ཤེས་ན་འཛིན་པ་མེད་པར་འགྱུར། །ཞེས་པ་འདི་ཡང་ཡུལ་དངོས་པོའི་གནས་ལུགས་མ་གྲུབ་པས་དེ་མཐོང་ཚུལ་ལ་ལྟོས་ནས་བསྒོམ་མེད་དུ་བསྟན་པ་མིན་ན། ཅི་ཞིག་ལ་དགོངས་པ་ཡིན། ཁྱེད་ཀྱི་བསྟན་དགོས་ཏེ། སྟོན་པར་ནུས་པའི་སྐབས་ཡོད་པ་མིན་ནོ། །འདི་ཙམ་གྱི་གསལ་ཁ་ཡོད་པའི་གཞུང་ལ་ཡང་འདི་ལྟ་བུའི་ཆོས་ལུགས་དང་འདིའི་རྗེས་སུ་གཞན་མང་དུ་འཇུག་པ་འདི་འདྲ་ཅིར་འགྱུར་བརྟག་དགོས་སོ། །

གཉིས་པ་འགལ་བ་གཞན་ལུགས་ལ་བསྟན་པ་ནི། ཁྱེད་ལྟར་ན་དཔེའི་ཡེ་ཤེས་ཀྱིས་ཀྱང་། དེ་ཁོ་ན་ཉིད་མངོན་སུམ་དུ་མཐོང་བར་འགྱུར་ཏེ། རང་གི་ངོ་བོ་རང་རིག་པ་ནི་མངོན་སུམ་དུ་རྟོགས་ལ། དེའི་རང་བཞིན་སྐྱེ་བ་མེད་པར་རྟོགས་པ་ནི་དོན་གྱི་ཡེ་ཤེས་ལ་ཡང་མེད་པའི་ཕྱིར་རོ། །སྒྲོ་མ་བཏགས་པའི་ནང་གི་རྟེན་འབྲེལ་ཙམ་ལ་དམིགས་པ་དང་། རྟེན་འབྲེལ་དེའི་རང་བཞིན་ཁོང་དུ་ཆུད་པའི་ཚུལ་གྱིས་རྟེན་འབྲེལ་ཙམ་དུ་ཡང་མི་དམིགས་པ་ནི། དཔེ་དང་དོན་གྱི་ཡེ་ཤེས་ཀྱི་ཁྱད་པར་མིན་གྱི། དེ་ལས་གཞན་དུ་ནི་བརྟག་པར་དཀའོ། །གལ་ཏེ་དཔེའི་ཡེ་ཤེས་ཀྱིས་ཀྱང་དེ་ཁོ་ན་ཉིད་མཐོང་ན་སྐྱོན་ཅིར་འགྱུར་ཞེ་ན། འདི་ལ་ནི་གནོད་བྱེད་རབ་ཏུ་མང་སྟེ། རྗེ་བཙུན་སྐུ་མཆེད་ཀྱིས་ལྷན་ཅིག་ཏུ་དགག་པ་རྒྱས་པར་མཛད་པའི་ཕྱིར་རོ། །སྐྱོན་གཞན་ཡང་ཨ་ཏི་ཤས་རྡོ་རྗེ་གདན་གྱི་གླུ་ལས། གང་ལ་ཡིད་ཀྱི་བྱ་རྒོད་བརྟེན་པའི་ཤིང་། །དེ་ལ་བདེ་བའི་མེ་ཏོག་ལོ་མ་སྐྱེ་བ་མེད། །ཅེས་དང་། དེའི་འགྲེལ་པར། རྣལ་འབྱོར་པས་སེམས་རླུང་འདྲེས་པས་སེམས་བདེ་བའི་རྣམ་པར་སྐྱེས་པ་ལ། དེར་ཞེན་ན་མེ་ཏོག་དང་འདྲ་བའི་འོད་གསལ་མི་མཐོང་། ལོ་མ་དང་འདྲ་བའི་ཟུང་འཇུག་གི་སྐུ་མི་མཐོང་ངོ་། །ཞེས་

ཞུ་བདེ་ལྷན་སྐྱེས་ཡེ་ཤེས་ཙམ་དེ་ལ་དེ་ཁོ་ན་ཉིད་དུ་འདོད་པ་ནི་འཆི་བའི་རྒྱུར་གསུངས་པའི་ཕྱིར་རོ། །མཚོན་བྱེད་དཔེའི་ཡེ་ཤེས་ཀྱིས་འཇིག་རྟེན་པའི་གཉིས་འཛིན་བྲལ་ཡང་རླུང་སེམས་རང་བཞིན་དུ་མ་བཅུག་པས་དབྱིངས་རིག་གཉིས་མེད་མ་མཐོང་བར་བཤད་པའི་ཕྱིར་ཏེ། དེ་ཉིད་ཀྱིས་མཚོན་བྱེད་ཀྱི་བདེ་བ་དེ་ལ་སེམས་ངེས་པར་སྦྱངས་པས། འཇིག་རྟེན་པའི་སེམས་རྣམས་རྒྱུ་བའམ་བག་ཆགས་དང་བྲལ་ཡང་རྣལ་འབྱོར་ཏེ། དབྱིངས་དང་རིག་པ་གཉིས་མེད་མ་མཐོང་བ་ནི། རྒྱུ་དང་སེམས་རང་བཞིན་ལ་མ་བཅུག་པར་ཚོར་བ་བདེ་བ་ཀུན་ནས་དགྲིས་པ་དང་བཅས་པ་ལ་ཞེན་པ་ནི། ནམ་མཁའི་མེ་ཏོག་ལ་བུང་བས་འཛིབས་པ་མཐོང་བ་དང་འདྲ་བའི་ཕྱིར་རོ། །འོ་ན་མཚོན་བྱེད་དུ་བཤད་པ་ཅི་ཞེ་ན། དེ་ནི་ངེས་པ་མེད་དེ། མཛུབ་མོས་ཟླ་བ་མཚོན་པ་དང་འདྲ་བར་རླུང་སེམས་བདེ་བའི་རྣམ་པར་བྱིན་གྱིས་བརླབས་ནས་བསྟན་པ་དང་། རླུང་སེམས་རང་བཞིན་ལ་བཞུགས་དགོས་པའི་ཕྱིར་རོ། །ཞེས་བཤད་པ་ལྟར་རོ། །དེས་ན་དཔེའི་ཡེ་ཤེས་ནི་ཨ་ཝ་དྷཱུ་ཏཱི་ལས་བྱུང་བ་མིན་པའི་ཕྱིར། འཇིག་རྟེན་པའི་ཡེ་ཤེས་ཡིན་ལ། དེ་ལྟ་བུའི་ཡེ་ཤེས་དེ་ཡང་ས་ཧ་ཛ་མཚན་ཉིད་པ་སྐྱེས་པ་ན་འཇོམས་པའི་ཕྱིར་རོ། །ཇི་སྐད་དུ། འཇིག་རྟེན་སྦྱོར་ལ་ཛྙཱ་ཧེ་ཕབ་ནས་ནི། །འཇིགས་ཚོགས་ངོ་ཚ་ཨ་ཝ་དྷཱུ་ཏཱིས་སྤོང་། །ཞེས་བཤད་པའི་ཕྱིར་རོ། །ཡང་མགོན་པོ་ཀླུ་སྒྲུབ་ཀྱིས་ཀྱང་། དོན་འདི་ཉིད་བཞེད་དེ། ཕྱག་རྒྱ་བཞི་པ་ལས། ལྷན་ཅིག་སྐྱེས་པ་ནི་ཐམས་ཅད་དུ་ལྷན་ཅིག་སྐྱེས་པའི་གྲིབ་མའི་རྗེས་སུ་བྱེད་པའི་ཕྱིར། ལྷན་ཅིག་སྐྱེས་པ་ཞེས་བརྗོད་དོ། །ལྷན་ཅིག་སྐྱེས་པའི་གྲིབ་མ་ནི་ལྷན་ཅིག་སྐྱེས་པ་དང་འདྲ་བའི་ཡེ་ཤེས་ཁོང་དུ་ཆུད་པར་བྱ་བའི་ཕྱིར། ལྷན་ཅིག་སྐྱེས་པ་ནི་ཤེས་རབ་ཡེ་ཤེས་སོ། །དེའི་ཕྱིར་ཤེས་རབ་ཡེ་ཤེས་ལ་ལྷན་ཅིག་སྐྱེས་པ་སྐྱེ་བ་མེད་དེ། གང་གི་ཕྱིར་ལྷན་ཅིག་སྐྱེས་པའི་རང་བཞིན་ནི། ཆོས་ཐམས་ཅད་ཀྱི་མ་བཅོས་པའི་རང་གི་མཚན་ཉིད་ཞེས་པའི་དོན་ཏོ། །ཞེས་ལས་ཀྱི་ཕྱག་རྒྱ་ལས་བྱུང་བའི་སྐད་ཅིག་བཞི་པའི་ཡེ་ཤེས་དེ་ཁོ་ན་ཉིད་མཐོང་བ་མིན་པར་བཤད་ཅིང་། དེ་བཞིན་ཉིད་ཀྱི་རྣམ་པ་ཉེ་བའི་རྒྱུར་གྱུར་པ་དེ་ནི་ལམ་དུ་ཤེས་པར་བྱའོ། །ལམ་དུ་ཤེས་པས་གུས་པ་དང་བཅས་པས་རྟག་ཏུ་རྒྱུན་མི་འཆད་པར་ལམ་གོམས་པར་བྱས་ལ། འགོག་པ་ལྷན་ཅིག་སྐྱེས་པའི་རང་བཞིན་སྐྱེ་བ་མེད་པ་མངོན་དུ་བྱས་པར་འགྱུར་རོ། །དེ་བཞིན་དུ། འདི་ལ་འགལ་བ་ཅི་ཡང་མེད། །བསྣན་པར་བྱ་བ་ཅུང་ཟད་མེད། །ཡང་དག་ཉིད་ལ་ཡང་དག་ལྟ། །ཡང་དག་མཐོང་ནས་རྣམ་པར་གྲོལ། །ཞེས་བསྟན་ཏེ༑ ཞེས་དཔེའི་ཡེ་ཤེས་ཀྱང་འགོག་པ་ལྷན་སྐྱེས་མངོན་དུ་བྱེད་པའི་ཐབས་ཙམ་དུ་བཤད་པའི་ཕྱིར་རོ། །ཡང་ལྷན་ཅིག་སྐྱེས་གྲུབ་ཀྱི་གཞུང་འགྲེལ་ལས་ཀྱང་། བླ་མ་རྗེ་བཙུན་གྱིས་ཇི་ལྟར་བཤད་པ་བཞིན། ཤིན་ཏུ་གསལ་བར་བསྟན་ཏེ། དེ་ཉིད་ལས། རྟེན་འབྲེལ་ལས་སྐྱེས་སྐད་ཅིག་མ། །ཞེས་བྱ་བ་ནི། ཐིགས་པ་གང་དག་སྐྱེས་པ

དང་། མི་མོ་ལས་བྱུང་བ་ཉིད་དངོས་གྲུབ་ཏུ་འདོད་དེ། དེ་ནི། ཁ་ཅིག་དངོས་གྲུབ་དབང་གཉིས་སྐྱེས། །ཞེས་བྱ་བ་ཡིན་ནམ། ཐུགས་རྗེ་ཆེན་པོ་མངའ་བའི་སངས་རྒྱས་ཀྱིས་མ་འོངས་པའི་དུས་ཀྱི་སྐྱེ་བོ་གདུལ་བར་དཀའ་བས། འདོད་ཆགས་ཀྱི་དབང་དུ་གྱུར་པ་རྣམས་ལ་དཔེའི་ཡེ་ཤེས་དང་། མཆོན་པར་བྱེད་པ་དང་། བྲི་བར་གསུངས་པ་ཁོ་ནས་མཆོག་དང་། དམ་པ་དང་། གཙོ་བོ་དང་། ཁྱད་པར་དུ་འཕགས་པར་འཛིན་པར་བྱེད་དེ། དེ་ནི་གནས་ཕྱི་མ་ཕྱི་མའི་དབང་གིས་སྤྱང་བར་གསུངས་སོ། །གང་ཡང་དཔེའི་ཡེ་ཤེས་དེ་ཡང་གསང་སྔགས་ཀྱི་སྒོ་ནས་སྤྱད་པ་དཔྱོད་པ་ན། ལས་དང་པོར་གཏོགས་པ་རྣམས་ཀྱི་ཡེ་ཤེས་བརྟན་པར་མ་གྱུར་པའི་བར་དུ་བླ་མ་དམ་པ་དག་གིས་ཞལ་ལས་རྟོགས་པར་བྱའོ། །སྤྱང་བར་ཡང་མི་བྱ་ལ། གང་ཞིག་ཡོངས་སུ་ཤེས་པའི་རྗེས་ལ་སྤྱང་བར་བྱ་ཞེས་གསུངས་སོ། །ཞེས་བཤད་པ་ལྟར་རོ། །

གསུམ་པ་དེ་དག་ལ་དགོངས་པའི་མཐའ་དཔྱད་པ་ནི། དོན་དམ་བདེན་པ་ཞེས་པ་ལྡོན་ཤིང་ལས། བློ་དོན་དམ་པའི་ཡུལ་དུ་བདེན་པ་ལ་བཤད་པ། དེ་ལྟར་ན་འཕགས་པ་རྣམས་ཀྱི་ཐུགས་གཉིས་སུ་མེད་པའི་ཡེ་ཤེས་ཀྱི་ཡུལ་དུ་བདེན་པར་གྲུབ་པ་ཞིག །དོན་དམ་བདེན་པར་ཁས་ལེན་དགོས་སོ་ཞེ་ན། འདིའི་ལན་ནི། ལྡོན་ཤིང་ཉིད་ལས། བདེན་གཉིས་ཀྱི་སྐབས་སུ་རྒྱས་པར་བཤད་མོད། དེའི་དོན་དྲིལ་ཏེ་བཤད་ན། དེ་ལ་འཕགས་པ་རྣམས་ཀྱི་ཐུགས་ནི་དོན་དམ་པ་ཡིན་ལ། དེའི་ཡུལ་སྐྱེ་བ་དང་འགག་པ་མེད་པ་སྤྲོས་པ་དང་བྲལ་བ་ནི། དོན་དམ་པའི་བདེན་པའོ། །དེ་ཡེ་ཤེས་རང་གི་ངོ་བོ་སྐྱེ་བ་མེད་པར་ཐུགས་སུ་ཆུད་པ་དེ་ཉིད་ལས་ལོགས་སུ་ཡོད་པ་མིན་པས། ཡུལ་ཡུལ་ཅན་གྱི་ཚུལ་གྱིས་ཤེས་པ་མིན། སློབ་དཔོན་ཟླ་གྲགས་ཀྱིས། གང་ཚེ་ཆོས་ཉིད་སྐྱེ་མེད་ཡིན་ཞིང་བློ་ཡང་སྐྱེ་བ་དང་བྲལ་བ། །དེ་ཚེ་དེ་རྣམས་བསྟན་ལས་དེ་ཡི་དེ་ཉིད་རྟོགས་པ་ལྟ་བུ་སྟེ། །ཇི་ལྟར་སེམས་ནི་གང་གི་རྣམ་པ་ཅན་དུ་གྱུར་པ་དེ་ཡི་ཡུལ། །དེ་ཡོངས་ཤེས་པ་དེ་ནི་ཐ་སྙད་བརྟེན་ནས་ཤེས་པ་ཡིན། །ཞེས་གསུངས་པ་ལྟར་རོ། །མདོར་ན་ཡེ་ཤེས་རང་ཉིད་དབྱེ་བ་མེད་པའི་དེ་ཁོ་ན་ཉིད་གང་དུ་ཡང་མ་གྲུབ་པའི་ཚུལ་གྱིས་རྟོགས་པ་ལ་བདེན་པ་གཉིས་ཀྱི་རྣམ་དབྱེ་བྱེད་པའི་ཚེ། དོན་དམ་བདེན་པ་ནི་འཕགས་པའི་ཡེ་ཤེས་ཀྱི་ཡུལ་ལོ། །ཞེས་ཐ་སྙད་བྱས་པའོ། །དེ་ལྟར་མིན་པར་དོན་དམ་པའི་བདེན་པ་ཞེས་བྱ་བ་བློའི་སྤྱོད་བྱ་ཞིག་གྲུབ་པར་འདོད་ན། ལྟ་བུ་ཞེས་པའི་ཚིག་གི་དོན་ཁོང་དུ་མ་ཆུད་པར་འགྱུར་ཏེ། དེའི་དོན་ནི་དོན་ལ་དེ་ཁོ་ན་ཉིད་རྟོགས་སོ་ཞེས་མིང་འདོགས་པ་ལ་བཤད་པའི་ཕྱིར་ཏེ། གཞུང་དེ་ཉིད་ཀྱི་འགྲེལ་པ་ལས། དེའི་ཕྱིར་བརྟགས་པ་ལས་དེ་ཁོ་ན་ཉིད་རྟོགས་སོ་ཞེས་རྣམ་པར་བཞག་གི དངོས་སུ་ནི་འགའ་ཞིག་གིས་ནི་ཤེས་པ་མིན་ཤེས་པ་དང་ཤེས་བྱ་གཉིས་ཀའང་མ་སྐྱེས་པ་ཉིད་ཀྱི་ཕྱིར་རོ། །ཞེས་བཤད་པས་སོ། །དེ་བཞིན་དུ་རྗེ་བཙུན་ཉིད་ཀྱིས་ཀྱང

བཞེད་དེ། ལྡོན་ཤིང་ལས། དེ་ཉིད་ལས་འཕགས་པ་ཉན་ཐོས་དག་མྱ་ངན་ལས་འདས་པ་ཞེས་བྱ་བ་ཞིག་གྲུབ་པར་འདོད། དེ་ལྟར་དུ་ད་ལྟ་བོད་ཀྱི་དབུ་མ་པ་ཕལ་ཆེར་ཡང་འདོད་དོ། །དེ་ཡང་དག་པ་མ་ཡིན་ཏེ། སྔར་ཡང་སུན་ཕྱུང་ལ། སྟོང་མིན་སྟོང་པ་མིན་པའང་མིན། །ཞེས་བྱ་བའི་སྐབས་སུ་དགག་པར་བྱའོ། །ཞེས་བཤད་པའི་ཕྱིར་རོ། །འོ་ན་འཕགས་པའི་ཡེ་ཤེས་ཀྱི་ཡུལ་དུ་གྱུར་པའི་དོན་དམ་པའི་བདེན་པ་དེ་ལ་མི་བསླུ་བས་ན་བདེན་པ་ཞེས་པའི་ཐ་སྙད་མི་འཐད་པར་འགྱུར་རོ་ཞེ་ན། སྐྱོན་མེད་དེ། འཕགས་པའི་མཉམ་བཞག་གི་ཡུལ་ན་གནོད་པ་མེད་པས་བདེན་པ་ཞེས་བྱ་ལ། ཡེ་ཤེས་རང་ཉིད་ལ་ནི་མི་བསླུ་བའམ་ཕྱིན་ཅི་མ་ལོག་པས་ན། དོན་དམ་པ་ཟེར་གྱིས། དོན་དམ་བདེན་པར་ཐ་སྙད་མི་དགོས་སོ། །གང་ལྟར་ཡང་རུང་སྟེ། འཕགས་པའི་ཡེ་ཤེས་ཀྱི་ཡུལ་དོན་དམ་བདེན་པར་བཞག་པ་དེ་ཡང་ཀུན་རྫོབ་ཀྱི་བདེན་པ་ལ་ལྟོས་ཏེ་བཞག་པས་སྒྱུ་མ་ལྟ་བུ་ཀུན་རྫོབ་དེ་ཉིད་ཡིན་པར་བླ་མ་རྗེ་བཙུན་ཆེན་པོས་བཞེད་དོ། །འཕགས་པའི་མཉམ་བཞག་གིས་གཟིགས་བྱའི་དེ་ཁོ་ན་ཉིད་ཅེས་བྱ་བ། དངོས་སུ་མེད་ཀྱང་ཡེ་ཤེས་དེ་ཁོ་ན་ཉིད་ཀྱི་རྣམ་པ་ཅན་དུ་སྐྱེས་པ་ལ་དེ་ཁོ་ན་ཉིད་མཐོང་བར་འཇོག་པའི་དཔེ་ནི། མདོ་སྡེ་པ་རྣམས་ཀྱིས། ཕྱི་རོལ་དོན་ནི་དངོས་སུ་མིན། །རང་བདག་རིག་བྱེད་འདི་དག་ནི། །དོན་ལ་སྐྱེས་པ་ཙམ་དུ་ཟད། །ཅེས་དང་། དོན་དང་འདྲ་བ་མྱོང་བ་ལ། །དོན་མྱོང་ཞེས་ནི་འཇིག་རྟེན་ཟེར། །ཞེས་བཤད་པས་སོ། །འདིར་མང་དུ་སྤྲོས་མི་དགོས་ཀྱི། དོན་ཤེས་པར་འདོད་ན་བླ་མ་གོང་མ་སངས་རྒྱས་དང་འདྲ་བ་དག་གི་གསུང་རབ་ལ་གུས་པས་ལྟ་བར་བྱ་བ་ཉིད་དོ། །གནས་ལུགས་དོན་དམ་བློ་ཡི་སྤྱོད་ཡུལ་མིན། །ཡེ་ཤེས་དམ་པའི་གཟིགས་པ་གསལ་པོར་སྣང་། །གཉིས་མེད་དོན་དམ་འཕགས་བློའི་མདུན་ན་མེད། །གཉིས་མེད་ཡེ་ཤེས་འཕགས་པའི་ཉམས་མྱོང་དངོས། །བདེན་གཉིས་མིང་འདོགས་ཕྱོགས་རེར་འཁྲུལ་བ་དང་། །ཐ་སྙད་བདེན་པ་གཏན་མེད་སྨྲ་བ་ཡི། །ཟུང་འཇུག་སྤངས་པའི་དབུ་མ་དེ་དག་ལ། །ཕྱོགས་འདིར་རྟོགས་པའི་མིང་ཡང་ཐོབ་རེ་ཀན། །བསྡུ་བའི་ཚིགས་སུ་བཅད་པའོ། །

བཞི་པ་ཆོས་ཀྱི་རྗེ་ས་སྐྱ་པཎྜི་ཏའི་གཞུང་དང་ཡང་འགལ་བར་བསྟན་པ་ལ་བཞི་སྟེ། སྡོམ་གསུམ་རབ་དབྱེ་དང་འགལ་བ། རྒྱལ་སྲས་ལམ་བཟང་དང་འགལ་བ། མཁས་པ་འཇུག་པའི་སྒོ་དང་འགལ་བ། གཞུང་གཞན་དང་འགལ་བའོ། །དང་པོ་ནི། ཁྱེད་ལྟར་ན་སྟོང་ཉིད་སྙིང་རྗེའི་སྙིང་པོ་ཅན་གྱི་བྱང་ཆུབ་ཀྱི་སེམས་དེ། དེ་བཞིན་གཤེགས་པའི་སྙིང་པོར་འགྱུར་ཏེ། སྔགས་ལུགས་ཀྱི་སེམས་བསྐྱེད་ནི། རྡོ་རྗེ་གུར་ལས། སྟོང་ཉིད་སྙིང་རྗེ་ཐ་དད་མེད། །གང་དུ་སེམས་ཉིད་རྣམ་བསྒོམ་པ། །དེ་ནི་སངས་རྒྱས་ཆོས་དང་ནི། །དགེ་འདུན་གྱི་ཡང་བསྟན་པ་ཡིན། །ཞེས་གསུངས་པ་དེ་ལ་བཤད་པ་གང་ཞིག །དེ་ནི་ཐབས་ཤེས་གཉིས་མེད་ཀྱི་ཡེ་ཤེས་ཡིན་པའི་

ཕྱིར་རོ། །གལ་ཏེ་སངས་རྒྱས་ཀྱི་སའི་ཡེ་ཤེས་དེ་ལྟ་བུ་བདེ་གཤེགས་སྙིང་པོ་ཡིན་གྱི། སློབ་པའི་རྒྱུད་ལ་ཡོད་པ་ནི་བདེ་སྙིང་མིན་ནོ་ཞེ་ན། འོན་ནི་གཞི་གྲུབ་ན་རང་བཞིན་ཆོས་སྐུ་ཡིན་པས་ཁྱབ་པའི་དམ་བཅའ་ཉམས་སོ། །རྒྱ་བར་འདོད་མི་ནུས་ཏེ། སྡོམ་གསུམ་རབ་དབྱེ་ལས། འདི་ནི་བདེ་གཤེགས་སྙིང་པོའི་ཁམས། །སྟོང་ཉིད་ཡིན་གྱི་ཁམས་དངོས་མིན། །ཞེས་བཤད་པས་སོ། །འདིས་ནི་དཔེའི་ལྷན་སྐྱེས་དང༌། དོན་གྱི་ལྷན་སྐྱེས་ལ་སོགས་པ་ཡུལ་ཅན་ལྷན་ཅིག་སྐྱེས་པའི་ཡེ་ཤེས་རྣམས་དངོས་པོའི་གནས་ལུགས་དོན་དམ་བདེན་པ་དང༌། བདེ་སྙིང་དུ་འདོད་པ་མཐའ་དག་ཀྱང་བཀག་པར་ཤེས་པར་བྱ་སྟེ། སློབ་པའི་རྒྱུད་ཀྱི་ཡེ་ཤེས་དག་ནི་བདེ་སྙིང་དང་དངོས་པོའི་གནས་ལུགས་ཀྱི་སྟོང་ཉིད་ཡིན་གྱི་དེ་དག་དངོས་མིན་པའི་ཕྱིར། ཡང་སྡོམ་གསུམ་ལས། རྒྱུ་དང་ལམ་དང་འབྲས་བུ་ཡི། །དབྱེ་བ་ཐམས་ཅད་ཀུན་རྫོབ་ཡིན། །ཞེས་དང༌། སྒོམ་པའི་དམིགས་པ་ཇི་སྙེད་དང༌། །རྟེན་འབྲེལ་ཟབ་མོ་ཐམས་ཅད་དང༌། །ས་དང་ལམ་གྱི་དབྱེ་བ་དང༌། །རྫོགས་པའི་སངས་རྒྱས་ཐོབ་པ་ཡང༌། །ཀུན་རྫོབ་ཡིན་གྱི་དོན་དམ་མིན། །ཞེས་ལམ་ཕྱག་རྒྱ་ཆེན་པོའི་ཡེ་ཤེས་དང༌། འབྲས་བུ་སངས་རྒྱས་ཀྱང་ཀུན་རྫོབ་ཏུ་བཤད་པ་དང༌། ཁྱེད་ཀྱི་ལུགས་ཤིན་ཏུ་འགལ་ཏེ། ཁྱེད་ཀྱི་ལུགས་དེ་དག་ཀྱང་དོན་དམ་པའི་བདེན་པ་ཡིན་པའི་ཕྱིར་རོ། །དོན་དམ་ལྟ་བ་གཏན་ལ་འབེབས་ལུགས་ལ་ལྟོས་ནས་སྒོམ་པ་ཡང་ཁས་མི་ལེན་ཏེ། ཇི་སྐད་དུ། བསམ་གཏན་གློག་པ་འདིར་མི་དགོས། །དགེ་དང་སྡིག་པ་གཉིས་ཀ་མེད། །སངས་རྒྱས་སེམས་ཅན་ཡོད་མིན་སོགས། །འདི་འདྲ་གསུངས་པའི་ལུང་རྣམས་ཀུན། །ལྟ་བ་ཡིན་གྱི་སྒོམ་པ་དང༌། །སྤྱོད་པ་གཉིས་ཀྱི་ལུང་མ་ཡིན། །ཞེས་བཤད་པ་ལྟར་རོ། །ཁོ་ན་རེ། འོ་ན་ནི། རྗེ་བཙུན་སྐུ་མཆེད་ཀྱི་གཞུང་ལུགས་སུ། །ཞེས་པ་ནས། བཅུ་བཞིར་བཤད་ཅེས་བྲིས་པ་དང་མཐུན་པ་མིན་ནམ་ཞེ་ན། ཤིན་ཏུ་མི་མཐུན་ཏེ། དོན་དམ་སེམས་དཔའི་ངོར་བསྒོམ་བྱ་མེད་ཀྱང་ཟུང་འཇུག་གི་དོན་བསྒོམ་པ་ནི་ངེད་ཀྱི་ལུགས་ལ་ཡང་འདོད་པའི་ཕྱིར་དང༌། ཟུང་འཇུག་བསྒོམ་པ་དེ་ཡང་དོན་དམ་བདེན་པ་མིན་པར་ཀུན་རྫོབ་ཏུ་འདོད་པའི་ཕྱིར་རོ། །གོང་དུ་ཟུང་འཇུག་ཏུ་སྒོམ་པའི་ཚེ་སྤྲོས་བྲལ་དུ་ཁས་ལེན་ནམ་ཞེ་ན། མཉམ་གཞག་གི་ངོ་ན་སྤྲོས་བྲལ་ཁས་བླངས་བྱས་པ་མ་ཡིན་ཡང༌། སྤྱིར་ཟུང་འཇུག་སྒོམ་པ་དང་དངོས་པོའི་རང་བཞིན་སྤྲོས་བྲལ་དུ་འཆད་པ་འགལ་བ་མིན་ཏེ། ཇི་སྐད་དུ། དངོས་པོ་མེད་ལ་སྒོམ་པ་མེད། །བསྒོམ་པར་བྱ་བ་སྒོམ་པ་མིན། །དེ་ཕྱིར་དངོས་པོ་སྒོམ་མེད་ལས། །སྒོམ་པ་དམིགས་སུ་མེད་པའོ། །ཞེས་བསྒོམ་བྱའི་རང་བཞིན་སྤྲོས་བྲལ་དུ་ཤེས་པའི་ངང་ནས་རང་གི་ཡེ་ཤེས་ལ་མཉམ་པར་འཇོག་པར་བཤད་པའི་ཕྱིར་རོ། །དེ་ལྟ་མིན་ན་གང་ཟག་གཅིག་གིས་ལྟ་སྒོམ་སྤྱོད་གསུམ་ཅིག་ཅར་དུ་ཁས་ལེན་དུ་མི་རུང་བར་འགྱུར་ཏེ། ལྟ་བ་འཆད་པའི་ཚེ་བསྒོམ་བྱའི་དོན་དམ་བདེན་པ་ཁས་བླང་རྒྱུ་མེད། སྒོམ་སྤྱོད

ཀྱི་ཆོ་ཟླུང་འཇུག་དོན་དམ་བདེན་པ་ཁས་བླངས་པས་སྤྲོས་བྲལ་དུ་འཆད་རྒྱུ་མི་འདུག་པའི་ཕྱིར་རོ། །དེ་ལྟ་མིན་ན་ནི་ལྟ་ངོ་དེར་བསྒོམ་བྱ་མེད་པ་དང་། ལྟ་བ་ལ་གནས་ནས་སྒོམ་པ་གཉིས་ཀྱི་ཤན་ཕྱེད་པར་མཛོད་ཅེས་གསོལ་བ་འདེབས་སོ། །དེས་ན་མཁྱེན་རབ་ཀྱི་དབང་ཕྱུག་འདི་ནི་ལྟ་བས་ཀྱང་སྤྲོས་བྲལ་དུ་གཏན་ལ་འབེབས་ལ༑ སྒོམ་པའི་ཚེ་ནའང་ཡོད་མེད་ལས་འདས་པར་སྒོམ་ཞེས་པ་བཞེད་པ་ཡིན་ཏེ། ཇི་སྐད་དུ། ཞུ་འཕྲིན་ལས། ཁྱེད་ཀྱིས་ཆོས་རྣམས་དབུ་མར་གསུངས། །ཡོད་དང་མེད་སོགས་མཐར་འཛིན་བཀག །ཁྱེད་ཀྱི་གསུང་བཞིན་བདག་གིས་ཀྱང་། །འཆད་པའི་ཚེ་ནའང་ཡོད་མེད་བཀག །གནས་ལུགས་བསྒོམ་ནའང་ཡོད་མེད་གྲོལ། །བསྒོ་བའི་ཚེ་ནའང་ཡོད་མེད་འདས། །ཞེས་བཤད་པ་ལྟར་རོ། །དེས་ན་འདི་ལྟ་བུའི་གསལ་ཁ་ཆེ་བ་ཡོད་བཞིན་དུ། རྗེ་བཙུན་འདི་དག་གི་དགོངས་པ་དང་འགལ་བ་ཞིག་གཞན་གྱི་གོ་ལ་རེ་བྱས་པ་ལ་རྒྱུ་མཚན་རང་ཅི་ཞིག་ཡོད་ལེགས་པར་སོམས་ཤིག །

གཉིས་པ་རྒྱལ་སྲས་ལམ་བཟང་དང་འགལ་བར་བསྟན་པ་ནི། ཁྱེད་འདོད་པའི་ལྟ་བའི་མཐར་ཐུག་ནི་དབུ་མའི་ཡང་རྩེ་འདོད་ཀྱི་སེམས་ཙམ་ལས་མ་འདས་ཏེ། ཇི་སྐད་དུ། ལམ་བཟང་ལས། གསུམ་པ་དེང་སང་གྲགས་པ་སེམས་ཙམ་རྣམ་མེད་པའི་སྒོམ་ལ་ཕྱག་རྒྱ་ཆེན་པོར་འདོད་པ་དགག་པ་ནི། སློབ་དཔོན་ཤཱནྟི་པའི་སེམས་ཙམ་རྒྱན་དང་། མན་ངག་ཅེས་པའི་བསྟན་བཅོས་ལས། རྩེ་གཅིག །སྤྲོས་བྲལ། རོ་གཅིག །སྒོམ་མེད་ཅེས་རྣལ་འབྱོར་བཞི་གསུངས་པ་ནི་སེམས་ཙམ་རྣམ་མེད་པའི་སྒོམ་ཡིན་གྱི། དབུ་མ་ཡན་ཆད་ལ་འདི་མ་གྲགས་སོ། །གལ་ཏེ་འདི་ལ་མོས་ན་ཤཱནྟི་པའི་གཞུང་ཉིད་དུ་བལྟ་བར་བྱའོ། །ཞེས་ཁྱེད་ཀྱི་ལྟ་བ་འདི་ལུང་བསྟན་པའི་ཕྱིར་དང་། དེ་ཉིད་དངོས་པོའི་གནས་ཚུལ་ལ་ཞུགས་པ་ཡང་མིན་ཏེ། གཞུང་དེ་ཉིད་ལས། གཉིས་མེད་ཀྱི་ཤེས་པ་མཐར་དངོས་པོ་ལ་ཐུག་པའི་ཕྱིར་དོན་དམ་པར་མི་རུང་ངོ་། །ཞེས་གསུངས་པའི་ཕྱིར་རོ། །ཡང་བསྟན་བཅོས་མཛད་པ་འདིས། གང་ཟག་གང་ལ་ལྟོས་ཀྱང་བླ་སྟེ། སྣང་བའི་ཆ་ཀུན་རྫོབ། སྟོང་པའི་ཆ་དོན་དམ། དབྱེར་མི་ཕྱེད་པའི་ཆ་ཟུང་འཇུག་སྟེ། ཞེས་བཤད་པ་འདི་སུན་འབྱིན་པའི་ཕྱིར་དུ་ཁྱེད་ཀྱི་གཞུང་ལས། ཡེ་ཤེས་ཀྱི་གསལ་ཆ་མཐའ་དག་དོན་དམ་བདེན་པར་ཁས་བླངས་པར་སྣང་བས་ལུགས་འདིའི་རྗེས་སུ་འབྲང་བའི་རེ་བ་བཅད་ན་ལེགས་སོ། །ཡང་བདེན་པ་གཉིས་གཅིག་པ་བཀག་པའི་ཐ་དད་དུ་ཁས་ལེན་དགོས་པར་ཡང་འགྱུར་ཏེ། ཀུན་རྫོབ་ཀྱི་བདེན་པ་མཐའ་དག་དངོས་མེད། དོན་དམ་བདེན་པ་མཐའ་དག་དངོས་པོར་གྲུབ་པའི་ཕྱིར་རོ། །ཁོ་ན་རེ། ཁྱེད་རང་ཡང་དོན་དམ་དངོས་མེད་དང་། ཀུན་རྫོབ་དངོས་པོར་འདོད་པའི་ཕྱིར་སྐྱོན་དེར་འགྱུར་རོ་ཞེ་ན། ཁོ་བོ་ཅག་ནི། མྱ་ངན་འདས་པ་དངོས་མེད་པའང་། །མིན་ན་དེ་དངོས་ག་ལ་ཡིན། །ཞེས་

པའི་ཚུལ་དུ་འདོད་པས་སྐྱོན་ཡོད་པ་མིན་ནོ། །གནས་ལུགས་ཀྱི་སྟེང་དུ་གཅིག་བཀག་ཤུལ་དུ་ཅིག་ཁས་ལེན་པ་ནི་མཐར་འཛིན་པ་དོན་དུ་གཉེར་བ་འབའ་ཞིག་ཏུ་ཟད་དོ། །ཡང་གཞུང་དེ་ཉིད་ལས་བསམ་གཏན་གྱི་ཕར་ཕྱིན་འཆད་པ་ན། ཐེག་པ་ཆེན་པོ་བསྟུས་པ་ལ་སོགས་པ་སེམས་ཙམ་ལུགས་ཀྱི་སྒོམ་རིམ་དུ་འཆད་པ་ཡང་། ལུགས་འདི་ཁས་ལེན་ན་བྱར་མི་རུང་ངོ་། །

གསུམ་པ་མཁས་པ་འཇུག་པའི་སྒོ་དང་འགལ་བར་བསྟན་པ་ནི། གཞུང་དེ་ལས། གནས་ལུགས་དོན་དམ་པའི་བདེན་པ་དངོས་ནི་ཤེས་བརྗོད་ལས་འདས་པའི་ཕྱིར། ཤེས་བྱ་མིན་པར་བཤད་ཅིང་། འཇིག་རྟེན་ཐ་སྙད་པའི་ཤེས་བྱ་ལ་རང་སྤྱི་གཉིས་སུ་དབྱེ་བ་མི་རུང་སྟེ། དོན་དམ་བདེན་པ་རང་ངོས་ནས་ཤེས་བྱ་ཡིན་པའི་ཕྱིར་རོ། །འདོད་པར་མི་ནུས་ཏེ། གཞུང་དེ་ཉིད་ལས། དམ་པའི་དོན་དུ་དགག་སྒྲུབ་མེད། །ཐ་སྙད་པ་ལ་རང་སྤྱི་གཉིས། །དོན་དམ་སྤྲོས་པ་བྲལ་བའི་ཕྱིར། །ཞེས་ཡོད་པ་དང་། མེད་པ་དང་། དགག་པ་དང་། སྒྲུབ་པ་ལ་སོགས་པ་ཐ་སྙད་ཀྱི་ཡུལ་མིན་ཏེ། ཤེས་བྱ་མིན་པའི་ཕྱིར། འཇིག་རྟེན་ཐ་སྙད་པའི་ཤེས་བྱ་ལ་དོན་རང་མཚན་དང་། སྤྱི་མཚན་གཉིས་སོ། །ཞེས་བཤད་པ་དང་འགལ་བས་སོ། གཞུང་དེ་ཉིད་ལས། གལ་ཏེ་ཁས་བླངས་གཏན་མི་འདོད། །དེ་ལ་བརྟགས་ན་གཉིས་སུ་འགྱུར། །སྤྲོས་བྲལ་ཡིན་ཕྱིར་མི་འདོད་པས། །ཤེས་ན་དབུ་མའི་ལྟ་བར་འགྱུར། །ཡོད་ཀྱང་ཁས་ལེན་མི་ནུས་ན། །དེ་ནི་རྔན་གཡོའི་ལྟ་བར་བཤད། །ཅེས་གསུངས་པའི་རྔན་གཡོའི་ལྟ་བ་དེ་ཁྱེད་ཀྱིས་ཁས་བླངས་ཏེ། ཁས་ལེན་རྒྱུའི་གནས་ལུགས་བདེན་གྲུབ་ཞིག་ཡོད་པ་གང་ཞིག །སྤྲོས་བྲལ་འཆད་པའི་ཚེ་དེ་ཁས་ལེན་མི་ནུས་པའི་ཕྱིར་རོ། །ཁོ་ན་རེ། དེའི་ཚེ་དེ་ལྟ་བུ་ཡོད་ཀྱང་ཁས་ལེན་མ་ནུས་པ་མིན་གྱི་སྤྲོས་བྲལ་འཆད་པའི་ཚེ་དེ་ལྟ་བུ་མེད་དོ་ཞེ་ན། འོ་ན་སྔར་གནས་ལུགས་བདེན་པར་འགྲུབ་པ་ཡོད་པ་གཅིག་སྤྲོས་བྲལ་འཆད་པའི་སྐབས་སུ་མེད་པའི་རྒྱུ་མཚན་ཅི་ཡིན། དེའི་ཚེ་སྤྲོས་བྲལ་གྱི་རིགས་པས་གློ་བུར་དུ་མེད་པར་བཏང་བ་ཡིན་ནམ། སྤྲོས་བྲལ་གྱི་རིགས་པའི་སྐབས་དེར་ཁོ་རང་གཏན་མེད་ལ་སོང་བ་ཡིན་ནམ། ཁོ་དོན་ལ་ཡོད་ཀྱང་སྤྲོས་བྲལ་འཆད་པའི་ཚེ་ཡོད་མེད་ཀྱི་མཐར་ལྟུང་གི་དོགས་ནས་ཡོད་དོ་ཅེས་མ་སྨྲས་པ་ཡིན། དང་པོ་ལྟར་ན་སྟོང་ཉིད་དངོས་པོར་འཛིན་པའི་རྒྱུ་ཁས་བླངས་པའི་ཉེས་པ་དང་། སྤྲོས་བྲལ་གྱི་རིག་པས་གཉིས་མེད་ཀྱི་ཡེ་ཤེས་བདེན་པར་གྲུབ་པ་མི་ཁེགས་སོ་ཟེར་བའི་ཁས་བླངས་དང་འགལ་ཞིང་དེ་འདྲ་དོན་ལ་སྲིད་པ་ཡང་མིན་ནོ། །གཉིས་པ་ལྟར་ན་ནི། ཆད་པའི་ལྟ་བར་སོང་སྟེ། སྔར་བདེན་པ་ཡོད་པ་ཞིག་ཕྱིས་གཏན་མེད་ལ་སོང་འདུག་པའི་ཕྱིར། ཁྱབ་པ་གྲུབ་སྟེ། སློབ་དཔོན་འཕགས་པས། སྔོན་བྱུང་ད་ལྟར་མེད་ཅེས་པ། །དེས་ན་ཆད་པར་ཐལ་བར་འགྱུར། །ཞེས་བཤད་པ་ལྟར་རོ། །གསུམ་པ་ལྟར་ན་ནི་ཡོད་ཀྱང་ཁས་ལེན་མ་ནུས་པ་ཉིད་

ཡིན་ཏེ། སྒྲིར་གཉིས་མེད་ཀྱི་ཡེ་ཤེས་བདེན་པར་གྲུབ་པ་ཞིག །ཡོད་ཀྱང་སྤྲོས་བྲལ་འཆད་པའི་ཚེ་དེ་ཡོད་དོ་ཞེས་ཟེར་མ་ནུས་པའི་ཕྱིར་རོ། །དེ་བས་ན་ལེགས་པར་བརྟགས་ནས་འཆད་དགོས་ཀྱི། གང་ཟག་བློ་དམན་པ་འགའ་ཞིག་ལ་ལོག་པའི་ཤེས་པ་བསྐྱེད་ནུས་པ་ཙམ་ལ་སྙིང་པོ་མེད་དོ། །ཡང་གཞུང་དེ་ཉིད་ལས། རྣམ་འགྲེལ་ལས་བཤད་པའི་གཅིག་དུ་བྲལ་གྱི་རིགས་པ་དེ་སེམས་ཙམ་ལ་སྦྱར་ནས་དབུ་མར་མ་གསུངས་པ་ཡང་མི་རིགས་པར་འགྱུར་ཏེ། ཁྱེད་ལྟར་ན་ནི་རིགས་པ་དེས་གཟུང་འཛིན་གཉིས་ཀ་ཁེགས་པའི་ཕྱིར་རོ། །ཡང་གཞུང་དེ་ཉིད་ལས། ཕྱི་རོལ་དཔྱོད་ན་མདོ་སྡེ་པའི། །གྲུབ་མཐའ་དངོས་པོ་སྟོབས་ཞུགས་ཡིན། །དེས་ན་མཁས་པ་ཐམས་ཅད་ཀྱི། །གཞུང་ལུགས་ཐམས་ཅད་དེ་ལྟར་ཡོད། །ཕ་རོལ་དོན་རྣམས་འགོག་པ་ནི། རྣམ་རིག་དངོས་པོ་སྟོབས་ཞུགས་ཡིན། །ཆོས་ཉིད་གཏན་ལ་འབེབས་པ་ནི། །དབུ་མའི་གཏན་ཚིགས་དངོས་སྟོབས་ཡིན། །ཞེས་གྲུབ་མཐའ་སྨྲ་བ་བཞི་ལས་གོང་མ་གསུམ་པོ་གནས་སྐབས་གསུམ་དུ་དངོས་པོ་སྟོབས་ཞུགས་སུ་བཤད་པ་ལ། ཁྱེད་ལྟར་ན་ཆོས་ཉིད་གཏན་ལ་འབེབས་པའི་ཚེ་དབུ་མ་ཐལ་རང་གི་གཏན་ཚིག་རྣམས་དངོས་པོ་སྟོབས་ཞུགས་སུ་མི་རུང་སྟེ། དེའི་ཚེ་དངོས་པོའི་གནས་ལུགས་སྤྲོས་པ་དང་བྲལ་བ་དོན་ལ་མ་ཞུགས་པའི་ཕྱིར་རོ། །དངོས་པོ་སྟོབས་ཞུགས་ཀྱི་རིགས་པ་ཞེས་པ་ནི། ཡུལ་གྱི་གཤིས་ལུགས་དང་མཐུན་པའི་དབང་གི་རིགས་པ་དེ་དོན་མཐུན་དུ་སོང་བ་ལ་ཟེར་རམ། དོན་དང་མི་མཐུན་ཡང་བློའི་འཇུག་པ་ཙམ་འགོག་པ་ལ་ཟེར་བ་ཡིན་ལེགས་པར་དཔྱོད་ཅིག །

བཞི་པ་གཞུང་གཞན་དང་འགལ་བར་བསྟན་པ་ནི། ཕྱག་རྒྱ་ཆེན་པོ་ཡན་ལག་བདུན་ལྡན་གྱི་གཞུང་ལས་རིམ་གཉིས་ཀྱི་ཡེ་ཤེས་ཉམས་སུ་ལེན་པའི་ཚེ་དངོས་པོའི་གནས་ལུགས་བསྒོམ་བྱ་སྒོམ་བྱེད་དང་བྲལ་བ་ལ་ཅིར་ཡང་མི་སྒོམ་པའི་ཚུལ་གྱིས་སྒོམ་པ་ལ་དེ་ཁོ་ན་ཉིད་སྒོམ་པར་བཤད་པ་དེ་མི་རིགས་པར་འགྱུར་ཏེ། དངོས་པོའི་གནས་ལུགས་བདེན་པར་གྲུབ་པ་ཞིག་བསྒོམ་རྒྱུ་ཡོད་པའི་ཕྱིར་རོ། །འདོད་ན་གཞུང་དེ་ཉིད་ལས། དབང་བཞི་ལེགས་པར་ཐོབ་པ་དང་། །ཚོགས་གཉིས་མྱུར་དུ་རྫོགས་པའི་རྒྱུ། །སྐུ་གཉིས་མངོན་དུ་བྱེད་པའི་ཐབས། །རིམ་པ་གཉིས་ཀྱི་ཏིང་འཛིན་བསྒོམ། །དེ་ནས་དེ་ཡི་ཡེ་ཤེས་ནི། །ཕྱག་རྒྱ་ཆེན་པོ་གོམས་པར་བྱ། །ཡོད་དང་མེད་པ་ལ་སོགས་པ། །དངོས་པོའི་གནས་ལུགས་དེ་ལ་མེད། །བསྒོམ་བྱ་སྒོམ་བྱེད་ལ་སོགས་པ། །བསྒོམ་པར་བྱ་བ་ཡོད་མ་ཡིན། །སེམས་ལ་ངོ་བོ་མ་གྲུབ་པས། །སེམས་ཀྱི་ངོ་སྤྲོད་ག་ལ་ཡོད། །ཚིག་གི་ཡུལ་ལས་འདས་པའི་ཕྱིར། །བརྗོད་པར་བྱ་བ་ཅི་ཡང་མེད། །རྣམ་རྟོག་མེད་པའི་ཆོས་རྣམས་ལ། །སེམས་ཀྱི་རྣམ་གཡེང་གང་ཡང་མེད། །དམ་པའི་དོན་དུ་དེ་ལྟར་ཡིན། །ཞེས་བཤད་པའི་ཕྱིར་རོ། །ཡང་ཚིགས་སུ་བཅད་པ་བརྒྱད་པ་

ལས་ཀྱང་། ཁྱོད་ལ་བདེན་པར་གང་རྟོག་པ། །དེ་ལ་སྡུག་བསྔལ་བདེན་པ་འབྱུང་། །སེམས་ཁྱོད་རྫུན་པར་གང་གིས་ཤེས། །དེ་ལ་སྡུག་བསྔལ་རྫུན་པར་ཟད། །ཅེས་སེམས་ཀྱི་རང་བཞིན་བདེན་གྲུབ་བཀག་པ་ཡང་འགལ་ཞིང་། སྐྱེས་བུ་དམ་པ་རྣམས་ལ་སྤྲིངས་ཡིག་ལས། དེ་བཞིན་དུ་ཤེས་རབ་ཀྱི་ཕ་རོལ་ཏུ་ཕྱིན་པ་ལ་སོགས་པའི་མདོ་རྒྱུད་ཐམས་ཅད་དང་། བསྟན་བཅོས་ཆེན་པོ་ཐམས་ཅད་ལས་ཡོད་མེད་དུ་འཛིན་པ་ཐམས་ཅད་བཀག་པར་མཐོང་ངོ་། །དེས་ན་དེད་ཀྱིས་ཀྱང་འཆད་པའི་ཚེ་ན་ཡང་ཡོད་མེད་ལས་འདས་པར་བཤད། སྒོམ་པའི་ཚེ་ན་ཡང་ཡོད་མེད་ལས་འདས་པར་བསྒོམ། བསྔོ་བའི་ཚེ་ན་ཡང་ཡོད་མེད་ལས་འདས་པའི་བསྔོ་བ་བགྱིས། ལུགས་འདི་སྡེ་སྣོད་དང་མཐུན་མི་མཐུན་དཔྱད་པར་ཞུ། ཞེས་གནས་སྐབས་གང་དུ་ཡང་། གནས་ལུགས་ཀྱི་དོན་ཡོད་མེད་ལས་འདས་པར་བཤད་ཀྱི། སྤྲོས་བྲལ་དུ་གཏན་ལ་འབེབས་པའི་ཚེ། གནས་ལུགས་ཡོད་པ་མིན་པ་དང་། སྒོམ་པའི་ཚེ་གནས་ལུགས་བདེན་གྲུབ་ཀྱི་ཐོག་ཏུ་འཛོག་གོ་ཟེར་བ་ནི་གནད་བཅོས་པའི་ཚིག་ཏུ་མངོན་ནོ། །ཡང་བླ་མ་ཆོས་ཀྱི་རྒྱལ་པོ་འཕགས་པའི་ཞལ་ནས་ཀྱང་། གཟུང་བ་ངོ་བོ་ཉིད་དུ་མ་གྲུབ་པས། །འཛིན་པ་ཡང་ནི་ངོ་བོ་ཉིད་དུ་མེད། །ཅེས་གཟུང་འཛིན་ཀུན་བཏགས་གཉིས་བཀག་ནས་དེ་དག་ལས་གཞན་པའི་གཉིས་མེད་ཀྱི་ཡེ་ཤེས་བདེན་པར་གྲུབ་པོ་ཞེས་ཟེར་བ་རྣམས་འགོག་པའི་ཕྱིར། དེ་དག་ལས་གཞན་གསལ་རིག་བདེན་སྨྲ་བ། །རྣམ་འགྱུར་ལས་གཞན་བདག་བཞིན་དུ་རྫུན་པ། །ཞེས་མུ་སྟེགས་གྲངས་ཅན་གྱི་རྣམ་འགྱུར་ལས་གཞན་པའི་བདག་ཁས་བླངས་པ་དང་འདྲ་བར་བརྫུན་པ་ཡིན་པར་བཤད་པས་ཀྱང་ཁྱེད་ཀྱི་ལུགས་དེ་ལ་ཤིན་ཏུ་གནོད་དོ། །དེའི་ཕྱིར་གནས་ལུགས་དོན་དམ་པའི་རང་བཞིན་བདེན་པར་གྲུབ་ཀྱང་ཀུན་རྫོབ་ཀྱི་ཆོས་གཞན་གྱི་ངོ་བོས་སྟོང་པས་ན། གཞན་ཞེས་གྲགས་པའི་ལུགས་འདི་སྤྱིར་དབུ་མ་དང་། ཁྱད་པར་རྗེ་བཙུན་ས་སྐྱ་པ་ཡབ་སྲས་གསུམ། ཁུ་དཔོན་གཉིས། བླ་མ་ཆོས་ཀྱི་རྗེ་ཀུན་དགའ་བཟང་པོ་བརྒྱུད་པ་དང་བཅས་པ་རྣམས་ཀྱི་བཞེད་དོན་གཏན་མིན་ཏེ༑ གོང་དུ་བཤད་པའི་སྟོང་པ་ཉིད་དེ་ནི་ཉི་ཚེ་བའི་སྟོང་པ་ཙམ་ཡིན་པའི་ཕྱིར་རོ། །ཇི་སྐད་དུ། འཕགས་པས། རིན་ཆེན་ཕྲེང་བ་ལས། དེ་ལྟར་བདག་དང་བདག་མེད་པར། །ཡང་དག་ཇི་བཞིན་དམིགས་སུ་མེད། །དེ་ཉིད་ཕྱིར་ན་ཡང་དག་ཏུ། །ཡོད་ཅེས་མེད་ཅེས་ཞལ་མི་བཞེས། །ཞེས་དང་། ལང་ཀར་གཤེགས་པའི་མདོ་ལས། བློ་གྲོས་ཆེན་པོ་གཅིག་ལ་གཅིག་མེད་པའི་སྟོང་པ་ཉིད་ནི་སྟོང་པ་ཉིད་ཐམས་ཅད་ཀྱི་ཐ་ཤལ་ཡིན་ནོ། །ཞེས་ལུང་བསྟན་པ་ལྟར་རོ། །ངག་གི་དབང་ཕྱུག་སྐལ་བཟང་དགའ་བའི་གཉེན། །མི་ཟད་ཚིག་གི་གཏེར་གྱིས་འགྲོ་བ་ཡི། །ཀུན་ནས་གདུང་བ་སེལ་བ་ཁྱོད་ཀྱི་གཞུང་། །རང་དགར་སྨྲ་བའི་དྲི་མས་སྦགས་མཐོང་ནས། །འཇིག་རྟེན་དབང་པོ་ཉིད་དང་དེ་ཡི་བཀའ། །ཚད་ལྡན་གཞུང་གི་འགྲེལ་བྱེད་མཁས་རྣམས་དང་། །གྲུབ་པའི་དབང་པོ་

དཔལ་ལྡན་ས་སྐྱ་པ། །རྗེ་བཙུན་མཆོག་གི་ལུགས་བཟང་ངས་འདིར་བཤད། །དྲིས་ལན་མཛད་དང་དེ་གཞུང་རྗེས་འབྲངས་རྣམས། །རྣམ་འཕྲུལ་གཞན་གྱི་ལུགས་འདིར་ཆུད་མིན་གྱིས། །གཟུ་བོའི་ཐུགས་ཀྱི་རིག་པ་མཁྱེན་པའི་གཞུང་། །དྲང་པོར་ཕྱེ་ན་ཕྱོགས་འདིར་བསྒྲུབ་མི་དགོས། །གཞན་དག་དུག་གི་ལོ་མས་འཚོ་བ་ཡིས། །གཙུག་ཕུད་ལྡན་པའི་རི་མོ་འདིར་མི་རྫོམས། །ཕྱོགས་ཞེན་དྲི་ལ་ཆགས་པའི་ཤ་སྦྲང་གིས། །གནས་དོན་པདྨའི་ཚལ་དུ་མ་ཕྱིན་པས། །ངེས་པར་ཁུངས་སུ་འགྲེལ་པའི་གྲུབ་ཆེན་དང་། །འཇམ་དབྱངས་བླ་མ་ཆོས་ཀྱི་སྤྱན་ལྡན་པ། །བརྒྱུད་པར་བཅས་པའི་གསུང་རྣམས་བདག་གི་བློས། །ཇི་བཞིན་བསྡེབས་འདི་གོང་མའི་གསུང་རབ་ཡིན། །སོ་སོ་སྐྱེ་བོ་ཉེས་མང་ལྡན་པའི་ཡིད། །འཁྲུལ་པའི་རྣམ་རྟོག་ཤིན་ཏུ་མང་མོད་ཀྱི། །གཞུང་འདི་ངེས་ཤེས་འཁྲུལ་མེད་གདེང་ཐོབ་ཕྱིར། །ལེགས་བཤད་འདི་ལ་བཟོད་གསོལ་བྱ་མི་དགོས། །དེ་ཕྱིར་བཤད་པའི་བསོད་ནམས་ཕུང་པོ་ནི། །ཟླ་བའི་འོད་ལྟར་དཀར་དང་ཙནྡན་གྱི། །རབ་བསིལ་འདྲ་བ་ཐོབ་པ་གང་ཡིན་དེས། །ཀུན་གྱི་མི་ཤེས་མུན་པ་སངས་གྱུར་ཅིག །ལྷ་བའི་གནད་ལ་འཁྲུལ་པ་གསལ་བའི་སྐབས་ཏེ་དང་པོའོ། །

སྤྱི་དོན་གཉིས་པ་སྒོམ་པའི་གནད་མི་མཐུན་པར་བསྟན་པ་ལ་གཉིས་ཏེ། རྒྱུ་རྒྱུད་ཀྱི་གནད་མི་མཐུན་པར་བསྟན་པ་དང་། ཐབས་རྒྱུད་ཀྱི་གནད་མི་མཐུན་པར་བསྟན་པའོ། །དང་པོ་ལ་གཉིས་ཏེ། ཕྱོགས་སྔ་བཀོད་པ་དང་། དེའི་རྒྱུ་མཚན་དང་བཅས་ཏེ་མི་འཐད་པའི་ཚུལ་བཤད་པའོ། །དང་པོ་ནི། དྲིས་ལན་མཛད་པ་འདིའི་བཞེད་པས། ཀུན་གཞི་ལ་གཉིས་སུ་ཕྱེ་བའི་ཡེ་ཤེས་ཀྱི་ཆ་མྱོང་བ་གསལ་རིག་གི་ངོ་བོ་དེ་ཉིད་དོན་དམ་པའི་བདེན་པ་ཡིན་ཞིང་། རྒྱུ་རྒྱུད་ཀྱང་དེ་ཉིད་ཡིན་ལ། དེས་ནི་མྱ་ངན་ལས་འདས་པའི་ཡོན་ཏན་རྣམས་བསྐྱེད་ཀྱི། འཁོར་བའི་ཆོས་ཀྱི་ས་བོན་ནི་གཏན་མི་འཛིན་པ་ཡིན་ནོ་ཞེས་བཤད་དོ། །ཇི་སྐད་དུ། རིག་འཛིན་བློ་གྲོས་བཟང་པོའི་དྲིས་ལན་ལས། རྟེན་འབྲེལ་སྒྲིག་པའི་ཚུལ་ཞེས་པ་ནི། སྣང་བ་དེ་དང་དེར་འཆར་བའི་རྒྱུ་ནུས་པ་མཐུ་ཅན་དུ་བྱས་པ་ལ་འཆད་དགོས་ཏེ། ནུས་པ་ཙམ་གྱིས་ནི་འཁོར་བ་ཐོག་མ་མེད་པ་ནས་ས་བོན་མ་ཁྲབ་པས་སོ༔ །དེའི་ཚེ་ནུས་པ་ས་བོན་དང་འདྲ་བ་དེ་གང་དུ་འཇོག་པའི་གཞི་ཞིང་ས་གཤིན་པ་དང་འདྲ་བ། གང་དུ་འཇོག་བྱེད་ཀྱི་ཐབས་སྐྱེས་བུའི་རྩོལ་བ་འདྲ་བ། གང་གིས་འཇོག་པའི་ཚུལ་སོ་ནམ་གྱི་བྱ་ཐབས་ལས་སུ་རུང་བ་ལྟ་བུ་གཅིག་དགོས་པ་ལས། དང་པོ་ས་བོན་ལྟ་བུའི་ནུས་པ་དེ་ལ་གཉིས་ཏེ། འཁོར་བ་དང་། མྱ་ངན་ལས་འདས་པའི་བག་ཆགས་སོ། །དེ་གཉིས་ཀ་ཡང་གང་དུ་འདེབས་པའི་གཞི་ནི་ཐེག་པ་ཆེན་པོ་དག་ལ་གྲགས་པའི་ཀུན་གཞི་ཞེས་བྱ་བ་དེ་ཉིད་ཡིན་ལ། དེ་ལའང་རྣམ་ཤེས་དང་ཡེ་ཤེས་ཀྱི་ཆ་གཉིས་ལས། དང་པོ་ནི། འཁོར་བའི་བག་ཆགས་འཛོག་པའི་གཞི་དང་། ཕྱི་མ་ནི་མྱ་ངན་ལས་འདས་པའི་བག་ཆགས་འཛོག་པའི་གཞི་ཡིན་

ཞིང་། འདི་ཉིད་ལ་རང་བཞིན་དུ་གནས་པའི་རིགས་དང་། ཁམས་བདེ་བར་གཤེགས་པའི་སྙིང་པོ་དང་། རྒྱུའི་རྒྱུད་ཅེས་ཀྱང་བཤད་དེ། དོན་དེ་ལ་དགོངས་ནས་འཁོར་ལོ་ཕྱི་མའི་མདོར། ཐོག་མ་མེད་པའི་དུས་ཀྱི་དབྱིངས། །ཆོས་རྣམས་ཀུན་གྱི་གནས་ཡིན་ཏེ། །དེ་ཡོད་པས་ན་འགྲོ་ཀུན་དང་། །མྱ་ངན་འདས་པ་ཐོབ་པར་འགྱུར། །ཞེས་དང་། རྣལ་འབྱོར་དབང་ཕྱུག་གིས། ཀུན་གཞི་རྒྱུ་རྒྱུད་ལ་འཁོར་འདས་ཚང་བས་རྩ་རྒྱུད་དང་། ཞེས་གསུངས་སོ། །དེ་ལ་འཁོར་བའི་བག་ཆགས་འཇོག་པའི་གཞི་ནི་ཆོས་ཉིད་མིན་ཏེ། སེམས་ཀྱི་ཆོས་ཉིད་ནི་རང་བཞིན་གྱིས་རྣམ་པར་དག་པ་དང་། འཁོར་བའི་བག་ཆགས་ནི་གློ་བུར་བ་ཡིན་པས་གཉིས་པོའི་ནུས་པ་དབྱེར་མེད་དུ་འདྲེས་པ་མི་སྲིད་པའི་དོན་གྱིས་སོ། །གཅིག་ཤོས་ཀྱི་བག་ཆགས་ནི་ཆོས་ཉིད་ལ་འཇོག་པ་ཡིན་ཏེ། རྣམ་བྱང་གི་ཆོས་རྣམས་དེར་བཞག་པ་ན། གཉིས་པོ་དབྱེར་མེད་དུ་གྱུར་པའི་དོན་གྱིས་སོ། །དེ་ལ་དགོངས་ནས་རིག་པ་མཐྱེན་པས། དེ་གོམས་པ་ལས་དག་འགྱུར་བས། །ཞེས་དང་། བློ་ནི་དེ་ཕྱོགས་འཛིན་ཕྱིར་རོ། །ཞེས་དང་། ཀྱཻ་རྡོ་རྗེ་ལས། སྤྲོས་པ་མེད་པའི་རང་བཞིན་ལས། །སྔགས་དང་ལྷ་ནི་ཡང་དག་གནས། །ཞེས་གསུངས་སོ། །དེ་ལྟར་སྐུ་དང་ཡེ་ཤེས་ཀྱི་བག་ཆགས་གང་དུ་འཇོག་པའི་གཞི་ནི་སེམས་ཀྱི་ཆོས་ཉིད་ཡིན་ལ། དེ་ཡང་དབུ་མ་ངོ་བོ་ཉིད་མེད་པར་སྨྲ་བ་དག་གི་བཞེད་པ་ལྟར། སྤྲོས་པའི་ཚོགས་བཀག་ཙམ་གྱི་མེད་པར་དགག་པ་ལ་བྱ་བ་མིན་གྱི། མྱོང་བ་གསལ་རིག་གི་ཆ་ལ་འཆད་དགོས་པ་ཡིན་ཏེ། བཀའ་འཁོར་ལོ་ཐ་མ་མདོ་དང་སྔགས་ཀྱི་ཐེག་པར་རྣམ་པ་ཐམས་ཅད་ཀྱི་མཆོག་དང་ལྡན་པའི་སྟོང་པ་ཉིད་ཅེས་བྱ་བ་དེ་འཆད་པའོ། །དེ་ཉིད་ལ་ཆོས་ཀྱི་དབྱིངས་ཀྱི་ཡེ་ཤེས་ཞེས་ཀྱང་བྱ་ཞིང་། རྟེན་དང་བརྟེན་པར་བཅས་པའི་དཀྱིལ་འཁོར་ཐམས་ཅད་ཉེར་ལེན་གྱི་རྒྱུ་གང་ལས་བསྒྲུབ་པའི་བསྒྲུབ་གཞི་ཡང་དེ་ཉིད་ཡིན་ཏེ། དེ་ཐམས་ཅད་ཐོག་མར་ས་ཧྃ་ཕ་ལྟ་བུའི་སྔགས་དོན་བསམ་སྟེ། སྟོང་པ་ཁོ་ནའི་ངང་ལས་བསྒྲུབ་པ་ཡིན་གྱི་སྣར་གཟུང་འཛིན་གྱི་སྣང་བ་ཡོད་ལ་བྱས་ནས་བསྒྲུབ་པ་མིན་པའི་ཕྱིར་ཏེ། ཞེས་བཤད་པ་ལྟར་རོ། །

གཉིས་པ་དེ་མི་འཐད་པའི་ཚུལ་ལ། རིགས་པས་བརྟགས་ན་མི་འཐད་པར་བསྟན་པ་དང་། ལུང་དང་མི་མཐུན་པས་མི་འཐད་པར་བསྟན་པའོ། །དང་པོ་ལ་གསུམ་སྟེ། བདེན་གཉིས་ཀྱི་དབྱེ་གཞི་མི་རིགས་པ། ཀུན་གཞིའི་སྒྲ་དོན་དང་འགལ་བ་དང་། མཚུངས་པའི་སྐྱོན་ནས་འགལ་བ་གཞན་བསྟན་པའོ། །དང་པོ་ནི། འདི་ཉིད་འཁོར་བ་ཞེས་བྱ་སྟེ། །འདི་ཉིད་མྱ་ངན་ལས་འདས་པ་ཡིན། །ཞེས་པ་འདིས་འཇིག་རྟེན་པའི་བློ་ཙམ་ལ་རྟོགས་པ་དང་མ་རྟོགས་པའི་དབང་གིས་བདེན་པ་གཉིས་སུ་འབྱེད་ཚུལ་བསྟན་པ་ལ། ཁྱེད་ལྟར་ན་གནས་ལུགས་ཤེས་པའི་བློ་དོན་དམ་བདེན་པའི་དབྱེ་བའི་གཞི་དང་། ཀུན་རྫོབ་ཞེས་པའི་བློ་ཀུན་རྫོབ་བདེན་པའི་དབྱེ་གཞིར་བྱེད་

དགོས་པར་འགྱུར་ཏེ། ཡུལ་གྱི་གནས་ལུགས་ཤེས་པ་ལས་ཀུན་རྫོབ་ཀྱི་སྣང་བ་འབྱུང་བ་མི་སྲིད་པའི་ཕྱིར་རོ། །གལ་ཏེ་འཇིག་རྟེན་པའི་བློ་ནི་ཀུན་རྫོབ་ཀྱི་ཐ་སྙད་བྱེད་པའི་བློ་ཡིན་ལ། དེས་བདེན་པ་གཉིས་ཀྱི་རྣམ་པར་དབྱེ་བ་བྱས་པས་དབྱེ་གཞིར་གཞག་གི བདེན་པ་གཉིས་ཐུན་མོང་བའི་སྤྱི་ཡོད་པར་མི་འདོད་དོ་ཞེ་ན། དེ་ལྟ་ཡིན་མོད། དངོས་པོའི་རང་བཞིན་ལ་གཉིས་སུ་མེད་པ་བཞིན་དུ་གཉིས་སྣང་གི་རྟོག་པའི་དབང་གིས་གཉིས་སུ་ཕྱེ་བ་དེ་ཉིད་ཀུན་གཞི་གཅིག་གི་རང་བཞིན་རྟོགས་མ་རྟོགས་དབང་གིས་བྱུང་བ་མིན་ནམ། ཡིན་ན་ནི་རང་བཞིན་ནམ་ཀུན་གཞི་ཐ་དད་པ་གཉིས་སུ་ཇི་ལྟར་རུང་ལེགས་པར་སོམས་ཤིག །བདེན་པ་གཉིས་སུ་མེད་བཞིན་དུ་གཉིས་སུ་འབྲུལ་བའི་སྣང་བ་འདི་གང་ལས་བྱུང་དཔྱད་པ་ན་གཉིས་སྣང་གི་བག་ཆགས་ཀྱི་དབང་གིས་བྱུང་བར་གདོན་མི་ཟ་ལ། དེའི་ཚེ་ན་ཡང་། གཉིས་སུ་སྣང་བ་ཙམ་ཞིག་བདེན་གཉིས་ཀྱི་དབྱེ་གཞིར་གཞག་དགོས་པ་ལ། དེ་ཡང་ཁྱེད་ལ་མི་རུང་བར་འགྱུར་ཏེ། གཉིས་སྣང་གི་བློ་དེ་ནི་འཁོར་བའི་བག་ཆགས་ཀྱིས་བཞག་པའི་བློ་ཡིན་ལ༑ དེས་དོན་དམ་པའི་རྣམ་གཞག་འཇོག་པར་བྱེད་ན་འཁོར་བ་དང་མྱང་འདས་ཀྱི་ནུས་པ་གཅིག་ཏུ་འདྲེས་པར་ཐལ་བའི་སྐྱོན་ཁྱེད་རང་ལ་བཟློག་པར་འགྱུར་བའི་ཕྱིར། ཁོ་བོ་ཅག་ནི་བདེན་པ་གཉིས་དང་དོན་དམ་པའི་བདེན་པའི་རྣམ་གཞག་ཐམས་ཅད་ཀྱང་འཇིག་རྟེན་པའི་བློས་བྱེད་ཀྱང་། དམིགས་པ་ལ་ནི་བརྟེན་ནས་སུ། །མི་དམིགས་པ་ནི་རབ་ཏུ་སྐྱེ། །ཞེས་པའི་ཚུལ་གྱིས་ཀུན་རྫོབ་དོན་དམ་ལ་འདྲེས་ནས་ཁྲུས་པའི་སྐྱོན་སྤོང་བར་མི་འདོད་དོ། །

གཉིས་པ་ནི། ཀུན་གཞི་ཞེས་པ་ཡང་གཅིག་ལས་མང་པོ་འབྱུང་བ་ལ་འཇུག་གི་ཕྱོགས་གཅིག་གི་རྒྱུ་བྱེད་ལ་ཕྱོགས་གཅིག་གི་རྒྱུ་མི་བྱེད་པ་ལ་ཀུན་གཞིའི་སྒྲ་ཇི་ལྟར་འཇུག །གལ་ཏེ་འཁོར་འདས་ཀུན་གྱི་གཞི་ཞེས་པ་ཞིག་ཡོད་ན་བདེན་མོད། དེ་ལྟ་བུ་མི་འདོད་དོ་ཞེ་ན། འོན་ས་ར་ཧས། སེམས་ཉིད་གཅིག་པུ་ཀུན་གྱི་ས་བོན་ཏེ། །ཞེས་དང་། མདོ་ལས། འགྲོ་བ་ཀུན་དང་མྱ་ངན་འདས་པའང་ཐོབ་པར་འགྱུར། །ཞེས་བཤད་པ་དང་འགལ་ལོ༑ །གལ་ཏེ་མྱང་འདས་ཀྱི་ཀུན་གཞི་ལ་འཁོར་བའི་བག་ཆགས་མི་གནས་ཀྱང་། དེ་མ་རྟོགས་པའི་དབང་གིས་འཁོར་བའི་སྣང་བ་འབྱུང་བས། འགྲོ་ཀུན་ཞེས་སོགས་གསུངས་སོ་ཞེ་ན། དེའི་རང་བཞིན་མ་རྟོགས་པའི་དབང་གིས་འཁོར་བའི་སྣང་བ་མཐའ་དག་འཆར་དུ་རུང་བ་ལ། འཁོར་བའི་བག་ཆགས་འཛིན་པ་ཞེས་ཟེར་གྱི། བག་ཆགས་ཞེས་བྱ་བའི་ཆོས་གཞན་ནི་ཁས་མི་ལེན་ནོ། །ཡང་ཀུན་གཞི་ཕྱི་མ་འདིས་རྣམ་སྣང་གི་ཆོས་ཀྱི་བག་ཆགས་འཛིན་ནོ་ཞེས་བྱ་བ་འདི་བརྟགས་ཏེ། རྣམ་སྣང་གི་ཆོས་ཞེས་བྱ་བ་ལམ་གྱི་སྣང་ཆ་ཙམ་དུ་ཟེར་རམ། ཡེ་ཤེས་ལས་བྱུང་བའི་ཆོས་ཉིད་ཀྱི་སྣང་བ་ལ་ཟེར། དང་པོ་ལྟར་ན། ཀུན་རྫོབ་ཀྱི་སྣང་ཆ་ཡང་ཡོད་པས་དེ་དང་

ཀུན་གཞིའི་ཡེ་ཤེས་དབྱེར་མེད་དུ་འདྲེས་པར་ཐལ་བ་བཟློག་ཏུ་མེད་ལ། གཉིས་པ་ལྟར་ན། ཀུན་གཞིའི་ཡེ་ཤེས་ཆོས་ཅན། ཡེ་ཤེས་ལས་འབྱུང་བའི་ཆོས་ཉིད་ཀྱི་སྣང་བ་རྣམས་ཀྱི་བག་ཆགས་འཛོག་པའི་གཞི་མིན་པར་ཐལ། ཁྱོད་མིན་པའི་ཆོས་ཉིད་ཀྱི་སྣང་བ་ཡེ་མེད་པའི་ཕྱིར། རྟགས་ཁས་བླངས་ཏེ། གཞི་གྲུབ་ན་རང་བཞིན་ཆོས་སྐུ་ཡིན་པས་ཁྱབ་པ་ཁས་བླངས་པའོ། །ཡང་ཀུན་རྫོབ་ཏུ་བག་ཆགས་འཛོག་གཞི་དང་། བག་ཆགས་གཉིས་ཐ་མི་དད་དུ་ཁས་ལེན་ན་ནི། རྣམ་དབྱེ་མཐའ་དག་འཁྲུལ་པར་འགྱུར་རོ། །

གསུམ་པ་ནི། ཆོས་ཉིད་ཀྱི་སྣང་བ་ཐམས་ཅད་ཀུན་གཞིའི་ཡེ་ཤེས་ཡིན་པར་གོང་བཞིན་ཁས་ལེན་དགོས་ལ། དེ་ལྟར་ཁས་ལེན་པ་དེའི་ཚེ་ཀུན་རྫོབ་ཀྱི་སྣང་བ་ཐམས་ཅད་ཀུན་གཞིའི་རྣམ་ཤེས་སུ་ངེས་པར་ཁས་ལེན་དགོས་ཏེ། སྔ་མ་ལ་རྒྱུ་མཚན་གང་འགོད་པ་དེ་ཉིད་ཕྱི་མ་ལ་ཡང་འགོད་ནུས་པའི་ཕྱིར་རོ། །

གཉིས་པ་ལུང་གཞན་དང་འགལ་བ་ལ་གཉིས་ཏེ། རྗེ་བཙུན་གོང་མའི་གཞུང་དང་འགལ་བ། མངོན་པའི་གཞུང་དང་འགལ་བར་བའོ། །དང་པོ་ལ་གཉིས་ཏེ། གོང་མའི་ལུགས་ངོས་བཟུང་བ། དེ་དང་འགལ་ཚུལ་བསྟན་པའོ། །དང་པོ་རྗེ་བཙུན་འདི་པའི་ལུགས་ཀྱི། གཞི་དུས་ཀྱི་ཕུང་ཁམས་སྐྱེ་མཆེད་ཀྱི་ཆོས་རྣམས་དང་། དེའི་ཆོས་ཉིད་ཀྱང་རྒྱུའི་རྒྱུད་ཅེས་སྤྱི་རྣམ་དུ་གསལ་བར་བཤད་པ་དང་། སྤྱིར་གཞི་དུས་ཀྱི་དེ་ཐམས་ཅད་ཀྱང་རྒྱུའི་རྒྱུད་དུ་ཁས་ལེན་པ་ལ། ཞེ་བྲག་ཏུ་ཀུན་གཞི་རྒྱུ་རྒྱུད་ཅེས་པ་ནི། འདི་པའི་ལུགས་ཀྱི་རང་བཞིན་གསུམ་གྱི་ཟླས་ཕྱེ་བའི་བཙོས་མིན་ནམ། ཟུང་འཇུག་སེམས་ཀྱི་ངོ་བོ་ཞེས་གྲགས་པ་དེ་ཁོ་ན་ལ་བཞེད་ཀྱི། རང་བཞིན་གཞན་གཉིས་པོ་ཡང་ཀུན་གཞི་རྒྱུ་རྒྱུད་དུ་མི་བཞེད་དེ། གསལ་བ་དང་སྟོང་པ་གཉིས་ཀྱི་ངོ་བོ་རྟོགས་པ་ཙམ་གྱིས་སངས་རྒྱས་ཀྱི་ཡོན་ཏན་བསྒྲུབ་མི་ནུས་པའི་ཕྱིར་དང་། ཟུང་འཇུག་གི་ངོ་བོ་ཕྱིན་ཅི་མ་ལོག་པར་འཕྲོད་པ་ལས་སངས་རྒྱས་ཀྱི་ཡོན་ཏན་འབྱུང་དུ་རུང་བའི་ཕྱིར་རོ། །ཇི་སྐད་དུ། ཆོས་ཀྱི་རྗེ་ས་སྐྱ་པཎྜི་ཏའི་རྟོགས་ལྡན་གྱིས་དྲིས་ལན་ལས། སེམས་སྟོང་པར་རྟོགས་པ་དང་། སྣང་སྟོང་ཟུང་འཇུག་ཏུ་རྟོགས་པ་གཉིས་ཡོད། སྟོང་པར་རྟོགས་པ་ལ་སྡེ་སྣོད་གསུམ་དང་། རྒྱུད་སྡེ་བཞི་ཅིར་མི་བཏུབ། གལ་ཏེ་བཏུབ་ན་ཉན་ཐོས་ཀྱི་འགོག་པ་ལ་ཡང་ཅིར་བཏུབ་པར་འགྱུར་བ་ལས། འགོག་པ་དེ་སྟོང་པ་རྐྱང་པའི་མཐར་ལྷུང་བས་ཐེག་པ་ཆེན་པོའི་བརྗོད་བྱའི་དོན་མི་བཏུབ་པར་ཐེག་པ་ཆེན་པོའི་མདོ་རྒྱུད་ཐམས་ཅད་ལས་འབྱུང་བ་ཡིན། སྣང་སྟོང་ཟུང་འཇུག་ཏུ་རྟོགས་པ་ལ་ཅི་ན། ཉེས་བྱས་ཕྲ་བའི་ཕྲ་བས་མ་གོས་པས་ཚུལ་ཁྲིམས་ཀྱི་གཞི་འདུལ་བའི་སྡེ་སྣོད། དཔའ་བར་འགྲོ་བ་ལ་སོགས་པའི་ཏིང་ངེ་འཛིན་ཐམས་ཅད་དེ་ལས་འབྱུང་བས་མདོ་སྡེའི་སྡེ་སྣོད། གཟུགས་ནས་རྣམ་མཁྱེན་གྱི་བར་གྱི་ཇི་སྙེད་པའི་ཤེས་བྱ་ཐམས་ཅད་ངེས་ཤེས་པས་མངོན་པའི་སྡེ་སྣོད། ཕྱི་ནང་གི་རྟེན་འབྲེལ

ཁྱད་པར་ཅན་རྟོགས་པའི་སྒོ་ནས་རྒྱུད་སྟེ་བཞི་ཚང་བ་ཡིན། བཅུ་གཅིག་པ་རང་སེམས་ཀྱི་སྟེང་དུ་དཀོན་མཆོག་གསུམ་ཚང་ངམ་ཟེར་བ་ལ། སེམས་སྟོང་པའི་ཆ་རྐྱང་པ་དང་། སྟོང་པར་ངོ་འཕྲོད་པའི་ཆ་ལ་དཀོན་མཆོག་གསུམ་ཚང་དུ་མི་བཏུབ། སེམས་རིག་སྟོང་ཟུང་འཇུག་ལ་དཀོན་མཆོག་གསུམ་གྱི་ས་བོན་ཚང་ཞིང་ཟུང་འཇུག་གི་དོན་ལེགས་པར་རྟོགས་པ་ལ་མངོན་གྱུར་ཉིད་དུ་ཚང་བ་ཡིན། ཞེས་གསུངས་ཤིང་། རྒྱལ་སྲས་ལམ་བཟང་ལས་ཀྱང་། ཚུལ་གསུམ་པོ་འདི་ཡང་དང་པོ་ཇི་ལྟར་ཡིན་པར་རྟོགས་པ་ཤེས་བྱའི་གནས་སོ། །ཞེས་བཤད་པའི་ཕྱིར་རོ། །དེ་ལ་ཤེས་བྱའི་གནས་ནི་གཞི་ལམ་འབྲས་གསུམ་གྱིས་རླུས་ཕྱེ་བའི་གཞི་ལ་འདོད་དགོས་ཏེ། ལུང་དེའི་དེ་མ་ཐག་ཏུ། དེ་ཐབས་ཤེས་ཟུང་དུ་འཇུག་པའི་སྒོ་ནས་ཉམས་སུ་ལེན་པ་བསྒོམ་པར་བྱ་བའི་ལམ། དེ་རྟོགས་ནས་གནས་སྐབས་སུ་ས་དང་ལམ་བགྲོད་དེ། མཐར་ཐུག་སྐུ་གསུམ་ཐོབ་པ་འབྲས་བུའོ། །ཞེས་བཤད་པས་སོ། །ཞལ་ལུང་ལས་ཀྱང་། དེ་འདྲ་དངོས་པོ་ཐམས་ཅད་ཀྱི། །མཐའ་ཡི་དེ་ཉིད་ཟབ་གསལ་བ། །ཐོག་མེད་དུས་ནས་སོ་སོ་ཡི། །སྐྱེ་བོ་ང་དང་ངར་འཛིན་པས། །མ་བརྟགས་པར་ནི་བདག་ཏུ་བཟུང་། །ཞེས་གསུངས་པའང་དེ་ལ་དགོངས་སོ། །གལ་ཏེ་གསལ་སྟོང་གཉིས་ཀྱི་ངོ་བོ་ཇི་ལྟ་བར་རྟོགས་ན་ཡང་སངས་རྒྱས་ཀྱི་ཡོན་ཏན་ཐམས་ཅད་འབྱུང་དུ་རུང་བས། དེ་དག་ཀྱང་ཀུན་གཞིར་འགྱུར་རོ་ཞེ་ན། དེ་དག་གི་ངོ་བོ་ཙམ་མམ། རང་བཞིན་ཙམ་རྟོགས་པ་ནི་ཉན་ཐོས་ཀྱི་སྒོམ་དང་སེམས་ཙམ་གྱི་སྒོམ་ལ་ཡང་ཡོད་པས་གོང་དུ་བཤད་པ་ལྟར་སངས་རྒྱས་ཀྱི་ཡོན་ཏན་རྩེ་རུ་མི་བཏུབ་ལ། དེ་རྣམས་ཀྱི་ངོ་བོའམ་རང་བཞིན་ཇི་ལྟ་བ་ནི་རང་བཞིན་ཟུང་འཇུག་ཉིད་ཡིན་པས་བཅོས་མིན་སེམས་ཀྱི་ངོ་བོ་ཁོ་ན་ཀུན་གཞི་རྒྱུ་རྒྱུད་དུ་གྲུབ་པོ། །འདི་ར་ངོ་བོ་དང་རང་བཞིན་ཞེས་པ་ཡང་གཤིས་དང་མཐུན་པའི་གནས་ལུགས་ལ་ཟེར་གྱི། དོན་དམ་པའི་རང་བཞིན་དང་གནས་ལུགས་ལ་འཁྲུལ་བར་མི་བྱའོ། །འདི་ཉིད་ལ་བརྗོད་བྱ་དོན་གྱི་རྒྱུད་དང་། སེམས་ཉིད་ལྷན་ཅིག་སྐྱེས་པའི་ཡེ་ཤེས་དང་། བརྗོད་བྱ་དོན་གྱི་ཀྱཻ་རྡོ་རྗེ་ཞེས་ཀྱང་བཤད་དོ། །རང་བཞིན་དང་པོ་གཉིས་ནི། ཐབས་དང་ཤེས་རབ་ཀྱི་རྒྱུད་ཙམ་མོ། འདི་ཆོས་རྗེ་ས་པཎ་གྱི་ལུང་དྲངས་པ་ལྟར་གོང་མས་ཀྱང་འདི་ཁོ་ན་ལྟར་བཤད་དོ། །འོན་དེ་ལྟ་བུའི་རང་བཞིན་ཟུང་འཇུག་དོན་དམ་བདེན་པ་ཡིན་ནམ་ཞེ་ན། འདི་ཡང་དོན་དམ་པའི་བདེན་པ་མིན་ཏེ། བདེན་གཉིས་དབྱེར་མེད་ཅེས་གྲགས་པ་དེ་ནི་སེམས་རྒྱུད་གཅིག་གི་ཐོག་ཏུ་བརྩིས་པའི་རང་བཞིན་ཟུང་འཇུག་འདི་ཉིད་ཁོ་ན་ལ་ཟེར་བ་མིན་པར་བཤད་པའི་ཕྱིར་ཏེ། ཇི་སྐད་དུ། རྒྱལ་སྲས་ལམ་བཟང་ལས། གཉིས་པ་ཐ་སྙད་པའི་རྣམ་གཞག་ནི། གཞན་གྱི་ངོ་བོར་ངོ་བོ་དབྱེར་མེད་ལྡོག་པ་ཐ་དད་ཅེས་པ་དེ་ཉིད་དང་གཞན་དུ་བརྗོད་དུ་མེད་པ་ཞེས་བྱ་བ་ལ་སོགས་པ་དེ་ཁོ་ན་ཁས་བླངས་སོ། །ཞེས་བཤད་པའི་ཕྱིར། གལ་ཏེ་དེ་ནི་སེལ་ངོའི་བདེན་

གཉིས་དབྱེར་མེད་ཡིན་ལ། འདི་ནི་རྟོགས་མེད་ཀྱི་རང་བཞིན་ཡིན་ནོ་ཞེ་ན། སེལ་ངོར་བདེན་གཉིས་དེ་ཉིད་དང་གཞན་དུ་དབྱེར་མེད་དེ་ཞེས་བརྗོད་ཀྱི། དབྱེར་མེད་པ་དངོས་ནི་སེལ་ངོ་ན་ཡོད་ཅེས་མི་སྨྲ་ལ། ངོ་བོ་ཟུང་འཇུག་རྟོགས་མེད་ཀྱི་བློས་བདེན་གཉིས་དབྱེར་མེད་ཀྱི་ཚུལ་གྱིས་ཉམས་སུ་མྱོང་བ་དེ་ནི། བདེན་གཉིས་དབྱེར་མེད་ཀྱི་དབྱིངས་སམ། གནས་ལུགས་དངོས་མིན་ཏེ། མྱོང་བ་ཡིན་པའི་ཕྱིར་དང་། གནས་ལུགས་ངེས་པར་འདོད་པ་ལ་སྐྱོན་བཞི་གསུངས་པའི་ཕྱིར་དང་། སྒྱུ་མ་ལྟ་བུ་ཡིན་པའི་ཕྱིར་དང་། ཆུ་ཟླའི་དཔེས་བསྟན་པར་བྱ་བ་ཡིན་པའི་ཕྱིར་རོ། །ཇི་སྐད་དུ། དངོས་པོ་ཀུན་གྱི་རང་བཞིན་འདི། །སྒྱུ་མའི་གཟུགས་ཀྱི་རྣམ་པར་གནས། །ཞེས་བཤད་པ་ལྟར་རོ། །གནས་ལུགས་བརྗོད་བྲལ་ཡིན་པ་མ་གོ་བར། །བརྗོད་བྱ་དོན་གྱི་རྒྱུད་ལ་ཟུང་འཇུག་ཅེས། །མིང་གིས་བཏགས་པ་ཙམ་གྱིས་མགོ་རྨོངས་ནས། །སྤྲོས་བྲལ་བརྗོད་བྱར་འདོད་པ་ཤིན་ཏུ་མཚར། །བར་སྐབས་ཀྱི་ཚིགས་སུ་བཅད་པའོ། །

གཉིས་པ་དེ་དང་འགལ་ཚུལ་བསྟན་པ་ནི། ཀུན་གཞི་རྒྱུ་རྒྱུད་གཅིག་ཉིད་ཀྱིས་འཁོར་འདས་གཉིས་ཀྱི་རྒྱུ་བྱེད་པའི་དོན་གྱིས་ན་ཀུན་གཞི་དེ་ལ་ངོ་བོ་ཉིད་ཀྱིས་འཆིང་གྲོལ་གྱི་ནུས་པ་ཡོད་པ་མིན་ཡང་དེ་ལ་བརྟེན་པའི་ཕྱིན་ཅི་ལོག་གི་རྣམ་པར་རྟོག་པས་འཆིང་ལ། རང་བཞིན་ཤེས་པའི་ཐབས་དང་ལྡན་ན་གྲོལ་བའི་རྒྱུ་བྱེད་པ་ལ་འཆད་དགོས་པ་ལ་ཁྱེད་ལྟར་ན། ཚུལ་དེ་མི་རུང་སྟེ། འཁོར་བའི་ཀུན་གཞི་ནི་འཁོར་བའི་ཕྱོགས་འབའ་ཞིག་ཏུ་ལྡང་བས་འཁོར་བའི་སྣང་བ་བསྐྱེད། ཀུན་གཞིའི་ཡེ་ཤེས་ནི། མྱང་འདས་འབའ་ཞིག་གི་རྒྱུ་ཡིན་པས་དེའི་ཕྱོགས་སུ་ལྡང་བའི་ཕྱིར་རོ། །དེ་ལྟར་ན། རྗེ་བཙུན་གྱི་འཁོར་འདས་དབྱེར་མེད་ཀྱི་འགྲེལ་པ་ལས། དང་པོ་ནི། སེམས་ཉིད་འཁོར་བ་དང་མྱ་ངན་ལས་འདས་པ་གཉིས་ཀའི་རྒྱུར་གྱུར་པའི་རིགས་དང་ཕྱོགས་སུ་མ་ལྡང་བས་ན་གནས་སྐབས་ཀྱིས་དུ་མར་སྣང་བ་ཙམ་ཡིན་ནོ། །ཞེས་བཤད་པ་དང་འགལ་ལོ། །ཡང་འཁོར་འདས་ཀྱི་གཞི་ཐུན་མོང་བ་མེད་ན། དེའི་རྒྱུ་མཚན་བཤད་པར་བྱ་སྟེ། འཁོར་བའི་རྒྱུ་བྱེད་ན་རང་གི་ངོ་བོ་འཁོར་བར་འགྱུར་དགོས་པ་དང་། མྱང་འདས་ཀྱི་རྒྱུ་བྱེད་ན་རང་གི་ངོ་བོ་མྱང་འདས་སུ་འགྱུར་དགོས་པ་ཞིག་ལ་བྱའམ། གཞི་གཅིག་གི་སྟེང་དུ་རྐྱེན་དབང་གིས་འཁོར་འདས་ཀྱི་སྣང་བ་གཉིས་ཀ་འཆར་དུ་རུང་བ་ལ་བྱ། དང་པོ་ལྟར་ན་ནི། སོ་སོ་སྐྱེ་བོས་རིམ་པ་གཉིས་བསྒོམ་པ་དོན་མེད་པར་འགྱུར་ཏེ། འཁོར་བ་འབའ་ཞིག་གི་རྒྱུ་ཡིན་པའི་ཕྱིར་རོ། །རྟགས་ཁས་བླངས་ཏེ། གཟུང་འཛིན་གྱི་བློས་ནི་འཁོར་བ་འབའ་ཞིག་གི་རྒྱུ་བྱེད་པའི་ཕྱིར་རོ། །ཡེ་ཤེས་ཀྱི་སྣང་བར་བསམ་པ་ཙམ་གྱིས་ཀྱང་མི་ཕན་ཏེ། དེར་བསམ་པ་ཡང་ལས་དང་པོ་པ་ལ་རྟོགས་པ་ཉིད་ཡིན་པའི་ཕྱིར་རོ། །གཉིས་པ་ལྟར་ན་ནི། ཀུན་གཞི་ཐུན་མོང་བ་ཉིད་གྲུབ་པ་ཡིན་ཏེ། སེམས་ཉིད་ལྷན་སྐྱེས་ཀྱི་རང

བཞིན་རྟོགས་མ་རྟོགས་ཀྱི་དབང་གིས་འཁོར་འདས་ཀྱི་སྣང་བ་འཆར་བའི་ཕྱིར་རོ། །དེ་ཙམ་ལ་རྒྱུ་ཐུན་མོང་བའམ། གཞི་ཐུན་མོང་བར་མི་འདོད་ན་ནི། རྗེ་བཙུན་རྩེ་མོས། རྟག་པ་གཉིས་པའི་ལེའུ་བཞི་པའི་རྣམ་བཤད་ཉི་མའི་འོད་ཟེར་ལས། དེ་ཙི་ཀཱ་ལ་ལ་བརྟེན་པའི་བདེ་བ་དེ་ནི་འཁོར་བ་ཡིན། བདག་གིས་གྲོལ་བ་དོན་དུ་གཉེར་བ་ལ་དེས་ཅི་བྱ་སྙམ་ན། བདེན་མོད། འདི་ཉིད་འཁོར་བ་སྟེ་མ་རྟོགས་ན་མངོན་པར་ཞེན་པ་དང་ཉོན་མོངས་པ་དང་ལོག་པར་འགྱུར། དེ་ལྟར་ཡིན་ཡང་འདི་ཉིད་མྱ་ངན་ལས་འདས་པ་སྟེ་ཐབས་ཀྱི་ཟིན་པར་བྱས་ནའོ། །དེས་ན་གཅིག་ཉིད་ལའང་། གཟུང་དང་འཛིན་པ་རྣམ་པར་སྤང་། །ཞེས་བྱ་བ་དང་། དངོས་པོའི་མཚན་ཉིད་དུ་མི་རྟག །ཅེས་ལེའུ་དང་པོ་ལས་བསྟན་ཏེ། གལ་ཏེ་འཁོར་འདས་ཐུན་མོང་དུ་གྱུར་པ་མི་འཐད་དོ་སྙམ་ན། ཐུན་མོང་ཉིད་ཡིན་ཏེ། འཁོར་བ་སྤངས་ནས་གཞན་དུ་ཞེས་སློས་སོ། །དེའི་གཏན་ཚིགས་ནི་འཁོར་བ་གཟུགས་དང་ཞེས་བྱ་བ་ལ་སོགས་པ་སྟེ། ཐབས་འདིར་མ་ཟད་ནམ་དུའང་འཁོར་འདས་ཐ་དད་མི་མཐོང་ངོ། །ཞེས་བྱ་བའི་དོན་ཏོ། དེས་ན་སློབ་དཔོན་ཀླུ་སྒྲུབ་ཀྱིས་ཀྱང་། འཁོར་བ་སྤངས་པར་གྱུར་པ་ཡི། །མྱ་ངན་འདས་ཁྱོད་མི་བཞེད་ཀྱི། །འཁོར་བ་མི་དམིགས་པ་ཡིས་ནི། །ཞི་ཉིད་མགོན་པོ་ཁྱོད་ཀྱིས་བརྙེས། །ཞེས་གསུངས་པ་ལྟ་བུའོ། །དེས་ན་ཀུན་རྫོབ་དོན་དམ་ཚུལ་ཅན་ནོ། །ཞེས་བྱ་བ་སྟེ། བདེན་པ་གཉིས་ཀྱི་མཚན་ཉིད་བླ་མས་ཞིབ་ཏུ་གསུངས་པར་འགྱུར་རོ། །ཞེས་བཤད་པ་དང་ཡང་འགལ་ལོ། །ཡང་རྗེ་བཙུན་གྱིས། འཁོར་འདས་དབྱེར་མེད་ཀྱི་འགྲེལ་པ་ལས། རྟེན་དང་བརྟེན་པའི་འགྲེལ་ཚུལ་རྩ་བ་ན། །ལུས་སེམས་གཉིས་ཀ་ལ་འཁོར་འདས་ཀྱི་ཆོས་ཐམས་ཅད་ཚང་། རྩ་བར་བཤད་པ་དང་ཡང་འགལ་ཏེ། འཁོར་འདས་གཉིས་ཀའི་གཞི་ཐུན་མོང་བ་མི་སྲིད་པའི་ཕྱིར་རོ། །འདོད་ན་ནི་གཞུང་དེ་ཉིད་ལས། དེ་ལ་རྟེན་དང་བརྟེན་པའི་འགྲེལ་ཚུལ་རྩ་ན། སེམས་ཀུན་གཞི་ལ་འཁོར་འདས་ཀྱི་ཆོས་ཐམས་ཅད་ཀྱི་བག་ཆགས་གནས་པས། དེ་ལུས་རགས་པ་དང་། རྩ་ཡི་གེ་ཐམས་ཅད་ཀྱི་ཚུལ་དེ་བག་ཆགས་སྨིན་ནས་གནས་སོ། །ཞེས་བཤད་པ་དང་འགལ་ལོ། །ཡང་ཁྱེད་ལྟར་ན་སེམས་ཀུན་གཞི་ལ་གཉིས་སུ་འབྱེད་པ་ལྟར། ལུས་རྩ་རྒྱུད་ལའང་རྣམ་ཤེས་ཀྱི་ལུས་རྩ་རྒྱུད་དང་། ཡེ་ཤེས་ཀྱི་ལུས་རྩ་རྒྱུད་གཉིས་སུ་ངེས་པར་ཁས་ལེན་དགོས་ལ། དེ་ལྟར་ཁས་ལེན་པ་ཞུགས་སུ་འཚང་བའི་རྒྱ་མཚན་གྱིས་མ་དག་པའི་ཞུང་ཁམས་སྐྱེ་མཆེད་སོགས་སྣང་གཞི་མིན་ནོ་ཞེས་ཟེར་བའི་གནད་ཀྱང་འདི་ལ་ཐུག་གོ །འོ་ན་དེ་ལྟར་ཁས་བླངས་པ་ལ་སྐྱོན་ཅི་ཡོད་ཅེ་ན། རབ་ཏུ་མང་སྟེ། འདི་ལྟར། ཡེ་ཤེས་ཀྱི་ལུས་རྩ་རྒྱུད་དེ་གཉིས་མེད་ཀྱི་ཡེ་ཤེས་སུ་གྱུར་པའི་ལུས་ཞིག་ལ་ཟེར་རམ། དེ་མིན་པ་གཞན་ཞིག་ཡོད། དང་པོ་ལྟར་ན་རྟེན་དང་བརྟེན་པ་གཅིག་ཏུ་ཐལ་བ་དང་། རྩ་རྒྱུད་དུ་མི་རིགས་པར་ཐལ་བ་དང་། གོང་མའི་གཞུང་དང་འགལ་བར་ཐལ་བས་ཏེ། སྐྱོན་གསུམ་ཡོད་དོ། །

དང་པོ་ནི། ཡེ་ཤེས་ཀྱི་ལུས་རྒྱུ་རྒྱུད་དེ་གཉིས་མེད་ཀྱི་ཡེ་ཤེས་ཉིད་ཡིན་ན། སེམས་ཀྱི་ཀུན་གཞིའི་ཡེ་ཤེས་ཀྱང་དེ་ཉིད་ཡིན་པས། རྟེན་དང་བརྟེན་པར་འཇོག་པ་མི་རིགས་སོ། །གལ་ཏེ་རང་གི་ངོ་བོ་ཉིད་ཀྱི་ཡེ་ཤེས་ཡིན་ཡང་། རྣམ་པ་ལུས་སུ་སྣང་བ་ལ་ཡེ་ཤེས་ཀྱི་ལུས་རྒྱུ་རྒྱུད་ཟེར་རོ་ཞེ་ན། འོ་ན་ནི་སྐྱོན་ཤིན་ཏུ་ཆེ་སྟེ། རྣམ་པ་དེ་ལྟར་སྣང་བ་དེ་ཆོས་ཉིད་ཀྱི་ལུས་ཡིན་ནམ་མིན། ཡིན་ན། དེ་ཆོས་ཅན། དོན་དམ་པའི་བདེན་པ་ཡིན་པར་ཐལ། ཆོས་ཉིད་ཀྱི་ལུས་ཡིན་པའི་ཕྱིར། ཁྱབ་རྟགས་ཁས་བླངས་སོ། །འདོད་ན། དེ་ལྟ་བུའི་ཆོས་ཉིད་ཀྱི་ལུས་ཆོས་ཅན། དོན་དམ་པའི་བདེན་པ་དངོས་མིན་པར་ཐལ། དོན་དམ་པའི་རྣམ་པ་ཙམ་ཡིན་པའི་ཕྱིར་རོ། །གལ་ཏེ་གཟུང་རྣམ་དེ་ཆོས་ཉིད་ཀྱི་ལུས་མིན་ཀྱི། དེའི་རང་བཞིན་གཉིས་མེད་ཀྱི་ཡེ་ཤེས་ཉིད་ཆོས་ཉིད་ཀྱི་ལུས་ཡིན་ནོ་ཞེ་ན། འོ་ན་ནི་གོང་གི་སྐྱོན་སོན་གནས་སོ། །གལ་ཏེ་ཡེ་ཤེས་ཀྱི་སྣང་བ་ལ་ཤར་བའི་གཟུགས་སོགས་ཐམས་ཅད་ཀྱང་གཉིས་མེད་ཀྱི་ཡེ་ཤེས་ཉིད་ཡིན་པས་རྣམ་པ་དང་ཆོས་ཉིད་མི་འགལ་ལོ་ཞེ་ན། འོ་ན་ལས་དང་པོ་པ་རྣམས་ལ་ཡེ་ཤེས་ཀྱི་རྣམ་པ་ལས་གྲུབ་པའི་གཟུགས་སུ་མི་སྣང་བའི་ཕྱིར། ལས་དང་པོ་པའི་རྣལ་འབྱོར་པ་རྣམས་ལ་ལུས་རྒྱུ་རྒྱུད་གཏན་མེད་པར་འགྱུར་ཏེ། དེའི་ངོ་བོ་ཡེ་ཤེས་ཀྱི་སྣང་བ་ལ་ཤར་བའི་ལུས་སུ་མི་སྣང་བའི་ཕྱིར་རོ། །མདོར་ན་གཉིས་མེད་ཀྱི་ཡེ་ཤེས་ཀྱི་སྣང་བ་ལ་ཤར་བའི་ལུས་ཁོ་ན་ལྟར་བསྐྱེད་པ་དང་། ལས་དང་པོ་པ་རྣམས་ཀྱི་སྣང་བ་ལ་ཤར་བའི་ལུས་སོགས་ལྟར་བསྒོམ་པ་གཉིས་ཤིན་ཏུ་འགལ་ཏེ། གཉིས་མེད་ཀྱི་ཡེ་ཤེས་ཀྱི་སྣང་བ་ལས་གྲུབ་པའི་ལུས་སོགས་ཀྱི་སྣང་བ་འཆར་བ་ལ་གཉིས་མེད་ཀྱི་ཡེ་ཤེས་ཉིད་ལམ་གྱི་ཐབས་ཀྱི་རྒྱུད་ལ་བསྐྱེད་དགོས་པའི་ཕྱིར་རོ། །གལ་ཏེ་གཉིས་མེད་ཀྱི་ཡེ་ཤེས་ནི་ཀུན་ལ་རང་བཞིན་གྱིས་མི་གནས་སམ་ཞེ་ན། གནས་མོད། ལམ་མ་བསྒོམས་པ་རྣམས་ལ་གཟུགས་ལ་སོགས་པ་བག་ཆགས་ཀྱི་རྣམ་པ་དང་འབྲེལ་བར་སྣང་གི་ཡེ་ཤེས་ཀྱི་རྣམ་པ་དང་འབྲེལ་བར་ཇི་ལྟར་སྣང་། གལ་ཏེ་ཁྱེད་ལ་ནི་དེ་ལྟར་ཡིན་མོད་ཁོ་བོ་ཅག་ལ་གཉིས་མེད་ཀྱི་ཡེ་ཤེས་ལས་མ་གཏོགས་པའི་ཆོས་གཞན་མི་སྣང་ངོ་ཞེ་ན། བདག་ཉིད་ལ་རྫུན་དུ་མི་སྨྲ་ན་ལེགས་སོ། །མཚོན་པའི་ང་རྒྱལ་དུ་མ་གྱུར་ཅིག །

གཉིས་པ་ནི། ཆོས་ཉིད་ཀྱི་ལུས་དེ་ལ་འཁོར་བའི་ཆོས་རྣམས་ཚང་ན་ནི། འཁོར་བ་བསྐྱེད་པའི་རྒྱུ་དང་། དྲུག་ལྔ་བསྐྱེད་པའི་རྒྱུ་ལྔ་དང་། རིགས་དྲུག་གི་རྒྱུ་ལ་སོགས་པ་ཚང་དགོས་ལ། དེ་དག་མ་ཚང་ན་རྒྱུ་ལ་འཁོར་བའི་ཆོས་མ་ཚང་བས་ལུས་རྒྱུ་རྒྱུད་དུ་ཇི་ལྟར་འགྱུར། གལ་ཏེ་ལུས་ལ་གཉིས་སུ་ཕྱེ་བའི་འཁོར་བའི་ལུས་ལ་དེ་བསྐྱེད་པའི་རྒྱུ་རྣམས་ཆོས་ཉིད་ཀྱི་ལུས་ལའང་མྱང་འདས་བསྐྱེད་པའི་རྒྱུ་རྣམས་ཚང་བར་འདོད་དོ་ཞེ་ན། འོ་ན་ཡང་ཆོས་ཉིད་ཀྱི་རྒྱུ་ཞེས་བྱ་བ་གཉིས་མེད་ཀྱི་ཡེ་ཤེས་ཀྱི་སྣང་བ་ལ་ཤར་བའི་རྒྱུ་ལ་ཟེར་ན། ལས་དང་པོ་པ

ཐམས་ཅད་ལ་མྱང་འདས་བསྐྱེད་པའི་རྒྱ་མ་ཚང་བར་འགྱུར་ཞིང་། རྣམ་སྨིན་གྱི་ལུས་རགས་པར་སྣང་བ་འདི་ལ་རྒྱ་དབུ་མ་ཚང་ངམ་མ་ཚང་། ཚང་ན་མྱང་འདས་བསྐྱེད་པའི་རྒྱ་ཡང་ཚང་བར་གྲུབ་པ་ལ། མ་ཚང་ན་སེམས་ཅན་རྣམས་སྐྱེ་བ་ལེན་པ་མི་སྲིད་པར་ཐལ། དང་པོ་མའི་མངལ་དུ་ཆགས་པའི་ཚེ་རྒྱ་དབུ་མ་ཡེ་མ་ཆགས་པའི་ཕྱིར་རོ། །གལ་ཏེ་ཡེ་ཤེས་ཀྱི་སྣང་བ་ལས་ཤར་བའི་རྒྱ་དབུ་མས་མྱང་འདས་སྐྱེད་བྱེད་ཀྱི་གཟུང་འཛིན་ལ་བསྐྱེད་པའི་རྒྱ་དབུ་མ་འདི་ནི་འཁོར་བའི་རྒྱུ་ཉིད་ཡིན་ནོ་ཞེ་ན། འོ་ན་མི་ཐམས་ཅད་ལ་ཡེ་ཤེས་ཀྱི་སྣང་བ་ལ་ཤར་བའི་རྒྱ་དབུ་མ་རང་ཆས་སུ་ཡོད་དམ་མེད། ཡོད་ན་འབད་མེད་དུ་འགྲོལ་བར་ཐལ་ལོ། །མེད་ན་ཆོས་ཉིད་ཀྱི་རྒྱ་དབུ་མ་མ་ཚང་བས་མྱང་འདས་ཀྱི་རྒྱ་སོགས་མ་ཚང་བར་འགྱུར་རོ། །ཡང་སེམས་ཅན་རྣམས་སྐྱེ་བ་ལེན་པ་མི་སྲིད་པར་ཐལ། འོད་གསལ་ལས་སྣང་བ་གསུམ་འབྱུང་བ་མི་སྲིད་པའི་ཕྱིར། སྲིད་ན་ནི་འོད་གསལ་ལས་སྣང་བ་གསུམ་དུ་ལངས་པ་ཉིད་སེམས་ཅན་རྣམས་ལ་འཁོར་བ་གྲུབ་པ་མིན་ནམ། ལེགས་པར་སློམས་ཤིག །དེས་ན་ནང་གི་རྟེན་འབྲེལ་སྒྱུ་མ་ལྟ་བུའི་བྱེད་པས་སྣང་བ་སྣ་ཚོགས་འཆར་ཞིང་། དེ་ཡང་སྒྱུ་མ་ལྟ་བུར་སྣང་བ་དང་། རང་གི་ངོ་བོ་མཁའ་མཉམ་རྟོལ་བྲལ་སྟོང་པ་ཉིད་དུ་མ་གོ་བར་གཉིས་མེད་ཀྱི་ཡེ་ཤེས་རང་བཞིན་གྱིས་གྲུབ་པ་སྐད་ཅིག་མ་གཅིག་གིས་ཐམས་ཅད་ལ་ཁྱབ་པ་ལྟ་བུའི་འདོད་ལུགས་འདི་དག་བྱུང་བ་ཡིན་ནོ། །

གསུམ་པ་ནི། རྗེ་བཙུན་ས་སྐྱ་པ་ཆེན་པོས། རྣམ་འགྲེལ་མཛད་པ་ལས། གོང་དུ་ཇི་སྐད་བསྟན་པའི་རྟེན་དང་བརྟེན་པའི་ཀུན་གཞི་ཉིད་གསུངས་པས་ཁྱེད་དང་འགལ་བར་གྲུབ་སྟེ། ཀུན་གཞི་རྒྱུ་རྒྱུད་ལ་འཁོར་འདས་ཚང་བས་རྒྱ་རྒྱུད་ཅེས་པས་དང་པོ་བསྟན་ཏེ། ཀུན་གཞི་ནི་ཐབས་ཀྱིས་ཟིན་ན་མྱང་འདས་བསྐྱེད་པའི་གཞི་ཡིན་ཞིང་། མ་ཟིན་ན་འཁོར་བ་བསྐྱེད་པའི་གཞིར་གྱུར་པའོ། །རྒྱུ་ནི་ཐབས་ཀྱིས་ཟིན་ན་འབྲས་བུ་བསྐྱེད་རུང་གི་ནུས་མཐུ་ཡོད་པ་ལ་བྱས་ལ། རྒྱུན་ནི་སེམས་ཅན་ནས་སངས་རྒྱས་རྡོ་རྗེ་འཛིན་པའི་བར་དུ་སེམས་ཉིད་རང་རིག་པའི་ཕྲེང་བ་རྒྱུན་མི་འཆད་པའོ། །འཁོར་འདས་ཚང་ཞེས་པ་ལ་དྲུག་སྟེ། དེ་ཡང་རྟེན་གང་ཡིན་པ། དེ་གཉིས་ཚུལ་ཇི་ལྟར་གནས་པ། དེ་རྒྱུ་རུ་ཇི་ལྟར་འགྲོ་བ། དེ་ལ་འཁོར་འདས་ཇི་ལྟར་ཚང་བའོ། །རྟེན་ནི་རྒྱ་ལུས། ཡི་གེ་དག །བདུད་རྩི་ཡིད། དེ་གསུམ་ལ་དབང་བྱེད་པའི་སྙིང་པོ་རླུང་སྟེ་བཞིའོ། །དེ་ཉིད་ལས་རིམ་པར། དེ་བཞིན་གཤེགས་པ་ཐམས་ཅད་ཀྱི་སྐུ་རྡོ་རྗེ། གསུང་རྡོ་རྗེ། ཐུགས་རྡོ་རྗེ། སྙིང་པོ་རྡོ་རྗེ་ཞེས་བྱའོ་ཞེས་གསལ་བར་བཤད་པས་སོ། །འདིར་རྟེན་ལུས་ཀྱི་རྒྱ་དང་། དག་ཡི་གེ་དང་། ཡིད་བདུད་རྩི་གསུམ་ལ་རྡོ་རྗེ་གསུམ་དང་། རླུང་ལོགས་སུ་ཕྱེ་ན་རྡོ་རྗེ་བཞིར་བཤད་པས། རྟེན་རྒྱ་ཡི་གེ་ཁམས་གསུམ་གང་ཡིན་ཐམས་ཅད་རྡོ་རྗེ་གསུམ་དུ་ཤེས་དགོས་ཀྱི་རྡོ་རྗེ་ཞེས་པ་སྟོང་པ་ཉིད་ཁོ་ན་ལ་འདོད་པ་རྣམས་ནི་ལད་མོ་ཙམ་མ་གཏོགས་སྙིང་པོ་མེད་དོ། །

འདིར་སྨྲས་པ། ཆོས་ཅན་སྒྱུ་མ་ལྟ་བུར་འཆར་བ་ལ། །གཉིས་མེད་ལྷན་སྐྱེས་ཡེ་ཤེས་བསྐྱེད་པ་དགོས། །ལྷན་སྐྱེས་ཡེ་ཤེས་རྒྱུད་ལ་འཆར་བ་ལ། །རྩ་ཏིའི་ཕྱོགས་སུ་རླུང་སེམས་གནས་པ་དགོས། །དེ་འདྲའི་ཡེ་ཤེས་རྒྱུ་དང་མ་བྲལ་བའི། །ལྷ་སྐུ་སྒྱུ་མ་ལྟ་བུ་མི་སྣང་བ། །དེ་སྲིད་སྔགས་ལས་བྱུང་བའི་ཆོས་ཉིད་ཀྱིས། །རྟེན་དང་བརྟེན་པའི་ལྷ་ཚོགས་མིང་མི་ཐོབ། །དེ་ལྟར་ཡེ་ཤེས་སྣང་བ་ལས་འཁྲུངས་པའི། །སྒྱུ་མ་ལྟ་བུའི་ལྟར་སྣང་ཇི་སྙེད་ཀྱང་། །སྒྱུ་མ་བཞིན་དུ་རང་བཞིན་མེད་པའི་ཕྱིར། །ཆོས་ཀྱི་དབྱིངས་ཀྱི་ལྷོག་པ་ག་ལ་ཡིན། །གསལ་ཆེ་ཟབ་མོའི་དབྱིངས་དང་མ་བྲལ་ཞིང་། །ཟབ་མོ་གསལ་བའི་ཕྱག་རྒྱས་ཟིན་པ་ཡི། །ཡེ་ཤེས་རྣལ་འབྱོར་ལམ་གྱི་རིམ་པ་ལ། །མཉམ་རྗེས་ཀུན་ཏུ་འཇུག་པའི་ཆོས་སུ་གསུངས། །བསྡུ་བའི་ཚིགས་སུ་བཅད་པའོ། །

གཉིས་པ་མཇོན་པའི་ལུང་དང་འགལ་བ་བསྟན་པ་ནི། རྣལ་འབྱོར་དཔྱོད་པ་སེམས་ཙམ་པས་ཀུན་གཞིའི་འདོད་ཚུལ་འདིར་བཤད་པ་དང་མཐུན་པ་ཁས་ལེན་ཀྱང་སེམས་ཀྱི་ངོ་བོ་རང་རིག་པ་ཙམ་འཁོར་བའི་གནས་སྐབས་སུ། ཟག་བཅས་ཀྱི་ཆོས་རྣམས་ཀྱི་རྟེན་བྱེད་པ་ལ་ཀུན་གཞིའི་མིང་གིས་འདོགས་ཤིང་། ཟག་པ་ཟད་ནས་ཟག་པ་མེད་པའི་དབྱིངས་ཀྱི་མིང་གིས་འདོགས་པ་ཡིན་ལ། དེའི་ཚེ་ཆོས་ཀྱི་སྐུ་གནས་གྱུར་པ་ཡིན་ནོ། །ཞེས་འདོད་དོ། །དེ་སྐད་སྨྲ་བ་རྣམས་ཀྱི་ཀུན་གཞི་གཅིག་ཉིད་ཀྱི་འཁོར་འདས་ཀྱི་རྒྱུ་བྱེད་པ་ཁས་ལེན་གྱི་ངོ་བོ་སོ་སོ་བ་མི་འདོད་དེ། དོན་བསང་མཁན་པོས། ཀུན་གང་གི་གནས་ཡིན་པའི་ཀུན་དེ་བརྟག་པའི་ཕྱིར། དེ་ཡོད་པས་ན་འགྲོ་ཀུན་དང་། །མྱ་ངན་འདས་པའང་ཐོབ་པར་འགྱུར། །ཞེས་བྱ་བ་སྨྲས་ཏེ། འགྲོ་ཀུན་ཞེས་བྱ་བ་ནི་ཀུན་ནས་ཉོན་མོངས་པའི་གནས་ཉིད་ཡིན་པའོ། །མྱ་ངན་འདས་པའང་ཐོབ་པར་འགྱུར། །ཞེས་བྱ་བ་ནི་ཐོས་པ་དང་བསམ་པ་ལ་སོགས་པའི་རིམ་གྱིས་རྣམ་པར་བྱང་བའི་གནས་ཡིན་པར་བསྟན་ཏེ། ཞེས་བཤད་པས་སོ། །འདི་ནི་ཀུན་གཞི་ཙམ་དུ་འདོད་ཀྱི། ཀུན་གཞིའི་རྣམ་ཤེས་ནི་མིན་ཏེ། ཀུན་གཞིའི་རྣམ་ཤེས་ནི་རྒྱུན་ཆད་པ་སྲིད་ལ། འདི་ནི་རྒྱུན་ཆད་པ་མི་སྲིད་པའི་ཕྱིར། ཇི་སྐད་དུ། སློབ་དཔོན་ཤཱནྟི་པས། སེམས་ཀྱི་རྒྱུན་ནི་ཟད་པ་མེད། །ཟག་བཅས་ཆོས་ཀྱི་ས་བོན་ནི། །མ་ཟད་ཀུན་གཞི་སྟོན་གནས་སྐབས། །ཟད་ནས་ཟག་པ་མེད་པའི་དབྱིངས། །རྣམ་པར་གྲོལ་བའི་སྐུ་དང་ནི། །རྟག་ཏུ་ཉི་ཟེར་ཉི་མ་ནི། །ཞེས་དང་། དཔལ་ལྡན་ས་སྐྱ་པཎྜི་ཏས། སེམས་གསལ་བ་ཙམ་གྱི་སྐད་ཅིག་གཉིས་པ་ལ། སེམས་ལས་གཞན་བློ་བུར་གྱི་དྲི་མར་གྱུར་པའི་རྒྱུ་གཞན་མི་དགོས་པས། ཤེས་པ་གསལ་བ་ཙམ་ཐུག་མེད་དུ་སོང་བ་དང་། ཀུན་གཞི་རྣམས་ཀྱི་གསལ་བྱ་འཁོར་བ་ལས་གྲོལ་ཡང་རྒྱུད་མ་ཆད་པར་གསུངས་པས་སོ། །ཀུན་གཞི་རྣམ་ཤེས་ཀྱི་གསལ་བྱ་འདི་ཡང་། ཀུན་གཞི་དང་ཟག་པ་མེད་པའི་སེམས་རྒྱུད་ཡིན་གྱི། ཀུན་གཞི་རྣམ་ཤེས་ནི་མིན་ནོ། །དེ་ནི་གཉིས་སུ་སྣང་བའི་ལྷོག་པ

ནས་འཇོག་པའི་ཕྱིར། ཀུན་གཞི་རྣམ་ཤེས་ཀྱི་གསལ་བྱ་དེ་རང་ལྡོག་ནས་ཀུན་གཞིའི་རྣམ་ཤེས་མ་ཡིན་ཡང་། ཀུན་གཞིའི་རྣམ་ཤེས་ཀྱི་རང་བཞིན་ཡིན་པས་དེའི་ཁོངས་སུ་མ་འདུས་པར་ཡང་མི་འདོད་དོ། །འདིས་ནི། དྲིས་ལན་ཆེན་མོ་ནས། ཀུན་གཞིའི་གསལ་བྱ་ཀུན་གཞི་ཉིད། །ཡིན་ན་ཟག་མེད་སེམས་སུ་གསལ། །མིན་ན་མ་བསྒྲིབས་ལུང་མ་བསྟན། །ཡིན་པའི་ཤེས་བྱེད་གང་ནས་བཙལ། །ཞེས་དྲིས་པ་དག་ཀྱང་དོན་དང་མི་ལྡན་པར་བསྟན་ཏེ། སེམས་ཙམ་པས་ནི། ཀུན་གཞི་རྣམ་ཤེས་ཀྱི་གསལ་བྱ་དོན་དམ་པའི་དགེ་བར་འདོད་པས་མ་བསྒྲིབས་ལུང་མ་བསྟན་དུ་ཁས་མི་ལེན། དབུ་མ་པས་ནི་མ་བསྒྲིབས་ལུང་མ་བསྟན་དུ་འདོད། དོན་དམ་པའི་དགེ་བས་དགེ་བ་མཚན་ཉིད་པའི་གོ་མི་ཆོད་པར་མི་འདོད་པའི་ཕྱིར་རོ། །ཡང་དབུ་མ་པ་ནི་སེམས་ཀྱི་རང་བཞིན་ཟུང་འཇུག་དེ་ཡང་རྣམ་ཤེས་ཚོགས་བརྒྱད་ལས་གཞན་དུ་མི་འདོད་དེ། ཚོགས་བརྒྱད་གང་རུང་གི་རང་བཞིན་མིན་པའི་རང་བཞིན་ཟུང་འཇུག་མེད་པའི་ཕྱིར་རོ། །འདི་ལ་དགོངས་ནས། དཔལ་ལྡན་པ་སྐྱ་པཎྜི་ཏས། རིག་པ་ཡིན་ན་རྣམ་ཤེས་ཀྱི། །ཚོགས་བརྒྱད་ཉིད་ལས་འདའ་བ་མེད། །ཅེས་གསུངས་པ་ཡིན་གྱི། རིག་པ་ཡིན་ན༑ རྣམ་ཤེས་ཚོགས་བརྒྱད་གང་རུང་མིན་པ་ཁྱད་ཟེར་བར་འགྲུབ་ན་ནི། སེམས་བྱུང་རྣམས་ཀྱང་སྒྲོན་དུ་འཕངས་པས་ཆོག་པར་འདུག་གོ །འདིར་དངོས་པོ་ཐམས་ཅད་ལ་ཀུན་རྫོབ་ཀྱི་རང་བཞིན་ཟུང་དུ་འཇུག་པས་ཁྱབ་ཅེས་པ་ཡང་མུ་སྟེགས་བྱེད་ཀྱི་སྤྱི་ཆེན་པོ་ལྟ་བུ་གཅིག་གིས་ཀུན་ལ་ཁྱབ་པ་མིན་གྱི། བླ་མ་རྗེ་བཙུན་ཆེན་པོས། སྣང་བ་དེ་དང་དེའི་ངོ་བོར་སྣང་ཡང་། རང་གི་ངོ་བོ་གོ་ཡུལ་དུ་སེམས་ཉིད་ལྷན་ཅིག་སྐྱེས་པའི་ཡེ་ཤེས་སུ་ཤེས་པར་བྱ་བའི་ཕྱིར་རོ། །ཐོག་མར་རྟོགས་པའི་ལྟ་བ་བསྟན་ཏོ། །ཞེས་གསུངས་པ་ལྟར་གོ་དགོས་སོ། །སྐབས་འདིར་རྟོགས་པའི་ལྟ་བ་ཞེས་གསུངས་པ་ནི། དབང་དུས་སུ་སྐྱེས་པའི་ཡེ་ཤེས་ལ་ཟེར་རོ། །ཡེ་ཤེས་འདི་དང་ལམ་དུས་ཀྱི་ལྟ་བ་དང་། རྫོགས་རིམ་གྱི་ཉམས་མྱོང་དང་། སངས་རྒྱས་ཀྱི་ཡེ་ཤེས་ཀྱི་བར་ཐམས་ཅད་ཀྱང་། ཀུན་རྫོབ་ཀྱི་ངོ་བོ་ཟུང་འཇུག་ཙམ་དུ་གཅིག་པས་རང་བཞིན་ལྷན་གྲུབ་ཅེས་ཀྱང་བཤད་དོ། ཡང་འདི་ཡང་དཔྱད་པར་བྱ་སྟེ། སེམས་ཙམ་པས་འདོད་པའི་ཟག་པ་མེད་པའི་སེམས་རྒྱུད་དང་། དེའི་ལུགས་ཀྱི་རང་བཞིན་གནས་རིགས་གཉིས་ལ་ཁྱད་པར་ཅི་ཡོད་ཅེ་ན། འདི་ལ་ཁ་ཅིག་དེ་གཉིས་ཁྱད་པར་མེད་པར་བྱས་ནས་སེམས་ཙམ་པས་ཀྱང་གཏན་རིགས་ཆད་པར་མི་འདོད་ཅེས་ཟེར་བ་ནི་མི་འཐད་དེ། བྱང་ས་ལས། རང་བཞིན་གནས་རིགས་ཟག་པ་མེད་པའི་སེམས་ཀྱི་ས་བོན་དུ་བཤད་ཀྱི། ཟག་མེད་སེམས་རྒྱུད་ཀྱི་ལྡོག་པ་ནས་མ་བཤད་པའི་ཕྱིར་དང་། ས་བོན་གྱི་དོན་ནི་རྐྱེན་དང་ཕྲད་ནས་འབྲས་བུ་འབྱུང་རུང་གི་ནུས་པ་ལ་འདོད་དགོས་པའི་ཕྱིར་དང་། ནུས་པ་དེ་ཡང་ཐོག་མ་མེད་པ་ནས་གནས་པའི་ཕྱིར་རོ། དེས་ན་སེམས་ཙམ་པས་རང་བཞིན་གནས་རིགས་དེ་

ལ་དེ་བཞིན་གཤེགས་པའི་སྙིང་པོ་དང་། ཆོས་སྐུའི་ས་བོན་གྱི་མིང་མི་འདོགས་ཀྱི། ཟག་པ་མེད་པའི་དབྱིངས་ལ་དེ་དག་གི་མིང་གིས་འདོགས་སོ། །དབུ་མ་པ་ནི། དབྱིངས་སྤྲོས་པ་དང་བྲལ་བ་རང་གི་ངོ་བོ་ཤེས་བརྗོད་ལས་འདས་པས། ཤེས་བྱར་མ་གྲུར་པ་གསལ་བ་ལས་གཞན་མིན་པས་ཟུང་དུ་འཇུག་པ་དེ་ཉིད་ལ་ཐ་སྙད་དུ་དེ་བཞིན་གཤེགས་པའི་སྙིང་པོ་ཞེས་འཆད་ལ། དེ་ཉིད་གཞན་སེལ་གྱི་སྒོ་ནས་ཆོས་ཉིད་ལ་ཁྱབ་པ་དང་། སེམས་ཅན་ལ་ཡོད་པར་གསུངས་ཀྱང་གྲུབ་ལུགས་ཀྱི་དབང་དུ་བྱས་ནས་གང་དུའང་མ་གྲུབ་པའི་ཕྱིར། གནས་ལུགས་ཀྱི་དབྱིངས་ལེགས་པར་བཤད་པ་ནི། དྲང་དོན་འབའ་ཞིག་ཡིན་ཏེ། ཇི་སྐད་དུ། ལྷ་བ་རྣམས་ལས་ལྡོག་པ་དང་། །བདག་དུ་ལྟ་བ་ཆོལ་ཉམས་ན། །བདག་གཞན་བསམ་པ་བཟློག་པའི་ཕྱིར། །སྟོང་པ་རྒྱལ་བ་རྣམས་ཀྱིས་བསྟན། །ཞེས་དང་། དཔལ་ལྡན་ས་སྐྱ་པཎྜི་ཏས། དེ་བཞིན་གཤེགས་པའི་སྙིང་པོ་སོགས། །བདག་འཛིན་ཅན་རྣམས་དྲང་ཕྱིར་ཡིན། །ཞེས་བཤད་པ་ལྟར་རོ། །བདག་འཛིན་བཟློག་པའི་ཕྱིར་བདག་མེད་ཙམ་དང་། རང་བཞིན་མེད་ཙམ་ལ་བདེ་སྙིང་དུ་གསུངས་པ་དེའི་དགོངས་གཞི་ནི། རང་བཞིན་མེད་པའམ། བདག་ཡོད་མེད་གཉིས་སུ་ཕྱེ་བའི་བདག་མེད་པ་ལ་དགོངས་ཏེ། དེ་དག་སེལ་ངོར་ཡོད་ཀྱང་གཉིས་ཀ་དངོས་པོའི་གནས་ལུགས་སམ། བདེ་གཤེགས་སྙིང་པོ་ཡིན་པ་འགོག་པའི་ཕྱིར་རོ། །འདིས་ནི་དགོངས་གཞི་དང་། དངོས་ལ་གནོད་བྱེད་གཉིས་ཀ་གྲུབ་ལ། དགོས་པ་ནི་གོང་དུ་བསྟན་ཟིན་ཏོ། །དེས་ན་ཆོས་ཀྱི་རྗེས། དོན་དམ་ཤེས་བྱ་མ་ཡིན་ཏེ། །གཞན་སེལ་ཤེས་བྱར་འགྲོ་བའང་སྲིད། །ཅེས་དང་། དོན་དམ་མཐའ་བཞིའི་སྤྲོས་པ་བྲལ། །ཀུན་རྫོབ་ཡོད་མེད་ལ་སོགས་པའི། །གཞན་སེལ་ཕན་ཚུན་དངོས་ལ་དཔྱད། །ཡོད་པ་མིན་ལ་ཡོད་པར་དཔྱད། །ཅེས་པའི་དོན་ཡང་ལེགས་པར་བཤད་དོ། །འོན་དངོས་པོའི་གནས་ལུགས་ཤེས་བྱ་མིན་ན། ཆོས་ཐམས་ཅད་བདེན་པ་གཉིས་སུ་བསྡུས་པ་དང་འགལ་ལོ་ཞེ་ན། འཇིག་རྟེན་པའི་བློ་ལ་ལྟོས་ནས་བདེན་པ་གཉིས་སུ་ཕྱེ་བ་ཡིན་པས། དེའི་ངོར་གཞི་གྲུབ་ན་བདེན་གཉིས་གང་རུང་ཡིན་པས་ཁྱབ་པ་ཡིན་གྱི། སྤྱིར་མིན་ཏེ། འཕགས་པ་རྣམས་ཀྱིས་རྗེས་ཐོབ་ཀྱི་སྣང་བ་རང་བཞིན་མེད་པར་གཟིགས་པས་ཀུན་རྫོབ་ཡིན་ཡང་བདེན་པའི་དོན་མི་གནས་པའི་ཕྱིར་དང་། དབུ་མ་པའི་གཞུང་རྣམས་ལས་ཀྱང་ཚུལ་དེ་ཉིད་གསལ་བར་བཤད་པའི་ཕྱིར་དང་། ལྡོན་ཤིང་ལས་ཀྱང་། རྣམ་གྲངས་ཀྱི་དོན་དམ་པ་ནི། དོན་དམ་བདེན་པར་རྟོགས་པ་དང་། །རྣམ་གྲངས་མིན་པ་ཞེས་བྱ་བ་བློའི་ཡུལ་ལས་འདས་པ་གཞན་ཞིག་ན་ཡོད་པར་མ་བཤད་པའི་ཕྱིར་དང་། ཡུལ་དུས་གང་དུ་ཡང་བློའི་ཡུལ་མིན་པའི་ཤེས་བྱ་ནི་མི་སྲིད་པའི་ཕྱིར་རོ། །དེས་ན་འདིའི་སྒྲུབ་བྱེད་རྒྱས་པར་གནད་ཀྱི་གསལ་བྱེད་དང་། ལྡོན་ཤིང་གོང་མའི་གསུང་རབ་ལ་ཞིབ་ཏུ་དཔྱད་ན་ཤེས་པར་ནུས་ཀྱི། གཞན་གྱི་སྒྲུར་བ་ལ་ནི་སྙིང་པོ་

མེད་དོ། །རྒྱས་པར་གོང་དུ་བཤད་པའི་ལྟ་བའི་སྐབས་ལས་ཀྱང་ཤེས་པར་នུས་སོ། །བདེ་གཤེགས་སྙིང་པོ་སངས་རྒྱས་ཁོ་ནའི་རྒྱུད་ལ་ཡོད་པར་བཞེད་པ་ནི། སྡོམ་གསུམ་ལས། དེས་ན་བདེ་གཤེགས་སྙིང་པོ་ཡི། །སྙིང་པོ་སྤྲོས་བྲལ་ཡིན་པའི་ཕྱིར། །སེམས་ཅན་རྣམས་ལ་སངས་རྒྱས་དང་། །འཁོར་བ་གཉིས་ཀ་འབྱུང་བར་འཐད། །ཅེས་པའི་དོན་ལ་ཞིབ་ཏུ་མ་དཔྱད་པའི་ཕྱིར་རོ། །དཔྱད་ཀྱང་ནན་གྱིས་ལོག་པར་བཀྲལ་བ་ཡིན་ཏེ། འབྲས་བུ་ཆོས་སྐུ་སྤྲོས་བྲལ་ཡིན་པས། སེམས་ལ་འཁོར་འདས་གཉིས་ཀ་འབྱུང་རུང་ཞེས་པ་ནི་མ་འབྲེལ་ཞིང་། རང་བཞིན་ཆོས་སྐུ་སྤྲོས་བྲལ་ཡིན་པས་ཞེས་འཆད་ན། དེས་ཆོས་ཐམས་ཅད་ལ་ཁྱབ་པ་ཐ་སྙད་དུ་ཁེག་དགོས་པའི་ཕྱིར་རོ། །ཡང་ཐེག་པ་ཆེན་པོ་རྒྱུད་བླ་མར། སྡུག་ལ་སྐྱོ་སོགས་སྙིང་པོ་ཡི། །བྱེད་ལས་ཡིན་པར་བཤད་མོད་ཀྱི༔ །སྒྲུབ་བྱེད་ཡིན་པ་གང་ལས་ཤེས། །སྙིང་པོ་དངོས་ཀྱི་སྒྲུབ་བྱེད་དུ། །བཤད་ན་ཁྱབ་པ་འགལ་བར་འགྱུར། །ཞེས་དྲི་བ་བཀོད་ནས། ཁམས་དེ་སངས་རྒྱས་སྙིང་པོ་ཡི། །དགོངས་གཞིར་འཆད་པའི་སྒྲུབ་བྱེད་དུ། །མྱ་ངན་འདས་པ་དོན་གཉེར་བ། །ཁམས་ཀྱི་བྱེད་ལས་ཡིན་པར་བཤད། །ཅེས་ལན་འདེབས་པའི་ཚུལ་སྟོན་པ་དག་ཀྱང་སྣང་མོད། དེ་ལ་འདི་སྐད་ཅེས་བརྗོད་པར་བྱ་སྟེ། གང་ལ་སྟོང་པ་ཉིད་རུང་བ། །དེ་ལ་སྡུག་བསྔལ་རུང་གྱུར་ན། །ཁྱབ་པ་འགལ་ཞེས་ཅིས་མི་ཟེར། །དེ་ལྟར་མིན་ན་སྤྲོས་བྲལ་གྱི། །ཁམས་ཡོད་པས་ན་འཁོར་འདས་ཀྱི། །འདིར་འདོད་འབྱུང་བ་ཇི་ལྟར་ལ། །མྱ་ངན་འདས་པ་དོན་གཉེར་བའང་། །རང་བཞིན་ཆོས་སྐུའི་དབང་ལས་ཡིན། །སྤྲོས་བྲལ་ཡིན་ཕྱིར་འཁོར་འདས་ཀྱི། །སྣང་བ་འབྱུང་བ་འགོག་པ་ལ། །དྲིས་ལན་ཚུལ་དེ་སླས་མོད་ཀྱི། །སྟོང་པ་ཁོ་ནས་སྟོང་པ་ཡི། །སྣང་བ་རྐྱང་བ་སྟོང་པ་ཡི། །སྲིད་དང་མྱ་འདས་འགྲོ་བའི་གཞི། །ཐུན་མོང་མེད་པར་མི་བཞེད་དེ༔ །དེ་ཙམ་གྱིས་ནི་ལན་ཐེབས་སོ། །

གཉིས་པ་ཐབས་རྒྱུད་ཀྱི་གནད་མི་མཐུན་པར་བསྟན་པ་ནི། ཁས་བླངས་བརྗོད་པ་དང་། དེ་ལ་བརྟགས་ཏེ་མི་འཐད་པར་བསྟན་པའོ། །དང་པོ་ལའང་གཉིས་ཏེ། དྲིས་ལན་དུ་བཀོད་པའི་ཚུལ་དང་། གཞུང་གཞན་དུ་བཀོད་པའི་ཚུལ་ལོ། །དང་པོ་ནི། དྲི་བ་ཞེ་གསུམ་པའི་དངོས་ལན་གྱི་སྐབས་ལས་དེ་ཡང་དབང་པོ་རྟུལ་འབྲིང་གི་དབང་དུ་བྱས་ཏེ། ষু་ར྄་ཞ་ལ་སོགས་པའི་ སྔགས་དོན་བསམ་ནས། མ་དག་པའི་ཕུང་ཁམས་སྐྱེ་མཆེད་སྦྱངས་པ་ལས་ཡེ་ཤེས་ཀྱིས་སྒྲུབ་པའི་བསྐྱེད་རིམ་སྒོམ་པ་དང་། དེ་མ་སྦྱངས་པར་མ་དག་པའི་ལུས་ཉིད་གཞལ་ཡས་ཁང་དང་། རྩ་དང་ཁམས་རྣམས་དཔའ་བོ་དང་རྣལ་འབྱོར་མ་རྣམས་སུ་གསལ་བཏབ་ནས་སྒོམ་པར་བྱེད་པའི་ཚེ་ན། སྦྱོང་བྱེད་ལྷ་དང་དཀྱིལ་འཁོར་གཉིས་ཀ་ཡང་དག་མ་དག་གི་དབྱེ་བ་ཡོད་པ་མིན་ཏེ། གཉིས་ཀ་ཡང་ཡེ་ཤེས་ཀྱི་ངོ་བོར་ཁས་ལེན་པའི་ཕྱིར། གཞན་དུ་ན། མ་དག་པའི་ལུས་ཀྱི་དེ་ཉིད་སྦྱོང་ནུས་པར་ཐལ་བ

དང་། དཔའ་བོ་དང་རྣལ་འབྱོར་མ་རྣམས་རྩལ་ཕྲ་རབ་ཀྱི་ཆོས་ཉིད་ལས་མ་འདས་པར་ཐལ་བས་སོ། །དེ་ཡང་དཔེར་ན། སྤྱིར་སྣ་ཚོགས་རྡོ་རྗེ་ཞེས་འཆད་པའི་ཚེ་ན། ཐ་མལ་པའི་ལུས་ཀྱི་སྤྱི་བོ་ནི་གསུམ་སྟེ། ཀུན་བཏགས་པ་དང་། རྣམ་པར་བརྟགས་པ་དང་། ཆོས་ཉིད་ཀྱི་འོ། །དེ་ལས་དང་པོ་གཉིས་ནི། སྣ་ཚོགས་རྡོ་རྗེར་མི་རུང་སྟེ། ཡེ་གདོད་མ་ནས་མ་གྲུབ་པའི་ཕྱིར་དང་། གཟུང་འཛིན་གཉིས་ཀྱིས་བསྡུས་པས་གནས་འགྱུར་མཐར་ཐུག་པའི་ཚེ་ན་འདོད་དགོས་པའི་ཕྱིར་དང་། སངས་རྒྱས་ཀྱི་ཡེ་ཤེས་ལ་མི་སྣང་བས་ཡོད་པ་མིན་པའི་ཕྱིར། དེས་ན་ཆོས་ཉིད་ཀྱི་སྤྱི་བོ་ཞེས་པ་ནི། ཡང་དག་པའི་ལུས་ཀྱི་སྤྱི་བོའི་དབང་དུ་བྱས་པའི་གཟུང་འཛིན་གཉིས་མེད་ཀྱི་ཡེ་ཤེས་སོ༑ །དེ་བཞིན་དུ་གཞན་ལ་ཡང་སྦྱར་ཏེ་ཤེས་པར་བྱ་སྟེ། ལུས་ཀྱི་དཀྱིལ་འཁོར་གོམས་པ་མཐར་ཕྱིན་པ་ན། ཡེ་གདོད་མ་ནས་ཡེ་ཤེས་ཀྱི་ངོ་བོར་གྲུབ་པའི་བདེ་བ་སོགས་འཁོར་ལོའི་རྟེན་དང་བརྟེན་པར་བཅས་པའི་དཀྱིལ་འཁོར་མངོན་དུ་གྱུར་པ་ཡིན་ནོ། །ཞེས་བྱ་བ་བྲིས་སོ། །

གཉིས་པ་ནི་རིག་འཛིན་བློ་གྲོས་བཟང་པོའི་དྲིས་ལན་ལས། གཉིས་པ་ལ་གཉིས་ཏེ། གནས་སྐབས་ཀྱི་སྦྱང་གཞི་ལ་གཉིས་སུ་དབྱེ་བ་དང་། མཐར་ཐུག་གི་སྦྱང་གཞི་དྲི་བཅས་དེ་བཞིན་ཉིད་གཅིག་པུར་ངེས་པའོ། །དང་པོ་ནི། སྦྱོང་བྱེད་རིམ་པ་གཉིས་ཀྱི་སྦྱང་གཞི་ནི་བདེན་པ་གཉིས་སུ་དབྱེ་དགོས་པ་ཡིན་ཏེ། སྐྱེ་བ་ཀུན་རྫོབ་ཀྱི་བདེན་པ་དང་། འཆི་བ་དོན་དམ་པའི་བདེན་པ་ཞེས་བྱ་བ་གཉིས་སུ་བྱེད་པའོ། །འཆི་བ་ཞེས་པ་ཡང་། མངོན་པ་ལས་འབྱུང་བ་ལྟར་འཆི་བའི་སྲིད་པ་ལས་བྱུང་བ་ནི་མིན་ཏེ། དེ་ནི་དོན་དམ་པར་མི་རུང་བས་སོ། །དེའི་ཕྱིར་འཆི་བ་འོད་གསལ་ཞེས་བྱ་བའི་མིང་ཅན་དེའོ། །དེའི་སྦྱོང་བྱེད་ལ་རྣམ་གྲངས་དུ་མར་བཤད་པ་ལས། བསྐྱེད་རིམ་གྱི་ཐོག་མར་སྟོང་པའི་བྱང་ཆུབ་བསྒོམ་པ་ཞེས་བྱ་བ་དེ་ཉིད་ཀྱིས་ཀྱང་སྦྱོང་བར་བྱེད་དོ། །འོད་གསལ་འདི་ནི་གོང་དུ་བཤད་མ་ཐག་གི་ཆོས་དབྱིངས་ཡེ་ཤེས་གཉིས་མེད་ཀྱི་ཡེ་ཤེས་བྱ་བ་དེ་དང་དོན་གཅིག་ལ། དེ་ཡང་འཆི་བའི་དུས་ཀྱི་སྲོག་ཆགས་ཐམས་ཅད་ལ་སྐད་ཅིག་མ་གཅིག་མངོན་དུ་འགྱུར་བར་བཤད་དོ། །

སྐྱེ་བའི་རིམ་པ་ལ་གཉིས་ཏེ། སྣོད་ཀྱི་འཇིག་རྟེན་གྱི་དང་། བཅུད་ཀྱི་སེམས་ཅན་གྱི་འོ། །དང་པོའི་སྦྱོང་བྱེད་ནི། ཆོས་འབྱུང་གི་ནང་དུ་འབྱུང་བ་རིམ་བརྩེགས་ལ་སོགས་པ་བསྐྱེད་པ་དེའི་ཚེ། སྦྱང་གཞི་ནི་ལས་དང་ཉོན་མོངས་པའི་བདག་འབྲས་སུ་གྱུར་པའི་ས་ལ་སོགས་པར་སྣང་བ་དེ་ཡིན་ལ། སྦྱོང་བྱེད་ནི་ཡེ་ཤེས་ལས་གྲུབ་པའི་དཀྱིལ་འཁོར་ལ་སོགས་པ་རྣམས་སོ། །གཉིས་པོའི་ཁྱད་པར་ཅི་ཞེ་ན། སྦྱང་གཞི་ནི་སའི་དཀྱིལ་འཁོར་གྱི་དབང་དུ་བྱས་པའི་གཟུང་འཛིན་དང་བཅས་པའི་ཆ་ནས་ཡིན་ལ། སྦྱོང་བྱེད་ནི་སའི་དཀྱིལ་འཁོར་གཟུང་འཛིན་གཉིས་ཀྱིས་སྟོང་པའི་ཡེ་ཤེས་དེ་ཉིད་ཡིན་ལ། དེ་ལ་མིང་གི་རྣམ་གྲངས་ཆོས་ཉིད་ཀྱི་ས་ཞེས་དང་། དོན་དམ་

པའི་ས་ཞེས་བྱ་ལ། ངོ་བོ་ཡེ་ཤེས་ཡིན་ཡང་། རྣམ་པ་སར་སྣང་བས་སྦྱང་གཞི་དང་ཆོས་མཐུན་པའོ། །དེ་ལྟ་ཡིན་པ་དེའི་ཕྱིར། སྦྱང་གཞི་སའི་ངོ་བོ་དེ་ཉིད། སྦྱོང་བྱེད་དག་པའི་སྣང་བར་བསྒོམས་པས། སྦྱང་གཞི་དེའི་སྟེང་གི་མ་དག་པའི་ཆ་བྱང་ཞིང་དག་པར་འགྱུར་བ་ཡིན་ཏེ། དཔེར་ན་ཞི་སྡང་གི་ངོ་བོ་ལྷ་མི་བསྐྱོད་པ་ཉིད་དུ་བསྐྱེད་ནས་གོམས་པས། སྦྱང་གཞི་ཞེ་སྡང་གི་ཚོགས་པ་ན་ཡོད་པའི་དྲི་མའི་ཆ་དག་པར་བྱེད་པ་དང་འདྲའོ། །ཞེས་བྱ་བ་བཀོད་དོ། །

གཉིས་པ་དེ་ལ་བརྟགས་ཏེ་དགག་པ་ལ་གཉིས་ཏེ། སྦྱང་གཞི་ངོས་འཛིན་ལ་བརྟགས་ཏེ་དགག་པ་དང་། སྦྱོང་བྱེད་ཀྱི་བསྒོམ་ཚུལ་ལ་བརྟགས་ཏེ་དགག་པའོ། །དང་པོ་ནི། གཉིས་མེད་ཀྱི་ཡེ་ཤེས་ཀྱི་ངོ་བོར་གྱུར་པའི་སྣ་ཚོགས་རྡོ་རྗེ་ལ་སོགས་པ་དེ་དག་སྦྱང་གཞི་ཡིན་ནམ། སྦྱོང་བྱེད་དུ་ཁས་ལེན། དང་པོ་ལྟར་ན་དེ་ལས་ལོགས་སུ་གྱུར་པའི་སྦྱོང་བྱེད་རྣལ་འབྱོར་གྱི་ངོ་བོར་གྱུར་པའི་ཡེ་ཤེས་ཀྱི་སྣ་ཚོགས་རྡོ་རྗེ་གང་ཡིན་སྨྲ་དགོས་སོ། །གཉིས་པ་ལྟར་ན་ནི། སྦྱོང་བྱེད་ཀྱི་ཐབས་ལམ་མཐའ་དག་ཀྱང་གཉིས་མེད་ཀྱི་ཡེ་ཤེས་ཉིད་ཡིན་པའི་ཕྱིར། ཡེ་གདོད་མ་ནས་གྲུབ་པར་ཐལ་ལོ། །འདོད་ན། སེམས་ཅན་ཐམས་ཅད་འབད་མེད་དུ་གྲོལ་བར་ཐལ། ཐབས་ལམ་ཐམས་ཅད་འབད་རྩོལ་གྱི་རྐྱེན་ལ་མི་ལྟོས་པར་རང་ཆས་སུ་གྲུབ་ཟིན་པའི་ཕྱིར། ཡང་ཁྱེད་རང་ལྟར་ན་སྤྱི་བོ་སྣ་ཚོགས་རྡོ་རྗེ་ལྟ་བུ་གཅིག་གི་སྟེང་དུ་སྦྱང་གཞི་དང་། སྦྱང་བྱ་དང་། སྦྱོང་བྱེད་གསུམ་གྱི་ངོས་འཛིན་སོ་སོར་གཞག་ཏུ་མེད་པར་འགྱུར་ཏེ། སྤྱི་བོའི་དབང་དུ་བྱས་པའི་གཟུང་འཛིན་གཉིས་མེད་ཀྱི་ཡེ་ཤེས་ནི་སྦྱོང་བྱེད་ཡིན་ལ༑ དེ་ལས་གཞན་པའི་སྤྱི་བོ་ལ་ལྟོས་པའི་སྦྱང་གཞིའི་ཆོས་ཉིད་གཞན་ཁས་མི་ལེན་པའི་ཕྱིར། གལ་ཏེ་སྦྱང་གཞི་དང་སྦྱོང་བྱེད་གཅིག་ཡིན་ཡང་། ཁྱོད་ཀྱིས་ནི་སྦྱང་བྱ་གཟུང་འཛིན་གྱི་དྲི་མ་ལ་སོགས་པ་མ་དག་པའི་ཆོས་རྣམས་སྦྱང་གཞིར་ཁས་བླངས་པས། དེ་ལ་སྐྱོན་བརྗོད་པ་ཡིན་ནོ་ཞེ་ན། འདི་ཡང་རྣམ་པར་བརྟག་སྟེ། སྦྱིར་གཞི་ཞེས་པའི་སྒྲ། དོན་ལྔ་ལ་འཇུག་པ་ལས། སྦྱང་གཞི་སྦྱོང་བྱེད་སྦྱར་ནས་ཉམས་སུ་ལེན་པའི་སྐབས་འདིར་ནི་སྦྱང་རྒྱུ་ལ་སྦྱང་གཞིར་བཤད་པ་ཤས་ཆེ་ལ། དེ་ལྟར་བཤད་པའི་ཚེ། མ་དག་པའི་ཕུང་ཁམས་སོགས་ཐམས་ཅད་ཀྱང་སྦྱང་གཞིར་གྲུབ་བོ། །དེ་ཡང་ཕུང་པོ་ལ་སོགས་པ་ཐ་མལ་དུ་སྣང་བའི་ཤེས་པ་ལས་ལོགས་སུ་ཡོད་པ་མིན་གྱི། སེམས་ཉིད་བག་ཆགས་ཀྱི་དབང་གིས་ཐ་མལ་དུ་སྣང་བ་ལ། ཐ་མལ་པ་ཞེས་པའི་ཐ་སྙད་འདོགས་པ་ཡིན་ནོ། །ཁྱེད་ལྟར་ན་ཐ་མལ་པའི་ཕུང་པོ་སོགས་གཏན་ནས་མེད་པའི་རྒྱུ་མཚན་གྱི་སྦྱང་གཞི་མི་འདོད་པ་ཡིན་ནམ། ཡོད་ཀྱང་སྦྱང་བྱའི་དྲི་མ་ཡིན་པའི་ཕྱིར་སྦྱང་གཞིར་མི་འདོད། དང་པོ་ལྟར་ན། དེ་དག་སྣང་བ་ལྟར་དོན་དམ་དུ་མེད་པས་དེ་ལ་བསམས་ནས་མེད་ཅེས་ཟེར་རམ། སྣང་ཚོད་དུ་ཡང་མེད་པས་མེད་ཅེས་སྨྲ། དང་པོ་ལྟར

ན་ནི། ཁྱེད་རང་ཡོད་པར་འདོད་པའི་གཉིས་མེད་ཡེ་ཤེས་ཀྱང་དོན་ལ་མེད་པའི་ཕྱིར། མེད་པར་ཐལ་ལོ། །གཉིས་པ་ལྟར་ན་ནི། སླུབ་པོ་ཁྱེད་རང་ལ་མ་དག་པའི་སྣང་བ་མི་མངའ་ཞེས་ཟེར་བ་ཡིན་ནམ། ཐུན་མོང་དུ་ཡང་སྣང་བ་དེ་ལྟ་བུ་མེད་ཅེས་ཟེར་བ་ཡིན། དང་པོ་ལྟར་ན་རང་ཉིད་ཡིད་ཆེས་པར་གྱིས་ཤིག །ཁོ་བོས་ཀྱང་རྗེས་སུ་ཡི་རང་བར་བྱེད་དོ། །གཉིས་པ་ལྟར་ན་སེམས་ཅན་ལ། ཉོན་མོངས་པ་ལ། མ་དག་པའི་སྣང་བ་ཞེས་པའི་ཚིག་དང་། འཁོར་བ་པ་རྣམས་ལ་མངོན་སུམ་དུ་བསྐྱོན་པའི་ཚིག་སླས་པར་འགྱུར་རོ། །གཉིས་པ་སྒྲུང་བྱའི་དྲི་མ་ཡིན་པའི་ཕྱིར་སྒྲུང་གཞིར་མི་རུང་ངོ་ཞེ་ན། འདིར་ཡང་བརྟག་སྟེ། གཟུང་འཛིན་གྱི་སྣང་བ་རྣམས་ཡེ་ཤེས་སུ་བསྒྱུར་དུ་མི་རུང་བའི་རྒྱུ་མཚན་ཅི་ཡིན། སེམས་ཀྱི་སྣང་བ་ལས་མ་གཏོགས་པའི་ཕྱི་རོལ་གྱི་གཟུང་འཛིན་ནི་ཁོ་བོ་ཅག་ཀྱང་མི་འདོད་ལ། སེམས་ལ་མ་དག་པའི་སྣང་བ་རྣམས་དག་པའི་ཡེ་ཤེས་སུ་བསྒྱུར་དུ་མི་འདོད་ན་སྐྱོན་ཤིན་ཏུ་མང་སྟེ། དེ་ལ་དྲུག །རང་བཞིན་གྱིས་དག་པའི་དོན་དང་འགལ་བ། གཟུང་འཛིན་གྱི་དྲི་མ་རྣམས་བདེན་དངོས་སུ་ཐལ་བ། སྣང་བ་གསུམ་གྱི་ཐ་སྙད་བཀག་པར་ཐལ་བ། ལམ་བསྒོམས་པ་དོན་མེད་དུ་ཐལ་བ། ཐེག་པ་ཆེན་པོ་སྤྱི་དང་འགལ་བར་ཐལ་བ། གསང་སྔགས་ཀྱི་གཞུང་རྣམས་དང་ཁྱད་པར་དུ་འགལ་བར་བསྟན་པའོ། །

དང་པོ་ནི། སྣང་བ་རྣམས་ཀྱི་རང་བཞིན་ཅིར་ཡང་མ་གྲུབ་པ་ནི་རང་བཞིན་དག་པ་སྟེ། རང་བཞིན་ལ་མ་དག་པ་ཡོད་མ་མྱོང་བའོ། །འདིའི་གནད་མ་གོ་བར་རང་བཞིན་གྱི་དག་པ་ཞེས་བྱ་བའི་ཆོས་བདེན་གྲུབ་གཅིག་ཁས་ལེན་པ་ནི་བཞད་གད་ཀྱི་གནས་སོ། །རང་བཞིན་དེའི་དབང་གིས་སྣང་བ་ཡང་སྣ་ཚོགས་པ་འཆར་དུ་རུང་སྟེ། ཇི་སྐད་དུ། སྐྱེ་བ་མེད་ལས་ཐམས་ཅད་སྐྱེས། །ཞེས་དང་། དེས་ན་དེ་བཞིན་གཤེགས་པ་ཡི། །སྙིང་པོ་སྦྱོར་བྲལ་ཡིན་པའི་ཕྱིར། །སེམས་ཅན་རྣམས་ལ་སངས་རྒྱས་དང་། །འཁོར་བ་གཉིས་ཀ་འབྱུང་བར་འཐད། །ཅེས་བཤད་པ་ལྟར་རོ། །དེའི་ཕྱིར་གཟུང་འཛིན་ལ་སོགས་པ་ཡང་དག་པའི་སྣང་བ་ཆོས་ཅན། རྐྱེན་ལ་ལྟོས་ནས་དག་པའི་སྣང་བར་བསྒྱུར་དུ་རུང་སྟེ། རང་བཞིན་གྱིས་སྣང་བ་ལྟར་གྲུབ་མ་མྱོང་བའི་སྣང་བ་ཡིན་པའི་ཕྱིར་རོ། །འོན་དེ་དག་པའི་སྣང་བར་བསྒྱུར་བའི་ཚེ་མ་དག་པ་ཡོད་དམ་ཞེ་ན། སྤྱིར་བསྒྱུར་ཞེས་པ་སྣང་བ་ན་འཕོས་པ་ལ་ཟེར་བ་དང་། རིགས་རྒྱུད་གོང་འཕེལ་དུ་སོང་བ་ལ་ཟེར་བ་ཡོད་མོད་ཀྱི་འདིར་ནི་འཕོས་པ་ཡིན་པས་དག་སྣང་ཤར་བའི་ཚེ། མ་དག་པའི་སྣང་བ་གཞན་དུ་འགྲོ་རྒྱུ་མེད་པར་རང་སར་ཡལ་ཞིང་དག་པ་ལ་མ་དག་པ་དག་པར་བསྒྱུར་ཞེས་བརྗོད་དེ། ཇི་སྐད་དུ། དེ་ཀུན་དེ་ནས་ཉམས་དགའ་བ། །ཞེས་བཤད་པ་ལྟར་རོ། །སྤང་བྱ་གཉེན་པོའི་ཆོས་སུ་བསྒྱུར་དུ་མི་འདོད་པ་དག་གིས་དེ་གནས་འཕོས་པ་དང་། རང་སར་དག་པའི་ཚིག་ལ་གོ་བ་མ་སྐྱེས་པའོ། །བསྒྱུར་ལུགས་འདི་འདྲ་ལ་དགོངས་ནས། དཔལ་ལྡན་ས་སྐྱ་པཎྜི་ཏས། ཁྱེད་ཀྱིས་ཟག་བཅས

འགྲོ་བའི་རྒྱུན། །གང་ལག་ལམ་གྱི་བདེན་པར་བསྒྱུར། །འགྲོ་བ་ཀུན་འདུག་ཡེ་ཤེས་སུ། །མཁྱེན་པ་ཁྱེད་ལ་ཕྱག་འཚལ་ལོ། །ཞེས་བཤད་པའོ། །

གཉིས་པ་ནི། གཟུང་འཛིན་གྱི་དྲི་མ་རྣམས་རང་གི་རང་བཞིན་དུ་གྲུབ་པར་འགྱུར་ཏེ། རྐྱེན་དབང་གིས་གཞན་དུ་བསྒྱུར་བར་མི་ནུས་པའི་སྣང་བ་ཡིན་པའི་ཕྱིར། ཁྱབ་ཏེ། ཇི་སྐད་དུ། རང་བཞིན་དང་ནི་བཅོས་མིན་དང་། །གཞན་ལ་ལྟོས་པ་མེད་པ་ཡིན། །རང་བཞིན་གཞན་དུ་འགྱུར་བ་ནི། །ནམ་ཡང་འཐད་པ་མ་ཡིན་ནོ། །ཞེས་བཤད་པ་ལྟར་རོ། །ཁྱེད་རང་འདོད་པའི་གཉིས་མེད་ཡེ་ཤེས་དེ་ཡང་གོམས་པ་མཐར་ཕྱིན་པ་ན། ལྷའི་རྣམ་པར་འགྱུར་བ་སོགས་ཁས་ལེན་ན་ནི། གཞན་གྱིས་ཀྱང་མ་དག་པ་གནས་བསྒྱུར་བའི་དག་པའི་ཡེ་ཤེས་ཁས་ལེན་ནུས་ལ། དེ་ལྟ་མིན་ན་བསྐྱེད་རིམ་བསྒོམ་པའི་མཐར་ཐུག་གི་འབྲས་བུ་ངོས་གཟུང་རྒྱུ་མེད་པར་འགྱུར་རོ། །

གསུམ་པ་ནི། སྣང་བ་གསུམ་གྱི་ཐ་སྙད་པི་ཊ་པ་རྗེས་འབྲང་རྣམས་ལ་གྲགས་པའི་ལུགས་ཐམས་ཅད་དོར་དགོས་པར་འགྱུར་རོ། །རྗེས་བཙུན་ས་སྐྱ་པ་ཆེན་པོས་རྣམ་འགྲེལ་མཛད་པ་ལས། རྒྱུ་ནི་ལས་དང་ཉོན་མོངས་པའི་བག་ཆགས་ཀྱི་དབང་གིས་ཀུན་ནས་བླངས་ནས་ཀུན་ནས་ཉོན་མོངས་པའི་དུག་གསུམ་ལ་སོགས་པ་བསྐྱེད་པས། སྣང་བ་ཅིར་འཆར་ན་མ་དག་པ་སྟེ། མི་རྟག་པ་ལ་རྟག་པར་འཛིན། མི་བདེན་པ་ལ་བདེན་པར་འཛིན་པ། མ་དག་པ་ལ་དག་པར་འཛིན་པ། མི་གཙང་བ་ལ་གཙང་བར་འཛིན་པ་ལ་སོགས་པ་རྣམས་སོ། །དེ་ཡང་གཉིས། འཁྲུལ་པའི་སྣང་བ་དང་། ལས་ཀྱི་སྣང་བའོ། །ཞེས་རིགས་དྲུག་གི་ལས་སྣང་ཐམས་ཅད་མ་དག་པའི་སྣང་བར་བཤད་པ་གང་ཞིག །ཁྱེད་ཀྱི་ལུགས་ཀྱི་མ་དག་པར་སྣང་བ་ཙམ་ཡང་ཁས་མི་ལེན་ན་ནི་ཐ་སྙད་དེ་དག་རྒྱུན་ཆད་ལ། སྣང་བ་ཙམ་ཞིག་ཁས་ལེན་ན་ནི། དེ་ལས་ཉམས་ཀྱི་སྣང་བ་དང་། དག་པའི་སྣང་བ་ལ་སོགས་པར་ན་འཕོས་པའི་མ་དག་པ་དག་པར་གནས་གྱུར་པ་ཇི་ལྟར་མིན་སོམས་ཤིག །གལ་ཏེ་མ་དག་པའི་སྣང་བ་ཡོད་ཀྱང་མ་དག་ཅེས་བྱ་བ་ཁས་མི་ལེན་ནོ་ཞེ་ན། འོན་དག་པའི་སྣང་བ་ཡོད་ཀྱང་དག་པ་ཞེས་བྱ་བའི་ཆོས་ཁས་མི་ལེན་ཏོ་ཞེས་སྨྲ་ན་ཅི་སྨྲ། དེས་ན་སྣང་བ་རང་རྒྱུགས་ཐུབ་པ་ནི་གང་ཡང་མེད་ལ། རྐྱེན་དབང་གིས་སྣ་ཚོགས་སུ་འཆར་ཞིང་འགྱུར་བ་ལ་ནི་སྐྱོན་པར་མི་ནུས་པའི་ཕྱིར་རོ། །ཚིག་དེ་ཙམ་གྱིས་ཟློལ་སྦྱོར་གྱི་རྣམ་པར་གཡེང་བ་མང་དུ་སྤེལ་བ་ལ་དགོས་པ་མེད་དོ། །

བཞི་པ་ནི། སོ་སོ་སྐྱེ་བོ་རྣམས་ལམ་བསྒོམས་པ་དོན་མེད་པར་འགྱུར་ཏེ། གཟུང་འཛིན་གྱི་སྣང་བ་རྣམས་ཡེ་ཤེས་ཀྱི་སྣང་བར་འགྱུར་བ་མེད་པའི་ཕྱིར། གྲོལ་བ་ཐོབ་པ་ལ་ནི་མ་དག་པའི་སྣང་བ་རྣམས་དག་སྣང་དུ་གནས་འགྱུར་དགོས་ཏེ། ཇི་སྐད་དུ། རྣམ་པར་རྟོག་པ་ཡེ་ཤེས་ཀྱི། །དབང་དུ་གྱུར་ན་འཁོར་བ་མེད། །ཅེས

བཤད་པ་ལྟར་རོ། །

ལྔ་པ་ཐེག་ཆེན་སྤྱི་དང་འགལ་བ་ནི། དབུ་སེམས་གཉིས་ཀར་གྱི་གཞུང་ལས། ཐབས་ཆེན་དང་ནི་ལྡན་པ་ལས། །ཉོན་མོངས་བྱང་ཆུབ་ཡན་ལག་འགྱུར། །ཞེས་དང་། བསམ་པས་བྱང་ཆུབ་སེམས་དཔའ་ལ། །དགེ་བའམ་ཡང་ན་མི་དགེ་བ། །ཐམས་ཅད་དགེ་བ་ཉིད་གྱུར་ཏེ། །གང་ཕྱིར་སེམས་དེ་གཙོ་བོའི་ཕྱིར། །ཞེས་ཀུན་ནས་ཉོན་མོངས་ཀྱི་ཆོས་མཐའ་དག་དགེ་བར་འགྱུར་བར་བཤད་པ་དང་འགལ་ཏེ། །ཀུན་ནས་ཉོན་མོངས་ཀྱི་ཆོས་དེ་དག་ཐམས་ཅད་ཀྱང་རང་བཞིན་ནི་བཅོས་སུ་མེད་པའི་ཕྱིར་གནས་འགྱུར་བ་མེད་ལ། གནས་སྐབས་ཉོན་མོངས་པར་སྣང་བའི་ཆ་རྣམས་ནི་ཁྱེད་ཀྱི་ལུགས་ལ་ཇི་ལྟར་འབད་ཀྱང་དགེ་བར་བསྒྱུར་དུ་མི་རུང་བའི་ཕྱིར་ཏེ། དེ་དག་ནི་གཟུང་འཛིན་གྱི་བསྡུས་པས་གནས་གྱུར་མཐར་ཐུག་པའི་ཚེ་འདོར་དགོས་པའི་ཕྱིར་དང་། སངས་རྒྱས་ཀྱི་ཡེ་ཤེས་ལ་མི་སྣང་བས་ཡོད་པའང་མིན་པའི་ཕྱིར་རོ། །གལ་ཏེ་དེ་རྣམས་ཀྱི་རང་བཞིན་སྐྱེ་འཇིག་དང་བྲལ་བ་ཞིག་ཡིན་ན་ཁྱེད་བདེན་མོད། གཉིས་མེད་ཀྱི་ཡེ་ཤེས་སྐད་ཅིག་མ་ཉིད་དེ་དག་གི་རང་བཞིན་ཡིན་པས་དེ་ལ་ལྟོས་ནས་གནས་གྱུར་པ་འདོད་དོ་ཞེ་ན། དེ་ལྟར་འདོད་དུ་ཆུག་མོད། རང་བཞིན་ལ་ལྟོས་ནས་ཁས་ལེན་པ་ཉིད་ཤིན་ཏུ་མི་རིགས་ཏེ། གཉིས་སུ་མེད་པའི་གསལ་རིག་གི་ངོ་བོ་ཙམ་ནི་གནས་སྐབས་སུ་མི་འདྲ་བའི་དབྱེ་བ་མེད་ལ། དེ་ལ་ཡོན་ཏན་གྱི་ཁྱད་པར་གོང་འཕེལ་དུ་ལྡན་པར་འགྱུར་བ་རྣམས་ནི། དེའི་རང་བཞིན་ལ་གནས་གྱུར་རྒྱུ་བའི་དོན་དུ་མ་སོང་བའི་ཕྱིར་དང་། རྗེ་བཙུན་ཆེན་པོས་རང་བཞིན་ལ་ལྟོས་ནས་ལྷུན་གྲུབ་ཡིན་པའི་དོན་རྒྱ་ལ་བསམས་ཏེ་བཞག་པ་ཡིན་པར་བཤད་པ་དང་ཡང་དངོས་སུ་འགལ་བའི་ཕྱིར་ཏེ། སངས་རྒྱས་པའི་ཆོས་སྐུ་ཡང་འབྲས་བུའི་ལྡོག་པ་ནས་འཇོག་པས་རང་བཞིན་རྣམ་དག་གི་ཆོས་ཉིད་དུ་ཁས་ལེན་དུ་མི་འདོད་པའི་ཕྱིར་རོ། །སངས་རྒྱས་དང་འཁོར་བའི་རང་བཞིན་གཅིག་པར་བཤད་པ་ཡང་གནས་ལུགས་ལ་བསམ་པའི་ཀུན་རྫོབ་ཀྱི་ངོ་བོ་གང་ཡིན་ཡང་རུང་སྟེ། ལྡོག་པ་གཅིག་ལ་འཁྲུལ་པར་མི་བྱའོ། །ཡང་གནས་གྱུར་པ་ཞེས་བྱ་བའི་མིང་སྦྱོང་གཞི་རྒྱུད་པ་ལས་འདོགས་སམ། སྦྱང་བྱའི་དྲི་མ་སྦྱོང་གཞི་ལ་མེད་པར་བྱས་པ་ལ་ཟེར། དང་པོ་ལྟར་ན། རང་བཞིན་ལ་གནས་གྱུར་ཁས་བླངས་པའི་ཕྱིར་འབད་མེད་དུ་གྲོལ་བར་ཐལ་ལོ། །གཉིས་པ་ལྟར་ན། གནས་གྱུར་དོན་ལ་གྲུབ་པར་ཐལ། སྦྱང་གཞི་ལ་སྦྱང་བྱའི་དྲི་མ་མེད་པ་དོན་དམ་པར་གྲུབ་པའི་ཕྱིར། འདོད་ན། གནས་ཕྱིར་གནས་ནི་ཡོངས་གྱུར་པ། །ད་ལྟར་བ་ལ་ག་ལ་ཡོད། །ཅེས་བཤད་པ་དང་འགལ་ཏེ། གནས་གྱུར་ད་ལྟ་བའི་ངོ་བོར་གྲུབ་པའི་ཕྱིར།

དྲུག་པ་ལ་གཉིས་ཏེ། སྤྱིར་སྔགས་གཞུང་རྣམས་དང་འགལ་བར་གྱུར་པ་དང་། བྱེ་བྲག་ཏུ་རྗེ་བཙུན་ས

སྐྱེ་བའི་གསུང་རབ་རྣམས་དང་འགལ་བར་འགྱུར་བའོ། །དང་པོ་ནི་བྱ་བའི་རྒྱུད་རྣམས་ལས་བདག་ཉིད་ལ་སངས་རྒྱས་བསྒོམ་པའི་ཚུལ་མ་བཤད་པས། རང་གི་ལུས་ཀུན་རྫོབ་ཏུ་བསྡུས་པ་འདི་ཉིད་ལྷར་བསྒོམ་པའི་ཚུལ་མི་འབྱུང་མོད། ལུས་འདི་ཉིད་ལྷར་བསྒྱུར་ཚུལ་གསལ་བར་གསུངས་ཏེ། དཔལ་དམ་ཚིག་གསུམ་བཀོད་པའི་སྒྲུབ་ཐབས་པཎྜི་ཏ་ཀུ་མུ་ཏ་ཨ་ཀ་རས་མཛད་པ་ལས། རིག་པ་འཛིན་པའི་རིགས་ཐམས་ཅད་ཀྱང་ཉེ་བར་ལྷགས་ནས་དེ་ལ་དབང་བསྐུར་བས་འཇིག་རྟེན་གྱི་ཁམས་ཐམས་ཅད་དུ་སངས་རྒྱས་དང་བྱང་ཆུབ་སེམས་དཔའ་སྤྱོད་པ་སྤྱོད་པའི་རིག་པ་འཛིན་པའི་རྒྱལ་སར་གྱུར་ནས་རིག་འཛིན་གྱི་བུ་མོ་མཐའ་ཡས་པའི་འཁོར་རྣམས་ཀྱིས་བསྐོར་ཏེ་བདེ་བ་རྗེས་སུ་ཉམས་སུ་མྱོང་ཞིང་ལུས་འདི་ཉིད་མཐར་གྱིས་ཚོགས་བསགས་ནས་སངས་རྒྱས་དང་བྱང་ཆུབ་སེམས་དཔའ་རྣམས་ཀྱི་ས་རྣམས་ནོན་པར་བྱས་ནས་མངོན་པར་རྫོགས་པར་སངས་རྒྱས་པའི་བར་དུ་འགྱུར་རོ་ཞེས་བཤད་པས་སོ། །རྒྱུད་སྡེ་གོང་མ་གསུམ་ཆར་དུ་ནི། ཐ་མལ་གྱི་ལུས་སམ་རྣམ་སྨིན་གྱི་ལུས་འདི་ཉིད་ལྷར་བསྒོམ་ཚུལ་གསལ་བར་བཤད་དེ། ཇི་སྐད་དུ། འཇམ་དཔལ་རྩ་རྒྱུད་ལས། ཀྱེ་རྒྱལ་བའི་སྲས་འདི་ལ་རང་གི་ལུས། ཤ་དང་ཁྲག་དང་རུས་པ་དང་རྒྱུས་པ་དང་ནང་ཁྲོལ་དང་བུ་ག་དང་མི་གཙང་བ་དང་སྐྱུའི་ཚོགས་ཆེན་པོ་འདུས་པ་ཙམ་ལ་འཇིག་རྟེན་དག་བདག་ཏུ་རྒྱལ་བྱེད་པ་འདི་ཙམ་ཁོ་ན་ནི་བདག་གིས་བརྗོད་བྱར་བྱ་སྟེ། དེ་ཁོ་ན་ནི་མཐུའི་བྱེད་པ་གཞན་གྱིས་བྱིན་གྱིས་བརླབས་པས། ཚུལ་དེ་ཉིད་ལྷའི་གཟུགས་བྱར་རུང་བའི་རྟེན་ཁྱད་པར་དུ་གནས་པའོ། །འདི་ལྟ་སྟེ། ཆོས་ཀྱི་དབྱིངས་ལ་སྦྱོར་བའི་དག་པའི་སྔགས་དང་ཕྱག་རྒྱས་དག་པར་བྱེད་ལ། སྤྱན་དང་གཙུག་ཏོར་ལ་སོགས་དང་སྣན་དང་ལྤགས་ལ་སོགས་པའི་ཕྱག་རྒྱས་བཏབ་ལ། སྔགས་བརྗོད་པ་དང་། ལྷའི་རྒྱན་གྱི་ཁྱད་པར་དང་། འདུག་སྟངས་དང་མཐུན་པར་མོས་པ་དག་གིས་རིམ་གྱིས་མཐུའི་བྱེད་པའི་ཚོགས་པ་སྨིན་པ་དང་། མངོན་ཤུམ་ཁོ་ནར་རྣམ་པ་ཐམས་ཅད་ཀྱི་མཆོག་དང་ལྡན་པའི་ལུས་སུ་འགྱུར་རོ་ཞེས་བཤད་ལ། དེའི་དོན་ཡང་རྗེ་བཙུན་ཨཱ་ནནྡ་རྒྷ་བྲས། རང་གི་ལུས་ཐ་མལ་པ་འདི་ཉིད་ལྷའི་གཟུགས་ཀྱི་སྒྲུབ་གཞིའམ། རྟེན་དུ་བྱེད་པ་ལ་བཤད་པའི་ཕྱིར་རོ། །ཇི་སྐད་དུ། སྤྱོད་པའི་རྒྱུད་སྤྱིའི་རྣམ་པར་གཞག་པ་ལས་ཀྱང་གལ་ཏེ་བདག་ཉིད་སངས་རྒྱས་སུ་བསྒོམ་པ་ལ་ལྷའི་གཟུགས་བྱར་རུང་གི་རྟེན་ཁྱད་པར་ཅན་ཞིག་དགོས་པ་ལས། འདིར་དེ་མི་འཐད་དེ། རང་གི་ལུས་ཤ་ཁྲག་ལ་སོགས་པ་མི་གཙང་བའི་རང་བཞིན་ཡིན་པའི་ཕྱིར་ཞེ་ན། དེའང་མི་འཐད་དེ། ལུས་མི་གཙང་བའི་རང་བཞིན་ཉིད་ཀྱང་ཆོས་ཀྱི་དབྱིངས་ལ་སྦྱོར་བ་ཡི་དག་པའི་སྔགས་དང་། ཕྱག་རྒྱས་སྟོང་པ་ཉིད་དུ་དག་པར་བྱས་ནས་དེ་ལས་སངས་རྒྱས་ཀྱི་སྐུར་བསྐྱེད་པ་འགལ་བ་ཡོད་པ་མིན་ཏེ། གང་ལ་སྟོང་པ་ཉིད་རུང་བ། །དེ་ལ་ཐམས་ཅད་རུང་བ་ཉིད། །ཅེས

དབུ་མའི་གཞུང་ལུགས་ལས་བཤད་པའི་ཕྱིར། སྟོང་ཉིད་ཀྱི་ངང་ནས་ལྷའི་སྐུར་བསྒོམ་ཞིང་དེའི་རྒྱུན་གོམས་པར་བྱས་པ་ལས། མཐར་སངས་རྒྱས་ཀྱི་སྐུར་གྱུར་པ་ཡིན་པ་དེ་ཞེས་གསལ་བར་གསུངས་པའི་ཕྱིར་རོ། །གལ་ཏེ་ཆོས་ཀྱི་དབྱིངས་ལ་སྦྱོར་བའི་དག་པའི་སྔགས་དང་། ཕྱག་རྒྱས་དག་པར་བྱས་ནས་ལྷར་བསྒོམ་པར་བཤད་པས་སྟོང་པ་ཉིད་ཁོ་ན་ལྷར་བསྒོམས་པའོ་སྙམ་ན། དེ་ཡང་མི་རིགས་ཏེ། སྟོང་པའི་ངང་ལས་ལྷའི་སྐུའི་སྣང་བ་བསྐྱེད་པ་ཙམ་གྱིས་སྟོང་ཉིད་ཀྱི་ལོག་པ་ལྷར་བསྒོམ་པར་མ་སོང་བའི་ཕྱིར་དང་། སྤྱོད་རྒྱུད་སྤྱི་རྣམ་གྱི་ཕྱོགས་སྔ་ཡང་ཁྱེད་ཀྱི་ལུགས་དེ་ཉིད་ཡིན་པའི་ཕྱིར་ཏེ། ཇི་སྐད་དུ། གལ་ཏེ་དེ་ལྟར་སྟོང་ཉིད་ལྷར་བསྒོམ་པར་སོང་གི་རང་ལུས་ལྷར་བསྒོམ་པར་མ་སོང་སྙམ་ན། འོན་སྟོང་ཉིད་ལྷར་སུ་ཞིག་གིས་བསྒོམ་སྨྲ་དགོས་ལ། དེའི་ལན་དུ་རྣལ་འབྱོར་པའི་སེམས་ཀྱིས་སྒོམ་མོ་སྨྲ་ན། དེའང་མི་འཐད་དེ། སྒོམ་མཁན་གྱི་སེམས་ཉིད་ཀྱང་སྐྱེ་མེད་དུ་གཏན་ལ་ཕབ་ཚར་བའི་ཕྱིར་རོ། །ཞེས་ཆེད་དུ་གཏད་ནས་བཀག་ཟིན་པའི་ཕྱིར་རོ། །དེ་ལྟར་འོད་གསལ་སྟོང་པ་ཉིད་ཀྱི་ཏིང་ངེ་འཛིན་གྱིས་སྦྱང་གཞི་དག་པར་བྱས་པའི་ལྷའི་སྐུ་སྒྱུ་མ་ལྟ་བུ་དེ་ཡང་རྟེན་ཅིང་འབྲེལ་པར་འབྱུང་བ་ཡིན་པའི་ཕྱིར། རང་བཞིན་གྱིས་གྲུབ་པའམ། བདེན་པར་གྲུབ་པ་ནི་ཡེ་མེད་དེ། འཇམ་དཔལ་རྩ་བའི་རྒྱུད་ལས། ཇི་ལྟར་སྔགས་ཆོས་ཀྱི་དབྱིངས་ཐུགས་སུ་ཆུད་ཅིང་ནམ་མཁའི་ངོ་བོ་ཉིད་བརྙེད་པ་དག་སྔོན་གྱི་སྨོན་ལམ་གྱི་ཚོགས་ཀྱིས་འབད་པ་མེད་པར་ལྷའི་སྐུ་ཡུལ་དང་དུས་དེ་དང་ཇི་ལྟར་སྣང་བ་བཞིན་དུ༑ སྔགས་རིགས་པ་དེའི་དུས་ཁོ་ནར་ཆོས་ཀྱི་དབྱིངས་ལས་ལྷའི་ལུས་སུ་ཡུད་ཙམ་གྱིས་འགྲོན་པ་སྟེ། ཀྱེ་རྒྱལ་བའི་སྲས་དཔེར་ན་ཡོངས་སུ་དག་པའི་སྟོན་ཁའི་ནམ་མཁའ་ལས་རྒྱ་མཚོ་ཆེན་པོའི་ཀླུའི་བསོད་ནམས་ཀྱིས་སྤྲིན་ཁ་དོག་དང་དབྱིབས་སྣ་ཚོགས་པ་འབྱུང་བ་བཞིན་དུ། ཆོས་ཀྱི་དབྱིངས་ཀྱི་རང་བཞིན་དུ་བདག་ཉིད་བྱས་པའི་སྔགས་པ་ཡང་ཆོས་ཀྱི་དབྱིངས་ལས་ལྷའི་ལུས་སུ་སྣང་བ་འབྱུང་བ་འདི་ཉིད་ལ་སྤྱད་དུ་ཅི་ཞིག་ཡོད། ཀྱེ་རྒྱལ་བའི་སྲས་དེ་ལྟར་ན་སེམས་ཅན་གྱི་རིགས་སྣ་ཚོགས་པའི་མོས་པའི་སྒོ་ནས་འཇུག་པར་འདོད་པ་དག་གིས་མིག་གི་དེ་ཁོ་ན་དང་། དེའི་རྗེས་སུ་ལྷའི་ལུས་སུ་བྱ་བ་དག་ལ་རིམ་པར་ཕྱེ་བ་འདི་དག་ཁོ་ནས་ངེས་པར་བྱས་སོ། །ཀྱེ་རྒྱལ་བའི་སྲས་དེ་བཞིན་གཤེགས་པ་རྣམས་ཀྱི་ཐུགས་རྗེ་ཆེན་པོ་དང་ཐབས་མཁས་པའི་རྣམ་པར་འཕྲུལ་པས་སེམས་ཅན་ཐམས་ཅད་རྗེས་སུ་འཛིན་པ་ལ་ལྟོས། ཀྱེ་རྒྱལ་བའི་སྲས་དེ་ལྟར་དངོས་པོར་འཛིན་པ་མ་སྤངས་པ་དང་། སྤངས་པའི་དྭང་བས་རང་ལྷའི་ལུས་སུ་བྱས་པའི་འོག་ཏུ་ལུས་སམ་སེམས་སམ་འབྱིན་པ་པོའམ། ལྷའི་ལུས་སུ་ཤིན་ཏུ་རྣམ་པར་སྤྱད་ན་ངོ་བོ་ཉིད་འགག་ཡང་རྙེད་པར་མི་ནུས་པ་སྟེ། དངོས་པོའི་བློ་ལོག་པར་བྱེད་པ་འདི་ནི་རྣམ་པར་ཐར་པའི་སྒོ་སྟོང་པ་ཉིད་དོ། །ཀྱེ་རྒྱལ་བའི་སྲས་དེ་བཞིན་དུ་ལུས་སམ་སེམས་སམ་འབྱིན་པ

པོའམ་ལྷའི་ལུས་དེ་དག་གི་རྒྱུ་ཅི་ཞིག་ཡིན་ལེགས་པར་དཔྱད་ན། རྒྱུའི་ངོ་བོ་ཉིད་མི་བསླུ་བས་ན་སུ་ལ་ཉམས་དགའ་བར་བྱེད་པ་འགའ་ཡང་མེད་པར་འགྱུར་ཏེ་འདི་ནི་རྣམ་པར་ཐར་བའི་སྒོ་མཚན་མ་མེད་པའོ། །ཀྱེ་རྒྱལ་བའི་སྲས་དེ་བཞིན་དུ་གཞན་ཡང་ལེགས་པར་རྟོགས་པའི་ངོ་བོ་ཉིད་རྒྱུ་དང་བཅས་པར་རིག་པའི་སྔགས་རིག་པ་དེ་གང་ལ་སྨོན་ཅིང་འདོད་པ་དོན་དུ་གཉེར་བ་དེ་ཉིད་ལ་ལེགས་པར་བརྟགས་པས་འཇལ་བས་ན་གང་གི་ངོ་བོ་ཉིད་ཀྱང་མ་མཐོང་བ་དང་། དེའི་བློ་དངོས་པོའི་སྲིད་པ་ལས་ངེས་པར་གྲོལ་ཏེ། སེམས་ཅན་རྣམས་རྗེས་སུ་གཟུང་བའི་ཆེད་མིན་པར་ལྷ་ཡི་ལུས་ལས་འདས་པའི་ལུས་དང་གནས་དང་ལོངས་སྤྱོད་ལ་ཡང་འདོད་པ་མེད་པ་དང་། སྲིད་པ་ཆད་པ་སྟེ་འདི་ནི་རྣམ་པར་ཐར་པའི་སྒོ་སྨོན་པ་མེད་པའོ། །ཞེས་གསལ་བར་གསུངས་པའི་ཕྱིར་རོ། །

གཉིས་པ་ནི། རྣལ་འབྱོར་གྱི་རྒྱུད་ལས། བདག་ཉིད་སངས་རྒྱས་སུ་བསྐྱེད་པ་ལྷའི་རྣལ་འབྱོར་ལ། ཀུན་རྫོབ་དང་དོན་དམ་པའི་རྣལ་འབྱོར་གཉིས་དང་། དང་པོ་ལ་ཡང་བསྒོམ་ཚུལ་གྱི་རིམ་པ་གཉིས་གསུངས་པ་ལས། ཕྱི་མ་ནི་རང་གི་ལུས་ཐ་མལ་པའི་རྣམ་པ་ཅན་འདི་ཉིད་ལྷའི་རྣམ་པར་བསྒོམ་པ་ལ་བཤད་དེ། སློབ་དཔོན་སངས་རྒྱས་གསང་བས་རྣམ་སྣང་མངོན་བྱང་གི་དོན་བསྡུས་པ་ལས། རང་གི་ལྷའི་རྣལ་འབྱོར་ཀུན་རྫོབ་པའི་གོ་རིམ་ཡང་འདི་ལས་རྣམ་པ་གཉིས་སུ་བསྟན། དེ་ལ་གཅིག་ནི་རང་གི་སེམས་རྣམ་པར་སྣང་བ་ཐམས་ཅད་ཀྱིས་དབེན་པ། ཟླ་བའི་དཀྱིལ་འཁོར་ལ་སོགས་པའི་རྣམ་པར་བསྒྱུར་བས་བདག་ཉིད་རང་གི་ལྷར་སྣང་བ་བསྒྲུབས་པ་ཡིན་ནོ། །དེ་ལས་གཞན་གྱི་སྣང་བས་དབེན་པའི་སེམས་ལས་ལངས་ཏེ་བདག་དང་རང་གི་ལྷ་སྒྱུ་མ་ལྟ་བུ་མཉམ་པ་ཉིད་དུ་མོས་པ་མངོན་དུ་འགྲོ་བས་ཆོས་ཉིད་ཀྱི་རྣམ་པར་གཅིག་ཏུ་མོས་པས་བདག་ཉིད་ལྷའི་གཟུགས་སུ་མོས་པར་བྱས་ཏེ། བདག་གི་རྣམ་པར་སྨིན་པའི་གཟུགས་ཀྱི་རྣམ་པ་ཁོ་ན་རང་གི་ལྷ་ཉིད་དུ་ང་རྒྱལ་བྱས་པ་འདི་ནི་རང་གི་བདག་ཉིད་ལྷའི་རྣལ་འབྱོར་གཉིས་པ་ཀུན་རྫོབ་པ་ཡིན་ནོ། །ཞེས་བཤད་པ་ལྟར་རོ། །

གསུམ་པ་ནི། རྣལ་འབྱོར་བླ་ན་མེད་པའི་ཁྱུངས་ཐུབ་པའི་གཞུང་འགྲེལ་མཐའ་དག་ལས་ཀྱང་གོང་དུ་བསྟན་པ་ལྟར། རང་གི་ལུས་ཀུན་རྫོབ་ཀྱིས་བསྡུས་པ་ཉིད་ལྷར་བསྒོམ་པའི་ཚུལ་དག་གསུངས་ཏེ། དེ་ལ་གསུམ། དུས་ཀྱི་འཁོར་ལོ་ལས་གསུངས་པའི་ཚུལ། གསང་བ་འདུས་པར་བཤད་པའི་ཚུལ། ཀྱཻ་རྡོ་རྗེ་ལས་བསྟན་པའི་ཚུལ་ལོ། །དང་པོ་ནི། བཅོམ་ལྡན་འདས་དུས་ཀྱི་འཁོར་ལོ་ཉིད་ལས། རང་གི་ལུས་ཁམས་དང་སྐྱེ་མཆེད་ཀྱིས་བསྡུས་པ་འདི་ཁོ་ན་སངས་རྒྱས་སུ་འགྱུར་ཞིང་བསྒོམ་པའི་ཚུལ་བསྟན་ཏེ། དེ་ཡང་སྦྱང་གཞི་ཐབས་

ཀྱི་ཁྱད་པར་གོམས་པའི་སྟོབས་ཀྱིས་རྣལ་འབྱོར་པ་རྣམས་ལ་མ་དག་པའི་རྫས་མཐའ་དག་ཀྱང་དག་པའི་རང་བཞིན་དུ་མངོན་སུམ་དུ་འགྱུར་བར་བཤད་པའི་ཕྱིར་ཏེ། དྲི་མ་མེད་པའི་འོད་ལས། གང་དག་གིས་སྔགས་ཀྱི་སྟོབས་དང་བསམ་གཏན་གྱི་སྟོབས་ཀྱིས་སྦྱངས་པ་དང་། རྟོགས་པ་དང་སྦྱར་བས་བདུད་རྩིར་བྱས་པ་རྣམས་ནི་དུག་མེད་པར་འགྱུར་རོ། །ཆང་དག་ནི་འོ་མར་འགྱུར་རོ། །དུག་གི་ཆུ་ལ་སོགས་པ་གདུག་པའི་སེམས་ཅན་རྣམས་ལ་འཆི་བ་ལ་སོགས་པ་སྐྱེར་བར་བྱེད་པ་རྣམས་བཅུད་ཀྱི་ལེན་དུ་འགྱུར་རོ། །རུས་པ་རྣམས་ནི་མེ་ཏོག་རྣམས་སུ་འགྱུར་རོ། །སོ་རྣམས་ནི་མུ་ཏིག་གི་འབྲས་བུ་རྣམས་སུ་འགྱུར་རོ། །ཐོད་པ་ནི་པདྨར་འགྱུར་རོ། །ཤ་ནི་ཕུ་ཏ་ཀེ་ཤར་འགྱུར་རོ། །ཁྲག་ནི་སིནྡྷུར་འགྱུར་རོ། །དྲི་ཆུ་ནི་གླ་རྩིར་འགྱུར་རོ། །ཁུ་བ་ནི་ག་བུར་དུ་འགྱུར་རོ། །བཤང་བ་ནི་བཞི་མཉམ་དུ་འགྱུར་རོ། །བ་སྤུ་རྣམས་ནི་གུར་གུམ་གྱི་གེ་སར་དུ་འགྱུར་རོ། །ཞེས་གསུངས་པའི་ཕྱིར་དང་། དེ་ལྟར་སྦྱངས་པས་འགྱུར་དུ་རུང་བའི་རྒྱུ་མཚན་ཡང་། རང་བཞིན་གྱིས་དག་པ་ཡིན་པར་བཤད་ལ། རང་བཞིན་གྱིས་དག་པའི་ཆོས་ཉིད་ཀྱི་ལྡོག་པ་ལ་ནི་གནས་འགྱུར་རྒྱུ་མེད་པའི་ཕྱིར་དང་། གོང་གི་རྫས་དེ་དག་གཏན་མེད་ན་ནི། སྦྱངས་རྟོགས་སྦྱར་གསུམ་བྱེད་པའི་གཞི་མེད་པར་འགྱུར་བའི་ཕྱིར་རོ། །ཡང་དེ་ཉིད་ལས། ཁམས་བྱང་ཆུབ་ཀྱི་སེམས་ལུས་ལ་ཐབས་ཀྱི་ཁྱད་པར་གྱིས་བཅིངས་པའི་སྟོབས་ཀྱིས་དྲི་མ་རྣམས་ཁམས་ཀྱིས་ཕྱུག་ནས་ཤ་རུས་ཆུ་རྒྱུས་ལ་སོགས་པ་ལུས་ཀྱི་ཆ་ཐམས་ཅད་ལ་ཁམས་ཀྱི་དྭངས་མས་ཁྱབ་པ་ན། བྲ་སེན་ལྟར་དྭངས་ཤིང་ཐོགས་པ་མེད་པའི་ལུས་སུ་འགྱུར་བར་བཤད་པ་མི་འཐད་པར་ཐལ། རང་གི་ལུས་དྲི་མ་དང་བཅས་པའི་ཆ་རྣམས་ཇི་ལྟར་འབད་ཀྱང་དག་པའི་ལུས་སུ་བསྒྱུར་མི་ཐུབ་པའི་ཕྱིར་རོ། །འདོད་ན། འགྲེལ་པ་ཉིད་ལས། ཇི་ལྟར་མེས་དངུལ་ཆུ་བཅིངས་པས་ལྕགས་ཐམས་ཅད་གསེར་དུ་བྱེད་དོ། །དེ་བཞིན་དུ་ཆོས་འབྱུང་གི་སྦྱོར་བས་བྱང་ཆུབ་ཀྱི་སེམས་བཅིངས་པས་ཕུང་པོ་དང་ཁམས་དང་སྐྱེ་མཆེད་ལ་སོགས་པ་སྒྲིབ་པ་མེད་པར་བྱེད་དོ། །དེའི་ཕྱིར་དངུལ་ཆུ་དང་བྱང་ཆུབ་ཀྱི་སེམས་དག་གི་མཐུ་ནི་བརྟག་པར་བྱ་བ་མིན་ཏེ་རྨོངས་པ་རྣམས་ཀྱིས་རྣམ་པར་དཔྱད་པར་མི་ནུས་སོ། །དེའི་ཕྱིར་བྱང་ཆུབ་ཀྱི་སེམས་བརྟན་པར་བྱ་བའི་དོན་དུ་ལས་ཀྱི་ཕྱག་རྒྱའི་སྦྱོར་བ་ལ་ཡང་ལྷའི་དམིགས་པ་རབ་ཏུ་གསུངས་པ་ནི། དངུལ་ཆུའི་གདུག་པ་དང་། སྐྱོལ་བ་ལ་སོགས་པ་ལྟ་བུ་སྟེ་ཕྱུགས་ཀྱི་ལས། པདྨར་རབ་ཏུ་ཞུགས་པའི་བྱང་ཆུབ་ཀྱི་སེམས་བཟའ་བ་ནི། དེ་བཞིན་གཤེགས་པས་གསུངས་པ་མིན་ནོ་ཞེས་བཤད་པ་དང་འགལ་ལོ། །དེས་ན་དུས་ཀྱི་འཁོར་ལོའི་ལུགས་དང་ཤིན་ཏུ་མི་མཐུན་པར་སྣང་ངོ། །

གཉིས་པ་གསང་བ་འདུས་པའི་ལུགས་དང་མི་མཐུན་པའི་ཚུལ་ནི། རྣམ་གཞག་རིམ་པ་ལས། བསྐྱེད

པའི་རིམ་པས་སྦྱང་གཞི་སྦྱོང་ཚུལ་འཆད་པ་ན། ཐ་མལ་གྱི་ལུས་ཉིད་ལ་ལྷ་འགོད་པའི་ཚུལ་དང་། དེ་ལ་དགོས་པའི་གནས་སྐབས་ཏེ་ཐ་མལ་གྱི་ལུས་ཉིད་ལྷར་གྱུར་པའི་ཚུལ་གསལ་བར་བཤད་པ་མི་རིགས་པར་ཐལ། ཐ་མལ་པའི་ལུས་དེ་དག་ཀུན་བཏགས་དང་རྣམ་བཏགས་གང་རུང་གི་བསྒྱུས་པས་ཡེ་གདོད་མ་ནས་གྲུབ་བ་མིན་པའི་ཕྱིར་དང་། གཟུང་འཛིན་གཉིས་ཀྱིས་བསྒྱུས་པས་གནས་གྱུར་མཐར་ཐུག་པའི་ཚེ་ན་འདོར་དགོས་པའི་ཕྱིར་དང་། སངས་རྒྱས་ཀྱི་ཡེ་ཤེས་ལ་མི་སྣང་བས་ཡོད་པའང་མིན་པའི་ཕྱིར། ཞེས་སྤྱར་ཆེན་མོ་ལ་ཁྱེད་རང་གི་བཏབ་ཟིན་པའི་ཕྱིར། འདོད་ན། རྣམ་པར་བཞག་པའི་རིམ་པ་ལས། འདིར་སློས་པ། ཉོན་མོངས་པ་ཐམས་ཅད་སྤྱངས་པའི་སངས་རྒྱས་དང་། བྱང་ཆུབ་སེམས་དཔའི་སྟོབས་བཅུ་དང་། མི་འཇིག་པ་ལ་སོགས་པའི་སངས་རྒྱས་ཀྱི་ཡོན་ཏན་བརྙེས་པ་རྣམས་འདིར་ཐ་མལ་པའི་ལུས་ལ་འགོད་པ་འགལ་ལོ་ཞེ་ན། འདིར་སློས་པ། ཇི་ལྟར་ཚོལ་ཟངས་ཀྱི་གནས་སྐབས་ནི་མཆིལ་མ་འདོར་ལ། དེའི་སྟོད་ཀྱི་གནས་སྐབས་སུ་འཇིག་རྟེན་པ་རྣམས་ཟས་ཟའོ། །གཟུགས་བརྙན་གྱི་གནས་སྐབས་སུ་ནི་མཆོད་པ་བྱེད་དོ། །དེ་བཞིན་དུ་ཐ་མལ་ལུས་འདོད་ཆགས་དང་། ཞེ་སྡང་དང་། གཏི་མུག་ལ་སོགས་པ་བསླངས་པ་ནི་སྡོན་གྱི་གནས་སྐབས་སུ་འཁོར་བའི་རྒྱུ་ཡིན་ལ། ཕྱིས་རང་བཞིན་ཡོངས་སུ་ཤེས་ཤིང་ཡོངས་སུ་དག་པས་ཐམས་ཅད་མཁྱེན་པའི་ཡེ་ཤེས་ཡོངས་སུ་གྲུབ་པའི་རྒྱུར་འགྱུར་བ་ལ་སྐྱོན་མེད་དོ། །དེ་ཡང་གསུངས་པ། མི་གཙང་གཟུགས་ནི་བཟུང་གྱུར་པ། །རྒྱལ་བའི་རིན་ཆེན་གཟུགས་བྱས་རིན་ཐང་མེད། །ཞེས་དང་། གསེར་འགྱུར་རྩི་ཡི་རྣམ་པ་མཆོག་ལྟ་བུ། །མི་གཙང་ལུས་འདི་བླངས་ནས་རྒྱལ་བའི་སྐུ། །རིན་ཆེན་རིན་ཐང་མེད་པར་བསྒྱུར་བས་ན། །རིན་ཆེན་བྱང་ཆུབ་སེམས་ལེགས་བརྟན་པར་གཟུང་། །བྱང་ཆུབ་སེམས་ཞེས་བྱ་བ་རབ་བརྟན་གཟུང་། །ཞེས་དང་། རྩི་ཡི་སྦྱངས་པ་ལྟ་བུར་བསྐྱེད་པ་འདིའི། །བྱང་ཆུབ་སེམས་རིན་རབ་ཏུ་བརྟན་པར་གཟུང་། །ཞེས་བཤད་པ་དང་དངོས་སུ་འགལ་ལོ། །གལ་ཏེ་རིག་འཛིན་བློ་གྲོས་བཟང་པོའི་དྲིས་ལན་ལས། གནས་སྐབས་ཀྱི་སྦྱང་གཞི་ལ་གཉིས་སུ་དབྱེ་བ་དང་། མཐར་ཐུག་གི་སྦྱང་གཞི་དྲི་བཅས་དེ་བཞིན་ཉིད་གཅིག་པུར་ངེས་པའོ། །ཞེས་གོང་དུ་དྲིས་ཟིན་ལ། གནས་སྐབས་རིམ་པ་གཉིས་སུ་འབྱེད་པའི་ཚེ། ཀུན་རྫོབ་ཀྱི་བདེན་པ་མཐའ་དག་སྦྱང་གཞིར་ཡང་ཁས་ལེན་ལ། དེ་ལྟར་ཁས་བླངས་པའི་ཚེ། སྦྱང་གཞི་ས་ལྷ་བུའི་ངོ་བོ་ཉིད་སྦྱོང་བྱེད་དག་པའི་སྣང་བར་བསྒོམ་པས་སྦྱང་གཞི་དེའི་སྟེང་གི་མ་དག་པའི་ཆ་བྱང་ཞིང་དག་པར་འགྱུར་བ་ཡིན་ཏེ། དཔེར་ན་ཞེ་སྡང་གི་ངོ་བོ་ལྷ་མི་བསྐྱོད་པ་ཉིད་དུ་བསྐྱེད་ནས་བསྒོམས་པས། སྦྱང་གཞི་ཞེ་སྡང་གི་ཚོགས་པ་ན་ཡོད་པའི་དྲི་མའི་ཆ་དག་པར་བྱེད་པ་དང་འདྲའོ། །ཞེས་དྲིས་ལན་སྟ་མ་ཉིད་དུ་བཤད་པ་དང་ཡང་མཐུན་ཞིང་། དེ་ལྟར་ན་ཐ་མལ་པའི་ལུས་འདི་ལྟར་བསྒོམ་དུ་རུང་བ

ཡང་ཁས་ལེན་པས་མཐུན་པ་མིན་ནམ་ཞེ་ན། འདི་ནི་གཞན་འགའ་ཞིག་ལ་འཁྲུལ་གཞི་བསྐྱེད་པའི་ཐབས་སུ་བྱས་པ་ཡིན་གྱི། མཐུན་པར་ནི་གཏན་མི་འགྱུར་ཏེ། གལ་ཏེ་རིག་འཛིན་བློ་གྲོས་བཟང་པོའི་དྲིས་ལན་དུ་བཤད་པ་ལྟར་ཁས་ལེན་ན། སྡོམ་གསུམ་གྱི་དྲིས་ལན་ཆེན་མོར་སྣང་དུ་བཀོད་པ་དང་ནང་འགལ་ཞིང་རང་གི་གྲུབ་མཐའི་ལུང་ཐམས་ཅད་ཐོན་འགྲོ་བའི་ཕྱིར། དེ་ཡང་འདི་ལྟར་དྲིས་ལན་ཆེན་མོའི་དམ་པ་རིགས་བརྒྱའི་རང་ལུགས་འཆད་པའི་སྐབས་ཀྱི་སྣང་ཆེན་མོའི་ཤོག་བུ་བཞི་བཅུ་ཞེ་གཉིས་པའི་ནང་ལོགས་ཀྱི་ཡིག་ཕྲེང་དྲུག་པའི་ཐད་ཙམ་དུ། འདི་དག་གི་དོན་ལ་བརྟགས་པ་ན། མ་དག་པའི་ཕུང་ཁམས་ལྷ་པོ་ཉིད་ལྷག་པའི་ལྷར་བསྒོམ་པ་མིན་ཏེ། དེ་དག་ནི་མ་རིག་པའི་དབང་གིས་བྱུང་བས་ཀུན་རྫོབ་ཀྱི་བདེན་པ་ཡིན་ལ། ལྷ་ནི་ཆོས་ཀྱི་དབྱིངས་ཀྱི་ཡེ་ཤེས་ལས་གྲུབ་པས། གནས་ཚུལ་ལ་དོན་དམ་པའི་བདེན་པར་བཞག་དགོས་པའི་ཕྱིར་རོ། །དེས་ན་གཟུང་བ་ཀུན་བཏགས་ནི་སེམས་ཙམ་པས་ཀྱང་ཐ་སྙད་དུ་མི་འདོད་ལ། འཛིན་པ་ཀུན་བཏགས་ནི་རྣམ་རྫུན་པས་ཐ་སྙད་དུ་ཡོད་པར་མི་འདོད་ན། ངོ་བོ་ཉིད་མེད་པར་སྨྲ་བས་ལྟ་ཅི་སྨོས། དེ་ལྟར་ཡིན་པ་དེའི་ཕྱིར། ཀུན་རྫོབ་ཀྱི་སྣང་བ་མ་དག་པ་འདི་ཡི་སྣང་ཆ་དེ་ནི་ཡོད་པར་འདོད་ལ། དེའི་ངོ་བོ་ནི་ལྷག་པའི་ལྷ་ཉིད་དུ་གནས་པ་མིན་ནོ་ཞེས་བྱ་བ་ནི་རྣལ་འབྱོར་བླ་མེད་ཀྱི་ཐེག་པ་དག་གི་གནས་སྐབས་ཀྱི་གྲུབ་པའི་མཐའོ། །ཞེས་བཤད་པའི་སྐབས་ཀྱི་ལྷ་དེ་བསྐྱེད་རིམ་གྱི་ལྷ་ཡིན་ནམ་རྫོགས་རིམ་གྱི་ལྷ་ཡིན། དང་པོ་ལྟར་ན། དེ་ཆོས་ཅན། སྣང་གཞི་ཀུན་རྫོབ་ལ་ལྟོས་པའི་སྦྱོང་བྱེད་དུ་ཐལ། བསྐྱེད་རིམ་སྒོམ་པའི་སྐབས་ཀྱི་ལྷ་སྐུ་ཡིན་པའི་ཕྱིར། འདོད་ན། དེ་ཆོས་ཅན། སྦྱོང་བྱེད་ཀྱི་ཀུན་རྫོབ་ཡིན་པར་ཐལ། སྣང་གཞི་ཀུན་རྫོབ་ལ་ལྟོས་པའི་བསྐྱེད་རིམ་གྱི་ལྷ་སྐུ་ཡིན་པའི་ཕྱིར་རོ། །འདོད་ན། ཆོས་དབྱིངས་ཡེ་ཤེས་མིན་པར་ཐལ། ཀུན་རྫོབ་ཡིན་པའི་ཕྱིར། གསུམ་ཆར་ཁས་བླངས་སོ། །ཡང་དེ་ཆོས་ཅན། སྣང་གཞི་དོན་དམ་ལ་ལྟོས་པའི་སྦྱོང་བྱེད་དུ་ཐལ། གཟུང་འཛིན་གཉིས་མེད་ཀྱི་ཡེ་ཤེས་ཡིན་པའི་ཕྱིར། ཁྱབ་རྟགས་ཁས་བླངས། འདོད་ན། སྦྱོང་བྱེད་བསྐྱེད་རྫོགས་གཉིས་ལ་ཐ་སྙད་དུའང་དབྱེ་བ་མེད་པར་འགྱུར་རོ། །གཉིས་པ་ལྟར་ན། ཀུན་རྫོབ་ཀྱི་ངོ་བོ་ལྷག་པའི་ལྷ་ཉིད་དུ་ཁས་ལེན་པ་སྟེ། རྣལ་འབྱོར་བླ་མེད་པ་རྣམས་ཀྱི་གནས་སྐབས་ཀྱི་གྲུབ་མཐའ་ཙམ་ཡིན་པར་ཐལ། ཀུན་རྫོབ་ཀྱི་ངོ་བོ་རྫོགས་རིམ་གྱི་ཡེ་ཤེས་སུ་གྱུར་པའི་ལྷ་ཡིན་པའི་ཕྱིར་རོ། །མདོར་ན་ཀུན་རྫོབ་ཀྱི་བདེན་པ་སྣང་གཞིར་འཛོག་ཚུལ་ཁྱེད་རང་གི་ཡིག་ཆ་གང་དུ་བཤད་ཀྱང་མི་འཐད་པར་ཐལ། ཀུན་རྫོབ་ཀྱི་བདེན་པ་ཐ་སྙད་ཙམ་དུ་ཡང་མེད་པར་ཡང་ཡང་དུ་ཁས་བླངས་ཟིན་པའི་ཕྱིར་དང་། དེ་སྣང་གཞི་ཡིན་ན་གོམས་པའི་སྟོབས་ཀྱི་ལྷར་འགྱུར་རུང་དུ་ཁས་ལེན་དགོས་པ་ལས། དེ་ནི་མ་རིག་པ་ལས་བྱུང་བས་ཀུན་རྫོབ་ཀྱི་བདེན་པ་ཡིན་ལ། ལྷ་ནི་དོན་དམ་པའི་བདེན་པ

ཡིན་པའི་ཕྱིར་རོ། །དེས་ན་རིགས་འཛིན་བློ་གྲོས་བཟང་པོའི་དྲིས་ལན་ལས། དེ་ལྟར་ཐ་མལ་གྱི་ཕུང་ཁམས་སྐྱེ་མཆེད་སྦྱང་གཞིར་འཛོག་པ་ནི་སློབ་དཔོན་ཀླུའི་བྱང་ཆུབ་ཀྱིས་སྦྱང་གཞི་རྣམ་པར་བཞག་པའི་རིམ་པ་ཉིད་དུ་གསུངས་པ་ཡིན་ལ། དེ་ཡང་ཀུན་རྫོབ་བདེན་པའི་དབང་དུ་བྱས་པར་འཕགས་པ་ཡབ་སྲས་ཐམས་ཅད་ཀྱིས་འཆད་པ་ཡིན་ཏེ། འཕགས་པ་ལྟས། གང་ཞིག་སྐྱེ་བ་ཀུན་རྫོབ་བདེན་པ་སྟེ། །འཆི་བའི་མིང་ཡང་དོན་དམ་བདེན་པ་སྟེ། །རིམ་གཉིས་འདི་དག་བླ་མའི་བཀའ་དྲིན་གྱིས། །རྟེད་པ་འདི་ནི་མ་འོངས་སངས་རྒྱས་ཏེ། །ཞེས་སྦྱང་གཞི་སྐྱེ་བའི་རིམ་པ་དེ་ཀུན་རྫོབ་ཀྱི་བདེན་པར་བཤད་པའི་ཕྱིར། ཞེས་དྲིས་པ་དང་། དྲིས་ལན་ཆེན་མོའི་ལུགས་གོང་དུ་བཤད་པ་གཉིས་དངོས་སུ་འགལ་ལོ། །འགལ་བ་ཙམ་དུ་མ་ཟད་ལུགས་ཕྱི་མ་ལྟར་ཁས་ལེན་ན། གཞི་གྲུབ་ན་དོན་དམ་བདེན་པ་ཡིན་པས་ཁྱབ་པོ་ཞེས་རྨ་བའི་གྲུབ་མཐར་བཅས་པ་ཉིད་འཇིག་པར་འགྱུར་ཏེ། འདིར་ནི་བདེན་པ་གཉིས་ཀ་ཁས་བླངས་པའི་ཕྱིར་རོ། །མ་བླངས་ན་ནི་སྦྱང་གཞི་ཀུན་རྫོབ་བདེན་པ་ཇི་ལྟར་ཁས་ལེན་གསལ་བར་སྨྲོས་ཤིག །གལ་ཏེ་སྡོམ་གསུམ་གྱི་དྲིས་ལན་དུ་བཤད་པ་ནི་དོན་དམ་པའི་སྦྱང་གཞི་ཡིན་ལ༑ དྲིས་ལན་ཕྱི་མ་འདིར་སྦྱང་གཞི་ཀུན་རྫོབ་དང་དོན་དམ་གཉིས་སྦྱོང་བྱེད་བསྐྱེད་རྫོགས་གཉིས་རྣམ་པ་སོ་སོར་ཕྱེ་ནས་བཤད་པ་ཡིན་པས་མི་འགལ་ལོ་ཞེ་ན། ཡུལ་ཀུན་རྫོབ་དང་དོན་དམ་གཉིས་སུ་ཁས་ལེན་ན་ནི། ཀུན་རྫོབ་ཀྱི་བདེན་པ་གཏན་མེད་པའི་གྲུབ་མཐའ་ཉམས་པར་འགྱུར་ལ། གཉིས་སུ་ཁས་མི་ལེན་ན་ནི་སོ་སོར་ཕྱེ་ནས་འཆད་པ་ཉིད་ཇི་ལྟར་རིགས་བློ་གཟུ་བོར་བྱས་ནས་སེམས་པར་གྱིས་ཤིག །ཡང་དྲིས་ལན་ཕྱི་མ་འདིར་སྐྱེ་འཆི་གཉིས་ལ་ཀུན་རྫོབ་དང་དོན་དམ་དུ་གསུངས་པ་ཙམ་གྱིས་འཁྲུལ་གཞི་བྱས་ནས། དོན་དམ་བདེན་པ་སྦྱང་གཞིར་བྱེད་པ་ནི་ཤིན་ཏུ་མི་རིགས་ཏེ། སྐྱེ་འཆི་ལ་བདེན་གཉིས་ཀྱི་མིང་བཏགས་པ་གཉིས་ཀ་ཡང་། ཀུན་རྫོབ་བདེན་པ་འབའ་ཞིག་ཡིན་པའི་ཕྱིར་དང་། དོན་དམ་པའི་བདེན་པ་དངོས་ནི་གང་དུ་ཡང་མ་གྲུབ་པས་གཞི་ལམ་འབྲས་གསུམ་གང་གི་ཕྱོག་པར་ཡང་ཁས་མི་ལེན་པའི་ཕྱིར་རོ། །རྟགས་སྔ་མ་གྲུབ་སྟེ། སྦྱང་གཞི་འཆི་བའི་རིམ་པ་ནི། སེམས་ཅན་རྣམས་འཆི་བའི་ཚེ་འབྱུང་བ་རིམ་གྱིས་འཛད་པ་ལ་བཤད་པའི་ཕྱིར་རོ། །ཇི་སྐད་དུ༑ རྗེ་བཙུན་ཆེན་པོས་ལྗོན་ཤིང་ལས། སློབ་དཔོན་འཕགས་པ་ཀླུ་སྒྲུབ་ཡབ་སྲས་ཀྱི་བཞེད་པས། སྦྱང་གཞི་དང་སྦྱོང་བྱེད་ཀྱི་རིམ་པ་གཉིས་ཏེ། དེ་ལ་སྦྱང་གཞི་བསྐྱེད་པའི་རིམ་པ་ལ་བསྐྱེད་པ་ཞེས་བྱ་བ་ནི་ཐ་མལ་གྱི་ལུས་གྲུབ་པ་ཡིན་ལ། རིམ་པ་ཞེས་བྱ་བ་ནི་དེ་སྐྱེ་བའི་རིམ་པ་སྐྱེ་གནས་བཞི་དང་། བྱེ་བྲག་ཏུ་མངལ་སྐྱེས་ཀྱི་དབང་དུ་བྱས་ནས་མངལ་གྱི་གནས་སྐབས་ལྔའོ། །དེ་སྦྱོང་བར་བྱེད་པའི་ཐབས་ལྔའི་རྣམ་པ་ནི། སྦྱོང་བྱེད་བསྐྱེད་རིམ་མོ། །སྦྱང་གཞི་རྫོགས་པ་ནི་ཐ་མལ་གྱི་སེམས་ཅན་འཆི་བ་ཡིན་ལ། རིམ་པ་ནི་ས་ཆུ་ལ་ཐིམ་པ་ལ་

སོགས་པ་འཆི་བའི་རིམ་པའོ། །དེ་སྦྱོང་བར་བྱེད་པའི་ཐབས་རྡོ་རྗེའི་བཟླས་པ་དང་། འོད་གསལ་བ་ལ་སོགས་པ་ནི་སྦྱོང་བར་བྱེད་པའི་རྫོགས་པའི་རིམ་པའོ། །ཞེས་བཤད་པ་ལྟར་རོ། །དེ་ནས་ཡང་གཞི་བསྐྱེད་པ་དང་དེའི་རིམ་པ་གཉིས་སོ། །སྦྱོང་གཞི་རྫོགས་པ་དང་དེའི་རིམ་པ་ཞེས་པ་ལས་ཤན་ལེགས་པར་ཕྱེད་པར་མཛད་དུ་གསོལ། ཞེས་གསོལ་བ་འདེབས་སོ། །ཡང་དྲིས་ལན་ཆེན་མོ་ལས། མཐར་ནི་ཆོས་ཉིད་ཀྱི་ངོ་བོ་ལྷག་པའི་ལྷ་ཉིད་དུ་གནས་པར་ཁས་བླངས་ན། གྱི་ནོམ་ལྟར་ཞེན་གྱི་རྟོག་པ་ལས་མ་འདས་པའི་ཕྱིར། རང་གི་ངོ་བོས་སྟོང་ངོ་ཞེས་དང་། ཀླུ་སྒྲུབ་གཞུང་ལུགས་ཐལ་རང་སྲོལ་གཉིས་ཀྱི། །རིག་པར་བཀྲལ་ཏེ་ཇི་བཞིན་མ་བཀླུགས་ན། །རྫོགས་རིམ་ཡེ་ཤེས་སྦྲིས་པའི་མཚན་མ་ལས། །རྣམ་གྲོལ་ཆོས་སྐུའི་རང་བཞིན་སུ་ཡིས་ཤེས། །ཞེས་བཤད་པ་དང་། དྲིས་ལན་ཕྱི་མ་ལས། ཡེ་ཤེས་ཚོགས་བསགས་ཀྱི་སྐབས་སུ། གང་གིས་སྟོང་པ་དང་དག་ན་གཟུང་བ་དང་འཛིན་པ་གཉིས་ཀྱིས་སོ། །དེའི་ཚེ་ཅི་ཡང་མེད་པ་མིན་ནམ་ཞེ་ན། ཅི་ཡང་མེད་པ་མིན་ཏེ། སྟོང་པ་ཉིད་ཀྱི་ཡེ་ཤེས་ཀྱི་རྡོ་རྗེ་ང་ཡིན་ཞེས་རང་བཞིན་ཆོས་སྐུ་ལ་ང་རྒྱལ་འཛོག་པའི་ཕྱིར། དེ་ལྟར་བཞག་པའི་ངང་ཉིད་ནས་ཐུགས་ཀྱི་ཀུན་སྤྱོད་ཉམས་སུ་ལེན་པ་ལ་འཇུག་པའི་ཚེ་རྟེན་དང་བརྟེན་པ་མཆོད་བྱ་མཆོད་བྱེད་མཆོད་རྫས་ཇི་སྙེད་པ་ཆོས་དབྱིངས་ཡེ་ཤེས་ཀྱི་ངོ་བོར་གྲུབ་པ་ཡིན་ཏེ། དེ་ཐམས་ཅད་སྟོང་པའི་ངང་ལས་བསྒྲུབས་པའི་ཕྱིར། ཞེས་བཤད་པ་གཉིས་ཀྱང་དངོས་སུ་འགལ་བར་སྣང་སྟེ་དེའི་ཚེ་ཡང་ཆོས་ཉིད་ཀྱི་ངོ་བོ་ལྷག་པའི་ལྷར་ཁས་བླངས་པའི་ཕྱིར་རོ། །ཐལ་རང་གི་དབུ་མའི་ལྟ་བས་རང་སྟོང་དུ་གཏན་ལ་ཕབ་ནས་རྫོགས་རིམ་གྱི་ཡེ་ཤེས་ལ་མཚན་མའི་སྦྲིས་པ་འགོག་དགོས་ན། རྫོགས་རིམ་གྱི་ཡེ་ཤེས་དེ་ཐོས་བསམ་གྱིས་གཏན་ལ་ཕབ་པའི་ཆོས་ཉིད་དུ་བྱེད་རང་གི་ལུགས་ལ་ཁས་ལེན་དགོས་ལ། དེ་ལྟར་རང་གི་གཞུང་ལས། དེས་ན་རིམ་གཉིས་རྣལ་འབྱོར་པས། །ཉམས་སུ་མྱོང་བྱའི་སྟོང་ཉིད་ནི། །རང་བཞིན་སྟོང་པ་ཉིད་ཡིན་ཏེ། །ལྷ་དང་སྔགས་ཀྱི་རྒྱུ་ཉིད་དོ། །དེ་ཡང་རིགས་པས་སྒྲུབ་པ་ཡི། །སྟོང་པ་ཉིད་དུ་མི་འདོད་དེ། །སྟོང་ཉིད་འཕགས་པའི་ཤེས་མཐོང་གིས། །མཛད་པ་ཉིད་དུ་ཐལ་ཕྱིར་རོ། །ཞེས་བཤད་པ་དང་འགལ་ལོ། །མདོར་ན་སྐབས་ཁ་ཅིག་ཏུ་བདེན་པ་གཉིས་ཀ་ཁས་ལེན། ཁ་ཅིག་ཏུ་དོན་དམ་བདེན་པ་ཁོ་ན་ཡོད་པར་འཆད། འགའ་ཞིག་ཏུ་རྫོགས་རིམ་གྱི་ཡེ་ཤེས་ཀྱང་རང་སྟོང་དུ་ཐལ་རང་གི་རིགས་པས་ཤེས་དགོས་སོ་ཞེས་བཤད། ལ་ལར་རྫོགས་རིམ་གྱི་ཡེ་ཤེས་དེ་རང་བཞིན་གྱི་སྟོང་ཉིད་ཡིན་པས་རིགས་པས་གཏན་ལ་ཕབ་པའི་སྟོང་ཉིད་མིན་ནོ་ཞེས་དྲིས་པ་རྣམས་ཡིད་བརྟན་ཐུབ་པའི་ལུགས་གང་ཡིན་སྨྲ་དགོས་པས། མཁས་པའི་མདུན་སར་ལེགས་པར་དཔྱོད་ཅིག །འདིར་སྨྲས་པ། བསྐྱེད་རྫོགས་རིམ་གཉིས་ཏིང་འཛིན་ཁས་ལེན་པ། །དེ་སྲིད་སྦྱོང་གཞིའི་རིམ་གཉིས་ཁས་ལེན་དགོས། །ཀུན་རྫོབ་བདེན་པ་

གཏན་མེད་སླ་བ་རྣམས། །རྣམ་བཞག་རིམ་པའི་རིམ་པ་དངོས་སུ་བཀག །རིམ་པ་གཉིས་པར་གསུངས་པའི་སྣང་གཞི་ནི། །འཆི་ཚེ་འབྱུང་བཞི་རྫོགས་པའི་རིམ་པ་དང་། །གཟུང་འཛིན་རྟོག་པ་འགགས་པའི་འོད་གསལ་ཏེ༑ །མཐའ་བྲལ་དབྱིངས་ཀྱི་གནས་ལུགས་ག་ལ་ཡིན། །འཆི་བའི་མིང་ལ་དོན་དམ་བདེན་པ་ཞེས། །ཆོས་ཀྱི་བརྡ་ཡིས་གསུངས་ཀྱང་དོན་དམ་མིན། །ཇི་ལྟར་སྐྱེ་བ་ཀུན་རྫོབ་བདེན་པ་ཞེས། །ལུང་ལས་གསུངས་ཤིང་སྐྱེ་ལ་དེས་མ་ཁྱབ། །དེ་ཕྱིར་མིང་ཙམ་གྱིས་ཀྱང་དགོས་པའི་གཞི། །ཁྱིས་པ་ལ་བཞིན་མཁས་ལ་འདི་མི་རིགས། །དངོས་པོའི་དེ་ཉིད་ཁས་ལེན་བྲལ་བའི་ཕྱིར། །སྣང་གཞི་འདོད་པ་གང་མོའི་རྒྱུ་རུ་ཟད། །ཆོས་ཅན་ཆོས་ཉིད་སྣང་གཞི་ཡིན་ནོ་ཞེས། །བཤད་པ་ཡོད་ཀྱང་བདེན་གཉིས་དབྱེ་བ་ཡི། །རྣམ་གྲངས་ཡིན་གྱི་དོན་དམ་ཆོས་ཉིད་མིན། །བསྡུ་བའི་ཚིགས་སུ་བཅད་པའོ། །

ད་ནི་དཀྱུས་མ་ཉིད་བཤད་པར་བྱ་སྟེ། དེ་ཡང་ཐ་མལ་གྱི་རྣམ་རྟོག་གི་དབང་གིས་ཐ་མལ་དུ་སྣང་བ་མ་གཏོགས་པ་ཕུང་ཁམས་སྐྱེ་མཆེད་སོགས་སེམས་ལས་ལོགས་སུ་གྲུབ་པའི་ཐ་མལ་པ་ནི་ཁོ་བོ་ཅག་ཀྱང་མི་འདོད་ལ། འོན་ཀྱང་བག་ཆགས་ཐ་མལ་དུ་སྣང་བའི་གཟུགས་སོགས་ནི་བསྐྱེད་རྫོགས་གང་གི་ཐབས་ཀྱིས་ཀྱང་ལྷའམ་ཡེ་ཤེས་སུ་བསྒྱུར་རུང་སྟེ། དེ་ལ་གཉིས་ཀྱི་དང་པོ་ལྟར་འགྱུར་བའི་ཚུལ་ནི། དགོངས་པ་ལུང་སྟོན་ལས། གསང་སྔགས་སྐྱེས་བུའི་སྦྱོར་བ་ཡི། །དེ་ན་མི་མཆོག་དག་ཏུ་འགྱུར། །གསེར་འགྱུར་རྩི་ཡི་རྣམ་པ་ཡི། །ལྕགས་ནི་གསེར་དུ་བྱེད་པ་ཡིན། །དེ་བཞིན་སྔགས་ཀྱི་དེ་ཉིད་ཀྱིས། །མི་ཉིད་བདེ་གཤེགས་བྱེད་པ་ཡིན། །ཞེས་གསུངས་སོ། །འདིའི་དོན་ནི་ལྕགས་ལ་གསེར་འགྱུར་བཏབ་པའི་ཚེ་ལྕགས་ལས་གཞན་པའི་རྫས་ཞིག་གསེར་དུ་འགྲོ་རྒྱུ་མེད་པས་ལྕགས་མི་སྣང་བར་གསེར་དུ་འགྱུར་ཞེས་བརྗོད་པ་ལྟར། ཐ་མལ་གྱི་གཟུགས་སོགས་ལ་བསྐྱེད་རྫོགས་ཀྱི་རྩིས་བཏབ་པ་ན། ཐ་མལ་གྱི་གཟུགས་སོགས་ལས་གཞན་པའི་རྫས་ཞིག་ལྷའམ་ཡེ་ཤེས་སུ་འགྲོ་རྒྱུ་མེད་པས་ཐ་མལ་གྱི་ལུས་ཉིད་མ་སྣང་བར་ལྟར་འགྱུར་རོ་ཞེས་བརྗོད་པ་ཡིན་གྱི། གནས་གྱུར་ཟིན་པའི་ཚེ་མ་དག་པའི་ལུས་མ་དོར་བ་ལྷ་བུ་ལ་མ་དག་པའི་ལུས་འདི་ཉིད་མ་སྣང་བར་སངས་རྒྱས་པའི་དོན་དུ་འདོད་པ་ནི་ཚིག་ཙམ་གྱིས་རློངས་པ་ངོ་མཚར་བསྐྱེད་པའི་གཏམ་ཡིན་པས་རྣ་བ་ཙམ་ཡང་གཏད་པར་མི་བྱའོ། །དེས་ན་སྤྱོད་བསྡུས་ལས། ཇི་ལྟར་རྒྱལ་པོ་ཨིནྡྲ་བྷུ་ཏི་དང་འདྲ་བར་ཕུང་པོའི་ཁོག་པ་བརྗེས་ཏེ་རྡོ་རྗེའི་ལུས་སུ་བསྒྱུར་ནས་ཞེས་གསུངས་པ་ཡང་། ལུས་གཉིས་ཡོད་པའི་གཅིག་མེད་པར་བྱས་ནས་ཅིག་ཤོས་རྡོ་རྗེའི་ལུས་སུ་སོང་ཞེས་པའི་དོན་མ་ཡིན་གྱི། རང་སྣང་གི་ཕུང་པོའི་ཁོག་པ་མ་ལུས་པ་རྡོ་རྗེའི་ལུས་ཀྱི་སྣང་བར་ཤར་ཞེས་པའི་དོན་ཡིན་ནོ། །འདི་ར་རྡོ་རྗེའི་ལུས་ཞེས་པ་ཡང་ཡེ་ཤེས་སྒྱུ་མ་ལྷ་བུའི་ལུས་ཅན་དུ་གྲུབ་པ་ལ་བྱའི། དོན་

དམ་བདེན་པའི་ངོ་བོར་གྱུར་པའི་ལུས་སུ་འདོད་པ་ནི་བཞད་གད་ཀྱི་གནས་སོ། །འདིའི་དོན་ཤེས་པར་འདོད་ན། བླ་མ་ཆོས་ཀྱི་རྗེས་མཛད་པའི་ཟུང་འཇུག་རྡོ་རྗེ་འཆང་ཆེན་པོའི་ས་མཚམས་རྣམ་པར་བཞག་པར་བལྟ་བར་བྱའོ། །གཞན་ཡང་སློབ་དཔོན་རྡོ་རྗེ་གསང་བས། རང་བཞིན་དགའ་སྒྲོན་གྱི་དཀའ་འགྲེལ་ལས་ཀྱང་དོན་འདི་ཉིད་གསུངས་ཏེ། ཇི་སྐད་དུ། ཚེ་འདི་ཉིད་ལས་སངས་རྒྱས་སོ། །ཞེས་པ་ནི་འདི་ལས་ཚེ་གཞན་མི་འཕོ་བར་ཕུང་པོ་ལྷག་མ་མེད་པའི་བདེ་བ་ཆེན་པོའི་སྐུའོ། །དཔེར་ན་རྒྱལ་པོ་ཆེན་པོ་རྣལ་འབྱོར་གྱི་དབང་ཕྱུག་ཆེན་པོ་ཨིནྡྲ་བྷུ་ཏི་མགོན་པོ་ལྟ་བུའོ་ཞེས་བཤད་པ་ལྟར་རོ། །འདིར་ཕུང་པོ་ལྷག་མེད་ཅེས་དང་། སྦྱོད་བསྔུས་སུ་ཕུང་པོའི་ཁོག་པ་བརྗེས་ཞེས་པ་གཉིས་ཀ་མ་དག་པའི་སྣང་བ་ནུབ་ནས་ཡེ་ཤེས་ཀྱི་སྐུ་གྲུབ་པ་ཉིད་ལ་ཟེར་རོ། །གཞན་དག་རང་ཉིད་ཀྱི་ལུས་ཀྱི་ཡེ་ཤེས་ལ་དོན་དམ་བདེན་པས་ཁྱབ་པར་བྱས་ནས་ཡེ་ཤེས་ཀྱི་སྐུ་ཞེས་པའི་མིང་བྱུང་བ་ཙམ་གྱིས་རང་གི་འདོད་པ་གྲུབ་པོ་སྙམ་དུ་སེམས་པ་ནི། རི་དྭགས་གཞོན་ནུ་སྨིག་རྒྱུའི་རྗེས་སུ་འགྲོ་བ་དང་མཚུངས་སོ། །ཡང་ཁྱེད་རང་གི་ལུགས་དང་མཐུན་པའི་སློབ་དཔོན་ཤཱནྟི་པའི་དགོངས་པ་ཡང་ཐ་མལ་གྱི་ལུས་ལྷར་བསྒྱུར་དུ་རུང་བ་ཉིད་ཡིན་ཏེ། འདི་ཉིད་ཀྱིས་མཛད་པའི་ཐམས་ཅད་གསང་བའི་རྒྱུད་ཀྱི་བཤད་སྦྱར་ལས། འབྱུང་བ་ཞེས་བྱ་བ་ནི། ཉོན་མོངས་པ་དང་ལས་ཀྱིས་བསྐྱེད་པ་དུ་ཁཿསྣ་ཚོགས་ཀྱི་རྒྱུར་གྱུར་པ། ས་དང་། ཆུ་དང་། མེ་དང་། རླུང་དང་། ནམ་མཁའི་ཁམས་ཏེ་ལྔ་པོ་ཉིད་ཀྱིས་སོ། །ངེས་པ་ནི་བརྟག་མི་དགོས་པའོ། །མཐོང་བ་དག་ཅེས་གསུངས་པ་ནི་ཚད་མར་གྲུབ་པའོ། །མི་རྣམས་ཀྱི་ལུས་དེ་ལྟ་བུ་ཡིན་དུ་ཟིན་ཀྱང་སངས་རྒྱས་སུ་འགྱུར་རོ་ཞེས་བྱ་བར་སྦྱར་རོ། །ཇི་ཞིག་བྱས་པས་ཞེ་ན། རང་སེམས་རབ་ཏུ་བསྒོམས་པ་སྟེ། །རབ་ཀྱི་མཐར་ཐུག་བསྒོམ་པས་སོ། །ཞེས་གསལ་བར་བཤད་པའི་ཕྱིར། ཡང་སློབ་དཔོན་ཛྙཱ་ན་དེ་ཝའི་སེམས་ཀྱི་སྒྲིབ་སྦྱོང་ཞེས་བྱ་བའི་གཞུང་ལས། ཐ་མལ་གྱི་ལུས་ལྷར་བསྒྱུར་བའི་ཚུལ་གསལ་བར་བཤད་དེ། ཇི་སྐད་དུ། དེ་ཉིད་ལས། སྔགས་ཀྱི་སྦྱངས་ནས་ཤིང་ལ་སོགས། །བེམ་པོ་རྨོངས་བཅས་རབ་དགའ་བའང་། །ལྷ་ཉིད་དུ་ནི་འགྱུར་བའོ། །ཤེས་དང་ལྡན་པའི་ལུས་ཅི་སྨོས། །ཐ་མལ་པ་ཡི་ང་རྒྱལ་ཉིད། །མཉམ་པར་བཞག་པ་ཡོངས་སུ་བཏང་། །ཤེས་རབ་ཐབས་ཀྱི་ཆོ་ག་ཡིས། །ཐམས་ཅད་མཉམ་པར་སྦྱད་པར་བྱ། །ཇི་ལྟར་པདྨ་འདམ་སྐྱེས་ཀྱང་། །འདམ་གྱི་སྐྱོན་གྱིས་གོས་པ་མེད། །དེ་བཞིན་བག་ཆགས་སྣ་ཚོགས་ཀྱི། །སྐྱོན་གྱིས་རྣལ་འབྱོར་པར་མི་གོས། །ཞེས་བཤད་པ་ལྟར་རོ། །

གཉིས་པ་ཡེ་ཤེས་སུ་བསྒྱུར་དུ་རུང་བའི་ཚུལ་ནི། ཡུལ་སྣ་ཚོགས་པ་རྣམས་སྣང་བ་དེ་དང་དེའི་ངོ་བོར་སྣང་ཡང་རང་གི་ངོ་བོ་ནི་སེམས་ལྷན་ཅིག་སྐྱེས་པའི་ཡེ་ཤེས་སྒྱུ་མ་ལྟ་བུ་ཉིད་ཡིན་ཏེ། །སེམས་ཀྱི་སྒྲིབ་སྦྱོང་ལས།

ཆོས་དང་གང་ཟག་བདག་དོར་བ། །ཡེ་ཤེས་ཙམ་དུ་ཐུབ་པས་གསུངས། །ཞེས་བཤད་པས་སོ། །དེའི་ཕྱིར་ཡེ་ཤེས་དེ་ལྟ་བུ་ཐོབ་པའི་རྣལ་འབྱོར་པས་ཡུལ་ཐམས་ཅད་ཀྱི་ངོ་བོ་དེ་ལྟར་ཡིན་པ་ལ་ཡིན་པར་ཤེས་པའི་ཚུལ་གྱིས་ཡུལ་ཐམས་ཅད་ཀྱི་ཁ་དོག་བསྒྱུར་བར་བྱེད་ལ། དེ་ལྟར་བྱས་པ་ན་ཐམས་ཅད་ངོ་བོ་གཉིས་སུ་མེད་པའི་ཡེ་ཤེས་སུ་སྣང་བ་ལ་དེར་འགྱུར་བ་ཞེས་བྱ་སྟེ། ཇི་སྐད་དུ། སེམས་ཀྱི་སྒྲིབ་སྦྱོང་ལས། ཇི་ལྟར་དངུལ་པས་འོ་མ་ནི། །ཆུ་ལས་འཐུང་བར་བྱེད་པ་ལྟར། །དེ་བཞིན་མཁས་པས་དུག་བཅས་ཡུལ། །སྦྱངས་ནས་སྤྱད་པས་གྲོལ་བར་འགྱུར། །ཇི་ལྟར་ཚ་བ་བཞིན་སྤྱད་ན། །དུག་ཀྱང་བདུད་རྩིར་འགྱུར་བ་ཡིན། །ཁྲིས་པ་རྣམས་ནི་མར་ལ་སོགས། །བཟའ་འམ་ལེགས་པས་དུག་ཏུ་འགྱུར། །དེ་བཞིན་སེམས་ནི་འདི་ཉིད་ཀྱང་། །གཏན་ཚིག་བཟང་པོས་སྦྱངས་བྱས་ན། །རྣམ་པར་མི་རྟོག་མི་དམིགས་པ། །རང་བཞིན་དྲི་མེད་རབ་ཏུ་སྣང་། །ཇི་ལྟར་མེ་ནི་ཆུང་ངུ་ཡང་། །མར་དང་སྙིང་སོགས་འདུས་བྱས་པས། །སྣང་བ་དྲི་མེད་མི་གཡོ་བ། །བརྟན་པའི་མུན་པ་རྣམས་འཇིག་འགྱུར། །ཤིང་ཆེན་ས་བོན་ཕྲ་བ་ལས། །ཇི་ལྟར་ལོ་མ་རྒྱ་བ་ཡིས། །བརྒྱུན་པའིཤིང་ཆེན་འབྱུང་བར་འགྱུར། །ཡུང་དང་རྡོ་ཐལ་སྦྱར་བ་ལས། །ཁ་དོག་གཞན་ཞིག་འབྱུང་བར་འགྱུར། །ཤེས་རབ་ཐབས་ཀྱི་སྦྱོར་བ་ལས། །ཆོས་དབྱིངས་མཁས་པ་དེ་ལྟར་ཤེས། །མར་དང་སྦྲང་རྩི་མཉམ་སྦྱར་ན། །དུག་ཉིད་དུ་ནི་འབྱུང་བ་ཡི། །དེ་ཉིད་ཚ་ག་བཞིན་དཔྱད་ན། །བཅུད་ཀྱི་ལེན་གྱི་མཆོག་ཏུ་འགྱུར། །དངུལ་ཆུས་རེག་པའི་ཟངས་མ་ནི། །ཇི་ལྟར་སྐྱོན་མེད་གསེར་དུ་འགྱུར། །དེ་བཞིན་ཡང་དག་ཡེ་ཤེས་ཀྱིས། །སྦྱངས་པས་ཉོན་མོངས་བཟང་པོ་བྱེད། །ཞེས་གསུངས་པ་ལྟར་རོ། །

གསུམ་པ་ཀྱི་རྡོ་རྗེའི་གཞུང་འགྲེལ་རྣམས་དང་འགལ་བའི་ཚུལ་བསྟན་པ་ནི། དགྱེས་པ་རྡོ་རྗེའི་རྒྱུད་འགྲེལ་མཐའ་དག་ལས་རང་གི་ལུས་ཀུན་རྫོབ་ཀྱིས་བསྡུས་པ་འདི་ཁོ་ན་དག་བྱའི་སྦྱང་གཞིར་བཤད་དེ། ཇི་སྐད་དུ། རྡོ་རྗེ་སྙིང་འགྲེལ་ལས། དེ་བས་ན་རྡོ་རྗེའི་རིགས་ནི་མངོན་པར་དབང་བསྐུར་བ་བདུན་ཉིད་ཀྱི་མིང་འཐོབ་བོ། །དེ་ནས་བདག་ཅག་ཉིད་ཀྱི་ཕུང་པོ་དང་ཁམས་དང་སྐྱེ་མཆེད་དང་དབང་པོ་དང་འབྱུང་བ་དང་འབྱུང་བ་ལས་གྱུར་པའི་ཇི་སྙེད་པ་དང་། དེ་བཞིན་དུ་ལས། ལས་ཀྱི་དབང་པོའི་བྱ་བ་རྣམས་ལྷ་ཉིད་དུ་བཏགས་ཤིང་དེ་ལས་གཞན་གྱི་ཚུལ་ཉིད་དུ་མི་བཏགས་ཏེ། དེ་ལྟར་ན་དངོས་པོའི་ལས་ཅན་གྱི་རྣལ་འབྱོར་པ་རྣམས་ཀྱིས། གཟུགས་ཕུང་རྡོ་རྗེ་མ་ཡིན་ཏེ། །ཚོར་བ་ལ་ཡང་དཀར་མོར་བརྗོད། །འདུ་ཤེས་ཆུ་ཡི་རྣལ་འབྱོར་མ། །འདུ་བྱེད་རྡོ་རྗེ་མཁའ་འགྲོ་མ། །རྣམ་ཤེས་ཕུང་པོའི་ཚུལ་གྱིས་ནི། །བདག་མེད་རྣལ་འབྱོར་མ་གནས་སོ། །རྟག་ཏུ་འདི་དག་རྣམ་དག་པ། །དེ་ཉིད་རྣལ་འབྱོར་པས་འགྲུབ་བོ། །ཞེས་གསུངས་ཏེ། འདི་ལྟར་ཤེལ་གྱི་ནོར་བུའི་ཉེ་སྐོར་

ན༔ ཁ་དོག་གང་དང་གང་བཞག་པ་དེ་དང་དེའི་ཁ་དོག་ཏུ་འགྱུར་བ་བཞིན་ནོ། །རྡོ་རྗེ་འཆང་ཆེན་པོས་ཀྱང་། བྱང་ཆུབ་སེམས་དཔའ་རྡོ་རྗེ་དབྱིངས་ཞེས་བྱ་བ་ལས། རིགས་ཀྱི་བུ་སེམས་དེ་ནི་ཇི་ལྟར་སྦྱངས་པ་དེ་ལྟར་འགྱུར་རོ་ཞེས་གསུངས་སོ། །ཞེས་གསལ་བར་བཤད་པ་ལྟར་རོ། །གལ་ཏེ་དེ་ནི་ལས་དང་པོ་པའི་རྣལ་འབྱོར་པ་རྣམས་ལ་དགོངས་པ་མིན་ནམ་ཞེ་ན། མིན་ཏེ། བརྟན་པ་ཐོབ་པ་རྣམས་ཀྱིས་ཀྱང་། འབད་རྩོལ་ཆུང་ངུས་ཡུལ་རྣམས་ལྷའི་ངོ་བོར་བསྒྱུར་བར་བྱེད་པའི་ཕྱིར། ཡང་གཞུང་དེ་ཉིད་ལས། ལུས་ཀྱི་དངོས་མེད་གང་ལས་བདེ། །ཞེས་པའི་སྐྱ་འགྲེལ་དུ། ཀུན་རྫོབ་ཀྱི་ལུས་ཀྱི་དངོས་པོ་ཉིད་མེད་ན་བདེ་བ་ཆེན་པོ་ཞེས་བྱ་བརྟན་པའི་ནུས་པ་མེད་པའི་ཕྱིར། ཞེས་བཤད་པ་དང་། ཡང་དག་པར་སངས་རྒྱས་ནི་རྡོ་རྗེ་ལྟ་བུའི་སྐུ་དང་། གླང་པོ་ལྟར་མི་གཡོ་བ་ཡིན་པས་ཤེས་པར་བྱའོ། །དེ་ལྟར་ན་ཡང་རང་གི་ལུས་པོ་ལས་སངས་རྒྱས་འབྱུང་བར་བསྟན་ཏེ། མཚན་དང་དཔེ་བྱད་ལྡན་པའི་རྡོ་རྗེའི་ལྟ་བུའི་སྐུ་ཡང་ཁྱབ་པ་ལ་བརྟེན་ཏེ་འབྱུངས་པའི་ཕྱིར། ཞེས་གསུངས་པ་རྣམས་མི་རིགས་པར་ཐལ། ལྷན་ཅིག་སྐྱེས་པའི་ཡེ་ཤེས་ཡིན་ན་རང་གི་ལུས་ཀུན་རྫོབ་པ་དང་ཀུན་རྫོབ་ཀྱི་ཁྱུ་བ་ལས་མ་བྱུང་བས་ཁྱབ་པའི་ཕྱིར། རྟགས་ནི་དྲུང་ནས་རང་གི་ཞལ་ལན་གྱི་ཐོག་ཏུ་སོང་ངོ་། །ཡང་སློབ་དཔོན་ཆེན་པོ་དྲཱི་ཙཎྜའི་ཀུ་མུ་ཏིའི་གཞུང་དང་ཡང་འགལ་ཏེ། གཞུང་དེ་ཉིད་ལས། བསྒྱུར་བྱ་གཟུགས་ལ་སོགས་པ་ཉིད། སྒྱུར་བྱེད་ཡེ་ཤེས་ཀྱི་རང་བཞིན་ཡིན་པའི་ཕྱིར། ལྟར་བསྒྱུར་དུ་རུང་བ་ཡིན་པར་བཤད་པ་ལས། ཁྱེད་ཉིད་ཀྱིས་གཟུགས་སོགས་མ་དག་པ་རྣམས་དག་པའི་རང་བཞིན་དུ་བསྒྱུར་དུ་མི་རུང་བར་འདོད་པའི་ཕྱིར། རྒྱུ་མཚན་གྲུབ་སྟེ། འགྲེལ་པ་ཉིད་ལས། གལ་ཏེ་དེ་ལྟ་ན་ནི་དེའི་ཚེ་མ་དག་པ་ནི་གང་། དག་པ་ནི་གང་གིས་དོན་དུ་ཞེས་དགོངས་པ་ལ། གཟུགས་ལ་སོགས་པའོ། །ཞེས་བྱ་བ་ལ་སོགས་པ་གསུངས་ཏེ། གཟུང་བ་ཉིད་ཀྱི་དྲི་མས་གོས་པའི་མ་དག་པའི་ཕྱིར། ཅི་གཟུགས་ལ་སོགས་པ་འདི་རྣམས་སྤང་བར་བྱ་བའམ། སྤང་བར་མི་བྱ་ཞེས་སྙམ་པ་ལ། བརྟེན་བྱ་འདི་དག་བརྟེན་པ་ཉིད། །ཅེས་པ་ལ་སོགས་པ་གསུངས་ཏེ། བརྟེན་བྱ་ནི་ཉེ་བར་ལོངས་སྤྱོད་པར་བྱའོ། །ཞེས་བཤད་པ་ལྟར་རོ། །ཡང་དེ་ཉིད་ལས། ཉོན་མོངས་པ་རྣམས་ཆོས་ཉིད་ཀྱི་འཁོར་འདས་གང་གི་ཡང་རྒྱུ་དང་ཁྱད་པར་མི་འཛིན་ལ་ཐབས་ཀྱི་ཁྱད་པར་གྱིས་འཁོར་འདས་གཉིས་ཀའི་ཡང་རྒྱུར་འགྱུར་བར་གསུངས་པ་མི་རིགས་པར་ཐལ། འཁོར་བའི་ཆོས་རྣམས་ནི་ཇི་ལྟར་ཡང་མྱང་འདས་སུ་འགྱུར་བ་མི་རུང་བའི་ཕྱིར། འདོད་ན་དེ་ཉིད་ལས། འཁོར་བ་སྤངས་ནས་གཞན་དུ་ནི། །མྱ་ངན་འདས་པ་རྟོགས་མི་འགྱུར། །ཞེས་བྱ་བ་ལ་སོགས་པ་གསུངས་སོ། །འཁོར་བར་འགྱུར་བས་ན་འཁོར་བའོ། །དེ་དག་འགལ་བ་ནི་མྱ་ངན་འདས་པ་སྟེ༔ འཁོར་བ་མིན་པའི་མཚན་ཉིད་དོ། །དེའི་ཕྱིར་འཁོར་བ་དང་མྱ་ངན་ལས་འདས་པ་གཅིག་གིས་མཚན་ཉིད་

ཡིན་ཞེས་དགོངས་པ་ལ། འདི་རྣམས་ཆོས་ནི་མྱ་ངན་འདས། །ཞེས་བྱ་བ་ལ་སོགས་པར་གསུངས་ཏེ། ཆོས་གང་འཁོར་བ་ན་མྱ་ངན་ལས་འདས་པར་འགྱུར་བའི་ཆོས་དེ་ཉིད་གདོད་མ་ནས་མྱ་ངན་ལས་འདས་པ་ཡིན་ཏེ། དེས་ན་ཆོས་ཉིད་ཀྱི་སྲིད་པ་དང་མྱ་ངན་ལས་འདས་པའི་ཁྱད་པར་ཕྲ་མོ་ཡང་ཡོད་པ་མིན་ཏེ། དེ་བས་ན་ཐར་པ་འདོད་པ་རྣམས་ཀྱིས་ཀྱང་དངོས་པོ་ཡོངས་སུ་སྤང་བར་མི་བྱ་ཞིང་། གདོད་མ་ཀྱང་རབ་ཏུ་སྤང་བར་མི་བྱ་བ་ཉིད་རྟོགས་པར་བྱ་བའི་ཕྱིར། སྐྱོང་མེད་འཁོར་བ་དག་པས་ནི། །ཞེས་བྱ་བ་ལ་སོགས་པ་གསུངས་སོ། །ཞེས་བཤད་པ་དང་འགལ་ལོ། །གཞན་ཡང་། ཧེ་རུ་ཀ་ནི་བསྐྱེད་པའི་རྒྱུ། །དང་པོ་རེ་ཞིག་གཅིག་ཡིན་ནོ། །ཞེས་ལྷ་སྐུའི་རྒྱུ་དམིགས་བཅས་ཀུན་རྫོབ་ཀྱིས་བསྡུས་པ་མ་བསྟན་པར་ཐལ། ལྷ་སྐུའི་རྒྱུར་འགྲོ་བའི་ཀུན་རྫོབ་མི་སྲིད་པའི་ཕྱིར། རྟགས་ཁྱེད་རང་གིས་ཁས་བླངས། འདོད་ན། ཀུ་མུ་ཏི་ལས། དེ་ལ་ཧེ་རུ་ཀ་ནི་བསྐྱེད་པའི་རྒྱུ། །དོར་ཞིག་གཅིག་ཡིན་ཏེ། ཞེས་བྱ་བ་ལ་སོགས་པས་རེ་ཞིག་དམིགས་པ་དང་བཅས་པའི་ཐབས་སུ་གསུངས་ཏེ། ཧེ་རུ་ཀ་བསྐྱེད་པའི་རྒྱུ་ནི་ཧེ་རུ་འབྱུང་བའི་ཕུན་སུམ་ཚོགས་པའི་རྒྱུ་རྩའི་འཁོར་ལོ་སྟེ། དེ་དེ་ལྟར་འགྱུར་རོ། །ཕྱིས་ནི་འབྲས་བུ་ཀྱི་རྡོ་རྗེ་ཞེས་བྱ་བ་འབྱུང་བར་འགྱུར་རོ། །གྲོལ་བ་འདོད་པ་སྲིད་པ་ལ་ཞེ་སྡང་བ་རྣམས་ཀྱི་ཧེ་རུ་ཀ་བསྐྱེད་པའི་རྒྱུ་དང་། ཧེ་རུ་ཀས་ཀྱང་ཅི་ཞིག་བྱ་ཞེས་དགོངས་པ་ལ། དངོས་པོ་ཉིད་ཀྱིས་རྣམ་གྲོལ་ཞིང་། །ཞེས་བྱ་བ་ལ་སོགས་པ་སྨོས་ཏེ། འབྱུང་བའི་ཕྱིར་དངོས་པོ་དང་ཁམས་དང་སྐྱེ་མཆེད་ལ་སོགས་པའོ། །དེ་ཉིད་ཀྱི་ཕྱིར་དངོས་པོ་ཉིད་ཀྱི་རྣམ་པར་གྲོལ་བར་འགྱུར་གྱི། ཡང་ཕུང་པོ་ལ་སོགས་པ་དངོས་པོ་མེད་པས་ནི་མིན་ནོ། །ཞེས་གསུངས་པ་དང་འགལ་ལོ། །ཡང་སློབ་དཔོན་མཚོ་སྐྱེས་རྡོ་རྗེའི་གཞུང་དང་ཡང་འགལ་ཏེ། གཞུང་དེར་སེམས་ཅན་གྱི་གཟུགས་དང་ལྷའི་སྐུ་གཉིས་ཀ་སེམས་ཀྱི་སྣང་བ་ལས་གྲུབ་པའི་སྒྱུ་མ་ལྟ་བུ་དང་། གཉིས་ཀ་ལ་ཡང་ཕུང་པོ་སོགས་ཐ་སྙད་དུ་མེད་པར་བཤད་ལ། ཁྱེད་ཀྱིས་སེམས་ཀྱི་གཟུགས་སོགས་དག་པའི་སྐུར་འགྱུར་རུང་གི་སྒྱུ་མ་ལྟ་བུར་ཁས་མི་ལེན་པའི་ཕྱིར། རྟགས་སྔ་མ་གྲུབ་སྟེ། རྣམ་འགྲེལ་པདྨ་ཅན་ལས། ལྷའི་རྣམ་པའི་གཟུགས་དང་ལྡན། །ཞེས་པ་གང་ལས་སངས་རྒྱས་དང་མིའི་ལུས་དག་དབྱེ་བ་ནི། ཕྱག་དང་ཞལ་གྱི་རྣམ་པ་ཡི། །རེ་ཞིག་བྱེ་བྲག་མེད་དེ། ཕུང་པོ་ལྔ་ཉིད་དུ་ཡང་བྱེ་བྲག་མེད་དོ། །ཤ་ལ་སོགས་པ་པུ་ཀ་སི་ལ་སོགས་པའི་ཚུལ་གྱིས་རྣམ་པར་བཞག་པའོ། །གལ་ཏེ་སངས་རྒྱས་ཀྱི་སྐུ་དག་རྣམ་པར་ཤེས་པའི་རང་བཞིན་དང་། འདི་དག་ས་ལ་སོགས་པའི་རང་བཞིན་སྙམ་ན། ཨེ་མ་ཧོ་མ་ཤེས་པ་ཡིན་ཏེ། དེ་ལྟར་ཉིད་དུ་ཆོས་ཐམས་ཅད་རྣམ་པར་ཤེས་པའི་རང་བཞིན་དུ་མཐོང་སྟེ། བྱེ་བྲག་ཏུ་ཅུང་ཟད་ཀྱང་མེད་དོ། །ཞེས་བཤད་པས་སོ། །དེ་བཞིན་དུ་སློབ་དཔོན་ཏོག་ཙེ་པས། བསམ་གྱིས་མི་ཁྱབ་པའི་མན་ངག་ལས་ཀྱང་། ཡེ་ཤེས་གཅིག་གིས་རང་སྣང་གི་ཆོས་ཐམས་ཅད

ཀྱི་ཁ་དོག་བསྒྱུར་ནུས་པ་དང་། རོ་གཅིག་ཏུ་ནུས་པར་བཤད་དེ། ཇི་སྐད་དུ། གཉིས་མེད་བརྟུད་ཀྱིས་ཕྱིགས་པ་ཡི། །རྡོ་ཤིང་འཛིམ་པའི་འགྱུར་བ་རྣམས། །ལྷ་ཡི་རྣམ་པར་འགྱུར་བ་ནི། །བཟང་པོའི་ཞལ་སྔ་ནས་ཀྱིས་བསྟན། །ཐབས་དང་ཤེས་རབ་སྙིང་རྗེ་ཆེ། །གཅིག་ཏུ་རོ་གཅིག་རྣམ་པ་གཅིག །ཅེས་བཤད་པ་ལྟར་རོ། །

གཉིས་པ་བྱེ་བྲག་ཏུ་རྗེ་བཙུན་ས་སྐྱ་པའི་ལུང་དང་འགལ་བར་བསྟན་པ་ནི། དཔལ་བརྩེ་བ་ཆེན་པོས། དབང་བཞི་ངོ་སྤྲོད་ཀྱི་འགྲེལ་པ་ལས། དེ་ལྟར་རྟེན་འབྲེལ་འགྲིག་པས་ཚེ་འདི་ཉིད་ལ་ལུས་མ་སྤྱངས་པར་སངས་རྒྱས་ཀྱང་ཐོབ་ན་གཞན་ལྟ་སྨོས་ཀྱང་ཅི་དགོས། ཞེས་བཤད་པ་དེ་མི་འཐད་པར་ཐལ། ཐ་མལ་གྱི་ལུས་ཉིད་སངས་རྒྱས་ཀྱི་སྐུར་བསྒྱུར་མི་བཏུབ་པའི་ཕྱིར། གལ་ཏེ་ལུས་མ་སྤྱངས་ཞེས་པ་ཆོས་ཉིད་ཀྱི་ལུས་ལ་དགོངས་སོ་ཞེ་ན། ཆོས་ཉིད་ཀྱི་ལུས་དེ་ལ་རྟེན་ཅིང་འབྲེལ་པར་འབྱུང་བའི་སྐུ་ལ་ཟེར་ན་ནི་ཆོས་ཉིད་དངོས་མིན་ལ། ཆོས་ཉིད་དངོས་ཡིན་ན་ནི་སྐད་ཅིག་གིས་སྐྱེ་འགག་བྱེད་པར་འགལ་ཞིང་། རྟེན་འབྲེལ་སྒྲིག་པ་ཉིད་འགལ་ལོ། །ཡང་བརྩེ་བ་ཆེན་པོས་རྣམ་འགྲེལ་ལས་ལམ་འབྲས་བུ་དང་བཅས་པའི་མཚན་དོན་གྱི་གོ་བ་འཆད་པ་ན། དེ་བས་ན་ལམ་འབྲས་བུ་དང་བཅས་པའི་གདམས་ངག་ཅེས་བྱ་སྟེ། གསང་སྔགས་འབྲས་བུ་ལམ་དུ་བྱེད་པ་ལ་དགོངས་ནས། ལམ་གྱི་དུས་སུ་འབྲས་བུ་ཡང་མི་འབྲལ་བར་ལྷུན་གྲུབ་ཏུ་གནས་ཏེ། དེ་ཡང་ལུང་ལས། ལུས་ལ་རྩ་གནས། རྩ་དེ་ལ་སྤྲུལ་སྐུ་རང་བཞིན་གྱིས་ལྷུན་གྲུབ་ཅེས་བྱ་སྟེ། རྩ་མེད་ན་སྤྲུལ་སྐུ་འབྱུང་བའི་རྒྱུ་མེད་པ་དང་། རྩ་དེ་ཉིད་ལམ་གྱི་རྟེན་འབྲེལ་གྱིས་གནས་གྱུར་པས་ལན་གཅིག་སྤྲུལ་སྐུར་འཆར་བའི་ཕྱིར་རོ། །དེ་བས་ན་རང་བཞིན་ལྷུན་གྲུབ་དང་། འགྱུར་དུ་རུང་བ་གཉིས་ལ་དགོངས་ནས་རྒྱུ་རྩ་དེ་ལ་སྤྲུལ་སྐུ་ལྷུན་གྲུབ་ཏུ་བཞག་པས། རྒྱུ་ལམ་གྱི་དུས་ན་འབྲས་བུ་ཡང་མ་དོར་བར་གནས་པས། གསང་སྔགས་ལམ་ཉེ་བའི་གནད་ཀྱང་དེ་ཡིན་ནོ། །དེས་ན་དབང་། བུམ་པའི་དབང་དེ་ལ་སྤྲུལ་སྐུའི་དབང་ཞེས་བྱ་བ་དང་། ལམ་ལྟ་བ་དང་། སྤྲུལ་སྐུའི་གྲུབ་མཐའ་ཞེས་བྱ་བར་འགྱུར་གསུང་། དེས་རྒྱུ་ལ་ལྷུན་གྲུབ་ཏུ་རྩེ་བའོ། །དེ་ཉིད་ཀྱང་ལམ་འབྲས་གསུང་མདོ་ཞེས་བྱ་འབྱུང་བས་བསྟན་ཏོ། །དེས་གཞན་གསུམ་ལ་ཡང་འགྲེས་ཏེ་ཤེས་པར་བྱའོ། །ཡང་འབྲས་བུ་ལམ་དང་བཅས་པའི་གདམས་ངག་ཅེས་བྱ་སྟེ། མཐར་ཐུག་འབྲས་བུའི་གནས་སྐབས་ན། རྒྱུ་ལམ་གྱི་ཆོས་རྟེན་རྩ་དང་ཡི་གེ་ལ་སོགས་པ་ཐམས་ཅད་མ་སྤྱངས་ཏེ། གནས་གྱུར་གྱི་ཚུལ་དུ་ཟག་པ་མེད་པའི་ཡེ་ཤེས་གཅིག་གི་སྣང་བས་བསྡུས་ནས་ཡོད་པར་བཞེད་དེ། དཔེར་ན་ལྕགས་སྲང་སྟོང་གསེར་འགྱུར་རྩིས་བསྒྱུར་བའི་ལྕགས་ཀྱི་ངོ་བོ་མ་བཏགས་པ་དང་མཚུངས་སོ། །དེས་ན་མཐར་ཐུགས་སྤྲུལ་པའི་སྐུ་སྟེ། ལྷུན་གྲུབ་ཀྱི་སྤྲུལ་སྐུ་རྩ་གནས་གྱུར་ལས་བྱུང་བ། ལམ་དབྱིབས། ལྟ་བ་ངོ་བོ་ཉིད། གྲུབ་མཐའ་འཁོར་འདས་དབྱེར་མེད་ལས་བྱུང་བ་བྱས་ན

གནས་གྱུར་ལ་ཡེ་ཤེས་རྩེ་བས་དེ་གསུམ་པོ་ཡང་དེས་འགྲེལ། །ཞེས་གསུངས་པ་འདི་ཐམས་ཅད་མི་རིགས་པ་ཐལ། ད་ལྟའི་རྟེན་ལ་བཞི་པོ་འདི་སངས་རྒྱས་ཀྱི་སྐུར་བསྒྱུར་དུ་མི་རུང་བའི་ཕྱིར་རོ། །གལ་ཏེ་ཆོས་ཉིད་ཀྱིས་རྟེན་འབྲེལ་བཞི་གནས་བསྒྱུར་བ་ཡིན་པས་མི་འགལ་ལོ་སྙམ་ན། མིན་ཏེ། གཟུང་འཛིན་གཉིས་མེད་ཀྱི་ཡེ་ཤེས་ལ་ཤར་བའི་དཀྱིལ་འཁོར་བཞི་ནི་གང་ཟག་ཀུན་ལ་ཐུན་མོང་དུ་ཡོད་ལ། དེ་ལྟ་བུ་མིན་པའི་ཆོས་ཉིད་ཀྱི་དཀྱིལ་འཁོར་བཞི་ཁྱེད་ལ་མེད་པས་གཉིས་མེད་ཀྱི་ཡེ་ཤེས་རྒྱུད་ལ་མ་སྐྱེས་པ་ཐམས་ཅད་ལ་རྟེན་དཀྱིལ་འཁོར་བཞི་མ་ཚང་བར་འགྱུར་རོ། །དབུ་མ་པ་ཐམས་ཅད་ནི་གནས་འགྱུར་ཞེས་བརྗོད་པ་ཙམ་གྱིས་གནས་འགྱུར་བྱའི་ཆོས་དེ་དོན་དམ་བདེན་པ་མིན་པར་ཁོང་དུ་ཆུད་པར་མཛད་དོ། །དེས་ན་རྣམ་འགྲེལ་གྱི་དོན་ནི་གཞི་དུས་ན་ལམ་གྱི་ཆོས་རྣམས་ཡོན་ཏན་གྱི་ཚུལ་དུ་ཚང་བས། ལམ་གཞི་ལས་ལོགས་སུ་དབྱེར་མེད། འབྲས་བུ་ནི་དེ་གཉིས་ལས་འབྱུང་རྒྱུ་ཡིན་པས། ད་ལྟ་དེ་གཉིས་ལས་ལོགས་སུ་དབྱེར་མེད་དེ། དེས་ན་ཆོས་ཀྱི་རྗེས། གཞི་ལམ་འབྲས་གསུམ་དབྱེར་མེད་དུ་སྨྲ་བ། །འགོན་གྱི་རིགས་ཀྱི་ཤཱཀྱའི་སྲས་པོ་མཆོག །རྗེ་རྗེའི་རིགས་གཅིག་ཀུན་དགའི་རྒྱལ་མཚན་དཔལ། །བཟང་པོ་ལས་གཞན་དོན་མཐུན་སྨྲ་བ་སུ། །ཞེས་བཤད་པ་ལྟ་བུ་ཡིན་ཏེ། རྗེ་བཙུན་གོང་མས་གཞི་ལམ་འབྲས་གསུམ་དབྱེར་མེད་དུ་བཤད་པའི་གོ་རྒྱུ་གཞི་ལམ་འབྲས་གསུམ་ཡིན་ཁྱབ་མཉམ་ལ་མི་འཛིན་པར་གསོལ་བ་འདེབས་སོ། །ཡང་རྟེན་འབྲེལ་ལྔའི་ཡི་གེ་ལས། ད་ལྟའི་ལུས་ངག་ཡིད་སྙིང་པོ༑ དེ་ལ་བརྟེན་པའི་ཀུན་གཞི་དང་ལྔ་སྟེ། ད་ལྟའི་དོན་བྱེད་ནུས་པའི་ལུས་འདི་སྐུ་རྡོ་རྗེ། དོན་བྱེད་ནུས་པའི་ངག་འདི་གསུང་རྡོ་རྗེ། དོན་བྱེད་ནུས་པའི་ཁམས་དྭངས་མ་ནི་ཐུགས་རྡོ་རྗེ། དོན་བྱེད་ནུས་པའི་རླུང་འདི་སྙིང་པོ་རྡོ་རྗེ། དེ་བཞི་ལ་བརྟེན་པའི་དོན་བྱེད་ནུས་པའི་ཀུན་གཞི་དག་པ་འདི་བྱང་ཆུབ་ཆེན་པོའོ། །ཞེས་གསལ་བར་བཤད་པ་འདི་གཏན་ནས་མི་འཐད་པར་ཐལ། ད་ལྟར་གྱི་དོན་བྱེད་ནུས་པའི་རྟེན་འབྲེལ་ལྔ་པོ་དེ་ཀུན་རྫོབ་ཏུ་འདོད་ན་ནི་གཏན་མེད་དུ་ཁས་ལེན་དགོས་པས་རྟེན་འབྲེལ་ལྔས་ལམ་ཡོངས་སུ་རྫོགས་པ་ཁས་ལེན་དུ་མི་རུང་། དོན་དམ་ཡིན་ན། རྟེན་འབྲེལ་ལྔ་པོ་དེ་ཆོས་ཅན། དོན་དམ་བདེན་པ་མིན་པར་ཐལ། དོན་བྱེད་ནུས་པའི་དངོས་པོ་ཡིན་པའི་ཕྱིར་དང་། གཞན་ལ་རག་ལས་པའི་ཆོས་ཡིན་པའི་ཕྱིར་རོ། །རྟགས་གྲུབ་སྟེ། གཞུང་དེ་ཉིད་ལས། གསུམ་པ་རྟེན་འབྲེལ་དེ་རང་ཉིད་ངོ་བོའམ། གོ་བ་ཇི་ལྟ་བུ་ཡིན་པ་ནི་གཞན་དབང་རྟེན་འབྲེལ་ཏེ། དེའི་ཏིང་ངེ་འཛིན་དེའི་རྒྱུ་རྐྱེན་གཞན་ལ་རག་ལས་པས། གཞན་དབང་རྟེན་འབྲེལ་ཞེས་བྱ་སྟེ། དེ་ཡང་རྟེན་ནི་དེ་སྐྱེ་བ་སྟེ་ལུས་ཀྱི་འདུག་ལུགས་ལ་རག་ལས། རླུང་དང་ཟས་དང་ཡུལ་གྱི་བདུད་རྩི་མུ་ཏྲ་བརྟེན་པ་དང་། གཉིད་ལ་སོགས་པ་ལ་རག་ལུས་པའོ། །ཞེས་བཤད་པས་སོ། །ཁྱབ་པ་གྲུབ་ཏེ། ཕྱུ་པས། རང་བཞིན་དང་ནི་

བཅོས་མིན་དང་། །གཞན་ལ་ལྟོས་པ་མེད་པ་ཡིན། །རང་བཞིན་གཞན་དུ་འགྱུར་བ་ནི། །ནམ་ཡང་འཐད་པ་མ་ཡིན་ནོ། །ཞེས་གསུངས་པས་ཤེས་སོ། འདིར་རྟེན་འབྲེལ་ལྟ་བོ་ཐམས་ཅད་དོན་བྱེད་ནུས་པའི་དངོས་པོར་བཤད་པ་ལ། རྟོག་དཔྱོད་ཕྲ་མོ་ཙམ་ཡང་མ་ཞུགས་པར་ལམ་འབྲས་སུ་བཤད་པའི་ཀུན་གཞི་དང་བདེ་གཤེགས་སྙིང་པོ་གཅིག་གོ་ཟེར་བ་ནི་རྟེན་འབྲེལ་ལྟའི་ཡི་གེར། ཀུན་གཞི་དོན་བྱེད་ནུས་པའི་དངོས་པོ་དང་། རྟེན་འབྲེལ་ཉིད་ཡིན་པར་གསུངས་པ་མ་གོ་ཞིང་། སྡོམ་གསུམ་རབ་དབྱེའི་ཕྱོགས་སུ་ཁས་བླངས་པ་ཡིན་ཏེ། བདེ་གཤེགས་སྙིང་པོ་ནི་ཆོས་དབྱིངས་འགྱུར་མེད་ལ་བཤད་ཅིང་། ཆོས་དབྱིངས་ནི་ཡེ་ཤེས་ཀྱི་མཐའ་དང་བྲལ་བར་གསུངས་པའི་ཕྱིར་ཏེ། ཇི་སྐད་དུ། ཆོས་དབྱིངས་ཡོད་པའང་མིན་ཏེ་ཞེས་པ་ནས། གསུངས་ཞེས་པའི་བར་དང་། དེས་ན་སངས་རྒྱས་བསྟན་པ་ལ། །ཞེས་ནས། མ་ནུབ་ཤིག་ཅེས་པའི་བར་གསུངས་པ་ལྟར་རོ། །སྒྱུ་མ་ལྟ་བུའི་ཀུན་གཞི་དག་པ་ལ། །སྒྱུ་མ་ལྟ་བུའི་རྟེན་འབྲེལ་ལམ་བསྒྲུབས་ནས། །སྒྱུ་མའི་གར་གྱིས་འགྲོ་བ་འདྲེན་པ་ཡི། །གཞི་ལམ་འབྲས་གསུམ་ཚུལ་འདི་ཁོ་བོས་རིག །སྟོང་ཉིད་དངོས་པོར་སྨྲ་བའི་རྟོག་གེ་པ། །དབུ་མ་ཆེན་པོའི་ལམ་དུ་ཇི་ལྟར་འགྲོ། །རྗེ་བཙུན་གོང་མའི་གདམས་ཀྱིས་འཛིགས་པ་དག །གཞུང་འདི་མཐོང་ན་ཕྲག་དོག་ལག་པ་ཡི། །རྣ་བ་བཀག་ཀྱང་ཡིད་ལ་ཟུག་རྔུ་ཡི། །ཚེར་མ་དམ་དུ་བྱས་པ་མ་ཡིན་ནམ། །བར་སྐབས་ཀྱི་ཚིགས་སུ་བཅད་པའོ། །

ཡང་སློབ་དཔོན་ཆེན་པོ་ཐམས་ཅད་མཁྱེན་པ་བསོད་ནམས་རྩེ་མོའི་གཞུང་ལས་ཀྱང་། རང་གི་ལུས་ཀུན་རྫོབ་ཀྱིས་བསྡུས་པ་འདི་ཉིད་ལྷའི་སྐུར་གནས་འགྱུར་བའི་ཚུལ་གསུངས་ཏེ། ཇི་སྐད་དུ། གདན་གྱི་གསལ་བྱེད་ལས་ཀྱང་། དེའང་འདི་ལྟར་བྱང་ཆུབ་ཀྱི་ཕྱོགས་ཀྱང་དེ་ལྟར་དང་། ས་ལ་གནས་པ་དང་འབྲས་བུའི་གནས་སྐབས་སུ་འཕོ་བ་ལྟར་ལུས་ཀྱང་འཕོ་སྟེ། དཔེར་ན་རྩ་ལུས་ཟག་པ་དང་བཅས་པ་ཉིད་དུ་སྐྱེ་བར་བྱེད་ལ། ཡང་རྩ་དེ་དག་ལམ་དུ་འབར་འཛག་དང་སྙོམས་འཇུག་ལ་སོགས་པ་བྱས་པས་རྣལ་འབྱོར་པ་ལམ་གྱི་ལུས་སུ་འགྱུར་ལ༑ ཡང་ རླུང་སེམས་ཐམས་ཅད་དབུ་མར་ཐིམ་པའི་ཚེ་ཕུང་པོ་ལ་སོགས་པ་ཐམས་ཅད་སངས་རྒྱས་དང་བྱང་ཆུབ་སེམས་དཔའི་སྐུ་ཡོངས་སུ་གནས་གྱུར་པ་ན། སོ་དང་སེན་མོ་ལ་སོགས་པ་ཕྲ་སེ་ན་ལྟ་བུ་དྭངས་ཤིང་ཐོག་པ་མེད་པར་འགྱུར་ལ། སེམས་ཀྱང་རྟོག་པ་མེད་པར་རྣལ་མར་གནས་གྱུར་པར་བྱེད་དོ། །དེས་ན་རང་གི་ལུས་འདི་ཉིད་གནས་གྱུར་པ་ལས་སངས་རྒྱས་ཉིད་འབྱུང་གི སངས་རྒྱས་ཀྱི་སྐུ་གཞན་གང་ན་ཡང་མི་གནས་ཏེ་མི་རྙེད་དོ། །དེའི་ཕྱིར་སངས་རྒྱས་ལུས་ལས་གཞན་དུ་ཚོལ་བ་དེ་ནི་མི་ཤེས་པའི་སྒྲིབ་པས་བསྒྲིབས་ཞེས་བརྗོད། ལུས་སངས་རྒྱས་ཡིན་པ་བཞིན་སེམས་ཀྱང་སངས་རྒྱས་སུ་ད་ལྟ་ནས་ལུས་ལ་གནས་པར་བསྟན་པའི་ཕྱིར་ཡེ་

ཤེས་ཆེན་པོ་ཞེས་སླས་སོ། །ཞེས་བཤད་ལ། དེའི་དོན་ཡང་གཞི་དུས་ཀྱི་ལུས་ལམ་དུས་ཀྱི་ལུས་སུ་ན་འཕོ་བ་དང་། ལམ་གྱི་ལུས་འབྲས་བུའི་ལུས་སུ་ན་འཕོ་བ་ལ་འདོད་དགོས་པའི་ཕྱིར། ཡང་དེ་ཉིད་ལས། གང་ཚེ་ལས་ཀྱི་ལུས་བཅོས་པ། །དེ་ཚེ་ལྷ་རུ་འགྱུར་བ་ཡིན། །ཞེས་པའི་དོན་འཆད་པ་ན། རྣལ་འབྱོར་པ་འབྲིང་གི་ལུས་ཞིག་ནས་བར་དོར་སངས་རྒྱས་པ་ལ་ལས་ཀྱི་ལུས་བཅོམ་པའི་དོན་དུ་བཤད་ལ། རྣལ་འབྱོར་པ་མཆོག་གི་ད་ལྟར་ལུས་ཉིད་བསྒྱུར་བ་ལ་བཅོམ་པའི་དོན་དུ་བཤད་པའི་ཕྱིར་ཏེ། ཇི་སྐད་དུ། གནད་ཀྱི་གསལ་བྱེད་ལས། དེ་ལ་གང་ཚེ་ཞེས་བྱ་བ་ནི་གཉིས་མེད་ཡེ་ཤེས་ཀྱི་རྟོགས་པ་མཆོག་ཏུ་གྱུར་པ་གང་གི་ཚེའོ། །ལས་ཀྱི་ལུས་བཅོམ་པ་ནི་ཟག་བཅས་ཀྱི་ལུས་འདི་འཇིག་པ་སྟེ། རྣལ་འབྱོར་པ་འབྲིང་གིས་ནི་ལུས་འདི་བོར་ཏེ་འཆི་བའི་དུས་སུ་བླ་མའི་གདམ་ངག་གིས་བཟུང་སྟེ་བར་མ་དོའི་ཚེ་འབྲས་བུ་འགྲུབ་ཅེས་བྱ་བ་ཡིན་ལ། རྣལ་འབྱོར་མཆོག་གིས་ནི་ཟག་བཅས་ཀྱི་ལུས་ཉིད་བསྒྱུར་བ་ལ་བཅོམ་ཞེས་བྱ་སྟེ། རྒྱལ་པོ་ཨིནྡྲ་བྷཱུ་ཏི་ལྟར་ལུས་དེ་ཉིད་ཀྱིས་དབང་ཕྱུག་བརྒྱད་དང་ལྡན་པའི་ལུས་སུ་གྱུར་ཏོ། །ཞེས་སྤྱོད་པ་བསྡུས་པ་ལས་གསུངས་པ་ལྟ་བུའོ། །དེ་ཉིད་ལྟ་དེ་ལོངས་སྤྱོད་རྫོགས་པའི་སྐུའོ། །ཞེས་ཤིན་ཏུ་གསལ་པོར་བཤད་པའི་ཕྱིར་རོ། །དེ་བཞིན་དུ་རྗེ་བཙུན་ཆེན་པོས་ལྗོན་ཤིང་དུ། འཕགས་པ་ཡབ་སྲས་ཀྱི་དགོངས་པ་འཆད་པ་ན། ཐ་མལ་གྱི་ལུས་སྦྱང་གཞི་བསྐྱེད་རིམ་དང་། ཐ་མལ་གྱི་སེམས་ཅན་འཆི་བ་སྦྱང་གཞི་རྫོགས་རིམ་དུ་བཤད་པ་ཡང་མི་རིགས་པ། ཁྱེད་ཀྱི་ལུགས་ལ་དེ་དག་སྦྱང་བྱའི་དྲི་མ་ཡིན་གྱི་སྦྱང་གཞི་མིན་པའི་ཕྱིར་དང་། ཡིན་ན་ནི། སྦྱོང་བྱེད་ལམ་གྱི་བསྒྱུར་ནུས་པར་ཁས་ལེན་དགོས་པའི་ཕྱིར་རོ། །གལ་ཏེ་ལུང་འདི་ཉིད་བསྟན་དགོས་སོ་ཞེ་ན། ཤིན་ཏུ་སྟོན་ཏེ། ལྗོན་ཤིང་ལས། དེ་ལ་སྦྱང་གཞི་བསྐྱེད་པའི་རིམ་པ་ལ་བསྐྱེད་པ་ཞེས་བྱ་བ་ནི་ཐ་མལ་གྱི་ལུས་གྲུབ་པ་ཡིན་ལ། རིམ་པ་ཞེས་བྱ་བ་ནི་དེ་སྐྱེ་བའི་རིམ་པ་སྐྱེ་གནས་བཞི་དང་། བྱེ་བྲག་ཏུ་མངལ་སྐྱེས་ཀྱི་དབང་དུ་བྱས་ནས་མངལ་གྱི་གནས་སྐབས་ལྔའོ། །དེ་སྦྱོང་བར་བྱེད་པའི་ཐབས་ལྷའི་རྣམ་པ་ནི་སྦྱོང་བྱེད་བསྐྱེད་རིམ་མོ། །སྦྱང་གཞི་རྫོགས་པ་ནི་ཐ་མལ་གྱི་སེམས་ཅན་འཆི་བ་ཡིན་ལ། རིམ་པ་ནི་ས་ཆུ་ལ་ཐིམ་པ་ལ་སོགས་པ་འཆི་བའི་རིམ་པའོ། །ཞེས་གསུངས་པ་མིག་གིས་ལེགས་པར་ལྟོས་ཤིག ཡང་ཉེ་རྒྱུ་དང་མཚམས་སྦྱོར་ནས་འབྲས་བུ་མངོན་དུ་བྱེད་ཁར་དེའི་སྐད་ཅིག་གཅིག་ལ་རླུང་སེམས་ཐམས་ཅད་འཇའ་ལུས་རྡོ་རྗེའི་སྐུར་གྱུར་པ་མི་རིགས་པར་ཐལ། ལུས་ཟག་པ་དང་བཅས་པ་ལྷའི་སྐུར་འགྱུར་མི་སྲིད་པའི་ཕྱིར་རོ། །འདོད་ན། རྡོ་རྗེ་གུར་ལས། ཕྱག་རྒྱའི་དངོས་གྲུབ་དངོས་གྲུབ་ཆེ། །དངོས་གྲུབ་ཀུན་གྱི་སྤྱོད་ཡུལ་མིན། །དེ་དུས་དེ་ཡི་ལུས་ཐོབ་ཅིང་། །སྐད་ཅིག་ལ་ནི་བདེ་ཆེན་ཚུལ། །ཞེས་གསུངས་པ་དང་འགལ་ལོ། །ཡང་རྗེ་བཙུན་ཆེན་པོས། སྤྱིར་ཕྱུང་ཁམས་སྐྱེ་མཆེད་ལྟར་བསྒོམ་ཚུལ་བཤད་ཀྱང་

མ་དག་པའི་ལུས་ལྷར་བསྒོམ་ཞེས་གསལ་བར་མ་གསུངས་སོ་སྙམ་ན། གསུངས་ཏེ། ལཱུ་ཧི་པའི་གསལ་བྱེད་ལས། ཕུང་ཁམས་སྐྱེ་མཆེད་ཀྱི་གཞིར་གྱུར་པའི་སྐབས་སུ་སའི་ཁམས་ནི་ལྡང་བར་བྱེད་མའོ། །ཆུའི་ཁམས་ནི་གསོད་པར་བྱེད་མའོ། །མེའི་ཁམས་ནི་འགུགས་པར་བྱེད་མའོ། །རླུང་གི་ཁམས་ནི་གར་གྱི་དབང་ཕྱུག་མའོ། །ནམ་མཁའི་ཁམས་ནི་པདྨའི་དྲ་བ་སྟེ། །ཞེས་བྱ་བའི་བར་དུ་བརྗོད་ཅིང་། སེམས་ཀྱིས་མ་དག་པའི་ཕུང་པོ་ལ་སོགས་པ་བཅུ་བདུན་དག་པའི་ལྷ་བཅུ་བདུན་གྱི་རང་བཞིན་དུ་མོས་པ་བྱའོ། །དེ་དག་གིས་ནི་རིགས་ངན་གྱི་ཁང་པ་མེས་བསྲེགས་པ་བཞིན། ཚོགས་གསོག་པའི་རྟེན་ཁྱད་པར་ཅན་དུ་བྱས་པ་ཡིན་ནོ། །ཞེས་གསལ་བར་བཤད་པའི་ཕྱིར་རོ། །རིགས་ངན་གྱི་ཁང་པ་མེས་བསྲེགས་པ་དང་འདྲ་བར་གསུངས་པའི་དོན་ཡང་ཕུང་པོ་ལ་སོགས་པ་ཐ་མལ་དུ་ཞེན་པའི་རྟོག་པ་ལྷའི་རྣམ་པར་བསྒྱུར་བ་ལ་བྱའི། ཕུང་པོ་སོགས་གཏན་མེད་དུ་བཏང་བ་ལ་ནི་མི་འདོད་དོ། །གལ་ཏེ་བློ་གྲོས་ཆུང་ངུ་དག་གི་དགོས་པ་ལ། གཟུགས་སོགས་ལ་ལྷ་དང་ཐ་མལ་པའི་འདུ་ཤེས་གཉིས་ཀ་ལྡན་ཅིག་ཏུ་བསྒོམ་སྙམ་ན། མིན་ཏེ། སྔར་མི་སྒོམ་པའི་སྐབས་སུ་ཐ་མལ་པའི་འདུ་ཤེས་ཡོད་པ་དེ་སྒོམ་པའི་སྐབས་སུ་ཐ་མལ་པ་མིན་པའི་ལྷའི་རྣམ་པར་བསྒྱུར་ནས་ཉམས་སུ་ལེན་པ་ལ་ཐ་མལ་པ་ཉིད་ལྷར་བསྒོམ་ཞེས་བརྗོད་ཀྱི་ཐ་མལ་པར་བསྒོམ་ཞེས་བྱ་བ་ནི་རྣལ་འབྱོར་ཆེན་པོ་བླ་ན་མེད་པའི་སྐབས་སུ་ནམ་ཡང་ཁས་མི་ལེན་ནོ། །འོན་ཐ་མལ་གྱི་ཕུང་ཁམས་སྐྱེ་མཆེད་སོགས་ཁྱོད་ཀྱི་ཁས་བླངས་པ་དང་འགལ་ལོ་ཞེ་ན། མི་འགལ་ཏེ། ཐ་མལ་རྣམ་རྟོག་གི་ངོར་ཐ་མལ་དུ་སྣང་བ་ཉིད་ལས་ལོགས་སུ་གྱུར་པའི་ཐ་མལ་པ་ནི་ཁས་བླངས་པ་མེད་ལ། ཐ་མལ་རྣམ་རྟོག་གི་ངོ་བོར་ཐ་མལ་དུ་སྣང་བ་དེ་ནི་བསྐྱེད་རིམ་སྒོམ་པའི་ངོ་བོར་ཁས་ལེན་པ་མིན་གྱི་བློ་རང་ངོ་ལ་ལྟོས་ནས་བཞག་པ་ཡིན་པས་སྐྱོན་ཅི་ཡང་ཡོད་པ་མིན་ནོ། །དོན་འདི་འདྲ་བ་ལ་དགོངས་ནས་དཔལ་ལྡན་ས་སྐྱ་པཎྜི་ཏས་སྙིང་པོ་དོན་གསལ་ལས། ཀཱ་པཱ་ལ་ཞེས་པའི་སྒྲ་དོན་ཐ་མལ་གྱི་ལུས་ལྷ་དང་བདེ་བ་ཆེན་པོར་སྒྱུར་བ་ལ་བཤད་ཅིང་། སྒོམ་ཆེན་གྱིས་དྲིས་ལན་ལས་ཀྱང་། ཚེ་གཅིག་གིས་སངས་རྒྱས་པའི་དོན་ལུས་འདི་ཉིད་ཤ་ཁྲག་ལས་གྲོལ་ཏེ་སྐུའི་བཞིའི་ངོ་བོར་གྲུབ་པ་ཡིན་ནོ་ཞེས་པར་གསུངས་སོ། །

གཉིས་པ་སྤྱོད་བྱེད་ཀྱི་སྒོམ་ཚུལ་བརྟགས་ཏེ་དགག་པ་ལ་གཉིས་ཏེ། སྤྱིར་ཡིན་སྒོམ་དང་མིན་སྒོམ་གྱི་དོན་དཔྱད་པ་དང་། བྱེ་བྲག་ཏུ་ལུས་དཀྱིལ་སྒོམ་ཚུལ་དཔྱད་པའོ། །དང་པོ་ལ་གཉིས་ཏེ། ཕྱོགས་སྔ་མ་བརྗོད་པ་དང་། དེ་ལ་བརྟགས་ཏེ་དགག་པའོ། །དང་པོ་ནི། རིག་འཛིན་བློ་གྲོས་བཟང་པོའི་དྲིས་ལན་ལས། ཞིབ་མོར་ན་སེམས་ཅན་ལ་ཀུན་རྫོབ་དང་དོན་དམ་པ་གཉིས་སུ་བཤད་པ་ཡིན་ཏེ། དོན་དམ་པའི་བདག་གམ། བདག་དམ་པ་ཞེས་བྱ་བ་གཅིག་དང་། ཀུན་རྫོབ་པའི་བདག་གམ། སྐྱེས་བུ་བཏགས་པར་ཡོད་པ་ཞེས་བྱ་བ་གཉིས

བཤད་པས་སོ། །དེ་སྐད་དུ་ཡང་། དེ་བཞིན་ཉིད་དག་དག་པའི་བདག །ཅེས་དང་། ཉེ་བར་ཞི་བ་དམ་པའི་བདག །ཅེས་དང་། ཆེན་པོ་གཞན་གྱིས་མདོ་དྲངས་པ་ལས། ཇི་ལྟར་ཡན་ལག་ཚོགས་རྣམས་ལ། །བརྟེན་ནས་ཤིང་ལྟར་བརྗོད་པ་ལྟར། །དེ་བཞིན་ཕུང་པོ་རྣམས་བརྟེན་ནས། །ཀུན་རྫོབ་སེམས་ཅན་ཞེས་བྱ་འོ་ཞེས་སོ། །དེ་ལྟར་གཉིས་ཀྱི་ནང་ནས་ལྷག་པའི་ལྷར་སྒྲུབ་པའི་གཞི་ནི་དོན་དམ་པའི་བདག་ཏུ་ངེས་ཏེ། བསྐྱེད་རིམ་གྱི་ཐོག་མར་སྟོང་པ་ཉིད་ཀྱི་ཡེ་ཤེས་ཀྱི་རྡོ་རྗེ་འཆང་ཡིན་ནོ་ཞེས་བཟུང་ནས། དེ་ཉིད་ལྟར་བསྒྲུབ་པའི་ཚེ་ན་སྟོང་ཉིད་ཀྱི་ཡེ་ཤེས་དེ་ས་བོན་དང་ཕྱག་མཚན་གྱི་རྣམ་པར་བྱས་ནས་སྐུ་ཡོངས་སུ་རྫོགས་པར་བསྐྱེད་པ་ཡིན་པས། དེ་ལྟར་ན་བསྐྱེད་རིམ་གྱི་རྣལ་འབྱོར་པ་རང་ཉིད་གནས་ཚུལ་ལ་ཆོས་དབྱིངས་ཡེ་ཤེས་ཀྱི་ངོ་བོར་གནས་པ་སྣང་ཚུལ་གྱི་རྡོ་རྗེའི་གཟུགས་ཀྱི་རྣམ་པ་ཤར་བ་དེའི་ཚེ་རང་ཉིད་ལྷག་པའི་ལྷ་ཡིན་ནམ་མིན་ཞེས་དཔྱོད་པ་ན། རྗེ་བཙུན་གྱིས་ཆོས་ཉིད་རྣམ་པའི་ཆ་ནས་ཡིན་པ་དང་། འབྲས་བུ་དངོས་མིན་པར་བཤད་ལ། དེའི་གོ་བ་རྣལ་འབྱོར་པ་རང་ཉིད་ཀྱི་ངོ་བོ་རང་བཞིན་ཆོས་སྐུར་གནས་པའི་ཆ་ནས་རང་བཞིན་དགྱེས་པ་རྡོ་རྗེ་དངོས་ཡིན། བསྐྱེད་པའི་རིམ་པའི་རྟོག་པ་ལ་ལྷ་ཞལ་ཕྱག་གི་རྣམ་པ་ཅན་དུ་སྣང་བ་དེ། རྟོག་པ་དེའི་ངོ་བོར་ལྷ་ཉིད་དུ་ཞེན་པའི་ཆ་ནས་རྣམ་པ་ལྷ་ཡིན་པ་ཞེས་བྱ་སྟེ། ཞེས་པར་བྲིས་སོ། །

གཉིས་པ་དེ་དགག་པ་ལ་གཉིས་ཏེ། རྣམ་སྨིན་གྱི་ཕུང་པོ་ལས་ལོགས་སུ་གྲུར་པའི་གཉིས་མེད་ཀྱི་ཡེ་ཤེས་ལྷའི་སྒྲུབ་གཞིར་འདོད་པ་དགག་པ། ཡིན་སྙོམ་གྱི་དོན་ངོས་མ་ཟིན་པའི་རྒྱུ་མཚན་གྱིས་དགག་པའོ། །དང་པོ་ནི༑ ཡེ་ཤེས་མ་སྐྱེས་པ་རྣམས་ལ་ནི་རང་གི་ལུས་ཀྱི་ངོ་བོ་ཡེ་ཤེས་སུ་འཆར་བ་མེད་པས། རྣམ་སྨིན་གྱི་ལུས་ལས་ལོགས་སུ་གྲུར་པའི་ཡེ་ཤེས་ལྷའི་ངོ་བོར་བསྒྲུབ་པ་མེད་ལ། ཡེ་ཤེས་སྐྱེས་པའི་རྣལ་འབྱོར་པས་ནི་སྣང་བ་གང་དུ་སྣང་ཡང་རང་གི་ངོ་བོ་གོ་ཡུལ་དུ་སེམས་ཉིད་ལྷན་ཅིག་སྐྱེས་པའི་ཡེ་ཤེས་ཀྱི་རྣམ་རོལ་དུ་ཤེས་པའི་ཕྱིར། ཐ་མལ་དུ་སྣང་བ་ཉིད་ཀྱང་ཡེ་ཤེས་ཀྱི་ངོ་བོར་བསྒྱུར་ཞིང་ཡེ་ཤེས་དེ་ཉིད་བསྐྱེད་པའི་རིམ་པའི་ལྷའི་རྣམ་པར་ཡང་བསྒྱུར་ནུས་པའི་ཕྱིར། ཐ་མལ་རྣམ་རྟོག་དག་སྣང་དུ་བསྒྱུར་བས་ཆོག་པའི་གོ་རྒྱུ་མ་ཆགས་པ་འདི་འདྲ་བ་ལ་དགོངས་ནས། མཁྱེན་རབ་དབང་ཕྱུག་ས་སྐྱ་པཎྜི་ཏ་ཆེན་པོས། ཐ་མལ་རྣམ་རྟོག་གིས་འཛིགས་ན་བསྐྱེད་རིམ་མ་གོ་ཞེས་གསུངས་སོ། །རྒྱས་པར་གོང་དུ་ཡང་ཡང་བསྟན་ཟིན་ཏོ། །

གཉིས་པ་ནི། རྗེ་བཙུན་ཆེན་པོའི་དག་ལྡན་ལས། གཉིས་པ་ཇི་ལྟར་བསྒོམ་པའི་ཚུལ་ནི། ཁ་ཅིག་འདི་སྐད་དུ་གལ་ཏེ་ཟླ་བ་ལ་སོགས་པ་དེ་དག་མེ་ལོང་ལྟ་བུ་ལ་སོགས་པའི་ཡེ་ཤེས་ཡིན་ནས་སྒོམ་མམ། མིན་ཡང་སྒོམ། དང་པོ་ལྟར་ན་གྲུབ་ཟིན་པ་སྒྲུབ་པར་འགྱུར་ལ། གཉིས་པ་ལྟར་ན་སྤྲང་པོ་རྒྱལ་པོར་བློམ་པ་ལྟར

བསྒོམས་ཀྱང་མི་འགྲུབ་བོ་སྙམ་པ་ལ། ཡིན་ནས་སྒོམ་པ་འདི་ལའང་འབྲས་བུ་དངོས་ཡིན་པ་དང་། ཆོས་ཉིད་མ་སྤྱངས་ཡིན་པ་གཉིས་ལས། འདི་ཉིད་ཆོས་ཉིད་དམ་པ་ཡིན་ལ། དེའང་ཚུལ་འདི་ལྟར་བསྒོམ་སྟེ་རྣམ་པ་ཟླ་བར་བསྒོམས་པས་སྒོམ་སླ་བས་རྣམ་པ་ལམ་དུ་བྱེད་པ་ཞེས་བྱ། རྣམ་པ་དེ་ཉིད་ལ་དོན་ལ་མེ་ལོང་ལྟ་བུའི་ཡེ་ཤེས་ལ་སོགས་པར་མོས་པ་བྱས་པས་ལན་གཅིག་དེ་ཐོབ་པར་འགྱུར་བས་མོས་པ་ལམ་དུ་བྱེད་པ་སྟེ། ཟླ་བ་ཡེ་ཤེས་མེ་ལོང་ལྡན། །ཞེས་བྱ་བ་འབྱུང་ངོ་། །དེའང་སངས་རྒྱས་ལ་མངའ་བའི་མེ་ལོང་ལྟ་བུའི་ཡེ་ཤེས་ནི། འདི་ཉིད་ཡིན་ནམ་སྙམ་ནས་འབྲས་བུ་ད་ལྟ་ཉིད་ནས་བསྒོམས་པས་འབྲས་བུ་ལམ་དུ་བྱེད་པའོ། །དེས་བདག་གི་རྒྱུད་ལ་ཚོགས་གསོག་ཅིང་སྒྲིབ་པ་འདག་པའི་རྟེན་འབྲེལ་དུ་འགྱུར་བས་ན་བྱིན་རླབས་ལམ་དུ་བྱེད་པའོ། །དེ་བས་ན་རྣམ་པ་དེ་ལ་ངོ་བོར་ཞེན་པས་འཇུག་པའི་ལམ། ཐབས་དེས་དེ་བཞིན་གཤེགས་པའི་ཐུགས་རྗེ་མི་བསླུ་བས་ན་འབྲེལ་པས་མི་བསླུ་བའི་ལམ་ཞེས་བྱའོ། །ཞེས་བཤད་ལ། དེའི་སྐབས་ཀྱི་ཆོས་ཉིད་ཡིན་པའི་ཚུལ་གྱིས་བསྒོམ་པའི་དོན་ནི་རང་དང་ལྷའི་དེ་བཞིན་ཉིད་ཁྱད་པར་མེད་པ་ལྟར་ཉམས་སུ་ལེན་པའི་མི་རྟོག་པའི་ཡེ་ཤེས་ཀྱི་ངང་དུ་ཡང་མཉམ་པ་ཉིད་ཀྱི་དོན་སྒོམ་པ་དེ་ཉིད་ལ་ཟེར་གྱི། རང་གི་ཀུན་རྫོབ་ཀྱི་རང་བཞིན་ལྷན་སྐྱེས་ཀྱི་སེམས་ཉིད་ཡིན་པ་ཙམ་ལ་མི་ཟེར་ཏེ། སེམས་ལྷན་སྐྱེས་དེ་ནི་ཆོས་ཅན་ནམ་ཀུན་རྫོབ་འབའ་ཞིག་ཡིན་པའི་ཕྱིར་དང་། བླ་མ་ཆོས་ཀྱི་རྗེས་ལེགས་པར་བཤད་པའི་སྒྲོན་མེ་ལས། བདག་གི་དེ་བཞིན་ཉིད་དང་། ལྷའི་དེ་བཞིན་ཉིད་གཉིས་རྣམ་པར་མི་རྟོག་པར་སྣང་བའི་སྒོར་གཅིག་པའི་དེའི་ཕྱིར། བདག་དང་སངས་རྒྱས་རང་བཞིན་རྣམ་དག་གི་སྒོ་ནས་ཁྱད་པར་མེད་དོ་ཞེས་ང་རྒྱལ་བསྒོམ་པ་སྟེ། འདི་ནི་ཁྱེད་བྱ་རྒྱུད་པ་དག་ཀྱང་འདོད་ལ;། སྤྱོད་པའི་རྒྱུད་དུའང་འདི་ཁོ་ན་ལྟར་ཁས་ལེན་པ་ཡིན་ནོ། །ཞེས་གསུངས་ཤིང་། འདིར་ཆོས་ཉིད་ཡིན་པའི་ཚུལ་གྱིས་སྒོམ་ཚུལ་དངོས་སུ་སྦྱར་བ་མེད་ཀྱང་སྦྱོར་ན་ལེགས་པར་བཤད་པའི་སྒྲོན་མེ་ལས་གསུངས་པ་དེ་ཁོ་ན་ལྟར་ཁས་ལེན་དགོས་པའི་ཕྱིར། རྣམ་པ་ཡིན་པའི་ཚུལ་གྱིས་བསྒོམ་པའི་དོན་ཡང་ཁྱེད་འདོད་པ་ལྟར། བསྐྱེད་རིམ་སྒོམ་པའི་རྟོག་པའི་ངོ་བོར་ལྷ་ཉིད་དུ་ཞེན་པའི་ཆ་ནས་འཛོག་པ་ཤིན་ཏུ་མི་རིགས། ས་ཐོབ་པའི་བསྐྱེད་རིམ་ཐམས་ཅད་ལ་ལྟར་ཞེན་གྱི་རྟོག་པ་མེད་པ་རྣམ་པ་ཡིན་པའི་ཚུལ་གྱིས་བསྒོམ་པ་མེད་པར་འགྱུར་བའི་ཕྱིར་དང་། ཞེན་པའི་ཆ་དེ་ནི་ཞེན་པས་འཇུག་པའི་ལམ་གྱི་གོ་རྒྱུ་ཡིན་གྱི་རྣམ་པ་ཡིན་པའི་ཚུལ་གྱིས་བསྒོམ་པའི་གོ་རྒྱུ་མིན་པའི་ཕྱིར་རོ། །ཇི་སྐད་དུ། བླ་མ་ཆོས་ཀྱི་རྗེས་ལེགས་པར་བཤད་པའི་སྒྲོན་མེ་ལས། དེ་བཞིན་དུ་རྣམ་པ་འདྲ་བའི་སྒོ་ནས་ཀྱང་སངས་རྒྱས་སུ་སྒོམ་པ་འདི་ནི་སྤྱོད་རྒྱུད་ཡན་ཆད་ཀྱི་རྒྱུད་སྡེ་གོང་མ་རྣམས་ཀྱི་གྲུབ་པའི་མཐའ་སྟེ། འབྲས་བུ་ཐོབ་འགྱུར་གྱི་སངས་རྒྱས་ཀྱི་གཟུགས་ཀྱི་སྐུ་མཚན་དཔེས་སྤྲས་པའི་

རྣམ་པ་ཅན་དེ་དང་རྣམ་པར་རང་གིས་སྒོམ་པའི་སྒྲུ་གཉིས། ཞལ་ཕྱག་གི་རྣམ་པའི་སྒོ་ནས་ཁྱད་པར་ཙུང་ཟད་ཀྱང་མེད་པས་དེའི་ཆ་ནས་འབྲས་བུའི་སངས་རྒྱས་དང་བདག་གི་སངས་རྒྱས་གཉིས་ཁྱད་པར་མེད་དོ་ཞེས་ང་རྒྱལ་དང་། མོས་པ་ལམ་དུ་བྱ་བའི་ཚུལ་གྱིས་བསྒོམ་པ་ཡིན། ཞེས་རང་གིས་བསྒོམས་པའི་ལྷ་དང་འབྲས་དུས་ཀྱི་ལྷ་གཉིས་ཀ་ཞལ་ཕྱག་གི་རྣམ་པ་ཅན་ཁྱད་པར་མེད་པས། རྣམ་པ་ཡིན་པའི་ཚུལ་གྱིས་བསྒོམ་པའི་གོ་རྒྱུ་དེ་ལ་གསུངས་པསཤེས་པར་ནུས་སོ། །འདིར་འདི་ཡང་དཔྱད་པར་བྱ་སྟེ། ཡིན་པས་བསྒོམ་པའི་དོན་རང་ཉིད་སངས་རྒྱས་ཡིན་པ་དང་། ཕུང་ཁམས་སྐྱེ་མཆེད་སོགས་སངས་རྒྱས་ཡིན་པ་མ་ཡིན་པ་ལྟར་བསྒོམ་པ་ལ་འདོད་པ་མིན་ནམ་སྙམ་ན། དེ་ལ་སྤྱིར་དམ་ཚིག་གི་སྐད་དང་ཆོས་ཀྱི་བརྡ་གཙོ་བོར་བྱས་པ་དང་། ཡོངས་སུ་གྲགས་པའི་བརྡ་གཙོ་བོར་བྱས་པའི་སྐབས་གཉིས་ལས། དང་པོ་ལྟར་ན་ཕུང་པོ་ལྔ་ལ་སོགས་པ་སངས་རྒྱས་རིགས་ལྔའི་བདག་ཉིད་དུ་བཤད་པ་ཡིན་ལ། དེ་ཡང་འབྲས་བུའི་དུས་ཀྱི་རིགས་ལྔ་ནི་རྒྱུ་ཕུང་པོ་ལྔ་སྦྱང་པ་ལས་བྱུང་ཞིང་ཕུང་པོ་ལྔ་པོ་དེ་སངས་རྒྱས་ལྔའི་རང་བཞིན་ནམ། བདག་ཉིད་དམ། ངོ་བོའམ། རིགས་ཞེས་ཟེར་ལ། དེ་བཞིན་དུ་འབྲས་བུ་རིགས་ལྔ་ལ་ཡང་ཕུང་པོ་ལྔའི་རིགས་དང་། ངོ་བོར་བཤད་པཤིན་ཏུ་མང་སྟེ། རྒྱུ་པར་རྒྱུད་ཉིད་ཀྱི་སྟེང་དུཤེས་སོ། །ཕུང་པོ་ལྔ་པོ་སངས་རྒྱས་ཀྱི་རྒྱུ་ཡིན་པ་དང་། སེམས་ཅན་སངས་རྒྱས་ཀྱི་རྒྱུ་ཡིན་པ་ལ་ཡང་སངས་རྒྱས་ཀྱི་རང་བཞིན་ཡིན་ཞེས་བརྗོད་དེ། མདོ་སྡེ་མྱ་ངན་ལས་འདས་པ་ཆེན་པོ་ལས། དེ་ལ་སེམས་ཅན་ལ་མ་འོངས་པའི་དུས་ན་བླ་ན་མེད་པ་ཡང་དག་པར་རྫོགས་པའི་བྱང་ཆུབ་ཡོད་པའི་ཕྱིར། སངས་རྒྱས་ཀྱི་རང་བཞིན་ཞེས་བྱའོ། །ཞེས་དང་། རིགས་ཀྱི་བུ་ངས་འོ་མའི་ནང་ན་ཞོ་ཡོད་དོ་ཞེས་མ་གསུངས་ཀྱི། འོ་མ་ལས་ཞོ་འབྱུང་བའི་ཕྱིར་ཞོ་ཞེས་བྱའོ། །རིགས་ཀྱི་བུ་འོ་མའི་ཚེ་ན་ཞོ་མེད། མར་དང་ཞུན་མར་དང་། ཉིང་ཁུ་ཡང་མེད་དེ། དྲོད་དང་དྲི་མ་ལ་སོགས་པའི་རྐྱེན་གྱིས་འོ་མ་ལས་ཞོ་འབྱུང་བའི་ཕྱིར། འོ་མ་ལ་ཞོའི་རང་བཞིན་ཡོད་ཅེས་སྨྲས་སོ། །ཞེས་རྒྱ་ལ་རང་བཞིན་དུ་བཤད་པ་ལྟར་རོ། །འདི་འདྲ་བའི་རང་བཞིན་མ་གོ་བར་ཕུང་པོ་ལྔའི་རང་བཞིན་ཞེས་པ་དེའི་གནས་ལུགས་ཀྱི་དབྱིངས་ལ་ངོས་འཛིན་ཅིང་། གནས་ལུགས་ཀྱི་དབྱིངས་དེ་སངས་རྒྱས་ཀྱི་ངོ་བོ་ཡིན་ནོ་ཞེས་འདོད་པ་ནི་ཕྱོགས་རེ་ཙམ་གྱི་མིང་ལ་འཁྲུལ་པའོ། །མདོར་ན་ཕུང་པོ་ལྔ་ལ་སངས་རྒྱས་སུ་གསུངས་པ་ནི་སངས་རྒྱས་ལྔའི་ངོ་བོའམ། རང་བཞིན་ཡིན་པ་ལ་དགོངས་ཀྱི་འབྲས་བུ་རིགས་ལྔ་ནི་མིན་ཏེ། ཡེ་ཤེས་གྲུབ་པ་ལས། སངས་རྒྱས་ལྔ་ཡི་ངོ་བོ་ལས། །ཕུང་པོ་ལྔ་ནི་རྒྱལ་བར་བཤད། །ཁམས་རྣམས་སྤྱན་ལ་སོགས་པ་ཡིན། །དེ་བས་སངས་རྒྱས་སྐུར་འདོད་དོ། །ཞེས་དང་། རྫོགས་སངས་རྒྱས་ཀྱིས་རྒྱུད་རྒྱལ་དུ། །ཕུང་པོ་སྐྱེ་མཆེད་ལ་སོགས་པ། །དེ་ཉིད་དམ་ཚིག་སྐྱལ་བཟང་བས། །དེ་དང་དེ་མིན་གྱིས་བསྟན་པ། །དྲི་

ཆེན་རྣམ་སྣང་ཞེས་བཤད་དོ། །གཙོ་བོ་དེ་བཞིན་རྡོ་རྗེའི་རྒྱུ། །ཇི་ལྟར་མོ་དབང་པདྨ་སྟེ། །ཇི་ལྟར་ཕོ་དབང་རྡོ་རྗེ་ཡིན། །ཞེས་སོགས་དམ་ཚིག་གི་སྐད་ཀྱིས་གསུངས་པར་བཤད་པའི་ཕྱིར་དང་། སངས་རྒྱས་དངོས་ཡིན་ན་ཡེ་ཤེས་གྲུབ་པ་ཉིད་ལས། དེ་ལྟར་ཡིན་ན་སྒྲོག་ཆགས་ཀུན། །སྲིད་གསུམ་རྟག་ཏུ་རྫོགས་སངས་རྒྱས། །སངས་རྒྱས་ཉིད་ཕྱིར་བྱ་ཀུན་དང་། །ཕོས་དང་སྒོམ་པ་དོན་མེད་དོ། །འཇིག་རྟེན་ཐམས་ཅད་སངས་རྒྱས་ན། །འཕོངས་པ་ཀུན་གྱི་མི་འབྱུང་ལ། །བདེ་དང་སྡུག་བསྔལ་སྒོམ་ལ་སོགས། །གནོད་པ་དེ་ལ་ཡོད་མ་ཡིན། །གལ་ཏེ་སངས་རྒྱས་སྐྱུར་གྱུར་ན། །མངོན་ཤེས་དྲུག་ལ་སོགས་པ་ཡི། །སངས་རྒྱས་ཡོན་ཏན་འགྱུར་པ་ཡང་། །ཅི་ཕྱིར་དེ་དག་མེད་པར་འགྱུར། །གང་ཡང་དེ་ལྟར་མི་ཤེས་པ། །དེ་ནི་རྫོགས་སངས་ཇི་ལྟར་འགྱུར། །ཞེས་གནོད་བྱེད་མང་དུ་གསུངས་སོ། །གལ་ཏེ་གཟུགས་རྣམ་པར་སྣང་མཛད་སོགས་གསུངས་པས་དེར་ཁས་ལེན་དགོས་ན། ཕོ་དབང་རྡོ་རྗེ། མོ་དབང་པདྨ། ཁྲག་ཙནྡན། ཁུ་བ་ག་བུར། བཤང་བ་ཨ་རུ་ར། གཅི་བ་གླ་རྩི་སོགས་ཡིན་པར་ཐལ། དེ་དང་དེའི་མིང་གིས་གསུངས་པའི་ཕྱིར་རོ། །དེ་བཞིན་དུ། དུས་ཀྱི་འཁོར་ལོའི་འགྲེལ་ཆེན་དྲི་མེད་འོད་ལས་ཀྱང་། དངོས་པོ་སོ་སོ་ལ་རྣམ་པར་སྣང་མཛད་སོགས་དེ་དང་དེའི་ངོ་བོ་དེ་བཞིན་གཤེགས་པས་གསུངས་པ་ནི། དམ་ཚིག་གི་སྐད་ཡིན་གྱི། ཡང་བུམ་པ་དང་སྣམ་བུའི་སྒྲ་ཇི་བཞིན་དུ་བརྗོད་བྱ་དང་རྗོད་བྱེད་ཀྱི་རང་བཞིན་གྱིས་ནི་མིན་ནོ། །བུད་མེད་ཀྱི་དབང་པོ་ནི་པདྨའོ། །སྐྱེས་པའི་དབང་པོ་ནི་རྡོ་རྗེའོ། །དྲི་ཆེན་ནི་རྣམ་པར་སྣང་མཛད། དྲི་ཆུ་ནི་མི་བསྐྱོད་པའོ། །ཁྲག་གི་རིན་ཆེན་འབྱུང་ལྡན་ནོ། །ཁུ་བ་ནི་འོད་དཔག་མེད་དོ། །ཤ་ནི་དོན་ཡོད་གྲུབ་པའོ། །ཞེས་གསུངས་མོད་ཀྱི་དེ་བཞིན་གཤེགས་པ་རྣམས་ཀྱི་མིང་གི་བདུད་རྩི་ལྔ་པོ་འདི་རྣམས་ཀྱི་མིང་དུ་གསུངས་ཀྱང་རིགས་པས་ནི་དོན་དམ་པར་ལྷ་མིན་ནོ། །ཞེས་བཤད་པ་དང་འདྲའོ། །མདོར་ན་ལྷ་སོ་སོའི་དག་པ་འཆད་པའི་སྐབས་སུ། གཞི་ལམ་གྱི་དངོས་པོ་ཐམས་ཅད་ལྷའི་སྐུར་གསུངས་པ་ནི་རང་བཞིན་རྒྱུ་ལ་དགོངས་ལ༑ རང་རིག་པའི་དག་པ་འཆད་པ་ན་ནི། ཆོས་ཐམས་ཅད་ཀྱི་རང་བཞིན་སྟོང་ཉིད་དུ་ཟུང་དུ་འཇུག་པའི་ཡེ་ཤེས་ཡིན་པ་ལ་ལྷར་བཤད་པ་ཡིན་ཞིང་། དེ་བཞིན་ཉིད་ཀྱི་དག་པའི་སྐབས་སུ་ནི། དབྱིངས་སྒྲོས་དང་བྲལ་བ་སྣང་བ་ལས། དེ་ཉིད་དང་གཞན་དུ་བརྗོད་དུ་མི་འདོད་པ་ལ་དོན་དམ་པའི་ལྷར་བཤད་པ་ཡང་ཡོད་པས། སྐབས་ཕྱེད་པ་གལ་ཆེའོ། །འོ་ན་གཞི་གྲུབ་ན་རང་བཞིན་དགྲེས་པ་ཀྱི་རྡོ་རྗེ་ཡིན་པས་ཁྱབ་ཅེས་པ་དེ་ཡང་དམ་ཚིག་གི་སྐད་མིན་ནམ་ཞེ་ན་མིན་ཏེ། དེ་ནི་ཐབས་དང་ཤེས་རབ་ལ་བརྗོད་མེད་ཀྱི་ཚུལ་དུ་ཀྱི་རྡོ་རྗེ་ཞེས་བྱ་བ་ཡིན་པར་རྒྱུད་ཉིད་ལས་བཤད་ཅིང་། དེ་གཉིས་ཟུང་དུ་འཇུག་པ་མིན་པའི་ཆོས་ནི་གང་ཡང་མེད་པས་ཀྱི་རྡོ་རྗེ་མིན་པའི་མཚན་གཞི་ཡེ་མི་སྲིད་པའི་ཕྱིར། ཚུལ་འདི་སློབ་དཔོན་ཆེན་པོ་བསོད་ནམས་རྩེ་མོས་རྒྱུད་ཀྱི་མཚན་

དོན་བརྗོད་པའི་སྐབས་སུ་ཡང་གསལ་བར་བཤད་དེ། ཇི་སྐད་དུ། དེ་བས་ན་སངས་རྒྱས་རྣམས་ཀྱི་དམིགས་པ་མེད་པའི་ཐུགས་རྗེ་ཆེན་པོ་དང་། ཤེས་རབ་ཆེན་པོ་ཟུང་དུ་ཆུད་པ་ལས་ཀྱི་རྡོ་རྗེ་འབྲས་བུའི་རྒྱུད་དོ། །དེ་ལྟ་བུ་ཐོབ་པར་བྱེད་པའི་ལམ་ཀྱི་རྡོ་རྗེའོ། །རྒྱུ་ཡང་ཀྱེ་རྡོ་རྗེ་ཡིན་དགོས་པས། རྒྱུད་གསུམ་ག་ཀྱེ་རྡོ་རྗེ་སྟེ། ཞེས་བཤད་པས་སོ། །དེས་ན་ཀྱེ་རྡོ་རྗེ་ཞེས་པ་ནི་རྒྱུད་གསུམ་གའི་སྤྱི་མིང་ཡིན་ཞིང་། རྒྱུད་གསུམ་ག་ལ་དེའི་སྒྲ་བཤད་དུ་ཡོད་ལ། ཕུང་པོ་ལྔ་ལ་སངས་རྒྱས་དང་རྩ་སྤྲུལ་སྐུར་གསུངས་པ་དང་། སེམས་ཅན་སངས་རྒྱས་སུ་གསུངས་པ་ལྟ་བུ་ནི་རྒྱུ་ལ་འབྲས་བུའི་ཕྱག་རྒྱ་མཚོན་པའི་མིང་ཡིན་པས། ཀྱེ་རྡོ་རྗེའི་མིང་དང་མི་འདྲའོ། །ཡང་སྐབས་ཁ་ཅིག་ཏུ། དངོས་ཀུན་གང་དང་གང་སྣང་བ། །གཙོ་དེ་རང་གི་ལྷག་པའི་ལྷ། །ཞེས་གསུངས་པ་ལྟ་བུའི་སྐབས་སུ་སྣང་བའི་དངོས་པོ་ཐམས་ཅད་རང་གི་ལྷག་པའི་ལྷར་གསུངས་པ་ཡང་། རྒྱུ་ལ་འབྲས་བུ་ལྷག་པའི་ལྷའི་རྒྱས་འདེབས་པའི་ཐབས་ལ་གོ་བར་བྱའོ། །གལ་ཏེ་ཁོ་ན་རེ། ལུས་ཀྱི་རྩ་ཉིད་ཀྱི་རང་ལྡོག་ནས་སྤྲུལ་སྐུར་ཁས་ལེན་པ་ལ། རྩ་དེ་རང་བཞིན་ལྷུན་གྲུབ་ཀྱི་སྤྲུལ་པའི་སྐུ་ཡིན་པའི་དོན་དུ་འཆད་དགོས་ཀྱི། རྩ་དེས་སྤྲུལ་སྐུའི་དོན་བྱེད་ལ་སྤྲུལ་སྐུ་ལྷུན་གྲུབ་ཏུ་འཇོག་པ་དེ་རྟོག་བཏགས་ཙམ་ཡིན་ནོ་ཞེ་ན། འདི་ནི་རྟོག་བཏགས་མིན་ཏེ༑ ས་སྐྱ་པ་ཆེན་པོས་གཞུང་བཤད་ལས། ལུས་ལ་རྩ་གནས། རྩ་དེ་ལ་སྤྲུལ་སྐུ་རང་བཞིན་གྱིས་ལྷུན་གྲུབ་ཅེས་བྱ་སྟེ། རྩ་མེད་ན་སྤྲུལ་སྐུ་འབྱུང་བའི་རྒྱུ་མེད་པ་དང་། རྩ་དེ་ཉིད་ལམ་གྱི་རྟེན་འབྲེལ་གྱི་གནས་གྱུར་པས་ལན་གཅིག་སྤྲུལ་སྐུར་འཆར་བའི་ཕྱིར་རོ། །དེ་བས་ན། རང་བཞིན་ལྷུན་གྲུབ་དང་འགྱུར་དུ་རུང་བ་གཉིས་ལ་དགོངས་ནས་རྒྱུ་རྩ་དེ་ལ་སྤྲུལ་སྐུ་ལྷུན་གྲུབ་ཏུ་བཞག་པས། རྒྱུ་ལམ་གྱི་དུས་ན་འབྲས་བུ་ཡང་མ་དོར་བར་གནས་པས། སྔགས་ལམ་ཉེ་བའི་རྒྱུ་མཚན་ཡང་དེ་ཡིན་ནོ། །ཞེས་བསྙོན་མེད་པར་གསུངས་པའི་ཕྱིར་རོ། །གསུང་འདི་ནི་རྟོག་བཏགས་སུ་སུས་ཀྱང་ཁས་ལེན་པར་མི་ནུས་པ་འདྲའོ། །

གཉིས་པ་བྱེ་བྲག་ཏུ་ལུས་དཀྱིལ་གྱི་བསྒོམ་ཚུལ་ལ་དཔྱད་པ་ལ་གཉིས་ཏེ། ཕྱོགས་སྔ་མ་བརྗོད་པ་དང་། དེ་ལ་བརྟགས་ཏེ་དགག་པའོ། །དང་པོ་ནི། རིག་འཛིན་བློ་གྲོས་བཟང་པོའི་དྲིས་ལན་ལས། ལ་ལ་དག་ན་རེ། ཆོས་ཀྱི་དབྱིངས་ཁོ་ན་རྟེན་དང་བརྟེན་པར་བསྐྱེད་དགོས་པ་མིན་ཏེ། ལུས་དཀྱིལ་གྱི་རྣམ་གཞག་དང་འགལ་བས། མ་དག་པའི་ལུས་ཀྱི་ཆ་ཤས་དེ་དང་དེ་ཁོ་ན་རྟེན་དང་བརྟེན་པར་བཅས་པའི་དཀྱིལ་འཁོར་དུ་བསྐྱེད་དགོས་པ་ཡིན་ནོ། །ཞེས་ཟེར། དེ་ལྟ་ན་ལམ་གྱི་གནས་སྐབས་ན་རྒྱུ་འབྲས་རྡོ་རྗེ་འཛིན་པའི་ལུས་ལ་ལུས་ཀྱི་དཀྱིལ་འཁོར་དགོད་པ་མིན་པར་ཐལ་བ་དང་། འབྲས་དུས་ཀྱི་ཀྱེ་རྡོ་རྗེའི་ལུས་ཀྱི་དཀྱིལ་འཁོར་མ་ཚང་བར་འགྱུར་ཏེ། དེ་དག་ནི་ཆོས་དབྱིངས་ཡེ་ཤེས་ཀྱི་ངོ་བོར་ངེས་པའི་ཕྱིར། གཞན་ཡང་། ལམ་ཟབ་ཀྱི་ཞེན་པ་སྤོང

བའི་ཐད་དུ། ཕུང་པོ་སངས་རྒྱས་ལྔའི་བདག་ཉིད་ལ་བརྟགས་པར་འགྱུར་བ་དང་། དེར་མི་འགྱུར་བའི་ཆེད་དུ། བླ་མའི་གསུང་གིས། ཡེ་ཤེས་ལས་གྲུབ་པའི་ལྷག་པའི་ལྷ་སྐྱི་བོ་ནས་ཐོན་པར་བསམ་ནས་ཞེན་པ་སྤྱོང་བ་ཡིན་ཞེས་དང་། ཁ་ཅིག་གི་གསུང་ནང་། རླུང་སེམས་ལས་གྲུབ་པའི་ཀྱི་ཧྲཱིཿ རྡོ་རྗེའི་རྣམ་པ་ཅན་ཞིག་ཟུར་དུ་ཐོན་ནས་ཞེས་སོགས་ཀྱི་སྦྱོས་པ་མཛད་མི་དགོས་པར་འགྱུར་ཏེ། ཇི་ལྟར་བྱས་ཀྱང་ལུས་ཀྱི་དཀྱིལ་འཁོར་རྫུད་གསན་པའི་ཕྱིར་དང་། ལྷག་པའི་ལྷ་ཟུར་དུ་དབེན་པ་དེ་དག་ལ་ལུས་ཀྱི་དཀྱིལ་འཁོར་མ་ཚང་བའི་ཕྱིར། གསང་བ་འདུས་པར། དེ་བཞིན་གཤེགས་པ་ཚོགས་བསགས་ན། །དངོས་གྲུབ་རབ་མཆོག་ཐོབ་པར་འགྱུར། །ཞེས་པའི་དོན། ལྷ་མོ་འོད་གསལ་དུ་བསྡུ་བའི་རིམ་པ་ལ་འཆད་པ་ཡིན་ལ། དེའི་དོན་ཡང་། ལུས་ཀྱི་དཀྱིལ་འཁོར་དང་བཅས་པའི་ལྷ་འོད་གསལ་དུ་ཐིམ་པ་ལ་འཆད་དགོས་པ་ཡིན་ཏེ། རྣམ་གཞག་རིམ་པར། མི་བསྐྱོད་ལ་སོགས་དྲང་བཞིན་དུ། །བཞུགས་པ་དག་ནི་ཞིང་ཞེས་བྱ། །དེ་དག་དངོས་པོ་མེད་འགྱུར་བའི། །དེ་བཞིན་ཉིད་ནི་ཞིང་ཞེས་བྱ། །དེ་བཞིན་ཉིད་ཀྱི་དཀྱིལ་འཁོར་དུ། །རྣལ་འབྱོར་པས་ནི་སངས་རྒྱས་བཞུགས། །ཞེས་རྒྱུད་ཀྱི་ལུང་དྲངས་པའི་འོག་ཏུ། གཟུགས་ཕུང་རྟོགས་དང་མེ་ལོང་དང་། །ས་ཁམས་མིག་གི་དབང་པོ་དང་། །གཟུགས་དང་རྣམ་ལྔར་གྱུར་པ་སྟེ། །ཁྲོ་བོ་གཉིས་དང་ཡང་དག་ལྡན། །ཞེས་པ་དང་། གཟུགས་ཀྱི་ཕུང་པོ་འོད་གསལ་དུ་འཇུག་པའི་མཚན་མ་མཁས་པས་ཤེས་པར་བྱ་སྟེ། ཞེས་སོགས་རྒྱས་པར་གསུངས་པ་རྣམས་ཀྱི་དོན། ལམ་གྱི་འོད་གསལ་དང་འཆི་བའི་འོད་གསལ་དུ་ལུས་དཀྱིལ་ཐིམ་པར་གྱུར་པ་ལ། དེའི་ཚེ་ལུས་ཀྱི་དཀྱིལ་འཁོར་ཆོས་དབྱིངས་ཀྱི་ངོ་བོར་མ་སོང་ན་ཐིམ་པའི་དོན་ཅི་ལ་བྱ། གཞན་ཡང་། ཚེ་འདི་ལ་འཚང་མི་རྒྱ་བའི་རྣལ་འབྱོར་པ་ཤི་བའི་ཚེ་ལུས་ཀྱི་དཀྱིལ་འཁོར་འོད་གསལ་དུ་མ་ཐིམ་ན་ནི། ཕུང་པོ་སྲིབ་པ་ལ་སོགས་པའི་ཚེ། རྟེན་དང་བརྟེན་པར་བཅས་པའི་ལུས་ཀྱི་དཀྱིལ་འཁོར་ཐ་མལ་གྱི་མེས་ཚིགས་པ་ལ་སོགས་པའི་ཉེས་པར་འགྱུར་ལ། ཐིམ་ན་ནི་ཆོས་དབྱིངས་ཀྱི་ངོ་བོ་ཉིད་དུ་གནས་པས་སོ། །རྣལ་འབྱོར་པ་ཚེ་གཅིག་ནས་གཅིག་ཏུ་འཕོས་པའི་ཚེ། ལུས་ཀྱི་དཀྱིལ་འཁོར་སྔ་མ་དོར་ནས་སྐྱིང་མ་བླངས་པ་ཉིད་དུ་ཁས་ལེན་དགོས་པས་རང་བཞིན་གྱིས་གྲུབ་པའི་དཀྱིལ་འཁོར་དུ་ཇི་ལྟར་རུང་། དེ་བས་བརྟེན་པ་ལྷའི་སྐབས་སུ། ཐ་མལ་གྱི་ཕུང་པོ་ལྔ་དག་པ་སངས་རྒྱས་རིགས་ལྔ་དང་། ཁམས་ལྔ་རྣམ་པར་དག་པ་ཡུམ་ལྔ་ཞེས་སྨྲ་བ་པོ་འདི་དག་ཀུན་གྱི་བློ་ལ་བྱ་བར་ཡོད་པ་དེའི་ཚེ་རྣམ་པར་དག་པ་དེ་ཅི་ལ་ཟེར། དེ་བས་ན་བརྟེན་པ་ལྷ་གསལ་འདེབས་པའི་ཚེ་རྣམ་པར་དག་པ་ཞེས་ཚིག་ཕྲེད་ཀྱང་མེད་པར་གསུངས་པའི་སྟོབས་ཀྱིས། བརྟེན་ལུས་དཀྱིལ་གྱི་ཚེ་ཡང་མིག་དང་རྣ་བ་རྣམ་པར་དག་པ་ཞེས་ཚིག་ཏུ་མི་བརྗོད་ཀྱང་། དོན་དེ་ཉིད་ལས་མ་འདས་ཏེ། ཕྱི་དཀྱིལ་དང་བསྲེགས་ནས་གསལ་འདེབས་པའི་ཚེ

ན༔ འབྲས་བུ་རྡོ་རྗེ་འཛིན་པའི་ལུས་ཉིད་ལ་རྟེན་དང་བརྟེན་པ་མཐའ་དག་གསལ་འདེབས་པ་ཡིན་ལ། དྲིལ་བུ་ལུས་དཀྱིལ་ལྷ་བུ་ལུས་དཀྱིལ་རྒྱུད་པར་གསལ་འདེབས་པ་ནི། ཤྲཱི་ནི་གཉིས་མེད་ཡེ་ཤེས་ཏེ། །ཞེས་པ་ནས། དོན་དེ་དང་ལྡན་བདག་ཉིད་དོ། །ཞེས་སྒྲོན་དུ་བཏང་ནས། ངེས་དོན་གྱི་ཧེ་རུ་ཀ་ཞེས་པ་གཉིས་མེད་ཀྱི་ཡེ་ཤེས་དེ་ཉིད། དྲང་དོན་གྱི་ཧེ་རུ་ཀ་ཞལ་ཕྱག་གི་རྣམ་པ་ཅན་དུ་ཤར་བ་དེའི་སྐུ་ལ་ལུས་ཀྱི་དཀྱིལ་འཁོར་གསལ་འདེབས་པ་ཡིན་པའི་ཕྱིར་དང་། གསལ་བཏབ་ཟིན་མ་ཐག་ཏུ་གཉིས་སུ་མེད་པའི་རྡོ་རྗེའི་བདག་ཉིད་ཡིན་ཞེས་ལན་གསུམ་དུ་དྲན་དགོས་པར་བཤད་པའི་ཕྱིར། ཞེས་བྲིས་སོ། །

གཉིས་པ་དེ་དག་གི་དོན་ལ་བརྟགས་ཏེ་མི་འཐད་པར་བསྟན་པ་ལ་གསུམ་སྟེ། ཕྱོགས་སྔ་མའི་འདོད་ལུགས་ངོས་འཛིན་ཚུལ་དཔྱད་པ་དང་། ལུས་དཀྱིལ་གྱི་སྒྲུབ་གཞི་གཏན་ནས་མི་རིགས་པ་དང་། རང་གི་ཁས་བླངས་དང་འགལ་བར་བསྟན་པའོ། །དང་པོ་ནི། མ་དག་པའི་ལུས་ཀྱི་ཆཤས་ཁོ་ན་ལྟར་བསྒོམ། ཞེས་པའི་དོན་དག་པའི་ཡེ་ཤེས་ཤར་བའི་ལུས་དཀྱིལ་སྣང་བའི་ཚེ་ན་ཡང་། མ་དག་པའི་ལུས་ཀྱི་སྣང་བ་ཞིག་ཡོད་པར་བྱས་ན། དེ་ལ་ལུས་དཀྱིལ་འགོད་པར་ནི་གཞན་གྱིས་ཀྱང་ཁས་བླངས་པ་མེད་ལ། ཡེ་ཤེས་ལ་སྣང་བའི་ལྷ་སྐུའི་སྒྲུབ་གཞི་མ་དག་པའི་ལུས་ཀྱི་བྱེད་པ་ལ་སྐྱོན་བརྗོད་པ་ཡིན་ན་ནི་སྐྱོན་དེ་དོན་ལ་མི་གནས་ཏེ། ལམ་གྱི་སྐབས་སུ་འབྲས་བུ་རྡོ་རྗེ་འཛིན་གྱི་ལུས་ལ་ལུས་དཀྱིལ་འགོད་པའི་ཚེ་ཡང་རང་གི་ལུས་ཐ་མལ་དུ་སྣང་བ་ཉིད་འབྲས་བུ་རྡོར་འཛིན་གྱི་ལུས་སུ་བསྒྱུར་ནས་དེ་ལ་ལུས་དཀྱིལ་འགོད་པ་ཡིན་ལ། ཐ་མལ་གྱི་ལུས་ཇི་ལྟར་རྒྱུ་རུ་མི་འགྲོ་ཡང་འབྲས་བུ་རྡོ་རྗེ་འཛིན་པའི་ལུས་དེ་རང་གི་ལུས་ཐ་མལ་པ་ཉིད་བསྒྱུར་བ་ལས་བྱུང་བའི་སྣང་བ་ཡིན་ནམ། ཐ་མལ་གྱི་སྣང་བ་འདི་བསྒྱུར་མ་དགོས་པར་ལོགས་སུ་གྲུབ་པའི་སྣང་བ་ཞིག་ཡིན། དང་པོ་ལྟར་ན། འབྲས་བུ་རྡོར་འཛིན་གྱི་ལུས་དེ་ཆོས་ཅན། ཆོས་དབྱིངས་ཡེ་ཤེས་ཀྱི་ངོ་བོ་ཡིན་པར་ཐལ། ཐ་མལ་གྱི་སྣང་བ་ཉིད་བསྒྱུར་བ་ལས་བྱུང་བའི་སྣང་བ་ཡིན་པའི་ཕྱིར། ཁྱབ་པ་ཁས་བླངས་ཏེ། མ་དག་པའི་སྣང་བ་དག་སྣང་དུ་བསྒྱུར་མི་ནུས་པར་ཁས་ཡང་ཡང་དུ་བླངས་ཟིན་པའི་ཕྱིར་དང་། མ་དག་པ་ནི་གཟུང་འཛིན་གྱི་སྣང་བ་ཡིན་ལ། ལྷ་ནི་ཡེ་ཤེས་ཡིན་པས་གཟུང་འཛིན་བསྒྱུར་བྱས་པའི་ལྷ་ཞིག་ཁས་ལེན་དགོས་པར་འགྱུར་བའི་ཕྱིར་རོ། །གཉིས་པ་ལྟར་ན་སེམས་ཅན་ཐམས་ཅད་འབད་མེད་དུ་གྲོལ་བར་ཐལ། འབྲས་བུ་རྡོར་འཛིན་གྱི་སྐུ་དེ་ཐ་མལ་གྱི་སྣང་བ་འདི་བསྒྱུར་མ་དགོས་པར་ལོགས་སུ་སེམས་ཅན་ལ་རང་འབྱུངས་སུ་ཡོད་པའི་ཕྱིར།

གཉིས་པ་ནི། འབྲས་བུ་རྡོ་རྗེ་འཛིན་པའི་ལུས་ལ་བཀོད་པའི་ལུས་དཀྱིལ་ཐམས་ཅད་ཆོས་དབྱིངས་ཡེ་ཤེས་ཀྱི་ངོ་བོ་ཡིན་པར་ཁས་ལེན་པ་དེས། ལུས་དཀྱིལ་དེ་དག་ཀུན་རྫོབ་ཀྱི་བདེན་པ་ཉིད་ཡིན་པར་གྲུབ་སྟེ། ངོ་

པོ་ཆོས་ཀྱི་དབྱིངས་ལས་དབྱེར་མེད་པའི་ཡེ་ཤེས་ནི་ཆོས་དབྱིངས་ཡེ་ཤེས་ཡིན་ལ། དེ་ཆོས་ཉིད་ཀྱི་རང་ལྡོག་མིན་པའི་ཕྱིར། ཡང་ལམ་གྱི་གནས་སྐབས་ཀྱི་ཡེ་ཤེས་ཀྱི་སྣང་བ་ཐམས་ཅད་གོང་འཕེལ་དུ་འགྱུར་དུ་མེད་པར་ཐལ། ཆོས་ཉིད་འགྱུར་མེད་ཀྱི་ལྡོག་པ་ཡིན་པའི་ཕྱིར། ཡང་ལས་དང་པོ་པའི་ལུས་དཀྱིལ་བསྒོམ་མཁན་ཡེ་ཤེས་ཀྱི་སྣང་བ་མ་ཤར་བ་རྣམས་ལ་ལུས་དཀྱིལ་ཡེ་བསྒོམ་རྒྱུ་མེད་པར་ཐལ། རྣམ་སྨིན་གྱི་ལུས་འདི་ནི་ལུས་དཀྱིལ་འགོད་པའི་གཞི་མིན། ཡེ་ཤེས་ཀྱི་སྣང་བ་ལ་ཤར་བའི་ལུས་ནི་དེ་དག་ལ་ཡེ་མེད་པའི་ཕྱིར། གལ་ཏེ་དེ་དག་ལ་ཡེ་ཤེས་ཀྱི་སྣང་བ་མ་ཤར་ཀྱང་ཡེ་ཤེས་ཀྱི་ལུས་ཞིག་ལོགས་སུ་མོས་པར་བྱས་ནས། དེ་ལ་ལུས་དཀྱིལ་འགོད་དོ་སྙམ་ན། དེ་ནི་རྟོག་པ་ལ་སྣང་བའི་དོན་སྤྱི་ཙམ་ཡིན་པས་ཆོས་ཉིད་ལྷ་ཞིག །དོན་རང་མཚན་ཙམ་དུ་ཡང་མི་རུང་ངོ་། །དེས་ན་ལམ་གྱི་སྐབས་སུ་རང་ཉིད་ཀྱི་ལུས་ལ་ལྷ་གང་གི་སྣང་བ་ཤར་ཡང་ཐ་མལ་གྱི་ལུས་འདི་ཉིད་སྒྱུར་བའི་ལྷའི་སྣང་བ་ཡིན་པས་ཐ་མལ་གྱི་ལུས་ཀྱི་ཕུང་པོ་ལོགས་སུ་དོར་རྒྱུ་མེད་པར་སངས་རྒྱས་པའི་གནད་ཀྱང་འདི་ཡིན་ནོ། །ཡང་ལམ་ཟབ་ཀྱི་ཞེན་པ་སྤོང་བའི་ཐད་དུ། ཕུང་པོ་སངས་རྒྱས་ལྔའི་བདག་ཉིད་ལ་བརྟས་པར་འགྱུར་ཏེ། དེའི་སྐབས་ཀྱི་ཕུང་པོ་དེ་ལ་ལུས་དཀྱིལ་གྱི་ལྷ་ཡོད་བཞིན་དུ་གྲིས་གཏུབ་པ་ལ་སོགས་པ་བྱས་པའི་ཕྱིར་རོ། །ཞེས་བྱ་བ་འདི་ནི་ཟབ་མོའི་ལམ་གྱིས་གནད་ཐམས་ཅད་རྟོག་གེ་པའི་ཚིག་ཙུང་ཟད་ཙམ་གྱིས་རྒྱུ་ལ་རེ་བ་ཡིན་མོད། འདི་ལྟ་བུའི་ཀླན་ཀའི་གནས་མེད་དེ། ལམ་ཟབ་གྱི་སྐབས་སུ་ནི་རང་གི་བདག་ཏུ་བཟུང་བའི་ཕུང་པོ་འདི་ལ་མངོན་ཞེན་སྤངས་པའི་ཕྱིར། ལུས་ཀྱི་ཆ་ཤས་རྣམས་སོ་སོར་བྱས་པ་ཡིན་གྱི༑ རྣམ་སྨིན་གྱི་ལུས་འདི་ལ་ནི་ངན་པར་གཏན་ཐུབ་པ་ག་ལ་ཡིན། གཞན་དུ་ན་ལུས་ཀྱི་ཆ་ཤས་དུམ་བུར་བྱས་པ་དེ་རྣམས་ཡེ་ཤེས་ཀྱི་བདུད་རྩིར་བསྒྱུར་མི་རུང་བར་ཐལ། ཡེ་ཤེས་ཀྱི་བདུད་རྩི་ནི་ཆོས་དབྱིངས་ཡེ་ཤེས་ཡིན་པས། མ་དག་པའི་ཕུང་པོའི་རྒྱུ་ལས་བྱུང་བར་འགལ་བའི་ཕྱིར་རོ། །གལ་ཏེ་ཕུང་པོ་ལ་བརྟས་པའི་འདུ་ཤེས་མེད་ཀྱང་ཕུང་པོ་ལྔ་པོ་ལྷའི་རང་བཞིན་དུ་རིལ་འཛིན་བཤིག་པ་ཙམ་གྱིས་བརྟས་སོང་ངོ་སྙམ་ན། འོན་ནི་ལྷ་མོ་འོད་གསལ་དུ་བསྡུས་པའི་ཚེ་ཡང་ཕུང་པོ་སངས་རྒྱས་ལྔའི་བདག་ཉིད་ལ་སྨད་པར་ཐལ། ཡེ་ཤེས་ཀྱི་སྣང་བ་ལས་གྲུབ་པའི་ལྷ་ཐམས་ཅད་ཀྱང་སྣང་མེད་དུ་བྱས་པའི་ཕྱིར་རོ། །རྒྱུད་ལས། སྤྲོས་པ་ཉིད་ནི་སྤྲོས་མེད་བྱེད། །ཞེས་པའི་སྐབས་དེར་ཡང་རྩ་ལྟུང་འབྱུང་བར་ཐལ། མངོན་པར་ཞེན་པ་བཀག་པའི་ཕྱིར་རོ། །གཞན་ཡང་དཀྱིལ་འཁོར་བསྡུ་བ་དང་རང་བཞིན་ལྷན་སྐྱེས་ཀྱི་ངང་དུ་ཉལ་བ་ལ་སོགས་པའི་སྐབས་ཐམས་ཅད་དུ་ཡང་ཕུང་པོ་ལ་སྨོད་པའི་ལྟུང་བ་འབྱུང་བར་ཐལ། ཕུང་པོ་ལ་སོགས་པ་ལྷའི་རང་བཞིན་ཡིན་བཞིན་དུ་དེའི་སྣང་བ་བཀག་པའི་ཕྱིར་རོ། །ཡང་ཁྱེད་རང་ལྟར་ན་ཆོས་ཉིད་ཀྱི་ངོ་བོར་གྱུར་པའི་ཕུང་པོ་སོགས་ལ་སྨད་ན་རྩ་ལྟུང་ཡིན་གྱི་རྣམ་སྨིན

གྱི་ཕུང་པོ་ལ་སྣང་ཀྱང་རྒྱ་ལྟུང་དུ་མི་འགྱུར་རོ་ཞེས་འདོད་པར་སྣང་མོད། དེ་ལྟར་ན་ཕུང་པོ་ལ་སྨྲོད་པའི་རྒྱ་ལྟུང་འབྱུང་བ་ཉིད་མི་སྲིད་པར་ཐལ། ཆོས་ཉིད་ཀྱི་ཕུང་པོ་ནི་ཁྱོད་རང་ལྟར་ན་ཆོས་དབྱིངས་ཡེ་ཤེས་ཡིན་ལ། དེ་ལ་ནི༑ མི་གཙང་བ་དང་། ངན་པའི་འདུ་ཤེས་འཇུག་པ་མི་སྲིད་དོ། །ཕྱིར་ཕུང་པོ་ལྔ་སངས་རྒྱས་ཀྱི་རང་བཞིན་ཡིན་ཞེས་པ་ནི་གཟིགས། རང་བཞིན་གྱི་དོན་རྒྱུ་ལ་བྱས་པ་དང་། ངོ་བོ་ལ་བྱས་པ་དང་། ངོ་བོ་ལ་ཡང་ཀུན་རྫོབ་དང་། དོན་དམ་པའི་ངོ་བོ་གཉིས་སུ་བྱས་ནས་སྐབས་སོ་སོར་འཇུག་པའི་ཤན་མ་ཕྱེད་པར། ཀུན་རྫོབ་པོ་ནའི་རང་བཞིན་ལ་རང་བཞིན་དུ་འཁྲུལ་ཞིང་། དེ་ཡང་ཡེ་ཤེས་བདེན་པར་གྲུབ་པ་ཞིག་ལ་ངོས་བཟུང་བའི་སྟོབས་ཀྱིས་འཆུགས་ཆེན་པོ་འདི་ཐམས་ཅད་འབྱུང་བ་ཡིན་ཏེ། རྣམ་པར་དག་པའི་དོན་ཡང་མ་དགོངས་ཏེ། སྤྱིར་དག་པའི་དོན་ནི་མ་དག་པ་མེད་པ་ཡིན་ལ། དེ་ལ་ཡང་གཉིས་ཏེ། རང་བཞིན་དང་། རྒྱུའོ། །དང་པོ་ལའང་གཉིས་ཏེ། དབྱིངས་དང་། ཡེ་ཤེས་སོ། །དང་པོ་ནི། དེ་བཞིན་ཉིད་ཀྱི་དག་པ་སྟེ། དེ་ལ་ལྟོས་ནས་མ་དག་པ་གྲུབ་མ་མྱོང་ངོ། །

གཉིས་པ་ནི། བཅོས་མིན་སེམས་ཀྱི་རང་བཞིན་ལྷན་ཅིག་སྐྱེས་པའི་ཡེ་ཤེས་ཡིན་ལ། དེ་ནི་རང་རིག་པའི་དག་པ་སྟེ། དེ་ལ་གཟུང་འཛིན་གྱིས་མ་དག་པའི་དྲི་མས་མ་གོས་པའི་ཕྱིར་རོ། །གཉིས་པ་རྒྱུ་ནི། དངོས་པོ་སྣ་ཚོགས་སུ་སྣང་བ་ཉིད་ལྷ་སོ་སོའི་བདག་ཉིད་ཡིན་པ་བསྐྱེད་རིམ་གྱི་ལམ་དུ་བྱེད་པ་ལ་ལྷ་སོ་སོའི་དག་པ་ཞེས་ཟེར་ལ། དེའི་ཚེ་ཡང་ལྷའི་རྣམ་པར་བསྒྱུར་མི་ཐུབ་པའི་མ་དག་པའི་རྣམ་པ་གང་ཡང་མེད་པའི་ཕྱིར་དང་། ལྷའི་བདག་ཉིད་མིན་པའི་ཕྱིར། སངས་རྒྱས་ཀྱི་བདག་ཉིད་དག་པ་འབའ་ཞིག་གོ །འདི་གསུམ་ཡང་དང་པོ་གཉིས་ནི་ཀུན་ལ་འཇུག་ལ། ཕྱི་མ་འདི་ནི་ལམ་དང་འབྲས་བུ་གཙོ་ཆེའོ། །གཞན་ཡང་རྣལ་འབྱོར་པ་གཅིག་གིས་ད་ལྟར་གྱི་རྣམ་སྨིན་གྱི་ལུས་འདི་ལ་ལུས་དཀྱིལ་དགོད་པ་ལ་ལུས་ཀྱི་དཀྱིལ་འཁོར་མེས་ཚིག་པ་ལ་སོགས་པའི་སྐྱོན་འཕངས་པ་ནི་རབ་ཏུ་ནོར་ཏེ། རྣམ་སྨིན་གྱི་ལུས་རང་ལ་སྣང་བ་འདི་ནི་རང་ཉིད་ཤི་བའི་ཚེ་མ་ཟད་ད་ལྟ་ཡང་གཞན་ལ་མི་སྣང་བས་རང་ཉིད་ཤི་བའི་ཚེ་རང་ལ་སྣང་བའི་ལུས་གཞན་གྱི་མེས་ཇི་ལྟར་སྲེག །ལེགས་པར་སྨྲོས་ཤིག །སྣང་བ་སེམས་སུ་མ་གོ་བ་བྱ་བ་འདི་འདྲ་ལ་ཟེར་བ་ལགས་སོ། །

གསུམ་པ་རང་གི་ཁས་བླངས་དང་འགལ་བ་ནི། གཉིས་མེད་ཀྱི་ཡེ་ཤེས་དེ་ཉིད། དྲང་དོན་གྱི་ཧེ་རུ་ཀ་ཞལ་ཕྱག་གི་རྣམ་པ་ཅན་དུ་ཤར་བ་དེའི་སྐུ་ལ་ལུས་དཀྱིལ་གསལ་འདེབས་པ་ཡིན་པའི་ཕྱིར་རོ། །ཞེས་དྲིས་པ་དེ་ཆོས་ཉིད་ཀྱི་ལུས་དཀྱིལ་ཁས་ལེན་དང་འགལ་ཏེ། དེ་ལྟ་བུའི་ཞལ་ཕྱག་གི་རྣམ་པ་ཅན་གྱི་སྐུ་དེ་ཆོས་ཅན། དྲང་དོན་གྱི་སྐུ་མིན་པར་ཐལ། ངེས་དོན་ཆོས་ཉིད་ཀྱི་ལུས་དཀྱིལ་འགོད་པའི་གཞི་ཡིན་པའི་ཕྱིར་རོ། །འཁྲུལ་པར་འཆར་རོ། །ཡང་རྣལ་འབྱོར་པ་ཚེ་གཅིག་ནས་གཅིག་ཏུ་འཕོས་པའི་ཚེ་ལུས་དཀྱིལ་སྔ་མ་དོར་ནས་རྟེང་མ

བླངས་པ་ཉིད་དུ་ཁས་ལེན་དགོས་པས། རང་བཞིན་གྱིས་གྲུབ་པའི་དཀྱིལ་འཁོར་དུ་མི་རུང་། ཞེས་པ་ཡང་ཤིན་ཏུ་མི་འཐད་དེ། རྒྱུན་ལ་བསམ་ན་ནི་སྔ་མའི་ཕུང་པོའི་ཡོད་པ་མ་དོར་བ་མེད་ལ། རྟེན་འཕོས་པ་ཙམ་གྱིས་ཀྱང་ལུས་དཀྱིལ་དོར་བ་མིན་ཏེ། ལུས་ཉིད་རང་བཞིན་གྱི་གཟུགས་ཀྱི་སྐུ་ལྷུན་གྲུབ་ཡིན་པར་ཁས་ལེན་པས། ལུས་གྲུབ་པ་ཙམ་གྱིས་ལུས་དཀྱིལ་ཡང་གྲུབ་པར་ཁས་ལེན་པའི་ཕྱིར། རང་བཞིན་གྱིས་གྲུབ་པའི་དཀྱིལ་འཁོར་ཅེས་པའི་དོན་ཡང་ལུས་གྲུབ་ཙམ་ནས་རྟེན་དང་བརྟེན་པར་བཅས་པའི་ལྷའི་རྒྱུ་གྲུབ་པ་ལ་ཟེར་གྱི། འགྱུར་མེད་ཀྱི་བདེན་པར་འདོད་པ་ལ་ནི་གཏན་མིན་ནོ། །གཞན་དུ་ན། རྡོ་རྗེ་དྲིལ་བུ་པས། འགྲོ་བ་འདི་དག་རང་བཞིན་གྱིས། །གྲུབ་པའི་དཀྱིལ་འཁོར་གཉིས་མེད་པའོ། །ཞེས་བཤད་པའི་འགྲོ་བ་ཞེས་པའི་ཚིག་སྨོས་པ་དོན་མེད་དུ་འགྱུར་ལ། ཁྱེད་རང་འདོད་པའི་ལམ་དུས་ཀྱི་ལུས་དཀྱིལ་དེ། འབྲས་དུས་ཀྱི་ལུས་དཀྱིལ་དུ་འགྱུར་རམ་མི་འགྱུར། འགྱུར་ན་ནི། དོན་དེ་རང་བཞིན་གྱིས་གྲུབ་པའི་དཀྱིལ་འཁོར་མིན་པར་ཐལ། སྔ་མ་དོར་ནས་ཕྱི་མ་བླངས་པ་ཡིན་པའི་ཕྱིར། ཁྱབ་རྟགས་དངོས་འགལ། གསལ་བ་ཡང་ནི་དངོས་འགལ་དྲན་མོ་ཡིན་པས་མི་སླུ་བ་ཐོབ་བོ། །མི་འགྱུར་ན་ནི་འབྲས་དུས་ཀྱི་ལུས་དཀྱིལ་དེ་རྒྱུ་མེད་དུ་འགྱུར་ཞིང་ལམ་བསྒོམ་པ་ཐམས་ཅད་དོན་མེད་དུ་འགྱུར་རོ། །གཞན་ཡང་། གནོད་བྱེད་ཀྱི་ཚོགས་རབ་ཏུ་མང་པོ་ཡོད་མོད་ཀྱི་ཡི་གེར་འབྲིར་མ་ལང་བས་རེ་ཞིག་བཞག་གོ། །རྒྱལ་དང་དེ་སྲས་ཀུན་གྱི་བགྲོད་གཅིག་ལམ། །རྣམ་མང་རྒྱུད་སྡེའི་ཟབ་དོན་མཐར་ཐུག་པ། །ལུས་ཀྱི་དཀྱིལ་འཁོར་རང་བཞིན་ལྷུན་གྲུབ་ལ། །སྔོན་དུས་སྐལ་ལྡན་རྣམས་ཀྱིས་གཞན་དུ་བཙོས། །དེང་དུས་རྟོག་གེའི་ཉེས་པས་དཀྲུགས་ཡིད་ཀྱིས། །གོང་མའི་གསུང་དོན་ཕྱིན་ཅི་མ་ལོག་པར། །རང་དགའི་རླུང་གིས་ཉེར་འཚེ་བསྐྱེད་པས་ན། །རྣམ་དཔྱོད་རིག་སྔགས་ཟབ་མོས་རྣམ་པར་བཅིལ། །བར་སྐབས་ཀྱི་ཚིགས་སུ་བཅད་པའོ། །སྡོམ་པ་གསུམ་གྱི་རབ་ཏུ་དབྱེ་བའི་དཀའ་བའི་གནས་རྣམ་པར་འབྱེད་པ་ཞིབ་མོ་རྣམ་འཐག་ལས་སྒོམ་པའི་གནད་མི་མཐུན་པར་བསྟན་པ་སྟེ་གཉིས་པའོ།། །།

གསུམ་པ་ཉམས་ལེན་གྱི་གནད་མི་མཐུན་པར་བསྟན་པ་ལ་གསུམ་སྟེ། སྡོམ་པ་དང་པོའི་སྐབས་དང་། གཉིས་པའི་སྐབས་དང་། གསུམ་པའི་སྐབས་སོ། །དང་པོ་ནི་སྐབས་དེར་བསྟེན་གནས་ཀྱི་སྡོམ་པ་བླངས་པས་སོ་སོ་ཐར་པའི་སྡོམ་པ་རིགས་བདུན་མཐའ་དག་འཛིན་པར་འདོད་པ་ཉམས་སུ་ལེན་པའི་རྒྱུ་མཚན་ལ་གནོད་ཅིང་ཁྱད་པར་ས་སྐྱ་པའི་ལུང་དང་འགལ་ཏེ། རྗེ་བཙུན་ཆེན་པོས་དོན་ཡོད་ཞགས་པའི་ཆོ་གའི་རིམ་པ་ལས། དེ་ལྟར་མཆོད་པའམ། གཏོར་མའི་རྗེས་ལ། འཕགས་པའི་རྗེས་སུ་བཟླས་པ་བྱེད་པར་བསམ་ཞིང་། རང་གིས་གསོ་སྦྱོང་གི་ཚིག་ལན་གསུམ་བརྗོད་ལ། བདག་སྡོམ་པ་དང་ལྡན་པར་བྱའོ། །འདི་ནི་རབ་ཏུ་བྱུང་

བའི་ཕྱོགས་ལའང་བླང་དགོས་ཏེ། སེམས་ཅན་ཐམས་ཅད་ལ་ཕན་པར་བྱ་བའི་ཕྱིར་དང་། ཞེས་བྱ་བ་ལ་སོགས་པ་ཐེག་པ་ཆེན་པོའི་ལུགས་ཡིན་པའི་ཕྱིར། དེ་ནས་ཚུལ་ཁྲིམས་ཀྱི་ཕ་རོལ་ཏུ་ཕྱིན་པའི་གཟུངས་ཉི་ཤུ་རྩ་གཅིག་བཟླས་སོ། །ཞེས་བཤད་པའི་ཕྱིར། ཡང་རང་གི་བྱས་པའི་དགེ་རྩ་རྫོགས་པའི་བྱང་ཆུབ་ཏུ་བསྔོ་བ་ཡིན་གྱི༔ གཞན་གྱིས་བགྱིས་པའི་དགེ་རྩ་རང་གིས་བསྔོ་བ་མི་རིགས་ཞེས་བཤད་པ་ཡང་ལམ་གྱི་གནད་དང་འགལ་ཏེ༔ ཇི་སྐད་དུ། གསང་ཆེན་ཐབས་ལ་མཁས་པའི་མདོ་ལས། རིགས་ཀྱི་བུ་གཞན་ཡང་བྱང་ཆུབ་སེམས་དཔའ་སེམས་དཔའ་ཆེན་པོ་ཐབས་ལ་མཁས་པ་ནི་གཞན་གྱི་དགེ་བའི་རྩ་བ་མངོན་པར་འདུས་བྱས་པ་ལ་རྗེས་སུ་ཡི་རང་བར་བྱེད་ཅིང་། རྗེས་སུ་ཡི་རང་བར་བྱས་ནས་ཀྱང་སེམས་ཅན་ཐམས་ཅད་ལ་ཡོངས་སུ་བསྔོ་ཞིང་བཏང་སྟེ་ཡོངས་སུ་བསྔོ་བར་ཡང་བྱེད་དོ། །དེ་ཐམས་ཅད་མཁྱེན་པ་ཉིད་དུ་ཡོངས་སུ་བསྔོ་བའི་དགེ་བའི་རྩ་བ་དེས་བྱང་ཆུབ་སེམས་དང་ལྡན་པའི་སྦྱིན་པ་པོ་དང་། སྦྱིན་བདག་གང་ཡིན་པ་དེ་དག་ཀྱང་ཟིལ་གྱིས་གནོན་པར་བྱེད་ལ༔ ལེན་པ་པོ་གང་ཡིན་པ་དེ་དག་ཀྱང་ཟིལ་གྱིས་གནོན་པར་བྱེད་དེ། རིགས་ཀྱི་བུ། དེ་ཡང་བྱང་ཆུབ་སེམས་དཔའ་སེམས་དཔའ་ཆེན་པོའི་ཐབས་ལ་མཁས་པ་ཡིན་ནོ། །ཞེས་གསུངས་པ་ཡིན་པས་དངོས་སུ་གནོད་པའི་ཕྱིར་རོ། །ཡང་སྡོམ་གསུམ་རབ་དབྱེར་ཆོས་དབྱིངས་དགེ་བར་འདོད་པ་འགོག་པ་དེ་རང་སྟོང་གི་ལུགས་སུ་བྱས་ནས་དེ་སྒྲ་ཇི་བཞིན་དུ་ཁས་ལེན་པ་ལ། སྐྱོན་འདི་ལྟར་བརྗོད་དེ། འོན་ཆོས་དབྱིངས་ཡེ་ཤེས་ཀྱང་། །ཡོད་པ་མིན་ནམ་རྟག་པར་འདོད། །གང་དུ་འདོད་ཀྱང་ཡེ་ཤེས་ཉམས། །ཡོད་ན་མི་རྟག་པར་ཐལ་ལོ། །ལ་ལ་ཆོས་དབྱིངས་ཡེ་ཤེས་ནི། །མཚན་ཉིད་ཐེག་པར་མ་བཤད་ཟེར། །འཕགས་པ་སངས་རྒྱས་པ་དང་ནི། །རྗེ་བཙུན་ཆེན་པོའི་གཞུང་དང་འགལ། །ཞེས་སྨྲར་དུ་བཏབ་པ་ཡང་། །གོང་མའི་གསུང་རབ་རྣམས་ཀྱི་གནད་བཅོས་པ་ཡིན་ཏེ། སྡོམ་གསུམ་ལས། དེས་ན་སངས་རྒྱས་བསྟན་པ་ལ། །གྲུབ་པར་བྱེད་ན་ཆོས་ཀྱི་དབྱིངས། །ཡོད་མེད་གཉིས་ཀར་མ་བཟུང་ཤིག །ཅེས་དང་། དེས་ན་ལྟ་བའི་ལུང་སྦྱོར་ཀུན། །ཕ་རོལ་ཕྱིན་བཞིན་ཐམས་ཅད་མཛད། །ཅེས་མདོ་སྔགས་གཉིས་ཀའི་ལུགས་ལ་ཆོས་དབྱིངས་ཡོད་མེད་ཀྱི་མཐའ་བྲལ་དུ་བཤད་ཅིང་། གོང་མའི་གསུང་རབ་རྣམས་ལས་ཀྱང་དེ་ལྟར་དུ་བཤད་པ་ཡིན་ལ། སྐབས་འགའ་ཞིག་ཏུ་དབང་དང་རིམ་གཉིས་ལས་བྱུང་བའི་ཡེ་ཤེས་ལ་སྤྲོས་མེད་དང་། སྟོང་པ་ཉིད་ཀྱི་ཡེ་ཤེས་ཞེས་མིང་བཏགས་པ་ཙམ་གྱིས་འཁྲུལ་ནས། དེ་ཡང་ཡོད་པ་མིན་པར་ཐལ་ཞེས་སྐྱོན་འཕེན་པར་སོང་བ་དང་། དེ་ལྟར་འཕེན་ན་ཆོས་ཉིད་ཡོད་པར་མི་འདོད་པས། ཆོས་ཅན་ཡང་ཡོད་པ་མིན་པར་ཐལ། ཞེས་ཟེར་བ་དང་ཁྱད་པར་མེད་པར་འགྱུར་རོ། །དེས་ན་ཆོས་དབྱིངས་ཡེ་ཤེས་དང་། ཆོས་དབྱིངས་ཀྱི་ཁྱད་པར་མ་ཕྱེད་པར་ཟད་དོ། །རྗེ་བཙུན་ཆེན་པོའི་གཞུང་དང་། མདོ་སྡེ་སངས་རྒྱས་ཀྱི་

ས་ལས་ནི་ཕ་རོལ་ཏུ་ཕྱིན་པའི་ལུགས་ལ་ཆོས་དབྱིངས་ཡེ་ཤེས་པའི་ཐ་སྙད་བཤད་པ་མེད་ལ། མ་བཤད་པ་ཙམ་དུ་མ་ཟད་ཕ་རོལ་ཏུ་ཕྱིན་པ་རང་རྐྱང་ལ་ཡེ་ཤེས་ལྔ་མ་གྲགས་པ་ཉིད་བཤད་དེ། ཇི་སྐད་དུ། དག་ལྡན་ལས། ཡང་ཕ་རོལ་ཏུ་ཕྱིན་པའི་ཐེག་པར་ཡེ་ཤེས་ལྔ་དང་། རིགས་ལྔ་ལ་སོགས་པ་མེད་པ་དེ་ཡང་། དེ་ལྟ་བུའི་ལམ་མེད་པར་ཤེས་པར་བྱའོ། །ཞེས་གསུངས་པའི་ཕྱིར། ལྗོན་ཤིང་ལས་འབྲས་བུའི་སྐབས་སུ་སངས་རྒྱས་ཀྱི་སའི་ལུང་དང་བསྟུན་ནས་བཤད་པ་ནི་ཡེ་ཤེས་དང་པོ་བཞི་དང་ཆ་འདྲ་བས་འདྲ་བ་བསྟན་པ་ཡིན་གྱི། མདོ་སྡེ་ལས། ཡེ་ཤེས་ལྔ་པ་བསྟན་ཅེས་པ་བཤད་པ་མི་སྣང་ངོ་། །ཡང་ཕ་རོལ་ཏུ་ཕྱིན་པའི་ཐེག་པར་ཆོས་དབྱིངས་ཡེ་ཤེས་མ་བཤད་ཅེས་ཟེར་མཁན་གྱིས་ཁྱེད་ཀྱི་ཕྱོགས་སྔ་སྨྲ་བོ་པོ་དེ་ནི་སློབ་དཔོན་ཆེན་པོ་བསོད་ནམས་རྩེ་མོ་ཉིད་ཡིན་ཏེ། དེ་ཉིད་ཀྱི་བཤད་རྒྱུད་ཐབས་ཀྱི་མན་ངག་ལས། ཡོན་ཏན་བསྐྱེད་དུ་ཡོད་ན་སྤྱི་དོན་ལ་མཐར་ཐུག་མི་རིགས་སོ་ཞེ་ན། ཡོན་ཏན་བསྐྱེད་དུ་ཡོད་དེ། ཕ་རོལ་ཏུ་ཕྱིན་པ་ལས་ཆོས་ཀྱི་དབྱིངས་ཡེ་ཤེས་ཞེས་བྱ་བ་ཡང་མ་བཤད་ལ། གསང་སྔགས་པ་ལས་བཤད་པ་དང་། ཞེས་དངོས་སུ་བྲིས་པའི་ཕྱིར་རོ། །རྗེ་བཙུན་སྐུ་མཆེད་འགལ་བ་ལྟག་སྤྲོད་དུ་ཁས་ལེན་པ་ཤིན་ཏུ་ངོ་མཚར་རོ། །གཞན་ཡང་སྐབས་འདིར་གསུང་རབ་སྤྱིའི་དགོངས་པ་དང་མི་མཐུན་ཅིང་བླ་མ་གོང་མའི་གསུང་རབ་དང་ཤིན་ཏུ་མི་འགྲིག་པ་མང་དུ་སྣང་ངོ་། །འབྲིར་མ་ལང་ངོ་། །གཉིས་པའི་སྐབས་སུ། གསང་སྔགས་ཀྱི་སྐབས་སུ་དོན་དམ་སེམས་བསྐྱེད་ལ་ཆོ་ག་བཤད་པ་མང་དུ་ཡོད་ལ། སེམས་བསྐྱེད་དེ་ཉིད་ཆོ་གའི་སྟོབས་ཀྱིས་བསྐྱེད་པ་མིན་ནོ། །ཞེས་གསུངས་ཤིང་། དེ་བཞིན་རྒྱལ་སྲས་ལམ་བཟང་ཀྱི་དགོངས་པ་ཡང་ཡིན་ནོ་ཞེས་གསུངས་པ་ནི་གཞུང་དེ་ཉིད་ལས། དོན་དམ་སེམས་བསྐྱེད་ཀྱི་ཆོ་ག་མདོ་རྒྱུད་བསྟན་བཅོས་ཐམས་ཅད་ནས་གསུངས་པ་མེད་ཅེས་ཚིགས་སུན་འབྱིན་པར་སོང་ཞིང་། ཆོ་ག་ཐུག་མེད་དུ་ཐལ་བ་སོགས་རིགས་པའི་གནོད་བྱེད་དང་། ལུང་གི་ཁུངས་མེད་པ་ལ་གོགས་པ་རབ་ཏུ་མང་མོད་ཀྱིས་ཤེས་པར་སླའོ། །བསླབ་བྱའི་གྲངས་འཆད་པའི་སྐབས་སུ། བསླབ་བཏུས་ནས་གསུངས་པའི་རྩ་ལྟུང་དུ་བྱུང་ས་ནས་གསུངས་པའི་རྩ་ལྟུང་བཞི་པོར་འདུས་པར་བསླབ་བཏུས་ཉིད་ལས་གསུངས་ཞེས་པ་ཡང་། བསླབ་བཏུས་ཀྱི་གཞུང་ལས། རྩ་བའི་ལྟུང་བ་འདི་དག་བདེ་བླག་ཏུ་རྟོགས་པར་བྱ་བའི་ཕྱིར་དང་། འགའ་ཞིག་གིས་ལུགས་གནས་པར་བྱ་བའི་ཕྱིར། ཞེས་བཤད་པ་དང་། བོད་འགྲེལ་འགའ་ཞིག་ཏུ་འཕགས་པ་ཐོགས་མེད་ལ་སོགས་པ་འགའ་ཞིག་གི་ལུགས་གནས་པར་བྱ་བའི་ཕྱིར་དུ། ཞེས་བཤད་པ་ཙམ་ལ་བརྟེན་པར་སྣང་ཡང་། བསླབ་བཏུས་ཀྱི་ལུང་དེ་ནི་ཐབས་མཁས་ཀྱི་མདོ་དང་། དྲག་ཤུལ་ཅན་གྱི་མདོ་ལ་སོགས་པ་འགའ་ཞིག་གི་ལུགས་གནས་པར་བྱ་བའི་ཕྱིར། ཞེས་བཤད་དགོས་ཀྱི། ཐོགས་མེད་ཀྱི་ལུགས་སྐབས་དོན་མིན་པར་འགའ་ཞིག་གི

ཞེས་པའི་གཉིས་ཚིག་གིས་ཤེས་ལ། ཅེས་ཀྱང་གང་ཟག་གཞན་གྱི་ལུགས་བརྗོད་པར་ངོས་འཛིན་དགོས་ན། བྱང་ཆུབ་སེམས་འདི་ཡོངས་འདོར་དང་། །ཞེས་པ་དེ་དབུ་མ་པ་ལས་གཞན་སྲུའི་ལུགས་ཀྱི་རྒྱ་ལྷུང་བརྗོད་པ་ཡིན་སྙམ་དགོས་སོ། །ཕྱིར་བསླབ་བསྡུས་ནས་གསུངས་པའི་ལྟུང་བ་ཕྱི་མ་བཞི་པོ་དབུ་མ་པའི་ལུགས་ཀྱི་རྩ་ལྟུང་དུ་འཇོག་པའི་ཤེས་བྱེད་ཀྱང་མི་སྣང་ངོ་། །གཞན་ཡང་སྐབས་འདི་ན་མི་མཐུན་པའི་ཕྱོགས་མང་དུ་སྣང་ཡང་ཕལ་ཆེར་གནད་ཆུང་བར་འདུག་པ་དང་། གོ་སླ་བའི་ཕྱིར་མ་སྨོས་སོ། །གསུམ་པ་སྔགས་ཀྱི་སྡོམ་པའི་སྐབས་ཀྱི་གནད་མི་མཐུན་པར་བསྟན་པ་ནི། དབང་བསྐུར་གྱི་ཆོག་ལས་སྡོམ་པ་གསུམ་གྱི་ བླུས་ཕྱེ་བའི་སོ་སོ་ཐར་པའི་སྡོམ་པ་མི་སྐྱེ་བར་འདོད་པ་དང་། ལུས་ཀྱི་དཀྱིལ་འཁོར་དུ་དབང་བསྐུར་ཙམ་གྱིས་ལས་དང་པོ་པ་ལ་སྨིན་བྱེད་མཚན་ཉིད་པར་ཡོད་པར་བཞེད་པ་དང་། འཆི་བའི་འོད་གསལ་ལ་བར་དོ་ངོས་འཛིན་པ་དང་། ཟུང་འཇུག་གི་སྐུ་ས་བཅུ་གཅིག་པ་ལས་གོང་དུ་བཞག་ཏུ་མེད་པ་ལ་སོགས་པ་མང་དུ་ཡོད་ཀྱང་། བསྟན་བཅོས་ཆེན་པོ་སྡོམ་པ་གསུམ་གྱི་རབ་ཏུ་དབྱེ་བ་འདི་དང་། འདིའི་བླ་མ་བརྒྱུད་པ་སངས་རྒྱས་དང་འདྲ་བ་རྣམས་ཀྱི་གསུང་རབ་ལ་ངེས་པ་ཐོབ་པའི་དབུས་གཙང་གི་མཁས་པ་ཆེན་པོ་རྣམས་ཀྱིས་ཡང་ཡང་དུ་གཏན་ལ་ཕབ་ཟིན་པའི་ཕྱིར། །འདིར་མ་བྲིས་སོ། །

གཞན་ཡང་སྣང་ཆུང་བའི་དྲིས་ལན་ཕྲན་ཚེགས་པ་འགའ་ཞིག་འདིར་གནད་ལ་དཔྱད་པའི་སྐབས་སུ། ཚིག་མང་དུ་དོགས་པས་ཁོ་བོས་ཡི་གེ་ལོགས་སུ་བྱའོ། །འདིར་ལྟ་སྒོམ་གནད་ཤིན་ཏུ་ནོར་ཚབས་ཆེ་ཞིང་། དེ་ལ་རྟོག་དཔྱོད་དང་མི་ལྡན་པར་དད་པའི་རྗེས་སུ་འབྲང་བ་མང་དུ་བཀའ་འགྲེལ་ནས་ཕྱིར་དབུ་མ་ཆེན་པོའི་ལྟ་སྒོམ་གྱི་གནད་འཁྲུལ་པ་མེད་པ་རྣམས་དང་། ཁྱད་པར་རྗེ་བཙུན་ས་སྐྱ་པ་གོང་མ་རྣམས་ཀྱི་ལུགས་དང་། སེམས་ཙམ་པའི་ལྟ་སྒོམ་བསྲེས་ཏེ་ཆོས་དང་གང་ཟག་གཉིས་ཀ་ལ་སྒྲོད་ཅིང་ཞུང་བའི་ཉེས་པ་བསྐྱེད་ལ། རྣམ་པར་དག་པའི་ལུགས་དྲི་མ་ཅན་དུ་བྱེད་པ་མཐོང་ནས་ཡང་དག་པའི་ལམ་གྱི་སྲོལ་ལ་ཞུགས་ནས་སྐྱོན་མེད་པའི་ཐོས་བསམ་བསྒོམ་གསུམ་ལ་བརྩོན་པར་གྱུར་ན་ཅི་མ་རུང་བསམ་ནས་གཞུང་འདི་ཙམ་གྱིས། རང་གི་ལུགས་ལ་ཞེན་པ་ཁོངས་ནས་ཞུགས་པ་དང་། གཞན་གྱི་ལུགས་ལ་ཕྲག་དོག་གི་དབང་གིས་བརྙམས་པ་ནི་མིན་ཏེ། གཡོ་རྒྱུ་ཙམ་གྱིས་བསྟན་པ་འཛིན་དགོས་ན་བསྟན་པ་དེ་ཉིད་མ་དག་པར་འགྱུར་བའི་ཕྱིར་དང་། ཕྲག་དོག་ཅེས་པ་ནི་མི་དགེ་བ་འབའ་ཞིག་ཡིན་པའི་ཕྱིར་དང་། བསམ་པ་ངན་པས་ཀུན་ནས་བླངས་ཏེ་སྨྲུན་འབྱིན་པ་དང་། བསྟོད་ར་སྣ་ཚོགས་ཀྱི་སྒོ་ནས་གཞན་མགུ་བར་བྱས་ཏེ་རང་གི་ཕྱོགས་སུ་བསྡུད་པ་ཡང་དེ་དང་འདྲ་བའི་ཕྱིར། རང་གི་ལུགས་སྐྱོན་མེད་པ་ལ་དྲང་པོའི་ཚུལ་གྱིས་གཞན་ལེན་དུ་འཇུག་པ་དང་། ཕ་རོལ་སྲུན་འབྱིན་པའི་

ཚུལ་ནི་སྟོན་གྱི་དམ་པ་རྣམས་ཀྱི་རྣམ་ཐར་ཡིན་ཞིང་། དེ་ལྟ་བུའི་སྒྲོབས་པ་ཐོབ་པའི་རྣམ་དཔྱོད་ཀྱི་འོད་ཟེར་གྱི་ཤུགས་ནི་སྲིན་བུ་མེ་ཁྱེར་དང་འདྲ་བའི་རྨོངས་པ་རྣམས་ཀྱིས་བཟོད་མི་ནུས་ཀྱང་ཁེགས་པ་མིན་ཏེ། ཉི་མའི་འོད་ཟེར་ཤར་བ་དང་འདྲའོ། །ཇི་སྐད་དུ། གཞུང་ལུགས་ཉིན་བྱེད་ཡོན་ཏན་བརྒྱད་ལྡན་བློ་ངན་ཉིན་སྤོངས་འཇིག་པ་སྤྲངས། །དེ་ལྟ་མོད་ཀྱི་བློ་མིག་རྣམ་དག་མཁས་པའི་པདྨ་རྒྱས་བྱེད་ཡིན། །ཞེས་གསུངས་པ་ལྟར་རོ། །སྡོམ་པ་གསུམ་གྱི་རབ་ཏུ་དབྱེ་བའི་དཀའ་བའི་གནས་རྣམ་པར་འབྱེད་པ་ཞིབ་མོ་རྣམ་འཐག་ལས་ཉམས་ལེན་གྱི་གནད་མི་མཐུན་པར་བསྟན་པ་སྟེ་གསུམ་པའོ། །

དེ་ལྟར་འདིར་བཤད་དོན་རྣམས་རབ་ཕྱེ་ནས། །བགྲང་ཡས་ཚིག་གི་སྦྲོས་པ་དཔག་མེད་ཀྱང་། །རེ་ཞིག་ཡིད་ལ་བཟུང་སླ་གོ་བདེ་བའི། །ངག་དོན་འཇུག་པར་བདེ་བ་འདི་ལྟར་ཡིན། །ཟབ་མོ་ལྟ་བའི་ངེས་དོན་མཐར་ཐུག་པ། །ཕ་རོལ་ཕྱིན་གཞུང་དག་ལས་འབྱུང་བ་བཞིན། །རྒྱུད་སྡེའི་གཞུང་ལུགས་ཀུན་ལས་བཤད་པའི་ཕྱིར། །རྟོགས་བྱའི་ལྟ་བ་དོན་གཅིག་ཅེས་བྱར་གསུངས། །འཁོར་ལོ་ཐ་མར་གསུངས་པའི་རྣམ་རིག་གི །ངེས་དོན་འཕགས་པ་རྣམས་ཀྱི་བཞེད་མཐུ་ལ། །རྣལ་འབྱོར་སྤྱོད་པའི་ལྟ་བ་དེ་རྫེས་སུ། །དབུ་མ་ཆེན་པོ་བསྟན་པ་ཇི་ལྟར་ཡིན། །དབུ་མ་ཉིད་ཀྱང་རྣལ་འབྱོར་སྤྱོད་གཞུང་དུ། །འདུས་ཕྱིར་འགལ་བ་མེད་མཉམ་སེམས་པ་ན། །གསུམ་དུ་འདུས་ཕྱིར་དབུ་མ་བཞི་པ་རུ། །བསྟན་པས་སྟོན་གསུང་ཉིད་དང་འགལ་བར་འགྱུར། །རྣལ་འབྱོར་སྤྱོད་གཞུང་སྐབས་དེར་བསྟན་པ་ནི། །རྣམ་བདེན་ཁོན་ཡིན་ཞེས་བྱར་མི་རུང་། །ཡང་ན་གཞུང་ཚིག་བསྒྱུར་ནས་འཆད་དགོས་མོད། །གཞན་གྱི་དེ་ལས་བཟློག་དོན་ཅེས་མི་ཤེས། །འཐད་པ་དང་བྲལ་ཐུབ་པའི་གཙུག་ལག་ནི། །རང་དགའ་དོད་པ་ཙམ་གྱི་དོན་ལྡན་མིན། །བྱང་ཆུབ་སེམས་འགྲེལ་གསུམ་དང་རྒྱུད་གསུམ་དང་། །དཔལ་ལྡན་འདུས་པ་འཁོར་ལོ་སྡོམ་པ་སོགས། །བཀའ་དང་དེ་འགྲེལ་འཕགས་པས་མཛད་རྣམས་ལ། །རང་རིག་བདེན་གྲུབ་ཚུལ་དེ་གཅིག་ཀྱང་མེད། །བདེན་དངོས་ལྡོག་པའི་རིམ་པ་དབུ་མ་བཞིན། །པད་དཀར་དང་ནི་རྡོ་རྗེ་སྙིང་པོར་བཤད། །བསྟོད་ཚོགས་མཛད་དང་འདུས་པའི་སེམས་འགྲེལ་ལས། །རྣམ་རིག་བདེན་གྲུབ་འགོག་ཚུལ་རྒྱས་པར་བཤད། །གྲུབ་པ་སྡེ་བདུན་མཁས་པའི་ལམ་སྐོར་དགུ། །དྭ་ཀ་སྐོར་གསུམ་འདུས་པ་ལུགས་གཉིས་པོ། །བླ་ན་མེད་པའི་རྒྱུད་འགྲེལ་ཁུངས་ཐུབ་པ། །ཀུན་འདུས་ཀྱང་ནི་བདེན་གྲུབ་བཀག་ཏེ་འཆི། །རིན་ཆེན་འབྱུང་གནས་སེམས་ཙམ་ལྟ་བ་དང་། །དབུ་མ་མཐུན་ཅེས་སླ་བ་རྒྱ་བོད་ཀྱི། །གྲུབ་ཆེན་རྣམས་ཀྱིས་བཀག་པའི་རོ་ལ་ཡིན། །ཇོ་མོ་ནང་པ་གསལ་རིག་བདེན་གྲུབ་དང་། །ཆོས་དབྱིངས་ཡེ་ཤེས་དོན་དམ་བདེན་པ་ཞེས། །ཁས་ལེན་མཛད་ཀྱང་སྐྱེ་འཇིག་བྲལ་བ་ཡི། །གནས་ལུགས་འདོད་ཀྱི་འཇིག་དངོས་ཁས་མི་ལེན། །གནས་ལུགས་བདེན་ཞིང་འཇིག

པར་འདོད་པ་འདི། །ཇོ་ནང་པས་ཀྱང་དམན་སྣམ་བདག་སེམས་སོ། །ས་སྐྱའི་རྗེ་བཙུན་མཆོག་རྣམས་བཞེད་དོན་ནི། །ཆོས་དབྱིངས་ཡོད་པའང་མིན་ཏེ་ཡོད་ཙམ་ལ། །མི་རྟག་ཡིན་པས་ཁྱབ་པར་འདོད་ཕྱིར་དང་། །མེད་པ་དེ་ཤུགས་ལས་ནི་བཀག་པའི་ཕྱིར། །གཤིས་སུ་ལྟ་ཡང་གནས་ལུགས་གང་པ་ཡིན། །དེ་ལྟར་འཆད་པས་གཞུང་བརྒྱའི་ཁུར་མེད་ཀྱང་། །དག་ལྡོན་སྐོར་གསུམ་ལན་གཅིག་བཀླགས་པས་ཀྱང་། །གཞན་དབང་རྣམས་འཁྲུལ་མེད་ན་རྟོགས་པར་ནུས། །འདི་དག་འཐད་པ་དང་བཅས་ཁོ་བོ་ཡིས། །ཇི་བཞིན་སླས་ལ་གཟུ་བོའི་ཡིད་ལྡན་པའི། །དཔྱོད་འདོད་སྐྱེ་བོ་ཀུན་གྱིས་ཞིབ་མོ་སྱུ །རྣམ་པར་ཕྱེ་སྟེ་ལན་ཡང་གདབ་པར་བྱོས། །ལྟ་ཆེ་བདེན་པའི་ལྷག་མ་མ་ལུས་པར། །བསྒོམ་ཆེ་བདེན་པའི་དོན་ལ་མཉམ་འཇོག་པ། །ཡོད་ཅེས་སྨྲ་བ་འདི་འདྲ་གོང་མའི་ལུགས། །ཆ་ཤས་ཙམ་ཡང་འཛིན་པར་འགྱུར་རེ་ཀན། །བདེན་དོན་ཕྲ་རགས་རྡུལ་གྱིས་མ་གོས་ཀྱང་། །ཡེ་ཤེས་གསལ་སྣང་གདོད་ནས་ཡོད་མ་མྱོང་། །ཡོད་མ་མྱོང་གི་དབྱིངས་དང་མ་བྲལ་བ། །འདི་འདྲའི་ངང་ལ་མཉམ་འཇོག་སུ་ཡིས་ཁེགས། །སྟོང་དོན་མེད་པར་སྨྲ་བའི་མཐའ་གཅིག་དང་། །གནས་ལུགས་ཡོད་པར་སྨྲ་བའི་ཐབས་གཉིས་ཏེ། །དབུ་མ་ཆེན་པོའི་གཡང་ས་གཉིས་བཟུང་ནས། །གཉིས་དང་གཉིས་མིན་སྨྲ་བའི་ཕུང་གསུམ་ལ། །འཇིག་པར་ལྟ་བ་གད་མོའི་རྒྱུ་རུ་བཟུང་། །གཟུང་འཛིན་རྒྱུ་བ་རྫུ་ཏེར་དྲངས་པ་ཡིས། །སྟོང་གཟུགས་སྒྱུ་མ་ལྟ་བུའི་ལྷ་སྐུ་དང་། །གཟུང་འཛིན་ཀུན་བཏགས་ཙམ་གྱིས་དབེན་པའི་དོན། །སེམས་ཙམ་གཞུང་ལས་ཆོས་ཉིད་གཟུགས་སོ་ཞེས། །བཤད་པ་འདི་གཉིས་ཁྱད་པར་མི་ཕྱེད་པར། །ཡེ་ཤེས་སྣང་བ་ལས་འཕྲུངས་ལྷ་སྐུ་ཡང་། །གནས་ལུགས་དོན་དམ་བདེན་པར་འཆད་པའམ། །དེ་ཡང་ཀུན་རྫོབ་ཡིན་ཕྱིར་གཟུགས་སྐུ་ནི། །གཏན་མེད་ཅེས་སྨྲ་གྱི་ན་ཁོ་ནར་བས། །ཡོངས་གྲུབ་ཡིན་ན་རྣམ་པ་དང་འབྲེལ་འགལ། །གཟུགས་ནི་རྣམ་པ་དག་དང་འབྲེལ་ལོ་ཞེས། །ཕྱོགས་ཀྱི་གླང་པོའི་གཞུང་དུ་མ་བཤད་དམ། །དེ་ལྟར་འདོད་ན་རྫོགས་རིམ་ལྷ་སྐུ་ཡང་། །ཞལ་ཕྱག་རྣམ་པ་དག་དང་མ་འབྲེལ་ལམ། །ཡོངས་གྲུབ་རྣམ་པ་ཡིན་པར་ཇི་ལྟར་རུང་། །ཆོས་ཉིད་རྣམ་པར་ཤར་བའི་བློ་སྣང་གི །གཟུགས་ལ་ཆོས་ཉིད་གཟུགས་དང་སྟོང་གཟུགས་ཞེས། །མིང་གིས་འདོགས་པ་དེས་ཀྱང་ཁས་ལེན་མོད། །དེ་དག་སྦྱོར་བྲལ་ལྡོག་པར་འདོད་པ་ནི། །ལྟ་བསྒོམ་ཤན་མ་ཕྱེད་པའི་གཏམ་དུ་གྱུར། །ཀུན་གཞི་རིགས་མི་མཐུན་གཉིས་ཁས་ལེན་དང་། །ཀུན་རྫོབ་སྣང་གཞིར་འདོད་པ་འགོག་པ་རྣམས། །སྔོན་གྱི་ལོག་རྟོག་རྗེས་འབྲང་ཡིན་པའི་ཕྱིར། །སུན་འབྱིན་བཟླས་ཏེ་བརྗོད་ཚུལ་གོང་དུ་སློས། །བརྙས་དང་གཞན་ཟེར་བཟླས་པའི་སྐྱོན་བརྗོད་དང་། །འདི་རྗེས་འབྲང་བ་རྣམས་ལ་བརྙས་ཚིག་གིས། །ཟློལ་གྱིས་འཚོལ་བར་སྒྲོག་པའི་ཚིག་ཕྲེང་རྣམས། །ལན་གྱིས་བརྗོད་འོས་མིན་ཕྱིར་འདིར་མ་བྲིས། །ལུང་གཞན་ཁུངས་

དང་ཚིག་བཅད་འཚོལ་བ་སོགས། །ཡི་གེས་འཛིགས་ཕྱིར་ཁོ་བོས་ལོགས་སུ་བཀོད། །ཡང་སྨྲས་པ། ཕ་རྒོད་གླང་པོའི་དྲེགས་པ་སྲུན་འབྱིན་ཅིང་། །རྣམ་དཔྱོད་ལུས་སྟོབས་ཀུན་གྱིས་མ་ཕམ་པ། །སྲིད་གསུམ་འདར་བྱེད་སྨྲ་བའི་སེང་གེ་ཞེས། །འཇམ་དབྱངས་བླ་མ་བརྒྱུད་པར་བཅས་རྣམས་རྒྱལ། །དེ་གསུངས་སྲིད་ནས་རིང་པོར་གོམས་ཡིད་ཀྱིས། །རང་གར་སྨྲ་བའི་གཞུང་རྫེས་མི་འཇུག་ཅིང་། །རྟོག་བརྗོད་གོམས་པས་ལམ་དྲང་འགྲོ་ཤེས་པ༑ །རྣམ་གྲོལ་སྐྱེས་བུའི་གཟུགས་སྙིང་ཁོ་བོས་བཟུང་། །དུག་ཅན་མཚོ་ལ་ཤར་བའི་གཟུགས་བརྙན་ལྟར། །མཐོང་བས་རྨོངས་པས་གྱ་གྱུའི་རིང་ལུགས་ལ། །དགའ་བས་འཇུག་པའི་བྱིས་པ་གཞོན་ནུ་རྣམས། །ལུང་དང་རིགས་པའི་མཚོན་རྣོན་མེད་བཞིན་དུ། །རྣམ་དཔྱོད་བརྒྱུད་ཀྱིས་སྤྱངས་པའི་གཞུང་ཕྲན་རྣམས། །ཐལ་བར་བརླག་བྱེད་རལ་གྲིས་འཕྲུལ་འཁོར་གྱིས། །རང་འདོད་སྙིང་པོ་འདོད་པ་ཇི་ལྟར་བཟློད། །ཚིག་རྩུབ་ལམ་ལས་དྲངས་པའི་མོད་པའི་མདའ། །རང་ཡིད་དགེ་བ་བསྲེག་པའི་རྒྱུར་འགྱུར་ཞིང་། །གཞན་གྱི་ལེགས་བཤད་རྣམ་དག་མི་བཟོད་པར། །ཁྲིམ་པ་རྣམས་དང་ཐེབ་པར་སྨྲ་བའི་གཏམ། །འཁྲུག་པོ་ཡིས་ཀྱང་བསྟན་པ་གང་ལ་ཟིན། །དགེ་སློང་དགེ་ཚུལ་བླ་མ་མཆོག་རྣམས་དང་། །སོ་སོར་འབྱེད་པའི་ཚིག་གི་ངོ་བོ་ཡིས། །རང་གི་འཚོ་བ་ཙམ་ཞིག་དོན་གཉེར་བ། །ཀྱེ་མ་འདི་དག་གིས་ཀྱང་བསྟན་པ་སྙིགས། །འདོད་ལ་མངོན་ཞེན་ཚུལ་ལྟར་འཆོས་པ་ཡིས། །མི་སྨྲའི་བརྟུལ་ཞུགས་བཟུང་ནས་རིགས་པའི་ལམ། །གཞན་དུ་བོར་ན་བདག་ཀྱང་མཁས་འགྱུར་མོད། །དེ་འདྲ་ཆོས་དང་འགལ་ཕྱིར་བདག་མི་འདོད། །འདིར་བཤད་རྣམས་ལ་དོན་དང་མི་ལྡན་ཞིང་། །ས་སྐྱའི་རྗེ་བཙུན་རྣམས་དང་འགལ་བའི་ཚོགས། །ཡོད་ན་སུ་ཡི་རིགས་ཀྱང་ལུང་རིགས་ཀྱིས། །གསལ་བར་མཛོད་ཅིག་བདག་ལ་མི་འདོད་མེད། །གལ་ཏེ་འདི་ལ་ལེགས་ཚོགས་ཅི་མཆིས་པ། །བླ་མ་རྣམས་དང་ཡི་དམ་ཆོས་སྐྱོང་དང་། །ལུང་འདིའི་ཆོས་ལ་དད་པ་ཐོབ་པ་རྣམས། །བདག་ལ་དགྱེས་པའི་ཐུགས་རྗེས་ལེགས་པོ་བྱིན། །གལ་ཏེ་འདི་ལ་བདག་ནི་བདེན་བཞིན་དུ། །སྨོངས་པ་ཐམས་ཅད་འཚོགས་ཤིང་འདུས་བྱས་ནས། །བདག་ལ་སྐུར་བ་འདེབས་ཤིང་སྨོད་པ་ནི། །ཇི་ལྟར་འོས་ཞེས་གཟུ་བོའི་བློ་ཡིས་དཔྱོད། །འོན་ཀྱང་བསྟན་དང་འགལ་བའི་ལྟ་སྤྱོད་དག །རང་ལ་མེད་བཞིན་འཇིག་རྟེན་སྨོད་ན་ཡང་། །དེ་ལ་དམིགས་ན་སྙིང་རྗེ་བསྐྱེད་པའི་ཕྱིར། །འཛིགས་པར་ལྟ་བ་ང་ལ་རྡུལ་ཙམ་མེད། །འདིར་བཤད་རྣམ་དཀར་གཙང་མ་གངས་རྡུལ་དང་། །ཟླ་འོད་ཀུན་ད་ག་བུར་བརྩེགས་འདྲ་བ༑ །བདག་གི་རྒྱུད་ལ་ཐོབ་པ་གང་ཡིན་དེས། །འགྲོ་ཀུན་ཐར་པའི་བདེ་ལ་འགོད་གྱུར་ཅིག །ཁྱད་པར་མཁྱེན་རབ་དབང་ཕྱུག་ས་སྐྱ་པའི། །བསྟན་པ་དྲི་མེད་མི་ཤེལ་འབར་བའི་འོད། །ཕྱོགས་དང་ཕྱོགས་མཚམས་ཀུན་ཏུ་ཉེར་སོན་ཞིང་། །མཁས་རྣམས་དགའ་བའི་པདྨོ་རྒྱས་བྱེད་ཤོག །

ཅེས་སྡོམ་པ་གསུམ་གྱི་རབ་ཏུ་དབྱེ་བའི་དཀའ་བའི་གནས་རྣམ་པར་འབྱེད་པ་ཞིབ་མོ་རྣམ་འཐག་ཅེས་བྱ་བ་འདི་ནི། དང་པོར་མཁས་པའི་དབང་པོ་ཡོན་ཏན་དཔལ་བཟང་པོ་ལ་སོགས་པས་སློན་པར་བྱས་ཤིང་། དུས་གསུམ་སངས་རྒྱས་ཐམས་ཅད་ཀྱི་ངོ་བོ་རྡོ་རྗེ་འཆང་ཆེན་པོ་ཀུན་དགའ་དབང་ཕྱུག་གི་ཞལ་སྔ་ནས་དང་། པཎྜི་ཏ་ཆེན་པོ་གྲགས་པ་རྒྱལ་མཚན་དཔལ་བཟང་པོ་ལ་སོགས་པ་ས་སྐྱ་པའི་བླ་མ་བརྒྱུད་པ་དང་བཅས་པ་རྣམས་ལས་ལུང་རིགས་མན་ངག་གི་ཚོགས་མང་དུ་ཐོས་ཤིང་། གསུང་རབ་སྤྱི་དང་། བྱེ་བྲག་ཏུ་རྗེ་བཙུན་ས་སྐྱ་པ་རྣམས་ཀྱི་གསུང་རབ་ལ་ཤེས་ནས་དད་པ་ཐོབ་པ། བསོད་ནམས་ལྷུན་གྲུབ་ལེགས་པའི་འབྱུང་གནས་རྒྱལ་མཚན་དཔལ་བཟང་པོས་བྱ་ལོ་ཟླ་བ་གཉིས་པའི་ཚེས་བཅུ་བཞི་ལ། བླ་མ་རྡོ་རྗེ་འཆང་གིས་བྱིན་གྱིས་བརླབས་པའི་རི་བོ་ཆེ་འཁོར་ལོ་སྡོམ་པའི་ཕོ་བྲང་དུ་ལེགས་པར་སྦྱར་བའི་ཡི་གེ་པ་ནི་རིག་པ་འཛིན་པའི་བརྟུལ་ཞུགས་ལ་གནས་པ་དཔལ་ལྡན་གྲགས་པས་བགྱིས་ཏེ་ལེགས་པར་སྤེལ་ལོ།། །།མངྒལཾ།། །།

༄༅། །སྡོམ་གསུམ་སྐལ་ལྡན་སྙིང་གི་མུན་སེལ་ལྷ་དབང་རྡོ་རྗེ་བཞུགས་སོ། །

གློ་བོ་མཁན་ཆེན་བསོད་ནམས་ལྷུན་གྲུབ།

ན་མོ་བུད་དྷ་ཡ། ཆོས་ཀྱི་རྗེ་མཁྱེན་རབ་ཀྱི་དབང་ཕྱུག་དཔལ་ལྡན་ས་སྐྱ་པཎྜི་ཏ་ཆེན་པོའི་ཞབས་ལ་གུས་པས་ཕྱག་འཚལ་ལོ། །འཆི་མེད་བདུད་རྩི་འབྱུང་བའི་གནས་ཆེན་པོ། །སྐལ་ལྡན་སྙིང་གི་མུན་པ་འཇོམས་པའི་དཔལ། །རྟོག་གེའི་དུག་ཆུས་ཀུན་ནས་མ་དཀྲུགས་པའི། །གཟུར་གནས་སྐྱེས་བུ་རྣམས་ལ་དོན་འདི་ཞུ། །ཐེག་ཆེན་ཤིང་རྟའི་སྲོལ་འབྱེད་རྣམ་གཉིས་ཀྱི། །དབུ་སེམས་གྲུབ་མཐའི་རྣམ་བཞག་གཞན་དུ་གསལ། །ཕྱི་དུས་མཁས་པ་འགའ་ཡི་གསུང་དོན་དང་། །སྔོན་དུས་ས་སྐྱའི་རྗེ་བཙུན་རྣམས་ཀྱི་གཞུང་། །མི་མཐུན་མཐུན་པར་སྣང་བའི་ཚོགས་རྣམས་ལ། །རང་རང་གཞུང་དང་བསྟེབས་ནས་ཚུལ་འདི་འབུལ། །

དེ་ལ་ཆོས་རྗེ་ཀུན་དགའི་མཚན་ཅན་གྱིས་རྒྱུད་གསུམ་གནོད་འཇོམས་ལ། གཞིའི་སྐབས་ཀྱི་ལོག་རྟོག་འགོག་པ་ན། གཞན་ཡང་ཐུབ་པས་ཆོས་རྣམས་ལས། །ཟབ་དོན་མཆོག་ཏུ་གྱུར་པ་ནི། །རྡོ་རྗེ་ཐེག་པ་ཡིན་ནོ་ཞེས། །རྒྱུད་སྡེ་རྣམས་ལས་གསུངས་པ་ལ། །རྒྱུད་ཀྱི་ལྟ་བ་མཐར་ཐུག་པ། །རྣམ་རིག་སྣང་བར་གནས་པས་ན། །སྟོན་པ་ཉིད་ཀྱིས་གདུལ་བྱ་རྣམས། །ལོག་པའི་ལམ་ལ་བཙུག་པར་འགྱུར། །ཞེས་གསུངས་པ་ལ། དྲིས་ལན་མཛད་པས། རང་རིག་རང་གསལ་བདེན་པར་ཁས་ལེན་པའི། དབུ་མའི་ལུགས་འདི་གསང་བ་འདུས་པ་དང་། །ཀྱེ་རྡོར་རྒྱུད་གསུམ་བྱང་ཆུབ་སེམས་དཔའ་ཡི། །གཞུང་འགྲེལ་བསྐོར་གསུམ་དག་ན་གསལ་བར་བཞུགས། །ཞེས་པར་དུ་བཏབ་པ་གཉིས་མཐུན་མི་མཐུན་དཔྱད་པར་ཞུ། ཡང་ཆོས་ཀྱི་རྗེས། ཐེག་པ་ཆེན་པོའི་སེམས་བསྐྱེད་ལ། །དབུ་མ་སེམས་ཙམ་ལུགས་གཉིས་ཡོད། །དེ་གཉིས་ལྟ་བ་ཐ་དད་པས། །ཆོ་ག་ཡང་ནི་ཐ་དད་ཡིན། །ཞེས་གསུངས་པ་དང་། དྲིས་ལན་མཛད་པས། དོན་དམ་རྣམ་རིག་སྣང་བའི་ལྟ་བ་དང་། །དབུ་མའི་ལྟ་གྲུབ་འགལ་ཞེས་ཟེར་བ་དང་། །ཞེས་དེ་གཉིས་ཕྱོགས་སྔར་བཀོད་པ་གཉིས་མཐུན་མི་མཐུན་གཟིགས་པར་ཞུ། ཡང་ཆོས་ཀྱི་རྗེས། སེམས་ཁྱོད་བདེན་པར་གང་གི་ཤེས། །དེ་ལ་སྡུག་བསྔལ་བདེན་པ་འབྱུང་། །སེམས་ཁྱོད་རྫུན་པར་གང་གིས་ཤེས། །དེ་ལ་སྡུག་བསྔལ་རྫུན་པར་ཟད། །ཅེས་གསུངས་པ་དང་། ཐེག་མཆོག་ལམ་གྱི་ཉམས་ལེན་བླ་མེད་ལ། །གང་

དེར་བཤད་པའི་ཡེ་ཤེས་ཚོགས་བསགས་ཀྱང་། །ཕལ་ཆེར་ཐོགས་མེད་ཞབས་ཀྱི་བཞེད་གཞུང་བཞིན། །ཞེས་བཤད་པ་དང་མཐུན་མི་མཐུན་དཔྱད་པར་བྱ།

མདོར་ན་དྲིས་ལན་མཛད་པས་གཞི་ལྟ་བའི་སྐབས་སུ་འདོད་ལུགས་ཙམ་སྨོས་ནས། བཞེད་དོན་ངོས་བཟུང་བ་ཚུལ་གཉིས་རྣམ་འབྱེད་དང་། རང་རེའི་ཆོས་རྗེ་གོང་མའི་རྒྱུད་གསུམ་གནོད་འཇོམས་གཉིས་གང་དག་གཟིགས་པར་བྱ། རྒྱས་པར་ཁོ་བོས་བློ་གྲོས་ཀྱིས་ལོགས་སུ་སྤྲོའོ། །ཡང་ཆོས་ཀྱི་རྗེ་གོང་མས་ཟུང་འཇུག་རྡོ་རྗེ་འཆང་གི་ ས་མཚམས་བཞག་པར། སྤྱོད་བསྡུས་ཀྱི་དགོངས་པའང་གསེར་འགྱུར་གྱི་རྩིས་ལུགས་གསེར་དུ་བསྒྱུར་བ་ལྟར། ལམ་བསྒོམ་པའི་སྟོབས་ཀྱིས་ ཉོན་མོངས་པ་ཡེ་ཤེས་སུ་གནས་གྱུར་པ་ལ། ཕུང་པོའི་ཁོག་པ་བརྗེས་ཏེ་ཞེས་གསུངས་པ་ཡིན་གྱི། མ་དག་པའི་ལུས་བོར་བ་ནི་མ་ཡིན་ཏེ། ལུང་དེའི་རྗེས་ཁོ་ན་ལས། བཙུན་མོའི་ཚོགས་དང་ལྷན་ཅིག་མི་སྣང་བར་གྱུར་ཏེ། ཞེས་གསུངས་པའི་ཕྱིར་རོ། །ཡང་ཚེ་གཅིག་ལུས་གཅིག་ལ་སངས་རྒྱས་ཐོབ་པ་མ་ཡིན་ན། སྔར་ཁྱེད་རང་གིས་ཀྱང་། བརྩོན་འགྲུས་ཅན་ཚེ་འདི་ཉིད་ལ་སངས་རྒྱས་ཐོབ་པ་ཞེས་ཁས་བླངས་པ་དང་། སློབ་དཔོན་ནག་པོ་པས་སྤྱོད་པ་ལ་བྱོན་པའི་ཚེ། འཁོར་ཀུ་ས་ལི་པས་མཛེ་མོ་ཅིག་ཆུ་ལ་བསྐྱལ་བས། ཀུ་ས་ལི་པས་ཧེ་རུ་ཀར་བྱས་ནས། མཛེ་མོ་ཕག་མོར་གྱུར་པ་ལ་སོགས་པ་མངོན་གསུམ་དང་། སྔགས་ཀྱི་ལམ་གྱིས་ཚེ་གཅིག་ལུས་གཅིག་ལ་འཚང་རྒྱ་ཞེས་འཇིག་རྟེན་ན་ཉི་ཟླ་ལྟར་གྲགས་པ་དང་། འདུས་པར་གསང་བ་འདུས་པ་ལ་དགའ་བའི་བྱང་ཆུབ་སེམས་དཔའ་ཚེ་འདི་ཉིད་ལ་དེ་བཞིན་གཤེགས་པ་རྣམས་ཀྱིས་གྲངས་སུ་འགྲོའོ་ཞེས་དང་། སེམས་ཀྱི་སྒྲིབ་སྦྱོང་ལས། ཐེག་པ་ཆེན་པོའི་དེ་ཉིད་ཚེ། །བསོད་ནམས་ཡེ་ཤེས་ཚོགས་ཀྱིས་ནི། །ཀུན་མཁྱེན་གོ་འཕང་ཉམས་དགའ་བ། །ཚེ་འདི་ཉིད་ལ་ཐོབ་པར་འགྱུར། །ཞེས་དང་། སྒྲོན་གསལ་ལས། གསང་བ་འདུས་པའི་ཚེ་འདི་ཉིད་ལ་འཚང་རྒྱ་བའི་སྐྱོད་རྣམས་ཀྱིས་རྒྱུ་ལ་འཇུག་ཅིང་འཕོའོ། །ཞེས་གསུངས་པ་རྣམས་ཀྱི་རྗེས་སུ་དཔགས་པས་གཅིག་ཅར་དུ་གནོད་དོ། །ཞེས་གསུངས་པ་དང་། ས་སྐྱ་པཎ་ཆེན་གྱིས་དྲིས་ལན་ལས། ཚེ་གཅིག་ལ་འཚང་རྒྱ་བའི་དོན་ལུས་འདི་རྒྱ་ཤི་ལས་གྲོལ་ནས་སྐྱ་བཞི་ངོ་བོ་གྲུབ་པ་ཡིན། ཞེས་གསུངས་པ་དང་། དྲིས་ལན་མཛད་པས། དྲི་བ་ལྟ་བའི་དངོས་ལན་གྱི་སྐབས་སུ། འདི་དག་གི་དོན་ལ་བརྟགས་པ་ན་མ་དག་པའི་ཕུང་པོ་ལྷ་པོ་ཉིད་ལྷག་པའི་ལྷར་བསྒོམ་པ་མ་ཡིན་ཏེ། དེ་དག་ནི་མ་རིག་པའི་དབང་གིས་བྱུང་བའི་ཀུན་རྫོབ་ཀྱི་བདེན་པ་ཡིན་ལ། ལྷ་ནི་ཆོས་ཀྱི་དབྱིངས་ཀྱི་ཡེ་ཤེས་ལས་གྲུབ་པས་གནས་ཚུལ་ལ་དོན་དམ་པའི་བདེན་པར་བཞག་དགོས་པའི་ཕྱིར་རོ། །ཞེས་པར་དུ་བཏབས་སོ། །འདི་གཉིས་མཐུན་མི་མཐུན་སྤྱན་གྱིས་གཟིགས་པར་བྱ། ཡང་དྲིས་ལན་མཛད་པའི་གཞུང་དེ་དང་། རྗེ་བཙུན་ཆེན་པོའི

འབྲུལ་སྤྱོང་ལས། ལུས་སངས་རྒྱས་སུ་མ་ཤེས་ཏེ་མི་གཙང་བའི་རྫས་དང་ལྡན་པར་བསམ་པ་དང་། ཇི་ལྟ་བུར་བསྙེན་བཀུར་བྱས་ཀྱང་རྩ་བའི་ལྟུང་བ་ཡིན་ནོ། །ཞེས་གསུངས་པ་འདི་གཉིས་ལ་ཁྱད་ཉིན་གང་བྱུང་ལེགས་པར་དཔྱོད་པ་ཞུ། ཡང་ཆོས་ཀྱི་རྗེས། གཞི་ལམ་འབྲས་གསུམ་དབྱེར་མེད་དོན་སླ་བ། །འཁོན་གྱི་རིགས་སྐྱེས་ཤཱཀྱའི་སྲས་པོ་མཆོག །རྡོ་རྗེའི་རིགས་ཅིག་ཀུན་དགའ་རྒྱལ་མཚན་དཔལ། །བཟང་པོ་ལས་གཞན་དོན་མཐུན་སླ་བ་སུ། །ཞེས་དང་། དྲིས་ལན་མཛད་པས། རྒྱུ་རྒྱུད་སྣང་གཞིར་བཤད་པ་མ་བལྟས་ཤིང་། །གཞི་མི་སྤྱོང་བའི་མཐད་པ་མ་བཀླགས་པར། །སྣང་གཞི་སྣང་བྱའི་དབྱེ་བ་མེད་དོ་ཞེས། །གོང་མའི་དགོངས་པ་བགོད་རྣམས་རིམ་པར་སློས། །ཞེས་སྤྱར་དུ་བཏབ་བ་གཉིས་མཐུན་མི་མཐུན་བློ་གཟུ་བོས་དཔྱོད་པར་ཞུ། ཡང་སློབ་དཔོན་ཐམས་ཅད་མཁྱེན་པ་བསོད་ནམས་རྩེ་མོས། ལུས་ལ་དཀྱིལ་འཁོར་རང་བཞིན་གྱིས་གྲུབ་པས་དགོས་པ་མེད་ཀྱང་། ཀུན་རྫོབ་བློ་ལ་གྲུབ་མེད་པས་གློ་བུར་གྱི་དྲི་མ་སེལ་བར་བྱེད་པ་ཡིན་ཏེ། དཔལ་ཀྱེ་རྡོ་རྗེ་ལས། སེམས་ཅན་རྣམས་ནི་སངས་རྒྱས་ཉིད། །འོན་ཀྱང་གློ་བུར་དྲི་མས་སྒྲིབས། །དེ་བསལ་ན་ནི་སངས་རྒྱས་ཉིད། །ཅེས་གསུངས་སོ། །ཞེས་དང་། ཡང་དེ་ཉིད་ལས་རྐང་པའི་མཐིལ་དུ་བརྩོམ་ཆེན་ལྷུང་། །བྱ་བ་ནས། ལུས་ཀྱི་དཀྱིལ་འཁོར་ཉིད་དུ་བརྗོད། །ཞེས་གསུངས་པས་རྟེན་གྲུབ་ལ། དཀྱིལ་འཁོར་གྱི་རྟེན་པ་ལྷ་རྣམས་ཀྱང་གྲུབ་ཏེ། ལུས་ཀྱི་རྩ་དང་ཁམས་དངས་མ། །འདི་དག་གནས་སུ་མཁའ་འགྲོ་མ། །རྩ་གཟུགས་མཛེས་པས་ཡང་དག་གནས། །ཞེས་གསུངས་སོ། །

བཞི་པ་ནི། གལ་ཏེ་དེ་ལྟར་ངོ་བོ་ཉིད་ཀྱིས་ལུས་ལ་དཀྱིལ་འཁོར་གྲུབ་ན། དབང་བསྐུར་བ་མི་དགོས་ལ༑ ངོ་བོ་ཉིད་ཀྱིས་མ་གྲུབ་ན་གྲུབ་པར་བསམ་པས་འབྲས་བུ་མི་འབྱུང་སྟེ། སྤྲང་པོ་རྒྱལ་པོར་རློམ་པ་དང་འདྲའོ་སྙམ་པ་མ་ཡིན་ཏེ་ངོ་བོ་ཉིད་ཀྱིས་གྲུབ་པས། མ་གྲུབ་པ་སྒྲུབ་པ་བྱེད་པ་མ་ཡིན་ལ། ངོ་བོ་ཉིད་ཀྱིས་གྲུབ་ཀྱང་དབང་བསྐུར་བ་ལ་སོགས་པའི་སྒོ་ནས་བློ་ལ་གྲུབ་པར་མ་ཤེས་པ་རྣམས་ལ་མ་གྲུབ་འགྲུབ་པར་བྱེད་པ་ཡིན་པས་ན། དེའི་རང་བཞིན་བློ་ལ་གྲུབ་པར་མི་ཤེས་པ་རྣམས་ལ། བློ་ལ་གྲུབ་པར་བྱས་ནས་སྟོན་དུ་བྱས་པར་བཞེད་པ་ཡིན་ནོ། །ཞེས་དྲིལ་བུ་ལུས་དཀྱིལ་དུ་གསུངས་པ་དང་། བདག་ཅག་གི་འདྲེན་པ་དམ་པས། ཅིར་སྣང་ལྷའི་འཁོར་ལོ་ཡིན་པས། གཞི་གྲུབ་ན་དགེས་པ་རྡོ་རྗེ་ཡིན་པས་ཁྱབ་ཅེས་གྲུབ་མཐའ་མཛད་པ་རྣ་བའི་དབང་པོ་མ་ཉམས་པ་ཀུན་གྱིས་ཐོས་པར་མཛད་པ་འདི་དང་། དྲིས་ལན་མཛད་པས། རང་ཉིད་འཁོར་ལོ་བདེ་མཆོག་ཡིན་ནས་བསྒོམ་པ་ཞེས་བྱ་བ་དེ་ཡང་། སྒོམ་པ་བྱེད་པའི་བློ་ངོར་དབང་བཙན་པར་བྱས་པ་ཡིན་ཏེ། ཞེན་པས་ཞུགས་པ་ན་འབྲེལ་བས་མི་བསླུ་བར་འབྱུང་བའི་ཕྱིར། དཔེར་ན་བུམ་འཛིན་རྟོག་པའི་བཟུང་རྣམ་ལ་བུམ་པ་

རང་མཚན་དུ་ཞེན་ནས་ཞུགས་པ་ལ་བརྟེན་ནས་མཐར་ཐུམ་པ་རང་མཚན་འཛུག་ཡུལ་དུ་བྱེད་པ་ཅིག་སྲིད་པ་བཞིན་ནོ། །རང་ཉིད་འཁོར་ལོ་སྡོམ་པར་ཁས་ལན་པ་དེ་གྲུབ་མཐར་འཛོག་པའི་ཚེ་མ་ཡིན་ཏེ། ལུང་དང་རིགས་པས་མི་འགྲུབ་པའི་ཕྱིར་དང་། དེ་ལྟར་ཁས་ལེན་པའི་དགེ་སློང་དེ་རང་ཉིད་བླུན་པོ་མངོན་པའི་ང་རྒྱལ་ཅན་ཡིན་ན་མ་གཏོགས་མི་ཆོས་བླ་མའི་བརྫུན་དུ་སྨྲས་པའི་ཕམ་པར་འགྱུར་བ་ཉིད་འདུལ་བ་ལུང་ལས་གསུངས་པའི་ཕྱིར་རོ། །ཞེས་སྨྲར་དུ་བཏབ་པ་འདི། ཁོ་བོའི་བློ་ངོར་ནས། རྡོ་རྗེ་སློབ་དཔོན་ལ་ཕམ་པས་སྨད་པ་ན་ཚུར་ལ་རྒ་ལྟུང་དང་པོ་ཕོག་པ་གོ་ཡིན་འདུག་པ། འདི་གཉིས་ཅི་འདྲ་ཡིན་ཞིབ་ཏུ་གཟིགས་ཤིག །ཡང་གོང་དུ་བཤད་པའི་རང་བཞིན་གྱི་ལྷ་དང་དཀྱིལ་འཁོར་ཞེས་པ། སེམས་ཀྱི་རང་བཞིན་བདེན་གྲུབ་ཡིན་པས། ཁོ་བོ་ཅག་གི་ཕྱོགས་དང་འགལ་ལོ་སྙམ་ན། རྡོ་རྗེ་འཆང་ཀུན་དགའ་བཟང་པོ་ཉིད་ཀྱིས། དྲིལ་བུ་ལུས་དཀྱིལ་གྱི་དཀའ་བའི་གནས་འགྲེལ་འཛོམས་ཉི་མའི་འོད་ཟེར་ལས། བླ་མ་གཞན་དག་ཆོས་དབྱིངས་དེ་བཞིན་ཉིད་བདེ་བར་གཤེགས་པའི་སྙིང་པོ་སེམས་ཅན་ཐམས་ཅད་ལ་རྟག་བརྟན་གྱི་ཚུལ་དུ་བཞུགས་པ་ནི། དོན་དམ་པའི་བདེ་མཆོག་གི་དཀྱིལ་འཁོར་ཡིན་ལ། དེ་ཉིད་ལ་འདུས་མ་བྱས་པ་དང་། འགོག་བདེན་ཟབ་མོ་དང་། རྣམ་ཀུན་མཆོག་ལྡན་གྱི་སྟོང་ཉིད་རྣམས་མིང་གི་རྣམ་གྲངས་སུ་འདོད་པ་ནི་མི་འཐད་དེ། སེམས་ཅན་ཐམས་ཅད་ཀྱི་རྒྱུད་ལ་དོན་དམ་པའི་བདེ་མཆོག་གི་དཀྱིལ་འཁོར་མངོན་སུམ་དུ་བཞུགས་ན། དྲིལ་བུ་པས། ང་ཡི་རང་བཞིན་མི་ཤེས་པས། །སྟོད་དུ་བྱ་བར་བཞེད་པ་ཡིན། །ཞེས་པ་དང་འགལ་ལོ་ཞེས་དང་། དེ་བཞིན་དུ་འདུས་མ་བྱས་པར་འདོད་པ་ཡང་མི་འཐད་དེ། ལུས་དཀྱིལ་གྱི་ལྷ་བསྐྱེད་པའི་གཞི་རྣམས་ནི། རྒྱུ་ཕ་མའི་ཁུ་ཁྲག་དང་རྐྱེན་བར་དོའི་ཤེས་པ་གསུམ་ཚོགས་པ་ལས་སྐྱེས་པའི་ཕྱིར་འདུས་མ་བྱས་པར་འགལ་ལ། བསྐྱེད་གཞི་དེ་ལས་བསྐྱེད་པའི་རྣལ་འབྱོར་པའི་ཤེས་པ་ལ་སྣང་བའི་བདེ་མཆོག་གི་དཀྱིལ་འཁོར་དེ་ཡང་འདུས་མ་བྱས་སུ་མི་རུང་སྟེ། ཏིང་ངེ་འཛིན་བསྒོམ་པའི་ཚེ་ལྟར་སྣང་བ་སྐྱེ་ལ། རྗེས་ཐོབ་ཏུ་དེ་འཇིག་པའི་ཕྱིར་དང་། ཏིང་ངེ་འཛིན་སྔ་ཕྱི་ལ་ཡང་བཟང་ངན་ཁྱད་པར་ཡོད་པའི་ཕྱིར་རོ་ཞེས་བཤད་པ་དང་། ངེས་པ་འགལ་ལོ་ཞེས་བདག་གིས་རྟོགས་ན། ཇི་ལྟར་ཡིན་དཔྱོད་པར་ཞུ། འདི་ལྟ་བུའི་ཟབ་མོའི་ཁུངས་ཙམ་ཡང་གཞན་ལ་བསྟན་པ་མི་འོས་མོད། དུས་ཀྱི་དབང་གིས་བདག་གིས་སྨྲ་དགོས་པ་བྱུང་ངོ་། །

ཡང་རྗེ་བཙུན་ཆེན་པོས་འགྲེལ་སྟོང་ལས། བདག་གིས་ལུས་འདི་སངས་རྒྱས་ཀྱི་རང་བཞིན་ཡིན་ཏེ། ཕུང་པོ་ལྔ་ནི་སངས་རྒྱས་ལྔ་ཡི་རང་བཞིན། ནང་གི་སྐྱེ་མཆེད་ནི་བྱང་ཆུབ་སེམས་དཔའི་ངོ་བོ། ཕྱིའི་སྐྱེ་མཆེད་རྣམས་ནི་ལྷ་མོའི་རང་བཞིན་ཏེ། དེ་སྐད་དུ་གསང་བ་འདུས་པ་ལས། ཞེས་སོགས་རྒྱ་ཆེར་གསུངས་པ་དང་། རྡོ་

རྗེ་འཆང་ཆེན་པོ་ཀུན་དགའི་མཚན་ཅན་གྱིས་ཀྱང་། ཤིན་ཏུ་ཟབ་པའི་མན་ངག་མཐའ་དག་ལས། གོང་དུ་ལུང་དྲངས་པ་ལྟར། ལུས་དཀྱིལ་གྱི་བསྐྱེད་གཞི་རང་གི་རྩ་ཁམས་ཉིད་ཡིན་པར་བཤད་དེ། ཇི་སྐད་དུ། མིའི་འགྲོ་བ་དབང་བསྐུར་ཡུལ་གྱི་སློབ་མའི་ལུས་འདི་ཉིད་གྲུབ་ཙམ་ན་ལྷ་བསྐྱེད་རྒྱུའི་རྩ་ཁམས་རྣམས་ཀྱང་གྲུབ་པས་ན། རང་བཞིན་གྱིས་གྲུབ་པའི་དཀྱིལ་འཁོར་ཞེས་བྱ་སྟེ། ལུས་ཀྱི་བསྐྱེད་གཞི་ལུས་གཞན་པའི་ལས་ཀྱི་རང་བཞིན་མེད་པའི་ཕྱིར། དེའི་ཕྱིར་གཉིས་མེད་ཅེས་པའི་དོན་ཡང་ལུས་དང་ལུས་ཀུན་རྫོབ་རང་བཞིན་གཉིས་སུ་མེད་པ་ལ་བྱའོ། །ཞེས་དང་། དེའི་ལན་མཛད་པས། དྲི་བ་ཞེ་གསུམ་པར། སྤྱི་བོ་སྣ་ཚོགས་རྡོ་རྗེ་ཞེས་བཤད་པ་དེའི་ཚེ་ན༑ ཐམལ་པའི་ལུས་ཀྱི་སྤྱི་བོ་ནི་གསུམ་ཏེ། ཀུན་བཏགས་པ་དང་། རྣམ་པར་བཏགས་པ་དང་། ཆོས་ཉིད་ཀྱིའོ། །དེ་ལ་དང་པོ་གཉིས་ནི་སྣ་ཚོགས་རྡོ་རྗེར་མི་རུང་སྟེ། ཡེ་གདོད་མ་ནས་གྲུབ་པ་མ་ཡིན་པའི་ཕྱིར་དང་། བཟུང་འཛིན་གྱིས་བསྡུས་པས་གནས་གྱུར་མཐར་ཐུག་པའི་ཚེ་འདོར་དགོས་པའི་ཕྱིར་དང་། སངས་རྒྱས་ཀྱི་ཡེ་ཤེས་ལ་མི་སྣང་ཡོད་པ་ཡང་མ་ཡིན་པའི་ཕྱིར་རོ། །དེས་ན་ཆོས་ཉིད་ཀྱི་སྤྱི་བོ་ཞེས་པ་ནི། མ་དག་པའི་ལུས་ཀྱི་སྤྱི་བོའི་དབང་དུ་བྱས་པའི་གཟུང་འཛིན་གཉིས་མེད་ཀྱི་ཡེ་ཤེས་སོ། །དེ་བཞིན་དུ་གཞན་ལ་སྦྱར་ཏེ་ཤེས་པར་བྱས་ནས་ལུས་ཀྱི་དཀྱིལ་འཁོར་གོམས་པ་མཐར་ཕྱིན་པ་ན། ཡེ་གདོད་མ་ནས་ཡེ་ཤེས་ཀྱི་ངོ་བོར་གྲུབ་པའི་བདེ་མཆོག་འཁོར་ལོའི་རྟེན་དང་བརྟེན་པར་བཅས་པའི་དཀྱིལ་འཁོར་མངོན་དུ་གྱུར་པ་ཡིན་ནོ། །ཞེས་པར་དུ་བཏབ་པ་གཉིས་ས་སྐྱ་པའི་ལུས་དཀྱིལ་བསྒོམ་པའི་བློ་མ་བསླད་པ་ཀུན་ལ་དྲིས་ཞིང་དཔྱོད་པར་ཞུ། ཡང་དྲིས་ལན་མཛད་པས། གཞུང་འགྱུར་བཅོས་མཛད་པ་ལ། སྡོམ་གསུམ་རབ་དབྱེའི་གཞུང་རྙིང་པ་གང་ན་ཡང་མི་བཞུགས་ཤིང་དོན་གྱིས་ཐོབ་པ་ལ་ཡིན་པའི་གྲངས་ནི། རགས་པར་སྨོས་པ་འདི་ལྟ་སྟེ། དྲི་བ་བཅུ་གསུམ་པར། ཡོད་ལ་མི་རྟག་གིས་ཁྱད་པར། །ཞེས་འགྱུར་བཅོས། ཆོས་ཀྱི་དབྱིངས་ནི་མང་ཞུང་གི །སྤྲོས་དང་བྲལ་བ་ཡིན་ཕྱིར་རོ། །ཞེས་བཅོས། ཡོད་ན་དོན་བྱེད་នུས་ཕྱིར་རོ། །ཞེས་བཅོས། སྨོན་ལམ་དེ་ཡང་མདོར་བསྡུས་ན། །ཞེས་བཅོས། ས་སྐྱ་པཎ་ཆེན་གྱིས། བདག་དང་གཞན་གྱིས་དགེ་བ་ཅི་བསགས་པ། །འཁོར་གསུམ་རྣམ་པར་དག་པའི་ཤེས་རབ་ཀྱིས། །ཡོད་མེད་ལ་སོགས་དམིགས་པའི་དུག་སྤང་ཏེ། །འཁོར་དང་མྱ་ངན་འདས་ལ་མི་སློན་པར། །འགྲོ་བའི་དོན་དུ་སངས་རྒྱས་ཐོབ་ཕྱིར་བསྔོ། །ཞེས་གསུངས་པ་འདི། དེང་སང་གི་ཁ་དོན་བྱེད་པ་ཚུལ་ཆད་ཀྱི་ཉམས་ལེན་དུ་བཞུགས་པ་དགག་པའི་ཕྱིར། དེས་ན་བསྔོ་རྒྱུའི་དགེ་བ་ནི། རང་གིས་བྱས་པའི་དགེ་ཡིན་ཕྱིར། །གནས་ཀྱི་སྨོན་ལམ་དག་ཏུ་འདོད། །ཅེས་འགྱུར་བཅོས། ཟབ་མོ་བཀོལ་བའི་དོན་དང་ལྡན། །ཞེས་འགྱུར་བཅོས། འཕགས་པ་དཀོན་མཆོག་འབྱུང་བ་ལས། ཞེས་བཅོས། དེ་ཚེ་འཛམ་པའི་རྡོ་རྗེ་ཡིན། །ཞེས་བཅོས། དེ་

དག་ལ་སོགས་པ་གྲངས་ལས་འདས་པ་ཞིག་ཡོད་ཀྱང་། ལུགས་གཞན་དུ་མི་འཆད་པར། ཆོས་ཀྱི་རྗེ་ངོར་པ་ཡབ་སྲས་ཀྱི་གྲུབ་མཐའ་ཡིན་ནོ་ཞེས་ཁ་མཐུན་པར་སྒྲོགས་པ་ནི། གྲུབ་མཐའ་གནད་ཆུང་ཙམ་དུ་མ་ཟད་ཉམས་ལེན་གྱི་རྩ་བ་མི་མཐུན་པར་གོ་ནས། གཞུང་ཐ་དད་ལ་ལྟ་རྟོག་ཞིབ་ཏུ་བྱས། ཁྱད་པར་དུ་ཡང་རྗེ་བཙུན་གོང་མ་སངས་རྒྱས་དང་འདྲ་བ་དག་གི་གསུང་རབ་ཞིབ་ཏུ་ཡུན་རིང་པོར་ལྟས་ནས། བསྟན་བསྲུངས་ཆེན་པོ་རྣམས་དཔང་དུ་བཞག་སྟེ། བདེན་པའི་ཡུལ་གྱི་ཤན་འབྱེད་རགས་པ་ཙམ་ཞིག་བྱས་ཀྱི། ཞིབ་ཏུ་ལུང་རིགས་ཀྱིས་དགག་སྒྲུབ་གཞན་དུ་བྱེད་པར་སྤྲོའོ། །

འདིར་སྨྲས་པ། ཀླུ་སྒྲུབ་གཞུང་དང་ཐོགས་མེད་མཆེད་གཉིས་པོའི། །ལུགས་གཉིས་མི་མཐུན་ཤིང་རྟའི་སྲོལ་འབྱེད་དུ། །རྒྱ་གར་མཁས་པ་རྣམས་དང་བོད་ཡུལ་གྱི། །མཁས་དང་གྲུབ་པ་ཐོབ་པ་མཐའ་དག་བཞེད། །ཁྱད་པར་སློབ་དཔོན་པདྨའི་རང་ལུགས་ཀྱིས། །གཞན་སྟོང་སྨྲ་བའི་རྣམ་རིག་གཞུང་རྣམས་ལ། །ལུང་རིགས་གནོད་བྱེད་དབུ་མ་སྣང་བར་བཀོད། །ས་སྐྱ་པཎ་ཆེན་བཞེད་པའི་དབུ་མ་ནི། །ཡོད་དགེར་འཆད་པ་སྡོམ་གསུམ་རབ་དབྱེར་བཀག །གལ་ཏེ་ས་པཎ་གྱི་བཞེད་ཚུལ་རང་སྟོང་དུ་དེད་ཀྱང་འཆད་དོ་ཞེ་ན། རྒྱུད་གསུམ་ངེས་དོན་མཐའ་ཐུག་ཡོད་དགེ་དོན་དམ་དུ་གྲུབ་པ་དང་། ས་པཎ་གྱི་བཞེད་པ་རང་སྟོང་དུ་འཆད་པ་ཇི་ལྟར་མི་འགལ་སྙམ་དགོས་སོ། །འཁོར་ལོ་གཉིས་ཀྱི་དབུ་མ་ལུགས་གཉིས་སུ། །རང་རང་གཞུང་དུ་བསྟན་པ་བདེན་ན་ཡང་། །འཕགས་པ་གཉིས་ཀྱི་གཟིགས་པ་འདིའོ་ཞེས། །སློབ་དཔོན་གཉིས་ཀྱི་རྟོགས་དོན་སུ་ཡིས་ཤེས། །ལུགས་གཉིས་མི་མཐུན་སློབ་དཔོན་ཐོགས་མེད་ཀྱིས་རྟོགས་པའི་ལྟ་བ་ཀླུ་སྒྲུབ་དང་འཐུན་པ་ཉིད་དེ། ཐེག་ཆེན་འཕགས་པ་ཡིན་པའི་ཕྱིར། དེས་ན་དེ་ལ་བསམས་ནས། ཐོགས་མེད་ཀྱི་ལྟ་བ་དམན་ལ་ཀླུ་སྒྲུབ་ལྟ་བ་མཐོ་ཞེས་སུ་ཡིས་ཤེས། འོན་ཀྱང་གཞུང་ལས་བསྟན་པའི་ཐོས་བསམ་གྱི་ལྟ་བ་མི་མཐུན་པ་མངོན་སུམ་དུ་མཐོང་བས་ཚོག་གོ །འགལ་བར་ལྟག་སྤྱོད་དུ། །ཚུལ་གཉིས་ཤེས་ན་ཁས་ལེན་ཇི་ལྟར་བྱ། །བསྟོད་ཚོགས་རྣམས་ལས་གཞན་སྟོང་བསྟན་ནོ་ཞེས། །མང་དུ་སྨྲ་བ་བྲག་ཆའི་སྒྲ་དང་བསྟོད་ཚོགས་རྣམས་ལས་རང་སྟོང་འབབ་ཞིག་བསྟན་འདུག་སྟེ་བལྟས་པས་ཚོག་གོ་མཚུངས། །རྒྱུད་གསུམ་དགོངས་པ་རྣམ་རིག་ངེས་དོན་ཞེས། །རྒྱུད་གསུམ་གནོད་འཇོམས་མཛད་པའི་དགག་བྱ་ཡིན། །དགོངས་པའི་སྐད་ཀྱིས་མདོ་སྡེ་རྣམ་མང་ལས། །དོན་དམ་མཚན་གྱི་རྣམ་གྲངས་ཅིས་གསུངས་པ། །གདུལ་བྱའི་བསམ་པའི་དབང་གི་བསྟན་པ་སྟེ། །ཇི་ལྟར་གསུངས་གནས་ལུགས་ཀྱི་ངོ་བོ་གང་དུའང་མ་གྲུབ་པས་ཇི་ལྟར་བརྗོད་ཀྱང་དེ་ལྟ་མི་གནས་པ་ཆོས་ཉིད་དུ་འདུག་པའི་ཕྱིར་རོ། །བཞིན་གནས་ལུགས་དེར་མི་གནས། །གསུང་རབ་དགོངས་དོན་བྱང་བ་ཀླུ་སྒྲུབ་དང་། །ངེས་དོན་བདུད་རྩི་གསུངས་པར་ས་སྐྱ་པའི། །རྗེ་བཙུན་མཆོག་རྣམས་ཡིན་གྱི་གཞན་འགའ་མེད། །གཡོ་སྒྱུའི་བསྟན་པ་འཛིན་པ་གྲངས་ཅན་གྱི། །རྗེས་སུ་འཇུག་ཀྱང་མི་སྟེགས་ཆན་པོའི་གཞུང་། །དབུ་མའི་ཟོལ་གྱིས་བདག་ཏུ་སྨྲ་བ་ནི། །དེང་སང་དར་བ་ལྟ་བའི་

སྙིངས་མ་ཡིན། །ཀྱེ་མ་སྙིངས་དུས་བསྟན་པའི་ཕྱོགས་འཛིན་རྣམས། །གཟུ་བོའི་ཡིད་ཀྱི་དཔག་བསྒྲུབ་ཚུལ་བཞིན་གྱིས། །རང་ཕྱོགས་འཕམ་ན་འཇིག་རྟེན་གཡོ་སྒྱུ་དང་། །རྒྱལ་བོའི་ཆད་པས་སྡིགས་ཀྱང་ཁྲེལ་མེད་ཡིན། །ཇི་བཞིན་གཟིགས་པ་རྣམས་ཀྱི་བཞེད་གཞུང་ནི། །ཕྲ་ཞིང་ཕྲ་བ་མཁས་པའི་སྙིང་ལ་གནས། །གཟུགས་ལ་ལྟས་པའི་དོན་ཙམ་ཤེས་གྱུར་པའི། །བརྟེ་བས་གདམས་པའི་སྙིང་གཏམ་ཡི་གེ་འདི། །གཡང་སར་གོམ་པ་འདོག་པ་རྣམས་ལ་སྤྲིངས། །དེ་སྐད་སྨྲས་པས་བགེགས་འཇོམས་ལྷ་དབང་གི། །ཡེ་ཤེས་རྡོ་རྗེས་ལྷ་མིན་དཔུང་འཇོམས་ཤིང་། །ལོག་ལྟའི་མེ་ཁྱེར་འབྱུང་པོའི་བྱ་ལོང་རྣམས། །ཕྱོགས་བཅུར་བྱེར་ཞིང་མྱ་ངན་འཕེལ་ན་ཡང་། །སྡིག་པར་མི་འགྱུར་དྲང་པའི་ལུགས་བཟང་ཡིན། །

ཞེས་རྗེ་བཙུན་ས་སྐྱ་པ་གོང་མ་རྣམས་ནས། བདག་ཅག་གི་འདྲེན་པ་དམ་པ། རྗེ་བཙུན་ཀུན་དགའ་དབང་ཕྱུག་གི་ཐུགས་ཉམས་སུ་བཞེས་པའི་གྲུབ་པའི་མཐའ་དང་། དུས་ཕྱིས་སྦྱོམ་གསུམ་རབ་དབྱེའི་དྲིས་ལན་མཛད་པ། འཇམ་དབྱངས་ཆེན་པོའི་གྲུབ་མཐའ་གཉིས་ཡེ་མི་མཐུན་པར་འདུག་ཅིང་། ཁོ་རང་གི་ཐུགས་དགོངས་ཀྱང་མཐུན་གསུང་པ་མི་འདུག་ནའང་། རྗེས་འབྲང་གྲགས་སྙེད་དོན་དུ་གཉེར་བ་རྣམས་ཀྱིས་མ་བཟོད་པའི། བློས་དབྱེ་བ་མེད་དོ་ཞེས་སྨྲས་པ་འདིས། ཉམས་ལེན་གྱི་རྒྱུན་ལ་གནོད་ཀྱི་དོགས་ནས་གསལ་ཁ་ཅུང་ཟད་སྨྲས་པ་འདི་ཡང་། རྗེ་བཙུན་ས་སྐྱ་པའི་གསུང་རབ་ཀྱི་ཚུལ་ལ་ངེས་པར་ཅུང་ཟད་ཐོབ་པའི། དངོས་འཛིན་གྱི་གནོད་ལས་ཐག་རིང་དུ་གྲོལ་བ། ལེགས་པའི་འབྱུང་གནས་ཀྱིས་བྲིས་པའོ། །ལུང་རིགས་རྡོ་བའི་མཚོན་ཐོགས་རྩུབ་འགྱུར་ཚལ། །སྨྲ་བའི་ཁྲུ་མཆོག་སྟོང་གིས་མ་ཕམ་པའི། །ལེགས་བཤད་ལུས་རྩལ་ལྡན་པའི་སེང་གེ་ནི། །སྒྲུབ་དང་སྲུན་འབྱིན་དྲེགས་པའི་གད་མོ་སྒྲོགས། །དེ་ལྟ་མོད་ཀྱི་གཟུང་འཛིན་སྤྲོས་ཚོགས་ལས། །བྱུང་བའི་ཀུན་རྟོག་གཡོ་བས་རང་གི་སེམས། །ནམ་ཡང་སྒྲིབ་པ་མེད་པའི་བཤེས་གཉེན་རྣམས། །སྙིང་གི་རྒྱ་གཏེར་ཁོལ་བར་མ་གྱུར་ཅིག ། །།

༄༅། །སྡོམ་པ་གསུམ་གྱི་རབ་ཏུ་དབྱེ་བའི་དྲིས་ལན་ལུང་གི་ཚད་མ་འཁྲུལ་སྤོང་དགོངས་རྒྱན་ཞེས་བྱ་བ་བཞུགས་སོ། །

གློ་བོ་མཁན་ཆེན་བསོད་ནམས་ལྷུན་གྲུབ།

སྭ་སྟི་སིདྡྷཾ། སྡོམ་པ་གསུམ་གྱི་རབ་ཏུ་དབྱེ་བའི་དྲིས་ལན་ལུང་གི་ཚད་མ་འཁྲུལ་སྤོང་དགོངས་རྒྱན་ཞེས་བྱ་བ། བླ་མ་དང་གཉིས་སུ་མེད་པ་མགོན་པོ་འཇམ་དཔལ་དབྱངས་ལ་གུས་པས་ཕྱག་འཚལ་ཞིང་སྐྱབས་སུ་མཆིའོ། །བདག་སོགས་སེམས་ཅན་ཐམས་ཅད་ཐུགས་བརྩེ་བ་ཆེན་པོས་རྗེས་སུ་བཟུང་སྟེ་བྱིན་གྱིས་བརླབ་ཏུ་གསོལ། རེ་ཞིག་དང་པོར་བསྟན་བཅོས་མཛད་པ་པོའི་ཡོན་ཏན་ཇི་ལྟ་བ་བཞིན་དུ་བརྗོད་པ་སྔོན་དུ་འགྲོ་བ་ཅན་གྱི་སྒོ་ནས་ཕྱག་འཚལ་བ་ནི། བཀྲ་ཤིས་དགེ་ལེགས་རི་མོ་རྣམ་བཀྲ་ཚངས་ལྷའི་མཐར་སོན་མཛེས་བྱེད་ཀུན་གྱིས་གསེར་གྱི་ས་འཛིན་ཉེ་བར་བསྟེན། །བྱེད་པོའི་ངག་གིས་ཟླ་བོར་འོས་མིན་ཚ་ཤས་ཉིད་ཀྱིས་འཕོར་བའི་གདུང་སེལ་ཚིག་མདའི་གཏྲས་མི་བསྒྲིན་ཅིང་། །ཆོས་ཀྱི་སྤྲིན་དང་མངོན་པར་རྩེན་པའི་འབྲུག་འགྲོས་དཔེར་མིན་ཟབ་གསལ་དང་ལས་སྙིང་རྗེས་འཁྲུད་པའི་སྤྲིད་དང་བརྩེ། །སྟོབས་སོགས་ཆོས་ཀྱིས་ཆེས་ཆེར་མཐོ་བའི་བླ་མ་ཁྱེད་ལ་དཔེ་ཟླ་གང་ལགས་རང་ཉིད་མཚུངས་ལ་དྭངས་པས་འདུད། །ཐུན་མོང་མ་ཡིན་པའི་དཔེ་རྒྱན་ནོ། །

འདིར་བསྟན་བཅོས་སྡོམ་པ་གསུམ་གྱི་རབ་ཏུ་དབྱེ་བ་འདི་ལ། ཕྱིས་ཀྱི་མཁས་པ་ཆེན་པོ་ཤེས་བྱའི་གནས་ལ་ཡུན་རིང་དུ་སྦྱངས་ཤིང་མང་དུ་ཐོས་པ་མཐར་ཕྱིན་པར་མཛད་པ་དག་གིས། ཕྱོགས་སྔ་མ་ལོངས་པ་དང་། ཁྱུངས་མེད་པ་དང་། ཁས་བླངས་ནང་འགལ་བ་དང་། ཚད་ལྡན་གྱི་གཞུང་དང་འགལ་བ་དང་། དངོས་སྟོབས་ཀྱི་རིགས་པ་དང་འགལ་བས་ཏེ་དོགས་གནས་ཀྱི་གཙོ་བོ་ལྟར་བྱས་པའི་དྲི་བ་མཛད་པ་ལ། ལན་གྱི་རྣམ་གྲངས་མཛད་པ་མང་པོ་ཞིག་བྱུང་ཡང་། ཐོག་མར་མཁས་པའི་དབང་ཕྱུག་ཡོན་ཏན་དཔལ་བཟང་པོས་མཛད་པ་གཅིག །ཀུན་མཁྱེན་བསོད་ནམས་སེང་གེས་མཛད་པ་གཅིག །མཁན་ཆེན་ཆོས་དཔལ་བཟང་པོས་མཛད་པ་གཅིག །མཁན་ཆེན་སེང་གེ་བཟང་པོས་མཛད་པ་གཅིག །མི་ཉག་ཆོས་གྲགས་ཀྱིས་མཛད་པ་གཅིག །བླ་མ་སྨོན་ལམ་བཟང་པོས་མཛད་པ་གཅིག །བཀའ་བཅུ་པ་དཔལ་ཆེན་པོས་མཛད་པ་གཅིག །རྣ་དབོན་ཡོན་ཏན་འབྱུང་གནས་ཀྱིས་མཛད་པ་གཅིག་ཀྱང་ཡོད་ཟེར་རོ། །གཙོ་བོར་གྱུར་པ་རྗེ་བཙུན་ས་སྐྱ་པ་རྣམས་ཀྱི་བསྟན་པའི་གསལ་བྱེད་གཉིས

པར་གྱུར་པ་མཁས་མཆོག་སླ་བའི་སེང་གེ་བསོད་ནམས་སེང་གེས་མཛད་པའི་སྡོམ་གསུམ་འཁྲུལ་སྤོང་ཉིད་ཡིན་ལ། དེའི་ནང་དུ་མི་གསལ་བའི་ལུང་གི་ཁུངས་ཡོད་པ་རྣམས་ནི་འདིར་བཤད་པར་བྱ་བའི་གཙོ་བོ་ཡིན་ནོ། །

དེ་ལ་དྲི་བ་དང་པོའི་སྐབས་སུ། ཉན་ཐོས་ལུགས་ལ་སོ་ཐར་གྱི། །སྡོམ་པ་རིག་བྱེད་མིན་པའི་གཟུགས། །ཅེ་ནར་བཤད་པ་གང་ན་ཡོད། །ཅེས་པ་ལ། འདིར་ཉན་ཐོས་བྱེ་བྲག་ཏུ་སྨྲ་བའི་ལུགས་ལ། སོ་སོར་ཐར་པའི་སྡོམ་པ་སྐྱེ་ལྡོག་ནས་རྣམ་པར་རིག་བྱེད་མ་ཡིན་པའི་གཟུགས་སུ་བཤད་པ་དང་། རྣམ་པར་རིག་བྱེད་ཀྱི་གཟུགས་སུ་བཤད་པ་དང་། ཞིབ་ཏུ་ཕྱེ་ན་རྣམ་པར་རིག་བྱེད་དང་། རྣམ་པར་རིག་བྱེད་མ་ཡིན་པའི་གཟུགས་གཉིས་ཀ་ཡོད་པའི་ཚུལ་གསུམ་འབྱུང་ངོ་། །དང་པོ་ནི། རྣམ་རིག་མིན་རྣམ་གསུམ་ཞེས་བྱ། །སྡོམ་དང་ཞེས་བཤད་པ་དང་། གཞུང་འདིར། ཉན་ཐོས་སྡོམ་པ་རྣམ་རིག་མིན། །ཞེས་གསུངས་པ་དང་། མཛོད་ཀྱི་རྩ་བ་སྟོད་འགྲེལ་ལས། དང་པོ་རྣམ་རིག་མིན་ཁོ་ན། །སོ་སོར་ཐར་དང་ཞེས་འབྱུང་བ་མཁན་པོ་ཞན་བཏེགས་ཀྱིས་བཤད་ལ། སློབ་དཔོན་དཔལ་ལྡན་ཟླ་བས་ཀྱང་བྱེ་བྲག་ཏུ་སྨྲ་བའི་འདོད་པ་འཆད་པ་ན་ཕུང་པོ་ལྔ་བར། རྣམ་པར་རིག་བྱེད་མ་ཡིན་པ་གང་ཞེ་ན། གང་ཆོས་ཀྱི་སྐྱེ་མཆེད་དུ་གྱུར་པ་བསྟན་དུ་མེད་ཅིང་། ཐོགས་པ་མེད་པ། ཡིད་ཀྱི་རྣམ་པར་ཤེས་པ་ཙམ་གྱིས་ཤེས་པར་བྱ་བ་སྟེ། སྡོམ་པ་དང་། སྡོམ་པ་མ་ཡིན་པ་དང་། བར་མས་བསྡུས་པ་དགེ་བ་དང་མི་དགེ་བའི་རྒྱུན་གང་ཡིན་པ་དེ་ནི་རྣམ་པར་རིག་བྱེད་མ་ཡིན་པའོ། །

དེ་ལ་ཁ་ཅིག་ནི་སེམས་ཀྱི་རྗེས་སུ་འཇུག་པ་འདི་ལྟ་སྟེ། བསམ་གཏན་གྱི་སྡོམ་པ་དང་། ཟག་པ་མེད་པའི་སྡོམ་པའི་ངོ་བོའོ། །ཁ་ཅིག་ནི་ཡང་དག་པར་བླངས་པ་ལས་བྱུང་བ་སྟེ། སེམས་གཡེངས་པ་དང་། མ་གཡེངས་པ་དང་། སེམས་མེད་པའི་གནས་སྐབས་གསུམ་ཆར་ན་ཡང་ཆུ་བོའི་རྒྱུན་བཞིན་དུ་འཇུག་པ་དང་། ཉིན་དང་མཚན་དུ་ཇི་སྲིད་འཕགས་པར་རྗེས་སུ་འཇུག་པ། ཇི་སྲིད་འཚོའི་བར་རམ། ཉིན་ཞག་གཅིག་པ་ནི་འདི་ལྟ་སྟེ། སོ་སོར་ཐར་པའི་ངོ་བོའོ་ཞེས་གསུངས་ཤིང་། ཨ་བྷ་ཡས་ཐུབ་པའི་དགོངས་རྒྱན་ལས་ཀྱང་། རྣམ་པར་རིག་བྱེད་བཞིན་དུ་རྣམ་པར་རིག་བྱེད་དང་འདྲ་བའི་ཆོས་གང་འཕེན་པར་བྱེད་པ་པོ། །ཡང་དག་པར་འཛིན་པར་བྱེད་པ་པོའི་འབྱུང་བ་ཆེན་པོ་ལ་བརྟེན་ནས་འཇུག་པ་ནི་གཞན་དག་ལ་རྣམ་པར་རིག་པར་བྱེད་པ་མ་ཡིན་ནོ། །འོན་ཀྱང་གདམས་ངག་ཙམ་དུ་བཏགས་པ་འདི་ནི་དགེ་སློང་ལ་སོགས་པར་རྣམ་པར་གཞག་པའི་རྒྱུ་རྣམ་པར་རིག་བྱེད་མ་ཡིན་པ་རྫས་སུ་ཡོད་པ། གཟུགས་ཀྱི་ཕུང་པོས་ཡང་དག་པར་བསྡུས་པ་སྟེ། དེ་འདྲ་བའི་དགག་པ་བྱས་པས་བྲམ་ཟེ་མ་ཡིན་པ་བཞིན་ནོ་ཞེས་ཟེར་ན། གཞན་དུ་རྣམ་པར་དཔྱད་པ་ལས་དེ་ནི་མི་རིགས་སོ་ཞེས་བཤད་པ་ལྟ་བུའོ། །

གཉིས་པ་རྣམ་པར་རིག་བྱེད་ཀྱི་ལྡོག་པ་ནས་བཤད་པ་ནི། ཉན་ཐོས་བྱེ་བྲག་ཏུ་སྨྲ་བའི་གྲུབ་པའི་མཐའ་སྟོན་པའི་མདོ་དྲིན་ལན་བསབ་པ་ལས། ཐོག་མའི་ཁྲིམས་ནོད་པའི་ཚེ། གསོལ་བ་དང་བཞིའི་ལས་བྱས་མ་ཐག་ཏུ་ཚུལ་ཁྲིམས་རྫོགས་པར་འགྱུར་ཏེ། ཐོག་མའི་སེམས་སྐད་ཅིག་མ་དང་པོའི་ཚུལ་ཁྲིམས་ཀྱི་རྣམ་པར་རིག་བྱེད་ཀྱི་གཟུགས་ནི་ལས་ཞེས་ཀྱང་བྱ། ལས་ཀྱི་ལམ་ཞེས་ཀྱང་བྱའོ། །སེམས་ཀྱི་སྐད་ཅིག་ཕྱི་མ་ལ་རིམ་གྱིས་རྣམ་པར་རིག་བྱེད་ཐོག་མའི་གཟུགས་འབྱུང་བ་ནི་ལས་ཞེས་བྱ་ཡི་ལས་ཀྱི་ལམ་ནི་མ་ཡིན་ནོ། །དེ་ལྟ་བས་ན་སེམས་ཀྱི་སྐད་ཅིག་མ་དང་པོ་ལས་ཚུལ་ཁྲིམས་ཀྱི་རྣམ་པར་རིག་བྱེད་ཀྱི་གཟུགས་བསམ་པ་ཡོངས་སུ་རྫོགས་ཏེ་བསམ་པ་དང་ལྡན་པས་བསམ་པའི་ལས་ཀྱི་ལམ་ཞེས་བྱའོ། །ཚུལ་ཁྲིམས་སྔ་མས་རྒྱུ་བྱས་ཏེ་ཚུལ་ཁྲིམས་ལྷག་མའི་རྣམ་པར་རིག་བྱེད་ཀྱི་གཟུགས་ལྷུན་གྱིས་གྲུབ་པས། དེ་བས་ན་དེ་ལ་ལས་ཞེས་བྱ་ཡི་ལས་ཀྱི་ལམ་མ་ཡིན་ནོ། །དང་པོའི་སེམས་ཀྱི་སྐད་ཅིག་མ་གཅིག་གི་ཁྲིམས་ནི་ཚིག་དང་བཅས་ལ། ཚིག་མེད་པ་ཡང་ཡིན་ནོ། །ཕྱིས་རིམ་གྱིས་སྐྱེ་བའི་ཁྲིམས་ནི་ཚིག་མེད་པ་འབའ་ཞིག་དང་ལྡན་གྱི། ཚིག་དང་བཅས་པ་མ་ཡིན་ནོ་ཞེས་གསུངས་པ་ལྟ་བུ་ཡིན་ནོ། །

གསུམ་པ་ནི། མཛོད་འགྲེལ་ལས། དང་པོའི་རྣམ་རིག་རྣམ་རིག་མིན། །སོ་སོར་ཐར་དང་བྱ་བའི་ལམ། །སྡོམ་པ་ཡང་དག་པར་བླངས་པའི་རྣམ་པར་རིག་བྱེད་དང་། རྣམ་པར་རིག་བྱེད་མ་ཡིན་པ་དང་པོ་དག་ནི་སོ་སོར་ཐར་པ་ཞེས་གསུངས་ཏེ། དེས་སྡིག་པ་ལས་སོ་སོར་ཐར་པའི་ཕྱིར་ཏེ་སྤྱང་བའི་ཕྱིར་ཞེས་བྱ་བའི་ཐ་ཚིག་གོ། །སོ་སོར་ཐར་པའི་སྡོམ་པ་ཞེས་ཀྱང་བྱ་སྟེ། ལུས་དང་ངག་སྡོམ་པའི་ཕྱིར་རོ། །ལས་ཀྱི་ལམ་ཞེས་ཀྱང་བྱའོ། །སྐད་ཅིག་མ་གཉིས་པ་ལ་སོགས་པ་ལ་ནི། སོ་སོར་ཐར་པའི་སྡོམ་པ་ཁོ་ན་ཡིན་གྱི། །སོ་སོར་ཐར་པ་ནི་མ་ཡིན་ནོ། །མཇུག་ཡིན་གྱི། ལས་ཀྱི་ལམ་དངོས་ནི་མ་ཡིན་ནོ་ཞེས་སྡོམ་པ་ཡང་དག་པར་བླངས་པའི་རྣམ་པར་རིག་བྱེད་སྐད་ཅིག་དང་པོ་དང་། རྣམ་པར་རིག་བྱེད་མ་ཡིན་པའི་སྐད་ཅིག་མ་དང་པོ་གཉིས་ཀ་སོ་སོར་ཐར་པའི་སྡོམ་པར་དངོས་སུ་བཤད་ཅིང་། རྒྱལ་པོ་སྲས་ལས། ལས་བརྗོད་པས་ནི་དགེ་འདུན་གྱིས་བསྙེན་པར་རྫོགས་པར་མཛད་ན་ཞེས་བྱ་བའི་དོན་བརྗོད་པ་ཡིན་ནོ། །ལས་བརྗོད་པ་དེ་ཡང་རྣམ་པ་གསུམ་དུ་བརྗོད་དེ། ལས་བརྗོད་པ་གསུམ་ཡོངས་སུ་རྫོགས་པའི་བར་ནི་ལས་ཀྱི་ལམ་གྱི་སྦྱོར་བ་ཡིན་པར་ཁོང་དུ་ཆུད་པར་བྱའོ། །དེའི་མཇུག་གི་རྣམ་པར་རིག་བྱེད་དང་། དེའི་སྐད་ཅིག་གི་རྣམ་པར་རིག་བྱེད་མ་ཡིན་པ་གང་ཡིན་པ་དེ་ནི་ལས་ཀྱི་ལམ་དངོས་ཡིན་ནོ་ཞེས་དང་། རང་འགྲེལ་ཉིད་ལས་ཀྱང་། མཁན་པོ་ལ་གསོལ་བ་འདེབས་པར་བྱེད་པ་ནས་ལས་ལན་གཅིག་བརྗོད་པ་དང་། ལན་གཉིས་བརྗོད་པའི་བར་འདི་ནི་སྦྱོར་བ་ཡིན་ནོ། །ལན་གསུམ་པ་བརྗོད་

པའི་ཚེ་རྣམ་པར་རིག་བྱེད་དང་དེའི་སྐད་ཅིག་གི་རྣམ་པར་རིག་བྱེད་མ་ཡིན་པ་གང་ཡིན་པ་འདི་ནི་ལས་ཀྱི་ལམ་དངོས་ཡིན་ནོ། །དེའི་འོག་ཏུ་ཇི་སྲིད་དུ་གནས་བསྒོ་བའམ། དེའི་རྗེས་རྣམ་པར་རིག་པར་བྱེད་པ་དང་། ཇི་སྲིད་དུ་རྣམ་པར་རིག་བྱེད་མ་ཡིན་པ་རྗེས་སུ་འབྲང་བ་འདི་ནི་མཇུག་ཡིན་ནོ་ཞེས་གསུངས་སོ། །འདིར་ལུང་འདི་འདྲེན་པ་པོ་དག་གིས། རྣམ་པར་རིག་བྱེད་དང་ཞེས་པའི་འབྲེད་ཚིག་མེད་པར་བྱས་པ་ནི་རང་གི་ཕྱོགས་ལ་ཧ་ཅང་ཞེན་ཆེས་པའོ། །མཛོད་འགྲེལ་མདོ་དང་མཐུན་པ་ལས་ཀྱང་། ལས་ཀྱི་ལམ་དྲུག་པོ་དེ་དག་ཀྱང་བདག་ཉིད་བྱེད་པ་ན་ནི་རྣམ་པར་རིག་བྱེད་དང་། རྣམ་པར་རིག་བྱེད་མ་ཡིན་པ་རྣམ་པ་གཉིས་སུ་འགྱུར་ཏེ། སྲོག་གཅོད་པ་དུས་དེ་ཉིད་དུ་ཤི་ན་རྣམ་པ་གཉིས་སུ་འགྱུར་རོ། །ཕྱིས་ཤི་ན་ནི་རྣམ་པར་རིག་བྱེད་མ་ཡིན་པ་འབའ་ཞིག་ཡིན་ནོ། །དགེ་བའི་ལས་ཀྱི་ལམ་རྣམས་ལས། དགེ་བ་བདུན་རྣམ་གཉིས་ཡང་དག་པར་བླངས་པའི་ཚུལ་ཁྲིམས་ནི་རྣམ་པར་རིག་བྱེད་ལ་རག་ལུས་པའི་ཕྱིར། གཟུགས་ཅན་བདུན་གྱི་ལས་ཀྱི་ལམ་རྣམས་ནི་ངེས་པར་རྣམ་པར་རིག་བྱེད་དང་། རྣམ་པར་རིག་བྱེད་མ་ཡིན་པ་གཉིས་ཀ་ཡིན་ནོ་ཞེས་གསུངས་སོ། །

གཞན་ཡང་མཁན་པོ་ཞན་བརྩེགས་ཀྱིས་མཛོད་ཀྱི་རྩ་བར། དང་པོའི་རྣམ་རིག་མིན་ཁོ་ན། ཞེས་པའི་འབྲུ་བཤད་བྱེད་པ་ན། སོ་སོར་ཐར་པ་དེ་ནི་གནས་སྐབས་དང་པོ་དང་ཐ་མ་ལས་བྱེ་བྲག་མེད་པའི་ནང་དུ་རིག་པར་བྱའོ། །སྐད་ཅིག་མ་དང་པོ་རྣམ་པར་རིག་བྱེད་དང་། རྣམ་པར་རིག་བྱེད་མ་ཡིན་པ་ཁོ་ན་ནི་སོ་སོར་ཐར་པ་དང་ལས་ཀྱི་ལམ་ཞེས་བྱ་བའི་མིང་ཐོབ་སྟེ་འདིར་དང་པོ་སྡོམ་པ་ཡང་དག་པར་ལེན་པ་ན་དང་པོའི་རྣམ་པར་རིག་བྱེད་དང་། རྣམ་པར་རིག་བྱེད་མ་ཡིན་པས་སོ་སོ་ནས་སྡིག་པ་རྣམ་པ་སྣ་ཚོགས་ཡོངས་སུ་གཅོད་པར་བྱེད་པའི་ཕྱིར་དང་། དང་པོ་སོ་སོ་ནས་སྤོང་བའི་དོན་ལས་བརྩམས་ནས་ནི་སོ་སོར་ཐར་པའི་མིང་དུ་རྣམ་པར་བཞག་ལ། དེ་ཉིད་ཀྱི་ཚེ་བྱ་བ་མཐར་ཕྱིན་ནས་ལས་རྣམ་པར་གསལ་བའི་དོན་ལས་བརྩམས་ནས་ནི་ལས་ཀྱི་ལམ་གྱི་མིང་དུ་རྣམ་པར་གཞག་པ་ཡིན་པས་དེའི་ཕྱིར་སྐད་ཅིག་མ་དང་པོ་ལ་སོ་སོར་ཐར་པའི་སྡོམ་པ་ཞེས་ཀྱང་བྱའོ་ཞེས་བཤད་དོ། །ལས་གདགས་པ་ལས་ཀྱང་། མི་དགེ་བ་བཅུའི་ལས་ཀྱི་ལམ་ཞེས་བྱ་བ་ནས་རྒྱས་པར་སྨྲར་ཏེ། སྲོག་གཅོད་པ་རྣམ་པར་རིག་བྱེད་ཅེས་བྱ་བའམ། འོན་ཏེ་རྣམ་པར་རིག་བྱེད་མ་ཡིན་པ་ཞེས་བྱ་ཞེ་ན། སྨྲས་པ། རྣམ་པར་རིག་བྱེད་ཀྱང་ཡོད། རྣམ་པར་རིག་བྱེད་མ་ཡིན་པ་ཡང་ཡོད་དོ། །རྣམ་པར་རིག་བྱེད་གང་ཞེ་ན། སྨྲས་པ། ཇི་ལྟར་འདི་ན་ཁ་ཅིག་ལ་ལ་ཞིག་འདི་སྐད་དུ་སྲོག་ཆགས་ཀྱི་སྲོག་ཆོད་ཅིག་ཅེས་བསྒོ་ལ། དེས་ཀྱང་གཅད་པར་བྱའོ་ཞེས་སྨྲས་ཀྱང་རུང་། མ་གཅོད་ཅིག་ཅེས་བསྒོ་བཞིན་དུ་གཅོད་དོ་ཞེས་སྨྲས་ཀྱང་རུང་བ་ལས། ཕར་སོང་སྟེ་སྲོག་ཆགས་ཀྱི་སྲོག་གཅོད་རུང་སྟེ། གང་གི་ཚེ་སྲོག་ཆགས་ཀྱི་སྲོག་གཅོད་པ་དེའི་ཚེ་ལུས་

ཀྱི་ལས་གང་ཡིན་པ་དེ་ནི་རྣམ་པར་རིག་བྱེད་ཅེས་བྱའོ། །རྣམ་པར་རིག་བྱེད་མ་ཡིན་པ་གང་ཞེ་ན། སླས་པ། སྲོག་གཅོད་པ་ལས་ཕྱིར་མ་ལོག་ཅིང་། ཕྱིར་མ་ནུར་ལ་མ་བཏང་མ་སྤྱངས་པས་ཇི་སྲིད་ན་ལུས་ཀྱི་ལས་ཀུང་རྣམ་པར་རིག་བྱེད་མི་བྱེད་པ་འདི་ནི་རྣམ་པར་རིག་བྱེད་མ་ཡིན་པ་ཞེས་བྱའོ་ཞེས་དང་། ཡང་དག་མ་བསྐུམས་སྡོམ་མིན་ནི། །སུམ་ཅུ་རྩ་དྲུག་བསྟན་པས་ཏེ། །ཁམས་ཀྱི་སྒོ་ནས་སྡོམ་མིན་གསུམ། །སེམས་དང་མི་ལྡན་དྲུག་པོ་ལས། །སྡོམ་པ་མ་ཡིན་ཐ་བ་རྣམས། །དེ་བཞིན་དཀར་པོའི་ཕྱོགས་ལ་ཡང་། །རྒྱས་པ་དག་ཏུ་སྦྱར་བར་བྱ། །ཞེས་ཞིབ་ཏུ་གསུངས་སོ། །

འདི་ལ་སྡོམ་པ་རིག་བྱེད་མ་ཡིན་པ་ཁོ་ནར་སྨྲ་བ་རྣམས་ན་རེ། སོ་སོར་ཐར་པའི་སྡོམ་པ་ལ་རྣམ་པར་རིག་བྱེད་ཡོད་པར་འདོད་པའི་ཕྱོགས་ལ་གནོད་བྱེད་ཀྱི་རིགས་པ་འདི་ལྟ་བུ་ཡོད་དེ། མཛོད་འགྲེལ་ལས་བྱུང་བའི་རིགས་པ་ནི། དགེ་སློང་གི་སྡོམ་པ་སྐྱེ་བཞིན་པའི་དུས་ཀྱི་ལུས་ངག་གི་རིག་བྱེད་དགེ་སློང་གི་སྡོམ་པར་ཁས་ལེན་ནམ། དེ་སྐྱེས་ཟིན་པའི་དུས་ཀྱི་དེ་དེར་ཁས་ལེན་པ་གཉིས་ལས་གཞན་ནི་མེད་པས་གཉིས་པོ་གང་ཡིན། དང་པོ་ནི་མ་ཡིན་ཏེ། སྡོམ་པ་སྐྱེས་མ་ཟིན་པའི་དུས་ཀྱི་རིག་བྱེད་དེར་ཁས་ལེན་ན་དུས་དེར་དེ་སྐྱེས་ཟིན་པར་ཐལ་བས་སོ། །གཉིས་པ་ལྟར་ཡང་མི་རིགས་ཏེ། སྐྱེས་ཟིན་པའི་དུས་ཀྱི་རིག་བྱེད་ནི་ལས་ཀྱི་ལམ་གྱི་མཇུག་ཉིད་དུ་སོང་བས་དངོས་གཞིར་མི་རིགས་ལ། དེ་ལྟར་ཡིན་པ་དེའི་ཚེ་སྡོམ་པའི་ངོ་བོར་གྱུར་པའི་རིག་བྱེད་མ་ཡིན་པ་སྐྱེས་ཟིན་པའི་འོག་ཏུ་དེའི་ངོ་བོར་གྱུར་པའི་རིག་བྱེད་སྐྱེ་དགོས་པར་ཐལ་བའི་ཕྱིར་རོ། །ཡང་གསད་བྱ་གསོད་བཞིན་པའི་དུས་ཀྱི་རིག་བྱེད་དེ་ལས་ལམ་དངོས་ཡིན་ནམ། ཤི་ཟིན་པའི་དུས་ཀྱི་དེ་དེར་ཁས་ལེན། དང་པོ་ལྟར་ན། ཇི་སྐད་དུ། སྔ་དང་མཉམ་དུ་ཤི་བ་ལ། །དངོས་མེད་ལུས་གཞན་སྐྱེ་ཕྱིར་རོ། །ཞེས་བྱ་བའི་དོན་དང་འགལ་ལོ། །གཉིས་པ་ལྟར་ཡང་མི་རིགས་ཏེ། སྲོག་བཅད་ཟིན་པའི་དུས་སུ་སྲོག་གཅོད་ཀྱི་སྦྱོར་བ་མེད་པའི་ཕྱིར་དང་། རོ་ལ་བསྣུན་པའི་ལུས་ངག་གི་རིག་བྱེད་ནི་སྲོག་གཅོད་ཀྱི་རིག་བྱེད་དུ་མི་རིགས་པའི་ཕྱིར་དང་། དེའི་དུས་ཀྱི་རིག་བྱེད་དེ་ལས་ལམ་གྱི་མཇུག་ཡིན་པ་ལ་སྦྱོར་བའི་མིང་གིས་བཏགས་སོ་ཞེས་འཆད་པ་དེ་ཆེ་བྲག་ཏུ་སྨྲ་བའི་འདོད་པ་ཡིན་པར་འགྲེལ་པ་ཉིད་ན་གསལ་བའི་ཕྱིར། དེ་སྐད་དུ་ཡང་མཛོད་འགྲེལ་ལས། ཅི་རེ་ཞིག་སྲོག་ཆགས་དེ་འཆི་བའི་སྲིད་པ་ལ་གནས་པ་དེའི་ཚེ་རྣམ་པར་རིག་བྱེད་དང་རྣམ་པར་རིག་བྱེད་མ་ཡིན་པ་གང་ཡིན་པ་དེ་དག་ལས་ཀྱི་ལམ་ཡིན་ནམ། འོན་ཏེ་ཤི་བའི་སྲིད་པ་ལ་གནས་པ་དེའི་ཚེ་ཡིན་ཞེས་བྱ་བ་འདི་བརྗོད་པར་བྱའོ། །དེ་ལས་ཅི་འགྱུར། རེ་ཞིག་གལ་ཏེ་འཆི་བའི་སྲིད་པ་ལ་གནས་པ་ཡིན་ན་ནི། ལྷན་ཅིག་ཤི་བ་ཡང་སྲོག་གཅོད་པའི་ཁ་ན་མ་ཐོ་བ་དང་ལྡན་པར་འགྱུར་ཏེ། གྲུབ་པའི་མཐའ་ལས་དེ་སྐད་མི་

འབྱུང་ངོ་། །འོན་ཏེ་ཤི་བ་ཡིན་ན་ནི་བསྙུན་པ་གང་གིས་སྲོག་གཅོད་པར་བྱེད་པ་དེའི་ཚེ་རྣམ་པར་རིག་བྱེད་དང་། དེའི་སྐད་ཅིག་གི་རྣམ་པར་རིག་བྱེད་མ་ཡིན་པ་གང་ཡིན་པ་དེ་ལས་ཀྱི་ལམ་དངོས་ཡིན་ནམ་ཞེས་གང་སྨྲས་པ་དེ་བརྗོད་པར་མི་བྱའོ་ཞེས་གསུངས་པས་སོ། །མདོར་ན་ལས་ལམ་གྱི་དངོས་གཞིའི་སྐྱེད་བྱེད་ཀྱི་རིག་བྱེད་ནི་སྦྱོར་བ་ཡིན་པས་དངོས་གཞིར་མི་རུང་། དངོས་གཞི་དང་དུས་གཅིག་པའི་རིག་བྱེད་ནི་ལས་ལམ་གྱི་མཇུག་ཏུ་འགྱུར་བའི་རིག་བྱེད་དུ་འཇོག་དགོས་པ་ཡིན་པས། ཤི་ཟིན་པའི་རོ་ལ་བསྙུན་པ་ལས་ལམ་དངོས་གཞིར་མི་རུང་བ་བཞིན་ནོ་ཞེས་རིགས་པ་དང་ལུང་གི་གྲུབ་དོན་དུ་བཞེད་དོ། །འདི་ལ་མཛོད་འགྲེལ་གྱི་དགོངས་པ་ཇི་ལྟ་བ་བཞིན་དུ་བཤད་པའི་ཚེ་རིགས་པའི་གནོད་བྱེད་མི་འདུག་པ་ཤིན་ཏུ་གསལ་ཞིང་ལས་ཀྱི་ལམ་དངོས་ལ་ཡང་རྣམ་པར་རིག་བྱེད་དང་རིག་བྱེད་མ་ཡིན་པ་གཉིས་ཀ་ཡོད་ལ། བྱེ་བྲག་ཏུ་སྨྲ་བའི་ལུགས་སུ་ལེགས་པར་གྲུབ་སྟེ༑ དེ་ཡང་མཛོད་འགྲེལ་ཉིད་ལས། མཚོན་ལན་གཅིག་གམ་ལན་གཉིས་འདེབས་པར་བྱེད་པ་ནས་ཇི་སྲིད་དུ་སྲོག་གཅོད་པར་མི་བྱེད་པ་དེ་སྲིད་དུ་ནི་སྦྱོར་བ་ཡིན་ནོ། །བསྙུན་པ་གང་གིས་སྲོག་གཅོད་པར་བྱེད་པ་དེའི་ཚེ་རྣམ་པར་རིག་བྱེད་དང་། དེའི་སྐད་ཅིག་གི་རྣམ་པར་རིག་བྱེད་མ་ཡིན་པ་དེ་ནི་ལས་ཀྱི་ལམ་དངོས་ཡིན་ནོ། །རྒྱུ་གཉིས་ཀྱིས་ནི་སྲོག་གཅོད་པའི་ཁ་ན་མ་ཐོ་བས་རེག་པར་འགྱུར་ཏེ། སྦྱོར་བ་དང་འབྲས་བུ་ཡོངས་སུ་རྫོགས་པས་སོ། །དེ་ཕྱིན་ཆད་ཀྱི་རྣམ་པར་རིག་བྱེད་མ་ཡིན་པའི་སྐད་ཅིག་མ་རྣམས་ནི་མཇུག་ཡིན་ནོ་ཞེས་བཤད་པའི་སྐབས་སུ་སྲོག་གཅོད་པར་བྱེད་པའི་ཚེ་རྣམ་པར་རིག་བྱེད་དང་རྣམ་པར་རིག་བྱེད་མ་ཡིན་པ་གཉིས་ཀའི་ལས་ལམ་དང་པོ་གཉིས་ཀ་ཡོད་པར་བཤད་པ་ལ་སྲོག་ཆགས་དེ་འཆི་བའི་སྲིད་པ་ལ་གནས་པ་དེའི་ཚེའི་རྣམ་པར་རིག་བྱེད་དང་། རིག་བྱེད་མ་ཡིན་པ་གང་དག་ཡིན་པ་དེ་དག་ལས་ཀྱི་ལམ་ཡིན་ནམ། འོན་ཏེ་ཤི་བའི་སྲིད་པ་ལ་གནས་པ་དེའི་ཚེ་ཡིན་ཞེས་བྱ་བ་འདི་བརྗོད་པར་བྱའོ་ཞེས་པས་སློབ་དཔོན་གྱིས་བྱེ་བྲག་ཏུ་སྨྲ་བ་ལ་དྲིས་པ་ཡིན་ལ། དེ་ལས་ཅིར་འགྱུར་ཞེས་པ་ནས། གྲུབ་པའི་མཐའ་ལས་ནི་དེ་སྐད་མི་འབྱུང་ངོ་ཞེས་པའི་བར་གྱིས་དང་པོ་ལྟར་འདོད་པ་བཀག་ཅིང་། འོན་ཏེ་ཤི་བ་ཡིན་ན་ནི་བསྙུན་པ་གང་གིས་སྲོག་གཅོད་པར་བྱེད་པ་དེའི་ཚེའི་རྣམ་པར་རིག་བྱེད་དང་། དེའི་སྐད་ཅིག་གི་རྣམ་པར་རིག་བྱེད་མ་ཡིན་པ་གང་ཡིན་པ་དེ་ནི་ལས་ཀྱི་ལམ་དངོས་ཡིན་ནོ་ཞེས་གང་སྨྲས་པ་དེ་བརྗོད་པར་མི་བྱའོ་ཞེས་པ་དང་། སྔར་ལས་ལམ་དངོས་གཞི་ངོས་འཛིན་པའི་སྐབས་དང་ཁས་བླངས་འགལ་བར་བསྟན་ཏེ། དེའི་ཚེ་ཤི་བ་མེད་པའི་ཕྱིར་རོ་ཞེས་སློབ་དཔོན་གྱིས་བརྗོད་པ་ལ། བྱེ་བྲག་ཏུ་སྨྲ་བ་ན་རེ། སྐྱོན་མེད་དེ་སྲོག་གཅོད་པར་བྱེད་པ་ཞེས་བྱ་བ་ནི་སྦྱོར་བའི་འབྲས་བུ་ལས་ཀྱི་ལམ་དངོས་ཡོངས་སུ་རྫོགས་པ་ལ་འདོད་པའི་ཕྱིར་ན། སྲོག་ཆགས་ཤི་བའི་གནས་སྐབས་ཀྱི་རིག་བྱེད་དང་

རིག་བྱེད་མ་ཡིན་པའི་སྐད་ཅིག་མ་དེ་ཉིད་ལས་ལམ་དངོས་ཡིན་ནོ་ཞེས་ཟེར། དེ་ལ་སློབ་དཔོན་གྱིས། འོ་ན་བསྙེན་བཅོས་ལས་སྲོག་ཆགས་བསད་ལ་སྲོག་གཅོད་པ་མ་འགགས་པ་ཡོད་དམ་ཞེ་ན། ཡོད་དེ། འདི་ལྟ་སྟེ། དཔེར་ན་སྲོག་ཆགས་ཀྱི་སྲོག་གཅོད་ལ་སྤྱོར་བ་མེད་པར་མ་གྱུར་པ་ལྟ་བུའོ་ཞེས་སྨྲས་པ་ལ། བྱེ་བྲག་ཏུ་སྨྲ་བ་ན་རེ། དེ་ནི་མཇུག་ལ་སྦྱོར་བའི་སྒྲར་གསུངས་ཏེ། སྲོག་ཆད་ཀྱང་འཕྲུབ་པ་དང་། སྙིང་འཁྱིན་པ་དང་། མགོ་གཅོད་པ་ལ་སོགས་པའི་མཇུག་མ་འགགས་པར་ཡོད་པའི་ཕྱིར་རོ་ཞེས་ཟེར། དེ་ལ་སློབ་དཔོན་གྱིས། དེ་ལྟར་ན་ཁྱེད་རང་གི་འདོད་པ་དང་འགལ་ཏེ། ཁྱེད་སྲོག་ཆགས་ཤི་ནས་ལས་ཀྱི་ལམ་དངོས་སུ་འདོད་པས་དེའི་སྲོག་གཅོད་པའི་དངོས་གཞི་མ་འགགས་པའི་ཕྱིར་རོ་ཞེས་བརྗོད་པ་ན། བྱེ་བྲག་ཏུ་སྨྲ་བས། འོ་ན་ནི་བསྙེན་བཅོས་དེར་དངོས་གཞི་ཁོ་ན་ལ་སྦྱོར་བའི་སྒྲ་གསུངས་པས་ཉེས་པ་མེད་དོ་ཞེས་ཟེར་ན། སློབ་དཔོན་གྱིས། འོ་ན་དེའི་ཚེའི་རྣམ་པར་རིག་བྱེད་ལས་ཀྱི་ལམ་དངོས་སུ་མི་འགྱུར་ཏེ། ཤི་ཟིན་པ་ལ་རིག་བྱེད་དེས་ཀྱང་བསོད་པར་མི་ནུས་པའི་ཕྱིར་རོ་ཞེས་སྐྱོན་བརྗོད་དོ། །

དེ་ལ་བྱེ་བྲག་ཏུ་སྨྲ་བ་ན་རེ། དེ་ལྟར་ན་དེའི་ཚེ་རིག་བྱེད་མ་ཡིན་པ་ཡང་དངོས་སུ་མི་འགྱུར་ཏེ། ཤི་ཟིན་པ་ལ་དེས་བསད་པར་མི་ནུས་པའི་ཕྱིར་རོ། །དེས་ན་དེའི་ཚེ་མི་ནུས་ཀྱང་རིག་བྱེད་མ་ཡིན་པ་ལས་ཀྱི་ལམ་དངོས་ཡིན་པ་ལྟར་རིག་བྱེད་ཀྱང་དེ་དང་འདྲ་བར་ལས་ལམ་དངོས་ཡིན་ནོ། །དེས་ན་ཤི་ཟིན་པ་ལ་དངོས་སུ་བྱས་ན་དངོས་གཞི་ལ་སྦྱོར་བའི་སྒྲ་གསུངས་པ་ཡིན་ལ། འཆི་བ་ལ་དངོས་སུ་བྱས་ན་མཇུག་ལ་སྦྱོར་བའི་སྒྲ་གསུངས་པ་ཡིན་ནོ་ཞེས་བྱེ་བྲག་ཏུ་སྨྲ་བ་རྣམས་ཀྱིས་ལན་འདེབས་པར་བྱེད་ཅིང་། བྱེ་བྲག་ཏུ་སྨྲ་བ་རང་ལུགས་ལ༑ གོང་དུ་བཤད་པ་ལྟར། བསྙེན་པ་གང་གཅིག་གིས་སྲོག་གཅོད་པར་བྱེད་པ་དེའི་ཚེའི་རྣམ་པར་རིག་བྱེད་དང་། དེའི་སྐད་ཅིག་གི་རྣམ་པར་རིག་བྱེད་མ་ཡིན་པ་གང་ཡིན་པ་དེ་ནི་ལས་ཀྱི་ལམ་དངོས་ཡིན་ནོ་ཞེས་ཁས་ལེན་ཅིང་། དེ་ཡང་དེའི་ཚེ་ལས་ལམ་གཉིས་པོ་དེ་སྐྱེས་པ་ཡིན་གྱི། ཡོངས་སུ་རྫོགས་པ་ནི་མ་ཡིན་ཏེ། འགྲེལ་བཤད་གང་སྤེལ་ལས། ད་ནི་རྣམ་པར་རིག་བྱེད་མ་ཡིན་པ་ཇི་ལྟར་འགྱུར་ཞེས་བྱ་བ་ནི། ནུས་པ་མེད་པར་ལས་ཀྱི་ལམ་དུ་སྟེ། ཇི་ལྟར་འདི་ནུས་པ་མེད་བཞིན་དུ་ཡང་ཡིན་པ་དེ་བཞིན་དུ་རྣམ་པར་རིག་བྱེད་ཀྱང་ཡིན་ནོ་སྙམ་དུ་བསམ་པའོ། །དེའི་ཕྱིར་སྦྱོར་བའི་འབྲས་བུ་ཞེས་བྱ་བ་ལ་སོགས་པ་ལ་སྦྱོར་བའི་འབྲས་བུ་ནི་སྲོག་གཅོད་པ་སྟེ༑ སྦྱོར་བ་ནི་དེའི་དོན་དུ་ཡིན་པའི་ཕྱིར་རོ། །དེ་ཡོངས་སུ་རྫོགས་པའི་དུས་ནི་ཤི་བའི་དུས་སོ། །དེ་གཉིས་ཀ་ཞེས་བྱ་བ་རྣམ་པར་རིག་བྱེད་དང་རྣམ་པར་རིག་བྱེད་མ་ཡིན་པ་སྟེ་མི་ནུས་ཀྱང་ལས་ཀྱི་ལམ་ཡིན་ནོ་སྙམ་དུ་སེམས་པའོ། །དེ་ལྟར་ཡིན་ཡང་སྦྱོར་བའི་འབྲས་བུ་ལ་ལྟོས་ནས་རྣམ་པར་རིག་བྱེད་ཀྱང་ལས་ཀྱི་ལམ་དུ

བརྗོད་ཀྱི། ནུས་པ་ལ་ལྟོས་ནས་ནི་མ་ཡིན་པས་ཉེས་པ་མེད་དོ་གསུངས་ཤིང་། རང་འགྲེལ་དེ་ཉིད་ལས། དེའི་སྦྱོར་བའི་འབྲས་བུ་ཡོངས་སུ་རྫོགས་པའི་ཚེ་དེ་གཉིས་ཀ་ལས་ཀྱི་ལམ་ཡིན་ནོ་ཞེས་སྐྱོན་དུ་མེད་པར་གསུངས་སོ། །རྒྱལ་པོ་སྲས་ལས་ཀྱང་། སློབ་དཔོན་གྱིས་རང་གི་བསམ་པ་གྲོལ་བའི་ཕྱིར་མི་ནུས་པའི་ཞེས་བྱ་བ་སྨོས་ཏེ༑ སྲོག་ཆགས་ཤི་ཟིན་པ་ལ་ནི་དེའི་ནུས་པ་མ་མཐོང་ངོ་། །བྱེ་བྲག་ཏུ་སྨྲ་བས་སྨྲས་པ། དེ་ནི་ནུས་པ་མེད་ན་རྣམ་པར་རིག་བྱེད་མ་ཡིན་པ་ཇི་ལྟར་ལས་ཀྱི་ལམ་དངོས་ཞེས་བྱ་བར་འགྱུར། གང་གི་ཕྱིར་དེ་ལྟར་རྣམ་པར་རིག་བྱེད་མ་ཡིན་པ་ཇི་ལྟར་ལས་ཀྱི་ལམ་དངོས་ཞེས་བྱ་བར་འགྱུར། གང་གི་ཕྱིར་དེ་ལྟར་རྣམ་པར་རིག་བྱེད་མ་ཡིན་པ་ནུས་པ་མེད་དུ་ཟིན་ཀྱང་ལས་ཀྱི་ལམ་དངོས་ཡིན་པ་དེའི་ཕྱིར་སྦྱོར་བའི་འབྲས་བུ་ཡོངས་སུ་རྫོགས་པའི་ཚེ་སྟེ། ལས་ཀྱི་ལམ་དངོས་ཡོངས་སུ་རྫོགས་ཤིང་སྲོག་ཆགས་ཤི་བའི་གནས་སྐབས་ན་རྣམ་པར་རིག་བྱེད་དང་རྣམ་པར་རིག་བྱེད་མ་ཡིན་པ་ཞེས་བྱ་བ་གཉིས་ཀ་ལས་ཀྱི་ལམ་ཡིན་ཏེ་རྟུང་ངོ་ཞེས་བྱ་བའི་ཐ་ཚིག་གོ་ཞེས་གསུངས་ལ། དེའི་ཚེ་ངག་གི་རྣམ་པར་རིག་བྱེད་དེ་ནི་སྔར་བའི་རྣམ་པར་ཤེས་པ་དང་ལྡན་ཅིག་འགགས་པས་རྣམ་པར་རིག་བྱེད་མ་ཡིན་པ་ཁོ་ན་ལས་ཀྱི་ལམ་དུ་གྱུར་པ་ཞིག་ན། ལས་ཀྱི་ལམ་དངོས་ནི་རྣམ་པར་རིག་བྱེད་དང་། རྣམ་པར་རིག་བྱེད་མ་ཡིན་པའི་ངོ་བོ་ཉིད་དག་ཡིན་པར་ཡང་འདོད་དོ་ཞེས་གསལ་བར་བཤད་དོ། །དེ་ལྟར་སྡོམ་པ་སྐྱེས་ཟིན་པའི་དུས་ཀྱི་རིག་བྱེད་དངོས་དང་དུས་གཅིག་པ་དེ་ལས་ཀྱི་མཇུག་ཏུ་ཇི་ལྟར་འགྱུར་ལེགས་པར་སོམས་ཤིག །གལ་ཏེ་འགྲེལ་བཤད་རྒྱལ་པོ་སྲས་ལས། དྲུག་ནི་རྣམ་རིག་མིན། །ཞེས་བྱ་བ་ནི། དྲུག་ནི་གདོན་མི་ཟ་བར་རྣམ་པར་རིག་བྱེད་མ་ཡིན་པ་ཡིན་གྱི། རྣམ་པར་རིག་བྱེད་མ་ཡིན་པ་ཁོ་ན་དྲུག་གོ་ཞེས་བྱ་བ་ངེས་པར་བཟུང་བ་ནི་མ་ཡིན་ནོ། །དངོས་ཀྱི་རྣམ་པར་རིག་བྱེད་མེད་པའི་ཕྱིར་རོ་ཞེས་བྱ་བ་འདི་ལྟར། བྱེ་བྲག་ཏུ་སྨྲ་བའི་གྲུབ་པའི་མཐའ་ནི་དངོས་ཀྱི་ལས་ཀྱི་ལམ་གྱིས་བསྡུས་པའི་རྣམ་པར་རིག་བྱེད་ནི་མེད་ཀྱི། བགོ་བར་བྱེད་པའི་རྣམ་པར་རིག་བྱེད་སྦྱོར་བས་བསྡུས་པ་ནི་ཡོད་དོ་ཞེས་བྱ་བ་ནི་ཡིན་ནོ་ཞེས་བཤད་པ་མ་ཡིན་ནམ་ཞེ་ན། དེ་ནི་གོང་དུ་བཤད་པའི་དྲུག་པོ་དེ་ཉིད་ལ་དངོས་ཀྱི་ལས་ཀྱི་ལམ་གྱིས་བསྡུས་པའི་རིག་བྱེད་མེད་ཅེས་འཆད་པ་ཡིན་ཏེ། གང་སྤྱིལ་ལས། ཡང་ཅི། འདིར་ལས་ཀྱི་ལམ་རྣམ་པར་རིག་བྱེད་ཡིན་ནམ། འོན་ཏེ་རྣམ་པར་རིག་བྱེད་མ་ཡིན་པ་ཡིན་ནམ། དེ་གཉིས་ཀ་ཡིན་ཞེ་ན། རེ་ཞིག་རིག་བྱེད་མ་ཡིན་པ་ལ་ནི། མི་དགེ་དྲུག་ནི་རྣམ་རིག་མིན། །ཞེས་བྱ་བ་རྒྱས་པར་འགྱུར་ཏེ། དངོས་ཀྱི་རྣམ་པར་རིག་བྱེད་མེད་པའི་ཕྱིར་རོ། །འདིར་ལུང་བསྒྲོ་བའི་རྣམ་པར་རིག་བྱེད་གང་ཡིན་པ་དེ་ནི་སྦྱོར་བ་ཁོ་ན་ཡིན་གྱི། དངོས་ནི་མ་ཡིན་ནོ། །དུས་དེའི་ཚེ་ཤི་ན་ཞེས་བྱ་བ་ལ། རྣམ་པར་རིག་བྱེད་ཀྱི་དུས་མ་གཏོགས་པས་ཕྱིས་ཤི་ན་ནི་རྣམ་པར་རིག་བྱེད་སྦྱོར་བ་ཁོ་ན

ཡིན་པས་ལས་ཀྱི་ལམ་རྣམ་པར་རིག་བྱེད་མ་ཡིན་པ་ཁོ་ན་ཡིན་ནོ་ཞེས་བཤད་པས་སོ། །འདིར་དངོས་ནི་རང་ཉིད་ལ་སྦྱར་བའོ། །དེས་ན་འགྲེལ་བཤད་རྒྱལ་པོ་སྲས་ལས། སྐད་ཅིག་མ་གང་ལ་གནས་ནས་སྤོང་བར་བྱེད་པ་དེའི་ཚེའི་རྣམ་པར་རིག་བྱེད་དང་། དེའི་སྐད་ཅིག་གི་རྣམ་པར་རིག་བྱེད་མ་ཡིན་པ་གང་ཡིན་པ་དེ་ནི་ལས་ཀྱི་ལམ་དངོས་ཡིན་ཞེས་གསུངས་པ་ལྟར་ལས་ལམ་དངོས་གཞི་ལ་རྣམ་པར་རིག་བྱེད་དང་རྣམ་པར་རིག་བྱེད་མ་ཡིན་པ་གཉིས་ཀ་ཡོད་པའི་ཕྱོགས་འདི་ཉིད་ལུང་ཚད་མ་རྣམས་ཀྱིས་ལེགས་པར་གྲུབ་བོ་ཞེས་ངེས་སོ། །

སྡོམ་གསུམ་འབྲུལ་སྤོང་ལས། །དང་པོའི་རྣམ་རིག་རྣམ་རིག་མིན། །སོ་སོར་ཐར་དང་བྱ་བའི་ལམ། །ཞེས་དང་། འཆལ་བའི་ཚུལ་ཁྲིམས་མི་དགེའི་གཟུགས། །དེ་སྤོང་ཚུལ་ཁྲིམས་རྣམ་གཉིས་སོ། །ཞེས་སྡོམ་པ་ལ་རིག་བྱེད་དང་རིག་བྱེད་མ་ཡིན་པའི་གཟུགས་གཉིས་ཡོད་པར་བཤད་བཞིན་དུ། རྣམ་རིག་མིན་རྣམ་གསུམ་ཞེས་བྱ། །སྡོམ་དང་སྡོམ་པ་མིན་དང་གཞན། །ཞེས་པའི་སྐབས་སྐྱོར་གྱི་ཚེ་སྡོམ་པ་རིག་བྱེད་མ་ཡིན་པའི་གཟུགས་ཀྱི་དབྱེ་བར་བཤད་པ་བཞིན་ནོ་ཞེས་གསུངས་པ་ལ། ཁ་ཅིག་ན་རེ། དེ་སྤོང་ཚུལ་ཁྲིམས་རྣམ་གཉིས་སོ༑ ༑ཞེས་པས་ཚུལ་ཁྲིམས་ལ་རིག་བྱེད་དང་རིག་བྱེད་མ་ཡིན་པ་གཉིས་སུ་ཡོད་པར་བསྟན་གྱི། སོ་སོར་ཐར་པའི་སྡོམ་པ་གཉིས་སུ་ཡོད་པར་མ་བསྟན་ཏོ་ཞེས་འགོག་པ་ནི་མི་རིགས་ཏེ། མཛོད་འགྲེལ་མདོ་དང་མཐུན་པ་ལས། དེ་སྤོང་བ་ནི་ཚུལ་ཁྲིམས་ཡིན་ནོ། །སྤོང་བའི་ཚུལ་ཁྲིམས་དེ་ཡང་རྣམ་པ་གཉིས་སོ། །རྣམ་པར་རིག་བྱེད་གང་གིས་སྤོང་བར་བྱེད་པ་དང་། རྣམ་པར་རིག་བྱེད་མ་ཡིན་པས་སྤོང་བ་གང་ཡིན་པའོ་ཞེས་སྤོང་བའི་ཚུལ་ཁྲིམས་ལ་རིག་བྱེད་དང་རིག་བྱེད་མ་ཡིན་པ་གཉིས་ཡོད་པར་བསྟན་པ་ཉིད་ཀྱིས་དེའི་བྱེ་བྲག་སྡོམ་པ་ལ་ཡང་གཉིས་ཡོད་པར་གྲུབ་པའི་ཕྱིར་རོ། །རྣམ་གསུམ་དྲི་མེད་ཅེས་པའི་འགྲེལ་པར། རྣམ་པར་རིག་བྱེད་མ་ཡིན་པ་མེད་ན་སོ་སོར་ཐར་པའི་སྡོམ་པ་ཡང་མེད་པར་ཡང་འགྱུར་ཏེ་ཞེས་དང་། སྤོང་བ་ནི་འཆལ་བའི་ཚུལ་ཁྲིམས་ཀྱི་གེགས་བྱེད་པའི་རྒྱུ་ལོན་དུ་ཡང་གསུངས་ན། རིག་བྱེད་མ་ཡིན་པའི་གཟུགས་མེད་པ་ནི་རྒྱུ་ལོན་ཡིན་པར་འོས་པ་ཡང་མ་ཡིན་པས་རྣམ་པར་རིག་བྱེད་མ་ཡིན་པ་ནི་ཡོད་པ་ཁོ་ན་ཞེས་གསུངས་པའི་ལུང་གིས་ཀྱང་གནོད་པར་ནུས་པ་མ་ཡིན་ཏེ། དེ་དག་ནི་རྣམ་པར་རིག་བྱེད་མ་ཡིན་པའི་གཟུགས་མེད་པར་འདོད་པ་རྣམས་ལ་སྐྱོན་བརྗོད་པ་ཡིན་ལ། འདི་ནི་རྣམ་པར་རིག་བྱེད་མ་ཡིན་པའི་གཟུགས་འདོད་པའི་ཕྱིར་རོ། །དེས་ན། རྒྱལ་པོ་སྲས་ལས། གང་ཞིག་སྡོམ་པ་ལ་སོགས་པའི་རྣམ་པར་རིག་བྱེད་དང་ལྡན་པ་དེ་ནི་གདོན་མི་ཟ་བར་སྐད་ཅིག་མ་དང་པོ་ཕྱིན་ཆད་འདས་པའི་རྣམ་པར་རིག་བྱེད་ལས་ཀྱི་ལམ་དངོས་ཀྱི་ངོ་བོ་ཉིད་དང་ལྡན་ནོ་ཞེས་གསུངས་པ་འདི་ལྟར་འདོད་པ་ཉིད་ལེགས་པར་སྣང་ངོ་། །དོན་འདི་ལ་སྔོན་གྱི་མཁོན་པའི་གཞུང་ལུགས་བོད་དུ་འགྲེལ་བྱེད་མཛད་

པ་རྣམས་ཀྱིས་སོ་སོར་ཐར་པའི་སྡོམ་པ་ལ་རིག་བྱེད་དང་རིག་བྱེད་མ་ཡིན་པ་གཉིས་སུ་ཡོད་པར་གོ་སླ་བ་ལ་དགོངས་ནས་དབྱེ་བ་ཞིབ་ཏུ་མཛད་པ་མེད་ཀྱང་། སོ་སོར་ཐར་པའི་སྡོམ་པ་སྐྱེ་ཕྱོགས་ནས་རྣམ་པར་རིག་བྱེད་མ་ཡིན་པའི་གཟུགས་སུ་གསུངས་པ་ཤས་ཆེ་བར་ཡོད་པ་ལ་དྲི་བ་མཛད་པའི་ལན་ཆེ་ལོང་ཙམ་ཞིག་བསྟན་པའོ། །འོན་ཀྱང་བྱེ་སྨྲ་རང་ལུགས་ལ་སོ་སོར་ཐར་པའི་སྡོམ་པ་ལ་རིག་བྱེད་ཀྱི་གཟུགས་ཡོད་ཀྱང་རྣམ་གཞག་འཇོག་པའི་ཚེ་ནི་རིག་བྱེད་མ་ཡིན་པའི་ཕྱོགས་པ་ནས་གཙོ་ཆེ་བར་འཇོག་ཅེས་སློས་སོ། །དཔེར་ན་རྟུལ་ཕྲ་རབ་དབང་ཤེས་ཀྱི་ཡུལ་ཡིན་ཀྱང་དེ་མི་སྣང་བས་ཡུལ་དུ་མི་འཇོག་པ་བཞིན་ནོ་ཞེས་བཤད་པ་དང་མཚུངས་སོ། །

སྤྱིར་རྣམ་པར་རིག་བྱེད་དང་རིག་བྱེད་མ་ཡིན་པའི་གཟུགས་ཀྱི་གོ་ཡུལ་ནི། སློབ་དཔོན་དབྱིག་གཉེན་གྱིས་ཕུང་པོ་ལྔའི་རབ་ཏུ་བྱེད་པའི་འགྲེལ་པར་ལྟར་ཡང་མི་སྣང་ལ་ཐོགས་པ་ཡང་མེད་པའི་གཟུགས་ནི་རྣམ་པར་རིག་བྱེད་མ་ཡིན་པའི་གཟུགས་སོ། །སྡོམ་པའི་གཟུགས་དེ་དག་ལ་ཅིའི་ཕྱིར་རྣམ་པར་རིག་བྱེད་མ་ཡིན་པ་ཞེས་བཏགས་ཤེ་ན། སྨྲས་པ། ཇི་ལྟར་རྣམ་པར་རིག་བྱེད་གཟུགས་ཀྱི་རང་བཞིན་ལ་ཐལ་མོ་སྦྱར་བ་ལ་སོགས་པ་ལུས་ཀྱི་ལས་ཀྱི་སྒོ་ནས་ནང་གི་སེམས་ཀྱི་ངོ་བོ་རིག་པར་རུང་བ་བཞིན་དུ་རྣམ་པར་རིག་བྱེད་མ་ཡིན་པ་དེའང་གཟུགས་ཀྱི་རང་བཞིན་ཡིན་མོད་ཀྱི། དེའི་སྒོ་ནས་ནང་གི་སེམས་ཀྱི་ངོ་བོ་རིག་པར་བྱར་མི་རུང་བས་ན་རྣམ་པར་རིག་བྱེད་མ་ཡིན་པ་ཞེས་བྱའོ། །འབྱུང་བ་ཆེན་པོ་བཞི་ནས་རྣམ་པར་རིག་བྱེད་མ་ཡིན་པའི་བར་དེ་དག་ལ་ཅིའི་ཕྱིར་གཟུགས་ཞེས་བྱ། སྨྲས་པ། བཞག་ཅིང་གནོད་པར་བྱར་རུང་བས་ན་གཟུགས་ཞེས་བྱ་སྟེ། བཅོམ་ལྡན་འདས་ཀྱིས་ཀྱང་། དགེ་སློང་དག་བཞག་ཅིང་གཞིག་ཏུ་ཡོད་པའི་ཕྱིར་གཟུགས་ཉེ་བར་ལེན་པའི་ཕུང་པོ་ཞེས་བྱའོ་ཞེས་གསུངས་སོ། །སྨྲས་པ། བཞག་ཅིང་གནོད་པར་བྱར་རུང་བ་དེ་ཇི་ལྟར་གཟུགས་སུ་འགྱུར། སྨྲས་པ། རྣམ་པར་རིག་བྱེད་མ་ཡིན་པ་ཡིད་ལ་བཞག་ཅིང་གནོད་པ་བྱར་མི་རུང་ཡང་ཤིང་བཅད་ན་གྲིབ་མ་མེད་པར་འགྱུར་བ་དང་། ནོར་བུ་རིན་པོ་ཆེ་བཅག་ན་འོད་མེད་པར་འགྱུར་བ་བཞིན་དུ། འབྱུང་བ་ཆེན་པོ་བཞི་ཉམས་པར་བྱས་ན་རྣམ་པར་རིག་བྱེད་མ་ཡིན་པའི་གཟུགས་ཀྱང་ཉམས་པར་འགྱུར་བས་གཟུགས་ཞེས་བྱས་པས་ཉེས་པ་མེད་དོ་ཞེས་གསུངས་སོ། །ཉན་ཐོས་བྱེ་བྲག་ཏུ་སྨྲ་བའི་འདོད་པ་ནི་དེ་ལྟར་ཡིན་ལ། སློབ་དཔོན་རང་ཉིད་ནི་དེ་ལྟར་མི་བཞེད་དེ། བྱེ་བཤད་ལས། འདིར་ནི་བྱེ་བྲག་ཏུ་སྨྲ་བས་ཀུན་བཏགས་པའི་རྣམ་པར་རིག་བྱེད་བཞིན་དུ་རྣམ་པར་རིག་བྱེད་མ་ཡིན་པ་མེད་དེ། ཚད་མའི་ཡུལ་དུ་མ་གྱུར་པའི་ཕྱིར་རོ། །སོ་སོར་ཐར་པའི་སྡོམ་པ་ལ་སོགས་པ་ནི་མེད་པ་མ་ཡིན་ཏེ། འདི་ལྟར། བྱ་བར་ཁས་བླངས་ནས་བསླེན་པར་རྫོགས་པ་ལ་སོགས་པའི་ཚིག་སྔོན་དུ་བཏང་སྟེ། སེམས་པ་གང་གིས་ལུས་དང་ངག་གི་ལས་བཀག་པ་ལས

སྡོམ་པའི་སེམས་པ་དེས་མ་འོངས་པ་ན་དེ་དང་རིགས་གཅིག་པར་སྐྱེད་པའི་ཕྱིར་ཀུན་གཞིའི་རྣམ་པར་ཤེས་པ་ལ་ས་བོན་བཏབ་ནས། དེའི་འོག་ཏུ་བདག་ནི་སྲོག་གཅོད་པ་ལ་སོགས་པ་སྤངས་པའོ་ཞེས་ཡང་དག་པར་བླངས་པའི་དྲན་པ་འབྱུང་སྟེ། དེ་བྱུང་ནས་གང་འཛེམ་པ་དེ་བསླབ་པ་མི་འདྲལ་ལོ། །དེ་ལྟར་ན་ཡང་དག་པར་བླངས་པའི་སེམས་པ་རྒྱུན་ཆགས་པ་དང་བཅས་པ་ནི་སྡོམ་པ་བསྟན་པ་ཞེས་ཡིན་ནོ་ཞེས་གསུངས་པ་འདི་ཐེག་པ་ཆེན་པོ་པ་རྣམས་ཀྱང་བཞེད་དོ། །

ཡང་དྲི་བ་ལས། གཟུགས་ཅན་ཡིན་པའི་རྒྱུ་མཚན་གྱིས། །ཤི་བས་གཏོང་ན་བསམ་གཏན་དང་། །ཟག་མེད་གཉིས་ལ་མི་ཐལ་ལམ། །ཞེས་པའི་སྐབས་སུ་གཞུང་ལས། སྡོམ་པ་གཟུགས་ཅན་ཡིན་པའི་ཕྱིར། །ཤི་བའི་ཚེ་ན་སྡོམ་པ་གཏང་། །ཞེས་གསུངས་པ་དེ། བྱེ་བྲག་ཏུ་སྨྲ་བ་རང་གི་ལུགས་ཀྱི་སོ་སོར་ཐར་པའི་སྡོམ་པ་དེ་རྣམ་པར་རིག་བྱེད་མ་ཡིན་པའི་གཟུགས་ཆུ་ལོན་ལྟ་བུ་ཡིན་ཞིང་། ཆུ་ལོན་ལྟ་བུའི་གཟུགས་དེ་རྟེན་བོར་བ་ན་ཤིང་བཅད་ན་གྲིབ་མ་མེད་པ་ལྟར་གཏང་བས། སོ་སོར་ཐར་པའི་སྡོམ་པ་གཟུགས་ཅན་ཡིན་པའི་ཕྱིར་ཤི་འཕོས་ནས་གཏང་ཞེས་བྱེ་སྨྲ་རང་གི་འདོད་ལུགས་སློས་པའི་སྐབས་ཡིན་གྱི། ཕྱིར་རྒོལ་བྱེ་བྲག་ཏུ་སྨྲ་བ་ཞིག་གི་ངོར་སོ་སོར་ཐར་པའི་སྡོམ་པ་ཤི་འཕོས་པས་གཏང་སྟེ་ཞེས་གཏན་ཚིགས་འགོད་པའམ། བྱེ་བྲག་ཏུ་སྨྲ་བ་ལ་སོ་སོར་ཐར་པའི་སྡོམ་པ་ཤི་འཕོས་པའི་ཚེ་གཏོང་བར་ཐལ་ཞེས་ཐལ་འགྱུར་འཕེན་པ་མ་ཡིན་གྱི། སྐབས་འདིའི་ཕྱིར་རྒོལ་འབྲི་གུང་པ་ཆེན་པོས། སོ་སོར་ཐར་པའི་སྡོམ་པ་གཟུགས་ཅན་ཏུ་འདོད་བཞིན་དུ་ཤི་འཕོས་ནས་ཀྱང་རྗེས་སུ་འབྲང་བར་བཞེད་པ་ལ། དེ་གཟུགས་ཅན་ཡིན་པ་དང་ཤི་འཕོས་ནས་ཀྱང་མི་གཏོང་བ་འགལ་ལོ་ཞེས་སློབ་དཔོན་དབྱིག་གཉེན་གྱིས་བྱེ་བྲག་ཏུ་སྨྲ་བའི་དགེ་བ་གཟུགས་ཅན་འགོག་པ་ན། དགེ་བ་གཟུགས་ཅན་དུ་འདོད་བཞིན་དུ་ཤི་འཕོས་ནས་ཀྱང་དགེ་བ་དེས་འབྲས་བུ་བདེ་བ་བསྐྱེད་པ་འགལ་ལོ་ཞེས་སུན་འབྱིན་མཛད་པ་ཇི་ལྟ་བ་བཞིན་དུ་འདིར་ཡང་བཀོད་པ་ཡིན་ཏེ། ལས་གྲུབ་པའི་རབ་ཏུ་བྱེད་པའི་འགྲེལ་པ་ལས། དེ་བཞིན་དུ་རྣམ་པར་རིག་བྱེད་མ་ཡིན་པ་རྣམ་པར་རིག་བྱེད་མེད་པར་ཇི་ལྟར་འབྱུང་བར་འགྱུར་ཞེས་བྱ་བ་ལ་སོགས་པའི་འབད་པ་ཅི་ཞིག་བྱ་སྟེ། འོན་ཀྱང་རྣམ་པར་རིག་བྱེད་དམ། རྣམ་པར་རིག་བྱེད་མ་ཡིན་པའམ། གཞན་གྱི་ངོ་བོ་ཉིད་དུ་ལུས་ངག་གི་ལས་གཟུགས་ཅན་ཇི་ལྟར་བཏགས་ཀྱང་རུང་སྟེ། འོན་ཀྱང་དགེ་བ་ལ་སོགས་པ་ཉིད་དུ་མི་འགྲུབ་པ་ཁོ་ན་ཡིན་ནོ་ཞེས་བསྟན་པ་ཡིན་ནོ། །ཅིའི་ཕྱིར་ཞེས་བྱ་བ་འདི་བྱེ་བྲག་ཏུ་སྨྲ་བ་ལ་སོགས་པ་འདྲི་བར་བྱེད། ལུས་བོར་གང་ལས་ཚེ་ཕྱི་མ་ལ་འབྲས་བུ་ཡིད་དུ་འོང་བའམ་ཞེས་བྱ་བ་ལ་སོགས་པ་ནི་སློབ་དཔོན་གྱིས་དགེ་བ་ལ་སོགས་པ་ཉིད་དུ་མི་འགྲུབ་པར་སྟོན་པར་མཛད་དོ། །འདི་སྐད་དུ་ཚེ་ཕྱི་མ་ལ་འབྲས་བུ་ཡིད་དུ་འོང་བ་འབྱུང་བར་འགྲུབ་པར་ནུས་པས་དགེ་བ་ལ་སོགས་པ་ཉིད་དུ་རྣམ་པར་

གཞག་གོ །ལུས་ལ་སོགས་པའི་ལས་གཟུགས་ཅན་ཡིན་ན་ནི། ལུས་ཞིག་ན་དེ་ཡང་འཇིག་པ་ཁོ་ན་ཡིན་པས་འབྲས་བུ་འབྱུང་བར་འགྱུར་བ་ལ་ལྟོས་ནས་དགེ་བ་ལ་སོགས་པ་ཉིད་དུ་ཇི་ལྟར་འགྲུབ་པར་འགྱུར་ཞེས་བསྟན་པ་ཡིན་ནོ་ཞེས་གསུངས་པ་འདི་ཉིད་ཀྱིས་ཕྱོགས་སྔ་སྨྲ་བ་པོའི་འདོད་པ་ཁེགས་ཤིང་། དགའ་བའི་གནས་སུ་བསམ་པའི་དོགས་པ་ཐམས་ཅད་ལས་གྲོལ་ལོ། །

ཡང་དྲི་བ་ལས། བྱེ་སྨྲའི་བསྙེན་གནས་དགེ་སློང་ལས། །ལེན་པའི་དམིགས་བསལ་གང་ན་ཡོད། །ཅེས་པའི་སྐབས་སུ། དྲི་བ་འདི་ཀུན་མཁྱེན་བུ་སྟོན་གྱིས། །འདིའི་ཚིག་འདུལ་བ་ལུང་དུ་ཡེ་མ་བྱུང་ཞིང་། འདུལ་བའི་ཕྱོགས་ཀྱི་འགྲེལ་པ་རྣམས་ལས་ཀྱང་མ་བྱུང་ངོ་ཞེས་དང་། བཅོམ་ལྡན་རིགས་རལ་གྱིས་སྡོམ་གསུམ་རྒྱན་གྱི་མེ་ཏོག་ལས། བྱེ་བྲག་སྨྲ་བའི་བསྙེན་གནས་ཀྱང་། །དགེ་སློང་ལས་ལེན་ཞེས་བཤད་པ་དེ་འགོག་པའི་ཕྱིར་དུ། འདུལ་བ་ལུང་ལས། ཁྱིམ་བདག་མགོན་མེད་ཟས་སྦྱིན་གྱིས་གཞན་ལ་བསྙེན་གནས་ཕོག་པར་བཤད་དོ་ཞེས་དྲིས་པ་རྣམས་ལ་རྗེས་སུ་དཔག་སྟེ་བཀོད་པ་ཡིན་ལ། དེ་དག་གི་ལན་ནི། བསྙེན་གནས་ཡན་ལག་བརྒྱད་པ་འདི་ལ་མདོ་སྡེ་དྲིན་ལན་བསབ་པ་ལས། སོ་སོར་ཐར་པ་རིས་བདུན་གྱི་ནང་གི་དགེ་བསྙེན་གྱི་སྡོམ་པ་བསྡུས་ཏེ་བཤད་པ་དང་། ཉིན་ཞག་གི་ཁྲིམས་ཡོད་ཅིང་ཇི་སྲིད་འཚོ་བའི་ཁྲིམས་མེད་པས་གང་ཟག་བར་མ་དོ་པ་ཞེས་བཤད་པ་དང་། སོ་སོར་ཐར་པ་རིས་བརྒྱད་དུ་བྱས་ཏེ་བརྒྱད་པ་ཉིད་ཡིན་པར་བཤད་པ་དང་ཚུལ་གསུམ་འབྱུང་སྟེ། མདོ་དེ་ཉིད་ལས། གསོལ་པ། ཡན་ལག་བརྒྱད་པའི་ཁྲིམས་ནོད་ན། གང་ཟག་དེ་འཁོར་རྣམ་པ་བདུན་ལས་འཁོར་གང་གི་ནང་དུ་བསྡུ། བཀའ་སྩལ་པ། ནམ་འཚོའི་བར་དུ་ཁྲིམས་མ་ནོད་ཀྱང་ཉིན་ཞག་གཅིག་གི་ཁྲིམས་ཡོད་པས་དགེ་བསྙེན་ཞེས་བྱའོ། །གཞན་དུ་དགེ་བསྙེན་ཞེས་བྱ་བར་ནི་ནམ་འཚོའི་ཚུལ་ཁྲིམས་ནོད་པ་མེད་ལ། དགེ་བསྙེན་མ་ཡིན་ཞེས་བྱ་བར་ནི་ཉིན་ཞག་གཅིག་གི་ཁྲིམས་ཡོད་པས་དེ་ནི་གང་ཟག་བར་མ་དོ་ཞེས་མདོ་སྡེ་ལས་ཀྱང་འབྱུང་ངོ་། །མ་འགགས་པས་ཡང་གསོལ་པ། བཅོམ་ལྡན་འདས་འཁོར་བདུན་མ་གཏོགས་པ་སོ་སོར་ཐར་པའི་ཚུལ་ཁྲིམས་མཆིས་སམ། བཀའ་སྩལ་པ། ཡོད་དེ། ཡན་ལག་བརྒྱད་པའི་ཁྲིམས་ཉིད་ཡིན་ནོ། །དོན་དེ་དང་སྦྱར་ན་ཡན་ལག་བརྒྱད་ཀྱི་ཁྲིམས་ནོད་པ་འཁོར་རྣམ་པ་བདུན་གྱི་ནང་དུ་མ་གཏོགས་སོ། །ཡན་ལག་བརྒྱད་ཀྱི་ཁྲིམས་ནོད་པའི་ཆོས་ཀྱིས་ནི་ཉིན་ཞག་གཅིག་གི་བར་དུ་སྲོག་མི་གཅད་དོ་ཞེས་ཚིག་དེ་སྐད་འཆད་པས་ན། ཁྲིམས་གཞན་ནམ་འཚོའི་བར་དུ་ནོད་པ་དང་བསྲེ་ཡང་མི་རུང་ངོ་ཞེས་གསུངས་པས་སོ། །དེ་ལ་ཡན་ལག་བརྒྱད་པའི་ཁྲིམས་སོ་སོར་ཐར་པའི་སྡོམ་པ་ཡིན་པའི་དབང་དུ་བྱས་ནས་སོ་སོར་ཐར་པ་རིས་བརྒྱད་གང་ལས་བླང་བའི་ཡུལ་འཆད་པ་ན་མཛོད་ལས། གཞན་གྱི་རྣམ་རིག་བྱེད་

སོགས་ཀྱི། །ཞེས་པའི་འགྲེལ་པར། དེ་ཡང་དགེ་འདུན་ནམ་གང་ཟག་ལས་ཏེ། དགེ་སློང་དང་། དགེ་སློང་མ་དང་། དགེ་སློབ་མའི་སྡོམ་པ་རྣམས་ནི་དགེ་འདུན་ལས་སོ། །གཞན་དག་ནི་གང་ཟག་ལས་སོ་ཞེས་གསུངས་པས་ཀྱང་སོ་ཐར་གཞན་ལྔ་ལེན་པའི་ཡུལ་དགེ་སློང་དུ་གྲུབ་སྟེ། དགེ་འདུན་དང་གང་ཟག་གི་ཟླས་ཕྱེ་བའི་གང་ཟག་དགེ་སློང་ལ་འཇུག་པའི་ཕྱིར་རོ། །དེ་ལྟ་མ་ཡིན་ན་དགེ་བསྙེན་སོགས་ཀྱང་དགེ་སློང་ལས་བླང་མི་དགོས་པར་འགྱུར་བའི་ཕྱིར་རོ། །ཕྱིར་བཅོས་ཀྱི་གཞིར། ལྟུང་བ་མཐོལ་བ་དང་བཤགས་པའི་ཡུལ་བསྙེན་པར་མ་རྫོགས་པས་མི་རུང་བར་བཤད་པས་ཀྱང་གྲུབ་སྟེ། རྒྱ་ཆེར་འགྲེལ་ལས། དེ་ལྟར་ན་འདྲ་བའི་ཕྱིར་བསྙེན་པར་མ་རྫོགས་པས་བསྙེན་པར་མ་རྫོགས་པ་ལ་ལྟུང་བ་རིག་པ་བྱ་བ་དང་། བཤགས་པར་བྱ་བའམ་ཞེ་ན། དེའི་ཕྱིར་དེ་ཉིད་ལ། འདི་དང་འོག་མ་བཅས་ཏེའོ་ཞེས་བྱ་བ་སྨྲས་ཏེ། བསྙེན་པར་རྫོགས་པ་དང་བཅས་པ་དེ་ཉིད་ལ་དགེ་ཚུལ་ལ་སོགས་པས་ལྟུང་བ་རིག་པར་བྱ་བ་འདི་ཉིད་དང་། ལྟུང་བ་བཤགས་པར་བྱ་བ་འོག་នས་འབྱུང་བ་དང་བཅས་ཏེ་བྱའོ་ཞེས་དང་། དེའི་ཕྱིར་དགེ་ཚུལ་ལ་སོགས་པའི་བྱ་བ་ཐམས་ཅད་ནི་བསྙེན་པར་རྫོགས་པ་ཉིད་ལ་རག་ལས་པ་ཁོ་ན་ཡིན་པར་རྣམ་པར་གནས་པའོ་ཞེས་གསུངས་པའི་ཕྱིར་རོ། །

ཉིན་ཞག་གཅིག་པའི་བསྙེན་གནས་ཀྱི་གླེང་གཞི་ལས། བསྙེན་པར་རྫོགས་པའི་ལས་སུ་བྱ་བ་གསུངས་པས་ཀྱང་གྲུབ་སྟེ། འོག་ཏུ་བཤད་པར་བྱའོ། །འོ་ན་དྲིན་ལན་བསབ་པའི་མདོ་ལས་ཉིན་ཞག་གཅིག་གི་ཡན་ལག་གི་ཁྲིམས་ནོད་པའི་ཐབས་ནི་ཕ་རོལ་པོ་གཞན་ལས་ནོད་དགོས་ཏེ། དེ་ཡང་གང་ལས་ནོད་ཅེ་ན། འཁོར་ལྔ་པོ་གང་ཡང་རུང་བ་ལས་ནོད་དགོས་སོ་ཞེས་བཤད་པས་དགེ་སློང་ཁོ་ནར་མ་ངེས་སོ་སྙམ་ན། དེ་ནི་གོང་དུ་གང་ཟག་བར་མ་དོ་ཞེས་གསུངས་པ་དེ་ལྟ་བུའི་ཁྲིམས་ལ་དགོངས་ཏེ་གསུངས་པའོ། །འདུལ་བ་ལུང་ལས་ཁྲིམ་བདག་མགོན་མེད་ཟས་སྦྱིན་གྱིས་གཞན་ལ་བསྙེན་གནས་ཕོག་པར་གསུངས་སོ་ཞེས་བཞེས་པ་ཡང་དེ་ར་མ་ངེས་ཏེ། ལུང་ལས། བདག་གིས་དགེ་སློང་ཀཽ་ཎྜ་མ་ལས་བསྙེན་གནས་བླངས་སོ་ཞེས་བྲམ་ཟེ་དེས་སྨྲས་པར་བཤད་པའི་ཕྱིར་རོ། །དེས་ན་འདུལ་བ་ལུང་ལས་ཁྲིམ་བདག་མགོན་མེད་ཟས་སྦྱིན་གྱིས་གཞན་ལ་བསྙེན་གནས་ཀྱི་སྡོམ་པ་ཕོག་པར་བཤད་པ་མི་སྣང་ལ། ལས་བརྒྱ་པ་ལས། མགོན་མེད་ཟས་སྦྱིན་གྱིས་གཞན་ལ་བསྙེན་གནས་ཕོག་པར་བཤད་པ་ཡོད་ཀྱང་དེ་ནི་མདོ་སྡེ་པའི་ལུགས་སོ། །འདུལ་བ་ལུང་ཡང་བྱེ་སྨྲ་ཁོ་ནའི་ལུང་མ་ཡིན་ནོ། །

ཡང་དྲི་བར། འདུལ་བའི་ལུགས་ཀྱི་བསྙེན་གནས་ཀྱི། །ཚིག་གསལ་པོ་གང་ན་བཞུགས། །ཞེས་པའི་ལན་ནི་སྤྱིར་ཡན་ལག་བརྒྱད་དང་ལྡན་པའི་ཚིག་ཙམ་ནི་རིག་བྱེད་ཀྱི་གཞུང་རྣམས་ལས་ཀྱང་འབྱུང་བ་བཞིན་

སངས་རྒྱས་ཀྱིས་ཆོས་མ་གསུངས་པའི་སྔོན་དུ་ཡང་བྱུང་བར་མདོ་རྣམས་ཀྱི་ནང་ནས་འབྱུང་སྟེ། རྒྱ་ཆེ་རོལ་པ་ལས། ལྷ་བདག་བསྙེན་གནས་ཚུལ་ཁྲིམས་བརྟུལ་ཞུགས་ལེན་པར་གསོལ། བདག་ནི་འགྲོ་ལ་བྱམས་བྱས་ཡན་ལག་བརྒྱད་ལེན་ཏེ། །སྲོག་ཆགས་གནོད་པ་སྤང་ཞིང་བསམ་པ་རྟག་དག་པས། །ཇི་ལྟར་བདག་ལ་བྱངས་པ་དེ་ལྟར་གཞན་ལ་བགྱི། །རྐུ་སེམས་རྣམ་པར་སྤངས་ཏེ་འདོད་དང་དྲེགས་པ་སྤང་། །རྒྱལ་པོ་འདོད་པ་རྣམས་ལ་ལོག་པར་གཡེམ་མི་བགྱིད། །བདེན་པ་མཁས་ཤིང་ཕྲ་མ་མ་མཆིས་ཞེ་གཙོད་སྤང་། །མི་དགེ་འཁྱལ་བའི་ཚིག་ཀྱང་ཡོངས་སུ་མི་སྨྲོད་དོ། །གནོད་སེམས་ཞེ་སྡང་ཐ་བ་གཏི་མུག་རྒྱགས་པ་དང་། །བརྣབ་སེམས་ཀུན་སྤངས་རང་གིས་འཚལ་བར་གྱིས། །ཡང་དག་སྦྱོར་བས་ཁ་བསག་ཚུལ་འཆོས་ཕྲག་དོག་སྤང་། །དགེ་བཅུའི་ལས་ལམ་འདི་དག་བདག་གིས་སྤྱད་པར་བགྱི། །ཞེས་གསུངས་པ་ལྟ་བུའོ། །ཁྱད་པར་སྡེ་སྣོད་ལས་གསུངས་པའི་ཚུལ་ལ། ཉན་ཐོས་ཀྱི་གཞུང་ལས་བཤད་པ་དང་། ཕ་རོལ་ཏུ་ཕྱིན་པའི་ཐེག་པ་ཐེག་པ་ཆེན་པོ་ལས་གསུངས་པ་དང་། གསང་སྔགས་ཀྱི་གཞུང་ལས་གསུངས་པའོ། །དང་པོ་ལ་བྱེ་བྲག་ཏུ་སྨྲ་བའི་ལུགས་དང་། མདོ་སྡེ་པའི་ལུགས་གཉིས་སོ། །བྱེ་བྲག་ཏུ་སྨྲ་བའི་ལུགས་ནི། སྤྱོད་པ་ལ་རིམ་ཅན་དུ་དགྲི་བའི་སྐབས་ནས། དང་པོར་གསོ་སྦྱོང་སྦྱིན་པར་བྱ། །ཞེས་བཤད་པ་ལྟ་བུའི་ཉན་ཐོས་སྡེ་པ་རང་རང་གི་གསོ་སྦྱོང་འབོགས་པའི་ཆོ་ག་རྣམས་ཏེ། སྐྱབ་ཐབས་བསྟན་པའི་ནོར་རྫས་ལས། དེ་བཞིན་དུ་གལ་ཏེ་གསོ་སྦྱོང་ལེན་པར་འདོད་ན། །དེའི་ཚེ་གོ་མའི་སྡོམ་པ་སྦྱིན་པར་བྱའོ། །སྐྱབས་སུ་འགྲོ་བ་སྔོན་དུ་སོང་བའི་བསླབ་པ་བརྒྱད་འཛིན་པ་ནི་གོ་མའི་སྡོམ་པའོ། །དེའང་གསོལ་བ་བཏབ་པ་དང་ལྡན་པ་གསུམ་ལ་སྐྱབས་སུ་འགྲོ་བ་སྔོན་དུ་སོང་བ་ལ་འདི་ལྟར་སྦྱིན་པར་བྱའོ། །ཚེ་དང་ལྡན་པ་ཁྱོད་ཀྱིས་འདི་ལྟར་སློས་ཤིག བདག་མིང་འདི་ཞེས་བགྱི་བས་དུས་འདི་ནས་བཟུང་སྟེ། ཇི་སྲིད་ཕྱིས་ཀྱི་མཚན་མོའི་ཉི་མ་ཤར་བ་ལ་ཐུག་པ་དེ་སྲིད་དུ། སྲོག་གཅོད་རྐུ་དང་གཞན་གྱི་ནོར་འཕྲོག་དེ་བཞིན་མི་ཚངས་སྤྱོད། །ཕྲ་བརྫུན་དགའ་བ་སྐྱེད་བྱེད་ཆང་དང་དུས་མ་ཡིན་པའི་ཟས། །ཕྲེང་བ་ཆོན་རྩེ་གླུ་གར་རོལ་མོ་ཁྲི་སྟན་ཆེ་མཐོ་དག །བདག་ནི་དེ་རིང་སྤོང་བྱེད་དགྲ་བཅོམ་ཞུགས་པའི་ཡོན་ཏན་བརྒྱད། །དེ་བཞིན་དུ་ལན་གསུམ་མོ་ཞེས་གསུངས་པ་ཡང་རང་གི་འདུལ་བ་ནས་བྱུང་བའི་བསྙེན་གནས་ཀྱི་ཆོ་ག་གསལ་པོ་ཡིན་ནོ། །ཡང་སློབ་དཔོན་མི་ཏྲི་པས་ལྷ་བ་ངན་སེལ་ལས། དང་པོ་གསོ་སྦྱོང་སྦྱིན་པ་ནི། བཙུན་པའམ་སློབ་དཔོན་དགོངས་སུ་གསོལ། བདག་དགེ་བསྙེན་མིང་འདི་ཞེས་བགྱི་བ། བྱང་ཆུབ་སྙིང་པོ་ལ་མཆིས་ཀྱི་བར་དུ། སངས་རྒྱས་དང་། ཆོས་དང་། དགེ་འདུན་ལ་སྐྱབས་སུ་མཆིའོ། །དེ་ལྟར་ལན་གཉིས་དང་ལན་གསུམ་གྱི་བར་དུ་བརྗོད་པར་བྱའོ། །བདག་གསུམ་ལ་སྐྱབས་སུ་སོང་བར་སློབ་དཔོན་གྱིས་བཟུང་དུ་གསོལ།

བདག་དགེ་བསྙེན་མིང་འདི་ཞེས་བྱ་བ། དུས་འདི་ནས་བཟུང་ནས་སང་ཉི་མ་མ་ཤར་གྱི་བར་དུ། སྲོག་ཆགས་ཐམས་ཅད་གསོད་པ་དང་། གཞན་གྱི་ནོར་རྐུ་བ་དང་། མི་ཚངས་པར་སྤྱོད་པ་དང་། བརྫུན་དུ་སྨྲ་བ་དང་། དེ་བཞིན་དུ་མྱོས་པར་འགྱུར་བའི་བཏུང་བ་འཐུང་བ་དང་། དུས་མ་ཡིན་པར་ཟ་བ་དང་། རྒྱན་དང་། ཕྲེང་བ་དང་། ཁ་དོག་དང་། གླུ་དང་། གར་དང་། རྩེད་འཇོ་དང་། ཁྲི་སྟན་མཐོན་པོ་དང་། མལ་སྟན་མཐོན་པོ་ལས་སླར་བཟློག་པར་བགྱིའོ། །བདག་ཡན་ལག་བརྒྱད་ཀྱི་དགྲ་བཅོམ་པའི་ཚུལ་དུ་གནས་པར་བགྱིའོ། །ཞེས་བྱ་བ་གསོ་སྦྱོང་སྦྱིན་པའི་ཆོ་གའོ་ཞེས་གསུངས་པ་འདི་ཡང་རང་གི་འདུལ་བའི་ལུགས་ཀྱི་བསྙེན་གནས་ཀྱི་ཆོ་ག་གསལ་པོའོ། །

དེ་ལྟར་ན་སྤྱིར་འདུལ་བའི་ལུགས་ཀྱི་བསྙེན་གནས་ཀྱི་ཆོ་ག་གསལ་པོ་མང་དུ་གསུངས་ཀྱང་། སྐབས་འདིར་ཉན་ཐོས་བྱེ་བྲག་ཏུ་སྨྲ་བའི་འདུལ་བ་ནས་གསུངས་པའི་བསྙེན་གནས་ཀྱི་ཆོ་ག་གསལ་པོ་གང་ན་བཞུགས་ཞེས་སྐབས་སུ་བབ་པའི་དྲི་བ་ཡིན་པས། འདིའི་ལན་ལ། གཞན་གྱི་ལན་དགག་པ་དང་། རང་གི་ལན་བརྗོད་པའོ། །དང་པོ་ནི། འགའ་ཞིག་ན་རེ། བསྙེན་གནས་ཀྱི་སྡོམ་པ་འབོགས་པའི་ཆོ་ག་ནི་བྱེ་བྲག་ཏུ་སྨྲ་བའི་ལུགས་ལ་འདི་ལྟར་འཆད་དགོས་ཏེ། བསྙེན་གནས་འབོགས་པའི་སྔགས་ཚིག་ནི། འདུལ་བའི་ལུང་དུ་མི་གསལ་ཡང་། །རྩ་མཐུན་སྒྲོར་ཚུལ་མཛོད་འགྲེལ་དུ། །སྡོམ་པ་འབོགས་པའི་ཆོ་ག་ནི། །གསལ་བར་གསུངས་པ་དེ་ཡིན་ནོ། །ཞེས་འཆད་ཅིང་། རྩ་མཐུན་སྒྲོར་ཚུལ་ཡང་། སྐྱབས་འགྲོ་རྗེས་བྱེད་དུ་བྱས་ནས་བསྙེན་གནས་པར་བཟུང་དུ་གསོལ། ཞེས་ལན་གསུམ་བརྗོད་པ་ཙམ་གྱིས་ཡན་ལག་བརྒྱད་ཚང་བར་སྐྱེ་བ་ཡིན་ཏེ། འདི་དགེ་བསྙེན་དུ་བཟུང་དུ་གསོལ། ཞེས་ལན་གསུམ་བརྗོད་པས་དགེ་བསྙེན་གྱི་སྡོམ་པ་ཡོངས་སུ་རྫོགས་པར་སྐྱེ་བ་དང་རིགས་པ་མཚུངས་པའི་ཕྱིར་རོ། །བསླབ་པ་འཛིན་པའི་གནས་བརྒྱད་པོ་ནི། མཇུག་ཏུ་ལན་གཅིག་བརྗོད་པས་ཆོག་པ་ཡིན་ཏེ། ཇི་སྐད་དུ། སྡོམ་པ་བསྟན་པ་དགེ་སློང་བཞིན། །ཞེས་བསླབ་པ་བརྗོད་པ་སྡོམ་པ་སྐྱེ་བའི་ཡན་ལག་མ་ཡིན་པར་མཇུག་ཆོག་ཏུ་བཤད་པའི་ཕྱིར་རོ་ཞེས་སྨྲས་ཏེ་གསུངས་སོ། །འདི་ལྟ་བུའི་རྩ་མཐུན་སྒྲུར་ནས་ཆོ་གའི་ཚིག་རིས་བཅོས་པ་ནི་མཁས་པ་གཞན་མང་པོས་ཀྱང་མཛད་པ་མཐོང་ངོ་། །དེ་དག་ནི་རིགས་པར་མ་མཐོང་སྟེ། དྲིན་ལན་བསབ་པའི་མདོ་ལས། ཡན་ལག་བརྒྱད་ཀྱི་ཁྲིམས་ནོད་པའི་ཚེས་ཀྱིས་ནི་ཉིན་ཞག་གཅིག་གི་བར་དུ་སྲོག་མི་གཅོད་དོ་ཞེས་ཚིག་དེ་སྐད་འཆད་པས་ན་ཁྲིམས་གཞན་ནམ་འཚོའི་བར་དུ་ནོད་པ་དང་བསྲེ་མི་རུང་ངོ་ཞེས་ཇི་སྲིད་འཚོ་དང་ཉིན་ཞག་གི་ཆོ་ག་བསྲེ་མི་རུང་བར་བཤད་པའི་ཕྱིར་དང་། མཛོད་འགྲེལ་ལས་ཀྱང་དགེ་བསྙེན་གྱི་བསླབ་པ་བརྗོད་པ་དགེ་སློང་དང་དགེ་སྦྱོང་གི་བསླབ་པ་བརྗོད་པ་དང་འདྲ

བར་བཤད་ཀྱི། བསྙེན་གནས་ལ་དེ་དག་དང་འདྲ་བར་མ་བཤད་པའི་ཕྱིར་དང་། གསུམ་ལ་སྐྱབས་སུ་འགྲོ་བ་དང་། དགེ་བསྙེན་དུ་ཁས་བླངས་པ་ཡང་དགེ་ཚུལ་དང་འདྲ་བར་བཤད་ཀྱི། བསྙེན་གནས་ལ་རྟུང་མཐུན་སྨྲར་བ་མེད་པའི་ཕྱིར་དང་། རིགས་པས་ཐོབ་པའི་རྒྱུ་མཚན་གྱིས་སྦྱོར་ན་དཔང་བཟམས་པར་འགྱུར་བའི་ཕྱིར་རོ། །

གཉིས་པ་རང་གི་ལན་ནི། མཛོད་ནས་བཤད་པ་དེ་ཉན་ཐོས་བྱེ་བྲག་ཏུ་སྨྲ་བའི་བསྙེན་གནས་ཀྱི་སྡོམ་པ་འབོགས་པའི་ཆོ་ག་ཡིན་ཞིང་། དེ་བྱེ་བྲག་ཏུ་སྨྲ་བའི་འདུལ་བའི་ལུགས་ལ་ཡང་ཁས་ལེན་ན་ནི། མཛོད་ཀྱི་འགྲེལ་བཤད་སློབ་དཔོན་ཞི་གནས་ལྷས་མཛད་པ་དེ་ལས། ཉིན་ཞག་གཅིག་པ་ནི་མདོ་ལས་བཤད་དེ་ཞེས་བྱ་བ་ལ། གླེང་གཞི་ནི་མཉན་དུ་ཡོད་པ་ནའོ། །དགེ་སློང་དག་འཕགས་པའི་ལམ་བརྒྱད་དང་ལྡན་པའི་གསོ་སྦྱོང་དག་ཡང་དག་པར་བསྟན་པར་བྱ་ཡི་ལེགས་པར་ཉོན་ཞེས་བྱ་བ་ནས། བཤད་པར་བྱའོ་ཞེས་བྱ་བའི་བར་དུའོ། །འཕགས་པའི་ལམ་ཡན་ལག་བརྒྱད་དང་ལྡན་པའི་གསོ་སྦྱོང་གང་ཞེ་ན། འདི་ན་འཕགས་པའི་ཉན་ཐོས་འཕགས་པའི་ལམ་ཡན་ལག་བརྒྱད་དང་ལྡན་པའི་གསོ་སྦྱོང་ལ་གནས་པར་འདོད་པ་དག་ལ་ཡན་ལག་བརྒྱད་པ་སྦྱིན་པར་བྱ་སྟེ། བརྒྱད་གང་ཞེ་ན། །ཇི་ལྟར་དགྲ་བཅོམ་པ་དག་ཇི་སྲིད་འཚོའི་བར་དུ་སྲོག་གཅོད་པ་སྤངས་ཏེ་སྲོག་གཅོད་པ་ལས་སླར་ལོག་པ་དང་། དབྱུག་པ་སྤངས་ཤིང་མཚོན་ཆ་སྤངས་ཏེ་ངོ་ཚ་བ་དང་བཅས་པས་སེམས་ཅན་སྲོག་ཆགས་འབྱུང་པོར་གྱུར་པ་ཡན་ཆད་ཀྱི་སྲོག་ཉེ་བར་བཟུང་སྟེ། སྲོག་གཅོད་པ་ལས་སླར་ལོག་པ་དེ་བཞིན་དུ། བདག་མིང་འདི་ཞེས་བྱ་བས་དུས་འདི་ནས་བཟུང་སྟེ། མཚན་མོ་འདས་ཤིང་ཉི་མ་ཤར་གྱི་བར་དུ་སྲོག་གཅོད་པ་ལས་སླར་བཟློག་སྟེ། ཡན་ལག་དང་པོ་འདིས་བདག་འཕགས་པ་དགྲ་བཅོམ་པ་དེ་དག་གི་བསླབ་པ་ལ་རྗེས་སུ་བསླབ་བོ། །རྗེས་སུ་བསྒྲུབ་བོ། །གཞན་ཡང་ཇི་ལྟར་དགྲ་བཅོམ་པ་དག་ཇི་སྲིད་འཚོའི་བར་དུ་མ་བྱིན་པ་ལེན་པ་སྤངས་ཏེ། མ་བྱིན་པ་ལེན་པ་ལས་ལོག །སྦྱིན་པ་སྦྱིན་པ་དང་། སྦྱིན་པ་བར་པ་དག་ལ་འདོད་ཅིང་། མི་རྒྱུ་ལ་སེར་སྣ་མེད་ཅིང་། དག་ཅིང་གཙང་བས་བདག་ཉིད་ཡོངས་སུ་བསྲུངས་ཏེ། མ་བྱིན་པ་ལེན་པ་སྤངས་ཏེ། མ་བྱིན་པ་ལེན་པ་ལས་བཟློག་སྟེ། ཡན་ལག་གཉིས་པ་འདིས་བདག་འཕགས་པ་དགྲ་བཅོམ་པ་དེ་དག་གི་བསླབ་པ་ལ་རྗེས་སུ་བསླབ་བོ། །རྗེས་སུ་བསྒྲུབ་བོ། །གཞན་ཡང་དགྲ་བཅོམ་པ་དག་ཇི་སྲིད་འཚོའི་བར་དུ་མི་ཚངས་པར་སྤྱོད་པ་སྤངས་ཤིང་། མི་ཚངས་པར་སྤྱོད་པ་ལས་ལོག་སྟེ། ཚངས་པར་སྤྱོད་པ་དཀའ་བར་སྤྱོད་ཅིང་། དག་པ་དང་གཙང་བར་སྤྱོད་པ་དང་ལྡན་པ་འགོ་བའི་ཆོས་སྤངས་ཤིང་། ལོག་པར་གཡེམ་པ་དང་བྲལ་བ་དང་། མི་ཚངས་པར་སྤྱོད་པ་སྤངས་ཏེ། མི་ཚངས་པར་སྤྱོད་པ་ལས་སླར་ལོག་པ་དེ་བཞིན་དུ་ཞེས་བྱ་བ་ནས། བདག་མིང་འདི་ཞེས་བྱ་བ་ནས། ཡན་ལག་གསུམ་པའོ་ཞེས་བྱ་བའི་བར་དུ་སྔ་མ་

བཞིན་དུའོ། །གཞན་ཡང་དགྲ་བཅོམ་པ་དག་བརྫུན་དུ་སྨྲ་བ་སྤངས་ཤིང་། བརྫུན་དུ་སྨྲ་བ་ལས་སླར་ལོག་པ། དད་པ་དང་། ཡིད་ཆེས་པ་དང་། བརྟན་པ་དང་། འཇིག་རྟེན་ལ་སྒྲ་མི་འདོགས་ཤིང་། བརྫུན་དུ་སྨྲ་བ་སྤངས་ཤིང་། བརྫུན་དུ་སྨྲ་བ་ལས་སླར་ལོག་པ་དེ་བཞིན་དུ། བདག་མིང་འདི་ཞེས་བྱ་བ་ནས། ཡན་ལག་བཞི་པ་ཡིན་ནོ་ཞེས་བྱ་བའི་བར་དུའོ། །གཞན་ཡང་དགྲ་བཅོམ་པ་དག་ཇི་སྲིད་འཚོའི་བར་དུ་མྱོས་པར་འགྱུར་བ་བག་མེད་པའི་གནས་སྤངས་ཤིང་། མྱོས་པར་འགྱུར་བ་བག་མེད་པའི་གནས་ལས་ལོག་པ་དེ་བཞིན་དུ་བདག་མིང་འདི་ཞེས་བྱ་བ་ནས། ཡན་ལག་ལྔ་པ་ཡིན་ནོ་ཞེས་བྱ་བའི་བར་དུའོ། །

གཞན་ཡང་ཇི་ལྟར་དགྲ་བཅོམ་པ་དག་ཇི་སྲིད་འཚོའི་བར་དུ་མལ་སྟན་མཐོན་པོ་དང་། མལ་སྟན་ཆེན་པོ་དང་། དྲི་དང་། ཕྲེང་བ་དང་། གར་དང་། ཁ་དོག་བསྒྱུར་བ་སྤངས་ཏེ་ཞེས་བྱ་བ་ནས། ཡན་ལག་དྲུག་པ་འདིས་ཞེས་བྱ་བའི་བར་སྔ་མ་བཞིན་དུའོ། །གཞན་ཡང་དགྲ་བཅོམ་པ་དེ་དག་ཇི་སྲིད་འཚོའི་བར་དུ་གླུ་གར་དང་། རོལ་མོ་སྤངས་ཏེ། གླུ་གར་དང་རོལ་མོ་ལས་སླར་ལོག་པ་དེ་བཞིན་དུ། བདག་མིང་འདི་ཞེས་བྱ་བ་ནས ཡན་ལག་བདུན་པ་ཡིན་ནོ་ཞེས་བྱ་བའི་བར་དུའོ། །གཞན་ཡང་དགྲ་བཅོམ་པ་དག་ཇི་སྲིད་འཚོའི་བར་དུ་དུས་མ་ཡིན་པའི་ཁ་ཟས་སྤངས་ཏེ། དུས་མ་ཡིན་པའི་ཁ་ཟས་ལས་ལོག་པ་དེ་བཞིན་དུ། བདག་མིང་འདི་ཞེས་བྱ་བ་ནས། དུས་མ་ཡིན་པའི་ཁ་ཟས་སྤངས་ཏེ། དུས་མ་ཡིན་པའི་ཁ་ཟས་ལས་སླར་ལོག་སྟེ། ཡན་ལག་བརྒྱད་པ་འདིས་བདག་འཕགས་པ་དགྲ་བཅོམ་པ་དེ་དག་གི་བསླབ་པ་ལ་རྗེས་སུ་བསླབ་བོ། །རྗེས་སུ་བསྒྲུབ་བོ། །ལན་གཉིས་ལན་གསུམ་དུ་བརྗོད་པར་བྱ་སྟེ། འདི་ནི་འཕགས་པའི་ལམ་ཡན་ལག་བརྒྱད་དང་ལྡན་པའི་གསོ་སྦྱོང་ཞེས་བྱའོ་ཞེས་གསུངས་སོ། །འདི་ལ་སྐྱབས་སུ་འགྲོ་བ་སྔོན་དུ་བྱ་བ་ཙམ་དང་། ཡན་ལག་བརྒྱད་དང་ལྡན་པའི་བསྙེན་གནས་པར་བཟུང་དུ་གསོལ་ཞེས་བྱ་བའི་ཚིག་གང་དུ་སྦྱོར་གྱི་གསལ་ཁ་མེད་པ་ཙམ་མ་གཏོགས་གཞན་གསལ་བར་བཤད་ལ། སྡོམ་པ་བརྒྱད་པར། གསུམ་ལ་སྐྱབས་སུ་འགྲོ་བ་ནི་སྔ་མ་བཞིན་ནོ་ཞེས་དང་། ཡན་ལག་ཚང་བར་ལན་གསུམ་བརྗོད་པའི་རྗེས་སུ། གསོ་སྦྱོང་ཅན་དུ་བདག་སློབ་དཔོན་གྱིས་བཟུང་དུ་གསོལ། འདི་ལྟར་ཡན་ལག་བརྒྱད་པའི་བསྙེན་གནས་ཀྱི་སྡོམ་པར་འགྱུར་རོ་ཞེས་བཤད་ཅིང་། བསྟན་པའི་ནོར་རྫས་ལས་ཀྱང་། གལ་ཏེ་གསོ་སྦྱོང་ལེན་པར་འདོད་ན་དེའི་ཆོ་ག་མའི་སྡོམ་པ་སྦྱིན་པར་བྱའོ། །སྐྱབས་སུ་འགྲོ་བ་སྔོན་དུ་སོང་བའི་ཡན་ལག་བརྒྱད་འཛིན་པ་ནི་ག་མའི་སྡོམ་པའོ་ཞེས་སོགས་ནས། བདག་ནི་དེ་རིང་སྤོང་བྱེད་དགྲ་བཅོམ་ཞུགས་པའི་ཡོན་ཏན་བརྒྱད། དེ་བཞིན་དུ་ལན་གསུམ་མོ་ཞེས་བདག་ཉིད་བསླབ་པར་ཁས་ལེན་པ་མཇུག་ཏུ་གསུངས་སོ། །ཀུན་ཏུ་རྒྱུ་སེན་རིང་གིས་ཞུས་པའི་མདོར། བསྙེན་གནས་ཡན་ལག་བརྒྱད་ཀྱི་སྡོམ་པ་

ཇི་སྲིད་འཚོའི་བར་དུ་ལེན་པར་བཤད་ལ། དེ་ལ་གོ་མིའི་དགེ་བསྙེན་གྱི་སྡོམ་པ་ཞེས་མིང་འདོགས་པར་འདོད་དོ་ཞེས་སྡོམ་བརྒྱད་འགྲེལ་པར་བཤད་ཅིང་། ཚིག་འདི་ཉིད་ཀྱིས་ཉིན་ཞག་གཅིག་པར་ཁས་བླངས་པའི་ཚེ་བྱེ་བྲག་ཏུ་སྨྲ་བ་རང་ལུགས་ཀྱི་བསྙེན་གནས་ཀྱི་སྡོམ་པ་འབོགས་པའི་ཆོ་ག་ཡིན་པར་ཤུགས་ཀྱིས་ཤེས་པས། དེའི་ཆོ་གའི་ཚིག་ནི་འདི་ལྟར། དེ་ནས་ཀུན་ཏུ་རྒྱུ་སེན་རིང་འཁར་བ་ས་ལ་བོར་ནས། བཅོམ་ལྡན་འདས་ཀྱི་ཞབས་ལ་མགོ་བོས་ཕྱག་འཚལ་ཏེ། བཅོམ་ལྡན་འདས་ག་ལ་བ་དེར་ལོགས་སུ་ཐལ་མོ་སྦྱར་བ་བཏུད་ནས། བཅོམ་ལྡན་འདས་ལ་འདི་སྐད་ཅེས་གསོལ་ཏོ། །བདག་ཇི་སྲིད་འཚོའི་བར་དུ། སངས་རྒྱས་ལ་སྐྱབས་སུ་མཆིའོ། །ཆོས་ལ་སྐྱབས་སུ་མཆིའོ། །དགེ་འདུན་ལ་སྐྱབས་སུ་མཆིའོ། །ཇི་སྲིད་འཚོའི་བར་དུ་ཡན་ལག་བརྒྱད་པའི་བསྙེན་གནས་ལ་གནས་པར་བགྱིའོ། །སྲོག་ཆགས་ཐམས་ཅད་གསོད་པ་དང་། །གཞན་ནོར་རྐུ་དང་མི་ཚངས་སྤྱོད། །ངག་གི་དབྱེ་བ་ཕྲ་བརྫུན་སྨྲ། །སྨྱོས་བྱེད་འཐུང་དང་དུས་མིན་ཟ། །ཕྲེང་བ་ཁ་དོག་གླུ་གར་དང་། །རྩེད་འཛོ་མལ་སྟན་མཐོན་པོ་རྣམས། །དེང་ནས་བདག་གིས་རབ་སྤངས་ཏེ། །ཡོན་ཏན་བརྒྱད་ཀྱི་དགྲ་བཅོམ་ཚུལ་དུ་བགྱི། །དེ་བཞིན་དུ་ལན་གཉིས་ལན་གསུམ་དུའོ་ཞེས་གསུངས་སོ། །འགྲེལ་བཤད་དུ་གསུངས་པ་དང་། བསྟན་པའི་ནོར་རྫས་ལས་གསུངས་པ་དང་། སྡོམ་བརྒྱད་ལས་གསུངས་པ་དང་། ཀུན་ཏུ་རྒྱུ་སེན་རིང་གིས་ཞུས་པར་གསུངས་པ་འདི་ཐམས་ཅད་ལ་ཡང་། སྐྱབས་འགྲོ་སྔོན་དུ་སོང་ནས་ཡན་ལག་བརྒྱད་ཚང་བར་ལན་གསུམ་གྱི་བར་དུ་གཞན་ལས་ནོད་པ་ཁོ་ན་བཤད་ཀྱི། དགེ་ཚུལ་དང་། དགེ་བསྙེན་གྱི་ཆོ་ག་དང་འདྲ་ཆོས་སྒྲིགས་ཏེ་བཤད་པ་གཏན་ནས་མེད་དོ། །གལ་ཏེ་བཤད་ཚུལ་དང་པོ་གཉིས་བྱེ་བྲག་ཏུ་སྨྲ་བའི་ལུགས་ཀྱི་ཆོ་ག་ཡིན་ཀྱང་། ཕྱི་མ་གཉིས་པོ་མདོ་སྡེ་པའི་ལུགས་ཡིན་གྱི་བྱེ་སྨྲའི་ལུགས་ཀྱི་ཆོ་ག་མ་ཡིན་ནོ་སྙམ་ན། དེའང་མི་འཐད་དེ། སྡོམ་བརྒྱད་འགྲེལ་པར། འདི་བླང་བའི་ཡུལ་དགེ་སློང་ཡིན་པའི་གསལ་ཁ་མ་བཤད་ཀྱང་། ཡན་ལག་བརྒྱད་ཇི་སྲིད་འཚོའི་བར་དུ་ལེན་པ་གཞན་གྱི་འདོད་ཚུལ་དུ་གསུངས་པ་དང་། །རྒྱལ་སྲས་ལམ་བཟང་ལས། ཡན་ལག་ལྔ་ཡི་ཆོ་ག་ནི། །གཞུག་པ་རུ་ནི་འདོད་པས་སོ། །ཞེས་སྡོམ་པ་བརྒྱད་པའི་ལུང་དྲངས་ནས། ཉན་ཐོས་བྱེ་བྲག་ཏུ་སྨྲ་བ་དེ་ལས་གཞན་པའི་དགེ་བསྙེན་མི་འདོད་ཅེས་སྡོམ་པ་བརྒྱད་པའི་གཞུང་དེ་བྱེ་བྲག་ཏུ་སྨྲ་བའི་ལུགས་སུ་གསལ་བར་གསུངས་པའི་ཕྱིར་རོ། འོན་ཀྱང་བྱེ་བྲག་ཏུ་སྨྲ་བ་དང་མདོ་སྡེ་པ་གཉིས་ལ་བསྙེན་གནས་ཀྱི་སྡོམ་པ་བླང་བའི་ཡུལ་དང་། ལེན་པ་པོའི་གང་ཟག་ལ་ཁྱད་པར་ཡོད་པ་ཡིན་གྱི། ཆོ་ག་རང་གི་ངོ་བོ་ལ་ཁྱད་པར་མ་གསུངས་ཏེ། སྡོམ་གསུམ་ལས། བྱེ་བྲག་སྨྲ་བའི་ལུགས་འཆད་པ་ན། གང་ཟག་ནི། གླིང་གསུམ་སྐྱེས་པ་བུད་མེད་ལས། །འགྲོ་བ་གཞན་ལ་སྡོམ་པ་བཀག །མདོ་སྡེ་པ་རྣམས་དུད་འགྲོ་སོགས། །འགྲོ་བ་གཞན་ལའང་སྐྱེ་

བར་བཤད། །བླང་བའི་ཡུལ་ཡང་དགེ་བསྙེན་སོགས། །གང་ཡང་རུང་ལས་བླང་བར་གསུངས། །ཞེས་སོ་སོར་གསུངས་ནས། ཆོག་འཆད་པ་ན། ཉན་ཐོས་རྣམས་ཀྱི་ཆོག་ཡང་། །སྐྱབས་སུ་འགྲོ་བའི་ཚུལ་གྱིས་འབོགས། །ཞེས་ཉན་ཐོས་བྱེ་བྲག་ཏུ་སྨྲ་བ་དང་། མདོ་སྡེ་པ་དང་། གནས་བརྟན་པ་ལ་སོགས་པ་རྣམས་ཀྱི་ཆོག་སྐྱབས་སུ་འགྲོ་བའི་ཚུལ་གྱིས་འབོགས་པ་ཙམ་ལས་སོ་སོ་མི་འདྲ་བའི་ཁྱད་པར་མ་བཤད་པས། དོན་ཡོད་ཞགས་པའི་རྟོག་པ་ལས་གསུངས་པའི་བསྙེན་གནས་ཀྱི་ཆོག་དང་། ཉན་ཐོས་ཀྱི་ལུགས་ལ་ཁྱད་པར་ཡོད་པར་གསུངས་པའི་ཕྱིར་རོ། །དེས་ན་བྱང་བཟང་གིས་གསུངས་པའི་བསྙེན་གནས་ཀྱི་ཆོག་དང་། གོང་དུ་བཤད་པའི་ཆོག་བཞི་པོ་ཐམས་ཅད་ཀྱང་བྱེ་མདོ་གང་གི་ལུགས་ལ་སྦྱོར་ཡང་ཆོག་འདྲ་བ་ཉིད་དུ་གོ་བར་བྱའོ། །

འདིར་ཡང་། འདུལ་བའི་གཞུང་ནས་གསུངས་པ་ཡི། །བསྙེན་གནས་ཆོག་གསལ་པོ་གང་། །ཞེས་དྲིས་ནས། འདུལ་བའི་གཞུང་ནས་དེའི་ཆོག གསལ་བར་གསུངས་པ་མ་ཡིན་ཀྱང་། །མདོ་སྡེ་ལས་ནི་གསུངས་པ་ཡི། །ཆོག་དེར་ཡང་སྦྱོར་བར་བཤད། །ཅེས་བཤད་ན་ལེགས་པར་སྣང་ངོ་། །འོན་མདོ་སྡེ་པའི་ལུགས་ལ་ཇི་ལྟར་འདོད་ཚེ་ལེན་པ་ཞེས་བྱ་བའི་ཆོག་ལོགས་པ་ཞིག་འདོད་པ་མ་ཡིན་ནམ་ཞེ་ན། དེ་ནི་སྟོན་གྱི་དུས་ཇོ་བོ་ཆེན་པོ་ལྷ་གཅིག་མངའ་རིས་སུ་བཞུགས་པའི་དུས་སུ། ཇི་ལྟར་འདོད་ཚེ་ལེན་པའི་ཆོག་འདི་ལྟ་བུ་ཞིག་མདོ་སྡེ་པའི་ལུགས་ཡིན་ནོ་ཞེས་གསུངས་ནས་སྐྱི་བོ་ཕལ་ཆེར་ལ་མཛད་པར་གྲགས་ཤིང་། ཆོག་དེ་ཉིད་ཞང་ཞུང་བ་རྒྱལ་བ་ཤེས་རབ་ཀྱིས་འདུལ་བའི་ལག་ལེན་ཀུན་སྤྱོད་ཀྱི་ནང་དུ་བྲིས་པ་ནི་འདི་ལྟར་ཡིན་ཏེ། བསླབ་པ་བླང་བ་ནི། བསྙེན་གནས་པའི་སྡོམ་པ་ལ་ནི་ནང་པར་ཉི་མ་ཤར་ནས་རྒྱུན་ནར་མ་མ་ཡིན་པ་བོར་ཏེ། བཙུན་པ་དགོངས་སུ་གསོལ། བདག་མིང་འདི་ཞེས་བགྱི་བ་དུས་འདི་ནས་བཟུང་ནས་ཇི་སྲིད་འཚོའི་བར་དུ། རྐང་གཉིས་རྣམས་ཀྱི་མཆོག །སངས་རྒྱས་ལ་སྐྱབས་སུ་མཆིའོ། །འདོད་ཆགས་དང་བྲལ་བ་རྣམས་ཀྱི་མཆོག །ཆོས་ལ་སྐྱབས་སུ་མཆིའོ། །ཚོགས་རྣམས་ཀྱི་མཆོག །དགེ་འདུན་ལ་སྐྱབས་སུ་མཆིའོ། བདག་ཇི་སྲིད་འཚོའི་བར་དུ་ཡན་ལག་བརྒྱད་པའི་བསྙེན་གནས་སུ་བཙུན་པས་བཟུང་དུ་གསོལ། །ཞེས་ལན་གསུམ་བརྗོད་དེ། ཆོག་གསུམ་པ་ལ་སློབ་དཔོན་གྱིས་ཞེས་བརྗོད་པ་དང་། ཐབས་ཡིན་ནོ། །ལེགས་སོ་ཞེས་པས་སོ། །དེའི་རྗེས་ལ། སློབ་དཔོན་དགོངས་སུ་གསོལ། ཇི་ལྟར་འཕགས་པ་དགྲ་བཅོམ་པ་དེ་དག་གིས། ཇི་སྲིད་འཚོའི་བར་དུ་སྲོག་གཅོད་པ་སྤངས་ཏེ། སྲོག་གཅོད་པ་ལས་སླར་ལོག་པ་དེ་བཞིན་དུ། བདག་མིང་འདི་ཞེས་བགྱི་བས་ཀྱང་། དེང་གི་ཉི་མ་ལ་ཞེའམ། ཇི་སྲིད་འཚོའི་ཟླ་བ་འོང་ངོ་ཅོག་གི་ཉ་ལ་སྲོག་གཅོད་པ་སྤངས་ཏེ། སྲོག་གཅོད་པ་ལས་སླར་ལོག་པར་བགྱིད་དོ། །ཡན་ལག་དང་པོ་འདིས་འཕགས་པ་དགྲ་བཅོམ་པ་དེ་དག་གི་བསླབ་པ་ལ་རྗེས་སུ

བསླབ་བོ། །རྗེས་སུ་བསྒྲུབ་བོ། །རྗེས་སུ་བགྱིད་དོ། །གཞན་ཡང་ཇི་ལྟར་དགྲ་བཅོམ་པ་དེ་དག་གིས་མ་བྱིན་པར་ལེན་པ་དང་། མི་ཚངས་པར་སྤྱོད་པ་དང་། བརྫུན་དུ་སྨྲ་བ་དང་། འབྲུའི་ཆང་དང་། བཅོས་པའི་ཆང་མྱོས་པར་འགྱུར་བ་བག་མེད་པའི་གནས་དང་། གླུ་དང་། གར་དང་། རོལ་མོའི་སྒྲ་དང་། ཕྲེང་བ་དང་། སྤོས་བྱུག་པ་དང་། རྒྱན་དང་། ཁ་དོག་འཆང་བ་དང་། མལ་སྟན་ཆེན་པོ་དང་། ཁྲི་སྟན་མཐོན་པོ་དང་། དུས་མ་ཡིན་པའི་ཁ་ཟས་སྤངས་ཏེ། དུས་མ་ཡིན་པའི་ཁ་ཟས་ལས་ལོག་པ་དེ་བཞིན་དུ། བདག་མིང་འདི་ཞེས་བགྱི་བས་ཀྱང་། དེང་གི་ཉི་མ་ལ་ཞེས་པའམ། ཇི་སྲིད་འཚོའི་བར་དུ་ཉི་མ་འོང་ངོ་ཅོག་གི་ན་ལ་མ་བྱིན་པ་ལེན་པ་དང་། མི་ཚངས་པར་སྤྱོད་པ་དང་། བརྫུན་དུ་སྨྲ་བ་དང་། འབྲུའི་ཆང་དང་། བཅོས་པའི་ཆང་མྱོས་པར་འགྱུར་བ་བག་མེད་པའི་གནས་དང་། གླུ་དང་། གར་དང་། རོལ་མོའི་སྒྲ་དང་། ཕྲེང་བ་དང་། སྤོས་བྱུག་པ་དང་། རྒྱན་དང་། ཁ་དོག་འཆང་བ་དང་། མལ་སྟན་ཆེན་པོ་དང་། ཁྲི་སྟན་མཐོན་པོ་དང་། དུས་མ་ཡིན་པའི་ཁ་ཟས་སྤངས་ཏེ། དུས་མ་ཡིན་པའི་ཁ་ཟས་ལས་སླར་བཟློག་པར་བགྱིའོ། །ཡན་ལག་བརྒྱད་པོ་འདིས་འཕགས་པ་དགྲ་བཅོམ་པ་དེ་དག་གི་བསླབ་པ་ལ་རྗེས་སུ་བསླབ་བོ། །རྗེས་སུ་བསྒྲུབ་བོ། རྗེས་སུ་བགྱིད་དོ། །ཞེས་ལན་གཅིག་བརྗོད་དོ། །ཐབས་ཡིན་ནོ། །ལེགས་སོ། །ཞེས་བྱ་བས་བླང་ངོ་ཞེས་གསུངས་སོ། །འདིར་ཇོ་བོ་ཆེན་པོ་རྗེའི་གསུང་སྒྲོས་ཡིན་ངེས་པ་ཡིན་ཞིང་། སྔ་པ་གཞན་གྱི་ལུགས་ཡིན་ན་ནི། བྱེ་བྲག་སྨྲ་བའི་འདུལ་བ་འདི་པའི་ལུགས་ཀྱི་དགག་ཡུལ་དུ་མི་རུང་ཞིང་། སྡོམ་གསུམ་འདིར་ཡང་། ཇི་ལྟར་འདོད་ཆེ་ལེན་ན་ཡང་། །ཞེས་པ་ཙམ་དང་། གནའ་མཆན་དུ་ཡང་། མདོ་སྡེ་པ་ཡན་ཆད་སློབ་དཔོན་ལས་ལན་གཅིག་བླངས་ཏེ། ཕྱིས་ནས་འདོད་པ་ན་བསྲུངས་པས་ཆོག་ཅེས་ཟེར་ཏེ། སྤྱོང་བའི་སེམས་ནི་ཐོབ་པ་ལས། །ཚུལ་ཁྲིམས་ཕ་རོལ་ཕྱིན་པར་བཤད། །ཅེས་གསུངས་སོ་ཞེས་བསྟན་པ་ཙམ་མ་གཏོགས། འདི་འགོག་པའི་གསལ་ཁ་མེད་ཅིང་། ཞང་ཞུང་པས་གསུངས་པ་དེ་ལ་ཡང་ཇི་སྲིད་འཚོའི་བར་དུ་ཡན་ལག་བརྒྱད་པའི་བསྙེན་གནས་སུ་བཙུན་པས་བཟུང་དུ་གསོལ་ཞེས་ལན་གསུམ་བརྗོད་དེ། ཚིག་གསུམ་པ་ལ་སློབ་དཔོན་གྱིས་ཞེས་བརྗོད་པ་དང་། ཐབས་ཡིན་ནོ། ལེགས་སོ། །ཞེས་བྱ་བ་ཡིན་གྱི། གོ་མིའི་སྡོམ་པ་འབོགས་ཆོག་དངོས་དང་། དེའི་རྗེས་ལ་སློབ་དཔོན་དགོངས་སུ་གསོལ་ཞེས་སྔོན་དུ་འགྲོ་བས། ཇི་ལྟར་འཕགས་པ་དང་། ཇི་སྲིད་འཚོའི་བར་དུ་སྲོག་གཅོད་པ་སྤངས་ཏེ་ཞེས་སོགས་བསླབ་པ་བརྗོད་པ་ལན་གཅིག་བྱས་ནས། ཐབས་ལེགས་བརྗོད་པའི་ཚེ་བསྙེན་གནས་ཡན་ལག་བརྒྱད་པ་ཇི་སྲིད་འཚོའི་བར་ལེན་པའི་ཆོ་ག་སྦྱོར་དངོས་རྗེས་གསུམ་དང་སྐྱབས་འགྲོ་ཡན་འདྲ་བ་ལ། དེང་གི་ཉི་མའམ་སང་གི་ཉི་མ་མ་ཤར་གྱི་བར་དུ༑ ཡན་ལག་བརྒྱད་པའི་བསྙེན་གནས་སུ་བཙུན་པས་བཟུང་དུ་གསོལ་ཞེས་ལན་གསུམ་བརྗོད་དོ། །ཚིག་

གསུམ་པ་ལ་སློབ་དཔོན་གྱིས་ཞེས་བརྗོད་པ་དང་། ཐབས་ལེགས་བརྗོད་པ་དངོས་གཞི་དང་། དེ་ནས་དགོངས་སུ་གསོལ་བྱས་ཏེ། ཟླ་བ་འོང་ངོ་ཅོག་གི་ཉ་སོགས་ལ་སྤྲོག་གཅོད་པ་སྤྱངས་ཏེ་སོགས་ནས། རྗེས་སུ་བགྱིད་དོ། ཞེས་ལན་གཅིག་བརྗོད་ནས། ཐབས་ལེགས་ཞེས་བརྗོད་པ་ནི་མ་འོངས་པ་ན་ཇི་ལྟར་འདོད་ཚེ་ལེན་པ་ཁས་བླངས་པ་ཡིན་པས། འདིའི་དུས་སུ་མ་འོངས་པའི་ཡན་ལག་བརྒྱད་ཀྱི་སྡོམ་པ་ཐོབ་པ་མ་ཡིན་ཀྱང་མ་འོངས་པའི་དུས་སུ་ནམ་འདོད་པ་ན་བླངས་པའི་ཚེ་སྔར་གྱི་ཁས་ལེན་དང་མཐུན་པར་སྡོམ་པ་ཐོབ་པར་འགྱུར་ཞིང་། དེ་ཡང་མདོ་སྡེ་པའི་ལུགས་ལྟར་ན་སྔར་གྱི་སེམས་ཀྱི་ཁས་ལེན་དྲན་པར་བྱས་ནས། རྟེན་གྱི་དྲུང་དུ་རང་གིས་ཀྱང་བླངས་པས་ཆོག་པ་དང་། བྱེ་བྲག་ཏུ་སྨྲ་བའི་ལུགས་ལྟར་ན་གཞན་ལས་ནོད་དགོས་པ་དོན་གྱིས་ཤེས་སོ། །དེས་ན་དམིགས་བསལ་གྱི་སྐབས་སུ། བྱེ་བྲག་ཏུ་སྨྲ་བའི་ལུགས་ལ། སྔ་ནས་ཁྲིམས་ནོད་པའི་བསམ་པ་མེད་པར་ཟན་བཟའ་བ་སོགས་བྱས་པ་ལ་ཕྱིས་དགེ་བའི་བཤེས་གཉེན་དང་འཕྲད་ནས་ཁྲིམས་ནོས་ལ་སྔ་དྲོ་ཡང་རུང་། ཕྱི་དྲོ་ཡང་རུང་། དུས་ཐམས་ཅད་དུ་སྡོམ་པ་ཐོབ་པར་བཤད་པ་དང་། ཁྲིམས་ནོད་པར་ཆས་པ་ལས། གེགས་སམ་བར་ཆད་བྱུང་ནས་ནོད་དབང་མེད་པ་ལ། ཕྱིས་གེགས་མེད་པའི་དུས་སུ་ཁྲིམས་ནོས་ན་སྔ་དྲོ་ཡང་རུང་། ཕྱི་དྲོ་ཡང་རུང་དུས་ཐམས་ཅད་དུ་ཁྲིམས་འཐོབ་པོ་ཞེས་དམིགས་བསལ་གཉིས་འཕགས་པ་དྲིན་ལན་བསབ་པ་ལས་གསུངས་ཤིང་། ཟས་ཟོས་ཀྱང་བླངས་པས་ཆོག་པ་ནི། དམིགས་བསལ་ཕྱི་མ་འདིར་འདུས་ཤིང་། ཟས་ཟོས་ནས་ཀྱང་ལེན་པ་འདི་ཇི་ལྟར་འདོད་ཚེ་ལེན་པ་དང་མི་གཅིག་སྟེ། ཇི་ལྟར་འདོད་པའི་ཚེ་ལེན་པ་ནི། འདོད་པའི་དུས་ཚེས་བརྒྱད་ལ་སོགས་པར་ཉིན་ཞག་ཚང་བར་ལེན་པ་ཡིན་ལ། དམིགས་བསལ་གྱི་སྐབས་འདིར་ནི། ཉིན་ཞག་ཚང་བར་ལེན་མི་དགོས་པའི་ཕྱིར་རོ། །ཞག་གསུམ་ལ་སོགས་པའི་སྤྲེལ་མར་བྱས་པའི་བསྙེན་གནས་དུས་གཅིག་ལ་ཆོག་གཅིག་གིས་ལེན་པར་རུང་བ་ནི་ཤིན་ཏུ་ཡང་མ་ཡིན་ཏེ། འཕགས་པ་དྲིན་ལན་བསབ་པ་ལས། གསོལ་བ། ཡན་ལག་བརྒྱད་ཀྱི་ཁྲིམས་ནོད་པ་ཉིན་ཞག་གཉིས་སམ། གསུམ་མམ། བཅུའི་བར་དུ་གཅིག་ཆར་ནོད་དུ་རུང་ངམ། བཀའ་སྩལ་པ། ཐོག་མ་ནས་སངས་རྒྱས་ཀྱིས་ཉིན་ཞག་གཅིག་གི་ཁྲིམས་སུ་བཅས་པས་དེ་ལས་འདར་མི་རུང་ངོ་། །གལ་ཏེ་ཉམས་ཀྱིས་ནོད་ནུས་ན་ཉིན་ཞག་གཅིག་ཅིང་ལན་རེ་ནོད་དགོས་སོ་ཞེས་གསུངས་པའི་ཕྱིར་རོ། །རྣམ་གཞག་སྤྱིར་བསྟན་ལུང་གི་ངེས་པ་ནི་དེ་ལྟར་ཡིན་མོད་ཀྱི། བོད་དུ་ཇོ་བོ་དཱི་པཾ་ཀ་ར་ནས་བརྒྱུད་པའི་ཕྱག་ལེན་མདོ་སྡེ་པའི་ལུགས་ཡིན་པར་མཛད་པ་འདི་ལ། ཐོག་མར་གོ་མིའི་སྡོམ་པ་འབོགས་ཚུལ་གཅིག་དང་། ཇི་ལྟར་འདོད་ཚེ་ལེན་པའི་བསྙེན་གནས་རྐྱང་བ་འབོགས་ཚུལ་གཉིས་རིམ་པར་བྲིས་པར་སྣང་ལ། དེའི་གསུང་སྒྲོས་ཕྱག་ལེན་ཕྱི་མ་རྣམས་སུ་བྲིས་པ་ལ་ནི་བླ་མ་ཆོས་ཀྱི་རྒྱལ་པོ་འཕགས་

པ་རིན་པོ་ཆེས་མཛད་པ་གཅིག་དང་། སོ་སྟོན་འཛིགས་མེད་གྲགས་པས་བྲིས་པ་གཉིས་མཐོང་བ་ལ།

འཕགས་པའི་གསུང་སྒྲོས་ནི་འདི་ལྟར། བླ་མ་དམ་པའི་ཞབས་ལ་ཕྱག་འཚལ་ལོ། །བསྙེན་གནས་ཀྱི་སྡོམ་པ་འབོགས་པའི་ཚུལ་ནི། སློབ་དཔོན་ཁྲིའམ་སྟན་མཐོན་པོ་ལ་འདུག ལེན་པ་པོས་ཁྲུས་བྱས་པའམ་ཁ་དང་ངོ་བཤལ་ནས་ཕྱག་བཙལ་ལ། ཙོག་ཙོག་པུར་འདུག་ནས་འདི་སྐད་ཅེས་བརྗོད། འཁོར་བ་སྡུག་བསྔལ་གྱི་རྒྱ་མཚོ་ལས་ཐར་བར་བྱ་བའི་ཐབས་དམ་པའི་ཆོས་ཉག་གཅིག་ཡིན། ཆོས་ཀྱི་རྩ་བ་ཚུལ་ཁྲིམས་ཆེན་པོ་ཡིན། ཚུལ་ཁྲིམས་དེ་ཡང་རྗེ་སྲིད་འཚོའི་བར་དུ་བསྲུང་བར་མ་ནུས་ན་ཉིན་ཞག་ཕྲུགས་རེ་བསྲུང་བའི་བསྙེན་གནས་ཡན་ལག་བརྒྱད་པ་ལ་སློབ་དགོས་པས། བདག་འཁོར་བ་སྡུག་བསྔལ་གྱི་རྒྱ་མཚོ་ལས་ཐར་བར་བྱ། དེའི་དོན་དུ་བསྙེན་གནས་ཀྱི་སྡོམ་པ་བླང་སྙམ་དུ་བསམས་ལ། འདི་སྐད་ཅེས། བཙུན་པ་དགོངས་སུ་གསོལ། བདག་མིང་འདི་ཞེས་བགྱི་བ། རྗེ་སྲིད་འཚོའི་བར་དུ། རྐང་གཉིས་རྣམས་ཀྱི་མཆོག །སངས་རྒྱས་ལ་སྐྱབས་སུ་མཆིའོ། །འདོད་ཆགས་དང་བྲལ་བ་རྣམས་ཀྱི་མཆོག །ཆོས་ལ་སྐྱབས་སུ་མཆིའོ། །ཚོགས་རྣམས་ཀྱི་མཆོག །དགེ་འདུན་ལ་སྐྱབས་སུ་མཆིའོ། །བདག་ནི་འདོད་པའི་ཉིན་པར་བསྙེན་གནས་དང་ལྡན་པར་བཙུན་པས་བཟུང་དུ་གསོལ། ལན་གསུམ་བརྗོད། ཐ་མ་ལ་སློབ་དཔོན་གྱིས་བཟུང་དུ་གསོལ་ཞེས་བྱའོ། །དེ་ནས་སློབ་དཔོན་གྱིས་ཐབས་ཡིན་ནོ་ཞེས་བརྗོད། སློབ་མས་ལེགས་སོ་ཞེས་བརྗོད་དུ་གཞུག དེས་བསྙེན་གནས་ཀྱི་སྔོན་འགྲོ་ཐོབ་པ་ཡིན་ཏེ། དེ་ནས་བསླབ་བྱ་ཡན་ལག་བརྒྱད་པོ་བསྙེན་གནས་ཀྱི་ཉིན་པར་ཁས་ལེན་པའི་བསམ་པས། འདི་སྐད་ཅེས། སློབ་དཔོན་དགོངས་སུ་གསོལ་ཇི་ལྟར་འཕགས་པ་དགྲ་བཅོམ་པ་དེ་དག་གིས་ཇི་སྲིད་མཚོའི་བར་དུ། སྲོག་གཅོད་པ་སྤངས་ཏེ། སྲོག་གཅོད་པ་ལས་སླར་ལོག་པ་དེ་བཞིན། བདག་ཀྱང་བསྙེན་གནས་ཀྱི་ཉིན་པར་སྲོག་གཅོད་པ་ལས་སླར་བཟློག་པར་བགྱིའོ། །ཡན་ལག་དང་པོ་འདིས་འཕགས་པ་དགྲ་བཅོམ་པ་དེ་དག་གི་རྗེས་སུ་བསླབ་པ་ལ། རྗེས་སུ་བསླབ་བོ། རྗེས་སུ་བསྒྲུབ་བོ། །རྗེས་སུ་བགྱིད་དོ། །གཞན་ཡང་འཕགས་པ་དགྲ་བཅོམ་པ་དེ་དག་གིས་ཇི་སྲིད་འཚོའི་བར་དུ་མ་བྱིན་པར་ལེན་པ་དང་། མི་ཚངས་པར་སྤྱོད་པ་དང་། བརྫུན་དུ་སྨྲ་བ་དང་། འབྲུའི་ཆང་དང་། བཅོས་པའི་ཆང་མྱོས་པར་འགྱུར་བ་བག་མེད་པའི་གནས་དང་། གླུ་གར་དང་། རོལ་མོའི་སྒྲ་དང་། ཕྲེང་བ་དང་། སྤོས་ཉུག་པ་དང་། རྒྱན་དང་། ཁ་དོག་འཆང་བ་དང་། ཁྲི་སྟན་མཐོན་པོ་དང་། དུས་མ་ཡིན་པའི་ཁ་ཟས་སྤངས་ཏེ། དུས་མ་ཡིན་པའི་ཁ་ཟས་ལས་སླར་ལོག་པ་དེ་བཞིན་དུ། བདག་གིས་ཀྱང་བསྙེན་གནས་ཀྱི་ཉིན་པར། མ་བྱིན་པར་ལེན་པ་དང་། མི་ཚངས་པར་སྤྱོད་པ་དང་། བརྫུན་དུ་སྨྲ་བ་དང་། འབྲུའི་ཆང་དང་། བཅོས་པའི་ཆང་མྱོས་པར་འགྱུར་བ་བག་མེད་པའི་གནས་དང་། གླུ་གར་དང་། རོལ་མོའི་སྒྲ་

དང་། ཕྲེང་བ་དང་། སྤོས་ཞུགས་པ་དང་། རྒྱན་དང་། ཁ་དོག་འཆང་བ་དང་། ཁྲི་སྟན་མཐོན་པོ་དང་། དུས་མ་ཡིན་པའི་ཁ་ཟས་སྤངས་ཏེ་དུས་མ་ཡིན་པའི་ཁ་ཟས་ལས་སླར་བཟློག་པར་བགྱིའོ། །ཡན་ལག་བརྒྱད་པོ་འདིས་འཕགས་པ་དགྲ་བཅོམ་པ་དེ་དག་གི་བསླབ་པ་ལ། རྗེས་སུ་བསླབ་བོ། །རྗེས་སུ་བསྒྲུབ་བོ། །རྗེས་སུ་བགྱིད་དོ། །སློབ་དཔོན་གྱིས་ཐབས་ཡིན་ནོ་ཞེས་བརྗོད། སློབ་མས་ལེགས་སོ་ཞེས་བརྗོད་དུ་གཞུག །དེས་བསྙེན་གནས་ཀྱི་དངོས་གཞི་ཐོབ་པ་ཡིན་ནོ། །དེའི་བསླབ་པར་བྱ་བ་ནི། ཆོས་མངོན་པ་མཛོད་ལས། །ཚུལ་ཁྲིམས་ཡན་ལག་བག་ཡོད་པའི། །ཡན་ལག་བརྟུལ་ཞུགས་ཡན་ལག་སྟེ། །བཞི་གཅིག་གསུམ་གཉིས་གོ་རིམ་བཞིན། །ཞེས་གསུངས་པས་ཡན་ལག་བརྒྱད་བསྲུང་དགོས་ཏེ། དེའང་ཉ་དང་གནམ་སྟོང་ལ་སོགས་པ་ནམ་བསྲུང་བར་འདོད་པ་དེའི་ཉིན་ཁྲུས་བྱ། དཀོན་མཆོག་གི་དྲུང་དུ་ཕྱག་བཙལ་ནས། བདག་འཁོར་བ་ལས་ཐར་པ་དང་། མྱ་ངན་ལས་འདས་པའི་བདེ་བ་ཐོབ་པར་བྱ་བའི་དོན་དུ། སང་ཉི་མ་མ་ཤར་གྱི་བར་ལ་བསྙེན་གནས་བསྲུང་སྙམ་དུ་སེམས་བསྐྱེད་ལ། དེའི་ཉིན་པར་ཡན་ལག་བརྒྱད་པོ་བསྲུང་བར་བྱ་སྟེ། དེ་ཡང་ཚུལ་ཁྲིམས་ཀྱི་ཡན་ལག་བཞི་ནི། སྲོག་གཅོད་པ་སྤོང་བ་དང་། མ་བྱིན་པར་ལེན་པ་དང་། མི་ཚངས་པར་སྤྱོད་པ་དང་། བརྫུན་དུ་མི་སྨྲ་བ་བཞི་ཡིན། བག་ཡོད་པའི་ཡན་ལག་ནི་ཆང་གི་རིགས་གང་ཡང་མི་འཐུང་བའོ། །བརྟུལ་ཞུགས་ཀྱི་ཡན་ལག་གསུམ་ནི། གླུ་གར་བྱ་བ་དང་། རྒྱན་གསར་པ་མི་འདོགས་པ་དང་། ཁྲི་སྟན་མཐོན་པོ་དང་། ཆེན་པོ་ལ་མི་འདུག་པ་དང་། ཕྱི་དྲོའི་ཁ་ཟས་མི་ཟ་བའོ། །དེ་ལྟར་ཡན་ལག་བརྒྱད་པོ་དེ་ལེགས་པར་བསྲུངས་ནས། ནང་པར་ནམ་ལངས་པའི་ཚེ་ཁྲུས་བྱས། དཀོན་མཆོག་གི་དྲུང་དུ་ཕྱག་བཙལ་ནས། བདག་གིས་ཡན་ལག་བརྒྱད་དང་ལྡན་པའི་བསྙེན་གནས་ཀྱི་སྡོམ་པ་བསྲུངས་པའི་དགེ་བའི་རྩ་བ་དེས་རྫོགས་པའི་སངས་རྒྱས་ཀྱི་གོ་འཕང་ཐོབ་པར་གྱུར་ཅིག །ཅེས་བསྔོ་བ་བྱའོ། །དེ་ནས་ཇི་ལྟར་བདེ་བར་སྤྱད་པས་ཆོག །འདི་མདོ་སྡེ་པའི་ལུགས་ཡིན་པས་ནམ་བསྲུང་བའི་ཉིན་པར་བླང་མི་དགོས། ལེན་པའི་དུས་སུ་ནམ་འདོད་པའི་ཞེས་སྨོས་པས་ཉ་དང་གནམ་སྟོང་ལ་སོགས་པའི་དུས་ཐམས་ཅད་ངེས་པར་མི་འགྱུར། དེའི་དོན་ནི་སྐབས་ནམ་བསྲུངས་པས་ཆོག །དེ་ལྟར་བསྲུངས་པའི་ཕན་ཡོན་ནི། གང་ཞིག་དགའ་བའི་སེམས་ཀྱིས་སུ། །ལོ་བརྒྱ་སྦྱིན་པ་བྱིན་པ་བས། །གང་ཞིག་ཉིན་གཅིག་ཚུལ་ཁྲིམས་ནི། །བསྲུང་བ་དེ་ནི་ཁྱད་པར་འཕགས། །ཞེས་གསུངས་པས། ལོ་བརྒྱ་སྦྱིན་པ་བྱིན་པ་བས། ཉིན་གཅིག་བསྙེན་གནས་བསྲུང་བ་བསོད་ནམས་ཆེ་བ་ཡིན། དེ་ཡང་བྱང་ཆུབ་ཀྱི་སེམས་དང་བསྔོ་བས་ཟིན་ན་ཐར་པ་དང་ཐམས་ཅད་མཁྱེན་པའི་རྒྱུར་འགྱུར་ལ། དེ་ཡང་བཅོམ་ལྡན་འདས་ཀྱི་ཞལ་ནས། ཆོས་བརྒྱད་དང་ནི་བཅུ་བཞི་དང་། །དེ་བཞིན་ཟླ་ཕྱེད་བཅོ་ལྔ་དང་། །ཆོ་འཕྲུལ་གྱི་ནི་ཟླ་བ་ལ། །བསྙེན་གནས

ཡན་ལག་བརྒྱད་བསྲུང་བ། །ང་ནི་ཅི་འདྲ་དེ་འདྲར་འགྱུར། །ཞེས་གསུངས་པས་དེ་དག་གིས་མ་ཟིན་ཡང་ལྷ་དང་མིའི་གོ་འཕང་ཐོབ་པའི་རྒྱུར་འགྱུར་བ་ཡིན་ཏེ། མདོ་ལས། ཁྲིམས་ཀྱིས་འགྲོ་བ་བཟང་པོར་འགྲོ། །ཞེས་གསུངས་པ་ཡང་། འཕགས་པ་ཀླུ་སྒྲུབ་ཀྱིས། གསོ་སྦྱོང་འདོད་སྦྱོད་ལྷ་ལུས་ཡིད་འོང་བ། །ཞེས་གསུངས་པ་ལྟ་བུའོ། །བསྙེན་གནས་ཀྱི་བསླབ་བྱ་ཕན་ཡོན་དང་བཅས་པའོ། །བསྙེན་གནས་སུ་བསླབ་པའི་ཚིག་འཕགས་པས་སྨྲར་བའོ། །ཞེས་གསུངས་སོ། །

ཡང་སོ་སྟོན་འཛིགས་མེད་གྲགས་པས་འདིའི་ཚིག་ཁྲིས་པ་ནི། ཨོཾ་སྭ་སྟི། ཡང་ཁ་ཅིག་བསྙེན་གནས་ཀྱི་སྡོམ་པ་ནོད་པ་དག་བྱུང་ན། ཕྱག་འཚལ་ཏེ་མདུན་དུ་ཙོག་ཙོག་པུར་འདུག་ཏུ་བཅུག་ལ། འདི་སྐད་ཅེས་བརྗོད་པར་བྱའོ། །ཁྱོད་བསྙེན་གནས་ཀྱི་སྡོམ་པ་ནོད་པ་དེ་ཤིན་ཏུ་ལེགས། དེའི་རྒྱུ་མཚན་ཁམས་གསུམ་འཁོར་བ་སྡུག་བསྔལ་གྱི་རང་བཞིན་ལས་མ་འདས། སྡུག་བསྔལ་ཅན་གྱི་འཁོར་བ་འདི་སྤངས་ནས་ཐར་བ་མྱ་ངན་ལས་འདས་པ་ཐོབ་པར་བྱེད་དགོས། དེའི་ཐབས་སུ་ཧི་སྲིད་འཚོའི་སྡོམ་པ་བླངས་ན་ལེགས་མོད་ཀྱི། དེ་ཙམ་མ་གྲུབ་ན། བསྙེན་གནས་ཀྱི་སྡོམ་པ་ལྟ་བུ་ཞིག་ངེས་པར་བླངས་དགོས་པས། ཁྱེད་རང་བསམ་པ་འདི་བཞིན་གྱིས། འཁོར་བ་མཐའ་དག་སྤངས་པའི་ཐར་པ། ཁྱད་པར་དུ་ཐར་པའི་མཆོག་ཡང་དག་པར་རྫོགས་པའི་སངས་རྒྱས་ཐོབ་པར་བྱ། དེའི་ཆེད་དུ་དུས་ཁྱད་པར་ཅན་རྣམས་ལ་བསྙེན་གནས་ཀྱི་སྡོམ་པ་བླངས་ལ་མི་ཉམས་པར་བསྲུང་སྙམ་པ་གྱིས། བཙུན་པ་དགོངས་སུ་གསོལ། བདག་མིང་འདི་ཞེས་བགྱི་བ། རྐང་གཉིས་རྣམས་ཀྱི་མཆོག སངས་རྒྱས་ལ་སྐྱབས་སུ་མཆིའོ། །འདོད་ཆགས་དང་བྲལ་བ་རྣམས་ཀྱི་མཆོག ཆོས་ལ་སྐྱབས་སུ་མཆིའོ། །ཚོགས་རྣམས་ཀྱི་མཆོག དགེ་འདུན་ལ་སྐྱབས་སུ་མཆིའོ། །བདག་མིང་འདི་ཞེས་བགྱི་བ་བཟླ་བ་བྱུང་ངོ་ཅོག་གི་ཚེས་བརྒྱད་དང་། བཅོ་ལྔའི་དུས་སུ་བསྙེན་གནས་ཀྱི་སྡོམ་པ་དང་ལྡན་པར་བཙུན་པས་བཟུང་དུ་གསོལ་ཞེས་ལན་གཉིས་དང་། ལན་གསུམ་པ་ལ་སློབ་དཔོན་གྱིས་བཟུང་དུ་གསོལ་ཞེས་བརྗོད་པར་བྱའོ། །ཡང་དུས་བཟང་ཐམས་ཅད་ལ་བསྲུང་བར་འདོད་ན། ཟླ་བ་བྱུང་ངོ་ཅོག་གི་ཡར་ངོ་དང་མར་ངོའི་ཚེས་བརྒྱད་དང་། བཅུ་བཞི་དང་། ཉ་དང་། གནམ་སྟོང་གི་དུས་སུ་ཞེས་པ་ལྟ་བུ་གང་དང་གང་ལ་བསྲུང་བ་དེའི་མིང་ནས་སྨོས་ཏེ་བརྗོད་པར་བྱའོ། །དེ་ནས་བསླབ་པ་བརྗོད་པར་བྱ་སྟེ། སྡོམ་པ་བླངས་པ་ཙམ་གྱིས་མི་ཕན་བསྲུང་དགོས་པས། སྔོན་གྱི་དགྲ་བཅོམ་པ་རྣམས་ཀྱིས་ཇི་ལྟར་བསླབས་པ་བཞིན་དུ་བདག་གིས་ཀྱང་བསླབ་པར་བགྱི་སྙམ་པས་ལད་མོ་གྱིས། སློབ་དཔོན་དགོངས་སུ་གསོལ། ཇི་ལྟར་འཕགས་པ་དགྲ་བཅོམ་པ་དེ་དག་གིས་སྲོག་གཅོད་པ་དང་། མ་བྱིན་པར་ལེན་པ་དང་། མི་ཚངས་པར་སྤྱོད་པ་དང་། བརྫུན་དུ་སྨྲ་བ་དང་། ཆང་གི་

བཏུང་བ་དང་། གར་སོགས་ཕྲེང་སོགས་དང་། མལ་ཆེན་མཐོ་བ་དང་། ཕྱི་དྲོའི་ཁ་ཟས་སྤངས་ཏེ་ཕྱི་དྲོའི་ཁ་ཟས་ལས་སླར་ལོག་པ་དེ་བཞིན་དུ། བདག་མིང་འདི་ཞེས་བགྱི་བས་ཀྱང་། ཟླ་བ་བྱུང་ངོ་ཅོག་གི་ཆོས་བརྒྱད་དང་། བཅོ་ལྔའི་དུས་སུ་སྲོག་གཅོད་པ་དང་། མ་བྱིན་པ་ལེན་པ་དང་། མི་ཚངས་པར་སྤྱོད་པ་དང་། བརྫུན་དུ་སྨྲ་བ་དང་། ཆང་གི་བཏུང་བ་དང་། གར་སོགས་ཕྲེང་སོགས་དང་། མལ་ཆེན་མཐོ་པ་དང་། ཕྱི་དྲོའི་ཁ་ཟས་སྤངས་ཏེ་ཕྱི་དྲོའི་ཁ་ཟས་ལས་སླར་བཟློག་པར་བགྱིའོ། །ཡན་ལག་བརྒྱད་པ་འདིས་བདག་འཕགས་པ་དགྲ་བཅོམ་པ་དེ་དག་གི་བསླབ་པ་ལ་རྗེས་སུ་བསླབ་བོ། །རྗེས་སུ་བསྒྲུབ་བོ། །རྗེས་སུ་བགྱིད་དོ་ཞེས་ལན་གཅིག་བརྗོད་ནས། དེ་བསླབ་པ་བརྗོད་པ་ཞེས་བྱ་བའི་ཐབས་ཡིན། ཁྱོད་རང་ལེགས་སོ་ཞེས་ཀྱིས་ཤིག ཅེས་བྱའོ། །དེ་ལྟར་བསྙེན་གནས་བླངས་ཏེ་མ་ཉམས་པར་བསྲུངས་པ་ལ་ཕན་ཡོན་དཔག་ཏུ་མེད་པ་ཡོད་པས་གནས་སྐབས་སུ་ལྷ་མིའི་བདེ་བ་ཕུན་སུམ་ཚོགས་པ་ཐོབ་ནས་མཐར་མྱ་ངན་ལས་འདས་པ་ཐོབ་པར་འགྱུར་ཏེ། འཕགས་པ་ཀླུ་སྒྲུབ་ཀྱི་གསུང་གིས། བསྙེན་གནས་འདོད་སྤྱོད་ལྷ་ལུས་ཡིད་འོང་བ། །སྐྱེས་པ་བུད་མེད་དག་ལ་སྩོལ་བར་བྱེད། །ཅེས་དང་། མདོ་ལས་ཀྱང་། གང་གིས་ལོ་བརྒྱ་སྦྱིན་པ་བྱིན་པ་བས། །གང་གིས་ཉིན་གཅིག་ཚུལ་ཁྲིམས་བསྲུངས་པ་མཆོག ཅེས་གསུངས་པས་ཕན་ཡོན་དཔག་ཏུ་མེད་པ་ཡོད་པའི་ཕྱིར། ཇི་ལྟར་ཁས་བླངས་པ་བཞིན་དུ་སྲུངས་ཤིག་ཅེས་བརྗོད་དེ་གཏང་བར་བྱའོ། །བསྙེན་གནས་ཇི་ལྟར་འབོགས་པའི་ཆོ་ག་དཔལ་ལྡན་འཇིགས་མེད་གྲགས་པས་བསྡེབས་པའོ་ཞེས་བྱ་བ་བྲིས་སོ། །

འདི་དང་། འཕགས་པ་གཉིས་ཆར་ཡང་ཛོ་བོ་རྗེའི་ཕྱག་ལེན་མདོ་སྡེ་པའི་ལུགས་ཀྱི་ཇི་ལྟར་འདོད་ཆོ་ལེན་པའི་ཕྱག་ལེན་གྱི་རྒྱུན་བྲིས་པ་ཡིན་ཞིང་། སྡོམ་པ་གསུམ་གྱི་རབ་ཏུ་དབྱེ་བར། མདོ་སྡེ་པ་ཡི་ལུགས་བཞིན་དུ། །ཇི་ལྟར་འདོད་ཆོ་ལེན་ན་ཡང་། །ཞེས་གསུངས་པ་ཡང་། འདི་བཞིན་དུ་ལེན་ན་ཡང་། ནང་པར་ཕན་ཆད་ལེན་པའི་བསམ་པ་མེད་པའི་ཕྱིར། སང་ནང་པར་འབུལ་མི་དགོས་པར་གཏོང་ངོ་ཞེས་ཉིན་ཞག་གི་མཐར་འབུལ་དགོས་པར་འདོད་པ་ལ་དགག་པ་བྱས་པ་ཡིན་གྱི། ལུགས་འདི་ཉིད་མི་འཐད་པར་སྟོན་པ་མ་ཡིན་ཞིང་། ལུགས་འདི་མདོ་སྡེ་པའི་ཕྱག་ལེན་ཡིན་པར་ངེས་པའི་རྒྱུ་མཚན་ནི་ལུགས་འདི་མཛད་པ་པོ་རྣམས་ལ་དྲི་བར་བྱ་ཡི། སྡོམ་པ་གསུམ་གྱི་གཞུང་འདིར་སྐབས་སུ་བབ་པ་མ་ཡིན་ནོ། །དེས་ན་མདོ་སྡེ་པའི་ལུགས་འདི་ལ་འདྲ་ལེན་བྱས་ནས་བྱེ་བྲག་ཏུ་སྨྲ་བའི་འདུལ་བའི་ལུགས་ཀྱི་བསྙེན་གནས་ཀྱི་སྡོམ་པ་ལེན་པའི་ཆོ་ག་བཟོ་མི་དགོས་པར་གོང་དུ་བཤད་པ་ལྟར་ཤེས་པར་བྱའོ། །མདོ་སྡེ་པ་རྣམས་དུད་འགྲོ་སོགས། །འགྲོ་བ་གཞན་ལའང་སྐྱེ་བར་བཤད། །ཅེས་པའི་སྐབས་ཀྱི་མདོ་སྡེ་པ་དེ་གྲུབ་མཐའ་བཞིའི་ནང་ཚན་གྱི་མདོ་སྡེ་པ་མ་ཡིན་ན

ནི༑ ཐེག་པ་ཆེ་ཆུང་གི་མདོ་སྡེ་སྣ་ཇི་བཞིན་པར་ཁས་ལེན་པ་དག་གྲུབ་མཐའ་སྨྲ་བ་ལྟ་བར་འགྱུར་བའི་སྐྱོན་ཡོད་དོ༑ ༑དྲིས་ལན་དུ། ཡང་ཚངས་པར་སྤྱོད་པའི་དགེ་བསྙེན་གྱི་སྡོམ་པ་ལ་གནས་པས་གནས་འཇོག་གི་མདོ་དང་། དགེ་བསྙེན་གྱི་སྡོམ་པ་བརྒྱད་པ་དང་། དོན་ཡོད་ཞགས་པའི་ཆོ་ག་ལས་ཇི་ལྟར་གསུངས་པ་བཞིན་བསྙེན་གནས་ཡན་ལག་བརྒྱད་པ་ཚང་མར་ནོད་དུ་རུང་བ་མ་ཡིན་ཏེ། རྩ་བ་བཞི་ཇི་སྲིད་འཚོའི་བར་དུ་བསྲུང་བའི་སྡོམ་པ་ལ་གནས་བཞིན་དུ། རྩ་བ་བཞི་ཉིན་ཞག་གཅིག་ཏུ་བསྲུང་བར་ཁས་བླངས་པ་ལ་དགོས་པ་མེད་པར་མ་ཟད། དེ་ལྟར་ལེན་པ་དེ་སྟོབ་མའི་གཏོང་རྒྱུར་སོང་བའི་ཉེས་དམིགས་ཡོད་པའི་ཕྱིར། ཇི་སྐད་དུ། མདོ་རྩ་བར། དགེ་སློང་གིས་དགེ་ཚུལ་དང་དགེ་བསྙེན་དུ་ཁས་བླངས་ན་བསླབ་པ་འབུལ་ཚིག་ཏུ་བཤད་པ་དང་། གཞུང་འདི་ཉིད་ལས། གནད་བཅོས་པ་ཡི་ཚིག་དེ་ཡིས། །སྔར་གྱི་དངོས་གྲུབ་ཐམས་ཅད་ཡལ། །ཞེས་གསུངས་པ་བཞིན་ནོ༑ ༑

གཉིས་པ་དངོས་ལན་ནི། འོན་ཇི་ལྟར་ཡིན་ཞེ་ན། དེ་འདྲའི་དགེ་བསྙེན་དེས་ནི་བསྙེན་གནས་པར་ཁས་བླངས་ནས། ལྷག་མ་རྣམས་བསྲུངས་པ་ཙམ་གྱིས་གསོ་སྦྱོང་ལ་གནས་པར་འགྱུར་རོ། །ཞེས་གསུངས་པ་ཡང་ལུང་དང་མཐུན་པ་མ་ཡིན་ཏེ་འཕགས་པ་དོན་ཡོད་ཞགས་པའི་ཆོ་ག་ཞིབ་མོ་ལས། བཅོམ་ལྡན་འདས་གང་ཡང་རིགས་ཀྱི་བུ་ཕོའམ་བུ་མོའམ། དགེ་སློང་ཕའམ། དགེ་སློང་མའམ། དགེ་བསྙེན་ཕའམ། དགེ་བསྙེན་མོའམ། དེ་ལས་གཞན་པའི་སེམས་ཅན་སུ་ཡང་རུང་བས་དོན་ཡོད་ཞགས་པའི་སྙིང་པོའི་ཆེད་དུ། ཡར་གྱི་ངོའི་ཚེས་བརྒྱད་ལ་བསྙུང་བར་གནས་པར་བགྱིས་ཏེ། གཞན་མི་སྨྲ་བར་དོན་ཡོད་ཞགས་པའི་སྙིང་པོ་ལན་བདུན་བཟླས་བརྗོད་བགྱིས་ན། བཅོམ་ལྡན་འདས་དེས་ཚེ་འདི་ཉིད་ལ་ཕན་ཡོན་ཉི་ཤུ་རྩ་གཅིག་འཐོབ་པར་འགྱུར་ཏེ་ཞེས་དང་། རྗེ་བཙུན་ཆེན་པོས་དེའི་གསུངས་ཚིག་ལས། དེ་ལྟར་མཆོད་པའམ། གཏོར་མའི་རྗེས་ལ་འཕགས་པའི་རྗེས་སུ་བཟླས་པར་བྱེད་པར་བསམ་ཞིང་། རང་གིས་གསོ་སྦྱོང་གི་ཚིག་ལན་གསུམ་བརྗོད་ལ། བདག་སྡོམ་པ་དང་ལྡན་པར་བྱའོ། །འདི་ནི་རབ་ཏུ་བྱུང་བའི་ཕྱོགས་ལའང་བླང་དགོས་ཏེ། སེམས་ཅན་ཐམས་ཅད་ལ་ཕན་པར་བྱ་བའི་ཕྱིར་དང་ཞེས་བྱ་བ་ལ་སོགས་པ་ཐེག་པ་ཆེན་པོའི་ལུགས་ཡིན་པའི་ཕྱིར་རོ། །དེ་ནས་ཚུལ་ཁྲིམས་ཀྱི་ཕ་རོལ་ཏུ་ཕྱིན་པའི་གཟུངས་ཉི་ཤུ་རྩ་གཅིག་བཟླས་སོ་ཞེས་གསལ་བར་གསུངས་པའི་ཕྱིར་རོ། །ཇི་སྲིད་འཚོའི་སྡོམ་པ་དང་ལྡན་བཞིན་དུ། ཉིན་ཞག་གི་གསོ་སྦྱོང་བླངས་པས་སྡོམ་པ་སྟོ་མའི་འདེག་རྒྱུར་འགྲོ་ན། ཁྲིམ་པའི་གསོ་སྦྱོང་དང་། བསྙེན་གནས་ཀྱི་སྡོམ་པ་ལ་མུ་བཞི་རྩི་བའི་སྐབས་ཀྱི་གཉིས་ཀ་ཡིན་པའི་མུ་ལ། ཡོངས་རྫོགས་དགེ་བསྙེན་སྡོམ་ལྡན་གྱིས་ཉིན་ཞག་གཅིག་པའི་གསོ་སྦྱོང་བླངས་པ་ལྟ་བུའོ་ཞེས་བཤད་པ་དེ་དག

འཇིག་པར་འགྱུར་བའི་ཕྱིར་རོ། །མདོ་རྒྱ་བར་གསུང་པ་ནི་རྟེན་མཆོག་ལ་གནས་བཞིན་དུ་རྟེན་དམན་པར་ཁས་བླངས་པ་སྨྲ་མའི་འཇིག་རྒྱུར་སོང་བ་ལ་དགོངས་པས་འགལ་བ་ཡོད་པ་མ་ཡིན་ནོ། །

སྤྱི་དོན་གཉིས་པ་ཕ་རོལ་ཏུ་ཕྱིན་པའི་ཐེག་པ་ཆེན་པོ་ལས་གསུངས་པའི་ཚུལ་ནི། གདན་ལ་དབབ་པ་བསྡུ་བ་ལས་བཤད་པ་ལྟ་བུ་སྟེ་རྟོགས་པར་སླའོ། །སྤྱི་དོན་གསུམ་པ་གསང་སྔགས་ལས་གསུངས་པའི་ཚུལ་ནི། རྒྱུད་སྡེ་འོག་མ་གསུམ་ལས་གསུངས་པ་རྣམས་ནི། རྟོག་པ་ལས་བཤད་པའི་ཆོ་གའི་སྟོན་འགྲོ་རྣམས་དང་འདྲ་ཞིང་། རྣལ་འབྱོར་བླ་ན་མེད་པའི་རྒྱུད་ལས་བསྙེན་གནས་ཀྱི་ཆོ་ག་གསལ་པོར་གསུངས་པ། ད་ལྟར་གྱི་རྒྱུད་རྣམས་ན་འདུག་པ་གསལ་བར་མ་ཁྱུམས་ཀྱང་། ལོ་ཙཱ་བ་ཆེན་པོ་རིན་ཆེན་བཟང་པོའི་ཆོས་ལོག་སུན་འབྱིན་གྱི་གཞུང་ལས། འཇིག་རྟེན་ལས་འདས་པའི་རིག་པའི་མདོ་ཞེས་བྱ་བའི་རྒྱུད་ལས་ཀྱང་། དཀོན་མཆོག་གསུམ་ལ་སྐྱབས་འགྲོ་ཞིང་། །བྱང་ཆུབ་སེམས་ནི་བསྐྱེད་པ་དང་། །ལུས་དང་དེ་བཞིན་ངག་དང་ནི། །དེ་བཞིན་ཉིད་ཀྱི་གཙང་སྦྲ་དེ། །གཙང་སྦྲ་གསུམ་པོ་རྟག་ཏུ་བྱ། །རྗེས་དྲན་དྲུག་གི་སྦྱོར་བ་ནི། །རྟག་ཏུ་བསྒོམ་པ་ཉིད་དུ་བྱ། །སྡོམ་ལ་གནས་པས་རྟག་ཏུ་ནི། །གསོ་སྦྱོང་དང་པོར་བླང་བར་བྱ། །བདག་ལ་དགོངས་པར་མཛད་དུ་གསོལ། །དུས་འདི་ཉིད་ནས་ཉེར་བཟུང་སྟེ། །ཇི་སྲིད་བྱང་ཆུབ་ཐོབ་གྱུར་པ། །དེ་ཡི་བར་དུ་བདག་གིས་ནི། །རྟག་ཏུ་སྲོག་ཆགས་གསོད་དང་རྐུ། །མི་ཚངས་སྤྱོད་དང་ངག་གིས་དབེན། །བརྫུན་དང་ཉེས་པ་སྐྱེད་བྱེད་པའི། །ཆང་འཐུང་བ་དང་དུས་མིན་ཟས། །ཕྲེང་བ་ཁ་དོག་གར་དང་ནི། །སྤེག་དང་རྒྱན་དང་དེ་བཞིན་དུ། །སྟན་མཐོ་དག་ལས་བཟློག་བྱེད་པ། །དགྲ་བཅོམ་བརྟུལ་ཞུགས་ཇི་བཞིན་དུ། །ཡན་ལག་བརྒྱད་པའི་གསོ་སྦྱོང་ལ། །ཡང་དག་པར་ནི་གནས་པར་བགྱི། །ཞེས་གསུངས་པ་དང་། རྡོ་རྗེ་འཇིགས་བྱེད་ཅེས་བྱ་བའི་རྒྱུད་ཆེན་པོ་ལས། དེ་ལ་དང་པོ་རེ་ཞིག་སྒྲུབ་པ་པོས་གསོ་སྦྱོང་ལ་གནས་པའི་བྱམས་པའི་སེམས་དང་ལྡན་པ་ཞེས་བྱ་བ་ནས། འཁྲིག་པ་དང་། རྐུ་བ་དང་། གསོད་པ་དང་། འཆིང་བ་དང་། བརྫུན་དུ་སྨྲ་བ་ཡོངས་སུ་སྤངས་པས་སྙིང་པོ་འདི་བསྒྲུབ་པར་བྱའོ་ཞེས་པའི་བར་དུ་གསུངས་པ་ཡིན་ནོ་ཞེས་གོ་མའི་གསོ་སྦྱོང་གི་སྡོམ་པ་ཇི་སྲིད་འཚོའི་བར་དུ་ལེན་པ་དང་ཆ་མཚུངས་པ་ལ། འདིར་ཁྱད་པར་དུ་ཡན་ལག་བརྒྱད་དང་ལྡན་པའི་གསོ་སྦྱོང་བྱང་ཆུབ་མ་ཐོབ་ཀྱི་བར་དུ་ལེན་པ་ཞིག་གསུངས་པའོ། །སྤྱིར་གསོ་སྦྱོང་དང་བསྙེན་གནས་ཀྱང་མིང་གི་རྣམ་གྲངས་སུ་ཡང་གསུངས་ཏེ། མཛོད་འགྲེལ་ལས། འདིས་དགྲ་བཅོམ་པ་དག་དང་ཉེ་བར་གནས་པར་བྱེད་པས་ན་བསྙེན་གནས་ཏེ། དེའི་རྗེས་སུ་སློབ་པའི་ཕྱིར་དང་། གཞན་དག་ན་རེ། འདིས་ཇི་སྲིད་འཚོའི་བར་གྱི་སྡོམ་པ་དང་ཉེ་བར་གནས་པར་བྱེད་པའི་ཕྱིར་རོ་ཞེས་ཟེར་རོ། །ཡང་ན་དགེ་བའི་རྩ་བ་ཆུང་དུ་རྣམས་ཀྱི་དགེ་བའི་རྩ་བ་གསོས་འདེབས་པའི་ཕྱིར་དང་།

གང་ཕྱིར་ཡིད་ཀྱི་དགེ་བ་གསོས་འདེབས་པའི་ཕྱིར། འདི་ར་ནི་བཅོམ་ལྡན་འདས་ཀྱིས་གསོ་སྦྱོང་བཤད་ཅེས་གྲག་ཅེས་འབྱུང་བས་ན་གསོ་སྦྱོང་ཡིན་ནོ་ཞེས་གསུངས་སོ། །

ཡང་ཐེག་པ་ཆེན་པོའི་གསོ་སྦྱོང་ལ་ནི། ཡན་ལག་བརྒྱད་པ་ཞེས་བྱ་བ་དང་། ཡན་ལག་ལྔ་པ་ཞེས་བྱ་བ་ཡོད་ལ། དང་པོ་ནི། ཉན་ཐོས་དང་ཐུན་མོང་དུ་ཡན་ལག་བརྒྱད་དུ་བྱས་པ་དེ་ཉིད་ཡིན་ལ། ཡན་ལག་ལྔར་བྱེད་ན༔ གདན་ལ་དབབ་པ་བསྡུ་བ་ལས། དེ་ལ་བསྙེན་པར་གནས་པའི་སྡོམ་པ་ནི་"མདོར་བསྡུ་ན་ཡན་ལག་ལྔར་བསྡུས་པ་ཡིན་ཏེ། ཡན་ལག་ལྔ་གང་ཞེ་ན། གཞན་ལ་གནོད་པ་སྤོང་བ་ཡང་དག་པར་སྤོང་བའི་ཡན་ལག་དང་། བདག་དང་གཞན་ལ་གནོད་པ་སྤོང་བ་ཡང་དག་པར་ལེན་པའི་ཡན་ལག་དང་། ཡང་དག་པར་བླངས་པ་ལས་ཉམས་པ་ཕྱིར་གསོ་བའི་ཡན་ལག་དང་། ཡང་དག་པར་བླངས་པ་ལས་མི་ཉམས་པར་བྱ་བའི་དྲན་པ་ཉེ་བར་འཛོག་པའི་ཡན་ལག་དང་། དྲན་པ་རྨོངས་པར་མི་འགྱུར་བའི་ཡན་ལག་གོ། །དེ་ལ་གཞན་གྱི་སྲོག་ལ་གནོད་པ་དང་ལོངས་སྤྱོད་ལ་གནོད་པ་དག་སྤོང་བ་ནི་ཡན་ལག་དང་པོ་ཡིན་ནོ། །མི་ཚངས་པར་སྤྱོད་པ་སྤོང་བ་ནི་ཡན་ལག་གཉིས་པ་ཡིན་ཏེ། འདི་ལྟར་དེ་སྤངས་པ་དེ་ནི་རང་གི་ཆུང་མ་ལ་བརྟེན་པས་བདག་ལ་གནོད་པར་ཡང་མི་རུང་ལ། གཞན་གྱི་ཆུང་མ་ལ་བརྟེན་པས་གཞན་ལ་གནོད་པར་མི་འགྱུར་བའི་ཕྱིར། བརྫུན་དུ་སྨྲ་བ་སྤོང་བ་ནི་ཡན་ལག་གསུམ་པ་ཡིན་ནོ། །ཆང་དང་བཅོས་མའི་ཆང་དང་སྦྱར་བའི་ཆང་བག་མེད་པའི་གནས་སྤོང་བ་མ་གཏོགས་པ་དེ་ལས་གཞན་པའི་གནས་གསུམ་པོ་དག་སྤོང་བ་ནི་ཡན་ལག་བཞི་པ་ཡིན་ནོ། །དེ་ཅིའི་ཕྱིར་ཞེ་ན། འདི་ལྟ་སྟེ། དུས་རྟག་ཏུ། གར་དང་། གླུ་དང་། རོལ་མོའི་སྒྲ་དང་། སྤོས་དང་། མེ་ཏོག་གི་ཕྲེང་བ་དང་། བྱུག་པ་དང་། ཁྲི་སྟན་མཐོན་པོ་དང་། དུས་མ་ཡིན་པའི་ཁ་ཟས་ལ་བརྟེན་པ་དེ་དག་གིས་བདག་ཉིད་དབེན་པར་ཡུད་ཙམ་ཡུད་ཙམ་ལ་མཐོང་བ་དང་། བདག་ནི་གསོ་སྦྱོང་གི་གསོ་སྦྱོང་བྱས་པ་ཡིན་ནོ་སྙམ་དུ་དུས་རྟག་ཏུ་དྲན་པ་ཉེ་བར་གནས་པར་འགྱུར་བའི་ཕྱིར་རོ། །ཆང་དང་བཅོས་པའི་ཆང་དང་སྦྱར་བའི་ཆང་བག་མེད་པའི་གནས་སྤོང་བ་ནི་ཡན་ལག་ལྔ་པ་ཡིན་ནོ། །དེ་ཅིའི་ཕྱིར་ཞེ་ན། དེ་དག་ནི་དྲན་པ་ཉེ་བར་གཞག་པ་སྟེ། གནས་པ་ཡིན་ནོ་སྙམ་དུ་སེམས་ཀྱང་ཡན་ལག་དེས་ནི་ཆང་གི་མྱོས་པས་མྱོས་ཤིང་རྨོངས་ཏེ་རང་དབང་མེད་པར་འཇུག་པར་འགྱུར་བའི་ཕྱིར་རོ་ཞེས་གསུངས་སོ། །

ཡང་དྲི་བ་ལས། ཆགས་སྡང་རྨོངས་གསུམ་གྱིས་བསྐྱེད་པའི། །ལས་ཀུན་མི་དགེ་བ་ཡིན་ན། །ཟག་བཅས་དགེ་བ་གཏི་མུག་གི། །ཀུན་སློང་དག་ལས་བྱུང་སྟེ་ཅི། །ཞེས་པའི་ལན་ནི། ལན་གཞན་ལོགས་སུ་གསལ་ཞིང་། ལུང་དང་མཐུན་པ་ནི། དེ་ཡི་མཇུག་ཐོགས་ལས་བྱུང་ཕྱིར། །བརྟན་སེམས་སོགས་རྩ་གསུམ་

ལས་སྐྱེས། །ཞེས་གསུངས་པ་དང་མཐུན་པར། ལས་གདགས་པ་ལས། མི་དགེ་བའི་རྩ་བ་ཞེས་བྱ་བ་གང་ཞེ་ན། སྨྲས་པ། ཆོས་དེ་མི་དགེ་བ་ཡིན་ལ། དེ་ནི་མི་དགེ་བའི་ཆོས་མང་པོའི་རྩ་བ་ཡིན་པས་ན། དེའི་ཕྱིར་དེ་ནི་ནད་ཀྱི་རྩ་བ་དང་། འབྲས་ཀྱི་རྩ་བ་དང་། ཟུག་རྔུའི་རྩ་བ་དང་། སྡིག་པའི་རྩ་བ་དང་། རྣམ་པར་མ་དག་པའི་རྩ་བ་དང་། ཀུན་ནས་ཉོན་མོངས་པའི་རྩ་བ་དང་། རྣམ་པར་བྱང་བ་མ་ཡིན་པའི་རྩ་བ་དང་། ཡོངས་སུ་བྱང་བ་མ་ཡིན་པའི་རྩ་བ་ཡིན་ཏེ། དེ་བས་ན་ཆགས་པའི་མི་དགེ་བའི་རྩ་བ་ཞེས་བྱའོ་ཞེས་པ་ནས། མི་དགེ་བའི་རྩ་བ་ཞེས་བྱ་བ་གང་ཞེ་ན། སྨྲས་པ། ཆོས་དེ་མི་དགེ་བ་ཡིན་ལ། དེ་ནི་མི་དགེ་བ་མང་པོའི་རྩ་བ་ཡིན་པས་ན་དེའི་ཕྱིར་དེ་ནི་ནད་ཀྱི་རྩ་བ་ནས། ཡོངས་སུ་བྱང་བ་མ་ཡིན་པའི་བར་དུ་སྦྱར་ཏེ། དེ་བས་ན་གཏི་མུག་གི་མི་དགེ་བའི་རྩ་བ་ཞེས་བྱའོ་ཞེས་གསུངས་ཏེ། རྩ་བ་གསུམ་ཞེས་ཚིག་ཏུ་སྦྱར་བ་ཉིད་ཀྱིས་ལན་ཐམས་ཅད་ལེགས་པར་ཤེས་སོ། །

ཡང་དྲི་བར། ཆོས་དབྱིངས་དགེ་བ་མ་ཡིན་ན། །མངོན་རྟོགས་རྒྱན་དང་རྒྱུད་བླ་དང་། །དབུས་རྣམ་འབྱེད་པར་བཤད་དེ་ཅི། །ཞེས་པའི་ལན་ནི། ཆག་ལོའི་དྲིས་ལན་ལས། དགེ་སྡིག་མཚན་ཉིད་ལེགས་ཤེས་ནས། །ཕྱི་ནས་ཡིན་མིན་དཔྱད་པར་བྱ། །ཞེས་གསལ་བར་བཤད་པ་ཉིད་ཀྱིས་གྲུབ་མོད་ཀྱི། འོན་ཀྱང་དྲི་བ་པོའི་བཞེད་པ་ལ། གཞན་སྟོང་སྨྲ་བ་རྣམས་ཀྱི་ལུགས་ལ། མདོ་སྔགས་གཉིས་ཀའི་སྐབས་སུ་དོན་དམ་ཡོངས་གྲུབ་དགེ་བ་མཚན་ཉིད་པ་དང་། དངོས་པོར་གྲུབ་པ་ཞིག་ཡོད་པར་བཞེད་པ་ལ། བདག་ཉིད་ཆེན་པོ་འདིའི་དགོངས་པ་ནི། རྣལ་འབྱོར་སྤྱོད་པའི་གཞུང་དུ་ཡང་དོན་དམ་ཡོངས་གྲུབ་དགེ་བ་མཚན་ཉིད་པར་མི་བཞེད་པའི་ལུང་ནི། སློབ་དཔོན་དབྱིག་གཉེན་གྱིས་ལས་གྲུབ་པའི་རབ་བྱེད་ལས། ལུས་ནི་དབང་པོ་དང་བཅས་པའི་ཁོག་པ་འབྱུང་བ་ལས་གྱུར་པ་འདུས་པའི་ཁྱད་པར་ཡིན་ནོ། །ལས་ནི་སེམས་པའི་ཁྱད་པར་ཡིན་ནོ་ཞེས་དང་། ངག་ནི་ཚིག་སྟེ་དབྱངས་ཀྱི་ཁྱད་པར་གང་གིས་དོན་གོ་བར་བྱེད་པའོ། །ལས་ནི་དེ་སློང་བར་བྱེད་པའི་སེམས་པའོ་ཞེས་དང་། གལ་ཏེ་སེམས་པ་ཁོ་ན་ལས་དགེ་བ་དང་མི་དགེ་བ་ཡིན་ན་ཞེས་རང་གི་འདོད་པ་ལ་སྐྱོན་སྤོང་ཚུལ་དང་བཅས་པ་གསུངས་སོ། །

ལས་གྲུབ་པའི་འགྲེལ་པར་བློ་བཟང་དང་ཚུལ་གྱིས་ཀྱང་། ཇི་ལྟར་ཐར་པ་ནི་སྡུག་བསྔལ་ཐམས་ཅད་ཉེ་བར་ཞི་བར་བྱེད་པའི་མཚན་ཉིད་ཡིན་པའི་ཕྱིར་དགེ་བ་ཞེས་བྱ་ཡི། དངོས་པོ་མེད་པའི་ངོ་བོ་ཉིད་ཡིན་པའི་ཕྱིར་ཡང་དག་པར་ནི་མ་ཡིན་པ་དེ་བཞིན་དུ། འགོག་པའི་སྙོམས་པར་འཇུག་པ་ཡང་དུས་རེ་ཞིག་ཞི་བས་དེ་ཙམ་གྱིས་ན་དེ་དགེ་བ་ཡིན་གྱི་ཡང་དག་པར་ནི་མ་ཡིན་ནོ་ཞེས་བྱ་བའི་ཐ་ཚིག་གོ་ཞེས་དངོས་མེད་ཡིན་ན་དགེ་བ་མ་ཡིན་དགོས་པ་དང་། སྡུག་བསྔལ་མེད་པ་ཙམ་དགེ་བར་བཏགས་པའི་ཚུལ་གསལ་བར་བཤད་པའི་ཕྱིར་

དང་། དགེ་བ་ཡིན་མིན་ཀྱང་དེའི་མཚན་ཉིད་ཀྱི་སྒོ་ནས་འཇོག་པ་ལ། དེ་བཞིན་ཉིད་ལ་དགེ་བའི་མཚན་ཉིད་མེད་པའི་ཕྱིར་དང་། མཚན་ཉིད་མེད་ཀྱང་དགེ་བར་འཇོག་པ་ནི། དགེ་བ་འདི་དམིགས་པ་ཡིན་པའི་རྒྱུ་མཚན་གྱིས་བཏགས་པ་ཡིན་པར་འཕགས་པ་ཐོགས་མེད་ཀྱིས་ཀྱང་གསལ་བར་གསུངས་པའི་ཕྱིར་ཏེ། ཇི་སྐད་དུ། གཏན་ལ་དབབ་པ་བསྡུ་བ་ལས། དེ་བཞིན་ཉིད་ནི་དགེ་བ་ཡིན་ཏེ། །རྣམ་པར་དག་པ་དགེ་བའི་དམིགས་པའི་དོན་ཡིན་གྱི། འདོད་པའི་འབྲས་བུ་ཡོངས་སུ་འཛིན་པ་འབྱུང་བའི་མཚན་ཉིད་ཀྱི་དོན་གྱིས་ནི་མ་ཡིན་ནོ་ཞེས་གསུངས་སོ། །ཡང་སློབ་དཔོན་བློ་བཟང་དང་ཚུལ་གྱིས་ཀྱང་མདོ་སྡེ་སངས་རྒྱས་ཀྱི་སའི་འགྲེལ་བར། ཆོས་ཀྱི་དབྱིངས་རྣམ་པར་དག་པ་ལ་ནི་ལས་དང་འབྲས་བུ་དག་ཡོད་པ་མ་ཡིན་ཏེ། དེ་གཉིས་ནི་བཏགས་པ་ཡིན་པའི་ཕྱིར། ཀུན་རྫོབ་ཏུ་དེར་སྣང་བའི་རྣམ་པར་རིག་པ་སྐྱེས་ན་མངོན་ཏེ་ཞེས་བཤད་དོ་ཞེས་གསུངས་སོ། །སློབ་དཔོན་དབྱིག་གཉེན་གྱིས་རྣམ་བཤད་རིག་པ་ལས་ཀྱང་། བསོད་ནམས་ནི་བཀྲ་ཤིས་པའི་དོན་གྱིས་ན་ལེགས་པར་སྤྱོད་པ་ཡིན་ཏེ། ཇི་སྐད་དུ། དྲི་ནི་བསོད་པ་ཡིན་ནོ་ཞེས་པ་ལྟ་བུའོ། །དེ་ཉིད་དགེ་བ་ཡིན་ཏེ། ཕྱི་མ་ལ་འབྲས་བུ་ཡིད་དུ་འོང་བའི་དོན་གྱིས་སོ་ཞེས་དགེ་བའི་དོན་དེའི་མཚན་ཉིད་འབྲས་བུ་ཡིད་དུ་འོང་བ་འབྱིན་པ་ལ་གསུངས་སོ། །འདི་ལ་དགོངས་ནས་ཆག་ལོའི་དྲིས་ལན་དུ། ལས་མིན་ན་ཡང་དེར་བཏགས་ན། བཏགས་པ་ཡིན་ཕྱིར་དེར་མི་འགོག ཆོས་ཀྱི་དབྱིངས་ལ་མི་དགེ་བར། །དགོས་པ་ཡོད་ན་གདགས་རུང་མོད། །དགོས་པ་མེད་ཕྱིར་དེ་མ་གསུངས། །ལ་ལ་རིགས་ཚད་ཅེས་གསུངས་པ། །འདི་འདྲའི་རིགས་སུ་བཤད་དུ་རུང་། །ཟས་དང་འབྲིག་པའི་ཆགས་བྲལ་སོགས། །ཆགས་བྲལ་མིན་ཡང་དེར་བཤད་པ། །ཆོས་ཉིད་དགེ་བ་མིན་པ་ལ། །དགེ་བར་བཏགས་པའི་དཔེ་ཡིན་གྱི། །དེ་དག་ཆགས་བྲལ་མཚན་ཉིད་པར། །བཤད་པ་ཁོ་བོ་མི་འདོད་དོ། །ཆོས་ཉིད་སྒྱུར་བྱུང་དགེ་བ་རུ། །གལ་ཏེ་ཁྱེད་ཀྱང་མི་བཞེད་ན། །དེད་ཀྱང་དེ་ལྟར་འདོད་པའི་ཕྱིར། །དེ་ལ་དྲི་བ་ཅི་ཞིག་མཆིས། །སྒྱུར་བྱུང་མིན་པ་ཉིད་ཀྱིས་ན། །དེ་ཉིད་མིན་ཕྱིར་མིང་མི་འགོག རྣམ་དག་ཡེ་ཤེས་སྤྱོད་ཡུལ་ལ། །དགེ་དང་སྡིག་པ་གཟིགས་པ་མེད། །འགའ་ཡང་མཐོང་བ་མེད་པ་ཡི། །ཚུལ་གྱིས་ཆོས་ཉིད་མཐོང་ཞེས་གསུངས། །དགེ་དང་སྡིག་པ་ལ་སོགས་པ། །ཆོས་ཅན་གཟིགས་པའི་ཡེ་ཤེས་ལགས། །ཞེས་གསུངས་པ་ཡང་གཞུང་ལུགས་འདི་ལ་ཡིད་ཆེས་པ་རྣམས་ལ་ལུང་ཚད་མའོ། །ཡང་གཞུང་ལས། ཤེར་ཕྱིན་གྱི་མདོའི་ལུང་དྲངས་པའི་སྐབས་སུ། ཤེར་ཕྱིན་གྱི་མདོ་ལས། ཆོས་ཀྱི་དབྱིངས་དུས་གསུམ་དང་། ཁམས་གསུམ་དང་། དགེ་སྡིག་ལས་གྲོལ་བ་གསུམ་ཅར་བཤད་པའི་ཁུངས་ནི། དང་པོ་བརྒྱད་སྟོང་པ་ལས་བཤད་པ་གནའ་མཆན་དུ་དྲངས་ཟིན་ལ། ཁམས་གསུམ་དང་དགེ་སྡིག་ལས་གྲོལ་བ་ནི། འབུམ་ལས། ཆོས་ཀྱི་དབྱིངས་ནི། འདོད་པའི་ཁམས་དང་།

གཟུགས་ཀྱི་ཁམས་དང་། གཟུགས་མེད་པའི་ཁམས་ཀྱི་ཁོངས་སུ་ཆུད་པ་མ་ཡིན་ཏེ། གང་ཁོངས་སུ་ཆུད་པ་མ་ཡིན་པ་དེ་ནི། འདས་པ་ཡང་མ་ཡིན། མ་འོངས་པ་མ་ཡང་མ་ཡིན། ད་ལྟར་བྱུང་བ་ཡང་མ་ཡིན་ནོ་ཞེས་དང་། ཤེར་ཕྱིན་རབ་རྩལ་རྣམ་གནོན་གྱིས་ཞུས་པའི་མདོ་ལས། ཟག་པ་དང་བཅས་པ་དང་། ཟག་པ་མེད་པའི་ཆོས་སུ་གཏོགས་པ་ཡང་ཤེས་རབ་ཀྱི་ཕ་རོལ་ཏུ་ཕྱིན་པ་མ་ཡིན། དགེ་བ་དང་མི་དགེ་བའི་ཆོས་སུ་གཏོགས་པ་ཡང་ཤེས་རབ་ཀྱི་ཕ་རོལ་ཏུ་ཕྱིན་པ་མ་ཡིན་སེམས་ཅན་གྱི་ཁམས་སུ་གཏོགས་པ་ཡང་ཤེས་རབ་ཀྱི་ཕ་རོལ་ཏུ་ཕྱིན་པ་མ་ཡིན་ཞིང་། ཆོས་དེ་དག་ལས་རྣམ་པར་གྲོལ་བ་ཡང་ཤེས་རབ་ཀྱི་ཕ་རོལ་ཏུ་ཕྱིན་པ་མ་ཡིན་པའི་ཕྱིར་རོ་ཞེས་གསུངས་སོ། །

འོད་སྲུང་གིས་ཞུས་པའི་མདོ་ལས། གང་ལ་བདེ་བ་ཡང་མེད། སྡུག་བསྔལ་བ་ཡང་མེད་པ་དེ་ནི་འཕགས་པ་རྣམས་ཀྱི་རིགས་ཏེ། འཕགས་པ་རྣམས་ཀྱི་རིགས་གང་ཡིན་པ་དེ་ལ་ནི་ལས་ཀྱང་མེད། ལས་མངོན་པར་འདུ་བྱེད་པ་ཡང་མེད་པའི་ཕྱིར། རིགས་དེ་ལ་ནི་ལུས་ཀྱི་ལས་བྱེད་པ་མེད་དོ། །ངག་གི་མ་ཡིན་ནོ། །ཡིད་ཀྱི་མ་ཡིན་ནོ་ཞེས་གསུངས་སོ། །གཞན་སྟོང་སྨྲ་བ་རྣམས་ཀྱི་སྟོང་པ་ཉིད་དང་། ཆོས་ཀྱི་བདག་མེད་པ་དང་། གང་ཟག་གི་བདག་མེད་པ་ལ་སོགས་པ་ནི་གཟུང་འཛིན་གྱིས་སྟོང་པའི་གཞན་དབང་དང་དེ་དག་གིས་སྟོང་པའི་ཡོངས་གྲུབ་གཉིས་ཀ་ལ་འཇུག་སྟེ། སློབ་དཔོན་དུལ་བ་ལྷས་ཉི་ཤུ་པའི་འགྲེལ་བཤད་ལས། འདི་ལྟར་ཆོས་ལ་བདག་མེད་པ་ཞེས་བྱ་བའི་སྒྲ་ནི་མེད་པ་ཙམ་ལ་མི་བྱའི། གནས་ཀྱི་ཁྱད་པར་ལ་བྱའོ། །འདི་ལྟར་དེ་ཉིད་ལ་ཚིག་འདི་ལྟར་རྣམ་པར་སྦྱར་ཏེ། གཞན་གྱི་དབང་དང་ཡོངས་སུ་གྲུབ་པའི་དངོས་པོ་གཟུང་བ་དང་འཛིན་པའི་མཚན་ཉིད་ཀྱི་བདག་དང་བྲལ་བ་སྟེ་བདག་མེད་དོ། །དེའི་དངོས་པོ་ནི་བདག་མེད་པའོ། །ཆོས་རྣམས་ལ་བདག་མེད་པ་ནི་གཞན་གྱི་དབང་དང་། ཡོངས་སུ་གྲུབ་པའི་ཆོས་རྣམས་ལ་གཟུང་བ་དང་འཛིན་པ་མེད་ཅེས་པའི་ཐ་ཚིག་གོ །དེས་ན་གཟུང་བ་དང་འཛིན་པ་དང་བྲལ་བའི་སེམས་དང་སེམས་ལས་བྱུང་བ་རྣམས་ལ་བདག་མེད་པ་ཞེས་སྟོན་པ་ཡིན་གྱི། མེད་པ་ཙམ་ནི་མ་ཡིན་ནོ། །གང་ཟག་ལ་བདག་མེད་པ་ཡང་གང་ཟག་མེད་པ་ཙམ་འབའ་ཞིག་མ་ཡིན་གྱི། འདུ་བྱེད་རྣམས་ལ་གཞན་གྱིས་ཡོངས་སུ་བརྟགས་པའི་གང་ཟག་མེད་དོ། །བརྗོད་དུ་མེད་པའི་བདག་ཉིད་ཀྱི་ཞེས་བྱ་བ་ནི། བརྗོད་པར་མི་ནུས་པའི་རང་གི་ངོ་བོས་ཞེས་པའི་ཐ་ཚིག་གོ །ཆོས་ལ་བདག་མེད་པ་རྣམ་པ་དེ་ལྟ་བུར་ཡོངས་སུ་འཛིན་པའི་ཡོན་ཏན་བསྟན་པའི་ཕྱིར། དེ་ལྟར་རྣམ་པར་རིག་པ་ཙམ་ཡང་ཞེས་བྱ་བ་ལ་སོགས་པ་སྨོས་སོ་ཞེས་གསུངས་སོ། །འདིར་ནི་བདག་མེད་གཉིས་ཀ་ཡང་གནས་ཀྱི་ཁྱད་པར་ལ་སྦྱར་ནས་མ་ཡིན་པར་དགག་པ་ཉིད་ལ་གསུངས་སོ། །ཡང་སློབ་དཔོན་བློ་གྲོས་བརྟན་པས་སུམ་ཅུ

པའི་འགྲེལ་པར། ཆོས་ཀྱི་དོན་གྱི་དམ་པའང་དེ། །དེ་ལྟར་དེ་བཞིན་ཉིད་ཀྱང་དེ། །ཞེས་བྱ་བ་ལ་དམ་པ་ནི་འཇིག་རྟེན་ལས་འདས་པའི་ཡེ་ཤེས་ཏེ། བླ་ན་མེད་པའི་ཕྱིར་རོ། །དེའི་དོན་ནི་དམ་པའོ། །ཡང་ན་ནམ་མཁའ་ལྟར་ཐམས་ཅད་དུ་རོ་གཅིག་པ་དང་། དྲི་མ་མེད་པ་དང་། མི་འགྱུར་བའི་ཕྱིར་ཡོངས་སུ་གྲུབ་པས་ཏེ་དོན་དམ་པ་ཞེས་བྱའོ། །འདི་ལྟར་ཡོངས་སུ་གྲུབ་པའི་ངོ་བོ་ཉིད་དེ་ནི་གཞན་གྱི་དབང་གི་བདག་ཉིད་ཀྱི་ཆོས་ཐམས་ཅད་ཀྱི་དོན་དམ་པ་སྟེ། དེའི་ཆོས་ཉིད་ཡིན་པས་དེའི་ཕྱིར་ཡོངས་སུ་གྲུབ་པའི་ངོ་བོ་ཉིད་ནི་དོན་དམ་པའི་ངོ་བོ་ཉིད་མེད་པས་ཏེ། ཡོངས་སུ་གྲུབ་པ་ནི་དངོས་པོ་མེད་པའི་ངོ་བོ་ཉིད་ཀྱི་ཕྱིར་རོ། །ཅི་དོན་དམ་པ་ཞེས་བྱ་བ་འབའ་ཞིག་ཡོངས་སུ་གྲུབ་པ་བརྗོད་དམ། སྨྲས་པ། མ་ཡིན་ཏེ། དེ་བཞིན་ཉིད་ཀྱང་དེའོ། །ཀྱང་གི་སྒྲ་ནི་དེ་བཞིན་ཉིད་ཀྱི་སྒྲར་བརྗོད་པ་འབའ་ཞིག་མ་ཡིན་གྱི། ཆོས་དབྱིངས་རྣམ་གྲངས་སུ་གཏོགས་པ་ཇི་སྙེད་པ་དེ་དག་ཐམས་ཅད་དུ་བརྗོད་པར་བྱའོ། །དུས་ཐམས་ཅད་དེ་བཞིན་དུ་ཡོད་པས་དེའི་ཕྱིར་དེ་བཞིན་ཉིད་དེ། འདི་ལྟར་སོ་སོ་སྐྱེ་བོ་དང་། སློབ་པ་དང་། མི་སློབ་པའི་དུས་དག་ན་དུས་ཐམས་ཅད་དུ་དེ་བཞིན་ཏེ། གཞན་དུ་མ་ཡིན་པས་དེ་བཞིན་ཉིད་ཅེས་བྱའོ་ཞེས་ཡོངས་གྲུབ་ཀྱི་ངོས་འཛིན་དངོས་པོ་མེད་པའི་མེད་དགག་ཏུ་གསུངས་ཤིང་། ཆོས་ཀྱི་དོན་གྱི་དམ་པའང་དེ། །ཞེས་སོགས་ཀྱང་ཡོངས་གྲུབ་ཀྱི་རྣམ་གྲངས་སུ་བཤད་ཀྱི། གཞན་དབང་གི་རྣམ་གྲངས་སུ་བཤད་པ་མེད་ལ། དེ་ཕྱིར་དེ་ཉིད་གཞན་དབང་ལས། །གཞན་མིན་གཞན་པ་མིན་པའང་མིན། །ཞེས་དང་། དེའི་འགྲེལ་པར། དེ་ཕྱིར་དེ་ཉིད་ཅེས་བྱ་བ་ནི་འདི་ལྟར་ཀུན་བརྟགས་པའི་ངོ་བོ་ཉིད་གཞན་གྱི་དབང་དང་རྟག་ཏུ་བྲལ་བ་ན་ཡོངས་སུ་གྲུབ་པ་སྟེ། བྲལ་བ་ཉིད་ནི་ཆོས་ཉིད་དོ། །ཆོས་ཉིད་ནི་ཆོས་ལས་གཞན་དང་གཞན་མ་ཡིན་པར་མི་རུང་ངོ་། །ཡོངས་སུ་གྲུབ་པ་ནི་གཞན་གྱི་དབང་གི་ཆོས་ཉིད་དོ། །དེའི་ཕྱིར་གཞན་གྱི་དབང་ལས་ཡོངས་སུ་གྲུབ་པ་གཞན་པའང་མ་ཡིན་ལ། གཞན་མ་ཡིན་པའང་མ་ཡིན་པར་ཁོང་དུ་ཆུད་པར་བྱའོ། །གལ་ཏེ་ཡོངས་སུ་གྲུབ་པ་གཞན་གྱི་དབང་ལས་གཞན་ཡིན་ན་ནི་དེ་ལྟར་ན་གོ། ཀུན་བརྟགས་པས་གཞན་གྱི་དབང་སྟོང་པར་མི་འགྱུར་རོ། །ཅི་སྟེ་གཞན་མ་ཡིན་ན་དེ་ལྟར་ན་ཡང་ཡོངས་སུ་གྲུབ་པ་རྣམ་པར་དག་པའི་དམིགས་པར་མི་འགྱུར་ཏེ། གཞན་གྱི་དབང་དུ་ཀུན་ནས་ཉོན་མོངས་པའི་བདག་ཉིད་ཀྱི་ཕྱིར་རོ། །དེ་བཞིན་དུ་གཞན་གྱི་དབང་ཡང་ཀུན་ནས་ཉོན་མོངས་པའི་བདག་ཉིད་དུ་མི་འགྱུར་ཏེ། ཡོངས་སུ་གྲུབ་པ་ལས་གཞན་མ་ཡིན་པའི་ཕྱིར། ཡོངས་སུ་གྲུབ་པ་དང་འདྲའོ། །འདིར་གཞན་དབང་དང་ཡོངས་གྲུབ་ཆོས་ཅན་དང་ཆོས་ཉིད་དུ་བྱས་ནས་དེ་ཉིད་དང་གཞན་དུ་བརྗོད་དུ་མེད་པར་ཡང་གསུངས་སོ། །ཡང་དུས་རྣམས་ཀུན་ཏུ་དེ་བཞིན་ཉིད། །དེ་ནི་རྣམ་པར་རིག་པ་ཙམ། །ཞེས་གསུངས་པའི་སྐབས་སུ་འགྲེལ་པར། ཅི་དེ་བཞིན་ཉིད་དེ་བཞིན་དུ་རྣམ་པར་རིག་པ་

ཙམ་ཡང་ཡོངས་སུ་གྲུབ་པ་ཉིད་དམ། འོན་ཏེ་རྣམ་པར་རིག་པ་ཙམ་གཞན་ཞིག་ཡིན་སྙམ་པ་ལ། དེའི་ཕྱིར་དེ་ཉིད་རྣམ་པར་རིག་པ་ཙམ་ཞེས་སྨོས་ཏེ། ཤིན་ཏུ་རྣམ་པར་དག་པའི་མཚན་ཉིད་ཁོང་དུ་ཆུད་པའི་ཕྱིར་རོ་ཞེས་གསུངས་པ་ལ་འབྲུལ་ནས་ཡོངས་གྲུབ་ཉིད་རྣམ་པར་རིག་པ་ཙམ་དུ་འཆད་པ་ནི་སུམ་ཅུ་པ་རྩ་འགྲེལ་དང་ཤིན་ཏུ་མི་མཐུན་ཏེ། འགྲེལ་པ་དེ་ཉིད་ལས། ཤིན་ཏུ་རྣམ་པར་དག་པའི་མཚན་ཉིད་ཁོང་དུ་ཆུད་པའི་ཕྱིར་རོ་ཞེས་པས། འཕགས་པའི་ཡེ་ཤེས་ཀྱིས་གཟུང་འཛིན་གཉིས་ཀ་མེད་པའི་རྣམ་པར་རིག་པ་ཙམ་ཐོབ་པ་ལ་དེ་ཉིད་རྣམ་པར་རིག་པ་ཙམ་ཞེས་གསུངས་ཀྱི། དེའི་སྐབས་ཀྱི་རྣམ་པར་རིག་པ་ཙམ་དེ་ཡོངས་གྲུབ་དངོས་སུ་མ་གསུངས་ཤིང་། དེ་ཉིད་ཡོངས་གྲུབ་དངོས་ཡིན་ན། གོང་དུ། གཞན་མིན་གཞན་པ་མིན་པའང་མིན། །ཞེས་བཤད་པ་དང་འགལ་བར་འགྱུར་བའི་ཕྱིར་དང་། འགྲེལ་བ་དེ་ཉིད་ལས། དེ་ནི་རྣམ་པར་རིག་པ་ཙམ། །ཞེས་བྱ་བའི་ཐ་ཚིག་འདིས་ནི་མངོན་པར་རྟོགས་པ་བསྟན་ཏོ་ཞེས་གཟུང་འཛིན་གཉིས་སུ་མེད་པའི་ཡེ་ཤེས་རྟོགས་པའི་ཚེ་གཟུང་འཛིན་གཉིས་ཀྱིས་སྟོང་པའི་ཡོངས་གྲུབ་རྟོགས་པར་བསྟན་གྱི། ཡོངས་གྲུབ་དེ་གཉིས་སུ་མེད་པའི་ཡེ་ཤེས་ཡིན་པ་ལ་གཉིས་སུ་མེད་པའི་ཡེ་ཤེས་ལས་ལོགས་སུ་ཡོངས་གྲུབ་ཡོད་པར་མ་གསུངས་སོ། །

གཉིས་སུ་མེད་པའི་ཡེ་ཤེས་ལ་ཡོངས་གྲུབ་ཏུ་བཏགས་པ་ཡང་རྣམ་གྲངས་པའི་ཡོངས་གྲུབ་ཙམ་ཡིན་ཏེ། ཐེག་བསྡུས་ལས། རྣམ་པ་གང་གིས་དེ་ཉིད་ཡོངས་སུ་གྲུབ་པ་ཞེས་བྱ་བའི་རྣམ་པ་གང་ཞེ་ན། ཇི་ལྟར་ཀུན་ཏུ་བརྟགས་པ་དེ་ལྟར་མེད་པའི་ཕྱིར་རོ་ཞེས་དང་། དབུས་མཐའ་ལས། གང་ཟག་དང་ནི་ཆོས་རྣམས་ཀྱི། །དངོས་པོ་མེད་པའི་སྟོང་པ་ཉིད། །དེ་དངོས་མེད་པའི་དངོས་ཡོད་པ། །དེ་ནི་དེ་ལ་སྟོང་ཉིད་གཞན། །ཞེས་སོགས་ཡོངས་གྲུབ་དེ་ལ་དངོས་པོ་མེད་པའི་སྟོང་ཉིད་དང་། དངོས་པོ་མེད་པའི་ངོ་བོ་ཉིད་སྟོང་པ་ཉིད་གཉིས་སུ་བྱས་ནས་ཕྱི་མ་རྣམ་གྲངས་པར་གསུངས་པའི་ཕྱིར་རོ། །ཡོངས་གྲུབ་དེ་ཉིད་མ་ཡིན་དགག་ཏུ་བཤད་པ་དང་། མེད་དགག་ཏུ་བཤད་པ་གཉིས་པོ་དེའང་མི་འགལ་ལམ་ཞེ་ན། བོད་ཀྱི་མངོན་པ་བ་བཞད་པ་གཞོན་ནུ་བྱང་ཆུབ་ལ་སོགས་པ་རྣམས་ན་རེ། མི་འགལ་ཏེ་མེད་དགག་ཏུ་བཤད་པ་ནི་བདག་གཉིས་ཀྱིས་སྟོང་ཙམ་གྱི་ཆོས་ཉིད་ཀྱི་ལྡོག་པ་ནས་བཤད་ལ། མ་ཡིན་དགག་ཏུ་བཤད་པ་ནི་བདག་མེད་པའི་ཕུང་པོའི་ལྡོག་པ་ནས་བཤད་པ་ཡིན་པས་སོ་ཞེས་གསུངས་སོ། །དབུ་མ་ངོ་བོ་ཉིད་མེད་པར་སྨྲ་བ་རྣམས་ཀྱི་བཞེད་པས། ཆོས་ཀྱི་དབྱིངས་སྤྲོས་པའི་མཐའ་ཐམས་ཅད་དང་བྲལ་ཞིང་དགེ་བ་དང་སྡིག་པ་ལས་གྲོལ་བ་རྒྱ་ཆེར་བསྟན་པ་ཉིད་ཀྱིས་འདིར་མ་སྤྲོས་སོ། །ཆོས་ཉིད་རིགས་ཀྱི་སྒྲི་ཉེ་བར་བཟུང་ནས་སེམས་ཅན་ཐམས་ཅད་དེ་བཞིན་གཤེགས་པའི་སྙིང་པོ་ཅན་དུ་བསྟན་ཏོ་ཞེས་ཡེ་ཤེས་སྣྲུན་ལྡན་རྗེ་བཙུན་གྲགས་པ་རྒྱལ་མཚན་གྱིས་མངོན་པར་རྟོགས་པ་རིན་པོ་ཆེའི་ལྗོན་ཤིང་ལས

གསུངས་པ་དང་། སྡོམ་གསུམ་ལས། བདེ་གཤེགས་སྙིང་པོ་ཞེས་བྱ་བ། །ཆོས་དབྱིངས་འགྱུར་མེད་ཉིད་ལ་གསུངས། །ཞེས་བཤད་པའི་ལུང་གི་ཁུངས་ཤིན་ཏུ་གསལ་བ་མདོར་བསྡུས་པ་ནི། མྱ་ངན་འདས་ཆུང་ལས། གངས་ཀྱི་རི་ལ་དུག་ཀྱང་ཡོད་མོད་ཀྱི། འོན་ཀྱང་སྨན་གཙོ་བོར་སྨོས་པ་དེ་བཞིན་དུ། ལུས་འདི་ཡང་དེ་དང་འདྲ་སྟེ༑ སྦྲུལ་གདུག་པ་ལྔ་བུའི་ཁམས་བཞི་དུག་དང་ལྡན་མོད་ཀྱི། སྨན་གྱི་རྒྱལ་པོ་དེ་བཞིན་གཤེགས་པའི་སྙིང་པོ་དེ་ཡོད་པས་ན། དེ་བཞིན་གཤེགས་པའི་སྙིང་པོ་ཐོག་མ་ནས་བཅོས་མ་མ་ཡིན་པའི་ཁམས་ཡིན་ལ། ཉོན་མོངས་པ་རྣམས་ནི་གློ་བུར་དུ་བྱུང་བ་ཡིན་ཏེ། སངས་རྒྱས་སུ་འགྱུར་བར་འདོད་པ་སུ་ཡང་རུང་བ་རྣམས་ཀྱིས་ནི་ཉོན་མོངས་པའི་རྣམ་པ་རྣམས་གཞོམ་པར་བྱའོ་ཞེས་གསུངས་སོ། །

གཙུག་ན་རིན་པོ་ཆེའི་ཞུས་པ་ལས། རིགས་ཀྱི་བུ་དམིགས་པ་གང་གིས་རྣམ་པར་ཤེས་པ་མི་བསྐྱེད་པ་དང་། གང་དུ་སོ་སོར་རྣམ་པར་རིག་པར་གནས་པ་དེ་གཉིས་ཀ་ཡང་མཐའ་སྟེ། གང་དེ་གཉིས་ཀྱི་དབུས་མ་བསྟན་པར་མི་ནུས་པ་དེ་ནི། རིགས་ཀྱི་བུ་བརྡ་ཙམ་དུ་དབུ་མའི་ལམ་ཞེས་བྱའི། དོན་དམ་པ་གང་ཡིན་པ་དེ་ནི་བརྗོད་དུ་མེད་དོ་ཞེས་དང་། ཆོས་ཀྱི་དབྱིངས་གང་ཡིན་པ་དེ་ཉིད་སེམས་ཅན་གྱི་ཁམས་སོ་ཞེས་གསུངས་ལ། ཧྲག་གེ་འབར་བ་ལས། དེ་བཞིན་གཤེགས་པའི་སྙིང་པོ་ཅན་ཞེས་བྱ་བ་ཡང་། སྟོང་པ་ཉིད་དང་། མཚན་མ་མེད་པ་དང་། སྨོན་པ་མེད་པ་ལ་སོགས་པ་རྣམས་སེམས་ཅན་ཐམས་ཅད་ཀྱི་རྒྱུད་ལ་ཡོད་པའི་ཕྱིར་ཡིན་གྱི། ནང་གི་བྱེད་པའི་སྐྱེས་བུ་རྟག་པ་ཐམས་ཅད་དུ་ཁྱབ་པ་ལྟ་བུ་ནི་མ་ཡིན་ཏེ། ཇི་སྐད་དུ། ཆོས་ཐམས་ཅད་ནི་སྟོང་པ་ཉིད་དང་། མཚན་མ་མེད་པ་དང་། སྨོན་པ་མེད་པའི་ངོ་བོའོ། །གང་སྟོང་པ་ཉིད་དང་། མཚན་མ་མེད་པ་དང་། སྨོན་པ་མེད་པའི་ངོ་བོ་དེ་ནི་དེ་བཞིན་གཤེགས་པའོ་ཞེས་བྱ་བ་ལ་སོགས་པ་འབྱུང་བས་སོ་ཞེས་གསུངས་སོ། །སེམས་ཙམ་པ་རྣམས་ཀྱི་སེམས་ཀྱི་ཆོས་ཉིད་སྒྲིབ་བྲལ་ལས་སངས་རྒྱས་འབྱུང་བས་ན་སེམས་ཅན་ཐམས་ཅད་སངས་རྒྱས་ཀྱི་སྙིང་པོ་ཅན་མ་ཡིན་གྱི། སེམས་ཅན་དང་སངས་རྒྱས་ཀྱི་དེ་བཞིན་ཉིད་རང་བཞིན་གཅིག་པ་ལ་དགོངས་ནས། སེམས་ཅན་ཐམས་ཅད་སངས་རྒྱས་ཀྱི་སྙིང་པོ་ཅན་ཡིན་ནོ་ཞེས་གསུངས་པར་འདོད་པའི་ཁུངས་ནི། དབུ་མ་སྣང་བ་ལས། སེམས་ཙམ་པའི་ཕྱོགས་སྟ་མ་སྨོས་པའི་སྐབས་སུ། གང་ཡང་འཕགས་པ་ཏིང་ངེ་འཛིན་གྱི་རྒྱལ་པོ་ལས། འདི་ན་སྟོད་མིན་སེམས་ཅན་འགའ་ཡང་མེད། །འགྲོ་བ་འདི་དག་མ་ལུས་སངས་རྒྱས་འགྱུར། །ཞེས་འབྱུང་བ་གང་ཡིན་པ་དེའང་བཤད་པའི་དུས་དེ་ན་ཉེ་བའི་འཁོར་རྣམས་ལ་དགོངས་ནས་གསུངས་སོ་ཞེས་བྱ་བར་ཁོང་དུ་ཆུད་པར་བྱའོ། །ཁ་ཅིག་སེམས་ཅན་ཐམས་ཅད་ནི་དེ་བཞིན་གཤེགས་པའི་སྙིང་པོ་ཅན་ནོ་ཞེས་འབྱུང་བ་གང་ཡིན་པ་དེ་ཡང་བཤད་པའི་དུས་དེ་ན་དེ་བཞིན་ཉིད་ཀྱི་མཚན་ཉིད་ཀྱི་དེ་

བཞིན་གཤེགས་པ་ལ་དགོངས་ནས་གསུངས་སོ། །དེ་ལྟ་བས་ན་དོན་དམ་པར་ཐེག་པ་གསུམ་ཡང་ཡོད་པ་ཉིད་ལ༑ ཆོས་ཐམས་ཅད་ཀྱང་ངོ་བོ་ཉིད་དང་བཅས་པ་ཉིད་དོ་ཞེས་ཟེར་ཏེ། ཕྱོགས་སྔ་མ་ཡིན་ནོ་ཞེས་གསུངས་སོ། །དབུ་མ་པས་སེམས་ཀྱི་ཆོས་ཉིད་སྤྲོས་པ་དང་བྲལ་བ་ལ་བདེ་བར་གཤེགས་པའི་སྙིང་པོར་འདོད་ཅིང་། སེམས་ཅན་ཐམས་ཅད་ལ་རང་བཞིན་དུ་གནས་པའི་རིགས་ཡོད་པར་བཞེད་པ་ནི། དབུ་མ་སྣང་བ་དེ་ཉིད་ལས། སེམས་ཅན་ཐམས་ཅད་དེ་བཞིན་གཤེགས་པའི་སྙིང་པོ་ཅན་ནོ་ཞེས་བྱ་བ་འདིས་ཀྱང་ཐམས་ཅད་བླ་ན་མེད་པ་ཡང་དག་པར་རྫོགས་པའི་བྱང་ཆུབ་ཀྱི་གོ་འཕང་ཐོབ་པ་ཉིད་དུ་བསྟན་ཏེ། དེ་བཞིན་གཤེགས་པའི་སྒྲ་ནི་ཆོས་ཀྱི་དབྱིངས་གང་ཟག་དང་ཆོས་ལ་བདག་མེད་པའི་མཚན་ཉིད་རང་བཞིན་གྱིས་འོད་གསལ་བ་ཡིན་པར་བརྗོད་པར་བཞེད་པའི་ཕྱིར་རོ། །དེ་སྐད་དུ་བསྟན་པས་ནི་ཐམས་ཅད་བླ་ན་མེད་པ་ཡང་དག་པར་རྫོགས་པའི་བྱང་ཆུབ་ཀྱི་རང་བཞིན་དུ་ཡོངས་སུ་བསྟན་པ་ཡིན་ནོ་ཞེས་གསུངས་སོ། །སེམས་ཀྱི་ཆོས་དབྱིངས་ལ་སྙིང་པོའི་སྒྲས་བསྟན་པ་དེའང་གདུལ་བྱའི་བསམ་པ་ལ་ལྟོས་ནས་བསྟན་པ་ཡིན་གྱི། ངེས་དོན་ལ་དེ་ལྟར་ཡོད་པ་ནི་མ་ཡིན་ཏེ། དབུ་མ་སྣང་བ་དེ་ཉིད་ལས། འདི་ལྟར་ཆོས་ཀྱི་དབྱིངས་འཕགས་པའི་ཡེ་ཤེས་ཀྱི་སྤྱོད་ཡུལ་ཆོས་ཐམས་ཅད་བདག་མེད་པའི་མཚན་ཉིད་ཁོ་ན་དངོས་པོའི་སྒྲར་བརྗོད་པར་བཞེད་དེ། དེ་དངོས་པོ་ལ་མངོན་པར་ཞེན་པ་རྣམས་ཀྱིས་སྐྲག་པའི་གནས་ཡོངས་སུ་སྤང་བའི་དོན་དུ་དེ་ལྟར་བསྟན་པའི་ཕྱིར་རོ་ཞེས་དང་། སངས་རྒྱས་བཅོམ་ལྡན་འདས་རྣམས་ནི་གདུལ་བྱའི་བསམ་པ་ལ་ལྟོས་ནས་ཆོས་ཀྱི་དབྱིངས་དེ་བཞིན་ཉིད་ཐབས་སྣ་ཚོགས་ཀྱིས་སྟོན་པར་མཛད་དེ་ཞེས་གསུངས་སོ། །ཆོས་ཀྱི་དབྱིངས་ལ་དངོས་པོའི་སྒྲས་གསུངས་ཞེས་པའི་དངོས་པོ་ནི་འདུས་མ་བྱས་པ་ཡང་ཡིན་ཏེ། ལང་ཀར་གཤེགས་པའི་མདོ་ཉིད་ལས། ཡང་དག་པར་རྫོགས་པའི་སངས་རྒྱས་རྣམས་ནི། དེ་བཞིན་ཉིད་དང་། སྟོང་པ་ཉིད་དང་། ཡང་དག་པའི་མཐའ་དང་། མྱ་ངན་ལས་འདས་པ་ལ་སོགས་པའི་དངོས་པོ་རྣམས་དེ་བཞིན་གཤེགས་པའི་སྙིང་པོ་ཡིན་པ་ཉེ་བར་བསྟན་པར་མཛད་ནས། བྱིས་པ་རྣམས་བདག་མེད་པས་སྐྲག་པའི་གནས་རྣམ་པར་སྤང་བའི་ཕྱིར། རྣམ་པར་མི་རྟོག་པ་སྣང་བ་མེད་པའི་སྤྱོད་ཡུལ་དེ་བཞིན་གཤེགས་པའི་སྙིང་པོ་ཡིན་པར་ཉེ་བར་བསྟན་པས་སྟོན་པར་མཛད་དོ་ཞེས་གསུངས་སོ། །

དེ་ལྟར་ན་ངེས་པའི་དོན་ལ་ནི། ཆོས་ཀྱི་དབྱིངས་བརྗོད་པ་ཐམས་ཅད་ལས་འདས་པའི་ཕྱིར། ཡོད་པ་དང་། མེད་པ་དང་། འདུས་བྱས་དང་། འདུས་མ་བྱས་དང་། སྟོང་པ་དང་། མི་སྟོང་པ་ལ་སོགས་པའི་ཐ་སྙད་ཐམས་ཅད་ལས་འདས་པས་དེ་བཞིན་གཤེགས་པའི་སྙིང་པོར་ཡང་བརྗོད་པར་བྱ་བ་མ་ཡིན་ལ། ཐ་སྙད་དུ་ནི་ཆོས་ཅན་སྣ་ཚོགས་པའི་མིང་གིས་ཀྱང་བསྟན་ཏོ་ཞེས་པ་ནི་དགོངས་པ་ཕྱིན་ཅི་མ་ལོག་པ་ཡིན་ཏེ། བདག་ཉིད་

ཆེན་པོ་ཀཱ་མ་ལ་ཤཱི་ལས། དེ་ཁོ་ན་ཉིད་འདི་ཡང་རྣམ་པ་ཐམས་ཅད་དུ་བརྗོད་པར་བྱ་བ་མིན་ཀྱང་། ཐ་སྙད་ཀྱི་དབང་གིས་འདུས་བྱས་མ་ལུས་པའི་ཆོས་ཉིད་ཡིན་པའི་ཕྱིར་འདུས་བྱས་ཞེས་བྱ་བར་ཡང་ཐ་སྙད་བཏགས་ལ། དེ་བཞིན་གཤེགས་པ་རྣམས་བྱུང་ཡང་རུང་། མ་བྱུང་ཡང་རུང་། དུས་ཐམས་ཅད་དུ་གནས་པའི་ཕྱིར་འདུས་མ་བྱས་ཞེས་བྱ་བར་སྟོན་ཏེ། དེ་ཁོ་ན་ཉིད་ནི་ངོ་བོ་ཉིད་ཐམས་ཅད་ལས་འདས་པའི་མཚན་ཉིད་ཡིན་པའི་ཕྱིར་དེ་གཉིས་ཀའི་ངོ་བོ་ཡང་མ་ཡིན་ནོ། །གདོན་མི་ཟ་བར་དེ་ལྟ་བུ་ཡིན་པར་ཁོང་དུ་ཆུད་པར་བྱ་སྟེ། དེ་ལྟ་མ་ཡིན་ན། ཁྱེད་ཀྱི་གཞུང་ལུགས་ཀྱི་འདུས་མ་བྱས་དངོས་པོར་ཇི་ལྟར་འགྱུར། གང་གིས་ན་དེ་འདུས་མ་བྱས་ཞེས་ཀྱང་བྱ་སྟེ། ཁྱེད་ནི་འདུས་མ་བྱས་ཁོ་ན་དངོས་པོར་ཉིད་དུ་འདོད་པའི་ཕྱིར་རོ། །

འཕགས་པ་དཀོན་མཆོག་འབྱུང་གནས་ལས་ཀྱང་། མི་གང་དེ་བཞིན་དེ་ནི་འདུས་བྱས་དང་། །གཉིས་པ་འདུས་མ་བྱས་དང་རྣམ་གཉིས་སུ། །སླུས་པ་བདེ་བར་གཤེགས་པས་ཆོས་བཤད་པ། །དེ་དག་རྟོགས་པར་བྱ་ཕྱིར་སྤྲོ་བ་མིན། །ཞེས་གསུངས་སོ། །དེ་ལྟ་བས་ན། འདི་ལྟར་སྟེ། འདུས་བྱས་དང་འདུས་མ་བྱས་ཀྱི་དངོས་པོར་འཛིན་པ་འདི་ནི་མཐར་འཛིན་ཡིན་ནོ་ཞེས་གསུངས་སོ། །འཕགས་པ་ལང་ཀར་གཤེགས་པ་ལས་ཀྱང་། གང་ཕྱིར་བློ་ཡིས་རབ་བཞིགས་ན། །རང་བཞིན་དག་ནི་མི་དམིགས་ཏེ། །དེ་ཕྱིར་དེ་དག་བརྗོད་དུ་མེད། །ངོ་བོ་ཉིད་ཀྱང་མེད་པར་བཤད། །རྒྱུན་གྱིས་བསྐྱེད་པའི་དོན་ལ་ནི། །ཡོད་དང་མེད་པ་ཡོད་མ་ཡིན། །རྒྱུན་དུ་རྟོགས་པའི་དངོས་པོ་ལ། །ཡོད་དང་མེད་པར་གང་རྟོགས་པ། །མུ་སྟེགས་ལྟ་བ་ཅན་དག་ནི། །བསྟན་པས་རིང་དུ་གྱུར་པར་ཤེས། །དངོས་པོ་ཀུན་གྱིས་སླུ་བ་ལ། །རྟག་ཏུ་ཆེ་རབས་གཞན་སོང་སྟེ། །ཕན་ཚུན་རྣམ་པར་རྟོག་པ་ཡིས། །གོམས་ཤིང་གོམས་པར་བྱེད་པ་པོ། །མིང་ནི་བརྗོད་པར་མ་བྱས་ན། །འཇིག་རྟེན་ཐམས་ཅད་རྨོངས་པར་འགྱུར། །དེ་བས་རྨོངས་པ་བསལ་བའི་ཕྱིར། །མིང་དུ་གདགས་པར་བྱས་པ་ཡིན། །རྒྱུན་རྣམས་ཀྱིས་ནི་བསྐྱེད་པ་ཡི། །རྣམ་པར་རྟོག་པ་གསུམ་དག་གིས། །བྱིས་པ་རྣམས་ནི་དངོས་པོར་རྟོག །འགག་པ་མེད་ཅིང་མ་སྐྱེས་ཏེ། །རང་བཞིན་གྱིས་ནི་ནམ་མཁའ་འདྲ། །དངོས་པོ་མེད་པའི་རང་བཞིན་དག །དེ་དག་རྣམ་བཏགས་མཚན་ཉིད་དོ། །མིག་ཡོར་འདྲ་ཞིང་སྒྱུ་མ་འདྲ། །སྐྱིག་རྒྱུ་སྨི་ལམ་མགལ་མེ་སྐོར། །དྲི་ཟའི་གྲོང་ཁྱེར་བྲག་ཅ་འདྲ། །ཆོས་དེ་བསྐྱེད་ལས་བྱུང་བ་ཡིན། །དེ་བཞིན་ཉིད་དུ་གཉིས་སུ་མེད། །སྟོང་པའི་ཆོས་ཉིད་ཡང་དག་མཐའ། །རྣམ་པར་མི་རྟོག་བཤད་པ་ནི། །གང་དེ་གྲུབ་པའི་མཚན་ཉིད་དོ། །ཞེས་གསུངས་སོ། །ཡོད་ཙམ་མི་རྟག་གིས་ཁྱབ་པར། །ཆོས་ཀྱི་གྲགས་པས་ལེགས་པར་གསུངས། །ཞེས་སོགས་དང་། ཀླུ་སྒྲུབ་ཀྱིས་ཀྱང་དབུ་མ་ལས། ཞེས་སོགས་ཀྱི་སྐབས་སུ། དོགས་པའི་མཐའ་དཔྱོད་པ་ནི། རྩོད་རིགས་ལས་ཡོད་པ་ཉིད་ཀྱི་མཚན་ཉིད་ནི་དོན་བྱེད་ནུས་པ་

ཡིན་ལ། དེ་ལས་བཟློག་པའི་ཕྱིར་མེད་པ་ཁོ་ནར་འགྱུར་ཏེ་ཞེས་དང་། རིགས་ཐིགས་ལས། དེ་ལྟ་བས་ན་གང་གི་བདག་ཉིད་གང་ཡིན་པ་ནི་ཡོད་པ་ཙམ་གྱིས་དེ་ལྟ་བུར་འགྱུར་གྱི། གྱུར་ནས་ཡང་དེ་དངོས་པོར་བྱ་བའི་ཕྱིར། གཞན་གྱིས་མངོན་པར་འདུ་བྱ་བ་ལྟོས་པ་ནི་མ་ཡིན་ནོ་ཞེས་གསུངས་ཤིང་། ཆོས་རྗེ་ཉིད་ཀྱིས་སྟོན་པ་བློ་གྲོས་རབ་གསལ་གྱི་དྲིས་ལན་ལས་ཀྱང་། ཁྱེད་ཀྱི་དྲི་བ་དང་པོ། རིགས་གཏེར་ལས། གང་ཡོད་དེ་འཇིག་ཐུམ་པ་བཞིན། །སྒྲ་ཡང་ཡོད་ཅེས་རང་བཞིན་རྟགས། །ཅེས་གསུངས་པ་དང་། སྡོམ་གསུམ་རབ་དབྱེ་ལས། ཆོས་དབྱིངས་ཡོད་པའང་མ་ཡིན་ཏེ། །ཡོད་ཙམ་མི་རྟག་གིས་ཁྱབ་པར། །ཆོས་ཀྱི་གྲགས་པས་ལེགས་པར་གསུངས། །ཞེས་པའི་དོན་སྒྲ་ཇི་བཞིན་པ་ལགས་སམ་ཞེས་པ་ནི། དཔལ་ཆོས་ཀྱི་གྲགས་པས་རྟོག་གེའི་སྐབས་སུ། དོན་དམ་དོན་བྱེད་ནུས་པ་གང་། །དེ་འདིར་དོན་དམ་ཡོད་པ་ཡིན། །གཞན་ནི་ཀུན་རྫོབ་ཡོད་པ་སྟེ། །དེ་དག་རང་སྤྱིའི་མཚན་ཉིད་བཤད། །ཅེས་དོན་བྱེད་ནུས་པ་ལ་དོན་དམ་དུ་ཡོད་པ་དང་། དོན་བྱེད་མི་ནུས་པ་ལ་ཀུན་རྫོབ་ཏུ་ཡོད་པའི་རྣམ་བཞག་མཛད། ཡང་། འཇིག་ལ་འབྲས་དང་ཡོད་ཉིད་བཞིན། །ཞེས་སྒྲ་འཇིག་པར་བསྒྲུབ་པ་ལ་འབྲས་བུ་རྟགས་སུ་བཀོད་པ་དང་། དོན་གྱི་ཡོད་པ་ཉིད་རྟགས་སུ་བཀོད་པ་དེ། དེ་ཕྱིར་དངོས་པོ་མེད་རྟེན་ཅན། །ཕྱི་རོལ་རྟེན་ནི་སྒྲ་དོན་ལ། །བརྟེན་ནས་འདི་ནི་སྒྲུབ་པ་དང་། དགག་པ་ཐམས་ཅད་འདོད་པ་ཡིན། །དེ་ཡང་སྒྲ་འཇུག་པ་ཉིད་ལས། །ཡོད་ཅེས་ཐ་སྙད་བཏགས་པར་འདོད། །ཅེས་དང་། དེ་ཉིད་ནི། མེད་པ་མ་ཡིན་སྒྲ་སྦྱོར་ཕྱིར། །ཞེས་སྒྲ་དོན་ལ་ཡོད་པའི་ཐ་སྙད་མཛད་པ་དང་། ཡང་། དེ་ལ་དམིག་རྐྱེན་རྣམས་ཀྱིས་ནི། །ཡོད་པ་དམིགས་པ་ལས་གཞན་མིན། །ཞེས་ཚད་མས་དམིགས་པ་ལ་ཡོད་པའི་མཚན་ཉིད་དུ་གསུངས་པ་དེ་དག་གི་དོན་ཡང་འདི་ཡིན་ཏེ། འདིར་ནི་ཡོད་པ་རྣམ་གཉིས་ཏེ། །དོན་དང་ཐ་སྙད་དག་གིས་སོ། །དོན་གྱི་ཡོད་པས་བྱ་བ་བྱེད། །ཐ་སྙད་ཡོད་པ་དགག་སྒྲུབ་བརྟེན། །ཞེས་པའོ། །

དྲི་བ་གཉིས་པ། ཆོས་ཀྱི་དབྱིངས་ཤེས་བྱ་མ་ཡིན་ལགས་སམ་ཞེས་པ་ནི། རྡོ་རྗེ་གཅོད་པ་ལས། སངས་རྒྱས་རྣམས་ཀྱི་ཆོས་ཀྱི་སྐུ། །འདྲེན་པ་རྣམས་ནི་ཆོས་ཉིད་ལྟ། །ཆོས་ཉིད་ཤེས་བྱ་མ་ཡིན་ཏེ། །དེ་ནི་ཤེས་པར་ནུས་མ་ཡིན། །ཞེས་གསུངས་པ་དང་། སྤྱོད་འཇུག་ལས། དོན་དམ་བློ་ཡི་སྤྱོད་ཡུལ་མིན། །བློ་ནི་ཀུན་རྫོབ་ཡིན་པར་འདོད། །ཅེས་གསུངས་པའི་དོན། ཆོས་དབྱིངས་རང་ངོས་ནས་ཤེས་བརྗོད་ཀྱི་ཡུལ་ལས་འདས་མོད། གཞན་སེལ་གྱི་སྒོ་ནས་ཤེས་བྱར་ཐ་སྙད་མཛད་དེ། རྒྱུད་བླ་མ་ལས། གལ་ཏེ་སངས་རྒྱས་ཁམས་མེད་ན། །སྡུག་ལ་སྐྱོ་བར་མི་འགྱུར་ཞིང་། །མྱ་ངན་འདས་ལ་འདོད་པ་དང་། །དོན་གཉེར་སྨོན་པའང་མེད་པར་འགྱུར། །ཞེས་དང་། དབུས་མཐའ་ལས། དེ་བཞིན་ཉིད་དང་ཡང་དག་མཐའ། །མཚན་མ་མེད་དང་དོན་དམ་དང་། །ཆོས་ཀྱི་

དབྱིངས་ནི་རྣམ་གྲངས་སོ། །གཞན་མིན་ཕྱིན་ཅི་ལོག་མ་ཡིན། །དེ་འགགས་འཕགས་པའི་སྤྱོད་ཡུལ་དང་། །འཕགས་པའི་ཆོས་ཀྱི་རྒྱུ་ཡི་ཕྱིར། །རྣམ་གྲངས་དོན་དེ་གོ་རིམ་བཞིན། །ཞེས་གསུངས་པ་དང་། ཆོས་མངོན་པའི་མདོ་ལས། ཐོག་མ་མེད་པའི་དུས་ཀྱི་དབྱིངས། །ཆོས་རྣམས་ཀུན་གྱི་གནས་ཡིན་ཏེ། །དེ་ཡོད་པས་ནི་འགྲོ་ཀུན་དང་། །མྱ་ངན་འདས་པའང་ཐོབ་པར་འགྱུར། །ཞེས་གསུངས་སོ། །དེ་དག་གི་དོན་ནི་འདི་ཡིན་ཏེ། དོན་དམ་མཐའ་བཞི་འི་སྤྲོས་པ་བྲལ། །ཀུན་རྫོབ་ཡོད་མེད་ལ་སོགས་པའི། །གཞན་སེལ་ཕན་ཚུན་དངོས་འགལ་གཅོད། །ཡོད་པ་མིན་ལ་མེད་པ་གསུངས། །ཞེས་པའོ། །དེའང་རྣམ་འགྲེལ་ལས། སྒྲུབ་དང་དགག་པ་མ་གཏོགས་པ། །སྒྲ་ལས་བྱུང་བའི་ཐ་སྙད་གཞན། །ཡོད་མིན་དེ་ཕྱིར་མེད་པ་ལ། །མེད་ཕྱིར་འདི་ནི་མི་སླ་ཐོབ། །ཅེས་གསུངས་སོ། །

དྲི་བ་གསུམ་པ། འགོག་བདེན་མ་བྱས་པའི་དགེ་བ་ལགས་སམ་ཞེས་པ་ནི། འགོག་བདེན་མ་བྱས་པ་ཡིན་མོད། དགེ་བ་མཚན་ཉིད་པར་མི་བཞེད་དེ། འཕགས་པ་ཀླུ་སྒྲུབ་ཀྱིས་རྩ་ཤེར་ལས། ཅི་སྟེ་ལས་རྣམས་མ་བྱས་ན། །མ་བྱས་པ་དང་འཕྲད་འཇིག་འགྱུར། །ཚངས་སྤྱོད་གནས་པ་མ་ཡིན་པ། །དེ་ལ་སྐྱོན་དུ་ཐལ་བར་འགྱུར། །ཐ་སྙད་ཐམས་ཅད་ཉིད་དང་ཡང་། །འགལ་བར་འགྱུར་བ་ཐེ་ཚོམ་མེད། །བསོད་ནམས་དང་ནི་སྡིག་བྱེད་པའི། །རྣམ་དབྱེའང་ཐ་དད་མེད་པར་འགྱུར། །གལ་ཏེ་དེ་ནི་རྣམ་སྨིན་ན། །ཡང་དང་ཡང་དུ་རྣམ་སྨིན་འགྱུར། །ཞེས་མ་བྱས་པའི་དགེ་སྡིག་མཚན་ཉིད་པ་ཡོད་པ་བཀག་པར་ཤེས་པ་བྱའོ། །བློ་གྲོས་ལྡན་པའི་བློ་གྲོས་ཀྱིས། །ཚུལ་བཞིན་དྲིས་པའི་དྲི་བ་ཀུན། །ཀུན་དགའི་མིག་གིས་ཀུན་མཁྱེན་ལྟར། །ལེགས་པར་ཕྱེ་ལ་ལེགས་པར་གཟིགས། །མདོ་སྔགས་ཀྱི་སྟོན་པ་བློ་གྲོས་རབ་གསལ་གྱི་དྲིས་ལན་པི་ཧི་རིན་ཆེན་གྲགས་ཀྱིས་གླིང་ཁར་བྲིས་པའོ། །ཞེས་གསུངས་པ་ཉིད་ཀྱིས་ཤེས་ལ། དབུ་མ་པའི་ལུགས་ལ་རྟག་ཆད་ཀྱི་མཐའ་གཉིས་སྤོང་བའི་སྐབས་སུ། ཐ་སྙད་ཀྱི་ཡོད་པས་ཡོད་པའི་གོ་ཆོད་པའི་ལུང་ནི། དཔལ་ལྡན་ཟླ་བ་གྲགས་པས་དབུ་མ་ཕུང་པོ་ལྔའི་རབ་ཏུ་བྱེད་པར། ཡོད་པ་ཙམ་ཉེ་བར་བརྗོད་པས་ནི། བདེན་པར་ཡོད་པ་ཉིད་དུ་མི་འགྲུབ་སྟེ། བཏགས་པ་ཙམ་ལ་ཡང་ཡོད་དོ་ཞེས་ཉེ་བར་བརྗོད་དོ་ཞེས་དང་། དངོས་པོར་མེད་པས་ཡེ་མེད་ཅེས་བྱ་བར་ཡང་མི་འགྱུར་ཏེ། རྟེན་ཅིང་འབྲེལ་བར་འབྱུང་བ་ལ་ཉེ་བར་བརྟེན་པའི་རྣམ་པར་གཞག་པར་ཉམས་པ་འགྱུར་བའི་ཕྱིར་རོ་ཞེས་དང་། དེ་ཡང་བཅོམ་ལྡན་འདས་ཀྱིས། ཀུན་དགའ་བོ་བདག་ཡོད་དོ་ཞེས་འདོད་ན་ནི་རྟག་པར་ལྟའོ། །ཀུན་དགའ་བོ་བདག་མེད་དོ་ཞེས་འདོད་ན་ཆད་པར་ལྟའོ་ཞེས་གསུངས་པ་ཐམས་ཅད་དུ་ཡང་རྫས་སུ་མེད་པར་བདེན་པ་ལ་རྫས་སུ་སྒྲོ་བཏགས་ཏེ་ཡོད་པ་ཉིད་དམ་མེད་པ་ཉིད་དུ་བཏགས་པ་ནི་རྟག་པ་དང་ཆད་པའི་མཐའ་གཉིས་སུ་ལྟུང་བར་འགྱུར་རོ། །གང་གིས་ཉེ་བར་ལེན་པ་ལས་རྣམ་པར་གནས་པ་ཕྱིན་ཅི་མ་ལོག

པ་ཇི་ལྟ་བ་བཞིན་དུ་མཐོང་བ་དེ་ནི་རྟག་པ་དང་ཆད་པའི་མཐའ་གཉིས་སུ་ལྟུང་བར་མི་འགྱུར་རོ། །གང་གིས་ཉེ་བར་ལེན་པ་ལས་རྣམ་པར་གནས་པ་ཕྱིན་ཅི་མ་ལོག་པ་ལ་ཇི་ལྟ་བ་བཞིན་དུ་མཐོང་བ་དེ་ནི་རྟག་པ་དང་ཆད་པའི་མཐའ་གཉིས་སུ་ལྟུང་བར་མི་འགྱུར་ཏེ། དེའི་རྟེན་དུ་གྱུར་པའི་དངོས་པོ་ཉེ་བར་མི་དམིགས་པའི་ཕྱིར་རོ། །དེ་འང་རྫས་རྫེས་སུ་མ་དམིགས་པས་ནི་རྟག་པར་ལྟ་བར་མི་ལྟུང་ལ། ཉེ་བར་ལེན་པ་ལས་རྣམ་པར་གཞག་པ་ཙམ་གྱིས་བདག་ཁས་བླངས་པས་ནི་ཆད་པའི་མཐའ་གཉིས་སུ་ལྟུང་བར་མི་འགྱུར་ཏེ། །དེ་ལྟ་བུའི་མཐའ་གཉིས་ཀ་སྤངས་ནས་དབུ་མའི་ལམ་བསྒྲུབས་པས། རྟེན་ནས་འབྱུང་བ་ཉེ་བར་ལེན་པ་ལས་རྣམ་པར་གནས་པའི་བདག་ཉིད་འཕགས་པས་ཇི་ལྟ་བ་བཞིན་དུ་རྟོགས་པས་བདག་ཏུ་འཛིན་པ་རྣམ་པ་ཐམས་ཅད་དུ་ཡང་སྤངས་ཏེ་འཁོར་བ་ལས་རྣམ་པར་གྲོལ་ལོ་ཞེས་གསུངས་སོ། །འདིས་ནི་དབུ་མ་ཐལ་འགྱུར་པའི་ལུགས་ལ་ཐ་སྙད་དུ་བདག་ཡོད་པར་ཁས་བླངས་པས་ཆོག་པ་ཞིག་བསྟན་ཏོ་སྙམ་དུ་སེམས་སོ། །སྤྱིར་ཚིག་གི་ཁྱད་པར་གཞན་མ་སྦྱར་བར་ཡོད་ཅེས་པ་དང་། ཙམ་ཞེས་སྦྱར་བ་ལ་དོན་གྱི་ཁྱད་པར་ཅི་ཡང་མེད་དོ། །དོགས་གཅོད་གཞན་རྣམས་ནི་ཤེས་པར་སླ་བས་མ་བྲིས་སོ། །

ཡང་དྲི་བར། འདུལ་བ་མི་འདྲ་བཅོ་བརྒྱད་ཡོད། །ཅེས་པའི་ལུང་འདི་ཙམ་ལ་དད་པའི་རྗེས་སུ་འབྲངས་ནས། སྡེ་པ་བཅོ་བརྒྱད་པོ་ལ་རྩ་བའི་གཞུང་སོ་སོར་ཐར་པ་གཉིས་དང་། བཤད་པའི་གཞུང་སྡེ་བཞི་དང་། དེའི་དགོངས་པ་འགྲེལ་བའི་བསྟན་བཅོས་ཀྱང་མི་འདྲ་བ་བཅོ་བརྒྱད་ཡོད་པར་ཀུན་གྱིས་མཐུན་དུ་གྲུབ་པ་ཞིག་གོ་སྙམ་པ་མ་གཏོགས། བསྟན་བཅོས་མཛད་པ་འདི་ཉིད་ཀྱི་ཐུན་མོང་མ་ཡིན་པའི་བཤད་པའོ་སྙམ་པའི་ཐེ་ཚོམ་ཙམ་ཡང་མི་སྣང་ཞིང་། གཞན་གྱིས་དཔྱད་པ་བཏང་བ་ན་རྒྱུད་འཁྲུག་པར་བྱེད་པ་དག་སྣང་ངོ་ཞེས་བཤད་དེ། དེའི་ལན་ལ་ལུང་རིགས་གཉིས་ལས། ལུང་གི་སྐབས་སུ། ཀུན་མཁྱེན་བུ་སྟོན་གྱི་གསུང་ལས། སྡེ་པ་བཅོ་བརྒྱད་པོ་དེ་རྣམས་ལ། འདུལ་བ་དང་། མདོ་སྡེའི་ལུང་ཐ་དད་དུ་ཡོད་པར་མངོན་ཏེ། འཕགས་པ་ཐོགས་མེད་ཀྱིས་ཐེག་བསྡུས་སུ། ཀུན་གཞི་སྒྲུབ་བྱེད་ཀྱི་ལུང་མདོ་སྡེ་ཐ་དད་ནས་མི་འདྲ་བ་དྲངས་པའི་ཕྱིར་དང་། ཤར་གྱི་རི་བོའི་སྡེ་པའི་ལུང་དང་ནུབ་ཀྱི་རི་བོའི་སྡེ་པའི་ལུང་དང་། སྡེ་སྣོད་བདུན་དུ་བཤད་ཅེས་གླེ་གྲགས་དང་། ལང་ཀར་གཤེགས་པའི་འགྲེལ་པ་ནས་བཤད་པའི་ཕྱིར་དང་། འཕགས་པ་དགེ་འདུན་ཕལ་ཆེན་པའི་སྡེ་པའི་འཛིག་རྟེན་ལས་འདས་པར་སྨྲ་བའི་སྡེ་པའི་དགེ་སློང་མའི་རྣམ་འབྱེད་ཀྱི་ལུང་བདག་གིས་མཐོང་བ་ན་ཡང་། གཞི་ཐམས་ཅད་ཡོད་པར་སྨྲ་བའི་ལུང་དང་མི་འདྲ་བར། བུད་མེད་རབ་བྱུང་བསྙེན་རྫོགས་ཀྱི་ཆོག་ཐམས་ཅད་ཡོད་པར་སྨྲ་བའི་རྣམ་འབྱེད་ན་ཡོད་པའི་སྡོམ་གྱིས་མ་བསྡུས་པ་དུ་མ་ཞིག་སྣང་བའི་ཕྱིར་རོ་ཞེས་གསུངས་སོ་ཞེས་བྱ་

བ་ལན་དུ་མཛད་ལ། ཆོས་རྗེ་བུ་སྟོན་གྱི་སློབ་མ་མཁན་ཆེན་དཀོན་མཆོག་གྲགས་ཀྱིས་སྡོམ་གསུམ་གྱི་ཊཱི་ཀར་ཡང་བུ་སྟོན་གྱི་གསུང་དེ་ཉིད་སྒྲུབ་བྱེད་དུ་བཀོད་པ་མཛད་དོ། །

དེ་ལ་སྤྱིར་སྡེ་པ་བཅོ་བརྒྱད་སོགས་ཀྱི་ཕྱེས་ཚུལ་ནི། གཅིག་ལས་ཕྱེས་པ་དང་། གཉིས་ལས་ཕྱེས་པ་དང་། གསུམ་ལས་ཕྱེས་པ་དང་། བཞི་ལས་ཕྱེས་པར་འདོད་པའི་ལུགས་ཐ་དད་དུ་མ་ཡོད་པར་འདུལ་བ་འོད་ལྡན་དང་། སློབ་དཔོན་དབྱིག་གཉེན་དང་། སྡེ་པ་ཐ་དད་བཀླག་པའི་འཁོར་ལོ་དང་། གཞུང་ལུགས་ཀྱི་བྱེ་བྲག་བཀོད་པ་དང་། རྟོག་གེ་འབར་བ་ལ་སོགས་པ་ལས་ཞིབ་ཏུ་བཤད་པ་ཡོད་ཅིང་། ལོ་དྲི་མཁན་པོས། ཕལ་ཆེན་པ་ལ་དྲུག །ཡོད་སྨྲ་བ་ལ་བཞི། མང་བཀུར་བ་ལ་ལྔ། གནས་བརྟན་པ་ལ་གསུམ་སྟེ་ཕྱེས་པ་བཅོ་བརྒྱད་དང་། ལང་ཀར་གཤེགས་པའི་འགྲེལ་པར། ཕལ་ཆེན་པ་ལ་དགུ། གནས་བརྟེན་པ་ལ་བཅུ་གཅིག་སྟེ་ཕྱེས་པ་ཉི་ཤུར་བཤད་པ་དང་། རྒྱ་ནག་གི་སློབ་དཔོན་རྫོགས་གསལ་གྱིས་དགོངས་འགྲེལ་གྱི་འགྲེལ་པར། ཐམས་ཅད་ཡོད་པར་སྨྲ་བ་ལ་བཅུ། ཕལ་ཆེན་པ་ལ་བཅུ་སྟེ་ཉི་ཤུར་བཤད་པ་སོགས་མི་འདྲ་བ་དུ་མ་ཡོད་ཀྱང་། འདི་ནི་སློབ་དཔོན་ལེགས་ལྡན་བྱེད་ཀྱི་རྟོག་གེ་འབར་བ་ལས ཡང་སྡེ་པ་བཅོ་བརྒྱད་པོ་དེ་དག་ནི་གང་ཡིན། དེ་དག་གི་བྱེ་བྲག་ནི་ཇི་ལྟར་བྱུང་ཞེ་ན། བདག་གི་བླ་མ་གཅིག་ནས་གཅིག་ཏུ་བརྒྱུད་པ་ལས་འདི་ལྟར་རྗེས་སུ་ཐོས་ཏེ། སངས་རྒྱས་བཅོམ་ལྡན་འདས་ཡོངས་སུ་མྱ་ངན་ལས་འདས་ནས་ལོ་བརྒྱ་དྲུག་ཅུ་ལོན་པ་ན། གྲོང་ཁྱེར་མེ་ཏོག་རྒྱས་པ་ཞེས་བྱ་བར། རྒྱལ་པོ་དྷརྨ་ཨ་ཤོ་ཀ་ཞེས་བྱ་བ་རྒྱལ་སྲིད་བྱེད་པའི་ཚེ་རྩོད་པའི་ཆོས་འགའ་ཞིག་བྱུང་བའི་དབང་གིས་དགེ་འདུན་གྱི་དབྱེན་ཆེན་པོར་གྱུར་ཏོ། །དེས་རེ་ཞིག་དང་པོར་སྡེ་པ་གཉིས་སུ་ཆད་ནས་གནས་ཏེ། དགེ་འདུན་ཕལ་ཆེན་པ་དང་། གནས་བརྟན་པའོ། །དེ་ལ་དགེ་འདུན་ཕལ་ཆེན་པའི་སྡེ་ཡང་རིམ་གྱིས་བྱེ་བར་གྱུར་པ་ན། རྣམ་པ་བརྒྱད་དུ་གནས་ཏེ། འདི་ལྟ་སྟེ། དགེ་འདུན་ཕལ་ཆེན་སྡེ་པ་དང་། ཐ་སྙད་གཅིག་པ་དང་། འཇིག་རྟེན་ལས་འདས་པར་སྨྲ་བ་དང་། མང་དུ་ཐོས་པ་དང་། རྟག་པར་སྨྲ་བ་དང་། མཆོད་རྟེན་དང་། ཤར་གྱི་རི་བོ་པ་དང་། ནུབ་ཀྱི་རི་བོའོ། གནས་བརྟན་པ་ལ་ཡང་རིམ་གྱིས་བྱེ་བར་གྱུར་པ་ན་རྣམ་པ་བཅུར་འགྱུར་ཏེ། འདི་ལྟ་སྟེ། གནས་བརྟེན་པ་ཉིད་ལ་གངས་ཀྱི་རི་པ་ཞེས་ཀྱང་བརྗོད་པ་དང་། ཐམས་ཅད་ཡོད་པར་སྨྲ་བ་ཉིད་ལ་རྣམ་པར་ཕྱེ་སྟེ་སྨྲ་བ་དང་། རྒྱུ་སྨྲ་བ་ལ་ཁ་ཅིག་མོ་རུན་ཏ་ཀ་པ་ཞེས་ཀྱང་ཟེར་བ་དང་། གནས་མའི་བུ་དང་། ཆོས་མཆོག་པ་དང་། བཟང་པོའི་ལམ་པ་དང་། ཀུན་གྱིས་བཀུར་བ་ལ་ཁ་ཅིག་ནི་ཨ་བན་ཏ་ཀ་པ་ལང་ཟེར། ཁ་ཅིག་ནི་རེ་ཀུ་རུ་ཀུ་ལ་པ་ཞེས་ཀྱང་ཟེར་བ་དང་། ས་སྟོན་པ་དང་། ཆོས་སྦས་པ་དང་། ཆར་བཟང་འབེབས་པ་ཞེས་བྱ་བ་ལ་ཁ་ཅིག་ནི་འོད་སྲུང་པ་ཞེས་ཟེར་བ་དང་། བླ་མ་པ་ལ་ཁ་ཅིག་ཕོ་བར་སྨྲ་བ་ཞེས་ཀྱང་ཟེར་བ་སྟེ།

སྡེ་པ་བཅོ་བརྒྱད་ཀྱི་དབྱེ་བ་ནི་དེ་དག་གོ་ཞེས་གསུངས་པ་དང་། གྲེས་མདོ་གཞན་ལས་ཀྱང་རྩ་བ་བཞི་ལས་བཅོ་བརྒྱད་དུ་གྱེས་པ་དང་། དེ་དག་ལ་ཡང་ནང་ཚན་གྱི་མི་འདྲ་བ་སོ་སོར་ཞིབ་ཏུ་གསུངས་པ་ཉིད་ཀྱིས་གྲུབ་པ་ཡིན་གྱི། བསྟན་བཅོས་མཛད་པ་འདི་ཁོ་ནའི་ཐུན་མོང་མ་ཡིན་པའི་བཤད་པ་ཡིན་པ་ལ་ཆོས་རྗེ་བུ་སྟོན་སོགས་ཀྱི་ལུང་ཁུངས་སུ་འགོད་མི་དགོས་ལ། མཁས་པ་རི་མདའ་བས་དགེ་བའི་བཤེས་གཤེན་ཤེས་རབ་གྲགས་ཀྱི་དྲིས་ལན་དུ།

མཁྱེན་རབ་ཀྱི་དབང་ཕྱུག་ས་སྐྱ་པཎྜི་ཏས། རྩ་བའི་སྡེ་བཞི་ལ་འདུལ་བའི་སྡེ་མི་འདྲ་བ་བཞི་སྐད་རིགས་མི་འདྲ་བ་བཞིའི་སྒོ་ནས་ཐུབ་པས་གསུངས་ཤིང་། དེ་ལས་གྱེས་པ་བཅོ་བརྒྱད་ལ་ཡང་། ནང་སེལ་མི་འདྲ་བའི་འདུལ་བ་བཅོ་བརྒྱད་དེའི་ཕྱིར་དང་པོར་སྡོམ་པ་ལེན་པའི་ཚུལ། བར་དུ་བསྲུང་བའི་ཚུལ། ཕྱིར་བཅོས་པའི་ཚུལ། མཐར་གཏོང་བའི་ཚུལ་ལ་སོགས་པ་སྡེ་པ་ཀུན་ལ་མི་འདྲ་བར་ཡོད་གསུང་ཡང་། རང་རེས་སྡེ་པ་གཞན་གྱི་ལག་ལེན་དང་འདུལ་བ་ལ་སོགས་པ་མ་མཐོང་བས་ཁྱད་པར་ཞིབ་མོ་བརྗོད་པར་དཀའ་བར་གདའ་ཡང་། འོན་ཀྱང་འདི་ཙམ་གྱིས་བརྟགས་པ་ཞིག་ཡོད་དེ། རྒྱལ་པོ་ཀྲྀ་ཀྲི་ཨ་ཤོ་ཀས་ཡོན་བདག་མཛད་ནས། བཀའ་བསྡུ་བ་གསུམ་པ་འབྱུང་བའི་དུས་སུ། སྡེ་པ་རྣམས་ནང་མ་མཐུན་པས་ཕན་ཚུན་བསྟན་པ་ཡིན་མིན་གྱི་རྩོད་པ་ཆེན་པོ་བྱུང་བ་ལ། དགེ་འདུན་ཐུགས་མ་བདེ་བ་བྱུང་བའི་ཚེ། རྒྱལ་པོ་ཀྲི་ཀྲིའི་རྨི་ལྟས་ལུང་བསྟན་པའི་མདོ་རྙེད་ནས་ཀུན་ཀྱང་སངས་རྒྱས་ཀྱི་བསྟན་པར་བསྡུས་ཏེ་རྩོད་པ་མེད་པར་བྱས་སོ་ཞེས་གྲགས་ལ། གལ་ཏེ་སངས་རྒྱས་ཀྱིས་རྩ་བའི་སྡེ་བཞི་ལ་འདུལ་བའི་སྡེ་སྣོད་བཞི་གསུངས་ན། བཅོམ་ལྡན་འདས་བཞུགས་པའི་དུས་ཉིད་ནས་རྩ་བའི་སྡེ་བཞི་དང་། དེ་ལས་གྱེས་པ་བཅོ་བརྒྱད་རྣམས་ཡོད་པར་འགྱུར་བས་ཕྱིས་སྡེ་པ་རྣམས་བསྟན་པ་ཡིན་མིན་གྱི་རྩོད་པ་འབྱུང་བ་མི་རིགས་སམ་སྙམ། གལ་ཏེ་སངས་རྒྱས་བཞུགས་པའི་དུས་ཉིད་ནས་ཐེག་པ་ཆེན་པོ་ཡོད་ཀྱང་། །ཕྱིས་ཐེག་པ་ཆེན་པོ་བཀའ་མ་ཡིན་ནོ་ཞེས་རྩོད་པ་དང་འདྲ་སྙམ་ན་མི་འདྲ་སྟེ། དེ་ནི་སངས་རྒྱས་མྱ་ངན་ལས་འདས་ནས་ཡུན་རིང་པོའི་བར་དུ་ཐེག་ཆེན་གྱི་བསྟན་པ་ཉམས་པར་གྱུར་ཅིང་། ཕྱིས་འཕགས་པ་ཀླུ་སྒྲུབ་བྱོན་ནས་ཐེག་ཆེན་གྱི་སྲོལ་རྒྱས་པར་མཛད་པར་ཐུབ་པས་ལུང་བསྟན་པས། ཕྱིས་འཕགས་པ་ཀླུ་སྒྲུབ་ཀྱིས་དབུ་མ་རིགས་ཚོགས་སོགས་ལྟ་བའི་ཆ་གསལ་བར་བྱེད་པ་དང་། མདོ་སྡེ་ཀུན་ལས་བཏུས་པ་སོགས་སྤྱོད་པའི་ཆ་གསལ་བྱེད་ཀྱི་བསྟན་བཅོས་རྣམས་མཛད་དེ་ཐེག་པ་ཆེན་པོའི་བསྟན་པ་རྒྱས་པར་མཛད་པ་ན་དེ་དུས་ཀྱི་ཉན་ཐོས་ཁ་ཅིག་སྔར་ཡུན་རིང་དུ་ཐེག་པ་ཆེན་པོའི་སྒྲ་མ་ཐོས་པ་དང་། རང་གི་ལྟ་བ་ལ་མངོན་པར་ཞེན་པ་རྒྱུ་མཚན་དུ་བྱས་ཏེ། ཐེག་ཆེན་སངས་རྒྱས་ཀྱི་བཀའ་མ་ཡིན་གྱི། ཀླུ་སྒྲུབ་ཀྱིས་རང་བཟོ་བྱས་པ

ཡིན་ནོ་ཞེས་སྨྲ་བ་འདེབས་པ་བྱུང་བ་ཡིན་ནོ། །དེས་ན་ཁོ་བོ་འདི་ལྟར་སེམས་ཏེ། བཅོམ་ལྡན་འདས་ཀྱིས་འདུལ་བའི་སྡེ་སྣོད་ལུང་སྡེ་བཞིར་གྲགས་པ་འབུམ་སྡེ་གཅིག་པོ་འདི་ཉིད་གསུངས་ལ། སྡོམ་པ་ལེན་ཚུལ་སོགས་དགོངས་པ་མི་འདྲ་བ་འགྲེལ་མཁན་བཞི་བྱུང་བས། དེའི་རྗེས་སུ་རྗེས་འཇུག་གི་ལག་ལེན་བཞི་བྱུང་བས་སྡེ་པ་བཞིར་གྱེས་ལ། དེ་རྣམས་ལའང་གནས་དང་། སློབ་དཔོན་དང་། ཆ་བྱད་མི་འདྲ་བ་ལ་སོགས་པའི་བྱེ་བྲག་གིས་ནང་ཚན་གྱི་སྡེ་པ་བཅོ་བརྒྱད་དུ་གྱུར། དེ་དག་ཀུན་ཀྱང་བཅོམ་ལྡན་འདས་ཀྱི་འདུལ་བའི་སྡེ་སྣོད་གཅིག་གི་རྗེས་སུ་འབྲངས་བས་ཐུབ་པའི་བསྟན་པ་ལས་ཕྱི་རོལ་དུ་གྱུར་པ་མ་ཡིན་ནོ་སྙམ་དུ་སེམས་སོ། །དེ་ལྟར་བྱས་ན་རྒྱལ་པོ་ཀྲི་ཀྲིའི་རྨི་ལམ་དུ། རས་ཡུག་ཆེན་པོ་གཅིག་མི་བཅོ་བརྒྱད་ཀྱིས་ཕྱོགས་ཕྱོགས་སུ་འཐེན་ཀྱང་། རས་ཡུག་དེ་ཉིད་ཉམས་པར་མེད་པར་རྨིས་པ་ལ། དེ་བཞིན་གཤེགས་པ་འོད་སྲུང་གིས་ཐུབ་པའི་བསྟན་པ་ལ་སྡེ་པ་བཅོ་བརྒྱད་དུ་གྱེས་ཤིང་། རྣམ་གྲོལ་གྱི་རས་ཡུག་ཉམས་པར་མི་འགྱུར་བའི་མཚན་མའོ་ཞེས་ལུང་བསྟན་པ་དང་ལེགས་པར་འགྲིག་པར་འགྱུར་རོ་སྙམ་དུ་སེམས་སོ་ཞེས་དྲིས་སོ། །

འདི་རྣམས་ལ་ཅུང་ཟད་དཔྱད་ན། ཀུན་མཁྱེན་བུ་སྟོན་གྱི་གསུངས་ཀྱང་ཕྱོགས་རེ་ཙམ་གྱི་ཆ་ནས་སྡེ་པ་མི་འདྲ་བ་ཡོད་པའི་སྐབ་བྱེད་ཙམ་དུ་འགྱུར་བ་ཡིན་ཀྱང་། སྐབ་བྱེད་རྣལ་པོར་ནི་མ་ངེས་ཏེ། ཕྱུ་བའི་འབྲས་ནི་ཚོས་པ་བཞིན། །ཞེས་བཤད་པ་ལྟར་རོ། །རྗེ་བཙུན་རེ་མདའ་བས་གསུངས་པ་དེའམ་ཕྱོགས་སྔ་མ་ལ་མ་བརྟགས་པ་ཡིན་ཏེ། ཆོས་རྗེ་ས་སྐྱ་པས་ནི་ཕྱོགས་བཅུའི་སངས་རྒྱས་ཀྱི་ཞུ་འཕྲིན་དུ། ཁྱོད་ཀྱི་འདུལ་བའི་སྡེ་སྣོད་ལ། །སྡུད་མཛད་ཕྱི་མས་སྡེ་པ་བཞི། །སྐད་རིགས་རྣམ་པ་བཞི་དག་གིས། །འདུལ་བ་ལུང་རྣམས་སྡེ་བཞིར་བསྡུས། །ཞེས་གསུངས་ཤིང་། ཆོས་ཀྱི་རྒྱལ་པོ་འཕགས་པ་རིན་པོ་ཆེས་ཀྱང་སྡོམ་གསུམ་གྱི་གསུང་སྒྲོས་ལས། ཉན་ཐོས་རྩ་བའི་སྡེ་བཞི་ལ་འདུལ་བ་མི་འདྲ་བ་འབུམ་ཕྲག་རེ་རེ་བ་བཞི་ཡོད་ཅིང་། དེ་དག་ཀྱང་སྐད་རིགས་སོ་སོར་ཡོད་ལ། བོད་དུ་འགྱུར་བའི་ལུང་འདི་ནི་ཐམས་ཅད་ཡོད་པར་སྨྲ་བའི་ལུང་དུམ་བུ་བཞི་པ་ཡིན་ནོ་ཞེས་འབྱུང་། དེ་ལྟར་ན་བཀའ་བསྡུ་བ་ཕྱི་མ་བཞི་ནི་བསྡུ་བ་གསུམ་པ་ཞེས་གྲགས་པ་འདི་ཉིད་ཡིན་པས། དེའི་དུས་སུ་སྡུད་པ་པོ་རྣམས་ཀྱིས་སྐད་རིགས་བཞིའི་སྒོ་ནས་སྡེ་པ་བཞིའི་ལུང་རྣམས་བསྡུས་སོ་ཞེས་དགོངས་པ་ཡིན་ཞིང་། བསྡུ་བ་གསུམ་པ་ནི་སངས་རྒྱས་མྱ་ངན་ལས་འདས་ནས་ལོ་སུམ་བརྒྱ་ལོན་པའི་ཚེ་བྱུང་བ་ཡིན་པར་རྗེ་བཙུན་བསོད་ནམས་རྩེ་མོས་ཆོས་ལ་འཇུག་པའི་སྒོར་གསུངས། རྟོག་གེ་འབར་བ་ལས། སངས་རྒྱས་མྱ་ངན་ལས་འདས་ནས་ལོ་བརྒྱ་དང་སུམ་བཅུ་རྩ་བདུན་ནས་བདུད་སྡིག་ཅན་བཟང་པོ་ཐམས་ཅད་ཀྱི་མི་མཐུན་པའི་ཕྱོགས་སུ་གྱུར་པ། དགེ་སློང་གི་ཆ་བྱད་འཛིན་པས་རྫུ་འཕྲུལ་སྣ་ཚོགས་བསྟན་པ་བཞི་ལྷས་དགེ་འདུན་གྱི་

དབྱེན་ཆེན་པོ་བསྐྱེད་དེ་ཞེས་སོགས་དང་། དེ་ལྟར་ལོ་དྲུག་ཅུ་རྩ་གསུམ་གྱི་བར་དུ་དགེ་འདུན་བྱེ་ནས་འཁྲུག་ལོང་གིས་གནས་སོ། །དེ་ནས་ལོ་བརྒྱ་ཕྲག་གཉིས་པ་འདས་པའི་རྗེས་ལ། གནས་བརྟན་གནས་མའི་བུས་བསྟན་པ་ཡང་དག་པར་བསྡུས་སོ་ཞེས་གསུངས་པས། གནས་བརྟན་གནས་མའི་བུས་བསྟན་པ་སྡུད་པའི་གང་གི་ལོ་བརྒྱ་ཕྲག་གཉིས་པ་ཡན་སངས་རྒྱས་མྱ་ངན་ལས་འདས་ནས་ལོ་བཞི་བརྒྱ་ལོན་པའི་དུས་ཙམ་ལ་བསྡུ་བ་གསུམ་པ་བྱུང་བར་གསལ་ལོ་སྙམ་དུ་སེམས་སོ། །ཡང་རྟོག་གེ་འབར་བ་ལས། ཉན་ཐོས་པ་རྣམས་ཀྱིས་ཐེག་པ་ཆེན་པོ་སངས་རྒྱས་ཀྱི་བཀའ་མ་ཡིན་ཏེ། བཀའ་སྡུད་པ་པོ་རྣམས་ཀྱིས་མ་བསྡུས་པའི་ཕྱིར་རོ། །རྟགས་གྲུབ་སྟེ༔ རྩ་བའི་ཡང་དག་པར་སྡུད་པར་བྱེད་པས་མ་བསྡུས་པའི་ཕྱིར་དང་། ཕྱིས་བྱེ་བར་གྱུར་པ་ན་ཡང་སྡུད་པར་བྱེད་པ་རྣམས་ཀྱིས་མ་བསྡུས་པའི་ཕྱིར་རོ་ཞེས་པའི་སྐབས་ལས་ཀྱང་ཉན་ཐོས་ཀྱི་བསྡུ་བ་ལ། རྩ་བའི་བསྡུ་བ་ནི་བཀའ་བསྡུ་དང་པོ་དང་། ཕྱིས་བྱེ་བའི་བསྡུ་བ་ལ་བཀའ་ཕྱི་མ་གཉིས་སུ་བཤད་པའི་དང་པོའི་སྐབས་སུ་འདུལ་བ་སྡེ་བཞི་སྐད་རིགས་སོ་སོར་མ་ཕྱེ་ལ། གཉིས་པའི་སྐབས་སུ་གཉིས་དང་གསུམ་ལ་སོགས་པར་བྱེ་ཞིང་། གསུམ་པའི་སྐབས་སུ་བཞིར་ཡང་བྱེ་བ་སོགས་དོན་གྱིས་གསལ་ལོ། །བསྡུ་བ་གསུམ་གྱི་ཐ་སྙད་ཀྱང་འདུལ་བའི་ལུང་ལས། ཡང་དག་པར་བསྡུ་བའི་གཞི་ལྔ་བརྒྱ་པ་དང་། བདུན་བརྒྱ་པ་དང་། བཞི་བརྒྱ་པ་ཞེས་གསུངས་ནས། དང་པོ་གཉིས་ལ་ཞིབ་ཏུ་བཤད་ཅིང་། གསུམ་པའི་སྐབས་སུ་ལུང་གི་ཡི་གེ་ཆད་ནས་ཞིབ་ཏུ་མ་བྱུང་བ་ལ་དགྲ་བཅོམ་པ་སོ་སོའི་གཏམ་བརྒྱུད་ལ་བརྟེན་ནས་མི་འདྲ་བ་མང་དུ་བྱུང་ངོ་། །ལུང་ཉིད་ལས་གསུངས་ཡོད་པའི་ཁུངས་ནི། འདུལ་བ་ཀུན་ལས་བཏུས་པ་ལས། ཡང་དག་པར་སྡུད་པ་ལྔ་བརྒྱ་པ་དང་། བདུན་བརྒྱ་པ་དང་། བཞི་བརྒྱ་པ་ཞེས་བྱ་བ་ལ་སོགས་པས་ཡུལ་དང་དུས་གང་གི་ཚེ་ཇི་ལྟར་ཡང་དག་པར་བསྡུས་པའི་ལོ་རྒྱུས་ནི་བདེ་བར་གཤེགས་པའི་ལུང་ཉིད་ལས་གསུངས་པ་བཞིན་ནོ་ཞེས་བཤད་དོ། །

གཏམ་བརྒྱུད་མི་མཐུན་པ་ཡང་། བཙུན་པ་དབྱིག་བཤེས་ཀྱིས་གཞུང་ལུགས་ཀྱི་བྱེ་བྲག་བཀོད་པ་ལས། སངས་རྒྱས་མྱ་ངན་ལས་འདས་ནས་ལོ་བརྒྱ་ནས་ཕལ་ཆེན་སྡེ་པ་བྱུང་ལ། ལོ་བརྒྱ་པ་དེ་ཉིད་ཀྱི་ཚེ་དེ་ལས་གྱེས་པ་བདུན་བྱུང་ལ། ལོ་ཉིས་བརྒྱ་པ་ལ་ཀུན་ཏུ་རྒྱུ་ལྷ་ཆེན་པོ་ཞེས་བྱ་བ་རབ་ཏུ་བྱུང་སྟེ། དེའི་རིངས་ལ་མཆོད་རྟེན་པའི་སྡེ་པ་དང་། ནུབ་ཀྱི་རི་བོའི་སྡེ་བ་དང་། བྱང་གི་རི་བོའི་སྡེ་དང་གསུམ་དུ་གྱེས་ལ། ལོ་སུམ་བརྒྱ་པའི་ཚེ་རྩོད་པ་འགའ་ཞིག་གི་ཕྱིར་ཐམས་ཅད་ཡོད་པར་སྨྲ་བ་དང་། གངས་ཀྱི་རི་པ་གཉིས་སུ་གྱེས་སོ་ཞེས་བཤད་པ་ལྟ་བུའོ། །བསྡུ་བ་གསུམ་པའི་ཚུལ་འདི་ལ། ཆོས་ཀྱི་རྗེ་དཔལ་ལྡན་བླ་མ་དམ་པའི་བསྟན་པའི་རྩིས་ལས་ནི་འབྲས་བུའི་དུས་ལ་སོགས་པའི་ངེས་པ་ད་ལྟ་བོད་ན་འགྱུར་བའི་བསྟན་བཅོས་རྣམས་ན་མེད་ཅིང་། འབུམ་ཏིཀྐ

ཏུ་ལྔ་བརྒྱ་པ་ཐ་མའི་སྐབས་དང་། འཇམ་དཔལ་གྲགས་པས་དེ་ལྟར་བཞག་ཀྱང་ལང་གཤེགས་སུ་བློ་གྲོས་ཆེན་པོ༑ འཇིག་རྟེན་རྒྱང་འཕེན་པ་ནི། ཕྱི་མའི་དུས། ཕྱི་མའི་ཚེ། ལོ་བརྒྱའི་ཐ་མ་ལ་ངན་པའི་རྟོག་གེ་རྒྱུ་མེད་པར་ལྟ་བ་བསྟན་པས་བསྟུས་པ་གྱེས་པར་འགྱུར་རོ་ཞེས་གསུངས་པ་ལྟར་ན་སྡེ་པ་བཅོ་བརྒྱད་དུ་གྱེས་ཏེ་བསྟུ་བ་གསུམ་པ་བྱས་པའི་དུས་ཉིད་ལྔ་བརྒྱ་པ་ཐ་མར་གསལ་ཞིང་། དེ་ལྟར་བསྟན་པ་འཆར་ནུབ་ཀྱི་རྣམ་གཞག་བྱེད་པ་འདི་འདུལ་བའི་ལུགས་ལ་རྩི་དགོས་ཀྱི། བྱང་སེམས་དང་སྔགས་ཀྱི་བསྟན་པ་ཇི་ལྟར་གནས་པ་བརྟག་དཀའ་གསུང་ཞེས་དྲིས། དེ་ལྟར་ན་མདོ་ལུགས་ལ་ལྔ་བརྒྱ་པ་ཕྲག་གསུམ་གྱི་ཐ་མལ་གྱེས་པ་བཅོ་བརྒྱད་བྱུང་བ་དང་། བསྡུ་བ་བྱས་པས་སངས་རྒྱས་འདས་ནས་ལོ་སྟོང་ཙམ་ནས་བསྡུ་བ་གསུམ་པ་བྱས་པར་གསལ་ལོ་ཞེས་བཞེད་པར་གོ་ལ། ཉན་ཐོས་རྩ་བའི་སྡེ་བཞི་སངས་རྒྱས་བཞུགས་པའི་དུས་ཉིད་ན་སངས་རྒྱས་ཀྱིས་གསུངས་པ་ནི། བཅོམ་ལྡན་འདས་ཀྱི་རྡོ་རྗེའི་རྩ་བའི་རྒྱུད་ཉིད་ལས། སྡེ་པ་བཞི་དང་གྲུབ་མཐའ་བཞི་དངོས་སུ་གསུངས་པ་ཉིད་ཀྱིས་ཡིད་ཆེས་པར་བྱ་དགོས་སོ། །

ཡང་སྡེ་པ་བཅོ་བརྒྱད་པོ་སོ་སོར་འདུལ་བ་མི་འདྲ་བ་སོ་སོར་ཡོད་ཅིང་། ཐམས་ཅད་ཀྱང་དེ་བཞིན་གཤེགས་པའི་འདུལ་བ་ཡིན་པར་གཅིག་པའི་ཁུངས་ནི། མདོ་སྡེ་མྱ་ངན་ལས་འདས་པ་ཆུང་བ་ལས། མདོ་སྡེ་རེ་རེ་དང་། འདུལ་བ་རེ་རེ་དང་། བསླབ་པའི་གཞི་རེ་རེའི་དོན་གཏན་འགྲེལ་གི་བྱེ་མ་སྙེད་དུ་བསྟན་ལ། དེ་དག་ཀྱང་སྤྲའི་རྣམ་གྲངས་རྣམ་པ་སྣ་ཚོགས་ཀྱིས་བསྟན་ཏོ། །དེད་ཀྱི་འདུལ་བ་ལ་བསླབ་པའི་གཞི་གང་དང་གང་མེད་པ་དེ་དག་ནི་བཅོམ་ལྡན་འདས་ཀྱིས་མ་གསུངས་སོ་ཞེས་དེ་སྐད་ཟེར་བ་གང་ཡིན་པ་དེ་དག་ལ་ནི་ཉེས་པ་འབྱུང་བར་འགྱུར་རོ་ཞེས་གསལ་བར་བཤད་དོ། །དེ་ཐམས་ཅད་ཀྱི་དོན་ལ་དཔྱད་དེ་ཞིབ་ཏུ་བཤད་ན། སངས་རྒྱས་ཉིད་ཀྱི་གསུང་གཅིག་གིས་འདུལ་བ་སྡེ་བཞི་ཀ་གསུངས་པ་ལ་གང་ཟག་སོ་སོས་རང་རང་གི་འདུལ་བ་གསུངས་པར་སོ་སོར་གོ་ཞིང་། སངས་རྒྱས་མྱ་ངན་ལས་འདས་ནས་བསྡུ་བ་གསུམ་པ་མ་བྱུང་གི་བར་ལ་དགྲ་བཅོམ་པ་སོ་སོའི་ཐུགས་ལ་ཡོད་པའི་འདུལ་བའི་ཐོག་ནས་འདུལ་བའི་ལག་ལེན་སོ་སོར་མཛད་པའི་སྲོལ་ལུགས་ཡོད་པ་ལ། བསྡུ་བ་གསུམ་པའི་དུས་ཙམ་ན་རང་རང་གི་འདུལ་བ་འདི་ཁོ་ན་བསྟན་པ་ཡིན་གྱི་གཞན་རྣམས་བསྟན་པ་མ་ཡིན་ནོ་ཞེས་རྩོད་པ་བྱུང་བ་རྣམས་རྒྱལ་པོ་ཀྲི་ཀྲིའི་རྨི་ལམ་ལུང་བསྟན་པའི་མདོ་ལ་བརྟེན་ནས་སྡེ་པ་ཀུན་ཀྱང་འདུལ་བའི་བསྟན་པ་ཡིན་པས་གཅིག་ཏུ་བསྡུས་ཤིང་། སྐད་རིགས་སོ་སོ་ཡི་གེར་བྲིས་ཏེ་འབུམ་ཕྲག་རེ་རེ་བ་བཞིར་བྱས་ནས་འདུལ་བ་ལུང་སྡེ་བཞི་ཞེས་དེ་ཕྱིན་ཆད་གྲགས་པར་བྱས་པ་དང་། ད་ལྟ་བོད་ན་བཞུགས་པ་འདི་ནི་ཐམས་ཅད་ཡོད་པར་སྨྲ་བའི་ལུང་དུམ་བུ་བཞི་པ་ཞེས་འཆད་པ་རིགས་སོ་ཞེས

གསུངས་པ་ཉིད་རྒྱ་གར་གྱི་པཎྜི་ཏ་ཆེན་པོ་ཤཱཀྱ་ཤྲཱི་བྷ་དྲ་ལ་སོགས་པ་པཎྜི་ཏ་དུ་མ་དང་། ཆོས་ཀྱི་རྗེ་ས་སྐྱ་ལོ་ཙཱ་བ་ཆེན་པོ་བཞུགས་པའི་དུས་འཕགས་ཡུལ་གྱི་ལོ་རྒྱུས་ཞིབ་ཏུ་མཛད་པ་ལས་བྱུང་བའི་གཏམ་བརྒྱུད་འཁྲུལ་པ་མེད་པ་ཡིན་ནོ་སྙམ་དུ་སེམས་སོ། །

ཀློ་པ་ཀུན་མཁྱེན་གྱིས་རིན་ཆེན་ཕྲེང་བ་ལས་ཀྱང་། གངས་ཅན་གྱི་འདུལ་བ་འཛིན་པ་དག་ཞུ་བ་དང་། རྣམ་འབྱེད་ལ་སོགས་པ་ལུང་སྡེ་བཞིར་འཆད་པ་ནི་འཁྲུལ་པ་སྟེ། རྒྱུ་མཚན་དང་བཅས་པ་བཤད་པར་བྱའོ་ཞེས་གསུངས་པ་ལ། སོ་ཐར་འགྲེལ་བར། གཞི་ཐམས་ཅད་ཡོད་པར་སྨྲ་བའི་འདུལ་བའི་སྡེ་སྣོད་ནི་དུམ་བུ་བཞི་སྟེ་ཞེས་གསུངས། མ་ག་དྷ་བཟང་མོའི་གཏམ་བརྒྱུད་རྟོགས་བརྗོད་ལས་ཀྱང་། དེ་ཉིད་ཀྱི་བསྟན་པ་བཅོ་བརྒྱད་དུ་གྱེས་པར་གྱུར་ཀྱང་། རྣམ་པར་གྲོལ་བའི་རས་ནི་རལ་བར་མི་ནུས་ཏེ། དེའི་སྡེ་ལྔས་ཡིན་ནོ་ཞེས་གསུངས་སོ། །ཀྲི་ཀྲིའི་རྨི་ལམ་ལུང་བསྟན་གྱི་མདོ་ཡང་མདོ་འདི་ཉིད་ཡིན་ནོ། །སངས་རྒྱས་ཀྱི་འདུལ་བ་མི་འདྲ་བ་ལ་བཅས་པ་མི་འདྲ་བ་སོ་སོར་ཡོད་པ་དང་ལྟུང་བ་དང་ཕྱིར་བཅོས་སོ་སོར་ཡོད་པ་རྣམས་ནི། དབུ་མའི་འགྲེལ་པ་སྒྲོན་རས་གཟིགས་བརྟུལ་ཞུགས་ལས་ཀྱང་། འདི་ལྟར་དགེ་འདུན་ཕལ་ཆེན་སྡེ་པ་ཉིད་ཀྱི་སྡེ་སྣོད་ཀྱི་གཞི་ཆེན་པོ་ཞེས་བྱ་བའི་ཁོངས་སུ་ཐེག་པ་ཆེན་པོ་འདི་ཡང་གཏོགས་ཏེ། དེ་ཡང་ས་བཅུ་པའི་མདོ་དང་། ཕ་རོལ་ཏུ་ཕྱིན་པའི་མཚན་ཉིད་དག་འབྱུང་བའི་ཕྱིར་དང་། དགེ་འདུན་ཕལ་ཆེན་སྡེ་ཉིད་ཀྱི་ཤར་གྱི་རི་བོའི་སྡེ་དང་ནུབ་ཀྱི་རི་བོའི་སྡེ་དག་ལས་ཀྱང་། འཕྲུལ་སྣང་དུ་ཤེས་རབ་ཀྱི་ཕ་རོལ་ཏུ་ཕྱིན་པ་ལ་སོགས་པའི་ཐེག་པ་ཆེན་པོའི་མདོ་སྡེ་དག་བྱུང་བའི་ཕྱིར་རོ། །གཞན་ཡང་སྡེ་པ་ཐམས་ཅད་ཀྱི་སྡེ་སྣོད་གསུམ་པོ་དག་གཅིག་གིས་གཅིག་ལ་མི་གནོད་དེ། འདི་ལྟར་ཁ་ཅིག་ལ་ནི་དགེ་སློང་ནད་པ་ལ་དུས་མ་ཡིན་པའི་ཁ་ཟས་གནང་བ་སྣང་ལ། ཁ་ཅིག་ལ་ནི་མི་སྣང་བ་དང་། ཁ་ཅིག་ལ་ནི་དུས་མ་ཡིན་པར་ཕུར་མ་བཟའ་བར་གནང་བ་སྣང་ལ། ཁ་ཅིག་ལ་ནི་མི་སྣང་བ་དང་། ཁ་ཅིག་ལ་ནི་མཚན་མོ་བསྙེན་པར་མ་རྫོགས་པ་དང་གནས་གཅིག་ན་ལྷན་ཅིག་ཉལ་བར་གནང་བ་སྣང་ལ། ཁ་ཅིག་ལ་ནི་མི་སྣང་བ་དེ་དག་ཇི་ལྟར་སངས་རྒྱས་ཀྱི་བཀའ་ཉིད་མ་ཡིན་པར་འགྱུར་ཞེས་གསུངས་པས་ཤེས་སོ། །

ཡང་དྲི་བར། འདུལ་བ་ཡི་གེར་བྲིས་པ་ནི། །བཀའ་བསྡུ་གསུམ་པ་ཡིན་ཞེས་གྲགས། །ཞེས་དང་། སྔར་རབས་པ་འགའ་ཞིག་ཀྱང་དེ་ལྟར་བཞེད་པ་ཡང་ལུང་དང་མི་མཐུན་ཏེ། སོ་སོར་ཐར་པའི་འགྲེལ་པ་མི་བརྗེད་དྲན་བྱེད་ལས། འདིར་བསླབ་པའི་གནས་བཅས་ཀྱང་། དེ་ཙམ་ན་དགེ་སློང་དག་བསོད་ནམས་ཆེ་ཞིང་། དབང་པོ་རྣོ་བས་ཆོས་ཅི་དང་ཅི་བཤད་པ་ཡིད་ལ་འཛིན་པ་ཙམ་དུ་ཟད་ཀྱི། ཡི་གེར་བྲིས་ཤིང་བག་ལ་གླན་པ་མེད་དོ། །ཕྱིས་དེ་བཞིན་གཤེགས་པ་རྣ་མཆོག་གི་གྲོང་ཁྱེར་དུ་མྱ་ངན་ལས་འདས་པའི་ཚེ། འཕགས་པ་ཉན་ཐོས་ལྔ་བརྒྱ་ལ

བཀའ་སྩལ་པ། ངའི་འདུལ་བ་འདི་ཅི་ནས་ཀྱང་ཡུན་རིང་དུ་གནས་པ་དང་། ལྷ་དང་མི་ལ་སོགས་པ་མ་འོངས་པའི་སྐྱེ་བོ་མང་པོ་ལ་ཕན་ཐོགས་པར་འགྱུར་བའི་ཕྱིར། ངས་སྟོན་ཇི་སྐད་དུ་བཤད་ཅིང་བསླབ་པའི་གནས་བཅས་པ་དེ་བཞིན་དུ། མ་ནོར་བར་གཞུང་ཡི་གེར་བྲིས་ཏེ་ཞོག་ཅིག་ཅེས་བཅོམ་ལྡན་འདས་ཀྱིས་བཀའ་སྩལ་ནས་ཉན་ཐོས་ལྔ་བརྒྱ་པོ་དེ་དག་འདུས་ཏེ། ཇི་སྐད་དུ་གསུངས་པ་བཞིན་གཞུང་ཡི་གེར་བྲིས་ནས་བཞག་གོ་ཞེས་བཀའ་བསྡུ་བ་དང་པོའི་དུས་ཉིད་ནས་འདུལ་བ་ཡི་གེར་བྲིས་པ་ཡོད་པར་གསུངས་པའི་ཕྱིར་རོ། །འོ་ན་དང་པོའི་དུས་ལ་ཡི་གེར་བྲིས་པའི་འདུལ་བ་དེ་སྡེ་བཞི་པོ་གང་ཡིན་ཞེ་ན། སངས་རྒྱས་ཀྱི་གསུང་གཅིག་གིས་སྡེ་སྣོད་གསུམ་ཀ་གསུངས་པའི་གཅིག་པོ་དེ་སྡེ་སྣོད་གསུམ་པོ་གང་གི་ཡིན་ཞེས་དྲི་བར་བྱས་པས་ལན་འདེབས་ཚུལ་ཤེས་སོ། །སངས་རྒྱས་ཀྱིས་གསུང་བར་བཞེད་པ་ཙམ་ལ་སྡེ་བཞིའི་སྣང་བ་སོ་སོར་ཤར་རོ། །འདུལ་བ་སྡེ་གཅིག་ཁོ་ན་སངས་རྒྱས་ཀྱིས་གསུང་བར་འདོད་ན། སྡེ་པ་གཞན་གྱི་སྡོམ་པ་མེད་པར་འགྱུར་ཏེ། བསླབ་པ་འཆའ་བ་པོ་སངས་རྒྱས་ཀྱིས་མ་བཅས་པའི་ཕྱིར་རོ། །འོད་ལྡན་ལས། དེ་ལྟར་བས་ན་སྡེ་པ་གཞན་འདོན་པ་དག་ཀྱང་སངས་རྒྱས་ཀྱི་གསུང་ཉིད་ཡིན་པར་ཐེ་ཚོམ་མེད་པ་ཡིན་ནོ་ཞེས་གསུངས་སོ། །སྟོན་ཚིག་གི་སྐབས་སུ། ཨ་མ྄་ར་ཀོ་ཥ། བི་དྡྷི་བསྒྲུབ་པ་སྟོན་གྱི་ལས། །ཞེས་དང་། ཐབས་དང་སྟོན་མ་རྩོམ་པ་དང་། །གོ་རིམ་ཨུ་པ་ཀྲ་མའོ། །ཞེས་བཤད་ལ། སྨ་ཚོགས་གསལ་བར། བི་དྡྷི་བྱེད་པོ་ཚིག་དང་། །དུས་དང་རིམ་པ་རྣམས་ལའོ། །ཞེས་འབྱུང་ཞིང་། སྐད་དོད་ལ་ཡང་། ཨུ་པ་ཡ་ཕྲུ་ཏྲ་ཨཱ་རཾ་བྷ་ཞེས་འབྱུང་བས། ཐབས་སམ་ཚིག་དགུ་པོ་འདི་སྟོན་མཛད་པར་ལུང་ཉིད་ནས་བཤད་པས་གཞན་ནས་ཚོལ་མི་དགོས་སྟོན་ཚིག་བཅུའི་ཐ་སྙད་ནི། སློབ་དཔོན་ཨ་བྷ་ཡས་ཐུབ་པ་དགོངས་རྒྱན་ལས། བསྙེན་པར་རྫོགས་པའི་ཚིག་རྣམ་པ་བཅུ་སྟེ། བྱེ་བྲག་པའི་འདུལ་བའི་འདོད་པས་འཆད་པར་འགྱུར་རོ་ཞེས་བཤད་དོ། །

སྐབས་གཉིས་པར། དོན་དམ་སེམས་བསྐྱེད་བྱ་བ་ཡི། །ཚིག་རྒྱལ་བས་མ་གསུངས་ན། །འཕགས་པ་ཀླུ་སྒྲུབ་སློབ་གཉིས་ཀྱིས། །བྱང་ཆུབ་སེམས་འགྲེལ་ཞེས་བྱ་བའི། །བསྟན་བཅོས་དག་ལས་གསུངས་དེ་ཅི༑ ༑ཞེས་དང་། དེའི་དངོས་ལན་དུ། མདོ་སྔགས་གཉིས་ཀྱི་དོན་དམ་བྱང་སེམས་ཀྱི་ཁྱད་པར་ཆེ་བ་དང་། ལུགས་གཉིས་ཀ་ལ་དོན་དམ་སེམས་བསྐྱེད་བསྐྱེད་པའི་ཆོ་ག་ཡོད་དུ་ཆུག་ཀྱང་དེའི་སྟོབས་ཀྱིས་སྐྱེས་པ་མ་ཡིན་པར་བསྟན་པའོ་ཞེས་དང་། རྒྱལ་སྲས་ལམ་བཟང་ལས་བཤད་པའི་དཀའ་གནད་བསྡུས་ན། གསང་སྔགས་ལས་དོན་དམ་སེམས་བསྐྱེད་ཀྱི་ཆོ་ག་བཤད། ཕར་ཕྱིན་ཐེག་པ་ལས་མ་བཤད་ཅིང་། སྔགས་སུ་བཤད་པའི་དོན་དམ་སེམས་བསྐྱེད་དེ་དོན་དམ་སེམས་བསྐྱེད་མཚན་ཉིད་པ་མ་ཡིན་ཞེས་བྱ་བའི་དོན་ཏོ་ཞེས་ལན་གྱི་དོན་

ཡིན་པར་བཤད་དོ། །འདི་འདྲི་དགོས་པའི་རྒྱུ་མཚན་ཡང་། སྤྱིར་རྒྱལ་བའི་གསུང་རབ་དང་ཚད་ལྡན་གྱི་གཞུང་འགྲེལ་དག་ལས་དོན་དམ་སེམས་བསྐྱེད་ལེན་པའི་ཆོ་ག་གསུངས་པ་མེད་པར་ལྟ་བུར་བཤད་པ་སྣང་བ་དང་། རྣམ་བཤད་མཛད་པ་པོ་དག་གིས་ཀྱང་མཐུན་པར་སྒྲ་ཇི་བཞིན་པ་དེ་ཉིད་སོར་བཞག་ཅིང་། རྗེས་ཞེས་པ་ལ་ནུས་པ་མ་བསྟན་པར་སྣང་བ་དང་། ཁྱད་པར་སེམས་འགྲེལ་གྱི་ལུང་སློས་པ་ནི། །སེམས་འགྲེལ་ནས་བཤད་པའི་ཆོ་ག་དེ་ཀུན་རྫོབ་སེམས་བསྐྱེད་ཀྱི་ཆོ་ག་ཡིན་ནོ་ཞེས་གསུངས་པ་སྔོན་གྱི་དུས་སུ་མང་པོ་བྱུང་བ་སྣང་བཞིན་དུ། དུས་འདིར་ཡང་དེ་ལྟར་ཁས་ལེན་པ་ཡོད་དམ་སྙམ་པའི་རྒྱུ་མཚན་གྱིས་སོ་ཞེས་བགོད་དོ། །འདི་ནི་དོན་དམ་སེམས་བསྐྱེད་ཀྱི་ཆོ་ག་མཚན་ཉིད་པ་རྒྱལ་བའི་གསུང་རབ་ནས་བཤད་པ་མེད་པར་རང་ཉིད་ཀྱིས་ཀྱང་འདོད་པ་ལ། བསྟན་བཅོས་མཛད་པ་པོ་འདི་ཉིད་ཀྱིས་གསུང་རབ་སྒྲ་ཇི་བཞིན་པ་ལ་མོས་པ་ལམ་དུ་བྱེད་པ་ཙམ་ལ་ཡང་རྗེས་སུ་ཡི་རང་བར་མི་རིགས་པར་གོ་བར་བྱེད་པའི་སྙིང་ཚིག་ཡིན་ཏེ། དོན་དམ་སེམས་བསྐྱེད་མཚན་ཉིད་པ་ལ་ཆོ་ག་མེད་ཅིང་། ཆོ་ག་ལས་སྐྱེ་བ་ལྟ་བུར་བཤད་པའི་ཆོ་ག་ཡང་དོན་དམ་སེམས་བསྐྱེད་མཚན་ཉིད་པ་བསྐྱེད་པའི་ཆོ་ག་མ་ཡིན་པར་འདོད་བཞིན་དུ། དོན་དམ་སེམས་བསྐྱེད་ཀྱི་ཆོ་ག་མེད་དོ་ཞེས་སྒྲ་ཇི་བཞིན་དུ་སྨྲ་བ་ལ་སྐྱོན་དུ་བརྗོད་འདུག་པའི་ཕྱིར་རོ། །མདོར་ན་དོན་དམ་སེམས་བསྐྱེད་མཚན་ཉིད་པ་མ་ཡིན་པའི་ཆོ་ག་ལ་དོན་དམ་སེམས་བསྐྱེད་ཀྱི་ཆོ་གར་མིང་བཏགས་པ་ཡོད་པ་དང་། དོན་དམ་སེམས་བསྐྱེད་མཚན་ཉིད་པའི་ཆོ་ག་མེད་དོ་ཞེས་སྨྲས་པ་ལ་དོན་གྱི་ཁྱད་པར་ཅི་འདྲ་བ་ཡོད་དཔྱོད་པ་དང་ལྡན་པ་ཀུན་གྱིས་ལེགས་པར་སོམས་ཤིག །

བདག་ཉིད་ཆེན་པོ་འདིའི་བཞེད་པའི་དོན་ནི། ལོ་ཙཱ་བ་གྲུབ་སྟོན་དཔལ་མཛེས་རྒྱལ་མཚན་གྱི་དྲིས་ལན་ལས། རྣམ་སྣང་མངོན་བྱང་ལས་དོན་དམ་སེམས་བསྐྱེད་ཆོ་ག་ལས་སྐྱེ་བར་བཤད་པ་ལྟ་བུ་དེ་ཕར་ཕྱིན་གྱི་ལུགས་ཀྱི་དོན་དམ་སེམས་བསྐྱེད་དེའི་ཆོ་ག་མ་ལགས། གསང་སྔགས་ཀྱི་ལུགས་ཕར་ཕྱིན་ལ་མ་གྲགས་པ་རྣམ་པ་དང་། མོས་པ་དང་། རྟེན་འབྲེལ་ལམ་དུ་བྱེད་པ། དཔེར་ན། ཤུ་ཏའམ། སྭ་བྷཱ་ཝའི་སྔགས་ཀྱིས་སྟོང་པ་ཉིད་དུ་བསྒོམ་པ་ལྟ་བུ་གཅིག་ལགས། གསང་སྔགས་པ་ལ་འདི་འདྲའི་རིགས་ཀྱིས་རྣམ་པ་ལམ་དུ་བྱེད་པ་ལ་སོགས་པ་ཕར་ཕྱིན་ལས་ཁྱད་པར་དུ་འཕགས་པ་མང་དུ་གདའ། དཔེར་ན་ཕར་ཕྱིན་དུ་ཡེ་ཤེས་ལ་ཁ་དོག་དང་དབྱིབས་མེད་པར་བཤད་ཀྱང་། གསང་སྔགས་པས་མི་ལོང་ལྟ་བུའི་ཡེ་ཤེས་ཟླ་བའི་དཀྱིལ་འཁོར་མདོག་དཀར་པོ། དབྱིབས་ཟླུམ་པོའོ། །འགའ་ཞིག་ཏུ་གྲུ་གསུམ་དུའང་བཤད། མཉམ་པ་ཉིད་ཀྱི་ཡེ་ཤེས་ཉི་མའི་དཀྱིལ་འཁོར་དུ་བཤད་པ་ལ་སོགས་པ་དང་། དེ་བཞིན་དུ་ཆོས་དབྱིངས་ཡེ་ཤེས་ལྷ་ཞལ་ཕྱག་གི་རྣམ་པ་ཅན་དུ་

གསུངས་ཞེས་དང་། དཔེར་ན་ཕར་ཕྱིན་མདོ་སྡེ་རྣམས་དང་། བྱམས་པའི་ཆོས་ལྔ་། ཀླུ་སྒྲུབ་ཀྱི་རིགས་ཚོགས། ཐོགས་མེད་ཀྱི་རྒྱས་བསྡུས་ཀྱི་བསྟན་བཅོས་མཐའ་དག་དང་། བསླབ་བཏུས། སྤྱོད་འཇུག་དང་། ཇོ་བོ་རྗེའི་བར་ཡན་ཆད་ཀྱིས་ཀྱང་སྨོན་འཇུག་གཉིས་ལ་ཆོག་བཤད་ཀྱི། དོན་དམ་སེམས་བསྐྱེད་ལ་ཆོག་བཤད་པ་མི་གདའ། སྤྱིར་ཡང་དོན་ཤེས་བརྗོད་ལས་འདས་པ་ལ་ཆོག་མི་མཆི་སྟེ། མདོ་ལས། དོན་དམ་པ་ལ་སེམས་ཀྱི་རྒྱུ་བ་ཡང་མེད་ན་ཡི་གེ་ལྟ་སྨོས་ཀྱང་ཅི་དགོས་ཞེས་གསུངས་པ་དང་། ཕྲ་ཕྱིར་ཐོས་པའི་ཡུལ་མིན་ཏེ། །དོན་དམ་ཡིན་པས་བསམ་མི་ཁྱབ། །ཆོས་ཉིད་ཟབ་ཕྱིར་འཇིག་རྟེན་པའི། །བསྒོམ་པ་ལ་སོགས་ཡུལ་མ་ཡིན། །ཞེས་དང་། ཀླུ་སྒྲུབ་ཀྱིས་ཀྱང་། བརྗོད་པར་བྱ་བ་བཟློག་པ་སྟེ། །སེམས་ཀྱི་སྤྱོད་ཡུལ་ལོག་པས་སོ། །ཞེས་དང་། བྱང་ཆུབ་སེམས་འགྲེལ་ལས། དེ་ལྟར་ཀུན་རྫོབ་པའི་སེམས་ཆོག་གས་བསྐྱེད་ནས། དོན་དམ་བྱང་ཆུབ་ཀྱི་སེམས་བསྒོམ་པའི་སྟོབས་ཀྱིས་བསྐྱེད་པར་བྱའོ་ཞེས་པ་དང་། སྤྱོད་འཇུག་ལས། དོན་དམ་བློ་ཡི་སྤྱོད་ཡུལ་མིན། །བློ་ནི་ཀུན་རྫོབ་ཡིན་པར་འདོད། །ཅེས་པ་ལྟར་རོ། །དེས་རྣམ་སྣང་མངོན་བྱང་དང་། གསང་བ་འདུས་པ་ལ་སོགས་པར། རྣམ་པ་དང་། མོས་པ་དང་། རྟེན་འབྲེལ་ལམ་དུ་བྱེད་པ་ཕར་ཕྱིན་ལ་མ་གྲགས་པའི་ཐབས་མཁས་པའི་ཁྱད་པར་ལ་བྱས་མོད། འདི་འདྲའི་རིགས་ཅན་གསང་སྔགས་ཀྱི་ཐབས་ཀྱི་ཁྱད་པར་མང་པོ་གདའ་སྟེ། དབང་བསྐུར་བ་མ་ཐོབ་པ་ལ་གསང་བར་བཤད་ཡོད། དབང་བསྐུར་བ་མ་ཐོབ་པའི་ཁྲིམ་ཆེན་པོ་ལ་བཤད་ན་གསང་བ་སྒྲོགས་པའི་རྩ་ལྟུང་དུ་བཤད་གདའ། དེས་ན་གསང་སྔགས་ཀྱི་ཐབས་ལ་མཁས་པའི་ཁྱད་པར་ཕར་ཕྱིན་གྱི་སྨོན་འཇུག་གི་རྗེས་ལ་སྦྱར་ནས། དོན་དམ་སེམས་བསྐྱེད་དུ་མིང་བཏགས་ན་ཆོས་རྒྱུས་ཆུང་བས་གསང་སྔགས་དང་ཕར་ཕྱིན་གྱི་ཁྱད་པར་མ་ཕྱེད་པར་འགྲོ་ཞེས་གསལ་བར་གསུངས། འདི་ཡང་ཕ་རོལ་ཏུ་ཕྱིན་པའི་ལུགས་ལ་དོན་དམ་སེམས་བསྐྱེད་ཀྱི་ཆོག་མ་བཤད། གསང་སྔགས་ཀྱི་ལུགས་ལ་དོན་དམ་སེམས་བསྐྱེད་ཀྱི་ཆོག་བཤད་དོ་ཞེས་དགོངས་པ་མ་ཡིན་གྱི། གསང་སྔགས་ཀྱི་ལུགས་ལ་ཐབས་ལ་མཁས་པའི་ཆོ་གའི་ཁྱད་པར་འགའ་ཞིག་གིས་དོན་དམ་པའི་བྱང་ཆུབ་ཀྱི་སེམས་གོ་ཡུལ་ཏུ་ཙམ་གིས་བརྡ་སྤྲོད་པ་ལ་ཆོག་ལྟ་བུར་བཤད་པ་ཡོད་དོ་ཞེས་འཆད་པ་ཡིན་ནོ། །དེས་ན་བཀའ་དང་བསྟན་བཅོས་དག་ལས་དོན་དམ་སེམས་བསྐྱེད་ཀྱི་ཆོག་ཇི་ལྟར་གསུངས་པའི་ཚུལ་ལ། རྣམ་སྣང་མངོན་བྱང་ལས་གསུངས་པ་དང་། སྦྱང་སྙིང་ཕྱག་རྒྱ་པ་ལས་གསུངས་པ་དང་། རིམ་པ་ལྔ་པ་ལས་བཤད་པ་དང་། ཀླུ་སྒྲུབ་ཀྱིས་སེམས་བསྐྱེད་ཀྱི་ཆོག་ལས་གསུངས་པའོ་ཞེས་མང་དུ་བཤད་པ་ལྟ་བུར་བསྟན་ནས། སླར་ཡང་དེ་ཐམས་ཅད་དོན་དམ་སེམས་བསྐྱེད་མཚན་ཉིད་པའི་ཆོ་ག་མ་ཡིན་ནོ་ཞེས་གསུངས་པ་ནི། །དོན་ཅི་འདྲ་བ་གཅིག་ལ་དགོངས་ཞེས་བསམ་པར་བྱའོ། །དོན་དམ་སེམས

བསྐྱེད་ཀྱི་མིང་དུ་བཏགས་པ་ཙམ་ལ་ནི་ངེས་པ་མེད་དེ། གནད་ཀྱི་གསལ་བྱེད་ལས། དེ་ལྟར་ཀུན་རྫོབ་ཀྱི་བྱང་ཆུབ་ཀྱི་སེམས་བསྐྱེད་པ་ལ་ནི་དོན་དམ་བྱང་ཆུབ་ཀྱི་སེམས་དགོས་ཏེ། དམིགས་པར་བྱ་བའི་ཡུལ་ངོ་ཤེས་པར་བྱ་བའི་ཕྱིར་རོ་ཞེས་གསུངས་སོ། །

དོན་འདི་ལ་སྟོན་གྱི་དུས་སུ་ཡང་། གསང་སྔགས་ཀྱི་ལུགས་ལ་དོན་དམ་སེམས་བསྐྱེད་ཆོག་ལས་སྐྱེ་བ་ཡོད་པ་ནི་དབང་བསྐུར་བ་བཞི་པ་དང་མཚུངས་སོ་ཞེས་ཀུན་མཁྱེན་བུ་སྟོན་སོགས་གསུངས་པར་གྲགས་ལ། དེ་ལ་དབང་ལོ་ཆེན་པོས་སྐྱོན་བརྗོད་འདི་ལྟར་བརྗོད་དེ། །གང་དབང་བསྐུར་བ་བཞི་པ་དང་མཚུངས་སོ་ཞེས་སྨྲ་བ་ནི་མ་བརྟགས་ཤིང་ཤིན་ཏུ་མྱོངས་པ་སྟེ། དེ་ཡང་ཚིག་གིས་བརྡ་སྤྲད་ནས་ཐོས་པ་ལས་བྱུང་བའི་རྟོགས་པ་བསྐྱེད་པ་ཙམ་ཡིན་གྱི། ཆོགས་མི་ཐོབ་པའི་ཕྱིར་རོ། །གང་ཡང་རིམ་པ་ལྔ་བའི་ལྔ་པར། བྱང་ཆུབ་སེམས་ནི་དོན་དམ་ཞེས་བྱ་བ། །སྐལ་བཟང་སློབ་མ་བཟང་པོ་མན་ངག་ཐོབ། །ཐལ་མོ་སྦྱར་ནས་མེ་ཏོག་འཛིན་པ་ཡིས། །བླ་མ་ལས་ནི་སླར་ཡང་བླང་བར་བྱ། ཞེས་གསུངས་པས་དོན་དམ་སེམས་བསྐྱེད་ལ་ཆོག་ཡོད་ཅེས་སྨྲ་བ་ཡང་། དོན་དམ་སེམས་བསྐྱེད་ཀྱི་ངོ་བོ་ཇི་ལྟ་བུ་ཡིན་པ་མི་ཤེས་པས་སྒྲ་ཙམ་ལ་མངོན་པར་ཞེན་པ་སྟེ། དེ་ནི་དུ་མར་འགྲེལ་པ་རྣམས་སུ་གསུངས་པ་འདི་དོན་དམ་པའི་སེམས་བསྐྱེད་དང་མི་གཅིག་པའི་ཕྱིར་དང་། རྒྱུད་སྡེ་རིན་པོ་ཆེ་རྣམས་སུ། བྱང་ཆུབ་སེམས་ནི་བསྐྱེད་པར་བྱ། །ཀུན་རྫོབ་ཀུནྡ་ལྟ་བུ་སྟེ། །དོན་དམ་བདེ་བའི་གཟུགས་ཅན་ནོ༔ །ཞེས་བཀའ་སྩལ་པ་ཡང་འདིའི་སྐབས་ཀྱི་སེམས་བསྐྱེད་གཉིས་སུ་ཐལ་བར་འགྱུར་བའི་ཕྱིར། གོ་ཞེས་པའི་སྒྲ་ངེས་ངག་དང་བགླང་གཉིས་རྣ་ཅན་དུ་འདྲ་བར་སེམས་པ་ལྟ་བུའོ་ཞེས་རྗེ་ཉིད་ཀྱིས་མཛད་པའི་སེམས་བསྐྱེད་ཀྱི་ཡི་གེར་བཤད་པ་ཡང་དོན་དང་མཐུན་པའི་རྣམ་དཔྱོད་ཀྱི་ནུས་པ་ཐོན་པ་ཡིན་པར་སེམས་སོ། །དྲིས་ལན་དུ་གསུངས་པ་དེ་ཐམས་ཅད་ཀྱི་དོན་ནི། རྣམ་བཤད་མཛད་པ་སྔ་མ་ཐམས་ཅད་ཀྱིས་དོན་དམ་བྱང་སེམས་ལ་ཆོག་བཤད་པ་མེད་དོ་ཞེས་གྲགས་པའི་ཚིག་དེ་ཙམ་འགོག་པ་ལ་བརྩོན་པ་བསྐྱེད་པ་འབའ་ཞིག་ཏུ་ཟད་དོ། །དྲི་བའི་ཚིག་ལ་ཡང་། དོན་དམ་སེམས་བསྐྱེད་ཅེས་བྱ་བའི། །ཆོ་ག་རྒྱལ་བསམ་གསུངས་ན། །འཕགས་པ་ཀླུ་སྒྲུབ་སློབ་ཉིད་ཀྱིས། །སེམས་བསྐྱེད་ཆོག་ར་གསུངས་དེ་ཅི། །ཞེས་འདོན་དགོས་ཀྱི། བྱང་ཆུབ་སེམས་འགྲེལ་ན་ནི་དོན་དམ་སེམས་བསྐྱེད་ཀྱི་ཆོག་འི་འབྲུལ་གཞི་ཙམ་ཡང་ཡོད་པ་མ་ཡིན་ནོ། །ཡང་ཀུན་རྫོབ་སེམས་བསྐྱེད་ཀྱི་ཆོག་འི་སྐབས་སུ། ཐེག་པ་ཆེན་པོའི་སེམས་བསྐྱེད་ལ། །དབུ་མ་སེམས་ཙམ་ལུགས་གཉིས་སུ། །ངེས་ཤིང་ལེན་པའི་ཆོག་དང་། ལྷུང་བ་ཕྱིར་བཅོས་ལ་སོགས་པ། །སོ་སོར་ངེས་ན་རྒྱུད་སྡེ་ལས། །གསུངས་པའི་སེམས་བསྐྱེད་ཆོག་དེ། །གཉིས་པོ་གང་གི་ལུགས་དང་མཐུན། །ཞེས་པའི་ལན་ནི། སྡོམ་པ་གསུམ་གྱི་རབ་ཏུ་དབྱེ་བའི་དྲིས

ལན་འཕྲུལ་སྤོང་ལས་ལེགས་པར་བཤད་འདུག་པ་དེ་ཉིད་ཀྱིས་འགྲུབ་ལ། འདིར་སྟ་རབས་པའི་མཁས་པ་འགའ་ཞིག་ན་རེ། ལེན་པའི་ཆོ་ག་ལ། སློབ་དཔོན་ཛ་བོ་བཙུན་ཆུང་དང་། སློད་དཔོན་གཙང་ནག་པ་ལ་སོགས་པ་ནི་འཕགས་པ་གཉིས་ཀྱི་སྲོལ་སེམས་ཙམ་པ་དང་། དབུ་མ་གཉིས་ཀྱི་སེམས་བསྐྱེད་ཀྱི་ལུགས་གཉིས་ཡོད་ཅིང་། དེ་དག་གི་བླང་བའི་ཡུལ་དང་། ལེན་པའི་གང་ཟག་དང་། ཆོ་ག་དང་། བསྲུང་བྱའི་རྩ་བའི་ལྟུང་བ་དང་། ཉམས་ན་ཕྱིར་བཅོས་པ་མི་འདྲའོ་ཞེས་གསུངས་ཤིང་། དེའི་རྗེས་སུ་ཆེས་ཆེར་མཁས་པ་རྣམས་ཀྱང་འབྲངས་ནས་སྨྲོས་པ་མང་པོ་གསུང་ཡང་། སློབ་དཔོན་ཞི་བ་ལྷས་གསུངས་པ་ཐམས་ཅད་ནི་དབུ་མའི་ལུགས་དང་། ཛོ་བོ་རྗེས་མཛད་པ་ཐམས་ཅད་སེམས་ཙམ་པའི་ལུགས་སུ་འཆད་པར་མཛད་དོ། དེ་ནི་ཡང་དག་པ་མ་ཡིན་ཏེ། མཁན་པོ་ཆེན་པོ་ཞི་བ་འཚོ་དབུ་མ་པས་སྡོམ་པ་ཉི་ཤུ་པའི་འགྲེལ་པ་མཛད་ནས་འཕགས་པ་ཐོགས་མེད་ཀྱི་རྗེས་སུ་འབྲང་བའི་ཕྱིར་དང་། སློབ་དཔོན་ཀ་མ་ལ་ཤཱི་ལ་དབུ་མ་པས་སྒོམ་རིམ་བར་པར། དེའང་ཚུལ་ཁྲིམས་ཀྱི་ལེའུ་ལས་བསྟན་པའི་ཆོ་ག་བཞིན་དུ། བྱང་ཆུབ་སེམས་དཔའི་སྡོམ་པ་ལ་གནས་པ་མཁས་པ་ཕ་རོལ་པོ་ལས་བསྐྱེད་པར་བྱའོ་ཞེས་གསུངས་པའི་ཕྱིར་དང་། ཛོ་བོ་རྗེ་ཉིད་ཀྱང་དབུ་མ་པ་ཡིན་པའི་ཕྱིར་དང་། སློབ་དཔོན་འཇིག་མེད་དབུ་མ་པས་ཀྱང་སེམས་བསྐྱེད་ཀྱི་ཆོ་ག་ཕལ་ཆེར་འཕགས་པ་ཐོགས་མེད་ཀྱི་རྗེས་སུ་འབྲང་བའི་ཕྱིར་རོ་ཞེས་བྱ་བ་མང་དུ་གསུང་ངོ་། །

དེ་དག་ནི་ལེགས་པར་བཤད་པ་ཡིན་པར་མི་སེམས་ཏེ། སེམས་བསྐྱེད་ཀྱི་ཆོ་གའི་ལུགས་ལུགས་སྲོལ་ཆེན་པོ་གཉིས་སུ་ཡོད་པ་འདི་ནི་མདོ་ཐ་དད་ཀྱི་ནང་ནས་འབྱུང་བའི་ཕྱག་ལེན་གྱི་རིམ་པ་བརྒྱུད་པ་སོ་སོའི་ལུགས་ལ་ཇི་ལྟར་འབྱུང་བ་ལྟར་གྱི་མི་འདྲ་བའི་ཁྱད་པར་དང་བཅས་ཏེ། རང་རང་གི་ལུགས་ལྟར་དུ་ཆོ་ག་མ་འདྲེས་པར་མཛད་པ་ཡིན་ལ། དེའང་གཙོ་ཆེར་ཕ་རོལ་ཏུ་ཕྱིན་པའི་ལུགས་ཀྱི་སེམས་བསྐྱེད་ཀྱི་ཆོ་ག་ལེན་པའི་ཚུལ་ལ་གྲགས་པ་ཡིན་གྱི། སེམས་བསྐྱེད་ཀྱི་ཆོ་ག་ཐམས་ཅད་གཉིས་པོ་འདི་ཁོ་ན་ཇི་ལྟ་བ་བཞིན་དུ་ལེན་དགོས་པ་མ་ཡིན་ཞིང་། གང་ཟག་དབུ་མ་པས་སེམས་ཙམ་པའི་སེམས་བསྐྱེད་ཀྱི་ཆོ་ག་མཛད་པ་དང་། སེམས་ཙམ་པས་དབུ་མའི་ལུགས་ཀྱི་སེམས་བསྐྱེད་ཀྱི་ཆོ་ག་མཛད་པས་ནི་ཆོ་ག་གཉིས་པོ་མཐུན་པའི་སྐྱབ་བྱེད་དུ་མི་འགྱུར་ཏེ། དབུ་མ་པའི་སློབ་དཔོན་རྣམས་ཀྱིས་སེམས་ཙམ་པའི་གཞིང་མཛད་པ་དང་། སེམས་ཙམ་གྱི་སློབ་དཔོན་གྱིས་དབུ་མའི་གཞུང་མཛད་པ་ཡང་མང་དུ་སྣང་བའི་ཕྱིར་རོ། །སེམས་བསྐྱེད་པའི་སྐབས་སོ། །ཡང་གསང་སྔགས་ཀྱི་སྡོམ་པའི་སྐབས་སུ། གསང་བ་སྤྱི་རྒྱུད་དག་ལས་ནི། དཀྱིལ་འཁོར་དག་ཏུ་འཇུག་པ་ཡི། །སློབ་མ་གཉིས་དང་བཞི་ལ་སོགས། །ཟུང་དུ་གྱུར་པ་འགའ་ཞིག་ཡོད། །ཅེས་པའི་སྐབས་ཀྱི་ལན། སྡོམ་གསུམ་འཕྲུལ་

སྒྲོན་ལས་ཇི་ལྟར་བཤད་པ་བཞིན་ཡིན་པ་ལ། སྤྱོད་པའི་རྒྱུད་ཀྱི་དབང་བསྐུར་ལ། སློབ་མ་གྲངས་ངེས་མེད་པར་གསུངས། །ལྷག་མ་དམིགས་བསལ་མཛད་པ་ཡི། །སློབ་མ་ལ་ནི་གྲངས་ངེས་ཡོད། །ཅེས་པ་གཞུང་དག་པ་རྣམས་སུ་འབྱུང་ཞིང་། ལྷ་བཙུན་པའི་ཊཱི་ཀར་ཡང་གཞུང་དེ་ལྟར་འབྱུང་བའི་ཐོག་ནས་འབྲུ་མནན་པར་མཛད་ཅིང་། དེ་དག་གི་དོན་ཡང་སྤྱོད་རྒྱུད་དུ་དབང་བསྐུར་བ་ལ། སློབ་མར་དབང་བསྐུར་བ་དང་། སློབ་དཔོན་དུ་མངོན་པར་དབང་བསྐུར་བ་གཉིས་ཡོད་པའི་དང་པོ་ལ་གྲངས་ངེས་པ་མེད་པ་དང་། ཕྱི་མ་ལ་ཡོད་པའི་ཚུལ་གསལ་བར་བཤད་པའི་ཁུངས་ནི། རྣམ་སྣང་མངོན་བྱང་གི་ཚིག་འགྲེལ་ལས། དེ་བས་ན་ཐེག་པ་ཆེན་པོ་གསང་སྔགས་སྤྱོད་པའི་ཚུལ་འདི་ལྟ་བུ་ལ་གོམས་པར་བྱས་པས་ནི། གསང་སྔགས་སྤྱད་པའི་ཚུལ་འདི་ལ་དད་ཅིང་སྣོད་དུ་འགྱུར་གྱི། གཞན་རྣམས་ཀྱིས་ནི་མ་ཡིན་ནོ་ཞེས་པའོ། །མཐའ་ཡས་པའི་སྒོ་བྱུང་ཞེས་པ་ནི་ཐེག་པ་ཆེན་པོ་དེ་ཉིད་ཀྱི་ཡོན་ཏན་ནི། སྟོབས་དང་མི་འཇིགས་པ་ལ་སོགས་པ་སངས་རྒྱས་ཀྱི་ཡོན་ཏན་གྱི་ཆོས་རྣམས་འབྱུང་བ་དང་། རིག་པའི་རྒྱལ་པོ་དང་། ཁྲོ་བོ་དང་ཕོ་ཉ་ལ་སོགས་པ་རྣམ་པ་མང་པོའི་སྒོ་འབྱུང་བའི་ཕྱིར་རོ། །

དེ་དག་རྡོ་རྗེ་སེམས་དཔའ་ཡིན་ཏེ་ཞེས་པ་ནི། དེ་ལྟ་བུའི་ཐེག་པ་ཆེན་པོ་ལ་གོམས་པར་བྱས་པའི་སེམས་ཅན་དེ་དག་སེམས་ཤིན་ཏུ་བརྟན་པ་ནི། མུར་འདུག་དང་བདུད་ལ་སོགས་པས་མི་ཟློག་སྟེ་དེ་དག་རྡོ་རྗེ་སེམས་དཔའ་དང་འདྲ་བས་ན་རྡོ་རྗེ་སེམས་དཔའ་ཞེས་བྱའོ། །དེ་དག་གི་ཕྱིར་འདི་ཚད་དང་གྲངས་བཅད་ཡོད་ཀྱི་ཞེས་པ་ནི། དེ་ལྟ་བུའི་སེམས་ཅན་ཤིན་ཏུ་དཀོན་པས་མང་དུ་མི་འབྱུང་བའི་ཕྱིར་གྲངས་ངེས་པར་འཆད་དོ། །འོན་ཀྱང་སློབ་དཔོན་སྙིང་རྗེ་ཆེན་པོ་དང་ལྡན་པས་སེམས་ཅན་གྱི་ཁམས་མ་ལུས་པ་བསྒྲལ་བར་ཡིད་དམ་བཅས་པར་བྱས་པས་ནི། དེ་བྱང་ཆུབ་ཀྱི་ས་བོན་གྱི་རྒྱུན་ཡིན་པའི་ཕྱིར། འདི་ལྟར་ཚད་མེད་པའི་སེམས་ཅན་ཡོངས་སུ་བཟུང་བར་བྱའོ་ཞེས་པ་ནི་གོང་དུ་གྲངས་བཅད་པ་ནི། བསྒྲུབ་པའམ་སློབ་དཔོན་དུ་སྨིན་པར་བྱ་བའི་སློབ་མ་སྟེ༔ དེ་ལས་གཞན་པའི་སེམས་ཅན་རྣམས་ལའང་སྙིང་རྗེ་ཆེན་པོ་བསྐྱེད་དེ། དཀྱིལ་འཁོར་དེར་བཅུག་ན་སློབ་དཔོན་བསྒྲུབ་པར་མི་འགྱུར་ཡང་། དཀྱིལ་འཁོར་དུ་བཅུག་ཅིང་བྱང་ཆུབ་ཏུ་སེམས་བསྐྱེད་ན་བྱང་ཆུབ་ཀྱི་རྒྱུའི་ས་བོན་དུ་འགྱུར་བའི་ཕྱིར། ཚད་དང་གྲངས་བཅད་མེད་པར་བཟུང་ངོ་ཞེས་དང་། སངས་རྒྱས་གསང་བས་དེ་ཉིད་ཀྱི་བསྡུས་འགྲེལ་ལས། དེ་ལ་སློབ་མ་རྣམས་ཀྱི་མཚན་ཉིད་ནི་རྣམ་པ་གསུམ་སྟེ། འདི་ལྟ་སྟེ། ཁྱད་པར་གྱི་མཚན་ཉིད་དང་། སྤྱིའི་མཚན་ཉིད་དང་། རབ་ཏུ་དབྱེ་བའི་མཚན་ཉིད་དོ། །དེ་ལ་ཁྱད་པར་གྱི་མཚན་ཉིད་བསྟན་པའི་ཕྱིར། །སློབ་མ་དད་ཅིང་རིགས་བཙུན་པ། དེ་བཞིན་དཀོན་མཆོག་གསུམ་ལ་དད། །ཟབ་མོ་ཡི་ནི་བློ་དང་ལྡན། །ཞེས་བྱ་བ་ལ་སོགས་པ་གསུངས་སོ། །དེའི་ཕྱིར་མཚན་ཉིད་འདི་ལྟ་བུ་དང་ལྡན་པ་མང་པོ་མི་

སྲིད་པས། བཅུའམ་བརྒྱད་དམ་བདུན་ནམ་ལྔ། །གཅིག་གཉིས་བཞི་ལས་ལྷག་ཀྱང་རུང་། །ཞེས་གྲངས་ངེས་པར་ཀུན་ཏུ་སྟོན་ཏོ། །དེ་ཉིད་ཀྱི་ཕྱིར་གང་དག་གིས་སྟོན་ཐེག་པ་ཆེན་པོ་གསང་སྔགས་སྤྱོད་པའི་སློ་མཐའ་ཡས་པ་སྒྲུབ་པར་གོམས་པ་བྱས་པ་དེ་དག་ནི་རྡོ་རྗེ་སེམས་དཔའ་ཡིན་ཏེ། དེ་རྣམས་ཀྱི་དོན་གྱི་ཕྱིར་གྲངས་ཀྱི་ཚད་འདི་བྱས་སོ་ཞེས་བྱ་བ་འདི་གསུངས་སོ། །དེ་ལ་སྤྱིའི་མཚན་ཉིད་ནི། ཡོན་ཏན་འདི་ལྟ་བུ་མེད་པ་རྣམས་ཀྱང་དཀྱིལ་འཁོར་དུ་བཟུང་བའི་ཕྱིར་ཡོངས་སུ་བཟུང་བ་གང་ཡིན་པ་སྟེ། དེ་ཉིད་ཀྱི་ཕྱིར་འོན་ཀྱང་སློབ་དཔོན་སྙིང་རྗེ་ཆེན་པོ་དང་ལྡན་པས་སེམས་ཅན་གྱི་ཁམས་མ་ལུས་པ་བསྒྲལ་བར་ཡིད་དམ་བཅས་པ་ཁོ་ནར་བྱ་སྟེ། དེས་བྱང་ཆུབ་ཀྱི་སེམས་ཀྱི་རྒྱུར་འགྱུར་བར་བྱ་བའི་ཕྱིར། སེམས་ཅན་ཚད་མེད་པ་རྣམས་ཡོངས་སུ་བཟུང་བར་བྱའོ་ཞེས་གསུངས་སོ། །

ཡང་དྲི་བར། ཕྱག་རྒྱ་བཞི་པ་ཞེས་བྱ་བའི། །བསྟན་བཅོས་བོད་ན་བཞུགས་པ་འདི། །ཀླུ་སྒྲུབ་ཀྱིས་ནི་མ་མཛད་པར། །ལོ་ཆེན་འགོས་ཀྱིས་བཤད་དེ་ཅི། །ཞེས་པའི་སྐབས་སུ། ཕྱག་རྒྱ་བཞི་པ་ཞེས་ཀླུ་སྒྲུབ་ཀྱིས་མཛད་པར་གྲགས་པའི་བསྟན་བཅོས་འདི་ཀླུ་སྒྲུབ་ཀྱིས་མ་མཛད་དོ་ཞེས་ལོ་ཙཱ་བ་འགོས་དང་། ཕོ་བྲང་ཞི་བ་འོད་དང་། སློབ་དཔོན་ཨ་བྷ་ཡ་ཀ་རས་མན་ངག་སྙེ་མར་ཡང་སློབ་དཔོན་ཀླུ་སྒྲུབ་ཀྱིས་མཛད་དོ་ཞེས་བཤད་པས་ན་འདིར་ཁུངས་སུ་བཤད་པ་མི་རིགས་སོ་ཞེས་དོགས་པའི་གནས་སུ་མཛད་ནས་དངོས་ཀྱི་ལན་མཐའ་གཅིག་ཏུ་བཤད་དཀའོ་ཞེས་བྲིས་པ་ནི། བསྟན་བཅོས་འདིར་བཤད་པ་ལ་ཁུངས་མེད་དོ་ཞེས་ལན་དུ་བཏབ་པ་ཡིན་པར་སྣང་མོད་ཀྱི། འདི་ལ་བདག་ཅག་གི་འདྲེན་པ་ཀུན་དགའ་དབང་ཕྱུག་གི་ཞལ་སྔ་ནས། ཕྱག་རྒྱ་བཞི་པ་ཞེས་གྲགས་པའི་གཞུང་འདི་ལ་ཚིགས་བཅད་དུ་བསྡེབས་པ་ཀླུ་སྒྲུབ་ཀྱིས་མཛད་པར་བྱས་པ་གཅིག་དང་། ཚིག་ལྷུག་པར་བྱས་ནས་ཨ་མ་ན་སའི་ཆོས་སྐོར་རྣམས་སུ་སྒྲིགས་པ་གཅིག་དང་གཉིས་ཡོད་པ་ལས། ཕྱི་མ་འདི་ཀླུ་སྒྲུབ་ཀྱིས་མཛད་ངེས་པ་ཡིན་ཞིང་། སྡོམ་གསུམ་གྱི་བསྟན་བཅོས་འདིར་ཡང་ཁུངས་སུ་མཛད་པ་ཡིན་ནོ་ཞེས་གསུངས་ཏེ། དེ་ཉིད་དོན་དང་མཐུན་པའི་སྒྲུབ་བྱེད་ནི། དབང་བསྐུར་བ་ངེས་པར་བསྟན་པའི་དཀའ་འགྲེལ་སློབ་དཔོན་དགའ་བ་སྐྱོང་གིས་མཛད་པ་ལས། འཕགས་པ་ཀླུ་སྒྲུབ་ཀྱི་ཞལ་སྔ་ནས་ཕྱག་རྒྱ་བཞི་པ་བསྟན་པ་ལས། དཔེར་ན་བཞིན་གྱི་གཟུགས་བརྙན་མེ་ལོང་དུ་ཤར་བ་ནི་བཞིན་མ་ཡིན་ལ། སྔར་གྲུབ་པ་དང་ད་ལྟར་གྲུབ་པ་མ་ཡིན་པ་བཞིན་དུ། དེ་ཉིད་གཟུགས་བརྙན་འདྲ་བ་ཙམ་སྒྲུབ་པར་བྱེད་མོད་ཀྱི་ཞེས་སོ་སོ་སྐྱེ་བོའི་དུས་ཀྱི་མཚོན་བྱེད་ཀྱི་ཡེ་ཤེས་དེ་དོན་གྱི་ཡེ་ཤེས་དངོས་མ་ཡིན་པར་བཤད་པ་སོགས་ལུང་དང་མཐུན་པའི་སྒྲུབ་བྱེད་གསལ་བར་གསུངས་སོ་སྙམ་དུ་སེམས་སོ། །

ཡང་དྲི་བར། རིན་ཆེན་ཕྲེང་བར་གསུངས་པ་ཡི། །ཟབ་མོ་བཀྲོལ་བ་ཅི་ལ་ཟེར། །ཞེས་པའི་སྐབས་སུ། དངོས་ཀྱི་ལན་ལ། བཀྲོལ་བའི་དོན། གྲོལ་བ་ལ་མི་བྱེད་པར་བཀོལ་བ་ཞེས་འཆད་པ་ཡང་དོན་མ་ཡིན་ཏེ། མངོན་པར་རྟོགས་པའི་རྒྱན་ལས་ཟབ་པའི་དོན་འཆད་པ་ན། ཟབ་མོ་སྟོང་པ་ཉིད་ལ་སོགས། །ཟབ་པ་དེ་ནི་སྒྲོ་འདོགས་དང་། །སྐུར་བའི་མཐའ་ལས་གྲོལ་བ་ཉིད། །ཅེས་གསུངས་ཤིང་། གཞུང་འདིར་ཡང་། ཆོས་དབྱིངས་དགེ་སྡིག་ལས་གྲོལ་བར་སྟོན་པའི་སྐབས་ཀྱི་གཞུང་ཡིན་ལ། རིན་ཆེན་ཕྲེང་བའི་འགྲེལ་པ་མི་ཕམ་བཤེས་གཉེན་གྱིས་མཛད་པ་ལས་ཀྱང་། ལུང་ནི་ཡིད་ཆེས་པའི་བཀའ་སྟེ། དེའི་དབང་གིས་ཞེས་བྱ་བ་ནི། དེས་གསུངས་པའི་ལུགས་ཀྱི་རྗེས་སུ་འབྲངས་ནས་ཡིན་གྱི། རང་གི་བློས་ནི་མ་ཡིན་ནོ་ཞེས་བྱ་བ་ཡིན་ནོ། །སྡིག་དང་ཞེས་བྱ་བ་ལ་སོགས་པ་ནི་མི་སྲིད་པར་སྟོན་ཏེ། སྡིག་པ་དང་བསོད་ནམས་ནི་སྡིག་པ་དང་བསོད་ནམས་དག་སྟེ་དེ་དག་ཉིད་བྱ་བ་ཡིན་ཏེ། དེ་དག་ནི་ལུས་དང་ངག་དང་ཡིད་རབ་ཏུ་འཇུག་པའི་མཚན་ཉིད་ཡིན་པའི་ཕྱིར་རོ། །གང་ལ་དེ་དག་འདས་ཤིང་རྒྱལ་བར་ཡོད་པ་དེ་ལ་དེ་སྐད་ཅེས་བྱའོ། །ཚུལ་དེ་དང་ཞེས་བྱའོ། །དེ་ནི་བཀྲོལ་ཞིང་རབ་ཏུ་བསྟན་པ་ཡང་ཡིན་ལ། དོན་ཡང་ཡིན་པས་བཀྲོལ་བའི་དོན་ཏོ། །དེ་འདི་ལ་ཡོད་པས་ན་བཀྲོལ་བའི་དོན་དང་ལྡན་པའོ་ཞེས་གསུངས་པ་འདི་ལས་གཞན་པའི་རིན་ཆེན་ཕྲེང་བའི་རྒྱ་འགྲེལ་མེད་པས་འདི་ཉིད་དཔང་པོར་བྱ་དགོས་པའི་ཕྱིར་རོ། །འདི་རྒྱ་འགྲེལ་ཚད་ཐུབ་མ་ཡིན་ནོ་ཞེས་གསུངས་པ་ཡང་རྗེས་སྐྱོབ་པའི་ཚིག་ཙམ་ཡིན་གྱི། ངེས་པ་འདྲོངས་པའི་རྒྱུ་མཚན་ཅི་ཡང་མི་སྣང་ངོ་། །ཡང་དྲིས་ལན་དུ། དུས་ཀྱི་དབང་གིས་གཞུང་མ་དག་པ་རྒྱ་འབྱམས་པ་འགའ་ཞིག་སྣང་བ་ནི། འདི་ལྟར། ཤེས་རབ་ཕ་རོལ་ཕྱིན་པ་ཡི། །མདོ་དང་བསྟན་བཅོས་དག་ལས་ནི། །ཆོས་ཀྱི་དབྱིངས་ནི་དུས་གསུམ་པ་དང་། །ཞེས་སོགས་སྦྱོར་རྒྱུ་ཡིན་པ་དང་། འཕགས་པ་དཀོན་མཆོག་འབྱུང་བ་ལས། སེཏྟི་གང་ལའང་མི་འཇིགས་མེད། །ཅེས་གསུང་དགོས་རྒྱུ་ཡིན་པ་དང་། ཐེག་པ་ཆེན་པོ་རྒྱུད་བླ་མར། །མ་རིག་ལྡོངས་པའི་མུ་སྟེགས་ལ། །ཞེས་སྦྱར་དགོས་རྒྱུ་ཡིན་པ་ལ་གཞན་དུ་སྣང་བ་བཞིན་ནོ། །དེའི་ཤེས་བྱེད་ཀྱང་། ཡུམ་གྱི་མདོ་ན་ཆོས་དབྱིངས་དུས་གསུམ་དང་ཁམས་གསུམ་ལས་གྲོལ་བའི་བཤད་པ་ཡོད་ཀྱང་། དགེ་སྡིག་ལས་གྲོལ་བའི་བཤད་པ་མི་སྣང་བ་དང་། འཕགས་པ་དཀོན་མཆོག་བརྩེགས་པ་ན་སེཏྟི་མེ་ལ་འཇིགས་པ་སོགས་ཀྱི་དཔེ་དོན་དེ་མི་སྣང་བ་དང་། བྱམས་ཆོས་ཀྱི་རྒྱུད་བླ་ན། མ་རིག་ལྡོངས་པའི་མུ་སྟེགས་ཞེས་སོགས་ཀྱི་གཞུང་དེ་ཡོད་ན། ཇི་སྐད་དུ། གང་ལས། རྒྱུ་མཚན་གང་གི་ཕྱིར་ནི་ཞེས་སོགས་རྗེ་བཙུན་ཉིད་ཀྱི་གཞུང་དང་འགལ་བར་སྣང་བས་སོ་ཞེས་བྱ་བ་བཀོད་དོ། །དེ་ལ་ཤེར་ཕྱིན་གྱི་མདོ་ལས། ཆོས་དབྱིངས་དགེ་སྡིག་ལས་གྲོལ་བར་བཤད་པའི་ཁུངས་ནི་གོང་དུ་བསྟན་ཟིན་ལ། དཀོན་མཆོག་

བརྩེགས་པ་ལས། སེནྡྷེ་མེ་ཆེན་ལ་འཇིགས་པར་གསུངས་པ་ནི། མདོ་ཀུན་ལས་བཏུས་པའི་དོན་འགྲེལ་ཁ་ཆེ་ཡེ་ཤེས་རྡོ་རྗེ་ཞེས་བྱ་བས་མཛད་པ་ལས། དཀོན་མཆོག་གི་ཟ་མ་ཏོག་གམ། དཀོན་མཆོག་འབྱུང་གནས་དང་། རྒྱལ་པོ་ལ་གདམས་པ་དང་། ཀློག་ཐོབ་ཀྱིས་ཞུས་པ། གང་པོས་ཞུས་པ། སུམ་ཅུ་རྩ་གསུམ་པའི་ལེའུ། ལྷག་པའི་བསམ་པ་བསྟན་པའི་ལེའུ་རྣམས་ཀྱང་དཀོན་མཆོག་བརྩེགས་པར་གཏོགས་སོ་ཞེས་གསུངས་ཤིང་། འདིར་ལུང་དྲངས་པ་ནི་དཀོན་མཆོག་གི་ཟ་མ་ཏོག་ན་ཡོད་དོ། །མདོ་སྡེ་དཀོན་མཆོག་གི་ཟ་མ་ཏོག་ཅེས་བྱ་བ་ལས། བཅོམ་ལྡན་འདས་ཀྱིས་བཀའ་སྩལ་པ། དེ་བས་ན་ཀུན་དགའ་བོ་ཆོས་ཀྱི་རྣམ་གྲངས་འདི་འཇམ་དཔལ་གཞོན་ནུར་གྱུར་པའི་བྱིན་རླབས་རྣམ་པར་འཕྲུལ་པ་དང་། བདུད་དང་ཕྱིར་རྒོལ་བ་རྣམས་ཆོས་དང་ལྡན་པས་འཇོམས་ཤིང་ཚར་གཅོད་པ་དང་། དཀོན་མཆོག་འབྱུང་གནས་བསྟན་པ་དང་། དཀོན་མཆོག་གི་ཟ་མ་ཏོག་ཅེས་ཟ་མ་ཏོག་བྱ་བར་ཟུངས་ཤིག་ཅེས་གསུངས་སོ། །དེས་ན་དཀོན་མཆོག་བརྩེགས་པ་ནི་མདོ་སྡེའི་མཚན་ཡིན་ཞིང་། དཀོན་མཆོག་གི་ཟ་མ་ཏོག་ནི་དེའི་བྱེ་བྲག་ཡིན་ལ། སྤྱིའི་མཚན་ནས་སྨོས་ཏེ། འཕགས་པ་དཀོན་མཆོག་བརྩེགས་པ་ལས། །ཞེས་གསུངས་པས་གཞན་དུ་རྩོལ་མི་དགོས་ཏེ། དཀོན་མཆོག་འབྱུང་བ་ཞེས་པ་མདོའི་མཚན་དུ་སྐབས་འདིར་མ་གསུངས་པའི་ཕྱིར་རོ། །འདི་ལྟ་བ་གཞན་ཡང་མང་དུ་འབྱུང་སྟེ། མདོ་སྡེ་དགོངས་པ་ངེས་འགྲེལ་ལས། ཆོས་རྣམས་ཐམས་ཅད་བཀའ་དང་བསྟན་བཅོས་གཉིས་ཞེས་གསུངས་པ་ལ། དེའི་ནང་ཚན་ལྷའི་བུར་རབ་གནས་ཀྱིས་ཞུས་པ་ལས་ཞེས་ལུང་དུ་དྲངས་པ་དང་། འཕགས་པ་དཀོན་མཆོག་བརྩེགས་པ་ལས་ཞེས་ལུང་དུ་དྲངས་པས་ཆོག་པ་ལ། འཕགས་པ་འཇམ་དཔལ་རྣམ་པར་འཕྲུལ་པ་ལས་ཞེས་ལུང་དུ་དྲངས་པ་མང་དུ་འབྱུང་བས་ས་ལ་གནས་པའི་འཕགས་པ་རྣམས་ཀྱི་ཆོས་ཀྱི་སྤྱན་དྲི་མ་མེད་པས་གཟིགས་པ་ལ། སོ་སོ་སྐྱེ་བོའི་ལོག་པའི་རྟོག་པས་སྒྲིབ་པར་མི་བྱའོ། །

ཡང་དྲི་བར། མ་རིག་ཅེས་སོགས་རྒྱུད་བླ་ཡི། །ལུང་དེ་གང་ན་ཡོད་པ་དྲི། །ཞེས་པའི་ལན་ནི། སྡོམ་གསུམ་འཁྲུལ་སྤོང་ལས། བཤད་དང་གང་ཞིག་ཅེས་པའི་བར་དུ་ཡོད་པ་མ་ཡིན་གྱི། མར་པ་སྔོན་གྲོ་བའི་འགྱུར་དུ། དེ་ཡང་དྲང་སྲོང་བཀའ་བཞིན་སྤྱི་བོས་བླང་། །ཞེས་གསུངས་པའི་མཇུག་ཏུ། མ་རིག་འདོངས་རྣམས་ཀྱིས་ཀྱང་སྲིན་བུའི་ཡིག་འདྲ་མུ་སྟེགས་བསྟན་བཅོས་སུའང་། །དོན་ལྡན་ཆོས་ལྡན་ཁམས་གསུམ་ཉོན་མོངས་སྤོང་བྱེད་མཐོན་གྱུར་གང་ཡིན་དང་། །འཇིག་རྟེན་སོ་སོའི་ལེགས་བཤད་གང་དེའང་བློ་ལྡན་དྲང་སྲོང་བཞིན་འཛིན་ན། །གསུང་གང་ཟག་མེད་བློ་མངའ་རྣམས་ཀྱི་ཞལ་ནས་བྱུང་བ་སྨོས་ཅི་དགོས། །ཞེས་འབྱུང་ཞིང་། ཕྱི་བའི་ཊཱི་ཀར་ཡང་ཚིགས་སུ་བཅད་པ་འདི་གཞུང་ཁ་ཅིག་ལས་འབྱུང་བ་ལྟར་ན་ཞེས་གསུངས་ནས་བཟུ་གནོན་

མཛད་དོ་ཞེས་དོགས་གཅོད་དང་བཅས་པ་ལེགས་པར་གསུངས་པ་དེ་ཁོ་ནས་ལན་ཐམས་ཅད་ལེགས་པར་གྲུབ་བོ། །བཅོམ་ལྡན་འདས་རིགས་རལ་གྱིས་རྒྱུད་བླའི་ཊཱི་ཀར་ཡང་ཁ་ཆེའི་ཡུལ་གྱི་རྒྱུ་དཔེ་རྣམས་ལས་ཚིགས་སུ་བཅད་པ་འདི་འབྱུང་ངོ་ཞེས་བཀོད་ནས་འབྲུ་གནོན་པ་ཡོད་དོ། །ཇོག་ལོ་ཆེན་པོའི་རྒྱུད་བླའི་ཊཱི་ཀར་ནི་ལྟ་བ་བཤད་པར་བྱ་བ་དེ་དང་རྗེས་སུ་མཐུན་པ་དེའི་འབྲས་བུ་ཉིད་སྟོན་པ་ནི། གང་ཞིག་རྒྱལ་བ་ཞེས་བྱ་བའི་ཚིགས་སུ་བཅད་པའོ། །གཞུང་ཁ་ཅིག་ལས། ཚིགས་སུ་བཅད་པ་འདིའི་དེ་མ་ཐག་ཏུ། མ་རིག་པས་འདོངས་རྣམས་ཀྱིས་སྲིན་བུའི་ཡིག་འདྲ་མུ་སྟེགས་བསྟན་བཅོས་སུའང་། །དོན་ལྡན་ཆོས་ལྡན་ས་གསུམ་ཉོན་མོངས་ཟད་བྱེད་བརྗོད་འགྱུར་གང་ཡིན་དང་། །འཇིག་རྟེན་སོ་སོའི་ལེགས་བཤད་གང་དེའམ་བློ་ལྡན་དྲང་སྲོང་བཞིན་འཛིན་ན། །གསུང་གང་ཟག་མེད་བློ་མངའ་རྣམས་ཀྱི་ཞལ་ནས་འབྱུང་བ་སྨོས་ཅི་དགོས། །ཞེས་འདོན་པ་ནི་ཚིགས་སུ་བཅད་པ་འདི་གཉིས་གང་གི་བཤད་པའི་འཆད་བྱེད་ཀྱི་རང་བཞིན་སྟོན་པར་བརྗོད་ཅེས་འབྱུང་ངོ་། །

ཡང་དྲི་བར། ཡུལ་ཆེན་སུམ་ཅུ་རྩ་བདུན་ཞེས། །བྱ་བ་རྒྱུད་གཞུང་གང་ནས་བཤད། །ཅེས་པའི་ལན་རྒྱས་པར་ཡོགས་སུ་བཀོད་པ་ལས་གསལ་ཞིང་འདིར་ཅུང་ཟད་ཙམ་བཤད་ན། སློབ་དཔོན་པདྨ་རྡོ་རྗེས་མཁའ་འགྲོ་རྒྱ་མཚོའི་འགྲེལ་བ་གྲུ་གཟིངས་ལས། ཆུ་གཏེར་བདུན། རི་བརྒྱད། གླིང་བརྒྱད། དཔལ་བ་བརྒྱད། བ་སྟྭའི་རྒྱ་མཚོའི་ཕྱི་རོལ་དུ་རྡོ་རྗེའི་རི། རྒྱ་མཚོ་ཆེན་པོའི་རི་རབ། རི་རབ་ཀྱི་འོག་གི་ཆ་སྟེ་སོ་ལྔ། དེ་ཐམས་ཅད་ནམ་མཁའི་ནང་དུ་གནས་པས་ནམ་མཁའ་སྟེ་སོ་དྲུག་དང་། རི་རབ་ཀྱི་གཙུག་ཏོར་ལ་སོགས་པ་དང་། རྡོ་རྗེ་སྲིད་ནམ་མཁའི་བར་དུ་ས་འོག་ལས་སོ་ཞེས་རི་རབ་ཀྱི་རྩེ་མོ་སོ་བདུན་པར་བྱས་པ་ནི་ཕྱིའི་ཡུལ་སོ་བདུན། ལུས་ལའང་གཙུག་ཏོར་ནས་རྐང་པའི་མཐེ་བོང་གི་བར་དུ་སྟེ་ཞེས་ལུས་ཀྱི་ཡུལ་སོ་བདུན། གཉིས་པ་ནི། འདོད་ཁམས་བཅུ་གཅིག གཟུགས་ཁམས་བཅུ་དྲུག གཟུགས་མེད་བཞི་བསམ་གཏན་བཞི་པ་མན་ཆད་ལ་ཆགས་པ། འཇིག་པ། འགྲོ་བ། མི་འགྲོ་བ། འདོད་པ་ཅན་ཏེ་ལྟ་བསྟན་པས་སོ་དྲུག དེ་ལྟར་སུམ་ཅུ་རྩ་དྲུག་དང་། སུམ་ཅུ་རྩ་བདུན་པ་ནི་འོག་མིན་གྱི་སའོ་ཞེས་ཁམས་གསུམ་སྤྱིའི་ཡུལ་ཆེན་པོ་སོ་བདུན་ཕྱི་ནང་ལ་ས་བཅུ་གཉིས་ལ་སྐུ་གསུངས་ཐུགས་ཀྱི་དབྱེ་བས་གསུམ་གསུམ་དུ་འགྱུར་བའི་ཕྱིར་འཁོར་ལོ་གསུམ་ལ་ས་བཅུ་གཉིས། བཅུ་གསུམ་པ་དབུས་ཏེ་རྡོ་རྗེ་འཆང་ལ་སྦྱར་རོ། །

ཡང་དྲི་བར། རིགས་ལྡན་དྲག་པོ་ཞེས་བྱ་བ། །ཕྱག་རྡོར་སྤྲུལ་པར་གང་དུ་བཤད། །ཅེས་དང་། དྲི་ཚིག་ཕྱི་མར། རིགས་ལྡན་དྲག་པོ་ཞེས་བྱ་བ། །ཕྱག་ན་རྡོ་རྗེའི་སྤྲུལ་པ་དངོས། །ཡིན་པའི་བཤད་པ་གང་ན་ཡོད། །ཅེས་དང་། དེ་ལྟར་འདྲི་དགོས་པའི་རྒྱུ་མཚན་ལ་རྣམ་བཤད་མཛད་པ་ཕལ་ཆེ་བས་རྣམ་པར་དཔྱད་པར་ཅི་ཡང་མི་

སྣང་ལ། སྤྲོས་ཁང་པས། དེ་ཚེ་འཇམ་དཔལ་གྲགས་པ་ཡི། །སྤྲུལ་པ་ཞེས་བཤད་ལ། དེ་ཉིད་ཀུ་མ་རའི་རྣམ་བཤད་དུའང་བྲིས་སོ་ཞེས་དང་། མ་དྲིས་པའི་ཉེས་པ་ནི། ངེས་དོན་དུ་སངས་རྒྱས་ཐམས་ཅད་ཀྱི་ཆོས་ཀྱི་སྐུ་གཅིག་ཡིན་པའི་ཕྱིར། གཅིག་གི་སྤྲུལ་པའི་སྐུ་གང་ཡིན་པ་དེ་ཉིད་གཞན་གྱི་ཡང་སྤྲུལ་པའི་སྐུར་འགྱུར་མོད། དྲང་བའི་དོན་དུ་སྔོན་གྱི་རྒྱུད་སོ་སོའི་དབང་གིས་སངས་རྒྱས་ཀྱི་གཟུགས་སྐུ་སོ་སོར་འཇོག་པ་དང་། སྔོན་གྱི་སྨོན་ལམ་གྱི་དབང་གིས་ཕྲིན་ལས་སོ་སོར་ངེས་པར་འཇོག་པ་དེའི་ཚེ་ན། གང་གི་སྤྲུལ་པ་གང་ཡིན་མ་འདྲེས་པར་འཆད་དགོས་ཏེ་ཞེས་གསུངས་སོ། །དེ་ལ་སྤྱིར་སྟོན་པ་ཐུབ་པའི་དབང་པོས་དཔལ་ལྡན་འབྲས་སྤུངས་ཀྱི་གནས་སུ་གསང་སྔགས་ཀྱི་ཚུལ་ཟབ་མོ་རྣམས་གསུང་བའི་དུས་སུ་སྟོན་པ་ཉིད་ཀྱི་རྣམ་པར་འཕྲུལ་པས་དུས་ཀྱི་འཁོར་ལོའི་རྒྱུད་ཀྱང་སྟོན་པ་པོ་དང་། འཁོར་ལ་སོགས་པའི་རྣམ་པར་འཕྲུལ་བ་བསྟན་ནས་གསུངས་པ་ཡིན་ཏེ༑ ཇི་སྐད་དུ་མི་གཡོ་སྣང་བར། སྟོན་ཤཱཀྱ་ལའི་ཡུལ་ནས་རང་ཉིད་འོངས་ཏེ། རྒྱལ་པོ་ཟླ་བ་བཟང་པོ་ཉི་མའི་འོད་ཀྱི་ལྷ་མོ་རྣམ་པར་རྒྱལ་མའི་མངལ་ནས་བྱུང་བ་ཕྱག་ན་རྡོ་རྗེའི་སྤྲུལ་པའི་སྐུ་རྒྱལ་པོ་རྣམས་རྗེས་སུ་འབྲངས་བཞིན་པས་དཔལ་ལྡན་འབྲས་སྤུངས་སུ་དུས་ཀྱི་འཁོར་ལོ་བསྟན་པའི་ཆེད་དུ་གསོལ་བ་བཏབ་པ་ནི་ཞེས་གསུངས་པས། སྟོན་པ་ཉིད་ཀྱི་ཐུགས་གཉིས་སུ་མེད་པའི་ཡེ་ཤེས་ཕྱག་ན་རྡོ་རྗེ་དང་། རྒྱལ་པོ་ཟླ་བ་བཟང་པོ་སོགས་རྗེས་འབྲངས་དང་བཅས་པ་སྤྲུལ་ནས་རྒྱུད་གསུངས་པར་བཤད་ཅིང་། ཕྱག་ན་རྡོ་རྗེའི་སྤྲུལ་པའི་སྐུ་རྒྱལ་པོ་རྣམས་ཞེས་གསུངས་པས་ནི། མ་འོངས་པ་ན་འབྱུང་འགྱུར་གྱི་ཆོས་རྒྱལ་དང་རིགས་ལྡན་ཐམས་ཅད་ཀྱང་ཕྱག་ན་རྡོ་རྗེའི་སྤྲུལ་པར་སྟོན། སྤྲུལ་པའི་སྐུ་སོ་སོའི་སྣང་ཚུལ་གྱི་དབང་དུ་བྱས་ནས། རིགས་ལྡན་གྲགས་པས་བད་དཀར་ལ་གནང་བ་བྱིན་ནས་དེས་རྒྱས་འགྲེལ་སྟོང་ཕྲག་བཅུ་གཉིས་པ་མཛད་ཅིང་། ལོ་བརྒྱར་ཆོས་སྟོན། དེ་ནས་བཟང་པོ་དང་། རྣམ་རྒྱལ་དང་། བཤེས་གཉེན་བཟང་པོ་དང་། ཕྱག་དམར་དང་། ཁྱབ་འཇུག་སྦས་པ་དང་། ཉི་མ་གྲགས་དང་། ཤིན་ཏུ་བཟང་པོ་དང་བརྒྱད་པོས་ལོ་བརྒྱ་བརྒྱར་ཆོས་བསྟན་པར་མངོན་ཏེ། རིགས་ལྡན་རིགས་ཀྱི་དབུས་སུ་ལག་པས་བསྐུར་བའི་དུས་ཀྱི་བུ་དང་ཚ་བོ་ཞེས་པའི་གསུངས་ལས། གྲགས་པའི་སྲས་ནས་བགྲངས་བའི་མི་རབས་བརྒྱད་འདས་པ་ན་ཀླ་ཀློའི་ཆོས་འཇུག་པར་གསུངས་ལ། ཡང་དེ་ནས་ཀླུའི་ལོ་བརྒྱ་རྣམས་ཀྱི་ཞེས་སོགས་ཀྱིས། གྲགས་པ་མ་ངན་ལས་འདས་ནས་ལོ་བརྒྱད་བརྒྱ་ན། མཁའི་ཡུལ་དུ་ཀླ་ཀློའི་ཆོས་འཇུག་པར་གསུངས་པའི་ཕྱིར་རོ་ཞེས་འགའ་ཞིག་གསུང་ངོ་། །དེ་ནས་རྒྱ་མཚོ་རྣམ་རྒྱལ་དང་རྒྱལ་གས་ལོ་བརྒྱ་བརྒྱར་ཆོས་གསུངས་པར་གསལ་ཏེ། ཀླ་ཀློ་བྱུང་ནས་བརྒྱ་བརྒྱད་ཅུ་རྩ་གཉིས་ན་རིགས་ལྡན་རྒྱལ་གས་རྩིས་གཞི་མཛད་པ་རྒྱ་མཚོ་རྣམ་རྒྱལ་གྱི་དུས་ཡིན་ལ། རྒྱལ་གའི་ཆོས་བསྟན་ནས་ལོ་བརྒྱད་ཅུ་རྩ་གཉིས

ཀྱི་དུས་སུ་ཞུང་དུའི་རྗེས་མཛད་པར་མངོན་པས་སོ། །དེ་ནས་ཉི་མ་དང་། སྣ་ཚོགས་གཟུགས་དང་། ཟླ་བའི་འོད་དང་། མཐའ་ཡས་དང་། ས་སྐྱོང་དང་། སེངྒེ་རྣམ་གནོད་དང་། སྟོབས་པོ་ཆེ་དང་། མ་འགགས་པ་དང་། མིའི་སེངྒེ་དང་། དབང་ཕྱུག་ཆེན་པོ་དང་། མཐའ་ཡས་དང་། རྣམ་རྒྱལ་དང་། དྲག་པོ་འཁོར་ལོ་ཅན་ཏེ་རིགས་ལྡན་ཉི་ཤུ་རྩ་ལྔའོ་ཞེས་ལོ་ཟླ་བ་བྱང་ཆུབ་རྩེ་མོ་གསུང་། ཆོས་རྗེ་བླ་མ་དམ་པ་ལྟར་ན། གདན་ནི་ཉི་ཤུ་རྩ་ལྔ་རིམ་པར་བྱུང་བ་དག་གི་དུས་བཞིའི་མཐར། །ཞེས་རིགས་ལྡན་ཉི་ཤུ་རྩ་ལྔའི་མཐར་དྲག་པོ་འབྱུང་བར་གསུངས་པའི་ཕྱིར། སེངྒེ་དང་རྣམ་གནོན་ཐ་དད་དུ་ཕྱེ་ནས་རིགས་ལྡན་ཉི་ཤུ་རྩ་དྲུག་གོ་ཞེས་ཀྱང་གསུང་ངོ་། །ཡང་ས་བཟང་ལོ་ཙཱ་བ་བསོད་ནམས་དཔལ་གྱིས། བུ་དོལ་ལ་སོགས་པ་ཁྲི་བོ་བཅུ་ལས་གཞན་བྱང་ཆུབ་སེམས་དཔའ་བཅུ་གསུམ་ལ། མཐའ་ཡས་རྣམ་རྒྱལ་གཉིས་གཅིག་ཏུ་བྱས་ནས་དྲག་པོ་དང་། གོང་གི་འཇམ་དབྱངས་གྲགས་པ་དང་། པད་དཀར་གཉིས་ཏེ་ཉེར་ལྔ་བཞེད་པ་དང་། པི་ཊྟ་ཏིས། སེངྒེ་རྣམ་གནོནགཉིས་གཅིག་ཏུ་བྱས་ནས་འོག་གི་གྲགས་པ་དང་། དྲག་པོ་གཉིས་ཐ་དད་དུ་བྱས་རེ་ཉེར་ལྔར་བཞེད་པ་དང་། མཐའ་ཡས་རྣམ་རྒྱལ་གཉིས་གཅིག་ཏུ་བྱས་རིགས་ལྡན་ཉེར་དྲུག་ཏུ་བཞེད་པ་ཡང་ཡོད་མོད། དེ་གཉིས་ཀའི་ལུགས་ལ་ལོ་བརྒྱ་བརྒྱར་ཆོས་སྟོན་པའི་དབང་དུ་བྱས་ན། ཀླ་ཀློའི་གནས་ཚད་ཇི་ལྟ་བར་མི་རྫོགས་པའི་སྐྱོན་ཡོད་ཅིང་། རྒྱ་མཚོ་རྣམ་རྒྱལ་དང་རྒྱལ་ཀ་གཉིས་ལ་མེ་མཁའ་རྒྱ་མཚོའི་ལོ་སྦྱར་ནས། གཞན་རྣམས་ལ་ལོ་བརྒྱ་བརྒྱར་བཞེད་པ་ལ་ཡང་ཀླ་ཀློའི་གནས་ཚད་ལས་ལོ་གསུམ་ལྷག་ཅིང་། རྒྱ་མཚོ་རྣམ་རྒྱལ་ལ་བརྒྱ་བརྒྱད་ཅུ་རྩ་གཉིས་དང་། རྒྱལ་ཀ་ལ་ཉིས་བརྒྱ་ཉི་ཤུ་རྩ་གཅིག་སྦྱོར་བ་ཙུང་མ་བདེའོ། །

རྒྱུད་འགྲེལ་གྱི་དགོངས་པ་ནི། རིགས་ལྡན་ཉེར་བདུན་དུ་གསལ་ཏེ། མདོར་བསྡུས་གཉིས་པར། མཆོག་གི་དང་པོའི་སངས་རྒྱས་འདི་ལས་བསྡུས་པའི་རྒྱུད་ཡང་དག་པར་སྟོན་པར་བྱེད་པ་ལ། འཇམ་དཔལ་དེ་བཞིན་གཤེགས་པས་ལུང་བསྟན་ཏེ། མ་འོངས་པའི་དུས་སུ་གྲོང་ཁྱེར་ཀ་ལ་པར་གནས་པའི་ཚངས་པའི་དྲང་སྲོང་བྱེ་བ་ཕྲག་ཕྱེད་དང་བཞི་རྣམས་འདུལ་བར་བྱ་བའི་དོན་དུ། བསྡུས་པའི་རྒྱུད་ཀྱི་རྒྱས་འགྲེལ་བྱེད་པ་ལ་འཇིག་རྟེན་དབང་ཕྱུག་བདག་ཀྱང་ལུང་བསྟན་ཏེ། གཞན་ཁྲི་བོའི་རྒྱལ་པོ་དང་། བྱང་ཆུབ་སེམས་དཔའ་ཉེར་གསུམ་པོ་དག་ཀྱང་ངོ་ཞེས་གསུངས་པས། འཇམ་དབྱངས་དང་སྤྱན་རས་གཟིགས་གཉིས་ལས། གཞན་ཁྲི་བོའི་སྤྲུལ་པ་བཅུ་དང་། བྱང་ཆུབ་སེམས་དཔའི་སྤྲུལ་པ་བཅུ་གསུམ་དང་། གོང་གི་འཇམ་དཔལ་གྲགས་པ་དང་། དྲག་པོ་སྟེ་ཉེར་བདུན་ནོ། །དེ་ལྟར་ཁམས་ལེ་གོ་སླར་དཔལ་ལྡན་ཤཱཀྱའི་རིགས་ལ་རབ་གསལ་མིའི་བདག་པོ་བདུན་ཏེ། བརྒྱུད་པ་དཔལ་ལྡན་གྲགས་པ་ཡང་ཞེས་ཡར་བཅད་ནས། དེའི་དབུས་སུ་གདན་ཉི་ཤུ་རྩ

ལྟ་རིམ་པར་ཡོངས་སུ་གྲགས་པ་དག་ནི་དུས་ཀྱི་མཐར་ཞེས་གསུངས་པས། གྲགས་པ་དང་དྲག་པོ་གཉིས་ཀྱི་དབུས་སུ་པད་དཀར་ནས་གྲགས་པ་ཕྱི་མའི་བར་ཉེར་ལྔ་ཡིན་པར་གསལ་པོར་གསུངས་ཤིང་། བདུན་དང་རི་གཟའ་ཐུབ་པ་འདི་རྣམས་དེ་བཞིན་སྙིང་སྟོབས་ལྡན་པ་ལྔའི་སྐྱེ་གནས་ཏེ། ཞེས་པའི་དོན་ཟླ་བཟང་སོགས་ཆོས་རྒྱལ་བདུན་དང་། འོད་ཟེར་ནི་དྲུག །རི་བདུན་གཟའ་བདུན། ཐུབ་པ་ཡང་བདུན་ཡིན་པས་རིགས་ལྡན་ཉི་ཤུ་རྩ་བདུན་ཏེ། སུམ་ཅུ་རྩ་བཞི་པོ་རྣམས་རྒྱལ་པོ་ཉི་མའི་འོད་ལྔའི་སྐྱེ་གནས་ཡིན་པ་དེ་བཞིན་དུ། སུམ་ཅུ་རྩ་གཉིས་གདན་གྱི་མཐར་ནི་ལྷ་མིན་དཔྲ་བོ་ཆེ་ལོ་བརྒྱ་པ་ཕྱག་ན་རྡོ་རྗེ་འཁོར་ལོར་འགྱུར། །ཞེས་པའི་དོན་ནི། ཟླ་བཟང་གིས་ལོ་བརྒྱར་རྒྱུད་མ་བསྟན་པའི་རྒྱུ་མཚན་གྱིས་མི་བགྲང་ལ། ལྷ་དབང་དང་གྲགས་པ་ཕྱི་མ་ཡན་ཆད་ལ་སོ་གཉིས་སོ། །འདི་དང་གོང་གི་མཐར་ཞེས་པའི་ནུས་པས་དྲག་པོ་སོ་གསུམ་པ་དང་། ཉེར་དྲུག་པ་གསལ་བར་བསྟན་པ་ཡིན་ནོ། །འོག་ཏུ་ཡང་། རིགས་ལྡན་རིགས་ཀྱི་མཐར་ནི་ཧི་སྲིད་བརྒྱ་ཕྲག་གཅིག་གི་ལོ་ཡི་གྲངས་ཀྱིས་སྐྱེ་བོའི་ཚེ་རུ་རབ་ཏུ་འགྱུར། །ཞེས་པའི་ལོ་བརྒྱ་པོ་རིགས་ལྡན་ཁྲོག་བྱེད་ལ་སྦྱར་དགོས་པ་ལ་མ་སྦྱོར་བར་མཐར་ཀྱི་དོན་དེའི་རྗེས་ཀྱི་སྐྱེ་བའི་ཚེ་ལ་སྦྱར་བས་ཤེས་སོ། །འོན་ཁྲོ་བོ་དང་བྱང་སེམས་ཀྱི་སྤྲུལ་པ་གང་ཡིན་སྙམ་ན། མདོར་བསྡུས་གཉིས་པར། དེ་བཞིན་དུ་རིམ་པ་ཇི་ལྟ་བར་གཤིན་རྗེ་མཐར་བྱེད་ལ་སོགས་པའི་ཁྲོ་བོ་བཅུ་དང་། ས་སྙིང་ལ་སོགས་པའི་བྱང་ཆུབ་སེམས་དཔའ་བཅུ་པོ་རྣམས་ཏེ། གཤིན་རྗེ་མཐར་བྱེད་ལ་སོགས་པའི་ཁྲོ་བོའི་རྒྱལ་པོ་དེ་དག་གི་བར་བར་དུ་བྱང་ཆུབ་སེམས་དཔའ་བཅུ་པོ་རྣམས་ལུང་བསྟན་པ་ཞེས་གསུངས་པས། གཤིན་རྗེ་མཐར་བྱེད་ཀྱི་སྤྲུལ་པ་གསུམ་པ་བཟང་པོ་དང་། ས་སྙིང་གི་བཞི་པ་རྣམ་རྒྱལ། རྨུགས་བྱེད་ཀྱི་ལྔ་པ་བཤེས་གཉེན་བཟང་པོ། སྒྲིབ་སེལ་གྱི་དྲུག་པ་རིན་ཆེན་ཕྱག །ཁེངས་བྱེད་ཀྱི་བདུན་པ་ཁྱབ་འཇུག་སྲས་པ༑ ནམ་སྙིང་གི་བརྒྱད་པ་ཉི་མ་གྲགས་པ། བགེགས་དགྲའི་དགུ་པ་ནི་ཤིན་ཏུ་བཟང་པོ། ཕྱག་རྡོར་གྱི་བཅུ་པ་རྒྱ་མཚོ་རྣམ་རྒྱལ། གཤིན་རྗེ་མཐར་བྱེད་ཀྱི་བཅུ་གཅིག་པ་རྒྱལ་ཀ །ས་སྙིང་གི་བཅུ་གཉིས་པ་ཉི་མ། རྨུགས་བྱེད་ཀྱི་བཅུ་གསུམ་པ་སྣ་ཚོགས་གཟུགས། སྒྲིབ་སེལ་གྱི་བཅུ་བཞི་པ་ཟླ་འོད། ཁེངས་བྱེད་ཀྱི་བཅོ་ལྔ་པ་མཐའ་ཡས། ནམ་སྙིང་གི་བཅུ་དྲུག་པ་ས་སྐྱོང་། བགེགས་དགྲའི་བཅུ་བདུན་པ་དཔལ་སྐྱོང་། ཕྱག་རྡོར་གྱི་བཅོ་བརྒྱད་པ་སེངྒེ། མཐར་བྱེད་ཀྱི་བཅུ་དགུ་པ་རྣམ་གནོན། ས་སྙིང་གི་ཉི་ཤུ་པ་སྟོབས་པོ་ཆེ། རྨུགས་བྱེད་ཀྱི་ཉེར་གཅིག་པ་མ་འགགས་པ། སྒྲིབ་སེལ་གྱི་ཉེར་གཉིས་པ་མིའི་སེངྒེ། ནམ་སྙིང་གི་ཉེར་གསུམ་པ་དབང་ཕྱུག་ཆེ། ཕྱག་རྡོར་གྱི་ཉེར་བཞི་པ་མཐའ་ཡས། ས་སྙིང་གི་ཉེར་ལྔ་པ་རྣམ་རྒྱལ། འཇམ་དཔལ་གྱི་ཉེར་དྲུག་པ་གྲགས་པ་ཕྱི་མ། སླར་ཡང་འཇམ་དཔལ་གྱི་སྤྲུལ་པ་རིགས་ལྡན་དྲག་པོ་རྣམས་ཡིན་ནོ་ཞེས་གསུངས་སོ། །

ཡང་དབང་ལོ་ཙྪ་བ་ནི། གྲགས་པ་དང་དྲག་པོ་གཅིག་བྱས་ནས། སེངྒེ་རྣམ་གནོན་དང་། མཐའ་ཡས་སོ་སོར་འདྲེན་ལ། དྲག་པོ་ཡང་། འཇམ་དབྱངས་དང་། ཕྱག་ན་རྡོ་རྗེ་གང་གི་སྤྲུལ་པར་བྱས་ཀྱང་བརྗོད་འདོད་ཡིན་པས་དོན་གྱི་སྒྲོན་ནས་ངེས་པ་ཅི་ཡང་མེད་དེ། དཔལ་གསང་བ་འདུས་པར། དམ་ཚིག་རྡོ་རྗེ་ཞེས་བསྟན་ལ། འགྲེལ་ཆེན་སྒྲོན་གསལ་དུ། སྒྲིབ་པ་ཀུན་རྣམ་པར་སེལ་བར་བཤད་ཅིང་། སློབ་དཔོན་ཐ་ག་ནས་སའི་སྙིང་པོར་བཤད་པ་དང་། མདོ་སྡུད་པར། གཟུགས་མེད་ཚོར་བ་མེད་ཅིང་འདུ་ཤེས་སེམས་པ་མེད། །ཅེས་པ་ལ། སློབ་དཔོན་སེངྒེ་བཟང་པོས། དྲོད་ཀྱི་དམིགས་པ་དང་། བཙྪ་ཀ་རུ་རྩེ་མོ་ཆུང་ངུར་བཤད་པ་དང་ཞེས་པ་ལ་སོགས་མང་དུ་སྨྲོས་ནས་འདིའི་ཚུལ་ཁོང་དུ་ཆུད་པས་བདག་ནི་འགྲེལ་བ་དུ་མ་ནས་བཤད་པ་སྣ་ཚོགས་འབྱུང་བ་ལ་ཡིད་བདེ་བར་གནས་སོ་ཞེས་ཀྱང་གསུང་ངོ་། །ཡང་རྭ་ལོའི་རྗེས་སུ་འབྲང་བ་ཕྱི་མ་ཁ་ཅིག ཆོས་རྒྱལ་དྲུག །རིགས་ལྡན་ཉེར་དྲུག་སྟེ་སོ་གཉིས་སུ་བྱས་ནས། ཟླ་བ་བཟང་པོའི་སྤྲུལ་པ་དྲག་པོ་འཁོར་ལོ་ཅན་ཡིན་པར། གྲགས་པ་འདུལ་བ་དེ་ནས་ཡང་། །དེ་ཡི་བུ་ནི་འཁོར་ལོ་ཆེན། །དྲག་པོ་འདུས་པ་འབྱུང་བ་ཡིན། །ཞེས་པའི་ཡང་སྒྲས་བསྟན་པ་ཡིན་នོ་ཞེས་ཟེར་ཡང་རྒྱུ་མཚན་ངེས་པ་ཅི་ཡང་མི་སྣང་ངོ་། །

ཡང་རྗེ་བཙུན་ཆེན་པོས་མཛད་པའི་རྩིས་གཞི་ལས། དེ་ལྟར་རྒྱལ་རབས་རྣམ་པ་བཅུ། །དེ་ལས་ཀུལླི་ཞེས་བྱའི་མིང་། །ཁྲི་བོ་བཅུ་དང་དེ་བཞིན་དུ། །བྱང་ཆུབ་སེམས་དཔའ་བཅུ་གསུམ་ནི། །རིམ་པ་བཞིན་དུ་འབྱུང་བས་ཏེ། །གཤིན་རྗེ་རྩོད་པའི་རྣམ་རྒྱལ་ལོ། །ཕྱག་ན་རྡོ་རྗེའི་སྤྲུལ་པ་ནི། །དྲག་པོ་ཀལྐི་ཞེས་བྱའི་བར། །ཁྲི་བོ་བཅུ་དང་དེ་བཞིན་དུ། །བྱང་ཆུབ་སེམས་དཔའ་རེ་རེ་སྤེལ། །མཐུག་ཏུ་བྱང་ཆུབ་སེམས་དཔའ་གསུམ། །རིམ་པ་བཞིན་དུ་འབྱུང་བ་ཡིན། །སྤྲུལ་པའི་རྒྱལ་པོ་རེ་རེ་བཞིན། །ལོ་ནི་བརྒྱ་ཕྲག་ལྔག་པ་རུ། །སེངྒེའི་ཁྲི་ལ་བཞུགས་ནས་ནི། །ཆོས་ཀྱིས་འཇིག་རྟེན་སྐྱོང་བར་མཛད། །དེས་ན་རྒྱལ་བས་མངགས་པ་ཡི། །ཤམྦྷ་ལ་ཡི་ཡུལ་དུ་ནི། །དཔལ་ལྡན་རྡོ་རྗེ་ཐེག་པའི་རྒྱུད། །ནམ་ཡང་ནུབ་པར་མི་འགྱུར་རོ། །ཞེས་གསུངས་ལ། འདིར་སྡོམ་གསུམ་དང་མཐུན་པར་དྲག་པོ་འཁོར་ལོ་ཅན་ཕྱག་ན་རྡོ་རྗེ་དངོས་ཀྱི་སྤྲུལ་པར་བསྟན་ཏོ། །ལུགས་སྔ་མ་སྨོས་པ་དེ་རྣམས་སུ། །རིགས་ལྡན་དྲག་པོ་འཇམ་དབྱངས་ཀྱི་དངོས་ཀྱི་སྤྲུལ་པ་དང་། ཕྱག་ན་རྡོ་རྗེའི་སྤྲུལ་པ་བརྒྱུད་པ་ཅན་ཡིན་པར་བཞེད་པར་གསལ་ལོ། །བརྒྱུད་པའི་སྤྲུལ་པ་ཡིན་པ་ལ་དགོངས་ནས། དྲིས་ལན་འཁྲུལ་སྤོང་ལས། རིགས་ལྡན་དྲག་པོ་དེ་ཕྱག་རྡོར་གྱི་སྤྲུལ་པ་ཡིན་པར་དུས་འཁོར་རྩ་རྒྱུད་ལས་བཤད་དེ། རིགས་ལྡན་དྲག་པོ་འཇམ་དབྱངས་གྲགས་པའི་སྤྲུལ་པ་ཡིན། འཇམ་དབྱངས་གྲགས་པ་ཟླ་བ་བཟང་པོའི་སྤྲུལ་པ་ཡིན། ཟླ་བ་བཟང་པོ་ཕྱག་ན་རྡོ་རྗེའི་སྤྲུལ་པ་ཡིན་པར་དེར་བཤད་པའི་ཕྱིར། གཏན་ཚིག་དང་པོ་གྲུབ་སྟེ།

འགྲེལ་ཆེན་དྲི་མེད་འོད་དུ་རྒྱ་རྒྱུད་ཀྱི་ལུང་དྲངས་པ་ལས། རིགས་ལྡན་ཉི་ཤུ་རྩ་བཞི་རྫོགས་པའི་རྗེས་སུ། གྲགས་པ་རིགས་ལྡན་དེ་ནས་སླར། །དེ་སྲས་འཁོར་ལོ་ཆེན་པོ་ཅན། །རིགས་ལྡན་དྲག་པོ་འབྱུང་འགྱུར་ཏེ། །ཀླ་ཀློའི་ཆོས་ནི་མཐར་བྱེད་པའོ། །ཞེས་འཛམ་དབྱངས་གྲགས་པ་སླར་ཡང་རིགས་ལྡན་དྲག་པོར་སྤྲུལ་པར་བཤད་པའི་ཕྱིར་རོ། །གཉིས་པ་གྲུབ་སྟེ་དེ་ཉིད་ལས། །དེ་ཡི་ཟླ་བཟང་རྩ་རྒྱུད་ལས། །ཁྱོད་ནི་སྟོད་པར་བྱེད་པ་སྟེ། །འགྲེལ་བཤད་བྱེད་པ་པད་འཛིན་རང་། །ཞེས་བསྟུས་རྒྱུད་མཛད་པར་གྲགས་པ་དང་། འགྲེལ་བཤད་མཛད་པ་པད་དཀར་གཉིས་ཀ་ཡང་ཟླ་བ་བཟང་པོའི་སྤྲུལ་པར་བཤད་པའི་ཕྱིར་རོ། །གསུམ་པ་གྲུབ་སྟེ། དེ་ཉིད་ལས། ཕྱག་ན་རྡོ་རྗེ་ཟླ་བཟང་ཁྱོད། །ཅེས་གསུངས་སོ་ཞེས་བྱ་བ་དྲི་བའི་ལན་དུ་འདེབས་སོ། །

ཁོ་བོའི་བསམ་པ་ལ་ནི། འཁོར་ལོ་ཅན་ཕྱག་ན་རྡོ་རྗེའམ། དུས་ཀྱི་འཁོར་ལོ་ཉིད་ཀྱི་དུས་ཀྱི་འཁོར་ལོའི་རྒྱུད་གསུང་པའི་དུས་འདིར་ཆོས་རྒྱལ་དང་རིགས་ལྡན་ལ་སོགས་པ་ཐམས་ཅད་ཀྱང་སྤྲུལ་པར་མཛད་པ་ཡིན་ཏེ། དཔལ་གསང་བ་གྲུབ་པ་ལས། ཡེ་ཤེས་སྒྱུ་མའི་རང་བཞིན་ཐུགས་རྡོ་རྗེ། སྐྱེས་བུ་ཆེན་པོའི་མཚན་སུམ་ཅུ་རྩ་གཉིས་ཀྱིས་བརྒྱན་པའི་སྐྱར་གྱུར་ནས། འདི་སྐད་བདག་གིས་ཐོས་པ་ཞེས་བྱ་བ་ལ་སོགས་པས། དོན་དམ་པའི་དེ་ཁོ་ན་ཉིད་སངས་རྒྱས་དང་བྱང་ཆུབ་སེམས་དཔའ་རྣམས་ལ་བདག་ཉིད་སྟོན་ཏོ་ཞེས་བྱ་བ་དང་། འདི་དག་སྟོད་པར་བྱེད་པ་པོ། །གཞན་དག་ཡོད་པ་མ་ཡིན་ཞེས། །བདག་ཉིད་འབའ་ཞིག་སྨྲ་བར་བྱེད། །རྒྱུད་མཛད་པ་ནི་ཐུགས་རྡོ་རྗེ། །ཞེས་གསུངས་པ་དང་མཐུན་པར་དུས་ཀྱི་འཁོར་ལོ་འདིར་ཡང་། ཐུགས་རྡོ་རྗེ་ཕྱག་ན་རྡོ་རྗེ་ཉིད་ཀྱིས་སྤྲུལ་པ་མཐའ་དག་མཛད་ཅིང་། སྤྲུལ་བྱེད་གཅིག་གི་མཛད་པ་ཡིན་པས་སྤྲུལ་པ་སོ་སོ་རྣམས་ལ་བཀོད་པ་མི་འདྲ་བ་དང་། མཚན་སོ་སོར་སྣང་བ་ཡོད་ཀྱང་། སྤྲུལ་བྱེད་གཅིག་གི་ངོ་བོ་ཡིན་པས་དེའི་ངོས་ནས་སྣ་ཕྱི་ལ་སོགས་ཐམས་ཅད་ཀྱང་འགལ་བ་མ་ཡིན་ཏེ། དྲི་མེད་འོད་ལས། འདི་དག་གི་སངས་རྒྱས་བྱང་ཆུབ་སེམས་དཔའ་དག་སྟོན་པ་པོ་དང་། ཞུ་བ་པོའི་འཕྲིན་པ་སྤྲུལ་པའི་སྐུའམ། ལོངས་སྤྱོད་རྫོགས་པའི་སྐུས་ཀྱང་རུང་སྟེ། སྔ་མ་དང་ཕྱི་མར་འགལ་བ་མེད་དོ། །དེ་ནས་ཕྱག་ན་རྡོ་རྗེའི་སྤྲུལ་པའི་སྐུ་རྒྱལ་པོ་ཟླ་བ་བཟང་པོས། སེམས་ཅན་ཐམས་ཅད་ཀྱི་ཕྱིར་འཇིག་རྟེན་དང་འཇིག་རྟེན་ལས་འདས་པའི་དངོས་གྲུབ་ཀྱི་དོན་དུ་དེ་བཞིན་གཤེགས་པ་ལ་ཞུས་སོ་ཞེས་གསུངས་སོ། །དེ་བས་ན་སྐབས་འདིའི་སྤྲུལ་བྱེད་ཀྱི་ཕྱག་ན་རྡོ་རྗེ་གཙོ་བོ་ཉིད་ཡིན་ཏེ། དཔལ་ལྡན་རྒྱུད་ལས། འཁོར་ལོ་ཅན་ནི་རང་གི་ལུས་ལ་རྡོ་རྗེ་ཅན་དེ་ལྷ་མཆོག་བདག་རྣམས་ཡན་ལག་བཅུས་འགོག །རིགས་དག་རྣམས་ནི་ཡང་དག་ཡེ་ཤེས་གླང་པོ་ཧ་དང་ཤིང་ཧ་མངག་གཞུག་འཕགས་པའི་ཚད་མེད་རྣམས། །ཞེས་སོགས་དང་། དེ་ཉིད་ཀྱི་འགྲེལ་ཆེན་དུ། ཕྱི་རོལ་དུ་ལེའུ་དང་པོ་ལས་གསུངས

པའི་འཁོར་ལོ་ཅན་གང་ཡིན་པ་དེ་ནི་ལུས་ལ་རྡོ་རྗེ་ཅན་དེ་ཐུགས་རྡོ་རྗེའོ་ཞེས་པའི་དོན་ཏོ་ཞེས་དང་། ཕྱི་རོལ་དུ་འཁོར་ལོ་ཅན་ཆེན་པོ་རིགས་ལྡན་རྒྱལ་ཀ་གང་ཡིན་པ་དེ་ནི་རང་གི་ལུས་ལ་ཐར་པའི་ལམ་སྟེད་པའོ། །ཕྱི་རོལ་དུ་ཀཱི་ལ་ཤར་འཁོར་ལོ་ཅན་ཆེན་པོའི་ཆོས་ཀྱི་སྤྲིན་པ་གང་ཡིན་པ་དེ་ནི་རང་གི་ལུས་ལ་སྲིད་པའི་འཇིགས་པ་འཕྲོག་པ་དང་། འགྲེལ་པ་པདྨ་ཅན་ལས། ས་དུམ་བུ་བཅུ་གཉིས་སུ་བཅོམ་ལྡན་འདས་ཀྱིས་ཆོས་ཀྱི་འཁོར་ལོ་ཇི་ལྟར་བསྐོར་ཚུལ་འཆད་པ་ན། གཉིས་མེད་ཡེ་ཤེས་ཀྱི་རང་བཞིན་གཅིག་དང་། ཐབས་ཤེས་རབ་ཀྱི་དབྱེ་བས་རྣམ་པ་གཉིས་དང་། སྐུ་གསུང་ཐུགས་རྡོ་རྗེའི་དབྱེ་བས་རྣམ་པ་གསུམ་དང་། ཡེ་ཤེས་རྡོ་རྗེའི་དང་ལྡན་ཅིག་རྡོ་རྗེའི་གཞིའི་དབྱེ་བས་ཆུ་གཏེར་དབྱེ་བ་སྟེ་བཞི་དང་། མདའ་ནི་ཕུང་པོ་ལྔ་དག་པས་ལྔ་དང་། རོ་སྟེ་ཡེ་ཤེས་ཀྱི་ཕུང་པོ་དང་ལྡན་ཅིག་པས་དྲུག་དང་། རོའི་དོན་ལ་མདའ་མདའ་ཞེས་འབྱུང་བ་ལྟར་ན་མདའ་གཉིས་པའང་ཕུང་པོ་ལྔ་དག་པས་རིགས་ལྔའོ། །ཐུབ་པ་སངས་རྒྱས་ཀྱི་རིགས་ལྔ་དང་། འཇིག་རྟེན་ཏེ་རིགས་གསུམ་ལ་སོགས་པའི་དབྱེ་བ་ཡིས་ཕྱེ་བ་མི་དབང་འཁོར་ལོ་ཅན་ཏེ། བཅོམ་ལྡན་འདས་དུས་ཀྱི་འཁོར་ལོ་ནི་སེམས་ཅན་གྱི་དོན་དུ་ས་གཞི་དག་ལ་འཁོར་ཏེ། ཕྱག་རྒྱ་ཆེན་པོའི་དངོས་གྲུབ་ཀྱི་དོན་དུ་རྣམ་ཤེས་ལྡན་པའི་མཁས་པ་བཙལ་བར་བྱའོ་ཞེས་གསུངས་སོ། །དབང་མདོར་བསྟན་གྱི་འགྲེལ་པ་ལས། རྡོ་རྗེ་ཅན་ནམ་རྡོ་རྗེ་སེམས། །རྡོ་རྗེ་འཇིགས་བྱེད་དབང་ཕྱུག་དང་། །ཧེ་རུ་ཀ་དང་དུས་འཁོར་ལོ། །ཞེས་བཤད་དོ། །འོ་ན། དེ་ཚེ་འཇམ་པའི་རྡོ་རྗེ་ཡི། །ཞེས་སོགས་ཀྱང་རུང་ངོ་སྙམ་ན། དེ་ནི་མི་རུང་སྟེ། སྤྲུལ་བྱེད་དང་སྤྲུལ་པ་གང་གི་མཚན་དུ་ཡང་མ་གྲགས་པའི་ཕྱིར་རོ། །འདིར་ནི་གཙོ་བོ་ཕྱག་ན་རྡོ་རྗེ་འམ། ཐུགས་ཀྱི་རྡོ་རྗེའམ། འཁོར་ལོ་ཅན་ནམ། དུས་ཀྱི་འཁོར་ལོ་ཞེས་རྣམ་གྲངས་སུ་བསྟན་པ་ཉིད་ཀྱིས་དངོས་ཀྱི་སྤྲུལ་པ་རིགས་ལྡན་དྲག་པོར་བསྟན་པ་ཡིན་པ་ལ། གཞན་རྣམས་ནི་བཅོམ་ལྡན་འདས་དང་རྒྱུད་གཅིག་པའི་སྒོ་ནས་སྤྲུལ་པ་བརྒྱུད་པ་ཅན་དུ་ཡང་བསྟན་པ་ཡང་ཡོད་དོ། །

འདིར་རྒྱུད་གཅིག་པའི་དོན་ཡང་། དཀྱིལ་འཁོར་གྱི་གཙོ་བོ་གང་དང་གང་གི་རྣམ་འཕྲུལ་དུ་འཁོར་གྱི་ལྷ་ཚོགས་རྣམས་འབྱུང་བ་ཡིན་པས་ན། འདིའི་སྐབས་ཀྱི་ཕྱག་ན་རྡོ་རྗེ་བྱང་ཆུབ་སེམས་དཔའི་ཚུལ་དུ་བསྟན་པ་དང་། འཇམ་དབྱངས་དང་། སྤྱན་རས་གཟིགས་དང་། གཤིན་རྗེའི་གཤེད་སོགས་ཀྱང་སངས་རྒྱས་ཕྱག་ན་རྡོ་རྗེའི་ཐུགས་རྒྱུད་ཀྱིས་བསྡུས་པའི་དོན་ཡིན་གྱི། སྤྱིར་སངས་རྒྱས་ཐམས་ཅད་ཆོས་སྐུའི་ངོ་བོར་དབྱེར་མེད་པ་ལ། ཐུགས་རྒྱུད་གཅིག་ཏུ་བྱས་པའི་སྐབས་དང་དོན་མི་གཅིག་སྟེ། ཀྱཻ་རྡོ་རྗེའི་སྐབས་ཀྱི་རིགས་ལྔ་དང་། འཁོར་ལོ་བདེ་མཆོག་གི་སྐབས་ཀྱི་རིགས་ལྔ་ལ་སོགས་པ་རྣམས་དང་། སྟོན་གཞི་དུས་སུ་བྱང་ཆུབ་སེམས་དཔའ་སྤྱན་རས་གཟིགས་དང་། འཇམ་དབྱངས་སོགས་ཐུགས་རྒྱུད་སོ་སོར་ཡོད་པ། སངས་རྒྱས་ནས་རིགས་ལྔ་སོ་སོའི་

ཐུགས་རྒྱུད་དུ་ཤར་བ་སོགས་ཀྱང་སྐབས་འདིའི་བྱང་ཆུབ་སེམས་དཔའ་རྣམས་དང་ཐུགས་རྒྱུད་སོ་སོར་སྣང་བ་ཡོད་པའི་ཕྱིར་རོ། །དེས་ན་འདི་ལྟར་བཤད་པའི་ཚེ། རིགས་ལྡན་དྲག་པོ་ཕྱག་རྡོར་དངོས་ཀྱི་སྤྲུལ་པར་བཤད་པས་ཆོག་ཅིང་། བཤད་པའི་ཁུངས་ཀྱང་ལེགས་པར་འགྲིག་ལ། ཁྱད་པར་ཕྱི་ནང་གི་དག་པ་དང་ཡང་ལེགས་པར་འགྲོར་རོ་སྙམ་དུ་སེམས་སོ། །ཀླུ་ཀློའི་རྫུ་འཕྲུལ་གྱིས་ཤམྦྷ་ལ་རུ་དམག་འདྲེན་པ་ནི། རིགས་ལྡན་དྲག་པོའི་དཔུང་ཚོགས་དང་། ཀླ་ཀློའི་དཔུང་ཚོགས་འཁྲུགས་པར་བཤད་པ་ཉིད་ཀྱིས་གསལ་ལམ་སྙམ་སྟེ། ཀླ་ཀློའི་དམག་ཚོགས་ཚུར་འོངས་པ་དང་། རིགས་ལྡན་གྱི་དམག་ཚོགས་ཕར་ཕྱིན་པ་གཉིས་འཁྲུགས་པ་ལས་འོས་མེད་པའི་ཕྱིར་རོ། །

ཡང་དྲི་བ་ལས། ཕག་མོའི་བྱིན་རླབས་མར་པ་ལ། །མེད་པའི་རྒྱུ་མཚན་གསལ་པོ་ཅི། །མར་པས་རིམ་ལྔ་གདན་རྫོགས་ཀྱི། །ཐོག་མར་ཕག་མོའི་བྱིན་རླབས་ནི། །ངེས་པར་བྱེད་ཅེས་ཟེར་བ་ཐོས། །ཞེས་དང་། རྗེ་བཙུན་མི་ལ་ཡན་ཆད་ལ། །ཆོས་དྲུག་ཡོད་དམ་མེད་པ་ནི། །གཞུང་གི་དགོངས་པ་གང་ཡིན་དྲི། །ཡོད་ན་ནཱ་རོའི་བརྒྱུད་པ་ནི། །འདོད་ལ་འགལ་བ་ཅི་ཞིག་ཡོད། །མེད་ན་ཆོས་དྲུག་ལུགས་གསུམ་པོ། །གསན་ཚུལ་ཇི་ལྟར་ཡིན་པ་དྲི། །ཞེས་འབྱུང་ངོ་། །འདི་ལ་དང་པོའི་དུས་སུ་ཡང་རྟོག་དཔྱོད་བྱེད་པ་འགའ་རེ་བྱུང་བར་གྲགས་ཤིང་ད་ལྟའི་དུས་སུ་ཡང་སོམ་ཉི་བྱེད་པ་མང་དུ་སྣང་བ་ལ། རྗེ་བཙུན་དམ་པ་ཀུན་དགའི་མཚན་ཅན་གྱི་གསུང་སྒྲོས། རྗེ་ཉིད་ཀྱི་དངོས་ཀྱི་སློབ་མ་ལྡན་མ་བཀའ་བཅུ་པས་བྲིས་པ་ཞིག་སྣང་བ་འདི་ཁོ་ན་གསུང་རྒྱུན་ཡིན་ངེས་སུ་འདུག་ཅིང་། དྲི་བ་འདི་དག་གི་ལན་ཡང་འདིས་ངེས་པར་འདུག་སྟེ། དེ་ཡང་འདི་ལྟ་ཁོང་ལ་མཚུར་ཕུ་གུག་ཤྲཱི་བས། ཤཱཀྱ་ཐུབ་པའི་རྒྱུས་དེ་ཀུན་དགའ་བོ་ལ་ཡོད། བི་བའི་རྒྱུས་དེ་ཁྱེད་ས་སྐྱ་པ་ལ་ཡོད། ནཱ་རོ་པ་དང་མར་པའི་རྒྱུས་དེ་རེད་དྭགས་པོ་བཀའ་བརྒྱུད་ལ་ཡོད་པ་ཡིན་པས། མི་ལ་མན་ཆད་ལ་ནཱ་རོ་ཆོས་དྲུག་ཡོད་མེད་དང་། ཕག་མོའི་བྱིན་རླབས་མར་པ་ལ་ཡོད་མེད་དེད་ཀྱིས་ཤེས་ཀྱི་ཁྱེད་ཀྱིས་མི་མཁྱེན་ཟེར་བ་དང་། རྡོ་རྗེ་ཕག་མོ་ལ་དབང་བཞི་མེད་ན་རྡོ་རྗེ་བདག་མེད་མ་ལ་ཡང་དབང་བཞི་མེད་པར་འགྱུར་བས། བདག་མེད་མ་ལ་དབང་བཞི་ཁས་ལེན་བཞིན་དུ་ཕག་མོའི་དབང་བསྐུར་འགོག་པ་འདི་གཞན་ལ་ཕྲག་དོག་བྱེད་པ་ཁོ་ནར་ཟད་ཅེས་གསུང་ཞིང་འདུག་ཞུས་པ་ལ། རྗེ་བླ་མ་རྡོ་རྗེ་འཆང་གི་ཞལ་ལས་འདི་ལྟར་གསུང་སྟེ། སྤྱིར་མ་དག་པའི་སྨྲོམ་ཆེན་ཕལ་ཆེ་བ་འདི་ས། རང་གི་ནཱ་རོ་ཏ་པའི་ཆོས་ལུགས་ཟབ་མོའི་འདི་ཆུད་གསན་ནས། རྫོགས་ཆེན་ལ་སོགས་པ་གཞན་གྱི་ཆོས་ལུགས་གང་རྙེད་པ་ལ་རང་གི་ཉམས་ལེན་གང་བྱུང་བྱས་ཏེ། རང་གི་བརྒྱུད་པའི་སྨིན་བྱེད་ཀྱི་དབང་མ་ཐོབ་བཞིན་དུ་ཕྱག་རྒྱ་ཆེན་པོའི་ཁྲིད་འདེབས་པ་དང་། ཉམས་ལེན་ལོག་པར་བྱེད་པ་རྣམས་སྨོམ་

གསུམ་རབ་དབྱེ་དང་ཐུབ་པ་དགོངས་གསལ་ལས་བཀག་པ་ཡིན་གྱི། ནཱ་རོ་པ་དང་། མཻ་ཏྲི་པ་ལ་སོགས་པ་གྲུབ་པའི་སློབ་དཔོན་རྣམས་ཀྱིས་གསུངས་པའི་ཕྱག་རྒྱ་ཆེན་པོའི་ངོ་བོ་ག་ལ་འགོག ཕྱིར་ཡང་མར་པ་ལ་རྒྱུད་སྡེ་བཞི། ཕ་རྒྱུད་གསང་བ་འདུས་པ་དང་བཅས་པའི་ཆོས་སྐོར་ཚང་ལ་མ་ནོར་བ་ཞིག་ཡོད་འདུག་སྟེ། སྒོམ་ཆེན་པ་རྣམས་ཀྱིས་ཇི་ལྟ་བ་བཞིན་མ་གཟིགས་པ་འདྲ། ཇོ་བོ་ནཱ་རོ་ཏ་པ་ལ་རིང་བརྒྱུད་བཀའ་སྲོལ་མ་ཉམས་པའི་ཆོས་ལུགས་དང་། ཉེ་བརྒྱུད་སྙིང་པོ་ཟབ་དོན་གྱི་ཆོས་ལུགས་གཉིས་མངའ་བ་ལས། དང་པོ་ནི་ཕམ་མཐིང་པ་སྐྱ་མཆེད་ལ་སོགས་པའི་པཎྜིཏ་རྣམས་ལས་བརྒྱུད་ནས་འོངས་པའི་ལུ་ནག་དྲིལ་གསུམ་གྱི་ཆོས་སྐོར་ཚང་མ་འདི་ཡིན་ཚོད་འདུག

གཉིས་པ་ནི་ཪྗེ་ཧེ་འཆང་གིས་ཏི་ལོ་པ་ལ་གནང་། དེས་ནཱ་རོ་པ་ལ། དེས་མར་པ་ལོ་ཙྪ་བ་ལ་གནང་བའི་ཆོས་སྐོར་འདི་རྣམས་ཡིན་ཚོད་འདུག །ཟབ་དོན་ནཱ་རོའི་ཆོས་དྲུག་བྱ་བ་འདི་ནི་བདེ་མཆོག་རྩ་རྒྱུད་ལ་བརྟེན་པའི་སྨིན་བྱེད་དབང་གི་ཆོས་དང་། གྲོལ་བྱེད་ཐབས་ལམ་གྱི་ཆོས་དང་། རྟོགས་པ་ཡེ་ཤེས་ཕྱག་རྒྱ་ཆེན་པོའི་ཆོས་དང་། གྲོགས་དམ་ཚིག་དང་སྡོམ་པའི་ཆོས་དང་། སྤྱོད་པ་བོགས་འབྱིན་པ་ཆེན་པོའི་ཆོས་དང་། གྲུབ་པ་འབྲས་བུའི་ཆོས་དང་དྲུག་པོ་འདིས། བདེ་མཆོག་རྩ་རྒྱུད་ཀྱི་དོན་ཐམས་ཅད་བསྡུས་ནས་མན་ངག་གི་ཚུལ་གྱིས་ཉམས་སུ་ལེན་པ་གཅིག་ལ་ཟེར་ཚོད་དུ་འདུག དེ་ལ་སྨིན་བྱེད་དབང་གི་ཆོས་ནི། ནཱ་རོ་ཏ་པའི་ལུགས་ཀྱི་བདེ་མཆོག་ཡབ་ཡུམ་གང་རུང་གི་དཀྱིལ་འཁོར་རྒྱས་པ་ལྷ་དྲུག་ཅུ་རྩ་གཉིས་ཀྱི་དཀྱིལ་འཁོར། འབྲིང་པོ་ལྷ་སོ་བདུན་མ་དང་། བཅུ་གསུམ་མ། བསྡུས་པ་ལྷ་ལྔའི་དཀྱིལ་འཁོར་དུ་དབང་བསྐུར་དང་། སིནྡྷུ་རའི་དཀྱིལ་འཁོར་ཏེ་དབང་གོང་མ་གསུམ་བསྐུར་བ་ལ་ཟེར་བ་ཡིན། གྲོལ་བྱེད་ལམ་གྱི་ཆོས་ནི། བསྐྱེད་རིམ་རྒྱས་འབྲིང་བསྡུས་གསུམ་གང་རུང་དེ་ལྷ་བུ་དང་། ཤིན་ཏུ་བསྡུས་པ་ལྷན་སྐྱེས་རེ་གང་རུང་དང་། རྫོགས་རིམ་གཏུམ་མོ། །འོད་གསལ། སྒྱུ་ལུས་ཏེ་རྩ་བའི་ཆོས་གསུམ་དང་། རྨི་ལམ། འཕོ་བ། བར་དོ་སྟེ་ཡན་ལག་གི་ཆོས་གསུམ་དང་དྲུག་ལ་བྱེད་པ་ཡིན། རྟོགས་པ་ཡེ་ཤེས་ཕྱག་རྒྱ་ཆེན་པོ་ནི། བརྟག་གཉིས་དང་། བདེ་མཆོག་རྩ་རྒྱུད་ཀྱི་ལྷན་སྐྱེས་ཀྱི་སྐབས་རྣམས་ལས་བསྟན་པའི། ཏི་ལོ་པའི་གདམས་དང་། ནཱ་རོ་པའི་ལྟ་བ་མདོར་བསྡུས་པ་དང་། མི་ལའི་ལྷན་སྐྱེས་གསལ་བ་གསུམ་ལ་བྱེད་པ་ཡིན། གྲོགས་དམ་ཚིག་དང་སྡོམ་པ་ནི། བསྲུང་བའི་དམ་ཚིག་དང་། ཚོགས་འཁོར་བཟའ་བའི་དམ་ཚིག་དང་། ཪྗེ་ཧེ་དང་དྲིལ་བུ་ལ་སོགས་པ་མི་འབྲལ་བའི་དམ་ཚིག་དང་། ཚེས་བཅུའི་མཆོད་པ་ལ་སོགས་པ་མཆོད་པའི་དམ་ཚིག་སྟེ་བཞི་ལ་བྱེད་པ་ཡིན། སྤྱོད་པ་བོགས་འབྱིན་པ་ཆེན་པོ་ནི། ནཱ་རོ་པའི་གསང་སྤྱོད་ཀྱི་གཞུང་ལྟར་ཉམས་ཚུང་ཟད་སྐྱེས་ནས་མཚན་མོར་སྤྱོད་པ་བྱེད་པ་ལ་གསང་སྤྱོད་དང་། ནག

པོ་པ་ལྟར་ཉམས་རྟོགས་ལ་བརྟེན་པ་ཐོབ་ནས་ཉིན་མོར་སྤྱོད་པ་བྱེད་པ་ལ་མངོན་སྤྱོད་དང་། ཏི་ལོ་པ་ལྟར་གྲུབ་པ་ཐོབ་ནས་གཞན་རྗེས་སུ་འཛིན་པའི་སྤྱོད་པ་བྱེད་པ་ཕྱོགས་ལས་རྣམ་པར་རྒྱལ་བའི་སྤྱོད་པ་སྟེ་གསུམ་ལ་བྱེད་པ་ཡིན། །གྲུབ་པ་འབྲས་བུའི་ཆོས་ནི། བདེ་མཆོག་རྩ་རྒྱུད་ནས་བཤད་པ་ལྟར། ཞི་རྒྱས་དབང་དྲག་སོགས་ཐུན་མོང་གི་དངོས་གྲུབ་དང་། ས་དང་པོ་རབ་ཏུ་དགའ་བ་ནས། བཅུ་གསུམ་རྡོ་རྗེ་འཛིན་པའི་བར་མངོན་དུ་བྱས་པ་མཆོག་གི་དངོས་གྲུབ་སྟེ་གཉིས་ལ་བྱེད་པ་ཡིན། དེ་ལྟར་ཡིན་པའི་རྒྱུ་མཚན་ཡང་། མར་པས་མ་རྒྱུད་སྡེ་བཞིའི་ཆོས་སྐོར་ཚང་མ་མེས་སྟོན་ལ་སྦྱིན། དེས་འཁོན་སྒྲི་ཚུ་བ་ལ་དཀོན་མཆོག་འབར་ལ་སྦྱིན། དེས་ས་ཆེན་ལ་སྦྱིན་ནས། ཆོས་རྗེ་ས་པཎ་གྱི་བར་མ་ཉམས་པའི་བརྒྱུད་པ་ལས་བྱུང་། མི་ལ་རས་ཆེན་པས་རྔོག་སྟོན་ཆོས་སྐུ་རྡོ་རྗེ་དང་མཉམ་དུ་བདེ་མཆོག་རྩ་རྒྱུད་ལ་བརྟེན་པའི་དབང་བསྐུར་བཤད་པ་ཟབ་དོན་ཆོས་དྲུག་གི་མན་ངག་དང་བཅས་པ་རྗེ་མར་པ་ལས་ཐོབ་ནས་ཅིག་བརྒྱུད་བསྒྲུབ་པ་མཛད་པ་ཞིག་ཡིན་པ་ལ། རས་ཆུང་རྡོ་རྗེ་གྲགས་པ་དང་། དྭགས་པོ་ལྷ་རྗེ་སོགས་ཀྱིས་ཟབ་དོན་ན་རོ་ཆོས་དྲུག་ཞུ་བའི་ཚེ། ཁོང་རང་གིས་མར་པ་ལ་གསན་པ་བཞིན་དབང་བསྐུར་མ་མཛད་པར་གཞན་ལ་ཞུར་བཅུག་ནས་རྫོགས་རིམ་ཆོས་དྲུག་རེ་བྱིན་ཞིང་། ལྷ་བའི་ཁྲིད་རེ་མཛད་ནས་གདམས་ངག་ཚང་མ་སྦྱིན་པའི་ལུགས་སུ་མཛད་པ་ཡིན་ཚོད་འདུག །དེས་ན་ནཱ་རོ་པ་ལས་བརྒྱུད་པའི་སྨིན་བྱེད་དབང་གི་ཆོས་ལ་སོགས་པའི་དྭག་པོ་དེ་རང་གི་ལུགས་བཞིན་དུ་མི་ལས་མར་པ་ལས་གནས་ཀྱང་། དྭགས་པོ་ལྷ་རྗེ་སོགས་ཀྱིས་མ་གསན་པ་ལ་དགོངས་ནས། ནཱ་རོ་ཆོས་དྲུག་ཅེས་བྱའི་ཁྲིད། །མི་ལ་ཡན་ཆད་དེ་ལས་མེད། །ཅེས་གསུངས་པ་ཡིན།

རྡོ་རྗེ་ཕག་མོའི་བྱིན་རླབས་ནི། །མར་པ་ལྷོ་བྲག་པ་ལ་མེད། །ཅེས་དང་། བྱིན་རླབས་ཡིན་གྱི་དབང་བསྐུར་མིན། །ཞེས་གསུངས་པའི་དོན་ནི། སྤྱིར་རྒྱུད་སྡེ་རྣམས་ལས་དབང་བསྐུར་དང་བྱིན་རླབས་གཉིས་གསུངས་ཤིང་། ཁྱད་པར་སམྤུ་ཊར། དབང་དང་བཀས་གནང་ཐོབ་ནས་ནི། །ཞེས་དབང་བསྐུར་མཚན་ཉིད་པ་དང་། བྱིན་རླབས་བཀས་གནང་གཉིས་ཡོད་པ་ལས། བླ་མེད་ཀྱི་དབང་བསྐུར་མཚན་ཉིད་པ་ནི། རྡོ་རྗེའི་ལུས་སྐྱོན་མེད་པ་ལ་བསྐུར་བཞི་ཡེ་ཤེས་ལྔའི་ས་བོན་འདེབས་ཐབས་སྨྲུང་གཞི་སྦྱོང་བྱེད་སྨིན་ཅི་མ་ལོག་པར་བསྒྲིགས་པའི་ཕྱི་ནང་གསང་གསུམ་གྱི་རྟེན་འབྲེལ་གྱི་ཆོ་གའི་སྒོ་ནས། རྒྱུ་ལམ་འབྲས་བུའི་དུས་སུ་རྡོ་རྗེ་འཆང་གི་རྒྱུད་སྡེ་སོ་སོའི་དགོངས་པ། གྲུབ་པའི་སློབ་དཔོན་རྣམས་ལས་བརྒྱུད་པ་བཞིན་དུ་དབང་ཆོག་ཚང་མ་བསྐུར་བ་ཞིག་ཡིན་ལ། དེའང་ལས་དང་པོ་པ་རྣམས་ལ་ནི་ཕྱི་རྡུལ་ཚོན་གྱི་དཀྱིལ་འཁོར་དུ་ད་ལྟར་གྱི་ཆོ་ག་ཁོ་ནས་དབང་བསྐུར་བ་ཡིན་ཏེ། རྣམ་འགྱུར་པ་དང་གྲུབ་ཐོབ་པ་རྣམས་ལ་ནི་སྤྲུལ་པའི་དཀྱིལ་འཁོར་དུ་སྟོན་གྱི་ཚོ་

གས་དབང་བསྐུར་བ་ཡང་ཡིན། ས་བཅུ་པའི་དབང་ཕྱུག་ལ་སོགས་པ་རྒྱུད་སྡེ་ནས་གསུངས་པའི་གླིང་གཞིའི་འཁོར་རྣམས་ལ་ནི་ཡེ་ཤེས་ཀྱི་དཀྱིལ་འཁོར་དུ་རྡོ་རྗེ་འཆང་གིས་ཡེ་ཤེས་ཀྱི་སྣང་བའི་དབང་བསྐུར་བ་མཚན་ཉིད་པ་ཡིན་ཚོད་དུ་འདུག །གཞན་ཡང་དབང་གིས་སྨིན་ཟིན་པའི་གང་ཟག་རྣམས་ལ་ནི། ནང་ལུས་དང་ཕྱི་རྟེན་འབྲེལ་རྫས་ལ་སོགས་པ་ལ་བརྟེན་ནས་དབང་བསྐུར་གྱི་རྣམ་གཞག་བླ་མེད་ཀྱི་རྒྱུད་འགའ་ཞིག་ལས་གསུངས། མདོར་ན་བླ་མེད་ཀྱི་རྒྱུད་སྡེ་དང་། དེའི་དགོངས་འགྲེལ་གྱི་གྲུབ་ཐོབ་ཀྱི་གཞུང་རྣམས་ལས་འབྱུང་བ་ལྟར་གྱི་དབང་བསྐུར་ཚུལ་བཞིན་དུ་བྱེད་པ་ལ་དབང་བསྐུར་གྱི་དོན་གྲུབ་པ་ཡིན་ཏེ། རྡོ་རྗེ་འཆང་དང་གྲུབ་པའི་སློབ་དཔོན་རྣམས་ལས་ཐབས་མཁས་ཤིང་ཐུགས་རྗེ་ཆེ་བ་སུ་ཡང་མེད། བྱིན་རླབས་ནི་དབང་གིས་སྨིན་ཟིན་ཅིང་། དམ་ཚིག་དང་ལྡན་པའི་གང་ཟག་རྣམས་ལ་ཡོན་ཏན་མ་སྐྱེས་པ་བསྐྱེད་པའམ། སྐྱེས་ཟིན་མི་ཉམས་ཤིང་འཕེལ་བའི་དོན་དུ་སྐུ་གསུང་ཐུགས་ཀྱི་བྱིན་རླབས་འཇུག་པའི་ཐབས་སུ་བརྒྱུད་པ་སོ་སོའི་ཆོ་ག་བཞིན་དུ་བྱེད་པ་ཡིན། ཁྱད་པར་བོད་དུ་འགྱུར་བའི་གསང་སྔགས་གསར་མའི་ལུགས་ནི། རྡོ་རྗེ་ཕག་མོའི་བྱིན་རླབས་ཀྱི་སྐོར་ལ༔ དོན་གྲུབ་མ་ཆེ་ཆུང་། དབུ་བཅད་མ་ཆེ་ཆུང་། ནཱ་རོ་པ་དང་། མཻ་ཏྲི་མཁའ་སྤྱོད། ཕག་མོ་དཀར་མོའི་བྱིན་རླབས་ལ་སོགས་པ་དུ་མ་འདུག་པ་ནི། རྗེ་བཙུན་མར་པས་གསན་མ་གསན་མ་ཤེས། ནཱ་རོའི་ལུགས་ཀྱི་མན་ངག་བརྒྱུད་པའི་ཕག་མོའི་བྱིན་རླབས་ནི་མར་པས་གསན་ཅིང་། མི་ལ་སོགས་ལ་གནང་ཀྱང་། སྔགས་རྙིང་མའི་ལུགས་ཀྱི་ཕག་མོ་བརྡ་བཞིའི་བྱིན་རླབས་འདི་མར་པས་མ་གསན་ཅིང་། མི་ལ་སོགས་ལ་མ་གནང་བ་ལ་དགོངས་ནས། རྡོ་རྗེ་ཕག་མོའི་བྱིན་རླབས་ནི། །མར་པ་ལྷོ་བྲག་པ་ལ་མེད། །ཅེས་གསུངས་པ་ཡིན་ཏེ། རྡོ་རྗེ་ཕག་མོ་ལ་དབང་ཡོད་མེད་ཀྱི་དོན། བདེ་མཆོག་གི་བཤད་རྒྱུད་ཨ་བྷི་དྷཱ་ན་ལས། རྡོ་རྗེ་ཕག་མོ་ལ་དབང་བཞི་ཚང་བར་བཤད། དེའི་དགོངས་པ་ཁྱབ་འཇུག་གསང་བ་དང་། ཀུརྨ་པ་ཏྲ་གཉིས་ཀྱིས་ལྷ་སོ་བདུན་མ་དང་། བཅུ་གསུམ་མའི་དཀྱིལ་འཁོར་གཉིས་སུ་བཤད་པ་དེ། ཙ་མི་དང་རྭ་ལོ་ནས་བརྒྱུད་ནས་དབང་བཀའ་དང་བཤད་བཀའ་ལ་སོགས་སྔར་བོད་ན་བྱུང་མོད། ད་ལྟ་ནི་ཡིག་ཆ་ཙམ་མ་གཏོགས་པ་མེད། ཕྲེང་བ་དང་གྲི་ཡ་ནས་ཕག་མོའི་དབང་བཞི་དུ་མ་ཞིག་གསུངས་པ་དེ་ད་ལྟ་ཡང་ཡོད། ཆོས་རྗེ་ས་པཎ་གྱིས་ཀྱང་ཕྲེང་བ་ནས་གསུངས་པའི་ཕག་མོ་སྐོར་གསུམ་པཎ་ཆེན་ཤཱཀྱ་ཤྲཱི་ལས་གསན། མར་པ་ལོ་ཙྪས་ཀྱང་ཇོ་བོ་ནཱ་རོ་ཏ་པ་ལ་ཕག་མོའི་བྱིན་རླབས་དབང་བཞི་གསན་ཚོད་དུ་འདུག །དེས་ན་རྡོ་རྗེ་ཕག་མོ་ལ་དབང་མེད་ཅེས་ཆོས་རྗེ་ས་སྐྱ་པཎྜི་ཏས་གང་དུ་ཡང་གསུངས་པ་མེད། སྡོམ་གསུམ་རབ་དབྱེ་ལས་ནི། རྙིང་མའི་ལུགས་ཀྱི་ཕག་མགོ །མདའ་གཞུ་དང་། མེ་ལོང་ལ་སོགས་པ་བརྡའི་བྱིན་རླབས་ལ་སྦྱར་བ། རིགས་ལྔ་སྡོམ་བཟུང་ལ་སོགས་དང་། སྣ་གོན།

མཛུག་ཚོག་དང་། དངོས་གཞི་བུམ་ཆུ་འཁྲིམ་པ་དང་། རྗེས་མཐའ་རྟེན་སྦྱར་བ་རྣམས་འབྲི་ཀུན་གྱི་ཚོས་སྒོ་བ་རྣམས་ཀྱིས་བྱེད་པ་འདི་དབང་བསྐུར་མཚན་ཉིད་པ་མ་ཡིན་ཞིང་། མར་པ་ལོ་ཙྪ་ནས་བརྒྱུད་པའང་མ་ཡིན་ལ། སྙིང་མ་རང་གི་ལུགས་གཙང་མ་དེ་ཡང་མ་ཡིན་པས། རང་བཟོས་ཆོས་ཆེན་པོའི་སྒོ་ཕྱེ་ནས་གསར་མའི་གདམས་ངག་ནཱ་རོའི་ཆོས་དྲུག་འབོགས་པ་ནི་སྙིང་རེ་རྗེ་དགོངས་ནས་དགག་པ་མཛད་པ་ཡིན། འདིའི་དོན། སྡོམ་གསུམ་རབ་དབྱེ་ལས། རྡོ་རྗེ་ཕག་མོ་ཉིད་ལས་ཀྱང་། །དབང་བསྐུར་ཐོབ་ཅིང་དམ་ཚིག་ལྡན། །དེ་ལ་བྱིན་རླབས་བྱ་ཞེས་གསུངས། །ཞེས་གསུངས་པ་ཡིན་པས། རང་གི་ནཱ་རོ་ཏ་པ་ནས་བརྒྱུད་པའི་ཕག་མོའི་དབང་བསྐུར་མ་ཉམས་པ་གཅིག་ཡོད་ན་ཞུས་ཤིག །དེ་ནས་བརྒྱུད་པའི་རྡོ་རྗེའི་ཕག་མོའི་བྱིན་རླབས་ཞུས་ནས། ནཱ་རོའི་ཆོས་དྲུག་ལྷ་བ་ཕྱག་རྒྱ་ཆེན་པོ་དང་བཅས་པ་རྣམས་ལ། ཐོས་བསམ་སྒོམ་གསུམ་བྱས་ན་ཁེ་ཆེ་བ་ཡིན་ཏེ་ཨཾ་གསུང་། ཞེས་པ་འདི་ལྡན་མའི་བཙུན་པ་བསོད་ནམས་དཔལ་གྱིས། རྗེ་རྡོ་རྗེ་འཆང་ལ་ཞུས་ལན་བྱས་པ་བཞིན་དུ་རང་གི་དྲན་པ་གསོ་བའི་ཕྱིར་དུ་བྲིས་པའོ། །

ཡང་དུས་གཞན་ཞིག་གི་ཚེ་མར་པ་ལོ་ཙྪས། རང་གི་སློབ་མཆེ་བཞི་ཐམས་ཅད་ལ་ཟབ་དོན་ནཱ་རོའི་ཆོས་དྲུག་དེ་བྱིན་པ་ལགས་སམ། ཆོས་རྗེས་པས་མི་ལ་མན་ལ་ནཱ་རོའི་ཆོས་དྲུག་མེད་པར་བཤད་པ་ལ། ནཱ་རོའི་ཆོས་དྲུག་ལུགས་གསུམ་དང་། །ཞེས་ཁོང་རང་གིས་གསན་པར་བཤད་པ་དང་མི་འགལ་ལམ་ཞེས་ཞུས་པ་དང་། འདི་སྐད་གསུང་། མར་པས་བདེ་མཆོག་རྩ་རྒྱུད་ཀྱི་བཤད་པའི་སྐབས་སུ། ཟབ་དོན་ནཱ་རོའི་ཆོས་དྲུག་གི་དོན་ཚང་མ་བཞི་ཆར་ལ་བྱིན་ཀྱང་། ཆོས་དྲུག་རྡོ་རྗེའི་མགུར་ལ་སོགས་པ་ཟུར་དུ་བྱས་པའི་མན་ངག་གི་གཞུང་རྣམས་ཀྱིས་དེ་བཞིན་ཁྲིད་མཛད་པ་དེ་ནི་མི་ལ་རས་པ་གཅིག་པུ་ལ་བྱས་པ་ཡིན་ཚོད་འདུག །དཔེར་ན་གསང་བ་འདུས་པ་དང་། དུས་འཁོར་རྒྱུད་འགྲེལ་གྱི་སྐབས་སུ། རིམ་ལྔ་དང་། དུས་འཁོར་སྦྱོར་དྲུག་གི་དོན་ཚང་མ་ཡོད་ཀྱང་། རིམ་ལྔ་དང་སྦྱོར་དྲུག་གི་གདམས་ངག་ཟུར་དུ་ཡོད་པའི་ཁྱད་དང་འདྲ། མི་ལ་མན་ལ་ཆོས་དྲུག་མེད་པར་གསུངས་པ་ནི། སྨིན་བྱེད་དབང་ལ་སོགས་པའི་ཟབ་དོན་ཆོས་དྲུག་ཚང་མ་མེད་པ་ལ་དགོངས། ཆོས་དྲུག་ལུགས་གསུམ་ཐོབ་པར་བཤད་པ་ནི་གཏུམ་མོ་ལ་སོགས་པའི་རྫོགས་རིམ་ཆོས་དྲུག་གསན་པ་ལ་དགོངས། དཔེར་ན་སྙིན་གསལ་ལས་བསྐྱེད་རིམ་དང་། སེམས་དབེན་དུ་གནས་པ་དང་། སྒྱུ་མ་ལྷ་བུ་དང་། འོད་གསལ་དང་། ཟུང་འཇུག་ལ་རིམ་ལྔའི་ཐ་སྙད་དུ་བྱས་ལ། རིམ་ལྔའི་གཞུང་དུ། ངག་དབེན། སེམས་དབེན་གཉིས། སྒྱུ་ལུས། འོད་གསལ། ཟུང་འཇུག་གསུམ་ལ་རིམ་ལྔའི་ཐ་སྙད་བྱས་པ་ལྟར། འདིར་ཡང་དབང་ལ་སོགས་པ་དྲུག་ལ་ཆོས་དྲུག་གི་ཐ་སྙད་བྱས་པ་དང་། གཏུམ་མོ་ལ་སོགས་པ་དྲུག་གི་ཐ་སྙད་བྱས་པ་གཉིས་སུ་འདུག །ཅེས

གསུང་ངོ་ཞེས་བྱ་བ་བྲིས་པ་འདུག་ཅིང་། དོན་ལ་ཡང་འདི་ཁོ་ན་ལྟར་གནས་པ་ཡིན་པས་གསང་སྔགས་རྡོ་རྗེ་ཐེག་པའི་ཟབ་ལམ་ཐམས་ཅད་ཡང་། རང་རང་གི་དཀྱིལ་འཁོར་དུ་དབང་བསྐུར་བ་ཐོབ་ནས་དེ་དང་འབྲེལ་བའི་བརྒྱུད་པ་མ་ཉམས་པའི་བྱིན་རླབས་དང་། བསྐྱེད་རྫོགས་ཀྱི་ཐུན་མོང་མ་ཡིན་པའི་མན་ངག་རྣམས་རང་རང་གི་ལུགས་བཞིན་དུ་མ་འདྲེས་པར་ཉམས་སུ་ལེན་པ་ནི་སྔོན་གྱི་སྐྱེས་བུ་དམ་པ་རྣམས་ཀྱི་རྣམ་པར་ཐར་པ་ཡིན་ནོ། །ནཱ་རོ་ཏ་པ་ནས་མི་ལ་རས་པ་ཡན་ཆད་ལ་བྱུང་བའི་འཁོར་ལོ་བདེ་མཆོག་ལྷ་དྲུག་ཅུ་རྩ་གཉིས་དང་། སོ་བདུན་མ་དང་། བཅུ་གསུམ་མ་དང་། བསྡུས་པ་ལྷ་ལྔ་མ་རྣམས་མི་ལ་རས་པ་ནས་བརྒྱུད་དེ་ཆོས་དྲུག་དང་འབྲེལ་བ་ནི་ད་ལྟ་མི་བཞུགས་སོ། །དེས་ན་གསང་སྔགས་ཀྱི་དབང་དང་ལམ་འབྲེལ་བ་ཅན་ཉིད་ལ་གཙོ་བོར་བྱེད་པ་ལེགས་སོ། །ཡང་ཚིག་ལ་འཁྲུལ་པ་དགག་པའི་སྐབས་སུ། དྲི་བར། ཏི་ལོ་ཏེ་ལོར་མི་རུང་ན། །ཞེས་སོགས་ཀྱི་ལན་ནི། འདི་ནི་རྒྱ་སྐད་ལ་བོད་སྐད་ཀྱི་བཤད་པ་བྱེད་པ་དང་། རྒྱ་སྐད་ཉིད་ཀྱང་ཡི་གེ་ནོར་བར་འཆད་པ་འགོག་པའི་སྐབས་ཡིན་ཞིང་། སྔོན་གྱི་དུས་སུ་བཀའ་བརྒྱུད་ཀྱི་རྣམ་ཐར་འགའ་ཞིག་ལས། ཏཻ་ལོ་པ་ཞེས་མཚན་བཏགས་ནས་སྒྲ་བཤད་བྱེད་པ་དང་། ཏེ་ལོ་པ་ཞེས་སྒྲ་བཤད་བྱེད་པ་དེ་འགོག་པའི་ཕྱིར། བདེ་མཆོག་ལཱུ་ཧི་པའི་འགྲེལ་པ་འབྲུ་འབུམ་ལས། དེའི་མཚན་ཏེ་ལོ་པ་དང་། ཏཻ་ལོ་པ་ཞེས་བྱ་བ་མ་ཡིན་ཏེ། ཏེ་ལོ་པ་ཞེས་བྱ་བ་ཡིན་གསུང་ཞེས་རྗེ་བཙུན་ས་སྐྱ་པ་ཆེན་པོའི་དུས་ཉིད་དུ་དགག་པ་མཛད་ཡོད་པ་དེ་ཉིད། འདིར་ཡང་བཤད་པ་ཡིན་པས་ལན་གྱི་སྤྲོས་པ་གཞན་མི་དགོས་སོ། །ཕྱག་རྒྱ་ཆེན་པོ་ལ། ལག་པའི་སྒྲ་བཤད་བྱེད་པ་ནོར་བར་སྟོན་པ་ཡང་། སྤྱིར་རྒྱ་གར་ལ་ལག་པ་དང་ཕྱག་གི་སྐད་དོད་མེད་པར་སྟོན་པ་མ་ཡིན་གྱི། མ་ཧཱ་མུ་དྲ་ཞེས་པའི་སྐོར་དུ། ཕྱག་གམ་ལག་པའི་སྐད་དོད་བླ་ཐབས་སུ་བསྟན་པ་ཡིན་པ་མ་ཤེས་པ་ལ་དགག་པ་མཛད་པ་ཡིན་པར་ཤེས་པ་ཡང་གནད་དོ། །གཞན་ཡང་གཞུང་གི་ཚིག་གི་ཟུར་ཉམས་པ་མ་ཡིན་པ་ལ་ཡིན་པར་བསམས་ཏེ་བཅོས་པ་ཡང་། རྡོ་རྗེ་རྒྱལ་མཚན་ཉིད་ལས་ཀྱང་། །ཡོད་པ་ཞེས་བྱ་བསླུབ་པར་གསུངས། །ཞེས་མདོའི་ལུང་དང་བཅས་ཏེ་གསུངས་པ་ལ། ཡི་གེ་ཆད་པ་ཧྲུང་པ་ཙམ་ལ་དྲི་བ་མཛད་པ་དང་། ལྷ་བཙུན་པས་སྡོམ་གསུམ་གྱི་ཊཱི་ཀར། མེ་ཡི་རང་བཞིན་ཚ་བ་ལྟར། །ཞེས་འདོད་དགོས་ཀྱི། །མི་ཡི་སླུབ་བྱེད་ཚ་བ་ལྟར། །ཞེས་གསུངས་པ་མི་ལེགས་སོ་ཞེས་བཤད་པ་ཡང་། རང་བཞིན་དང་སླུབ་བྱེད་དང་རྒྱུ་མཚན་རྣམས་སྐབས་གང་དུ་གང་ལ་འཇུག་གི་རྣམ་དབྱེ་སོ་སོར་མ་ཕྱེད་པ་སྟེ། རྣམ་འགྲེལ་ལས། བྱ་བ་སླུབ་པར་བྱེད་ཅེས་ཏེ། །ལས་ཀུན་གྱི་ནི་སླུབ་བྱེད་དག །ཐམས་ཅད་མ་ཡིན་གང་ལས་འབྲས། །གང་ཡིན་དེ་ནི་དེས་སླུབ་བྱེད། །ཅེས་བཤད་པ་ལེགས་པར་རྟོགས་དགོས་སོ། །

ཡང་ཡི་གེ་ནོར་བ་ལ་དོན་གྱི་གནད་ཆེས་ཆེར་འཁྲུལ་བར་དོགས་པ་ནི། དེས་ན་ཀུན་རྫོབ་ལྡོག་པ་དང་། །ལྷ་བའི་ལྡོག་པ་མ་ཕྱེད་པས། །གསང་སྔགས་རྙིང་མའི་ཀུན་རྫོབ་ཀུན། །ལྷ་བ་དང་འཁྲུལ་དེ་ལྟར་ཡིན། །ཞེས་གཞུང་དག་པ་རྣམས་ལ་ཡོད་ཅིང་། ཚིག་རྐང་ཕྱི་མས་ཀྱང་ཤེས་པ་ལ། ལྟའི་ལྡོག་པ་ཞེས་པའི་སྦྱར་ཡིག་མ་དག་པ་རྒྱུ་མཚན་དུ་བྱས་ཏེ་ལྷ་སྐུའི་སྣང་བ་དོན་དམ་གྱི་ལྡོག་པ་ནས་འཇོག་པ་ཡང་གཞུང་དོན་གཉིས་ཀ་དང་མི་འགྲིག་སྟེ་རྒྱས་པར་ལོགས་སུ་ཤེས་སོ། །གཞན་ཡང་དྲི་བའི་གནས་མང་པོ་ཞིག་ཡོད་པ་རྣམས་ལ་ནི། ལན་དུ་མཛད་པ་སྔ་མ་རྣམས་ཀྱིས་དོགས་པའི་གནས་སེལ་བར་བྱས་ཟིན་པ་དང་། འགའ་ཞིག་ནི་རྟོགས་པར་སླ་བ་དང་། གྲུབ་མཐའི་རྩ་བ་གནད་དུ་ཆེ་བ་འགའ་ཞིག་ནི་ཟུར་དུ་གསལ་བར་བྱས་ཟིན་པའི་ཕྱིར། འདིར་ནི་བཀའ་དང་བསྟན་བཅོས་ཀྱི་ལུང་ཚད་མར་གྱུར་པ་འགའ་ཞིག་བསྟན་བཅོས་འདིའི་ཁུངས་སུ་དྲངས་ནས་གཞུང་ལུགས་འདིའི་རྗེས་སུ་ཞུགས་པ་རྣམས་ལ། བསྟན་བཅོས་ཆེན་པོ་འདི་ནི། རྒྱལ་བའི་ལུང་དང་གསུང་རབ་རྣམས་ཀྱི་དགོངས་པ་ཕྱིན་ཅི་མ་ལོག་པར་ངེས་པར་ཞིག་གོ་སྙམ་པའི་ལྷག་བསམ་གྱི་ངེས་པ་གཏིང་ནས་བསྐྱེད་པར་བྱ་བའི་ཕྱིར་བྲིས་པ་ཡིན་གྱི། བསྟན་པ་ལ་གཅེས་པར་འཛིན་ཞིང་། ཁྱད་པར་དུ་ཡང་རྗེ་བཙུན་ས་སྐྱ་པའི་ལུགས་མཆོག་དྲི་མ་མེད་པ་འདི་ལ་ཤིན་ཏུ་དད་པ་དང་གཅེས་པར་འཛིན་པའི་མཁས་པའི་ཚོགས་རྣམས་ལ་ཕྲག་དོག་དང་འགྲན་སེམས་ཀྱི་དབང་གིས་བཤད་པ་མ་ཡིན་ལ། ཐོག་མར་ལུགས་འདི་ལ་ཐེ་ཚོམ་གྱིས་ལོང་ལད་དུ་གྱུར་ཏེ། ཕྱིས་ལོག་པའི་ངེས་པ་དྲངས་པའི་སྒོ་ནས་རང་གི་བླ་མ་གོང་མ་རྣམས་དང་དེའི་བསྟན་པ་ལ་དད་པས་རྗེས་སུ་འབྲང་བ་ཙམ་གྱི་བློ་ཡང་འདོར་བ་ནི་རྣམ་པ་ཐམས་ཅད་དུ་བྱུང་ཡང་མི་རུང་གི །རྒྱལ་བའི་གསུང་རབ་དང་། བསྟན་བཅོས་ཚད་ལྡན་མང་དུ་བལྟས་ཏེ་འདི་ཉིད་ཀྱི་དགོངས་པ་རྒྱས་པར་བྱའོ་ཞེས་པའི་ཐོ་ཡིག་ཙམ་ལུང་དུ་བྲིས་པ་འདི་ཡང་མཁྱེན་རབ་དང་ཐུགས་རྗེ་ཚད་མེད་པའི་མངའ་བདག་རྗེ་བཙུན་རྡོ་རྗེ་འཆང་ཆེན་པོ་ཀུན་དགའ་དབང་ཕྱུག་གི་གསུང་ལས་སྐྱེས་པ་དགེ་སློང་བསོད་ནམས་ལྷུན་གྲུབ་ལེགས་པའི་འབྱུང་གནས་རྒྱལ་མཚན་དཔལ་བཟང་པོ་ལ། གཞུང་ལུགས་རང་འབྱམས་སྨྲ་བའི་བཤེས་གཉེན་དམ་པ་ནོར་བུ་ཕུན་ཚོགས་ཀྱི་ཞལ་སྔ་ནས་ཁྱོད་ཀྱིས་སྡོམ་པ་གསུམ་གྱི་དྲི་བ་འདི་ལ་ལན་དུ་འགྱུར་བ་ཞིག་བསྐུར་དགོས་སོ་ཞེས་གནང་བྱུང་བ་ལྟར་རང་གི་མཐོང་ཚོད་ཀྱི་ཁུངས་རྣམས་ལེགས་པར་བྲིས་ཏེ་གསལ་བར་བྱས་པའོ།། །།

གང་ཞིག་སྤྲུལ་གྱི་མགྲིན་པར་ནི། །འོ་མའི་ཐིགས་པ་ལྷུང་བ་ལྟར། །ངེས་པར་དུག་གི་དུ་བ་དང་། །ཕྱུ་སྦྲའི་རླུང་ཆེན་མ་གཡོ་ཞིག ཡི་གེ་པ་ནི་རིམ་གཉིས་ཀྱི། །ཏིང་ངེ་འཛིན་ལ་ལྷུར་བྱེད་པ། །བསྟན་བཅོས་མཛད་པ་གང་དེ་ཡི། །མཚན་གྱི་རྣམ་པར་བཟུང་དེའོ། །མངྒ་ལཾ་བྷ་ཝནྟུ་ཤྲཱི།། །།

འདི་བསྒྲུབ་པ་ལས་བྱུང་བ་ཡི། །དགེ་བའི་རྩ་བ་གང་ཐོབ་པ། །དེས་ནི་སྐྱེ་བོ་ཐམས་ཅད་ཀྱིས། །བདེ་གཤེགས་ཞིས་རབ་ཐོབ་པར་ཤོག འགྲོ་བའི་སྡུག་བསྔལ་སྨན་གཅིག་པུ། །བདེ་བ་ཐམས་ཅད་འབྱུང་བའི་གནས། །བསྟན་པ་རྙེད་དང་བཀུར་སྟི་དང་། །བཅས་ཏེ་ཡུན་རིང་གནས་གྱུར་ཅིག དགེའོ། །དགེའོ། །དགེའོ།། །།

༄༅། །སྡོམ་པ་གསུམ་གྱི་སྐབས་ཀྱི་ཉེར་མཁོ་བཞུགས་སོ། །

བདེ་གཤེགས་སྙིང་པོའི་གསལ་བྱེད།

གློ་བོ་མཁན་ཆེན་བསོད་ནམས་ལྷུན་གྲུབ།

སྭ་སྟི། ཆོས་ཀྱི་རྗེ་དཔལ་ལྡན་ས་སྐྱ་པཎྜི་ཏ་ཆེན་པོའི་ཞབས་ལ་དུས་ཐམས་ཅད་དུ་ཕྱག་འཚལ་ཞིང་སྐྱབས་སུ་མཆིའོ། །མཁྱེན་རབ་དབང་པོ་གང་གི་ཞབས་བརྟེན། །འཇིག་རྟེན་ཆེ་དགུའི་གཙུག་ཏུ་ལེགས་བཀོད་ནས། །གསུང་གི་ཚ་ཟེར་སྤྲོས་པས་སྲིད་གསུམ་གྱི། །མུན་པ་མཐའ་དག་འཇོམས་མཛད་ཁྱོད་ཀྱིས་སྲུངས། །

འདིར་སྡོམ་པ་གསུམ་གྱི་རབ་ཏུ་དབྱེ་བའི་བདེ་གཤེགས་སྙིང་པོའི་སྐབས་ལས། མུ་སྟེགས་གྲངས་ཅན་དང་མཚུངས་པའི་བདེ་གཤེགས་སྙིང་པོ་བཀག་ནས་དེ་དང་ལྡན་ཅིག་ཡོད་པའི་དགེ་བ་དོན་དམ་པར་གྲུབ་པ་ཡང་བཀག་པས། དེང་སང་གྲགས་པའི་སེམས་ཙམ་རྣམ་མེད་ཀྱི་ལྟ་བ། དབུ་མའི་ལྟ་བར་བཞེད་པ་ཡང་ཤིན་དུ་བཀག་གོ། །དེ་ལ་རྣམ་རིག་པའི་ལྟ་བ་ཉིད་དབུ་མའི་ལུགས་ཕྱིན་ཅི་མ་ལོག་པར་འདོད་པ་ནི། སློབ་དཔོན་ཤཱནྟི་པ་ཆེན་པོ་ཉིད་དེ། དེ་ཉིད་ཀྱིས་ཤེར་ཕྱིན་སྙིམ་པའི་མན་ངག་ལས། ཀླུ་སྒྲུབ་ཀྱི་ཞལ་སྔ་ནས་ཀྱང་། འབྱུང་བ་ཆེ་ལ་སོགས་བཤད་པ། །རྣམ་པར་ཤེས་སུ་ཡང་དག་འདུ། །ཡེ་ཤེས་ཀྱི་ནི་དེ་བྲལ་ན། །ལོག་པར་རྣམ་བརྟགས་ཅེས་མ་ཡིན། །ཞེས་གསུངས་སོ། །འདི་ལྟར་རྣལ་འབྱོར་སྤྱོད་པ་བ་ནི། ཆོས་རྣམས་ཀྱི་རང་བཞིན་གཉུག་མ་གསལ་བ་ཙམ་ནི་རྫས་སུ་ཡོད་པར་འདོད་པ་ཡིན་ལ། དབུ་མ་པ་ནི་རྫས་དེ་ཡང་མི་འདོད་དེ། ཁྱད་པར་འདི་ཡང་མིང་ཙམ་དུ་བརྟགས་སོ། །དེས་ན་རྒྱ་བ་མེད་པར་རྣལ་འབྱོར་སྤྱོད་པ་རྣམས་དང་། དབུ་མ་པ་རྣམས་ལྡན་ཅིག་ཏུ་རྩོད་པ་ནི་སྐྱེ་བོ་ཤིན་ཏུ་གནས་ངན་པ་ཉིད་དོ། །ཞེས་དྲིས་སོ། །

འདི་ཙམ་ལ་བརྟེན་བོད་ཀྱི་རྗེ་མོ་ནང་པ་སོགས་རྣམ་རིག་གི་ལྟ་བ་ཉིད་དབུ་མ་ཆེན་པོ་ཡིན་ནོ། །ཞེས་དྲང་དོན་གྱི་མདོ་དང་། དངོས་སྨྲའི་བསྟན་བཅོས་ཀྱི་ལུང་མཐའ་དག་གིས་བསྒྲུབ་པར་བྱེད་དོ། །ལུགས་འདི་ནི་སློབ་དཔོན་བདག་ཉིད་ཆེན་པོ་ཀླུ་སྒྲུབ་སོགས་བཞེད་པ་མ་ཡིན་ཏེ། ལུང་དེ་དང་དེ་ལས་འབྱུང་བའི་རིགས་པས་གནོད་པའི་ཕྱིར་རོ། །ཇི་སྐད་དུ། ཆོས་ཐམས་ཅད་དམིགས་སུ་མེད་ཅིང་། སེམས་པ་མེད་པ། རིན་པོ་ཆེ་བསགས་པ་བསྟན་པའི་མདོ་ལས། དེ་བཞིན་གཤེགས་པས་འཇམ་དཔལ་ལ་བཀའ་བསྩལ་པ། འཇམ་དཔལ་

བསམ་གྱིས་མི་ཁྱབ་པའི་དབྱིངས་སམ། བསམ་གྱིས་མི་ཁྱབ་པའི་དབྱིངས་ཞེས་བྱ་བ་ལ། བསམ་གྱིས་མི་ཁྱབ་པའི་དབྱིངས་ཞེས་བྱ་བ་དེ་གང་ཡིན། འཇམ་དཔལ་གྱིས་གསོལ་པ། བཅོམ་ལྡན་འདས་བསམ་གྱིས་མི་ཁྱབ་པའི་དབྱིངས་ཞེས་བགྱི་བ་ནི། དབྱིངས་གང་སེམས་མ་མཆིས་པ་སེམས་འགྲོ་བར་བགྱི་བ་མ་མཆིས་པ། སེམས་ཀྱིས་དཔག་པར་བགྱི་བ་མ་ལགས་པ་བསམས་པས་རབ་ཏུ་དབྱེ་བར་བགྱི་བ་མ་ལགས་པ་ལགས་མོད་ཀྱི། འོན་ཀྱང་བཅོམ་ལྡན་འདས་སེམས་ཉིད་བསམ་གྱིས་མི་ཁྱབ་པའི་དབྱིངས་ལགས་སོ། །དེ་ཅིའི་སླད་དུ་ཞེ་ན། སེམས་ལ་སེམས་མ་མཆིས་པ་ལགས་ཀྱི། སེམས་ཉིད་སེམས་མ་ལགས་པས་སེམས་ནི་ངོ་བོ་ཉིད་ཀྱིས་མ་མཆིས་པའོ། །ཞེས་སེམས་རང་ངོས་ནས་མ་གྲུབ་པ་དང་། གཞན་གྱིས་སྟོང་པ་སྒྲུབ་པ་དང་། བཀག་པ་རིམ་པ་ལྟར་གསལ་པོར་བསྟན་པ་དང་། བཅོམ་ལྡན་འདས་མ་ལས་ཀྱང་། གཟུགས་ནས་རྣམ་མཁྱེན་གྱི་བར་ཆོས་ཀུན་རྫོབ་ཏུ་སྣང་བ་འདི་དག །ཀུན་རྫོབ་ཀྱི་བདེན་པ། མི་རྟག་པ། བསླུ་བའི་ཆོས་སོ་ཞེས་བཀག་ནས། དེ་ལས་གཞན་དུ་དོན་དམ་པ་སྟོན་པ་རྣམས་ཤེས་རབ་ཀྱི་ཕ་རོལ་དུ་ཕྱིན་པ་བཅོས་མ་སྟོན་པར་བཞེད་དེ། ཇི་སྐད་དུ། ཀཽ་ཤི་ཀ་འདི་ལ་རིགས་ཀྱི་བུའམ། རིགས་ཀྱི་བུ་མོ་ཤེས་རབ་ཀྱི་ཕ་རོལ་དུ་ཕྱིན་པ་ལྟར་བཅོས་མ་སྟོན་པ་ཡོད་དེ། དེ་ལ་ཤེས་རབ་ཀྱི་ཕ་རོལ་དུ་ཕྱིན་པ་ལྟར་བཅོས་པ་ནི་འདི་ཡིན་ཏེ། དེ་དག་གཟུགས་མི་རྟག་པར་སྟོན་ཏོ། །དེ་བཞིན་དུ་སྡུག་བསྔལ་བ་དང་། བདག་མེད་པ་དང་། མི་སྡུག་པར་སྟོན་ཏོ། །ཞེས་པ་ནས། རྣམ་པ་ཐམས་ཅད་མཁྱེན་པ་ཉིད་མི་རྟག་པ་དང་། སྡུག་བསྔལ་བ་དང་། བདག་མེད་པར་སྟོན་ཏེ། གང་དེ་ལྟར་སྤྱོད་པ་དེ་ཤེས་རབ་ཀྱི་ཕ་རོལ་དུ་ཕྱིན་པ་ལ་སྤྱོད་པའོ། །ཞེས་དེ་སྐད་སྟོན་པ་འདི། ཀཽ་ཤི་ཀ་ཤེས་རབ་ཀྱི་ཕ་རོལ་དུ་ཕྱིན་པ་ལྟར་བཅོས་པའོ། །ཞེས་ཚུལ་དེ་ལྟ་བུ་ཤེར་ཕྱིན་བཅོས་མའི་སྟོན་ལུགས་དང་།

ཡང་དེ་ཉིད་ལས། དེ་ལ་ཤེས་རབ་ཀྱི་ཕ་རོལ་དུ་ཕྱིན་པ་ལྟར་བཅོས་མ་མ་ཡིན་པ། གང་ཞེ་ན། དེ་དག་འདི་ལྟར་སྟོན་ཏེ། རིགས་ཀྱི་བུ་ཁྱོད་ཚུར་ཤོག །ཤེས་རབ་ཀྱི་ཕ་རོལ་དུ་ཕྱིན་པ་བསྒོམ་པ་ལ། གཟུགས་ནས་རྣམ་པ་ཐམས་ཅད་མཁྱེན་པ་ཉིད་ཀྱི་བར་ལ་གཏི་མུག་པ་དང་། སྡུག་བསྔལ་བ་དང་། བདག་མེད་པ་དང་། མི་སྡུག་པ་གང་། ཡང་དག་པར་རྗེས་སུ་མི་ལྟའོ། །དེ་ཅིའི་ཕྱིར་ཞེ་ན། གཟུགས་ནི་གཟུགས་ཀྱི་ངོ་བོ་ཉིད་ཀྱིས་སྟོང་སྟེ་ཞེས་བྱ་བ་ནས་འདི་ལྟར་ཆོས་ཐམས་ཅད་ནི་ངོ་བོ་ཉིད་ཀྱིས་སྟོང་སྟེ། གང་ངོ་བོ་ཉིད་ཀྱིས་སྟོང་པ་དངོས་པོ་མེད་པའོ། །གང་དངོས་པོ་མེད་པ་དེ་ཤེས་རབ་ཀྱི་ཕ་རོལ་དུ་ཕྱིན་པའོ། །གང་ཤེས་རབ་ཀྱི་ཕ་རོལ་དུ་ཕྱིན་པ་དེ་ལ་ནི་བླང་བར་བྱ་བའམ། དོར་བར་བྱ་བའོ། །བསྐྱེད་པར་བྱ་བའོ། །དགག་པར་བྱ་བའི་ཆོས་གང་ཡང་མེད་དོ། །ཞེས་དེ་ལྟར་ཉེ་བར་སྟོན་པ་ནི། ཤེས་རབ་ཀྱི་ཕ་རོལ་དུ་ཕྱིན་པ་ལྟར་བཅོས་པ་མ་ཡིན་པར་སྟོན་པའོ། །ཞེས་

གཟུགས་སོགས་ཀུན་རྫོབ་ཐ་སྙད་དུ་ནི་མི་འགོག་པར་དེ་དག་རང་བཞིན་གྱིས་ཅིར་ཡང་མ་གྲུབ་པ་ལ། ཐ་སྙད་དུ་དོན་དམ་པ་ཞེས་མིང་གིས་སྟོན་པ་ནི། ཤེར་ཕྱིན་བཅོས་མིན་གྱིས་སྟོན་ལུགས་སུ་གསལ་བར་གསུངས་ལ། འཕགས་པས་ཀྱང་། ཤེས་རབ་ཀྱི་ཕ་རོལ་དུ་ཕྱིན་པའི་བསྟོད་པ་ལས། ཁྱོད་ནི་གང་ནས་མ་བྱོན་ཞིང་། །གང་དུ་ཡང་ནི་མི་གཤེགས་པས། །གནས་ནི་ཐམས་ཅད་དག་ཏུ་ཡང་། །མཁས་པ་རྣམས་ཀྱིས་དམིགས་མ་ལགས། །ཞེས་དང་། ཤིན་དུ་བརྟག་དཀའ་སྒྱུ་མ་བཞིན། །སྣང་བཞིན་མི་སྣང་བ་ཡང་ལགས། །ཞེས་དང་། ལུས་ཅན་རྣམས་ལ་ཕན་དོན་དུ། །ཐ་སྙད་མདུན་དུ་མཛད་ནས་ནི། །བརྩེ་བའི་འཇིག་རྟེན་མགོན་རྣམས་ཀྱིས། །ཁྱོད་བསྟན་མ་བསྟན་པར་ཡང་གདའ། །ཞེས་ཀུན་རྫོབ་སྒྱུ་མ་ལྟ་བུ་ལ། དོན་དམ་བཅིངས་གྲོལ་ལས་འདས་པའི་བཅོམ་ལྡན་འདས་མ་མི་གནས་པའི་ཚུལ་གྱིས་བཞུགས་པར་གསུངས་པ་ཡང་གོ་དགོས་སོ། །

རང་གི་ངེས་དོན་དུ་འདོད་པ་ལང་ཀར་གཤེགས་པ་ལས་ཀྱང་། བློ་གྲོས་ཆེན་པོ་ངས་ནི་དངོས་པོའི་ངོ་བོ་ཉིད་ཉེ་བར་སྟོན་པར་མི་བྱེད་ཀྱི། བློ་གྲོས་ཆེན་པོ་འོན་ཀྱང་བདག་ཉིད་ཀྱིས་ཇི་ལྟ་བ་བཞིན་རྟོགས་ན་རྣམས་པར་དབེན་པའི་ཆོས་ལ་གནས་པར་འགྱུར་རོ། །ཞེས་དང་། བློ་ཡིས་རྣམ་པར་བཤིག་ནས་ནི། །གཞན་དབང་མེད་ཅིང་བཏགས་པའང་མེད། །སྒྲུབ་པའི་དངོས་པོ་ཡོངས་མེད་ན། །བློ་ཡིས་ཇི་ལྟར་རྣམ་པར་བརྟག །ངོ་བོ་ཉིད་མེད་རྣམ་རིག་མེད། །དངོས་པོ་མེད་ཅིང་ཀུན་གཞི་མེད། །བྱིས་པ་རོ་དང་འདྲ་བ་ཡི། །ངན་རྟོག་རྣམས་ཀྱིས་འདི་དག་བཏགས། །ཞེས་པ་དང་། དེའི་དོན་སེམས་འགྲེལ་ལས། འདི་དག་ཐམས་ཅད་སེམས་ཙམ་ཞེས། །ཐུབ་པས་བསྟན་པར་གང་མཛད་དེ། །བྱིས་པ་རྣམས་ཀྱང་སྐྲག་པ་མིན། །སྐྱང་བའི་ཕྱིར་ཡིན་དེ་ཉིད་མིན། །ཀུན་བཏགས་དང་ནི་གཞན་དབང་མིན། །ཡོངས་སུ་གྲུབ་པ་འདི་ཉིད་ནི། །སྟོང་ཉིད་བདག་ཉིད་གཅིག་པོ་ཡི། །ངོ་བོ་སེམས་ལ་བཏགས་པ་ཡིན། །ཞེས་རང་བཞིན་སྟོང་པའི་སེམས་ཀྱིས་ཀུན་རྫོབ་ཏུ་སྒྲོ་བཏགས་པ་ལ་ཀུན་བཏགས་ཡོད་པར་བཤད་ཀྱི། འདོགས་བྱེད་ཀྱི་སེམས་དང་། དེས་བཏགས་པའི་རང་བཞིན་བདེན་པ་གྲུབ་པ་ཅི་ཡང་མེད་པར་མ་ཤེས་ན། བྱིས་པ་ངན་པ་རོ་དང་འདྲ་བ་ལས་མ་འདས་སོ། །

ཡང་སློབ་དཔོན་གྱིས་སེམས་འགྲེལ་ལས་རྣལ་འབྱོར་སྤྱོད་པ་པ་རྣམས་ཀྱིས། རང་གི་སེམས་ཀྱི་དབང་བྱས་ཏེ། གནས་ཡོངས་གྱུར་ནས་དག་པའི་སེམས། །སོ་སོ་རང་རིག་སྤྱོད་ཡུལ་བརྗོད། །ཅེས་ཕྱོགས་སྔ་བཀོད་ནས། གནས་གྱུར་དུས་གསུམ་དུ་བརྟགས་ནས་འགོག་ཚུལ་དང་། གནས་གྱུར་རྒྱུའི་སེམས་བདེན་པའི་སྒྲུབ་བྱེད་རང་རིག་འགོག་ཚུལ་དང་། དེས་ན་སེམས་སུ་བསྟན་པ་མིང་ཙམ་དུ་བཤད་པ་སོགས་ལེགས་པར་བཤད་དེ། འདས་པ་གང་ཡིན་དེ་ནི་མེད། །མ་འོངས་པ་ནི་ཐོབ་པ་མེད། །གནས་ཕྱིར་གནས་ནི་ཡོངས་གྱུར་པ། །ད་ལྟ་བ

ལ་ག་ལ་ཡོད། །ཅེས་བྱ་བ་དང་། སོ་སོ་རང་རིག་ཉིད་བརྗོད་པ་དེ་ནི་དངོས་པོ་ཉིད་དུ་འདོད། འདི་དེ་ཡིན་ཞེས་བརྗོད་པར་ནི། །ནུས་མིན་ཞེས་ཀྱང་བརྗོད་པ་ཡིན། །ཞེས་པ་དང་། སེམས་འདི་མིང་ཙམ་ཡིན་པས་ཏེ། །མིང་ལས་གཞན་དུ་འགའ་ཡང་མེད། །མིང་ཙམ་དུ་ནི་རྣམ་རིག་ལྟ། །མིང་ཡང་རང་བཞིན་མེད་པ་ཡིན། །ཞེས་སོགས་རྒྱ་ཆེར་གསུངས་སོ། །

འདིར་གང་དག་ལོག་པར་རྟོག་སྟེ། དོན་དམ་པ་འཕགས་པའི་ཡེ་ཤེས་ཀྱི་སྤྱོད་ཡུལ་དུ་གྲུབ་པར་བཤད་པ་མ་ཡིན་ནམ། ཅིའི་ཕྱིར་རང་རིག་འགོག་ཅེ་ན། འདི་ལ་སློབ་དཔོན་ཀ་མ་ལ་ཤཱི་ལའི་ཞལ་ནས། འཇིག་རྟེན་ལས་འདས་པའི་ཡེ་ཤེས་ནི་ཉན་རང་འཕགས་པ་རྣམས་ཀྱི་ཡེ་ཤེས་ཡིན་ལ། འཇིག་རྟེན་ལས་ཤིན་ཏུ་འདས་པའི་ཡེ་ཤེས་ནི་སངས་རྒྱས་དང་། བྱང་ཆུབ་སེམས་དཔའ་འཕགས་པ་རྣམས་ཀྱི་ཡེ་ཤེས་ཡིན་ཞིང་། སྔ་མ་རྣམས་ཀྱི་ཡུལ་ནི་དོན་དམ་མཚན་ཉིད་པ་མ་ཡིན་ལ། ཕྱི་མ་རྣམས་ཀྱིས་དོན་དམ་པ་སྣང་བ་མེད་པའི་ཚུལ་གྱིས་གཟིགས་པ་ལ། དོན་དམ་པ་མཐོང་ཞེས་ཐ་སྙད་བཏགས་པ་ཡིན་པར་བཞེད་ལ། ཐལ་འགྱུར་བ་དང་། ཉན་རང་གིས་ཀྱང་དོན་དམ་པ་ཡོད་པར་བཞེད་མོད་ཀྱི། གང་ལྟར་ཡང་། ཡེ་ཤེས་ཀྱི་སྤྱོད་ཡུལ་དངོས་པོ་གྲུབ་པ་མེད་དེ། ཡོད་ན་སངས་རྒྱས་དང་བྱང་སེམས་རྣམས་ཀྱང་ཡོད་པའི་རྣམ་རྟོག་དང་འབྲེལ་པར་གྱུར་པའི་ཕྱིར་དང་། ལང་གཤེགས་ལས། དངོས་པོའི་ངོ་བོ་ཉིད་ཀྱི་མཚན་ཉིད་ལ་མངོན་པར་ཞེན་པ་རྣམས་ཀྱི་སྒྲག་པའི་གནས་ཡོངས་སུ་སྤྲངས་པའི་ཕྱིར། འཕགས་པའི་ཡེ་ཤེས་ཀྱི་སྤྱོད་ཡུལ་དངོས་པོའི་ངོ་བོ་ཉིད་དོ། །མངོན་པར་ཞེན་པའི་མཚན་ཉིད་ཀྱི་ལྟ་བའི་སྒོ་ནས་རྣམ་པར་དབེན་པའི་ཆོས་སྟོན་པར་བྱེད་དོ། །ཞེས་སྒྲག་པ་སྤྲང་བའི་ཕྱིར་དེ་ལྟར་བཤད་པ་དང་། དངོས་སུ་འགལ་བའི་ཕྱིར་དང་། དོན་དམ་པར་ཡོད་ན་རྟག་པའི་དངོས་པོའམ། མི་རྟག་པའི་དངོས་པོ་གང་རུང་དུ་གྱུར་པའི་ཕྱིར་དང་། འོད་སྲུངས་ཀྱིས་ཞུས་པ་ལས། འོད་སྲུངས་ཡོད་ཅེས་བྱ་བ་འདི་ནི་མཐའ་གཅིག་གོ། །མེད་ཅེས་བྱ་བ་འདི་ནི་མཐའ་གཉིས་པའོ། །མཐའ་འདི་གཉིས་ཀྱི་དབུས་གང་ཡིན་པ་ནི་རྟག་ཏུ་མེད་པ། ཐོགས་པ་མེད། མི་གནས་པ། སྣང་བ་མེད་པ། རྣམ་པར་རིག་པ་མེད་པ། གནས་པ་མེད་པ་སྟེ། འདི་ནི་ཆོས་རྣམས་ཀྱི་དབུ་མའི་ལམ་ཡང་དག་པར་སོ་སོར་རྟོགས་པའོ། །ཞེས་གསུངས་པའི་དོན་དང་དངོས་སུ་འགལ་ཞིང་། དངོས་པོའི་དེ་ཁོ་ན་དོན་དམ་པར་གྲུབ་པ་ཞིག་ཡོད་ཀྱང་མིང་གིས་བཏགས་པ་ལྟར་མ་གྲུབ་པ་ལ་སོ་སོར་རང་གིས་རིག་པའི་ཡུལ་དུ་འདོད་ན་ནི། དཔལ་ལྡན་ཟླ་བས། གལ་ཏེ་སྐྱེ་ན་མེད་ཅིང་མི་ཤེས་པའི། །བདག་ཅག་གཞན་དབང་ངོ་བོའི་དངོས་ཡོད་ན། །གང་གིས་ན་འདིར་ཡོད་པར་མི་རིགས་པ། །གཞན་ལ་མོ་གཤམ་བུས་གནོད་ཅི་ཞིག་བསྐྱལ། །ཞེས་དང་། དེའི་འགྲེལ་པར། མོ་གཤམ་གྱི་བུ་ཞེས་བྱ་བ

སྤྲོས་པ་ཐམས་ཅད་ལས་འདས་ཤིང་། འཕགས་པའི་ཡེ་ཤེས་ཀྱི་སྤྱོད་ཡུལ་དུ་གྱུར་པ་བརྗོད་དུ་མེད་པའི་རང་བཞིན་ཅན་ཞིག་ཡོད་དོ། །ཅེས་འདི་ཡང་ཡོད་པ་ཉིད་དུ་འདོད་པར་གྱིསཤིག་ཅེས་བཤད་པ་འདི་ལ་ཁྱོད་ཀྱིས་ལན་ཐོབསཤིག །ཙི་སྟེ་མདོ་སྡེ་རྣམསནས་དེ་སྐད་བསྟན་པ་ནི་དྲང་དོན་ཅན། ལུང་འདི་དག་ངེས་དོན་དུ་བྱས་ནས། སློབ་དཔོན་འཕགས་པས། མདོ་ཀུན་ལས་བཏུས་པ་ཆེན་པོར་བཤད་ལ། དེ་ཉིད་ཀྱི་འགྲེལ་པར་རང་གི་ལུགས་ལ་ཚད་མར་གྱུར་པའིཤཱཀྱ་པས་ཀྱང་། མདོ་སྡེ་རྣམས་ངེས་དོན་དུ་བཤད་པ་དང་འགལ་ལོ། །

ཡང་སློབ་དཔོན་ཨཱརྻ་དེ་བས། ཡེ་ཤེས་སྙིང་པོ་ཀུན་ལས་བཏུས་པ་ལས། བཟུང་དང་འཛིན་པ་ལས་གྲོལ་བའི། །རྣམ་ཤེས་དམ་པའི་དོན་དུ་ཡོད། །རྣལ་འབྱོར་སྤྱོད་གཞུང་རྒྱ་མཚོ་ཡི། །ཕ་རོལ་ཕྱིན་རྣམས་དེ་སྐད་སྒྲོགས། །རྣམ་ཤེས་དམ་པའི་དོན་ཡིན་པ། །དེ་ཡང་མཁས་རྣམས་མི་བཞེད་དེ། །གཅིག་དང་དུ་མའི་རང་བཞིན་དང་། །བྲལ་ཕྱིར་ནམ་མཁའི་པདྨོ་བཞིན། །ཞེས་བཤད་ཅིང་། སློབ་དཔོན་སངས་རྒྱས་འབངས་ཀྱིས། དོན་དམ་བྱང་སེམས་སྒོམ་པ་ལས། །སེམས་ཉིད་བདེན་པའི་དེ་ཉིད་ལ། །འདིར་ནི་ཙུང་ཟད་རྣམས་བརྟགས་ན། །བདག་ལས་མ་ཡིན་གཞན་ལས་མིན། །ཞེས་སོགས། འཕགས་པ་ཡབ་སྲས་གོང་མ་རྣམས་ཀྱི་གཞུང་ཐམས་ཅད་མཐུན་པར་ལུང་འདིས་རྒྱས་པར་བཀག་གོ། །

ཁ་ཅིག་བསྟོད་ཚོགས་ལས་གཞན་སྟོང་གསལ་བར་བཤད་དོ་ཞེས་ཟེར་བ་ཡང་མ་བརྟག་པ་ཆེན་པོ་ཡིན་ཏེ། བསམ་གྱིས་མི་ཁྱབ་པར་བསྟོད་པ་ལས། རྐྱེན་རྣམས་ལས་ནི་འབྲེལ་འབྱུང་བ། །མ་སྐྱེས་ལགས་པར་ཁྱོད་ཀྱིས་གསུངས། །ངོ་བོ་ཉིད་ཀྱིསདེ་མ་སྐྱེས། །དེ་ཕྱིར་སྟོང་པར་རབ་ཏུ་བསྟན། །ཞེས་དང་། ཆོས་དབྱིངས་བསྟོད་པ་ལས། ཆོས་དབྱིངས་གང་ཕྱིར་བདག་མ་ཡིན། །བུད་མེད་མ་ཡིན་སྐྱེས་པའང་མིན། །བཟུང་བ་ཀུན་ལས་རྣམས་གྲོལ་བ། །ཇི་ལྟར་བདག་ཅེས་བརྟག་པར་བྱ། །ཞེས་གསུངས་པ་དང་། བརྟེན་གནས་འབྱུང་བར་འགྱུར་བ་དང་། །བརྟེན་གནས་འགག་པར་འགྱུར་བསན། །གཅིག་ཀྱང་ཡོད་པ་མ་ཡིན་ན། །བྱིས་པ་ཇི་ལྟར་རྟོགས་པར་བྱེད། །ཅེས་སོགས་བཤད་པ་རྣམ་ཇི་ལྟར་དྲངས། གལ་ཏེ་དེར་གནས་གྱུར་གསུངས་པ་ཇི་ལྟར་ཡིན་ཅེ་ན། དེ་ནི་དངོས་པོའི་རང་བཞིན་ལ་གནས་གྱུར་བཤད་པ་མ་ཡིན་གྱི། ཀུན་རྫོབ་ཡོན་ཏན་གྱི་ཆོས་ལ་དགོངས་པ་ཡིན་པས། མི་འགལ་ལོ། །

འདི་དག་ཀྱང་། ཆོས་ཀྱི་རྗེ་དཔལ་ལྡན་ས་སྐྱ་པཎྜི་ཏ་ཆེན་པོས་བདག་མེད་བསྟོད་འགྲེལ་ལས། གསལ་བར་བསྟན་པས་དེར་རྟོགས་པར་བྱའོ། །ཡང་སེམས་འགྲེལ་སྐོར་གསུམ་དང་། ཀྱེ་རྡོ་རྗེ་རྒྱུད་གསུམ་ལ་སོགས་ལས། སེམས་གསལ་རིག་བདེན་པ་གྲུབ་པའི་ཚུལ་བསྟན་ནོ། །ཞེས་ཟེར་བ་ནི་རྣམ་པར་འཆལ་བ་ཡིན་ཏེ། སེམས་འགྲེལ་རྣམས་ལས་ནི། ཡེ་ཤེས་སྙིང་པོ་ཀུན་ལས་བཏུས་ལས། ཇི་སྐད་གསུངས་པ་བཞིན་བཤད་པའི་

ཕྱིར་ཏེ། དགེས་པ་རྡོ་རྗེའི་བསྟོད་འགྲེལ་ལས། བཟུང་བ་དང་འཛིན་པའི་དྲི་མ་དང་བྲལ་བ། ཞེལ་སྒོང་དག་པ་ལྟ་བུའི་རྣམ་པར་ཤེས་པ་རང་རིག་པ་དོན་དམ་པ་ཡོད་པ་རྣལ་འབྱོར་སྤྱོད་པ་རྣམས་སྨྲ་བོ་ཞེས་བསྟན་པར་བྱའོ། །

རྣམ་པར་ཤེས་པ་དོན་དམ་པར་ཡོད་དོ་ཞེས་མཁས་པ་རྣམས་མི་འདོད་དེ། གཅིག་དང་དུ་མའི་རང་བཞིན་གྱི་གཏན་ཚིགས་དང་བྲལ་བའི་ཕྱིར། ནམ་མཁའི་མེ་ཏོག་དང་མཚུངས་ཏེ། ཇི་ལྟར་བློ་དང་སྒྲ་འདི་དག་ནི་ཡོད་པ་མ་ཡིན། མེད་པ་ཡང་མ་ཡིན། ཡོད་མེད་གཉིས་ཀ་ལས་འདས་པ་ལ་སོགས་པ་མུ་བཞི་ལས་རྣམ་པར་གྲོལ་བའི་དེ་ཁོ་ན་ཉིད་རྣལ་འབྱོར་ཆེན་པོ་དབུ་མ་པར་སྨྲ་བ་རྣམས་བཞེད་པ་ཡིན་ནོ། །ཞེས་གསུངས་པ་ལ། ཀྱེ་རྡོར་རྒྱུད་གསུམ་གྱི་དགོངས་དོན་ལ་ལོག་པར་རྟོག་པ་ནི། རྗེ་བླ་མ་རྡོ་རྗེ་འཆང་ཆེན་པོས་རྒྱུད་གསུམ་གནོད་འཛོམས་ལས་རྒྱས་པར་བཀག་ཟིན་པས། བཏགས་ཟིན་ལ་སྐྱར་ཡང་འཐག་མི་དགོས་སོ། །དེས་ན་འདི་ལྟ་བུའི་གྲུབ་པའི་མཐའ་ནི། ལམ་ཉམས་སུ་ལེན་པ་དག་གིས་བཟུང་བར་བྱ་བ་ལྟ་ཞོག །ཐོས་པའི་ཡུལ་དུ་ཡང་བཞག་པར་མི་བྱའོ། །དེ་རྣམས་ནི་གཞན་སྟོང་གི་ཆོས་ཉིད་ཡོད་དགེ་བར་འདོད་པ་དབུ་མ་གཞུང་ཕྱི་མོ་རྣམས་ལས་བཀག་པའི་ཚུལ་ལོ། །

ད་ནི་ཐལ་རང་གི་དབུ་མ་པ་རྣམས་ཀྱིས་ལུགས་འདི་དགག་པའི་ཚུལ། རང་ལ་ངེས་ཤེས་བསྐྱེད་པའི་ཕྱིར་ཅུང་ཟད་སྨོས་ན། སློབ་དཔོན་ལེགས་ལྡན་འབྱེད་ཀྱི་རྟོག་གེ་འབར་བ་ལས། ཐེག་པ་ཆེན་པོ་ཉིད་ཀྱི་སློབ་དཔོན་ཐོགས་མེད་དང་། དབྱིག་གཉེན་ལ་སོགས་པ་གང་དག་ནི། དེ་བཞིན་གཤེགས་པས་ལུང་བསྟན་ཅིང་རབ་ཏུ་སྙེམས་པའི་འཕགས་པ་ཀླུ་སྒྲུབ་ཀྱིས་ཡང་དག་པར་རྟོགས་པའི་ཐེག་པ་ཆེན་པོའི་དོན་གྱི་ལུགས་གཞན་དུ་འདྲེན་པར་བྱེད་ཅིང་། ངོ་ཚ་དང་ཁྲེལ་མེད་པ་དོན་རྣམ་པར་མི་ཤེས་བཞིན་དུ་རྣམ་པར་ཤེས་ཞེས་མཁས་པར་ང་རྒྱལ་བྱེད་པ་དག །འདི་སྐད་སྨྲས་ཏེ། ཞེས་ཕྱོགས་སྔ་སྨོས་ནས། རྒྱས་པར་བཀག་པ་དང་། སློབ་དཔོན་ཟླ་བས། འཇུག་པར་རང་འགྲེལ་ལས། དེའི་ཕྱིར་རྣམ་པར་ཤེས་པ་རྫས་སུ་སྨྲ་བའི་བརྗོད་བྱེད་ཀྱི་གདོན་གྱིས་བཟུང་བ། ཕྱི་རོལ་གྱི་ཡུལ་ལ་སྐུར་བ་འདེབས་པ་འདི་ནི། ཅི་ནས་བདག་ཉིད་གཡང་སར་ལྷུང་བར་བྱེད་པར་མི་འགྱུར་བར། དམ་པ་སྙིང་རྗེ་སྤྱོད་པ་རྣམས་ཀྱིས། ལུང་དང་རིགས་པའི་གསང་སྔགས་བཟང་པོས་བཏབ་ནས་ཚབས་ཆེར་མནན་ཏེ་བཟུང་བར་བྱའོ། །ཞེས་སྨོས་ནས་ཤིན་དུ་དགག་པར་མཛད་པ་དང་། སློབ་དཔོན་བདག་ཉིད་ཆེན་པོ་ཀ་མ་ལ་ཤཱི་ལས། དབུ་མ་སྣང་བ་ལས། དེ་ལྟ་བས་ན་བཅོམ་ལྡན་འདས་ཀྱི་ཡང་དག་པའི་གསུང་རབ་ཀྱི་ཚུལ་ངེས་པར་མ་ཟིན་པ་བརྟེན་པ་ལ་མངོན་པའི་ང་རྒྱལ་ཅན་རྣམས། དངོས་པོའི་ངོ་བོ་ཉིད་དུ་རྟོགས་པར་བྱེད་པས་ན། བཅོམ་ལྡན་འདས་མ་ཡང་མི་སྣན་པར་བསྒྲགས་ཤིང་། བདག་ཉིད་ཀྱང་ཕུང་ལ།

གཞན་ཡང་བནྟག་པར་བྱེད་པ་ཡིན་ནོ། །ཞེས་དང་། དེ་ལྟ་བས་ན། བློ་གྲོས་དང་ལྡན་པ་དད་པ་ཅན་གྱི་ཆོས་ཟབ་མོ་དང་། སྟོང་བའི་ལྟ་བ་བོར་ཏེ། བཅོམ་ལྡན་འདས་ཉིད་ཚད་མར་བྱ་ཞིང་། བདག་ཉིད་མི་ཤེས་པའི་ཉེས་པ་ཁོང་དུ་མི་ཆུད་མི་སྲིད་དོ། །སྐམ་དུ་བསམས་ནས་མདོ་ཟབ་མོ་དག་ལ་དད་པ་བསྐྱེད་ཆེད་ཅེས་སོ། །སེམས་ཅམ་འགོག་པའི་ཚུལ་གྱི་ལུང་རིགས་དང་བྱེ་བྲག་ཏུ་གཏན་ལ་ཕབ་ནས་དེ་རྣམས་ཀུང་གོ་བར་བྱའོ། །

ཡང་དབུ་མ་སྣང་བ་དེ་ཉིད་ལས་གསུངས་པ། དེའི་ཕྱིར་དེ་ཁོ་ན་ཉིད་དོན་དུ་གཉེར་བ། བདག་སུ་ལེགས་སུ་དགའ་བ་རྣམས་ཀྱིས། ལམ་ངན་པ་ལ་རྣམ་པར་རྟོག་པ་ཐག་བསྲིངས་ཏེ་སྤངས་ནས། བདག་ཉིད་ཆེན་པོ་རྣམས་ཀྱིས་རིགས་པ་དང་། ལུང་གི་སྒྲོན་མེའི་ཚོགས་ཀྱིས་གསལ་བར་རབ་ཏུ་བརྗོད་པའི་ཕྱིར་དང་སྐྱོ་བོ་མཁས་པའི་མགྲོན་པོ་མ་ལུས་པས་བགྲོད་ཅིང་། རྗེས་སུ་བགྲོད་པའི་ཕྱིར་གུས་པས་རྟག་ཏུ་བསྟེན་པར་བྱའོ། །ཕྱིན་ཅི་ལོག་གི་ལམ་སྤོང་དགོས་པའི་རྒྱུ་མཚན་གསུངས་པ་དང་། སློབ་དཔོན་ཞི་བ་འཚོས་དངོས་སྨྲའི་ལྟ་བ་རྣམས་ཀྱི་གནས་སྐབས་དང་། མཐར་ཐུག་གི་སྡུག་བསྔལ་མཐའ་དག་འདྲེན་པར་བཤད་པའི་ཕྱིར་ཏེ། དེ་ཉིད་ཀྱིས་འདི་དག་ནི་འཁོར་བ་ཇི་སྲིད་པར་བཞུགས་པ་དང་། བདག་དང་གཞན་གྱི་དོན་ཕུན་སུམ་ཚོགས་པས་མཛེས་པ། གྲངས་ལས་འདས་པའི་རྒྱལ་བ་དང་འབྲེལ་བའི་ཆོས་ཀྱི་སྐུ་ལ་གནོད་པ་སྟེ། དེའི་ས་བོན་ཆོས་ཀྱི་དེ་ཁོ་ན་ཉིད་ལ་མོས་པ་ལ་གནོད་པར་བྱེད་པར་ཞུགས་པའི་ཕྱིར་རོ། །དེ་ཉིད་ཀྱི་ཕྱིར་དམ་པའི་ཆོས་སྤོང་བའི་རྣམ་པར་སྨིན་པ་ཤིན་ཏུ་མི་བཟད་པ་རྣམས་མང་དུ་མདོ་སྡེ་མང་པོ་ལས་བརྗོད་དོ། །དེའི་ཕྱིར་ན་སེམས་ཅམ་གྱི་ལྟ་བ་ཇི་ཙམ་དུ་བཟང་ཡང་ཐམས་ཅད་མཁྱེན་པ་ལྟ་ཞོག །ཐར་པ་ཙམ་ཡང་མི་ཐོབ་པ་འདི་ནི། ཀླུ་སྒྲུབ་ཀྱི་རྗེས་སུ་འབྲང་བའི་དབུ་མ་པ་མཐའ་དག་མཐུན་པ་ཡིན་ཏེ། ཇི་སྐད་བཤད་པའི་ལུང་རྣམས་དང་། འཇམ་པའི་དབྱངས་ཀྱི་ཡེ་ཤེས་ཀྱི་སྐུར་གྱུར་པ་རྗེ་བཙུན་མཆོག་གྲགས་པ་རྒྱལ་མཚན་གྱིས་ཀྱང་། ཆོས་ཀྱི་སྒོ་བརྒྱད་ཁྲི་བཞི་སྟོང་གི་དོན། མུ་སྟེགས། ཉན་ཐོས། སེམས་ཙམ། དབུ་མ། སྒྱུ་མ་ཙམ་དུ་སྣང་བ་ཡན་ཆད་ཀྱི། དེ་ཁོ་ན་ཉིད་ཀྱི་དོན་མི་རྟོགས། དབུ་མ་རབ་ཏུ་མི་གནས་པ་ཁོ་ནས་ རྟོགས་པར་གསལ་བར་བཤད་ཅིང་། ཆོས་ཀྱི་རྗེས། སེམས་ཁྱོད་བདེན་པར་གང་གིས་རྟོག །དེ་ལ་སྡུག་བསྔལ་བདེན་པ་འབྱུང་། །སེམས་ཁྱོད་རྫུན་པར་གང་གིས་ཤེས། །དེ་ལ་སྡུག་བསྔལ་རྫུན་པར་ཟད། །ཞེས་གསུངས་པ་རྣམས་དོན་ལ་གནས་པ་ཡིན་ཏེ། ཕྱི་ནང་གི་ཆོས་ཐམས་ཅད་ཀྱི་རྩ་བ་སེམས་སུ་སྒྱུ་མ་ལྟ་བུ་ལ་རག་ལས་པའི་ཕྱིར་རོ། །དེ་བས་ན་སེམས་དེའི་རང་བཞིན་མཐའ་བྲལ་དུ་མ་རྟོགས་པའི་ལམ་ཐམས་ཅད་ཐར་པ་ཐོབ་པའི་ལམ་དུ་མི་རུང་སྟེ། བདེན་པ་གཉིས་ལ་འཇུག་པའི་མདོ་ལས། ཉོན་མོངས་པ་ཐམས་ཅད་ཀྱི་རྩ་བ་ནི་དངོས་པོར་མངོན་པར་ཞེན་པ་ཡིན་པའི་ཕྱིར། ཆོས་ཐམས་ཅད་ངོ་བོ་ཉིད་མེད་

པར་བསྒོམ་པ་ཁོ་ནས་ཉོན་མོངས་པ་སྤོང་གི། ལམ་གཞན་གྱིས་ནི་མ་ཡིན་ནོ། །ཞེས་ལེགས་པར་གསུངས་སོ། །

དེས་ན་སེམས་བདེན་པར་འཛིན་པའི་ལྟ་བ་འདི་ནི་ཐེག་པ་ཆེན་པོའི་ལམ་གྱི་སྒྲིབ་པ་ཆེན་པོ་ཡིན་ཏེ། ཆོས་ཡང་དག་པར་བསྡུད་པའི་མདོ་ལས། སེམས་སྒྱུ་མ་ར་མ་འཚལ་ན། སེམས་ལ་དངོས་པོར་བཟུང་སྟེ། བླ་ན་མེད་པའི་བྱང་ཆུབ་ཏུ་སེམས་བསྐྱེད་ པ་གང་ལགས་པ་དེ་མཐོལ་ལོ་བཤགས་སོ་ཞེས་སངས་རྒྱས་ཉིད་ཀྱིས་གསུངས་པ་འདི་ལྟ་བུའི། ལྟ་བ་ངན་པ་ལ་ཞེན་པ་ནི་ལྟ་བའི་སྒྲིགས་མར་སངས་རྒྱས་ཀྱི་ལུང་བསྟན་པ་ཉིད་ལས་མ་འདས་ཏེ། ལྟ་བ་ངན་པའི་མཚན་ཉིད་ཚང་ཞིང་། ཀླུ་སྒྲུབ་ལ་སོགས་པས་ལུང་བསྟན་པའི་མདོའི་ཟློག་ཕྱོགས་ཇི་བཞིན་དུ་སྨྲ་བའི་ཕྱིར་རོ། །དེ་སྐད་དུ་ཡང་། ཛ་བོ་ཆེའི་མདོའི་ཀླུ་སྒྲུབ་ལུང་བསྟན་པའི་སྐབས་ལས། ལི་ཙྪ་བྱི་གཞོན་ནུ་སེམས་ཅན་ཐམས་ཅད་ཀྱི་མཐོང་ན་དགའ་བ་འདི། ངའི་ཆོས་རྒྱས་པར་བྱ་བའི་ཕྱིར་བྱང་ཆུབ་ སེམས་དཔའ་མིའི་མཆོག་འདི་དེ་རིགས་ཆེན་པོ་རྒྱལ་རིགས་སུ་སྐྱེ་བར་འགྱུར་རོ། །ཞེས་པ་ནས་དེའི་གཞུང་ལ་མོས་པ་ནི་ཉུང་སྟེ་ཕལ་ཆེར་མི་མོས་སོ། །དེ་ལ་མི་མོས་ཤིང་ཡིད་མི་ཆེས་པ་ཐམས་ཅད་བདུད་ཀྱི་བྱིན་གྱིས་བརླབས་པའི་གཏི་མུག་ཅན་ནོ། །དེ་དང་འདྲ་བའི་གང་ཟག་མེད་དེ་ཡེ་མི་སྲིད་དོ། །ཞེས་གསུངས་པ་ལ། ད་ལྟ་རྒྱལ་བའི་གསུང་རབ་ཀྱི་ངེས་དོན་ངེས་པ་ཀླུ་སྒྲུབ་པས། རྣལ་འབྱོར་སྤྱོད་པ་བ་རྣམས་ལྷག་པར་ཞེ་འདོད་ལ་ཁས་ ལེན་གྱིན་འདུག་པ་མངོན་གསུམ་དུ་མཐོང་བས་སོ། །

དེ་ལྟར་གོ་ནས་བློ་གྲོས་དང་ལྡན་པ། སྐྱེ་བ་སྟོ་མ་རྣམས་སུ་ལྟ་བ་རྣམ་པར་དག་པ་འཛིན་པའི་བསོད་ནམས་ལེགས་པར་བསགས་པ། ཚེ་འདིར་དགེ་བའི་བཤེས་གཉེན་ དམ་པ་རྣམས་ཀྱིས་རྗེས་སུ་བཟུང་ཞིང་། རྗེ་བཙུན་འཇམ་པའི་དབྱངས་ཀྱི་སྤྲུལ་པའི་སྐུ། དཔལ་ལྡན་ས་སྐྱ་པའི་བླ་མ་གོང་མ་རྣམས་ནས། བླ་མ་རྡོ་རྗེ་འཆང་བརྒྱུད་པ་དང་བཅས་པའི་བར་གྱི་གྲུབ་མཐའ་ལ་ངེས་ཤེས་ཐོབ་པ་རྣམས་ཀྱིས། རང་གི་ལྟ་བ་དོགས་མེད་ རྟག་ཏུ་རི་རབས་འདྲ། །ཞེས་གསུངས་པ་ལྟར་ཐེ་ཚོམ་མེད་པར་གྲུབ་མཐའ་གཏིང་ཚུགས་སུ་སྨྲ་བ་གལ་ཆེའོ། །ཞེས་ཕྱོགས་ཐམས་ཅད་དུ་གསོལ་བ་འདེབས་སོ། །

འདིར་སྨྲས་པ། ཀླུ་སྒྲུབ་བཞེད་དང་ཐོགས་མེད་མཆེད་གཉིས་པོའི། །ལུགས་གཉིས་མི་མཐུན་ཤིང་རྟའི་སྲོལ་འབྱེད་དུ། །རྒྱ་གར་མཁས་པ་རྣམས་དང་བོད་ཡུལ་གྱི། །མཁས་དང་གྲུབ་པ་ཐོབ་པ་མཐའ་དག་བཞེད། །ཁྱད་པར་སློབ་དཔོན་པདྨའི་རང་ཚུལ་གྱི། །གཞན་སྟོང་སྨྲ་བའི་རྣམ་རིག་གཞུང་རྣམས་ལ། །ལུང་རིགས་གནོད་བྱེད་དབུ་མ་སྣང་བར་བཀོད། །ས་སྐྱ་པཎ་ཆེན་བཞེད་པའི་དབུ་མ་ནི། །ཡོད་དགེར་འཆད་པ་སྡོམ་གསུམ་རབ་དབྱེར་བཀག །འཁོར་ལོ་གཉིས་ཀྱི་དབུ་མ་ལུགས་གཉིས་སུ། །རང་རང་གཞུང་དུ་བསྟན་པ་བདེན་ན་ཡང་། །

འཕགས་པ་གཉིས་ཀྱིས་གཟིགས་པ་འདི་འོ་ཞེས། །སློབ་དཔོན་གཉིས་ཀྱི་རྟོགས་དོན་སུ་ཡིས་ཤེས། །ལུགས་གཉིས་མི་མཐུན་འགལ་བ་ལྟག་སྤྲོད་དུ། །ཚུལ་གཉིས་ཤེས་ན་ཁས་ལེན་ཇི་ལྟར་བྱ། །བསྟོད་ཚོགས་རྣམས་ལས་གཞན་སྟོང་བསྟན་ནོ་ཞེས། །ཁུངས་སུ་སྒྲ་བ་བྲག་ཆའི་སྒྲ་དང་མཚུངས། །རྒྱུད་གསུམ་དགོངས་པ་རྣམ་རིག་ངེས་དོན་ཞེས། །རྒྱུད་གསུམ་གནོད་འཇོམས་མཛད་པའི་དགག་བྱ་ཡིན། །དགོངས་པའི་སྐད་ཀྱིས་མདོ་སྡེ་རྣམ་མང་ལས། །དོན་དམ་མཚན་གྱི་རྣམ་གྲངས་ཅི་གསུངས་པ། །གདུལ་བྱའི་བསམ་པའི་དབང་གིས་བསྟན་པ་སྟེ། །ཇི་ལྟར་གསུང་བཞིན་གནས་ལུགས་དེ་ར་མི་གནས། །གསུང་རབ་དགོངས་དོན་བྱེད་པ་ཀླུ་སྒྲུབ་དང་། །ངེས་དོན་བདུད་རྩི་གསུངས་པ་ས་སྐྱ་པའི། །རྗེ་བཙུན་མཆོག་རྣམས་ཡིན་གྱི་གཞན་འགའ་མེད། །དེ་དག་དགོངས་དོན་མཐུན་པར་སུས་ཤེས་པ། །སྐལ་ལྡན་བློ་ཡི་ནོར་ཅན་སངས་རྒྱས་ཀྱི། །ཐེག་མཆོག་གོ་འཕང་ཐོབ་པར་ཐེ་ཚོམ་མེད། །དེ་ལྟར་རང་བློ་དག་པའི་ཤེལ་གྱི་ཁམས། །སྐལ་ལྡན་ཀུ་མུད་ཚལ་དུ་འོད་དཀར་དང་། །ལྷན་ཅིག་ཤར་འདི་དམ་པ་སྟོམ་དང་། །ས་སྐྱའི་པཎ་ཆེན་གང་དེའི་དྲིན་ཡིན་ཏེ། །ལོག་ལྟའི་མེ་ཁྱེར་འབྱུང་པོའི་བྱ་ལོང་རྣམས། །ཕྱོགས་བཅུར་བྱེར་ཞིང་སྒྲ་ངན་འཕེལ་ན་ཡང་། །སྡིག་པར་མི་འགྱུར་དྲང་པོའི་ལུགས་བཟང་ཡིན། །རིགས་དང་མི་རིགས་རྣམ་འབྱེད་བློ་གྲོས་ཀྱིས། །གསུང་རབ་དགོངས་དོན་ཇི་ལྟར་གནས་པ་རྣམས། །གྲུབ་པའི་བླ་མ་རྣམས་ཀྱི་བཞེད་པ་བཞིན། །འཆད་རྩོམ་ཚུལ་བཞིན་ཤེས་ན་མཁས་པ་ཡིན། །རྟོག་གེའི་ཚང་གིས་སྨྱོས་གྱུར་གླང་ཆེན་གྱི། །སྤྱི་གཙུག་རྡོག་པས་མནན་ནས་ལུང་རིགས་ཀྱིས། །ལུགས་ཀྱུའི་རྣམ་འགྱུར་ཅི་ཡང་འགོད་ཤེས་པ། །འདི་འདྲ་ལྟ་ངན་འདུལ་བའི་གྲུབ་ཆེན་ཡིན། །དེ་ལྟར་འཇམ་དབྱངས་བླ་མ་རྣམས་ཀྱི་དྲིན། །ཡང་ཡང་དྲན་པས་ལམ་ངན་གཡང་ས་ལ། །བསོད་ནམས་དམན་པ་གཞན་འགའ་ལྷུང་དོགས་ནས། །བརྩེ་བས་མ་བཟོད་རྩོམ་པའི་ཁུར་འདི་བླངས། །འདི་བརྩམས་དགེ་ཚོགས་གངས་རིའི་ཕུང་པོ་དང་། །འོ་མའི་མཚོ་ལྟར་དཀར་བ་གང་ཡིན་དེས། །ཤེས་རབ་མ་མ་མཆོག་ལ་མོས་པ་ཡིན། །རྒྱལ་བའི་སྲས་རྣམས་ཡུན་རིང་འཚོ་བར་ཤོག །

ཅེས་པའི་ལུང་འགའ་དང་། དེའི་སྒྲུབ་བྱེད། རང་གི་ངེས་པ་ཐོབ་པའི། བླ་མ་གོང་མའི་གསུང་སྒྲོས་ཅུང་ཟད་བཀོད་པ་འདི་ཡང་། སྡོམ་གསུམ་གྱི་རབ་ཏུ་དབྱེ་བའི་སྐབས་འགར་ཉེ་བར་མཁོ་བར་མཐོང་ནས། ཆོས་ཀྱི་རྗེ་ས་སྐྱ་པཎྜི་ཏ་ཆེན་པོའི་གསུང་རབ་ལ་མི་འཕྲོག་པའི་ངེས་ཤེས་ཐོབ་པ། བསོད་ནམས་ལྷུན་གྲུབ་ཀྱིས། བླ་མ་རྡོ་རྗེ་འཆང་གི་ལུང་བསྟན་པའི་གཙུག་ལག་ཁང་བྱམས་པའི་གླིང་དུ་སྦྱར་བའོ། །འཇམ་དབྱངས་ནམ་མཁའི་ནོར་བུ་རབ་གསལ་བའི། །བློ་གྲོས་རབ་བརྟན་སྐལ་བཟང་ལྷ་མི་ཡི། །གཙུག་རྒྱན་མཁས་པའི་ལུགས་ལ་རྗེས་འགྲོ་བ། །རི་མོ་མཁན་གང་ཀུན་གྱིས་བསྒྲུགས་པ་ཡིན། །མངྒ་ལཾ། བྷ་ཝནྟུ།། །།

༄༅། །སྙིང་པོའི་དོན་གསལ་བར་བྱེད་པ་ལུང་གི་ཕྲེང་བ་བཞུགས་སོ། །

གློ་བོ་མཁན་ཆེན་བསོད་ནམས་ལྷུན་གྲུབ།

ན་མོ་མཉྫུ་ཤྲཱི་ཡེ། མཁྱེན་རབ་ཀྱི་དབང་ཕྱུག་དཔལ་ལྡན་ས་སྐྱ་པཎྜི་ཏའི་ཞབས་ལ་གུས་པར་ཕྱག་འཚལ་ལོ། །དེ་བཞིན་ཉིད་དོན་རབ་གསལ་པདྨོ་ལས། །ལེགས་འཁྲུངས་ཤེས་རབ་མཆོག་གི་ལུས་ལྡན་ཞིང་། །དངོས་ཀུན་རང་བཞིན་གཉིས་སུ་མེད་གསུངས་པ། །འཇམ་དབྱངས་བླ་མའི་ཞབས་ཀྱི་པདྨོར་འདུད། །

འདིར་བློ་གྲོས་དང་ལྡན་པ་དག་གིས་དེ་བཞིན་གཤེགས་པའི་སྙིང་པོའི་ཚུལ་ལས་བརྩམས་ཏེ་བྲིས་པ་དང་དོན་དུ་གཉེར་བ་གཞན་དག་གིས་རང་གི་བླ་མ་གོང་མ་སངས་རྒྱས་དང་འདྲ་བ་དག་གི་བཞེད་པའི་དོན་ཤིན་ཏུ་གོ་སླ་བའི་ཚུལ་གྱིས་གསལ་བར་བཤད་པ། རང་གི་བློའི་ནུས་པ་ཇི་ལྟར་ཡོད་པ་བཞིན་དུ་སྟོན་ཅིག་ཅེས་བསྐུལ་བས་རྐྱེན་བྱས་ནས་འདི་བཤད་པར་བྱའོ། །དེ་ལ་བཞི་སྟེ། མདོ་ལས་གསུངས་པའི་ཚུལ་དང་། དགོངས་འགྲེལ་གྱིས་བཀྲལ་བའི་ཚུལ་དང་། སྙིང་པོར་གྱུར་པའི་དོན་གཏན་ལ་དབབ་པ་དང་། གཞན་དུ་གསུངས་པའི་དགོངས་པ་བཤད་ཅིང་ཐེ་ཚོམ་བསལ་བའོ། །དང་པོ་ནི། སློབ་དཔོན་འཕགས་པས། གདུལ་བྱའི་འགྲོ་བ་ལ་བརྟེན་ནས། །དེས་ན་དེ་བཞིན་གཤེགས་རྣམས་ཀྱིས། །ཁྱོད་ཉིད་གཅིག་པུ་ཚུལ་མང་དུ། །སྣ་ཚོགས་མཚན་གྱིས་བསྔགས་པར་མཛད། །ཅེས་དང་། སློབ་དཔོན་དཔའ་བོས། ཐེག་པ་སྣ་ཚོགས་ཐབས་ཚུལ་གྱིས། །མི་གནས་དབུ་མ་ཉེ་བར་མཚོན། །ཞེས་བཤད་པ་ལྟར། སངས་རྒྱས་ཀྱི་གསུང་རབ་ཐམས་ཅད་ཀྱི་རྟོགས་པར་བྱ་བའི་དོན་གྱི་དམ་པ་འདི་ཁོ་ན་ཡིན་ཞིང་། གསུང་རབ་ཐམས་ཅད་ཀྱང་འདི་ཁོ་ན་རྟོགས་པའི་ཐབས་སུ་མིང་དང་ཚིག་དང་ཡི་གེ་ཐ་དད་པ་སྣ་ཚོགས་ཀྱིས་གསུངས་སོ། །དེ་ཡང་ཉན་ཐོས་ཀྱི་ཐེག་པར་ནི་ཡིད་ཅེས་པའི་མིང་གི་དོན་དེ་བཞིན་གཤེགས་པའི་སྙིང་པོ་ཉིད་གསུངས་ཏེ། སོར་འཕྲེང་གི་མདོར། ཉན་ཐོས་རྣམས་ཀྱིས་ཐེག་པར་ཡིད་ཆེས་བསྟན་པ་ཡང་དེ་བཞིན་གཤེགས་པའི་སྙིང་པོ་ཞེས་གསུངས་པའི་དོན་ཏེ། ཡིད་རང་བཞིན་གྱིས་རྣམ་པར་དག་པ་ཅེས་བྱ་བ་གང་ཡིན་པ་དེ་བཞིན་གཤེགས་པའི་སྙིང་པོའོ། །ཞེས་གསུངས་པའོ། །འདིར་ཡང་ཡིད་རང་བཞིན་གྱིས་དག་པའི་དེ་བཞིན་གཤེགས་པའི་སྙིང་པོ་ཉིད་དགོངས་གཞིར་བྱས་ནས་ཡིད་ཅེས་པའི་དགོངས་པ་ཅན་གྱི་ཚིག་གིས་གསུངས་པ་གསལ་བར་བསྟན་ཏོ། །

ཐེག་པ་ཆེན་པོའི་མདོ་སྡེ་རྣམས་ལས་བཤད་པའི་ཚུལ་ནི་རྟོགས་པའི་དགོངས་པ་ལ་ལྟོས་ནས་རྣམ་གྲངས་གཞན་གྱིས་བཤད་པ་དང་། རང་མིང་ནས་སྨོས་པའི་ཚུལ་གྱིས་སྒྲ་ཇི་བཞིན་པར་བཤད་པ་གཉིས་ཡོད་པ་ལས། དང་པོ་ནི། སེམས་ཙམ་སྟོན་པའི་མདོ་འགའ་ཞིག་ལས། མཚན་དཔེ་གསལ་རྫོགས་ཀྱི་ཚུལ་གྱིས་འགྲོ་བའི་རྒྱུད་ལ་ཡོད་པར་བཤད་པ་ལ་སོགས་པ་འདུས་བྱས་ཀྱི་ཚུལ་གྱིས་ཡོད་པར་གསུངས་པ་རྣམས་དང་། དབུ་སེམས་ཀྱི་མདོ་རྒྱུད་གང་ཡིན་ཡང་རུང་སྟེ། རྒྱུ་སེམས་ཀྱི་ཆོས་ཉིད་ལ། སངས་རྒྱས་དང་། ཆོས་སྐུ་དང་། སངས་རྒྱས་ཀྱི་ཡེ་ཤེས་དང་། སངས་རྒྱས་ཀྱི་ཆོས་ཉིད་དང་། རྡོ་རྗེ་སེམས་དཔའ་དང་། ཀྱེ་རྡོ་རྗེ་དང་། འཁོར་ལོ་སྡོམ་པ་ལ་སོགས་པ་མཚན་གྱི་རྣམ་གྲངས་དུ་མས་བཤད་བཞིན་དུ། དེང་དེ་ར་དངོས་སུ་ཁས་བླང་དུ་མི་བཏུབ་པ་རྣམས་ཏེ། དེ་བཞིན་གཤེགས་པའི་སྙིང་པོ་ཅི་ཙམ་གྱིས་རྟོགས་ལ། རང་བཞིན་གནས་རིགས་ལ་སོགས་པ་ཆོས་ཉིད་བྱེ་བྲག་པའི་མིང་གིས་བཏགས་པ་ཡང་། རྣམ་གྲངས་བཞིན་ནོ། །

དེ་ལྟར་ཡིན་པའི་རྒྱུ་མཚན་ཡང་གཞི་ལམ་འབྲས་གསུམ་གྱི་ཆོས་ཉིད་བྱེ་བྲག་པ་ཐམས་ཅད་དེ་བཞིན་གཤེགས་པའི་སྙིང་པོ་ཡིན་ཞིང་དེ་ར་གསུངས་ཀྱང་དེ་བཞིན་གཤེགས་པའི་སྙིང་པོ་ཆོས་ཅན་རེ་རེ་ཁོ་ནའི་ཆོས་ཉིད་དུ་ཁས་བླང་དུ་མི་རུང་བའི་གནད་ཀྱིས་ཡིན་ནོ། །འོ་ན་རྒྱུད་བླ་མར། གང་ཕྱིར་དེ་ནི་ཆོས་སྐུ་དེ་བཞིན་གཤེགས། །དེ་ནི་འཕགས་པའི་བདེན་པ་དོན་དམ་མྱ་ངན་འདས། །ཞེས་དང་། མདོ་ལས། ཤཱ་རིའི་བུ་དེ་བཞིན་གཤེགས་པའི་སྙིང་པོ་ཞེས་བྱ་བ་འདི་ནི་ཆོས་ཀྱི་སྐུའི་ཚིག་བླ་དྭགས་སོ། །ཞེས་སོགས་སྙིང་པོའི་མིང་གི་རྣམ་གྲངས་བཞིར་བཤད་པ་དང་། འགྲེལ་ཞེ་ན་དེ་བཞིན་གཤེགས་པའི་སྙིང་པོ་ཙམ་ལ་མིང་གི་རྣམ་གྲངས་བཞི་པོ་དེར་གསུངས་པ་མ་ཡིན་གྱི་འབྲས་བུའི་གནས་སྐབས་ཁོ་ན་ལ་དགོངས་ནས་གསུངས་པ་སྟེ། གཞུང་དེ་ཉིད་ཀྱི་སྡུ་འགྲེལ་ལས། ཤིན་ཏུ་རྣམ་པར་དག་པ་མཐར་ཕྱིན་པའི་དེ་བཞིན་གཤེགས་པའི་སྙིང་པོ་རྣམ་པར་དག་པའི་གནས་སྐབས་འདི་ཉིད་ལ་དབྱེ་བ་མེད་པའི་དོན་ལས་བརྩམས་ཏེ་ཚིགས་སུ་བཅད་པ་ཞེས་དང་། ཕྱི་འགྲེལ་དུ་མདོ་དྲངས་པར། བཅོམ་ལྡན་འདས་སྡུག་བསྔལ་འགོག་པ་ཅེས་བགྱི་བ། ཡོན་ཏན་འདི་ལྟ་བུ་དང་ལྡན་པ་དེ་བཞིན་གཤེགས་པའི་ཆོས་ཀྱི་སྐུར་བསྟན་ཏོ། །ཞེས་དྲངས་པས་སོ། །

ཡང་དེ་རྣམས་དེ་བཞིན་གཤེགས་པའི་སྙིང་པོ་སྤྱི་ཙམ་གྱི་མིང་གི་རྣམ་གྲངས་ཡིན་དུ་ཆུག་ཀྱང་མི་འགལ་བའི་ཚུལ་ནི། གོང་དུ་བཤད་ཟིན་ཏེ་མིང་གི་རྣམ་གྲངས་ཐམས་ཅད་ཕན་ཚུན་གཅིག་ལ་གཅིག་བརྟེན་ཡིན་པས་ཁྱབ་པར་མི་འདོད་པའི་ཕྱིར་རོ། །

གཉིས་པ་རང་གི་མིང་ནས་སྨོས་པའི་ཚུལ་གྱིས་སྒྲ་ཇི་བཞིན་པར་བཤད་པ་ནི། མདོ་རྣམས་ལས། སྟོང་

པ་ཉིད་དང་། མཚན་མ་མེད་པ་དང་། སྨོན་པ་མེད་པ་དང་། དེ་བཞིན་ཉིད་དང་། ཡང་དག་པའི་མཐའ་དང་། དེ་བཞིན་གཤེགས་པའི་སྙིང་པོ་དང་། རང་བཞིན་གྱིས་མྱ་ངན་ལས་འདས་པ་དང་། རང་བཞིན་ཆོས་སྐུ་ཞེས་སོགས་དང་། རྒྱུད་རྣམས་ལས། རང་བཞིན་ལྷན་ཅིག་སྐྱེས་པ་དང་། འཁོར་འདས་དབྱེར་མེད་དང་། རྣམ་པ་ཐམས་ཅད་ཀྱི་མཆོག་དང་ལྡན་པའི་སྟོང་པ་ཉིད་དང་། མཐའི་དེ་ཁོ་ན་ཉིད་དང་། གཉིས་སུ་མེད་པ་ཅེས་པ་ལ་སོགས་པར་གསུངས་པ་རྣམས་དང་། རྣལ་འབྱོར་གྱི་དབང་ཕྱུག་བིརྺ་པས། ཤིན་ཏུ་རྣམ་པར་དག་པའི་དེ་ཁོ་ན་ཉིད་དང་། སློབ་དཔོན་མཚོ་སྐྱེས་ཀྱིས། མ་དཔོག་པའི་དེ་ཁོ་ན་ཉིད་དང་། སློབ་དཔོན་འཕགས་པ་ཀླུ་སྒྲུབ་ཀྱིས། ཟུང་དུ་འཇུག་པ་ཞེས་དང་། སློབ་དཔོན་ཏོག་ཙེ་བས་བསམ་གྱིས་མི་ཁྱབ་པ་དང་། སློབ་དཔོན་ཊོམ་བྷི་པས་ལྷན་ཅིག་སྐྱེས་པ་དང་། སློབ་དཔོན་སངས་རྒྱས་ཡེ་ཤེས་ཞབས་ཀྱིས། ཟབ་གསལ་གཉིས་སུ་མེད་ཅེས་སོགས་མིང་དུ་མར་བཤད་པ་རྣམས་ཏེ། འདི་དག་གི་མིང་གིས་གཏགས་པ་ལྟར་གནས་ལུགས་རང་ངོས་ནས་དེ་ལྟར་གྲུབ་པ་མ་ཡིན་ཀྱང་ཐ་སྙད་དུ་སྣྲ་ཇི་བཞིན་པར་ཁས་བླང་དུ་རུང་བས་སོ། །དེ་བཞིན་གཤེགས་པའི་སྙིང་པོ་ཉིད་ཀྱང་གནས་ལུགས་དང་ཁྱབ་མཉམ་པའི་མིང་གི་རྣམ་གྲངས་ཡིན་པ་ནི་འོག་ཏུ་རྒྱས་པར་འཆད་དོ། །ཡང་གཞི་ལམ་འབྲས་གསུམ་གྱི་ཆོས་ཉིད་བྱེ་བྲག་པ་རྣམས་ལ་སྤྱིའི་མིང་དེ་དང་དེ་དག་གིས་གསུངས་པ་དང་། ཆོས་དབྱིངས་སྤྲོས་བྲལ་གཅིག་ཉིད་ལ་གཞི་ལམ་འབྲས་གསུམ་གྱི་གནས་སྐབས་གསུམ་དུ་དབྱེ་བས་དང་། རིགས་དང་། ཆོས་ཀྱི་སྐུ་ཞེས་གསུངས་པའང་གནས་སྐབས་སོ་སོ་ལ་ལྟོས་ནས་སྣྲ་ཇི་བཞིན་པའི་ཚུལ་གྱིས་ཁས་བླང་དུ་རུང་བ་ཡིན་ནོ། །

གཉིས་པ་དགོངས་འགྲེལ་གྱིས་བཀྲལ་བའི་ཚུལ་ནི། ཐེག་པ་འོག་མའི་གཞུང་རྣམས་ལས་སེམས་ཅན་ཐམས་ཅད་ཀྱི་སངས་རྒྱས་ཀྱི་སྙིང་པོ་ཅན་དུ་མི་འདོད་པའི་ཕྱིར་འདིའི་དགོངས་པ་ཇི་ལྟ་བ་བཞིན་དུ་མ་བཀྲོལ་ལ། ཐེག་པ་ཆེན་པོ་ལ་དབུ་སེམས་གཉིས་སུ་ཡོད་པའི་སེམས་ཙམ་གྱི་བསྟན་བཅོས་རྣམས་སུ་སེམས་ཀྱི་རང་བཞིན་འོད་གསལ་བ་ངོ་བོ་རང་རིག་གིས་བསྡུས་པ་དངོས་པོར་གྲུབ་པ་ཉིད་ལ་དེ་བཞིན་གཤེགས་པའི་སྙིང་པོར་འཆད་ཅིང་དེ་ལ་སངས་རྒྱས་སོགས་འབྲས་བུའི་མིང་གིས་གསུངས་པ་རྣམས་ནི་སྣྲ་ཇི་བཞིན་མ་ཡིན་པའི་དྲང་དོན་དུ་འདོད་དེ་ཕྱོགས་ཀྱི་གླང་པོས། སོ་སོ་སྐྱེ་བོའི་ཤེས་པ་གང་། །རང་བཞིན་གྱིས་ནི་རྣམ་བྱང་པ། །དེ་ལ་སངས་རྒྱས་སྒྲ་བརྗོད་དེ། །བྱང་སེམས་པ་ལ་སངས་རྒྱས་བཞིན། །ཞེས་གསུངས་པས་སོ། །འདིའི་འདོད་ཚུལ་རྒྱས་པར་ནི་རྒྱུད་བླ་མའི་འགྲེལ་པར་ཤེས་སོ། །དབུ་མ་པའི་ལུགས་ནི། ངེས་དོན་སྟོན་པའི་མདོ་དང་བསྟན་བཅོས་ཀུན་ནས་དེ་བཞིན་གཤེགས་པའི་སྙིང་པོའི་ངོ་བོ་ཟུང་འཇུག་གི་ཚུལ་གྱིས་གསུངས་པ་ཁོ་ནར་འཆད་དོ། །

འོ་ན་དབུ་མའི་ལུགས་ལ་སེམས་ཅན་གྱི་ཆོས་དབྱིངས་དང་སངས་རྒྱས་ཀྱི་ཆོས་དབྱིངས་དབྱེར་མེད་པ་ལ་སྙིང་པོར་བཤད་པ་དང་། སེམས་ཀྱི་སྟོང་ཆ་ལ་སྙིང་པོར་བཤད་པ་དང་། གསལ་རིག་ཙམ་ལ་བཤད་པ་དང་། ཀུན་གཞིའི་རྣམ་པར་ཤེས་པ་ལ་བཤད་པ་དང་། ཆོས་སྐུ་ལ་བཤད་པ་ལ་སོགས་པ་དུ་མ་ཡོད་པ་མ་ཡིན་ནམ་ཞེ་ན། དང་པོ་ནི། ཟུང་འཇུག་དང་དོན་གཅིག་ལ་སྟོང་ཆ་རྐྱང་པ་དང་གསལ་རིག་རྐྱང་པ་ལ་སྙིང་པོར་གསུངས་པ་ནི་དབུ་མའི་གཞུང་ན་མེད་ཅིང་། ཀུན་གཞིའི་རྣམ་པར་ཤེས་པ་ལ་གསུངས་པ་ནི། སྒྲ་ཇི་བཞིན་མ་ཡིན་པར་གོང་དུ་བསྟན་ཟིན་ལ། ཆོས་སྐུ་ལ་དེ་བཞིན་གཤེགས་པའི་སྙིང་པོར་གསུངས་པ་སྒྲ་ཇི་བཞིན་པར་འདོད་ཀྱང་། དེས་དེ་བཞིན་གཤེགས་པའི་སྙིང་པོར་ཆོས་སྐུར་གསུངས་པ་མི་འགྲུབ་བོ། །དེས་ན་མདོ་སྔ་ཚོགས་དང་། གྲུབ་མཐའ་ཐ་དད་ཀྱི་ཚུལ་ལ་དུ་མ་ཡོད་ཅེས་བྱའི་ངེས་དོན་གྱི་མདོ་དང་དེའི་དོན་འགྲེལ་པའི་དབུ་མའི་གཞུང་དུ་སྙིང་པོའི་ངོ་བོ་ཆ་དུ་མར་ཕྱེ་བའི་ཚུལ་གྱིས་མ་གསུངས་སོ། །གལ་ཏེ་དེ་ལྟར་ན། རང་གི་གཞུང་ལས། དེ་བཞིན་གཤེགས་པའི་སྙིང་པོ་ལ་དབུ་མའི་གཞུང་རྣམས་ལས་ཆོས་ཅན་གསལ་བའི་ཕྱོགས་པ་ནས་གསུངས་པ། ཆོས་ཉིད་སྟོང་པའི་ཕྱོགས་པ་ནས་གསུངས་པ། ཆོས་སྐུའི་ཕྱོགས་པ་ནས་གསུངས་པ་གསུམ་ཆར་གྱི་སྒོ་ནས་བཤད་པ་དང་བཞིར་ཡོད་དོ་ཞེས་བཞེད་པ་འདི་དང་འགལ་ལོ་ཞེ་ན། དེ་ནི་རྡོ་རྗེ་གུར་ལས། རིན་ཆེན་སེམས་ལས་ཕྱིར་གྱུར་པའི། །སངས་རྒྱས་མེད་ཅིང་གང་ཟག་མེད། །ཅེས་དང་། ཀླུ་སྒྲུབ་ཀྱིས། སེམས་ཀྱིས་རྨོངས་པ་སེལ་བ་ཡི། །རང་སེམས་དེ་ལ་ཕྱག་འཚལ་ལོ། །ཞེས་པ་ལྟ་བུ། གསལ་བའི་མིང་ནས་སྨོས་པ་དང་། སྟོང་པའི་མིང་ནས་སྨོས་པའི་ཚུལ་གྱིས་གཙོ་བོར་གསུངས་པ་ལྟ་བུ་ལ་དགོངས་ཀྱིས། སྐབས་དེར་བསྟན་པའི་སེམས་ཞེས་པ་སེམས་ཀྱི་རང་བཞིན་ལ་ངོས་མི་འཛིན་པར་འདུས་བྱས་ཀྱི་ཆ་ལ་ངོས་འཛིན་ན་དབུ་མ་པའི་ལུགས་ལ་རང་བཞིན་གནས་རིགས་ཀྱང་སེམས་གསལ་རིག་གི་ཕྱོགས་པ་ནས་བཤད་པ་སོགས་བཞིར་འདོད་དགོས་སོ། །

གསུམ་པ་སྙིང་པོར་གྱུར་བའི་དོན་གཏན་ལ་དབབ་པ་ལ། རྗེ་བཙུན་སྐུ་མཆེད་ཀྱིས་དགོངས་པ་ལྟར་སྤྱིར་བསྟན་པ་དང་། སྡོམ་གསུམ་གྱི་གཞུང་ལས་གསུངས་པ་དང་སྦྱར་ཏེ་བྱེ་བྲག་ཏུ་བཤད་པའོ། །དང་པོ་ལ་གཉིས་ཏེ། དེ་བཞིན་གཤེགས་པའི་སྙིང་པོའི་ངོ་བོ་ངོས་བཟུང་བ། དེས་ཐམས་ཅད་ལ་ཁྱབ་པར་བསྟན་པའོ། །དང་པོ་ངོ་བོ་ནི། རྟ་བའི་རྒྱུད་ལས། ཡེ་ཤེས་ཆེན་པོ་ཞེས་སྨོས་པ་དང་། དོན་གཅིག་པས་ཆོས་ཐམས་ཅད་ཀྱི་རང་བཞིན་ཐབས་དང་ཤེས་རབ་གཉིས་སུ་མེད་ཅིང་ཟུང་དུ་འཇུག་པ་སྟེ། ཡེ་ཤེས་ཞེས་པས་གསལ་བའི་ཆ་དང་། ཆེན་པོ་ཞེས་པས་སྟོང་པའི་ཆ་བསྟན་ཅིང་གཉིས་ཀ་སྨོས་པས་ངོ་བོ་ཟུང་འཇུག་བསྟན་ནོ། །དེ་ཡང་རྣམ་བཤད་ཉི་མའི་འོད་ཟེར་ལས། ཡེ་ཤེས་ཞེས་བྱ་བ་ནི་གསལ་ཞིང་ཤེས་པས་ན་ཡེ་ཤེས་སོ་སོའི་སྐྱེ་བོ་རྣམས་དང་

ཐུན་མོང་བའི་ཤེས་པའོ། །ཆེན་པོ་ནི་ཕྱལ་དུ་བྱུང་བས་ཏེ་འཇིག་རྟེན་ལས་འདས་པའི་ལམ་མོ། །དེ་བཞིན་ཡེ་ཤེས་ཀྱང་ཡིན་ལ་ཆེན་པོ་ཡང་ཡིན་པས་ན་ཡེ་ཤེས་ཆེན་པོ་སྟེ་སངས་རྒྱས་ཀྱི་ཡེ་ཤེས་ཞེས་བྱ་བའི་དོན་ཏོ། །ཞེས་གསུངས་འདིའི་དོན་གནས་ལུགས་གཉིས་སུ་མེད་པ་ལ་ཡེ་ཤེས་ཆེན་པོ་ལས། འཇིག་རྟེན་ལས་འདས་པའི་ལམ་གྱི་མིང་གིས་གསུངས་པ་སྟེ། རྣམ་པར་མི་རྟོག་པའི་བསྟོད་པ་ལས། ཉན་ཐོས་རང་སངས་རྒྱས་རྣམས་དང་། །སངས་རྒྱས་རྣམས་ཀྱིས་ངེས་བསྟེན་པ། །ཁྱོད་ཉིད་གཅིག་པུ་ཐར་པའི་ལམ། །དེ་ལྟར་གཞན་དག་མེད་པར་ངེས། །ཞེས་གསུངས་པ་ལྟ་བུའོ། །དེས་ན་འདི་འཕགས་ལམ་དངོས་སུ་འཁྲུལ་བར་མི་བྱའོ། །ཡེ་ཤེས་དེ་ནི་མཚན་ཉིད་ཀྱི་ཁྱད་པར་གཉིས་དང་ལྡན་ཏེ། རྒྱུད་ལས། རྟོག་པ་ཐམས་ཅད་ཡང་དག་སྤངས། །ཞེས་སྒྲོ་འདོགས་པའི་རྟོག་པ་དང་། མི་བདེན་པར་འཛིན་པའི་རྟོག་པ་གཉིས་ཆར་རང་བཞིན་གྱིས་བྲལ་བར་བཤད་པའི་ཕྱིར་རོ། །དེ་བཞིན་དུ་སློབ་དཔོན་ཡེ་ཤེས་ཞབས་ཀྱིས་ཞལ་ལུང་ལས་ཀྱང་། ཆོས་རྣམས་ཀུན་གྱི་ཆོས་ཉིད་མཆོག །ཐབས་ཀྱིས་བསྒྲུབ་པར་བྱ་བའི་དངོས། །རྟོག་པ་ཀུན་ལས་རབ་འབྱིན་པ། །ཕུན་སུམ་ཚོགས་རྒྱུ་དཔག་དཀའ་བ། །ཕྱག་རྒྱ་ཆེན་པོ་རབ་སྣང་བ། །ཟེར་གྱིས་རང་གཞན་སྨིན་བྱེད་པའི། །དེ་གཉིས་མེད་པའི་རང་བཞིན་མཆོག །རྡོ་རྗེ་འཛིན་པ་ཆེན་པོས་ཀྱང་། །བརྗོད་དུ་མེད་ཅིང་སྐུ་ཆེན་པོ། །ཞེས་སོགས་གསུངས་སོ། །གལ་ཏེ་འདི་ལ། དེ་བཞིན་གཤེགས་པའི་སྙིང་པོར་མ་གསུངས་སོ་སྙམ་ན། མ་ཡིན་ཏེ། དེ་ཉིད་ལས། སངས་རྒྱས་མྱ་ངན་འདས་པའི་ཁམས། །སྐྱེ་མེད་རྡོ་རྗེ་མངོན་བྱང་ཆུབ། །བདེ་གཤེགས་ཀུན་གྱི་སྙིང་པོ་མཆོག །གཉིས་མེད་རྟོག་བྲལ་དོན་ཆེན་ཏེ། །རིམ་པ་གཉིས་པར་རབ་ཏུ་བཤད། །ཅེས་སྙིང་པོར་དངོས་སུ་གསུངས་པས་སོ། །གལ་ཏེ་སྙིང་པོར་བཤད་ཀྱང་སངས་རྒྱས་སུ་བཤད་པ་དང་འདྲ་བར་སྒྲ་ཇི་བཞིན་པ་མ་ཡིན་ནོ་སྙམ་ན། སྤྱིར་དེ་ཁོ་ན་ཉིད་མཚན་གྱི་རྣམ་གྲངས་མང་དུ་བཤད་པ་རྣམས་ལ་དངོས་རྟོགས་དུ་མ་ཡོད་ཀྱང་དེ་ཁོ་ན་ཉིད་ལ་སངས་རྒྱས་ཀྱི་སྙིང་པོར་བཤད་པ་ནི་སྒྲ་ཇི་བཞིན་པ་ཁོ་ན་ཡིན་གྱི་བཏགས་པ་བ་མ་ཡིན་ཏེ། སྙིང་པོའི་སྒྲ་ས་ར་ཅེས་དང་གརྦྷ་ཅེས་བྱ་བ་གཉིས་སྲ་བ་དང་སྐྱེ་བའི་གནས་ལ་སོགས་པ་དུ་མ་ལ་འཇུག་པ་ལས་དེ་ཁོ་ན་ཉིད་ལས་དེ་བཞིན་གཤེགས་པའི་སྙིང་པོར་བསྟན་པའི་སྐབས་འདིར་ནི། སྐྱེ་བའི་གནས་དང་འགྱུར་མེད་སྲ་བ་གཉིས་ཆར་ལ་སྙིང་པོར་གསུངས་པའི་ཕྱིར་རོ། །རྟགས་གྲུབ་སྟེ། བདེ་གཤེགས་ཀུན་གྱི་སྙིང་པོ་མཆོག །ཅེས་པའི་འགྲེལ་པར་སློབ་དཔོན་དམན་པའི་ཞབས་ཀྱིས། བདེ་བའི་གནས་སུ་ཕྱིན་པར་གཤེགས་པའམ། ལེགས་པར་གཤེགས་པའི་ཕྱིར་བདེ་གཤེགས་ཀུན་ཏུ་མི་བསྐྱོད་པ་ལ་སོགས་པ་དུས་གསུམ་དུ་གཏོགས་པའོ། །

དེ་རྣམས་ཀྱི་རྒྱུའི་ཕྱིར་རམ་མི་འགྱུར་བའི་ཕྱིར་ཏེ། འདོད་པའི་འབྲས་བུ་འབྱིན་པའི་ཕྱིར་ན་སྙིང་པོ་

མཆོག་གོ། །དེ་ཉིད་ཀྱང་གང་ཞེ་ན། གཉིས་མེད་རྟོག་བྲལ་དོན་ཆེན་ཏེ། །ཞེས་པས་བཤད་ཟིན་ཏོ། །ཞེས་གསལ་བར་གསུངས་པས་སོ། །དེ་བཞིན་དུ་དོན་དམ་པའི་མཚན་ཡང་དག་པར་བརྗོད་པ་ལས། ཀུན་ཏུ་བཟང་པོ་བློ་གྲོས་བཟང་། །ས་ཡི་སྙིང་པོ་འགྲོ་བ་འཛིན། །སངས་རྒྱས་ཀུན་གྱི་སྙིང་པོ་ཆེ། །ཞེས་གསུངས་པའི་འགྲེལ་ཆེན་དུ། སློབ་དཔོན་འཇམ་དཔལ་གྲགས་པས། སངས་རྒྱས་ཐམས་ཅད་ཀྱི་སྐྱེ་གནས་ཆེན་པོའི་སངས་རྒྱས་ཀུན་གྱི་སྙིང་པོ་ཞེས་བྱ་སྟེ། ཏླཀྐ་ཞེས་བྱ་བའི་སྒྲ་ནི་སྙིང་པོ་ལས་ཀྱང་ཡོད་དེ་ཤིང་གི་སྙིང་པོ་བཞིན་ནོ། །སྐྱེས་པ་ལ་ཡང་ཡོད་དེ་མ་ལ་བཞིན་ནོ། །དེ་བས་ན་བསྐྱེད་པའི་དོན་ལྟར་ན་ཡང་དེ་བཞིན་གཤེགས་པ་ཐམས་ཅད་ལ་སོགས་པའི་དཔལ་སྦྱོར་བས་ན་སངས་རྒྱས་ཀུན་གྱི་སྙིང་པོ་ཆེ་ཞེས་བྱ་སྟེ། དེ་བཞིན་གཤེགས་པ་དཔག་ཏུ་མེད་པའི་དཔལ་འཛིན་པར་མཛད་པས་ན་སྤྲུལ་པའི་འཁོར་ལོ་སྣ་ཚོགས་འཆང་ཞེས་བྱའོ། །ཞེས་གསུངས་ཤིང་། སློབ་དཔོན་གག་པའི་རྡོ་རྗེས་ཀྱང་། དེ་ཉིད་ཀྱི་འགྲེལ་པར། དེ་ལ་སངས་རྒྱས་ཀུན་གྱི་སྙིང་པོ་ཆེ་ནི་དུས་གསུམ་གྱི་དེ་བཞིན་གཤེགས་པ་ཐམས་ཅད་ཀྱི་བསྐྱེད་པའི་རྒྱུ་ཉིད་ཀྱི་ཕྱིར་ཏེ། གང་གི་ཕྱིར་བཅོམ་ལྡན་འདས་དེ་བྱང་ཆུབ་ཀྱི་སེམས་རྡོ་རྗེའི་བདག་ཉིད་ཡིན་པ་དེའི་ཕྱིར་སངས་རྒྱས་ཀུན་གྱི་སྙིང་པོ་ཆེ་ཞེས་གསུངས། ཞེས་འཕགས་ཡུལ་གྱི་གྲུབ་ཆེན་ཚད་ལྡན་དུ་མས་དེ་བཞིན་གཤེགས་པའི་སྙིང་པོ་ཆོས་ཐམས་ཅད་ཀྱི་རང་བཞིན་སྟོང་པ་ཉིད་ལ་སྒྲ་ཇི་བཞིན་པར་གསུངས་སོ། །སྐབས་འདིའི་སྙིང་པོའི་སྒྲ་འབྱུང་གནས་ལ་འཇུག་པ་དེའི་ཕྱིར་གནས་ལུགས་སྦྱོར་པ་དང་བྲལ་བ་དེ། དེ་བཞིན་གཤེགས་པར་མ་ཟད་ཆོས་ཐམས་ཅད་ཀྱིས་ཀྱང་སྙིང་པོའི་འབྱུང་གནས་ཡིན་ཏེ། ཞལ་ལུང་ལས། ཆོས་རྣམས་ཀུན་གྱི་སྙིང་པོ་དངོས་ཀུན་དེ་བཞིན་ཉིད། །ཅེས་དང་། དེའི་འགྲེལ་པར། དེ་གང་ཞེ་ན། ཆོས་རྣམས་ཀུན་གྱི་སྙིང་པོ་ཞེས་ཏེ་གཟུགས་ལ་སོགས་པ་རྣམས་དེ་ལས་བྱུང་བའི་ཕྱིར་དང་། མི་འགྱུར་བའི་ཕྱིར་དང་། འདོད་པའི་འབྲས་བུ་འབྱིན་པའི་ཕྱིར་རོ་ཞེས་སྙིང་པོའི་སྒྲ་འབྱུང་གནས་དང་། མི་འགྱུར་བ་དང་། རྒྱུ་བྱེད་པ་གསུམ་ལ་འཇུག་པའི་ཚུལ་དང་། དེ་བཞིན་ཉིད་ལ་རྒྱུ་མཚན་གསུམ་ག་ཚང་བས་སྙིང་པོར་གསུངས་ཚུལ་དང་བཅས་པ་སྨྲོན་མེད་པར་བཤད་ཅིང་། དཔལ་འཕྲེང་གི་མདོ་ལས་ཀྱང་། བཅོམ་ལྡན་འདས་འདི་ལྟར་དེ་བཞིན་གཤེགས་པའི་སྙིང་པོ་ནི་འབྲེལ་པ་མ་མཆིས་ཤིང་ཐ་དད་དུ་གནས་ལ་ཤེས་པ་གྲོལ་བ་མ་ལགས་པ་ཕྱི་རོལ་གྱི་འདུས་བྱས་ཀྱི་ཆོས་རྣམས་ཀྱི་གཞི་དང་རྟེན་དང་གནས་ཀྱང་ལགས་སོ། །ཞེས་གསུངས་སོ། །དོན་འདི་ཉིད་རྗེ་བཙུན་རིན་པོ་ཆེ་རྩེ་མོས་ཀྱང་། སྙིང་པོ་ནི་འབྱུང་གནས་ཉིད་དུ་གྱུར་པས་ཐོག་མཐའ་མེད་པའི་བྱང་ཆུབ་ཀྱི་སེམས་དེ་ཉིད་མཚན་མ་དང་རྣམ་པར་རྟོག་པས་མི་ཕྱེད་པའི་ཕྱིར་རྡོ་རྗེ་སྟེ། སྲ་ཤིང་སྙིང་པོ་ཁོང་སྟོང་མེད། །བཅད་མེད་བཞིག་པར་བྱ་བ་མིན། །བསྲེག་པར་བྱ་མིན་ཆིག་མེད་པས། །སྟོང་

ཉིད་རྡོ་རྗེ་ཞེས་སུ་བརྗོད། །ཞེས་རྩེ་མོ་ལས་བཀའ་བསྩལ་ཏོ། །ཞེས་དང་། སཾ་བྷུ་ཊི་ལས། གྲུ་གསུམ་རྒྱ་ཆེན་
གཟུགས་ཅན་ཉིད། །ཅེས་པའི་འགྲེལ་པར། རྒྱ་ཆེན་གཟུགས་ཅན་ནི་ཐབས་ཀྱིས་ཟིན་པ་དང་མ་ཟིན་པའི་བྱེ་
བྲག་གིས་འཁོར་བ་དང་མྱ་ངན་ལས་འདས་པ་གཉིས་ཀའི་གཞི་བྱེད་པའི་ཕྱིར་རོ། །དེ་ལྟ་བུ་དེ་སུ་གང་ལ་ཡོད་
སྙམ་པ་ལས། སེམས་ཅན་ཀུན་ལ་སྙམ་པའི་ཕྱིར་ཞེས་སྨོས་ཏེ་མཐར་ཐུག་གི་གནས་ཀྱི་དབང་དུ་བྱས་ནས་ཆོས་
ཉིད་དེས་མ་ཁྱབ་པའི་སེམས་ཅན་འགའ་ཡང་མ་གྲུབ་པའི་ཕྱིར། རྒྱུད་བླ་མ་ལས་ཀྱང་། རིགས་ཡོད་ཕྱིར་ན་
ལུས་ཅན་རྣམས། །རྟག་ཏུ་སངས་རྒྱས་སྙིང་པོ་ཅན། །ཞེས་གསུང་པ་ལྟ་བུའོ། །ཞེས་དང་། རྣམ་བཤད་དག་
ལྡན་ལས་ཀྱང་། དེ་རྣམས་ཀྱི་སྙིང་པོ་ཞེས་བྱ་བ་ནི་དེ་རྣམས་ལས་མཆོག་ཏུ་གྱུར་པའམ་དེ་རྣམས་ཀྱི་འབྱུང་བའི་
གནས་ཏེ་ཞེས་སྙིང་པོའི་སྒྲ་འཇུག་ཚུལ་གཉིས་སུ་བཤད་ཅིང་ནང་ལྟར་བཤད་པའི་སྐབས་སུ། གསང་བ་གསུམ་
པོ་དེ་ཉིད་དབྱེར་མི་ཕྱེད་པ་ལ་སྙིང་པོ་ཞེས་བྱ་བའམ་ཡང་ན་གསང་བ་གསུམ་པོ་དེའི་འབྲས་བུའམ་བཅུད་དམ་
མཆོག་གོ། །ཞེས་གསུངས་ལ། འདིས་སྙིང་པོའི་སྒྲ་འཇུག་ཚུལ་གཉིས་དང་བཅས་པ་གསུངས། ཨིནྡྲ་བྷུ་ཏིས་
ཀྱང་ཡེ་ཤེས་གྲུབ་པ་ལས་དེ་བཞིན་གཤེགས་པ་ཐམས་ཅད་ཀྱི་སྙིང་པོ་ནི་ཡེ་ཤེས་པ་དེ་ཉིད་རྗེ་བཙུན་མོ་སྟེ་མི་
ཕྱེད་པའི་ཤེས་རབ་ཀྱི་ངོ་བོ་ཡིན་པའི་ཕྱིར་རོ། །ཞེས། རྗེ་བཙུན་སྐུ་མཆེད་ཀྱིས་གསུངས་པ་འདི་ཁོ་ན་དང་
མཐུན་པར་འགྱུར་ངོ་། །དེས་ན་སེམས་ཀྱི་རང་བཞིན་སྤྲོས་པ་དང་བྲལ་བ་ཐབས་དང་ཤེས་རབ་ཀྱི་བདག་ཉིད་
ཅན་འདི་ལ་དེ་བཞིན་གཤེགས་པའི་སྙིང་པོ་ཞེས་བརྗོད། དེ་བཞིན་གཤེགས་པ་རྣམས་སྐྱེ་བའི་གནས་ཡིན་པའི་
ཕྱིར་རོ། །དེ་བཞིན་གཤེགས་པའི་སྐྱེ་གནས་ལ་དེ་བཞིན་གཤེགས་པའི་སྙིང་པོར་བསྟན་པ་དང་། དེ་བཞིན་
གཤེགས་པ་དང་རང་བཞིན་དབྱེར་མེད་པ་ལ་དེ་བཞིན་གཤེགས་པའི་སྙིང་པོར་བསྟན་པ་དང་། དེ་བཞིན་
གཤེགས་པའི་རྒྱུ་ལ་དེ་བཞིན་གཤེགས་པའི་སྙིང་པོར་བསྟན་པ་གསུམ་པོ་འདི་ནི། རྒྱུད་བླ་མ་ལས། རྫོགས་
སངས་སྐུ་ནི་འཕྲོ་ཕྱིར་དང་། །དེ་བཞིན་ཉིད་དབྱེ་མེད་ཕྱིར་དང་། །རིགས་ཡོད་ཕྱིར་དང་། ཞེས་གསུངས་པའི་
དོན་ཡང་ཡིན་ཏེ། ཆོས་སྐུ་སྤྱིའི་མཚན་ཉིད་སྤྲོས་བྲལ་གྱི་སེམས་ཀྱི་རང་བཞིན་ལ་སྤྲོས་ཞིང་ཁྱབ་པའི་ཕྱིར།
སེམས་ཅན་གྱི་སེམས་ཀྱི་རང་བཞིན་སྤྲོས་པ་དང་བྲལ་བ། དེའི་ཕྱིར་དེ་ལས་དེ་བཞིན་གཤེགས་པ་འབྱུང་དུ་
རུང་། དེས་ན་སྤྲོས་བྲལ་དེ་དེ་བཞིན་གཤེགས་པ་འབྱུང་བའི་གནས་ཡིན་པས་དེའི་སྙིང་པོ་ཅན་ནོ་ཞེས་ཚིག་
ཕྲང་དང་པོས་བསྟན་ཅིང་། དེ་སྤྱིའི་མཚན་ཉིད་ཞེས་པ་དང་། ཡོན་ཏན་མཐར་ཐུག་ཁྱབ་པ་སྟེ། །གཟུགས་ཀྱི་
རྣམ་པ་དམན་པ་དང་། །བར་མ་མཆོག་ལ་ནམ་མཁའ་བཞིན། །ཞེས་པ་དང་། རྩ་བའི་རྒྱུད་ལས། དམན་པ་
འབྲིང་དང་མཆོག་རྣམས་དང་། །གཞན་དང་གང་དང་དེ་རྣམས་དང་། །རྩྭ་ལྕུག་འཁྲིལ་ཤིང་ལ་སོགས་པ། །

བདག་གི་ངོ་བོར་རང་བཞིན་ལས། །དམ་པའི་དེ་ཉིད་ངེས་བསྒོམ་བྱ། །ཅེས་དང་། བརྟན་དང་གཡོ་བ་ཁྱབ་ནས་གནས། །ཞེས་གསུངས་པའི་དོན་ཡང་ཡིན་ནོ། །ཆོས་སྐུ་སྤྱིའི་མཚན་ཉིད་ཐམས་ཅད་ལ་འགྲོ་བའི་དོན་ཡང་ཆོས་གཞན་རྣམས་ཀྱི་ཆོས་ཉིད་ཀྱང་སྤྲོས་བྲལ་ཡིན་པ་ཙམ་ལ་འདོད་དགོས་ཀྱི། སངས་རྒྱས་ཀྱི་རང་བཞིན་རྣམ་དག་གི་ཆོས་ཉིད་ཀྱིས་སེམས་ཅན་ལ་ཁྱབ་པོ་ཞེས་པའང་ཞིབ་མོར་མ་ཕྱེ་བའོ། །

དབྱེར་མི་ཕྱེད་པ་ལ་སྙིང་པོའི་སྒྲ་འཇུག་པ་ནི། དེ་བཞིན་ཉིད་དབྱེར་མེད་ཕྱིར་དང་། །སྙིང་པོ་ཅན་ཞེས་སྤྲིལ་ནས་དེ་བཞིན་གཤེགས་པའི་ཆོས་ཉིད་དང་སེམས་ཀྱི་རང་བཞིན་སྤྲོས་པ་དང་བྲལ་བའི་ཆ་ནས་སོ་སོར་སུས་ཀྱང་ཕྱེད་པར་མི་ནུས་ལ། དེ་ལ་དགོངས་ནས། དེ་བཞིན་གཤེགས་པའི་རང་བཞིན་གང་། །དེ་ནི་འགྲོ་བའི་རང་བཞིན་ཡིན། །ཞེས་དང་། མུ་ངན་འདས་པ་འཁོར་བ་ལས། །ཁྱད་པར་ཅུང་ཟད་ཡོད་མ་ཡིན། །དེ་གཉིས་ཁྱད་པར་ཅུང་ཟད་ནི། །ཤིན་ཏུ་ཕྲ་མོའང་ཡོད་མ་ཡིན། །ཞེས་བྱ་བ་དང་། དེའི་འགྲེལ་པ་ཤེས་རབ་སྒྲོན་མར། དམིགས་སུ་མེད་པར་མཉམ་པ་ཉིད་ཡིན་པའི་ཕྱིར་རོ། །ཞེས་གསུངས་ཤིང་། དབྱེར་མི་ཕྱེད་པ་དེ་ལ་སྙིང་པོའི་མིང་སྦྱར་བ་ནི། གོང་དུ་ཡང་བཤད་ཅིང་། རྡོ་རྗེ་མི་ཕྱེད་ཅེས་བྱར་བརྗོད། །ཅེས་སྲ་བ་དང་མི་ཕྱེད་པ་རྣམས་ལ་སར་ཅེས་པའི་སྒྲ་འཇུག་པས་ཤེས་སོ། །

རྒྱུ་ལ་སྙིང་པོའི་སྒྲ་སྦྱར་བ་ནི། རིགས་ཡོད་ཕྱིར་ན་སྙིང་པོ་ཅན། །ཞེས་པར་བསྟན་ཏེ། རིགས་ཀྱི་དོན་ནི་རྒྱུའི་དོན་ཡིན་ལ། སེམས་ཀྱི་ཆོས་ཉིད་ལ་ཡང་། རྐྱེན་དང་འཕྲད་ན་འབྲས་བུ་སྐྱེས་རུང་གི་ནུས་པ་ཡོད་པའི་རྒྱུ་མཚན་གྱིས་དེ་བཞིན་གཤེགས་པའི་སྙིང་པོ་སྟེ། གོང་དུ་དྲངས་པའི་ལུང་ལས། འདོད་པའི་འབྲས་བུ་འབྱིན་པའི་ཕྱིར་ན་སྙིང་པོ་མཆོག་གོ། །ཞེས་གསུངས་པས་གྲུབ་བོ། །འོ་ན་རྒྱུ་མཚན་དེ་དག་གིས་སྤྲོས་བྲལ་ལ་དེ་བཞིན་གཤེགས་པའི་སྙིང་པོའི་སྒྲ་འཇུག་པར་གྲུབ་ཀྱང་སྤྲོས་བྲལ་དེ་སྙིང་པོ་དངོས་སུ་མི་གྲུབ་བོ་སྙམ་ན་དེ་ཡང་མ་ཡིན་ཏེ། སེམས་ཀྱི་ཆོས་ཉིད་སྤྲོས་པ་དང་བྲལ་བ་ལ་ནི་དེ་བཞིན་གཤེགས་པའི་སྙིང་པོའི་སྒྲ་བཤད་འཇུག་གཉིས་ཀ་ཡོད་པར་གོང་དུ་བསྒྲུབས་ཟིན་ལ། སྒྲ་བཤད་འཇུག་གཉིས་ཀ་ཚང་བ་ལ་བཏགས་པ་བར་འགྱུར་བའི་མཚན་བཞི་མི་སྲིད་པའི་ཕྱིར་རོ། །དཔེར་ན། མཚོ་ལས་སྐྱེས་ཤིང་མཚོ་སྐྱེས་ཀྱི་སྒྲ་འཇུག་པ་ལ་པད་མོ་མ་ཡིན་པ་མི་སྲིད་པ་བཞིན་ནོ། །

ཡང་འགའ་ཞིག །རྫོགས་སངས་སྐུ་ནི་འཕྲོ་ཕྱིར་དང་། །ཞེས་སོགས་སྒྲུབ་བྱེད་གསུམ་གྱིས་སེམས་ཅན་ཐམས་ཅད་སངས་རྒྱས་ཀྱི་སྙིང་པོ་ཅན་དུ་བསྒྲུབ་པ་ལ་འོ་ན་སེམས་ཅན་ཐམས་ཅད་རང་བཞིན་རྣམ་དག་གི་ཆོས་ཉིད་དང་ལྡན་པ་དེ་དེ་སྐབས་ཀྱི་ཞེ་འདོད་ཀྱིས་བསྒྲུབ་བྱར་འགྱུར་ཏེ། གཞུང་དེའི་ཞེ་འདོད་ཀྱི་བསྒྲུབ་བྱ

ལུས་ཅན་ཀུན་གྱི་སྙིང་པོ་ཅན་ཡིན་པ་དེར་ཁས་བླངས་པ་གང་ཞིག་རང་བཞིན་རྣམ་དག་གི་ཆོས་ཉིད་དེ་སངས་རྒྱས་ཀྱི་སྙིང་པོ་དངོས་སུ་འཆད་པ་ཉིད་ཀྱིས་འདོད་པ་ཡིན་པའི་ཕྱིར་རོ། །དེ་འདོད་ན་བསྒྲུབ་བྱ་དེ་སྒྲུབ་བྱེད་ཀྱི་གཏན་ཚིགས་གསུམ་པོ་དེ་གྲུབ་ཟིན་གྲུབ་པའམ། མ་གྲུབ་པ་ཉིད་སྒྲུབ་བྱེད་དུ་བཀོད་པ་གང་རུང་ལས་མ་འདས་ཏེ། སེམས་ཅན་ཐམས་ཅད་རང་བཞིན་རྣམ་དག་གི་ཆོས་ཉིད་དང་ལྡན་པར་བསྒྲུབ་པ་ལ་ཆོས་སྐུ་འཕྲོ་བ་སོགས་གསུམ་རྟགས་སུ་བཀོད་པ་ཡིན་ལ་གསུམ་ཀའི་དོན་ཡང་རང་བཞིན་རྣམ་དག་གི་ཆོས་ཉིད་ཅན་ཡིན་པའི་ཕྱིར་རོ། །ཞེས་ཟེར་རོ། །

འདི་ལ་འདི་ལྟར་བརྗོད་པར་བྱ་སྟེ། འོ་ན། བྱས་པས་སྒྲ་མི་རྟག་པ་བསྒྲུབ་པའི་ཚེ་སྒྲ་བྱས་པ་དེ་དེ་སྐབས་ཀྱི་ཞེ་འདོད་ཀྱི་བསྒྲུབ་བྱར་འགྱུར་ཏེ། དེའི་ཞེ་འདོད་ཀྱི་བསྒྲུབ་བྱ་སྒྲ་མི་རྟག་པ་ཡིན་པ་དེར་ཁས་བླངས་པ་གང་ཞིག །སྒྲ་བྱས་པ་ཡིན་པ་དེ་སྒྲ་མི་རྟག་པ་ཡིན་པ་དངོས་སུ་འཆད་པ་ཉིད་ཀྱི་འདོད་པ་ཡིན་པའི་ཕྱིར། དེ་འདོད་ན་བསྒྲུབ་བྱ་དེ་སྒྲུབ་བྱེད་ཀྱི་གཏན་ཚིགས་གྲུབ་ཟིན་པ་འམ་མ་གྲུབ་པ་ཉིད་བསྒྲུབ་བྱེད་དུ་བཀོད་པ་གང་རུང་ལས་མ་འདས་ཏེ། སྒྲ་མི་རྟག་པར་བསྒྲུབ་པ་ལ་བྱས་པ་རྟགས་སུ་བཀོད་པ་ཡིན་ལ། བྱས་པའི་དོན་ཡང་མི་རྟག་པ་ཡིན་པའི་ཕྱིར་རོ། །ཞེས་པ་རྒྱུ་མཚན་མཚུངས་པས་སུན་འབྱིན་པར་ནུས་སོ། །

སྤྱིར་བསྒྲུབ་བྱ་གཅིག་ལ་རྟགས་གསུམ་བཀོད་ན་སེམས་ཅན་ཐམས་ཅད་སངས་རྒྱས་ཀྱི་སྙིང་པོ་ཅན་དུ་བསྒྲུབ་པ་ནི་མ་ཡིན་གྱི། སེམས་ཀྱི་ཆོས་ཉིད་གཅིག་ལ་ལྡོག་པའི་ཆ་ནས་སྙིང་པོའི་སྒྲ་སྦྱོར་ཚུལ་གསུམ་ཡོད་དོ་ཞེས་པའི་དོན་དུ་སྟོར་བཤད་པ་ལྟར་ཁས་བླངས་པར་བྱའོ། །འཆད་ཚུལ་འདི་དག་ལ་གཞན་དུ་སྡོམ་གསུམ་མཛད་པས་སངས་རྒྱས་དང་དེའི་སྙིང་པོ་སོ་སོར་མི་བྱེད་པར་སངས་རྒྱས་ཉིད་སེམས་ཅན་གྱི་སྙིང་པོ་ཡིན་នོ། །ཞེས་པའི་མདོའི་སྒྲ་ཇི་བཞིན་པའི་དོན་དུ་བཞེད་དོ་ཞེས་སྨྲ་བ་རྣམས་ལ་ནི། དེ་བཞིན་གཤེགས་པའི་སྙིང་པོ་ཆོས་སྐུ་ཁོ་ན་ཡིན་པ་དང་། ཆོས་སྐུ་ཁོ་ན་ལ་དེའི་སྒྲ་བཤད་དུ་ཡོད་པ་དང་། སྙིང་པོ་སྟོན་པའི་སྐབས་གང་ཡིན་དུ་སངས་རྒྱས་དངོས་ཀྱི་ཚུལ་ཁོ་ནས་བསྟན་པ་ལ་སོགས་པའི་སྒྲུབ་བྱེད་གཏིང་ནས་ངེས་པ་འདྲོངས་པ་གཅིག་ཀྱང་ཡོད་པར་མ་མཐོང་ངོ་། །

རྒྱུད་བླ་མ་ཉིད་ཀྱི་དགོངས་པ་ཡང་། ཆོས་ཐམས་ཅད་ཀྱི་རང་བཞིན་གཉིས་སུ་མེད་པའི་དེ་ཁོ་ན་ཉིད་ལ་དེ་བཞིན་གཤེགས་པའི་སྙིང་པོར་བཤད་དེ། འགྲེལ་པར། ཐོག་མ་མེད་པའི་དུས་ཅན་ཞེས། །ཆོས་རྣམས་ཀུན་གྱི་གནས་ཡིན་ཏེ། །དེ་ཡོད་པས་ན་འགྲོ་ཀུན་དང་། །མྱ་ངན་འདས་པའང་ཐོབ་པར་འགྱུར། །ཞེས་པའི་མདོ་དྲངས་ནས། འགྲོ་ཀུན་དང་། མྱ་ངན་འདས་པའང་ཐོབ་པ་ཡིན། །ཞེས་གསུངས་པས་ཤེས་བྱེད་ལ། བཅོམ་ལྡན་

འདས་དེའི་སྐད་དུ་དེ་བཞིན་གཤེགས་པའི་སྙིང་པོ་ནི་འབྲེལ་པ་རྣམ་པར་དབྱེ་བ་མེད་པ་འབྲལ་མི་ཤེས་པ་འདུས་མ་བྱས་པའི་ཆོས་རྣམས་ཀྱི་གནས་དང་། རྟེན་ལགས་ལ་བཅོམ་ལྡན་འདས་དེ་བཞིན་གཤེགས་པའི་སྙིང་པོ་ནི་མ་འབྲེལ་བ་དང་བཅས་པའི་ཆོས་འབྲེལ་ཤེས་པ་འདུས་བྱས་ཀྱི་ཆོས་རྣམས་ཀྱི་ཡང་གཞི་དང་གནས་དང་རྟེན་ལ་སོགས་པའོ། །ཞེས་དྲངས་ཤིང་། འགྲེལ་ཚིག་ཉིད་ལས་ཀྱང་། ཆོས་ཀྱི་སྐུ་ལྟར་རྒྱ་ཆེ་བ་དེ་བཞིན་གཤེགས་པའི་སྙིང་པོ་དང་དབྱེར་མེད་པའི་མཚན་ཉིད་ངེས་པའི་རིགས་ཀྱི་རང་བཞིན་དེ་བཞིན་གཤེགས་པའི་སྙིང་པོ་དེ་ཡང་རྣམ་པར་དབྱེ་བ་ཐམས་ཅད་ཀྱི་ཚེ་ཐམས་ཅད་ལ་ཁྱབ་པར་མེད་པའི་ཚུལ་དུ་ཡོད་དོ་ཞེས་བྱ་བ་ནི་ཆོས་ཉིད་ཚད་མར་བྱས་ནས་བལྟ་བར་བྱ་སྟེ། ཞེས་གསུངས་པ་འདིས་ཀྱང་གསལ་བར་ཤེས་པའི་ཕྱིར་རོ། །

ཇི་ལྟར་ཤེས་ན་ཆོས་ཀྱི་སྐུ་ལྟར་རྒྱ་ཆེ་བ་ཞེས་པས་ཆོས་སྐུ་དངོས་མ་ཡིན་པར་བསྟན། དེ་བཞིན་གཤེགས་པ་དང་བཅས་པ་ནས། སྙིང་པོ་དེ་ཡང་ཞེས་པའི་བར་གྱི་སྐྱིའི་མཚན་ཉིད་རང་གི་རང་བཞིན་དང་མིང་གསུམ་ཆར་བསྟན། ཐམས་ཅད་ཀྱི་ཚེ་ཞེས་པ་ནས། ཡོད་དོ་ཞེས་པའི་བར་གྱིས་དུས་གསུམ་དུ་ཆོས་ཐམས་ཅད་ལ་ངོ་བོར་དབྱེར་མེད་ཀྱི་ཚུལ་དུ་ཡོད་པར་བསྟན། ཆོས་ཉིད་ཚད་མར་བྱས་ནས་ཞེས་སོགས་ཀྱིས་དེའི་སྒྲུབ་བྱེད་བཤད་པ་མིན་ནོ། །གལ་ཏེ་ཆོས་ཉིད་ཚད་མར་བྱས་ན་ཞེས་པ་དགོངས་གཞི་སྟོན་པ་ཡིན་ནོ། །སྙམ་ན་མ་ཡིན་ཏེ། འདི་ར་ནི། དེ་ཡོད་པས་ན་འགྲོ་ཀུན་དང་། །མྱ་ངན་འདས་པའང་ཐོབ་པ་ཡིན། །ཞེས་གསུངས་པའི་གཏན་ཚིག་དེ་ལ་ཆོས་ཉིད་ཚད་མར་བྱས་པས་ཞེས་གསུངས་པའི་ཕྱིར་རོ། །རྟགས་གྲུབ་སྟེ་འགྲེལ་པ་ལས། ཆོས་ཉིད་གང་ཡིན་པ་དེ་ཉིད་ནི་འདི་ར་གང་གིས་དེ་ལྟ་བུ་ཁོ་ནར་འགྱུར་གྱི་དེ་གཞན་དུ་ནི་མི་འགྱུར་ཞེས་བྱ་བའི་རིག་པ་དང་སྦྱོར་བ་དང་ཐབས་ཡིན་ཏེ། ཞེས་བཤད་ཅིང་། དེའི་གོང་དུ་མདོ་དྲངས་པ་ལས་ཀྱང་། བཅོམ་ལྡན་འདས་གལ་ཏེ་དེ་བཞིན་གཤེགས་པའི་སྙིང་པོ་མ་མཆིས་ན་སྡུག་བསྔལ་ལ་ཡང་ཡིད་འབྱུང་བར་མི་འགྱུར་ཞིང་། མྱ་ངན་ལས་འདས་པ་ལ་ཡང་འདོད་པ་དང་དོན་དུ་གཉེར་བ་དང་སྨོན་པར་ཡང་མི་འགྱུར་རོ། །ཞེས་གསུངས་པའི་ཕྱིར་རོ། །

དེས་ན་གནད་ཀྱི་དོན་ནི་འདི་ལྟར་ཡིན་ཏེ། ཐེག་ཆེན་གྱི་མདོ་རྣམས་ནས་དེ་བཞིན་གཤེགས་པའི་སྙིང་པོ་ཉིད་དགོངས་གཞིར་བྱས་ནས་དེ་ལ་མིང་གཞན་གྱིས་བསྟན་པ་དང་། དེ་བཞིན་གཤེགས་པའི་སྙིང་པོ་ཉིད་དོན་གཞན་གྱི་ཚུལ་དུ་བསྟན་པ་དང་། དེ་བཞིན་གཤེགས་པའི་སྙིང་པོ་རང་མིང་ནས་གནས་ལུགས་ལྟར་བཤད་པ་དང་གསུམ་མོ། །དང་པོ་ནི། སོར་ཕྲེང་གི་མདོ་ལས། ཉན་ཐོས་ཀྱི་ཐེག་པ་ལས་ཡིད་ཅེས་བསྟན་པ་གང་ཡིན་པ་ཡང་དེ་བཞིན་གཤེགས་པའི་སྙིང་པོ་ཞེས་བྱ་བའི་དོན་ཏེ། ཡིད་རང་བཞིན་གྱིས་དག་པ་ཅེས་བྱ་བ་གང་ཡིན་

པ་དེ་ནི་དེ་བཞིན་གཤེགས་པའི་སྙིང་པོའོ། །དེ་ནི་ཆོས་ཐམས་ཅད་ཀྱི་གཙོ་བོ་སྟེ་ཆོས་ཐམས་ཅད་ཀྱང་དེ་བཞིན་གཤེགས་པའི་སྙིང་པོའི་རང་བཞིན་ཞེས་གསུངས་པ་ལྟ་བུ་དང་། རྒྱན་སྟུག་པོ་བཀོད་པ་ལས། ས་རྣམས་སྣ་ཚོགས་ཀུན་གཞི་སྟེ། །བདེ་གཤེགས་སྙིང་པོ་དག་པའང་དེ། །སྙིང་པོ་དེ་ལ་ཀུན་གཞིའི་སྒྲས། །དེ་བཞིན་གཤེགས་རྣམས་གསུངས་པར་མཛད། །སྙིང་པོ་ཀུན་གཞིར་བསྟན་པ་དང་། །བློ་ཆུང་རྣམས་ཀྱིས་མི་ཤེས་སོ། །ཞེས་དང་། དཔལ་ཕྲེང་གི་མདོ་ལས། དེ་བཞིན་གཤེགས་པའི་སྙིང་པོ་ཉིད་ཀྱི་དབང་དུ་བགྱིས་ནས་བཅོམ་ལྡན་འདས་ཀྱི་སྔོན་གྱི་མཐའ་མེད་དོ་ཞེས་བཤད་ཅིང་བཏགས་པའོ། །ཞེས་གསུངས་པ་ལྟ་བུའོ། །

གཉིས་པ་ནི། དེ་བཞིན་གཤེགས་པའི་སྙིང་པོའི་མདོ་ལས། དེ་བཞིན་གཤེགས་པའི་སྐུ་ཡེ་ཤེས་དང་ལྡན་པ། སྨྲིན་དང་ལྡན་པའི་སེམས་ཅན་ཐམས་ཅད་ཀྱི་ནང་ན་ཇི་ལྟ་བ་བཞིན་དུ་མི་གཡོ་བར་བཞུགས་སོ། །ཞེས་གསུངས་པ་ལྟ་བུའོ། །

གསུམ་པ་ནི། གསེར་འོད་དམ་པའི་མདོ་ལས། དེ་བཞིན་གཤེགས་པའི་སྙིང་པོ་མཚན་མ་ཐམས་ཅད་རྣམ་པར་དག་པ་སྟེ་དཔེར་ན་གསེར་གྱི་རང་བཞིན་ཡེ་ནས་དག་པ་དང་། ཆུའི་རང་བཞིན་ཡེ་ནས་དག་པ་དང་། ནམ་མཁའི་རང་བཞིན་ཡེ་ནས་དང་བ་དང་མེད་པ་མ་ཡིན་པ་དེ་བཞིན་དུ་ཆོས་ཀྱི་སྐུ་ཡེ་ནས་དག་པ་དང་མེད་པ་མ་ཡིན་ནོ། །ཞེས་གསུངས་པ་ལྟ་བུ་དང་། ལྷ་མོ་བཞིས་ཞུས་པའི་རྒྱུད་ལས། སྙིང་པོ་ཤིན་ཏུ་སྙིང་པོ་མཆོག །གང་དེ་ཀུན་བདག་ལ་གནས་པ། །སངས་རྒྱས་ཀུན་གྱི་གསང་ཆེན་ནི། །ལྷ་མོ་ཁྱོད་ལ་བཤད་པར་བྱ། །ཞེས་གསུངས་པ་ལྟ་བུའོ། །དོན་གཉིས་པ་དེས་ཐམས་ཅད་ལ་ཁྱབ་པར་བསྟན་པ་ལ་གོང་དུ་བཤད་པའི་དོན་དེ་རྣམས་ལེགས་པར་རྟོགས་ན་འདིར་ཁྱབ་ཚུལ་རྒྱས་པར་བཤད་མི་དགོས་ཀྱང་། དོགས་པ་བསལ་བའི་ཕྱིར། རྗེ་བཙུན་སྐྱ་མཆེད་ཀྱིས་ཀྱང་། གསུངས་ཚུལ་སྨོས་ན། རྣམ་བཤད་ཉི་མའི་འོད་ཟེར་ལས། ལུས་གནས་ཞེས་པའི་འགྲེལ་པར་རང་གི་ལུས་ནི་ཉོན་མོངས་པ་དང་བཅས་པའི་ལུས་འདི་ཉིད་ལ་སངས་རྒྱས་ཀྱི་སྙིང་པོ་གནས་ཞེས་བྱ་སྟེ། ཞེས་དང་། དངོས་པོ་ཀུན་ལ་ཁྱབ་པ་པོའི་འགྲེལ་པར། དངོས་པོ་ཀུན་ནི་ཕུང་པོ་དང་ཁམས་དང་སྐྱེ་མཆེད་ཀྱིས་བསྡུས་པའི་སྲིད་པ་གསུམ་འཁོར་བ་དང་མྱ་ངན་ལས་འདས་པས་བསྡུས་པའི་ཆོས་ཐམས་ཅད་ལའོ། །ཁྱབ་པ་ནི་ཆོས་ཅན་དང་ཆོས་ཉིད་ཀྱི་ཚུལ་གྱིས་ཁྱབ་པ་སྟེ་དངོས་པོ་ཐམས་ཅད་བཙལ་ན་ཅིར་ཡང་མ་གྲུབ་པས་རྟོག་པའི་ཡུལ་མ་ཡིན་པས་རྟོག་མེད་དུ་གནས་སོ། །ཡང་དེ་ལས་བྱུང་བའི་ཚུལ་གྱིས་ཁྱབ་སྟེ་དེ་ལས་མ་འདས་ཞེས་བྱ་བའི་དོན་ཏོ། །འདི་ལྟར་བླ་གསང་ཐིག་ལེ་ལས་གསུངས་པ། ཐོག་མཐའ་མེད་པའི་སེམས་པ་ནི། །རྡོ་རྗེ་སེམས་དཔའ་བདེ་བའི་མཆོག །དེ་ཉིད་དངོས་པོ་ཐམས་ཅད་ཀྱི། །ཐམས་ཅད་དུ་ནི་ཡང་དག་ཞུགས། །

ཞེས་པ་ལྟ་བུའོ། །དེ་ཇི་ལྟ་བ་བཞིན་རྣམ་བཤད་དག་ལྡན་ལས་ཀྱང་གསུངས་ལ། འདི་ལྟར་འགྲོ་བ་སངས་རྒྱས་འགྱུར། །ཞེས་པའི་འགྲེལ་པ་དག་ལྡན་དུ། སེམས་ཅན་ཐམས་ཅད་སངས་རྒྱས་ཀྱི་སྙིང་པོ་ཅན་ཏེ་དེ་བཞིན་གཤེགས་པའི་གསང་བའི་མདོ་ལས་དེ་བཞིན་གཤེགས་པ་རྣམས་ཀྱི་སྐུ་དང་གསུང་དང་ཐུགས་ཀྱི་གསང་བ་རྣམས་གོ་རིམ་བཞིན་དུ་གཟུགས་དང་སྒྲ་དང་སེམས་ཀྱི་གཡོ་བ་ཐམས་ཅད་ཁྱབ་པར་རྗེས་སུ་འགྲོ་བའོ། །ཞེས་གསུངས་པ་ལྟ་བུའོ། །ཞེས་དང་།

ལྡོན་ཤིང་ལས། དེ་ལྟར་ན་སེམས་ཅན་ཐམས་ཅད་སངས་རྒྱས་ཀྱི་སྙིང་པོ་ཅན་ཡིན་ན། མདོ་སྡེ་རྒྱན་ལས་རིགས་འཆད་པའི་གང་ཟག་གསུངས་པ་དང་མི་འགལ་ལམ་ཞེ་ན། མི་འགལ་ཏེ། དེ་ནི་སེམས་ཙམ་པའི་དབང་དུ་བྱས་ནས་དྲང་བའི་དོན་དུ་བཤད་པ་ཡིན་གྱི་འདི་ནི་རིགས་ཆད་པ་མི་སྲིད་དེ། ཞེས་རྒྱུད་བླའི་ལུང་དང་སྦྱར་ནས་གསུངས་སོ། །ཡང་རྗེ་བཙུན་རྩེ་མོས་ཆོས་ལ་འཇུག་པའི་སྒོ་ལས། སྡུག་བསྔལ་ཐམས་ཅད་དང་བྲལ་བའི་རྒྱུ་ཡང་ཡོད་ལ་རྐྱེན་ཡང་དག་པ་ཡང་ཡོད་དེ། རྒྱུ་དེ་གང་ཞེ་ན་སེམས་ཅན་ཐམས་ཅད་ཀྱི་ཆོས་ཉིད་བདག་གཉིས་ཀྱིས་སྟོང་ངོ་། །དེ་ནི་རང་བཞིན་དུ་གནས་པའི་རིགས་ཞེས་ཀྱང་བྱའོ། །རང་བཞིན་ཆོས་ཀྱི་སྐུ་ཞེས་ཀྱང་བྱའོ། །དོན་དམ་པའི་བདེན་པ་ཞེས་ཀྱང་བྱའོ། །ཇི་སྐད་དུ། ཐོག་མ་མེད་པ་དུས་ཀྱི་དབྱིངས། །ཆོས་རྣམས་ཀུན་གྱི་གནས་ཡིན་པ། །དེ་ཡོད་པས་ན་འགྲོ་ཀུན་དང་། །མྱ་ངན་འདས་པའང་ཐོབ་པ་ཡིན། །ཞེས་གསུངས་པ་ཡིན་ནོ། །འདི་ལྟར། སེམས་ཅན་འདི་ཙམ་ནས་བྱུང་བྱ་བ་མེད་པས་ཐོག་མ་མེད་དོ། །དབྱིངས་ནི་རྒྱུའོ། །གང་གིས་ཞེ་ན་ཆོས་རྣམས་ཀུན་ཏེ་འདུས་བྱས་དང་འདུས་མ་བྱས་ཀྱིས་སོ། །དེ་བས་ན་འགྲོ་ཀུན་ཏེ་འཁོར་བའོ། །མྱང་འདས་ཀྱིས་གྲོལ་ཏེ་ཐམས་ཅད་ཀྱི་རྒྱུའོ། །ཞེས་སོ། །

ལུང་འདི་རྣམས་གང་གཞིར་བཞག་ནས་དེ་དག་གི་དགོངས་པ་འཆད་པ་ལ་དེ་བཞིན་གཤེགས་པའི་སྙིང་པོས་ཐམས་ཅད་ལ་ཁྱབ་པའི་ཚུལ་གཉིས་ཏེ། སྤྱིར་ཁྱབ་པའི་ཚུལ་དང་། རྒྱུ་ལམ་འབྲས་གསུམ་གྱི་བདེ་གཤེགས་སྙིང་པོ་སེམས་ཅན་ཐམས་ཅད་ལ་ཁྱབ་པའི་དགོངས་པ་བཤད་པའོ། །དང་པོ་ནི། དེ་ལས་བྱུང་བའི་ཚུལ་གྱིས་ཁྱབ་པ་དང་། དེའི་བདག་ཉིད་ཡིན་པའི་ཚུལ་གྱིས་ཁྱབ་པ་གཉིས། དེའི་དང་པོ་ནི། དེ་བཞིན་གཤེགས་པའི་སྙིང་པོ་ཞེས་བྱ་བ་གྲུབ་ལུགས་ཀྱི་དབང་དུ་བྱས་ན་རང་གི་ངོ་བོ་གང་དུ་ཡང་མ་གྲུབ་བཞིན་དུ་སྣང་ལུགས་ཀྱི་དབང་དུ་བྱས་ན་ཆོས་ཐམས་ཅད་དུ་སྣང་བ་སྟེ། རྩ་བའི་རྒྱུད་ལས། ཡང་ན་དེ་ཉིད་ཐམས་ཅད་བདག །ཡང་ན་ཀུན་གྱིས་རྣམ་པར་སྤངས། །ཞེས་དང་། དེ་ཉིད་སྲོག་ཆགས་རྣམས་ཀྱི་སྲོག །དེ་ཉིད་ཡི་གེ་དམ་པ་ཉིད། །དེ་ཉིད་འགྲོ་བའི་བདག་ཉིད་དེ། །དེ་ཉིད་ཐམས་ཅད་ཁྱབ་པ་པོ། །ཐམས་ཅད་ལུས་ལ་རྣམ་པར

གནས། །དངོས་དང་དངོས་མེད་དེ་ལས་འབྱུང་། །རྣམ་པར་ཤེས་པ་ཀུན་གྱི་ཚུལ། །ཞེས་དང་། རློམ་སེམས་མེད་པའི་ལྷན་ཅིག་སྐྱེས་པ་སྣ་ཚོགས་ཉིད། །ཅེས་གསུང་པའི་དོན་ནོ། །འདི་ཡང་གཞི་ལམ་འབྲས་གསུམ་གྱི་སྣང་བ་སོ་སོ་གང་འཆར་ཀྱང་། རང་གི་ངོ་བོ་སྤྲོས་པ་དང་བྲལ་བཞིན་དུ་སྣང་བ་དེ་དག་འབྱུང་ངོ་ཞེས་བྱ་བ་བཞིན་གྱི། སྤྲོས་བྲལ་ལམ་ཀུན་གཞི་ཞེས་བྱ་བ་བྱེད་པ་པོ་གཅིག་པུ་ལས་ཁས་ལེན་པ་ནི་མ་ཡིན་ནོ། །

གཉིས་པ་བདག་ཉིད་ཡིན་པའི་ཚུལ་གྱིས་ཁྱབ་པ་ནི། སྣང་བ་སྣ་ཚོགས་པ་རྣམས་སྣང་བ་དེ་དང་དེའི་ངོ་བོར་སྣང་ཡང་རང་གི་ངོ་བོ་ལྷན་ཅིག་སྐྱེས་པའི་ཡེ་ཤེས་ལས་ལོགས་སུ་མ་གྲུབ་ཅིང་གྱུད་ན་མེད་ཅེས་བྱ་བའི་དོན་ནོ། །

གཉིས་པ་རྒྱུ་ལམ་འབྲས་གསུམ་གྱི་བདེ་གཤེགས་སྙིང་པོ་སོ་སོས་ཐམས་ཅད་ལ་ཁྱབ་པའི་དགོངས་པ་བཤད་པ་ནི། འོན་གོང་དུ་བསྟན་པ་ལྟར་གྱི་ཡེ་ཤེས་ཆེན་པོ་ཀུན་ལ་ཁྱབ་ཅེས་པ་དང་། ཆོས་ཀྱི་སྐུའི་ཀུན་ལ་ཁྱབ་པོ་ཞེས་པ་དང་། མཁའ་འགྲོ་མ་རྡོ་རྗེ་གུར་ལས། གསང་བ་མཆོག་གིས་དགྱེས་པ་ན། །ཐམས་ཅད་བདག་ཉིད་རྟག་ཏུ་བཞུགས། །ཞེས་གསུངས་པ་ལ་སོགས་པ་དེ་རྣམས་འབྲས་བུ་ཆོས་ཀྱི་སྐུས་ཐམས་ཅད་ལ་ཁྱབ་པའི་དགོངས་པ་འཆད་པ་མ་ཡིན་ཏེ། དེ་ལྟར་ཡིན་པའི་ཚེ། ཆོས་སྐུ་ཐམས་ཅད་ལ་ཁྱབ་པ་བཏགས་པ་བ་ཡིན་པའི་ཕྱིར་དེ་བཞིན་གཤེགས་པའི་སྙིང་པོ་ཐམས་ཅད་ལ་ཁྱབ་པའང་བཏགས་པ་བར་གྲུབ་པོ་སྙམ་ན། གླེང་གཞི་ལ་སོགས་པའི་སྐབས་སུ་ཆོས་ཀྱི་སྐུས་ཐམས་ཅད་ལ་ཁྱབ་པའི་ཚུལ་ལ་སྦྱར་ཏེ་བཤད་པ་དེ་དག་ནི་མཚོན་པ་ཙམ་ཡིན་གྱིས་ཐམས་ཅད་ལ་སྦྱར་དུ་མི་རུང་བ་མ་ཡིན་ཏེ། ཆོས་སྐུས་ཁྱབ་པའི་དགོངས་པ་ཡང་དེའི་སྤྱིའི་མཚན་ཉིད་སྤྲོས་བྲལ་གྱིས་ཁྱབ་པ་ལས་མ་འདས། དེ་བཞིན་ཉིད་གཅིག་པའི་དོན་ཡང་དེ་བཞིན་ཉིད་ཀྱི་རང་ངོས་ནས་མི་འདྲ་བ་མེད་པ་ལ་དགོངས། རིགས་ཡོད་པ་ནི། རྒྱུའི་སྐབས་ལ་གཙོ་བོར་སྦྱར་བ་ཡིན་གྱི། འབྲས་བུ་དང་ལམ་གྱིས་ཀྱང་རྒྱུ་མཚོན་པར་ནུས་པས་སེམས་ཅན་གྱི་སེམས་ཀྱི་ཆོས་ཉིད་ཀྱིས་ཀྱང་འབྲས་བུ་དང་ལམ་ལ་ཁྱབ་པ་དང་། ལམ་གྱི་ཆོས་ཉིད་ཀྱིས་ཀྱང་འབྲས་བུ་དང་རྒྱུ་ལ་ཁྱབ་པའི་ཐ་སྙད་ཤིན་ཏུ་ཡང་རིགས་ཤིང་། ཀུན་གཞི་རྒྱུ་རྒྱུད་ལ་འཁོར་འདས་ཚང་། ཞེས་དང་། རྣམ་བཤད་དག་ལས། དེ་ལྟར་འབྲས་བུ་ཀྱེ་རྡོ་རྗེ་འདི་བརྗོད་བྱའི་གཙོ་ཡིན་པའི་ཕྱིར་རྒྱུ་ཆོས་ཅན་དང་ཆོས་ཉིད་ཀྱང་ཀྱེ་རྡོ་རྗེ་ཡིན་ཞིང་ལམ་སྟོང་པ་དང་སྙིང་རྗེ་དང་བསྐྱེད་པ་དང་། རྫོགས་པ་དང་ལྷ་བ་འཁོར་འདས་དབྱེར་མེད་ཀྱང་ཀྱེ་རྡོ་རྗེ་ཡིན་པས་ན། གླེང་གཞི་ཀྱེ་རྡོ་རྗེ་ཡིན་པའི་ཕྱིར་གླེང་བ་ཐམས་ཅད་ཀྱང་ཀྱེ་རྡོ་རྗེ་གླེང་ལ་དེ་དག་སྟོན་པར་བྱེད་པའི་གཞུང་འདི་ལ་ཡང་ཀྱེ་རྡོ་རྗེ་ཞེས་གདགས་སོ། །ཞེས་གསུངས་ཤིང་།

རྡོ་རྗེ་ཐེག་པའི་ལུགས་འདིར་ནི། རྒྱུ་འབྲས་ཀྱི་རྒྱ་མཚོན་པའི་ཕྱིར་རྒྱུ་ལ་འབྲས་བུའི་མིང་དང་འབྲས་བུ་ལ་རྒྱུའི་མིང་ལ་སོགས་པ་སྦྱོར་བར་གསུངས་ཤིང་། རྣལ་འབྱོར་དབང་ཕྱུག་གི་མན་ངག་ལས། ལམ་འབྲས་བུ་དང་བཅས་པ་འབྲས་བུ་ལམ་དང་བཅས་པ་ཞེས་སོགས་མང་དུ་གསུངས་སོ། །འདི་དག་དང་སྦྱོ་བསྟུན་ཏེ་བཤད་ན། སེམས་ཀྱི་ཆོས་ཉིད་འགྲོ་ཕྱིར་དང་། །དེ་བཞིན་ཉིད་དབྱེར་མེད་ཕྱིར་དང་། །འབྲས་ཡོད་ཕྱིར་ན་སངས་རྒྱས་རྣམས། །རྟག་ཏུ་སེམས་ཅན་སྙིང་པོ་ཅན། །ཞེས་པ་ལ་སོགས་པ་གཞུང་འདོན་པ་བསྒྱུར་ནས་བཤད་པས་ཆོག་སྟེ། ཞིབ་ཏུ་དཔྱད་པས་ཤེས་སོ། །དེས་ན། རྒྱུའི་སྐབས་སུ་ཡང་ཆོས་ཐམས་ཅད་རང་གི་སེམས་ཀྱི་ཆོས་ཉིད་ཀྱི་རྣམ་འཕྲུལ་ཡིན་ནོ། །ཞེས་བྱ་བ་དང་། ལམ་གྱི་སྐབས་སུ་ཡང་། བདེ་བ་རྒྱུ་དང་མི་རྒྱུ་ཀུན། །ཞེས་བྱ་བ་ལྟ་བུ་དང་། འབྲས་བུ་སའི་སྐབས་སུ་ཡང་། རང་བྱུང་དེ་ཉིད་ཁོ་ན་ཡིན། །ཞེས་པ་ལྟ་བུ་གཞི་ལམ་འབྲས་གསུམ་གྱི་ཆོས་ཉིད་སོ་སོར་ཐམས་ཅད་ལ་ཁྱབ་པའི་ཚུལ་གསུངས་ཏེ་སྨྲ་ཇི་བཞིན་པ་ལ་མ་ཞེན་པར་མཐར་ཐུག་པའི་དོན་ཡོངས་པར་བྱའོ། །

མདོར་ན། ཆོས་སྐུས་ཐམས་ཅད་ལ་ཁྱབ་བོ་ཞེས་དང་། ལམ་གྱི་སྐབས་སུ་རང་གི་ཡེ་ཤེས་ཀྱི་ཀུན་ལ་ཁྱབ་བོ་ཞེས་དང་། རྒྱུའི་སྐབས་སུ་སེམས་ཀྱི་ཆོས་ཉིད་ཀྱིས་ཀུན་ལ་ཁྱབ་ཅེས་པ་རྣམས་ནི། ཆོས་ཅན་སོ་སོ་དང་འབྲེལ་བའི་ཆོས་ཉིད་ཀྱིས་ཀུན་ལ་ཁྱབ་པ་མི་སྲིད་པའི་ཕྱིར། སྤྱིའི་མཚན་ཉིད་དེ་བཞིན་གཤེགས་པའི་སྙིང་པོ་ལ་དགོངས་ནས་དེ་ལྟར་གསུངས་པ་ཡིན་ནོ། །དོན་འདི་ཡང་། རྩ་བའི་རྒྱུད་ལས། སེམས་དཔའ་སྲིད་པ་གསུམ་གཅིག་པ། །འདི་ནི་ཤེས་རབ་རིགས་པ་ཡིས། །རྡོ་རྗེ་སེམས་པར་བརྗོད་པར་བྱ། །ཞེས་པ་དང་། མཉམ་ཞེས་བྱ་བ་མཚུངས་པ་བརྗོད། །སྒོམ་པ་རོ་གཅིག་མཉམ་པ་ཉིད། །ཞེས་བཤད་པའི་དོན་ལ་དཔྱད་པས་ཤེས་སོ། །རང་བཞིན་སྤྲོས་པ་དང་བྲལ་ཞིང་ཟུང་དུ་འཇུག་པ་འདི་ལས་བྱུང་བ་མ་ཡིན་ཞིང་འདིའི་ཁོངས་སུ་མ་ཆུད་པའི་གཞི་ལམ་འབྲས་གསུམ་གྱི་སྣང་བ་གང་ཡང་མེད་པའི་ཕྱིར་འབྲས་བུ་སྟོན་པའི་སྐབས་རྣམས་སུ། བཅོམ་ལྡན་འདས་ཐམས་ཅད་ལ་ཞུགས་པར་བཤད་པ་ཡང་རང་བཞིན་གྱི་ཆ་ལ་འདོད་དགོས་ཏེ། ཡེ་ཤེས་གྲུབ་པ་ལས། དེ་བཞིན་གཤེགས་པ་ཐམས་ཅད་ཀྱི་ཡེ་ཤེས་ཕན་ཚུན་ཁྱབ་པར་བྱ་བ་དང་ཁྱབ་པ་པོར་གྱུར་པ་རྣམས་སུ་རྣལ་འབྱོར་པའི་ཡེ་ཤེས་དེའི་ནང་དུ་ཆུད་པ་ཡིན་ནོ། །ཞེས་གསུངས་པའི་ཕྱིར་རོ། །

དོན་ཚན་གཉིས་པ་སྡོམ་གསུམ་གྱི་གཞུང་དང་སྦྱར་ཏེ་ཅུང་ཟད་ཕྲག་ཏུ་བཤད་པ་ལ་གཞན་གྱི་འདོད་ཚུལ་དགག་པ་དང་། རང་གི་ལུགས་བརྗོད་པའོ། །དང་པོ་ནི། འགའ་ཞིག་ན་རེ། བདག་ཉིད་ཆེན་པོ་ས་སྐྱ་པཎྜི་ཏའི་དགོངས་པ་ལ་འབྲས་བུ་ཆོས་ཀྱི་སྐུ་ཁོ་ན་དེ་བཞིན་གཤེགས་པའི་སྙིང་པོར་བཞེད་ལ། ཆོས་དབྱིངས་སྤྲོས་པ

དང་བྲལ་བ་ནི་སེམས་ཅན་རྣམས་ལ་དེ་བཞིན་གཤེགས་པའི་སྙིང་པོ་ཡོད་པར་གསུངས་པའི་དགོངས་གཞིར་བཞེད་དོ། །དོན་དེ་དག་ཀྱང་སྡོམ་གསུམ་ཉིད་དང་། མཁས་པ་འཇུག་པའི་སྒོ་དང་། རྒྱལ་སྲས་ལམ་བཟང་དང་། སངས་རྒྱས་ཀྱི་ཞུ་འཕྲིན་རྣམས་ལས་གསུངས་ཏེ། ཇི་སྐད་དུ། དེའི་དགོངས་གཞི་སྟོང་ཉིད་ཡིན། །ཞེས་སོགས་དང་། དེ་བཞིན་གཤེགས་པའི་སྙིང་པོ་སོགས། །བདག་འཛིན་ཅན་རྣམས་དྲང་ཕྱིར་ཡིན། །ཞེས་དང་། རྒྱལ་སྲས་ལམ་བཟང་ལས། འོན་སེམས་རྟོགས་ན་སངས་རྒྱས་ཡིན་པས་སངས་རྒྱས་གཞན་དུ་མི་བཙལ་བའི་འདུ་ཤེས་བསྒོམ་པར་བྱའོ། །ཞེས་བྱ་བ་ལ་སོགས་གསུངས་པ་མ་ཡིན་ནམ། སངས་རྒྱས་པ་ལ་ཡོན་ཏན་གཞན་ཅི་ཞིག་དགོས་ཞེ་ན། དེ་སྐད་གསུངས་པ་ནི་མུ་སྟེགས་གྲངས་ཅན་པ་ལ་སོགས་པ་རྗེས་སུ་བཟུང་བའི་ཕྱིར་དགོངས་པ་ཡིན་ཏེ། ཞེས་སོགས་དང་། ཞུ་ཕྲིན་ལས། ཁྱོད་ཀྱིས་བདེ་གཤེགས་སྙིང་པོའི་སྒྲ། །ཁ་ཅིག་ངེས་པའི་དོན་དུ་འཆད། །བདག་གིས་དྲང་བའི་དོན་དུ་ནི། །ལུང་དང་རིགས་པས་བསྒྲུབས་ཏེ་བཤད། །ཞེས་གསུངས་པའི་ཕྱིར་ཞེས་ཟེར་རོ། །འདི་དགོངས་པར་མ་སོང་སྟེ། སྡོམ་གསུམ་ཉིད་ལས། ཁ་ཅིག་བདེ་གཤེགས་སྙིང་པོའི་སྒྲ་སྟོང་ཉིད་དང་སྙིང་རྗེའི་སྙིང་པོ་ཅན་གྱི་བྱང་ཆུབ་ཀྱི་སེམས་སུ་འདོད་པ་ལ་སྐྱོན་བརྗོད་པའི་ཚེ། དེ་ནི་བདེ་གཤེགས་སྙིང་པོའི་ཁམས། །སྐྱོང་བྱེད་ཡིན་གྱི་ཁམས་དངོས་མིན། །ཞེས་གསུངས་པ་དེ་མི་འཐད་པར་འགྱུར་ཏེ། རང་གི་ལུགས་ལ་དྲི་མ་སྦྱང་དགོས་པའི་བདེ་གཤེགས་སྙིང་པོ་དངོས་ཁས་བླངས་རྒྱུ་མེད་པའི་ཕྱིར་རོ། །གལ་ཏེ་དེ་བཞིན་ཁམས་བདེ་བར་གཤེགས་པའི་སྙིང་པོའམ་རྒྱུ་བདེ་བར་གཤེགས་པའི་སྙིང་པོ་སྦྱང་དགོས་ཡིན་པ་ལ་འདོད་ཅིང་། དེ་ནི་བདེ་སྙིང་དངོས་མ་ཡིན་ནོ་ཞེ་ན། དེ་ལྟ་ན་ཕ་རོལ་པོའི་ཤེས་འདོད་དང་མི་འགྲིག་སྟེ། ཕྱོགས་སྔ་བ་པོས་ཀྱང་། སྟོང་ཉིད་སྙིང་རྗེ་སྙིང་པོ་ཅན་དེ། བདེ་གཤེགས་སྙིང་པོའི་རྒྱུའི་ཁམས་སུ་ཁས་བླངས་པའི་ཕྱིར་རོ། །དེས་ན་གཞུང་འདིས་ཀྱང་དྲི་མ་སྦྱང་དགོས་པའི་དེ་བཞིན་ཉིད་ལ་སྙིང་པོ་དངོས་སུ་གསུངས་སོ། ། དོན་འདི་ལ་དགོངས་ནས་འགྲོ་བའི་མགོན་པོ་འཕགས་པས་ཀྱང་། སྙིང་པོ་ཡོངས་སུ་སྦྱངས་པ་གང་ཞིག་གིས། ། སྙིང་པོ་མངོན་དུ་མཛད་ལ་ཕྱག་འཚལ་ལོ། །ཞེས་གསུངས་པའང་ལེགས་པར་བཤད་པའོ། །

ལ་ལ་བདེ་གཤེགས་སྙིང་པོའི་སྒྲ། །ཆོས་ཀྱི་དབྱིངས་ལ་མི་ཟེར་བར། །སེམས་ཅན་ཁོ་ནའི་ཁམས་ལ་འདོད། །ཞེས་གསུངས་པའི་ངེས་བཟུང་གི་ཚིག་དང་ཡང་འགལ་ཏེ། སངས་རྒྱས་ཁོ་ནའི་ཁམས་ལ་བདེ་གཤེགས་སྙིང་པོར་འདོད་ན་ཡང་བདེ་གཤེགས་སྙིང་པོ་ཆོས་ཐམས་ཅད་ཀྱི་འབྱུང་གནས་ལ་བཤད་པའི་སྒྲའི་དོན་དང་མི་མཐུན་པ་མཚུངས་པའི་ཕྱིར་རོ། །འོན་ཆོས་ཅན་སོ་སོ་དང་འབྲེལ་བའི་ཆོས་ཉིད་བྱེ་བྲག་པ་ཐམས་ཅད་ཀྱང་ཆོས་ཐམས་ཅད་ཀྱི་འབྱུང་གནས་མ་ཡིན་པའི་ཕྱིར་དེ་བཞིན་གཤེགས་པའི་སྙིང་པོའི་སྒྲའི་དོན་དང་མི་

མཐུན་པར་འགྱུར་ལ། དེ་འདོད་ན་དེ་རྣམས་དེ་བཞིན་གཤེགས་པའི་སྙིང་པོ་མ་ཡིན་པར་འགྱུར་རོ། །ཞེ་ན། ཆོས་ཅན་སོ་སོ་དང་འབྲེལ་པའི་ཆོས་ཉིད་རྣམས་ཆོས་ཐམས་ཅད་ཀྱི་འབྱུང་གནས་མ་ཡིན་པའི་ཕྱིར། དེ་བཞིན་གཤེགས་པའི་སྙིང་པོ་ཞེས་བྱ་བའི་སྒྲ་དེ་རྣམས་ལ་མི་སྦྱོར་ལ། དེ་རྣམས་ལ་དེ་བཞིན་གཤེགས་པའི་སྙིང་པོའི་སྒྲ་འཇུག་པ་ནི་དེ་རྣམས་ཀྱང་ཆོས་ཐམས་ཅད་ཀྱི་འབྱུང་གནས་སུ་གྱུར་པའི་དེ་བཞིན་གཤེགས་པའི་སྙིང་པོའི་བྱེ་བྲག་ཡིན་པའི་རྒྱུ་མཚན་གྱིས་བསྟན་པའོ། །

གཞན་ཡང་། མ་ཡིན་ཆོས་ཀྱི་དབྱིངས་ལ་ནི། །དབྱེ་བ་མེད་པར་རྒྱལ་བས་གསུངས། །ཞེས་གསུངས་པའི་གཞུང་དང་ཡང་འགལ་ཏེ། གལ་ཏེ་སེམས་ཅན་ཆོས་ཀྱི་དབྱིངས། །བདེ་གཤེགས་སྙིང་པོ་མ་ཡིན་ཡང་། །སངས་རྒྱས་རྣམས་ཀྱི་ཆོས་ཀྱི་དབྱིངས། །བདེ་གཤེགས་སྙིང་པོ་ཡིན་སྙམ་ན། །མ་ཡིན་ཆོས་ཀྱི་དབྱིངས་ལ་ནི། །དབྱེ་བ་མེད་པར་རྒྱལ་བས་གསུངས། །ཞེས་མཚུངས་པའི་ཕྱིར་རོ། །ཡང་། དེས་ན་དེ་བཞིན་གཤེགས་པ་ཡི། །སྙིང་པོ་སྦྱོར་བྲལ་ཡིན་པའི་ཕྱིར། །ཞེས་སོགས་ཀྱི་གཞུང་འདི་ལ་ཡང་། ཁྱེད་ལྟར་ན། དེས་ན་སྦྱོར་དང་བྲལ་བ་ནི། །བདེ་གཤེགས་སྙིང་པོར་གསུངས་པའི་ཕྱིར། །ཞེས་སྦྱོར་དགོས་ཏེ། གཞུང་སྟེ་མ་ལྟར་ཁས་བླངས་ན། སེམས་ཅན་ལ་འཁོར་བ་དང་སངས་རྒྱས་གཉིས་ཀ་འབྱུང་དུ་རུང་སྟེ། ཆོས་སྐུ་སྦྱོར་བྲལ་ཡིན་པའི་ཕྱིར། །ཞེས་པར་སོང་འདུག་པས་འབྲེལ་ཇི་ལྟར་ཡོད་ལེགས་པར་སོམས་ཤིག །ཡང་། མེ་ཡི་སྐྱབ་བྱེད་ཚ་བ་ལྟར། །བདེ་གཤེགས་ཁམས་ཀྱི་སྒྲུབ་བྱེད་འཐད། །ཅེས་གསུངས་པའི་གཞུང་དང་ཡང་འགལ་ཏེ། སངས་རྒྱས་ཀྱི་ཁམས་སྙིང་པོ་ཡོད་པའི་སྒྲུབ་བྱེད་དུ་རྒྱུ་མཚན་གང་ཡང་འགོད་རྒྱུ་མེད་པའི་ཕྱིར་རོ། །ཅི་སྟེ་སེམས་ཅན་ལས་སངས་རྒྱས་འབྱུང་དུ་རུང་བའི་སྒྲུབ་བྱེད་དུ་སེམས་ཀྱི་རང་བཞིན་སྦྱོར་བྲལ་ཡིན་པ་འགོད་དོ་ཞེ་ན། དེ་ལྟར་ཡིན་མོད་དེ་ཉིད་ཀྱི་ཕྱིར་སེམས་ཅན་ཐམས་ཅད་སངས་རྒྱས་ཀྱི་སྙིང་པོ་ཅན་དུ་བསྒྲུབ་པ་འཐད་དོ། །རྒྱལ་སྲས་ལམ་བཟང་ལས་ནི། མུ་སྟེགས་བདག་ཤེས་རིག་གི་སྐྱེས་བུ་ཐམས་ཅད་མཁྱེན་པ་རང་ཆས་སུ་སྙིང་གི་དཀྱིལ་ན་ཡོད་པར་འདོད་པ་དང་། བོད་འགའ་ཞིག་གིས་ཀྱང་ཆོས་ཀྱི་སྐུ་དཔལ་ཉིད་ནས་རང་ཆས་སུ་ཡོད་པར་འདོད་པ་འགོག་པའི་སྐབས་ཡིན་པས། ཇི་ལྟར་གསུངས་པ་བཞིན་དུ་ཁས་བླངས་བྱ་ཡིན་པས། མཁས་པ་འཇུག་པའི་སྒོ་དང་། ཞུ་ཕྲིན་གྱི་ལུང་དེ་རྣམས་ནི་ཁོ་བོ་ཅག་ཀྱང་སྒྲ་ཇི་བཞིན་པར་ཁས་ལེན་པས་གནོད་པ་ཅི་ཡང་མེད་དོ། །

དོན་ཚན་གཉིས་པ་རང་གི་ལུགས་བཞག་པ། མདོར་བསྟན་པ་དང་། དེ་ཉིད་རྗེ་བཙུན་གོང་མ་གསུམ་གྱི་ལུགས་དང་། བདག་ཉིད་ཆེན་པོ་ས་སྐྱ་པཎྜི་ཏ་ཁུ་དབོན་གྱི་གསུང་སྒྲོས་དང་སྦྱར་ཏེ་རྒྱས་པར་བཤད་པའོ། །དང་པོ་ནི། སྡོམ་གསུམ་ཉིད་ལས། རིགས་པས་ཀྱང་ནི་འདི་འགྲུབ་བོ། །ཞེས་གསུངས་པ་ཡན་ཆད་ཀྱིས་གཞན་

གྱི་འདོད་ཚུལ་བཀག་ནས། དེས་ན་ཞེས་པ་ནས་ཆོས་འཕགས་ཀྱི་ནི་ལེའུར་ལྟོས། །ཞེས་པའི་བར་གྱི་སྤྲོས་བྲལ་ལ་བདེ་གཤེགས་སྙིང་པོར་འཆད་པའི་རང་གི་ལུགས་ཁུངས་དང་བཅས་པ་སྨོས་སོ། །འོན་ཀྱང་ཞེས་པ་ནས་ཤེས་པར་གྱིས། ཞེས་པའི་བར་གྱིས་གནས་ལུགས་སྤྲོས་བྲལ་ལ་སྙིང་པོར་བཤད་པ་དེ་ལ་དགོས་པ་སྦྱོད་པའི་ཚུལ་གསུངས་པ་ཡིན་ནོ། །དེ་ལྟར་ཡིན་པ་ལས། གཞུང་འདི་དག་གི་འཆད་ཚུལ་ལ་རྗེ་བཙུན་སྐུ་མཆེད་ཀྱི་རྣམ་བཤད་གཉིས་ལས་གསུངས་པ་ལྟར་བཤད་པ་དང་། ཆོས་ཀྱི་འཕགས་པས་གསུངས་པ་ལྟར་བཤད་ཚུལ་གཉིས་སུ་སྦྱར་ཏེ་བཤད་ན་ངེས་ཤེས་འདྲོངས་སོ། །དེ་ལ་དང་པོ་ལྟར་ན། རྒྱ་བའི་རྒྱུད་ལས། ལྷན་ཅིག་སྐྱེས་པའི་ཡེ་ཤེས་ཀྱིས་ཐམས་ཅད་ལ་ཁྱབ་པར་བཤད་པ་དང་། དགའ་བ་དང་པོ་གསུམ་ལ་ཡང་ལྷན་སྐྱེས་མེད་པར་གསུངས་པས་འགལ་ལོ་ཞེས་པའི་དོགས་སྤོང་ལ། ཡང་ན་དེ་ཉིད་ཐམས་ཅད་བདག །ཡང་ན་ཀུན་གྱིས་རྣམ་པར་སྤངས། །ཞེས་གསུངས་ཤིང་། དེའི་འགྲེལ་པར་རྗེ་བཙུན་སྐུ་མཆེད་གཉིས་ཀས། གྲུབ་ལུགས་ཀྱི་དབང་དུ་བྱས་ན་རང་གི་ངོ་བོ་གང་དུ་ཡང་མ་གྲུབ་པ་དེས་ན་གྲོལ་བ་ཡིན་ལ། སྣང་ལུགས་ཀྱི་དབང་དུ་བྱས་ནས་ཐམས་ཅད་དུ་སྣང་བས་དངོས་པོ་ཀུན་གྱི་གནས་ལུགས་སུ་གྲུབ་པས་འདི་ལ་འགལ་བ་ཅི་ཡོད་ཞེས་བྱ་བའི་དོན་ཏོ། །ཞེས་གསུངས་སོ། །དེ་ལྟར་ན་སྡོམ་གསུམ་འདིར་ཡང་། ཆོས་འཕགས་ཀྱི་ནི་ལེའུར་ལྟོས། །ཞེས་པ་ཡན་ཆད་ཀྱིས་དེ་བཞིན་གཤེགས་པའི་སྙིང་པོ་ཅེས་བྱ་བ་རང་གི་ངོ་བོ་ཡོད་མེད་ཀྱི་སྤྲོས་དང་བྲལ་བ་ཞིག་ཡིན་ནོ། །ཞེས་བསྟན་པ་ལས། འོན་དཔལ་ཕྲེང་སེང་གེ་སྒྲའི་མདོ་དང་། གཟུངས་ཀྱི་དབང་ཕྱུག་རྒྱལ་པོའི་མདོ་དང་། དེ་བཞིན་གཤེགས་པའི་སྙིང་པོའི་མདོ་ལ་སོགས་པ་མདོ་སྡེ་འགའ་ཞིག་དང་། སྙིང་པོའི་མདོ་ཇི་ལྟ་བ་བཞིན་དུ་ཚིགས་བཅད་དུ་བསྡེབས་པའི་ཐེག་པ་ཆེན་པོ་རྒྱུད་བླ་མའི་དཔེ་དགུ་འཆད་པའི་སྐབས་སུ། གོས་ངན་ནང་ན་རིན་ཆེན་ལྟར་རང་གི་ངོ་བོ་གྲུབ་པའི་ཚུལ་གྱིས་ཀྱང་ཡོད་པར་གསུངས་པ་དང་འགལ་ལོ་སྙམ་ན། དེ་བཞིན་གཤེགས་པའི་སྙིང་པོ་དེ་དག་གྲུབ་ལུགས་ཀྱི་དབང་དུ་བྱས་ན་རང་གི་ངོ་བོ་གང་དུ་ཡང་མ་གྲུབ་པས་སྤྲོས་བྲལ་ཡིན། འོན་ཀྱང་། མདོ་སྡེ་འགའ་ཞིག་དང་། རྒྱུད་བླ་མར་དཔེ་དགུ་སྟོན་པའི་སྐབས་སུ་ངོ་བོ་གྲུབ་པ་ལྟ་བུར་གསུངས་པ་ནི། དགོངས་པ་ཡིན་པར་ཤེས་པར་བྱ་སྟེ། དེའི་དགོངས་གཞི་སྣང་ལུགས་ཀྱི་དབང་དུ་བྱས་ནས་སྙིང་པོ་སྟོང་པ་ཉིད་སྣ་ཚོགས་སུ་སྣང་བ་ལ་དགོངས་དགོས་པ་སྐྱོན་ལྔ་སྤོང་བའོ། །དངོས་ལ་གནོད་བྱེད་ངོ་བོ་གྲུབ་པ་དེ་འདྲའི་སངས་རྒྱས་ཁམས་ཡོད་ན་སོགས་དང་སྦྱོར། ཡང་འཕགས་པས་གསུངས་པ་ལྟར་བཤད་ན། ཆོས་ཀྱི་རྒྱལ་པོ་འཕགས་པས། རྒྱུད་བླ་མའི་ས་བཅད་དུ། དྲང་དོན་གྱིས་དབང་དུ་བྱས་ཏེ་ཁམས་རྣམ་དག་ཡོད་པར་གཏན་ལ་དབབ་པ་དང་། ངེས་དོན་གྱི་དབང་དུ་བྱས་ཏེ་དེ་ཉིད་དགོངས་པ་ཅན་དུ་བཤད་པའོ། །ཞེས

གསུངས་ལ།

འདིའི་ཚིག་དང་མཐུན་པར་བཤད་ན། ཆོས་འཕགས་ཀྱི་ནི་ལེའུར་ལྟོས། །ཞེས་པ་ཡན་ཆད་དུ། ངེས་དོན་གྱི་དབང་དུ་བྱས་ནས་དེ་བཞིན་གཤེགས་པའི་སྙིང་པོ་སྤྲོས་བྲལ་དུ་གསུངས་པ་ལ། འོ་ན་མདོ་སྡེ་གཞན་དང་རྒྱུད་བླ་མས་བཤད་ཚུལ་དང་འགལ་ལོ་སྙམ་པ་ལ། ངེས་དོན་གྱི་དབང་དུ་བྱས་ནས་སྙིང་པོའི་ངོ་བོ་ཡོད་མེད་ཀྱི་སྤྲོས་བྲལ་དུ་གསུངས། འོན་ཀྱང་། མདོ་སྡེ་འགའ་ཞིག་དང་། ཐེག་པ་ཆེན་པོ་རྒྱུད་བླ་མར་གོས་ངན་ནང་ན་རིན་ཆེན་ལྟར། དྲང་དོན་གྱི་དབང་དུ་བྱས་ནས། སེམས་ཅན་རྣམས་ལ་སངས་རྒྱས་ཀྱི་སྙིང་པོ་ཡོད་པར་གསུངས་པ་ནི། ངེས་དོན་གྱི་དབང་དུ་བྱས་ན་དགོངས་པ་ཡིན་པར་བྱ་ཞེས་སོགས་སྨྲ་རོ། །འཆད་ཚུལ་འདི་ལྟར་ན་དྲང་དོན་དུ་ནི་དེ་བཞིན་གཤེགས་པའི་སྙིང་པོ་དཔེ་དགུས་བསྟན་པ་ལྟར་དུ་ཡང་ཡོད་ལ། ངེས་དོན་གྱི་དབང་དུ་བྱས་ན་དེ་བཞིན་གཤེགས་པའི་སྙིང་པོ་ཡོད་པར་ཡང་མི་འདོད་ཅེས་པ་སྐེ་ཕྱུགས་ཀྱི་དགོངས་པ་ལ་ནི་མི་མཐུན་པ་མེད་དོ། །

འོ་ན་འཆད་ཚུལ་གཉིས་ཀར་ལྟར་ཡང་། ཆོས་འཕགས་ཀྱི་ནི་ལེའུར་ལྟོས། ཡན་ཆད་དུ་སྙིང་པོའི་ངོ་བོ་ཡོད་མེད་ཀྱི་སྤྲོས་བྲལ་དུ་གསུངས་པའི་ཕྱིར་དེ་ཡན་ཆད་དུ་སེམས་ཅན་ལ་དེ་བཞིན་གཤེགས་པའི་སྙིང་པོ་ཡོད་པར་མ་བསྟན་པར་འགྱུར་རོ་ཞེ་ན་དེ་བཞིན་གཤེགས་པའི་སྙིང་པོའི་ངོ་བོ་སྤྲོས་བྲལ་ཡིན་པ་ཉིད་ཀྱི་ཕྱིར། དེ་ལས་འཁོར་འདས་གཉིས་ཀ་འབྱུང་དུ་རུང་བས་ན་དེ་བཞིན་གཤེགས་པའི་སྙིང་པོའི་ངོ་བོ་སྤྲོས་པ་དང་བྲལ་བ་ཉིད་དྲང་དོན་ནི་ཀུན་རྫོབ་ཏུ་ཡོད་པ་དང་། དེས་ཐམས་ཅད་ལ་ཁྱབ་པའི་སྒྲུབ་བྱེད་དུ་འགྱུར་ཏེ་རང་བཞིན་གྱིས་དག་པ་སངས་རྒྱས་པའི་སྒྲུབ་བྱེད་དུ་འགྱུར་བ་བཞིན་ནོ། །ཆོས་གསུམ་སྟོན་པ་ཡང་དྲང་དོན་གྱི་དབང་དུ་བྱས་ནས་ཡོད་པར་གསུངས་པ་དེ་ལ་ངེས་དོན་གྱི་དབང་དུ་བྱས་ནས་སྟོན་པ་ཡིན་ནོ། །དངོས་ལ་གནོད་བྱེད་སྐྱོན་རྣམས་འཇུག །མཁྱེན་རབས་ཀྱི་དབང་ཕྱུག་བསོད་ནམས་སེང་གེས་མཛད་པའི་སྡོམ་གསུམ་འབྲུལ་སྤོང་ལས། རྗེ་བཙུན་གོང་མ་དང་ཆོས་ཀྱི་རྒྱལ་པོ་འཕགས་པའི་གསུང་སྒྲོས་འདི་གཉིས་ཀ་ལ་ནུས་པ་ཐོན་པའི་བཤད་པ་མཐར་ཕྱིན་པ་ཞིག་མཛད་ཡོད་ཀྱང་། ཁས་ལེན་པ་པོ་དེང་སང་ཡོད་པ་ཕལ་ཆེར་གྱིས་ངེས་པ་འདྲོངས་པ་མི་སྣང་ངོ་། །དེས་ན་སྡོམ་གསུམ་འཁྲུལ་སྤོང་སོགས་ལས་རྗེ་བཙུན་གོང་མའི་གསུང་སྒྲོས་གཞིར་བཞག་སྟེ། དེ་བཞིན་གཤེགས་པའི་སྙིང་པོ་དེ་རང་གི་ངོ་བོ་གང་དུ་ཡང་མ་གྲུབ་པ་ལ་དགོངས་ནས་གྲུབ་པའི་ཚུལ་གྱིས་མེད་ཅེས་དང་། འཕགས་པའི་དགོངས་གཞིར་བཞག་ནས། སྡོམ་གསུམ་ཁ་སྐོང་བ་ལས་དེ་ཉིད་ངེས་པའི་དོན་ཡིན་ན། མུ་སྟེགས་བདག་དང་མཚུངས་པ་སོགས། །དངོས་ལ་གནོད་བྱེད་སྐྱོན་རྣམས་འཇུག །ཅེས་པ་ལ་སོགས་པ་

མང་དུ་གསུངས་ཤིང་། དེ་བཞིན་གཤེགས་པའི་སྙིང་པོ་ཡོད་པ་དེ་ངེས་དོན་ཡིན་ན་དངོས་ལ་གནོད་བྱེད་འདི་ལྟ་བུ་ཡོད་ཅེས་གསུངས་པ་ལ་སོགས་པ་ནི། མཁས་པ་འཇུག་པའི་སྒོ་ལས། འགའ་ཞིག་སངས་རྒྱས་ཀྱི་གསུང་། ཐམས་ཅད་ངེས་དོན་ཁོ་ན་ཡིན་གྱི་དྲང་དོན་མི་སྲིད་དེ་གལ་ཏེ་དྲང་དོན་ཡོད་ན་སངས་རྒྱས་ཀྱིས་རྫུན་གསུང་བར་འགྱུར་རོ། །ཞེས་ཟེར་རོ། །འདི་དག་གིས་མདོ་རྒྱུད་ཀྱི་དགོངས་པ་མ་ཤེས་པར་བཟོད་དེ་ངེས་དོན་ཁོ་ན་ཡིན་ན་སྐུ་གསུམ་དང་སྡེ་སྣོད་གསུམ་དང་བསླབ་པ་གསུམ་ལ་སོགས་པའི་རྣམ་བཞག་ཐ་དད་པ་ཐལ་ཆེར་འགལ་བར་འགྱུར་ཏེ། རྣམ་བཞག་ཐ་དད་དོན་དམ་ངེས་པའི་དོན་ལ་གར་ཡོད། ཐ་སྙད་ཀུན་རྫོབ་ཏུ་དྲང་བའི་དོན་ལ་བརྟེན་ནས་མཛད་དོ། །ཞེས་པ་ལ་སོགས་པ་དབུ་མའི་མཁས་གྲུབ་ཐམས་ཅད་ཀྱི་གཞུང་ལས། ཀུ་དན་འདས་པའི་བར་གྱི་ཆོས་ཐམས་ཅད་ཀུན་རྫོབ་བམ་དྲང་དོན་དུ་ཡོད་ལ། དོན་དམ་པའི་ངེས་དོན་ལ་ཡོད་པར་མི་བཞེད་པའི་དགོངས་པ་དཔྱིས་ཕྱིན་པ་ཡིན་པས། རང་ཉིད་ཀྱི་མ་གོ་བའི་རྒྱུ་མཚན་རྣམས་ཕྱུལ་དུ་བྱུང་བའི་རྣམ་དཔྱོད་དང་ལྡན་པའི་མཁས་པ་དག་གི་བློ་གྲོས་ལ་སྤྲུར་བར་བྱའོ། །

གཉིས་པ་དེ་ཉིད་རྗེ་བཙུན་གོང་མ་གསུམ་དང་བདག་ཉིད་ཆེན་པོ་ས་སྐྱ་པཎྜི་ཏ་ཁུ་དབོན་གྱི་གཞུང་དང་སྦྱར་ཏེ་རྒྱས་པར་བཤད་པ་ནི། སཾ་པུ་ཊི་ལས། གང་ཚེ་སེམས་ཀྱི་ངོ་བོས་ནི། །སྔོ་སོགས་ཁ་དོག་མི་དམིགས་ཤིང་། །སྣ་ཚོགས་ཐོས་པར་མི་འགྱུར་བ། །ཞེས་པའི་སྐབས་སུ་རྗེ་བཙུན་གོང་མ་ས་སྐྱ་པ་ཆེན་པོས་མཛད་པའི་རྣམ་བཤད་ལས། གོང་དུ་རང་བྱུང་གི་ཡེ་ཤེས་ཕྱི་ནང་སྣོད་བཅུད་ཐམས་ཅད་ལ་ཁྱབ་པར་གསུངས་པས་དེ་ལྟར་ཡིན་ན་ཆོས་ཅན་གཟུགས་ལ་སོགས་པ་མིག་གི་རྣམ་པར་ཤེས་པ་ལ་སོགས་པས་མྱོང་ཞིང་རིག་པའི་དུས། དེ་ལ་ཡོད་པའི་ཆོས་ཉིད་ཀྱང་མྱོང་བར་རིགས་པ་ལས་དེ་ལས་ཟློག་སྟེ་ཁ་དོག་དང་དབྱིབས་ཀྱི་བདག་ཉིད་ཆོས་ཅན་མྱོང་ཡང་དེའི་ཆོས་ཉིད་ཅེས་དོན་དངོས་པོ་ལ་མ་གྲུབ་ཅིང་མིང་གིས་བཏགས་པ་ཡང་འགལ་ལོ་ཞེས་དགོངས་པའོ། །

ལན་གྱི་དོན་ནི། གསང་བ་འདི་ནི་ཇི་ལྟ་བུ། །ཞེས་བྱ་བ་ལ་སོགས་པ་གསུངས་ཏེ། དེ་ལ་དོན་ནི། འདི་སྐད་སྟོན་པ་ཡིན་ཏེ་དོན་རང་བྱུང་གི་ཡེ་ཤེས་ནི་རང་བྱུང་གི་ངོ་བོ་གང་དུ་ཡང་མ་གྲུབ་པའི་ཕྱིར་ཕར་ལ་ཡང་མཚན་མ་དང་རྣམ་པ་གང་ལ་ཡང་མི་རེག་ལ། ཚུར་ཡང་གང་གིས་ཀྱང་རེག་པར་མི་ནུས་པས་ཤེས་པ་དང་བརྗོད་པའི་ཡུལ་ཐམས་ཅད་ལས་འདས་པའི་ཕྱིར་མིག་གི་རྣམ་པར་ཤེས་པ་ལ་སོགས་པའི་ཡུལ་དུ་བྱར་མི་རུང་བས་དེ་བས་ན་འགལ་བ་མེད་དོ། །

འོན་ཐམས་ཅད་ལ་ཁྱབ་པ་ཇི་ལྟར་རིགས་ཞེ་ན་དེ་ནི་སྣང་ལུགས་ཀྱི་དབང་དུ་བྱས་ནས་ཐམས་ཅད་ལ་

ཁྱབ་པོ་ཞེས་བྱ་བ་ཡིན་ཏེ། རྒྱ་མཚོ་དང་ནླབ་བཞིན་དེ་ལ་བསྒྱུ་བའི་ཚུལ་གྱིས་ཁྱབ་པོ། །ཞེས་གསུངས་སོ། ། འདིའི་དོན་ཡང་སྔར་བསྟན་པ་ལྟར་དོན་རང་བྱུང་གི་ཡེ་ཤེས་སམ། དེ་བཞིན་གཤེགས་པའི་སྙིང་པོ་རང་གི་ངོ་བོ་མ་གྲུབ་བཞིན་དུ་སྣང་བ་ཐམས་ཅད་ལ་དེ་ལས་བྱུང་བའི་ཚུལ་གྱིས་ཁྱབ་ཅེས་པ་སྟེ། སྣང་བའི་དངོས་པོ་རྣམས་རང་བྱུང་ལས་ལོགས་སུ་མ་གྲུབ་པས་ན་གོས་ངན་ནང་ན་རིན་ཆེན་ལྟར་རྟེན་དང་བརྟེན་པ་ངོ་བོ་ཐ་དད་པའི་དོན་གཞན་དུ་གྲུབ་པ་ནི་དེ་ལ་བསྒྱུ་བའི་ཚུལ་གྱིས་ཁྱབ་པོ་ཞེས་པའི་ཚིག་གིས་བཀག་གོ། །རྗེ་བཙུན་སྐྱུ་མཆེད་ཀྱིས་ཀྱང་འདི་དང་ཚུལ་མཚུངས་པར་མང་དུ་གསུངས་མོད། སྐལ་བ་དང་ལྡན་པ་རྣམས་ཀྱིས་གཞུང་དེ་དང་དེ་དག་ཏུ་བལྟ་བར་བྱའི་འདིར་མང་དུ་དོགས་པས་མ་བྲིས་སོ། །

མཁྱེན་རབ་ཀྱི་དབང་ཕྱུག་ས་སྐྱ་པཎྜི་ཏ་ཆེན་པོའི་གསུང་རབ་ལས་ནི། རྗེ་བཙུན་གོང་མ་དེ་དག་གི་གཞུང་དང་འགལ་བ་རྣམ་པ་ཐམས་ཅད་དུ་མི་མངའ་བས་གོང་དུ་བསྟན་པ་ཉིད་ཀྱིས་བདག་ཉིད་ཆེན་པོ་འདིའི་དགོངས་པར་ཡང་གྲུབ་མོད། གཞུང་ལོགས་པ་རྣམས་སུ་འདི་དག་དང་མཐུན་པར་བཤད་པའི་ཚུལ་ནི། གློ་བོ་ལོ་ཙྪ་བ་ཤེས་རབ་རིན་ཆེན་ལ་སྤྲིང་ཡིག་ལས། མཚན་མ་མེད་པའི་བསྒོ་བས་འཚང་རྒྱ་བར་གསུངས་པ་ལ་དེང་སང་ཆོས་ཉིད་དམ་དེ་བཞིན་གཤེགས་པའི་སྙིང་པོ་ཡོད་པར་བཟུང་ནས་ཡོད་པའི་དགེ་བ་ཞེས་ཟེར་ནས་བསྔོ་བ་དུག་ཅན་དུ་གཏོང་བ་མང་བར་གདའ། ཞེས་བཤད་ལ། འདིས་ནི་དེ་བཞིན་གཤེགས་པའི་སྙིང་པོ་དང་ཆོས་ཉིད་དྲང་དོན་དུ་ཡོད་མཉམ་དང་། ངེས་དོན་དང་གནས་ལུགས་ལ་སྤྲོས་བྲལ་དུ་གསལ་བར་གྲུབ་བོ། །ཡང་སྐྱེས་བུ་དམ་པ་རྣམས་ཀྱི་སྤྲིང་ཡིག་ལས། དེ་བཞིན་གཤེགས་པའི་སྙིང་པོ། ལང་ཀར་གཤེགས་པ་དང་། ཐེག་པ་ཆེན་པོ་རྒྱུད་བླ་མ་དང་། དབུ་མ་ལ་འཇུག་པ་ལ་སོགས་པ་མདོ་དང་བསྟན་བཅོས་ཐམས་ཅད་ལས་དྲང་དོན་དུ་གསུངས་པར་མཐོང་ངོ་། །ཞེས་དང་། ཞུ་འཕྲིན་ལས། ཁྱོད་ཀྱི་བདེ་གཤེགས་སྙིང་པོའི་སྒྲ། །ཁ་ཅིག་ངེས་པའི་དོན་དུ་འཆད། །བདག་གིས་དྲང་བའི་དོན་དུ་ནི། །ལུང་དང་རིགས་པས་བསྒྲུབས་ཏེ་བཤད། །ཅེས་པ་འདིས་ཀྱང་ཆོས་ཉིད་དེ་བཞིན་གཤེགས་པའི་སྙིང་པོའི་སྙིང་པོ་ཡོད་པར་གསུངས་པ་ཐམས་ཅད་དྲང་དོན་དུ་བསྟན་ནོ། །འདི་ཉིད་དོན་དང་ཡང་མཐུན་ཏེ། སྙིང་པོ་ཉིད་ངེས་དོན་ཡིན་ཀྱང་དེ་ཡོད་པ་ངེས་དོན་དུ་འདོད་ན། ལྐོན་ཤིང་ལས། གནས་ལུགས་ངེས་པར་འདོད་ན་གནོད་པ་ཡོད་པ། ངེས་པ་བློ་ཡུལ་དུ་མི་རུང་བ། བློ་ལ་མ་ལྟོས་པའི་ཡུལ་མི་འཐད་པ་མཐར་བཟུང་ན་སྲིད་པའི་རྒྱ་བར་འགྱུར་བ། ཞེས་གསུངས་པའི་སྐྱོན་བཞི་པོ་འཇུག་པའི་ཕྱིར་རོ། །མྱ་ངན་འདས་མདོ་ལས་ཀྱང་། ཤེས་རབ་ཅན་རྣམས་ཀྱིས་ནི་ངའི་ལུས་ལ་ཆོས་ཀྱི་སྐུའི་ས་བོན་དེ་ལྟ་བུ་ཡོད་མཉམ་དུ་ཤེས་པས་ཐམས་ཅད་འཛིན་པར་མི་བྱའོ། །བདག་མེད་པ་བསྟན་ན་ནི་བྱིས་པ་རྣམས

བསྟན་པ་ལ་བདག་མེད་དོ་སྙམ་དུ་འཛིན་ཏོ། །ཤེས་རབ་ཅན་རྣམས་ཀྱིས་ནི་ཐ་སྙད་དུ་ཡོད་དོ་སྙམ་དུ་ཤེས་ཏེ་ཐེ་ཚོམ་མེད་དོ། །དེ་བཞིན་གཤེགས་པའི་སྙིང་པོ་ནི་སྟོན་པ་ཡིན་ནོ་ཞེས་བསྟན་ན་ནི་བྱིས་པ་རྣམས་འཆད་པ་འཇིགས་སུ་རུང་བ། ཡོན་པོ་བསྒོམ་པར་བྱེད་དོ། །ཤེས་རབ་ཅན་རྣམས་ཀྱིས་ནི་རྟག་པ་དང་བརྟན་པ་དང་ཐེར་ཟུག་པ་དང་སྒྱུ་མ་ཙམ་དུ་ཡོད་པ་ཤེས་སོ། །ཞེས་གསུངས་སོ། །

ཆོས་ཀྱི་རྒྱལ་པོ་འཕགས་པ་རིན་པོ་ཆེའི་རྒྱུད་ཀྱི་མངོན་རྟོགས་ལས་ཀྱང་སེམས་ཅན་སངས་རྒྱས་ཀྱི་སྙིང་པོ་ཅན་ཡིན་པ་ནི། སེམས་ཅན་ཐམས་ཅད་ཀྱི་སེམས་ཀྱི་རང་བཞིན་གདོད་མ་ནས་རྣམ་པར་དག་པ། དྲི་མ་བློ་བུར་བ་ཡིན་པའི་ཕྱིར། སྤྱོད་དུ་རུང་བས་ཀྱེ་རྡོ་རྗེ་ལས། སེམས་ཅན་རྣམས་ནི་སངས་རྒྱས་ཉིད། །འོན་ཀྱང་བློ་བུར་དྲི་མས་སྒྲིབས། །དེ་ཉིད་བསལ་ན་སངས་རྒྱས་ཉིད། །ཅེས་གསུངས་ལ། སེམས་ཀྱི་རང་བཞིན་སྤྲོས་བྲལ་དེ་ཉིད་ལ་དེ་བཞིན་གཤེགས་པའི་སྙིང་པོ་ཞེས་བྱ་སྟེ། མདོ་སྡེ་རྒྱན་ལས། དེ་བཞིན་ཉིད་འདི་ཐམས་ཅད་ལ། །ཁྱད་པར་མེད་ཀྱང་དག་གྱུར་པ། །དེ་བཞིན་གཤེགས་ཉིད་དེའི་ཕྱིར། །འགྲོ་ཀུན་དེ་ཡི་སྙིང་པོ་ཅན། །ཞེས་གསུངས་སོ། །ཞེས་བཤད་པ་འདིས་ཀྱང་། དྲང་དོན་དུ་སེམས་ཅན་ཐམས་ཅད་ལ་དེ་བཞིན་གཤེགས་པའི་སྙིང་པོ་ཡོད་པ་དང་། ངེས་དོན་དུ་དེ་ཉིད་སྤྲོས་པ་དང་བྲལ་བར་ཤིན་ཏུ་གསལ་བར་བསྟན་པ་ཡིན་ནོ། །འོ་ན་རྒྱུད་བླ་མ་རང་ཀ་ང་འཆད་པའི་ཚེ་དཔེ་དགུས་བསྟན་པའི་སྙིང་པོ་དེ་རྒྱུད་ཉིད་ནས་བཤད་པ་ལྟར་དུ་འགྲོ་བའི་རྒྱུད་ལ་ཡོད་དམ་མེད། ཡོད་ན་དེ་འདྲའི་སངས་རྒྱས་ཁམས་ཡོད་ན་སོགས་དང་འགལ། མེད་ན་རང་བཞིན་གནས་རིགས་ཀྱང་མེད་པར་འགྱུར་རོ་སྙམ་ན། འདིའི་ལན་གོང་གིས་ཀྱང་ཤེས་མོད། ཞིབ་ཏུ་བསྟན་ན་རྒྱུད་བླ་རང་ཀ་ང་དུ་འཆད་པ་ལ། སེམས་ཙམ་གྱི་ལུགས་ལྟར་དུ་འཆད་པ་དང་། དབུ་མའི་ལུགས་ལྟར་དུ་འཆད་པ་གཉིས། དང་པོ་ལྟར་ན། དེ་བཞིན་གཤེགས་པའི་སྙིང་པོའི་མདོ་དང་། དེ་ཇི་ལྟ་བ་བཞིན་དུ་བྲིས་པའི་དཔེ་དགུའི་སྐབས་སུ་གསུངས་པ་ལྟར་ཡོན་ཏན་དབྱེར་མེད་ཀྱི་ཚུལ་གྱིས་ནི་འགྲོ་བའི་རྒྱུད་ལ་མེད་ལ། དེ་ལྟ་བུ་ཡོད་པར་བཤད་པ་ནི། ས་བོན་ནི་ཆ་འཛིན་པ་ལ་དགོངས་སོ་ཞེས་ཟེར་ཏེ། སློབ་དཔོན་ཤན་ཏི་པས། མདོ་ཀུན་ལས་བཏུས་ཀྱི་འགྲེལ་པ་ལས། དེའི་མཚན་ཉིད་ནི་རང་བཞིན་གྱིས་འོད་གསལ་བ་ཞེས་བྱ་བ་ལ་སོགས་པ་སྟེ་དྲི་མ་ཐོག་མ་ཉིད་ནས་བྲལ་བའི་མཚན་ཉིད་དོ། །རྣམ་པར་དག་པ་ཅེས་བྱ་བ་ནི་གཟུང་འཛིན་དང་བྲལ་བའོ། །ཆ་འཛིན་པས་ན་མཚན་སུམ་ཅུ་རྩ་གཉིས་དང་ལྡན་པ་སྟེ་ས་བོན་གྱི་དོན་ནོ། །ལུས་ཀྱི་ནང་ཞེས་བྱ་བ་ནི་སེམས་ལ་གནས་པའི་ཚིག་བླ་དྭགས་སོ། །ཞེས་གསུངས་པའི་ཕྱིར་རོ། །འོན་ཀྱང་། དཔེ་དགུ་ལ་རྟེན་བརྟེན་པ་ཇི་ལྟར་ཡོད་པ་ལྟར་དོན་ལ་རྟེན་སེམས་ཅན་ཡང་ཡང་བརྟེན་པ་སྙིང་པོ་ཡོད་པའི་ཆ་ནས་དཔེ་དགུར་བསྟན་པ་ལྟར་ཡོད་ཅེས

བྱའོ། །དཔེས་བསྟན་པ་ལྟར་ཡོད་ཅེས་པའི་ཚིག་ཙམ་ལ་བརྟེན་ནས་མཚན་དཔེ་སོགས་རྫོགས་པའི་ཚུལ་གྱིས་ཀྱང་ཡོད་དོ་ཞེར་ན། ཇི་ལྟར་བུམ་པ་མི་རྟག་པ་བཞིན་དུ་སྒྲ་ཡང་མི་རྟག་གོ་ཞེས་བརྗོད་པའི་ཚེ། འོན་སྒྲ་ཡང་ལྟོ་ལྡིར་ཞབས་ཞུམ་གྱི་ཚུལ་གྱིས་མི་རྟག་པར་ཐལ་ལོ་ཞེས་ཟེར་བ་དང་མཚུངས་སོ། །

ལུགས་གཉིས་པ་ལྟར་ན་ཡང་། རྗེ་བཙུན་སྐུ་མཆེད་ཀྱི་དགོངས་པ་ལྟར་ན། རྒྱུད་བླ་རང་རྐང་ལ་དཔེ་དགུས་བསྟན་པའི་སྙིང་པོ་དཔེ་དགུའི་སྐབས་ནས་བསྟེན་པ་བཞིན་དུ་འགྲོ་བའི་རྒྱུད་ལ་མེད་དེ། དཔེ་དེ་དག་གི་སྐབས་སུ་རྟེན་དང་བརྟེན་པ་དོན་གཞན་གྱི་ཚུལ་གྱིས་བཤད་པ་ལ། དེ་བཞིན་གཤེགས་པའི་སྙིང་པོ་ནི། །འཁོར་བ་སྤྲངས་ནས་གཞན་དུ་ནི། །མྱ་ངན་འདས་པ་རྟོགས་མི་འགྱུར། །ཞེས་དང་། སངས་རྒྱས་གཞན་དུ་བསྟན་པ་མེད། །ཞེས་གསུངས་པ་ལྟར་ཀུན་རྫོབ་ཀྱི་ཆོས་གང་ལས་ཀྱང་གཞན་དུ་མ་གྲུབ་པའི་ཕྱིར་རོ། །འཕགས་པའི་དགོངས་པ་ལྟར་ན། དཔེ་དགུའི་བསྟན་པའི་སྙིང་པོ་ཡོད་པའི་དཔེས་བསྟན་པའི་ཆ་ནས་འགྲོ་བའི་རྒྱུད་ལ་ཡོད་ཀྱང་དེ་ཉིད་དྲང་དོན་གྱི་དབང་དུ་བྱས་པ་ཡིན་ལ། ངེས་དོན་གྱི་དབང་དུ་བྱས་ན་འགྲོ་བའི་རྒྱུད་ལ་དེ་བཞིན་གཤེགས་པའི་སྙིང་པོ་ཡོད་པ་མ་ཡིན་ཏེ། ཆོས་ཐམས་ཅད་ཀྱི་རང་བཞིན་སྟོང་པ་ཉིད་ཡིན་པའི་ཕྱིར་རོ། །ཞེས་བཞེད་དེ། རྒྱུད་བླ་མའི་ས་བཅད་ལས་འཕགས་པ་ཉིད་ཀྱིས་ཆོས་ཐམས་ཅད་སྟོང་པར་བསྟན་པ་དངོས་ལ་གནོད་བྱེད། དགོངས་སོགས་གསུངས་པའི་དགོས་པའོ། །འདིའི་བཞེད་པ་ལྟར་ན། སྤྲིན་དང་རྨི་ལམ་སོགས། ཚིགས་བཅད་གཅིག་གིས་དངོས་ལ་གནོད་བྱེད་བསྟན་ནས། སེམས་ཞུམ་སོགས་ཀྱིས་དགོས་པ་བསྟན་པར་གྲུབ་བོ། །རྒྱུད་བླའི་འགྲེལ་པ་ཉིད་ལས་ནི། ཚིགས་བཅད་དང་པོས་དྲི་བ་དང་། གཉིས་པས་ལན་བསྟན་པར་གསུངས་པ་འདི་དང་མི་མཐུན་མོད། དབུ་སེམས་ཀྱི་འཆད་ཚུལ་ཐ་དད་ཡིན་ནམ་སྙམ་མོ། །གང་དག་དྲང་དོན་དུ་བསྟན་པ་ལ་ཐ་སྙད་དུ་ཡོད་པར་ཁས་བླང་དུ་མི་རུང་བས་ཁྲུབ་བོ་ཞེས་ཟེར་བ་རྣམས་ཀྱིས་ནི་ཀུན་རྫོབ་ཀྱི་བདེན་པ་ཐམས་ཅད་དྲང་དོན་དུ་གསུངས་པ་མ་གོ་བར་ཟད་དོ། །

དོན་ཚན་བཞི་པ་གཞན་དུ་གསུངས་པའི་དགོངས་པ་བཤད་ཅིང་ཐེ་ཚོམ་བསལ་བ་ལ་གཉིས་ཏེ། དགོས་པའི་གཞི་དགོད་པ་དང་། དེ་བསལ་བའོ། །དང་པོ་ནི། མདོ་མྱང་འདས་ཆེན་པོ་ལས། དེ་ལ་སེམས་ཅན་ཐམས་ཅད་མ་འོངས་པའི་དུས་ན་ཡང་དག་པར་རྫོགས་པའི་བྱང་ཆུབ་ཡོད་པའི་ཕྱིར་སངས་རྒྱས་ཀྱི་རང་བཞིན་ཞེས་བྱའོ། །ཞེས་དང་། མ་འོངས་པའི་དུས་ན་ཡོད་པར་འགྱུར་བའི་ཕྱིར་ལོག་སྲིག་ཅན་ལ་སོགས་པའང་སངས་རྒྱས་ཀྱི་རང་བཞིན་ཡོད་དོ་ཞེས་སོགས་མང་དུ་གསུངས་ཤིང་། སངས་རྒྱས་ཀྱི་རང་བཞིན་དང་སངས་རྒྱས་ཀྱི་སྙིང་པོ་གཉིས་དོན་གཅིག་པས་སེམས་ཅན་ལ་སངས་རྒྱས་ཀྱི་སྙིང་པོ་མེད་པ་མདོ་འདི་ཉིད་ཀྱི་དགོངས་པ་ཡིན་ནོ་སྙམ་ན།

གཉིས་པ་དེ་བསལ་བ་ནི། དེ་ནི་མ་ཡིན་ཏེ་རང་བཞིན་གྱི་སྐད་དོད་ལ་ཏྭཱ་ཡ་ཞེས་པ་ཡོད་པ་དེ་རང་བཞིན་དང་། དེ་ལས་བྱུང་ཟིན་པ་གཉིས་ཆར་ལ་འཇུག་ཅིང་སྤྱིའི་ལུགས་ལ་ཡང་རང་བཞིན་གྱི་སྒྲ་ཁམས་རྒྱུ་ལ་འཇུག་པ་དང་འབྲས་བུ་ལ་འཇུག་པ་གཉིས་ཀ་ཡོད་པ་ལས། མདོ་འདིར་ནི་འབྲས་བུ་ལ་འཇུག་པའི་དབང་དུ་བྱས་ནས་དེ་ལྟར་གསུངས་པ་ཡིན་ཏེ། མདོ་ཉིད་ལས། འོ་མའི་ནང་ན་ཞོའི་རང་བཞིན་ཡོད་པ་ཡང་མ་ཡིན། མེད་པ་ཡང་མ་ཡིན། ཞེས་སོགས་དཔེ་དུ་མ་དང་སྦྱར་ནས་གསུངས་ཤིང་། མདོ་དེ་ཉིད་ནས། དེ་བཞིན་གཤེགས་པ་མ་ཡིན་པས་དེ་བཞིན་གཤེགས་ཅེས་བྱ་བ་སངས་རྒྱས་ཀྱི་རང་བཞིན་མ་ཡིན་པས་སངས་རྒྱས་ཀྱི་རང་བཞིན་ཞེས་བྱའོ། །ཞེས་སོགས་རང་བཞིན་གྱིས་སྟོང་པ་དང་བྲལ་བའི་དེ་ཁོ་ན་ཉིད་ལ་སྙིང་པོར་གསུངས་པའི་ཕྱིར་རོ། །དེས་ན་རྗེ་བཙུན་ཆེན་པོས། རང་བཞིན་རྒྱུ་ལ་བསམས་ན་ལྷུན་གྲུབ་སྟེ། །མཐའ་ཡས་ཡོན་ཏན་ཚོགས་ནི་གནས་གྱུར་ཡིན། །ཞེས་གསུངས་པའི་དོན་ལ་བསམས་ན། མདོ་དང་བསྟན་བཅོས་མཐའ་དག་དགོངས་པ་ཕྱིན་ཅི་མ་ལོག་པ་རྙེད་པར་འགྱུར་རོ། །

ཟབ་དོན་ངོ་མཚར་བཤེལ་བྱེད་བྱེ་བ་བརྒྱུས། །མདོ་རྒྱུད་ཀུན་དའི་ཕྲེང་མཛེས་འཛུམ་བྱེད་པ། །བློ་ངན་ཚད་མས་ཉེར་གདུང་ཉམས་ཐག་པ། །ལམ་ངན་ཞུགས་པས་ཐག་རིང་བྱེད་འདི་ཡིན། །སྙིང་པོའི་དོན་གྱི་བདུད་རྩི་ལེན་འདོད་ན། །དྲང་དོན་དབུ་མའི་ཁུར་ཆེན་འདེགས་བརྩོན་པའི། །རྗེས་བཟློས་མཁན་གྱིས་འདི་དང་གཞན་དག་གི། །ཚིག་གི་ཁྱད་པར་ཤེས་པར་ཡོང་མི་འགྱུར། །རིན་ཆེན་གླིང་ལས་འཆིང་བུའི་ཕྲེང་བ་ཡི། །མགུལ་བརྒྱན་བླངས་ལས་སྙེམས་པ་རིང་དོར་ལ། །འདོད་དགུ་འབྱུང་བའི་གཙུག་རྒྱན་བྱི་དོར་གྱིས། །རང་གཞན་རེ་བའི་བསམ་པ་བཀོད་པར་མཛོད། །ཚུལ་འདི་རང་གཞུང་མཁས་པའི་ཉེར་བསྟན་ལ། །ཡིད་ཆེས་བསྐྱེད་ཅིང་གཞན་གཞུང་དོར་བྱའི་ཕྱིར། །གྲུབ་མཆོག་རིང་ལུགས་ཡུན་དུ་རྣམ་དཔྱད་བློས། །བདག་གཞན་དོན་དུ་འགྱུར་སྐམ་འབད་པས་སྦྱར། །དེ་ཡིས་མཁས་རྣམས་དགེས་པ་རབ་འཕེལ་ཞིང་། །རྣམ་དག་ཚོགས་གཉིས་པ་དན་རབ་གཡོས་ནས། །སྲིད་དང་མྱ་ངན་མཐའ་ལས་རབ་གྲོལ་བའི། །ཐར་པའི་གོ་འཕང་རབ་མཆོག་ཐོབ་པར་ཤོག །ཅེས་པ་འདིའང་དགེ་སློང་པུཎྜི་བས་ལེགས་པར་བྲིས་སོ། །མངྒ་ལཾ།། །།

༄༅། །སྡོམ་པ་གསུམ་སྦྲགས་བཟུང་གི་ཐད་ཀྱི་གསུང་རྒྱུན་བཞུགས་སོ། །

གློ་བོ་མཁན་ཆེན་བསོད་ནམས་ལྷུན་གྲུབ།

ཡིད་འཕྲོག་པད་དཀར་རྒྱོད་པའི་ཟེའུ་འབྲུ་ལ། །བདེ་ཆེན་ཞབས་ཀྱིས་གར་སྟབས་རོལ་མཛད་ཅིང་། །རྣམ་གྲོལ་བདུད་རྩིས་དགེས་པའི་འཛུམ་ཕྲེང་ཅན། །གསུང་མཛད་རིམ་གཉིས་ལྡན་པ་དེ་ལ་འདུད། །འདིར་རྗེན་བྱ་བརྗེན་པའི་དམ་ཚིག་ལ། རིགས་ལྔའི་སྡོམ་པ་སྦྲགས་བཟུང་གཉིས་ཡོད་པ་ལས། འདི་དག་སངས་རྒྱས་ཡེ་ཤེས་ཞབས་ཀྱིས་སྟ་གོན་གྱི་སྐབས་སུ་མཛད། ཁ་ཅིག་སྟ་གོན་དང་དངོས་གཞིའི་བར་དུ་མཛད། ཁ་ཅིག་འཇུག་པའི་སྐབས་སུ་མཛད་པའང་ཡོད་ལ། འདིར་འཇུག་པའི་སྐབས་སུ་བྱ། སྡོམ་པ་བཟུང་བ་ནི་ཁ་སྦྱོར་ལས་གསུངས། གུར་ལས་ལས་དང་པོ་པ་དང་། བརྟན་པ་ཐོབ་པའི་སོགས་བཤད་དོ། །རྡོ་རྗེ་ཕྲེང་བར་གཉིས་ཀ་བཤད། བཟུང་བ་དང་གཉིས་ཀའང་རྒྱས་བསྡུས་གཉིས་ཡོད་པའི་བསྡུས་པ་ནི། གོང་ནས་གོང་གི་སྡོམ་པ་ནི་སོགས། བཟུང་བ་བསྡུས་པ་ནི། སེམས་ཅན་ཀུན་སོགས་ཡིན། བསྡུས་པ་གཉིས་ཅམ་ནི་བྱུར་མི་རུང་ངོ་གསུངས་སོ། །འདི་དག་སྤྱིར་ཏེ་བཤད་ན། སྲས་བཅས་ནས། ཇི་སྲིད་བྱང་ཆུབ་སྙིང་པོའི་བར། རིན་ཆེན་འབར་བར་བཤད་ཀྱི། རྒྱུད་ཚིག་མིན་ལ། བཟུང་བ་སྤྱིའི་སྡོན་ལ། སོ་སོ་བར་དུ་ཡོད་དོ། །

སྦྲགསཔ་ལ་སོ་སོ་སྡོན་ལ་ཡོད་པ་ཙམ་མ་གཏོགས་དོན་ལ་ཁྱད་པར་མེད་དོ། །འདིར་བསྒྲགས་པ་ཉིད་ལ་བཤད་ན། རྣམ་སྣང་གི་ནི་གོ་སླ་ལ། མི་བསྐྱོད་པ་ལ་རྡོ་རྗེ་དྲིལ་བུའི་ཞེས་རིགས་མཐུན་གྱིས་སྦྱར་ནའང་མི་འཐད་དེ། སོསོར་བྱསཔཡིནནོ། །འདིརརྡོརདྲིལཡངདོནགྱིསབཤདལ། བཟུངབརབརྟསམབཤདདོ། །ཕྱག་རྒྱ་ནི་རིན་འབྱུང་གི་སྐབས་སུ། འོག་མའི་ལུགས་ལ། ཕྱི་དང་ཞེས་པ་ཡིན་ལ། འདིར་ཕྱི་ནང་ཞེས་པ་འཐད་དོ། །འདི་ལྟར་ན་ཀུན་སྙིང་གི་ལུགས་ཀྱི་རྒྱུད་སྡེ་གཉིས་པར་མཛོན། བྱ་རྒྱུད་ལ་དོན་ཞགས་དཔའ་གཅིག་ལྟ་བུ། སྤྱོད་རྒྱུད་ལ། ཀེ་ལ་ཡ་ཧྲ་རའི་དམ་ཚིག་གསུམ་བཀོད་ཀྱི་སྒྲུབ་ཐབས་ལྟ་བུའམ། དྭན་ལ་ཡི་མི་གཡོ་བ་ལྟ་བུ། རྣལ་འབྱོར་རྒྱུད་ལ་སེམས་དཔའ་འབྱུང་ཆུང་ལྟ་བུ། བླ་མེད་ལ་བདེ་ཀྱི་ལྟ་བུ། ཐེག་པ་གསུམ་ནི་བརྒྱད་སྟོང་པའམ། སྡུད་པ་ལྟ་བུའི་ཐུན་རེ་ལ་མ་ཆག་པ་མཛད། གཞན་སླ་ལ། དེ་ལས་གཞན་ཡང་སོགས་ལ། གཉན་སྡོན་ཚུལ་འབར་ན་རེ། སོ་སོའི་འདི་དག་ལ་འདོད་ལ། དེའང་རྣམ་སྣང་གི་གཅིག །མི་བསྐྱོད་པའི་བཞི། རིན་འབྱུང་གི་

གཅིག །འོད་དཔག་མེད་ཀྱི་གཉིས། དོན་གྲུབ་ཀྱི་གཉིས་སོ་གསུངས། །ལུངས་ནི་དེ་ཉིད་སྣང་ཆེན་དུ། དེ་བཞིན་གཤེགས་པ་ཐམས་ཅད་ཀྱི་དམ་ཚིག་ནི། ཇི་ལྟར་དུས་གསུམ་མགོན་པོ་རྣམས། །ཞེས་བྱ་བ་ལ་སོགས་པ་ཕས་ཕམ་པ་ལས་བཟློག་པའི་མཚན་ཉིད་ཅན་ནོ། །ཞེས་གསུངས་པས་སོ། །ཞེས་ཟེར་རོ། །

རྟོང་པ་ཆོས་མགོན་ན་རེ་མ་ཡིན་ཏེ་གཞན་པའི་དོན་མེད་པའི་ཕྱིར་རོ། །དེས་ན་ཁྱོད་ཀྱི་སྲོག་ཆགས་བསད་མི་བྱ། །ཞེས་སོགས་ལ་རྩ་བའི་གསུངས། དེའང་ཕམ་པ་བཞི་ཆང་དང་ལྔ། སེམས་ཅན་འདུལ་ཕྱིར་དང་། བྱ་མིན་སྤྱང་གཅིག་ཏུ་བྱ། རྣམ་པ་བརྟེན་པ་དང་། རྣལ་འབྱོར་པ་བཀུར་བ་གཅིག་ཏུ། མི་དགེ་བཅུ་སྤོང་བ་གཅིག་ཏུ། ཐེག་དམན་མི་འདོད་པ་ནས་མྱང་འདས་ལ་མི་ཆགས་པའི་བར་རྐང་པ་རེ་རེ་པོ། ལྷ་དང་ལྷ་མིན་སོགས་སྐྱང་པ་གཅིག །ཕྱག་དང་སོགས་རྐང་པ་གཉིས་གཅིག་སྟེ། དེ་ལྟར་བཅུ་བཞིའོ་གསུངས། བུ་སྟོན་ནི། གཞན་ཞེས་པའི་ཚིག་དང་མི་འགྲིག་ཀྱང་སྟྲ་མ་ཡིན་པར་བཞེད།

རང་ལུགས་ནི། ནམ་མཁའི་སྙིང་པོ་ལྟར་བཅུ་བཞིའོ། །སོ་སོའི་ལ་བླ་མེད་ལྟར་ན། རྣམ་སྣང་གི་གསུམ།མི་བསྐྱོད་པའི་བཞི། འོད་དཔག་མེད་ཀྱི་བཞི། དོན་གྲུབ་ཀྱི་གཅིག །རིན་འབྱུང་གི་གཉིས་སོ། །ཡང་ཕྱིས་ཀྱི་མཁས་པར་ཁས་ཆེ་བ་དག་ན་རེ། དང་པོ་མ་ཡིན་ཏེ། གཞན་གྱི་དོན་མེད་པའི་ཕྱིར་དང་། ལུང་གི་དོན་ནི། དེ་བཞིན་གཤེགས་པའི་དམ་ཚིག་ནི། གཉིས་པ་དག་པ་ཡིན་ལ། དེའི་དག་གཞི་སྟོན་པ་ཡིན་པའི་ཕྱིར་རོ། །ཕྱི་མ་བཞི་མ་ཡིན་ཏེ། མི་དགེ་བཅུ་ལྟ་བུའང་རྩ་ལྟུང་དུ་བྱས། མཚན་མ་འགོམ་པ་སོགས་ཆུང་དུ་ལ་ཡང་དེར་བཞག་པས། སངས་རྒྱས་བཅས་པ་ལ་མི་མཁས་པར་འགྱུར་བའི་ཕྱིར་རོ། །དེས་ན་སློབ་དཔོན་སློད་སོགས་ཀྱི་བཅུ་བཞི་ལ་བྱའོ། །ཞེས་སྐད་གསང་མཐོན་པོར་སྒྲ་བར་བྱེད་དོ། །

ཡང་འགྲོ་བའི་མགོན་པོ་བསོད་ནམས་རྒྱལ་མཚན་གྱི་སློབ་མ་བྱམས་ཆོས་པ་དང་། དེའི་སློབ་མ་ཀུན་དགའ་བླ་བ་སོགས་ན་རེ། འགྲོ་མགོན་གྱི་ཞལ་ནས་འོ་སྐོལ་གྱི་ཕྱགས་པ་དག་ལ་ཞིབ་ཏུ་ན། རྩ་ལྟུང་བཞི་བཅུ་ཞེ་གཉིས་བསྲུང་དགོས་པར་སྣང་ཞེས་གསུང་ངོ་ཟེར་ནའང་ཐམས་ཅད་བསྲེས་པ་ལ་བཤད་གད་གཅིག་འབྱོན་མཆི། དེས་ན་སྔར་བཤད་པ་ལྟར་འཐད་དོ་གསུང་གིན་འདུག་གོ། །བླ་མའི་གསུང་མིན་པ། །བསྲེས་སླད་མེད་སྐྱམ་པས། །བློ་ངན་རྣམ་རྟོག་གིས། །བརྙས་པར་མ་བྱེད་ཅིག །མངྒ་ལཾ།། །།

༄༅། །བསྟན་བཅོས་སྡོམ་པ་གསུམ་གྱི་གནས་གསུམ་གསལ་བར་བྱེད་པ་ནོར་བུ་ཆུ་ཤེལ་བཞུགས་སོ། །

གློ་བོ་མཁན་ཆེན་བསོད་ནམས་ལྷུན་གྲུབ།

བླ་མ་དང་ལྷག་པའི་ལྷ་ལ་གུས་པར་ཕྱག་འཚལ་ཞིང་སྐྱབས་སུ་མཆིའོ། །རྒྱལ་བའི་དགོངས་དོན་སྙིང་པོ་སྡོམ་གསུམ་གྱི། །གནད་ལ་འཁྲུལ་མེད་ས་སྐྱ་པཎྜི་ཏའི། །ལེགས་བཤད་ཆུ་མཚོ་རྙོག་ཅན་རྟོག་གེ་ཡི། །དྲི་མས་སྦགས་གང་སེལ་བྱེད་ནོར་བུ་བརྩམས། །གནས་གསུམ་ཤེས་ན་ཕྱི་ནང་དོན་རྟོགས་ཤིང་། །ཟབ་མོའི་རྒྱུད་དོན་དགོངས་པ་འདི་ཡིན་ཞེས། །ཀུན་ལ་མི་འཇིགས་སྤོབས་པ་བསྐྱེད་པའི་ཕྱིར། །རབ་བྱེད་འདི་ནི་གནས་གསུམ་གསལ་བྱེད་ཡིན། །

འདིར་བསྟན་བཅོས་ཆེན་པོ་སྡོམ་པ་གསུམ་གྱི་རབ་ཏུ་དབྱེ་བ་ལས་བཤད་པའི་འཛམ་བུའི་གླིང་གི་གནས་མཆོག་ཏུ་གྱུར་པ་གསུམ་གྱི་རྣམ་པར་གཞག་པ་ལོག་རྟོག་སྤྲངས་ཏེ་བྲི་བར་བྱའོ། །དེ་ལ་གསུམ་སྟེ། རི་བོ་གངས་ཅན་དང་མ་དྲོས་པའི་གནས་ཚུལ་བཤད་པ། རྒྱུད་སྡེ་ལས་གསུངས་པའི་ཕྱིའི་ཡུལ་ཆེན་ངོས་བཟུང་བ། རྡོ་རྗེའི་གདན་གྱི་རྣམ་པར་བཞག་པ་རྒྱས་པར་བཤད་པའོ། །དང་པོ་ལ་རི་བོ་གངས་ཅན་ནི། ཕྱི་རོལ་པའི་གཏམ་རྒྱུད་ལས་གྲགས་པ་དང་། མངོན་པ་དང་། དུས་ཀྱི་འཁོར་ལོ་ལས་གྲགས་པའི་ཚུལ་གསུམ་ཡོད་པ་ལས། ཕྱི་རོལ་པའི་ལུགས་ནི། གཞོན་ནུ་འབྱུང་བ་ལས། མི་གཡོའི་བདག་ཉིད་གངས་ཅན་ཞེས་བྱ་བ། །ཤར་ནུབ་གཉིས་ཀྱི་རྒྱ་མཚོ་ཁྱབ་པར་གནས། །ས་ཆེན་འདི་ནི་འཇལ་བའི་ཆགས་ཤིང་འདྲ། །ཞེས་ཤར་ནུབ་ཀྱི་རྒྱ་མཚོའི་བར་དེས་ཁྱབ་པར་བཤད་དོ། །ལྷ་ཆེན་པོ་དང་། ལྷ་མོ་ཨུ་མ་དང་། དགྲ་བཅོམ་པ་ལྔ་བརྒྱ་ལ་སོགས་པ་གནས་པའི་ས་ཡང་འདི་ཁོ་ན་ཡིན་ཏེ། བྲམ་ཟེའི་རིགས་ཀྱི་སློབ་དཔོན་མཐོ་བཙུན་གྲུབ་རྗེ་དང་། བདེ་བྱེད་བདག་པོས་དེ་ན་དེ་དག་ཡོད་པར་མངོན་སུམ་དུ་མཐོང་བར་བཤད་པའི་ཕྱིར་རོ། །ལོ་ཙཱ་བ་འགའ་ཞིག་གིས་ཁྱད་པར་འཕགས་བསྟོད་ཀྱི་འགྲེལ་པར། ཏི་སེ་ལ་གོང་གི་དེ་དག་གནས་པར་བཤད་པ་ནི་འཁྲུལ་མ་དག་པ་སྟེ། གངས་ཅན་དང་། ཏི་སེ་གཉིས་སྐད་དོད་སོ་སོར་ངེས་པའི་ཕྱིར་རོ། །ཞེས་མཁས་པ་འཇུག་པའི་སྒོར་བཤད་དོ། །

མ་དྲོས་པའི་ཕ་སྐད་ནི་ཕྱི་རོལ་པའི་གཞུང་ལས་གྲགས་པ་མ་མཐོང་ལ། འོན་ཀྱང་དེའི་ལུགས་ཀྱི་ཆུ་བོ་

གང་གཱ་ཉིད་ལ་འདོད་པར་མངོན་ཏེ། རྒྱལ་པོ་བྷ་གི་ར་ཐས། གང་གཱ་ལྷ་ཡུལ་ནས་ཕབ་པའི་གཏམ་རྒྱུད་ཁྱད་པར་འཕགས་བསྟོད་ཀྱི་འགྲེལ་པར་བཀོད་པ་ལས། དེ་ནས་ཡང་བྷ་གི་ར་ཐས། དཀའ་ཐུབ་ཀྱི་ཁྱད་པར་ཆེན་པོ་དགའ་བར་བྱས་ནས། རལ་པ་བཅིངས་པ་དང་། ཏི་སེའི་སྟེང་དུ་ཐིགས་པ་གཅིག་ཕབ་པར་གྱུར་པ་ལས། སྐད་ཅིག་མ་དེ་ལ་དེར་མཚོ་ཆེན་པོ་གཅིག་ཏུ་གྱུར་ཏེ། དེང་སང་ན་ཡང་ཐིགས་པ་བདུན་དུ་གྱུར་ནས། སི་ཏ་སིནྡྷུ་པཀྵུ་དང་། །གང་གཱ་དེ་བཞིན་འཛིག་རྟེན་བརྒྱུད། །བསྐལ་དང་ཚིམ་པ་ཉིད་དང་ནི། །ན་ལི་ནི་ནི་བདུན་པར་བཤད། །ཅེས་བྱ་བ་ཡིན་ནོ། །ཇི་ཙམ་ན་གང་གཱས་ལྷོ་ཕྱོགས་ཀྱི་རྒྱ་མཚོ་ཆེན་པོ་དེ་འདའ་བར་བྱའོ། །སློམ་ན། དྲིགས་པ་དང་བཅས་པས། རི་ཁ་བ་ཅན་ཕྱུག་སྟེ་དེའི་སྲུལ་ནས་བདེ་བར་འབབ་པར་གྱུར་ཏོ། །ཞེས་ཆུ་བོ་གང་གཱ་ཉིད་ལས་གྱེས་པར་བཤད་པའི་ཕྱིར་རོ། །ལུང་འདིར་ཏི་སེ་ཞེས་པ་ཡང་འགྱུར་མ་དག་པ་སྟེ། འདིར་རི་ཁ་བ་ཅན་ཕྱུག་ཅེས་འབྱུང་ལ། ཁ་བ་ཅན་ནི། གངས་ཅན་གྱི་སྐད་དོད་དེ། ཏི་མ་ལ་ཡ་ཡིན་གྱི། ཀཻ་ལཱ་ཤ་མ་ཡིན་པའི་ཕྱིར་རོ། །

ཡང་ལུང་འདི་ལྟར་ན། གང་གཱ་ལས་ཆུ་བོ་བདུན་དུ་གྱེས་པ་དང་། གང་གཱ་ཉིད་ཀྱང་དང་པོར་ལྷོ་ཕྱོགས་ཀྱི་རྒྱ་མཚོར་བབས་ནས་ཕྱོགས་བཞིར་སོང་སྟེ་ས་འོག་གང་བར་བྱས་ནས་རྒྱལ་པོ་དྲུག་ཅན་པའི་བུའི་སྡིག་པ་སྦྱོང་བར་གསལ་ལོ། །གང་གཱའི་མཚོ་དེ་ལ་མ་ཕམ་མམ་མ་ནུ་ས་ར་ཞེས་ཀྱང་གྲགས་ཏེ། ཡིད་ཀྱི་སྡིག་པ་དག་པར་བྱེད་པའམ་ཡིད་ཀྱི་མཚོ་ཞེས་པའི་དོན་དུ་འགྱུར་རོ། །སྒྲ་དོན་འདི་ལ་དགོངས་ནས་རྟོག་གེ་འབར་བ་ལས། མ་དྲོས་པ་ལ་མ་ཕམ་ཞེས་བཤད་པར་སྣང་ངོ་། །དེ་ནས་རི་བོ་གངས་ཅན་གྱི་སྟེང་དུ་གང་གཱ་རྒྱ་མཚོར་གྱུར་ཏེ་གནས་པར་བཤད་ཅིང་ད་ལྟའི་མ་ཕམ་འདི་ནི་ཕུ་ཧྲངས་ཀྱི་ཏི་སེའི་དྲུང་དུ་ཡོད་ཅིང་ཏི་སེ་ནི་མུ་སྟེགས་གྲོག་མཁར་བའི་གཞུང་ལས། སྤྲིའུ་རྒྱལ་པོ་ཧ་ནུ་མན་དས་གངས་རི་ཆེན་པོ། ཕྱིར་འཕངས་པའི་དུམ་བུ་ལུས་པ་ཡིན་པར་བཤད་པའི་རི་གངས་ཅན་དངོས་མ་ཡིན་ལ། མ་ཕམ་འདི་ཡང་གང་གཱ་ཡིན་པར་མི་འདོད། མ་ཕམ་གང་ག་ཡིན་པར་མི་འདོད་མོད། ད་ལྟ་ཡོངས་སུ་གྲགས་པའི་གང་གཱ་འདི་ཆུ་བོ་བདུན་གྱི་ནང་ཚན་གྱི་གང་གཱ་ཡིན་ནམ་མ་ཡིན་ཞེ་ན། སྤྱིར་མུ་སྟེགས་པ་རང་གི་གཞུང་ལས་གྲགས་པའི་མ་ཕམ་གང་གཱ་ཉིད་ཡིན་ནོ། །གང་གཱས་སྡིག་པ་སྦྱོང་བའི་ཆ་ནས་མ་ཕམ་ཞེས་བཏགས་པའི་ཕྱིར་རོ། །ད་ལྟ་ཡོངས་སུ་གྲགས་པའི་རྡོ་རྗེ་གདན་གྱི་བྱང་ཕྱོགས་ན་འབབ་པའི་གང་གཱ་འདི་ནི་རི་བོ་གངས་ཅན་གྱི་སྲུལ་ནས་ཡོང་བའི་ཆུ་བོ་གང་གཱ་དངོས་ཡིན་ལ། ཕུ་ཧྲངས་ཀྱི་གང་གཱ་ནི་ཆུ་བོ་བདུན་གྱི་ཡ་གྱལ་གྱི་གང་གཱ་མ་ཡིན་ཏེ། རི་ཁ་བ་ཅན་ཕྱུག་སྟེ་དེའི་སྲུལ་ནས་བྱུང་བ་མ་ཡིན་པའི་ཕྱིར་རོ། །དེའི་ཁྱབ་འགྲེལ་ནི་གོང་དུ་དྲངས་པའི་ལུང་གིས་གྲུབ་བོ། །

འོན་ཀྱང་འདི་ཉིད་གངས་ཅན་གྱི་ཁྲོད་ནས་བྱུང་བའི་གང་གཱ་དང་འདྲེས་ནས་རྒྱ་གར་དུ་ཕྱོགས་གཅིག་ཏུ་འབབ་པས་གང་གཱའི་རྒྱུན་ལ་ཞུགས་ནས་འདིར་ཡང་ཨ་ཙ་ར་མང་དུ་སླེབ་ཡོང་བ་འགལ་བ་མེད་དོ། །ཆུ་བོ་གང་གཱས་རི་བོ་གངས་ཅན་ཕྱུག་སྟེ་དེའི་སྲུལ་ནས་འབབ་བོ་ཞེས་པ་ཡང་བོད་ཀྱི་གངས་ཁྲོད་ནས་བབས་པ་ལ་མི་ཟེར་གྱི། རི་བོ་ཆེན་པོ་གངས་ཅན་གྱི་སྲུལ་ནས་བབས་པ་ལ་ཁྱད་པར་འཕགས་བསྐོད་ཀྱི་འགྲེལ་པར་བཤད་དོ། །

དོན་འདི་མ་རྟོགས་པར་ཕྱིས་ཀྱི་བླ་མ་འགའ་ཞིག་དེང་སང་གྲགས་པའི་གང་གཱ་འདིའི་རྩ་བ་པུ་ཧྲངས་ཀྱི་མ་ཕམ་ཁོན་ལ་ཐུག་གོ་ཅེས་ཟེར་བ་དང་། མཚོ་མ་དྲོས་པ་ནས་ལྷོ་ཕྱོགས་འབབ་པའི་ཆུ་བོ་ཞིག་ཡོད་ན་རྒྱ་གར་ཤར་ནུབ་ཀྱི་མི་རྣམས་ཀྱི་ཚད་མ་ལ་སྣང་དགོས་པ་ལས་མི་སྣང་བའི་ཕྱིར། ཞེས་གསུངས་པ་ནི། དམ་བཅའ་ལ་ཤེས་བྱེད་མེད་ཅིང་། གཞན་གྱི་འདོད་པ་ཐལ་བར་འཕེན་པ་ཡིན་ཏེ། པུ་ཧྲངས་ཀྱི་གང་གཱ་དང་ཡོངས་གྲགས་གང་གཱ་འདྲེས་ནས་རྒྱ་གར་དུ་འབབ་པ་ཙམ་ལ་ཤེས་བྱེད་ཐུག་པའི་ཕྱིར་དང་། མ་དྲོས་པ་ནས་ལྷོ་ཕྱོགས་སུ་འབབ་པའི་ཆུ་བོ་ནི་ཤིན་ཏུ་མང་བ་ཞིག་བོད་ཀྱི་མི་རྣམས་ཀྱིས་ཀྱང་མཐོང་བའི་ཕྱིར་རོ། །མ་དྲོས་པ་ནས་འབབ་པའི་ཆུ་བོ་མཐོང་ན་དེའི་རྩད་བཅད་པས་མ་དྲོས་པ་བདེ་བླག་ཏུ་རྙེད་སྙོའོ་ཞེས་སེམས་པ་ནི་གད་མོའི་གནས་ཏེ་ལྷའི་ཡུལ་ནས་བྱུང་བའི་ཆར་པ་མཐོང་བ་ཙམ་གྱིས་ལྷའི་ཡུལ་བདེ་བླག་ཏུ་མི་རྙེད་པ་བཞིན་ནོ། །ཅི་སྟེ་བདེ་བླག་ཏུ་རྙེད་ཅེས་པ་མྱུར་དུ་མཆོན་ནུས་པ་ལ་ཟེར་ན་ནི་ཤིན་ཏུ་འདོད་དེ། བྱང་ཕྱོགས་ནས་འབབ་པའི་གང་གཱའི་རྒྱུན་གྱིས་མ་དྲོས་པ་ཡང་བྱང་ཕྱོགས་ན་ཡོད་པར་དེ་མ་ཐག་རིག་པའི་ཕྱིར་རོ། །

ཡང་ཡོངས་སུ་གྲགས་པའི་གང་གཱ་འདི། མ་དྲོས་པ་ལས་མི་འབབ་ན་ཡང་སྐྱིད་པ་ལས། འཛམ་བུའི་གླིང་འདིར་ཆུ་ཀླུང་ཧེ་སྟེད་ཅིག་འབབ་ཅིང་། །མི་ཏོག་འབྲས་ལྡན་སྨན་དང་ནགས་ཚལ་སྐྱེད་བྱེད་པ། །མ་དྲོས་གནས་པའི་ཀླུ་དབང་ཀླུ་བདག་རྟེན་གནས་ཏེ། །དེ་ནི་ཀླུའི་བདག་པོ་དེ་ཡི་མཐུ་དཔལ་ཡིན། །ཞེས་དང་འགལ་བའི་དོགས་པ་འབྱུང་ངོ་། །ཞེས་གསུངས་པ་ཡང་ཧ་ཅང་ཐལ་བའི་དོགས་པ་སྟེ། དེ་ལྟར་ན་ཞིང་གི་ཡུར་ཆུང་དེ་ཡང་མ་དྲོས་པ་ལས་མ་བྱུང་ན་ལུང་དང་འགལ་བའི་དོགས་པ་འཛིན་དགོས་པར་ཐལ་བའི་ཕྱིར་རོ། །མདོར་ན་པུ་ཧྲངས་ཀྱི་མ་ཕམ་གཡུ་མཚོ་དང་གངས་དཀར་ཏི་སེ་གཉིས་ནི་ཕྱི་རོལ་པའི་ལུང་ལས་གྲགས་པའི་གང་གཱ་དང་ཏི་སེ་ཡང་མ་ཡིན་ཏེ། གང་གཱ་མ་ཡིན་པར་ནི་གོང་གི་སྒྲུབ་བྱེད་ཀྱིས་ཤེས་ལ། ཏི་སེ་ལ་སཾ་སྐྲི་ཏའི་སྐད་ཀྱི་ལ་ཤ་ཞེས་གྲགས་པ་ལ། གངས་འདིའི་མིང་ནི་ཀ་ལཻ་ལ་ཞེས། རྒྱ་གར་ཤར་ནུབ་ཀུན་ཏུ་གྲགས་པའི་ཕྱིར་རོ། །དེས་ན་མུ་སྟེགས་གྲོག་མཁར་བས་འདོད་པའི་ཏི་སེ་ནི་ཀེ་ཏར་ཡིན་པར་མཁས་པ་འཇུག་པའི་སྒོ་ལས་བཤད་དོ། །

གཉིས་པ་མངོན་པ་ལས་བཤད་པའི་ཚུལ་ལ། མཛོད་ལས་བཤད་པའི་ཚུལ་དང་། ས་སྡེ་ལས་གསུངས

པའི་ཚུལ། དེ་དག་ལ་དོགས་པའི་མཐའ་བཅད་པའོ། །དང་པོ་ནི་འདི་ནས་ཞེས་སོགས་ཏེ། འཛམ་བུའི་གླིང་འདི་ཉིད་ནས་གླིང་འདི་ཉིད་ཀྱི་བྱང་དུ། རི་ནག་པོ་གསུམ་ཡོད་དོ། །དེ་ནས་བྱང་ན་ཡང་རི་ནག་པོ་གསུམ་ཡོད་དོ། །དེ་ནས་ཡང་བྱང་ན་གསུམ་སྟེ། དགུ་འདས་པའི་ཕ་རོལ་ན་གངས་རི་དཔལ་དང་ལྡན་པའོ། །གངས་རི་དེ་འདས་ནས་ནི་སྤོས་ཀྱི་དང་ལྡང་པའི་རི་ཡོད་དོ། །གངས་རིའི་ཕ་རོལ་སྤོས་ཀྱི་དང་ལྡང་པའི་ཚུ་རོལ་དཔག་ཚད་བཅུ་ན་ཀླུའི་རྒྱལ་པོ་མ་དྲོས་པའི་གནས་ཟབ་དང་ཆུ་ཞེང་དུ་དཔག་ཚད་ལྔ་བཅུ་ལྔ་བཅུ་ཡོད་པའི་མཚོ་མ་དྲོས་པ་ཞེས་བྱ་བ་མཐའ་བསྐོར་དུ་དཔག་ཚད་ཉིས་བརྒྱས་འཁོར་བའི་གྲུ་བཞི་པ་དབྱིབས་ལེགས་ཤིང་བལྟ་ན་སྡུག་ལ་མཛེས་པ་ཡན་ལག་བརྒྱད་ལྡན་པའི་ཆུས་གང་བ། མེ་ཏོག་ཨུཏྤལ་དང་། ཀུ་མུ་ད་དང་། པད་མ་དཀར་པོས་ཁེབས་པ་ཡོད་དོ། །དེའི་ནང་ནས་གང་གཱ་ལ་སོགས་པ་ཆུ་བོ་ཆེན་པོ་བཞི་རེ་རེའང་ཆུ་ཕྲན་ལྔ་བརྒྱ་ལྔ་བརྒྱ་དང་བཅས་པ་མཚོ་མ་དྲོས་པ་ལ་གཡས་ཕྱོགས་སུ་བསྐོར་ནས་ཤར་ལྷོ་ནུབ་བྱང་གི་གླང་པོ་ཆེ་དང་། ཕྱུ་མཆོག་དང་། རྟ་དང་། སེང་གེའི་ཁ་ལྟ་བུ་ནས་བབས་ཏེ་རིམ་པ་ལྟར་ཤར་ལྷོ་ནུབ་བྱང་གི་རྒྱ་མཚོར་འགྲོ་སྟེ། གདགས་པ་ལས། ཆུ་ཀླུང་གང་གཱ་སིནྡྷུ་པཀྵུ་དང་། །སི་ཏ་ཐ་རླབས་དབུ་བའི་འཕྲེང་བ་ཅན། །འབབ་ཅིང་ཐམས་ཅད་གསལ་བའི་ཆུ་ཡིན་ཏེ། །ཕྱོགས་བཞི་ཁོར་ར་ཁོར་ཡུག་དག་ནས་འབྱུང་། །གང་གཱ་ཤར་ཕྱོགས་རྒྱ་མཚོ་འགྲོ་བ་སྟེ། །སིནྡྷུ་ལྷོ་ཕྱོགས་རྒྱ་མཚོར་འགྲོ་བ་ཡིན། །པཀྵུ་ཡང་ནི་ནུབ་ཕྱོགས་རྒྱ་མཚོར་འགྲོ། །དེའི་བྱང་ཕྱོགས་རྒྱ་མཚོར་སི་ཏ་འགྲོ། །ཆུ་ཀླུང་རབ་མཆོག་བཞི་པོ་འདི་དག་ནི། །མཆོག་ཏུ་བཟང་ཞིང་སོ་སོར་འབབ་པ་སྟེ། །རེ་རེ་ཞིང་ཡང་ལྔ་བརྒྱ་ཁྲིར་ནས་ནི། །ཆུ་ཡི་རྒྱུན་རྣམས་རྒྱ་མཚོ་ཆེན་པོར་འགྲོ། །ཞེས་འབྱུང་ངོ་། །

འགྲེལ་པ་ལ། དེར་ནི་རྫུ་འཕྲུལ་དང་མི་ལྡན་པའི་མིས་བགྲོད་པར་དཀའོ་ཞེས་དང་། ལུང་སྣང་གི་གཞི་ལས་ཀྱང་། གནོད་སྦྱིན་གཏུམ་པོ་མི་བཟད་གནས་པ་ཡིད་འོང་ཞིང་། །མེ་ཏོག་སྣ་ཚོགས་ཤིང་གིས་རྣམ་པར་མཛེས་བྱས་པ། །དེ་ལས་རྒྱ་མཚོ་དྲུག་ཅན་དག་ཏུ་འགྲོ་བ་ཡིས། །ཆུ་བོ་ཆེན་པོ་བཞི་པོ་འདི་དག་ཕྱོགས་བཞིར་འབབ། །གང་གཱ་སིནྡྷུ་དེ་བཞིན་པཀྵུ་དང་། །སི་ཏ་དེ་ལ་རྫུ་འཕྲུལ་སྟོབས་ཐོབ་པ། །མ་གཏོགས་མི་རྣམས་ཀྱིས་ནི་མི་བགྲོད་པ། །དེར་ནི་ཐུབ་པ་དགེ་འདུན་བཅས་པ་བཞུགས། །ཞེས་གསུངས་སོ། །

གཉིས་པ་ནི། སའི་དངོས་བཞི་ལས། རིའི་རྒྱལ་པོ་གངས་རིའི་ཉེ་འཁོར་ན། གསེར་གྱི་བྲག་བྱ་སྐྱིབས་སུ་འདུག་པ་ལྷ་མ་ཡིན་གྱི་ངོས་ཞེས་བྱ་བ་ཆུར་ཡང་དཔག་ཚད་ལྔ་བཅུ། ཞེང་དུ་ཡང་དཔག་ཚད་ལྔ་བཅུ་ཡོད་དོ། །དེ་ནི་གླང་པོ་ཆེའི་རྒྱལ་པོ་རབ་བརྟན་གྱི་གནས་ཡིན་ཏེ། དེ་ནི་ལྷའི་དབང་པོ་བརྒྱ་བྱིན་གྱི་གཡུལ་ངོར་སྤྱོད་པ་ཡིན་ནོ། །དེ་ན་ཤིང་གི་རྒྱལ་པོ་རབ་བརྟན་ཞེས་བྱ་བ་ཏ་ལའི་ཕྲེང་བ་རིམ་པ་བདུན་གྱིས་བསྐོར་བ་དང་། རྫིང་བུ

དལ་གྱི་མཐོར་ཞེས་བྱ་བ་རྫིང་བུ་ལྔ་བརྒྱས་བསྐོར་བ་ཞིག་ཡོད་པ་ནི། རབ་བརྟན་དེ་ཉིད་ཀྱི་རྩེ་བའི་ས་ཡིན་ཏེ། དེར་དེ་འདོད་དགུར་གཟུགས་བསྒྱུར་ནས་རྫིང་བུ་དེའི་ནང་ནས་བད་མའི་རྩ་བ་དང་རྩ་ལག་བླངས་ཤིང་ལོངས་སྤྱོད་པར་བྱེད་དེ། དེ་ཡང་བ་གླང་མོ་ལྔ་བརྒྱས་བསྐོར་ཏེ། དེའི་ཉེ་འཁོར་ན་ཡང་མཚོ་ཆེན་པོ་མ་དྲོས་པ་ཅེས་བྱ་བ་ཟབས་སུ་དཔག་ཚད་ལྔ་བཅུ། རྒྱར་ཡང་དཔག་ཚད་ལྔ་བཅུ་ལ་ གསེར་གྱི་བྱེ་མ་བརྡལ་བ། ཆུ་ཡན་ལག་བརྒྱད་དང་ལྡན་པས་གང་བ་བཟང་ཞིང་སྡུག་ལ་མཛེས་པ་ཞིག་ཡོད། དེ་ལས་ཆུ་ཀླུང་ཆེན་པོ་བཞི་པོ་འདི་ལྟ་སྟེ། གང་གཱ་དང་། སིནྡྷུ་དང་། སི་ཏ་དང་། པཀྵུ་རྣམས་གྱེས་ཏེ་འགྲོའོ། །ཞེས་དང་། གངས་རི་ནི་མཚོ་མ་དྲོས་པའི་ཉེ་འཁོར་ན་ཡོད་དོ། །དེའི་འོག་ན་ནི་སེམས་ཅན་དམྱལ་བ་ཆེན་པོ་རྣམས་ཀྱི་གནས། སེམས་ཅན་དམྱལ་བ་བརྒྱད་དང་། ཉི་ཚེ་བའི་སེམས་ཅན་དམྱལ་བ་རྣམས་དང་། གྲང་བའི་སེམས་ཅན་དམྱལ་བ་རྣམས་དང་། ཉེ་འཁོར་གྱི་སེམས་ཅན་དམྱལ་བ་རྣམས་དང་། དུད་འགྲོ་དང་། ཡི་དྭགས་ཁ་ཅིག་གནས་སོ། །ཞེས་སྔ་མ་དང་ཆ་མཚུངས་པ་ལ། རི་ནག་པོ་དགུ་ལ་སོགས་པའི་གསལ་ཁ་མ་གསུངས་སོ། །ཕལ་པོ་ཆེ་ལས་གསུངས་པ་ཡང་། མངོན་པ་ཉིད་དང་ཆ་མཚུངས་ཤིང་། འོན་ཀྱང་དེར་མཚོ་མ་དྲོས་པ་དང་། ཆུ་བོ་མ་དྲོས་པ་ཅེས་གཉིས་སུ་ཕྱེ་ནས་ཆུ་བོ་བཞི་ཀ་ཡང་མ་དྲོས་པ་ཡིན་པར་བཤད་དོ། །

གསུམ་པ་ནི། མདོ་ནས་བཤད་པའི་དོན་དེ་ལ། རིགས་པའི་རལ་གྲི་ན་རེ། འདི་ནས་བྱང་དུ་རི་ནག་པོ། །དགུ་འདས་གངས་རི་པོ། ཞེས་པ་དེ་ནི། ཕུ་རྡུངས་ཀྱི་ཏི་སེ་དང་། མ་དྲོས་པ་ཡང་ཕུ་རྡུངས་ཀྱི་མ་ཕམ་ཉིད་ཡིན་ཏེ། མཉན་ཡོད་དང་། ཏི་སེ་ཐད་མཉམ་ལ་ཡོད་ཅིང་དེ་དང་དེའི་བར་ན་ནི་རི་ནག་པོ་དགུ་ཡོད་པར་ཡང་དེར་ཕྱིན་པའི་མི་རྣམས་ཀྱིས་མངོན་སུམ་དུ་གྲུབ་ལ། གང་གཱ་ཡང་མ་ཕམ་ནས་དངོས་སུ་འབབ་པའི་ཕྱིར་དང་། ཕལ་པོ་ཆེ་སོགས་ལས་བཤད་པ་དང་མི་འཐུན་པ་ནི་དུས་ཀྱི་སྟོབས་ཡིན་ལ། བྱ་རྒོད་ཕུང་པོའི་རི་ལ་བསྟུགས་པར་བརྗོད་པ། སྙན་ངག་གི་ལུགས་དང་། མངོན་པ་སོགས་ནས་བཤད་པ་མཚན་ཉིད་གཏན་འབེབས་ཡིན་པའི་རྒྱུ་མཚན་ཡང་མེད་པའི་ཕྱིར་རོ་ཞེས་གསུངས་ཤིང་། སྡོམ་གསུམ་རྒྱན་གྱི་མེ་ཏོག་ལས། གང་གཱ་དེ་ལས་འབབ་པའི་ཕྱིར། །མ་དྲོས་གཞན་དུ་བཙལ་མི་དགོས། །འདུས་བྱས་རྟག་པ་མེད་པའི་ཕྱིར། །སྔོན་བཞིན་ད་དུང་གནས་པ་མེད། །ཅེས་འཛེར་བར་བྱེད་དོ། །ཡང་འབྲི་ཁུང་ལ་སོགས་པའི་སློབ་ཆེན་ཕལ་ཆེ་བ་རྣམས་ཀྱང་མངའ་རིས་ཀྱི་གངས་མཚོ་འདི་ཉིད་རི་བོ་གངས་ཅན་དང་། མ་དྲོས་པ་ཡིན་ནོ་སྙམས་ནས་མོས་པར་བྱེད་དོ། །

འདི་དག་ཕྱོགས་གཅིག་ཏུ་དགག་པར་བྱ་བ་ལ་གསུམ་སྟེ། སྒྲུབ་བྱེད་མ་ངེས་པ་དང་། གནོད་བྱེད་ཡོད་པ་དང་། ལུང་གཞན་དང་མི་མཐུན་པས་དགག་པའོ། །དང་པོ་ནི། སྒྲུབ་བྱེད་མ་ངེས་ཏེ་མཉན་ཡོད་དང་། རི་བོ་

གངས་ཅན་ཐད་མཉམ་ལ་ཡོང་དགོས་པ་ཉིད་ལ་ཡང་ཤེས་བྱེད་མེད་ཅིང་། ཏི་སེ་དང་མཉན་ཡོད་ཀྱི་བར་ན་རི་ནག་པོ་དགུ་ཡོད་པས་ཀྱང་རྒྱ་མཚན་དུ་མི་ཆེ་སྟེ། དེ་ནི་མཉན་ཡོད་དང་རྩ་མཚོའི་བར་ན་ཡང་ཡོད་པའི་ཕྱིར་རོ། །བྱ་རྒོད་ཕུང་པོའི་རི་ལ་བསྟགས་པ་མཚན་ཉིད་སྟོན་པ་མ་ཡིན་ཞིང་། མདོན་པ་ནས་གསུངས་པ་མཚན་ཉིད་གཏན་ལ་འབེབས་པ་ཡིན་པ་ནི་ཅིས་ཀྱང་རིགས་པ་ཡིན་ཏེ། ཆོས་མདོན་པ་ནི་ཕྱི་ནང་གི་ཤེས་བྱ་རྣམས་ཀྱི་རང་སྤྱིའི་མཚན་ཉིད་སྟོན་པར་བྱེད་པ་ཡིན་པའི་ཕྱིར་རོ། །གང་གཱ་དེ་ལས་འབབ་པའི་ཕྱིར་རོ། །ཞེས་པ་ལ་ནི་གནོད་བྱེད་གོང་དུ་ཡང་བསྟན་ཟིན་ལ། འདིར་ཡང་འདི་འདྲི་སྟེ། ཁྱོད་ལྟར་ན་གང་གཱ་མ་ཕམ་ལས་འབབ་ཅེས་ཟེར་རམ། གང་གཱ་ལས་མ་ཕམ་འབབ་ཅེས་ཟེར། དང་པོ་ལྟར་ན་མངོན་སུམ་གྱིས་གནོད་དེ། གཙྲ་འདི་མ་ཕམ་ལས་མི་འབབ་པར་མ་ཕམ་ཉིད་གཤགས་ནས་འགྲོ་བའི་ཕྱིར་རོ། །གཉིས་པ་ལྟར་ན་ནི། གཙྲ་དེ་ལ་འབབ་པའི་ཕྱིར། །མ་དྲོས་གཞན་དུ་བཙལ་མི་དགོས། །ཞེས་འདོན་དགོས་ལ། དེ་ལྟར་ན། ཤར་ཕྱོགས་རྒྱ་མཚོ་ཆོས་ཅན། མ་དྲོས་པར་ཐལ། གང་གཱ་ཁྱོད་ལས་འབབ་པའི་ཕྱིར། ཞེས་སོགས་ཐལ་འགྱུར་བསམ་གྱིས་མི་ཁྱབ་པ་ཞིག་གནོད་བྱེད་དུ་འཕངས་ན་ལན་ཇི་ལྟར་སྨྲ། ལེགས་པར་སེམས་ཤིག །གཞན་ཡང་འདུས་བྱས་མི་རྟག་པ་གངས་མཚོ་གོ་ལོག་པའི་སྐྱོན་སྤོང་དུ་བྱེད་པ་ནི་ཧ་ཅང་སྙིང་རྗེ་བའི་ཡུལ་དུ་བྱའོ། །

གཉིས་པ་ནི་སྡོམ་གསུམ་ལས། དཔལ་ལྡན་དུས་ཀྱི་འཁོར་ལོ་དང་། །མདོན་པའི་གཞུང་ལས་གསུངས་པ་ཡི། །གངས་རི་གསེར་གྱི་བྱ་སྐྱིབས་དང་། །འཛམ་བུའི་ཤིང་དང་ས་བསྲུངས་བུ། །གླང་ཆེན་ལྔ་བརྒྱས་བསྐོར་བ་དང་། །དགྲ་བཅོམ་ལྔ་བརྒྱ་བཞུགས་པའི་གནས། །གངས་ཅན་དེ་ནི་ཏི་སེ་མིན། །མ་དྲོས་རྒྱ་མཚོ་མ་ཕམ་མིན། །ཞེས་སོགས་རྒྱས་པར་གསུངས་ཤིང་། དེའི་དོན་ཡང་། སྤྱིར་ད་ལྟའི་ཏི་སེ་ལ་སོགས་པ་རྒྱུད་སྡེ་ནས་གསུངས་པའི་གནས་ཆེན་དུ་བསམས་ནས། དེ་དག་ཏུ་འགྲོ་བ་ཡིན་ན་ནི། རྒྱུད་སྡེ་ནས་གསུངས་པའི་གནས་ཆེན་ཡང་མ་ཡིན་ཞིང་། འགྲོ་བ་པོའི་གང་ཟག་རྣམས་ཀྱང་རིམ་གཉིས་མི་བསྒོམ་པས། ཕྱིན་པ་དོན་མེད་པ་ཡིན་ལ། རི་བོ་གངས་ཅན་དང་། མ་དྲོས་པར་བསམས་ནས་དེར་འགྲོ་བ་ཡིན་ན་ནི། མདོན་པ་དང་། ཕལ་པོ་ཆེ། དུས་ཀྱི་འཁོར་ལོ་ནས་གསུངས་པའི་གངས་ཅན་གྱི་མཚན་ཉིད་མ་ཚང་ཞིང་། མ་དྲོས་པའི་མཚན་ཉིད་ཀྱང་གཞུང་ནས་བཤད་པ་དང་མི་མཐུན་ནོ་ཞེས་སྟོན་པ་ཡིན་ནོ། །འདིར་ཡང་གནོད་བྱེད་དེ་ལྟར་བརྗོད་ནས། རང་གི་ལུགས་ལ་མདོན་པ་དང་། དུས་འཁོར་ནས་གསུངས་པའི་གངས་ཅན་ནི་མཐུན་ལ། དེར་ནི་རྫུ་འཕྲུལ་དང་མི་ལྡན་པས་བགྲོད་མི་ནུས་ཤིང་།

ཡུལ་ཆེན་གྱི་ནང་ཚན་གྱི་ཧི་མ་ལ་ཡ་ནི། གནས་དེ་ན་གངས་རི་ཡོད་པ་ཙམ་ལ་མིང་བཏགས་པ་ཡིན་གྱི།

རི་བོ་གངས་ཅན་དང་གཏན་ནས་མི་གཅིག་སྟེ། དེ་ནི་བལ་པོ་ན་ཡོད་པའི་ཕྱིར་རོ། །ཡང་ལུགས་འདི་ལ་དྲི་བའི་ཐོལ་གྱིས་སྨྲུན་འབྱིན་སྨྲ་བ་དགའ་ན་རེ། མངོན་པ་ནས་གསུངས་གངས་ཅན་དེ། །ཏི་སེ་ཡིན་པར་ཕྱོགས་སྔ་མས། །ཁས་བླངས་ཤམ་ལྷ་ལ་ཡི་ནི། །གངས་ཅན་ཏི་སེར་མ་སླུས་པས། །རྩོད་ལྡན་འབྲེལ་པ་གང་ཡིན་བརྟག །རང་གི་ལུགས་ལ་མངོན་པ་ནས་གསུངས་པའི་གངས་ཅན། རྒྱུད་སྡེ་ལས་བཤད་པའི་གངས་ཅན་དེ་ར་བཞེད་དམ། གཞན་ཡང་བདེ་མཆོག་ཀྱེ་རྡོར་ལས། །འབྱུང་བའི་གངས་ཅན་གང་ཡིན་པ། །ཤམ་ལྷ་ལ་ཡི་གངས་ཅན་དུ། །ངེས་པར་ཞལ་གྱིས་བཞེས་ནུས་སམ། །ཞེས་དྲིས་ནས།

དེའི་ལན་དུ། དེ་ནས་བསྟན་བཅོས་མཛད་པ་འདིའི་བཞེད་པ་ལ་ནི། ཡུལ་སོ་བདུན་གྱི་ནང་ཚན་དུ་འགྱུར་བའི་གངས་ཅན་ནི། མངོན་པ་དང་དུས་འཁོར་ནས་གསུངས་པ་གང་རུང་ལ་འཆད་དགོས་པ་ཡིན་ཏེ། དེ་ལས་གཞན་དུ་ན། གཞུང་གི་འཕྲོས་སྙིག་མི་ཤེས་པ་དང་། དེ་གང་རུང་ལས་མ་གཏོགས་པའི་གངས་ཅན་ཞིག་ཁས་ལེན་ན། དེ་ཡང་དེ་མ་ཡིན་པར་ཧ་ཅང་ཐལ་བའི་ཤེས་བྱེད་དུ། དཔལ་ལྡན་དུས་ཀྱི་འཁོར་ལོ་དང་། །མངོན་པའི་གཞུང་ལས་གསུངས་པ་ཡི། །ཞེས་སོགས་ཏི་སེ་གངས་ཅན་མ་ཡིན་པའི་ལུང་རིགས་རྣམས་ཇི་ལྟ་བ་བཞིན་དུ་མཚུངས་པའི་ཕྱིར་དང་། མཁས་པ་འཇུག་པའི་སྒོ་ལས་ཀྱང་། ཏི་མ་ལ་ཡའི་སྒྲ་ལྷ་མོ་ཨུ་མའི་ཕ་དབང་ཕྱུག་ཆེན་པོ་འདུག་པའི་གནས། མཆོ་མ་དྲོས་པ་དང་ཉེ་བའི་རི་བོ་གངས་ཅན་ཞེས་བྱ་བ་ཡིན་མོད་ཀྱི། ལོ་ཙཱ་བ་མི་ཤེས་པ་དག་གིས་ཏི་སེར་བསྒྱུར་བ་འགའ་རེ་མཐོང་ཞེས་གསུངས་པའི་ཕྱིར་རོ། །རྗེ་བཙུན་གྱིས་ནི་ལྗོན་ཤིང་དུ། ཏི་མ་ལ་ཡ་ནི་བལ་པོར་བཏགས་པའི་བོད་དེ་བཏགས་པའོ། །ཞེས་གསུངས་པ་དེའི་དགོངས་པ་ཡང་། འདི་དང་མཐུན་ནམ་ཞེས་བརྟག་པར་བྱའོ། །བདེ་ཀྱེ་ནས་འབྱུང་བའི་གངས་ཅན་དང་། ཤམ་ལྷ་ལ་གངས་ཅན་དོན་གཅིག་ཏུ་འཆད་ནུས་པ་མ་ཡིན་ཏེ། ཤམ་ལྷ་ལའི་ཡུལ་ཅན་གྱི་ལུང་ཁུངས་ཀྱང་། རྒྱུད་སྡེ་གཞན་ནས་འཚོལ་བ་ཤིན་ཏུ་དཀའ་བར་སྣང་ན། དེ་ནས་བཤད་པའི་གངས་ཅན་བདེ་ཀྱེ་གཉིས་ནས་བཤད་པར་མཐུན་སྣང་དུ་གྲུབ་པ་ལྟ་ཅི་སྨོས་པའི་ཕྱིར་རོ། །ཞེས་ལན་དུ་བཀོད་ནས་པར་དུ་ཡང་བཏབ་བོ། །

འདི་ཡང་མི་འཐད་པར་རྟོགས་སླ་ཞིང་དགག་པར་བྱ་སྟེ། དེ་ལ་གསུམ། རྩོད་ལན་འཁྲུལ་པ་མེད་པ། རྒྱུད་སྡེ་ནས་གསུངས་པའི་གངས་ཅན་དང་། མངོན་པ་ནས་གསུངས་པའི་རི་བོ་གངས་ཅན་ཕྱོགས་ཙམ་ཡང་མི་གཅིག་པའི་ཚུལ། བདེ་ཀྱེ་ནས་འབྱུང་བའི་གངས་ཅན་ཤམ་ལྷ་ལའི་གངས་ཅན་མ་ཡིན་པའི་ཤེས་བྱེད་བསྟན་པའོ། །དང་པོ་ནི། མཐའ་འགོག་པའི་རིགས་པའི་ཚུལ་སྦྱར་བ་ཡིན་པས་ཤིན་ཏུ་འབྲེལ་ཏེ། རྒྱན་གྱི་བརྗོད་བྱ་ལ་དོགས་སྤོང་བཀོད་པ་བཞིན་ནོ། །

གཉིས་པ་ནི། རྒྱུད་སྡེ་ལས་གསུངས་པའི་གངས་ཅན་བལ་པོའི་བྱང་ཕྱོགས་ན་གངས་རི་ཆེན་པོ་མཚོ་འུ་ཆུང་དུ་མས་བརྒྱན་པ། མུ་སྟེགས་རྣམས་ནི་ལ་ཀཻ་གནས་ཞེས་ཟེར་ཞིང་། ཐུན་མོང་དུ་ཏི་སེ་ལ་ཞེས་གྲགས་པ་བལ་པོར་གཏོགས་པའི་ཁ་བ་ཅན་དེ་ཡིན་ལ། དེ་ལྟར་ཡིན་པར་ཡང་། ལྷོན་ཤིང་ལས་མ་བཤད་ཀྱི། རྣམ་བཤད་དག་ལྡན་ལས་བཤད་དོ། །མངོན་པའི་གངས་ཅན་ནི་བལ་པོ་ན་ཡོད་པར་མངོན་སུམ་གྱི་ཚད་མས་བསལ་བའི་ཕྱིར། གཉིས་པོ་མི་གཅིག་པར་གྲུབ་བོ། །དེ་ལ་ཡང་དཔལ་ལྡན་དུས་ཀྱི་འཁོར་ལོ་དང་ཞེས་སོགས་ཀྱི་ཏི་སེ་གངས་ཅན་མ་ཡིན་པའི་ལུང་རིགས་རྣམས་མཚུངས་སོ་ཞེས་སྨྲ་བ་ནི། ཆེས་མུན་སྤྲུལ་ཏེ། དེ་ལྟར་ན་བོད་གངས་ཅན་དུ་ཁས་བླངས་པ་ལ་ཡང་། ཏི་སེ་གངས་ཅན་མ་ཡིན་པའི་ལུང་རིགས་རྣམས་ཅིའི་ཕྱིར་མི་མཚུངས། དེ་ནི་ཁ་བ་གནས་པ་ཙམ་ལ་མིང་བཏགས་པ་ཡིན་ནོ་ཞེ་ན། རྒྱུད་སྡེ་ལས་གསུངས་པའི་གངས་ཅན་ཡང་ཁ་བའི་གནས་ཡིན་པ་ཙམ་ལས་མིང་དུ་བཏགས་པ་གངས་ཅན་ཞེས་བརྗོད་པ་ལ་སྐྱོན་ཅི་ཡོད།

གཞན་ཡང་། རྒྱུད་སྡེའི་གངས་ཅན་དེ་མངོན་པ་ནས་གསུངས་པའི་གངས་ཅན་ཡིན་ན། གཞུང་ཉིད་ལས། གངས་ཅན་ཙ་རི་ཏྲ་ལ་སོགས། །ཀླུ་ཀློ་བླུན་པོ་མུ་སྟེགས་བྱེད། །འབྲོག་པ་རྣམས་ཀྱིས་གང་མོད་ཀྱི། །དེ་དག་གྲུབ་པ་ཐོབ་བམ་ཅི། །ཅེས་གསུངས་པའི་མུ་སྟེགས་སོགས་གནས་པའི་གངས་ཅན་དེ། ཡུལ་སོ་བདུན་གྱི་ནང་ཚན་གྱི་གངས་ཅན་ཡིན་པས། མངོན་པའི་གངས་ཅན་དུ་ཧྲ་འཕྲུལ་དང་མི་ལྡན་པས་འགྲོ་ནུས་པར་ཐལ་བའི་སྐྱོན་འབྱུང་བའི་ཕྱིར་རོ། །གལ་ཏེ་གཞུང་འདི་ནི་གཞན་གྱིས་ཏི་སེ་ཡུལ་ཆེན་དུ་ཁས་བླངས་པ་ལ། དེ་དག་གྲུབ་པ་ཐོབ་བམ་ཅི་ཞེས་སྐྱོན་འཕེན་པ་ཡིན་ནོ། །ཞེ་ན། མ་ཡིན་ཏེ། གཞུང་དེའི་དོན་ནི། ཅི་ཡང་མེད་པའི་སྡོམ་ཆེན་གྱི་ཡུལ་སོ་གཉིས་སོགས་སུ་ཕྱིན་ཡང་གྲུབ་ཐོབ་ཀྱི་རྟགས་པ་འབྱུང་མི་ནུས་ཏེ། དཔེར་ན། ཨུ་རྒྱན་དང་། བལ་པོའི་ཏི་མ་ལ་སོགས་མུ་སྟེགས་ཀྱི་གང་ཡང་། དེ་དག་ལ་གྲུབ་ཐོབ་ཀྱི་རྟགས་པ་མེད་པ་བཞིན་ནོ། །འོན་ཏེ་ཅི། དེ་དག་ལ་ཡང་གྲུབ་ཐོབ་ཀྱི་རྟགས་པ་ཡོད་པར་ཁས་ལེན་ནམ། ཞེས་འཆད་པ་ཡིན་པའི་ཕྱིར་རོ། །དེ་ལྟ་མ་ཡིན་ན། ཡུལ་ཆེན་དུ་བགྲོད་པ་ལ་ཡང་གྲུབ་པ་ཐོབ་པའམ། ཐོབ་རུང་གང་རུང་ཡིན་དགོས་པའི་ཁྱབ་པ་སུ་ཞིག་གིས་ཁས་ལེན་ནུས་སམ། སེམས་ཡོད་རྣམས་ཀྱིས་ལྟོས་ཤིག །

གཞན་ཡང་ཁྱེད་རང་རྗེ་བཙུན་གྲགས་པ་རྒྱལ་མཚན་གྱི་གསུང་ལ་ཚད་མར་བྱེད་དམ་མི་བྱེད། མི་བྱེད་ན་ནི་ཐོལ་གྱིས་ཅི་ཞིག་བྱ་སྟེ། གཞན་ཕྱོགས་སུ་ཁས་ལོངས་ཤིག །ཚད་མར་བྱེད་ན། ཡུལ་སོ་བདུན་གྱི་ནང་ཚན་དུ་གྱུར་པའི་གངས་ཅན་ཆོས་ཅན། མངོན་པ་དང་། དུས་འཁོར་ནས་གསུངས་པ་གང་རུང་ལ་འཆད་དགོས་པ་མ་ཡིན་པར་ཐལ། བལ་པོར་གཏོགས་པའི་བོད་ཡིན་པར་རྗེ་བཙུན་གྱིས་བཤད་འདུག་པའི་ཕྱིར་རོ། །རྟགས་

གསལ་གཉིས་ནི་དངོས་འགལ་ཡིན་ཅིང་། ཁྱབ་པ་ནི་བློ་གཟུ་བོར་གནས་པ་ཀུན་ལ་དྲིས་ཤིག །

ཀུན་མཁྱེན་པདྨའི་ཟུར་ཕུད་ལ་དགོངས་ཏེ། །སྣར་མའི་འདོད་བྱར་གྱུར་པ་གཞན་དག་གི། །རྒྱ་སྐར་ཕྲེང་བ་ཉེར་མཛེས་འོད་དཀར་ཡང་། །མི་ཟད་ནག་པོ་བརྩེགས་པའི་སྤྲུན་ཟླ་ཉིད། །བདེ་འབྱུང་གཙུག་རྒྱན་རི་སྲས་དགའ་མ་ཡང་། །ར་རིས་ཁེངས་དང་གཏུམ་མོའི་སྤྱོད་ཚུལ་ཏེ། །ཁེངས་ལྡན་མེས་པོའི་ཟོལ་གྱིས་མགུ་བའི་གཏམ། ཆགས་བྲལ་གཞོན་ནུས་རྣ་བར་ག་ལ་འབབ། །ཅེས་བསྐྱེངས་པའི་ཚིག་ཀྲུང་སྨྲོའོ། །

གསུམ་པ་ནི། བདེ་ཀྱེ་ནས་འབྱུང་བའི་གནས་ཅན། ཤཱཀྱ་ལའི་གནས་ཅན་ཡིན་པར་བསྟན་བཅོས་མཛད་པ་འདི་མི་བཞེད་དེ། ཇི་སྐད་དུ། དུས་ཀྱི་འཁོར་ལོ་ལས། དུམ་བུ་གཅིག་ལ་དཔག་ཚད་རྣམས་ནི་སྟོང་ཕྲག་ཉི་ཤུ་རྩ་ལྔ་ཡི་ནི་ནོར་འདབ་ལྡན་པ་དང་། །གངས་རི་མཆོག་གིས་ཕྱོགས་རྣམས་མ་ལུས་ཀུན་ནས་ཡང་དག་བསྐོར་བ་དེ་དག་དབུས་སུ་ཀེ་ལཤ །ས་ལ་ཀེ་ལཤ་ཡི་དུམ་བུར་གངས་རི་ལྡན་པ་དེ་ཡི་དུམ་བུ་ཀུན་ནས་ཤེས་པར་བྱ་བ་སྟེ། །ཕྱི་རོལ་དུ་ཡང་ཡུལ་རྣམས་ཉིན་བྱེད་འདབ་མ་རེ་རེའི་གླིང་རྣམས་ཀུན་གྱིས་བརྒྱན་པར་བརྗོད་པ་སྟེ། །གཡས་ཀྱི་ཕྱེད་དུ་ཐུབ་མཆོག་གནས་གྲོང་ཤམ་བྷ་ལ་ཞེས་བྱ་བ་གྲོང་ཁྱེར་བྱེ་བ་ཡང་དག་གནས། །ཞེས་སོགས་གསལ་བར་བཤད་པས་སོ། །འདིར་ཀེ་ལཤ་ཞེས་བཤད་པ་ཡང་རྒྱ་དཔེ་ཁུངས་ཐུབ་པ་ལ་ལེགས་པར་དཔྱད་དགོས་སོ། །

ད་ནི་གསུམ་པ། གོང་དུ་བཤད་པའི་སྐུ་རབས་པ་དེ་དག་ལ། ལུང་གཞན་དང་མི་མཐུན་པའི་སྒོ་ནས་གནོད་བྱེད་བསྟན་པར་བྱ་སྟེ། དེ་ཡང་། མདོ་སྡེ་མྱ་ངན་ལས་འདས་པ་ཆེན་པོ་ལས། རིགས་ཀྱི་བུ་དཔེར་ན་རི་སྤོས་ཀྱིས་ངད་ཅན་ལ་མཚོ་མ་དྲོས་པ་ཞེས་བྱ་བ་ཞིག་ཡོད་དེ། མཚོ་དེ་ལས་ཆུ་ཀླུང་ཆེན་པོ་བཞི་འབྱུང་ངོ་། །བཞི་གང་ཞེ་ན། ཆུ་བོ་གང་གཱ་དང་། སིནྡྷུ་དང་། སི་ཏ་དང་། པཀྴུ་སྟེ་འཛིག་རྟེན་པ་རྣམས་འདི་སྐད་དུ། གང་ཞིག་ཁ་ན་མ་ཐོ་བའི་ལས་བྱས་པ་དེ། ཆུ་ཀླུང་ཆེན་པོ་དེ་བཞིའི་ནང་དུ་ཁྲུས་བྱས་ན། ཁ་ན་མ་ཐོ་བའི་སྡིག་པ་མང་པོ་བྱང་བར་འགྱུར་རོ། །ཞེས་སྨྲའོ། །ཞེས་གསུངས་ཤིང་། ད་ལྟའི་མ་ཕམ་འདི་ལས་ནི་ཆུ་བོ་བཞི་འབབ་པར་ཚད་མས་མ་གྲུབ་བོ། །ཡང་ལུགས་འདིས་མུ་སྟེགས་པ་ལ་གྲགས་པའི་ཆུ་བོ་བཞི་ཡང་མ་དྲོས་པ་ལས་འབབ་པའི་ཆུ་བོ་བཞི་པར་བསྟན་ལ། དེ་ལྟར་ན་མ་དྲོས་པ་ལས་བྱུང་བའི་ཆུ་བོ་བཞི་ནི། ད་ལྟའི་མི་རྣམས་ཀྱི་སྤྱོད་ཡུལ་དུ་ཡང་གྲུབ་བོ། །ཅེས་གསལ་བར་བྱའོ། །

འོ་ན་ཆུ་བོ་བཞི་པོ་གང་དང་གང་ནས་ཚུལ་ཇི་ལྟར་འབབ་ཅེ་ན། གཏམ་རྒྱུད་ལས་འདི་ལྟར་འབྱུང་སྟེ། རི་བོ་འབིགས་བྱེད་ཀྱི་རྩེ་མོའི་རི་གསུམ་ཁ་སྐོར་བལྟ་བ་རྒྱ་གར་ནུབ་ཕྱོགས་ཀྱི་ཆར་གཏོགས་པ་ནི་རི་བོ་གངས

ཅན་གྱི་ཁྲོད་ནས་བྱུང་བའི་ཆུ་བོ་གང་གཱ་དང་། ཡ་མུ་ནི་དང་། ཕུ་རྡངས་ནས་འབབ་པའི་གང་གཱ་ཡང་དེར་འདུས་ཏེ། རྒྱ་གར་ལྷོ་ཕྱོགས་སུ་སོང་ནས་ཤར་ཕྱོགས་ཀྱི་རྒྱ་མཚོར་འབབ་པར་བྱེད་དོ། །ནུབ་ཕྱོགས་ཀྱི་ཆུ་བོ་ཡ་མུ་ནི་ནི་རི་འབིགས་བྱེད་ཀྱི་རྩེ་མོ་དང་ཉེ་བ་དང་། སྔར་བཤད་པའི་རི་གསུམ་ཡོད་པ་དེའི་ཕྱོགས་ནས་འབྱུང་སྟེ། ནུབ་ཕྱོགས་ཀྱི་རྒྱ་མཚོར་འབབ་པར་བྱེད་དོ། །ལྷོ་ཕྱོགས་ཀྱི་ཆུ་བོ་སིནྡྷུ་ནི་ཟླ་བའི་རིགས་ཀྱི་རྒྱལ་པོ་ཕུ་རོ་ཝ་ཞེས་པས་ཕབ་པ་ན་ཟླ་ཕྲུང་ཞེས་ཀྱང་ཨ་མ་ར་ཀོ་བར་བཤད་ཅིང་། འབིགས་བྱེད་ཀྱི་རྩེ་མོ་དང་ཉེ་བ་ན། རི་བོ་དེ་ཆ་ཞེས་བྱ་བ་ཡོད་པ་དེའི་ཚུལ་ནས་བྱུང་བས་དེ་ཚེའི་བུ་མོ་ཞེས་ཀྱང་གྲགས་སོ། །བྱང་ཕྱོགས་ཀྱི་ཆུ་བོ་སི་ཏ་ན། ཨ་མ་ར་ཀོ་ཥར། བཱ་ཧུ་ད་ཅེས་པ་མང་པོས་སྦྱིན་ཞེས་པའི་དོན་ཡིན་ལ། སྔོན་དྲང་སྲོང་བི་ཤ་ཊ་ཞེས་བྱ་བའི་བུ་ཤི་ནས་སེམས་མྱ་ངན་གྱིས་ནོན་ཏེ། རྡོ་རྗེ་ལྟོ་བར་བཅིངས་ནས་ཆུ་འདི་ལ་ལྕེབས་སོ། །དེས་ཆུ་འདི་སྐྲག་ནས་དྲུམ་བུར་བརྒྱར་གྱེས་སོ། །དེ་ཕྱིན་ཆད་ཆུ་བོ་བརྒྱར་གྱེས་ཞེས་ཀྱང་གྲགས་སོ། །འདི་ནི་ཧོར་གྱི་ཡུལ་ནས་འབབ་པའི་ཆུ་བོ་ཧ་ཤི་ཅེས་ཟེར་བ་དེ་ཡིན་ནོ་ཞེས་བླ་མ་གསུངས། ཆུ་བོ་དེ་ནི་བྱང་ཕྱོགས་ཀྱི་རྒྱ་མཚོར་འབབ་པའོ། །ཅེས་གཏམ་བརྒྱུད་ལས་དེ་ལྟ་བུ་འབྱུང་ངོ་། །

ཡང་སློབ་དཔོན་ཀླུ་སྒྲུབ་ཀྱིས་མདོ་ཀུན་ལས་བཏུས་པ་ཆེན་པོར། རྟོགས་པ་བརྗོད་པའི་ལུང་དྲངས་པ་ལས། མཚོ་ཆེན་པོ་མ་དྲོས་པ་འདས་པའི་བྱང་ཕྱོགས་ན། རི་བོ་རྩེ་ལྔ་པ་ཅེས་བྱ་བ་དེའི་ཕ་རོལ་ན་ཨུ་དུམ་ཝ་རའི་ཚལ་ཡོད་དོ། །ཅེས་གསུངས་པ་ལ་བརྟེན་ནས་སྔ་རབས་པ་འགའ་ཞིག་རི་བོ་རྩེ་ལྔའི་ཕྱུ་རོལ་ན་མ་དྲོས་པ་ཡོད་དོ། །ཅེས་གསུངས་པ་ནི་རྒྱ་མཚན་ངེས་པ་མེད་པའི་ཕྱིར་རོ། །འཐད་པར་དཀའ་ལ་འོན་ཀྱང་ལུང་འདི་ཨུ་དུམ་ཝ་རའི་ཚལ་དང་། མ་དྲོས་པ་ཕྱོགས་མཚུངས་པར་བཤད་པས། ད་ལྟའི་མ་ཕམ་འདི་མ་དྲོས་པར་འདོད་པ་ལ་ནི་ཤིན་ཏུ་ཡང་གནོད་དོ། །གཞན་ཡང་ནོར་བཟང་གི་རྟོགས་པར་བརྗོད་པ་ལས། རི་བོ་གངས་ཅན་གང་ན་ཡོད་པའི་ཚུལ་གསུངས་པས་ཀྱང་། ད་ལྟའི་ཏི་སེ་རི་བོ་གངས་ཅན་མ་ཡིན་པ་གསལ་བར་བསྟན་ཏེ། ཇི་སྐད་དུ། རྟོགས་པ་བརྗོད་པ་དེ་ཉིད་ལས། ཡིད་འཕྲོག་མའི་རྗེས་སུ་བསྟན་པ། བྱང་ཕྱོགས་ན་རི་ནག་པོ་གསུམ་མཆིས་སོ། །དེ་དག་བརྒལ་བའི་ཕ་རོལ་ན་ཡང་གསུམ་མོ། །དེ་དག་བརྒལ་བའི་ཕ་རོལ་ན་ཡང་གསུམ་མཆིས་སོ། །དེ་དག་བརྒལ་བ་དང་རིའི་རྒྱལ་པོ་གངས་ཅན་མཆིས་སོ། །ཞེས་མངོན་པ་ནས་ཇི་སྐད་བསྟན་པ་བཞིན་དུ་ཡོད་པར་བཤད་ལ། རི་བོ་གངས་ཅན་གྱི་ཕ་རོལ་ན་ཡང་། རི་ཕུང་པོའི་རྩེ་དང་། སྒྲ་ཅན་དང་། སེང་སྡེང་ཅན་དང་། རྒྱུད་གཅིག་པ་དང་། རྡོ་རྗེ་ཅན་དང་། འདོད་དགུར་བསྒྱུར་བའི་གཟུགས་ཅན་དང་། ཕུར་པའི་དབྱིབས་དང་། ས་བསྲུངས་བུའི་དབྱིབས་དང་། མི་གཡོ་བ་དང་། རབ་གྲོལ་ཏེ་རི་བོ་བཅུ་འདས་པའི་ཕ་རོལ་ན། མི་འམ་ཅིའི་ལྡོན

པའི་ཡུལ་ཡོད་པར་གསུངས་སོ། །

རི་བོ་གངས་ཅན་སོགས་བརྒྱལ་ནས་འགྲོ་བ་ལ། རྫུ་འཕྲུལ་དང་ལྡན་པ་དགོས་པར་འདི་ཉིད་ལས་ཀྱང་བཤད་དེ། ཇི་སྐད་དུ། རྟོགས་པ་བརྗོད་པའི་ཡལ་འདབ་དྲུག་ཅུ་རྩ་བཞི་པ་ལས། སྨན་ཆེན་བདུད་རྩི་ལེགས་གྲུབ་པ། །མར་གྱིས་སྨན་མར་འཕྱུང་ནས་ནི། །རྫུ་འཕྲུལ་སྟོབས་ཀྱིས་བདག་ཉིད་ཐོབ། །མཚོན་ཆ་དང་བཅས་དལ་གྱིས་སོང་། །རྫུ་འཕྲུལ་གྱིས་ནི་ལམ་དུ་དེའི། །ཉེར་མཁོ་ཐམས་ཅད་ཉེར་གནས་འགྱུར། །སྙིང་སྟོབས་གྲོགས་དང་ལྡན་རྣམས་ཀྱི། །འགྲུབ་པ་ཕུན་ཚོགས་རང་དབང་ཉིད། །དེ་ནས་རིག་འཛིན་བུ་མོ་ནི། །རྩེ་དགའ་དགོད་པ་ལྟར་མཛེས་པ། །གངས་ཅན་བརྒྱལ་ནས་དེ་ཡིས་ནི། །ཀུ་ཀུ་ལ་ཡི་རི་ལ་སླེབ། །ཅེས་རྒྱལ་བུ་ནོར་བཟང་གིས་ཀྱང་བཅུད་ལེན་གྱི་སྨན་མར་འཕྱུངས་པའི་སྟོབས་ཀྱིས་རྫུ་འཕྲུལ་ཐོབ་ནས་རི་བོ་གངས་ཅན་བརྒྱལ་ཏེ་རི་ཀུ་ཀུ་ལའི་རྩེ་མོར་སླེབ་པར་བཤད་པས་སོ། །དེ་བས་ནས། བདག་ཉིད་ཆེན་པོ་དཔལ་ལྡན་ས་སྐྱ་པཎྜི་ཏའི་གནའི་མཚན་བུ་ལས། བོད་དང་རྒྱ་གར་གྱི་བར་ན་སྟོད་མངའ་རིས་ནས་རྒྱ་ནག་གི་བར་མ་ཆད་པའི་རི་རྒྱུད་གཉིས། བོད་དང་ཧོར་གྱི་བར་ན་ཆགས་པའི་གངས་རྒྱུད་དེ། དེ་ལྟར་གསུམ། ཆུ་བོ་སི་ཏའི་བྱང་ན་རི་རྒྱུད་དྲུག་སྟེ་དགུ་འདས་པའི་ཕ་རོལ་ན་རི་བོ་གངས་ཅན་ཡོད་དེ། ཅེས་གསུངས་པ་ཡང་དོན་དང་མཐུན་པར་རྟོགས་སོ། །

མངོན་པ་བ་འགའ་ཞིག་རི་ནག་པོ་གར་མཁར་གླུ་ལེན་པ་འདྲ་བ་ཡོད་ཅེས་ཟེར་བ་ནི། ཁུངས་ནས་བཤད་པ་མ་མཐོང་ལ། རྟོགས་བརྗོད་ལས། དེ་ནས་རིག་འཛིན་བུ་མོ་ནི། །རྩེ་དགའ་གཏོད་པ་ལྟར་མཛེས་པ། །གངས་ཅན། ཞེས་རི་བོ་གངས་ཅན་ལ་རིག་འཛིན་གྱི་བུ་མོ་གླུ་ལེན་པ་འདྲ་བར་བཤད་དོ། །དེ་ལྟར་རྒྱ་མཚན་དུ་མའི་སྒྲོ་ནས་དཔྱའི་ཏི་སེ་དང་། མ་ཕམ་རི་བོ་གངས་ཅན་དང་། མཉྫོས་པ་མ་ཡིན་པར་བཤད་པ་ལ་ཁོ་ན་རེ། ལུང་ཕྱིན་པོ་ལས། དེ་ལྟར་བཤད་ཀྱང་། དུས་ཀྱི་འཁོར་ལོ་ལྟ་བུ་ཆོས་སྐད་ལོགས་པ་ཡིན་པས། དེ་ནས་གསུངས་པ་དང་ངེད་ཀྱི་ལུགས་མཐུན་སྙམ་ན།

གསུམ་པ་དུས་ཀྱི་འཁོར་ལོ་ལས་བཤད་པའི་ཚུལ་ནི། བསྡུས་རྒྱུད་ལས། ལན་ཚྭ་ཆང་དང་ཆུ་དང་འོ་མ་ཞོ་དང་སྣུམ་རྩིའི་རྒྱ་མཚོ་རྣམས་དང་རི་བདུན་ནི། །འོད་སྡོན་པོ་དང་མཉྫ་ར་བའི་རི་སྐྱེ་རྩུབ་ལྡན་ནོར་འོད་ཚད་ལྡན་གྲང་བའི་རི་རྡོ་རྗེ། །གླིང་རྣམས་ཟླ་བ་དང་ནི་རབ་དཀར་མཆོག་གི་ཀུཤ་མིའམ་ཅི་སྐྱེ་ཁྲུང་ཁྲུང་དྲག་པོ་རྣམས། །ལོངས་སྤྱོད་པ་རྣམས་ཉིད་དེ་འཛམ་གླིང་བདུན་པ་ལས་ཀྱི་ས་རྣམས་ལ་ནི་མི་རྣམས་གནས་པའོ། །ཞེས་རི་རབ་ལ་མཚོ་བདུན་དང་། རི་བདུན་དང་། གླིང་བདུན་གྱིས་ཁོར་ཡུག་ཏུ་བསྐོར་ནས་ཡོད་པའི་གླིང་ཕྱི་མ་འཛམ་གླིང་ཆེན་པོ་ཡིན་ཅིང་། དེ་ལ་དུམ་བུ་བཅུ་གཉིས་བྱས་པའི་ལྷོའི་ཆ་ནི་འཛམ་གླིང་ཆུང་དུ་ཡིན་ལ། དེའི་ཆུ

ཞིང་ཆེ་བ་ལ་ཆུ་བོ་སི་ཏ་ཡོད། དེའི་བྱང་ན་རི་བོ་གངས་ཅན་ཡོད་ཅིང་། རི་བོ་གངས་ཅན་གྱིས་བསྐོར་བའི་དབུས་ན་ཤམ་ལྷ་ལའི་ཡུལ། ས་པདྨ་འདབ་བརྒྱད་ཀྱི་རྣམ་པར་གནས་པ་དབུས་ཀྱི་སུམ་ཆ་ལྟེ་བར་བྱས་པ་ལ་ཀ་ལ་ཤའི་རི་བོར་གྲགས་ཤིང་། དེ་ལ་རྒྱལ་པོའི་ཕོ་བྲང་ཀ་ལ་པ་དང་། དུས་ཀྱི་འཁོར་ལོའི་གཞལ་ཡས་ཁང་དང་། མ་ལ་ཡའི་སྐྱེད་མོས་ཚལ་ཡོད་ལ། འདབ་མ་བརྒྱད་པོ་རེ་རེ་ལ་གྲོང་ཁྱེར་བྱེ་བ་བཅུ་གཉིས་རེ་ཡོད་ཅིང་། བྱེ་བ་ཕྲག་རེ་ལ་རྒྱལ་པོ་རེ་ཡོད་པས་རྒྱལ་ཕྲན་དགུ་བཅུ་རྩ་དྲུག་ཡོད་དེ། དེ་ལྟར་ཡང་། གངས་རི་མཆོག་གི་ཕྱོགས་རྣམས་མ་ལུས་ཀུན་ནས་ཡང་དག་བསྐོར་བ་དེ་དག་དབུས་སུ་ཀ་ལ་ཤ །ས་ལ་ཀ་ལ་ཤ་ཡི་དུམ་བུར་གངས་རི་ལྡན་པ་དེའི་སུམ་ཆ་ཀུན་ནས་ཤེས་བྱ་སྟེ། །ཕྱི་རོལ་དུ་ཡང་ཡུལ་རྣམས་ཉིན་བྱེད་འདབ་མ་རེ་རེའི་གླིང་རྣམས་ཀུན་གྱིས་བརྒྱན་པར་བརྗོད་པ་སྟེ། །གཡས་ཀྱི་ཕྱེད་དུ་ཐུབ་མཆོག་གནས་གྲོང་ཤ་མྦྷ་ལ་ཞེས་བྱ་བ་གྲོང་ཁྱེར་བྱེ་བ་ཡང་དག་གནས། །ཞེས་གསུངས་ལ། དེ་ལྟ་བུའི་མཚན་ཉིད་དེ་དག་ཀྱང་ད་ལྟའི་གངས་རི་ལ་ཡོད་པ་མ་ཡིན་ནོ། །འོ་ན་རྗེ་བཙུན་མི་ལའི་མགུར་ལས། གངས་དཀར་ཏི་སེ་ཞེས་པ་དེ། །རི་བོ་གངས་ཅན་ཞེས་བྱ་ཡིན། །མ་ཕམ་གཡུ་མཚོ་སྨད་པ་དེ། །མ་དྲོས་རྒྱ་མཚོ་ཞེས་པ་ཡིན། །ཞེས་གསུངས་པ་དང་། ལོ་ཙྪ་བ་རིན་ཆེན་བཟང་པོས་ཁྱད་འཕགས་ཀྱི་འགྱུར་བྱང་དུ་མ་ཕམ་མ་དྲོས་པར་བཤད་པ་སོགས་ཇི་ལྟར་དྲངས་ཞེ་ན། དེ་དག་ཀྱང་བསྟོད་པར་མཛད་པ་ཙམ་ཡིན་པས། གོང་དུ་བསྟན་པ་ལྟར་སྟན་ངག་གི་ལུགས་སམ། ཡང་ན་རྣལ་འབྱོར་པའི་ཉམས་སྣང་ལ་ཤར་བ་ཙམ་སྟེ། རྗེ་བཙུན་རིན་པོ་ཆེའི་མགུར་ལས། དཔལ་ལྡན་ས་སྐྱ་ལ་འོག་མིན་དུ་བཤད་པ་བཞིན་ནོ། །རི་བོ་གངས་ཅན་དང་། མ་དྲོས་པའི་གནས་ཚུལ་བཤད་པའི་སྐབས་ཏེ་དང་པོའོ། །

གང་ཞིག་གཡོ་མེད་ཀུན་གསལ་ཕྱོགས་ཀྱི་ཁོངས། །སྤྲུལ་པའི་སྒྱུ་མ་སྣ་ཚོགས་ཅི་ཡང་སྟོན། །གདུལ་བྱའི་ཡིད་བཞིན་དངོས་གྲུབ་དུ་མའི་གཏེར། །ལེགས་འཛིན་མཁའ་འགྲོའི་དཔལ་མོ་རྣམས་ཀྱིས་སྐྱོངས། །

གཉིས་པ་རྒྱུད་སྡེ་ལས་གསུངས་པའི་ཕྱིའི་ཡུལ་ཆེན་ངོས་བཟུང་བ་ལ། བདེ་ཀྱི་ནས་འབྱུང་བའི་ཡུལ་ཆེན་སོ་སོར་བཤད་པ་དང་། གཞུང་ལ་དགོས་པ་བཅད་དེ་ཡུལ་ཆེན་སུམ་ཅུ་རྩ་བདུན་ངོས་བཟུང་བའོ། །དང་པོ་ལ་ཡུལ་ཉི་ཤུ་རྩ་བཞི་བཤད་པ། ཉེར་བརྒྱད་བཤད་པ། སུམ་ཅུ་རྩ་གཉིས་བཤད་པ། བཞི་བཅུ་རྩ་བརྒྱད་དུ་བཤད་པ་བཞི་ལས། དང་པོ་ནི། འཁོར་ལོ་བདེ་མཆོག་རྩ་བའི་རྒྱུད་ཀྱི་དངོས་བསྟན་ལ་གསུམ་སྟེ། སྟེང་ཚངས་པའི་འཇིག་རྟེན་ནས་འོག་ཀླུང་གི་དལ་ཡན་ཆད་ཁྱབ་པ་དང་། ལྟན་ཅིག་ཏུ་ཡུལ་ཉི་ཤུ་རྩ་བཞི་ཁྱབ་ཅིང་། བྱེ་བྲག་ཏུ་འཛམ་བུའི་གླིང་ཁྱབ་པ་དང་དུས་མཉམ་དུ་ཡུལ་ཉི་ཤུ་རྩ་བཞི་ཁྱབ་པས། གདོད་མའི་གནས་ཞེས་གྲགས་སོ། །འདི་དག་ལ་ཧེ་རུ་ཀའི་བྱུང་ཚུལ་སོགས་ཀྱང་སྦྱར་ནས་གསུངས་མོད་ཀྱི། འདིར་ཡི་གེ་མང་བའི་

འཇིགས་པས་མ་བྲིས་པའོ། །

ཡུལ་ཉེར་བཞིའི་དང་པོ་པུ་ལི་ར་མ་ལ་ཡ་ནི། རྡོ་རྗེ་གདན་ལྟེ་བར་བྱས་པའི་ལྷོ་ནུབ་ན་ཡོད་ཅེས་བླ་མ་དམ་པར་གསུངས་ལ། ཁ་ཅིག་ན་རེ། ཤར་ཕྱོགས་ཧཱུཾ་ག་ལའི་ལྷོ་ན། མཚོ་མ་ལ་ཡའི་ཆུ་ཀླུང་གི་གཡས། ཙ་མི་ཏ་གདུག་པའི་གནས་ན་རྡོ་རྗེའི་ལིང་ག་མགོ་ལྔ་བྱུས་མཚན་པ་ཡོད་ཅེས་གསུངས། ཆོས་ཀྱི་རྗེ་ནི། ཡུལ་འདི་ཉིད་ཀློ་ལ་གི་རི་དང་གཅིག་ཅེས་གསུངས་སོ། །དེ་ལྟར་ན་ལྷོ་ནུབ་ན་གོ་ལའི་རི་ཡོད་པའོ། །སྒྲ་དོན་ནི་གང་བའི་གནས་ཤེས་པ་སྟེ། པུཥྐའི་སྒྲ་གང་ན་མ་འཇུག་པས་སོ། །འགའ་ཞིག་རྒྱས་པའི་དོན་དུ་འཆད་པ་ནི་སྒྲ་དོན་ལོག་པའོ། །

ཛཱ་ལན་དྷ་ར་ནི། དྲ་བ་འཛིན་པ་ཞེས་པ་སྟེ། ནུབ་བྱང་ན་རྡོ་ལ་མེ་འབར་གྱི་གནས་ཡོད་པ་དེ་ཉིད་ཡིན་ནོ་ཞེས་བླ་མ་དམ་པར་གསུངས་ལ། རྗེ་བཙུན་གོང་མ་ནི་ཁ་ཆེའི་དགོན་པ་ཛ་ལནྡྷ་ར་ཡིན་ཞེས་གསུངས། བུ་སྟོན་རིན་པོ་ཆེ་ནི། གུག་གེའི་ནུབ་བྱང་ན་ཐོ་མིང་གི་རྩང་པོ་ཤ་བ་སྦྱ་གར་ཤའི་རྩང་པོ་ཧེ་པ་ཤ་ན། ཤི་མ་ཛའི་རྩང་པོ་མེ་ར་ལྷེ་དང་གསུམ་འདུས་པའི་མདོ་ན་གྲོང་ཁྱེར་ཆེན་པོ་གཅིག་ཡོད། དེའི་ཉེ་ལོགས་ན་རྡོ་རྗེའི་ལིང་ག་ཐོད་པ་ཁ་སྦྱར་པ་ལྟ་བུ་ཕྱོགས་གཅིག་ན་བུ་ག་དང་བཅས་པ་ཡོད་པ། དེའི་ཉེ་འཁོར་ན་ཞིང་སྐྱོང་ལྷ་མོ། ཛཱ་ལ་མུ་ཁི་ཞེས་བྱ་བ་རྡོ་ལ་རང་འབྱུངས་སུ་ཡོད་པ་ཁ་སྦྱར་དུ་ཉལ་བ་དེ་ལ་གཙུག་ལག་ཁང་བརྩིགས་པ་ཡོད། དེ་ནས་རྒྱང་གྲགས་གཅིག་གི་ཕ་རོལ་ན། སྒྲུབ་པའི་གནས་བྲག་ཕུག་བརྒྱ། ཆུ་མིག་བརྒྱ། ཤིང་དྲུང་བརྒྱ་ཡོད་པའི་ཐད། ཁའི་བྲག་དཀྱིལ་ནས་ཆུ་འབབ་པ། དེ་ལ་མུ་སྟེགས་པ་རྣམས་ཁྲུས་བྱེད་པ་ཡོད་དོ། །ཅེས་གསུངས་སོ། །

ཨོཾ་ཊ་ཡ་ན་ནི། རྒྱ་རྒྱུད་ནས་འབྱུང་བའི་མིང་ཡིན་ལ། རྡོ་རྗེ་མཁའ་འགྲོ་ལ་ཨོ་ཌྱ་ཡ་ན། ཞེས་འབྱུང་། དེ་སྐད་ཟུར་ཆག་ནས། ཨོ་རྒྱན་ཞེས་གྲགས་པ་ནི། འཕུར་འགྲོ་སྟེ། རྒྱལ་པོ་ཨིནྡྲ་བྷཱུ་ཏི་བྱོན་པའི་ཡུལ་ན་རྡོ་རྗེའི་ཆོས་འབྱུང་ཡོད་པའོ། །ཨརྦུ་ཏ་ནི། འགྲོ་བའི་ཆུ་བུར་ཞེས་པ་སྟེ། ལྷོ་ཕྱོགས་ན་རི་དབུས་མཐོ་བ་མཐའ་དམ་པ་འབྲང་རྒྱས་འདྲ་བ། ནགས་ཚལ་འཐུག་པོས་བསྐོར་བ། སྒྲུབ་པའི་གནས་ཤིན་ཏུ་ཉམས་དགའ་བ་ཡོད་པ་དེ་ཡིན་ནོ་ཞེས་བུ་སྟོན་གསུངས་ལ། འགའ་ཞིག་ན་རེ་གྲོང་རྡོ་མཆོག་ཡིན་ནོ། །ཞེས་ཀྱང་གསུངས་སོ། །

གོ་ད་ཝ་རི་ནི། བའི་མཆོག་སྦྱིན་ཞེས་བྱ་ཏེ། བལ་ཡུལ་དུ་བ་དཀར་མོ་ཞིག་གི་འོ་མས་མཆོད་སྦྱིན་བྱས་པའི་ཤུལ་དུ། བཀོས་པས་དབང་ཕྱུག་ཆེན་པོའི་ལིང་ག་ཞིག་བྱུང་། དེ་རི་བོ་འབིགས་བྱེད་དང་ཉེ་བ་རྡོ་རྗེ་གདན་ནས་ཟླ་བ་ཕྱེད་གཉིས་ཡོད་པའི་སར་ཁྱེར་ཏེ་མཆོད་པ་གྲུབ་ཆུ་བྱུང་བའི་གནས་ལ་གྲགས་སོ་ཞེས་བུ་སྟོན་གསུངས་ལ། རྗེ་བཙུན་གོང་མ་ནི། ལྷོ་ཕྱོགས་དཔལ་གྱི་རི་ལ་ཆུ་བོ་གོ་ད་ཝ་རི་འབབ་པ་དེ་ཉིད་ཡིན་ཞེས

གསུངས། མཁས་པ་འཇུག་པའི་སྒོ་ལས། གོ་ཏ་ཕ་རི་ཞེས་བྱ་བ། དྲང་སྲོང་གཅིག་གིས་བ་གླང་བསད་པའི་སྡིག་སྦྱོང་གི་ཆུ་ཡིན་པས། བ་གླང་བསད་པའི་ཆུ་ཞེས་བྱ་བར་འགྱུར་མོད་ཀྱི། བའི་མཆོག་སྦྱིན་ཞེས་དོན་འགྱུར་དུ་བྱས་པ་ཡིན་ཞེས་གསུངས་ལ། ཡོད་ས་ནི། བལ་ཡུལ་ཡིན་ཞེས་ཀྱང་གསུངས་མོད་ཀྱི། རྗེ་བཙུན་གོང་མའི་ལུགས་དང་འགལ་བ་མ་ཡིན་ཏེ། འདི་ནི་དང་པོའི་འབྱུང་བ་ལ་དགོངས་པའི་ཕྱིར་རོ། །ར་མེ་ཤྭ་ར་ནི། དགའ་བའི་དབང་ཕྱུག་སྟེ། ཤར་ཕྱོགས་རྒྱལ་པོ་དགའ་བའི་དབང་ཕྱུག་གི་གྲོང་ཁྱེར་ན། སྒྲུབ་གནས་རྡོའི་ལིང་ག་རྟའི་རྟོག་མ་ལྷ་བུའི་མཚན་མ་ཡོད། ཅེས་བུ་སྟོན་གསུངས་ལ། བླ་མ་དམ་པར་ནི་ལྷོ་ནུབ་ན་དགའ་བྱེད་དབང་ཕྱུག་གིས་བྱས་པའི་དབང་ཕྱུག་ཆེན་པོའི་རྟེན་ཡོད་པ་དེ་ཉིད་ཡིན་ཞེས་བཞེད་ལ། ལྷོ་ཕྱོགས་ན་ཡོད་པར་ཆོས་ཀྱི་རྗེས་ཀྱང་གསུངས་སོ། །དེ་ཝི་ཀོ་ཊ་ནི། ལྷ་མོའི་རྫོང་སྟེ། ཤར་ཕྱོགས་བ་རེནྡྲའི་ས་ཕྱོགས། གྲོ་མོའི་ལྷོ་ཐད་ན། གྲོང་ཁྱེར་པཎྜུ་པ་ཅེས་པའི་རྒྱང་གྲགས་པའི་ཕ་རོལ་ན། དེ་ཝི་ཀོ་ཊའི་ལྷ་ཁང་ཡོད་དོ། །མཱ་ལ་ཝ་ནི། ནུབ་ཕྱོགས་ན་ཕྲེང་བ་ཅན་ཞེས་བྱ་བའི་ཡུལ་ན། སྒྲུབ་གནས་གཡས་གཡོན་གཉིས་མཐོ་བ། ཕྲག་པ་ལྷ་བུ་ཞིག་ཡོད་དོ། །ཅེས་བུ་སྟོན་གསུང་ལ། རྗེ་བཙུན་གོང་མ་ནི། ལྷོ་ནུབ་ན་ཙན་དན་སྐྱེ་བའི་ཡུལ་ཡོད་པ་དེ་ཡིན་གསུངས་སོ། །ཀ་མ་རུ་ནི། འདོད་པའི་གཟུགས་ཏེ། དམུལ་གྱི་ལྷོ་ཐད་ན་གྲོང་ཁྱེར་ཆེན་པོ་གཅིག་ཡོད། དེའི་ཕྱོགས་གཅིག་ན་སྒྲུབ་གནས་རྡོའི་ལིང་ག་མཆན་ཁུང་ལྷ་བུས་མཚོན་པའི་ཆོས་འབྱུང་མི་གང་ཙམ་གྱིས་མཐོ་བ་ཞིག་ཡོད་དོ། །ཕྱོགས་དེ་ན་ཆུ་བོ་ཧི་ཏ་ཡང་འབབ་བོ། །ཨོ་ཊྲེ་ནི། ཁྲམ་ལྡན་ཞེས་པ་སྟེ། ལྷོ་ཕྱོགས་ན་རྒྱལ་པོ་ཤིང་རྟ་བཅུ་པའི་ཡུལ་ན། རྡོའི་ལིང་ག་ནུ་མ་ལྷ་བུས་མཚན་པའི་སྒྲུབ་གནས་ཡོད་དོ། །འདི་ནི་ཨོ་ཊྲེ་བི་ཤའི་ཡིན་ནོ་ཞེས་ཆོས་ཀྱི་རྗེ་ས་སྐྱ་པཎྜི་ཏས་གསུངས་སོ། །ཏྲི་ཤ་ཀུ་ནེ་ར་ནི། དགེ་མཚན་གསུམ་པ་སྟེ། སྟག་གཟིགས་ཀྱི་ཡུལ་ན་ཆུ་བོ་གཏླ། གཉྫི་དང་། ས་ཕ་རུ་གསུམ་འདུས་པའི་མདོ་ན། ངང་པ་ལ་སོགས་པ་བྱ་སྐད་སྙན་པོ་སྒྲོགས་པའི་སྒྲུབ་གནས། རྡོ་རྗེའི་ལིང་ག་ལྟེ་བ་ལྷ་བུས་མཚན་པ་གཅིག་ཡོད་ཅེས་བུ་སྟོན་གསུངས་ལ། ཆོས་ཀྱི་རྗེ་ནི་ཤར་ལྷོ་ན་ཡོད་གསུང་ངོ་། །ཀོ་ས་ལ་ནི། རྒྱལ་པོ་གསལ་རྒྱལ་གྱི་ཡུལ་ཏེ། སྟོན་དགེ་བ་ཅེས་བྱ་བས་བསྐྱེགས་པའི་ཕྱིར། དགེ་བ་ཅན་ཞེས་བྱ་བ་སྟེ། བརྡའ་སྙིང་ལས། མཛོད་ལྡན་ཞེས་བསྒྱུར་ཏེ། དེའི་རྒྱང་གྲགས་གཅིག་གི་ཕ་རོལ་ན། རྡོའི་ལིང་ག་སྣ་ལྷ་བུས་མཚན་པ་ཡོད་དོ། །ཀ་ལིང་ག་ནི། གུག་གེ་མང་ནང་གི་རྒྱབ་རྡོ་རྗེ་གདན་ནས་དཔག་ཚད་བཅུ་གཉིས་ཀྱི་ཚུ་རོལ་ན། གླང་པོ་ཆེ་འཛིན་པའི་ས་ཞེས་བྱ་བའི་སྒྲུབ་གནས་ཡོད་པ་དེ་ཡིན་ནོ། །ཞེས་ཟེར། ཁ་ཅིག་ན་རེ། རྡོ་རྗེ་གདན་ནས་དཔག་ཚད་དྲུག་ཅུ་ལྷོ་ནུབ་ཏུ་ཕྱིན་པ་ན་སྟོན་གྱི་རྒྱལ་པོ་ཐམས་ཅད་སྒྲོལ་གྱི་ཡུལ་ཡོད་པ་དེ་ཡིན་ནོ་ཞེས་གསུངས། ཆོས་ཀྱི་རྗེས། ཡུལ་འདི་ལྷོ་ཕྱོགས་ན་ཡོད་པར་གསུངས་པ་དང་ཕྱི་མ་འདི་མཐུན། ལམྤ་ཀི་ནི།

འཆང་བ་ཅན་ཞེས་པ་སྟེ། གར་ལོག་གི་རྒྱལ་བྲག་དང་ཆུ་འཐབ་པའི་འགྲམ་ན། སྒྲུབ་གནས་ཤིན་ཏུ་དབེན་པ་གཅིག་ཡོད་པ་དེ་ཡིན་ནོ། །ཞེས་བུ་སྟོན་གསུང་ལ། ཁ་ཅིག་ན་རེ། ནུབ་ཕྱོགས་ཨོ་རྒྱན་ནས་ཤར་དུ་ཙུང་ཟད་ཕྱིན་པ་ན་ཡོད་ཅེས་གསུངས་སོ། །ཀཱཉྩི་ནི་གསེར་ལྡན་ཞེས་པ་སྟེ། རྒྱ་གར་གྱི་ལྷོ་ཕྱོགས། ཆོས་ཀྱི་གྲགས་པའི་ཡུལ་དང་ཉེ་བ་ན། གྲོང་ཁྱེར་གྱི་མཆོག་ཅེས་གྲགས་པ། སྟོན་ད་རི་ཀ་པས་གྲུབ་པ་བརྙེས་པའི་ས་ཕྱོགས་ཏེ། དེ་ན་གསེར་གྱི་ལིང་ག་ལྟ་བུས་མཚོན་པའི་སྒྲུབ་གནས་ཡོད་ཅེས་ཟེར་ལ། ཡུལ་འདི་མི་ཁྱིམ་འབུམ་ཕྲག་བཅུ་བཞི་ཡོད་དོ། །ཞེས་བླ་མ་ས་སྐྱ་པ་ཆེན་པོ་གསུངས་སོ། །

ཧི་མ་ལ་ཡ་ནི། གངས་ཅན་ནམ་ཁ་བ་ཅན་ཏེ། ཁ་ཅིག་བོད་སྤྱི་ལ་ངོས་འཛིན་པ་དང་། ཡང་ཁ་ཅིག །མངོན་པ་ནས་གསུངས་པའི་གངས་རི་སོགས་ལ་འདོད་པ་ནི་དོན་མ་ཡིན་གྱི། རྗེ་བཙུན་གྱིས་བལ་པོར་གཏོགས་པའི་བོད་ཅེས་གསུངས་པ་ལྟར། བལ་པོའི་ནི་ལ་གཎྛའི་གནས་ཞེས་གྲགས་པ་དེ་ཡིན་ནོ། །པྲེ་ཏ་པུ་རི་ནི། ཡི་དྭགས་ཀྱི་གྲོང་ཁྱེར་ཏེ། པུ་ཧྲངས་ཀྱི་ཡུལ་ན་ཡོད་པ་ཡིན་ཞེས་ཁ་ཅིག་ཟེར་ཡང་། བྱང་ཕྱོགས་ན་ཡོད་པར་འདོད་པ་དག་གོ། །གྲི་ཧ་དེ་ཝ་ནི། ཁྱིམ་གྱི་ལྷ་ཞེས་པ་སྟེ། ལིའི་ཡུལ་ལྷུང་ར་སླུག་པོ་ན་རྡོའི་ལིང་ག་སྙིང་ལྟ་བུས་མཚན་པའི་བསྒྲུབ་གནས་ཡོད་ཟེར་རོ། །སཽ་རཥྚ་ནི། ཡུལ་འཁོར་བཟང་པོ་ཅན་ཞེས་པ་སྟེ། ནུབ་ཕྱོགས་ན་སོ་བ་ན་ཐ་ཞེས་བྱ་བ་རྣལ་འབྱོར་དབང་ཕྱུག་གི་སྐུ་བཞུགས་པའི་ས་དེ་ཡིན་ནོ། །སུ་ཝརྞ་དིཿནི། གསེར་གླིང་སྟེ་ཤར་ལྷོའི་ཕྱོགས་ན་མི་ཡོད་པའི་གླིང་གཅིག་དང་། ལྷོ་ཕྱོགས་ན་མི་མེད་པའི་གླིང་གཅིག་ཏེ་གཉིས་ཡོད་ཅེས་རྗེ་བཙུན་གོང་མ་གསུང་ལ། འདི་ནི་གསེར་གླིང་རྒྱལ་པོའི་ཡུལ་ཉིད་ཡིན་ནོ། །ཞེས་གསུངས་སོ། །ན་གཱ་ར་ནི། གྲོང་ཁྱེར་ཞེས་པ་སྟེ། ཁ་ཅིག་ཁ་ཆེའི་གྲོང་ཁྱེར་ན་ག་ར་ལ་ངོས་འཛིན་ཡང་། བླ་མ་གོང་མ་རྣམས་ནི་ཡུལ་དབུས་ཀྱི་ས་ན་གཱ་ར་ཡིན་པར་བཞེད་དོ། །སིནྡྷུ་ནི། ཆུ་བོ་ཆེན་པོ་སིནྡྷུ་འབབ་པའི་སའི་ཆ་ནུབ་བྱང་གི་མཚམས་ན་ཡོད་ཅེས་ཆོས་ཀྱི་རྗེས་གསུངས། མ་རུ་ནི། མྱ་ངམ་གྱི་ཡུལ་ཏེ། ནུབ་བྱང་གི་མཚམས་ཁ་ཆེ་དང་ཉེ་བ་ན་ཁང་པའི་མཐེ་བོང་ལྟ་བུའི་རྡོ་འབྲུལ་བ་བརྟན་པས་མི་ཐོན་པ་ཞིག་ཡོད་ཅེས་ཟེར་རོ། །ཀུ་ལུ་ཏ་ནི། རན་གཅོད་ཅེས་པ་སྟེ། གར་ཞའི་རྒྱབ། ཞང་ཏིའི་ཕུག་ན། སྒྲུབ་གནས་མཐུར་དུ་བཀོས་པའི་རིང་མོ་ཞིག་ན། རྡོའི་ལིང་ག་ཕུས་མོ་ལྟ་བུ་ཞིག་ཡོད་ཅེས་བུ་སྟོན་གསུང་ལ། ཆོས་ཀྱི་རྗེ་ནི་ལྷོ་ཕྱོགས་ན་ཕུས་མོ་ལྟ་བུའི་རྡོ་ཡོད་ཅེས་གསུངས་སོ། །

དེ་དག་ནི། འཁོར་ལོ་བདེ་མཆོག་རྩ་བའི་རྒྱུད་ལས་གསུངས་པའི་ཕྱི་རོལ་གྱི་ཡུལ་གཉིས་གཉིས་ཀྱི་རླུང་སེམས་ཐིམ་ཚུལ་གྱིས་དབང་དུ་བྱས་ནས། རྡོ་རྗེའི་གནས་ནི་ཨོ་རྒྱན་དང་། །གནས་ནི་ཛཱ་ལནྡྷ་ར་དྲན། །གནས་ནི་པུ་ལི་ར་མ་དང་། །གནས་ནི་ཀཱ་མ་རུ་པའོ། །ཉེ་བའི་གནས་ནི་མ་ལ་བར་བསྟན། །སིན་དྷུ་ན་གར་སིནྡྷ་ལ། །

ཞིང་ནི་མུམྨུ་ནི་རུ་གྲགས། །དེ་བཞིན་དེ་ཝི་ཀོ་ཊ་དང་། །ཉེ་བའི་ཞིང་ནི་ཀུ་ལུ་ཏ། །ཨརྦུ་ཏ་ར་ནི་དེ་བཞིན་དྲན། །ཏ་རི་ཀེ་ལ་ཚནྡྷོ་ཧ་ར། །སྐུ་ཏ་ཧྣ་རི་དེ་བཞིན་ནོ། །ལམྤ་ཀ་དང་ཀཉྩི་སྟེ། །ཉེ་བའི་ཚནྡྷོ་ར་བསྟན་པའོ། །འདུས་པ་དེ་ནི་ཀམྨ་སྟེ། །དེ་བཞིན་དུ་ནི་གསེར་གླིང་ངོ་། །ཀོཀྣ་དང་ནི་ཧིཀྐ་སྟེ། །ཉེ་བའི་འདུས་པར་དྲན་པའོ། །ཡི་དྭགས་འདུས་པའི་དུར་ཁྲོད་དང་། །དུར་ཁྲོད་རྒྱ་མཚོའི་ངོགས་སུའོ། །ཉེ་བའི་དུར་ཁྲོད་ཙ་རི་སྟེ། །དེ་བཞིན་ཀ་མ་རུ་པའོ། །ཀཱཤྨི་ར་བི་ལ་ཙ་རུ་གྲགས། །དེ་གཞན་ཀེའུ་ར་ཡུལ་ཡིན་ནོ། །ཉེ་བའི་ཧྲི་ལ་ནེ་པ་ལ། ཉེ་བའི་ཧྲི་མ་ཀཎྜ་ཧེ། །ཞེས་གསུངས་སོ། །

གསུམ་པ་ཡུལ་སུམ་ཅུ་རྩ་གཉིས་སུ་བཤད་པ་ནི། རྩ་བའི་རྒྱུད་བརྟག་པ་གཉིས་པའི་དངོས་བསྟན་ཏེ། འདི་ལ་གཞུང་སྒྲ་ཇི་བཞིན་པ་ལ་སུམ་ཅུ་རྩ་གཉིས་འདོད་པ་དང་། འབྲུག་སྟེབས་ནས་སུམ་ཅུ་རྩ་གཉིས་སུ་བྱེད་པའི་ཚུལ་གཉིས་ལས། དང་པོ་ནི། མངའ་རིས་པའི་ཚིག་འགྲེལ་ལས། གནས་མ་ལུས་བཞི། ཉེ་བའི་གནས་ལ་གསུམ། ཞིང་ལ་བཞི། ཉེ་བའི་ཞིང་ལའང་བཞི། ཚནྡྷོ་ལ་ལྔ། ཉེ་བའི་ཚནྡྷོ་ལ་གསུམ། འཐུང་གཅོད་ལ་གཉིས། ཉེ་བའི་འཐུང་གཅོད་ལ་གསུམ། དུར་ཁྲོད་དང་ཉེ་བའི་དུར་ཁྲོད་ལ་གཉིས་སུ་གསལ་བར་བཤད་དེ། འདུ་བ་དང་། ཉེ་བའི་འདུ་བ་ལ་རྒྱས་བཤད་མི་སྣང་ངོ་ཞེས་གསུངས་ལ། བླ་མ་རྗོག་པ་རྣམས་ཀྱང་སུམ་ཅུ་རྩ་གཉིས་ཀྱི་གྲངས་འདྲེན་ལུགས་འདི་ཇི་ལྟ་བ་བཞིན་ལ། འདུ་བ་ནི། མ་ག་དྷའི་ཡུལ་དང་། ཉེ་འདུ་ནི་ཨོཾ་ག་མ་ག་དྷའི་ཡུལ་ཏེ། དེ་གཉིས་དབུས་སུ་བྱས་ནས། ཕྱོགས་རྣམས་སུ་སུམ་ཅུ་རྩ་གཉིས་རྩིས་པས་སུམ་བཅུ་རྩ་བཞིར་ཡོད་དོ་ཅེས་གསུངས་ལ། འདི་དག་གི་ལུགས་ལྟར་ན། ཧིཀྐ་གཞོན་ནུའི་གྲོང་ཁྱེར་ནི། རི་བོ་འབིགས་བྱེད་ཀྱི་རྩེ་ལ་གྲོང་ཁྱེར་ཡོད་པ་དེ་ཡིན་ནོ། །ཞེས་གསུངས་ཤིང་། དེ་ནི་ཡུལ་གཅིག་ཏུ་འདྲེན་པར་བཞེད་དོ། །འདུ་བ་དང་། ཉེ་འདུ་གཉིས་རྒྱས་བཤད་དུ་མི་འབྱུང་བ་ཡང་། དེ་གཉིས་དབུས་སུ་གཞིར་བཞག་ནས་རྩིས་པ་ཡིན་པས་འགལ་བ་མེད་ཅེས་གསུངས་སོ། །

རྩ་རྒྱུད་ཀྱི་འགྲེལ་པ། ཁ་སྦྱོར་དྲི་མ་མེད་པ་ལས། གནས་དང་ཉེ་བའི་གནས་ལ་ཡུལ་བདུན། ཞིང་དང་ཉེ་བའི་ཞིང་ལ་ཡུལ་བརྒྱད། ཚནྡྷོ་དང་ཉེ་བའི་ཚནྡྷོ་ལ་ཡུལ་བདུན། འཐུང་གཅོད་དང་། ཉེ་བའི་འཐུང་གཅོད་ལ་ཡུལ་དྲུག །དུར་ཁྲོད་དང་། ཉེ་བའི་དུར་ཁྲོད་ལ་ཡུལ་བཞི་སྟེ། ཡུལ་སུམ་ཅུ་རྩ་གཉིས། གཞུང་གིས་སྒྲ་ཇི་བཞིན་པ་ལ་བཤད་ཅིང་། དེ་ལ་གནས་དང་ཉེ་གནས་ཀྱི་ཡུལ་བདུན་ནི། ཛ་ལནྡྷ་ར་དང་། ཨོ་ཊི་ཡ་ན་དང་། ཀོ་ལ་གི་རི་དང་། ཀཱ་མ་རུ་པ་དང་། མ་ལ་ཝ་དང་། སིནྡྷུ་དང་། ན་ག་ར་འོ། །ཞིང་དང་ཉེ་ཞིང་གི་ཡུལ་བརྒྱད་ནི། མུམྨུ་ནི་དང་། བྱེད་པའི་བྲང་དང་། དེ་ཝི་ཀོ་ཊ་དང་། ལྷགས་པའི་བྲང་དང་། ཀུ་ལུ་ཏ་དང་། ཨརྦུ་ཏ་དང་། གོ་ད་ཝ

རི་དང་། ཁ་བའི་རི་བོ། །ཚནྡྷོ་དང་། ཉེ་བའི་ཚནྡྷོའི་ཡུལ་བདུན་ནི། གཞུང་ལས་ཚནྡྷོ་ཧ་རི་ཀེ་ལ་དང་། །ལན་ཚྭ་རྒྱ་མཚོའི་དབུས་སྐྱེས་པ། །ཞེས་གཉིས་ལྷ་བུར་གསུངས་ཀྱང་། ལན་ཚྭ་རྒྱ་མཚོའི་དབུས་སྐྱེས་ཀྱང་། ཧ་རི་ཀེ་ལའི་ཁྱད་པར་ཡིན་པས། གཅིག་ཏུ་བསྒྲངས་ནས། ལམྤ་ཀ་དང་། ཀཉྩི་དང་། སཽ་རཥྚ་དང་། ཀ་ལིངྐ་དང་། གསེར་གླིང་དང་། ཀོངྐ་ན་རྣམས་སོ། །འཐུང་གཅོད་དང་། ཉེ་བའི་འཐུང་གཅོད་ཀྱི་ཡུལ་དྲུག་ནི། གྲོང་གི་མཐའི་ས་གཞི་དང་། གྲོང་ཁྱེར་གྱི་མཐའི་ས་གཞི་དང་། ཙ་རི་ཏྲ་དང་། ཀ་ཤོ་ལ་དང་། རི་བོ་འབིགས་བྱེད་དང་། གཞོན་ནུའི་གྲོང་ཁྱེར་ཏེ་དྲུག་གམ། ཡང་ན། གྲོང་དང་གྲོང་ཁྱེར་གྱི་མཐའི་ས་གཞི་གཅིག་ཏུ་བྱས། ཙ་རི་ཏྲ་དང་། ཀོ་ཤ་ལ་དང་། རི་བོ་འབིགས་བྱེད་དང་། གཞོན་ནུའི་གྲོང་ཁྱེར་ཏེ་བཞི་པོ་སོ་སོར་བྱས། ཙ་རི་ཏྲ་ལ་སོགས་པ་རྣམས་དང་། ཉེ་བའི་ས་བཞི་ཞེས་གཅིག་ཏུ་བྱས་ན་དྲུག་ཏུ་དབྱེ་བ་གང་རུང་ཡིན་ནོ་ཞེས་འགྲེལ་པ་ཉིད་ལས་གསུངས། དུར་ཁྲོད་དང་། ཉེ་བའི་དུར་ཁྲོད་ཀྱི་ཡུལ་བཞི་ནི། ཡི་དྭགས་འདུས་པ་དང་། ཆུ་གཏེར་འགྲམ་དང་། སྐྱེད་མོས་ཚལ་འགྲམ་དང་། རྫིང་བུའི་འགྲམ་སྟེ་བཞིའོ། །དེ་ལྟར་ན་ཡུལ་སུམ་ཅུ་རྩ་གཉིས་གསལ་བར་བཤད་ཅིང་།

ཀ་མ་རུ་པ་ནས་གཞོན་ནུའི་གྲོང་ཁྱེར་གྱི་བར་ཉི་ཤུ་རྩ་བཞིས་ནི། ཡུལ་ཉི་ཤུ་རྩ་བཞི་ཡང་བསྟན་ནོ་ཞེས་གསུངས་པས། འཁོར་ལོ་བདེ་མཆོག་གི་ཡུལ་ཉི་ཤུ་རྩ་བཞི་པོ་ཡང་འདི་དག་ཏུ་དོན་གྱིས་འདུས་པར་བསྟན་སྙམ་དུ་སེམས། མན་ངག་སྙེ་མ་ལས་ཛཱ་ལནྡྷ་ར་དང་། ཨོ་ཌྱི་ཡ་ན་དང་། པུཎྞ་གི་རི་དང་། ཀཱ་མ་རུ་པ། ཉེ་བའི་གནས་ནི་མཱ་ལ་ཝ་དང་། སིནྡྷུ་དང་། ནཱ་ག་རའོ། །ཞིང་ནི་མུམྨུ་ནི། ཀ་ར་བུ་ཧི། ལམྤ་ཀ་དང་། དེ་ཝཱི་ཀོ་ཊ་དང་། ཀ་མླ་རཱུ་པཱ་ལཱ་ཀའོ། །ཉེ་བའི་ཞིང་ནི། ཀུ་ལུ་ཏ་དང་། ཨརྦུ་ཏ་ཉིད་དང་། གོ་ད་བ་རི་དང་། ཁ་བའི་རི་བོ། །ཚནྡྷོ་ཧ་ནི། ཧ་རི་ཀེ་ལ་དང་། ལམྤ་ཀ་དང་། ཀཉྩི་དང་། སཽ་རཥྚོ། །ཉེ་བའི་ཚནྡྷོ་ཧ་ནི། ཀ་ལིངྐ་དང་། གསེར་གླིང་དང་། ཀོངྐ་ཎ་བོ། །འཐུང་གཅོད་ནི། གྲོང་དང་གྲོང་ཁྱེར་གང་གི་བས་མཐའ་དང་། ཙ་རི་ཏྲ་དང་། ཀོ་ས་ལ་དང་། ཝིནྡྷི་ཡ་དང་། གཞོན་ནུའི་གྲོང་ཁྱེར་ལ་སོགས་པ་ལྔའོ། །ཉེ་བའི་འཐུང་གཅོད་དང་འཐུང་གཅོད་དོ། །དུར་ཁྲོད་ནི་དུར་ཁྲོད་ཀྱི་ས་དང་རྒྱ་མཚོའི་ས་གཉིས་སོ། །ཉེ་བའི་དུར་ཁྲོད་ནི་སྐྱེད་མོས་ཚལ་དང་རྫིང་བུའི་འགྲམ་ཞེས་བཤད་པ་ཡང་ལུགས་སྔ་མ་དང་ཆ་འདྲའོ། །

གཉིས་པ་གཞུང་འཁྲུག་བསྡེབས་ནས་ཡུལ་སུམ་ཅུ་རྩ་གཉིས་སུ་བྱེད་པ་ནི། རྗེ་བཙུན་པ་ཆེན་པོ་ཡབ་སྲས་རྣམས་ཀྱི་ལུགས་ཏེ། དེ་ཡང་། ཨུ་རྒྱན་དང་། ཛཱ་ལནྡྷ་ར་དང་། ཀོ་ལ་གི་རི་དང་། ཀ་མ་རུ་སྟེ་གནས་ལ་ཡུལ་བཞི་མཱ་ལ་ཝ་དང་། སིནྡྷུ་དང་། ནཱ་ག་ར་དང་། ལུགས་པའི་བྲང་ནི་སིངྒ་ལ་སྟེ། ཉེ་བའི་གནས་ལ་ཡུལ་བཞི།

མུམྨུ་ནི་དང༌། དེ་ཝི་ཀོ་ཊ་སྟེ། ཞིང་ལ་ཡུལ་གཉིས། ཀུ་ལུ་ཏ་དང༌། ཨརྦུ་ཏ་སྟེ། ཉེ་ཞིང་ལ་ཡུལ་གཉིས། ཏ་རི་ཀ་ལ་དང༌། གོ་ད་ཝ་རི་སྟེ་ཚནྡྷོ་ལ་ཡུལ་གཉིས། མམྦཱ་ཀ་དང༌། ཀ་ལིངྒ་སྟེ་ཉེ་བའི་ཚནྡྷོ་ལ་ཡུལ་གཉིས་བྱེད་པའི་བྲང་ཞེས་པ་ཀརྨ་པཏྟཾ་དང༌། གསེར་གླིང་སྟེ། འདུ་བ་ལ་ཡུལ་གཉིས། ཀོངྐ་ན་དང༌། རི་བོ་འབིགས་བྱེད་ཏེ་ཉེ་བའི་འདུ་བ་ལ་ཡུལ་གཉིས། རབ་སོང་དགེ་འདུན་དང༌། རྒྱ་མཚོའི་འགྲམ་སྟེ་དུར་ཁྲོད་ལ་ཡུལ་གཉིས། ཙ་རི་ཏྲ་དང༌། གཞོན་ནུའི་གྲོང་ཁྱེར་ཏེ། ཉེ་བའི་དུར་ཁྲོད་ལ་ཡུལ་གཉིས་དང༌། གྲོང་ཁྱེར་ཏེ་ཁ་ཆེ་དང༌། གྲོང་མཐའ་མོན་ཡུལ་ཏེ་འཐུང་གཅོད་དང་ཡུལ་གཉིས། ཧི་མ་ལ་ཡ་དང༌། ཀོ་ཤ་ལ་སྟེ་ཉེ་བའི་འཐུང་གཅོད་ལ་ཡུལ་གཉིས་དང༌། འཐུང་གཅོད་ཀྱི་ཁ་སྐོང་ལན་ཚྭ་རྒྱ་མཚོའི་ནང་སོན་དང༌། སཽ་རཥྚ་ཛླ། ཉེ་བའི་འཐུང་གཅོད་ཀྱི་ཁ་སྐོང༌། ཀ་ལིངྒ་དང༌། སྐྱེད་ཚལ་ར་བའི་རྫིང་བུའི་འགྲམ་སྟེ་གཉིས་བསྟན་པས་སུམ་ཅུ་སོ་གཉིས་ཡིན་ནོ། །ཞེས་གསུངས། འདི་འདུ་བ་དང༌། ཉེ་འདུ་གཉིས་གཞུང་ལས་དངོས་སུ་མིང་མ་གསུངས་པ་ལ་ཁ་ཅིག་ན་རེ། འདི་གཉིས་སྤྱི་འགྲོ་ཡིན་ནོ་ཞེས་ཟེར་བ་ནི། རྗེ་བཙུན་རིན་པོ་ཆེ་བསོད་ནམས་རྩེ་མོས་རྣམ་བཤད་ཉི་མའི་འོད་ཟེར་ལས། དགག་པར་མཛད་དེ་ཇི་སྐད་དུ། གལ་ཏེ་མདོར་བསྟན་གྱི་སྐབས་སུ། འདུ་བ་དང༌། ཉེ་འདུ་གསུངས་པ་ལ། རྒྱས་བཤད་ཀྱི་སྐབས་སུ་ཅིའི་ཕྱིར་མ་བརྗོད་ཅེ་ན། ཁ་ཅིག་ན་རེ་འདི་གཉིས་སྤྱི་འགྲོ་ཡིན་ནོ་ཞེར་ཟེར་བ་དེ་ཡང་དག་པ་མ་ཡིན་ཏེ། བཤད་པའི་རྒྱུད་ལས་རབ་ཏུ་རྒྱས་པར་གསུངས་པས་ན། དེ་ཉིད་དུ་བཙལ་བར་བྱའོ་ཞེས་བཤད་པའི་ཕྱིར་རོ། །རྗེ་བཙུན་གྱི་གསུང་འདི་ལྟར་ན། སཾ་པུ་ཊི་ལས། པྲེ་ཏ་ཨ་རྦུ་བྷཱུ་ཤི་དང༌། །དེ་བཞིན་ཁྲིམ་གྱི་ལྷ་ཉིད་དང༌། །སཽ་རཥྚ་དང་གསེར་གླིང་ཉིད། །འདུ་བ་དེ་བཞིན་ཉེ་འདུ་བ། །ཞེས་པྲེ་ཏ་པུ་རི་དང༌། གྲི་ཧ་དེ་ཝ་དང༌། སཽ་རཥྚ་དང༌། གསེར་གླིང་སྟེ་ཡུལ་བཞི་བཤད་པའི་ཕྱིར་རོ། །འདིར་ཡང་སྤྱིར་འགྲོ་ཡིན་ན་རྒྱས་བཤད་དུ་སྟོན་མི་རིགས་པར་འགྱུར་ཅེས་པའོ། །

ཡང་བཤད་པའི་རྒྱུད་ལས། ཡུལ་སུམ་ཅུ་རྩ་གཉིས་སུ་བཤད་པ་ནི། འདི་དག་ཡིན་ཏེ། ཛཱ་ལནྡྷ་ར་དང༌། ཨུ་རྒྱན་དང༌། ཀོ་ལ་གི་རི་དང༌། ཨརྦུ་ཏ་སྟེ་བཞི་ནི་གནས་སོ། །གོ་ད་ཝ་རི་དང༌། དགའ་བའི་དབང་ཕྱུག་དང༌། དེ་ཝི་ཀོ་ཊ་དང༌། མཱ་ལ་ཝ་སྟེ་བཞི་ནི་ཉེ་བའི་གནས་སོ། །ཀཱ་མ་རུ་དང༌། ཨོ་ཊྲ་གཉིས་ནི་ཞིང་ངོ༌། །ཧྲི་ཤ་ཀུ་ནི་དང༌། ཀོ་ཤ་ལ་ནི་ཉེ་བའི་ཞིང་ངོ༌། །ཀ་ལིངྒ་དང༌། ལམྦཱ་ཀ་ནི། ཚནྡྷོའོ། །ཀཉྩི་དང༌། ཁ་བའི་གནས་ནི་ཉེ་བའི་ཚནྡྷོའོ། །པྲེ་ཏ་པུ་རི་དང༌། ཁྲིམ་གྱི་ལྷ་ནི་འདུ་བའོ། །སཽ་རཥྚ་དང༌། གསེར་གླིང་ནི་ཉེ་བའི་འདུ་བའོ། །ནཱ་ག་ར་དང༌། སིནྡྷུ་ནི་དུར་ཁྲོད་དོ། །མ་རུ་དང༌། ཀུ་ལུ་ཏ་ནི་ཉེ་བའི་དུར་ཁྲོད་དོ། །བྱེད་པའི་བྲང་དང༌། ཏ་རི་ཀ་ལ་ནི། འཐུང་གཅོད་དོ། །ལན་ཚྭ་རྒྱ་མཚོའི་ནང་སོན་དང༌། རི་བོ་འབིགས་བྱེད་གྲོང་ནི་ཉེ་བའི་འཐུང་གཅོད་དོ། །

དེ་ལྟར་ཉི་ཤུ་རྩ་བརྒྱད་ཀྱི་སྟེང་དུ། རབ་སོང་དགེ་འདུན་དང་། རྒྱ་མཚོའི་འགྲམ་དང་། སྐྱེད་མོས་ཚལ་འགྲམ་དང་། རྫིང་བུའི་འགྲམ་སྟེ། དུར་ཁྲོད་ཀྱི་དབྱེ་བ་བཞི་བསྣན་པས་སུམ་ཅུ་རྩ་གཉིས་སོ། །སྐྱེད་མོས་ཚལ་འགྲམ་དང་། རྫིང་བུའི་འགྲམ་གཉིས་ཀྱང་སོ་སོར་འདྲེན་དགོས་ཏེ། མ་བགྲངས་ན་ཡུལ་སོ་གཉིས་མི་ཚང་བའི་སྐྱོན་ཡོད་པའི་ཕྱིར་དང་། འགོས་འགྱུར་ལས། ཚལ་དང་རྫིང་བུ་ཉིད་དག་སྟེ། །དེ་ཡང་དུར་ཁྲོད་ཉེ་དུར་ཁྲོད། །ཅེས་བཤད་པའི་ཕྱིར་རོ། །ཕྱི་མ་བཞི་པོ་འདི་ཉེ་བའི་འཐུང་གཅོད་དུ་ཡོང་ངམ། ཞེས་རྗེ་བཙུན་གྱིས་གསུང་སྒྲོས་ལས་འབྱུང་ངོ་། །

བཞི་པ་ཡུལ་བཞི་བཅུ་རྩ་བརྒྱད་དུ་བཤད་པའི་ཚུལ་ནི། འཁོར་ལོ་སྡོམ་ཆེན་ལས། དོན་དམ་པའི་དབྱེ་བས་རྣ་ཤི་དང་། གཞུང་ལ་སོགས་པ་ལུགས་ལས་ལྡོག་པའི་ཚུལ་གྱིས་གནས་དང་། ཉེ་བའི་གནས་ལ་སོགས་པ་ཉི་ཤུ་རྩ་བཞི་དང་། ཀུན་རྫོབ་ཀྱི་དབྱེ་བས། མ་རིག་པ་དང་། ཆུ་སྲིན་ལ་སོགས་པ། ལུགས་འབྱུང་གི་ཚུལ་གྱིས་འཐུང་གཅོད་དང་། ཉེ་བའི་འཐུང་གཅོད་ལ་སོགས་པ་ཡུལ་ཉི་ཤུ་རྩ་བཞི་སྟེ་བཞི་བཅུ་རྩ་བརྒྱད་དུ་གསུངས་ལ། དེ་དག་གི་མིང་རྣམས་ནི་ཡི་གེ་མང་བས་འཇིགས་པའི་ཕྱིར་འདིར་མ་བྲིས་སོ། །འོན་བདེ་ཀྱི་ལ་སོགས་པའི་ཡུལ་རྣམས་ལ་མང་ཉུང་དང་མི་མཐུན་པ་དུ་མ་ཡོད་པ་ཇི་ལྟར་ཡིན་ཞེ་ན། འདི་ལ་སློབ་དཔོན་ཐམས་ཅད་མཁྱེན་པ་བསོད་ནམས་རྩེ་མོའི་ཞལ་སྔ་ནས་འདི་ལྟར་གསུངས་ཏེ། སྤྱིར་འཛམ་བུའི་གླིང་ན་ཡུལ་སྟོང་ཕྲག་བདུན་ཅུ་རྩ་གཉིས་ན་མུ་སྟེགས་བྱེད་ཀྱི་ལྷ་དང་ལྷ་མོ་ཞིང་སྐྱོང་ཕོ་མོ་དེ་སྙེད་ཅིག་གནས་པ་དེ་རྣམས་ཀྱིས་སེམས་ཅན་རྣམས་སྐྱོང་བར་བྱེད་དོ། །དེ་དག་འདུལ་བར་བྱ་བའི་རྡོ་རྗེ་འཆང་ཆེན་པོས་སྤྲུལ་པའི་སྐུ་ཡེ་ཤེས་ཀྱི་མཁའ་འགྲོ་དེ་སྙེད་གཅིག་སྤྲུལ་པ་ཡིན་ཏེ། དཔལ་བདེ་མཆོག་ལས། སྟོང་ཕྲག་བདུན་ཅུ་རྩ་གཉིས་ཀྱི། །མཁའ་འགྲོ་མས་ནི་ཡོངས་སུ་ཁྱབ། །ཅེས་སོ། །དེ་དག་རེ་རེ་ལའང་འཁོར་བྱེ་བ་ཕྲག་རེ་རེ་དང་བཅས་ཏེ། རྣལ་འབྱོར་མ་ནི་རེ་རེ་ཞིང་། །འཁོར་ནི་བྱེ་བ་དག་ཏུ་འགྱུར། །ཞེས་སོ། །དེ་རེ་རེ་ལའང་འཁོར་ཉི་ཤུ་རྩ་ལྔ་ལྔ་ཡོད་དེ། དེས་ཡུལ་ཐམས་ཅད་ཡོངས་སུ་ཁྱབ་པ་སྟེ། བདེ་མཆོག་བླ་མའི་གནས་ལ་སོགས། །མཁའ་འགྲོ་མས་ནི་ཐམས་ཅད་ཁྱབ། །ཡེ་ཤེས་ལྡན་པ་རང་གནས་སྐྱེས། །ཡུལ་དང་དུས་སུ་མངོན་པར་སྐྱེ། །དེ་ནི་མཁའ་འགྲོ་མ་ཞེས་བྱ། །རྡོ་རྗེ་དཔལ་གཙོ་མོ་ཡིན། །ཞེས་བྱ་སྟེ། འཁོར་ནི་འཇིག་རྟེན་པའི་མཁའ་འགྲོ་ཡིན་ལ། རྡོ་རྗེའི་གཙོ་མོ་ནི་འདས་པ་སྟེ། འཁོར་རྣམས་ཀྱང་དམ་ཚིག་ལ་བརྟགས་པ་བྱང་ཆུབ་སེམས་དཔའི་དགེ་འདུན་ནོ། །དེ་དག་གི་ཐ་མལ་པའི་བུད་མེད་རྣམས་ཀྱང་བྱིན་གྱིས་བརླབས་པ་སྟེ་ཡུལ་ཐམས་ཅད་ཁྱབ་པར་གནས་པ་ཡིན་ནོ། །དེ་ལྟར་ཡོངས་སུ་གང་བའི་གནས་རྣམས་སུ་རྣལ་འབྱོར་པས་བཟའ་ལ་སོགས་པའི་བྱ་བ་བྱས་པས་མཁའ་འགྲོ་རྣམས

མཉེས་ཏེ། དངོས་གྲུབ་གསལ་བར་བྱེད་དེ། ཞིང་འདི་རྣམས་ཀྱི་བུ་མོ་གང་། །དཔའ་བོ་རྣམས་ལ་དངོས་གྲུབ་སྟེར། །རྟག་ཏུ་མཚན་མོ་འཕྲུན་པ་དང་། །རྟག་ཏུ་མཚན་མོ་འདུ་བར་བྱེད། །ཅེས་རྡོ་རྗེ་མཁའ་འགྲོ་ལས་གསུངས་སོ། །དེ་ལྟ་བུའི་ཡུལ་སྟོང་ཕྲག་བདུན་ཅུ་རྩ་གཉིས་སུ་བསྟུ་ལ། དེའང་ཡུལ་སུམ་ཅུ་རྩ་གཉིས་སུ་བསྡུ་ཞིང་། དེའང་ཉི་ཤུ་རྩ་བཞིར་བསྡུ་ཞིང་། དེ་བཅུ་གཉིས་སུ། དེའང་རྒྱུད་དུ་བསྡུ་བ་ཡིན་པས། གང་ཟག་གི་ཁམས་དང་བསྟུན་ཏེ་ཁ་ཅིག་ལས་ནི་གཙོ་བོ་ཆེ་བར་གང་མོས་ཁ་ཅིག་ལ་ནི་གང་མོས་ཏེ་དེ་དག་འགལ་བ་ཡོད་པ་མ་ཡིན་ནོ། །ཞེས་གསུངས་པ་ལྟར་དོན་ལ་གནས་པ་ཡིན་པས། ཕན་ཚུན་མིང་གིས་དགོས་ལུགས་ཙམ་མ་གཏོགས་འགལ་བ་མེད་པར་ཤེས་པར་བྱའོ། །དཔེར་ན་ཨརྦུ་ཏ་ནི། འཁོར་ལོ་སྡོམ་པ་ལས། གནས་སུ་གསུངས་ཤིང་། ཀོ་ངྐ་ཎ་ལས་ཉེ་བའི་ཞིང་དུ་གསུངས་པ་དང་། འཁོར་ལོ་སྡོམ་པ་ལས། ཀཱ་མ་རུ་པ་ཞིང་དུ་གསུངས་པ་ལ། ཀྱེ་རྡོ་རྗེ་དང་། ཕྱག་རྒྱ་ཆེན་པོ་ཐིག་ལེར་གནས་སུ་གསུངས་པ་དང་། འཁོར་ལོ་སྡོམ་པར། ཀུ་ལུ་ཏ་བའི་དུར་ཁྲོད་དུ་གསུངས་པ་ལས་ཀྱེ་རྡོ་རྗེ་ལ་སོགས་པ་ཉེ་བའི་ཞིང་དུ་གསུངས་པ་དང་། འཁོར་ལོ་སྡོམ་པར། གོ་ད་ཤ་རི་ཉེ་བའི་གནས་སུ་གསུངས་པ་ལ། ཀྱེ་རྡོ་རྗེར་ཉེ་བའི་ཞིང་དུ་གསུངས་པ་ལྟ་བུའོ། །དེ་ནས་ཨརྦུ་ཏ་ལྟ་བུ་གཅིག་གི་སྟེང་དུ་གནས་དང་ཉེ་གནས་གཉིས་ཚ་རིག་དང་གྲང་རིག་ལྟར་འགལ་བའི་ཚུལ་གྱིས་ཡོད་པ་མ་ཡིན་ནོ། །

གཉིས་པ་གཞུང་ལ་དོགས་པ་དཔྱད་དེ་ཡུལ་ཆེན་སུམ་ཅུ་རྩ་བདུན་ངོས་བཟུང་བ་ལ། སྔ་རབས་པའི་ལུགས་སྐྱོར་བ་དང་། ཕྱི་རབས་པའི་ལུགས་དགག་པ་དང་། གཞུང་ལས་གསུངས་པའི་གནས་ཚུལ་བཤད་པའོ། །

དང་པོ་ནི། བསྟན་བཅོས་སྡོམ་གསུམ་རབ་དབྱེའི་རྣམ་བཤད་བྱེད་པ། ལྷ་བཙུན་ཆེན་པོ་ན་རེ། ཡུལ་སུམ་ཅུ་རྩ་བདུན་ནི། ཡུལ་སུམ་ཅུ་རྩ་གཉིས་ཀྱི་སྟེང་དུ། གླིང་བཞི་དང་། བཞི་པོ་གཅིག་ཏུ་སྡོམ་པ་སྟེ་ལྔ་བསྣན་པ་ལ་རྗེ་བཙུན་ཆེན་པོ། ཨིནྡྲ་བྷཱུ་ཏིའི་ལམ་དུ་བཤད་དོ་ཅེས་ཟེར་བར་གྲག་གོ། །སྤྱོས་ཁང་པ་ན་རེ། རྒྱུད་དུ་གསལ་བར་གསུངས་པའི་སུམ་ཅུ་རྩ་གཉིས་དང་། ལུས་ལ་སྦྲས་པའི་རྩ་རྣམས་ཕྱི་རོལ་དུ་གླིང་བཞི། ལྷུན་པོ་དང་བཅས་པ་སུམ་ཅུ་རྩ་བདུན་ཞེས་བླ་མ་གོང་མ་རྣམས་གསུང་ངོ་ཞེས་ཟེར་རོ། །སྣ་གདོང་པ་ན་རེ། བདེ་མཆོག་ལས་གསུངས་པའི་ཡུལ་ཉེར་བཞི་དང་། དེའི་སྟེང་དུ་སྙིང་ཀར་པད་མ་འདབ་བརྒྱད་རིམ་པ་གཉིས་ཡོད་པའི་ནང་མའི་ཕྱོགས་བཞི་དབུས་དང་བཅས་པ་ལྔ་དང་། ཕྱི་མའི་ཕྱོགས་མཚམས་བརྒྱད་དང་བཅས་པས་སུམ་ཅུ་རྩ་བདུན་ཞེས་བཞེད་དོ། །

གཉིས་པ་ཕྱི་རབས་པའི་ལུགས་དགག་པ་ལ་གཉིས་ཏེ། སྔ་རབས་པའི་ལུགས་ལ་སྐྱོན་བརྗོད་ཚུལ་མི་

འཐད་པར་བསྟན་པ་དང་། རང་གི་འདོད་ཚུལ་རང་བཟོ་འབའ་ཞིག་ཏུ་བསྟན་པས་དགག་པའོ། །དང་པོ་ནི། ལྷ་བཙུན་གྱི་ལུགས་ལ་སྐྱོན་བརྗོད་པ་ན། ཕྱི་རོལ་ན་ཡུལ་ཆེན་སོ་བདུན་མེད་ན་བསྟན་བཅོས་འདི་ཉིད་ཀྱི་རྒྱ་བ་དང་འགལ་བ་དང་གླིང་བཞི་ཡུལ་ཆེན་དུ་འཇོག་པ་རྗེ་བཙུན་གྱི་ལུགས་ཡིན་པར་ཁྱེད་རང་གིས་བཤད་པའི་ལུང་དང་འགལ་བས་སོ། །ཞེས་པར་དུ་འགོད་པ་མི་རིགས་ཏེ། ཕྱི་རོལ་ན་ཡུལ་ཆེན་སུམ་ཅུ་རྩ་བདུན་མེད་པར་ལྷ་བཙུན་པས་ཁས་མ་བླངས་པའི་ཕྱིར་དང་། ཕྱི་རོལ་ན་ཡུལ་ཆེན་སུམ་ཅུ་རྩ་བདུན་ཡོད་ཀྱང་། གླིང་བཞི་གཅིག་ཏུ་བསྡོམས་པ་ཞེས་པ་བློའི་ངོས་ནས་འཇོག་གི། གླིང་བཞི་ལས་གུད་ན་མེད་པས་དེ་ལ་བསམས་ནས་རེ་རེ་ནས་སོ་སོར་བགྲང་དུ་མེད་ཅེས་གསུངས་པར་སྣང་བའི་ཕྱིར་རོ། །དེས་ན་ལྷ་བཙུན་གྱི་ལུགས་འདི་ལ། རྗེ་བཙུན་གྱི་དགོངས་པ་མ་ལོངས་པའི་སྐྱོན་བརྗོད་པར་རིགས་ཀྱི། གནད་མ་ཟིན་པའི་དགག་པ་བྱེད་པ་ནི། ནམ་མཁའ་ལ་ཁྲུ་ཚུར་བསྣུན་པ་དང་འདྲའོ། །ཡང་སྒྲོས་ཁང་པའི་ལུགས་ལ་སྐྱོན་བརྗོད་པ་ན། ཕྱི་རོལ་གྱི་ཡུལ་སོ་བདུན་པོ་རེ་རེ་ནས་བགྲང་རྒྱུ་མ་བྱུང་བ་དང་། ལུས་ལ་སྦྲས་པའི་རྩ་ཞེས་པ་ཡི་གེའི་དོན་ལ་མ་ཞུགས་པ་ཡིན་ཏེ། སྦྲས་པའི་དོན་ནི། རྒྱུད་དུ་གསལ་བར་མ་བསྟན་པ་ལ་འཆད་དགོས་པ་ཡིན་གྱི། ལུས་ལ་སྦྲས་པའི་དོན་ལ། འཆད་པ་ཚད་ལྡན་གྱི་ལུགས་མ་ཡིན་པའི་ཕྱིར་ཞེས་གསུངས་པ་འདི་ཡང་ཕ་རོལ་པོ་ལ་སྐྱོན་དུ་མི་འགྲོ་སྟེ། ཕ་རོལ་པོས་ཡུལ་སུམ་ཅུ་རྩ་གཉིས་དང་། གླིང་བཞི་དང་། ལྷུན་པོ་སྟེ་ཡུལ་སོ་བདུན་རེ་རེ་བགྲང་བཞིན་དུ་རེ་རེ་ནས་བགྲང་རྒྱུ་མ་བྱུང་ཞེས་སྐྱོན་པ་འདི་ཧ་ཅང་མི་འོས་པ་དང་། སྦྲས་པའི་རྩའི་དོན་རྒྱུད་དུ་གསལ་བར་མ་བསྟན་པ་ལ་འཆད་དགོས་པ་མ་ཡིན་ཏེ། སམ་པུ་ཊི་ལས། རྩ་ལྔ་གསལ་བར་བསྟན་པའི་ཕྱིར་རོ། །དེས་ན་འདི་ལ་ཡང་བླ་མ་གོང་མའི་དགོངས་པ་མ་ལོངས་ཞེས་བརྗོད་པར་རིགས་ཀྱི། གནོད་བྱེད་སྨྲ་མ་དེ་དག་ནི་འོས་པ་མ་ཡིན་ནོ། །

ཡང་ལུགས་གསུམ་པ་ལ། སྐྱོན་འཛིན་པ་ན། ནང་ན་སྙིང་ཁའི་རྩ་འདབ་བཅུ་གཉིས་སུ་གནས་པ་དང་མཐུན་པའི་ཕྱི་རོལ་ན་གནས་ཆེན་བཅུ་གཉིས་ཡོད་དུ་ཆུག་ཀྱང་། དེའི་ཤེས་བྱེད་དུ་ཞུ་འཕྲིན་ལུང་དྲངས་པ་དེ་ནི་མ་འབྲེལ་པ་ཡིན་ནོ། །ལུང་དེ་ནི་སྟོན་བསྟན་པ་གང་དུ་བྱུང་བའི་ཡུལ་ངོས་འཛིན་པ་ཡིན་གྱི། དཔའ་བོ་དང་། རྣལ་འབྱོར་མ་འདུ་བའི་གནས་ཆེན་ངོས་འཛིན་པ་མ་ཡིན་པའི་ཕྱིར་ཞེས་བྲིས་སོ། །འདི་ཡང་སུན་འབྱིན་ཚད་ལྡན་མ་ཡིན་ཏེ། སྔ་གདོང་པས། ཞུ་འཕྲིན་གྱི་ལུང་དང་ཆ་འདྲ་བར་གསུངས་ཀྱི། ཞུ་འཕྲིན་ལས་བཤད་པའི་ཡུལ་རྣམས་རྒྱུད་དེའི་ཡུལ་ཆེན་དུ་ཁས་བླངས་པ་མེད་པའི་ཕྱིར་རོ། །ཡང་དེ་དག་ཐམས་ཅད་ལ་ཐུན་མོང་དུ་སྐྱོན་བརྗོད་པ་ན། འདི་ལྟར་བརྗོད་དེ། གླིང་བཞི་པོ་གནས་ཆེན་དུ་ཁས་ལེན་ན། བསྟན་བཅོས་འདིའི་རང

ལུགས་དང་མི་མཐུན་ཏེ་འདི་ར་ནི་རིམ་གཉིས་ལ་བརྟན་པ་མ་ཐོབ་ཀྱི་བར་དུ་རང་གི་ཁྱིམ་དུ་བསྒོམ་པ་དང་། དེ་ནས་བརྟུལ་ཞུགས་ཀྱི་སྤྱོད་པ་ལ་འཇུག་པ་སྐབས་སུ་བབ་པའི་ཚེ། ཡུལ་ཆེན་རྣམས་སུ་རྒྱུ་བར་གསུངས་ལ། དང་པོར་གང་དུ་བསྒོམ་པའི་གནས་དེ་ཉིད་ཡུལ་ཆེན་ཡིན་ན། ཡུལ་གཞན་དུ་འགྲོ་དོན་མེད་པའི་ཕྱིར་དང་། དོན་ཡོད་ནའང་གང་དུ་ཕྱིན་ཀྱང་ཡུལ་ཆེན་ལས་མ་འདས་པར་ཁས་ལེན་དགོས་པས། ཨོ་རྒྱན་ལ་སོགས་པའི་ངོས་བཟུང་མི་དགོས་པར་ཐལ་བའི་ཕྱིར་དང་། འཛམ་བུ་གླིང་ཙམ་པོ་ཡུལ་ཆེན་ཡིན་ན། འཛམ་བུ་གླིང་གི་ས་ཕྱོགས་ཐམས་ཅད་དེར་ཁས་ལེན་ནམ། གནས་ཀྱི་ཁྱད་པར་རེ་རེ་བ་ཞིག་དེར་ཁས་ལེན། དང་པོ་ལྟར་ན། རྒྱུད་གཞུང་ཐམས་ཅད་དང་མི་མཐུན། གཉིས་པ་ལྟར་ན། ཨོ་རྒྱན་ལ་སོགས་པའི་གནས་ཆེན་ཁྱད་པར་སུམ་ཅུ་རྩ་གཉིས་པོ་དེ་དག་ཉིད་དམ། དེར་མ་འདུས་པ་གཞན་ཞིག་ཡོད་པ་ཡིན། དང་པོ་ལྟར་ན། སོ་བདུན་གྱི་གྲངས་བགྲང་བ་ལ་མ་ཕན། གཉིས་པ་ལྟར་ན། གནས་དེ་ཉིད་ངོས་བཟུང་ནས་གྲངས་སུ་བགྲང་བར་རིགས་ཀྱི། ཙམ་ལྟོག་ནས་འཛིན་པར་མི་རིགས་སོ། །ཞེས་བྱ་བ་བྲིས་སོ། །

འདི་ནི་ཧ་ཅང་རིགས་པ་མ་ཡིན་ཏེ། འོ་ན། ཨོ་རྒྱན་ན་གནས་པའི་རྣལ་འབྱོར་པ་ཞིག་གིས་ཡུལ་གཞན་དུ་སྤྱོད་པ་ལ་རྒྱུ་བ་མི་སྲིད་པར་འགྱུར་ཏེ། གང་དུ་བསྒོམས་པའི་གནས་དེ་ཉིད་ཡུལ་ཆེན་ཡིན་པའི་ཕྱིར་རོ། །འཛམ་གླིང་གི་ཕྱོགས་ཐམས་ཅད་ཡུལ་ཆེན་དུ་ཁས་ལེན་པ་རྒྱུད་གཞུང་ཐམས་ཅད་ནས་མ་བཤད་ན། དུས་ཀྱི་འཁོར་ལས། གང་གིས་འདི་ར་མཆོག་གི་དང་པོའི་སངས་རྒྱས་ཐམས་ཅད་ལ་ཁྱབ་པར་བྱེད་པ་ཉིད་ཡིན་པའི་ཕྱིར་ན། བོད་ལ་སོགས་པ་དང་། རྒྱ་ནག་ལ་སོགས་པའི་ཡུལ་རྣམས་ན་ཡང་། གནས་ལ་སོགས་པ་རྣམས་ཡོད་དོ། །དེ་ཉིད་ནི། བསྡུས་པའི་རྒྱུད་གཞན་དུ་མ་བསྟན་ནོ་ཞེས་མཁའ་འགྲོ་མ་དང་། མཁའ་འགྲོ་མའི་གནས་ཀྱིས་མ་ཁྱབ་པའི་ཡུལ་མེད་པར་བཤད་པ་དེ་ཇི་ལྟར་དྲངས། རང་ཉིད་ཀྱིས་ཀྱང་དུས་ཀྱི་འཁོར་ལོའི་ལུགས་འདི་ཤེས་བྱེད་དུ་དྲངས་ནས་ངེས་དོན་གྱི་དབང་དུ་བྱས་པའི་ཕྱིའི་ཡུལ་གྱིས་འཛམ་བུ་གླིང་ཐམས་ཅད་ལ་ཁྱབ་པར་བཤད་པ་དང་ཡང་འགལ་བའི་སྐྱོན་ཡོད་དོ། །འོ་ན་ཐམས་ཅད་ཡུལ་ཆེན་ཡིན་ན། སྤྱོད་པ་ལ་རྒྱུ་བ་སོགས་དགོས་པ་མེད་དོ་སྙམ་ན། མ་ཡིན་ཏེ། རྒྱུད་སྡེ་ལས་གཙོ་བོར་བསྟགས་ཤིང་། མཁའ་འགྲོ་མ་གཙོ་ཆེར་འདུ་བའི་དབང་དུ་བྱས་ནས། ཨོ་རྒྱན་ལ་སོགས་པ་སྨོས་པ་ཡིན་ནོ། །

གཉིས་པ། སྐྱོན་བརྗོད་པ་པོ་དེའི་འདོད་ཚུལ་རང་བཞིན་བསྟན་པ་ལ། ཀྱེ་རྡོ་རྗེ་ནས་གསུངས་པ་ལ་རང་བཞིན་དགག་པ་དང་། བདེ་མཆོག་ནས་གསུངས་པ་ལ་རང་བཞིན་དགག་པའོ། །དང་པོ་ནི། འདི་ལྟར་དྲིས་ཏེ། དེས་ན་རང་གི་ལུགས་ནི། དབྱེ་གཞི་འདུ་བ་དང་ཉེ་བའི་འདུ་བ་གཉིས་ལ། དབྱེ་བའི་ཡ་གྱལ་གཉིས་གཉིས་

ཡོད་པ་བཞི་དང་། མི་སློབ་པའི་ཕྱི་རོལ་གྱི་གནས་རྡོ་རྗེའི་གདན་ནམ། འོག་མིན་གྱི་གནས་དང་སོ་བདུན་ནོ། །

དེ་ལྟར་འདྲེན་རྒྱུ་ཡིན་པའི་ཤེས་བྱེད་ཀྱང་། གོང་དུ་རིགས་ཀྱི་དབྱེ་བ་འཆད་པ་ན། འདུ་བ་དང་ཉེ་འདུ་ལ་སོགས་པ་བཅུ་གཉིས་པོ་ཚར་མར་བཤད་ནས། འོག་ཏུ་དབྱེ་བའི་ཡ་གྱལ་འཆད་པ་ན། སུམ་ཅུ་རྩ་གཉིས་པོ་ཐམས་ཅད་འདུ་བ་གཉིས་པོའི་ལྷག་མ་བཅུ་པོ་ཁོ་ནའི་དབྱེ་བར་བཤད་ཀྱི། གཉིས་པའི་དབྱེ་བ་དངོས་སུ་མ་བཤད་པའི་ཕྱིར་དང་། གཉིས་པོའི་དབྱེ་བ་མ་བཤད་ན། གོང་དུ་ཁ་སྦྱོར་གྱི་ལུང་དྲངས་མ་ཐག་པ་ལྟར་སློབ་པའི་ས་བཅུ་གཉིས་མི་ཚང་བའི་ཕྱིར་རོ། །འོན་འདུ་བ་གཉིས་པོའི་དབྱེ་བའི་ཡ་གྱལ་བཞི་པོ་གང་ཞེ་ན། ཕྱག་ཆེན་ཐིག་ལེ་ལས། འདུ་བ་ལ་གྨཱ་རཱ་པ་ཊ་ག་དང་། གསེར་གླིང་གཉིས་དང་། ཉེ་བའི་འདུ་བ་གོཏྣ་ན་དང་། འབིགས་བྱེད་གཉིས་ཏེ་བཞིར་བཤད།

བདེ་མཆོག་ལས་འདུ་བ་པྲེ་ཏ་པུ་རི་དང་། གྲི་ཧ་དེ་བ་གཉིས། ཉེ་བའི་འདུ་བ་ལ། སཽ་རཥྚ་དང་། སུ་ཝརྞ་དྭི་པ་དང་བཞིར་བཤད་དོ། །ཁ་སྐོང་བཞི་པོ་དེའི་ནང་ན། སུམ་ཅུ་རྩ་གཉིས་ཀྱི་ནང་ཚན་དུ་བཤད་ཟིན་པའི་མིང་ཅན་འགའ་ཞིག་ཡོད་མོད་ཀྱང་། བཟློས་པ་ནི་མ་ཡིན་ཏེ། དབྱེ་བའི་ཡ་གྱལ་དེ་དག་དབྱེ་གཞི་སོ་སོ་བ་ཡིན་པས་མིང་འདྲ་ཡང་། དོན་མི་འདྲ་བས་ཐ་དད་སྦྱོར་དགོས་པའི་ཕྱིར་རོ། །དེ་ལྟར་བརྟག་གཉིས་དངོས་བསྟན་གྱི་ཡུལ་སུམ་ཅུ་རྩ་གཉིས་ཀྱི་སྟེང་དུ་འདུ་བ་གཉིས་པོའི་དབྱེ་བ་བཞི་དང་། གང་དུ་སངས་རྒྱ་བའི་གནས་དང་ལྔ་བསྟན་ནས། ཕྱི་རོལ་གྱི་ཡུལ་སོ་བདུན་དུ་བཤད་པ་ལས་ཡང་ན། དགྱེས་རྡོར་དངོས་བསྟན་གྱི་སུམ་ཅུ་རྩ་གཉིས་པོ་དེའི་སྟེང་དུ་དེ་རམ་བཤད་ཅིང་། བདེ་མཆོག་ལས་བཤད་པ་ལྔ་བསྟན་ནས་སོ་བདུན་ནོ། །ལྔ་པོ་གང་ཞེ་ན། ཙཱ་རི་ཏྲ་དང་། ཨོ་ཏྲེ་དང་། ཀྵ་ཀུ་ནེ་དང་། པྲེ་ཏ་པུ་རི་དང་། གྲི་ཧ་དེ་བ་སྟེ་ལྔའོ། །དེ་ལྟར་བཤད་ན་སློབ་པའི་གནས་རྒྱང་པ་ལ་སོ་བདུན་ནོ། །ཞེས་བཀོད་དོ། །

འདི་ནི་རང་དགར་སྨྲ་བ་ཡིན་གྱི་དོན་དང་མི་མཐུན་ཏེ། རྗེ་བཙུན་ས་སྐྱ་པ་གོང་མ་རྣམས་ནི། རྩ་རྒྱུད་དུ་ཡུལ་སུམ་ཅུ་རྩ་གཉིས་འཆད་པ་ན་གཞན་ནས་ཁ་བསྐོང་མི་དགོས་པར། རྒྱུད་ཉིད་ནས་བྱེད་པའི་བྲང་ཞེས་པར་གྨ་པདྨཾ་དང་། གསེར་གླིང་སྟེ་འདུ་བ་གཉིས་དང་། གོཏྣ་དང་། འབིགས་བྱེད་དེ་ཉེ་བའི་འདུ་བ་གཉིས་རྣམས་དངོས་སུ་སྦྱར་བའི་ཕྱིར་རོ། །ཅི་སྟེ། ཕྱག་རྒྱ་ཆེན་པོ་ཐིག་ལེ་ལས་གསུངས་པའི་གྨ་པདྨཾ་ལ་སོགས་པ་བཞི་དང་། རྩ་རྒྱུད་ལས་གསུངས་པ་བཞི་པོ་མིང་འདྲ་ཡང་དོན་སོ་སོར་ཅི་ཡོད་ཅེ་ན། དེ་ལྟར་ན་རྩ་རྒྱུད་ལས་གསུངས་པ་དང་མི་གཅིག་པའི་ཡུལ་བཞི་པོ་དེ་ཇི་ལྟར་ཡིན་པའི་རྒྱུ་མཚན་བསྟན་དགོས་སོ། །གཞུང་འབྲུགས་སུ་མི་བསྡེབ་ན་ཡང་། གྨ་པདྨཾ་ལ་སོགས་པ་བཞི་པོ་རྩ་རྒྱུད་ཉིད་ལས་བཤད་ཟིན་པའི་ཕྱིར། ཁ་སྐོང་བ་དོན་

མེད་དོ། །གལ་ཏེ་ཀྱེ་རྡོར་ལས་བཤད་པའི་སུམ་ཅུ་རྩ་གཉིས་ཀྱི་སྟེང་དུ། བདེ་མཆོག་ལས་བཤད་པ་ལྔ་བསྣན་པས་སུམ་ཅུ་རྩ་བདུན་ཡིན་ནོ་ཞེ་ན། འདི་ནི་རང་བཟོ་ལས་ཀྱང་ཆེས་རང་བཟོ་ཡིན་ཏེ། དེ་ལྟར་བསྣན་ནས་སུམ་ཅུ་རྩ་བདུན་དུ་བྱེད་པའི་ལུང་མེད་པའི་ཕྱིར་དང་། སྤྱིར་ཡུལ་ཆེན་ཡིན་ལ། ཀྱེ་རྡོར་ལས་བཤད་པ་སུམ་ཅུ་རྩ་གཉིས་པོ་དེའི་ནང་ན་མེད་པ་ཙམ་གྱིས་ཁ་སྐོང་དུ་རིགས་ན། དུས་འཁོར་ལ་སོགས་པ་གང་ཡང་རུང་བ་ནས་བཤད་པའི་ཡུལ་ལྔས་ཁ་སྐོང་སྟེ། ཀྱེ་རྡོར་གྱི་ཡུལ་སོ་བདུན་ངོས་བཟུང་ན་ཡང་མཚུངས་པར་འགྱུར་བའི་རོ། །

ལུགས་གཉིས་པོ་གང་ལྟར་ཡང་རིགས་པས་གནོད་དེ། ཀྱེ་རྡོར་ལྟར་ན་ས་ཐོག་མཐའ་བཞི་ལ་ཡུལ་བཅུ་དྲུག་ལྷག་མ་བརྒྱད་ཡུལ་བཅུ་དྲུག་སྟེ་སུམ་ཅུ་རྩ་གཉིས་ཀྱི་གྲངས་ཚང་ནས་འདུ་བ་དང་ཉེ་འདུའི་ཡུལ་ལྷག་པོ་བཞི་སློབ་པའི་ས་དང་སྦྱོར་རྒྱུ་མེད་ལ། དེ་བཞི་མི་སློབ་པའི་ས་དང་སྦྱོར་བ་གང་ནས་ཀྱང་མ་བཤད་པའི་ཕྱིར་རོ། །ལུགས་གཉིས་པ་ལྟར་ཡང་བདེ་མཆོག་ནས་བཤད་པའི་ཡུལ་ལྔ་པོ་ས་གང་དང་སྦྱོར་བའི་རྒྱུ་མཚན་མེད་པའི་ཕྱིར། གྲངས་འདྲེན་པ་ལ་དགའ་བ་ཙམ་དུ་ཟད་ཀྱི་སྙིང་པོ་ཡོད་པ་མ་ཡིན་ནོ། །

གཉིས་པ་བདེ་མཆོག་ནས་གསུངས་པ་ལ་རང་བཟོ་དགག་པ་ལ། རང་བཟོའི་ཚུལ་གཉིས་ཏེ། ཡུལ་ཉེར་བཞིའི་སྟེང་དུ་གནས་ལ་སོགས་པ་བཅུ་གཉིས་བསྣན་ནས་སོ་དྲུག །གང་དུ་སངས་རྒྱ་བའི་གནས་དང་སོ་བདུན་དུ་འདོད་པ་དང་། ཡང་བདེ་མཆོག་ནས་བཤད་པའི་ཡུལ་ཉེར་བཞི་པོའི་སྟེང་དུ། དེར་མ་བཤད་ཅིང་ཀྱེ་རྡོར་ནས་བཤད་པའི་བཅུ་གསུམ་གྱིས་ཁ་སྐོང་སྟེ། སློབ་པའི་ས་རྐྱང་པ་ལ་ཕྱི་རོལ་གྱི་ཡུལ་སོ་བདུན་ཡིན་ནོ་ཞེས་གྲགས་སོ། །དེ་ལ་དང་པོ་མི་འཐད་དེ། ཡུལ་ཉེར་བཞིའི་སྟེང་དུ་དབྱེ་གཞི་བཅུ་གཉིས་བསྣན་པས་སོ་དྲུག་ཏུ་བྱས་པ་དེ་གནས་ལ་སོགས་པ་བཅུ་གཉིས་དང་སྦྱོར་བའི་ཚེ་སྦྱོར་ཚུལ་ཇི་ལྟར་དུ་སྦྱོར། ཚུལ་དེ་ལྟ་བུ། རྒྱུད་གཞུང་གང་ནས་བཤད། བརྒྱུད་པའི་མན་ངག་གང་གི་ལུགས་ལས་བྱུང་། བརྟག་པ་ན་གང་དང་ཡང་མི་མཐུན་པའི་ཕྱིར་རོ། །ཚུལ་གཉིས་པ་ཡང་མི་འཐད་དེ། ལུང་གང་ཡང་མི་འདུག་པའི་ཕྱིར། འདི་འདྲའི་རང་བཟོས་ནི་རང་ཉིད་ཀྱིས་དྲིས་པའི་ལན་ཡང་མ་ཐེབས་ཏེ། ཕྱི་རོལ་ཡུལ་ཆེན་སོ་བདུན་ཞེས། །བྱ་བ་རྒྱུད་གཞུང་གང་ནས་བཤད། །ཅེས་དྲིས་པ་ལ། རྒྱུད་གཞུང་ནས་བཤད་པ་ངོས་བཟུང་རྒྱུ་མེད་པར། རེས་འགའ་སུམ་ཅུ་རྩ་གཉིས་ཀྱི་ནང་ནས་བསྐྱར་ཞིང་བགྲང་ནས་ཡུལ་སོ་བདུན་རྩི། རེས་འགའ་དབྱེ་གཞི་དབྱེ་བའི་ཡ་གྱལ་དུ་བགྲངས་ནས། སུམ་ཅུ་རྩ་བདུན་རྩི། རེས་འགའ་བདེ་ཀྱེ་ནས་གསུངས་པའི་མིང་མི་མཐུན་པ་རྣམས་ཕན་ཚུན་བསྒྲིགས་ཏེ་ཡུལ་སོ་བདུན་ཡིན་ནོ། །ཞེས་ལན་བཏབ་འདུག་པའི་ཕྱིར་རོ། །འདི་ལྟ་བུའི་འདྲེན་ཚུལ་གྱིས་གོ་ཆོད་ན་ཁོ་བོས་ཀྱེ་རྡོར་གྱི་ཡུལ་སུམ་ཅུ་རྩ་གཉིས་ཀྱི་སྟེང་དུ། དེར་མ་བཤད་ཅིང་ཕྱག་ཐིག་ལས་བཤད་པའི་སྒྲུ་ཏ་ཧྲ་རི་དང་། ཀསྨི་

ར་དང་། ནེ་པ་ལ་དང་། གཱ་ནྟ་རྗེ་སྟེ་སོ་དྲུག་གང་དུ་སངས་རྒྱ་བའི་གནས་ཏེ་སོ་བདུན་ནོ་ཞེས་བརྗོད་ན་ཅི་སྨྲ། དེ་བཞིན་དུ་ཕན་ཚུན་མི་མཐུན་པ་ཙམ་བསྡེབས་ན་ཡུལ་སུམ་ཅུ་སོ་བདུན་ངེས་འཛིན་པ་ཤིན་ཏུ་སླ་མོད་ཀྱི། ཆོས་ཀྱི་རྗེས་སུ་འབྲང་བའི་དམ་པ་རྣམས་ཡིད་ཆེས་པར་མི་ནུས་སོ། །

ལུས་མེད་གཡོ་བའི་མདའ་ཡང་ལུས་ཅན་ལ། །དྲང་སྲོང་དམོད་པའི་མཚོན་བཞིན་འབར་བའི་ལས། །འགྲོ་གསུམ་མཆོད་འོས་ཐུབ་པའི་རིང་ལུགས་ནི། །གཞན་དུ་འཆལ་སར་འདྲེན་འོས་གང་ལ་ཡིན། །ཀུན་རྟོགས་ཆུ་འཛིན་ཐིལ་བའི་ཐིགས་པ་ཙམ། །ལན་བརྒྱར་ཕབ་ཀྱང་མདོ་རྒྱུད་ཆུ་ཀླུང་གིས། །ལེགས་གདམ་བློ་མཚོའི་གཏིང་ཟབ་མ་དྲོས་མཚོ། །འདི་ལ་ཕྱོགས་ཙམ་མཚོན་པར་ནུས་མ་ཡིན། །བར་སྐབས་ཀྱི་ཚིགས་སུ་བཅད་པའོ། །

གསུམ་པ་གཞུང་ལས་གསུངས་པའི་གནས་ཚུལ་བཤད་པ་ནི། འོན་ཆོས་ཀྱི་རྗེས། ཡུལ་ཆེན་སུམ་ཅུ་རྩ་བདུན་དུ། །རིག་པ་བརྟུལ་ཞུགས་སྤྱོད་ཕྱིར་རྒྱུ། །ཞེས་གསུངས་པའི་ཕྱི་རོལ་གྱི་ཡུལ་ཆེན་སུམ་ཅུ་རྩ་བདུན་གང་ཡིན་ཞེ་ན། བཤད་པར་བྱ་སྟེ། ས་བཅུ་གཉིས་དང་། ཡུལ་སུམ་ཅུ་རྩ་གཉིས་ཀྱི་རླུང་སེམས་ཇི་ལྟར་འདུ་ཚུལ་གྱི་དབང་དུ་བྱས་ནས། རྩ་རྒྱུད་ལས། ཡུལ་སུམ་ཅུ་རྩ་གཉིས་ཁོ་ནར་བཤད་ཅིང་། འཁོར་ལོ་བདེ་མཆོག་རྩ་བའི་རྒྱུད་ལས། ཕ་རོལ་ཏུ་ཕྱིན་པའི་ཐེག་པ་དང་ལུང་སྒོ་བསྟུན་ནས་སློབ་པའི་ས་བཅུ་དང་། དེ་དག་ལ་ཡུལ་ཉེ་ཤུ་རྩ་བཞི་ཇི་ལྟར་འདུ་བའི་ཚུལ་གསུངས། ཨ་བྷི་དྷཱ་ན་ལས་ནི། སློབ་པའི་ས་བཅུ་གཉིས་སུ་གསུངས་པས། ཡུལ་ཡང་སུམ་ཅུ་རྩ་གཉིས་རྩེ་བར། དོན་གྱིས་གྲུབ་བོ། །

ཡང་ཁྲུག་ཐིག་ལྟར་ན། ས་བཅུ་གཉིས་ལ་ཡུལ་ཉེ་ཤུ་རྩ་བརྒྱད་སྦྱོར་ཏེ། ས་ཐོག་མ་གཉིས་ལ་ཡུལ་བརྒྱད། ས་ལྷག་མ་བཅུ་ལ་ཡུལ་གཉིས་གཉིས་སྦྱོར་བར་གསུངས་སོ། །དེ་དག་གང་ལྟར་ཡང་། ས་བཅུ་དང་། ཡུལ་ཉེར་བཞི་སྦྱོར་ཚུལ་དང་། ས་བཅུ་གཉིས་དང་། ཡུལ་ཉེར་བརྒྱད་དམ། སུམ་ཅུ་རྩ་གཉིས་སྦྱོར་བའི་ཚུལ་གསུངས་པ་ཡིན་གྱིས། འདི་དག་ལས་གསུངས་པའི་ཡུལ་རྣམས་གཞིར་བཞག་ནས། དེའི་སྟེང་དུ་ཡུལ་སུམ་ཅུ་རྩ་བདུན་ཁ་སྐོང་བ་ནི་གཏན་མ་ཡིན་ཏེ། རྒྱུད་སྡེ་འདི་དག་ལས་བཤད་པའི་ས་དང་སྦྱར་རྒྱུ་མེད་པའི་ཕྱིར་རོ། །

དེས་ན་ཕྱི་རོལ་གྱི་ཡུལ་སུམ་ཅུ་རྩ་བདུན་ནི། བཤད་པའི་ཚུལ་བཞི་སྟེ། ཨིནྡྲ་བྷཱུ་ཏིས་བཤད་པའི་ཚུལ། རྡོ་རྗེ་གསང་བས་བཤད་པའི་ཚུལ། རྡོ་རྗེ་སྙིང་པོས་བཤད་པའི་ཚུལ། པད་མ་རྡོ་རྗེས་བཤད་པའི་ཚུལ་ལོ། །དང་པོ་ནི། དགའ་བ་བཅུ་དྲུག་མཚོན་པའི་ས་བཅུ་དྲུག་གསུངས་པ་དེ་དག་དང་སྦྱར་ནས་བཤད་པ་ཡིན་ཏེ། དེ་ལས་བཅུ་དྲུག་ནི། ཡེ་ཤེས་ཐིག་ལེ་ལས། མོས་པར་སྤྱོད་པའི་ས་དང་། གཉིས་པ་རབ་ཏུ་དགའ་བ། གསུམ་པ

དྲི་མ་མེད་པ། བཞི་པ་འོད་བྱེད་པ། ལྔ་པ་འོད་འཕྲོ་བ། དྲུག་པ་སྦྱང་དཀའ་བ། བདུན་པ་མངོན་དུ་གྱུར་པ། བརྒྱད་པ་རིང་དུ་སོང་བ། དགུ་པ་མི་གཡོ་བ། བཅུ་པ་ལེགས་པའི་བློ་གྲོས། དེ་རྣམས་ནི་བྱང་ཆུབ་སེམས་དཔའི་སའོ། །ཆོས་ཀྱི་སྤྲིན་ནི་སངས་རྒྱས་ཀྱི་ས། ཀུན་ཏུ་འོད་ནི་ཡང་དག་པར་རྫོགས་པའི་སངས་རྒྱས་ཀྱི་ས། ཀུན་ཏུ་སྣང་བ་མཆེད་པའི་འོད་ནི་དཔལ་རྡོ་རྗེ་སེམས་དཔའི་བཅོམ་ལྡན་འདས་ཀྱི་སྤྲུལ་པའི་སྐུའི་ས། ཀུན་ཏུ་སྣང་བ་ཐོབ་པའི་འོད་ནི་ལོངས་སྤྱོད་རྫོགས་པའི་སྐུའི་ས། ཡང་དག་འོད་རབ་ནི་ཆོས་ཀྱི་སྐུའི་ས། བརྗོད་དུ་མེད་པ། ཚད་མེད་པ་ནི་བདེ་བ་ཆེན་པོའི་ས་སྟེ། དེ་ཀུན་དགའ་བའི་བྱེད་ལ། སར་ནི་ཀུན་དུ་བཏགས་པའོ། །ཞེས་གསུངས་པ་ལྟར་ཡིན་ལ། ས་བཅུ་དྲུག་པོ་དེ་ལ། ཐུན་མོང་མ་ཡིན་པའི་མིང་ཡང་བཅུ་དྲུག་གིས་བཤད་དེ། བཅུ་དྲུག་ནི་སློབ་དཔོན་ཨིནྡྲ་བྷཱུ་ཏིས། གནས་དང་། ཉེ་བའི་གནས། ཞིང་དང་། ཉེ་བའི་ཞིང་། འདུན་པ་དང་། ཉེ་བའི་འདུན་པ། འདུས་པ་དང་། ཉེ་བའི་འདུས་པ། དུར་ཁྲོད་དང་། ཉེ་བའི་དུར་ཁྲོད། ཐུ་ལ་དང་། ཉེ་བའི་ཐུ་ལ། སྤྱོར་བ་དང་། ཉེ་བའི་སྤྱོར། ལམ་དང་། ཉེ་བའི་ལམ་ཞེས་བཤད་དོ། །ཇི་ལྟར་སྦྱོར་བའི་ཚུལ་ནི་གནས་དང་། ཉེ་བའི་གནས་ལ། ཡུལ་བརྒྱད། ལྷག་མ་བཅུ་བཞི་པོ་རེ་རེ་ལ་ཡུལ་གཉིས་གཉིས་ཏེ་ཡུལ་སོ་དྲུག་དངོས་སུ་གསུངས་ལ། སོ་བདུན་པ་ནི། འབྲས་བུ་སངས་རྒྱས་ཀྱི་ས་དང་སྦྱོར་བར་ལུང་གིས་གྲུབ་སྟེ། གཞུང་དེ་ཉིད་ལས། སྤྲུལ་པ་དང་། ཆོས་དང་། ལོངས་སྤྱོད་དང་། བདེ་བ་ཆེན་པོ་པདྨ་འདབ་མ་བརྒྱད་ཀྱི་པད་མའི་རྣམ་པ་གེ་སར་ལ་སོགས་པ་དང་བཅས་པའི་དབུས་གནས་གཅིག་དང་ལྡན་པའོ། །ཞེས་གསུངས་པའོ། །རིགས་པས་ཀྱང་གྲུབ་སྟེ། གོང་གི་ས་བཅུ་དྲུག་པོ་ཐམས་ཅད་ཀྱང་དགའ་བའི་བྱེ་བྲག་ལ་སར་བཏགས་པ་ཡིན་གྱིས། དོན་ལ་སློབ་ལམ་ཁོ་ན་ཡིན་པའི་ཕྱིར་རོ། །དེ་ལྟར་ཡུལ་སུམ་ཅུ་རྩ་དྲུག་ས་དང་སྦྱར་ནས་གཞན་ལ་མ་ལྟོས་པར་བཤད་པའི་ལུང་ནི། སློབ་དཔོན་ཨིནྡྲ་བྷཱུ་ཏིས། དགའ་བའི་མེ་ཏོག་ལས། དང་པོའི་གནས་ཚུ་སྐྱེས་ཀྱི་ཤིང་གི་འདབ་མར་ཨུ་རྒྱན་དུ་གཟུགས་ལྡན་མ། བྱང་དུ་ཛཱ་ལནྡྷ་རར་བྱང་ལྡན་མ། ནུབ་ཏུ་པུ་ლི་རིར་བྱ་རོག་སྣ། ལྷོའི་འདབ་མར་ཀཱ་མ་རུ་པར་རུ་མ། མེའི་མཚམས་སུ་མ་ལ་ཝར་གླང་ཆེན་ཁ། སྲིན་པོའི་མཚམས་སུ་སིནྡྷུ་ར་དང་པོའི་སྟོབས་མའོ། །རླུང་མཚམས་སུ་ན་གར་ལྟོགས་མའོ། །དབང་ལྡན་མཚམས་སུ་པཱུརྞ་ཡ་ཚོ་ལྦུ་རིང་མའོ། །དེ་དག་ནི་གནས་དང་། ཉེ་བའི་གནས་ཤེས་རབ་དང་ཐབས་གཉིས་སུ་མེད་པའི་སྦྱོར་བས་ཐམས་ཅད་ནང་གི་དགའ་བ་ཞེས་གསུངས་སོ། །

དབུས་ཀྱི་གནས་ཀྱི་པད་མའི་ཤར་གྱི་འདབ་མར་མུམྨུ་ནི་ལོ་མ་རིང་། བྱང་དུ་དེ་ཝཱི་ཀོ་ཊར་ལྟོ་བ་ཆེ། ནུབ་ཏུ་ཀཱ་ལུ་ཏར་དྲི་ལྡན་མ། ལྷོར་ཨར་བྦུ་ཏར་རྡོ་རྗེ་དྲི་མ། མེའི་མཚམས་སུ་ཏ་རི་ཀོ་ལ་བར་བསིལ་སྦྱིན་མ། སྲིན་

པོའི་མཚམས་སུ་ཀོས་ཏ་བར་འོད་མ། རླུང་མཚམས་སུ་ལམྤ་ཀར་དབྱངས་སྐན་མ། དབང་ལྡན་མཚམས་སུ་ཀཉྫི་ཀར་ཕུ་ལིང་ཏམ། དེ་དག་ནི་ཞིང་དང་། འདུན་པ་དང་། ཉེ་བའི་འདུན་པའི་མཆོག་དགའོ། །མཐའ་མའི་གནས་ཀྱི་པདྨའི་ཤར་འདབ་མར་ལས་ཀྱི་གྲོང་དུ་ཨུཙྪལའི་དྲི། ནུབ་ཏུ་ཀོཏྣ་ནར་མཚོ་མེ་ཆེག་བྱེད། ལྷོར་ཧྲི་ཧྲུར་ཀ་རིང་། མེའི་མཚམས་སུ་ཡི་དྭགས་འདུས་པར་རིགས་ལྡན་མ། སྲིན་པོའི་མཚམས་སུ་མཚོའི་ངོགས་སུ་ཆུ་སྲིན་མིག་ལ། རླུང་གི་མཚམས་སུ་ཙ་རི་ཏྲར་ཉའི་ཁ། དབང་ལྡན་གྱི་མཚམས་སུ་གཞོན་ནུའི་གྲོང་ཁྱེར་དུ་སྣ་ཚོགས་ཡན་ལག་མའོ། །དེ་དག་ནི་འདུས་པ་དང་། ཉེ་བའི་འདུས་པ་དང་། དུར་ཁྲོད་དང་། ཉེ་བའི་དུར་ཁྲོད་ཆད་པའི་དགའ་བའོ། །བཞི་པའི་གནས་ཀྱི་པད་མའི་ཤར་དུ་ཀཱ་ཤྨི་ར་གང་ཕུར་ལུས་མ། བྱང་དུ་ཀེ་ཏ་ར་ར་རྨ་བྱའི་སྒྲོ་མ། ནང་དུ་ནེ་པ་ལར་འདོད་མ། ལྷོར་ཀསྨུ་ཛར་དག་པའི་ལུས་མ། མེ་མཚམས་སུ་འཆི་མེད་གྲོང་དུ་སྒྲ་ལེགས་མ། སྲིན་པོའི་མཚམས་སུ་མི་ཡུལ་དུ་སྣ་ཚོགས་པ་མ། རླུང་གི་མཚམས་སུ་འོག་ཏུ་འདོད་པའི་སྐྱེ་རིག་མ། དབང་ལྡན་མཚམས་སུ་རི་རབ་རྩེར་པད་མའི་ཞལ་ལོ། །དེ་དག་ནི་བྱི་ལ་དང་། ཉེ་བའི་བྱི་ལ་དང་། སྦྱོར་བ་དང་། ཉེ་བའི་སྦྱོར་བའི་རང་བཞིན་དགའ་བའོ། །དང་པོའི་ལྟེ་བར་ཤར་གྱི་ལུས་འཕགས་སུ་སྒྲོག་མ། དབུས་སུ་བྱང་གི་སྒྲ་མི་སྙན་དུ་ལ་ལ་ན། མཐའ་མའི་ནང་དུ་བ་གླང་སྤྱོད་དུ་ར་ས་ན། བཞི་པའི་གནས་སུ་ལྷོའི་འཛམ་བུའི་གླིང་དུ་ཨ་ཝ་དྷཱུ་ཏིའོ། །ལུང་ལས། དཔའ་བོ་ཆེན་པོ་དང་བཅས་པར་ནང་གི་འཁོར་ལོའི་རིམ་པའི་ཤེས་རབ་དང་ཐབས་ཀྱི་རྣམ་པར་དག་པ་ཞེས་བལྟས་ཏེ། དེ་ནི་ལམ་དང་། ཉེ་བའི་ལམ་མོ། །ཞེས་གསུངས་སོ། །

འདིར་གླིང་བཞི་ནང་གི་རྩ་བཞི་དང་སྦྱར་ནས་བཤད་ལ། རྗེ་བཙུན་གྱིས། ཨིནྡྲ་བྷཱུ་ཏིའི་ལམ་བསྐོར་དུ་ཡང་། དགའ་བ་བཅུ་དྲུག་དང་། ཡུལ་སུམ་ཅུ་རྩ་གཉིས་སྦྱོར་བའི་ཚེ་གླིང་བཞི་པོ་ཡུལ་ཉི་ཤུ་རྩ་བརྒྱད་ཀྱི་ཁ་སྐོང་དུ་བྱས་ནས་ཡུལ་ཆེན་དུ་གསུངས་སོ། །དེ་ཡང་གླིང་བཞིའི་མིང་གིས་བཏགས་པ་ཡིན་གྱི་དོན་ལ། ཏི་མ་ལ་ཡ་དང་། སོ་རཥྚ་དང་། ཀ་ལིངྐ་དང་། ཀོ་ས་ལ་དང་བཞི་ཡིན་ནོ་ཞེས་གསུངས་པས། འདིར་ཡང་གླིང་བཞིའི་མིང་ཅན་བཞི་ནི་དེ་དག་ཡིན་པར་སེམས་སོ། །གོང་དུ་སྨོས་པ་ལྟར། ཡུལ་སུམ་ཅུ་རྩ་གཉིས་ཀྱི་སྟེང་དུ་གླིང་བཞི་ལ་སོགས་པ་བསྟན་ནས་ཡུལ་སོ་བདུན་དུ་རྗེ་བཙུན་ཆེན་པོས་བཤད་ཅེས་ཟེར་བ་ནི། རྗེ་བཙུན་གྱི་གཞུང་མཐོང་མ་མྱོང་བའི་བབ་ཆོལ་འབའ་ཞིག་ཏུ་སྣང་ངོ་། །

གཉིས་པ་སློབ་དཔོན་ཧཱུྃ་རྗེ་གསང་བས་བཤད་པའི་ཚུལ་ནི། རང་བཞིན་དགའ་བའི་སྒྲོན་མེ་ལས། དཔའ་བོའི་གནས་བཅུ་དྲུག །དཔའ་མོའི་གནས་བཅུ་དྲུག །གསང་བའི་གནས་བཞི་སྟེ་སོ་དྲུག །གཙོ་བོའི་གནས་དང་སོ་བདུན་དུ་གསུངས་ཏེ། ཇི་སྐད་དུ། ཨུ་རྒྱན་ཞེས་པ་ནུབ་གསུམ་མོ། །པད་མའི་འབྲས་བུ་ཛྫ་ལནྡྷ་ར། །

དྲག་པོའི་མིག་འདྲ་པུ་ལི་ར། །རིགས་ཀྱི་མེ་ཏོག་ཀཱ་མ་རུ། །ཚངས་པའི་དྲ་བ་མ་ལ་ཝ། །དུང་གི་མིག་འདྲ་སིན་དྷུའི་ཡུལ། །ཆུ་བའི་མིག་འདྲ་ནཱ་ག་རོ། །བ་ཡི་མིག་འདྲ་པི་ཏྲཱ་ར་ཧེ། །དུང་གི་ལྟེ་འདྲ་མུམྨུ་ནི། །གླང་ཆེན་ལྟོ་འདྲར་དེ་ཝཱི་ཀོ་ཊ། །ཨུཏྲ་ལ་ལྟེ་འདྲར་ཀ་ལུ་ཏ། །པད་མའི་ལྟེ་འདྲ་ཨརྦུ་ཏ། །ཞུང་བའི་ཁ་འདྲར་ཧ་རི་ཀེ། །རྨ་བྱའི་ཁ་འདྲར་ཀུ་ཏ་བར། །རྡོ་རྗེའི་ཁ་འདྲར་ལམྤ་ཀར། །ཏིལ་གྱི་མེ་ཏོག་རྒྱས་འདྲ་རུ། །ཀཉྩ་ཀར་ཞེས་པ་ཡི་གནས། །དེ་ནི་དཔའ་མོ་རྣམས་ཀྱི་གནས། །ཡན་ལག་མ་རྣམས་བསྟན་པར་བྱ། །ཏིལ་གྱི་མེ་ཏོག་རི་རབ་རྩེ། །ས་འོག་དེ་ན་རྡོ་རྗེའི་ཁར། །མི་ཡུལ་དེ་ནི་རྨ་བྱའི་ཁར། །འཆི་མེད་གྲོང་ནི་ཞུང་བའི་ཁར། །ཀརྨ་ཛར་ནི་པད་མའི་ལྟེར། །ནེ་པ་ལིང་ནི་ཨུཏྲ་ལ་ལྟེར། །ཀོ་ཏ་ར་ར་ཞེས་གླང་ཆེན་ལྟེར། །ཀམྨི་ར་ནི་དུང་གི་ལྟེར། །གཞོན་ནུ་གྲོང་ཁྱེར་བ་ཡི་མིག །ཙ་རི་ཏྲར་ཞེས་ཆུ་བའི་མིག །ཆུ་ངོགས་དེ་ནི་དུང་གི་མིག །ཡིད་བཏགས་འདུས་པ་ཚངས་པའི་མིག །ཙཱ་ཧོ་ར་ཞེས་པ་རིགས་མེ་ཏོག །ཀུ་ལུ་ཏ་ནི་དྲག་པོའི་མིག །གསེར་གླིང་པད་མའི་འབྲས་བུའི་གནས། །ལས་ཀྱི་ཡུལ་ལས་ཟུར་གསུམ་ཡིན། །འདི་ནི་དོན་དུ་གསང་བའི་གནས། །ལུས་འཕགས་པོ་ནི་སྲོག་ཙམ། །སྲི་མི་སྐྱོན་ནི་ལ་ལ་ན། །བ་གླང་སྤྱོད་ནི་ར་ས་ན། །འཛམ་བུ་གླིང་ཞེས་པ་ཡི་གནས། །ཨ་ཝ་དྷཱུ་ཏི་ཞེས་པའོ། །འདི་ལས་གཞན་པའི་གནས་རྣམས་ནི། །སྙིད་པར་སླ་བ་ཡོངས་མི་འགྱུར། །གནས་བརྒྱད་རང་གི་ངོ་བོ་རུ། །སྐྱེ་བརྒྱད་པོ་ནི་བསྒོམ་པའོ། །གནས་ནི་གསང་ཆེན་པད་མའི་གནས། །ལྟེ་བ་ཡོད་པའི་འདབ་བརྒྱད་ནི། །གང་གང་བཞུགས་དང་བརྟེན་པ་རྣམས། །དེ་དང་དེ་ནི་གནས་ཞེས་བརྗོད། །ཅེས་གསུངས་པ་ལྟར་རོ། །འདིར་ཡང་གླིང་བཞི་པོ་ཧེ་མ་ལ་ཡ་སོགས་དང་། སྦྱོར་ཚུལ་ནི་གོང་དུ་བཤད་པ་དང་འདྲ་ལ། ཡུལ་སུམ་ཅུ་རྩ་བདུན་པ་གཙོ་བོའི་གནས་ལ་ངོས་འཛིན་པར་ཡང་མཚུངས་སོ། །

གསུམ་པ་རྡོ་རྗེ་སྙིང་པོས་བཤད་པའི་ཚུལ་ནི་ཞུང་དུའི་རྒྱུད་ཀྱི་བསྡུས་པའི་དོན་རྣམས་བཤད་པ་ཉིད་ལས། ཕྱི་ནང་གཉིས་ཀ་ལ་ཡུལ་སོ་བདུན་དུ་གསུངས་ཏེ། ཇི་སྐད་དུ། དེ་ནི་ཕྱི་རོལ་དང་ནང་དུ་གནས་ལ་སོགས་པ་རྣལ་འབྱོར་མ་ཀུན་ཏུ་རྒྱུ་བའི་གནས་བརྗོད་པར་བྱ་སྟེ། ཕྱི་རོལ་དུ། རི་རབ་ཀྱི་རྩེ་མོར་སྣ་ཚོགས་པད་མའི་ལྟེ་བ་ལའོ། །ནང་དུ་ནི་གསང་བའི་པདྨ་ལ་སྟེ། རྩ་བའི་གནས་ལ་རྡོ་རྗེ་ཕག་མོ་རིགས་ལྡན་མའོ། །པད་མའི་ཤར་གྱི་འདབ་མ་སྙིང་ཁའི་པད་མར་བདག་གི་གདན་ལ་རྡོ་རྗེ་མཁའ་འགྲོ་མའོ། །ལྷོའི་འདབ་མ་ལ་མགྲིན་པའི་པད་མར་གཞན་གྱི་གདན་ལ་ལ་མའོ། །ནུབ་ཀྱི་འདབ་མ་ལ། ལྟེ་བའི་པད་མར་ སྟགས་ཀྱི་གདན་ལ་དུམ་སྐྱེས་མའོ། །བྱང་གི་འདབ་མ་ལ་དཔྲལ་བའི་པད་མར་དེ་ཁོ་ནའི་གདན་ལ་གཟུགས་ཅན་མའོ། །ཟེ་འབྲུ་ལ་གཙུག་ཏོར་གྱི་པད་མར་ཐམས་ཅད་ཀྱི་གདན་ལ་དཔལ་ཧེ་རུ་ཀ་སྟེ། ཡེ་ཤེས་ཀྱི་འཁོར་ལོ་མཆོད་པར་བྱའོ། །

ཞེས་དང་། ཐུགས་ཀྱི་འཁོར་ལོ། གསུང་གི་འཁོར་ལོ། སྐུའི་འཁོར་ལོ་རྣམས་ལ་ཕྱི་རོལ་དང་ནང་དུ་གནས་ཉི་ཤུ་རྩ་བཞི། དེ་ནས་ས་འོག་ཏུ་མེ་དང་རླུང་གི་འཁོར་ཡུག་གི་དབུས་སུ། རི་རབ་ཀྱི་ཕྱོགས་བརྒྱད་པོ་རྣམས་སུ་མི་ཟད་པའི་འདུ་བའི་དམྱལ་བ་ཆེན་པོར། དུར་ཁྲོད་ཆེན་པོ་བརྒྱད་རྣམས་སུ་སྟེ། ཤར་གྱི་དུར་ཁྲོད་དུ། མདུང་གི་འབིགས་པར་ཁའི་སློ་རུ་ཁ་གདོང་མའོ། །ཞེས་སོགས་དུར་ཁྲོད་བརྒྱད་ཀྱི་གནས་བརྒྱད་དེ། སོ་གཉིས་སོ། །སྔར་གྱི་ཡེ་ཤེས་ཀྱི་འཁོར་ལོའི་གནས་ལྔ་སྟེ། གནས་སོ་བདུན་དུ་གསལ་བར་གསུངས་པ་ལྟར་རོ། །རི་གི་ཨ་ར་ལི་ལས། གླིང་བཞི་གནས་བཤད་པ་ནི། ཡུལ་ཉི་ཤུ་རྩ་བཞི་ས་བཅུ་དང་སྦྱར་བའི་སྐབས་ཏེ། ཇི་སྐད་དུ། ཨ་ར་ལི་ནི་བདེ་གོ་བར། །ས་བཅུ་རྣམས་ནི་རབ་ཏུ་ཕྱེ། །གནས་ནི་ཤར་གྱི་ལུས་འཕགས་པོ། །ཅེས་སོགས་བཤད་པས་ཤེས་སོ། །

བཞི་པོ་སློབ་དཔོན་པདྨ་རྡོ་རྗེས་བཤད་པའི་ཚུལ་ནི། མཁའ་འགྲོ་རྒྱ་མཚོའི་འགྲེལ་ཆེན་གྲུ་གཟིངས་ལས། ཕྱི་རོལ་གྱི་ཡུལ་ཆེན་སོ་བདུན་འདོད་པའི་ཁམས་ལ་སྦྱར་བ་དང་། ཁམས་གསུམ་སྤྱི་ལ་སྦྱར་བའི་ཚུལ་གཉིས་གསུངས་པ་ལ། དང་པོ་ནི། ཆུ་གཏེར་བདུན། རི་བརྒྱད། གླིང་བརྒྱད། དམྱལ་བ་བརྒྱད། བཙོའི་རྒྱ་མཚོའི་ཕྱི་རོལ་དུ་རྡོ་རྗེའི་རི། རྒྱ་མཚོ་ཆེན་པོ་རི་རབ། རི་རབ་ཀྱི་འོག་གི་ཆ་སྟེ་སོ་ལྔ། དེ་ཐམས་ཅད་ནམ་མཁའ་ནང་དུ་གནས་པས་ནམ་མཁའ་སྟེ་སོ་དྲུག་དང་། རི་རབ་ཀྱི་གཙུག་ཏོར་ལ་སོགས་པ་དང་། ཇི་སྲིད་ནམ་མཁའི་བར་དུ་ས་འོག་ལས་སོ་ཞེས་རི་རབ་ཀྱི་རྩེ་མོ་ས་བདུན་པར་གསུངས་སོ། །

གཉིས་པ་ནི། འདོད་ཁམས་བཅུ་གཅིག །གཟུགས་ཁམས་བཅུ་དྲུག །གཟུགས་མེད་བཞི། བསམ་གཏན་བཞི་པ་མན་ཆད་ལ། ཆགས་པ་འཇིགས་པ། འགྲོ་བ། མི་འགྲོ་བ། འདོད་པ་ཅན་ཏེ་ལྔ་བསྣན་པས་སོ་དྲུག །དེ་ལྟར་སུམ་ཅུ་རྩ་དྲུག་དང་། སུམ་ཅུ་རྩ་བདུན་པ་ནི་འོག་མིན་གྱི་སའོ། །ཞེས་ཁམས་གསུམ་སྤྱིའི་ཡུལ་ཆེན་སུམ་ཅུ་རྩ་བདུན་ཡང་གསལ་བར་བཤད་པ་ཡིན་ནོ། །འོན་འཛམ་བུ་གླིང་འདི་ཉིད་དུ་ཡུལ་ཆེན་སུམ་ཅུ་རྩ་བདུན་བཅུ་བའི་ཚེ། ཡུལ་སོ་དྲུག་ཕྱི་རོལ་དུ་སོ་སོར་རང་མིང་ནས་ངོས་བཟུང་རྒྱུ་བྱུང་ཡང་སུམ་ཅུ་རྩ་བདུན་པ་ནི་གཙོ་བོའི་གནས་ཡིན་ནོ་ཞེས་པ་ཙམ་ལས་མ་སློས་པས། དེ་ཕྱི་རོལ་དུ་ཡུལ་གང་ལ་ངོས་འཛིན་ཞེ་ན། འདི་ལ་རྗེ་བཙུན་སྐྱ་མཆེད་ཀྱིས་གསུངས་ནས་ཕྱིའི་དབང་དུ་བྱས་ན། ཐེག་པ་ཐུན་མོང་པ་ལ་གྲགས་པ་རྡོ་རྗེའི་གདན་ཡིན་ལ། ཐུན་མོང་མ་ཡིན་པ་ལ་གྲགས་པ། འོག་མིན་ཡིན་ནོ་ཞེས། གནད་ཀྱི་གསལ་བྱེད་དང་། ལྗོན་ཤིང་ལས་བཤད་ཅིང་། འདི་ཉིད་དོན་དང་ཡང་མཐུན་པ་ཡིན་ཏེ། པཎྜི་ཏ་དག་པའི་རྡོ་རྗེས། ལོ་ཏི་པའི་འགྲེལ་པ་ལས། ཕྱི་རོལ་ན་ནི་རྡོ་རྗེ་གདན་བྱང་ཆུབ་ཆེན་པོའི་མིང་ཅན་གྱི་གནས་དང་། ཛ་རན་དྷ་ནའི་ཆུ་རླུང་ཡིན་ལ།

ལུས་ལ་ནི་བདེ་བ་ཆེན་པོའི་འཁོར་ལོའི་གནས་དང་། ཨ་ཥྚ་ཧི་ཏ་རན་ཛ་ན་ཡིན་ནོ་ཞེས་ཤིན་ཏུ་གསལ་བར་བཤད་པའི་ཕྱིར་རོ། །འདི་ལྟ་བུའི་ལུང་གི་གསལ་ཁ་གང་ཡང་མ་མཐོང་བར་རང་ཉིད་གང་དུ་སངས་རྒྱ་བའི་གནས་ཉིད་ཡུལ་སོ་བདུན་ས་ཡིན་ནོ་ཞེས་ཟེར་བ་ནི་མིང་དོན་བརྡ་མ་འཕྲོད་པའི་ཟོལ་སྦྱོར་ཁོ་ནའི་གཏམ་དུ་སྣང་ངོ་། །

དེ་ལྟར་ན་ཁོ་བོས་ལུང་དང་ཞིབ་ཏུ་སྦྱར་ནས། ཡུལ་ཆེན་རྣམས་སོ་སོར་བཤད་ཅིང་། ཁྱད་པར་དུ་འཛམ་བུ་གླིང་འདི་ཉིད་ན་ཡོད་པའི་ཡུལ་སོ་བདུན་པོ་ལུང་བཞིན་དུ་ལེགས་པར་བཤད་པ་འདི་ལ། རྗེ་བཙུན་ས་སྐྱ་པ་ཆོས་ཀྱི་སྤྱན་དང་ལྡན་པ་རྣམས་དང་། དེའི་རྗེས་སུ་འབྲང་བའི་གཟུ་བོར་གནས་པའི་སྐྱེས་བུ་དམ་པ་རྣམས་དགེས་པ་བསྐྱེད་དུ་གསོལ་ལོ། །རྒྱུད་སྡེ་ལས་གསུངས་པའི་ཕྱིའི་ཡུལ་ཆེན་ངོས་བཟུང་བའི་སྐབས་ཏེ་གཉིས་པའོ། །རྡོ་རྗེའི་སྒོ་ལས་ཏིང་འཛིན་ཉི་མའི་ཏོག །མ་ལུས་བདུད་དཔུང་འཇོམས་པའི་ཚ་ཟེར་འགྱེད། །ཁམས་གསུམ་ཀུན་ལ་བདུད་རྩི་ལམ་གསུངས་པའི། །ཀུན་གཟིགས་དབང་པོ་མཆོག་དེས་དགེས་པར་མཛོད། །

གསུམ་པ་རྡོ་རྗེའི་གདན་གྱི་རྣམ་པར་གཞག་པ་རྒྱས་པར་བཤད་པ་ལ་གཉིས་ཏེ། ཐེག་པ་ཐུན་མོང་བ་ལ་གྲགས་པའི་རྡོ་རྗེའི་གདན་དང་། ཐུན་མོང་མ་ཡིན་པ་ལ་གྲགས་པའི་རྡོ་རྗེའི་གདན་ནོ། །དང་པོ་ནི་ཡུལ་དབུས་མ་ག་དྷ་ན་དུས་གསུམ་གྱི་སངས་རྒྱས་ཐམས་ཅད་བཞུགས་པའི་རྡོ་རྗེའི་གདན། མེ་ཆུ་རླུང་གསུམ་གྱིས་འཇིག་པར་མི་འགྱུར་བའི་གནས་དེ་ཉིད་ཡིན་ལ། དེ་ཡང་སངས་རྒྱས་རྣམས་ཀྱི་བྱིན་གྱིས་བརླབས་པའི་སྟོབས་ཀྱིས་དབང་ཆེན་གསེར་གྱི་ས་གཞི་ལ་ཐུག་པར་རིན་པོ་ཆེ་སྣ་ཚོགས་ལས་གྲུབ་པ། རྡོ་རྗེ་རྒྱ་གྲམ་དུ་གནས་པའི་ལྟེ་བ་ལས་བྱང་ཆུབ་ཀྱི་ཤིང་སྐྱེས་ཤིང་རྡོ་རྗེའི་རྩེ་མོ་བཞིའི་ཐད་ཀ་ན་རྡོ་རྗེ་ཕུར་པའི་མཆོད་རྟེན་བཞི་ཡོད་པར་ཉན་ཐོས་དེ་པ་རྣམས་འདོད་ལ། ཐེག་པ་ཆེན་པོ་རྣམས་ནི། རྡོ་རྗེ་རྩེ་ལྔ་པ་ལངས་ནས་ཡོད་པའི་ཁོང་སེང་ནས་བྱང་ཆུབ་ཀྱི་ཤིང་སྐྱེས་ཤིང་། ར་བཞི་ལ་རྡོ་རྗེ་ཕུར་པའི་མཆོད་རྟེན་བཞི་ཡོད་པར་འདོད་དོ། །མཆོད་རྟེན་བཞི་པོ་དེའི་བར་ན་མདའ་རྒྱང་འབྲིང་པོའི་ཚད་ཙམ་རེ་ཡོད་ལ། དེ་ནི་རྡོ་རྗེ་གདན་གྱི་རྒྱའི་ཚད་ཡིན་ནོ་ཞེས་གྲག་གོ། །

དེ་ལྟ་བུའི་གནས་དེ་ནི་འཛམ་བུའི་གླིང་གི་དཀྱིལ་ན་ཡོད་པ་དང་། བྱང་ཆུབ་ཀྱི་ཤིང་དྲུང་དེར་བསྐལ་པ་བཟང་པོའི་སངས་རྒྱས་ཐམས་ཅད་སངས་རྒྱ་བའི་ཚུལ་སྟོན་པ་དང་། འཇིག་པའི་དུས་ཀྱི་མེ་ལ་སོགས་པས་ཀྱང་མི་འཇིག་པར་ནི་ཐེག་པ་ཆེ་ཆུང་གཉིས་ཀས་འདོད། དེ་ལྟ་བུའི་གནས་དེར་སྟོན་པ་འདི་ཉིད་ཇི་ལྟར་དུ་བྱང་ཆུབ་པའི་ཚུལ་ནི། ཐུབ་པ་ཉིད་གྲོང་ཁྱེར་སེར་སྐྱ་ནས་བྱུང་སྟེ། མཆོད་རྟེན་རྣམས་ཀྱི་དྲུང་དུ་རང་བྱུང་གི་བསྙེན་པ་རྫོགས་ཏེ། ཆུ་བོ་ནཻ་རཉྫ་ན་ར་ལོ་དྲུག་ཏུ་དཀའ་བ་སྤྱད། དེ་ནས་རྡོ་རྗེའི་གདན་དུ་ཕྱིན་ཏེ་བྱང་ཆུབ་ཀྱི་ཤིང་

བརྟག་པའི་ཕྱིར་ཐུགས་ཁ་ནས་འོད་ཟེར་བཀྱེ་སྟེ་བྱང་ཆུབ་ཀྱི་ཤིང་མ་ཡིན་པ་གཞན་རྣམས་བརྟགས་ཏེ། ད་ལྟ་ཡང་བྱང་ཆུབ་ཀྱི་ཤིང་ནས་ཅུང་ཟད་ཤར་ཕྱོགས་སུ་ཕྱིན་པ་ན། སངས་རྒྱས་ཀྱི་སྐུ་ཚད་བཞེངས་ནས་ཡོད་པ་གཅིག་དང་། དེའི་སྟེང་ན་འོད་ཟེར་བཀྱེ་བའི་གནྡྷོ་ལ་ཞེས་གྲགས་པ་ཡོད་དེ། དེ་ནས་བྱང་ཆུབ་ཀྱི་ཤིང་དྲུང་དུ་བྱོན་ཏེ་ཞལ་ནུབ་ཏུ་གཟིགས་ནས་སྟོད་ལ་བདུད་བཏུལ་བའི་ཏིང་ངེ་འཛིན་ལ་བཞུགས་པ་ན། བདུད་བྱེ་བ་ཕྲག་སུམ་ཅུ་རྩ་དྲུག་གིས་མཚོན་ཆ་ལ་སོགས་པའི་ཆར་ཕབ་པའི་ཚེ། འཇམ་དཔལ་གྱིས་ཛའི་སྦྲ་བརྡུངས་ཞིང་། སྤྲོལ་མས་བཤད་པ་མཛད་པའི་ཚེ། རི་བོ་དེ་ཤ་ནས་འཕགས་པ་འཇམ་དཔལ་ཛ་སྦྲ་ཅན་བྱོན་ཏེ། ཛའི་ཚོགས་མང་དུ་བརྡུངས་པས་ཏིང་ངེ་འཛིན་གྱི་མཐུས་བདུད་ཕམ་པར་བྱས་ཏེ། དིང་སང་ཡང་ལུགས་རིའི་ནང་གི་ནུབ་ན་འཇམ་དཔལ་གྱི་སྐུ་ཁྲུ་གང་གི་ཚད་ཙམ་ལ་མཆོད་རྟེན་གྱི་ནང་ན་བཞུགས་པ་ཞིག་ཡོད་ཅེས་ཟེར་རོ། །དེ་ལྟར་སྟོད་ལ་བདུད་བཏུལ་ནས་ཐོ་རངས་ཞལ་ཤར་དུ་གཟིགས་ཏེ། རྡོ་རྗེ་ལྟ་བུའི་ཏིང་ངེ་འཛིན་གྱིས་མངོན་པར་རྫོགས་པར་བྱང་ཆུབ་པ་ཡིན་ཏེ། ཇི་སྐད་དུ། ཁྱོད་ཀྱི་དང་པོར་ལྷ་ཡི་བུའི། །བདུད་ཀྱི་མེ་ཏོག་རྒྱལ་མཚན་བསྐྱིལ། །དེ་ནས་ཉོན་མོངས་བདུད་ཀྱི་ནི། །ང་རྒྱལ་རི་བོ་མཐོན་པོ་བརྡིབ། །ཁྱོད་ཀྱི་བྱང་ཆུབ་མ་བརྙེས་པར། །འདོད་ཁམས་དབང་ཕྱུག་ལས་རྒྱལ་ཏེ། །བྱང་ཆུབ་བར་ཆད་མེད་ལམ་ལ། །ཁམས་གསུམ་དབང་ཕྱུག་ལས་རྒྱལ་ལོ། །ཞེས་དང་། མུ་ཅོར་སྒྲོགས་པའི་ཤིང་དག་དང་། བདུད་དཔུང་མཚན་མར་བཅས་པ་དག །ནམ་མཁའི་ལྷ་ཡིས་བླངས་ནས་ནི། །ལུགས་རི་ཕྱི་རོལ་དག་ཏུ་འཕངས། །དེ་ནས་དམ་བཅོས་ཡེ་ཤེས་ནི། །དྲི་མེད་རབ་དང་ཡང་དག་ཐོབ། །ཀུན་རིག་ཀུན་རྟོག་སྐྱེ་བ་ནི། །ཐམས་ཅད་དྲན་པ་མཆོག་ཏུ་འགྱུར། །དེར་ནི་བླ་མེད་ཡེ་ཤེས་ཀྱིས། །རྫོགས་པའི་བྱང་ཆུབ་རྙེད་པ་དེས། །ལས་ཀྱི་ཐ་སྙབས་ཀྱིས་སྤྲུལ་པ། །འབྱུང་པོ་ཀུན་གྱིས་འགྲོ་བ་མཐོང་། །ཞེས་བཤད་པ་ལྟར་རོ། །དེ་ནས་ཞག་བདུན་ཕྲག་དང་པོ་ལ་དེར་དཀྱིལ་ཀྲུང་མ་བཤིག་པར་བཞུགས་སོ། །

གཉིས་པ་ལ་བཞེངས་ནས་འཇམ་བུ་གླིང་བཅགས་ཏེ། རྡོ་རྗེ་གདན་གྱི་བྱང་ཕྱོགས་རྡོ་རྗེ་རྣ་བའི་ནང་ན་སངས་རྒྱས་ཀྱིས་གོམས་པ་བཅུ་གཉིས་དོར་བའི་ཤུལ་ན་ཞབས་ཀྱི་རྗེས་བཅུ་གཉིས་ཡོད་ཅིང་། མཐའ་གཉིས་ན་མཆོད་རྟེན་རེ་རེ་ཡོད་དོ། །གསུམ་པ་ལ་སྟོང་གསུམ་དུ་བཅགས་པའི་མཆོད་རྟེན་ནི། བྱང་ཕྱོགས་ན་མཆོད་རྟེན་གྱི་ཕྲེང་བ་བཅུ་གཉིས་ཡོད་དོ། །བཞི་པ་ལ་ཞག་བདུན་དུ་སྤྱན་མི་འཛུམ་པར་གཟིགས་པའི་མཆོད་རྟེན་ནི། བྱང་ཕྱོགས་ན་སངས་རྒྱས་ཀྱི་སྐུ་བྱང་ཆུབ་ཀྱི་ཤིང་ལ་གཟིགས་པའི་སྟེང་ན་གནྡྷོ་ལ་དང་བཅས་པ་ཡོད་དོ། །ལྔ་པ་ལ་ཀླུ་བཏང་བཟུང་གི་གནས་སུ་བྱོན་ཏེ། རྡོ་རྗེ་གདན་གྱི་རྒྱང་གྲགས་གཉིས་ན་མཚོ་ཡོད་པའི་ནང་ནས་སངས་རྒྱས་མདུན་དུ་རྡོའི་ཐེམ་པ་བྱུང་བ་ཡང་ཡོད་དོ། །དྲུག་པ་ལ་བྱང་ཕྱོགས་སུ་རྒྱང་གྲགས་གཅིག་བྱོན་པའི་

སར། ཀུན་ཏུ་རྒྱུ་བཏུལ་བའི་ས་ན་ཤིང་ཉ་གྲོ་དྷའི་རྩ་བ་ན་མཆོད་རྟེན་ཞིག་ཡོད་དོ། །བདུན་པ་ལ་རྡོ་རྗེ་གདན་གྱི་ཤར་ཕྱོགས་སུ་ཚོང་དཔོན་ག་གོན་དང་། བཟང་སྐྱོང་གིས་སྤྲང་རྩེ་དྲང་སྟེ། སངས་རྒྱས་ཀྱིས་བཀྲ་ཤིས་བརྗོད་པའི་ས་ན་མཆོད་རྟེན་གྱི་ལོགས་ལ་སངས་རྒྱས་ཀྱི་སྐུ་གཟུགས་དང་། ཚོང་དཔོན་གྱི་གཟུགས་གཉིས་ཀ་རི་མོར་བྲིས་པ་ཡོད་དོ། །དེ་ནས་ལྷོ་ནུབ་ཏུ་ཅུང་ཟད་ཙམ་འཕགས་ཤིང་ཉ་གྲོ་དྷའི་རྩ་བར་ཆོས་མ་གསུང་བར་བཞུགས་པ་ལ། ཚངས་པ་དང་། བརྒྱ་བྱིན་གྱིས་ཆོས་ཀྱི་འཁོར་ལོ་བསྐོར་བར་གསོལ་བ་བཏབ་པའི་ས་ན་ཡང་། མཆོད་རྟེན་གྱི་ནང་ན་སངས་རྒྱས་ཀྱི་སྐུ་དང་། ཚངས་པ་དང་། བརྒྱ་བྱིན་གྱི་གཟུགས་བྲིས་པ་ཡོད་དོ། །

དེ་ནས་ཝ་ར་ཎ་སིར་ཆོས་ཀྱི་འཁོར་ལོ་བསྐོར་བ་ལ་སོགས་པ་མཛད་དོ། །འོན་རྡོ་རྗེའི་གདན་གྱི་བྱང་ཆུབ་ཆེན་པོའི་སྐུ་དང་། གཙུག་ལག་ཁང་ལ་སོགས་པ་དུས་ཇི་ཙམ་ན་བྱུང་ཞིང་། ཚུལ་ཇི་ལྟར་གནས་ཞེ་ན། བྱང་ཆུབ་ཆེན་པོའི་སྐུ་ནི། སངས་རྒྱས་མྱ་ངན་ལས་འདས་ནས་ལོ་བརྒྱ་ལོན་པ་ན། རྒྱལ་པོའི་ཁབ་ཏུ་བྲམ་ཟེ་མོ་ལོ་བརྒྱ་ཉི་ཤུ་ལོན་པ། སངས་རྒྱས་ལ་ཆོས་སྟོན་དྲངས་ཤིང་ཆོས་ཉན་པ་ཞིག་བྱུང་སྟེ། དེ་ལ་བུ་གསུམ་ཡོད་པ་ལས། ཆེ་བ་གཉིས་ནི། མུ་སྟེགས་དང་། ཆུང་བ་ནི་སངས་རྒྱས་ལ་དད་པས་ན། དུས་རྟག་ཏུ་རྩོད་པར་བྱེད་དོ། །མས་སྨྲས་པ། འདི་ནས་བྱང་ཕྱོགས་ན། རི་བོ་གངས་ཅན་ལ་དབང་ཕྱུག་ཆེན་པོ་ཡོད་པས། དེར་གང་བདེན་འདྲིར་སོངས་ཤིག །དེས་ཤེས་པར་འགྱུར་རོ་ཞེས་བརྗོད་པས། དེ་དག་གིས་ཕྱིན་པའི་ཚེ་དབང་ཕྱུག་ཆེན་པོ་འཁོར་དང་བཅས་པས་དགྲ་བཅོམ་པ་ལྔ་བརྒྱ་ལ་བསྙེན་བཀུར་བྱེད་པ་མཐོང་ནས། གང་བདེན་དྲིས་པས། མཐོ་རིས་ཀྱི་བདེ་བ་ནི་མུ་སྟེགས་པས་ཀྱང་ཐོབ་སྟེ། ཐར་པ་ནི་སངས་རྒྱས་ཁོ་ནས་ཐོབ་བོ་ཅེས་ཟེར་རོ། །དེ་དག་མའི་དྲུང་དུ་ལོག་སྟེ་ཐམས་ཅད་སངས་རྒྱས་པ་བྱས་ནས་ཆེ་ཤོས་ཀྱིས་ནི་འོད་མའི་ཚལ་དུ་སངས་རྒྱས་ཀྱི་སྐུ་ཚད་གཙྙ་ལ་འདོམ་ཉི་ཤུ་རྩ་གཅིག་ཡོད་པ་དང་བཅས་པ་བྱས་སོ། །འབྲིང་པོས་ནི་ཝ་ར་ཎ་སི། སངས་རྒྱས་ཆོས་གསུང་བའི་ཕྱག་རྒྱ་མཛད་པའི་སྐུ་ཤིན་ཏུ་ཆེ་བ་བྱས་སོ། །ཆུང་ཤོས་ཀྱིས་རྡོ་རྗེ་གདན་དུ་ཕྱིན་ནས་སྐུ་བྱ་བར་འདོད་པ་ན། ལྷས་མི་ལམ་དུ་བསྟན་པ། ཆུ་བོ་ནཻ་རཉྫནའི་འགྲམ་ན་བྱེ་མའི་འོག་ན་ཙནྡན་གོར་ཤིཥ་ཡོད་དེ། དེ་སྲང་སུམ་སྟོང་བྲམ་ཟེ་མོ་གཙང་མ་བདུན་གྱིས་བཏར་ནས་རིན་པོ་ཆེ་སྣ་ཚོགས་དང་། སྤོས་མང་པོ་བསྲེས་ཏེ། བྱང་ཆུབ་ཀྱི་ཤིང་དྲུང་དུ་སྤྱུངས་ཤིག །སངས་རྒྱས་ཉིད་ཅི་འདྲ་བའི་སྐུ་འགྲུབ་བོ་ཞེས་འབྱུང་ངོ་། །དེ་ནས་ཙནྡན་བཙལ་བའི་ཚེ། མ་ཧེའི་ཁྲུ་མང་དུ་ཉལ་བ་མཐོང་ནས། དེ་ལས་རྗེས་སུ་དཔག་སྟེ་བཙལ་བས་རྙེད་དོ། །དེར་སྔར་བསྟན་པ་བཞིན་བྱས་ནས། ཞག་དྲུག་ལོན་པ་ན་མ་བྱུང་སྟེ། སངས་རྒྱས་མཐོང་བ་གཞན་མེད་པས་ཁོ་མོས་འདྲ་མི་འདྲ་ཤེས་ཀྱིས། སྒོ་ཕྱེ་ཞིག་ཅེས་བཟླས་སོ། །དེར་སྒོ་ཕྱེ་བ་ན། ཞལ་ལ་ཁྲུ་ཕྱེད་དང་དོ་ཡོད་པ་ཤར་དུ

གཟིགས་པའི་དབུའི་གཙུག་ཏོར་ཁྲུ་གང་པ་སྤྱན་དང་ཞལ་ལ་སོགས་པ་ཡོངས་སུ་རྫོགས་ཤིང་མཚན་དང་དཔེ་བྱད་ཀྱིས་རྒྱན་གྱིས་བརྒྱན་པ་སྐུ་བལྟ་བས་ཆོག་མི་ཤེས་པ་ཞིག་མཐོང་ངོ་། །དེ་ར་མ་ན་རེ། སངས་རྒྱས་ཀྱི་གཙུག་ཏོར་བལྟར་མི་མངོན་པ་ལས་འདི་མངོན་པ་དང་། སངས་རྒྱས་ལ་འོད་འདོམ་གང་ཡོད་པ་ལས་འདི་ལ་མེད་པ་དང་། སངས་རྒྱས་ལ་སྤྱོད་ལམ་རྣམ་བཞི་མངའ་བ་ལས་འདི་ལ་མེད་པ་དང་། ཆོས་གསུང་བ་མ་གཏོགས་ཤིན་ཏུ་འདྲའོ་ཞེས་ཟེར་རོ། །ཞག་གཅིག་ཆད་པས་ནི་དབུ་སྐྲ་ཆོམ་བུར་གཡས་སུ་འཁྱིལ་བ་མ་ཚང་ངོ་ཞེས་གནས་བརྟན་འགའ་ཞིག་ཟེར་ལ། ཁ་ཅིག་ན་རེ། ཕྱག་ཞབས་ཀྱི་མཐེའུ་ཆུང་མ་ཚང་ངོ་ཞེས་ཟེར། པི་ཀ་མ་ལ་ཤྲཱི་ལའི་པཎྜི་ཏ་རྣམས་ནི་འོད་འདོམ་གང་པ་མ་ཚང་ཞེས་གསུང་ངོ་། །འདིའི་སྤྱན་འབྲས་ནི་རིན་པོ་ཆེ་ཨིནྡྲ་ནི་ལ་ལས་གྲུབ་པ་མཐོན་མཐིང་དང་ལྡན་པ་ཞིག་ཡོད་དོ་ཅེས་གྲག་གོ། །

ཡང་གཏམ་བརྒྱུད་འགའ་ཞིག་ལས་ནི། སྐུ་འདི་བྱེད་པ་པོ། སློབ་དཔོན་མཐོ་བཙུན་གྲུབ་རྗེ་དང་། བདེ་བྱེད་བདག་ཡིན་ནོ་ཞེས་ཀྱང་ཟེར་བར་གྲགས་གོ། །གཙུག་ལག་ཁང་ལ་སོགས་པའི་ཚུལ་ནི་བྱང་ཆུབ་ཀྱི་ཤིང་གི་མདུན་རྒྱབ་ལ། གཙུག་ལག་ཁང་གཉིས་ཡོད་པའི། རྒྱབ་མ་ལ་མ་ར་བི་ཙ་ར་ཞེས་པ། བདུད་བཏུལ་བའི་ལྷ་ཁང་དང་། ཐུབ་པའི་སྐུ་བདུད་འདུལ་བའི་ཕྱག་རྒྱ་མཛད་པ་བཞུགས་ལ། མདུན་ལ་བྱང་ཆུབ་ཆེན་པོའི་སྐུ་བཞུགས་སོ་ཞེས་ཟེར་ཞིང་། དེ་གཉིས་ཀའི་སྐུ་ཡང་བྱང་ཆུབ་ཀྱི་ཤིང་ལ་རྒྱབ་བརྟེན་པའོ་ཞེས་ཟེར། བྱང་ཆུབ་ཀྱི་ཤིང་ནི་སྐུ་གཉིས་ཀའི་རྒྱབ་ནས་བྱུང་སྟེ། གཙྭོ་ལའི་རྩེ་མོར་ཡང་གདུགས་ཕུབ་པའི་རྣམ་པ་ཅན་དུ་འཁྱིལ་ནས་གནས་ཤིང་། གཙུག་ལག་ཁང་ཡང་། སྟེང་འོག་རིམ་པ་གཉིས་དང་། དེའི་སྟེང་དུ་གཙྭོ་ལོའི་ཏོག་དང་བཅས་པས་ཉེ་བར་རྒྱན་ཏེ་མཛེས་པར་ཕུབ་པ་ཡོད་དོ། །གཙུག་ལག་ཁང་ཤར་མའི་ནང་བསྐོར་ལ་འཁོར་ཡུག་ཀུན་ཏུ་རྫའི་གོང་བུ་ལ་མར་མེའི་ཕྲེང་བ་དང་། དེའི་ཕྱི་བསྐོར་ལ་ཤར་ཕྱོགས་སུ། བྱང་ཆུབ་སེམས་དཔའ་ཉེ་བའི་སྲས་བརྒྱད་ཀྱི་སྐུ་དང་། ལྷོ་ལ་སོགས་པའི་ཕྱོགས་ལྷག་མ་རྣམས་ལ་ཉན་ཐོས་ཆེན་པོ་རྣམས་ཀྱི་སྐུ་ལ་སོགས་པ་གྲངས་མེད་པ་བཞུགས་སོ། །དེ་དག་གི་ཕྱི་རོལ་དུ་ཡང་འཁོར་ས་གཉིས་ཡོད་པར་སྟོན་གྱི་དུས་སུ་གྲགས་ལ། ད་ལྟ་ནི། འཁོར་ས་གཅིག་ལས་མེད་ཅེས་ཟེར་རོ། །འཁོར་ས་ཕྱི་མ་ལ་སྒོ་བཞི་ཡོད་པའི་ཤར་ཕྱོགས་ན་ཡེ་ཤེས་ཀྱི་མགོན་པོ་ཕྱག་བཞི་པ་དང་། བྱང་སྒོ་ན་དཔལ་གྱུར་གྱི་མགོན་པོའི་སྐུ་དང་། ལྷོ་དང་། ནུབ་ཀྱི་སྒོ་ཡང་། སིང་ག་གླིང་པའི་མགོན་པོ་དང་། གནོད་སྦྱིན་གྱི་རྒྱལ་པོ་ཆུ་སྲིན་ལ་ཞོན་པ་ལ་སོགས་པ་དངོས་སུ་བྱོན་པ་དང་། རང་འབྱོན་དུ་སྤྲུལ་པ་དང་། གྲུབ་པ་ཐོབ་པའི་སློབ་དཔོན་རྣམས་ཀྱིས་མཛད་པ་ལ་སོགས་པ་རབ་ཏུ་མང་ཡོད་དོ་ཅེས་སྔོན་གྱི་ལོ་རྒྱུས་རྣམས་ཀྱིས་འདི་ཉིད་ཀྱི་དཀར་ཆག་ལས་འབྱུང་མོད་ཀྱི། རེ་རེ་ནས་འབྲིར་མ་ལངས་སོ། །

ཡང་རྡོ་རྗེ་གདན་དེ་ཉིད་ཀྱི་ཉེ་འཁོགས་ལྷོ་ནུབ་ཀྱི་མཚམས་ན་ཨཾ་ཀ་ར་བོ་དྷི་ཞེས་པ་བྱང་ཆུབ་ཀྱི་ཤིང་གི་ཡན་ལག་ཏུ་གྱུར་པའི་ལྗོན་ཤིང་དང་། ལྷོ་ཕྱོགས་ན་སངས་རྒྱས་ཀྱི་སྐུ་ཁྲུས་མཛད་པའི་རྫིང་བུ་དང་། དེ་དང་ཉེ་བ། དབུ་སྐྲ་གཞར་བའི་མཆོད་རྟེན་ཡང་ཡོད་དོ། །ཡང་རྡོ་རྗེ་གདན་གྱི་ལྷོ་ནུབ་ཀྱི་མཚམས་ན། བ་ཀྲི་ར་ཞེས་པའི་རི་དང་། ནུབ་བྱང་གི་མཚམས་ན་ལི་པ་གི་ལི་དང་། གྲི་དྷྲ་ཀོ་ཊ་ཞེས་པའི་རི་གཉིས་དང་། བྱང་ཤར་དང་ཉེ་བ་ན། ཙེ་ཏྱ་སཏྟ་ཏ་ཞེས་པ་མཆོད་རྟེན་རི་དང་། དེ་དང་ཉེ་བ་ན། རི་ག་ཡ་གོ་རི་ཡང་ཡོད་དོ། །ཡང་རྡོ་རྗེ་གདན་ནས་ཞག་གཅིག་ཙམ་ཤར་ལྷོའི་མཚམས་སུ་ཕྱིན་པ་ན། ར་ཛ་གི་རི་ཞེས་པ་རྒྱལ་པོའི་ཁབ་ཀྱི་བྱ་རྒོད་ཕུང་པོའི་རི་དང་། དེ་ན་ནུབ་ཕྱོགས་སུ་རྡོ་རྗེ་གདན་དང་ཉེ་བ་ན། ཨ་ཏྲི་ཛྙ་ལ་ཞེས་པ་འབར་བའི་ཕུག་དང་། དེའི་ལྷོ་ཕྱོགས་ན་གྲོང་ཁྱེར་སྐྲ་བཅས་དང་། རྡོ་རྗེ་གདན་གྱི་ནུབ་ཕྱོགས་སུ་ཞག་བདུན་ཙམ་གྱི་ས་ན། ཆོས་འཁོར་གྱི་གནས་ཝ་ར་ཎ་སི་དང་། དེ་གཉིས་ཀྱི་བར་ན། ཨ་ཐ་བི་ཤ་ལི་ཞེས་པ་ཡངས་པ་ཅན་དང་། ཝ་ར་ཎ་སིའི་ནུབ་ཕྱོགས་ན་ཛ་བོ་ན་ས་ར་སྭ་ཏི་ཞེས་པ། གཙྖའི་ཡ་གྱལ་གྱི་ཆུ་བོ་ཞིག་ཡོད་པ། དེའི་ཕ་རོལ་ན་གྲོང་ཁྱེར་མཉན་ཡོད་དང་། དེའི་ཉེ་འཁོགས་ན་ཆུ་སྲིན་བྱིས་པ་གསོད་ཀྱི་གནས་དང་། གྲོང་ཁྱེར་ཀཽ་ཤ་ལ་ལ་སོགས་པ་ཡོད་ལ། ཡང་རྡོ་རྗེ་གདན་གྱི་ནུབ་ཕྱོགས་ན། ཀཽ་ཤཾ་བྷི་དང་། ཨཊྚ་བི་ཞེས་པ་སྟོན་ཐུབ་པས་ཆོས་གསུངས་པའི་གནོད་སྦྱིན་འབྲོག་གནས་ཀྱི་ནགས་ཚལ་ལ་སོགས་པ་དང་། གནས་ཆེན་པོ་བརྒྱད་ཀྱི་མཆོད་རྟེན་ལ་སོགས་པ་ཕལ་ཆེ་བ་ཡང་། སྟོན་པ་རྡོ་རྗེའི་གདན་འདི་ཉིད་དུ་བྱང་ཆུབ་ནས་གནས་དེ་དང་། དེ་དག་ཏུ་ཆོས་གསུངས་པ་ཡིན་པས། འདིའི་ཡན་ལག་ལྟ་བུར་གཏོགས་ལ། གྲོང་ཁྱེར་སེར་སྐྱ་ནི་རྡོ་རྗེ་གདན་གྱི་ནུབ་ཕྱོགས་སྟོན་པའི་འཁྲུངས་ས་ཉིད་ཡིན་ལ། ས་དཀར་ཅན་ཞེས་པ། མ་ཀྲྀ་ལི་ཞེས་པའི་སྐད་ཀྱི་དོན་ཏེ། རྡོ་རྗེ་གདན་གྱི་ས་ཕྱོགས་ཉིད་ལ་ཁ་དོག་གི་སྒོ་ནས་མིང་བཏགས་པ་ཡིན་ནོ་ཞེས་རྒྱ་གར་གྱི་པཎྜི་ཏ་རྣམས་ཟེར་རོ། །

གཉིས་པ་ཐེག་པ་ཐུན་མོང་མ་ཡིན་པ་ལ་གྲགས་པའི་རྡོ་རྗེ་གདན་ནི། འོག་མིན་སྟུག་པོ་བཀོད་པ་ཉིད་ཡིན་ཏེ། ཇི་སྐད་དུ། དེ་ནས་བྱང་ཆུབ་སེམས་དཔའ་དོན་ཐམས་ཅད་གྲུབ་པ་འོག་མིན་གྱི་བྱང་ཆུབ་ཀྱི་སྙིང་པོ་རྡོ་རྗེ་གདན་ལ་འདུག་སྟེ་ཞེས་སོགས་མངོན་པར་བྱང་ཆུབ་པ་ལྟའི་ཚུལ་རྒྱས་པར་གསུངས་པ་ལྟར་རོ། །དེ་ལྟ་བུའི་འོག་མིན་འདི་ཡང་ཁ་ཅིག་ན་རེ། གནས་གཙང་ལྔའི་ནང་ཚན་གྱི་འོག་མིན་ཉིད་ཡིན་ནོ་ཞེས་ཟེར་རོ། །ཁ་ཅིག་ན་རེ་གཟུགས་ཁམས་ཀྱི་འོག་མིན་ལ་ཆེ་ཆུང་གཉིས་ལ། འདི་ནི་ཆེ་བ་ཡིན་ནོ་ཞེས་ཟེར་མོད་ཀྱི། ལང་ཀར་གཤེགས་པ་ལས། གཙང་མའི་གནས་ལྔ་སྤངས་པ་ཡིས། །འོག་མིན་ཞེས་བྱ་ཉམས་དགའ་བར། །ཡང་དག་སངས་རྒྱས་དེ་ར་སངས་རྒྱས། །ཅེས་དང་། རྡོ་རྗེ་རྩེ་མོ་ལས། འོག་མིན་སྟུག་པོ་ཉམས་དགའ་འདི། །སྟུག་པོའི

ཞིང་ཁམས་འཛིག་བྱེད་པ། །དེ་ར་ནི་སངས་རྒྱས་རྣམས་ཀྱི་ཆོས། །རྫོགས་པའི་ལོངས་སྤྱོད་ཚུལ་འདི་བྱུང་། །ཞེས་གསུངས་པ་ལ་བརྟེན་ནས། རྗེ་བཙུན་གོང་མ་རྣམས་ཀྱིས་སྟུག་པོ་བཀོད་པ་ཁམས་གསུམ་གྱི་སྙིན་ལས་གྲོལ་ཞིང་རྒྱུན་མི་འཛིག་པའི་རྟགས་ཡིན་པར་བཤད་པ་ལྟར་དོན་ལ་གནས་སོ། །འོ་ན། གཟུགས་ཀྱི་ཁམས་ཀྱི་འོག་མིན་དུ། །འདོད་ཆགས་བྲལ་ཚེད་འཚང་རྒྱའོ། །ཞེས་བཤད་པ་དང་འགལ་ལོ་ཞེ་ན། མི་འགལ་སྟེ་དེ་ནི་ཁ་དོག་དང་དབྱིབས་ཀྱི་རྣམ་པར་གསལ་བས་གཟུགས་ཀྱི་ཁམས་སུ་བཞག་པར་མཛད་ཞེས་ཆོས་ཤེས་ཀྱིས་གསུངས་པ་ལྟར་ཡིན་ནོ། །དེས་ན་སྟུག་པོ་བཀོད་པ་ནི་ཡེ་ཤེས་ཀྱི་སྣང་བ་འཛིག་མེད་ཀྱི་རྟག་པར་བཤད་པའི་ཕྱིར། འཛིག་རྟེན་གྱི་ཁམས་མ་ཡིན་གྱི། སངས་རྒྱས་རང་རྒྱུད་ཀྱི་བསྡུས་པའི་ཡེ་ཤེས་ཁོ་ན་ཡིན་པར་ཤེས་པར་བྱའོ། །རྡོ་རྗེ་གདན་གྱི་རྣམ་པར་གཞག་པ་རྒྱས་པར་བཤད་པའི་སྐབས་ཏེ་གསུམ་པའོ། །

བརྫ་ཨ་ཧོ། འདིར་སྨྲས་པ། གང་གི་ཞབས་ཟུང་གཡོ་མེད་བདེ་འབྱུང་གི། །མཛེས་པའི་གཙུག་རྒྱན་རྗེ་བཞིན་མཆོད་འོས་ཁྱོད། །ང་རྒྱལ་ཁེངས་ལྡན་གཉིས་འཐུང་ཕྲག་པར་ཡང་། །མ་བཀོད་ལས་ཀྱི་རི་མོའི་ཚུལ་གྱིས་རྒྱ། །རྣམ་དཀར་ས་གསུམ་ཁྱབ་པའི་དགེ་མཚན་གྱིས། །ཆུ་གཏེར་གྱི་ནི་ཟླ་བ་ཁྱོད་འདིར་གྲགས། །ལུས་མེད་རྟེ་དགས་མ་དཀྲུགས་ངོ་མཚར་གཟུགས། །ཆགས་བྲལ་ཐུབ་པའི་ལང་ཚོས་རྣམ་པར་བརྒྱན། །དམ་པའི་ཕྱོགས་སུ་མངོན་ལྷུང་བྱེད་པ་ཡིས། །སྲིད་པ་གསུམ་དུ་རྣམ་པར་བྲིས་པའི་རྒྱ། །འདི་ལ་མངོན་ནོམ་སྨྲ་མའི་ཚུལ་རྒྱ་ཡིས། །འཕྲལ་དུ་རྨོངས་པ་མཚར་བསྐྱེད་ག་ལ་རིགས། །ཤིན་ཏུ་རྟོགས་དཀའི་གནས་དོན་ཇི་བཞིན་པ། །ཆེ་ལོང་སྨོས་ནས་འདི་དོན་ཅི་འདྲ་ཞེས། །བརྗོད་འོས་སྐབས་ཞན་སྟོན་པའི་ཕྲ་མོའི་ཚིག །ད་དུང་ཐུབ་པའི་ཡིད་ལའང་འཕྲུང་མོ་ཡུག །གཅིག་ཏུ་གཞན་དོན་ལ་འོས་ཆོས་ཀྱི་ནོར། །རྣམ་པར་རྒྱས་ཤིང་མཁས་ལ་དཔྱད་བཟོད་པ། །ཚད་མར་གྱུར་ཀྱང་སྲང་ལ་འཇལ་འོས་ཞེས། །ངེས་མེད་སོམ་ཉི་གཡོ་བ་གད་མོའི་གནས། །མཚོ་སྐྱེས་རྩ་བ་དཀྲུག་ལྟར་སུན་འབྱིན་གྱི། །འདམ་གྱིས་རྣམ་པར་བསླད་ཚེ་དྲི་བའི་ཟློལ། །སྡོམ་གསུམ་མཛད་པ་ཉིད་ལ་འཆར་ཀའི་གཞི། །འདི་ལ་འདོད་པའི་གཏམ་གཞན་གཏིང་ན་འཛིན། །དྲང་པོ་མིན་པར་ཆོས་སྨྲ་མཐའ་དག་གི། །བསམ་པ་ཇི་ལྟར་ཡིན་ཞེས་བསླུ་བའི་གཞུང་། །འཁྲུལ་པའི་རིམས་གསར་འདེབས་བྱེད་དྲག་པོ་ཡི། །མིག་མེས་རྣམ་པར་འཚེ་ལ་དགོས་དོན་ཅི། །གླང་ཆེན་ཁྲུས་ལྟར་རས་འདོད་སྨོས་པས་ཀྱང་། །སླར་ཡང་དྲི་མའི་རབ་རིབ་ཆེས་ཆེར་སྣང་། །ཆེན་པོ་རྣམས་ལ་ཟུར་གྱིས་འཕྱ་བའི་ཚིག །འདུལ་བ་རྒྱ་མཚོའི་ངལ་འབབ་གྱི་ནར་ཟད། །གསར་པ་ཁོ་ན་ཡིད་འཕྲོག་ལང་ཚོ་བཞིན། །སྟོན་མེད་ལེགས་པར་བཤད་པའི་འཇུམ་མདངས་འགའ། །འདི་ལ་ཡོད་ན་ཀུན་གྱིས་བསྟགས་འོས་ཀྱང་། །ཉེས་བཤད་གཞན་ཟེར་སྒྲོགས་འདིས་ཅི་ཞིག་བྱ། །འགའ་ཡི་ཡིད་

ལ་ཆ་ཙམ་འབབ་པས་ཀྱང་། །རིག་བྱེད་འཛིན་པའི་གཏྨོའི་འཇུག་ངོགས་ལྟར། །ཤིང་རྟ་ཆེ་གཞུང་རྣམ་པར་འཕྲུལ་པའི་ལམ། །བདུད་རྩིས་དགེས་པའི་གཙང་སྲ་བྱར་འོས་མིན། །ངལ་བའི་འབྲས་མེད་ཆུ་ཤིང་སྙེ་མའི་ཕྱིར། །དཔྱོད་ལྡན་ཀུན་གྱི་ཕྲག་ལ་མི་འགོང་བར། །འདོད་ལྡན་འཕྲིལ་ཤིང་ལྷོན་གསར་ཁོ་ན་ཡི། །ཡལ་ག་ལ་ནི་ཁྲོགས་སུ་འཕྱུང་བར་རིགས། །ཅུང་ཟད་ཐོས་ལས་ངོམས་པར་སྨྲོས་པ་རྣམས། །རྣམ་འགྱུར་སྟོང་ལྡན་སྦྲང་རྩིའི་ཚལ་སྤྲངས་ནས། །མཚར་གཡེངས་བྱིས་པའི་རྩེ་དགའ་འབུམ་ཕྲག་གིས། །མཛེས་པའི་སྙིང་གཏམ་ཇི་བཞིན་ཡིད་ལ་འཇོག །དེ་ཚུལ་བྱེ་མའི་ཁང་བུ་ཞིག་གྱུར་ཀྱང་། །རྒྱལ་ཕྲན་དྲེགས་པའི་ཅོད་པན་མཐོ་ཐོབ་ཅེས། །ཕྲག་དོག་དུད་མོས་ཕྱོགས་བརྒྱར་ལན་འདེབས་ཤིང་། །གླུ་རྟན་བྱ་དགའི་ཤུགས་རིང་ཚ་བས་སྐོལ། །སྤྲོ་དགའ་རངས་པའི་ཐ་རླབས་རླུང་བྱུང་དགོས། །བདག་གིས་མ་བཟུང་ལུགས་འདིར་སླད་ཅེས་པ། །ཁོང་ནས་སྡང་བའི་མཐིང་སླད་དུག་རྒྱས་པ། །སླ་པོ་དེ་དག་སྙིང་ཡང་ཚལ་པར་བྱས། །ཚུལ་འདི་མཐོང་ནས་ཤེས་ལྡན་བུང་བའི་ཚོགས། །ལམ་ངན་མི་གཙང་དྲི་ལ་མི་ཆགས་པར། །མདོ་རྒྱུད་དགའ་ཚལ་ཡངས་པར་གདམས་པ་ཡི། །གེ་སར་ཕྲེང་བ་ཁམ་ཟས་ཉིད་དུ་བྱོས། །དེ་ལྟར་སྒྲོན་གྱི་ཚོན་རྩིས་གོས་མིན་ལས། །རང་འདོད་རྣམ་པར་གསལ་བའི་ཤེལ་གྱི་ཁམས། །མི་ཤེས་མུན་པ་མཐའ་དག་སུན་ཕྱུང་ནས། །གནས་གསུམ་ཤེས་བྱའི་མཁའ་ལ་རྟག་པར་མཛེས། །བདག་གིས་སྡོམ་གསུམ་གསལ་བྱེད་འདི་བགྱིས་པས། །མཐའ་ཡས་སེམས་ཅན་སྲིད་པའི་བཙོན་ར་ལས། །ལེགས་སྨྲོལ་ཐར་པ་ཆེན་པོའི་ཁང་བཟང་དུ། །བྱམས་བརྩེའི་གྲོགས་དང་བཅས་ཏེ་གནས་པར་ཤོག །མཁྱེན་རབ་དབང་ཕྱུག་དཔལ་ལྡན་ས་སྐྱ་པ། །ཁྱེད་ནི་མཁྱེན་བརྩེས་འགྲོ་བའི་གཙུག་ན་མཐོ། །ལེགས་བཤད་འོད་ཀྱིས་ཁམས་གསུམ་ཟིལ་གྱིས་མནན། །དེ་ལྟའི་བསྟན་པ་དར་རྒྱས་རྟག་བརྟན་ཤོག །ལེགས་བཤད་འདི་ནི་ས་སྐྱ་པཎ་ཆེན་གྱི། །གཞུང་ལུགས་ཀུན་ལ་ཤེས་ནས་དད་ཐོབ་པ། །བཙུན་པ་བསོད་ནམས་ལྷུན་གྲུབ་ལེགས་པ་ཡི། །འབྱུང་གནས་གྱུར་པ་བདག་གིས་ཉེ་བར་བཀོད། །

ཅེས་སྡོམ་པ་གསུམ་གྱི་རབ་ཏུ་དབྱེ་བ་ལས་བཤད་པའི་འཛམ་བུའི་གླིང་གི་གནས་མཆོག་ཏུ་གྱུར་པ་གསུམ་གྱི་རྣམ་པར་གཞག་པ་རང་གཞོ་དང་བྲལ་བ་འདི་ཡང་། ཧེ་བཙུན་མཐུ་སྟོབས་ཀྱི་དབང་ཕྱུག་བརྒྱུད་པ་དང་བཅས་པའི་ཞབས་རྡུལ་སྤྱི་བོས་ལེན་པ་བསོད་ནམས་ལྷུན་གྲུབ་ལེགས་པའི་འབྱུང་གནས་རྒྱལ་མཚན་དཔལ་བཟང་པོས་ཉེ་བར་སྦྱར་བའོ། །མངྒ་ལཾ།། །།

༄༅། །ཡུལ་ཆེན་སོ་བདུན་གྱི་ངོས་འཛིན་འཁྲུལ་མེད་གསལ་བ་ཞེས་བྱ་བ་བཞུགས་སོ། །

བློ་བོ་མཁན་ཆེན་བསོད་ནམས་ལྷུན་གྲུབ།

སིདྡྷི་རསྟུ། རབ་གསལ་བཀའ་དང་འགྲེལ་བྱེད་འབྲུག་འགྲོ་ཡི། །ཚུལ་ཤིན་དུ་ཕྲ་མོར་གྱུར་པས་ཀྱང་། །བློ་མུན་ལྷུན་སྟུག་དྲ་བ་བསལ་མཛད་པའི། །ས་སྐྱའི་འཇམ་མགོན་གཞུང་གི་སྣང་བ་སྒྲོ། །འདིར་སྡོམ་གསུམ་ལས། ཕྱི་རོལ་ཡུལ་ཆེན་སོ་བདུན་དུ། །ཞེས་པའི་དོན་ནི། ཤིཀྵ་འབྱོར་པའི་དབང་པོས་མཛད་པའི་དགའ་བའི་མེ་ཏོག་ཅེས་བྱ་བའི་བསྟན་བཅོས་ལས། ཡུལ་ཆེན་སོ་བདུན་གསུངས་པ་ནི། ཛྷཱ་ཧི་བཀྲི་ཏསྱ་པྲི་ཡཀྲཱ་ནཱ་མ་ཤཱཥྚ་སྟཱ་བྷྲཱཏྲ་ཏེ་དེ་ཤ་མཏཱ་སཧྣ་ཧཱུཾ་ཤ་ནཱ་ཏཱ་ཤ་ཧྲ་ཝཱཧྲི། ཨུ་འཕུར་བའི་ཐེག་པ་ཊི་ཡ་ན། ཛ་མཁའ་འགྲོ་མའི་བྲུབ་འཛིན་ལཀྵྨ་ར། ཕུ་སྐྱེས་བུའི་རྟགས་ལ་དགའ་མ་ལི་རཱ་མ། ཀཱ་མ་འདོད་པའི་རྫས་ཀྱི་གཟུགས་རུ་པ། མཱ་(མ་ལ་ཨ་ཕ)ཕྲེང་ལྡན་ལ་ལྷན། སིདྡྷ་འགྲུབ་འགྲོ། ནཱ་གྲོང་ཁྱེར་ལཱ་པོ་ག་ར། སིདྡྷ་སེང་གེས་བསྒྲངས་པ་ལ། མུཀྵུ་(མུ་ཨ་མུ་ནི)མཁས་པ་མང་པོ་ནི། དེ་ཝི་(དེ་ཝི་ཨ་ཀཱ་ཏ)ལྷ་མོའི་མཁར་ཀཱུ་ཏ། ཀུ་ཊན་གཙོད་ལུ་ཏ། ཨརྦུ་(ཨ་བུ་དྲ)ཆུ་འཚམས་ད། ཧ་(སེང་གེ་རྩེ་བ)སེང་གེ་དཀར་པོ། རི་ཀེ་ལ། གོཾ་(གཧྣ་ཨ་བ་རི)འདོད་པས་སྐྱིབས་པ་ཧྣ་ཤ་རི། ལམྦ་ཆུ་འབབས་པ་ཀ །ཀཱུཉྩི་(ཀྵ་ཉེ)ཐུག་པ་སྤྱིན།ཀ ཀཱམྤ་(ཀམྤི་ཨ་བཏྣ)ས་ཀློན་གྱི་ཞལ་ལ་བྱས་པ།པདྨ། སུ་(སུ་ཨཊྚ་རིཊ)གསེར་གླིང་།བཊྚན་དྲི་བ། ཀཱུཊྣ་(ཀཊྣ་ཨ་ན)གསེར་གྱི་སྣ་ཀ །ཧྲིཏྟྲ་ཞིག་པའི་འབིགས་བྱེད། བྲེ་(བྲི་ཏ་ཨཱུ་བྲ)ཡིད་བཏགས་ཀྱི་དྲི་ངན་ཏ་པུ་ཛྲ། སཾ་(ས་མུ་དྲ་ཨ་ཏི་ར)རྒྱ་མཚོའི་ངོགས་སམ་འགྲམ། ཏ་ཏྲི་ར། ཙ་(ཙ་རི་ཨཱ)སྤྲིན་པ་མང་པོ་རི་ཏྲཾ། ཀུ་གཞོན་ནུའི་གྲོང་ཁྱེར། སྭ་རི་པུ་ར། ཀཱཤྨི་གུར་གུམ་གྱི་ཡུལ། ར། ཀེ་བདེ་བའི་)ཞིང་དུ་ར། ནེ་ཝོ་རསྐྱོང་ཝཊ།། པུ་ལ། ཀརྨ་རྣ་བར་སྒྲན་པ་རྣ། ཀུལླཱ་(ཨ་མ་ཨཱ་པུ་རི)འཆི་མེད་ཤུལ་།མཁྲི་ཏ་པུ་རི། མ་(མ་ནུ་ཨསྨ་པུ་ཡ་རི) མིའི་གྲོང་ཁྱེར།ནུ་ཙ་པུ་ར། པུ་ས་འོག །ཙཏ་ལ། མེ་རི་རབ་ཀྱི་ཀྱཻ་རྟ་ཤི།ཁ་ར། ཧེ་ཁ་བའི་གནས་སྨ་ལ་ཡ། སཽ་(སོ་རཨཥྚ) ཡུལ་འཁོར་བཟང་པོ།སཽཥྚ། ཀ་དུས་མཉམ།ཞེ་སྡང་སོང་བ།ལིངྒ། ཀོ་(ཀྨཱ་ལ)མཁས་པས་བྱས་པ། ཤ་ལུ། བཛྲ་རྗེ་ཛྲའི་གདན་སོ། །པུ་ན།

བསྟན་བཅོས་དེར། ཡུལ་ཕྱི་མ་བཞི་པོ་དེ་ལ། གླིང་བཞིའི་མིང་གིས་བཏགས་ཀྱང་། ཧེ་མ་ལ་ཡ་སོགས་བཞི་པོ་ཉིད་ཡིན་པར་རྗེ་བཙུན་གྱིས་བཤད་ལ། དེ་ལྟར་ན་བརྟག་གཉིས་ལས་བཤད་པའི་ཡུལ་སོ་གཉིས་ཀྱི་ཐོག་ཏུ། ཧེ་མ་ལ་ཡ་སོགས་བསྣན་ནས་ཡུལ་སོ་བདུན་དུ་བགྲང་བ་ནི་གདན་མ་ཡིན་ཏེ། འདིའི་ཡུལ་ཕྱི་མ་བཞི

བརྟག་གཉིས་སུ་ཡང་དངོས་སུ་བཤད་པའི་ཕྱིར་རོ། །དེས་ན་འདིར་ནི་བརྟག་གཉིས་ལས་གསུངས་པའི་ཡུལ་ཉི་ཤུ་རྩ་དགུ་དང་། དེར་དངོས་སུ་མ་གསུངས་པ། ཀ་དྣ་ར་སོགས་བདུན་དང་། རྩ་བའི་གནས་རྡོ་རྗེའི་གདན་ཏེ་སུམ་ཅུ་རྩ་བདུན་དུ་བཤད་དོ། །

བཤད་པ་འདི་ཡང་གཞུང་གཅིག་ལ་དཀྱུས་གཅིག་ཏུ་བྱུང་བ་བྲིས་པ་ཡིན་གྱི། ཕན་ཚུན་ཐུན་ཚགས་སྦྱིབས་ནས་གྲངས་ཙམ་འགྲིག་པར་བྱས་པ་ནི་མ་ཡིན་ནོ། །འདི་དང་མཐུན་པར་སློབ་དཔོན་རྡོ་རྗེ་གསང་བས་ཀྱང་བཤད་དོ། །རྒྱ་སྐད་ཀྱི་སྟེང་ན་ཨའི་རྟགས་ཡོད་པ་རྣམས་ནི། ཨ་པ་བྷྲ་ཤའི་སྐད་ཡིན་ལ། དཀྱུས་རྣམས་ནི་སཾ་སྐྲི་ཏའི་སྐད་ཡིན་པས་གཞུང་རྣམས་སུ་སྐད་གཉིས་པོ་ཇི་ལྟར་བྲིས་སོ་སོར་བཞག་གི། སྐད་གཉིས་ཀྱི་རྣམ་དབྱེ་མི་ཤེས་པའི་ཞུས་དག་ལ་བསྒྱུར་བར་མི་བྱའོ། །

རྟོག་གེ་འཆིང་བུའི་དཔལ་དང་ནོར་ཙམ་གྱི། །ཚིག་ཤེས་བཀའ་དང་བསྟན་བཅོས་གྲངས་མེད་ལའང་། །ཡིད་གཉིས་འཕྲུང་མོ་ཡུག་གི་ཁྱོགས་དག་ལ། །དགེ་ལེགས་དབང་གི་རྒྱལ་པོ་ཇི་ལྟར་སྟེད། །གཞུང་མང་ཐོས་པ་གསེར་རིའི་ཕུང་པོ་ལ། །དལ་གྱིས་ངལ་གསོ་ཐོབ་པའི་ལེགས་བཤད་ཀྱིས། །ངོ་མཚར་དཀྱིལ་འཁོར་རྒྱལ་པོ་འདི་མཐོང་ནས། །བློ་གསལ་པད་མོའི་ཚལ་རབ་བཞད་པར་འགྱུར། །ཅེས་པའི་ཟེར་མ་འདི་ཡང་། དགེ་སློང་བསོད་ནམས་ལྷུན་གྲུབ་ལེགས་པའི་འབྱུང་གནས་རྒྱལ་མཚན་དཔལ་བཟང་པོས་རྩེ་གདོང་ཕྱོགས་ལས་རྣམ་པར་རྒྱལ་བའི་ཁྲིམས་སུ་བྲིས་པའོ། །མངྒ་ལཾ། བྷ་ཝནྟུ། དགེའོ།། །།

༄༅། །ཙ་རི་དང་དེ་ཝི་ཀོ་ཊའི་ཡུལ་གྱི་དགག་བསྒྲུབ་བཞུགས་སོ། །

གློ་བོ་མཁན་ཆེན་བསོད་ནམས་ལྷུན་གྲུབ།

ན་མོ་མཉྫུ་ཤྲཱི་ཡེ། བླ་མ་ཆོས་ཀྱི་རྒྱལ་པོ་ས་སྐྱ་པཎྜི་ཏ་ཆེན་པོའི་ཞབས་ལ་གུས་པར་ཕྱག་འཚལ་ལོ། །འདིར་བསྟན་བཅོས་སྡོམ་པ་གསུམ་གྱི་རབ་ཏུ་དབྱེ་བ་ལས། །ཙ་རི་ཊ་ཞེས་བྱ་བའི་ཡུལ། །ལྷོ་ཕྱོགས་རྒྱ་མཚོའི་འགྲམ་ན་ཡོད། །ཙ་རི་ཙ་གོང་དེ་མ་ཡིན། །ཅེས་བྱ་བའི་ཡུལ་གྱི་ངོས་བཟུང་དང་། ཁུངས་སུ་གྱུར་པའི་ལུང་འགའ་ཞིག་བརྗོད་པར་བྱའོ། །

དེ་ཡང་འདི་ལྟར་རྒྱུད་སྡེ་རྣམས་ཀྱི་ནང་ནས་ནི་ཙ་རི་ཊ་ཞེས་མིང་སྨོས་པ་མང་དུ་ཡོད་ཅིང་། ནང་གི་ས་ལམ་དང་སྦྱོར་ཚུལ་མི་འདྲ་བ་མང་དུ་ཡོད་ཀྱང་། ཕྱི་རོལ་གྱི་ཡུལ་འདི་དག་ས་ཕྱོགས་འདི་དང་འདི་ན་ཡོད་ཅེས་རེ་རེ་ནས་ངོས་བཟུང་བ་གསལ་བར་མི་སྣང་ལ། སྔོན་གྱི་སྐྱེས་བུ་དེས་པ་འགའ་ཞིག་གིས་ཚད་མར་གྱུར་པའི་གཏམ་ཡི་གེར་བཀོད་པ་དག་ལ་ཡང་མུ་ཅོར་སྨྲ་བའི་དེང་སང་གི་སྐྱེ་བོ་རྣམས་ཀྱིས་ཀྱལ་ཁའི་གནས་སུ་བྱེད་པ་དག་སྣང་མོད། འདི་ལྟར་ལྟ་བར་བྱ་སྟེ། ཙ་རི་ཊ་ཞེས་བྱ་བར་གསུངས་པའི་ཕྱིའི་ཡུལ་འདི་ནི་ལྷོ་ཕྱོགས་ཀྱི་རྒྱ་མཚོའི་འགྲམ་ན་ཡོད་པར་གསལ་ཏེ། མན་ངག་སྙེ་མ་ལས་ཀ་ར་ཎྜུ་པཱ་ཊ་ཀ་དང་། ཀརྨ་པཱ་ཊ་ཀ་དང་། འདི་དག་ནི་ཕྱིས་ཀྱི་ཀརྨ་ཞྭ་དམར་བས་བྲིས་པའི་ཡི་གེ་རང་གི་དེ་ཁོ་ན་ཉིད་གསལ་བར་སྟོན་པའི་དཔེ་ཞིག་ན་འདུག་པས་སླུས་པའོ། །ཎ་རི་ཀེ་ལ་དང་། འབིགས་བྱེད་དང་། གཞོན་ནུའི་གྲོང་ཁྱེར་དང་། ཙ་རི་ཊ་དང་། གྲོང་དང་། གྲོང་ཁྱེར་གྱི་ས་དེ་བདུན་པོ་ཐག་ཉེ་བར་ཡོད་པར་བཤད་ལ། ཎ་རི་ཀེ་ལའི་ཁྲོད་པར་ལན་ཚྭ། རྒྱ་མཚོའི་ནང་སྐྱེས་ཡིན་པར་བཤད་པས་ཡུལ་དེ་རྣམས་ཕྱོགས་མཐུན་དུ་ཡོད་པར་གྲུབ་བོ། །དེའི་རྒྱུ་མཚན་དང་པོ་གྲུབ་སྟེ་མན་ངག་སྙེ་མ་ལས། འཐུང་གཅོད་ནི། ཀ་ར་ཎྜུ་པཱ་ཊ་ཀ་དང་། ཀརྨ་པ་ཊ་ཀ་དང་། ཎ་རི་ཀེ་ལ་དང་། འབིགས་བྱེད་ཀྱི་ནགས་དང་། གཞོན་ནུའི་གྲོང་ཁྱེར་ཞེས་པ་ལྟ་དང་། ཙ་རི་ཊ་དང་། གྲོང་དང་། གྲོང་ཁྱེར་གྱི་སའི་མཐའ་ཞེས་པ་གཉིས་ཀྱང་རྒྱུད་གཞན་དུ་གསུངས་པ་འདིར་མན་ངག་ལས་ཤེས་པར་བྱའོ། །ཞེས་པ་བདུན་ནོ། །

ལན་ཚྭ་རྒྱ་མཚོའི་དབུས་སོན་པ། །ཞེས་པ་ཎ་རི་ཀེ་ལའི་ཁྲོད་པར་རོ། །ཉེ་བའི་འཐུང་གཅོད་དེ་དང་ཉེ། །ཞེས་པ་འཐུང་གཅོད་ཉེ་བ་སྟེ། ཐག་ཉེ་བའི་ས་གཞི་བདུན་གྱི་བདག་ཉིད་ཅེས་བཤད་པས་སོ། །རྒྱུ་མཚན་

གཉིས་པ་གྲུབ་སྟེ་བཤད་མ་ཐག་པའི་ལུང་གིས་ཀྱང་གྲུབ་ཅིང་། འགྲེལ་པ་ཁ་སྦྱོར་ལས། ཛྷཱ་ཛྙཱ་ཧ་རི་ཀེ་ལ་དང་། །ལན་ཚྭ་རྒྱ་མཚོའི་དབུས་སྐྱེས་པ། །ཞེས་པ་ཧ་རི་ཀེ་ལའི་ཁྱད་པར་རོ། །ཞེས་གསུངས་ཤིང་། རྡོ་ཕྲེང་ཀྱང་དེ་དང་འདྲ་བར་བཤད་ལ། མུ་ཏིག་ཕྲེང་བ་ལས། གྲོང་ཁྱེར་ནི་པ་ཊ་ལིའི་པུ་ཏྲའོ། །ནོར་ལྷ་རོལ་བའི་གནས་ཀྱི་ཁྱད་པར་ནི། བ་ཚྭ་ཅན་བྱ་བ་ལ་སོགས་པའོ། །ཞེས་གསུངས་པས་སོ། །

འདིར་ནོར་ལྷ་རོལ་བའི་གནས་ནི། ཧ་རི་ཀེ་ལ་སྟེ་ཧ་རི་ཁྱབ་འཇུག་ལའང་འཇུག་ཅིང་། ཀེ་ལ་རོལ་བ་ལས་འཇུག་པས་ནོར་ལྷ་རོལ་བ་ཞེས་དོན་འགྱུར་དུ་བྱས་པའོ། །ཚིག་འགྱུར་དུ་བྱེད་ན་འཕྲོག་བྱེད་རོལ་བའི་གནས་ཞེའམ། ནོར་ལྷའི་བུ་རོལ་བའི་གནས་ཞེས་བསྒྱུར་ན་ལེགས་སོ། །

སྔ་ཚོགས་གསལ་བ་ལས་ཀྱང་། །བཛྲ་ཧ་རི་ཀེ་ལ་ཡ། །ཞེས་རྣམས་གྲངས་སུ་བཤད་ཅིང་། སྔོན་གྱི་རིག་བྱེད་ལས། གཞན་གྱིས་མི་ཐུབ་མཛེས་གསུམ་ལྡན། །རྒྱལ་པོ་སེང་གེ་ཟླ་བ་དང་། །བུ་རམ་ཤིང་པའི་རིགས་སྐྱེད་པས། །རྒྱལ་པོས་སྦྱིན་འདྲེན་མཆོད་སྦྱིན་བྱས། །ཞེས་བཤད་པའི། སེང་གེ་ཟླ་བའི་གྲོང་ནི་ཧ་རི་ཀེ་ལའམ་ནམ་མཁའི་ཤིང་ལྡན་ཞེས། ཆོས་ཀྱི་རྗེ་དཔལ་ལྡན་བླ་མ་དམ་པ་བསོད་ནམས་རྒྱལ་མཚན་དཔལ་བཟང་པོ་ལ་སོགས་བཞེད་དོ། །

དེ་ལྟ་ན་ནི།ནམ་མཁའི་ཤིང་ལྡན་དང་ཀོ་ཀ་ན་ཡུལ་ཕྱོགས་གཅིག་པར་བཤད་པས་ལྷོ་ཕྱོགས་ཀྱི་རྒྱ་མཚོའི་འགྲམ་ན་ཡོད་པར་ཤིན་ཏུ་ནས་ཀྱང་གྲུབ་སྟེ་ཞལ་ལུང་ལས། ལྷོ་ཕྱོགས་ནམ་མཁའི་ཤིང་ལྡན་ཀོང་ཀ་ན་རུ་བགྲོད། །ཅེས་པས། དེའི་འགྲེལ་པར། དེ་ནས་ཡུལ་དབུས་ནས་ལྷོ་ཕྱོགས་སུ་དཔག་ཚད་སུམ་བརྒྱ་ཡོད་པ་ན་ཡུལ་ཀོང་ཀ་ན་ཞེས་བྱ་བ་ཡོད་དེ། དེ་ལ་ནམ་མཁའི་ཤིང་ལྡན་ཞེས་བྱ་བ་རྒ་བ་མེད་པར་ཤིང་རྣམས་འཕྲིལ་ཤིང་སྟེང་དུ་ཕྲེས་པ་ལྟ་བུར་གནས་པའོ། །ཅེས་གསལ་བར་གསུངས་པས་སོ། །

ཡང་སམ་བྷུ་ཊི་ལས། ཀ་རཉྫར་གནས་ཙ་རི་ཏྲ། །ཞེས་དང་འགྲེལ་བ་དྲན་གནང་ལས། སློབ་དཔོན་ཨིནྡྲ་བྷོ་དྷིས་ཙ་རི་ཏྲར་ཀཱ་རཉྫའི་ཤིང་ལ་གནས་པའི་ལྷ་མོ་བྱེད་མ་ཞེས་གསུངས་ལ། བོད་ཡུལ་གྱི་ཙ་རི་ན་ཀཱ་རཉྫ་ནིའི་ཤིང་ཡོད་པ་མ་དམིགས་ན་དེ་ལ་གནས་པའི་ལྷ་མོ་ཞི་བྱེད་མ་བཞུགས་པ་ཇི་ལྟར་ཡིན་ངེས་པར་བྱའོ། །

དེ་ཞི་ཀོ་ཊ་ཞེས་པའི་ཡུལ་ནི་གཉིས་ཡོད་པར་ཅི་ནས་ཀྱང་ཁས་ལེན་དགོས་ཏེ། སྔ་ཚོགས་གསལ་བ་ལས། འཕགས་པའི་ཡུལ་གྱི་ཡུལ་བྱེ་བྲག་པ་རྣམས་ཀྱི་མིང་གི་རྣམ་གྲངས་འཆད་པ་ན། ལྷ་མོ་མཁར་དང་མདའ་ཡི་གྲོང་། །ཀོ་ཊའི་ཡུལ་དང་དཀའ་བཟློག་ནགས། །དམར་པོའི་ཡུལ་ཡང་དེ་ཉིད་དོ། །ཞེས་མིང་གི་རྣམ་གྲངས་ལྟ་བཤད་པ་ནི་བོད་ན་ཡོད་པའི་ཡུལ་ལ་གྲགས་པ་མེད་དོ། །རྡོ་རྗེ་མཁའ་འགྲོ་རྒྱུད་མགོས་འགྱུར་ལས།

དེ་ཝི་ཀོ་ཊར་སྣ་ཆེན་མོ། །སྟོབས་པོ་ཆེའི་སྐྱེ་གནས་འབྱུང་། །ལྷ་མོ་ལག་ན་མདུང་ཅན་ཏེ། །རྣལ་འབྱོར་དབང་ཕྱུག་ཀུན་གྱི་མཆོག །གནས་དེར་ལྷ་མོ་དྲག་ཆེན་མོ། །ནྲྀ་ཏའི་ཤིང་ལ་བརྟེན་ནས་གནས། །ཞེས་གསུངས་པ་ཡང་། ཤིང་ནྲྀ་ཏ་ནི་མགྲུལ་གོག་པོ་ཧྲའི་ཡར་རྐྱན་འདྲ་ཟེར་བ་དེ་ལ་བརྟགས་ཤིང་། །ཁ་ཅིག་ཕའི་རལ་པ་ལྷ་བུའི་ལོ་མ་ཡོད་པ་ཞིག་ཡིན་ཟེར་རོ། །ལྷ་མོ་དེའི་གནས་སྟོན་པ་ཡིན་ལ་ནང་ལུས་ཀྱི་མིག་ལ་གཉིས་ཡོད་པ་ལྟར་ཕྱི་རོལ་གྱི་ཡུལ་ཡང་དེ་དང་མཐུན་པར་གཉིས་སུ་འཆད་དགོས་པས། གཅིག་ནི་རྒྱ་གར་ཤར་ཕྱོགས་ན་ཡོད་པའི་ལྷ་མོ་མཁར་དང་། གཅིག་ཤོས་ནི་བོད་ཀྱི་ཙ་རི་འདི་ན་ཤིང་ནྲྀ་ཏ་མཚན་ཉིད་དང་ལྡན་པ་ཡོད་ན་དེ་ཉིད་ཡིན་པས་འགལ་བ་མེད་དོ། །

རྡོ་རྗེ་མཁའ་འགྲོའི་རྒྱུད་ལས། དེ་ཝི་ཀོ་ཊའི་ཡུལ་དེར་གནས་པའི་ལྷ་མོ་ནི་ཤིང་ནྲྀ་ཏ་ལ་བརྟེན་ནས་གནས་པར་གསུངས་ཤིང་། བོད་ཡུལ་དུ་ཡང་ཞིང་སྐྱོང་ལྷན་ཅིག་སྐྱེས་མ་གནས་པར་གསུངས་པས་སོ། །དོན་འདི་ལ་དགོངས་ནས་རྗེ་བཙུན་འཇམ་པའི་དབྱངས་ཀྱིས། དེ་ཝི་ཀོ་ཊའི་གནས་གཞན་ཞིག །།ཙ་རི་ཡིན་ཞེས་ལ་ལ་སྨྲ། །རྡོ་རྗེ་མཁའ་འགྲོའི་རྒྱུད་ལས་ནི། །དེ་ཝི་ཀོ་ཊར་ནྲྀ་ཏ་གཞན། །ཞེས་གསུངས་གཞན་ཡང་དེ་ཉིད་ལས། །བོད་ཡུལ་ལྷན་ཅིག་སྐྱེས་མ་ནི། །རྡོ་རྗེའི་ཕུག་ལ་བརྟེན་ཏེ་གནས། །ཡུལ་དེར་གནས་པའི་ལྷ་མོ་ནི། །ནྲྀ་ཏའི་ཤིང་ལ་བརྟེན་ཅེས་གསུངས། །དེ་ཡི་ཕྱོགས་ན་ནྲྀ་ཏའི་ཤིང་། །ཡོད་ན་ཡུལ་དེ་འགལ་བ་མེད། །ཅེས་གསུངས་སོ། །

འཆི་མེད་མཛོད་ཀྱི་འགྲེལ་པ་འདོད་འཇོ་ལས། གལ་ཏེ་ཤར་གྱི་རྒྱ་མཚོའི་མཚམས་ན། འཕགས་པའི་ཡུལ་ཡོད་པ་དེའི་ཚེ་གཏྨ་ལས་ཤར་གྱི་འགྲམ་དུ་འགྱུར་བ་ན་དེ་ལྟ་མིན་ཏེ། ཤར་དེ་ཝི་ཀོ་ཊ་ལས། ནུབ་ན་ཤར་གྱི་རྒྱ་མཚོ་ཡོད་ཅེས་གྲགས་སོ་ཞེས་བཤད་པ་ལྟར་ན་དེ་ཝི་ཀོ་ཊར་དུ་ཡང་ཇི་ལྟར་འགྱུར་དཔྱོད་ཅིག །

འདི་ལ་རྣམ་དཔྱོད་ཀྱི་ནུས་པ་དང་བྲལ་བ་འགའ་ཞིག །།ལྷ་མོ་ལྷན་ཅིག་སྐྱེས་མ་རྡོ་རྗེའི་ཕུག་དང་དེའི་ལྷ་མོ་ནྲྀ་ཏའི་ཤིང་ལ་བརྟེན་པ་ཐ་དད་དུ་འབྱུང་བ་ལྟ་ཅི་སྨོས། ནྲྀ་ཏའི་ཤིང་ཞེས་ཟུར་ཙམ་ཡང་མི་སྣང་བས་ཁྲུད་གཞི་མེད་པའི་ཁྲུད་པར་གྱི་ཚོས། དེ་ཝི་ཀོ་ཊར་གང་གིས་འཛིན། །ཅེས་ཟེར་བ་ནི་རང་གི་དེ་ཁོ་ན་ཉིད་གསལ་བར་སྟོན་པས་ཏེ། གཞུང་དེ་དག་གི་དོན་ནི། ལྷ་མོ་ལྷན་ཅིག་སྐྱེས་མ་ཤིང་ནྲྀ་ཏ་ལ་བརྟེན་པ་རྡོ་རྗེ་མཁའ་འགྲོའི་རྒྱུད་ལས་གསུངས་སོ། །ཞེས་འཆད་པ་མིན་གྱི། དེ་ཝི་ཀོ་ཊའི་ཡུལ་དེར་གནས་པའི་ལྷ་མོ་ཤིང་ནྲྀ་ཏ་ལ་བརྟེན་པར་གསུངས་པས། བོད་ཀྱི་ཙ་རི་དེའི་ཕྱོགས་ན་ཤིང་ནྲྀ་ཏ་ཡོད་ན། དེ་ཝི་ཀོ་ཊའི་ཡུལ་གྱི་ཡ་གྱལ་ཡིན་པ་འགལ་བ་མེད་པ་སྟེ། མིན་པར་མི་འགྱུར་བོ། །ཞེས་སྟོན་པ་ཡིན་གྱི་ཡུལ་དེ་ན་ཤིང་ནྲྀ་ཏ་ཡོད་ན་དེ་དེ་ཝི་ཀོ་ཊ

ཡིན་ཞེས་ཤེས་བྱེད་འགོད་པ་མ་ཡིན། འདི་ཙམ་གྱི་ཀླན་ཀས་ས་བཅུ་པའི་འཕགས་པ་ལ་ཐོ་འཚམས་པ་ནི་ཏ་ཙང་དུས་ཀྱི་སྐྱིགས་མར་གྱུར་པ་ཡིན་པར་ཤེས་པར་གྱིས་ཤིག །

དེས་ན་སྡོམ་གསུམ་ལས། ཡུལ་དེར་གནས་པའི་ལྷ་མོ་ནི། །ཞེས་གསུངས་པའི་ཡུལ་དེ་གོང་གི་བོད་ཡུལ་ཞེས་པ་ལ་ཞོར་བས་འདི་ཡིས་འབྲུལ་གཞི་བྱས་ནས་རྡོ་རྗེ་མཁའ་འགྲོའི་རྒྱུད་ལས། ལྷ་མོ་ལྷན་ཅིག་སྐྱེས་མ་ཤིང་ཧ་ཏ་ལ་བརྟེན་པ་དང་། དེ་ཤི་ཀོ་ཏ་ར་ཤིང་ཧ་ཏ་གནས་པ་གཉིས་ཐ་དད་དུ་བཤད་པའི་ལུང་ཞིག་འཚོལ་དགོས་སོ་སྙམ་ནས་ངལ་བ་བྱས་པར་ཟད་དོ། །

ཡང་། གང་དག་བོད་ཀྱི་ཙ་རི་ཙ་གོང་རྒྱུད་སྡེ་ནས་བཤད་པའི་ཕྱིའི་ཡུལ་ཆེན། ཙ་རི་ཏྲ་ཡིན་པའི་ཤེས་བྱེད་དུ། ནཱ་རོ་པས་རིགས་ཉི་ཤུ་རྩ་བཞི་ནི། གྲོང་ཁྱེར་གཅིག་ལ་ཡང་གནས་པའི་རི་རོ་ཞེས་དང་། དྲི་མེད་འོད་ལས། བོད་དང་རྒྱ་ནག་དང་རྒྱ་ནག་ཆེན་པོ་ལ་སོགས་པའི་ཡུལ་རེ་རེ་ལ་ཡང་གནས་དང་ལྷ་རྣམས་ཚང་བར་བཤད་པ་ལ་སོགས་འགོད་པ་ནི་བོད་ཀྱི་ཙ་རི་ཙ་གོང་། ཨོ་རྒྱན་ཡིན་པའི་ཤེས་བྱེད་དུ་སྨྲ་མ་དེ་དག་འགོད་པ་དང་ཁྱད་པར་མེད་པས་སྙིང་རྗེའི་ཡུལ་འབའ་ཞིག་ཡིན་ལ། སྤྱིར་རྒྱུད་འགྲེལ་རྣམས་ལས་རང་བཞིན་གྱིས་གྲུབ་པའི་ལྷ་དང་། གནས་ཀུན་ལ་ཁྱབ་པའི་དབང་དུ་བྱས་ཏེ། ཚངས་པའི་འཇིག་རྟེན་གྱི་བར་ལ་ཡང་ཡུལ་སུམ་ཅུ་རྩ་གཉིས་སོགས་ཡོད་པར་བཤད་པ་དང་། དཔའ་སྒྲུབ་པ་པོའི་རྒྱུད་བྱིན་གྱིས་རློབས་བྱེད་ཀྱི་དབང་དུ་བྱས་ཏེ། ཡུལ་ཉི་ཤུ་རྩ་བཞི་སོགས་འཛམ་བུ་གླིང་ཁོ་ན་ན་ཡོད་པར་བཤད་པ་ལས། དང་པོ་ནི། ནཱ་རོ་པས་བཤད་པ་དང་། དུས་འཁོར་ནས་བཤད་པ་དང་། རྗེ་བཙུན་ས་བཅུའི་རྩེ་མོས་བཤད་པ་དང་། རྗེ་བཙུན་ཆེན་པོས་རྣམ་བཤད་དག་ལྡན་དུ་བཤད་པ་རྣམས་ཡིན་ལ།

གཉིས་པ་ནི་རྡོ་རྗེ་མཁའ་འགྲོའི་འགྲེལ་པར། སློབ་དཔོན་བྷ་བ་བྷ་དྲས། འཛམ་བུ་གླིང་འདི་ཉིད་ཀྱི་ཡུལ་དང་གནས་དེ་དག་ན་རྣལ་འབྱོར་མ་རྣམས་བཞུགས་ཏེ། གླིང་འདི་ལས་ཀྱི་ས་པ་ཡིན་པས་ལས་རྣམས་འགྲུབ་པར་འགྱུར་གྱི་གླིང་གཞན་རྣམས་ན་ནི་དེ་ཉིད་ཀྱི་ལས་ཀྱི་ས་དེར་འབྲས་བུ་སྨིན་པར་མི་འགྱུར་ཏེ། གཞན་གྱི་འབྲས་བུ་མིན་པའི་ཕྱིར། དེ་དག་ཏུ་ལས་མི་འགྲུབ་པས་ན་གླིང་གཞན་དུ་གཤེགས་སོ་ཞེས་ད་ལྟ་རིམ་གཉིས་བསྒོམ་པའི་སྒྲུབ་པ་པོའི་རྒྱུད་བྱིན་གྱིས་རློབས་བྱེད་ཀྱི་ཞིང་སྐྱེས་ཀྱི་མཁའ་འགྲོ་མ་རྣམས་དང་། དེ་དག་གནས་པའི་ཕྱི་ཡུལ་རྣམས་ཀྱང་འཛམ་བུའི་གླིང་ཁོ་ན་ན་ཡོད་པར་བཤད་དོ། །

དེ་ལྟར་ཡིན་པ་ལས་ལུགས་ཕྱི་མ་འདིའི་དབང་དུ་བྱས་ཏེ་དེང་སང་སྤྱོད་པ་ལ་རྒྱུ་བའི་ཕྱི་ཡི་གནས་རྣམས་འདི་དང་འདི་ན་ཡོད་ཅེས་ལུང་ལས་གསུངས་པའམ། ཚད་མར་གྱུར་པའི་ངག་ལ་བརྟེན་ནས་ཤེས་པར་

བྱེད་དགོས་ཀྱི། བོད་ཀྱི་ཙ་རི་ཙ་གོང་ཡུལ་ཆེན་གྱི་ནང་ཚན་གྱི་ཙ་རི་ཊ་མིན་ཞེས་སྨྲས་པ་ལ། རྒྱུད་སྡེ་རྣམས་ཀྱི་ནང་ནས་ཙ་རི་ཊ་ཞེས་མང་དུ་ཡོད་པའི་ལུང་རྣམས་ཤེས་བྱེད་དུ་འདྲེན་པ་དང་། ལྷ་དང་གནས་ཀྱི་ས་ཐམས་ཅད་ལ་ཁྱབ་པ་ཤེས་བྱེད་དུ་འགོད་པ་འདི་ལ་མཁས་པ་ལྟ་ཅི་བློས་གྲུབ་མཐའ་ལ་མ་ཞུགས་པའི་གང་ཟག་ཤེས་རབ་འབྲིང་ཚད་དུ་གནས་པ་གཅིག་གིས་ཀྱང་ངེས་པ་ཇི་ལྟར་འདྲོངས་ལེགས་པར་སེམས་ཤིག །

ཡང་ཡུལ་ཆེན་དེ་དག་ཏུ་རིམ་གཉིས་ཀྱི་རྟོགས་པ་བརྟན་པའི་གང་ཟག་གིས་སྤྱོད་པའི་དོན་དུ་འགྲོ་བ་ཡིན་གྱི། དེ་ལྟ་བུ་མིན་པའི་གང་ཟག་གིས་ཡུལ་དེ་དག་ཏུ་འགྲོ་བ་བཀག་གོ་ཞེས་གསུངས་པའི་དོན་ཡང་། གོང་དུ་བཤད་པའི་མཚན་ཉིད་ཅན་གྱི་ཡུལ་དེ་དག་ཏུ་གང་ཟག་རྟོགས་ལྡན་གྱིས་སྤྱོད་པ་ལ་ཕྱིན་ན། རྟོགས་པའི་གྲོགས་སུ་འགྱུར་བས་འགྲོ་བར་ཡང་བཤད་ལ། དེ་ལྟ་བུ་མིན་པས་ཕྱིན་ཡང་། རིམ་གཉིས་ཀྱི་རྟོགས་པའི་གྲོགས་སུ་འགྱུར་བའི་དགོས་བྱེད་མི་འགྲུབ་པས་དེའི་ཆེད་དུ་འགྲོ་བ་དོན་མེད་པ་ལ་བཀག་གོ། །ཞེས་དགོངས་པ་ཡིན་གྱི་རིམ་གཉིས་མི་བསྒོམ་པའི་གང་ཟག་གིས་ཡུལ་དེ་དག་ཏུ་བགྲོད་མི་ནུས་ཞེས་བཀག་པའམ། སྤྱིར་ཡུལ་དེ་དག་ཏུ་བྱ་བ་གཞན་གྱི་ཕྱིར་དུ་ཡང་འགྲོར་མི་རུང་ཞེས་བཀག་པ་མིན་པས། སྡོམ་གསུམ་ལས། ཡུལ་དེར་འགྲོ་བ་རྒྱུད་ལས་བཀག །ཅེས་གསུངས་པ་ཇི་ལྟར་བཀག་པའི་ཚུལ་སྐབས་དོན་གང་ལས་བརྩམས་ཏེ་བཀག་པ་ཡིན་ཤེས་དགོས་ཀྱི། དེ་ལྟ་མིན་པར་བྱིས་པའི་སྐྱེ་བོ་ཉམས་སད་པའི་རྩོད་པ་ལྷུར་བླངས་ཏེ། སྔང་སྨྲས་ཀྱི་ཚིག་སྣ་ཚོགས་སྨྲས་པ་ལ་ནི་ལན་དུ་བརྗོད་པ་གཞན་བྱ་བ་ལྟ་ཅི་སྨོས་ལན་དུ་ཆ་བ་ཙམ་ཡང་དགོས་རེ་གན་ནོ། །ཡུལ་ཆེན་དེ་དག་གི་རྣམ་གཞག་རྒྱས་པར་ནི་གཞན་དུ་རྒྱས་པར་བསྟན་ཟིན་ཏོ། །

འོན་བཀག་པའི་ཚིག་རྒྱུད་སྡེ་ལས་གསལ་བར་གསུངས་པ་མེད་དམ་སྙམ་ན་ཤིན་ཏུ་ཡོད་དེ། བརྟག་པ་གཉིས་པ་ཉིད་ལས། ལྷ་ཡི་གཟུགས་སུ་སེམས་པ་ཡི། །ཉི་མ་གཅིག་ཏུ་མ་ཆད་པར། །སྒོམ་པ་ཡོངས་སུ་བརྟག་པར་བྱིས། ཞེས་པ་ནས། ཇི་ལྟར་དེ་ནི་སྐད་ཅིག་ཀྱང་། །རྣལ་འབྱོར་པ་རྣམས་དུང་འབོད་གནས། །ཞེས་པའི་བར་གྱིས་སྤྱོད་པའི་ཕན་ཡོན་དང་། དུས་མིན་པར་སྤྱོད་པ་བྱས་ན་ངན་སོང་དུ་འགྲོ་བའི་ཚུལ་གསལ་བར་བཤད་པས། དྲོད་ཆུང་ཙམ་མ་ཐོབ་པའི་གང་ཟག་རྒྱུད་སྡེ་ནས་བཤད་པའི་བརྟུལ་ཞུགས་ཀྱིས་སྤྱོད་པ་ཙམ་ཡང་བྱ་བ་བཀག་ན་སྤྱོད་པའི་ཕྱིར་དུ་ཡུལ་ཆེན་དུ་འགྲོ་བ་བཀག་པ་ལྟ་ཅི་སྨོས། ཡང་གང་བཤད་འཛིགས་པའི་གཟུགས་ཅན་གྱིས་སོ། །སྤྱོད་པ་ལོངས་སྤྱོད་ཕྱིར་མ་གསུངས་སམ། ཞེས་པས་ཀྱང་རིམ་གཉིས་ཀྱི་རྟོགས་པ་དང་མི་ལྡན་པར་བརྟུལ་ཞུགས་ཀྱི་སྤྱོད་པ་བྱ་བ་སྤྱི་ལྡོག་ནས་བཀག་པའི་ཕྱིར། བྱེ་བྲག་ཡུལ་ཆེན་རྒྱུ་བའི་སྤྱོད་པ་དུས་མིན་པར་བྱེད་པ་བཀག་པ་ཡིན་པ་ཅིའི་ཕྱིར་མི་འགྲུབ་སྟེ། ཁྱབ་བྱེད་བཀག་པས་ཁྱབ་བྱ་ཁེགས་པ་

རིགས་པའི་ཚུལ་ལུགས་ཡིན་པའི་ཕྱིར། ཡང་གསང་བ་གྲུབ་པ་ལས། གྲུབ་ཆེན་པདྨ་བཛྲ་གྱིས། གལ་ཏེ་དེ་ཉིད་མེད་བཞིན་དུ། །ངོ་མཚར་ཆེ་བ་ལྟར་བྱེད་པ། །ཇི་སྲིད་ནམ་མཁའ་མི་འཇིག་པར། །དེ་ཡི་བར་དུ་དམྱལ་བར་སྐྱེ། །ཞེས་བཤད་པས་ཀྱང་དུས་མ་ཡིན་པར་བརྟུལ་ཞུགས་ཀྱི་སྤྱོད་པ་བྱས་པ་ལ་དམྱལ་བར་སྐྱེ་བའི་ཉེས་དམིགས་བསྟན་པའི་སྒོ་ནས་སྤྱིར་བཀག་པ་ཡིན་ན། དུས་མིན་པར་བརྟུལ་ཞུགས་ཀྱི་སྤྱོད་པའི་ཕྱིར་དུ་ཡུལ་ཆེན་དུ་འགྲོ་བ་བཀག་པ་ལྟ་ཅི་སྨོས་ཏེ། དེ་ལ་སོགས་པ་ལུང་བཟློད་ཀྱིས་མི་ལང་ངོ་། །

དེ་བཞིན་དུ་ཕྱིའི་ཡུལ་ཆེན་སོ་བདུན། གཞུང་གཅིག་ལས་དགུས་ལ་གསུངས་པའི་ལུང་ཡང་ཤིན་དུ་མང་སྟེ། ཁོ་བོས་གཞན་དུ་བཤད་དོ། །ཡང་ཁ་ཅིག་ན་རེ། གཞན་ཡང་ཙ་རི་ཙ་གོང་ཞེས་ཕྱོགས་གཅིག་ཏུ་གྲགས་པ་ཞིག་སྡོམ་གསུམ་རབ་དབྱེ་ལས་གསུངས་མོད་ཀྱང་། ཙ་གོང་ཞེས་པ་རྒྱུད་སྡེ་རྣམ་དག་གང་ལས་བཤད་བརྟག་པར་རིགས་སོ། །ཞེས་ཟེར་བ་ནི་ཆེས་མི་རིགས་པའི་གཏམ་སྟེ། བོད་ལ་ཙ་རི་ཙ་གོང་ཞེས་གྲགས་པ་འདི་རྒྱུད་སྡེ་ནས་གསུངས་པའི་ཙ་རི་ཏྲ་མ་ཡིན་ནོ་ཞེས་འཆད་པའི་སྐབས་སུ་ཙ་གོང་གི་ཐ་སྙད་རྒྱུད་སྡེ་ནས་གསུངས་པ་ཞིག་སྟོན་དགོས་ན། ཡར་ལུངས་ཤུ་རྒྱན་མིན་ཞེས་འཆད་པའི་སྐབས་སུ་ཡར་ལུངས་ཀྱི་ཐ་སྙད་རྒྱུད་སྡེ་ལས་གསུངས་པ་ཞིག་ཀྱང་འཚོལ་དགོས་པ་ཧ་ཅང་ཐལ་ལོ། །

འདིར་སྨྲས་པ། བློ་གྲོས་ཉམ་ཆུང་གྲོང་པའི་མ་སྐྱེས་པས། །ཡོངས་རྫོགས་བསྟན་པའི་ཁུར་ཆེན་ག་ལ་ཐེག །མང་ཐོས་མ་གཏམ་དགོན་པ་ལས་འོངས་པ། །འདབ་བདུན་དབང་པོ་ཉིད་ཀྱི་བགྱི་བ་ལགས། །བར་སྐབས་ཀྱི་ཚིགས་སུ་བཅད་པའོ། །

ད་ནི་འདི་དཔྱད་པར་བྱ་སྟེ། གངས་ཅན་དང་ནི་ཏི་སེ་ཐ་དད་དུ་གསུངས་པ་ནི། ༼མྱ་ངན་ལས་འདས་པ་༽ ཆེན་མོའི་མདོ་དང་། དཀོན་མཆོག་བརྩེགས་པའི་མདོ་དང་། གནས་བརྟན་སྤྱན་དྲངས་པའི་མདོ་དང་། རལ་པ་གྱེན་བརྫེས་ཀྱི་རྒྱུད་ལ་སོགས་པ་མདོ་རྒྱུད་མང་པོ་ནས་གསལ་བས་ཐེ་ཚོམ་མེད་ཀྱང་། ད་ལྟ་བོད་ན་ཡོད་པའི་ཏི་སེ་འདི་ཉིད་མདོ་རྒྱུད་མང་པོའི་ནང་ནས་བཤད་པའི་ཏི་སེ་ཡིན་ནོ་སྙམ་དུ་ཕལ་ཆེར་གྱི་འཛིན་པ་ཡིན་ན། དེ་ལ་འདི་སྐད་བརྗོད་པར་བྱ་སྟེ། མདོ་དྲན་པ་ཉེར་བཞག་ཆེན་པོ་ལས། འཛམ་བུའི་གླིང་གི་བྱང་ཕྱོགས་ཀྱི་རི་ཆེན་པོ་རྣམས་ཀྱི་གྲངས་ངེས་སྟོན་པ་ན་འཛམ་བུའི་གླིང་ན་རི་ཆེན་པོ་རྣམས་ནི་འདི་ལྟ་སྟེ། གངས་ཅན་དང་། འབིགས་བྱེད་དང་། ཀཻ་ལ་རྣམས་ཡིན་ནོ་ཞེས་དང་། འཛམ་བུའི་གླིང་གི་བྱང་ཕྱོགས་ཀྱི་ཆ་ན་གངས་ཅན་ཞེས་བྱ་བའི་རི་དཔག་ཚད་སྟོང་ཡོད་པ་དང་། གངས་ཅན་དཔག་ཚད་ལྔ་བརྒྱ་འདས་པ་ན་ཟངས་ཀྱི་མདོག་ཅེས་བྱ་བའི་རི་དཔག་ཚད་ཉིཤུ་ཡོད་པ་དང་། དེ་ལས་རིང་དུ་འདས་པ་ན་ཏི་སེ་དཔག་ཚད་ལྔ་བརྒྱ་པ། དེ་ལས་འདས་པ་ན་ཏི་སེའི་རྣ་ཞེས་བྱ

བའི་རི་དཔག་ཚད་ལྔ་པ། དེ་ལས་འདས་པ་ན་མེ་ན་ཀ་ཞེས་བྱ་བའི་རི་དཔག་ཚད་ལྔ་བརྒྱ་རྣམས་འཛམ་བུའི་གླིང་འདི་ཉིད་ན་ཡོད་པར་བཤད་ལ། དེའི་ནང་ཚན་གྱི་ཧི་སེ་དང་ཀཻ་ལ་ས་ནི་དོན་གཅིག་ཅིང་།

དེའི་གནས་ཚུལ་འཆད་པ་ན། ཧི་སེ་ཞེས་བྱ་བའི་རི་དཔག་ཚད་ལྔ་བརྒྱ་པར་གྱུར་ལ། མདོག་དཀར་བ་དངུལ་གྱི་རང་བཞིན་ལ་གསེར་གྱི་རྣ་ཡོངས་སུ་གང་བ་ཡིན་ཏེ། དེ་ལ་འཕགས་སྐྱེས་པོ་ཞེས་བྱ་བའི་རྒྱལ་པོ་རབ་ཏུ་གནས་སོ། །དེ་ལ་པདྨའི་མཚོ་ཡོད་དོ། །མཚོ་རྣམས་ལས་ཤིན་ཏུ་བསིལ་བའི་ཆུ་འབབ་བོ། །ཨུཏྤལ་སྔོན་པོ་ཡང་ཤིན་ཏུ་འཕེལ་ཆེ་བ་ཡིན་ཏེ་པདྨའི་ཟེ་ར་བུ་རྣམས་ལ་ཡང་དང་པ་དང་། ཀ་རན་ཊ་དང་། ཙ་པ་ཀ་རྣམས་ཀྱིས་གང་བ་ཡིན་ནོ། །ཞེས་གསུངས་པའི་མཚན་ཉིད་རྣམས་ནི་ད་ལྟའི་ཏི་སེ་འདི་ལ་མི་སྣང་བས་དེ་ཡང་མིན། གནས་བརྟན་སྤྱན་དྲངས་པའི་མདོ་ལས། སྣན་ལྗོངས་དག་ན་ཕྱོགས་ཀྱི་གླང་ཆེན་བྲང་གིས་ལྡོ་བ་ཁེབས་པའི་བྲུ་འཁོད་ཅིང་། །འཁོར་བཅས་ལན་གཅིག་མིན་པར་ར་རོའི་གནོད་སྦྱིན་མོ་དག་གནས་གྱུར་ལ། །ཀླུ་ཡི་རྒྱལ་པོས་མགོ་བོ་སྟོད་དེ་ཁ་ནས་འོད་འབར་བྱུང་བས་རབ་འབར་ཞིང་། །གངས་རི་ཏི་སེ་ལ་ནི་བློ་གཙང་གང་གི་ཞལ་འདོན་མཛད་ཅིང་བཞུགས་པ་དང་། །ཞེས་གསུངས་པའི་མཚན་ཉིད་དང་ལྡན་པའི་ཏི་སེ་དེ་ཡང་མིན། རྒྱལ་པོ་ཨིནྡྲ་བྷཱུ་ཏིས། ཕྱིའི་ཡུལ་ཆེན་པོ་སོ་བདུན་བཤད་པའི་དེའི་ནང་ཚན་གྱི་ཀེ་ཏ་ར་ཞེས་མུ་སྟེགས་ཚུན་ཆད་ལ་ཡོངས་སུ་གྲགས་པའི་ལྷ་མོ་རྨ་བྱའི་སྦྲ་བཞུགས་པའི་ཏི་སེ་དེ་ཡང་མིན་པས་ན་གཞུང་ལུགས་གང་ནས་བཤད་པའི་མཚན་ཉིད་དང་ལྡན་པའི་ཏི་སེ་ཡིན་པའི་ཁུངས་གསལ་བ་ཞིག་བཀའ་བརྒྱུད་ཀྱི་སྒྲུབ་པའི་རྒྱལ་མཚན་འཛིན་པར་ཁས་འཆེ་ཞིང་། ཡུལ་ཆེན་དུ་སྤྱོད་པ་ལ་གཤེགས་པའི་སྒྲུབ་པ་པོ་རྣམས་ཀྱིས་སྟོན་པར་མཛད་དུ་གསོལ། ཞེས་འདི་ཙམ་ཞིག་ཀྱང་སྨྲོའོ། །

ཡུན་རིང་ལེགས་པར་གོམས་པའི་ཚུལ་མང་པོས། །བློ་ཡི་འབྱོར་བ་ཅུང་ཟད་ཐོབ་གྱུར་ཅིང་། །མདོ་རྒྱུད་རྣམ་མང་མཐོང་བའི་བདེན་གཏམ་གྱིས། །གནས་ལུགས་འདི་བཞིན་ཡིན་ཞེས་ཆ་ཙམ་བཤད། །སྟོང་བས་གཞན་སུན་འབྱིན་པའི་བློ་མེད་ཀྱང་། །རྨོངས་པས་སྒྲིབ་པའི་མུན་སྤྲུལ་མཐོང་བའི་ཚེ། །བཟོད་མེད་སྙིང་རྗེའི་སྣང་བ་རང་ཤུགས་ཀྱིས། །ཚིག་གི་ལམ་ནས་སྨྲོས་པ་བཟོད་པར་མཛོད། །

ཅེས་སྨོམ་པ་གསུམ་གྱི་རབ་ཏུ་དབྱེ་བ་ལས། བཤད་པའི་མཐའ་དཔྱོད་ཐོར་བུ་འདི་ཡང་། སྙིགས་མའི་དུས་ཀྱི་འགྲོ་ལ་ཕན་པར་བསམས་ནས། དགེ་སློང་བསོད་ནམས་ལྷུན་གྲུབ་ལེགས་པའི་འབྱུང་གནས་རྒྱལ་མཚན་དཔལ་བཟང་པོས་སྨྲས་པར་བྲིས་པའོ། །མངྒ་ལཾ། དགེའོ།། །།

༄༅། །སྨྲ་བྱ་ཆེན་མོ་ནས་གསུངས་པའི་རིའི་སྡོམ་བཞུགས་སོ། །

གློ་བོ་མཁན་ཆེན་བསོད་ནམས་ལྷུན་གྲུབ།

རི་རབ་གངས་ཅན་སྤོས་ངད་ལྡན། །རྩེ་བརྒྱ་སེང་ལྡེང་ཅན་གསེར་ལོགས་དང་། །འོད་འཛིན་མུ་ཁྱུད་འཛིན་ཁོར་ཡུག་དང་། །བདེ་ཆེན་དབང་པོའི་ཕྱུག་ཚངས་ལྡན་དང་། །དཔལ་ལྡན་བལྟ་སྡུག་ཤིན་ཏུ་རྒྱས། །རིན་ཆེན་འབྱུང་གནས་དྲིན་ནོར་བུ་ཧྲེ། །ཐག་བཟང་རི་རྡོར་འབྱུང་གནས་འགྲམ་དེ་མེད་ལྡན་དང་། །ཁྱབ་གནས་གློག་འོད་ལྷ་མིན་དབབ། །ཟླ་འོད་ཐྲག་བཟང་ཉི་མ་མཛེས། །མཛེས་མ་ཐིགས་པ་འབིགས་བྱེད་རི། །ཟླ་ཐྲག་སྣ་ཚོགས་ལ་ལ་ཡ། །གསེར་གྱི་རྩེ་ཀུན་ནས་འགྲོ་ལག་བཟང་ནོར་ལྡན་རི་བཟང་རི། །ཚངས་པའི་རྒྱུ་རིགས་བསྲུངས་བྱེད་མེད་པ་གླང་སྣ། །སྣ་ཚོགས་ཕྲེང་མི་འཇིགས་སྣ་ཚོགས་རལ་གྱི་དང་དེ་མེད་སྤྲིན། །བདུང་དང་མིག་སྐྱ་སྨུན་ཇ་དང་། །འཇོམས་བྱེད་ཧི་སེ་རི་དྭགས་ཅན། །མི་མཇེད་ཀེ་དཀར་ཙནྡ་ཕྲེང་། །དུས་འབྲི་བྱེད་དབང་ཆེན་སྟོབས་འཛིན་ཁྲིམ། །སྐྲ་རི་གླང་བསྲུངས་བྱ་རོག་སྒྲ། །བསྟན་པ་འཛིན་པ་ཞེས་བྱའི་རི། །འདི་རྣམས་རི་རྒྱལ་གཙོ་བོ་ཡིན། །

མངྒ་ལཾ། དགེའོ།། །།

༄༅། །སློབ་དཔོན་ཡོན་འབྱུང་གི་གནས་གསུམ་གསལ་བྱེད་ལས་འཕྲོས་པའི་དྲིས་ལན་བཞུགས་སོ། །

གློ་བོ་མཁན་ཆེན་བསོད་ནམས་ལྷུན་གྲུབ།

སྭ་སྟི་པྲ་ཛ་བྷྱཿ ནོར་རྣམ་ཐོས་སྐྱོང་འདོད་བདུད་ལྷ་སལྷ་འཛིན་བྱེད་རུ་ལྷ་ཞགས་པ་ཡི། །ཆེ་བའི་ཅོད་པན་ངལ་བསོ་པད་མའི་ཕྲེང་། །གེ་སར་འཛུམ་པའི་རྟུལ་གྱིས་བསྟི་བའི་གནས། །སྐྱེ་དགུའི་ཉེར་མཆོ་མཛད་ལ་ཕྱག་འཚལ་ནས། །དྲི་མེད་བློ་གྲོས་བྱམས་པ་ལེགས་ལམ་གྱི། །ཚིག་གི་བདུད་རྩི་སྙིང་པོར་བལྟམས་པའི་སྣོད། །གང་གིས་དོགས་གནས་མཐའ་ལ་འདི་ཙམ་ཞིག །ལན་དུ་བརྗོད་ལ་ཡིད་ནི་སྤྲོ་བར་གྱུར། །

དེ་ལ་དོགས་གནས་དང་པོའི་སྐབས་སུ། ཕྱི་རོལ་པ་དང་མངོན་པའི་གངས་ཅན་དོན་མཐུན་ཡང་། མ་ངྲོས་པའི་འདོད་ལུགས་མི་མཐུན་པར་འདོད་པ་ལས་འོས་མེད་ལ། དེ་ལྟ་ན་ཡང་ཕྱི་རོལ་པའི་གཞུང་ལས། མ་ངྲོས་པའི་ཐ་སྙད་བཤད་པ་ནི་མ་མཐོང་བས། རྒྱ་བོ་བདུན་གྱི་གྲིས་གཞི་དེ་ཉིད་ལ་མ་ངྲོས་པར་བྱེད་ན་ཞེས་རློམ་པའོ། །གཉིས་པའི་སྐབས་སུ། སྤྱིར་མུ་ཁྱུད་འཛིན་ལ་གངས་རི་བཤད་པ་མང་དུ་ཡོད་ཀྱང་། སྤོམ་གསུམ་སོགས་ལས་བཤད་པའི་སྐབས་དོན་དེ་དང་ནི་གཏན་མི་གཅིག་སྟེ། ཇི་སྐད་དུ། རྨ་བྱ་ཆེན་མོའི་མདོ་ལས་ཀྱང་། །གངས་ཅན་ཏི་སེ་ཐ་དད་གསུངས། །ཞེས་བཤད་པ་ཇི་ལྟ་བ་བཞིན་དུ། མདོ་དེ་ལས། གངས་ཅན་དང་མུ་ཁྱུད་འཛིན་རི་ཐ་དད་དུ་བཤད་པའི་ཕྱིར་རོ། །ཡང་འདིར། པུ་ཧྲངས་ཀྱི་ཏི་སེ་ཞེས་གྲགས་པ་འདི་ནི། ཏི་སེ་མཚན་ཉིད་པ་མ་ཡིན་ཏེ། ཏི་སེ་དང་ཀེ་ཏཱ་ར་དོན་གཅིག་ཏུ་མཁས་པ་འཇུག་པའི་སྒོ་ལས་བཤད་པ་གང་ཞིག །ཀེ་ཏཱ་ར་ནི་འདི་ལ་མི་ཟེར་བར་ཁ་ཕྱེ་དང་འབྲི་ལིའི་མཚམས་ཀྱི་གནས་ཆེན་དེ་ཉིད་ལ་ཟེར་བར་དེང་སང་གི་རྒྱ་གར་གྱི་མི་ཀུན་མཐུན་པའི་ཕྱིར་རོ། །དེས་ན་ཡུལ་སོ་བདུན་གྱི་ནང་དུ་ཡང་ལྷ་མོ་རྨ་བྱའི་སྒྲོ་གནས་པའི་ས་ལ་ཀེ་ཏཱ་ར་ཞེས་བཤད་ལ། ཡུལ་ཆེན་འདི་རྣམས་ཕྱི་ནང་གཉིས་ཀ་མིང་མཐུན་པ་ཤས་ཆེ་བས། རྨ་བྱ་ཆེན་མོའི་མདོ་ལས་གསུངས་པའི་ཏི་སེ་ནི་ཡུལ་ཆེན་གྱི་ནང་དུ་གཏོགས་སོ། །ཞེས་སེམས་སོ། །སངས་རྒྱས་བདུན་པའི་མདོ་ལས། ཏི་སེར་སངས་རྒྱས་ཀྱི་ཆོས་གསུངས་པར་བཤད་པས་ཀྱང་། འདི་ལ་གནོད་དོ། །པུ་ལི་རཱ་མ་ཞེས་པ་ལ། པུ་ལིའི་སྒྲ་སྐྱེས་བུའི་རྟགས་དང་། རཱ་མ་ཞེས་པ་དགའ་བ་ཡིན་པས། ཚིག་འགྱུར་ལ། སྐྱེས་བུའི་རྟགས་ལ་དགའ

བ་ཞེས་པ་སྣང་འཚོང་མའི་ཡུལ་ཞིག་ཡིན་ནོ་ཞེས་རྒྱ་གར་བ་འགའ་དགེ་སློང་ཆོས་ཀྱི་ཉིད་བྱེད།ཞིག་ཟེར་ཡང་།
ཕུཀྐྱཀི་རི་དང་གཅིག་པའི་དབང་དུ་བྱས་ན་གང་བའི་རིའི་གང་བའི་གནས་སུ་དོན་བསྒྱུར་རོ། །ཛྷ་ལནྡྷ་ར་ཞེས
པ་ནི་མཁའ་འགྲོ་མ་དྲ་བ་འཛིན་ཞེས་བསྒྱུར་བ་ཉིད་ཡིན་ལ། ཧེ་བཙུན་ནི་ཛ་ལ་ཁྲ་ཡོད་པར་བཞེད་པ་ལ། ཡི་
གེ་པས་རིང་ཆར་ནོར་བ་ཡིན་ནོ་སྙམ་དུ་ཡང་དོགས་སོ། །ཀོཾ་ལླ་ཁ་རི་ཞེས་པ་མཁས་པ་འཇུག་པའི་སྒོའི་དོན་ནོ་
ཁྱེད་ཀྱིས་བཀོད་པ་དེར་ལེགས་པར་སོང་བ་ཡིན། པཎྜི་ཏ་ཁ་ཅིག་ན་རེ། སཾ་སྐྲི་ཏའི་སྐད་ལ། ཀོཾ་ལླ་ཁ་རི། ཞེས
པ་དང་། ཨ་ཁ་བྷྲཾ་ཤའི་སྐད་ལ། ཀོཾ་ལླ་ཁ་རི་ཞེས་པ། གོ་རིང་ཐུང་གི་ཁྱད་པར་མ་གཏོགས་ལྷ་འཐུག་རིང་ཡིན་པ
ལ་ཁྱད་པར་མེད་ལ། དོན་ནི། འདོད་པས་སྒྲིབ་པ་ཞེས་པར་འགྱུར་རོ་ཞེས་ཟེར་བ་ཡང་སྣང་ངོ་། །ཀཱ་ཤ་ལ་ཞེས་པ་ནི་
ཚིག་འགྱུར་དུ། མཁས་པས་བྱས་པ་ཞེས་བསྒྱུར་བ་ཡོད་ལ། གང་ལྟར་བསྒྱུར་ཀྱང་དོན་འདྲ་འམ་སྙམ་མོ། །ཁྲི་
ཏ་པུ་རི་ལ། ཁྲ་ཨེ་ཏ། རབ་སོང་དང་པུ་ར་ཚོགས་པ་ལ་འཇུག་པས། རབ་སོང་ནི་ཚིག་འགྱུར་དུ་དགེ་འདུན་དུ
བསྒྱུར་བ། ཀྱེ་རྡོ་རྗེ་མར་ལུགས་ཀྱི་ཊཱི་ཀཱ་རིན་ཆེན་སྦྱོར་ཕྲེང་དུ་ཡང་བཤད་འདུག་སྟེ། དགེ་སློང་བཞི་ཚོགས་པ
ཡན་ཆད་ལ་དགེ་འདུན་ཟེར་བ་བཞིན། རོ་བཞི་ཡན་ཆད་བསྐྱལ་བ་ལ་ཡང་དུར་ཁྲོད་རབ་སོང་དགེ་འདུན་ཟེར
རོ་ཞེས་བཤད་པས་འདྲ་མཚུངས་བསྒྱུར་བ་མ་གཏོགས་འགྱུར་ལེགས་པར་མི་སེམས་ཏེ། སཾ་བྷུ་ཏི་མགོས
འགྱུར་དུ། ཡི་དྭགས་མཆོག་འདུས་ཚུ་བོའི་འགྲམ་ཞེས་བསྒྱུར་བ་འདི། དག་གམ་བསམ་སྟེ། འོན་ཀྱང་རྒྱ་དཔེ
མཐོང་ན་བརྟག་གོ། །རྒྱ་དཔེ་ན་སཾ་སྐྲ་ཏ་ཞེས་འདུག་པས། མགོས་འགྱུར་ལེགས་སྙམ་སྟེ། དགེ་འདུན་གྱི་སྐད
དོད་མི་སྣང་བས་སོ་བསམ། སཱོ་རཥྚཿལ། རཥྚ་ནི་ཡུལ་འཁོར་དང་། སཱོ་ཞེས་པ་བཟང་པོ་སྟེ། ཡུལ་འཁོར་བཟང
པོ་ཉིད་ཡིན་གྱི། རོའི་སྐད་དོད་ནི། ཤ་དང་། ར་ས་དང་། ཨོ་ཛ་རྣམས་ལ་འཇུག་པར་བཤད་དོ། །ཀུ་ལུ་ཏ་ཞེས
པ་དང་། ཀུ་ནི་ངན་པ་དང་། ལུ་ཏ་སྤྱོད་པ་ལ་འཇུག་པ། དབྱིངས་མེད་པའི་རྐྱེན་གྱི་སྦྱོར་ཚུལ་འབའ་ཞིག་གིས
བྱུང་བ་ཡིན་ནོ་ཞེས་པཎྜི་ཏ་འགའ་ཞིག་ཟེར་བས་ལུ་རིང་པོ་ཡིན་པ་འཐད་པར་རྟོགས་སོ། །ཚིག་གི་དགའ་སྟོན
འགྱེད་པའི་དམ་པ་དང་། །ཤེས་འདོད་དཔྱོད་ལྡན་བློ་གྲོས་མིག་ཡངས་དག །སྟོན་དུས་གངས་ཅན་མཁས་མང
དགའ་བ་ཡི། །མཛེས་པའི་ནྟ་རྒྱན་ཇི་བཞིན་གཏན་དུ་གྲགས། །རྩོད་ལྡན་ལྡིང་ཀའི་བག་ལ་ཉ་བ་ཡི། །སྐལ
ངན་ཐོབ་པ་རློག་ཆུའི་ཉེའུ་ཆུང་། །འཆད་རྩོད་བསྒྲེངས་བྲལ་སྨྲོས་པའི་འོད་ཟེར་ལ། །ཁྲིན་གནས་རུས་སྦལ་བློ
ཡིས་བཞད་གད་བྱེད། །ཆགས་སྡང་དུག་མཚོ་ཁོལ་བའི་མ་རུང་པ། །གནས་འདིར་གཏྣའི་རྒྱུན་ཀླུང་སུ་ལ
ཆགས། །ཡོངས་རྫོགས་བསྟན་པའི་ཁུར་ཆེན་འདེགས་རྣམས་ཀྱིས། །དགའ་བའི་མེ་ཏོག་ཆལ་དུ་འགྲེམས
བྱེད་པ། །བདག་དང་བློ་གྲོས་མཚུངས་ལ་དོན་འདི་ཕྲིན། །སྐྱེ་བོ་ཆོས་མིན་མགྲིན་ལྡན་ང་རོ་ཡི། །དྲིགས་པའི

སྨྱོས་རྩུས་ཕྱོགས་རྣམས་མ་རུང་བྱུས། །མཚུངས་མེད་སྟོན་པས་བཤད་པའི་གྲུ་བོ་ཆེ། །ཐུབ་པའི་དུས་འདིར་འབད་པ་བྱ་བའི་རིགས། །ཚིག་དོན་གོ་སར་འཛུམ་པའི་ཨུཏྤལ་ཕྲེང་། །གཞན་གྱིས་མ་སྨྱང་སྟོན་མེད་དྲི་བསུང་སྤྲོ། །མ་ལུས་སྟེ་སྟོད་མཛེས་པའི་རྒྱན་མང་པོས། །ད་དུང་འགྲོ་བའི་རེ་བ་ཡིད་བཞིན་སྐོང་། །ཚུལ་མིན་བྱ་བས་མ་གཡེངས་དང་བའི་ཡིད། །གསུང་རབ་རྒྱ་མཚོའི་དོན་ལ་མངོན་ཕྱོགས་པས། །ཁྱེད་ལ་ལེགས་བཤད་དོ་ཤལ་འདི་འབུལ་གྱིས། །དགའ་བའི་མགྲིན་པ་ཡུན་རིང་བརྒྱན་པར་མཛོད། །ཅེས་པ་འདི་ཡང་། བསོད་ནམས་ལྷུན་གྲུབ་ལེགས་པའི་འབྱུང་གནས་རྒྱལ་མཚན་དཔལ་བཟང་པོས་སྨྲས་པ་ཉིད་དུ་བཀོད་པའོ། །མངྒ་ལཾ། ཛ་ཡནྟུ། དགེའོ།། །།

༄༅། །ངེས་ལན་དོན་གསུམ་གསལ་བྱེད་ཅེས་བྱ་བ་བཞུགས་སོ། །

གློ་བོ་མཁན་ཆེན་བསོད་ནམས་ལྷུན་གྲུབ།

སིདྡྷི་རསྟུ། མངོན་མཐོའི་དགེ་ལེགས་རྐང་འཐུང་གིས་མཛེས་ཕྱག་བྱར་འོས་པ་ཀུན་གྱི་ལྷ། །འཇམ་པའི་དབྱངས་ཀྱི་བདུད་རྩི་སྤྲིན་པས་ཀུན་དགར་འོས་པའི་རྣ་བའི་བཅུད། །ཡང་ཡང་སིམ་བྱེད་དགའ་བ་རྒྱ་ཆེན་སྙིང་གི་པདྨོར་ངེས་སྩོལ་བ། །དྲི་མ་མེད་པའི་དཔལ་དུ་གྲགས་པའི་སྐྱོབ་པ་མཆོག་ལ་བདག་ཕྱག་འཚལ། །ངེས་གསུང་ཉིད་ལ་ཡུན་རིང་གོམས་པའི་མཐུས། །མང་ཐོས་དཔྱོད་ལྡན་ཁྱེད་ཀྱི་དྲིས་པའི་ལན། །ཚངས་པའི་གཡོ་སྒྱུའི་ཟོལ་ཙམ་མ་ཡིན་པར། །ཐུང་ཟད་བསྟན་པ་འདི་ལ་ལེགས་པར་གཟིགས། །

དེ་ལ་དྲི་བ་དང་པོ། འཕགས་པའི་དགོངས་པ་འཆད་པའི་ཚེ། །དྲང་དོན་གྱི་ནི་དབང་བྱས་ནས། །སྙིང་པོ་དཔེ་དགུས་བསྟན་པ་ལྟར། །ཡོད་ན་རྒྱུད་བླ་རང་ཉིད་ལས། །སྨྲོན་ལྟ་སྤང་ཕྱིར་གསུངས་པ་དེས། །ཐུང་ཟད་གནོད་པར་མི་འགྱུར་རམ། །གཞན་ཡང་འཕགས་པའི་དགོངས་པ་ལ། །དྲང་དོན་གྱི་ནི་དབང་བྱས་ན། །ཡོད་པ་དེ་ལ་ངེས་དོན་གྱིས། །གནོད་པ་སྟོན་པར་བཞེད་ཅེ་ན། །གཟུགས་ནས་རྣམ་མཁྱེན་བར་གྱི་ཆོས། །ཐམས་ཅད་དྲང་དོན་ཉིད་ཡིན་གྱི། །ངེས་པའི་དོན་དུ་མི་འདོད་པས། །ངེས་དོན་གྱི་ནི་དབང་བྱས་ན། །ཀུན་ལའང་ཆོས་གསུམ་སྟོན་ལགས་སམ། །ཞེས་སོ། །

འདིའི་ལན་ལ། ཆོས་ཀྱི་རྒྱལ་པོ་འཕགས་པ་རིན་པོ་ཆེའི་དགོངས་པ་ལ་དྲང་དོན་གྱི་དབང་དུ་བྱས་ན། སྙིང་པོ་དཔེ་དགུས་བསྟན་པ་ལྟར་ཡོད་ཅེས་པ་ནི་དཔེ་དགུའི་སྒོ་ནས་བསྟན། དོན་གྱི་གཙོ་བོ་དེ་བཞིན་གཤེགས་པའི་སྙིང་པོ་སེམས་ཅན་གྱི་རྒྱུད་ལ་ཡོད་ཙམ་བསྒྲུབ་པ་ཡིན་ལ་ངེས་དོན་གྱི་དབང་དུ་བྱས་ནས་དེ་ཡོད་པ་ཉིད་ལའང་དངོས་ལ་གནོད་བྱེད་བསྟན་པའི་ཕྱིར་རྒྱལ་བ་རྣམས་ངེས་དོན་གྱི་དབང་དུ་བྱས་ནས་སེམས་ཅན་ལ་སངས་རྒྱས་ཀྱི་སྙིང་པོ་ཡོད་ཅེས་ཅི་སྟེ་གསུངས་ཏེ་མི་གསུང་བར་ཐལ། ངེས་དོན་གྱི་མདོ་དེ་དང་དེར་ཤེས་བྱ་ཐམས་ཅད་རྣམ་པ་ཀུན་གྱི་སྟོང་པའི་ཚུལ་དཔེ་དང་བཅས་ཏེ་གསུངས་པའི་ཕྱིར་རོ། །

འོན་གོང་དུ་དཔེ་དང་བཅས་ཏེ་ཡོད་པར་བཤད་པ་དང་འགལ་ལོ་ཞེ་ན། ཡོད་པ་དེ་དག་དེ་སྤང་དོན་དུ་གསུངས། ཞེས་ལན་འདེབས་པར་མཛད་དོ། །འཕགས་པ་ཐོགས་མེད་ཀྱིས་སྙིང་པོ་ངེས་དོན་ལ་ཡོད་པར་

བཞེད་པས་ཚིགས་བཅད་སྔ་མ་རང་རྒྱུད་དུ་ཞལ་གྱིས་མི་བཞེད་པར་དྲི་བའི་ཚིག་ཏུ་བཞེད་པའི་གནད་ཀྱང་འདི་ཉིད་ཡིན་ཞིང་། སྔོམ་པ་གསུམ་གྱི་མཚན་བྱ་འཕགས་པའི་གསུང་སྒྲོས་ཡོན་ཏན་དཔལ་གྱི་བྲིས་པར་ཡང་། རྒྱུད་བླའི་འགྲེལ་པར་འཕགས་པ་ཐོགས་མེད་ཀྱིས་བདེ་གཤེགས་སྙིང་པོ་ངེས་དོན་དུ་གསུངས་པ། སེམས་ཙམ་དང་བསྟུན་པའི་འགྲེལ་བཤད་ཡིན། ཆོས་ཀྱི་རྗེས་དྲང་དོན་ཡིན་གསུང་བ་དབུ་མ་པའི་ལུགས་ཡིན་གསུང་ངོ་། །ཞེས་བྲིས་པ་ཡང་། སྔར་བཤད་པ་དང་ཤིན་ཏུ་མཐུན་ནོ། །

ཚིགས་བཅད་སྔ་མ་དྲི་ཚིག་ཏུ་སྦྱར་བའི་ཚེ་ལན་དང་མི་འབྲེལ་ཏེ། འཁོར་ལོ་བར་པའི་སྐབས་སུ་ཆོས་ཐམས་ཅད་སྟོང་པ་ཉིད་ཡོད་པ་ལས་འདས་པར་བཤད་ན། ཐ་མ་འདིར་སྙིང་པོ་ཡོད་ཅེས་ཅི་སྟེ་གསུང་ཞེས་དྲིས་པའི་ལན་དུ། ཡོད་པ་དེ་དག་དེ་སྲང་དོན་དུ་གསུངས། ཞེས་སྒྲ་ཇི་བཞིན་པའི་ལན་འདེབས་པའི་ཚེ་དགོས་པ་དེ་ལྟ་བུ་མེད་པའི་གནས་སྐབས་སུ་སྙིང་པོ་རང་ངོ་ནས་ཡོད་པ་མ་ཡིན་པར་ཁས་བླངས་པར་ཆོག་པ་ཞིག་དགོས་པ་ལས། དབུ་མ་པའི་ལུགས་ལ་ཆོག་ཀྱང་ཚད་ཀྱི་ལུགས་ལ་མི་ཆོག་པའི་ཕྱིར་དང་། ཡོད་པ་ཙམ་སྐྱོན་ལྔ་སྤོང་ཕྱིར་གསུངས་པ་མ་ཡིན་ཀྱི། མཚན་དཔེ་གསལ་རྫོགས་ཀྱི་ཚུལ་གྱིས་ཡོད་པར་གསུངས་པའི་ཞེས་སྦྱོར་ན་ཡང་། དྲིས་པ་ལ་མེད་པའི་ལན་བཏབ་པར་འགྱུར་ཞིང་། སེམས་ཅན་ལ་སྙིང་པོ་ཡོད་པར་བསྒྲུབ་པ་ཙམ་གྱིས་སྐྱོན་ལྔ་སྤོང་ནུས་པ་ཡིན་གྱི། སྐྱོན་ལྔ་སྤོང་བ་ལ་མཚན་དཔེ་གསལ་རྫོགས་ཀྱི་ཚུལ་གྱིས་སྤོང་དགོས་ན་དེང་སང་གི་དུས་ཀྱི་གདུལ་བྱ་ཕལ་ཆེ་བ་ལ་མཚན་དཔེ་གསལ་རྫོགས་བཤད་དགོས་པར་འགྱུར་རོ། །

འོ་ན། དབུ་མ་པའི་ལུགས་ལ་གཟུགས་ནས་རྣམ་མཁྱེན་གྱི་བར་གྱི་ཆོས་ཐམས་ཅད་ཡོད་པར་གསུངས་པ་དྲང་དོན་ཡིན་ན་དེ་ཐམས་ཅད་ཡོད་པར་གསུངས་པ་ལ་ངེས་དོན་གྱི་དབང་དུ་བྱས་ན་ཆོས་གསུམ་སྟོན་ནམ་ཞེ་ན། དེ་ནི་ཤིན་ཏུ་ཡང་སྟོན་ཏེ། དེ་ཡང་རེ་ཞིག་ཐེག་པ་མཆོག་གི་དབུ་མ་ལྟར་ན། རྩ་བའི་རྒྱུད་ལས། ཡུལ་དང་ཡུལ་ཅན་དག་གི་ནི། །སྐྱེ་མཆེད་བཅུ་གཉིས་དག་ཏུ་འགྱུར། །ཕུང་པོ་ལྔ་ནི་གཟུགས་ལ་སོགས། །མཐར་ནི་རྣམ་ཤེས་སྙིང་རྗེ་ཆེ། །དབང་པོ་དང་ནི་ཡུལ་ཉིད་དང་། །དབང་པོའི་རྣམ་པར་ཤེས་པ་ཉིད། །རྣལ་འབྱོར་མ་རྣམས་སྒོ་བྱའི་ཕྱིར། །ཁམས་ནི་བཅོ་བརྒྱད་དག་ཏུ་བཤད། །ཅེས་ཕུང་ཁམས་སྐྱེ་མཆེད་ཀྱིས་བསྡུས་པའི་ཆོས་ཐམས་ཅད་ཡོད་པར་གསུངས་པའི་དོན་ལ། ཕྱི་མའི་ལེའུ་གསུམ་པ་ལས། རང་བཞིན་གདོད་ནས་མ་སྐྱེས་པ། །བདེན་མིན་བརྫུན་མིན་དེ་བཞིན་དུ། །ཐམས་ཅད་ཆུ་ཡི་ཟླ་བ་ལྟར། །འདོད་པས་རྣལ་འབྱོར་མས་ཤེས་ཀྱིས། །ཞེས་གསུངས་པས། ཕུང་ཁམས་སྐྱེ་མཆེད་ཀྱིས་བསྡུས་པའི་ཆོས་ཐམས་ཅད་ཡོད་པར་གསུངས་པའི་དགོངས་གཞི་ནི་སྣང་ཚོད་དུ་གྲུབ་པས་བརྫུན་པ་མ་ཡིན་པ་ལ་དགོངས་སོ། །

དགོས་པ་ནི་བདག་ཏུ་འཛིན་པ་བཟློག་པའི་ཆེད་དེ། དེ་ཡང་རིལ་པོ་ལ་བདག་ཏུ་འཛིན་པའི་གཉེན་པོར་ཕུང་པོ་ལྔ་གསུངས། གཟུགས་ལ་བདག་ཏུ་འཛིན་པའི་གཉེན་པོར་སྐྱེ་མཆེད་བཅུ་གཉིས་གསུངས། གཟུགས་སེམས་གཉིས་ཀ་ལ་བདག་ཏུ་འཛིན་པའི་གཉེན་པོར་ཁམས་བཅོ་བརྒྱད་གསུངས་ལ་ནང་གི་རྣམ་བཞག་མཚོན་པའི་དགོས་པ་ཡང་འདིར་སྦྱར་བར་བྱའོ། །

དངོས་ལ་གནོད་བྱེད་ནི། བདེན་མིན་ཞེས་པ་སྟེ། དེ་ཐམས་ཅད་ཀྱང་རྡུལ་ཕྲ་རབ་གཅིག་ལ་རྡུལ་དྲུག་འདུས་པའི་རིགས་པ་དང་། སྐད་ཅིག་མའང་སྐད་ཅིག་མར་ཆ་ཕྱེ་བའི་རིགས་པས་བརྟགས་ན། རྡུལ་དང་སྐད་ཅིག་མ་མི་རྙེད་པས་བདེན་པས་མིན་ཞེས་བྱ་བའི་དོན་ནོ། །ཞེས་རྗེ་བཙུན་མཆོག་གིས་གསུངས་སོ། །མདོར་ན། ཡོད་ཅེས་པ་ཡོད་མེད་ཅེས་པའང་། །ཡོད་ཡོད་མེད་ཅེས་དེའང་ཡོད། །སངས་རྒྱས་རྣམས་ཀྱིས་དགོངས་ནས་ནི། །གསུངས་པ་རྟོགས་པར་སླ་བ་ཡིན། །ཞེས་ཡོད་པ་དང་། མེད་པ་དང་ཡོད་མེད་གཉིས་ཀ་གསུངས་པ་ལ་སོགས་པ་མཐའ་དག་ངེས་པའི་དོན་དུ་དགོངས་པ་ཅན་དུ་འགྲོལ་ཤེས་ནས་མཐའ་ཐམས་ཅད་ལ་མི་གནས་པའི་དབུ་མའི་ལམ་གྱིས་འགྲོ་བ་མ་ལུས་པའི་དབུགས་དབྱུང་བར་བྱའོ། །

འདི་དག་ཀྱང་དྲི་ཚིག་གི་བསམ་དོན་བླངས་པ་ཡིན་གྱི་སྤྱིར་ཆོས་གསུམ་ནི་ཆོས་གང་དོན་ལ་ཡོད་མེད་ལས་འདས་བཞིན་དུ་སངས་རྒྱས་ཀྱིས་ཡོད་པ་ལ་སོགས་པ་མཐའ་བཞི་གང་རུང་གིས་ཚུལ་གྱིས་གསུངས་པ་ཞིག་གི་སྟེང་དུ་སྟོན་པ་ཡིན་ཞིང་། དེ་ཡང་དགོངས་གཞི་དང་དགོས་པ་ནི་ཚིག་དེ་ཉིད་ལ་སྟོན། དངོས་ལ་གནོད་བྱེད་ནི་ཚིག་དེས་བསྟན་པའི་དོན་ལ་དེ་ལྟར་གནས་པ་ལ་སྟོན་པ་ཡིན་གྱི། དྲང་དོན་ཐམས་ཅད་ལ་ཆོས་གསུམ་སྟོན་པ་ནི་གཏན་མ་ཡིན་ཏེ། དགོངས་པ་ཅན་ནི་དྲང་དོན་དུ་དངོས་བསྟན་སྟོན་པའི་མདོ་དང་། དྲང་དོན་ནི་དེའི་དངོས་ཀྱི་བསྟན་བྱ་ཞིག་ལ་འཛོག་པའི་ཕྱིར་རོ། །གཞན་དུ་ཀ་བ་ལ་ཆོས་གསུམ་ཇི་ལྟར་སྟོན། བུམ་པ་ལ་ཆོས་གསུམ་ཇི་ལྟར་སྟོན་སོགས་ལེགས་པར་སེམས་ཤིག །

འོ་ན་ཀ་བ་ཡོད་པ་ལ་ཆོས་གསུམ་སྟོན་ནམ་སྙམ་ན་ཀ་བ་ཡོད་པ་དྲང་དོན་ཡིན་པས་དེ་ངེས་དོན་དུ་ཡོད་པ་ལ་དངོས་ལ་གནོད་བྱེད་བསྟན་དུ་ཡོད་པ་ཡིན་གྱི། དེ་ཡོད་པར་གསུངས་པའི་ཚིག་དང་མ་འབྲེལ་བར་དགོངས་གཞི་དང་དགོས་པ་རྩེ་རྒྱུ་མེད་དོ། །འདིས་མཚོན་ནས་ཀུན་ལ་ཤེས་པར་བྱའོ། །

དྲི་བ་གཉིས་པ། རྩ་རྒྱུད་བརྟག་པ་གཉིས་པ་ལས། །ལུས་ལ་ཡེ་ཤེས་ཆེན་པོ་གནས། །ཞེས་སོགས་སྐབས་ནས་བསྟན་པ་ཡིས། །རང་བཞིན་ལྷན་ཅིག་སྐྱེས་པ་དང་། །མདོ་དང་རྒྱུད་བླའི་དཔེ་དགུ་ཡིས། །བསྟན་པའི་བདེ་གཤེགས་སྙིང་པོ་ལ། །ཐ་སྙད་དྲང་དོན་གནས་སྐབས་སུ། །ཆོས་གསུམ་སྟོན་དགོས་མི་དགོས་པའི། །

ཁྱད་པར་ཡོད་དམ་མེད་པ་འདྲི། །ཞེས་པའི་ལན་ནི། ཐ་སྙད་ལ་གནས་ནས་བདེན་པ་གཉིས་ཀྱི་རྣམ་བཞག་བྱེད་པའི་ཚེ། རང་བཞིན་ལྷན་སྐྱེས་དང་། དཔེ་དགུས་བསྟན་པའི་བདེ་གཤེགས་སྙིང་པོ་གཉིས་ཀ་ངེས་དོན་དོན་དམ་པར་ཁས་བླངས་ནས་ཡོད་པར་འཆད་པ་ཡིན་གྱི། དེ་གཉིས་ལ་ཆོས་གསུམ་ཇི་ལྟར་སྟོན། ཐ་སྙད་ཀྱི་སྐབས་སུ་དེ་གཉིས་ཡོད་པར་གསུངས་པ་ལྟར། དེ་གཉིས་ཀྱི་རང་གི་ངོ་བོ་ཡོད་པར་མ་གྲུབ་པས་དེ་གཉིས་ཡོད་པར་གསུངས་པ་ནི་དགོངས་པ་ཅན་གྱི་ཚིག་ཡིན་ཞིང་། དེ་གཉིས་ཡོད་པ་ཡང་དྲང་དོན་ཡིན་ནོ། །ཞེས་ངེས་དོན་ལ་གནས་ནས་འཆད་དགོས་སོ། །

དེས་ན་ཀུན་རྫོབ་དང་དོན་དམ་གྱི་ཆོས་ཡོད་པ་ཐམས་ཅད་ཐ་སྙད་དུ་བསྟན་པ་ཡིན་པས་དེ་བཞིན་གཤེགས་པའི་སྙིང་པོ་ཡོད་པ་སོགས་ཀྱང་ཐ་སྙད་དུ་ཡོད་པ་ཁོ་ནར་ཁས་ལེན་དགོས་ཏེ། མྱ་ངན་ལས་འདས་པའི་མདོ་ལས། ཤེས་རབ་ཅན་རྣམས་ཀྱིས་ནི་ངའི་ལུས་ལ་ཆོས་ཀྱི་སྐུའི་ས་བོན་དེ་ལྟ་བུ་ཡོད་སྙམ་དུ་ཤེས་པས་ཐམས་ཅད་འཛིན་པར་མི་བྱེད་དོ། །བདག་མེད་པ་བསྟན་ན་ནི་བྱིས་པ་རྣམས་བསྟན་པ་བདག་མེད་དོ་སྙམ་དུ་འཛིན་ཏོ། །ཤེས་རབ་ཅན་རྣམས་ཀྱིས་ནི་ཐ་སྙད་དུ་ཡོད་སྙམ་དུ་ཤེས་ཏེ་ཐེ་ཚོམ་མེད་དོ། །དེ་བཞིན་གཤེགས་པའི་སྙིང་པོ་སྟོང་པ་ཡིན་ནོ་ཞེས་བསྟན་ན་ནི་བྱིས་པ་རྣམས་ཆད་པ་འཇིགས་སུ་རུང་བ་ཡོན་པོ་བསྒོམ་པར་བྱེད་དོ། །ཤེས་རབ་ཅན་རྣམས་ཀྱིས་ནི་རྟག་པ་དང་། བརྟན་པ་དང་ཐེར་ཟུག་པ་དེ་སྒྱུ་མ་ཙམ་དུ་ཡོད་པར་ཤེས་སོ། །ཞེས་དེ་བཞིན་གཤེགས་པའི་སྙིང་པོ་དང་། གནས་ལུགས་དང་། དོན་དམ་པའི་བདེན་པ་ལ་སོགས་པ་རང་གི་ངོ་བོ་ཡོད་མེད་ལས་འདས་པའི་སྤྲོས་བྲལ་དུ་གོ་ནུས་པའི་ཤེས་རབ་ཅན་ལ་དོན་དམ་པ་དང་། དེ་བཞིན་གཤེགས་པའི་སྙིང་པོ་ཞེས་བྱ་བ་ཅི་ཡང་མེད་དོ། །ཞེས་བརྗོད་ཀྱང་ཡོད་པ་མིན་ཙམ་དུ་གོ་ནས། ཆད་པའི་མཐར་མི་ལྷུང་ཞིང་། དེ་དག་ཡོད་དོ་ཞེས་བརྗོད་ཀྱང་ཐ་སྙད་ཙམ་དུ་ཡོད་པར་ཤེས་ནས་རྟག་པའི་མཐར་མི་ལྷུང་བ་ཡིན་ནོ། །ཞེས་གསུངས་པའི་ལུང་འདི་ལ། ཞིབ་ཏུ་བརྟགས་ན་སྔར་བཤད་པའི་རང་ལུགས་ཀྱི་བླ་མ་རྣམས་ཀྱི་གསུང་སྒྲོས་དེ་ལ་ངེས་ཤེས་གཏིང་ནས་མི་སྐྱེ་ཀ་མེད་ཡིན་ནམ་སྙམ་མོ། །

མདོ་འདི་གཞན་སྟོང་ཁས་ལེན་པའི་གྲུབ་མཐའ་སྨྲ་བ་རྣམས་ཀྱི་གྲུབ་མཐའི་ཁུངས་དྲག་ཤོས་སུ་བྱེད་པར་སྣང་ཡང་འདི་འདྲའི་ཚིག་གི་ཟབ་དོན་སྟོན་པའི་ཚིག་མང་དུ་ཡོད་པ་རྣམས་ལ་ནི་ཉིན་མོའི་འོད་བ་བཞིན་དུ་གྱུར་ཏོ། །

དྲི་བ་གསུམ་པ། རྒྱུད་བླར་བཤད་པའི་གནས་རིགས་དང་། །ཆོས་གསུམ་སྐབས་ཀྱི་དགོངས་གཞི་དང་། །དགེས་པ་རྡོ་རྗེའི་རྩ་རྒྱུད་ལས། །བཤད་པའི་ཀུན་གཞི་རྒྱུ་རྒྱུད་གསུམ། །བདེ་གཤེགས་སྙིང་པོར་མཚུངས་

ལགས་སམ། །ཞེས་པའི་ལན་ནི། ཐེག་པ་ཆེན་པོ་རྒྱུད་བླ་མར་གསུངས་པའི་རང་བཞིན་གནས་རིགས་ནི། ཞལ་ལུང་གི་འགྲེལ་པར། འདོད་པའི་འབྲས་བུ་འབྱིན་པར་བྱེད་པའི་ཕྱིར་སྙིང་པོ་མཆོག་ཅེས་གསུངས་པ་དང་དོན་གཅིག་པས་སྙིང་པོ་མཚན་ཉིད་པ་ཡིན་ལ། ཆོས་གསུམ་སྐབས་ཀྱི་དགོངས་གཞི་འདི་ལ་དེང་སང་གི་གྲགས་ཆོད་དང་། ཁོ་བོའི་བསམ་ཆོད་མི་གཅིག་པས་འདི་ལྟར་གོ་བར་བྱ་སྟེ། ངེས་དོན་གྱི་དབང་དུ་བྱས་ནས་དེ་བཞིན་གཤེགས་པའི་སྙིང་པོ་ཡོད་པར་གསུངས་པ་ཉིད་དགོངས་པ་ཅན་དུ་འཆད་པའི་ཚེ། གནས་ལུགས་ཡོད་མེད་ལས་འདས་བཞིན་དུ་འཁོར་འདས་ཀྱི་སྣང་བ་སྣ་ཚོགས་འབྱུང་དུ་རུང་བ་དེ་སྙིང་པོར་ཡོད་པར་གསུངས་པའི་དགོངས་གཞིར་འདོད་ཀྱི། ད་ལྟའི་ཟེར་ཚུལ་ལྟར་སྟོང་ཉིད་ཀྱི་རང་ལྡོག་ནས་སྐབས་དེར་སྙིང་པོ་ཡོད་པར་གསུངས་པའི་དགོངས་གཞིར་འདོད་པ་ནི་གཏན་མ་ཡིན་ཏེ། ཡང་ན་དེ་ཉིད་ཐམས་ཅད་བདག །ཅེས་དང་། ཀླུམ་སེམས་མེད་པའི་ལྟན་ཅིག་སྣ་ཚོགས་ཉིད། །ཅེས་སོགས། སྤྲོས་བྲལ་ལས་སྣང་བ་སྣ་ཚོགས་འབྱུང་རུང་ཙམ་ཁོ་ན་སྙིང་པོ་ཡོད་པའི་དགོངས་གཞིར་གསུངས་པའི་ཕྱིར་དང་། སྤྲོས་པ་དང་བྲལ་བའི་སྟོང་པ་ཉིད་ནི། ངེས་པའི་དོན་ནམ། དོན་དམ་པར་སྙིང་པོ་ཡོད་པ་ལ་དངོས་ལ་གནོད་བྱེད་དུ་གསུངས་པས་དགོངས་གཞིར་ཤིན་ཏུ་མི་རིགས་པའི་ཕྱིར་རོ། །

འདིའི་རྟགས་གྲུབ་སྟེ་ཆོས་ཀྱི་རྒྱལ་པོ་འཕགས་པས་སྤྲིན་དང་རྨི་ལམ་སོགས་ཀྱི་ཚིགས་བཅད་གཅིག་པོ་དེ་ངེས་དོན་གྱི་དབང་དུ་བྱས་ནས་སྙིང་པོ་ཡོད་པ་ལ་དངོས་ལ་གནོད་བྱེད་དུ་གསུངས་པའི་ཕྱིར་རོ། །འོ་ན། དེའི་དགོངས་གཞི་སྟོང་ཉིད་མིན། །ཞེས་གསུངས་པ་དང་འགལ་ལོ་ཞེ་ན། དེ་ནི་རང་བཞིན་སྟོང་པ་ཉིད་སྤྲོས་པ་དང་བྲལ་བ་ལས་སྣ་ཚོགས་སུ་འབྱུང་བ་ལ་སྙིང་པོ་ཡོད་པའི་དགོངས་གཞི་སྟོན་པའི་ཚིག་བསྡུས་ནས་བཤད་པ་ཡིན་ཏེ། གངས་ལས་བྱུང་བའི་ཆུ་ལ་གངས་ཆུ་ཞེས་ཟེར་བ་བཞིན་ནོ། །དེས་ན་རྟེན་ཅིང་འབྲེལ་བར་འབྱུང་བ་རང་བཞིན་གྱིས་སྐྱེ་བ་མེད་པ་ཉིད་ལ་དགོངས་ནས། དེ་བཞིན་གཤེགས་པའི་སྙིང་པོ་ཡོད་པར་གསུངས་ཀྱི། ཆོས་ཉིད་སྤྲོས་པ་དང་བྲལ་བའི་ཆ་ནས་དགོངས་གཞིར་སྟོན་མི་ནུས་ཏེ། དེའི་ཆ་ནས་ཡོད་པར་ཡང་ཁས་ལེན་དུ་མི་རུང་བའི་ཕྱིར་རོ། །

འདི་ལ་དགོངས་ནས། རྗེ་བཙུན་རྩེ་མོས། བརྟན་གཡོ་མཐའ་དག་ཀུང་བརྟེན་ནས་སྐྱེས་པ་ཉིད་ཀྱི་ཕྱིར་ཐབས་ཤེས་གཉིས་སུ་མེད་པའི་སྟོང་པ་ཉིད་ལས་བྱུང་ཞེས་བྱ་སྟེ། དབུ་མ་ལས། རྟེན་ཅིང་འབྲེལ་འབྱུང་གང་ཡིན་པ། །དེ་ནི་སྟོང་པ་ཉིད་དུ་བཤད། །དེ་ནི་བརྟེན་ནས་གདགས་པ་སྟེ། །དེ་ནི་དབུ་མའི་ལམ་ཡིན་ནོ། །ཞེས་བཤད་པའོ། །

དེ་བས་ན་ཆོས་ཐམས་ཅད་བརྟེན་ནས་སྐྱེས་པ་ལས་བྱུང་ངོ་། །ཞེས་བྱ་བ་འདིར་བྱའི། མེད་པ་ལས་འབྱུང་ངོ་ཞེའམ། རང་དམ་གཞན་ནམ་གཉིས་ལས་བྱུང་ངོ་ཞེས་བྱ་བར་མི་བརྟག་པར་བྱའོ། །ཞེས་གསུངས་སོ། །ཆོས་ཉིད་རང་བཞིན་གྱི་སྦྱོར་བྲལ་འདིའི་ལྡོག་པ་ནས་སངས་རྒྱས་རྒྱུ་མེད་པ་དང་། གནས་འགྱུར་མེད་པ་དང་། ཆོས་ཐམས་ཅད་མཉམ་པ་ཉིད་ཅེས་གསུངས་པ་ལ་སོགས་པ་ཡང་ཕྱུགས་ཀྱི་དགོངས་པ་གཅིག་གོ། །དེས་ན་ཆོས་གསུམ་གྱི་སྒོ་ནས་དེ་བཞིན་གཤེགས་པའི་སྙིང་པོ་ཡོད་པར་གསུངས་པ་དགོངས་པ་ཅན་དུ་འཆད་པའི་སྐབས་ཀྱི་དགོངས་གཞི་དེ་ཡིན་ན། དེ་བཞིན་གཤེགས་པའི་སྙིང་པོ་མིན་པས་ཁྱབ་སྟེ། སྐབས་དེའི་དགོངས་གཞི་ཡིན་ན། ཀུན་རྫོབ་རྟེན་འབྲེལ་ཙམ་ཡིན་པས་ཁྱབ་པའི་ཕྱིར་རོ། །

འདིའི་སྒྲུབ་བྱེད་ལ། གང་ལ་སྟོང་པ་ཉིད་རུང་བ། །སོགས་དང་། བདེ་གཤེགས་ཁམས་ཀྱི་སྒྲུབ་བྱེད་ནི། །ཞེས་པ་ལ་སོགས་པ་མང་དུ་སྨྲར་བཤད་ཟིན་ཅིང་། སྟོང་ཉིད་ཀྱི་རང་ལྡོག་ནས་དགོངས་གཞིར་འཛོག་པ་ལ། ཆོས་ཀྱི་དབྱིངས་ལ་བྱ་བྱེད་མེད། །དེ་ནི་སྦྱོར་བྲལ་ཡིན་ཕྱིར་རོ། །ཞེས་སོགས་ཀྱི་ལུང་གི་གནོད་པ་དུ་མ་འབྱུང་བ་ཡང་མཁྱེན་པར་མཛོད་ཅིག །

འོན་ཀྱང་སྦྱོར་པ་དང་བྲལ་བའི་ཚ་ནས་དགོངས་གཞི་མ་ཡིན་མོད་ཀྱི་སྦྱོར་པ་དང་མ་བྲལ་ན་སྣ་ཚོགས་ཀྱི་སྣང་བ་འབྱུང་དུ་མི་རུང་བས་དགོངས་པའི་རྒྱུ་མཚན་དུ་ནི་ཁས་ལེན་དགོས་སོ། །འདི་དག་ཀྱང་འཕགས་པའི་གསུང་སྦྱོར་གཞིར་བཞག་པ་ཡིན་གྱི། གཞུང་གི་བབས་ལ་བལྟས་ན་སྦྱོར་བྲལ་ལ་སྙིང་པོར་བཤད་ནས། དེ་དོན་དམ་དུ་ཡོད་མེད་ལས་འདས་པ་དང་། ཐ་སྙད་དུ་ཡོད་པའི་སྒྲུབ་བྱེད་དང་། གཞན་གྱི་འདོད་པ་ལྟར་ཡོད་པ་ལ་ཐ་སྙད་དུ་ཡང་གནོད་བྱེད་དེ་རིམ་པ་གསུམ་དུ་བཤད་པ་ཤིན་ཏུ་ལེགས་སམ་སྙམ་མོ། །འདི་ལྟར་གྱི་ཚེ་ནི་སྦྱོར་བྲལ་ཉིད་སྙིང་པོ་སྒྲ་གཞན་གྱི་ཚུལ་གྱིས་ཡོད་པར་གསུངས་པའི་དགོངས་གཞིར་བླངས་པས་ཆོག་གོ། །

རྩ་རྒྱུད་ནས་གསུངས་པའི་ཀུན་གཞི་རྒྱུ་རྒྱུད་ཅེས་པ་ལ། རང་ལུགས་ཀྱི་བླ་མ་རྣམས་ཀྱི་གསུང་སྒྲོས་གཅིག་པ་དང་། མི་གཅིག་པ་འགའ་རེ་མཐོང་ཞིང་ཐོས་ལ་རང་གིས་ཀྱང་གནས་སྐབས་ཅི་རིགས་པར་བཤད་མོད་ཀྱི། རྗེ་བཙུན་གོང་མ་རྣམས་ཀྱི་གཞུང་གི་སྟོད་ལུགས་ལ་བལྟས་ན་འདི་ལྟར་གོ་བར་བྱ་སྟེ།

ལུང་གི་ཁུངས་དགོད་པ་དང་ལུང་དོན་བཤད་པའོ། །དང་པོ་ནི། ཐུས་དོན་མ་ལས། བརྟེན་པ་ཀུན་གཞི་ཉིད་ནི་རིག་པ་གསལ་བ་ཕྱོགས་སམ་རིས་སུ་མ་ཆད་པ་གཟུགས་ལ་སོགས་པ་གང་ལྟར་ཀྱང་སྣང་ལ་རང་གི་ངོ་བོས་མྱོང་བས་མ་འགག་པ་སྟེ། དེ་ཉིད་ཐབས་ཀྱིས་ཟིན་མ་ཟིན་གྱི་གནད་ཀྱི་འཁོར་བ་དང་མྱ་ངན་ལས་འདས་པ་གཉིས་བསྐྱེད་པའི་གཞིར་གྱུར་པས་སོ། །ཞེས་དང་། ཟླ་རྒྱལ་མ་ལས། གཉིས་པ་རྟེན་དེ་ལ་བརྟེན་པའི་ཀུན་

གཞི་ཉིད་གང་ཡིན་པ་ནི། ཐབས་རིག་པ་གསལ་ལ་མ་འགགས་པ་རིག་པ་རིམ་ཕྱོགས་སུ་མ་ཆད་པ་གཟུགས་ལ་སོགས་པ་ལྷ་ལེར་སྣང་བ་ཙམ་པོ་འདི་ཉིད་ལ་ཀུན་གཞི་ཞེས་བྱའོ། །ཞེས་དང་། ཡུམ་དོན་མ་ལས། ཀུན་གཞིའི་རྣམ་པར་ཤེས་པ་ཉིད་གང་ཡིན་པ་ནི་སེམས་སྐྱོང་རིག་གི་ངོ་བོ་བྱེ་བྲག་ཏུ་མ་ཕྱེ་བ་རིས་སམ་ཕྱོགས་སུ་མ་ཆད་པ་ལུང་དུ་མ་བསྟན་པ། ཐབས་རིག་པ་གསལ་ལ་མ་འགགས་ལ་ངོ་བོ་སྟོང་པ་གནས་སྐབས་ཀྱི་གཟུགས་ལ་སོགས་པ་སྣ་ཚོགས་སུ་སྣང་བ་འཁོར་བ་དང་མྱ་ངན་ལས་འདས་པ་གཉིས་ཀའི་གཞིར་གྱུར་པའོ། །ཞེས་དང་། གཉག་མ་ལས། གཉིས་པ་བརྟེན་པ་ཀུན་གཞི་གང་ཡིན་པ་ནི་སེམས་སྐྱོང་རིག་བྱེ་བྲག་ཏུ་མ་ཕྱེ་བ་རིགས་སམ་ཕྱོགས་སུ་མ་ཆད་པ། ཐབས་རིག་པ་གསལ་ལ་མ་འགགས་པ། ངོ་བོ་སྟོང་པ་ཉིད་ལ་ཀུན་གཞི་ཞེས་བྱའོ། །ཞེས་དང་། རྗེ་བཙུན་ཆེན་པོས། དང་པོ་ནི། སེམས་ཉིད་འཁོར་བ་དང་མྱ་ངན་ལས་འདས་པ་གཉིས་ཀའི་རྒྱུར་གྱུར་པ། རིགས་དང་ཕྱོགས་སུ་མ་ལྷུང་བ་གནས་སྐབས་ཀྱིས་དུ་མར་སྣང་བ་ཙམ་ཡིན་ནོ་ཞེས་གསུངས་སོ། །

གཉིས་པ་ལུང་གི་དོན་བཤད་པ་ནི། ཀུན་གཞིའི་རྣམ་ཤེས་ཀྱི་སྒྲ་བཤད་དུ་ཡོད་པའི་ཡུལ་སྟོང་པ་ཉིད་ལ་སོགས་པ་མང་དུ་ཡོད་ཀྱང་། སྐབས་འདིར་ནི་གནས་ལུགས་སྟོང་པ་ཉིད་ཀུན་གཞིར་འཆད་པའི་དོན་མ་ཡིན་ཏེ། དེ་ནི་རྟེན་ཅིང་འབྲེལ་པར་འབྱུང་བའི་རང་བཞིན་ཡིན་ཀྱང་དེའི་རང་བཞིན་རྟེན་འབྲེལ་ལས་འདས་ལ། འདིར་བསྟན་པའི་ཀུན་གཞི་ནི། དོན་བྱེད་ནུས་པའི་དངོས་པོར་བཤད་པའི་ཕྱིར་རོ། །རྟགས་གྲུབ་སྟེ། རྟེན་འབྲེལ་ལྔའི་ཡིག་ཆུང་ལས། ད་ལྟའི་དོན་བྱེད་ནུས་པའི་ལུས་འདི་སྐུ་རྡོ་རྗེ། དོན་བྱེད་ནུས་པའི་ངག་འདི་གསུང་རྡོ་རྗེ། དོན་བྱེད་ནུས་པའི་ཁམས་དྭངས་མ་འདི་ཐུགས་རྡོ་རྗེ། དོན་བྱེད་ནུས་པའི་རླུང་འདི་སྙིང་པོ་རྡོ་རྗེ། དེ་བཞི་ལ་བརྟེན་པའི་དོན་བྱེད་ནུས་པའི་ཀུན་གཞི་དག་པ་འདི་བྱང་ཆུབ་ཆེན་པོའོ། །ཞེས་བཤད་པའི་ཕྱིར་རོ། །

མངོན་པར་སྨྲ་བའི་སེམས་ཙམ་གྱི་གཞུང་ནས་གསུངས་པའི་ཀུན་གཞི་ཡང་མ་ཡིན་ཏེ། དེ་དག་གི་བཤད་པའི་མཚན་ཉིད་དང་ལྡན་པའི་ཀུན་གཞི་ཡོད་པར་མི་འགྲུབ་པའི་ཕྱིར་རོ། །དེས་ན་རྣལ་འབྱོར་དབང་ཕྱུག་གི་གཞུང་ལས། སེམས་ཀྱི་རང་བཞིན་ལ་གསུམ་དུ་བཤད་པའི་རང་བཞིན་གསལ་བ་ཞེས་བྱ་བ། རྟོག་གེའི་གཞུང་རྣམས་ལས་རང་རིག་མངོན་སུམ་དུ་གྲགས་པ་དུས་དང་གནས་སྐབས་ཐམས་ཅད་དུ་ཤེས་པ་ཐམས་ཅད་ལ་ཁྱབ་ཅིང་རྗེས་སུ་འགྲོ་བ་རྒྱུན་ཆད་མི་སྲིད་པ་སྐབས་འདིའི་ཀུན་གཞི་རྒྱུ་རྒྱུད་ཡིན་ལ། འདིའི་རང་བཞིན་ནམ་གནས་ལུགས་ནི་ཟུང་འཇུག་ཡིན་པ་ལ། བིརྺ་པའི་རྗེས་འབྲང་རྣམས་མི་མཐུན་པ་མེད་ཅིང་། ཀུན་གཞི་རྒྱུ་རྒྱུད་བདེ་གཤེགས་སྙིང་པོར་འདོད་པ་རྣམས་ཀྱིས་ཀྱང་འདིའི་རང་བཞིན་ཟུང་འཇུག་ཡིན་ནོ་ཞེས་

བསྟན་པའི་ཚིག་ལ་འཁྲིས་པ་འདྲའོ། །

འོ་ན་འདི་རྣམ་པར་ཤེས་པ་ཚོགས་བརྒྱད་གང་དུ་འདོད་ཅེ་ན། འདི་ནི་ཚོགས་བརྒྱད་ཀྱི་ནང་གི་ཀུན་གཞིའི་རྣམ་པར་ཤེས་པ་ཉིད་ཡིན་ལ། ཚོགས་བརྒྱད་ཀྱི་ནང་གི་ཀུན་གཞིའི་རྣམ་པར་ཤེས་པ་ནི། ཤེས་པ་ཐམས་ཅད་ལ་ཁྱབ་བྱེད་དུ་འཇུག་པའི་རང་རིག་པ་ལ་འདོད་ཀྱི། མངོན་པའི་གཞུང་ལས་གྲགས་པ་ལྟར་གྱི་ལས་ཀྱི་མཚན་ཉིད་ཀྱི་སྟེང་ནས་ཀུན་གཞིའི་རྣམ་པར་ཤེས་པ་ངོས་མི་འཛིན་ཏེ། རྣམ་པར་ཤེས་པ་རྣམས་ཀྱི་ལས་ཀྱི་མཚན་ཉིད་རྒྱུན་ཆད་པ་སྲིད་ལ་འདི་ནི་རྒྱུན་ཆད་པ་མི་སྲིད་པའི་ཕྱིར་རོ། །ཇི་སྐད་དུ། ལང་ཀར་གཤེགས་པ་ལས། དེའི་ཕྱིར་བློ་གྲོས་ཆེན་པོ་རྣམ་པར་ཤེས་པ་རྣམས་ཀྱི་རང་གི་རིགས་ཀྱི་མཚན་ཉིད་འགག་པར་མི་འགྱུར་གྱི་ལས་ཀྱི་མཚན་ཉིད་ནི་འགག་གོ། །རང་གི་རིགས་ཀྱི་མཚན་ཉིད་འགགས་ན། ཀུན་གཞིའི་རྣམ་པར་ཤེས་པ་འགགས་པར་འགྱུར་ཏེ། བློ་གྲོས་ཆེན་པོ་ཀུན་གཞིའི་རྣམ་པར་ཤེས་པ་འགགས་ན་ནི་སྨྲ་བ་འདི་ཡང་མུ་སྟེགས་བྱེད་པའི་ཆད་པར་སྨྲ་བ་དང་ཁྱད་པར་མེད་པར་འགྱུར་རོ། །ཞེས་སོགས་གསུངས་སོ། །དེས་ན་ཆོས་མངོན་པ་ནས་གསུངས་པའི་ཚོགས་བརྒྱད་ཀྱི་ནང་ཚན་གྱི་ཀུན་གཞི་ལས་ཀྱི་མཚན་ཉིད་ཟག་བཅས་ཀྱི་སྟེང་ནས་འཛིན་པ་ཁོ་ན་ལ་བསམས་ནས། ཀུན་གཞི་རྣམ་ཤེས་ཡིན་ན་ཟག་མེད་ཀྱི་སེམས་སུ་འགལ་ལོ། །ཞེས་སྨྲ་བ་པོ་འགའ་ཞིག་ཚིག་གི་སྒྲུལ་ལས་ལོག་པར་འཚོ་བ་རྣམས་ཀྱང་དོན་འདི་དྲན་པར་གྱིས་ལ་རྣལ་དུ་འདུག་ཤིག །འདི་དག་གི་ཤེས་བྱེད་ཀྱི་ལུང་ནི། ལང་ཀར་གཤེགས་པ་དང་། གོང་དུ་བཤད་པའི་རྣམ་འགྲེལ་བཅུ་གཅིག་གི་ལུང་རྣམས་བལྟ་བར་བྱའི། དེ་ཁོ་ན་ཉིད་འདུས་པའི་གཞུང་རྫོམ་པའི་དཔལ་བ་ལྟ་བུར་ལྟུར་མི་ལེན་ནོ། །མདོར་ན་འཁོར་འདས་ཀྱི་སྣང་བ་ཐམས་ཅད་སེམས་ཀུན་གཞི་གཅིག་གི་རྣམ་གྲོལ་དུ་གོ་ཞིང་། དེ་ཡང་རང་བཞིན་གྱི་སྦྲོས་པ་དང་བྲལ་བའི་ཐབས་ཀྱི་ཆ་ཉིད་དེ་ལྟར་ཤར་བ་ཡིན་པའི་ཕྱིར། ཐམས་ཅད་གནད་གཅིག་ཏུ་ཤེས་པར་བྱ་བ་ནི་མན་ངག་ཡིན་នོ། །

དྲི་བ་མཐའ་མ། སྦྱོར་རྒྱུད་དཀྱིལ་འཁོར་བཅུ་གཉིས་སུ། །མདུན་བསྐྱེད་དཀྱིལ་འཁོར་བསྒྲུབ་པ་ཡི། །ལྷ་ཡི་བསྐྱེད་ཆོག་བྱེད་པ་ན། །སྙིང་པོ་ཚིག་ཙམ་གྱིས་བསྐྱེད་ཆོ། །སྙིང་པོ་ལྷ་ཡི་རྒྱུར་བྱས་ནས། །བསྐྱེད་པ་ཡིན་ནམ་སྙིང་པོའི་ཚིག །འདོན་པ་ཙམ་གྱི་བསྐྱེད་བྱས་ཏེ། །བསྐྱེད་ཚུལ་གཉིས་པོ་གང་ཡིན་འདྲི། །རྒྱུད་སྡེ་གཞན་ནས་བཤད་པ་ཡི། །ས་བོན་ལས་ནི་བསྐྱེད་པ་དང་། །རྣལ་འབྱོར་རྒྱུད་ནས་བཤད་པ་ཡི། །སྙིང་པོ་ཚིག་ཙམ་གྱིས་བསྐྱེད་གཉིས། །ཁྱད་པར་ཅི་ཞིག་ཡོད་པ་འདྲི། །ཙམ་གྱིས་ནུས་པ་གང་ལ་འདོན། །ཞེས་པའི་ལན་ནི། གཞན་ཕན་འོད་ཟེར་ལས། ཧྲཱིཿཤྲཱིཿཧྣཱ་ན་ཡ་ཧ་ན་ཧཱུྃ་ཕཊ། ཞེས་བརྗོད་པས་དབུས་སུ་ཀུན་རིག་ཞལ་བཞི་པ་ཞེས

དང་། སྦྱོར་བསྡུས་ནས་བསྐྱེད་ན་གདན་གྱི་སྟེང་དུ་སྙིང་པོ་བློ་ཡིས་བསྐྱེད་མཐའ་བསྐོར་དུ་རྩ་རིག་བསམ་ཞེས་བསྐྱེད་ཚུལ་གཉིས་པོ་ལ། སྔ་མ་སྔགས་བརྗོད་པ་ཙམ་གྱིས་གསལ་འདེབས་པ་དང་། ཕྱི་མ་སྙིང་པོར་འགྱུར་བ་ལས། བསྐྱེད་པ་གསལ་བར་བསྟན་པ་འདྲ་བ་གཅིག་བྱུང་ཡང་། སེམས་དཔའ་བཅུ་དྲུག་བསྐྱེད་པ་ན། ཧཱུྃ་ལས་རྡོ་རྗེ་སེམས་དཔའ་དཀར་པོ་རྡོ་རྗེ་དང་དྲིལ་བུ་འཛིན་པ། ཛཿལས་རྡོ་རྗེ་རྒྱལ་པོ་སེར་པོ་ལྕགས་ཀྱུ་འཛིན་པ་ཞེས་སོགས་གཞན་ཕན་མཐའ་ཡས་དང་འདྲ་བ་ཉིད་དུ་གསུངས་པ་དང་། ཚིག་དེ་ཙམ་གྱི་ས་བོན་ལས་བསྐྱེད་པར་འགྱུར་བའི་ངེས་པ་ཡང་མི་སྣང་སྟེ། ཀྱེ་རྡོ་རྗེའི་ལུས་དཀྱིལ་གྱི་སྐབས་སུ་ཨོཾ་ལས་ཡོན་ཏན་རིན་ཆེན་འབྱུང་ལྡན། ཧཱུྃ་ལས་མི་བསྐྱོད་པ་ཞེས་སོགས་གཞུང་བཤད་སྙིང་པ་མ་བཅོས་པ་ཀུན་ལས་འབྱུང་ཞིང་། རྗེ་བཙུན་རྩེ་མོས། ལུང་འདི་ཉིད་དང་ཞིབ་ཏུ་སྦྱར་བ་ལས། ཧཱུྃ་སོགས་ནི་ལུས་ཀྱི་དཔལ་ཕོ་བྲང་རྣམས་བསྐྱེད་པའི་ས་བོན་འདི་ལྟར་བྱས་པའམ། ཙཎྜ་ལི་དང་རྗེས་སུ་མཐུན་པར་བྱ་བ་གང་རུང་ཡིན་ལ། ཞེས་ལུས་དཀྱིལ་གྱི་ལྷ་ལ་ས་བོན་ལས་བསྐྱེད་པ་དངོས་སུ་བཤད་པ་ལྟ་བུ་ཡོད་ཀྱང་། ཕྱི་དཀྱིལ་གྱི་དེ་དང་དོན་མི་འདྲ་བ་དང་། ཡང་གཞན་ཕན་འོད་ཟེར་ཉིད་ལས། ཕྱི་རོལ་གྱི་ཁོར་ཡུག་ལ་ཕྱོགས་སྐྱོང་བ་བཅུ་འཁོར་ལ་སོགས་པ་འཇིག་རྟེན་པ་བསམ་གྱིས་མི་ཁྱབ་པ་གཞུང་ནས་འབྱུང་བ་རྣམས་སྐད་ཅིག་གིས་བསྐྱེད་པར་བྱའོ། །ཞེས་འཇིག་རྟེན་འཁོར་ཡུག་པ་རྣམས་སྐད་ཅིག་གིས་བསྐྱེད་པ་དམིགས་བསལ་དུ་གསུངས་ལ། སྔ་མ་རྣམས་ཀྱེ་རྡོ་རྗེའི་མཐུལ་མཆོད་ཚིག་ལྟར་སྙིང་པོའི་ཚིག་བརྗོད་པ་ཙམ་གྱིས་བསྐྱེད་པ་ཡིན་ན། དེ་ནི་བསྐྱེད་ཚོག་ལྟའི་ནང་ཚན་གྱི་སྐད་ཅིག་གིས་བསྐྱེད་པའི་ཁོངས་སུ་འདུས་པས་དམིགས་བསལ་ལོགས་སུ་གསུངས་པ་དོན་མེད་པར་ཡང་འགྱུར་རོ། །

སྙིང་པོ་ཚིག་ཙམ་གྱིས་བསྐྱེད་པ་ལ་ནི། བླ་མེད་ཀྱི་འགྲོས་ལ་སྦྱར་བའི་ཚེ་ཚིག་བརྗོད་པ་ཙམ་གྱིས་བསྐྱེད་པ་དང་། ས་བོན་ལས་བསྐྱེད་པ་གཉིས་ཀ་ཡོད་ཅིང་། ས་བོན་ལས་བསྐྱེད་པ་ལ་ཡང་། འོད་ཟེར་གྱི་སྤྲོ་བསྡུ་ཡོད་པ་དང་མེད་པ་གཉིས་ཀ་ཡོད་པས་ན། འདིར་ཡང་འོད་ཟེར་གྱི་སྤྲོ་བསྡུ་མེད་པའི་ས་བོན་ལས་བསྐྱེད་པ་ཉིད་གཞན་གྱི་འགྲོས་སྦྱར་བའི་ཚུལ་གྱིས་ཁས་ལེན་པ་གཞན་ཕན་མཐའ་ཡས་ཀྱི་དགོངས་པ་ཡིན་ནམ་སྙམ། འཁོར་བ་བསྐྱེད་པར་ཁས་བླངས་པ་ལ་གནོད་བྱེད་འདི་འོ་ཞེས་པ་ཡང་ངེས་པ་འདྲོངས་པ་མི་སྣང་བའི་ཕྱིར། གཞན་ཕན་མཐའ་ཡས་ལས་ས་བོན་གྱི་བསྐྱེད་པར་གསུངས་འདུག་གོ་ཞེས་པའི་སྒྲུབ་བྱེད་ལ་ངེས་པ་མེད་པའི་ཚུལ་གོང་དུ་སྨོས་པ་དེ་རྣམས་ཡིན་ཞིང་། སྒྲུབ་བྱེད་དེ་རྣམས་ཀྱིས་ས་བོན་ལས་བསྐྱེད་ཚུལ་བསྒྲུབ་མི་ནུས་ཀྱང་གཞན་གྱི་འགྲོས་སྦྱར་བའི་ཚུལ་གྱིས་སྒྲུབ་བྱེད་སྟེར་བསྟན་པ་དང་། གནོད་བྱེད་མ་མཐོང་བ་ཡང་སྒྲུབ་བྱེད་དུ་འགྱུར་བས་ས་བོན་ལས་བསྐྱེད་པ་གཞན་ཕན་སྔ་ཕྱི་གཉིས་ཀའི་བཞེད་པ་ཡིན་ནམ་བསམ་མོ། །ཙམ་གྱི་ནུས་

པ་ནི། འོད་ཟེར་གྱི་སྒྲོ་བསྐུ་མེད་པ་ཉིད་ལ་ཡང་སྦྱར་དུ་རུང་བས་མི་འགལ་ལོ། །འོན་ཀྱང་ཡོ་གའི་སྐབས་འདིར་གསུངས་པའི་སྙིང་པོ་ཚིག་ཙམ་གྱིས་བསྐྱེད་པ་དང་། འོད་ཟེར་གྱི་སྤྲོ་བསྡུས་ལས་བསྐྱེད་པ་གཉིས་པོ་མདུན་བསྐྱེད་ཀྱི་སྐབས་ལ་སྦྱོར་ཚུལ་དེ་ཉིད་འདུས་པ་ལ་སོགས་པ་གཞུང་གཞན་གྱི་ཚིག་འདི་དང་འདིས་བསྟུན་ནོ་ཞེས་པ་ནི་ སྤྱར་མ་བརྗེད་དོ། །

སླར་ཡང་དེ་དག་གི་དོན་བསྡུས་པའི་ཚུལ་གྱིས་བཤད་པ། བདེན་པ་གཉིས་སུ་རྣམ་ཕྱེ་ནས། །སྤྲོས་བྲལ་སྙིང་པོར་བསྟན་པ་དང་། །ལྟ་བ་ཀུན་ལས་བཟློག་པའི་ཕྱིར། །སྟོང་ཉིད་སོགས་ཀུན་དྲང་དོན་དུ། །གསུངས་པའི་གནས་སྐབས་རྣམ་གཉིས་མཐོང་། །སྔ་མ་སྟོམ་གསུམ་གཞུང་ལས་ནི། །གསུངས་པས་ཚིག་དོན་ཇི་བཞིན་ཏེ། །ཕྱི་མ་ཆོས་རྒྱལ་འཕགས་པ་ཡིས། །རྒྱུད་བླའི་ངེས་དོན་འཆད་སྐབས་སུ། །ལེགས་པར་སྦྱར་ནས་གསུངས་དེ་ཉིད། །སྡོམ་གསུམ་འཆད་པའི་སྐབས་འདིར་ཡང་། །སྙིང་པོའི་ངོ་བོ་ཡོད་པ་ཉིད། །དྲང་དོན་འཆད་ན་དེ་ཉིད་ལས། །དོན་གཞན་མེད་ཕྱིར་བཀོད་པའོ། །སྙིང་པོ་ཡོད་ཉིད་དྲང་དོན་དུ། །འཆད་པའི་སྐབས་ཀྱི་ཆོས་གསུམ་དང་། །སྡོམ་གསུམ་གཞུང་ལས་གསུངས་པ་ཡི། །ཆོས་གསུམ་ཁྱད་པར་ཕྱེད་པ་གཅེས། །སེམས་ཉིད་འཁོར་འདས་ཀུན་གྱི་གཞི། །རང་རིག་ཡེ་ཤེས་སྐད་ཅིག་མ། །དེ་ཡི་ངོ་བོ་ཟུང་འཇུག་ཉིད། །སྙིང་པོར་འཆད་པ་དགོངས་པར་གོ། །སྤྱོད་རྒྱུད་གཞུང་ལས་གསུངས་པ་ཡིས། །མདུན་བསྐྱེད་སྐབས་ཀྱི་ལྷ་རྣམས་ལ། །ས་བོན་ལས་ནི་བསྐྱེད་པ་དང་། །སྐད་ཅིག་གིས་ནི་བསྐྱེད་ཚུལ་གཉིས། །ས་བོན་ལས་བསྐྱེད་ཚུལ་ལ་ཡང་། །འོད་ཟེར་སྤྲོ་བསྡུ་ཡོད་དེ་ཅི། །དབྱེ་བས་ཚུལ་གཉིས་ཁས་ལེན་པ། །འདི་ལ་གནོད་བྱེད་མ་མཐོང་ཕྱིར། །ཁས་ལེན་ནུས་སམ་སྙམ་པ་ལགས། །གལ་ཏེ་བསྐྱེད་ཚུལ་གཞུང་གཞན་ལས། །ཁུངས་ཐུབ་གསལ་བར་བཤད་མཐོང་ན། །ལེགས་བཤད་ཡིན་ཕྱིར་བསྟན་པར་འཚལ། །

གཞུང་མང་ལྡོན་པའི་ར་བར་མངོན་དགའ་ཞིང་། །རྒྱུད་གསུམ་སྟོབས་རྒྱས་རིགས་པའི་མཐུ་རྩལ་གྱིས། །གཞན་ཟེར་གླང་པོའི་དྲེགས་པ་ཉལ་བྱེད་པ། །ལུང་རིགས་གད་མོས་རང་སྟེའི་རི་དྭགས་འཁོར། །འཇིགས་མེད་ལེགས་པར་སྒྲོག་པའི་སེང་གེ་ཁྱེད། །དངོས་པོར་སྨྲ་བའི་ཁྱུར་གྱིས་རབ་མྱོས་ཤིང་། །ལོག་པར་བལྟ་བའི་ཆང་གིས་མངོན་བརླམས་པའི། །བརྩེ་མེད་གཉིས་འཐུང་དགྲ་ལས་རྒྱལ་བར་མཛོད། །རི་དབང་རྩེ་མོར་སོན་པའི་ཉིན་བྱེད་ནི། །སྤྲིན་བྲལ་འོད་ཀྱིས་གླིང་བཞི་ཀུན་གསལ་ལྟར། །རྣམ་དག་ཚུལ་གནས་མང་ཐོས་འོད་ཟེར་གྱིས། །རྒྱལ་བའི་བསྟན་པ་མཐའ་དག་གསལ་བར་མཛོད། །ཁྱད་པར་འཛམ་གླིང་བྱང་ཕྱོགས་ས་ཡི་ཆར། །འགྲོན་རིགས་ལས་འཁྲུངས་ཀུན་དགའ་རྒྱལ་མཚན་དཔལ། །བཟང་པོའི་བསྟན་པ་དྲི་མེད་ཉིན་མོ་ལྟར། །རབ་དཀར

འདི་འདྲ་ས་གསུམ་སྤྱིལ་བར་མཛོད། །

ཅེས་པ་འདི་ཡང་དགེ་སློང་བསོད་ནམས་ལྷུན་གྲུབ་ལེགས་པའི་འབྱུང་གནས་རྒྱལ་མཚན་དཔལ་བཟང་པོས། རང་གི་ཡིད་ལ་ཤར་བ་ཙམ་ལན་དུ་བཏབ་པའོ། །མངྒ་ལཾ། ཤྲཱ་ཛཡནྟུ། དགེའོ།། །།

༄༅། །ཆོས་རྗེ་རྣམ་རྒྱལ་དཔལ་བཟང་པོའི་དྲིས་ལན་ཟབ་དོན་ནོར་བུའི་གཏེར་ཞེས་བྱ་བ་བཞུགས་སོ། །

གློ་བོ་མཁན་ཆེན་བསོད་ནམས་ལྷུན་གྲུབ།

ན་མོ་མཉྫུ་ཤྲཱི་ཡེ། རྗེ་བཙུན་དམ་པ་ས་སྐྱ་པ་རྣམས་ཀྱི་ཞབས་ལ་ཕྱག་འཚལ་ཞིང་སྐྱབས་སུ་མཆིའོ། །ལྷ་རིགས་ཆོས་རྒྱལ་གཙུག་གི་འོད་ཚོགས་ཀྱིས། །ཞབས་བསྟེན་ནོར་བུའི་མེ་ལོང་རྣམས་གསལ་ཞིང་། །གསུང་རབ་རྒྱ་མཚོའི་གྲུ་ཆེན་ལེགས་འཛིན་པ། །བློ་ལྡན་མཆོག་གིས་དྲིས་པའི་ལན་འདི་འབུལ། །

དེ་ལ་དྲི་བ་དང་པོ། རྟོག་ལོ་ཆེན་པོས་སྙིང་པོའི་ངོས་འཛིན་སེམས་ཀྱི་ཆོས་ཉིད་སྤྲོས་པ་མེད་དགག་ལ་བཞེད་པ་དང་། རང་ལུགས་སེམས་ཀྱི་ཆོས་ཉིད་ལ་བཞེད་པ་དགོངས་པ་གཅིག་ཏུ་གནས་ལགས་སམ་ཞེས་པའི་ལན་ནི། འདི་ལ་སྔོམ་གསུམ་གྱི་ཊཱི་ཀ་མཛད་པ་པོ་ལྷ་བཙུན་བསམ་ཡས་པ་ལ་སོགས་པ་སྨྲ་ཕྱི་མང་པོ་ཞིག་གིས། ལོ་ཆེན་གྱི་དགོངས་པ་རང་བཞིན་བདེ་གཤེགས་སྙིང་པོ་དེ་མེད་དགག་ལ་བཞེད་པར་མཛད་འདུག་ཀྱང་། དགོངས་པ་རྡ་བ་ནས་མ་ལོངས་པ་ཡིན་ཏེ། ལོ་ཆེན་འདིས་དེ་ལྟར་བཞེད་ན་དོན་དམ་ཤེས་བརྗོད་ཀྱི་ཡུལ་དུ་བཞེད་དགོས་ཏེ། གཞན་སེལ་མེད་དགག་གི་ཆ་རྟོག་པའི་དངོས་ཡུལ་ཡིན་པའི་ཕྱིར་རོ། །འདིས་ཆོས་ཉིད་རྟོག་པའི་དངོས་ཡུལ་དུ་བཞེད་པ་འདོད་པར་མི་ནུས་ཏེ་ལོ་ཆེན་ཉིད་ཀྱིས། བདེན་གཉིས་ཀྱི་འགྲེལ་པར་དོན་དམ་ཤེས་བྱ་མ་ཡིན་པ་གསལ་བར་གསུངས་པའི་ཕྱིར་དང་། སྤྲིང་ཡིག་བདུད་རྩིའི་ཐིག་ལེར། ༼ཱི་ལམ་གྲོང་ཁྱེར་ཞིག་གོ་ཞེས། །འཛིན་པའི་རྣམ་རྟོག་གང་ཡིན་པ། །བཏགས་དོན་གྲོང་གིས་ཞིག་པ་ཉིད། །གྲོང་ཉིད་མེད་ན་མེད་པ་ལྟར། །ཡང་དག་ཉིད་དུ་དངོས་མེད་ཅེས། །འཛིན་པའི་བློ་ཡིས་བརྟག་པའི་དོན། །ཡང་དག་བཀག་པ་མེད་ཉིད་ཀྱང་། །ཡང་དག་དངོས་པོ་མེད་པར་མིན། །དེ་ལྟར་ཡུལ་མེད་པ་ལ་ནི། །དགག་པ་འཇུག་པ་སྲིད་མ་ཡིན། །མེད་ན་མེད་ཅེས་ངེས་བྱ་བ། །དགག་བྱའི་དངོས་པོ་མ་གྲུབ་པ། །དེ་ཚེ་བཀག་པ་རྟེན་བྲལ་བ། །བློ་ཡི་མདུན་དུ་གནས་མི་འགྱུར། །དེ་ལྟར་དངོས་པོ་ཡོད་མིན་ལས། དེ་བཀག་པ་ཡང་མ་གྲུབ་ན། །དེ་གཉིས་ལས་འདས་དོན་འགའ་ཡང་། །འཛིན་པའི་ཡུལ་དུ་འགྲོ་མི་སྲིད། །ཅེས་གསལ་བར་གསུངས་པའི་ཕྱིར་རོ། །

སྐབས་དེ་དག་གི་འབྲུལ་གཞི་ནི། ཚད་མས་རྣམ་གནས་དོན་གྱི་ཆ་ལ་རྣམ་དཔྱོད་བློས། །དོན་དེ་

བཀག་ནས་གཞན་བསྒྱུར་མེད་ཅེས་བཟུང་། །ཞེས་པའི་ཚིག་འདི་ལ་བསམ་པ་ཡིན་པ་འདྲ་སྟེ། འདི་ནི་གཞན་སེལ་གྱི་དགག་སྒྲུབ་བྱེད་པའི་སྐབས་ཀྱི་རྣམ་གྲངས་པའི་དོན་དམ་སྟོན་པའི་སྐབས་ཡིན་པས་དོན་དམ་རྣལ་མ་དང་མི་འདྲའོ། །དེས་ན་ལོ་ཙྪ་བ་ཆེན་པོས་བཞེད་པའི་རང་བཞིན་བདེ་གཤེགས་སྙིང་པོ་དང་། རྗེ་བཙུན་ས་སྐྱ་པ་རྣམས་ཀྱི་ངེས་དོན་འཆད་པའི་སྐབས་ཀྱི་སྙིང་པོའི་དགོངས་གཞི་རང་བཞིན་མེད་པའི་སྟོང་ཉིད་ནི་གཅིག་པར་མཆིའོ། །

དྲི་བ་གཉིས་པ། སེམས་ཙམ་པ་ཡང་དེའི་རྗེས་ཀྱི་བོད་དག །སྙིང་པོའི་མདོ་སྒྲ་ཇི་བཞིན་པར་ཁས་ལེན་པ་ནི། རྣམ་དབྱེར་མེད་པའི་མཚན་ཉིད་ཅན། །བླ་མེད་ཆོས་ཀྱི་སྟོང་མ་ཡིན། །ཞེས་པ་ལྷ་བུའི་དོན་དུ་བསམ་ནས་ཤཱཀྱ་པས་མཚན་དཔེ་དང་ལྡན་པའི་དོན་ཆ་འཛིན་པས་ན་མཚན་སུམ་ཅུ་རྩ་གཉིས་དང་ལྡན་པས་ཧེ་ས་བོན་གྱི་དོན་ནོ་ཞེས་པ་དང་། བོད་ཀྱི་ཇོ་ནང་པ་སོགས་ཀྱིས་ཀུང་གཞི་དུས་ཀྱི་སེམས་སྟོབས་སོགས་ཡོན་ཏན་དང་ལྡན་པར་ཁས་བླངས་མོད་དེ་དག་གིས་མཚན་དཔེ་གསལ་རྫོགས་ཁས་ལེན་པའི་ཁུངས་ཅི་འདྲ་མཆིས་ཞེས་པའི་ལན་ནི། དགོངས་གཅིག་གི་འགྲེལ་པར་འདིར་ཐུགས་དགོངས་ལྟར་ན་སེམས་ཅན་གྱི་རྒྱུད་ལ་གནས་པའི་ཁམས་དེ་ནི་བྲལ་བའི་ཡོན་ཏན་སུམ་ཅུ་རྩ་གཉིས་ལ་སོགས་པ་སངས་རྒྱས་ཀྱི་ཡོན་ཏན་མཐའ་དག་མ་ཚང་བ་མེད་པར་གནས་པར་བཞེད་དོ། །ཞེས་སོགས་མང་དུ་བཤད་ལ། བཀའ་བསྡུ་བཞི་པར། བཤེས་ལ་ཀུན་རྫོབ་གཟུགས་སྐུའི་མཚན་དཔེ་ལ་སོགས་པ་ཡོད་པར་འདོད་པ་ནི་སྨྲ་འདོགས་པའོ། །དོན་དམ་ཆོས་སྐུའི་མཚན་དཔེ་ལ་སོགས་མེད་པར་འདོད་པ་ནི་བཀུར་བ་འདེབས་པའོ་ཞེས། མཚན་དཔེ་གསལ་རྫོགས་དེ་དག་ཀྱང་འདུས་བྱས་ཀྱི་མཚན་དཔེ་མ་ཡིན་གྱི། འདུས་མ་བྱས་ཀྱི་མཚན་ཡིན་པར་འདོད་ལ། དེ་དག་བྲལ་འབྲས་སུ་ཡང་ཁས་བླངས་པས་འདུས་མ་བྱས་ཀྱི་མཚན་དཔེ་གསལ་རྫོགས་ཡེ་ཤེས་ཀྱི་མིག་གིས་མཐོང་བ་ཞིག་ད་ལྟ་ནས་ཡོད་པར་ཁས་ལེན་པ། དགོངས་གཅིག་རྩ་འགྲེལ་དང་། ངེས་དོན་རྒྱ་མཚོ་རྣམས་ནི་རབ་ཏུ་མང་བར་མཆིས་སོ། །

དྲི་བ་གསུམ་པ་ཡང་བསྟན་བཅོས་དེ་ར་དེ་བཞིན་གཤེགས་པའི་སྙིང་པོ་ཉིད་ཀྱང་གནས་ལུགས་དང་ཁྱབ་མཉམ་པའི་མིང་གི་རྣམ་གྲངས་ཡིན་ཞེས་དང་། ཞལ་ལུང་རྩ་འགྲེལ་ལས། སྙིང་པོ་འབྱུང་གནས་ཀྱི་དོན་དུ་བཤད་པས་ན། གནས་ལུགས་སམ་ཆོས་ཉིད་ཀྱིས་གང་ཁྱབ་སྙིང་པོ་ཅན་དུ་གསུངས་པ་ལྟ་བུ་གཅིག་བྱུང་ན། ལུས་ཅན་ཀུན། རྟག་ཏུ་སངས་རྒྱས་སྙིང་པོ་ཅན། །ཞེས། ཡེ་ཤེས་ཆེན་པོ་སྤྱི་དོན་དུ་བཤད་པའི་ཚེ་རྗེ་བཙུན་ཀུན་མཐུན་པར། རྟེན་ནི་ལུས་ལ་ཞེས་སྨོས་ཏེ། ཉོན་མོངས་པ་དང་བཅས་པའི་ལུས་ཞེས། ལུས་ཅན་དམིགས་ཀྱིས་བཀར་ནས་གསུངས་པ་ལ་རྣམ་བཅད་ཅི་ཞིག་མཆི། ཞེས་པའི་ལན་ནི། རྩ་རྒྱུད་ལས། འདི་ཉིད་འཁོར་བ

ཞེས་བྱ་སྟེ། །འདི་ཉིད་མྱ་ངན་འདས་པ་ཡིན། །ཞེས་དང་། སཾ་ཊི་ར། སྡུག་བསྔལ་ཕུང་པོ་དུ་མའི་རྒྱུར་གྱུར་པའི། །འདི་ལས་འཁོར་བ་གཞན་དུ་ཡོད་མ་ཡིན། །ཞེས་གསུངས་ཤིང་སློབ་དཔོན་ཀླུ་སྒྲུབ་ཀྱིས། ཤེས་དང་མི་ཤེས་པ་དག་ལས། །ལུས་འདི་ཉིད་ལས་ཐམས་ཅད་དེ། །ཞེས་སོགས་བཤད་པ་རྣམས་ཀྱི་དོན་ཆོས་གང་དང་གང་གི་གནས་ལུགས་དེ་ཆོས་དེ་ཉིད་ལས་ལོགས་སུའམ་གུད་ན་ཡོད་པ་བཅད་པའི་ཕྱིར་དུ་ཉིད་ཅེས་རྣམ་བཅད་གསུངས་པ་དང་འདྲ་བར། རྗེ་བཙུན་རྣམས་ཀྱིས་ཀྱང་རང་གི་ལུས་ཞེས་བཀར་ཏེ་གསུངས་པ་ཡིན་གྱི། རང་བཞིན་ལྷན་སྐྱེས་དེ་རང་གི་ལུས་གཞན་པའི་ཆོས་ལ་མེད་དོ་ཞེས་གཞན་ལྡན་རྣམ་བཅད་སྟོན་པའི་ཚིག་ཏུ་མི་སྣྲར་རོ། །

དྲི་བ་བཞི་པ། ཡང་བསྟན་བཅོས་དེར། དེ་བཞིན་གཤེགས་པའི་སྙིང་པོ་ཆོས་ཅན་གསལ་བའི་ལྡོག་པ་ནས་གསུངས་པ་ཞེས་པའི་དོན། རང་བཞིན་སེམས་ལས་ཕྱིར་གྱུར་པའི། །སངས་རྒྱས་མེད་ཅིང་གང་ཟག་མེད། །ཅེས་དང་། སེམས་ཀྱི་རྨོངས་པ་སེལ་བ་ཡི། །རང་སེམས་དེ་ལ་ཕྱག་འཚལ་ལོ། །ཞེས་པ་ཁུངས་སུ་དྲངས་ཀྱང་། དང་པོ་སྣང་བ་སེམས་སུ་སྟོན་པ་ལ་འབྲེལ། ལུང་གཉིས་པ་སེམས་སྒྱུངས་པས་སངས་རྒྱས་འབྱུང་བ་འབྲེལ་པ་ཙམ་ཡིན་གྱི། དབུ་མ་པ་རང་ལུགས་ལ། ཆོས་ཅན་གསལ་བའི་ལྡོག་པ་ནས་ཀྱང་བདེ་གཤེགས་སྙིང་པོ་འཆད་པའི་ཁུངས་ཚད་ཐུབ་ཅི་འདྲ་མཆིས་ཞེས་གསུངས་པའི་ལན་ནི། རང་ལུགས་ཀྱི་བླ་མ་མཁས་པ་དག་གི་གསུང་སྒྲོས་ལས་དེ་འདྲ་ཞིག་འབྱུང་གིན་འདུག་པ་ལ། དེ་ལྟར་ན་རང་བཞིན་གནས་རིགས་ལ་ཡང་། ཆོས་ཅན་གསལ་བའི་ལྡོག་པ་ནས་བཤད་པ་སོགས་ཡོད་པར་འགྱུར་ཞེས་ཕར་འཕུལ་བ་ཡིན་གྱིས། ཁོ་བོས་དེ་ལྟར་མི་འདོད་ཅིང་། ཟུང་འཇུག་སྤྲོས་བྲལ་ཁོ་ནའི་ལྡོག་པ་ནས་སྙིང་པོའི་མཐར་ཐུག་སྟོན་པར་རྗེ་བཙུན་དམ་པ་ཀུན་དགའ་དབང་ཕྱུག་གི་གསུང་ལྟར་ཁས་ལེན་ནོ། །

འདིར་ཕྱོགས་བཅུའི་སངས་རྒྱས་ཀྱི་ཞུ་འཕྲིན་ལས། ངེས་ན་ངེས་དོན་མདོ་སྡེ་དང་། །གསང་སྔགས་བླ་ན་མེད་པ་ལ། །གྲུབ་པ་རྣམས་ཀྱིས་དོན་དམ་དང་། །ཆོས་ཉིད་སྤྲོས་དང་བྲལ་བ་དང་། །ཡོད་མེད་ཀུན་ལས་འདས་པའི་ཕྱིར། །དེ་དག་བརྗོད་དང་བྲལ་བར་བཟུང་། །ཞེས་དང་། སྡོམ་གསུམ་ལས། ངེས་ན་སངས་རྒྱས་བསྟན་པ་ལ། །གྲུབ་པ་བྱེད་ན་ཆོས་ཀྱི་དབྱིངས། །ཡོད་མེད་གཉིས་ཀར་མ་བཟུང་ཞིག །ཅེས་སོགས་མང་དུ་གསུངས་པའི་ ངེས་དོན་གྱི་ལྟ་བ་རྣེད་ཅིང་སྤྲོས་བྲལ་དུ་གཏན་ལ་ཕབ་ནས་རྗེས་ཐོབ་ཀྱི་ཕ་རོལ་ཏུ་ཕྱིན་པ་དྲུག་གིས་བསྡུས་པའི་སྤྱོད་པ་ཐམས་ཅད་དང་། ཁྱད་པར་དུ་བསྔོ་བ་ལྷ་བུ་ཡང་དམིགས་མེད་ཀྱི་ཤེས་རབ་ཀྱིས་རྒྱས་བཏབ་སྟེ་བསྔོ་བྱའི་དགེ་བ་ཉིད་ཀྱང་ཡོད་མེད་ལས་འདས་པར་ཤེས་པར་བྱ་སྟེ། ཡོངས་སུ་མི་བསྔོ་བའི་ཚུལ་

གྱིས་བསྒོ་བའི་ཚེ་ཆོས་ཉིད་དམ། བདེ་གཤེགས་སྙིང་པོ་ལ་ཡོད་པར་འཛིན་པ་ལྟ་སློས་ཀྱང་ཅི་དགོས། ཆོས་ཅན་ཐམས་ཅད་ཀྱང་ཡོད་མེད་ལས་འདས་པར་ཤེས་བཞིན་པའི་ངང་ནས་དེ་དག་ཉམས་སུ་ལེན་པ་མི་འདོར་བར་སྒྱུ་མ་ལྟ་བུའི་ངང་ནས་ཀུན་ཏུ་སྤྱོད་པ་ནི། ཟུང་འཇུག་ཏུ་ཉམས་སུ་ལེན་པ་སྟེ། སྒྱུ་མའི་རྟ་གླང་དུ་ཤེས་པའི་གང་ཟག་གིས་སྒྱུ་མའི་རྟ་གླང་དེ་དག་སྣང་ཡང་ཡོད་མེད་གང་དུ་ཡང་རང་གི་བློ་ངོ་ནས་ཁས་མི་ལེན་པ་བཞིན་ནོ། །འོན་ཀྱང་གང་ཟག་དེས་གཞན་དང་རྗེས་སུ་བསྟུན་པའི་ཐ་སྙད་འཛོག་པའི་ཚེ། འདི་ནི་རྟའོ་འདི་ནི་གླང་པོའོ། །ཞེས་སོགས་གཞན་ལ་འཛོག་ཏུ་རུང་བ་ལྟར་དུ་བསྟན་པའི་ལྟ་བ་རྟོགས་པའི་གང་ཟག་དེ་དག་གིས་ཀྱང་མཉམ་བཞག་ལྟ་ཞོག །རྗེས་ཐོབ་ཏུ་ཡང་དེ་དག་ལ་ཡང་སྣང་བ་འདི་དག་ལ། རང་གི་ཤེས་རབ་ཀྱི་ངོས་ནས་ཡོད་མེད་ཀྱི་ཐ་སྙད་འདོགས་པར་མི་བྱེད་ཅིང་འཛིན་པ་གང་ཡང་མི་བྱེད་མོད་ཀྱི། གཞན་གྱིས་གོ་བར་བྱ་བའི་ཆེད་དུ་ནི། མེད་ཀྱང་ཡོད་དོ་ཞེས། འཇིག་རྟེན་ངོར་བྱས་བདག་གིས་སྨྲ་བར་བྱེད། །ཅེས་བཤད་པ་ལྟ་བུ་ཐ་སྙད་སྣ་ཚོགས་ཀྱང་འདོགས་པར་བྱེད་དོ། །དེས་ན་ཉམས་ལེན་གྱི་མཐར་ཐུག་འདི་ལྟ་བུ་གཅིག་དང་བསྟུན་ན་ཆོས་ཉིད་དོན་དམ་ཡོད་པའི་དགེ་སྡིག་ཡོད་པར་ཁས་བླངས་ནས་བསྒོ་བ་བྱེད་པ་ལ་སོགས་པ་དབུ་མའི་ཉམས་ལེན་གྱི་གནད་གཅོད་པ་སྟེ། འཁོར་འདས་དབྱེར་མེད་ཀྱི་ལྟ་བས་མ་ཟིན་པའི་བསྒོ་བ་ལ་མཆོག་ཏུ་བཟུང་བའི་ཕྱིར་རོ། །འདིར་ཆོས་ཐམས་ཅད་ཡོད་མེད་ལས་འདས་པར་འཆད་པའི་སྐབས་ཡིན་ཀྱང་། ཆོས་ཉིད་དམ་སྙིང་པོ་ཡོད་པ་དྲང་དོན་དུ་འཆད་པ་ནི་ཀུན་རྫོབ་བདེན་པར་མེད་ཀྱང་། དོན་དམ་བདེན་པར་འདོད་པ་དག་གི་ལོག་རྟོག་འགོག་པའི་སྐབས་ཡིན་པས་སོ། །འདི་འདྲའི་ཉམས་ལེན་བྱེད་པའི་གང་ཟག་གི་རིམ་པ་དང་བསྟུན་ན་སྡོམ་གསུམ་གྱི་སྙིང་པོ་འཆད་པའི་སྐབས་ཀྱི་གཞུང་དེ་དག་ཐམས་ཅད་རང་ཤེས་སུ་འགྲོའམ་སེམས་པ་ནི་ཙུང་ཟད་འཕྲོས་པའི་དོན་ནོ། །

ཊི་བ་ཡ་པ་རྒྱུད་སྡེ་སྤྱི་རྣམ་དུ། ལམ་གཅིག་ལ་འབྲས་བུ་གསུམ་དུ་འདོད་པ་སློབ་དཔོན་ཟླ་བའི་ལུགས་སུ་བཤད་ནས་དེ་དགོངས་པ་ཅན་དུ་སྨྲའོ། །ཞེས་གསུངས་ན། ཟླ་བས། དེ་ཕྱིར་མཁས་པ་རིན་པོ་ཆེ་ཡི་གླིང་དུ། ཆས་པའི་སྐྱེ་བོ་ཡིས། །ངལ་བ་ཉེར་སེལ་གྲོང་ཁྱེར་ཡིད་འོང་བར་དུ་རྣམ་པར་བཀོད་པ་ལྟར། །ཞེས་སོགས་རྩ་འགྲེལ་ལ་བརྟགས་ནས་དཔེ་དོན་མཚུངས་པར་ཉན་རང་དགྲ་བཅོམ་གནས་སྐབས་ཀྱི་འབྲས་བུར་བཤད་ན་དགོངས་པ་ཅན་དུ་འཆད་རྒྱུ་གང་ཞིག་ལགས།

ཞེས་པའི་ལན་ནི། འདི་ལ་རྗེ་བཙུན་གོང་མའི་གསུང་གི་སྙིང་པོ་ལོངས་པའི་སླ་བའི་དབང་ཕྱུག་དག་ནི། དབུ་མ་རྩ་བར། བུད་ཤིང་ཟད་པའི་མེ་བཞིན་དུ། །ལེན་མེད་རྟེན་མེད་མྱ་ངན་འདའ། །ཞེས་པའི་འགྲེལ་པ་ཚིག་གསལ་དུ། དངོས་བསྟན་ལ་ཉན་རང་དགྲ་བཅོམ་པ་རྣམས་ལྷག་མེད་དུ་མྱ་ངན་ལས་འདས་ཕྱིན་ཆད་སྐྱེ་བ

གཏན་མི་ལེན་པ་ལྟ་བུར་གསུངས་པ་ལ། དེ་སྐྲ་ཇི་བཞིན་པ་ཡིན་པའི་ཚེ་ན་མཐར་ཐུག་ཐེག་པ་གསུམ་དུ་འགྲོ་བས། ཟླ་བ་ཉིད་ཀྱིས་དེའི་དངོས་བསྟན་དགོངས་པ་ཅན་དུ་འཆད་པ་ཡིན་གྱི། ཟླ་བའི་དགོངས་པ་མཐར་ཐུག །རྗེ་བཙུན་གོང་མས་དགོངས་པ་ཅན་དུ་འཆད་པ་མི་སྲིད་དོ། །ཞེས་གསུངས། ཁོ་བོའི་རྣམ་པར་རྟོག་པ་ལ་ནི་འདི་ལྟར་ཤར་ཏེ། སློབ་དཔོན་ཟླ་བས། སློབ་དཔོན་ཀླུ་སྒྲུབ་ཞབས་ཀྱི་ལུགས་ལས་ནི། །ཕྱི་རོལ་གྱུར་ལ་ཞི་བའི་ཐབས་མེད་དོ། །ཞེས་དང་། སློབ་དཔོན་འཕགས་པས་ཀྱང་། སངས་རྒྱས་རང་སངས་རྒྱས་རྣམས་དང་། །ཉན་ཐོས་རྣམས་ཀྱིས་ངེས་བསྟེན་པ། །གྲོལ་ཉིད་གཅིག་པུ་ཐར་པའི་ལམ། །ཞེས་སོགས་ཐེག་པ་ཆེན་པོ་གཅིག་གིས་རིགས་ཅན་གསུམ་ཀ་གྲོལ་བར་བཤད་པ་མང་དུ་གསུངས་པ་རྣམས་ནི། ཐེག་པ་ཆེན་པོའི་ལམ་གྱི་ཕྱོགས་གཅིག་ལྟ་བའི་ཆ་ལས་གྲོལ་བ་ལ་དགོངས་པ་ཡིན་ཏེ། རིགས་ཅན་གསུམ་ཀ་ལ་རྒྱུད་སྨིན་བྱེད་ཀྱི་ལམ་སོ་སོར་གསུངས་ཀྱང་། རྒྱུད་གྲོལ་བྱེད་ནི་སྟོང་ཉིད་རྟོགས་པའི་ལྟ་བ་ཁོ་ན་ཡིན་པའི་ཕྱིར་རོ། །ཇི་སྐད་དུ། དགྲ་བཅོམ་པ་དང་རང་སངས་རྒྱས། །རྫོགས་པའི་སངས་རྒྱས་རྣམ་པ་གསུམ། །རྣམ་པར་གྲོལ་བར་མཚུངས་ན་ཡང་། །བཟང་ངན་ཐབས་ཀྱིས་འབྱེད་པ་ཡིན། །ཞེས་བཤད་པ་ལྟར་རོ། །

རྒྱུད་སྡེ་སྤྱི་རྣམས་འདིའི་སྐབས་དོན་ལ་ནི། མཐར་ཐུག་གི་འབྲས་བུ་ལ་ལྟོས་པའི་ཐེག་པ་ཆེན་པོའི་ལམ་འཆད་པ་ཡིན་པས། དེའི་ཚེ་མཐར་ཐུག་གི་འབྲས་བུ་ཐབས་དང་ཤེས་རབ་ཟུང་དུ་འཇུག་པ་གཅིག་ཁོ་ན་ཡིན་པ་ལྟར་དུ་དེ་ལ་ལྟོས་པའི་ཐེག་པ་ཆེན་པོའི་ལམ་ཡང་ཐབས་ཤེས་ཡ་བྲལ་མ་ཡིན་པར་ཐབས་དང་ཤེས་རབ་ཟུང་འཇུག་པའི་ལམ་གཅིག་ཉིད་ཡིན་ཞེས་སྟོན་པས་ན། སྤྱི་རྣམ་ཉིད་ལས་ཀྱང་། ལམ་གཅིག་ལ་འབྲས་བུ་གཅིག་ཏུ་འདོད་པ་དང་། གནས་སྐབས་ལམ་གསུམ་ལ་མཐར་ཐུག་གཅིག་ཏུ་འདོད་པ་གཉིས་དོན་གཅིག་པར་གསུངས་པའི་དགོངས་པར་ཡང་ལེགས་པར་གྲུབ་ཅིང་། ཐེག་པ་ཆེན་པོ་པ་མཐའ་དག་གིས་བཞེད་པའི་མཐིལ་ཀྱང་འདི་ཁོ་ན་བཞིན་ཡིན་ཏེ། རིན་ཆེན་འབར་བ་ལས། ས་གསུམ་གང་ཡིན་དྲི་བཅས་དེའི་ཕྱིར། །དེ་ལས་འདས་པ་དམ་པའི་ཡིད་བརྟན་པ། །ཤེས་རབ་ཐབས་ལྡན་དམ་པའི་ལམ་གཅིག་ཉིད། །ཟབ་ཅིང་རྒྱ་ཆེ་རྟོག་གེའི་ཡུལ་མ་ཡིན། །ཞེས་གསུངས་སོ། །

འདིའི་གནད་མ་གོ་བར་ལམ་ཕྱོགས་རེས་གྲོལ་བར་འདོད་པའི་ལོག་རྟོག་རྣམས་ནི། བསྟན་བཅོས་སྡོམ་གསུམ་ལས། ལྟ་བ་རྟོགས་པས་ཀླུ་སྒྲུབ་གྲོལ། །ཞེས་སོགས་རྒྱས་པར་བཤད་པ་ལས་ཤེས་སོ། །མདོར་ན་སློབ་དཔོན་ཟླ་བས་རིགས་ཅན་གསུམ་ཀ་ཐེག་པ་ཆེན་པོའམ་ལམ་གཅིག་གིས་གྲོལ་བར་བཤད་པ་དེ་སྐྲ་ཇི་བཞིན་པ་མ་ཡིན་གྱི་ཐེག་པ་ཆེན་པོའི་ལམ་གྱི་ཕྱོགས་གཅིག་ལྟ་བའི་ཆ་ལས་གྲོལ་བ་ལ་དགོངས་ཞེས་པའོ། །འོ་

ན་ཉན་ཐོས་རྣམས་ལ་ཐེག་པ་ཆེན་པོའི་ལྟ་བ་ཡོད་དམ་ཞེ་ན། ཐེག་པ་ཆེན་པོའི་གང་ཟག་གི་རྟོག་པ་དང་མཚུངས་པའི་སྟོང་ཉིད་ཀྱི་རྟོགས་ཚུལ་ཉན་རང་འཕགས་པ་རྣམས་ལ་ཡང་ཡོད་པས། དེ་དག་ལ་ཡང་ཐེག་པ་ཆེན་པོའི་ལྟ་བ་ཡོད་ཅེས་བཏགས་པའོ། །འདིའི་སྐབས་ཀྱི་སྤྱི་རྣམ་གྱི་དགོངས་པ་ནི། འདི་ཁོ་ན་ལྟར་ངེས་པར་གནས་སོ་སྙམ་དུ་སེམས་སོ། །བླ་བ་གྲགས་པས། མཐར་ཐུག་གི་འབྲས་བུ་གསུམ་དུ་གསུངས་པ་ནི་དོན་དང་ཚིག་གང་ལ་ཡང་མེད་ཅིང་། དེ་ལྟར་བཞེད་པ་སྤྱི་རྣམ་ཉིད་ལས་ཀྱང་མི་འབྱུང་ངོ་། །

དྲི་བ་དྲུག་པ། ལྡོན་ཤིང་ལས་རྡོ་རྗེའི་ཚིག་གསུམ་མམ་བཞིས་བསྐྱེད་པ་ཞེས་གསུངས་པ་ན། དེ་གཉིས་ཀྱི་ཁྱད་པར་ཅི་འདྲ་ཞིག་ལགས། ཞེས་པའི་ལན་ནི། ཧཱུྃ་དང་དེ་ལས་རྡོ་རྗེ་དང་དེ་ལ་ཧཱུྃ་གིས་མཚན་པ་དང་གསུམ་གྱི་སྟེང་དུ་འོད་ཟེར་སྤྲོ་བསྡུ་ལས་བསྐྱེད་པ་ལྟ་བུ་ཡིན་ནོ། །ཞེས་བླ་མ་རྣམས་ཀྱི་གསུང་སྒྲོས་ལས་འབྱུང་ཞིང་། རྒྱུད་ལས། གཉིས་པ་ལ་ནི་ས་བོན་བསྡུ། །ཞེས་པའི་ཚིག་དེས་ཟིན་པ་ཡིན་ནོ། །ཞེས་པ་ལུགས་ཀྱི་འགྲེལ་བྱེད་ཁ་ཅིག་བཞེད་ལ། རྗེ་བཙུན་གོང་མ་རང་གི་གསུང་རབ་ན་གསལ་པོར་ཡོད་པ་མ་མཐོང་ཡང་། གནད་ཀྱི་གསལ་བྱེད་ལས། རྡོ་རྗེ་འཇིགས་བྱེད་ལ་རྡོ་རྗེའི་ཚིག་ཡན་ལག་དགུ་ལས་བསྐྱེད་པར་བཤད་པའི་སྐབས་ལས། རྗེས་སུ་དཔག་ན་སྦྱར་མ་དང་མཐུན་ནམ་སྙམ་མོ། །

དྲི་བ་བདུན་པ། བྱང་པ་མཆོད་གནས་ཀྱི་དྲིས་ལན་མངོན་རྟོགས་ཚུལ་བཅོ་ལྔ་པ་བགྲང་ཚུལ་གསུམ་བཤད་པའི་མན་ངག་ལུགས་ཁོ་ན་ལ་འཁྲུག་ཅན་ཡན་ལག་དྲུག་པ་གཅིག་བགྲངས་པ། དེའི་ཚེ་འཁྲུག་ཅན་འདི་དང་ཚུལ་བཅུ་བཞིའི་ཟླས་ཕྱེ་བའི་ལས་དང་པོ་པའི་མངོན་རྟོགས། འབྲིང་པོ་ཨཱ་ལི་ཀཱ་ལི་ལ་ལྟོས་པའི་མངོན་བྱང་མི་མཉམ་པར་སྦྱོར་བ་དང་ཁྱད་པར་ཅི་ཞིག་མཆིས། ཞེས་པའི་ལན་ནི། དེ་གཉིས་ལ་འཁྲུགས་ཡོད་མེད་ཀྱི་ཁྱད་པར་འབྱེད་ན་ནི་འགྲེལ་བ་ལུགས་ཀྱི་འཁྲུག་ཅན་བགྲང་བ་དང་ཁྱད་པར་མེད་ཅིང་། ཁྱད་པར་གཞན་ནི་འདི་ལྟར་སྦྱོར་གྱིས་ཁུངས་མེད་པས་ཚད་མར་མི་འགྱུར་ལ། དེ་ཉིད་ཀྱི་ཕྱིར་ཡང་དེ་ཚུལ་བཅོ་ལྔ་པར་འགྲོ་བ་དཀའ་བར་གནས་སོ། །

དྲི་བ་བརྒྱད་པ། རིན་ཆེན་འབར་བར་སྙིང་པོ་ཀྱེ་རྡོ་རྗེའི་མངོན་རྟོགས་མི་མཉམ་སྦྱོར་ལ་མངོན་བྱང་གསུམ་པ་རྡོ་རྗེར་བཤད་པའི་དགོངས་པ་གང་ཞིག་ལགས་ཞེས་གསུངས་པའི་ལན་ནི། དེ་ཉིད་ལས། ཨོཾ་ཧཱུྃ་རྡོ་རྗེ་གྲི་གུག་གང་། །སོ་སོར་རྟོག་པའི་ཡེ་ཤེས་ཉིད། །ཅེས་རྡོ་རྗེ་རྒྱུད་པ་སློས་པ་འདི་ཚིགས་བཅད་ཀྱི་དབང་གིས་ཕྱག་མཚན་འགྱུར་ལ་མ་ཐོན་པ་ཉིད་ཡིན་པར་མངོན་ཏེ། ཐམས་ཅད་གཅིག་གྱུར་ནན་ཏན་བྱ། །ཞེས་པའི་མཚན་སྙིང་པར་ཉི་ཟླ་ཕྱག་མཚན་དང་བཅས་པ་ཞུནས་འདྲེས་པ་ཞེས་གསུངས། འདི་འདྲ་བ་དུམ་ཞིག་འབྱུང་སྟེ།

སློབ་དཔོན་མི་ཐུབ་ཟླ་བའི་སྒྲུབ་ཐབས་ཡན་ལག་དྲུག་པར་ཡང་། ཨ་ལི་བསྒོམ་པ་ཟླ་བ་སྟེ། །ཀཱ་ལི་ཉ་བདུན་པ་ཡིན་ནོ། །གཉིས་ཀྱི་བར་ན་ཨོཾ་དང་ཧཱུྃ། །དེ་གཉིས་རྡོ་རྗེ་གྲི་གུག་འགྱུར། །ཞེས་དང་། རྣལ་འབྱོར་མ་ཀུན་སྤྱོད་ལས། རྡོ་རྗེ་ཕག་མོའི་ཕྱག་མཚན་ལ་རྡོ་རྗེ་རྒྱང་པ་སྨོས་ནས་གྲི་གུག་གི་གསལ་ཁ་མེད་པ་དང་། ནཱ་རོ་མཁའ་སྤྱོད་ཀྱི་གཞུང་ཆུང་དུ་ཡང་། དེ་དང་འདྲ་བ་ལ། ས་ཆེན་གྱི་མཆན་བུར་རྡོ་རྗེས་མཚན་པའི་གྲི་གུག་ཅེས་གསལ་བར་མཛད་པ་ལྟ་བུའོ། །

དྲི་བ་དགུ་པ། རྗེ་བཙུན་བདག་མེད་མའི་བསྟོད་པར། མཚན་མོ་ནམ་མཁའ་འགོག་པས་ཏེ། །ལྷན་སྐྱེས་ལྷན་སྐྱེས་སྤྱི་གཙུག་ནའོ། །དཀར་པོའི་མཚན་མོ་ཀུན་ཏྲར་ཨཿ རྩ་གསུམ་བདག་མེད་མ་དཔལ་འདུད། །ཅེས་ཡར་ངོའི་བཅུ་དྲུག་པའི་ཆ་ཀུན་ཡུམ་གྱི་སྦྱང་གཞིར་སྦྱར་བ་དང་། མར་ངོའི་རྣམས་ཡབ་ཁོན་ལ་སྦྱར་བས། འདི་གཉིས་ཀྱི་ཕྲ་རགས་ཀྱི་ཁྱད་པར་གང་ལགས། ཞེས་པའི་ལན་ནི། རྩ་བའི་མངོན་པར་རྟོགས་པ་ལས། རྩ་གསུམ་ཙུ་རྩ་གཉིས་ལ་གནས་ཧི་ལྟར་བར་ཡི་གེ་བཅུ་དྲུག་དང་། ཆོས་གཅིག་ལ་སོགས་པར་རིམ་པ་དང་རིམ་པ་ལས་བཟློག་པའི་ཕྱིར་རོ། །ཞེས་བཤད་པའི་དོན། རྗེ་བཙུན་མའི་བསྟོད་པ་འདིར་ཟླ་བ་ཡོངས་རྫོགས་གཅིག་གི་འཕོ་བ་སོ་གཉིས་སྦྱང་གཞིར་བྱས་ཏེ་ཡུམ་དང་ཡབ་ཀྱིས་སྦྱོང་ཚུལ་འཆད་པའི་ཚེ། འཕོ་བའི་ཡི་གེ་གཉིས་གཉིས་ལྷ་མོ་གཞན་རྣམས་ཀྱིས་སྦྱོང་ཞིང་། བཅོ་ལྔ་དང་གནམ་སྟོང་གི་ཉིན་མོའི་ཨཾ་གཉིས་དང་། བཅོ་ལྔའི་མཚན་མོའི་ཨཱ་ཚེག་དྲག་ཅན་ཏེ་གསུམ་ནི་བདག་མེད་མས་སྦྱོང་ལ། སྦྱང་གཞི་དེ་རྣམས་དགའ་བཞིའི་ཡེ་ཤེས་མངོན་དུ་བྱས་པ་ན། རྩ་སོ་གཅིག་གིས་ཞུ་བདེའི་ཡེ་ཤེས་མྱོང་བ་དང་རྟོག་པ་དང་བཅས་པ་བཅོ་ལྔ་བསྐྱེད་པས། སྦྱོང་བྱེད་ལྷ་མོ་ཤེས་རབ་ཀྱི་རང་བཞིན་ཕྲ་བ་ཡིན་ཡང་སྦྱང་གཞི་རགས་པར་བཞག་ལ། གནམ་གང་གི་མཚན་མོའི་ཡི་གེ་བཅུ་དྲུག་ཨཱཿཚེག་དྲག་ཅན་ནི། གཞུང་དེའི་ཡེ་ཤེས་མྱོང་རྟོག་ཅན་མི་སྐྱེད་པས་སྦྱང་གཞིའི་ངོས་ནས་ཕྲ་བ་ཡིན་ཀྱང་། སྦྱོང་བྱེད་ཡབ་ཀྱིས་སྦྱངས་པས་ཟུང་དུ་འཇུག་པར་འགྱུར་རོ། །མདོར་ན་ཟླ་བ་ཡོངས་རྫོགས་ཀྱི་འཕོ་བ་ལ་སྦྱོར་བའི་ཚེ། ཨཱ་ལི་བཅུ་དྲུག་པ་གནམ་གང་གི་མཚན་མོའི་ཨཱཿཚེག་དྲག་ཅན་ཁོ་ན་ཡིན་པས། ཀུན་གྱི་ལྷག་མ་སྟང་། ཞེས་པའི་དོན་ཡང་འདི་ཁོ་ན་ལྟར་གནས་སོ། །འདི་ལ་རྣམ་བཤད་ཉི་ཟེར་གྱི་དགོངས་པ་དང་སྦྱར་ན་དགའ་བ་བཞིའི་ཡེ་ཤེས་ཀྱི་ཕྲ་རགས་ཀྱི་ཁྱད་པར་ལ་སོགས་པ་མང་དུ་སྤྲོས་སུ་ཡོད་མོད་ཀྱིས་ཧ་ཅང་མང་བར་འགྱུར་བས་སྐབས་གཞན་དུ་སྤྲོའོ། །

རྨད་བྱུང་ལེགས་བཤད་ངོ་མཚར་གཞུང་རྣམས་ལས། །གཞན་ཟེར་ཟློས་པའི་རྗེས་སུ་མི་བསླེག་པར། །
གནས་དོན་ཇི་བཞིན་དཔྱོད་པའི་བློ་གྲོས་ཀྱིས། །ཟབ་མོའི་སྙིང་པོ་ལེན་པ་བདག་གིས་མཐོང་། །རྩོད་དུས

དབང་གིས་དགེ་སྦྱོང་ཚོགས་རྣམས་ཀྱང་། །རང་གིས་འཚོ་བ་ཙམ་ཞིག་དོན་གཉེར་ལས། །ལེགས་བཤད་འཚོལ་ལ་ངལ་བ་སུ་ཞིག་མཆིས། །དེ་སྐད་ཚུལ་འདི་འང་གཞན་ལ་མཛེས་མིན་མོད། །བློ་གྲོས་རྣམ་པར་དཀར་བའི་དང་ཚུལ་ལས། །བསྟན་ལ་གཅེས་པར་འཛིན་པའི་ལྷག་བསམ་གྱིས། །རྣམ་པར་དཔྱད་པའི་དྲི་བའི་རྗེས་མཐུན་ལས། །རང་གིས་ཅུང་ཟད་ངེས་རྣམས་འདིར་བསྟན་ཏོ། །

ཡུན་རིང་ལེགས་བཤད་འཚོལ་མང་གོམས་པ་དང་། །གཞན་ཕན་སྙིང་པོར་འཛད་པའི་ཁུར་ཆེན་པོས། །ཁྱོད་ཀྱི་རྣམ་དཔྱོད་ཕྲག་པ་རབ་བརྒྱན་ཏེ། །ཕྲིན་ལས་སྲིད་འཚོའི་བར་དུ་བསྟན་གྱུར་ཅིག །

ཅེས་པའི་དྲིས་ལན་གྱི་ཡི་གེ་འདི་ཡང་དགེ་སློང་བསོད་ནམས་ལྷུན་གྲུབ་ལེགས་པའི་འབྱུང་གནས་རྒྱལ་མཚན་དཔལ་བཟང་པོས། བླ་མ་གོང་མ་རྣམས་ཀྱི་གསུང་རབ་ལ་ལན་མང་དུ་མཐོང་ཞིང་ཐོས་པའི་ལམ་བྱང་བར་བྱས་ནས་རང་གིས་ངེས་པ་རྣམས་ལན་དུ་བྲིས་པའོ། །མངྒ་ལཾ། དགེའོ།། །།

གང་ཞིག་རིང་ནས་མུན་སྤྲུལ་གོམས་པའི་དྲི་མའི་ཚོགས་ཆེན་མི་ཟད་དང་། །རྟོག་གེའི་ཆང་གིས་རྟག་པར་མྱོས་པས་བློ་གྲོས་འཁྲམ་གནག་གྱུར་རྣམས་ལ། །རིགས་པའི་མིག་ཅན་ཚུལ་གཉིས་རིག་པའི་གཞོག་ཐབས་ཅན། །ཚིག་དོན་རབ་ཟབ་སྙེ་མའི་ཁུར་ལྡན་གཞུང་འདིས་དྲི་བསུང་ཀུན་ནས་བསང་།། །།

༄༅། །སྨོན་པ་གསུམ་གྱི་རབ་ཏུ་དབྱེ་བའི་སྤྱི་དོན་སྨོན་གསུམ་གནད་ཀྱི་གསལ་བྱེད་ཅེས་བྱ་བ་བཞུགས་སོ། །

སྐྱིད་ཚལ་བ་འཇམ་དབྱངས་ཀུན་དགའ་ཆོས་བཟང་།

སྨོན་པ་གསུམ་གྱི་རབ་ཏུ་དབྱེ་བའི་སྤྱི་དོན་སྨོན་གསུམ་གནད་ཀྱི་གསལ་བྱེད་ཅེས་བྱ་བ། བླ་མ་དང་མགོན་པོ་འཇམ་པའི་དབྱངས་ལ་ཕྱག་འཚལ་ལོ། །རྣམ་མང་སྐལ་ལྡན་གདུལ་བྱའི་ཚོགས་རྣམས་ལ། །རབ་དཀར་རིམ་གསུམ་ཆོས་འཁོར་བསྐོར་མཛད་ནས། །ཞུན་ཚོགས་སྨོན་གསུམ་རྟོགས་པ་འཕེལ་མཛད་པའི། །མཉམ་མེད་ཤཱཀྱའི་རྒྱལ་པོ་གུས་པས་བསྟོད། །རབ་དཀར་མདངས་གསལ་པད་ཟླའི་གདན་སྟེང་དུ། །རབ་བརྗིད་ཡིད་འོང་མཚན་དཔེའི་འོད་སྟོང་ཅན། །རབ་མཛེས་མཛད་པས་སྙིང་མུན་སེལ་མཛད་པ། །རྗེ་བཙུན་འཇམ་དབྱངས་གུས་པའི་ཡིད་ཀྱིས་བསྟོད། །ཕྱག་ན་པདྨའི་རྣམ་འཕྲུལ་ས་ཆེན་ཞབས། །ཤེས་བྱ་ཀུན་ལ་རབ་དགའི་བློ་གྲོས་འབར། །བསོད་ནམས་རྩེ་མོར་རབ་སོན་གྲགས་པའི་མཚན། །དཔལ་འབྱོར་ཆེན་པོའི་འོད་ལྡན་པཎ་ཆེན་ཞབས། །བསོད་ནམས་རྒྱལ་མཚན་ཚུལ་འཛིན་འཕགས་པ་དང་། །ཕྱག་ན་རྡོ་རྗེའི་རྣམ་འཕྲུལ་འགྲོ་བའི་མགོན། །རིགས་གསུམ་རྣམ་འཕྲུལ་དཔལ་ལྡན་ས་སྐྱ་པའི། །གདུང་བརྒྱུད་རིམ་པར་བྱོན་རྣམས་གུས་པས་བསྟོད། །ཞུན་ཚོགས་མཁྱེན་པའི་དཀྱིལ་འཁོར་རབ་རྒྱས་འཆད་རྩོད་རྩོམ་པའི་འོད་ཟེར་འབུམ་ཕྲག་འཕྲོ། །ཞུན་ཚོགས་ཐུགས་རྗེའི་ཏ་བདུན་གྱིས་དྲངས་རབ་འབྱམས་ཤེས་བྱའི་མཁའ་ལ་ཐོགས་མེད་རྒྱུ། །ཞུན་ཚོགས་གསུང་རབ་པད་ཚལ་རབ་རྒྱས་སྐལ་ལྡན་བུང་བའི་དགའ་སྟོན་སྤྱེལ་མཛད་པ། །ཞུན་ཚོགས་འཇམ་དབྱངས་བླ་མ་ནམ་མཁའི་ནོར་བུ་གང་དེ་གུས་པའི་ཡིད་ཀྱིས་བསྟོད། །མཁྱེན་རབ་འོད་ཀྱིས་སྒྲིབ་པ་ཀུན་སངས་ནས། །དམིགས་མེད་ཐུགས་རྗེའི་འོད་སྟོང་རབ་རྒྱས་པས། །དུས་གསུམ་རྒྱལ་བའི་བསྟན་པ་འཕེལ་མཛད་པ། །རབ་འབྱམས་ཆོས་ཀྱི་རྒྱལ་པོ་གུས་པས་བསྟོད། །བསྟན་པའི་མངའ་བདག་དཔལ་ལྡན་ས་སྐྱ་པའི། །དགོངས་པ་ཇི་བཞིན་སྨོན་གསུམ་གནད་ཀྱི་དོན། །རྣམ་མང་འགྲོ་ལ་ཕན་བདེ་བསྐྱེད་ཕྱིར་དང་། །རང་གི་ཡིད་ལ་གོམས་ཕྱིར་དབྱེ་བར་བྱ། །

དཔལ་རྡོ་རྗེའི་གདན་ནས་བྱང་ཕྱོགས་སུ་དཔག་ཚད་བརྒྱ་བགྲོད་པའི་གནས། དཔལ་ལྡན་ས་སྐྱའི་གཙུག་ལག་ཁང་དུ་སྐུ་འཁྲུངས་པ། མི་ནས་མིར་གྱུར་པའི་སྐྱེ་བ་ཉི་ཤུ་རྩ་ལྔའི་བར་དུ། རྗེ་བཙུན་འཇམ་པའི་དབྱངས་ཀྱིས་རྗེས་སུ་བཟུང་བའི་སྟོབས་ཀྱིས་རིག་པའི་གནད་ལྔ་ལ་སོགས་པའི་ཤེས་བྱ་མཐའ་དག་ལ་བློ་གྲོས་ཐོགས་མེད་དུ་རྒྱས་པས། འཆད་རྩོད་རྩོམ་པའི་འོད་ཟེར་གྱིས་རྒྱལ་བའི་བསྟན་པ་ཆེས་ཆེར་གསལ་བར་མཛད་ནས། སྐལ་ལྡན་གྱི་འགྲོ་བ་མཐའ་ཡས་སྨིན་གྲོལ་གྱི་ལམ་ལ་འགོད་པར་མཛད་ཅིང་། ཁྱད་པར་སྐྱེ་བ་འདི་ཡི་འོག་རོལ་དུ་མཁའ་ལ་གནས་པའི་རིག་པ་འཛིན་པར་གྱུར་ནས་ས་ལམ་ཕལ་ཆེར་བགྲོད་པའི་རྗེས་སུ། ཤར་ཕྱོགས་མུ་མུ་ནི་ཞེས་བྱ་བའི་ཞིང་ཁམས་སུ། རྒྱལ་པོ་ཉི་མ་སྟོབས་འཕེལ་གྱི་སྲས་སུ་སྐུ་འཁྲུངས་ཏེ། ཡང་དག་པར་རྫོགས་པའི་སངས་རྒྱས་དྲི་མ་མེད་པའི་དཔལ་ཞེས་བྱ་བར་འགྱུར་རོ་ཞེས། བླ་མ་དང་ལྷག་པའི་ལྷས་མངོན་སུམ་དུ་ལུང་བསྟན་བརྙེས་པའི་བདག་ཉིད། ས་སྐྱ་པཎྜི་ཏས་མཛད་པའི་ཆོས་དང་ཆོས་མ་ཡིན་པ་རྣམ་པར་འབྱེད་པའི་བསྟན་བཅོས། སྡོམ་པ་གསུམ་གྱི་རབ་ཏུ་དབྱེ་བའི་སྤྱི་དོན་གཏན་ལ་འབེབས་པ་ལ། བསྟན་བཅོས་རྩོམ་པ་པོའི་ཆེ་བའི་ཡོན་ཏན། དེས་བསྟན་བཅོས་ཇི་ལྟར་བརྩམས་པའི་ཚུལ། བརྩམས་པའི་བསྟན་བཅོས་ཀྱི་བརྗོད་བྱ་གཏན་ལ་ཕབ་པ་དང་གསུམ། དང་པོ་ལ། རིགས་ཁྱད་པར་ཅན་དུ་འཁྲུངས་པའི་ཡོན་ཏན། རང་རྒྱུད་སྨིན་པར་མཛད་པའི་ཡོན་ཏན། གཞན་རྗེས་སུ་འཛིན་པར་ནུས་པའི་ཡོན་ཏན་དང་གསུམ། དང་པོ་ལ། གནམ་ལྷའི་བརྒྱུད་པ་ཇི་ལྟར་བྱུང་ཚུལ། དེ་ལས་འཁོན་གྱི་བརྒྱུད་པ་བྱུང་ཚུལ། དེ་ལས་ས་སྐྱ་པ་བྱུང་ཚུལ། དེ་ལས་བླ་མ་ཉིད་འཁྲུངས་ཚུལ་དང་བཞི། དང་པོ་ནི། གདུང་རྒྱུད་རིན་པོ་ཆེ་འདི་ཉིད་ཐོག་མར་ལྷ་ལས་ཆད་པ་ཡིན་ཏེ། གནམ་ལྷ་སྤྱི་རིངས། གཡུ་རིངས། དབུ་སེ་དང་གསུམ་ལྷའི་གནས་ནས་མིའི་འཇིག་རྟེན་དུ་བྱོན། ཆུང་བས་མིའི་རྗེ་མཛད། དེ་ལ་སྲས་བཞི་བྱུང་བ་རྣམས། ལྷིང་རུམ་ཆེན་བཅོ་བརྒྱད་དང་འཐབ་པའི་ཚེ། ཁུ་བོ་གནམ་ལྷ་གཡུ་རིངས་དེ་དག་གི་གྲོགས་སུ་བྱོན་ནས། ལྷིང་རུམ་ཆེན་བཅོ་བརྒྱད་བཏུལ་ནས་བྲན་དུ་བྱས་སོ། །དེ་ལ་སྲས་བདུན་བྱུང་བའི་གཅེན་དྲུག །ཡབ་དང་བཅས་པ་ལྷ་ཡུལ་དུ་གཤེགས། ཆུང་བས་ཐོག་ལྷ་འོད་ཆེན་གྱི་སྲས་མོ༑ ཐོག་ལྕམ་འུར་མོ་ཁབ་ཏུ་བཞེས་པའི་སྲས་ཐོག་ཙ་དཔའ་བོ་སྟག །དེའི་སྲས་ཏ་སོ་འོད་ཆེན། དེའི་སྲས་གཡའ་དང་སྤྱང་གི་མཚམས་སུ་སྐྱེས་པས་གཡའ་སྤྱང་སྐྱེས་ཞེས་གྲགས་སོ། །

གཉིས་པ་ནི། གཡའ་སྤྱང་སྐྱེས་ཀྱིས། སྲིན་པོ་སྐྱ་རེངས་ཁྲག་མེད་བསད། དེའི་སྲས་མོ་གཡའ་འབྲུག་སི་ལི་མ་འཕྲོགས་ནས་ཁབ་ཏུ་བཞེས་པའི་སྲས། སྲིན་པོ་དང་འཁོན་པའི་བར་དུ་སྐྱེས་པ་ལ། འཁོན་བར་སྐྱེས་ཞེས་མིང་དུ་བཏགས་སོ། །དེས་ན་ཕྱི་རོལ་དུ་སྲིན་པོ་ལ་སོགས་པ་འབྱུང་པོའི་ཚོགས་དང་འཁོན། ནང་དུ་ཉོན

མོངས་པ་ལ་སོགས་པ་སྤྱང་བྱའི་ཚོགས་དང་འཁོན་ཞིང་རྒྱལ་བར་བྱེད་པས་ན་འཁོན་ཞེས་བྱའོ། །དེའི་སྲས་མཐུ་དང་རྫུ་འཕྲུལ་ཆེ་བ་གཟུགས་བཟང་ཞིང་ཡིད་དུ་འོང་བ་གཅིག་བྱུང་བ་ལ་དཀོན་པ་རྗེ་གུང་སྟག་ཏུ་བཏགས་སོ། །དེ་ཉིད་ཀྱིས་ཁྲི་སྲོང་ལྡེའུ་བཙན་གྱི་ནང་བློན་ཡུན་རིང་དུ་བྱས་ཤིང་། དེ་ལ་འཁོན་དཔལ་པོ་ཆེ་ཞེས་གྲགས་སོ། །དེ་ལ་སྲས་གཉིས་བྱུང་བའི་ཆེ་བ་ཀླུ་ཡེ་ཤེས་དབང་པོ། དེ་རབ་ཏུ་བྱུང་བའི་མཚན་འཁོན་ཀླུའི་དབང་པོ་སྲུང་བ་ཞེས་བྱ་བ་དེ་ཉིད་སད་མི་མི་བདུན་གྱི་ནང་ནས་མཁས་ཤོས་སུ་གྲགས་སོ། །དེའི་གཅུང་རྡོ་རྗེ་རིན་ཆེན། ཞེས་ལྷོ་བ་ཐམས་ཅད་མཁྱེན་པ་བཞེད། བླ་མ་དམ་པ་ནི། འཁོན་དཔལ་པོ་ཆེ་ལ་སྲས་ཁྲི་མཛེས་ལྷ་ལགས། ཚེ་ལ་དབང་ཕྱུག །ཀླུའི་དབང་པོ་སྲུང་བ། ཚེ་འཛིན་དང་བཞི་བྱུང་བའི། ཚེ་འཛིན་གྱི་སྲས་རྡོ་རྗེ་རིན་པོ་ཆེ་ཡིན་གསུང་ངོ་། །འཁོན་རྡོ་རྗེ་རིན་པོ་ཆེ་ལ་སྲས་བདུན་བྱུང་བའི་དྲུག་པ་འཁོན་ཤེས་རབ་ཡོན་ཏན། དེའི་སྲས་ཡོན་ཏན་འབྱུང་གནས། དེའི་སྲས་ཚུལ་ཁྲིམས་རྒྱལ་པོ། དེའི་སྲས་གཙུག་ཏོར་ཤེས་རབ། དེའི་སྲས་འཁོན་དགེ་སྐྱབས། དེའི་སྲས་འཁོན་དགེ་མཐོང་། དེའི་སྲས་འཁོན་སྟོན་དཔའ་པོ། དེའི་སྲས་འཁོན་ཤཱཀྱ་བློ་གྲོས། དེ་ལ་སྲས་གཉིས་བྱུང་བའི་ཆེ་བ་འཁོན་རོག་ཤེས་རབ་ཚུལ་ཁྲིམས། ཆུང་བ་འཁོན་དཀོན་མཆོག་རྒྱལ་པོ་ཡིན་ལ། དེ་ཉིད་གསང་སྔགས་གསར་རྙིང་གཉིས་ཀ་ལ་མཁས་ཤིང་གྲུབ་པ་བརྙེས་པ་དང་། ཁྱད་པར་འབྲོག་མི་ལོ་ཙཱ་བའི་དྲུང་དུ་རྒྱུད་གསུམ་ལ་སོགས་པ་གསང་སྔགས་གསར་མའི་ཕྱོགས་ལ་ཤིན་ཏུ་མཁས་པར་མཛད་དོ། །

གསུམ་པ་ལ། དཔལ་ལྡན་ས་སྐྱའི་གཞི་བཏིང་ཚུལ་དང་། རིགས་གསུམ་མགོན་པོའི་རྣམ་འཕྲུལ་ཇི་ལྟར་བྱུང་ཚུལ་ལོ། །དང་པོ་ནི། འཁོན་དཀོན་མཆོག་རྒྱལ་པོས། རི་སྦྲོམ་པོ་རིའི་ངོས་འགྲམ་ན། ས་དཀར་ལ་སྣུམ་ཞིང་ཆུ་གཡས་སུ་འབབ་པ། བཀྲ་ཤིས་པའི་དགེ་མཚན་དུ་མ་དང་ལྡན་པ་གཟིགས་ནས། དེར་དགོན་པ་གཅིག་བཏབ་ན། སངས་རྒྱས་ཀྱི་བསྟན་པ་དང་འགྲོ་བ་མང་པོ་ལ་ཕན་པར་དགོངས་ཏེ། སའི་བདག་པོ་རྣམས་ལས་རིན་ཅུང་ཟད་ཕྱིན། དགུང་ལོ་བཞི་བཅུ་བཞེས་པའི་དུས་སུ། དཔལ་ལྡན་ས་སྐྱའི་གཞི་བཏིངས། ལོ་སུམ་ཅུའི་བར་དུ། སློབ་པ་དང་བཤད་ཉན་ཁོ་ན་མཛད་པའི་སྒོ་ནས་བསྟན་པའི་བྱ་བ་མཛད། དྲུག་ཅུ་རེ་དགུ་པ། དགུག་པ་ཟླ་བའི་ཚེས་བཅུ་བཞི་ལ་མྱ་ངན་ལས་འདས་པའི་ཚུལ་བསྟན་ཏོ། །

གཉིས་པ་ནི། རྒྱ་གར་འཕགས་པའི་ཡུལ་ན་སྤྱན་རས་གཟིགས་ཀྱི་སྤྲུལ་པ། བྱང་ཆུབ་སེམས་དཔའ་སྙིན་པའི་དཔལ་ཞེས་བྱ་བ་ཞིག །བྱང་ཕྱོགས་ཁ་བ་ཅན་དུ་འགྲོ་དོན་རྒྱ་ཆེ་བ་ལ་དགོངས་ནས། མ་གཅིག་ཞང་མོའི་ལྷུམས་སུ་ཞུགས་ནས་སྐུ་འཁྲུངས་པ་ནི། ས་ཆེན་ཀུན་དགའ་སྙིང་པོ་ཡིན་ལ། འདི་ཉིད་ཀྱིས་བ་རི་ལོ་ཙཱ་བའི་དྲུང་དུ། འཇམ་དབྱངས་ཀྱི་སྒྲུབ་ཐབས་ཞུས། ཟླ་བ་དྲུག་ནས་འཇམ་དབྱངས་ཀྱིས་ཞལ་གཟིགས། སེ་སྟོད་

གསུམ་རྒྱུད་སྡེ་བཞི་ལ་སོགས་པའི་གསུང་རབ་མཐའ་དག་ལ་མཁས་ཤིང་གྲུབ་པ་བརྙེས་པའི་ངང་ཚུལ་ཅན་དུ་གྱུར་ཅིང་། ཁྱད་པར་གསུང་ངག་གི་སྒོ་ནས་གདུལ་བྱ་སྨིན་པར་མཛད་ཚུལ་ནི། ལུས་མ་སྤངས་པར་གྲུབ་པ་བརྙེས་པ་ལ། སེང་གླ་ལའི་གླིང་ནས་འོངས་པའི་ཨ་ཙ་ར། བྱང་ཆུབ་སེམས་དཔའ་སྟག །སྒོམ་པ་ཀྱི་འབར་དང་གསུམ། རྗེ་བཙུན་ཆེན་པོ་དང་། ཞུ་བྱས་དངོས་གྲུབ་ལ་སོགས་པ་བཟོད་པ་ཐོབ་པ་བདུན། གཞན་ཡང་ལམ་སྣ་ཟིན་པའི་གདུལ་བྱའི་ཚོགས་དཔག་ཏུ་མེད་པ་སྨིན་པར་མཛད་ནས། དགུང་ལོ་བདུན་ཅུ་རྩ་དྲུག་བཞེས་པའི་ཚེ། དབྱུག་པ་ཟླ་བའི་ཚེས་བཅུ་བཞི་ལ་མྱ་ངན་ལས་འདས་པའི་ཚུལ་བསྟན། དེའི་ཚེ་སྐུའི་བཀོད་པ་བཞི་མཛད་དེ། གཅིག་བདེ་བ་ཅན། གཉིས་པ་ནི་པོ་ཏ་ལ། གསུམ་པ་ནི་ཨུ་རྒྱན། བཞི་པ་ནི། བྱང་ཕྱོགས་ཀྱི་འཇིག་རྟེན་གྱི་ཁམས་གསེར་མདོག་ཅན་དུ་འོད་ཀྱི་རྣམ་པར་གཤེགས་པ་དེ་ན་གནས་པའི་སྐྱེ་བོ་ཕལ་ཆེ་བ་ལ་མངོན་སུམ་དུ་གྱུར་ཏོ། །བླ་མ་དེ་ཉིད་ལ་སྲས་རྣམ་པ་བཞི་སྟེ། འཁོན་ཀུན་དགའ་འབར། རྗེ་བཙུན་རྩེ་མོ། རྗེ་བཙུན་གྲགས་པ༑ དཔལ་ཆེན་འོད་པོ་རྣམས་སོ། །དཔལ་ཆེན་འོད་པོའི་སྲས། ཆོས་རྗེ་པཎྜི་ཏ་དང་། ཟངས་ཚ་བསོད་ནམས་རྒྱལ་མཚན་នོ། །དེའི་སྲས་འགྲོ་བའི་མགོན་པོ་ཆོས་རྒྱལ་འཕགས་པ། འགྲོ་མགོན་ཕྱག་ན། སློབ་དཔོན་རིན་ཆེན་རྒྱལ་མཚན། སློབ་དཔོན་ཡེ་ཤེས་འབྱུང་གནས། དེའི་སྲས་བདག་ཉིད་ཆེན་པོ་བཟང་པོ་དཔལ། དེ་ལ་ཏི་ཤྲཱི་ཀུན་བློ་ལ་སོགས་པ་སྲས་བཅུ་གཉིས་འཁྲུངས་ཏེ་དེང་སང་གི་བར་དུ་གདུང་བརྒྱུད་རྣམ་པར་དག་པ་རྒྱུན་མ་ཆད་པ་བྱུང་ཞིང་བསྟན་པའི་བྱ་བ་རྒྱ་ཆེན་པོ་མཛད་དོ། །དེའི་ནང་ནས། རྗེ་བཙུན་ས་སྐྱ་པ་ཆེན་པོ་སྐྱུན་རས་གཟིགས་ཀྱི་སྤྲུལ་པ། དེའི་སྲས་བཞི། ཆོས་རྗེ་པཎྜི་ཏ། ཟངས་ཚ་བསོད་ནམས་རྒྱལ་མཚན། འགྲོ་བའི་མགོན་པོ་འཕགས་པ་དང་བདུན་འཇམ་དབྱངས་ཀྱི་སྤྲུལ་པ་ཡིན་པས་འཇམ་དབྱངས་བདུན་བརྒྱུད་དུ་གྲགས་སོ། །འགྲོ་མགོན་ཕྱག་ན་ནི། དྲག་པོའི་སྒོ་ནས་གདུལ་བྱ་སྨིན་པར་མཛད་པ་ཕྱག་ན་རྡོ་རྗེའི་སྤྲུལ་པའོ། །

བཞི་པ་ནི། ཡུམ་མང་མཁར་བ་ཉི་ཁྲི་ལྕམ་གྱི་ལྷུམས་སུ། ཆོས་རྗེ་ཉིད་ཞུགས་པའི་ནུབ་མོ་ཀླུའི་རྒྱལ་པོ་རྒྱན་སྣ་ཚོགས་ཀྱིས་སྤྲས་པ་ལག་པ་གཡས་གཡོན་གཉིས་ན་ཉི་མ་དང་ཟླ་བ་བཟུང་བ་གཅིག་ཁོ་བོ་ཅག་ལ་རེ་ཞིག་གནས་གཡོར་ཅིག་ཟེར་བ་ཡུམ་གྱི་རྨི་ལྟས་སུ་བྱུང་ཞིང་། ཡུམ་གྱི་ལུས་ཟག་པ་མེད་པའི་དགའ་བདེས་ཁྱབ་པར་མཛད། དེ་ནས་ཕྱོགས་ཀུན་འོད་ཀྱིས་ཁྱབ་པ་དང་། མེ་ཏོག་གི་ཆར་འབབ་པ་ལ་སོགས་པ་ངོ་མཚར་བའི་ལྟས་ཁྱད་པར་ཅན་དང་བཅས་ཏེ། ཆུ་ཕོ་སྟག་གི་དཔྱིད་ཟླ་ར་བའི་ཉི་ཤུ་དྲུག་ལ་སྐུ་བལྟམས་ནས། གོག་པོ་འགོག་དུས། སཾ་སྐྲི་ཏའི་སྐད་དང་ལཉྩ་དང་ཝརྟུ་ཨའི་ཡི་གེ་ལ་སོགས་པ་གཞན་ལ་མ་བསླབས་པར་རང་གིས་རང་གིས་ཁོང་དུ་ཆུད་པར་གྱུར་ཏོ། །

དེ་དག་ཚིགས་སུ་བཅད་པའི་ཚུལ་གྱིས་གསུངས་པ་ནི། ལྷོ་ཕྱོགས་འཛམ་གླིང་ཁ་བ་ཅན་གྱི་ལྗོངས། །རྡོ་རྗེ་གདན་ནས་དཔག་ཚད་བརྒྱ་ཡི་བར། །རྣལ་འབྱོར་དབང་ཕྱུག་བྱིན་གྱིས་བརླབས་པའི་གནས། །གྲོམ་པ་ལ་སྟོད་དཔལ་ལྡན་ས་སྐྱ་རུ། །འཁོན་གྱི་གདུང་རྒྱུད་སྐྱེས་བུ་ཆེན་པོ་དེ། །རྩོད་ལྡན་དུས་ཀྱི་ཐམས་ཅད་མཁྱེན་པ་ལྟར། །འགྲོ་བ་གདུལ་ཕྱིར་སྤྲུལ་པའི་སྐུ་བསྟན་ནས། །སྙིགས་མའི་དུས་ཀྱི་སྐྱབས་མཆོག་གྱུར་པ་དེ། །ཆུ་ཕོ་སྟག་ལོ་དཔྱིད་ཟླ་ཉེར་དྲུག་ལ། །ཤེས་རབ་ཟག་མེད་ཡུམ་ལ་བལྟམས་པའི་ཚེ། །འོད་དང་ལྟས་བཟང་རྣམ་པ་དུ་མ་རྣམས། །ཟས་གཙང་སྲས་ལྟར་ངོ་མཚར་དཔག་མེད་བྱུང་། །བཙས་པའི་དུས་ན་སཾ་སྐྲི་ཏ་ཡི་སྐད། །རྒྱ་གར་བོད་དང་སྐད་རིགས་རྣམ་པ་བཞི། །ཡི་གེའི་རིགས་རྣམས་མ་ལུས་ཐུགས་སུ་ཆུད། །ཅེས་གསུངས་པ་ལྟར་རོ། །

གཉིས་པ་ལ། གཞི་ཚུལ་ཁྲིམས་ལ་གནས་པའི་ཡོན་ཏན། ཐོས་བསམ་སྒོམ་པས་རྒྱུད་སྦྱངས་པའི་ཡོན་ཏན། འཆད་རྩོད་རྩོམ་པས་བསྟན་པ་སྤེལ་བའི་ཡོན་ཏན། བླ་མ་དང་། ལྷས་རྗེས་སུ་བཟུང་བའི་ཡོན་ཏན་དང་བཞི། དང་པོ་ནི། ཐོག་མར་རྗེ་བཙུན་ཆེན་པོའི་དྲུང་དུ་ཚངས་པར་སྤྱོད་པའི་དགེ་བསྙེན་གྱི་སྡོམ་པ་ཞུས་ཏེ། མཚན་ཀུན་དགའ་རྒྱལ་མཚན་དུ་གསོལ་ཏེ། དེ་ནས་བྱང་སེམས་ཀྱི་སྡོམ་པ་ལུགས་གཉིས་དང་། རྣལ་འབྱོར་ཆེན་པོའི་དབང་བཞི་ཡོངས་སུ་རྫོགས་པར་ནོད་དེ་སྡོམ་པ་གསུམ་ལྡན་དུ་མཛད་དོ། །དགུང་ལོ་ཉེར་བདུན་བཞེས་པའི་ཚེ་ལོ་སྟོན་རྡོ་རྗེ་དབང་ཕྱུག་གིས་བཞེངས་པའི་ཉང་སྨད་རྒྱན་གོང་ཞེས་བྱ་བའི་གཙུག་ལག་ཁང་དུ། མཁན་པོ་པཎ་ཆེན་ཤཱཀྱ་ཤྲཱི་བྷ་དྲ་དང་། ལས་ཀྱི་སློབ་དཔོན་སྤྱི་བོ་ལྷས་པ་བྱང་ཆུབ་འོད། གསང་སྟེ་བ་ཞུ་དོན་མོ་རི་བ་ལ་སོགས་པའི་དབུས་སུ་རབ་ཏུ་བྱུང་ཞིང་བསྙེན་པར་རྫོགས་པར་མཛད་དོ། །སྔར་གྱི་མཚན་ལ་མཁན་པོའི་མཚན་གྱི་མཐའ་ཅན་དུ་བྱས་ཏེ་ཀུན་དགའ་རྒྱལ་མཚན་དཔལ་བཟང་པོ་ཞེས་མཚན་གསོལ་ཏེ། ཇི་སྐད་དུ། དགུང་ལོ་ཉི་ཤུ་རྩ་བདུན་བཞེས་པའི་དུས། །འགྲན་ཟླ་ཀུན་བྲལ་པཎ་ཆེན་ཤཱཀྱ་ཤྲཱི། །མཁས་མང་དབུས་སུ་དེས་ནི་མཁན་པོ་མཛད། །ལས་ཀྱི་སློབ་དཔོན་སྤྱི་བོ་ལྷས་པས་མཛད། །དོན་མོ་རི་བས་གསང་སྟེ་སྟོན་པ་མཛད། །དེ་སོགས་དགེ་འདུན་རྒྱ་མཚོ་ལྟ་བུའི་དབུས། །རབ་ཏུ་བྱུང་ཞིང་བསྙེན་པར་རྫོགས་པར་མཛད། །ཅེས་པ་ལྟར་རོ། །

གཉིས་པ་ནི། དེ་བཞིན་གཤེགས་པའི་སྐུའི་ཆག་ཚད་ལ་སོགས་པ་གཟོ་རིག་པ། སྨན་ཡན་ལག་བརྒྱད་པ་ལ་སོགས་པའི་གསོ་བ་རིག་པ། སྙན་ངག་སྡེབ་སྦྱོར་མངོན་བརྗོད་ལ་སོགས་པའི་སྒྲ་རིག་པ། སྡེ་བདུན་མདོ་དང་བཅས་པ་ལ་སོགས་པ་ཚད་མ་རིག་པ། སྡེ་སྣོད་གསུམ་དང་། རྒྱུད་སྡེ་བཞི་ལ་སོགས་པའི་ནང་རིག་པ་ལ་སོགས་པ་ཤེས་བྱའི་གནས་མཐའ་དག་ཐོས་པའི་སྒོ་ནས་གཏན་ལ་ཕབ་བསམ་བྱུང་གི་རིགས་པས་ཚུལ་བཞིན་དུ་དཔྱད། སྒོམ་པ་མཐར་ཕྱིན་པའི་རྟགས་སུ་མངོན་ཤེས་ཐོགས་མེད་དུ་འཆར་བ། ཏིང་ངེ་འཛིན་དཔག་མེད་ལ

བརྟན་པ་ཐོབ་པས་དབུའི་གཙུག་ཏོར། སྨིན་མཚམས་ཀྱི་མཛོད་སྤུ། གསང་བའི་གནས་སྦུབས་སུ་ནུབ་པ་ལ་སོགས་པའི་མཚན་དང་དཔེ་བྱད་ཀྱི་ཡོན་ཏན་མཐའ་ཡས་པ་མངའ་བ་ཡིན་ནོ། །གཞན་ཡང་ཆོས་མངོན་པ་དང་ཚད་མ་སྡེ་བདུན་མདོ་དང་བཅས་པ་མནལ་ལམ་དུ་འབད་པ་ཆུང་ངུའི་སྒོ་ནས་ཐུགས་ལ་མངའ་བའི་ཡོན་ཏན་དང་ལྡན་ཏེ། ཇི་སྐད་དུ། དགུང་ལོ་བཅོ་བརྒྱད་ལོན་པའི་མནལ་ལམ་དུ། །མ་ཕྱི་མཆོད་རྟེན་ཆེན་པོའི་དྲུང་དུ་ནི། །དབྱིག་གཉེན་ཞེས་བྱའི་དགེ་སློང་ངུར་སྨྲིག་ཅན། །ཆོས་ཀྱི་མ་མོ་མངོན་པའི་མཛོད་ཚིག་རྣམས། །འཆད་པ་ཐོས་ཤིང་གུས་པའི་ཚུལ་གྱིས་ཉན། །མནལ་སད་མ་ལུས་ཐུགས་སུ་ཆུད་པར་གྱུར། །རྒྱ་གར་ཤར་ཕྱོགས་རྣམ་པར་རྒྱལ་བ་ཡི། །ཞིང་ཞེས་བྱ་བར་འཁོར་ལོ་ཅན་གྱི་ཡུལ། །སློབ་དཔོན་ཕྱོགས་ཀྱི་གླང་པོ་ཞེས་བྱ་བའི། །བྲག་ཕུག་ཡིན་ཟེར་ཤིན་ཏུ་ཉམས་དགའ་བར། །ཚད་མ་སྡེ་བདུན་ཀུན་བཏུས་ལ་སོགས་པ། །གླེགས་བམ་མང་པོའི་ལྟེ་མིག་གཏད་པ་རྨིས། །མནལ་སད་ཉམས་སྣང་རྟོགས་པ་ལྷག་པར་རྒྱས། །ཞེས་གསུངས་པའི་ཕྱིར་རོ། །དེ་སྐད་དུ་ཡང་། བདག་གིས་སྒྲ་དང་ཚད་མ་བསླབས། །ཚིག་གི་སྡེབ་སྦྱོར་རྣམས་ཀྱང་ཤེས། །རྒྱན་དང་མངོན་བརྗོད་ཕལ་ཆེར་གོ། །འདུལ་བ་དང་ནི་མངོན་པ་དང་། །ཕ་རོལ་ཕྱིན་པའང་ཕལ་ཆེར་ཐོས། །གསང་སྔགས་རྒྱུད་སྡེ་བཞི་པོ་ཡང་། །ཉན་བཤད་ཡོད་པ་ཕལ་ཆེར་ཐོས། །ཐོས་པ་དེ་དག་ཐམས་ཅད་ཀྱང་། །མིང་རྐྱང་ཙམ་དུ་མ་བཞག་གོ། །བྱེ་བྲག་སྨྲ་དང་མདོ་སྡེ་པ། །སེམས་ཙམ་དང་ནི་དབུ་མ་ཡི། །གདམས་ངག་ཇི་སྙེད་ཕལ་ཆེར་ཐོས། །དེང་སང་བོད་ལ་གྲགས་པ་ཡི། །ཞི་བྱེད་རྫོགས་ཆེན་གཅོད་ལ་སོགས། །སྐབས་བརྒྱད་ཅིག་ཅར་སྒོམ་པ་དང་། །ཕ་རོལ་ཕྱིན་པའི་བློ་སྦྱོང་དང་། །བཀའ་གདམས་གདམས་ངག་ལུགས་གཉིས་དང་། །ས་ར་ཧ་དང་ཏི་ལོ་པ། །ནག་པོ་སྤྱོད་པའི་དོ་ཧ་དང་། །རྣལ་འབྱོར་དབང་ཕྱུག་བིརྺ་པའི། །དོ་ཧ་སེང་གེ་ཞེས་བྱ་སོགས། །དོ་ཧའི་བྱེ་བྲག་དུ་མ་ཐོས། །རིམ་ལྔ་སྟོན་ཐོག་གཅིག་མ་དང་། །ན་རོའི་ཆོས་དྲུག་ལུགས་གསུམ་དང་། །གསང་བ་འདུས་པ་ཡེ་ཤེས་ཞབས། །དེ་བཞིན་འཕགས་སྐོར་གདམས་ངག་དང་། །དགྱེས་པ་རྡོ་རྗེ་སྙིང་པོའི་སྐོར། །གཤིན་རྗེའི་གཤེད་དང་འཇིགས་བྱེད་སོགས། །དེ་ཡི་གདམས་ངག་གསར་རྙིང་དང་། །འཁོར་ལོ་སྡོམ་པའི་གདམས་ངག་དང་། །དུས་ཀྱི་འཁོར་ལོའི་སྦྱོར་དྲུག་སོགས། །མཚན་བརྗོད་བཤད་པ་ལུགས་དྲུག་དང་། །འཆི་མེད་གྲུབ་པའི་གདམས་ངག་དང་། །ལམ་འབྲས་ལ་སོགས་ལམ་སྐོར་དགུ། །དེ་ལས་འཕྲོས་པ་དུ་མ་དང་། །གཞན་ཡང་བོད་དང་རྒྱ་གར་ལ། །དེང་སང་གྲགས་པ་ཕལ་མོ་ཆེ། །བདག་གིས་འབད་དེ་ལེགས་པར་མཉན། །བསླབས་པ་དེ་དག་མིང་རྐྱང་མིན། །དེ་ཕྱིར་ཆོས་རྣམས་ཕལ་ཆེར་ཐོས། །དེས་ན་བདག་ལ་ཕྱོགས་ལྷུང་མེད། །དེ་ཕྱིར་གཟུ་བོས་དཔྱད་པ་འདི། །བློ་ལྡན་རྣམས་ཀྱིས་འདི་ལྟར་ཟུངས། །ཞེས་གསུངས་སོ། །

གསུམ་པ་ལ། འཆད་པ་རྩོད་པ་རྩོམ་པས་བསྟན་པ་སྤེལ་བའི་ཚུལ་ལོ། །དང་པོ་ནི། བཀའ་དང་དེའི་དགོངས་འགྲེལ་གྱི་གསུང་རབ་མཐའ་དག་གདུལ་བྱ་སོ་སོའི་བློ་དང་འཚམས་པ་རྗོད་བྱེད་ཀྱི་ཚིག་གོ་བདེ་ཞིང་བརྗོད་བྱའི་དོན་ཕྱིན་ཅི་མ་ལོག་པ་བསྟན་པའི་སྒོ་ནས་བསྟན་པ་དར་རྒྱས་སུ་མཛད་པ་ཡིན་ཏེ། དགུང་ལོ་དགུ་པ་ལ་སྐྱབ་ཐབས་མཚོ་སྐྱེས། བཅུ་གཅིག་པའི་དུས་སུ་བརྟག་གཉིས། སངས་རྒྱས་མཉམ་སྦྱོར་ལ་སོགས་པ་གསུངས་ནས། བདུན་ཅུ་པའི་བར་དུ་བཤད་ཉན་རྒྱུན་མ་ཆད་པར་མཛད་པས་སོ། །ཇི་སྐད་དུ། བཟོ་དང་གསོ་བ་སྒྲ་ཚད་ནང་རིག་སོགས། །ཡོན་ཏན་རིན་ཆེན་རྒྱན་གྱིས་སྤྲས་པ་ཡི། །འགྲོ་བའི་བླ་མ་ཆོས་རྗེ་ས་སྐྱ་པ། །མཚན་ནི་ཡོངས་སུ་གྲགས་པའི་ཆོས་རྗེ་ཡི། །གྲགས་པས་ཁྱབ་པའི་ཡོན་ཏན་འདི་ལྟར་ལགས། །དགུང་ལོ་དགུ་པར་མཚོ་སྐྱེས་རྡོ་རྗེ་དང་། །གསང་སྔགས་ཕྲ་མོ་ཅི་རིགས་ཐུགས་ལས་གསུངས། །བཅུ་གཅིག་དུས་སུ་བརྟག་པ་གཉིས་པ་དང་། །ཀྱཻ་རྡོར་ལ་སོགས་སངས་རྒྱས་མཉམ་སྦྱོར་གསུངས། །བཅུ་གཉིས་དུས་སུ་གུར་དང་སཾ་པུ་ཊི། །ཐབས་ཤེས་གཉིས་སུ་མེད་པའི་རྒྱུད་སྡེ་གསུངས། །ཞེས་གསུངས་པ་ལྟར་རོ། །

གཉིས་པ་ནི། འགྲོ་བའི་བླ་མ་འདི་ཉིད་ཀྱི་སྙན་པའི་གྲགས་པ་རྒྱ་གར་ཤར་ནུབ་ཀུན་ཏུ་ཆེས་ཆེར་ཁྱབ་པར་གྱུར་པ་ན། འཕྲོག་བྱེད་དགའ་བོ་ལ་སོགས་པ་ཕྱི་རོལ་པའི་སྟོན་པ་དྲུག་གིས་བརྩད་པར་བརྩམས་ཏེ་མང་ཡུལ་སྐྱིད་གྲོང་གི་འཕགས་པ་ཝ་ཏིའི་གཙུག་ལག་ཁང་དང་འདབ་འབྱོར་བའི་ཚོང་དུས་སུ། རྩོལ་བ་ངན་པ་དེ་དག་རིགས་པའི་སྒོ་ནས་ཚར་བཅད། རལ་པའི་ཁྱུར་བྲེགས་ནས་ཉིད་ཀྱི་ཐད་དུ་རབ་ཏུ་བྱུང་བར་མཛད་ཅིང་ཤཱཀྱའི་བསྟན་པ་ལ་རྨ་འབྱིན་པ་གང་དག་བྱུང་བ་ན་སླར་ཡང་ཚར་གཅད་པར་བྱའོ་ཞེས་དགོངས་ཏེ་ཚིགས་སུ་བཅད་པའང་གསུངས་པ་ཡིན་ནོ། །རྒྱ་མཚོའི་གོས་ཅན་རྒྱ་མཚོའི་མཐའ་ཀླུས་ས་ཆེན་འདི་ན་ལྷ་ཆེན་པོ། །འཕྲོག་བྱེད་བྲན་བྱེད་དེ་དག་ལྟར་བྱེད་ཐུབ་པ་དྲང་སྲོང་སྐར་དགའ་སོགས། །རྒྱས་པ་གྲོག་མཁར་བ་དང་རྐང་མིག་གཟེག་གཟན་སེར་སྐྱའི་རྗེས་འཇུག་པ། །ཐོར་གཙུག་ཤིང་ཤུན་ལོ་མའི་གོས་ཅན་ཐལ་བ་དབྱུག་གུ་ཀུ་ཤ་ཐོགས། །རལ་པའི་ཁྱུར་འཛིན་མུཉྫ་ལིགས་བགྲིས་རི་དྭགས་གཡང་གཞིའི་སྟོད་གཡོགས་ཅན། །སོ་རིས་གསུམ་མཚན་རྩེ་མོ་ཅན་མཆོད་ཚངས་སྐྱུད་མཆོད་ཕྱིར་ཐོགས་པ་འཆང་། །རིག་བྱེད་ཀུན་སྤྱངས་ངེས་བརྗོད་འདོན་མཁས་སྒྲ་དང་སྡེབ་སྦྱོར་མཐར་སོན་པ། །བདག་ཏུ་ལྟ་བའི་ལྟ་བ་ལ་བལྟ་རྒྱུན་དུ་དཀའ་སྤྱོད་ང་རྒྱལ་ཅན། །དེ་ལྟའི་ཚུལ་ཅན་མུ་སྟེགས་གླང་ཆེན་རབ་ཏུ་མྱོས་པའི་ཀླད་འགེམས་པ། །དཔལ་ལྡན་སྨྲ་བའི་སེང་གེ་བློ་གྲོས་སྟོབས་ལྡན་རིགས་པའི་མཆེ་བ་ཅན། །བཙ་སྦྱོད་བྱེད་གཞུང་ཡན་ལག་རབ་རྫོགས་བདེ་གཤེགས་བསྟན་པའི་རལ་པས་བརྗིད། །ལེགས་སྦྱར་ང་རོ་གཏན་ཚིགས་གད་རྒྱངས་ལྷག་ཆོད་སྲུན་འབྱིན་མིག་བགྲད་པ། །དེ་ལྟའི་རི་དྭགས་རྒྱལ་པོ་དེ། །དཔལ་

ལྡན་ས་སྐྱའི་གདངས་རིར་གནས། །བློ་གསལ་རྣམས་ཀྱི་རི་དྭགས་སྐྱོང་། །རྩོལ་བ་ངན་པའི་ལྷ་ཚོགས་འཇོམས། །ད་དུང་དུ་ཡང་མུ་སྟེགས་བྱེད། །ཐམས་ཅད་ཆོས་ཀྱིས་ཕམ་བྱས་ནས། །བདེ་བར་གཤེགས་པའི་བསྟན་པའི་ཚུལ། །ཀུན་དགའི་རྒྱལ་མཚན་འཛིན་པར་ཤོག །ཅེས་གསུངས་སོ། །

གསུམ་པ་ནི། ཤེས་བྱ་མཐའ་དག་ལ་མི་འཇིགས་པའི་སྤོབས་པ་བརྙེས་པའི་སྒོ་ནས་མ་འོངས་པའི་གདུལ་བྱ་ལ་ཐར་ལམ་ཕྱིན་ཅི་མ་ལོག་པ་བསྟན་པའི་ཆེད་དུ་བདེ་བར་གཤེགས་པའི་གསུང་རབ་ཀྱི་དགོངས་པ་འགྲེལ་བའི་བསྟན་བཅོས་མང་དུ་མཛད་དེ། སྒྲའི་བསྟན་བཅོས་མཁས་པ་འཇུག་པའི་སྒོ་དང་། སྒྲ་ཉེ་བར་བསྡུ་བ་ལ་སོགས་པ་མཛད། སྡེབ་སྦྱོར་གྱི་བསྟན་བཅོས་སྣ་ཚོགས་མེ་ཏོག་ཆུན་པོ། མིང་གི་མངོན་བརྗོད་ཚིག་གི་གཏེར། ཟློས་གར་གྱི་བསྟན་བཅོས་རབ་དགའི་འཇུག་པ། ཚད་མའི་བསྟན་བཅོས་རིགས་གཏེར་འགྲེལ་པ་དང་བཅས་པ། ཕར་ཕྱིན་ཐེག་པའི་བསྟན་བཅོས་ཐུབ་པའི་དགོངས་པ་གསལ་བ། རྡོ་རྗེ་ཐེག་པའི་བསྟན་བཅོས་བདག་མེད་མའི་བསྟོད་འགྲེལ་ལ་སོགས་པ་གསུང་རབ་མཐའ་དག་གི་དགོངས་པ་ཕྱོགས་གཅིག་ཏུ་བསྡུས་པ་སྡོམ་པ་གསུམ་གྱི་རབ་ཏུ་དབྱེ་བ། དེ་དག་གི་དཀའ་བའི་གནད་ཀྱི་དྲིས་ལན། ཐམས་ཅད་ཀྱི་སྙིང་པོ་བསྡུས་པ་ཕྱོགས་བཅུའི་སངས་རྒྱས་ཀྱི་སྤྲིངས་ཡིག་ལ་སོགས་པ་ངོ་མཚར་བའི་བསྟན་བཅོས་དུ་མ་མཛད་དོ། །

བཞི་པ་ལ། བླ་མས་རྗེས་སུ་བཟུང་བའི་ཚུལ། ལྷག་པའི་ལྷས་རྗེས་སུ་བཟུང་བའི་ཚུལ་ལོ། །དང་པོ་ནི། རྗེ་བཙུན་ཆེན་པོ་ལ་ལམ་ཟབ་མོ་བླ་མའི་རྣལ་འབྱོར་ཞུས་པའི་དུས་སུ། རྗེ་བཙུན་ཆེན་པོ་སངས་རྒྱས་ཐམས་ཅད་ཀྱི་ངོ་བོ་རྗེ་བཙུན་འཇམ་པའི་དབྱངས་སུ་དངོས་སུ་གཟིགས་པའི་སྒོ་ནས་ཆོས་ཐམས་ཅད་ཀྱི་གནད་ཕྱིན་ཅི་མ་ལོག་པར་གོ་བ། ཏིང་ངེ་འཛིན་གྱི་རྟོགས་པ་བསམ་གྱིས་མི་ཁྱབ་པ་ཐུགས་རྒྱུད་ལ་བརྙེས་པས་རྒྱ་བོད་ཀྱི་རྒྱལ་པོ་དྲེགས་པ་ཅན་རྣམས་ཀྱང་རང་གི་ངང་གིས་འདུད་པ་ལ་སོགས་པ་དང་། རྒྱ་གར་ཤར་ནུབ་ན་མཁས་པར་གྲགས་པའི་ཁ་ཆེ་པཎ་ཆེན་དྷ་ན་ཤཱི་ལ་སཾ་གྷ་ཤཱི་ལ་སུ་ཧྲ་ཤཱི་ལ་ལ་སོགས་པ་རྣམས་སྤྱན་དྲངས་པ་བཞིན་ཉིད་ཀྱི་ཐད་དུ་བྱོན་ནས་རིག་པའི་གནས་མཐའ་དག་སློར་བ་ལ་སོགས་པ་ཆོས་དང་འཇིག་རྟེན་གྱི་དགེ་ལེགས་ཐམས་ཅད་ལྷུན་གྱིས་གྲུབ་པའི་ཚུལ་དུ་བླ་མས་རྗེས་སུ་བཟུང་བ་ཡིན་ནོ། །

གཉིས་པ་ནི། ཚིགས་སུ་བཅད་པ་འདི་ལྟར་དུ་ཤེས་པར་བྱ་བ་ཡིན་ཏེ། སྐུ་ལ་འབྱུང་བཞིའི་ནད་ཀྱིས་བསྣུང་བའི་ཚེ། །ཞི་བ་ལྷ་དང་འཕགས་པ་ཀླུ་སྒྲུབ་དང་། །འཇམ་དབྱངས་མགོན་པོ་ཡེ་ཤེས་སེམས་དཔའ་དང་། །སྤྱན་རས་གཟིགས་དབང་རྗེ་བཙུན་སྒྲོལ་མ་དང་། །ས་བཅུའི་དབང་ཕྱུག་བྱམས་པ་མི་གཡོ་མགོན། །ཞལ་བསྟན་མངོན་སུམ་དུ་ནི་གཟིགས་ནས་ཀྱང་། །ཞི་བ་ལྷ་ཡི་ཞལ་ནས་འདི་སྐད་གསུངས། །སྡུག་བསྔལ་ཀུན་འབྱུང་

འབྲས་བུར་ཤེས་པར་གྱིས། །འབྱུང་བཞིའི་ལུས་ལ་སྐྱེ་འཆི་ཡོད་དོ་གསུང་། །དེ་ལྟར་འཕགས་པ་ཆེན་པོ་ཀླུ་སྒྲུབ་ཀྱིས། །འདུས་བྱས་མི་རྟག་ལ་སོགས་ཆོས་ཀྱི་སྡོམ། །སྒྱུ་མའི་དཔེ་བརྒྱད་མི་རྟག་པར་ཡང་གསུངས། །འཇམ་པའི་དབྱངས་ཀྱིས་སྐྱེ་བ་ཐམས་ཅད་དུ། །ལྷག་པའི་ལྷ་མཆོག་དམ་པར་ཞལ་གྱིས་བཞེས། །སྤྱན་རས་གཟིགས་ཀྱི་ཕྱག་གིས་སྐུ་ལ་བྱུགས། །རྗེ་བཙུན་སྒྲོལ་མས་འཁོར་བ་སྒྲོལ་ཞེས་གསུངས། །བྱམས་པ་མགོན་པོས་ཏིང་འཛིན་བརྒྱ་ཕྲག་གི །སྒོ་དབྱེ་ས་ལམ་ལུང་བསྟན་མངོན་སུམ་མཛད། །མི་གཡོ་མགོན་པོས་བདུད་བཞིའི་བར་གཅོད་དང་། །ལམ་གྱི་འཇིགས་པ་བསལ་ཞེས་དབུགས་དབྱུང་མཛད། །ཉི་ཤུ་དགུ་ཡི་ནམ་ཕྱེད་གྱུར་པ་ན། །དེ་བཞིན་གཤེགས་པ་སྒྲ་དབྱངས་མི་བཟད་པ། །སྒྲོགས་པའི་རྒྱལ་པོ་མངོན་སུམ་གཟིགས་གྱུར་ཅིང་། །རྒྱས་འབྲིང་བསྡུས་གསུམ་དེ་ཉིད་སྣས་དོན་ཞུས། །དེ་ཡི་ཐོ་རངས་སྤྱན་རས་གཟིགས་མགོན་ལ། །ཐུགས་རྗེས་བྱང་ཆུབ་མཆོག་ཏུ་སེམས་བསྐྱེད་ཞུས། །ཉི་མ་འཆར་ཁར་འཇམ་དབྱངས་ཞབས་དྲུང་དུ། །ཤེས་བྱའི་གནས་ལ་ཐེ་ཚོམ་དྲ་བ་བཅད། །སློན་དྲུག་ཟླ་བའི་ཡར་ཚེས་དྲུག་གི་ཉིན། །པི་ཤང་གླིང་བུ་རོལ་མོའི་སྒྲ་རྣམས་བྱུང་། །དང་ལྡན་སྐྱེ་བོས་ལྟས་བཟང་སེམས་པ་ལ། །ཆོས་རྗེ་ཐུགས་ནི་རངས་པར་མ་གྱུར་ཏོ། །བཅུ་གསུམ་སྔ་དྲོ་གཟིམ་ཁང་བཞུགས་པའི་ཚེ། །སེང་གེའི་ཁྲི་ལ་སངས་རྒྱས་བཅོམ་ལྡན་འདས། །ཉན་ཐོས་དགྲ་བཅོམ་འཁོར་གྱི་ཚོགས་ནང་དུ། །བཅུ་གཉིས་བདེན་བཞིའི་ཆོས་འཁོར་བསྐོར་བ་ལ། །ཡན་ལག་བདུན་པ་བཟང་སྤྱོད་མདོ་ཡི་ལུགས། །སློན་ལམ་རྒྱལ་པོ་ལྷ་ཡི་སྐད་དུ་བཏབ། །བཅུ་བཞིའི་ཉིན་བར་སྤྲིན་གྱི་ཕུང་པོའི་ནང་། །ཀྱཻ་ཡི་རྡོ་རྗེ་ལྷ་དགུའི་དཀྱིལ་འཁོར་ལ། །བཤད་པའི་རྒྱུད་འཛིན་རིག་འཛིན་སྡོམ་པ་ཞུས། །ལྔ་གསུམ་ཟླ་རྒྱས་བསྐོར་བ་མཛད་པའི་ཚེ། །ནམ་མཁའི་མཐོངས་སུ་འཇའ་འོད་འཁྲིལ་བའི་དབུས། །རྗེ་བཙུན་སྒྲོལ་མ་ལན་གསུམ་ཞལ་གཟིགས་ཏེ། །ཕྱག་གཉིས་ཐལ་སྦྱར་ཨ་བི་ཏྭ་ར་ཞེས། །གཟིམ་པ་ནས་བཞེངས་བདུག་སྤོས་ཕུལ་ནས་ནི། །པི་ཅི་ལ་སོགས་བུ་སློབ་ཚོགས་རྣམས་ལ། །མཁའ་ལ་ཅི་འདུག་ཁྱེད་ཀྱིས་མཐོང་གྱུར་རམ། །རོལ་མོ་ཐོས་སམ་ཡིད་ལ་བདེ་མཐོང་ངམ། །ནམ་མཁའི་མཐོངས་སུ་རོལ་མོའི་སྒྲ་རྣམས་གྲགས། །ཞེས་གསུངས་པ་ལྟར་རོ། །

གཉིས་པ་གཞན་རྗེས་སུ་འཛིན་པའི་ཡོན་ཏན་ལ། ཆགས་ཐོགས་མེད་པའི་མངོན་ཤེས་མངའ་བའི། འཛམ་གླིང་ཆེ་དགུས་ཞབས་ལ་གཏུགས་པའི། རྨད་དུ་བྱུང་བའི་ལུང་བསྟན་བརྙེས་པའི། སྐུ་གསུང་ཐུགས་ཀྱི་རྟེན་མཆོག་སྤྲུལ་པའི། བསྟན་པའི་གསལ་བྱེད་སློབ་མ་བསྐྲུན་པའི་ཡོན་ཏན་དང་ལྔ། དང་པོ་ནི། ཧོར་ཡུལ་དུ་ཕྱག་ཕེབས་པའི་ལམ་ཁར་མི་ཉག་གཅིག་གིས་དར་སྔོན་པོ་ལ་གསེར་གྱི་ཡིག་ལེ་མང་དུ་བྱས་པ་ཞིག་ཕུལ་བའི་ཚེ། དེ་ལྟ་རྗེ་པི་ཅི་ལ་གནང་ནས་ཁྱེད་རང་འདི་ཚགས་ཀྱིས། ནམ་མཁའ་དྭངས་པ་ལ་སྐར་མ་བཀྲ་བ་ལྟ་བུའི

བསྟན་པ་གཅིག་འུ་ཙག་ལ་འོང་བ་ཡིན། ས་སྐྱ་པས་རིང་སྲེལ་བཀག་ཟེར་བ་ཡོད་ཀྱང་འཕགས་པ་གསུམ་གྱི་རིང་སྲེལ་ཡོན་ཏན་གྱི་སྟོབས་ལས་འབྱུང་བས། ཁོ་བོ་ཅག་ལའང་རྟེན་རིང་སྲེལ་གྲངས་མང་དུ་འབྱུང་བས། དེའི་ན་བཟའ་བྱེད་དགོས་གསུངས་པ་དང་། ལྟུགས་མོ་ཕག་ལ་གཞན་དོན་ལ་འགྲོན་པར་ལུང་བསྟན་པ་རྣམས་ཇི་ལྟ་བ་བཞིན་ཐོག་ཏུ་བབས་པའི་མངོན་ཤེས་མངའ་བ་ཡིན་ནོ། །

གཉིས་པ་ལ། མིའི་རྒྱལ་པོས། ཀླུའི་རྒྱལ་པོས། འབྱུང་པོའི་རྒྱལ་པོས་ཞབས་ལ་གཏུགས་པའི་ཡོན་ཏན་དང་གསུམ། དང་པོ་ནི། ཆོས་ཀྱི་རྗེ་འདི་ཉིད་ཀྱི་སྐུན་པའི་གྲགས་པས་འཛམ་གླིང་ཀུན་ཏུ་ཁྱབ་པའི་ཚེ་བྱང་ཆུབ་སེམས་དཔའི་སྤྲུལ་པ་རྒྱལ་པོ་གོ་དན་གྱིས་གདན་འདྲེན་བཏང་བ་ན། སྔར་རྗེ་བཙུན་ཆེན་པོས་ཁྱོད་ཀྱི་ཚེའི་མཇུག་ཏུ། ཞྭ་ཁྲ་འདྲ་བ། ལྷམ་ཕག་སྣ་འདྲ་བ་གྱོན་པའི་ཆ་ལུགས་འདི་འདྲ་བས་སྤྱན་འདྲེན་པ་འོང་དེའི་ཚེ་ཐེ་ཚོམ་མེད་པར་སོང་ཞིག་དང་། བསྟན་པ་དང་སེམས་ཅན་ལ་ཕན་པ་རྒྱ་ཆེན་པོ་འབྱུང་ངོ་། །ཞེས་ལུང་བསྟན་པ་དྲན་ནས། དགུང་ལོ་རེ་གསུམ་པ་ཤིང་ཕོ་འབྲུག་གི་ལོར། དཔལ་ལྡན་ས་སྐྱ་ནས་ཕྱག་བཏེགས། མེ་ཕོ་རྟའི་ལོ་ལ་ཕོ་བྲང་ལིང་ཆུ་རྩེ་རར་ཕེབས། རྒྱལ་པོ་འཁོར་བཅས་ཀྱིས་ཟབ་པ་དང་རྒྱ་ཆེ་བའི་ཆོས་མང་དུ་ཞུས། ཧོར་གྱི་རྒྱལ་ཁམས་དཀོན་མཆོག་མཆོད་པ་དང་སེམས་ཅན་ལ་ཕན་པ་སྒྲུབ་པ་སོགས་དགེ་བཅུའི་ལམ་ལ་འགོད་པར་མཛད་དོ། །

གཉིས་པ་ནི། ལུག་ལོ་ཟླ་བ་གཉིས་པའི་ཚེས་བཅུ་གཅིག་གི་ཐོ་རངས་མནལ་ལམ་དུ། མི་འཐིང་པོ་ལུས་ལ་སྦྲ་དང་ཤུ་བས་ཁེངས་པ་གཅིག་བྱུང་བ་ན་རེ། ཡུལ་ཕྱོགས་འདི་རྣམས་སུས་ཀྱང་མ་བཟུང་བའི་དུས་སུ། ངའི་དཔོན་དེས་བདག་པོ་བྱས་པ་ཡིན། དེའི་ཚེ་གོ་དན་འདི་མི་ཉག་གི་རྒྱལ་པོ་གཅིག་ཏུ་སྐྱེས། ངེད་ཀྱི་ཁང་པའི་སྟེང་དུ་མཁར་ལས་བྱས། ངེད་དཔོན་གཡོག་རིས་མནན་པ་བཞིན་དུ་སོང་། དེ་ནས་བྱང་ཕྱོགས་འདིར་འོང་ཡུལ་བཟུང་བ་ཡིན་ཡང་དེར་མི་ཉག་གི་རྒྱལ་པོ་འོང་ནས་གནོད་པ་མང་དུ་བྱས། ད་ལྟ་ཡང་གོ་དན་འདིས་ངེད་ཀྱི་སྡོད་སའི་སྟེང་དུ་རྟ་བསད་རྟ་ཁྲག་གིས་གང་བར་བྱས་པས་ངེད་ལ་ལན་ལ་ལཤི་ཟེར་ནས་ལུས་ལ་སྦྲུལ་པ་དང་ལྷོང་མོ་ཕྱེད་སྐམ་འཆི་ལ་ཁད་མང་པོ་བསྟན། སྔར་གོ་དན་གྱི་མཆོད་གནས་གཞན་རྣམས་ཀྱིས་སྔོན་ལམ་རེ་བཏབ་ཀྱང་དེད་ཀླུ་ལ་ཕན་པ་མ་བྱུང་། ཁྱེད་ས་སྐྱ་པས་བཟའ་བ་དང་སྨན་བྱས་པས་ཕན་པར་བྱུང་། ངེད་ཀྱི་དཔོན་དེ་ཤི་ན་གོ་དན་ཡང་འཆི། དཔོན་དེ་སོས་ན་གོ་དན་ཡང་སོས་པས་འབད་པ་ཆེན་པོ་གྱིས་ཤིག་ཟེར་བ་བྱུང་། དེ་ནས་ཆོས་ཀྱི་རྗེས་རྒྱལ་པོའི་དོན་དུ་སེང་གེ་སྒྲའི་ཆོག་མཛད་དེ་རྒྱལ་པོ་ཀླུ་དང་བཅས་པ་རྣམས་ནད་ལས་གྲོལ་ལོ། །

གསུམ་པ་ནི། ཆོས་ཀྱི་རྗེ་སྲིན་པོ་རི་ན་བཞུགས་པའི་ཚེ། ཐོ་རངས་མནལ་ལམ་དུ་མི་སྐྱ་ཤར་རེ་བ་གཅིག་བྱུང་ནས་ཕྱག་འཚལ་ཕྱག་རྟེན་ཕུལ་ནས། སེམས་ཅན་ཐམས་ཅད་སྐྱེ་རྒ་ན་འཆིའི་ཆུ་བོ་བཞིས་ཉམ་ཐག་པར་མི་གདའ་ལགས་སམ་ཞེས་ཟེར་བ་ལ། དེ་བཞིན་འདུག་གསུངས་པས། འདི་ལས་ཐར་བའི་གསོལ་འདེབས་ཅིག་ཞུ་ཟེར་བ་ལ། སྐྱེ་བ་སྐྱེ་བ་མེད་པའི་ཚུལ་རྟོགས་ཀྱང་། །ད་དུང་སྐྱེ་བའི་གཟེབ་ལས་བདག་མ་གྲོལ། །སྐྱེ་བ་ཀུན་ཏུ་སྐྱེ་བར་སྐྱེ་འགྱུར་བས། །སྐྱེ་ངན་སྐྱེ་བ་བདག་ལ་བསྐྱབ་ཏུ་གསོལ། །ཟེར་བ་གྱིས་ལ་གསོལ་བ་ཐོབ། ཅེས་གསུངས་པས། འོ་ན་རྒ་བ་ལ་སོགས་པ་གཞན་གསུམ་ལའང་དེ་བཞིན་དུ་སྦྱར་རྒྱུང་དམ་ཞུས་པས་རྒྱུང་གསུངས་པས། དཔལ་ལྡན་བླ་མ་ཀུན་མཁྱེན་ཆོས་ཀྱི་རྗེ། །སྐྱེ་བ་འདི་དང་སྲིད་པ་ཐམས་ཅད་དུ། །བླ་མ་ཁྱེད་ཀྱི་བཀའ་དྲིན་རྗེས་བཟུང་ནས། །སྐྱེ་རྒ་ན་འཆིའི་སྡུག་བསྔལ་བསྐྱབ་ཏུ་གསོལ། །ཞེས་ཟེར་ཞིང་ཕྱག་འཚལ་ནས་བཀའ་དྲིན་ཆེ་ཞེས་སོང་བར་རྨིས་ཤིང་། མནལ་སད་པ་ན་གཙུག་ལག་ཁང་དེའི་བཀའ་སྲུང་རྒྱལ་པོ་དེ་ཡིན་པར་དགོངས་སོ། །

གསུམ་པ་ནི། ས་སྐྱར་ཆོས་འཆད་པའི་ཚེ། ནམ་མཁར་རྗེ་བཙུན་གྲགས་པ་རྒྱལ་མཚན་གྱིས་ཁྱོད་ཀྱི་སྐྱེ་བ་ཉི་ཤུ་རྩ་ལྔའི་བར་གྱི་བླ་མ་རྗེ་བཙུན་འཇམ་པའི་དབྱངས་ཡིན་ནོ། །ཞེས་ལུང་བསྟན་ཅིང་། ཕོ་བྲང་ལིང་རྩེར་ནད་པ་ནད་གཡོག་མེད་པ་གཅིག་གིས་རྒྱུ་མཚན་ཞུས་པས་སྙིང་རྗེ་ཚད་མེད་པ་འཁྲུངས་ཏེ་སངས་རྒྱས་བྱང་ཆུབ་སེམས་དཔའ་རྣམས་ཀྱང་འདི་འདྲ་བ་ལ་མི་གཟིགས་པ་ཐུགས་རྗེ་ཆུང་སྙམ་དུ་དགོངས་པའི་ཚེ་དབུས་སུ་རྗེ་བཙུན་ཆེན་པོ་གཡས་སུ་བིརྺ་པ། གཡོན་དུ་ནག་པོ་པ་རྣམས་དངོས་སུ་བྱོན་ནས། ཁྱོད་དེ་ལ་ཡི་ཆད་མ་བྱེད་ཟག་བཅས་ཀྱི་ལུས་འདི་ལ་སྐྱེ་རྒ་ན་འཆིའི་ཆུ་བོ་བཞི་ཡོད་པ་ཆོས་ཉིད་ཡིན་གསུང་ཞིང་། རྗེ་བཙུན་ཆེན་པོས། ཁྱོད་འདི་ནས་གཞན་དོན་ལ་འགྲོ་བའི་དུས་སུ་ཤར་ཕྱོགས་ཀྱི་འཇིག་རྟེན་གྱི་ཁམས་དཔག་ཏུ་མེད་པ་བརྒལ་བའི་ཕ་རོལ་ཏུ་མཁའ་ལ་གནས་པའི་རིག་པ་འཛིན་པར་གྱུར་ཏེ། དེ་བཞིན་གཤེགས་པ་མང་པོ་མཉེས་པར་བྱས་ཤིང་ས་ལམ་ཕལ་ཆེར་བགྲོད་ནས། རྒྱ་གར་ཤར་ཕྱོགས་མུ་མུ་ནི་ཞེས་བྱ་བར་རྒྱལ་པོ་ཉི་མའི་སྟོབས་འཕེལ་གྱི་བུར་སྐྱེས་ནས་དད་ལྡན་གྱི་འགྲོ་བ་འབུམ་ཕྲག་དུ་མ་གྲོལ་བར་བྱས་ཏེ། དེ་ནས་སྐྱེ་བ་གསུམ་པ་ལ་སངས་རྒྱས་དྲི་མ་མེད་པའི་དཔལ་ཞེས་བྱ་བར་འགྱུར་རོ་ཞེས་ལུང་བསྟན་པའི་ཚེ། བིརྺ་པས། དེ་ལྟར་ལགས་སོ་ཞེས་མཐུན་འགྱུར་མཛད། ནག་པོ་པས་རྗེས་སུ་ཡི་རངས་བའི་ཚུལ་གྱིས་འཛུམ་པ་མཛད་དོ། །དེའི་ཚེ་གསང་བའི་གནས་སྦུབས་སུ་ནུབ་པ་དང་། དབུའི་གཙུག་ཏོར་གསལ་པོར་འཕགས་པ་ལ་སོགས་པའི་མཚན་དཔེའི་ཡོན་ཏན་རྣམས་བརྙེས་པར་གྱུར་ཏོ། །དེ་དག་གི་དོན་ཚིགས་སུ་བཅད་པ་ནི། སྡུག་བསྔལ་འགྲོ་ལ་

ཐུགས་རྗེ་སྐྱེས་པ་ན། །བདེ་བར་གཤེགས་པ་ཡི་ཚད་གྱུར་བའི་ཚེ། །ཕོ་རངས་ཆ་ལ་བླ་མ་རྗེ་བཙུན་དང་། །མཐུ་སྟོབས་དབང་ཕྱུག་ཤར་ཕྱོགས་ནག་པོ་པ། །དངོས་སུ་བྱོན་ནས་ཡི་ཆད་མ་བྱེད་གསུང་། །ཇི་སྲིད་ཉེར་ལེན་ཕུང་པོ་ཡོད་རིང་ལ། །སྐྱེ་རྒ་ན་འཆི་ཡོད་པ་ཆོས་ཉིད་ཡིན། །ཁྱོད་ཀྱང་མིར་སྐྱེ་ཉི་ཤུ་རྩ་ལྔའི་བར། །འཇམ་དབྱངས་རྗེས་བཟུང་རིག་པའི་གནས་ལྔ་མཁྱེན། །འཇིག་རྟེན་ཁམས་མང་བགྲལ་བའི་ཕ་རོལ་ཏུ། །མཁའ་ལ་གནས་པའི་རིག་འཛིན་ཉིད་འགྱུར་ཏེ། །སངས་རྒྱས་མཉེས་བྱས་སེམས་ཅན་ཡོངས་སྨིན་བྱས། །ཞིང་ཁམས་རྒྱ་ཆེན་བགྲོད་པར་བྱས་ནས་ཀྱང་། །ས་ལམ་ཐམས་ཅད་རིམ་གྱིས་རབ་བགྲོད་དེ། །རྒྱ་གར་ཤར་ཕྱོགས་མུ་མུ་ནི་ཞེས་པར། །རྒྱལ་པོ་ཆེན་པོ་ཉི་མ་སྟོབས་འཕེལ་བུ། །བསྟན་ལ་རབ་བྱུང་སྐྱེ་བ་བརྗེས་ནས་ནི། །དད་ལྡན་འགྲོ་བ་འབུམ་ཕྲག་དུ་མ་རྣམས། །ཡོངས་སུ་སྨིན་བྱས་དྲི་མ་མེད་པ་ཡི། །དཔལ་ཞེས་བྱ་བའི་སངས་རྒྱས་ཉིད་འགྱུར་ཞེས། །བླ་མ་རྗེ་བཙུན་ཆེན་པོས་ལུང་བསྟན་མཛད། །བིརྺ་པ་ཡིས་དེ་ལ་མཐུན་འགྱུར་བརྗོད། །ནག་པོའི་ཞབས་ཀྱིས་ཡིད་རང་འཛུམ་པ་མཛད། །ཅེས་གསུངས་པ་ལྟར་རོ། །

བཞི་པ་ལ། མྱ་ངན་ལས་འདས་པའི་ཚུལ་བསྟན་ཚུལ། ཕུར་ལ་ཞུགས་ཕྱུལ་བའི་ཚེ་ལྟས་ཁྱད་པར་ཅན་བྱུང་ཚུལ། སྐུ་གསུང་ཐུགས་ཀྱི་རྟེན་མཆོག་ཇི་ལྟར་སྤྲུལ་པའི་ཚུལ་དངོས་དང་གསུམ་མོ། །དང་པོ་ནི། དགུང་ལོ་བདུན་ཅུའི་བར་དུ་གཞན་དོན་མཐའ་ཡས་པ་མཛད་ནས། ལྕགས་མོ་ཕག་གི་སྨལ་པོ་ཟླ་བའི་ཚེས་བཅུ་བཞིའི་ཐོ་རངས་ཀྱི་ཆ་ལ། འགྲོ་བའི་མགོན་པོ་ཆོས་རྒྱལ་འཕགས་པའི་སྤྱི་བོར་ཕྱག་བཞག་ནས། སངས་རྒྱས་ཐམས་ཅད་ཀྱི་བགྲོད་པ་གཅིག་པའི་ལམ་བླ་མའི་རྣལ་འབྱོར་ལ་ཉམས་ལེན་རྩེ་གཅིག་ཏུ་གྱིས་ཤིག །ཅེས་སོགས་ཀྱི་གདམས་པ་མཛད། རྡོ་རྗེ་དཀྱིལ་དཀྲུང་། རྡོ་རྗེ་དྲིལ་བུ་ཐུགས་ཀར་བསྣོལ་ནས་མྱ་ངན་ལས་འདའ་བའི་ཚུལ་བསྟན་པ་ཡིན་ཏེ། ཇི་སྐད་དུ། སྨལ་པོ་ཟླ་བའི་དཀར་ཕྱོགས་ཚེས་བཀྲུད་ལ། རྣལ་འབྱོར་དམ་ཚིག་གསོ་བའི་ཚོགས་འཁོར་མཛད། །ནམ་མཁའི་མཐོངས་ནས་རོལ་མོའི་སྒྲ་རྣམས་གྲགས། །པི་ཅི་ལ་སོགས་བུ་སློབ་ཚོགས་རྣམས་ཀྱིས། །ཅི་ལགས་ཞུས་པས་ཁྱེད་རྣམས་མི་ཤེས་སམ། །ཁོ་བོ་འདི་ནས་གཞན་དུ་འགྲོ་བའི་ལྟས། །བསྐལ་བ་སྟོང་དུ་ཕ་རོལ་ཕྱིན་པའི་ཚུལ། །མགོ་དང་རྐང་ལག་བདོག་པ་གཏོང་བའི་ཚོགས། །བླ་མའི་ཟབ་ལམ་སྐད་ཅིག་གཅིག་ལ་རྫོགས། །རིམ་གྲོ་བྱས་པས་ཁྱེད་རང་རྣམས་ལ་ཕན། །བླ་མ་དམ་པས་བྱང་ཆུབ་བརྙེས་པ་ན། །སློབ་མའི་ཚོགས་ལ་ཡེ་ཤེས་གཟིགས་པ་འཇུག །འབྲེལ་བ་བྱས་པ་དོན་མེད་མི་འགྱུར་བས། །ཆོས་ཐོབ་པ་ལ་དགའ་བ་སྒོམས་ཤིག་གསུང་། །ལྕགས་མོ་ཕག་ལོ་བདུན་ཅུ་བཞེས་པའི་ཚེ། །སྐུ་ཡི་དཔོན་པོ་ཐུགས་ལས་སྐྱེས་པའི་སྲས། །བློ་ལྡན་འཕགས་པའི་སྤྱི་བོར་ཕྱག་བཞག་ནས། །སངས་རྒྱས་ཀུན་གྱི་བགྲོད་པ་གཅིག་པའི་ལམ། །རྒྱུད་

སྟེའི་དགོངས་པ་བླ་ན་མེད་པའི་མཆོག །སྒྲུབ་ཐབས་ཟབ་མོ་བླ་མའི་རྣལ་འབྱོར་ལ། །གསོལ་འདེབས་ཉམས་ལེན་རེམས་ཤིག་བུ་སློབ་ཀུན། །ཁྱེད་རྣམས་ཐམས་ཅད་གང་གསུང་སློ་ནས་ཀྱང་། །ལེགས་པར་འོང་ཞེས་བཀའ་ཡི་རྗེས་གནང་མཛད། །སྐྱེལ་པོ་བླ་བའི་ཡར་ཚེས་བཅུ་བཞི་ཡི། །ཐོ་རངས་ཆ་ལ་སྐྱ་རེངས་ཤར་བའི་ཚེ། །རྡོ་རྗེ་དྲིལ་བུ་ཐུགས་ཁར་བསྣོལ་ནས་ཀྱང་། །མཁའ་ལ་དཔའ་བོ་དཔའ་མོ་མཁའ་འགྲོའི་ཚོགས། །གནས་གཙང་ལྷ་ཡི་བུ་དང་བུ་མོ་རྣམས། །རོལ་མོའི་སྒྲ་དང་ས་གཡོས་བསུ་བ་དང་། །བཅས་ཏེ་དགོངས་པ་ཡོངས་སུ་མྱ་ངན་འདས། །རྡོ་རྗེ་དྲིལ་བུའི་ཕྱག་རྒྱ་ཞག་གསུམ་དུ། །བརྟན་པར་བཟུང་ནས་གཟི་བརྗིད་མདངས་དང་ལྡན། །བཅོ་བརྒྱད་ནུ་དྲོ་དྲི་བཟང་དར་ཟབ་ཀྱི། །རིན་ཆེན་སྒྲོམ་བུར་རིམ་གྲོ་ཆེར་བྱས་ཏེ། །སྣ་ཚོགས་རྒྱན་སྤྲས་རིན་ཆེན་ཁྲི་སྟེང་དུ། །ལྷ་རྫས་མཆོད་པའི་སྤྲིན་གྱིས་བསྐོར་ནས་བཞུགས། །ཞེས་གསུངས་པ་ལྟར་རོ། །

གཉིས་པ་ནི། ཕུར་ལ་ཞུགས་ཕུལ་བའི་ཚེ་མེ་ཏོག་གི་ཆར་དང་ཙནྡན་གྱི་དྲི་ལ་སོགས་པའི་ལྷ་རྫས་ཀྱི་མཆོད་པས་ས་དང་བར་སྣང་གང་ཞིང་དུ་བ་འཇའ་གུར་དུ་འཁྱིལ་བའི་སྤྲིན་གྱི་གསེབ་ནས། ལྷའི་བུ་གཞོན་ནུ་གདུགས་དང་རྒྱལ་མཚན་ཐོགས་པས་བཀྲ་ཤིས་ཀྱི་གླུ་དབྱངས་དང་། རོལ་མོའི་སྒྲ་བསྒྲགས་པ་དང་། དུ་བའི་རྩེ་མོར། རྡོ་རྗེ་དང་། རལ་གྲི་དང་། ཨུཏྤལ་གྱི་གདུགས་ལ་སོགས་པ་ངོ་མཚར་གྱི་ལྟས་སྐྱེ་བོ་ཀུན་ལ་མངོན་དུ་གྱུར་པའི་ཚེ། རྒྱའི་མི་གཉིས་དང་མི་ནག་གཅིག་ལ་ཞག་གསུམ་གྱི་བར་དུ། དཔའ་འབར་འགྲོ་བ་ལ་སོགས་པ་ཏིང་ངེ་འཛིན་གྱི་ཉམས་ཁྱད་པར་ཅན་སྐྱེས་པར་བཤད་པ་ཡིན་ཏེ། ཇི་སྐད་དུ། སྲིད་གསུམ་འདིར་འཕྲུམས་ཁམས་གསུམ་སེམས་ཅན་གྱི། །སྡིག་སྒྲིབ་སྦྱང་ཕྱིར་དུར་སྲོང་མེ་ལྷ་དང་། །བླ་མ་ཆེན་པོ་རྡོ་རྗེ་འཆང་ཆེན་ལ། །འཁོར་གསུམ་ཡོངས་དག་ཚོགས་ཤེས་པས་ཕུལ། །དེ་དུས་ལྷ་ཀླུ་གནོད་སྦྱིན་མིའམ་ཅི། །བསྟན་ལ་རབ་དགའ་ངོ་མཚར་དགེ་བའི་ཚོགས། །བདག་མེད་རྟོགས་ཕྱིར་ནམ་མཁའ་གང་བར་བྱུང་། །དུ་བ་འཇའ་གུར་སྤྱངས་པའི་སྤྲིན་གསེབ་ནས། །ལྷ་བུ་གཞོན་ནུ་གདུགས་དང་རྒྱལ་མཚན་ཐོགས། །བཀྲ་ཤིས་གླུ་དབྱངས་རོལ་མོ་སྣ་ཚོགས་དང་། །མེ་ཏོག་སྣ་ཚོགས་དུ་མའི་ཆར་པ་དག །ཀུན་གྱིས་མཐོང་བ་ནམ་མཁའ་གང་བར་བབས། །དུ་བའི་རྩེ་མོར་རྡོ་རྗེ་རྣོན་པོ་དང་། །རལ་གྲི་ལྷུང་གུ་ཨུཏྤལ་ལ་སོགས་དང་། །གདུགས་ནི་ནམ་མཁའ་གཡས་སུ་འཁྱིལ་བ་དང་། །དྲི་བཟང་ཞིམ་པོས་ས་ཕྱོགས་གར་ཁྱབ་ཀུན། །སྡུག་བསྔལ་རྣམ་སྤངས་སིམ་པའི་བདེ་བ་མྱོང་། །རྒྱ་ཡི་མི་གཉིས་མི་ནག་དང་བཅས། །ཉིན་ཞག་ཡོངས་སུ་རྫོགས་པ་གསུམ་གྱི་བར། །དཔའ་བར་འགྲོ་བའི་ཏིང་འཛིན་ཕྱག་རྒྱ་དང་། །སེང་གེ་རྣམ་བསྒྱིངས་པདྨ་བཀོད་པ་སོགས། །རྡོ་རྗེ་ལྟ་བུའི་ཏིང་འཛིན་སྐྱེས་པ་མཐོང་། །ཞེས་གསུངས་པ་ལྟར་རོ། །

གསུམ་པ་ནི། སྐུའི་རྟེན་དུ་སྤྲུལ་པའི་ལྷ་དགུ། གསུང་གི་རྟེན་ཨའི་ཡི་གེ། ཐུགས་ཀྱི་རྟེན་དུ་རྣམ་རྒྱལ་མཆོད་རྟེན། དམ་ཚིག་རྣམ་པར་དག་པའི་རྟགས་སུ་རྡོ་རྗེ་ལྟེ་བ་ཧཱུྃ་གིས་མཚན་པ། ཡོན་ཏན་མཐའ་ཡས་པ་མངའ་བའི་རྟགས་སུ་རིང་བསྲེལ་གྱི་ཚོགས་བསམ་གྱིས་མི་ཁྱབ་པ་སྤྲུལ་པར་མཛད། ཇི་སྐད་དུ། སྐུ་གདུང་དུས་བལྟམས་སྐུ་གསུང་ཐུགས་ཀྱི་རྟེན། །གཙུག་ཏོར་དབུས་སུ་དཀྱིས་པ་རྡོ་རྗེ་དང་། །འཇམ་པའི་དབྱངས་སྐུ་དྲི་མེད་གསལ་པོར་བྱོན། །དཔྲལ་བའི་དབྱིངས་སུ་འཁོར་ལོ་སྡོམ་པའི་ཚོགས། །ལྟག་པའི་ཆ་ལ་སངས་རྒྱས་བཅོམ་ལྡན་འདས། །ཕྲག་པའིགདུང་ལཁ་སར་པ་ཎི་དང་། །རྐང་གིསྨྱུབས་སུ་སྤྱན་རས་གཟིགས་དབང་དང་། །སྙིལ་བུའི་ཆ་ལ་གསང་བའི་ཡུམ་བཞི་བྱོན། །སྙིལ་མ་མི་གཡོ་ཕྱུས་བཙུགས་རྣམ་པ་གཉིས། །ཕྱག་སོར་གཡས་པར་ཀླུ་ཤིང་ལྗོན་པའི་སྡོང་། །བྱམས་པ་ཆོས་ཀྱི་འཁོར་ལོའི་ཕྱག་རྒྱ་ཅན། །སྤྲུལ་པ་རྣམ་བཅུ་སྐུ་ཡི་རྟེན་དུ་བྱོན། །ཚངས་པའི་གསུང་དབྱངས་སྟོང་ཉིད་སེང་གེའི་སྒྲ། །སྐྱེ་མེད་དོན་མཚོན་མ་རིག་འབུར་དུ་དོད། །སྐྱན་གོང་གཉིས་པ་རྣམ་རྒྱལ་མཆོད་རྟེན་རེ། །དམ་ཚིག་རྡོ་རྗེ་ལྟེ་བར་ཧཱུྃ་གིས་མཚན། །ཐུགས་དགོངས་རྣམ་དག་རང་བྱུང་ཆོས་སྐུར་ཤར། །གཞན་ཡང་རིང་བསྲེལ་སྣ་ཚོགས་དཔག་མེད་བྱོན། །ཞེས་གསུངས་པ་ལྟར་རོ། །

ལྔ་པ་ནི། བདག་ཉིད་ཆེན་པོ་འདིས་དགུང་ལོ་དགུ་པ་ནས་བདུན་ཅུ་པའི་བར་རྒྱ་བོད་ཧོར་གསུམ་དུ་ལེགས་པར་བཤད་པ་ཉི་མའི་འོད་ཟེར་གྱིས་ཟབ་དོན་གྱི་པདྨོ་ཁ་ཕྱེ་ནས་ལེགས་པར་བཤད་པ་རྒྱུན་མི་འཆད་པ་གསུངས་པས་ཐུབ་པའི་བསྟན་པ་གསལ་ནུས་པའི་སློབ་མའི་ཚོགས་བསྐྲུན་པར་མཛད་པ་ཡིན་ནོ། །དེ་དག་གི་ནང་ནས་གཙོ་བོར་གྱུར་པ་ནི། བཤད་སྒྲུབ་རྟོགས་པ་མཐའ་དག་གི་བརྒྱུད་འཛིན་ནུས་པ་སྐྱའི་དཔོན་པོ་འཕགས་པ་སྐུ་མཆེད། རྟོགས་པའི་བརྒྱུད་འཛིན་གྲུབ་ཚོགས་གཉིས། མན་ངག་གི་བརྒྱུད་འཛིན་ལྷོ་དམར་གཉིས། སྒྲུབ་པའི་བརྒྱུད་འཛིན་རྒྱལ་བ་ཡང་དགོན་པ། བཤད་པའི་བརྒྱུད་འཛིན་ཤར་ནུབ་གུང་གསུམ་ཡོད་པ་ལས། ཤར་པ་ཡེ་ཤེས་འབྱུང་གནས། གུང་པ་སྐྱོ་སྟོན་དྲི་མེད། ནུབ་པ་འུ་ཡུག་པ་རིགས་སེང་རྣམས་སོ། །གཞན་ཡང་། ཞང་རྒྱལ་བ་དཔལ་བཟང་པོ་ལ་སོགས་པ་སྡོམ་ཕྱག་བགྲེས་པ་དཔལ་བཟང་པོའི་མཐའ་ཅན་བཅུ་གསུམ། ཡར་ཀླུངས་པ་བྱང་ཆུབ་རྒྱལ་མཚན་ལ་སོགས་པ་རྒྱལ་མཚན་གྱི་མཐའ་ཅན་བདུན། ནུར་གྱི་མཁས་པ་གློ་བོ་ལོ་ཙཱ་བ་ཤེས་རབ་རིན་ཆེན། རྟེའུ་རབ་བྱམས་མགོན་ལ་སོགས་པ་མཐའ་ཡས་པའི་སློབ་མ་བསྐྲུན་ནས། སངས་རྒྱས་ཀྱི་བསྟན་པ་དར་རྒྱས་སུ་མཛད། འགྲོ་བའི་བླ་མ་དཔལ་ལྡན་ས་སྐྱ་པའི། །རྣམ་ཐར་ཅུང་ཟད་གུས་པའི་ཡིད་ཀྱིས་བརྗོད། །མཁྱེན་ལྡན་གང་གི་ཐུགས་རྗེའི་འོད་ཟེར་གྱིས། །ཟབ་དོན་རྟོགས་པའི་བློ་གྲོས་བསྐུལ་དུ་གསོལ། །

གཉིས་པ་བསྟན་བཅོས་ཇི་ལྟར་བརྩམས་པའི་ཚུལ་ལ། གང་གི་ཆེད་དུ་བརྩམས་པའི་དགོས་པ། གང་དགག་པར་བྱ་བའི་ལོག་རྟོག །བསྟན་བཅོས་ཀྱི་བརྗོད་བྱའི་གཙོ་བོ་ངོས་བཟུང་བ་དང་གསུམ། དང་པོ་ནི། བདག་ཉིད་ཆེན་པོ་ས་སྐྱ་པཎྜི་ཏས། སྡོམ་པ་གསུམ་གྱི་རབ་ཏུ་དབྱེ་བ་འདི་རང་ཉིད་ཀྱི་སྟོན་པའི་གྲགས་པ་བསྒྲགས་ཏེ་འཁོར་དང་ཟང་ཟིང་བསྒྲུབ་པའི་ཕྱིར་དུ་བརྩམས་པའམ། གཞན་གྱི་འཁོར་དང་ལོངས་སྤྱོད་ལ་ཕྲག་དོག་གིས་བསམ་པས་ཀུན་ནས་བསླངས་ཏེ། དེ་དག་ལ་གནོད་པའི་ཕྱིར་དུ་བརྩམས་པ་མ་ཡིན་གྱི། གདུལ་བྱ་རྣམས་ལ་གནས་སྐབས་དང་མཐར་ཐུག་ཏུ་ཕན་པ་རྒྱ་ཆེན་པོ་བསྒྲུབ་པའི་ཕྱིར་དུ་བརྩམས་པ་ཡིན་ཏེ། སྡོམ་པ་གསུམ་གྱི་ཉམས་ལེན་ལ་མ་རྟོགས་ལོག་རྟོག་ཐེ་ཚོམ་གྱི་དྲི་མ་བསལ་ནས་བསྟན་པའི་ཉམས་ལེན་མཐའ་དག་རྣམ་དག་ཏུ་བསྒྲུབ་པའི་ཕྱིར་དུ་བརྩམས་པ་ཡིན་པའི་ཕྱིར། དེ་སྐད་དུ་ཡང་། འཁོར་དང་ཟང་ཟིང་བསྒྲུབ་པའི་ཕྱིར། །བདག་གིས་སེམས་ཅན་བསྡུས་པ་མིན། །འོན་ཀྱང་སངས་རྒྱས་བསྟན་པ་ལ། །ཕན་པར་བསམས་ནས་བཤད་པ་ཡིན། །སངས་རྒྱས་བསྟན་ལ་བཞིན་བསྒྲུབས་ན། །སངས་རྒྱས་བསྟན་པ་ཕན་པར་བསམས། །ཞེས་དང་། བདག་ནི་སེམས་ཅན་ཀུན་ལ་བྱམས། །གང་ཟག་ཀུན་ལ་བདག་མི་སྨོད། །བརྒྱ་ལ་མཉམ་པར་མ་བཞག་པས། །སྨད་པ་སྲིད་ནའང་སྡིག་དེ་བཤགས། །དམ་ཆོས་འཁྲུལ་དང་མ་འཁྲུལ་བ། །སྐྱེ་བ་གདན་གྱི་གྲོས་ཡིན་པས། །འདི་ཡི་ལེགས་ཉེས་དཔྱོད་པ་ལ། །སྡང་ཞེས་སྨྲ་ན་རང་སྐྱོན་ཡིན། །ཀླུ་སྒྲུབ་དང་ནི་དབྱིག་གཉེན་དང་། །ཕྱོགས་ཀྱི་གླང་པོ་ཆོས་གྲགས་སོགས། །མཁས་པ་ཀུན་གྱིས་རང་གཞན་གྱི། །ཆོས་ལོག་ཐམས་ཅད་སུན་ཕྱུང་བ། །དེ་ལའང་སྡང་ཞེས་ཟེར་རམ་ཅི། །རྫོགས་པའི་སངས་རྒྱས་ཀུན་གྱིས་ཀྱང་། །བདུད་དང་མུ་སྟེགས་སུན་ཕྱུང་བ། །དེ་ཡང་ཕྲག་དོག་ཉིད་འགྱུར་རམ། །མཁས་རྣམས་བླུན་པོའི་ལོང་ཁྲིད་ཡིན། །ནོར་བའི་ཆོས་དང་མ་ནོར་བའི། །ལོང་ཁྲིད་ལེགས་པར་བྱས་པ་ལ། །སྡང་ཞེས་སྨྲ་ན་ད་སླན་ཆད། །སངས་རྒྱས་བསྟན་པ་ཇི་ལྟར་བསྲུང་། །ཞེས་པ་ལྟར་རོ། །གལ་ཏེ་བསྟན་བཅོས་འདི་གཞན་ལ་གནོད་པའི་ཕྲག་དོག་གིས་ཀུན་ནས་བསླངས་ཏེ་བརྩམས་པ་ཡིན་ཏེ། འདིར་ལུང་རིགས་ཀྱི་སྒོ་ནས། གཞན་གྱི་གྲུབ་མཐའ་ལ་གནོད་བྱེད་བརྗོད་དེ་སུན་ཕྱུང་བའི་ཕྱིར་སྙམ་ན། ལུང་རིགས་རྣམ་དག་གི་སྒོ་ནས་གྲུབ་མཐའ་ངན་པ་སུན་ཕྱུང་སྟེ་བསྟན་པ་རྣམ་དག་ཏུ་སྒྲུབ་པ་ནི་མཁས་པ་རྣམས་ཀྱི་བྱ་བའི་གཙོ་བོ་ཡིན་གྱི་གཞན་ལ་གནོད་པའི་ཕྱིར་དུ་ནི་མ་ཡིན་ཏེ། མཁས་པ་རྣམས་ཀྱིས་ལུང་རིགས་རྣམ་དག་གི་སྒོ་ནས་སངས་རྒྱས་ཀྱི་བསྟན་པ་ལ་བྱི་དོར་ཚུལ་བཞིན་དུ་བྱས་པ་ལ་བརྟེན་ནས། ཆོས་ལ་ལོག་པར་སྤྱོད་པའི་གྲུབ་མཐའ་ཕམ་པར་འགྱུར་བ། བདུད་ཀྱི་རིགས་སུ་གཏོགས་པ་རྣམས་ཡི་མུག་པར་འགྱུར་བ། གསུང་རབ་ཀྱི་དོན་ཤེས་པའི་མཁས་པ་རྣམས་དགའ་སྤྲོ་ཚད་མེད་པ་རྒྱས་པའི་

འབྲས་བུ་གསུམ་འབྱུང་བ་ནི་སངས་རྒྱས་བསྟན་པའི་སྤྱི་ལུགས་སུ་གནས་པའི་ཕྱིར། དེ་སྐད་དུ་ཡང་། སངས་རྒྱས་འཇིག་རྟེན་བྱོན་པ་དང་། །མཁས་རྣམས་བཤད་པ་བྱེད་པ་ལ། །འབྲས་བུ་རྣམ་གསུམ་འབྱུང་བ་འདི། །སངས་རྒྱས་བསྟན་པའི་སྤྱི་ལུགས་ཡིན། །མ་ཁོལ་གྱིས་ཀྱང་འདི་སྐད་གསུངས། དཔའ་བོ་ཁྱེད་ཀྱི་བསྟན་པ་འདིས། །མུ་སྟེགས་ཐམས་ཅད་སྐྲག་མཛད་ཅིང་། །བདུད་ནི་སེམས་ཁོང་ཆུད་མཛད་ལ། །ལྷ་དང་མི་རྣམས་དབུགས་ཀྱང་འབྱིན། །ཞེས་གསུངས་དེང་སང་འདི་ན་ཡང་། །མཁས་པ་རྣམས་ཀྱིས་ཆོས་བཤད་ན། །ཆོས་ལོག་སྤྱོད་པ་ཕམ་བྱེད་ཅིང་། །བདུད་རིགས་ཐམས་ཅད་ཡི་མུག་འགྱུར། །མཁས་པ་ཐམས་ཅད་དགའ་བར་བྱེད། །འདི་འདྲས་བསྟན་པ་འཛིན་པར་ནུས། །འདི་ལས་བཟློག་པ་བྱུང་གྱུར་ན། །བསྟན་ལ་གནོད་པར་ཤེས་པར་གྱིས། །ཞེས་གསུངས་པ་ལྟར་རོ། །

གཉིས་པ་ལ། སྤྱིར་བསྟན་པ་དང་། སོ་སོར་བཤད་པ་གཉིས། དང་པོ་ནི། འོན་འདིར། རྒྱ་བོད་དུ་བྱུང་བའི་འཁྲུལ་བའི་ལོག་རྟོག་ཐམས་ཅད་འགོག་པ་ཡིན་ནམ་སྙམ་ན། སྤྱིར་རྣམ་གྲོལ་དོན་གཉེར་གྱི་གང་ཟག་གིས་འཁྲུལ་བ་བཀག་ནས་མ་འཁྲུལ་བ་བསྒྲུབ་དགོས་ཏེ། ཐོབ་བྱའི་འབྲས་བུ་ཕུན་སུམ་ཚོགས་པ་མངོན་དུ་བྱེད་པ་ལ་སྤང་བྱ་མཐའ་དག་སྤང་དགོས་པའི་ཕྱིར། འོན་ཀྱང་བསྟན་བཅོས་འདིར། རྒྱ་གར་འཕགས་པའི་ཡུལ་དུ་བྱུང་བའི་མུ་སྟེགས་བྱེད་ཀྱི་ལྟ་བ་ངན་པས་ཀུན་ནས་བསླངས་པའི་རྟག་ཆད་ཀྱི་གྲུབ་མཐའ་འཁྲུལ་པ། ཉན་ཐོས་སྡེ་གཉིས་ལ་ལྟ་བའི་སྐབས་སུ་རྡུལ་ཕྲན་བདེན་གྲུབ་ཏུ་འདོད་པ། སྤྱོད་པའི་སྐབས་སུ་སོ་ཐར་གཟུགས་ཅན་དུ་འདོད་པའི་འཁྲུལ་པ། ཐེག་ཆེན་སེམས་ཙམ་པས་ཡོངས་གྲུབ་དང་གཞན་དབང་བདེན་གྲུབ་ཏུ་འདོད་པའི་ལོག་རྟོག་རྣམས་གཙོ་བོར་དགག་མི་དགོས་ཏེ། དེ་དག་རྒྱན་དྲུག་མཆོག་གཉིས་ལ་སོགས་པའི་མཁས་པ་རྣམས་ཀྱིས། ལུང་རིགས་ཀྱི་སྒོ་ནས་སུན་ཕྱུང་ནས། དབུ་མ་པ་ལ་ལྟོས་ཏེ་གྲུབ་མཐའ་འཁྲུལ་པར་གྲགས་ཟིན་པའི་ཕྱིར། ཁྱབ་སྟེ། མཁས་པ་རྣམས་ཀྱིས་བསྟན་བཅོས་མཛད་པའི་དགོས་པ་ནི། གྲུབ་མཐའ་འཁྲུལ་མ་འཁྲུལ་གྱི་རྣམ་དབྱེ་སོ་སོར་ཤེས་ནས་འཁྲུལ་པ་འདོར་བ་དང་། མ་འཁྲུལ་པ་ལ་འཇུག་པའི་ཆེད་ཡིན་པའི་ཕྱིར། དེ་སྐད་དུ་ཡང་། མུ་སྟེགས་བྱེད་དང་ཉན་ཐོས་དང་། །ཐེག་པ་ཆེན་པོ་འགའ་ཞིག་ལའང་། །འཁྲུལ་པ་ཡོད་མོད་མཁས་རྣམས་ཀྱིས། །སུན་ཕྱུང་ཕྱིར་ན་འདིར་མ་བཤད། །ཅེས་སོ། །བོད་དུ་བྱུང་བའི་འཁྲུལ་པ་མཐའ་དག་ཀྱང་འདིར་ངེས་པར་དགག་དགོས་པ་མ་ཡིན་ཏེ། བསྟན་པ་སྔ་དར་གྱི་དུས་སུ། རྒྱ་ནག་ཧྭ་ཤང་གིས་ཆོས་ལོག་བསྟན་པ་རྣམས། ཀ་མ་ལ་ཤཱི་ལས་སུན་ཕྱུང་། དེའི་རྗེས་སུ་གླང་དར་མས་བསྟན་པ་བསྣུབས་ནས་སྔོར་སྒྲོལ་ལམ་དུ་བྱེད་པ་སོགས་འཁྲུལ་པ་མང་དུ་འཕེལ་བ། ལོ་ཙྪ་བ་རིན་ཆེན་བཟང་པོ་དང་། དེའི་སློབ་མ་ཞི

བ་འོད་གཉིས་ཀྱིས། ཆོས་དང་ཆོས་མ་ཡིན་པ་རྣམ་པར་འབྱེད་པའི་བསྟན་བཅོས་དང་། སྔགས་ལོག་སུན་འབྱིན་པའི་བསྟན་བཅོས་མཛད་ནས་ཆོས་ལོག་ནུབ་པར་མཛད་དོ། །དེའི་འོག་ཏུ་ཆོས་ལོག་ཅུང་ཟད་འཕེལ་བ་རྣམས། འགོས་ཁུག་པ་ལྷས་བཙས་ཀྱིས་ཆོས་ལོག་སུན་འབྱིན་པའི་བསྟན་བཅོས་མཛད་ནས་འཁྲུལ་བ་སུན་ཕྱུང་། མ་འཁྲུལ་བ་དར་རྒྱས་སུ་མཛད་པའི་སྒོ་ནས། ས་སྐྱ་པ་ཆེན་པོ་བཞུགས་པ་ཡན་ཆད་དུ་ཆོས་ལོག་སྤྱོད་པ་ཉུང་བའི་ཕྱིར། དེ་སྐད་དུ་ཡང་། ཕྱི་ནས་གངས་རིའི་ཁྲོད་འདི་རུ། །སངས་རྒྱས་བསྟན་པ་ལེགས་པར་བསྒྱུར། །དེ་ནས་བསྟན་པ་དར་བའི་ཚེ། །རྒྱལ་པོ་དར་མས་བསྟན་པ་བསྣུབས། །དེ་རྗེས་ཆོས་ལོག་དུ་མ་འཕེལ། །དེ་ཚེ་བླ་མ་ཡེ་ཤེས་འོད། །ཆོས་རྒྱལ་དེ་ཡིས་སྐྱེས་བུ་མཆོག །རིན་ཆེན་བཟང་པོ་ཁ་ཆེར་བརྫངས། །འཇམ་པའི་དབྱངས་ཀྱིས་བྱིན་བརླབས་པའི། །མཁས་པ་དེ་ཡིས་སྟོན་མེད་པའི། །ཆོས་རྣམས་ཕལ་ཆེར་བསྒྱུར་ཅིང་ཞུས། །ཆོས་དང་ཆོས་མིན་རྣམ་འབྱེད་པ། །ཞེས་བྱའི་བསྟན་བཅོས་མཛད་ནས་ནི། །ཆོས་ལོག་ཐམས་ཅད་ནུབ་པར་མཛད། །དེ་ཡི་སློབ་མ་ཞི་བ་འོད། །དེས་ཀྱང་སྔགས་ལོག་སུན་འབྱིན་པ། །ཞེས་བྱའི་བསྟན་བཅོས་མཛད་ཅེས་ཟེར། །དེ་དག་འདས་པའི་འོག་ཏུ་ཡང་། །ཆོས་ལོག་འགའ་ཞིག་འཕེལ་བའི་རྒྱུས། །ལྷས་བཙས་ཞེས་བྱའི་ལོ་ཙཱ་བ། །དེས་ཀྱང་ཆོས་ལོག་སུན་འབྱིན་པ། །ཞེས་བྱའི་བསྟན་བཅོས་མཛད་ནས་ནི། །ཆོས་དང་ཆོས་མིན་རྣམ་པར་ཕྱེ། །དེ་ནས་ཆོས་རྗེ་ས་སྐྱ་པ། །ཆེན་པོ་བཞུགས་པ་ཡན་ཆད་དུ། །ཆོས་ལོག་སྤྱོད་པ་ཉུང་ཞེས་ཐོས། །ཞེས་གསུངས་པ་ལྟར་རོ། །དེས་ན་ཆོས་རྗེ་ས་སྐྱ་པ་ཆེན་པོ་ཞིང་ཁམས་གཞན་དུ་གཤེགས་པ་ནས་བཟུང་སྟེ། བསྟན་བཅོས་འདི་མ་བརྩམས་ཀྱི་བར་དུ་བྱུང་བའི་སྡོམ་པ་གསུམ་ལ་འཁྲུལ་བར་སྤྱོད་པའི་ལོག་རྟོག་ནི། འདིར་དགག་བྱའི་གཙོ་བོ་ཡིན་པར་ཤེས་པར་བྱའོ། །

གཉིས་པ་ལ། སྐབས་དང་པོའི། གཉིས་པའི། གསུམ་པའི་དགག་བྱའི་ལོག་རྟོག་ངོས་བཟུང་བ་དང་གསུམ། དང་པོ་ལ། སྡོམ་ཚིག་དང་། དེའི་དོན་བཤད་པ་གཉིས། དང་པོ་ནི། རིགས་བདུན་དུས་དང་བསྙེན་གནས་ཆོ་ག་དང་། །བསྔོ་བའི་གནད་དང་འབྲས་བུ་དཀར་ནག་དང་། །བསླབ་བྱའི་གནད་བཀག་འཕྲུལ་གྱི་ལག་ལེན་ལ། །འཁྲུལ་པ་འགོག་པ་སོ་ཐར་སྡོམ་པའི་སྐབས། །ཞེས་སོ། །

གཉིས་པ་ནི། སོ་ཐར་རིས་བདུན་བྱང་ཆུབ་མ་ཐོབ་ཀྱི་བར་དུ་ཚེ་གཞི་སྒོ་ནས་ལེན་པར་འདོད་པ། བསྙེན་གནས་འབུལ་བ་འཚོལ་བ། ལྷ་སྒོམ་ཐ་དད་བྱེད་དགོས་པའི་ལོག་རྟོག །བསྔོ་རྒྱུའི་དགེ་རྩ། བསྔོ་བའི་ལག་ལེན། བསྔོ་བའི་འབྲས་བུ་སྟེ་བསྔོ་བའི་གནད་ལ་འཁྲུལ་བའི་ལོག་རྟོག །ལས་ཀྱི་འབྲས་བུ་དཀར་ནག་ཟང་ཐལ་དུ་འདོད་པའི་ལོག་རྟོག །བསླབ་བྱ་མཐའ་དག་ཡེ་བཀག་ཡེ་གནང་དུ་འདོད་པའི་ལོག་རྟོག །མདོ་

བསྐྱལ་རིང་མོ་ལ་སོགས་པ་འཕྲལ་གྱི་ལག་ལེན་ལ་འཁྲུལ་བའི་ལོག་རྟོག་རྣམས་ནི། སྐབས་དང་པོར་གཙོ་བོར་འགོག་པ་ཡིན་ནོ། །

གཉིས་པ་ལ། སྡོམ་ཚིག་དང་། དེའི་དོན་བཤད་པ་གཉིས། དང་པོ་ནི། སེམས་ཙམ་དོན་དམ་སེམས་བསྐྱེད་ཆོག་དང་། །བསླབ་བྱའི་གཙོ་བོ་བདག་གཞན་བརྗེ་བའི་སེམས། །དེ་དང་འབྲེལ་བའི་ཐབས་ལམ་སྣ་ཚོགས་ལ། །འཁྲུལ་པ་འགོག་པ་བྱང་སེམས་སྡོམ་པའི་སྐབས། །ཞེས་སོ། །གཉིས་པ་ནི། སེམས་ཙམ་ལུགས་ཀྱི་སེམས་བསྐྱེད་སྐྱེ་བོ་ཀུན་ལ་བྱེད་པ། དོན་དམ་སེམས་བསྐྱེད་ཆོ་གའི་སྒོ་ནས་བསྐྱེད་པ། བདག་གཞན་བརྗེ་བའི་བྱང་ཆུབ་ཀྱི་སེམས་བསྒོམ་དུ་མི་རུང་བ། མ་དག་པའི་སྦྱིན་སོགས་ལ་སྤྱོད་པ་འཁྲུལ་བའི་ལོག་རྟོག་རྣམས་ནི༑ སྐབས་གཉིས་པའི་དགག་བྱའི་གཙོ་བོ་ཡིན་ནོ། །

གསུམ་པ་ལ། སྡོམ་ཚིག་དང་། དེའི་དོན་བཤད་པ་གཉིས་ལས། དང་པོ་ནི། དབང་དང་དམ་ཚིག་རིམ་གཉིས་ཕྱག་ཆེན་དང་། །ཐེག་གསུམ་ལག་ལེན་རྟོགས་བྱའི་ལྟ་བ་དང་། །སྤྱོད་པའི་ཚུལ་དང་འབྲས་བུ་འགྲུབ་ཚུལ་ལ། །ལོག་རྟོག་འགོག་པ་རིག་འཛིན་སྡོམ་པའི་སྐབས། །ཞེས་སོ། །

གཉིས་པ་ནི། དབང་གི་སྐབས་སུ་ཕག་མོའི་བྱིན་རླབས་ལ་སོགས་པ་སྨིན་བྱེད་མ་ཡིན་པ་བྱེད་དུ་འདོད་པ༑ སྨིན་བྱེད་ཀྱི་དབང་མི་དགོས་པར་འདོད་པ། དགོས་ཀྱང་འཁྲུལ་པར་སྤྱོད་པའི་ལོག་རྟོག་དང་། དམ་ཚིག་གི་སྐབས་སུ་གསང་སྔགས་ལ་ལྟུང་བ་མེད་པར་འདོད་པ་དང་། ལམ་རིམ་གཉིས་ཀྱི་སྐབས་སུ་ཐབས་ལམ་ཕྱོགས་རེ་བ་ཙམ་གྱིས་འཚང་རྒྱ་བར་འདོད་པ་དང་། ལས་དང་པོ་པས་ཡི་དམ་དཀྱིལ་བསྐྱེད་ཙམ་དུ་སྒོམ་པ། དབང་བཞི་སྟོན་དུ་མ་སོང་བར་གཏུམ་མོ་སྒོམ་པ་ལ་སོགས་པ་ལམ་གྱི་གོ་རིམ་ལ་འཁྲུལ་པར་སྤྱོད་པའི་ལོག་རྟོག །ཕྱག་ཆེན་གྱི་སྐབས་སུ་མཆོན་བྱེད་དཔེ། མཚོན་བྱ་དོན་གྱི་ཕྱག་རྒྱ་ཆེན་པོ་ལ་འཁྲུལ་པར་སྤྱོད་པའི་ལོག་རྟོག་དང་། ཞར་བྱུང་ལ་ཐེག་གསུམ་གྱི་ལག་ལེན་དང་། ཐེག་པ་རིམ་དགུ་ལ་ལྟ་བ་བཟང་ངན་འདོད་པའི་ལོག་རྟོག །སྤྱོད་པའི་སྐབས་སུ། གང་གིས་སྤྱོད་པ་བྱེད་པའི་གང་ཟག །གང་དུ་སྤྱོད་པ་བྱེད་པའི་གནས་ལ་འཁྲུལ་པའི་ལོག་རྟོག །འབྲས་བུའི་སྐབས་སུ། གནས་སྐབས་དང་མཐར་ཐུག་གི་འབྲས་བུ་ལ་འཁྲུལ་བའི་ལོག་རྟོག་རྣམས་ནི་སྐབས་གསུམ་པའི་དགག་བྱའི་གཙོ་བོ་ཡིན་ནོ། །དེས་ན་སངས་རྒྱས་ཀྱི་བཀའ་ལ་བཀའ་མ་ཡིན་པ་འདྲེས་པའི་ལོག་རྟོག་བསལ་ནས་སྡེ་སྣོད་གསུམ་ལུང་རྣམ་དག་ཏུ་བསྒྲུབ་པའི་ཆེད་དུ་བཀའ་བསྡུ་དང་པོ་མཛད། ཡངས་པ་ཅན་གྱི་དགེ་སློང་གིས་མི་རུང་བའི་གཞི་བཅུ་སྤྱད་པའི་འཁྲུལ་པ་བསལ་ནས་འདུལ་བའི་ལག་ལེན་རྣམ་དག་ཏུ་བསྒྲུབ་པའི་ཆེད་དུ་བཀའ་བསྡུ་གཉིས་པ་མཛད། དགེ་སློང་ལྔ་ཆེན་པོས་ཆོས་འཁྲུལ་པ་བསྟན་པ

རྣམས་སྨིན་ཕྱུང་ནས་ཆོས་རྣམ་དག་དར་བའི་ཆེད་དུ་བཀའ་བསྡུ་གསུམ་པ་མཛད་པ་དང་ཆོས་མཚུངས་པར་བསྟན་བཅོས་འདིར་ཡང་། གངས་རིའི་ཁྲོད་དུ་བྱུང་བའི་བསྟན་པའི་ཉམས་ལེན་འཁྲུལ་པ་རྣམས་བཀག་ནས་མ་འཁྲུལ་བ་དར་རྒྱས་སུ་བྱ་བའི་ཕྱིར་དུ། ཆོས་དང་ཆོས་མ་ཡིན་པ་རྣམ་པར་ཕྱེ་བས་ན། བཀའ་བསྡུ་བཞི་པ་ཞེས་བྱའོ། །

གསུམ་པ་ནི། འདིར་བསྟན་པའི་ཉམས་ལེན་མཐའ་དག་ངོ་བོ་མ་ནོར་བསྟན་ཚུལ་ཕྱིན་ཅི་མ་ལོག་པའི་ཚུལ་དུ་བསྟན་པ་ཡིན་ཏེ། བསྟན་པའི་ཉམས་ལེན་མཐའ་དག་བསྡུ་ན། ཉན་ཐོས་དང་ཐུན་མོང་བའི་ཉམས་ལེན། ཐེག་ཆེན་གྱི་ཕར་ཕྱིན་ཐེག་པ་དང་ཐུན་མོང་བའི་ཉམས་ལེན། རྡོ་རྗེ་ཐེག་པའི་ཐུན་མོང་མ་ཡིན་པའི་ཉམས་ལེན་གསུམ་དུ་འདུས་ཤིང་། དེ་དག་འདིར་གཙོ་བོར་གདན་ལ་འབེབས་པའི་ཕྱིར། ཇི་ལྟར་བསྟན་ན། ཉན་ཐོས་དང་ཐུན་མོང་བའི་ཉམས་ལེན་ནི། གདུལ་བྱ་ཐེག་དམན་གྱི་རིགས་ཅན་རྗེས་སུ་གཟུང་བའི་ཕྱིར་དུ། གང་ཟག་གི་བདག་མེད་རྟོགས་པའི་ཤེས་རབ་ཀྱི་རྩིས་ཟིན་པའི་སྒོ་ནས། གཞན་ལ་གནོད་པ་གཞི་བཅས་སྤོང་བའི་ཉམས་ལེན་ལ་འཛོག་སྟེ། སོ་ཐར་གྱི་མདོ་ལས། སྡིག་པ་ཅི་ཡང་མི་བྱ་སྟེ། །དགེ་བ་ཕུན་སུམ་ཚོགས་པར་སྤྱོད། །རང་གི་སེམས་ནི་ཡོངས་སུ་འདུལ། །འདི་ནི་སངས་རྒྱས་བསྟན་པ་ཡིན། །ཞེས་གསུངས་པས་སོ། །དེ་དག་སྐབས་དང་པོའི་བསྟན་བྱའི་གཙོ་བོར་བྱས་ནས་འཆད། ཐེག་ཆེན་ཕ་རོལ་ཏུ་ཕྱིན་པ་དང་ཐུན་མོང་བའི་ཉམས་ལེན་ནི། སྤྲོས་བྲལ་རྟོགས་པའི་ཤེས་རབ་ཀྱི་རྩིས་ཟིན་པའི་སྒོ་ནས། བརྩེ་བ་སྙིང་རྗེ་ཆེན་པོས། མཐའ་ཡས་པའི་སེམས་ཅན་ལ་ཕན་པ་སྒྲུབ་པའི་ཉམས་ལེན་ལ་འཛོག་སྟེ། རྡོ་རྗེ་གུར་ལས། སྟོང་ཉིད་སྙིང་རྗེ་ཐ་དད་མེད། །གང་དུ་སེམས་ནི་རྣམ་སྒོམ་པ། །དེ་ནི་སངས་རྒྱས་ཆོས་དང་ནི། །དགེ་འདུན་གྱི་ཡང་བསྟན་པའོ། །ཞེས་གསུངས་པས་སོ། །

དེ་ཉིད་སྐབས་གཉིས་པའི་བསྟན་བྱའི་གཙོ་བོར་བྱས་ནས་བསྟན། རྡོ་རྗེ་ཐེག་པའི་ཐུན་མོང་མ་ཡིན་པའི་ཉམས་ལེན་ནི། རང་གི་ལུས་ངག་ཡིད་གསུམ་དང་། རྡོ་རྗེ་འཆང་གི་སྐུ་གསུང་ཐུགས་དབྱེར་མེད་དུ་བྱིན་གྱིས་རློབ་པའི་ས་བོན་འདེབས་པའི་སྨིན་བྱེད་ཀྱི་དབང་དང་། དབང་གི་རྟོགས་པ་གོང་ནས་གོང་དུ་འཕེལ་བར་བྱེད་པའི་གྲོལ་བྱེད་ལམ་གྱིས་བསྡུས་པའི་ཉམས་ལེན་ལ་འཛོག་སྟེ། རྡོ་རྗེ་རྩེ་མོ་ལས། སྨིན་པ་དང་ནི་གྲོལ་བའི་ལམ། །སངས་རྒྱས་བྱང་ཆུབ་བསྟན་པའི་མཆོག །ཅེས་གསུངས་པས་སོ། །དེ་ཉིད་སྐབས་གསུམ་པའི་བསྟན་བྱའི་གཙོ་བོར་བྱས་ནས་བསྟན་པ་ཡིན་ནོ། །

གསུམ་པ་བསྟན་བཅོས་ཀྱི་བརྗོད་བྱ་གདན་ལ་དབབ་པ་ལ། བསྟན་བཅོས་ཀྱི་བརྗོད་བྱའི་བསྡུ་བ།

སྡོམ་པ་གསུམ་གྱི་ཐུན་མོང་གི་རྣམ་གཞག་སྤྱིར་བསྟན་པ། གཞུང་སོ་སོའི་དཀའ་གནད་བྱེ་བྲག་ཏུ་བཤད་པ་དང་གསུམ། དང་པོ་ལ། བརྗོད་བྱ་བདེ་བླག་ཏུ་རྟོགས་པའི་ཕྱིར་དུ་མཚན་གྱི་དོན། བསྟན་པ་རྣམ་དག་ཏུ་བསྒྲུབ་པའི་ཕྱིར་དུ་གཞུང་གི་དོན། བཀའ་དྲིན་རྗེས་སུ་དྲན་པའི་ཕྱིར་དུ་ཕྱག་འཚལ་བའོ། །དང་པོ་ནི། སྡོམ་པ་གསུམ་གྱི་ཞེས་སོགས་སོ། །གསུམ་པ་ནི། གང་གི་ཐུགས་བརྩེ་ཞེས་སོགས་སོ། །

གཉིས་པ་ལ། བཤད་པ་ལ་འཇུག་པའི་ཡན་ལག །བཤད་པ་རང་གི་ངོ་བོ། བཤད་པ་ཡོངས་སུ་རྫོགས་པའི་བྱ་བ་དང་གསུམ། དང་པོ་ལ། མཆོད་པར་བརྗོད་པ་དང་། བརྩམ་པར་དམ་བཅའ་བ་གཉིས། དང་པོ་ནི། བསྟན་བཅོས་རྩོམ་པའི་བར་ཆད་ཞི་བའི་ཆེད་དུ་བླ་མ་དམ་པ་སྤྱི་དང་བྱེ་བྲག་རྩ་བའི་བླ་མ་ལ་མཆོད་པར་བརྗོད་པ་འཆད་པ་ནི། བླ་མ་དམ་པའི་ཞེས་སོགས་སོ། །

གཉིས་པ་ནི། འོན་སྐྱོན་མེད་ཅིང་ཡོན་ཏན་ཀུན་གྱི་མཛོད་མངའ་བའི་བླ་མ་དམ་པ་ལ་ཕྱག་བཙལ་ནས། ལས་སུ་ཅི་བྱེད་སྙམ་ན། བསྟན་པའི་ཉམས་ལེན་ལ་འཁྲུལ་པ་བཀག་ནས་མ་འཁྲུལ་པ་བསྒྲུབ་པར་བྱ་བའི་ཕྱིར་དུ་བསྟན་བཅོས་རྩོམ་ཞེས་བརྩམ་པར་དམ་བཅའ་བ་འཆད་པ་ནི། སྐྱོན་མེད་ཅེས་སོགས་སོ། །

གསུམ་པ་བཤད་པ་ཡོངས་སུ་རྫོགས་པའི་བྱ་བ་ནི། སངས་རྒྱས་གསུང་རབ་དྲི་མ་མེད། །ཅེས་སོགས་སོ༔ ༔

གཉིས་པ་བཤད་པ་རང་གི་ངོ་བོ་ལ། དོན་ལ་འཁྲུལ་བ་བཀག་ནས་དོན་མ་འཁྲུལ་བར་སྒྲུབ་པ་དང་། ཚིག་ལ་འཁྲུལ་བ་བཀག་ནས་ཚིག་མ་འཁྲུལ་བར་སྒྲུབ་པའོ། །འདི་ཉིད་ནི། དེ་ནས་ཚིག་ལ་འཁྲུལ་པ་ཡི། །རྣམ་པར་དབྱེ་བ་བཤད་ཀྱིས་ཉོན། །ཞེས་སོགས་ཀྱིས་བསྟན་ནོ། །དང་པོ་ལ། བརྗོད་བྱའི་གཙོ་བོ་ངོས་བཟུང་བའི་སྒོ་ནས་ལུས་མདོར་བསྟན་པ། སྡོམ་པ་གསུམ་གྱི་ཉམས་ལེན་བསྟན་པའི་སྒོ་ནས་ཡན་ལག་རྒྱས་པར་བཤད་པ། དེ་ལ་གཞན་གྱི་རྩོད་པ་སྤང་བ། གནད་མ་འཁྲུལ་བར་བསྟན་པའི་སྒོ་ནས་མཇུག་བསྡུ་བ་དང་བཞི། །རྩོད་སྤོང་ནི༔ དམ་པ་འཆར་ཆུང་ལ་སོགས་པ་ཁ་ཅིག །སྡོམ་པ་གསུམ་དུ་ཉམས་ལེན་སོ་སོར་འཆད་པ་མི་འཐད་དེ། གྲུབ་མཐའ་ཐམས་ཅད་རང་སར་ནས་བདེན་པའི་ཕྱིར་ཟེར་བ་འགོག་པ་ནི། ཁ་ཅིག་ཐེག་པ་རང་ས་ན། །ཞེས་སོགས་སོ། །

བཞི་པ་མཇུག་བསྡུ་བ་ནི། གནད་འཁྲུལ་མ་འཁྲུལ་སོ་སོར་ཤེས་ནས་འཁྲུལ་བ་འདོར་བ་དང་། མ་འཁྲུལ་བ་ལ་འཇུག་དགོས་སོ། །ཞེས་འཆད་པ་ནི། ཆོས་གཞན་ལེགས་པར་སྟོན་ན་ཡང་། །ཞེས་སོགས་སོ། །དང་པོ་ལུས་མདོར་བསྟན་ནི། འོན་བསྟན་བཅོས་འདིར་སྡོམ་པ་གསུམ་གྱི་རྣམ་གཞག་ཇི་ལྟར་འཆད་ཅེ་ན། སོ་ཐར་

གྱི་སྡོམ་པ་མ་ཐོབ་པ་ཐོབ་པར་བྱེད་པའི་ཆོ་ག །བསླབ་བྱ་ལས་འབྲས་ཀྱི་རྣམ་གཞག །དེ་དག་ལ་ལོག་རྟོག་འགོག་ཚུལ་ལ་སོགས་པ་སྐབས་དང་པོའི་ལུས་མདོར་བསྟན་གྱི་ཚུལ་གྱིས་འཆད་པ་ནི། སོ་སོར་ཐར་པའི་སྡོམ་པ་དང་། །དེ་དག་གི་ནི་ཆོ་ག་དང་། །སོ་སོའི་བསླབ་པར་བྱ་བ་དང་། །རྣམ་པར་དབྱེ་བ་བཤད་ཀྱི་ཉོན། །ཞེས་སོ༔ །བྱང་སེམས་ཀྱི་སྡོམ་པ་མ་ཐོབ་པ་ཐོབ་པར་བྱེད་པའི་ཆོ་ག །བསླབ་བྱ་བདག་གཞན་བརྗེ་བའི་གནད། དེ་དག་ལ་ལོག་རྟོག་འགོག་ཚུལ་ལ་སོགས་པ་སྐབས་གཉིས་པའི་ལུས་མདོར་བསྟན་གྱི་ཚུལ་གྱིས་འཆད་པ་ནི། བྱང་ཆུབ་སེམས་དཔའི་སེམས་བསྐྱེད་དང་། །དེ་དག་གི་ནི་ཆོ་ག་དང་། །སོ་སོའི་བསླབ་པར་བྱ་བ་དང་། །སེམས་བསྐྱེད་པ་ཡི་གནད་རྣམས་དང་། །སྟོང་ཉིད་སྙིང་རྗེའི་སྙིང་པོ་སོགས། །རྣམ་པར་དབྱེ་བ་བཤད་ཀྱི་ཉོན། །ཞེས་སོ༔ །སྔགས་སྡོམ་མ་ཐོབ་པ་ཐོབ་པར་བྱེད་པ་སྨིན་བྱེད་ཀྱི་དབང་། དེ་ཉིད་ཀྱི་རྒྱུན་གསོམས་པར་བྱེད་པ་གྲོལ་བྱེད་ཀྱི་ལམ། དེ་ལས་བྱུང་བའི་ཕྱག་རྒྱ་ཆེན་པོ། ཕྱི་ནང་གི་རྟེན་འབྲེལ་བསྒྲིགས་ནས་སྤྱོད་པ་བྱེད་ཚུལ། དེ་ལ་བརྟེན་ནས་ས་ལམ་བགྲོད་ཚུལ་ལ་སོགས་པ་སྐབས་གསུམ་པའི་ལུས་མདོར་བསྟན་གྱི་ཚུལ་གྱིས་འཆད་པ་ནི། གསང་སྔགས་ཀྱི་ནི་དབང་བསྐུར་དང་། །དེ་དག་གི་ནི་ཆོ་ག་དང་། །སོ་སོའི་བསླབ་པར་བྱ་བ་དང་། །རིམ་པ་གཉིས་ཀྱི་གསང་ཚིག་དང་། །ཡེ་ཤེས་ཕྱག་རྒྱ་ཆེན་པོ་དང་། །ཕྱི་དང་ནང་གི་རྟེན་འབྲེལ་དང་། །ས་དང་ལམ་གྱི་རྣམ་གཞག་གི །རྣམ་པར་དབྱེ་བ་བཤད་ཀྱི་ཉོན། །ཞེས་སོ། །

གཉིས་པ་རྒྱས་བཤད་ལ། སོ་ཐར། བྱང་སེམས། སྔགས་སྡོམ་གྱི་ཉམས་ལེན་བཤད་པའོ། །དང་པོ་ལ། བརྗོད་བྱའི་གཙོ་བོ་སོ་སོར་ཐར་པའི་རྣམ་གཞག །བསླབ་བྱའི་རང་བཞིན་ལས་འབྲས་ཀྱི་རྣམ་གཞག །ཐོས་བསམ་སྒོམ་གསུམ་མ་ནོར་བས་མཇུག་བསྡུ་བའོ། །དང་པོ་ལ། དབྱེ་བའི་སྒོ་ནས་མདོར་བསྟན། སོ་སོའི་རང་བཞིན་རྒྱས་པར་བཤད། གདམས་པའི་སྒོ་ནས་མཇུག་བསྡུ་བའོ། །དང་པོ་ནི། སོ་སོར་ཐར་པའི་སྡོམ་པ་ལ། །ཞེས་སོགས་སོ། །གསུམ་པ་ནི། སོ་སོར་ཐར་པའི་ལུགས་གཉིས་པོ། །ཞེས་སོགས་སོ། །

གཉིས་པ་ལ། ཉན་ཐོས་ལུགས་ཀྱི་དང་། ཐེག་ཆེན་ལུགས་ཀྱི་སོ་ཐར་རོ། །དང་པོ་ལ། རིགས་བདུན་གྱི་རྣམ་གཞག་སྤྱིར་བསྟན་པ་དང་། བསྙེན་གནས་བྱེ་བྲག་ཏུ་བཤད་པའོ། །དང་པོ་ལ། དམ་བཅའི་སྒོ་ནས་མདོར་བསྟན། སྒྲུབ་བྱེད་ཀྱི་སྒོ་ནས་རྒྱས་པར་བཤད། དུས་ལ་ལོག་པར་རྟོག་པ་དགག་པ་དང་གསུམ། དང་པོ་ནི། སོ་ཐར་རིགས་བདུན་གྱི་ངོ་བོ་གཟུགས་ཅན། དུས་ཇི་སྲིད་འཚོ་བར་གྱི་སྡོམ་པ་ཡིན་ནོ། །ཞེས་འཆད་པ་ནི། ཉན་ཐོས་ཞེས་སོགས་སོ། །

གཉིས་པ་ནི། རིགས་བདུན་ནི། ཇི་སྲིད་འཚོའི་བར་དུ་ཁས་བླངས་པའི་གཟུགས་ཅན་གྱི་སྡོམ་པ་ཡིན་

པས་ན་ཤི་འཕོས་པའི་དབང་གིས་གཏོང་བ་ཡིན་ནོ། །ཞེས་པའི་རིགས་པའི་སྒྲུབ་བྱེད་འཆད་པ་ནི། དེ་དག་གི་ནི་ཞེས་སོགས་སོ། །ལུང་གི་སྒྲུབ་བྱེད་འཆད་པ་ནི། འདི་ནི་ཆོས་མངོན་ཞེས་སོགས་སོ། །འོན་གཟུགས་ཅན་གྱི་སྡོམ་པ་ཐམས་ཅད་ཤི་འཕོས་པའི་དབང་གིས་གཏོང་བར་ངེས་སམ་ཞེ་ན། མ་ཡིན་ཏེ། ཇི་སྲིད་འཚོའི་བར་དུ་ཁས་བླངས་པའི་གཟུགས་ཅན་གྱི་སྡོམ་པ་རིགས་བདུན་ཤི་འཕོས་པའི་དབང་གིས་གཏོང་བ་ཡིན་གྱི་བསམ་གཏན་དང་ཟག་མེད་ཀྱི་སྡོམ་པ་ནི་གཟུགས་ཅན་ཡིན་ཡང་དེའི་དབང་གིས་གཏོང་བ་མ་ཡིན་པའི་ཕྱིར་ཏེ། འདི་གཉིས་ཇི་སྲིད་འཚོའི་བར་དུ་བླངས་པའི་གཟུགས་ཅན་གྱི་སྡོམ་པ་མ་ཡིན་གྱི་སེམས་ཀྱི་རྗེས་འབྲང་གི་སྡོམ་པ་ཡིན་པའི་ཕྱིར་ཏེ། ཐ་མ་གཉིས་ནི་སེམས་རྗེས་འབྲང་། །ཞེས་སོ། །འོན་གྲུབ་མཐའ་ཀུན་གྱི་ལུགས་ལ་རིགས་བདུན་ཤི་འཕོས་པའི་དབང་གིས་གཏོང་བར་ངེས་སམ་ཞེ་ན། མ་ངེས་ཏེ། བྱང་སེམས་ཀྱི་ཉེས་སྤྱོད་སྡོམ་པའི་ངོ་བོར་སྐྱེས་པའི་རིགས་བདུན་ནི། ཤི་འཕོས་པ་ཙམ་གྱིས་གཏོང་བ་མ་ཡིན་པའི་ཕྱིར་ཏེ། དེ་དག་རང་གི་ཉེར་ལེན་སེམས་ལས་བྱུང་བའི་སྡོམ་པ་ཡིན་པས་གཏོང་རྒྱུ་གཞན་མ་བྱུང་ན་སེམས་ཇི་སྲིད་གནས་ཀྱི་བར་དུ་རྗེས་སུ་འབྲང་བའི་ཕྱིར། དེ་ཡང་འདིར། བྱང་ཆུབ་སེམས་དཔའི་སྡོམ་པ་རྣམས། །ཤི་འཕོས་ནས་ཀྱང་རྗེས་སུ་འབྲང་། །ཞེས་པས་དམ་བཅའ་བསྟན་ནས། དེའི་ཤེས་བྱེད་འཆད་པ་ནི། བྱང་ཆུབ་སེམས་དཔའི་སྡོམ་པ་ནི། །སེམས་ལས་སྐྱེ་ཕྱིར་གཟུགས་ཅན་མིན། །དེས་ན་ཇི་སྲིད་སེམས་མ་ཉམས། །དེ་ཡི་བར་དུ་སྡོམ་པ་ཡོད། །ཅེས་སོགས་སོ། །དེས་ན་གཞུང་འདིས། ཐེག་པ་ཆེན་པོའི་ལུགས་ལ་སྡོམ་པ་ཤེས་པའི་ངོ་བོར་གནས་པ་ཡིན་པས་ཤི་འཕོས་པ་ཙམ་གྱིས་མི་གཏོང་བའི་དོགས་གཅོད་བསྟན་ཚུལ་གྱི་གནད་ཁོང་དུ་ཆུད་པར་བྱའོ། །

གསུམ་པ་ནི། འདོད་པ་བརྗོད་པ་དང་། དེ་དགག་པ་གཉིས། དང་པོ་ནི། ཁ་ཅིག་ཅེས་སོ། །གཉིས་པ་ལ༔ སྒྲུབ་བྱེད་མེད་པའི་སྒོ་ནས་མདོར་བསྟན། གནོད་བྱེད་ཡོད་པའི་སྒོ་ནས་རྒྱས་པར་བཤད། སྐབས་པའི་གནས་སུ་བསྟན་པའི་སྒོ་ནས་མཇུག་བསྡུ་བའོ། །དང་པོ་ནི། དེ་འདྲ་ཞེས་སོགས་སོ། །གཉིས་པ་ནི། དེ་ལྟ་ཡིན་ན་ཞེས་སོགས་སོ། །གསུམ་པ་ནི། དེས་ན་ཞེས་སོགས་སོ། །གཉིས་པ་བསྟེན་གནས་ནི། བྱེ་བྲག་སྨྲ་བའི་ཞེས་སོགས་སོ། །གཉིས་པ་ཐེག་ཆེན་སོ་ཐར་ལ། མཉན་པར་གདམས་པ་དང་། དོན་དངོས་བཤད་པ་གཉིས། དང་པོ་ནི། ཐེག་པ་ཆེན་པོ་ཞེས་སོགས་སོ། །

གཉིས་པ་ལ། མ་ཐོབ་པ་ཐོབ་པར་བྱེད་པའི་ཆོ་ག །ཐོབ་པ་མི་ཉམས་པར་སྲུང་བར་བྱེད་པའི་བསླབ་བྱ། གཏོང་ཚུལ་ལ་དོགས་པ་གཅོད་པའོ། །དང་པོ་ལ་ཐུན་མོང་མ་ཡིན་པའི་ཆོ་ག་དང་། ཐུན་མོང་བའི་ཆོ་ག་གཉིས། དང་པོ་ལ། ད་ལྟར་གྱི་དང་། སྔོན་གྱི་ཆོ་ག་གཉིས། དང་པོ་ནི། བྱང་སེམས་ཞེས་སོགས་སོ། །གཉིས་པ་སྔོན་

ཚིག་ནི། རྒྱལ་སྲས་ཞེས་སོགས་སོ། །གཉིས་པ་ནི། དེས་ན་ད་ཞེས་སོགས་སོ། །གཉིས་པ་བསླབ་བྱ་ནི། སོ་སོར་ཐར་པའི་བསླབ་བྱ་ཡི། །ཞེས་སོགས་སོ། །

གསུམ་པ་ནི། འོ་ན་རིགས་བདུན་ཤི་འཕོས་པ་ཙམ་གྱིས་གཏོང་བར་འགྱུར་ཏེ། དེ་དག་ཚིག་ཉན་ཐོས་ཀྱི་ལུགས་བཞིན་དུ་ཐོབ་དགོས་ཤིང་ཉན་ཐོས་ཀྱི་ལུགས་ལ་ཤི་འཕོས་པ་ཙམ་གྱིས་གཏོང་བར་བཤད་པའི་ཕྱིར་སྙམ་ན། དེ་དག་མཚུངས་པ་མ་ཡིན་ཏེ། ཉན་ཐོས་ཀྱི་ལུགས་ལ་རིགས་བདུན་ཇི་སྲིད་འཚོའི་བར་དུ་ཁས་བླངས་པའི་གཟུགས་ཅན་གྱི་སྡོམ་པ་ཡིན་ལ། འདིར་ནི་དེ་དག་རང་གི་ཉེར་ལེན་སེམས་ལས་བྱུང་བའི་ཤེས་རྣམ་སུ་འདོད་པའི་ཕྱིར། དེས་ན་ཐེག་ཆེན་སོ་ཐར་རིགས་བདུན་གྱི་ཚིག་ཉན་ཐོས་ལུགས་བཞིན་ཐོབ་དགོས་པའི་དབང་གིས་ཤི་འཕོས་པའི་ཚེ་ཁས་བླངས་པའི་དུས་ཀྱི་ལྡོག་ཆ་ཙམ་གཏོང་བ་ཡིན་གྱི་སྡོམ་པའི་རྣམ་ཀྱི་ངོ་བོ་གཏོང་བ་མ་ཡིན་ཏེ། དེ་དག་རང་གི་ཉེར་ལེན་སེམས་ལས་བྱུང་བའིཤེས་རྣམ་སུ་འདོད་པའི་ཕྱིར། ཞེས་འཆད་པ་ནི། ཐེག་ཆེན་སོ་སོ་ཐར་ཡིན་ཡང་། །ཞེས་སོགས་སོ། །དེའི་ཀུན་སློང་བྱང་ཆུབ་ཀྱི་སེམས་ཀྱིས་ཁས་བླངས་པའི་དུས་ཀྱི་ལྡོག་ཆ་ནི་ཤི་འཕོས་པ་ཙམ་གྱིས་མི་གཏོང་སྟེ། དེ་དག་ཚིག་གི་སྒོ་ནས་ཇི་སྲིད་འཚོའི་བར་དུ་ཁས་བླངས་པ་མ་ཡིན་པའི་ཕྱིར། ཞེས་འཆད་པ་ནི། བྱང་ཆུབ་སེམས་ཞེས་སོགས་སོ། །

གཉིས་པ་བསླབ་བྱ་ལ། ལས་འབྲས་ཀྱི་རྣམ་གཞག་སྤྱིར་བསྟན་པ་དང་། འཁྲུལ་པ་དགག་པ་རྒྱས་པར་བཤད་པའོ། །དང་པོ་ལ། མཉན་པར་གདམས་པ། དབྱེ་བ་སོ་སོར་བཤད་པ། མཇུག་བསྡུ་བའོ། །དང་པོ་ནི། དེ་ནས་ཞེས་སོགས་སོ། །གཉིས་པ་ནི། ལས་ལ་ཞེས་སོགས་སོ། །གསུམ་པ་ནི། དེ་འདྲའི་ཞེས་སོགས་སོ། །གཉིས་པ་ལ། བསྔོ་བའི་གནད་ལ་འཁྲུལ་བ་དགག་པ། འབྲས་བུ་དཀར་ནག་ཟང་ཐལ་དུ་འདོད་པ་དགག་པ། སྦྱོད་པ་ཡི་བཀག་ཡི་གནང་དུ་འདོད་པ་དགག་པ། འཕྲུལ་གྱི་ལག་ལེན་འཁྲུལ་པ་གཞན་དགག་པའོ། །དང་པོ་ལ། བསྔོ་རྒྱུའི་དགེ་རྩ་ལ། བསྔོ་ཚུལ་གྱི་ལག་ལེན་ལ། བསྔོ་བའི་འབྲས་བུ་ལ་འཁྲུལ་པ་དགག་པ། དོན་བསྡུས་ཏེ་ལས་འབྲས་ཀྱི་གནད་བསྟན་པའོ། །དང་པོ་ལ། འདོད་པ་བརྗོད་པ་དང་། དེ་དགག་པ་གཉིས། དང་པོ་ནི། མུ་སྟེགས་ཞེས་སོགས་སོ། །

གཉིས་པ་ལ། ཆོས་དབྱིངས་བསྔོ་རྒྱུའི་སྙིང་པོར་འདོད་པ་དགག །ཆོས་དབྱིངས་ལས་གཞན་པའི་ཁམས་བསྔོ་རྒྱུའི་སྙིང་པོར་འདོད་པ་དགག །ཆོས་དབྱིངས་ལ་བསྔོ་རྒྱུའི་སྙིང་པོ་ཡིན་མིན་གྱི་དབྱེ་བ་ཡོད་པ་དགག །སྒྲིབ་བྲལ་གྱི་དབྱིངས་ལ་སྙིང་པོར་འཇོག་པའི་འཐད་པ། འབྲས་དུས་ཀྱི་བདེ་གཤེགས་སྙིང་པོ་ཀུན་ལ་ཁྱབ་པ་དྲང་དོན་དུ་བསྟན་པ་དང་ལྔ། དང་པོ་ནི། གྲངས་ཅན་ཞེས་སོགས་སོ། །གཉིས་པ་ནི། ལ་ལ་བདེ་

གཤེགས་སྙིང་པོའི་སྒྲ། །ཞེས་སོགས་སོ། །གསུམ་པ་ནི། གལ་ཏེ་བེམས་པོའི་ཆོས་ཀྱི་དབྱིངས། །ཞེས་སོགས་སོ༑ ༑བཞི་པ་ནི། དེས་ན་དེ་བཞིན་གཤེགས་པ་ཡི། །ཞེས་སོགས་སོ། །ལྔ་པ་ནི། འོན་ཀྱང་མདོ་སྡེ་འགའ་ཞིག་དང་། །ཞེས་སོགས་སོ། །གཉིས་པ་ནི། འགའ་ཞིག་བསྔོ་བའི་ཚེ་ན་ལྷ། །ཞེས་སོགས་སོ། །གསུམ་པ་ནི། བསྔོ་བ་དེ་ཡང་མདོར་བསྡུ་ན། །ཞེས་སོགས་སོ། །

བཞི་པ་ལ། དགེ་མི་དགེའི་ལས་རྒྱུ་རྐྱེན་གྱིས་བྱེད་དགོས་པར་བསྟན་པ་དང་། ཐེག་པ་ཆེ་ཆུང་གི་ལས་འབྲས་ཀྱི་གནད་བསྟན་པ་གཉིས། དང་པོ་ནི། ཆོས་ཉིད་དེ་བཞིན་ཉིད་བསྔོ་རྒྱུའི་དགེ་རྩར་མི་འཐད་དེ། དགེ་མི་དགེའི་ལས་ཡིན་ན་རྒྱུ་རྐྱེན་གྱིས་བྱས་པ་གཅིག་དགོས་པའི་ཕྱིར་ཏེ། དགེ་བའི་ལས་ཡིན་ན། རང་རྒྱུད་དུག་གསུམ་མེད་པའི་སེམས་བྱུང་གིས་ཀུན་ནས་བསླངས་བ་གཅིག་དགོས། མི་དགེ་བའི་ལས་ཡིན་ན། རང་རྒྱུད་དུག་གསུམ་གང་རུང་གིས་ཀུན་ནས་བསླངས་བ་གཅིག་དགོས་པའི་ཕྱིར། ཞེས་འཆད་པ་ནི། དེས་ན་བསྔོ་རྒྱུའི་དགེ་བ་དང་། །ཞེས་སོགས་སོ། །དེའི་ཤེས་བྱེད་ཀྱི་ལུང་འཆད་པ་ནི། །འདོད་ཆགས་ཞེ་སྡང་གཏི་མུག་གསུམ། །ཞེས་སོགས་སོ། །འདིར་མཁས་པ་མང་པོ་དག་ཞལ་འཆམ་པར་དུག་གསུམ་གང་རུང་གིས་ཀུན་ནས་བསླངས་པའི་ལས་ལ་མི་དགེ་བས་ཁྱབ་པ་གཞུང་གི་དགོངས་པར་འཆད་ཅིང་། མ་རིག་པས་ཀུན་ནས་བསླངས་པའི་དགེ་བའི་ལས་མེད་པར་འདོད་པ་ནི། ཐུར་ཁྱབ་དང་། རྗེས་ཁྱབ་ཀྱི་ཤན་མ་ཕྱེད་པར་ཟད་པས། ཐོག་མར་ཁྱབ་པའི་རྣམ་དབྱེ་ཙམ་ཤེས་པར་མཛད་ན་ལེགས་སོ། །གཉིས་པ་ནི། ཉན་ཐོས་དགེ་བ་ཕལ་ཆེར་ཡང་། །ཞེས་སོགས་སོ༑ ༑

གཉིས་པ་ལ། འདོད་པ་བརྗོད་པ་དང་། དེ་དགག་པ་གཉིས། དང་པོ་ནི། དགོངས་གཅིག་པ་ན་རེ། དགེ་བའི་ལས་ཀྱིས་འབྲས་བུ་བདེ་བ་སྐྱེད་པར་ངེས། མི་དགེ་བའི་ལས་ཀྱིས་འབྲས་བུ་སྡུག་བསྔལ་སྐྱེད་པར་ངེས་ཤིང་དེ་དག་རྣམས་ཀྱི་འབྲས་བུ་སེམས་ཅན་གྱི་དུས་སུ་མ་སྨྱོང་ན་སངས་རྒྱས་ཀྱི་སར་སྨིན་པ་ཡོད་དེ། སྟོན་པ་འདི་སློབ་པ་ལམ་གྱི་གནས་སྐབས་སུ་དེད་དཔོན་སྙིང་རྗེ་ཆེན་པོར་གྱུར་པའི་ཚེ་ཚོང་པ་གཡོ་ཅན་བསད་པའི་ལས་ཀྱི་རྣམ་སྨིན་ལ་སངས་རྒྱས་པའི་དུས་སུ་ཞབས་ལ་སེང་ལྡེང་གི་ཚལ་པ་ཟུག་པར་འདུལ་བ་ལུང་ལས་བཤད་ཅིང་བཤད་པ་ལྟར་དུ་བདེན་པའི་ཕྱིར། ཞེས་པའི་འདོད་པ་འཆད་པ་ནི། དཀར་ནག་ཅེས་སོགས་སོ། །དེ་འགོག་པ་ལ། དཀར་ནག་ཟང་ཐལ་དྲང་དོན་དུ་བསྟན་པ། ངེས་དོན་ཡིན་པ་ལ་གནོད་བྱེད་བསྟན་པ། ཤེས་བྱེད་ཀྱི་ལུང་དང་སྦྱར་བའོ། །དང་པོ་ནི། དེ་དག་གིས་ནི་དྲང་དོན་ལ། །ཞེས་སོགས་སོ། །

གཉིས་པ་ནི། གལ་ཏེ་རྫོགས་པའི་སངས་རྒྱས་ལ། །ཞེས་སོགས་སོ། །གསུམ་པ་ནི། འདི་ཡི་ལུང་དང་

རིགས་པ་རྣམས། །ཞེས་སོགས་སོ། །གསུམ་པ་ལ། འདོད་པ་བརྗོད་པ་དང་། དེ་དགག་པ་གཉིས། དང་པོ་ནི། དགོངས་གཅིག་པ་ན་རེ། གནང་བ་ཐམས་ཅད་ཡེ་ནས་གནང་བ་དང་བཀག་པ་ཐམས་ཅད་ཡེ་ནས་བཀག་པ་ཞེས་གསུངས་ཏེ། གང་ཟག་གཅིག་ལ་བཀག་ན་ཐམས་ཅད་ལ་བཀག་དགོས་གང་ཟག་གཅིག་ལ་གནང་ན་ཐམས་ཅད་ལ་གནང་དགོས་པའི་ཕྱིར། ཞེས་གསུང་ངོ་། །གཉིས་པ་ལ། གནང་བཀག་ཐ་དད་དུ་ཡོད་ཚུལ་སྤྱིར་བསྟན་པ། དེ་ལ་གཞན་གྱི་རྟོད་པ་སྤང་བ། མ་འཁྲུལ་བའི་གནང་བཀག་ཇི་ལྟར་སྒྲུབ་ཚུལ་ལོ། །དང་པོ་ལ། དམ་བཅའི་སྒོ་ནས་མདོར་བསྟན། འཐད་པའི་སྒོ་ནས་རྒྱས་པར་བཤད། དཔེའི་སྒོ་ནས་དོན་བསྡུ་བ་དང་གསུམ། དང་པོ་ནི། ཡེ་བཀག་ཡེ་གནང་ཞེས་བྱ་བའང་། །ཞེས་སོགས་སོ། །

གཉིས་པ་ལ། ཉན་ཐོས་དང་ནང་ཚུན་གནང་བཀག་ཐ་དད་དུ་བསྟན་པ། ཁྱིམ་པ་དང་རབ་བྱུང་གནང་བཀག་ཐ་དད་དུ་བསྟན་པ། ཐེག་པ་ཆེ་ཆུང་གནང་བཀག་ཐ་དད་དུ་བསྟན་པ། ཐེག་ཆེན་ནང་ཕན་ཚུན་གནང་བཀག་ཐ་དད་དུ་བསྟན་པ་དང་བཞི། དང་པོ་ལ། གནང་བཀག་ཐ་དད་དུ་ཡོད་ཚུལ་དངོས། དེའི་ཉེས་སྤོང་གི་ལན་དགག་པ། གནང་བཀག་གཅིག་ཡིན་པ་ལ་གནོད་བྱེད་བསྟན་པའོ། །དང་པོ་ནི། དེ་ཡི་འཐད་པ་འདི་ལྟར་ཡིན། །ཞེས་སོགས་སོ། །གཉིས་པ་ནི། གལ་ཏེ་སྡེ་པ་གཅིག་བདེན་གྱི། །ཞེས་སོགས་སོ། །གསུམ་པ་ནི། མདོར་ན་ཕམ་པ་བཞི་པོ་ནས། །ཞེས་སོགས་སོ། །གཉིས་པ་ནི། བྱིན་ལེན་མ་བྱས་ཟ་བ་ཡི། །ཞེས་སོགས་སོ། །གསུམ་པ་ནི། ཉན་ཐོས་རྣམ་གསུམ་དག་པའི་ཤ །ཞེས་སོགས་སོ། །བཞི་པ་ནི། དེ་བཞིན་ཕ་རོལ་ཕྱིན་པ་དང་། །ཞེས་སོགས་སོ། །གསུམ་པ། དཔེའི་སྒོ་ནས་དོན་བསྡུ་བ་ནི། དེས་ན་ཡེ་བཀག་ཡེ་གནང་གི །ཞེས་སོགས་སོ། །

གཉིས་པ་ལ། ཐུབ་པས་རབ་བྱུང་ལ་སྙིང་ནད་བྱས་པར་ཐལ་བ་སྤང་བ་དང་། བདེ་སྡུག་ཀུན་གྱི་བྱེད་པོ་སངས་རྒྱས་སུ་ཐལ་བ་སྤང་པ་གཉིས། དང་པོ་ལ། འདོད་པ་བརྗོད་པ་དང་། དེ་དགག་པ་གཉིས། དང་པོ་ནི། གལ་ཏེ་སྡོམ་པ་མ་བླངས་ན། །ཞེས་སོགས་སོ། །གཉིས་པ་ནི། འདི་འདྲའི་རིགས་པ་གཟུ་ལུམ་ཡིན། །ཞེས་སོགས་སོ། །

གཉིས་པ་ལ། འདོད་པ་བརྗོད་པ་དང་། དེ་དགག་པ་གཉིས། དང་པོ་ནི། དེ་ལ་ཁ་ཅིག་འདི་སྐད་དུ། །ཞེས་སོགས་སོ། །གཉིས་པ་ནི། འདི་ཡི་ལན་ལ་རྣམ་གཉིས་ལས། །ཞེས་སོགས་སོ། །གསུམ་པ་མ་འཁྲུལ་བའི་གནང་བཀག་ཇི་ལྟར་སྒྲུབ་ཚུལ་ནི། སྨྲ་གུ་ཅན་དང་གོང་བ་ཅན། །ཞེས་སོགས་སོ། །བཞི་པ་འཕྲུལ་གྱི་ལག་ལེན་འཁྲུལ་བ་གཞན་དགག་པ་ནི། མདོ་བསྐུལ་ལ་སོགས་བྱ་བ་ཀུན། །ཞེས་སོགས་སོ། །གསུམ་པ་ཐོས་བསམ་སྒོམ་གསུམ་མ་ནོར་བའི་སྒོ་ནས་མཇུག་བསྡུ་བ་ལ། ནོར་བའི་ཐོས་བསམ་སྤང་བར་གདམས་པ་དང་།

མ་ནོར་བའི་ཐོས་བསམ་བསྒྲུབ་པར་བསྟན་པ་གཉིས། དང་པོ་ནི། ལ་ལ་རྫོགས་པའི་སངས་རྒྱས་ཀྱི། །ཞེས་སོགས་སོ། །གཉིས་པ་ནི། དེས་ན་སངས་རྒྱས་གསུང་རབ་དང་། །ཞེས་སོགས་སོ། །

གཉིས་པ་བྱང་སེམས་སྡོམ་པའི་ཉམས་ལེན་ལ། སེམས་བསྐྱེད་ཀྱི་དབྱེ་བ་སྤྱིར་བསྟན་པ། ཐེག་ཆེན་སེམས་བསྐྱེད་བྱེ་བྲག་ཏུ་བཤད་པ། བསྟན་པ་རྣམ་པར་དག་པས་མཇུག་བསྡུ་བའོ། །དང་པོ་ནི། སྤྱིར་སེམས་བསྐྱེད་ལ། ཐེག་པ་ཆེ་ཆུང་གི་སེམས་བསྐྱེད་གཉིས་སུ་ཡོད་ཅེས་འཆད་པ་ནི། སེམས་བསྐྱེད་པ་ནི་ཞེས་སོགས་སོ; ;ཉན་ཐོས་ལ་ཐེག་པ་གསུམ་གྱི་བྱང་ཆུབ་ཏུ་སེམས་བསྐྱེད་ཚུལ་གསུམ་ཡོད་ཅེས་འཆད་པ་ནི། ཉན་ཐོས་རྣམས་ལ་ཞེས་སོགས་སོ། །ཐེག་པ་ཆེན་པོ་ལ་དབུ་སེམས་གཉིས་ལྟ་བ་བཟང་ངན་ཐ་དད་པའི་དབང་གིས་མ་ཐོབ་པ་ཐོབ་པར་བྱེད་པའི་ཆོ་ག །སྲུང་བྱའི་ལྟུང་བ། ཉམས་ན་ཕྱིར་བཅོས་པའི་ཐབས། དགག་སྒྲུབ་སྤང་གསུམ་གྱི་བསླབ་བྱ་སོ་སོར་ཡོད་ཅེས་འཆད་པ་ནི། ཐེག་པ་ཆེན་པོའི་སེམས་བསྐྱེད་ལ། །ཞེས་སོགས་སོ། །

གཉིས་པ་ལ། མ་ཐོབ་པ་ཐོབ་པར་བྱེད་པའི་ཆོ་ག །ཐོབ་པ་མི་ཉམས་པར་བསྲུང་བའི་བསླབ་བྱ། ཐབས་ལམ་ལ་འཁྲུལ་བ་བཀག་ནས་མ་འཁྲུལ་བ་བསྒྲུབ་དགོས་པ་དང་གསུམ། དང་པོ་ལ། ཀུན་རྫོབ་སེམས་བསྐྱེད་ཆོ་གའི་སྒོ་ནས་བསྐྱེད་ཚུལ་དང་། དོན་དམ་སེམས་བསྐྱེད་ཆོ་གའི་སྒོ་ནས་བསྐྱེད་མི་དགོས་པའི་འཐད་པའོ། །དང་པོ་ནི། སེམས་ཙམ་ལུགས་ཀྱི་སེམས་བསྐྱེད་སྐྱེ་བོ་ཀུན་ལ་བྱེད་པ་ལ་གནོད་བྱེད་ཡོད་ཅིང་ཤེས་བྱེད་མེད་ཅེས་འཆད་པ་ནི། སེམས་ཙམ་པ་ཡི་སེམས་བསྐྱེད་འདི། །ཞེས་སོགས་སོ། །དེའི་དཔེ་འཆད་པ་ནི། ཇི་ལྟར་འབྲས་ཀྱི་ས་བོན་ནི། །ཞེས་སོགས་སོ། །དེ་དག་གི་གྲུབ་འབྲས་འཆད་པ་ནི། །དེས་ན་སེམས་ཙམ་པ་ཡི་ལུགས། །ཞེས་སོགས་སོ། །དབུ་མ་པའི་ལུགས་ཀྱི་སེམས་བསྐྱེད་སྐྱེ་བོ་ཀུན་ལ་བྱར་རུང་བ་འཐད་པ་དང་བཅས་པ་འཆད་པ་ནི། དབུ་མ་ལུགས་ཀྱི་སེམས་བསྐྱེད་འདི། །ཞེས་སོགས་སོ། །དེའི་དཔེ་འཆད་པ་ནི། ཇི་ལྟར་ནས་ཀྱི་ས་བོན་ནི། །ཞེས་སོགས་སོ། །དེ་དག་གི་གྲུབ་འབྲས་ནི། ཅི་སྟེ་སེམས་ཅན་ཐམས་ཅད་ལ། །ཞེས་སོགས་སོ། གཉིས་པ་ནི། དོན་དམ་སེམས་བསྐྱེད་ཅེས་བྱ་བ། །ཞེས་སོགས་སོ། །

གཉིས་པ་བསླབ་བྱ་ལ། ལྟུང་བའི་རྣམ་གཞག་མུ་བཞི་ཡོད་ཚུལ། བསླབ་བྱའི་གཙོ་བོ་བདག་གཞན་མཉམ་བརྗེ་གཉིས་སུ་བསྟན་པ། དེ་ལ་གཞན་གྱི་ལོག་རྟོག་དགག་པ་དང་གསུམ། དང་པོ་ནི། དེ་ལྟར་སེམས་ཙམ་དབུ་མ་གཉིས། །ཞེས་སོགས་སོ། །གཉིས་པ་ནི། བྱང་ཆུབ་སེམས་ཀྱི་བསླབ་བྱ་ལ། །ཞེས་སོགས་སོ། །གསུམ་པ་ནི། ཁ་ཅིག་བརྗེ་བའི་བྱང་ཆུབ་སེམས། །ཞེས་སོགས་སོ། །གསུམ་པ་ཐབས་ལམ་ལ་འཁྲུལ་བ་དགག་པ་ནི། སངས་རྒྱས་དགོངས་པ་མི་ཤེས་པར། །ཞེས་སོགས་སོ། །གསུམ་པ་མཇུག་བསྡུ་བ་ནི། མདོར་ན་སངས་རྒྱས

གསུང་རབ་དང་། །ཞེས་སོགས་སོ། །

གསུམ་པ་སྔགས་ཀྱི་སྡོམ་པའི་ཉམས་ལེན་ལ། སྐབས་ཀྱི་བསྟན་དོན་ངོས་བཟུང་བ་དང་། གཞུང་གི་བསྡུ་བ་དངོས་བཤད་པ་གཉིས། དང་པོ་ནི། སྐབས་གསུམ་པ་འདིར་རྒྱུད་སྡེ་བཞིའི་ཉམས་ལེན་མཐའ་དག་བསྟན་བྱའི་གཙོ་བོར་བྱས་ནས་སྟོན་པ་མ་ཡིན་ཏེ། བླ་མེད་ཀྱི་ཉམས་ལེན་ལ་འཁྲུལ་པ་གཙོ་བོར་བཀག་ནས་བླ་མེད་ཀྱི་ཉམས་ལེན་མ་འཁྲུལ་བ་གཙོ་བོར་སྟོན་པའི་ཕྱིར། དེ་ལྟར་སྟོན་པའི་རྒྱུ་མཚན་ཡོད་དེ། བསྟན་བཅོས་འདི་མཛད་པའི་དུས་སུ་རྒྱུད་སྡེ་བཞིའི་ནང་ནས་གསང་སྔགས་བླ་མེད་ལ་འཁྲུལ་པའི་ལོག་རྟོག་ཤས་ཆེ་བར་གཟིགས་ནས་དེ་ཉིད་དགག་པའི་ཕྱིར་དུ་བསྟན་བཅོས་འདི་མཛད་པའི་ཕྱིར། རྒྱུད་སྡེ་འོག་མ་གསུམ་ལ་འཁྲུལ་པ་གཏན་མི་འགོག་པ་ཡང་མ་ཡིན་ཏེ། རྒྱུད་སྡེ་འོག་མ་གསུམ་ལ་དབང་བཞི་དང་རིམ་གཉིས་ཡོད་པར་འདོད་པ་དང་། སེམས་བསྐྱེད་ཙམ་ལ་བརྟེན་ནས་བྱ་རྒྱུད་མཐའ་དག་ཉམས་སུ་ལེན་དུ་རུང་བར་འདོད་པ་དང་། བྱ་བའི་རྒྱུད་ལ་བདག་བསྐྱེད་ཡོད་པར་འདོད་པའི་ལོག་རྟོག་རྣམས་ཞར་བྱུང་གི་ཚུལ་དུ་འགོག་པའི་ཕྱིར། དེས་ན་འདིར་གསང་སྔགས་བླ་མེད་ཀྱི་ཉམས་ལེན་གྱི་རིམ་པ་གཙོ་བོར་བསྟན་ཏེ། འདིར་སྨིན་བྱེད་ཀྱི་དབང་བཞི། གྲོལ་བྱེད་ཀྱི་ལམ་རིམ་པ་གཉིས། དབང་དང་རིམ་གཉིས་ལས་བྱུང་བའི་ཕྱག་ཆེན་གྱི་ཡེ་ཤེས། རིམ་གཉིས་ཀྱི་རྟོགས་པ་བརྟན་པའི་གང་ཟག་གིས་ཕྱི་ནང་གི་རྟེན་འབྲེལ་བསྒྲིགས་ནས་སྤྱོད་པ་བྱེད་ཚུལ་གྱི་རྣམ་གཞག །ཙ་ཐིག་རླུང་གསུམ་དབུ་མར་ཚུད་ནས་ས་ལམ་ལུས་ལ་བགྲོད་དེ་བཅུ་གསུམ་རྡོ་རྗེ་འཛིན་པ་མྱུར་དུ་མངོན་དུ་བྱེད་ཚུལ་གྱི་རྣམ་གཞག་འདིར་གཙོ་བོར་བསྟན་ཅིང་། དེ་དག་རྒྱུད་སྡེ་བཞིའི་ནང་ནས་བླ་མེད་ཀྱི་ཁྱད་ཆོས་ཡིན་པའི་ཕྱིར། དེ་སྐད་དུ་ཡང་། ཕ་རོལ་ཕྱིན་གཞུང་མི་ནུས་པར། །གལ་ཏེ་གསང་སྔགས་སྒོམ་འདོད་ན། །ནོར་བ་མེད་པའི་དབང་བཞི་ལོངས། །འཁྲུལ་པ་མེད་པའི་རིམ་གཉིས་སྒོམས། །དེ་ལས་བྱུང་བའི་ཡེ་ཤེས་ནི། །ཕྱག་རྒྱ་ཆེན་པོ་གོམས་པར་བྱ། །དེ་ནས་འཁོར་འདས་བསྲེ་བའི་ཕྱིར། །རྣམ་པར་དག་པའི་སྤྱོད་པ་སྤྱད། །ནང་གི་ས་ལམ་ཀུན་བགྲོད་ནས། །རྡོ་རྗེ་འཛིན་པའི་ས་དགེ་བ། །བཅུ་གསུམ་པ་ནི་ཐོབ་པར་འགྱུར། །འདི་ནི་དུས་གསུམ་སངས་རྒྱས་ཀྱི། །དམ་པའི་ཆོས་ཀྱི་སྙིང་པོ་ཡིན། །རྒྱུད་སྡེ་རྣམས་ཀྱི་གསང་ཚིག་མཆོག །འདི་ཉིད་ཡིན་པར་ཤེས་པར་བྱ། །ཞེས་གསུངས་པ་ལྟར་རོ། །

གཉིས་པ་ལ། སྨིན་གྲོལ་གྱི་རྣམ་གཞག་སྤྱིར་བསྟན་པ་དང་། སོ་སོའི་རང་བཞིན་རྒྱས་པར་བཤད་པ་གཉིས། དང་པོ་ནི། རྡོ་རྗེ་ཐེག་པའི་ལམ་ཞུགས་ཏེ། །ཞེས་སོགས་སོ། །གཉིས་པ་ལ། སྨིན་བྱེད་ནོར་བ་མེད་པའི་དབང་། །གྲོལ་བྱེད་འཁྲུལ་པ་མེད་པའི་ལམ། །དེ་ལས་བྱུང་བའི་ཕྱག་ཆེན་གྱི་ཡེ་ཤེས། རིམ་གཉིས་ཀྱི་

རྟོགས་པ་བརྟན་པས་སྤྱོད་པ་བྱེད་ཚུལ། དེ་དག་ལ་བརྟེན་ནས་འབྲས་བུ་ཇི་ལྟར་འགྲུབ་ཚུལ་ལོ། །དང་པོ་ལ། མ་འབྲེལ་པའི་སྨིན་བྱེད་བསྒྲུབ་པར་བསྟན་པ། འབྲེལ་པའི་སྨིན་བྱེད་དོར་བར་བསྟན་པ། དབང་ལས་ཐོབ་པའི་དམ་ཚིག་ལ་འབྲེལ་པ་དགག་པ་དང་གསུམ། དང་པོ་ནི། སྨིན་པར་བྱེད་པའི་དབང་བསྐུར་ཡང་། །ཞེས་སོགས་སོ། །

གཉིས་པ་ལ། སྨིན་བྱེད་མ་ཡིན་པ་སྨིན་བྱེད་དུ་འདོད་པ་དགག་པ། སྨིན་བྱེད་ཀྱི་དབང་མི་དགོས་པར་འདོད་པ་དགག་པ། དགོས་ཀྱང་འབྲེལ་པར་སྤྱོད་པ་དགག་པ། དབང་བསྐུར་མུ་བཞིར་འདོད་པ་དགག་པའོ། །དང་པོ་ལ། བྱིན་རླབས་ཙམ་སྨིན་བྱེད་ཡིན་པ་དགག་པ། གྲངས་ངེས་མེད་པའི་དབང་བསྐུར་སྨིན་བྱེད་ཡིན་པ་དགག་པ། དཀྱིལ་འཁོར་མ་དག་པའི་དབང་བསྐུར་སྨིན་བྱེད་ཡིན་པ་དགག་པ། ཆོ་ག་མ་དག་པའི་དབང་བསྐུར་སྨིན་བྱེད་ཡིན་པ་དགག་པའོ། །དང་པོ་ལ། འདོད་པ་བརྗོད་པ་ནི། དེང་སང་རྡོ་རྗེ་ཕག་མོ་ཡི། །ཞེས་སོགས་སོ། །དེ་དགག་པ་ནི། འདི་འདྲ་རྒྱུད་སྡེ་ལས་མ་གསུངས། །ཞེས་སོགས་སོ། །གཉིས་པ་ནི། དེས་ན་ཉན་ཐོས་ཐེག་པ་ནི། །ཞེས་སོགས་སོ། །གསུམ་པ་ནི། དེང་སང་བྱིན་རླབས་མི་བྱེད་ཅིང་། །ཞེས་སོགས་སོ། །བཞི་པ་ནི། དབང་བསྐུར་བྱེད་པ་ཕལ་ཆེར་ཡང་། །ཞེས་སོགས་སོ། །

གཉིས་པ་ལ། དབང་བསྐུར་མེད་པར་ཟབ་ལམ་སྒོམ་པ་དགག་པ། དབང་བསྐུར་མེད་པར་དབང་པོ་རབ་སྨིན་པ་དགག་པ། སེམས་བསྐྱེད་ཙམ་གྱིས་གསང་སྔགས་སྒོམ་པ་དགག་པ། ཞར་ལ་སྨིན་བྱེད་ནོར་བ་གཞན་དགག་པའོ། །དང་པོ་ནི། དབང་བསྐུར་མེད་པར་ལམ་ཟབ་མོ། །ཞེས་སོགས་སོ། །གཉིས་པ་ནི། ཁ་ཅིག་གང་ཟག་དབང་པོ་རབ། །ཅེས་སོགས་སོ། །གསུམ་པ་ནི། ལ་ལ་སེམས་བསྐྱེད་བྱས་པ་ལ། །ཞེས་སོགས་སོ། །བཞི་པ་ནི། གཏོར་མའི་དབང་བསྐུར་ཞེས་བྱ་དང་། །ཞེས་སོགས་སོ། །

གསུམ་པ་དགོས་ཀྱང་འབྲེལ་པར་སྤྱོད་པ་དགག་པ་ལ། དབང་བསྐུར་བའི་དུས་ལ་འབྲེལ་པ་དགག་པ། སློབ་མའི་རྒྱུད་ལ་འབྲེལ་པ་དགག་པ། གང་དུ་བསྐུར་བའི་དཀྱིལ་འཁོར་ལ་འབྲེལ་པ་དགག་པ། རྒྱུད་སྡེའི་ཁྱད་པར་ལ་འབྲེལ་པ་དགག་པ། ཆོས་སྐོར་འི་མིང་ལ་འབྲེལ་པ་དགག་པ་དང་ལྔ། དང་པོ་ནི། འགའ་ཞིག་གསང་སྔགས་དཔལ་སྤྱོད། །ཅེས་སོགས་སོ། །གཉིས་པ་ནི། ལ་ལ་སེམས་ཉིད་མ་རྟོགས་ན། །ཞེས་སོགས་སོ། །གསུམ་པ་ནི། ཁ་ཅིག་ཚོ་ག་མེད་བཞིན་དུ། །ཞེས་སོགས་སོ། །བཞི་པ་ནི། ཁ་ཅིག་བྱ་བའི་རྒྱུད་སོགས་ལའང་། །ཞེས་སོགས་སོ། །ལྔ་པ་ནི། ལ་ལ་དབང་བསྐུར་མ་བྱས་ཀྱང་། །ཞེས་སོགས་སོ། །བཞི་པ་ནི། ལ་ལ་དབང་བསྐུར་མུ་བཞིར་འདོད། །ཅེས་སོགས་སོ། །གསུམ་པ། དབང་ལས་ཐོབ་པའི་དམ་ཚིག་ལ་འབྲེལ་པ་དགག་པ་ནི། ཁ་

ཅིག་གསང་སྔགས་གསང་བ་ལ། །ཞེས་སོགས་སོ། །

གཉིས་པ་གྲོལ་བྱེད་འཁྲུལ་པ་མེད་པའི་ལམ་ལ། ལམ་གྱི་གཙོ་བོ་མི་དགོས་པར་འདོད་པའི་ལོག་རྟོག་དགག་པ། ལམ་གྱི་གཙོ་བོ་ངོས་བཟུང་བ། དེ་དག་དང་མ་འབྲེལ་བའི་ཆོས་ལུགས་འཁྲུལ་པ་དགག་པའོ། །དང་པོ་ནི། ཁ་ཅིག་འཁྲུལ་དང་མ་འཁྲུལ་མེད། །ཅེས་སོགས་སོ། །

གཉིས་པ་ལ། ཕར་ཕྱིན་ཐེག་པ་ལ་བརྟེན་ནས་འབྲས་བུ་སངས་རྒྱས་ཐོབ་ཚུལ། གསང་སྔགས་བླ་མེད་ལ་བརྟེན་ནས་འབྲས་བུ་སངས་རྒྱས་ཐོབ་ཚུལ། དེས་ན་དེ་དག་བསྒྲུབ་པར་བསྟན་པའོ། །དང་པོ་ལ། དཔེའི་སྒོ་ནས་མདོར་བསྟན་པ་དང་། ལམ་གྱི་ཁྱད་ཆོས་རྒྱས་པར་བཤད་པ་གཉིས། དང་པོ་ནི། སོ་ནམ་ཚུལ་བཞིན་བྱས་པ་ཡིས། །ཞེས་སོགས་སོ། །གཉིས་པ་ནི། སྟོང་ཉིད་སྙིང་རྗེ་སོགས་སྒོམ་པ། །ཞེས་སོགས་སོ། །

གཉིས་པ་ལ། དཔེའི་སྒོ་ནས་མདོར་བསྟན་པ་དང་། ལམ་གྱི་ཁྱད་ཆོས་རྒྱས་པར་བཤད་པ་གཉིས། དང་པོ་ནི། སྔགས་ཀྱིས་བཏབ་པའི་ས་བོན་ནི། །ཞེས་སོགས་སོ། །གཉིས་པ་ནི། ཕ་རོལ་ཕྱིན་གཞུང་མི་ནུས་པར། །ཞེས་སོགས་སོ། །གསུམ་པ་ནི། གང་ཞིག་སངས་རྒྱས་བྱེད་འདོད་ན། །ཞེས་སོགས་སོ། །གསུམ་པ་དེ་དག་དང་མ་འབྲེལ་བའི་ཆོས་ལུགས་འཁྲུལ་པ་དགག་པ་ནི། ད་ལྟའི་ཆོས་པ་ཕལ་ཆེ་བ། །ཞེས་སོགས་སོ། །

གསུམ་པ་ཕྱག་ཆེན་གྱི་ཡེ་ཤེས་ལ། ཡུལ་ཅན་ཕྱག་ཆེན་གྱི་ཡེ་ཤེས་ལ་འཁྲུལ་པ་དགག་པ་དང་། ཡུལ་སྤྲོས་བྲལ་གྱི་ལྟ་བ་ལ་འཁྲུལ་པ་དགག་པ་གཉིས། དང་པོ་ལ། མཚོན་བྱེད་དཔེའི་ཕྱག་ཆེན་ལ་འཁྲུལ་པ་དགག་པ༑ མཚོན་བྱ་དོན་གྱི་ཕྱག་ཆེན་ལ། ཞར་ལ་ཐེག་པ་གསུམ་གྱི་ལག་ལེན་ལ་འཁྲུལ་པ་དགག་པ་དང་གསུམ། དང་པོ་ལ། སྟོང་རྐྱང་དུ་ལྟ་བའི་ལྷག་མཐོང་ལྷར་སྣང་ཕྱག་རྒྱ་ཆེན་པོ་ཡིན་པ་བཀག་ནས་རང་ལུགས་ཀྱི་ཕྱག་ཆེན་ངོས་བཟུང་བ། མོས་གུས་ཀྱིས་སེམས་བསྒྱུར་བའི་ཞི་གནས་ལྷར་སྣང་ཕྱག་ཆེན་ཡིན་པ་དགག །ཞར་ལ་ཕྱག་ཆེན་གྱི་རྒྱུ་ལ་འཁྲུལ་པ་དགག་པ་དང་གསུམ། དང་པོ་ལ། སྤྱིར་བསྟན་པ་དང་། བྱེ་བྲག་ཏུ་བཤད་པ་གཉིས། དང་པོ་ནི། ཕྱག་རྒྱ་ཆེན་པོ་སྒོམ་ན་ཡང་། །ཞེས་སོགས་སོ། །

གཉིས་པ་ལ། གཞན་ལུགས་ཀྱི་ཕྱག་ཆེན་རྣམ་པར་བརྟགས་པའི་སྒོ་ནས་འགོག་པ་ནི། བླུན་པོ་ཕྱག་རྒྱ་ཆེ་སྒོམ་པ། །ཞེས་སོགས་སོ། །དེ་ཉིད་རྒྱ་ནག་ལུགས་ཀྱི་རྫོགས་ཆེན་དང་མཚུངས་པར་འཆད་པ་ནི། ད་ལྟའི་ཕྱག་རྒྱ་ཆེན་པོ་དང་། །ཞེས་སོགས་སོ། །རང་ལུགས་ཀྱི་ཕྱག་ཆེན་ངོས་བཟུང་བ་ནི། དེད་ཀྱི་ཕྱག་རྒྱ་ཆེན་པོ་ནི། །ཞེས་སོགས་སོ། །དེ་ཉིད་ཤེས་བྱེད་ཀྱི་ལུང་དང་སྦྱར་བ་ནི། ན་རོ་དང་ནི་མཻ་ཏྲི་པའི། །ཞེས་སོགས་སོ། །གཉིས་པ་ནི། དེང་སང་འགའ་ཞིག་བླ་མ་ཡི། །ཞེས་སོགས་སོ། །གསུམ་པ་ཕྱག་ཆེན་གྱི་རྒྱུ་ལ་འཁྲུལ་པ་འགོག་པ་ནི། ཁ་ཅིག

སྐྱེ་བ་སྡུ་མ་ལ། །ཞེས་སོགས་སོ། །གཉིས་པ་མཚོན་བྱ་དོན་གྱི་ཕྱག་ཆེན་ལ་འཁྲུལ་པ་འགོག་པ་ནི། ལ་ལ་ཞི་གནས་ཙུང་ཟད་དང་། །ཞེས་སོགས་སོ། །གསུམ་པ་ལ་བསྟན་བཤད་གཉིས། དང་པོ་ནི། ཐེག་པ་གསུམ་གྱི་ལག་ལེན་ཡང་། །ཞེས་སོགས་སོ། །

གཉིས་པ་ལ། ལམ་གྱི་རྩ་བ་བླ་མ་བསྟེན་ཚུལ། ལམ་གྱི་གོ་རིམ་མ་འཁྲུལ་བར་སྐྱོད་དགོས་ཚུལ། ལམ་གྱི་ཡན་ལག་མཆོད་གཏོར་བྱེད་ཚུལ། ལམ་གྱི་དམིགས་རྟེན་བྲིས་སྐུ་བཞེངས་ཚུལ། ལམ་གྱི་ངོ་བོ་མདོ་སྔགས་མ་འཆོལ་བར་བྱེད་དགོས་ཚུལ་ལོ། །དང་པོ་ནི། ཉན་ཐོས་རྣམས་ཀྱི་བླ་མ་དེ། །ཞེས་སོགས་སོ། །གཉིས་པ་ནི། དབང་བསྐུར་དང་པོ་མ་ཐོབ་པར། །ཞེས་སོ། །གསུམ་པ་ནི། གཞན་ཡང་གངས་རིའི་ཁྲོད་འདི་ན། །ཞེས་སོགས་སོ། །བཞི་པ་ནི། སངས་རྒྱས་རབ་ཏུ་བྱུང་བ་ཡི། །ཞེས་སོགས་སོ། །

ལྔ་པ་ལ། རང་སྒོམ་པའི་ཡན་ལག་འཆོལ་བ་དགག་པ། གཞན་རྗེས་སུ་འཛིན་པའི་ཡན་ལག་འཆོལ་བ་དགག་པ། མདོ་སྔགས་ཀྱི་རིམ་པ་ལ་འཆོལ་བ་དགག་པ་དང་གསུམ། དང་པོ་ནི། ཡི་དམ་ལྷ་ཡི་སྒྲུབ་ཐབས་དང་། །ཞེས་སོགས་སོ། །གཉིས་པ་ནི། གཞན་ཡང་སྦྱིན་སྲེག་རོ་སྲེག་དང་། །ཞེས་སོགས་སོ། །གསུམ་པ་ནི། དེ་བཞིན་རབ་གནས་མདོ་ལུགས་དང་། །ཞེས་སོགས་སོ། །

གཉིས་པ་སྤྱོས་བྲལ་གྱི་ལྟ་བ་ལ། ལྟ་བ་བཟང་ངན་གྱི་རིམ་པ་སྤྱིར་བཀག་པ་དང་། ཞར་ལ་རྒྱུད་སྡེ་བཞིའི་ཉམས་ལེན་ལ་འཁྲུལ་པ་དགག་པ་གཉིས། དང་པོ་ལ། ཐེག་པ་རིམ་དགུ་ལ་ལྟ་བ་བཟང་ངན་ཡོད་པ་དགག་པ། རྒྱུད་སྡེ་བཞི་ལ་ལྟ་བ་བཟང་ངན་ཡོད་པ་དགག་པ། རྣལ་འབྱོར་བཞི་ཐེག་པའི་རིམ་པར་འདོད་པ་དགག་པ། དེས་ན་དབུ་མ་ཡན་ཆད་རྟོགས་བྱའི་ལྟ་བ་དོན་གཅིག་ཏུ་སྒྲུབ་པའོ། །དང་པོ་ནི། ལ་ལ་ཐེག་པ་རིམ་དགུ་ལ། །ཞེས་སོགས་སོ། །གཉིས་པ་ལ། འདོད་པ་བརྗོད་པ་ནི། །ཁ་ཅིག་དབུ་མའི་ལྟ་བ་ནི། །ཞེས་སོགས་སོ། །གཉིས་པ་དེ་དགག་པ་ལ། ལྟ་སྒོམ་གྱི་ཁྱད་པར་སྤྱིར་བསྟན། ལྟའི་སྒོམ་ཚུལ་སོ་སོར་བཤད་པ། སྒོམ་གཞི་ཀུན་རྫོབ་ཀྱི་ཁྱད་པར། དེས་ན་ཀུན་རྫོབ་ལྟ་བར་མི་འཐད་པའོ། །དང་པོ་ནི། ལྟ་སྒོམ་རྣམ་དབྱེ་མ་ཕྱེད་ཅིང་། །ཞེས་སོགས་སོ། །གཉིས་པ་ནི། འོན་ཀྱང་བྱ་བའི་རྒྱུད་དུ་ནི། །ཞེས་སོགས་སོ། །

གསུམ་པ་ལ། རྒྱུད་སྡེ་འོག་མར་ཀུན་རྫོབ་ལྟར་མི་སྒོམ་པའི་འཐད་པ་དང་། རྣལ་འབྱོར་ཆེན་པོར་ཀུན་རྫོབ་ལྟར་སྒོམ་པའི་འཐད་པའོ། །དང་པོ་ནི། གལ་ཏེ་བྱ་བའི་རྒྱུད་ཀྱི་ཡང་། །ཞེས་སོགས་སོ། །གཉིས་པ་ནི། རྣལ་འབྱོར་ཆེན་པོའི་རྒྱུད་སྡེ་ལས། །ཞེས་སོགས་སོ། །བཞི་པ་ནི། དེས་ན་ཀུན་རྫོབ་ལྡོག་པ་དང་། །ཞེས་སོ། །གསུམ་པ་ནི༔ གསང་སྔགས་སྡུ་འགྱུར་བ་རྣམས་ནི། །ཞེས་སོགས་སོ། །བཞི་པ་ནི། དེས་ན་དབུ་མའི་ལྟ་བ་ནི། །ཞེས་

སོགས་སོ། །གཉིས་པ་རྒྱུད་སྡེ་བཞིའི་སྒྲུབ་པ་ལ་འཁྲུལ་པ་འགོག་ཚུལ་ལ། བསྟན། བཤད། བསྡུ་བ་གསུམ། དང་པོ་ནི། རྒྱུད་སྡེ་བཞི་ཡི་སྒྲུབ་པ་ཡང་། །ཞེས་སོགས་སོ། །

གཉིས་པ་ལ། བྱ་བའི་རྒྱུད་ཀྱི་ཉམས་ལེན། རྒྱུད་སྡེ་བར་པ་གཉིས་ཀྱི་ཉམས་ལེན། བླ་མེད་ཀྱི་ཉམས་ལེན་ཇི་ལྟར་བྱེད་ཚུལ་དང་གསུམ། དང་པོ་ནི། བྱ་བའི་རྒྱུད་ལ་བདག་བསྐྱེད་མེད། །ཅེས་སོགས་སོ། །གཉིས་པ་ནི། སྤྱོད་དང་རྣལ་འབྱོར་རྒྱུད་གཉིས་སུ། །ཞེས་སོགས་སོ། །གསུམ་པ་ནི། རྣལ་འབྱོར་ཆེན་པོའི་རྒྱུད་རྣམས་ལས། །ཞེས་སོགས་སོ། །གསུམ་པ་བསྡུ་བ་ནི། གྲུབ་མཐའི་རྣམ་དབྱེ་མི་ཤེས་ཤིང་། །ཞེས་སོགས་སོ། །

བཞི་པ་ལ། གང་གི་སྤྱོད་པ་བྱེད་པའི་གང་ཟག་དང་། དེས་སྤྱོད་པ་བྱ་བའི་གནས་ལ་ལོག་རྟོག་དགག་པ་གཉིས། དང་པོ་ནི། དབང་བཞི་ཡོངས་སུ་རྫོགས་པ་དང་། །ཞེས་སོགས་སོ། །གཉིས་པ་ནི། དཔལ་ལྡན་དུས་ཀྱི་འཁོར་ལོ་དང་། །ཞེས་སོགས་སོ། །ལྔ་པ་ལ། མཐར་ཐུག་གི་འབྲས་བུ་འགྲུབ་ཚུལ་ལ་འཁྲུལ་པ་དགག་པ། གནས་སྐབས་ཀྱི་འབྲས་བུའི་ངོ་བོ་ལ་འཁྲུལ་པ་དགག་པ། རྣལ་འབྱོར་བཞིའི་མཚན་གཞི་ལ་འཁྲུལ་པ་དགག་པ་དང་གསུམ། དང་པོ་ནི། ཁ་ཅིག་དཀར་པོ་ཆིག་ཐུབ་ལ། །ཞེས་སོགས་སོ། །གཉིས་པ་ནི། ལ་ལ་གྲུབ་ཐོབ་ངན་ཞེས་ཟེར། །ཞེས་སོགས་སོ། །གསུམ་པ་ནི། རྩེ་གཅིག་དང་ནི་སྤྲོས་བྲལ་དང་། །ཞེས་སོགས་སོ། །དེ་དག་གིས་ནི་གཞུང་གི་བསྡུ་བ་རགས་རིམ་ཙམ་ཞིག་བསྟན་པ་ཡིན་នོ། །

གཉིས་པ་སྡོམ་པ་གསུམ་གྱི་ཐུན་མོང་གི་རྣམ་གཞག་སྤྱིར་བསྟན་པ་ལ། མ་ཐོབ་པ་ཐོབ་པར་བྱེད་པའི་རྒྱུ། ཐོབ་བྱ་སྡོམ་གསུམ་གྱི་རང་བཞིན། ཐོབ་པ་མི་ཉམས་པར་བསྲུང་བའི་བསླབ་བྱ། ཉམས་ན་ཕྱིར་བཅོས་པའི་ཚུལ། སྡོམ་གསུམ་ཉམས་སུ་ལེན་ཚུལ་བསྡུས་ཏེ་བསྟན་པའོ། །དང་པོ་ལ། སོ་ཐར། བྱང་སེམས། སྔགས་སྡོམ་ཐོབ་པར་བྱེད་པའི་རྒྱུ་དང་གསུམ། དང་པོ་ལ་ཐེག་དམན་སོ་ཐར་དང་། ཐེག་ཆེན་སོ་ཐར་ཐོབ་པར་བྱེད་པའི་རྒྱུ་གཉིས། དང་པོ་ལ། གང་ལ་བླང་བའི་ཡུལ། གང་གིས་ལེན་པའི་གང་ཟག །ཇི་ལྟར་ལེན་པའི་ཆོ་ག་དང་གསུམ། དང་པོ་ནི། བྱེ་བྲག་ཏུ་སྨྲ་བ་ལྟར་ན། སྟོན་རྒྱུད་ཡོངས་སུ་སྨིན་པའི་གང་ཟག་འགའ་ཞིག་ནི། ཡུལ་གཞན་སུ་ལ་ཡང་ལྟོས་མེད་དུ་བར་མ་རབ་བྱུང་གི་ཚུལ་ཁྲིམས་དང་། བསྙེན་རྫོགས་ཀྱི་སྡོམ་པ་ཐོབ་པ་ཡོད་དེ། རྒྱལ་བུ་དོན་གྲུབ་ཉིད་ཀྱི་དབུ་སྐྲ་ཉིད་ཀྱིས་བཅད་ནས་རབ་ཏུ་བྱུང་བ་དང་། སངས་རྒྱས་དང་རང་སངས་རྒྱས་རང་བྱུང་གིས་བསྙེན་པར་རྫོགས་པ་དང་། ལྔ་སྡེ་བཟང་པོ་ཡེ་ཤེས་ཁོང་དུ་ཆུད་པའི་བསྙེན་པར་རྫོགས་པ་སོགས་བཤད་པའི་ཕྱིར། ད་ལྟར་གྱི་ཆོ་ག་གཞིར་བཞག་ལ། སོ་ཐར་རིགས་བརྒྱད་ནི་ཡུལ་དགེ་སློང་ཁོ་ན་ལས་ལེན་དགོས་ཏེ། རིགས་བརྒྱད་ཀྱི་སྡོམ་པ་འབོགས་པར་བྱེད་པའི་སློབ་དཔོན་དེ་ཉིད་གང་ལ་སྡོམ་པ་འབོགས

པའི་བསྒྲུབ་བྱ་དེའི་གནས་ཀྱི་སློབ་དཔོན་དུ་རུང་བ་ཡིན་ལ། གཞན་གྱི་གནས་ཀྱི་སློབ་དཔོན་དང་གཞན་གྱི་མཁན་པོ་དང་རང་ཉིད་གནས་ཀྱི་སློབ་དཔོན་ལ་མ་བརྟེན་པར་གནས་པ་ལ་བསྙེན་པར་རྫོགས་ནས་ལོ་བཅུ་བར་མ་ཆད་དུ་ལོན་པ་དགོས་པར་བཤད་པའི་ཕྱིར་ཏེ། མདོ་རྩ་ལས། བསྙེན་པར་རྫོགས་ནས་ལོ་བཅུ་མ་ལོན་པར་མཁན་པོ་ཉིད་དང་གནས་ཉིད་དང་མི་གནས་པར་འདུག་པར་མི་བྱའོ། །ཞེས་གསུངས་པས་སོ། །མདོ་སྡེ་པ་ལྟར་ན། བསྙེན་གནས་ཀྱི་སྡོམ་པ་ནི་དགེ་སློང་ཁོ་ན་ལས་ལེན་དགོས་པ་མ་ཡིན་ཏེ། ཚོགས་ཤེས་པའི་དགེ་སློང་ངམ་དགེ་ཚུལ་ལམ་ཁྱིམ་པ་གང་ཡང་རུང་བའི་དྲུང་དུ་བླངས་པས་སྐྱེ་བར་འདོད་པའི་ཕྱིར་ཏེ། བྲམ་ཟེ་གནས་འཇོག་གིས་ཞུས་པའི་མདོ་ལས། གནས་འཇོག །རིགས་ཀྱི་བུའམ་རིགས་ཀྱི་བུ་མོ་དད་པ་དང་ལྡན་པ་འཕགས་པའི་ཡན་ལག་བརྒྱད་དང་ལྡན་པའི་བསྙེན་གནས་ལ་གནས་པར་འདོད་པ་དེས་ནངས་པར་ལངས་ནས། དགེ་སློང་ངམ་བྲམ་ཟེའམ་ཁྱིམ་པ་གཞན་གང་ཡང་རུང་བ་ཚོགས་ཤེས་པ་གཅིག་གི་དྲུང་དུ་སོང་སྟེ། བླ་གོས་ཕྲག་པ་གཅིག་ཏུ་བྱས་ལ་པུས་མོ་གཡས་པའི་ལྷ་ངས་ལ་བཙུགས་ཏེ་ཚིག་འདི་སྐད་ཅེས་བརྗོད་པར་བྱའོ། །བདག་མིང་འདི་ཞེས་བགྱི་བ་དུས་འདི་ནས་བཟུང་སྟེ། གང་དོ་ནུབ་ཀྱི་མཚན་མོ་འདི་དང་སང་ཉི་མ་ཤར་གྱི་བར་དུ་སྲོག་གཅོད་པ་སྤང་ཞིང་སྲོག་གཅོད་པ་ལས་སླར་ལོག་སྟེ་དབྱུག་པ་སྤང་ཞིང་མཚོན་ཆ་སྤངས་ཏེ་ངོ་ཚ་དང་ལྡན་པར་གྱིས་ལ། སེམས་ཅན་སྲོག་ཆགས་འབྱུང་པོ་ཐམས་ཅད་ལས་ཆུང་ངུན་སྲོག་ཆགས་ཕྲ་མོ་གྲོག་སྦྲུར་ཡན་ཆད་ཀྱི་སྲོག་གཅོད་པ་སྤངས་ཏེ་སྲོག་གཅོད་པ་ལས་སླར་ལོག་པར་བགྱིའོ། །ཞེས་དང་། ལུང་རྣམ་འབྱེད་ལས། ཁྱིམ་བདག་མགོན་མེད་ཟས་སྦྱིན་གྱིས་སྐྱེ་བོ་མང་པོ་ལ་བསྙེན་གནས་ཕོག་པར་བཤད་པ་སྒྲ་ཇི་བཞིན་དུ་འདོད་པའི་ཕྱིར། གཉིས་པ་ནི། བྱེ་བྲག་སྨྲ་བ་ལྟར་ན། གླིང་གསུམ་གྱི་སྐྱེས་པ་དང་བུད་མེད་མཚན་དོན་བྱེད་ནུས་པ་དང་ལྡན་པ་ཁོ་ན་ལ་སྐྱེ་བར་འདོད་དེ། མདོ་རྩ་བར། མི་མ་ཡིན་པའི་འགྲོ་བ་དང་བྱང་གི་སྒྲ་མི་སྙན་པ་གཉིས་ནི་སྡོམ་པའི་ཞིང་མ་ཡིན་ནོ། །ཞེས་སོ། །དེས་ན་ཁྱིམ་པས་བསྙེན་གནས་ཀྱི་སྡོམ་པ་ཕོག་པར་བཤད་པ་དང་ཀླུ་ལ་སོགས་པ་དུད་འགྲོའི་རྟེན་ལ་བསྙེན་གནས་ཡོད་པར་བཤད་པ་ནི་སྒྲ་ཇི་བཞིན་པ་མ་ཡིན་ཏེ། བར་མའི་ཚུལ་ཁྲིམས་ལ་བསྙེན་གནས་ཀྱི་མིང་བཏགས་པ་ཙམ་ཡིན་པའི་ཕྱིར། ཞེས་འདོད་དོ། །མདོ་སྡེ་པ་ལྟར་ན། བསྙེན་གནས་ཀྱི་སྡོམ་པ་དུད་འགྲོའི་རྟེན་ལ་ཡང་ཡོད་པར་འདོད་དེ། འདུལ་བ་ལུང་ལས། ཀླུ་གཞོན་ནུ་ཙམ་པ་ཞེས་བྱ་བས། ཆོས་བརྒྱད་ལ་བསྙེན་གནས་བསྲུངས་བར་བཤད་པ་དང་། སྐྱེས་རབས་ལས་རི་བོང་དང་སེང་གེ་ལ་སོགས་པས་ཀྱང་བསྙེན་གནས་བསྲུངས་བར་བཤད་པ་སྒྲ་ཇི་བཞིན་པར་འདོད་པའི་ཕྱིར། དེ་སྐད་དུ་ཡང་། བྱེ་བྲག་སྨྲ་བའི་བསྙེན་གནས་ཀྱང་། །དགེ་སློང་ལས་ལེན་གང་ཟག་ནི། །གླིང་གསུམ་སྐྱེས་པ་བུད་མེད་ལས། །འགྲོ་བ

གཞན་ལ་སྡོམ་པ་བཀག །མདོ་སྡེ་པ་རྣམས་དུད་འགྲོ་སོགས། །འགྲོ་བ་གཞན་ལའང་སྐྱེ་བར་འདོད། །བླང་བའི་ཡུལ་ཡང་དགེ་བསྙེན་སོགས། །གང་ཡང་རུང་ལས་བླང་བར་གསུངས། །ཞེས་པའི་དོན་ལེགས་པར་བཤད་པ་ཡིན་ནོ། །

གསུམ་པ་ལ། བསྙེན་གནས་འབོགས་པའི་ཆོ་ག་དང་། རིགས་བདུན་འབོགས་པའི་ཆོ་ག་གཉིས། དང་པོ་ལ། སྤྱིར་བསྟན་པ་དང་། དམིགས་བསལ་གཉིས། དང་པོ་ནི། སློབ་དཔོན་གྱི་དྲུང་དུ་ཀུན་སྤྱོད་ཀྱི་ཁྱད་པར་སྟན་དམའ་བ་ལ་འདུག་རྒྱན་གསར་པས་མི་བརྒྱན་ཞིང་ཀུན་སློང་གུས་པ་དང་ལྡན་པས། དུས་ཀྱི་ཁྱད་པར་སྐྱ་རེངས་འཆར་བའི་དུས་སུ་ཉིན་ཞག་ཕྱུག་གཅིག་གི་དུས་དང་ལྡན་པ། ཆོ་གའི་ཁྱད་པར་སློབ་དཔོན་གྱིས་བསྙེན་གནས་འབོགས་པའི་ཆོ་གའི་རྗེས་ཟློས་ལན་གསུམ་དུ་བྱས་པ་ལ་སྐྱེ་བར་འདོད་དོ། །མཛོད་ལས། དམའ་བར་འདུག་སྨྲས་བཟླས་པ་ཡིས། །མི་བརྒྱན་ནམ་ནི་ནངས་པར་དུ། །བསྙེན་གནས་ཡན་ལག་ཚང་བར་ནི། །ནངས་པར་གཞན་ལ་ནོད་པར་བྱ། །ཞེས་སོ། །

གཉིས་པ་ནི། བྱེ་བྲག་ཏུ་སྨྲ་བ་ལྟར་ན། དང་པོར་སློབ་དཔོན་གྱི་དྲུང་དུ། ཟླ་བ་བཞུང་ངོ་ཙོག་གི་ཚེས་བརྒྱད་དང་། བཅོ་ལྔ་དང་གནམ་སྟོང་ལ་བསྙེན་གནས་བསྲུང་བར་ཁས་བླངས་པས་ནི་ཕྱིས་ལེན་པ་ན། ཟས་ཟོས་ཀྱང་བླང་དུ་རུང་བར་བཞེད་དེ། མཛོད་འགྲེལ་ལས། གང་གིས་ཚེས་བརྒྱད་ལ་བསྙེན་གནས་ལ་གནས་པར་བྱའོ། །ཞེས་སྔོན་ཡང་དག་པར་ཁས་བླངས་པ་དེས་ནི། ཟན་ཟོས་ནས་ཀྱང་ནོད་པར་བྱའོ། །གཞན་ལས་ནོད་པར་བྱའི་བདག་ཉིད་ལས་ནི་མ་ཡིན་ནོ། །ཞེས་སོ། །མདོ་སྡེ་པས་ནི། དང་པོར་སློབ་དཔོན་གྱི་དྲུང་དུ། ཟླ་བ་བཞུང་ངོ་ཙོག་གི་ཚེས་བརྒྱད་སོགས་ལ་བསྙེན་གནས་བསྲུང་བར་ཁས་བླངས་པ་ཡིན་ན། ཕྱིས་ཟླ་བ་དེ་དང་དེའི་ཚེས་བརྒྱད་སོགས་ལ་རྟེན་ལ་སོགས་པའི་དྲུང་དུ་ཇི་ལྟར་འདོད་པ་བཞིན་རང་ཉིད་ཀྱིས་བླངས་པས་ཀྱང་སྐྱེ་སྟེ། འདིར། མདོ་སྡེ་པ་ཡི་ལུགས་བཞིན་དུ། །ཇི་ལྟར་འདོད་ཚེ་ལེན་ན་ཡང་། །ཞེས་གསུངས་སོ། །དེས་ན། བྱེ་བྲག་ཏུ་སྨྲ་བ་ལྟར་ན་བསྙེན་གནས་གཞན་ཁོ་ན་ལས་ལེན་དགོས། མདོ་སྡེ་པ་ལྟར་ན། དང་པོར་གཞན་ཁོ་ན་ལས་ལེན་དགོས། ཕྱིས་རྟེན་ལ་སོགས་པའི་དྲུང་དུ་རང་ཉིད་ཀྱིས་བླངས་ཀྱང་སྐྱེ་བར་འདོད། ཐེག་པ་ཆེན་པོའི་ལུགས་ལ། དང་པོ་ཉིད་ནས་རྟེན་ལ་སོགས་པའི་དྲུང་དུ་ཁས་བླངས་ཀྱང་སྐྱེ་བར་འདོད་པ་ནི་གྲུབ་མཐའ་གོང་འོག་གི་ཆོ་ག་མི་འདྲ་བའི་ཁྱད་པར་ཡིན་ཏེ། ཉན་ཐོས་རྣམས་ཀྱི་ཆོ་ག་ཡང་། །སྐྱབས་སུ་འགྲོ་བའི་ཚུལ་གྱིས་འབོགས། །དོན་ཡོད་ཞགས་པའི་རྟོག་པ་ལས། །བསྙེན་གནས་རང་གིས་བླངས་པ་ཡི། །ཆོ་ག་སེམས་བསྐྱེད་འདྲ་བར་གསུངས། །དེས་ན་ཆོ་ག་ཁྱད་པར་ཡོད། །ཅེས་སོ། །

གཉིས་པ་ལ། ཚིག་སྔ་མ་དགེ་ཚུལ་དུ་སྒྲུབ་པ། ཕྱི་མ་བསྙེན་རྫོགས་སུ་སྒྲུབ་པ། བུད་མེད་ཀྱི་ཆོ་གའི་ཁྱད་པར་གཞན་བཤད་པ་དང་གསུམ། དང་པོ་ལ། སྦྱོར་བ། དངོས་གཞི། རྗེས་དང་གསུམ། དང་པོ་ལ། དགེ་བསྙེན་དང་། བར་མ་རབ་བྱུང་སྒྲུབ་པ་གཉིས། དང་པོ་ལ། སྦྱིར་བསྟན་པ་དང་། དོགས་དཔྱོད་གཉིས། དང་པོ་ནི༔ མཁན་པོའི་སྔ་གོན་དུ་གནས་པའི་དགེ་སློང་དེས། སྡོམ་པ་སྐྱེ་བའི་བར་ཆད། སྐྱེས་པ་གནས་པའི་བར་ཆད། གནས་ པ་ཁྱད་པར་དུ་གྱུར་པའི་བར་ཆད། ཉེན་མཛེས་པའི་བར་ཆད་ཡོད་མེད་བརྟག་པར་བྱ་བའི་ཕྱིར་དུ་དང་པོར་འགལ་རྐྱེན་བར་ཆད་ཀྱི་ཆོས་དྲི། དེ་ནས་སྐྱབས་སུ་འགྲོ་བ་རྫོམ་བྱེད་དུ་བྱས་ཏེ་དགེ་བསྙེན་དུ་སྒྲུབ་པའི་ཆོ་ག་ལན་གསུམ་གྱི་བར་དུ་བརྗོད། མཇུག་ཏུ་དགེ་བསྙེན་གྱི་བསླབ་པ་བརྗོད་དགོས་པ་ཡིན་ཏེ། མདོ་རྩ་བར། དང་པོའི་མཁན་པོ་ཉིད་ཀྱིས་བར་ཆད་དྲིས་ནས་ཡོངས་སུ་དག་པ་ལ་སྐབས་དབྱེའོ། །ཞེས་དང་། སྐྱབས་སུ་འགྲོ་བར་ཁས་བླངས་པའི་ཚིག་རྫོམ་པ་དང་དགེ་བསྙེན་ཉིད་དང་དགེ་ཚུལ་ཉིད་དུ་ཁས་བླངས་པའི་ཚིག་བྱའོ། །དེའི་འོག་ཏུ་བསླབ་པ་བརྗོད་པ་ཁས་བླངས་པའི་ཚུལ་གྱིས་བྱའོ། །ཞེས་དང་། མཛོད་ལས། དགེ་བསྙེན་ཉིད་དུ་ཁས་བླངས་པ། །སྡོམ་པ་བརྟན་པ་དགེ་སློང་བཞིན། །ཞེས་སོ། །

གཉིས་པ་ནི། བྱེ་བྲག་ཏུ་སྨྲ་བ་ལྟར་ན། དང་པོར་ལེན་པའི་ཚེ་དགེ་བསྙེན་ཙམ་དུ་ཁས་བླངས་ནས། ཕྱིས་སྲུང་བའི་ཚེ་བསླབ་བྱ་སྔ་རེ་ཙམ་སྲུང་བ་ལ་སྣ་གཅིག་སྤྱོད་པའི་དགེ་བསྙེན་དང་། གཉིས་ཙམ་སྲུང་བ་ལ་སྣ་འགའ་སྤྱོད་པའི་དགེ་བསྙེན་དུ་འདོད་དེ། མཛོད་ལས། སྣ་གཅིག་སྤྱོད་སོགས་ཇི་ལྟ་བུ། །དེས་བསྲུང་བ་ལ་གསུངས་ཞེས་གྲགས། །ཞེས་སོ། །མདོ་སྡེ་པ་ན་རེ། དེ་ནི་རིགས་པ་མ་ཡིན་ཏེ། །གདུལ་བྱ་ཚུལ་ཁྲིམས་འཆལ་བ་ལ་སྦྱར་བའི་ཉེས་པ་ཡོད་པའི་ཕྱིར། དེས་ན། སྤྱིར་དགེ་བསྙེན་ལ། སྐྱབས་སུ་འཛིན་པ། སྣ་གཅིག་སྤྱོད་པ། སྣ་འགའ་སྤྱོད་པ། ཕལ་ཆེར་སྤྱོད་པ། ཡོངས་རྫོགས་ཀྱི་དགེ་བསྙེན། ཚངས་སྤྱོད་ལ་ཉེར་གནས་ཀྱི་དགེ་བསྙེན། གོ་མིའི་དགེ་བསྙེན་དང་བདུན་གསུངས་ཤིང་། དེ་དག་ལེན་པའི་ཚེ་རང་རང་གི་མིང་གིས་སྨོས་པའི་ཚུལ་གྱིས་ལེན་དགོས་པ་ཡིན་ནོ། །དཔེར་ན། བཙུན་པ་དགོངས་སུ་གསོལ། བདག་མིང་འདི་ཞེས་བགྱི་བ་དུས་འདི་ནས་བཟུང་སྟེ། ཇི་སྲིད་འཚོའི་བར་དུ་རྐང་གཉིས་རྣམས་ཀྱི་མཆོག་སངས་རྒྱས་ལ། འདོད་ཆགས་དང་བྲལ་བ་རྣམས་ཀྱི་མཆོག་ཆོས་ལ། ཚོགས་རྣམས་ཀྱི་མཆོག་དགེ་འདུན་ལ་སྐྱབས་སུ་མཆིའོ། །བདག་ཇི་སྲིད་འཚོའི་བར་དུ་སྐྱབས་སུ་འཛིན་པའི་དགེ་བསྙེན་དུ། བཙུན་པས་བཟུང་དུ་གསོལ། ཞེས་པ་ནས། གོ་མིའི་དགེ་བསྙེན་དུ་བཙུན་པས་བཟུང་དུ་གསོལ། ཞེས་བརྗོད་དགོས་པར་བཞེད་དོ། །

གཉིས་པ་ལ། སྦྱོར་བ་དང་། དངོས་གཞི་གཉིས། དང་པོ་ནི། ངོ་ཚ་ཁྲེལ་ཡོད་ཀྱི་བསམ་པ་བསྐྱེད་པའི་

ཕྱིར་དུ་དང་པོར་དགེ་འདུན་ལ་རབ་ཏུ་བྱུང་བར་ཞུ། དེ་ནས་མཁན་པོར་ལན་གསུམ་གྱི་བར་དུ་གསོལ་བ་འདེབས། གྲོགས་དན་དུ་བསྒོས་པའི་དགེ་སློང་གིས་གཙུག་ཕུད་བྲེགས་པ་དང་། ཁྲུས་བྱས་པའི་རྗེས་སུ་མཁན་པོས་བསླབ་བྱ་ལ་སྟོད་གཡོགས་སྨད་གཡོགས་ལྷུང་བཟེད་གདིང་བ་ཆུ་ཚགས་ལྔ་བྱིན་ནས་རྟགས་བརྗེ་བར་བྱེད། རྟགས་དང་མཐུན་པར་ཁྲིམ་པའི་བསམ་པ་སྤངས་ནས་འདོད་པ་ཆུང་ཞིང་ཆོག་ཤེས་པའི་སྒོ་ནས་དམ་པའི་ཆོས་གཙོ་བོར་སྒྲུབ་པའི་སེམས་བསྐྱེད་པ་ནི་བསམ་པ་བརྗེ་བའོ། །དེ་དག་མི་བརྗེད་པའི་བརྡར་མིང་བརྗེ་བ་སྟེ། བརྗེ་བ་གསུམ་ཡན་ཆད་བྱེད་པ་ནི་སྦྱོར་བའི་ཆོ་གའོ། །

གཉིས་པ་ལ། རབ་ཏུ་བྱུང་བའི་ཕན་ཡོན་དང་། ཕན་ཡོན་དང་ལྡན་པའི་རབ་བྱུང་སྒྲུབ་ཚུལ་ལོ། །དང་པོ་ནི༑ དཀའ་བོ་རབ་ཏུ་བྱུང་བའི་མདོ་ལས། ཁྲིམ་པ་རྣམས་ནི་མེའི་འོབས་ན་གནས་པ་ལྟ་བུ། རབ་ཏུ་བྱུང་བ་རྣམས་ནི་བསིལ་བའི་ཁང་པ་ན་གནས་པ་ལྟ་བུའོ། །ཞེས་སོགས་དང་། གཞན་ཡང་། ཁྲིམ་པ་ནི་བུ་དང་ཆུང་མ་ལ་སོགས་པ་འདོད་ཡོན་གྱིས་བཅིངས་པའི་དབང་གིས་བླ་ན་མེད་པའི་བྱང་ཆུབ་ཐོབ་དཀའ། རབ་ཏུ་བྱུང་བ་རྣམས་ནི་འདོད་ཡོན་ལ་རང་གི་ངང་གིས་ཆགས་བྲལ་བྱེད་ནུས་པས། བླ་ན་མེད་པའི་བྱང་ཆུབ་མྱུར་དུ་ཐོབ་སླ་བའི་ཕན་ཡོན་ཡོད་པ་དང་། དུས་གསུམ་གྱི་སངས་རྒྱས་རྣམས་ཀྱང་ཁྲིམ་པའི་རྟེན་ལས་སངས་རྒྱས་པ་མ་ཡིན་གྱི༑ རབ་ཏུ་བྱུང་བའི་རྟེན་ལས་སངས་རྒྱས་པར་བཤད་པ་ཡིན་ཏེ། ཆོ་འཕྲུལ་བསྟན་པའི་མདོ་ལས། འདོད་པ་དག་ནི་རབ་ཏུ་བསྟེན་བྱེད་ཅིང་། །བུ་དང་ཆུང་མ་དག་ལ་སྲེད་བསྐྱེད་ནས། །སྨད་པར་བྱ་བའི་ཁྲིམ་ལ་བརྟེན་པ་དེ༑ །བླ་མེད་བྱང་ཆུབ་དམ་པ་གཞར་མི་ཐོབ། །གང་དག་འདོད་པ་ལྷི་སྐམ་མེ་བཞིན་སྤོང་། །བུ་དང་ཆུང་མ་དག་ལ་སྲེད་སྤངས་ནས། །ཁྲིམ་གྱིས་སྐྲག་སྟེ་ཁྲིམ་ནས་མངོན་བྱུང་བ། །དེ་དག་བྱང་ཆུབ་མཆོག་འདི་རྙེད་མི་དཀའ། །གང་དག་ཁྲིམ་ན་གནས་པར་བྱེད་བཞིན་དུ། །བྱང་ཆུབ་དམ་པ་མཆོག་འདི་ཐོབ་པ་ཡི། །སངས་རྒྱས་གང་ཡང་སྔོན་ཆད་མ་བྱུང་སྟེ། །མ་འོངས་པ་ན་འང་མི་འབྱུང་གནས་པ་མེད། །རྒྱལ་སྲིད་མཆིལ་མའི་ཐལ་བ་བཞིན་སྤངས་ནས། །དབེན་པར་དོང་སྟེ་དགོན་པར་གནས་བྱེད་པ། །ཉོན་མོངས་སྤངས་ཏེ་བདུད་ནི་བཅོམ་ནས་སུ། །བྱང་ཆུབ་རྟུལ་མེད་འདུས་མ་བྱས་འཚང་རྒྱ། །ཞེས་གསུངས་པས་སོ། །

གཉིས་པ་ནི། མཁན་པོས་བསླབ་བྱ་ལ། ཁྲིམ་པའི་ཉེས་དམིགས་རབ་ཏུ་བྱུང་བའི་ཕན་ཡོན་ངེས་འབྱུང་གི་བསམ་པ་གསལ་བཏབ་པ་སྔོན་དུ་བཏང་ནས། མཁན་པོ་དགོངས་སུ་གསོལ། བདག་མིང་འདི་ཞེས་བགྱི་བ་དུས་འདི་ནས་བཟུང་སྟེ་ཇི་སྲིད་འཚོའི་བར་དུ། རྐང་གཉིས་རྣམས་ཀྱི་ཞེས་པ་ནས། དགེ་འདུན་ལ་སྐྱབས་སུ་མཆིའོ། །བཅོམ་ལྡན་འདས་དེ་བཞིན་གཤེགས་པ་དགྲ་བཅོམ་པ་ཡང་དག་པར་རྫོགས་པའི་སངས་རྒྱས་ཤཱཀྱ

ཐུབ་པ། ཤཱཀྱའི་སེང་གེ ཤཱཀྱའི་རྒྱལ་པོ་གཙོ་བོ་དེ་རབ་ཏུ་བྱུང་བའི་རྗེས་སུ་བདག་རབ་ཏུ་བྱུང་སྟེ། ཁྱིམ་པའི་རྟགས་སྤོང་ངོ་། །རབ་ཏུ་བྱུང་བའི་རྟགས་ཡང་དག་པར་ལེན་ནོ། །ཞེས་པ་ལན་གསུམ་བཟླས་པ་ནི། བར་མ་རབ་བྱུང་དུ་སྒྲུབ་པའི་དངོས་གཞིའི་ཆོ་གའོ། །

གཉིས་པ་ནི། བསྒྲུབ་བྱ་ལ་དགེ་ཚུལ་གྱི་སྡོམ་པ་འབོགས་པ་ལ་མངོན་དུ་ཕྱོགས་པའི་དགེ་སློང་དེས། བསྒྲུབ་བྱ་དེ་ཉིད་ལ་འཁོར་བ་སྤངས་པའི་བྱང་ཆུབ་ལ་དོན་གཉེར་གྱི་བསམ་པ་སྐྱེ་དགོས་པའི་ངེས་འབྱུང་གི་བསམ་པ་གསལ་བཏབ། འགལ་རྐྱེན་ཉེས་པ་ལྟ་དང་བྲལ་བ་དགོས་པའི་རྒྱུ་མཚན་བཤད་ནས། དཀོན་མཆོག་གསུམ་ལ་སྐྱབས་སུ་འགྲོ་བ་སྔོན་དུ་འགྲོ་བའི་ཆོ་གའི་ཚིག་ལན་གསུམ་བརྗོད་དེ། དགེ་ཚུལ་དུ་བསྒྲུབ་པར་བྱ་བ་ཡིན་ཏེ། མདོ་རྩར། སྐྱབས་སུ་འགྲོ་བར་ཁས་བླངས་པའི་ཚིག་རྫོགས་པ་དང་། དགེ་ཚུལ་ཉིད་དུ་ཁས་བླངས་པའི་ཚིག་བྱའོ། །དེའི་འོག་ཏུ་བསླབ་པ་བརྗོད་པ་ཁས་བླངས་པའི་ཚུལ་གྱིས་བྱའོ། །ཞེས་སོ། །

གསུམ་པ་ནི། བསྙེན་བཀུར་གྱི་གནས་དང་གནས་མ་ཡིན་པ་ཤེས་པའི་ཕྱིར་དུ་དུས་གོ་བརྗོད་པ་དང་། སྡོམ་པ་ཐོབ་པ་མི་ཉམས་པར་སྲུང་བའི་ཕྱིར་དུ་བསླབ་པ་བརྗོད་པ་ནི་ལག་ལེན་བཞིན་ཤེས་པར་བྱའོ། །དེ་སྐད་དུ་ཡང་། ཀཱ་རི་ཀ་ལས། །སྔོན་དང་དགེ་བསྙེན་བསླབ་པ་དང་། །ཞུ་དང་མཁན་པོ་དང་པོ་དང་། །རབ་བྱུང་དགེ་ཚུལ་གྲིབ་ཚོད་དང་། །བསླབ་པ་བརྗོད་པ་ཐ་མ་ཡིན། །ཞེས་སོ། །

གཉིས་པ་ལ། སྦྱོར་བ། དངོས་གཞི། རྗེས་དང་གསུམ། དང་པོ་ལ། ཡོ་བྱད་ཚགས་སུ་གཞུག་ཅིང་སློབ་དཔོན་མངོན་དུ་འགྱུར་བར་བྱ་བའི་ཕྱིར་དུ་དང་པོར་བྱ་བ། མཁན་པོ་མངོན་དུ་འགྱུར་བར་བྱ་བའི་ཕྱིར་དུ་མཁན་པོར་གསོལ་བ་འདེབས་པ། ཡོ་བྱད་མངོན་དུ་འགྱུར་བའི་ཕྱིར་དུ་ཆོས་གོས་ལྷུང་བཟེད་བྱིན་གྱིས་བརླབས་ནས་བྱིན་པ། ཡོངས་སུ་དག་པ་མངོན་དུ་འགྱུར་བར་བྱ་བའི་ཕྱིར་དུ་གསང་སྟོན་གྱིས་ཕྱོགས་ཏུ་བར་ཆད་དྲིས་ཏེ་ནང་དུ་འོང་བ་ཞུ་བ། གསོལ་བ་མངོན་དུ་འགྱུར་བའི་ཕྱིར་དུ་དགེ་འདུན་ལ་གསོལ་བ་གདབ་པ། ཡོངས་སུ་དག་པ་དང་གཙོ་བོར་དགེ་འདུན་ཐུགས་ཡིད་ཆེས་པའི་ཕྱིར་དུ་མངོན་སུམ་དུ་བར་ཆད་འདྲི་བ་དང་དྲུག །དང་པོ་ནི༔ མཁན་པོའི་སྐུ་གོན་དུ་གནས་པའི་དགེ་སློང་དེས་དགེ་འདུན་ལ་སྟན་གསན་ཕབ་ནས། ལས་ཀྱི་སློབ་དཔོན་དང་གསང་སྟེ་སྟོན་པའི་སློབ་དཔོན་ཚིག་ཙམ་གྱི་སྒོ་ནས་བསྐོ་བར་བྱ་བ་ཡིན་ཏེ། མདོ་རྩར། མཁན་པོ་ཉིད་དུ་ཕྱོགས་པར་གྱུར་པས་ལས་བྱེད་པ་དང་གསང་སྟེ་སྟོན་པའི་དགེ་སློང་ལ་གསོལ་བ་གདབ་པར་བྱའོ། །ཞེས་སོ། །

གཉིས་པ་ནི། བསྙེན་པར་རྫོགས་ནས་ལོ་བཅུ་བར་མ་ཆད་དུ་ལོན་པའི་བརྟན་པ་བརྟན་པའི་ཡན་ལག་དང་། ལྔ་ཕྲུགས་ཏུ་སྦྱར་བ་ཉི་ཤུ་རྩ་གཅིག་གང་རུང་དང་ལྡན་པའི་མཁས་ཤིང་ཕན་འདོགས་ཀྱི་ཡན་ལག་སྟེ།

བརྟན་མཁས་ཀྱི་ཡོན་ཏན་གཉིས་དང་ལྡན་པའི་དགེ་སློང་ལ་མཁན་པོར་ལན་གསུམ་གྱི་བར་དུ་གསོལ་བ་གདབ་པའོ། །

གསུམ་པ་ནི། མཁན་པོ་དེ་ཉིད་ཀྱིས་བསྒྲུབ་བྱ་ལ་སྣམ་སྦྱར་བླ་གོས་མཐང་གོས་ལྷུང་བཟེད་དང་བཅས་པ་བྱིན་གྱིས་བརླབས་ནས་སྟེར་ཞིང་། གདིང་བ་ཚུ་ཚགས་ཅིག་ཙམ་གྱི་སྒོ་ནས་སྦྱིན་པར་བྱ་བ་ཡིན་ནོ། །དེ་ཡང་ཡོ་བྱད་དྲུག་པོ་ནི། རང་དབང་བའམ་བརྟན་པོ་ཚུན་ཆད་ཀྱིས་ཡོད་པ་གཅིག་དགོས་ཏེ། མདོ་རྩར། ལྷུང་བཟེད་མེད་པ་རབ་ཏུ་འབྱུང་བ་དང་། བསྙེན་པར་རྫོགས་པར་མི་བྱའོ། །བརྟན་པོས་ཀྱང་དེ་ཉིད་དང་བཅས་པ་ཡིན་ནོ། །ཞེས་སོ༎ ༎

བཞི་པ་ལ། ལས་སློབ་ཀྱི་བྱ་བ་དང་། གསང་སྟོན་གྱི་བྱ་བ་གཉིས། དང་པོ་ནི། ལས་སློབ་ཏུ་མངོན་དུ་ཕྱོགས་པའི་དགེ་སློང་དེས་ལས་གྲལ་ན་གནས་པའི་དགེ་འདུན་རྣམས་ཀྱི་རྒྱུད་ཀྱི་ལྷུང་བས་ལས་ཆགས་པ་ལ་མི་སྒྲིབ་པར་བྱ་བའི་ཕྱིར་དུ་ལྷུང་བ་ཐུན་མོང་དུ་བྱིན་གྱིས་རློབ་པ་གསོལ་བ་འབའ་ཞིག་པའི་ལས་བྱེད། དེ་ནས་དགེ་འདུན་རྣམས་ཐུགས་མཐུན་པའི་ཕྱིར་དུ་གསོལ་བ་དང་གཉིས་ཀྱི་ལས་ཀྱིས་གནས་ལ་བློ་མཐུན་པར་བྱེད། དེའི་རྗེས་སུ་གསང་སྟོན་ལ་སྤྲོ་བ་དྲིས་ནས་གསོལ་བ་འབའ་ཞིག་པའི་ལས་ཀྱིས་གསང་སྟོན་བསྐོ་བར་བྱེད་པ་ཡིན་ནོ། །

གཉིས་པ་ནི། བསྐོས་པའི་གསང་སྟོན་དེས་དགེ་འདུན་གྱི་ཕྱོགས་ཏུ་བསྒྲུབ་བྱ་ལ་བར་ཆད་ཀྱི་ཆོས་རྣམས་དྲིས་པའི་རྗེས་སུ་དགེ་འདུན་ལ་བསྒྲུབ་བྱ་བར་ཆད་ཀྱི་ཆོས་ཡོངས་སུ་དག་ཚུལ་བརྗོད་ནས་ནང་དུ་འོང་བ་ཞུ་བར་བྱེད་པ་ཡིན་ནོ། །

ལྔ་པ་ནི། སྡོམ་པ་མྱུར་དུ་སྐྱེ་བ་དང་གསོལ་བ་མངོན་དུ་འགྱུར་བར་བྱ་བའི་ཕྱིར་དུ། བསྒྲུབ་བྱ་དེས་དགེ་འདུན་ལ་བསྙེན་པར་རྫོགས་པར་བྱེད་པའི་གསོལ་བ་ལན་གསུམ་གྱི་བར་དུ་འདེབས་པར་བྱེད་པའོ། །

དྲུག་པ་ནི། ལས་ཀྱི་སློབ་དཔོན་དུ་མངོན་དུ་ཕྱོགས་པའི་དགེ་སློང་དེས་དགེ་འདུན་གྱི་དབུས་སུ་གསོལ་བ་འབའ་ཞིག་པའི་ལས་སྟོན་དུ་བཏང་ནས། བསྒྲུབ་བྱ་དེ་ཉིད་བར་ཆད་ཀྱི་ཆོས་ཀྱིས་ཡོངས་སུ་དག་པར་དགེ་འདུན་ཐུགས་ཡིད་ཆེས་པར་བྱ་བའི་ཕྱིར་དུ་མངོན་སུམ་དུ་བར་ཆད་འདྲི་བའོ། །

གཉིས་པ་ལ། སྤྱིར་བསྟན་པ་དང་། བྱེ་བྲག་ཏུ་བཤད་པ་གཉིས། དང་པོ་ནི། ལས་སློབ་ཏུ་ཕྱོགས་པའི་དགེ་སློང་དེས་གདམས་ངག་གི་བཤད་པ་ཅུང་ཟད་བཏྲ་སྦྲད། གསོལ་བ་དང་བཞིའི་ལས་གོ་རིམ་མ་འཁྲུགས་པ་ངོ་བོ་མ་ནོར་བ་ལྷག་ཆད་མེད་པར་བརྗོད་པའི་སྒོ་ནས་བསྒྲུབ་བྱ་བསྙེན་པར་རྫོགས་པར་བྱེད་པའོ། །

གཉིས་པ་ལ། ལུང་དྲང་པ་དང་། དེའི་དོན་བཤད་པ་གཉིས། དང་པོ་ནི། ལུང་གཅིག་ལས་འཕྲོས་པའི་བཅུ་པ་ལས། མངོན་དུ་གྱུར་པས་བསྙེན་པར་རྫོགས་པར་འགྱུར་བ་བཅུ་སྟེ། བཅུ་གང་ཞེ་ན། སྟོན་པ་མངོན་དུ་གྱུར་པ་དང་། སངས་རྒྱས། ཆོས། མཁན་པོ། སློབ་དཔོན། བསྙེན་པར་རྫོགས་པར་འདོད་པ། བསྙེན་པར་རྫོགས་པར་འདོད་པའི་ཡོ་བྱད། ཡོངས་སུ་དག་པ། གསོལ་བ་མངོན་དུ་གྱུར་པ་དང་། ལས་མངོན་དུ་གྱུར་པས་བསྙེན་པར་རྫོགས་པར་འགྱུར་བའོ། །ཞེས་སོ། །

གཉིས་པ་ལ་བཅུ་ཡོད་པ་ལས། དང་པོ་སྟོན་པ་མངོན་དུ་གྱུར་པ་ནི་དགེ་འདུན་ཡིན་ལ། འདི་ཉིད་ལ་གྲངས་ཚང་བ་ཁ་སྐོང་གི་ཆོས་དང་ལྡན་པ་མི་མཐུན་པ་གཉིས་དང་བྲལ་བའོ། །དང་པོ་ནི། བསྒྲུབ་བྱ་བསྙེན་པར་རྫོགས་པ་ལ་ཡུལ་དབུས་སུ་དགེ་སློང་བཅུ། མཐའ་འཁོབ་ཏུ་དགེ་སློང་ལྔ་ཡན་ཆད་ཚང་དགོས་ཏེ། མདོ་རྩར། བསྙེན་པར་རྫོགས་པ་ལ་ནི་བཅུ་ལ་སོགས་པའོ། །མཐའ་འཁོབ་དག་ཏུ་མེད་ན་འདུལ་བ་འཛིན་པ་དང་ལྔ་ལ་སོགས་པའོ། །ཞེས་སོ། །དམིགས་བསལ་ལ་དགེ་སློང་བཞི་ཙམ་ལ་བརྟེན་ནས་ཀྱང་བསྙེན་རྫོགས་ཀྱི་སྡོམ་པ་སྐྱེ་བ་ཡོད་དེ། མཁན་པོ་མེད་པ་དང་གསང་སྟོན་མེད་པར་ཡང་བསྒྲུབ་བྱའི་རྒྱུད་ལ་བསྙེན་རྫོགས་ཀྱི་སྡོམ་པ་སྐྱེ་བ་ཡོད་པའི་ཕྱིར་ཏེ། མཁན་པོར་གསོལ་བ་མ་བཏབ་པ་དང་བར་ཆད་མ་དྲིས་པར་བསྒྲུབ་བྱའི་རྒྱུད་ལ་བསྙེན་རྫོགས་ཀྱི་སྡོམ་པ་ཐོབ་པ་ལ་སྐྱེ་ལ་ཉེས་བཅས་སུ་བཤད་པའི་ཕྱིར་ཏེ། དེ་དང་ལྡན་པའི་ལྟར་མཁན་པོ་མེད་པ་ཉིད་ལ་ཡང་ངོ་ཞེས་དང་། ཚོགས་སྟུ་མ་མེད་པ་ཉིད་ལ་ནི་ཉེས་བྱས་ཙམ་དུ་ཟད་དོ། །མཁན་པོར་མ་གསོལ་བ་ལ་ཡང་ངོ་། །བར་ཆད་མ་དྲིས་པར་ཡང་ངོ་། །ཞེས་དང་། འདུལ་བ་ཚིག་ལེའུར་བྱས་པར། མཁན་པོ་གཏན་མེད་ཉིད་དང་ནི། །ཁྲིམ་པའི་རྟགས་ཅན་ཡིན་ཡང་རུང་། །ཞེས་དང་། གལ་ཏེ་བཞི་ནི་ལས་བརྗོད་མཁས། །ཚུལ་ཁྲིམས་ལྡན་པར་གྱུར་ན་ནི། །བསྙེན་རྫོགས་མ་སྨད་གྱུར་པ་སྟེ། །ལྔ་ཡིས་ཀྱང་ནི་ཕྱུག་བྱར་འོས། །ཞེས་དང་། ལུང་ཞུ་བ་ལས། མཐའ་འཁོབ་ཏུ་ལྔས་བསྙེན་པར་རྫོགས་པར་བྱའོ། །ཞེས་གང་གསུངས་པ་དེ་ལ་ལྔའམ་ལྔ་ལས་ལྷག་པ་མཆིས་བཞིན་དུ་བཞིས་བསྙེན་པར་རྫོགས་ན་རྫོགས་ཞེས་བགྱིའམ་མ་རྫོགས་ཞེས་བགྱི། ཉེ་བ་འཁོར་རྫོགས་ཞེས་བྱ་སྟེ། རྫོགས་པར་བྱེད་པ་དག་ལ་འདས་པ་དང་བཅས་པར་རོ། །ཞེས་སོ། །གལ་ཏེ་མི་འཐད་དེ། རབ་ཏུ་བྱུང་བ་དང་བསྙེན་པར་རྫོགས་པ་དེའི་ཕྱིར་དགེ་སློང་འགའ་ཞིག་ལ་མཁན་པོ་ཉིད་དུ་གནས་པ་ལའོ། །ཞེས་པ་དང་། འདུལ་བ་ལུང་ལས། གང་ཟག་གསུམ་ནི་བསྙེན་པར་མ་རྫོགས་པ་ཞེས་བྱ་སྟེ། གསུམ་གང་ཞེ་ན། བདག་གི་མིང་མ་བརྗོད་པ་དང་མཁན་པོའི་མིང་མ་བརྗོད་པ་དང་སྡོམ་པ་ཐོབ་པའི་དུས་མི་ཤེས་པའོ། །ཞེས་གསུངས་པའི་ཕྱིར། ཞེ་ན། སྐྱོན་མེད་དེ། དེ་དག་ཉེས་མེད་ཕུན་ཚོགས་ཀྱི་དབང་དུ་བྱས་པའི་

སྡོམ་པ་ལ་དགོངས་པའི་ཕྱིར།

གཉིས་པ་ནི། འགྲེང་ཡུལ་འདུན་སོགས་ཕྱུལ་བ་མིན། །མ་རྫོགས་ཉམས་དང་མཚམས་མེད་མིན། །སྡིག་ས་ཐ་དད་འབྲུལ་བཅས་མིན། །མཚམས་མཚན་དཀོན་མཆོག་གཞན་མིན་པའོ། །ཞེས་པ་ལྟར་ཤེས་པར་བྱའོ། །

གསུམ་པ་ནི། མ་འདུས་པའི་མི་མཐུན་པ་དང་བྲལ་བ་དང་། འདུས་པ་ཕྱིར་ལྡོག་པའི་མི་མཐུན་པ་དང་བྲལ་བའོ། །དང་པོ་ནི། འདུ་བར་འོས་པའི་དགེ་སློང་རྣམས་ལས་གྲལ་དེར་ཚང་བར་འདུས་པའོ། །གཉིས་པ་ནི། ལས་གྲལ་དེ་ན་གནས་པའི་དགེ་སློང་ཆོས་ལྡན་འགའ་ཞིག་གིས་ལས་འདི་བྱར་མི་རུང་ཞེས་བཟློག་པ་དང་བྲལ་ནས་དགེ་འདུན་ཐམས་ཅད་ཅང་མི་གསུང་བའི་ཚུལ་གྱིས་ལས་ལ་གནང་བ་སྟེར་བར་ཞུགས་པའོ། །གཉིས་པ་ནི། སྐྱབས་འགྲོའི་ཡུལ་དུ་གྱུར་པའི་སངས་རྒྱས་ལ་དད་པ་དང་ལྡན་ཞིང་། ཀུན་རྫོབ་བརྟར་མཆོད་པའི་སངས་རྒྱས་རབ་ཏུ་བྱུང་བའི་ཆ་ལུགས་ཅན་གྱི་སྐུ་གཟུགས་དངོས་སུ་བཞུགས་པའོ། །

གཉིས་པ་ལ། ལུང་དང་རྟོགས་པའི་ཆོས་གཉིས་ལས། དང་པོ་ནི། ལུང་སྡེ་བཞིའམ་དེའི་དགོངས་འགྲེལ་གྱི་བསྟན་བཅོས་དངོས་སུ་བཞུགས་པའོ། །གཉིས་པ་ནི། ལས་གྲལ་ན་གནས་པའི་དགེ་སློང་རྣམས་ཀྱི་ཐུགས་རྒྱུད་ལ་བཞུགས་པའི་བསླབ་པ་རིན་པོ་ཆེ་གསུམ་ལྟ་བུའོ། །བཞི་པ་ནི། བརྟན་མཁས་ཀྱི་ཡོན་ཏན་གཉིས་དང་ལྡན་པའི་དགེ་སློང་ལ་མཁན་པོར་གསོལ་བ་བཏབ་པ་ཁས་བླངས་པ་དང་ལྡན་པའོ། །ལྔ་པ་ལ། ལས་ཀྱི་སློབ་དཔོན་དང་། གསང་སྟེ་སྟོན་པའི་སློབ་དཔོན་གཉིས། དང་པོ་ནི། ཁ་སྐོང་གི་ཆོས་དང་ལྡན་ཞིང་དགེ་འདུན་གྱི་དབུས་སུ་ཆོག་བརྗོད་པ་ལ་མཁས་པ་ཞིག་ལ་མཁན་པོས་ཚིག་ཙམ་གྱི་སྒོ་ནས་ལས་སློབ་ཏུ་བསྐོས་པའི་དགེ་སློང་དངོས་སུ་བཞུགས་པའོ། །གཉིས་པ་ནི། ཁ་སྐོང་གི་ཆོས་དང་ལྡན་ཞིང་འགྲོ་བ་མ་ཡིན་པ་བཞི་དང་བྲལ་བ་ལྐོག་ཏུ་བར་ཆད་འདྲི་བ་ལ་མཁས་པ་དགེ་འདུན་གྱི་གསོལ་བ་འབའ་ཞིག་པའི་ལས་ཀྱིས་གསང་སྟོན་དུ་བསྐོས་པའི་དགེ་སློང་གཅིག་དངོས་སུ་བཞུགས་པའོ། །དྲུག་པ་ལ། ལུས་ཀྱི་རྟེན་དང་། བསམ་པའི་རྟེན་གཉིས། དང་པོ་ནི། སྡོམ་པ་སྐྱེ་བའི་བར་ཆད་དང་མི་ལྡན་ཞིང་རྒྱུད་ཚོགས་སུ་མ་ཚང་བ་སྡོམ་ཉིད་པས་རྒྱུད་མ་བཀག་པ་ཚིགས་སྔ་མ་དགེ་ཚུལ་ཡན་ཆད་སྔོན་དུ་སོང་ཞིང་ཆགས་པའོ། །ཚིགས་སྔ་མ་སྔོན་དུ་མ་སོང་བ་ལ་དགེ་སློང་གི་སྡོམ་པ་མི་སྐྱེ་བ་མ་ཡིན་ཏེ། དེ་དག་ལ་སྐྱེ་ལ་ཉེས་བྱས་ཙམ་དུ་བཤད་པའི་ཕྱིར་ཏེ། ཚིགས་སྔ་མ་མེད་པ་ལ་ནི་ཉེས་བྱས་ཙམ་དུ་ཟད་དོ། །ཞེས་གསུངས་པའོ། །

གཉིས་པ་ལ། རྒྱུའི་ཀུན་སློང་ཐོབ་འདོད། དུས་ཀྱི་ཀུན་སློང་ཐོབ་ཤེས། འགལ་རྐྱེན་ངེས་པ་ལྟ་བྲལ་གྱི་བསམ་པ། མཐུན་རྐྱེན་ཕུན་ཚོགས་གསུམ་ལྡན་གྱི་བསམ་པ། དེ་ཐམས་ཅད་ངེས་འབྱུང་གི་བསམ་པས་ཟིན་

དགོས་པའོ། །དང་པོ་ནི། བསྙེན་རྫོགས་ཀྱི་སྡོམ་པ་ལ་སྒོམ་པ་རྒྱུ་འདོད་པ་ལྟར་དུ་ཞི་ཐག་པ་ནས་ལེན་འདོད་ཀྱི་བསམ་པ་དགོས་ཏེ། མདོ་རྩ་བར། བཞད་གད་ཀྱི་དངོས་པོ་ནི་ཅིར་ཡང་མི་འགྱུར་རོ། །ཞེས་སོ། །

གཉིས་པ་ནི། སྡོམ་པ་ཐོབ་པ་ལ་ཐོབ་པའི་དུས་ངོ་ཤེས་པ་དགོས་ཏེ། གཞན་དུ་ན་ཉེས་མེད་ལྷུན་ཚོགས་ཀྱི་སྡོམ་པ་མི་འཆགས་པར་བཤད་པའི་ཕྱིར་ཏེ། གང་ཟག་གསུམ་ནི་བསྙེན་པར་མ་རྫོགས་པ་ཞེས་བྱ་སྟེ། གསུམ་གང་ཞེ་ན་བདག་གི་མིང་མ་བརྗོད་པ་དང་མཁན་པོའི་མིང་མ་བརྗོད་པ་དང་སྡོམ་པ་ཐོབ་པའི་དུས་མི་ཤེས་པའོ། །ཞེས་གསུངས་པའི་ཕྱིར། གསུམ་པ་ལ། ཡུལ། དུས། ཡན་ལག །སེམས་ཅན། གནས་སྐབས་ངེས་པ་དང་བྲལ་བའོ། །དང་པོ་ནི། ཡུལ་འགའ་ཞིག་ཏུ་བསྙེན་རྫོགས་ཀྱི་སྡོམ་པ་བསྲུང་བར་འདོད་ཅིང་ཡུལ་ཐམས་ཅད་དུ་བསྲུང་འདོད་མེད་པའོ། །གཉིས་པ་ནི། ལོ་དང་ཟླ་བ་ལ་སོགས་པ་དུས་འགའ་ཞིག་ཏུ་བསྲུང་འདོད་ཡོད་ཀྱང་ཇི་སྲིད་འཚོའི་བར་དུ་བསྲུང་འདོད་མེད་པའོ། །གསུམ་པ་ནི། དགེ་སློང་གི་སྡོམ་པའི་བསླབ་བྱ་རགས་པ་འགའ་ཞིག་བསྲུང་འདོད་ཡོད་ཀྱང་མཐའ་དག་བསྲུང་བར་མི་འདོད་པའོ། །བཞི་པ་ནི། སེམས་ཅན་འགའ་ཞིག་ལ་གནོད་འཚེའི་བསམ་པ་སྤོང་ནུས་ཀྱང་རང་ལ་གནོད་བྱེད་ཀྱི་དགྲ་བོ་ལ་གནོད་འཚེའི་བསམ་པ་སྤོང་མི་ནུས་པའོ། །ལྔ་པ་ནི། བདེ་ཞིང་སྐྱིད་པའི་གནས་སྐབས་འགའ་ཞིག་ཏུ་བསླབ་བྱ་ལ་སློབ་པར་བྱེད་ཀྱི་དེ་ལས་གཞན་དུ་སློབ་པར་མི་འདོད་པའོ། །དེས་ན་འགལ་རྐྱེན་ངེས་པ་ལྔ་པོ་དེ་དང་བྲལ་ནས་ཡུལ་དུས་གནས་སྐབས་ཐམས་ཅད་དུ་སེམས་ཅན་ཐམས་ཅད་ལ་གནོད་འཚེའི་བསམ་པ་སྤངས་ཏེ་དགེ་སློང་གི་བསླབ་པའི་གཞི་མཐའ་དག་ལ་སློབ་པར་འདོད་པའི་བསམ་པ་དགོས་སོ། །བཞི་པ་ནི། གང་ལ་སྡོམ་པ་བླང་བར་བྱ་བའི་ཡུལ། སྡོམ་པ་འབོགས་པར་བྱེད་པའི་ཚོག །ལེན་པ་པོ་རང་ཉིད་དང་བཅས་པ་ལ་ཡིད་ཆེས་ཀྱི་བསམ་པ་ཕུན་ཚོགས་དང་ལྡན་པའོ། །ལྔ་པ་ནི། འཁོར་བའི་ཉེས་དམིགས་མཐོང་ནས་སྤོང་འདོད་ཀྱི་བསམ་པ། ཐར་པའི་ཕན་ཡོན་མཐོང་ནས་སྒྲུབ་འདོད་ཀྱི་བསམ་པ་དང་ལྡན་པའི་སྒོ་ནས་བྱང་ཆུབ་དོན་གཉེར་གྱི་ངེས་འབྱུང་གི་བསམ་པས་ཟིན་དགོས་ཏེ། དེ་ལས་གཞན་དུ་ཚེ་འདིའི་ལོ་གོས་ཀྱིས་འཇིགས་པ་དང་རྒྱལ་པོའི་ཆད་པ་སོགས་ཀྱིས་འཇིགས་པས་བླངས་ཀྱང་འཇིགས་སྐྱོབ་ཀྱི་ཚུལ་ཁྲིམས་ཙམ་དུ་འགྱུར་ཞིང་ཕྱི་མ་ལྷ་མིའི་ཕུན་ཚོགས་ཙམ་ཐོབ་ཕྱིར་དུ་བླངས་ཀྱང་ལེགས་སྨོན་གྱི་ཚུལ་ཁྲིམས་ཙམ་དུ་འགྱུར་གྱི་སོ་ཐར་གྱི་སྡོམ་པར་མི་འགྱུར་བའི་ཕྱིར་ཏེ། མདོ་རྩ་བར། ངེས་པར་འབྱུང་བའི་ཚུལ་ཁྲིམས་ཀྱི་དབང་དུ་བྱས་ཏེ། ཞེས་དང་། སུམ་བརྒྱ་པར། ངེས་པར་འབྱུང་བའི་ཚུལ་ཁྲིམས་སྡུག་བསྔལ་སྤོང་། །ཞེས་དང་། མཛོད་འགྲེལ་ལས། ཅི་ཕྱི་རོལ་པ་ལ་ཡང་ཡང་དག་པར་བླངས་པ་ལས་བྱུང་བའི་ཚུལ་ཁྲིམས་ཡོད་དམ་ཞེ་ན། ཡོད་མོད་ཀྱི་སོ་སོ་ཐར་པའི་སྡོམ་པ་ནི་མ་ཡིན་ནོ། །ཅིའི་

ཕྱིར་ཞེ་ན། དེ་ནི་སྲིད་པ་ལ་བརྟེན་པའི་ཕྱིར་གཏན་དུ་སྡིག་པ་མི་དགེ་བ་ལས་ཐར་བར་བྱེད་པ་མ་ཡིན་ནོ། །ཞེས་གསུངས་པའི་ཕྱིར།

བདུན་པ་ལ། ལུས་ཀྱི་བྱེ་བྲག་གི་རྟགས། གོས་ཀྱི་རྟགས། སྣོད་སྤྱད་ཀྱི་རྟགས་དང་གསུམ། དང་པོ་ནི། འབྲིག་པར་འོས་པའི་སྐྲ་དང་ཁ་སྤུ་སོགས་བྲེགས་ཤིང་ཁྲུས་བྱས་པས་ཁྱད་པར་དུ་བྱས་པའོ། །གཉིས་པ་ནི། མཁན་པོས་བྱིན་གྱིས་བརླབས་པའི་ཆོས་གོས་རྣམ་པ་གསུམ་གདིང་བ་ཚུ་ཚགས་རྣམས་རུང་ཞིང་ཚད་དང་ལྡན་པ་བརྟན་པོ་རྩུན་ཆད་ཀྱིས་ཡོད་པའོ། །གསུམ་པ་ནི། རུང་བ་ཚད་དང་ལྡན་པའི་ལྷུང་བཟེད་དགེ་འདུན་ལ་བསྔོན། མཁན་པོས་བྱིན་གྱིས་བརླབས་ནས་བྱིན་པ་དེ་ཉིད་བརྟན་པོ་རྩུན་ཆད་ཀྱིས་ཡོད་པའོ། །བརྒྱད་པ་ནི། གསང་སྟོན་གྱིས་ཕྱོགས་ཏུ་བར་ཆད་དྲིས། ལས་སློབ་ཀྱིས་དགེ་འདུན་གྱི་དབུས་སུ་བར་ཆད་དྲིས་པའི་སྟོབས་ཀྱིས་བསྒྲུབ་བྱ་དེ་ཉིད་བར་ཆད་ཀྱིས་དག་པར་དགེ་འདུན་རྣམས་ཡིད་ཆེས་པའོ། །དགུ་པ་ནི། ལས་སློབ་ཀྱིས་གྲོགས་བྱས་ཏེ་དགེ་འདུན་ལ་གསོལ་བ་ལན་གསུམ་བཏབ་པའོ། །བཅུ་པ་ནི། ལས་སློབ་ཏུ་ཕྱོགས་པའི་དགེ་སློང་དེས་སྔར་བཤད་པའི་མདོན་གྱུར་བཅུའི་བཤད་པ་རྣམས་བརྡ་སྤྲད་ནས་དེའི་རྗེས་སུ་དང་པོར་གསོལ་བའི་ལས། དེའི་རྗེས་སུ་བརྗོད་པའི་ལས་ལྷག་ཆད་ནོར་བའི་སྐྱོན་དང་བྲལ་བར་ལན་གསུམ་བརྗོད་པར་བྱེད་པས་སོ༑ །དེ་ཡང་དོན་གོ་བ་ལ་མི་གནོད་ན་ཚིག་གི་གོ་རིམ་ཅུང་ཟད་འཁྲུགས་པ་ཙམ་གྱིས་སྡོམ་པ་འཆགས་པའི་གེགས་སུ་མི་འགྱུར་ཏེ། མདོ་རྩ་བར། དགོངས་སུ་གསོལ། ཞེས་བྱ་བ་ལ་སོགས་པ་ནི་ཕ་རོལ་གྱི་སེམས་གཏད་པ་ཉིད་གཙོ་བོ་ཡིན་ནོ། །དོན་གྱི་སྐབས་དག་གོ་རིམ་འཁྲུགས་པས་ནི་མི་འཆགས་པ་མ་ཡིན་ནོ། །དེ་ནི་མི་བྱ་བ་ཉིད་དོ། །ཞེས་སོ། །

གསུམ་པ་ལ། བསྙེན་བཀུར་གྱི་གནས་དང་གནས་མ་ཡིན་པ་ཤེས་པའི་ཕྱིར་དུ་དུས་གོ་བརྗོད་པ་དང་། སྡོམ་པ་ཐོབ་པ་མི་ཉམས་པར་བསྲུང་བའི་ཕྱིར་དུ་བསླབ་བྱ་བརྗོད་པ་གཉིས། དང་པོ་ལ། གང་ལ་བརྗོད་པའི་ཡུལ། གང་གིས་བརྗོད་པའི་གང་ཟག །ཇི་ལྟར་དུ་བརྗོད་པའི་ཚུལ། དེ་ལྟར་བརྗོད་པའི་དགོས་པ་དང་བཞིའི་སྒོ་ནས་ཤེས་པར་བྱ་བ་ཡིན་མོད་ཀྱང་འདུལ་བའི་སྤྱི་དོན་གྱི་སྐབས་སུ་ཤེས་པར་བྱའོ། །གཉིས་པ་ནི། གདམས་ངག་བཅུ་གཅིག་བརྗོད་པའི་ཚུལ་ལག་ལེན་ལྟར་ཤེས་པར་བྱའོ། །དེ་སྐད་དུ་ཡང་། ཀརྨ་ཤ་ཏམ་ལས། དང་པོར་བྱ་དང་མཁན་པོ་དང་། །ཆོས་གོས་གཉིས་དང་ལྷུང་བཟེད་གཉིས། །སྒྲོ་བྱ་གསོལ་བ་གསང་སྟོན་དང་། །ཞུ་དང་གསོལ་དང་གསོལ་བ་དང་། །དྲི་དང་ལས་དང་གྲིབ་ཚོད་དང་། །ཉིན་མཚན་དུས་ཚོད་གནས་རྣམས་དང་། །ལྷུང་དང་དགེ་སྦྱོང་མཆོག་འདོད་དང་། །ཚུལ་ཁྲིམས་མཉམ་དང་ཚུལ་འགྲེལ་དང་། །དུས་དང་དགོས་དང་མ་བརྗོད་

དང་། །གྲུས་པ་དང་ནི་བསྒྲུབ་བྱ་བ། །མུ་སྟེགས་གནས་པ་བྱིན་པ་ཡིས། །སྡེ་ཚན་ཡང་དག་བསྡུས་པ་ཡིན། །ཞེས་གསུངས་པ་ལྟར་རོ། །

གསུམ་པ་བུད་མེད་ཀྱི་ཆོ་གའི་ཁྱད་པར་ལ། ཡུལ་གྱི། ཚོགས་ཀྱི། སྡོམ་པ་བྱིན་ཚུལ་གྱི། གདམས་ངག་བརྗོད་ཚུལ་གྱི་ཁྱད་པར། དོགས་གཅད་དང་ལྔ། དང་པོ་ནི། དགེ་སློབ་མ་དང་ཚངས་སྤྱོད་ལ་ཉེ་བར་གནས་པའི་སྔ་རོལ་གྱི་སྡོམ་པ་གཉིས་ནི། ཡུལ་དབུས་སུ་དགེ་སློང་མའི་དགེ་འདུན་གྲངས་བཅུ་གཉིས་ཚང་བས་གསོལ་བ་དང་གཉིས་ཀྱི་ལས་ཀྱིས་སྦྱིན། མཐའ་འཁོབ་ཏུ་དྲུག་གིས་གསོལ་བ་དང་གཉིས་ཀྱི་ལས་ཀྱིས་སྦྱིན་ནོ། །དགེ་སློང་མའི་སྡོམ་པ་ནི་གཉིས་ཀའི་དགེ་འདུན་གྱིས་སྦྱིན་དགོས། དེ་ཡང་ཡུལ་དབུས་སུ་ཕའི་ཚོགས་བཅུ། མའི་ཚོགས་བཅུ་གཉིས་ཏེ་ཉེར་གཉིས་ཚང་དགོས། མཐའ་འཁོབ་ཏུ་ཕའི་ཚོགས་ལྔ་དང་མའི་ཚོགས་དྲུག་གིས་སོ། །

གཉིས་པ་ནི། སྐྱེས་པ་ལ་དགེ་བསྙེན་པར་མ་རབ་བྱུང་དགེ་ཚུལ་བསྙེན་རྫོགས་ཏེ་ཚོགས་བཞི་ཡིན་ལ། བུད་མེད་ལ་དེའི་སྟེང་དུ། དགེ་ཚུལ་དང་བསྙེན་རྫོགས་ཀྱི་བར་དུ། དགེ་སློབ་མ་དང་ཚངས་སྤྱོད་ལ་ཉེར་གནས་ཀྱི་སྡོམ་པ་གཉིས་ལེན་དགོས་པས་དྲུག་གོ །ཚངས་སྤྱོད་ཉེར་གནས་ཀྱི་སྡོམ་པ་ནི་དགེ་སློབ་མའི་སྡོམ་པ་དང་རྫས་རིགས་གཅིག་ཏུ་འདོད་དོ། །

གསུམ་པ་ནི། དགེ་བསྙེན་རབ་བྱུང་དགེ་ཚུལ་སྦྱིན་ཚུལ་སྔ་མ་དང་འདྲ་ལ། དེའི་རྗེས་སུ་དགེ་སློབ་མའི་སྡོམ་པ་བྱིན་ནས་དེ་ལ་ལོ་གཉིས་ཀྱི་བར་དུ་སློབ། དེའི་རྗེས་སུ་དགེ་སློང་མའི་དགེ་འདུན་གྱི་གསང་སྟེ་སྟོན་མས་ལྐོག་ཏུ་བར་ཆད་དྲི། དེའི་རྗེས་སུ་ལས་བྱེད་པ་མོས་མངོན་སུམ་དུ་བར་ཆད་དྲིས་ནས་ཚངས་སྤྱོད་ཉེར་གནས་ཀྱི་སྡོམ་པ་སྦྱིན་པར་བྱེད། དེའི་རྗེས་སུ་གཉིས་ཀའི་དགེ་འདུན་ཚོགས་པ་ལ་གསོལ་བ་བཏབ་ནས་ལས་ཀྱི་སློབ་དཔོན་དུ་འོས་པའི་དགེ་སློང་གིས་དགེ་སློང་མའི་སྡོམ་པ་གསོལ་བཞིའི་ལས་ཀྱིས་སྦྱིན་པར་བྱེད་པ་ཡིན་ནོ། །མདོ་རྩ་བར། ཚངས་པར་སྤྱོད་པ་ལ་ཉེ་བར་གནས་པའི་སྡོམ་པ་མ་ཐོབ་པར་བསྙེན་པར་རྫོགས་པར་མི་འགྱུར་རོ། །གསང་སྟེ་བསྟན་པའི་འོག་ཏུ་དགེ་འདུན་གྱིས་དེ་སྦྱིན་པར་བྱའོ། །བར་ཆད་དྲིས་ནས་སོ། །གསོལ་བ་བྱས་ནས་སོ། །ཞེས་གསུངས་པས་སོ། །

བཞི་པ་ནི། ཧྲགས་དང་ཆ་ལུགས་སྦྱིན་པའི་སྐབས་སུ། ཆོས་གོས་གསུམ་ཤིང་ང་དཔུང་ཆད་རྟུལ་གཟན་དང་ལྔ་སྦྱིན་དགོས། གདམས་ངག་གི་སྐབས་སུ། གནས་རྣམས་ཀྱི་ནང་ནས་ཤིང་དྲུང་མ་གཏོགས་པ་དང་ཕམ་པ་བརྒྱད་ལྟི་བའི་ཆོས་བརྒྱད་རྣམས་བརྗོད་དགོས་ཏེ། མདོ་རྩ་བར། ཆོས་གོས་དག་ནི་ལྔ་ཉིད་དོ། །གནས་

རྣམས་ལ་ཤིང་དྲུང་ཉིད་མ་གཏོགས་སོ། །ལྟུང་བར་འགྱུར་བ་རྣམས་ལ་བརྒྱད་ཉིད་དོ། །ལྷི་བའི་ཆོས་རྣམས་བརྗོད་པར་བྱའོ། །ཞེས་གསུངས་པའི་ཕྱིར།

ལྔ་པ་ལ། ཁ་ཅིག །ཡུལ་དགེ་སློང་ཕའི་དགེ་འདུན་གྱིས་བུད་མེད་ལ་བསྙེན་རྫོགས་ཀྱི་སྡོམ་པ་བྱིན་ན་སྐྱེ་བ་མེད་དེ། དགེ་སློང་མའི་སྡོམ་པ་སྐྱེ་བའི་སྔོན་དུ་ཐུན་མོང་མ་ཡིན་པའི་སྡོམ་པ་གཉིས་སྔོན་དུ་འགྲོ་དགོས་ལ་དེ་དག་དགེ་སློང་མའི་དགེ་འདུན་ཁོ་ན་ལ་སྐྱེ་བར་བཤད་པའི་ཕྱིར། ཞེས་ཟེར། མཁས་པ་གཞན་དག་ན་རེ། དགེ་སློང་ཕའི་དགེ་འདུན་ཙམ་ལ་བརྟེན་ནས་བུད་མེད་ལ་བསྙེན་རྫོགས་ཀྱི་སྡོམ་པ་སྐྱེ་བ་ཡོད་དེ། མདོ་རྩ་བར། མཚན་གཞན་ལ་བརྟེན་པས་ནི་མི་འཆགས་པ་མ་ཡིན་ནོ། །དགེ་སློང་དང་དགེ་སློང་མ་ཉིད་དག་གི་ལས་གཞན་བྱེད་པས་ཀྱང་མ་ཡིན་ནོ། །ཞེས་གསུངས་པའི་ཕྱིར། སླུབ་བྱེད་ཀྱང་མ་ངེས་ཏེ། ཚོགས་སྟུ་མ་སྔོན་དུ་མ་སོང་བ་ལ་སྐྱེ་ལ་ཉེས་བྱས་ཙམ་དུ་བཤད་པའི་ཕྱིར། ཞེས་པའི་ལུགས་གཉིས་ཡོད་ཅིང་། ཉེས་མེད་ཕུན་ཚོགས་ཀྱི་དགེ་སློང་མའི་སྡོམ་པ་སྐྱེ་བ་ལ། ཚོགས་དྲུག་རིམ་ཅན་དུ་འབོགས་པ་དང་། གཉིས་ཀའི་དགེ་འདུན་དགོས་པ་ཡིན་ལ༑ སྐྱེས་ལ་ཉེས་བྱས་ཙམ་གྱི་དབང་དུ་བྱས་ན། དགེ་སློང་ཕའི་དགེ་འདུན་ཙམ་ལ་བརྟེན་ནས་ཀྱང་དགེ་སློང་མའི་སྡོམ་པ་སྐྱེ་བ་ཡོད་པ་རིགས་པ་མངོན་ནོ། །

གཉིས་པ་ཐེག་ཆེན་སོ་ཐར་ལ། གང་ལ་བླང་བའི་ཡུལ། གང་གིས་ལེན་པའི་གང་ཟག །ཇི་ལྟར་ལེན་པའི་ཆོ་ག་དང་གསུམ། དང་པོ་ནི། གྲུབ་མཐའ་འོག་མ་ལྟར་དུ་ཡུལ་ངེས་པ་ཅན་ཁོ་ན་མ་ཡིན་ཏེ། རྟེན་ལ་སོགས་པའི་དྲུང་དུ་རང་ཉིད་ཀྱིས་བླངས་ཀྱང་སྐྱེ་བ་ཡོད་པ་དང་། ཁྱིམ་པའི་ཆ་ལུགས་ཅན་གྱིས་དགེ་སློང་གི་སྡོམ་པ་ཕོག་པ་ལ་ཉེས་མེད་ཕུན་ཚོགས་ཀྱི་སྡོམ་པ་སྐྱེ་བ་ཡོད་པར་བཤད་པའི་ཕྱིར། གཉིས་པ་ནི། སྤྱིར་སོ་ཐར་གྱི་སྡོམ་པ་ཙམ་སྐྱེ་བའི་རྟེན་གྱི་གང་ཟག་ལ་འགྲོ་བ་རིགས་དྲུག་ཀ་ཡོད་དེ། བྱང་སེམས་ཀྱི་སྡོམ་པ་དངོས་སུ་སྐྱེ་བའི་རྟེན་ལ་འགྲོ་བ་རིགས་དྲུག་ཀ་ཡོད་ཅིང་། བྱང་སེམས་ཀྱི་སྡོམ་པ་གང་ལ་སྐྱེ་བའི་རྟེན་ལ་ཐེག་ཆེན་གྱི་སོ་ཐར་གྱི་སྡོམ་པ་ཡང་སྐྱེ་དགོས་པའི་ཕྱིར་ཏེ། བྱང་སྡོམ་དང་ཐེག་ཆེན་སོ་ཐར་གྱི་སྡོམ་པ་དོན་གཅིག་ལ་མིང་གི་རྣམ་གྲངས་ཡིན་པའི་ཕྱིར། ཆོ་ག་ཉན་ཐོས་དང་ཐུན་མོང་བའི་ཐེག་ཆེན་སོ་ཐར་ནི་གླིང་གསུམ་གྱི་སྐྱེས་པ་དང་བུད་མེད་མཚན་དོན་བྱེད་ནུས་པ་དང་ལྡན་པ་ཁོ་ན་ལ་སྐྱེའི་དེ་ལས་གཞན་པ་ལ་མ་ཡིན་ཏེ། ཉན་ཐོས་ཀྱི་གཞུང་ལུགས་ནས་དེ་ལྟར་བཤད་ཅིང་རྟེན་གྱི་གང་ཟག་དང་འབོགས་པར་བྱེད་པའི་ཆོ་ག་ཉན་ཐོས་ཀྱི་གཞུང་དང་མཐུན་ཅིང་། བསམ་པ་ཐེག་ཆེན་སེམས་བསྐྱེད་ཀྱིས་ཟིན་པའི་སོ་ཐར་གྱི་སྡོམ་པ་ལ་ཆོ་ག་ཉན་ཐོས་དང་ཐུན་མོང་བའི་ཐེག་ཆེན་སོ་ཐར་དུ་འཇོག་པའི་ཕྱིར།

གསུམ་པ་ལ། ཐེག་ཆེན་ཐུན་མོང་མ་ཡིན་པའི་སོ་ཐར་གྱི་སྡོམ་པ་ལེན་ཚུལ་དང་། ཆོ་ག་ཉན་ཐོས་དང་ཐུན་མོང་བའི་སོ་ཐར་གྱི་སྡོམ་པ་ལེན་ཚུལ་གཉིས། དང་པོ་ལ། ད་ལྟར་གྱི་ཆོ་ག་དང་། སྔོན་གྱི་ཆོ་ག་གཉིས། དང་པོ་ནི། དོན་ཡོད་ཞགས་པའི་རྟོག་པ་ནས་བཤད་ཅིང་གསོ་སྦྱོང་ཡན་ལག་བརྒྱད་པ་སློབ་དཔོན་ནམ་རྟེན་གང་རུང་གི་དྲུང་དུ་ཆོ་གའི་སྒོ་ནས་ལེན་པར་བྱེད་པ་དང་། བྱང་ཆུབ་མ་ཐོབ་ཀྱི་བར་དུ་ཐུན་མོང་མ་ཡིན་པའི་སྐྱབས་འགྲོའི་སྡོམ་པ་ལེན་པར་བྱེད་པ་དང་། ཆོ་འཕྲུལ་བསྟན་པའི་མདོ་ལས། རྒྱལ་པོ་སྙིང་རྗེ་ཆེར་སེམས་ཀྱིས་གསོ་སྦྱོང་ཡན་ལག་བརྒྱད་པ་ཇི་སྲིད་འཚོའི་བར་དུ་ཁས་བླངས་པར་བཤད་པ་ལྟ་བུ་ཡིན་ཏེ། ཆོ་འཕྲུལ་བསྟན་པའི་མདོ་ལས། རབ་བྱུང་ཡོན་ཏན་དུ་མ་ལྡན་པ་ཞེས། དེ་བཞིན་གཤེགས་པ་རྣམས་ཀྱིས་གསུངས་མོད་ཀྱི༔ །དེ་ལྟར་ལགས་ཀྱང་སྙིང་རྗེར་གྱུར་པས་ན། །འགྲོ་ལ་ཕན་ཕྱིར་བདག་གིས་རྒྱལ་སྲིད་བསྐྱབས། །ཇི་སྲིད་འཚོ་བར་ཚངས་པར་སྤྱོད་བྱེད་ཅིང་། །གསོ་སྦྱོང་ཡན་ལག་བརྒྱད་པ་བླང་བར་བགྱི། །ཞེས་གསུངས་པས་སོ། །

གཉིས་པ་ནི། ཁྱིམ་བདག་དྲག་ཤུལ་ཅན་གྱིས་ཞུས་པའི་མདོ་ལས། རྒྱལ་བ་བྱམས་པས་ཁྱིམ་བདག་དགུ་སྟོང་། རྒྱལ་སྲས་སྤྱོད་པ་རྣམ་པར་དག་པའི་བློ་གྲོས་འཇམ་དབྱངས་ཀྱིས་ཁྱིམ་བདག་བདུན་སྟོང་རྣམས་བསྙེན་རྫོགས་ཀྱི་སྡོམ་པ་ལ་བཀོད་པར་གསུངས་པ་ལྟ་བུའོ། །མདོ་དེར་བསྙེན་པར་རྫོགས་པར་བྱེད་པའི་སྦྱོར་དངོས་རྗེས་གསུམ་གྱི་ཆོ་ག་དངོས་སུ་མ་གསུངས་ཤིང་། སྔོན་རྒྱུད་ཡོངས་སུ་སྨིན་པའི་གང་ཟག་ཚོགས་ཆུང་དུའི་སྒོ་ནས་བསྙེན་པར་རྫོགས་པ་ལ་སྔོན་གྱི་ཆོ་གའི་མིང་བཏགས་པ་ཙམ་ཡིན་ནོ། །དེ་སྐད་དུ་ཡང་། རྒྱལ་སྲས་བྱམས་པ་འཇམ་དབྱངས་སོགས། །བདག་ཉིད་ཆེན་པོ་འགའ་ཞིག་གིས། །ཞེས་སོགས་གསུངས་པ་ལྟ་བུའོ། །གལ་ཏེ་འདི་དག་མི་འཐད་དེ། འདིར་སྔོན་ཆོག་ལ་མཁན་པོ་བཤད་ཅིང་མཁན་པོ་ནི་ད་ལྟར་གྱི་ཆོ་ག་ཁོ་ནའི་ཁྱད་ཆོས་སུ་འདུལ་བ་ལས་བཤད་པའི་ཕྱིར། ཞེས་ཟེར་ན། སྐྱོན་མེད་དེ། འདིར་ཚོགས་ཆུང་དུའི་སྒོ་ནས་བསྒྲུབ་བྱ་བསྙེན་རྫོགས་ཀྱི་སྡོམ་པ་ལ་འགོད་པར་བྱེད་མཁན་ལ་མཁན་པོའི་མིང་བཏགས་པ་ཙམ་ཡིན་གྱི། མཁན་པོར་ལན་གསུམ་གསོལ་བ་བཏབ་ནས་མཁན་པོར་ཁས་བླངས་པ་དེ་མ་ཡིན་པའི་ཕྱིར།

གཉིས་པ་ནི། བསམ་པ་ཐེག་ཆེན་སེམས་བསྐྱེད་ཀྱིས་ཟིན་པའི་སྒོ་ནས་སོ་ཐར་རིགས་བརྒྱད་འབོགས་པའི་སྦྱོར་དངོས་རྗེས་གསུམ་གྱི་ཆོ་ག་སྔར་བཤད་པའི་ཉན་ཐོས་ཀྱི་ལུགས་ཇི་ལྟ་བ་བཞིན་དུ་བྱེད་དགོས་ཏེ། དེ་ལྟར་བྱས་པ་ལ་བརྟེན་ནས་ཐེག་ཆེན་སོ་ཐར་རིགས་བརྒྱད་ཀྱི་སྡོམ་པ་ཐོབ་པར་ནུས་པའི་ཕྱིར། དེ་སྐད་དུ་ཡང་། དེས་ན་ད་ལྟའི་ཆོ་ག་ནི། །བསམ་པ་སེམས་བསྐྱེད་ཀྱིས་ཟིན་པའི། །ཞེས་སོགས་བཤད་པ་ལྟར་རོ། །དེ་ཡང་ཐེག་ཆེན་སོ་ཐར་རིགས་བདུན་ཆོ་ག་ཉན་ཐོས་དང་མཐུན་པར་ལེན་དགོས་པའི་རྒྱུ་མཚན་ཡོད་དེ། ཐེག་ཆེན་

ཐུན་མོང་མ་ཡིན་པའི་རིགས་བདུན་ལེན་པའི་ཆོ་ག་དངོས་སུ་མ་བཤད་པ་དང་། གཏན་ཚིགས་ལ་དགོས་པ་ཡོད། ། དགེ་ཚུལ་མན་ཆད་རང་ཉིད་ཀྱིས་བླངས་པས་ཆོག་པ་དང་། དགེ་སློང་གཞན་ཁོ་ན་ལས་ལེན་པའི་ཆོག་འབྲུ་ཙམ་ཞིག་གསུངས་ཀྱང་དེ་དག་ལེན་པའི་ཆོ་ག་གསལ་པོར་མ་གསུངས་པའི་ཕྱིར་ཏེ། གཏན་ཚིགས་ལས། དེ་དག་ལས་ལ་ལ་ནི་རང་ཁོ་ནས་ལེན་པར་བྱེད་དེ་དགེ་སློང་གི་སྡོམ་པ་ནི་མ་གཏོགས་སོ། །དེ་ཅིའི་ཕྱིར་ཞེ་ན། འདི་ལྟར་དགེ་སློང་གི་སྡོམ་པ་ནི་ཐམས་ཅད་ཀྱིས་ཡང་དག་པར་བླང་བར་ནུས་པ་མ་ཡིན་ནོ། །ཞེས་སོ། །

གཉིས་པ་བྱང་སྡོམ་ཐོབ་པར་བྱེད་པའི་རྒྱུ་ལ། གང་ལ་བླང་བའི་ཡུལ། གང་གིས་ལེན་པའི་གང་ཟག །ཇི་ལྟར་ལེན་པའི་ཆོ་ག་དང་གསུམ། དང་པོ་ནི། བྱང་སེམས་ཀྱི་སྡོམ་པ་དང་ལྡན་ཞིང་བྱང་སྡོམ་འབོགས་པའི་ཆོ་ག་ལ་མཁས་པའི་དགེ་བའི་བཤེས་གཉེན་གྱི་དྲུང་དུ་ལེན་དགོས་ཏེ། སྤྱོད་འཇུག་ལས། རྟག་པར་དགེ་བའི་བཤེས་གཉེན་ནི། །ཐེག་ཆེན་དོན་ལ་མཁས་པ་དང་། །བྱང་ཆུབ་སེམས་དཔའི་བརྟུལ་ཞུགས་མཆོག །སྲོག་གི་ཕྱིར་ཡང་མི་གཏོང་ངོ་། །ཞེས་དང་། །སྡོམ་པ་ཉི་ཤུ་པ་ལས། བླ་མ་སྡོམ་ལ་གནས་ཤིང་མཁས། །ནུས་དང་ལྡན་ལས་བླང་བར་བྱ། །ཞེས་སོ། །དེ་ཡང་དབུ་མ་པ་ལྟར་ན། དང་པོར་ལེན་པ་དང་ཕྱིས་གསོ་བ་གཉིས་ཀ་བླ་མའམ་དཀོན་མཆོག་གི་རྟེན་གང་རུང་གི་དྲུང་དུ་ལེན་གསོ་བྱེད་པས་ཆོག་པར་བཞེད། སེམས་ཙམ་པ་ལྟར་ན། བླ་མའི་དྲུང་དུ་བགྲོད་པ་ལ་སྲོག་དང་ཚངས་སྤྱོད་ལ་སོགས་པའི་བར་ཆད་མེད་ན་བླ་མའི་དྲུང་དུ་ངེས་པར་ལེན། དེ་ལྟ་བུའི་བར་ཆད་ཡོད་ན་དཀོན་མཆོག་གི་རྟེན་གྱི་དྲུང་དུ་རང་ཉིད་ཀྱིས་བླངས་ཀྱང་སྐྱེ་བར་བཞེད་དེ། བྱང་ས་ལས། དགེ་བའི་བཤེས་གཉེན་མཚན་ཉིད་དང་ལྡན་པ་རྒྱང་གྲགས་དང་དཔག་ཚད་ཀྱི་བར་དུ་སྲོག་དང་ཚངས་སྤྱོད་ལ་མི་གནོད་ཙམ་དུ་བཙལ་ཀྱང་མ་རྙེད་ན་དཀོན་མཆོག་གི་རྟེན་གྱི་དྲུང་དུ་བདག་ཉིད་ཀྱིས་བླངས་པས་ཀྱང་སྐྱེའོ། །ཞེས་གསུངས་པའི་ཕྱིར། ཉམས་ན་གསོ་བ་ལ་ནི་བླ་མ་ངེས་པར་དགོས་ཞེས་གནས་བརྟན་བྱང་བཟང་ལ་སོགས་པ་བཞེད་དོ། །

གཉིས་པ་ལ། དབུ་མ་པའི་དང་། སེམས་ཙམ་པའི་ལུགས་གཉིས། དང་པོ་ནི། བརྡ་ཤེས་ཤིང་དོན་གོ་ལ་ལེན་འདོད་ཡོད་པའི་འགྲོ་བ་མཐའ་དག་བྱང་སེམས་ཀྱི་སྡོམ་པ་སྐྱེ་བའི་རྟེན་དུ་རུང་སྟེ། སྡོང་པོ་བཀོད་པའི་མདོ་ལས། འཕགས་པ་འཇམ་དཔལ་གྱིས་གྲོང་ཁྱེར་སྐྱིད་པའི་འབྱུང་གནས་ཀྱི་ཤར་ཕྱོགས་ནགས་ཚལ་སྣ་ལ་སྣ་ཚོགས་ཀྱིས་བརྒྱན་པ་ཞེས་བྱ་བར་ཆོས་ཀྱི་དབྱིངས་ཀྱི་ཚུལ་སྣང་བ་ཞེས་བྱ་བའི་ཆོས་ཀྱི་རྣམ་གྲངས་བསྟན་པས་རྒྱ་མཚོའི་ཀླུ་སྟོང་ཕྲག་གསུམ་བླ་ན་མེད་པའི་བྱང་ཆུབ་ཏུ་ངེས་པར་འགྱུར་རོ། །ཞེས་དང་། བསྐལ་པ་བཟང་པོ་ལས། རྒྱལ་བ་ཕན་བཞེད་གྲོང་དཔོན་གྱུར་པའི་ཚེ། །དེ་བཞིན་གཤེགས་པ་བསོད་ནམས་འོད་དེ་ལ། །ཉིན་

གཅིག་སྲོག་གཅོད་སྡོམ་པ་བླངས་ནས་ཀྱང་། །དང་པོར་བྱང་ཆུབ་མཆོག་ཏུ་སེམས་བསྐྱེད་དོ། །ཞེས་དང་། དེ་བཞིན་དུ་ནམ་མཁའི་སྙིང་པོ་དང་། དཀོན་མཆོག་བརྩེགས་པ་དང་། རྒྱལ་པོ་ལ་གདམས་པའི་མདོ་ལ་སོགས་པ་ལས་གསུངས་པ་ཡིན་ཏེ། ཇི་སྐད་དུ། དབུ་མ་ལུགས་ཀྱི་སེམས་སྐྱེད་འདི། །སེམས་ཅན་ཀུན་གྱིས་ལེགས་ཐོབ་ན། །རྫོགས་སངས་རྒྱས་ཀྱི་རྒྱུར་འགྱུར་ཞེས། །མདོ་དང་བསྟན་བཅོས་རྣམས་ལས་གསུངས། །དེ་ཡང་སྡོང་པོ་བཀོད་པ་དང་། །བསྐལ་བཟང་ནམ་མཁའི་སྙིང་པོ་དང་། །དཀོན་བརྩེགས་རྒྱལ་པོ་གདམས་པ་ཡི། །མདོ་སྡེ་ལ་སོགས་རྣམས་སུ་ལྟོས། །ཞེས་སོ། །

གཉིས་པ་ནི། གླིང་གསུམ་གྱི་སྐྱེས་པ་བུད་མེད་མཚན་དོན་བྱེད་ནུས་པ་དང་ལྡན་པ་ཁོ་ན་ལ་དངོས་སུ་སྐྱེ་བར་འདོད་དེ། འདིའི་ལུགས་ལ། བྱང་སྡོམ་དངོས་སུ་སྐྱེ་བ་ལ་རིགས་བདུན་གང་རུང་དང་ལྡན་པ་གཅིག་དགོས། རིགས་བདུན་ནི་གླིང་གསུམ་གྱི་སྐྱེས་པ་དང་བུད་མེད་མཚན་དོན་བྱེད་ནུས་པ་དང་ལྡན་པ་ཁོ་ན་ལ་སྐྱེ་བར་བཤད་པའི་ཕྱིར། རྟགས་དང་པོ་གྲུབ་སྟེ། ཇོ་བོ་རྗེས། སོ་སོ་ཐར་པ་རིས་བདུན་གྱི། །རྟག་ཏུ་སྡོམ་གཞན་ལྡན་པ་ལ། །བྱང་ཆུབ་སེམས་དཔའི་སྡོམ་པ་ཡི། །སྐལ་པ་ཡོད་ཀྱི་གཞན་དུ་མིན། །ཞེས་གསུངས་པའི་ཕྱིར། གསུམ་པ་ལ། ཆོ་གའི་བྱུང་ཚུལ་སྤྱིར་བསྟན་པ་དང་། ལུགས་གཉིས་ཀྱི་ཁྱད་པར་སོ་སོར་བཤད་པ་གཉིས། དང་པོ་ལ། དབུ་མ་ལུགས་དང་། སེམས་ཙམ་ལུགས་གཉིས། དང་པོ་ནི། རྗེ་བཙུན་འཇམ་པའི་དབྱངས་ནས་འཕགས་པ་ཀླུ་སྒྲུབ་ཡབ་སྲས་ལ་བརྒྱུད་དེ་རྒྱལ་སྲས་ཞི་བ་ལྷའི་ཕྱག་སྲོལ་ཇོ་བོ་ཡུཏྤེ་ཤྲཱི་ལས་བྱུང་བ། རྗེ་བཙུན་ས་སྐྱ་པ་ཡབ་སྲས་ཀྱི་ཕྱག་ལེན་དུ་མཛད་པ་འདི་ཉིད་ཡིན་ལ། དེ་ཡང་ཀླུ་སྒྲུབ་ཀྱིས་མཛད་པའི་སེམས་བསྐྱེད་ཀྱི་ཆོ་ག་ཇོ་ཏ་རི་དགྲ་ལས་རྣམ་རྒྱལ་གྱི་ཡི་དམ་བླང་བའི་ཆོ་ག་རྒྱལ་སྲས་ཞི་བ་ལྷའི་སྤྱོད་འཇུག་དང་བསླབ་བཏུས་ནས་བཤད་པ་ལྟར། བདག་ཉིད་ཆེན་པོ་ས་སྐྱ་པཎྜི་ཏས་སེམས་བསྐྱེད་ཀྱི་ཆོ་ག་ཆེན་མོར་བཀོད་པ་ལྟར་ཡིན་ནོ། །

གཉིས་པ་ནི། འཕགས་པ་བྱམས་པ་ནས་ཐོགས་མེད་སྐུ་མཆེད་ལ་བརྒྱུད་དེ་སློབ་དཔོན་ཙནྡྲ་གོ་མིའི་ཕྱག་སྲོལ་ཇོ་བོ་རྗེ་དཔལ་ལྡན་ཨ་ཏི་ཤ་ལས་བྱུང་བ་དགེ་བའི་བཤེས་གཉེན་བཀའ་གདམས་པ་རྣམས་ཀྱིས་ཕྱག་ལེན་དུ་མཛད་པ་དེ་ཉིད་དོ། །འདི་དག་བྱང་ས་དང་། སྡོམ་པ་ཉི་ཤུ་པ་ནས་བཤད་པའི་དོན། རྗེ་བཙུན་གྲགས་པ་རྒྱལ་མཚན་གྱི་སྡོམ་པ་ཉི་ཤུ་པའི་ཊཱི་ཀར་ཞིབ་ཏུ་བཤད་པ་ལྟར་ཤེས་པར་བྱའོ། །

གཉིས་པ་ལ། སྨྲོར་བའི། དངོས་གཞིའི། རྗེས་ཀྱི་ཆོ་གའི་ཁྱད་པར། དགག་པའི་བསླབ་བྱ། ལྷུང་བའི་ཁྱད་པར། ཕྱིར་བཅོས་ཀྱི་ཁྱད་པར་དང་ལྔའོ། །དང་པོ་ལ། དབུ་སེམས་གཉིས་ལས། དང་པོ་ནི། སྤྱོད་འཇུག

ལས་གསུངས་པ་ལྟར། མཆོད་པ། སྐྱབས་འགྲོ། སྡིག་བཤགས། རྗེས་སུ་ཡི་རང་། ཆོས་ཀྱི་འཁོར་ལོ་བསྐོར་བར་བསྐུལ་བ། མྱ་ངན་ལས་མི་འདའ་བར་གསོལ་བ་གདབ་པ། དགེ་རྩ་རྫོགས་པའི་བྱང་ཆུབ་ཏུ་བསྔོ་བ་སྟེ། ཡན་ལག་བདུན་རྒྱས་པར་བྱེད་དགོས་ཏེ། དབུ་མ་པའི་ལུགས་ལ་མཚམས་མེད་པའི་ལས་བྱས་པ་སོགས་སྡིག་སྒྲིབ་ཤས་ཆེ་བའི་གང་ཟག་ཀྱང་སྡོམ་པའི་རྟེན་དུ་རུང་ལ། དེ་དག་གི་ལས་སྒྲིབ་རགས་པ་དག་པའི་ཕྱིར་དུ་སྦྱོར་ཡན་ལག་བདུན་པ་བྱེ་བྲག་ཏུ་སྡིག་བཤགས་གཙོ་བོར་དགོས་པའི་ཕྱིར། དེ་ལྟར་ཡང་། ཇི་ལྟར་ནས་ཀྱི་ས་བོན་ནི༑ །གྲང་དྲོ་ཀུན་ཏུ་སྐྱེ་བ་ལྟར། །དེ་བཞིན་དབུ་མའི་སེམས་བསྐྱེད་ཀྱང་། །སྡིག་པ་ཡོད་མེད་ཀུན་ལ་སྐྱེ། །ཞེས་སོ༑ ༑

གཉིས་པ་ནི། སྡོམ་པ་ཉི་ཤུ་པ་ལས། ཕྱོགས་བཅུའི་སངས་རྒྱས་ཐམས་ཅད་ལ། །གུས་པས་ཕྱག་འཚལ་ཅི་ནུས་མཆོད། །ཅེས་གསུངས་པ་ལྟར། ཕྱག་འཚལ་བ་དང་མཆོད་པ་འབུལ་བའི་ཡན་ལག་བསྡུས་པ་ཙམ་མཛད། དེ་ལྟར་མཛད་པའི་རྒྱུ་མཚན་ཡོད་དེ། འདི་ཡི་ལུགས་ལ། བྱང་སྡོམ་དངོས་སུ་སྐྱེ་བའི་རྟེན་དུ་མཚམས་མེད་སོགས་བྱས་པའི་སྡིག་ལྡན་མི་རུང་བས་བཤགས་པ་སོགས་གཙོ་བོར་དངོས་སུ་བྱེད་མི་དགོས་པའི་ཕྱིར། ལས་སྒྲིབ་ཤས་ཆེ་བའི་གང་ཟག་བྱང་སྡོམ་དངོས་སུ་སྐྱེ་བའི་རྟེན་དུ་མི་རུང་སྟེ། དེ་དངོས་སུ་སྐྱེ་བའི་རྟེན་དུ་རིགས་བདུན་གང་རུང་དང་ལྡན་པ་གཅིག་དགོས་པའི་ཕྱིར། དེ་ལྟར་ཡང་། ཇི་ལྟར་འབྲས་ཀྱི་ས་བོན་ནི། །གྲང་བའི་ཡུལ་དུ་མི་སྐྱེ་བ། །དེ་བཞིན་སེམས་ཙམ་པ་ཡི་ཡང་། །སེམས་བསྐྱེད་སྡིག་ཅན་ལ་མི་སྐྱེ། །ཞེས་གསུངས་པའི་ཕྱིར།

གཉིས་པ་ལ། དབུ་སེམས་གཉིས་ལས། དང་པོ་ནི། ཡན་ལག་བདུན་པ་སྔོན་དུ་བཏང་སྟེ་གཞན་དོན་དུ་རྫོགས་པའི་བྱང་ཆུབ་དོན་གཉེར་གྱི་བསམ་པ་ཁྱད་པར་ཅན་དང་ལྡན་པས་སྨོན་འཇུག་གཉིས་པོ་ཆོ་གའི་སྒོ་ནས་ལྡན་གཅིག་ཏུ་ལེན་པར་བཞེད་དེ། བྱང་ཆུབ་སྙིང་པོར་མཆིས་ཀྱི་བར། །སངས་རྒྱས་རྣམས་ལ་སྐྱབས་སུ་མཆི། །ཆོས་དང་བྱང་ཆུབ་སེམས་དཔའ་ཡི། །ཚོགས་ལའང་དེ་བཞིན་སྐྱབས་སུ་མཆི། །ཇི་ལྟར་སྔོན་གྱི་བདེ་གཤེགས་ཀྱིས། །བྱང་ཆུབ་ཐུགས་ནི་བསྐྱེད་པ་དང་། །བྱང་ཆུབ་སེམས་དཔའི་བསླབ་པ་ལ། །དེ་དག་རིམ་བཞིན་གནས་པ་ལྟར། །བདག་ཀྱང་འགྲོ་ལ་ཕན་དོན་དུ། །བྱང་ཆུབ་སེམས་ནི་བསྐྱེད་བགྱི་ཞིང་། །བྱང་ཆུབ་སེམས་དཔའི་བསླབ་པ་ལ། །རིམ་པ་བཞིན་དུ་བསླབ་པར་བགྱི། །ཞེས་པ་འདི་ལན་གསུམ་དུ་བརྗོད་པས་བྱང་སྡོམ་སྐྱེ་བར་འདོད་པའི་ཕྱིར། དེ་ཡང་ཚིགས་སུ་བཅད་པ་དང་པོས། སྡོམ་པ་གང་ལ་བླང་བའི་རྟེན་དཀོན་མཆོག་གསུམ་བསྟན། གཉིས་པས་སྔོན་གྱི་དེ་བཞིན་གཤེགས་པ་རྣམས་ཀྱིས་སྨོན་འཇུག་གི་སྡོམ་པ་ཆོ་གའི་སྒོ

ནས་བླངས་ཏེ་བསླབ་བྱ་ལ་སློབ་ཚུལ་གྱི་དཔེ་བསྟན། དེ་ནས་ཚིག་རྐང་གཉིས་ཀྱིས་སྨོན་པ་སེམས་བསྐྱེད། དེ་ནས་གཉིས་ཀྱིས་འཇུག་པ་སེམས་བསྐྱེད་ལེན་པའི་ཚིག་བསྟན་པར་བཞེད་དོ། །དེ་ལྟར་ཡང་། ཅི་སྟེ་སེམས་ཅན་ཐམས་ཅད་ལ། །སངས་རྒྱས་ས་བོན་འཇོག་འདོད་ན། །ཚིག་འཁྲུལ་པ་མེད་པ་ཡི། །དབུ་མ་པ་ཡི་གཞུང་བཞིན་གྱིས། །ཞེས་སོ། །

གཉིས་པ་ནི། དང་པོར་སོ་ཐར་རིགས་བདུན་གང་རུང་གི་སྡོམ་པ་ལེན། དེ་ནས་སྨོན་པ་སེམས་བསྐྱེད་ཀྱི་སྡོམ་པ་བླངས་ནས་བྱང་ཆུབ་སེམས་དཔའི་སྡེ་སྣོད་ལ་མཁས་པར་སློབ། ཕྱིས་འཇུག་པ་སེམས་བསྐྱེད་ཀྱི་སྡོམ་པ་ལེན་པར་བཞེད་དོ། །དེ་ལྟར་ཡང་། དེས་ན་སེམས་ཙམ་པ་ཡི་ལུགས། །གལ་ཏེ་སེམས་བསྐྱེད་དེ་འདོད་ན༏ །ཐོག་མར་སོ་སོར་ཐར་པ་ལོངས། །བྱང་ཆུབ་སེམས་དཔའི་སྡེ་སྣོད་སློབས། །དད་ཅིང་སྦྱིན་པར་ནུས་གྱུར་ན༏ །ཕྱི་ནས་སེམས་བསྐྱེད་སྡོམ་པ་ལོངས། །ཞེས་སོ། །

གསུམ་པ་ལ། དབུ་སེམས་གཉིས་ལས། དང་པོ་ལ། རང་དང་གཞན་དགའ་བ་བསྒོམ་པ་གཉིས། དང་པོ་ནི། དེང་དུས་བདག་ཚེ་འབྲས་བུ་ཡོད། །མི་ཡི་སྲིད་པ་ལེགས་པར་ཐོབ། །དེ་རིང་སངས་རྒྱས་རིགས་སུ་སྐྱེས། །སངས་རྒྱས་སྲས་སུ་བདག་གྱུར་ཏོ། །ཞེས་གསུངས་པ་ལྟར་རོ། །གཉིས་པ་ནི། བདག་གིས་དེ་རིང་སྐྱོབ་པ་ཐམས་ཅད་ཀྱི༏ །སྤྱན་སྔར་འགྲོ་བ་བདེ་གཤེགས་ཉིད་དང་ནི། །བར་དུ་བདེ་ལ་མགྲོན་དུ་བོས་ཟིན་གྱིས། །ལྷ་དང་ལྷ་མིན་ལ་སོགས་དགའ་བར་གྱིས། །ཞེས་གསུངས་པ་ལྟར་རོ། །གཉིས་པ་ནི། མཇུག་གསོལ་ཙམ་མཛད་པ་ཡིན་ནོ། །བྱང་སྡོམ་བླངས་པའི་གང་ཟག་དེས་དེ་བཞིན་གཤེགས་པའི་སྐུ་གཟུགས་ཀྱི་དྲུང་དུ་ཐལ་མོ་སྦྱར་ཞིང་གུས་པ་དང་བཅས་ཏེ་ཕྱོགས་བཅུའི་སངས་རྒྱས་དང་བྱང་ཆུབ་སེམས་དཔའ་རྣམས་མཁྱེན་ཅིང་དགོངས་པར་མཛད་དུ་གསོལ། བདག་མིང་འདི་ཞེས་བགྱི་བས་བྱང་ཆུབ་སེམས་དཔའ་མིང་འདི་ཞེས་བགྱི་བའི་དྲུང་དུ་བྱང་ཆུབ་སེམས་དཔའི་ཚུལ་ཁྲིམས་ཀྱི་སྡོམ་པ་ཡང་དག་པར་ནོད་པ་ལགས་ཏེ། བདག་མིང་འདི་ཞེས་བགྱི་བས་ནོད་པའི་བྱང་ཆུབ་སེམས་དཔའི་ཚུལ་ཁྲིམས་ཀྱི་སྡོམ་པ་ཡང་དག་པར་བླངས་པ་ལ་དཔང་དུ་གྱུར་པར་ཕྱོགས་བཅུའི་སངས་རྒྱས་དང་བྱང་ཆུབ་སེམས་དཔའ་མངོན་སུམ་གྱི་སྤྱན་དང་ལྡན་པ་རྣམས་ཀྱིས་མཁྱེན་ཅིང་དགོངས་པར་མཛད་དུ་གསོལ། །ཞེས་བརྗོད་པར་བྱེད་དོ། །

བཞི་པ་ལ། དབུ་སེམས་གཉིས་ལས། དང་པོ་ནི། ནམ་མཁའི་སྙིང་པོའི་མདོ་ནས་བཤད་པའི་རྩ་ལྟུང་བཅུ་བཞི། ཐབས་ལ་མཁས་པའི་མདོ་ནས་བཤད་པའི་རྩ་ལྟུང་བཞི་སྤོང་བ་དང་། རྒྱལ་པོ་ལ་གདམས་པའི་མདོ་ནས་བཤད་པའི་སྨོན་སེམས་མི་འདོར་བའི་བསླབ་བྱ་ལ་སློབ་པ་ཡིན་ནོ། །གཉིས་པ་ནི། སྡོམ་པ་ཉི་ཤུ་པ་

ནས་བཤད་པ་ལྟར། རྩ་བའི་ལྟུང་བ་བཞི་དང་། ཡན་ལག་གི་ལྟུང་བ་བཞི་བཅུ་རྩ་བཞི་སྤོང་བ་ལ་བསླབ་དགོས་སོ༎ ༎

ལྔ་པ་ལ། དབུ་སེམས་གཉིས་ལས། དང་པོ་ནི། སྨོན་སེམས་དོར་བའི་དབང་གིས་བྱང་སྡོམ་ལས་ཉམས་ན་ཚོགས་འི་སྒོ་ནས་སླར་གསོ་བར་བྱེད། རྩ་བའི་ལྟུང་བ་གང་ཡང་རུང་བ་གཅིག་བྱུང་ན་བྱང་ཆུབ་སེམས་དཔའ་ནམ་མཁའི་སྙིང་པོ་ལ་གསོལ་བ་བཏབ་ནས་རྨི་ལམ་དུ་བཤགས་པ་བྱེད་པར་བཤད་དེ། བསླབ་བཏུས་ལས། རྨི་ལམ་འཕགས་པ་ནམ་སྙིང་པོའི། །མདུན་དུ་འདུག་སྟེ་བཤགས་པར་བྱ། །ཞེས་སོ། །བྱང་སེམས་ཀྱི་བསླབ་བྱ་དང་འགལ་བའི་ལྟུང་བ་ཕྲ་མོ་རྣམས་ནི་ཉིན་མཚན་དུས་དྲུག་ཏུ་ཕུང་པོ་གསུམ་པའི་མདོ་འདོན་པའི་སྒོ་ནས་བཤགས་པར་བྱ་སྟེ། ཉིན་དང་མཚན་མོ་ལན་གསུམ་དུ། །ཕུང་པོ་གསུམ་པ་གདོན་བྱ་ཞིང་། །རྒྱལ་དང་བྱང་ཆུབ་སེམས་ལྡན་པས། །ལྟུང་བའི་ལྷག་མ་དེས་ཞི་བྱ། །ཞེས་སོ། །

གཉིས་པ་ནི། ཀུན་དཀྲིས་ཆེན་པོས་རྩ་ལྟུང་སྤྱད་ན་སྡོམ་པ་སླར་ལེན། འབྲིང་གིས་སྤྱད་ན་གང་ཟག་གསུམ་གྱི་དྲུང་དུ་བཤགས། ཀུན་དཀྲིས་ཆུང་ངུས་སྤྱད་ན་སྡོམ་ལྡན་གྱི་གང་ཟག་གཅིག་གི་དྲུང་དུ་བཤགས་དགོས། ཡན་ལག་གི་ལྟུང་བ་སྤྱད་ན་རང་སེམས་དཔང་པོར་བྱས་ནས་བཤགས་པ་བྱེད་པ་ཡིན་ཏེ། སྡོམ་པ་ཉི་ཤུ་པ་ལས། སྡོམ་པ་སླར་ཡང་བླང་བར་བྱ། །ཟག་པ་འབྲིང་ནི་གསུམ་ལ་བཤགས། །གཅིག་གི་མདུན་དུ་ལྷག་མ་རྣམས། །ཉོན་མོངས་མི་མོངས་བདག་སེམས་བཞིན། །ཞེས་སོ། །

དེས་ན་ལུགས་གཉིས་ལ། གང་ལ་བླང་བའི་ཡུལ། གང་གིས་ལེན་པའི་གང་ཟག །ཇི་ལྟར་ལེན་པའི་ཆོ་ག །དགག་པའི་བསླབ་བྱ། ལྟུང་བ་ཕྱིར་བཅོས་རྣམས་ལ་མི་འདྲ་བ་སོ་སོར་འབྱུང་བའི་རྒྱུ་མཚན་ཡོད་དེ། དབུ་མ་པ་ལྟ་བ་བཟང་ཞིང་ཐབས་ལ་མཁས་པའི་སྟོབས་ཀྱིས་དེ་དང་མཐུན་པར་ཆོ་ག་གུ་ཡངས་པ་དང་། སེམས་ཙམ་པ་དབུ་མ་པ་ལ་ལྟོས་ཏེ་ལྟ་སྤྱོད་དམན་པའི་སྟོབས་ཀྱིས་དེ་དང་མཐུན་པར་ཆོ་ག་གུ་དོག་པའི་རྣམ་གཞག་རྫོགས་པའི་སངས་རྒྱས་ཀྱིས་གསུངས་ཤིང་། དེའི་དགོངས་པ་ཇི་ལྟ་བ་བཞིན་དུ་དཔལ་ལྡན་ས་སྐྱ་པའི་གསུང་རབ་དྲི་མ་མེད་པ་རྣམས་སུ་བཀྲལ་བ་ཡིན་པའི་ཕྱིར། དེ་སྐད་དུ་ཡང་། ཐེག་པ་ཆེན་པོའི་སེམས་བསྐྱེད་ལ། །དབུ་མ་སེམས་ཙམ་རྣམ་པ་གཉིས། །དེ་གཉིས་ལྟ་བ་ཐ་དད་པས། །ཆོ་ག་ཡང་ནི་ཐ་དད་ཡོད། །ལྟུང་བ་དང་ནི་ཕྱིར་བཅོས་དང་། །བསླབ་པར་བྱ་བའང་སོ་སོར་ཡོད། །ཅེས་གསུངས་པ་ལྟར་རོ། །

གསུམ་པ། སྔགས་སྡོམ་ཐོབ་པར་བྱེད་པའི་རྒྱུ་ལ། གང་ལ་བླང་བའི་ཡུལ། གང་གིས་ལེན་པའི་གང་ཟག །ཇི་ལྟར་ལེན་པ་དབང་བསྐུར་གྱི་ཆོ་ག་དང་གསུམ། དང་པོ་ལ་སྤྱིར་བསྟན་པ་དང་། དེ་ཉིད་བཅུ་བྱེ་བྲག་ཏུ

བཤད་པ་གཉིས། དང་པོ་ནི། བླ་མ་བརྒྱུད་པའི་དམ་ཚིག་མ་ཉམས་ཤིང་དབང་བསྐུར་བའི་སྦྱོར་དངོས་རྗེས་གསུམ་གྱི་ཆོ་ག་ཕྱིན་ཅི་མ་ལོག་པར་ཤེས་པ། ཕྱི་ནང་གི་རྟེན་འབྲེལ་བསྒྲིགས་ཏེ་སྐུ་བཞིའི་ས་བོན་འདེབས་ནུས་པ༑ སངས་རྒྱས་ཀྱི་གསུང་ལ་གཅེས་སྤྲས་སུ་མཛད་པའི་བླ་མའི་དྲུང་དུ་ལེན་དགོས་ཏེ། ཇི་སྐད་དུ། སྨིན་པར་བྱེད་པའི་དབང་བསྐུར་ཡང་། །བླ་མ་བརྒྱུད་པ་མ་ཉམས་ཤིང་། །ཆོ་ག་འཁྲུགས་པར་མ་གྱུར་པ། །ཕྱི་ནང་རྟེན་འབྲེལ་བསྒྲིག་མཁྱེན་ཅིང་། །སྐུ་བཞིའི་ས་བོན་ཐེབས་ནུས་པ། །སངས་རྒྱས་གསུང་བཞིན་མཛད་པ་ཡི། །བླ་མ་བཙལ་ལ་དབང་བཞི་བླང་། །དེ་ཡིས་སྡོམ་པ་གསུམ་ལྡན་འགྱུར། །ཞེས་དང་། བླ་མ་ལྔ་བཅུ་པ་ལས། བརྟན་ཞིང་དུལ་ལ་བློ་གྲོས་ལྡན། །བཟོད་ལྡན་དྲང་ལ་གཡོ་སྒྱུ་མེད། །སྔགས་དང་རྒྱུད་ཀྱི་སྦྱོར་བ་ཤེས། །སྙིང་བརྩེར་ལྡན་ཞིང་བསྟན་བཅོས་མཁས། །དེ་ཉིད་བཅུ་ནི་ཡོངས་སུ་ཤེས། །དཀྱིལ་འཁོར་འབྲི་བའི་ལས་ལ་མཁས། །སྔགས་བཤད་པ་ཡི་སྦྱོར་བ་ཤེས། །རབ་ཏུ་དང་ཞིང་དབང་པོ་དུལ། །ཞེས་སོ། །

གཉིས་པ་ལ། དེ་ཁོ་ན་ཉིད་ཀྱི་དེ་ཉིད་བཅུ། ཚིགའི་དེ་ཉིད་བཅུ། རྡོ་རྗེ་སློབ་དཔོན་ལ་ཉེ་བར་མཁོ་བའི་དེ་ཉིད་བཅུའོ། །དང་པོ་ནི། རིན་ཆེན་འབར་བ་ལས། རྡོ་རྗེ་དྲིལ་བུ་ཡེ་ཤེས་དང་། ལྷ་དང་དཀྱིལ་འཁོར་སྦྱིན་སྲེག་དང་། །སྔགས་དང་རྫུལ་མཚོན་གཏོར་མ་དང་། །དབང་བསྐུར་དེ་ཉིད་བཅུ་པའོ། །ཞེས་གསུངས་པ་ལྟར་རོ༑ ༑གཉིས་པ་ནི། རབ་གནས་ཀྱི་རྒྱུད་ལས། དཀྱིལ་འཁོར་དང་ནི་ཏིང་འཛིན་མཆོག །ཕྱག་རྒྱ་སྟངས་སྟབས་གདན་དང་ནི། །བཟླས་བརྗོད་སྦྱིན་སྲེག་མཆོད་པ་དང་། །ལས་ལ་སྦྱར་དང་སླར་བསྡུའོ། །ཞེས་གསུངས་པ་ལྟར་རོ། །གསུམ་པ་ནི། བླ་མ་ཡོངས་བཟུང་གི་རྒྱུད་ལས། གནས་དང་དུས་དང་ལྷ་དང་སྔགས། །བགྲང་འཕྲེང་ཕྱག་རྒྱ་སྦྱིན་སྲེག་དང་། མཆོད་དང་དབང་བསྐུར་རབ་གནས་ཀྱི། །དེ་ཉིད་བཅུ་ནི་ཡོངས་སུ་ཤེས། །ཞེས་གསུངས་པ་ལྟར་རོ། །

གཉིས་པ་ལ། སྐལ་དམན་རིམ་འཇུག་པ། སྐལ་ལྡན་ཅིག་ཅར་བ། སློབ་མའི་གྲང་ངེས་ལ་དོགས་པ་གཅད་པ་དང་གསུམ། དང་པོ་ནི། རིགས་བདུན་གང་རུང་གི་སྡོམ་པ་སྐྱེ་རུང་གི་མིའི་འགྲོ་བ་གཅིག་དགོས་ཏེ། འདི་དག་གི་རིགས་བརྒྱད་ལ་སོགས་པའི་སྤྱོད་པ་དང་གྲུབ་མཐའ་བཞི་ལ་སོགས་པའི་ལྟ་བ་ལ་རིམ་གྱིས་བསླབ་དགོས་པའི་ཕྱིར། ཇི་ལྟར་སློབ་ན། ཐོག་མར་འཆི་བ་མི་རྟག་པ་དང་དལ་འབྱོར་རྙེད་དཀའ་བའི་སྒོ་ནས་ཚེ་འདི་འབའ་ཞིག་ལ་ཞེན་པའི་བློ་བཟློག་སྟེ། ཕྱི་མ་ལྷ་མིའི་ཕུན་ཚོགས་ཐོབ་པ་དང་བྱང་ཆུབ་ཀྱི་ས་བོན་བཞག་པའི་ཕྱིར་དུ་བསྙེན་གནས་ཡན་ལག་བརྒྱད་པ་ཙམ་ལ་སློབ་པར་བྱེད། དེའི་རྗེས་སུ་འཁོར་བའི་ཉེས་དམིགས་དང་དལ་འབྱོར་རྙེད་དཀའ་བའི་སྒོ་ནས་འཁོར་བ་སྤངས་པའི་བྱང་ཆུབ་བསྒྲུབ་ཕྱིར་དུ་སོ་ཐར་རིགས་བདུན་

གང་རུང་ལ་སྦྱོར་བར་བྱེད། དེའི་རྗེས་སུ་སེམས་བསྐྱེད་པའི་ཕན་ཡོན། མ་བསྐྱེད་པའི་ཉེས་དམིགས་བསྟན་པའི་སྒོ་ནས་ཐེག་པ་ཆེན་པོའི་སེམས་བསྐྱེད་ལེན་དུ་བཅུག་སྟེ་སྦྱོད་པ་རིམ་ཅན་དུ་སློབ། དེ་ནས་གྲུབ་མཐའ་བཞི་དང་རྒྱུད་སྡེ་བཞི་ལ་རིམ་ཅན་དུ་བསླབས་ཏེ། རྣལ་འབྱོར་བླ་ན་མེད་པའི་སྨིན་བྱེད་ཀྱི་དབང་དང་གྲོལ་བྱེད་ཀྱི་ལམ་ལ་བརྟེན་ནས་རྡོ་རྗེ་འཆང་གི་གོ་འཕང་མངོན་དུ་བྱེད་དགོས་པ་ཡིན་ཏེ། བརྟག་གཉིས་ལས། སྐལ་དམན་སེམས་ཅན་གདུལ་དཀའ་བ། །གང་གིས་འདུལ་བར་འགྱུར་བ་ལགས། །བཅོམ་ལྡན་འདས་ཀྱིས་བཀའ་བསྩལ་པ། དང་པོར་གསོ་སྦྱོང་སྦྱིན་པར་བྱ། །དེ་རྗེས་བསླབ་པའི་གནས་བཅུ་ཉིད། །དེ་ལ་བྱེ་བྲག་སྨྲ་བ་བསྟན། །མདོ་སྡེ་པ་ཡང་དེ་བཞིན་ནོ། །དེ་ནས་རྣལ་འབྱོར་སྤྱོད་པ་ཉིད། །དེ་ཡི་རྗེས་སུ་དབུ་མ་བསྟན། །སྔགས་ཀྱི་རིམ་པ་ཀུན་ཤེས་ནས། །དེ་རྗེས་ཀྱི་ཡི་རྡོ་རྗེ་བརྩམ། །སློབ་མས་གུས་པས་བླངས་ནས་ནི། །འགྲུབ་འགྱུར་འདི་ལ་ཐེ་ཚོམ་མེད། །ཅེས་གསུངས་པས་སོ། །

གཉིས་པ་ནི། སྐྱེ་བ་སྔ་མར་སྦྱོད་པ་དང་ལྡ་བ་རིམ་གྱིས་སྦྱངས་ཤིང་བླ་མེད་ཀྱི་དམ་ཚིག་མ་ཉམས་པར་ཡོད་པ། ཚེ་འདི་ལ་ལྟོས་ཏེ་སྐལ་ལྡན་ཅིག་ཅར་བར་སྣང་བ་ཡང་ཡོད་ལ། གང་ཟག་འགའ་ཞིག་ནི་མཐུ་ནུས་དང་ལྡན་པའི་རྡོ་རྗེ་སློབ་དཔོན་གྱིས་རྒྱུད་བྱིན་གྱིས་བརླབས་ནས་དབང་བསྐུར་བ་ཙམ་གྱིས་སྨིན་ཅིང་གྲོལ་བར་འགྱུར་བ་ད་ལྟ་ཐ་མལ་པར་སྣང་བའི་སྐལ་ལྡན་ཅིག་ཅར་བ་ཡང་ཡོད། །འདི་ལ་གང་ཟག་གི་རིགས་ངེས་པ་མེད་དེ། བཅོམ་ལྡན་འདས་ཀྱི་རྒྱུད་འཆད་པའི་འཁོར་དུ་ལྷ་དང་མི་ལྷ་མ་ཡིན་དང་དྲི་ཟར་བཅས་པའི་འགྲོ་བ་སྣ་ཚོགས་ཡོད་པར་བཤད་པ་དང་། བརྟག་གཉིས་ལས། གདོལ་པ་སྨྱུག་མ་མཁན་ལ་སོགས། །གསད་དོན་དོན་དུ་སེམས་པ་པོ། །དེ་རྣམས་ཀྱི་རྡོ་རྗེ་ཤེས་ནས། །འགྲུབ་འགྱུར་འདི་ལ་ཐེ་ཚོམ་མེད། །ཅེས་སོ། །

གསུམ་པ་ལ། གཞན་གྱི་དོན་ལོག་རྟོག་དགག་པ། རང་ལུགས་ཇི་ལྟར་བཤད་པའི་ཚུལ། དེ་ལས་འཕྲོས་པའི་དོགས་གཅོད་དང་གསུམ། དང་པོ་ནི། ཁ་ཅིག་རྒྱུད་སྡེ་བཞི་པོ་གང་ལ་ཡང་དབང་བསྐུར་བའི་ཚེ་སློབ་མ་ལ་གྲངས་ངེས་པ་ཅན་མི་དགོས་ཏེ། རིགས་ལྡན་འཇམ་དཔལ་གྲགས་པས་དྲུང་སྲོང་ཉི་མའི་ཤིང་རྟ་ལ་སོགས་པ་དྲང་སྲོང་བྱེ་བ་ཕྲག་ཕྱེད་དང་བཞི་ལ་སོགས་པ་ལ་དུས་འཁོར་གྱི་དབང་བསྐུར་བ་སོགས་གྲངས་ངེས་མེད་པའི་དབང་བསྐུར་མང་དུ་གསུངས་པའི་ཕྱིར། ཞེ་ན། མི་འཐད་དེ། ད་ལྟར་གྱི་གནས་སྐབས་སུ། སོ་སོའི་སྐྱེ་བོའི་རྡོ་རྗེ་སློབ་དཔོན་གྱིས་ཡེ་ཤེས་ཀྱི་སྣང་བ་ལས་གྲུབ་པའི་རྟེན་དང་བརྟེན་པའི་དཀྱིལ་འཁོར་ཡོངས་སུ་རྫོགས་པ་སྤྲུལ་ནས་སྤྲུལ་པའི་དཀྱིལ་འཁོར་དུ་དབང་བསྐུར་རིགས་པར་ཐལ། བདག་མེད་མས་རྣལ་འབྱོར་དབང་ཕྱུག་ལ་སྤྲུལ་པའི་དཀྱིལ་འཁོར་དུ་དབང་བསྐུར་བར་བཤད་པའི་ཕྱིར། གཞན་ཡང་ད་ལྟར་གྱི་གནས

སྐབས་སུ། ཚུར་ཤོག་གི་བསྙེན་རྫོགས་བྱེད་རིགས་པར་ཐལ། རྫོགས་པའི་སངས་རྒྱས་ཀྱིས་དགེ་སློང་དག་ཚུར་ཤོག་ལ་ཚངས་པར་སྤྱོད་པ་སྤྱོད་ཅིག །ཅེས་པའི་ཚུར་ཤོག་གིས་བསྙེན་པར་རྫོགས་པ་མཛད་པའི་ཕྱིར།

གཉིས་པ་ནི། སྤྱོད་རྒྱུད་དུ། སློབ་མ་གྲངས་ངེས་མེད་པར་བཤད་དེ། རྣམ་སྣང་མངོན་བྱང་ལས། གཅིག་གཉིས་བཞི་ལས་ལྷག་ཀྱང་རུང་། །དཔྱད་མི་དགོས་པར་བཟུང་བར་བྱ། །ཞེས་དང་། བྱང་ཆུབ་ཀྱི་སེམས་ཀྱི་རྒྱུར་འགྱུར་བར་བྱ་བའི་ཕྱིར་སེམས་ཅན་ཚད་མེད་པ་ཡོངས་སུ་གཟུང་བར་བྱའོ། །ཞེས་གསུངས་པའི་ཕྱིར། རྒྱུད་སྡེ་ལྷག་མ་གསུམ་ལ་དམིགས་བསལ་དུ་སློབ་མའི་གྲངས་ངེས་པ་ཅན་བཞེད་པ་ཡིན་ཏེ། སྤྱོད་པའི་རྒྱུད་ཀྱི་དབང་བསྐུར་ལ། །སློབ་མ་གྲངས་ངེས་མེད་པར་གསུངས། །ལྷག་མ་དམིགས་བསལ་མཛད་པ་ཡི། །སློབ་མ་ལ་ནི་གྲངས་ངེས་ཡོད། །འདི་ནི་གསང་བ་སྤྱི་རྒྱུད་ལས། །མཁས་པས་སློབ་མ་གཅིག་གམ་གསུམ། །ལྔའམ་ཡང་ན་བདུན་དག་གམ། །ཉི་ཤུ་རྩ་ནི་ལྔ་ཡི་བར། །ཟུང་དུ་མ་གྱུར་སློབ་མ་བཟུང་། །དེ་བས་ལྷག་པའི་སློབ་མ་ནི། །ཡོངས་སུ་བཟུང་བར་མི་ཤེས་སོ། །ཞེས་སོ། །

གསུམ་པ་ལ་ཁ་ཅིག །གསང་སྔགས་བླ་མེད་ཀྱི་དཀྱིལ་འཁོར་དུ་སློབ་མ་གྲངས་ཉི་ཤུ་རྩ་ལྔ་ལས་ལྷག་པ་ལ་དབང་བསྐུར་ན་གསང་སྔགས་ཀྱི་སྡོམ་པ་འཆགས་པ་མེད་དེ། དུས་གཅིག་ཏུ་བསྒྲུབ་བྱ་གསུམ་ལས་ལྷག་པ་ལ་བསྙེན་རྫོགས་ཀྱི་སྡོམ་པ་ཕོག་ན་མི་འཆགས་པ་གང་ཞིག །དེ་གཉིས་མགོ་མཚུངས་སུ་བཤད་པའི་ཕྱིར་ཏེ། དེས་ན་ཉན་ཐོས་ཐེག་པ་ནི། །ནུབ་ཀྱང་གཟུགས་བརྙན་ཙམ་ཞིག་སྣང་། །རྡོ་རྗེ་ཐེག་པའི་བསྟན་པ་ལ། །གཟུགས་བརྙན་ཙམ་ཡང་མི་སྣང་ངོ་། །བླུན་པོ་སྙིང་པོད་ཅན་གྱིས་ཀྱང་། །འདུལ་བའི་ཆོ་ག་བརྒྱལ་མ་ནུས། །གསང་སྔགས་ཆོ་ག་ཐམས་ཅད་ལ། །བླུན་པོ་རྣམས་ཀྱིས་རང་བཟོར་སྤྱོད། །དཔེར་ན་རབ་བྱུང་གང་ཟག་ནི། །གསུམ་ལས་མང་བ་འཇུག་མི་ནུས། །སྔགས་ཀྱི་དབང་བསྐུར་བྱེད་པ་ན། །གྲངས་ངེས་མེད་པར་དབང་བསྐུར་བྱེད། །འདི་ནི་རྡོ་རྗེ་འཆང་གིས་བཀག །ཅེས་གསུངས་པའི་ཕྱིར། མཁས་པ་གཞན་དག་ན་རེ། དེ་མི་འཐད་དེ། བླ་མེད་ཀྱི་དཀྱིལ་འཁོར་དུ་སློབ་མ་བཞི་ལ་དུས་གཅིག་ཏུ་དབང་བསྐུར་བ་ལ་གསང་སྔགས་ཀྱི་སྡོམ་པ་འཆགས་པ་མི་སྲིད་པར་ཐལ། རྟགས་སྔར་གྱི་དེའི་ཕྱིར། འདོད་ན། ལྔ་ལས་ལྷག་པ་ཡན་ཆད་ལ་ཡང་མི་འཆགས་པར་ཐལ་ལོ། །གཞན་ཡང་ད་ལྟར་གྱི་ཚོགས་གང་ཟག་བཞི་ལ་དུས་གཅིག་ཏུ་བསྙེན་རྫོགས་ཀྱི་སྡོམ་པ་སྐྱེ་བ་སྲིད་པར་ཐལ། ད་ལྟར་གྱི་དབང་བསྐུར་ལ་བརྟེན་ནས་གང་ཟག་བཞི་ལ་དུས་གཅིག་ཏུ་སྔགས་སྡོམ་ཐོབ་པ་ཡོད་པའི་ཕྱིར། ཁྱབ་པ་གཉིས་པོ་མགོ་མཚུངས་པའི་སྐྱེད་དུ་ཁས་བླངས། རྩ་བའི་རྟགས་གྲུབ་སྟེ། སྤྱོད་པའི་རྒྱུད་ལ་དེ་ལྟར་དུ་ཡོད་པའི་ཕྱིར། དེས་ན་ཉེས་མེད་ཕུན་ཚོགས་ཀྱི་དབང་དུ་བྱས་ན་སློབ་མ་གྲངས་གཅིག་དང་གསུམ་ལ་སོགས་པ་ཁ་ཡར་

བ་དང་ཉི་ཤུ་རྩ་ལྔ་ཚུན་ཆད་ཀྱི་གྲངས་ངེས་པ་ཅན་དགོས་ལ། སྐྱེ་ལ་ཉེས་བྱས་ཀྱི་དབང་དུ་བྱས་ན་ཉི་ཤུ་རྩ་ལྔ་ལས་ལྷག་པ་ལ་ཡང་སྡོམ་པ་འཆགས་པའི་སྐབས་ཡོད་དེ། ཉི་ཤུ་རྩ་ལྔ་ལས་ལྷག་པ་ལ་རྡོ་རྗེ་སློབ་དཔོན་གྱིས་སྦྱོར་དངོས་རྗེས་གསུམ་གྱི་ཆོ་ག་ལྷག་ཆད་ནོར་བའི་སྐྱོན་མེད་པར་བཟོད་སྤྲོད་པ་ལས་དབང་གི་དོན་གོ་བ་ཡོད་པའི་ཕྱིར། དཔེར་ན་གང་ཟག་བཞི་དང་དྲུག་ལ་དབང་བསྐུར་བ་བཞིན་ནོ། །དེ་ལྟར་ལུགས་གཉིས་ཡོད་པ་ལས་ཕྱི་མ་འདི་ཉིད་འཐད་དམ་སྙམ་མོ། །

གསུམ་པ་ལ། གང་དུ་དབང་བསྐུར་བའི་དཀྱིལ་འཁོར། ཇི་ལྟར་དབང་བསྐུར་བའི་ཆོ་ག །དེ་ལྟར་དབང་བསྐུར་བའི་དགོས་པ། སྔགས་སྡོམ་ཐོབ་པའི་ས་མཚམས་ལ་དཔྱད་པ་དང་བཞི། དང་པོ་ལ། དབྱེ་བ་སྤྱིར་བསྟན་པ་དང༌། དོགས་པ་དཔྱད་པ་གཉིས། དང་པོ་ལ། ཡེ་ཤེས་ཀྱི། སྤྲུལ་པའི། ཏིང་ངེ་འཛིན་གྱི། རྫུལ་མཚོན་གྱི། རས་བྲིས་ཀྱི། ལུས་ཀྱི་དཀྱིལ་འཁོར་དང་དྲུག །དང་པོ་ནི། སངས་རྒྱས་རྡོ་རྗེ་འཆང་གིས་རྒྱུད་གསུངས་པའི་ཚེ། འཁོར་རྣམས་ཡེ་ཤེས་ཀྱི་དཀྱིལ་འཁོར་དུ་བཅུག་ནས་དབང་བསྐུར་བའི་ཆེད་དུ་ཡེ་ཤེས་ཀྱི་སྣང་བ་ལས་གྲུབ་པའི་དཀྱིལ་འཁོར་རོ། །དཔེར་ན། སྟོན་པས་རྒྱལ་པོ་ཟླ་བ་བཟང་པོ་དུས་ཀྱི་འཁོར་ལོའི་ཡེ་ཤེས་ཀྱི་དཀྱིལ་འཁོར་དུ་བཅུག་སྟེ་དུས་འཁོར་གྱི་རྒྱུད་གསུངས་པ་ལྟ་བུའོ། །

གཉིས་པ་ནི། ས་ཐོབ་པའི་འཕགས་པ་དང་སོ་སོ་སྐྱེ་བོ་ལས་དག་རྣམས་ཀྱི་དོན་དུ་སྤྲུལ་པ་མཆོག་གི་དཀྱིལ་འཁོར་གྱི་འཁོར་ལོ་ཡོངས་སུ་རྫོགས་པ་སྤྲུལ་པ་ལྟ་བུའོ། །དཔེར་ན། རྗེ་བཙུན་བདག་མེད་མས་དཔལ་ལྡན་ཆོས་སྐྱོང་ལ་སྤྲུལ་པའི་དཀྱིལ་འཁོར་དུ་དབང་བསྐུར་བས་ས་དྲུག་གི་རྟོགས་པ་མངོན་དུ་མཛད་པར་བཤད་པ་ལྟ་བུའོ། །གསུམ་པ་ནི། ཏིང་ངེ་འཛིན་ལ་བརྟན་པ་ཐོབ་པའི་སོ་སོ་སྐྱེ་བོ་རྡོ་རྗེ་སློབ་དཔོན་དང༌། འཕགས་པའི་གང་ཟག་གིས་ལུས་ངག་གི་བྱེད་པ་མེད་པར་ཏིང་ངེ་འཛིན་གྱི་མཐུ་ལས་རྫུལ་ཚོན་གྱི་དཀྱིལ་འཁོར་ཇི་ལྟ་བ་བཞིན་དུ་བཞེངས་པའོ། །དཔེར་ན། སློབ་དཔོན་དཔའ་བོ་རྡོ་རྗེས། འབྲོག་མི་ལོ་ཙྪ་བ་ལ་ཏིང་ངེ་འཛིན་གྱི་དཀྱིལ་འཁོར་དུ་དབང་བསྐུར་བར་གསུངས་པ་ལྟ་བུའོ། །དེས་ན་དཀྱིལ་འཁོར་འདི་ཉིད་ལ་ཏིང་ངེ་འཛིན་དང༌། བསམ་གཏན་གྱི་དཀྱིལ་འཁོར་དུ་བཤད་ཅིང་དེར་ལུས་ངག་གི་བྱེད་པ་མེད་པར་ཏིང་ངེ་འཛིན་གྱི་སྒོ་ནས་དཀྱིལ་འཁོར་སྒྲུབ་ཅིང་མཆོད་པ་ནི་ཏིང་ངེ་འཛིན་དང༌། བསམ་གཏན་གྱི་སྒྲུབ་མཆོད་ཅེས་བྱའོ། །དེང་སང་བླ་མ་ཁ་ཅིག །གསང་བ་འདུས་པའི་མཎྜལ་མཆོད་ཆོག །ཕྱི་རོལ་ཚོགས་ཀྱི་ཡན་ལག་གྱེར་དབྱངས་ཀྱི་ཚུལ་གྱིས་འདོན་པ་ལ་བསམ་གཏན་སྒྲུབ་མཆོད་ཀྱི་མིང་བཏགས་པ་ནི། བསམ་གཏན་སྒྲུབ་མཆོད་ཀྱི་གོ་བ་ཙུང་ཟད་ཀྱང་མ་ཆགས་པར་ཟད་དོ། །བཞི་པ་ནི། ཐིག་ཚོན་བྱིན་གྱིས་བརླབས་ཏེ་སློབ་མ་མ་སྨིན་པ་སྨིན་པར་

བྱ་བའི་ཕྱིར་དུ་མཚན་ཉིད་དང་ལྡན་པའི་རྡུལ་ཚོན་གྱི་དཀྱིལ་འཁོར་ཇི་ལྟ་བ་བཞིན་དུ་བཞེངས་པའོ། །འདི་དག་སྐལ་དམན་རིམ་འཇུག་པའི་གདུལ་བྱ་དང་པོར་མ་སྨིན་པ་སྨིན་པར་བྱ་བའི་ཕྱིར་དུ་གཙོ་བོར་གསུངས་ཏེ། གདུལ་བྱ་དེ་དག་དང་པོར་མ་སྨིན་པ་སྨིན་པར་བྱེད་པ་ལ་དབང་གིས་མངོན་པར་རྟོགས་པ་བདུན་ལྡན་དགོས་ཤིང་། དེ་ལ་རྡུལ་ཚོན་གྱི་དཀྱིལ་འཁོར་ངེས་པར་དགོས་པའི་ཕྱིར། མངོན་པར་རྟོགས་པ་བདུན་ནི། བསྙེན་པའི་ཆོག །སའི་ཆོག །སྟ་གོན། ཁྲུས་ཤིང་རྒྱན་བཀྲམ་པ། སྒྲུབ་ཅིང་མཆོད་པ། འཇུག་ཅིང་དབང་བསྐུར་བ། མཇུག་གི་བྱ་བ་དང་བདུན་ལ་མངོན་རྟོགས་ལྡོན་ཤིང་དུ་བཤད། བསྙེན་པ་ལ། རབ་མཚན་མའི། འབྲིང་དུས་ཀྱི༑ ཐ་མ་གྲངས་ཀྱི་བསྙེན་པ་དང་གསུམ། དང་པོ་ལ། རབ་ཀྱི་རབ་ཡི་དམ་ལྷས་དངོས་སུ་གནང་བ་ཐོབ་པ། རབ་ཀྱི་འབྲིང་རྨི་ལམ་དུ་གནང་བ་ཐོབ་པ། རབ་ཀྱི་ཐ་མ་རྡོ་རྗེ་དྲིལ་བུ་ནམ་མཁའ་ལ་འཛིན་ཐུབ་པའོ། །

གཉིས་པ་ནི། བརྟག་གཉིས་ལས། ཟླ་དྲུག་སྒོམ་པའི་སྦྱོར་བ་ཡིས། །འགྲུབ་འགྱུར་འདི་ལ་ཐེ་ཚོམ་མེད། །ཅེས་སོ༑ །གསུམ་པ་ནི། གཞན་ཡང་དེ་ཉིད་ལས། དཀྱིལ་འཁོར་བདག་པོའི་བཟླས་པ་འབུམ། །དཀྱིལ་འཁོར་ཅན་གྱི་དེ་བཞིན་ཁྲི། །ཞེས་སོ། །གཞུང་འདིར། དེང་སང་གང་ཟག་རབ་འབྲིང་ཀུན། །རྡུལ་ཚོན་གྱི་ནི་དཀྱིལ་འཁོར་དུ། །དབང་བསྐུར་བྱ་བར་གསུངས་མོད་ཀྱི། །གཞན་གྱིས་སྨིན་བྱེད་རྒྱུད་ལས་བཀག །ཅེས་དང་། ནཱ་རོ་པས། དབང་མདོར་བསྟན་གྱི་འགྲེལ་པར། དབང་གི་མངོན་པར་རྟོགས་པ་བདུན་པོ་འདི་དག་ནི་རྡུལ་ཚོན་གྱི་དཀྱིལ་འཁོར་རྣམ་པར་སྤྲངས་ནས་གཞན་རས་བྲིས་ལ་སོགས་པར་དབང་བསྐུར་བར་བྱ་བ་མ་ཡིན་ཏེ། ཞེས་གསུངས་པ་ལྟར་རོ། །ལྔ་པ་ནི། རས་ཀྱི་གཞི་རྣམ་པར་དག་པ་ལ་དཀྱིལ་འཁོར་གྱི་འཁོར་ལོ་ཡོངས་སུ་རྫོགས་པར་བྲིས་ནས་རབ་གནས་ཚུལ་བཞིན་དུ་བྱས་པ་ལྟ་བུའོ། །སློབ་དཔོན་རྡོ་རྗེ་དྲིལ་བུ་པས། རི་མོར་གནས་པའི་ལས་དང་ནི། །ཐིག་ལས་ཚོན་དགྱེའི་རིམ་པར་བསྟན། །ཞེས་དང་། སློབ་དཔོན་ཛ་ཡ་སེ་ནས། རྡུལ་ཚོན་བྲི་བར་མ་ནུས་ན། །དཀྱིལ་འཁོར་དང་མཉམ་རས་ལ་ནི། །ངེས་པར་བཅོམ་ལྡན་ཧེ་རུ་ཀ །ཕྱག་རྒྱའི་གཟུགས་དང་བཅས་པར་བྲི། །ཞེས་སོ། །དྲུག་པ་ནི། རང་ལུས་ལ་གདོད་མ་ནས་གྲུབ་པའི་རྩ་ཁམས་ལྷའི་རང་བཞིན་ཅན་དུ་གནས་པ་ལ་འདོད་དེ། རྡོ་རྗེ་དྲིལ་བུ་པས། འགྲོ་བ་འདི་དག་རང་བཞིན་གྱིས། །གྲུབ་པའི་དཀྱིལ་འཁོར་གཉིས་མེད་པའོ། །ཞེས་དང་། གསང་འདུས་ལས། རྡོ་རྗེ་སློབ་དཔོན་ལུས་འདི་ལ། །རྒྱལ་བའི་སྐུ་ནི་རིམ་བཞིན་གནས། །ཞེས་པ་ལྟར་རོ། །

གཉིས་པ་ལ་ཁ་ཅིག །ད་ལྟ་དབང་བསྐུར་བའི་དཀྱིལ་འཁོར་ལ་རྡུལ་ཚོན་ངེས་པར་དགོས་ཏེ། འདིར་རྡུལ་ཚོན་ལས་གཞན་དུ་དབང་བསྐུར་བ་བཀག་པའི་ཕྱིར་ཟེར་བ་མི་འཐད་དེ། རྒྱ་གར་མཁས་པའི་གཞུང་ལས་

རས་བྲིས་ཀྱི་དཀྱིལ་འཁོར་དུ་དབང་བསྐུར་བ་དངོས་སུ་བཤད་པ་དང་། རྗེ་བཙུན་རྩེ་མོས་དབང་ཆུར། རས་བྲིས་ལ་བརྟེན་པའི་ལུགས་འདི་ནི། བདེ་མཆོག་ཨ་བྷི་དྷ་ན་ལ་བརྟེན་ནས་སློབ་དཔོན་རྡོ་རྗེ་དྲིལ་བུ་པ་དང་སློབ་དཔོན་དགའ་རབ་རྡོ་རྗེ་ལ་སོགས་པས་གསུངས་ལ། དེང་སང་རྒྱ་གར་ན་ཡང་ཚོགས་ཕལ་ཆེར་འདི་ལ་བྱེད་ཅིང་བླ་མ་གོང་མ་རྣམས་ཀྱང་སྐབས་སྐབས་སུ་ཕྱག་ལེན་འདི་ལ་མཛད་པས་ལུགས་འདི་ཧ་ཅང་མི་ལེགས་པ་མ་ཡིན་ནོ། །ཞེས་དང་། རྗེ་བཙུན་གྲགས་པས་གཞན་ཕན་སྤྱི་ཆིངས་སུ། སྡོང་རྒྱུད་དཀྱིལ་འཁོར་བཅུ་གཉིས་ལ། རྡུལ་ཚོན་གྱི་དཀྱིལ་འཁོར་བཅུ་གཉིས། རས་བྲིས་ཀྱི་དཀྱིལ་འཁོར་བཅུ་གཉིས། ཏིང་ངེ་འཛིན་གྱི་དཀྱིལ་འཁོར་བཅུ་གཉིས་ཀྱི་དབྱེ་བ་གསུངས་པ་དང་འགལ་བའི་ཕྱིར། བླ་མ་རྡོ་རྗེ་འཆང་གི་ཞལ་སྔ་ནས། སྔར་རྒྱུད་མ་སྨིན་པ་གསར་དུ་སྨིན་པར་བྱེད་པ་ལ་རྡུལ་ཚོན་གྱི་དཀྱིལ་འཁོར་དགོས་ཤིང་། དཀྱིལ་འཁོར་གཅིག་ཏུ་སྨིན་བྱེད་ཀྱི་དབང་ཐོབ་ནས་དཀྱིལ་འཁོར་གཞན་དུ་དབང་བསྐུར་བ་ལ་རས་བྲིས་ཀྱི་དཀྱིལ་འཁོར་ལ་བརྟེན་པས་ཀྱང་རུང་བ་ཡིན་ནོ། །ཞེས་གསུངས་སོ། །ཡང་ན། བསྟན་བཅོས་འདིར་བཤད་པ་ནི། སྐལ་དམན་རིམ་འཇུག་པའི་གང་ཟག་དབང་གི་མངོན་པར་རྟོགས་པ་བདུན་ལྡན་གྱིས་སྨིན་དགོས་པའི་དབང་དུ་བྱས་ནས་གསུངས་པ་ཡིན་ལ། རས་བྲིས་ལ་སོགས་པར་དབང་བསྐུར་བར་བཤད་པ་ནི། ལས་དང་པོ་བ་ཡིན་ཡང་སྐལ་ལྡན་ཅིག་ཅར་བའི་དབང་དུ་བྱས་ནས་གསུངས་པར་བཤད་ཀྱང་ལེགས་བཤད་དུ་འགྱུར་བ་ཡིན་ནོ། །གཉིས་པ་ནི། གསང་བ་སྤྱི་རྒྱུད་ལས། རྣམ་དཔྱད་དང་པོ་ས་གཞི་བཟུང་། །

གཉིས་པ་ལ་ནི་སྟ་གོན་བྱ། །ཐུབ་གསུམ་པ་ལ་འཇུག་པ་ཤེས། །ཞེས་གསུངས་པ་ལྟར། སའི། སྟ་གོན་ཀྱི༑ དངོས་གཞིའི་ཆོག་དང་གསུམ། དང་པོ་ལ། ས་བརྟག་པ། བསླང་བ། སྦྱང་བ། ས་བཟུང་བ་དང་བཞི། དང་པོ་ནི། ས་ཕྱོགས་དེར་དཀྱིལ་འཁོར་བྱར་རུང་མི་རུང་ཡིད་ཀྱིས་བརྟག་པར་བྱེད་པའོ། །གཉིས་པ་ལ། སྣང་བ་ལ་བསླང་བ་དང་། མི་སྣང་བ་ལ་བསླང་བའོ། །དང་པོ་ནི། ས་དེའི་བདག་པོར་གྱུར་པའི་རྒྱལ་པོ་ལ་སོགས་པ་ལ་སློང་བའོ། །གཉིས་པ་ནི། ས་ཕྱོགས་དེ་བདག་ཏུ་བཟུང་བའི་མི་མ་ཡིན་ལ་གཏོར་མ་བྱིན་པའི་སྒོ་ནས་སློང་བའོ། །གསུམ་པ་ནི། སུ་མྦྷ་ཡིའི་སྔགས་ཀྱིས་སྟོང་པར་སྦྱོང་བ་དང་ལས་ཀྱིས་ས་དེའི་སྐྱོན་སྦྱོང་བར་བྱེད་པའོ། །བཞི་པ་ནི། ས་ཕྱོགས་དེར་སྲུང་བའི་འཁོར་ལོ་བསྒོམས་ནས་དཀྱིལ་འཁོར་འབྲི་བའི་གཞིར་བྱིན་གྱིས་བརླབས་པའོ། །

གཉིས་པ་ལ། སའི་ལྷ་མོ་སྟ་གོན། ལྷ་སྟ་གོན་དང་། བུམ་པ་སྟ་གོན། སློབ་མ་སྟ་གོན་དང་བཞི། དང་པོ་ནི༑ དབང་བསྐུར་བའི་དགེ་བའི་རྩ་བ་རྣམས་ལ་དབང་དུ་བྱ་བའི་ཕྱིར་དུ་སའི་ལྷ་མོ་ལ་མཆོད་བསྟོད་གཏོར་མ་

འབུལ་བར་བྱེད་པའོ། །གཉིས་པ་ནི། དངོས་གཞིའི་དུས་སུ་ལྷ་རྣམས་འབྱོན་པར་སྣན་གསན་དབབ་པའི་ཕྱིར་དུ་ལྷ་གྲངས་དང་མཐུན་པའི་ཆོམ་བུ་བཀོད། དཀྱིལ་འཁོར་ཡོངས་རྫོགས་བསྒོམས་ནས་བཟླས་པ་མཆོད་བསྟོད་གཏོར་མ་འབུལ་བ་ལ་སོགས་པ་བྱས་ནས་སྔགས་དང་ཕྱག་རྒྱའི་སྒོ་ནས་དཀྱིལ་འཁོར་བདེགས་ཏེ་ནམ་མཁར་བཞུགས་སུ་གསོལ་བའོ། །

གསུམ་པ་ལ། རྣམ་རྒྱལ་དང་། ལས་ཀྱི་བུམ་པ་སྔ་གོན་བྱ་བ་གཉིས། དང་པོ་ནི། དབང་གི་དངོས་གཞིའི་དུས་སུ་བུམ་པའི་ཆུ་ནུས་ལྡན་དུ་བྱ་བའི་ཕྱིར་དུ་བུམ་པར་དཀྱིལ་འཁོར་གྱི་འཁོར་ལོ་ཡོངས་སུ་རྫོགས་པར་བསྐྱེད་ནས་བཟླས་པ་དང་མཆོད་བསྟོད་བྱས་པའི་རྗེས་སུ་རྟེན་དང་བརྟེན་པའི་དཀྱིལ་འཁོར་འོད་དུ་ཞུ་ནས་བུམ་ཆུ་དང་དབྱེར་མེད་དུ་བྱེད་པའོ། །གཉིས་པ་ནི། དབང་བསྐུར་བ་ལ་བར་དུ་གཅོད་པའི་བགེགས་དང་ལོག་འདྲེན་བསལ་བའི་ཕྱིར་དུ་བུམ་པར་བདུད་རྩི་འཁྱིལ་བ་ལ་སོགས་པའི་ཁྲོ་བོ་ནུས་ལྡན་གང་ཡང་རུང་བ་གཅིག་བསྐྱེད། བཟླས་པ་མཆོད་བསྟོད་བྱས་པའི་རྗེས་སུ་འོད་དུ་ཞུནས་བུམ་ཆུ་དང་དབྱེར་མེད་དུ་བྱེད་པའོ། །བཞི་པ་ནི། སློབ་མ་གསང་སྔགས་ལ་སྨྲོ་བ་བསྐྱེད་པ་དང་དངོས་གྲུབ་ཀྱི་མཚན་ལྟས་བརྟག་པ་དང་དབང་བསྐུར་བ་ལ་བར་དུ་གཅོད་པ་བསྲུང་བའི་ཕྱིར་དུ་སྔ་གོན་གྱི་ཆོས་བཅུ་བཞི་ལག་ལེན་ལྟར་དུ་བྱེད་པའོ། །

གསུམ་པ་ལ། དཀྱིལ་འཁོར་བྲི་ཞིང་རྒྱན་བཀྲམ་པ། སྒྲུབ་ཅིང་མཆོད་པ། བདག་ཉིད་འཇུག་ཅིང་དབང་བླང་བ། སློབ་མ་འཇུག་ཅིང་དབང་བསྐུར་བ་དང་བཞི། དང་པོ་ལ། ཐིག་གིས་བྲི་བ། ཚོན་གྱིས་བྲི་བ། མཚན་མ་དགོད་པ་དང་གསུམ། དང་པོ་ལ། ཐིག་གི་དབྱེ་བ། ངེས་ཚིག །ཐིག་གདབ་ཚུལ་དང་གསུམ། དང་པོ་ནི༑ སྤྱིར་ཐིག་ཙམ་ལ་དབྱེ་ན། ཐིག་གི་སྒྲས་ཡེ་ཤེས་པ་སྤྱན་དྲང་བའི་ཕྱིར་དུ་ནམ་མཁར་གདབ་དགོས་པ་ཡེ་ཤེས་ཀྱི་ཐིག །དཀྱིལ་འཁོར་གྱི་འཁོར་ལོ་བསྐྱེད་པའི་རྟེན་གཞི་མཚོན་པའི་ཕྱིར་དུ་ས་ལ་གདབ་དགོས་པ་ལས་ཀྱི་ཐིག་གཉིས་ཡོད། རྣམ་གྲངས་ཀྱི་སྒོ་ནས་དབྱེ་ན། མི་འགྱུར་བ་ཆོས་ཉིད་ཀྱི་ཐིག །རིག་པ་ཡེ་ཤེས་ཀྱི་ཐིག །བྱིན་རླབས་ཚོ་འཕྲུལ་གྱི་ཐིག །གདབ་པ་སྲད་བུའི་ཐིག་དང་བཞི། འདི་ལ་གནམ་ཐིག་དང་། ས་ཐིག་གཉིས། དེ་དག་ལ་ཡེ་ཤེས་ཀྱི་ཐིག་དང་། ལས་ཀྱི་ཐིག་ཏུ་འཇོག །ས་ཐིག་ལ། སྐམ་ཐིག་དང་། གཤེར་ཐིག་གཉིས་སུ་ཡོད།

གཉིས་པ་ནི། དཀྱིལ་འཁོར་གྱི་ཆ་ཆེ་ཆུང་གཞན་དུ་མི་འགྱུར་བར་བྱ་བའི་ཕྱིར་དུ་གདབ་པར་བྱ་བ་ཡིན་པས་ན་ཐིག་ཅེས་བྱ་བ་ཡིན་ནོ། །གསུམ་པ་ནི། དང་པོར་དཀྱིལ་འཁོར་འབྲི་བའི་ཚེ་གདབ་པར་བྱ་བའི་ཐིག་ཆེན་བརྒྱད་དེ། ཚངས་ཐིག་གཉིས། ཟུར་ཐིག་གཉིས། རྒྱ་ཐིག་བཞི་རྣམས་སོ། །དེ་ཡང་དཀྱིལ་འཁོར་གྱི་ཤར་ནུབ་དང་། ལྷོ་བྱང་གི་གཞུང་ལ་གདབ་པའི་ཐིག་ནི་ཚངས་ཐིག་ཅེས་བྱ་སྟེ། ཚངས་པ་ཆེན་པོ་དང་ཆོས་མཚུངས་

རྣམ་པ་གསུམ་གྱི་སྒོ་ནས་ཆོས་མཚུངས་པའི་ཕྱིར། ཇི་ལྟར་མཚུངས་སྙམ་ན། སྔོད་བཅུད་ཀྱི་འཇིག་རྟེན་མེས་ཞིག་ནས་ཆགས་པའི་ཚེ་བཅུད་ཀྱི་སེམས་ཅན་གྱི་ཐོག་མར་ཚངས་པ་ཆེན་པོ་ཆགས་པ་དང་འདྲ་བར་ཐིག་འདི་ཡང་དང་པོར་གདབ་པར་བྱ་བ་ཡིན་པ་དང་། ཚངས་པ་ཆེན་པོ་འདོད་པ་ལ་ཆགས་པ་དང་བྲལ་བ་ལྟར་ཚངས་ཐིག་ལ་བརྟེན་ནས་དཀྱིལ་འཁོར་གྱི་ཆ་ཤས་ཆེ་ཆུང་གི་སྐྱོན་སེལ་ནུས་པ་དང་། ཚངས་པ་ཆེན་པོ་བསམ་གཏན་དང་པོའི་ལྷའི་གཙོ་བོ་ཡིན་པ་ལྟར་ཐིག་འདི་ཡང་ཐིག་རྣམས་ཀྱི་ནང་ནས་གཙོ་བོ་ཡིན་པས་ཆོས་མཐུན་ནོ། །ཟུར་ཐིག་གཉིས་ནི། དཀྱིལ་འཁོར་གྱི་ཟུར་བཞི་དང་ཕྱོགས་བཞི་ཆ་ཆེ་ཆུང་མེད་པར་མཉམ་པར་རྟོགས་པའི་ཆེད་དུ་ཡིན་ནོ། །རྒྱ་བའི་ཐིག་བཞི་ནི། དཀྱིལ་འཁོར་གྱི་རྩིག་པའི་ཤར་གྱི་ནང་མཐའ་ནས་ནུབ་ཀྱི་ནང་མཐའི་བར་ལ་ཆ་ཆེན་བརྒྱད་ཡོད་པ་རྟོགས་པའི་ཕྱིར་དུ་ཡིན་ནོ། །གཉིས་པ་ནི། ཐིག་ཇི་ལྟར་གདབ་པ་བཞིན་ལག་ལེན་ལ་མཁས་པའི་གང་ཟག་གིས་ཚོན་གྱིས་བཤད་ཚོད་དང་མཐུན་པར་བྲི་བའོ། །

གསུམ་པ་ལ། སྐུ་ཕྱག་རྒྱ་ཆེན་པོ་བྲི་བ། གསུང་ཡིག་འབྲུ་བྲི་བ། ཐུགས་ཕྱག་མཚན་བྲི་བའོ། །དེ་ལྟར་མ་ནུས་ན་ལྷའི་མཚོན་བྱེད་ཚོན་གྱི་མཚན་མ་ཙམ་བྲི་བའོ། །རྒྱན་བཀྲམ་པ་ནི། དཀྱིལ་འཁོར་མཆོད་པའི་ཕྱིར་དུ་གདུགས་རྒྱལ་མཚན་ལ་སོགས་པ་ཇི་ལྟར་འགྲོར་བའོ། །

གཉིས་པ་ལ། སྒྲུབ་པ་དང་། མཆོད་པ་གཉིས། དང་པོ་ལ། བདག་མདུན་ཐ་དད་དུ་སྒྲུབ་ཚུལ་དང་། ཐ་མི་དད་དུ་སྒྲུབ་ཚུལ་གཉིས། དང་པོ་ནི། བདག་བསྐྱེད་དང་མདུན་བསྐྱེད་ཀྱི་དཀྱིལ་འཁོར་སོ་སོར་བསྒོམས་ནས་མི་བསྲེ་བར་ཐ་དད་དུ་གནས་པའོ། །གཉིས་པ་ནི། བདག་བསྐྱེད་བསྒོམས་ནས་མདུན་བསྐྱེད་སྒོམ་པའི་དུས་སུ། དཀྱིལ་འཁོར་བདུན་བསྲེས་ཀྱི་ཚུལ་གྱིས་བསྒྲུབ་པ་ཡིན་ཏེ། དང་པོར་བདག་བསྐྱེད་ཀྱི་རྟེན་དང་བརྟེན་པའི་དཀྱིལ་འཁོར་དམ་ཚིག་པ་བསྒོམས་ནས་དེ་ཉིད་ལ་ཡེ་ཤེས་པ་འཇུག །དེའི་རྗེས་སུ་མདུན་བསྐྱེད་ཀྱི་རྟེན་དང་བརྟེན་པའི་དཀྱིལ་འཁོར་ཡོངས་རྫོགས་བསྒོམས་ནས་བདག་བསྐྱེད་དང་མདུན་བསྐྱེད་ཐ་མི་དད་དུ་བསྲེ། སླར་ཡང་གཙོ་བོ་ཡབ་ཡུམ་གྱི་མངལ་དུ་རྟེན་དང་བརྟེན་པའི་དཀྱིལ་འཁོར་ཡོངས་སུ་རྫོགས་པ་བསྐྱེད། དེ་ཉིད་ཕྱི་རོལ་དུ་སྤྲོས་ནས་རང་གིས་བསྒོམས་པའི་དཀྱིལ་འཁོར་གྱི་འཁོར་ལོ་དང་དབྱེར་མེད་དུ་བསྲེ། དེའི་རྗེས་སུ་སྔ་གོན་གྱི་དམ་ཚིག་པ་དང་ཡེ་ཤེས་པ་གཉིས་བསྲེས་ནས་ཐམས་ཅད་ལ་ཐུན་མོང་དུ་ཡེ་ཤེས་ཀྱི་འཁོར་ལོ་སྤྱན་དྲངས་ཏེ་བསྟིམ་པའོ། །དཀྱིལ་འཁོར་ཡོངས་རྫོགས་ལ་བདུན་བསྲེས་བྱེད་པ་ནི་འཕགས་པ་རིན་པོ་ཆེའི་དཀྱིལ་ཆོག་ཏུ་བཤད་ཅིང་། དབང་ཆུ་ཆེན་མོ་ལྟར་ན། གཙོ་བོ་ལ་དྲུག་བསྲེས། འཁོར་ལ་ལྔ་བསྲེས། གཞལ་ཡས་ཁང་ལ་བདུན་བསྲེས་མཛད་པར་བཤད། གཉིས་པ་ནི། ཕྱི་ནང་གསང་གསུམ་གྱི་མཆོད་

པས་མཚོན་པར་བྱེད་པའོ། །

གསུམ་པ་ནི། སློབ་མ་ལ་དབང་ཇི་ལྟར་བསྐུར་བའི་གྲངས་དང་མཐུན་པར་དང་པོར་སློབ་དཔོན་རང་ཉིད་ཀྱིས་བདག་འཇུག་གི་ཚུལ་གྱིས་དབང་ལེན་དགོས་ཏེ། སཾ་བུ་ཊ་ལས། སྔགས་ཀྱི་ལམ་གྱི་རྗེས་བཅལ་བ། །གང་ཚེ་མཁས་པས་དབང་བསྐུར་བ། །སངས་རྒྱས་ཀུན་གྱིས་མངོན་སུམ་དུ། །དཀྱིལ་འཁོར་བདེ་བར་བཞེངས་ནས་སུ༔ །བློ་དང་ལྡན་པས་དེ་བཞིན་བླང་། །རང་བྱིན་བརླབ་པའི་གནས་ཐོབ་ནས། །དམ་ཚིག་ཉམས་པའི་འཇིགས་པ་ཡིས། །རྫོགས་སངས་རྒྱས་ཀྱིས་དོན་དམ་ལས། །སྔགས་ཀྱི་ལམ་ནི་དེ་བཞིན་གསུངས། །ཞེས་སོ། །

བཞི་པ་ལ། སློབ་མ་འཇུག་པ། དབང་བསྐུར་བ། དབང་གི་རབ་དབྱེ་དང་གསུམ། དང་པོ་ལ། ཕྱིའི་འཇུག་པ་དང་། ནང་གི་འཇུག་པ་གཉིས། དང་པོ་ནི། སློབ་དཔོན་ལ་གསོལ་བ་འདེབས་པ་སྔོན་དུ་བཏང་ནས་གསང་སྔགས་ལ་སྤྱོ་བ་བསྐྱེད་དེ། བདེན་གཉིས་ཟུང་དུ་འཇུག་པའི་བྱང་ཆུབ་ཏུ་སེམས་བསྐྱེད་པའི་སྒོ་ནས་ཡོལ་བའི་ཕྱི་ནས་དཀྱིལ་འཁོར་གྱི་ཤར་སྒོར་འཇུག་པའོ། །

གཉིས་པ་ནི། སྟོན་འགྲོ་དམ་ལ་བཞག་པ། དངོས་གཞི་ཡེ་ཤེས་པ་དབབ་པའི་སྒོ་ནས་དཀྱིལ་འཁོར་གྱི་གཙོ་བོ་ལ་མེ་ཏོག་ཕུལ་ཏེ་དཀྱིལ་འཁོར་ཡོངས་རྫོགས་སློབ་མ་ལ་སྟོན་པར་བྱེད་པའོ། །གཉིས་པ་ནི། རྒྱུད་སྡེ་སོ་སོ་ནས་ཇི་ལྟར་བཤད་པ་བཞིན་གྱི་དབང་ལག་ལེན་དང་མཐུན་པར་སློབ་མ་ལ་སྐུར་བར་བྱེད་པའོ། །

གསུམ་པ་ལ། བྱ་སྤྱོད་ཀྱི་དབང་དང་ལམ་གྱི་རིམ་པ། རྣལ་འབྱོར་རྒྱུད་ཀྱི་དབང་དང་ལམ་གྱི་རིམ་པ། བླ་མེད་ཀྱི་དབང་དང་ལམ་གྱི་རིམ་པའོ། །དང་པོ་ལ། སྨིན་བྱེད་དབང་གི་དབྱེ་བ་དང་། གྲོལ་བྱེད་ཀྱི་ལམ་ཉམས་སུ་ལེན་ཚུལ་གཉིས། དང་པོ་ནི། བྱ་བའི་རྒྱུད་ལ་ཆུ་དང་ཅོད་པན་གྱི་དབང་གཉིས་ཡོད་པར་བཤད། སྤྱོད་པའི་རྒྱུད་ལ། དེའི་སྟེང་དུ་རྡོ་རྗེ། དྲིལ་བུ། མིང་གི་དབང་དང་ལྔ་ཡོད་པར་བཤད་དེ། ཡེ་ཤེས་ཐིག་ལེའི་རྒྱུད་ལས། ཆུ་ཡི་དབང་བསྐུར་ཅོད་པན་དག །བྱ་བའི་རྒྱུད་ལ་རབ་ཏུ་གྲགས། །རྡོ་རྗེ་དྲིལ་བུ་དེ་བཞིན་མིང་། །སྤྱོད་པའི་རྒྱུད་ལ་རབ་ཏུ་གསལ། །ཞེས་སོ། །དེ་ཡང་བྱ་བའི་རྒྱུད་དུ། བྱ་རྒྱུད་རང་གི་རྡོ་རྗེ་སློབ་དཔོན་གྱི་གོ་འཕང་བསྒྲུབ་པའི་ཕྱིར་དུ་ཆུ་དང་ཅོད་པན་གྱི་དབང་། རིགས་སྔགས་བསྒྲུབ་པའི་ཕྱིར་དུ་སྔགས་ཀྱི་བཟླས་ལུང་། བགེགས་འཇོམས་པའི་ཕྱིར་དུ་བྱབ་ཁྲུས་བསྲུང་གསུམ། དཔལ་འབྱོར་རྒྱས་པའི་ཕྱིར་དུ་བཀྲ་ཤིས་པའི་རྫས་བརྒྱད་སྦྱིན་པར་བཤད་དེ། དེ་ཡང་གསང་བ་སྤྱི་རྒྱུད་ལས། དབང་བསྐུར་བ་ནི་རྣམ་པ་བཞི། །སློབ་དཔོན་རྣམ་པར་མཁས་པ་ཡིས། །དེ་དག་ཤེས་ནས་ཅི་རིགས་སྦྱད། །སློབ་དཔོན་གོ་འཕང་རབ་བསྒྲུབ་ཕྱིར། །དང་པོ་ཡོངས་སུ་བསྒྲགས་པ་ཡིན། །རིགས་སྔགས་རྣམས་ནི་བསྒྲུབ་པའི་ཕྱིར། །གཉིས་པ་ལེགས་པར་བཤད་པ་

ཡིན། །བགེགས་རྣམས་འཇོམས་པར་བྱ་བའི་ཕྱིར། །གསུམ་པ་ཡོངས་སུ་བསྒྲགས་པ་ཡིན། །བཞི་པ་འབྱོར་བ་ཐོབ་བྱའི་ཕྱིར། །ཚིག་རྒྱས་པར་དེ་བཤད་དོ། །ཞེས་གསུངས་པ་ལྟར་རོ། །དེ་ཉིད་ཀྱིས་སྤྱོད་པའི་རྒྱུད་ལ་མཚོན་པར་བྱ་བ་ཡིན་ཏེ། གང་དུ་ལས་ནི་ཡོད་གྱུར་ལ། །ལས་ཀྱི་ཚིག་རྣམས་མེད་པ། །དེས་ནི་སྤྱི་ཡི་རྒྱུད་དག་ལས། །གསུངས་པའི་ཚིག་མཁས་པས་བསྐྱེན། །ཞེས་གསང་བ་སྤྱི་རྒྱུད་ལས་བཤད་པའི་ཕྱིར།

གཉིས་པ་ལ། སྤྱིར་བསྟན་པ་དང་། དོགས་པ་སྤང་བ་གཉིས། དང་པོ་ནི། བྱ་རྒྱུད་དུ་མདུན་དུ་བྲིས་སྐུ་ལ་སོགས་པ་ལྟར་བསྒོམ། བདག་ཉིད་ལྷར་སྒོམ་པ་མེད་པར་རྗེ་འབངས་ལྟ་བུའི་སྒོ་ནས་ལམ་ཉམས་སུ་ལེན་པར་བྱེད། སྤྱོད་པའི་རྒྱུད་དུ། བདག་ཉིད་དང་བྲིས་སྐུ་ལ་སོགས་པ་གཉིས་ཀ་ལྷར་སྒོམ་ཡེ་ཤེས་པ་དགུག་གཞུག་མེད་པར་གྲོགས་པོ་ལྟ་བུའི་ཉམས་ལེན་མཛད་པ་ཡིན་ཏེ། ཡེ་ཤེས་རྡོ་རྗེ་ཀུན་ལས་བཏུས་ལས། བདག་ཉིད་ལྷའི་བསྒོམས་པ་མེད་པ་དང་། ཡེ་ཤེས་སེམས་དཔའི་བདེ་བ་མེད་པ་ནི། །བྱ་བའི་རྒྱུད་ལ་བཞུགས་སོ་ཞེས་དང་། འདིར། བྱ་བའི་རྒྱུད་ལ་བདག་བསྐྱེད་མེད། །ཅེས་དང་། བྱ་སྤྱོད་རྣལ་འབྱོར་རྒྱུད་གསུམ་ལས། །སྣང་བ་ལྷ་རུ་གསུངས་པ་མེད། །འོན་ཀྱང་བྱ་བའི་རྒྱུད་དུ་ནི། །བྲིས་སྐུ་ལྷ་རུ་བསྒོམས་ནས་ཀྱང་། །དེ་ལས་དངོས་གྲུབ་ལེན་པ་ཡིན། །དེས་ན་དཀའ་ཐུབ་གཙང་སྦྲ་ཡིས། །སངས་རྒྱས་མཉེས་ནས་དངོས་གྲུབ་གནང་། །སྤྱོད་པའི་རྒྱུད་དུ་བྲིས་སྐུ་དང་། །རང་ཉིད་གཉིས་ཀ་ལྷར་བསྒོམས་ནས། །གྲོགས་པོ་ལྟ་བུའི་དངོས་གྲུབ་ལེན། །ཞེས་གསུངས་པ་ལྟར་རོ། །

གཉིས་པ་ལ་ཁ་ཅིག །བྱ་རྒྱུད་ལ་བདག་བསྐྱེད་མེད་པ་མི་འཐད་དེ། བྱ་རྒྱུད་ནས་བཤད་པའི་གཙུག་ཏོར་རྣམ་རྒྱལ་ལ་སོགས་པ་ལ་བདག་བསྐྱེད་ཡོད་པར་མངོན་སུམ་གྱིས་གྲུབ་པའི་ཕྱིར་ཟེར་ན། སྐྱོན་མེད་དེ། བྱ་རྒྱུད་རང་རྐང་ལ་བདག་བསྐྱེད་མེད་པར་བཞེད་པ་ཡིན་གྱི་བྱ་རྒྱུད་ཀྱི་ལྷ་འགའ་ཞིག་ལ་བདག་བསྐྱེད་སྒྲུབ་ནས་ཉམས་སུ་ལེན་དུ་མི་རུང་བ་མ་ཡིན་པའི་ཕྱིར། དེ་ཡང་བྱ་རྒྱུད་རང་རྐང་ལ་བདག་བསྐྱེད་མེད་པའི་དོན་ནི། བྱ་བ་སྤྱིའི་རྒྱུད་ཆེན་བཞི་ལ་སོགས་པ་བོད་དུ་འགྱུར་བའི་བྱ་རྒྱུད་སུམ་བརྒྱ་དང་བདུན་ཅུ་དོན་གྲངས་ཙམ་ཡོད་ཀྱང་དེ་དག་ཏུ་བདག་བསྐྱེད་དངོས་སུ་མ་གསུངས་པ་ལ་བཞེད་དོ། །བྱ་བ་སྤྱིའི་རྒྱུད་ཆེན་བཞི་ནི། བྱ་རྒྱུད་ཀྱི་ལམ་གྱི་རྣམ་གཞག་སྤྱིར་སྟོན་པ་དཔུང་བཟངས། དཀྱིལ་འཁོར་སུམ་བརྒྱ་ལྔ་བཅུའི་དབང་གིས་རྣམ་གཞག་སྟོན་པ་གསང་བ་སྤྱི་རྒྱུད། ལྷའི་བསྐྱེད་ཚིག་གཙོ་བོར་སྟོན་པ་ལེགས་གྲུབ། མཚན་མེད་སྟོང་ཉིད་ཀྱི་རྣལ་འབྱོར་གཙོ་བོར་སྟོན་པ་བསམ་གཏན་ཕྱི་མ་དང་བཞིའོ། །བྱ་རྒྱུད་ཀྱི་ལྷ་ལ་བདག་བསྐྱེད་སྒྲུབ་ནས་ཉམས་སུ་བླང་དུ་རུང་བའི་དོན་ནི། བྱ་རྒྱུད་ཀྱི་ལྷ་གཅིག་ཉིད་ལ་རྒྱུད་སྡེ་བཞིའི་ཉམས་ལེན་སྒྲུབ་དུ་རུང་བ་ལ་བཞེད། དེ་ཡང་ཅུང་

ཟད་བཤད་ན། བྱ་རྒྱུད་ཀྱི་ལྷ་བྱ་རྒྱུད་ལྟར་དུ་ཉམས་སུ་ལེན་པ། སྤྱོད་རྒྱུད་ལྟར་དུ་ཉམས་སུ་ལེན་པ། རྣལ་འབྱོར་རྒྱུད་ལྟར་དུ་ཉམས་སུ་ལེན་པ། བླ་མེད་ལྟར་དུ་ཉམས་སུ་ལེན་པ་དང་བཞི་ལས། དང་པོ་ནི། བསྒོམ་པར་བྱ་བའི་ཡི་དམ་གྱི་ལྷ་དེ་ཉིད་མདུན་བསྐྱེད་ཀྱི་ཚུལ་དུ་སྒོམ། དེའི་ཐུགས་ཀའི་ས་བོན་ལས་འོད་ཟེར་གྱི་ཚོགས་འཕྲོས་རང་གི་ལུས་ལ་ཕོག་པས་རྣམ་སྨིན་གྱི་ཤ་ཁྲག་དང་སྡིག་སྒྲིབ་སོགས་སྦྱངས། ལུས་འོད་ཀྱི་རང་བཞིན་ཅན་དུ་གནས་པའི་ངང་ནས་བཟླས་པ་དང་མཆོད་བསྟོད་ལ་སོགས་པ་བྱས་ཏེ་དངོས་གྲུབ་ལེན་པ་ལྟ་བུའོ། །

གཉིས་པ་ནི། བདག་ཉིད་ལྷ་རུ་བསྐྱེད། ཡེ་ཤེས་པ་དགུག་གཞུག་སོགས་མི་བྱེད་པར་བཟླས་པ་མཆོད་བསྟོད་བྱས་ཏེ་དངོས་གྲུབ་ལེན་པ་ལྟ་བུའོ། །གསུམ་པ་ནི། རང་ཉིད་ལྷར་བསྐྱེད་ཡེ་ཤེས་པ་བཅུག་ནས་བཟླས་པ་དང་མཆོད་བསྟོད་ལ་སོགས་པ་བྱས་ཏེ་དངོས་གྲུབ་ལེན་པ་ལྟ་བུའོ། །བཞི་པ་ནི། རང་ཉིད་ཡན་ལག་བཞི་རྫོགས་སུ་བསྐྱེད་ནས་བཟླས་པ་དང་མཆོད་བསྟོད་སོགས་བྱས་ཏེ་དངོས་གྲུབ་ལེན་པ་ལྟ་བུའོ། །དེ་སྐད་དུ་ཡང་། བྱ་བའི་རྒྱུད་ལ་བདག་བསྐྱེད་མེད། །ཁྲིས་སྐུ་མཆོད་ནས་གསོལ་བ་འདེབས། །བདག་བསྐྱེད་སྒྲུབ་ཐབས་གསུངས་པ་ནི། །རྣལ་འབྱོར་རྒྱུད་ཀྱི་རྗེས་འབྲང་ནས། །དེ་ཡི་ལུགས་བཞིན་མཛད་པ་ཡིན། །ཞེས་གསུངས་པ་ལྟར་རོ། །

གཉིས་པ་ལ། དབང་དང་། ལམ་ཉམས་སུ་ལེན་ཚུལ་གཉིས། དང་པོ་ནི། རིགས་པའི་དབང་ལྔ་སྔོན་དུ་འགྲོ་བའི་བུམ་དབང་ཡོད་ཀྱི་དབང་གོང་མ་གསུམ་ནི་ཡོད་པ་མ་ཡིན་ཏེ། ཡེ་ཤེས་ཐིག་ལེ་ལས། ཕྱིར་མི་ལྡོག་པ་བུམ་པའི་དབང་། །རྣལ་འབྱོར་རྒྱུད་དུ་གསལ་བར་ཕྱེ། །དེ་ནི་དྲུག་གི་བྱེ་བྲག་དབང་། །དེ་ནི་སློབ་དཔོན་དབང་ཞེས་བྱ། །ཞེས་གསུངས་སོ། །ཞེས་སོ། །གཉིས་པ་ནི། བཅོམ་ལྡན་འདས་རྣམ་པར་སྣང་མཛད་སོགས་སྒོམ་པའི་ཚེ་དང་པོར་བདག་ཉིད་ལྷར་བསྐྱེད། དེ་ལ་ཡེ་ཤེས་པ་དགུག་གཞུག་བྱ་བ། ཕྱག་རྒྱ་བཞིས་རྒྱས་གདབ། གཤེགས་གསོལ་མ་བྱས་པ་དེ་སྲིད་དུ་རང་ཉིད་སངས་རྒྱས་ཀྱི་ང་རྒྱལ་དང་ལྡན་པའི་སྒོ་ནས་ཉམས་སུ་ལེན་ཏེ། ཇི་སྐད་དུ། རྣལ་འབྱོར་རྒྱུད་དུ་ཕྱི་རོལ་ལ། །དམིགས་པའི་རྐྱེན་ཙམ་བྱས་ནས་ཀྱང་། །རང་ཉིད་དམ་ཚིག་སེམས་དཔའ་ལ། །ཡེ་ཤེས་འཁོར་ལོ་སྤྱན་དྲངས་ནས། །ཇི་སྲིད་ཕྱག་རྒྱ་མ་བཀྲོལ་བ། །དེ་ཡི་བར་དུ་སངས་རྒྱས་བཞུགས། །ཕྱག་རྒྱ་བཀྲོལ་ནས་སངས་རྒྱས་གཤེགས། །དེ་ནས་རང་ཉིད་ཐ་མལ་འགྱུར། །ཞེས་གསུངས་པ་ལྟར་རོ། །

གསུམ་པ་ལ། དབང་དང་། ལམ་ཉམས་སུ་ལེན་ཚུལ་གཉིས། དང་པོ་ལ། དབང་བཞིར་དབྱེ་བ། དེ་ལྟར་འཇོག་པའི་རྒྱུ་མཚན། ནང་ཚན་གྱི་སྒོ་ནས་བཅུ་བཞིར་ཕྱེ་བའོ། །དང་པོ་ནི། བླ་མེད་ལ་སྨིན་བྱེད་ཀྱི་དབང་

བཞི་ཡོངས་སུ་རྫོགས་པ་དང་ལྡན་ཏེ། བརྟག་གཉིས་ལས། སློབ་དཔོན་གསང་བ་ཤེས་རབ་དང་། །བཞི་པ་དེ་ཡང་དེ་བཞིན་ནོ། །ཞེས་དང་། གསང་འདུས་ཀྱི་རྒྱུད་ཕྱི་མ་ལས། དབང་ནི་རྣམ་པ་བཞི་དག་ཏུ། །རྒྱུད་འདི་ལས་ནི་རབ་ཏུ་བསྒྲགས། །བུམ་པའི་དབང་ནི་དང་པོ་སྟེ། །གཉིས་པ་གསང་བ་ཞེས་བྱ་བརྗོད། །ཤེས་རབ་ཡེ་ཤེས་གསུམ་པ་ཡིན། །དེ་བཞིན་དེ་ལྟར་ཡང་བཞི་པ། །ཞེས་སོ། །

གཉིས་པ་ནི། སྨིན་བྱེད་ཀྱི་དབང་ལ་བཞིར་འཇོག་པའི་རྒྱུ་མཚན་ཡོད་དེ། སྨིན་བྱེད་ཀྱི་དབང་བཞི་བསྐུར་བའི་སྟོབས་ཀྱིས་སྦྱང་བྱའི་དྲི་མ་བཞི་སྦྱོང་བྱེད་ལམ་བཞིས་སྦྱངས་པ་ལ་བརྟེན་ནས་སྦྱངས་པའི་འབྲས་བུ་སྐུ་བཞི་མངོན་དུ་བྱེད་དགོས་པའི་ཕྱིར། གསུམ་པ་ལ་ནང་ཚན་གྱི་སྒོ་ནས་བཅུ་བཞིར་ཡོད་དེ། བུམ་དབང་དང་། མེ་ཏོག་གི་ཕྲེང་བ་སྦྱིན་པ། རིགས་པའི་དབང་ལྔ། བརྟུལ་ཞུགས། རྡོ་རྗེ་སློབ་དཔོན་གྱི་དབང་སྟེ་བརྒྱད། མཐའ་རྟེན་ལ་ལུང་བསྟན། རྗེས་གནང་། དབུགས་དབྱུང་གསུམ། དབང་གོང་མ་གསུམ་དང་བཅུ་བཞིར་འགྱུར་བའི་ཕྱིར་ཏེ། བདེ་མཆོག་སྡོམ་འབྱུང་ལས། རིགས་ཀྱི་ལྟར་ངེས་མེ་ཏོག་ཕྲེང་། །ཆུ་དང་ཅོད་པན་རྡོ་རྗེ་དང་། །དྲིལ་བུ་དང་ནི་མིང་གི་དབང་། །བདེ་གཤེགས་ལྔ་ཡི་བདག་ཉིད་དབང་། །བརྟུལ་ཞུགས་དང་ནི་ལུང་བསྟན་ཉིད། །རྗེས་གནང་དང་ནི་དབུགས་དབྱུང་དང་། །ཕྱིར་མི་ལྡོག་པ་སློབ་དཔོན་དབང་། །བུམ་པ་ལས་ནི་བྱུང་བའོ། །གཉིས་པ་གསང་བའི་མཆོག་ཡིན་ཏེ། །གསུམ་པ་ཤེས་རབ་ཡེ་ཤེས་ཡིན། །བཞི་པ་དེ་ཡང་དེ་ལྟར་རོ༑ ༑ཞེས་གསུངས་པ་ལྟར་རོ། །

གཉིས་པ་ལ། ལྷའི་བསྐྱེད་ཆོག་གི་རིམ་པ། མངོན་པར་རྟོགས་པའི་དབྱེ་བ། ཉམས་ལེན་ཟབ་པའི་ཁྱད་ཆོས་དང་གསུམ། དང་པོ་ལ། ཏིང་ངེ་འཛིན་གསུམ། ཡན་ལག་བཞི། ཡན་ལག་དྲུག་གི་སྒོ་ནས་བསྐྱེད་ཚུལ་དང་གསུམ། དང་པོ་ནི། དང་པོ་སྦྱོར་བ། དཀྱིལ་འཁོར་རྒྱལ་མཆོག །ལས་རྒྱལ་མཆོག་དང་གསུམ་མོ། །གཉིས་པ་ནི༑ དམ་ཚིག་པ་བསྐྱེད་པ་བསྙེན་པའི་ཡན་ལག །སྐྱེ་མཆེད་སྐུ་གསུང་ཐུགས་བྱིན་གྱིས་བརླབ་པ་སྒྲུབ་པའི་ཡན་ལག །ཡེ་ཤེས་པ་དགུག་ཅིང་གཞུག་པ་ཉེ་བར་སྒྲུབ་པའི་ཡན་ལག །དབང་བསྐུར་ནས་རིགས་ཀྱི་བདག་པོས་རྒྱས་འདེབས་པ་སྒྲུབ་པ་ཆེན་པོའི་ཡན་ལག་གོ། །དམ་ཚིག་པ་བསྐྱེད་ཚུལ་ལ་ཡང་། མངོན་བྱང་ལྔ་ལས་བསྐྱེད་པ༑ རྡོ་རྗེའི་ཆོག་གསུམ་ལས་བསྐྱེད་པ། ས་བོན་ལས་བསྐྱེད་པ། སྐད་ཅིག་གིས་བསྐྱེད་པ་དང་བཞིའོ། །གསུམ་པ་ནི༑ གཞལ་ཡས་ཁང་བསྐྱེད་པ་རྣམ་པར་སྣང་མཛད་ཀྱི། རྗེས་སུ་ཆགས་པ་རྡོ་རྗེ་སེམས་དཔའི། དབང་བསྐུར་བ་མི་བསྐྱོད་པའི། བདུད་རྩི་མྱང་བ་འོད་དཔག་མེད་ཀྱི། མཆོད་པ་དོན་ཡོད་གྲུབ་པའི། །བསྟོད་པ་རིན་ཆེན་འབྱུང་ལྡན་གྱི་ཡན་ལག་གོ། །

གཉིས་པ་ལ། སྤྱིར་བསྟན་པ། བསྐྱེད་རྫོགས་ཀྱི་ངོ་བོ་ངོས་བཟུང་བ། བསྐྱེད་རིམ་གྱི་དབྱེ་བ་བྱེ་བྲག་ཏུ་བཤད་པ་དང་གསུམ། དང་པོ་ནི། མངོན་རྟོགས་ལྗོན་ཤིང་ལས། མཆོག་གི་དངོས་གྲུབ་སྒྲུབ་པའི་མངོན་པར་རྟོགས་པ་ལྔ། ཐུན་མོང་གི་དངོས་གྲུབ་སྒྲུབ་པའི་མངོན་པར་རྟོགས་པ་ལྔ། གཉིས་ཀ་ལ་དགོས་པའི་གྲོགས་སྡོམ་པ་དང་དམ་ཚིག་སྟེ་བཅུ་གཅིག་གོ། །དང་པོ་ལྔ་ནི། སྣང་བ་ཐམས་ཅད་དག་པ་ལྷའི་རང་བཞིན་དུ་བསྒོམ་པའི་བསྐྱེད་རིམ། གྱ་ནོམ་ལྟར་ཞེན་གྱི་ཞེན་པ་འགོག་པའི་རྫོགས་རིམ། དབང་དུས་སུ་ཐོབ་པའི་མཚོན་བྱེད་དཔེའི་ཕྱག་ཆེན་གྱི་རྒྱུན་གོམས་པར་བྱེད་པའི་ལྟ་བ། བསྐྱེད་རྫོགས་ཀྱི་བརྟན་པ་ཐོབ་པའི་སྒོ་ནས་མྱུར་དུ་ས་ལམ་བགྲོད་པར་བྱེད་པའི་ཐབས་སྤྱོད་པ། འཁོར་ཚོམ་བུ་གཅིག་དང་བཅས་ཏེ་མྱུར་དུ་འཚང་རྒྱ་བའི་ཐབས་ཉེ་རྒྱུས་མཚམས་སྦྱོར་བའོ། །གཉིས་པ་ལྔ་ནི། ལྷའི་ཐུགས་རྒྱུད་བསྐུལ་བའི་བཟླས་པ། བར་ཆད་སེལ་བྱེད་གཏོར་མ༑ བསྙེན་པ་ཁ་སྐོང་བའི་ཐབས་སྦྱིན་སྲེག །སྐུ་གཟུགས་བྱིན་གྱིས་བརླབ་པའི་རབ་གནས། དམན་པ་རྗེས་སུ་འཛིན་པའི་ཐབས་ལས་ཀྱི་ཚོགས་རབ་འབྱམས་མོ། །དམ་ཚིག་ལ་ཡང་བསྟེན་པའི། མི་འབྲལ་བའི། བཟའ་བའི། བསྲུང་བའི་དམ་ཚིག་རྣམས་སོ། །

གཉིས་པ་ལ། བཤད་ཚུལ་སྤྱིར་བསྟན་པ། བསྐྱེད་རྫོགས་ཀྱི་ངོ་བོ་ངོས་བཟུང་བ། ཉམས་སུ་ལེན་པའི་གོ་རིམ་མོ། །དང་པོ་ལ། སྦྱང་གཞི་ལ། སྦྱོང་བྱེད་ལམ་ལ། སྦྱངས་པའི་འབྲས་བུ་ལ་གཙོ་བོར་བཤད་ཚུལ་དང་གསུམ། དང་པོ་ནི། འཕགས་པ་ཀླུ་སྒྲུབ་རྗེས་འབྲང་དང་བཅས་པ་ལྟར་ན། བསྐྱེད་རིམ་ཞེས་པའི་བསྐྱེད་པ་ནི། སྣོད་བཅུད་ཀྱི་འཇིག་རྟེན་རིམ་གྱིས་འཆགས་པ་ཡིན་ལ། རིམ་པ་ནི། སྦྱང་གཞི་དེའི་གཉེན་པོར་རྟེན་གཞལ་ཡས་ཁང་བརྟེན་པ་ལྷའི་ཚོགས་བློ་ཡུལ་དུ་རིམ་ཅན་དུ་གསལ་བར་བྱེད་པའི་ཉམས་ལེན་ནོ། །རྫོགས་རིམ་ཞེས་པའི་རྫོགས་པ་ནི། སྣོད་བཅུད་ཀྱི་འཇིག་རྟེན་མེ་ཆུ་རླུང་གསུམ་གྱི་རྐྱེན་གྱིས་ཞིག་པ་ཡིན་ལ། རིམ་པ་ནི། སྦྱང་གཞི་དེའི་གཉེན་པོར་རྟེན་དང་བརྟེན་པའི་དཀྱིལ་འཁོར་འོད་གསལ་དུ་བསྡུས་ནས་བདེ་སྟོང་ཟུང་དུ་འཇུག་གི་ཚུལ་གྱིས་ཉམས་སུ་ལེན་པའི་རིམ་པའོ། །

གཉིས་པ་ནི། རྣལ་འབྱོར་དབང་ཕྱུག་རྗེས་འབྲང་དང་བཅས་པ་ལྟར་ན། བསྐྱེད་རིམ་ནི། རྟེན་དང་བརྟེན་པའི་དཀྱིལ་འཁོར། ཚ་གའི་སྒོ་ནས་རིམ་གྱིས་གསལ་བཏབ་སྟེ་ཟབ་གསལ་གཉིས་མེད་ཀྱི་ཚུལ་གྱིས་ཉམས་སུ་ལེན་པའི་ཉམས་ལེན་ནོ། །རྫོགས་རིམ་ནི། ལུས་ངག་ཡིད་གསུམ་ལ་ཁྱབ་པའི་རྩ་ཐིག་རླུང་གསུམ་རྫོགས་པར་གསལ་བཏབ་ནས་ཉམས་སུ་ལེན་པའི་ཉམས་ལེན་ནོ། །གསུམ་པ་ནི། སེམས་འགྲེལ་སྐོར་གསུམ་པ་ལྟར་ན། བསྐྱེད་རིམ་ནི་ཐུན་མོང་གི་དངོས་གྲུབ་ལ་བྲོད་པ་བསྐྱེད་པའི་ཕྱིར་དུ་རྟེན་དང་བརྟེན་པ་རིམ་གྱིས

གསལ་བཏབ་སྟེ་ཉམས་སུ་ལེན་པའི་ཉམས་ལེན་ནོ། །རྫོགས་རིམ་ནི། མཆོག་གི་དངོས་གྲུབ་ལ་བྲོད་པ་བསྐྱེད་པའི་ཕྱིར་དུ་བདེ་སྟོང་ཟུང་འཇུག་གི་ལམ་ཉམས་སུ་ལེན་པའི་ཉམས་ལེན་ནོ། །གཉིས་པ་ནི། སྤྱང་གཞི་སྟོད་བཅུད་ཀྱི་འཇིག་རྟེན་སྦྱོང་བ་དང་། ཐུན་མོང་གི་དངོས་གྲུབ་ལ་བྲོད་པ་བསྐྱེད་པའི་ཕྱིར་དུ་རྟེན་དང་བརྟེན་པའི་ལྷ་ཞལ་ཕྱག་གི་རྣམ་པ་ཅན་དུ་བློ་ཡུལ་དུ་གསལ་བཏབ་ནས་ཟབ་གསལ་གཉིས་མེད་ཀྱི་ཚུལ་དུ་ཉམས་སུ་ལེན་པའི་ཉམས་ལེན་ནི། བསྐྱེད་རིམ་གྱི་ངོ་བོ་ཡིན་ཞིང་། དབྱེ་ན། ཕྱི་དང་ནང་གི་བསྐྱེད་རིམ་གཉིས་སོ། །སྦྱང་གཞི་སྟོད་བཅུད་འཇིག་རྟེན་ཞིག་པ་སྦྱོང་བ་དང་། མཆོག་གི་དངོས་གྲུབ་ལ་བྲོད་པ་བསྐྱེད་པའི་ཕྱིར་དུ་རྩ་ཐིག་རླུང་གསུམ་ཅི་རིགས་པ་གསལ་བཏབ་ནས་བདེ་སྟོང་ཟུང་འཇུག་གི་ཚུལ་གྱིས་ཉམས་སུ་ལེན་པའི་ཉམས་ལེན་ནི་རྫོགས་རིམ་གྱི་ངོ་བོ་ཡིན་ལ། དབྱེ་ན། གཏུམ་མོའི་ལམ། ཕོ་ཉའི། རྡོ་རྗེ་ཟ་རླབས་ཀྱི་ལམ་དང་གསུམ་མོ། །

གསུམ་པ་ནི། དང་པོ་བསྐྱེད་རིམ་ལ་སྦྱང་གཞི་སྦྱོང་བྱེད་ངོ་འཕྲོད་པའི་ཚུལ་གྱིས་ལེགས་པར་སྦྱངས་ཏེ་དེའི་རྗེས་སུ་རྫོགས་རིམ་ཉམས་སུ་ལེན་དགོས་ཏེ། གསང་འདུས་ལས། བསྐྱེད་པའི་རིམ་པ་ལ་གནས་ནས། །རྫོགས་པའི་རིམ་པ་འདོད་རྣམས་ལ། །ཐབས་འདི་རྫོགས་པའི་སངས་རྒྱས་ཀྱིས། །སྐས་ཀྱི་རིམ་པ་ལྟ་བུར་བསྟན། །ཞེས་གསུངས་པ་ལྟར་རོ། །

གསུམ་པ་ལ་རྟེན་གྱི་གང་ཟག་གི་སྒོ་ནས་བསྐྱེད་པའི་རིམ་པ་ལ་མངོན་པར་རྟོགས་པའི་ཚུལ་བཅུ་བཞི་ཡོད། དེ་དག་ཀུང་གང་ཞེ་ན། ཀྱཻ་རྡོ་རྗེའི་མངོན་རྟོགས་ལྟ་བུ་ལ་སྦྱར་ན། བསྐྱེད་རིམ་ཉམས་སུ་ལེན་པའི་གང་ཟག་ལ། ལས་དང་པོ་པ། བདེ་བ་ཅུང་ཟད་སྐྱེས་པ། བདེ་སྟོང་གི་ཉམས་སྐྱེས་པ། བདེ་སྟོང་གི་ཉམས་ཆེར་སྐྱེས་པ་དང་བཞི། དང་པོ་ལ། ཡན་ལག་བཞི་པ་དང་། དྲུག་པའི་མངོན་རྟོགས་སོ། །དང་པོ་ལ། མཉམ་སྦྱོར་དང་། མི་མཉམ་སྦྱོར་གྱི་མངོན་རྟོགས་གཉིས། དང་པོ་ནི། ཀྱེ་རྡོ་རྗེ་འཛིན་པ་མཉམ་སྦྱོར་མངོན་བྱང་ལྔ་ལས་སྐུ་མདོག་སྔོན་པོར་བསྐྱེད། འཁོར་གྱི་ལྷ་མོ་རྣམས་ཐིག་ལེ་འགྲོས་དང་། ས་བོན་འགྲོས་ཀྱི་ཚུལ་གྱིས་མངོན་བྱང་ལྔ་ལས་བསྐྱེད་པའི་མངོན་པར་རྟོགས་པ་གཉིས་སོ། །གཉིས་པ་ནི། ཀྱེ་རྡོ་རྗེ་འཛིན་པ་མི་མཉམ་སྦྱོར་མངོན་བྱང་ལྔ་ལས་སྐུ་མདོག་སྔོན་པོར་བསྐྱེད། འཁོར་གྱི་ལྷ་མོ་རྣམས་ཐིག་ལེ་འགྲོས་དང་། ས་བོན་འགྲོས་ཀྱི་ཚུལ་གྱིས་མངོན་བྱང་ལྔ་ལས་བསྐྱེད་པའི་མངོན་པར་རྟོགས་པ་གཉིས་སོ། །

གཉིས་པ་ལ། མི་མཉམ་སྦྱོར་དང་། མཉམ་སྦྱོར་གཉིས། དང་པོ་ནི། ཀྱེ་རྡོ་རྗེ་འཛིན་པ་མི་མཉམ་སྦྱོར་མངོན་བྱང་ལྔ་ལས་སྐུ་མདོག་དཀར་པོར་བསྐྱེད། འཁོར་གྱི་ལྷ་མོ་རྣམས་ས་བོན་འགྲོས་དང་། ལྷ་མོ་འགྲོས་ཀྱི་ཚུལ་གྱིས་བསྐྱེད་པའི་མངོན་པར་རྟོགས་པ་གཉིས་སོ། །

གཉིས་པ་ནི། རྒྱུ་རྡོ་རྗེ་འཛིན་པ་མཉམ་སྦྱོར་མངོན་བྱང་ལྔ་ལས་སྐུ་མདོག་དཀར་པོར་བསྐྱེད། འཁོར་གྱི་ལྷ་མོ་རྣམས་ས་བོན་འགྲོས་དང་། ལྷ་མོ་འགྲོས་ཀྱི་ཚུལ་གྱིས་བསྐྱེད་པའི་མངོན་པར་རྟོགས་པ་གཉིས་སོ། །དེ་ལྟར་ན་མངོན་པར་རྟོགས་པ་བརྒྱད་དོ། །དེ་ཡང་མཉམ་སྦྱོར་ནི། ཨཱ་ལི་དང་། ཀཱ་ལི་ལས་ཟླ་བ་གྲུ་གསུམ་ཁ་སྦྱོར་གྱི་ཚུལ་དུ་བསྐྱེད་པ་ཡིན་ལ། མི་མཉམ་སྦྱོར་ནི་ཨཱ་ལི་ལས་ཟླ་བའི་དཀྱིལ་འཁོར་དང་། དེའི་སྟེང་དུ་ཀཱ་ལི་ལས་ཉི་མའི་དཀྱིལ་འཁོར་དུ་བསྐྱེད་པའོ། །

གཉིས་པ་བདེ་བ་ཅུང་ཟད་སྐྱེས་པའི་གང་ཟག་གིས་བསྒོམ་པར་བྱ་བའི་མངོན་རྟོགས་ལ་ཡན་ལག་བཞི་པ་དང་། དྲུག་པ་གཉིས། དང་པོ་ནི། གཙོ་བོ་ཨཱ་ལི་ཀཱ་ལི་ལ་ལྟོས་མེད་ཀྱི་མི་མཉམ་སྦྱོར་མངོན་བྱང་ལྔ་ལས་བསྐྱེད། འཁོར་གྱི་ལྷ་མོ་རྣམས་ཐིག་ལེ་འགྲོས་དང་། ས་བོན་འགྲོས་ཀྱི་ཚུལ་གྱིས་མངོན་བྱང་ལྔ་ལས་བསྐྱེད་པའི་མངོན་པར་རྟོགས་པ་གཉིས་སོ། །གཉིས་པ་ནི། གཙོ་བོ་ཡབ་ཡུམ་ཨཱ་ལི་ཀཱ་ལི་ལ་ལྟོས་མེད་ཀྱི་མི་མཉམ་སྦྱོར་མངོན་བྱང་ལྔ་ལས་བསྐྱེད། འཁོར་གྱི་ལྷ་མོ་རྣམས་ས་བོན་འགྲོས་དང་། ལྷ་མོ་ཐིག་ལེ་འགྲོས་ཀྱི་ཚུལ་གྱིས་བསྐྱེད་པའི་མངོན་པར་རྟོགས་པ་གཉིས་ཏེ་དེ་ལྟར་མངོན་པར་རྟོགས་པ་བཞིའོ། །གསུམ་པ་བདེ་སྟོང་གི་ཉམས་སྐྱེས་པའི་གང་ཟག་གིས་བསྒོམ་པར་བྱ་བའི་མངོན་པར་རྟོགས་པ་ནི། གཙོ་བོ་ཡབ་ཡུམ་རྡོ་རྗེ་ཚིག་གསུམ་ལས་བསྐྱེད། མངལ་ནས་འཁོར་གྱི་ལྷ་མོ་རྣམས་དབྱུང་བའི་མངོན་པར་རྟོགས་པའོ། །

བཞི་པ་བདེ་སྟོང་གི་ཉམས་ཆེར་སྐྱེས་པའི་གང་ཟག་གིས་བསྒོམ་པར་བྱ་བའི་མངོན་པར་རྟོགས་པ་ནི། གཙོ་བོ་ཡབ་ཡུམ་སྐད་ཅིག་གིས་གསལ་བཏབ་མངལ་ནས་འཁོར་གྱི་ལྷ་མོ་རྣམས་སྤྲོ་བའི་མངོན་པར་རྟོགས་པའོ། །དེ་ལྟར་མངོན་པར་རྟོགས་པ་བཅུ་བཞིའོ། །གསུམ་པ་ནི། ཀུན་རྫོབ་ཀྱི་སྣང་བ་འདི་དག་ཐམས་ཅད་སྦྱང་གཞི་སྦྱོང་བྱེད་ངོ་འཕྲོད་པའི་སྒོ་ནས་དག་པ་ལྔའི་རང་བཞིན་དུ་སྣང་བ་ལྷ་སོ་སོའི་དག་པ། དེ་དག་ཀྱང་རང་གི་སེམས་ཀྱི་ཆོ་འཕྲུལ་ཡིན་པར་ཤེས་པ་རང་རིག་པའི་དག་པ། དེ་དག་ཀྱང་ཆོས་ཐམས་ཅད་རང་བཞིན་མེད་པའི་སྤྲོས་བྲལ་ལ་རག་ལས་པ་དེ་བཞིན་ཉིད་ཀྱི་དག་པ་སྟེ། དག་པ་གསུམ་གྱི་བདག་ཉིད་ཅན་དུ་ཉམས་སུ་ལེན་པར་བྱེད་པ་ནི་རྒྱུ་སྡེ་འོག་མ་རྣམས་ལས་ཆེས་མཆོག་ཏུ་གྱུར་པའི་ཁྱད་ཆོས་ཡིན་ཏེ། ཇི་སྐད་དུ། རྣལ་འབྱོར་ཆེན་པོའི་རྒྱུད་དུ་ནི། །དག་པ་གསུམ་གྱི་རང་བཞིན་ཉིད། །འདི་ཡི་ལུང་རིགས་མན་ངག་རྣམས། །བླ་མའི་ཞལ་ལ་ལེགས་པར་དྲིས། །ཞེས་དང་། རྣལ་འབྱོར་ཆེན་པོའི་རྒྱུད་སྡེ་ལས། ཀུན་རྫོབ་ཇི་ལྟར་སྣང་བ་འདི། །ཐབས་ལ་མཁས་པའི་ཁྱད་པར་གྱི། །སྦྱང་གཞི་སྦྱོང་བྱེད་ངོ་སྤྲོད་པ། །དེ་ཆེ་དམ་པ་རིགས་བརྒྱ་ལ། །སོགས་པའི་དབྱེ་བ་རྒྱལ་བས་གསུངས། །ཞེས་གསུངས་པ་ལྟར་རོ། །དེ་ལྟར་ན། རྒྱུད་སྡེ་བཞི་ལ་དབང་གི་བབ་མི་འདྲ་བ་བཞི

ཡོད་པའི་རྒྱུ་མཚན་གྱིས་ལམ་གྱི་བབ་ཉམས་སུ་ལེན་ཚུལ་མི་འདྲ་བ་བཞི་ཡོད་པས་རྒྱུད་སྡེ་བཞིའི་ལམ་གྱི་ཡན་ལག་ཐུན་མོང་བ་རྣམས་མི་འགལ་ཞིང་ཐུན་མོང་མ་ཡིན་པ་རྣམས་མ་འདྲེས་པའི་ཚུལ་གྱིས་ཉམས་སུ་ལེན་དགོས་ཏེ། དེ་ལྟར་ཉམས་སུ་བླངས་ན་རྒྱུད་སྡེ་རང་རང་ནས་བཤད་པའི་མཆོག་དང་ཐུན་མོང་གི་དངོས་གྲུབ་སྒྲུབ་པར་ནུས་པའི་ཕྱིར། ཇི་སྐད་དུ་ཡང་། དེས་ན་རྒྱུད་སྡེ་བཞི་པོ་ཡི། །དབང་དང་ལམ་གྱི་དབྱེ་བ་ལ། །མི་འདྲའི་དབྱེ་བ་རྣམ་བཞི་ཡོད། །རང་རང་ཆོག་བཞིན་བྱས་ན། །དེ་ནས་གསུངས་པའི་དངོས་གྲུབ་འབྱུང་། །ཞེས་གསུངས་པ་ལྟར་རོ། །རྒྱུད་སྡེ་འོག་མ་གསུམ་ལ་མཚན་བཅས་ལྷའི་རྣལ་འབྱོར་དང་མཚན་མེད་སྟོང་ཉིད་ཀྱི་རྣལ་འབྱོར་ཙམ་ཡོད་ཀྱི་བསྐྱེད་རྫོགས་ཀྱི་ཐ་སྙད་ཡོད་པ་མ་ཡིན་ཏེ། དབང་བཞི་དང་ནི་རིམ་པ་གཉིས་རྣལ་འབྱོར་བླ་མེད་ཁོ་ནའི་ཁྱད་ཆོས་ཡིན་པའི་ཕྱིར། དེ་ལྟར་ཡང་། བྱ་སྤྱོད་རྣལ་འབྱོར་རྒྱུད་གསུམ་ཀར། །དབང་བཞི་དང་ནི་རིམ་གཉིས་མེད། །གལ་ཏེ་ཡོད་ན་དེ་དག་ཀུང་། །རྣལ་འབྱོར་ཆེན་པོ་ཉིད་དུ་འགྱུར། །དབང་བཞི་དང་ནི་རིམ་པ་གཉིས། །རྣལ་འབྱོར་ཆེན་པོའི་ཁྱད་ཆོས་ཡིན། །ཞེས་གསུངས་པ་ལྟར་རོ། །

གསུམ་པ་ལ་དབང་མ་བསྐུར་བའི་ཉེས་དམིགས་དང་། བསྐུར་བའི་ཕན་ཡོན་གཉིས། དང་པོ་ནི། དམ་པ་དང་པོ་ལས། དབང་བསྐུར་མེད་པར་རྒྱུད་འཆད་དང་། །ཟབ་མོའི་དེ་ཉིད་སྒོམ་བྱེད་པ། །དེ་དོན་ལེགས་པར་ཤེས་ན་ཡང་། །དམྱལ་བར་འགྱུར་གྱི་གྲོལ་བ་མེད། །ཅེས་དང་། བཤད་རྒྱུད་རྡོ་རྗེ་ཕྲེང་བ་ལས། ཡང་དག་དབང་བསྐུར་གྱིས་དབེན་ན། །སྒྲུབ་པོས་རྒྱུད་ཀྱི་དོན་ཤེས་ཀུང་། །སློབ་དཔོན་སློབ་མ་མཚུངས་པར་ནི། །མི་ཟད་དམྱལ་བ་ཆེན་པོ་འགྲོ། །ཞེས་དང་། སངས་རྒྱས་མཉམ་སྦྱོར་ལས། དཀྱིལ་འཁོར་དུ་ནི་མ་ཞུགས་ཤིང་། །དམ་ཚིག་རྣམས་ནི་སྤྱངས་པ་དང་། །གསང་བའི་དེ་ཉིད་མི་ཤེས་པས། །སྒྲུབ་ཀུང་ཅི་ཡང་མི་འགྲུབ་པོ། །ཞེས་དང་། རྡོ་རྗེ་གུར་ལས། དཀྱིལ་འཁོར་དུ་ནི་མ་ཞུགས་དང་། །དབང་བསྐུར་མེད་པའི་རྣལ་འབྱོར་ལ། །འཇིག་རྟེན་འདི་དང་གཞན་དུ་ཡང་། །དེ་ལ་དངོས་གྲུབ་མཆོག་ཉིད་མེད། །ཅེས་དང་། ཕྱག་ཆེན་ཐིག་ལེ་ལས། དབང་མེད་ན་ནི་དངོས་གྲུབ་མེད། །བྱེ་མ་བཙིར་ཡང་མར་མེད་བཞིན། །ཞེས་གསུངས་པ་ལྟར་རོ། །

གཉིས་པ་ལ། སྤྱིའི་ཕན་ཡོན་དང་། བྱེ་བྲག་བླ་མེད་ཀྱི་ཕན་ཡོན་གཉིས། དང་པོ་ནི། གསང་འདུས་འབུམ་པ་ལས། བསྐལ་པ་སྟེ་ཡང་བྱས་པ་ཡི། །སྔོན་དུ་ཡོད་པའི་སྡིག་པ་ཀུན། །དེ་ཀུན་འཛད་པར་འགྱུར་བ་སྟེ།། དཀྱིལ་འཁོར་འདི་འདྲ་མཐོང་བས་སོ། །ཞེས་དང་། སྡོམ་འབྱུང་ལས། གསང་སྔགས་མཆོག་གི་དཀྱིལ་འཁོར་དུ། །མཆོག་ཏུ་རབ་བྱུང་མཐོང་བ་ན། །དེར་ཁྲོད་སྡིག་པ་ཐམས་ཅད་ལས། །རྣམ་གྲོལ་བཟང་པོར་འགྱུར་བར་གནས། །ཞེས་དང་། ཧེ་རུ་ཀ་མངོན་བྱུང་ལས། དཀྱིལ་འཁོར་རྒྱལ་པོ་མཐོང་ནས་ནི། །ཙུང་ཟད་དེ་

ནི་མི་འགྲུབ་མེད། །སྡིག་པ་ཀུན་ལས་རྣམ་པར་གྲོལ། །དངོས་གྲུབ་མྱུར་དུ་ཐོབ་པར་འགྱུར། །ཞེས་དང་། ནག་པོ་པའི་དཀྱིལ་ཆོག་ལས། དབང་བསྐུར་འདི་དག་ཐོབ་ནས་ནི། སློབ་མ་ཡོན་ཏན་བདག་པོར་འགྱུར། །སངས་རྒྱས་ཀུན་གྱིས་རབ་ཏུ་མཆོད། །མཚམས་མེད་པ་དང་སྡིག་ཅན་ཡང་། །ཚོན་རྩི་མཐོང་བས་གྲོལ་བར་འགྱུར། །ཞེས་སོ༎ ༎

གཉིས་པ་ནི། གསང་བའི་མཛོད་ལས། དབང་བསྐུར་ཡང་དག་སྨིན་ལྡན་ན། །སྐྱེ་ཞིང་སྐྱེ་བར་དབང་བསྐུར་འགྱུར། །དེ་ཡི་སྐྱེ་བ་བདུན་ནས་ནི། །མ་བསྒོམས་པར་ཡང་སངས་རྒྱས་འགྱུར། །ཞེས་དང་། འདིར་ཡང་། དེས་ན་སྙིང་གཏམ་འདི་ལྟར་ཡིན། །དབང་བསྐུར་ཆོས་སྒོ་ཙམ་མ་ཡིན། །གསང་སྔགས་རྟེན་འབྲེལ་ལམ་བྱེད་པས། །རྟེན་འབྲེལ་བསྒྲིག་པའི་གདམས་ངག་ཡིན། །ཕུང་པོ་ཁམས་དང་སྐྱེ་མཆེད་ལ། །སངས་རྒྱས་ས་བོན་བཏབ་ནས་ནི། །ཚེ་འདིར་སངས་རྒྱས་བྱེད་པ་ཡི། །ཐབས་ལ་དབང་བསྐུར་ཞེས་སུ་བཏགས། །ཞེས་དང་། སྡོམ་པ་གསུམ་དང་ལྡན་པ་ཡི། །རིམ་གཉིས་ཟབ་མོའི་གནད་ཤེས་ན། །དེ་ནི་ཚེ་འདི་འམ་བར་དོ་འམ། །སྐྱེ་བ་བཅུ་དྲུག་ཚུན་ཆད་ནས། །འགྲུབ་པར་རྫོགས་པའི་སངས་རྒྱས་གསུངས། །ཞེས་གསུངས་པ་ལྟར་རོ། །

བཞི་པ་ལ། དགག་བཞག་སྤང་གསུམ་ལས། དང་པོ་ལ། མ་ཐོབ་པ་ལ་ཐོབ་པར་འདོད་པ་དགག་པ་དང་། ཐོབ་པ་ལ་མ་ཐོབ་པར་འདོད་པ་དགག་པ་གཉིས། དང་པོ་ནི། ཁ་ཅིག་གསང་སྔགས་བླ་མེད་ཀྱི་སྟ་གོན་གྱི་འཇུག་པའི་ཆོས་ཀྱི་གནས་སྐབས་སུ་སྔགས་སྡོམ་རྫོགས་པར་ཐོབ་པ་ཡིན་ཏེ། དེར་རིགས་ལྔའི་སྡོམ་བཟུང་རྗེས་བཟླས་ལན་གསུམ་བྱས་པའི་རྗེས་སུ་རིགས་ལྔ་སྤྱི་དང་བྱེ་བྲག་གི་སྡོམ་པ་རྫོགས་པར་ཐོབ་པའི་ཕྱིར་ཟེར། མི་འཐད་དེ། སློབ་མ་མ་སྨིན་པ་སྨིན་པའི་ཕྱིར་དུ་དབང་བསྐུར་བ་དོན་མེད་པར་འགྱུར་ཏེ། དབང་གི་དངོས་གཞི་ལ་བརྟེན་ནས་སྔགས་སྡོམ་སྔར་མེད་གསར་དུ་ཐོབ་པའི་གང་ཟག་གིས་བསྐྱེད་རྫོགས་ཀྱི་ལམ་ཉམས་སུ་ལེན་པ་ལ་འཇུག་པ་གཞི་མ་གྲུབ་པའི་ཕྱིར། རྟགས་ཁས། གཞན་ཡང་སྟ་གོན་གྱི་སྐབས་སུ་བསྐྱེད་རྫོགས་ཀྱི་ལམ་ཉམས་སུ་ལེན་པར་ཁས་བླངས་པ་ཙམ་གྱིས་བསྐྱེད་རྫོགས་ཀྱི་རྟོགས་པ་ཐོབ་པར་འགྱུར་ཏེ། སྟ་གོན་གྱི་སྐབས་སུ་རིགས་ལྔའི་སྡོམ་པ་བཟུང་བར་ཁས་བླངས་པ་ཙམ་གྱིས་སྔགས་ཀྱི་སྡོམ་པ་ཐོབ་པར་ནུས་པའི་ཕྱིར། གསོལ་བཞིའི་ཆོ་ག་ལ་ལྟོས་མེད་དུ་སྦྱོར་བའི་གནས་སྐབས་སུ་དགེ་སློང་གི་སྡོམ་པ་ཐོབ་པ་ཡོད་པར་ཐལ། དབང་གི་དངོས་གཞི་ལ་ལྟོས་མེད་དུ། སྟ་གོན་གྱི་གནས་སྐབས་སུ་སྔགས་སྡོམ་རྫོགས་པར་ཐོབ་པ་ཡོད་པའི་ཕྱིར། གཞན་ཡང་། རྡོ་རྗེ་སློབ་དཔོན་གྱི་དབང་གི་སྦྱོར་བའི་སྐབས་སུ། སངས་རྒྱས་ཀུན་གྱི་དམ་ཚིག་དང་། །སྡོམ་པའང་བླ་ན་མེད་པ་སྟོལ། །ཞེས་གསོལ་བ་འདེབས་པ་དགོས་མེད་དུ་ཐལ། རིགས་པའི་དབང་ལྔའི་སྔ་ལོགས

སུ་བླ་མེད་ཀྱི་དམ་ཚིག་དང་སྔགས་སྡོམ་རྫོགས་པར་ཐོབ་ཟིན་པའི་ཕྱིར། རྟགས་ཁས། གཉིས་པ་ནི། ཁ་ཅིག །སྤྱིར་སྔགས་སྡོམ་ལ། ཁས་བླངས་ལས་ཐོབ་པའི་སྔགས་སྡོམ། ཚིག་ལས་ཐོབ་པའི་སྔགས་སྡོམ་གཉིས་ཡོད་ཅིང་། དང་པོ་ནི། སྔ་གོན་གྱི་སྐབས་སུ་རིགས་ལྔའི་སྡོམ་པ་བཟུང་བར་ཁས་བླངས་པ་ལས་ཐོབ་པའོ། །

གཉིས་པ་ལ་ཡང་། བསྐྱེད་རིམ་གྱི་སྡོམ་པ་དང་རྫོགས་རིམ་གྱི་སྡོམ་པ་གཉིས་ཡོད། དེ་ཡང་བསྐྱེད་རིམ་གྱི་སྡོམ་པ་ནི་བུམ་དབང་རྫོགས་རྗེས་སུ་ཐོབ། རྫོགས་རིམ་གྱི་སྡོམ་པ་ནི་དབང་བཞི་པ་རྫོགས་པའི་རྗེས་སུ་ཐོབ། དེས་ན་བླ་མེད་ཀྱི་སྔགས་སྡོམ་དབང་བཞི་ཀ་རྫོགས་པའི་རྗེས་སུ་ཐོབ་དགོས་ཏེ། མཆོག་དབང་གསུམ་བསྐུར་བ་ལ་བརྟེན་ནས་རྫོགས་རིམ་གྱི་སྡོམ་པ་སྔར་མེད་གསར་དུ་སྐྱེ་དགོས་པའི་ཕྱིར། ཞེས་གསུང་ངོ་། །འོན་རྒྱུ་དུས་ཀྱི་དབང་ལ་བརྟེན་ནས་རྒྱུ་དུས་ཀྱི་སྔགས་སྡོམ། ལམ་དུས་ཀྱི་དབང་ལ་བརྟེན་ནས་ལམ་དུས་ཀྱི་སྔགས་སྡོམ། འབྲས་དུས་ཀྱི་དབང་ལ་བརྟེན་ནས་འབྲས་དུས་ཀྱི་སྔགས་སྡོམ་ཐ་དད་པ་སྔར་མེད་གསར་དུ་སྐྱེ་བ་ཡོད་པར་འགྱུར་ཏེ། སྔ་གོན་གྱི་སྐབས་སུ་རིགས་ལྔའི་སྡོམ་པ་བཟུང་བ་ལས་ཁས་བླངས་ཀྱི་སྡོམ་པ། བུམ་དབང་ལ་བརྟེན་ནས་བསྐྱེད་རིམ་གྱི་སྡོམ་པ། མཆོག་དབང་གསུམ་ལ་བརྟེན་ནས་རྫོགས་རིམ་གྱི་སྡོམ་པ་ཐ་དད་པ་སྔར་མེད་གསར་དུ་སྐྱེ་བ་ཡོད་པའི་ཕྱིར། གཞན་ཡང་མི་བསྐྱོད་པ་ཆུའི་དབང་ལ་བརྟེན་ནས་མི་བསྐྱོད་པའི་སྔགས་སྡོམ། རིན་ཆེན་འབྱུང་ལྡན་ཅོད་པན་གྱི་དབང་ལ་བརྟེན་ནས་རིན་ཆེན་འབྱུང་ལྡན་གྱི་སྔགས་སྡོམ་སོགས་རིགས་པའི་དབང་ལྔ་ལ་བརྟེན་ནས་རིགས་ལྔའི་སྡོམ་པ་ཐ་དད་པ་སྔར་མེད་གསར་དུ་སྐྱེ་བ་ཡོད་པར་འགྱུར་བ་དང་། གསང་དབང་ལ་བརྟེན་ནས་གཏུམ་མོའི་ལམ་སྒོམ་པ་ལ་དབང་བའི་སྔགས་སྡོམ། ཤེས་རབ་ཡེ་ཤེས་ཀྱི་དབང་ལ་བརྟེན་ནས་ཕོ་ཉའི་ལམ་སྒོམ་པ་ལ་དབང་བའི་སྔགས་སྡོམ། དབང་བཞི་པ་ལ་བརྟེན་ནས་རྡོ་རྗེ་ཐ་ རླབས་ཀྱི་ལམ་བསྒོམ་པ་ལ་དབང་བའི་སྔགས་སྡོམ་ཐ་དད་པ་སྔར་མེད་གསར་དུ་སྐྱེ་བར་འགྱུར་བ་དང་། དགེ་སློང་གི་སྡོམ་པ་འབོགས་པའི་གསོལ་བཞིའི་ཚིག་ལ་བརྟེན་ནས་དགེ་སློང་གི་སྡོམ་པ་དངོས་གཞི་སྐྱེས་པའི་རྗེས་སུ་གདམས་ངག་བཅུ་གཅིག་བརྗོད་པ་ལ་བརྟེན་ནས། དགེ་སློང་གི་སྡོམ་པའི་ཆ་ཤས་འགའ་ཞིག་སྔར་མེད་གསར་དུ་སྐྱེ་བ་ཡོད་པ་ལ་སོགས་པའི་གནོད་བྱེད་ཤེས་པར་བྱའོ། །

གཉིས་པ་ལ། དམ་ཚིག་དང་སྡོམ་པའི་ཁྱད་པར་སྤྱིར་བསྟན་པ་དང་། དེ་དག་ཐོབ་པའི་ས་མཚམས་དངོས་བཤད་པ་གཉིས། དང་པོ་ལ། སྤྱིར་སྔགས་ཀྱི་དམ་ཚིག་དང་སྡོམ་པ་གཉིས་ཡོད་པ་ལས། དང་པོ་ནི། ཕར་ཕྱིན་ཐེག་པ་ལས་མཆོག་ཏུ་གྱུར་པའི་གསང་སྔགས་ཀྱི་སྤྱོད་པ་ཁྱད་པར་ཅན་འགའ་ཞིག་ཉམས་སུ་ལེན་པར་ཁས་བླངས་ཤིང་དམ་བཅས་པ་ལྟར་རྩུལ་བཞིན་དུ་སྲུང་བའི་ཉམས་ལེན་ནོ། །དེ་ལ་དབྱེ་ན། ཐུན་མོང་མ་

ཡིན་པ་སྐྱབས་འགྲོའི་དམ་ཚིག །བྱ་རྒྱུད་ཀྱི་ལམ་གྱི་ཆ་ཤས་འགའ་ཞིག་ཉམས་སུ་ལེན་པའི་དམ་ཚིག །ཁས་བླངས་ཙམ་གྱིས་ཐོབ་པའི་དམ་ཚིག །ཆོ་ག་ལ་བརྟེན་ནས་ཐོབ་པའི་དམ་ཚིག་དང་བཞི། འདི་ལ་བསྐྱེད་རིམ་གྱི་དམ་ཚིག་དང་། རྫོགས་རིམ་གྱི་དམ་ཚིག་གཉིས། དང་པོ་ནི། རྩ་བའི་བླ་མ་དང་ཡི་དམ་དཀོན་མཆོག་གསུམ་དབྱེར་མེད་པའི་རང་བཞིན་ཅན་དུ་བསྒོམས་ནས་བྱང་ཆུབ་མ་ཐོབ་ཀྱི་བར་དུ་ཡུལ་དེ་ཉིད་ལ་སྐྱབས་སུ་འགྲོ་བར་ཁས་བླངས་པའི་དམ་ཚིག་གོ། །

གཉིས་པ་ནི། བླ་མའི་དྲུང་དུ་ལུང་ནོད་དེ་བསྙུང་གནས་སོགས་ཉམས་སུ་ལེན་པའི་དམ་ཚིག་དང་། འཇུག་པ་སེམས་བསྐྱེད་ཐོབ་ནས་དམ་ཚིག་གསུམ་བཀོད་སོགས་ནས་བཤད་པའི་ལམ་གྱི་ཆ་ཤས་ཉམས་སུ་ལེན་པའི་དམ་ཚིག་སྟེ། ཇི་སྐད་དུ། བྱ་བའི་རྒྱུད་ལ་རྣམ་གསུམ་ཡོད། །དོན་ཡོད་ཞགས་སོགས་འགའ་ཞིག་ཏུ། །དབང་བསྐུར་སེམས་བསྐྱེད་མ་ཐོབ་ཀྱང་། །བསྙུང་གནས་ལ་སོགས་བྱེད་ནུས་ན། །གང་ཟག་ཀུན་གྱིས་སྒྲུབ་པར་གསུངས། །དམ་ཚིག་གསུམ་བཀོད་ལ་སོགས་པ། །འཇུག་པ་སེམས་བསྐྱེད་ཐོབ་ནས་ནི། །འཕྲིན་ལས་འགའ་ཞིག་བསྒྲུབ་པའི་ཕྱིར། །ཆོ་ག་ཤེས་ནས་སྒྲུབ་པར་གནང་། །ལེགས་པར་གྲུབ་པ་ཡན་ཆད་དུ། །རང་གི་དབང་བསྐུར་མ་ཐོབ་ན། །སེམས་བསྐྱེད་ཐོབ་ཀྱང་གསང་སྔགས་བཀག །ཅེས་སོ། །

གསུམ་པ་ནི། སྔ་གོན་ནམ་འཇུག་པའི་ཆོས་ཀྱི་གནས་སྐབས་སུ་རིགས་ལྔའི་སྡོམ་པ་བཟུང་བར་ཁས་བླངས་པའི་གང་ཟག་སྟེ། རྗེ་བཙུན་གྱིས་དགའ་སྟོན་སྤྲིངས་ཡིག་ཏུ་ཚོགས་གསོག་པའི་སྐབས་སུ། རིགས་ལྔའི་སྡོམ་བཟུང་ལན་གསུམ་བྱས་པས་རྡོ་རྗེ་ཐེག་པའི་སྔ་གོན་དང་། ཡོལ་བའི་ཕྱི་འཇུག་དང་ནང་འཇུག་གི་སྐབས་སུ་ཐོབ་པའི་དམ་ཚིག་དང་སྡོམ་པ་རྣམས་སོར་ཆུད་པ་ཡིན་ནོ། །ཞེས་གསུངས་པའི་ཕྱིར། བསྐྱེད་རིམ་གྱི་དམ་ཚིག་ནི་བུམ་དབང་གི་དངོས་གཞི་ལ་བརྟེན་ནས་ཐོབ་པའི་སྔགས་སྡོམ་མོ། །རྫོགས་རིམ་གྱི་དམ་ཚིག་ནི་མཆོག་དབང་གསུམ་ལ་བརྟེན་ནས་རྫོགས་རིམ་གྱི་ལམ་ཉམས་སུ་ལེན་པར་ཁས་བླངས་པ་ལྟར་བསྲུང་བའི་དམ་ཚིག་གོ། །དེ་ཡང་རྗེ་བཙུན་རྩེ་མོས། སཾ་བུ་ཊའི་འགྲེལ་པར། སྤྱིར་ཐེག་པ་ཆེན་པོའི་སྡོམ་པ་ལ་སེམས་བསྐྱེད་ཀྱི་སྡོམ་པ་དང་། བསྐྱེད་རིམ་གྱི་སྡོམ་པ་དང་། རྫོགས་རིམ་གྱི་སྡོམ་པ་གསུམ་དུ་གསུངས་པའི་རྫོགས་རིམ་གྱི་སྡོམ་པ་ནི་རྫོགས་རིམ་གྱི་དམ་ཚིག་ལ་སྡོམ་པའི་མིང་གིས་བཏགས་པ་ཡིན་ཏེ། དཔེར་ན། ཏིང་ངེ་འཛིན་གྱི་དབང་བསྐུར་དང་གཏོར་མའི་དབང་བསྐུར་ལ་དབང་གིས་མིང་བཏགས་པ་བཞིན་ནོ། །དེས་ན་དམ་ཚིག་དང་སྡོམ་པ་ལ་སྤྱི་བྱེ་བྲག་གི་ཁྱད་པར་ཡོད་དེ། སྡོམ་པ་ལ་དམ་ཚིག་གིས་ཁྱབ་ཀྱང་དམ་ཚིག་ལ་སྡོམ་པས་མ་ཁྱབ་པའི་ཕྱིར། དཔེར་ན་སྡོམ་པ་ལ་ཚུལ་ཁྲིམས་ཀྱིས་ཁྱབ་ཀྱང་ཚུལ་ཁྲིམས་ལ་སྡོམ་པས་མ་ཁྱབ་པ་བཞིན་ནོ། །

གཉིས་པ་ནི། རྒྱུད་སྡེ་རང་རང་གི་དབང་གི་དངོས་གཞི་ལ་བརྟེན་ནས་ཐོབ་པའི་འབྲས་བུ་ལམ་དུ་བྱེད་པའི་སྡོམ་པའོ། །དབྱེ་ན་རྒྱུད་སྡེ་བཞིའི་སྔགས་སྡོམ་བཞི་ཡོད། གཉིས་པ་ཐོབ་ཚུལ་དངོས་ལ་དམ་ཚིག་གི་ཐོབ་ཚུལ་དང་། སྔགས་སྡོམ་གྱི་ཐོབ་ཚུལ་གཉིས། དང་པོ་ནི། སྤྱིར་གསང་སྔགས་ཀྱི་དམ་ཚིག་ཙམ་ཐོབ་པ་ནི་དབང་གི་དངོས་གཞི་ལ་ལྟོས་མི་དགོས་ཏེ། དབང་བསྐུར་མ་ཐོབ་པའི་སྔ་རོལ་དུ་ཡང་ཐུན་མོང་མ་ཡིན་པའི་སྐྱབས་འགྲོའི་དམ་ཚིག་དང་བྱ་རྒྱུད་ཀྱི་ལམ་གྱི་ཆ་ཤས་འགའ་ཞིག་ཉམས་སུ་ལེན་པའི་དམ་ཚིག་རིགས་ལྔའི་སྡོམ་པ་བཟུང་བར་ཁས་བླངས་པའི་དམ་ཚིག་ཐོབ་པ་ཡོད་པའི་ཕྱིར། བསྐྱེད་རིམ་དང་རྫོགས་རིམ་གྱི་དམ་ཚིག་ནི་དབང་གི་དངོས་གཞི་ལ་ངེས་པར་ལྟོས་དགོས་ཏེ། བླ་མེད་ཀྱི་བུམ་དབང་རྫོགས་རྗེས་སུ་བསྐྱེད་རིམ་གྱི་དམ་ཚིག །མཆོག་དབང་རྫོགས་རྗེས་སུ་རྫོགས་རིམ་གྱི་དམ་ཚིག་ཐོབ་དགོས་པའི་ཕྱིར།

གཉིས་པ་ལ། སྤྱིར་བསྟན་པ་དང་། བྱེ་བྲག་ཏུ་བཤད་པ་གཉིས། དང་པོ་ནི། རྒྱུད་སྡེ་རང་རང་གི་རྡོ་རྗེ་སློབ་དཔོན་གྱི་དབང་གི་དངོས་གཞི་རྫོགས་པར་ཐོབ་མ་ཐག་ཏུ་རྒྱུད་སྡེ་དེ་དང་དེའི་སྔགས་སྡོམ་རྫོགས་པར་ཐོབ་པ་ཡིན་ཏེ། རྒྱུད་སྡེ་རང་རང་གི་རྡོ་རྗེ་སློབ་དཔོན་གྱི་དབང་རྫོགས་པ་དེའི་ཚེ་རྒྱུད་སྡེ་དེ་དང་དེའི་དབང་བསྐུར་རབ་གནས། རྒྱུན་འཆད་རྩ་བ་དང་ཡན་ལག་གི་ལྟུང་བ་སྤོང་བའི་སྡོམ་པའི་དངོས་གཞི་རྫོགས་པར་ཐོབ་པའི་ཕྱིར།

གཉིས་པ་ལ། རྒྱུད་སྡེ་བཞིའི་ཐོབ་ཚུལ་བཞི་ཡོད་པ་ལས། དང་པོ་བྱ་རྒྱུད་ཀྱི་སྔགས་སྡོམ་ནི། བྱ་རྒྱུད་རང་ལུགས་ཀྱི་ཆུ་དང་ཅོད་པན་གྱི་དབང་རྫོགས་པའི་རྗེས་སུ་ཐོབ་སྟེ། དེས་དབང་གི་དངོས་གཞི་རྫོགས་པའི་ཕྱིར། གཉིས་པ་ནི། སྤྱོད་རྒྱུད་རང་ལུགས་ཀྱི་མིང་དབང་རྫོགས་རྗེས་སུ་ཐོབ། གསུམ་པ་ནི། རྣལ་འབྱོར་རྒྱུད་རང་ལུགས་ཀྱི་བུམ་དབང་རྫོགས་རྗེས་སུ་ཐོབ་སྟེ། དེས་དབང་གི་དངོས་གཞི་རྫོགས་པའི་ཕྱིར། བཞི་པ་ནི། བུམ་དབང་གི་རྡོ་རྗེ་སློབ་དཔོན་གྱི་དབང་རྫོགས་པའི་རྗེས་སུ་སྔགས་སྡོམ་རྫོགས་པར་ཐོབ་སྟེ། དེར་རྩ་བའི་ལྟུང་བ་བཅུ་བཞི་ཡན་ལག་གི་ལྟུང་བ་དགུ་རྫོགས་པར་སྤོང་བའི་སྔགས་སྡོམ་གྱི་དངོས་གཞི་རྫོགས་པར་ཐོབ་པའི་ཕྱིར་ཏེ། རྩ་བའི་ལྟུང་བ་བཅུ་བཞི་དང་ཡན་ལག་གི་ལྟུང་བ་དགུ་སྤོང་བའི་དམ་ཚིག་ནི་བུམ་དབང་གི་དམ་ཚིག་ཏུ་བཤད་པའི་ཕྱིར། གཞན་ཡང་། དེ་ལྟར་ཐོབ་སྟེ། སངས་རྒྱས་ཀུན་གྱི་དམ་ཚིག་དང་། །སྡོམ་པའང་བླ་ན་མེད་པ་སྟོལ། །ཞེས་གསོལ་བ་བཏབ་པའི་རྗེས་སུ་རྡོ་རྗེ་ཐུགས་ཀྱི། དྲིལ་བུ་གསུང་གི །ཕྱག་རྒྱ་སྐུའི་དམ་ཚིག་གསུམ་དང་ལྡན་པའི་སྔགས་སྡོམ་ཚོགས་འི་སྒོ་ནས་སྦྱིན་ཞིང་སྦྱིན་པ་ལྟར་དུ་ཐོབ་པའི་ཕྱིར།

གསུམ་པ་ལ། རྒྱུད་སྡེ་རང་རང་གི་རྡོ་རྗེ་སློབ་དཔོན་གྱི་དབང་རྫོགས་པའི་རྗེས་སུ་རྒྱུད་སྡེ་དེ་དང་དེའི་

སྔགས་སྡོམ་ཐོབ་དགོས་པ་མི་འཐད་དེ། བྱ་སྤྱོད་གཉིས་ལ་རྡོ་རྗེ་སློབ་དཔོན་གྱི་དབང་མེད་པའི་ཕྱིར་ཏེ། བུམ་དབང་ཡོངས་སུ་རྫོགས་པ་མེད་པའི་ཕྱིར། གཞན་ཡང་། བླ་མེད་ཀྱི་བུམ་དབང་གི་རྗེས་སུ་མཆོག་དབང་གསུམ་བསྐུར་བ་དོན་མེད་པར་འགྱུར་ཏེ། བུམ་དབང་རྫོགས་རྗེས་སུ་བླ་མེད་ཀྱི་སྔགས་སྡོམ་རྫོགས་པར་ཐོབ་པའི་ཕྱིར། དཔེར་ན་བྱ་སྤྱོད་གཉིས་སུ་རྒྱུད་སྡེ་གོང་མ་ལྟར་གྱི་རྡོ་རྗེ་སློབ་དཔོན་གྱི་དབང་མེད་ཀྱང་བྱ་སྤྱོད་རང་ལུགས་ལ་ལྟོས་པའི་རྡོ་རྗེ་སློབ་དཔོན་གྱི་དབང་ཡོད་དེ། དེ་གཉིས་ཀྱི་དབང་གི་དངོས་གཞི་རྫོགས་པར་ཐོབ་པའི་ཚེ་དེ་གཉིས་ཀྱི་དབང་བསྐུར་བ་རབ་ཏུ་གནས་པ་རྒྱུད་འཆད་པ་སོགས་རྡོ་རྗེ་སློབ་དཔོན་གྱི་བྱ་བ་རྫོགས་པར་འགྱུར་བའི་ཕྱིར། དེ་སྐད་དུ་ཡང་། དབང་བསྐུར་དང་ནི་རབ་གནས་སོགས། །སློབ་དཔོན་གྱི་ནི་འཕྲིན་ལས་དང་། །སངས་རྒྱས་ཀུན་གྱི་དམ་ཚིག་དང་། །བླ་ན་མེད་པའི་སྡོམ་པ་སོགས། །རྡོ་རྗེ་སློབ་དཔོན་ཁོ་ནའི་ལས། །ཉིད་ཡིན་གཞན་གྱིས་བྱར་མི་རུང་། །ཞེས་གསུངས་པའི་ཕྱིར། བྱ་སྤྱོད་གཉིས་སུ་རྡོ་རྗེ་སློབ་དཔོན་གྱི་དབང་ཡོད་པ་ལུང་གིས་ཀྱང་གྲུབ་སྟེ། གསང་བ་སྤྱི་རྒྱུད་ལས། སློབ་དཔོན་གོ་འཕང་རབ་བསྒྲུབ་ཕྱིར། །དང་པོ་ཡོངས་སུ་བསྒྲགས་པ་ཡིན། །ཞེས་གསུངས་པའི་ཕྱིར། ཐལ་བ་གཉིས་པའི་སྐྱོན་མེད་དེ། བུམ་དབང་གི་རྗེས་སུ་མཆོག་དབང་གསུམ་བསྐུར་བ་ནི་གདུལ་བྱ་རྫོགས་རིམ་བསྟན་པའི་སྣོད་དུ་རུང་བའི་ཆེད་ཡིན་གྱི་སྡོམ་པ་སྔར་མ་ཐོབ་པ་གསར་དུ་ཐོབ་པའི་ཆེད་མ་ཡིན་པའི་ཕྱིར། དཔེར་ན། གསོལ་བཞིའི་ཆོག་ལ་བརྟེན་ནས་དགེ་སློང་གི་སྡོམ་པ་ཐོབ་ཟིན་པ་ལ་བསླབ་པ་ཤེས་ནས་བསྲུང་བའི་ཕྱིར་དུ་གདམས་ངག་བཅུ་གཅིག་བརྗོད་པ་བཞིན་ནོ། །གཞན་དུ་ན་རྒྱུ་དུས་ཀྱི་དབང་གི་རྗེས་སུ་ལམ་དུས་ཀྱི་དབང་བསྐུར་བ་དོན་མེད་པར་འགྱུར་ཏེ། རྒྱུ་དུས་ཀྱི་དབང་གི་དུས་སུ་སྔགས་སྡོམ་རྫོགས་པར་ཐོབ་པའི་ཕྱིར། ཁྱབ་པ་ཁས། གལ་ཏེ་བླ་མེད་ཀྱི་བུམ་དབང་ཙམ་རྫོགས་པར་ཐོབ་པའི་གང་ཟག་ཆོས་ཅན། བླ་མེད་ཀྱི་བསྐྱེད་རྫོགས་གཉིས་ཀ་སྟོན་པ་ལ་དབང་བར་ཐལ། བླ་མེད་ཀྱི་རྡོ་རྗེ་སློབ་དཔོན་གྱི་དབང་རྫོགས་པར་ཐོབ་པའི་གང་ཟག་ཡིན་པའི་ཕྱིར། ཁྱབ་སྟེ། ལྷོན་ཤིང་ལས། མངོན་པར་རྟོགས་པ་བཅུ་གཅིག་པོ་དེ་དག་རྡོ་རྗེ་སློབ་དཔོན་གྱི་བྱ་བའི་ལས་སུ་གསུངས་པའི་ཕྱིར་སྙམ་ན། བླ་མེད་ཀྱི་དབང་བཞི་རྫོགས་པར་ཐོབ་ཅིང་བླ་མེད་ཀྱི་བསྙེན་པ་ཙུང་ཟད་ཀྱང་མ་བྱས་པའི་གང་ཟག་ཆོས་ཅན། བླ་མེད་ཀྱི་དབང་བསྐུར་བ་དང་རབ་གནས་སོགས་ལ་དབང་བར་ཐལ། བླ་མེད་ཀྱི་རྡོ་རྗེ་སློབ་དཔོན་གྱི་དབང་རྫོགས་པར་ཐོབ་པའི་གང་ཟག་ཡིན་པའི་ཕྱིར། ཁྱབ་སྟེ། དབང་བསྐུར་རབ་གནས་ལ་སོགས་པ་ནི་རྡོ་རྗེ་སློབ་དཔོན་གྱི་བྱ་བའི་ལས་སུ་གསུངས་པའི་ཕྱིར། ཁྱབ་པ་རྣམས་རིམ་བཞིན་ཁས། དེ་དག་གིས་ནི་སྡོམ་གསུམ་མ་ཐོབ་པ་ཐོབ་པར་བྱེད་པའི་ཆོ་གའི་རྣམ་གཞག་རྒྱས་པར་བསྟན་པ་ཡིན་ནོ། །

གཉིས་པ་ཐོབ་བྱ་སྡོམ་གསུམ་གྱི་རང་བཞིན་ལ། སྡོམ་གསུམ་སོ་སོའི་རྣམ་གཞག་དང་། གནས་གཉོང
གི་དུས་ལ་དཔྱད་པ་གཉིས། དང་པོ་ལ། སོ་ཐར། བྱང་སེམས། སྔགས་སྡོམ་དང་གསུམ། དང་པོ་ལ། གྲུབ་
མཐའི་དབྱེ་བ་སྤྱིར་བརྗོད་པ། མི་འཐད་པའི་ཆ་དགག་པ། རང་ལུགས་བཞག་པ་དང་གསུམ། དང་པོ་ལ། བྱེ་
བྲག་ཏུ་སྨྲ་བའི། སེམས་ཙམ་པའི། དབུ་མ་པའི་ལུགས་དང་གསུམ། དང་པོ་ལ། ངོ་བོ་དང་། དུས་ཀྱི་ཁྱད་པར་
ངོ། །དང་པོ་ལ། སྤྱིར་བསྟན་པ་དང་། ཁྱད་ཆོས་བྱེ་བྲག་ཏུ་བཤད་པ་གཉིས། དང་པོ་ནི། རིག་བྱེད་དང་རིག་
བྱེད་མ་ཡིན་པ་གང་རུང་གིས་བསྡུས་པའི་གཟུགས་ཅན་དུ་འདོད་དེ། མཛོད་ལས། དང་པོའི་རྣམ་རིག་རྣམ་
རིག་མིན། །སོ་སོ་ཐར་དང་བྱ་བའི་ལམ། །ཞེས་དང་། གཅིག་རྣམ་གཉིས་སོ་དེ་དག་ཀྱང་། །བྱེད་ན་དགེ་བ་
བདུན་རྣམ་གཉིས། །ཞེས་པའི་རང་འགྲེལ་དུ། ཡང་དག་པར་བླངས་པ་ལས་བྱུང་བའི་ཚུལ་ཁྲིམས་ནི་རྣམ་པར་
རིག་བྱེད་ལ་རག་ལས་པའི་ཕྱིར་ལས་ཀྱི་ལམ་གཟུགས་ཅན་བདུན་ནི་གདོན་མི་ཟ་བར་རྣམ་པར་རིག་བྱེད་དང་
རིག་བྱེད་མ་ཡིན་པ་གཉིས་ཀ་ཡིན་ནོ། །ཞེས་སོ། །

གཉིས་པ་ལ། རིག་བྱེད་དང་། རིག་བྱེད་མ་ཡིན་པ་གཉིས། དང་པོ་ལ། ལུས་ཀྱི་རྣམ་པར་རིག་བྱེད་དང་།
ངག་གི་རྣམ་པར་རིག་བྱེད་གཉིས། དང་པོ་ནི། ཀུན་སློང་གཞན་ལ་རིག་པར་བྱེད་པའི་ལུས་ཀྱི་དབྱིབས་ལ་
འདོད་དེ། མཛོད་དུ། ལུས་རྣམ་རིག་བྱེད་དབྱིབས་སུ་འདོད། །ཅེས་སོ། །གཉིས་པ་ནི། ཀུན་སློང་གཞན་ལ་
རིག་པར་བྱེད་པའི་ངག་གི་སྒྲ་ལ་འདོད་དེ། མཛོད་དུ། ངག་རྣམ་རིག་བྱེད་ནི་ངག་སྒྲ། །ཞེས་སོ། །

གཉིས་པ་ལ། ངོ་བོ། སྒྲུབ་བྱེད། དབྱེ་བ། ཁྱད་ཆོས་དང་བཞི། དང་པོ་ནི། ཁྱད་ཆོས་བཞི་ལྡན་གྱི་
བསྟན་མེད་ཐོགས་མེད་ཀྱི་གཟུགས་སུ་འདོད་དེ། མཛོད་དུ། གཡེངས་དང་སེམས་མེད་པ་ཡི་ཡང་། །དགེ་དང་
མི་དགེ་རྗེས་འབྲེལ་གང་། །འབྱུང་བ་ཆེ་རྣམས་རྒྱུར་བྱས་པ། །དེ་ནི་རྣམ་རིག་བྱེད་མིན་བརྗོད། །ཅེས་སོ། །

གཉིས་པ་ནི། རྣམ་པར་རིག་བྱེད་མ་ཡིན་པའི་གཟུགས་ཡོད་དེ། བསྟན་ཡོད་ཐོགས་བཅས་ཀྱི་གཟུགས།
བསྟན་མེད་ཐོགས་བཅས་ཀྱི་གཟུགས། བསྟན་མེད་ཐོགས་མེད་ཀྱི་གཟུགས་གསུམ་གསུངས་པ་དང་། དྲི་མེད་
ཀྱི་གཟུགས་གསུངས་པ་དང་། ཟས་ལ་འཕེལ་བའི་བསོད་ནམས་བདུན་གསུངས་པ་དང་། རང་གིས་དངོས་སུ་
མ་བྱས་ཀྱང་། གཞན་བྱེད་དུ་བཅུག་པ་ལས། དགེ་མི་དགེའི་ལས་ལམ་རང་ལ་འབྱུང་བ་ཡོད་པའི་ཕྱིར། མཛོད་
དུ། རྣམ་གསུམ་དྲི་མེད་གཟུགས་གསུངས་དང་། འཕེལ་དང་མ་བྱས་ལམ་སོགས་ཕྱིར། །ཞེས་གསུངས་པ་ལྟར་
རོ། །

གསུམ་པ་ནི། སྡོམ་པའི། སྡོམ་མིན་གྱི། བར་མའི་ངོ་བོར་གྱུར་པའི་རིག་བྱེད་མ་ཡིན་པའི་གཟུགས་དང་

གསུམ་སྟེ། མཛོད་དུ། རྣམ་རིག་མིན་རྣམས་གསུམ་ཞེས་བྱ། །སྡོམ་དང་སྡོམ་པ་མིན་དང་གཞན། །ཞེས་སོ། །

བཞི་པ་ནི། རྒྱུའི་ཁྱད་ཆོས། སའི་ཁྱད་ཆོས། ངོ་བོ་རྒྱུ་དང་བཅས་པའི་ཁྱད་ཆོས་གསུམ་གྱི་སྒོ་ནས་ཤེས་པར་བྱ་བ་ཡིན་ཏེ། མཛོད་ལས། འདོད་གཏོགས་རྣམ་རིག་མིན་སྐད་ཅིག །ཕྱིན་ཆད་འདས་པའི་འབྱུང་ལས་སྐྱེ། །ཟག་བཅས་ལུས་དང་ངག་གི་ལས། །རང་གི་འབྱུང་བ་དག་རྒྱུར་བྱས། །ཟག་མེད་གང་དུ་སྐྱེས་པའི་ཡིན། །རྣམ་རིག་བྱེད་མིན་མ་ཟིན་དང་། །རྒྱུ་མཐུན་ལས་བྱུང་སེམས་ཅན་སྟོན། །རྒྱུ་མཐུན་ཟིན་པའི་འབྱུང་ལས་སྐྱེ། །ཏིང་འཛིན་སྐྱེས་འབྱུང་མ་ཟིན་དང་། །རྒྱས་འབྱུང་ཐ་དད་མིན་ལས་སྐྱེ། །ཞེས་གསུངས་སོ། །

གཉིས་པ་དུས་ཀྱི་ཁྱད་པར་ནི། ཇི་སྲིད་འཚོའི་སྡོམ་པ་དང་ཉིན་ཞག་གི་མཐའ་ཅན་གྱི་སྡོམ་པ་གཉིས་སུ་ངེས་ཏེ། རིགས་བདུན་ཇི་སྲིད་འཚོའི་སྡོམ་པ་དང་བསྙེན་གནས་ནི་ཉིན་ཞག་གི་མཐའ་ཅན་གྱི་སྡོམ་པ་ཡིན་པའི་ཕྱིར་ཏེ། མཛོད་དུ། ཇི་སྲིད་འཚོ་དང་ཉིན་ཞག་ཏུ། །སྡོམ་པ་ཡང་དག་བླང་བར་བྱ། །ཞེས་དང་། འདིར་ཡང་། ཉན་ཐོས་རྣམས་ཀྱི་སྐབས་འགྲོ་ནས། །དགེ་སློང་གི་ནི་སྡོམ་པའི་བར། །ཇི་སྲིད་འཚོའི་བར་དུ་ཡིན། །ཞེས་དང་། བསྙེན་གནས་མཚན་མོ་འདས་པ་ན། །གཏོང་ཕྱིར་འདི་ལ་འབུལ་མི་དགོས། །ཞེས་གསུངས་པའི་ཕྱིར།

གཉིས་པ་ནི། སོ་ཐར་གྱི་སྡོམ་པ་ཐོབ་པར་བྱེད་པའི་རྒྱུ་ལ་བརྟེན་ནས་བྱུང་བའི་གཞན་ལ་གནོད་པ་གཞི་བཅས་སྤོང་བའི་སེམས་པ་མཚུངས་ལྡན་དང་བཅས་པ་དང་གཏོང་རྒྱུ་མ་བྱུང་བའི་སྡོམ་པའི་ས་བོན་དང་བཅས་པ་ལ་འདོད་དེ། ལས་གྲུབ་པར། གལ་ཏེ་སེམས་པ་ཁོ་ན་ལུས་ཀྱི་ལས་སུ་འགྱུར་ན་སེམས་གཡེངས་པ་དང་སེམས་མེད་པ་དག་ལ་སེམས་པ་དེ་མེད་ན་སྡོམ་པ་དང་སྡོམ་པ་མ་ཡིན་པ་གཉིས་ཇི་ལྟར་ཡོད་ཅེ་ན། སྡོམ་པའི་ཁྱད་པར་གྱི་བག་ཆགས་ལ་འཇོག་པའི་ཕྱིར་སྡོམ་པ་དང་སྡོམ་པ་མ་ཡིན་པ་གཉིས་ཡོད་དོ། །ཁྱད་པར་སློས་པ་ནི་གང་ལ་སྡོམ་པ་དང་སྡོམ་པ་མ་ཡིན་པའི་རྣམ་པར་རིག་བྱེད་མ་ཡིན་པ་ཀུན་ནས་ལྡང་བར་བཏགས་པའི་སེམས་པ་ཁྱད་པར་དུ་བྱས་པའི་ཕྱིར་རོ། །ཞེས་སོ། །

གསུམ་པ་ནི། སྡོམ་པའི་ངོ་བོ་ཤེས་པ་ཁོ་ནར་འདོད་དེ། ཚུལ་ཁྲིམས་ཀྱི་ཕར་ཕྱིན་ཤེས་པར་འདོད་པ་དང་དགེ་མི་དགེ་གཟུགས་ཅན་ཁས་མི་ལེན་པའི་ཕྱིར་ཏེ། སྤྱོད་འཇུག་ལས། སྤོང་བའི་སེམས་ནི་ཐོབ་པ་ལས། །ཚུལ་ཁྲིམས་ཕ་རོལ་ཕྱིན་པར་བཤད། །ཅེས་དང་། བཞི་བརྒྱ་པར། བསམ་པས་བྱང་ཆུབ་སེམས་དཔའ་ཡི། །དགེ་བའམ་ཡང་ན་མི་དགེ་བ། །ཐམས་ཅད་དགེ་བ་ཉིད་འགྱུར་ཏེ། །གང་ཕྱིར་སེམས་དེ་གཙོ་བོའི་ཕྱིར། །ཞེས་དང་། མདོ་ལས། གང་གཟུགས་དགེ་བ་དང་མི་དགེ་བར་སྨྲ་བ་དེ་ནི་ཤཱཀྱའི་སྲས་མ་ཡིན་ཤཱཀྱའི་དགེ་སྦྱོང་མ་ཡིན་ནོ། །ཞེས་གསུངས་པའི་ཕྱིར།

གཉིས་པ་ནི། ཁ་ཅིག །བསྙེན་བཅོས་འདིར་ཡང་སོ་ཐར་གྱི་སྡོམ་པ་གཟུགས་ཅན་ཡིན་གྱི་ཤེས་པ་མ་ཡིན་ཏེ། གཟུགས་ཅན་ཡིན་པ་ལ་སླུབ་བྱེད་ཡོད་ཤེས་པ་ཡིན་པ་ལ་གནོད་བྱེད་ཡོད་པའི་ཕྱིར། གཟུགས་ཅན་ཡིན་པ་ལ་སླུབ་བྱེད་ཡོད་དེ། སྡོམ་པ་གཟུགས་ཅན་ཡིན་པའི་ཕྱིར། །ཤི་བའི་ཚེན་སྡོམ་པ་གཏོང་། །ཞེས་དང་། ཉན་ཐོས་ཀྱི་ལུགས་ལ་རིགས་བརྒྱད་གཟུགས་ཅན་དུ་བཤད་ཅིང་རིགས་བརྒྱད་ཉན་ཐོས་ཀྱི་ཚོག་ལ་བརྟེན་ནས་ཐོབ་དགོས་པར་བཤད་པའི་ཕྱིར། ཤེས་པ་ཡིན་པ་ལ་གནོད་བྱེད་ཡོད་དེ། འོན་དགེ་སློང་གི་སྡོམ་པ་དེ་སེམས་མ་ཉམས་ཀྱི་བར་དུ་རྗེས་སུ་འབྲང་བར་ཐལ། དེ་ཤེས་པ་ཡིན་པའི་ཕྱིར། ཁྱབ་སྟེ། བྱང་ཆུབ་སེམས་དཔའི་སྡོམ་པ་ནི། །ཞེས་སོགས་བཤད་པའི་ཕྱིར། འདོད་མི་ནུས་ཏེ། ཤི་འཕོས་པའི་དབང་གིས་གཏོང་བའི་ཕྱིར་ཏེ། ཐེག་ཆེན་སོ་སོ་ཐར་ཡིན་ཡང་། །ཞེས་སོགས་བཤད་པའི་ཕྱིར་ཟེར། འདི་དག་རིགས་པ་མ་ཡིན་ཏེ། ཐེག་པ་དམན་པའི་ལུགས་དང་ཐེག་པ་ཆེན་པོའི་ལུགས་སོ་སོར་མ་ཕྱེད་པའི་སྐྱོན་ཡོད་པའི་ཕྱིར་ཏེ། སོ་ཐར་གྱི་སྡོམ་པ་ངོ་བོ་གཟུགས་ཅན། དུས་ཤི་འཕོས་པའི་དབང་གིས་གཏོང་བ་ནི་ཐེག་པ་དམན་པའི་སྨྲ་སྟོད་ཀྱི་ལུགས་ཡིན་ཞིང་སོ་ཐར་གྱི་སྡོམ་པ་ངོ་བོ་ཤེས་པ་དུས་ཤི་འཕོས་པའི་དབང་གིས་མི་གཏོང་བ་ནི་ཐེག་པ་ཆེན་པོའི་སྨྲ་སྟོད་ཀྱི་ལུགས་ཡིན་པ་ལ་སྨྲ་སྟོད་ཀྱི་རྣམ་དབྱེ་སོ་སོར་མ་ཤེས་པའི་ཕྱིར། དེ་སྐད་དུ་ཡང་། དེས་ན་སོ་སོ་ཐར་པ་ཡི༑ ༑སྡོམ་པ་ཤི་ཡང་ཡོད་དོ་ཞེས། །སླུ་བའི་སྐྱེས་བུ་དེ་ལ་ནི། །སྨྲ་སྟོད་རྣམ་དབྱེ་མེད་པར་ཟད། །ཅེས་པའི་རྣམ་དབྱེའི་ཚིག་གི་ནུས་པ་ཁོང་དུ་མ་ཆུད་པར་ཟད་དོ། །གཞན་ཡང་། ཐེག་དམན་སོ་ཐར་གྱི་སྡོམ་པ་བྱང་སྡོམ་དུ་གནས་འགྱུར་བ་མེད་པར་ཐལ། ཐེག་དམན་སོ་ཐར་གྱིས་ཉེར་ལེན་བྱས་པ་ལས་བྱུང་བའི་བྱང་སྡོམ་གཞི་མ་གྲུབ་པའི་ཕྱིར་ཏེ། སོ་ཐར་གྱི་སྡོམ་པ་བེམ་པོ་དང་བྱང་སེམས་ཀྱི་སྡོམ་པ་ཤེས་པ་གང་ཞིག །བེམ་པོས་ཤེས་པའི་ཉེར་ལེན་བྱེད་པ་དཔལ་ལྡན་ཆོས་ཀྱི་གྲགས་པས་བཀག་པའི་ཕྱིར་ཏེ། རྣམ་ཤེས་མིན་པ་རྣམ་ཤེས་ཀྱི། །ཉེར་ལེན་མིན་པའི་ཕྱིར་ཡང་གྲུབ། །ཅེས་གསུངས་པའི་ཕྱིར། རྩ་བར་འདོད་མི་ནུས་ཏེ། རྗེ་བཙུན་གྱིས་རྩ་ལྟུང་འགྲེལ་སྟོང་དུ། རྒྱུད་འབུམ་པའི་ལུང་དྲངས་ནས་སྡོམ་གསུམ་གནས་གྱུར་ངོ་བོ་གཅིག་ཏུ་བཤད་པའི་ཕྱིར་དང་། སྔགས་ཀྱི་དབང་བསྐུར་ལ་བརྟེན་ནས་སྡོམ་གསུམ་དུས་ཅིག་ཅར་ཐོབ་པར་བཤད་པའི་ཕྱིར་ཏེ། སངས་རྒྱས་གསུང་བཞིན་མཛད་པ་ཡི། །བླ་མ་བཅལ་ལ་དབང་བཞི་བླངས། །དེ་ཡིས་སྡོམ་པ་གསུམ་ལྡན་འགྱུར། །ཞེས་གསུངས་པའི་ཕྱིར། གཞན་ཡང་། བྱང་སེམས་ཀྱི་སྡོམ་པ་བེམ་པོར་ཐལ། བྱང་སེམས་ཀྱི་ཉེས་སྤྱོད་སྡོམ་པའི་ཚུལ་ཁྲིམས་བེམ་པོ་ཡིན་པའི་ཕྱིར་ཏེ། བྱང་སེམས་ཀྱི་རྒྱུད་ཀྱི་སོ་ཐར་རིགས་བདུན་གྱི་སྡོམ་པ་ཡིན་པའི་ཕྱིར། རྟགས་ཁས། ཁྱབ་སྟེ། བྱང་ས་ལས། བྱང་ཆུབ་སེམས་དཔའི་ཚུལ་ཁྲིམས་དེ་ཡང་མདོར་བསྡུ་ན་རྣམ་པ་གསུམ

སྟེ་ཉེས་པར་སྤྱོད་པ་སྡོམ་པའི་ཚུལ་ཁྲིམས་དང་། དགེ་བའི་ཆོས་སྡུད་པའི་ཚུལ་ཁྲིམས་དང་། སེམས་ཅན་ལ་ཕན་འདོགས་པའི་ཚུལ་ཁྲིམས་སོ། །དེ་ལ་བྱང་ཆུབ་སེམས་དཔའི་སྡོམ་པའི་ཚུལ་ཁྲིམས་ནི། སོ་སོ་ཐར་པའི་སྡོམ་པ་ཡང་དག་པར་བླངས་པ་རིགས་བདུན་ཏེ་དགེ་སློང་དང་དགེ་སློང་མ་དང་དགེ་སློབ་མ་དང་དགེ་ཚུལ་དང་དགེ་ཚུལ་མ་དང་དགེ་བསྙེན་དང་དགེ་བསྙེན་མའི་ཚུལ་ཁྲིམས་གང་ཡིན་པ་སྟེ། ཞེས་གསུངས་པའི་ཕྱིར།

གསུམ་པ་ལ། ངོ་བོ་དང་། དབྱེ་བ་གཉིས། དང་པོ་ནི། གཞན་ལ་གནོད་པ་གཞི་བཅས་སྤོང་བའི་ངེས་འབྱུང་གི་ཚུལ་ཁྲིམས་སོ། །གཉིས་པ་ལ། གྲུབ་མཐའི་སྒོ་ནས། རྟེན་གྱི་གང་ཟག་གི་སྒོ་ནས། ཆོ་གའི་སྒོ་ནས་དབྱེ་བ་དང་གསུམ། དང་པོ་ལ། ཐེག་དམན་ལུགས་ཀྱི་དང་། ཐེག་ཆེན་ལུགས་ཀྱི་སོ་ཐར་གྱི་སྡོམ་པ་གཉིས། དང་པོ་ནི། འདུལ་མཛོད་གཉིས་ལས་བཤད་པ་ལྟར་གྱི་སོ་ཐར་རོ། །གཉིས་པ་ནི། ཐེག་ཆེན་གྱི་གཞུང་ལུགས་ནས་བཤད་པ་ལྟར་གྱི་ཤེས་པའི་ངོ་བོར་གྱུར་པའི་སོ་ཐར་རོ། །དེ་ཡང་ཐེག་དམན་ལུགས་ཀྱི་སོ་ཐར་གྱི་སྡོམ་པ་ཡིན་ན། ཐེག་དམན་གྱི་སོ་ཐར་གྱི་སྡོམ་པ་ཡིན་པས་མ་ཁྱབ་སྟེ། ཐེག་དམན་གྱི་གཞུང་ལུགས་ནས་བཤད་པའི་གཟུགས་ཅན་གྱི་ངོ་བོར་གྱུར་པའི་སོ་ཐར་སྡོམ་པ་རིགས་བརྒྱད་ནི་ཐེག་དམན་ལུགས་ཀྱི་སོ་ཐར་སྡོམ་པ་ཡིན་ཡང་ཐེག་དམན་སོ་ཐར་གྱི་སྡོམ་པ་མ་ཡིན་པའི་ཕྱིར་ཏེ། ཐེག་དམན་སོ་ཐར་གྱི་སྡོམ་པ་ནི་འདིར་ཤེས་པར་འདོད་པའི་ཕྱིར། དཔེར་ན། ཐེག་དམན་གྱི་ལུགས་ལ་འགོག་སྙོམས་ལྡན་མིན་འདུ་བྱེད་ཡིན་ཡང་ཐེག་ཆེན་གྱི་ལུགས་ལ་འགོག་སྙོམས་ཤེས་པར་ཁས་ལེན་དགོས་པ་བཞིན་ནོ། །ཐེག་དམན་སོ་ཐར་གྱི་སྡོམ་པ་ཡིན་ན། ཐེག་དམན་ལུགས་ཀྱི་སོ་ཐར་གྱི་སྡོམ་པ་ཡིན་མི་དགོས་ཏེ། ཐེག་དམན་གྱི་སྡོམ་པ་ནི་ཤེས་པ་ཡིན་ལ་ཐེག་དམན་གྱི་ལུགས་ལ་སྡོམ་པ་དང་ཤེས་པའི་གཞི་མཐུན་མི་སྲིད་པའི་ཕྱིར། ཐེག་ཆེན་ལུགས་ཀྱི་སོ་ཐར་གྱི་སྡོམ་པ་ཡིན་ན། ཐེག་ཆེན་སོ་ཐར་གྱི་སྡོམ་པ་ཡིན་པས་མ་ཁྱབ་སྟེ། ཐེག་དམན་གྱི་རྒྱུད་ཀྱི་ཤེས་པའི་ངོ་བོར་གྱུར་པའི་སོ་ཐར་རིགས་བརྒྱད་ཐེག་ཆེན་ལུགས་ཀྱི་སོ་ཐར་ཡིན་ཡང་ཐེག་ཆེན་སོ་ཐར་མ་ཡིན་པའི་ཕྱིར། དེ་ཐེག་ཆེན་ལུགས་ཀྱི་སོ་ཐར་ཡིན་ཏེ། ཐེག་ཆེན་རང་ལུགས་སུ་ཁས་བླང་བར་བྱ་བའི་སོ་ཐར་གྱི་སྡོམ་པ་ཡིན་པའི་ཕྱིར། ཐེག་ཆེན་སོ་ཐར་གྱི་སྡོམ་པ་ཡིན་ན། ཐེག་ཆེན་རང་ལུགས་ཀྱི་སོ་ཐར་གྱི་སྡོམ་པ་ཡིན་དགོས་ཏེ། ཐེག་ཆེན་གྱི་རྒྱུད་ཀྱི་སོ་ཐར་གྱི་སྡོམ་པ་ནི་ཐེག་ཆེན་རང་ལུགས་སུ་ཇི་ལྟ་བ་བཞིན་དུ་ཁས་ལེན་པའི་ཕྱིར། དེས་ན་ལུགས་དང་རྒྱུད་གཉིས་མ་འདྲེས་པ་སོ་སོར་ཤེས་པ་གནད་དུ་ཆེའོ། །

གཉིས་པ་ལ། ཐེག་དམན་སོ་ཐར་གྱི་སྡོམ་པ་དང་། ཐེག་ཆེན་སོ་ཐར་ཀྱི་སྡོམ་པ་གཉིས། དང་པོ་ནི། རང་དོན་དུ་ཐེག་དམན་གྱི་བྱང་ཆུབ་ལ་དམིགས་པའི་ངེས་འབྱུང་གི་ཚུལ་ཁྲིམས་སོ། །དབྱེ་ན། རིགས་

བརྒྱད་དོ། །གཉིས་པ་ནི། གཞན་དོན་དུ་རྫོགས་པའི་བྱང་ཆུབ་ལ་དམིགས་པའི་བསམ་པ་ཁྱད་པར་ཅན་གྱིས་ཟིན་པའི་ངེས་འབྱུང་གི་ཚུལ་ཁྲིམས་སོ། །དབྱེ་ན། ཐེག་ཆེན་སོ་ཐར་རིགས་བརྒྱད་དོ། །

གསུམ་པ་ལ། ཆོ་ག་ཐུན་མོང་མ་ཡིན་པའི་དང་། ཆོ་ག་ཐུན་མོང་བའི་ཐེག་ཆེན་སོ་ཐར་གྱི་སྡོམ་པ་གཉིས། དང་པོ་ནི། དོན་ཡོད་ཞགས་པའི་རྟོག་པ་ལས་བཤད་པའི་གསོ་སྦྱོང་གི་སྡོམ་པ་ལྟ་བུའོ། །གཉིས་པ་ནི། ཐེག་ཆེན་སོ་ཐར་རིགས་བརྒྱད་ཀྱི་སྡོམ་པ་ལྟ་བུའོ། །

གཉིས་པ་བྱང་སྡོམ་ལ། ངོ་བོ། དབྱེ་བ། ངོགས་གཅོད་དང་གསུམ། དང་པོ་ནི། མཐའ་ཡས་པའི་སེམས་ཅན་ལ་ཕན་པ་སྒྲུབ་པར་བྱེད་པའི་བསམ་པས་ཟིན་པའི་ངེས་འབྱུང་གི་ཚུལ་ཁྲིམས་སོ། །གཉིས་པ་ལ། མཚན་གཞི་དང་། ཆོ་གའི་སྒོ་ནས་དབྱེ་བ་གཉིས། དང་པོ་ལ། གཉིས་ཚན་དང་། གསུམ་ཚན་གྱི་སྒོ་ནས་དབྱེ་བ་གཉིས། དང་པོ་ལ། སྨོན་པ་སེམས་བསྐྱེད་ཀྱི་སྡོམ་པ་དང་། འཇུག་པ་སེམས་བསྐྱེད་ཀྱི་སྡོམ་པ་གཉིས། དང་པོ་ནི༑ སྨོན་པ་སེམས་བསྐྱེད་འགོག་པར་བྱེད་པའི་ཆོག་ལ་བརྟེན་ནས་བྱུང་བའི་ངེས་འབྱུང་གི་ཚུལ་ཁྲིམས་སོ། །

གཉིས་པ་ནི། འཇུག་པ་སེམས་བསྐྱེད་འགོག་པའི་ཆོག་ལ་བརྟེན་ནས་ཐོབ་པའི་ངེས་འབྱུང་གི་ཚུལ་ཁྲིམས་སོ། །དེ་ཡང་སེམས་ཙམ་པ་ལྟར་ན་འདི་གཉིས་འགལ་བ་ཡིན་ཏེ་ཆོག་ལས་རིམ་ཅན་དུ་ཐོབ་དགོས་པའི་ཕྱིར། དབུ་མ་པ་ལྟར་ན། འགལ་བ་མ་ཡིན་ཏེ། འགོག་པར་བྱེད་པའི་ཆོག་གཅིག་ཉིད་ལས་དུས་མཉམ་ལྷན་ཅིག་ཏུ་སྐྱེ་བར་བཞེད་པའི་ཕྱིར་དང་། བྱང་སེམས་ཀྱི་སྡོམ་པ་གཅིག་ཉིད་གཞན་དོན་དུ་བྱང་ཆུབ་ཐོབ་པར་སྨོན་པའི་ཆ་ནས་སྨོན་པ་སེམས་བསྐྱེད་ཀྱི་སྡོམ་པ་དང་། བྱང་ཆུབ་ཐོབ་ཕྱིར་དུ་སྦྱིན་སོགས་ཕ་རོལ་ཏུ་ཕྱིན་པའི་བསླབ་བྱ་ལ་སློབ་པའི་ཆ་ནས་འཇུག་པ་སེམས་བསྐྱེད་ཀྱི་སྡོམ་པར་འགྱུར་བའི་ཕྱིར། དེས་ན་སྨོན་པ་སེམས་བསྐྱེད་ཀྱི་སྡོམ་པ་དང་། སྨོན་པ་སེམས་བསྐྱེད་དོན་གཅིག་པ་དང་། འཇུག་པ་སེམས་བསྐྱེད་ཀྱི་སྡོམ་པ་དང་འཇུག་པ་སེམས་བསྐྱེད་དོན་གཅིག་པ་བདག་ཉིད་ཆེན་པོའི་དགོངས་པ་ཡིན་ཏེ། སྨོན་པ་སེམས་བསྐྱེད་འགོག་པར་བྱེད་པའི་ཆོག་ལ་བརྟེན་ནས་ཐོབ་པའི་སེམས་པ་མཚུངས་ལྡན་དང་བཅས་པ་ལ་སྨོན་པ་སེམས་བསྐྱེད་ཀྱི་སྡོམ་པ་དང་སྨོན་པ་སེམས་བསྐྱེད་དུ་འཇོག །འཇུག་པ་སེམས་བསྐྱེད་འགོག་པར་བྱེད་པའི་ཆོག་ལས་ཐོབ་པའི་སེམས་པ་མཚུངས་ལྡན་དང་བཅས་པ་ལ་འཇུག་པའི་དེ་གཉིས་སུ་འཇོག་པའི་ཕྱིར།

གཉིས་པ་ལ། ཉེས་སྤྱོད་སྡོམ་པའི། དགེ་བ་ཆོས་སྡུད་ཀྱི། སེམས་ཅན་དོན་བྱེད་ཀྱི་ཚུལ་ཁྲིམས་དང་གསུམ། དང་པོ་ནི། བྱང་ཆུབ་སེམས་དཔའི་རྒྱུད་ཀྱི་སོ་ཐར་རིགས་བདུན་ལྟ་བུའོ། །གཉིས་པ་ནི། དེའི་རྒྱུད་ཀྱི་སྦྱིན་སོགས་རེ་རེའང་ཕར་ཕྱིན་དྲུག་ལྡན་དུ་ཉམས་སུ་ལེན་པའི་སེམས་བསྐྱེད་ལྟ་བུ། གསུམ་པ་ནི། དེའི་རྒྱུད་

ཀྱི་བསམ་སྦྱོར་གཉིས་ཀའི་སྒོ་ནས་སེམས་ཅན་ལ་ཕན་པ་དངོས་སུ་སྒྲུབ་པའི་སེམས་བསྐྱེད་ལྟ་བུའོ། །འདི་གསུམ་ནི། ངོ་བོ་གཅིག་ལ་ལྡོག་པའི་སྒོ་ནས་སོ་སོར་དབྱེ་བ་ཡིན་པར་ཤེས་པར་བྱའོ། །

གཉིས་པ་ལ། ཆོག་ཉན་ཐོས་དང་ཐུན་མོང་བའི། ཆོག་ཐུན་མོང་མ་ཡིན་པའི། དབང་བསྐུར་གྱི་ཆོག་དང་ཐུན་མོང་བའི་བྱང་སྡོམ་དང་གསུམ། དང་པོ་ནི། ཐེག་ཆེན་སོ་ཐར་རིགས་བརྒྱད་ལྟ་བུ་ཡིན་ཏེ། བྱང་སྡོམ་དང་ཐེག་ཆེན་སོ་ཐར་གྱི་སྡོམ་པ་ནི་དོན་གཅིག་མིང་གི་རྣམ་གྲངས་ཡིན་པའི་ཕྱིར་ཏེ། བྱང་ཆུབ་སེམས་དཔའི་རྒྱུད་ཀྱི་སྡོམ་པ་དེ་ཉིད་གཞན་ལ་གནོད་པ་གཞི་བཅས་སྤོང་བའི་ཆ་ནས་ཐེག་ཆེན་སོ་ཐར་གྱི་སྡོམ་པ་དང་གཞན་ལ་ཕན་པ་སྒྲུབ་པའི་ཆ་ནས་བྱང་སྡོམ་དུ་འཇོག་པའི་ཕྱིར། གཉིས་པ་ནི། དབུ་སེམས་གཉིས་ཀྱི་ཆོག་ལས་ཐོབ་པའི་སྨོན་འཇུག་གི་སྡོམ་པ་ལྟ་བུའོ། །གསུམ་པ་ནི། རྒྱུད་སྡེ་བཞིའི་དབང་ལས་ཐོབ་པའི་སྔགས་སྡོམ་ལྟ་བུའོ། །

གསུམ་པ་ལ། སྨོན་པ་སེམས་བསྐྱེད་ཆོགས་སྐྱེ་མི་སྐྱེ་དཔྱད་པ་དང་། དོན་དམ་སེམས་བསྐྱེད་ཆོགས་སྐྱེ་མི་སྐྱེ་དཔྱད་པ་གཉིས། དང་པོ་ནི། བླ་མ་ཞེས་བྱ་ཀུན་རིག་ལ་སོགས་པ་ནི། སྨོན་པ་སེམས་བསྐྱེད་ཆོགའི་སྒོ་ནས་མི་སྐྱེ་སྟེ། གཞན་དོན་དུ་རྫོགས་པའི་བྱང་ཆུབ་དོན་གཉེར་གྱི་བློ་ཡོད་ན་ཆོགའི་སྒོ་ནས་བསྐྱེད་མི་དགོས། མེད་ན་ཆོགས་བླངས་ཀྱང་མི་སྐྱེ་བའི་ཕྱིར་དང་། སྨོན་པ་སེམས་བསྐྱེད་དེ་བྱང་སེམས་ཀྱི་སྡོམ་པས་མ་ཟིན་པས་བསོད་ནམས་རྒྱུན་ཆགས་སུ་མི་འབྱུང་བར་བཤད་པའི་ཕྱིར་ཏེ། སྤྱོད་འཇུག་ལས། བྱང་ཆུབ་སྨོན་པའི་སེམས་ལ་ནི། །འཁོར་ཚེ་འབྲས་བུ་ཆེ་འབྱུང་ཡང་། །ཇི་ལྟར་འཇུག་པའི་སེམས་བཞིན་དུ། །བསོད་ནམས་རྒྱུན་ཆགས་འབྱུང་བ་མིན། །ཞེས་གསུངས་པའི་ཕྱིར། ཞེས་བཞེད། བདག་ཉིད་ཆེན་པོའི་བཞེད་པ་ལ། སྨོན་པའི་ཁྱད་པར་དང་འཇུག་པའི་ཁྱད་པར་གཉིས། དང་པོ་ལ། སྨོན་པའི་སེམས། སྨོན་པ་སེམས་བསྐྱེད། སྨོན་པ་མི་ཉམས་པར་བསྲུང་བའི་བསླབ་བྱ་དང་གསུམ། དང་པོ་ནི། ཆོག་ལ་ལྟོས་མེད་དུ་སེམས་མ་བསྐྱེད་པའི་ཉེས་དམིགས། བསྐྱེད་པའི་ཕན་ཡོན་མཐོང་བའི་སྒོ་ནས་གཞན་དོན་དུ་རྫོགས་པའི་བྱང་ཆུབ་དོན་དུ་གཉེར་བའི་བློ་ལྟ་བུའོ། །གཉིས་པ་ནི། བྱང་སྡོམ་འབོགས་པར་བྱེད་པའི་ཆོག་ལ་བརྟེན་ནས་སྨོན་པའི་སེམས་དེ་ཉིད་སྡོམ་པས་ཟིན་པའི་སེམས་བསྐྱེད་དོ། །གསུམ་པ་ནི། དེ་དག་གི་བསླབ་བྱ་ལ་ཚུལ་བཞིན་དུ་སློབ་པར་བྱེད་པའོ། །དེས་ན་སྤྱོད་འཇུག་གི་དོན་ནི། སྡོམ་པས་མ་ཟིན་པའི་སྨོན་སེམས་རྐྱང་པ་ལ་དགོངས་པ་ཡིན་ནོ། །

གཉིས་པ་ལ། འཇུག་པའི་སེམས། འཇུག་པ་སེམས་བསྐྱེད། འཇུག་པ་མི་ཉམས་པར་བསྲུང་བའི་བསླབ་བྱ་དང་གསུམ། དང་པོ་ནི། ཆོག་ལ་ལྟོས་མེད་དུ་ཕར་ཕྱིན་དྲུག་གི་བསླབ་བྱ་ལ་སློབ་པའི་སེམས་སོ། །གཉིས་པ་ནི༑ སྡོམ་པ་འབོགས་པར་བྱེད་པའི་ཆོག་ལ་བརྟེན་ནས་འཇུག་པའི་སེམས་དེ་ཉིད་སྡོམ་པས་ཟིན་པའི་སེམས

བསྐྱེད་དོ། །གསུམ་པ་ནི། དེ་དག་གི་བསླབ་བྱ་ཕྱིན་དྲུག་ལ་རྩུལ་བཞིན་དུ་སློབ་པར་བྱེད་པའོ། །

གཉིས་པ་ལ། ཁ་ཅིག་དོན་དམ་སེམས་བསྐྱེད་ཆོ་གའི་སྒོ་ནས་སྐྱེ་བ་ཡོད་དེ། དབང་གི་སྐབས་ཀྱི་སྐབས་སུ། ཀུན་རྫོབ་བྱང་ཆུབ་ཀྱི་སེམས་ཟླ་བའི་དཀྱིལ་འཁོར་ལྟ་བུ་དང་། དོན་དམ་བྱང་ཆུབ་ཀྱི་སེམས་རྡོ་རྗེ་ལྟ་བུར་བསྒོམ་པའི་སྒོ་ནས་སེམས་བསྐྱེད་པར་བཤད་པའི་ཕྱིར་དང་། དབང་བཞི་པའི་ལམ་ཆོ་གའི་སྒོ་ནས་སྐྱེ་བ་ཡོད་པའི་ཕྱིར་ཟེར། འདི་ལ་དམ་བཅའ་མི་འཐད་པ་དང་། སྒྲུབ་བྱེད་མི་འཐད་པ་གཉིས། དང་པོ་ནི། དོན་དམ་སེམས་བསྐྱེད་དེ་རགས་པ་བརྡ་ལས་བྱུང་བའི་སེམས་བསྐྱེད་ཡིན་པར་ཐལ། ཆོ་གའི་སྒོ་ནས་བསྐྱེད་པའི་སེམས་བསྐྱེད་ཡིན་པའི་ཕྱིར། དེ་ཕྲ་བ་ཆོས་ཉིད་ཀྱིས་ཐོབ་པའི་སེམས་བསྐྱེད་མ་ཡིན་པར་ཐལ། དེ་ཆོ་ག་ལ་ལྟོས་མེད་དུ་ཆོས་ཉིད་སྒོམ་སྟོབས་ཀྱིས་ཐོབ་པའི་སེམས་བསྐྱེད་མ་ཡིན་པའི་ཕྱིར། ཁྱབ་སྟེ། མདོ་སྡེ་རྒྱན་ལས། ཆོས་ལ་མི་རྟོག་ཡེ་ཤེས་ནི། སྐྱེས་ཕྱིར་དེ་ནི་དམ་པར་འདོད། །ཅེས་དང་། འདིར་ཡང་། དོན་དམ་སེམས་བསྐྱེད་ཅེས་བྱ་བ། །བསྒོམ་པའི་སྟོབས་ཀྱིས་སྐྱེ་མོད་ཀྱི། །ཆོག་འདི་སྒོ་ནས་འདི་མི་སྐྱེ། །གལ་ཏེ་ཆོགས་སྐྱེ་ན་ནི། །བརྡ་ལས་བྱུང་བའི་སེམས་བསྐྱེད་འགྱུར། །འདི་ནི་དོན་དམ་ཆོས་ཉིད་ཀྱིས། །ཐོབ་པ་ཞེས་བྱའི་སེམས་བསྐྱེད་ཡིན། །ཞེས་གསུངས་པའི་ཕྱིར།

གཉིས་པ་ནི། སྒྲུབ་བྱེད་དང་པོ་ལ། མེ་ལོང་ལྟ་བུའི་ཡེ་ཤེས་དང་མཉམ་པ་ཉིད་ཀྱི་ཡེ་ཤེས་ཆོ་གའི་སྒོ་ནས་སྐྱེ་བ་ཡོད་པར་ཐལ། མངོན་བྱང་ལྔའི་སྐབས་སུ་མེ་ལོང་ལྟ་བུའི་ཡེ་ཤེས་ཟླ་བའི་དཀྱིལ་འཁོར་ལྟ་བུ་དང་མཉམ་ཉིད་ཡེ་ཤེས་ཉི་མའི་དཀྱིལ་འཁོར་ལྟ་བུར་བསྒོམས་ནས་རྒྱུ་རྡོ་རྗེ་འཛིན་པ་བསྐྱེད་པར་བཤད་པའི་ཕྱིར།

གཉིས་པ་ལ། དབང་བཞི་པའི་ལམ་ཡིན་ན་དོན་དམ་སེམས་བསྐྱེད་ཡིན་དགོས་པར་ཐལ། དབང་བཞི་པའི་ལམ་ཆོ་ག་ལས་སྐྱེ་བ་ཡོད་པའི་རྒྱུ་མཚན་གྱིས་དོན་དམ་སེམས་བསྐྱེད་ཆོ་གའི་སྒོ་ནས་སྐྱེ་བ་འཐད་པའི་ཕྱིར། འདོད་ན། དབང་བཞི་པའི་ལམ་ཡིན་ན་མཚོན་བྱ་དོན་གྱི་ཕྱག་རྒྱ་ཆེན་པོ་ཡིན་པས་ཁྱབ་པ་དང་། སྤྲོས་བྲལ་སྟོང་པ་ཉིད་མངོན་སུམ་དུ་རྟོགས་པའི་ཡེ་ཤེས་ཡིན་པས་ཁྱབ་པར་ཐལ་ལོ། །དེས་ན་དོན་དམ་སེམས་བསྐྱེད་ནི་སྒོམ་པའི་སྟོབས་ཀྱིས་སྐྱེ་བ་ཡིན་གྱི་ཆོ་གའི་སྟོབས་ཀྱིས་སྐྱེ་བ་མ་ཡིན་ཏེ། སྦྱོར་ལམ་ཆོས་མཆོག་ལ་གནས་པའི་བྱང་ཆུབ་སེམས་དཔའ་དེས་སྤྲོས་བྲལ་སྟོང་པ་ཉིད་རྩེ་གཅིག་ཏུ་བསྒོམས་པའི་སྟོབས་ཀྱིས་སྤྲོས་བྲལ་སྟོང་པ་ཉིད་མངོན་སུམ་དུ་རྟོགས་པའི་ཚེ་དོན་དམ་སེམས་བསྐྱེད་རང་གི་ངང་གིས་འབྱུང་བའི་ཕྱིར་ཏེ། དོན་དམ་སེམས་བསྐྱེད་དེ་ས་དང་པོའི་རྟོགས་པ་ཐོབ་མ་ཐག་ཏུ་མངོན་དུ་འགྱུར་གྱི། དེའི་སྔ་རོལ་དུ་མངོན་དུ་འགྱུར་བ་མེད་པའི་ཕྱིར། དཔེར་ན། འཕགས་ལམ་ཟག་མེད་རང་རྒྱུད་ལ་སྐྱེས་པའི་སྟོབས་ཀྱིས་ཟག་མེད་ཀྱི་

སྡོམ་པ་རང་གི་ངང་གིས་མངོན་དུ་འགྱུར་བ་དང་། བསམ་གཏན་གྱི་སྙོམས་འཇུག་རང་རྒྱུད་ལ་སྐྱེས་པའི་སྟོབས་ཀྱིས་བསམ་གཏན་གྱི་སྡོམ་པ་རང་གི་ངང་གིས་མངོན་དུ་འགྱུར་བ་ཡིན་གྱི་ཆོག་ལ་ལྟོས་མི་དགོས་པ་བཞིན་ནོ། །དེ་ལྟར་ཡང་མདོ་སྡེ་རྒྱན་ལས། རྫོགས་པའི་སངས་རྒྱས་རབ་མཉེས་བྱས། །བསོད་ནམས་ཡེ་ཤེས་ཚོགས་རབ་བསགས། །ཆོས་ལ་མི་རྟོག་ཡེ་ཤེས་ནི། །སྐྱེས་ཕྱིར་དེ་ནི་དམ་པར་འདོད། །ཅེས་དང་། ཆོས་དང་སེམས་ཅན་རྣམས་དང་ནི། །དེ་ཡི་བྱ་བ་སངས་རྒྱས་ཉིད། །མཆོག་ལ་སེམས་མཉམ་རྙེད་པའི་ཕྱིར། །དེ་ཡིས་རབ་དགའ་ཁྱད་པར་འཕགས། །ཞེས་དང་། འདིར་ཡང་། དོན་དམ་བྱང་ཆུབ་སེམས་དང་ནི། །ཟག་པ་མེད་པའི་སྡོམ་པ་དང་། །བསམ་གཏན་གྱི་ནི་སྡོམ་པ་སོགས། །ངང་གིས་སྐྱེ་ཡི་ཆོགས་མིན། །འདི་དག་འཐད་པ་དང་བཅས་པ། །མདོ་དང་བསྟན་བཅོས་ཀུན་ལས་འབྱུང་། །ཞེས་གསུངས་པ་ལྟར་རོ། །གཞན་ཡང་། བྱང་ཆུབ་སེམས་འགྲེལ་ལས། ཀུན་རྫོབ་སེམས་བསྐྱེད་ཆོག་འི་སྒོ་ནས་ལེན་པ་དང་དོན་དམ་སེམས་བསྐྱེད་གནས་ལུགས་ཀྱི་དོན་སྒོམ་སྟོབས་ཀྱིས་སྐྱེ་བར་བཤད་པ་ཡིན་ཏེ། སེམས་འགྲེལ་ལས། བདག་གི་སེམས་ཅན་མ་བསྒྲལ་བ་རྣམས་བསྒྲལ་བ་དང་མ་གྲོལ་བ་རྣམས་སྒྲོལ་བ་དང་དབུགས་མ་ཕྱུང་བ་རྣམས་དབུགས་དབྱུང་བ་དང་ཡོངས་སུ་མྱ་ངན་ལས་མ་འདས་པ་རྣམས་ཡོངས་སུ་མྱ་ངན་ལས་འདའ་བའི་ཕྱིར་དུས་འདི་ནས་བཟུང་སྟེ་སྙིང་པོ་བྱང་ཆུབ་ལ་མཆིས་ཀྱི་བར་དུ་བྱང་ཆུབ་ཆེན་པོར་སེམས་བསྐྱེད་པར་བགྱིའོ། །བྱང་ཆུབ་སེམས་དཔའ་གསང་སྔགས་ཀྱི་སྒོར་སྤྱོད་པ་སྤྱོད་པ་རྣམས་ཀྱིས་དེ་ལྟར་ཀུན་རྫོབ་ཀྱི་རྣམ་པས་བྱང་ཆུབ་ཀྱི་སེམས་སྨོན་པའི་རང་བཞིན་ཅན་བསྐྱེད་ནས་དོན་དམ་པའི་བྱང་ཆུབ་ཀྱི་སེམས་བསྒོམས་པའི་སྟོབས་ཀྱིས་བསྐྱེད་པར་བྱ་བ་ཡིན་པས་དེའི་ཕྱིར་དེའི་རང་བཞིན་བཤད་པར་བྱའོ། །ཞེས་གསུངས་པའི་ཕྱིར།

གསུམ་པ་སྔགས་སྡོམ་གྱི་ངོ་བོ་ནི། རྩ་ལྟུང་འགྲེལ་སྒྲོན་ལས། རིག་པ་འཛིན་པ་ནི་དེ་དག་ཀུང་ལྷའི་རྣམ་པར་ཡེ་ཤེས་ཀྱིས་བྱིན་གྱིས་བརླབས་ནས་ལོངས་སྤྱོད་པ་ཡིན་པས་འདི་ལ་འགལ་བ་ཅི་ཡང་ཡོད་པ་མ་ཡིན་ནོ། །ཞེས་གསུངས་ཤིང་། རིག་པ་འཛིན་པ་ཞེས་པའི་རིག་པ་ནི་དཀྱིལ་འཁོར་དུ་ཞུགས་པའི་དུས་སུ་མེ་ཏོག་གང་ལ་ཐོག་པའི་ལྷ་དང་། དེའི་སྔགས་ཡིན་ལ་དེ་འཛིན་པ་ནི་བསྒོམ་བཟླས་ཀྱི་སྒོ་ནས་ཡི་དམ་གྱི་ལྷ་དེ་ཉིད་མཉེས་པར་བྱེད་པའི་ཐབས་སོ། །དེས་ན་སྔགས་སྡོམ་གྱི་ངོ་བོ་ནི། སྨིན་བྱེད་དབང་གི་དུས་སུ་རང་གི་ལུས་ངག་ཡིད་གསུམ་དང་རྡོ་རྗེ་འཆང་གི་སྐུ་གསུང་ཐུགས་དབྱེར་མེད་དུ་བྱིན་གྱིས་བརླབས་པའི་རྟེན་འབྲེལ་བསྒྲིགས་ནས་འབྲས་བུའི་རྣམ་པ་ལམ་དུ་བྱེད་པའི་ཐབས་གྲོལ་བྱེད་ལམ་གྱི་དུས་སུ་གོང་ནས་གོང་དུ་འཕེལ་བར་བྱེད་པའི་རྒྱུ་འབྲས་ལྷུན་གྲུབ་ཏུ་སྤྱོད་པའི་ཐབས་ཁྱད་པར་ཅན་ནོ། །དེ་ལྟར་ཡང་། ཕུང་པོ་ཁམས་དང་སྐྱེད་མཆེད་ལ། །སངས་

རྒྱུས་ས་བོན་བཏབ་ནས་ནི། །ཚེ་འདིར་སངས་རྒྱས་བྱེད་པ་ཡི། །ཐབས་ལ་དབང་བསྐུར་ཞེས་སུ་བཏགས། །ཞེས་གསུངས་པ་ལྟར་རོ། །བསྡུ་ན། རང་སྔགས་སྡོམ་དུ་འགྱུར་བར་བྱེད་པའི་རྒྱུ་ཕུན་ཚོགས་ལ་བརྟེན་ནས་ཐོབ་ཅིང་འབྲས་བུའི་རྣམ་པ་ལམ་དུ་བྱེད་པའི་ཐབས་ཁྱད་པར་ཅན་གྱིས་ཟིན་པའི་ངེས་འབྱུང་གི་ཚུལ་ཁྲིམས་སོ། །དབྱེ་ན༔ བྱ་བ། སྤྱོད་པ། རྣལ་འབྱོར། བླ་མེད་ཀྱི་སྔགས་སྡོམ་དང་བཞིའོ། །

གཉིས་པ་ལ། གནས་པའི་ཚེ་ངོ་བོ་གཅིག་དང་ཐ་དད་གང་དུ་གནས་དཔྱད་པ་དང་། གཏོང་བའི་ཚེ་རིམ་དང་ཅིག་ཅར་གང་དུ་གཏོང་དཔྱད་པ་གཉིས། དང་པོ་ལ། དགག་བཞག་སྤང་གསུམ། དང་པོ་ལ། རྒྱ་གར་མཁས་པའི་ལུགས་མི་འཐད་པ་དགག་པ་དང་། བོད་ཀྱི་ལུགས་མི་འཐད་པ་དགག་པ་གཉིས། དང་པོ་ལ། ཛྙཱ་ན་ཤྲཱི་དང་། ཨ་བྷྱཱ་ཀ་རའི་ལུགས་མི་འཐད་པ་དགག་པ་དང་། ཨ་བྷྱཱ་ཀ་རའི་ལུགས་མི་འཐད་པ་དགག་པ་གཉིས། དང་པོ་ལ། བཤད་ཚུལ་སྤྱིར་བསྟན་པ་དང་། མི་འཐད་པའི་ཆ་དགག་པ་གཉིས། དང་པོ་ལ། སྡོམ་གསུམ་འོད་ཕྲེང་བ་ལྟར་ན༔ སྡོམ་པ་གསུམ་ལ་ཐོབ་གནས་གཏོང་གསུམ་གྱི་ཁྱད་པར། ཇི་ལྟར་དུ་ལྡན་པའི་ཚུལ། ཉམས་པའི་ཉེས་དམིགས། ཐོབ་པའི་ཕན་ཡོན་དང་བཞི། དང་པོ་ལ། སོ་ཐར། བྱང་སེམས། སྔགས་སྡོམ་གྱི་དབང་དུ་བྱས་པ་དང་གསུམ། དང་པོ་ནི། ཐོབ་པའི་ཚུལ་ནི། རྟེན་གྱི་གང་ཟག་གླིང་གསུམ་གྱི་སྐྱེས་པ་དང་བུད་མེད་གང་རུང་བསམ་པ་རང་ཉིད་འཁོར་བ་ལས་གྲོལ་བར་འདོད་པས་ཆོ་ག་མཁན་སློབ་ཚད་ལྡན་གྱི་དྲུང་དུ་དུས་ཇི་སྲིད་འཚོའི་བར་དུ་གཞན་གནོད་གཞི་བཅས་སྤོང་བའི་ཚུལ་གྱིས་ཐོབ་པར་འདོད། གནས་པའི་ཚུལ་ནི་རྟེན་གྱི་གང་ཟག་དང་སྡོམ་པ་གཉིས་ཐོབ་པའི་རྫས་ཀྱིས་སྦྲེལ་བའི་ཚུལ་གྱིས་གནས། དཔེར་ན། གླང་ལ་ཁལ་ལྡན་པར་བྱེད་པའི་ཐག་པ་བཞིན་ནོ། །གཏོང་ཚུལ་ཤི་འཕོས་པ་ལ་སོགས་པས་གཏོང་བར་བཞེད་དེ། སྡོམ་གསུམ་འོད་ཕྲེང་ལས། གླིང་གསུམ་སྐྱེས་པ་བུད་མེད་ཀྱིས། །རང་ཉིད་འཁོར་བ་གྲོལ་དོན་དུ། །མཁན་སློབ་ཆོ་ག་ཚད་ལྡན་ལས། །ཇི་སྲིད་འཚོ་ཡི་བར་དག་ཏུ། །གནོད་པ་གཞི་དང་བཅས་པ་ལ། །གཙོ་ཆེར་ལུས་ངག་སྡོམ་པ་སྟེ། །ཉན་ཐོས་བྱེ་བྲག་སྨྲ་བའི་སྡོམ། །གང་ཟག་གླང་པོ་འདྲ་བ་ལ། །སྡོམ་པ་ཁལ་དང་འདྲ་བ་སྟེ། །ཐོབ་པའི་ཐག་པས་སྦྲེལ་བར་གནས། །སོ་སོ་ཐར་པའི་གནས་ཚུལ་ཡིན། །བསླབ་པ་ཕུལ་དང་ཤི་འཕོས་དང་། །རྩ་བ་ཆད་དང་མཚན་འདས་དང་། །མཚན་གཉིས་ཅིག་ཅར་བྱུང་བ་ལས། །སོ་སོ་ཐར་པའི་སྡོམ་པ་གཏོང་། །གསུངས་སོ་ཕམ་པ་སྤྱད་པས་ཀྱང་། །སོ་ཐར་སྡོམ་པའི་གཏོང་ཚུལ་ཡིན། །ཞེས་གསུངས་སོ། །

གཉིས་པ་བྱང་སྡོམ་ལ། ཐོབ་པའི་ཚུལ་ནི། རྟེན་གྱི་གང་ཟག་ལྷ་མི་གང་རུང་གིས་བསམ་པ་འགྲོ་བ་མ་ལུས་པ་བསྐྱབ་པར་འདོད་པས་ཆོ་ག་སློབ་དཔོན་ཚད་ལྡན་གྱི་དྲུང་དུ་དུས་བྱང་ཆུབ་མ་ཐོབ་བར་དུ་རང་དོན་

ཡིད་བྱེད་ཀྱི་བསམ་པ་སྦྱོང་བའི་ཚུལ་གྱིས་སྨོན་འཇུག་གི་བདག་ཉིད་ཅན་གྱི་ཀུན་རྫོབ་བྱང་ཆུབ་ཀྱི་སེམས་ཐོབ་པར་བྱེད། དོན་དམ་བྱང་ཆུབ་ཀྱི་སེམས་ནི་ཡུལ་དང་ཡུལ་ཅན་གཉིས་སུ་མེད་པའི་སྟོང་ཉིད་ཀྱི་དོན་གོམས་པ་ལས་ཐོབ་པར་བྱེད། གནས་པའི་ཚུལ་ནི། སེམས་སེམས་བྱུང་གིས་བསྡུས་པའི་ཐེག་པ་ཆེན་པོའི་སེམས་བསྐྱེད་དང་། བྱང་སྡོམ་ཉི་མ་དང་ཉི་མའི་འོད་ཟེར་བཞིན་དུ་གནས་པར་བྱེད། གཏོང་བའི་ཚུལ་ནི། རང་དོན་ཡིད་བྱེད་ཀྱི་བསམ་པ་སྐྱེས་པ་དང་ནག་པོའི་ཆོས་བཞིས་གཏོང་སྟེ། ཚ་རེག་སྟོབས་ཆེན་པོ་ཡོད་པའི་གཞིར་གྲང་རེག་གི་རྒྱུན་འགོག་པ་བཞིན་ནོ། །འབྲས་བུ་བྱང་ཆུབ་ཐོབ་པའི་ཚེ་གཏོང་སྟེ། རྒྱུ་སྒྲོལ་ཟིན་པའི་གྲུ་གཟིངས་བཞིན་དུ་དགོས་པ་མེད་པའི་ཕྱིར། འོད་ཕྲེང་ལས། ལྷ་མི་ལ་སོགས་གང་རུང་གིས། །འགྲོ་བ་མ་ལུས་བསྒྲུབ་པའི་ཕྱིར། །སློབ་དཔོན་ཆོག་ཚད་ལྡན་ལས། །ཇི་སྲིད་བྱང་ཆུབ་སྙིང་པོའི་བར། །སྨོན་དང་འཇུག་པའི་བདག་ཉིད་ཅན། །ལུས་ངག་ཡིད་གསུམ་རང་དོན་དང་། །གཞན་དོན་ཐབས་མ་ཡིན་པས་སྡོམ། །ཀུན་རྫོབ་བྱང་ཆུབ་སེམས་ཀྱི་འོ། །དེ་ཉིད་སྣང་ལ་རང་བཞིན་མེད། །འཇིག་ཚོགས་བཞིན་དུ་གོམས་པ་ལས། །ཡུལ་དང་ཡུལ་ཅན་གཉིས་ལས་གྲོལ། །དོན་དམ་བྱང་ཆུབ་སེམས་ཡིན་ནོ། །སེམས་དང་སེམས་བྱུང་སེམས་བསྐྱེད་གཉིས། །རང་དོན་གཟའ་དང་བྲལ་བ་ན༔ །ཉི་མ་དང་ནི་འོད་ཟེར་བཞིན། །དེ་གནས་པ་ཡི་ཚུལ་ཡིན་ནོ། །རང་དོན་བློངས་དང་ནག་པོ་ཡི། །ཆོས་བཞིས་ལོག་པར་ཞུགས་པ་དང་། །འབྲས་བུ་དག་ནི་ཐོབ་པ་ན། །ཚ་གྲང་གྲུ་བཞིན་སེམས་བསྐྱེད་གཏོང་། །ཞེས་སོ། །

གསུམ་པ་སྔགས་སྡོམ་ལ་ཐོབ་ཚུལ་ནི། རྟེན་གྱི་གང་ཟག་རིགས་བཞི་གང་རུང་གིས་བསམ་པ་དགོས་འདོད་ཕུན་ཚོགས་འབྱུང་བར་འདོད་པས་ཆོ་ག་བླ་མ་མཚན་ཉིད་དང་ལྡན་པའི་དྲུང་དུ་དུས་ནམ་མཁའ་མ་ཞིག་གི་བར་དུ་རྣམ་རྟོག་གི་དྲི་མ་འགོག་པའི་ཚུལ་གྱིས་ཐོབ་པར་བྱེད་དོ། །གནས་པའི་ཚུལ་ནི་རིམ་གཉིས་ཀྱི་ཉམས་ལེན་ལ་བརྟེན་ནས་དགོས་འདོད་འབྱུང་བའི་ཚུལ་དུ་གནས། གཏོང་བའི་ཚུལ་ནི་དགོས་མེད་ཀྱི་བློ་སྐྱེས་པ་དང་། །རྩ་བའི་ལྟུང་བ་བྱུང་བས་གཏོང་བར་བཞེད་དེ། རིགས་བཞི་ལ་སོགས་བསོད་ནམས་ལྡན། །རང་གཞན་དགོས་འདོད་ཕུན་སུམ་ཚོགས། །བླ་མ་མཚན་ཉིད་ཚད་ལྡན་ལས། །ནམ་མཁའ་ཇི་སྲིད་གནས་པར་དུ། །ལྷན་སྐྱེས་ཡེ་ཤེས་བརྡ་དོན་འཕྲོད། །རྣམ་རྟོག་དྲི་མ་ཀུན་ལས་སྡོམ། །རིག་འཛིན་སྡོམ་པའི་ཐོབ་ཚུལ་ཡིན། །སྐུ་གསུང་ཐུགས་ཀྱི་རྒྱལ་མཚན་ལ། །རིམ་གཉིས་ཡིད་བཞིན་ནོར་བུ་སྦྲུས། །འདོད་ཡོན་ལྷ་ཡིས་ཀུན་ནས་མཆོད། །དགོས་འདོད་ཀུན་གྱི་འབྱུང་གནས་པ། །རིག་འཛིན་སྡོམ་པའི་གནས་ཚུལ་ཡིན། །དགོས་དོན་མེད་དོ་སྙོན་རྣམས་བྱུང་། །དཔག་བསམ་ཤིང་བུ་འགྱེལ་བ་བཞིན། །རྩ་བའི་ལྟུང་བ་བྱུང་བ་ན། །རིག་པ་འཛིན་པའི་སྡོམ་པ་གཏོང་། །ཞེས་སོ། །

གཉིས་པ་ལྡན་ཚུལ་ལ། རྒྱུད་བཞིའི་ལུང་དགོད་པ་དང་། དེའི་དོན་བཤད་པ་གཉིས། དང་པོ་ནི། རྒྱུད་སུམ་བརྒྱ་པ། དམ་པ་དང་པོ། རྡོ་རྗེ་རྩེ་མོ། རྒྱུད་འབུམ་པ་བཞི་ལས་སྡོམ་གསུམ་གྱི་རྣམ་གཞག་གསུངས་ཚུལ་ནི༑ འོད་ཕྲེང་ལས། རྒྱུད་ནི་སུམ་བརྒྱ་པ་ལས་ནི། །འཁོར་བཞི་པོ་ལ་རྗེས་སུ་གནང་། །རང་ཉིད་སློབ་པ་དང་ཡང་ལྡན། །དགེ་སློང་རྡོ་རྗེ་འཛིན་པ་བྱ། །གསུངས་སོ་དུས་ཀྱི་འཁོར་ལོ་ལས། །རྟེན་ནི་གསུམ་ལས་དགེ་སློང་མཆོག །འབྲིང་ནི་དགེ་ཚུལ་ཡིན་པར་འདོད། །ཁྱིམ་ན་གནས་པ་ཐ་མ་འོ། །གཞན་ཡང་རྡོ་རྗེ་རྩེ་མོ་ལས། །གལ་ཏེ་དེ་ནི་རབ་བྱུང་གྱུར། །སྡོམ་པ་གསུམ་དང་ཡང་དག་ལྡན། །སོ་སོར་ཐར་དང་བྱང་ཆུབ་སེམས། །རིག་འཛིན་སྔགས་ཀྱི་སྡོམ་པའོ། །ཞེས་དང་། རྒྱུད་འབུམ་པ་ལས། འདི་སྐད་དུ། རྡོ་ཡི་རིགས་ཀྱི་བྱེ་བྲག་ཞིག །བཞུ་བས་ལྕགས་དང་ཟངས་དངུལ་འགྱུར། །གསེར་འགྱུར་རྩི་ཡི་དངོས་པོ་ཡིས། །ཀུན་ཀྱང་གསེར་དུ་བསྒྱུར་བ་བཞིན། །རིགས་ཅན་གསུམ་གྱི་སྡོམ་པ་ཡང་། །དཀྱིལ་འཁོར་ཆེན་པོ་འདིར་ཞུགས་ན། །རིག་པ་འཛིན་པ་ཞེས་བྱའོ། །ཞེས་སོ། །

གཉིས་པ་ལ། དགག་བཞག་གཉིས་ལས། དང་པོ་ནི། ཁ་ཅིག །རྒྱུད་དེ་དག་གི་དོན་སྡོམ་གསུམ་གནས་གྱུར་ངོ་བོ་གཅིག་ཏུ་འདོད་ཟེར་བ་མི་འཐད་དེ། དེ་ལ་གནོད་བྱེད་ཀྱི་རིགས་པ་ཡོད་པའི་ཕྱིར། ཇི་ལྟར་ཡོད་ན། བུད་མེད་ལ་སྨོད་པའི་རྩ་ལྟུང་གིས་བུད་མེད་ལ་རེག་པ་སྤོང་བའི་སྡོམ་པ་གཏོང་བར་ཐལ། སྔགས་སྡོམ་དང་སོ་ཐར་གྱི་སྡོམ་པ་གནས་གྱུར་ངོ་བོ་གཅིག་པ་ཡོད་པའི་ཕྱིར། འདོད་ན། མཁའ་ལ་སྤྲིན་ཆེན་འཁྲིགས་པས་སའི་ལོ་ཏོག་སྨིམ་པར་འགྱུར་བ་དང་སྡོམ་པའི་གཏོང་རྒྱུ་སངས་རྒྱས་ཀྱིས་གསུངས་པ་ལས་གཞན་བྱེད་རིགས་པར་ཐལ་ལོ། །གཞན་ཡང་། ཉི་མའི་དཀྱིལ་འཁོར་གངྒཱའི་ཆུ་བོར་གནས་འགྱུར་བ་ཡོད་པར་ཐལ། ཐེག་དམན་སོ་ཐར་གྱི་སྡོམ་པ་སྔགས་སྡོམ་དུ་གནས་འགྱུར་བ་ཡོད་པ་གང་ཞིག །གཉིས་ཀ་འགལ་བ་ལྷག་སྤྲོད་དུ་ཆོས་མཚུངས་པའི་ཕྱིར། གཞན་ཡང་སྡོམ་གསུམ་གནས་གྱུར་པའི་ཚེ། ངོ་བོ་གཅིག་པའི་དོན་གང་ལ་བྱེད། ཤེས་རྒྱུད་གཅིག་ལ་སྡོམ་གསུམ་ངོ་བོ་ཐ་དད་དུས་མཉམ་དུ་ལྡན་པ་ལ་བྱེད་དམ། ཤེས་རྒྱུད་གཅིག་ལ་སྔ་ཕྱི་རིམ་གྱིས་ལྡན་པ་ལ་བྱེད་དམ། ཤེས་རྒྱུད་གཅིག་ལ་རྫས་དབྱེར་མེད་གཅིག་ཏུ་ལྡན་པ་ལ་བྱེད། དང་པོ་ལྟར་ན། ངོ་བོ་གཅིག་པའི་དོན་མ་ཚང་སྟེ། སྡོམ་གསུམ་རྫས་ཐ་དད་ཡིན་པའི་ཕྱིར། གཉིས་པ་ལྟར་ན་ངོ་བོ་གཅིག་པའི་དོན་མི་གནས་ཏེ། སྔ་ཕྱི་རིམ་ཅན་དུ་འབྱུང་བའི་ཕྱིར། གསུམ་པ་ལྟར་ན། སྡོམ་པ་གསུམ་གྱི་གཏོང་བའི་རྒྱུ་ཐོབ་པར་བྱེད་པའི་ཆོ་ག་ལ་ཁྱད་པར་གཏན་མེད་པར་ཐལ་བའི་སྐྱོན་ཡོད་དོ། །ཞེས་འདོད། འོད་ཕྲེང་ལས། གསུངས་པའི་དོན་ལ་ཁ་ཅིག་ནི། སྡོམ་གསུམ་གནས་འགྱུར་ངོ་བོ་གཅིག །གོང་མའི་རྩ་ལྟུང་བྱུང་བ་ན། །འོག་མ་གཏོང་ཞེས་སྒྲོགས་པ་ཡོད། །དེ་ལ་ཅུང་ཞིག་བརྟག་པར་བྱ། །གསུམ་ལྡན་གསུངས་པའི་དགོངས་པ་

ཡིས། །གཅིག་ལྡན་གཏོང་བ་དགོངས་པ་མིན། །རིགས་པས་ཀྱང་ནི་ཤིན་ཏུ་གནོད། །བུད་མེད་ལ་སློང་ལྟུང་བ་ཡིས། །རིག་པའི་སྡོམ་པ་གཏོང་ངམ་ཅི། །གལ་ཏེ་གཏོང་ན་ཧ་ཅང་ཐལ། །མཁའ་ལ་སྤྱོད་ཆེན་འཁྲིགས་པ་ཡིས། །ས་ཡི་ལོ་ཐོག་སྐམ་ཞེས་སྨྲ། །གཞན་ཡང་སྡོམ་པ་གཏོང་ཐོབ་རྒྱུ། །སངས་རྒྱས་གསུང་ལས་གཞན་པ་ཡི། །ཚོ་ག་གཞན་དུ་བྱེད་རིགས་སམ། །གཞན་ཡང་འགལ་བ་ལྷག་སྤྱོད་ལ། །གནས་འགྱུར་བརྗེ་བ་རིགས་མ་ཡིན། །རིགས་ན་ཉི་མའི་དཀྱིལ་འཁོར་འདི། །གདྣའི་ཆུ་བོར་འགྱུར་ཞེས་སྨྲ། །དེས་ན་རང་གིས་བརྟགས་ནས་བླང་། །སྡོམ་གསུམ་ལྡན་ཞེས་གསུངས་པ་དེ། །ཤེས་རྒྱུད་གཅིག་ལ་བརྗེ་ན་ནི། །གཅིག་ཏུ་འདོད་ཀྱང་གསུམ་དུ་འགྱུར། །ལྡན་ཚིས་རྫས་གཞན་ཐ་དད་ཕྱིར། །འོན་ཏེ་སྔ་ཕྱི་ལ་བརྗེ་ན། །གསུམ་ལྡན་ཞེས་པའི་སྒྲ་དོན་མེད། །འོན་ཏེ་སྡོམ་པ་རྫས་གཅིག་ཏུ། །ཤེས་རྒྱུད་གཅིག་ལ་ལྡན་ཞེ་ན། །གཏོང་ཐོབ་ཚོག་གཅིག་ཏུ་འགྱུར། །ཞེས་གསུངས་པ་ལྟར་རོ།། །།

གཉིས་པ་རང་ལུགས་ལ། ལྡན་ཚུལ་དང་། རྒྱུད་ཀྱི་དོན་བཤད་པ་གཉིས། དང་པོ་ནི། སྡོམ་གསུམ་ངོ་བོ་ཐ་དད་པའི་ཚུལ་དུ་ལྡན་ཏེ། སོ་ཐར་གྱི་སྡོམ་པ་དང་ལྡན་པའི་གང་ཟག་གིས་བྱང་སྡོམ་བླངས་པའི་ཚེ་སོ་ཐར་གྱི་སྡོམ་པ་ཀུན་གཞི་ལ་མི་གསལ་བ་བག་ལ་ཉལ་གྱི་ཚུལ་དུ་གནས། བྱང་སྡོམ་མངོན་འགྱུར་དུ་ལྡན། དེས་སྔགས་སྡོམ་བླངས་པ་ན་དང་པོ་གཉིས་ཀུན་གཞི་ལ་མི་གསལ་བ་བག་ལ་ཉལ་གྱི་ཚུལ་གྱིས་གནས། སྔགས་སྡོམ་མངོན་འགྱུར་དུ་ལྡན་པའི་ཕྱིར། དཔེར་ན། ཟླ་བའི་དཀྱིལ་འཁོར་ཤར་བ་ན་སྐར་མའི་འོད་ཉམས་ནས་ཟླ་བའི་འོད་མངོན་གྱུར་དུ་སྣང་བ་དང་། ཉི་མའི་དཀྱིལ་འཁོར་ཤར་བ་ན་ཟླ་སྐར་གཉིས་ཀའི་འོད་ཉམས་ནས་ཉི་མའི་འོད་ཟེར་གྱི་འཇིག་རྟེན་གསལ་བར་བྱེད་པ་བཞིན་ནོ། །དེ་ཡང་སྔགས་སྡོམ་དང་ལྡན་པའི་གང་ཟག་གིས་གདུལ་བྱ་གཞན་དོན་དུ་སྡོམ་པ་འོག་མ་གཉིས་པོ་གང་རུང་ཚོ་གའི་སྒོ་ནས་བླངས་ན་གོང་མ་ཟིལ་གྱིས་མི་གནོན་ཅིང་སྡོམ་པ་རང་གི་ངོ་བོ་སྐྱེས་ཏེ། སྡོམ་པ་གསུམ་གྱི་ཐོབ་ཚུལ་དང་གཏོང་ཚུལ་རང་རང་གི་གཞུང་ལུགས་ནས་བཤད་པ་ལྟར་དུ་བྱེད་དགོས་པའི་ཕྱིར། དཔེར་ན། ཉི་མ་གནས་པའི་ཚེ་ཟླ་སྐར་འཆར་བ་བཀག་པ་མེད་པ་བཞིན་ནོ། །ཞེས་བཞེད། དེས་ནས་སོ་ཐར་སྡོམ་པ་ཡིས། །བྱང་ཆུབ་མཆོག་གི་སེམས་བླངས་ན། །དང་པོ་དེ་ནི་ཀུན་གཞི་ལ། །བག་ལ་ཉལ་བའི་ཚུལ་དུ་གནས། །རིག་འཛིན་སྡོམ་པ་ཐོབ་པ་ན། །འོག་མ་གཉིས་ཀ་བག་ལ་ཉལ། །དཔེར་ན་མཁའ་ལ་རྒྱུ་སྐར་ཤར། །ཚུར་ཟད་སྣང་བར་བྱས་གྱུར་མོད། །ཟླ་བའི་དཀྱིལ་འཁོར་ཤར་བ་ན༑ ༑རྒྱུ་སྐར་འོད་ཉམས་འཇིག་རྟེན་སྣང་། །ཏ་བདུན་ཚ་ཟེར་ཤར་བ་ན། །ཟླ་བའི་འོད་ཉམས་འཇིག་རྟེན་གསལ། །གལ་ཏེ་རིག་པ་འཛིན་པ་ཡིས། །གདུལ་བྱ་གང་དང་གང་དོན་དུ། །འོག་མའི་སྡོམ་པ་བླངས་པ་ན། །གོང་

མ་ཟིལ་གྱིས་མི་གནོན་མོད། །སྡོམ་པ་ཚོགས་ཐོབ་པ་ཡིན། །མཁའ་ལ་ཉི་མ་གནས་གྱུར་མོད། །ཟླ་སྐར་འཆར་བ་བཀག་པ་མེད། །དེས་ན་གོང་ཐོབ་གནས་པའི་ཚུལ། །རང་རང་ཚོག་བཞིན་དུ་གནས། །ཞེས་སོ། །

གཉིས་པ་ནི། སྔར་གྱི་རྒྱུད་དེ་དག་གི་དོན། སྡོམ་པ་འོག་མ་དང་ལྡན་པའི་གང་ཟག་གིས་གོང་མ་བླངས་པའི་ཚེ་འོག་མ་གོང་མར་གནས་འགྱུར་བ་མ་ཡིན་ཏེ། འོག་མ་དང་ལྡན་པའི་གང་ཟག་གིས་གོང་མ་བླངས་པའི་ཚེ་གོང་མའི་ཡོན་ཏན་མཆོག་དང་ལྡན་པས་འོག་མ་ཟིལ་གྱིས་གནོན་པ་ལ་དགོངས་པའི་ཕྱིར། དཔེར་ན། ཉི་མའི་འོད་ཟེར་གྱིས་ཟླ་སྐར་གྱི་འོད་ཟིལ་གྱིས་གནོན་པ་བཞིན་ནོ། །ཞེས་བཞེད། གསེར་འགྱུར་རྩེ་ཞེས་གསུངས་པའི་དོན། །ཟིལ་གནོན་ཡོན་ཏན་མཆོག་ལ་དགོངས། །ཟླ་སྐར་གཉིས་ཀྱི་འོད་ཟེར་ཡང་། །ཉི་མའི་དཀྱིལ་འཁོར་གནས་ཀྱི་བར། །ཉི་མའི་འོད་ཅེས་ཀུན་གྱིས་སྒྲོགས། །ཞེས་སོ། །

གསུམ་པ་ཉམས་པའི་ཉེས་དམིགས་ལ། སོ་ཐར་ལས་ཉམས་པའི་ཉེས་དམིགས་ནི། སོ་ཐར་སྡོམ་པ་ཉམས་གྱུར་ན། །རང་གིས་རང་བསླུས་གནོད་པ་མང་། །རྒྱལ་དང་དེ་སྲས་ཐམས་ཅད་ཀྱིས། །ཚུང་ཟད་ཁྲེལ་གྱི་ཤིན་ཏུ་མིན། །ཕམ་པའི་ལྟྱི་ཡང་བྱེ་བྲག་གིས། །ལོ་གྲངས་ངན་སོང་གསུམ་དུ་གནས། །ཞེས་སོ། །བྱང་སེམས་ལས་ཉམས་པའི་ཉེས་དམིགས་ནི། བྱང་སེམས་ཉམས་ན་འགྲོ་བ་ཀུན། །བསླུས་ཏེ་གནོད་པ་ཤིན་ཏུ་མང་། །རྒྱལ་དང་དེ་སྲས་ཐམས་ཅད་དང་། །འགྲོ་བ་ཀུན་གྱིས་ཤིན་ཏུ་ཁྲེལ། །ཕམ་པའི་ལྟྱི་ཡང་བྱེ་བྲག་གིས། །བསྐལ་པའི་གྲངས་བཞིན་དམྱལ་བར་གནས། །ཞེས་སོ། །སྔགས་སྡོམ་ལས་ཉམས་པའི་ཉེས་དམིགས་ནི། རིག་འཛིན་སྡོམ་པ་ཉམས་གྱུར་ན། །ཡིད་དུ་མི་འོང་སྡུ་ཚོགས་འབྱུང་། །རྒྱལ་དང་དེ་སྲས་ཀུན་བརྙས་པས། །མི་འཇིགས་མནར་མེད་གནས་དག་ཏུ། །སྡུག་བསྔལ་ཆེན་པོ་དེ་ཡིས་མྱོང་། །བསྐལ་པ་གྲངས་ཐེར་འབུམ་ལ་སོགས་སུ། །དེ་ནི་ཐོན་པར་མ་གསུངས་སོ། །

བཞི་པ་ཕན་ཡོན་ལ། འོད་ཕྲེང་ལས། སོ་ཐར་སྡོམ་པའི་ཕན་ཡོན་ནི། །གནས་སྐབས་ལྷ་མི་མཐར་ཐུག་གི། །དགྲ་བཅོམ་འབྲས་བུ་ငེས་པར་འཐོབ། །བྱང་སེམས་སྡོམ་པའི་ཕན་ཡོན་ནི། །གནས་སྐབས་བདེ་མང་མཐར་ཐུག་ནི། རིང་མོ་ཞིག་ནས་རྫོགས་འཚང་རྒྱ། །རིག་འཛིན་སྡོམ་པའི་ཕན་ཡོན་ནི། །གནས་སྐབས་ཉིད་ནས་ཀུན་མཁྱེན་གྱི། །བདེ་བ་ཆེ་ལ་ལོངས་སྤྱོད་འགྱུར། །ཞེས་གསུངས་པ་ལྟར་རོ། །

གཉིས་པ་ལ། གདོང་བའི་རྒྱུ་མི་འཐད་པའི་ཆ་དགག །གནས་གྱུར་ངོ་བོ་གཅིག་པ་ལ་བརྗོད་པའི་སྐྱོན་མི་འཐད་པ། རང་ལུགས་ཀྱི་ལྡན་ཚུལ་མི་འཐད་པ་དང་གསུམ། དང་པོ་ནི། ཕམ་པ་བྱུང་བ་ཉན་ཐོས་ལུགས་ཀྱི་སོ་ཐར་སྡོམ་པའི་གཏོང་རྒྱུར་བཤད་པ་མི་འཐད་དེ། དེའི་ལུགས་ལ་ཕམ་པ་བྱུང་བའི་དགེ་སློང་གི་རྒྱུད་ལ་དགེ་

སློང་གི་སྡོམ་པའི་རྫས་ཚང་བར་ཡོད་པའི་ཕྱིར་ཏེ། མཛོད་དུ། ཁ་ཆེ་རྣམས་ནི་བྱུང་བ་ལ། །བུ་ལོན་ནོར་བཞིན་གཉིས་སུ་འདོད། །ཅེས་སོ། །རྒྱ་ཆེར་འགྲེལ་ལས། དགེ་སློང་ཕམ་པར་གྱུར་པ་ལ་ནི་སྡོམ་པ་ཡོད་དུ་ཟིན་ཀྱང་། ཞེས་གསུངས་པའི་ཕྱིར། བླ་ན་མེད་པའི་བྱང་ཆུབ་ཐོབ་པའི་ཚེ་བྱང་སེམས་ཀྱི་སྡོམ་པ་གཏོང་བར་བཤད་པ་ཡང་མི་འཐད་དེ། འོ་ན་དེའི་ཚེ་ཐེག་པ་ཆེན་པོའི་སེམས་བསྐྱེད་བཏང་བར་ཐལ། ཁས་བླངས་པ་དེའི་ཕྱིར། ཁྱབ་སྟེ། ཐེག་ཆེན་སེམས་བསྐྱེད་དང་བྱང་སྡོམ་ཉི་མ་དང་ཉི་མའི་འོད་ཟེར་བཞིན་གནས་པར་ཁས་བླངས་པའི་ཕྱིར། འདོད་ན། སྤྲིབ་པ་སྤངས་པའི་སེམས་བསྐྱེད་གཞི་མ་གྲུབ་པར་ཐལ་ལོ། །

གཉིས་པ་ནི། ཐལ་འགྱུར་དང་པོ་ལ། བུད་མེད་ལ་སྨྱོད་པའི་རྩ་ལྟུང་བྱུང་བས་བུད་མེད་ལ་རེག་པ་སྤོང་བའི་སྡོམ་པ་ཟིལ་གྱིས་གནོན་པར་ཐལ། སྡོམ་གསུམ་རིམ་གྱིས་བླངས་པའི་ཚེ་སྔགས་སྡོམ་གྱིས་སོ་ཐར་གྱི་སྡོམ་པ་ཟིལ་གྱིས་གནོན་པའི་ཚུལ་དུ་གནས་པའི་ཕྱིར། འདོད་ན། མཁའ་ལ་སྤྲིན་ཆེན་འཁྲིགས་པས་སའི་ལོ་ཏོག་འཕེལ་བ་ཟིལ་གྱིས་གནོན་པར་ཐལ་ལོ། །ཐལ་འགྱུར་གཉིས་པ་ལ། ཉི་མའི་དཀྱིལ་འཁོར་གཟླའི་ཆུ་བོར་གནས་འགྱུར་བ་ཡོད་པར་ཐལ། ཐེག་དམན་སེམས་བསྐྱེད་ཐེག་ཆེན་སེམས་བསྐྱེད་དུ་གནས་འགྱུར་བ་ཡོད་པ་གང་ཞིག །དེ་གཉིས་འགལ་བ་ལྷག་སྤྱོད་དུ་མཚུངས་པའི་ཕྱིར། ཐལ་འགྱུར་གསུམ་པའི་ལན་ནི། བདག་མེད་གསུམ་ལ་རྟོགས་དཀའ་སླའི་ཁྱད་པར་ཙུང་ཟད་ཀྱང་མེད་པར་ཐལ། ཐེག་པ་གསུམ་རིམ་གྱིས་བགྲོད་པའི་བྱང་སེམས་འཕགས་པའི་རྒྱུད་ཀྱི་བདག་མེད་གསུམ་རྟོགས་པའི་རྟོགས་པ་གསུམ་རྫས་གཅིག་པའི་ཕྱིར། ཁྱབ་པ་རྣམས་ཁས།

གསུམ་པ་ནི། གཞན་ལ་ཕན་འདོགས་པའི་སྡོམ་པ་མངོན་འགྱུར་དུ་ལྡན་པའི་གང་ཟག་ཡིན་ན་གཞན་ལ་གནོད་པ་སྤོང་བའི་སྡོམ་པ་མངོན་འགྱུར་དུ་རྒྱུད་ལ་མི་ལྡན་པས་ཁྱབ་པར་ཐལ་བ་དང་། འབྲས་བུ་ལམ་བྱེད་ཀྱི་ཐབས་ཀྱིས་ཟིན་པའི་སྡོམ་པ་མངོན་འགྱུར་དུ་རྒྱུད་ལ་ལྡན་ན་གཞན་ལ་ཕན་འདོགས་པའི་སྡོམ་པ་དང་གཞན་ལ་གནོད་པ་སྤོང་བའི་སྡོམ་པ་མངོན་འགྱུར་དུ་རྒྱུད་ལ་མི་ལྡན་པས་ཁྱབ་པའི་སྐྱོན་ཡོད་ཅིང་། གཞན་ཡང་། རྡོ་རྗེ་ཐེག་པ་དང་མཐུན་པའི་ཉམས་ལེན་ཡིན་ན་ཕར་ཕྱིན་ཐེག་པ་དང་མཐུན་པའི་ཉམས་ལེན་དང་འདུལ་བ་དང་མཐུན་པའི་ཉམས་ལེན་མ་ཡིན་དགོས་པར་ཐལ། སྔགས་སྡོམ་ཡིན་ན་སྡོམ་པ་འོག་མ་གཉིས་པོ་མ་ཡིན་དགོས་པའི་ཕྱིར། གཞན་ཡང་། བྱང་སྡོམ་དང་ལྡན་པའི་གང་ཟག་གིས་སོ་ཐར་གྱི་སྡོམ་པ་ཚེ་གཞི་སྒོ་ནས་བླངས་པས་བྱང་སྡོམ་ཟིལ་གྱིས་མི་གནོན་ཅིང་སོ་ཐར་གྱི་སྡོམ་པ་སྐྱེ་བ་མི་འཐད་པར་ཐལ། སོ་ཐར་སྡོམ་པའི་ཡན་ལག་ཏུ་རང་དོན་ཡིད་བྱེད་ཀྱི་བསམ་པ་དགོས་པ་དང་རང་དོན་ཡིད་བྱེད་ཀྱི་བསམ་པ་སྐྱེས་པ་ན་བྱང་

སྡོམ་གཏོང་བ་ཁས་བླངས་པའི་ཕྱིར། རྒྱུད་ཀྱི་ལུང་དོན་འཆད་པ་ཡང་མི་འཐད་དེ། འོན་གསེར་འགྱུར་གྱི་རྩིས་ལྕགས་དང་ཟངས་གསེར་གྱི་ངོ་བོར་བསྒྱུར་མི་ནུས་པར་ལྕགས་ཟངས་ཟིལ་གྱིས་གནོན་པ་ཙམ་དུ་ཐལ། སྡོམ་པ་གསུམ་རིམ་གྱིས་བླངས་པའི་ཚེ་སྡོམ་པ་འོག་མ་སྟེགས་སྡོམ་དུ་འགྱུར་མི་སྲིད་པར། སྡོམ་པ་འོག་མ་ཟིལ་གྱིས་གནོན་པ་ཙམ་ཡིན་པའི་ཕྱིར། ཁྱབ་སྟེ། དེ་གཉིས་དཔེ་དོན་དུ་སྦྱར་ནས་བཤད་པའི་ཕྱིར།

གཉིས་པ། ཨ་བྷྱ་ཀ་རའི་ལུགས་ལ། འདོད་པ་བརྗོད་པ་དང་། དེ་དགག་པ་གཉིས། དང་པོ་ནི། སྡོམ་གསུམ་རིམ་བཞིན་བླངས་པའི་གང་ཟག་གི་རྒྱུད་ལ་སྡོམ་པ་གསུམ་པོ་དེ་གཟུགས་ཅན་ངོ་བོ་ཐ་དད་པའི་ཚུལ་གྱིས་ཅིག་ཅར་དུ་ལྡན་ཏེ། སྡོམ་པ་གོང་མ་ཐོབ་པའི་ཚེ་འོག་མ་གཏོང་བ་ཡང་མ་ཡིན། འོག་མ་གོང་མར་གནས་འགྱུར་བ་ཡང་མ་ཡིན་པའི་ཕྱིར་རོ། །རྟགས་དང་པོ་གྲུབ་སྟེ། གོང་མ་འོག་མའི་གཏོང་རྒྱུ་མ་ཡིན་པའི་ཕྱིར། རྟགས་གཉིས་པ་གྲུབ་སྟེ། གསུམ་པོ་དེ་རྫུལ་ཕྲན་བསགས་པའི་གཟུགས་ཅན་ཡིན་པའི་རྒྱུ་མཚན་གྱིས་ངོ་བོ་ཐ་དད་པའི་ཚུལ་དུ་ལྡན་པ་ལ་འགལ་བ་མེད་པའི་ཕྱིར། དཔེར་ན། སྐྱེས་བུ་གཅིག་ལ་རྒྱན་སྣ་ཚོགས་ཀྱིས་རིམ་གྱིས་སྤྲས་པའི་ཚེ་རྒྱན་དེ་རྣམས་གཟུགས་ཅན་ངོ་བོ་ཐ་དད་ཅིག་ཅར་དུ་ལྡན་པ་བཞིན་ནོ། །ཞེས་འདོད་དེ། ཐུབ་པ་དགོངས་རྒྱན་ལས། འོན་གང་ཟག་ལ་ལ་ཇི་ལྟར་དགེ་བསྙེན་གྱི་སྡོམ་པ་དང་དགེ་ཚུལ་དང་དགེ་སློང་དང་བྱང་ཆུབ་སེམས་དཔའ་དང་རྡོ་རྗེ་སེམས་དཔའི་སྡོམ་པ་རིམ་པ་བཞིན་དུ་ཁས་བླངས་པ་ན་མེ་དང་བྲལ་བ་ན་གྲང་བ་ལྟར་སྡོམ་པ་ཕྱི་མ་སྐྱེ་དུས་སྔ་མ་འཇིག་གམ། ཡང་ན་སོ་ཐར་གྱི་སྤོང་བ་འཕེལ་བ་དང་ལྡན་པ་ལྟར་སྔ་ཕྱི་ལྡན་ཅིག་གམ། ཡང་ན་ཉི་མ་གཅིག་ལ་སྣ་ཚོགས་པའི་རྒྱན་བཞིན་དུ་སོ་སོར་གནས་པ་བརྗོད་ཅེ་ན། སྡོམ་པ་ཉམས་པའི་རྒྱུ་མ་ཡིན་པའི་ཕྱིར་དང་འགལ་བ་མེད་པའི་ཕྱིར་བསགས་པ་ཁོ་ན་ལ་འདི་རྣམས་ཀྱི་ཐ་སྙད་རྣམ་པར་འཇོག་པས་སྔ་མ་གཉིས་མ་ཡིན་གྱི་སྡོམ་པ་གོང་མ་ཐམས་ཅད་བླངས་ན་སྐྱེས་ཏེ་སོ་སོར་གནས་པ་ཁོ་ནའོ། །ཞེས་སོ༎ ༎

གཉིས་པ་ནི། དེ་མི་འཐད་དེ། སྤྱོད་པའི་སེམས་ནི་ཐོབ་པ་ལས། །ཚུལ་ཁྲིམས་ཕ་རོལ་ཕྱིན་པར་བཤད། །ཅེས་དང་། མདོ་ལས། གང་གཟུགས་དགེ་བ་དང་མི་དགེ་བར་སྨྲ་བ་དེ་ནི་ཤཱཀྱའི་བུ་མ་ཡིན་ཤཱཀྱའི་སྲས་མ་ཡིན་ཤཱཀྱའི་དགེ་སློང་མ་ཡིན་ནོ། །ཞེས་དགེ་བ་གཟུགས་ཅན་པ་བཀག་ནས་ཚུལ་ཁྲིམས་ཀྱི་ཕར་ཕྱིན་སེམས་པར་བཤད་པའི་ཕྱིར། གཞན་ཡང་བྱང་སེམས་ཀྱི་ཉེས་སྤྱོད་སྡོམ་པའི་ཚུལ་ཁྲིམས་དེ་བྱང་སེམས་ཀྱི་སྡོམ་པ་མ་ཡིན་པར་ཐལ། བྱང་སེམས་ཀྱི་རྒྱུད་ཀྱི་སོ་ཐར་རིགས་བདུན་བྱང་སེམས་ཀྱི་སྡོམ་པའི་ངོ་བོར་སྐྱེ་བ་གཞི་མ་གྲུབ་པའི་ཕྱིར། ཁྱབ་སྟེ། བྱང་སེམས་ཀྱི་རྒྱུད་ཀྱི་སོ་ཐར་རིགས་བདུན་ཉེས་སྤྱོད་སྡོམ་པའི་ཚུལ་ཁྲིམས་ཀྱི་མཚན་གཞིར

བཤད་པའི་ཕྱིར། གཞན་ཡང་། བྱང་སེམས་ཀྱི་སྡོམ་པ་དང་ཐེག་དམན་སོ་ཐར་གྱི་སྡོམ་པ་གང་ཟག་གཅིག་གི་རྒྱུད་ལ་ལྡན་ཅིག་ཏུ་ལྡན་པ་ཡོད་པར་ཐལ། བྱང་སེམས་ཀྱི་སྡོམ་པ་ལས་རྫས་གཞན་པའི་སོ་ཐར་གྱི་སྡོམ་པ་དང་བྱང་སྡོམ་གཉིས་གང་ཟག་གཅིག་གི་རྒྱུད་ལ་དུས་མཉམ་དུ་ལྡན་པ་ཡོད་པ་གང་ཞིག །ཐེག་ཆེན་སོ་ཐར་གྱི་སྡོམ་པ་བྱང་སྡོམ་ལས་རྫས་གཞན་དུ་མེད་པའི་ཕྱིར་ཏེ། ཐེག་ཆེན་སོ་ཐར་རིགས་བདུན་ནི་བྱང་སྡོམ་གྱི་མཚན་གཞིར་བཤད་པའི་ཕྱིར། འདོད་མི་ནུས་ཏེ། ཉེ་བར་འཁོར་གྱིས་ཞུས་པའི་མདོ་ལས། ཉེ་བར་འཁོར་དེ་ལ་ཉན་ཐོས་ཀྱི་ཐེག་པ་པའི་ཚུལ་ཁྲིམས་ཡོངས་སུ་དག་པ་གང་ཡིན་པ་དེ་ནི་བྱང་ཆུབ་སེམས་དཔའི་ཚུལ་ཁྲིམས་ཡོངས་སུ་མ་དག་པ་ཡིན་ལ། བྱང་ཆུབ་སེམས་དཔའི་ཚུལ་ཁྲིམས་ཡོངས་སུ་དག་པ་གང་ཡིན་པ་དེ་ནི་ཉན་ཐོས་ཀྱི་ཚུལ་ཁྲིམས་ཡོངས་སུ་མ་དག་པ་ཉིད་ཡིན་ནོ། །དེ་ཅིའི་ཕྱིར་ཞེ་ན། ཉན་ཐོས་ཀྱི་ཐེག་པ་ནི་སྐད་ཅིག་ཙམ་སྲིད་པར་སྐྱེ་བ་ལེན་པར་སྨྲོན་འདང་ཉམས་པ་ཡིན་ལ་བྱང་ཆུབ་སེམས་དཔའ་ནི་སེམས་ཅན་གྱི་དོན་ལ་བསྐལ་པ་དཔག་ཏུ་མེད་པར་འཁོར་བར་གནས་པ་ལ་མི་སྐྱོ་བ་ཡིན་ནོ། །ཞེས་གསུངས་པའི་ཕྱིར།

གཉིས་པ་ལ། སྡོམ་གསུམ་ལས་ཕྱི་རོལ་ཏུ་གྱུར་པའི་ལུགས་དགག་པ་དང་། སྡོམ་གསུམ་གྱི་རྗེས་སུ་འབྲངས་ཀྱང་དོན་མ་རྟོགས་པའི་ལུགས་དགག་པ་གཉིས། དང་པོ་ལ། འདོད་པ་བརྗོད་པ་དང་། དེ་དགག་པ་གཉིས་ལས། དང་པོ་ནི། བོད་ཀྱི་སྡོམ་པ་གསུམ་གྱི་རྣམ་གཞག་མཛད་པ་ཁ་ཅིག་ན་རེ། དང་པོར་སོ་ཐར་རིགས་བདུན་དེ་ནས་བྱང་སྡོམ་དང་སྔགས་སྡོམ་རིམ་གྱིས་ཐོབ་པའི་ཚེ་སྔ་ཕྱི་རྟེན་དང་བརྟེན་པ་རྫས་གཞན་པའི་ཚུལ་གྱིས་གནས་པ་ཡིན་ལ་སྡོམ་པ་གོང་མ་གོང་མའི་རྟེན་དུ་འོག་མ་འོག་མ་ངེས་པར་སྔོན་དུ་འགྲོ་དགོས་ཏེ། དཔེར་ན། གཞོང་པའི་ནང་དུ་ཆུ་བླུགས་ནས་དེའི་ནང་དུ་ནོར་བུ་བཞག་པ་བཞིན་ནོ་ཞེས་ཟེར།

གཉིས་པ་ལ། རྟེན་དང་བརྟེན་པ་ཡིན་པ་དགག་པ། རྫས་གཞན་ཡིན་པ་དགག་པ། དཔེ་དོན་མི་མཚུངས་པའི་སྒོ་ནས་དགག་པའོ། །དང་པོ་ནི། བྱང་སྡོམ་གྱི་རྟེན་དུ་ངེས་པར་དགོས་པའི་སོ་ཐར་སྡོམ་པ་དེ་ཉན་ཐོས་སོ་ཐར་ལ་བྱེད་དམ་ཐེག་ཆེན་སོ་ཐར་ལ་བྱེད། དང་པོ་ལྟར་ན་མི་འཐད་དེ། ཉན་ཐོས་སོ་ཐར་སྔོན་དུ་མ་སོང་བར་བྱང་སྡོམ་སྐྱེ་བ་ཡང་ཡོད་ཅིང་ཉན་ཐོས་སོ་ཐར་དང་བྱང་སྡོམ་གང་ཟག་གཅིག་གི་རྒྱུད་ལ་དུས་མཉམ་ཅིག་ཅར་དུ་ལྡན་པ་ཡང་མི་སྲིད་པའི་ཕྱིར། གཉིས་པ་ལྟར་ན་མི་འཐད་དེ། ཐེག་ཆེན་སོ་ཐར་གྱི་སྡོམ་པ་ནི་བྱང་སྡོམ་ལས་རྫས་གཞན་དུ་མེད་ལ་བྱང་སྡོམ་གྱི་རྟེན་དུ་གྱུར་པའི་སོ་ཐར་ནི་བྱང་སྡོམ་ལས་རྫས་གཞན་དུ་ཁས་བླངས་པའི་ཕྱིར། གཞན་ཡང་། ཐེག་ཆེན་དུ་རིགས་ངེས་པའི་གང་ཟག་གིས་སོ་ཐར་གྱི་སྡོམ་པ་སྔོན་དུ་མ་སོང་བར་བྱང་སེམས་ཀྱི་སེམས་བསྐྱེད་ཐོབ་པ་གཞི་མ་གྲུབ་པར་ཐལ། དེས་སོ་ཐར་གྱི་སྡོམ་པ་སྔོན་དུ་མ་སོང་བར

བྱང་སེམས་ཀྱི་སྡོམ་པ་ཐོབ་པ་གཞི་མ་གྲུབ་པའི་ཕྱིར། གཞན་ཡང་སྔགས་ལམ་ལ་འཇུག་པའི་གང་ཟག་ཡིན་ན། སྐལ་དམན་རིམ་འཇུག་པ་ཡིན་དགོས་པར་ཐལ། སོ་ཐར་དང་བྱང་སེམས་སྔོན་དུ་མ་སོང་བར་སྔགས་ཀྱི་སྡོམ་པ་དངོས་སུ་སྐྱེ་ཁ་མའི་སྐལ་ལྡན་ཅིག་ཅར་བ་གཞི་མ་གྲུབ་པའི་ཕྱིར། རྟགས་ཁས།

གཉིས་པ་ནི། བྱང་སྡོམ་དང་སྔགས་སྡོམ་ངེས་པར་རྫས་གཞན་ཡིན་ན། དེ་གཉིས་བེམ་པོར་གྱུར་པའི་རྫས་གཞན་ནམ་ཤེས་པར་གྱུར་པའི་རྫས་གཞན་གང་ཡིན། དང་པོ་མི་འཐད་དེ། གཟུགས་ཅན་ཡིན་པ་གོང་དུ་བཀག་ཟིན་པའི་ཕྱིར། གཉིས་པ་ལྟར་ན། གཙོ་སེམས་གཅིག་གི་འཁོར་དུ་སྤྱོང་སེམས་རྫས་གཞན་པ་གཉིས་ཅིག་ཅར་དུ་འབྱུང་བ་ཡོད་པར་ཐལ། སྔགས་སྡོམ་གྱི་ངོ་བོར་གྱུར་པའི་སྤྱོང་སེམས་དང་བྱང་སྡོམ་གྱི་ངོ་བོར་གྱུར་པའི་སྤྱོང་སེམས་གཉིས་གང་ཟག་གཅིག་གི་རྒྱུད་ལ་དུས་མཉམ་དུ་ལྡན་པ་ཡོད་ཅིང་དེ་གཉིས་རྫས་གཞན་དུ་ཁས་བླངས་པའི་ཕྱིར། གཞན་ཡང་། གཞན་ལ་གནོད་པ་གཞི་བཅས་སྤོང་བའི་སྡོམ་པ་ཡིན་ན་གཞན་ལ་ཕན་འདོགས་པའི་སྡོམ་པ་ལས་རྫས་གཞན་ཡིན་དགོས་པར་ཐལ། སོ་ཐར་གྱི་སྡོམ་པ་ཡིན་ན་བྱང་སྡོམ་ལས་རྫས་གཞན་ཡིན་དགོས་པའི་ཕྱིར། དེ་བཞིན་དུ་སྔགས་སྡོམ་ལ་ཡང་སྦྱོར།

གསུམ་པ་ནི། གཞོང་པ་དེ་ཆུ་མེད་པའི་ནོར་བུ་དང་ཆུ་དང་བཅས་པའི་ནོར་བུ་གཉིས་ཀའི་རྟེན་དུ་རུང་བ་ལྟར། སོ་ཐར་གྱི་སྡོམ་པ་དེ་བྱང་སྡོམ་མེད་པའི་སྔགས་སྡོམ་དང་བྱང་སྡོམ་དང་བཅས་པའི་སྔགས་སྡོམ་གཉིས་ཀའི་རྟེན་དུ་རུང་བར་ཐལ། སྡོམ་པ་གསུམ་པོ་དེ་གཞོང་པའི་ནང་དུ་ཆུ་བླུག་ནས་དེའི་ནང་དུ་ནོར་བུ་བཞག་པ་བཞིན་དུ་རྟེན་དུ་བརྟེན་པའི་རྫས་གཞན་ཁོ་ན་ཡིན་པའི་ཕྱིར། འདོད་མི་ནུས་ཏེ། སྔགས་སྡོམ་ལ་ངེས་པར་སྡོམ་པ་འོག་མ་གཉིས་སྔོན་དུ་འགྲོ་དགོས་པར་ཁས་བླངས་པའི་ཕྱིར།

གཉིས་པ་སྡོམ་གསུམ་གྱི་རྗེས་སུ་འབྲངས་ཀྱང་དོན་མ་རྟོགས་པའི་ལུགས་དགག་པ་ལ། འདོད་པ་བརྗོད་པ་དང་། དེ་དགག་པ་གཉིས་ལས། དང་པོ་ནི། ཀུན་མཁྱེན་དགའ་བ་གདོང་པའི་ཊཱི་ཀ་ཆེན་ལས། ད་ནི་འདི་དཔྱད་པར་བྱ་སྟེ། ཁ་ཅིག་སྡོམ་པ་གསུམ་པོ་རྗེ་བཙུན་ཆེན་པོས་རྩ་ལྟུང་འགྲེལ་སྤྱོད་དུ་ངོ་བོ་གཅིག་ཏུ་གསུངས་པ་པཎྜི་ཏ་ཧྲི་བྷུ་ཏ་ཙནྡྲས་སྡོམ་གསུམ་འོད་ཀྱི་ཕྲེང་བར་ཉི་ཟླ་སྐར་གསུམ་གྱི་དཔེས་ངོ་བོ་གཅིག་པ་བཀག་ནས་རྫས་གཞན་དུ་བཤད་ཅེས་ཟེར་རོ། །དེ་ནི་རི་བོང་གི་ཅལ་ལྟར་ཡིན་ཏེ། རྗེ་བཙུན་ཆེན་པོས་དགེ་སློང་རྡོ་རྗེ་འཛིན་པ་ལྷ་བུའི་སྡོམ་གསུམ་གནས་གྱུར་པའི་ཆོ་སྒྲ་ཟིན་ལ་ངོ་བོ་གཅིག་ཅེས་གསུངས་པ་དེ་ཡང་དེའི་ཚེ་སྡོམ་གསུམ་རྒྱུན་རྫས་གཅིག་ལ་དགོངས་པ་ཡིན་གྱི་སྡོམ་པའི་སྐད་ཅིག་སྔ་ཕྱི་རྫས་གཅིག་པར་ནི་མི་བཞེད་དེ༑ མདོ་རྒྱུད་བསྟན་བཅོས་ཚད་ལྡན་དང་མི་མཐུན་པའི་ཕྱིར་རོ། །གཞན་ཡང་། དགེ་སློང་ཕ་མ་ལྷ་བུ་མཚན་

གྱུར་པའི་ཚེ་སྡོམ་པ་དེ་གཉིས་རྫས་ཀྱི་རྒྱུན་གཅིག་པ་ཡིན་གྱི་ཕ་མའི་སྡོམ་པ་ནི་རྫས་གཅིག་ཅེས་མི་བྱ་སྟེ། མཛོད་ལས། ཐ་དད་དེ་དག་འགལ་བ་མེད། །ཅེས་དང་། རང་འགྲེལ་དུ། སྡོམ་པ་དེ་དག་ལྔ་དང་བཅུ་དང་ཉི་ཤུ་ཞེས་བྱ་བ་ལྔ་བུ་དང་། དོང་ཙེ་གཅིག་དང་གཉིས་ཞེས་བྱ་བ་བཞིན་དུ་གཞན་དང་གཞན་ཞེས་བྱ་བའམ། འོན་ཏེ་དེ་དག་ཐམས་ཅད་ཐ་དད་པ་ཉིད་གཅིག་ཏུ་སྐྱེ་ཞེ་ན། སྨྲས་པ་ཐ་དད་པ་དེ་དག་ནི་མ་འདྲེས་པ་ཉིད་དེ་སྡོམ་པ་གསུམ་དག་ལ་སྲོག་གཅོད་པ་སྤོང་བ་གསུམ་ནས་མྱོས་པར་འགྱུར་བའི་ལྟུང་བ་སྤོང་བ་གསུམ་གྱི་བར་མཚན་ཉིད་ཐ་དད་པར་སྐྱེ་སྟེ། ལྷག་མ་རྣམས་ཀྱང་དེ་དང་འདྲའོ། །དེ་དག་ལ་ཁྱད་པར་ཅི་ཡོད་ཅེ་ན། གཞིའི་ཁྱད་པར་ལས་ཁྱད་པར་ཡོད་དོ། །ཞེས་གསུངས་པའི་ཕྱིར། དེས་ན་སྡོམ་གསུམ་རྫས་ཐ་དད་ཀྱང་དགེ་སློང་རྡོ་རྗེ་འཛིན་པ་ལ་སྡོམ་གསུམ་ལྡན་པའི་ཚུལ་ནི་རྐྱེན་དབང་གིས་གཅིག་མངོན་དུ་གྱུར་པ་ན་གཅིག་ཤོས་གཉིས་དབང་ལྡན་གྱི་ཚུལ་གྱིས་ལྡན་ཏེ། ཐོབ་བྱེད་ཀྱི་རྒྱུས་ཐོབ་ལ་གཏོང་བྱེད་ཀྱི་རྒྱུས་ཉམས་པར་མ་བྱས་པའི་ཕྱིར། ཞེས་བཤད་དོ། །

གཉིས་པ་ལ། གནས་གྱུར་ངོ་བོ་གཅིག་པའི་དོན་བཤད་ཚུལ་མི་འཐད་པ། མཛོད་ཀྱི་གཞུང་དོན་བཤད་ཚུལ་མི་འཐད་པ། སྡོམ་གསུམ་གྱི་ལྡན་ཚུལ་མི་འཐད་པ་དང་གསུམ། དང་པོ་ནི། འབྲུལ་སྤོང་ལས་སྡོམ་གསུམ་ངོ་བོ་གཅིག་ཏུ་གསུངས་པ་འོད་ཕྲེང་མཁན་པོས་བཀག་པ་མ་ཡིན་ནོ་ཞེས་སྨྲ་བ་ནི་ཕྱོགས་སྔ་དང་དེའི་ལན་ཁོང་དུ་མ་ཆུད་པར་ཟད་དེ། འབྲུལ་སྤོང་དུ་རྒྱུད་འབུམ་པའི་ལུང་དྲངས་ནས་གནས་གྱུར་ངོ་བོ་གཅིག་ཏུ་དངོས་སུ་བཤད། འོད་ཕྲེང་དུ་རྒྱུད་འབུམ་པའི་ལུང་དོན་གནས་གྱུར་ངོ་བོ་གཅིག་ཏུ་འདོད་པ་ལ་གནོད་བྱེད་གསུམ་དངོས་སུ་བཤད་པའི་ཕྱིར། གཞན་ཡང་སྡོམ་གསུམ་གནས་གྱུར་དུ་འདོད་པ་ཁས་བླངས་ནང་འགལ་ཏེ། སོ་ཐར་གྱི་སྡོམ་པ་བྱང་སྡོམ་དུ་གནས་འགྱུར་བ་མི་སྲིད་པའི་ཕྱིར་ཏེ། སོ་ཐར་གྱི་སྡོམ་པ་ནི་གཟུགས་ཅན་དང་། བྱང་སྡོམ་ཤེས་པ་གང་ཞིག །བེམ་པོས་ཤེས་པའི་ཉེར་ལེན་བྱེད་པ་མི་སྲིད་པའི་ཕྱིར། རྟགས་དང་པོ་ཁས་བླངས། སྡོམ་པའི་སྐད་ཅིག་སྔ་ཕྱི་རྫས་གཅིག་པ་མི་འཐད་དེ། མདོ་རྒྱུད་བསྟན་བཅོས་ཐམས་ཅད་དང་མི་མཐུན་པའི་ཕྱིར་ཞེས་སྨྲོན་བརྗོད་པ་ཡང་དོན་མེད་ཁོ་ན་ཡིན་ཏེ། སྡོམ་པའི་སྐད་ཅིག་སྔ་ཕྱི་རྫས་གཅིག་ཏུ་སུས་ཀྱང་ཁས་མ་བླངས་པའི་ཕྱིར།

གཉིས་པ་ནི། ཐ་དད་དེ་དག་འགལ་བ་མེད་ཅེས་པ་རྩ་འགྲེལ་གྱི་དོན་དགེ་སློང་ཕ་མའི་སྡོམ་པ་རྫས་གཞན་ཡིན་པ་ལ་སྦྱོར་བ་མི་འཐད་དེ། ལུང་དེ་དག་ནི་ཚིགས་གསུམ་རིམ་གྱིས་ཁས་བླངས་པའི་དགེ་སློང་གི་རྒྱུད་ཀྱི་དགེ་བསྙེན་དགེ་ཚུལ་དགེ་སློང་གི་སྡོམ་པ་གསུམ་རྫས་ཐ་དད་ཡིན་ཡང་དུས་མཉམ་ཅིག་ཅར་དུ་ལྡན་པ་

ལ་འགལ་བ་མེད་པར་སྟོན་པ་ཡིན་པའི་ཕྱིར། གསུམ་པ་ནི། འོད་ཁྲིད་མཁན་པོའི་ལྡན་ཚུལ་དང་འདིའི་ལྡན་ཚུལ་དོན་གཅིག་པས་འོད་ཁྲིད་མཁན་པོ་ལ་བརྗོད་པའི་སྐྱོན་རྣམས་འདིར་དྲན་པར་བྱའོ། །གཞན་ཡང་། དགེ་སློང་གི་སྡོམ་པའི་ཉམས་བྱེད་ཀྱི་རྩ་ལྟུང་ཡིན་ན། སྔགས་སྡོམ་ཉམས་བྱེད་ཀྱི་རྩ་ལྟུང་མ་ཡིན་དགོས་པར་ཐལ། དགེ་སློང་གི་སྡོམ་པ་ཡིན་ན་སྔགས་སྡོམ་མ་ཡིན་དགོས་པའི་ཕྱིར། འདོད་ན། དགེ་སློང་རྡོ་རྗེ་འཛིན་པས་སྤྱད་པའི་བདེ་གཤེགས་བཀའ་འདས་ཀྱི་ངོ་བོར་གྱུར་པའི་སྲོག་གཅོད་ཀྱི་ཕམ་པས་མ་ངེས་སོ། །གཞན་ཡང་། བྱང་སྡོམ་ལས་ཉམས་བྱེད་ཀྱི་རྩ་ལྟུང་ཡིན་ན། སྔགས་སྡོམ་ལས་ཉམས་བྱེད་ཀྱི་རྩ་ལྟུང་མ་ཡིན་དགོས་པར་ཐལ། བྱང་སྡོམ་ཡིན་ན་སྔགས་སྡོམ་མ་ཡིན་དགོས་པའི་ཕྱིར། འདོད་ན། བྱང་སེམས་རྡོ་རྗེ་འཛིན་པས་སྤྱད་པའི་སློན་པ་བྱང་ཆུབ་ཀྱི་སེམས་འདོར་བའི་རྩ་ལྟུང་ཆོས་ཅན། དེར་ཐལ། དེའི་ཕྱིར་ཏེ། སློན་པ་བྱང་ཆུབ་ཀྱི་སེམས་བཏང་བའི་རྩ་ལྟུང་ཡིན་པའི་ཕྱིར། འདོད་ན། དེ་དེ་ཡིན་པར་ཐལ། ཆོས་ཀྱི་རྩ་བ་བྱང་ཆུབ་སེམས། །དེ་སྤོང་བ་ནི་ལྔ་པ་ཡིན། །ཞེས་པའི་སྐབས་ནས་བསྟན་པའི་རྩ་ལྟུང་ཡིན་པའི་ཕྱིར།

གཉིས་པ་རང་ལུགས་ལ། བཤད་བྱའི་ལུང་དྲང་བ་དང་། ལུང་གི་དོན་བཤད་པ་གཉིས་ལས། དང་པོ་ནི། འབྲུལ་པའི་དྲི་མ་སྤྱངས་པ་རྗེ་བཙུན་ཆེན་པོ་གྲགས་པ་རྒྱལ་མཚན་གྱི་ཞལ་སྔ་ནས། སྡོམ་པ་ཉི་ཤུ་པའི་འགྲེལ་པར། དེ་ལྟར་ན་རྡོ་རྗེ་རྩེ་མོ་ལས། སྡོམ་པ་གསུམ་ལ་གནས་པ་ནི། །དང་པོའི་ཁྲུས་སུ་བཤད་པ་ཡིན། །ཞེས་གང་ཟག་གཅིག་གི་རྒྱུད་ལ་སོ་སོར་ཐར་པ་དང་བྱང་ཆུབ་སེམས་དཔའ་དང་རིག་པ་འཛིན་པའི་སྡོམ་པ་གསུམ་དང་ལྡན་པར་གསུངས་པ་འགལ་ལོ་ཞེ་ན། དེའི་དོན་ནི་འདི་ཡིན་ཏེ། སྤྱིར་སོ་སོར་ཐར་པའི་རང་གི་ངོ་བོ་ནི། གཞན་ལ་གནོད་པ་གཞི་དང་བཅས་པ་ལས་ལོག་པ་ཡིན་ལ་དེའི་སྟེང་དུ་གཞན་ལ་ཕན་པར་འདོད་ཅིང་ཞུགས་པ་ནི་བྱང་ཆུབ་སེམས་དཔའི་སྡོམ་པ་ཡིན་ཞིང་། དེའི་སྟེང་དུ་རིག་པ་འཛིན་པ་ནི། རིག་པ་འཛིན་པའི་སྡོམ་པ་ཡིན་ནོ། །དེ་ལ་སོ་སོར་ཐར་པ་ནི་གཉིས་ཏེ། ཉན་ཐོས་ཀྱི་སོ་སོར་ཐར་པ་དང་། བྱང་ཆུབ་སེམས་དཔའི་སོ་སོར་ཐར་པའོ། །འདིར་བྱང་ཆུབ་སེམས་དཔའི་སོ་སོར་ཐར་པ་ནི་སྡོམ་པ་ཐོབ་པ་དང་གནས་པ་གཉིས་ཀའི་རྟེན་དུ་རུང་གི། སྔ་མ་ནི་དེ་ལྟར་མ་ཡིན་པས། རྡོ་རྗེ་རྩེ་མོའི་དགོངས་པ་ནི་བྱང་ཆུབ་སེམས་དཔའི་སོ་སོར་ཐར་པའོ། །བྱང་ཆུབ་སེམས་དཔའི་སྡོམ་པ་དེ་བླང་བའི་ཆོ་ག་གཞན་ཞིག་ཡོད་དམ། སོ་སོར་ཐར་པའི་སྡོམ་པ་ཉིད་ཡིན་ཞེ་ན། སྔར་སོ་སོར་ཐར་པའི་སྡོམ་པ་ཐོབ་ན། ཕྱིས་བྱང་ཆུབ་སེམས་དཔའི་སྡོམ་པའི་དུས་སྔར་གྱི་དེ་བྱང་ཆུབ་སེམས་དཔའི་སྡོམ་པར་གནས་འགྱུར་ལ། སྔར་མ་ཐོབ་ན་ནི། བྱང་ཆུབ་སེམས་དཔའི་སློན་པའི་དུས་ཉིད་དུ་བྱང་ཆུབ་སེམས་དཔའི་སོ་སོར་ཐར་པའི་སྡོམ་པ་ཡིན་ནོ། །ཞེས་པ་དང་། འབྲུལ་སྤོང་ལས། འདིར་ཁ་ཅིག །འདི་སྐད་དུ།

གསུམ་ལ་སྐྱབས་འགྲོ་ནས་བཙམས་ཏེ། །ཞེས་བྱ་བ་ཐུན་མོང་གི་སྐྱབས་འགྲོ་དང་། སོ་སོར་ཐར་པ་ལ་འཆད་ཅིང་། རྡོ་རྗེ་རྩེ་མོ་ལས། སོ་སོར་ཐར་དང་བྱང་ཆུབ་སེམས། །རིག་འཛིན་རང་གི་ངོ་བོའོ། །ཞེས་གསུངས་པ་གཉིས་ཀའང་སྐྱོན་དང་བཅས་པ་ཡིན་ཏེ། རིག་པ་འཛིན་པ་དང་བྱང་ཆུབ་སེམས་དཔའི་སྡོམ་པ་གཉིས་ནང་མི་འགལ་མོད། སོ་སོར་ཐར་པའི་སྡོམ་པ་འདི་ནི་བྱང་ཆུབ་སེམས་དཔའི་སྡོམ་པ་ཐོབ་པའི་རྟེན་དུ་མི་རུང་སྟེ། སོ་སོར་ཐར་པ་ནི་གླིང་གསུམ་གྱི་སྐྱེས་པ་དང་བུད་མེད་མ་ཡིན་པ་གཞན་ལ་མི་སྐྱེ་ལ། བྱང་ཆུབ་ཀྱི་སེམས་ནི་འགྲོ་བ་མཐའ་དག་ལ་སྐྱེ་བར་གསུངས་པའི་ཕྱིར། ཡང་གནས་པའི་རྟེན་དུ་ཡང་མི་འཐད་དེ། སོ་སོར་ཐར་པ་ནི་ཤི་ནས་གཏོང་ལ། བྱང་ཆུབ་སེམས་དཔའ་ནི་ཇི་སྲིད་སངས་མ་རྒྱས་ཀྱི་བར་དུ་མི་གཏོང་བའི་ཕྱིར་ཞེ་ན། ཉན་ཐོས་དང་ཐུན་མོང་བའི་སོ་སོར་ཐར་པ་འདི་ནི་ཐོབ་པ་དང་གནས་པའི་རྟེན་དུ་མི་རུང་བར་ཁྱེད་སྨྲ་བ་བཞིན་དུ་ཁོ་བོ་ཅག་ཀྱང་སྨྲའོ། །འོན་ཁྱེད་ཀྱི་སོ་སོར་ཐར་པ་སྔོན་དུ་མ་སོང་བའི་སྡོམ་པ་གསུམ་གང་ཡིན་ཞེ་ན། འདིར་སོ་སོར་ཐར་པའི་རང་བཞིན་ནི་གཞན་ལ་གནོད་པར་བྱེད་པ་གཞི་དང་བཅས་པ་ལས་ལོག་པ་ཡིན་ལ། བྱང་ཆུབ་སེམས་དཔའི་སྡོམ་པ་ནི་དེའི་སྟེང་དུ་གཞན་ལ་ཕན་འདོགས་པར་ཞུགས་པ་ཡིན་ཞིང་། རིག་པ་འཛིན་པ་ནི་དེ་དག་ཀྱང་ལྷའི་རྣམ་པར་ཡེ་ཤེས་ཀྱིས་བྱིན་གྱིས་བརླབས་ནས་ལོངས་སྤྱོད་པས་ན། འདི་ལ་འགལ་བ་ཅི་ཡང་ཡོད་པ་མ་ཡིན་ནོ། །འོན་སྔར་སོ་སོར་ཐར་པའི་སྡོམ་པ་དགེ་སློང་གི་བར་ཐོབ་པ་ཞིག་གིས་ཕྱིས་བྱང་ཆུབ་ཏུ་སེམས་བསྐྱེད་ནས་སླར་ཡང་དབང་མནོས་པར་གྱུར་ན། འདི་ལ་སྡོམ་པ་གསུམ་ཇི་ལྟར་ལྡན་ཞེ་ན། དགེ་སློང་གིས་སེམས་བསྐྱེད་པའི་ཚེ་སོ་སོར་ཐར་པ་ཐམས་ཅད་བྱང་ཆུབ་སེམས་དཔའི་སྡོམ་པར་འགྱུར་ལ། དཀྱིལ་འཁོར་དུ་ཞུགས་པའི་ཚེ་ན། སྡོམ་པ་ཐམས་ཅད་ཀྱང་རིག་པ་འཛིན་པའི་སྡོམ་པ་ཞེས་གསུངས་པ་ཡིན་ནོ། །དེ་སྐད་དུ། རྒྱུད་འབུམ་པའི་ལུང་དེ་ཁོ་ན་ཉིད་ཀྱི་ཡེ་ཤེས་གྲུབ་པ་ཞེས་བྱ་བ་ལས་བྱུང་བ། རྡོ་ཡི་རིགས་ཀྱི་བྱེ་བྲག་ཞིག །བཞུ་བས་ལྕགས་དང་ཟངས་དངུལ་འབྱུང་། །གསེར་འགྱུར་རྩི་ཡི་དངོས་པོ་ཡིས། །ཀུན་ཀྱང་གསེར་དུ་བསྒྱུར་བར་བྱེད། །དེ་བཞིན་སེམས་ཀྱི་བྱེ་བྲག་གིས། །རིགས་ཅན་གསུམ་གྱི་སྡོམ་པ་ཡང་། །དཀྱིལ་འཁོར་ཆེན་པོ་འདིར་ཞུགས་ནས། །རྡོ་རྗེ་འཛིན་པ་ཞེས་བྱའོ། །ཞེས་གསུངས་སོ། །དཔེ་དེའི་རྡོ་ནི་ཕལ་པ་ཡིན་ལ། ལྕགས་ནི་ཉན་ཐོས་ཀྱི་བསླབ་པར་བྱ་བ། ཟངས་ནི་རང་རྒྱལ་གྱི་བསླབ་པར་བྱ་བ། དངུལ་ནི་བྱང་ཆུབ་སེམས་དཔའི་བསླབ་པར་བྱ་བ་ཡིན་ཞིང་། གསེར་འགྱུར་གྱི་རྩི་ནི་རྡོ་རྗེ་ཐེག་པའི་བསླབ་པར་བྱ་བ་ཡིན་པར་མངོན་ནོ། །ཞེས་གསུངས་སོ། །

གཉིས་པ་ལ། རྟེན་དང་བརྟེན་པར་འགྱུར་ཚུལ། སྡོམ་གསུམ་ངོ་བོ་གཅིག་ཚུལ་སྤྱིར་བཤད་པ། གནས་

གྱུར་ནས་ངོ་བོ་གཅིག་ཚུལ་བྱེ་བྲག་ཏུ་བཤད་པ་གསུམ། དང་པོ་ལ། སེམས་ཙམ་པ་དང་། དབུ་མ་པའི་ལུགས་གཉིས། དང་པོ་ནི། སོ་ཐར་རིགས་བདུན་གང་རུང་ཞིག་བྱང་སྡོམ་ཐོབ་པ་དང་གནས་པའི་རྟེན་དུ་ངེས་པར་དགོས་ཏེ། རིགས་བདུན་གང་རུང་སྔོན་དུ་མ་སོང་བར་བྱང་སེམས་ཀྱི་སྡོམ་པ་སྐྱེ་བ་ཡང་མེད། རིགས་བདུན་གང་རུང་དང་མི་ལྡན་པ་ལ་བྱང་སྡོམ་དང་ལྡན་པ་ཁས་མི་ལེན་པའི་ཕྱིར་ཏེ། སོ་སོར་ཐར་པ་རིགས་བདུན་གྱི། །ཞེས་སོགས་དང་། དེས་ན་སེམས་ཙམ་པ་ཡི་ལུགས། །གལ་ཏེ་སེམས་བསྐྱེད་དེ་འདོད་ན། །ཐོག་མར་སོ་སོར་ཐར་པ་ལོངས། །ཞེས་གསུངས་པའི་ཕྱིར།

གཉིས་པ་ནི། ཚོག་ཉན་ཐོས་དང་ཐུན་མོང་བའི་སོ་ཐར་རིགས་བདུན་བྱང་སེམས་ཀྱི་སྡོམ་པ་ཐོབ་པ་དང་གནས་པའི་རྟེན་དུ་ངེས་པར་དགོས་པ་མ་ཡིན་ཏེ། དེ་དག་སྔོན་དུ་མ་སོང་བར་ཡང་བྱང་སྡོམ་སྐྱེ་བ་དང་དེ་དག་དང་མི་ལྡན་པའི་རྒྱུད་ལ་ཡང་བྱང་སྡོམ་དང་ལྡན་པ་ཁས་ལེན་པའི་ཕྱིར་ཏེ། དབུ་མ་ལུགས་ཀྱི་སེམས་བསྐྱེད་འདི། །སེམས་ཅན་ཀུན་གྱིས་ལེགས་ཐོབ་ན། །ཞེས་སོགས་དང་། ཇི་ལྟར་ནས་ཀྱི་ས་བོན་ནི། །ཞེས་སོགས་གསུངས་པའི་ཕྱིར། འོན་ཀྱང་བྱང་སྡོམ་ཐོབ་ཟིན་གནས་པའི་རྟེན་དུ་ཐེག་ཆེན་སོ་ཐར་གྱི་སྡོམ་པ་ངེས་པར་དགོས་ཏེ། ཐེག་ཆེན་སོ་ཐར་དང་མི་ལྡན་པའི་གང་ཟག་གི་རྒྱུད་ལ་བྱང་སྡོམ་དང་ལྡན་པ་མི་སྲིད་པའི་ཕྱིར། དེ་ལྟར་ཡང་། སྡོམ་པ་ཉི་ཤུ་པའི་ཊཱི་ཀར། དེ་ལ་སོ་སོར་ཐར་པ་ནི་གཉིས་ཏེ། ཉན་ཐོས་ཀྱི་སོ་སོར་ཐར་པ་དང་། བྱང་ཆུབ་སེམས་དཔའི་སོ་སོར་ཐར་པའོ། །ཞེས་པ་ནས། བྱང་ཆུབ་སེམས་དཔའི་སོ་སོར་ཐར་པའི་སྡོམ་པ་ཡིན་ནོ། །ཞེས་པའི་བར་དང་། འགྲེལ་སྤྱོད་དུ། སོ་སོར་ཐར་པའི་སྡོམ་པ་འདི་ནི་བྱང་ཆུབ་སེམས་དཔའི་སྡོམ་པ་ཐོབ་པའི་རྟེན་དུ་མི་རུང་སྟེ། ཞེས་པ་ནས། ཉན་ཐོས་དང་ཐུན་མོང་བའི་སོ་སོར་ཐར་པ་འདི་ནི་ཐོབ་པ་དང་གནས་པའི་རྟེན་དུ་མི་རུང་བར་ཕྱེད་སྙིལ་བ་བཞིན་དུ་ཁོ་བོ་ཅག་ཀུང་སྨྲའོ། །ཞེས་གསུངས་པ་ལྟར་རོ། །དེ་ཡང་འདིར་སོ་སོར་ཐར་པ་རིགས་བདུན་བྱང་སྡོམ་གྱི་ཐོབ་པ་དང་གནས་པའི་རྟེན་དུ་མི་དགོས་པའི་དམ་བཅའ་དེ་ཉིད་ཁས་ལེན་པ་ཡིན་གྱི་སོ་ཐར་ཤི་འཕོས་ནས་གཏོང་བར་བཤད་པའི་སྐབས་བྱེད་ཁས་ལེན་པ་མ་ཡིན་ཏེ། སོ་ཐར་ཤི་འཕོས་པ་ཙམ་གྱིས་མི་གཏོང་བའི་ཕྱིར།

གཉིས་པ་ནི། སོ་ཐར་གྱི་སྡོམ་པ། བྱང་སྡོམ། སྔགས་སྡོམ་དང་གསུམ་ཁྱབ་བྱ་དང་ཁྱབ་བྱེད་ཀྱི་ཚུལ་གྱིས་ངོ་བོ་གཅིག་པ་ཡིན་ཏེ། སོ་ཐར་ནི་གཞན་ལ་གནོད་པ་གཞི་དང་བཅས་པ་སྤོང་བས་རབ་ཏུ་ཕྱེ་བའི་སྡོམ་པ་ཡིན། བྱང་སྡོམ་ནི་དེའི་སྟེང་དུ་གཞན་ལ་ཕན་འདོགས་པའི་བསམ་པ་ཁྱད་པར་ཅན་གྱིས་ཟིན་པའི་སྡོམ་པ་ཡིན་པའི་ཕྱིར། སྔགས་སྡོམ་ནི་དེ་དག་གཉིས་ཀའི་སྟེང་དུ་འབྲས་བུའི་རྣམ་པ་ལམ་དུ་བྱེད་པའི་ཐབས་ཁྱད་པར་ཅན

གྱིས་ཟིན་པའི་སྡོམ་པ་ཡིན་པའི་ཕྱིར། གོ་སླ་བའི་དཔེ་ནི། བདག་མེད་རྟོགས་པའི་མཁྱེན་པ། གཟུང་བ་ཆོས་ཀྱི་བདག་མེད་རྟོགས་པའི་མཁྱེན་པ། འཛིན་པ་ཆོས་ཀྱི་བདག་མེད་རྟོགས་པའི་མཁྱེན་པ་གསུམ་ཁྱབ་བྱ་ཁྱབ་བྱེད་ཀྱི་ཚུལ་གྱི་ངོ་བོ་གཅིག་པ་བཞིན་ནོ། །དེ་ཡང་སྡོམ་པ་ཉི་ཤུ་པའི་ཊཱི་ཀར། སོ་སོར་ཐར་པའི་རང་གི་ངོ་བོ་ནི། ཞེས་པ་ནས། རིག་པ་འཛིན་པའི་སྡོམ་པ་ཡིན་ནོ་ཞེས་པའི་བར་དང་། འབྲུལ་སྤོང་དུ། འོན་ཁྱེད་ཀྱི་སོ་སོར་ཐར་པ་སྔོན་དུ་མ་སོང་བའི་སྡོམ་པ་གང་ཡིན། ཞེས་པ་ནས། འདི་ལ་འགལ་བ་ཅི་ཡང་ཡོད་པ་མ་ཡིན་ནོ། །ཞེས་པའི་དོན་ལེགས་པར་བཤད་པ་ཡིན་ནོ། །

གསུམ་པ་ལ། སྡོམ་པ་གང་ཞིག་གང་དུ་གནས་འགྱུར་བ། གནས་གྱུར་པའི་ཚེ་ངོ་བོ་གཅིག་པའི་དོན། ཞར་བྱུང་གི་དོན་གཞན་བཤད་པ་དང་གསུམ། དང་པོ་ལ། གང་གནས་འགྱུར་བ། གང་དུ་གནས་འགྱུར་བ། གང་གི་སྟོབས་ཀྱིས་གནས་འགྱུར་བ། ཇི་ལྟར་དུ་གནས་འགྱུར་བའི་ཚུལ། དེ་ལྟར་གནས་གྱུར་པའི་དཔེ་དང་ལྔ། དང་པོ་ནི། ཐེག་དམན་སོ་ཐར་གྱི་སྡོམ་པ་དང་། འབྲས་བུའི་རྣམ་པ་ལམ་དུ་བྱེད་པའི་ཐབས་ཀྱིས་མ་ཟིན་པའི་བྱང་སྡོམ་མོ། །གཉིས་པ་ནི། དང་པོ་དེ་བྱང་སྡོམ་དང་། དེ་གཉིས་ཀ་སྔགས་སྡོམ་དུའོ། །གསུམ་པ་ནི། གཞན་ལ་ཕན་འདོགས་པའི་བསམ་པ་ཁྱད་པར་ཅན་གྱིས་ཟིན་པའི་སྟོབས་ཀྱིས་ཐེག་དམན་སོ་ཐར་བྱང་སྡོམ་དུ་གནས་འགྱུར། འབྲས་བུ་ལམ་དུ་བྱེད་པའི་ཐབས་ཁྱད་པར་ཅན་གྱིས་ཟིན་པའི་སྟོབས་ཀྱིས་འོག་མ་གཉིས་སྔགས་སྡོམ་དུ་གནས་འགྱུར་བའོ། །

བཞི་པ་ལ། བྱང་སྡོམ་དུ་གནས་འགྱུར་ཚུལ་དང་། སྔགས་སྡོམ་དུ་གནས་འགྱུར་ཚུལ་གཉིས། དང་པོ་ནི། ཐེག་ཆེན་སོ་ཐར་གྱི་སྡོམ་པ་བྱང་སྡོམ་དུ་གནས་འགྱུར་མི་དགོས་ཏེ། ཐེག་ཆེན་སོ་ཐར་གྱི་སྡོམ་པ་བྱང་སྡོམ་གྱི་ངོ་བོར་གྲུབ་ཟིན་པའི་ཕྱིར། ཐེག་དམན་སོ་ཐར་གྱི་སྡོམ་པ་བྱང་སྡོམ་དུ་གནས་འགྱུར་བ་ཡིན་ཏེ། ཐེག་དམན་སོ་ཐར་དེ་ལ་གཞན་ལ་གནོད་པ་གཞི་བཅས་སྤོང་བའི་སྡོམ་པའི་ལྡོག་ཆ་དང་། རང་ཉིད་གཅིག་པུ་ཞི་བདེ་དོན་དུ་གཉེར་བའི་དམན་སེམས་ཀྱི་ལྡོག་ཆ་གཉིས་ཡོད་ཅིང་། ཐེག་དམན་སོ་ཐར་རྒྱུད་ལྡན་གྱི་གང་ཟག་གིས་བྱང་ཆུབ་མཆོག་ཏུ་སེམས་བསྐྱེད་པའི་ཚེ། གཞན་ལ་ཕན་འདོགས་པའི་བསམ་པ་ཁྱད་པར་ཅན་གྱིས་ཟིན་པའི་སྟོབས་ཀྱིས་གཞན་ལ་གནོད་པ་གཞི་བཅས་སྤོང་བའི་སྡོམ་པའི་རྫས་གོང་ནས་གོང་དུ་འཕེལ་བའི་ཚུལ་གྱིས་བྱང་སྡོམ་དུ་གནས་འགྱུར། དམན་སེམས་ཀྱི་ལྡོག་ཆ་རྩ་བ་ནས་བཏང་བའི་ཚུལ་གྱིས་ཕན་སེམས་ཁྱད་པར་ཅན་དུ་འགྱུར་བའི་ཕྱིར།

གཉིས་པ་ལ། ཐེག་དམན་སོ་ཐར་གནས་འགྱུར་ཚུལ་དང་། བྱང་སྡོམ་གནས་འགྱུར་ཚུལ་གཉིས། དང་

པོ་ནི། ཐེག་དམན་སོ་ཐར་སྔགས་སྡོམ་དུ་གནས་འགྱུར་བའི་ཚུལ་ཡོད་དེ། ཐེག་དམན་སོ་ཐར་ལ་གཞན་ལ་གནོད་པ་གཞི་བཅས་སྤོང་བའི་ལྡོག་ཆ་དང་། འབྲས་བུ་ལམ་བྱེད་ཀྱི་ཐབས་ཀྱིས་མ་ཟིན་པའི་ཐ་མལ་སྣང་ཞེན་གྱི་ལྡོག་ཆ་གཉིས་ཡོད་ཅིང་། ཐེག་དམན་སོ་ཐར་དང་ལྡན་པའི་གང་ཟག་གིས་དཀྱིལ་འཁོར་དུ་ཞུགས་ནས་དབང་ཐོབ་པའི་ཚེ། འབྲས་བུ་ལམ་དུ་བྱེད་པའི་ཐབས་ཁྱད་པར་ཅན་གྱིས་ཟིན་པའི་སྟོབས་ཀྱིས་སྔ་མ་དེ་ཉིད་ རྫས་གོང་ནས་གོང་དུ་འཕེལ་བའི་ཚུལ་གྱིས་སྔགས་སྡོམ་དུ་གནས་འགྱུར། ཕྱི་མ་དེ་ཉིད་རྩ་བ་ནས་བཏང་བའི་ཚུལ་གྱིས་འབྲས་བུ་ལམ་དུ་བྱེད་པའི་ཐབས་སུ་འགྱུར་བའི་ཕྱིར།

གཉིས་པ་ནི། བྱང་སྡོམ་སྔགས་སྡོམ་དུ་གནས་འགྱུར་བའི་ཚུལ་ཡོད་དེ། བྱང་སྡོམ་ལ་གཞན་ལ་ཕན་འདོགས་པའི་སྡོམ་པའི་ལྡོག་ཆ་དང་། འབྲས་བུ་ལམ་བྱེད་ཀྱི་ཐབས་ཀྱིས་མ་ཟིན་པའི་ཐ་མལ་སྣང་ཞེན་གྱི་ལྡོག་ཆ་གཉིས་ཡོད་ཅིང་། བྱང་སྡོམ་རྒྱུད་ལྡན་གྱི་གང་ཟག་གིས་དཀྱིལ་འཁོར་དུ་ཞུགས་ནས་དབང་ནོས་པའི་ཚེ། འབྲས་བུའི་རྣམ་པ་ལམ་དུ་བྱེད་པའི་ཐབས་ཁྱད་པར་ཅན་གྱིས་ཟིན་པའི་སྟོབས་ཀྱིས་སྔ་མ་དེ་རྫས་གོང་ནས་གོང་དུ་འཕེལ་བའི་ཚུལ་གྱིས་སྔགས་སྡོམ་དུ་གནས་འགྱུར། ཕྱི་མ་དེ་རྩ་བ་ནས་བཏང་བའི་ཚུལ་གྱིས་འབྲས་བུ་ལམ་དུ་བྱེད་པའི་ཐབས་ཁྱད་པར་ཅན་དུ་འགྱུར་བའི་ཕྱིར།

ལྔ་པ་ནི། ཉན་ཐོས་དང་རང་རྒྱལ་གྱི་རྒྱུད་ཀྱི་སོ་ཐར། ཐེག་ཆེན་གྱི་རྒྱུད་ཀྱི་བྱང་སྡོམ། འབྲས་བུ་ལམ་བྱེད་ཀྱི་ཐབས་ཁྱད་པར་ཅན་གྱིས་ཟིན་པའི་སྟོབས་ཀྱིས་སྔགས་སྡོམ་དུ་གནས་འགྱུར་བའི་དཔེ་ཡོད་དེ། ལྕགས་ཟངས་དངུལ་གསུམ་གསེར་འགྱུར་གྱི་རྩིས་ཟིན་པ་ལ་བརྟེན་ནས་གསེར་དུ་འགྱུར་བ་དང་ཆོས་མཚུངས་པའི་ཕྱིར། དེ་ཡང་། འོན་སྔར་སོ་སོར་ཐར་པའི་སྡོམ་པ་དགེ་སློང་གི་བར་ཐོབ་པ་ཞིག་གིས། ཞེས་པ་ནས། གསེར་འགྱུར་གྱི་རྩི་ནི་རྡོ་རྗེ་ཐེག་པའི་བསླབ་པར་བྱ་བ་ཡིན་པར་མངོན་ནོ་ཞེས་པའི་བར་གྱི་དོན་ལེགས་པར་བཤད་པ་ཡིན་ནོ། །

གཉིས་པ་ལ། མི་འཐད་པའི་ཆ་དགག་པ་དང་། རང་གི་ལུགས་བཞག་པ་གཉིས། དང་པོ་ནི། ཁ་ཅིག་སྡོམ་གསུམ་གནས་གྱུར་ངོ་བོ་གཅིག་པའི་དོན། དགེ་སློང་རྡོ་རྗེ་འཛིན་པའི་རྒྱུད་ཀྱི་སོ་ཐར་བྱང་སེམས་སྔགས་སྡོམ་གསུམ་ཡིན་ཁྱབ་མཉམ་པའི་ཚུལ་གྱིས་ངོ་བོ་གཅིག་པ་ཡིན་གྱི། དགེ་སློང་རྡོ་རྗེ་འཛིན་པའི་རྒྱུད་ཀྱི་དགེ་སློང་གི་སྡོམ་པ་དང་དེའི་རྒྱུད་ཀྱི་སྡོམ་པ་གོང་མ་གཉིས་ཡིན་ཁྱབ་མཉམ་མ་ཡིན་ཏེ། དེའི་རྒྱུད་ཀྱི་སྡོམ་པ་གོང་མ་གཉིས་པོ་ཡིན་ན། དགེ་སློང་གི་སྡོམ་པ་ཡིན་པས་མ་ཁྱབ་པའི་ཕྱིར་ཏེ། དགེ་སློང་གི་སྡོམ་པ་ཤི་འཕོས་པའི་དབང་གིས་གཏོང་ལ་བྱང་སྡོམ་དང་སྔགས་སྡོམ་ཤི་འཕོས་ནས་ཀྱང་རྗེས་སུ་འབྲང་བའི་ཕྱིར་ཞེས་ཟེར། འོན་

དགེ་སློང་བྱང་ཆུབ་སེམས་དཔའི་རྒྱུད་ལ་དགེ་ཚུལ་སྡོམ་པའི་ངོ་བོར་གྱུར་པའི་བྱང་སྡོམ་དང་དགེ་སློང་གི་སྡོམ་པའི་ངོ་བོར་གྱུར་པའི་བྱང་སྡོམ་ངོ་བོ་ཐ་དད་པ་གཉིས་ཅིག་ཅར་དུ་ལྡན་པར་ཐལ། དེའི་རྒྱུད་ལ་དགེ་སློང་གི་སྡོམ་པ་ཡིན་པའི་བྱང་སྡོམ་དང་། དེ་མ་ཡིན་པའི་བྱང་སྡོམ་གཉིས་ཅིག་ཅར་དུ་ཡོད་པའི་ཕྱིར། འདོད་ན། གང་ཟག་གཅིག་གི་རྒྱུད་ལ་གཙོ་སེམས་གཅིག་གི་འཁོར་དུ་དགེ་སློང་སྡོམ་པའི་ངོ་བོར་གྱུར་པའི་སྤྱོང་སེམས་དང་། དགེ་ཚུལ་སྡོམ་པའི་ངོ་བོར་གྱུར་པའི་སྤྱོང་སེམས་ངོ་བོ་ཐ་དད་པ་གཉིས་ཅིག་ཅར་དུ་ལྡན་པ་ཡོད་པར་ཐལ། འདོད་པ་དེ་གང་ཞིག །དགེ་སློང་དང་དགེ་ཚུལ་གྱི་སྡོམ་པ་གཟུགས་ཅན་པ་གཉིས་གང་ཟག་གཅིག་གི་རྒྱུད་ལ་ལྡན་པ་མེད་པའི་ཕྱིར། གཞན་ཡང་། དགེ་ཚུལ་གྱི་སྡོམ་པ་ཐོབ་ལ་མ་ཉམས་པའི་གང་ཟག་ཡིན་ན། དགེ་ཚུལ་གྱི་སྡོམ་པ་རྒྱུད་ལྡན་ཡིན་དགོས་པར་ཐལ། དགེ་སློང་གི་སྡོམ་པ་དང་། དགེ་ཚུལ་གྱི་སྡོམ་པ་ངོ་བོ་ཐ་དད་ཅིག་ཅར་དུ་རྒྱུད་ལ་ལྡན་པའི་གང་ཟག་ཡོད་པའི་ཕྱིར། འདོད་ན། ཚོགས་ལམ་ཐོབ་ལ་མ་ཉམས་པའི་གང་ཟག་ཡིན་ན༏ ཚོགས་ལམ་རྒྱུད་ལྡན་ཡིན་དགོས་པར་ཐལ་ལོ། །གཞན་ཡང་། དགེ་སློང་བྱང་ཆུབ་སེམས་དཔའི་རྒྱུད་ལ་དགེ་སློང་གི་སྡོམ་པའི་ངོ་བོར་གྱུར་པའི་སྤྱོང་སེམས་དང་། དགེ་སློང་སྡོམ་པའི་ངོ་བོར་མ་གྱུར་པའི་སྤྱོང་སེམས་ཀྱི་སྡོམ་པ་ངོ་བོ་ཐ་དད་པ་གཉིས་ཅིག་ཅར་དུ་ལྡན་པར་ཐལ། དེའི་རྒྱུད་ལ་དགེ་སློང་གི་སྡོམ་པ་ཡིན་པའི་བྱང་སྡོམ་དང་། དགེ་སློང་གི་སྡོམ་པ་མ་ཡིན་པའི་བྱང་སྡོམ་གཉིས་ཅིག་ཅར་དུ་ལྡན་པའི་ཕྱིར། རྟགས་ཁས། གཞན་ཡང་། དགེ་སློང་བྱང་ཆུབ་སེམས་དཔའི་རྒྱུད་ཀྱི་བྱང་སྡོམ་ཡིན་ན། དགེ་སློང་གི་བསླབ་བྱ་ལ་སློབ་དགོས་ཀྱི་སྡོམ་པ་ཡིན་པས་མ་ཁྱབ་པར་ཐལ་བ་དང་། དགེ་སློང་བྱང་ཆུབ་སེམས་དཔའ་ཡིན་ན། བསྙེན་པར་རྫོགས་པའི་གང་ཟག་ཡིན་པས་མ་ཁྱབ་པར་ཐལ། དེའི་རྒྱུད་ཀྱི་སྡོམ་པ་ཡིན་ན། བསྙེན་པར་རྫོགས་པའི་སྡོམ་པ་ཡིན་པས་མ་ཁྱབ་པའི་ཕྱིར། དེ་བཞིན་དུ་དགེ་སློང་རྡོ་རྗེ་འཛིན་པའི་རྒྱུད་ཀྱི་དགེ་སློང་གི་སྡོམ་པ་དང་། སྔགས་སྡོམ་ལ་སྦྱར་ཏེ་ཤེས་པར་བྱའོ། །

གཉིས་པ་རང་ལུགས་ལ་གཅིག་ལྡན་གྱི་དབང་དུ་བྱས་པ། གཉིས་ལྡན་གྱི་དབང་དུ་བྱས་པ། གསུམ་ལྡན་གྱི་དབང་དུ་བྱས་པ་དང་གསུམ་ལས། དང་པོ་ནི་ཐེག་དམན་སོ་ཐར་རྒྱུད་ལྡན་གྱི་གང་ཟག་སྟེ། འདི་ལ་སོ་ཐར་ཙམ་ལྡན་གྱི་གོང་མ་གཉིས་མི་ལྡན་པའི་ཕྱིར། གཉིས་པ་ནི། སྔགས་སྡོམ་མ་ཐོབ་པའི་བྱང་སེམས་ཀྱི་སྡོམ་པ་དང་ལྡན་པ་སྟེ། འདིའི་རྒྱུད་ལ་ཐེག་ཆེན་སོ་ཐར་གྱི་སྡོམ་པ་དང་བྱང་སྡོམ་གཉིས་རྫས་དབྱེར་མེད་ཀྱི་ཚུལ་དུ་ལྡན་པའི་ཕྱིར། ཆེ་བྲག་ཏུ་དགེ་སློང་བྱང་ཆུབ་སེམས་དཔའི་རྒྱུད་ལ་རང་རྒྱུད་ཀྱི་སོ་ཐར། བྱང་སྡོམ་དགེ་སློང་གི་སྡོམ་གསུམ་ངོ་བོ་གཅིག་ལ་ལྡོག་པ་ཐ་དད་པའི་ཚུལ་གྱིས་ལྡན་ཏེ། དེའི་རྒྱུད་ཀྱི་ངེས་འབྱུང་གི་ཚུལ་ཁྲིམས་དེ་

གཞན་ལ་གནོད་པ་གཞི་བཅས་སྤོང་བའི་ཆ་ནས་སོ་ཐར། གཞན་ལ་ཕན་འདོགས་པའི་བསམ་པས་ཟིན་པའི་ཆ་ནས་བྱང་སྡོམ། ཁྲིམས་ཉིས་བརྒྱ་ལྔ་བཅུ་རྩ་གསུམ་གྱི་བསླབ་བྱ་ལ་སློབ་པའི་ཆ་ནས་དགེ་སློང་གི་སྡོམ་པར་བཞག་པའི་ཕྱིར། དཔེར་ན། བྱང་སེམས་སློམ་ལམ་པའི་རྒྱུད་ཀྱི་གཞི་ཤེས། ལམ་ཤེས། སློམ་ལམ་གསུམ་ངོ་བོ་གཅིག་ལ་ལྡོག་པའི་སྒོ་ནས་ཐ་དད་དུ་ཕྱེ་བ་ལྟ་བུའོ། །

གསུམ་པ་ནི། སྔགས་སྡོམ་དང་ལྡན་པའི་གང་ཟག་སྟེ། སྔགས་སྡོམ་ཡིན་ན་སོ་ཐར་དང་བྱང་སྡོམ་ཡིན་པ་གཅིག་དགོས་པའི་ཕྱིར། དེ་ཡང་དགེ་སློང་རྡོ་རྗེ་འཛིན་པའི་རྒྱུད་ཀྱི་སོ་ཐར་བྱང་སྡོམ་སྔགས་སྡོམ་དགེ་སློང་གི་སྡོམ་པ་བཞི་པོ་དེ་ངོ་བོ་གཅིག་ལ་ལྡོག་པའི་སྒོ་ནས་ཐ་དད་དུ་ཕྱེ་བ་ཡིན་ཏེ། དེའི་རྒྱུད་ཀྱིས་རེས་འགྱུར་གི་ཚུལ་ཁྲིམས་དེ་གཞན་ལ་གནོད་པ་གཞི་བཅས་སྤོང་བ་ལ་སོགས་པའི་ཆ་ནས་སྡོམ་པ་བཞི་ཆར་དུ་བཞག་པའི་ཕྱིར། དཔེར་ན། སངས་རྒྱས་འཕགས་པའི་རྒྱུད་ཀྱི་གཞི་ཤེས། ལམ་ཤེས། རྣམ་མཁྱེན། ཇི་ལྟ་བ་མཁྱེན་པའི་རྣམ་མཁྱེན་བཞི་པོ་དེ་ངོ་བོ་གཅིག་ལ་ལྡོག་པའི་སྒོ་ནས་ཐ་དད་དུ་ཕྱེ་བ་བཞིན་ནོ། །དེ་ལྟར་ཡང་། སངས་རྒྱས་གསུང་བཞིན་མཛད་པ་ཡི། །བླ་མ་བཙལ་ལ་དབང་བཞི་བླང་། །དེ་ཡིས་སྡོམ་པ་གསུམ་ལྡན་འགྱུར། །ཞེས་དང་། རྡོ་རྗེ་རྩེ་མོ་ལས། སོ་སོར་ཐར་དང་བྱང་ཆུབ་སེམས། །རིག་འཛིན་རང་གི་སྡོམ་པའོ། །ཞེས་དང་། རིགས་ལྡན་འཇམ་དཔལ་གྲགས་པས་ཀྱང་། སྡོམ་གསུམ་ཚོགས་པར་མི་འགྱུར་བས། །སྔགས་ཀྱི་བདག་ཉིད་མི་འགྱུར་ཏེ། །ཞེས་སོ༎ ༎

གསུམ་པ་ཞར་བྱུང་ལ། ཚོགས་གསུམ་གྱི་ལྡན་ཚུལ་ལ་དཔྱད་པ་དང་། གོང་མས་འོག་མ་ཐོབ་ཚུལ་ལ་དཔྱད་པ་གཉིས། དང་པོ་ནི། དགེ་བསྙེན་དགེ་ཚུལ་དགེ་སློང་གསུམ་རིམ་གྱིས་བླངས་པའི་ཚེ་དེ་གསུམ་ངོ་བོ་ཐ་དད་དུ་ལྡན་ནམ། ངོ་བོ་གཅིག་ཏུ་ལྡན་ནམ། སྦྲ་མ་ཕྱི་མར་གནས་འགྱུར་བའི་ཚུལ་དུ་ལྡན་ཞེ་ན། འདི་ལ་གཟུགས་ཅན་དུ་འདོད་པའི་ལུགས་དང་། ཤེས་པར་འདོད་པའི་ལུགས་གཉིས། དང་པོ་ནི། བྱེ་བྲག་ཏུ་སྨྲ་བ་ལྟར་ན། ཚོགས་གསུམ་རིམ་གྱིས་ནོས་པའི་དགེ་སློང་གི་རྒྱུད་ལ། གསུམ་པོ་དེ་ངོ་བོ་ཐ་དད་དུས་མཉམ་དུ་ལྡན་ཏེ༏ དེའི་རྒྱུད་ལ་གསུམ་པོ་དེ་ཐོབ་བྱེད་ཀྱི་རྒྱུས་ཐོབ། གཏོང་བྱེད་ཀྱི་རྒྱུས་མ་བཏང་བའི་གཟུགས་ཅན་ངོ་བོ་ཐ་དད་ཡིན་པའི་ཕྱིར་ཏེ། ཐ་དད་དེ་དག་འགལ་བ་མེད། །ཅེས་དང་། རང་འགྲེལ་ལས། སྡོམ་པ་དེ་དག་ལྔ་དང་བཅུ་དང་ཉིས་བྱ། ཞེས་བྱ་བ་ལྟ་བུ་དང་། དོང་ཙེ་གཅིག་དང་གཉིས་ཞེས་བྱ་བ་བཞིན་དུ་གཞན་དང་གཞན་ཞེས་བྱ་བའམ། འོན་ཏེ་དེ་དག་ཐམས་ཅད་ཐ་དད་པ་ཉིད་གཅིག་ཏུ་སྐྱེ་ཞེ་ན། སྨྲས་པ་ཐ་དད་པ་དེ་དག་ནི་མ་འདྲེས་པ་ཉིད་དེ། སྡོམ་པ་གསུམ་དག་ལ་སྲོག་གཅོད་པ་སྤོང་བ་གསུམ་ནས་མྱོས་པར་འགྱུར་བའི་བཏུང་བ་སྤོང་བ་གསུམ་

གྱི་བར་དུ་མཚན་ཉིད་ཐ་དད་པར་སྐྱེས་ཏེ། ལྷག་མ་རྣམས་ཀྱང་དེ་དང་འདྲའོ། །ཞེས་གསུངས་པ་ལྟར་རོ། །

གཉིས་པ་ནི། དབུ་མ་པ་ལྟར་ན། ཚིགས་གསུམ་རིམ་གྱིས་ནོད་པའི་དགེ་སློང་གི་རྒྱུད་ལ་དེ་གསུམ་ངོ་བོ་ཐ་དད་ཅིག་ཅར་དུ་ལྡན་པ་མ་ཡིན་ཏེ། དེ་ཡིན་ན་གཙོ་སེམས་གཅིག་གི་འཁོར་དུ་སྤོང་སེམས་རྫས་གཞན་པ་གསུམ་ཅིག་ཅར་དུ་ལྡན་པར་ཐལ་བའི་སྐྱོན་ཡོད་པའི་ཕྱིར། དེ་གསུམ་ངོ་བོ་གཅིག་ཏུ་ལྡན་པ་ཡང་མ་ཡིན་ཏེ། ཞེས་རྒྱུད་གཅིག་ལ་དེ་གསུམ་གྱི་གཞི་མཐུན་མི་སྲིད་པའི་ཕྱིར། དེས་ན་ཚིགས་གསུམ་རིམ་གྱིས་ནོད་པའི་དགེ་སློང་གི་རྒྱུད་ལ་སྔ་མ་སྔ་མ་ཕྱི་མ་ཕྱི་མར་རྫས་གོང་འཕེལ་དུ་གནས་འགྱུར་བའི་ཚུལ་གྱིས་ལྡན་ཏེ། དགེ་བསྙེན་གྱིས་དགེ་ཚུལ་གྱི་སྡོམ་པ་བླངས་པའི་ཚེ་དགེ་བསྙེན་གྱི་སྡོམ་པ་དགེ་ཚུལ་གྱི་སྡོམ་པའི་ངོ་བོར་འགྱུར། དགེ་ཚུལ་གྱིས་དགེ་སློང་གི་སྡོམ་པ་བླངས་པའི་ཚེ་དགེ་སློང་སྡོམ་པའི་ངོ་བོར་འགྱུར་བའི་ཕྱིར། དཔེར་ན། ཚོགས་ལམ་ནས་སྦྱོར་ལམ་སྦྱོར་ལམ་ནས་མཐོང་ལམ་དུ་གནས་འགྱུར་བ་བཞིན་ནོ། །དེས་ན་དགེ་སློང་གི་རྒྱུད་ལ་དགེ་ཚུལ་གྱི་སྡོམ་པ་ཐོབ་ལམ་ཉམས་པ་ཡིན་གྱི་དགེ་ཚུལ་གྱི་སྡོམ་པ་ཡོད་པར་ཁས་ལེན་པ་མི་རིགས་ཏེ། དགེ་སློང་གི་རྒྱུད་ལ་སྡོམ་པ་གསུམ་པོ་དེ་གཟུགས་ཅན་ངོ་བོ་ཐ་དད་དང་ཤེས་པའི་ངོ་བོར་གྱུར་པའི་རྫས་ཐ་དད་གང་དུ་ཡང་མེད་པའི་ཕྱིར་ཏེ། དེ་གཉིས་ངོ་བོ་གཅིག་པའི་ཚུལ་གྱིས་ཅིག་ཅར་དུ་ལྡན་པ་མེད་པའི་ཕྱིར།

གཉིས་པ་ནི། ཁྲིམ་པ་རྡོ་རྗེ་འཛིན་པས་གསོལ་བཞིའི་ཆོ་གའི་སྒོ་ནས་དགེ་སློང་གི་སྡོམ་པ་བླངས་པའི་ཚེ་དགེ་སློང་གི་སྡོམ་པ་སྔགས་སྡོམ་ལས་ངོ་བོ་ཐ་དད་དུ་སྐྱེ་བ་ཡིན་ནམ། ངོ་བོ་གཅིག་ཏུ་སྐྱེ་བ་གང་ཡིན། དང་པོ་ལྟར་ན་སྡོམ་གསུམ་ངོ་བོ་གཅིག་ཏུ་ཁས་བླངས་པ་དང་ནང་འགལ། གཉིས་པ་ལྟར་ན། སྡོམ་པ་གོང་མ་ཡང་འོག་མར་གནས་འགྱུར་བ་ཡོད་པར་འགྱུར་ཞེ་ན། ཁྲིམ་པ་རྡོ་རྗེ་འཛིན་པས་དགེ་སློང་གི་སྡོམ་པ་བླངས་པའི་ཚེ་སྡོམ་པ་དེ་གཉིས་ངོ་བོ་ཐ་དད་དུ་སྐྱེ་བ་མ་ཡིན་ཏེ། དེའི་ཚེ་ཁྲིམ་པ་རྡོ་རྗེ་འཛིན་པའི་སྔགས་སྡོམ་དེ་ཉིད་དགེ་སློང་གི་སྡོམ་པའི་ངོ་བོར་སྐྱེ་བའི་ཕྱིར། འོན་ཀྱང་སྔགས་སྡོམ་དགེ་སློང་གི་སྡོམ་པར་གནས་གྱུར་པའི་ཐ་སྙད་མི་འདོགས་ཏེ། ཁྲིམ་པ་རྡོ་རྗེ་འཛིན་པའི་རྒྱུད་ལ་དགེ་སློང་གི་སྡོམ་པ་སྐྱེས་པའི་ཚེ་སྔར་གྱི་སྔགས་སྡོམ་རང་གི་ངོ་བོ་མ་བཏང་བར་ཡོད་པ་དང་། སྔགས་སྡོམ་དེ་ཉིད་དགེ་སློང་གི་སྡོམ་པ་ལ་ལྟོས་ཏེ་དམན་པ་མ་ཡིན་པའི་ཕྱིར།

གསུམ་པ་རྩོད་སྤང་ལ། རྩོད་པ་དང་། ལན་གཉིས། དང་པོ་ནི། གསོལ་བཞིའི་ཆོ་ག་ལ་བརྟེན་ནས་ཐོབ་པའི་སྔགས་སྡོམ་ཡོད་པར་ཐལ། དགེ་སློང་གི་སྡོམ་པའི་ངོ་བོར་གྱུར་པའི་སྔགས་སྡོམ་ཡོད་པའི་ཕྱིར། འདོད་ན། སྔགས་སྡོམ་ཐོབ་ཕྱིར་དུ་དབང་གི་ཆོ་ག་གསུངས་པ་དོན་མེད་དུ་ཐལ་ལོ། །གཞན་ཡང་། དབང་བསྐུར་གྱི་ཆོ་ག་ལ་བརྟེན་ནས་ཐོབ་པའི་དགེ་སློང་གི་སྡོམ་པ་ཡོད་པར་ཐལ། སྔགས་སྡོམ་གྱི་ངོ་བོར་གྱུར་པའི་དགེ་སློང་གི་སྡོམ་

པ་ཡོད་པའི་ཕྱིར། འདོད་ན། དགེ་སློང་གི་སྡོམ་པ་ཐོབ་ཕྱིར་དུ་གསོལ་བཞིའི་ཆོ་ག་གསུངས་པ་དོན་མེད་པར་ཐལ་ལོ་ཟེར།

གཉིས་པ་ལ། འོན་བྱང་སྡོམ་འབོགས་པའི་ཆོ་ག་ལ་བརྟེན་ནས་ཐོབ་པའི་དགེ་སློང་གི་སྡོམ་པ་ཡོད་པར་ཐལ། བྱང་སྡོམ་གྱི་ངོ་བོར་གྱུར་པའི་དགེ་སློང་གི་སྡོམ་ཡོད་པའི་ཕྱིར་ཏེ། བྱང་སེམས་ཀྱི་ཉེས་སྤྱོད་སྡོམ་པའི་ཚུལ་ཁྲིམས་སུ་གྱུར་པའི་དགེ་སློང་གི་སྡོམ་པ་ཡོད་པར་བྱང་ས་ལས་བཤད་པའི་ཕྱིར། འདོད་ན། དགེ་སློང་གི་སྡོམ་པ་ཐོབ་ཕྱིར་དུ་གསོལ་བཞིའི་ཆོ་ག་གསུངས་པ་དོན་མེད་པར་ཐལ་ལོ། །གཞན་ཡང་གསོལ་བཞིའི་ཆོ་ག་ལ་བརྟེན་ནས་ཐོབ་པའི་བྱང་སྡོམ་ཡོད་པར་ཐལ། དགེ་སློང་གི་སྡོམ་པའི་ངོ་བོར་གྱུར་པའི་བྱང་སྡོམ་ཡོད་པའི་ཕྱིར། འདོད་ན། བྱང་སྡོམ་ཐོབ་ཕྱིར་དུ་དེའི་ཆོ་ག་གསུངས་པ་དོན་མེད་པར་ཐལ་ལོ། །གཞན་ཡང་། དགེ་སློང་རྡོ་རྗེ་འཛིན་པའི་རྒྱུད་ལ་འབྲས་བུ་ལམ་བྱེད་ཀྱི་ཐབས་ཀྱིས་མ་ཟིན་པའི་དགེ་སློང་གི་སྡོམ་པ་ཡོད་པར་ཐལ། དེའི་རྒྱུད་ལ་སྔགས་སྡོམ་ལས་དོན་གཞན་པའི་དགེ་སློང་གི་སྡོམ་པ་ཡོད་པའི་ཕྱིར། རྟགས་ཁས། འདོད་ན། དགེ་སློང་བྱང་སེམས་ཀྱི་རྒྱུད་ལ་ཐེག་ཆེན་སེམས་བསྐྱེད་ཀྱིས་མ་ཟིན་པའི་དགེ་སློང་གི་སྡོམ་པ་ཡོད་པར་ཐལ་ལོ༔ ༔

གཉིས་པ་གཏོང་ཚུལ་ལ་དགག་བཞག་སྤང་གསུམ། དང་པོ་ལ། ངོ་བོ་ཐ་དད་པའི་ཕྱོགས་ལ་མི་འཐད་པའི་ཆ་དགག་པ་དང་། ངོ་བོ་གཅིག་པའི་ཕྱོགས་ལ་མི་འཐད་པའི་ཆ་དགག་པ་གཉིས་ལས། དང་པོ་ནི། ཁ་ཅིག །ཤི་འཕོས་པ་དང་མཚན་གཉིས་ཅིག་ཅར་དུ་བྱུང་བ་སོ་ཐར་སྡོམ་པའི་གཏོང་རྒྱུ་ཡིན་ཏེ། དེ་ལྟར་འདུལ་བ་ལས་བཤད་པའི་ཕྱིར། བྱང་སེམས་ཀྱི་ཕས་ཕམ་བྱུང་བ་བྱང་སེམས་སྡོམ་པའི་གཏོང་རྒྱུ་ཡིན་ཏེ། སྔགས་ཀྱི་ཕས་ཕམ་བྱུང་བ་སྔགས་སྡོམ་གྱི་གཏོང་རྒྱུར་བཤད་པ་གང་ཞིག །རྒྱུ་མཚན་མཚུངས་པའི་ཕྱིར། ཞེས་ཟེར་རོ། །མི་འཐད་དེ། དགེ་སློང་གི་སྡོམ་པ་དེ་ཇི་སྲིད་འཚོའི་བར་གྱི་གཟུགས་ཅན་གྱི་སྡོམ་པར་ཐལ། དེ་ལྟར་དུ་འདུལ་བ་ལས་བཤད་པའི་ཕྱིར། གཞན་ཡང་། བྱང་སེམས་ཀྱི་ཕས་ཕམ་བྱུང་བ་ཙམ་གྱིས་བྱང་སྡོམ་གཏོང་བ་མི་འཐད་དེ། བྱང་སེམས་ཀྱི་ཕས་ཕམ་ཀུན་དཀྲིས་ཆེན་པོས་སྤྱད་ན་གཏོང་བ་ཡིན་ཀྱང་ཀུན་དཀྲིས་འབྲིང་དང་ཆུང་ངུས་སྤྱད་ན་བཤགས་པ་ཙམ་གྱིས་དག་པར་གསུངས་པའི་ཕྱིར་ཏེ། སྡོམ་པ་ཉི་ཤུ་པ་ལས། སྡོམ་པ་སླར་ཡང་བླང་བར་བྱ། །ཟག་པ་འབྲིང་ནི་གསུམ་ལ་བཤགས། །གཅིག་གི་མདུན་དུ་ལྷག་མ་རྣམས། །ཞེས་གསུངས་པའི་ཕྱིར།

གཉིས་པ་ནི། མཁས་པའི་དབང་པོ་ཁ་ཅིག་ན་རེ། དགེ་སློང་རྡོ་རྗེ་འཛིན་པའི་སྡོམ་པ་གཏོང་ཚུལ་ལ། དགེ་སློང་གི་སྡོམ་པ་བཏང་ནས་གོང་མ་གཉིས་མི་གཏོང་བའི་མུ། གོང་མ་གཉིས་བཏང་ནས་དགེ་སློང་གི་སྡོམ་

པ་མི་གཏོང་བའི་རྒྱུ། དགེ་སློང་གི་སྡོམ་པ་དང་སྔགས་སྡོམ་བཏང་ནས་བྱང་སྡོམ་མི་གཏོང་བའི་རྒྱུ། སྔགས་སྡོམ་བཏང་ནས་འོག་མ་གཉིས་མི་གཏོང་བའི་རྒྱུ། གསུམ་ཆར་དུས་མཉམ་དུ་གཏོང་བ་དང་ལྔ་ལས། དང་པོ་ནི། དགེ་སློང་རྡོ་རྗེ་འཛིན་པས་སེམས་ཅན་གྱི་དོན་དུ་འགྱུར་བའི་དགོས་ཆེད་ཁྱད་པར་ཅན་གྱི་ཚེ་དགེ་སློང་གི་བསླབ་པ་ཕུལ་བ་ལྟ་བུ་སྟེ། དེའི་ཚེ་དགེ་སློང་སྡོམ་པའི་གཏོང་རྒྱུ་བྱུང་ལ་གོང་མ་གཉིས་ཀྱི་གཏོང་རྒྱུ་མ་བྱུང་བའི་ཕྱིར།

གཉིས་པ་ནི། དེས་སྨོན་པ་བྱང་ཆུབ་ཀྱི་སེམས་བཏང་བ་སྟེ་གོང་མ་གཉིས་ཀྱི་གཏོང་རྒྱུ་བྱུང་ལ་དགེ་སློང་གི་སྡོམ་པའི་གཏོང་རྒྱུ་མ་བྱུང་བའི་ཕྱིར།

གསུམ་པ་ནི། དགེ་སློང་གིས་ཕམ་པ་བཞི་སྤྱད་པ་ལྟ་བུ་སྟེ། དགེ་སློང་གི་སྡོམ་པ་ཉམས་བྱེད་ཀྱི་ཕམ་པ་དང་བདེར་གཤེགས་བཀའ་འདས་ཀྱི་རྩ་ལྟུང་དུ་འགྱུར་བའི་ཕྱིར།

བཞི་པ་ནི། དེས་གསང་སྔགས་ཀྱི་རྩ་ལྟུང་སྤྱད་པ་ལྟ་བུ་སྟེ། ལྟུང་བ་དེ་ཉིད་སྔགས་སྡོམ་གྱི་གཏོང་རྒྱུ་ཡིན་ལ་འོག་མ་གཉིས་ཀྱི་གཏོང་རྒྱུ་མ་ཡིན་པའི་ཕྱིར།

ལྔ་པ་ནི། སྨོན་སེམས་བཏང་ནས་སྲོག་གཅོད་ཀྱི་ཕམ་པ་སྤྱད་པ་ལྟ་བུ་སྟེ། སྡོམ་པ་གསུམ་ཀའི་རྩ་ལྟུང་བྱུང་བའི་ཕྱིར། དེ་ཡང་བྱང་སྡོམ་བཏང་ནས་སྔགས་སྡོམ་མི་གཏོང་བའི་རྒྱུ་ཡོད་པ་མ་ཡིན་ཏེ། སྔགས་སྡོམ་བྱང་སྡོམ་གྱི་བྱེ་བྲག་ཡིན་པའི་ཕྱིར། སོ་ཐར་བཏང་ནས་གོང་མ་གཉིས་མི་གཏོང་བའི་རྒྱུ་ཡོད་པ་མ་ཡིན་ཏེ་གོང་མ་གཉིས་སོ་ཐར་སྡོམ་པའི་བྱེ་བྲག་ཡིན་པའི་ཕྱིར། ཞེས་གསུང་ངོ་། །

འདི་དག་ལ་ཡང་མི་འཐད་པའི་ཆ་ཡོད་དེ། གཏོང་བའི་ཚུལ་མི་འཐད་པ་དང་སྒྲུབ་བྱེད་ལ་མགོ་མཚུངས་པའི་སྐྱོན་གཉིས་ཡོད་པའི་ཕྱིར། དང་པོ་ནི། དགེ་སློང་རྡོ་རྗེ་འཛིན་པའི་རྒྱུད་ལ་བྱང་སྡོམ་མ་ཡིན་པའི་སོ་ཐར་གྱི་སྡོམ་པ་ཡོད་པར་ཐལ། དེའི་རྒྱུད་ལ་སྨོན་པ་བྱང་ཆུབ་ཀྱི་སེམས་འདོར་བའི་རྩ་ལྟུང་བྱུང་བའི་ཚེ་རང་རྒྱུད་ཀྱི་བྱང་སྡོམ་མཐའ་དག་གཏོང་བ་གང་ཞིག །རང་རྒྱུད་ཀྱི་སོ་ཐར་གྱི་སྡོམ་པ་མི་གཏོང་བའི་ཕྱིར་ཏེ། རང་རྒྱུད་ཀྱི་དགེ་སློང་གི་སྡོམ་པ་མི་གཏོང་བར་ཁས་བླངས་པའི་ཕྱིར། གཞན་ཡང་། དགེ་སློང་རྡོ་རྗེ་འཛིན་པའི་རྒྱུད་ལ་སྔགས་སྡོམ་མ་ཡིན་པའི་བྱང་སྡོམ་ཡོད་པར་ཐལ། དགེ་སློང་རྡོ་རྗེ་འཛིན་པས་གསང་སྔགས་ཀྱི་རྩ་ལྟུང་སྤྱད་པའི་ཚེ་རང་རྒྱུད་ཀྱི་སྔགས་སྡོམ་མཐའ་དག་གཏོང་བ་གང་ཞིག །རང་རྒྱུད་ཀྱི་བྱང་སྡོམ་མི་གཏོང་བར་ཁས་བླངས་པའི་ཕྱིར། གཞན་ཡང་། དགེ་སློང་རྡོ་རྗེ་འཛིན་པའི་རྒྱུད་ཀྱི་བྱང་སྡོམ་ཆོས་ཅན། དེའི་རྒྱུད་ཀྱི་སྔགས་སྡོམ་དང་གྲུབ་བདེ་རྫས་གཅིག་པའི་སྡོམ་པ་མ་ཡིན་པར་ཐལ། དེའི་རྒྱུད་ཀྱི་སྔགས་སྡོམ་ཉམས་བྱེད་ཀྱི་ལྟུང་བ

ཡིན་ན། ཁྱོད་ཉམས་བྱེད་ཀྱི་ལྟུང་བ་ཡིན་པས་མ་ཁྱབ་པའི་ཕྱིར། མ་གྲུབ་ན། དགེ་སློང་རྡོ་རྗེ་འཛིན་པས་སྤྱད་པའི་གསང་སྔགས་ཀྱི་རྩ་ལྟུང་ཆོས་ཅན། དེར་ཐལ། དེའི་ཕྱིར། འཁོར་གསུམ། གཞན་ཡང་། དགེ་སློང་རྡོ་རྗེ་འཛིན་པའི་རྒྱུད་ཀྱི་སྔགས་སྡོམ་ཆོས་ཅན། དེའི་རྒྱུད་ཀྱི་སོ་ཐར་གྱི་སྡོམ་པ་དང་ངོ་བོ་དབྱེར་མེད་གྲུབ་བདེ་རྫས་གཅིག་པའི་སྡོམ་པ་མ་ཡིན་པར་ཐལ། ཁྱོད་ཉམས་བྱེད་ཀྱི་རྩ་ལྟུང་ཡིན་ན། དེའི་རྒྱུད་ཀྱི་སོ་ཐར་གྱི་སྡོམ་པ་ཉམས་བྱེད་ཀྱི་རྩ་ལྟུང་ཡིན་པས་མ་ཁྱབ་པའི་ཕྱིར། རྟགས་ཁས།

གཉིས་པ་ནི། དགེ་སློང་རྡོ་རྗེ་འཛིན་པའི་རྒྱུད་ཀྱི་སྔགས་སྡོམ་བཏང་ནས་དགེ་སློང་གི་སྡོམ་པ་མི་གཏོང་བའི་མུ་ཡོད་པ་མི་འཐད་པར་ཐལ། དེའི་རྒྱུད་ཀྱི་དགེ་སློང་གི་སྡོམ་པ་དེ་དེའི་རྒྱུད་ཀྱི་སྔགས་སྡོམ་གྱི་བྱེ་བྲག་ཡིན་པའི་ཕྱིར། དེ་བཞིན་དུ་དེའི་རྒྱུད་ཀྱི་བྱང་སྡོམ་དང་དགེ་སློང་གི་སྡོམ་པ་ལ་སྦྱར་ཏེ་སྐོབས་མཚུངས་ཀྱི་འཁོར་གསུམ་བྱའོ། །

གཉིས་པ་རང་ལུགས་ལ། སོ་སོའི་གཏོང་རྒྱུ་དང་། ཐུན་མོང་གི་གཏོང་རྒྱུ་གཉིས། དང་པོ་ལ། སོ་ཐར། བྱང་སྡོམ། སྔགས་སྡོམ་གྱི་གཏོང་རྒྱུ་དང་གསུམ། དང་པོ་ལ། བཤད་ཚུལ་སྤྱིར་བསྟན་པ་དང་། རང་ཕྱོགས་ངོས་བཟུང་བ་གཉིས། དང་པོ་ནི། འདུལ་བའི་སྡེ་སྣོད་ལས། བསླབ་པ་ཕུལ་བ། ཤི་འཕོས་པ། མཚན་གཉིས་ཅིག་ཅར་དུ་བྱུང་བ། མཚན་ལན་གསུམ་དུ་འགྱུར་བ། དགེ་བའི་རྩ་བ་ཆད་པ་རྣམས་སོ་ཐར་སྤྱིའི་གཏོང་རྒྱུ་དང་མཚན་མོ་མཐའི་སྐད་ཅིག་མ་འདས་པ་བསྙེན་གནས་ཀྱི་སྡོམ་པའི་གཏོང་རྒྱུ་ཡིན་ཏེ། མཛོད་ལས། བསླབ་པ་ཕུལ་དང་ཤི་འཕོས་དང་། །མཚན་གཉིས་དག་ནི་བྱུང་བ་དང་། །རྩ་བ་ཆད་དང་མཚན་འདས་ལས། །སོ་སོར་ཐར་པའི་འདུལ་བ་གཏོང་། །ཞེས་གསུངས་པའི་ཕྱིར། རྩ་བའི་ཕམ་པ་བཞི་སྡོམ་པའི་གཏོང་རྒྱུ་མ་ཡིན་ཏེ། ཕམ་པ་བྱུང་བའི་དགེ་སློང་གི་རྒྱུད་ལ་དགེ་སློང་གི་སྡོམ་པ་ཡོད་པའི་ཕྱིར། ཞེས་ཟེར།

གཉིས་པ་ནི། ཐེག་ཆེན་གྱི་ལུགས་ལ། སོ་སོར་ཐར་པའི་སྡོམ་པ་ཤི་འཕོས་པ་ཙམ་གྱིས་གཏོང་བ་མ་ཡིན་ཏེ། སོ་ཐར་གྱི་སྡོམ་པ་དེ་རང་གི་ཉེར་ལེན་སེམས་ལས་བྱུང་བའི་སྡོམ་པ་ཡིན་པའི་ཕྱིར། ཁྱབ་སྟེ། ཤེས་པའི་ངོ་བོར་གྱུར་བའི་སྡོམ་པ་ནི་གཏོང་རྒྱུ་གཞན་མ་བྱུང་ན་ཇི་སྲིད་སེམས་མ་ཉམས་པ་དེ་སྲིད་དུ་གནས་པར་གསུངས་པའི་ཕྱིར། རབ་དབྱེ་ལས། བྱང་ཆུབ་སེམས་དཔའི་སྡོམ་པ་ནི། །སེམས་ལས་སྐྱེས་ཕྱིར་གཟུགས་ཅན་མིན། །དེས་ན་ཇི་སྲིད་སེམས་མ་ཉམས། །དེ་ཡི་བར་དུ་སྡོམ་པ་ཡོད། །ཅེས་གསུངས་པའི་ཕྱིར། མཚན་གཉིས་ཅིག་ཅར་དུ་བྱུང་བ་དང་། མཚན་ལན་གསུམ་དུ་གྱུར་པ་ཡང་འདིར་སོ་ཐར་གྱི་སྡོམ་པའི་གཏོང་རྒྱུར་མི་འདོད་དེ། དེ་དག་ནི་ལྟུང་བ་དང་སྡོམ་པ་གཉིས་ཀ་གཙོ་བོར་གཟུགས་ཅན་དུ་འདོད་པ་བྱེ་བྲག་ཏུ་སྨྲ་བའི་ལུགས་ཡིན་ལ།

འདི་ར་ནི་སྤང་བྱ་ལྟུང་བ་དང་། གཉེན་པོ་སྡོམ་པ་གཉིས་ཀ་ཤེས་པ་ཁོ་ན་ལ་འདོད་པའི་ཕྱིར། དེས་ན་སོ་ཐར་སྡོམ་པའི་གཏོང་རྒྱུ་བསླབ་པ་ཕུལ་བས་དེ་གཏོང་སྟེ། དེའི་མི་མཐུན་ཕྱོགས་ཁས་བླངས་པའི་ཕྱིར། དགེ་རྩ་ཆད་པས་དེ་གཏོང་སྟེ། སྡོམ་པའི་རྟེན་གཞི་མེད་པའི་ཕྱིར། དགེ་ཚུལ་ལ་ཕམ་པ་དང་འདྲ་བའི་ཉེས་བྱས། དགེ་སློང་ལ་ཕམ་པ་བྱུང་བས་གཏོང་སྟེ། མི་མཐུན་ཕྱོགས་ཀྱིས་གཉེན་པོ་ཉམས་པར་བྱས་པའི་ཕྱིར། བསྙེན་གནས་ཀྱི་སྡོམ་པ་མཚན་མོ་མཐའི་སྐད་ཅིག་མ་འདས་པ་ཙམ་གྱིས་གཏོང་བ་མ་ཡིན་ཏེ། དགེ་སློང་གི་སྡོམ་པ་ཤི་འཕོས་པ་ཙམ་གྱིས་མི་གཏོང་བ་གང་ཞིག །རྒྱུ་མཚན་མཚུངས་པའི་ཕྱིར།

གཉིས་པ་ནི། བསླབ་པ་ཕུལ་བ། དགེ་རྩ་ཆད་པ། སྨོན་པ་བྱང་ཆུབ་ཀྱི་སེམས་འདོར་བའི་རྩ་ལྟུང་། ཀུན་དཀྲིས་ཆེན་པོའི་སྒོ་ནས་སྤྱད་པའི་བྱང་སེམས་ཀྱི་རྩ་ལྟུང་རྣམས་བྱང་སེམས་སྡོམ་པའི་གཏོང་རྒྱུ་ཡིན་ཏེ། བྱང་ས་ལས། མདོར་བསྡུ་ན་གཉིས་ཁོ་ནས་བྱང་ཆུབ་སེམས་དཔའི་ཚུལ་ཁྲིམས་ཀྱི་སྡོམ་པ་ཡང་དག་པར་བླངས་པ་གཏོང་བར་འགྱུར་ཏེ། བླ་ན་མེད་པ་ཡང་དག་པར་རྫོགས་པའི་བྱང་ཆུབ་ཏུ་སྨོན་པ་ཡོངས་སུ་བཏང་བ་དང་། ཕམ་པའི་གནས་ལྟ་བུའི་ཆོས་ཀྱི་ཀུན་ནས་དཀྲིས་པ་ཆེན་པོ་ཀུན་ནས་སྤྱད་པའོ། །ཞེས་སོ། །འོན་ཀུན་དཀྲིས་ཆེ་ཆུང་གི་ཁྱད་པར་ཇི་ལྟ་བུ་ཞེ་ན། བདག་བསྟོད་གཞན་ལ་སྨོད་པའི་རྩ་ལྟུང་དང་པོར་སྤྱད་པ་ཙམ་ནི་ཆུང་ངུ། གྲངས་མང་དུ་སྤྱད་པ་ནི་འབྲིང་། དེའི་སྟེང་དུ་ཁ་ན་མ་ཐོ་བ་ལ་མི་འཛེམས་ཤིང་དགའ་སྤྲོ་དང་བཅས་ཤིང་ཡོན་ཏན་ཅན་དུ་བལྟས་པའི་སྒོ་ནས་སྤྱོད་པ་ནི་ཆེན་པོ་སྟེ། བྱང་ས་ལས། གང་གི་ཕྱིར་བྱང་ཆུབ་སེམས་དཔའ་ཕམ་པའི་གནས་ལྟ་བུའི་ཆོས་བཞི་པོ་འདི་དག་རྒྱུན་མ་ཆད་པར་ཀུན་ཏུ་སྤྱོད་པ་དང་། ངོ་ཚ་ཤེས་པ་དང་། ཁྲེལ་ཡོད་པ་ཆུང་ངུ་ཙམ་ཡང་མི་སྐྱེད་པ་དང་། དེས་མགུ་བར་བྱེད་ཅིང་དེ་ལ་དགའ་བར་བྱེད་པ་དང་། དེ་ཉིད་ལ་ཡོན་ཏན་དུ་ལྟ་བ་ཅན་དུ་གྱུར་བ་འདི་ནི་ཀུན་ནས་དཀྲིས་པ་ཆེན་པོ་ཡིན་པར་རིག་པར་བྱའོ། །ཞེས་གསུངས་པ་ལྟར་རོ། །བྱང་སེམས་ཀྱི་སྡོམ་པའི་རྩ་ལྟུང་ཙམ་བྱང་སེམས་སྡོམ་པའི་གཏོང་རྒྱུ་མ་ཡིན་ཏེ། བྱང་ས་ལས། ཕམ་པའི་གནས་ལྟ་བུ་བཞི་པོ་འདི་དག་ནི་ཀུན་ནས་དཀྲིས་པ་ཆུང་ངུ་དང་འབྲིང་གིས་ནི། བྱང་སེམས་ཀྱི་ཚུལ་ཁྲིམས་ཡང་དག་པར་བླངས་པ་དེ་བྱང་ཆུབ་སེམས་དཔས་གཏོང་བར་མི་འགྱུར་རོ། །ཞེས་དང་། བདག་ཉིད་ཆེན་པོའི་ཆག་ལོའི་དྲིས་ལན་ལས། སྡོམ་པ་གཏོང་བའི་ཚུལ་ལ་སོ་སོར་ཐར་པ་ལ་ཡང་ལྟུང་བས་སྡོམ་པ་གཏོང་བ་དང་མི་གཏོང་བའི་ལུགས་གཉིས་གདའ། དེ་བཞིན་དུ། ཐེག་པ་ཆེན་པོ་ལ་ཡང་གཉིས་ཡོད་པའི་སེམས་ཙམ་པ་ལྟུང་བས་སྡོམ་པ་གཏོང་བའི་ལུགས་སུ་གསལ། དབུ་མ་པ་ལ་ལུགས་གཉིས་ཀ་གདའ། ངེད་ཅག་སྨོན་པའི་སེམས་མ་བཏང་ན་སྡོམ་པའི་རྩ་བ་མི་གཏོང་བའི་ལུགས་དེའི་རྗེས་སུ་འབྲང་བ་ལགས། ཞེས་གསུངས་པ་ལྟར་

རོ༔ ༔

གསུམ་པ་ནི། སྔགས་སྡོམ་གྱི་བསླབ་པ་ཕུལ་བ། དགེ་རྒྱ་ཆད་པ། སྔགས་ཀྱི་རྒྱ་བའི་ལྟུང་བ་བྱུང་བ་གསུམ་ནི་སྔགས་སྡོམ་གྱི་གཏོང་རྒྱུ་ཡིན་ཏེ། དེའི་ཉམས་བྱེད་ཡིན་པའི་ཕྱིར། གཉིས་པ་ཐུན་མོང་གི་གཏོང་རྒྱུ་ནི༔ དགེ་སློང་རྡོ་རྗེ་འཛིན་པ་ལ། སྡོམ་པ་གསུམ་པོ་གང་ཡང་རུང་བ་གཅིག་གི་གཏོང་རྒྱུ་བྱུང་ན། དེའི་རྒྱུད་ཀྱི་སྡོམ་པ་གསུམ་ཀ་གཏོང་དགོས་ཏེ། དེའི་རྒྱུད་ཀྱི་སྡོམ་པ་གསུམ་པོ་དེ་ངོ་བོ་དབྱེར་མེད་ཀྱི་གྲུབ་བདེ་རྫས་གཅིག་ཡིན་པའི་ཕྱིར། དཔེར་མཚོན་ན། དགེ་སློང་རྡོ་རྗེ་འཛིན་པས་སྲོག་གཅོད་ཀྱི་ཕམ་པ་སྤྱད་པ་ཡང་དེ་གསུམ་ཀའི་གཏོང་རྒྱུ་ཡིན། བྱང་ཆུབ་ཀྱི་སེམས་འདོར་བའི་རྩ་ལྟུང་ཡང་དེ་གསུམ་ཀའི་གཏོང་རྒྱུ་ཡིན། བུད་མེད་ལ་སྨོད་པའི་རྩ་ལྟུང་ཡང་དེ་གསུམ་ཀའི་གཏོང་རྒྱུ་ཡིན་པ་ལྟ་བུའོ། །

གསུམ་པ་རྩོད་སྤང་ལ། རྩོད་པ་དང་། ལན་གཉིས། དང་པོ་ནི། བུད་མེད་ལ་སྨོད་པའི་རྩ་ལྟུང་དེ་སྔགས་ཀྱི་ཐུན་མོང་མ་ཡིན་པའི་རྩ་ལྟུང་མ་ཡིན་པར་ཐལ། དེ་སྡོམ་པ་གསུམ་ཀ་ཐུན་མོང་དུ་ཉམས་བྱེད་ཀྱི་རྩ་ལྟུང་ཡིན་པའི་ཕྱིར་ཏེ། དགེ་སློང་རྡོ་རྗེ་འཛིན་པའི་སྡོམ་གསུམ་ཉམས་བྱེད་ཀྱི་རྩ་ལྟུང་ཡིན་པའི་ཕྱིར། འདོད་ན། མ་ཡིན་པར་ཐལ། དེ་གསང་སྔགས་སུ་རྩ་ལྟུང་དུ་བཤད་ཅིང་། འོག་མ་གཉིས་ཀྱི་སྐབས་སུ་རྩ་ལྟུང་དུ་མ་བཤད་པའི་ཕྱིར། དགེ་སློང་གི་སྡོམ་པ་དེ་ཇི་སྲིད་འཚོའི་བར་དུ་ཁས་བླངས་པའི་སྡོམ་པ་མ་ཡིན་པར་ཐལ། དེ་ཇི་སྲིད་འཚོ་བའི་སྡོམ་པ་མ་ཡིན་པའི་ཕྱིར་ཏེ། ཤི་འཕོས་པའི་འོག་ཏུ་ཡང་ཡོད་པའི་ཕྱིར། དགེ་སློང་གི་སྡོམ་པ་དེ་སེམས་ཇི་སྲིད་འཚོའི་བར་དུ་ཚེ་གཞི་སྔོན་ནས་ལེན་རིགས་པར་ཐལ། དེ་སེམས་ཇི་སྲིད་འཚོའི་བར་དུ་གནས་པ་ཡོད་པའི་ཕྱིར། འདོད་མི་ནུས་ཏེ། སོ་སོར་ཐར་པའི་སྡོམ་པ་ནི། །བྱང་ཆུབ་བར་དུ་བླངས་གྱུར་ན། །སོ་སོར་ཐར་པ་ཅི་ནས་འཇིག །འདི་ཡང་གནད་རྣམས་བཙོས་པར་དོགས། །ཞེས་གསུངས་པའི་ཕྱིར། ཁ་ཅིག་ཇི་སྲིད་འཚོ་བའི་སྒྲ༔ ༔ལུས་དང་སེམས་ལ་དགོངས་ཞེས་ཟེར། །ཞེས་པ་འདི་རང་གཞུང་དུ་ཁས་ལེན་རིགས་པར་ཐལ། དགེ་སློང་གི་སྡོམ་པ་སེམས་ཇི་སྲིད་འཚོའི་བར་དུ་གནས་པ་ཡོད་པ་རང་ལུགས་སུ་ཁས་ལེན་རིགས་པའི་ཕྱིར། ལྷ་དང་བྱིས་པའི་དགེ་སློང་ནི། །འདུལ་བའི་སྡེ་སྣོད་རྣམས་ལས་བཀག །ཅེས་གསུངས་པ་མི་འཐད་པར་ཐལ། དགེ་སློང་གི་སྡོམ་པ་རྒྱུད་ལྡན་གྱི་ལྷ་དང་བྱིས་པ་ཡོད་པའི་ཕྱིར་ཏེ། དགེ་སློང་གི་སྡོམ་པ་ཤི་འཕོས་པའི་དབང་གིས་མི་གཏོང་བ་གང་ཞིག །དགེ་སློང་ཤི་འཕོས་པའི་འོག་ཏུ་ལྷ་དང་མིར་སྐྱེ་བ་ཡོད་པའི་ཕྱིར། གཞན་ཡང་དགེ་སློང་གི་སྡོམ་པ་ཤི་འཕོས་པའི་དབང་གིས་གཏོང་བར་ཐལ། དགེ་སློང་གི་སྡོམ་པ་དེ་ཆོ་ག་ཉན་ཐོས་ཀྱི་ལུགས་ཇི་ལྟ་བ་བཞིན་དུ་ཐོབ་དགོས་པ་གང་ཞིག །ཉན་ཐོས་ཀྱི་ལུགས་ལ་དེ་ལྟར་བཤད་པའི་ཕྱིར། གཞན་ཡང་། དེ་ཤི

འཕོས་པའི་དབང་གིས་གཏོང་བར་ཐལ། དེའི་ལྡོག་པ་ཤི་འཕོས་པའི་དབང་གིས་གཏོང་བའི་ཕྱིར་ཏེ། དགེ་སློང་ལ་སོགས་སྡོམ་པ་ཡི། །ལྡོག་པ་ཤི་བའི་ཚེ་ན་གཏོང་། །ཞེས་གསུངས་པའི་ཕྱིར་ཟེར།

གཉིས་པ་ནི། ཐལ་འགྱུར་དང་པོ་ལ། བུད་མེད་ལ་སྨོད་པའི་རྩ་ལྟུང་སྤོང་བར་ཁས་བླངས་པའི་སྔགས་སྡོམ་དེ། གསང་སྔགས་ཀྱི་ཐུན་མོང་མ་ཡིན་པའི་སྔགས་སྡོམ་མ་ཡིན་པར་ཐལ། དེ་སྡོམ་པ་གསུམ་ཀའི་ཐུན་མོང་གི་ངོ་བོར་སྐྱེས་པའི་སྡོམ་པ་ཡིན་པར་ཕྱིར་ཏེ། དེ་སྡོམ་པ་གསུམ་ཀ་ཡིན་པའི་ཕྱིར། འདོད་ན། ཡིན་པར་ཐལ། དེ་གསང་སྔགས་ཀྱི་སྡོམ་པར་བཤད་ཅིང་། འོག་མ་གཉིས་ཀྱི་སྐབས་སུ་མ་བཤད་པའི་ཕྱིར།

གཉིས་པ་ལ། བྱང་སྡོམ་དེ། བྱང་ཆུབ་མ་ཐོབ་བར་དུ་ཁས་བླངས་པའི་སྡོམ་པ་མ་ཡིན་པར་ཐལ། དེ་བྱང་ཆུབ་མ་ཐོབ་བར་གྱི་སྡོམ་པ་མ་ཡིན་པའི་ཕྱིར་ཏེ། བླ་མེད་བྱང་ཆུབ་ཐོབ་པའི་རྗེས་སུ་ཡང་གནས་པ་ཡོད་པའི་ཕྱིར། གསུམ་པ་ལ། བྱང་སྡོམ་དེ་བླ་མེད་བྱང་ཆུབ་ཐོབ་རྗེས་སུ་ཡང་ཚོགའི་སྒོ་ནས་ལེན་རིགས་པར་ཐལ། དེ་ལྟར་གནས་པའི་ཕྱིར། འདོད་མི་ནུས་ཏེ། སྤྱོད་འཇུག་ལས། བྱང་ཆུབ་སྙིང་པོར་མཆིས་ཀྱི་བར། །ཞེས་དང་། བྱང་ཆུབ་སེམས་འགྲེལ་ལས། དུས་འདི་ནས་བཟུང་ནས། སྙིང་པོ་བྱང་ཆུབ་ལ་མཆིས་ཀྱི་བར་དུ། བྱང་ཆུབ་ཆེན་པོར་སེམས་བསྐྱེད་པར་བགྱིའོ། །ཞེས་གསུངས་པའི་ཕྱིར།

བཞི་པ་ལ། སྡོམ་པ་གཟུགས་ཅན་ཡིན་པའི་ཕྱིར། །ཤི་བའི་ཚེ་ན་སྡོམ་པ་གཏོང་། །ཞེས་པ་འདི་ཕྱོགས་སྔ་མའི་གཞུང་དུ་ཁས་ལེན་རིགས་པར་ཐལ། སོ་ཐར་གྱི་སྡོམ་པ་ཤི་འཕོས་པའི་དབང་གིས་གཏོང་བའི་གཟུགས་ཅན་ཡིན་པ་དེ་འདིར་དགག་བྱ་ཡིན་པའི་ཕྱིར་ཏེ། འདིར་སོ་ཐར་གྱི་སྡོམ་པ་ཤེས་པར་འདོད་པའི་ཕྱིར། རྩ་བར་འདོད་ན། ཁ་ཅིག་ཧི་སྲིད་འཚོ་བའི་སྒྲ། །ཞེས་པ་འདི། རང་གཞུང་དུ་ཁས་ལེན་རིགས་པར་ཐལ། འདོད་པ་དེ་གང་ཞིག །ཁ་ཅིག་ཧི་སྲིད་འཚོ་ཡི་སྒྲ། །ཞེས་པ་ནི། སྡོམ་པ་གཟུགས་ཅན་ཡིན་པའི་ཕྱིར། །ཞེས་པའི་སྐབས་སུ། སོ་ཐར་གྱི་སྡོམ་པ་ཤི་འཕོས་པའི་དབང་གིས་གཏོང་བའི་གཟུགས་ཅན་དུ་འདོད་པ་འགོག་བྱེད་ཡིན་པའི་ཕྱིར།

ལྔ་པ་ལ། སྡོམ་པ་གཟུགས་ཅན་ཡིན་པའི་ཕྱིར། །ཤི་བའི་ཚེ་ན་སྡོམ་པ་གཏོང་། །ཞེས་གསུངས་པ་མི་འཐད་པར་ཐལ། སོ་ཐར་གྱི་སྡོམ་པ་ཤི་འཕོས་པའི་དབང་གིས་གཏོང་བའི་གཟུགས་ཅན་མ་ཡིན་པའི་ཕྱིར། གལ་ཏེ་སྐྱོན་མེད་དེ། གཞུང་དེ་བྱེ་བྲག་ཏུ་སྨྲ་བའི་ལུགས་ལ་དགོངས་པའི་ཕྱིར། ཞེ་ན། སྔ་མ་ལ་ཡང་སྐྱོན་མེད་དེ༑ ལྷ་དང་བྱིས་པ་ཞེས་སོགས་བྱེ་བྲག་ཏུ་སྨྲ་བའི་ལུགས་ལ་དགོངས་པའི་ཕྱིར།

དྲུག་པ་ལ། དགེ་སློང་གི་སྡོམ་པ་དེ། རིག་བྱེད་དང་རིག་བྱེད་མ་ཡིན་པ་གང་རུང་གིས་བསྡུས་པའི་

གཟུགས་ཅན་དུ་ཐལ། དགེ་སློང་གི་སྡོམ་པ་དེ་ཆོག་ཉན་པོས་ཀྱི་ལུགས་ཇི་ལྟ་བ་བཞིན་དུ་ཐོབ་དགོས་པ་གང་ཞིག །ཉན་ཐོས་ཀྱི་ལུགས་ལ་དེ་དེ་ལྟར་དུ་བཤད་པའི་ཕྱིར།

བདུན་པ་ལ། རང་བྱུང་གི་བསྙེན་རྫོགས། ཡེ་ཤེས་ཁོང་དུ་ཆུད་པའི་བསྙེན་རྫོགས། འཕྲིན་གྱི་བསྙེན་རྫོགས་རྣམས། སྔོན་ཆོག་ལས་གཙོ་བོར་ཐོབ་པའི་བསྙེན་རྫོགས་སུ་ཐལ། དེ་བས་དགེ་སློང་བྱེད་པ་ལ། །རང་བྱུང་གི་ནི་བསྙེན་རྫོགས་དང་། །ཡེ་ཤེས་ཁོང་དུ་ཆུད་པ་དང་། །འཕྲིན་གྱི་བསྙེན་པར་རྫོགས་པ་དང་། །དེ་བཞིན་སྟོན་པར་ཁས་བླངས་དང་། །ཚུར་ཤོག་ལ་སོགས་བསྙེན་རྫོགས་བླང་། །འབྲུལ་བ་ཡིན་པ་མཉམ་པོ་ལ། །འདི་རྣམས་སྔོན་གྱི་ཆོ་གར་བཤད། །ཅེས་གསུངས་པའི་ཕྱིར། གལ་ཏེ་སྐྱོན་མེད་དེ། རང་བྱུང་གི་བསྙེན་རྫོགས་སོགས་བཤད་པ་ནི། སྔོན་གྱི་རྒྱུད་སྨིན་པའི་གང་ཟག་འགའ་ཞིག་ཚོགས་ཆུང་ངུའི་སྒོ་ནས་བསྙེན་པར་རྫོགས་པ་ལ་སྔོན་ཆོག་གི་མིང་བཏགས་པ་ཙམ་ཡིན་པའི་ཕྱིར། ཟེར་ན། སྔ་མ་ལ་ཡང་སྐྱོན་མེད་དེ། ཤི་འཕོས་པའི་དབང་གིས་དགེ་སློང་གི་སྡོམ་པ་ཁས་བླངས་པའི་དུས་ཀྱི་ལྷོག་ཆ་གཏོང་བ་ལ། དགེ་སློང་སྡོམ་པའི་ལྡོག་པ་གཏོང་བའི་མིང་བཏགས་པ་ཙམ་ཡིན་པའི་ཕྱིར། སྡོམ་པ་གནས་གཏོང་གི་རྣམ་གཞག་དགག་སྒྲུབ་དང་བཅས་པ་འདི་དག་ནི། ཡོངས་རྫོགས་བསྟན་པའི་མངའ་བདག་རབ་འབྱམས་ཆོས་ཀྱི་རྒྱལ་པོའི་ཞལ་མངའ་ནས་ཀྱི་གསུང་རྒྱུན་དྲི་མ་མེད་པ་རྣམས་ལེགས་པར་བཀོད་པ་ཡིན་ནོ། །

གསུམ་པ་བསླབ་བྱ་ལ། སྡོམ་གསུམ་སོ་སོའི་བསླབ་བྱ་དང་། ཕན་ཚུན་ནང་འགལ་བའི་ཚེ་ཇི་ལྟར་སྒྲུབ་ཚུལ་ལོ། །དང་པོ་ལ་གསུམ་ལས། དང་པོ་སོ་ཐར་ལ། སྤྱིར་བསྟན་པ་དང་། དམིགས་གསལ་གཉིས། དང་པོ་ལ༑ བསྙེན་གནས། དགེ་བསྙེན། དགེ་ཚུལ། དགེ་སློབ་མ། དགེ་སློང་གི་བསླབ་བྱ་དང་ལྔ། དང་པོ་ནི། སྤྱིར་སོ་ཐར་གྱི་བསླབ་བྱ་ལ་དགག་སྒྲུབ་གནང་གསུམ་གྱི་བསླབ་བྱ་གསུམ་ཡོད་པ་ལས། དགག་པའི་བསླབ་བྱ་རྣམས་རྟོགས་དཀའ་བས་འདི་ཉིད་དུ་གཙོ་བོར་འཆད་པ་ཡིན་ནོ། །དེ་ཡང་བསྙེན་གནས་ཀྱི་སྐབས་སུ། རྩ་བའི་ལྟུང་བ་བཞི། སྤྱོས་འགྱུར་འཐུང་བ། ཕྱི་དྲོའི་ཁ་ཟས། མལ་ཆེ་མཐོ། གར་སོགས་ཕྲེང་སོགས་སྤོང་བའི་བསླབ་བྱ་དང་བརྒྱད་ལ་བསླབ་དགོས་ཏེ། བཤེས་སྤྲིང་ལས། འཚེ་དང་ཆོམ་རྐུན་འཁྲིག་པ་རྫུན་དང་ནི། །ཆང་དང་དུས་མིན་ཟས་ལ་ཆགས་པ་དང་། །མལ་ཆེ་མཐོ་ལ་དགའ་དང་གླུ་དག་དང་། །གར་དང་ཕྲེང་བའི་ཁྱད་པར་རྣམས་སྤོང་ཞིང་། །ཞེས་གསུངས་པའི་ཕྱིར། དེ་དག་ཀྱང་བསྡུ་ན། ཚུལ་ཁྲིམས་ཀྱི། བག་ཡོད་ཀྱི། བརྟུལ་ཞུགས་ཀྱི་ཡན་ལག་གསུམ་དུ་འདུས་ཏེ། རྩ་བ་བཞི་སྤོང་བ་ཚུལ་ཁྲིམས་ཀྱི། ཆང་སྤོང་བ་བག་ཡོད་ཀྱི། ལྷག་མ་གསུམ་སྤོང་བ་བརྟུལ་ཞུགས་ཀྱི་ཡན་ལག་ཡིན་པའི་ཕྱིར་ཏེ། མཛོད་ལས། ཚུལ་ཁྲིམས་ཡན་ལག་བག་ཡོད་པའི། །ཡན་

ལག་བརྟུལ་ཞུགས་ཡན་ལག་སྟེ། །བཞི་གཅིག་དེ་བཞིན་གསུམ་རིམ་བཞིན། །དེ་ཡིས་དྲན་ཉམས་དྲེགས་པར་འགྱུར། །ཞེས་གསུངས་པའི་ཕྱིར།

གཉིས་པ་ལ། སྤྱིར་དགེ་བསྙེན་ཙམ་ལ། ལོག་གཡེམ་སྤོང་བ་ལ་སོགས་པ་རྩ་བའི་ལྟུང་བ་བཞི་སྤོང་བ་དང་། མྱོས་འགྱུར་སྤོང་བ་ལ་སློབ་པར་བྱེད། ཚངས་སྤྱོད་ཉེར་གནས་ཀྱི་དགེ་བསྙེན་གྱིས་མི་ཚངས་སྤྱོད་གཞི་དང་བཅས་པ་སྤོང་བ་ལ་སློབ། གོ་མིའི་དགེ་བསྙེན་གྱིས། བསྙེན་གནས་ཀྱི་སྐབས་སུ་བཤད་པ་ལྟར་གྱི་སྤང་བྱ་བརྒྱད་སྤོང་བ་ལ་ཇི་སྲིད་འཚོའི་བར་དུ་སློབ་པར་བྱེད།

གསུམ་པ་དགེ་ཚུལ་གྱི་སྤང་བྱ་ལ། བླང་འདས་དང་། ཕྱོགས་མཐུན་གཉིས་སུ་ངེས་ཏེ། མདོ་རྩ་བར། བསྙེན་པར་རྫོགས་ཤིང་རབ་ཏུ་བྱུང་བས་བླངས་པ་ལས་འདས་པ་ལ་ཡང་ངོ་། །དེའི་ཕྱོགས་དང་མཐུན་པ་ལ་ནི་ཡིད་ཀྱིའོ། །ཞེས་གསུངས་པའི་ཕྱིར། བླངས་འདས་ལ། བར་མ་ཡང་དག་པར་བླངས་པ་ལས་འདས་པ་བཞི། སྡོམ་པ་ཡང་དག་པར་བླངས་པ་ལས་འདས་པ་བཅུ་ཡོད། དང་པོ་ནི། དཀོན་མཆོག་གསུམ་ལ་སྐྱབས་སུ་འགྲོ་བ༑ མཁན་པོ་ལ་གུས་པར་བྱ་བ། ཁྱིམ་པའི་རྟགས་སྤོང་བ། རབ་ཏུ་བྱུང་བའི་རྟགས་ལེན་པ་ལས་འདས་པ་ཡིན་ཏེ། དེ་དག་བར་མ་རབ་བྱུང་གི་དུས་སུ་ཁས་བླངས་པ་ཡིན་པའི་ཕྱིར།

གཉིས་པ་ནི། རྩ་བ་བཞི། མྱོས་འགྱུར། ཕྲེང་འཆང་། གར་སོགས། ཁྲི་སྟན་མཐོ་བ། མལ་ཆེ་མཐོ། ཕྱི་དྲོའི་ཁ་ཟས། གླུ་གར་དང་རོལ་མོའི་སྒྲ་སོགས། ཕྲེང་བ་དང་། སྤོས་ཕྱུག་པ་སོགས། གསེར་དངུལ་འཆང་བ་སྟེ། ལུང་བརྒྱ་པ་ལས། གང་ཞིག་སྲོག་གཅོད་གཞན་གྱི་ནོར་འཕྲོག་དང་། མི་ཚངས་སྤྱོད་བརྫུན་བཅོས་པའི་ཆང་ལ་སོགས། གར་སོགས་ཕྲེང་སོགས་མལ་ཆེ་མཐོ་བ་དང་། །ཕྱི་དྲོའི་ཁ་ཟས་གསེར་དངུལ་ལེན་པ་སྤང་། །ཞེས་སོ། །བཅུ་བཞི་པོ་དེ་དག་བསྡུ་ན། ཕམ་འདྲའི་ཉེས་བྱས་དང་། བཤགས་བྱའི་ཉེས་བྱས་གཉིས་སུ་འདུས་ཏེ། རྩ་བའི་ལྟུང་བ་བཞི་ཕམ་འདྲའི་ཉེས་བྱས། ལྷག་མ་བཅུ་བཤགས་བྱའི་ཉེས་བྱས་ཡིན་པའི་ཕྱིར། རྟགས་དང་པོ་གྲུབ་སྟེ། དགེ་སློང་གིས་ཕམ་པ་བཞི་སྤྱོད་ན། དགེ་སློང་གི་སྡོམ་པ་ལས་ཉམས་པར་བཤད་པ་བཞིན་དུ། དགེ་ཚུལ་གྱིས་རྩ་ལྟུང་སྤྱད་ན། དགེ་ཚུལ་གྱི་སྡོམ་པ་ལས་ཉམས་པར་བྱེད་པའི་ཕྱིར། ལུང་བརྒྱ་པ་ལས། མི་གསོད་ལ་སོགས་རྣམ་བཞི་ཡིས། །དགེ་ཚུལ་ལས་ནི་ཉམས་གྱུར་ན། །དགེ་སློང་བཞིན་དུ་དགེ་ཚུལ་ལའང་། །ཕྱི་ནས་སྡོམ་སྐྱེའི་སྐལ་བ་མེད། །ཅེས་གསུངས་པའི་ཕྱིར། རྩ་བའི་རྟགས་གཉིས་པ་གྲུབ་སྟེ། དེ་དག་སྤྱད་ན། བསམ་པ་རྣམ་པར་དག་པའི་སྒོ་ནས། བཤགས་པ་བྱས་པས་འདག་པར་འགྱུར་བའི་ཕྱིར།

གཉིས་པ་ཕྱོགས་མཐུན་ནི། དགེ་ཚུལ་གྱིས་གསོ་སྦྱོང་། དབྱར་གནས་སོགས་མི་བྱེད་པའི་ཉེས་བྱས་སོ། །འདི་

དག་ནི་ཕྱིན་ཆད་མི་བྱེད་སྙམ་པའི་ཡིད་ཀྱི་སྡོམ་སེམས་ཙམ་གྱིས་འདག་ནུས་ཏེ། དེའི་ཕྱོགས་དང་མཐུན་པ་ལ་ནི་ཡིད་ཀྱིའོ། །ཞེས་དང་། སུམ་བརྒྱ་པར། བླངས་པའི་ཕྱོགས་མཐུན་རྣམས་ལ་ཡིད་ཀྱིས་འགྱུར། །ཞེས་གསུངས་པའི་ཕྱིར།

བཞི་པ་དགེ་སློབ་མའི་བསླབ་བྱ་ནི། རྩ་བའི་ཆོས་དྲུག་དང་རྗེས་སུ་མཐུན་པའི་ཆོས་དྲུག་གི་བསླབ་བྱ་ལ་སློབ་དགོས་ཏེ། རྒྱ་ཆེར་འགྲེལ་ལས། གཅིག་པོར་ལམ་དུ་མི་འགྲོ་ཞིང་། །ཆུ་བོའི་ཕ་རོལ་བརྒལ་མི་བྱ། །སྐྱེས་པ་ལ་ནི་མི་རེག་ཅིང་། །དེ་དང་ལྷན་ཅིག་འདུག་མི་བྱ། །ཁ་ན་མ་ཐོ་མི་བཅབ་ཅིང་། །སྨྱན་དུ་འགྱུར་བ་མི་བྱ་སྟེ། །འདི་དག་དགེ་སློབ་མ་རྣམས་ཀྱི། །ཆོས་དྲུག་ཅེས་ནི་ཡོངས་སུ་གྲགས། །ས་ལེ་སྦྲམ་ནི་ལེན་པ་དང་། །གསང་བའི་གནས་ཀྱི་སྤུ་བྲེགས་དང་། །ས་རྣམས་རྐོ་བར་བྱེད་པ་དང་། །རྩ་སྔོན་ལ་སོགས་གཅོད་པ་དང་། །བྱིན་ལེན་མ་བྱས་ཟ་བ་དང་། །གསོག་འཇོག་བྱས་པ་ཟ་བ་ལས། །བཟློག་པ་ཞེས་བྱ་དེ་བཞིན་གཞན། །རྗེས་མཐུན་ཆོས་ནི་དྲུག་ཏུ་འདོད། །ཞེས་སོ། །

ལྔ་པ་ལ། དགེ་སློང་ཕ་ལ། ཕམ་པ་བཞི། ལྷག་མ་བཅུ་གསུམ། མ་ངེས་པ་གཉིས། སྤང་ལྟུང་སུམ་བཅུ། ལྟུང་བྱེད་འབའ་ཞིག་པ་དགུ་བཅུ། སོ་སོར་བཤགས་པར་བྱ་བ་བཞི། ཉེས་བྱས་བརྒྱ་དང་བཅུ་སྟེ། ཁྲིམས་ཉིས་བརྒྱ་ལྔ་བཅུ་རྩ་གསུམ་མོ། །དགེ་སློང་མ་ལ། ལུང་བར་སྡོམ་ལས། མཐར་བརྒྱད་དགེ་འདུན་ལྷག་མ་ཉི་ཤུ་དང་། དེ་བཞིན་སྤངས་པ་སུམ་ཅུ་རྩ་གསུམ་དང་། གཞན་ཡང་ལྟུང་བྱེད་བརྒྱ་དང་བརྒྱད་བཅུ་དང་། སོ་སོར་བཤགས་པར་བྱ་བ་བཅུ་གཅིག་དང་། བསླབ་པའི་ཕྲེང་བ་ལྷག་མ་བཅས་པ་སྟེ། ཞི་བར་བྱེད་པ་དགེ་སློང་ཕ་དང་མཐུན། །ཞེས་གསུངས་ཤིང་། །བསླབ་པའི་ཕྲེང་བ་ནི། ཉེས་བྱས་བརྒྱ་དང་བཅུ་གཉིས་སུ་བཤད་པས་སུམ་བརྒྱ་དྲུག་བཅུ་རྩ་བཞིའོ། །

གཉིས་པ་དམིགས་གསལ་ནི། ཐེག་ཆེན་སོ་ཐར་གྱི་སྐབས་སུ། སྔར་བཤད་པའི་བསླབ་བྱ་དེ་དག་ལས་དགོས་མེད་དུ་འདའ་བར་བྱ་བ་མ་ཡིན་ཞིང་། སེམས་ཅན་ལ་ཕན་པའི་དགོས་ཆེད་ཁྱད་པར་ཅན་ཡོད་ན་གནང་བའི་སྐབས་ཀྱང་ཡོད་དེ། སྤྱོད་འཇུག་ལས། ཐུགས་རྗེས་མངའ་བ་རིང་གཟིགས་པས། །བཀག་པ་རྣམས་ཀྱང་དེ་ལ་གནང་། །ཞེས་དང་། སྡོམ་པ་ཉི་ཤུ་པ་ལས། སྙིང་རྗེར་ལྡན་ཞིང་བྱམས་ཕྱིར་དང་། །སེམས་དགེ་བ་ལ་ཉེས་པ་མེད། །ཅེས་དང་། འདིར་ཡང་། འདོད་པ་ཡོན་ཏན་ལྔ་སྤྱོད་ཀྱང་། །ཐབས་མཁས་བྱང་ཆུབ་སེམས་ལྡན་ན༑ ༑རྒྱལ་སྲས་རྣམས་ཀྱི་དགེ་ཆེན་ཡིན། །ཉན་ཐོས་རྣམས་ཀྱི་སྡིག་པར་གསུངས། །གཞན་གྱི་དོན་གྱི་སེམས་བརྟན་པས། །ཕམ་པ་བཞི་པོ་སྤྱད་ན་ཡང་། །བྱང་ཆུབ་སེམས་དཔའི་དགེ་བ་སྟེ། །ཉན་ཐོས་རྣམས་ཀྱི་སྡིག་པར

གསུངས། །ཞེས་གསུངས་པ་ལྟར་རོ། །

གཉིས་པ་བྱང་སྡོམ་གྱི་བསླབ་བྱ་ལ། དབུ་མ་པའི་ལུགས་དང་། སེམས་ཙམ་པའི་ལུགས་གཉིས། དང་པོ་ནི། བྱང་སེམས་མཐའ་དག་གི་བསླབ་དགོས་པའི་བསླབ་བྱ་མདོར་བསྡུས་ཏེ་བསྟན་པ། དབང་འབྲིང་ཡན་ཆད་ཀྱི་བསླབ་དགོས་པའི་བསླབ་བྱ་འབྲིང་དུ་བཤད་པ། དབང་རྣོན་གྱིས་བསླབ་དགོས་པའི་བསླབ་བྱ་རྒྱས་པར་བཤད་པ། དེ་ལྟར་སློབ་དགོས་པའི་འཐད་པ་དང་བཞི་ལས། དང་པོ་ནི། བྱང་སེམས་དབང་པོ་རྣོ་འབྲིང་མཐའ་དག་གིས་གཞན་དོན་དུ་རྫོགས་པའི་བྱང་ཆུབ་དོན་གཉེར་གྱི་སྨོན་པ་སེམས་བསྐྱེད་ཀྱི་བསླབ་བྱ་ལ་ངེས་པར་བསླབ་དགོས་ཏེ། དེ་ལས་འདས་ན་བྱང་སེམས་ཀྱི་སྡོམ་པ་ལས་ཉམས་བྱེད་ཀྱི་རྩ་ལྟུང་ཤིན་དུ་ལྕི་བར་འགྱུར་བའི་ཕྱིར། དེ་ལྟར་ཡང་རྒྱལ་པོ་ལ་གདམས་པའི་མདོ་ལས། རྒྱལ་པོ་ཆེན་པོ་ཁྱོད་ནི་འདི་ལྟར་བྱ་བ་མང་བ་བྱེད་པ་མང་བ་སྟེ། ཐམས་ཅད་ཀྱིས་ཐམས་ཅད་དུ་སྦྱིན་པ་ནས་ཤེས་རབ་ཀྱི་ཕ་རོལ་ཏུ་ཕྱིན་པའི་བར་ལ་བསླབ་པར་མི་ནུས་ཀྱི། དེ་བས་ན་རྒྱལ་པོ་ཆེན་པོ་ཁྱོད། ཡང་དག་པར་རྫོགས་པའི་བྱང་ཆུབ་ལ་འདུན་པ་དང་། དད་པ་དང་། དོན་དུ་གཉེར་བའི་སྨོན་པ་དང་གསུམ། འགྲོ་ཡང་རུང་། འདུག་ཀྱང་རུང་། ཉལ་ཡང་རུང་། སད་ཀྱང་རུང་། ཟ་ཡང་རུང་། བཏུང་ཡང་རུང་། རྟག་པར་རྒྱུན་དུ་དྲན་པས་ཡིད་ལ་བཟུང་སྟེ་བསྒོམས་ཤིག །གཞན་གྱི་དགེ་བ་ལ་རྗེས་སུ་ཡི་རང་བར་གྱིས་ཤིག །རྗེས་སུ་ཡི་རང་ནས་ཀྱང་སངས་རྒྱས་དང་། བྱང་ཆུབ་སེམས་དཔའ་དང་། ཉན་ཐོས་དང་། རང་སངས་རྒྱས་ཐམས་ཅད་ལ་ཕུལ་ཅིག །ཕུལ་ནས་སེམས་ཅན་ཐམས་ཅད་དང་ཐུན་མོང་དུ་གྱིས་ཤིག །དེ་ནས་སེམས་ཅན་ཐམས་ཅད་ཀྱིས་སངས་རྒྱས་ཀྱི་ཆོས་ཡོངས་སུ་རྫོགས་པར་འགྱུར་བར་ཉི་མ་གཅིག་བཞིན་དུ་བླ་ན་མེད་པའི་བྱང་ཆུབ་ཏུ་བསྔོས་ཤིག །རྒྱལ་པོ་ཆེན་པོ། དེ་ལྟར་ན་རྒྱལ་སྲིད་ཀྱང་བྱེད་ལ། རྒྱལ་པོའི་བྱ་བ་ཡང་ཉམས་པར་མི་འགྱུར་ལ། བྱང་ཆུབ་ཀྱི་ཚོགས་ཀྱང་ཡོངས་སུ་རྫོགས་པར་འགྱུར་རོ། །ཞེས་དང་། སྡུད་པ་ལས། གལ་ཏེ་བསྐལ་བ་བྱེ་བར་དགེ་བའི་ལས་ལམ་བཅུ། །སྤྱད་ཀྱང་དགྲ་བཅོམ་རང་རྒྱལ་ཉིད་དུ་འདོད་བསྐྱེད་ན། །དེ་ནི་ཚུལ་ཁྲིམས་སྐྱོན་བྱུང་ཚུལ་ཁྲིམས་ཉམས་པ་སྟེ། །སེམས་བསྐྱེད་དེ་ནི་ཕས་ཕམ་པས་ཀྱང་ཤིན་ཏུ་ལྕི། །ཞེས་དང་། སྤྱོད་འཇུག་ལས། དེ་ནི་བྱང་ཆུབ་སེམས་དཔའ་ལ། །ལྟུང་བའི་ནང་ནི་ལྕི་བ་སྟེ། །འདི་ལྟར་དེ་ནི་བྱུང་གྱུར་ན། །སེམས་ཅན་ཀུན་གྱི་དོན་ལ་དམན། །ཞེས་སོ། །

གཉིས་པ་ནི། བྱང་སེམས་དབང་འབྲིང་ཡན་ཆད་ཀྱིས། བྱང་ཆུབ་ཀྱི་སེམས་འདོར་བའི། སེར་སྣས་ཆོས་ནོར་སྦྱིན་མི་ནུས་པའི། དད་ལྡན་གྱི་གང་ཟག་ལ་ཁྲོ་ཞིང་བརྡེག་པའི། ཉོན་མོངས་ཅན་གྱི་སེམས་ཀྱིས་ཆོས་ལྟར་སྣང་བ་སྟོན་པའི་རྩ་ལྟུང་བཞི་སྤོང་བ་ལ་བསླབ་དགོས་ཏེ། ཐབས་ལ་མཁས་པའི་མདོའི་དོན་བསླབ་

བཏུས་སུ། བྱང་ཆུབ་སེམས་ནི་ཡོངས་འདོར་དང་། །ཆགས་དང་སེར་སྣ་མི་ཟད་པས། །སློང་ལ་སྦྱིན་པར་མི་བྱེད་དང་། །བསྙིམས་ཏེ་དགའ་བར་བྱེད་པ་ན། །སེམས་ཅན་ལ་ནི་མི་བཟོད་པར། །ཁྲོས་པས་སེམས་ཅན་བརྡེག་པ་དང་། །ཉོན་མོངས་པ་དང་གཞན་མཐུན་པས། །ཆོས་ལྟར་བཅོས་པ་སྟོན་པའོ། །ཞེས་གསུངས་པའི་ཕྱིར།

གསུམ་པ་ནི། བྱང་སེམས་དབང་རྣོན་བློ་གྲོས་རྒྱ་ཆེ་བ་རྣམས་ཀྱི་ཐབས་ལ་མཁས་པའི་མདོ་ནས་བཤད་པའི་རྩ་བའི་ལྟུང་བ་བཞི་སྤོང་བའི་སྐྱེད་དུ། ནམ་མཁའི་སྙིང་པོའི་མདོ་ནས་བཤད་པའི་རྩ་བའི་ལྟུང་བ་བཅོ་བརྒྱད་སྤོང་བ་ལ་ཡང་བསླབ་དགོས་པ་ཡིན་ནོ། །རྩ་བའི་ལྟུང་བ་དེ་དག་ཇི་ལྟ་བུ་ཞེ་ན། འདི་ལ་རྒྱལ་པོ་བྱང་ཆུབ་སེམས་དཔའ་ལ་འབྱུང་ཉེ་བ་ལྔ། བློན་པོ་བྱང་ཆུབ་སེམས་དཔའ་ལ་འབྱུང་ཉེ་བ་ལྔ། བྱང་སེམས་ལས་དང་པོ་ལ་འབྱུང་ཉེ་བ་བརྒྱད་དོ། །དང་པོ་ནི། དཀོན་མཆོག་གསུམ་གྱི་དཀོར་འཕྲོག་པ། དམ་པའི་ཆོས་སྤོང་བ། རབ་ཏུ་བྱུང་བ་ལ་བརྙས་ཤིང་འཚེ་བར་བྱེད་པ། མཚམས་མེད་ཀྱི་ལས་བྱེད་པ། ལོག་པའི་ལྟ་བ་འཛིན་པའི་རྩ་ལྟུང་ལྔ་སྟེ། བསླབ་བཏུས་ལས། དཀོན་མཆོག་གསུམ་གྱི་དཀོར་འཕྲོག་པ། །ཕམ་པམ་པ་ཡི་ལྟུང་བར་འདོད། །དམ་པའི་ཆོས་ནི་སྤོང་བྱེད་པ། །གཉིས་པར་ཐུབ་པས་གསུངས་པ་ཡིན། །ཚུལ་ཁྲིམས་འཆལ་བའི་དགེ་སློང་ལ། ངུར་སྨྲིག་འཕྲོག་དང་བརྡེག་པ་དང་། །བཙོན་རར་འཇུག་པར་བྱེད་པ་དང་། །རབ་ཏུ་བྱུང་བ་འབེབས་པ་དང་། །སྲོག་དང་བྲལ་བྱེད་གསུམ་པ་ཡིན། །མཚམས་མེད་ལྔ་པོ་བྱེད་པ་དང་། །ལོག་པར་ལྟ་བ་འཛིན་པའོ། །ཞེས་སོ། །

གཉིས་པ་ནི། སྔར་གྱི་དང་པོ་བཞིའི་སྟེང་དུ། གྲོང་སོགས་འཇོམས་པའི་རྩ་ལྟུང་སྟེ། །གྲོང་ལ་སོགས་པ་འཇོམས་པ་ཡང་། །རྩ་བའི་ལྟུང་བར་རྒྱལ་བས་གསུངས། །ཞེས་སོ། །དེས་ན་འདི་དག་རྟེན་གྱི་གང་ཟག་གི་སྒོ་ནས་བཅུར་ཕྱེ་བ་ཡིན་གྱི། ངོ་བོའི་སྒོ་ནས་དྲུག་ཏུ་འདུས་ཏེ། ལྟུང་བ་དང་པོ་བཞི་པོ་དེ་རྒྱལ་བློན་གཉིས་ཀ་ལ་ཐུན་མོང་དུ་འབྱུང་ཉེ་བའི་ལྟུང་བ་གཅིག་ཉིད་ལ་སོ་སོར་ཕྱེ་བ་ཙམ་ཡིན་པའི་ཕྱིར།

གསུམ་པ་ནི། སྣོད་མིན་ལ་སྟོང་ཉིད་ཟབ་མོ་སྟོན་པ། ཐེག་ཆེན་གྱི་རིགས་ཅན་རྫོགས་པའི་བྱང་ཆུབ་ཀྱི་ལམ་ལས་ལྡོག་པར་བྱེད་པ། ཐེག་ཆེན་གྱི་སྡེ་སྣོད་མ་ཡིན་པ་ཐེག་ཆེན་ལ་སྦྱར་བ། ཐེག་དམན་གྱི་ལམ་གྱིས་ཆགས་སོགས་ཉོན་མོངས་སྤོང་མི་ནུས་པར་འཛིན་པ། རྙེད་བཀུར་ལ་ཆགས་པའི་དབང་གིས་རང་གི་ཡོན་ཏན་བརྗོད་ཅིང་གཞན་ལ་སྨོད་པ། རང་ཉིད་བཟང་པོར་ཁས་བླངས་པའི་སྒོ་ནས་ལོག་པ་སྨྲ་ཞིང་གཞན་ལ་སྨོད་པར་བྱེད་པ། དཀོན་མཆོག་གི་དཀོར་གཞན་ལ་སྦྱིན་ཞིང་རང་ཉིད་ལེན་པར་བྱེད་པ། ཞི་གནས་ལ་སྒོམ་པའི་སྒོ་ནས

དེ་ལ་གནས་པའི་གང་ཟག་གི་ལོངས་སྤྱོད་གཞན་ལ་སྦྱིན་པའི་རྒྱ་ལྟུང་དང་བརྒྱད་དེ། བློ་སྦྱངས་མ་བྱས་སེམས་ཅན་ལ། །སྟོང་པ་ཉིད་ནི་སྟོན་པ་དང་། །སངས་རྒྱལ་ཉིད་ལ་ཞུགས་པ་དག །རྫོགས་པའི་བྱང་ཆུབ་བཟློག་པ་དང་། །སོ་སོར་ཐར་པ་ཡོངས་སྤངས་ཏེ། །ཐེག་པ་ཆེ་ལ་སྦྱོར་བ་དང་། །སློབ་པའི་ཐེག་པས་ཆགས་ལ་སོགས། །སྤོང་བར་འགྱུར་བ་མིན་ཞེས་འཛིན། །ཕ་རོལ་དག་ཀྱང་འཛིན་འཇུག་དང་། །རང་གི་ཡོན་ཏན་བརྗོད་པ་དང་། །རྙེད་པ་དང་ནི་བཀུར་སྟི་དང་། །ཚིགས་བཅད་རྒྱུ་ཡིས་གཞན་སྨོད་དང་། །བདག་ནི་ཟབ་མོ་བཟོད་པའོ་ཞེས། །ལོག་པ་ཉིད་ནི་སྨྲ་བ་དང་། །དགེ་སྦྱོང་ཆད་པས་གཅོད་པ་དང་། །དཀོན་མཆོག་གསུམ་གྱི་སྦྱིན་བྱེད་དང་། །སྦྱིན་པ་ལེན་པར་བྱེད་པ་དང་། །ཞི་གནས་འདོར་བར་བྱེད་པ་དང་། །ཡང་དག་འཛོག་གི་ལོངས་སྤྱོད་རྣམས། །ཁ་ཏོན་བྱེད་ལ་སྦྱིན་པ་ནི། །དེ་དག་རྩ་བའི་ལྟུང་བ་སྟེ། །སེམས་ཅན་དམྱལ་བ་ཆེན་པོའི་རྒྱུ། །མི་ལམ་འཕགས་པ་ནམ་སྙིང་པོའི། །མདུན་དུ་འདུག་སྟེ་བཤགས་པར་བྱ། །ཞེས་ནམ་མཁའི་སྙིང་པོའི་མདོའི་དོན་བསྡུས་ཏེ་ཚིགས་སུ་བཅད་དེ་གསུངས་པ་ཡིན་ནོ། །

བཞི་པ་དེ་ལྟར་བསླབ་དགོས་པའི་འཐད་པ་ནི། དབུ་མའི་ལུགས་ལ་བྱང་སེམས་ཀྱི་དབང་པོའི་རིམ་པས་བསླབ་བྱ་གྲངས་མང་ཉུང་སོ་སོར་སྟོན་པའི་རྒྱུ་མཚན་ཡོད་དེ། བྱེ་བྲག་ཏུ་སྨྲ་བས་སོ་ཐར་གྱི་སྡོམ་པའི་བསླབ་བྱ་ལ་ཡན་ལག་ངེས་པ་དང་བྲལ་ཞིང་། དུས་ཇི་སྲིད་འཚོ་བའམ། ཉིན་ཞག་གཅིག་ཏུ་ངེས་པར་སློབ་དགོས་པར་འདོད། སེམས་ཙམ་པས་རྩ་བའི་ལྟུང་བ་བཞི་ལ་ཡན་ལག་ངེས་པ་དང་བྲལ་ཞིང་དུས་བྱང་ཆུབ་མ་ཐོབ་ཀྱི་བར་དུ་བསླབ་དགོས་པར་འདོད་པ་ཡིན་ལ། དབུ་མ་པ་གཞན་དོན་བྱེད་པའི་ཐབས་ལ་མཁས་པའི་སྟོབས་ཀྱིས་སྨོན་པ་སེམས་བསྐྱེད་ཀྱི་བསླབ་བྱ་ལ་བྱང་ཆུབ་མ་ཐོབ་ཀྱི་བར་དུ་ངེས་པར་བསླབ་དགོས་ཀྱང་། འཇུག་པ་སེམས་བསྐྱེད་ཀྱི་བསླབ་བྱ་རྣམས། གདུལ་བྱ་རང་རང་གི་བློ་ཚོད་དང་མཐུན་པར་དུས་དང་། ཡན་ལག་གི་ངེས་པ་མེད་པར་བསླབ་ཏུ་རུང་བར་གསུངས་པའི་ཕྱིར་ཏེ། སྲོག་གཅོད་ཙམ་ཉི་མ་གཅིག་སྤོང་བའི་སེམས་བསྐྱེད་ཀྱི་བསླབ་བྱ་དང་། ཟླ་བ་དང་། ལོ་དང་། ཇི་སྲིད་འཚོའི་དང་། བྱང་ཆུབ་མ་ཐོབ་ཀྱི་བར་ཅི་རིགས་པར་ཇི་ལྟར་སློབ་ནུས་པའི་བསླབ་བྱ་ལ་བསླབ་པས་བྱང་སེམས་ཀྱི་སྡོམ་པ་རྣམ་དག་ཏུ་འགྱུར་བར་གསུངས་པའི་ཕྱིར་ཏེ། བསྐལ་བཟང་ལས། རྒྱལ་བ་ཕན་བཞེད་གྲོང་དཔོན་གྱུར་པའི་ཚེ། །དེ་བཞིན་གཤེགས་པ་བསོད་ནམས་འོད་དེ་ལ། །ཉིན་གཅིག་སྲོག་གཅོད་སྡོམ་པ་བླངས་ནས་ཀྱང་། །དང་པོ་བྱང་ཆུབ་མཆོག་ཏུ་སེམས་བསྐྱེད་དོ། །ཞེས་དང་། སྤྱོད་འཇུག་ལས། བྱང་ཆུབ་སེམས་དཔའི་བསླབ་པ་ལ། །རིམ་པ་བཞིན་དུ་བསླབ་པར་བགྱི། །ཞེས་དང་། བསླབ་བཏུས་ལས། སྡོམ་པ་བདག་ཉིད་ཀྱི་སྟོབས་དང་སྦྱར་ནས་བླང་བར་བྱ

སྟེ༑ དེ་ལྟ་མིན་ན་སངས་རྒྱས་བྱང་སེམས་ཐམས་ཅད་དང་བཅས་པའི་འཇིག་རྟེན་བསླུས་པར་འགྱུར་རོ། །ཞེས་དང་། བདག་ཉིད་ཆེན་པོས་ཆག་ལོའི་དྲིས་ལན་དུ། སེམས་ཅན་ཐམས་ཅད་ཀྱི་དོན་དུ་སངས་རྒྱས་ཐོབ་པར་བྱ་སྙམ་པའི་སྨོན་པ་ལས་མ་ཉམས་ན་འཇུག་པ་ལ་རིམ་གྱིས་བསླབ་པས་འཁོར་བ་མཐའ་ཅན་དུ་འགྱུར་ཏེ། དཔེར་ན། མི་རྒྱུན་མ་ཆད་ན་ཟས་ནོར་ཞར་ལ་འབྱུང་བ་བཞིན་ནོ། །དེ་བས་ན་སེམས་བསྐྱེད་སྔུས་ཐོབ་ཀྱང་སྨོན་པ་འཆོར་དཀའ་བས་མཐར་ཐུག་སངས་རྒྱས་པའི་དགོངས་པ་དེར་གདའ། བསླབ་བཏུས་ཀྱི་དགོངས་པ་ཡང་དེ་བཞིན་དུ་ཤེས་པར་བྱའོ། །སེམས་བསྐྱེད་ཀྱི་བསླབ་བྱ། རྒྱས་བསྡུས་དང་། བརྟོན་པ་ཆེ་ཆུང་ལས་སངས་རྒྱས་པ་སྔ་ཕྱི་འབྱུང་བ་དེས་ན། རིམ་གྱིས་སངས་རྒྱས་པའི་སེམས་བསྐྱེད་ཀྱི་བསླབ་བྱ་ལ་མྱུར་དུ་སངས་རྒྱས་པ་ལ་དགོས་པའི་བསླབ་བྱ་མ་བསྟན་པ་སྐྱོན་དུ་མི་འགྲོ་སྟེ། དཔེར་ན། རིམ་གྱིས་གསོ་དགོས་པའི་ནད་པ་ལ་མྱུར་དུ་གསོ་དགོས་པའི་སྨན་མ་བསྟན་ཀྱང་སྐྱོན་དུ་མི་འགྲོ་བ་བཞིན་ནོ། །དེ་ཡང་བསླབ་སླ་བ་ལ་དགོངས་པ་ཡིན་གྱི༑ གཏན་བསླབ་མི་དགོས་པ་མ་ལགས། དེ་དག་སྤྱོད་འཇུག་གི་སྡོམ་པའི་ཆོ་གའི་སྐབས་སུ། བྱང་ཆུབ་སེམས་ནི་བསྐྱེད་བགྱི་ཞིང་། ཞེས་སྨོན་པ་བླངས་ནས། བྱང་ཆུབ་སེམས་དཔའི་བསླབ་པར་བགྱི། ཞེས་འཇུག་པ་ལ་རིམ་གྱིས་སློབ་པར་ཁས་བླངས་ཀྱི། བསླབ་བྱ་ཐམས་ཅད་ད་ལྟ་ཉིད་ནས་སློབ་པར་ཁས་བླངས་པ་མེད་པས། དམ་བཅའ་ཉམས་པའི་ཉེས་པ་མེད་མཆི། ཞེས་གསུངས་པའི་ཕྱིར། འདི་དག་གིས་ནི། བསླབ་པར་བྱ་བ་སོ་སོར་ཡོད། །ཅེས་གསུངས་པ་ལྟར། དབུ་སེམས་གཉིས་ཀྱི་བསླབ་བྱ་མི་འདྲ་བའི་ཁྱད་པར་ཤེས་པར་བྱའོ། །

གཉིས་པ་སེམས་ཙམ་ལུགས་ཀྱི་བསླབ་བྱ་ལ། རྩ་བའི་ལྟུང་བ་བཞི་སྤོང་བ་དང་། ཡན་ལག་གི་ཉེས་བྱས་བཞི་བཅུ་རྩ་དྲུག་སྤོང་བའོ། །དང་པོ་ནི། རྙེད་བཀུར་ལ་ཆགས་པའི་དབང་གིས་བདག་ལ་བསྟོད་ཅིང་གཞན་ལ་སྨོད་པའི་རྩ་ལྟུང་། སྡུག་བསྔལ་ཞིང་མགོན་མེད་པ་ལ་སེར་སྣས་ཆོས་ནོར་མི་སྟེར་བའི། དད་ལྡན་གྱི་གང་ཟག་ལ་བསམ་པས་ཁྲོ་ཞིང་སྦྱོར་བས་འཚོག་པའི། ཐེག་ཆེན་གྱི་ཆོས་སྤངས་ནས་ཆོས་ལྟར་སྣང་སྟོན་པའི་རྩ་ལྟུང་དང་བཞི་སྤོང་དགོས་ཏེ། སྡོམ་པ་ཉི་ཤུ་པ་ལས། ཉོན་མོངས་དྲག་ལས་བྱུང་བ་ཡི། །སྡོམ་པ་ཞིག་པར་གང་གྱུར་པ། །དེ་ཡི་ཉེས་པ་བཞི་པོ་ནི། །ཕམ་པ་འདྲ་བར་དགོངས་པ་ཡིན། །རྙེད་དང་བཀུར་སྟི་ཆགས་པ་ཡིས། །བདག་བསྟོད་གཞན་ལ་སྨོད་པ་དང་། །སྡུག་བསྔལ་མགོན་མེད་གྱུར་པ་ལ། །སེར་སྣས་ཆོས་ནོར་མི་སྟེར་དང་། །གཞན་གྱིས་བཤགས་ཀྱང་མི་ཉན་པར། །ཁྲོས་པས་གཞན་ལ་འཚོག་པ་དང་། །ཐེག་པ་ཆེན་པོ་སྤོང་བྱེད་ཅིང་། །དམ་ཆོས་འདྲར་སྣང་སྟོན་པའོ། །ཞེས་སོ། །

གཉིས་པ་ལ། དགེ་བ་ཆོས་སྡུད་ཀྱི་ཚུལ་ཁྲིམས་དང་འགལ་བ་སོ་བཞི། སེམས་ཅན་དོན་བྱེད་ཀྱི་ཚུལ་

ཁྲིམས་དང་འགལ་བ་བཅུ་གཉིས། དང་པོ་ལ། སྦྱིན་པ་དང་འགལ་བ་བདུན། ཚུལ་ཁྲིམས་དང་འགལ་བ་དགུ། བཟོད་པ་དང་འགལ་བ་བཞི། བརྩོན་འགྲུས་དང་འགལ་བ་གསུམ། བསམ་གཏན་དང་འགལ་བ་གསུམ། ཤེས་རབ་དང་འགལ་བ་བརྒྱད། དང་པོ་ལ། ཟང་ཟིང་གི་སྦྱིན་པ་དང་འགལ་བ་གཉིས། མི་འཇིགས་པའི་སྦྱིན་པ་དང་འགལ་བ་གཉིས། གཞན་གྱི་སྦྱིན་པའི་གེགས་བྱེད་པ་གཉིས། ཆོས་ཀྱི་སྦྱིན་པ་དང་འགལ་བ་གཅིག་གོ། །དང་པོ་ནི༑ དཀོན་མཆོག་གསུམ་ལ་གསུམ་མི་མཆོད། །འདོད་པའི་སེམས་ཀྱི་རྗེས་སུ་འཇུག །ཅེས་སོ། །གཉིས་པ་ནི། རྒན་པ་རྣམས་ལ་གུས་མི་བྱེད། །དྲི་བ་དག་ལ་ལན་མི་འདེབས། །ཞེས་སོ། །གསུམ་པ་ནི། མགྲོན་པོས་བདག་གིར་མི་བྱེད་ཅིང་། །གསེར་ལ་སོགས་པ་ལེན་མི་བྱེད། །ཅེས་སོ། །བཞི་པ་ནི། ཆོས་འདོད་པ་ལ་སྦྱིན་མི་བྱེད། །ཅེས་སོ༑ ༑

གཉིས་པ་ལ། གཞན་དོན་གཙོ་བོར་གྱུར་པའི་ཚུལ་ཁྲིམས་དང་འགལ་བ་བཞི། རང་དོན་གཙོ་བོར་གྱུར་པའི་ཚུལ་ཁྲིམས་དང་འགལ་བ་གསུམ། གཉིས་ཀ་ཆ་མཉམ་པའི་ཚུལ་ཁྲིམས་དང་འགལ་བ་གཉིས་སོ། །དང་པོ་ནི། ཚུལ་ཁྲིམས་འཆལ་རྣམས་ཡལ་བར་འདོར། །ཕ་རོལ་དད་ཕྱིར་སློབ་མི་བྱེད། །སེམས་ཅན་དོན་ལ་བྱ་བ་ཆུང་། །སྙིང་རྗེར་བཅས་ན་མི་དགེ་མེད། །ཅེས་སོ། །

གཉིས་པ་ནི། འཚོ་བ་ལོག་པ་དང་དུ་ལེན། །འཕྱར་ཞིང་རབ་ཏུ་རྒོད་ལ་སོགས། །འཁོར་བ་གཅིག་དུས་བགྲོད་པར་སེམས། །ཞེས་སོ། །གསུམ་པ་ནི། གྲགས་པ་མ་ཡིན་མི་སྤོང་བ། །ཉོན་མོངས་བཅས་ཀྱང་འཆོས་མི་བྱེད། །ཅེས་སོ། །གསུམ་པ་ནི། གཤེ་ལ་ལན་དུ་གཤེ་ལ་སོགས། །ཁྲོས་པ་རྣམས་ནི་ཡལ་བར་འདོར། །ཕ་རོལ་ཤད་ཀྱི་འཆགས་པ་སྤྲོང་། །ཁྲོས་པའི་སེམས་ཀྱིས་རྗེས་སུ་འཇུག །ཅེས་སོ། །བཞི་པ་ནི། བསྙེད་བཀུར་འདོད་ཕྱིར་འཁོར་རྣམས་སྡུས། །ལེ་ལོ་ལ་སོགས་སེལ་མི་བྱེད། །ཆགས་པས་གྲོ་མོའི་གཏམ་ལ་བརྟེན། །ཞེས་སོ། །ལྔ་པ་ནི༑ ཏིང་ངེ་འཛིན་གྱི་དོན་མི་ཚོལ། །བསམ་གཏན་སྒྲིབ་པ་སྤོང་མི་བྱེད། །བསམ་གཏན་རོ་ལ་ཡོན་ཏན་ལྟ། །ཞེས་སོ༑ ༑

དྲུག་པ་ལ། ཡུལ་དམན་པ་དང་འབྲེལ་བའི་ཉེས་པ་བཞི། ཡུལ་ཁྱད་པར་ཅན་དང་འབྲེལ་བའི་ཉེས་པ་བཞི། དང་པོ་ནི། ཉན་ཐོས་ཐེག་པ་སྤོང་བར་བྱེད། །རང་ཚུལ་ཡོད་བཞིན་དེ་ལ་བརྩོན། །བརྩོན་མིན་ཕྱི་རོལ་བསྟན་བཅོས་བརྩོན། །བརྩོན་པ་བྱས་ཀྱང་དེ་ལ་དགའ། །ཞེས་སོ། །གཉིས་པ་ནི། ཐེག་པ་ཆེན་པོ་སྤོང་བར་བྱེད། །བདག་ལ་བསྟོད་ཅིང་གཞན་ལ་སྨོད། །ཆོས་ཀྱི་དོན་དུ་འགྲོ་མི་བྱེད། །དེ་ལ་སྨོད་ཅིང་ཡི་གེ་སྟོན། །ཞེས་སོ། །

གཉིས་པ་ལ། གཞན་དོན་ལས་ཉམས་པའི་ཉེས་པ་བཞི། གཞན་ལ་ཕན་མི་འདོགས་པའི་ཉེས་པ་དྲུག །གནས་སྐབས་སུ་ངན་པ་ཚར་མི་གཅོད་པའི་ཉེས་པ་གཉིས་སོ། །དང་པོ་ནི། དགོས་པའི་གྲོགས་སུ་འགྲོ་མི་བྱེད། །ནད་པའི་རིམ་གྲོ་བྱ་བ་སྤོང་། །སྡུག་བསྔལ་སེལ་བར་མི་བྱེད་པ། །བག་མེད་རྣམས་ལ་རིགས་མི་སྟོན། །ཞེས་སོ། གཉིས་པ་ནི། བྱས་ལ་ལན་དུ་ཕན་མི་འདོགས། །གཞན་གྱི་མྱ་ངན་སེལ་མི་བྱེད། །ནོར་འདོད་པ་ལ་སྦྱིན་མི་བྱེད། །འཁོར་རྣམས་ཀྱི་ནི་དོན་མི་བྱེད། །གཞན་གྱི་བློ་དང་མཐུན་མི་འཇུག །ཡོན་ཏན་བསྔགས་པ་བརྗོད་མི་བྱེད། །ཅེས་སོ། གསུམ་པ་ལ། རྐྱེན་དུ་འཚམ་པར་ཚར་མི་གཅོད། །རྫུ་འཕྲུལ་སྡིགས་ལ་སོགས་མི་བྱེད། །ཅེས་སོ༑ །གསུམ་པ་སྔགས་སྡོམ་གྱི་བསླབ་བྱ་ལ། བྱ་བ། སྤྱོད་པ། རྣལ་འབྱོར། བླ་མེད་ནས་གསུངས་པའི་བསླབ་བྱ་དང་བཞི། དང་པོ་ལ། དགག་བཞག་གཉིས། དང་པོ་ནི། ཁ་ཅིག །བྱ་རྒྱུད་ཀྱི་སྐབས་སུ། ཕར་ཕྱིན་ཐེག་པའི་སྡོན་འཇུག་གི་བསླབ་བྱ་ལས་གཞན་པའི་བསླབ་བྱ་ལ་བསླབ་རྒྱུ་མེད་ཟེར་ཏེ། འོ་ན་བྱ་རྒྱུད་དུ། ཆུ་དང་ཅོད་པན་གྱི་དབང་བསྐུར་བྱས་པ་ལ་བརྟེན་ནས། བྱ་རྒྱུད་རང་ལུགས་ཀྱི་དབང་གི་དངོས་གཞི་ཐོབ་པ་གཞི་མ་གྲུབ་པར་ཐལ། དེ་ལྟར་བྱས་པ་ལ་བརྟེན་ནས་བྱ་རྒྱུད་རང་ལུགས་ཀྱི་སྔགས་སྡོམ་ཐོབ་པ་གཞི་མ་གྲུབ་པའི་ཕྱིར་ཏེ། བྱ་རྒྱུད་ལ་ཕར་ཕྱིན་ཐེག་པའི་སྡོན་འཇུག་ལས་གཞན་པའི་བསླབ་བྱ་གཞན་བསྲུང་རྒྱུ་མེད་པའི་ཕྱིར།

གཉིས་པ་ལ། སྤྱིའི་དམ་ཚིག་གསུམ་དང་། བྱེ་བྲག་གི་དམ་ཚིག་བཅུ་གསུམ། དང་པོ་ནི། དཀོན་མཆོག་གསུམ་ལ་དད་ཅིང་གུས་པར་བྱ་བ། བྱང་སེམས་ཀྱི་བསླབ་བྱ་ལ་དད་ཅིང་གུས་པར་བྱ་བ། གསང་སྔགས་དང་རིགས་སྔགས་ལ་དད་ཅིང་གུས་པར་བྱ་བ་སྟེ། གསང་བ་སྤྱི་རྒྱུད་ནས། དེ་ནས་བླ་མས་སློབ་མ་རྣམས། །མ་ཡེངས་ལེགས་པར་བཀོད་ནས་སུ། །ཤེས་རབ་ཕ་རོལ་ཕྱིན་བླངས་ཏེ། །དམ་ཚིག་འདི་དག་བསྒྲོ་བར་བྱ། །དེ་རིང་ཕྱིན་ཆད་ཁྱེད་རྣམས་ཀྱིས། །སངས་རྒྱས་ཆོས་དང་དགེ་འདུན་ཏེ། །བྱང་ཆུབ་སེམས་དཔའ་རྣམས་དང་ནི། །རིགས་སྔགས་གསང་སྔགས་ཚོགས་རྣམས་ལ། །དད་པས་རབ་ཏུ་བརྟེན་པར་བྱ། །ཞེས་སོ། །དེ་ཡང་རིགས་སྔགས་ནི། ལྷ་མོ་གཙོ་བོར་གྱུར་པའི་ཉམས་ལེན། གསང་སྔགས་ནི་ལྷ་ཕོ་གཙོ་བོར་གྱུར་བའི་ཉམས་ལེན་ལ་བཞེད།

གཉིས་པ་ལ། ཡུལ་གཞན་ལ་བརྟེན་པ་གཙོ་བོར་གྱུར་པའི་དམ་ཚིག་བཅུ། རང་ཉིད་ཀྱིས་གཙོ་བོར་སྒྲུབ་པར་བྱ་བའི་དམ་ཚིག་གསུམ། དང་པོ་ལ། ཡུལ་ཁྱད་པར་ཅན་ལ་རྟེན་ནས་སྒྲུབ་པར་བྱ་བའི་དམ་ཚིག་ལྔ། དེ་ལ་བརྟེན་ནས་དོར་བར་བྱ་བ་གཉིས། ཡུལ་གཞན་ལ་ཕན་གདགས་པར་བྱ་བའི་དམ་ཚིག་གསུམ་མོ། །དང་པོ་ནི། ཕྱག་རྒྱ་ཆེན་པོ་དང་ལྡན་པའི་ལྷག་པའི་ལྷ་ལ་གུས་པར་བྱ་བ། བྱ་རྒྱུད་ཀྱི་དབང་ཐོབ་ཅིང་དམ་ཚིག་དང་ལྡན་པ་ལ་གུས་པར་བྱ་བ། སངས་རྒྱས་ཀྱི་བསྟན་པ་ལ་ཞུགས་ཤིང་བྱང་ཆུབ་ཀྱི་སེམས་ལ་ནན་ཏན་བྱེད་པ་ནི་

མཛའ་བོ་ཡིན་ལ་དེ་ལ་གུས་པར་བྱ་བ། དབང་དང་གདམས་པ་བྱིན་པའི་བླ་མ་ལ་གུས་པར་བྱ་བ། དུས་ཁྱད་པར་ཅན་ལ་དཀོན་མཆོག་མཆོད་པ་ལ་བརྩོན་པར་བྱ་བ་སྟེ། སྤྱི་རྒྱུད་ལས། རྟག་པར་ཕྱག་རྒྱ་ཆེན་པོ་ལ། །ཁྱད་པར་དུ་ནི་མོས་པར་བྱ། །དམ་ཚིག་ཅན་དང་མཛའ་བོ་དང་། །བླ་མ་ལ་ཡང་གུས་པ་དང་། །དུས་མཚམས་དག་ཏུ་མཆོད་པར་བྱ། །ཞེས་སོ། །

གཉིས་པ་ནི། ལྷག་པའི་ལྷ་ལ་བསྙེན་སྒྲུབ་བྱས་ཀྱང་དངོས་གྲུབ་མ་ཐོབ་པ་ལ་བརྟེན་ནས་སྡང་སེམས་སྐྱང་བ་དང་། དབང་ཕྱུག་དང་ཁྱབ་འཇུག་ལ་སོགས་པའི་མན་ངག་ལ་ཉམས་ལེན་བྱེད་པ་སྐྱང་བ་སྟེ། ལྷ་རྣམས་ཀུན་ལ་སྡང་མི་བྱ། །སྟོན་པ་གཞན་གྱི་གཞུང་མི་མཆོད། །ཅེས་སོ། །

གསུམ་པ་ནི། གློ་བུར་བའི་མགྲོན་ལ་ཟས་དང་གོས་ཀྱིས་མཆོད་པར་བྱ་བ། སྲོག་ཆགས་ཕྲ་མོ་ལ་ཡང་བྱམས་པའི་སེམས་བསྐྱེད་ནས་ཕན་པར་བྱ་བ། ཐེག་ཆེན་ལ་ཞུགས་པའི་གང་ཟག་གི་བསོད་ནམས་འཕེལ་བའི་གྲོགས་བྱ་བ་སྟེ། རྟག་ཏུ་གློ་བུར་མགྲོན་མཆོད་བྱ། །སྲོག་ཆགས་རྣམས་ལ་བྱམས་པའི་སེམས། །རབ་ཏུ་བརྟན་པ་ཉེ་བར་བཞག །ཐེག་པ་ཆེ་ལ་དགའ་རྣམས་ཀྱི། །བསོད་ནམས་དག་ལ་ནན་ཏན་བསྐྱེད། །ཅེས་སོ། །

གཉིས་པ་ནི། རང་ཉིད་ཀྱིས་གསང་སྔགས་ཀྱི་བཟླས་བརྗོད་ལ་བརྩོན་པར་བྱ་བ། གསང་སྔགས་ཀྱི་དམ་ཚིག་ལ་ནན་ཏན་བྱ་བ། དམ་ཚིག་མི་ཐུབ་པའི་གང་ཟག་ལ་གསང་སྔགས་ཀྱི་ཉམས་ལེན་སྦྱིན་པར་མི་བྱ་བ་སྟེ། སྤྱི་རྒྱུད་ལས། བཟླས་བརྗོད་མཆོད་ལ་འབད་པ་ཡིས། །གསང་སྔགས་སྤྱོད་ལ་བརྩོན་པར་བྱ། །གསང་སྔགས་རྒྱུད་ལ་བསྟན་པ་ཡི། །དམ་ཚིག་རྣམས་ཀྱང་བསྲུང་བར་བྱ། །དམ་ཚིག་མེད་པ་རྣམས་ལ་ནི། །སྔགས་དང་ཕྱག་རྒྱ་མི་སྦྱིན་ནོ། །གསང་སྔགས་རྒྱུད་ནི་ལེགས་བསྲུངས་ཤིང་། །དེ་ཡང་བདག་གིས་ལེགས་རྟོགས་བྱ༔ ༔ཞེས་སོ། །

གཉིས་པ་སྤྱོད་རྒྱུད་ཀྱི་བསླབ་བྱ་ལ། དམ་པའི་ཆོས་ལ་ནན་ཏན་བྱ་བ། བྱང་ཆུབ་ཀྱི་སེམས་ལ་ནན་ཏན་བྱ་བ། ལོངས་སྤྱོད་ལ་སེར་སྣ་སྤང་བ། སེམས་ཅན་ལ་གནོད་འཚེ་སྤང་བ་བཞི་ལ་བསླབ་དགོས་ཏེ། རྣམ་སྣང་མངོན་བྱང་ལས། དེ་རིང་ཕྱིན་ཆད་བུ་ཁྱོད་ཀྱིས། །དམ་པའི་ཆོས་དང་བྱང་ཆུབ་སེམས། །སྲོག་གི་ཕྱིར་ཡང་དང་ཕྱིན་ཆད། །སྟོན་དུ་བཏང་བར་མི་བྱའོ། །ཁྱོད་ཀྱིས་སེར་སྣ་དང་ནི་གང་། །སེམས་ཅན་གནོད་པར་མི་བྱའོ། །དམ་ཚིག་འདི་དག་སངས་རྒྱས་ཀྱིས། །བརྟུལ་ཞུགས་བཟང་པོ་ཁྱོད་ལ་བཤད། །ཅེས་གསུངས་པ་ལྟར་རོ། །

གསུམ་པ་རྣལ་འབྱོར་རྒྱུད་ཀྱི་བསླབ་བྱ། རིགས་ལྔ་སྤྱིའི་དམ་ཚིག །སོ་སོའི་དམ་ཚིག །སྡོམ་པ་མདོར་བསྡུས་ཏེ་བཟུང་བ་དང་གསུམ། དང་པོ་ནི། བྱང་ཆུབ་ཀྱི་སེམས་དང་པོར་བསྐྱེད་པ་དང་། དེའི་རྗེས་སུ་ཚུལ་

ཁྲིམས་གསུམ་གྱི་བསླབ་པ་ལ་ནན་ཏན་བྱེད་པ་སྟེ། རྡོ་རྗེ་རྩེ་མོ་ལས། ཇི་ལྟར་དུས་གསུམ་མགོན་པོ་རྣམས། །བྱང་ཆུབ་ཏུ་ནི་ངེས་མཛད་ཅིང་། །བྱང་ཆུབ་སེམས་ནི་བླ་ན་མེད། །དམ་པ་བདག་གིས་བསྐྱེད་པར་བགྱི། །ཚུལ་ཁྲིམས་ཀྱི་ནི་བསླབ་པ་དང་། །དགེ་བའི་ཆོས་ནི་སྡུད་པ་དང་། །སེམས་ཅན་དོན་བྱེད་ཚུལ་ཁྲིམས་གསུམ། །སོ་སོར་བརྟན་པོར་བཟུང་བར་བགྱི། །ཞེས་པ་ལྟར་རོ། །

གཉིས་པ་ལ། རྣམ་སྣང་གི་དམ་ཚིག་གསུམ། མི་བསྐྱོད་པའི་དམ་ཚིག་བཞི། རིན་འབྱུང་གི་དམ་ཚིག་བཞི། འོད་དཔག་མེད་ཀྱི་དམ་ཚིག་གཅིག །དོན་གྲུབ་ཀྱི་དམ་ཚིག་གཉིས་ཏེ་བཅུ་བཞིའོ། །དང་པོ་ནི། སངས་རྒྱས། ཆོས། དགེ་འདུན་གསུམ་ནན་ཏན་གྱི་སྒོ་ནས་འཛིན་པ་སྟེ། སངས་རྒྱས་ཆོས་དང་དགེ་འདུན་ཏེ། །བླ་ན་མེད་པའི་དཀོན་མཆོག་གསུམ། །སངས་རྒྱས་རྣལ་འབྱོར་ལས་སྐྱེས་པའི། །སྡོམ་པ་དེ་ངནས་བརྟན་པོར་བཟུང་། །ཞེས་སོ༎ ༎

གཉིས་པ་ནི། རྡོ་རྗེ། དྲིལ་བུ། ཕྱག་རྒྱ། སློབ་དཔོན་བཟུང་བ་སྟེ། རྡོ་རྗེ་རིགས་མཆོག་ཆེན་པོ་ལ། །རྡོ་རྗེ་དྲིལ་བུ་ཕྱག་རྒྱ་ཡང་། །ཡང་དག་ཉིད་དུ་བཟུང་བར་བགྱི། །སློབ་དཔོན་དག་ཀྱང་བཟུང་བར་བགྱི། །ཞེས་སོ། །

གསུམ་པ་ནི། ཆོས། ཟང་ཟིང་། མི་འཇིགས་པ། བྱམས་པའི་སྦྱིན་པ་དུས་དྲུག་ཏུ་གཏོང་བ་སྟེ། རིན་ཆེན་རིགས་མཆོག་ཆེན་པོ་ཡི། །དམ་ཚིག་ཡིད་དུ་འོང་བ་ལ། །ཉིན་རེ་བཞིན་དུ་དུས་དྲུག་ཏུ། །སྦྱིན་པ་རྣམ་བཞི་རྟག་ཏུ་སྦྱིན། །ཞེས་སོ། །

བཞི་པ་ནི། དམ་པའི་ཆོས་མ་ལུས་པ་འཛིན་པ་སྟེ། བྱང་ཆུབ་ཆེན་པོ་ལས་བྱུང་བའི། །པདྨའི་རིགས་ཅན་དག་པ་ལ། །ཕྱི་ནང་གསང་བ་ཐེག་པ་གསུམ། །དམ་པའི་ཆོས་ནི་མ་ལུས་བཟུང་། །ཞེས་སོ། །

ལྔ་པ་ནི། སྡོམ་པ་ཅི་ནུས་སུ་འཛིན་པ་དང་། མཆོད་པའི་ལས་ལ་བརྩོན་པ་སྟེ། །ལས་ཀྱི་རིག་མཆོག་ཆེན་པོ་ལ། །སྡོམ་པ་ཐམས་ཅད་ལྡན་པར་ནི། །ཡང་དག་ཉིད་དུ་བཟུང་བར་བགྱི། །མཆོད་པའི་ལས་ཀྱང་ཅི་ནུས་བགྱི། །ཞེས་སོ། །

གསུམ་པ་ལ། རིགས་ལྔ་སྤྱིའི་དམ་ཚིག་མདོར་བསྡུས་ཏེ་བཟུང་བ་དང་། སོ་སོའི་དམ་ཚིག་མདོར་བསྡུས་ཏེ་བཟུང་བའོ། །དང་པོ་ནི། བྱང་ཆུབ་སེམས་ནི་བླ་མེད་མཆོག །དམ་པ་བདག་གིས་བསྐྱེད་བགྱིས་ནས། །སེམས་ཅན་ཀུན་གྱི་དོན་གྱི་ཕྱིར། །བདག་གིས་སྡོམ་པ་མ་ལུས་བཟུང་། །ཞེས་སོ། །

གཉིས་པ་ནི། མ་བསྒྲལ་བ་རྣམས་བདག་གིས་བསྒྲལ། །མ་གྲོལ་བ་རྣམས་བདག་གིས་སྒྲོལ། །དབུགས་མ་ཕྱིན་པ་དབུགས་དབྱུང་ཞིང་། །སེམས་ཅན་མྱ་ངན་འདས་ལ་འགོད། །ཅེས་སོ། །དེ་ཡང་རིགས་ལྔ་སྤྱིའི་དམ་

ཚིག་གི་ནང་དུ། ནམ་མཁའི་སྙིང་པོའི་མདོ་ནས་བཤད་པའི་རྩ་བའི་ལྟུང་བ་བཅུ་བཞི་སྤྱོང་བ་ཡང་འདུས་ཏེ། སྡོམ་པ་བསྲུགས་པའི་སྐབས་སུ། དེ་ལས་གཞན་ཡང་བཅུ་བཞི་ནི། །ཕས་ཕམ་པར་ནི་རབ་ཏུ་བཤད། །ཅེས་གསུངས་པའི་ལྟུང་བ་བཅུ་བཞི་སྤྱོང་བ་ལ་བསླབ་དགོས་ཤིང་། བཅུ་བཞི་པོ་དེ་དག་ཀྱང་། རིགས་ལྔ་སོ་སོའི་དམ་ཚིག་བཅུ་བཞི་པོ་དེ་ལས་གཞན་དུ་མ་བཤད་པའི་ཕྱིར།

བཞི་པ་བླ་མེད་ཀྱི་བསླབ་བྱ་ལ། དབང་བཞི་དང་འབྲེལ་བའི་དམ་ཚིག་ཉི་ཤུ་གསུངས། དེ་དག་གི་ནང་ནས་བུམ་དབང་གི་དམ་ཚིག་ནི། ལས་དང་པོ་པ་རྣམས་ཀྱིས་བསླབ་བྱའི་གཙོ་བོར་གྱུར་པ་ཡིན་ཞིང་། དེ་ཉིད་འཆད་པ་ལ་རྩ་བའི་ལྟུང་བ་བཅུ་བཞི་སྤྱོང་བ་དང་། ཡན་ལག་གི་ལྟུང་བ་དགུ་སྤྱོང་བའོ། །དང་པོ་ལ། སོ་སོའི་རང་བཞིན་དང་། དེ་དག་གི་བསྡུ་བའོ། །དང་པོ་ལ། སྤྱིར་བསྟན་པ་དང་། སོ་སོར་བཤད་པ་གཉིས། དང་པོ་ལ། ལྟུང་བའི་ངོ་བོ། ཡན་ལག་གི་དབྱེ་བ། ལྟུང་བར་འགྱུར་བའི་རྒྱུ་མཚན། མི་འབྱུང་བའི་ཐབས། བྱུང་ན་ཕྱིར་བཅོས་པ། ཆུང་འབྲིང་ཆེན་པོའི་དབྱེ་བ་དང་དྲུག །དང་པོ་ནི། ལྟུང་བ་འདི་དག་ལུས་ངག་ཡིད་གསུམ་གྱི་ནང་ནས་ཡིད་གཙོ་བོར་གྱུར་པ་ཡིན་ལ། ལུས་ངག་གི་རིག་བྱེད་དེའི་གྲོགས་སུ་འགྱུར་བ་ཙམ་ནི་ཡོད་དོ། །

གཉིས་པ་ལ། རྟེན་གྱི། ཡུལ་གྱི། རྒྱུའི། དུས་སྐབས་ཀྱི། བསམ་པའི་ཡན་ལག་དང་ལྔ། དང་པོ་ནི། གསང་སྔགས་ཀྱི་དམ་ཚིག་དང་སྡོམ་པ་ལྡན་ཞིང་། བསམ་པ་རང་བཞིན་དུ་གནས་པའི་གང་ཟག་གོ། །གཉིས་པ་ནི། ལྟུང་བ་བཅུ་བཞི་པོ་སོ་སོར་འབྱུང་བའི་ཡུལ་ལོ། །དཔེར་ན། རྩ་ལྟུང་དང་པོའི་སྐབས་སུ། གསང་སྔགས་ཀྱི་ལམ་སྟོན་པའི་བླ་མ་དང་། གཉིས་པའི་སྐབས་སུ། སངས་རྒྱས་ཀྱི་གསུངས་པའི་བསླབ་བྱ་ཡུལ་ཡིན་པ་ལྟ་བུའོ། །གསུམ་པ་ནི། བྱ་བ་དང་། བྱ་བ་མ་ཡིན་པའི་ཆ་མི་ཤེས་པ་ཤེས་ཀྱང་ཡུལ་ཁྱད་པར་ཅན་ལ་མ་གུས་པ། སྤྱིར་གུས་ཀྱང་དྲན་ཤེས་བཞིན་གྱིས་མ་ཟིན་པའི་བག་མེད་པ་དང་། བསླབ་པ་བསྲུང་བར་འདོད་ཀྱང་། ཉོན་མོངས་པས་རང་དབང་མེད་པའི་ཉོན་མོངས་པ་མང་བ་སྟེ། འདུལ་བ་བསྡུ་བ་ལས། ལྟུང་བའི་རྒྱུ་ཡང་རྣམ་བཞི་སྟེ། །མི་ཤེས་པ་དང་བག་མེད་དང་། །ཉོན་མོངས་མང་དང་མ་གུས་པའོ། །ཞེས་སོ། །བཞི་པ་ནི། ལྟུང་བ་རང་གི་ངོ་བོ་ཡན་ལག་ཚང་བའི་ཚུལ་གྱིས་རྫོགས་པར་སྤྱད་པའོ། །ལྔ་པ་ནི། དེ་ལ་དེ་ཡིན་གྱི་འདུ་ཤེས་མ་འཁྲུལ་བའོ། །གསུམ་པ་ནི། དབང་གི་སྐབས་སུ་དམ་ལ་བཞག་ཅིང་། ལྟུང་བ་འདི་དག་སྤྱོང་བར་ཁས་བླངས་པའི་རྒྱུ་མཚན་གྱིས་སོ། །བཞི་པ་ནི། ལྷག་པའི་ལྷ་སྒོམ་པ་དང་། དབང་ལེན་པ་ལ་ནན་ཏན་བྱེད་པའོ། །

ལྔ་པ་ལ། ཡན་ལག་མ་ཚང་བའི་ལྟུང་བ་ཕྱིར་བཅོས་ཚུལ་དང་། རྩ་ལྟུང་ཕྱིར་བཅོས་པའི་ཚུལ་ལོ། །དང་པོ་ནི། དམ་ཚིག་རྡོ་རྗེའི་བསྙེན་བསྒྲུབ་ཡན་ལག་བཞི་དང་། རྡོ་རྗེ་སེམས་དཔའི་བསྒོམ་བཟླས་དང་། སྟོབས

བཞིའི་སྒོ་ནས་སྡིག་པ་བཤགས་པར་བྱའོ། །གཉིས་པ་ནི། བླ་མའི་དྲུང་དུ་སླར་ཡང་དབང་བླངས་པའི་སྒོ་ནས་སོ༑ ༑

དྲུག་པ་ལ། ངོ་བོ། ཉེས་པ། བསམ་པ། ཡུལ། གྲངས་ཀྱི་སྒོ་ནས་ཆེ་འབྲིང་ཆུང་གསུམ་དུ་དབྱེ་བའོ། །དང་པོ་ནི། ལུས་ངག་ཡིད་གསུམ་ཀ་ཚང་བ་ཆེན་པོ། གཉིས་འབྲིང་། ཡིད་གཅིག་པུ་ཆུང་ངུ། གཉིས་པ་ནི། ཡུལ་དེ་ལ་གནོད་པ་ཆེ་ན་ཆེན་པོ། འབྲིང་ན་འབྲིང་། ཆུང་ན་ཆུང་ངུའོ། །གསུམ་པ་ནི། ཉོན་མོངས་པ་མང་བས་ཀུན་ནས་བསླངས་བ་ཆེན་པོ། མ་གུས་པ་དང་བག་མེད་པ་འབྲིང་ངོ་། །མི་ཤེས་པ་ཆུང་ངུའོ། །བཞི་པ་ནི། ཡུལ་མཆོག་ཏུ་གྱུར་པ་ལ་ཆེན་པོ། འབྲིང་ལ་འབྲིང་། དམན་པ་ལ་ཆུང་ངུའོ། །ལྔ་པ་ནི། ལན་གྲངས་མང་དུ་སྤྱད་པ་ཆེན་པོ། གཉིས་སམ་གསུམ་ལ་འབྲིང་པོ། གཅིག་ཙམ་སྤྱད་པ་ཆུང་ངུ་སྟེ། འདུལ་བ་བསྡུ་བ་ལས། ལྟུང་བ་རྣམས་ནི་ཆུང་ལ་སོགས། །རྣམ་པ་ལྔ་ནི་རིག་པར་བྱ། །ངོ་བོ་ཉིད་དང་ཉེས་པ་དང་། །བསམ་དང་གཞི་དང་སོགས་པའོ། །ཞེས་སོ། །

གཉིས་པ་ལ། ལུང་དྲང་བ། ལུང་དེ་ཉིད་གང་ནས་བྱུང་བའི་ཚུལ། ལུང་དེ་དག་གི་དོན་བཤད་པ་དང་གསུམ། དང་པོ་ནི། རྒྱ་གར་སྐད་དུ། བཛྲ་ཡཱ་ན་མཱུ་ལ་པ་ཏྟི། བོད་སྐད་དུ། རྡོ་རྗེ་ཐེག་པའི་རྩ་བའི་ལྟུང་བ། འཕགས་པ་འཇམ་དཔལ་གཞོན་ནུར་གྱུར་པ་ལ་ཕྱག་འཚལ་ལོ། །ཀུན་ནས་དྭང་བས་བླ་མ་ཡི། །ཞབས་ཀྱི་པདྨོར་རབ་བཏུད་དེ། །རྩ་བའི་ལྟུང་བ་བཅུ་བཞི་ནི། །རྒྱུད་ལས་གསུངས་པ་བཤད་པར་བྱ། །གང་ཕྱིར་རྡོ་རྗེ་འཛིན་པ་ཡི། །དངོས་གྲུབ་སློབ་དཔོན་རྗེས་འབྲང་གསུངས། །དེ་བས་དེ་ལ་བརྙས་པ་ནི། །རྩ་བའི་ལྟུང་བ་དང་པོར་བཤད། །བདེ་གཤེགས་བཀའ་ལས་འདས་པ་ནི། །ལྟུང་བ་གཉིས་པ་ཡིན་པར་བརྗོད། །རྡོ་རྗེ་སྤུན་ལ་ཁྲོས་པ་ནི། །ཉེས་པ་བརྗོད་པ་གསུམ་པ་ཡིན། །སེམས་ཅན་རྣམས་ལ་བྱམས་པ་སྤོང་། །བཞི་པ་ཡིན་པར་རྒྱལ་བས་གསུངས། །ཆོས་ཀྱི་རྩ་བ་བྱང་ཆུབ་སེམས། །དེ་སྤོང་བ་ནི་ལྔ་པ་ཡིན། །རང་དམ་གཞན་གྱི་གྲུབ་པའི་མཐའ། །ཆོས་ལ་སྨོད་པ་དྲུག་པ་ཡིན། །ཡོངས་སུ་མ་སྨིན་སེམས་ཅན་ལ། །གསང་བ་སྒྲོག་པ་བདུན་པ་ཡིན། །ཕུང་པོ་སངས་རྒྱས་ལྔ་བདག་ཉིད། །དེ་ལ་སྨོད་པ་བརྒྱད་པ་ཡིན། །རང་བཞིན་དག་པའི་ཆོས་རྣམས་ལ། །སོམ་ཉི་ཟ་བ་དགུ་པ་ཡིན། །གདུག་ལ་རྟག་ཏུ་བྱམས་ལྡན་པ། །བྱེད་པ་དེ་ནི་བཅུ་པར་འདོད། །མིང་སོགས་བྲལ་བའི་ཆོས་རྣམས་ལ། །དེར་རྟོག་པ་ནི་བཅུ་གཅིག་པ། །སེམས་ཅན་དད་དང་ལྡན་པ་ཡི། །སེམས་སུན་འབྱིན་པ་བཅུ་གཉིས་པ། །དམ་ཚིག་རྫས་ནི་ཇི་བཞིན་རྟེན། །མི་བསྟེན་པ་ནི་བཅུ་གསུམ་པ། །ཤེས་རབ་རང་བཞིན་བུད་མེད་ལ༔ ༑སྨོད་པར་བྱེད་པ་བཅུ་བཞི་པ། །སྔགས་པས་འདི་དག་སྤངས་ནས་ནི། །དངོས་གྲུབ་ངེས་པར་ཐོབ་པར་

འགྱུར། །གཞན་དུ་དམ་ཚིག་ལས་ཉམས་ན། །ཉམས་པར་བདུད་ཀྱིས་བཟུང་བར་འགྱུར། །དེ་ནས་སྡུག་བསྔལ་མྱོང་འགྱུར་ཞིང་། །ཕྱིར་དུ་བལྟས་ཏེ་དམྱལ་བར་འགྲོ། །དེ་བས་ང་རྒྱལ་བཅོམ་ནས་ནི། །བདག་ཉིད་མ་འབྲུལ་ཤེས་པར་བྱ། །མཉམ་པར་གཞག་པས་བླ་མ་ལ། །ཅི་འབྱོར་བ་ཡིས་མཆོད་བྱས་ནས། །གསུམ་པ་སྐྱབས་འགྲོ་ནས་བརྩམས་ཏེ། བྱང་ཆུབ་སེམས་སོགས་སྡོམ་པ་ནི། །གལ་ཏེ་བདག་ལ་ཕན་འདོད་ན། །སྡིགས་པས་འབད་དེ་བཟུང་བར་བྱ། །ཞེས་སོ། །

གཉིས་པ་ནི། རྒྱུད་གང་ལས་ཕྱུང་བ་དང་། གང་ཟག་གང་གིས་ཕྱུང་བའོ། །དང་པོ་ནི། རྩ་བའི་ལྟུང་བ་བཅུ་བཞི་སྟོན་པའི་གཞུང་ཚིག་འདི་དག །རྒྱུད་གང་ཞིག་ལས་ཕྱུང་སྙམ་ན། དམ་པ་དང་པོའི་རྒྱུད། དཔྲ་ནག་གི་རྒྱུད། རྡོ་རྗེ་གུར་གྱི་རྒྱུད་གསུམ་དུ་ཚིག་གི་ཆ་ཤས་ཅུང་ཟད་མི་འདྲ་བའི་ཚུལ་དུ་གསུངས། གསང་བ་འདུས་པའི་རྒྱུད་འབུམ་པ་ནས། འདི་དག་གི་གྲངས་དང་། གོ་རིམས་ཇི་ལྟ་བ་བཞིན་བཞུགས་པ་རྣམས་ཕྱུང་བ་ཡིན་ནོ༑ ༑གཉིས་པ་ནི། རྣལ་འབྱོར་དབང་ཕྱུག་གི་རྗེས་སུ་འབྲང་བ་རྣམས། བིརྺ་པས་ཕྱུང་བར་བཞེད་ལ། ཁ་ཅིག །ཀླུ་སྒྲུབ་ཀྱིས་ཕྱུང་བར་བཞེད་ཅིང་། འགའ་ཞིག་ཛྷ་བའི་ལྷས་ཕྱུང་བར་འདོད་དོ། །གང་ལྟར་ཡང་རྒྱུད་ཀྱི་ཚིག་སྣ་བཏུས་པའི་བསྟན་བཅོས་རྣམ་དག་ཏུ་བཞེད་དོ། །

གསུམ་པ་ལ། ཀླད་ཀྱི་དོན་དང་། གཞུང་གི་དོན་གཉིས། དང་པོ་རྒྱ་གར། ཞེས་སོགས་སོ། །གཉིས་པ་ལ༑ མཆོད་པར་བརྗོད་ཅིང་བརྩམ་པར་དམ་བཅའ་བ། ལྟུང་བ་སོ་སོའི་རང་བཞིན། བསྲུངས་པའི་ཕན་ཡོན། མ་བསྲུངས་པའི་ཉེས་དམིགས། མི་འབྱུང་བའི་ཐབས་ལ་བསླབ་པ་དང་ལྔ། དང་པོ་ནི། ཀུན་ནས་དང་བས། ཞེས་པ་ཤླཽ་ཀ་གཅིག་གོ །གཉིས་པ་ལ་བཅུ་བཞི་ཡོད་པ་ལས། དང་པོ་རྡོ་རྗེ་སློབ་དཔོན་ལ་བརྙས་པའི་རྩ་ལྟུང་ནི༑ དབང་ཐོབ། རྒྱུད་ཐོས། མན་ངག་ཐོབ་པའི་གསུམ་ལྡན་ནམ། གཉིས་ལྡན་ནམ། གཅིག་ལྡན་གང་རུང་ལ། རིགས་སམ། ཚུལ་ཁྲིམས་སམ། ཐོས་པ་ལ་སོགས་པའི་སྒོ་ནས་བདག་ལ་མཆོག་ཏུ་འཛིན་ཞིང་། བླ་མ་ལ་དམན་པར་འཛིན་པའི་ཚུལ་གྱིས་བརྙས་པའོ། །

གཉིས་པ་བདེ་གཤེགས་བཀའ་འདས་ཀྱི་རྩ་ལྟུང་ནི། སོ་ཐར། བྱང་སེམས། གསང་སྔགས་ཀྱི་བསླབ་བྱ་ལ་མ་གུས་ཤིང་ཁྱད་དུ་གསོད་པའི་ཚུལ་གྱིས་འདས་པའོ། །དེ་ཡང་དགེ་སློང་རྡོ་རྗེ་འཛིན་པས། སོ་ཐར་ལ་ལྟོས་པའི་ཕམ་པ་བཞི། བྱང་སེམས་ཀྱི་རྩ་ལྟུང་བཞི་ནི་སྤྱོད་པ་ཙམ་གྱིས་བདེ་གཤེགས་བཀའ་འདས་སུ་འགྱུར་ལ། ཡན་ལག་གི་ལྟུང་བ་གཞན་རྣམས་ལ་མ་གུས་པས་ཁྱད་གསོད་ཀྱི་ཚུལ་གྱིས་སྤྱད་ན་བདེ་གཤེགས་བཀའ་འདས། དྲན་ཤེས་བཞིན་གྱིས་མ་ཟིན་པར་བག་མེད་པས་སྤྱད་ན་ཡན་ལག་གི་ཉེས་བྱས། གཞན་ལ་ཕན་པར་

འདོད་པའི་བསམ་པས་སྤྱད་ན་ལྟུང་བའི་གཟུགས་བརྙན་ནོ། །

གསུམ་པ་རྡོ་རྗེ་སྤུན་ལ་ཁྲོས་པའི་རྩ་ལྟུང་ནི། རྡོ་རྗེ་ཐེག་པའི་དབང་ཐོབ་ཅིང་དམ་ཚིག་དང་སྡོམ་པར་ལྡན་པ་ནི། རྡོ་རྗེའི་སྤུན་ཡིན་ལ། དེ་ཉིད་ལ་དགྲར་འཛིན་པའི་སྒོ་ནས་བསམ་པས་ཁྲོ་བར་བྱེད་པའོ། །

བཞི་པ་སེམས་ཅན་ལ་བྱམས་པ་སྤོང་བའི་རྩ་ལྟུང་ནི། ཡུལ་སེམས་ཅན་གང་ཡང་རུང་བ་ལ་བདེ་བ་དང་བྲལ་ཞིང་སྡུག་བསྔལ་དང་ཕྲད་པར་གྱུར་ན་ཅི་མ་རུང་སྙམ་དུ་ཞེ་ཐག་པ་ནས་འདོད་ཅིང་འཛིན་པའོ། །

ལྔ་པ་བྱང་ཆུབ་ཀྱི་སེམས་སྤོང་བའི་རྩ་ལྟུང་ནི། སེམས་ཅན་ཐམས་ཅད་ཀྱི་དོན་དུ་རྫོགས་པའི་བྱང་ཆུབ་དོན་དུ་གཉེར་བའི་སྨོན་པའི་སེམས་འདོར་བར་བྱེད་པའོ། །

དྲུག་པ་དམ་པའི་ཆོས་ལ་སྨོད་པའི་རྩ་ལྟུང་ནི། རྡོ་རྗེ་ཐེག་པའི་ཆོས་དང་། གཞན་ཕར་ཕྱིན་ཐེག་པ། ཐེག་དམན་གྱི་གཞི་ལམ་འབྲས་བུའི་ཆོས་ལ་ཀུན་ནས་མནར་སེམས་པའི་སྒོ་ནས་སྨོད་པར་བྱེད་པའོ། །

བདུན་པ་གསང་བ་སྒྲོགས་པའི་རྩ་ལྟུང་ནི། དབང་གིས་མ་སྨིན་པ་དང་། སྨིན་ཀྱང་མ་དད་པ་དང་། དད་ཀྱང་རྩ་བའི་ལྟུང་བ་བྱུང་བ་ལ། གསང་སྔགས་ཀྱི་སྤྱོད་པ་ཐུན་མོང་མ་ཡིན་པ་རྣམས་སྟོན་ཅིང་འཆད་པར་བྱེད་པའོ། །དེ་ཡང་གསང་བར་བྱ་བ་ལ། གསང་བའི་རྫས། གསང་བའི་སྤྱོད་པ། གསང་བའི་ཆོས་དང་གསུམ། དང་པོ་ནི། རྣལ་འབྱོར་པ་རང་གི་དམ་ཚིག་གི་རྫས་སུ་བྱིན་གྱིས་བརླབས་པའི་རྒྱུད་ཀྱི་གླེགས་བམ། ཁྲིས་སྐུ། རྡོ་རྗེ་དྲིལ་བུ། ཅང་ཏེའུ། ཐོད་པ། ཁ་ཊྭཱཾ་ག །རུས་པའི་རྒྱན་དྲུག །མི་ཡི་གཡང་གཞི་ལ་སོགས་པའོ། །གཉིས་པ་ནི། ཚོགས་ཀྱི་འཁོར་ལོ་ལ་སོགས་པའོ། །གསུམ་པ་ནི། རྡོ་རྗེ་ཐེག་པའི་ཟབ་པ་དང་རྒྱ་ཆེ་བའི་གསུང་རབ་བོ། །

བརྒྱད་པ་རང་ལུས་ལ་སྨོད་པའི་རྩ་ལྟུང་ནི། རང་གི་ཕུང་ཁམས་སྐྱེ་མཆེད་ནི། དག་པ་ལྷའི་རང་བཞིན་ཡིན་པ་ལ་གནོད་བྱེད་ཀྱི་དགྲ་ལྟ་བུར་བཟུང་ནས་ཀུན་ནས་མནར་སེམས་པའི་སྒོ་ནས་སྨོད་པར་བྱེད་པའོ། །

དགུ་པ་ཆོས་ཟབ་མོ་ལ་སོམ་ཉི་ཟ་བའི་རྩ་ལྟུང་ནི། ཆོས་ཐམས་ཅད་ལྷ་སོ་སོའི་དག་པ། དེ་བཞིན་ཉིད་ཀྱི་དག་པ། རང་རིག་པའི་དག་པ་གསུམ་གྱི་རང་བཞིན་དུ་བསྟན་པ་ལ། དེ་དག་དེ་ལྟར་མ་ཡིན་ནོ་སྙམ་དུ་ལོག་པའི་ཐེ་ཚོམ་གྱི་སྒོ་ནས་སྨོད་པར་བྱེད་པའོ། །

བཅུ་པ་གདུག་པ་ཅན་ལ་བྱམས་པའི་རྩ་ལྟུང་ནི། རང་གི་རྩ་བའི་བླ་མ་ལ་སྨོད་པར་བྱེད་པ་དང་། སངས་རྒྱས་ཀྱི་བསྟན་པ་སྤྱི་ལ་གནོད་པ། སེམས་ཅན་མང་པོ་ལ་གནོད་པ་བྱེད་པ་ནི་གདུག་པ་ཅན་ཡིན་ལ། དེ་རང་གི་མཛའ་བོར་བསྟེན་པའི་སྒོ་ནས། ལུས་ངག་གི་སྒྲོར་བས་བྱམས་པར་བྱེད་པ་དང་། བདག་ལ་དེ་བསྒྲལ་བའི་ནུས་པ་ཡོད་བཞིན་དུ་མི་སྒྲོལ་བ་ལྟ་བུའོ། །དེ་ཡང་འདི་དག་ལ་ཡིད་ཀྱི་བྱམས་པ་ནི་འདོར་བར་མི་བྱ་སྟེ།

སེམས་ཅན་ལ་བྱམས་པ་སྐྱོང་བའི་རྒྱ་ལྟུང་དུ་འགྱུར་བར་གསུངས་པའི་ཕྱིར་རོ། །

བཅུ་གཅིག་པ་མཚན་འཛིན་གྱི་རྣམ་པར་རྟོག་པའི་རྒྱ་ལྟུང་ནི། ཆོས་ཐམས་ཅད་བདེན་མེད་སྤྲོས་བྲལ་གྱི་རང་བཞིན་ཅན་དུ་བསྟན་པ་ན། བདེན་མེད་ལ་བདེན་པར་ཞེན་པའི་ཚུལ་གྱིས་ཞེན་པའོ། །

བཅུ་གཉིས་པ་དད་ལྡན་སུན་འབྱིན་པའི་རྒྱ་ལྟུང་ནི། སྤྱིར་བླ་མ་དང་དཀོན་མཆོག་སོགས་ལ་དད་པའི་གང་ཟག །ལུས་སེམས་ངག་གི་སྒོ་ནས་སུན་ཕྱུང་བ་སྟེ། མ་དད་ཅིང་སྐྱོ་བར་བྱེད་པའོ། །

བཅུ་གསུམ་པ་དམ་ཚིག་གི་རྫས་མི་བསྟེན་པའི་རྒྱ་ལྟུང་ནི། ཚོགས་ཀྱིས་འཁོར་ལོ་ལ་སོགས་པའི་དུས་སུ། དམ་ཚིག་གི་རྫས་ཤ་ཆེན་དང་། བདུད་རྩི་ལ་སོགས་པ་སྨྱུག་བྲོ་བའི་བསམ་པའམ། ཚུལ་འཆོས་ཀྱི་བསམ་པས་མི་བསྟེན་ཅིང་སྨོད་པར་བྱེད་པའོ། །

བཅུ་བཞི་པ་བུད་མེད་ལ་སྨོད་པའི་རྒྱ་ལྟུང་ནི། བུད་མེད་ཀྱི་རིགས་འདི་དག་ནི་སྐྱེས་པ་ལས་ཆེས་དམན་པ། མི་གཙང་བ་མཐའ་དག་གི་སྣོད་དུ་གྱུར་པ་སྟེ། འདི་ལ་སྐྱེས་པའི་ལུས་ཀྱང་དཀོན་ན་བྱང་ཆུབ་ལྟ་ག་ལ་ཡོད་ཅེས་པའི་ཚུལ་གྱིས་བུད་མེད་ཀྱི་ངོས་ནས་བཀར་སྟེ་སྨོད་པར་བྱེད་པའོ། །

གསུམ་པ་ཕན་ཡོན་ནི། སྔགས་པས་ཞེས་སོགས་གཉིས་སོ། །བཞི་པ་ཉེས་དམིགས་ནི། གཞན་དུ་ཞེས་སོགས་ཤློ་ཀ་གཅིག །ལྔ་པ་མི་འབྱུང་བའི་ཐབས་ནི། དེ་བས་ཞེས་སོགས་ཤློ་ཀ་གཉིས་སོ། །བསྡུ་བ་ལ། ངོ་བོའི་སྒོ་ནས་བསྡུ་བ་དང་། ཡུལ་གྱི་སྒོ་ནས་བསྡུ་བ་གཉིས། དང་པོ་ནི། སྔར་བཤད་པའི་ལྟུང་བ་བཅུ་བཞི་པོ་དེ་དག་བསྡུ་ན། ཐུན་མོང་མ་ཡིན་པའི་ལྟུང་བ་དང་། ཐུན་མོང་བའི་རྒྱ་ལྟུང་གཉིས་སུ་འདུས་ཏེ། བརྒྱད་པ་རང་ལུས་ལ་སྨོད་པའི་རྒྱ་ལྟུང་། བཅུ་གསུམ་པ་དམ་ཚིག་གི་རྫས་མི་བསྟེན་པའི་རྒྱ་ལྟུང་། བཅུ་བཞི་པ་བུད་མེད་ལ་སྨོད་པའི་རྒྱ་ལྟུང་དང་གསུམ་ནི། ཐུན་མོང་མ་ཡིན་པ་ཡིན་ལ། ལྷག་མ་རྣམས་ནི་ཐུན་མོང་བ་ཡིན་པའི་ཕྱིར། རྟགས་དང་པོ་གྲུབ་སྟེ། གསུམ་པོ་དེ། བླ་མེད་དུ་རྒྱ་ལྟུང་དུ་བཤད་ཀྱང་། རྒྱུད་སྡེ་འོག་མ་རྣམས་སུ་དེ་དག་ལ་ལྟུང་བར་མ་བཤད་པའི་ཕྱིར། རྟགས་གཉིས་པ་གྲུབ་སྟེ། རྒྱུད་སྡེ་འོག་མ་རྣམས་སུ་ཡང་དེ་བསྲུང་དགོས་པར་བཤད་པའི་ཕྱིར།

གཉིས་པ་ལ། གང་ཟག་ལ་དང་། ཆོས་ལ་བརྟེན་པ་གཉིས། དང་པོ་ལ། རང་ལ་དང་། གཞན་ལ་བརྟེན་པ་གཉིས། དང་པོ་ནི། རྒྱ་ལྟུང་བརྒྱད་པའོ། །གཉིས་པ་ལ། ཡུལ་མཆོག་ལ་བརྟེན་པ། གྲོགས་ལ་བརྟེན་པ། སེམས་ཅན་སྤྱི་ལ་བརྟེན་པ། ཁྱེ་བྲག་ལ་བརྟེན་པ་དང་བཞི། དང་པོའི་དབང་དུ་བྱས་ནས་དང་པོ། གཉིས་པའི་དབང་དུ་བྱས་ནས་གསུམ་པ། གསུམ་པའི་དབང་དུ་བྱས་ནས་བཞི་པ། བཞི་པ་ལ། གདུག་པ་ཅན་ལ་

བརྟེན་པ། དད་ལྡན་ལ་བརྟེན་པ། བུད་མེད་ལ་བརྟེན་པའི་དང་གསུམ། དང་པོའི་དབང་དུ་བྱས་ནས་བཅུ་པ། གཉིས་པའི་དབང་དུ་བྱས་ནས་གཉིས་པ། གསུམ་པའི་དབང་དུ་བྱས་ནས་བཅུ་བཞི་པའོ། །

གཉིས་པ། ཆོས་ལ་བརྟེན་པ་ལ། ཆོས་ཅན་ཇི་སྙེད་པ་ལ་བརྟེན་པ་དང་། ཆོས་ཉིད་ཇི་ལྟ་བ་ལ་བརྟེན་པ་གཉིས། དང་པོ་ལ། བསླབ་པར་བྱ་བའི་ཆོས་ལས་འདས་པའི་དབང་དུ་བྱས་ནས་གཉིས་པ། བྱང་ཆུབ་སེམས་འདོར་བའི་དབང་དུ་བྱས་ནས་ལྔ་པ། དམ་པའི་ཆོས་ལ་སྨོད་པའི་དབང་དུ་བྱས་ནས་དྲུག་པ། དམ་ཚིག་གི་རྫས་ལས་ཉམས་པའི་དབང་དུ་བྱས་ནས་བཅུ་གསུམ་པའོ། །གཉིས་པ་ཆོས་ཉིད་ཇི་ལྟ་བའི་དབང་དུ་བྱས་ནས་དགུ་པ་དང་། བཅུ་གཅིག་པའོ། །

གཉིས་པ་ཡན་ལག་གི་ལྟུང་བ་སྤང་བ་ནི། ཡན་ལག་དམ་ཚིག་ཅེས་བྱ་བ། དམ་ཚིག་དང་ནི་མི་ལྡན་པའི། །རིག་མ་བསྟེན་པར་དགའ་བ་དང་། །ཚོགས་ཀྱི་འཁོར་ལོ་རྩོད་པ་དང་། །གསང་བའི་ཆོས་ནི་སྟོན་པ་དང་། །སེམས་ཅན་དད་དང་ལྡན་པ་ལ། །དམ་ཆོས་གཞན་དུ་སྟོན་པ་དང་། །ཉན་ཐོས་དག་ཏུ་ཞག་བདུན་གནས་པ་དང་། །སྦྱོར་བ་ངེས་པར་མ་བྱས་པར། །སྐལ་མེད་གསང་བ་སྟོན་པ་དང་། །གང་ཞིག་ཕྱག་རྒྱ་མི་མཁས་པ། ལུས་ཀྱི་ཕྱག་རྒྱ་སྟོན་པ་དང་། །བསྙེན་སོགས་དག་པར་མ་བྱས་པར། །དཀྱིལ་འཁོར་ལས་ལ་འཇུག་པ་དང་། །སྡོམ་པ་གཉིས་ཀྱི་བཅས་པ་ལ། །དགོས་པ་མེད་པར་འདའ་བ་རྣམས། །ཁ་ན་མ་ཐོ་བཅས་འགྱུར་ཏེ། །སྔགས་པ་དེ་ཡི་དམ་ཚིག་ཟད། །ཟད་པས་འགྲུབ་པར་མི་འགྱུར་ཞིང་། །བདུད་དང་སྡུག་བསྔལ་ཤིན་ཏུ་འཕེལ། །ཉིན་དང་མཚན་མོ་ལན་གསུམ་དུ། །ཉིན་རེ་བཞིན་དུ་བཟླ་བར་བྱ། །ཞེས་སོགས་འདི་དག་ཀྱང་བསྟན། ཡན་ལག་གི་ཉེས་པའི་དབྱེ་བ་དགུ། དེ་དག་ལས་ཉམས་པའི་ཉེས་དམིགས། བཤགས་པའི་དུས་བསྟན་པ་དང་གསུམ། དང་པོ་ནི། ཡན་ལག་དམ་ཚིག་ཅེས་བྱ་བ། །ཞེས་པ་ནས། ཁ་ན་མ་ཐོ་བཅས་འགྱུར་ཏེ། །ཞེས་པའི་བར་རོ། །

གཉིས་པ་ནི། སྔགས་པ་ཞེས་སོགས་ཤློ་ཀ་གཅིག་གོ། །གསུམ་པ་ནི། ཉིན་དང་མཚན་མོ་ཞེས་སོགས་སོ༑ །དེ་ཡང་ཡན་ལག་གི་ལྟུང་བ་ལས་འདས་མ་འདས་ཉིན་མཚན་དུས་དྲུག་ཏུ་དྲན་པར་བྱས་ཏེ། བཤགས་པ་བྱེད་དགོས་པ་ཡིན་ཏེ། ཉེ་བར་འཁོར་གྱིས་ཞུས་པའི་མདོ་ལས། ཐེག་པ་ཆེན་པོ་ལ་ཡང་དག་པ་ཞུགས་པའི་བྱང་ཆུབ་སེམས་དཔའ་ལ། སྔ་དྲོའི་དུས་སུ་ཉེས་པ་བྱུང་ན། ཉི་མ་གུང་ལ་ཐམས་ཅད་མཁྱེན་པའི་སེམས་དང་མ་བྲལ་ན་དེ་ཡི་ཚུལ་ཁྲིམས་ཀྱི་ཕུང་པོ་མཐའ་མེད་དོ། །གུང་གི་དུས་སུ་ཉེས་པ་བྱུང་བ་ལ། ཕྱི་དྲོའི་དུས་སུ་ཐམས་ཅད་མཁྱེན་པའི་སེམས་དང་མ་བྲལ་ན། དེའི་ཚུལ་ཁྲིམས་ཀྱི་ཕུང་པོ་མཐའ་མེད་དོ། །ཕྱི་དྲོའི་དུས་སུ་ཉེས་པ་

བྱུང་བ་ལ་ནམ་གྱི་གུང་ལ་ཐམས་ཅད་མཁྱེན་པའི་སེམས་དང་མ་བྲལ་ན། དེའི་ཚུལ་ཁྲིམས་ཀྱི་ཕུང་པོ་མཐའ་མེད་དོ། །ནམ་གྱི་གུང་ལ་ཉེས་པ་བྱུང་ནས། སྔ་དྲོའི་དུས་སུ་ཐམས་ཅད་མཁྱེན་པའི་སེམས་དང་མ་བྲལ་ན། ཐེག་པ་ཆེན་པོ་ལ་ཡང་དག་པར་ཞུགས་པའི་གང་ཟག་དེའི་ཚུལ་ཁྲིམས་ཀྱི་ཕུང་པོ་ཡོངས་སུ་གཏུགས་པ་མེད་པ་ཉིད་དུ་རིགས་པར་བྱའོ། །ཞེས་གསུངས་པ་ལྟར་རོ། །

གཉིས་པ་ནང་འགལ་བའི་ཚེ་ཇི་ལྟར་སྒྲུབ་པའི་ཚུལ་ནི། དགེ་སློང་རྡོ་རྗེ་འཛིན་པས་སྡོམ་གསུམ་གྱི་བསླབ་བྱ་རྣམས་ནང་འགལ་བའི་ཚེ། སྡོམ་པ་གོང་འོག་གི་རྩ་བར་མཉམ་པའམ། ཡན་ལག་དང་། ཡན་ལག་མཉམ་པ་དང་། འོག་མའི་ཡན་ལག་དང་། གོང་མའི་རྩ་བ་ནང་འགལ་བའི་ཚེ། སྡོམ་པ་གོང་མའི་དབང་དུ་བྱས་ནས་བསྲུང་དགོས་ཏེ། རང་རྒྱུད་ཀྱི་སྡོམ་པ་རྣམས་བྱང་སྡོམ་དང་། སྔགས་སྡོམ་གྱི་ངོ་བོར་ཡོད་པས་གོང་མ་དབང་བཙན་པའི་སྐབས་ཡིན་པའི་ཕྱིར་ཏེ། བཀའ་གདམས་དོ་གོར་བའི་དྲི་ལན་ལས། སྡོམ་གསུམ་ལྡན་པའི་གང་ཟག་གིས། །སྤང་བླང་ཕན་ཚུན་ནང་འགལ་ཚེ། །དགག་བྱ་དང་ནི་དགོས་པ་གཉིས། །གཙོ་བོ་གང་ཆེའི་དབང་དུ་ཐོངས། །ཞེས་དང་། འཕགས་པའི་དྲི་ལན་ལས། སྡོམ་པ་གོང་མ་གོང་མའི་དབང་དུ་བྱས་ན་སྲུང་པར་བྱའོ། །ཞེས་དང་། སྤྱོད་འཇུག་ལས། ཆུང་དུའི་ཕྱིར་ནི་ཆེ་མི་བཏང་། །གཙོ་ཆེར་གཞན་གྱི་དོན་བསམ་མོ། །ཞེས་གསུངས་པ་ལྟར་རོ། །འོག་མའི་རྩ་བ་དང་གོང་མའི་ཡན་ལག་ནང་འགལ་བའི་ཚེ། སེམས་ཅན་ལ་ཕན་པའི་དགོས་པ་ཁྱད་པར་ཅན་མེད་ན། འོག་མ་དབང་བཙན་པ་ཡིན་ཏེ། སྡོམ་པ་གཉིས་ཀྱི་བཅས་པ་ལ། །དགོས་པ་མེད་པར་འདའ་བ་རྣམས། །ཁ་ན་མ་ཐོ་བཅས་འགྱུར་ཏེ། །ཞེས་གསུངས་པའི་ཕྱིར། སེམས་ཅན་ལ་ཕན་པའི་དགོས་ཆེད་ཁྱད་པར་ཅན་ཡོད་ན། འོག་མའི་རྩ་བ་ལས་ཀྱང་འདའ་བར་གནང་སྟེ། ཐུགས་རྗེ་མངའ་བ་རིང་གཟིགས་པས། །བཀག་པ་རྣམས་ཀྱང་དེ་ལ་གནང་། །ཞེས་དང་། གཞན་གྱི་དོན་གྱི་སེམས་བརྟན་པས། །ཕམ་པ་བཞི་པོ་སྤྱད་ན་ཡང་། །བྱང་ཆུབ་སེམས་དཔའི་དགེ་བ་སྟེ། ཞེས་གསུངས་པ་ལྟར་རོ། །

བཞི་པ་ཉམས་ན་ཕྱིར་བཅོས་པའི་ཐབས་ལ། སོ་ཐར། བྱང་སེམས། སྔགས་སྡོམ་ཕྱིར་བཅོས་པའི་ཚུལ་ལོ༑ ༑དང་པོ་ལ། ཐེག་དམན་སོ་ཐར་ཕྱིར་བཅོས་པའི་ཚུལ་དང་། ཐེག་ཆེན་སོ་ཐར་ཕྱིར་བཅོས་པའི་ཚུལ་གཉིས། དང་པོ་ནི། དགེ་བསྙེན་གྱི་བསླབ་པ་ལ་མི་གསོད་པ་ལ་སོགས་པ་རྩ་བའི་ལྟུང་བ་བྱུང་ན། སྡོམ་པ་སླར་ཡང་ལེན་དགོས་པར་བཤད་དེ། སྡོམ་བརྒྱད་མར། སྡོམ་པ་སླར་ཡང་བླང་བར་བྱ། །ཞེས་གསུངས་པའི་ཕྱིར། མྱོས་འགྱུར་འཐུང་བ་ལ་སོགས་པ་ཡན་ལག་གི་ལྟུང་བ་བྱུང་ན། བཤགས་པ་ཚུལ་བཞིན་བྱེད་དོ། །དགེ་ཚུལ་ལ་རྩ་བའི་ལྟུང་བ་འཆབ་བཅས་བྱུང་ན་གསོར་མི་རུང་ཞིང་། འཆབ་མེད་བྱུང་ན་བསླབ་པ་བྱིན་པར་འདུལ་བ་འོད་

ལྡན་ལས་བཤད། ཡན་ལག་གི་ལྟུང་བ་བྱུང་ན་བཤགས་ཐབས་ཚུལ་བཞིན་དུ་བྱེད། དགེ་སློང་ལ་ཕམ་པ་འཆབ་བཅས་གསོར་མི་རུང་ལ། འཆབ་མེད་བྱུང་ན་གསོལ་བཞིའི་ལས་ཀྱིས་བསླབ་པ་བྱིན་ནས་གསོ་བར་བཤད། ལྷག་མ་འཆབ་བཅས་བྱུང་ན་བཅབ་ཉེས་འདག་པའི་ཕྱིར་དུ། ཇི་སྲིད་དུ་བཅབ་པ་དེ་སྲིད་དུ་སྤོ་བ་སྤྱོད། དེའི་རྗེས་སུ་ལྷག་མའི་དངོས་གཞི་འདག་པའི་ཕྱིར་དུ། དགེ་སློང་ཕ་མའི་བྱེ་བྲག་གིས་ཞག་དྲུག་དང་ཟླ་བ་ཕྱེད་དུ་མགུ་བ་སྤྱོད། དེ་ནས་གསོལ་བཞིའི་ལས་ཀྱིས་རང་བཞིན་གྱིས་གནས་སུ་གཟེངས་བསྟོད་པའི་ཚུལ་གྱིས་རང་བཞིན་གྱི་གནས་སུ་དབྱུང་བར་བཤད། བཅབ་པའི་ཉེས་པ་མེད་ན་སྤོ་བ་སྤྱོད་པ་མ་གཏོགས་སྔར་བཞིན་ནོ། །སྤང་བའི་ལྟུང་བ་ནི། སྤང་བ་སྔོན་དུ་བཏང་ནས་རིགས་མཐུན་གྱི་ལྟུང་བ་མེད་པའི་དགེ་སློང་གི་མདུན་དུ་བཤགས་པ་བྱེད་དགོས་ལ། ལྟུང་བྱེད་འབའ་ཞིག་པ། སོར་བཤགས། ཉེས་བྱས་རྣམས་ནི་བཤགས་པ་ཙམ་གྱིས་འདག་པར་བཞེད་དོ། །འདི་དག་གི་རྣམ་གཞག་རྒྱས་པར་ནི་འདུལ་བའི་སྤྱི་དོན་གྱི་སྐབས་སུ་ཤེས་པར་བྱའོ། །

གཉིས་པ་ཐེག་ཆེན་སོ་ཐར་ལ། རྩ་བའི་ལྟུང་བ་འཆབ་བཅས་འཆབ་མེད་གང་བྱུང་ཡང་། སྡོམ་པ་སླར་བླང་བའི་སྒོ་ནས་གསོར་རུང་སྟེ། འདི་དག་ཐེག་ཆེན་སེམས་བསྐྱེད་ཀྱིས་ཟིན་པའི་སྡོམ་པ་ཡིན་པའི་ཕྱིར། ཡན་ལག་གི་ལྟུང་བ་རྣམས་ནི། སྟོབས་བཞིའི་བཤགས་པ་ཚུལ་བཞིན་དུ་བྱེད་པའི་སྒོ་ནས་ཕྱིར་བཅོས་པར་བྱེད།

གཉིས་པ་ལ། དབུ་སེམས་གཉིས་ཡོད་པ་ལས། འདི་དག་གི་རྣམ་གཞག་ནི་སྔར་ཚིགས་ཀྱི་སྐབས་སུ་བཤད་པ་ལྟར་རོ། །གསུམ་པ་ལ། རྩ་བའི་ལྟུང་བ་དང་། ཡན་ལག་གི་ལྟུང་བ་ཕྱིར་བཅོས་པའི་ཚུལ་གཉིས། དང་པོ་ལ། སྤྱིར་བསྟན་པ་དང་། དམིགས་གསལ་གཉིས། དང་པོ་ནི། སྔགས་སྡོམ་དང་ལྡན་པའི་གང་ཟག་གིས། ཡན་ལག་ཚང་བའི་རྩ་ལྟུང་སྤྱད་ན། ཡུལ་རྡོ་རྗེ་སློབ་དཔོན་གྱི་དྲུང་དུ། སླར་ཡང་བླང་བའི་སྒོ་ནས་གསོ་དགོས་ཏེ། དམ་པ་དང་པོ་ལས། རྩ་བའི་ལྟུང་བ་བྱུང་གྱུར་ན། །སླར་ཡང་དཀྱིལ་འཁོར་འདི་རུ་ནི། །དག་པའི་རྒྱུ་རུ་འཇུག་པར་བྱ། །ཞེས་དང་། སཾ་པུ་ཊི་ལས། དམ་ཚིག་ཉམས་པས་རྣལ་འབྱོར་པ་བག་མེད་པར་སྐྱེ་བར་འགྱུར་ཏེ་ཡང་བྱང་ཆུབ་སེམས་དཔའི་དམ་ཚིག་བླངས་པར་བྱས་ནས་ཕྱིས་མི་བརྗེད་པར་སྡོམ་པ་གཟུང་བར་བྱ་སྟེ༔ དེ་ཉིད་ཀུན་གྱི་སྡོམ་པ་དང་ལྡན་པས་ཕྱག་རྒྱའི་རྣལ་འབྱོར་ལ་གནས་པར་བྱའོ། །ཞེས་སོ། །

གཉིས་པ་ནི། སྔགས་ཀྱི་ཉམས་ལེན་ཤེས་ཤིང་རྒྱུན་དུ་ཉམས་སུ་ལེན་པའི་གང་ཟག་ལ་རྩ་བའི་ལྟུང་བ་བྱུང་ནས། སྡོམ་པ་བླང་བའི་ཡུལ་རྡོ་རྗེ་སློབ་དཔོན་ཇི་ལྟ་བ་བཞིན་མ་འགྱུར་ན། ཐོག་མར་ཡི་གེ་བརྒྱ་པའི་བཟླས་བརྗོད་ལ་སོགས་པའི་སྒོ་ནས། སྡིག་པ་དག་པའི་མཚན་མ་མ་བྱུང་གི་བར་དུ་བཤགས་པ་བྱེད་ཅིང་། མཚན་མ་བྱུང་བའི་ཚེ་རང་ཉིད་ཀྱིས་དཀྱིལ་འཁོར་ལ་སོགས་པ་བཞེངས་ནས། དབང་བླངས་པས་སྡོམ་པ་སོར་

ཆུད་ཟུང་བ་བླ་ཆེན་འཕགས་པས་བཤད་དོ། །གཉིས་པ་ནི། ཡན་ལག་མ་ཚང་བའི་ལྟུང་བ་བྱུང་ན། སྟོབས་བཞིའི་སྒོ་ནས་བཤགས་པ་བྱེད་པ་དང་། རྡོ་རྗེ་སེམས་དཔའི་སྒོམ་བཟླས་སྔོན་དུ་འགྲོ་བའི་ལམ་གཉིས་ལ་བརྩོན་པར་བྱེད་པ་དང་། དམ་ཚིག་དང་ལྡན་པའི་རྡོ་རྗེའི་སྤུན་གྲོགས་ལ། ཚོགས་ཀྱི་འཁོར་ལོ་ཚུལ་བཞིན་དུ་བྱེད་པ་སོགས་ཀྱི་ཉམས་ལེན་ལ་འབད་པར་བྱའོ། །

ལྔ་པ་སྡོམ་གསུམ་ཉམས་སུ་ལེན་ཚུལ་བསྡུས་ཏེ་བསྟན་པ་ལ། སོ་སོའི་བསླབ་བྱ་ལ་སློབ་ཚུལ་དང་། རེ་རེ་ཡང་གསུམ་ལྡན་དུ་ཉམས་སུ་ལེན་ཚུལ་གཉིས། དང་པོ་ནི། དགེ་སློང་རྡོ་རྗེ་འཛིན་པས། སྡོམ་པ་གསུམ་གྱི་བསླབ་བྱ་ལ། སེམས་ཅན་ལ་ཕན་པ་སོགས་ཀྱི་དགོས་ཆེད་ཁྱད་པར་ཅན་མེད་པའི་ཚེ། སོ་སོའི་གཞུང་ནས་ཇི་ལྟར་བཤད་པ་བཞིན་དུ་བསླབ་པའི་གནས་ཕྲ་ཞིང་ཕྲ་བ་ལ་ཡང་བསླབ་དགོས་ཏེ། གསང་འདུས་ལས། ཕྱི་རུ་ཉན་ཐོས་སྤྱོད་པ་བསྲུང་། །ནང་དུ་འདུས་པའི་དོན་ལ་དགའ། །ཞེས་དང་། སྤྱོད་འཇུག་ལས། འཇིག་རྟེན་མ་དད་གྱུར་པ་རྣམས། །མཐོང་དང་དྲིས་ཏེ་སྤང་བར་བྱ། །ཞེས་དང་། འདིར་ཡང་། འདི་ལ་སྡིག་པ་མི་དགེའི་ཕྱོགས། །ཕལ་ཆེར་ཉན་ཐོས་ལུགས་བཞིན་བསྲུང་། །ཞེས་གསུངས་པ་ལྟར་རོ། །སེམས་ཅན་ལ་ཕན་པའི་དགོས་ཆེད་ཁྱད་པར་ཅན་ཡོད་པའི་ཚེ། སྡོམ་པ་འོག་མའི་བཅས་པ་རྣམས་གནད་པའི་སྐབས་ཀྱང་ཡོད་དེ། ཐུགས་རྗེ་མངའ་བ་རིང་གཟིགས་པས། །བཀག་པ་རྣམས་ཀྱང་དེ་ལ་གནང་། །ཞེས་དང་། བཞི་བརྒྱ་པ་ལས། བསམ་པས་བྱང་ཆུབ་སེམས་དཔའ་ཡི། །དགེ་བའམ་ཡང་ན་མི་དགེ་བ། །ཐམས་ཅད་དགེ་བ་ཉིད་འགྱུར་ཏེ། །གང་ཕྱིར་སེམས་དེ་གཙོ་བའི་ཕྱིར། །ཞེས་དང་། འདིར་ཡང་། འཇིག་རྟེན་འཇུག་པའི་རྒྱུར་འགྱུར་ན། །ཐེག་ཆེན་སོ་སོ་ཐར་ལ་གནང་། །ཞེས་གསུངས་པ་ལྟར་རོ། །

གཉིས་པ་ལ། སོ་ཐར་གསུམ་ལྡན་དུ། བྱང་སེམས་གསུམ་ལྡན་དུ། སྔགས་སྡོམ་གསུམ་ལྡན་དུ་ཉམས་སུ་ལེན་ཚུལ་ལོ། །དང་པོ་ནི། དགེ་སློང་རྡོ་རྗེ་འཛིན་པས་རང་རྒྱུད་ལ་འདོད་ཆགས་ལ་སོགས་པའི་ཉོན་མོངས་པ་སྐྱེས་པའི་ཚེ། རང་ཉིད་དགེ་སློང་ཡིན་པ་རྒྱུ་མཚན་དུ་བྱས་ནས། ཉོན་མོངས་པའི་དབང་དུ་མི་འགྲོ་བར་དེའི་གཉེན་པོ་ལ་བརྩོན་པ་ནི་སོ་ཐར་གྱི་ཉམས་ལེན། དེའི་ཚེ་གཞན་རྒྱུད་ཀྱི་ཉོན་མོངས་པ་དང་དེའི་འབྲས་བུ་སྡུག་བསྔལ་རང་ལ་ལེན་ཅིང་། རང་གི་བདེ་དགེ་གཞན་ལ་གཏོང་བ་བསྒོམ་པ་ནི་བྱང་སེམས་ཀྱི་ཉམས་ལེན། དེ་དང་དུས་མཉམ་དུ་རང་གི་རྩ་བའི་བླ་མ་སྤྱི་བོར་བསྒོམས་ནས་གུས་འདུད་དྲག་པོ་བྱེད་ཅིང་རང་ལུས་ལྷག་པའི་ལྷ་སྣང་ལ་རང་བཞིན་མེད་པ་ལ་མཉམ་པར་འཇོག་པ་ནི། སྔགས་སྡོམ་གྱི་ཉམས་ལེན་ནོ། །

གཉིས་པ་ནི། སྦྱིན་པ་ལ་སོགས་པའི་སྤྱོད་པ་ལ་འཇུག་པའི་ཚེ། ཆང་དང་། དུག་དང་། མཚོན་ཆ་ལ་

སོགས་པ་གཞན་ལ་གནོད་པའི་རྒྱུར་འགྱུར་བའི་མ་དག་པའི་སྤྱོད་སོགས་སྤོང་བ་ནི་སོ་ཐར་གྱི་ཉམས་ལེན། སྤྱིན་པས་གདུལ་བྱ་འཁོར་དུ་བསྡུས་ནས། གནས་སྐབས་དང་མཐར་ཐུག་གི་བདེ་བ་ལ་འགོད་ཅིང་འཁོར་གསུམ་མི་དམིགས་པའི་ཤེས་རབ་ཀྱིས་ཟིན་པ་ནི་བྱང་སེམས་ཀྱི་ཉམས་ལེན། དེའི་ཚེ་སྤྱོད་པ་ཐམས་ཅད་ལྷ་དང་ཡེ་ཤེས་དག་པའི་རང་བཞིན་དུ་སྒོམ་པ་ནི་སྔགས་སྡོམ་གྱི་ཉམས་ལེན་ནོ། །

གསུམ་པ་ནི། རང་ཉིད་བསྐྱེད་རྫོགས་སོགས་ཀྱི་ཉམས་ལེན་ལ་འཇུག་པའི་ཚེ། གཞན་ལ་གནོད་པ་གཞི་བཅས་སྤོང་བ་ནི་སོ་ཐར་གྱི་ཉམས་ལེན། དེའི་སྟེང་དུ་གཞན་ལ་ཕན་འདོགས་པ་ནི་བྱང་སེམས་ཀྱི་ཉམས་ལེན། དེ་དག་ཀུང་འབྲས་བུ་ལམ་བྱེད་ཀྱི་ཐབས་ཁྱད་པར་ཅན་གྱིས་ཟིན་པ་ནི་སྔགས་སྡོམ་གྱི་ཉམས་ལེན་ནོ། །དེས་ན་ཕ་རོལ་ཏུ་ཕྱིན་པའི་སྐབས་སུ། སྦྱིན་སོགས་རེ་རེ་ཡང་ཕར་ཕྱིན་དྲུག་ལྡན་དུ་ཉམས་སུ་ལེན་པར་བཤད་པ་ལྟར་དགེ་སློང་རྡོ་རྗེ་འཛིན་པ་ལྟ་བུའི་སྔགས་འཆང་གིས་སྡོམ་པ་རེ་རེ་ཡང་སྡོམ་པ་གསུམ་ལྡན་དུ་ཉམས་སུ་ལེན་པའི་ཚུལ་འདི་ནི་ཉམས་ལེན་གཞན་ལས་ཆེས་མཆོག་ཏུ་གྱུར་པ་ཡིན་པས་བློ་གྲོས་དང་ལྡན་པ་རྣམས་ཀྱིས་བརྩོན་པའི་སྒོ་ནས་སྒྲུབ་པར་རིགས་སོ། །

གསུམ་པ་གཞུང་སོ་སོའི་དཀའ་གནད་བྱེ་བྲག་ཏུ་བཤད་པ་ལ། སྐབས་དང་པོར་བདེ་གཤེགས་སྙིང་པོ། གཉིས་པར་ཐེག་ཆེན་སེམས་བསྐྱེད། གསུམ་པར་སྨིན་བྱེད་ཀྱི་དབང་། གྲོལ་བྱེད་ཀྱི་ལམ། ལྟ་བ་ཕྱག་ཆེན། སྤྱོད་པའི་རྣམ་པར་གཞག་པ་དང་དྲུག་ནི་དཀའ་བའི་གནད་ཡིན་པས་ཟུར་བཀོལ་དུ་ཤེས་པར་བྱའོ།། །།

གསུང་རབ་རྒྱ་ཆེན་ལྷ་ལམ་ཡངས་པ་ནས། །སྡོམ་གསུམ་འོད་སྟོང་ལེགས་བཤད་འཁྲོ་བ་ནི། །རྣམ་དཔྱོད་བརྩོན་པའི་རྟ་བདུན་གྱིས་དྲངས་ཏེ། །ཐུབ་བསྟན་ཕྱོགས་བཅུ་ཀུན་ཏུ་གསལ་བར་བྱས། །སྡེ་སྣོད་གསུམ་དང་རྒྱུད་སྡེ་བཞི་ཡི་དོན། །སངས་རྒྱས་བསྟན་པའི་སྙིང་པོ་སྡོམ་གསུམ་གྱི། །གནད་ཀྱི་གསལ་བྱེད་ལེགས་བཤད་ཟབ་མོ་འདི། །འབད་པས་བསྒྲུབས་པའི་ཉིན་བྱེད་འོད་ཟེར་གྱིས། །ལོག་སྨྲ་མུན་པའི་ཚོགས་ཀུན་རབ་བསལ་ནས། །སྡོམ་གསུམ་བསྟན་པའི་པད་ཚལ་རྒྱས་བྱེད་ཅིང་། །ལེགས་བཤད་དོན་གཉེར་བློ་ལྡན་བུང་བའི་ཚོགས། །ཟབ་དོན་མཆོག་གི་སྦྲང་རྩིས་ཚིམ་བྱེད་ཤོག །དུས་གསུམ་རྒྱལ་བའི་བགྲོད་པ་གཅིག་པའི་ལམ། །སྡོམ་གསུམ་ཉམས་ལེན་ཟབ་མོས་རྒྱུད་སྦྲངས་ནས། །སྲིད་གསུམ་འཁོར་བའི་མཚོ་ལས་བསྒྲལ་བའི་ཕྱིར། །སྐུ་གསུམ་དཔལ་འབྱོར་ལྡན་གྱིས་གྲུབ་པར་ཤོག །ཚེ་རབས་ཀུན་ཏུ་གསུང་རབ་དོན་ལ་མཁས། །འཕགས་པ་དགེས་པའི་ཚུལ་ཁྲིམས་རྨད་བྱུང་ལྡན། །བྱང་ཆུབ་སེམས་ཀྱིས་རང་གཞན་སྨིན་བྱས་ནས། །བསྟན་པ་རིན་ཆེན་ཕྱོགས་བཅུར་རྒྱས་བྱེད་ཤོག །

སྡོམ་པ་གསུམ་གྱི་རབ་ཏུ་དབྱེ་བའི་སྤྱིའི་དོན་སྡོམ་གསུམ་གནད་ཀྱི་གསལ་བྱེད་ཅེས་བྱ་བ་འདི་ནི། རྗེ་བཙུན་ས་སྐྱ་པ་གོང་མ་རྣམས་ཀྱི་ལེགས་པར་བཤད་པའི་གསུང་རབ་ལ་རྒྱུན་རིང་དུ་གོམས་པར་བྱས་ཤིང་། ཁྱད་པར་སྡེ་སྣོད་གསུམ་དང་། རྒྱུད་སྡེ་བཞིའི་གསུང་རབ་མཐའ་དག་ལ་བློ་གྲོས་ཕྱོགས་མེད་དུ་རྒྱས་ཏེ། རང་དང་གཞན་གྱི་གྲུབ་པའི་མཐའ་རྒྱ་མཚོ་ལྟ་བུའི་ཕ་རོལ་ཏུ་སོན་ཅིང་། བདེ་བར་གཤེགས་པའི་རིང་ལུགས་པ་མཐའ་དག་གི་གཙུག་གི་ནོར་བུར་གྱུར་པ། བསྟན་པའི་མངའ་བདག་རབ་འབྱམས་ཆོས་ཀྱི་རྒྱལ་པོའི་ཞལ་སྔ་ནས་ཀྱི་ལེགས་པར་བཤད་པའི་དགའ་སྟོན་རྒྱ་ཆེར་སྤྱོད་པ་ལ་བརྟེན་ནས། ཤཱཀྱའི་དགེ་སློང་རྡོ་རྗེ་འཛིན་པ་ཀུན་དགའ་ཆོས་བཟང་གིས། འཛིན་བྱེད་ཀྱི་ལོ། སྟོན་གྱི་ཟླ་བའི་ཚེས་གྲངས་བཟང་པོ་ལ། འབྲས་ཡུལ་རྫོང་དཀར་སྐྱིད་མོས་ཚལ་གྱི་ཆོས་གྲྭ་ཆེན་པོར་སྦྱར་བའི་ཡི་གེ་པ་ནི། རིགས་རུས་ཚོ་འབྲང་ཕུན་སུམ་ཚོགས་པའི་རྒྱན་གྱིས་མཛེས་ཤིང་ལུང་རིགས་སྨྲ་བའི་བཤེས་གཉེན་དཔལ་ལྡན་རིན་ཆེན་གྱིས་དག་པར་བགྱིས་པའོ།། །།

ཨོཾ་སྭ་སྟི། བདེ་ཆེན་ཡེ་ཤེས་མཆོག་གི་དཀྱིལ་འཁོར་ལས། །རྣམ་཈ུན་སྤྲུལ་པའི་འོད་ཀྱིས་འགྲོ་རྣམས་སྐྱོང་། །ཐུབ་བསྟན་ཀུན་དགའི་པད་ཚལ་རྒྱས་མཛད་པའི། །རྒྱལ་མཚན་ལྟར་མཐོ་ས་སྐྱ་པ་ལ་འདུད། །མཁྱེན་པའི་ལང་ཚོ་རྒྱ་བའི་སྙིག་ཉམས་ཅན། །གསུང་རབ་རིན་ཆེན་རྒྱན་གྱིས་རྣམ་པར་སྤྲུད། །མཁས་མང་སྐྱེ་བོའི་ཡིད་འཕྲོག་གསུམ་རྒྱན་མ། །དཔལ་ལྡན་བླ་མ་རབ་འབྱམས་ཆོས་རྗེ་རྒྱལ། །གང་གི་གསུང་གི་བདུད་རྩི་དཀར་པོའི་རྒྱུན། །འགྲོ་ཀུན་དགའ་བའི་ཀུན་ད་རྒྱས་བྱེད་དུ། །དམ་ཆོས་བཟང་པོའི་འོད་དང་ལྡན་ཅིག་པར། །སྤྲིན་མཛད་བླ་མ་འཇམ་པའི་དབྱངས་ལ་འདུད། །མདོ་རྒྱུད་ཆུ་ཀླུང་འདུས་པའི་མ་དྲོས་མཚོ། །སྡོམ་གསུམ་ནོར་བུས་གཏམས་པའི་གླིགས་བམ་མཆོག །གསལ་བར་བྱེད་པའི་ལེགས་བཤད་ཆུ་བོ་བཞི། །ཀུན་ཏུ་འབེབ་པའི་རྣམ་བཤད་དམ་པ་འདི། །གྲངས་མེད་སྤྲུལ་མཛད་པར་གྱི་སྒྱུ་འཕྲུལ་གང་། །རིན་ཆེན་གསེར་གྱིས་བྲུགས་པའི་ཡུལ་གྲུ་མཆོག །བྱ་ཡུལ་ཞེས་བྱ་དཔལ་འབྱོར་ཀུན་འབྱུང་བའི། །ཕོ་བྲང་ཆེན་པོ་ཆོས་རྒྱལ་ལྷུན་པོ་ནས། །བཀའ་རྒྱུད་གདེངས་ཀས་མཛེས་པའི་ཀླུ་དབང་མཆོག །གསུང་རབ་རིན་ཆེན་མཛོད་ལ་མངའ་བརྙེས་པ། །ལུང་རིགས་ལྟ་བའི་ཟེར་གྱིས་ཕས་རྒོལ་འཇོམས། །ཆོས་ཀྱི་གྲགས་པ་བཀྲ་ཤིས་མཚན་ཅན་གྱིས། །འདོད་དགུ་མ་ལུས་འབྱུང་བའི་བཀའ་བཙལ་ཏེ། ལེགས་པར་བསྒྲུབས་ནས་སྐྱིད་མོས་ཚལ་ཞེས་པ། །མཁས་མང་འདུ་བའི་བསྟི་གནས་དམ་པར་ཕུལ། །བསྟན་འཛིན་མཆོག་རྣམས་སྐུ་ཚེ་བརྟན་གྱུར་ཅིག །འདི་ཡི་ཕྱོགས་སུ་འབད་རྩོལ་བགྱིད་པ་པོ། །དུས་འཁོར་ཞབས་པ་ཤཱཀྱ་དབང་ཕྱུག་དང་། །དགེ་བྱེད་མཁན་པོ་བྱང་པ་རབ་འབྱམས་པ། །བསོད་ནམས་བཟང་པོ་བསོད་རྒྱན་གཉིས་ཀྱིས་བགྱིས། །ཡི་གེ་པ་ནི་ཆོས་རྒྱལ་ཞེས་པ་དང་། །བརྐོས་ཀྱི་འདུ་བྱེད་ལྷ་

དར་སོགས་ཀྱིས་བརྒྱིས། །འདིར་འབད་དགེ་བ་འོད་སྟོང་ལྡན་པ་དེས། །སྲིད་ཞིའི་མུན་པ་དྭངས་ནས་འབྱིན་པ་དང་། །ལུང་བསྟན་པད་ཚལ་འཛུམ་པ་ལྡན་ཅིག་པར། །ཕྱོགས་དུས་ཀུན་དུ་རིས་མེད་ཁྱབ་གྱུར་ཅིག ། །མངྒ་ལཾ༔ ། །

༄༅། །སྡོམ་པ་གསུམ་གྱི་རབ་ཏུ་དབྱེ་བ་ལས་གནས་གསུམ་གསལ་བྱེད་བཞུགས་སོ། །

སྐྱིད་ཚལ་བ་འཇམ་དབྱངས་ཀུན་དགའ་ཆོས་བཟང་།

ཕུན་ཚོགས་རྣམ་དཔྱོད་འོད་སྟོང་རྒྱས་པ་ཡིས། །ལྷ་ངན་མུན་པའི་ཚང་ཚིང་རབ་བསལ་ནས། །སྡོམ་གསུམ་གནད་ཀྱི་པད་ཚལ་རྒྱས་མཛད་པ། །འཇམ་མགོན་ས་སྐྱ་པ་དེ་གུས་པས་བསྟོད། །

འདིར་སྤྱོད་པ་བྱེད་ཚུལ་གྱི་དཀའ་གནས་བྱེ་བྲག་ཏུ་བཤད་པ་ལ། གཞུང་གི་འབྲེལ་དང་། འབྲེལ་བ་ཅན་གྱི་དཀའ་བའི་གནས་ལ་དཔྱད་པ་གཉིས། དང་པོ་ནི། སྤྱོད་པའི་སྐབས་ཀྱི་གཞུང་འདི་དག་བསྟན། གང་གིས་སྤྱོད་པ་བྱེད་པའི་གང་ཟག་དང་། དེས་སྤྱོད་པ་བྱ་བའི་གནས་གཉིས་སུ་འདུས། དང་པོ་ལ། མཚན་ཉིད་དང་ལྡན་པའི་གང་ཟག་གིས་སྤྱོད་པ་བྱ་རིགས་པ་དང་། མཚན་ཉིད་དང་མི་ལྡན་པའི་གང་ཟག་གིས་སྤྱོད་པ་བྱ་མི་རིགས་པ་གཉིས། དང་པོ་ནི། རིམ་གཉིས་ཀྱི་རྟོགས་པ་བརྟན་ཞིང་བཟོད་དང་བཟོད་འི་ལན་ཕྱིན་ཅི་མ་ལོག་པར་ཤེས་པའི་གང་ཟག་གིས་ས་ལམ་གྱི་རྟོགས་པ་མྱུར་དུ་བགྲོད་པའི་ཕྱིར་དུ། ཡུལ་ཆེན་སུམ་ཅུ་རྩ་བདུན་དུ་སྤྱོད་པའི་དོན་དུ་རྒྱུ་བར་རིགས་སོ། །ཞེས་འཆད་པ་ནི། དབང་བཞི་ཞེས་སོགས་བྱུང་། དེའི་ཤེས་བྱེད་ཀྱི་ལུང་ཁུངས་འཆད་པ་ནི། ལུགས་འདི་ཞེས་སོགས་བྱུང་། དེའི་ཕན་ཡོན་འཆད་པ་ནི། འདི་འདྲའི་ཞེས་སོགས་བྱུང་།

གཉིས་པ་ནི། མཚན་ཉིད་དང་མི་ལྡན་པའི་གང་ཟག་གིས། ཡུལ་ཆེན་དེ་དག་ཏུ་སྤྱོད་པའི་དོན་དུ་རྒྱུ་བ་ལ་ཤེས་བྱེད་མེད་དོ། །ཞེས་འཆད་པ་ནི། དེང་སང་ཞེས་སོགས་བྱུང་། དེ་ལ་གནོད་བྱེད་ཡོད་ཚུལ་འཆད་པ་ནི། རིམ་པ་ཞེས་སོགས་བྱུང་། དེ་ར་མ་ཟད་ཉེས་དམིགས་ཆེ་ཞིང་ཕན་ཡོན་མེད་དོ། །ཞེས་འཆད་པ་ནི། གལ་ཏེ་ཞེས་སོགས་བྱུང་། མཚན་ཉིད་དང་ལྡན་པའི་གང་ཟག་གིས་སྤྱོད་པ་བྱེད་པ་ལ་ཕན་ཡོན་ཡོད་ཚུལ་བསྡུས་ཏེ་འཆད་པ་ནི། གསང་སྔགས་ཞེས་སོགས་བྱུང་།

གཉིས་པ་དཀའ་བའི་གནས་ལ་དཔྱད་པ་ལ། གང་གིས་སྤྱོད་པ་བྱེད་པའི་གང་ཟག །དེའི་ཁྱད་ཆོས་དྲོད་ཀྱི་རང་བཞིན། དྲོད་ཐོབ་པའི་གང་ཟག་གིས་སྤྱོད་པ་བྱ་ཚུལ། གང་དུ་བྱ་བའི་གནས་ཀྱི་རབ་དབྱེ། དེར་སྤྱོད་པ་བྱས་པའི་དགོས་པ། སྤྱོད་པ་ལ་གནས་པའི་གང་ཟག་གིས་ཉེ་རྒྱུ་ལ་མཚམས་སྦྱོར་ཚུལ་དང་དྲུག །དང་པོ་ནི།

དབང་བཞི་རྫོགས་པར་ཐོབ་ཅིང་དམ་ཚིག་དང་སྡོམ་པ་ལྡན་པ། རིམ་གཉིས་ཀྱི་རྟོགས་པ་བརྟན་པའི་དྲོད་ཐོབ་པའི་ཡོན་ཏན་གྱིས་བརྒྱན་པ་དཔའ་བོ་དང་མཁའ་འགྲོ་མ་རྡོ་རྗེའི་སྤྱུན་དང་སྲིང་མོར་ངོ་ཤེས་པའི་ལུས་ངག་གི་བརྡ་ལ་མཁས་པའི་རྣལ་འབྱོར་པ་ནི། འདིར་བསྟན་གྱི་སྤྱོད་པ་བྱེད་པའི་གང་ཟག་ཡིན་ཏེ། དེ་ལྟ་བུའི་གང་ཟག་གིས་གནས་ཆེན་ཁྱད་པར་ཅན་དུ་སྤྱོད་པ་བྱས་པས། གནས་ཆེན་དེ་དག་ན་གནས་པའི་དཔའ་བོ་དང་མཁའ་འགྲོ་རྣམས་ཀྱིས་སེམས་རྒྱུད་བྱིན་གྱིས་རློབ་ཅིང་། རང་རྒྱུད་ལ་ས་ལམ་གྱི་རྟོགས་པ་སྔར་མ་ཐོབ་པ་གསར་དུ་ཐོབ་པ་དང་། ཐོབ་པ་རྣམས་གོང་འཕེལ་དུ་འགྱུར་བ་ཡིན་པའི་ཕྱིར། ཞེས་འཆད་པ་ནི། དབང་བཞི་ཡོངས་སུ་རྫོགས་པ་དང་། །ཞེས་པ་ནས། ཚེ་འདི་ཉིད་ལ་རྫོགས་འཚང་རྒྱ། །ཞེས་པའི་བར་དང་། གསང་སྔགས་སྒོམ་པའི་རྟོགས་པ་ཅན། །ཞེས་པ་ནས། རྒྱུད་སྡེ་རྣམས་སུ་ལེགས་པར་ལྟོས། །ཞེས་པའི་བར་དང་། ཏི་སེ་དང་ནི་ཙ་རི་སོགས། །ཞེས་པ་ནས། ཡུལ་དེར་འགྲོ་བ་རྒྱུད་ལས་བཀག །ཅེས་པའི་བར་བྱུང་།

བརྡ་དང་ལན་གྱི་རྣམ་གཞག་རྒྱུད་ལས་གསུངས་ཚུལ་ནི། བརྟག་པ་གཉིས་པར། གང་གིས་སྤྱུན་དང་སྲིང་མོར་ཡང་། །ཐེ་ཚོམ་མེད་པར་ཤེས་པར་བྱ། །གང་ཞིག་སོར་མོ་གཅིག་སྟོན་དང་། །གཉིས་ཀྱིས་ལེགས་པར་འོངས་བ་ཡིན། །ཞེས་སོགས་ལུས་ཀྱི་བརྡ་དང་། མ་དྷ་ན་ཚང་། བ་ལ་ཤ །ཞེས་སོགས་དང་། ཊ་ཞེས་བྱ་བ་སྨྲས་པར་བཤད། །ཊི་ཞེས་བྱ་བ་བུད་མེད་ཡིན། །ཞེས་སོགས་ཀྱི་ངག་གི་བརྡའི་རྣམ་གཞག་བསྟན། གནས་དང་ཉེ་བའི་གནས་དང་ནི། །ཞིང་དང་ཉེ་བའི་ཞིང་དང་ནི། །ཚན་དྷོ་ཉེ་བའི་ཚན་དྷོ་དང་། །དེ་བཞིན་འདུ་བ་ཉེ་འདུ་བ། །ཞེས་སོགས་ཀྱིས་གང་དུ་སྤྱོད་པ་བྱ་བའི་གནས་རྒྱས་པར་བཤད། མཚན་ཉིད་དང་མི་ལྡན་པའི་གང་ཟག་གིས་ཡུལ་ཆེན་དེ་དག་ཏུ་སྤྱོད་པ་བྱས་པ་ལ་ཉེས་དམིགས་ཡོད་ཚུལ་འཆད་པ་ནི། དཔལ་གསང་བ་གྲུབ་པ་ལས། གང་ཕྱིར་དེ་ཉིད་མེད་བཞིན་དུ། །ངོ་མཚར་ཆེ་བ་ལྟ་བྱེད་པ། །ཇི་སྲིད་ནམ་མཁའ་མི་ཞིག་བར། །ཤི་བའི་འོག་ཏུ་དམྱལ་བར་སྐྱེ། །ཞེས་སོགས་བཤད།

གཉིས་པ་ལ། དྲོད་ཀྱི་ངོ་བོ། དབྱེ་བ། མ་ཐོབ་པ་ཐོབ་པར་བྱེད་པའི་ཐབས། ཐོབ་པ་བརྟན་པར་བྱེད་པའི་ཐབས། དྲོད་དང་སྤྱོད་པ་མཚམས་སྦྱོར་ཚུལ་ལོ། །དང་པོ་ནི། རིམ་གཉིས་ཀྱི་རྟོགས་པ་བརྟན་པའི་སྟོབས་ཀྱིས་ལུས་ངག་གི་ནུས་མཐུ་ཁྱད་པར་ཅན་དང་ལྡན་པའི་ཡོན་ཏན་ནོ། །གཉིས་པ་ལ། དྲོད་ཆུང་ངུ། འབྲིང་། ཆེན་པོ་དང་གསུམ། དང་པོ་ནི། མཉམ་བཞག་ཏུ་འཇིག་རྟེན་ཆོས་བརྒྱད་མགོ་སྙོམས་ཤིང་ཉོན་མོངས་པ་མངོན་གྱུར་བ་མགོ་གནོན་ནུས་པའི་ཡོན་ཏན་ནོ། །

གཉིས་པ་ནི། དྲོད་ཆུང་ངུ་སྔོན་དུ་སོང་བའི་སྟོབས་ཀྱིས་ཚར་བཅད་དམ་རྗེས་འཛིན་ཅི་རིགས་པ་ནུས

པའི་ཡོན་ཏན་ནོ། །འདི་ལ་རྣམ་ཤེས་དང་ཡེ་ཤེས་ཆ་མི་མཉམ་པ་ཞེས་བྱ་ལ། གསུམ་པ་ནི། རྣམ་ཤེས་དང་ཡེ་ཤེས་ཆ་མཉམ་པའི་སྟོབས་ཀྱིས་ཚར་བཅད་དང་རྗེས་འཛིན་གཉིས་ཀ་ནུས་པའི་ཡོན་ཏན་ནོ། །འདི་དག་གི་ས་མཚམས་ནི། དྲོད་ཆུང་ངུ་ཚོགས་ལམ། འབྲིང་སྦྱོར་ལམ། ཆེན་པོ་ས་དང་པོ་ནས་ཐོབ་པ་ཡིན་ཏེ། བདག་མེད་བསྟོད་འགྲེལ་ལས། རིམ་གཉིས་སྒོམ་པ་ལ་བརྟེན་ནས་དྲོད་ཆུང་ངུ་སྐྱེ་ལ། དེས་ཀུན་འདར་གསང་སྟེ་སྤྱད་དོ། །དེ་ནས་དྲོད་འབྲིང་པོ་སྐྱེ་ལ། དེས་ཀུན་འདར་འཇིག་རྟེན་པའི་མངོན་དུ་སྤྱད་དོ། །དེ་གཉིས་ནི་ཕ་རོལ་ཏུ་ཕྱིན་པ་དང་བསྟུན་ན་ཚོགས་སྦྱོར་གཉིས་སོ། །དེ་ནས་དྲོད་ཆེན་པོ་མཐོང་བའི་ལམ་གྱི་ཡེ་ཤེས་སྐྱེས་ནས། ཀུན་ཏུ་བཟང་པོའི་སྤྱོད་པ་སྤྱད་དེ། ཞེས་གསུངས་པའི་ཕྱིར།

གསུམ་པ་ནི། དབང་བཞི་རྫོགས་པར་ཐོབ་ཅིང་དམ་ཚིག་དང་སྡོམ་པ་ལྡན་པའི་གང་ཟག་གིས་དྲོད་ཆུང་ངུ་ཐོབ་པར་བྱ་བའི་ཕྱིར་དུ། རིམ་གཉིས་ཀྱི་རྟོགས་པ་ལ་ཡང་དང་ཡང་དུ་གོམས་པར་བྱེད། ཆུང་ངུ་ཐོབ་པའི་གང་ཟག་དེས་དྲོད་འབྲིང་ཐོབ་པའི་ཕྱིར་དུ་ཀུན་འདར་གྱི་སྤྱོད་པ་གསང་བའི་ཚུལ་གྱིས་བྱེད། འབྲིང་ཐོབ་པའི་གང་ཟག་དེས་ཆེན་པོ་ཐོབ་པའི་ཕྱིར་དུ་ཟླ་བ་བཅོ་བརྒྱད་ཀྱི་བར་དུ་སྒྲུབ་པ་རྩེ་གཅིག་ཏུ་ནན་ཏན་བྱས་ནས་སྒྲུབ་པར་བྱེད། དེ་ལྟར་བྱས་ཀྱང་དྲོད་ཆེན་པོ་ཐོབ་པར་མ་ནུས་ན། ལྷ་གནད་ལ་བོར་བ་བརྟུལ་ཞུགས་ཀྱི་སྤྱོད་པ་བྱེད་པར་རྒྱུད་ལས་གསུངས་སོ། །

བཞི་པ་ནི། དྲོད་ཆེན་པོ་ཐོབ་པ་དེ་ཉིད་མཐར་ཕྱིན་པའི་ཆེད་དུ། རིམ་གཉིས་ཀྱི་རྟོགས་པ་ལ་ཟླ་བ་ཕྱེད་བསྒོམ་དགོས་ཏེ། བརྟག་པ་གཉིས་པར། བཅོ་བརྒྱད་དངོས་གྲུབ་དོན་དུ་ཡང་། །ཟླ་བ་ཕྱེད་དུ་ཡོངས་སུ་རྫོགས། །ཉི་མ་གཅིག་ཀྱང་མ་ཆད་པར། །བསྒོམས་པས་ཡོངས་སུ་རྫོགས་པར་བྱེད། །ཅེས་སོ། །

ལྔ་པ་ནི། དྲོད་ཆུང་ངུ་ཐོབ་པའི་གང་ཟག་གིས། ཀུན་འདར་གྱི་སྤྱོད་པ་ཉིན་པར་གསང་ནས་མཚན་མོའི་དུས་སུ་སྤྱོད། འབྲིང་ཐོབ་པས་ཉིན་མཚན་ཀུན་དུ་སྤྱོད། ཆེན་པོ་ཐོབ་པས་ཀུན་ཏུ་བཟང་པོའི་སྤྱོད་པ་བྱེད་དོ། །

གསུམ་པ་ལ། སྤྱོད་པའི་ངོ་བོ། དབྱེ་བ། མིང་གི་རྣམ་གྲངས། སོ་སོའི་སྒྲ་དོན། ཇི་ལྟར་སྤྱོད་པའི་ཚུལ་དང་ལྔ། དང་པོ་ནི། དྲོད་ཐོབ་པའི་གང་ཟག་གིས་ས་ལམ་གྱི་རྟོགས་པ་འཕེལ་བའི་ཕྱིར་དུ། བཟང་ངན་སོགས་ལ་སྔང་ཞེན་མེད་པར་སྤྱོད་པའི་ཡོན་ཏན་ཁྱད་པར་ཅན་ནོ། །དེ་དག་ཀྱང་ཞིབ་ཏུ་བཤད་ན་ལོངས་སྤྱོད་ལ་ངེས་མེད་དུ་འཇུག་ཚུལ། དུས་དང་གནས་ལ་ངེས་མེད་དུ་འཇུག་ཚུལ། ངག་ལ་ངེས་མེད་དུ་འཇུག་ཚུལ་ལོ། །དང་པོ་ནི༑ སཾ་བུ་ཊ་ལས། ཁྲི་དང་བོང་བུ་ཧ་མོང་དང་། །དབང་པོ་སོགས་ཀྱི་ཁྲག་བཏུངས་ནས། །ཇི་ལྟར་རྙེད་པ་བཞིན་དུ་ཟ། །ཟོས་ཤིང་ཟོས་ནས་གཏོར་མ་སྦྱིན། །ཞེས་སོ། །

གཉིས་པ་ནི། དེ་ཉིད་ལས། རོ་ཡི་ཁམ་ཕོར་ཐོགས་ནས་ནི། །མཚན་མོའི་དུས་སུ་རྒྱུ་བར་བྱ། །བཞི་མདོ་དག་ནི་རི་བོ་དང་། །ཤིང་གཅིག་དང་ནི་དུར་ཁྲོད་དུ། །ཞེས་སོ། །གསུམ་པ་ནི། དེ་ཉིད་ལས། རེ་འགའ་ལེགས་སྦྱར་ཟུར་ཆག་ཉིད། །ལྷག་པ་ཡི་ནི་འདོར་བར་བྱེད། །ཅེས་སོ། །སྤྱོད་པ་ལ་རྒྱུ་བའི་གང་ཟག་དེས། སྤྱིར་ལུས་ངག་གི་སྤྱོད་པ་ཐམས་ཅད་ངེས་མེད་དུ་སྤྱོད་པ་ཡིན་ཡང་བླ་མ་ལ་ཕྱག་འཚལ་བའི་སྤྱོད་པ་ངེས་པ་ཅན་དུ་བསྒྲུབ་དགོས་པ་ཡིན་ཏེ། བརྟག་པ་གཉིས་པར། དངོས་གྲུབ་ཐོབ་པའི་སློབ་མ་གང་། །ཡང་དག་ཡེ་ཤེས་སྣང་བ་པོ། །མནར་མེད་སྨྲང་བའི་རྒྱུ་ཡི་ཕྱིར། །གྲུབ་པས་བླ་མ་མངོན་ཕྱག་འཚལ། །ཞེས་གསུངས་པའི་ཕྱིར།

གཉིས་པ་ལ། ཀུན་འདར་གྱི་སྤྱོད་པ་དང་། ཀུན་ཏུ་བཟང་པོའི་སྤྱོད་པ་གཉིས་ཏེ། སཾ་བུ་ཊར། གང་གིས་འགྲོ་ལ་ཕན་པའི་ཕྱིར། །ཀུན་འདར་གྱི་ནི་སྤྱོད་པ་གསུངས། །ཀུན་བཟང་མཚུངས་པ་མེད་སྒྲུབ་པ། །སྤྱོད་པ་ངེས་རབ་ཪྡོ་རྗེ་ཅན། །ཞེས་སོ། །གསུམ་པ་ལ་ཀུན་འདར་གྱི་སྤྱོད་པ། སྨྱོན་པ་བརྟུལ་ཞུགས་ཀྱི་སྤྱོད་པ། རྒྱལ་བུ་གཞོན་ནུའི་སྤྱོད་པ། གསང་བའི་སྤྱོད་པ་རྣམས་མིང་གི་རྣམ་གྲངས་སོ། །ཀུན་ཏུ་བཟང་པོའི་སྤྱོད་པ། ཕྱོགས་ལས་རྣམ་རྒྱལ་གྱི་སྤྱོད་པ། རྒྱལ་ཚབ་ཆེན་པོའི་སྤྱོད་པ། ཚོགས་བདག་ཆེན་པོའི་སྤྱོད་པ་རྣམས་མིང་གི་རྣམ་གྲངས་སོ། །བཞི་པ་ནི། འཇིག་རྟེན་པ་ཀུན་འཇིགས་ཤིང་འདར་བར་བྱེད་པས་ན། ཀུན་འདར་གྱི་སྤྱོད་པ་ཞེས་བྱ༑ ཡང་ན་བཟའ་བཅའ་དང་བཟའ་བཅའ་མིན་པ། བཏུང་བྱ་དང་བཏུང་བྱ་མ་ཡིན་པ། བཟང་ངན་གཉིས་སུ་མེད་པར་འཇུག་པས་ན། ཀུན་འདར་གྱི་སྤྱོད་པ་ཞེས་བྱ་སྟེ། ཨ་ཝ་དྷཱུ་ཏཱི་ཞེས་པ་ནི་ཀུན་འདར་དང་། གཉིས་སྤོང་གཉིས་ཀ་ལ་འཇུག་པས་སོ། །རིགས་ལ་སོགས་པ་གསང་ནས་སྨྱོན་པར་བརྫུས་ཏེ་བརྟུལ་ཞུགས་ཀྱི་སྤྱོད་པ་སྣ་ཚོགས་ལ་འཇུག་པས་ན། སྨྱོན་པ་བརྟུལ་ཞུགས་ཀྱི་སྤྱོད་པ་ཞེས་བྱ། རྒྱལ་ཚབ་ཆེན་པོའི་སྤྱོད་པ་ཐོབ་ཕྱིར་དུ་བརྟུལ་ཞུགས་ཀྱི་སྤྱོད་པ་སྣ་ཚོགས་ལ་འཇུག་པས་ན། རྒྱལ་བུ་གཞོན་ནུའི་སྤྱོད་པ་ཞེས་བྱ། རྣལ་འབྱོར་པར་ཁས་མི་ལེན་པར་རིགས་དང་ཡོན་ཏན་ལ་སོགས་པ་གསང་སྟེ་སྤྱོད་པ་བྱེད་པས་ན། གསང་བའི་སྤྱོད་པ་ཞེས་བྱའོ། །གནས་སྐབས་ཀུན་ཏུ་རང་གི་རྟོགས་པ་བཟང་པོ་འཆར་བས་ན། ཀུན་ཏུ་བཟང་པོའི་སྤྱོད་པ་ཞེས་བྱ། མི་མཐུན་པའི་ཕྱོགས་གང་གིས་ཀྱང་བཟླ་བར་མི་ནུས་པས་ན། ཕྱོགས་ལས་རྣམ་རྒྱལ་གྱི་སྤྱོད་པ་ཞེས་བྱ། རྣམ་ཤེས་དང་ཡེ་ཤེས་ཆ་མཉམ་པའི་སྟོབས་ཀྱིས་གཞན་དོན་རྒྱ་ཆེན་པོ་ལ་འཇུག་པས་ན། རྒྱལ་ཚབ་ཆེན་པོའི་སྤྱོད་པ་ཞེས་བྱའོ། །སྐྱེ་བོའི་ཚོགས་རྒྱ་ཆེན་པོའི་མདུན་དུ་བརྟུལ་ཞུགས་ཀྱི་སྤྱོད་པ་སྣ་ཚོགས་ལ་འཇུག་པས་ན། ཚོགས་བདག་ཆེན་པོའི་སྤྱོད་པ་ཞེས་བྱའོ། །

ལྔ་པ་ལ། གང་ཟག་གང་གིས་སྤྱོད་པ་གང་བྱ་བ་དང་། ཇི་སྲིད་སྤྱོད་པའི་ཡུན་ཚད་དོ། །དང་པོ་ནི། དྲོད་ཆུང་དུ་ཐོབ་པའི་གང་ཟག་གིས་ཀུན་འདར་གྱི་སྤྱོད་པ་ཉིན་པར་གསང་ནས་མཚན་མོའི་དུས་སུ་སྤྱོད་དེ། མཚན་མོའི་དུས་སུ་བཟའ་བཅའ་དང་བཟའ་བཅའ་མ་ཡིན་པ་གཉིས་སུ་མེད་པར་སྤྱོད་ལ། ཉིན་མོའི་དུས་སུ་གྲོགས་གཞན་དང་སྤྱོད་ལམ་མཐུན་པར་འཇུག་པའི་ཕྱིར། འབྲིང་ཐོབ་པའི་གང་ཟག་དེས་ཀུན་འདར་གྱི་སྤྱོད་པ་འཇིག་རྟེན་པའི་མངོན་དུ་ཉིན་མཚན་དབྱེར་མེད་དུ་སྤྱོད་དེ། རང་གི་ཡུལ་འཁོར་སྤངས། རིགས་ལ་སོགས་པ་གསང་ནས་སྨྲོན་པར་བརྫུས་ཏེ་བརྟུལ་ཞུགས་ཀྱི་སྤྱོད་པ་སྣ་ཚོགས་ལ་འཇུག་པའི་ཕྱིར། དྲོད་ཆེན་པོ་ཐོབ་པའི་གང་ཟག་གིས་ཀུན་ཏུ་བཟང་པོའི་སྤྱོད་པ་ལ་འཇུག་སྟེ། རྣམ་ཤེས་དང་ཡེ་ཤེས་ཆ་མཉམ་ཤིང་ཚར་བཅད་དང་རྗེས་འཛིན་གཉིས་ཀ་ནུས་པའི་སྟོབས་ཀྱིས་གནས་ཆེན་ཁྱད་པར་ཅན་གྱི་དཔའ་བོ་དང་མཁའ་འགྲོ་དབང་དུ་བསྡུས། ས་ལམ་གྱི་རྟོགས་པ་འཕེལ་བའི་ཕྱིར་དུ་ལུས་ངག་གིས་སྤྱོད་ལམ་སྣ་ཚོགས་ལ་འཇུག་པའི་ཕྱིར།

གཉིས་པ་ནི། སྤྱིར་བསྟན་དུ་ཟླ་བ་རེ་རེ་སྤྱོད་པར་གསུངས་ཏེ། བརྟག་པ་གཉིས་པར། ཟླ་བ་གཅིག་ཏུ་གསང་ལ་སྤྱོད། །ཇི་སྲིད་ཕྱག་རྒྱ་མ་རྙེད་པ། །ཞེས་པས། ཀུན་འདར་གྱི་སྤྱོད་པའི་དུས་བསྟན། ཟླ་བ་གཅིག་གིས་སྐལ་ལྡན་པར། །འགྱུར་བ་འདི་ལ་ཐེ་ཚོམ་མེད། །ཞེས་པས། ཀུན་བཟང་སྤྱོད་པའི་དུས་བསྟན་ནོ། །

བཞི་པ་ལ། གནས་ཀྱི་དབྱེ་བ་རྒྱུད་ལས་གསུངས་ཚུལ། དེའི་དོན་བཤད་པ། གཞན་གྱི་ལོག་རྟོག་དགག་པ་དང་གསུམ། དང་པོ་ལ། གནས་ཀྱི་དབྱེ་བ་སྤྱིར་གསུངས་ཚུལ། གནས་དང་ས་སྦྱར་ནས་གསུངས་ཚུལ། སའི་རབ་དབྱེ་རྒྱས་པར་གསུངས་ཚུལ། གནས་ཀྱི་དབྱེ་བ་རྒྱས་པར་གསུངས་ཚུལ་དང་བཞི། དང་པོ་ནི། བརྟག་པ་གཉིས་པར། གནས་བཅུ་གཉིས་ལས་ཕྱེ་བའི་ཡུལ་ཆེན་སུམ་ཅུ་རྩ་གཉིས་དངོས་སུ་བསྟན་ནས། ཡུལ་ཆེན་ལྔ་སྦྲས་པའི་ཚུལ་གྱིས་བཤད་པ་ཡིན་ཏེ། དེ་ཉིད་ལས། གནས་དང་ཉེ་བའི་གནས་དང་ནི། །ཞིང་དང་ཉེ་བའི་ཞིང་ཉིད་དང་། །ཚནྡོ་ཉེ་བའི་ཚནྡོ་དང་། །དེ་བཞིན་འདུ་བ་ཉེ་འདུ་བ། །འཐུང་གཅོད་ཉེ་བའི་འཐུང་གཅོད་ཉིད། །དུར་ཁྲོད་ཉེ་བའི་དུར་ཁྲོད་ཉིད། །འདི་རྣམས་ས་ནི་བཅུ་གཉིས་ཏེ། །ས་བཅུའི་དབང་ཕྱུག་མགོན་པོ་ཉིད། །ཅེས་སོ། །

གཉིས་པ་ནི། སཾ་པུ་ཊར། གནས་ནི་རབ་ཏུ་དགའ་བའི་ས། །དེ་བཞིན་ཉེ་གནས་དྲི་མ་མེད། །ཞིང་ནི་འོད་བྱེད་ཤེས་པར་བྱ། །ཉེ་བའི་ཞིང་ནི་འོད་འཕྲོ་ཅན། །ཚནྡོ་མངོན་དུ་གྱུར་པ་སྟེ། །ཉེ་བའི་ཚནྡོ་སྦྱང་དཀའ་བ། །འདུ་བ་རིང་དུ་སོང་བ་སྟེ། །ཉེ་བའི་འདུ་བ་མི་གཡོ་བ། །དུར་ཁྲོད་ལེགས་པའི་བློ་གྲོས་ཉིད། །ཉེ་བའི་དུར་ཁྲོད་ཆོས་ཀྱི་སྤྲིན། །འཐུང་གཅོད་དཔེ་མེད་ཡེ་ཤེས་ཏེ། །ཉེ་བའི་འཐུང་གཅོད་ཡེ་ཤེས་ཆེ། །ཞེས་གསུངས་པ་ལྟར། གནས་བཅུ་གཉིས་ས་བཅུ་གཉིས་དང་སྦྱར་ཏེ། ཡུལ་ཆེན་སུམ་ཅུ་རྩ་གཉིས་དངོས་སུ་བསྟན

ནས། ལྔ་སྤྲས་པའི་ཚུལ་གྱིས་བསྟན་པ་ཡིན་ནོ། །

གསུམ་པ་ནི། བདེ་མཆོག་ཨ་བྷི་དྷ་ན་ལས། རབ་ཏུ་དགའ་དང་དྲི་མ་མེད། །འོད་བྱེད་པ་དང་འོད་འཕྲོ་བ༑ །སྦྱང་དཀའ་དང་ནི་མངོན་དུ་གྱུར། །རིང་དུ་སོང་དང་མི་གཡོ་བ། །ལེགས་པའི་བློ་གྲོས་ཆོས་ཀྱི་སྤྲིན། །དཔེ་མེད་པ་དང་ཡེ་ཤེས་ལྡན། །རྡོ་རྗེའི་ས་ནི་བཅུ་གསུམ་པ། །ཞེས་གསུངས་པ་ལྟར། ས་བཅུ་གསུམ་ལ་གནས་པའི་ཚུལ་བཟུང་བའི་སྤྲུལ་པ་སུམ་ཅུ་རྩ་བདུན་བཞུགས་པའི་ཡུལ་ཆེན་སུམ་ཅུ་རྩ་བདུན་ལས་བཅུ་གསུམ་གྱི་མིང་གིས་བཏགས་ནས་བསྟན་ནོ། །བཞི་པ་ནི། ཕྱག་ཆེན་ཐིག་ལེར། གནས་བཅུ་གཉིས་ལས་ཕྱེ་བའི་ཡུལ་ཆེན་སུམ་ཅུ་རྩ་གཉིས་འཆད་པ་ནི། ཉེར་བརྒྱད་དངོས་སུ་བསྟན་ནས་བཞི་ཁ་བསྐངས་ནས་གསུངས་སོ། །

གཉིས་པ་ལ། ཕྱི་ནང་གི་ཡུལ་གྱི་དབྱེ་བ་སྦྱོར་བསྟན། ཕྱི་ནང་སྦྱར་བའི་ཚུལ་གྱིས་བཤད་པ། དེ་གང་ན་གནས་པའི་ཕྱོགས་ངོས་བཟུང་བ། ཤེས་བྱེད་ཀྱི་རྒྱུ་མཚན་དགོད་པ་དང་བཞི། དང་པོ་ནི། ཕྱིའི་གནས་བཤད་པ༑ ནང་གི་གནས་བཤད་པ། གནས་གསུམ་གྱི་ཁྱད་པར་བསྟན་པ་དང་གསུམ། དང་པོ་ལ། གནས་ཀྱི་སྒོ་ནས་སུམ་ཅུ་རྩ་གཉིས་སུ་འགྱུར་ཚུལ་དང་། སའི་སྒོ་ནས་སུམ་ཅུ་རྩ་བདུན་དུ་འགྱུར་ཚུལ་གཉིས། དང་པོ་ལ། སྤྱིར་བསྟན་པ་དང་སོ་སོར་བཤད་པ་གཉིས། དང་པོ་ལ། གནས་དང་ཉེ་བའི་གནས་ལ་སོགས་པ་དེ་དག་ལ། ནང་ཚན་གྱི་སྒོ་ནས་དབྱེ་ན་སུམ་ཅུ་རྩ་གཉིས་ཡོད་པ་ཡིན་ཏེ། གནས་ཀྱི་ནང་ཚན་དུ་གྱུར་པའི་ཡུལ་ཆེན་བཞི། ཉེ་བའི་གནས་ཀྱི་ནང་ཚན་དུ་གྱུར་པའི་ཡུལ་ཆེན་བཞི་སྟེ་བརྒྱད། ཞིང་གི་ནང་ཚན་དུ་གྱུར་པའི་ཡུལ་ཆེན་གཉིས། ཉེ་བའི་ཞིང་གི་ནང་ཚན་དུ་གྱུར་པའི་ཡུལ་ཆེན་གཉིས། ཚན་དྷོའི་ནང་ཚན་དུ་གྱུར་པའི་ཡུལ་ཆེན་གཉིས། ཉེ་བའི་ཚན་དྷོའི་ནང་ཚན་དུ་གྱུར་པའི་ཡུལ་ཆེན་གཉིས་ཏེ་བརྒྱད། དེ་བཞིན་དུ། འདུ་བ་དང་ཉེ་བའི་འདུ་བ། དུར་ཁྲོད་དང་ཉེ་བའི་དུར་ཁྲོད་བཞི་ལ་ནང་ཚན་གྱི་སྒོ་ནས་གཉིས་གཉིས་སུ་ཕྱེ་བས་བརྒྱད། འཐུང་གཅོད་ཀྱི་ནང་ཚན་དུ་གྱུར་པའི་ཡུལ་ཆེན་བཞི། ཉེ་བའི་འཐུང་གཅོད་ཀྱི་ནང་ཚན་དུ་གྱུར་པའི་ཡུལ་ཆེན་བཞི་སྟེ་བརྒྱད། བརྒྱད་བཞི་སུམ་ཅུ་རྩ་གཉིས་སུ་ཡོད་པའི་ཕྱིར།

གཉིས་པ་ནི། ཐུགས་ཀྱི་འཁོར་ལོའི། གསུང་གི་འཁོར་ལོའི། སྐུའི་འཁོར་ལོའི། དམ་ཚིག་འཁོར་ལོའི། བདེ་ཆེན་འཁོར་ལོའི་གནས་ཆེན་དང་ལྔ། དང་པོ་ལ། གནས་དང་ཉེ་བའི་གནས་ཀྱི་གནས་ཆེན་བརྒྱད་ཡོད་པ་ལས། གནས་ཀྱི་གནས་ཆེན་བཞི་ནི། འཛམ་བུ་གླིང་གི་ལྷོ་བའི་ཤར་ཕྱོགས་ན། པུ་ལི་ར་མ་ལ་ཡ། བྱང་ན་ཛ་ལན་དྷ་ར། ནུབ་ན་ཨུ་ཌི་ཡ་ན། ལྷོ་ན་ཨར་བྦུ་ཏའོ། །ཉེ་བའི་གནས་ཆེན་བཞི་ནི། ཤར་ལྷོ་ན་གོ་ད་ཝ་རི། ལྷོ་ནུབ་ན་རཱ་མེ་ཤྭ་རི། ནུབ་བྱང་ན་དེ་ཝི་ཀོ་ཊ། བྱང་ཤར་ན་མ་ལ་ཝ་སྟེ། འདི་དག་ལ་ཐུགས་ཀྱི་འཁོར་ལོའི་གནས

ཆེན་དང་། མཁའ་སྤྱོད་ཀྱི་གནས་ཆེན་བརྒྱད་ཅེས་བྱའོ། །

གཉིས་པ་ནི། གནས་ཆེན་བརྒྱད་པོ་ལ་ཕྱི་སྐོར་གྱི་ཚུལ་དུ། ཞིང་དང་ཉེ་བའི་ཞིང་། ཚན་དྷོ་དང་ཉེ་བའི་ཚན་དྷོའི་གནས་ཆེན་བརྒྱད་ཡོད་པ་ལས། ཞིང་གི་གནས་ཆེན་གཉིས་ནི། ཤར་ཕྱོགས་ན་ཀཱ་མ་རུ་པ། བྱང་ཕྱོགས་ན་ཨོ་ཏེ། ཉེ་བའི་ཞིང་གི་ཡུལ་ཆེན་གཉིས་ནི། ནུབ་ན་ཏྲི་ཤ་ཀུ་ན། ལྷོ་ན་ཀོ་ས་ལའོ། །ཚན་དྷོའི་ཡུལ་ཆེན་གཉིས་ནི། ཤར་ལྷོ་ན་ཀ་ལིང་ཀ ལྷོ་ནུབ་ན་ལཾ་པ་ཀ །ཉེ་བའི་ཚན་དྷོའི་ཡུལ་ཆེན་གཉིས་ནི། ནུབ་བྱང་ན་ཀཱན་ཙཱི་ཀ །བྱང་ཤར་ན་ཧི་མ་ལ་ཡ་ཏེ་བརྒྱད། འདི་དག་ལ་གསུང་གི་འཁོར་ལོའི་གནས་ཆེན་དང་། ས་སྤྱོད་ཀྱི་གནས་ཆེན་ཞེས་བྱའོ། །

གསུམ་པ་ནི། ཡང་དེ་དག་ལ་ཕྱི་སྐོར་གྱི་ཚུལ་དུ། འདུ་བ་དང་ཉེ་བའི་འདུ་བ། དུར་ཁྲོད་དང་ཉེ་བའི་དུར་ཁྲོད་ཀྱི་ཡུལ་ཆེན་བརྒྱད་ཡོད་པ་ལས། འདུ་བའི་ཡུལ་ཆེན་གཉིས་ནི། ཤར་ཕྱོགས་ན་པྲེ་ཏ་པུ་རི། བྱང་ན་གྲི་ཧ་དེ་ཝ། ཉེ་བའི་འདུ་བའི་ཡུལ་ཆེན་གཉིས་ནི། ནུབ་ན་སཽ་རཥྚ། ལྷོ་ན་སུ་ཝརྞ། དུར་ཁྲོད་ཀྱི་ཡུལ་ཆེན་གཉིས་ནི། ཤར་ལྷོ་ན་ན་ག་ར། ལྷོ་ནུབ་ན་སིནྡྷུ་ར། ཉེ་བའི་དུར་ཁྲོད་ཀྱི་ཡུལ་ཆེན་གཉིས་ནི་ནུབ་བྱང་ན་ཀ་མ་རུ་པ། བྱང་ཤར་ན་ཀུ་ལུ་ཏའོ། །འདི་དག་ལ་སྐུའི་འཁོར་ལོའི་གནས་ཆེན་དང་། ས་འོག་ན་སྤྱོད་པའི་གནས་ཆེན་བརྒྱད་ཅེས་བྱའོ། །བཞི་པ་ལ། འཐུང་གཅོད་ཀྱི་ཡུལ་ཆེན་བཞི་དང་ཉེ་བའི་འཐུང་གཅོད་ཀྱི་ཡུལ་ཆེན་བཞི་སྟེ་བརྒྱད་ཡོད་པ་ལས། དང་པོ་བཞི་ནི་ལུས་འཕགས་གླིང་གི་ལྟེ་བ་ན། ཁ་གདོང་མ་བཞུགས་པའི། སྲྀ་མི་སླན་གྱི་ལྟེ་བ་ན། འུག་གདོང་མ་བཞུགས་པའི། བ་གླང་སྤྱོད་ཀྱི་ལྟེ་བ་ན། ཁྱི་གདོང་མ་བཞུགས་པའི། འཛམ་བུའི་གླིང་གི་ལྟེ་བ་ན། ཕག་གདོང་མ་བཞུགས་པའི་གནས་ཆེན་པོའོ། །ཉེ་བའི་འཐུང་གཅོད་ཀྱི་གནས་ཆེན་བཞི་ནི་ཤར་ལྷོའི་གླིང་ཕྲན་གཉིས་ན། གཤིན་རྗེ་བརྟན་མ་བཞུགས་པའི། ལྷོ་ནུབ་ཀྱི་གླིང་ཕྲན་གཉིས་ན། གཤིན་རྗེ་པོ་ཉ་མོ་བཞུགས་པའི། ནུབ་བྱང་གི་གླིང་ཕྲན་གཉིས་ན། གཤིན་རྗེ་ཆེན་མོ་བཞུགས་པའི། བྱང་ཤར་གྱི་གླིང་ཕྲན་གཉིས་ན། གཤིན་རྗེ་འཇོམས་མ་བཞུགས་པའི་གནས་ཆེན་བརྒྱད་ཡོད་ཀྱང་རྟེན་གྱི་གང་ཟག་གི་སྒོ་ནས་བཞིར་འདོག་པ་ཡིན་ནོ། །གནས་ཆེན་བརྒྱད་པོ་འདི་དག་ལ། དམ་ཚིག་འཁོར་ལོའི་གནས་ཆེན་དང་། འཕྲིན་ལས་འཁོར་ལོའི་གནས་ཆེན་བརྒྱད་ཅེས་བྱའོ། །ལྔ་པ་ནི། རི་རབ་ཀྱི་རྩེའི་དབུས་ན་འཁོར་ལོ་བདེ་མཆོག་ཤར་ན་མཁའ་འགྲོ་མ་མཐིང་ག །བྱང་ན་ལ་མ་ལྷང་ཁུ། ནུབ་ན་ཁནྜ་རོ་ཧི་དམར་མོ། ལྷོ་ན་གཟུགས་ཅན་མ་སེར་མོ་བཞུགས་པའི་གནས་ཆེན་ལྔ་སྟེ། འདི་དག་ལ་བདེ་ཆེན་འཁོར་ལོའི་གནས་ཆེན་དང་ལྷའི་གནས་ཞེས་ཀྱང་བྱའོ། །དེ་ལྟར་ན་མིའི་ཡུལ་ན་ཡོད་པའི་གནས་ཆེན་སུམ་ཅུ་རྩ་གཉིས་དང་ལྷའི་ཡུལ་ན་ཡོད་པའི་གནས་ཆེན་ལྔ་སྟེ། སུམ་

ཙུ་རྩ་བདུན་དུ་འགྱུར་བ་ཡིན་ནོ། །

གཉིས་པ་ནི། ས་བཅུ་གསུམ་ལ་གནས་པའི་ཚུལ་བཟུང་བའི་སྤྲུལ་པ་སུམ་ཅུ་རྩ་བདུན་དང་པོར་བྱོན་ནས། གནས་ཁྱད་པར་ཅན་དུ་བྱིན་གྱིས་བརླབས་པས་ན། ཡུལ་ཆེན་སུམ་ཅུ་རྩ་བདུན་དུ་འགྱུར་བ་ཡིན་ནོ། །དེ་ཡང་ཅུང་ཟད་བཤད་ན། ས་དང་པོ་ལ་གནས་པའི་ཚུལ་བཟུང་བའི་སྤྲུལ་པ་བཞི། གཉིས་པ་ལ་གནས་པའི་ཚུལ་བཟུང་བའི་སྤྲུལ་པ་བཞི་སྟེ་བརྒྱད། གསུམ་པ། བཞི་པ། ལྔ་པ། དྲུག་པ་ལ་གནས་པའི་ཚུལ་བཟུང་བའི་སྤྲུལ་པ་གཉིས་གཉིས་ཏེ་བརྒྱད། བདུན་པ། བརྒྱད་པ། དགུ་པ། བཅུ་པ་ལ་གནས་པའི་ཚུལ་བཟུང་བའི་སྤྲུལ་པ་གཉིས་གཉིས་ཏེ་བརྒྱད། ས་བཅུ་གཅིག་པ་དང་། བཅུ་གཉིས་པ་ལ་གནས་པའི་ཚུལ་བཟུང་བའི་སྤྲུལ་པ་བཞི་བཞི་སྟེ་བརྒྱད། དེ་ལྟར་ན་སྤྲུལ་པ་བརྒྱད་བཞི་སུམ་ཅུ་རྩ་གཉིས་བཞུགས་པའི་གནས་ཆེན་སུམ་ཅུ་རྩ་གཉིས། ས་བཅུ་གསུམ་པ་ལ་གནས་པའི་འཁོར་གྱི་ཚུལ་བཟུང་བའི་སྤྲུལ་པ་བཞི། གཙོ་བོའི་ཚུལ་བཟུང་བའི་སྤྲུལ་པ་གཅིག་སྟེ། སྤྲུལ་པ་ལྔ་པོ་དེ་དག་བཞུགས་པའི་གནས་ཆེན་ལྔ་དང་བཅས་པས་སུམ་ཅུ་རྩ་བདུན་དུ་འགྱུར་བ་ཡིན་ནོ། །དེ་ཡང་བདེ་མཆོག་ཨ་བྷི་དྷ་ནར། གནས་ཆེན་སུམ་ཅུ་རྩ་བདུན་པོ་འདི་དག །ས་བཅུ་གསུམ་གྱི་མིང་གི་སྒོ་ནས་དངོས་སུ་བསྟན་ཅིང་། རྩ་རྒྱུད་བརྟག་གཉིས། བཤད་རྒྱུད་སཾ་བུ་ཊ། ཕྱག་ཆེན་ཐིག་ལེ་རྣམས་སུ། གནས་ཆེན་དང་པོ་སོ་གཉིས་དངོས་སུ་བསྟན་ནས། ཕྱི་མ་ལྔ་སྦས་པའི་ཚུལ་གྱིས་བསྟན་པ་ཡིན་ནོ། །རྒྱུད་སྡེ་དེ་དག་ཏུ། གནས་ཕྱི་མ་ལྔ་པོ་དངོས་སུ་མི་སྟོན་པའི་རྒྱུ་མཚན་ཡོད་དེ། གནས་ཆེན་ཕྱི་མ་ལྔ་པོ་འདི། མིའི་འཇིག་རྟེན་ལས་འདས་པ། ལྷའི་གནས་ན་ཡོད་པ་དང་། སྙིང་གི་ནང་ན་གནས་པའི་སྦས་པའི་རྩ་ལྔས་མཚོན་པར་བྱ་བ་ཡིན་པའི་ཕྱིར་ཏེ། སཾ་བུ་ཊ་ལས། ལུས་ཅན་སྙིང་གི་ནང་དུ་ནི། །རྩ་རྣམས་ལྔ་ནི་རྣམ་པར་གནས། །ཞེས་གསུངས་པའི་ཕྱིར།

གཉིས་པ་ནང་གི་གནས་ནི། སྤྱི་བོ། སྤྱི་གཙུག །རྣ་བ་གཡས་པ། ལྟག་པ་ལ་སོགས་པ་ལུས་ཀྱི་ཆ་ཤས་ཉི་ཤུ་རྩ་བཞི། སྙིང་གའི་ཕྱི་སྐོར་གྱི་རྩ་འདབ་བརྒྱད། ནང་སྐོར་གྱི་རྩ་འདབ་བཞི། དབུས་ཀྱི་ཧཱུྃ་ཡིག་རིང་པོ་སྟེ་སུམ་ཅུ་རྩ་བདུན་ནོ། །ལུས་ཀྱི་ཆ་ཤས་སུམ་ཅུ་རྩ་བདུན་པོ་འདི་ལ་ནང་གི་གནས་སུམ་ཅུ་རྩ་བདུན་ཞེས་བྱ་སྟེ། དེ་དག་ན་གནས་པའི་དཔའ་བོ་དང་དཔའ་མོའི་རང་བཞིན་ཅན་གྱི་ཁམས་དང་རྩ་གནས་པའི་རྟེན་ཡིན་པའི་ཕྱིར།

གསུམ་པ་ལ། སྤྱིར་གནས་ཙམ་ལ་དབྱེ་ན་ཕྱིའི། ནང་གི། གསང་བའི་གནས་གསུམ་ཡོད་ཅིང་། དང་པོ་གཉིས་ནི། སྔར་བཤད་པ་ལྟར་ཡིན་ལ། གསུམ་པ་ནི། སྤྲུལ་པ་དེ་དག་སྤྲུལ་གཞི་བཞུགས་པའི་འོག་མིན་ཆོས་

ཀྱི་ཕོ་བྲང་ལ་ངམ་རང་གི་ཐོབ་བྱར་གྱུར་པའི་འོག་མིན་ཆོས་ཀྱི་ཕོ་བྲང་བྱའོ། །འདི་དག་ལ་ཞིང་སྐྱེས་ཀྱི་གནས། སྔགས་སྐྱེས་ཀྱི་གནས། ལྷན་སྐྱེས་ཀྱི་གནས་ཞེས་བྱའོ། །ཕྱིའི་གནས་ཆེན་ན་བཞུགས་པའི་སྤྲུལ་པ་ཕོ་ཉ་ཞིང་སྐྱེས། རང་ཉིད་ཀྱི་ལུས་ལ་བཀོད་པའི་དཔའ་བོ་དང་རྣལ་འབྱོར་མ་ཕོ་ཉ་སྔགས་སྐྱེས། འོག་མིན་ན་བཞུགས་པའི་སངས་རྒྱས་ཕོ་ཉ་ལྷན་སྐྱེས་ཡིན་པའི་ཕྱིར། བདེ་མཆོག་རྩ་རྒྱུད་ལ། ཕོ་ཉ་རྣམས་གསུམ་ལེགས་འདྲེས་ནས། །སྒྲུབ་པ་པོ་ལ་དངོས་གྲུབ་གཏེར། །ཞེས་གསུངས་པའི་ཕྱིར།

གཉིས་པ། ཕྱི་ནང་སྦྱར་བའི་ཚུལ་གྱིས་བཤད་པ་ལ། བདེ་ཆེན་འཁོར་ལོའི། ཐུགས་ཀྱི། གསུང་གི སྐུའི། དམ་ཚིག་འཁོར་ལོའི་གནས་ཆེན་ནོ། །དང་པོ་ལ། ནང་དང་ཕྱིའི་གནས་ཆེན་ལྔའོ། །དང་པོ་ནི། སྙིང་གི་དཀྱིལ་ན་ཧཱུྃ་རིང་པོ། ཕྱོགས་བཞི་ན། ཡཾ། མཾ། པཾ། ཧཾ་སྟེ་སྦྲས་པའི་རྩ་ལྔ་ཡོད་པའི་གནས་ཆེན་ནོ། །ཕྱིའི་ལྔ་ནི། རི་རབ་ཀྱི་རྩེ་ན་ཡོད་པའི་གནས་ཆེན་ལྔའོ། །གཉིས་པ་ལ། ནང་གི་བརྒྱད་དང་ཕྱིའི་བརྒྱད་ཡོད་ཅིང་། དང་པོ་ལ༑ གནས་ཀྱི་གནས་ཆེན་བཞི་ནི། སྤྱི་བོ་སྤྱི་གཙུག་རྣ་བ་གཡས་པ། ལྟག་པ་རྣམས་ན། པུ་ཛ། ཨོ་ཨཱཿསྟེ་ཡི་གེ་བཞི་བཞུགས་པའི་གནས་ཆེན་ནོ། །ཉེ་བའི་གནས་ཀྱི་གནས་ཆེན་བཞི་ནི། རྣ་བ་གཡོན་པ། སྨིན་མཚམས། མིག་གཉིས། ཕྲག་པ་རྣམས་ན། གོཾ་རཱ། དེ། མ་སྟེ་ཡི་གེ་བཞི་བཞུགས་པའི་གནས་ཆེན་རྣམས་སོ། །ཕྱིའི་བརྒྱད་ནི། སྔར་བཤད་པའི་གནས་དང་ཉེ་བའི་གནས་ཀྱི་ནང་ཚན་གྱི་གནས་ཆེན་བརྒྱད་དོ། །

གསུམ་པ་ལ། ནང་དང་ཕྱིའི་གནས་ཆེན་བརྒྱད། དང་པོ་ནི། ཞིང་དང་ཉེ་བའི་ཞིང་གི་གནས་ཆེན་བཞི་ནི༑ མཆན་ཁུང་གཉིས། ནུ་མ་གཉིས། ལྟེ་བ། སྣ་རྩེ་རྣམས་ན། ཀཱ། ཨཱཿ། ཏེ། གོ་སྟེ་ཡི་གེ་བཞི་བཞུགས་པའི་གནས་ཆེན་བཞིའོ། །ཚན་དྷོ་དང་ཉེ་བའི་ཚན་དྷོའི་གནས་ཆེན་བཞི་ནི། ཁ། མགྲིན་པ། སྙིང་ག །འདོམ་བར་ན། ཀཱ༑ ལ། ཀཱ་ཧེ་སྟེ་ཡི་གེ་བཞི་བཞུགས་པའི་གནས་ཆེན་བཞིའོ། །ཕྱིའི་གནས་ཆེན་བརྒྱད་ནི། སྔར་བཤད་པའི་ས་སྤྱོད་ཀྱི་གནས་ཆེན་བརྒྱད་དོ། །

བཞི་པ་ལ། ནང་དང་ཕྱིའི་གནས་ཆེན་གཉིས། དང་པོ་ལ། འདུ་བ་དང་ཉེ་བའི་འདུ་བའི་གནས་ཆེན་བཞི་ནི། མཚན་མ། བཤང་ལམ། བརླ་གཉིས་བྱིན་པ་གཉིས་ན། ཕྲ། གྲི། སོ། སུ་སྟེ་ཡི་གེ་བཞི་བཞུགས་པའི་གནས་ཆེན་བཞིའོ། །དུར་ཁྲོད་དང་ཉེ་བའི་དུར་ཁྲོད་ཀྱི་གནས་ཆེན་བཞི་ནི། སོར་མོ་བཅུ་དྲུག །བོལ་གོང་གཉིས། མཐེ་བོང་བཞི་པུས་མོ་གཉིས་ན། ན། སི། མ་ཀུ་སྟེ་ཡི་གེ་བཞི་བཞུགས་པའི་གནས་ཆེན་བཞིའོ། །ཕྱིའི་བརྒྱད་ནི། སྔར་བཤད་པའི་ས་འོག་ན་སྤྱོད་པའི་གནས་ཆེན་བརྒྱད་དོ། །

ལྔ་པ་ལ། ནང་དང་ཕྱིའི་གནས་ཆེན་གཉིས། དང་པོ་ནི། སྙིང་གའི་ཕྱི་སྐོར་ན་ཧཱུྃ་རིང་པོ་བརྒྱད་བཞུགས་

པའི་གནས་ཆེན་བརྒྱད་དོ། །ཕྱིའི་བརྒྱད་ནི། སྔར་བཤད་པའི་གདོང་གཉན་མ་བཞི་དང་གཤིན་རྗེ་མ་བཞི་བཞུགས་པའི་གནས་ཆེན་ནོ། །གསུམ་པ་ནི། བདེ་ཆེན་འཁོར་ལོའི་གནས་ཆེན་ལྔ་ནི། རི་རབ་ཀྱི་རྩེ་སུམ་ཅུ་རྩ་གསུམ་ལྷའི་གནས་ན་ཡོད་དོ། །མཁའ་སྤྱོད་ཀྱི་གནས་ཆེན་བརྒྱད་ནི། འཛམ་བུ་གླིང་གི་ལྟེ་བ་ནས་གཞལ་བའི་ནང་སྐོར་གྱི་ཕྱོགས་མཚམས་བརྒྱད་ན་ཡོད། ས་སྤྱོད་ཀྱི་གནས་ཆེན་བརྒྱད་ནི། བར་སྐོར་གྱི་ཕྱོགས་མཚམས་བརྒྱད་ན་ཡོད། ས་འོག་ན་སྤྱོད་པའི་གནས་ཆེན་བརྒྱད་ནི། ཕྱི་སྐོར་གྱི་ཕྱོགས་མཚམས་བརྒྱད་ན་ཡོད། དམ་ཚིག་འཁོར་ལོའི་གནས་ཆེན་བརྒྱད་ནི། རྒྱ་བའི་གླིང་བཞི་དང་གླིང་ཕྲན་བརྒྱད་ན་ཡོད་དོ། །དེ་ཡང་གནས་ཆེན་དང་པོ་ལྷ་ལ་སྦྱར་བའི་གནས་ཞེས་བྱ་སྟེ། སྦྱར་བའི་རྒྱ་ལྷས་མཚོན་པའི་གནས་ཡིན་པའི་ཕྱིར་རོ། །ལྷའི་གནས་ཞེས་བྱ་སྟེ། སུམ་ཅུ་རྩ་གསུམ་ན་ཡོད་པའི་གནས་ཡིན་པའི་ཕྱིར། བདེ་ཆེན་འཁོར་ལོའི་གནས་ཞེས་བྱ་སྟེ། བདེ་མཆོག་འཁོར་ལོ་གཙོ་འཁོར་ལྷས་བྱིན་གྱིས་བརླབས་པའི་གནས་ཡིན་པའི་ཕྱིར། པུ་ལི་ར་མ་ལ་ཡ་ལ་སོགས་པའི་གནས་ཆེན་བརྒྱད་ལ་མཁའ་སྤྱོད་ཀྱི་གནས་ཆེན་ཞེས་བྱ་སྟེ། དབང་ཕྱུག་གི་ཐུགས་ལས་སྤྲུལ་པའི་སྟེང་ལྷ་ལས་བབས་པའི་འཇིགས་བྱེད་བརྒྱད་དང་པོར་བྱུང་བའི་གནས་ཡིན་པའི་ཕྱིར་ཐུགས་ཀྱི་འཁོར་ལོའི་གནས་ཆེན་ཞེས་བྱ་སྟེ། བཅོམ་ལྡན་འདས་ཀྱི་ཐུགས་ལས་སྤྲུལ་པའི་དཔའ་བོ་དང་རྣལ་འབྱོར་མས་བྱིན་གྱིས་བརླབས་པའི་གནས་ཡིན་པའི་ཕྱིར། ཀ་མ་རུ་པ་ལ་སོགས་པའི་གནས་ཆེན་བརྒྱད་པོ་འདི་ལ། ས་སྤྱོད་ཀྱི་གནས་ཞེས་བྱ་སྟེ༑ དབང་ཕྱུག་གི་གསུང་ལས་སྤྲུལ་པའི་གནོད་སྦྱིན་གཙོ་འཁོར་བཞི་དང་། སྲིན་པོ་གཙོ་འཁོར་བཞི་སྟེ། ས་སྟེང་ན་སྤྱོད་པའི་འཇིགས་བྱེད་བརྒྱད་དང་པོར་བྱུང་བའི་གནས་ཡིན་པའི་ཕྱིར། གསུང་གི་འཁོར་ལོའི་གནས་ཆེན་ཞེས་ཀྱང་བྱ་སྟེ། བཅོམ་ལྡན་འདས་ཀྱི་གསུང་ལས་སྤྲུལ་པའི་དཔའ་བོ་དང་རྣལ་འབྱོར་མས་བྱིན་བརླབས་པའི་གནས་ཡིན་པའི་ཕྱིར། པྲེ་ཏ་པུ་རི་ལ་སོགས་པའི་གནས་ཆེན་བརྒྱད་པོ་འདི་དག་ལ། ས་འོག་ན་སྤྱོད་པའི་གནས་ཞེས་བྱ་སྟེ། དབང་ཕྱུག་གི་སྐུ་ལས་སྤྲུལ་པའི་ཀླུ་མཚོའི་ཀླུ་གཙོ་འཁོར་བཞི་དང་། རི་རབ་ཀྱི་ཁོང་གསེང་ནས་བྱུང་བའི་ལྷ་མ་ཡིན་གཙོ་འཁོར་བཞི་སྟེ། ས་འོག་ནས་བྱུང་བའི་འཇིགས་བྱེད་བརྒྱད་དང་པོར་བྱུང་བའི་གནས་ཡིན་པའི་ཕྱིར། ཁ་གདོང་མ་ལ་སོགས་པ་བརྒྱད་བཞུགས་པའི་གནས་ཆེན་འདི་དག་ལ། ཕྲིན་ལས་འཁོར་ལོའི་གནས་ཞེས་བྱ་སྟེ། དབང་ཕྱུག་གི་འཕྲིན་ལས་ལས་སྤྲུལ་པའི་མ་མོ་བརྒྱད་དང་པོར་བྱུང་བའི་གནས་ཡིན་པའི་ཕྱིར། དམ་ཚིག་འཁོར་ལོའི་གནས་ཞེས་བྱ་སྟེ། བཅོམ་ལྡན་འདས་ཀྱི་དམ་ཚིག་ལས་སྤྲུལ་པའི་སྒོ་མཚམས་ཀྱི་ལྷ་མོ་བརྒྱད་ཀྱིས་བྱིན་གྱིས་བརླབས་པའི་གནས་ཡིན་པའི་ཕྱིར། བཞི་པ་ལ། སྣང་གཞི་སྣོད་བྱེད་ཀྱི་སྒོ་ནས་ཤེས་བྱེད་འགོད་པ་དང་། སྟོན་གྱི་གླིང་གཞིའི་སྒོ་ནས་ཤེས་བྱེད་འགོད་པ་གཉིས། དང་པོ་

ནི༑ སྤྱང་གཞི་སྦྱོང་བྱེད་ཀྱི་སྒོ་ནས་ཕྱིའི་ཡུལ་ཆེན་སུམ་ཅུ་རྩ་བདུན་དུ་ངེས་ཏེ། སྦྱང་གཞི་ལ་རྩ་སོ་བདུན། རྩའི་ཡི་གེ་སོ་བདུན། ཁམས་སོ་བདུན། དེ་དག་ལ་དབང་བྱེད་པའི་རླུང་སོ་བདུན་དུ་ཡོད་ཅིང་། སྦྱོང་བྱེད་ཀྱི་ལམ་བྱང་ཕྱོགས་སོ་བདུན་དུ་ངེས་པའི་ཕྱིར། རྩ་སོ་བདུན་ནི། མི་ཕྱེད་མ་དང་། ཕྲ་གཟུགས་མ་ལ་སོགས་པ་བརྟག་གཉིས་ནས་དངོས་སུ་བཤད་པ་སོ་གཉིས། སྙིང་གི་དཀྱིལ་གྱི་སྟྲས་པའི་རྩ་ལྔ་རྣམས་སོ། །ཡི་གེ་སོ་བདུན་ནི། སྤྱི་བོ་ལ་སོགས་པའི་གནས་ཉེར་བཞིན་ཡོད་པའི་པུ་ཛ་ལ་སོགས་པའི་ཡི་གེ་ཉི་ཤུ་རྩ་བཞི། སྙིང་གི་ཕྱི་སྐོར་གྱི་ཧཱུྃཿརིང་པོ་བརྒྱད། ནང་སྐོར་གྱི་ཡི་གེ་ལྔ་རྣམས་སོ། །ཁམས་སོ་བདུན་ནི། སོ་དང་སོར་མོ་ལ་འབབ་པའི་ཁམས་ཉེར་བཞི། རྣམ་ཤེས་བརྒྱད་དང་འབྲེལ་པའི་ཁམས་བརྒྱད། སྟྲས་པའི་རྩ་ལྔ་ལ་གནས་པའི་བདུད་རྩི་ལྔའི་དྭངས་མ་རྣམས་སོ། །རླུང་སོ་བདུན་ནི། ཁམས་དེ་དག་དང་ལྷན་ཅིག་ཏུ་རྒྱུ་བའི་རླུང་སོ་བདུན་ནོ། །

གཉིས་པ་ལ། གདུལ་བར་བྱ་བ་དབང་ཕྱུག་གི་བྱུང་ཚུལ་དང་། འདུལ་བྱེད་ཧེ་རུ་ཀའི་བྱུང་ཚུལ་གཉིས། དང་པོ་ལ། དབང་ཕྱུག་ཡབ་ཡུམ་དང་བཅས་པའི་བྱུང་ཚུལ། དེའི་སྤྲུལ་པ་བྱུང་ཚུལ་ལོ། །དང་པོ་ནི། སྔོན་ཆེ་ལོ་དཔག་མེད་ཀྱི་དུས་རྩོད་དུས་ཀྱི་འགོ་བརྩམས་པའི་ཚེ། རི་རབ་ཀྱི་སྟེང་གི་དབུས་སུ། ལྷ་དབང་ཕྱུག་ཆེན་པོ། སྐུ་མདོག་ནག་པོ། ཞལ་བཞི་ཕྱག་བཅུ་གཉིས་པ། ཡུམ་ཨུ་མ་དེ་ཝཱ་དམར་མོ། ཞལ་གཅིག་ཕྱག་གཉིས་མ་དང་མཉམ་པར་སྦྱོར་བ། དེའི་ཐུན་མཚམས་ཀྱི་ཡུམ་བཞི་ནི། མདུན་ན་གྲགས་ཅན་མ་སྔོན་མོ། གཡོན་ན་ཉེ་བའི་དགྲ་ཅན་མ་ལྗང་ཁུ། རྒྱབ་ན་མུན་པ་མ་དམར་མོ། གཡས་ན་ཉེ་བའི་མུན་པ་མ་སེར་མོ་སྟེ། གཙོ་འཁོར་ལྔ་བཞུགས་པའོ། །

གཉིས་པ་ལ། དབང་ཕྱུག་གི་ཐུགས་ཀྱི། གསུང་གི སྐུའི། འཁྲིན་ལས་ཀྱི་སྤྲུལ་པ་བྱུང་ཚུལ་ལོ། །དང་པོ་ནི༑ འཛམ་བུ་གླིང་གི་ལྟེ་བའི་ཤར། པུ་ལི་ར་མ་ལ་ཡ། བྱང་། ཛ་ལན་དྷ་ར། ནུབ། ཨུ་ཊྜི་ཡཱ། ལྷོ། ཨར་བུ་ཏ་རྣམས་སོ། །དབང་ཕྱུག་གི་ཐུགས་ལས་སྤྲུལ་པའི་ལྷའི་གཙོ་བོ་བཞི་ཡུམ་དང་བཅས་པ་གནས་པའོ། །གནས་ཆེན་བཞི་པོ་དེ་དག་ལ་ལྷའི་སྐད་དུ། གནས་ཞེས་བྱའོ། །འཛམ་བུ་གླིང་གི་ཤར་ལྷོ། གོ་ད་ཝ་རི། ལྷོ་ནུབ། རཱ་མི་ཤྭ་རི། ནུབ་བྱང་། དེ་ཝཱི་ཀོ་ཊ། བྱང་ཤར། མ་ལ་ཝ། དབང་ཕྱུག་གི་གསུང་ལས་སྤྲུལ་པའི་ལྷའི་གཡོག་བཞི་ཚུང་མ་དང་བཅས་པ་གནས་ཤིང་། གནས་ཆེན་བཞི་པོ་དེ་དག་ལ། དྲི་ཟའི་སྐད་དུ་ཉེ་བའི་གནས་ཞེས་བྱའོ། །དེ་ལྟར་དབང་ཕྱུག་གི་ཐུགས་ལས་སྤྲུལ་པའི་ལྷ་གཙོ་འཁོར་བརྒྱད་པོ་དེ་དག་ནི། ནམ་མཁའ་ནས་འཛམ་བུའི་གླིང་དུ་སྐྱོད་པས་ན། མཁའ་སྤྱོད་ཀྱི་འཇིགས་བྱེད་བརྒྱད་ཅེས་བྱའོ། །

གཉིས་པ་ནི། གནས་བརྒྱད་པོ་དེ་དག་གི་ཕྱི་རོལ་གྱི་ཤར། ཀ་མ་རུ་པ། བྱང་ཨུ་ཏི་གཉིས་སུ་དབང་ཕྱུག

གི་གསུང་ལས་སྤྲུལ་པའི་གནོད་སྦྱིན་གྱི་གཙོ་བོ་གཉིས་ཆུང་མ་དང་བཅས་པ་གནས་ཤིང་། གནས་དེ་དག་ལ་གནོད་སྦྱིན་གྱི་སྐད་དུ་ཞིང་ཞེས་བྱའོ། །ནུབ་ཏེ་ཤ་ཀུ་ནེ། ལྷོ་གོ་ས་ལར་གནོད་སྦྱིན་གྱི་གཡོག་གཉིས་ཆུང་མ་དང་བཅས་པ་གནས་ཤིང་། དེ་དག་ལ་གནོད་སྦྱིན་གྱི་སྐད་དུ་ཉེ་བའི་ཞིང་ཞེས་བྱའོ། །ཤར་ལྷོ། ཀ་ལིང་ཀ ལྷོ་ནུབ། ལཾ་པཱ་ཀར། སྲིན་པོའི་གཙོ་བོ་གཉིས་ཆུང་མ་དང་བཅས་པ་གནས་ཤིང་། ནུབ་བྱང་། ཀཱན་ཙི་ཀ བྱང་ཤར། ཧི་མ་ལ་ཡར། སྲིན་པོའི་གཡོག་གཉིས་ཆུང་མ་དང་བཅས་པ་གནས་ཤིང་། གནས་དེ་དག་ལ་སྲིན་པོའི་སྐད་དུ། ཚན་དྷོ་དང་ཉེ་བའི་ཚན་དྷོ་ཞེས་བྱའོ། །དབང་ཕྱུག་གི་གསུང་གི་སྤྲུལ་པ་བརྒྱད་པོ་དེ་དག་དང་པོ་ཉིད་ནས་ས་སྟེང་ན་སྤྱོད་པས་ན། ས་སྤྱོད་ཀྱི་འཇིགས་བྱེད་བརྒྱད་ཅེས་བྱའོ། །གསུམ་པ་ནི། ཡང་གནས་ཆེན་བརྒྱད་པོ་དེ་དག་གི་ཕྱི་རོལ་ཤར། ཕྲེ་ཏ་པུ་རི། བྱང་། གྲི་ཧ་དེ་བ་ན། དབང་ཕྱུག་གི་སྐུའི་སྤྲུལ་པ་རྒྱ་མཚོའི་ཀླུའི་གཙོ་བོ་གཉིས་ཆུང་མ་དང་བཅས་པ་གནས། ནུབ། སཽ་རཥྚ། ལྷོ་སུ་ཝརྞ་གཉིས་སུ་ཀླུའི་གཡོག་གཉིས་ཆུང་མ་དང་བཅས་པ་གནས་ཤིང་། གནས་ཆེན་དེ་དག་ལ་ཀླུའི་སྐད་དུ། འདུ་བ་དང་ཉེ་བའི་འདུ་བ་ཞེས་བྱ། ཤར་ལྷོ། ནགར༔ ལྷོ་ནུབ་སིནྡྷུ་ར་གཉིས་ན། རི་རབ་ཀྱི་ཁོང་གསེང་གི་ལྷ་མ་ཡིན་གྱི་གཙོ་བོ་གཉིས་ཆུང་མ་དང་བཅས་པ་གནས། ནུབ་བྱང་། ཀ་མ་རུ་པ། བྱང་ཤར། ཀུ་ལུ་ཏ། གཉིས་ན་ལྷ་མ་ཡིན་གྱི་གཡོག་གཉིས་ཆུང་མ་དང་བཅས་པ་གནས་ཤིང་། གནས་ཆེན་དེ་དག་ལ་ལྷ་མ་ཡིན་གྱིས་སྐད་དུ། དུར་ཁྲོད་དང་ཉེ་བའི་དུར་ཁྲོད་ཞེས་བྱའོ། །དབང་ཕྱུག་གི་སྤྲུལ་པ་བརྒྱད་པོ་འདི་དག་ནི། ས་འོག་ནས་འཛམ་བུ་གླིང་དུ་སྤྱོད་པས་ན། ས་འོག་ནས་སྤྱོད་པའི་འཇིགས་བྱེད་བརྒྱད་ཅེས་བྱའོ། །

བཞི་པ་ནི། གླིང་བཞིའི་ལྟེ་བ་ན་གདོང་གཉན་མ་བཞི། གླིང་ཕྲན་བརྒྱད་ན། གཤིན་རྗེ་མ་བཞི་སྟེ་བརྒྱད་གནས་ཤིང་། གནས་དེ་དག་ལ། མ་མོའི་སྐད་དུ། འཐུང་གཅོད་དང་ཉེ་བའི་འཐུང་གཅོད་ཅེས་བྱའོ། །དེ་དག་ནི་དབང་ཕྱུག་གི་ཕྲིན་ལས་སྤྲུལ་པའི་མ་མོ་བརྒྱད་ཅེས་བྱའོ། །དབང་ཕྱུག་གི་འཁོར་དེ་རྣམས་ལ། རྫོ་ལས་རང་བྱུང་དུ་གྲུབ་པའི་ལིངྒ་རེ་མཆོད་པའི་རྟེན་དུ་བྱིན་ནས། འཁོར་རྣམས་ཀྱིས་དུས་གསུམ་དུ། ཤ་ཁྲག་གིས་མཆོད་པ་བྱེད་དོ། །རྫོའི་ལིངྒ་དེ་དག་ད་ལྟ་ཡང་གནས་ཆེན་དེ་རྣམས་ན་ཡོད་པར་གྲགས་སོ། །དེའི་ཚེ་དབང་ཕྱུག་འཁོར་བཅས་ཀྱིས་སུམ་ཅུ་རྩ་གསུམ་མན་ཆད་ཀྱི་སེམས་ཅན་ལ་འཚེ་བར་བྱེད་པའི་སྒོ་ནས། ཤ་ཁྲག་ལ་བཟའ་བཏུང་། ལྤགས་པ་ལ་གོས། རུས་པ་ལ་བརྒྱན། སྐྲ་ལ་ཚངས་སྐུད། མགོ་བོ་ལ་དོ་ཤལ་བྱེད་དོ། །

གཉིས་པ་ལ། ཧེ་རུ་ཀའི་རྣམ་སྤྲུལ་བྱུང་ཚུལ། དང་པོར་སྤྲུལ་པ་མཛད་པའི་ཚུལ། དེས་དབང་ཕྱུག་ཇི་ལྟར་བཏུལ་བའི་ཚུལ། རྒྱུད་གསུངས་ནས་གནས་ཆེན་དུ་གྱུར་པའི་འཐད་པའོ། །དང་པོ་ལ། ཡང་དག་པར

རྫོགས་པའི་སངས་རྒྱས་ཀྱིས་དངོས་སུ་དབང་ཕྱུག་འཁོར་བཅས་ལ་གནས་སྐབས་དང་མཐར་ཐུག་ཏུ་ཕན་གདགས་པར་བྱ་བ་དང་། བརྒྱུད་ནས་མཐའ་ཡས་པའི་སེམས་ཅན་ལ་ཕན་པ་བསྒྲུབ་པའི་ཕྱིར་དུ། རི་རབ་ཀྱི་རྩེའི་དབུས་སུ་དབང་ཕྱུག་ཡབ་ཡུམ་དང་ཆ་འདྲ་བའི་འཁོར་ལོ་བདེ་མཆོག་ཡབ་ཡུམ། དེའི་ཕྱོགས་བཞིར། ཐུན་མཚམས་ཀྱི་ཡུམ་བཞི་དང་ཆ་འདྲ་བའི་སྙིང་པོའི་རྣལ་འབྱོར་མ་བཞི། འཛམ་བུ་གླིང་གི་ནང་བསྐོར་གྱི་ཕྱོགས་མཚམས་བརྒྱད་དུ། མཁའ་སྤྱོད་ཀྱི་འཇིགས་བྱེད་བརྒྱད་དང་ཆ་འདྲ་བའི། ཐུགས་ཀྱི་སྤྲུལ་པ་དཔའ་བོ་བརྒྱད་ཡུམ་དང་བཅས་པ། བར་སྐོར་གྱི་ཕྱོགས་མཚམས་བརྒྱད་དུ། ས་སྤྱོད་ཀྱི་འཇིགས་བྱེད་བརྒྱད་དང་ཆ་འདྲ་བའི། གསུང་གི་སྤྲུལ་པ་དཔའ་བོ་བརྒྱད་ཡུམ་དང་བཅས་པ། ཕྱི་སྐོར་གྱི་ཕྱོགས་མཚམས་བརྒྱད་དུ། ས་འོག་ནས་སྤྱོད་པའི་འཇིགས་བྱེད་བརྒྱད་དང་ཆ་འདྲ་བའི་སྐུའི་སྤྲུལ་པ་དཔའ་བོ་བརྒྱད་ཡུམ་དང་བཅས་པ། གླིང་བཞིའི་ལྟེ་བ་གླིང་ཕྲན་བརྒྱད་དང་བཅས་པའོ། །མ་མོ་བརྒྱད་དང་ཆ་འདྲ་བའི་ཕྱོགས་མཚམས་ཀྱི་ལྷ་མོ་བརྒྱད་དེ། དབང་ཕྱུག་གཙོ་འཁོར་སུམ་ཅུ་རྩ་བདུན་གྱི་གཉེན་པོར། འཁོར་ལོ་བདེ་མཆོག་གཙོ་འཁོར་སུམ་ཅུ་རྩ་བདུན་སྤྲུལ་པར་མཛད་པ་ཡིན་ནོ། །

གཉིས་པ་ལ། ལོངས་སྤྱོད་པའི་ཚུལ། ལུང་བསྟན་པའི་ཚུལ། སྟོན་དུ་བྱུས་པའི་བརྡ་དང་གསུམ། དང་པོ་ནི། བཅོམ་ལྡན་འདས་ཀྱིས་དབང་ཕྱུག་འཁོར་བཅས་ཀྱི་ལོངས་སྤྱོད་རྒྱན་དང་བཅས་པ་ཕྲོགས་ནས། ཤ་ཁྲག་ལ་ཚོགས་འཁོར། ལྤགས་པ་ལ་གོས། རུས་པ་ལ་རྒྱན། མགོ་བོ་ལ་དོ་ཤལ་མཛད་པ་ལ་སོགས་པའི་ལོངས་སྤྱོད་མཛད་དོ། །གཉིས་པ་ནི། དབང་ཕྱུག་འཁོར་བཅས་ཚར་བཅད་ནས་རྣམ་པར་ཤེས་པ་འོད་གསལ་དུ་ཐིམ་པར་བྱས་ནས། དེ་ཉིད་མ་འོངས་པ་ན། དེ་བཞིན་གཤེགས་པ་ཐལ་བའི་དབང་པོ་ཞེས་བྱ་བར་འཚང་རྒྱ་བར་ལུང་བསྟན་ནོ། །གསུང་གི་དབང་ཕྱུག་འཁོར་བཅས་བཅོམ་པའི་བརྡར། འཁོར་ལོ་བདེ་མཆོག་གཙོ་འཁོར་ཐམས་ཅད་ཀྱང་། རོའི་གདན། རུས་པའི་རྒྱན་ཅན། མི་མགོའི་དོ་ཤལ་དང་བཅས་པར་བཞུགས་པའོ། །

གཉིས་པ་ནི། བཅོམ་ལྡན་འདས་ཀྱིས་དབང་ཕྱུག་འཁོར་བཅས་བཏུལ་བའི་རྗེས་སུ། དང་པོར་དཔའ་བོ་དང་རྣལ་འབྱོར་མའི་ཚོགས་ལ། བདེ་མཆོག་གི་རྒྱུད་ལེའུ་འབུམ་ཡོད་པ་གཅིག་གསུངས། དེའི་རྗེས་སུ་ཤ་ལོ་ཀ་འབུམ་ཡོད་པ་གཅིག་གསུངས། དེ་གཉིས་རྩོད་དུས་ཀྱི་གདུལ་བྱ་རྣམས་ཀྱི་དོན་དུ་མི་འགྱུར་བ་ལ་དགོངས་ནས། ཨུ་རྒྱན་གྱི་ཡུལ་དུ་མཁའ་འགྲོ་མ་རྣམས་ཀྱིས་སྦྱིན་དྲངས། དེའི་རྗེས་སུ་ཚིག་འབྲུ་འབུམ་ཡོད་པ། ལེའུ་ལྔ་བཅུ་རྩ་གཅིག་གི་བདག་ཉིད་ཅན་བདེ་མཆོག་རྩ་བའི་རྒྱུད་གསུངས་ཏེ་གཙོ་བོ་ཡབ་ཡུམ་མི་སྣང་བའི་ཚུལ་གྱིས་སྤྲུལ་པ་ཆོས་སྐུའི་ངང་དུ་བསྡུ་བར་མཛད་དོ། །དེ་ཡང་བཅོམ་ལྡན་འདས་ཀྱིས། དང་པོ་སྤྲུལ་པ་མཛད་

པའི་གནས་དེ་དག་ལ། གནས་ཆེན་ཁྱད་པར་ཅན་ཞེས་བྱ་སྟེ། རི་རབ་ཀྱི་སྟེང་ན་ཡོན་ཏན་གྱི་སྤྲུལ་པ་བདེ་མཆོག་གཙོ་འཁོར་ལྔ། འཛམ་བུ་གླིང་ན་ཐུགས་ཀྱི། གསུང་གི། སྐུའི་སྤྲུལ་པ་ཉི་ཤུ་རྩ་བཞི། གླིང་བཞི་གླིང་ཕྲན་བརྒྱད་དང་བཅས་པ་ན། འཕྲིན་ལས་ཀྱི་སྤྲུལ་པ་མ་མོ་བརྒྱད། སྐུའི་བཀོད་པ་མ་བསྡུས་པར་ད་ལྟ་ཡང་བཞུགས་པའི་རྒྱུ་མཚན་གྱིས། བསྐྱེད་རྫོགས་ཀྱི་རྟོགས་པ་དང་ལྡན་ཞིང་དམ་ཚིག་དང་ལྡན་པའི་རྣལ་འབྱོར་པས། གནས་དེ་དང་དེར་ཕྱིན་པ་ཙམ་གྱིས་དཔའ་བོ་དང་མཁའ་འགྲོས་སེམས་རྒྱུད་བྱིན་གྱིས་བརླབས་ཏེ། ས་ལམ་གྱི་རྟོགས་པ་གོང་འཕེལ་དུ་འགྱུར་བའི་ཕྱིར། རྒྱུ་མཚན་དེས་ན། འཁོར་ལོ་བདེ་མཆོག་བསྐྱེད་རྫོགས་ཟབ་པ་དང་། ཕོ་ཉ་གསུམ་བསྲེས་འབྱུང་བའི་རྒྱུ་མཚན་རང་གི་ངང་གིས་གྲུབ་པ་ཡིན་ནོ། །འདི་དག་ནི་རྗེ་བཙུན་རིན་པོ་ཆེ་གྲགས་པ་རྒྱལ་མཚན་གྱིས་ཧེ་རུ་ཀའི་བྱུང་ཚུལ་ལས་ཇི་ལྟར་གསུངས་པ་བཞིན་བཀོད་པ་ཡིན་པས། ཡིད་ཆེས་པར་གྱིསཤིག །

དེ་ལ་ཁ་ཅིག་ན་རེ། རྡོ་རྗེ་གདན་ན་ཡོད་པའི་གང་ཟག་མཐའ་དག་ལ། འཁོར་ལོ་བདེ་མཆོག་གི་སྤྲུལ་པ་བཞུགས་པའི་གནས་ཆེན་སྣང་ཞིང་བགྲོད་པའི་ནུས་པ་ཡོད་པར་ཐལ། འཛམ་གླིང་གི་ལྟེ་བ་ན། གནས་སོ་གཉིས་ཀྱི་ནང་ཚན་དུ་གྱུར་པའི་ཡུལ་ཆེན་ཡོད་པའི་ཕྱིར། ཞེས་ཟེར་ན། ཁྱབ་པ་མ་ངེས་ཏེ། གནས་ཆེན་དེ་དག ཁྱད་འབྲིང་ཡན་ཆད་ཀྱི་རྟོགས་པ་ཐོབ་པའི་གང་ཟག་འགའ་ཞིག་ལ་སྣང་ཞིང་བགྲོད་པར་བྱ་བའི་ཐུན་མོང་མ་ཡིན་པའི་གནས་ཡིན་གྱི། འགྲོ་བ་མཐའ་དག་ལ་སྣང་དུ་རུང་བའི་ཐུན་མོང་གི་གནས་མ་ཡིན་པའི་ཕྱིར།

གསུམ་པ་ལ། གྲངས་དང་། ངོ་བོ་ལ་ལོག་རྟོག་དགག་པ་གཉིས། དང་པོ་ལ། ཁ་ཅིག །གནས་ཆེན་སུམ་ཅུ་རྩ་གཉིས་པོ་ནར་ངེས་ཏེ། ཡུལ་ཆེན་ཉི་ཤུ་རྩ་བཞི། དུར་ཁྲོད་བརྒྱད་དང་བཅས་པས་སུམ་ཅུ་རྩ་གཉིས་སུ་ངེས་པའི་ཕྱིར། ཟེར། ཁ་ཅིག །ཡུལ་ཆེན་སུམ་ཅུ་རྩ་བདུན་ནི། གནས་བཅུ་གཉིས་ལས་ཕྱེ་བའི་ཡུལ་ཆེན་སོ་གཉིས། གླིང་བཞི་དང་གླིང་བཞི་གཅིག་ཏུ་བསྡོམས་པ་ལ་བྱེད་ཟེར། གཉིས་ཀ་མི་འཐད་དེ། དུར་ཁྲོད་བརྒྱད་དང་། གླིང་བཞི་གཅིག་ཏུ་བསྡོམས་པ་ཡུལ་ཆེན་སོ་བདུན་གྱི་ནང་ཚན་ཡིན་པར་རྒྱུད་རྒྱ་གཞུང་གང་ནས་ཀྱང་མ་བཤད་པའི་ཕྱིར།

གཉིས་པ་ལ། གཞུང་གི་བསྟན་ཚུལ་སྤྱིར་བསྟན་པ། དེ་དག་ལས་འཕྲོས་པའི་དོགས་དཔྱོད་གཉིས། དང་པོ་ལ། གངས་མཚོ་ལ་འཁྲུལ་པ་དགག་པ། གནས་ཆེན་གྱི་ནང་ཚན་ལ་འཁྲུལ་པ་དགག་པ་གཉིས། དང་པོ་ལ༑ འདོད་པ་བརྗོད་པ་དང་དེ་དགག་པ་གཉིས། དང་པོ་ལ། ཁ་ཅིག །གངས་ཏི་སེ་དང་རི་བོ་གངས་ཅན་དོན་ཅིག །མཚོ་མ་ཕམ་དང་། མ་དྲོས་པའི་རྒྱ་མཚོ་དོན་གཅིག་ཟེར་རོ། །

གཉིས་པ་ལ། གང་ཟག་ཅན་གྱི་ཁྱད་ཆོས་ཉི་སེ་ལ་མེད་པའི་སྒོ་ནས་མདོར་བསྟན། ལུང་གིས་གནོད་ཚུལ་གྱི་སྒོ་ནས་རྒྱས་པར་བཤད། དེ་ལ་གཞན་གྱིས་རྩོད་པ་སྤང་བ་དང་གསུམ། དང་པོ་འཆད་པ་ནི། དཔལ་ལྡན་ཞེས་སོགས་ཚིག་རྐང་བཅུ་གཅིག་བྱུང་། གཉིས་པ་ལ། ཉི་སེ་གང་ཟག་ཅན་ཡིན་པ་ལ་ལུང་གིས་གནོད་བྱེད་བསྟན་པ་དང་། མ་ཕམ་མ་དྲོས་ཡིན་པ་ལ་ལུང་གིས་གནོད་བྱེད་བསྟན་པ་གཉིས། དང་པོ་ལ། ལུང་ཚད་མ་དང་འགལ་བའི་གནོད་བྱེད་དང་། ཕྱོགས་མཐུན་གྱི་ལུང་དང་འགལ་བའི་གནོད་བྱེད། དེ་དག་གི་གྲུབ་འབྲས་དང་གསུམ། དང་པོ་ལ་གསུམ་ལས། དང་པོ་བླ་མེད་ཀྱི་རྒྱུད་དང་འགལ་བའི་གནོད་བྱེད་ནི། དེ་ཡི་གཏན་ཚིགས་ཞེས་སོགས་རྐང་པ་ཉེར་གསུམ་བྱུང་། གཉིས་པ་མངོན་པའི་གཞུང་དང་འགལ་བའི་གནོད་བྱེད་ནི། མངོན་པ་ལས་ཀྱང་ཞེས་སོགས་བྱུང་། གསུམ་པ་བྱ་བའི་རྒྱུད་དང་འགལ་བའི་གནོད་བྱེད་ནི། རྨ་བྱ་ཆེན་མོའི་མདོ་ཞེས་སོགས་བྱུང་། གཉིས་པ་ཕྱོགས་མཐུན་གྱི་ལུང་དང་འགལ་བའི་གནོད་བྱེད་ནི། མུ་སྟེགས་བྱེད་སོགས་བྱུང་། དེའི་གྲུབ་འབྲས་འཆད་པ་ནི། དེ་ནས་དབང་ཕྱུག་ཞེས་སོགས་བྱུང་།

གཉིས་པ་ནི། མ་དྲོས་པའི་ཁྱད་ཆོས་རྒྱས་པར་བཤད་པ། དེའི་ལུང་ཁུངས་བཤད་པ། མ་ཕམ་ལ་མཚན་ཉིད་དེ་དག་མེད་པའི་ཚུལ་ལོ། །དང་པོ་འཆད་པ་ནི། ཕལ་པོ་ཆེའི་ཞེས་སོགས་བྱུང་། གཉིས་པ་འཆད་པ་ནི། དེ་སོགས་མཚན་ཉིད་ཞེས་སོགས་བྱུང་། གསུམ་པ་འཆད་པ་ནི། ད་ལྟའི་ཞེས་སོགས་བྱུང་། གསུམ་པ་ལ། འདོད་པ་བརྗོད་པ་དང་། དེ་དགག་པ་གཉིས། དང་པོ་འཆད་པ་ནི། དེ་ལ་ཁ་ཅིག་ཅེས་སོགས་བྱུང་།

གཉིས་པ་ལ། འཆད་ཚུལ་གཉིས་ཀའི་རང་བཞིན་སྤྱིར་བསྟན་པ། དེ་དག་གི་དཔེར་བརྗོད་སོ་སོར་བཤད། རྩོད་པའི་དངོས་ལན་བསྟུས་ཏེ་བསྟན་པ་དང་གསུམ། དང་པོ་འཆད་པ་ནི། འདི་ཡང་ཞེས་སོགས་བྱུང་། གཉིས་པ་འཆད་པ་ནི། དཔེར་ན་ཞེས་སོགས་བྱུང་། གསུམ་པ་འཆད་པ་ནི། དེས་ན་ཞེས་སོགས་བྱུང་། གཉིས་པ་གནས་ཆེན་གྱི་ནང་ཚན་ལ་འཁྲུལ་པ་དགག་པ་ལ། ཁ་ཅིག །འཕྲུང་གཙོད་ཀྱི་ནང་ཚན་དུ་གྱུར་པའི་རྒྱ་རི་ཏྲའི་གནས་ཆེན་དང་། ཙ་རི་ཙ་གོང་དོན་གཅིག་ཟེར། ཁ་ཅིག །ཉེ་བའི་གནས་ཀྱི་ནང་ཚན་དུ་གྱུར་པའི་དེ་ཝི་ཀོ་ཊའི་གནས་དང་། ཙ་རི་ཙ་གོང་དོན་གཅིག་ཟེར། དང་པོ་མཐའ་གཅིག་ཏུ་འགོག་པ་ནི། ཙ་རི་ཏྲ་ཞེས་བྱ་བའི་ཡུལ། །ཞེས་སོགས་བྱུང་། གཉིས་པ་ཁྱད་ཆོས་ཡོད་མེད་བརྟགས་པའི་སྒོ་ནས་དགག་པ་ནི། རྡོ་རྗེ་མཁའ་འགྲོའི་ཞེས་སོགས་བྱུང་། དེ་དག་གི་གྲུབ་འབྲས་འཆད་པ་ནི། ཉི་སེ་དང་ནི་ཞེས་སོགས་བྱུང་།

གཉིས་པ་ལ། གང་ཟག་ཅན་གྱི་ཁྱད་ཆོས་བཤད་པ་དང་། མ་དྲོས་པའི་ཁྱད་ཆོས་བཤད་པ་གཉིས། དང་པོ་ལ༔ མངོན་པ་ནས་བཤད་ཚུལ་དང་། དུས་འཁོར་ནས་བཤད་ཚུལ་གཉིས། དང་པོ་གོ་སླ་བས་འདིར་མ་བརྗོད།

གཉིས་པ་ལ། རི་མཚོའི་གནས་ཚུལ། ཤམ་བྷ་ལའི་གནས་ཚུལ། དེ་དག་ལ་བརྟེན་ནས་གངས་ཅན་ངོས་འཛིན་ཚུལ་ལོ། །དང་པོ་ནི། རི་རབ་ནི་ཁང་པ་ཕྲ་ཞིང་སྟེང་གི་རྩེ་མོའི་ཕྱོགས་རྒྱ་ཆེ་བར་གནས་པ་ཡིན་ལ། རི་རབ་དེ་ཉིད་ལ་གླིང་བདུན། མཚོ་བདུན། རི་བདུན་གྱིས་ཁོར་ཡུག་ཏུ་བསྐོར་ནས་གནས་ཤིང་། རི་དྲུག་པ་གངས་ཅན་གྱི་རི་ནི་ནང་གི་རི་རྣམས་ལས་ཤིན་ཏུ་མཐོ་བར་གནས་པ་དེ་ལ་རི་རབ་ཀྱི་བང་རིམ་འོག་མ་གདུགས་ཕུབ་པའི་ཚུལ་གྱི་ཡོད་པར་བཤད། ནང་གི་གླིང་དྲུག་དང་། རི་མཚོ་རྣམས་ལ་ཉི་ཟླའི་བྱེད་པ་མི་འཇུག་ཀྱང་། གླིང་དེ་དག་ན་གནས་པའི་སེམས་ཅན་རྣམས་ཀྱི་ལུས་ཀྱི་རང་འོད་ཀྱིས་འཚོ་བར་བྱེད། ནང་གི་གླིང་དྲུག་པོ་དེ་དག་ལ། ལོངས་སྤྱོད་ཀྱི་ས་པའི་གླིང་ཞེས་བྱའོ། གངས་ཅན་གྱི་རི་ནི་རི་བོ་དེའི་ཕྱི་རོལ་ན། ལས་ཀྱི་ས་པའི་འཛམ་གླིང་ཆེན་པོ་ཞེས་བྱ་བས་ཁོར་མོ་ཡུག་ཏུ་བསྐོར། དེའི་ཕྱི་རོལ་ལན་ཚྭའི་རྒྱ་མཚོ་དང་། ཁོར་ཡུག་ཏུ་རྡོ་རྗེའི་རི་ཡོད་པར་བཤད། འཛམ་གླིང་ཆེན་པོ་དེ་ལ་ས་དུམ་བུ་བཅུ་གཉིས་ཡོད་པའི་ལྷོ་གླིང་དབུས་མ་འདི་ལ་འཛམ་བུ་གླིང་ཆུང་ངུ་ཞེས་བྱ།

གཉིས་པ་ནི། འཛམ་གླིང་ཆུང་ངུ་དེའི་བྱང་ཕྱོགས། རི་བོ་གངས་ཅན་དང་ཉེ་བ་ན། ཆུ་བོ་སི་ཏཱ་ཞེས་བྱ་བ་ཡོད། དེའི་འགྲམ་ན་ཤམ་བྷ་ལ་ས་པདྨ་འདབ་བརྒྱད་ཀྱི་ཚུལ་དུ་གནས་པ་ལ། མཐའ་སྐོར་དུ་ཀ་ལ་ཤའི་གངས་ཀྱིས་ཁོར་ཡུག་ཏུ་བསྐོར་བའི་ཚུལ་གྱིས་ཡོད་ཅིང་། འདབ་མ་བརྒྱད་པོ་རེ་རེའི་སྟེང་ན། གྲོང་ཁྱེར་བྱེ་བ་བཅུ་གཉིས་བཅུ་གཉིས་ཏེ། ཐམས་ཅད་བསྡོམས་པས་གྲོང་ཁྱེར་བྱེ་བ་ཁྲག་དགུ་བཅུ་རྩ་དྲུག་ཡོད་པར་བཤད། པདྨ་འདབ་བརྒྱད་ལྟ་བུ་དེ་དག་གི་ལྟེ་བ་སུམ་ཆའི་ཁྱོན་ལ་ཀ་ལ་ཤའི་རི་བོ་མཛེས་ཤིང་ཡིད་དུ་འོང་བའི་སྟེང་ན་བཀོད་པ་མཐར་བྱེད་ཀྱི་སྤྲུལ་པ་ཉི་མའི་འོད་ཀྱི་སྲས། ཕྱག་ན་རྡོ་རྗེའི་སྤྲུལ་པ་ཟླ་བ་བཟང་པོ་ནས་བརྩམས་ཏེ། ལྷ་དབང་ལ་སོགས་པ་ཆོས་རྒྱལ་དྲུག །འཇམ་དཔལ་གྲགས་པ་ལ་སོགས་པའི་རིགས་ལྡན་ཉི་ཤུ་རྩ་ལྔ་སྟེ། ཆོས་རྒྱལ་སུམ་ཅུ་རྩ་གཉིས་འབྱོན་པའི་ཕོ་བྲང་ཀཱ་ལ་པ་ཞེས་བྱ་བ་དང་། དུས་ཀྱི་འཁོར་ལོའི་གཞལ་མེད་ཁང་། དུས་འཁོར་རྩ་རྒྱུད་ཀློ་ཀ་སྟོང་ཕྲག་བཅུ་གཉིས་བཞུགས་པའི་གནས་དང་བཅས་པ་ཡོད། དེའི་ཕྱི་རོལ་ན་མ་ལ་ཡའི་སྐྱེད་མོས་ཚལ་ཡིད་དུ་འོང་བ་དང་། པདྨ་དཀར་པོའི་མཚོ་ཆུ་བྱ་སྣ་ཚོགས་པས་མཛེས་པས་བརྒྱན་པ་ཡོད་པར་བཤད། གཞན་ཡང་ཡིད་ལ་དགའ་བ་སྐྱེད་པའི་རིན་པོ་ཆེའི་ཤིང་ལྗོན་པ་མེ་ཏོག་དང་འབྲས་བུ་དུ་མས་མཛེས་པའི་ནགས་ཚལ་སྣ་ཚོགས་པ་དང་། བཟའ་ཤིང་གི་ར་བ་དུ་མ་ལ་འདབ་ཆགས་སྣ་ཚོགས་སྐད་སྙན་པ་སྒྲོག་པ་ཡོད་དོ། །རྒྱལ་པོའི་ཁྱད་པར་ནི། གྲོང་ཁྱེར་བྱེ་བ་ཁྲག་རེ་རེ་ལ་དབང་བསྒྱུར་བའི་རྒྱལ་ཕྲན་དགུ་བཅུ་རྩ་དྲུག །འཁོར་རྒྱལ་ཕྲན་དགུ་བཅུ་རྩ་དྲུག་པོ་དེ་དག་གིས་བསྐོར་བའི་ཆོས་རྒྱལ་སུམ་ཅུ་རྩ་གཉིས་ཕོ་བྲང་ཀཱ་ལ་པ་དེར། དུས་

ཀྱི་འཁོར་ལོའི་རྒྱུད་གསུང་པ་ལ་རིམ་པར་བྱོན་པ་ཡིན་ནོ། །ཞེས་འཆད་པ་ནི། དེ་ཡི་གདན་ཚིགས་འདི་ལྟར་ཡིན། །དཔལ་ལྡན་དུས་ཀྱི་འཁོར་ལོ་ལས། །ཞེས་པ་ནས། བཟའ་ཤིང་ར་བ་དུ་མ་ཡོད། །ཅེས་པའི་བར་གྱི་གཞུང་འདི་བྱུང་།

དེ་ཡང་ཅུང་ཟད་བཤད་ན། ཆོས་རྒྱལ་རྒྱུད་ལས་གསུང་ཚུལ་དང་། དེའི་དོན་ཅུང་ཟད་བཤད་པ་གཉིས། དང་པོ་ནི། ཆོས་རྒྱལ་སུམ་ཅུ་རྩ་གཉིས་དེ་དག་གི་སྤྲུལ་གཞི་དང་བཅས་པ་རྩ་རྒྱུད་དང་པོ་མཆོག་གི་སངས་རྒྱས་ལས་གསུངས་པ་ཡིན་ཏེ། དེ་ཉིད་ལས། རྒྱུད་འདིར་དྲང་སྲོང་རིགས་སོགས་ལ། །སངས་རྒྱས་ལམ་ནི་གསལ་བྱེད་པ། །ཟླ་བ་ལྷ་དབང་གཟི་བརྗིད་ཅན། །ཟླ་བས་བྱིན་དང་ལྷ་དབང་ཕྱུག །སྣ་ཚོགས་གཟུགས་དང་ལྷ་དབང་ལྡན། །གྲགས་པ་བདེ་དཀར་རིམ་པས་སོ། །འདས་པའི་རྒྱལ་པོ་ཉི་མའི་འོད། །དེ་ནི་བགེགས་དགྲའི་སྤྲུལ་པ་སྟེ། །ཕྱག་ན་རྡོ་རྗེ་ཟླ་བཟང་ཁྱོད། །ས་སྐྱོང་གཤིན་རྗེ་མཐར་བྱེད་དང་། །སྒྲིབ་པ་ཐམས་ཅད་རྣམ་སེལ་དང་། །སྨུག་བྱེད་བདུད་བྱེད་རིམ་པས་ཏེ། ནམ་མཁའི་སྙིང་པོ་འཇམ་དབྱངས་དང་། །འཇིག་རྟེན་མགོན་པོ་རིམ་བཞིན་ནོ། །གཤིན་རྗེ་གཤེད་སོགས་ཁྲོ་བོ་བཅུ། །དེ་བར་བྱང་ཆུབ་སེམས་དཔའ་གཞན། །བཅུ་གསུམ་དེ་རྣམས་རིམ་པ་ཡིས། །རིགས་ལྡན་རིགས་ལས་འབྱུང་བར་འགྱུར། །གྲགས་པ་རིགས་ལྡན་རིགས་ཀུང་ངོ་། །དེ་ནས་རིགས་ལྡན་པདྨ་དཀར། །བཟང་པོ་རིགས་ལྡན་གསུམ་པ་སྟེ། དེ་བཞིན་བཞི་པ་རྣམ་རྒྱལ་ལོ། །གཤིན་རྗེ་བཟང་པོ་རིན་ཆེན་ཕྱུག །བདུན་པ་ཁྱབ་འཇུག་ཞེས་པའོ། །ཉི་མ་གྲགས་དང་ཤིན་ཏུ་བཟང་། །རྒྱ་མཚོ་རྣམ་རྒྱལ་རྒྱལ་དཀའ་དང་། །རིགས་ལྡན་ཉི་མ་བཅུ་གཉིས་པ། །སྣ་ཚོགས་གཟུགས་དང་ཟླ་བའི་འོད། །མཐའ་ཡས་དང་ནི་ས་སྐྱོང་དང་། །དཔལ་སྐྱོང་སེང་གེ་རྣམ་པར་གནོན། །སྟོབས་པོ་ཆེ་དང་མ་འགགས་པ། མི་ཡི་སེངྒེ་དབང་ཕྱུག་ཆེ། །མཐའ་ཡས་རྣལ་རྒྱལ་རིགས་ལྡན་དང་། །གྲགས་པ་རིགས་ལྡན་དེ་ནས་སླར། །དེ་སྲས་འཁོར་ལོ་ཆེན་པོ་ཅན། །རིགས་ལྡན་དྲག་པོ་འབྱུང་འགྱུར་ཏེ། །སླ་མཁས་ཧ་མཆོག་ཏིང་འཛིན་གྱིས། །ཀླ་ཀློའི་ཆོས་ནི་མཐར་བྱེད་པའོ། །ཞེས་གསུངས།

གཉིས་པ་ལ། ཆོས་རྒྱལ་དང་པོར་བྱོན་ཚུལ། རིགས་ལྡན་གྱི་ཐོག་མ་ངོས་བཟུང་བ། ཀླ་ཀློ་འཇུག་པའི་དུས། དེ་གནས་པའི་ཡུན་ཚད། དེ་བཅོམ་ནས་བསྟན་པ་སྤེལ་ཚུལ་ལོ། །དང་པོ་ནི། སྟོན་པ་མངོན་པར་རྫོགས་པར་སངས་རྒྱས་པའི་ཚུལ་མ་བསྟན་གོང་དུ། ཤམ་བྷ་ལར་སྤྲུལ་པའི་རྒྱལ་པོ་ཉི་མའི་འོད་ཀྱི་སྲས་ཕྱག་རྡོར་གྱི་སྤྲུལ་པ་ཟླ་བ་བཟང་པོ་ཆོས་རྒྱལ་སུམ་ཅུ་སོ་གཉིས་ཀྱི་ཐོག་མ་ཡིན་ནོ། །དེ་ཡང་སྟོན་པ་མངོན་པར་རྫོགས་པར་སངས་རྒྱས་པའི་ཕྱི་དེའི་ལོ། །ཟླ་བ་བཟང་པོས་རྒྱ་གར་འཕགས་པའི་ཡུལ་དུ་རྫུ་འཕྲུལ་གྱིས་བྱོན་ཏེ། དཔལ

འབྲས་སྤུངས་ཀྱི་མཆོད་རྟེན་དུ། སྟོན་པ་ལ་དུས་འཁོར་རྒྱུད་དབང་དང་བཅས་པ་གསན། སླར་ཡང་ཤམ་བྷ་ལར་བྱོན་ནས་གདུལ་བྱ་རྣམས་ལ་དུས་འཁོར་རྩ་བའི་རྒྱུད་ལོ་གཉིས་ཀྱི་བར་དུ་གསུངས་ནས། རྒྱལ་པོ་དེ་ཉིད་སྤྲུལ་གཞི་བཅོམ་ལྡན་འདས་ཀྱི་སྐུ་ལ་ཐིམ་པའི་ཚུལ་གྱིས་གཤེགས་སོ། །གཉིས་པ་ནི། རྒྱལ་པོ་ལྷ་དབང་ལ་སོགས་པ་དྲུག་གིས་ལོ་བརྒྱ་བརྒྱར་ཆོས་བསྟན། ལོ་དྲུག་བརྒྱ་འདས་པའི་རྗེས་སུ་འཇམ་དབྱངས་ཀྱི་སྤྲུལ་པ་རིགས་ལྡན་འཇམ་དཔལ་གྲགས་པས་ལོ་བརྒྱར་ཆོས་བསྟན། རྩ་རྒྱུད་ཀྱི་དོན་ཕྱོགས་གཅིག་ཏུ་བསྡུས་པ་བསྡུས་རྒྱུད་མཛད། དྲང་སྲོང་ཉི་མའི་ཤིང་རྟ་ལ་སོགས་པ། དྲང་སྲོང་བྱེ་བ་ཕྲག་ཕྱེད་དང་བཞི་ལ་དུས་ཀྱི་འཁོར་ལོའི་དབང་བསྐུར། ཐམས་ཅད་རྡོ་རྗེའི་རིགས་སུ་བསྒྱུར་བས་རིགས་ལྡན་འཇམ་དཔལ་གྲགས་པ་ཞེས་བྱའོ། །རིགས་ལྡན་གྱི་ཐོག་མ་འདི་ཉིད་ཡིན་པས་ཆོས་རྒྱལ་སུམ་ཅུ་རྩ་གཉིས་ཡོད་ཀྱང་། རིགས་ལྡན་ཉི་ཤུ་རྩ་ལྔར་ངེས་སོ། །

གསུམ་པ་ནི། འཇམ་དཔལ་གྲགས་པའི་སྲས། རིགས་ལྡན་པད་དཀར་གྱིས་ལོ་བརྒྱར་ཆོས་བསྟན། བསྡུས་རྒྱུད་ཀྱི་འགྲེལ་པ་དྲི་མེད་འོད་མཛད། པད་དཀར་ལ་སོགས་པ་བརྒྱད་ཀྱི་ལོ་བརྒྱ་བརྒྱར་ཆོས་བསྟན་པའི་ལོ་བརྒྱད་བརྒྱ་འདས་པའི་རྗེས་སུ། རྒྱ་གར་འཕགས་པའི་ཡུལ་དུ་ཀླ་ཀློ་འཇུག་པར་བཤད་པ་ཡིན་ཏེ། བསྡུས་རྒྱུད་དུ། ལོ་འདི་ནས་ནི་དྲུག་བརྒྱའི་ལོ་ཡི་གསལ་བར་མི་བདག་གྲགས་པ་ཤམ་བྷ་ལ་ཞེས་བྱ་བ་འབྱུང་། །དེ་ནས་བྲུ་ཡི་ལོ་བརྒྱ་རྣམས་ཀྱི་ངེས་པར་མ་ལའི་ཡུལ་དུ་ཀླ་ཀློའི་ཆོས་དགེ་རབ་ཏུ་འཇུག །ཅེས་སོ། །དེ་ཡང་ཚིག་རྐང་དང་པོས་འཇམ་དཔལ་གྲགས་པ་འབྱུང་བའི་དུས་བསྟན། གཉིས་པས་ཀླ་ཀློ་འཇུག་པའི་དུས་བསྟན་ནོ། །

བཞི་པ་ནི། སྔར་བཤད་པའི་རིགས་ལྡན་ལྔག་མ་རྣམས་ཀྱི་ནང་ནས་རྒྱ་མཚོ་རྣམ་རྒྱལ་དང་རྒྱལ་དཀའ་གཉིས་ཀྱིས་ལོ་ཉིས་བརྒྱ་ཉིས་བརྒྱ་ལྷག་མ་བཅུ་བཞིས་ལོ་བརྒྱ་བརྒྱར་ཆོས་བསྟན་པའི་ལོ་སྟོང་བརྒྱད་བརྒྱ་ནི། ཀླ་ཀློ་གནས་པའི་ཡུན་ཚད་དུ་ཤེས་ཏེ། གྲངས་བཅོ་བརྒྱད་ཀྱིས་བརྒྱ་ཕྲག་གཅིག་བསྒྱུར་བ་ལ་སྟོང་བརྒྱད་བརྒྱ་འབྱུང་ལ། དེ་དག་ཀླ་ཀློ་གནས་པའི་ཡུན་ཚད་དུ་ཤེས་པའི་ཕྱིར། བསྡུས་རྒྱུད་ལས། དེ་ལ་བཅོ་བརྒྱད་པོ་ཡིས་བརྒྱ་ཕྲག་བསྒྱུར་ཏེ་བརྒྱ་ཡིས་འཕགས་པའི་ཡུལ་གྱི་མ་ག་ལ་སོགས་པར། །ཀླ་ཀློ་རྣམས་ཀྱི་དྲེགས་པ་གང་དང་གང་གི་ཡུལ་ཆེན་གྱུར་པ་དེ་རྣམས་བདག་གིས་དྲུང་ཕྱུང་སྟེ། །ཅེས་སོ། །དེས་ན་འདིར། སྤྲུལ་པའི་རྒྱལ་པོ་རྣམས་ཀྱིས་ལོ་བརྒྱ་བརྒྱར་ཆོས་སྟོན་པར་གསུངས་པ་ནི། གཙོ་ཆེ་བ་ལ་དགོངས་པ་ཡིན་ཏེ། ཟླ་བ་བཟང་པོས་ལོ་གཉིས་དང་། རྒྱ་མཚོ་རྣམ་རྒྱལ་དང་། རྒྱལ་དཀའ་གཉིས་ཀྱིས་ལོ་ཉིས་བརྒྱ་ཉིས་བརྒྱ་ལྷག་མ་ཉེར་དགུས་ལོ་བརྒྱ་བརྒྱར་ཆོས་སྟོན་པའི་ཕྱིར།

ལྔ་པ་ནི། རིགས་ལྡན་འཇམ་དཔལ་གྲགས་པ། མཐའ་ཡས་རྣམ་རྒྱལ་གྱི་སྲས། དྲག་པོ་འཁོར་ཆེན་དུ་གྲུར་ཏེ། ལོ་བརྒྱའི་བར་དུ་ཆོས་བསྟན། ཀླ་ཀློའི་གནས་ཚད་སྟོང་དང་བརྒྱད་བརྒྱ་རྫོགས་པ་ན། བྱང་ཕྱོགས་ཧོར་གྱི་ཡུལ་དགའ་སྡིན་ཞེས་བྱ་བར། ལྷ་མ་ཡིན་གྱི་སྤྲུལ་པ་ཀླ་ཀློའི་རྒྱལ་པོ་སྟོབས་ཅན་གཅིག་བྱུང་སྟེ། འཛམ་གླིང་ཆུང་ངུའི་ཕྱེད་དབང་དུ་བསྡུས། འཁོར་རྒྱལ་ཕྲན་དགུ་བཅུ་རྩ་དྲུག་དང་ལྡན་པ་དེས། འཁོར་དང་རྫུ་འཕྲུལ་གྱི་ང་རོ་ཆེན་པོས་བསྒྲགས་ནས། ཤམ་བྷ་ལར་དམག་འདྲེན་པར་རྩོམ་པའི་ཚེ་དྲག་པོ་འཁོར་ལོ་ཅན་གྱིས། ཀླ་ཀློའི་ཚོགས་རྣམས་བཅོམ་ནས། སངས་རྒྱས་ཀྱི་བསྟན་པ་རྒྱ་གར་འཕགས་པའི་ཡུལ་དུ་དར་བར་མཛད་པ་ཡིན་ནོ༔ ༔ཞེས་འཆད་པ་ནི། སྙིགས་མའི་དུས་སུ་འཕགས་པའི་ཡུལ། །ཞེས་པ་ནས། སངས་རྒྱས་བསྟན་པ་སྤེལ་བར་གསུངས། །ཞེས་པའི་བར་འདི་འབྱུང་།

ལྔ་པ་ལ། རྩོད་པ་དང་། དེའི་ལན་གཉིས། དང་པོ་ནི། སྡོམ་པ་གསུམ་གྱི་རབ་ཏུ་དབྱེ་བ་འདིར། དྲག་པོ་འཁོར་ལོ་ཅན་ཕྱག་རྡོར་གྱི་སྤྲུལ་པར་བཤད་པ་མི་འཐད་དེ། ཟླ་བ་བཟང་པོ་ཕྱག་རྡོར་གྱི་སྤྲུལ་པ་གང་ཞིག །དེ་གཉིས་ཆོས་རྒྱལ་རིགས་ཐ་དད་པའི་ཕྱིར། གཞན་ཡང་། དྲག་པོ་འཁོར་ཅན་འཇམ་དབྱངས་ཀྱིས་སྤྲུལ་པར་ཐལ། འཇམ་དཔལ་གྲགས་པ་དེའི་སྤྲུལ་པ་གང་ཞིག །དེ་གཉིས་རྒྱུད་གཅིག་ཏུ་བཤད་པའི་ཕྱིར། མ་གྲུབ་ན། རྩ་རྒྱུད་དང་འགལ་ཟེར། ཐལ་འགྱུར་དང་པོ་ལ། དྲག་པོ་འཁོར་ཅན་འཇམ་དབྱངས་ཀྱི་སྤྲུལ་པ་མ་ཡིན་པར་ཐལ། འཇམ་དཔལ་གྲགས་པ་དེའི་སྤྲུལ་པ་གང་ཞིག །དེ་གཉིས་ཆོས་རྒྱལ་རིགས་ཐ་དད་པའི་ཕྱིར། འཁོར་གསུམ།

གཉིས་པ་ལན་ནི། བྲམ་ཟེའི་ཁྱེའུ་སྣང་བྱེད་སྐྱེ་བ་སྤྲུལ་སྐུར་ཐལ། རྒྱལ་བུ་དོན་གྲུབ་དེ་སྐྱེ་བ་སྤྲུལ་སྐུ་གང་ཞིག །དེ་གཉིས་རྒྱུད་གཅིག་པའི་ཕྱིར། དེས་ན། འཇམ་དཔལ་གྲགས་པ་དང་། དྲག་པོ་འཁོར་ཅན་རྒྱུད་གཅིག་ཀྱང་། སྤྲུལ་གཞི་གཅིག་ཁོ་ནར་ངེས་པ་མ་ཡིན་ཏེ། འཇམ་དཔལ་གྲགས་པ་དང་། དྲག་པོ་འཁོར་ཅན་སྣ་ཕྱི་རིམ་ཅན་དུ་འབྱུང་བའི་རྒྱུ་མཚན་གྱིས། འཇམ་དཔལ་གྲགས་པའི་སྤྲུལ་གཞི་འཇམ་དབྱངས་དང་། འཁོར་ཅན་གྱི་སྤྲུལ་གཞི་ཕྱག་རྡོར་དུ་བཤད་པའི་ཕྱིར། གཞན་ཡང་། དྲག་པོ་འཁོར་ཅན་ཕྱག་རྡོར་གྱིས་སྤྲུལ་པར་ཐལ། ཟླ་བ་བཟང་པོ་དེའི་སྤྲུལ་པ་གང་ཞིག །དེ་གཉིས་རྒྱུད་གཅིག་པའི་ཕྱིར་ཏེ། ཆོས་རྒྱལ་སུམ་ཅུ་རྩ་གཉིས་པོ་འདི་དག་བཅོམ་ལྡན་འདས་ཀྱི་སྐུ་ཆ་ཤས་སོ་སོ་ལ། གཤིན་རྗེ་གཤེད་ལ་སོགས་པ་ཁྲོ་བོའི་ཚོགས་དང་། འཇམ་དཔལ་ཕྱག་རྡོར་ལ་སོགས་པ་བྱང་ཆུབ་སེམས་དཔའི་ཚོགས་སུ་སྤྲུལ། དེ་ཉིད་གདུལ་བྱའི་སྣང་ངོར་ཆོས་རྒྱལ་གྱིས་ཚུལ་བཟུང་བར་སྣང་བའི་ཕྱིར། དཔེར་ན། དེ་བཞིན་གཤེགས་པའི་སྙན་གྱི་ཆ་ཤས་ལས་ཕྱག་རྡོར་སྤྲུལ། དེ་ཉིད་ཟླ་བ་བཟང་པོར་སྤྲུལ་པ་ལྟ་བུའོ། །དོན་ལ་འཇམ་དབྱངས་ཀྱི་སྤྲུལ་པ་ལྟ་བུའོ། དོན་ལ་འཇམ་

དབྱངས་ཀྱི་སྤྲུལ་པ་དང་། ཕྱག་རྡོར་གྱི་སྤྲུལ་པ་འགལ་བ་ཡོད་པ་མ་ཡིན་ཏེ། ཆོས་རྒྱལ་སུམ་ཅུ་རྩ་གཉིས་སྤྲུལ་གཞི་དང་བཅས་པ་གདུལ་བྱའི་སྣང་ཚུལ་གྱི་སྒོ་ནས་ཐ་དད་དུ་སྣང་བ་ཙམ་ཡིན་གྱི། རྒྱལ་པོ་དེ་རྣམས་རྒྱུད་གཅིག་པའི་ཕྱིར། ཀུན་རྫོབ་སྣང་ཚུལ་གྱི་དབང་དུ་བྱས་ན། དྲག་པོ་འཁོར་ཅན་ཕྱག་རྡོར་གྱིས་སྤྲུལ་པར་རིགས་ཏེ༑ དང་པོར་ཕྱག་རྡོར་གྱིས་ཟླ་བ་བཟང་པོའི་ཚུལ་བཟུང་ནས། བཅོམ་ལྡན་འདས་ལ་རྒྱུད་གསུང་བར་གསོལ་བ་བཏབ། མཐར་དྲག་པོ་འཁོར་ཅན་གྱིས་ཚུལ་བཟུང་ནས་བསྟན་པ་དར་རྒྱས་སུ་མཛད་པའི་ཕྱིར། ཆོས་རྒྱལ་དང་པོ་དགུའི་སྤྲུལ་གཞི་དངོས་སུ་བཤད་ནས། རིགས་ལྡན་བཟང་པོ་ལ་སོགས་པ་ཉེར་གསུམ་གྱི་སྤྲུལ་གཞི་ལ། ཁྲོ་བོ་བཅུ་དང་སེམས་དཔའ་བཅུ་གསུམ་ཡོད་པར་རྩ་རྒྱུད་ནས་དངོས་སུ་གསུངས་པའི་ཕྱིར། ཡང་ན། དྲག་པོ་འཁོར་ཅན་དེ་ཕྱག་རྡོར་དང་འདྲ་བར་དྲག་པོའི་སྒོ་ནས་ཚར་བཅད་པ་ལ་ཕྱག་རྡོར་གྱི་མིང་གིས་བཏགས་པ་ཡིན་ཞེས་བཤད་ན་ཡང་འགལ་བ་མེད་དོ། །

གསུམ་པ་དེ་དག་ལ་བརྟེན་ནས་གངས་ཅན་ངོས་འཛིན་ཚུལ་ནི། དུས་འཁོར་བའི་ལུགས་ལ་རི་བོ་གངས་ཅན་ལ་ཆེ་ཆུང་གཉིས་སུ་བཤད་དེ། གླིང་དྲུག་གི་མཐའ་བསྐོར་ན་ཡོད་པའི་རི་དྲུག་དང་གངས་ཅན་གྱི་རི་ནི༑ གངས་ཅན་ཆེ་བ་ཡིན་ལ། ཤམ་ཟླ་ལའི་མཐའ་བསྐོར་ན་ཡོད་པའི་གངས་ཅན་ནི། གངས་ཅན་ཆུང་བ་ཡིན་པའི་ཕྱིར། དེས་ན་ཏི་སེ་དང་གངས་ཅན་དོན་མི་གཅིག་སྟེ། ཏི་སེ་ནི་གངས་ཅན་དེ་གཉིས་པོ་གང་གིས་ཀྱང་ནང་ཚན་མ་ཡིན་པའི་ཕྱིར་དང་། རྫུ་འཕྲུལ་དང་མི་ལྡན་པས་གངས་ཅན་དུ་བགྲོད་མི་ནུས་པར་བཤད་པའི་ཕྱིར་ཏེ། མཛོད་འགྲེལ་ལས། དེར་ནི་རྫུ་འཕྲུལ་དང་མི་ལྡན་པའི་མིས་བགྲོད་པར་དཀའོ། །ཞེས་གསུངས་པའི་ཕྱིར། མངོན་པ་ནས་བཤད་པའི་གངས་ཅན་དང་། འདིའི་གངས་ཅན་དོན་མི་གཅིག་སྟེ། མངོན་པ་ནས་བཤད་པའི་གངས་ཅན་དང་། མ་དྲོས་པའི་རྒྱ་མཚོ་ལྷན་ཅིག་ཏུ་ཡོད་ལ། འདིའི་གངས་ཅན་ལ་མ་དྲོས་པའི་བཤད་པ་མི་སྣང་བའི་ཕྱིར་དང་། གདུལ་བྱའི་དབང་གིས་ཐ་དད་དུ་བཤད་པའི་ཕྱིར་ཏེ། དཔེར་ན་རི་རབ་ཀྱི་ཆགས་ཚུལ་བཞིན་ནོ༑ ༑ཁ་ཅིག ༑མངའ་རིས་ཀྱི་ཏི་སེ་འདི། ཏི་སེ་ཡང་མ་ཡིན་ཟེར་བ་ནི་མི་འཐད་དེ། ཆོས་ཀྱི་རྗེས། མཁས་པ་འཇུག་པའི་སྒོར། དེས་ན་ད་ལྟའི་ཏི་སེ་འདི་གངས་ཅན་ཡིན་པར་འགོག་གི ཏི་སེ་ཡིན་པ་ནི་མི་འགོག་གོ ༑ཞེས་བཤད་པའི་ཕྱིར། དེས་ན་གངས་ཅན་ལ་གཉིས་སུ་བཤད་ཀྱང་། དོན་ལ་གཅིག་ཁོ་ན་ཡིན་ཏེ། གདུལ་བྱའི་སྣང་ཚུལ་གྱིས་སོ་སོར་བཤད་པ་ཙམ་ཡིན་པའི་ཕྱིར་དང་། ནང་དུ་རྟགས་གཅིག་ཡོད་པས། ཕྱི་རོལ་དུ་གངས་ཅན་ཡང་གཅིག་ཁོ་ནར་ངེས་པའི་ཕྱིར། དཔེར་ན། རི་རབ་གཅིག་ལ་བཤད་ཚུལ་གཉིས་སུ་སྣང་བ་བཞིན་ནོ། །ཙ་རི་ཏྲ་གཉིས་ཡོད་པའང་སྲིད་དེ། ནང་གི་གནས་མིག་གཉིས་ཡོད་པའི་རྒྱུ་མཚན་གྱིས་ཙ་རི་ཏྲ་ཡང་དེ་ལྟར་དུ

ངེས་པའི་ཕྱིར་དང་། འདིར། དེའི་ཕྱོགས་ན་ཧ་ཏུའི་ཤིང་ཡོད་ན་ཡུལ་དེ་འགལ་བ་མེད། ཅེས་གསུངས་པ་དང་། རྒྱུད་ལས། གནས་དེར་ལྷ་མོ་དྲག་ཆེན་མོ། །ཧ་ཏུའི་ཤིང་ལ་བརྟེན་ཏེ་གནས། །ཞེས་དང་། ཡུལ་དེར་གནས་པའི་ལྷ་མོ་དེ། །བྲག་གི་ཁྲིམ་ལ་བརྟེན་ཏེ་གནས། །ཞེས་གསུངས་པའི་ཕྱིར་དང་། ཧ་ཏུའི་ཤིང་ནི་རྒྱལ་པོའི་ཤིང་ཞེས་གྲགས་པ། ལྷགས་པ་ཤིན་ཏུ་འཇམ་ཞིང་ཕྱིའི་དབྱིབས་དང་ཁ་དོག་རྒྱ་མ་བུས་པ་ལྟ་བུ་ཡོད་ཞེས་མཁས་པ་དག་གསུང་ཞིང་། ཇོའི་ཁྲིམ་ཞེས་པ་བྲག་ཕུག་ཆེ་བ་ལྷ་མོ་གནས་པ་ཞིག་ཡོད་པ་མངོན་སུམ་གྱིས་གྲུབ་པས། མཐའ་གཅིག་ཏུ་འགོག་པའང་དཀའོ། །ཙ་རི་ཏྲ་ཞེས་བྱ་བའི་ཡུལ། །ལྷོ་ཕྱོགས་རྒྱ་མཚོའི་འགྲམ་ན་ཡོད། ཅེས་གསུངས་པའང་། རྒྱ་གར་ལྷོ་ཕྱོགས་ཀྱི་བྱེ་བྲག །འབྲས་བཟང་པོ་སྐྱེས་པ། ལྷོ་ན་ཙ་རི་ཏྲ་ཡོད་ཅིང་། ནང་གི་གནས་སོར་མོའོ། །ཞེས་བདག་མེད་བསྟོད་འགྲེལ་ལས་བཤད་དོ། །

གཉིས་པ། མ་དྲོས་པའི་ཁྱད་ཆོས་ལ། གནས་དང་ཚད་ཀྱི་ཁྱད་པར། ཆུ་བོ་བཞི་འབབ་ཚུལ་ལོ། །དང་པོ་ནི། རྡོ་རྗེ་གདན་ནས་བྱང་དུ། རི་ནག་པོ་དགུ་འདས་པ་ན། རི་བོ་གངས་ཅན། དེའི་བྱང་ཕྱོགས་ན་རི་བོ་སྤོས་ཀྱི་ངད་ལྡན། དེ་གཉིས་ཀྱི་ནུབ་ཕྱོགས་ན་བྲག་གསེར་གྱི་བྱ་སྐྱིབས། ལྷ་མ་ཡིན་གྱི་ཕུག་པ་འཆུ་ཞེང་དུ་དཔག་ཚད་ལྔ་བཅུ་ལྔ་བཅུ་ཡོད་པ། བྲག་ཕྲན་ལྔ་བརྒྱས་བསྐོར་བ་ཡོད། དེའི་བྱང་ན་ཤིང་ས་ལའི་རྒྱལ་པོ་རབ་བརྟན། ཤིང་ཕྲན་ལྔ་བརྒྱས་བསྐོར་བ་ཡོད། དེའི་ཤར་ན་རྗིང་བུ་དལ་གྱིས་འབབ་པ། མ་དྲོས་པ་དང་ཚད་མཉམ་ཤིང་རྫིང་བུ་ལྔ་བརྒྱས་བསྐོར་བ་ཡོད། དེར་གླང་པོ་ཆེ་རབ་བརྟན་གླང་ཕྲན་ལྔ་བརྒྱས་བསྐོར་བ་གནས་ཤིང་། དབྱར་ཟླ་བ་བཞི་ཤིང་ས་ལའི་ཚལ་དུ་འགྲོ། དགུན་ཟླ་བ་བཞི་གསེར་གྱི་བྱ་སྐྱིབས་སུ་སྡོད། རི་སྤོས་ངད་ལྡན་པའི་ཚུ་རོལ་ན། མཚོ་མ་དྲོས་པ་འཛམ་བུ་ཤིང་དང་བཅས་པ། འཆུ་ཞེང་དུ་དཔག་ཚད་ལྔ་བཅུ་ལྔ་བཅུ་རེ་ཡོད་པ། རྡོས་རིན་པོ་ཆེའི་ཕ་གུས་རྩིག་པ། འོག་གཞི་ཤར་དངུལ། ལྷོ་བཻ་ཌཱུརྻ། ནུབ་གསེར། བྱང་རྡོ་རྗེའི་རང་བཞིན་དང་།ས་གཞི་རིན་པོ་ཆེའི་གསེག་མ་བཏྲལ་བ་ཡོད་ཅིང་། མཚོ་དེའི་དབུས་ན། ཀླུའི་རྒྱལ་པོ་མ་དྲོས་པའི་ཕོ་བྲང་། ཕོ་བྲང་དེའི་ཤར་ཕྱོགས་ན། གླང་པོ་ཆེའི། ལྷོ་ན་རྟ་མཆོག་གི། ནུབ་ན་ཁྱུ་མཆོག་གི། བྱང་ན་སེངྒེའི་ཁ་ཡོད་པར་བཤད་པ་ཡིན་ནོ། །ཞེས་འཆད་པ་ནི། མཛོད་ལས། འདི་ནས་བྱང་དུ་རི་ནག་པོ། །དགུ་འདས་གངས་རིའོ་དེ་ནས་ནི། །སྤོས་ངད་ལྡན་པའི་ཚུ་རོལ་ན། ། འཆུ་ཞེང་ལྔ་བཅུ་ཡོད་པའི་མཚོ། །ཞེས་དང་། འདིར་ཡང་། ཕལ་པོ་ཆེའི་མདོ་ལས་ཀྱང་། །ཞེས་པ་དང་། ས་གཞི་རིན་ཆེན་གསེག་མ་བཏྲལ། །དེས་ནི་རིན་ཆེན་ཕ་གུར་བརྩིགས། །ཞེས་པའི་བར་འདི་བྱུང་།

གཉིས་པ་ནི། མཚོ་དེའི་ཤར་ཕྱོགས་ན། གླང་པོ་ཆེའི་ཁ་ནས་དངུལ་གྱི་བྱེ་མ་འདྲེན་ཅིང་འབབ། བྱང་དུ་སཱི་ཏཱ་སེངྒེའི་ཁ་ནས་ལྷ་རྫས་ཀྱི་རྡོ་རྗེའི་བྱེ་མ་འདྲེན་ཅིང་འབབ། ནུབ་ཏུ་སིནྡྷུ་གླང་གི་ཁ་ནས་གསེར་གྱི་བྱེ་མ

འདྲེན་ཅིང་འབབ། ལྗོར་པཱུ་རྟའི་ཁ་ནས་བཻ་ཌཱུརྱ་སྔོན་པོའི་བྱེ་མ་འདྲེན་ཅིང་འབབ། ཆུ་བོ་དེ་དག་གི་ཁ་ཞེང་ལ་དཔག་ཚད་རེ་རེ་ཡོད་ཅིང་། ཆུ་བོ་བཞི་པོ་དེས། མ་དྲོས་པ་ལ་ལན་གྲངས་བདུན་བདུན་གཡས་ཕྱོགས་སུ་བསྐོར་ནས་ཕྱོགས་བཞིའི་རྒྱ་མཚོ་ཆེན་པོ་དག་ཏུ་འབབ་ལ། དེའི་བར་མཚམས་ཐམས་ཅད་ལ་ཨུཏྤལ་དང་། ཀུ་མུ་ད་དང་། པུན་ཏ་རི་ཀ་དང་། པདྨ་དང་། མནྡཱ་ར་བ་ལ་སོགས་པའི་མེ་ཏོག་རྣམ་པ་སྣ་ཚོགས་དང་། མེ་ཏོག་དང་འབྲས་བུ་དུ་མས་མཛེས་པའི་རིན་པོ་ཆེའི་ཤིང་ལྗོན་པ་སྣ་ཚོགས་ཀྱིས་རབ་ཏུ་གང་བར་གནས་པ་ཡིན་ནོ། །ཞེས་འཆད་པ་ནི། དེ་ལས་འབབ་པའི་ཆུ་བོ་བཞི། ཞེས་པ་ནས། རབ་ཏུ་གང་བར་གནས་པ་ཡིན། ཞེས་པའི་བར་འདི་བྱུང་། ལྟ་བ་དགོས་པ་ནི། ཡུལ་ཆེན་དེ་དག་ན་གནས་པའི་དཔའ་བོ་དང་མཁའ་འགྲོ་དབང་དུ་བསྡུས་ཏེ། ས་ལམ་གྱི་རྟོགས་པ་མྱུར་དུ་བགྲོད་པའི་ཆེད་ཡིན་ནོ། །

དྲུག་པ་ཉེ་རྒྱུ་ལ་མཚམས་སྦྱོར་ཚུལ་ནི། ས་བརྒྱད་པའམ། བཅུ་པའི་རྟོགས་པ་ཐོབ་པའི་གང་ཟག་གིས་རིག་མ་དམ་ཚིག་དང་ལྡན་པ་དང་། ལྷན་ཅིག་ཏུ་སྙོམས་པར་འཇུག་པའི་སྒོ་ནས། རླུང་སེམས་དབུ་མར་བཅུག་སྟེ༑ འབྲས་བུ་སངས་རྒྱས་ཀྱི་ས་མངོན་དུ་བྱེད་པའི་ཐབས་ཁྱད་པར་ཅན་ལ་འཇོག་སྟེ། གུར་ལས། སྐད་ཅིག་གཅིག་གིས་འགྲུབ་པར་འགྱུར། །ཞེས་དང་། སྐད་ཅིག་གཅིག་གིས་རྫོགས་འཚང་རྒྱ། །ཞེས་གསུངས་སོ། །དུས་གསུམ་རྒྱལ་བ་ཀུན་གྱིས་ལེགས་གསུངས་པའི། །ཟབ་དོན་མཆོག་ལ་ཟག་མེད་དགའ་བདེས་རོལ། །དམ་ཆོས་རྒྱུན་དུ་སྤྱོད་པའི་ཕྲིན་ལས་ཀྱིས། །སྐལ་བཟང་འགྲོ་ལ་ཕན་བདེ་སྒྲུབ་པར་ཤོག །

སྡོམ་པ་གསུམ་གྱི་རབ་ཏུ་དབྱེ་བའི་གནས་གསུམ་གྱི་བཤད་པ། གནས་གསུམ་གསལ་བྱེད་ཅེས་བྱ་བ། ཀུན་མཁྱེན་ཆོས་ཀྱི་རྒྱལ་པོའི་གསུང་གི་བདུད་རྩི་མྱངས་པ་ལས་བློའི་སྣང་བ་ཅུང་ཟད་ཐོབ་པ། ཤཱཀྱའི་བཙུན་པ་ཀུན་དགའ་ཆོས་བཟང་གིས། དཔལ་འབྲས་ཡུལ་སྙིང་མོས་ཚལ་གྱི་ཆོས་གྲྭ་ཆེན་པོར་སྦྱར་བའོ། །འདིས་ཀྱང་འགྲོ་བ་དུ་མ་ལ་ཕན་ཐོགས་ཤིང་རྒྱལ་བའི་བསྟན་པ་ཡུན་རིང་དུ་གནས་པར་གྱུར་ཅིག ༎མནྡ་ལཾ།

ན་མོ་གུ་རུ་བྷྱཿ འཇམ་དབྱངས་བླ་མའི་ལེགས་བཤད་ཆ་ཤས་མཆོག །སྡོམ་གསུམ་སྤྱགས་སྡོམ་གནས་གསུམ་གསལ་བྱེད་འདི། །མི་ཟད་སྤེལ་ནས་བསྟན་པ་རྒྱས་ཕྱིར་དུ། །མང་ཡུལ་འཕགས་པའི་བྱང་འདབས་ཤུག་ཁྲོད་དུ། །བྱམས་པ་ཕུན་ཚོགས་གྲུབ་པའི་སྒོ་ནས་བསྒྲུབས། །དགེ་བས་རང་གཞན་དོན་གཉིས་ལྷུན་གྲུབ་ཤོག །ཨེ་ཝཾ། མནྡ་ལཾ། ཧྲ་ཤནྟཱ། ས་མ་ཡ་ཧཱ། ཡེ་དྷརྨཱ་ཧེ་ཏུ་པྲ་བྷ་ཝཱ་ཧེ་ཏུནྟེ་ཥཱནྟ་ཐཱ་ག་ཏོ་ཧྱ་བ་དཏ། ཏེ་ཥཱཉྩ་ཡོ་ནི་རོ་དྷ་ཨེ་བཾ་ཝཱ་དི་མཧཱ་ཤྲ་མ་ནཿ བཀྲ་ཤིས།། །།